作者简介

陈安，福建人，1929年生。厦门大学法学教授、博士生导师。国际知名的中国学者。主要学术兼职：中国国际经济法学会会长（1993年至今），中国政府依据《华盛顿公约》于1993年、2004年两度遴选向"解决投资争端国际中心"（ICSID）指派的国际仲裁员等。1950年厦门大学法律系毕业。1957年复旦大学政治学研究生毕业。

1981—1983年应邀在美国哈佛大学从事国际经济法研究，并兼部分讲学。1990—1991年以"亚洲杰出学者"名义应聘担任美国俄勒冈州西北法学院客座教授暨国际法研究学术顾问。先后多次应邀赴美、欧、澳、亚各洲多个国家和地区参加国际学术会议或讲学。在法律实务方面，陈安是兼职资深国际商务律师，跨国公司法律顾问；中国国际经贸仲裁委员会（CIETAC）仲裁员，国际商会（ICC）国际仲裁案件仲裁员，法国国际仲裁协会（IAI）仲裁员。

近三十年来，陈安立足于中国国情和国际弱势群体即广大发展中国家的共同立场，致力于探索和开拓具有中国特色的国际经济法学这一新兴边缘学科。撰写和主编的主要著作有《陈安论国际经济法学》、《国际经济法学刍言》等40种，合计约2000余万字。另在国内外权威性学术刊物上发表数十篇高质量的专题论文，其中多篇论文被转载、转译。二十余年来其学术论著获得国家级、省部级科研优秀成果一等奖11项，国家级、省部级科研优秀成果二等奖7项。多种著作被指定为全国性高校本科生、研究生法学教材或教学参考书。《人民日报》（海外版）、《光明日报》、《法制日报》等报刊以及国务院学位委员会刊物《学位与研究生教育》先后多次报道他的学术观点和有关事迹。美国、英国多种《国际名人录》均列有陈安的个人小传。

陈安论·国·际·经·济·法·学
An CHEN on International Economic Law

第一卷
Vol.I

陈 安 / 著

复旦大学出版社
www.fudanpress.com.cn

内容提要

本书是我国著名国际经济法学家陈安教授在中国实行改革开放基本国策三十年来，潜心研究国际经济法学这一新兴边缘学科的主要成果的积累和汇总。全书共约310万字，分列五卷八编，即国际经济法基本理论（一），国际经济法基本理论（二），国际投资法，国际贸易法，涉台经济法，国际法教育，英文版国际经济法论文，有关本书作者论著和学术观点的报道、评论和函件等。全书各篇专论均立足于中国国情，从当代国际社会弱势群体即第三世界的视角，探讨和论证当代国际经济法学科领域的基本理论以及热点难点实践问题。作者致力于实行"拿来主义"和"消化主义"相结合，在积极学习和引进西方有关国际经济法学新鲜知识的基础上，站在中国和国际弱势群体即发展中国家的共同立场，认真加以咀嚼消化，取其精华，弃其糟粕，逐步创立起以马克思主义为指导的、具有中国特色的国际经济法学科体系和理论体系，努力为国际社会弱势群体"依法仗义执言"，为维护其应有平等权益而锻造和提供必备的法学理论武器。作者认为：完成此等大业，需要几代中国学人的持续刻苦钻研和共同奋力开拓。这是贯串本书始终的学术理念和学术追求，也是本书的基本学术主张和论述主线。学界评议认为，本书凝聚了作者三十年来潜心研究国际经济法学这一新兴边缘学科的心得体会，乃是构建中国特色国际经济法学的奠基之作和扛鼎之作，堪称"一剑淬砺三十年"。

作者近影（2008年）

潜心钻研之余,哈佛校园小憩
(1981年)

作者与美国哈佛大学法学院前副院长柯恩(Jerome Cohen)
教授(右一)重逢于厦门国际学术会议(2004年)

2005年7月12日,本书作者与美国Andreas F. Lowenfeld 教授(右一)
在海牙交流学术观点(相关内容见本书第一卷 第13-16页)。

鸣 谢

本书五卷各编各篇,曾相继获得国家社会科学基金、国家教委博士点专项基金、高教部—教育部科研专项基金、对外经贸部—商务部专项基金、福建省政府专项科研基金以及上海文化发展基金会图书出版专项基金的资助,均此谨致深切谢忱。

全书总篇幅较大,在策划、审稿、编辑加工和出版问世的全过程中,承复旦大学出版社诸位领导惠予鼎力支持,副总编张永彬编审倾注了许多心血和辛劳;厦门大学刘云紫、张泽忠、王海浪、池漫郊、杨小强、季烨等青年学友惠予全面襄助,谨此一并致谢。

谨以此书纪念亡妻吴翠华副教授,衷心铭感她与我结缡五十三年来惠予的周全关爱和相濡以沫。

本书作者　陈　安

《陈安论国际经济法学》自序

以勤补拙·羡鱼结网·薄技立身·赤子情怀·知识报国

一

2005年7月,承北京大学出版社副总编杨立范等学友惠予鼎力支持,推出了拙著《国际经济法学刍言》(简称《刍言》)上、下两卷,共约211万字。此书出版后,获得广大读者肯定和厚爱。经同行专家评审,于2007年10月获第五届"吴玉章人文社会科学奖"[①]一等奖。

《刍言》推出后三年来,老牛在夕霞暮色中,奋蹄未敢稍懈,遂又有多项耕耘新果,分别以中、英双语相继发表于中外权威学刊,获得国内外同行好评。承蒙复旦大学出版社副总编张永彬编审厚意邀约,热忱支持,精心筹划,现将这些最新研究心得,加以整理汇辑;同时,将《刍言》原有内容全面增订,推出这部新书,题为《陈安论国际经济法学》,分列为五卷,共约300余万字。

这部五卷本新书中所反映和论述的,多是当代国际经济法学前沿的最新信息或动态,多是这一领域理论和实践中出现的新热点问题和难点问题。从这个意义上说,现在奉献给读者的这部新书,并不是《刍言》的简单再版或扩容,而可以说是笔者针对三十年来本学科领域新问题进行探索的心得体会的全面增订和创新汇辑,是野叟的"献曝"新举。诚挚期待海内外同行惠予指正。

二

回首近八十年蹉跎岁月,不无点滴感悟。概而言之,就是**以勤补拙·羡鱼**

[①] "吴玉章人文社会科学奖"面向全国,每隔五年评选一次,主要奖励国内有重大影响的优秀哲学社会科学论著,旨在促进我国哲学社会科学的发展和繁荣。本次全国性评奖共包括马克思主义理论、哲学、教育学、历史学、中国传统文化与语言文字学、新闻学、经济学和法学等八个学科,每个学科设特等奖、一等奖各1项,优秀奖2—3项(据《吴玉章基金委员会公告》)。

结网·薄技立身·赤子情怀·知识报国。

若论天赋,笔者自幼虽非愚鲁不堪,也绝非颖聪过人,平平庸庸而已。五岁随同兄姐入学,一次考试遇若干填空选择题,一头雾水,但硬着头皮"填上"空格,居然侥幸全数正确,得了"满分"。慈母闻讯揽入怀中,爱抚、期许有加。严父得悉侥幸实情,则表扬期许之余,又有批评教诲:"为人、做事、治学,来不得半点侥幸取巧。天赋平庸,可以以勤补拙。事事如此,日日如此,方能真正成长。"

日常见同侪中突出优秀者,读史中慕博学广识者,常有艳羡之言。又获严父耳提面命:"临渊羡鱼,不如退而结网。"家境清贫拮据,但父亲仍勉力送诸子女入学,谆谆相告:"我家无恒产,日后不可能留下什么遗产。现在送你们入学,便是我日后赠给你们的唯一遗产。积财千万,不如薄技在身,学得薄技,方能立身不败。学必恃勤,技必求精。"

时值日寇侵华,国难当头。师长、家长反复喻以至理:爱我中华,不畏强暴;多难兴邦,众志成城。身为稚童,弱腕无力握大刀杀敌,唯有勤奋掌握知识,日后方能参与振兴中华,报效祖国。服膺儒学的父亲,对历史上毁家纾难、忠贞殉国、视死如归的文文山,更是推崇备至,且对其《正气歌》作独到解读:"'天地有正气,杂然赋流形。下则为河岳,上则为日星;于人曰浩然,沛乎塞苍冥。'——这是千古不朽的座右铭。文天祥那般光照日月的浩然正气,虽非人人可及,却是人人可学、应学、应养。个人的刚正,赤子的情怀,民族的气节,都要从大处着眼,从小处着手,长期自律自养,才能逐步走向孟轲所倡导的富贵不能淫,贫贱不能移,威武不能屈之境界。"家长和师长的此类教诲,点点滴滴,沁入稚嫩心田,此后数十年来未尝或忘,成为做人和治学南针。

抗日战争胜利前夕,父亲病逝。翌年,我考入厦门大学。此后三年,大学图书馆丰富的图书以及地下党领导的多次反美反蒋爱国学生运动,使我开始接触和接受马克思列宁主义的启蒙和陶冶。1949年10月新中国成立,鸦片战争以来百余年中国罹受的民族灾难和丧权辱国惨痛,终于结束。那时那种"四海欢腾,普天同庆"的情景,至今记忆犹新。

正是在这样的历史环境下,逐步形成了笔者基本的理念定位、价值座标和观察视角。

三

上述这种基本的定位、座标和视角,在大学毕业后迄今五十八年的粉笔生涯和偷闲爬格过程中,历经寒暑风雨,始终未变,又有所发展。从《陈安论国际经济法学》这部新书的各篇专论中,亦可概见笔者对此矢志不渝的坚持和努力。全书各篇无论是学理探索,还是实务剖析,均是个人直抒坦陈的管见,也都是废寝忘餐,焚膏继晷,博采、消化和吸收中外新知之一得。概括说来,其自身略具开拓创新的特色,可举例简介如下。

- **阐明学术理念和学术追求**。全书各篇均从当代国际社会弱势群体即第三世界的视角,探讨和论证国际经济法学这一新兴的边缘性、综合性学科。当代发达国家国际经济法诸多论著的共同基本特点,是重点研究**发达国家**对外经济交往中产生的法律问题,作出符合发达国家权益的分析和论证。反观中国,作为积贫积弱的**发展中国家**之一员,这样的研究工作还处在幼弱阶段,远未能适应我国对外交往的迫切需要和对外开放的崭新格局。因此,必须实行"拿来主义"和"消化主义",在积极引进和学习西方有关国际经济法学新鲜知识的基础上,密切联系中国国情,站在中国和国际弱势群体即第三世界的共同立场,认真加以咀嚼消化,取其精华,弃其糟粕,逐步创立起以马克思主义为指导的,具有中国特色的国际经济法学科体系和理论体系,努力为国际社会弱势群体"依法仗义执言",提供维护应有平等权益的**法学理论武器**。完成此等大业,需要几代中国学人的刻苦钻研和奋力开拓。这是贯串本书始终的学术理念和学术追求,也是本书的基本学术主张和论述主线①。

- **探索建立国际经济新秩序的规律和路径**。本书旁征博引,史论结合,有理有据地揭示近代史上的"殖民十恶",论证全球弱小民族坚持爱国主义、要求改变国际经济旧秩序和更新国际经济立法的正当性;强调当代国际经济秩序和国际经济法律规范的破旧立新,势必循着**螺旋式上升的"6C 轨迹"**,即 Contradiction(矛盾)→Conflict(冲突或交锋)→Consultation(磋商)→Compromise(妥协)→Cooperation(合作)→Coordination(协调)→Contradiction new(新的矛盾),依靠群体力量,联合奋斗,步履维艰,迂回曲折地逐步实现。既不能盲目"乐观",期待"毕其功于一役";也不能盲目"悲观",遇到挫折就灰心丧志;更不能奢望只凭孤军奋斗,即可克敌制胜。总结历史,以史为师,国际弱势群体争取和维护平权地位和公平权益,舍韧

---

① 参见本书第一编之Ⅰ、Ⅱ、Ⅲ、Ⅳ、Ⅴ,分别题为:《论国际经济法学科的边缘性、综合性和独立性》,《论国际经济关系的历史发展与南北矛盾》,《论国际经济法的产生和发展》,《论源远流长的中国对外经济交往及其法理原则》,《论学习国际经济法是贯彻对外开放基本国策必备的"基本功"》。

性的"**南南联合自强**",别无他途可循①。

● 论证当代国际经济法的基本原则。本书全面阐明当代国际经济法的四大基本原则,重点论证**经济主权原则**是当代国际经济法首要的基本规范,并以晚近十几年来美国单边主义与WTO多边主义交锋的三大回合作为典型,揭示当代霸权主义的"双重标准"和伪善真相,提醒全球弱势群体增强忧患意识,珍惜和善用经济主权确保和维护民族正当权益;**警惕理论陷阱**,切忌懵懵然地附和、接受当今颇为"时髦"的、来自西方霸权主义国家的经济主权"淡化"论、"弱化"论和"过时"论②。

● 探讨中国对外经济交往史及其法理原则。笔者钻研**中国史籍**,整理史实,探讨源远流长的中国对外经济交往及其法理原则,论证积极开展对外经济交往自古以来就是中国的历史主流和优良传统。应当加深认识当代中国实行对外开放基本国策的**历史渊源和深厚积淀**,从而自觉推动其独立自主、平等互惠的法理原则"与时俱进"③。

● 研究国际投资条约及其相关体制。笔者长期重点研究有关国际投资的双边协定、多边公约以及相关的 OPIC、MIGA、ICSID 等基本体制及其实际运行,探讨中国和发展中国家如何在这些体制中**趋利避害**;并依据研究成果,努力践行知识报国夙志,多次应邀积极向国家主管部门提供**决策咨询建议和立法建言**④。

● 评议中国涉外仲裁监督机制立法。针对国内人云亦云的学术讹传,笔者广泛查核有关国际先进立法的第一手外文文献,对照探讨中国**涉外仲裁监督**

---

① 参见本书第一编之Ⅱ,Ⅻ,ⅩⅢ,ⅩⅣ,题为《论国际经济关系的历史发展与南北矛盾》、《论南北合作是解决南北矛盾的最佳选择》、《论全球合作的新兴模式和强大趋势:南南合作与"77国集团"》、《南南联合自强五十年的国际经济立法反思——从万隆、多哈、坎昆到香港》。

② 参见本书第一编之Ⅵ,Ⅶ,Ⅷ,Ⅸ,Ⅹ,Ⅺ,Ⅺ,分别题为《论马克思列宁主义对弱小民族国家主权学说的重大贡献》、《论经济主权原则是当代国际经济法首要的基本规范》、《论中国在"入世"谈判中应当坚持主权原则》、《世纪之交在经济主权上的新争议与"攻防战":综合评析十年来美国单边主义与WTO多边主义交锋的三大回合》、《论社会帝国主义主权观的一大思想渊源:民族虚无主义的今昔》、《论国际经济法中的公平互利原则是平等互利原则的重大发展》、《论"有约必守"原则在国际经济法中的正确运用》。

③ 参见本书第一编之Ⅳ,题为《论源远流长的中国对外经济交往及其法理原则》。

④ 参见本书第三编之Ⅰ,Ⅱ,Ⅲ,Ⅳ,Ⅴ,Ⅵ,Ⅶ,Ⅷ,分别题为《OPIC述评:美国对海外私人投资的法律保护及典型案例分析》、《从OPIC到MIGA:跨国投资保险体制的渊源和沿革》、《"多边投资担保机构"与美国在华投资》、《ICSID与中国:我们研究"解决投资争端国际中心"的现实动因和待决问题》、《中外双边投资协定中的四大"安全阀"不宜贸然拆除——美、加型BITs谈判范本关键性"争端解决"条款剖析》、《区分两类国家,实行差别互惠:再论ICSID体制赋予中国的四大"安全阀"不宜贸然全面拆除》、《中国—秘鲁1994年双边投资协定可否适用于一国两制下的中国香港特别行政区》、《我国涉外经济立法中可否规定对外资绝不实行国有化》;并参见第二编之Ⅵ,题为《论中国关于外国仲裁裁决在华执行体制之形成与不足》。

机制现行立法的优点和缺失,力排"众议",澄清讹传,提出建立严格监督体制、防阻执法腐败、保证公正仲裁的**立法建议**①。

- **研析涉外经贸争端仲裁典案**。笔者秉持公正公平原则,在国际经贸仲裁实务中针对涉外投资和贸易争端个案的处断,依法祛邪扶正,并撰文从**理论上伸张正义**,进一步探讨相关的法理问题,提出**创新见解**②。

- 澄清和批驳外国媒体等对中国的误解和非难。多年来,笔者有的放矢,针对外国媒体、政坛和法学界对中国的各种误解和非难,撰写多篇双语专论,予以澄清和批驳;通过**学术论证**,努力维护中国的国家尊严、国际信誉和民族自尊,弘扬**中华爱国主义**③。

---

① 参见本书第二编之Ⅱ,Ⅲ,Ⅳ,Ⅴ,Ⅵ,分别题为《论中国涉外仲裁监督机制》,《论中国的涉外仲裁监督机制及其与国际惯例的接轨》,《申论中国涉外仲裁监督机制》,《再论中国涉外仲裁的监督机制及其与国际惯例的接轨——兼答肖永平先生等》,《论中国关于外国仲裁裁决在华执行体制之形成与不足》。

② 参见本书第二编之Ⅶ,Ⅷ,Ⅸ,Ⅹ,Ⅺ,Ⅻ,ⅩⅢ,分别题为《论中国涉外仲裁程序中当事人的申辩权和对质权[就香港百利多投资有限公司诉香港克洛克纳东亚有限公司一案向香港高等法院提供的专家意见书]》,《就中国涉外仲裁体制答英商问[专家意见书]》,《论涉外仲裁个案中的偏袒伪证和纵容欺诈——CIETAC 1992—1993 年个案评析》,《论涉外仲裁个案中的越权管辖、越权解释、草率断结和有欠透明——CIETAC 2001—2002 年个案评析》,《论中国法律认定的"违法行为"及其法律后果——就广东省广信公司破产清算债务讼案问题答外商摩根公司问[专家意见书]》,《论中国内地土地使用权的回收与变卖——就香港某债务讼案问题答台商问[专家意见书]》,《小议"法无明禁即为合法":外资企业"设董"自主权简析[专家意见书]》。

并参见本书第三编之Ⅺ,Ⅻ,ⅩⅢ,ⅩⅣ,ⅩⅤ,分别题为《外商在华投资中金融票据诈骗问题剖析——香港东方公司 v. 香港泰益公司案件述评》,《外商在华投资中的担保与反担保问题剖析——香港上海汇丰银行有限公司 v. 厦门建设发展公司案件述评》,《外商在华投资"征收"索赔迷雾中的庐山面目——英商 X 投资公司 v. 英商 Y 保险公司案件述评(一)》,《外商在华投资"征收"索赔中脚踩两船,左右逢源,权利兼得——英商 X 投资公司 v. 英商 Y 保险公司案件述评(二)》;

另参见本书第四编之Ⅱ,Ⅲ,Ⅳ,Ⅴ,Ⅵ,Ⅶ,分别题为《跨国商品代销中越权抵押和争端管辖权问题剖析——意大利古西公司 v. 香港荣荣公司案件述评》,《外贸汇票承兑争端管辖权冲突问题剖析——美国约克公司 v. 香港北海公司案件述评》,《一项判决 三点质疑——评香港高等法院"1993 年第 A8176 号"案件判决书》,《外贸争端中商检结论暧昧、转售合作伪问题剖析——中国 A 市 MX 公司 v. 韩国 HD 株式会社案件述评》,《外贸代理合同纠纷中的当事人、管辖权、准据法、仲裁庭、债务人等问题剖析——韩国 C 公司 v. 中国 X 市 A、B 两公司案件述评》,《论英国 FOSFA 裁决之严重枉法、不予执行——中国中禾公司采购巴西含毒大豆案件述评》。

③ 参见本书第二编之Ⅰ,题为《论"适用国际惯例"与"有法必依"的统一》;第四编之Ⅱ,题为《某些涉外经济合同何以无效以及如何防止无效》;第三编之Ⅸ,Ⅹ,分别题为《是重新闭关自守?还是扩大对外开放?——论中美两国经济上的互相依存以及"天安门风波"后在华外资的法律环境》,《中国对欧洲在华直接投资的法律保护及其与国际惯例的接轨》;第六编之Ⅳ,题为《是"棒打鸳鸯"吗?——就"李爽事件"评〈纽约时报〉报道兼答美国法学界同行问》;第七编之Ⅻ,ⅩⅢ,ⅩⅣ,ⅩⅤ,ⅩⅥ,ⅩⅦ,分别题为"To Close Again, or to Open Wider: The Sino—U.S. Economic Interdependence and the Legal Environment for Foreign Investment in China After Tiananmen", "China's Special Economic Zones and Coastal Port Cities: Their Development and Legal Framework", "Should an Absolute Immunity from Nationalization for Foreign Investment be Enacted in China's Economic Law?" "Why Some Sino-Foreign Economic Contracts Are Void and How Voidness can be Prevented", "To Open Wider, or to Close Again: China's Foreign Investment Policies and Laws", "The Li Shuang Case: A Wet Blanket Over Romantic Love?"

由于具有以上开拓创新的特色，学界同行专家评议认为本书各篇所论，堪称鲜明地**"独树中华一帜"**，乃是创建具有中国特色的国际经济法学理论的奠基之作，为创立具有中国特色的国际经济法学理论体系开了先河。同时，其中多篇专论以中文、英文双语撰写，英文本多发表于外国权威性学术刊物①，其特点是运用当代国际法理论，致力为包括中国在内的发展中国家弱势群体，"依法仗义执言"，力争成为当代第三世界争取国际经济平权地位的法学理论武器，前辈专家和学界人士认为可谓"一剑淬砺三十年"②。笔者理解：学界同仁的上述溢美之词是对本人"**薄技立身·赤子情怀·知识报国**"感悟的认同、鼓励和最新鞭策。

* * * *

本书五卷各编各篇，曾相继获得国家社会科学基金、国家教委博士点专项基金、高教部—教育部科研专项基金、对外经贸部—商务部专项委托研究基金、福建省政府专项科研基金以及上海文化发展基金会图书出版专项基金的资助。全书总篇幅较大，在策划、审稿、编辑加工和出版问世的全过程中，承复旦大学出版社诸位领导惠予鼎力支持，副总编张永彬编审倾注了许多心血和辛劳；刘云紫、张泽忠、王海浪、池漫郊、杨小强、季烨等青年学友惠予全面襄助，均此谨致深切谢忱。

陈　安

戊子金秋

鹭岛之滨

---

① 参见本书第七编之Ⅰ~ⅩⅥ。
② 参见本书第八编之Ⅰ，《媒体报道》，含《光明日报》、《人民日报》（海外版）等 10 篇；本书第八编之Ⅱ，《书刊评论》，含一、韩德培先生：《致力知己知彼　出色研究成果》，二、朱学山先生：《一剑淬砺三十年：中国特色国际经济法学的奠基之作》，三、郭寿康先生：《弘扬中华学术　投身国际争鸣》，四、B. Gosovic：《对第三世界思想体系的重大创新性贡献来自中国》，五、商务部条法司：《立意新颖务实　分析缜密深入　理论实践交融》，六、吴焕宁教授：《独树中华一帜，跻身国际前驱》等 15 篇；本书第八编之Ⅲ，《学界来函》，含中华人民共和国常驻世界贸易组织代表团团长孙振宇大使来函，中华人民共和国商务部条法司多次来函，中国驻美国旧金山总领馆领事朱又德来函，"南方中心"（South Centre）秘书长 Branislav Gosovic 来函，《世界投资与贸易学报》、《日内瓦论坛季刊》主编 Jacque Werner 来函，"多边投资担保机构"（MIGA）首席法律顾问 L. Weisenfeld 来函，"解决投资争端国际中心（ICSID）法律顾问 A. Parra 来函，美国《天普大学国际法与比较法学报》学术论文编辑 L. K. Kolb 来函，纽约法学院《国际法与比较法学报》主编 E. H. Higa 来函，哈佛大学法学院助理院长、东亚法学研究所副所长 F. E. Snyder 来函，波士顿大学法学院教授、哈佛大学东亚法学研究所前副所长 F. K. Upham 来函，哈佛大学法学院斯托利讲座教授、东亚法学研究所所长 A. von Mehren 来函，日本金融经济专家杉原启示来函等。

《国际经济法学刍言》自序

国际经济法学是一门新兴的边缘性学科。托改革开放国策之福,它在中国应运而昌,日益为国人所瞩目。笔者从事这门学科的学习、教学和研究,凡二十余年。平日寒窗冷凳,潜心探索本学科的中外新知,每有所悟、所得或所争,辄整理成文,陆续发表,以求教于海内外同行先进。所持管见,虽未必思虑周全,但均属个人研究心得和独立见解,亦从一个侧面反映了晚近二十余年间国际经济法律问题研讨的发展轨迹。近年来,海内外同行学人函询和索要历年拙作者日多,难以一一回应。回顾、反思这些学术论著及学术观点,虽乏荦荦真知灼见,然作为千虑一得或求知记录,至今或仍不无参考价值。踌躇再三,终于决定筛选其中一百九十余万言,辑为《国际经济法学刍言》一书,出版问世,便于同行继续评论指教,更冀能成为法苑之一叶一草,以衬托满园争艳之法学百花。中国自古有"敝帚自珍"和"野人献曝"之说,笔者以为,"自珍"者与"野人"之识见虽属浅陋,其诚真则未尝不可嘉许也。

本书分列八编,即国际经济法基本理论(一)、国际经济法基本理论(二)、国际投资法、国际贸易法、涉台经济法、国际法教育、英文版论文以及附录。除附录外,每编各含若干篇专题论文,合计五十九篇。其中,有前沿理论探索,有实务案例剖析,有咨询问题详解,有异议意见直抒,有长篇论证,有小议浅谈,亦有中英双语论文。简言之,内容、形式各异。然全书各篇共同特点有三:一是力求贯彻理论联系实际原则,有的放矢,不事空谈;二是秉笔直书,坦陈管见,有欠"委婉",不事模棱;三是各篇均独立成文,又互有交叉,从不同视角,互相呼应,并融为一体。

较之海内外同行先进,笔者学术途程起步甚晚,实为"后学",积淀殊薄。如今古稀逾六,垂垂老矣!回首五十五载粉笔生涯,偷闲"爬格",可谓步履蹒跚,不无感慨。来日无多,值此梳理拙作,缀篇成书之际,偶得三十二字,不拘平仄,类似"打油",录以自嘲,兼为自勖:

蹉跎半生，韶华虚掷。
满目青山，夕霞天际，
老牛破车，一拉到底，
余热未尽，不息奋蹄！

在成书过程中，承北京大学出版社杨立范副总编惠予鼎力支持，并亲自担任本书责编之一；资深责编冯益娜和李志军为本书精心加工，付出了辛劳。又承厦门大学曾华群、廖益新、徐崇利、李国安、单文华、林忠、陈辉萍、朱晓勤、房东、蔡庆辉等诸位同仁以及魏艳茹、刘云紫、王海浪、程红星、项剑、雷超、王中美等诸位青年学友惠予多方襄助，对杨副总编、冯、李两位责编、厦大诸位同仁及"忘年交"之厚意与辛劳，谨此表示由衷谢忱。

陈　安

乙酉盛夏

鹭岛之滨

简 目

第 一 卷

第一编 国际经济法基本理论(一)

I 论国际经济法学科的边缘性、综合性和独立性 …………………… (3)
II 论国际经济关系的历史发展与南北矛盾 ………………………… (39)
III 论国际经济法的产生和发展 ……………………………………… (62)
IV 论源远流长的中国对外经济交往及其法理原则 ………………… (86)
V 论学习国际经济法是贯彻对外开放基本国策必备的"基本功" …… (104)
VI 论中国在建立国际经济新秩序中的战略定位——兼评"新自由
主义经济秩序"论、"WTO宪政秩序"论、"经济民族主义扰乱
全球化秩序"论 …………………………………………………… (109)
VII 论马克思列宁主义对弱小民族国家主权学说的重大贡献 ……… (136)
VIII 论经济主权原则是当代国际经济法首要的基本规范 …………… (343)
IX 论中国在"入世"谈判中应当坚持经济主权原则 ………………… (360)
X 世纪之交在经济主权上的新争议与"攻防战":综合评析十年来
美国单边主义与WTO多边主义交锋的三大回合 ……………… (366)
XI 论社会帝国主义主权观的一大思想渊源:民族虚无主义的
今昔 ………………………………………………………………… (421)
XII 论国际经济法中的公平互利原则是平等互利原则的重大发展 …… (444)

| XIII | 论南北合作是解决南北矛盾的最佳选择 …………………………（455）
| XIV | 全球合作的新兴模式和强大趋势：南南合作与"77国集团"……（463）
| XV | 南南联合自强五十年的国际经济立法反思：从万隆、多哈、坎昆到香港 ………………………………………………………………（479）
| XVI | 论"有约必守"原则在国际经济法中的正确运用 ………………（507）

第二卷

第二编 国际经济法基本理论（二）

| I | 论"适用国际惯例"与"有法必依"的统一 …………………………（521）
| II | 论中国涉外仲裁监督机制 …………………………………………（536）
| III | 论中国的涉外仲裁监督机制及其与国际惯例的接轨 ……………（550）
| IV | 申论中国涉外仲裁监督机制 ………………………………………（588）
| V | 再论中国涉外仲裁的监督机制及其与国际惯例的接轨——兼答肖永平先生等 ……………………………………………………（600）
| VI | 论中国执行外国仲裁裁决机制的形成和不足 ……………………（673）
| VII | 论中国涉外仲裁程序中当事人的申辩权和对质权——就香港百利多投资有限公司诉香港克洛克纳东亚有限公司一案向香港高等法院提供的专家意见书 ……………………………………（683）
| VIII | 就中国涉外仲裁体制答英商问〔专家意见书〕…………………（694）
| IX | 论涉外仲裁个案中的偏袒伪证和纵容欺诈——CIETAC 1992—1993年个案评析 ……………………………………………………（704）
| X | 论涉外仲裁个案中的越权管辖、越权解释、草率断结和有欠透明——CIETAC 2001—2002年个案评析 …………………………（749）
| XI | 论中国法律认定的"违法行为"及其法律后果——就广东省广信公司破产清算债务讼案问题答外商摩根公司问〔专家意见书〕………（802）
| XII | 论中国内地土地使用权的回收与变卖——就香港某债务讼案问题答台商问〔专家意见书〕…………………………………………（811）
| XIII | 论"法无明禁即为合法"——就外资企业"设董"自主权问题答

英商问[专家意见书] ……………………………………………（818）

第三编　国际投资法

Ⅰ　OPIC述评：美国对海外私人投资的法律保护及典型案例分析 …（827）
Ⅱ　从OPIC到MIGA：跨国投资保险体制的渊源和沿革 ………（929）
　　[附录] 十五年来多边投资担保机构的涉华实践（1990—2004）…（967）
Ⅲ　"多边投资担保机构"与美国在华投资 ……………………（993）
Ⅳ　ICSID与中国：我们研究"解决投资争端国际中心"的现实动因
　　和待决问题 …………………………………………………（1018）

第 三 卷

第三编　国际投资法（续）

Ⅴ　中外双边投资协定中的四大"安全阀"不宜贸然拆除——美、
　　加型BITs谈判范本关键性"争端解决"条款剖析 ……………（1079）
Ⅵ　区分两类国家，实行差别互惠：再论ICSID体制赋予中国的四大
　　"安全阀"不宜贸然全面拆除 …………………………………（1109）
Ⅶ　《中国—秘鲁1994年双边投资协定》可否适用于"一国两制"下的
　　中国香港特别行政区——香港居民谢业深v.秘鲁政府征收
　　投资案件的法理剖析 …………………………………………（1147）
Ⅷ　我国涉外经济立法中可否规定对外资绝不实行国有化 ………（1197）
Ⅸ　是重新闭关自守？还是扩大对外开放？——论中美两国经济
　　上的互相依存以及"天安门风波"后在华外资的法律环境 …（1210）
Ⅹ　中国对欧洲在华直接投资的法律保护及其与国际惯例的接轨 …（1228）
Ⅺ　外商在华投资中金融票据诈骗问题剖析——香港东方公司
　　v.香港泰益公司案件述评 ……………………………………（1246）
Ⅻ　外商在华投资中的担保与反担保问题剖析——香港上海汇丰
　　银行有限公司v.厦门建设发展公司案件述评 ………………（1256）

XIII 外商在华投资"征收"索赔迷雾中的庐山面目——英商 X 投资公司 v. 英商 Y 保险公司案件述评(一) ………………………… (1282)

XIV 外商在华投资"征收"索赔中的"脚踩两船"与"左右逢源"——英商 X 投资公司 v. 英商 Y 保险公司案件述评(二) ………………… (1313)

XV 外商在华投资中的"空手道"融资:"一女两婿"与"两裁六审"
——中国深圳市中方四公司 v. 泰国贤成两合公司案件述评 …… (1333)

第四编 国际贸易法

I 某些涉外经济合同何以无效以及如何防止无效 ………………… (1385)

II 跨国商品代销中越权抵押和争端管辖权问题剖析——意大利古西公司 v. 香港图荣公司案件述评 ……………………………… (1412)

III 外贸汇票承兑争端管辖权冲突问题剖析——美国约克公司 v. 香港北海公司案件述评 ………………………………………… (1426)

IV 一项判决 三点质疑——评香港高等法院"1993 年第 A8176 号"案件判决书 …………………………………………………… (1462)

V 外贸争端中商检结论暧昧、转售合同作伪问题剖析——中国 A 市 MX 公司 v. 韩国 HD 株式会社案件述评 ………………… (1495)

VI 外贸代理合同纠纷中的当事人、管辖权、准据法、仲裁庭、债务人等问题剖析——韩国 C 公司 v. 中国 X 市 A、B 两公司案件述评
 ………………………………………………………………………… (1514)

VII 论英国 FOSFA 裁决之严重枉法、不予执行——中国中禾公司采购巴西含毒大豆案件述评〔专家意见书〕 ……………………… (1549)

第 四 卷

第五编 涉台经济法

I 两种"两岸人民关系法"之对立与统一——兼谈《闽台自由贸易协定》之可行 …………………………………………………… (1595)

II 《台商大陆投资权益保障协议》初剖 ………………………… (1607)

Ⅲ 台商内地投资保险可行途径初探 …………………………… (1624)
Ⅳ 《多边投资担保机构公约》对我国台湾地区的适用问题 …… (1641)
Ⅴ 中国"入世"后海峡两岸经贸问题"政治化"之防治 ………… (1650)

第六编 国际法教育

Ⅰ 改进我国国际法教育的"他山之石"——欧美之行考察见闻 …… (1681)
Ⅱ 从难从严训练 成果人才并出 ………………………………… (1691)
Ⅲ "博士"新解 …………………………………………………… (1699)
  附录
  一、官员与老板:心仪博士帽 ……………………………… (1701)
  二、"教授"贬值为哪般 ……………………………………… (1702)
  三、该挤挤"学术泡沫"了 …………………………………… (1703)
Ⅳ 是"棒打鸳鸯"吗?——就"李爽事件"评《纽约时报》报道兼答美国法学界同行问 …………………………………………… (1706)
  附录
  一、中国拘禁了法国男人的情妇 …………………………… (1717)
  二、法国外交官说中国拘留了他的未婚妻 ………………… (1719)
  三、小题大做——评白天祥等人在所谓"李爽事件"上的喧嚷 …… (1719)

第七编 英文版论文选辑

Ⅰ Trade Related Agenda, Development and Equity (T. R. A. D. E.): The Three Big Rounds of U. S. Unilateralism versus WTO Multilateralism during the Last Decade A Combined Analysis of the Great 1994 Sovereignty Debate, Section 301 Disputes(1998 - 2000) and Section 201 Disputes (2002 - 2003)
  …………………………………………………………………… (1725)

Ⅱ A Reflection on the South-South Coalition in the Last Half-Century from the Perspective of International Economic Law-making: From Bandung, Doha and Cancún to Kong Kong
  …………………………………………………………………… (1808)

Ⅲ Should the Four "Great Safeguards" in Sino-Foreign BITs Be Hastily Dismantled? Comments on Critical Provisions concerning Dispute Settlement in Model U. S. and Canadian BITs .... (1853)

Ⅳ Distinguishing Two types of Countries and Properly Granting Differential Reciprocity Treatment — Re-comments on the Four Safeguards in Sino-Foreign BITs Not to Be Hastily and Completely Dismantled .... (1902)

Ⅴ Could China-Peru BIT 1994 Be Applied to Hong Kong Special Administration Region under "One Country, Two System"? — A Jurisprudential Analysis on the Case of Tza Yap Shum v. Republic of Peru .... (1939)

Ⅵ Is Enforcement of Foreign Arbitral Awards An Issue for Establishment and Improvement in China? .... (2027)

Ⅶ The Truth among the Fogbound "Expropriation" Claim: Comments on British X Investment Co. v. British Y Insurance Co. Case .... (2039)

Ⅷ The Approach of "Winning from Both Sides" Used in the "Expropriation" Claim: Re-Comments on British X Investment Co. v. British Y Insurance Co. Case .... (2066)

Ⅸ On the Serious Violation of Chinese *Jus Cogens*: Comments on the Case of importing Toxic Brazilian Soybeans into China [*Expert's Legal Opinion on Zhonghe v. Bunge Case*] .... (2092)

第 五 卷

第七编 英文版论文选辑(续)

Ⅹ Isn't the Strict Prohibition on Importing Toxic Brazilian Soybeans into China "Illegal"? — A Rebuttal to Lawyer Song's Allegation .... (2117)

XI On the Supervision Mechanism of Chinese Foreign-related Arbitration and Its Tally with International Practices ……… (2155)

XII Three Aspects of Inquiry into A Judgment: Comments on the High Court Decision, 1993 No. A8176, in the Supreme Court of Hong Kong ……………………………………………… (2212)

XIII To Close Again, or to Open Wider: The Sino-U. S. Economic Interdependence and the Legal Environment for Foreign Investment in China after Tiananmen ……… (2265)

XIV China's Special Economic Zones and Coastal Port-Cities: Their Development and Legal Framework ……………… (2285)

XV Should an Absolute Immunity from Nationalization for Foreign Investment be Enacted in China's Economic Law? ………… (2368)

XVI Why Some Sino-Foreign Economic Contracts Are Void and How Voidness can be Prevented …………………………………… (2388)

XVII To Open Wider, or to Close Again: China's Foreign Investment Policies and Laws ……………………………………… (2433)

XVIII The Li Shuang Case: A Wet Blanket Over Romantic Love? ……………………………………………………………… (2469)

第八编　有关本书作者论著和学术观点的报道、评论和函件等

Ⅰ　媒体报道 ………………………………………………………… (2517)

  一、在哈佛的讲坛上——访厦门大学政法学院副院长陈安
   ［《生活·创造》月刊 1985 年第 12 期］……………… 陈福郎(2517)

  二、他把法的目光投向世界与未来——访厦门大学法律系陈安教授
   ［《福建司法》1988 年第 5 期］………………………… 甘景山(2520)

  三、适应对外开放和发展外向型经济需要，国际经济法系列专著问世　［《光明日报》1988 年 4 月 26 日］…… 林鸿禧　陈有仁(2522)

  四、为对外开放铺路——记厦门大学法学教授陈安
   ［《人民日报》（海外版）1992 年 7 月 7 日］…………… 杨亚南(2523)

五、就闽台两省结拜"姐妹"一事厦门大学法学教授发表看法
　　〔《人民日报》(海外版)1989年5月8日〕……………… 张　莉(2525)
六、理性务实的学术交流盛会——1993年两岸法学学术研讨会综述
　　〔《人民日报》(海外版)1993年8月27日〕……………… 姚小敏(2526)
七、春风吹拂紫梅　白鹭振翅腾飞——陈安教授谈厦门获得立法权
　　〔《厦门日报》1994年3月27日〕……………… 翁黛晖　黄文启(2529)
八、第十二届"安子介国际贸易研究奖"颁奖大会圆满结束(摘要)
　　〔对外经济贸易大学网站 http://www.uibe.edu.cn/,
　　2004年12月18日〕……………………………………… 蓉　一(2531)
九、第十二届"安子介国际贸易研究奖"颁奖
　　〔《人民日报》(海外版)2004年12月21日〕……………… 刘　菲(2532)
十、中国特色国际经济法学的探索者和开拓者——陈安教授
　　〔《厦门大学学报》2008年5月3日〕……………………… 陈　浪(2532)
十一、十位厦大学者入选中国杰出社会科学家
　　〔厦门大学网站 http://www.tmu.edu.cn/,2007年12月
　　27日〕………………………………………………………… 王瑛慧(2534)
Ⅱ 书刊评论……………………………………………………………(2536)
一、致力知己知彼　出色研究成果——《美国对海外投资的
　　法律保护及典型案例分析》序言………………………… 韩德培(2536)
二、一剑淬砺三十年：中国特色国际经济法学的奠基之作——推荐
　　《陈安论国际经济法学》………………………………… 朱学山(2537)
三、弘扬中华学术　投身国际争鸣——推荐《陈安论国际经济法学》
　　…………………………………………………………… 郭寿康(2539)
四、对第三世界思想体系的重大创新来自中国——评陈安教授
　　《南南联合自强五十年的国际经济立法反思：从万隆、
　　多哈、坎昆到香港》……………………………〔日内瓦〕B. Gosovic(2540)
五、立意新颖务实　分析缜密深入　理论实践交融——对陈安主编
　　《国际投资法的新发展与中国双边投资条约的新实践》一书的
　　评价……………………………… 中华人民共和国商务部条法司(2546)
六、内容丰富，系统完整，洵是佳作——《美国对海外投资的法律
　　保护及典型案例分析》评介……………………………… 游　斌(2547)

七、评陈安主编：国际经济法系列专著(1987年版)……… 余劲松(2548)

八、新视角：从南北矛盾看国际经济法——评陈安主编
《国际经济法总论》……………………………… 徐崇利(2551)

九、独树中华一帜，跻身国际前驱——评陈安主编《MIGA与中国》
…………………………………………………… 吴焕宁(2556)

十、深入研究，科学判断——《"解决投资争端国际中心"述评》简介
…………………………………………………… 单文华(2557)

十一、国际投资争端仲裁研究的力作——评《国际投资争端仲裁
机制(ICSID)研究》……………………………… 张乃根(2559)

十二、俯视规则的迷宫——读陈安教授主编《国际经济法学专论》
…………………………………………………… 车丕照(2562)

十三、"问题与主义"中的"问题"——读《国际经济法学专论》
…………………………………………………… 车丕照(2566)

十四、高屋建瓴　视角独到——推荐《晚近十年来美国单边主义与
WTO多边主义交锋的三大回合》……………… 戚燕方(2570)

十五、以史为师　力排"众议"　说理透辟——推荐
《南南联合自强五十年的国际经济立法反思》……… 戚燕方(2571)

十六、紧扣学科前沿　力求与时俱进——推荐《国际经济法学》
（第三版）………………………………………… 杨立范(2572)

Ⅲ 学界来函 …………………………………………………… (2574)
　一、来函概述 ……………………………………………… (2574)
　　（一）对《国际经济法学刍言》一书的评价 …………… (2574)
　　（二）对《南南联合自强五十年的国际经济立法反思》一文的评价 …… (2575)
　　（三）对《晚近十年来美国单边主义与WTO多边主义交锋的三大回合》
　　　　一文的评价 ………………………………………… (2577)
　　（四）对《"解决投资争端国际中心"述评》一书的评价 ……… (2577)
　　（五）对《是重新闭关自守？还是扩大对外开放？——论中美两国经济上
　　　　的互相依存以及"天安门风波"后在华外资的法律环境》一文的评价
　　　　………………………………………………………… (2578)
　　（六）对参加俄勒冈州"第三届国际商法研讨会"宣讲中国投资法的评价
　　　　………………………………………………………… (2579)

（七）对《是进一步开放？还是重新关门？——中国吸收外资政策法令述评》一文的评价 ·· (2580)

（八）对《是棒打鸳鸯吗？——就李爽案件评〈纽约时报〉报道兼答美国法学界同行问》一文的评价 ·· (2581)

二、来函选辑 ·· (2582)

（一）武汉大学教授韩德培老先生致陈安教授函[2005年11月30日] ·· (2582)

（二）安徽大学教授朱学山老先生致陈安教授函[2006年1月15日] ·· (2583)

（三）中国人民大学教授郭寿康老先生致陈安教授函[2007年6月7日] ·· (2583)

（四）对外经济贸易大学教授沈达明老先生致陈安教授函[1985年9月16日] ·· (2584)

（五）中山大学教授端木正老先生致陈安教授函[1985年11月30日] ·· (2584)

（六）〔日内瓦〕中华人民共和国常驻世界贸易组织代表团团长孙振宇大使致陈安教授函[2004年4月16日] ··· (2585)

（七）中华人民共和国商务部条法司致陈安教授函[2005年9月27日] ·· (2585)

（八）中华人民共和国对外经贸部条约法律局致陈安教授函[1987年3月1日] ·· (2589)

（九）中华人民共和国对外经贸部条约法律局致陈安教授函[1988年1月30日] ·· (2589)

（十）中华人民共和国对外经贸部条约法律司致陈安教授函[1989年8月29日] ·· (2590)

（十一）中华人民共和国对外经贸部条约法律司致陈安教授函[1989年12月15日] ·· (2590)

（十二）南方中心秘书长Branislav Gosovic致陈安教授函[2006年2月1日] ·· (2591)

（十三）《世界投资与贸易学报》、《日内瓦论坛季刊》主编Jacque Werner致陈安教授函[2006年1月31日,2006年2月20日] ·········· (2592)

（十四）〔美国〕乔治敦大学中美管理中心主任赵龙跃博士致陈安教授函[2005年3月6日] ·· (2594)

(十五)〔美国〕《天普大学国际法与比较法学报》学术论文编辑 L. K. Kolb 致陈安教授函[2004年6月3日] ·· (2595)

(十六)〔日内瓦〕"南方中心"(South Center)秘书长 B. Gosovic 致陈安教授函[2004年6月2日,2006年7月24日] ·················· (2597)

(十七)〔美国〕"多边投资担保机构"(MIGA)首席法律顾问 L. Weisenfeld 致陈安教授函[2004年5月12日] ·· (2599)

(十八)〔美国〕唐肯(Tonkon et al.)律师事务所首席律师 O. D. Blank 致陈安教授函[1991年7月5日] ·· (2602)

(十九)〔美国〕中国驻美国旧金山总领馆领事朱又德致陈安教授函[1991年5月23日] ·· (2604)

(二十)〔美国〕"解决投资争端国际中心"(ICSID)法律顾问 A. Parra 致陈安教授函[1990年3月22日,1990年8月22日] ··········· (2604)

(二十一)〔美国〕路易斯-克拉克大学西北法学院律师进修班主任 L. B. Mapes 致陈安教授函[1988年11月29日] ·············· (2606)

(二十二)〔美国〕哈佛大学法学院助理院长、东亚法学研究所副所长 F. E. Snyder 致陈安教授函[1982年10月19日] ·············· (2607)

(二十三)〔日本〕访美研究员、金融经济专家杉原启示致陈安教授函[1982年10月30日] ··· (2609)

(二十四)〔美国〕纽约法学院《国际法与比较法学报》主编 E. H. Higa 致陈安教授函[1982年11月19日] ·································· (2610)

(二十五)〔美国〕波士顿大学法学院教授、哈佛大学东亚法学研究所前副所长 F. K. Upham 教授致陈安教授函[1982年11月29日] ··· (2613)

(二十六)〔美国〕哈佛大学法学院斯托利讲座教授、东亚法学研究所所长 A. von Mehren 致陈安教授函[1982年10月25日] ······ (2614)

Ⅳ 本书作者学术小传及历年主要论著目录(以倒计年为序) ······························ (2617)
一、本书作者学术小传 ·· (2617)
二、本书作者历年主要论著 ··· (2618)
(一)书籍 ··· (2618)
(二)论文 ··· (2620)

Ⅴ 本书作者二十年来主要论著获奖情况(以倒计年为序)(2008—1988) ··· (2624)
一、国家级、省部级一等奖 ··· (2624)
二、国家级、省部级二等奖 ··· (2625)
三、厦门大学最高荣誉奖 ··· (2626)

总目录

第 一 卷

第一编 国际经济法基本理论(一)

I 论国际经济法学科的边缘性、综合性和独立性 …………………… (3)
 一、狭义说:国际经济法是国际公法的新分支 ………………… (4)
 二、广义说:国际经济法是调整国际(跨国)经济关系的国际法、
  国内法的边缘性综合体 ………………………………………… (5)
 三、对以上两大学派观点的分析 ………………………………… (7)
 四、国际经济法与国际公法的联系和区别 ……………………… (17)
 五、国际经济法与国际私法的联系和区别 ……………………… (18)
 六、国际经济法与内国经济法的联系和区别 …………………… (21)
 七、国际经济法与国际商务惯例的联系和区别 ………………… (24)
 八、评对中国国际经济法学科发展现状的几种误解 …………… (28)
  (一)"不科学"或"不规范"论 ………………………………… (29)
  (二)"大胃"论或"长臂"论 …………………………………… (31)
  (三)"浮躁"论或"炒热"论 …………………………………… (32)
  (四)"翻版"论或"舶来"论 …………………………………… (33)

Ⅱ 论国际经济关系的历史发展与南北矛盾 （39）
一、早期的国际经济交往与国际经济关系的初步形成 （41）
二、资本主义世界市场的形成与国际经济关系的重大发展 （44）
 （一）自由资本主义时期 （44）
 （二）帝国主义时期 （54）
三、社会主义国家的出现、众多弱小民族的独立与国际经济关系的本质变化 （56）
 （一）相继出现了十几个社会主义国家 （57）
 （二）相继出现了一百多个新的民族独立国家 （57）
 （三）全球实际上划分为三个世界 （59）
 （四）世纪之交，国际经济秩序破旧立新的争斗进入新的回合 （60）

Ⅲ 论国际经济法的产生和发展 （62）
一、萌芽阶段的国际经济法 （65）
二、发展阶段的国际经济法 （66）
 （一）双边国际商务条约 （66）
 （二）近现代国际习惯或惯例 （67）
 （三）多边国际商务专题公约 （68）
 （四）多边国际专项商品协定 （69）
 （五）近现代国际商务惯例 （69）
 （六）近现代各国商事立法 （70）
三、转折更新阶段的国际经济法 （71）
 （一）布雷顿森林体制和关贸总协定 （72）
 （二）创立国际经济法新规范的斗争 （75）
 （三）多边国际商务专题公约的发展 （80）
 （四）区域性或专业性国际经济公约的出现 （81）
 （五）国际商务惯例的发展 （81）
 （六）各国涉外经济法的发展 （82）
 （七）经济全球化明显加快与国际经济法面临的新挑战 （83）

Ⅳ 论源远流长的中国对外经济交往及其法理原则 ……………（ 86 ）

一、中国现行的对外开放国策是中国历史上优良传统的发扬光大 …………………………………………………………（ 87 ）

二、古代中国的对外经济交往及其法理内涵 ………………（ 88 ）
 （一）古代中国对外经济交往简况 …………………………（ 88 ）
 （二）古代中国对外经济交往的法理内涵 …………………（ 93 ）

三、半殖民地半封建中国的对外经济交往及其"法理"内涵 ……（ 95 ）
 （一）半殖民地半封建中国对外经济交往简况 ……………（ 95 ）
 （二）强加于半殖民地半封建中国对外经济交往的"法理" ……（ 97 ）

四、社会主义新中国的对外经济交往及其法理原则 ………（ 97 ）
 （一）独立自主精神的坚持与平等互利原则的贯彻 ………（ 97 ）
 （二）闭关自守意识的终结与对外开放观念的更新 ………（ 99 ）

五、小结语 ……………………………………………………（102）

Ⅴ 论学习国际经济法是贯彻对外开放基本国策必备的"基本功" ……（104）

一、中国实行经济上对外开放国策的主要根据 ……………（104）

二、深入学习国际经济法对贯彻上述基本国策的重大作用 ………（106）

Ⅵ 论中国在建立国际经济新秩序中的战略定位——兼评"新自由主义经济秩序"论、"WTO 宪政秩序"论、"经济民族主义扰乱全球化秩序"论 …………………（109）

引言：国际经济秩序、国际经济法与南北矛盾 ……………（110）

一、历史上中国的自我定位 …………………………………（111）
 （一）古代中国的自我定位 …………………………………（111）
 （二）近现代中国的自我定位 ………………………………（112）
 （三）鸦片战争后160余年来形成的主流民族意识及其对中国定位的影响 ……………………………………（113）

二、今后中国的战略定位：建立 NIEO 的积极推手和中流砥柱之一 …………………………………………………（114）

三、简评针对当代国际经济秩序和中国定位的几种论说 …（120）

（一）"新自由主义经济秩序"论初剖 …………………………………（120）
　　（二）"WTO宪政秩序"论初剖 ……………………………………（126）
　　（三）"经济民族主义扰乱全球化秩序"论初剖 …………………（130）
四、几点结论 …………………………………………………………（134）

Ⅶ 论马克思列宁主义对弱小民族国家主权学说的重大贡献…………（136）
一、近代民族殖民地问题的产生，马克思、恩格斯关于民族殖民
　　地问题的基本理论 ……………………………………………（139）
　　（一）近代殖民主义者的侵略活动和殖民地半殖民地人民的反抗斗争
　　　　 …………………………………………………………………（139）
　　（二）马克思、恩格斯在民族殖民地问题上的基本观点 …………（157）
二、第二国际后期，列宁在民族殖民地问题上反对修正主义的
　　斗争 ……………………………………………………………（171）
　　（一）帝国主义时代基本矛盾的激化和修正主义路线的出现 ……（171）
　　（二）列宁对伯恩施坦、万-科尔之流在民族殖民地问题上谬论的斗争
　　　　 …………………………………………………………………（184）
　　（三）列宁对爱尔威之流在民族殖民地问题上谬论的斗争 ………（206）
　　（四）列宁对鲍威尔之流在民族殖民地问题上谬论的斗争 ………（214）
三、第二国际破产以后十月革命胜利以前，列宁在民族殖民地
　　问题上进一步反对修正主义的斗争 …………………………（227）
　　（一）第一次世界大战爆发，民族殖民地问题进一步尖锐化 ……（227）
　　（二）列宁对考茨基之流在民族殖民地问题上谬论的斗争 ………（236）
　　（三）列宁对库诺夫、谢姆柯夫斯基之流在民族殖民地问题上谬论的
　　　　 斗争 …………………………………………………………（259）
四、十月革命以后第三国际初期，列宁在民族殖民地问题上清
　　除修正主义流毒的斗争 ………………………………………（279）
　　（一）一九一七年底至一九二四年初民族殖民地问题面临的新形势
　　　　 …………………………………………………………………（279）
　　（二）列宁对第二国际余孽们在民族殖民地问题上谬论的斗争 …（288）
　　（三）列宁对第三国际内部布哈林、罗易之流在民族殖民地问题上"左"

倾空谈的斗争……………………………………………………（306）

Ⅷ 论经济主权原则是当代国际经济法首要的基本规范………………（343）
  一、南北矛盾与国际经济法基本原则的演进……………………（344）
  二、经济主权原则的提出…………………………………………（346）
  三、经济主权原则的形成过程及其基本内容……………………（348）
    （一）各国对本国内部以及本国涉外的一切经济事务享有完全、充分的
      独立自主权利，不受任何外来干涉……………………（351）
    （二）各国对境内一切自然资源享有永久主权………………（351）
    （三）各国对境内的外国投资以及跨国公司的活动享有管理监督权……（353）
    （四）各国对境内的外国资产有权收归国有或征用……………（355）
    （五）各国对世界性经贸大政享有平等的参与权和决策权……（357）

Ⅸ 论中国在"入世"谈判中应当坚持经济主权原则……………………（360）
  一、新加坡WTO部长会议分歧的根因：南北国家经济主权之争
   ………………………………………………………………（361）
  二、南方国家强调经济主权的来由………………………………（361）
  三、经济主权原则已成为当代国际社会的共识…………………（362）
  四、经济主权原则的主要内容……………………………………（363）
  五、各国对经济主权的自愿限制…………………………………（364）
  六、中国维护经济主权的基本立场………………………………（365）

Ⅹ 世纪之交在经济主权上的新争议与"攻防战"：综合评析十年来
 美国单边主义与WTO多边主义交锋的三大回合……………………（366）
  一、新争议的缘起：乌拉圭回合与世贸组织……………………（369）
  二、新争议在美国的折射："1994年主权大辩论"………………（370）
    （一）主权观念已经"过时"应予"废弃"论………………（370）
    （二）美国的"主权"（既得霸权）应予捍卫论………………（372）
    （三）美式"主权废弃"论与美国"主权捍卫"论的"矛盾"与"统一"：
      美国单边主义（美国霸权）的初胜与WTO多边主义（他国群体

主权)的初败 …………………………………………………………（377）

三、美国的"主权大辩论"与美国的"301条款" ………………………（378）
 （一）"301条款"是美国的霸权立法 ……………………………（379）
 （二）美国"主权大辩论"的首要结论：美国的霸权立法"301条款"不许改变 ……………………………………………………………（381）

四、美国"主权大辩论"的后续影响之一："301条款"争端案 ………（382）
 （一）美国"301条款"引发的欧—美经济主权争讼案：缘由与前奏 ……（383）
 （二）美国"301条款"引发的欧—美经济主权争讼案：指控与抗辩 ……（385）
 （三）WTO/DSB专家组对本案经济主权争讼的裁断：美国单边主义（美国霸权）的再度获胜与WTO多边主义（他国群体主权）的再败 …………………………………………………………（391）
 （四）本案专家组裁断留下的执法形象 …………………………（394）
 （五）本案专家组裁断留下的疑窦与隐患 ………………………（399）

五、美国"主权大辩论"的后续影响之二："201条款"争端案 ………（408）
 （一）"201条款"争端案的起因 …………………………………（409）
 （二）"201条款"争端案的"初审"结论 …………………………（411）
 （三）"201条款"争端案的"终审"结论 …………………………（411）
 （四）对"201条款"争端案结局的客观评价：WTO多边主义（他国群体主权）两败之后的小胜与美国单边主义（美国霸权）的"依然故我" ……………………………………………………（414）

六、美国"主权大辩论"、"301条款"争端案以及"201条款"争端案之宏观小结：庆父未去，鲁难未已 ……………………………（415）

七、世纪之交在经济主权原则上的新争议与"攻防战"对发展中国家的重大启迪 ………………………………………………（416）
 （一）增强忧患意识，珍惜经济主权 ……………………………（417）
 （二）力争对全球经贸大政决策权实行公平的国际再分配 ……（417）
 （三）善用经济主权保护民族权益，抵御霸权欺凌和其他风险 …（419）
 （四）警惕理论陷阱，摒除经济主权"淡化"论 …………………（420）

XI 论社会帝国主义主权观的一大思想渊源：民族虚无主义的今昔

....（421）
一、三种谬论，一大基石 ....（422）
（一）他国"疆境不足道"论 ....（423）
（二）苏联"最高主权"和弱国"有限主权"论 ....（424）
（三）互相"越界爱国"论 ....（425）
二、追本溯源，看"俄国佬精神"与民族虚无主义的早期结合 ......（427）
三、斥祖国"无所谓"论，"我们是社会主义祖国的护国主义者" ......（431）
四、"刮一刮"红色表皮，"你就会发现他是大俄罗斯沙文主义者"
....（435）
五、借鉴历史，明辨真伪 ....（441）

XII 论国际经济法中的公平互利原则是平等互利原则的重大发展 ......（444）
一、公平互利原则的提出 ....（444）
二、公平互利原则的形成过程及其主要宗旨："公平"与"互利"的
联系和区别 ....（446）
三、公平互利原则的初步实践之一例：非互惠的普遍优惠待遇 ......（450）

XIII 论南北合作是解决南北矛盾的最佳选择 ....（455）
一、全球合作原则的中心环节：南北合作 ....（457）
二、南北合作原则初步实践之一例：《洛美协定》和《科托努协定》
....（459）
三、《洛美协定》和《科托努协定》的生命力与局限性 ....（461）

XIV 全球合作的新兴模式和强大趋势：南南合作与"77国集团" ......（463）
一、南南合作与南北合作的联系和区别 ....（465）
二、南南合作的战略意义 ....（466）
三、南南合作的初步实践："77国集团"的初露头角与一度削弱
....（468）
（一）20世纪60年代中期至70年代末："77国集团"初露头角 ......（469）
（二）20世纪80年代初至90年代中期："77国集团"一度削弱 ......（470）
（三）20世纪90年代后期至21世纪初始："77国集团"重整旗鼓 ......（472）

四、南南合作实践的强化与"多哈发展回合"(DDR)的曲折进程 …………………………………………………………………（474）

(一)"多哈回合"的启动与中国的"入世" ………………………（474）

(二)"坎昆会议"与"20国集团"的崛起 …………………………（476）

XV 南南联合自强五十年的国际经济立法反思：从万隆、多哈、坎昆到香港 ……………………………………………………………（479）

一、多哈回合全球谈判的法律实质 ……………………………………（481）

二、从万隆到多哈：五十年来南南联合自强始终在曲折中行进 ………（483）

(一)南方国家的万隆会议(即首届"亚非会议") …………………（483）

(二)南方国家的"77国集团" ………………………………………（483）

(三)"南方首脑会议" …………………………………………………（485）

(四)"多哈发展回合"(DDR)的启动与中国的"入世" ……………（486）

三、多哈—坎昆进程中南南联合自强的新面貌和新曲折 ……………（487）

四、"香港会议"前南北矛盾的僵局及其"乍暖还寒" …………………（489）

五、"香港会议"的积极成果：千呼万唤始出来，犹抱琵琶半遮面 ……（493）

六、"香港会议"后南北谈判的断而复续与僵局的再现 ………………（498）

七、从五十年来南南联合自强的历史轨迹展望 DDA 和 WTO 今后的走向 ………………………………………………………（499）

(一)南北矛盾和南南联合自强的历史轨迹："6C"律及其特点 …（500）

(二)多哈发展回合谈判的成功：含韧性的南南联合自强，别无他途可循！ ………………………………………………………（502）

XVI 论"有约必守"原则在国际经济法中的正确运用 ……………（507）

一、有约必守原则的基本内容 …………………………………………（508）

(一)国际条约必须信守 ………………………………………………（509）

(二)跨国契约(合同)必须信守 ……………………………………（509）

(三)有约必守原则在各国涉外经济法中的体现：以中国为例 …（510）

二、对有约必守原则的限制 ……………………………………………（512）

(一)合同或条约必须是合法、有效的 ………………………………（512）

(二)合同或条约往往受"情势变迁"的制约 ………………………（515）

第 二 卷

第二编 国际经济法基本理论(二)

Ⅰ 论"适用国际惯例"与"有法必依"的统一 ……………………（521）
    一、关于"国际惯例"的诸般学说 …………………………………（522）
    二、关于"国际惯例"理论要点之管见 ……………………………（525）
    三、"与国际惯例接轨"不能凌驾于"有法必依" …………………（530）
    四、结语 ………………………………………………………………（534）

Ⅱ 论中国涉外仲裁监督机制 ……………………………………………（536）
    一、中国《仲裁法》的涉外仲裁监督规定与《民事诉讼法》有关规定的
        接轨 ………………………………………………………………（538）
    二、中国《仲裁法》的涉外仲裁监督规定与国际条约有关规定的
        接轨 ………………………………………………………………（540）
    三、中国《仲裁法》的涉外仲裁监督规定与当代各国仲裁立法通例
        有关规定的接轨 ………………………………………………（542）
    四、中国涉外仲裁监督问题的"特殊性"及其有关机制与国际条约、
        国际惯例接轨的必要性 ………………………………………（545）

Ⅲ 论中国的涉外仲裁监督机制及其与国际惯例的接轨 ……………（550）
    一、中国的审判监督、内国仲裁监督与涉外仲裁监督的同异及其
        待决问题 ………………………………………………………（553）
    二、中国两类仲裁监督"分轨"立法之合理性问题 ………………（557）
        （一）中国《仲裁法》的涉外仲裁监督规定与《民事诉讼法》有关规定的
            接轨问题 …………………………………………………（559）
        （二）中国《仲裁法》的涉外仲裁监督规定与国际条约有关规定的
            接轨问题 …………………………………………………（562）

（三）中国《仲裁法》的涉外仲裁监督规定与当代各国仲裁立法通例
　　　　有关规定的接轨问题 …………………………………………（566）

　　（四）中国国情的"特殊性"与涉外仲裁监督"从宽"的必要性问题 …（571）

　　（五）当事人选择仲裁时"更注重效益"而非"更注重公平"问题 ………（579）

　三、加强现行中国涉外仲裁监督机制的几点设想 …………………（585）

Ⅳ 申论中国涉外仲裁监督机制 ………………………………………（588）

　一、内国仲裁监督与涉外仲裁监督"分轨制"，并非"国际社会的
　　　普遍做法" ………………………………………………………（589）

　二、英国的仲裁监督并未实行"分轨制"，其涉外仲裁监督并非
　　　"只管程序运作，不管实体内容" ………………………………（591）

　三、终局而不公、终局而违法的裁决不是受害一方"当事人最
　　　主要的期望" ……………………………………………………（593）

　四、"无权监督、无计可施"的担心不是"多余的" …………………（594）

　五、结束语 ……………………………………………………………（599）

Ⅴ 再论中国涉外仲裁的监督机制及其与国际惯例的接轨
——兼答肖永平先生等 ………………………………………（600）

　一、对内国仲裁监督与涉外仲裁监督实行"分轨"，这是国际社会
　　　的普遍做法或"符合国际上的通行做法"吗？有何依据？ ……（602）

　二、英国的仲裁监督，是否实行"内外有别"的"分轨制"？它对于
　　　涉外仲裁的监督是否"只管程序运作，不管实体内容"？ ……（605）

　　（一）英国的《1950年仲裁法》和《1979年仲裁法》………………（605）

　　（二）英国的《1996年仲裁法》……………………………………（608）

　　（三）英国《1996年仲裁法》之"尘封"年半及其"原貌"辨识 ……（611）

　三、美、德、法诸国的仲裁监督，联合国《国际商事仲裁示范法》的
　　　有关规定，是否实行"内外有别"的"分轨制"？对于涉外仲裁
　　　的监督是否"只管程序运作，不管实体内容"？ ………………（619）

　　（一）美国的仲裁监督机制辨析 ……………………………………（619）

　　（二）德国的仲裁监督机制辨析 ……………………………………（625）

（三）法国的仲裁监督机制辨析 ………………………………（637）
　　（四）联合国《国际商事仲裁示范法》 …………………………（643）
四、当事人选择仲裁解决争议,"最主要的就是期望获得一份
　　终局裁决"吗？终局而不公、终局而违法的裁决,是受害一方
　　当事人"最主要"的期望吗？ …………………………………（649）
五、"应更注重效益"论、"预防保护主义"论、"抵制司法腐败"论、
　　"仲裁一片净土"论能否成为涉外仲裁排除实体监督的正当
　　"理由"？ …………………………………………………………（651）
　　（一）"应更注重效益"论评析 ……………………………………（652）
　　（二）"预防保护主义"论评析 ……………………………………（655）
　　（三）"抵制司法腐败"论评析 ……………………………………（659）
　　（四）"仲裁一片净土"论评析 ……………………………………（661）
六、依照现行的涉外仲裁监督机制,对于实体内容上错误或违法的
　　涉外裁决,包括凭伪证作出或基于贪赃枉法作出的涉外裁决,
　　任何权威机关都无权监督,无计可施。"这种担心是多余的"吗？
　　………………………………………………………………………（663）
　　（一）对仲裁员的监督无法取代对裁决书的监督 ………………（663）
　　（二）《仲裁法》第58条的监督规定不适用于涉外裁决 …………（665）
七、结束语 …………………………………………………………（670）

Ⅵ 论中国执行外国仲裁裁决机制的形成和不足 ………………（673）
一、1949—1978年(约30年)：相关立法基本空白 ………………（674）
二、1979—1994年(约15年)：国内逐步立法＋参加国际公约 ……（675）
　　（一）颁布中国《民事诉讼法》(试行) ……………………………（675）
　　（二）参加1958年的《纽约公约》 …………………………………（675）
　　（三）参加1965年的《华盛顿公约》 ………………………………（676）
　　（四）颁布正式的现行中国《民事诉讼法》 ………………………（676）
　　（五）颁布现行的中国《仲裁法》 …………………………………（677）
三、1995年迄今 ……………………………………………………（678）
　　（一）来自"地方保护主义"的障碍 ………………………………（678）

　　　　(二)克服"地方保护主义"的措施之一:"双层报批复审制" ………… (679)
　　　　(三)强化"双层报批复审制":设定时限 …………………………… (681)
　　四、中国有关执行外国仲裁裁决的立法仍有待改善 ………………… (682)
　　　　(一)正式立法,提高法律位阶 ……………………………………… (682)
　　　　(二)对最高院设定答复时限 ……………………………………… (682)

Ⅶ 论中国涉外仲裁程序中当事人的申辩权和对质权——就香港
　 百利多投资有限公司诉香港克洛克纳东亚有限公司一案向
　 香港高等法院提供的专家意见书 ……………………………………… (683)
　　一、专家简况 ………………………………………………………… (685)
　　二、咨询的问题:当事人可否对CIETAC自行指定专家作出的
　　　　鉴定提出抗辩? ………………………………………………… (685)
　　三、专家的看法和意见 ……………………………………………… (686)
　　　　(一)中国审理制度的首要原则之一:确保当事人行使诉讼权利 …… (686)
　　　　(二)CIETAC仲裁程序必须遵循上述原则的法律根据 …………… (688)
　　　　(三)中国参加的《纽约公约》确保仲裁当事人享有充分申辩权 …… (688)
　　附录 …………………………………………………………………… (690)

Ⅷ 就中国涉外仲裁体制答英商问〔专家意见书〕 ……………………… (694)
　　一、仲裁和诉讼(俗称"告状"或"打官司")有何不同? …………… (695)
　　二、"仲裁协议"是否必须采取另立合同的形式? ………………… (696)
　　三、英商Y能源有限公司申请仲裁,是否已经具有充分的根据?
　　　　………………………………………………………………… (697)
　　四、由中国国际经济贸易仲裁委员会进行仲裁,与一般国内民事
　　　　仲裁以及由法院审判相比较,其主要区别是什么? …………… (698)
　　五、有人说:"即使你仲裁胜诉了,到本省本市执行不了,你也没办法。"
　　　　这种说法对不对? ……………………………………………… (699)
　　六、从申请仲裁到裁决和执行,会拖延不少时间,在此期间内对方
　　　　如借口处于仲裁中而不执行合同,M电厂势必瘫痪。遇此
　　　　情况,对方应承担什么法律责任? ……………………………… (700)

七、如果对方不愿或不能履行合同,英商 Y 公司是否即可按
《合资经营合同》第 29 条进行索赔？其赔偿额依法应如何
确定？ ……………………………………………………………（701）
八、有人说,政策变化属于"不可抗力"。这种说法能否成立？ ……（702）

Ⅸ 论涉外仲裁个案中的偏袒伪证和纵容欺诈——CIETAC
1992—1993 年个案评析 …………………………………………（704）
一、本案案情梗概 …………………………………………………（705）
二、本案仲裁申请书(1992 年 9 月 22 日) ………………………（708）
三、关于香港 PH 公司 S 先生欺诈行为的补充说明
(1993 年 4 月 10 日) …………………………………………（710）
（一）香港 PH 公司与美国 PH 公司的关系 ………………（711）
（二）香港 PH 公司的资信问题 ……………………………（712）
（三）组建香港 PH 公司的真实意图 ………………………（713）
（四）S 先生在尖端专利产品销售权问题上的欺诈行为 ……（717）
（五）香港 PH 公司 S 先生的欺诈行为对 KP 合同效力的影响 …（718）
四、本案讼争主要问题剖析(1993 年 4 月 14 日) ………………（720）
（一）解除《KP 合同》的约定条件和法定条件均已完全具备 ……（721）
（二）本案被诉人的欺诈行为导致《KP 合同》必须火速废除 …（730）
（三）本案申诉人 FJ 公司的合理合法的紧急请求应予支持 ……（737）
五、关于《(1993)贸仲字第 3470 号裁决书》的法律意见书——对
本案裁决执法不公的批评、质疑和建议(1993 年 11 月 5 日)
…………………………………………………………………（739）
（一）关于《裁决书》的法律效力问题 ………………………（739）
（二）关于事实认定和仲裁程序问题 ………………………（741）
（三）关于仲裁程序的其他问题 ……………………………（746）
（四）关于法律适用问题 ……………………………………（746）

Ⅹ 论涉外仲裁个案中的越权管辖、越权解释、草率断结和有欠透明
——CIETAC 2001—2002 年个案评析 …………………………（749）
一、小引 ……………………………………………………………（751）

二、本案案情梗概 …………………………………………………（753）

三、本案裁决书"仲裁庭意见"一稿与二稿的大相径庭与突变 ……（758）

（一）"仲裁庭意见"一稿——原有的2∶1 ………………………（759）

（二）专家咨询会议的短促评议及其可商榷之处 ………………（764）

（三）"仲裁庭意见"二稿——反向的2∶1 ………………………（772）

四、本案裁决中的越权管辖裁断和越权擅自解释 ……………………（776）

（一）关于越权管辖裁断 …………………………………………（776）

（二）关于越权擅自解释 …………………………………………（785）

（三）关于防止越权管辖和越权解释的几点建议 ………………（789）

五、本案仲裁后期的草率断结和断结后的有欠透明 ………………（791）

（一）后期的草率断结及其负面后果 ……………………………（791）

（二）草率断结后的有欠透明及其负面后果 ……………………（791）

六、几项寄语 …………………………………………………………（798）

（一）更完善地发挥所设"专家咨询委员会"的功能与作用 …（798）

（二）更充分地发挥常设"仲裁研究所"的功能与作用 ………（798）

（三）更慎重地选择每案的首席仲裁员 …………………………（799）

（四）澄清和修订CIETAC现行《仲裁规则》第54条 …………（799）

七、尾声 ………………………………………………………………（800）

Ⅺ 论中国法律认定的"违法行为"及其法律后果——就广东省广信公司破产清算债务讼案问题答外商摩根公司问〔专家意见书〕……（802）

一、专家简况 …………………………………………………………（803）

二、本案的梗概和咨询的问题 ………………………………………（803）

三、专家的看法和意见 ………………………………………………（804）

（一）中国人民银行的《1995年通知》并非法律或法规 ………（804）

（二）《协议》违反《1995年通知》并非当然违法和全盘无效 …（805）

（三）当事人一方以不实信息误导对方致造成损害应依法赔偿 （807）

（四）中国法律对违约救济程序的基本规定 ……………………（808）

（五）中国法律、法规和行政规章与《WTO协定》规则的"接轨" ………（809）

XII 论中国内地土地使用权的回收与变卖——就香港某债务讼案问题答台商问〔专家意见书〕 ………………………………（811）

一、专家简况 …………………………………………………………（812）

二、本案咨询的问题 …………………………………………………（812）

三、专家的看法和意见 ………………………………………………（813）

（一）中国政府有权依法收回已转让的土地，或依法另行转让 ………（813）

（二）中国法律禁止外商将已获使用权的地块长期闲置不用 …………（813）

（三）中国政府和法院有权依法直接变卖外商用以抵押的地块使用权 ……………………………………………………………（815）

XIII 论"法无明禁即为合法"——就外资企业"设董"自主权问题答英商问〔专家意见书〕 ……………………………………（818）

一、在华外商独资有限责任公司可以设立也可以不设立董事会 ………………………………………………………………………（819）

（一）适用的主要法律：中国的《公司法》与《外资企业法》 …………（819）

（二）特别法优于普通法：《外资企业法》优先于《公司法》 …………（819）

（三）《公司法》相关规定的合理解释 …………………………………（820）

二、中外合资企业或中外合作企业的董事会人数不得少于3人，但外商独资企业的董事会人数可以少于3人 ……………………（820）

（一）《中华人民共和国中外合资经营企业法》及其《实施条例》的禁止规定 ……………………………………………………………（821）

（二）《中华人民共和国中外合作经营企业法》及其《实施细则》的禁止规定 ……………………………………………………………（821）

（三）《中华人民共和国外资企业法》及其《实施细则》未作相关禁止规定 ……………………………………………………………（821）

三、两人董事会或偶数董事会避免决策"僵局"的具体办法 ………（822）

四、新颁《国务院关于投资体制改革的决定》深受外商欢迎，应予认真贯彻 ……………………………………………………（822）

五、结论 ………………………………………………………………（823）

第三编 国际投资法

I OPIC 述评：美国对海外私人投资的法律保护及典型案例分析 …… （827）
    韩德培先生序言 ………………………………………………… （828）
    前言 ……………………………………………………………… （830）
    一、从中美投资保险和投资保证协定谈起 …………………… （833）
    二、海外私人投资公司的历史沿革和设置意图 ……………… （837）
        （一）保护海外美资的国际条约之递嬗 …………………… （837）
        （二）保护海外美资的国内立法之变迁 …………………… （845）
        （三）在保护海外美资中，美国当局的趋避 ……………… （848）
    三、海外私人投资公司的基本体制 …………………………… （859）
        （一）组织领导与业务范围 ………………………………… （859）
        （二）投保适格 ……………………………………………… （861）
        （三）承保项目 ……………………………………………… （865）
        （四）索赔规定 ……………………………………………… （867）
    四、海外私人投资公司对若干索赔案件处断概况 …………… （872）
        （一）关于东道国政府的直接牵连问题 …………………… （875）
        （二）关于股东的基本权利问题 …………………………… （884）
        （三）关于企业的有效控制问题 …………………………… （885）
        （四）关于东道国政府的正当法令问题 …………………… （903）
        （五）关于在东道国就地寻求补救问题 …………………… （914）
        （六）关于在东道国搞挑衅活动问题 ……………………… （918）
    五、若干初步结论 ……………………………………………… （925）

II 从 OPIC 到 MIGA：跨国投资保险体制的渊源和沿革 ……… （929）
    一、跨国投资保险体制的渊源和沿革：从 OPIC 到 MIGA …… （932）
        （一）OPIC 模式的由来、演进和局限 ……………………… （933）
        （二）MIGA 模式的孕育和诞生 …………………………… （938）
    二、多边投资担保机构的概貌 ………………………………… （941）

　　　　（一）多边投资担保机构成员国结构 …………………………………（941）
　　　　（二）多边投资担保机构股权、投票权分配 …………………………（946）
　　　　（三）多边投资担保机构第一个五年的主要业绩、存在的问题和前景
　　　　　　 展望 …………………………………………………………………（955）
　　三、研究多边投资担保机构对于中国的重大现实意义 ………………（962）
　　　　（一）有利于扩大吸收外资 ……………………………………………（962）
　　　　（二）有利于扩大向外投资 ……………………………………………（963）
　　　　（三）有利于扩大吸收我国港、澳、台地区的投资 …………………（965）
　　　　（四）有利于促进全球合作,建立国际经济新秩序 …………………（967）
　　[附录]十五年来多边投资担保机构的涉华实践(1990—2004) ………（967）

Ⅲ "多边投资担保机构"与美国在华投资 ………………………………（993）
　　一、前言 …………………………………………………………………（994）
　　二、MIGA 与世界银行集团之间的关系 ………………………………（996）
　　三、MIGA 与"解决投资争端国际中心"之间的关系 …………………（998）
　　四、MIGA 与美国欧皮克公司之间的关系 ……………………………（1001）
　　五、中国学者的观点及中国的有关立法 ………………………………（1002）
　　六、美国对 MIGA 的看法以及相应的立法 ……………………………（1006）
　　七、MIGA 对保护美国在华投资可能发挥的重大作用 ………………（1009）
　　八、结语 …………………………………………………………………（1016）

Ⅳ ICSID 与中国：我们研究"解决投资争端国际中心"的现实动因和
　　待决问题 ……………………………………………………………（1018）
　　一、问题的提出：在中国境内的涉外投资争端中,外国的"民"
　　　　可否控告中国的"官" ………………………………………………（1020）
　　　　（一）中国国内法关于在华外商控告中国民间当事人的规定 ……（1020）
　　　　（二）中国国内法关于在华外商控告中国政府机关的规定 ………（1021）
　　　　（三）中外国际条约中关于在华外商控告中国政府机关的规定——
　　　　　　 "中心"问题的提出 ……………………………………………（1022）
　　二、"解决投资争端国际中心"的由来及其仲裁体制 …………………（1025）

(一)"中心"出现的历史背景 ………………………………………………… (1026)
(二)"中心"仲裁体制的基本框架和运作原则 ………………………… (1028)
三、中国与"解决投资争端国际中心"早期关系的发展进程 ………… (1034)
四、关于中国应否参加《华盛顿公约》、可否接受"解决投资争端国际中心"仲裁体制的分歧意见 …………………………………………… (1037)
(一)主张"为了促进开放,应当从速参加"者的主要论据 ………… (1037)
(二)主张"为了珍惜主权,绝对不宜参加"者的主要论据 ………… (1039)
(三)主张"积极加强研究,慎重考虑参加"者提出的各种待决问题 …… (1043)
五、中国参加《华盛顿公约》、接受"解决投资争端国际中心"仲裁体制后面临的新形势和待决问题 …………………………………… (1049)
(一)十一年来《公约》缔约国大幅度增加 ……………………………… (1049)
(二)十一年来"中心"仲裁体制的功能不断扩大 ……………………… (1056)
(三)十一年来"中心"受理的国际投资争端案件急剧增多 …………… (1058)
(四)在"中心"新形势下中国面临新的待决问题 ……………………… (1058)
六、《国际投资争端仲裁——ICSID 机制研究》一书的内容结构
………………………………………………………………………… (1074)

第 三 卷

第三编 国际投资法(续)

V 中外双边投资协定中的四大"安全阀"不宜贸然拆除——美、加型 BITs 谈判范本关键性"争端解决"条款剖析 ……………………… (1079)
一、中国型 BITs 中争端解决条款与《ICSID 公约》相关条款的"接轨" ………………………………………………………………… (1081)
二、美、加型 BITs 谈判范本关键性"争端解决"条款之基本规定
………………………………………………………………………… (1085)
三、中国在 BIT 谈判中不宜贸然接受上述条款或其"变种" ……… (1088)
(一)此类条款背离了国际公约对东道国的授权 ……………………… (1089)

（二）此类条款不符合中国的现实国情………………………………(1093)
　　（三）此类条款无视于弱国 BIT 缔约实践的沉痛教训——阿根廷的前车
　　　　之鉴……………………………………………………………………(1099)
　　（四）此类条款无视于两类东道国的最新立法转轨…………………(1101)
四、结论：有关今后中外 BIT 谈判的几点管见……………………………(1105)
　　（一）加强调查研究，"摸着石头过河"…………………………………(1105)
　　（二）善用公约授权，牢握"安全阀门"…………………………………(1106)
　　（三）坚持"下不为例"，"亡羊"及时"补牢"……………………………(1107)

Ⅵ 区分两类国家，实行差别互惠：再论 ICSID 体制赋予中国的四大
　"安全阀"不宜贸然全面拆除…………………………………………(1109)
一、问题的缘由………………………………………………………………(1111)
二、中国型 BITs 中争端解决条款与 ICSID 公约相关条款"接轨"
　　的简要回顾………………………………………………………………(1113)
三、中国在 BITs 谈判中不宜贸然接受美国型的争端解决条款或
　　其"变种"…………………………………………………………………(1115)
　　（一）此类条款背离了国际公约对东道国的授权………………………(1116)
　　（二）此类条款漠视了联合国权威机构的反复告诫……………………(1119)
　　（三）此类条款不符合中国的现实国情…………………………………(1122)
　　（四）此类条款无视弱国 BIT 缔约实践的沉痛教训：阿根廷的前车
　　　　之鉴………………………………………………………………(1129)
　　（五）此类条款无视两类东道国的最新立法转轨………………………(1130)
四、有关今后中外 BIT 谈判的几点思考……………………………………(1133)
　　（一）加强调查研究，"摸着石头过河"…………………………………(1133)
　　（二）善用公约授权，牢握"安全阀门"…………………………………(1134)
　　（三）区分两类国家，实行差别互惠，排除或限制 MFN 条款适用于争端
　　　　程序………………………………………………………………(1135)
五、区分两类国家，实行差别互惠的理论依据和实践先例………………(1139)
　　（一）区别对待的做法符合"具体分析"的普遍哲理……………………(1139)
　　（二）区别对待的做法符合"公平互利"的基本法理……………………(1139)

（三）区别对待的做法符合"国家主权至高无上"的国际法基本原则
　　………………………………………………………………………（1141）
　　（四）区别对待的做法符合 MFN 待遇原则的发展进程………（1142）
　　（五）区别对待、排除或限制 MFN 条款扩大适用于争端程序，符合
　　　　 UNCTAD 晚近的反复警示………………………………（1143）
　　（六）区别对待的做法符合国际仲裁的最新实践………………（1143）
　　（七）区别对待、排除或限制 MFN 条款适用范围的做法已有若干先例
　　　　 可援………………………………………………………（1145）
　六、结论………………………………………………………………（1146）

Ⅶ 《中国—秘鲁 1994 年双边投资协定》可否适用于"一国两制"下的
　中国香港特别行政区——香港居民谢业深 v. 秘鲁政府征收
　投资案件的法理剖析………………………………………………（1147）
　一、本案案情梗概……………………………………………………（1149）
　二、主要争议和初步看法……………………………………………（1150）
　　（一）主要争议……………………………………………………（1150）
　　（二）初步看法……………………………………………………（1151）
　三、关于申请人之中国国籍问题……………………………………（1151）
　　（一）中国国籍的获得……………………………………………（1152）
　　（二）中国国籍的丧失……………………………………………（1153）
　　（三）《中国国籍法》对香港特别行政区的适用…………………（1153）
　　（四）中国国籍的证明……………………………………………（1154）
　　（五）香港特别行政区护照对中国国籍的证明…………………（1154）
　四、关于《中国—秘鲁 BIT 1994》适用于在香港享有居留权的
　　　中国公民问题…………………………………………………（1154）
　　（一）香港回归中国前后的历史回顾……………………………（1155）
　　（二）《中英联合声明》确立的原则与规则………………………（1155）
　　（三）"中英联合联络小组"的工作………………………………（1157）
　　（四）《香港特别行政区基本法》以及中国法律、中—外协定（条约）对
　　　　 香港的适用……………………………………………（1158）

（五）《中国—秘鲁 BIT 1994》不适用于在香港享有居留权的中国公民
　　　………………………………………………………………………………（1165）
五、关于《中国—秘鲁 BIT 1994》中仲裁条款的适用范围问题 ……（1166）
　　（一）中国加入《华盛顿公约》的历史回顾 ……………………………（1166）
　　（二）中国对于双边投资协定（BITs）争端解决条款的基本政策 ………（1168）
　　（三）《中国—秘鲁 BIT 1994》中仲裁条款的范围与性质 ………………（1173）
六、关于《中国—秘鲁 BIT 1994》中"最惠国条款"的适用范围问题
　　………………………………………………………………………………（1175）
　　（一）中国在"最惠国（MFN）条款"方面的历史教训 …………………（1175）
　　（二）《中国—秘鲁 BIT 1994》中 MFN 条款的固有涵义 ………………（1178）
　　（三）可否援引《中国—秘鲁 BIT 1994》中的 MFN 条款，创设新的
　　　　ICSID 管辖权 …………………………………………………………（1178）
　　（四）当代国际法学界对 MFN 条款性质的共识：MFN 待遇只是国家主权
　　　　的派生物 ………………………………………………………………（1182）
　　（五）依据《维也纳条约法公约》对《中国—秘鲁 BIT 1994》中的 MFN
　　　　条款进行解释 …………………………………………………………（1183）
　　（六）联合国官方文件的反复警示以及当今世界对 MFN 条款的严格
　　　　解释 ……………………………………………………………………（1186）
　　（七）目前国际缔约实践中对 MFN 条款的限制与排除 …………………（1189）
　　（八）ICSID 实践对 MFN 待遇的限制与排除（裁决案例） ……………（1190）
　　（九）《中国—秘鲁 BIT 1994》中的 MFN 条款问题 ……………………（1195）
七、结论 …………………………………………………………………………（1195）

Ⅷ 我国涉外经济立法中可否规定对外资绝不实行国有化 …………（1197）

一、问题缘起 ……………………………………………………………………（1198）
二、两种歧义 ……………………………………………………………………（1199）
　　（一）事关维护经济主权，不可立法规定绝不征收外资 …………………（1199）
　　（二）事关大量吸收外资，不妨立法规定绝不征收外资 …………………（1200）
三、四点管见 ……………………………………………………………………（1202）
　　（一）从外资国有化问题的论战史来看，不适宜作此规定 ………………（1202）

（二）从中外签订的双边投资保护协定来看，不必要作此规定 ………… (1204)
　　（三）从西方国家对"国有化"的理解来看，不应当作此规定 ………… (1206)
　　（四）从中国的宪法精神和现有政策来看，不容许作此规定 ………… (1207)
四、结论：务必留权在手，但决不任意滥用 …………………………… (1209)

Ⅸ　是重新闭关自守？还是扩大对外开放？——论中美两国经济上的互相依存以及"天安门风波"后在华外资的法律环境 ………… (1210)
一、华盛顿：最惠国≠最喜欢的国家 ………………………………… (1211)
二、北京：最惠国——中美同舟 ……………………………………… (1214)
三、燕子悄无声，天暖翩然来 ………………………………………… (1216)
四、有利于外国投资者的中国法律多面体上又新增六面 …………… (1219)
　　（一）修订了《合资经营企业法》 ………………………………… (1219)
　　（二）颁布了《成片土地开发办法》 ……………………………… (1221)
　　（三）广阔开放了"经济心脏"的周边地区——上海浦东 ……… (1222)
　　（四）统一了针对外国投资者的税法并给予了更多优惠 ……… (1224)
　　（五）实施了《行政诉讼法》 ……………………………………… (1225)
　　（六）接受了ICSID体制 ………………………………………… (1226)
五、娃娃与洗澡水 ……………………………………………………… (1226)

Ⅹ　中国对欧洲在华直接投资的法律保护及其与国际惯例的接轨 …… (1228)
一、中国国内法对在华外资的保护 …………………………………… (1229)
　　（一）宪法给予的保护 ……………………………………………… (1229)
　　（二）基本民商法、经济法和诉讼法给予的保护 ………………… (1230)
　　（三）涉外投资立法给予的保护 …………………………………… (1231)
　　（四）东道国给予外资法律保护的约束力问题 ………………… (1234)
二、中国吸收外资政策新近的重要发展及其相应的法律措施 …… (1235)
　　（一）逐步统一内外资企业政策 …………………………………… (1236)
　　（二）公布《外商投资产业指导目录》 …………………………… (1236)
　　（三）做好外商投资特许权项目（BOT）等新投资方式的试点 … (1236)
　　（四）大幅降低进口关税，取消进口关税的某些优惠 ………… (1236)

（五）实施新修订的《外汇管理条例》……………………………(1237)
　三、中国参加缔结的国际条约对在华外资的保护………………………(1237)
　　　（一）双边协定给予的保护……………………………………………(1237)
　　　（二）国际公约给予的保护……………………………………………(1242)

XI 外商在华投资中金融票据诈骗问题剖析——香港东方公司 v.香港泰益公司案件述评 ………………………………………(1246)

　一、本案案情梗概…………………………………………………………(1246)
　二、本案讼争主要问题剖析………………………………………………(1247)
　　　（一）关于第0163号收款收据的真伪问题…………………………(1248)
　　　（二）关于第0168号收款收据的真伪问题…………………………(1250)
　　　（三）关于所谓1985年9月15日原告与被告的密约………………(1251)
　　　（四）原告在其发表的一系列文件中对被告"赖账"金额的表述信口
　　　　　　雌黄，自相矛盾…………………………………………………(1251)
　　　（五）原告曾书面和口头承认只付给被告50万港元………………(1251)
　　　（六）关于原告骗取被告第0163号和第0168号收款收据的动机……(1252)
　　　（七）被告因原告诬告所遭受的损失及其索赔要求…………………(1253)
　　　附录　福建省高级人民法院民事判决书[(1986)闽法经民上字
　　　　　　第49号]……………………………………………………………(1253)

XII 外商在华投资中的担保与反担保问题剖析——香港上海汇丰银行有限公司 v.厦门建设发展公司案件述评 ………………(1256)

　一、本案案情梗概…………………………………………………………(1257)
　二、厦门建发公司答辩状…………………………………………………(1259)
　　　（一）甲案………………………………………………………………(1260)
　　　（二）乙案………………………………………………………………(1263)
　　　（三）丙案………………………………………………………………(1264)
　　　（四）责任分析…………………………………………………………(1264)
　三、本案讼争主要问题剖析………………………………………………(1267)
　　　（一）关于原告汇丰银行的欺诈行为问题……………………………(1267)

（二）本案的"反担保书"等依法应属无效 …………………………（1269）

　　（三）关于造成"反担保书"等无效的责任分析 ……………………（1272）

　　（四）建发公司的请求 …………………………………………………（1273）

　　（五）附件 ………………………………………………………………（1273）

附录　汇丰银行厦门代表处就外商资信提供中文证明篡改英文

　　　原意的具体情况 ……………………………………………………（1274）

四、本案中方代理律师致香港汇丰银行中国业务部总经理

　　罗素先生函 …………………………………………………………（1278）

XIII　外商在华投资"征收"索赔迷雾中的庐山面目——英商 X 投资公司

　　v. 英商 Y 保险公司案件述评（一）………………………………（1282）

一、本案案情梗概 …………………………………………………………（1283）

二、咨询的问题 ……………………………………………………………（1284）

三、专家的看法和意见 ……………………………………………………（1285）

　　（Ⅰ）1996 年签订的中外合作合同（以下简称《争端合同》）第 15 条关于

　　　　利润分配的规定在当时是合法的、至今仍是合法的 ……………（1285）

　　（Ⅱ）1998 年 9 月《国务院关于加强外汇外债管理开展外汇外债检查的

　　　　通知》（以下简称"国发［1998］31 号通知"），其法律效力是不完备的

　　　　………………………………………………………………………（1287）

　　（Ⅲ）"国发［1998］31 号通知"不具备溯及既往的法律效力 ………（1288）

　　（Ⅳ）"国发［1998］31 号通知"中的禁止性规定实质上已经在 2002 年和

　　　　2004 年一再被修改 …………………………………………………（1289）

　　（Ⅴ）"国发办［2002］43 号通知"不是"征收法令"；2003 年中外双方《新协

　　　　议》不是"征收行为" ………………………………………………（1293）

　　（Ⅵ）中国涉外投资法律以及中英双边投资协定中有关征收外国投资的

　　　　规定 …………………………………………………………………（1296）

四、结论 ……………………………………………………………………（1298）

【附录】

　　（Ⅰ）国务院《关于加强外汇外债管理开展外汇外债检查的通知》（"国发

　　　　［1998］31 号通知"，1998 年 9 月 14 日）………………………（1299）

(Ⅱ) 国务院办公厅《关于妥善处理现有保证外方投资固定回报项目有关问题的通知》("国发办[2002]43号通知",2002年9月10日) …………………………………………………………………… (1304)

(Ⅲ) 国务院《关于投资体制改革的决定》("国发[2004]20号决定",2004年7月16日) ……………………………………… (1306)

Ⅹ Ⅳ 外商在华投资"征收"索赔中的"脚踩两船"与"左右逢源"——英商X投资公司 v. 英商Y保险公司案件述评（二） ………… (1313)

Ⅹ Ⅴ 外商在华投资中的"空手道"融资："一女两婿"与"两裁六审"——中国深圳市中方四公司 v. 泰国贤成两合公司案件述评 ………… (1333)

一、本案案情梗概 ……………………………………………… (1334)

二、本案各方当事人的主张和仲裁庭对事实的认定 ………… (1336)

(一) 本案各方当事人的主张及其交锋 ……………………… (1336)

(二) 本案仲裁庭对事实的认定 ……………………………… (1350)

三、本案仲裁庭的合议评析和终局裁断 ……………………… (1364)

(一) 本案仲裁庭的合议评析 ………………………………… (1364)

(二) 本案仲裁庭的终局裁断 ………………………………… (1370)

【附录】

(一) 中华人民共和国最高人民法院行政判决书[(1997)行终字第18号] …………………………………………………… (1371)

(二) 《深圳特区报》新闻报道：深圳贤成大厦事件始末(2004年4月7日) ………………………………………………………… (1376)

(三) 《深圳商报》新闻报道：贤成两合公司净欠深贤公司3 211万元(2004年4月6日) ………………………………………… (1380)

第四编 国际贸易法

Ⅰ 某些涉外经济合同何以无效以及如何防止无效 ………… (1385)

一、"合同必须信守"与"违法合同自始无效" ……………… (1386)

二、"鳗苗"风波——数项合同一连串违法 …………………… (1388)

三、合同主体不合格导致合同无效 ……………………………………… (1392)
四、合同内容不合法导致合同无效 ……………………………………… (1396)
五、两起涉嫌"欺诈"的涉外合同纠纷 ………………………………… (1402)
六、无效合同的处理和预防 ……………………………………………… (1409)

Ⅱ 跨国商品代销中越权抵押和争端管辖权问题剖析——意大利古西公司 v. 香港图荣公司案件述评 ………………………………… (1412)

一、本案案情梗概 ………………………………………………………… (1413)
二、本案民事诉状 ………………………………………………………… (1414)
　　(一)两份代销合同的约定 ……………………………………………… (1415)
　　(二)一份销售合同的约定 ……………………………………………… (1415)
　　(三)香港图荣公司严重违约侵权 ……………………………………… (1415)
　　(四)意大利古西公司请求参诉维权 …………………………………… (1416)
三、本案争端管辖权问题剖析——对图荣公司《答辩状》的反驳 …………………………………………………………………………… (1416)
　　(一)对本案实行管辖完全符合中国法律和国际惯例 ………………… (1416)
　　(二)对本案放弃管辖有损中国法律尊严和中国法院形象 …………… (1419)
四、本案讼争商品所有权问题剖析 ……………………………………… (1420)
　　(一)本案讼争的标的物的所有权属于意大利古西公司 ……………… (1420)
　　(二)古西公司不能为图荣公司的过错负责 …………………………… (1422)

【附录】 …………………………………………………………………… (1424)

一、古西公司财产保全申请书 …………………………………………… (1424)
二、古西公司先予执行申请书 …………………………………………… (1424)

Ⅲ 外贸汇票承兑争端管辖权冲突问题剖析——美国约克公司 v. 香港北海公司案件述评 ………………………………………… (1426)

一、本案案情梗概 ………………………………………………………… (1427)
二、关于约克公司与北海公司争议案件的专家意见书(1994年3月10日) …………………………………………………………………… (1427)
　　(一)专家简况 …………………………………………………………… (1427)

（二）咨询的问题 …………………………………………………… (1428)
　　（三）专家的看法和意见 ………………………………………… (1429)
　　（四）基本结论 …………………………………………………… (1441)
三、关于约克公司与北海公司争议案件专家意见书的重要补充
　　（1994年4月7日）………………………………………………… (1443)
四、评英国皇家大律师狄克斯(A. R. Dicks Q. C.)的书面证词
　　（1994年9月1日）………………………………………………… (1446)

Ⅳ 一项判决　三点质疑——评香港高等法院"1993年第A8176号"
案件判决书 …………………………………………………………… (1462)
引言 ……………………………………………………………………… (1464)
一、本案案情梗概 ……………………………………………………… (1464)
二、判决质疑之一：关于本案管辖权问题 …………………………… (1469)
　　（一）把本案管辖权判归香港法院，根本违反了"有约必守"以及当事人
　　　　"意思自治"这两大法理原则 ………………………………… (1470)
　　（二）把本案汇票争端管辖权判归香港法院，拒不裁定中止本案诉讼
　　　　程序，根本违反了香港的《仲裁条例》…………………… (1474)
　　（三）把本案汇票争端管辖权判归香港法院，拒不裁定中止本案诉讼
　　　　程序，根本违反了对香港具有法律约束力的国际公约 …… (1475)
　　（四）把本案汇票争端管辖权判归香港法院，根本违反了举世公认的
　　　　国际惯例 ………………………………………………………… (1476)
　　（五）把本案汇票争端管辖权判归香港法院，是对已与国际惯例
　　　　接轨的中国法律缺乏应有的尊重 …………………………… (1477)
三、判决质疑之二：关于中国法律"承认"本案汇票争端之
　　"独立性"问题 ……………………………………………………… (1482)
　　（一）中国法律中并不存在狄克斯生造的"汇票自治原则"和汇票至高
　　　　无上的"独立性" ……………………………………………… (1482)
　　（二）狄克斯援引中国的《银行结算办法》时，使用了断章取义和化有
　　　　为无的手法 …………………………………………………… (1483)
　　（三）狄克斯在转述郭锋先生的论文时，阉割前提、歪曲原意 ……… (1485)

(四) 狄克斯的见解与中国票据法学术著作中公认的观点、有关的国际公约以及中国票据法的具体规定都是背道而驰的 ……………… (1487)

(五) 狄克斯在援引《中华人民共和国民事诉讼法》,以论证其所谓汇票的 autonomy 时,竟然篡改条文,无中生有……………… (1490)

四、判决质疑之三:关于本案被告的答辩权问题 ……………… (1491)

(一) 卡普兰法官的"为时太晚"论是站不住脚的 ……………… (1492)

(二) 卡普兰法官不给予被告充分的答辩权,是违反公平原则、违反国际诉讼程序惯例的 ……………… (1493)

V 外贸争端中商检结论暧昧、转售合同作伪问题剖析——中国A市MX公司 v. 韩国HD株式会社案件述评 ……………… (1495)

一、本案案情梗概 ……………… (1496)

二、A市的商检证书结论暧昧,不足采信——韩国HD公司的答辩书及反请求书 ……………… (1497)

(一) 反请求事项 ……………… (1497)

(二) 基本事实 ……………… (1498)

(三) 主要理由 ……………… (1500)

三、MX公司的"转售合同"涉嫌凭空伪造或逃税走私之一 ……… (1504)

(一) 该合同没有编号,不盖公章,显然是一份无效合同 ……… (1504)

(二) 该合同未按约定条件提交鉴证和交付定金,应属"从未生效"或早已"自动失效" ……………… (1505)

(三) 该合同极可能是一份走私逃税的违法合同 ……………… (1506)

四、MX公司的"转售合同"涉嫌凭空伪造或逃税走私之二 ……… (1508)

(一) MX公司在定金"转账"和"进账"上弄虚作假 ……………… (1508)

(二) MX公司在掩盖"内贸合同"走私逃税上信口雌黄 ……… (1510)

(三) MX公司的其他"损失"即使属实,也是咎由自取,无权索赔 ……… (1511)

五、本案的仲裁庭意见和终局裁决 ……………… (1511)

(一) 仲裁庭对本案基本事实的认定 ……………… (1511)

(二) 仲裁庭对双方请求的判断和终局裁决 ……………… (1512)

Ⅵ 外贸代理合同纠纷中的当事人、管辖权、准据法、仲裁庭、债务人
等问题剖析——韩国 C 公司 v. 中国 X 市 A、B 两公司案件述评 …… (1514)
　一、本案案情梗概 ………………………………………………………… (1515)
　二、关于当事人和管辖权的争议 ………………………………………… (1518)
　三、关于准据法的争议 …………………………………………………… (1527)
　四、关于仲裁庭人数和人选的争议 ……………………………………… (1530)
　五、关于无单放货和货款债务人的争议 ………………………………… (1537)
　六、本案终局裁决 ………………………………………………………… (1544)
　七、从本案实践看现行《ICC 仲裁规则》及其执行中的瑕疵 ………… (1545)

Ⅶ 论英国 FOSFA 裁决之严重枉法、不予执行——中国中禾公司
采购巴西含毒大豆案件述评〔专家意见书〕 ………………………… (1549)
　一、专家简况 ……………………………………………………………… (1551)
　二、本案案情梗概 ………………………………………………………… (1552)
　三、中禾公司咨询的问题 ………………………………………………… (1557)
　　（一）关于中国国家质检总局上述禁令的法律依据问题 …………… (1557)
　　（二）关于中国国家质检总局上述禁令的法律效力问题 …………… (1557)
　　（三）关于中国国家质检总局上述禁令的持续时间问题 …………… (1557)
　　（四）关于中国各家银行拒绝开出信用证的原因及其相关的法律责任
　　　　　问题 ……………………………………………………………… (1557)
　　（五）关于适用英国法与中国是否开证义务的履行地问题 ………… (1558)
　　（六）关于适用英国法与适用中国强制法的"法律冲突"问题 …… (1558)
　　（七）关于向中国主管法院申请对英国 FOSFA 仲裁裁决不予承认、
　　　　　不予执行的问题 ………………………………………………… (1558)
　四、专家的看法和意见 …………………………………………………… (1559)
　　（一）关于中国国家质检总局上述禁令的事实依据和法律依据问题 … (1560)
　　（二）关于中国国家质检总局上述禁令的法律效力问题 …………… (1564)
　　（三）关于中国国家质检总局上述禁令的持续时间问题 …………… (1565)
　　（四）关于中国各家银行拒绝开出信用证的原因及其相关的法律责任
　　　　　问题 ……………………………………………………………… (1567)

(五) 关于适用英国法与中国是否开证义务的履行地问题 ……… (1568)

(六) 关于适用英国法与适用中国强制法的"法律冲突"问题 ……… (1570)

(七) 关于中国的法学专家是否有资格评论英国法的问题 ……… (1583)

(八) 关于向中国主管法院申请对英国 FOSFA 仲裁裁决不予承认、不予执行的法律依据 ……………………………………… (1586)

五、结论:英国 FOSFA 裁决严重枉法,依法应不予承认、不予执行 ……………………………………………………………… (1592)

第 四 卷

第五编 涉台经济法

I 两种"两岸人民关系法"之对立与统一——兼谈《闽台自由贸易协定》之可行 ……………………………………………… (1595)

一、两种《草案》的对立与比较 ………………………………… (1596)

(一) 台湾地区的《条例草案》显然无法为两岸人民所接受 ……… (1596)

(二) 台湾地区的《条例草案》与内地的《建议草案》之比较 ……… (1598)

二、两岸已显重要共识,今后尚待扩大加深 ……………………… (1599)

三、闽台《自由贸易协定》倡议的可行性 ………………………… (1600)

(一) 从地缘和血缘看,两省"天生"比邻相亲,具有率先签订《协议》的先天条件 ……………………………………………… (1601)

(二) 从两省经贸特点看,具有率先签订《协议》的必要性 ……… (1601)

(三) 就政治因素看,两省具有率先签订《协议》的可能性 ……… (1602)

四、闽台《自由贸易协定》的法律定位 …………………………… (1603)

(一)《协议》是两省地方性单行法 ………………………………… (1603)

(二)《协议》是一项相对独立的特别法 …………………………… (1603)

(三)《协议》是一项前瞻性的试点法和开拓性的示范法 ………… (1604)

(四)《协议》是规范两省经贸活动的多部门综合法 ……………… (1605)

Ⅱ 《台商大陆投资权益保障协议》初剖 …………………………… (1607)

一、"海基会清单"事出有因 ………………………………………… (1608)

二、"廿二条规定"稳定无虞 ………………………………………… (1609)

三、立法未周者求其周 ……………………………………………… (1610)

四、执法不力者宜着力 ……………………………………………… (1612)

五、要求过高者应降低 ……………………………………………… (1613)

六、了解不足者待深入 ……………………………………………… (1617)

七、诸因交错者须综治 ……………………………………………… (1618)

八、"省际"模式容或可行 …………………………………………… (1620)

Ⅲ 台商内地投资保险可行途径初探 …………………………… (1624)

一、选用内地现行的投资保险机制 ………………………………… (1625)

二、选用台湾地区现行的海外投资保险机制 ……………………… (1627)

三、选用两岸协作举办台商内地投资保险的机制 ………………… (1629)

(一)"两府模式" …………………………………………………… (1629)

(二)"两会模式" …………………………………………………… (1630)

(三)"两省模式" …………………………………………………… (1631)

(四)"两司模式" …………………………………………………… (1632)

(五)"合营模式" …………………………………………………… (1633)

四、选用第三地国家现行的海外投资保险机制 …………………… (1633)

五、选用"多边投资担保机构"的保险机制 ……………………… (1636)

六、选用中国人民保险公司承保或"两岸协作"承保与 MIGA
"再保险"相结合的机制 ……………………………………… (1639)

Ⅳ 《多边投资担保机构公约》对我国台湾地区的适用问题 ………… (1641)

一、选用非多边投资担保机构保险机制存在的局限与障碍 ……… (1643)

(一)选用中国现行投资保险机制的局限与障碍 ………………… (1643)

(二)选用我国台湾地区现行海外投资保险机制的局限与障碍 …… (1644)

(三)选用第三地国家现行海外投资保险机制的局限与障碍 …… (1646)

(四)选用两岸直接协作保险机制的现实障碍 …………………… (1647)

二、选用多边投资担保机构保险机制的具体安排 …………… (1648)
　　　　(一) 单独选用现有的 MIGA 保险机制 ………………… (1648)
　　　　(二) 选用中国人民保险公司与 MIGA 相结合的保险机制 ………… (1649)

Ⅴ 中国"入世"后海峡两岸经贸问题"政治化"之防治 …………… (1650)
　　一、适用于两岸经贸关系的 WTO 基本规则 ………………… (1651)
　　二、两岸经贸问题被台湾地区当局"政治化"的现实和可能 …… (1653)
　　三、防止两岸经贸争端被台湾地区当局"政治化"的几种设想 … (1656)
　　　　(一) 组建我国四地自由贸易区的设想和问题 …………… (1656)
　　　　(二) 援用"安全例外"条款的设想和问题 ……………… (1658)
　　　　(三) 援用"互不适用"条款的设想和问题 ……………… (1669)
　　　　(四) "中国台北"单独关税区 WTO 成员资格的重新审定问题 … (1671)
　　　　(五) 更新观念,接受挑战,善用 DSU/DSB 机制 ………… (1673)
　　四、几点结论 ……………………………………………… (1676)

第六编　国际法教育

Ⅰ 改进我国国际法教育的"他山之石"——欧美之行考察见闻 …… (1681)
　　一、关于国际法专业人才的培养 …………………………… (1682)
　　　　(一) 派人员出国深造应考虑门类、品种和国别的多样化 … (1682)
　　　　(二) 应积极参加国际性的学术讨论会或学术团体 ……… (1684)
　　　　(三) 国际法课程的教学应注重培养学生解决实际问题的能力
　　　　　　　——大量的课前预习和活跃的课堂对话 ………… (1684)
　　　　(四) 提倡由优秀研究生主办学刊——法学拔尖人才的摇篮 …… (1686)
　　　　(五) 注重开发利用外籍华人和港台留学生中的法学人才资源 … (1687)
　　二、关于国际法资料中心的建立 …………………………… (1688)
　　三、关于国际法专业力量的合作 …………………………… (1689)

Ⅱ 从难从严训练　成果人才并出 …………………………… (1691)
　　一、实行"大运动量"训练,过法学专业英语关 ……………… (1692)

二、多学科交叉渗透,建立合理的知识结构 ……………………… (1694)
三、理论联系实际,提高实务工作能力 ………………………… (1695)
四、充分信赖,畀以"重担",严密组织,严格把关 ……………… (1696)
五、赋予较大"成才自留权",加速形成"人才生产力" …………… (1697)

Ⅲ "博士"新解 ……………………………………………………… (1699)
  附录 ………………………………………………………………… (1701)
  一、官员与老板:心仪博士帽 ……………………………………… (1701)
  二、"教授"贬值为哪般 …………………………………………… (1702)
  三、该挤挤"学术泡沫"了 ………………………………………… (1703)

Ⅳ 是"棒打鸳鸯"吗?——就"李爽事件"评《纽约时报》报道兼答
  美国法学界同行问 ………………………………………………… (1706)
  一、李爽是何许人?"李爽事件"的背景如何? ………………… (1707)
  二、李爽触犯了什么法律?犯了什么罪? ……………………… (1709)
  三、是打击"鸳鸯"的无情棒?还是拯救沉沦的救生圈? ……… (1712)
  附录 ………………………………………………………………… (1717)
  一、中国拘禁了法国男人的情妇 ………………………………… (1717)
  二、法国外交官说中国拘留了他的未婚妻 ……………………… (1719)
  三、小题大做——评白天祥等人在所谓"李爽事件"上的喧嚷 … (1719)

第七编 英文版论文选辑

Ⅰ Trade Related Agenda, Development and Equity (T. R. A. D. E.):
  The Three Big Rounds of U. S. Unilateralism versus WTO
  Multilateralism during the Last Decade A Combined Analysis of the
  Great 1994 Sovereignty Debate, Section 301 Disputes (1998 - 2000)
  and Section 201 Disputes (2002 - 2003) ………………………… (1725)
    Ⅰ Introduction ……………………………………………… (1730)
    Ⅱ Ignition of the Section 201 Disputes: U. S. Unilateralism and

Sovereignty ...... (1733)

Ⅲ Conflicts of Sovereignties in the Formation of the WTO System ...... (1739)

Ⅳ The Refraction of Such Conflicts in the United States: "The Great 1994 Sovereignty Debate" ...... (1741)

   Ⅳ.1 Away with the "S" word—[sovereignty of other states]! ...... (1743)

   Ⅳ.2 Never away with the US "S" word—["sovereignty"(hegemony) of United States!] ...... (1745)

   Ⅳ.3 The "contradiction" and coordination between "spear" and "shield" ...... (1752)

   Ⅳ.4 Some discussions on "Double Standards" etc. ...... (1753)

Ⅴ "The Great 1994 Sovereignty Debate" and Section 301 ...... (1757)

Ⅵ The E.C.-U.S. Economic Sovereignty Disputes Caused by Section 301: Origin and Prelude ...... (1762)

   Ⅵ.1 U.S.-Japan Auto Disputes ...... (1762)

   Ⅵ.2 U.S.-E.C. Banana Disputes ...... (1764)

   Ⅵ.3 E.C.-U.S. Section 301 Dispute ...... (1767)

Ⅶ The E.C.-U.S. Economic Sovereignty Disputes Caused by Section 301: Claims and Rebuttals ...... (1770)

   Ⅶ.1 The Claims of the E.C. Representatives ...... (1770)

   Ⅶ.2 The Rebuttals of the United States ...... (1774)

Ⅷ The WTO/DSB Panel Report on the Section 301 Case ...... (1777)

Ⅸ The Equivocal Law-enforcing Image Concluded from the Panel Report ...... (1781)

   Ⅸ.1 The Panel Creates a Limit for Its Own Duty, Is Overly Cautious, Dares Not Transgress the "Mine Bounds", and Is Irresponsible for Its Duties ...... (1781)

   Ⅸ.2 The Panel Hovers between the "Two Powers" in Its Attempt to Ingratiate Itself with Both Sides ...... (1783)

   Ⅸ.3 The Panel Leaves the Offender at Large, Criticizing Pettily While

Doing It Great Favor ·· (1786)

Ⅸ.4 The Panel Is Partial to and Pleading for Hegemony and Thus Leaves a lot of Suspicions and Hidden Perils ················ (1787)

Ⅹ The Remaining Suspicions and Latent Perils Entailed by the Panel Report ·· (1788)

Ⅹ.1 The First Suspicion and Latent Peril ····················· (1788)

Ⅹ.2 The Second Suspicion and Latent Peril ················ (1791)

Ⅹ.3 The Third Suspicion and Latent Peril ··················· (1793)

Ⅹ.4 The Fourth Suspicion and Latent Peril ················· (1795)

Ⅺ The Implications for Developing Countries of "The Great 1994 Sovereignty Debate" and the E.C.-U.S. Economic Sovereignty Disputes ··· (1799)

Ⅻ Conclusion ··· (1805)

Ⅱ A Reflection on the South-South Coalition in the Last Half-Century from the Perspective of International Economic Law-making: From Bandung, Doha and Cancún to Hong Kong ·············· (1808)

Ⅰ Introduction ·· (1810)

Ⅱ From Bandung to Hong Kong: The South-South Coalition Progresses Unevenly ·· (1812)

A. The Bandung Conference among the South-South Countries: The First Asian-African Conference ······························· (1813)

B. The Group of 77 among the South Countries ············· (1813)

Ⅲ The Fresh Countenance and Forthcoming Obstacles of the South-South Coalition in the Doha-Cancún Process ········ (1819)

Ⅳ The Status Quo and Prospects for the South-South Coalition from Cancún to Hong Kong ································· (1824)

A. The Multilateral Negotiations Stagnated after the Cancún Deadlock ··· (1824)

B. The Prospect of the South-North Multilateral Negotiation Grew Brighter

.... (1825)

  C. The South-North Multilateral Negotiation again Dimmed .... (1826)

  D. The Positive Fruits of the Hong Kong Conference with Heavy Negative Comments-Emergent after Numerous Appeals but Still Half-masked .... (1836)

  E. New Highlights in the South-North Conflict—Judicial Breakthrough in Recently Litigated WTO Agricultural Disputes .... (1843)

Ⅴ Assessment of the Trend after the Hong Kong Conference from the Perspective of the South-South Coalition during the Last Fifty Years .... (1844)

  A. The Historical "6C" Track of South-North Conflicts and Its Characteristics .... (1844)

  B. For the Doha Round's Success: Tenacious South-South Coalition Will Once again Be Necessary .... (1846)

Ⅵ Concluding Remarks: What Lies Ahead? .... (1849)

References .... (1851)

Ⅲ Should the Four "Great Safeguards" in Sino-Foreign BITs Be Hastily Dismantled? Comments on Critical Provisions concerning Dispute Settlement in Model U.S. and Canadian BITs .... (1853)

Ⅰ The Provisions concerning Dispute Settlement in the Chinese BITs and Their Correspondence with Relevant Provisions in the ICSID Convention .... (1856)

Ⅱ Essential Provisions concerning Dispute Settlement in U.S. and Canadian Model BITs .... (1862)

Ⅲ China Should Not Hastily Accept the above U.S. and Canadian Provisions or their Variations when Negotiating and/or Concluding BITs .... (1867)

  A. Such Provisions Deviate from the Rights Authorized to Host Countries by International Conventions .... (1867)

B. Such Provisions Do Not Match China's Current Circumstances
.... (1874)

C. Such Provisions Ignore the Bitter Lessons of Some BITs Harming Weak Countries: The Warning from Argentina's Dilemma ...... (1885)

D. Such Provisions Ignore the Latest Legislative Track-Shift in two Host Countries—Argentina and the United States .... (1890)

Ⅳ Suggestions for Future Sino-Foreign BIT Negotiations ...... (1896)

A. Strengthening Investigation and Research on Recent Developments in BIT Practice and Acting with High Caution .... (1896)

B. Using Well the Authorizations of Relevant Conventions and Firmly Holding onto the Four Great Safeguards .... (1897)

C. Insisting on "Never Repeat" and Timely "Mending the Fold after some Sheep Have Been Lost" .... (1899)

Ⅳ Distinguishing Two Types of Countries and Properly Granting Differential Reciprocity Treatment—Re-comments on the Four Safeguards in Sino-Foreign BITs Not to Be Hastily and Completely Dismantled .... (1902)

Ⅰ Background .... (1905)

Ⅱ Major Viewpoints in "the First Comments" .... (1909)

Ⅲ Some New Thoughts for Future Sino-foreign BIT Negotiations
.... (1912)

A. Strengthening Investigation and Research on Recent Internal and External Developments and Acting with High Caution .... (1912)

B. Using Well the Authorizations of the Relevant Conventions and Firmly Uphold the Four Great Safeguards .... (1913)

C. Distinguishing Two Kinds of Countries, Granting Differential Reciprocity, Excluding or Limiting the Application of MFN to International Dispute Settlement Procedures .... (1915)

Ⅳ The Theoretical Grounds and Practical Precedents for Adopting Differential Treatment Based on the Distinguishing

Two Types of Countries ………………………………… (1924)
A. Differential Treatment Conforms to the Universal Philosophy of "Analyze Issues under Their Concrete Situations" …………… (1924)
B. Differential Treatment Conforms to the Basic Jurisprudence of "Equity and Mutual Benefit" …………………………………… (1924)
C. Differential Treatment Conforms to the Basic International Legal Principle of Supremacy of State Sovereignty ………………… (1927)
D. Differential Treatment Conforms to the Evolution of the Principle of MFN Treatment ……………………………………………… (1928)
E. Differential Treatment and Exclusion or Limitation of the Application of MFN Treatment to the Dispute Settlement Procedures Conforms to the Latest Repeated Warnings from UNCTAD …………… (1930)
F. Differential Treatment Conforms to the Current International Arbitration Practices ………………………………………… (1933)
G. The Precedents of Granting Differential Treatment and Excluding or Limiting the Application of MFN Clause ……………………… (1935)
V Conclusion …………………………………………………… (1936)

V Could China-Peru BIT 1994 Be Applied to Hong Kong Special Administration Region under "One Country, Two Systems"? — A Jurisprudential Analysis on the Case of Tza Yap Shum v. Republic of Peru ………………………………………………………… (1939)
I Introduction: Summary of the Disputing Case …………… (1942)
II Main Issues & Basic Conclusions …………………………… (1944)
2.1 Main Issues …………………………………………… (1944)
2.2 Basic Conclusions …………………………………… (1945)
III Issue upon the Claimant's Chinese Nationality …………… (1946)
3.1 Acquisition of Chinese Nationality ………………… (1946)
3.2 Loss of Chinese Nationality ………………………… (1947)
3.3 Application of the Nationality Law to the Hong Kong Special

   Administrative Region ·· (1948)
  3.4 Proof of Chinese Nationality ······································· (1948)
  3.5 HKSAR Passport as Proof of Chinese Nationality ············· (1949)
Ⅳ Issue upon Applicability of SINO-FOREIGN BITs to Chinese Nationals with the Right of Abode in Hong Kong ········ (1951)
  4.1 Historical Overview of Hong Kong Before and After Its Return to China ·· (1952)
  4.2 The Sino-British Joint Declaration ································ (1953)
  4.3 The Joint Liaison Group ··· (1955)
  4.4 The Basic Law of the Hong Kong Special Administrative Region ·· (1957)
  4.5 Applicability of the China-Peru BIT 1994 to Hong Kong Residents ·· (1968)
Ⅴ Issue upon Scope of the Arbitration Provision in the China-Peru BIT 1994 ·· (1969)
  5.1 China's Accession to the ICSID Convention ···················· (1970)
  5.2 China's Policy on the Resolution of Investment Treaty Disputes ·· (1973)
  5.3 Scope and Nature of the Dispute Resolution Provision in the China-Peru BIT ··· (1983)
Ⅵ Issue upon Scope of the Most-Favoured-Nation Clause in the China-Peru BIT 1994 ·· (1986)
  6.1 China's Historical Experience with the Most-Favoured-Nation Treatment ·· (1986)
  6.2 The Most-Favoured-Nation Clause in the China-Peru BIT 1994 ·· (1989)
  6.3 Use of the Most-Favoured-Nation Clause to Create New ICSID Jurisdiction ·· (1990)
  6.4 The Consensus on the Essence of MFN Clause in Contemporary International Law Community: MFN Treatment is Merely a Derivative of State Sovereignty ······································· (2002)

6.5 Interpreting the MFN Clause in the China-Peru BIT 1994 under the VCLT ……………………………………………………… (2003)

6.6 The Scientific Interpretation of MFN Clause in the China-Peru BIT 1994 by Further Using the ICSID Convention and the China-Peru BIT 1994 *per se* ……………………………………… (2008)

6.7 The Repeated Warnings by Authoritative Documents of UN and the Strict Interpretation of MFN Clause in Contemporary World ……………………………………………………………… (2011)

6.8 The Restrictions and Exclusions of the MFN Provision in Contemporary Treaty Practices ……………………………………… (2016)

6.9 The Restrictions and Exclusions of the MFN Provision by ICSID Practices (Precedent Decisions) ………………………… (2017)

6.10 Tracing Back to the Specific MFN Issue in China-Peru BIT 1994 ……………………………………………………………… (2024)

Ⅶ Conclusion ……………………………………………………… (2025)

Ⅵ Is Enforcement of Foreign Arbitral Awards An Issue for Establishment and Improvement in China? ……………… (2027)

Ⅰ 1949 – 1978 (about 30 Years): Related-Legislation Blank ……………………………………………………………… (2028)

Ⅱ 1979 – 1994 (15 Years): Domestic Legislation Established and International Conventions Acceded ……………… (2029)

1. Promulgating PRC's Civil Procedure Law (for Trial Use) …… (2029)
2. Acceding to the New York Convention of 1958 ……………… (2030)
3. Acceding to the Washington Convention of 1965 …………… (2030)
4. Promulgating PRC's Civil Procedure Law (Formal) ………… (2031)
5. Promulgating PRC's Arbitration Law ………………………… (2031)

Ⅲ 1995 – present: Judicial Explanations Added …………… (2032)

1. Obstacles from "Local-protectionism" ………………………… (2032)
2. "Double Report System" Preliminary Established: to Overcome the "Local-protectionism" ……………………………………… (2034)

3. "Double Report System" Strengthened: to Overcome the "Local-protectionism" ……………………………………………… (2036)

Ⅳ Domestic Legislations Need to Be Further Improved …… (2037)

Ⅶ The Truth among the Fogbound "Expropriation" Claim: Comments on British X Investment Co. v. British Y Insurance Co. Case ……… (2039)

Ⅰ Summary of the Case ……………………………………… (2040)

Ⅱ Questions for Answers …………………………………… (2042)

Ⅲ Expert's Views & Opinions ……………………………… (2043)

(Ⅰ) In the CJV Contract dated on 25 December 1996, which aimed to establish C Power Company, the provisions of Article 15 on distribution of profit was in compliance with the laws at that time and have been in compliance with the laws …………………… (2043)

(Ⅱ) For the "Circular [1998] No. 31" of the State Council on Strengthening the Administration and Carrying on Check of the Foreign Exchange and Foreign Debt issued in September 1998, its legal force is not complete ………………………………… (2045)

(Ⅲ) The "Circular [1998] No. 31" has no legal effect of retroactivity ……………………………………………………………… (2047)

(Ⅳ) Actually, the aforesaid prohibitive provisions in the "Circular [1998] No. 31" has been amended again and again in 2002 and 2004 ………………………………………………………… (2050)

(Ⅴ) "Circular [2002] No. 43" is not an "expropriation decree"; New Agreements on 11 March 2003 are not "behaviors of expropriation" ……………………………………………………………… (2055)

(Ⅵ) Provisions in the Foreign Investment Regulations and "Bilateral Investment Agreement between PRC and UK" concerning the expropriation of foreign investment ……………………… (2061)

Ⅳ Conclusion …………………………………………………… (2063)

Ⅷ The Approach of "Winning from Both Sides" Used in the "Expropriation" Claim: Re-Comments on British X Investment

Co. v. British Y Insurance Co. Case ·· (2066)
 [Q1] & [A1]··· (2066)
 [Q2] & [A2]··· (2068)
 [Q3] & [A3]··· (2069)
 [Q4] & [A4]··· (2070)
 [Q5] & [A5]··· (2071)
 [Q6] & [A6]··· (2072)
 [Q7] & [A7]··· (2074)
 [Q8] & [A8]··· (2076)
 [Q9] & [A9]··· (2077)
 [Q10] & [A10]·· (2077)
 [Q11] & [A11]·· (2078)
 [Q12] & [A12]·· (2080)
 [Q13] & [A13]·· (2085)
 [Q14] & [A14]·· (2086)

Ⅸ On the Serious Violation of Chinese *Jus Cogens*: Comments on the Case of importing Toxic Brazilian Soybeans into China [*Expert's Legal Opinion on Zhonghe v. Bunge Case*] ··············· (2092)
 Ⅰ Brief CV of the Expert ·· (2093)
 Ⅱ Summary of the Case ·· (2094)
 Ⅲ Questions Consulted ·· (2098)
 Ⅳ Expert's Views & Opinions ··· (2099)
 Ⅴ Brief Conclusion ·· (2113)

第五卷

第七编 英文版论文选辑(续)

Ⅹ Isn't the Strict Prohibition on Importing Toxic Brazilian Soybeans into China "Illegal"? — A Rebuttal to Lawyer Song's Allegation .... (2117)

   Ⅰ Procedural Unfairness .... (2118)
   Ⅱ Partiality of Mr. Song .... (2118)
   Ⅲ The Powers and Authority of AQSIQ .... (2119)
   Ⅳ Whether Professor Chen is Qualified to Deal with English Law .... (2146)

Ⅺ On the Supervision Mechanism of Chinese Foreign-related Arbitration and Its Tally with International Practices .... (2155)

   Ⅰ Introduction .... (2156)
   Ⅱ Promulgation of the Arbitration Law .... (2157)
   Ⅲ A Comparison among China's Trial Supervision, Domestic Arbitration Supervision and Foreign-related Arbitration Supervision, and Some Pending Issues .... (2160)
   Ⅳ A Discussion on the Reasonableness of China's Separate Legislation for Domestic and Foreign-related Arbitration Supervision .... (2169)

      A. The Issue on Tallying Provisions concerning Foreign-related Arbitration Supervision of Arbitration Law with Those of Civil Procedure Law .... (2171)

      B. The Issue on Tallying Provisions concerning Foreign-related Arbitration Supervision of Arbitration Law with Those of International Treaties .... (2177)

      C. The Issue on Tallying Provisions concerning the Foreign-related Arbitration Supervision of Arbitration Law with Those of Advanced Practices in Current Arbitration Enactments of Other Countries .... (2183)

      D. The "Uniqueness" of China's Foreign-related Arbitration Supervision and the Necessity of Tallying Its Supervision Mechanism with International Treaties and Practices .... (2193)

V Some Ideas on How to Strengthen the Current Chinese Foreign-related Arbitration Supervision Mechanism ……… (2208)

XII Three Aspects of Inquiry into A Judgment: Comments on the High Court Decision, 1993 No. A8176, in the Supreme Court of Hong Kong …………………………………………………………… (2212)

Introduction ……………………………………………………… (2214)

I Brief Facts ………………………………………………… (2215)

II Query One to the Judgment: On the Jurisdiction of the Case
………………………………………………………………… (2222)

    A. The judgment detained and left the jurisdiction over the case to the Court of Hong Kong, obliterated the close connections among Contract A158, Contract B and Contract C, as well as those between Contract A158 and Bill of Exchange 10732C. It thus thoroughly violated the legal principles of "autonomy of will" and *pacta sunt servanda* …………………………………… (2224)

    B. The judgment detained and left the jurisdiction over the dispute of the Bill of Exchange to the court of Hong Kong and refused to stay the proceedings of the case, thus thoroughly violating the Hong Kong arbitration ordinance ……………………………… (2231)

    C. The judgment detained and left the jurisdiction over the dispute of the Bill of Exchange to the court of Hong Kong and refused to stay the proceedings of the case, thus thoroughly violating the international treaty that Britain has acceded to and to which Hong Kong is legally bound ………………………………… (2233)

    D. The judgment detained and left the jurisdiction over the dispute of the Bill of Exchange to the court of Hong Kong, thus thoroughly violating universally acknowledged international practice ……… (2234)

    E. The judgment that detained and left the jurisdiction over the dispute of the Bill of Exchange to the court of Hong Kong is a lack of due respect for Chinese laws and regulations that tally with international practice ·· (2237)

 Ⅲ Query Two to the Judgment: On the "Recognition" in Chinese Law of the "Autonomy" of the Bill of Exchange Dispute in This Case ······························ (2245)

  A. There does not exist in the laws of China such a strange expression of "the autonomy of bills of exchange" and absolute "independence" of bills of exchange as extremely esteemed by Mr. Dicks ······ (2246)

  B. Mr. Dicks' citations from the procedures for bank settlements of China are garbled and out of context ······················ (2247)

  C. When citing Mr. Guo Feng's article, Mr. Dicks has emasculated its prerequisite and garbled its original meaning ···················· (2249)

  D. Mr. Dicks' opinion runs counter to the generally accepted viewpoints of Chinese academic works on bills laws, the stipulations of relevant international convention and the bills law of China ··· (2253)

  E. Mr. Dicks has distorted the original text when quoting the civil procedure law of PRC as evidence for the said "autonomy of bills of exchange" ··· (2257)

 Ⅳ Query Three to the Judgment: On the Defendant's Right of Defence in This Case ··································· (2260)

  A. The reason "it was too late" is not tenable ···················· (2260)

  B. Denying equal right of defence to the defendant is against the principle of equity and international practice on litigation procedures ··· (2262)

Conclusion ·· (2263)

ⅩⅢ To Close Again, or to Open Wider: The Sino-U. S. Economic Interdependence and the Legal Environment for Foreign Investment in China after Tiananmen ························ (2265)

 Ⅰ Washington: Most-Favored-Nation ≠ Most Favorite Nation ··· (2266)

Ⅱ　Beijing: MFN-China, U. S. in the Same Boat ……… (2268)
　　Ⅲ　Quiet Swallows Sensitive to Climate ……… (2271)
　　Ⅳ　Six New Facets Added to the Legal ……… (2275)
　　Ⅴ　The Baby and the Bath Water ……… (2283)

Ⅻ　**China's Special Economic Zones and Coastal Port-Cities: Their Development and Legal Framework** ……… (2285)
　　Ⅰ　Theoretical Debates ……… (2288)
　　Ⅱ　Practical Development ……… (2291)
　　Ⅲ　Baby and Dirty Water: Maturation of the Policy ……… (2298)
　　Ⅳ　Legal Framework ……… (2315)
　　　　A. Preferential Tax Treatments in SEZs, ETEDEZs, COPOCIs, and CEOAs ……… (2317)
　　　　B. Labor and Wages in SEZs, ETEDEZs, COPOCIs, and CEOAs ……… (2330)
　　　　C. Land Use and Management in the SEZs, ETEDEZs, COPOCIs, and CEOAs ……… (2333)
　　　　D. Enterprise Registration in the SEZs, ETEDEZs, COPOCIs, and CEOAs ……… (2337)
　　　　E. Technology Imports into the SEZs, ETEDEZs, COPOCIs, and CEOAs ……… (2342)
　　　　F. Foreigners Entering and Leaving China's SEZs ……… (2345)
　　　　G. Economic Combination between the SEZs *et al.* and Inlands ……… (2347)
　　Ⅴ　Latest Incentives ……… (2350)
　　　　A. Lower Taxes ……… (2356)
　　　　B. Lesser Fees ……… (2358)
　　　　C. Cheaper Labor ……… (2359)
　　　　D. More Preferences ……… (2361)
　　　　E. Greater Autonomy ……… (2362)
　　　　F. Simpler Formalities ……… (2363)

XV   **Should an Absolute Immunity from Nationalization for Foreign Investment be Enacted in China's Economic Law?** ……………… (2368)
    I   Reasons for Raising the Question ……………………………… (2368)
    II   Two Different Views ……………………………………………… (2370)
    III   The Writer's Personal Views …………………………………… (2374)

XVI   **Why Some Sino-Foreign Economic Contracts Are Void and How Voidness can be Prevented** ……………………………………… (2388)
    I   Contracts Must Be Observed and Illegal Contracts Are Void
      ……………………………………………………………………………… (2389)
    II   The "Eel Fry" Incident—A Series of Illegal Contracts …… (2392)
    III   Contracts with Unqualified Parties Are Void ……………… (2399)
      1. A non-corporate body cannot be a party to a foreign economic contract ……………………………………………………… (2399)
      2. A corporation that is prohibited by law cannot be a party to a foreign economic contract …………………………………… (2400)
      3. A corporation cannot be a party to a Sino-foreign economic contract that is outside its registered business scope ……………… (2401)
      4. At present, Chinese citizens cannot generally act in their individual status as parties to Sino-foreign economic contracts ………… (2402)
    IV   Contracts with Illegal Contents Are Void ……………………… (2405)
    V   Two Contracts Involving Hong Kong ………………………… (2417)
    VI   Preventing the Formation of Invalid Contracts and Handling These Contracts ……………………………………………………… (2427)

XVII   **To Open Wider, or to Close Again: China's Foreign Investment Policies and Laws** ……………………………………………………… (2433)
    I   The 1982 Constitution …………………………………………… (2434)
    II   Current Policies ………………………………………………… (2435)
      A. Coordination with China's Economic Aims ………………… (2437)

B. Just Rights and Legal Profits ……………………… (2438)
　　　C. Full Decision-making Power …………………………… (2439)
　　　D. Attraction of Foreign Investors ……………………… (2441)
　Ⅲ　Substantive Laws ………………………………………… (2445)
　　　A. Joint Venture Law ……………………………………… (2445)
　　　B. Law of Special Economic Zones ……………………… (2468)
　　　C. Economic Contract Law ………………………………… (2474)
　　　D. Sino-Foreign Economic Contract Law ……………… (2477)
　　　E. Trademark Law …………………………………………… (2478)
　　　F. Patent Law ………………………………………………… (2482)
　Ⅳ　Procedure Laws …………………………………………… (2487)
　　　A. Civil Procedure Law …………………………………… (2487)
　　　B. Arbitration Rules ……………………………………… (2490)
　Ⅴ　Conclusion …………………………………………………… (2494)

XVIII　The Li Shuang Case: A Wet Blanket Over Romantic Love? …… (2496)
　Ⅰ　Who Is Li and What Is the Background of Her Case? …… (2497)
　Ⅱ　What Laws Did Li Violate and What Crime Did Li Commit?
　　　……………………………………………………………………… (2500)
　Ⅲ　A Wet Blanket, A Big Stick or A life Buoy? ……………… (2503)
　Appendix 1 …………………………………………………………… (2510)
　Appendix 2 …………………………………………………………… (2512)

第八编　有关本书作者论著和学术观点的报道、书评和函件等

Ⅰ　媒体报道 ……………………………………………………… (2517)
　一、在哈佛的讲坛上——访厦门大学政法学院副院长陈安
　　　[《生活·创造》月刊1985年第12期] ………………… 陈福郎(2517)
　二、他把法的目光投向世界与未来——访厦门大学法律系
　　　陈安教授[《福建司法》1988年第5期] ………………… 甘景山(2520)

三、适应对外开放和发展外向型经济需要,国际经济法系列
   专著问世[《光明日报》1988年4月26日] …… 林鸿禧 陈有仁(2522)
四、为对外开放铺路——记厦门大学法学教授陈安
   [《人民日报》(海外版)1992年7月7日] ………… 杨亚南(2523)
五、就闽台两省结拜"姊妹"一事厦门大学法学教授发表看法
   [《人民日报》(海外版)1989年5月9日] ………… 张 莉(2525)
六、理性务实的学术交流盛会——1993年两岸法学学术研
   讨会综述[《人民日报》(海外版)1993年8月27日] …… 姚小敏(2526)
七、春风吹拂紫梅 白鹭振翅腾飞——陈安教授谈厦门获得
   立法权[《厦门日报》1994年3月27日] …… 翁黛晖 黄文启(2529)
八、第十二届"安子介国际贸易研究奖"颁奖大会圆满结束
   (摘要)[对外经济贸易大学网站http://www.uibe.edu.cn/,
   2004年12月18日] …………………………………… 蓉 一(2531)
九、第十二届"安子介国际贸易研究奖"颁奖
   [《人民日报》(海外版)2004年12月21日] ……………… 刘 菲(2532)
十、中国特色国际经济法学的探索者和开拓者——陈安教授
   [《厦门大学学报》2008年5月3日] ……………………… 陈 浪(2532)
十一、十位厦大学者入选中国杰出社会科学家
   [厦门大学网站http://www.tmu.edu.cn/,2007年
   12月27日] …………………………………………… 王瑛慧(2534)

Ⅱ 书刊评论 ………………………………………………………… (2536)
一、致力知己知彼 出色研究成果——《美国对海外投资的
   法律保护及典型案例分析》序言 ……………………… 韩德培(2536)
二、一剑淬砺三十年:中国特色国际经济法学的奠基之作
   ——推荐《陈安论国际经济法学》……………………… 朱学山(2537)
三、弘扬中华学术 投身国际争鸣——推荐《陈安论国际
   经济法学》………………………………………………… 郭寿康(2539)
四、对第三世界思想体系的重大创新来自中国——评陈安
   教授《南南联合自强五十年的国际经济立法反思:从万隆、

多哈、坎昆到香港》················〔日内瓦〕B. Gosovic(2540)

五、立意新颖务实　分析缜密深入　理论实践交融——对
陈安主编《国际投资法的新发展与中国双边投资条约的新实践》
一书的评价··············中华人民共和国商务部条法司(2546)

六、内容丰富,系统完整,洵是佳作——《美国对海外投资的
法律保护及典型案例分析》评介················游　斌(2547)

七、评陈安主编：国际经济法系列专著(1987年版)·········余劲松(2548)

八、新视角：从南北矛盾看国际经济法——评陈安主编
《国际经济法总论》·····································徐崇利(2551)

九、独树中华一帜,跻身国际前驱——评陈安主编
《MIGA与中国》······································吴焕宁(2556)

十、深入研究,科学判断——《"解决投资争端国际中心"
述评》简介···单文华(2557)

十一、国际投资争端仲裁研究的力作——评《国际投资
争端仲裁机制(ICSID)研究》···························张乃根(2559)

十二、俯视规则的迷宫——读陈安教授主编《国际经济法
学专论》···车丕照(2562)

十三、"问题与主义"中的"问题"——读《国际经济法学
专论》···车丕照(2566)

十四、高屋建瓴　视角独到——推荐《晚近十年来美国
单边主义与WTO多边主义交锋的三大回合》·········戚燕方(2570)

十五、以史为师　力排"众议"　说理透辟——推荐
《南南联合自强五十年的国际经济立法反思》·········戚燕方(2571)

十六、紧扣学科前沿　力求与时俱进——推荐
《国际经济法学》(第三版)··························杨立范(2572)

Ⅲ　学界来函··(2574)

一、来函概述··(2574)

（一）对《国际经济法学刍言》一书的评价···············(2574)

（二）对《南南联合自强五十年的国际经济立法反思》一文的评价······(2575)

（三）对《晚近十年来美国单边主义与 WTO 多边主义交锋的三大回合》
一文的评价 ·· (2577)

（四）对《"解决投资争端国际中心"述评》一书的评价 ················· (2577)

（五）对《是重新闭关自守？还是扩大对外开放？——论中美两国经济上的
互相依存以及"天安门风波"后在华外资的法律环境》一文的评价
··· (2578)

（六）对参加俄勒冈州"第三届国际商法研讨会"宣讲中国投资法的评价
··· (2579)

（七）对《是进一步开放？还是重新关门？——中国吸收外资政策法令
述评》一文的评价 ··· (2580)

（八）对《是棒打鸳鸯吗？——就李爽案件评〈纽约时报〉报道兼答美国
法学界同行问》一文的评价 ··· (2581)

二、来函选辑 ··· (2582)

（一）武汉大学教授韩德培老先生致陈安教授函[2005年11月30日]
··· (2582)

（二）安徽大学教授朱学山老先生致陈安教授函[2006年1月15日]
··· (2583)

（三）中国人民大学教授郭寿康老先生致陈安教授函[2007年6月7日]
··· (2583)

（四）对外经济贸易大学教授沈达明老先生致陈安教授函[1985年9月
16日] ··· (2584)

（五）中山大学教授端木正老先生致陈安教授函[1985年11月30日]
··· (2584)

（六）[日内瓦]中华人民共和国常驻世界贸易组织代表团团长孙振宇
大使致陈安教授函[2004年4月16日] ·· (2585)

（七）中华人民共和国商务部条法司致陈安教授函[2005年9月27日]
··· (2585)

（八）中华人民共和国对外经贸部条约法律局致陈安教授函[1987年
3月1日] ·· (2589)

（九）中华人民共和国对外经贸部条约法律局致陈安教授函[1988年
1月30日] ·· (2589)

（十）中华人民共和国对外经贸部条约法律司致陈安教授函[1989年8月29日] ·· (2590)

（十一）中华人民共和国对外经贸部条约法律司致陈安教授函[1989年12月15日] ·· (2590)

（十二）南方中心秘书长Branislav Gosovic致陈安教授函[2006年2月1日] ··· (2591)

（十三）《世界投资与贸易学报》、《日内瓦论坛季刊》主编Jacques Werner致陈安教授函[2006年1月31日,2006年2月20日] ·········· (2592)

（十四）〔美国〕乔治敦大学中美管理中心主任赵龙跃博士致陈安教授函[2005年3月6日] ·· (2594)

（十五）〔美国〕《天普大学国际法与比较法学报》学术论文编辑L. K. Kolb致陈安教授函[2004年6月3日] ··························· (2595)

（十六）〔日内瓦〕"南方中心"(South Center)秘书长B. Gosovic致陈安教授函[2004年6月2日,2006年7月24日] ················ (2597)

（十七）〔美国〕"多边投资担保机构"(MIGA)首席法律顾问L. Weisenfeld致陈安教授函[2004年5月12日] ··························· (2599)

（十八）〔美国〕唐肯(Tonkon et al.)律师事务所首席律师O. D. Blank致陈安教授函[1991年7月5日] ······························· (2602)

（十九）〔美国〕中国驻美国旧金山总领馆领事朱又德致陈安教授函[1991年5月23日] ··· (2604)

（二十）〔美国〕"解决投资争端国际中心"(ICSID)法律顾问A. Parra致陈安教授函[1990年3月22日,1990年8月22日] ··········· (2604)

（二十一）〔美国〕路易斯-克拉克大学西北法学院律师进修班主任L. B. Mapes致陈安教授函[1988年11月29日] ····················· (2606)

（二十二）〔美国〕哈佛大学法学院助理院长、东亚法学研究所副所长F. E. Snyder致陈安教授函[1982年10月19日] ·················· (2607)

（二十三）〔日本〕访美研究员、金融经济专家杉原启示致陈安教授函[1982年10月30日] ·· (2609)

（二十四）〔美国〕纽约法学院《国际法与比较法学报》主编E. H. Higa致陈安教授函[1982年11月19日] ································· (2610)

（二十五）〔美国〕波士顿大学法学院教授、哈佛大学东亚法学研究所前副所长 F. K. Upham 教授致陈安教授函[1982年11月29日] ·· (2613)

（二十六）〔美国〕哈佛大学法学院斯托利讲座教授、东亚法学研究所所长 A. von Mehren 致陈安教授函[1982年10月25日] ·········· (2614)

Ⅳ 本书作者学术小传及历年主要论著目录（以倒计年为序） ········ (2617)

一、本书作者学术小传 ·· (2617)

二、本书作者历年主要论著 ·· (2618)

（一）书籍 ··· (2618)

（二）论文 ··· (2620)

Ⅴ 本书作者二十年来主要论著获奖情况（以倒计年为序）（2008—1988）
·· (2624)

一、国家级、省部级一等奖 ·· (2624)

二、国家级、省部级二等奖 ·· (2625)

三、厦门大学最高荣誉奖 ·· (2626)

第一编

国际经济法基本理论(一)

I 论国际经济法学科的边缘性、综合性和独立性*

内容提要 有关国际经济法和国际经济法学的内涵与外延,中外法学家众说纷纭,迄无定论。本文对法学界中较为流行的"狭义说"和"广义说",分别予以简扼评析,指出其中的臧否得失;论证国际经济法是调整国际经济关系的各种法律规范的总称,是一种多门类、跨学科的边缘性综合体;国际经济法与相邻法律部门国际公法、国际私法、内国经济法以及国际商务惯例之间,既有紧密的联系,又有明显的区别;国际经济法学是以国际经济法这一边缘性综合体作为研究对象的独立的新兴学科。此外,本文还针对有关中国国际经济法学科发展现状的几种误解,诸如"不科学"或"不规范"论、"大胃"论或"长臂"论、"浮躁"论或"炒热"论、"翻版"论或"舶来"论等,逐一加以剖析和澄清。

目 次

一、狭义说:国际经济法是国际公法的新分支
二、广义说:国际经济法是调整国际(跨国)经济关系的国际法、国内法的边缘性综合体
三、对以上两大学派观点的分析
四、国际经济法与国际公法的联系和区别
五、国际经济法与国际私法的联系和区别
六、国际经济法与内国经济法的联系和区别

---

* 本文的基本内容,原载于笔者参撰和主编的《国际经济法总论》(法律出版社1991年版),先后经两度修订和增补,分别发表于《中国国际法年刊》1995年本(中国对外翻译出版公司1996年版,约1.8万字)和《国际经济法论丛》第1卷(法律出版社1998年版,约4.4万字)。此后又经多次修订增补,分别辑入笔者参撰和主编的《国际经济法学》(北京大学出版社1994—2007年第1—4版)和《国际经济法学专论》(高等教育出版社2002—2007年第1、2版)。

七、国际经济法与国际商务惯例的联系和区别

八、评对中国国际经济法学科发展现状的几种误解

（一）"不科学"或"不规范"论

（二）"大胃"论或"长臂"论

（三）"浮躁"论或"炒热"论

（四）"翻版"论或"舶来"论

国际经济法，顾名思义，是泛指调整国际经济关系的各种法律规范。换句话说，它是调整国际经济关系的各种法律规范的总称。

"国际经济关系"一词，可作狭义和广义两种理解。狭义的理解，指的是国家政府之间、国际组织之间或国家政府与国际组织之间的各种经济关系。国际经济关系的主体，一般地限于国家[①]和国际组织。广义的理解，指的是包含上述国家政府、国际组织相互之间的各种经济关系，但又远远超出上述范围。举凡跨越一国国境的经济交往，都属于国际经济关系。国际经济关系的主体，除了国家政府、国际组织之外，还包括从事跨越一国国境的各种经济交往活动的个人（自然人）和法人。

由于对"国际经济关系"一词的不同理解，也由于观察角度和研究方法上的差异，国内外学者对于国际经济法的含义和范围，见仁见智，众说纷纭，但基本上可划分为两大类，即狭义说与广义说。

一、狭义说：国际经济法是国际公法的新分支

这种观点认为，国际经济法只是调整国家政府相互之间、国际组织相互之间以及国家政府与国际组织之间经济关系的法律规范。传统的国际公法，主要用于调整国家政府之间、国际组织之间以及国家政府与国际组织之间的政治关系，忽视它们相互之间的经济关系。随着国际经济交往的发展，逐渐形成了专门用来调整上述国际经济关系的新的法律分支，这就是国际经济法。

[①] 在当代国际法的实践中，正在为争取独立而斗争的民族往往也被承认为国际法的主体。相对于国际社会中已经独立存在的国家而言，正在争取独立的民族被视同准国家或过渡性的国际法主体。下同。

在国际经济法发挥调整作用的过程中,在国际经济关系领域里享受法定权利和承担法定义务的主体,即国际经济法的主体,依然是国家或国际组织。国际经济法的主体与国际公法的主体,是完全一致的,而且只限于国际公法的主体。属于任何国家的自然人或法人,尽管也从事跨越一国国境的经济交往,但他们或它们本身并不是国际公法的主体,从而也不是国际经济法的主体。他们或它们与异国自然人、法人以及与异国政府之间的经济关系,一般地说,也并非直接由国际公法或国际经济法加以调整。

由于国际经济法是专门用来调整国际公法各主体之间的经济关系的法律规范,所以,它属于国际公法范畴,是国际公法的一个新分支,是适用于经济领域的国际公法。

因此,国际经济法的内容限于调整国际经济关系的各种国际公约、条约、协定以及属于公法性质的各种国际惯例。国际私法和各国的涉外经济法,实质上都是各国的国内法,都不属于国际经济法范围。

持此类观点的主要代表人物,有英国的施瓦曾伯格(G. Schwarzenberger)、日本的金泽良雄以及法国的卡罗(D. Carreau)等人[1]。

二、广义说:国际经济法是调整国际(跨国)经济关系的国际法、国内法的边缘性综合体

这种观点认为:国际经济法是调整跨越一国国境的经济交往的法律规范。它所调整的对象,不仅仅限于国家政府相互之间、国际组织相互之间以及国家政府与国际组织之间的经济关系,而且包括大量的分属于不同国家的个人之间、法人之间、个人与法人之间以及他们与异国政府或国际组织之间的各种经济关系。

在国际经济法发挥调整作用的过程中,在国际经济关系领域里享受法定权利和承担法定义务的主体,即国际经济法的主体,不但包括从事跨越国境的经济交往的国家政府和国际组织,而且包括从事此种经济交往的一切自然人和法人。

由于国际经济法是用来调整从事跨越国境经济交往的各种公、私主体之间

---

[1] 关于这三位学者各自基本观点的简介,参见前引陈安主编:《国际经济法总论》,第77—82页;或前引陈安主编:《国际经济法学专论》(上编总论),第50—54页。

经济关系的法律规范，所以，它并不专属于单一的国际公法范畴，不单纯是国际公法的分支，不仅仅是适用于经济领域的国际公法。恰恰相反，它的内涵和外延，早已大大地突破了国际公法单一门类或单一学科的局限，而扩及于或涉及国际私法①、国际商法以及各国的经济法②和民商法等，形成了一种多门类、跨学科的边缘性综合体。

因此，国际经济法的内容并不仅仅局限于调整国际（跨国）经济关系的国际公约、条约、协定以及属于公法性质的各种国际惯例。除此之外，它还理应包括用以调整一切跨越国境的经济关系的国际私法、国际商法和国际商务惯例，以及各国经济法和民商法的涉外部分。诚然，国际私法和各国的经济法、民商法的涉外部分本质上都是各国的国内法，但是，既然它们都在各个主权国家的领域内调整和制约着跨越国境的经济交往活动，从宏观上看，也就不能不承认它们是国际经济法的一个重要组成部分，归属于国际经济法的范围。

持此类观点的主要代表人物，有美国的杰塞普（P. Jessup）、斯泰纳（H. J. Steiner）、瓦格茨（D. F. Vagts）、杰克逊（J. H. Jackson）、洛文费尔德（A. F. Lowenfeld）以及日本的樱井雅夫等人③。

以上所述，是外国学者对国际经济法含义的不同理解和基本分歧。

在中国，由于众所周知的历史原因，对国际经济法学曾经长期缺乏深入全面的研究。1978年底以后，在中国共产党十一届三中全会正确路线的指引下，在经济上对外开放这一基本国策的鼓舞下，中国法学界的学者们以空前的热情，急起直追，对国际经济法学这门新兴的法学学科，进行认真的探讨和开拓。他们的基本观点，分别倾向于国际上流行的前述狭义说或广义说，但都立足于

---

① 关于"国际私法"一词的含义，国内外法学界颇有分歧。为便于说明问题，本书采用《中国大百科全书·法学》专设词条的解释："指在世界各国民法和商法互相歧异的情况下，对含有涉外因素的民法关系，解决应当适用哪国法律的法律。"又称"法律冲突法"或"法律适用法"。关于"国际商法"、"国际贸易法"的含义，法学界见仁见智，也未统一。其大体内容，可参看《中国大百科全书·法学》"商法"、"国际贸易法"、"经济法"等有关词条，中国大百科全书出版社1984年版，第228、222、327、505等页；2005年修订版，第202—203、279—208、436页。

② 关于"经济法"一词的内涵和外延，中外法学界众说纷纭，尚无定论。为阐述方便，本书采广义说，即此词泛指用以调整社会生产、交换、分配、消费过程中各种经济关系的全部法律规范。它既包含用以调整社会非平等主体之间各种"纵向"经济关系的法律规范，也包含用以调整个人、法人各平等主体之间的各种"横向"经济关系的法律规范。但是，鉴于国内法学界经过多年争论之后，目前一般倾向于把调整前一类经济关系的法律规范归入"经济法"范畴，把调整后一类经济关系的法律规范归入"民商法"范畴，为便于读者理解，本书行文中有时也将"经济法"和"民商法"两词并列，相提并论，以明其含义之广泛性。参阅《中国大百科全书·法学》"经济法"、"民法"和"商法"词条，中国大百科全书出版社1984年版，第327—330、412—416、505—506页；2005年修订版，第279—280、347—349、436页。

③ 关于这六位学者各自基本观点的简介，参见前引陈安主编：《国际经济法总论》，第83—91页；或前引陈安主编：《国际经济法学专论》（上编总论），第54—63页。

中国的实际,各抒己见,对有关问题作了新的论证和阐述①。他们的见解,尽管分歧很大,甚至针锋相对,但都颇有助于人们更深入地思考,更全面地探索。

三、对以上两大学派观点的分析

上述第一派学者,持狭义说。他们按照传统的法学分科的标准,严格地划清国际法与国内法、"公法"与"私法"的界限,认为国际经济法乃是国际公法的一个新分支。从纯粹理论上说,这种主张具有界限分明、避免混淆的长处。但衡诸当今国际经济交往的客观情况,却存在着不切实际的缺陷。

"国际"(international)一词,作为定语,历来就有两种用法,一是专用于修饰国家政府与国家政府之间某些行为或某些事物,诸如"国际谈判"、"国际条约"、"国际战争"、"国际均势"等等;一是泛用于修饰跨越一国国界的各种行为或各种事物,诸如"国际往来"、"国际运输"、"国际旅游"、"国际影响"等等。在论述"国际经济关系"或"国际经济法"时,把"国际"一词的使用严格局限在前一种含义的"专指"上,而绝对排除后一种含义的"泛指",这是有悖常识和不符事实的。因此,美国学者杰塞普等人主张用"跨国"(transnational)一词取代"国际",专供上述"泛指"之用②。这样做,虽然可能有含义更加明确之利,但也并非逻辑概念上的绝对必要。因为"国际"一词本来就具有"跨国"的广泛内涵和外延。

有鉴于此,本书在论及"国际经济关系"或"国际经济法"时,其中"国际"一词,均采"泛指"含义。

从当代的客观事实来看,国际经济交往以及由此产生的在经济领域中的国际法律关系(以下简称国际经济法律关系),其主体从来就不局限于国家政府和国际组织。随着世界经济的发展,以属于不同国籍的自然人或法人(特别是跨国公司)为主体的一方或双方,跨越一国国境的经济来往,愈来愈占有重要的地位;在某些经济领域,甚至还担任主角。因此,显然不能不承认个人、法人(特别是跨国公司)也是国际经济法律关系的主体。在综合观察国际经济关系的全局

---

① 参见史久镛:《论国际经济法的概念和范围》;姚梅镇:《国际经济法是一个独立的法学部门》;王名扬:《国际经济法是一门独立的学科》;汪暄:《略论国际经济法》,载于《中国国际法年刊》1983年本,中国对外翻译出版公司1984年版,第359—397页。

② 参见杰塞普:《跨国法》,1956年英文版,第1、2、106—107页;斯泰纳、瓦格茨:《跨国法律问题》,1986年英文第3版,序言第19—20页及1976年英文第2版,序言第15页。

并探讨其中存在的各种法律关系时,如果把眼光仅仅停留在纯粹以国家政府或国际组织作为主体双方的经济法律关系上,全然无视以个人或法人作为主体之一方或双方的经济法律关系,那就是无视大量事实,势必严重脱离实际。

以个人或法人作为主体一方或双方的跨越一国国境的多种经济交往,包括分别属于不同国籍的个人与个人之间、法人与法人之间、个人与法人之间、个人或法人与异国政府之间、个人或法人与国际组织之间的经济交往,在性质上均非一国内部的交往,显然都不能纳入国内经济关系的范畴。如果把这许多种跨越一国国境的经济交往都排除在国际经济关系的范畴以外,则不但在逻辑上是难以自圆其说的,而且在概念上、视觉上都只是海市蜃楼,完全背离当代的国际现实。不能设想:在人类社会还划分为不同的国家、还存在着国境或国界的条件下,竟然会出现一种既非国内、也非国际的十分奇特的经济关系。

纯粹以国家或国际组织作为主体双方的经济关系,诸如国家政府之间或国家政府与国际组织之间有关投资、贸易、信贷、技术转让等方面的经济关系,应由国际公法规范加以调整和制约,这当然是不言而喻的。然而,在当代现实生活中,大量出现并日益增多的以个人或法人作为主体一方或双方的国际经济关系,则不但受有关的国际公法规范的调整和制约,而且受有关的国际私法规范、各该交往国家的国内涉外经济法规范以及国内民商法规范的调整和制约。在调整和制约此类国际经济关系过程中,国际法与国内法、"公法"与"私法"、国际商法与各国的涉外经济法、民商法往往同时发挥作用,并互相渗透,互为补充。而且,东道国的国内法往往占有主导地位。

试以一家跨国公司的国际投资项目为例:

设甲国(发达国家)的 A 公司在乙国(发展中国家)投资兴业设厂。对这种国际性(即跨国性)的投资活动或投资关系,如果细加分析,就不难看到它实际上受到多种类别、多种层次的法律规范的调整和制约。

第一,按照国际公法上公认的基本原则,任何独立国家都享有"领域管辖权"(territorial jurisdiction,或译为"属地管辖权"),即国家对于在其所属领域内的一切人和物以及发生的事件,除按国际法规定享有外交特权与豁免的以外,有权按照本国的法律和政策,实行全面的管辖①。据此,A 公司的上述投资活动理所当然要受东道国即乙国制定的用以调整境内外国人投资的各种法律规范的保护、管理和约束,作为乙国国内法的涉外投资法、外汇管理法、涉外税

---

① 参见周鲠生著:《国际法》(上册),商务印书馆 1983 年版,第 217 页;王铁崖主编:《国际法》,法律出版社 1995 年版,第 126—127 页。

法等等,都在直接适用之列。

第二,不少发达国家,为了确保本国国民在国外投资的安全,往往与吸收外资的发展中国家,逐一签订了双边性的关于互相保护对方国民投资的条约或协定;与此同时,又往往由发达国家政府官办的投资保险公司(例如美国政府专设的"海外私人投资公司")出面,与本国的海外投资者签订保险合同,承保海外投资的各种政治性风险①。一旦发生了属于承保范围内的风险事故,即由这种保险公司依约照章理赔,并随即取代投保人即本国投资者作为债权人的法律地位,向东道国政府实行国际代位索赔。为防止东道国政府事后拒赔,又预先在前述关于互相保护对方国民投资的双边国际条约或协定中,立下专款,明文规定东道国政府同意上述外国投资保险公司享有国际代位索赔权,以资"约束"②。

如果甲、乙两国之间签订过上述国际条约或协定,而甲国国内又盛行上述海外投资保险制度,那么,A公司在乙国的投资,不但受到乙国国内法的保护、管理和约束,而且受到甲国国内法(特别是其中的海外投资管理法规以及海外投资保险法规)的保护、管理和约束;不但受到甲、乙两国国内法的调整,而且受到两国国际条约或协定的调整。就上述代位索赔权而言,它本来只是基于甲国国内合同法和保险法而产生的权利,即原属甲国国内私法上的权利,却通过上述国际条约的专款规定而"国际化"和"公法化"了。国际投资活动是国际经济交往中最常见的现象之一。在调整国际经济关系过程中,传统法学分科中的国际法、国内法,"公法"、"私法"之互相渗透,互相交融,互相补充,由此可见一斑。

随着国际投资活动的日益频繁,出于加强国际投资保险的实际需要,1985年10月,国际社会中出现了一个新的多边性国际商务专题公约,即《多边投资担保机构公约》③,建立了国际投资保险的新体制。依据该《公约》规定,具有缔约国国籍的外国投资者可以就其在另一缔约国(即东道国)国境内的国际(跨国)投资,向新设立的"多边投资担保机构"(MIGA)直接交费"投保",订立保险

---

① 通常又称"非商业性风险",指外国投资企业被东道国政府征收、国有化,东道国境内发生战乱,东道国政府加强外汇管制并禁止外币汇出境外,致使外资企业蒙受损失。

② 参见陈安著:《美国对海外投资的法律保护及典型案例分析》,鹭江出版社1985年版,第5—6、10—11、24、46—49页;陈安著:《国际经济法学刍言》(上),北京大学出版社2005年版,第459—471、486—488页。《陈安论国际经济法学》,第三编之Ⅰ,《OPIC述评:……》,复旦大学出版社2008年版。

③ 这项公约是在联合国专门机构"国际复兴开发银行"(通称"世界银行")倡议和主持下缔结的,1985年10月开放供"世界银行"各成员国及非成员国瑞士签署,1988年4月正式生效。中国在1988年4月28日签署了该公约,随后又完成了法定的批准手续。迄2005年5月19日止,该公约的正式成员国已达165个,其中22个为发达国家,142个为发展中国家;at http://www.miga.org/screens/about/members/members.htm, May 19, 2005。MIGA机制在运作上的灵活性及其在国际公法上的约束力,均大大超过OPIC之类的旧模式。详见陈安、徐崇利主编:《MIGA与中国:多边投资担保机构述评》,福建人民出版社1996年版,第1—50页。

合同,以预防在东道国可能遇到的各种非商业性风险。一旦发生合同所"承保"的风险事故,"多边投资担保机构"依约向"投保人"支付了赔偿金之后,就取代了该投保人在法律上的债权人地位,有权依照《公约》规定向上述投资项目所在的东道国(缔约国)的政府实行"代位索赔"[1]。

如所周知,针对保险合同中投保人与承保人双方的权利义务关系以及由此派生的对特定第三人的代位请求权,各国国内立法和国际商务惯例中向来都贯穿着基本相同的法理原则,而上述新公约对此进一步加以肯定和确认,使得这些法理原则对于缔约国产生了新的国际公法上的约束力。设使前述甲、乙两国都是此项新公约的缔约国,而 A 公司又曾就其在乙国境内的投资向上述国际机构"投保",那么,在调整这一国际投资关系过程中,各门各类法律规范的交错和融合现象,就更加明显了。

第三,A 公司在乙国投资兴办的工厂为了开展生产,往往需从乙国境外购买和引进先进的生产技术、机器设备、原材料、零部件等等;其生产成品又往往有相当部分销往国际市场。这些国际采购和国际销售行为,形成了由国际投资关系派生出来的一种国际贸易关系。综合地用以调整此种关系的法律规范不但包括各有关国家的国内法,即投资项目所在国、技术设备和原材料零部件供应国以及生产成品输入国各自的民商法规和对外贸易法规,诸如合同法、买卖法、专利法、商标法、海商法、票据法、保险法、海关法、关税法、进出口许可证法、商品质量检验法等等,而且往往包括有关的国际公约和国际商务惯例,诸如《1994 年关税及贸易总协定》、《世界贸易组织协定》、《联合国国际货物销售合同公约》、《保护工业产权巴黎公约》、《关于提单法规统一化的国际公约》(通常简称《海牙规则》)、《联合国海上货物运输公约》(通常简称《汉堡规则》)、《统一汇票本票法公约》、《统一支票法公约》;国际商会制定的《国际贸易术语解释通则》、《跟单信用证统一惯例》、《托收统一规则》、《联合运输单证统一规则》;伦敦保险协会制定的《货物保险条款》;国际海事委员会制定的《约克—安特卫普规则》(又称"共同海损理算规则")等等。

第四,A 公司在乙国投资所得利润,按国际上公认的"来源地税收管辖权"原则,理应遵照乙国的所得税法,缴纳税款。与此同时,按国际上公认的"住所地税收管辖权"原则,又理应遵照其国籍所属国即甲国的所得税法,缴纳税款。为了避免甲、乙两国对于同一征税对象各自享有的法定征税权发生激烈的矛盾

---

[1] 参见《多边投资担保机构公约》第 1 条、第 11 条、第 13—18 条。载于希哈塔(I. F. Shihata):《多边投资担保机构与外国投资》,1988 年英文版,第 356—362 页。

冲突,为了避免同一纳税人承担过重的税负或逃脱应尽的纳税义务,甲、乙两国政府往往缔结了关于"对所得相互避免双重征税和防止偷漏税"的双边协定。A公司在乙国的投资赢利所得,以及由此派生出来的一种国际税收关系,就是由甲、乙两国各自的国内税法以及两国间有关征税的国际协定加以综合调整的。此外,如果A公司欲将其在乙国赢得的税后纯所得汇出乙国境外,这就进一步形成了由国际投资关系派生出来的一种国际货币金融关系,它必然要受到有关国家各自制定的货币金融管理法规(特别是乙国的外汇管理法)的调整和约束。如果这些国家都是"国际货币基金组织"的成员国,那么,这些国家各自制定的货币金融管理法规,从整体上说,又都势必与具有全球影响的多边国际公约《国际货币基金协定》的基本条款,在许多方面是互相渗透和互相衔接的。

第五,A公司在乙国进行投资活动过程中,如与东道国政府机构、一般法人或自然人发生争端,根据国际公认的"用尽当地行政及司法救济"(the exhaustion of local administrative and judicial remedies)原则,选择用以调整和解决这种国际(涉外)投资争讼关系的法律规范时,首先当然适用乙国即东道国现行的民法、商法、经济法、民事诉讼法、行政诉讼法、仲裁法或国内现行的商务仲裁规则;在这过程中,如遇法律选择或法律冲突问题,当然也应优先适用乙国制定的法律适用条例、冲突法规范或国际私法规范。

如果当地救济手段已经用尽,或者争端双方事先另外依法商定提交东道国以外的国际商事仲裁机构裁决,或者乙国即东道国与A公司国籍所属的甲国之间签订的关于互相保护投资双边协定中另有明确规定,则用以调整和解决上述国际(涉外)投资争讼关系的法律规范,包括实体性规范和程序性规范,就可能不再是东道国的国内法,而可能是其他国家的经济法、民商法、诉讼法、仲裁法或商事仲裁规则;也可能是依据《解决国家与他国国民间投资争端公约》[1],提交"解决投资争端国际中心"(ICSID),按照该《公约》以及该"中心"的有关规定和仲裁规则,适用争端当事人协议选择的法律规范,或者在当事人并无上述协议的情况下,综合适用东道国的国内法规范以及有关的国际法规范,予以调整、处断[2]。

第六,即使A公司是甲国的国有公司或官办公司,与甲国政府机构的关系十分密切,或者实际上就是代表甲国政府在乙国进行投资活动,而且它在乙国

---

[1] 截至2007年11月4日为止,签署参加本公约的已有155个国家,其中143个国家已经交存了正式批准书。中国在1990年2月签署参加本公约,继而在1993年1月提交了正式批准书。迄今全体缔约国名单以及签署、批准日期详见 List of Contracting States and Other Signatories of the Convention (as of November 4, 2007), at http: //www. worldbank. org/icsid/constate/c-states-cn. htm。

[2] 参见《解决国家与他国国民间投资争端公约》第42条,载于陈安主编:《国际投资争端仲裁——"解决投资争端国际中心"机制研究》,复旦大学出版社2001年版,附录,第579页。

实行经济交往的对方当事人本身就是东道国政府,在这种情况下,用以调整此类国际投资关系的法律规范,不但并不限于有关的国际公法规范,而且仍然应以东道国的国内法规范(包括其涉外经济法、民商法以及冲突法等等)为主。因为 A 公司既然是以公司的身份参与国际经济交往,它就不是一个主权实体,因而只具有一般企业法人的法律地位;它所从事的就是一种"非主权行为",因而理应接受东道国国内公法、私法的调整、管理和制约。

综上分析,一项普普通通的国际投资活动,一种屡见不鲜的国际经济法律关系,其所涉及和所适用的各门各类法律规范就如此之多。举一可以反三,由此可以看出:用以调整跨越一国境界的经济关系的国际经济法,确实是一个涉及国际法与国内法、"公法"与"私法"、国际商法以及各国涉外经济法、民商法等多种法律规范的边缘性综合体。它是根据迫切的现实需要"应运而兴"的综合性法律部门;从而,国际经济法学乃是一门独立的边缘性法学学科。这门新兴学科的边缘性和综合性,并非出于人为的任意凑合,而是国际经济法律关系本身极其错综复杂这一客观存在的忠实反映;也是科学地调整这种复杂关系、对其中复杂的法律"症结"加以"综合诊断"和"辨证施治"的现实需要。

面对这种客观现实,就不宜拘泥于法学的传统分科,把实际上由多门类法学犬牙交错和互相渗透而构成的这一边缘性综合体,全盘纳入某个单一传统分科的狭窄框架,视为该单一分科的简单分支,进行纯概念的论证;或者,把这一有机的边缘性综合体,加以人为地割裂,分别纳入各个传统分科,进行互相隔绝的、东鳞西爪的、纯学理的探讨。恰恰相反,作为当代的法律学人,理应根据这一边缘性综合体自身固有的本质和特点,坚持理论与实际紧密结合的科学方法,以当代国际经济交往中涌现的各种现实法律问题作为中心,严格按照其本来面貌和现实需要,打破法学传统分科的界限,对原先分属各门各类的有关法律规范,进行跨学科的综合研究和探讨。只有这样,才能学以致用,切实有效地解决各种理论问题和实务问题。

前述持"广义说"的第二派学者,其基本研究途径,是沿着学以致用、切实有效地解决现实法律问题这个方向行进的。他们从当代国际经济交往的客观情况出发,从解决实际问题的现实需要出发,认识到并顺应着国际经济法这一法律部门的边缘性、综合性和独立性,对它进行跨门类、跨学科的综合探讨,从<u>方法论</u>上说,是面向实际、有所创新和可资借鉴的。但是,其中某些学者的<u>基本立场</u>,却不是无可非议的。

例如,杰塞普所首倡的"跨国法"理论,是同他所鼓吹的削弱各国独立主权、组建"国际政府"或"世界政府"、排除主权"障碍"、"接受国际法的优先地位"等说教,极其紧密地联系在一起的。他认为,在通常的传统观念上,把国家主权理解为一种绝对的、不受限制的国家意志,传统的国际法就是建立在这种"流沙"般的基础之上。随着世界社会和国际形势的发展,无限制的主权现在已经不被认为是国家所最宝贵和最需求的属性,各国国家主权至高无上的传统观念日益过时。像联合国这样的国际社会组织的发展表明,最终有可能出现一种局面,以某种"联合主权"、"共同意志优越权"来取代旧的单一国家的主权。只有在世界社会已经成功地组建了国际政府、"集体意志"凌驾于各主权国家的"个别意志"之上的条件下,法律的职能才得以充分发挥。与此同时,他又鼓吹国际法应当直接适用于个人;个人与国家一样,也应是国际法的主体,并且直接受国际法的保护,从而便于外国人在其权益受到东道国侵害时直接追究东道国的侵权责任;而且在法律的适用上,东道国应当"接受国际法的优先地位"[①]。

应当指出:杰塞普提出上述主张之际,正值 20 世纪 40 年代末。如所周知,当时第二次世界大战结束不久,美国国势鼎盛煊赫,处在全球巅峰地位,联合国事实上受到美国的全盘控制和随意左右。在这种情况下鼓吹把联合国组织发展成为"世界政府",强调"集体意志"高于各主权国家的"个别意志",以"联合主权"取代"单国主权",其醉翁之意,是不言自明的。

至于他所鼓吹的"接受国际法的优先地位"云云,那也不过是旧曲新唱,众多弱小民族东道国对此都是记忆犹新、耳熟能详的:当年西方殖民主义列强正是信口妄言弱小民族的国内法"够不上西方文明的水平"、"不符合西方文明国家的标准",鼓吹传统的"国际法"和西方国家的国内法"优越"于东道国的国内法,并以暴力迫使弱小民族接受"领事裁判权",排斥东道国法律对于外国人的管辖和约束。时至今日,也还有一些西方国际法学者鼓吹用所谓的"国际法"为标准来"甄别"和否定发展中国家的国内法。不难看出:杰塞普的"优先"说,与上述论调是一脉相承、互相呼应的。

十分明显,"国际政府"以及"国际法优先"等学说的本质,在于要求弱国撤除民族与国家藩篱,摈弃主权屏障。在这种条件下提倡全面推行和运用所谓的"跨国法",就难免带有浓烈的殖民主义、扩张主义、霸权主义气息。

再如,洛文费尔德教授在 1975—1979 年间相继推出总标题为《国际经济法》的 6 卷系列教材,它们对于国际经济法学科体系的初步成形,固然作出了较大的贡献,但综观其六厚册系列教材的立论基点,却存在着很明显、很重大

[①] See Philip C. Jessup, *A Modern Law of Nations*, The Macmillan Company, 1948, pp. 2, 12—13, 40—42;并参见周鲠生:《现代英美国际法的思想动向》,世界知识出版社 1963 年版,第 10—12、25—26、33—35、65—71 页。

的局限性：在分析和判断国际经济交往各种法律症结的是非曲直过程中，时时以美国的国内立法作为最高圭臬，事事以美国资产者的实际利益为最后依归。其视野所及，也主要着眼于诸发达国家之间的经济法律关系，对于占全球人口 70% 的发展中国家的正义主张和法学见解，诸如：改革国际经济旧秩序，建立国际经济新秩序，确立国际经济法新准则，维护和尊重各弱小民族国家的经济主权和经济立法，加强东道国对于境内跨国公司和外国人的法律管辖与约束，等等，则多语焉不详，或态度暧昧，或貌似持平公正而实存对美偏袒。试举一例：20 世纪 70 年代初期，智利政府为维护国家经济主权，发展民族经济，曾采取法律措施，对境内涉及国民经济命脉的外资企业加强约束，或逐步转归智利国民参股经营，或逐步收归国有，并给外商以适当补偿。美国庞大跨国企业"国际电话电报公司"为保住在智利境内的既得利益，主动拨出巨额"捐款"100 万美元，紧密配合美国中央情报局，密谋干涉智利内政，甚至派遣要员潜入智利，进行政治收买，策动罢工、暴乱，从事颠覆活动。事机败露之后，国际舆论大哗，传为世界丑闻；美国国内公正人士，也多加抨击挞伐。面对此等大是大非，洛文费尔德却在一篇序言中宣称："本书对于'国际电话电报公司'，既不赞扬，也不谴责"；"对于智利的有关事态，既不接受左派的主张，也不赞同右翼的说法"，只是"尽可能客观地提供资料"①。而在论及"国际电话电报公司"在智利的种种不法行为时，却以转述裁决书观点的方式，公然曲为辩解，说什么"在投资保证合同中，并无明文规定禁止'国际电话电报公司'在智利境内以及在美国境内设法阻挠（智利的）阿连德总统当选，或设法施加压力促使阿连德垮台"②。言外之意显然是，合同既无明文禁止规定，则此类粗暴干涉东道国内政的不法行为，就不宜追究或"情有可原"了。其立场之"客观"，于此可见一斑。

尤其应当指出：时至今日，洛文费尔德教授在其 2002 年推出的《国际经济法》的 1 卷本教材中，对于占全球人口 70% 的发展中国家的正义主张和法学见解，诸如：改革国际经济旧秩序，建立国际经济新秩序，确立国际经济法新准则，维护和尊重各弱小民族国家的经济主权和经济立法，等等，仍然秉持和坚守其一贯的"美国立场"，加以漠视、贬低和否定。例如，1974 年在联合国大会上以压倒

---

① Andreas F. Lowenfeld, *International Economic Law*, Vol. 2, *International Private Investment*, 2nd ed., Mathew Bender, 1982, Preface, p. vii.

② 同上书，第 170 页，注 d。关于美国国际电话电报公司干涉智利内政并因投资保险合同涉讼一案，详况参见陈安著：《国际经济法学刍言》（上），北京大学出版社 2006 年版，第 525—531 页；陈安主编：《舌剑唇枪：国际投资纠纷五大著名案例》，厦门鹭江出版社 1986 年版，第 97—166 页。

性多数赞成票通过的《各国经济权利和义务宪章》,尽管已经经历了国际社会二三十年的实践检验,获得国际社会的广泛认同,形成了"法的确信",但在这本流行全美的通用教材中,却一直被看成是"离经叛道"的,"背离了传统国际法"(departure from the traditional international law)的,因此是没有法律拘束力的。其言曰①:

> 时隔四分之一世纪多之后,回首看看,如今《各国经济权利和义务宪章》与它在当年的表现相比,已经显得不那么重要了。如果当初确实存在把国际投资从国际法中分离出来的努力,则那种努力并没有得逞,尽管在20世纪60—70年代论战中提出的有关"主权"的各种诉求及其各种共鸣呼声,仍然不断地在联合国以及其他各种国际论坛中不绝于耳。……有一些《宪章》支持者的言论虽然力图赋予"国际经济新秩序"以法律的性质,并且把有关决议等同于立法,但这些挑战性见解看来基本上都属于政治性质。
>
> 美国和其他跨国公司的母国都反对发展中国家提出的这些挑战,不同意在各种传统原则中作出任何改变,否认通过国家实践(与联合国的决议相比较)已经在习惯法中对这些传统原则作出了替换或者修改。资本输出国的立场是:这些传统要求既坚实地建立在财产拥有者的道义权利上,也建立在一个有效国际体制的需求之上。此外,他们还争辩说,对于殖民时代所确立的适用于投资的各种传统准则,无论可以提出什么反对理由,这些传统准则显然应该适用于投资者和独立政府在商业基础上通过协商所作出的各种安排。

以上这段文字,颇耐人寻味。如细加揣摩,至少可以提出以下几个问题:

(1) 在1974年联合国大会上以压倒性多数赞成票通过的《各国经济权利与义务宪章》,体现了当代国际社会绝大多数成员共同的国家意志和共同的法律理念,它应当最符合少数服从多数的民主原则,也最能体现维护国际社会几十亿弱势人群的人权(主权和发展权)原则。美国素以"全球民主典范"自诩,素以"全球人权卫士"自诩,可谓满口"仁义道德",何以在涉及国际社会的民主、国际弱势群体的人权(主权和发展权)的关键问题上,如此言行不一,完全背离和抛弃其一贯奉为至高圭臬的民主原则、人权原则?

(2)《宪章》通过之后,"时隔四分之一世纪多之后",对于历经国际社会多年实践早已形成的国际性的"法律确信"和法律理念,何以竟可闭目塞听,熟视无睹,仍然只定性为"属于政治性质"? 何以始终不能定性为属于法律性质,成为具有法律拘束力的行为规范?

---

① Andreas F. Lowenfeld, *International Economic Law* Oxford University Press, 2002, pp. 412 - 414.

(3) 自20世纪60年代以来,即四十多年以来,在联合国及其他各种国际论坛上来自全球弱势群体的主权诉求及其各种正义呼声,既然始终不断,一直"不绝于耳"(continued to be heard),那么,以"领导世界"和指引全球走向为己任的世界头号大国,何以竟可"充耳不闻"或"置若罔闻"?

(4) 以"时代先驱"自命的美国,何以对于殖民主义时代确立的、陈旧的、"传统的"国际法准则和殖民主义者的"道义信念",如此念念不忘和恋恋不舍,而对于体现21世纪新时代精神的国际法新生规范,却又如此格格不入,视如敝屣,甚至视若寇仇?

以上这些问题,对于一切襟怀坦荡、不抱偏见的法律学人说来,看来都是值得深思、质疑和对照的,也都是不难逐一剖析、明辨是非和知所取舍的。

析微而知著。由此可见,顺应国际经济秩序除旧布新的历史潮流,适应维护广大第三世界国家正当权益的现实需要,对待国际经济法这门新兴边缘学科的现有知识和现有体系,"拿来主义"与消化主义应当并重,即应在"拿来"之后,认真咀嚼消化,吸收其营养,排除其糟粕,逐步创立起以马克思主义为指导的、体现第三世界共同立场的、具有中国特色的国际经济法学科新体系和理论新体系。这确实是当代中国法律学人的历史职责。

大约十年以前,一份有分量的长篇调查报告,就已客观地反映和记录了当时中国国际经济法学研究欣欣向荣的现状和发展趋势,明确总结出:正是对外开放的国策推动了中国国际经济法学的迅速发展。这篇调查报告充分肯定了中国国际经济法学作为独立法律学科地位的确立以及法律学科体系的初步建立;并且指出:目前,我国各政法院校、大学的法学院和法律系一般都将国际经济法学作为一门主要的专业课程,一些大学的国际金融、世界经济专业也将国际经济法学列为必修课程。"国际经济法学所取得的丰硕成果及其对我国国际经济法律实践所产生的积极影响,初步证明了广义国际经济法学说的科学性,也展示了广义国际经济法学广阔的发展前景和强大的生命力。"①另一方面,学界也有人对中国国际经济法学科发展的现状,存在几种误解,诸如"不科学"或"不规范"论、"大胃"论或"长臂"论、"浮躁"论或"炒热"论、"翻版"论或"舶来"论,等等,都有待于通过讨论和争鸣,逐一加以剖析和澄清②。

---

① 参见李双元:《中国国际经济法学研究的现状和发展趋势》(调查报告),载《法学家》1996年第6期,第3—6页。
② 参见陈安:《论国际经济法学科的边缘性、综合性和独立性》,第八部分:"评析国际经济法学科发展现状的几种误解",载陈安主编:《国际经济法论丛》第1卷,法律出版社1998年版,第48—64页;陈安著:《国际经济法学刍言》(上),北京大学出版社2005年版,第22—30页。

如前所述,国际经济法是一种多门类、跨学科的边缘性综合体;其内容涉及国际公法、国际私法、国际商法以及各国的涉外经济法、民商法等。其所以称为"边缘性",在于它只分别涉及上述各种有关门类法律规范的部分内容,而并不囊括这些有关门类法律规范的全部内容;它只是上述各类法律规范部分内容的综合,而不是这些法律规范全部内容的总和。这种"边缘性"既表明它的独立性,即它是一种新的独立的门类,也表明它的综合性,即它与相邻门类有多方面的错综和交叉。有如自然科学中的生物化学、生物物理、物理化学等等,它们都是科技发展过程中相继出现的新的独立学科,它们各自与原有的单一的生物、化学或物理学科有着极其密切的关系;但是,不能简单地分别把它们的整体全盘纳入原有的单一的生物、化学或物理学科。

兹试就国际经济法与相邻法律部门的密切联系和明显区别,分别简析如下。

四、国际经济法与国际公法的联系和区别

大体说来,用以调整国际经济关系的国际公法规范,属于国际经济法范畴;用以调整国际政治关系以及其他非经济关系的国际公法规范,不属于国际经济法范畴。例如,《关税及贸易总协定》、《国际货币基金协定》、《各国经济权利和义务宪章》、《世界贸易组织协定》等,属于前者;《维也纳外交关系公约》、《维也纳条约法公约》等,则属于后者。有些综合性的国际公约,既用以调整某方面的国际政治关系,又用以调整某方面的国际经济关系,则其中涉及经济领域的有关条款,属于国际经济法范畴。例如,《联合国海洋法公约》中,关于"专属经济区"的权利与义务、大陆架资源的归属与分割、公海海底资源的勘探与开发等方面的规定,显然都属此类。《联合国宪章》中规定用以调整国际经济关系的基本准则,当然也应归入此类。

如果进一步把国际经济法的整体内容与国际公法作一比较,则可以看到以下几点重大区别:

第一,权利与义务的主体大有不同。国际公法的主体限于国家与各类国际组织(指各国政府之间的各类组织,下同),国际经济法的主体则包括国家、各国政府之间的经济组织、民间国际商务组织、国际商务仲裁机构以及不同国籍的国民(含自然人与法人,下同)。

第二,所调整的对象大有不同。国际公法主要调整国家之间的政治、外交、军事以及经济等诸方面的关系,而且历史传统上向来以调整诸项非经济性质的

国际关系为主,直到第二次世界大战以后,才渐有转变,使经济领域的国际关系在国际公法调整诸对象中的比重有所上升,但仍显然不占主导地位。国际经济法的调整对象则排除了国家、国际组织相互之间属于政治、外交、军事等非经济领域的各种关系,而突出了国家、国际组织相互之间的属于经济领域的各种关系,与此同时,又囊括了大量的国家或国际组织与异国国民之间、不同国籍的国民之间的属于经济领域的各种关系。

第三,法律规范的<u>渊源</u>大有不同。国际公法的渊源主要是各种领域的国际条约和国际惯例;而国际经济法的渊源则排除了各种非经济领域的国际条约和国际惯例,突出了经济性的国际条约和国际惯例,同时大量吸收了国际私人商务惯例以及各国国内的涉外经济立法。

可见,国际公法中涉及经济方面的行为规范是国际经济法的重要渊源;国际公法中与经济无关的行为规范并非国际经济法的渊源;国际经济法的渊源并不局限于国际公法中涉及经济方面的行为规范。

综上所述,不难看出:国际经济法与国际公法,从各自的<u>总体</u>上说,具有不同的内涵和外延,具有<u>不同的质</u>的规定性。两者在部分内容上虽<u>互相渗透和互有交叉</u>,可以相互为用,但从整体上说,毕竟不能相互取代。简言之,它们是两种既有密切联系,又有明显区别的、各自独立的法律部门。相应地,国际经济法学与国际公法学,是两门具有同样关系的、各自独立的学科。

五、国际经济法与国际私法的联系和区别

这里提到的"国际私法",指的是在世界各国民法和商法互相歧异的情况下,针对含有涉外因素的民法关系或商法关系,指定或确定应当适用哪国法律的法律,又称"法律冲突法"(law of conflict of laws)或"法律适用法"。其中包含的各项具体准则,通常简称"冲突规范"或"抵触规则"。

如所周知,这种"法律冲突法"或"法律适用法"所调整的对象主要是各国涉外的私人之间的关系,而不是国家之间的关系。由于西方法学界在传统上把民法和商法划入"私法"范畴,加以涉外因素往往又泛称"国际"因素,所以通常把此类"法律冲突法"或"法律适用法"称为"国际私法"。但是,严格说来,"国际私法"中包含的法律规范,通常既不是"国际"的,也不是"私法"。它只是间接地调整跨越一国国界的私人之间的关系,即通过解决因不同国家对同一私人关系具有不同法律规定而引起的冲突,包括管辖上的冲突,来解决上述私人关系;而且

主要依靠各国自己的国内立法来解决这种冲突。因此,在这个意义上,国际私法既是国内法,又属于西方法学传统分科中公法的范围,即实质上只是一种国内公法。作为辅助手段,有些国家也通过缔结某些多边条约或双边条约,对某些法律冲突问题采取同样的解决原则,作出统一的规定。这种辅助性的法律冲突规范,对于缔约国来说,就具有国际公法上的约束力,从而同时成为国际公法的一个组成部分①。

作为法律冲突规范的国际私法,可以进一步划分为用以调整国际(涉外)私人间经济关系的法律冲突规范以及用以调整国际(涉外)私人间人身关系(即非经济关系)的法律冲突规范。前一类冲突规范用以间接地调整跨越一国国界的私人之间的经济关系,因此,理应属于国际经济法范畴。后一类冲突规范所间接地加以调整的对象,虽然也是跨越一国国界的私人之间的关系,但由于这种关系属于人身关系,并非经济关系,因此,这类冲突规范不应纳入国际经济法的范畴。例如,中国《民法通则》第147、148条有关涉外婚姻或涉外扶养方面的法律适用原则,虽然也是间接调整跨越一国国界的私人之间关系的冲突规范,却并不属于国际经济法的范畴。

由此可见,国际私法中涉及经济方面的冲突规范是国际经济法的渊源,国际私法中与经济无关的冲突规范并非国际经济法的渊源。

如果进一步把国际经济法的整体内容与国际私法作一比较,则可以看出以下几点重大区别。

第一,权利与义务的主体不同。国际私法的主体,通常限于不同国籍的国民(含自然人与法人)以及各种民间性的国际组织机构。国家以及各国政府间的国际组织(包括政府间国际经济组织),一般不是国际私法的主体。国际经济法的主体,则既包括经济领域中跨越一国国界的"私法"关系上的主体,又包括经济领域中国际公法关系上的主体,即国家以及各国政府间的国际组织。在通常情况下,国家以及各国政府间的国际组织是以主权实体的身份从事国际经济交往,因而是国际公法意义上享受权利与承担义务的主体,同时也是国际经济法意义上享受权利与承担义务的主体。只有在特殊情况下,如果国家以及各国政府间组织不以主权实体的身份,而以非主权实体的身份,即一般私法法人的身份,从事跨越一国国界的经济交往或经贸活动,它们才可能成为国际私法关系上的主体。

第二,调整的对象不同。国际私法所调整的跨越一国国界的私人间关系,

---

① 如"海牙国际私法会议"在第二次世界大战结束至1988年召开第16届会议期间,先后制定了有关国际私法的公约31个,但参加缔约的国家不多,有些公约至今尚未生效。又如拉丁美洲的一些国家1928年在哈瓦那缔结公约,制定了《布斯塔曼特法典》,目前在15个缔约国中生效。

可分为经济关系与人身关系两大类,国际经济法则只调整前一类而不调整后一类。如果单从这个方面看,国际经济法所调整的对象的范围,远比国际私法狭窄。但是,由于国际经济法调整的对象中还包括国家、各国政府间组织、不同国籍的国民相互之间大量的经济交往关系,因此,从总体上看,国际经济法所调整的对象的范围,又远比国际私法广泛得多。

第三,发挥调整功能的途径或层次不同。国际私法是关于民法、商法的<u>法律适用法</u>,而不是<u>实体法</u>。在国际私法的对称术语上,实体法指的是可以<u>直接</u>地用来确认当事人权利义务并解决有关纷争的法律规范,如民法、商法、国际经济法中的实体规范,等等。而国际私法只是指出应当适用哪一国家的实体法和程序法来解决当事人的权利义务问题,它本身并不直接确认当事人的权利义务或解决有关的讼争。在处断跨越一国国界的私人之间权利义务争端时,国际私法发挥其调整功能的途径一般要通过三个步骤或三个层次:首先,要"定性",即由法院或仲裁机构确认某项涉外民事或商事案件所涉及的法律关系的性质,从而确定它应当适用哪一条冲突规范(或抵触规则);其次,要确认"连结点",即确认这一条冲突规范(或抵触规则)借以规定上述法律关系应当适用什么法律的根据;再次,综合上述两项确认,选定"准据法",即选定某国某种实体法作为判断是非曲直的标准和依据,来调整上述法律关系,解决上述法律争端①。由此可见,国际私法在针对任何法律关系发挥调整功能时,都需要经过相应的实体法的中介,因而是间接的调整。反之,在门类繁多、内容丰富的国际经济法各种规范中,除了程序法规范和具有经济性质的冲突规范以外,绝大部分本身就是实体法,它在发挥调整功能时,无需再经过任何中介,因而是<u>直接的调整</u>。

第四,法律规范的渊源不同。国际私法的渊源主要是各国有关法律冲突或法律适用方面的国内立法,并辅以某些有关法律冲突或法律适用方面的国际惯例以及对缔约国有拘束力的具有同类内容的国际条约。国际经济法的渊源则排除了国际私法上述诸渊源中有关人身方面即非经济方面的法律冲突规范或法律适用规范,突出了其中有关经济方面的法律冲突规范或法律适用规范,同时大量吸收了属于实体法和程序法性质的、有关经济领域的国际公法规范、国际私人商务惯例以及各国国内的涉外经济立法。

综上所述,可以看出:国际经济法与国际私法,从各自的总体上说,具有不同

---

① 试举一例:外商甲在中国某市向乙房产公司购得一幢大楼,旋即发生产权纠纷,向该市法院起诉。法院定性为"涉外不动产所有权问题",查中国《民法通则》第144条规定"不动产的所有权,适用不动产所在地法律",按照本条冲突规范(即抵触规则),法院确认其"连结点"是"不动产所在地",据此,决定应以"不动产所在地法"即中国的法律(包括该市的地方性法规)作为准据法,处断本案,解决争端。

的内涵和外延,具有不同的质的规定性。两者在部分内容上虽互相渗透和互有交叉,可以相互为用,但从整体上说,毕竟不能相互取代。简言之,国际经济法与国际私法,是两种既有密切联系,又有明显区别的、各自独立的法律部门。相应地,国际经济法学与国际私法学,是两个具有同样关系的、各自独立的学科。

六、国际经济法与内国经济法的联系和区别

这里所说的"内国经济法",泛指各国分别制定的用以调整各种经济关系的各种国内立法[①]。

国际经济交往活动的一大特点,在于此类活动必是跨越一国国界的。这是它区别于一国国内经济交往活动的根本界限。但是,任何跨越一国国界的经济交往活动,诸如贸易、投资、信贷、运输、保险、技术转让,等等,总有一部分或甚至大部分是在某一东道国的国境之内进行的。就此点而言,这是国际经济交往活动近似于该东道国国内经济交往活动的共同之处。根据国际社会公认的主权原则,特别是其中的"领域管辖权"(即"属地管辖权",territorial jurisdiction)准则,各国对于部分地或大部分在本国国境内开展的国际(涉外)经济交往活动,理所当然地享有充分的依法予以管辖的权利。同时,根据国际社会公认的"属地优越权"(territorial supremacy)准则,各国的国内法在管辖本国境内的涉外经济交往活动、调整本国境内的涉外经济关系方面,应当优先适用。因此,各国国内经济立法中用以调整涉外经济关系的法律规范,当然也是国际经济法的重要组成部分。

各国用以调整本国境内涉外经济关系的各种法律规范,其立法形式有二:一种是"涉外涉内统一",即某些法律规范既适用于内国某种经济关系,又适用于境内同类的涉外经济关系。例如,中国的《专利法》、《商标法》、《合同法》[②]等,即属此类。又如,中国《民法通则》中关于基本原则、企业法人、民事法律行

---

① 何谓"经济法"?学者们界说不一。这里采用广义说:举凡用以调整经济关系的各种法律规范,可统称为经济法。其中既包括调整纵向经济关系的管理性法律规范,也包括调整横向经济关系的民商法规范。参见《中国大百科全书·法学》,中国大百科全书出版社 1994 年版,第 327—330 页;2005 年修订版,第 279—280 页。

② 1999 年 10 月 1 日以前,中国有三部经济合同法并存,即《中华人民共和国经济合同法》、《中华人民共和国涉外经济合同法》以及《中华人民共和国技术合同法》,三者分工调整三类不同的经济合同。适应着我国经济发展的需要,经过多年酝酿和反复讨论,第九届全国人民代表大会第二次会议于 1999 年 3 月 15 日通过了《中华人民共和国合同法》,将上述三部合同法融为一体,并作了大量的修订补充。其第 428 条规定:"本法自 1999 年 10 月 1 日起施行,《中华人民共和国经济合同法》、《中华人民共和国涉外经济合同法》、《中华人民共和国技术合同法》同时废止。"

为和代理、民事权利、民事责任、诉讼时效等基本条款,也属此类。另一种是"涉外涉内分流",即某些法律规范只适用于内国某种经济关系,而不适用于境内同类的涉外经济关系,或者相反,只适用于境内某种涉外经济关系,而不适用于内国同类的经济关系。前者如中国的《全民所有制工业企业法》①和《企业所得税暂行条例》②,等等;后者如中国的《中外合资经营企业法》、《中外合作经营企业法》、《外资企业法》、《对外合作开采海洋石油资源条例》以及《外商投资企业和外国企业所得税法》,等等。

可见,在经济立法"涉外涉内统一"的场合,那些同时用以调整经济领域中内国关系以及涉外关系的国内法,既属于内国经济法范畴,同时也属于国际经济法范畴。反之,在经济立法"涉外涉内分流"的场合,那些单纯用以调整经济领域中内国关系即经济非涉外关系的国内法,如上述《全民所有制工业企业法》等,显然就不属于国际经济法范畴了。

此外,还有一些国内法,如《中华人民共和国国籍法》等,虽然也用以调整涉外关系,但这种涉外关系却不具备经济性质。这种用以调整涉外非经济关系的国内法,显然也不属于国际经济法范畴。

确认各国(特别是东道国)涉外经济立法(或经济立法中的涉外部分)是国际经济法整体中的一个有机组成部分,必须注意排除来自西方某些强权发达国家的两种有害倾向。一种是:蔑视弱小民族东道国涉外经济立法的权威性,排斥或削弱这些法律规范对其本国境内涉外经济关系的管辖和适用,即排除或削弱其"域内效力"。另一种是:夸大强权发达国家涉外经济立法的权威性,无理扩张或强化这些法律规范对本国境外涉外经济关系的管辖和适用,即扩张或强化其"域外效力"。

在殖民主义横行的年代里,不少弱小民族东道国内曾经出现"领事裁判权",它排斥了甚至取消了东道国法律和法院对境内外国人的适用和管辖,是前一种有害倾向的典型表现之一。时至今日,它的躯壳虽已逐步从历史上消失,但它的"魂灵"却不断以新的较为隐蔽的形式,顽强地表现自己③。

至于后一种有害倾向,其典型表现之一,是美国不断扩大其"域外管辖"(extra territorial jurisdiction)的理论与实践。"域外管辖",指的是一国将本国法律的适用范围或法院的管辖范围扩展到本国领域以外。以1890年制定的

---

① 该法第1条规定,它只适用于中国的全民所有制工业企业。这意味着,它对于中国境内的非全民所有制的工业企业(包括集体所有制、个体所有制、中外合资经营、中外合作经营、外资独资经营的工业企业),概不适用。

② 该法第1条规定把中国境内的外商投资企业和外国企业排除在适用范围之外。这意味着它只适用于中国境内的内资企业。

③ 参见陈安主编:《国际经济法总论》,第159—173页。

《保护贸易和商务不受非法限制与垄断危害法》①为代表,一百多年来,美国的多种涉外经济立法中往往规定:任何行为被认为对美国的商务和贸易产生实质性的不良效果,不论此种行为是何人所为或发生在何处,均应受美国法律的管辖,并依美国法律追究责任,实行制裁。纵使行为人并无美国国籍,行为地并非在美国国境之内,也概不例外。第二次世界大战结束后,在相当长的一段历史时期里,美国凭恃其鼎盛国力,在多种涉外经济立法②中扩大"域外管辖"的范围,常常借口对美国国内外贸易产生"较大的实质性的不利影响",对于由非美国国民完全在美国境外进行的经贸活动,也横加干预,导致与经贸活动所在地东道国的冲突,激起国际上强烈反应。不少国家,包括一些国势较弱的发达国家,采取对抗措施,以维护本国的经济主权和商务利益。

众所周知,各国主权平等和互不干涉内政是现代国际法的公认基石。据此,各国对本国境内的一切人和事物都享有管辖权,只有少数依法豁免者除外。此种"领域管辖"或"域内管辖"已被公认为最基本的管辖原则,并且通常居于最优先的地位,以此为基础,各主权国家也可以在某些特定情况下,平等互惠地享有"域外管辖权"。例如,对于居住境外的具有本国国籍的自然人和法人及其各种行为,对于境外外国人危害本国安全和重大权益的公认犯罪行为(如伪造本国货币等),以及破坏国际社会安宁秩序的公认犯罪行为(如海盗、贩奴等),均可行使"域外管辖权"③,从而使本国有关的法律规范具有"域外效力"。但是,运用本国法律实行"域外管辖"时,理当充分顾及他国的主权和其他权益,注意掌握合理的范围和分寸。不能不问行为人是否具有本国国籍、行为本身是否构成国际社会公认的重大罪行等等因素,任意扩展本国法律规范"域外效力"的范围。否则,就成为对"域外管辖权"的滥用,从而势必损害他国主权,削弱或侵害了他国的"域内管辖权"及其法律规范的"域内效力",导致国际冲突,破坏国际社会各成员间的平等合作和共同发展。

近年来,由于美国国力的下降和衰落以及美国经贸对手国家的反对和抵制,美国在其涉外经济立法和涉外经济司法中极力扩大"域外管辖"的理论与实践,已遇到重重障碍,因而开始略有改弦更张;但百年来的传统积习和现实的既得利益,又使得它痼疾屡发,步步为营,力图尽可能多地保住现有阵地。因此,

---

① 此项立法的草案当时是由参议员谢尔曼(J. Sherman)提出的,通常简称《谢尔曼法》(Sherman Act),又称《谢尔曼反托拉斯法》(Sherman Anti-Trust Act)。

② 诸如《与敌国贸易法》、《国际紧急经济权力法》、《出口管制法》、《反抵制法》以及《外国主权豁免法》等。其最新事例则是 1996 年间通过的《赫尔姆斯—伯顿法》(Helms — Burton Act)以及《达马托法》(d'Amato Kennedy Act)。

③ 参见《中华人民共和国刑法》第 7—10 条。

国际范围内强者扩大其涉外经济立法"域外效力"与弱者抵制此种"域外效力"的争斗,仍然方兴未艾①。

综上剖析,不难看出:藐视弱小发展中国家涉外经济立法的合理权威、削弱其"域内效力",与鼓吹强大发达国家涉外经济立法的凌驾地位、扩展其"域外效力",当代这两种现象,貌似相反,实则相成,而且同出一源。若隐若现的强权观念和或明或暗的霸权政策,乃是它们的共同基础。因此在确认各国国内的涉外经济立法是国际经济法整体中的一个重要组成部分之际,对上述国际现实,不能不明辨和牢记,并采取相应的对策。

七、国际经济法与国际商务惯例的联系和区别

这里提到的"国际商务惯例",主要指由各种国际性民间团体制定的用以调整国际私人(自然人、法人)经济关系的各种商务规则。

国家或各国政府间组织如果以非主权实体的身份与异国私人实行经济交往,从事跨越一国国界的一般经贸活动,并且自愿选择适用国际商务惯例,那么,由此形成的国际经济关系,也应当受国际商务惯例的规范和约束。

国际商务惯例是由跨越一国国界的经贸活动在长期实践的基础上逐步形成和发展起来的。在其形成和发展的初期,它们一般尚未完全定型或尚未正式成文。后来,随着实践的积累和为了更便利于实践,某些国际性民间组织便把国际商务惯例中比较定型的行为规范和行为准则,分门别类,编纂成文,供当事人选择使用。诸如"国际商会"编纂的《国际贸易术语解释通则》、《跟单信用证统一惯例》、《托收统一规则》;"国际海事委员会"编纂的《约克—安特卫普规则》(共同海损理算规则),等等。这些成文的规范和准则由于含义明确,使用方便,国际商人大都乐意采用和遵从,于是它们就逐步形成为当代国际商务惯例的主体。此外,有些国家鉴于国际商务惯例中的某些行为规范和行动准则已经相当成熟,遂依照立法程序或缔约程序使它们进一步转化和上升成为这些国家的国内法规或国际条约。此时,对于各该有关国家说来,这些规范和准则就不再属于国际商务惯例的范畴,而分别属于各国国内法或国际公法的范畴了。在这个过程中,随着时间的推移和新实践的再积累,又有许多新的国际商务惯例在国

---

① 参见王建生:《美何以推行赫—伯法,欧盟一致坚持报复权》,载《人民日报》(海外版)1996年10月31日,第6版;徐崇利:《简评美国的"域外经济制裁"立法》,载《法制日报》1997年3月1日,第8版。

际经济交往中相继出现和形成；而且在其出现和形成的初期阶段，一般又是未完全定型或未正式成文的。如此不断循环补充和"新陈代谢"，促使国际商务惯例的内容和效用，不断地上升到新的高度和扩大到新的广度。

作为调整跨越一国国界的私人经济关系的一种行为规范，国际商务惯例当然也是国际经济法这一边缘性综合体的有机组成部分。但是，这种类型的行为规范或这一组成部分却有重大的独特之处，从而大大有别于国际经济法整体中的其他组成部分或其他类型的行为规范。换句话说，它既不属于国际公法范畴，也不属于国际私法(冲突法)或各国经济立法的范畴，却自成一类①。其独特之处在于：

第一，它的确立，并非基于国家的立法或国家间的缔约；而作为国际经济法其余组成部分的各国经济法、国际私法以及国际公法的有关法律规范，却无一例外，都必须经过国内立法或国际缔约等程序才能确立。

第二，它对于特定当事人具有的法律上的约束力，从总体上说，并非直接来源于国家的主权或其他强制权力，而是来源于当事人各方的共同协议和自愿选择。如果没有当事人的合意采用，一般说来，它就毫无约束力可言。反之，国际经济法整体中其余类型法律规范的约束力，则不但毫不仰赖于当事人的协议采用，而且往往可以逆着当事人的意愿径自发挥其应有作用，如果当事人这种意愿违反有关强制性法律规定的话。

第三，当事人在订立合同时，对于某一项现成的国际商务惯例，只要各方合意议定，就既可以全盘采用，也可以有所增删，悉听自便。反之，当事人对于调整特定国际经济关系的许多强制性法律条款，则只有全面遵照办理的义务，并无随意增删更改的自由。

第四，国际商务惯例对于特定当事人的约束力，虽然一般并非直接来源于国家的主权或其他强制权力，但是，这种约束力的实施或兑现，却往往必须借助于国家的主权或其他强制权。例如，合同当事人一方任意食言，无视自愿选择采用的某项国际商务惯例的约束力，为了解决争端，除可提交仲裁并自愿执行仲裁裁决之外，最终往往要通过法院(具有强制权力的机关之一)作出判决或裁定，借以兑现和显示此项国际惯例的约束力。就此点而言，国际商务惯例的约束力既区别于又类似于一般民商法律条款。从法理上分析，当事人在订立合同时既已自愿选择采用某种现成的国际商务惯例，则此种惯例中所规定的权利和义务，就转化成为该项合同所确认和确立的权利和义务，由合同法给予法律上的保障，并赋予法律

---

① 关于国际商务惯例在各国经济立法体系中的地位和作用，参见陈安：《论适用国际惯例与有法必依的统一》，载于《中国社会科学》1994年第4期，第77—89页；陈安著：《国际经济法学刍言》(上)，北京大学出版社2005年版，第215—226页。

上的约束力和强制力。因此,一方擅自违约,就要承担法律上的责任。

* * *

国际经济法与相邻法律部门的密切联系和明显区别,大体如上。作为边缘性综合体,国际经济法与国际公法、国际私法、各国经济法以及国际商务惯例等各种行为规范之间,具有错综复杂的互相交叉、互相渗透和互相融合的关系。兹试以简图粗略示意如下。

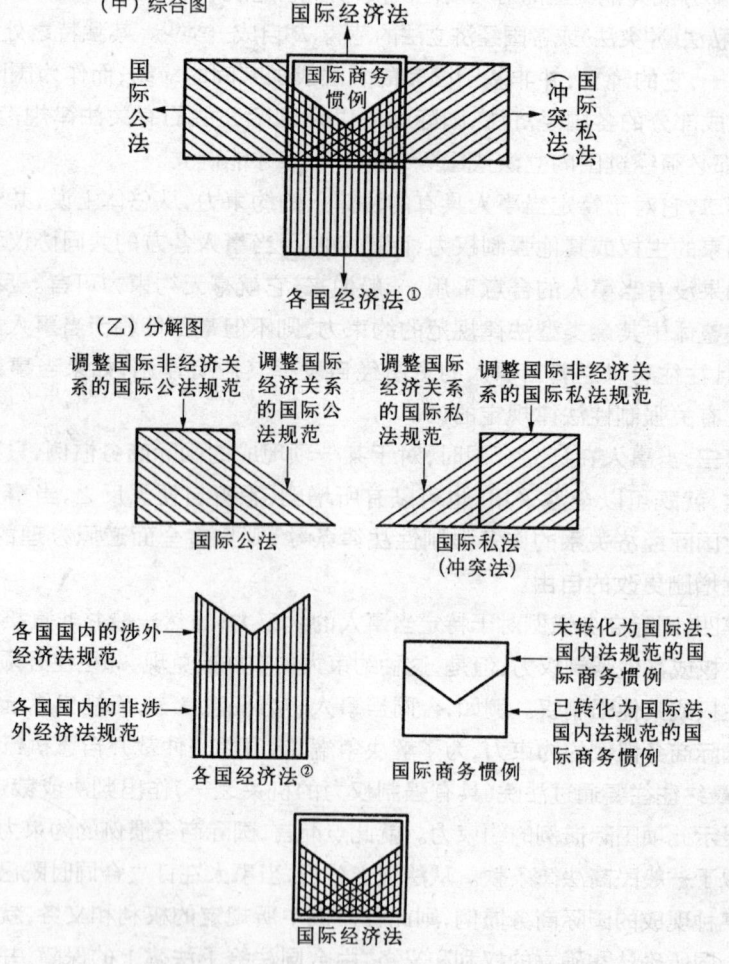

国际经济法与相邻法律部门相互关系示意图*

---

* 本示意图中注1、注2的"经济法"一词泛指各国分别制定的用以调整各种"纵向"和"横向"的经济关系的全部法律规范。本文对"经济法"一词采广义说,参见本书第21页注解①。

如前所述，随着国际经济交往的日益频繁，随着由此形成的国际经济法律关系的日益错综复杂化，人们面临的现实是：在剖析某一种国际经济法律关系或处断某一类国际经济法律问题之际，往往发现这种关系或这类问题实际上牵涉到多种类别的法律部门，受到多种类别、多种层次法律规范的调整和制约。因此，顺应客观形势的发展和现实的需求，人们在理论探讨和实务处理中，日益不再拘泥于法律的传统分类或法学的传统分科，突破了国际法与国内法、"公法"与"私法"等的分类界限或分科范围，转而采取以某种国际经济法律关系或某类经济法律问题为中心的研讨途径或剖析方法，逐步实现了从"以传统法律类别为中心"到"以现实法律问题为中心"的重要转变。

这种转变，也逐步体现在新型的法律分类或新型的法学分科之中。

根据"以现实法律问题为中心"的分类方法或分科标准，国际经济法这一跨门类、跨学科的边缘性综合体，大体上可以划分为国际贸易法、国际投资法、国际货币金融法、国际税法、国际海事法、国际经济组织法以及国际经济争端处理法等若干大类。每一大类还可以进一步划分为若干较小的专门分支和再分支。以国际贸易法为例，就可以进一步细分为国际货物买卖法、国际技术转让法、国际产品责任法、国际货物运输法、国际工程承包合同法、外贸管制法、国际商事仲裁规范，等等。其余大类，可以类推。

在国际经济法这一边缘性综合体的各大类、分支和再分支相互之间，往往又有新的、不同层次的交叉、渗透和融合。出于实践的需要，这些法律分类和相应的法学分科有日益细密的明显趋向。分类分科较细，有利于针对形形色色现实的经济法律问题分别进行比较深入细致的综合研究，有利于正确剖析和处断国际经济交往中不断涌现的新的法律问题。

上述各大类、分支和再分支相互之间的交叉渗透以及分类、分科的日益细密，使国际经济法这一边缘性综合体日益发展成为内容十分丰富、结构比较完整的、独立的学科体系。

在认识这一边缘性、综合性新兴学科体系的基础上，当然还应当进一步辨明：法律门类、法学分科和法学课程，三者紧密关联，互相衔接，但内涵有别，并非同一概念。一般而论，各门法学课程的设置和教材内容的取舍是与各种法律门类、各个法学分科相对应、相吻合的。但在课程设置和教材取舍上应当认真考虑各相邻学科、相邻课程之间的"分工合作"，善于灵活处理。

时至今日，国际经济法既已形成为多门类、跨学科的边缘性综合体，构成了一个独立的学科体系，适应着其内容十分丰富而又互相交叉渗透这一特点，在课程设置和教材处理上，无论是在国际经济法学科与其他相邻的传统法学分科之间,还是在国际经济法学科体系内部各分支学科、再分支学科之间,都应当互相配合,各有侧重,既避免不必要的重复,也避免不应有的疏漏。

八、评对中国国际经济法学科发展现状的几种误解

前文提到,在党的十一届三中全会正确路线指引下,在改革开放基本国策的鼓舞下,中国法学界对国际经济法学这门新兴边缘学科进行了认真的探讨和开拓。自1978年底以来,在短短三十年的历史时期内,使这门学科的研究从原先的几近空白,迅速走向茁壮成长和初步繁荣,缩短了与国际上同类学科研究先进水平之间的差距。特别值得注意的是:中国的许多法律学人在研究和探讨国际经济法时,始终抓住当代国际经济法律关系中的主要矛盾,从南北矛盾、南北对话和南北合作的视角,站在广大发展中国家共同的原则立场,密切结合中国的实际国情,对当代国际经济秩序新旧更替历史进程中衍生的重大法律问题和重大法理问题,进行了开拓性的探讨、剖析和论述,从而初步构筑起具有中国特色的国际经济法学科体系和理论体系,并且正在继续向纵深和横广发展,为进一步确立和完善这种新型的、独树中华一帜的学科体系和理论体系,不懈努力,使其更切合、更有效地服务于建立国际经济新秩序的宏伟目标。

前文还提到,一份有分量的长篇调查报告,客观地反映和记录了中国国际经济法学研究欣欣向荣的现状和发展趋势,明确总结出:正是对外开放的国策推动了中国国际经济法学的迅速发展;充分肯定了中国国际经济法学作为独立法律学科地位的确立和学科体系的初步建立;并且指出:目前,我国各政法院校、大学的法学院和法律系一般都将国际经济法学作为一门主要的专业课程,一些大学的国际金融、世界经济专业也将国际经济法学列为必修课程。"国际经济法学所取得的丰硕成果及其对我国国际经济法律实践所产生的积极影响,初步证明了广义国际经济法学说的科学性,也展示了广义国际经济法学广阔的发展前景和强大的生命力。"①

面对这种蒸蒸日上的、初步的学术繁荣景象,中国国际经济法学界的学人们既受到鼓舞,也受到鞭策,深感责任重大,应当更加努力地"奋蹄"前进,更加

---

① 参见李双元:《中国国际经济法学研究的现状和发展趋势》(调查报告),载《法学家》1996年第6期,第3—6页。

勤勉地俯首耕耘。

但是,近年来国内法学界也有人对中国国际经济法学初步的学术繁荣景象,存在一些误解或非议。这些误解或非议的具体说法不一,但都对中国国际经济法学的进一步健康发展从而更有效地服务于中国对外开放的基本国策,具有一定的消极影响。其根源主要在于对"广义国际经济法学"的内涵及其外延,即对国际经济法学这一新兴学科的边缘性、综合性以及独立性,缺乏应有的、比较深入的了解和理解。因此,很有必要对以下几种比较"典型"的说法,逐一加以剖析和澄清。

(一)"不科学"或"不规范"论

这种说法认为,传统的法学门类或法学分科中本来就没有什么"国际经济法"或"国际经济法学"。把国际经济法学与国际公法、国际私法、(内国)民商法、(内国)经济法等学科并列,成为法学一级学科所属的另一门独立的二级学科,势必会造成内容上的重复、繁杂和界限不清,混淆了其他相邻学科的传统分野。因此,主张把它纳入"国际法"的范畴或"经济法"的范畴。否则,就是"不科学"或"不规范"。

对于这种误解,本文的第二部分末段以及三、四、五、六、七诸部分,实际上已作了澄清,既指出了国际经济法学与各门相邻学科的密切联系,又剖析了它与各相邻学科的明显区别,充分地揭示出:国际经济法的"边缘性"绝非"囊括一切"或"兼并一切";它的"综合性"绝非简单的"总和相加"、"杂烩拼盘"或"人为的凑合";它的"独立性"绝非"标新立异"或"另立门户"。一言以蔽之,国际经济法学之所以与其他法学二级学科并列,成为法学中另一门独立的二级学科,乃是渊源于其自身的质的规定性,渊源于其内在的、逻辑上的必然,乃是当代现实法律生活的客观需要。时至今日,否定国际经济法的边缘性、综合性和独立性,就像否定自然科学中新兴的生物化学、生物物理、物理化学、海洋生物、海洋物理、海洋化学等等边缘学科一样,是囿于传统和固步自封的一种"闭目塞听",是对现代科学和现实生活最新发展的一种"熟视无睹"。这当然是不应提倡的。

自 20 世纪 80 年代初以来,上述"不科学"或"不规范"论作为一种学术上的见解、歧议或误解而存在,已非一日。见仁见智,这本是学术争鸣中的正常现象,而且有助于争鸣各方原有认识的提高和深化。但这种学术上的误解一旦和某种行政上的权力结合起来,并且进而凭借某种行政权力,无视学术发展的客观规律,单凭臆断就否定国际经济法这门新兴边缘学科的独立性,否定国际经济法在法学教育体制中作为一门独立的二级学科而存在,一定要把它正在茁壮成长中的魁梧身躯,整体地塞进某个单一相邻学科狭隘框架的某一角落,从而严重影响它的正常发育,削弱它的学科建设,那就不是无关宏旨、可予默许的小事。

1997—1998年由教育行政部门颁行修订后的《学科、专业目录》①,其中关于将国际公法、国际私法和国际经济法三个原二级学科合并为"国际法"的规定,就是上述误解与权力结合,或权力偏信了误解,进而由权力来推行误解的一种产物。它的本身,就是违反"科学、规范、拓宽"的基本原则和调整初衷的。对此,已经有内行的老前辈权威学者率先发出了科学的呐喊②,值得认真加以重视。在这方面,决策者或其智囊们显然应当多多倾听来自教学科研基层第一线许多法学老兵们的呼声,采纳其合理的建议,或者作出令人信服的解释说明,似乎不宜"你说你话,我行我素";也不宜动辄以"非学术性因素"之类的标签唬人,堵塞言路。

众所周知,科学,指的是如实地反映自然、社会、思维等客观规律的分科知识体系。"科学研究的区分,就是根据科学对象所具有的特殊的矛盾性。因此,对于某一现象的领域所特有的某一种矛盾的研究,就构成某一门科学的对象。"③国际公法、国际私法和国际经济法这三门法学分支,它们所分别反映的客观规律,所探讨的特殊矛盾,所构成的知识体系,彼此之间虽有一定的联系,却有很大的差异,而且可以说,差异远远大于联系。它们各自的研究对象,它们的性质、任务、法律关系主体、法律渊源以及所涉范围等等,均有显著的、重大的不同。从三者的基本分野上说,国际公法是实体法,它的研究领域一般不包含国内法规范。国际私法在本质上是国内法而非国际法,而且属于适用法而非实体法。国际经济法则是在国际经济领域或跨国经济交往这一特定领域里,综合国际法和国内法、公法和私法、实体法与非实体法的各个相关边缘部分,形成了一门新兴的、统一的和独立的法律知识体系。因此,不能仅因三者的名称中均有"国际"字样,就望文生义地把它们简单归并为同一个二级学科。

其次,专业目录的修订应反映现代科学发展的趋势和适应国内外经济法律形势发展的客观需要。国际经济法学作为一门新兴的综合性学科,正是适应了研究和解决当代错综复杂的跨国经济法律问题的客观需要。它突破了19世纪传统的国际法与国内法、公法与私法的法学分科界限的束缚,而在法学领域内

---

① 其全称为《授予博士、硕士学位和培养研究生的学科、专业目录》。以下简称《新目录》。
② 参见韩德培:《谈合并学科和设立博士点的问题》,载《法学评论》1996年第6期,第2—7页;《论国际公法、国际私法与国际经济法的合并问题》,载《国际经济法论丛》第1卷,法律出版社1998年版,第1—8页。
③ 《毛泽东选集》第1卷,第284页。并参见"科学"词目,载《辞海》,上海辞书出版社1979年版,第1764页;《汉语大词典》(第8卷),汉语大词典出版社1991年版,第57页。

形成了一门多科交叉的边缘性学科。它注重从国际法和国内法的联系、公法和私法的结合来分析研究国际经济法律现象和处理跨国交易的法律问题。这一新兴的综合性学科的产生,符合现代科学相互渗透、交叉发展的现实趋势,而且已经得到国内外法学界的普遍认同,即已经形成该学科约定俗成的国际性规范名称。有鉴于此,自1982年起,国家教委就正式将国际经济法学列为法学二级学科。这是符合国际经济法学发展的时代潮流和历史趋势的,是与国际的通行做法和通行称谓互相衔接的。对这一学科的合乎时代潮流的正确定位,确曾对中国国际经济法学的学科建设和茁壮成长,起了极大的推动和促进作用。二十多年来的长期实践,已经充分验证了这一学科定位的科学性、合规律性和旺盛活力。这种实践经验本来是值得珍惜和应当坚持和发扬的。

令人遗憾的是,现行的《新目录》却轻率地取消了国际经济法学作为二级学科的独立存在,将它并入"国际法"学科,这显然是违反当代学科发展规律的一种历史倒退,既不符合该学科的国际性规范名称,也不符合真正意义上的学科范围拓宽精神。一句话,这种做法是既不科学,也不规范的。以往的实践经验已经反复证明:违反科学发展客观规律的决定,往往是难以贯彻的,最后势必还要重新改过来,再来一次"拨乱反正",这不但徒耗精力,而且易引起思想混乱①。

(二)"大胃"论或"长臂"论

这种说法认为,当今中国法学界愈来愈多的学人认同于广义的国际经济法学,这是"不正常"的。广义国际经济法学的内涵如此之丰,外延如此之宽,其所涉及的法学门类和学科如此之多,其研究范围如此之广,表明了持广义国际经济法观点的学人们"胃口太大","手臂太长","侵入"或"侵害"了其他相邻学科

---

① 在当代国际学术界,作为一门学科,"国际法"已经约定俗成地是专指国家之间的法律,是专指调整国家之间关系的法律规范的总和。《新目录》把专门调整非国家之间关系的法律冲突规范——国际私法,以及主要调整非国家之间经济关系的国际经济法,全部纳入专门调整国家之间关系的"国际法"范畴,这就完全扭曲、搅混了"国际法"这一概念最基本的内涵和明确的外延,造成了逻辑上的极度混乱。

中外学术界对于"国际法"一词约定俗成的诠解,可参见《布莱克法学辞典》,1979年英文第5版,第733页;劳特派特修订:《奥本海国际法》(上卷第1分册),商务印书馆1981年版中译本,第3页;詹宁斯、瓦茨修订:《奥本海国际法》(第1卷),1992年英文第9版,第4页;周鲠生:《国际法》(上册),商务印书馆1983年版,第3页;王铁崖主编:《国际法》,法律出版社1995年版,第1—5页等。

王铁崖教授是国际法方面的老前辈权威学者,他明确指出:"为了与国际私法相区别而把国际法称为国际公法,是不必要的。因为国际公法与国际私法并不是国际法的两个分支;严格地说,国际私法既不是'国际',也不是'私法'"(见上引王铁崖主编书,第4页)。这种内行见解,也显然迥异于《新目录》前述的外行分类,即把国际私法、国际经济法、国际公法三者硬撮合在一起,同时并列为"国际法"的三个分支,并标明"国际法学(含国际公法、国际私法、国际经济法)",显得相当不伦不类。

的传统领域。这种误解的渊源,也是出自于未能正确理解这门新兴学科的边缘性和综合性,误将边缘性看作"囊括性",把综合性看作"相加的总和"。对于这种误解,上文第(一)点已经作了说明和剖析,兹不另赘。这里需要补充说明的是:当代科学的发展,需要鼓励相邻学科的相互交叉和渗透,在研究的过程中,只要有利于学术的发展,有利于认识的深化,有利于现实问题的解决,就不应当囿于任何门户之见,划分学术"领地",甚至实行"领地割据"。今日中国法学领域中许许多多分科,尽管都已在不同程度上取得了重要的成果,但在任何分科中,也都还存在着薄弱环节,有待加强,存在着"生荒地"和"熟荒地",有待于进一步开垦。如果在有关的边缘地带尚未开拓或尚未充分开拓,有"外来"劳工自愿参加耕耘,让国人共享学术繁荣的美果,学术心胸豁达开朗者谅必是乐观其成的。

(三)"浮躁"论或"炒热"论

这种说法认为,近年来中国法学界愈来愈多的学人积极参与国际经济法学的研究、探索和开拓,乃是一股"浮躁之气",以致把国际经济法学这门学科"愈炒愈热",很"不正常"。

任何学术研究,都可能持两种治学态度,或存在两种现象,一种是放眼世界,瞄准前沿,潜心学术,埋头耕耘,多出成果,服务国策,独树中华一帜,跻身国际前驱,为此目的,"板凳愿坐十年冷,文章不写半句空";另一种是既不甘寂寞,又不愿刻苦,急功近利,但求速成,以致浮皮潦草,抄抄摘摘,人云亦云,以讹传讹。这两种治学态度,历来既存在于自然科学的研究领域,也存在于社会科学的研究领域;既存在于社会科学中的法学领域,也存在于社会科学中的非法学领域;既可能存在于法学领域中的国际经济法学科,也可能存在于法学领域中的任何非国际经济法学科。对于前一种治学态度,不论其存在于何类科学、何门学科,都是应当提倡和赞扬的,对于后一种治学态度,则不论其出现于何类科学、何门学科,都是应当反对和批判的。在这方面,应当坚持同一标准,一视同仁地从严要求。从这个意义上说,也仅仅是从这个意义上说,上述批评意见有其合理的内核。有则改之,无则加勉,值得从事国际经济法研究的学人们认真重视,虚心倾听。

但是,如果不分清浩浩主流和涓涓支流,不辨明九指与一指,把"浮躁"和"炒热"之类的贬词,作为对近年来中国国际经济法学欣欣向荣景象的总体评价,那就显然是以偏概全,有失偏颇、有欠公平的。

一种社会景象(包括学术景象)的出现,无论是走向兴旺还是走向冷落,是逐步升温还是逐步降热,大都有一定的社会背景。就兴旺或升温而言,也大都体现着一种强烈的社会需要,这就是通常人们所说的"大势所趋,应运而生",也是唯物史观用以观察事物的基本原理和基本常识之一。前文提到,晚近二十几年来,中国的国际经济法学研究,从几近空白而日益茁长,走向初步繁荣,这完全是"托"了经济上对外开放这一基本国策的"福",正是适应了全国上下齐心协力积极贯彻这一英明决策的社会急需。由于众所周知的历史原因,中国对国际经济法学这门学科的研究以及对通晓国际经济法的人才的培养,一直处在相当落后的状态。1978年底以后,对外经济开放的春风吹拂着这片长年的冻土,中国法学界的许多"志士仁人",在这片解冻的土地上经过多年的辛勤耕耘,才促进了有关专业知识的茁长和积累,推动了有关专业人才的培养和供应,这才开始改变了上述长期落后的状态,初步满足了国家和社会的急需。具体说来,这种社会急需,主要体现在通过国际经济法专业知识的积累和国际经济法专业人才的培养,以期达到依法办事、完善立法、以法护权、据法仗义以及发展法学等五个方面的目标。

显然,只要不存成见,清除偏见,就不难如实地看到:正是"国际经济交往的迅速发展以及由此而来的对国际经济法人才的迫切需要,导致了中国国际经济法学的产生,而国际经济法学的发展又大大促进了国际经济法人才的培养"[1],并进一步满足国家和社会的急需。

"愈炒愈热"论把一门社会急需的科学,视同资本市场投机买卖中的一种"股票",似乎该学科在今日中国的欣欣向荣,有如某种"股票",出于某些实权人物或经济大腕在幕后"炒作"、"吐纳"或"兴风作浪"。这当然只是一种纯属主观的幻觉,而产生这种幻觉的原因之一,就在于有关历史唯物主义的素养稍嫌不足。

(四)"翻版"论或"舶来"论

这种说法认为,近年来中国法学界出现的广义国际经济法学说,不过是美国法学家杰塞普倡导的"跨国法"学说的翻版。"跨国法"学说是一种否定弱国主权,鼓吹美国霸权的学说,是一种有毒的"舶来品"。对它,只能批判和抵制,不能借鉴和参考,更不能移植、照搬或吸收。

这种误解或非难的产生,主要原因之一,似乎在于持此论者并未对中国的

---

[1] 参见李双元:《中国国际经济法学研究的现状和发展趋势》(调查报告),载《法学家》1996年第6期,第6页。

广义国际经济法学说,进行近距离的观察,仔细辨认其真实的面貌和真正的主张,而只是站在高处,<u>远远眺望</u>一下其模糊的背影,"似曾相识",便遽下结论,张冠李戴,指李为张了。

杰塞普及其美国后继者的大体主张、基本立场及其霸权主义倾向与实质,本文第三部分的后半,已作简扼评析,毋庸多赘。这里再就美国杰塞普们倡导的"跨国法"与中国法学界许多学人认同的广义国际经济法,两者之间的本质区别和原则分野,作一简单概括:

第一,杰塞普鼓吹的"跨国法",是个内容非常广泛、可以囊括一切法律门类的范畴,几乎是无所不包。他认为"跨国法"这个概念,"可以广泛地囊括调整一切跨越国境所发生的事件和行为的法律。"它的内容,"不但包括民法和刑法,而且包括国际公法和国际私法,也包括各国国内法中的其他公法和私法,甚至还包括不属于上述标准范畴的其他法律规范。"①与此相反,中国法学界许多人士所认同的广义国际经济法,其内涵和外延,比杰塞普所鼓吹的"跨国法"要严谨、实在、具体得多。它的范围,仅仅限于调整跨越一国国境的经济交往的法律规范,一切不涉及经济领域的法律规范,即非经济性质的法律行为准则,概不属于广义国际经济法的范畴。因此,它与刑法、一般行政法等非经济领域的大量法律规范,应无牵涉。更重要的是,杰塞普鼓吹的"跨国法"把一切门类的法律,都塞入其硕大无朋的"巨囊"之中,是典型的"囊括"论,而中国的广义国际经济法学说则仅仅强调跨国经济领域的法律规范涉及多门类、多学科的边缘性。一个是无所不包的"囊括性"概念,一个是有限范围的"边缘性"概念,在逻辑上是截然不同的两个范畴,显然是不能混为一谈的。

第二,杰塞普鼓吹的"跨国法",打着"世界政府"、"联合主权"、"'国际法'优先"的旗号,为觊觎、削弱、否定众多弱小民族的国家主权提供"法理依据",其宗旨在于促使弱国撤除民族与国家藩篱,摈弃主权屏障,从而使美国的国际扩张主义和世界霸权主义得以"通行无阻"。这是巩固和加强国际经济旧秩序的"法律守护神"的"理论"②。与此相反,中国法学界许多人士所认同的广义国际经济法,则坚持维护和尊重一切国家(特别是众多弱小民族国家)的政治主权和经济主权,坚持在跨国经济交往中,一切国家不分大小、贫富、强弱,经济主权一律

---

① See Philip C. Jessup, *Transnational Law*, Yale University Press, 1956, pp. 1 – 4, 7, 15, 17, 106 – 107.

② See Philip C. Jessup, *A Modern Law of Nations*, The Macmillan Company, 1948, pp. 2, 12 – 13, 40 – 42;并参见周鲠生:《现代英美国际法的思想动向》,世界知识出版社 1963 年版,第 10—12、25—26、33—35、65—71 页。

平等;全面地认真贯彻公平互利、全球合作和有约必守等最基本的法理原则;坚决反对以大压小、仗富欺贫、恃强凌弱的国际强权政治和经济霸权主义;努力为促进国际经济秩序的新旧更替和破旧立新,进行法学呐喊、法理论证和法律服务①。

第三,杰塞普及其后继者鼓吹的"跨国法"理论体系中,存在着前文提到的两大霸权倾向,一种是:藐视弱小民族东道国涉外经济立法的权威性,排斥或削弱这些法律规范对其本国境内涉外经济关系的管辖和适用,即排除或削弱其"域内效力"。另一种是:夸大强权发达国家涉外经济立法的权威性,无理扩张或强化这些法律规范对本国境外涉外经济关系的管辖和适用,即扩张或强化其"域外效力"②。与此相反,中国法学界许多人士所认同的国际经济法,则坚持揭露和抨击这种"视强国立法如神物,视弱国立法如草芥"的悖谬,对它进行坚决的抵制和挞伐。

以上原则主张和见解,已散见于和体现在二十几年来中国法律学人撰写的有关国际经济法的各类著作之中,这已是有目共睹的事实。这些主张和见解与杰塞普的"跨国法"理论相比较,显然是泾渭清浊,界限分明,壁垒对峙的。对于这些原则主张和见解,毫无深入研究了解,或熟视无睹,或竟不屑一顾,却随便把"杰塞普翻版"之类的帽子或标签强加于中国持广义国际经济法学说的法律学人,这怎能以理服人呢?"翻版"论者果能扎扎实实地具体列举出中国法律学人撰写的几本著作、几篇论文,持之有故、言之成理地充分论证和揭示它们是和杰塞普"跨国法"理论体系中的霸权主义观点沆瀣一气的,或是与它共鸣的,或是为它张目的,或是充当其应声虫的,那就确实能显示出其立场坚定,旗帜鲜明,当头棒喝,催人猛醒,否则,仅仅挥舞一顶帽子或乱贴一片标签,却又说不出一个所以然来,除显示其学力不足和学风浮躁之外,何能令人心悦诚服?

中国的学术论战史上向来就有一种没出息的"战术",即"装腔作势,借以吓人","以为这一吓,人家就会闭口,自己就可以'得胜回朝'了"。实则,"无论对什么人,装腔作势借以吓人的方法,都是要不得的。因为这种吓人战术,对敌人是毫无用处,对同志只有损害。"③

---

① 参见:《国际经济关系与国际经济法》、《国际经济法的基本原则》,载陈安主编:《国际经济法总论》,法律出版社1991年版,第1—57、156—211页;《国际经济法基本理论(一)》,载陈安著:《国际经济法学刍言》(上卷),北京大学出版社2005年版,第3—211页;张军力、阚文新:《当代经济主权问题纵横谈》,载《法制日报》1997年3月22日,第8版。

② 参见本文第六部分后半,并参见徐崇利:《简评美国的"域外经济制裁立法"》,载《法制日报》1997年3月1日,第8版。

③ 参见毛泽东:《反对党八股》,载于《毛泽东选集》(第3卷),人民出版社1991年版,第835页。

至于说到"舶来"论,那也只是一种标签。时至今日,仍然仰仗这种标签来唬人,显见是何等的不合时宜。

人类文明数千年来的发展史表明,任何国家、民族文明和文化的进步,除了依靠本国人民的创造、积累之外,都离不开借鉴和吸收外来文化中的积极因素和有益养分。数千年来,不同文化相互之间的撞击、交锋、激荡、扬弃、接近、渗透、汇合、交融的过程,可谓无日不在进行,而且随着时间的推移,日益加速进行,不断地把各国的文化从而也把全世界的文化推向新的高度和新的繁荣。

自然科学的事例不必说了,太远太偏的社会科学事例也不必说了。试以马克思主义的诞生和传播为例:众所周知,如果不是批判地吸收了德国的古典哲学、英国的古典政治经济学和法国的空想社会主义,没有这三个来源,就不会诞生马克思主义,就不会有马克思主义的三个组成部分,即辩证唯物主义与历史唯物主义、政治经济学以及科学社会主义。对于马克思本人以及广大德国人说来,英国和法国的上述学说,不都是地道的"舶来品"吗?其后,对于列宁以及广大俄国人说来,马克思主义不也是纯属"舶来品"吗?不结合俄国的实际发展马克思主义这种"舶来品",何来列宁主义?"十月革命一声炮响,给我们送来了马克思列宁主义",[①]对于广大中国人说来,没有马克思列宁主义这一"舶来品",也就不可能出现马克思列宁主义同中国实际相结合的两次历史性飞跃,产生了两大理论成果[②],即先后产生了毛泽东思想和邓小平理论,指引中国的革命和建设不断走向伟大的胜利。

再以国际经济法的相邻学科国际法理论的诞生和传播为例:近代国际法的奠基人格劳秀斯是荷兰人,举世闻名的《战争与和平法》是他撰写的主要的国际法著作。如果荷兰以外的世界各国都拒绝这一荷兰"舶来品",何来今日国际法学之风行全球和繁花似锦?对广大中国学人说来,《奥本海国际法》不也是"舶来品"吗?尽管其中含有许多维护国际政治和经济旧秩序的糟粕,甚至含有鼓吹国际强权政治、为国际霸权主义张目的毒素,但在今日中国,又有哪几个刻苦治学的国际法学人不认真地阅读它,并且批判地吸收和利用其中有益的知识?

中国人民崇敬的伟大文化旗手鲁迅先生,对于中外的一切反动势力,敢于"横眉冷对千夫指",毫无崇洋媚外的奴颜与媚骨。但正是他,以高瞻远瞩的革命胆略,率先倡导对外来文化要采取"拿来主义",为我所用。他强调,对于含糟

[①] 参见毛泽东:《论人民民主专政》,载于《毛泽东选集》(第4卷),人民出版社1991年版,第1471页。

[②] 参见江泽民:《高举邓小平理论伟大旗帜,把建设有中国特色社会主义事业全面推向二十一世纪》(在中国共产党第十五次全国代表大会上的报告),第三部分。

带粕甚至有毒的"舶来品","我们要运用脑髓,放出眼光,自己来拿";怕被污染而全然不敢拿,是"孱头";不分青红皂白,盲目地一概排斥,是"昏蛋";全盘接受,欣然吸毒,则是"废物"①。显然,鲁迅主张这样处置"舶来品":放胆拿来,排其毒素,弃其糟粕,取其精华。

据我们所知,当今中国持广义国际经济法之说的学者们,正是这样处置"跨国法"理论的。他们揭露和批判西方"跨国法"论者的立场和观点,指出其中含有浓烈的扩张主义气息与霸权主义毒素,同时指出"跨国法"论者的方法论,却不无可资借鉴之处。换言之,中国的广义国际经济法学说,所参考借鉴和批判地吸收的,仅仅是西方某些"跨国法"学者们研究跨国经济交往诸项法律问题的方法,即从当代国际经济交往的客观情况出发,从解决实际问题的需要出发,以各种现实法律问题为中心,突破传统法学分科的界限,对有关法律问题进行跨门类、跨学科的综合探讨,从而切实有效地加以解决。仅此而已,岂有他哉?

"他山之石,可以攻玉。"②勤劳智慧的中国人,早在远古的《诗经》时代,就已总结出这一条宝贵的经验,并已形成了优秀的民族传统。中国人向来强调:"我国文化的发展,不能离开人类文明的共同成果";中国人应当坚决抵制各种外来腐朽思想文化的侵蚀,同时又要坚持"以我为主、为我所用"的原则,"博采各国文化之长",并且"向世界展示中国文化建设的成就"③。历史已经证明并将继续证明:坚持和发扬中华民族的这一优秀传统,正是中国文化数千年来历久不衰并且日益走向繁荣、走向世界的关键所在。

* * * *

综上所述,可以看出:对于中国国际经济法学科发展现状的几种误解或非议,其主要原因之一,在于对广义国际经济法学科的边缘性、综合性和独立性,缺乏深入的了解和应有的理解。而其中的某种非议,又隐隐约约地带着学术上"圈地运动"和"领域割据"的阴影。应当说,这是很不利于中国法学的整体繁荣

---

① 参见鲁迅:《拿来主义》,载《鲁迅全集》(第6卷),人民出版社1981年版,第38—41页。鲁迅在本文中曾以生动的譬喻,评述对舶来品的几种态度:有一个人得了一所大宅子,"怎么办呢?我想,首先是不管三七二十一,'拿来'!但是,如果反对这宅子的旧主人,怕给他的东西染污了,徘徊不敢走进门,是孱头;勃然大怒,放一把火烧光,算是保存自己的清白,则是昏蛋。不过因为原是羡慕这宅子的旧主人的,而这回接受一切,欣欣然地蹩进卧室,大吸剩下的鸦片,那当然更是废物。'拿来主义'者是全不这样的。他占有,挑选。看见鱼翅,并不就抛在路上以显其'平民化',只要有养料,也和朋友们像萝卜白菜一样地吃掉,只不用它来宴大宾;看见鸦片,也不当众摔在毛厕里,以见其彻底革命,只送到药房里去,以供治病之用,……总之,我们要拿来。我们要或使用,或存放,或毁灭。那么,主人是新主人,宅子也就会成为新宅子。然而首先要这人沉着,勇猛,有辨别,不自私"。
② 原作"他山之石,可以为错",错,打磨玉器。语见《诗经·小雅·鹤鸣》。
③ 参见本书第36页注②引《报告》第八部分。

及其阔步走向世界的。纵观今日中国法学的蓬勃发展,可谓繁花似锦,呈现出一片喜人的盛况,较之当年的冷冷清清,凋零枯萎,早已不可同日而语。但也不能不看到,无论法学的何门类何学科,都还有许多耕耘不足、远未充分开垦的地带,甚至还有不少不毛之地,亟待众人戮力同心,奋锄拓殖。学术上原无什么绝对的"专属区",更不该有什么"独家禁地",不许他人涉足。因此,中国法学界的志士仁人,不论其擅长或专攻何门类、何学科,似均宜摒除、捐弃任何门户之见,从各自不同的角度,各尽所能,齐心协力,尽力地开拓和尽多地产出具有中国特色的法学硕果和上佳精品,共同为振兴中国法学,跻身国际前列,并进而为世界法苑的百花争妍和绚丽多彩,作出应有的贡献!

Ⅱ 论国际经济关系的历史发展与南北矛盾*

内容提要 国际经济关系是国际经济法借以产生和发展的主要根据,同时又是国际经济法加以调整的主要对象。要了解国际经济法和国际经济法学产生和发展的概况,就不能不先对国际经济关系的发展过程及其主要矛盾作简扼的历史回顾。本文从宏观上简述人类社会国际经济关系发展的三大主要阶段,即早期的国际经济交往与国际经济关系的初步形成,资本主义世界市场的形成与国际经济关系的重大发展,社会主义国家的出现、众多弱小民族的独立与国际经济关系的本质变化。全文以较多篇幅重点概述了资本主义时期漫漫数百年间盛行于全球的弱肉强食和"殖民十恶",勾勒了国际经济旧秩序的初始轮廓,追溯了当今世界性"南北矛盾"的历史渊源、斗争焦点和力量对比,指出当代国际经济法正是在这样的历史条件下逐步产生和发展起来的。

目　次

一、早期的国际经济交往与国际经济关系的初步形成
二、资本主义世界市场的形成与国际经济关系的重大发展
　（一）自由资本主义时期
　（二）帝国主义时期

---

* 据统计,迄 2006 年 6 月 28 日为止,联合国会员国总数为 192 个。其中原为殖民主义宗主国的发达国家约为 22 个,占会员国总数的 11.5％;原为殖民地、半殖民地的发展中国家,占会员国的绝大多数(资料来源:http://www.un.org/Overview/unmember.html, Feb. 24, 2005)。从地理位置上看,大多数发展中国家都处在几个主要发达国家的南面,因而国际上通常把全球的发展中国家统称为"南方国家",把全球的发达国家统称为"北方国家",相应地,把这两大类国家之间的矛盾简称为"南北矛盾"。

本文的部分内容,原载于笔者参撰和主编的《国际经济法总论》(法律出版社 1991 年版),先后经多次修订增补,分别辑入笔者参撰和主编的《国际经济法学》(北京大学出版社 1994—2007 年第 1—4 版)和《国际经济法学专论》(高等教育出版社 2002—2007 年第 1、2 版)。

三、社会主义国家的出现、众多弱小民族的独立与国际经济关系的本质变化
（一）相继出现了十几个社会主义国家
（二）相继出现了一百多个新的民族独立国家
（三）全球实际上划分为三个世界
（四）世纪之交，国际经济秩序破旧立新的争斗进入新的回合

国际经济关系，既是国际经济法调整的对象，又是国际经济法和国际经济法学产生的基础。

唯物史观认为：人类社会发展的一定阶段的经济制度，即生产关系的总和，是社会的经济基础；构成经济基础的生产关系的总和，是由一定的生产资料所有制形式以及由此决定的交换关系、产品分配关系结合组成的有机统一体。建立在这种经济基础之上的政治、法律等制度以及相应的社会意识形态，构成社会的上层建筑。经济基础的性质决定上层建筑的性质，与此同时，上层建筑又具有相对的独立性，并对经济基础起着积极的反作用。历史唯物主义的这些基本原理，是对人类社会长期发展进程客观事实的科学总结。它是对各国社会进行科学解剖的利器，也是对国际社会实行科学分析的指南。

国际经济法，作为国际社会中的一种法律制度或一个法律部门，国际经济法学，作为国际社会中的一种意识形态或一门法学学科，都是国际社会上层建筑的一个组成部分。其产生、发展和作用，也受上述客观规律的支配。

国际关系，可以区分为外交、政治、军事、文化、法律、经济等许多方面和许多层次，这些方面和层次彼此之间是互相渗透、互相影响的。但归根结底，在一般情况下国际经济关系是起着决定作用的因素。全世界自然资源和其他生产资料在国际社会中的占有形式和占有关系，以及由此决定的国际交换关系和国际的产品分配关系，是国际经济关系的基本内容。它们是国际经济法借以产生和发展的主要根据，同时又是国际经济法加以调整的主要对象。

国际经济法学，作为研究国际经济法的一门法学学科或一种社会意识形态，其产生和发展，也取决于和反作用于各个历史阶段的国际经济关系。总的说来，国际经济法和国际经济法学，都是随着国际经济关系的发展而发展的。

因此，要了解国际经济法和国际经济法学产生与发展的概况，就不能不先对国际经济关系形成和演进的过程以及其中蕴含的主要矛盾作简扼的历史回顾。

一、早期的国际经济交往与国际经济关系的初步形成

不同的人类社会群体之间,由于彼此所处自然环境的差异、生产水平的高低和产品种类的区别,从远古时代起,就逐步开始进行产品交换和经济交往,以其所有易其所无,以其所多易其所少,以其所贱易其所贵,通过这些活动,维持自己的生存和改善自己的生活。不同社会群体之间的这种产品交换和经济交往,最初是在氏族之间或部落之间进行的。阶级和国家产生以后,这种经济交往,除了在各国国内不同地区之间进行之外,随着时间的推移,以日益扩大的规模和日益多样的形式,超越单个国家的领土疆界频繁地进行,从而形成、建立了国际经济关系。

早期的国际经济关系,主要体现为国际贸易。根据史籍记载,早在公元前一千多年,亚洲、欧洲、非洲之间就已出现国际贸易活动。其中最为活跃的,首推地中海东岸西亚地区的古国腓尼基。腓尼基人立国于当今黎巴嫩和叙利亚的沿海一带,境内森林资源丰富,利于大量造船。地理条件的"得天独厚",使腓尼基人自古即以善于航海、经商著称。他们经营木材、美酒、染料等物,并以各种金属器具、饰物和玻璃制成品,换取海外的棉织物、五谷、乌木、黄金、象牙之类的衣食必需品和罕缺奢侈品,同时大量掳掠和贩卖奴隶,融商人与海盗于一体。其国际经济交往活动范围,由东向西逐步扩展,至公元前10世纪前后,相继推进到现今的塞浦路斯、西西里岛、撒丁岛、法国、西班牙以及北部非洲等地区,并在地中海各岛及沿岸建立了许多殖民地。其中最大的一块殖民地建立于公元前9世纪,称为迦太基,即位于现今北非的突尼斯境内。

腓尼基衰落之后,希腊继之崛起。希腊位于地中海巴尔干半岛南部,三面临海,港湾优良,享有特殊的舟楫之利。在公元前8世纪至6世纪间,希腊境内形成数以百计的"城邦",即以一个城市为中心兼治周围若干乡村的小国。许多城邦在形成过程中经历了对外移民运动,从本质上说,这是城邦奴隶主阶级主持的扩张侵略活动,他们到海外觅取新地,奴役和掠夺当地居民,进行商业剥削,并在当地建立新的城邦组织。如意大利、法国南部、西西里岛以及黑海沿岸等地,都曾建立起希腊人统治的新城邦。这些新邦与母邦之间有相当紧密的经济联系,促进了希腊本土工商业的繁荣。

希腊称雄于地中海地区的国际贸易,长达七八百年。后来它的这种地位

逐渐为罗马帝国所取代。罗马原是意大利半岛中部的一大城邦,发展到公元前3世纪初,它陆续征服了半岛中部诸邦以及南部的希腊人城邦,继而挥戈南下,又与另一奴隶制殖民强国迦太基争夺资源和奴隶,争夺西部地中海的霸权。先后历经三场大战,持续百余年(公元前264—前147年),以迦太基彻底覆亡而告终。罗马占领了原属当时迦太基的全部领土,称霸于西部地中海地区。

与此同时,罗马也向东部地中海地区实行军事扩张,先后征服了希腊马其顿王国、埃及托勒密王国和叙利亚塞琉古王国。公元前27年,罗马改制为帝国。通过长期的攻城掠地、开疆拓土,至公元1世纪,罗马帝国拥有空前庞大的领域,北部边界达到现今欧洲的英国、德国、奥地利、匈牙利和罗马尼亚等地,东边直抵西亚的幼发拉底河,南面囊括非洲的埃及、北苏丹、利比亚、突尼斯、阿尔及利亚等,西边面临大西洋。此时,整个浩瀚的地中海成了罗马帝国的"内湖",海上运输畅通,加以帝国政府在境内修筑了许多康庄大道,陆上交通也相当便利,因此,欧、亚、非三洲商品交流和商务往来,空前频繁。除大宗贩运交易粮、油、酒、铝、锡、陶器等基本商品之外,北欧的琥珀、非洲的象牙以及东方的宝石和香料等奢侈品,也琳琅满目,云集各大市场。首都罗马和埃及海港亚历山大里亚,当时都已发展成为国际性的工商业大城市。

中国的绫罗绸缎,也通过著名的国际商道——"丝绸之路"远销于罗马帝国各地,极受西亚和欧、非人士欢迎。身着中国绸缎,成为宫廷与上层社会的一大时尚,经久不衰。中国古代史籍中提到的"大秦",即指罗马帝国。史载:罗马使节和商人多次从陆路和海路抵达中国,特别提到"大秦王安敦"于东汉恒帝延熹九年(公元166年)遣使送来象牙、犀角和玳瑁,并与当时的中国王朝建立了通商友好关系[1]。三国以及晋代史籍,也有关于罗马遣使与中国修好和开展经济往来的记载。

除了地中海沿岸亚、欧、非三洲之间以及东西方之间的国际经济交往外,幅员广袤的亚洲内部,自古以来也在东亚、中亚、西亚以及南亚各地区各国之间开展着国际商品交流和国际商务往来。早在罗马帝国建立以前约五百年,从公元前6世纪末叶起,以伊朗高原为中心的波斯帝国雄踞于中亚和西亚地区,帝国境内筑有四通八达的驿道网,其主要干线西起小亚细亚爱琴海沿岸的以弗所,东至当时京都之一的苏撒,全长约2 400公里,中央政权责成沿途

---

[1] 参见《后汉书·西域传》,中华书局1965年版,第10册,第2920页。文中所称"大秦安敦王"指罗马帝国安托尼努斯王朝的第四个皇帝马可·奥里略·安托尼努斯(公元161—180年在位)。

各郡地方官务必保证驿道商旅安全,客观上有力地促进了中亚、西亚各地各国之间的商业发展。波斯帝国于公元前 330 年被马其顿——希腊征服灭亡以后,经过一段时期,自公元前 2 世纪中叶起,安息王国崛起于同一地区,统治中亚和西亚一带长达五百年之久。它地处中、西亚国际商道要冲,国际经济交往频繁、发达。

中国从西汉时起就与安息国有经济和文化交流。史书记载:汉武帝曾于公元前 115 年遣使安息,安息使者也到中国回访,并以"大鸟卵"和"眩人"(魔术师)献赠于汉[1]。公元 97 年,班超遣甘英出使罗马帝国,曾抵达安息访问波斯湾。当时中国的丝绸和铁制品等畅销中亚并远及罗马等地,杏、桃、甘蔗等水果和经济作物也在此时由中国传到伊朗高原。同时,葡萄、石榴、核桃、苜蓿等则由中亚和伊朗等地相继传入中国。

东亚与南亚之间的国际经济交往也起源于公元以前。史载:西汉张骞出使西域,于公元前 128 年左右行经大月氏、大夏(今中亚地区阿富汗北部与塔吉克斯坦中南部一带)时,见到当地商人从南亚次大陆印度辗转贩运而来的中国商品,诸如出产于中国四川的麻布和邛山竹杖(蜀布、邛杖),并由此推断中国西南地区与南亚印度之间很早就有商品交流和商务往来[2]。公元 1 世纪中叶以后,原先统治中亚地区的贵霜帝国逐步征服了南亚次大陆的北半部诸小国,版图大张,西起咸海,东接葱岭(帕米尔高原),连成一片。它往西与安息、罗马,往东与东汉帝国,往南与整个南亚次大陆,都有贸易往来。中国的丝绸、瓷器、漆器,罗马帝国的玻璃器皿和宝石,印度的香料和象牙等,都经过贵霜帝国国境,进行东西南北相互之间的国际交流。当时还有水上国际商道,从非洲东北的埃及经红海利用季候风使商船驶至印度河口,溯流而上至富楼沙城,然后接上陆路,往东越过葱岭抵达中国境内。

举一可以反三。从以上的简介中,不难概见两点:第一,世界各地区各国之间的经济交往,可谓源远流长,国际经济关系的初步形成和逐步发展,迄今已经绵延两三千年。第二,古代的国际经济交往活动,主要表现形式是国际贸易。在相当长的一段历史时期中,国际商品交易和国际商务往来虽然随着时间的推移而不断发展和扩大,取得长足的进步,但是总的说来,由于当时社会生产力水平的低下,由于奴隶制和封建制生产方式的落后,由于关山阻隔与交通困难,国际经济交往发展的节奏是比较缓慢的,形式是比较简单的,规模也是比较有限

---

[1] 参见《汉书·张骞、李广利传》,中华书局 1962 年版,第 9 册,第 2696 页。
[2] 同上书,第 2689—2690 页。

的。这种情况一直延续到公元15世纪左右,即直到欧洲"中世纪"时期结束。

二、资本主义世界市场的形成与国际经济关系的重大发展

(一)自由资本主义时期

15世纪末16世纪初,世界历史酝酿着并随即开始发生巨大的变化,国际经济关系的发展也开始进入一个急剧变化、空前动荡的历史时期。在这个历史时期中,国际经济关系最基本的特征是:由于资本主义开拓了世界性的市场,使全球一切国家的生产和消费愈来愈具有世界性了。"过去那种地方的和民族的自给自足和闭关自守状态,被各民族的各方面的互相往来和各方面的互相依赖所代替了。"[1]世界各地区的国际经济交往,其节奏之快捷、形式之多样、规模之宏大,都是前所未有,日新月异的。

由于社会生产力的发展,15世纪末16世纪初,亚洲和欧洲的一些先进国家,如中国、印度的部分地区、英国、法国等,封建生产关系逐渐衰落,资本主义生产关系开始产生。在各种因素的综合作用下,欧洲西部各国的资本主义发展较快。

资本主义的产生和发展经历了一个"资本原始积累"的过程。在西欧各国,这个过程是对内对外使用空前残酷的暴力手段完成的,即在国内残暴地剥夺小生产者的生产资料,迫使他们只能依靠出卖劳动力为生;对国外残暴地掠夺殖民地人民,以积聚大量财富和资本。其中,对外掠夺起着尤其重要的作用。马克思曾经根据大量历史事实,对此作了总结:"美洲金银产地的发现,土著居民的被剿灭、被奴役和被埋葬于矿井,对东印度开始进行的征服和掠夺,非洲变成商业性地猎获黑人的场所:这一切标志着资本主义生产时代的曙光。这些田园诗式的过程是原始积累的主要因素。"[2]可见西欧的资本主义和物质文明,一开始就是靠吸吮亚洲、非洲和美洲人民的鲜血成长壮大的。

在此后长达数百年的历史时期里,殖民掠夺和弱肉强食,成为欧美强国与

---

[1] 马克思和恩格斯:《共产党宣言》,载《马克思恩格斯选集》(第1卷),人民出版社1995年版,第276页。
[2] 马克思:《所谓原始积累》(《资本论》第1卷第24章),载《马克思恩格斯选集》(第2卷),人民出版社1995年版,第265页。

亚洲、非洲、拉丁美洲广大地区各弱小民族国际经济关系的主流。它所造成的历史症结和后遗症状,是当今世界"南北矛盾"的渊源和焦点,也是当今世界改造国际经济旧秩序、建立国际经济新秩序所必须正视的现实问题和主要关键。国际经济关系中的这些历史症结和现实问题,有待于运用国际经济法准则,公平合理地加以调整、解决。因此,对于学习和研究国际经济法学的人来说,大体回顾和了解这个历史过程是很有必要的。

众所周知,当代国际经济关系中的主要矛盾是"南北矛盾",即全世界众多发展中国家与为数不多的发达国家之间的矛盾。冰冻三尺,非一日之寒。南北矛盾的渊源,显然应当回溯到西方强国近代的殖民活动。

如前所述,殖民活动,古已有之。但当年腓尼基人和希腊人的对外殖民,限于地中海沿岸地区,距离不远,规模也小。而迢迢万里,远涉重洋,到异国异地实行规模愈来愈大的殖民掠夺活动,则肇端于15世纪。在此以前的相当时期里,一批批来自东方的各色各种奢侈商品和名贵特产,源源输入西欧,大大刺激了当地上层社会的贪欲,使他们十分垂涎东方的财富。随着当时欧洲商品货币经济的日益发达,黄金已经成为一切"物质财富的物质代表"和一切"商品的上帝"①,因此,不择手段地极力搜求黄金,就成为西欧一切剥削者的共同狂热。当时西欧在《马可·波罗游记》的影响下,盛传东方诸国是遍地黄金宝石的"仙境"。但是,通往东方的陆上道路自15世纪下半期以来已被崛起于西亚和地中海东部一带的奥斯曼土耳其帝国所遮断。于是,由封建君主封官许愿、富商巨贾出钱资助、冒险家出力卖命,漂泊远洋去寻找新航路的活动盛极一时。"葡萄牙人在非洲海岸、印度和整个远东寻找的是黄金;黄金一词是驱使西班牙人横渡大西洋到美洲去的咒语;黄金是白人刚踏上一个新发现的海岸时所要的第一件东西。"②

为了发横财,早在15世纪之初葡萄牙的殖民主义者就于1415年占领了非洲西北的休达地区。随后又继续南下,在非洲西岸进行殖民掠夺和强占土地。③ 到

---

① 马克思:《政治经济学批判》,载《马克思恩格斯全集》(第13卷),人民出版社1962年版,第114、115页。

② 恩格斯:《论封建制度的瓦解和民族国家的产生》,载《马克思恩格斯全集》(第21卷),人民出版社1965年版,第450页。

③ 以下数页针对西方列强"殖民十恶"的综合分析,最初载于拙著《列宁对民族殖民地革命学说的重大发展》一书,1981年由三联书店出版。十年之后,笔者受托参撰和主编全国统编教材《国际经济法总论》,为帮助读者加深理解当代南北矛盾的历史渊源,特将上述综合剖析纳入《总论》第一章第一节,成为其中的有机组成部分,1991年由法律出版社推出。现将这两者重新整理成为两篇专论,辑入复旦大学出版社2008年推出的《陈安论国际经济法学》五卷本新书,分别列为第一卷第一编之Ⅱ和之Ⅶ,其中有关"殖民十恶"的剖析均保留原貌,未予节略,旨在保持这两篇专论各自的相对独立性和逻辑完整性,便于读者连贯阅读。请参看第一卷第一编之Ⅱ和之Ⅶ的题解(*)。

了15世纪末16世纪初,1492—1502年哥伦布先后四次向西横渡大西洋,陆续发现了美洲的岛屿与大陆;1497—1498年达·伽马向南绕过非洲的好望角抵达亚洲的印度;1519—1522年麦哲伦及其同伴从欧洲西岸出发,向西南穿越了美洲南端的海峡,进一步向西航经太平洋、印度洋,最后回到欧洲,首次完成了环球航行(麦哲伦本人于1521年航抵菲律宾时因进行侵略活动被当地居民击毙)。这些"地理大发现",为进一步开展全世界规模的殖民掠夺开辟了前所未有的广阔场所。自此以后,欧洲各国的殖民主义者依仗其坚船利炮,在全球各地肆行掠夺和占领,从16世纪至19世纪90年代初这数百年间,就使亚洲、非洲、美洲亿万平方公里的大好河山相继沦为殖民地和半殖民地,使这些地区的亿万人民纷纷罹遭丧权辱国甚至灭种的惨祸。

在这几百年中,葡萄牙、西班牙、荷兰、英吉利、法兰西、德意志等国,既互相争夺,又互相勾结,先后或同时横行诸大洋,肆虐全世界。到了19世纪90年代前期,这些殖民强国所分别霸占的殖民地面积,相当于各自本土的几倍、十几倍、几十倍乃至于一百多倍。例如,葡萄牙的殖民地达240多万平方公里,约为本土的27倍;荷兰的殖民地达200万平方公里,约为本土的50倍;殖民地遍及全球、号称"日不落帝国"的英吉利,其本土只不过24万多平方公里,而霸占的殖民地却多达3 050多万平方公里,两者相比,其殖民地面积,竟为本土的125倍之多!中国古籍《山海经》所录怪诞故事中虚构的"蛇吞象",竟然成为当时国际经济关系的真实写照!俄国沙皇的贪婪凶恶丝毫不亚于英国:沙俄这个本土面积500多万平方公里的欧洲国家,到了19世纪70年代,竟已霸占和侵吞了1 700多万平方公里的殖民地[1],与英国并列而成为全世界两大殖民霸主。

西方殖民主义者对弱小民族实行掠夺的手段,在资本原始积累时期、"自由"资本主义时期以及后来的垄断资本主义时期,虽然有不同的表现形式,不同的侧重方面,但是,总的说来,15世纪以来的数百年间,欧洲列强在亚、非、美广大地区实行殖民掠夺的历史,是一部火与剑的历史,也是一部血和泪的历史。

---

[1] 列宁:《社会主义的原则和1914—1915年的战争》及《帝国主义是资本主义的最高阶段》中的两份统计表。分别见《列宁选集》(第2卷),人民出版社1972年版,第671、800页。
另据日本大盐龟雄所著《最新世界殖民史》一书(商务印书馆1930年中译本)附录"世界殖民地现势一览表"及"近世殖民史年表"累计估算,可概括如本书第140—141页的简表。

正如马克思所揭露的,殖民主义者"只有用人头做酒杯才能喝下甜美的酒浆"①。其掠夺手段之残暴无耻,达到前所未有的地步。下面所列举的十个方面(不妨简称为"殖民十恶"),只是其中的一斑:

欺蒙诈骗,以贱易贵 早在 15 世纪末,哥伦布在他的航海日记中就记载着:他的同伴们用玻璃碎片、碎碗破盆之类的废物换取美洲印第安人手中的小金块和珍珠②。达·伽马于首航亚洲、闯到印度之后,也是采取以贱易贵的骗术,满载两大船的香料和象牙回欧,牟取暴利达 6 000%③!至于后来的英国殖民魁首谢西尔·罗得斯的诈骗手腕,则更加骇人听闻:1888 年,他竟以 1 000 支旧步枪、一艘破汽艇和每月 100 英镑津贴作为代价,与南非马达别列酋长洛本古拉订立所谓"友好"条约,骗取了津巴布韦全境近 40 万平方公里广阔地区(相当于英国本土一倍半或 10 个荷兰)富饶金矿的开采权;又残暴镇压马达别列人民的反抗。两年之后,他就戴上了英国开普殖民地"总理"的乌纱帽,还用他的名字强把津巴布韦这片土地命名为罗得西亚。

明火执仗,杀人越货 欧洲的殖民者当然不满足于区区的"巧取",主要还是靠残暴的豪夺。例如,1532 年 11 月以毕萨罗为首的一伙西班牙殖民主义者在一场突然袭击中杀害了数以万计的秘鲁印卡族的印第安人,绑架了印卡国王阿塔华尔巴,勒索巨额赎金:强迫印卡人用黄金填满监禁印卡国王的 22 英尺长 17 英尺宽的一间牢房,用白银填满较小的另外两间房子。等到收齐了这一批价值数千万美元的金银之后,为了斩草除根,却又杀了这个国王④。就是通过诸如此类的凶残手段,从 1521 年到 1560 年这 40 年中,西班牙殖民者就从美洲掠夺了黄金 15.7 万公斤,白银 467 万公斤;从 15 世纪末到 16 世纪末这 100 年中,葡萄牙殖民者就从非洲抢劫了黄金 27.6 万公斤。

殖民主义者在非洲、亚洲的所作所为,和在美洲如出一辙。据当年目击者的记载,1832 年法国殖民军在阿尔及利亚的一场屠杀中所抢到的"战利品"里面,竟然有许多女人戴的镯子还戴在被砍下来的手腕上,耳环还挂在一块一块的耳肉上⑤。在印度,英国殖民侵略者每于攻陷城堡进行血腥屠杀的同时,打开国库,抢个精光。"军官和士兵进城的时候是穷光蛋或者负债累累,而出城的

---

① 马克思:《不列颠在印度统治的未来结果》,载《马克思恩格斯全集》(第9卷),人民出版社 1961 年版,第 252 页。
② 参见马吉多维奇:《哥伦布》,新知识出版社 1958 年版,第 12、24 页。
③ 参见海斯等:《世界史》,纽约 1946 年英文版,第 423 页。
④ 参见福斯特:《美洲政治史纲》,纽约 1951 年英文版,第 3 章第 3 节。
⑤ 参见马赛尔·艾格列多:《阿尔及利亚民族真相》,世界知识出版社 1958 年版,第 45 页。

时候都突然变成了富豪。"①他们在杀人越货之后,还要哼哼地大发议论,论证自己十分"克制"和"宽仁"。就是那个1757年血洗孟加拉的罪魁罗伯特·克莱武,在独吞盗赃20万英镑和无数珍宝之后,竟恬不知耻地在英国议会自吹:"富裕的城市在我脚下,壮丽的国家在我手中,满贮金银珍宝的财宝库在我眼前。我统共只拿了20万镑。直到现在,我还奇怪那时为什么那样留情。"

与大英帝国克莱武可以"媲美"和"名垂青史"的,是沙皇俄国的侵华急先锋哈巴罗夫。这个大刽子手曾率领一股沙俄殖民者窜入中国的黑龙江流域,对达斡尔人等沿江各族人民大肆烧杀掳掠。他在攻陷中国境内的一个大寨堡之后于1652年8月上送沙皇的一份报"功"呈文中写道:

"……我们靠上帝保佑和托皇上的福,把俘虏来的达斡尔人全部砍下头来,……杀死了大人和小孩661人,……抓到的妇女俘虏,年老的、年轻的以及小姑娘共计243名,俘虏小孩118名;我们从达斡尔人那里夺得马匹,大小共计237匹,还夺得牛羊牲畜113头。"②

为了表彰哈巴罗夫的侵华"功勋",后来沙皇竟把从中国强夺去的边城伯力市,命名为"哈巴罗夫斯克",一直沿用至今。

践踏主权,霸占领土 这是殖民主义者使掠夺稳定化、经常化、长期化的必要手段和必然趋势。从经济学的观点看来,领土本身便意味着肥沃的土地、广袤的牧场、茂密的森林和珍贵的矿藏;领土上的千万居民则是用之不竭的劳动力和取之不尽的赋税财源。夺得了领土便意味着攫取了这一切财富,殖民主义者是深知这个真谛的。因此,亚、非、美的广阔疆土,往往在所谓"先占"的"原则"下一大片又一大片地沦为欧洲列强的殖民地。凡是社会经济发展比较迟缓落后、处在原始社会末期和奴隶社会初期的地区,概被诬称为"野蛮地域",视同"无主地",谁能最早发现,捷足先登,抢先占领,便归谁所有。

"先占"原则的孪生兄弟便是所谓"腹地主义"(或译"背后地主义"):殖民者只要在海岸上抢占几个据点,升起国旗,就可以公开宣布对这些地区以及海岸背后的大片内陆腹地实行"保护"或直接领有。以非洲为例,直到1876年,欧

---

① 参见恩格斯:《英国军队在印度》,载《马克思恩格斯全集》(第12卷),人民出版社1962年版,第526页。

恩格斯在这里指的是1857年英国殖民军攻陷印度奥德首府勒克瑙后纵兵洗劫两星期的情景。据当年英国《泰晤士报》军事通讯员威廉·罗素报道:当时英军官兵抢到了大量金银和珍珠、翡翠、钻石,"有些军官真正发了大财,……在放军装的破箱子里,藏着一些小匣子,里面装着苏格兰和爱尔兰的整个庄园,装着世界上……各个地方的舒适的渔猎别墅。"

② 《叶罗菲伊·哈巴罗夫报告他在黑龙江进行军事活动的呈文》,载于列别吉夫等编:《苏联历史文选》(第1卷),前苏联教育部国家科学教育出版社1949年第3版,第438—440页。

美的殖民主义者所侵占的海岸地区只占非洲总面积的 10%。从地图上看,星星点点,零零落落,有如叮在人体上吮血的若干蚂蟥和臭虫。然而,在"腹地主义"的国际协定下,再加上实力占领,短短数十年间,便将余下的 90% 的非洲土地,鲸吞瓜分殆尽。

横征暴敛,榨取脂膏 西方殖民主义者搜刮聚敛的经常来源,是以暴力为后盾,强征名目繁多的苛捐杂税。

比利时在刚果的殖民当局向当地居民勒索珍贵的象牙和橡胶,限期交纳,对逾期未交者即派兵持刀割下耳朵、砍下手足,甚至砍下脑袋,作为"证物"送交当局查验。逼税暴行层出不穷,据目击者斯坦利的记述:"每一公斤象牙的价值等于一个男子、妇女或小孩的生命;常常为五公斤象牙就烧掉一个住所,为一对象牙就消灭一个村庄,为二十只象牙就毁掉整整一个省,并连同所有的居民、村庄和种植园也一起毁掉。"①

英国殖民当局在印度课征的土地税,比印度历代封建主苛得多、残酷得多,往往是三倍四倍地猛增。他们"希望从印度居民的血液中榨取黄金"②,因此,为了逼税经常滥施各种酷刑,而殖民当局的土地税收入就在受刑者的惨叫哀号声中直线上升。沉重的盘剥,造成频仍的饥荒。单 1770 年的一次大饥荒,就饿死了 1 000 万人,真是哀鸿遍野,殍尸盈壑!面对这种惨相,孟加拉省督哈斯丁却无耻地向上司报"功"说:"尽管本省居民至少饿死了 1/3,耕地面积也随之减少。然而 1771 年土地税纯收入甚至超过了 1768 年的数额";"由于采取了暴烈措施,使它得以赶上原先的水平"③。

强制劳役,敲骨吸髓 在采矿、筑路、挖河、垦殖等需要大量劳动力的部门,西方殖民主义者长期地广泛推行强制劳役,迫使亚、非、美人民从事极其繁重的无偿劳动和半无偿劳动,造成大量死亡。

在墨西哥、秘鲁、玻利维亚等地,被强迫在金银矿山服劳役的印第安人,每五人中就有四个在第一年里因过劳而含恨死去,以致一旦被强征,就形同被宣判死刑;被征者的亲人和家庭预先为他们举行送葬仪式,以示诀别和哀悼④。

在赤道非洲,被迫在热带密林和沼泽泥淖中披荆斩棘、筑路铺轨的当地群众,因不堪劳累折磨而纷纷倒毙,每修一公里铁路就要付出约 200 条生命的代

---

① 参见奥尔德罗格等主编:《非洲各族人民》,莫斯科 1954 年版,第 10 章第 4 节。
② 参见马克思:《政府在财政问题上的失败。——马车夫。——爱尔兰。——俄国问题》,载《马克思恩格斯全集》(第 9 卷),人民出版社 1961 年版,第 254 页。
③ 参见哈斯丁斯:《致东印度公司董事会的报告(1772 年 11 月 3 日)》,转引自杜德:《今日印度》,伦敦 1940 年英文版,第 115 页。
④ 参见古柏尔等:《殖民地保护国新历史》(上卷第 1 册),读书出版社 1949 年版,第 96 页。

价,几乎每一根枕木就是就由一具尸骸"幻变"而成。在埃及,1859—1869年间用变相的奴隶劳动开凿成的苏伊士运河,两岸荒冢累累,草草掩埋着12万名因过劳、饥饿和疫疬而相继丧生的挖河民工,浩浩河水,混合着无数孤儿寡妇的血泪。

在热带和亚热带地区的种植园中,殖民主义者用皮鞭和刑棍逼迫奴隶们每天劳动18小时至19小时,即使最健壮的青年,也经受不了如此残酷的蹂躏压榨,短期内便精疲力竭而死,众多劳工入园后的平均寿命不过六七年。

猎取活人,贩卖奴隶　猎奴和贩奴,是役奴的继续和延长。在美洲,长期的屠杀和虐杀,使印第安族土著居民人口锐减。矿山、种植园数量的增加和规模的扩大同奴隶来源的日益衰竭,形成了尖锐的矛盾。为了解决这个矛盾,西方殖民者广泛采取毒辣的办法,以非洲人"猎取"非洲人:由西方殖民者出枪出弹,唆使非洲沿岸部落酋长发动"猎奴战争",掳掠内陆活人,交给殖民者,以换取廉价商品和新的枪支弹药。贩奴商人在换得这些"猎获物"后,便把这些会说话的"黑色牛马"锁上脚镣,像装填牲口一样把他们塞进运奴船的货舱,贩给美洲的矿主和园主,牟取百分之几百到百分之一千的暴利①。在海运中,常因船上疫疬流行或缺粮缺水,便把大批还活着的奴隶抛到海里喂鲨鱼。

据大略统计,从16世纪至19世纪三百多年间,奴隶贸易使非洲总人口共约损失了一万万人,长期猎奴战争和大量贩奴虐杀所造成的经济力、人力上的严重破坏,是整个非洲大陆长期落后的主要原因之一。殖民者用非洲亿万黑人的堆堆白骨,为欧美"先进文明"的大厦填筑了牢实的基础。

役奴、猎奴、贩奴的妖风也刮到了亚洲。在印尼,荷兰殖民者曾在苏拉威西岛实行"盗人制"。为此目的而专门训练了大批盗人的匪徒,把盗劫到手的"人赃"投入孟加拉等地的秘密监狱,待机启运②。在旧中国,西方殖民者也连骗带劫,弄走了数以百万计的"契约华工",当作"猪仔"转卖给海外各地的矿主、园主,用黄种奴隶来扩充棕种奴隶和黑种奴隶的行列,迫使中华儿女成千累万地惨死异土③!

垄断贸易,单一经济　著名的资产阶级思想家孟德斯鸠曾公开宣扬:"殖民之宗旨,在于取得最优惠之贸易条件。……吾人规定在殖民地区宗主国独揽贸

---

① 参见福斯特:《美国历史中的黑人》,纽约1954年英文版,第2章第2节。
② 参见马克思:《资本论》,载《马克思恩格斯全集》(第23卷),人民出版社1972年版,第820页。
③ 参见泰勒·丹涅特:《美国人在东亚》,商务印书馆1960年版,第454—455页;卿汝楫:《美国侵华史》(第1卷),人民出版社1962年版,第99—100页。

易权利,此事道理甚明。"①长期以来,西方殖民者就是按这个"宗旨"和"规定"行事的。在严刑峻法的限制下,殖民地几乎只能向宗主国出口自己的主要产品,也只能从宗主国进口自己所需要的主要产品,而商品价格和关税比率,却由宗主国片面规定。在这一出一进、贱卖贵买过程中,殖民地人民受到了双重的盘剥,这样的"贸易"实际上是一种变相的抢劫。

贸易的垄断与生产的畸形是紧密结合的。西方殖民主义者长期以严刑峻法强迫殖民地人民集中人力、物力实行农、牧业的单一种植或单一经营,以适应宗主国在世界市场上牟取暴利的需要。这就严重阻挠和破坏了这些地区国民经济的正常健康发展,使它成为经济上缺手断足的畸形怪胎。大片良田沃土被霸占去辟为种植园或牧场,使千千万万的农民流离失所,沦为雇工奴隶;工业严重落后,日用必需品完全仰赖宗主国进口,宗主国则耍弄杀价收购农产品和抬价卖出工业品的惯伎,把殖民地人民推进更加贫穷痛苦的深渊。

种毒贩毒,戕民攫利 众所周知,鸦片是一种麻醉性毒品,吸食成瘾,会严重戕害健康,缩短寿命。然而剥削者的行动哲学历来就是"只要我能多捞一把,哪管它寸草不生"。从18世纪末叶起,英国殖民主义者就在印度强迫孟加拉地区的农民大量种植罂粟制造鸦片,低价收购,高价出卖,从而使贩毒捞钱成为英国殖民者"自己财政系统的不可分割的部分"②。

杀人不见血的毒品源源不断地输进中国,"换"走的却是中国人民血汗凝成的茶叶、蚕丝和巨量白银。由于银源日益枯涸,加以鸦片流毒全国,严重戕害民族健康,连清朝政府中的一些有识之士也惊呼,这样下去,"是使数十年后,中原几无可以御敌之兵,且无可以充饷之银。兴思及此,能无股栗?!"③当清朝政府迫于人民群众的强烈要求,对西方鸦片贩子采取严禁措施时,殖民主义者竟发动侵略战争,于烧杀劫掠之余,还要收取杀人放火的"手续费":以"水陆军费"为名勒索巨额"赔款"。单单1840—1842年的第一次鸦片战争,就勒索了"赔款"2 100万银元,相当于当时清朝政府全年财政总收入的1/3。真是"甚至诗人的幻想也永远不敢创造出这种离奇的悲剧题材"④!对于由这场历史悲剧开始带来的一连串沉重民族灾难以及种种恶果,中国人民是记忆犹新的!

毁灭文化,精神侵略 早在西方殖民者的祖先们还处在蒙昧、野蛮的时代,

---

① 参见孟德斯鸠:《论法的精神》(下册),商务印书馆1963年版,第69—70页。
②④ 马克思:《鸦片贸易史》,载《马克思恩格斯全集》(第12卷),人民出版社1962年版,第587页。
③ 林则徐:《钱票无甚关碍宜重禁吃烟以杜弊源片》,载《林则徐集(奏稿)》(中册),中华书局1965年版,第601页。

亚洲、非洲、美洲的劳动人民就已经创造了许多灿烂的古文化，积累了许多古代文明宝藏。但在殖民侵略下，这些古文化、古文明却纷纷惨遭摧残和毁灭。

例如，1532年，欧洲殖民主义者在"征服"秘鲁的过程中，像大群饿狼，扑向各地金碧辉煌的古代神庙，把历代能工巧匠精心制作的各种金银壁饰等等古代艺术珍品，全部洗劫一空。美洲古国文明的一大精华，就此荡然无存。

又如，1860年，英法侵略军闯进了北京的圆明园，对清朝皇帝搜刮全国民财惨淡经营了150多年的豪华别宫，于恣意劫掠破坏之后，又付之一炬，大火三日不熄，使这座收藏着数千年历史奇珍和文物典籍因而举世罕有的宏伟宝库和园林艺术典范，化为一片灰烬和瓦砾！在殖民掠夺史上，这一类文化浩劫，古今中外，不知凡几，它给全世界人类文化造成的惨重损失，是无法估量的。

既毁其精华，又塞以糟粕。殖民主义者通过传宗教、办学校、出书报等等精神侵略活动，推销各种精神鸦片，力图摧毁殖民地半殖民地人民的民族意识，**磨灭其爱国心和革命性，把一副又一副的精神枷锁套在他们身上**；同时，千万百计地培植一小撮奴颜媚骨以及为虎作伥的民族败类，充当他们巩固殖民统治、扩大殖民掠夺的工具和帮凶。

血腥屠杀，种族灭绝　　在殖民掠夺和霸占土地的过程中，殖民主义者对于稍敢反抗或留恋乡土不愿迁徙的土著居民，往往采取极端残暴的种族灭绝政策。据16世纪曾直接参与殖民侵略活动的西班牙人拉萨·卡萨斯的记述，西方殖民者是如此屠杀起义的印第安人的："他们闯进村镇，不放过小孩、老人、妇女、产妇，把所有的人都杀光，……他们互相打赌能否一刀把人劈成两半，能否一斧把头砍下或把脏腑剖开，他们夺下母亲怀里的婴儿，把脑袋往石头上撞……或是把母亲和婴儿背靠背绑在一起丢到河里"①。为了把印第安人斩尽杀绝，那些"虔诚"地信奉基督教，以"仁慈、博爱"自我标榜的西方殖民者，竟公然悬赏杀人：1703年，北美新英格兰地区的殖民者在立法会议上决定，每剥得一张印第安人的头盖皮给赏金40镑；1720年，这种头盖皮竟然"涨价"，每张给赏金100镑②。这一类惨绝人寰的反动法令，自1641年起竟然在整个美洲大力推行达170多年！

为了更大量更迅速地灭绝土著居民，西方殖民者还采取了令人发指的手段：传播瘟疫！他们抓住土著小孩，强行注射烈性传染病细菌，然后放回去发作传病。用诸如此类的狠毒办法往往在极短的时间内就使几百个部落彻底灭

---

① 参见格拉齐安斯基等编：《中世纪史文献》（第3卷），莫斯科1950年版，第43—44页。
② 参见马克思：《资本论》，载于《马克思恩格斯全集》（第23卷），人民出版社1972年版，第821—822页。

绝,大片大片的土地,断了人烟。然后,这里就成为殖民者们最理想的新种植园和新牧羊场[①]!

总之,西方殖民主义者的种种暴行,是罄竹难书的。以上所粗略列举的十个方面,只不过是殖民掠夺这一股历史浊流中的一涓一滴。

漫漫数百年,一部殖民史,就是一部弱肉强食史,也就是欧美列强和全世界众多弱小民族之间的国际经济关系史的主要内容。而在这段期间里列强之间的国际经济关系,也自始至终充满着争夺殖民地、争夺世界自然资源、争夺世界市场的酷烈搏斗。

从宏观上分析这个历史阶段国际经济关系的全局,可以概括出如下几个特点:

第一,全世界自然资源和其他生产资料在国际社会里的占有形式和占有关系发生了急剧的变化。在暴力的条件下,这种占有形式和占有关系的民族性不断削弱,世界性不断增强。寥寥几个西方强国直接占有了或实际上控制了全世界绝大部分自然资源和其他生产资料,从而在国际经济关系中处于统治和支配的地位,而全世界众多弱小民族在丧失政治主权的同时也丧失了经济主权,本国的经济命脉操纵在外国人手中,本国的物质财富源源外流,从而在国际经济关系中处于被统治、被支配的地位。

第二,在上述占有形式和占有关系的基础上,一切国家的生产、交换、分配、消费诸种经济关系,也愈来愈具有世界性。许多国家新建工业所加工的已经不是本地的原料,而是远隔重洋辗转运来的异国原料;它们的花样翻新的产品,不仅供本国本地消费,而且同时远销异邦,供全世界各地消费。新的社会需求层出不穷,这些新需求只有靠远地异邦的土特产品和精尖产品才能得到满足。因此,国际商务往来空前频繁,国际经济交往的形式日益多样化,规模也日益扩大;各国经济之间的互相依存关系也空前密切、空前广泛。

第三,在国际经济领域中,在上述占有、交换、分配、消费诸关系中,暴力和强制始终贯穿于全过程,发挥了"经久不衰"的作用。暴力和强制,或则是开创上述诸关系的前导和先锋,或则是维护这些关系的后盾和卫士,或则是巩固这些关系的基础和装甲。在这种条件下,国际经济交往中大量产生和反复出现不平等、不等价、不公平、非自愿、非互利的现象和模式。

第四,这种以暴力和强制为主要柱石、以弱肉强食为共同本质的不平等、不

---

① 参见苏联科学院:《美洲印第安人》,生活·读书·新知三联书店1960年版,第324、358页。

等价、不公平、非自愿、非互利的模式,在长期的实践过程中,往往被确立为规章制度,被规定为行为准则,甚至被制定为法律规范,作为一种"合法"的秩序被固定下来,形成为"法定的"国际经济秩序。这样的国际经济秩序,就是当今全世界人民,特别是第三世界众多发展中国家和弱小民族所同声谴责的"国际经济旧秩序"的"原版"和渊源。

(二)帝国主义时期

随着时间的推移,资本主义、殖民主义的国际经济关系和国际经济秩序在本质依然如故的情况下,发展到一个新的阶段:在19世纪的最后30年中,自由资本主义逐步向垄断资本主义过渡。19世纪末20世纪初,世界资本主义终于发展成为帝国主义。"帝国主义,作为美洲和欧洲然后是亚洲的资本主义的最高阶段,截至1898—1914年这一时期已完全形成。"①

帝国主义是垄断的资本主义。垄断资本的统治是帝国主义最基本的特征。在帝国主义时代,资本主义所固有的各种矛盾日益激化。除了帝国主义各国内部无产阶级同资产阶级之间的矛盾十分尖锐之外,在国际经济关系和政治关系方面也出现新的动荡局面:

第一,帝国主义国家之间的经济、政治矛盾空前尖锐。各国垄断组织的出现,不仅没有消弭竞争,反而促使竞争在更广阔的范围、更巨大的规模、更激烈的程度上继续进行,几个大国都想争夺霸权。在19世纪的最后25年中,各大国垄断集团为了争夺销售市场、原料产地和投资场所,展开了抢先占领势力范围和瓜分世界的空前猛烈的恶斗。到了19世纪末20世纪初,整个世界业已被瓜分完毕。由于资本主义发展的不平衡性,帝国主义列强实力对比不断发生变化,经济急速发展的后起国家要求按照实力的新对比重新瓜分世界,因而在帝国主义各国之间,充满了从别人手上夺取殖民地,重新分配势力范围,重新排列世界霸主座次的矛盾冲突。这些矛盾冲突导致了1898年的美西战争、1899—1902年的英布战争、1904—1905年的日俄战争,而且愈演愈烈,后来终于酿成了1914—1918年的第一次世界大战。

第二,被压迫民族同帝国主义国家之间的经济、政治矛盾空前尖锐。由于垄断组织的形成大大激化了世界范围的竞争,由于只有占领殖民地,夺得更多的廉价原料、劳力以及更大的市场和投资场所,才能充分保障垄断组织获得胜

---

① 列宁:《帝国主义和社会主义运动中的分裂》,载《列宁选集》(第2卷),人民出版社1995年版,第705页。

利,在19世纪的最后25年和20世纪初,帝国主义列强以前所未有的速度和疯狂性,加紧侵略扩张和加强殖民掠夺。以非洲为例,在1876年殖民国家布鲁塞尔国际会议之前,列强在非洲侵夺的殖民地只占该洲全部面积的1/10,到了20世纪初,列强已将这个面积达3 000万平方公里的富饶大陆宰割瓜分殆尽,灭亡了几十个国家,几乎所有的非洲国家和地区全都沦为殖民地和保护国,只剩下埃塞俄比亚和利比里亚两国表面上勉强保持一定程度的独立。在瓜分世界的过程中,英、俄、法、德、美、日六个国家在第一次世界大战以前抢占的殖民地面积竟达6 500万平方公里,约等于它们本国面积总和的四倍①,相当于六个半欧洲。

在帝国主义时代,列强对亚、非、拉美弱小民族的殖民掠夺变本加厉,进入一个新的阶段。列强在他们所攫取或控制的亚、非、拉广大地区,进一步确立和加强了一整套殖民统治秩序。他们除了继续实行商品输出,沿用从贱买贵卖到杀人越货那一系列老谱之外,还凭借暴力和强制,大量采取资本输出的新手法,在殖民地和附属国境内就地举办企业盘剥厚利。换言之,即在弱小民族已经丧失国家主权,无法独立自主,无权对外来投资进行选择、控制、管理、监督的情况下,在不平等和非自愿的条件下,利用亚、非、拉地区地价贱、工资低、原料廉的条件,在当地投资举办各种企业,把资本的吸血管伸进一切经济领域。他们到处霸占矿山油田,垄断铁路交通,独揽河海航运,把持对外贸易,包办关税邮电,专卖烟酒食盐,摧残和扼杀当地民族工业的嫩芽……从而完全控制了弱小民族的国民经济命脉,榨取了天文数字般的巨额垄断利润;他们广设银行,滥发纸钞,聚敛资金,高利盘剥,操纵金融,左右财政;他们巧立名目,滥定苛捐杂税,肆意横征暴敛,搞得弱小民族国穷财尽,民不聊生;他们扶植和勾结亚、非、拉当地最反动腐朽的政治势力和民族败类,以太上皇自居,实行白色恐怖统治;他们对胆敢实行反抗的弱小国家和民族,动辄大举兴兵,炮轰火焚,滥施屠戮,洗劫城乡。之后,还要勒索骇人听闻的巨额"赔款",竭泽而渔②。

---

① 根据列宁所引用的统计数字,当时这六国本土面积总和是1 650万平方公里。参见《列宁全集》(第26卷),人民出版社1988年版,第325页;《列宁全集》(第27卷),人民出版社1990年版,第393页。

② 以列强对中国的两次敲诈为例:日本侵华的"甲午战争"后,1895年的《马关条约》规定:中国清政府必须"赔偿"日本军费2亿两白银。当时清政府每年税收总数不过七八千万两白银,"赔款"竟3倍于此数,而且要在3年内交清,否则要额外加息。八国联军侵华战争后,1901年的《辛丑条约》规定:中国应"赔款"4.5亿两白银,加上逐年分期付款外加利息,合计近十亿两。其中沙皇俄国分赃最多,独吞赃银1.3亿两,占"赔款"总额的29%(不包括利息)。所有这些沉重负担,被全部转嫁到中国劳动人民身上,使他们更加艰难竭蹶,陷入绝境。

由此可见,历史发展进入帝国主义时代以后,资本主义、殖民主义的国际经济关系和国际经济秩序,就其世界性、一体性以及互相依存性而言,虽然发展到一个新的阶段,具有自身的某些特色,但暴力和强制,依然是它们的主要柱石;弱肉强食依然是它们的共同本质;不平等、不等价、不公平、非自愿、非互利的诸般模式和规范,不但依然存在,而且变本加厉了。

三、社会主义国家的出现、众多弱小民族的独立与国际经济关系的本质变化

有侵略掠夺,就有反抗斗争。在国际经济关系领域,一部殖民掠夺史,同时是一部反殖民斗争史。数百年来殖民主义、资本主义、帝国主义的盘剥压榨和暴虐统治,把殖民地半殖民地人民推进了苦难深渊,与日俱增的民族灾难和亡国灭种的惨痛经历从反面深刻地教育了他们,大大促进了民族意识的觉醒,迫使被压迫民族奋起反抗,一直到拿起武器,用革命的暴力反对反革命的暴力。这种反抗外来侵略掠夺、维护国家独立、争取民族解放的艰苦斗争,向来是前仆后继,此伏彼起,连绵不断,遍及全球的。可以说,几个世纪以来,未有一日止息,到了20世纪初期以后,它又进一步与世界社会主义革命的历史洪流汇合,向着旧世界的国际经济秩序和国际政治秩序实行猛烈的冲击。

1914年爆发的第一次世界规模的帝国主义大战给苦难深重的各国被压迫人民增添了无穷的新灾难,逼使人民群众更快地走上根本推翻资本帝国主义制度的革命道路;同时,大战使帝国主义列强严重地互相削弱,十分有利于革命人民从最薄弱的一个环节上冲破世界资本帝国主义体系的锁链,而它果然首先在沙皇俄国被冲破了!在以列宁为首的布尔什维克党的领导下,俄国人民在1917年俄历10月25日(公历11月7日)推翻了帝国主义政府,建立了世界上第一个社会主义国家。

十月社会主义革命的胜利,削弱了国际帝国主义势力,改变了全世界压迫民族和被压迫民族两大营垒之间的力量对比,有利于被压迫民族的解放事业,并且为进一步改变旧世界的国际经济秩序提供了一个良好的开端。

在当时以及其后28年中,在列宁和斯大林领导下的这第一个社会主义国家,乃是全球惟一的社会主义国家;国内的社会主义革命和社会主义建设虽然取得许多重大成就,但在国际环境上,它仍处在世界资本主义的四面包

围之中,有如资本主义汪洋中的一个孤岛。因此,就国际经济关系和国际经济秩序的整体和全局而言,殖民主义、资本主义、帝国主义旧世界的传统关系和传统秩序仍然占有压倒的优势,仍然在全世界绝大部分地区占有统治的和支配的地位。

这种局面延续了相当一段期间,直到第二次世界大战结束以后,才开始逐步产生并正在继续产生着本质的、重大的变化:60多年来旧的国际经济关系和国际经济秩序,即建立在暴力、强制、掠夺、压榨、盘剥基础上的国际经济关系和国际经济秩序,已经无法完全守住其原有的阵地,无法保住其原有的统治和支配地位,它们被迫处于"且战且退"之中;相应地,新的国际经济关系和新的经济秩序,即建立在和平、自愿、平等、公平、互利基础上的国际经济关系和国际经济秩序,则正在披荆斩棘、节节进取之中。

这种局面的出现,是因为在第二次世界大战结束以来的60多年中,世界上的各种力量经过长期的较量和斗争,几度重新排列组合,使国际革命力量与反动力量的对比、进步力量与保守力量的对比,发生了重大的变化。这种力量对比的变化,主要体现在以下四个方面:

(一) 相继出现了十几个社会主义国家

这就更加严重地削弱了世界资本帝国主义体系,更加沉重地打击了国际殖民主义体制。特别是曾经长期沦为半殖民地半封建国家的中国,各族人民经过一百多年艰苦卓绝的斗争,终于在中国共产党的领导下于1949年推翻了帝国主义、封建主义和官僚资本主义的统治,取得了新民主主义革命的伟大胜利,建立了社会主义国家。在面积相当于整个欧洲的广阔土地上,约占全世界人口1/5的中国人民,从此彻底摆脱了世界资本帝国主义和国际殖民主义的统治和支配,它本身就意味着传统的国际经济关系和国际经济旧秩序失掉了一大片阵地,同时,也意味着在进一步改造国际经济旧关系和旧秩序、建立国际经济新关系和新秩序的斗争中,出现了新的中坚力量。1991年,尽管前苏联在内外各种因素综合作用下解体,人类在社会主义道路上一度受到严重挫折,但是,它在人类通往社会主义、共产主义的历史长河中,只是短暂的现象;以中国为中流砥柱的全球社会主义事业,仍在克服险阻,排除万难,继续前进,并且不断取得举世瞩目的新成就。

(二) 相继出现了一百多个新的民族独立国家

这是全世界殖民地、半殖民地众多被压迫弱小民族经过几个世纪的浴血奋战,用无数生命换取来的伟大胜利成果。国际形势发展中的这一重大飞跃,开始于第二次世界大战结束后的初期,至20世纪60年代,形成一个高潮。具体说来,20世纪40年代中期至40年代末,争得民族独立的有印度尼西亚、越南、老挝、叙利亚、约旦、菲律宾、巴基斯坦、印度、缅甸、斯里兰卡、朝鲜等11个国家;50年代中,争得民族独立的有利比亚、柬埔寨、苏丹、摩洛哥、突尼斯、加纳、马来西亚、几内亚等8个国家;60年代中,争得民族独立的国家有如雨后春笋,纷纷破土而出,数目激增,计有喀麦隆、塞内加尔、多哥、马达加斯加、扎伊尔、索马里、贝宁、尼日尔、上沃尔特、象牙海岸、乍得、中非、刚果、塞浦路斯、加蓬、马里、尼日利亚、毛里塔尼亚、塞拉利昂、科威特、坦桑尼亚、西萨摩亚、卢旺达、布隆迪、阿尔及利亚、牙买加、特立尼达和多巴哥、乌干达、肯尼亚、马拉维、马耳他、赞比亚、冈比亚、马尔代夫、新加坡、圭亚那、博茨瓦纳、莱索托、巴巴多斯、也门、瑙鲁、毛里求斯、斯威士兰、赤道几内亚等44个国家;70年代中,争得民族独立的又有汤加、斐济、孟加拉、巴林、卡塔尔、阿拉伯联合酋长国、马哈马联邦、几内亚比绍、格林纳达、莫桑比克、佛得角、科摩罗、圣多美和普林西比、巴布亚新几内亚、安哥拉、苏里南、塞舌尔、吉布提、所罗门群岛、图瓦卢、多米尼加联邦、圣卢西亚、基里巴斯、圣文森特和格林纳丁斯等24个国家;80年代中,争得民族独立的国家又陆续增添了津巴布韦、瓦努阿图、伯利兹、安提瓜和巴布达、圣克里斯托弗、文莱等;90年代中,又有纳米比亚、马绍尔群岛、密克罗尼西亚、帕劳、瑙鲁、汤加等地相继争得独立,并被联合国接纳为会员国。至此,曾经长期遭受殖民统治的全球弱小民族,几乎全部都赢得了国家独立[①]。

全世界殖民地、半殖民地如此众多的被压迫弱小民族纷纷争得了民族解放和国家独立,这就使得建立在殖民主义、帝国主义、霸权主义基础上的传统国际经济关系和国际经济旧秩序,遭到相当深刻的破坏和全面的冲击,古老的殖民主义体系已经陷于土崩瓦解状态,殖民主义、帝国主义、霸权主义势力已经不能按照老谱左右一切、继续统治下去,不能再肆无忌惮、为所欲为了。这是问题的一个方面。

问题的另一个方面是:许多亚、非、拉美国家在取得政治独立之后相当长的时期里,原先的宗主国或其他发达国家的殖民主义、帝国主义、霸权主义势力依然以不同形式在不同程度上控制着这些国家的经济命脉,旧的经济结构并没

---

① 据统计,迄今为止,联合国会员国总数为192个。其中原为殖民主义宗主国的发达国家约为22个,占会员国总数的11.5%;原为殖民地、半殖民地的发展中国家约为170个,占会员国总数的88.5%。资料来源: http://www.un.org/, 2006-8-12。

有根本改变。帝国主义势力,特别是超级大国采用了新殖民主义形式①,继续对原先的殖民地和半殖民地——发展中国家进行剥削和掠夺。它们运用各种手段,直接或间接地继续占有或控制发展中国家的自然资源,继续以十分苛刻的条件向发展中国家输出资本,榨取超额利润。它们继续设法在发展中国家推行和控制畸形的单一经济,并利用在国际市场上的垄断地位,压低发展中国家原料和初级产品的价格,抬高自己工业制品的出口价格,进行不等价的交换,以牟取暴利。

这种现实局面促使众多发展中国家清醒地认识到:一个国家取得了政治独立,只是走了第一步,还必须巩固这个独立。归根到底,政治独立和经济独立是密不可分的。没有政治独立,就不可能争取经济独立;而没有经济独立,一个国家的政治独立就是不完全、不巩固的。发展中国家为了达到完全、巩固的独立,就必须进一步肃清国内的殖民主义残余势力,必须从根本上改变旧的经济结构,即独立自主地掌握本国的经济命脉,充分利用本国的自然资源,逐步地、大力地发展本国的民族经济。每一个发展中国家在本国进行的所有这些努力,同时又是在全世界范围内改变国际经济旧关系、改造国际经济旧秩序这一总斗争中的有机组成部分。

(三) 全球实际上划分为三个世界

第二次世界大战后数十年来,世界上各种政治力量在长期的纵横捭阖过程中,发生了分化和改组,因此,现在的世界实际上存在着互相联系又互相矛盾着的三个方面,从而使全球划分为三个世界②:首先,美国、前苏联是第一世界,前苏联在1991年瓦解之后,美国遂成为第一世界中惟一的超级大国;亚、非、拉美发展中国家和其他地区的发展中国家,是第三世界;处在这两者之间的发达国家是第二世界。中国是一个社会主义国家,也是一个发展中国家,它和其他发展中国家,曾经有过共同的经历,当前又面临着共同的斗争。过去、现在和将来长时间共同的处境和共同的利害,决定了中国属于第三世界。

---

① 早在80多年以前,列宁就曾根据当时的事实提醒人们注意:在帝国主义时代,"典型的国家形式不仅有两大类国家,即殖民地占有国和殖民地,而且有各种形式的附属国,它们在政治上、形式上是独立的,实际上却被财政和外交方面的附属关系的罗网包围着";他指出,必须不断揭露帝国主义列强惯用的骗术,即"帝国主义列强打着建立政治上独立的国家的幌子,来建立在经济、财政和军事方面都完全依赖于它们的国家"。参见《帝国主义是资本主义的最高阶段》,载《列宁选集》(第2卷),人民出版社1995年版,第648页;《民族和殖民地问题提纲初稿》,载《列宁选集》(第4卷),第221页。

② 参见《关于三个世界划分问题》,载《毛泽东文集》,第八卷,人民出版社1999年版,第441页;《中华人民共和国代表团团长邓小平在联大特别会议上的发言》(1974年4月10日),载《人民日报》1974年4月11日,第1版。

就第三世界而言,众多发展中国家占有世界人口的70%以上,分布在全球广阔的地区,其经济上、政治上的潜力都是巨大的、雄厚的。但由于长期遭受殖民主义、帝国主义、霸权主义的掠夺和盘剥,它们在争得政治独立后相当长的时期里,在经济上仍处在相当贫弱的地位。它们是传统的国际经济旧关系和国际经济旧秩序长期的受害者,而且还在继续遭受这种旧关系和旧秩序的严重损害,因此,它们最强烈、最坚决地要求彻底改变这种旧关系,彻底改造这种旧秩序,而代之以新的、建立在平等自愿和公平互利基础上的国际经济关系和国际经济秩序。所以,它们是当今世界上反帝、反殖、反霸斗争的主力军,是改造国际经济旧秩序和创建国际经济新秩序的最强大的动力。

就第一世界而言,美国这个惟一的超级大国,以世界霸主自居,在全球推行其政治上、经济上的霸权主义。它用不同的方式力图把亚、非、拉美的发展中国家置于它的控制之下,同时还要欺负那些实力不如它的发达国家。它竭力对别国进行经济剥削,榨取别国的财富,攫取别国的资源。它经常以大欺小、以强凌弱、以富压贫,力图保住和扩大既得利益。一句话,它是国际经济旧关系和国际经济旧秩序的守护神。在当今世界性的"南北矛盾"中,它是广大发展中国家的主要对立面。

就第二世界而言,它们同第一世界、第三世界都有矛盾,具有两面性。它们当中的一些国家,至今还对第三世界国家保持着不同形态、不同程度的殖民主义剥削关系。同时,属于第二世界的所有这些发达国家,又都在不同程度上受着那个超级大国的控制或欺负,从而都在不同程度上具有摆脱超级大国控制和欺负的要求。在某些情况下,它们从自身的利益出发,甚至可以对第三世界反对殖民主义的斗争作出一些让步,或者对第三世界国家反对霸权主义的斗争表示一定的支持或中立。因此,它们是第三世界众多发展中国家在反对国际经济旧关系、改造国际经济旧秩序、建立国际经济新秩序这一长期斗争过程中可以争取、可以联合的力量。

(四)世纪之交,国际经济秩序破旧立新的争斗进入新的回合

在20世纪最后10年和进入21世纪之际,世界历史进程出现了新的态势[①],其主要特点在于:第一,以美苏两个超级大国为主体、延续近半个世纪的冷战已告结束,国际局势总体上走向缓和,和平与发展成为当代世界的主题,要

[①] 参见江泽民:《在联合国千年首脑会议上的讲话》、《在中非合作论坛2000年部长会议开幕式上的讲话》、《在亚太经合组织第8次领导人非正式会议上的讲话》,分别载《人民日报》2000年9月8日、10月11日、11月17日。

和平、谋稳定、促合作、求发展成为全球人民的共同愿望和历史潮流;在世界多样性的客观规律支配下,世界多极化的趋势日益明显。第二,冷战虽已结束,但"意识落后于存在",冷战思维仍然阴魂不散,时时作祟;天下还很不太平,霸权主义和强权政治在各种新"包装"下有新的发展,全球惟一的超级大国依然力图主宰世界,一有风吹草动,"新干涉主义"和"新炮舰政策"时时肆虐,严重威胁世界的和平、稳定和发展。第三,在世界经济领域,全球化趋势在加速发展,它的正面作用和负面作用同时并存,也同样突出:一方面,资本、技术、知识等生产诸要素跨越国界的加速流动和合理配置,促进了世界经济的发展,给各国带来了新的发展机遇;另一方面,发达国家凭借其经济实力上的绝对优势,在制定国际经贸"游戏规则"中掌握着绝对的"主导权",从而成为全球化进程中最大的受益者,而相形之下,大多数发展中国家则受益很小或并未受益,有些甚至被"边缘化";与此同时,经济全球化使国际竞争空前激烈,弱国遭受的金融风险和经济风险明显增加,南北两大类国家贫富差距和发展悬殊继续拉大,"数字鸿沟"成倍加深①,南北矛盾日益突出,广大发展中国家的经济安全和经济主权面临空前的压力和严重的挑战。这些突出的负面作用集中地体现了在新旧世纪之交,不公平、不合理的国际经济旧秩序远未根本改变,公平、合理的国际经济新秩序也远未真正确立。因此,破除国际经济旧秩序与维护这种旧秩序,建立国际经济新秩序与阻挠这种新秩序,这两种国际力量或两大国际营垒之间的争斗,在全球化加速发展的新条件下,已经进入新的回合,方兴未艾,国际经济秩序的破旧立新,依然任重而道远。

  从宏观上看,在国际经济关系和国际经济秩序领域里,当今世界性"南北矛盾"的历史渊源、斗争焦点、力量对比以及新近的发展,其大体脉络有如上述。人们用以调整国际经济关系的近现代意义上的国际经济法,正是在这样的历史背景和社会条件下逐步产生和发展起来的。

---

① 有关统计资料表明:40年前,全世界最富人口和最穷人口的人均收入比例是30∶1,如今已上升到74∶1;20年前,联合国成员中仅有二十多个属于"最不发达国家",如今已增加到48个。世界经济发展失衡现象日趋严重,全球有13亿人生活在绝对贫困线以下,日平均生活费用不足一美元。发达国家拥有全球生产总值的86%和出口市场份额的82%,而占世界人口绝大多数的发展中国家仅分别拥有相应总值的14%和相应份额的18%。参见江泽民:《在联合国千年首脑会议上的讲话》及《在联合国千年首脑会议分组讨论会上的发言》,分别载《人民日报》2000年9月8日、9月9日。

Ⅲ 论国际经济法的产生和发展*

内容提要 国际经济法肇端于何时?学者见解不一。笔者认为,其渊源甚早。从宏观上分析,国际经济法大体上经历了萌芽、发展和转折更新三大阶段,三者既前后相承,又各具特色;而每一大阶段又可划分为若干时期和若干层面。萌芽阶段的国际经济法指的是从公元前古希腊、罗马时代的"罗得法",罗马法中的"万民法"至中世纪时期民间编纂的各种国际商事习惯法典等;发展阶段的国际经济法指的是从17世纪至20世纪中叶资本主义世界市场形成和发展时期的双边国际商务条约、近现代国际习惯或惯例、多边国际商务专题公约、多边国际专项商品协定、近现代国际商务惯例、近现代各国商事立法等;转折更新阶段的国际经济法指的是从20世纪中期第二次世界大战结束迄今60年来的布雷顿森林体制和关贸总协定、创立国际经济法新规范的斗争、多边国际商务专题公约的发展、区域性或专业性国际经济公约的出现、国际商务惯例的发展、各国涉外经济法的发展以及经济全球化明显加快与国际经济法面临的新挑战等。

目　次

一、萌芽阶段的国际经济法
二、发展阶段的国际经济法
　（一）双边国际商务条约
　（二）近现代国际习惯或惯例
　（三）多边国际商务专题公约
　（四）多边国际专项商品协定

---

* 本文的基本内容,原载于笔者参撰和主编的《国际经济法总论》(法律出版社1991年版),先后经多次修订增补,分别辑入笔者参撰和主编的《国际经济法学》(北京大学出版社1994—2007年第1—4版)和《国际经济法学专论》(高等教育出版社2002—2007年第1、2版)。

(五) 近现代国际商务惯例
(六) 近现代各国商事立法
三、转折更新阶段的国际经济法
(一) 布雷顿森林体制和关贸总协定
(二) 创立国际经济法新规范的斗争
(三) 多边国际商务专题公约的发展
(四) 区域性或专业性国际经济公约的出现
(五) 国际商务惯例的发展
(六) 各国涉外经济法的发展
(七) 经济全球化明显加快与国际经济法面临的新挑战

　　国际经济法,顾名思义,是泛指调整国际经济关系的各种法律规范。换句话说,它是调整国际经济关系的各种法律规范的总称。

　　何谓国际经济关系?学者界说不一,可大致分为两类。一说认为国际经济关系专指国家政府之间、国际组织之间或国家政府与国际组织之间的各种经济关系;参加国际经济交往、构成国际经济关系的主体,限于国家、国际组织以及在国际公法上具有独立人格的其他实体。另一说则认为国际经济关系不仅包含上述内容,而且包含属于不同国家的个人之间、法人之间、个人与法人之间以及他们与异国政府或国际组织之间的各种经济关系;参加国际经济交往、构成国际经济关系的主体,不仅仅限于国家、国际组织以及在国际公法上具有独立人格的其他实体,而且包括在各国涉外经济法[①]、民商法、国际私法[②]上具有独立人格的个人或组织,即属于不同国家的自然人或法人。换言之,某种经济关系,其主体不论是国家政府、国际组织、个人或法人,只要这种经济关系的各方当事人分属于两个以上不同的国家,或其所涉及的问题超越出一国国界的范围,就一概称之为国际经济关系。用以调整所有这些国际经济关系的法律规范,都属于国际经济法的范畴。具体说来,举凡涉及经济领域的国际公法准则,国际商务条约和经济协定,各国的涉外经济法和民商法,涉及经济的冲突法,以及经由当事人自愿接受的国际商务惯例,都包含在内。

---

　　① 关于"经济法"一词的内涵和外延,参阅本书第一编之Ⅰ,《论国际经济法学科的边缘性、综合性和独立性》一文,本书第6页注②。
　　② 关于"国际私法"一词的含义,参阅本书第一编之Ⅰ,《论国际经济法学科的边缘性、综合性和独立性》一文,本书第6页注①。

本文立论,采用上述第二种界说。具体阐述分析,见本书第一编之Ⅰ,《论国际经济法学科的边缘性、综合性和独立性》一文。

国际经济交往中所发生的国际经济关系,在每一特定历史阶段,往往形成某种相对稳定的格局、结构或模式,通常称之为国际经济秩序。国际经济秩序的建立和变迁,取决于国际社会各类成员间的经济、政治和军事的实力对比。国际经济秩序与国际经济法之间,有着极其密切的关系。

国际经济法,就其广义的内涵而言,是各国统治阶级在国际经济交往方面协调意志或个别意志的表现。

各国的统治阶级为了自身的利益,总是尽力把自己所需要、所惬意的各种秩序建立起来,固定下来,使它们具有拘束力、强制力,于是就出现了各种法律规范。从这个意义上说,法律就是秩序的固定化和强制化。秩序是内容,法律是形式;秩序是目的,法律是手段。法律与秩序两者之间的这种密切关系,是具有普遍性的。它不但存在于一国范围内,而且存在于国际社会中。国家、法人、个人相互之间在长期的国际经济交往过程中,有许多互利的合作,也有许多矛盾和冲突。经过反复多次的合作、斗争和妥协,逐步形成了各个历史时期的国际经济秩序。与此同时,在各国统治阶级相互合作、斗争和妥协的基础上,也逐步形成了维护这些秩序的、具有一定约束力或强制性的国际经济行为规范,即国际经济法。

国际经济法是巩固现存国际经济秩序的重要工具,也是促进变革旧国际经济秩序、建立新国际经济秩序的重要手段。

在国际经济和国际经济法的发展过程中,始终贯串着强权国家保持和扩大既得经济利益、维护国际经济旧秩序与贫弱国家争取和确保经济平权地位、建立国际经济新秩序的斗争。这些斗争,往往以双方的妥协和合作而告终,妥协、合作之后又因新的利害矛盾和利益冲突而产生新的争斗,如此循环往复不已,每一次循环往复,均是螺旋式上升,都把国际经济秩序以及和它相适应的国际经济法规范,推进到一个新的水平或一个新的发展阶段。新的国际经济法规范一经形成和确立,就能更有效地进一步变革国际经济的旧秩序,更有力地巩固和加强国际经济的新秩序。

那么,作为国际经济行为规范的国际经济法,是在什么时候开始出现的呢?对于这个问题,学者见解不一。一种见解认为:国际经济法是国际公法的一个新分支。它是调整国家、国际组织相互之间经济关系的法律规范。传统的国际公法主要调整国家间的政治关系,即使在第二次世界大战前的20世纪30年代,国际经济关系仍处于弱肉强食法则支配之下的无法律状态,国家可以为所欲为,不受任何法律约束。直到20世纪40年代,在联合国主持下相继出现了关于《国际货币基金协定》和《国际复兴开发银行协定》以及《关税及贸易总协定》以后,才开始了用多边条约调整国家间经济关系的新时代。它标志着国际经济关系方面的无法律状态的结束和新兴的国际经济法的出现①。

另一种见解认为:国际经济法不仅包括调整国家、国际组织相互之间经济关系的法律规范,而且包括调整私人(自然人、法人)相互之间以及公私之间超越一国国界的一切经济关系的法律规范。国际经济法的这两个部分都渊源甚早。就后者而言,它的萌芽状态,甚至可以追溯到古代中国的夏、商、周以及西方的古希腊、罗马时期;即使就前者而言,它的开始出现,也远比20世纪40年代早得多。换言之,至迟在资本主义世界市场逐步形成、各种国际商务条约相继出现之际,就开始产生用以调整国家相互之间经济关系的法律规范。

衡诸历史事实,上述第二种见解是比较可以接受的。从宏观上分析,迄今为止,国际经济法经历了萌芽、发展、转折更新三大阶段,而每一个大阶段又可划分为若干个时期。每个阶段和每个时期既前后相承,又各具特色。兹试概述如下:

一、萌芽阶段的国际经济法

早在公元以前,地中海沿岸亚、欧、非各国之间就已出现频繁的国际经济往来和国际贸易活动。在长期实践的基础上,各国商人约定俗成,逐步形成了处理国际商务的各种习惯和制度。这些习惯和制度,有的由有关国家的法律加以吸收,规定为处理涉外商务的成文准则;有的则由各种商人法庭援引作为处理国际商务纠纷的断案根据,日积月累,逐步形成有拘束力的判例法或习惯法。可以说,这些商事法规或商事习惯法,实质上就是国际经济法的最初萌芽。

散见于某些间接记载中的"罗得法",罗马法中的"万民法",中世纪民间编纂的国际性商事习惯法法典,诸如13世纪至16世纪间流行于地中海沿岸各地的《康索拉多海商法典》(Consolato del Mare,或 The Consulate of the Sea)、阿马斐(Amalfi)法、比萨(Pisa)法、奥列隆(Oleron)法、威斯比(Wisby)法、汉萨(Hansa)法等海事商事法典,以及17世纪前后各国的立法机关参照这些民间编纂的商事法典制订的国内法等,可以统称为早期的国际商事法。它们是萌芽阶段的国际经济法的一种渊源和一个组成部分,其调整对象,主要是私人与私人之间超越一国国界的经济(贸易)关系;它所直接涉及的经济法律关系的主

---

① 参见王铁崖主编:《国际法》,法律出版社1981年版,第411—413页。

体,是私人而不是国家。

至于国际经济法的另一个组成部分,即以国家为主体、用来调整国家与国家之间经济关系的法律规范,在古代和中世纪时期尚属罕见。不过,中世纪后期出现的欧洲某些城市国家之间缔结的重要商约,作为近现代国际商务条约的萌芽和先河,在近现代国际经济法的发展史上,仍具有一定的意义。其中最引人注目的是"汉萨联盟"的商务规约。汉萨联盟是14—17世纪期间北欧诸城市国家结成的商业、政治联盟组织,以北德意志诸城市国家为主,其主要目的在于互相协调和保护各加盟城市国家的贸易利益和从事贸易的各加盟国的公民,并且共同对付联盟以外的"商敌"。西方有的学者认为,中世纪此类贸易联盟的某些商务规约,为后来的某些国际公法原则提供了发展的基础[1]。

二、发展阶段的国际经济法

17世纪以后,资本主义世界市场逐步形成,世界各民族国家之间的经济贸易交往空前频繁,国际经济关系空前密切,相应地,国际经济法也进入了一个崭新的发展阶段。从17世纪到20世纪40年代以前,数百年间,用以调整国际经济关系的国际条约、国际习惯或惯例和国内立法,大量出现,日益完备。

(一) 双边国际商务条约

在这段历史时期里,先后陆续出现了许多双边性的国际商务条约,它们可以大体区分为两类,即平等的和不平等的。如果缔约国双方都是主权完全独立、国力大体相当的国家,缔约时双方都完全出于自愿,条款内容是互利互惠的,这就是平等条约。反之,如果缔约国双方的国力存在巨大的强弱悬殊,其中一方主权并不完整独立,因屈服于各种威胁或暴力而被迫缔约,条款内容是片面特惠的,这就是不平等条约。在这段历史时期里,西方强国之间签订的各种双边商务条约和协定,属于前一类;西方列强与亚洲、非洲、拉丁美洲众多弱小民族之间签订的各种双边商务条约、专项商务协定或含有商务条款的其他国际条约,则属于后一类。前一类为数不多,后一类则不胜枚举。

各种不平等条约中片面的经济特惠条款以及贯穿着弱肉强食精神的各种国际习惯或惯例,也是当年国际经济法的重要组成部分,而就西方列强与全世

---

[1] 参见《奥本海国际法》(上卷第1分册),商务印书馆1981年版,第55—56页。

界众多弱小民族之间的经济关系而言,则是当年国际经济法的主要组成部分。除了强行割取大片疆土和勒索巨额"赔款"的条款之外,诸如强迫弱小民族同意给予关税税率"议定"权和"议允"权①,甚至鸠占鹊巢,干脆夺取了海关管理权,同时限制和压低内地征税税率,以利于洋货舶来品大量倾销,强占"租界"和强行"租借"大片土地,攫取和垄断矿山开采权、铁路修筑权和管理权、内河航运权、"势力范围"控制权,强索片面的最惠国待遇②,等等,也都是通过有关的条约和协定,逐步上升为当年用以调整国际经济关系的法律规范。

(二) 近现代国际习惯或惯例

与双边国际商务条约并存的,还有许多用以调整国际经济关系的国际习惯。有些习惯或惯例在今天看起来是十分荒唐的,在当年却风行一时,并且获得西方资产阶级国际法"权威"学者的肯定和论证,被认为是传统国际法的一个组成部分。试以国际土地资源的取得方式为例。从经济学的观点看来,领土本身便意味着耕地、种植园、牧场、森林、矿藏和税源。按照当年传统的国际习惯或惯例,对于这些自然资源和财富源泉的取得,竟然可以采取征服、先占、时效之类的形式。征服,指的是一国可以凭借武力强占他国的领土。换言之,即使是发动侵略战争,强占他国领土,劫夺其自然资源,只要切实有效地实现了占领或占有,则这种占领或占有就是"合法"的。先占,在民法上的原意,指的是对无主物的最先占有者可以取得该物的所有权。它被移植到国际法上,指的是国家可以占取无主地,取得对它的主权,而所谓"无主地",是指当时不属于任何国家的土地。根据解释,它不但指海中荒岛之类完全无人居住的土地,而且,在国际实践中,主要是指当年亚洲、非洲、美洲广大的部落地区。换言之,尽管这些地区自古以来就有千千万万土著居民世代生息、劳动和繁衍,尽管他们是当地土地和一切自然资源的天然主人,但只要他们还是部落组织而尚未建成国家,这些地区就仍然被认定为不属于任何国家的"无主地",西方"文明"国家就可以随心所欲地按"先占"原则对它们抢先占领,实行统治,"合法地"攫取一切自然资

---

① 例如,"鸦片战争"后于1842年签订的《中英南京条约》第10条规定:英国商人在中国通商各口岸应纳的进出口货物的关税税率,"均宜秉公议定",即应与英方商议并取得英方同意。1844年签订的《中美望厦条约》第2条进一步规定"倘中国日后欲将税例更变,须与合众国领事等官议允",即应与美方商议并获得美方"批准"。简言之,根据此类条约,中国关税税则的制定和修改,都必须完全符合外国侵略者的利益并事先获得他们的首肯。中国的关税自主权从此被破坏无遗,国门洞开,国库收入毫无保障,民族工业受到严重摧残。

② 例如,1843年签订的《中英虎门条约》第8条规定:中国日后如果"有新恩施及各国,亦应准英人一体均沾"。后来列强迫使中国签订的许多不平等条约中,也有同类规定,形成了"一强勒索特权,列强援例共享"的"连锁反应"局面,使中国的主权受到极其严重的损害。

源。至于时效,指的是一个国家现在拥有的部分领土,纵使当初是不正当地和非法地占有的,只要占有者在相当长的时期内"安安稳稳"地继续占有,以致形成了"一般信念",认为事物现状是符合"国际秩序"的,那么,这个国家就被认定为这些领土的合法所有者。换言之,时间的流逝可以使一切侵占他国领土及其资源的既成事实从非法变成"合法"①。

十分明显,在上述这个历史阶段中被用来调整列强与众多弱小民族之间国际经济关系的各种条约、协定和国际习惯或惯例,都贯穿着强烈的殖民主义、帝国主义、霸权主义精神,而且,根据西方资产阶级国际法"权威"学者的论证,都是传统的国际公法的组成部分。诚如中国晚清一位思想家所揭露的:在当时,"公法乃凭虚理,强者可执其法以绳人,弱者必不免隐忍受屈也。"②换句话说,这些国际行为规范或行动准则,是与当年国际的强弱实力对比相适应的,是强者用以维持当年国际经济秩序的一种"恶法"。

由此可见,就这个历史时期的国际经济关系而言,并非处在全然"无法律状态",而是处在恶法统治状态;并非弱肉强食"不受任何法律约束"的时代,而是弱肉强食本身"合法化"的时代。

(三) 多边国际商务专题公约

除了双边性商务条约和协定之外,在这个历史阶段的后期,又陆续出现了多边性的国际商务专题公约。其中影响较大的,如1883年签订的《关于保护工业产权的巴黎公约》,专门对技术发明的专利权、商标和商号的专用权等事项,作出统一规定,并实行统一的国际保护;1886年签订的《关于保护文学艺术作品的伯尔尼公约》,专门对作品的版权问题作出统一规定,实行国际性的共同保护;1891年签订的《关于商标国际注册的马德里协定》,专门对商标申请国际注册的内容、效力、收费、转让等事项作出比较详细的统一规定;1910年签订于布鲁塞尔的《关于船舶碰撞法规统一化的国际公约》③和《关于海上援助和救助法规统一化的国际公约》,专门对各种水域船舶碰撞的损害赔偿问题以及水上施救行为的报酬索取问题,分别作了统一的规定;1924年签订的《关于提单法规

---

① 参见《奥本海国际法》(上卷第2分册),商务印书馆1981年版(译自1955年英文版),第74—81、90—92页;《奥本海国际法》(第1卷 第2分册),大百科全书出版社1995年版(译自1992年英文修订版),第74—79、87—89页。并参见周鲠生:《国际法》(下册),商务印书馆1983年版,第444—452页。
② 郑观应:《盛世危言·公法》(卷一),光绪二十四年(1898年)三味堂刊,第42页。
③ 原文为International Convention for the Unification of Certain Rules of Law in Regard to Collisions,常见的译法是《关于船舶碰撞统一法律规则的国际公约》或《统一船舶碰撞法律规则的国际公约》,似均不甚贴切,故予改译。以下几个条约名称,可予类推。

统一化的国际公约》(通常简称《海牙规则》)专门对海上运输中托运人与承运人双方的权利和义务作出统一规定;1929 年签订的《关于国际航空运输法规统一化的公约》(通常简称《华沙国际航运公约》或《华沙公约》),专门对国际客货空运的收费、保险、赔偿等问题制定了统一的规则;1930 年、1931 年相继签订于日内瓦的《统一汇票本票法公约》以及《统一支票法公约》,专门对国际贸易支付和货币流通中使用本票、汇票及支票的有关事宜制定了统一的法律规范,等等。

(四) 多边国际专项商品协定

在国际贸易中,各利害冲突的有关国家为了避免两败俱伤,也往往针对某些"商战"激烈的专项商品,达成多边性的国际协定,就其生产限额、销售价格、出口配额、进口限制、关税比率等方面的问题,实行国际性的妥协、统制和约束,这就是种类繁多的国际卡特尔专项商品协定。此类多边专项商品协定早在 19 世纪末叶 20 世纪初期就已陆续出现,至第一次世界大战以后,特别是经历了 1929 年世界性的"生产过剩"和经济危机以后,更是层出不穷。其中影响比较重大的,如 1902 年、1931 年以及 1937 年先后三度签订的国际砂糖协定,1931 年的国际锡协定,1933 年的国际小麦协定,1934 年的国际橡胶协定,等等,都属于此类多边性国际专项商品协定,构成了国际经济法的部分内容。

上述多边国际商务专题公约以及多边国际专项商品协定,与其他种类的国际经济法规范相比,具有自身的独特之处:第一,它们的内容和范围相当具体和狭小,具有特定的专题性或专项性,不像《友好通商航海条约》那样笼统和广泛;第二,它们的作用和效果,往往直接地落实到各缔结国从事商务活动的个人或企业,实际上主要用来调整私人之间的涉外经济关系,不像一般商务条约那样主要用来调整缔约国政府之间的经济关系;但是,第三,它们却以国际公约的形式出现,对于缔约国政府具有法律拘束力,因而同时具有直接调整国家政府之间经济关系的性质,不像一国涉外经济立法或国际商务惯例那样对于国家政府不发生国际公法上的拘束力。许多国家在参加签订此类国际公约后,还进一步根据公约的规定对本国国内法的相应部分加以修订、补充,使两者一致化。

(五) 近现代国际商务惯例

为了减少和避免国际经济交往中的误会和纷争,缩短商事合同谈判和签订过程,提高国际商务活动的效率,有些国际性的商人组织或学术团体,往往归纳和整理商务活动中的某些习惯做法,制定和公布各种商务规则,供各国商事当事人在谈判和草拟合同条款时自由选择采用。这些规则一经采用,就成为对合同当事人具有拘束力的经济行为规范。例如,1860年,欧美多国商界人士在英国格拉斯哥港共同制定了理算共同海损的统一规则,通常简称为《格拉斯哥规则》,随后在1864年和1877年经过两度修订,改名为《约克—安特卫普规则》,又经多次修改补充,一直沿用至今。1908年,具有国际影响的英国伦敦商人组织"劳埃德委员会"(旧译"劳合社")正式推出"劳氏海上救助合同标准格式",其后历经多次修订,一直被国际海运界广泛采用。1928年至1932年,国际法协会制定了《华沙—牛津规则》,专对CIF(简称"到岸价格")买卖合同双方所承担的责任、费用和风险,作了统一的规定。1933年,国际商会公布了《商业跟单信用证统一惯例》,专门对国际贸易结算中最常用、因而争端最多的信用证支付方式,规定了统一的准则并作出统一的解释。1936年,国际商会制定了《国际贸易术语解释通则》,专门对国际贸易合同中最常见的九种价格术语作了统一的解释。国际商会的以上两种条规,作为早期蓝本,以后也屡经修订补充。其中许多基本内容至今一直沿用。

作为国际经济行为规范,这一类国际商务惯例也具有自身的特色:第一,其有关文本都是由国际性民间团体或非政府组织制定的,并非官方文件;第二,所定各项规则,本身并不具备法律上的拘束力或强制力,仅供各国商务当事人立约参考和自由选用,并可由当事人酌情自行修改补充。但当事人一旦采用并订入正式合同条款,就立即产生法律约束力;第三,国家政府机关或国有企业如以一般法人身份参加国际商务活动,而且在有关经济合同中明文规定选用某种国际民间商务条款,即同样要受它约束,负有履行这些条规的法律义务。

(六) 近现代各国商事立法

除了上述各种现象以外,近现代各个民族国家中商事立法逐渐完备,这也是在前述这个历史阶段中国际经济法迅速发展的一个重要方面。其所以这样,是因为:第一,由于资本主义的发展和世界市场的形成,近现代较大规模的商事活动向来具有越出一国国境的特性,因此,随着时间的推移,各国国内商事立法大多参考和吸收了国际商务活动中所约定俗成的各种惯例。由于渊源大体相同或相近,各国的商事法规往往具有很大的国际共同性。国际惯例逐步转化和上升为各国的正式法规,显然是一种重大发展。第二,各国的商事法规虽然都是国内法,一般适用于国内的商务活动或商事行为,但由于主权国家享有属地管辖权(territorial jurisdiction)和属人管辖权(personal jurisdiction),因此,各国的商事法规也同时适用于本国商人涉外的商务活动或商事行为,即也被用来调整一定的国际经济关系,从而成为国际经济法规范的一个重要组成部分,并大大丰富了国际经济法的内容,推进了国际经济法的发展。

可以说,法国在 1673 年和 1681 年先后颁行的《商事条例》和《海商条例》①,是近现代民族国家统一国内商事立法的滥觞。后来在 1807 年颁行的《法国商法典》,就是在上述两种条例的基础上修订补充而成的。19—20 世纪之间,法国又通过许多单行成文法以补上述商法典的不足。各国受法国影响而制定的商法,有 1838 年的荷兰商法和希腊商法、1850 年的土耳其商法、1870 年的比利时商法、1883 年的埃及商法、1885 年的西班牙商法、1888 年的葡萄牙商法以及随后仿效西班牙、葡萄牙的拉丁美洲诸国商法。德国在 1900 年颁行的《德国商法典》,对于其后奥地利、日本以及北欧斯堪的纳维亚半岛诸国的商事立法,也有很大影响,成为这些国家所师承的立法蓝本。上列这类国家当时都是"民法典"与"商法典"并存并行,民事活动按民法规定处理,商事活动按商法规定处理,这种立法体制通称"民商分立主义"。与此相反,在民法典之外不再另订商法典,把商事法律规范也纳入民法典之中,这种立法体制通称"民商合一主义"。民商合一的做法开始于瑞士 1911 年颁行的《瑞士民法典》,后来也有一些国家仿此办理。在英国,原将商事法融于"普通法"与"衡平法"之中,后两者都是不成文法或判例法;1882 年以后陆续制定了涉及票据、买卖、商标、保险、版权、破产、财产、公司等各种专项问题的单行商事法规,使商事法规逐渐成文化。美国本仿英制,实行不成文法;自 1896 年以后,相继制定许多统一的商事法案,仅供联邦各州立法时参考采用,而并非指令全国各地一体遵行。就此点而言,与英国的成文商法又有不同。

总之,在前述历史阶段里的许多事实表明:近现代各民族国家的商事法制中,不论是"民商分立"、"民商合一"的大陆方式,还是英美方式,其共同趋势有二:第一,作为国内法的商事法规,内容日益丰富完备,并逐步走向国际统一化;第二,这些国内法同时被用来调整一定的国际经济关系,即本国商人的涉外商务活动,成为此类涉外商务活动的行事准则或行为规范,从而大大丰富了国际经济法的内容,推进了国际经济法的发展。

三、转折更新阶段的国际经济法

自从 1945 年第二次世界大战结束以后,六十多年来,国际社会产生了并继

---

① 这两种条例当时都是以法国国王路易十四的名义颁布的,所以也称为"商事令"和"海事令"。

续产生着重大的变化。世界上各种力量几度重新组合,形成了新的国际力量对比。众多殖民地、半殖民地的被压迫弱小民族,纷纷挣脱殖民枷锁,出现了100多个新的民族独立国家,构成第三世界,并且作为一支新兴的、独立的力量登上国际政治和国际经济的舞台①。它和第一、第二世界,既互相依存和合作,又互相抗衡和斗争,导致国际经济关系逐步发生重大转折,出现新的格局,相应地,国际经济法的发展也逐步进入"除旧布新"的重大转折时期。

(一) 布雷顿森林体制和关贸总协定

第二次世界大战结束后的初期,欧洲因饱遭战祸而疮痍满目,急需大量外来经济援助以促进经济的复兴和发展。美国在这场战争中由于各种特殊条件,不但未受战祸摧残,反而发了大财,国力鼎盛。它力图通过对外经济援助活动以及协调西方发达国家之间的经济关系,以巩固和加强自己在世界经济中遥遥领先的地位。战后在国际经济关系领域中发挥了重大作用的"布雷顿森林体制"(Bretton Woods Regime)以及《关税及贸易总协定》,就是在这样的历史背景下相继出现并积极运转的。

大战结束前一年,经过美国的积极策动,1944年7月在美国东北部新罕布什尔州的布雷顿森林中召开了联合国货币金融会议,45个与会国家签订了《国际货币基金协定》和《国际复兴开发银行协定》。大战结束后,在1945年12月分别正式成立了相应的组织机构。1947年10月,23个国家在日内瓦签订了《关税及贸易总协定》,并随即成立了相应的组织机构。这三项协定及其相应机构都具有全球性的影响。前两项协定的主旨,是要在世界范围内促进货币和金融方面的国际合作,从而促进国际货币金融关系相对稳定和自由化。后一项协定的主旨,是要在世界范围内促进关税和贸易方面的国际合作,从而促使国际贸易自由化②。

以这三项协定为契机,国际社会开始进入以多边国际商务条约调整重大国际经济关系的重要阶段,这是国际经济法发展过程中的一个新阶段。其所以这样,是因为这个阶段具有不同于以往阶段的新特点:第一,过去虽已出现过用

---

① 据统计,迄今为止,联合国会员国总数为192个,其中原为殖民主义宗主国的发达国家约为22个,占会员国总数的11.5%;原为殖民地、半殖民地的发展中国家约为170个,占会员国总数的88.5%。At http://www.un.org/, 2006-8-12。

② 参见陈安主编:《国际经济法学新论》,第九章第二节,高等教育出版社2007年版,第464—474页。1994年4月,《关税及贸易总协定》进一步发展成为《世界贸易组织协定》。迄2008年5月16日止,参加世贸组织的成员方已达152个;参加国际货币基金组织和国际复兴开发银行(即世界银行)的成员国已达184个。At http://www.wto.org/; http://www.worldbank.org/.

来调整国际经济关系的多边条约或国际公约,但它们所调整的对象,一般都是比较次要的、带技术性的专门事项,如专利权、商标权、船舶碰撞、海难救助、货运提单、票据流通之类;它们对各国经济生活以及国际经济关系的实际影响,往往限于某个小环节或小局部。而上述三个多边协定所调整的对象,则是国际货币金融、国际关税壁垒和国际贸易往来等牵动整个体制的重大问题、要害问题,影响到各国经济生活和国际经济关系的全局和根本。第二,过去虽已有过许多双边性的商务条约(如"友好通商航海条约"之类)中有些条款也简略地涉及关税、贸易、货币汇兑问题,但一般只作笼统抽象的规定,缺乏切实具体的措施,更非以实现国际货币流通自由化、商品流通自由化作为主要目标,其有关规定的广度和深度,远逊于上述三个多边专项协定。第三,过去这些双边性商务条约,规定不一,其适用范围也只限于缔约双方,远不如上述三个多边专项协定具有广泛得多的国际统一性和普遍性。

20世纪40年代中期这三项世界性多边协定的出现和运转,对于战后欧洲各国经济的恢复与发展,对于调整国际经济关系和促进国际经济合作,发挥了一定的积极作用。但是,以这三项多边协定为主要支柱的国际经济体制和格局,本身存在重大的缺陷。从本质上和整体上看,它是旧时代国际经济旧秩序的延续,而不是新时代国际经济新秩序的开端。因此,对40年代建立起来的国际经济秩序,不宜估价过高,更不能认为它"具有划时代的意义"。其所以这样,是因为:

首先,40年代中期参加上述多边协定缔约会议的国家,主要是西方发达国家。协定的有关条款内容,主要反映了以美国为首的西方发达国家的利益和要求。当时,绝大多数第三世界国家还处在殖民地或半殖民地地位,没有代表出席。因此,它们的利益和愿望在这些协定中未能获得应有的反映和尊重。

以当时的《国际货币基金协定》为例,它规定了美元与黄金的固定比价,使美元等同于黄金,成为世界通用的货币,从而让美国在世界金融领域中享有特权,居于绝对统治地位长达27年,直到1971年以后情况才有所变更。它对积贫积弱的发展中国家为缓解国际收支逆差而提出的贷款申请和筹资活动,施加了苛刻的条件限制。它是以国家为单位的政府间组织,却排除"一国一票"的平权原则,而采用类似股份公司的"加权表决制"(weighted vote)。在这个组织的权力机构中,各国理事和所选执行董事表决权的大小,取决于各该国认缴基金份额的多寡。各国借款权的大小,也按同一原则核定。例如,美国一国的投票权占总投票权的20%左右,而不少贫弱国家的投票权仅分别占总投票权的

0.1%或0.01%,有的小国甚至只占0.003%,大小悬殊数百倍甚至数千倍。占世界人口70%的发展中国家,投票权的总和只占基金组织总投票权的33%左右。这意味着第三世界众多贫弱国家参与决策的权力甚为微弱,遇到国际收支逆境,也难以获得贷款,或只能获得极其有限的贷款,有如杯水车薪。而少数富有的发达国家则宛如公司大股东,操纵着基金组织的决策权,时常出现以富欺贫的局面。

再以当时的《关税及贸易总协定》为例,它要求各缔约方在国际贸易中无条件实行互惠,完全对等地大幅度削减关税,逐步实行国际贸易自由化。此项原则适用于经济发展水平相当的发达国家之间,基本上是公平的;但无条件地推行于经济发展水平悬殊的发达国家与发展中国家之间,则显失公平。因为发达国家的生产技术水平高,资金实力雄厚,商品竞争能力强,出口总额大,因而可以在发展中国家削减进口关税的条件下攫取厚利;反之,发展中国家的商品在国际市场上的竞争能力弱,出口总额小,因而从发达国家进口关税的对等减让中所取得的实惠,就要小得多。而且,在经济实力悬殊的国家之间无差别地对等削减关税,往往导致发展中国家国内市场的丢失、民族工业的受害和对外贸易的萎缩。

其次,特别应当看到:在20世纪40年代中期至50年代,全世界众多弱小民族中只有少数摆脱了外国统治,争得独立,旧式的殖民统治体系在全球范围内仍占主导地位,这当然谈不上什么新时代的降临。进入60年代以后,许多殖民地、半殖民地虽然相继争得政治独立,但作为取得政治独立的条件,往往被迫签约同意保留原宗主国在当地的既得权益和特惠待遇,从而在经济上仍然处于从属和附庸的地位。长期殖民统治所形成的极不合理的国际生产"分工"体系,使得这些新独立的国家仍是畸形经济的原料产地;极不公平的国际交换体系使得它们继续遭受发达国家"贱买贵卖"的掠夺;高利贷式的国际金融体系使得他们债台高筑,财政拮据加深;"国中之国"式的跨国公司体系使得他们的经济命脉、自然资源和国计民生仍然操纵在外国资本手中。所有这些,都归结为世界财富的国际分配体系基本上保留着旧日的面貌:贫富极度悬殊,富国继续盘剥穷国,从而造成富国愈富、穷国愈穷。

可见,在上述这个时期里,就国际经济结构的整体和国际经济关系的全局来看,远未脱离旧日那种弱肉强食和以富欺贫的窠臼。从本质上说,它仍然属于旧时代国际经济旧秩序的历史范畴。相应地,用以维护国际经济旧秩序的各种国际经济法旧原则和旧规范,仍然起着支配的作用。前述三项多边国际协定也是在这种经济基础上建立起来、并为这种经济基础服务的,因此,这些协定中原先所体现的国际经济法原则及其有关规范,就不能不深深地打上了国际经济旧秩序的烙印。它们和其他领域的国际经济法旧原则、旧规范一起,都面临着不断改造和根本变革的历史课题。

正因为如此,第二次世界大战结束后60多年来,全世界众多弱小民族始终不渝地为改造国际经济旧秩序和建立国际经济新秩序、废除国际经济法旧规范和创立国际经济法新规范而进行的斗争,从未停顿止息。

(二) 创立国际经济法新规范的斗争

在创立国际经济法新规范的斗争中,有几个重大回合,是特别引人注目的:

1. 第一次亚非会议(万隆会议)

1955年4月,包括中国在内的28个摆脱了殖民统治的亚洲和非洲国家在印度尼西亚的万隆集会,第一次在没有殖民国家参加下,讨论了弱小民族的切身利益问题,并以《亚非会议最后公报》的形式,向全世界宣告了亚非弱小民族共同的奋斗目标和行动准则:坚决反对外国的征服、统治和剥削,迅速根除一切殖民主义祸害,支持民族自决,维护国家主权和民族独立,并在互利和主权平等的基础上,在生产、金融、贸易、航运、石油等诸多方面,开展国际经济合作。为此目的,必要时可以采取集体行动,或制定共同政策,或"在国际会谈中事先进行磋商,以便尽可能促进它们共同的经济利益"。会议初步形成了"南南联合自强"的战略思想,首先吹响了发展中国家共同为改造国际政治经济旧秩序而团结战斗的号角。"50年前的首次亚非会议,是亚非民族解放运动的一座重要里程碑,是国际关系史上的一个伟大创举。从那时起,亚非发展中国家作为一支独立的新兴力量,更加有力地登上了国际舞台。那次会议所确立的处理国家关系的十项原则,为建立公正合理的国际政治经济新秩序奠定了重要基础。那次会议所倡导的团结、友谊、合作的'万隆精神',成为半个世纪以来激励广大发展中国家为实现民族振兴和推动人类进步而不懈奋斗的强大动力,有力地推动了亚非国家的联合自强,促进了世界的和平与发展。"①

2.《关于自然资源永久主权的宣言》

1960年以后,许多殖民地纷纷独立,它们连同先前已经挣脱殖民枷锁的发展中国家,构成联合国会员国的绝大多数,迅速扩大了弱小民族在这个世界性组织中的发言权和决策权,改变了早先联合国由寥寥几个西方大国控制的局

---

① 参见胡锦涛:《与时俱进 继往开来 构筑亚非新型战略伙伴关系——在亚非峰会上的讲话》,载《人民日报》2005年4月23日,第1版。

面。在众多发展中国家的联合斗争下,联合国大会于1960年底通过了《关于给予殖民地国家和人民独立的宣言》,庄严宣布"必须迅速和无条件地结束一切形式的殖民主义"。接着,在1962年底又通过了《关于自然资源永久主权的宣言》,承认各国对本国境内的一切自然资源都享有不可剥夺的永久主权;尊重各国的经济独立,一切国家都有权依据本国的利益自由处置本国的自然资源;为了开发自然资源而被引进的外国资本,必须遵守东道国的各种规章制度,服从东道国国内法的管辖;在一定条件下,东道国政府有权对外资企业加以征用或收归国有。这些宣言在当时的历史条件下也被塞进了维护西方殖民主义者既得利益的若干条款①,但从整体上说,它们毕竟为发展中国家彻底摆脱新、旧殖民主义的剥削和控制,维护国家经济主权,建立新的国际经济秩序,提供了法理上的有力根据。

3. 联合国贸易和发展会议

在发展中国家的积极倡议和大力推动下,1964年底组成了联合国贸易和发展会议(United Nations Conference on Trade and Development,简称UNCTAD),成为联合国在经济方面的一个常设专门机构。发展中国家通过这个组织,依靠自己表决权上的优势,专门针对国际贸易和经济开发方面的问题,逐步制定和推行比较公平合理的新原则、新规范,从而逐步改变国际经济旧秩序,建立国际经济新秩序。为了实现这一目标,亚洲、非洲、拉丁美洲许多发展中国家以及欧洲的南斯拉夫在1964年联合组成了"77国集团"。此后,属于这个集团的国家在许多重大的国际问题上,特别是在建立国际经济新秩序的问题上,都采取统一行动。每届联合国大会以及每届联合国贸发会议召开之前,这个集团都预先召开部长级会议,协商在联合国大会或联合国贸发会议上如何统一步调,"用一个声音说话",以便在国际经济秩序"除旧布新"的斗争中,取得新的成就。目前参加这个集团的发展中国家已达131个,但习惯上沿用原有的名称②。可以说,联合国贸发会议的组织以及"77国集团"的积极活动,意味着过去受西方大国"分而治之"的许多弱小民族,开始把零星分散的反抗行动汇集起来,团结成为统一的力量,组织成为改造国际经济旧秩序的战斗联盟,并且不断取得重要成果。例如,1964年和1968年先后两届联合国贸发会议在国际贸易方面大力倡导和率先制定的有利于发展中国家的"非互

---

① 参见陈安主编:《国际经济法总论》,法律出版社1991年版,第171—172页;陈安主编:《国际经济法学专论》第二版上编总论,高等教育出版社2007年版,第254—257页。

② 据统计,迄今"77国集团"的实际成员国总数为130个。中国虽未直接参加该集团,但在国际性南北磋商和谈判中,一向与该集团保持密切协作关系。资料来源:http:///www.g77.org。

惠的普惠待遇"等改革方针和新的法理原则,经过发展中国家的不懈努力,逐渐在不同程度上为国际社会所承认,并逐渐渗透到有关国际经济关系的多边协定之中,从而促使国际经济法和国际经济秩序朝着"除旧布新"的方向逐步迈进。

4.《建立国际经济新秩序宣言》以及《各国经济权利和义务宪章》

20世纪50年代和60年代国际经济秩序和国际经济法在除旧布新方面取得的初步成就,为20世纪70年代国际经济法的重大发展,奠定了良好的基础。

1971年,中国恢复了在联合国中的合法席位。作为一个拥有全球五分之一人口的社会主义国家和发展中国家,作为联合国安全理事会中的一个常任理事国,中国坚定地与第三世界众多发展中国家站在一起,共同奋斗。联合国内部这一新的格局,对于变革国际经济旧秩序和国际经济法旧规范、建立国际经济新秩序和国际经济法新规范,起了重大的促进作用。

20世纪70年代以来,南北矛盾①上升到一个新的层次:发展中国家在总结经验的基础上,开始要求对现存的国际经济结构,从整体上逐步实行根本变革,即对国际生产分工、产品交换以及利益分配等方面的现行体制,逐步加以全局性和大幅度的调整和改革。发达国家(特别是其中的超级大国)为了维护既得利益,反对上述主张;迫于形势,也只愿意实行局部的、微小的改良。换言之,从70年代开始,南北分歧的焦点日益明显地集中于整个国际经济结构应否实行根本变革,其核心内容则在于世界财富如何实行国际再分配。30多年来,关于国际经济秩序和国际经济法基本规范新旧更替、破旧立新问题的论争,就是围绕着上述焦点和核心而展开的。

在众多发展中国家的强烈要求下,联合国大会于1974年4月召开了第6届特别会议,围绕着"原料和发展"这一主题,专门讨论了反对殖民主义剥削和掠夺、改造国际经济结构的基本原则和具体安排,一致通过了《建立国际经济新秩序宣言》(以下简称《宣言》)和《建立国际经济新秩序行动纲领》(以下简称《纲领》)。《宣言》指出,第二次世界大战结束后30多年来,大批弱小民族虽已取得独立,但旧殖民统治的残余和新殖民主义的控制,仍然是阻挠发展中国家以及弱小民族获得彻底解放和全面进步的最大障碍。世界财富的国际分配极不公

---

① "南北问题"或"南北矛盾"一词是英国劳埃德银行行长 Oliver Franks 于1959年11月的一次演讲中首次提出来的,该演讲以《新的国际均衡——对西方世界的挑战》(The New International Balance: Challenge to the Western World)为题,发表于1960年1月16日的《星期六评论》("Saturday Review")。由于当时经济、社会发展水平比较高的国家即发达国家(主要是后来于1961年成立的OECD的成员国和原苏联、东欧国家),基本上都位于地球的北部,而其他较贫穷落后的国家即发展中国家,则主要集中在以赤道为中心的热带和亚热带地区,而这些地区在位于地球北部的发达国家看来,就是在它们的南边,所以发达国家与发展中国家之间的问题或矛盾就被简称为"南北问题"或"南北矛盾"。

平、极不合理：发展中国家占世界总人口的70%，却只享有世界总收入的30%；发达国家与发展中国家之间的鸿沟日益扩大加深。因此，应当刻不容缓地开展工作，以建立一种新的国际经济秩序。这种秩序应当建立在一切国家待遇公平、主权平等、互相依存、共同受益以及协力合作的基础上，用以取代建立在不公平、不平等、弱肉强食、贫富悬殊基础上的现存国际经济秩序，即国际经济旧秩序。

为了建立新的国际经济秩序，《宣言》列举了20条基本法理原则。这些基本法理原则在1974年12月举行的联合国大会第29届会议上，得到进一步的肯定和论证，并以更加明确的文字，载入大会以压倒性多数①通过的《各国经济权利和义务宪章》（以下简称《宪章》）这一纲领性、法典性文件。如果把贯穿于《宣言》和《宪章》中的法理原则加以粗略概括，其最主要之点在于：第一，确认了各国的经济主权是不可剥夺、不可让渡、不可侵犯的。各国对本国的自然资源以及境内的一切经济活动，享有完整的、永久的主权。各国有权对它们实行切实有效的控制管理，包括必要时对外资企业实行国有化或将其所有权转移给本国国民。跨国公司的经营活动，必须遵守东道国的政策法令，接受东道国的司法管辖和管理监督；不得强行索取特惠待遇，不得干涉东道国内政。第二，确认应当按照公平合理和真正平等的原则，对世界财富和经济收益实行国际再分配，以遏制和消除富国愈富、贫国愈贫的危险趋向和恶性循环。为此，必须在国际生产分工、国际贸易、国际技术转让、国际税收、国际货币制度、国际资金融通、国际运输、公海资源开发等领域，全面地逐步变革现行的不合理、不公平的体制，并对发展中国家采取各种不要求互惠的优惠措施。第三，确认一切国家，特别是发展中国家，在一切世界性经济问题上都享有平等的参与权、决策权和受益权。国家不论大小，不论贫富，应该一律平等。国际经济事务应该由世界各国共同来管，而不应当由一两个超级大国来垄断，也不应当由少数几个富强的发达国家来操纵。为此，必须在有关的国际组织和有关的国际经济事务上，变革现行的仗富欺贫、恃强凌弱、以大欺小的决策体制。

《宣言》和《宪章》的通过，是发展中国家在第二次世界大战后30多年来团结斗争的重大胜利。它们的出现，是战后多年来建立国际经济新秩序的各项基本要求的集其大成，是这些正当要求开始获得国际社会广泛承认的有力证明，也是国际经济法新旧更替、破旧立新过程中的一次重大飞跃和明显转折。这些

---

① 《宪章》草案交付表决时，120票赞成，其中绝大多数是发展中国家；6票反对：美国、英国、联邦德国、丹麦、比利时、卢森堡；10票弃权：日本、法国、意大利、加拿大、奥地利、荷兰、挪威、西班牙、爱尔兰、以色列。

纲领性、法典性国际文献所确立的基本法律观念和基本法理原则,是新型的国际经济法基本规范发展的重要里程碑,也是今后进一步建立新型国际经济法规范体系的重要基石。尽管它们在贯彻执行过程中遇到了来自发达国家特别是来自超级大国的种种阻力和重重障碍,尽管至今仍有一些发达国家特别是超级大国的学者极力贬低甚至否认这些纲领性、法典性国际文献的法律效力①,但是自从1974年《宣言》和《宪章》诞生以来,愈来愈多的国际司法实践和国际缔约实践②直接援引或初步遵循这两大基本文献中所确立的法律观念和法理原则,足见这些新型的法律观念和法理原则符合时代精神和历史潮流,日益深入人心,因而具有强大的生命力。随着时间的推移,它们的法律拘束力势必日益加强,并定将进一步发展成为新型的、完整的国际经济法规范体系。

众所周知,在当代人类社会,法律面前,人人平等。但是,在社会群体生活中,各平等个体之间的愿望、意见和要求,不可能时时事事都是完全一致而毫无争议的。因此,在任何正常的群体生活中,少数服从多数乃是最一般的民主原则。换言之,无论在各国内政事务中,还是在国际共同事务中,显然都应当提倡、遵循和贯彻民主原则。就后者而言,"世界上所有的国家,无论大小、贫富、强弱,都是国际社会中平等的一员,都有参与和处理国际事务的权利。各国主权范围内的事情只能由本国政府和人民去管,世界上的事情只能由各国政府和人民共同商量来办。这是处理国际事务的民主原则。在当今时代,世界的命运必须由各国人民共同来掌握。"③这是不言而喻的常识。但是,对于像《宣言》、《宪章》这种由联合国大会以压倒性多数通过的纲领性、法典性文献,一向以"全球民主典范"自诩的超级大国及其若干学者,却迄今不肯承认它们在法律上的拘束力。其"口实"之一是:联合国大会并不具有"立法权",《宣言》和《宪章》等只是"建议"而不是典型的条约。此种"理论",不但全盘否定国际事务中理应切实遵循的民主原则,全然漠视体现了全球绝大多数人民共同意志的这些基本文

---

① 有关这方面的论争,参见陈安主编:《国际经济法总论》,法律出版社1991年版,第142—146页。

② 例如,1975年、1979年、1984年、1990年先后四次《洛美协定》(又称《洛美公约》)的连续签订,可以说是晚近二十九年来国际缔约实践中具有一定积极创新意义的重要事例。其中若干条款初步遵循了《宣言》和《宪章》所确立的国际经济法某些新法理原则。有关概况,参见本书第76页注①引陈安主编书,第182—185、190—193页,或陈安主编:《国际经济法学专论》(上编总论),第305—307、310—313页。

又如,1980年通过的《联合国国际货物销售合同公约》在序言中开宗明义地宣布:"本公约各缔约国铭记联合国大会第6届特别会议通过的关于建立新的国际经济秩序的各项决议的广泛目标",这意味着把《宣言》提出的国际经济法新法理原则,确认为本公约所遵循的基本指导原则和各缔约国所应当遵守的基本行为规范。

③ 江泽民:《在联合国千年首脑会议上的讲话》,载《人民日报》2000年9月8日。

献,而且全然无视这些基本文献及其法律理念 30 多年来日益为国际社会所广泛实践、普遍接受和深入人心的客观事实,从而散发着浓烈的霸权主义和强权政治的气息。显然,这是霸权主义者千方百计地维护既得利益因而"利令智昏"的必然结果。作为弱小民族和发展中国家的法律学人,显然应当透过现象看本质,识破其立论的真实意图和客观后果,敢于突破这种似是而非的"传统"的理论樊笼和精神枷锁,理直气壮地为全球弱小民族的共同意志和共同利益,大声呐喊,进行新的、科学的法理论证。

(三) 多边国际商务专题公约的发展

第二次世界大战结束以来,随着国际经济交往的进一步扩大和深化,除了用以调整国际货币金融、国际贸易和关税等牵动国际经济关系体制大局的多边国际条约之外,又增添了相当数量次要的、带技术性的国际商务专题公约,体现了国际范围内商事法规统一化日益加强的客观趋势。1952 年在联合国教科文组织主持下签订了《世界版权公约》。1964 年以西欧国家为主,签订了《国际货物买卖统一法公约》以及《国际货物买卖合同成立统一法公约》。1966 年联合国大会第 21 届会议通过决议,设立了"联合国国际贸易法委员会",责成该委员会大力促进国际贸易法的逐步协调和统一。其主要途径有二:一是积极推动缔结各种专题性多边商务公约;一是积极促使国际商务惯例或商业条款法典化。在上述委员会主持下,先后制定并通过了一系列国际商务专题公约,诸如 1974 年的《国际货物销售时效期限公约》、1978 年的《联合国海上货物运输公约》(通常简称《汉堡规则》)、1980 年的《联合国国际货物销售合同公约》以及《联合国国际货物多式联运公约》、1995 年的《联合国独立担保和备用信用证公约》,等等。此外,在联合国国际海事组织主持下,也陆续制定并通过了有关海事的专题公约,如 1989 年通过的《海上救助国际公约》以及 1996 年通过的《海上运输有害有毒物质的责任和损害赔偿国际公约》。随着时间的推移,在联合国主持下此类世界性专题商务公约还将陆续不断增加数量、扩大范围和加强深度。因此有人认为,联合国国际贸易法委员会等国际组织机构的成立,是国际商事法规已经形成一个独立法律部门的标志。从此以后,国际商事法规的统一化和法典化,进入了一个崭新的发展阶段。

与此同时,在联合国以外,也可以看到国际商事法规日趋统一的动向。例如,在铁路运输、航空运输、专利、商标、版权等商务专题方面,相继出现了一些新的国际性和地区性的公约或协定。诸如 1951 年欧洲和亚洲社会主义国家缔结的《国际铁路货物联运协定》,1955 年签订的关于修改 1929 年《华沙国际航运公约》的《海牙议定书》,1961年签订的用以补充1929年《华沙国际航运公约》的《瓜达拉哈拉(墨西哥)公约》,1970年签订的《专利合作公约》,等等。

(四) 区域性或专业性国际经济公约的出现

第二次世界大战结束以来,形形色色的区域性或专业性的国际经济条约及其相应组织不断出现,其名目之多,涉及范围之广,都是前所未有的。就其性质和功能而言,可分为三大类:第一类是以西方发达国家为缔约国的国际经济条约及其相应组织,如欧洲共同体、经济合作与发展组织、欧洲联盟等,其主旨在于协调各有关发达国家的经济政策和国际经济关系,并谋求这些发达国家共同的经济利益。第二类是以前苏联和东欧社会主义国家为基本缔约国的国际经济条约及其相应组织,如经济互助委员会,其主旨在于调整各有关社会主义国家的经济政策和国际经济关系,实行所谓"社会主义国际分工"和"社会主义经济一体化",加强前苏联对有关国家的经济控制。20世纪90年代初以来,这一类区域性组织已随着前苏联的解体而归于消亡。第三类是以发展中国家为缔约国的国际经济条约及其相应组织,如西非国家经济共同体、安第斯条约组织、东南亚国家联盟、石油输出国组织、可可生产者联盟、天然橡胶生产国协会等等,其主旨在于协调各有关发展中国家的经济政策和国际经济关系,加强"南南合作",统一步调,联合斗争,反对国际垄断资本特别是超级大国的掠夺和剥削,维护民族经济权益,争取国家经济独立。

(五) 国际商务惯例的发展

第二次世界大战结束以来,在不断总结实践经验的基础上,国际商务惯例的编纂成文,也不断更新,并日趋完备。例如,总部设在法国巴黎的国际商会自从1936年制定《国际贸易术语解释通则》以后,历经1953、1967、1976、1980、1990、2000年多次修订补充,内容大为丰富发展,适用范围也更加广泛。国际商会1933年公布的《商业跟单信用证统一惯例》,历经1951、1962、1974、1983年("第400号出版物")、1993年("第500号出版物",于1994年1月1日起实行)五度修订,并自1962年起改名为《跟单信用证统一惯例》。适应国际商业和金融活动发展的新需要,国际商会又于1958年草拟、1967年修订公布了一套《商业单据托收统一规则》,经十余年实践,于1978年再次修订,并改名为《托收统一规则》。1995年又经过修订,并以"第522号出版物"的形式推出,简称"URC522",自1996年1月起实行。其后,为了统一规范全球迅速发展的国际备用信用证的实践,国际商会又在1998年4月颁布《国际备用信用证惯例》,简称"ISP 98"或"第 590 号出版物",自 1999 年元旦起实施。英国伦敦商人组织"劳埃德委员会"自 1890 年正式推出"劳氏海上救助合同标准格式"之后,历经 11 次修订,又于 2000 年推出了新版的合同标准格式。总部设在意大利罗马的"国际统一私法协会"在 1994 年推出了酝酿多年的《国际商事合同通则》。经过 10 年的实践和总结,2004 年又推出了修订和扩充的新版本。诸如此类不断丰富完善的统一惯例和统一规则,针对国际商务活动有关各方当事人的权利义务分别作了更加明确的规定,对于减少国际商务纷争、促进国际商务发展,都起着重大的作用。

(六)各国涉外经济法的发展

至于各国分别制定的涉外经济法,自从第二次世界大战结束以来,也有重大的发展和转折。其主要表现是:第一,在发达国家中,国家垄断资本主义迅速发展成为强大的经济力量,资本主义垄断组织愈来愈直接利用国家机器和立法手段来全面干预国家的经济生活,相应地,各国的经济立法,包括涉外经济法,层出不穷,日益细密。第二,战后英国和美国对德国、美国对日本相当长期的军事占领和管制,以及随后这些主要发达国家在经济上的频繁交往和密切合作,促使英美法系和大陆法系互相渗透和逐步交融,原先分属两大法系的国家的涉外经济立法,无论在内容上还是在形式上,常常出现互相吸收和互相参照的现象。1958 年欧洲共同体正式成立时,其 6 个成员国(法国、联邦德国、意大利、荷兰、比利时、卢森堡)都是大陆法系国家。1973 年英国、丹麦和爱尔兰加入欧洲共同体后,共同体又经两度扩充①,其 12 个成员国囊括了西欧分属两大法系的主要发达国家。共同体的有关条约以及共同体法规的各项规定,或直接适用于各成员国,或为各成员国的涉外经济立法所吸收,这也促进了两大法系各国涉外经济立法的互相渗透和交融。根据 1993 年 11 月 1 日开始生效的《马斯特里赫特条约》,欧洲共同体已进一步发展成为"欧洲联盟"(European Union),嗣后,又经 1995 年、2004 年和 2007 年三度扩充,目前已有 27 个成员国,并将进一步吸收新的成员国②。今后联盟内部两大法系各成员国涉外经济立法的互相渗透与交融,势必更加广泛和深化。第三,战后各种区域性或专业

---

① 1981 年希腊加入欧共体,1986 年西班牙和葡萄牙加入欧共体。
② 1995 年,奥地利、芬兰和瑞典加入欧盟;2004 年 5 月,捷克、波兰、匈牙利、爱沙尼亚、拉脱维亚、立陶宛、斯洛文尼亚、斯洛伐克、马耳他、塞浦路斯等 10 个国家同时成为欧盟的新成员,其中的塞浦路斯位于地中海东端,在地理区划上属于亚洲。2007 年 1 月 1 日,罗马尼亚和保加利亚正式成为欧盟成员国。这是欧盟历史上第六次扩大。除此之外,目前正在申请加入欧盟的,还有土耳其等国家。At http://www.europa.eu.int/pol/en/arge/index-en.htm.

性的国际经济组织不断出现,日益增多,其有关条约、规则和章程对于各成员国具有法律上的拘束力,促使这些国家各自对国内的经济立法作出相应的调整,从而导致这些成员国的涉外经济法在有关地区或有关领域内渐趋一致或统一。第四,特别值得注意的是,战后相继摆脱殖民统治、取得政治独立的众多弱小民族,都极其注重创建自己的涉外经济立法体系,在投资、贸易、金融、税收等各个方面制定有关的法律和条例,借以保卫国家经济主权,维护民族经济权益,反对国际垄断资本的掠夺、盘剥和控制。这种民族主义的涉外经济立法,近数十年来形成了一股强大的、世界性的立法潮流,其基本精神和核心内容是要在国际经济交往中尽力贯彻自愿、平等、公平和互利的原则。可以说,这是战后国际经济法发展中的一个重要方面和一项重大特色。

(七) 经济全球化明显加快与国际经济法面临的新挑战

近十几年来,世界发生了极其广泛和深刻的变化,科技革命的迅猛发展,生产力的高速增长,国际经济结构的加速调整,大大加快了世界经济全球一体化的进程。各种生产要素和资源优化配置的规律性追求,促使资本、商品、劳力、服务、技术和信息的跨国流动,达到了前所未有的规模和速度,导致国际经济交往的空前频繁和各国经济互相依存的程度日益加深。然而,应当看到:经济全球化乃是一柄"双刃剑",它的积极作用和负面影响都相当突出:一方面,它使世界贸易总额和跨国投资总额连续多年大幅上升,为各国经济发展迎来新的机遇,导致世界经济整体持续地稳定增长;另一方面,经济全球化所产生的巨大效益和巨额财富,绝大部分源源流入拥有资金、技术、市场绝对优势的少数发达国家囊中,而综合经济实力处于绝对劣势的众多发展中国家,则只能分享上述效益与财富中的微小份额,以致造成南北两大类国家贫富差距和发展悬殊继续拉大,"数字鸿沟"成倍加深[①],南北矛盾日益突出。与此同时,有的发达国家还利用经济全球化的强大势头,或者以促进经济全球化为名,凭借经济实力强行设定和推行各种不公平不合理的"国际游戏规则",力图削弱发展中国家的经济主权,甚至制造金融危机和经贸混乱,破坏弱国的经济稳定,从中攫取更多暴利,从而使广大发展中国家的经济安全和经济主权面临空前的压力和严重的威胁。

---

① 据联合国《2005年世界社会状况报告:不平等的困境》揭示:"最近20年至25年,各种不平等现象不断增长"。"世界国民生产总值的80%属于居住在发达国家中的10亿人口;发展中国家中50亿人口仅拥有余下的20%"。*Report on the World Social Situation 2005: The Inequality Predicament*, at http://www.un.org/esa/socdev/rwss/media%2005/cd-docs/media.htm;并参见江泽民:《在联合国千年首脑会议上的讲话》及《在联合国千年首脑会议分组讨论会上的发言》,分别载《人民日报》2000年9月8日、9月9日。

简言之,经济全球化的负面作用集中表现为它在世界财富的国际分配中造成了新的重大失衡和显欠公平,扩大了南北两大类国家的贫富差距,从而导致国际经济秩序新旧更替的历史进程遇到新障碍,出现新问题。因此,用以调整国际经济关系、更新国际经济秩序的法律规范,即国际经济法,也不能不面临进一步除旧布新的新挑战和新课题。

试以世界贸易组织(WTO)及其法制规则晚近的发展历程为例:1986—1994年的乌拉圭回合的艰难谈判,之所以折冲樽俎长达八年,其根本原因就在于世界财富的国际再分配,特别是南北两大类国家经济上的利害得失,很难达成各方都能接受的公平、合理与平衡。紧接着,1994年马拉喀什宣言、乌拉圭回合谈判成果最后文本以及WTO协定终于签字和生效以来,又在如何正确理解和全面贯彻这些谈判成果的问题上,各国之间(特别是南北之间),既得利益与期待利益之间,依然龃龉不断,矛盾迭起。鉴于国际经济交往和国际经济秩序中的不公平现象仍然频频出现,发展中国家基于清醒的忧患意识,出于趋利避害的正当要求,已经开始发出新的呼声:"世界多边贸易体制必须进一步改革,发展中国家应该在制定国际贸易体制中发挥更大作用"①。事实表明:自1995年初迄2005年12月11年间,先后分别在新加坡(1996年12月)、日内瓦(1998年5月)、西雅图(1999年11—12月)、多哈(2001年9月)、坎昆(2003年9月)以及香港(2005年12月)举行的世贸组织六次部长级会议中,先后产生了种种新的分歧,甚至不欢而散或无果而终。这实质上主要是南北矛盾在WTO新体制下的重现和延续。所有这些举步维艰的进程表明:它们显然正在进一步积累和发展成为60年来GATT/WTO体制发展史上的另一次重大回合,导致"国际游戏规则"重新调整、充实和提高。可以说,在经济全球化明显加快的宏观背景下,国际经济关系、国际经济秩序和国际经济法的发展和更新,就是在南北矛盾—交锋—磋商—妥协—合作—协调—新的矛盾这种不断往复和螺旋式上升之中,曲折行进的②。

可见,国际经济法作为调整国际(跨国)经济关系的国际法与各国国内法的独立综合体,其国际法部分所面临的现实挑战和更新取向,就在于如何扩大和加强众多发展中国家对世界经济事务的发言权、参与权和决策权,把有关的"国

---

① 中国代表团团长周可仁(中国外经贸部副部长)在联合国贸发会议第十届大会上的发言:《世界多边贸易体制必须改革,发展中国家应发挥更大作用》,载《人民日报》2000年2月14日。
② 当代南北矛盾此种规律性的发展进程,似可概括地简称为螺旋式的"6C轨迹"或"6C律",即Contradiction(矛盾)→Conflict(冲突或交锋)→Consultation(磋商)→Compromise(妥协)→Cooperation(合作)→Coordination(协调)→Contradiction new(新的矛盾)。

际游戏规则"或行为规范制定得更加公平合理,更有效地抑制国际经济关系上的以大压小、仗富欺贫和恃强凌弱,从而更能促进建立起公平、公正、合理的国际经济新秩序;其各国国内法部分(特别是发展中国家的涉外国内法)所面临的现实挑战和更新取向,则在于如何做到既与国际惯例接轨,又能立足于各自本国的国情,有理、有利、有节地维护各国应有的经济主权;既能充分利用经济全球化带来的巨大机遇,又能切实有效地防范和抵御它给经济弱国可能带来的严重风险。

总之,值此人类跨入21世纪和经济全球化明显加快之际,不公平、不合理的国际经济旧秩序远未根本改变,公平、合理的国际经济新秩序也远未真正确立。因此,国际经济秩序的破旧立新,依然任重而道远;南北之间的交锋,正在进入新的回合,方兴未艾。相应地,国际经济法所面临的新挑战及其"螺旋式上升"的不断更新进程,可谓"路漫漫其修远",有待人们继续锲而不舍地"上下而求索"。

Ⅳ 论源远流长的中国对外经济交往及其法理原则*

内容提要 中国现行的对外开放基本国策,并非偶然产生。它不但有充足的现实根据,而且有久远的历史渊源。简略回顾中国历史上积极开展对外经济交往的优良传统,探寻其中所蕴含的法理原则,有助于加深对中国现行基本国策的认识。中国的对外经济交往可以大体分为三个阶段:古代时期,约自公元前4、5世纪至公元1840年;半殖民地半封建时期,约自1840年至1949年;社会主义时期,1949年以后。古代中国的对外经济交往基本上体现了自发的、朴素的自主自愿和平等互利的法理原则,迥然不同于西方殖民主义强国贸易史上盛行多年的商盗一体、杀人越货和猎奴贩奴。半殖民地半封建中国的对外经济交往,丧失了独立自主权,平等互利原则荡然无存,强加于中国对外经济交往的"法理"原则是丧权辱国的"条约"化和弱肉强食的"合法"化。社会主义新中国的对外经济交往,继承和发扬了中国历史上源远流长的积极开展对外经济交往的优良传统,排除了外来强权的封锁和破坏,纠正了国内"左"倾的扭曲和失误,从而促使中国对外经济交往中固有的独立自主、平等互利的法理原则,从自发的、朴素的、被破坏、被扭曲的阶段,进入自觉的、成熟的、健康的发展阶段。今后,源远流长并经发扬光大的中国对外经济交往及其固有的法理原则,必将与时俱进,为推动中国的四化建设和全球经济的共同繁荣,作出更大的历史贡献。

目 次

一、中国现行的对外开放国策是中国历史上优良传统的发扬光大

---

* 本文的基本内容,原载于笔者参撰和主编的《国际经济法总论》(法律出版社1991年版),先后经多次修订增补,分别辑入笔者参撰和主编的《国际经济法学》(北京大学出版社1994—2007年第1—4版)和《国际经济法学专论》(高等教育出版社2002—2007年第1、2版)。

二、古代中国的对外经济交往及其法理内涵
   （一）古代中国对外经济交往简况
   （二）古代中国对外经济交往的法理内涵
三、半殖民地半封建中国的对外经济交往及其"法理"内涵
   （一）半殖民地半封建中国对外经济交往简况
   （二）强加于半殖民地半封建中国对外经济交往的"法理"
四、社会主义新中国的对外经济交往及其法理原则
   （一）独立自主精神的坚持与平等互利原则的贯彻
   （二）闭关自守意识的终结与对外开放观念的更新
五、小结语

一、中国现行的对外开放国策是中国历史上优良传统的发扬光大

当今世界是开放的世界。世界各国在经济方面的相互合作、相互依赖和相互竞争日益加强。顺着这一历史趋向和时代潮流，中国从1978年12月以来坚定地实行经济上对外开放的基本国策，并已取得显著的、重大的成就。

1993年3月，中国宪法作出新的规定："国家实行社会主义市场经济"，以国家根本大法的形式，郑重确立了中国经济体制改革的总目标。同年11月，中共中央作出《关于建立社会主义市场经济体制若干问题的决定》，号召全国人民齐心协力，"坚定不移地实行对外开放政策，加快对外开放步伐，充分利用国际国内两个市场、两种资源，优化资源配置。积极参与国际竞争与国际经济合作，发挥中国经济的比较优势，发展开放型经济，使国内经济与国际经济实现互接互补。"

2001年12月中国加入世界贸易组织以来，正在进一步扩展对外开放的广度和深度，以更加勇敢的姿态进入世界经济舞台，更积极地实行对外经济交往，发展对外经济合作，开展对外经济竞争。

在中国，实行对外开放这一基本国策，不但有着充足的现实根据，而且有着久远的历史渊源。

作为东方的文明古国和大国，中国实行对外经济交往和开展国际经济合作，可以说是源远流长的。在漫长的历史岁月中，中国积极开展对外经济交往的优良传统，曾经遭受过严重的扭曲、破坏，并引起种种误解。但是，它本身所

具有的生命力又使得它不断冲破险阻,并在新的时代条件下焕发出新的青春。从这个意义上说,现行的对外开放基本国策,正是中国历史上对外经济交往优良传统的发扬光大。简略回顾中国积极开展对外经济交往的优良历史传统,探讨其中所蕴含的法理原则,了解其中的经验和教训①,将大有助于加深认识当代中国实行对外开放的基本国策的"来龙去脉"。

中国的对外经济交往,可以大体划分为三个阶段:一是古代中国时期,即奴隶社会后期和封建社会时期,约相当于公元前4、5世纪至公元1840年;二是半殖民地半封建中国时期,约相当于公元1840年至1949年;三是社会主义新中国时期,即公元1949年以后。兹分别简述如下。

二、古代中国的对外经济交往及其法理内涵

基于对人类社会发展史的深入考察,恩格斯曾经指出:"随着生产分为农业和手工业这两大主要部门,便出现了直接以交换为目的的生产,即商品生产,随之而来的是贸易,不仅有部落内部和部落边界的贸易,而且还有海外贸易。"②这种规律性现象,出现于古代的外国,也出现在古代中国。

(一)古代中国对外经济交往简况

据史家考证,早在中国第一个奴隶制王朝——夏朝时期(约公元前21世纪至前16世纪),中国大陆的各个部落联盟之间就时常开展跨越联盟疆界的贸易。商朝时期(约公元前16世纪至前11世纪),这种跨越部落联盟疆界的远途商品交换关系有了进一步的发展,并且开始使用来自新疆的玉片和来自沿海的贝壳作为交换的手段,这就是原始形态的货币。从这些原始货币的不同来源地可以推想当时贸易活动跨越地域的辽阔和边远。到了周朝(始建于公元前11世纪),分封了几十个诸侯国家,它们都要定期向周朝王室朝觐"纳贡",王室则以"赏赐"回礼,在"贡品"和"赐品"之间蕴含着朴素的对价有偿关系,究其实质,就是不同商品跨越国境的远途交换。这种"朝贡贸易"也实行于远方西域各国

---

① 毛泽东主席向来提倡中国人应当在重视学习外来先进经验的同时,也重视研究中国自己的历史,从中吸取有益的经验和教训;不能对本国的历史一无所知,在心目中"漆黑一团",更不能"言必称希腊,对于自己的祖宗,则对不住,忘记了"。参见《改造我们的学习》,载《毛泽东选集》(一卷本),人民出版社1967年版,第755页;或《毛泽东选集》第三卷,人民出版社1991年版,第795—803页。
② 恩格斯:《家庭、私有制和国家的起源》,载《马克思恩格斯选集》(第4卷),人民出版社1995年版,第163—164页。

与周朝王室之间。至于周朝各诸侯国家之间的贸易往来,就更加常见。春秋战国时期(约公元前8世纪至前3世纪中叶),各诸侯国家之间的经济交往日益频繁,而且开始出现同海外欧洲国家之间的贸易往来,一个明显的标志是:早在公元前4—5世纪之间,中国的丝绸就已开始辗转远销希腊等地。爱琴海与南中国海之间,已经开始有海商活动。

当然,在夏、商、周和春秋战国时期,在中国这片疆土上的各相邻部落联盟或诸侯国家,实际上是正在逐步走向全国统一的各个地方政权,因此,当时中央朝廷和它们之间以及它们相互之间的贸易往来,还不是近代和现代科学意义上的国际贸易。

公元前221年,秦始皇结束了诸侯割据的局面,建立了统一的中央集权的封建大帝国,其边陲疆土乐浪郡和象郡分别位于朝鲜半岛北部和印度支那半岛东北部。因而中国与上述两个半岛广大地区的经济贸易往来是相当密切的。中国的丝绸、漆器、铁器很早就跨越国境输往这些地区,而当地的土特产品则源源输入中国。但秦朝存续时间甚短,秦始皇在位不过11年,社会缺乏安定,二世胡亥昏庸,内政腐败,旋即为汉所灭。在这样的历史条件下,对外经济往来未获重大发展。

汉朝建立于多年战乱之后,政府当局在相当长的时期里采取与民休养生息的政策,社会安定,生产发展,百业兴旺,对外经济交往也日益发达。张骞、班超先后出使沟通西域,率先开拓了历史上著名的国际商道"丝绸之路"。后来此路不断西延,对于促进中国与中亚、西亚、南亚、欧洲、非洲许多国家的经济文化交流,起了重大的历史作用。陆道之外,又辟海市。南方的番禺(广州附近)开始成为对外贸易的重要港口都会。当时中国与日本之间以及与印度南部之间的商品交换,就是分别通过北方和南方的远航商船进行的。据史籍记载,两汉时期与中国有"朝贡"贸易(即官方商品交换)关系的外国,已达五十多个;早在西汉时期,京都长安就已设有专门接待外国贸易使团的宾馆(即所谓"蛮夷邸");有些来自远方异国的商使,其语言需经两道以上辗转翻译(即所谓"重译"[①]),才能与中国语言相通。由此可以大略想见当时中国的对外经济交往,是相当广泛的。

汉朝以后,历经三国、魏、晋、南北朝,中国出现了长期的分裂和战乱局面,北方陆路的对外经济交往受到较大影响,南方海道则仍然畅通,海上贸易有了新的重大发展,商船远及今日南太平洋以及印度洋之间的爪哇、苏门答腊、斯里

---

① 参见《后汉书·西域传》(第10册),中华书局1982年版,第2910页。

兰卡等地。

经过隋朝进入唐朝，全国重新统一安定，当权者励精图治，经济、文化迅速发展，居于全球领先水平，使中国成为当时世界最强盛的国家之一，相应地，对外经济文化交往也空前兴旺发达。除了不断拓展和延伸陆上国际商道、扩大通商地域范围外，着重发展了海上贸易。广州、交州、潮州、泉州、明州（今浙江宁波）、楚州（今江苏淮安），都辟为外贸海港，远洋航船东通日本，南抵南洋诸国，西达波斯湾阿拉伯诸国。政府当局对外商采取宽松优待的政策，"除舶脚、收市、进奉外，任其来往通流，自为交易，不应重加率税"；"常加存问"，"以示绥怀"[1]。于是各国商人云集，中外商务往来和商品交换盛极一时。随着海上贸易的发展，相继在重要通商口岸设"市舶使"[2]，任职官员由中央政权直接委派，专门负责掌管和监督海上船舶贸易来往和入境出境征税事宜，从而初步开创了在中国历史上长达一千多年的"市舶"制度，有人认为这就是后世政府外贸机构和海关机构的最早萌芽。由于唐代中国农业、手工业生产水平和文化水平都居于当时世界领先地位，加以统治者对于对外经济文化交往采取积极促进的政策，所以当时外国人来中国经商、留学的络绎不绝，长期居留唐土者多达数十万人。留学日久取得唐籍的一些外国人，甚至还由唐朝政府擢用，入仕做官，并引为殊荣。至今一些外国（如日本等）仍称中国人为"唐人"，称中国商品为"唐物"，称中国文化为"唐文化"，足见唐代中国人积极开展对外经济文化交往，促使中国国誉和声威远播，影响至深。这是举世公认的中华民族的骄傲。

宋朝时期，北部政局不稳，陆上国际商道常因战争中断，政府侧重于在南方发展海上国际贸易。宋初，京师设"榷易院"，成为中国历史上最早的专门管理对外贸易的中央机构；在江、浙、闽、粤沿海港口设"市舶司"，兼具进出口管理、征税、收购舶来品等多项职能；公元1080年还颁布《市舶条例》。可以说，这是中国最早的涉外经济立法之一，也是世界历史上最早的进出口贸易成文法规之一。宋室南渡以后，失去半壁江山，遂更加锐意发展海舶贸易，作为当时御敌图存的重要经济支柱之一。因为，"市舶之利，颇济国用"，"市舶之利最厚，若措置合宜，所得动以百万计，岂不胜取之于民？"[3]据估算，当时单泉州、广州两地一年的外贸收入竟曾高达200万缗，约占当时全国财政收入的20%，可见当时政府对于外贸的倚重。

上述这部制订于11世纪的宋代《市舶条例》，其后经修订补充，迄宋之末，

---

[1] 参见《全唐文·唐文宗大和八年疾愈福音》（第75卷），中华书局1982年版，第785页。
[2] 参见《新唐书·柳泽传》（第13册），中华书局1975年版，第4176页；《旧唐书·代宗纪》（第2册），中华书局1975年版，第274页。
[3] 参见《宋会要辑稿补编·市舶》，全国图书馆文献缩微复制中心1988年版（影印本），第647页。

实施近两百年。它在世界贸易立法史上显然具有开创性的历史价值。尽管其原有全文已经失传,但从有关史籍文献的记载中①,仍不难稽考和窥见其轮廓和梗概,诸如:

1. 外贸开始规范化。该条例规定了市舶司的职权和职责,它融合了前述多种职能,成为后世海关与外贸机构的雏形和综合体,使中国古代的对外贸易开始走向规范化、法制化。

2. 鼓励交易和分类管理。积极鼓励外商海舶("番舶")入境从事贸易,促进中外商品互通有无;逐项列明违禁物品。官府专买专卖货物("官市")以及民间自由交易货物("民市"、"听市货与民")的细目,使中外商民有所遵循。

3. 采取"低税"政策。"番舶"进入中国港口,须经当地市舶司派员登船查验,并依法定税率纳税("抽解"),凡珍珠、犀角、象牙、玛瑙、乳香等少数贵重"番货",列为"细色"(高档品),一般税率定为"十取其一"(即10%);其余大量"番货",诸如来自异国的各种特产、药材、香料、木料、棉布等生活用品,均列为"粗色",一般税率定为"十五取一"(约合6.66%)。税后诸物即可依法分别进入"官市"或"民市",实行交易,可谓"低税优惠"。

4. 厉行出口许可制度。商舶从中国港口出海,应向当地市舶司备文申报所载货物名称、数量和目的地("所诣去处")等项,经查验属实,并经当地富户("有物力户")出具担保书后,由市舶司发给"公据"(许可证)放行。回航时,应向原出海港口市舶司交回"公据",并申报从异国("番夷")贩来各物,照章"抽解"后,方可入市。

5. 严禁各种走私逃税活动("漏舶"、"偷税"、"大生奸弊,亏损课[税]额")。违者除治罪外,没收船、货,并重奖举报、告发人,"给舶物半价充赏"。

6. 切实保护"番商"合法权益。严禁官吏豪绅借势滥权杀价强买"番商"舶货。凡强买舶货"有亏番商者皆重置其罪"(依法从严治罪)。

7. 礼遇外商,救助"海难"。兴建外商宾馆("置'来远驿'"),订立接待送礼规则("立定犒设馈送则例"),"每年于遣发番舶之际,宴设诸国番商,以示朝廷招徕远人之意。""番舶"遇风暴飘至中国沿海各地,"若损败及舶主不在,官为拯救,录(登记)物货,许其亲属召保认还。"

从以上梗概中可以看出:制定于九百多年前的这部《市舶条例》,无疑是后世海关法、外贸法和涉外税法的先河,其基本规定多为后世同类立法所师承和发展。

元朝建立了横跨亚、欧两洲的大帝国,陆上国际商道畅通无阻,海上贸易也

---

① 参见《宋史·职官七》(第12册),"提举市舶司",中华书局1977年版,第3971页;《宋史·食货下八》(第13册),"互市舶法",同版,第4558—4566页;《宋会要辑稿·职官四四》(第86册),上海大东书局1936年版(影印本),第1—34页。

有新的发展。政府以宋法为蓝本,在1293年制订《市舶司则法》22条①,使外贸管理和税则更加条理化和规范化。同时,由政府出资和备船,选聘精干舶商和艄工(水手)"入番贸易",赢利所得按"官七民三"比例分红。除官本贸易外,还允许私舶贸易,并对从事外贸的舶商和艄工加以保护。这就在很大程度上改变了宋代对进口货物统制专卖的"禁榷"政策。由于采取了低税、招徕、保护和奖励等一系列措施,外商纷至沓来,除唐宋以来的传统客商——阿拉伯商人外,还有远自欧洲和北非的商人前来从事贸易。元初来华经商和旅游的意大利人马可·波罗曾将中国的泉州港与地中海国际贸易中心亚历山大港相提并论,认为它们是当时世界上最大的两个外贸港口。

明代初期,对于唐、宋、元三个朝代七百多年来行之有效、经济效益显著的对外经贸体制及有关措施,多沿袭师承,而又有重大发展。洪武、永乐两代政府为了进一步招徕外商,对于来自外国的"贡舶"和"商舶"分别给予不同优惠待遇。前者运来官方互易货物,予以"优值"(从优计价);后者运来民间交换商品,予以免税,致使各国商船竞相来华,国际贸易大盛。另一方面,在公元1405—1433年间,明朝政府相继组织和派遣了规模浩大的远洋船队,由郑和率领,先后七次远航,抵达今日印尼、斯里兰卡、泰国、印度西岸、波斯湾和阿拉伯半岛诸国、东非索马里、肯尼亚等地,大大促进了当时中国与亚洲、非洲三十多个国家之间的政治修好关系和经济贸易关系,其船队规模之大(首航人员竟达27 000余人),贸易地域之广,累计航程之远,以及经历时间之长,都可以说是史无前例的②。郑和等人开展对外交往的壮举和业绩,一向彪炳于中外史册,充分体现

---

① 参见《元史·百官七》(第8册),"市舶提举司",中华书局1976年版,第2315页;《元史·食货二》,"市舶",同版,第2401—2403页;《元典章·户部八》(第8册),"市舶",(清)光绪戊申年(1908)校刊本,第71—79页。

② 参见《明史·宦官·郑和》(第26册),中华书局1974年版,第7765—7768页。美国一位对郑和研究有素的学者曾将郑和与哥伦布作了有趣的对比,颇能发人深思:"在1405年至1433年之间,郑和曾率当时,或者说在随后的500年间也算是世界上最大的船队进行七次远洋航行。在第一次世界大战之前,没有一个西方国家的舰队能够与之相比。郑和的船队有2.8万名水手和300艘大船。其中最大的船长约400英尺。而哥伦布在1492年首次进行远洋航行时只有90名水手和3艘船,其中最大的船只有85英尺长。郑和的船也是当时世界上最先进的远洋船,其中包括平衡整流舵和防水舱,直到350年后,欧洲才有这种船。郑和船队的先进性再次表明东方在科技领域曾一度遥遥领先于西方。的确,在数千年的历史长河中,除了罗马帝国时代,中国一直比欧洲任何地区都富裕、先进和开放。在哥伦布进行首次远航前的半个世纪,郑和就曾到达东非,并从阿拉伯商人那里了解到欧洲的情况。因此中国人当时穿过好望角,同欧洲建立直接贸易关系应该是件很容易的事。……在郑和的远航活动错失了继续前进,同欧洲建立联系的良机之后,亚洲开始走向相对封闭的状态。而与此同时,欧洲及后来被哥伦布发现的美洲却在迅速崛起。……15世纪中国统治者愚蠢的妄自尊大导致中国几乎没有太大的发展。"尼古拉斯·克里斯托夫:《踏勘郑和下西洋的足迹》,原载于《纽约时报杂志》1999年6月6日,中译文连载于《参考消息》1999年6月15—19日。

了中华民族勇于进取、敢于创新、善于开拓的精神①。

综上所述,可以看出:自汉唐至明初,中国人的对外开放、对外经济文化交往以及开拓进取精神,曾经对中国古代社会经济的发展、科技文化的进步以及国际威望的提高,都起到了明显的促进作用。

遗憾的是,这种优良传统和开拓精神,在后来相当长的历史时期内,不但未能进一步发扬光大,反而受到压制和摧残。明代中叶以后,封建统治者愚昧腐败、昏庸颟顸,竟因沿海倭寇为害而实行"海禁",下令关闭口岸,停止对外贸易,实行"锁国"政策②。以后弛禁、复禁,反复多次,直至明朝覆灭,对外经济交往始终未能认真振作。清朝初建,王朝统治者因害怕汉族人士在海外组织反清力量卷土重来,遂变本加厉实行"海禁",在长达三四十年的时间里,规定"寸板不许下海"和"片帆不准入港",违者格杀勿论,遂使中国的对外经济交往更加衰落,一蹶不振。1684年以后,虽一度解禁开港,在江、浙、闽、粤设置4个外贸口岸,但对外来商人又往往不分从事正当贸易抑或进行不轨活动,一律严加限制。1757年又再撤销三个外贸口岸。东方泱泱大国,面积相当于整个欧洲,海岸线绵延18 000公里,却只单限广州一港对外开放③。这种荒唐局面,竟然持续八十多年,直到1840年鸦片战争的大炮轰开"天朝帝国"的大门。

(二) 古代中国对外经济交往的法理内涵

中国古代史上对外经济交往的兴衰起落,主要脉络大体如上。其间有几条历史轨迹和法理原则,隐约可辨,值得后人借鉴:

第一,古代中国开展对外经济交往,是国内生产力发展的结果,也是生产力进一步发展所必需。中国历史上明智的统治者能顺应历史发展的需求,积极推动对外经济交往,体现了强者的远见、自信、胆气和魄力;愚昧的统治者则惯于逆历史潮流而动,妄图禁止对外经济交往,体现了弱者的短视、昏庸、怯懦和无能。两种截然相反的对外经济政策,前者造福社会,后者危害国家,千秋功罪,历史早有评说。

第二,古代中国的对外经济交往,其主要动因既然植根于社会生产力的发展,它自身就具有强大的生命力。如不因势利导,却愚蠢地加以禁止,总是禁而

---

① 参见刘汉俊:《一个民族的征帆——写在郑和下西洋600年之际》,载《人民日报》2005年7月11日,第10版;黄菊:《在郑和下西洋600周年纪念大会上的讲话》,载《人民日报》2005年7月12日,第1版。

② 参见《明史·食货五》(第7册),"市舶",中华书局1974年版,第1981页。

③ 参见《清史稿·食货六》(第13册),"征榷",中华书局1976年版,第3675—3685页。

不止。秦汉以来,在中国古代两千多年的对外经济交往史上,虽然经历了许多曲折和起落,甚至两度锁国闭关,但总的来说,积极开展对外经济交往,显然是历史长河中的主流;相应地,在对外经济交往中积极主动、大胆进取的精神,一向是中华民族诸多优良传统中的一项重要内容。把闭关锁国的失误和蠢举说成是中国历史的主导传统,那是对中国历史的误解、无知或曲解。

第三,在古代中国长期的对外经济交往中,基本上体现了自主自愿和平等互利的法理原则。历代政府和百姓对来自异邦的客商,向来以礼相待,优遇有加,使其有利可图。中国传统的大宗出口商品是丝绸、漆器、瓷器、茶叶之类,进口的是中国所罕缺的各种异土方物。这些中外物质文明的交换,是以完全自愿、互通有无、文明交易的方式进行的。较之西方强国对外贸易史上盛行多年的商盗一体、杀人越货、猎奴贩奴之类的罪恶买卖,向来泾渭分明,迥然不同。

中外物质文明的交换,有效地促进了整个人类文明的交融与提高。中国的育蚕、缫丝、制瓷、造纸、印刷、火药、指南等技术,通过对外经济交往而广泛传播于世界各地,为全人类的进步作出了杰出的贡献。而对外输出的扩大,又反过来不断提高中国的造船、冶金、罗盘、天文、地理等与航海有关的生产技术,不断提高与出口商品有关的各行各业的生产水平。与此同时,中国原先十分罕缺或全然未见的异邦产品,诸如西域良马、阿拉伯"火油"以及芝麻、蚕豆、菠菜、大蒜、甘蔗、甘薯、玉米、花生、烟草等农作物,也先后从世界各地异邦辗转传入中国,促进了中国畜牧业、农业、手工业的发展。有趣的是:今日中国人日常生活中所不可或缺的棉花和棉布,宋代以前一直是珍稀的"舶来品"。宋元之间才开始从异邦引种的棉花,至元明两朝已普遍种植和大量出产,并使棉纺织业迅速成长为中国新兴的、与国计民生息息相关的主要手工业之一。它不但大大改变了中国历代以丝麻葛褐为主要织物的衣着传统,使广大平民百姓普受其惠(对他们说来,丝绸太贵,葛麻太粗,棉布则物美价廉),而且逐步发展成为中国出口的主要商品之一,同时也成为明代以来国库税收的主要来源之一①。棉花从异域到中国"落户生根"的过程,实际上是一项新产品和新技术"引进—消化、发展—输出"的成功事例。

---

① 据明代鸿儒、史学家丘濬考证:"自古中国所以为衣者,丝麻葛褐四者而已。汉唐之世,远夷虽以木绵(棉花之古称)入贡,中国未有其种,民未以为服,官未以为调(赋税之古称)。宋元之间,始传其种人中国。关、陕、闽、广,首得其利,盖此物出夷,闽、广海通舶商,关、陕壤接西域故也。然是时犹未以为征赋,故宋、元史'食货志'(经济史)皆不载。至我朝(明朝),其种乃遍布于天下(中国境内),地无南北,皆宜之(适合种植);人无贫富,皆赖之。其利视丝(比之丝和麻),盖百倍焉。"见〔明〕丘濬:《大学衍义补》(卷二十二),"贡赋之常",收辑于《文渊阁四库全书》(第712册),台湾商务印书馆1986年版(影印本),第307页;〔汉〕桓宽:《盐铁论》(简注本),中华书局1984年版,第224页。

有一种流传甚广的传统观点认为：中国古代的对外经济交往，主要是"朝贡贸易"，旨在满足封建统治者对奢侈品的需要，对中国的经济发展和平民的经济生活，并无多大积极影响，甚至害大于利。其实，这也是一种历史的误解或偏见，并不符合史实。棉花效劳中华，即是一大例证。可见，在中国古代的对外经济交往中，平等互利既是公平的行为准则，又是正常的社会后果。在对外经济交往中努力实现平等互利，显然是中华民族诸多优良传统中的又一项重要内容。

第四，古代中国的对外经济交往源远流长，并且有过相当发达的时期。但由于历史的和阶级的局限，其规模和意义都难以与近现代的对外经济交往相提并论。它的存在和发展，主要是与中国绵延二千多年的封建制生产方式紧密联系的。因此，对外经济交往的规模、水平和社会影响，在很大程度上受到国内封建自然经济的限制和束缚。封建后期，随着这种生产方式内在活力的不断衰退，对外经济交往也就相应地曾经陷于停滞，甚至走向没落。至于长期以来在对外交往中自视为"天朝大国"，把外国人前来修好通商称为"蛮夷来朝"，在官方换货贸易中硬把对方商品称为"贡"，把中方商品称为"赐"，把接待外商使团的宾馆称为"蛮夷邸"，诸如此类的观念和有关记载，处处显现了封建统治者和封建文人的自大与虚荣。这种阿Q心态，迥异于应有的民族自尊，显然是不足为训和应予批判的。

三、半殖民地半封建中国的对外经济交往及其"法理"内涵

鸦片战争的巨炮轰开中国的大门之后，中国的对外经济交往发生了重大的转折和急剧的变化：从独立自主转变为俯仰由人，从平等互利转变为任人宰割。

（一）半殖民地半封建中国对外经济交往简况

继1840年英国侵华的鸦片战争之后，殖民主义、帝国主义列强又发动了多次侵华战争，如1857年的英法联军战争，1884年的中法战争，1894年的中日战争，1900年的八国联军战争。用战争暴力打败中国、迫使昏庸无能的统治者俯首就范之后，列强不但占领了中国周围的许多原由中国保护的国家，而且侵占了或"租借"了中国的一部分领土。例如英国侵占了香港，日本侵占了台湾和澎

湖列岛,"租借"了旅顺,法国"租借"了广州湾。割地之外,又勒索了巨额的赔款。1937年日本发动了长达8年的侵华战争,使中国的大片领土一度直接沦为日本的殖民地,从而使中国的土地和各种自然资源遭到空前残酷的掠夺和洗劫。

列强强迫中国订立了许多不平等条约,攫取了各种政治、经济特权,严重破坏了中国的政治主权和经济主权。根据这些不平等条约,列强除了取得在中国驻扎军队的权利和领事裁判权之外,还把全中国划分为几个帝国主义国家的"势力范围",即列强按照各自的实力,在中国划定某一地区,作为自己实行政治控制和经济掠夺的专属领域,对中国进行变相的瓜分。例如,长江中下游诸省划为英国的势力范围,云南和两广划为法国的势力范围,山东划为德国的势力范围,福建划为日本的势力范围,东北诸省原划为帝俄的势力范围,1905年日俄战争后,东北地区的南部改划为日本的势力范围。

根据不平等条约,列强控制了中国一切重要的通商口岸,并在许多通商口岸中强占一定地区作为它们直接实行殖民统治的"租界"。它们喧宾夺主和反宾为主,控制了中国的海关和对外贸易,控制了中国的水陆空交通事业(包括至关紧要的内河航行权)。这样,就便于在中国广阔的市场上大量倾销它们的商品,牟取巨额利润。与此同时,又使中国的农业生产服从于西方列强的经济需要,为它们提供大量贱价的原材料和消费品。

根据不平等条约,列强在中国攫取和垄断矿山开采权、铁路修筑权和管理权,经营各种工矿企业,随心所欲地掠夺中国的自然资源,直接利用中国便宜的原料和廉价的劳动力,榨取超额利润,并借此对中国的民族工业进行直接的经济压迫,甚至加以扼杀。

根据不平等条约,列强以苛刻的条件贷款给中国政府,并在中国开设银行,从而垄断了中国的金融和财政,在金融上、财政上扼住了中国的咽喉。

列强除了对中国实行直接的控制、掠夺和盘剥之外,又极力培植了一个买办资产阶级,作为它们的在华代理人,为列强的对华盘剥事业效劳。此外,列强还与中国广大农村的封建势力相勾结,以加强对中国的全面榨取。

列强在对华经济交往中,利用其政治上、军事上的强权地位和经济上、技术上的绝对优势,迫使中国方面接受各种苛刻的不等价交换条件。不等价交换的长年积累和不断扩大,造成中国国际收支的巨额逆差和国民财富的大量外流,造成中国的民穷财尽。为了弥补国际收支逆差,不得不大量举借外债,加深了中国对列强的依赖和屈从,这又反过来进一步扩大不等价交换的范围,形成了中国对外经济交往中的恶性循环。

(二) 强加于半殖民地半封建中国对外经济交往的"法理"

半殖民地半封建时期中国的国民经济命脉,完全操纵在殖民主义、帝国主义列强及其在华代理人手中。在这个时期里,由于中国的政治主权和经济主权受到严重破坏,中国的对外经济交往,无论在国际贸易、国际投资、国际金融、国际税收的哪一个方面,无论在国际生产、国际交换、国际分配的哪一个领域,始终贯穿着两条线索或两大痛楚:第一,中国这一方无权独立自主,无法自由选择,无力控制管理。在对外经济交往中,往往处在非自愿、被强迫的地位,受制于人,听命于人。第二,中国这一方,人低一等,货贱多级。在对外经济交往中,总是遭到不平等的屈辱,忍受不等价的交换和盘剥。

这两大痛楚并不是孤立存在的,它蕴含着和体现了当时盛行于国际社会的基本法理:弱肉强食,理所当然,法所维护。换言之,弱肉强食的原则,不仅被列强推崇为"文明"国家的正当行为准则,而且通过国际不平等条约的缔结和签订,取得了国际法上的合法地位和约束力。

这种历史痛楚,自鸦片战争以来,在中国延续达一百多年,经过中国人民长期的奋力抗争,才以社会主义新中国的成立而告终止。它逝去不久,人们记忆犹新。可以说,今日中国在对外经济交往中之所以如此强调独立自主与平等互利,正是对上述历史痛楚的认真反思和科学总结。中国与第三世界诸国一起,之所以如此大声疾呼要求改造国际经济旧秩序,要求在国际经济交往中废除旧的、弱肉强食的法理原则,建立新的、平等互利的法理原则,其共同目的,正是为了在世界范围内尽早地全面结束这种历史痛楚。

四、社会主义新中国的对外经济交往及其法理原则

解放战争的胜利和新中国的建立,使中国摆脱了帝国主义及其在华代理人的反动统治,摆脱了半殖民地的屈辱地位,成为政治上完全独立的社会主义主权国家。这就为中国进一步争取经济上的完全独立,包括对外经济交往上的独立,创造了首要的前提。

(一) 独立自主精神的坚持与平等互利原则的贯彻

中国人民深知:不实现经济上的独立,包括对外经济交往上的独立,则已

经取得的政治独立就是不完全、不巩固的。因此,彻底铲除帝国主义及其在华代理人对于中国国民经济命脉的垄断权和控制权,彻底改变帝国主义及其在华代理人操纵中国对外经济交往的局面,就成为新中国成立初期的当务之急。

中国政府废除了帝国主义列强根据不平等条约在中国攫取的各种特权,收回了长期由帝国主义者越俎代庖的海关管理权,建立了完全独立自主的新海关。把长期由帝国主义在华代理人——中国官僚买办资产阶级巨头垄断经营的、规模庞大的对外贸易(进出口)企业,收归国有,改由国家对进出口贸易实行全面的统制管理。对民族资产阶级经营的外贸企业,则实行利用、限制和改造相结合的政策。在国家的金融和财政大业上,也采取一系列有效措施,排除了帝国主义的垄断、操纵和控制。与此同时,在国内生产领域逐步建立了强大的、占主导地位的社会主义国有经济。这样,就终于使中国的对外经济交往彻底摆脱了对帝国主义的依附,走上了完全独立自主的道路。

新中国在对外经济交往中,一贯遵循平等互利的原则,积极开展国际经济合作,充分尊重对方国家的利益,保护各国来华外商的合法权益,在这个过程中,也有效地促进了中国自身的社会主义经济建设。

可以说,独立自主和平等互利,乃是新中国在对外经济交往中一贯坚持的、最基本的法理原则和行为规范,也是中国对外经济交往健康发展的两大基石。其基本精神,早在新中国开国前夕,就明文载入《中国人民政治协商会议共同纲领》之中[①]。其后,在中华人民共和国的根本大法——宪法中,又一再郑重重申[②]。如果说,中国在沦为半殖民地以前的悠久历史上,在对外经济交往中基本上能够按照自主自愿、平等互利的原则办事,还处在自发的、朴素的阶段,还只是一种传统的习惯,那么,在新中国建立以后,在对外经济交往中坚持独立自主、平等互利原则,就开始进入自觉的、成熟的阶段。它不但是中国古代对外经济交往史上优良传统的发扬光大,而且由国家的根本大法正式加以肯定和固定,上升为具有法律拘束力的基本行为规范。

---

① 1949年9月29日通过的《中国人民政治协商会议共同纲领》,是新中国成立后的一段时间内国家政府和全国人民的基本行动准则,起过临时宪法的作用。其中第54条、第56条规定:中华人民共和国实行独立自主的对外政策,中国政府可在平等互利及互相尊重领土主权的基础上与外国政府建立外交关系;第57条则进一步规定:"中华人民共和国可在平等和互利的基础上,与各外国的政府和人民恢复并发展通商贸易关系。"

② 1982年通过的《中华人民共和国宪法》,在"序言"中明文规定:"中国坚持独立自主的对外政策,坚持互相尊重主权和领土完整、互不侵犯、互不干涉内政、平等互利、和平共处的五项原则,发展同各国的外交关系和经济、文化的交流。"此后,中国宪法历经1988年、1993年、1999年以及2004年四度修正,均一再重申"序言"中的上述规定。

(二) 闭关自守意识的终结与对外开放观念的更新

遵循独立自主、平等互利原则开展对外经济交往的道路,是并不平坦的。新中国成立以来在这条道路上就遇到了不少艰难险阻和严重干扰。

从新中国成立之初起,当时极端敌视中国的美国政府为首组织了长达二十多年的对华经济"封锁"和"禁运",企图从经济上扼杀这个新出现的社会主义政权。在美国策动下,十几个主要的资本主义发达国家在1979年11月成立了"巴黎统筹委员会",统筹推行对社会主义国家的"禁运"政策,严格限制其成员国对社会主义国家的出口贸易。在"巴黎统筹委员会"内部特别设立的"中国委员会",是专门对付中国的禁运执行机构,并且针对中国开列了范围特别广泛的禁运货单,称为"中国禁单"。1969年以后,美国总统尼克松虽曾数次宣布对中国放宽"禁运",但直至1994年3月,"巴黎统筹委员会"仍在发挥作用[①]。此后,该委员会虽已宣告解散,但其长期对华"禁运"的恶劣影响,至今尚未完全消除。

20世纪50年代至60年代初,由于美国为首组织和推行对华经济封锁政策,中国的对外经济交往对象主要限于当时的苏联和东欧社会主义国家。但是,在50年代中期以后,前苏联在对华经济交往和经济合作中,常常表现出大国沙文主义和民族利己主义倾向,并且假借"社会主义国际分工"的名义,反对中国在独立自主的基础上发展经济,力图使中国成为它们的原料供应基地和剩余产品推销市场。自1960年起,当时的苏共领导人将中苏两党之间的思想分歧扩大到国家方面,对中国施加政治上、经济上和军事上的巨大压力,企图迫使中国就范。1960年7月,前苏联政府突然片面决定,在一个月内全部撤走当时在中国帮助经济建设的1 390名前苏联专家;接着,撕毁了343个专家合同和合同补充书;废除了257个重大的科学技术合作项目,并在中苏国际贸易方面对中国实行限制和歧视的政策。这些恶化国家关系的严重步骤,突如其来,严重地破坏了当时中国的对外经济交往和对外经济合作,并且曾经在相当长的一段时期里给中国的社会主义经济建设造成重大的混乱和严重的损失。

半殖民地时期中国长期遭受的历史屈辱,20世纪50、60年代帝国主义所强加于中国的经济封锁,以及霸权主义背信弃义对中国所造成的经济破坏,都

---

① 参见《"巴统"的替代机构面临诸多问题》,载《参考消息》1993年12月28日;《"巴统"虽已解散,出口管制犹存》,载于《国际商报》1994年4月26日。

激发了和增强了中国人民独立自主、自力更生、奋发图强的意识。历史一再教育中国人民:革命和建设的方针要放在自己力量的基点上。在中国这样一个大国,尤其必须主要依靠自己的力量发展革命和建设事业。尽管中国经济文化还相当落后,急需争取外援,特别需要学习外国一切对我们有益的先进事物,但是,中国在对外经济交往中,对待世界上任何大国、强国和富国,都必须坚持自己的民族自尊心和自信心,决不允许有任何奴颜婢膝、卑躬屈节的表现。这样的独立自主意识和自力更生方针,当然是十分必要、完全正确的。

但是,一个倾向掩盖着另一个倾向。在中国特定的历史条件下,也产生了对于独立自主、自力更生的片面认识和错误理解。

中国经历了漫长的封建社会,自给自足的自然经济曾经长期居于统治地位。千百年形成的习惯势力和传统观念促使人们往往用狭隘的自给自足观点去理解社会主义经济建设。

新中国初期的经济建设取得一定成果后,滋长了骄傲自满情绪,长期存在着"左"倾思想:急于求成,忽视客观的经济规律,夸大主观意志的作用。在"左"倾思想影响下,人们忽视参加国际分工、利用国外资源、开拓国外市场的客观需要,认为社会主义国家可以"万事不求人",可以完全按照自己的意志关起门来进行社会主义经济建设,并且不自觉地把独立自主、自力更生同积极开展对外经济交往、大力争取外援,机械地割裂开来,甚至对立起来。

半殖民地时期的历史屈辱,20世纪50、60年代帝国主义的经济封锁和霸权主义的经济破坏,反复多次的、痛苦的历史经验促使人们对于开展对外经济交往深怀戒心,常存疑惧,并且从中派生出闭关自守和盲目排外的情绪。

"文化大革命"十年动乱时期,林彪、江青两个反革命集团出于篡党夺权的罪恶目的,将上述几种错误思想搅在一起,推向极端,把许多正当的和必要的对外经济交往(特别是学习外国先进经验、引进先进技术和发展对外贸易),一概诬为"崇洋媚外"、"卖国主义"和"洋奴哲学",造成了空前的思想混乱。

在上述几种历史因素和几种错误思想的相互作用下,新中国的对外经济交往不能不受到重大的消极影响,从而使中国的社会主义经济建设一次又一次地失去了调动国外积极因素的良机,造成了许多无谓的损失,拉大了与先进国家经济发展水平的差距。

1978年12月召开的中国共产党第十一届三中全会,开始全面认真地纠正"文化大革命"中及其以前的"左"倾错误,作出了把工作重点转移到社会主义现代化建设上来的战略决策,并且通过国家机关,全面认真地实施这一重大决策。这是新中国建国以来具有深远历史意义的伟大转折。

在全面拨乱反正、全国工作中心转移到经济建设方面的新形势下,中国共产党审时度势,及时提出了在经济上对外开放的基本国策,从而使源远流长的中国对外经济交往,开始进入一个崭新的、更加自觉、更加成熟的历史发展阶段。

1993年,在系统地总结15年来经验的基础上,中国宪法正式规定:"国家实行社会主义市场经济";中国共产党第十四届三中全会针对在中国建立社会主义市场经济体制问题,提出了纲领性的文件,从而大大加快了对外开放的步伐,大大加强了对外开放的力度、广度和深度。

历史事实已充分说明:中国的发展离不开世界,关起门来搞建设是不能成功的。实行对外开放,完全符合当今时代的特征和世界经济技术发展的规律,是加快中国现代化建设的必然选择,是中国必须长期坚持的一项基本国策。中国既必须始终把独立自主、自力更生作为自己发展的根本基点,又必须打开大门搞建设,大胆吸收和利用国外的资金、先进技术和经营管理方法,把坚持发扬中华民族的优秀传统文化同积极学习人类社会创造的一切文明成果结合起来,把利用国内资源、开拓国内市场同利用国外资源、开拓国际市场结合起来,把对内搞活同对外开放结合起来,这样,就能不断地为中国社会主义现代化建设提供强大的动力。同时,在对外开放的过程中,必须始终注意维护国家的主权和经济社会安全,注意防范和化解国际风险的冲击。基于这种认识,中共中央进一步强调:中国应当以更加积极的姿态走向世界,不断丰富对外开放的形式和内容,不断提高对外开放的质量和水平,完善全方位、多层次、宽领域的对外开放格局[①]。

进入21世纪以来,国际形势继续发生深刻复杂的变化,世界多极化和经济全球化的趋势在曲折中发展,科技进步日新月异,重大的发展机遇与多元的严峻挑战同时并存。尽管当今世界还存在着这样那样的矛盾和冲突,不确定、不稳定因素有所增加,但和平与发展仍是当今时代的主题,世界要和平、国家要发展、人民要合作是不可阻挡的历史潮流。

就中国而言,中国坚定不移地推进改革开放,社会主义市场经济体制初步建立,开放型经济已经形成,社会生产力和综合国力不断增强,各项社会事业全

[①] 参见江泽民:《高举邓小平理论伟大旗帜,把建设有中国特色社会主义事业全向推向二十一世纪——在中国共产党第十五次全国代表大会上的报告》(1997年9月12日);《在纪念党的十一届三中全会召开二十周年大会上的讲话》(1998年12月18日)。

面发展,人民生活总体上实现了由温饱到小康的历史性跨越①。

总结过去,展望未来,中国人怀着恰如其分的民族自信和民族自豪,不卑不亢地向世界宣布:"今天的中国,是一个改革开放与和平崛起的大国"②。

当前,中国人民正处在彻底地终结闭关自守意识,进一步更新对外开放观念,努力建立完善的社会主义市场经济体制的发展过程之中;正处在举世瞩目的迅速"和平崛起"过程之中。自觉地促使这个过程早日完成和持续发展,从而进一步推动中国自身的社会主义建设和加强中国在繁荣世界经济中的应有作用,这是历史赋予当代中国人的重大使命。这种观念更新和行动猛进的趋势,有如一根粗大的红线,贯穿于中国对外经济交往的一切方面,当然也贯穿于中国对外经济交往的法律方面。这种形势,大大加强了中国人学习国际经济法新知识的重要性、迫切性和自觉性。

五、小 结 语

从以上的简略回顾中,不难窥见若干历史轨迹:

第一,在数千年的历史长河中,中国曾经有过积极开展对外经济交往的优良历史传统。贯穿于古代中国对外经济交往中的法理内涵,是自发的、朴素的独立自主和平等互利原则。在中国封建社会后期的一段时间内,由于封建统治者的愚昧和实行"锁国"、"海禁"政策,上述优良传统曾经受到严重扭曲。

第二,鸦片战争后百余年间,半殖民地半封建旧中国的对外经济交往是在殖民主义和帝国主义列强高压、胁迫和操纵之下进行的,其原有的自发、朴素的独立自主和平等互利的法理原则,被彻底摧毁,荡然无存,取而代之的"法理"原则是丧权辱国的"条约"化和弱肉强食的"合法"化。

第三,社会主义新中国建立后,中国开始在新的基础上积极开展对外经济交往,促使中国历史传统上自发的、朴素的独立自主和平等互利的法理原则,开始进入自觉的、成熟的发展阶段。但是,在国内外多种消极因素的综合影响下,这个发展进程曾经遇到各种艰难险阻和严重干扰。中国人民经过将

---

① 参见胡锦涛:《中国的发展,亚洲的机遇》,在博鳌亚洲论坛2004年年会(含"中国和平崛起与经济全球化圆桌会议")开幕式上的演讲,载于《人民日报》2004年2月24日,第1版。
② 温家宝:《把目光投向中国人》,2003年12月10日在哈佛大学发表的演讲,载人民网,2003年12月11日。资料来源:http://www.people.com.cn/GB/shehui/1061/221298.html。

近三十年艰苦卓绝的对外排除强权和对内拨乱反正,终于在1978年底以来的30年间,使中国积极开展对外经济交往的优良历史传统,在更加自觉和真正成熟的独立自主和平等互利法理原则指导下,获得辉煌夺目的发扬光大。今后,源远流长并经发扬光大的中国对外经济交往及其固有的法理原则,必将与时俱进,为推动中国的四化建设和全球经济的共同繁荣,作出更大的历史贡献。

V 论学习国际经济法是贯彻对外开放基本国策必备的"基本功"*

内容提要 中国现行的对外开放基本国策,是全面总结国内外实践经验教训的应有结果,也是遵循社会经济发展规律、顺应时代潮流的明智决策。为了正确地贯彻这一国策,必须认真、深入地学习国际经济法这一"基本功",善于运用国际经济法的知识,趋利避害,做到依法办事、完善立法、以法护权、据法仗义和发展法学,才能为保护和发展中国以及第三世界的合法权益,作出应有贡献。

目 次

一、中国实行经济上对外开放国策的主要根据
二、深入学习国际经济法对贯彻上述基本国策的重大作用

一、中国实行经济上对外开放国策的主要根据

实行对外开放是中国长期不变的基本国策。

实行这样的基本国策,是在总结中国多年正反两方面实践经验以及参考国际实践经验的基础上提出来的。它是深入认识和自觉遵循社会经济发展客观规律的集中表现,也是主动顺应历史趋向和时代潮流的明智决策。

---

* 本文的基本内容,原载于笔者参撰和主编的《国际经济法总论》(法律出版社 1991 年版),先后经多次修订增补,分别辑入笔者参撰和主编的《国际经济法学》(北京大学出版社 1994—2007 年第 1—4 版)和《国际经济法学专论》(高等教育出版社 2002—2007 年第 1、2 版)。

历史表明：16世纪以来数百年间，随着社会生产力的不断发展，随着资本主义世界市场的形成，全球一切国家的生产、交换、分配和消费，都日益超出一国范围，走向国际化。世界各民族之间经济上的互相往来和互相依赖，逐步取代了原来的闭关自守和自给自足状态①。这是社会生产力发展的客观要求和必然结果，也是人类历史发展的进步过程和必然趋势。第二次世界大战结束以后几十年来，世界各国生产、交换和消费国际化以及经济全球化的趋势，更加明显增强。中国是当今国际社会的一个积极成员，中国的社会主义经济建设是在当代这样的历史背景和国际条件下开展的，中国的现代化建设是规模宏伟和高度社会化的大生产，这三个基本点，决定了中国在实现社会主义四个现代化过程中不应该、也不可能自我孤立于国际社会之外，相反，中国应该积极参加和利用国际分工，实行平等互利的国际交换，大力发展开放型经济，使国内经济与国际经济实现互接互补。简言之，闭关自守是不可能实现社会主义现代化的。

人类社会的生产技术发展到现在这样的高度，世界上没有任何一个国家能够拥有发展本国经济所需要的全部资源、资金，掌握世界各国所有的先进技术，任何国家都必须与其他国家互通有无。另一方面，对于他国所已有、本国还没有的各种先进技术，在可以现成购买的条件下，就不妨实行等价有偿的"拿来主义"或"买来主义"，也没有必要一切均由自己从零开始，埋头苦干，暗中摸索。换言之，每个国家都有自己的优势和长处，也都有自己的劣势和短处，需要通过国际交换，扬长避短和取长补短，以便各自耗费最少的社会劳动，各自取得最佳的经济效益。因此，从经济学观点看来，在平等互利的基础上，积极参加国际分工，充分利用国际交换，就是国内社会劳动的节约，就是劳动生产率的提高，也就是经济发展或经济建设速度的加快。放眼世界，通过这种途径而迅速崛起的先例是屡见不鲜的。

因此，中国在进行社会主义建设的过程中，在贯彻自力更生为主、争取外援为辅方针的过程中，一定要学会充分利用国内和国外两种资源，开拓国内和国外两个市场，学会组织国内建设和发展对外经济交往两套本领。只有这样，才能正确贯彻对外开放的基本国策，才能加速实现社会主义现代化的宏伟目标。

---

① 参见马克思和恩格斯：《共产党宣言》，载《马克思恩格斯选集》（第1卷），人民出版社1995年版，第276页。

二、深入学习国际经济法对贯彻上述基本国策的重大作用

作为当代中国的法律工作者或法学学人,认真地学好国际经济法,才能掌握必要的知识和本领,更自觉地努力贯彻对外开放的基本国策,积极支持和正确参与对外经济交往,即善于在对外经济交往中,运用国际经济法的知识,做到依法办事,完善立法,以法护权,据法仗义,发展法学。兹试分述如下:

第一,依法办事。如前所述,国际经济法是调整国际经济关系的各种法律规范的总称。在现代条件下,世界各国经济交往日益频繁,互相依赖和互相合作日益紧密,互相竞争也不断加强。由于各国社会制度不同,发展水平各异,有关当事国或当事人的利害得失也常有矛盾冲突,彼此之间的经济交往就十分需要借助于国际经济法的统一行为规范加以指导、调整和约束。中国作为国际社会的成员,中国国民(自然人或法人)作为当事人的一方,积极参加国际经济交往,发展国际经济关系,对于这种法律规范的现状和发展趋向,自需深入了解,才能自觉地"依法办事",避免因无知或误解引起无谓的纠纷,造成不应有的损失。

第二,完善立法。中国正在努力改善本国的投资环境和贸易环境,促进外商踊跃来华投资或对华贸易。中国对外商的合法权益给予法律保护,对于他们的投资、贸易活动给予法定优惠,同时,也要求他们遵守中国的法律,接受中国的法律管理。所有这些涉外的法律规范,既要从中国的国情出发,又要与国际上通行的国际经济法有关规范以及国际商务惯例基本上保持一致或互相"接轨"。为此,就必须广泛深入地了解这些规范和惯例的有关内容,使中国涉外经济法的立法、司法和行政执法工作有所借鉴,做到待遇厚薄得体,管理宽严适当,事事处处,恰如其分;尤其必须在深入学习和研究国际经济法的基础上,立足于中国国情,适时修改和废止与建立社会主义市场经济体制不相适应的法律和法规,并加快立法步伐,为社会主义市场经济提供法律规范。

第三,以法护权。中国在对外经济交往中所面临的对象或对手,主要是在经济上处在强者地位的国际资本。国际资本对于吸收大量外资的中国在客观上发挥的积极作用,国际资本在与中国进行互利互补贸易中发挥的积极作用,都是应当肯定的,但是,国际资本唯利是图、不惜损人利己的本质属性,也是众所周知的。诚然,今日中国乃是主权牢牢在握的独立国家,中国人民十分珍惜自己经过长期奋斗得来的独立自主权利,任何外国不要指望中国做他们的附

庸,不要指望中国会吞下严重损害中国国家利益的苦果。但是,在对外经济交往中要真正做到独立自主、平等互利,也不是一帆风顺、轻而易举的。在对外经济往来中,中国方面受到国际资本的歧视、愚弄、欺骗、刁难和坑害的事例,大大小小,可谓络绎不绝。如果不熟谙国际经济法的有关规定,或者不掌握对方国家的涉外经济法的有关知识,那就无法打"国际官司",无法运用法律手段来维护中国的应有权益,为振兴中华效力。

第四,据法仗义。随着经济全球化不断深入,世界各国利益相互交织,命运彼此依存。促进普遍发展,实现共同繁荣,符合各国人民的根本利益。但是由于历史的和现实的种种原因,今日世界财富的占有和分配是很不公平合理的。它是当代南北矛盾的焦点和核心。广大发展中国家正在大声疾呼,要求彻底改变现状,即改革旧的国际经济秩序、建立新的国际经济秩序,促使国际经济体制及相关规则走向公平合理,特别是要充分反映国际社会数十亿弱势人群即广大发展中国家的共同关切,促使经济全球化朝着均衡、普惠、共赢、和谐的方向发展①。中国是社会主义国家,也是发展中国家,属于第三世界。这就决定了它必须和广大第三世界国家一起,联合奋斗,以国际经济法作为一种手段,按照公平合理和平等互利的原则,在国际经济秩序中改旧图新,除旧布新,破旧立新。要做到这一点,就必须通晓和掌握国际经济法的基本原理及其除旧布新、破旧立新的发展趋向,充分了解国际经济法新规范成长过程中的阻力与动力、困难与希望。否则,"赤手空拳",就难以在各种国际舞台上的南北矛盾抗衡中,运用法律武器和符合时代潮流的法理观念,为全世界众多弱小民族仗义执言和争得公道,促进国际经济秩序的新旧更替。

第五,发展法学。国际经济法学是新兴的边缘性、综合性学科,迄今尚未形成举世公认的、科学的学科体系和理论体系。在某些发达国家中,已相继出版了有关国际经济法学的系列专著,其基本特点之一,是立足于各自本国的实际,以本国利益为核心,重点研究本国对外经济交往中产生的法律问题,作出符合其本国权益的分析和论证。反观中国,这样的研究工作还处在起步阶段,有关论著虽已陆续出现,成果喜人,但其数量和质量,都还远未能适应我国更积极地走向世界,更有效地参与国际竞争的现实迫切需要,从法学理论和法律实践上切实有力地保证全方位、多层次、宽领域的对外开放格局,不断增强国际竞争力。因此,必须在积极引进和学习有关国际经济法学新知识的基础上,认真加

---

① 参见胡锦涛:《促进普遍发展,实现共同繁荣》,在联合国成立60周年首脑会议发展筹资高级别会议上的讲话,载《人民日报》2005年9月15日,第1版。

以咀嚼消化,密切联系中国的实际,从中国人的角度和第三世界的共同立场来研究和评析当代的国际经济法,经过相当长期的努力,逐步创立起以马克思主义为指导的,具有中国特色的国际经济法学科体系和理论体系。完成这件大事,需要几代人的刻苦钻研,而对于当代中国的法律工作者说来,对于与法律密切相关的经济工作者和管理工作者说来,当然更是责无旁贷的。

Ⅵ 论中国在建立国际经济新秩序中的战略定位*

——兼评"新自由主义经济秩序"论、"WTO宪政秩序"论、"经济民族主义扰乱全球化秩序"论

内容摘要 20世纪80年代以来,曾经风起云涌的建立国际经济新秩序(NIEO)的斗争表面上似乎日趋平寂。与此同时,国际学界各种理论也层出不穷,诸如"新自由主义经济秩序"论、"WTO宪政秩序"论、"经济民族主义扰乱全球化秩序"论,等等。诸说蜂起,"各领风骚",互相呼应,影响不小。它们在相当程度上激发了新的有益思考,也造成某些新的思想混乱。

本文针对有关当代国际经济秩序和中国定位的几种论说,加以初步剖析,强调:建立NIEO乃是全球弱势群体数十亿人口争取国际经济平权地位的共同奋斗目标。这一光明正大、理直气壮的奋斗目标,任何时候都无需讳言,不必隐瞒,更不能悄悄放弃。中国人理应全面、完整、准确地加深理解邓小平的"韬光养晦、有所作为"方针;中国在建立NIEO中的战略定位,理应一如既往,仍是旗帜鲜明的建立NIEO的积极推动者之一。中国理应进一步发扬传统的、具有独特内涵的中华民族爱国主义,通过BRICSM类型的"南南联合"群体,成为建立NIEO的积极推手和中流砥柱之一。

目 次

引言:国际经济秩序、国际经济法与南北矛盾
一、历史上中国的自我定位

---

* 本文的部分资料是博士生张泽忠、杨小强协助收集的;文中图解是博士生季烨协助制作的。均此致谢。

（一）古代中国的自我定位
（二）近现代中国的自我定位
（三）鸦片战争后160余年来形成的主流民族意识及其对中国定位的影响
二、今后中国的战略定位：建立NIEO的积极推手和中流砥柱之一
三、简评针对当代国际经济秩序和中国定位的几种论说
（一）"新自由主义经济秩序"论初剖
（二）"WTO宪政秩序"论初剖
（三）"经济民族主义扰乱全球化秩序"论初剖
四、几点结论

引言：国际经济秩序、国际经济法与南北矛盾

国际经济交往中所发生的国际经济关系，在每一特定历史阶段，往往形成某种相对稳定的格局、结构或模式，通常称之为国际经济秩序。国际经济秩序的建立和变迁，取决于国际社会各类成员间的经济、政治和军事的实力对比。与此同时，在各国统治阶级相互合作、斗争和妥协的基础上，也逐步形成了维护这些秩序的、具有一定**约束力或强制性**的国际经济行为规范，即国际经济法。国际经济法是巩固现存国际经济秩序的重要工具，也是促进变革国际经济旧秩序、建立国际经济新秩序(NIEO)①的重要手段。

在国际经济秩序和国际经济法的发展过程中，始终贯穿着强权国家保持和扩大既得经济利益、维护国际经济旧秩序与贫弱国家争取和确保经济平权地位、建立国际经济新秩序的矛盾和斗争，简称南北矛盾。**南北矛盾冲突的焦点和实质，是全球财富的国际再分配。而新、旧国际经济秩序的根本分野，则在于全球财富国际再分配之公平与否。**

史实证明，当代南北矛盾的利益冲突并非一日之寒，南北合作的进程必然是步履维艰，曲折行进。相应地，国际经济秩序和国际经济法律规范的破旧立新、新旧更替，势必循着螺旋式上升的**"6C 轨迹"**或**"6C 律"**，即 Contradiction（矛盾）→Conflict（冲突或交锋）→Consultation（磋商）→Compromise（妥协）→Cooperation（合作）→Coordination（协调）→Contradiction New（新的矛盾），逐

---

① NIEO 是 New International Economic Order（国际经济新秩序）的英文缩写。

步实现①。从万隆、多哈、坎昆到香港,再到现在,回顾并总结南南联合自强五十多年国际经济立法的历史进程,国际弱势群体即众多发展中国家面对当代国际社会的基本现实,即战略上的"南弱北强"和"南多北寡",不能不**以史为师**,保持**清醒的头脑、足够的耐心、不挠的韧性**,采取战略原则坚定性与策略战术灵活性相结合的对策。国际经济秩序和国际经济法律规范的除旧布新,争取和维护国际弱势群体的平权地位和公平权益,舍韧性的"南南联合自强"(South-South Self-Solidarity),别无他途可循②。

作为全球最大的发展中国家和正在和平发展中的大国,在建立国际经济新秩序的历史进程中,中国理应发挥重要作用。在此背景下,科学地**从战略上定位**中国在参与国际经济活动、建立国际经济新秩序中的角色,不但是国际社会的期待,也是中国自身实现"和平发展"战略目标的需要。

一、历史上中国的自我定位

为了科学地确定中国在建立国际经济新秩序中的战略定位,我们一方面要善于审时度势,合理借鉴外来先进经验,另一方面也必须重视学习中国自己的历史,从中汲取有益的经验和教训。不能对本国的历史一无所知,在心目中"漆黑一团",更不能"言必称希腊,对于自己的祖宗,则对不住,忘记了"③。

在当代国际经济秩序中,中国当代的地位是从古代中国、近现代中国的历史定位中发展而来。因此,有必要回溯历史,明其"来龙",知其"去脉"。

(一) 古代中国的自我定位

据史家考证,在漫长的古代中国历史上(公元前11世纪—公元1840年左右),中国一直处于奴隶社会和封建社会时期,并以**"中央王国"**和**"天朝大国"**自居。具体表现为:

首先,周朝(始建于公元前11世纪)便确立了中央政府与周边几十个诸侯国之间的"贡"与"赐"关系,这种原始形态的"国际"物物交易,虽然并不是近现

---

① 关于"6C律"的详细论述,参见陈安:《论国际经济关系的历史发展与南北矛盾》,《论国际经济法的产生和发展》,收辑于《国际经济法学刍言》(上卷),北京大学出版社2005年版,第31—69页。
② 详见陈安:《南南联合自强五十年的国际经济立法反思——从万隆、多哈、坎昆到香港》,载《中国法学》,2006年第2期。
③ 毛泽东:《改造我们的学习》(一卷本),人民出版社1967年版,第755页。

代意义上真正的国际贸易,却蕴涵着朴素的等价有偿关系。

其次,"中央王朝"在对待周边国家和地区的态度上,存在着一定的自大与轻狂。例如,将生活在周边地区的少数民族称为"东夷、西戎、南蛮、北狄",认为他们都是没有开化、尚处于蒙昧、甚至野蛮时期的民族。早在西汉时期,京城长安就设有专门接待外国贸易使团的高级宾馆,却用"蛮夷邸"这一轻蔑词汇为它命名。汉唐以降,直至明末清初,尽管已经通过陆上"丝绸之路"与远洋航行,与亚、欧、非许多国家开展了多种形式的产品交换,却十分固执地硬把蕴涵着朴素等价有偿交换关系的外商(番舶)与中国朝廷之间的产品交换,称为"朝贡"与"赏赐"①。

最后,"中央王朝"统治者在对自我的认知方面,主张"普天之下,莫非王土,率土之滨,莫非王臣",并自命"天子",自认为是"受命于天,君临天下(万邦)"。

以上简要事实,可通过如下【图1】表示。从中可以看出,古代中国在参与国际经济交往的过程中,虽然也提倡朴素的平等互利,但这种平等却是建立在"**天朝大国**"的光环之下,其中所昭示的<u>幼稚无知和盲目自大</u>也是显而易见的。

【图1】②

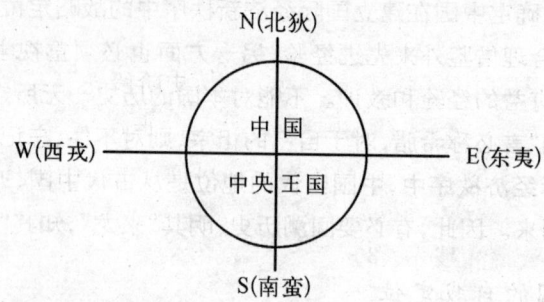

(二) 近现代中国的自我定位

从秦朝统一全中国,历经汉唐至明初,中国一直坚持对外开放的基本国策。开拓"丝绸之路"、"郑和七下西洋"等事件素为世人称道,为中外经济文化的交流互补和发展传承,贡献甚多。但遗憾的是,从明代中叶以后,封建统治者开始奉行"闭关锁国"的政策,并在诸多内外因素的综合作用下,导致了昔日的"中央

---

① 参阅陈安:《论源远流长的中国对外经济交往及其法理原则》,收辑于《国际经济法学刍言》(上卷),北京大学出版社2005年版,第70—84页。

② 【图1】中的长方形十字交叉线坐标,既表示中国的地理位置,也表示当时中国人自我心目中的政治位置,即自我"政治定位"。

王国"日益衰败。随着鸦片战争的大炮轰破"天朝"的国门,中国开始了长达一个多世纪的苦难历程。其间,国人及外界对中国定位的认识有所不一。

昏庸腐败的统治者对自身的定位一落千丈。从"天朝大国"的妄自尊大,到见识西方坚船利炮之后的妄自菲薄,对外一再纡尊降贵,卑躬屈节,奴颜婢膝,日益丧失基本的国格和人格;对内则竭力强化对芸芸子民的残暴专制统治,甚至无耻地宣称:中华锦绣江山和国家权益"宁赠友邦,不与家奴"。

外国强权人物此时对中国的定位可分化为两类:一类以日本的伊藤博文、田中之流为代表,视中国为"东亚病夫",认为可任凭欺凌宰割,无力反抗;另一类则稍具战略眼光,认为中国拥有辉煌的历史,其潜在力量与未来声威不可小觑,法国的拿破仑曾喻中国为"东方睡狮",便是一例。

与此同时,中国的爱国志士也没有停止对中国国家自我定位的探索。以李大钊、陈独秀、周恩来等为代表的一大批仁人志士,身处"多难之邦",大声疾呼"多难兴邦"、"振兴中华",极力倡导"天下兴亡、匹夫有责"。革命先行者孙中山先生更是高瞻远瞩,反复强调要"联合世界上以平等待我之民族,共同奋斗"!

(三) 鸦片战争后160余年来形成的主流民族意识及其对中国定位的影响

鸦片战争至今的中国可大致划分为三个历史阶段,即(1) 1840—1949(109年),其主要特点是中华民族在列强欺凌下处在"丧权辱国"境地;(2) 1949—1978(约30年),其主要特点是"中国人民从此站起来了",开始跻身于当代世界独立民族之林;但又遭遇各种外患和内忧,包括"文化大革命"十年动乱,社会主义建设受到严重阻挠和破坏;(3) 1978—2008(约30年),其主要特点是中共中央在邓小平理论指引下,全面"拨乱反正",力行改革开放基本国策,率领全民投入中国特色社会主义建设,综合国力日益提高。

综观近现代中国历史发展,中华民族历经160余年的历史磨难和苦斗而日益觉醒。为了实现"民族复兴、振兴中华"的宏愿,中国人民奉行民族自强、自主、自尊、自豪之道,逐渐形成了具有独特内涵的**中华民族爱国主义**这一主流意识。它历经种种曲折、挫折与磨难,在来自西方的革命思潮马克思列宁主义的启迪和指引下,融合中国的国情,排除各种错误思潮的干扰,一次又一次地不断升华到新的更高的层次。随着国内外形势的发展,以"中华民族的爱国主义"为基础,中国对自身在建立国际政治经济新秩序中的战略定位也日益明晰。

然则,何谓"**中华民族的爱国主义**"?

笔者认为,内涵丰富的"**中华民族的爱国主义**",至少包含以下五个主要方面:

第一,"中华民族的爱国主义"是国际主义与爱国主义的高度结合。《共产党宣言》中的"全世界无产者联合起来",中国儒家学说中的"四海之内,皆兄弟也"①,当代弱小民族的"全球弱势群体是一家",这些主张的核心价值和基本理念是互通互融的。在此基础上逐步兴起的全球性"南南联合自强",自然理应成为中国参与建立国际经济新秩序的基本准则和基本途径。

第二,"中华民族的爱国主义"主张爱祖国,也爱世界;主张全球各国,不论大小、贫富、强弱,均应平等待人,不卑不亢;公平互利,互助互补。

第三,"中华民族的爱国主义"主张爱本土,也爱四邻;主张与邻为善,以邻为伴;搁置争议、共创双赢。在中日、中越、中菲之间领土争端的解决上,这一点表现得尤为突出。

第四,"中华民族的爱国主义"主张"旗帜鲜明,是非分明,和而不同"②。既能和谐地与世界一切国家友好相处,却又一向旗帜鲜明,是非分明,从不含糊暧昧,更不盲从附和。

第五,"中华民族的爱国主义"意味着中国将秉持上述诸项准则,独立自主地、积极地参与全球性多边协定、地区性多边协定、双边协定及其相关组织机构。

纵观新中国建立以来,特别是改革开放以来的发展历程,不难发现中国一直在"中华民族的爱国主义"的指引下,努力奉行这样的基本准则,即"独立自主、公平互利,联合广大发展中国家,共同奋斗",力争包括中国在内的全球弱小民族,在世界经贸大政问题上,取得应有的平等的发言权、参与权、决策权,借以促进国际经济新秩序的建立,实现全球的共同繁荣。

二、今后中国的战略定位:建立 NIEO 的积极推手和中流砥柱之一

以史为鉴,可以知兴衰。笔者认为,在建立国际经济新秩序的过程中,中国

---

① 孔丘:《论语》,"颜渊第十二"。
② 参见孔丘:《论语》,"子路第十三":"君子和而不同,小人同而不和。""和而不同"是中国儒家提倡的良好品德之一。和:和谐,同:苟同。意指能和谐地与他人友好相处,却又不盲从附和。参看《汉语成语词典》,商务印数书馆 2004 年版,第 418 页。

应当立足于自身的历史,把握现有国际经济秩序的大局,科学地、合理地从长远角度确立自己的战略定位。

首先,中国应成为建立国际经济新秩序的积极推手。世间常理从来是"不破不立",破旧方能立新,除旧方能布新。在国际经济旧秩序尚未完全退出历史舞台的背景下,为了实现南北公平,中国作为发展中的大国之一,理应以公正、公平、合理的国际经济新秩序作为长远奋斗目标,积极倡导和参与建设和谐世界。

其次,中国应致力于成为南南联合自强的中流砥柱之一。作为当代奉行和平发展方针的大国,中国当然不会选择再次成为昔日的"**中央王国**"而盲目自大,却不能不成为南南联合的**中流砥柱**之一(如【图 2】所示)。作为大国,应具有大国意识和风范,勇于承担,与其他发展中国家一起联合行动。在 WTO 的 2001 年多哈会议、2003 年坎昆会议、2005 年香港会议上以及近八年来南北对话的全过程中,中国与印度、巴西、南非和墨西哥等"BRICSM"成员的协调合作,都可视为成功的范例①。

【图 2】②

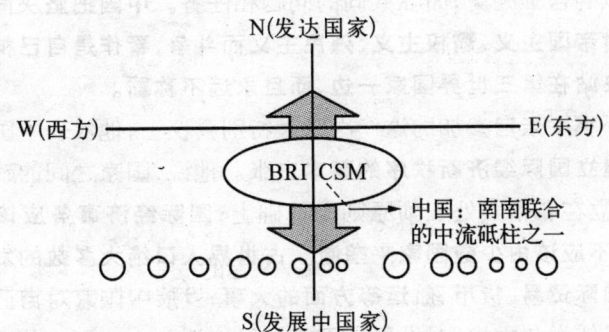

这样说,是否不符合中国的现实国情? 是否不自量力,口唱高调,哗众取

---

① 详见陈安:《南南联合自强五十年的国际经济立法反思——从万隆、多哈、坎昆到香港》,载《中国法学》,2006 年第 2 期。
② 【图 2】中的长方形十字交叉线坐标,既表示当代大多数发展中国家的地理位置,也表示当代发展中国家在南北矛盾中的政治位置,即自我"政治定位"。其中"BRICSM"一词,是新"金砖五国"的简称:BR 代表 Brazil(巴西);I 代表 India(印度),C 代表 China(中国),S 代表 South Africa(南非),M 代表 Mexico(墨西哥);其余较小的许多圆块,代表各自分散的众多的发展中国家。椭圆形表示这五个主要发展中大国结合和凝聚成为"南南联合"的一个整体,成为在全球性南北对话中代表国际弱势群体发言的中坚力量。"BRICSM"一词的另一重要含义是:以上述五国为中流砥柱的"**南南联合自强**"**新思潮、新主张、新战略思维**(在英语中,带"-sm"语尾的词一般指主义、思潮、体制等)。

宠？是否偏离邓小平所谆谆提醒和告诫的"对外二十八字方针"①？

否！否！否！

有一种见解认为：邓小平提出的"善于守拙，决不当头，韬光养晦"，就是告诫中国的领导人和广大群众应当明哲保身，只管本国内部事务，不管全球大是大非。因为，邓小平说过："第三世界有一些国家希望中国当头。但是我们千万不要当头，这是一个根本国策。这个头我们当不起，自己力量也不够。当了绝无好处，许多主动都失掉了"，"中国也永远不当头"②。如今全球建立国际经济新秩序的努力，困难重重，步履维艰，国际弱势群体即第三世界的实力不足，前景颇不乐观，在此种宏观环境下，中国人对于邓小平的上述对外战略思维和"处世之道"，应当认真重温和切实遵循。因此，中国人今后不宜再坚持建立国际经济新秩序这一第三世界的共同奋斗目标。

但是，这种见解和看法至少忽略了以下基本事实：

(1) 邓小平本人正是建立国际经济新秩序最早的倡议者之一。

1974年在联合国大会特别会议上，邓小平郑重宣布：中国是一个社会主义国家，也是一个发展中国家，中国属于第三世界。中国同大多数第三世界国家一样具有相似的苦难经历，面临共同的问题和任务。**中国把坚决同第三世界国家一起为反对帝国主义、霸权主义、殖民主义而斗争，看作是自己神圣的国际义务。中国坚决站在第三世界国家一边，而且永远不称霸。**

正是在邓小平亲自参加的这一次联大特别会议上，他代表中国政府向国际社会提出了**建立国际经济新秩序的基本主张**。他说，国家之间的政治和经济关系，都应该建立在和平共处五项原则的基础上；**国际经济事务应该由世界各国共同来管，而不应该由少数国家来垄断。占世界人口绝大多数的发展中国家应该参与决定国际贸易、货币、航运等方面的大事**；发展中国家对自己的自然资源应该享有和行使永久主权；对发展中国家的经济援助应该严格尊重受援国家的主权，不附带任何条件，不要求任何特权；对发展中国家提供的贷款应该是无息或低息，必要时可以延期偿付甚至减免；对发展中国家的技术援助应该实用、有效、廉价、方便。邓小平还强调：**各国的事务应当由各国人民自己来管，发展中国家人民有权自行选择和决定他们自己的社会、经济制度。**

---

① 邓小平提出的对外"28字方针"的内容是："冷静观察，稳住阵脚，沉着应付，善于守拙，决不当头，韬光养晦，有所作为。"这些内容并不是一次性提出来的，而是对邓小平在各个场合谈话内容的归纳。参阅《邓小平文选》第3卷，人民出版社1993年版，第321、326、363页；李琪珍：《论邓小平的外交战略思想》，载《广东社会科学》2000年第6期，第75—76页；陈向阳：《解读韬光养晦政策：仍是中国对外战略自觉选择》，http://news.sina.com.cn/c/2005-09-07/16467705377.shtml, 2008-10-6。

② 《邓小平文选》第3卷，人民出版社1993年版，第363页。

正是在邓小平亲自参加的这一次联大特别会议上,大会通过了《建立国际经济新秩序宣言》和《建立国际经济新秩序行动纲领》,促使**建立新的国际经济秩序成为全球**发展中国家数十亿人口**弱势群体的共同奋斗目标**。作为具有"言行一致"、"言必信、行必果"优良民族传统的大国的英明领导人,其在世界尊严论坛上公开阐述的全球性战略思维以及中国在**建立国际经济新秩序中的**自我战略定位,理应是经过深思熟虑和一以贯之的①。

(2) 邓小平本人在反复强调要"韬光养晦"、"千万不要当头"的同时,也一再强调"要有所作为","要积极推动建立国际政治经济新秩序"。

邓小平提出,像中国这样的一个大国,"在国际问题上无所作为不可能,还是要有所作为","要积极推动建立国际政治经济新秩序"②。换言之,邓小平关于中国"决不当头"的战略思维,绝不意味着在全球性南北矛盾等大是大非问题上,在国际经济秩序的新旧更替、弃旧图新、破旧立新的奋斗进程中,不再高举、甚至悄悄丢弃了 NIEO 这一面鲜明亮丽的大纛和义旗,转而偃旗息鼓,提倡含糊暧昧,模棱两可,明哲保身,消极回避;恰恰相反,像中国这样一个大国在重大国际问题上理所当然地还是要有所作为,要旗帜鲜明地"积极推动建立国际政治经济新秩序"。

(3) 作为邓小平理论及其全球战略思维的继承者和接班人,当前新一代的中国国家领导人正在积极倡导"南南联合",积极推动建立国际政治经济新秩序。

新一代的中国国家领导人在这方面的最新实践事例,是中国在 2001 年"多哈发展回合"谈判启动前后最近这七八来,在 WTO 内外围绕着南北矛盾与南北合作而积极参与的国际实践。众所周知,由于中国等发展中大国的综合国力和国际影响的逐步提高,在前文提到的 WTO 多哈会议、坎昆会议、香港会议的全过程中,中国与印度、巴西、南非和墨西哥等"BRICSM"成员曾多次通力协作,折冲樽俎,使得国际霸权与强权不能随心所欲,操纵全局,从而为国际弱势群体争得较大的发言权。除此之外,在南南联合自强和南北对话的历史途程中,近几年来出现的一种新的力量组合和新的对话方式,开始渐露头角,举世瞩目:由最发达强国组成的"七国集团"或"八国集团"的首脑与若干主要发展中国家的领导人**定期会晤**,开展南北对话,磋商"天下大事",共谋解决全球性热点难题。此种对话方式已实行数次,其最近一次就是 2008 年 7 月在日本举行的

---

① 参阅邓小平:《在联大特别会议上的发言》,载于《人民日报》1994 年 4 月 11 日第 1 版。
② 《邓小平文选》第 3 卷,人民出版社 1993 年版,第 363 页。

八国集团首脑与中国、印度、巴西、南非和墨西哥5个主要发展中国家领导人的对话会议。

会议期间,中国领导人胡锦涛针对这种南南联合自强和南北对话的**新形式**作了精辟的分析①。他指出:当今世界正处在大变革大调整之中。**近年来,发展中国家整体力量上升、团结合作加强,在国际事务中的影响和作用日益增长。**中国、印度、巴西、南非和墨西哥五国都是重要的发展中国家,人口占世界的42%,国内生产总值占世界的12%。**加强五国的协调合作,不仅有利于各自国家发展,也有利于加强南南合作、推动南北对话、推进人类和平与发展的崇高事业。**过去的一年里,五国初步建立起多个层面的协调机制,围绕同八国集团举行对话会议密切沟通、加强协调,取得了积极成果。应该以此为基础,继续作出努力。当前,五国已成为世界经济体系的重要组成部分和世界经济增长的重要推动力量,应该就世界经济增长中的重大问题加强沟通和协调,开展互惠互利的双边和多边合作,**共同应对不利因素**,保持经济较快发展的势头和活力,继续为世界经济发展作出贡献②。

胡锦涛主席强调:"南南合作是发展中国家取长补短、实现共同发展的重要途径。我们**应该为促进南南合作作出积极贡献、起到表率作用**。一方面,我们应该共同促进多边主义和国际关系**民主化**,增强发展中国家在国际事务中的参与权和决策权,为发展中国家发展争取有利外部环境。另一方面,我们应该**积极推动**国际经济、金融、贸易、发展体系**改革,维护发展中国家正当权益**,提高发展中国家应对各种风险和挑战的能力,促进世界经济均衡、协调、可持续发展。"

同时,胡锦涛主席指出,五国应该着眼长远,推进南北对话,应该继续本着积极务实、求同存异的原则,推动南北国家建立平等、互利、合作、共赢的新型伙伴关系。"**总之,我们五国合作潜力很大,在维护世界和平、促进共同发展方面可做的事情很多。加强团结合作不仅符合我们五国人民的利益**,也符合世界各

---

① 《胡锦涛在发展中五国领导人集体会晤时的讲话》,载于新华网 http://news.xinhuanet.com/newscenter/2008-07/08/content_8512384.htm. 引文中的黑体,是摘引者加的。下同。

② 在2008年6—7月日内瓦开展南北谈判期间,WTO总干事拉米曾主持召开只有美国、欧盟、加拿大、日本、印度、巴西和中国七国代表参加的小型会议,预先磋商有关的重大热点难点问题,被简称为多哈谈判的"G7会议"。国际舆论对此种会议形式有所非议。8月13日拉米在新德里接受印度《金融快报》专访,就多哈谈判有关问题回答了记者的提问。其中有一段对话值得注意:"记者:很多人批评G-7会议的形式不透明,不具有包容性。这种谈判形式会延续下去吗?   拉米:我们需要达成共识,G-7就是达成共识的起点。G-7占全球贸易总量的80%,并且**代表了其他发达国家和发展中国家集团**。如果他们达成共识,就有利于30国部长达成共识,最后推动153个WTO成员达成共识。除此之外,我们没有别的办法。**15年前的核心国家只有美国、欧盟、加拿大和日本四个,现在加上印度、巴西和中国,是因为世界发生了变化。这毫不神秘。**"参见《拉米在新德里就多哈回合接受专访》,载于上海WTO事务咨询中心:《WTO快讯》第160期(2008年8月1日—8月31日),第11页。

国人民的共同利益"。

　　胡锦涛主席的这些分析,言简意赅,既总结了南南联合自强的过去,又展望了南南联合自强的未来,还着重强调了上述五个主要发展中国家所承担的全球性历史任务及其在南南联合自强中应当发挥的**表率作用**和**中流砥柱作用**。这些精辟分析,引起了全球公众的共同关注,对于中国今后在推动建立国际经济新秩序历史进程中的自我战略定位,尤其具有启迪意义和指导意义。

　　总之,近几年来国内外形势的最新发展以及全球性南北谈判的实践,已经促使中国人更加**全面**、更加**完整**、更加**准确**地领会邓小平关于"对外 28 字方针"的真谛。可以预期:今后中国势必会更善于**掌握"韬光养晦"与"有所作为"的革命辩证法**①,既不自量力,以"救世主"自居,空唱高调,争"出风头",锋芒毕露,树敌过多,孤军猛冲;也不在全球南北矛盾的大是大非上,暧昧含糊,依违模棱,消极回避,随人俯仰,无所作为。相反,充满智慧的中国人势必会秉持科学的发展观,总结新的实践经验,把邓小平早在 34 年之前率先在联大郑重提出的前述倡议,在 18 年之前概括提出的"对外 28 字方针",与今后在新形势下的新实践,密切地结合起来,积极地有所作为,使邓小平理论及其全球战略思维,"既一脉相承又与时俱进"②,上升到更高层次,指引中国人通过更有效的南南联合,**与其他主要发展中国家一起,共同成为建立国际经济新秩序的积极推手和中流砥柱**。

　　第三,中国与全球弱势群体共同参与建立国际经济新秩序的战略目标,应当坚定不移,韧性斗争,百折不挠,即应当坚持战略原则的坚定性,始终不渝地立足于广大发展中国家的共同立场和本国的核心利益,致力为建立公正、公平、

---

① 国内有学者认为:"韬光养晦"绝不是消极无为。准确把握"韬光养晦,有所作为"战略方针,应强调:第一,避免孤立地谈"韬光养晦",而应与"有所作为"紧密结合。"韬光养晦"与"有所作为"是一个整体,不能将二者割裂,不能偏废,而应兼顾,更不能将二者对立起来。"有所作为"就是对"韬光养晦"的有力补充,即中国在"韬光养晦"的同时还应有所建树。**"有所作为"可被视作"韬光养晦"的最终目的**。第二,"韬光养晦"本身不仅是手段,也是一种相对独立、相对完整、自成体系的对外战略思想。**"韬光养晦"要随着形势、环境、条件的变化而发展,其本身就包含了刚健有为、自强不息、积极进取的主动性,绝不是消极无为的被动反应**。第三,"韬光养晦"绝不意味着对外搞阴谋诡计、钩心斗角、拉帮结派,相反却是自我约束、自律自制、光明磊落、襟怀坦白。美国 2002 年的《中国军力报告》硬把中国的"韬光养晦"战略说成是"在国际上进行战略欺骗",这是蓄意歪曲。中国对外既要坚持"韬光养晦"、含而不露、适可而止、留有余地、注意分寸,*又要"有所作为"、当仁不让、主持公道、追求正义、捍卫权益*。参见陈向阳:《解读韬光养晦政策:仍是中国对外战略自觉选择》,〈http://news.sina.com.cn/c/2005-09-07/16467705377.shtml 2008-10-6〉(作者陈向阳为中国现代国际关系研究院战略研究中心副主任)

② 参阅:《胡锦涛在党的十七大上的报告》,2007 年 10 月 24 日,载于新华网:http://news.xinhuanet.com/politics/2007-10/24/content_6939223_2.htm;《胡锦涛强调要深入贯彻落实科学发展观》,2007 年 10 月 15 日,人民日报网〈http://cpc.people.com.cn/GB/104019/104098/6378312.html〉。

合理的国际经济新秩序而长期斗争。这一基本立场,无论是改革开放之初,还是在入世后的今天,始终未变,将来也不应变。

与此同时,中国在建立国际经济新秩序的过程中又应审时度势,坚持策略战术的灵活性,一方面,既要充分认识到各类发达国家并非"铁板一块",从而因时、因地、因国而调整策略,适当地区别对待,既要开展南北之间的合作,又要进行有理有利有节的斗争①;另一方面,更要充分认识到众多发展中国家之间的差异性,自觉抵制霸权强权发达国家的分化瓦解、各个击破策略,善于进行南南之间沟通协调,力争在"南南联合"内部,求大同,存小异,实现"一致对外"。

第四,概言之,中国在建立国际经济新秩序进程中自我定位的主要特色,在于**"旗帜鲜明,是非分明,和而不同"**。在此过程中,既有合作又有斗争,表现得有理有利有节,没有屈从、没有"软骨",不是国际掮客,不是左右逢源,绝不含糊暧昧,绝不模棱两可。

三、简评针对当代国际经济秩序和中国定位的几种论说

20 世纪 80 年代以来,曾经风起云涌的建立国际经济新秩序的斗争**表面上似乎**日趋平寂。与此同时,国际法学界各种理论也层出不穷或花样翻新,诸如"新自由主义经济秩序"论、"WTO 宪政秩序"论、"经济民族主义扰乱全球化秩序"论,等等。形形色色的"秩序"学说蜂起,"各领风骚",影响不小。在建立国际经济新秩序理论问题上,这几种理论互相交叉、渗透、呼应,各有新鲜见解或老调新谈。它们在相当程度上激发了新的有益思考,也造成某些新的思想混乱。因此,作为当代的中国学人,似有必要借鉴鲁迅名言,实行**"拿来主义"**和**"消化主义"**,吸收之前应先加以剖析,实行认真的比较和鉴别,以明取舍,切忌追赶新鲜时髦,囫囵吞枣。

(一)"新自由主义经济秩序"论初剖

"新自由主义",顾名思义,是在亚当·斯密古典自由主义思想的基础上"推

---

① 例如,自 2000 年以来,中国应对海南岛军机事件、科索沃使馆被炸事件、伊拉克战争问题、伊朗核争端问题、朝核争端问题、中日东海石油争端问题、南海诸岛领土与资源争端问题,从整体上说,都体现了有理、有利、有节的基本精神,都显示出**旗帜鲜明,是非分明,和而不同**",值得认真回顾与总结。

陈出新"建立起来的一个新的理论体系,这种理论体系也称为"华盛顿共识"①,包含了一些有关全球经济秩序方面的内容②。20世纪80年代,在撒切尔夫人和里根政府的大力推动下,新自由主义由一种经济理论和学说嬗变为主要发达资本主义国家的国家意识形态和主流价值观,并在全世界范围内广泛传播。

论者认为,虽然"华盛顿共识"所提出的第1、2、3项政策具有一定的合理性,但从总体上看,它所提出的经济政策是以新自由主义理论为基础,片面强调和依赖市场的作用,鼓吹贸易自由化、投资自由化、金融自由化、利率市场化、国企私有化以及放松政府对经济活动的管制。可以说,宣扬全面自由化、市场化和私有化的新自由主义和"华盛顿共识"的本质是为国际垄断资本在全球扩张服务的。

发达国家的整体经济实力,经数百年来殖民主义的盘剥和积累,极其雄厚,其跨国公司,治理良好,而且全面占有技术和资金的绝对优势。鼓吹让遭受殖民主义长期盘剥而积贫积弱的发展中国家及其脆弱的民族产业,与发达国家及其跨国公司在国际市场上"自由竞争",无异于鼓吹"以卵击石"。这是个简单的常识。要求一个先天不足、后天失调的弱女子,与一个训练有素的彪形大汉拳击手,在遵守同样的搏击规则下进行"自由"较量,其胜负结果之极不公平是可想而知、不言而喻的。按照这种表面上"平等"、"自由"的规则构建起来的"新自由主义"国际经济关系和国际经济秩序,实质上和实践上必然是严重的不平等,必然是强国和霸国的**自由扩张**以及对弱小民族的**自由宰割**。在这种意义上,可以说,"新自由主义经济秩序"的说教及其实践,实质上乃是殖民主义、资本主

---

① "华盛顿共识"一词最早于1989年由约翰·威廉姆森(John Williamson)提出。1989年,美国国际经济研究所在华盛顿召开一次研讨会,探讨一些被OECD认为是恰当的经济政策在拉丁美洲的实施成效。美国国际经济研究所前所长约翰·威廉姆森在该研讨会的背景文件中列出了十项他认为得到总部设在华盛顿的各机构所普遍认可,而且也是拉丁美洲各国所需的经济政策,并将它称为"华盛顿共识"。"华盛顿共识"提出的十项基本政策,包括:1. 加强财政纪律、平衡财政赤字、降低通货膨胀以及稳定宏观经济形势;2. 反对财政补贴,主张应将财政支出的重点放在有利于改善资源配置和收入分配的公共领域;3. 进行税制改革,扩大税基,边际税率适中;4. 利率市场化,同时应当防止实际利率成为负利率;5. 汇率市场化,建立一种有竞争力的汇率制度;6. 实行贸易自由化以及市场开放政策;7. 放松对外国直接投资的限制,实行投资自由化;8. 将国有企业私有化;9. 放松政府对经济领域的管制;10. 加强对私有财产的保护。See, John Williamson, *A Short History of the Washington Consensus*, Paper commissioned by Fundación CIDOB for a conference "From the Washington Consensus towards a new Global Governance," Barcelona, September 24 – 25, 2004. http://www.iie.com/publications/papers/williamson0904 - 2. pdf 访问时间: 2008年8月6日。And see, John Williamson, *What Washington Means by Policy Reform*, in John Williamson (ed), *Latin American Adjustment*: *How Much Has Happened*? Peterson Institute for International Economics, April 1990. http://www.iie.com/publications/papers/paper.cfm? ResearchID=486,2008年8月6日访问。

② 参阅:[美]诺姆·乔姆斯基(Noam Chomsky):《新自由主义和全球秩序》(Neoliberalism and Global Order),徐海铭、季海宏 译,江苏人民出版社2001年版,第3页。

义、帝国主义"三位一体"的<u>国际经济旧秩序</u>在当代的<u>更新</u>和<u>翻版</u>,充其量只不过是"新瓶装旧酒"或"换汤不换药"罢了。

另一方面,强权发达国家在鼓吹全球化和自由化方面存在着严重的双重标准。例如,在国际贸易领域,强权发达国家一方面要求发展中国家降低各类非农产品的进口关税和各种非关税壁垒,"积极融入世界经济体系",扩大"非农进入"(NAMA)的广度和范围;另一方面自己却设置各种"绿色壁垒",阻挠发展中国家的产品自由进入其市场,同时对自己本来不具竞争优势的产业(如农产品)提供高额补贴和国内资助,促进其自由地长驱直入国际市场。八年来"多哈发展回合"谈判之步履维艰与僵局频频,其主要障碍和症结,即在于此[①]。又如,在国际投资领域,强权发达国家一方面要求发展中各国实行"准入自由"和"国民待遇",便于其自由地长驱直入国际投资市场;另一方面,却频频以"国家安全"为堂皇借口,阻挠略有实力的发展中国家投资收购或接管其国内企业[②]。

新自由主义鼓吹国有企业私有化和弱化政府职能,则旨在削弱发展中国家管理自己经济事务的权利,力图使发展中国家在毫不设防的情况下听任国际垄断资本通行无阻,为所欲为。有关资料和研究成果表明:20世纪70年代以来,在新自由主义影响下,墨西哥、智利、阿根廷、乌拉圭、巴西等中北美和拉美国家先后都实行了对外开放的贸易自由化政策,加快进行国有企业私有化,减少甚至取消国家对价格、汇率、利率、租金、工资等的全面干预和控制,开放金融市场,放宽对外资的限制[③]。然而,这些国家的新自由主义改革"试验"并没有带来经济持续快速增长、就业充分、人民生活水平大幅提高、社会稳定和谐等预期目标。相反,拉丁美洲的经济增长速度与采取其他战略的经济体,特别是东亚迅速增长的新兴工业化经济体相比,显得十分缓慢。自1980年至1996年,这些经济体的年均国内生产总值增长始终超过7%。而拉丁美洲1980年代年均国内生产总值增长只有1.8%,1990年代为3.3%[④]。更为严重的是,国有企业私有化,使一些国民经济命脉产业归入私人资本和外国资本私囊,听凭它们掌

[①] 参阅陈安:《南南联合自强五十年的国际经济立法反思——从万隆、多哈、坎昆到香港》(增订本),收辑于《陈安论国际经济法学》,复旦大学出版社2008年版,列为第一编之XIV。

[②] See UNCTAD, *World Investment Report 2006 - FDI from Developing and Transition Economies: Implications for Development*, p. 226. 并参阅陈安主编《国际经济法学》(第4版),北大出版社2007年版,第358—359页。新近中资企业中海油收购美国本土企业尤尼可失败,港资李泽楷收购加拿大航空公司失败,原因也都是所谓的"国家安全"等非经济因素。参阅《经济民族主义》,http://www.chinavalue.net/wiki/showcontent.aspx?titleid=223238。

[③] 程恩富、王中保:《经济全球化与新自由主义的范式危机》,载《社会科学研究》2005年第2期,第27页。

[④] See UNCTAD, *Trade and Development Report*, 2006, pp. 45-46.

控操纵,呼风唤雨,失业问题更为严重;收入分配不公问题日益突出,两极分化和贫困化十分严重;民族企业陷入困境;国家职能遭到削弱,社会发展被严重忽视;金融自由化导致金融危机频发。1994年的墨西哥金融危机、1999年的巴西货币危机和2001年的阿根廷债务危机等,都与金融自由化有关①。

国际实践反复证明,新自由主义从根本上说是代表国际垄断资产阶级利益的,其所标榜的自由化、市场化、私有化和全球化,归根到底是为了将其他国家与民族纳入到西方垄断资本国际循环的链条之中。在这种为国际垄断资本利益服务的新自由主义国际经济秩序中,失去独立自主发展权的发展中国家只能处于边缘和依附地位,只能依靠发达国家的施舍而分得些许"残羹冷饭"。

国际实践反复证明,"新自由主义经济秩序"论所鼓吹的自由化,事实上只是迎合国际垄断资本需求的自由化,而不是增进全世界人民福祉的万应灵丹。

在中国,"新自由主义经济秩序"论不是没有影响的。例如,有一种见解认为,当前,国际上建立国际经济新秩序运动的高潮已过,并且不断走下坡,日渐式微衰落,现在业已陷入低潮。相形之下,国际上新自由主义经济秩序却日益勃兴,且为发展中国家所"广泛接受"。在此种宏观环境下,就中国而言,既然中国实力不如人,而且又是"现存自由主义国际经济体制的最大受益者之一","中国已经发现在这种公开的市场体制内运作能够获得巨大的经济回报",加以现在秉持"和谐世界"理念,正在实施"和平崛起"战略,所以应当采取务实态度,"不再以推翻既存的国际经济秩序为目标",应当转而接受并积极融入当代新自由主义经济秩序当中。具体而言,中国应当积极转变自己的角色,从昔日的体系外"革命者"转变为现有新自由主义国际经济秩序的"改良者",乃至"维护者"和"建设者"。在积极融入新自由主义国际经济秩序的同时,中国应当成为南北国家间的"桥梁"和"纽带",以及南北矛盾的"调停人"、"中间人"和"麻烦解决者"。

这种见解的政治与地理坐标,可表示如下【图3】,俾便与上述【图2】互相比较:

【图3】②

---

① 何秉孟主编:《新自由主义评析》,社会科学文献出版社2004年版,第23页。
② 图中下方各自分散的小方块中,其较大的五块BR、I、C、S、M,分别代表分散的巴西Brazil、印度India、中国China、南非South Africa、墨西哥Mexico;其余较小的许多圆块,代表各自分散的众多的发展中国家。

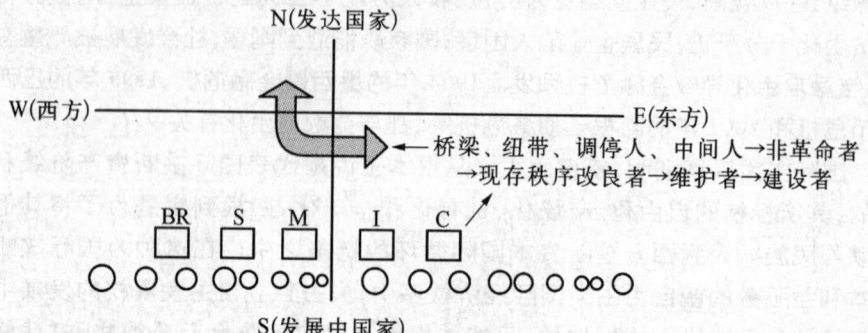

笔者认为，上述见解博采广收了大量的西方信息[①]，怀着为国献策的善良愿望，也进行了努力创新的思考。这是应当充分肯定的。但是，它却至少存在四个有待进一步深入思考的问题。

第一，这种"角色转化论"和"融入论"模糊了中国在建立国际经济新秩序中对**自身定位**的应有选择、科学选择和一贯实践，因而是有待商榷和未必可取的！相反，中国应当一如既往，仍然旗帜鲜明地反对国际经济旧秩序，仍然为实现南

---

① 诸如：S. D. Krasner, *Structural Causes and Regimes Consequences*: *Regimes as Intervening Variable*, International Organization, Vol. 36, 1982, pp. 187-190;[美]斯蒂芬·D·克莱斯勒著：《结构冲突：第三世界对抗全球自由主义》，李少华译，第1章"导言：论点"，浙江人民出版社2001年版；Z. Elkins, A. T. Guzman & B. A. Simmons, *Competing for Capital*: *The Diffusion of Bilateral Investment Treaties*, 1960-2000, International Organization, Vol. 60, 2006, pp. 811-846; K. J. Vandevelde, *A Brief History of International Investment Agreements*, U. C. Davis Journal of International Law & Policy, Vol. 12, 2005, p. 180;[美]罗伯特·基欧汉和约瑟夫·奈著：《权力与相互依赖》，门洪华译，北京大学出版社2002年版，第11—20页；A. Chayes & A. H. Chayes, *The New Sovereignty*: *Compliance with International Regulatory Agreements*, Harvard University Press, 1995, p. 27; K. Raustiala, *Rethinking the Sovereignty Debate in International Economic Law*, Journal of International Economic Law, Vol. 6, 2003, pp. 841-878. ；特别是美国哈佛大学教授 Alastair Iain Johnson撰写、肖欢容译：《美国学者关于中国与国际组织关系研究概述》，《世界经济与政治》2001年第8期，第52页，其中概述了美国学者所认定和鼓吹的所谓"中国对待国际体系由'体系的革命者'，到'体系的改革者'，再到'体系的维护者和建设者'之角色转变"云云的过程；[加拿大]杰里米·T·帕蒂尔：《开放国门的铰链与门闩：中国加入世界贸易组织的标准参数》，载于陈志敏和[加拿大]崔大伟主编：《国际政治经济学与中国的全球化》，上海三联书店2006出版，第233—261页；[美]埃德加·博登海默著：《法理学：法律哲学与法律方法》，邓正来译，第二部分"法律的性质与作用"，中国政法大学出版社2004年修订版；[英]赫德利·布尔著：《无政府社会：世界政治秩序研究》，张小明译，世界知识出版社2003年版，第74—75页；G. J. Ikenberry, *The Rise of China and the Future of the West*: *Can the Liberal System Survive*? Foreign Affairs, Vol. 87, January/February, 2008, pp. 23-37. 其中鼓吹："既存的自由主义国际经济体制具有开放性、广泛性、统合性、深厚性、耐久性及合法性，其容易加入，却难以被推翻。自由主义国际经济秩序的本性将塑造正在崛起的国家之选择——到底是进行挑战，还是融入；而事实上中国已经发现在这种公开的市场体制内运作能够获取巨大的经济回报"。因此，这些西方学者研究得出的一个基本结论是：中国的崛起虽可能改变国际权力结构，但只要管理得当，西方的世界秩序（包括自由主义国际经济秩序）仍可长存。

北公平①而积极推动国际经济新秩序的建立。正如邓小平所言:"**中国永远都站在第三世界一边**,中国永远不称霸,中国也永远不当头。**但在国际问题上无所作为不可能,还是要有所作为。作什么?我看要积极推动建立国际政治经济新秩序**。"②显而易见,在国际经济秩序的除旧布新问题上,我们应当立场坚定,是非分明,旗帜鲜明,**积极推动**,绝不能消极被动,敷衍应付,更不能含糊、暧昧、模棱、骑墙。

第二,这种"角色转化论"和"融入论"似乎对当代"南南联合"的必要性和重要性未予应有的强调。中国永远不称霸,中国也永远不当头。故自始至终务必谦虚谨慎,戒骄戒躁,切忌恃强凌弱,盛气凌人,过分张扬。与此同时,在面临南北矛盾和国际经济秩序除旧布新的大是大非问题时,却自始至终务必旗帜鲜明,当仁不让,责无旁贷,敢于和善于与具有一定实力的主要发展中国家,通过 **BRICSM 之类的"南南联合",共同为国际弱势群体主持公道、追求正义、争取和捍卫平等权益**。

面对当今现有的显失公平的国际经济秩序,不论何等西方权威美其名为"新自由主义经济秩序"或"WTO 宪政秩序",都不宜"照单全收","全盘遵办",而必须全面剖析:对于其中有利于国际弱势群体发展的某些市场规则,应予支持和发扬;对于其中不利于、甚至有害于国际弱势群体发展的某些市场规则,则应通过与全球主要发展中国家加强 BRICSM 之类的"南南联合",力争加以重大革新,改弦更张,不断地、自觉地、**积极地推动**国际经济秩序的新旧更替、除旧布新和破旧立新。这一奋斗目标当然不可能期待其实现于一两年,三五年,十几年,但是,这一**光明正大、理直气壮的奋斗目标**,却任何时候都**无需讳言,不必隐瞒,更不能悄悄放弃**。尽管在这个长征途程中坎坷崎岖,潮起潮落,步履维艰,进展缓慢,但全球南北矛盾未缓,既然耳畔"涛声依旧"③,就应胸中信心满满!

第三,这种"角色转化论"和"融入论"似乎高估了中国一国"单枪匹马"沟通

---

① 温家宝总理新近在联合国的发言中强调:当今"世界五分之四的人口在发展中国家,发达国家人口只占五分之一。人人都有平等的生存权利。如果广大发展中国家继续贫困,说明当今世界是**不公平、不和谐的,也注定是不稳定的**。"见《温家宝在联合国千年发展目标高级别会议上的讲话》2008 年 9 月 25 日,http://news.xinhuanet.com/world/2008-09/26/content_10112612.htm。

温家宝总理这段话画龙点睛地道破了当代全球财富国际分配严重不公的现状以及当今世界不和谐、不安定、不稳定的根本原因,指明了建立国际经济新秩序、对全球财富实行公平合理的**国际再分配**,才是实现全世界和谐、安定、稳定、繁荣的根本途径。

② 《邓小平文选》第 3 卷,人民出版社 1993 年版,第 363 页。

③ 指第三世界数十亿贫困人口的**疾苦之声**以及要求改变国际现存不公平经济秩序的**疾呼之声**,有如不息浪涛,依旧不绝于耳!

南北、奔走东西的力量与作用,而低估了前述 BRICSM 式"南南联合"在南北对话中的群体实力与砥柱作用。

第四,这种"转化论"和"融入论"似乎未能明确区分策略战术的灵活性与战略原则的坚定性、策略的阶段性与战略的连续性、低潮的间歇性与高潮复起的可能性和必然性。历史证明:溯自 1955 年万隆会议迄今,五十多年以来,在当代国际社会中,在国际经济秩序新旧更替的进程中,历经多次潮起潮落,始终存在着相反的两种力量、两种理论、两种走向:一种是加强南南合作的理论和实践,积极推动国际经济秩序和国际经济法(国际经济"游戏规则")的逐步全面更新,从而实现公平互利基础上的南北合作和全球繁荣;另一种是花样翻新,巧立美名,编造各种"理论",力图瓦解南南合作的坚定信心和不懈实践,从而步步为营,维护少数经济强权国家在国际经济旧秩序和国际经济现有"游戏规则"下的既得利益。这两种力量、两种理论、两种走向之间的国际较量和角力,今后还将长期存在。国际经济秩序破旧立新、新旧更替的历程,依然任重而道远。但南南合作、国际经济秩序破旧立新的道路合乎时代需要,定会与时俱进,越走越宽[①]!

(二)"WTO 宪政秩序"论初剖

与"新自由主义经济秩序"论互相呼应,"WTO 宪政秩序"论也是有关国际经济秩序的一种较为流行的建构设想。其最具权威的理论家是祖籍德国、曾经在 GATT/WTO 机构长期担任要职的彼得斯曼教授(Professor Ernst-Ulrich Petersmann)。他提出的"WTO 宪政秩序"论,其核心是预先承诺提高和确保某些规范性价值准则,主张对一整套预先承诺的规范性价值准则赋予特别崇高的地位(privileging)[②]。彼得斯曼教授认为,宪政体制(constitutionalism,又译"宪政理念"、"宪政主义")已成为人类最重要的一种发明,用以保护公民平等权利和限制政府滥用权力。因为通过宪法设定一整套"预先承诺的规范",可以克服人类理性不完美和眼光短浅所导致的未来风险[③]。基于这种宪政理念和

---

① 参阅陈安:《南南联合自强五十年的国际经济立法反思——从万隆、多哈、坎昆到香港》(增订本),载《陈安论国际经济法学》,复旦大学出版社 2008 年版,列为第一编之 XIV。

② 参阅 Jeffrey L. Dunoff: *Constitutional Conceits*: *The WTO's "Constitution" and the Discipline of International Law*, European Journal of International Law, 2006, 17 (647),《宪政的幻象:WTO 的"宪法"和国际法的规训》,陈喜峰译,载于陈安主编:《国际经济法学刊》,2007 年,第 14 卷第 2 期,第 34—36 页。

③ Ernst-Ulrich Petersmann, *How to Constitutionalize International Law and Foreign Policy for the Benefit of Civil Society*? 20 Michigan Journal of International Law, (1998), p. 1.

思想,彼得斯曼教授主张,应当让 WTO 的自由贸易规则发挥宪法功能,让 WTO 各成员方通过预先承诺而自我约束,从而逐步将对外贸易法律和政策宪法化,最终达到保障贸易自由的目的。

与此同时,彼得斯曼教授认为"不可剥夺的核心人权具有宪法至上性"①,而且从人权和宪政民主的角度看,各国国内政府和各种政府间组织(国内和国际规则)的民主合法性,源自人民的同意,以及尊重和保护不可剥夺的人权和"宪法性契约"②,因此有必要将人权理念和规则引入 WTO 内。他主张,普遍承认的人权规则应作为 WTO 争端解决机构解释 WTO 规则的相关上下文加以适用,WTO 法也应以与 WTO 各成员方的人权义务相符合的方式来解释和适用③。

彼得斯曼教授的"WTO 宪政秩序"论要求 WTO 各成员方的对外贸易政策和法律逐步宪法化,以此方式抵制寻租的(rentseeking)国内利益集团对"贸易自由"的侵蚀,要求将"贸易自由"当成一种基本的人权加以保护,最终达到保护人权和实现国际贸易法治秩序的目的。

从一般意义上讲,上述主张自有其合理的一面。但"WTO 宪政秩序"论没有将贸易自由、人权保障放在"南北关系"和"内部矛盾"这一更宽广、更根本的背景下加以探讨,有意无意地对此全球性的关键问题保持沉默和回避,因此,其所提出的主张在实践中不但无法真正地保护人权,反倒提供了可利用的空间,让国际强权者用以侵犯国际弱势群体即众多发展中国家的人权——平等的生存权、平等的发展权,从而在实践中成为助强侵弱的新借口和助纣为虐的新工具。

具体说来,必须在其夺目的"宪政"光环和旗号下,认真剖析其阴影中的三大弊端:

第一,"WTO 宪政秩序"论的**先天性缺陷**和**致命性弱点**在于:它忽略了当代 WTO 体制及其规则缺乏坚实的、真正的民主基础。

(1) 两百多年来各国"宪政"演进的历史表明:尽管宪政的形式多种多样,但无一例外,**宪政必须源自民主,没有民主就没有宪政可言**。没有真正民主的选举(不论是直接选举或间接选举),产生人民群众的议政代表以及由此而选定的执政团队或领导人,岂能诞生什么宪政?从这个意义上说,宪政必须是民主

---

① Ernst-Ulrich Petersmann, *Human Rights and WTO Law*, Journal of World Trade 37(2), 2003, p. 246.
② Ibid, pp. 243,247.
③ Ibid, pp. 248.

的亲生儿女,宪政的血液和躯体中必须含有真正的、足够的民主DNA;必须有正当、合法的"出生证"。否则,任何美其名的"宪政"的体制,都只能是宪政的异类,甚至可能是一种天生的怪胎或吞噬民主的妖魔,而绝不可能是人们心目中所崇敬的"宪政"之神。

(2) 说到民主,就不能不紧密地联系到**人口数量**及其个人的**平等的选举权**。当代任何一个宪政国家,就其**最基本**的体制而言,没有一个不是按全国各地区人口数量的多寡和比例来推选议政代表和执政团队,进行国家大事的决策和执行。反观现行的WTO体制,如所周知,历经乌拉圭回合八年谈判而终于形成的当今WTO体制及其各种规则,其诞生过程就是相当不民主的。其"一国一票"和"协商一致"的决策机制貌似"平等、民主",实则自始至终主要由寥寥几个霸权、强权国家左右全局,操纵一切。作为国际弱势群体的众多发展中国家,在WTO体制形成的全过程中,其参与权与决策权往往受到各种因素的限制,不可能有真正平等的实施和发挥,到头来,只剩下俯首在体现了霸权强权国家"集团意志"和"既定方针"的协议上签字画押。

(3) 诚然,在众多发展中国家据理力争下,其间也产生了某些对国际弱势群体的"优惠待遇"协定或条款,诸如《农产品协定》中的有关优惠条款和其他多种协定中的"特殊与差别待遇"条款等等,但事后都逐一显露了它们的本色原形:不是虚情假意、口是心非的伪善承诺,就是画饼充饥,有名无实的空头支票。七八年来多哈回合谈判众多发展中国家要求认真落实上述两大类协议条款的正当要求,重重关卡,一路险阻,一再"碰壁"的经历,就是最明显的写照①。

(4) 更为重要的是:如所周知,众多发展中国家的人口占全球总人口的80%以上,但是,这些积贫积弱的数十亿人口群体何曾在WTO体制中享有相应比例(80%)的发言权、参与权与决策权?从而,何能在WTO体制中为自身争得应有的、平等的、公平的经济权益?既然占全球人口总数五分之四的弱势群体在WTO体制中不享有实质的、真正平等的民主决策权力,还侈谈什么全球范围内的"WTO体制宪政化"?

国际经济组织的此类"民主赤字"问题,一直以来为人们所关注和诟病。就连彼得斯曼教授自己也不得不引述当年联合国前秘书长加利的批评:"国际社

---

① 参阅陈安:《南南联合自强五十年的国际经济立法反思——从万隆、多哈、坎昆到香港》(增订本),载《陈安论国际经济法学》,复旦大学出版社2008年版,列为第一编之ⅩⅣ。

会的民主仍处在一个非常初级的阶段",承认民主缺失问题是国际法律体系最薄弱的环节①。既然如此,在民主缺失这个最薄弱的环节未能克服之前,"WTO体制宪政化"的理想国就有如墙上画饼,岂能充饥?

第二,就WTO体制的"司法"和"执法"过程而言,它虽然素来被称赞为摆脱了"权力导向"(power oriented),转而实行"规则导向"(rule oriented),"规则面前,人人平等"。但是:

(1) 其所"司"之法和所"执"之法,在其"立法"过程中却完完全全是"权力导向"(power oriented)之下的产物,带着先天的不公胎记。虽说各个协定文本的谈判一般需要各成员方协商一致通过,但其实都是各方综合实力或明或暗博弈和较量的结果。"立法"过程的"权力导向"实践决定了WTO规则及其"司法"和"执法"过程只可能对强者更有利,而无法真正做到强弱之间实质性的公平。乌拉圭回合谈判就是一个最好的注脚。中国"入世"过程所不得不接受若干"不利条款"的实践,至今让国人耿耿于怀,也是一个具体的例证。

(2) 十几年来,WTO的"司法"和"执法"实践确实作了一些值得称道的好事,但也确实出现过"财大者力大气粗"、霸权或强权国家不受约束或规避制裁的弊端,实质上也体现了"规则导向"向"权力导向"的异化、转化。其典型事例包括2000—2004年期间曾经轰动一时的针对美国贸易法"301条款"争端案件和"201条款"争端案件的裁断和执行,也遭到国际正直人士的非议和抨击②。

第三,"WTO宪政秩序"论要求将贸易自由宪法化、最高化、绝对化的主张是不可取的。贸易自由作为一种经济理念和经济政策能否被当成是基本人权加以颂扬和维护,是令人生疑的。WTO宪政化理论简单地认为贸易自由必然地、普遍地对所有人有利,依此逻辑,就应当把贸易自由当成神圣不可侵犯的原则。其实,这既不符合历史,也不符合现实。因为:

(1) 从本质上讲,不论是贸易保护还是贸易自由对一国及其国民而言并不

---

① Ernst-Ulrich Petersmann, *Constitutionalism and International Organizations*, Northwestern Journal of International Law & Business, Vol. 17, 1996, p. 436.

② See Seung Wha Chang (Korean), *Taming Unilateralism under the Trading System: Unfinished Job in the WTO Panel Ruling on United States Sections 301 - 310 of the Trade Act of 1974*, Law and Policy in International Bussiness, Vol, 31, No. 4, 2000; see also An Chen, *The Three Big Rounds of U. S. Unilateralism Versus WTO Multilateralism During the Last Decade: a Combined Analysis of the Great 1994 Sovereignty Debate, Section 301 Disputes (1998—2000), and Section 201 Disputes (2002—2003)*, South Centre pamphlet, T. R. A. D. E. Working Papers 22, http: //www.southcentre.org/publications/workingpapers/paper22/wp22.pdf.

存在永恒的利与不利。不论从西方发达国家的经济发展历程,还是从新兴工业化国家的经济发展历程来看,国家的经济发展政策和外贸政策都是经历一段从保护到开放的逐步开放过程。如果在本民族工业尚处于非常幼稚而不具竞争力的情况下,奉行完全开放和自由的经济政策,那么该国的民族工业必然在跨国公司强大的竞争优势面前纷纷倒闭,而这个国家也将注定无法走上独立自主的经济发展道路,只能沦为他国的经济附庸。

(2)就当今而言,不分青红皂白地将贸易自由宪法化、神圣化,它势必成为实力雄厚的发达国家侵犯贫弱发展中国家经济主权的工具;从而,它所保护的充其量只是仅占全球总人口20%的发达国家的人权,而非占全球总人口80%的发展中国家的人权。当今,发达国家的产业体系健全完善,其跨国公司更是富可敌国,掌握着绝对的资本和技术优势,而且在许多产业领域保持着垄断优势。完全的、绝对的贸易自由化无疑给他们提供了一个"施展武功"、聚敛财富的绝佳平台。反观绝大多数发展中国家,至今仍然积贫积弱,尚无法解决温饱问题,更谈不上拥有健全的民族工业体系或有竞争力的民族产业。在这种情况下,完全开放、毫不设防的贸易自由,显然无助于他们真正实现经济发展,改善国内人权状况,反而只会加速和加深他们被边缘化。对发展中国家而言,落实国际社会对他们承诺的"发展权"才是促进其经济发展,维护其国内人权的根本方法。而通过鼓吹绝对的贸易自由来"维护"发展中国家的人权,如果不是伪善,也是无知,有如"饱汉不懂饿汉饥"!它可能是"仁者"的设想或"智者"的设计,但在实践中却无异于缘木求鱼,无异于追寻海市蜃楼,而且类似于"社会庸医",胡乱开方,药不对症,误人性命!

(三)"经济民族主义扰乱全球化秩序"论初剖

如果说,"新自由主义经济秩序"论和"WTO宪政秩序"论的实质和效应在于以画饼式的美好设计,力图**诱使**国际弱势群体离开原定的建立国际经济新秩序的奋斗目标,那么,"经济民族主义乱序"论的实质和效应则在于以莫须有的"罪名",力图**迫使**国际弱势群体离开原定的建立国际经济新秩序的奋斗目标。

在当代西方发达国家某些理论家、政治家的政治经济词汇中,"经济民族主义"常被用作贬义词,指的是发展中国家违反国际经济全球一体化"时代潮流",与经济全球化"对着干"的一种思潮、政策。"经济民族主义"被指责为把本民族的经济利益放在至高无上的地位,具有民族狭隘自私、盲目排外、不顾全球经济发展大局、但求利己、不愿利他、不能睦邻,甚至损人利己、以邻为壑等等孤独特性和不良表现,成为这一系列负面评价的同义语①。简言之,"经济民族主义"已逐渐发展成为国际政治学和国际经济学上常见的一种莫须有的"罪名"②。

作为反弹,国际弱势群体的学者们则针锋相对,理直气壮地提出了自己对"经济民族主义"的应有诠释和理解,试举两例:

"经济民族主义,英文称作'Economic Nationalism',是指一个国家独立后,强调以经济独立为主要内容的民族主义。"③

"何谓经济民族主义?在我看来,经济民族主义是一种价值观念,是一种追求,它将本国经济利益视为追求的首要目标,视为经济政策的终极目的,期望提高本国在国际经济体系中的地位。这样一个价值观念实在是天经地义,理所当然,也是人类社会进步的动力。不能想象,一个个人没有奋发图强、力争上游的精神追求,却能够掌握自己的命运,增强自己的能力,推进自己的事业;一个国家,如果没有不甘落后、奋发图强、力求自立于世界民族之林的精神追求,却能够实现本国的经济社会的可持续发展,却能够有效提高本国在国际经济体系中的地位,那也同样是不可想象的。只有在经济民族主义价值观的驱动下,各个国家之间才能出现争先恐后的竞争,进而推动整个人类社会的进步。只要国家是国际政治的基本单元,从

---

① See James A. Dorn: *The Danger of Economic Nationalism*, Beijing Review on June 24, 2008, ⟨http://www.cato.org/pub_display.php?pub_id=9483 2008-10-12⟩; Mark Williams: *Breaking up the Big Box: Trade Regulation and WAL-MART, Wal-Mart in China: Will the Regulatory System Ensnare the American Leviathan?* 39 Conn. L. Rev. 1361, May, 2007; Raymond J. Ahearn: *Europe: Rising Economic Nationalism?* CRS Report for Congress, Order Code RS22468, July 6, 2006; Review by Latha Varadarajan, *The Life and Times of Economic Nationalism*, International Studies Review (2006) 8, pp. 90-92; Dr. Michael A. Weinstein: *Economic Brief: Economic Nationalism*, 09 August 2005, ⟨http://www.pinr.com/report.php?ac=view_printable&report_id=343&language_id=1 2008-10-4⟩; Tom Switzer: *Economic Nationalism: It's Back to the Future*, 6 June 2001, ⟨http://www.ipa.org.au/library/Review53-2%20Economic%20Nationalism.pdf 2008-10-12⟩; Patrick J. Buchanan. Little, Brown, *The voice of economic nationalism*, July 1998, ⟨http://www.theatlantic.com/issues/98jul/buchanan.htm 2008-10-4⟩; Lyndon Rowe, *The Odd Bedfellows of Economic Nationalism*, September 1998, ⟨http://www.ipa.org.au/library/review50-4%20Odd%20Bedfellows%20of%20Economic%20Nationalism.pdf 2008-10-06⟩.

② 其最新的事例是:2008年9月9日,在中国欧盟商会发布年度白皮书《欧盟企业在中国建议书2008/2009》的北京现场,该商会主席伍德克含蓄却不含糊地表达了欧盟企业对"中国经济民族主义"的异议,说是在中国出现的"经济民族主义日益值得关注"。据报道,这份篇幅长达400页、比往年厚1/4的报告引人注目地将"中国的经济民族主义"列为一大问题。当然,中国学者如同往常一样对这类指责作出了反驳,聚焦于指出欧盟的经济民族主义有过之而无不及。参见 *EU Businesses Worried by "Economic Nationalism" in China*, http://www.dw-world.de/dw/article/0,2144,3633627,00.html 2008-9-21;梅新育:《经济民族主义是坏东西吗?》⟨http://opinion.hexun.com/2008-09-18/108969886.html⟩

③ http://www.chinavalue.net/wiki/showcontent.aspx?titleid=223238⟨中国价值⟩

政治到经济的民族主义就是正当的,是一个群体维护自己权益的基本手段,数百年内我们不必指望这一点发生任何根本变化。对于一个发展中国家而言,强调经济民族主义尤其重要,只有这一点,才是激励一个民族奋发向上、赶超发达国家、自立于世界民族之林的根本动力。"①

笔者认为,以上两则诠释,把"经济民族主义"理解为全球各民族、特别是各弱小民族坚持在经济上独立自主,坚持国际经济主权,这是基本正确的。它们基本上(1)反映了当代国际政治经济关系的现实;(2)符合于和遵循了联合国宪章及其一系列有关民族自决权、弱小民族国家主权问题的决议;(3)也符合于和遵循了马克思列宁主义关于民族自决权、弱小民族国家主权问题的基本理论原则;归根结底,(4)这种诠释体现了为当代国际社会弱势群体仗义执言、为建立国际经济新秩序而奋斗的时代精神。兹试逐一简析如下:

(1)"经济民族主义"反映了当代国际政治经济关系和南北矛盾的现实;不容讳言,当代国际政治经济关系中的主要矛盾,就是南北矛盾。北方世界强权发达国家借助于全球经济一体化进程加速的潮流,凭借自身的强大实力,打着"建立新自由主义经济秩序"、"自由贸易"的旗号,力图冲破南方世界即全球弱小民族国家的主权藩篱,长驱直入其境内,攫取最大和更大的经济利益。作为自卫性的反弹和反击,全球弱小民族国家当然必须强调掌握和运用自己手中仅存的民族经济主权,依法据理,捍卫本民族借以生存和发展的经济命脉和经济权益。

"作用愈大,反作用也愈大,两者等值反向。"看来,牛顿发现的关于自然界物体运动之第三定律,在人类社会领域也是"适用"的、合理的、正当的。来自全球弱势群体的"经济民族主义"的强烈反弹,正是"牛顿力学第三定律"在当代社会南北矛盾中的一种"体现"。

(2)"经济民族主义"符合于和遵循了联合国宪章及其一系列有关民族自决权、民族主权问题的决议:1945年《联合国宪章》第1条第2款作为联合国的

---

① 梅新育:《经济民族主义是坏东西吗?》〈http://opinion.hexun.com/2008-09-18/108969886.html〉

笔者认为:对上述诠释似还可作些补充:当今世界存在着两类不同性质"经济民族主义",一类是国际弱势群体在强权发达国家大规模经济入侵情况下为求自保而实行的"经济民族主义",它是被迫自卫的,因而是正当的,理直气壮的,表里如一的;另一类则是强权发达国家对外对内实行"双重标准"下的"经济民族主义",即对外鼓吹"自由主义"借以长驱直入贫困国家的广阔市场,对内则以"国家安全"、"环境保护"之类的口实,实行"经济民族主义",阻挠贫困国家的产品或资本进入本国市场。这后一类"经济民族主义",实质上是地道的、绝对的"民族利己主义",变相的"大国沙文主义",真假参半的"经济自由主义"。它往往是内外不一、表里不一、言行不一、充满伪善的。

宗旨,提出了"发展国家间以尊重人民平等权利及**自决原则**为根据之各国间的友好关系"。1955 年第 10 届大会第 3 委员会决定把"民族自决权"作为《联合国人权公约》草案的第 1 条,明确规定"**所有民族均享有自决权**,根据此种权利,自由地决定其政治地位及自由从事其经济、社会与文化之发展"。1960 年联大又通过了《关于给予殖民地国家和人民独立的宣言》。根据这项决议,民族自决权已确立为殖民地独立的合法权利。在 1970 年第 25 届大会通过的关于《国际法原则宣言》等若干决议中,再次确认了"民族自决权"。至此,在 60 年代时尚持否定态度的西方各国,也终于明确承认**自决权**为**所有民族的合法权利**①。

可见,当代某些西方理论家针对"经济民族主义"的各种非难和抨击,实质上就是对弱小民族国家经济主权的非难和否定。而这种非难和否定完全是违背联合国宪章及其一系列决议的。看来,当代这些非难者和抨击者忘记了自己国家的先辈代表当年也曾在联合国会场上举手通过了这些庄严的宪章和决议。这类"政治健忘症"实在令人难以谅解,遑论令人信服?

(3)"经济民族主义"符合于和遵循了马克思列宁主义关于民族自决权、弱小民族主权问题的基本理论原则:在近现代历史上,资产阶级国际法学者视西方发达国家的主权问题如神物,论述不少;反之,视殖民地、半殖民地弱小民族国家主权问题如草芥,论证不多。即有,也尽歪曲贬抑之能事。在帝国主义时代,在第一次世界大战前后这段期间,列宁把马克思主义推进到列宁主义阶段。在 1895 年恩格斯去世后约三十年的长时期中,列宁反复多次论及殖民地、半殖民地弱小民族的自决权——弱小民族的国家主权问题,对于无产阶级的国际法理论、特别是对当代国际法上的国家主权学说,作出了杰出的贡献。列宁的这些论述,对于其后全球众多弱小民族挣脱殖民枷锁、争取国家主权独立,发挥了极大的启蒙和动员作用,并且成为第二次世界大战结束以来当代众多发展中国家(第三世界)用以抵御和抗击强权国家欺凌的理论武器,当然也是当代"经济民族主义"的主要思想渊源之一。换言之,当代"经济民族主义"的思潮和政策,完全符合列宁当年所大力倡导和反复论证的弱小民族自决原则——弱小民族完全独立自主的国家主权原则②,而且正是在列宁上述理论原则指导下在当代"与时俱进"的最新实践。

(4)"经济民族主义"体现了为当代国际社会弱势群体仗义执言、争取和维

---

① 参阅日本国际法学会编:《国际法辞典》(中译本)世界知识出版社 1985 年版,第 239—240 页,"民族自决权"词条。
② 参阅陈安:《论马克思列宁主义对弱小民族国家主权学说的重大贡献》,载《陈安论国际经济法学》,复旦大学出版社 2008 年版,列为第一编之Ⅵ。

护其平等权益、为建立国际经济新秩序而努力奋斗的时代精神。显而易见,它正是1974年联大一致通过的《建立国际经济新秩序宣言》特别强调的"国家经济主权原则"的另一种表述①。它自始至终都是名正言顺、理直气壮的。为国际弱势群体仗义执言的中外学人面临来自西方强权国家的针对"经济民族主义"的种种非难、抨击,完全不必"自感理短","自惭形秽",反而应当善于予以澄清,敢于予以反驳,敢于和善于坚持真理,"我行我素",继续朝着维护弱小民族国家平等权益、推动建立国际经济新秩序的正确目标,迈步向前。

四、几点结论

(一)"建立国际经济新秩序"乃是全球数十亿人口弱势群体争取国际经济平权地位的共同奋斗目标和行动纲领。自1955年万隆会议初步设定"南南联合自强"战略方针以推动建立国际经济新秩序以来,历经多次潮起潮落,不断冲破明滩暗礁,五十多年来,争取和维护国际弱势群体平等权益运动发展的总趋势,是不断地螺旋式上升的。对此,应当从长期战略视角予以观察和评估,决定相应的行止;不宜只从短期战术角度考虑得失、取舍、行止。

(二)源自西方强权国家的"新自由主义经济秩序"论或"WTO宪政秩序"论,它们虽有某些合理内核,可资借鉴,但整体而言,它们企图取代"建立国际经济新秩序"论,从而可能是麻痹、瓦解国际弱势群体斗志和信心的一种**精神鸦片**。"经济民族主义乱序"论,同样有其合理内核,可予兼听,但整体而言,它企图阻挠建立国际经济新秩序的不懈实践,压制国际弱势群体的斗志和信心,从而可能是一种**精神枷锁**。全球弱势群体对此类含有精神鸦片或精神枷锁毒素的理论,亟宜全面深入剖析,不宜贸然全盘接受。

(三)中国既是全球弱势群体的一员,又是最大的发展中国家之一。中国积极参与和努力推动建立国际经济新秩序,应属当仁不让,责无旁贷。因此,对邓小平同志倡导的具有中国特色的"韬光养晦,有所作为"方针,应当作全面的、辩证的、完整的、准确的理解;应当秉持科学发展观关于"既一脉相承又与时俱进"的基本精神,加深理解,丰富实践,认真总结。中国应当在"**积极推动建立国际经济新秩序**"的总方向上,成为南南联合的中流砥柱之一。

---

① 参阅陈安:《论经济主权原则是当代国际经济法首要的基本规范》,载《陈安论国际经济法学》,复旦大学出版社2008年版,列为第一编之Ⅶ。

（四）在建立国际经济新秩序的时代总潮流中，中国的**自我战略定位**理应一如既往，继续是旗帜鲜明的积极推动者之一，是现存国际经济秩序的改革者之一。不宜只是现存国际经济秩序的"改良者"、南北矛盾的"协调者"。简言之，中国理应进一步发扬传统的、具有独特内涵的中华民族爱国主义，通过BRICSM 类型的"南南联合"群体，成为建立国际经济新秩序的**积极推手和中流砥柱之一**。

2008 年 7—10 月草竟

Ⅶ 论马克思列宁主义对弱小民族国家主权学说的重大贡献*

内容摘要 本篇专论回顾和探讨国际共产主义运动史上有关"民族自决"问题的长期论战,研究国际公法上有关弱小民族国家主权学说的争鸣辩论,侧重论述殖民地、半殖民地弱小民族国家主权——民族自决权问题在国际共运队伍中的论战过程及其发展历史。

在近现代历史上,资产阶级国际法学者视西方发达国家的主权问题如神物,论述不少;反之,视殖民地、半殖民地弱小民族国家主权问题如草芥,论证不多。即有,也尽歪曲贬抑之能事。第二次世界大战后,联合国在新形势下把尊重弱小民族国家主权——民族自决权作为组织宗旨和重大原则列入宪章;特别是嗣后数十年以来,亚非拉大量殖民地在长期斗争后纷纷宣告独立,成为新的主权国家,并继续为争得彻底、完整的独立主权而斗争;联合国大会也一再讨论和通过有关尊重和维护弱小民族国家主权的各种具体决议。因此,现在连最保守的西方资产阶级国际法学者,也不得不重视从历史与现状的结合上,对国际法中弱小民族国家主权这一重大课题,进行认真的研究。这是问题的一方面。

问题的另一方面是:在帝国主义时代,列宁把马克思主义推进到列宁主义阶段。在1895年恩格斯去世后约三十年的长时期中,列宁反复多次论及殖民地、半殖民地弱小民族的自决权——国家主权问题,对于无产阶级的国际法理论、特别是国际法上的国家主权学说,作出了杰出的贡献。

本篇专论把1895—1924年期间列宁在弱小民族国家主权这个重大历史课题上的分散论述,加以系统整理和综合研究,探讨其学说体系的发展过程;同时,收集、整理与列宁同时代的各种机会主义流派在同一问题上的著作和观点,进行比较分析和评论批判,冀能以史为师,明辨是非。因此,本篇专论对于总结

---

* 本篇专论篇幅约22万字,曾于1981年由三联书店以单行本出版,题为《列宁对民族殖民地革命学说的重大发展》。辑入本书时对单行本原有标题和体例稍作调整,其基本内容保留原貌,未作重大改动。

国际共运中的民族殖民地学说,研究国际公法中的弱小民族国家主权学说,对于探讨当代众多发展中国家(第三世界)的历史来由、现实地位和发展趋向,均略具索引作用和参考价值。

目　次

一、近代民族殖民地问题的产生,马克思、恩格斯关于民族殖民地问题的基本理论
  (一)近代殖民主义者的侵略活动和殖民地半殖民地人民的反抗斗争
    黄金——"上帝"和"咒语"(139)　殖民十恶(142)　哪里有侵略压迫,哪里就有抗暴战斗(151)
  (二)马克思、恩格斯在民族殖民地问题上的基本观点
    深刻揭示民族殖民地问题产生的社会阶级根源(157)　雄辩论证无产阶级国际主义,尖锐批判资产阶级反动民族主义(162)　严格区分革命的民族运动和反动的民族运动(166)　正确指明彻底解决民族殖民地问题的根本道路(170)

二、第二国际后期,列宁在民族殖民地问题上反对修正主义的斗争
  (一)帝国主义时代基本矛盾的激化和修正主义路线的出现
    三大基本矛盾空前尖锐(172)　压迫愈重,反抗愈猛(176)　群丑跳梁和反修斗争(177)　斗争焦点之一:如何对待民族解放运动(179)　列宁主义民族观的严整体系逐步确立(181)
  (二)列宁对伯恩施坦、万-科尔之流在民族殖民地问题上谬论的斗争
    所谓"利益有关"和"资源人类共有"(184)　资产阶级化的无产阶级和社会帝国主义者(188)　所谓殖民地人民"愚昧、低能"和殖民者的"道义责任"(193)　仇恨引导奴隶们去建立最伟大的历史功勋(195)　"落后的欧洲和先进的亚洲"(196)　"传播文明"的"赞歌"(198)　"毫无私心"地伸出魔掌(204)
  (三)列宁对爱尔威之流在民族殖民地问题上谬论的斗争
    祖国"无所谓"论(206)　不能拒绝在民族战争中保卫祖国(207)　我们是社会主义祖国的护国主义者(211)
  (四)列宁对鲍威尔之流在民族殖民地问题上谬论的斗争
    所谓"民族文化自治"(215)　民族问题上的两种世界观(218)　民族

文化与国际文化(220)　民族自决与各民族工人融合(223)　决不纵容被压迫民族要求特权的趋向(225)

三、第二国际破产以后十月革命胜利以前,列宁在民族殖民地问题上进一步反对修正主义的斗争

(一)第一次世界大战爆发,民族殖民地问题进一步尖锐化
第二国际死亡了(228)　祸根与火种(231)

(二)列宁对考茨基之流在民族殖民地问题上谬论的斗争
所谓"超帝国主义"与"和平新纪元"(237)　"赊账的马克思主义"——"超等废话"(241)　所谓"友善关系"和"裁军节余援助开发"(243)　往强盗头上洒圣水与从一牛身上剥两皮(246)　应当区分压迫民族和被压迫民族,反对"僧侣主义"(249)　贼喊"捉贼"的沙文主义骗局(254)　专供"输出"的"国际主义"——第一千零一种的伪善(256)

(三)列宁对库诺夫、谢姆柯夫斯基之流在民族殖民地问题上谬论的斗争
暴力"融合"的吹鼓手(259)　务必同尼古拉二世的"融合"主张严格划清界限(263)　离婚自由不等于"家庭瓦解"(270)　民族自决口号新的革命内容(272)　两类民族在自决问题上的不同重点(276)

四、十月革命以后第三国际初期,列宁在民族殖民地问题上清除修正主义流毒的斗争

(一)一九一七年底至一九二四年初民族殖民地问题面临的新形势
伟大的转折和崭新的时期(279)　"二贼相争,两败俱伤"(281)　新的分赃和新的抗争(282)　沉渣泛起,僵尸还魂(286)

(二)列宁对第二国际余孽们在民族殖民地问题上谬论的斗争
为国联唱颂歌(288)　熊未打死就为分熊皮而厮咬(292)　不切实援助弱小民族的反帝革命,"国际主义"就成为一块假招牌(294)　正确认识帝国主义时代的分裂和对抗(295)　被压迫民族要参与决定世界命运(299)　无产阶级同被压迫民族结成联盟(300)

(三)列宁对第三国际内部布哈林、罗易之流在民族殖民地问题上"左"倾空谈的斗争
所谓"劳动者自决"和"暴力镇压不可避免"(306)　不承认民族而只承认劳动群众,那是空洞至极的废话(311)　对待被压迫民族的民族

感情必须特别慎重(314)　共产主义不能用暴力来移植　决不要从莫斯科发号施令(316)　罗易等的"不相干"论和"完全绝缘"论(319)　党提出的任务必须适合于殖民地东方农民国家的水平(325)　落后国家首先需要解决的斗争任务不是反对资本而是反对中世纪残余(327)　坚持无产阶级对民族民主革命的领导权　竭力使农民运动具有最大的革命性(329)　既要借助于资产阶级民族主义，又要严防资产阶级叛卖革命(331)　在特定条件下落后民族的国民经济可以避免资本主义发展阶段(336)　"全世界无产者和被压迫民族联合起来!"社会主义世界革命的最后胜利是绝对有保证的(340)

一、近代民族殖民地问题的产生，马克思、恩格斯关于民族殖民地问题的基本理论

(一) 近代殖民主义者的侵略活动和殖民地半殖民地人民的反抗斗争

黄金——"上帝"和"咒语"

迢迢万里，远涉重洋，到异国异地实行殖民掠夺，这种活动，肇端于十五世纪。它是作为西欧各国资本原始积累的一项主要因素而出现在人类历史上，也作为西欧各国剥削阶级的罪行录而载于史册。

"掠夺是一切资产阶级的生存原则"①，也是一切剥削阶级的共同圣经。欲壑最难填！他们不满足于对本国人民的压榨，在拚命吸吮本国劳动者脂膏的同时，又把贪婪的眼光盯着国外。在十五世纪时，西欧各国的商业资本已经相当活跃，一批又一批地输入西欧的绫罗绸缎、珠宝首饰、香料珍馐等等东方各色奢侈商品和名贵特产，绚丽多姿，琳琅满目，招惹得西欧上层社会的剥削者们眼花缭乱，大大刺激了他们的无尽贪欲，使他们更加垂涎东方的财富。

随着当时欧洲商品货币经济的日益发达，黄金已经成为一切"**物质财富的**

---

① 马克思：《致路·库格曼(1870年12月13日)》。《马克思恩格斯全集》第33卷，第167页。

物质代表"①,变成了一切"商品的上帝"②! 因此,不择手段地极力搜求黄金,就成为西欧一切剥削者的共同狂热。无论是铜臭熏天的豪商巨贾、式微没落的封建贵族,还是位居至尊的专制君主,都毫无例外地匍匐在黄金面前,成为黄金拜物教的虔诚信徒。他们像苍蝇逐臭一样,拚命地追寻黄金。

当时西欧在《马可·波罗游记》的影响下,盛传东方诸国是遍地黄金宝石的"仙境":黄金之多,难以计数;黄金之贱,有如砖石;而当地居民之"蠢",竟又达到对黄金"不知何用"的地步③。但是,通往东方的陆上道路自十五世纪下半期以来已被崛起于西亚和地中海东部一带的奥斯曼土耳其帝国所遮断。于是,由封建君主封官许愿、豪商巨贾出钱资助、冒险家和亡命之徒出力卖命,飘泊远洋去寻找新航路的活动盛极一时。正如恩格斯所指出的:"葡萄牙人在非洲海岸、印度和整个远东寻找的是黄金;黄金一词是驱使西班牙人横渡大西洋到美洲去的咒语;黄金是白人刚踏上一个新发现的海岸时所要的第一件东西。"④

对于这类活动的掠夺目的和掠夺性质,早期的殖民主义者们几乎是直言不讳的。例如,在哥伦布和麦哲伦先后同西班牙君主签订的书面协定中,除了由国王把他们预封为新发现土地的钦差和总督,并允许他们把这些官衔和权力传诸子孙之外,还逐项列出希望从大洋彼岸捞到的主要财富:"珍珠或宝石,黄金或白银,香料以及其他物品";特别是还明文规定了立约双方对于未来掠夺搜刮所得财物的分赃比例。真可谓"未见鹿踪,先议分肥"! 而哥伦布在他给西班牙君主的海外来书中,除了极言发现黄金之多和盛赞"黄金甚至可以使灵魂升入天堂"之外,还向国王夫妇保证:要想方设法,使当地"所有的黄金……万无一失地源源流进陛下的财库之中"。至于非洲西部一带曾经被长期命名为"胡椒海岸"、"象牙海岸"、"黄金海岸"、"奴隶海岸",南美洲北部沿岸曾被称呼为"珍珠海岸",亚洲南部的马鲁古群岛曾被标明为"香料群岛",所有这些名称,正是早期欧洲殖民主义者从事掠夺活动的坦白自供状,也是殖民活动之掠夺本质的历史见证!

为了发横财,早在十五世纪之初葡萄牙的殖民主义者就于1415年占领了非洲西北的休达地区。⑤ 随后又继续南下,在非洲西岸进行殖民掠夺和强占土

---

①② 马克思:《政治经济学批判》。《马克思恩格斯全集》第13卷,第114、115页。
③ 参见《马可·波罗行纪》,商务印书馆1936年版,下册,第623页;中册,第494页。
④ 恩格斯:《论封建制度的瓦解和民族国家的产生》。《马克思恩格斯全集》第21卷,第450页。
⑤ 以下数页针对西方列强"殖民十恶"的综合分析,亦见于本书第一编之Ⅱ《论国际经济关系的历史发展与南北矛盾》,两者均保留原貌,未予删节,旨在保持各自的相对独立性和逻辑完整性,便于读者连贯阅读。请参看第一编之Ⅱ和之Ⅶ这两篇专论的题解(＊)以及第45页注③。

地。到了十五世纪末十六世纪初,1492—1502年哥伦布先后四次向西横渡大西洋,陆续发现了美洲的岛屿和大陆;1497—1498年达·伽马向南绕过非洲的好望角抵达亚洲的印度;1519—1522年麦哲伦及其同伴向西南穿越了美洲南端的海峡,进一步航经太平洋、印度洋,最后回到欧洲,首次完成了环球航行(麦哲伦本人于1521年航抵菲律宾时因进行侵略活动被当地居民击毙)。这些"地理大发现",为进一步开展全世界大规模的殖民掠夺开辟了前所未有的广阔场所。自此以后,欧洲各国的殖民主义者依仗其坚船利炮,在全球各地肆行掠夺和占领,从十六世纪至十九世纪九十年代初这数百年间,就使亚洲、非洲、美洲亿万平方公里的大好河山相继沦为殖民地和半殖民地,使这些地区的亿万人民纷纷罹遭丧权辱国甚至亡族灭种的惨祸。

在这几百年中,葡萄牙、西班牙、荷兰、英吉利、法兰西、德意志等国,既互相争夺,又互相勾结,先后或同时横行诸大洋,肆虐全世界。到了十九世纪九十年代初期,这些殖民强国所分别霸占的殖民地面积,相当于各自本土的几倍、十几倍、几十倍乃至于一百多倍。例如,葡萄牙的殖民地达二百四十多万平方公里,约为本土的二十七倍;荷兰的殖民地达二百万平方公里,约为本土的五十倍;殖民地遍及全球、号称"日不落帝国"的英吉利,其本土只不过二十四万多平方公里,而霸占的殖民地却多达三千零五十多万平方公里,两者相比,其殖民地面积竟为本土的一百二十五倍之多!怪诞故事中所虚构的"蛇吞象"①,竟然成为当时国际关系的真实写照!成为活生生的历史事实!截至1895年止,欧洲列强侵占殖民地的大体情况如下:

1895年列强殖民地面积概况②
面积单位:万平方公里

	殖民地面积	宗主国本土面积	殖民地面积相当于宗主国本土的倍数
英 国	3 051.9	24.4	125
俄 国	1 740	540	3.2
法 国	839.7	55.1	15.2
德 国	265.7	35.6	7.5

---

① 中国古籍《山海经》所录怪诞传闻中,有一条是:"巴蛇食象,三岁而出其骨。"明人罗洪先曾以"人心不足蛇吞象,世事到头螳捕蝉"的诗句,形容剥削阶级的贪婪无餍和强食弱肉。
② 本表殖民地面积,系根据日本大盐龟雄所著《最新世界殖民史》一书附录《世界殖民地现势一览表》及《近世殖民史年表》累计估算。

续 表

	殖民地面积	宗主国本土面积	殖民地面积相当于宗主国本土的倍数
葡萄牙	242.5	8.9	27.2
比利时	235.5	3	78.5
荷 兰	202	3.1	78.5
西班牙	31.5	50.4	0.6

在当时国际殖民主义者中,其贪婪凶恶丝毫不亚于英国的,首推俄国的沙皇。沙俄这个本土面积五百多万平方公里的欧洲国家,到了十九世纪七十年代,竟已霸占和侵吞了一千七百多万平方公里的殖民地①,与英国并列而成为全世界两大殖民霸主。

如所周知,沙俄原是东欧内陆的一个国家。但好几代的沙皇却都梦寐以求地企图"建立一个从易北河到中国、从亚得利亚海到北冰洋的伟大的斯拉夫帝国"②。为了实现称霸世界的狼子野心,这个缺乏出海口因而一时无法仿效西欧诸国扬帆远征的内陆国家,便采取了"与众不同"的、臭名远扬的"大陆膨胀政策",对紧贴着它的四周弱国、小国,豪夺巧取,择肥而噬。自十七世纪末叶的彼得一世(1682—1725)以来,历代老沙皇就精心炮制和拚命推行一项北取、西攻、南犯、东侵的扩张称霸计划,发动了一系列的侵略战争。通过穷兵黩武和蚕食鲸吞,到了十九世纪八十年代初,沙俄竟从东欧内陆的一个不大的国家迅速"膨胀"成为一个地跨欧、亚两洲的庞大殖民帝国,成为一座迫害、奴役、掠夺、剥削一百三十多个弱小民族的庞大监狱,从而"打破了民族压迫的世界纪录"③!

殖民十恶

目的的卑鄙决定了手段的卑鄙。利欲熏心决定了无恶不作。西方殖民主义者对弱小民族实行掠夺的手段,在资本原始积累时期、"自由"资本主义时期以及后来的垄断资本主义时期,虽然有不同的表现形式,不同的侧重方面,但

---

① 参阅列宁:《社会主义的原则和1914—1915年的战争》及《帝国主义是资本主义的最高阶段》中的两份统计表。分别见《列宁选集》1972年版第2卷,第671、800页。
② 恩格斯:《德国和泛斯拉夫主义》。《马克思恩格斯全集》第11卷,第223页。
③ 列宁:《关于自决问题的争论总结》。《列宁全集》第22卷,第354页。

是，总的说来，十五世纪以来的数百年间，欧洲列强在亚、非、美广大地区实行殖民掠夺的历史，是一部火与剑的历史，也是一部血和泪的历史。殖民主义者为了发财致富，欠下了亚、非、美人民一笔又一笔的血债，正如马克思所揭露的，他们"只有用人头做酒杯才能喝下甜美的酒浆"①，其掠夺手段之残暴无耻，达到前所未有的地步。下面所列举的十个方面，只是其中的一斑：

欺蒙诈骗，以贱易贵 早在十五世纪末，哥伦布在他的航海日记中就记载着：他的同伙们用玻璃碎片、碎碗破盆之类的废物换取美洲印第安人手中的小金块和珍珠②。达·伽马于首航亚洲、闯到印度之后，也是采取以贱易贵的骗术，满载两大船的香料和象牙回欧，牟取暴利达百分之六千③！至于后来的英国殖民魁首谢西尔·罗得斯的诈骗手腕，则更加骇人听闻：1888年，他竟以一千支旧步枪、一艘破汽艇和每月一百英镑津贴作为代价，与南非马达别列酋长洛本古拉订立所谓"友好"条约，骗取了津巴布韦全境近四十万平方公里广阔地区（相当于英国本土一倍半或十个荷兰）富饶金矿的开采权；又残暴镇压马达别列人民的反抗。两年之后他就戴上了英国开普殖民地"总理"的乌纱帽，还用他的名字强把津巴布韦这片土地命名为罗得西亚。

明火执仗，杀人越货 欧洲的殖民者当然不满足于区区的"巧取"，主要还是靠残暴的豪夺。例如，1532年11月以毕萨罗为首的一伙西班牙殖民主义者在一场突然袭击中杀害了数以万计的秘鲁印卡族的印第安人，绑架了印卡国王阿塔华尔巴，勒索巨额赎金：强迫印卡人用黄金填满监禁印卡国王的二十二英尺长十七英尺宽的一间牢房，用白银填满较小的另外两间房子。等到收齐了这一批价值数千万美元的金银之后，为了斩草除根，却又杀了这个国王④。就是通过诸如此类的凶残手段，从1521年到1560年这四十年中，西班牙殖民者就从美洲掠夺了黄金十五万七千公斤，白银四百六十七万公斤；从十五世纪末到十六世纪末这一百年中，葡萄牙殖民者就从非洲抢劫了黄金二十七万六千公斤。

殖民强盗们在非洲、亚洲的所作所为，和在美洲如出一辙。据当年目击者的记载，1832年法国殖民军在阿尔及利亚的一场屠杀中所抢到的"战利品"里面，竟然有许多"女人戴的镯子还戴在被砍下来的手腕上，耳环还挂在一块一块

---

① 马克思：《不列颠在印度统治的未来结果》，《马克思恩格斯全集》第9卷，第252页。
② 参阅马吉多维奇：《哥伦布》，新知识出版社1958年版，第12、24页。
③ 参阅海斯等：《世界史》，纽约1946年英文版，第423页。
④ 参阅福斯特：《美洲政治史纲》，纽约1951年英文版，第三章，第三节。

的耳肉上"①。在印度，英国殖民侵略者每于攻陷城堡进行血腥屠杀的同时，打开国库，抢个精光。"军官和士兵进城的时候是穷光蛋或者负债累累，而出城的时候都突然变成了富豪"②。他们在杀人越货之后，还要哼哼地大发议论，论证自己十分"克制"和"宽仁"。就是那个1757年血洗孟加拉的罪魁罗伯特·克莱武，在独吞盗赃二十万英镑和无数珍宝之后，竟恬不知耻地在英国议会自吹："富裕的城市在我脚下，壮丽的国家在我手中，满贮金银珍宝的财宝库在我眼前。我统共只拿了二十万镑。直到现在，我还奇怪那时为什么那样留情。"

与克莱武可以"比美"的，是沙皇俄国的侵华急先锋哈巴罗夫。这个大刽子手曾率领一股沙俄殖民匪徒窜入中国的黑龙江流域，对达斡尔人等沿江各族人民大肆烧杀掳掠。他在1652年8月的一份报"功"呈文中写道：

在包围了中国境内的一个大寨堡之后，"我命令翻译喊话，说我们的国家是伟大的，我们的全俄沙皇亚历克赛·米海伊洛维奇大公是威震四方的统治者，……不许抵抗，快缴械投降，要向我们的皇上缴纳你们力所能及的实物贡品……

"……我们靠上帝保佑和托皇上的福，把俘虏来的达斡尔人全部砍下头来，……杀死了大人和小孩六百六十一人，……托皇上的福，我们夺下了这个寨堡，……抓到的妇女俘虏，年老的、年青的以及小姑娘共计二百四十三名，俘虏小孩一百一十八名；我们从达斡尔人那里夺得马匹，大小共计二百三十七匹，还夺得牛羊牲畜一百一十三头。"③

在历史的审判台前，当年这份报"功"呈文如今已成为自供状和自绘像，它活画出殖民匪徒的狂妄、无赖和绝灭人性。根据史料的记载，沙俄的波雅科夫和哈巴罗夫之流甚至还把活生生地被杀害的中国人的尸体当作美味食物，还用孩子的父母做炙架来烧烤儿童④。自诩"文明"的沙俄殖民者，原来是一群衣冠野兽⑤！

---

① 参阅马赛尔·艾格列多：《阿尔及利亚民族真相》，世界知识出版社1958年版，第45页。

② 恩格斯：《英国军队在印度》。《马克思恩格斯全集》第12卷，第526页。恩格斯在这里指的是1857年英国殖民军攻陷印度奥德首府勒克瑙后纵兵洗劫两星期的情景。据当年英国《泰晤士报》军事通讯员威廉·罗素报道：当时英军官兵抢到了大量金银和珍珠、翡翠、钻石，"有些军官真正发了大财，……在放军装的破箱子里，藏着一些小匣子，里面装着苏格兰和爱尔兰的整个庄园，装着世界上……各个地方的舒适的渔猎别墅。

③ 《叶罗菲伊·哈巴罗夫报告他在黑龙江进行军事活动的呈文》。载于列别吉夫等编：《苏联历史文选》第1卷，苏联教育部国家科学教育出版社1949年第3版，第438—440页。

④ 参阅瓦西里也夫：《外贝加尔的哥萨克们》，赤塔1916年版第1卷，第58页；拉文斯坦：《俄国人在黑龙江》，伦敦1861年版，第二章、第三章。

⑤ 苏联领导集团坚持为野兽歌功颂德，至今仍把哈巴罗夫的臭名强加于被侵占的原中国城市伯力，称之为"哈巴罗夫斯克"。二十世纪三十年代出版的《苏联大百科全书》曾经根据确凿的历史事实公正地指明：哈巴罗夫是"沙俄远东殖民政策侵略计划的传播者"，到了六十年代，在《苏联小百科全书》上，苏联领导集团却无耻地篡改历史事实，把同一个哈巴罗夫美化为"俄罗斯新土地的发现者"。

践踏主权，霸占领土 这是殖民强盗们使掠夺稳定化、经常化、长期化的必要手段和必然趋势。亚、非、美的广阔疆土，往往是在所谓"先占"的"原则"下一大片又一大片地沦为欧洲列强的殖民地的。凡是社会经济发展比较迟缓落后、处在原始社会末期和奴隶社会初期的地区，概被诬称为"野番地域"，视同"无主地"，谁能最早发现，捷足先登，抢先占领，便归谁所有①。按照此种强盗逻辑，受雇于英国王室的殖民先驱卡博特自称曾在 1496 年的大西洋航行中从船上远远地隐约望见北美大陆的影子，英国居然可以堂而皇之地以此作为"理由"，主张享有北美大陆的领土权。1500 年葡萄牙的海军将领加布拉尔在非洲沿岸的航行中被暴风刮到了南美洲的巴西海岸，于死里逃生之余，也居然可以在国际上宣称：在亚马孙河以南的一切土地，全归葡萄牙领有。

"先占"原则的孪生兄弟便是所谓"腹地主义"（或译"背后地主义"）：殖民者只要在海岸上抢占几个据点，升起国旗，就可以公开宣布对这些地区以及海岸背后的大片内陆腹地实行"保护"或直接领有。直到 1876 年，欧美的殖民主义者所侵占的海岸地区只占非洲总面积的百分之十。从地图上看，星星点点，零零落落，有如叮在人体上吮血的若干蚂蟥和臭虫。然而，在"腹地主义"的国际协定下，再加上实力占领，短短数十年间，便将余下的百分之九十的非洲土地，鲸吞瓜分殆尽。

尤其荒谬的是：别人的神圣疆土，居然也可以作为"嫁妆"来赠送或索取。例如 1662 年葡萄牙公主卡太琳与英国国王查理二世结婚时，原属印度的葡占孟买岛竟以"嫁妆"名义随她"陪嫁"给了英国②；1884 年，德国汉堡的一个殖民商人拐走了桑给巴尔国王的妹妹，私奔成婚之后，竟由德国帝国政府出面，派出巡洋舰，强索"嫁妆"，迫使桑给巴尔国王签约割地方罢。

像这一类的匪徒行径和强盗信条，竟被西方殖民主义者正式定为国际惯例或国际法规，而亚、非、美亿万人民祖祖辈辈数千年来劳动于斯、生息于斯的锦绣河山，也就是在这一类的国际准则下，竟变成了"无主地"，成为西方盗匪们的刀下鱼和俎上肉，被肆意宰割。

---

① 被西方资产阶级推崇为国际法"学术权威"的奥本海便是如此鼓吹的："先占是一个国家的占取行为，通过这种行为，该国有意识地取得当时不在其他国家统治下的土地的主权。……先占的客体，只限于不属于任何国家的土地，这种土地，或则完全无人居住（如荒岛），或则虽有当地土人居住而他们的社会共同体并不被认为是一个国家。居住在一定地域的土著居民也许具有部落组织，但不必把它当作国家看待。"见奥本海：《国际法》，伦敦 1920 年第 3 版，第 383—384 页；并参阅周鲠生：《国际法大纲》，商务印书馆 1932 年版，第 121—123 页；大盐龟雄：《最新世界殖民史》，商务印书馆 1930 年版，第 350—351 页。

② 参阅尼赫鲁：《印度的发现》，世界知识出版社 1956 年版，第 383 页。孟买岛位于印度西岸附近，即今日印度第二大城市孟买所在地，面积为 235 平方公里，与大陆有堤道相连。人口约六百万。

横征暴敛，榨取脂膏 西方殖民主义者搜刮聚敛的经常来源，是以暴力为后盾，强征名目繁多的苛捐杂税。

据史料记载，沙俄殖民匪徒自从爬过乌拉尔山在西伯利亚建立若干据点之后，便四出强征各种实物税。在十七世纪中叶，仅向西伯利亚各族土著强征的黑貂税一项，即占整个俄国国库收入的三分之一①。当地人民稍有违逆反抗，接踵而来的便是上述哈巴罗夫式的血腥大屠杀。

比利时在刚果的殖民当局向当地居民勒索珍贵的象牙和橡胶，限期交纳，对逾期未交者即派兵持刀割下耳朵，砍下手足，甚至砍下脑袋，作为"证物"送交当局查验。逼税暴行层出不穷，据目击者斯坦利的记述："每一公斤象牙的价值等于一个男子、妇女或小孩的生命；常常为五公斤象牙就烧掉一个住所，为一对象牙就消灭一个村庄，为二十只象牙就毁掉整整一个省，并连同所有的居民、村庄和种植园也一起毁掉。"②

英国殖民当局在印度课征的土地税，比印度历代封建主苛重得多、残酷得多，往往是三倍四倍地猛增。他们"希望从印度居民的血液中榨取黄金"③，因此，为了逼税经常滥施各种酷刑，而殖民当局的土地税收入就在皮鞭刑棍的挥舞呼啸声和当地人民的惨叫哀号声中直线上升。沉重的盘剥，造成频仍的饥荒。单1770年的一次大饥荒，就饿死了一千万人，真是哀鸿遍野，殍尸盈壑！面对这种惨象，孟加拉省督哈斯丁斯却无耻地向上司报"功"说："尽管本省居民至少饿死了三分之一，耕地面积也随之减少。然而1771年土地税纯收入甚至超过了1768年的数额"；"由于采取了暴烈措施，使它得以赶上原先的水平"④。而1789年英国总督康华礼在总结其同伙武力侵占孟加拉近三十年来的殖民"德政"时，则被迫供认：原先极其富饶的孟加拉广阔地区，"现在已是一片只有野兽栖居的荒漠之地"⑤了。

强制劳役，敲骨吸髓 在采矿、筑路、挖河、垦殖等需要大量劳动力的部门，西方的殖民掠夺者长期地广泛推行强制劳役，迫使亚、非、美人民从事极其繁重的无偿劳动和半无偿劳动，大量制造死亡。

---

① 貂皮当时是俄国用于国际交换的重要手段，类于黄金储备。参阅古多什尼科夫编：《西伯利亚历史文选》，1932年莫斯科版，第31页。
② 参阅奥尔德罗格等主编：《非洲各族人民》，莫斯科1954年版，第10章，第4节。
③ 马克思：《政府在财政问题上的失败。——马车夫。——爱尔兰。——俄国问题》，《马克思恩格斯全集》第9卷，第254页。
④ 参阅哈斯丁斯：《致东印度公司董事会的报告（1772年11月3日）》，转引自杜德：《今日印度》，伦敦1940年版，第115页。
⑤ 参阅康华礼：《1789年9月18日的备忘录》，转引自同上书第116页。

在墨西哥、秘鲁、玻利维亚等地,被强迫在金银矿山服劳役的印第安人,每五人中就有四个在第一年里含恨死去。以致一旦被强征,就形同被宣判死刑:被征者的亲人和家族预先为他们举行送葬仪式,以示诀别和哀悼①。

在赤道非洲,被迫在热带密林和沼泽泥淖中披荆斩棘、筑路铺轨的当地群众,因不堪劳累折磨而纷纷倒毙,每修一公里铁路就要付出约二百条生命的代价,几乎每一根枕木就是一具尸骸转化而成。在埃及,1859—1869年间用变相的奴隶劳动开凿成的苏伊士运河,两岸荒冢累累,草草掩埋着十二万名因过劳、饥饿和疫疠而相继丧生的挖河民工,浩浩河水,混和着无数孤儿寡妇的血泪。

在热带和亚热带地区的种植园中,殖民恶霸用皮鞭和刑棍逼迫奴隶们每天劳动十八至十九小时,即使最健壮的青年,也经受不了如此残酷的蹂躏压榨,短期内便精疲力竭而死,众多劳工入园后的平均寿命不过六、七年。"种植园主认为使壮年的奴隶劳动致死,比维持衰老的奴隶更为有利"②;而奴隶们一般经过"七年的残酷役使后,就比一头老牛还不如,一具牲畜似的尸体就被丢弃在奴隶区的废物堆中"③,能够活到老年的奴隶竟成为"罕见之物"!

猎取活人,贩卖奴隶 猎奴和贩奴,是役奴的继续和延长。在美洲,长期的屠杀和虐杀,使印第安族土著居民人口锐减。矿山种植园数量的不断增加和规模的不断扩大同奴隶来源的日益衰竭,形成了尖锐的矛盾。为了解决这个矛盾,西方殖民者广泛采取毒辣的办法,以非洲人"猎取"非洲人:由西方殖民者出枪出弹,唆使非洲沿岸部落酋长发动"猎奴战争",虏掠内陆活人,交给殖民者,以换取廉价商品和新的枪支弹药。贩奴商人在换得这些"猎获物"后,便把这些会说话的"黑色牛马"锁上脚镣,像装填牲口一样把他们塞进运奴船的货舱,贩给美洲的矿主和园主,牟取百分之几百到百分之一千的暴利④。在海运中,常因船上疫疠流行或缺粮缺水,便把大批还活着的奴隶抛到海里喂鲨鱼,甚至使贩奴航线上的大群鲨鱼养成了尾追运奴船只寻食活人的习惯。

据大略统计,从十六世纪至十九世纪三百多年间,万恶的奴隶贸易使非洲总人口共约损失了一万万人,长期猎奴战争和大量贩奴虐杀所造成的经济力、人力上的严重破坏,是整个非洲大陆长期落后的主要原因之一。殖民者用非洲亿万黑人的堆堆白骨,为欧美"先进文明"的大厦填筑了牢实的基础。

役奴、猎奴、贩奴的妖风也刮到了亚洲。在印尼,荷兰殖民者曾在苏拉威西

---

① 参阅古柏尔等:《殖民地保护国新历史》,读书出版社1949年版,上卷第一册,第96页。
② 史裴尔斯:《美国奴隶贸易》,纽约1907年版,第51页。
③ 阿赛维陀:《巴西文化》,纽约1950年版,第46页。
④ 参阅福斯特:《美国历史中的黑人》,纽约1954年英文版,第二章,第二节。

岛实行盗人制。为此目的而专门训练了大批盗人的匪徒,把盗劫到手的"人赃"投入孟加锡等地的秘密监狱,待机启运①。在旧中国,西方殖民者也连骗带劫,弄走了数以百万计的"契约华工",当作"猪仔"转卖给海外各地的矿、园主,用黄种奴隶来扩充棕种奴隶和黑种奴隶的行列,迫使中华儿女成千累万地惨死异土②!

垄断贸易,单一经济 著名的资产阶级代言人孟德斯鸠曾公开宣扬:"殖民之宗旨,在于取得最优惠之贸易条件。……吾人规定在殖民地区宗主国独揽贸易权利,此事道理甚明。"③长期以来,西方殖民者就是按这个"宗旨"和"规定"行事的。在严刑峻法④的限制下,殖民地几乎只能向宗主国出口自己的主要产品,也只能从宗主国进口自己所需要的主要产品,而商品价格和关税比率,却由宗主国片面规定。在这一出一进、贱卖贵买过程中,殖民地人民受到了双重的盘剥,这样的"贸易"实际上是一种变相的抢劫。

垄断的魔掌不但控制了贸易,也控制了生产,其中的突出表现之一,是以同样的严刑峻法强迫殖民地人民集中人力、物力实行农、牧业的单一种植或单一经营,以适应宗主国在世界市场上牟取暴利的需要。这就严重阻挠和破坏了这些地区国民经济的正常健康发展,使它形同头大身小、缺手断足的畸形怪胎。大片良田沃土被霸占去辟为种植园或牧场,使千千万万的农民流离失所,沦为雇工奴隶;工业严重落后,日用必需品完全仰赖宗主国进口,宗主国则耍弄杀价收购农产品和抬价卖出工业品的惯伎⑤,把殖民地人民推进更加贫穷痛苦的深渊。

种毒贩毒,戕民攫利 以科学文明自诩的西方殖民者,深知鸦片是一种麻醉性毒品,吸食成瘾,会严重戕害健康,缩短寿命。然而剥削者的行动哲学历来就是"只要我能多捞一把,哪管它寸草不生"。他们用武装走私和贿通各地贪官污吏的办法,向东方特别是向中国,大量抛售鸦片,大发横财。

从十八世纪末叶起,英国殖民主义者就在印度强迫孟加拉地区的农民大量

---

① 参阅马克思:《资本论》。《马克思恩格斯全集》第23卷,第820页。
② 参阅泰勒·丹涅特:《美国人在东亚》,商务印书馆1960年版,第454—455页;卿汝楫:《美国侵华史》,人民出版社1962年版,第1卷,第99—100页。
③ 参阅孟德斯鸠:《论法的精神》,商务印书馆1963年版,下册,第69—70页。
④ 例如,荷兰殖民者就曾把印尼班达岛的一万多名居民几乎全部杀光,只是因为岛上部分人"违禁"把特产香料豆蔻卖给了非荷兰的其他商人。
⑤ 这类情况甚至一直持续到今天。例如,近十多年来,苏联和亚、非、拉国家之间的贸易,一辆吉普车起先只能换十四袋咖啡,后来要换四十三袋;一台拖拉机,先换九包棉花,后换二十五包;一吨钢材,先换一吨香蕉,后换四吨;一辆小轿车,先换两吨可可,后换六吨。又如,在二十世纪七十年代初,亚、非、拉的香蕉生产国每出口一吨香蕉,本国只获得零售价格的11.5%,而号称"香蕉帝国"和"绿色魔鬼"的美资跨国公司——联合果品公司等外国企业则攫取了零售价格的88.5%。

种植罂粟制造鸦片,低价收购,高价出卖。以 1813 年为例,当时印度上等鸦片每箱销售价格是二千四百二十八卢比,而成本费用则只有二百三十七卢比,还不到卖价的十分之一,其赢利部分,就由当地英国殖民政府和殖民商人瓜分。运销中国,又可再大捞一笔。从而使贩毒捞钱成为英国殖民者"自己财政系统的不可分割的部分"①。

杀人不见血的毒品源源不断地输进中国,"换"走的却是中国人民血汗凝成的茶叶、蚕丝和巨量白银。十八、十九世纪来中国"经商"的俄国人,有许多便是以毒品"换"茶叶的鸦片贩子②。

由于银源日益枯涸,加以鸦片流毒全国,严重戕害民族健康,连清朝统治阶层中的一些有识之士也惊呼,这样下去,"是使数十年后,中原几无可以御敌之兵,且无可以充饷之银。兴思及此,能无股栗?!"③当清朝政府迫于人民群众的强烈要求,对西方鸦片贩子采取严禁措施时,殖民主义者竟发动侵略战争,于烧杀劫掠之余,还要收取杀人放火的"手续费":以"水陆军费"为名勒索巨额"赔款"。单单 1840—1842 年的第一次鸦片战争,就勒索了"赔款"二千一百万银元,相当于当时清朝政府全年财政总收入的三分之一。真是蛮横之极,无耻之尤!

西方殖民主义者所强加的鸦片贸易和鸦片战争,在幅员辽阔、人口几乎占当时全世界三分之一的中国土地上,演出了一场极其惨痛的历史悲剧,"甚至诗人的幻想也永远不敢创造出这种离奇的悲剧题材"④!对于由这场历史悲剧开始带来的深重民族灾难以及种种恶果,中国人民是记忆犹新、永不忘怀的!

毁灭文化,精神侵略 早在西方殖民者的祖先们还处在蒙昧、野蛮的时代,亚洲、非洲、美洲的劳动人民就已经创造了许多灿烂的古文化,积累了许多古代文明宝藏。但在殖民侵略者的铁蹄下,这些古文化、古文明却纷纷惨遭摧残和毁灭。1532 年,欧洲殖民主义者在"征服"秘鲁的过程中,像大群饿狼,扑向各地金碧辉煌的古代神庙,把历代能工巧匠精心制作的各种金银壁饰等等古代艺术珍品,全部洗劫一空。"所有这些华丽的物品,对西班牙人来说,只不过是些

---

①④ 马克思:《鸦片贸易史》。《马克思恩格斯全集》第 12 卷,第 587 页。
② 苏联高级外交官齐赫文斯基妄图抵赖老沙皇殖民主义者贩毒残害中国人民的罪行(见齐赫文斯基主编:《中国近代史》,莫斯科 1972 年俄文版,第 120、222 页)。可是"不幸"得很,早在 1857 年,革命导师马克思就根据当时众所周知的确凿事实,无情地揭穿了这一可耻罪行。铁证如山,岂容赖掉!参阅马克思:《俄国的对华贸易》。《马克思恩格斯全集》第 12 卷,第 167 页。
③ 林则徐:《钱票无甚关碍宜重禁吃烟以杜弊源片》。载于《林则徐集(奏稿)》,中华书局 1965 年版,中册,第 601 页。

金属矿藏"①！美洲古国文明的一大精华，就此荡然无存。

1860年，英法侵略军闯进了北京的圆明园，对清朝皇帝搜刮全国民财惨淡经营了一百五十多年的豪华别宫，于恣意劫掠破坏之后，又付之一炬，大火三日不熄，使这座收藏着数千年历史奇珍和文物典籍因而举世闻名、罕有其匹的宏伟宝库和园林艺术典范，化为一片灰烬和瓦砾！在殖民掠夺史上，这一类文化浩劫，古今中外，不知凡几，它给全世界人类文化造成的惨重损失，是无法估量的。

既毁其精华，又塞以糟粕。殖民者通过传宗教、办学校、出书报等等精神侵略活动，推销各种精神鸦片，力图摧毁殖民地半殖民地人民的民族意识，磨灭其爱国心和革命性，把一副又一副的精神枷锁套在他们身上；同时，千方百计地培植一小撮亲洋崇洋、奴颜媚骨的知识分子以及为虎作伥、认贼作父的民族败类，充当他们巩固殖民统治、扩大殖民掠夺的工具和帮凶。

对于精神侵略和奴化教育的巨大"妙用"，当年的"中国通"、美国伊里诺大学校长詹姆士是深知其中"三昧"的。他曾向美国总统献策力陈：只要大力对年青一代的中国人施加奴化"教育"，就"一定能够使用最圆满和最巧妙的方式控制中国的发展"；"为了扩张精神上的影响而花一些钱，即使只从物质意义上说，也能够比用别的方法收获得更多。商业追随精神上的支配，是比追随军旗更为可靠的"。西方殖民者从事精神侵略所造成的累累恶果，至今还使亚、非、拉人民的革命和建设事业深受其害，有待继续肃清。

血腥屠杀，种族灭绝　　在殖民掠夺和霸占土地的过程中，殖民盗匪们对于稍敢反抗或留恋乡土不愿迁徙的土著居民，往往采取极端残暴的种族灭绝政策。据十六世纪曾直接参与过殖民侵略活动的西班牙人拉萨·卡萨斯的记述，西方殖民者就是如此骇人听闻地血腥屠杀起义的印第安人的："他们闯进村镇，不放过小孩、老人、妇女、产妇，把所有的人都杀光，……他们互相打赌能否一刀把人劈成两半，能否一斧把头砍下或把脏腑剖开，他们夺下母亲怀里的婴儿，把脑袋往石头上撞……或是把母亲和婴儿背靠背绑在一起丢到河里"②。为了把印第安人斩尽杀绝，那些"虔诚"地信奉基督教、以"仁慈、博爱"自我标榜的西方殖民者，竟公然悬赏杀人：1703年，北美新英格兰地区的殖民者在立法会议上决定，每剥得一张印第安人的头盖皮给赏金四十镑；1720年，这种头盖皮竟然"涨价"，每张给赏金一百镑③。这一类惨绝人寰的反动法令，自1641年起竟然

---

① 格里奥勒：《伟大的探险家们》，巴黎1948年版，第68页。
② 参阅格拉齐安斯基等编：《中世纪史文献》，莫斯科1950年版，第3卷，第43—44页。
③ 参阅马克思：《资本论》。《马克思恩格斯全集》第23卷，第821—822页。

在整个美洲大力推行达一百七十多年!

直到十九世纪中叶,西方殖民者仍在美洲以外推行类似的悬赏制度。1866年,在"剿灭"新西兰土著居民毛利人的战争中,英国《惠灵顿独立报》公开鼓吹:应该规定斩首"奖酬"。据新西兰作家史考特的记载,当时有个以凶悍闻名的殖民匪徒汤姆·亚当逊,一发现毛利人,就拚命抢先砍下头颅,把这种"战利品"装入麻袋,"当这些装满人头的麻袋搬到怀摩特尔上校的营帐里时,人头撒满在地,滚到行军床下,办公桌下,上校的脚边,亚当逊便有了充分的理由请求奖赏"①。至于法国将军佩利西埃在1845年镇压阿尔及利亚起义时,竟将一千多名藏在山洞里的土著妇孺全部用烈火毒烟活活烧死熏死,这一绝灭人性的暴行当时曾轰动全球,但他事后却因诸如此类的军"功"而青云直上,晋升为元帅,其所得的"奖赏"和"荣誉",更远非区区亚当逊所可比拟!

为了更大量更迅速地灭绝土著居民,西方殖民者还采取了令人发指的手段:传播瘟疫!他们抓住土著小孩,强行注射烈性传染病细菌,然后放回去发作传病。用诸如此类的狠毒办法往往在极短的时间内就使几十个几百个部落彻底毁灭,断种绝根,大片大片的土地,断了人烟。然后,这里就成为殖民者们最理想的新种植园和新牧羊场②!

总之,西方殖民匪徒们的种种暴行和血债,是罄竹难书、擢发难数的。以上所粗略列举的十个方面,只不过是殖民掠夺这一股历史浊流中的一涓一滴。

数百年来,殖民掠夺者的辩护士们费尽心机,力图遮掩和美化这些罪恶的历史,然而墨写的谎言终究盖不住血写的事实。漫漫数百年,一部殖民史,在"仁义道德"的字里行间,实际上满本都写着两个字:吃人!

哪里有侵略压迫,哪里就有抗暴战斗

一部殖民掠夺史,同时又是一部反殖民斗争史。数百年间,既是那些披着人皮的殖民虎狼们吃人的过程,也是殖民地半殖民地人民成百次成千次地抗击和严惩这些虎狼的过程。这种反殖民、反侵略、反掠夺、反奴役、反剥削、反压迫的斗争,前赴后继,此伏彼起,连绵不断,遍及全球!可以说,几个世纪以来未有一日止息!

单就近代而言,仅在十七世纪中叶至十九世纪九十年代初这段期间里,这

---

① 莫洛克等编:《近代史文献》,莫斯科1958年版,第1卷,第241页。
② 参阅苏联科学院:《美洲印第安人》,三联书店1960年版,第324、358页。

种反抗斗争中规模较大、影响深远的有：1649—1652年爱尔兰人民的反英起义；1659年以及1673—1677年南非霍屯督人的两次抗荷战争；1661—1662年中国人民驱逐荷兰侵略者、收复台湾的战争；1674—1679年以及1685—1706年印尼人民的反荷起义；1675—1676年北美印第安人反对英国殖民者的战争；1739年北美南卡罗来纳黑人奴隶的暴动；1767—1799年南印度迈索尔人民坚持了三十二年之久的反英保卫战；1779年开始、坚持了百年之久的南非人民抗击西方殖民者的自卫战争——"卡弗尔战争"；1780—1781年秘鲁印第安人的大起义；1791—1803年海地黑人奴隶的独立解放战争；1798年和1800年埃及开罗人民打击法国侵略军的两次英勇起义；1805年开始、持续了一百年的西非阿散蒂人的抗英战争；1810—1826年西班牙美洲殖民地的独立解放战争；1817年以后葡属巴西争取独立解放的起义斗争；1825—1830年印尼爪哇人民的抗荷大起义；1830—1831年波兰人民反抗沙俄殖民统治的民族起义；1838—1842年阿富汗人民的抗英战争；1840—1842年中国人民抗击英国侵略军的第一次鸦片战争；1848年和1867年爱尔兰人民反抗英国殖民统治的两度武装起义；1848年罗马尼亚人民抗击沙俄反革命殖民侵略军的英勇战斗；1848—1852年波斯（伊朗）巴布教徒反对本国封建王朝和沙俄等外国殖民掠夺者的起义；1849年匈牙利人民抗击沙俄和奥国反动军队的民族解放战争；1851—1864年举世瞩目的、中国人民反对殖民主义侵略者及其走狗清王朝的太平天国革命；1856—1860年中国人民抗击英法侵略联军的第二次鸦片战争；1857—1859年声势浩大的印度民族大起义；1863年震撼全欧的波兰人民反抗沙俄异族统治、争取民族独立的再次大规模起义；1867—1868年埃塞俄比亚人民的抗英斗争；1868—1878年古巴人民反对西班牙殖民统治的解放战争；1871年阿尔及利亚人民的反法起义；1872年菲律宾人民的反西班牙起义；1879年南非祖鲁人的抗英战争；1881—1885年苏丹人民痛惩英国殖民者、威震非洲大陆的全民大起义；1882年埃及人民的抗英战争；1882—1885年东非马达加斯加人民的抗法战争；1887年埃塞俄比亚人民的抗意战争；1889—1894年西非达荷美人民的抗法战争；1891年开始的西非几内亚人民的抗法战争；1893年南非马达别列人民的抗英战争，等等。

在千百次反击殖民侵略者的武装斗争中，殖民地半殖民地的人民面对拥有巨舰利炮、武装到牙齿的凶恶敌人，不畏强暴，拿起大刀、长矛、弓箭乃至棍棒、石头之类的原始武器，迎头痛击入侵之敌，严厉地惩罚了为非作歹的殖民侵略者。他们敢于斗争，也善于斗争，往往以一当十，出奇制胜，打得殖民侵略者抱头鼠窜，甚至全军覆没，大长弱小民族的志气，大灭殖民强盗的威风！

让我们简略回顾若干史例,以窥一斑。

美洲 据史料记载,早在 1511—1512 年,印第安酋长阿多欧先后在瓜哈巴岛(即今戈纳夫岛)和古巴岛上率众开展游击战,奇袭西班牙殖民者,使他们死伤累累,一度龟缩寨堡之中几达三个月之久,日夜提心吊胆:"自从到新大陆以来,西班牙人第一次知道恐惧是怎么一回事"。后来阿多欧因叛徒告密被俘,临刑前,西班牙随军神父惺惺作态,假仁假义地要他"受洗"、"忏悔",皈依基督,以便灵魂"升天"。他横眉冷对,嗤之以鼻,凛然宣称:宁愿下地狱,也决不同凶残屠杀印第安人的殖民匪徒们一起进天堂!表现了与殖民匪徒誓不两立、不共戴天的英雄气节①。

在智利中部和南部,阿拉乌干族印第安人长期坚持抗击欧洲殖民者的斗争,1553 年在图卡佩尔的一次战役中,奋力全歼侵略军,生擒智利的第一任殖民"总督"瓦尔迪维亚。据传说,当时阿拉乌干人对这个杀人如麻的匪首采取了意味深长的惩罚方式:在处决之前,阿族首领劳塔罗对他说:"你此来是为了捞到金子,现在我特地满足你的愿望。"说罢,命人用炽热的黄金溶液灌进他的咽喉肚肠,充分"满足"了这位殖民盗魁炽烈的黄金馋欲。此后,智利人民继续长期抗战,终于迫使西班牙殖民者于 1602 年同意签订条约,承认瓢瓢河以南的广大地区归属阿拉乌干族统辖。直到十九世纪八十年代末,阿拉乌干人在艰苦斗争中卓有成效地保卫了自己的神圣疆土,长达二三百年②。

同印第安人的顽强斗争互相支持、互相辉映的,是美洲黑人奴隶对殖民统治者的英勇反抗。其中声势最浩大、影响最深远的,首推 1791—1803 年圣多明各岛上海地黑人奴隶的独立解放战争。当时全岛各地数十万黑奴纷纷揭竿而起,岛上到处火光冲天,把长期折磨黑奴的许多"活地狱"和吸血魔鬼———一千四百多个规模巨大的咖啡、甘蔗种植园,连同那些作恶多端的种植园奴隶主,通通烧成灰烬。在杰出的黑人领袖杜桑·卢维杜尔率领下,起义军在战斗中迅速锻炼成长,所向披靡,声威大振。在整整十二年的艰苦卓绝的斗争中,武装力量始终没有超过二万人的海地黑奴,先后粉碎了法国、西班牙和英国庞大殖民军队的四次军事镇压和武装侵略,使这些一向称王称霸的殖民强国损兵折将十几万人③而又一无所得,先后被迫承认海地独立。海地黑人以自己的顽强战斗,

---

① 参阅菲·方纳:《古巴史和古巴与美国的关系》,三联书店 1964 年版,第 1 卷,第 5—12 页。
② 参阅福斯特:《美洲政治史纲》,纽约 1951 年英文版第三章、第五章第二节;加尔达梅斯:《智利史》,辽宁人民出版社 1975 年版,第 86—92 页。
③ 参阅埃里克·威廉斯:《加勒比地区史》,辽宁人民出版社 1976 年版,上册,第 393—400 页。

砸烂了民族的和阶级的双重枷锁,建立了拉美第一个摆脱殖民统治和废除奴隶制度的新国家,并在1803年11月的独立宣言中郑重宣告:"我们恢复了我们原有的尊严,维护了我们的权利,我们宣誓:永远不把我们的权利委弃给任何强国!"这一伟大胜利,树立了奴隶们自己解放自己的光辉榜样,为整个拉美殖民制度和奴隶制度的崩溃,敲响了第一声丧钟!有力地鼓舞和推动了后来遍及拉美各地的民族独立解放斗争。

非洲 非洲各族人民开始抗击殖民侵略者,和拉美人民差不多一样早。早在1510年,葡萄牙驻印度首任总督阿尔美达曾在归途中率领六十余名殖民者爬上南非陆地实行侵略掠夺,被当地群起自卫的霍屯督人一举全歼!从而使欧洲殖民者侵占南非的时间推迟了一百四十二年,直到1652年荷兰人才得以在开普建立南非的第一个殖民据点。

历史上著名的"卡弗尔战争",从一七七九年开始,迄一八七九年,前后持续竟达一百年之久,南非人民不屈不挠,多次严惩了殖民侵略者。其中单单伊汕德尔瓦纳一役,就把骄横一世的英国殖民军当场击毙一千三百余人,遗尸遍野,溃不成军。恩格斯曾经盛赞南非人民在反殖民反侵略战争中表现出罕见的勇猛顽强,他说:"卡弗尔-祖鲁人……做出了任何欧洲军队都不能做的事情。他们没有枪炮,仅仅用长矛和投枪武装起来,在英国步兵——在密集队形战斗上被公认为世界第一——的后装枪的弹雨之下,竟然一直向前冲到刺刀跟前,不止一次打散英军队伍,甚至使英军溃退……英国人诉苦说,卡弗尔人比马走得还快,一昼夜比马走得还远,这就可以证明这种野蛮人(按:指处于氏族社会的民族)的能力和毅力。"①

在东非,埃塞俄比亚人民于1887年迎头痛击入侵的意大利殖民侵略军,彻底干净地加以消灭。后来在1895—1896年的自卫战争中,再度打得一万七千余名意大利侵略者全军覆没,迫令意大利在战败的和约上签字,无条件承认埃塞俄比亚独立。意军的两番惨败,给殖民主义大国、强国提供了触目惊心的"前车之鉴",也使非洲弱小民族大大增强了以小胜大、以弱胜强的决心和斗志。

非洲人民反殖斗争史上规模最大的一次武装斗争,是1881年爆发于北非苏丹的马赫迪起义。短短一年间,义军队伍就从原先的三百多人迅速扩展至十五万人,势如燎原烈火。1883年11月在乌拜伊德以南的希甘一役,起

---

① 恩格斯:《家庭、私有制和国家的起源》。《马克思恩格斯全集》第21卷,第111—112页。

义军出奇制胜,仅仅经过一个上午的伏击激战,就把前来镇压的一万一千多名英国远征军分割聚歼,英军魁首希克斯及其手下军官全部命丧黄沙,万余侵略军中只有二百余人侥幸死里逃生,"报丧"去了。英国反动政府改派戈登为驻苏丹总督,率军对付起义。此人当年在中国曾因指挥屠杀太平天国革命军有"功"而被清政府授以"提督"高官,赏以"穿黄缎马褂、顶戴花翎"殊荣。后来又因其多年凶残险诈的殖民生涯而深获英国反动政府赏识,认为"光凭他的名字就具有魔力"。然而,面对英雄的苏丹人民,戈登赴任不到一年,就黔驴技穷,被重重围困在喀土穆城,在1884年底的日记和家信中发出了绝望的哀鸣:"我们忍受着一连串的悲苦和焦虑","这或许是我写给你的最后一封信。……我们的末日快要到了!"在这一点上,他倒确有一点"先见之明":1885年1月,起义军破城而入,犁庭扫穴、全歼困兽之际,一杆凝聚着民族大恨的长矛刺穿了戈登的胸膛,使这个血债累累、怙恶不悛的刽子手登时丧命,为苏丹人民,也为中国太平军的英烈们报了深仇! 此后不久,全境基本解放。苏丹便以独立国家的雄姿屹立在非洲大陆达十四年。这一场全民反殖武装斗争的辉煌胜利,影响深远。它令人信服地证明:弱小民族只要敢于斗争、善于斗争,任何强大的殖民侵略者,包括当时号称世界头等强国的英国,都是可以打败的。

亚洲 在亚洲近代史上,也出现过弱小民族屡挫强敌从而在相当长时期内保卫了民族独立的光辉事例。1838年,英军大举侵入阿富汗并攻陷首都喀布尔。坚贞不屈的阿富汗首都人民于1841年11月率先发动了声势浩大的武装起义,严惩侵略占领军。许多为非作歹的英国军官连同侵略者总头目麦克诺登先后可耻毙命。在纷起响应的全国各地起义人民的沉重打击下,侵略者被迫撤军,仓皇逃窜,沿途又遭到阿富汗爱国游击队的截击,非死即伤,一败涂地。关于当时英军的狼狈凄凉相,在马克思的笔记中曾经留下这样的实录:"1842年1月13日,贾拉尔阿巴德(在夏贾汗浦尔附近)城墙上的哨兵们眺望到一个穿英国军服的人,褴褛不堪,骑在一匹瘦马上,马和骑者都受重伤;这人就是布莱敦医生,是三个星期以前从喀布尔退出的一万五千人当中的唯一幸存者。他因饥饿而濒于死亡。"[①]三十多年以后,阿富汗人民在1879—1880年又奋起抗击进犯的数万英国侵略军,他们不顾本国反动统治者的妥协投降,坚持抗战,终于再度驱敌出境,粉碎了殖民侵略者完全吞并阿富汗的狼子野心。阿富汗人民不

---

① 马克思:《印度史编年稿》,人民出版社1957年版,第165—166页。

可侮!!

在南亚次大陆,1857—1859年的印度民族大起义也在世界人民反殖斗争史上留下了璀璨的一页。密拉特第一支义军举事不到六天,就解放了政治中心德里,威震全国,引起各地连锁反应,使英国殖民者闻风丧胆。义军号召印度所有爱国志士,"在一个旗帜下战斗,用鲜血的洪流把印度斯坦土地上的英国名字冲洗干净!"在坚持三个月的德里保卫战中,印度人民给围城敌军以严重杀伤。一名英国军官里德少校在日记中私下供认:"再没有任何人比起义军战斗得更勇敢了……我曾一度想到我们要完蛋了。"即使在城墙被英军重炮轰毁后,起义者仍坚持巷战,从每栋房子的屋顶、窗户和阳台纷纷射出复仇的弹雨,战况惨烈,六天之内就打死英军五千余人,击毙两名英军司令。德里以及其他起义中心的保卫战、游击战中的许多壮烈事迹,共同构成了印度民族的一大历史骄傲①。历时两年多的这场反英大起义,从政治、军事、财政等各个方面,严重地削弱了殖民侵略者的实力和元气,"使英国的统治从印度的一端到另一端发生动摇"②。

在东亚,朝鲜人民抗击殖民侵略者的光荣革命传统是源远流长、著称于世的。早在十九世纪三十年代至六十年代,英、法、美等国曾先后多次对朝鲜推行"炮舰政策",进行侵略活动,均因遭到朝鲜人民坚决抵抗而可耻失败。1871年5月,不甘失败的美国殖民者卷土重来,再次大举进犯。面对来势汹汹的强敌,朝鲜军民毫无惧色,奋起浴血苦战。侵略军首领镂斐亚眼看不能得逞,无可奈何地向美国政府报告:"朝鲜人决心殊死战斗,他们的勇敢世所罕见,从来没有一个民族能够超过他们!"侵略者遭到迎头痛击之后,伤亡狼藉,来犯的五艘巨舰中三艘重创,最后只好夹着尾巴逃窜回国去了。在抗击侵略者期间,汉城等城市街道上都矗立石碑,上刻:"洋夷侵犯,非战则和。主和卖国!戒我万年子孙!"③。这一流芳百世的"斥和誓词",反映了朝鲜人民传统的、崇高的爱国情操,表达了他们誓死战斗绝不降敌的坚强决心!

至于中国人民的反对殖民主义的斗争,整个说来,它是从1840年鸦片战争以来的中国人民民主革命的一个重要组成部分。这方面的专著很多,这里就不论列了。

---

① 参阅孙得拉尔:《一八五七年印度民族起义简史》,三联书店1957年版,第40、82、99—101页。
② 马克思:《印度起义》。《马克思恩格斯全集》第12卷,第260页。
③ 参阅朝鲜民主主义人民共和国科学院历史研究所:《朝鲜通史》,吉林人民出版社1975年版,第24—27页。

尽管在当时的历史条件下,美、非、亚各洲人民的反殖斗争,由于没有先进的工人阶级及其政党的领导,由于敌我力量对比的悬殊,而经受了无数暂时的失败和挫折,但是,他们在抗争过程中宁死不屈,"把独立视为珍宝、把对外族统治的仇恨置于生命之上"①的革命精神,以及无数可歌可泣的英雄业迹,却永垂青史,千秋万代,闪耀着不可磨灭的光辉,鼓舞着后继者的斗志。所有这一切,都为后来全世界被压迫民族和被压迫人民进一步开展反殖、反帝、反霸的斗争,树立了良好的榜样,积累了丰富的经验,初步开辟了走向胜利的道路!

(二) 马克思、恩格斯在民族殖民地问题上的基本观点

作为无产阶级革命学说的伟大创始者和奠基人,马克思和恩格斯当年在全面研究资本主义基本矛盾,制定革命理论和路线的过程中,对于同无产阶级社会主义革命事业息息相关的民族殖民地问题,也进行了深入的探讨,并在综观无产阶级世界革命全局的基础上,"提供了关于民族殖民地问题的基本的主要的思想"②。

马克思恩格斯关于民族殖民地问题的基本思想,是整个马克思主义无产阶级革命学说的重要组成部分,是全世界无产者和被压迫民族实行革命斗争的指南。兹择其大要,分四个方面简述如下:

深刻揭示民族殖民地问题产生的社会阶级根源

马克思恩格斯深刻地揭示了民族殖民地问题产生的客观历史过程和社会阶级根源,科学地阐明了民族压迫和殖民掠夺现象同资本主义制度之间的内在有机联系,愤怒声讨西方资产阶级的种种殖民暴行,特别着重揭露当时两个最庞大的殖民帝国——英国和沙俄——反动统治者的贪婪、伪善与凶残,借以教育和动员全世界无产者和被压迫民族为反对一切殖民主义,特别为反对两大殖民首恶而团结战斗。

"田园诗"与血泪史 几百年以来,殖民掠夺者的反革命事业尽管每天都在做,但是在剥削阶级御用文人的笔下,在机会主义者的口中,那些从事殖民活动的冒险家、亡命徒、传教士、巨腹贾,往往都成了传奇式的英雄人物,他们所从事的反革命事业,往往被描绘成传播文明、施恩赐福,充满了"诗情画意",而且"在

---

① 恩格斯:《阿尔及利亚》。《马克思恩格斯全集》第14卷,第104页。
② 斯大林:《和第一个美国工人代表团的谈话》。《斯大林全集》第10卷,第90页。

温和的政治经济学中,从来就是田园诗占统治地位"①。他们所竭力宣扬的一整套,概括起来,无非就是侵略有"功",掠夺有"理",反抗有"罪"。因此,廓清这些迷雾和烟幕,让人们明白事情的真相,就成为马克思恩格斯有关民族殖民地问题著作中的一项重要内容。

马克思考察分析了大量的历史事实,发现欧洲各国的资产阶级之所以能够从无到有、从小到大地不断发展起来,主要就是靠对欧洲大陆以外的广大地区实行凶残的殖民掠夺而积累了大量原始的资本。马克思指出:在美洲,金银产地的发现,土著居民的被剿灭、被奴役和被埋葬于矿井,在亚洲,对印度进行征服和劫掠,在非洲,把黑人当作野兽来捕猎和贩卖,所有这些,都是欧洲资产阶级实行资本原始积累的主要因素。"在欧洲以外直接靠掠夺、奴役和杀人越货而夺得的财宝,源源流入宗主国,在这里转化为资本"②。可见,由亚洲、非洲、美洲人民的鲜血和脂膏转化而成的一笔又一笔的横财,乃是欧洲资本家们暴发致富的源泉。

一般地说,资本家为了攫取利润,总得先垫支一些本钱,叫做"以本求利",但是在殖民掠夺活动中,资本的原始积累却往往是"在不预付一个先令的情况下进行"③。传说中的炼金术士能够"炼铁成金"甚至"点石成金",而殖民主义者往往比他们更为"高明",竟能"从无中生出金来"④。历来的炼金术士无一不是骗子歹徒,可见,以"勤俭起家"这类谎言自我标榜的殖民主义者就比这些骗子歹徒更加荒唐无稽、更加厚颜无耻! 为了恢复历史的本来面目,马克思列举了大量的事实,雄辩地揭示:整个殖民制度,"是以最残酷的暴力为基础"⑤的。"当我们把自己的目光从资产阶级文明的故乡转向殖民地的时候,资产阶级文明的极端伪善和它的野蛮本性就赤裸裸地呈现在我们面前,因为它在故乡还装出一副很有体面的样子,而一到殖民地它就丝毫不加掩饰了"。"难道资产阶级做过更多的事情吗?难道它不使个人和整个民族遭受流血与污秽、穷困与屈辱就达到过什么进步吗?"⑥由此可见,西方资产阶级的暴发史是用血和火的文字写成的,以殖民掠夺作为主要因素的资本"原始积累的方法决不是田园诗式的东西"⑦,"资本来到世间,从头到脚,每个毛孔都滴着血和肮脏的东西"⑧!

---

① 马克思:《资本论》。《马克思恩格斯全集》第23卷,第782页。
② 马克思:《资本论》。《马克思恩格斯全集》第23卷,第822页,并参阅819页。
③④ 均见马克思:《资本论》。《马克思恩格斯全集》第23卷,第821页。
⑤ 同上书,第819页。
⑥ 马克思:《不列颠在印度统治的未来结果》。《马克思恩格斯全集》第9卷,第250、251页。
⑦⑧ 马克思:《资本论》。《马克思恩格斯全集》第23卷,第782、829页。

"约翰牛"和"俄国熊" 在马克思和恩格斯所处的时代里,英国和沙皇俄国是实行殖民侵略掠夺最为疯狂的两个大国,成为当时国际上的两大恶霸。马克思、恩格斯极端憎恶和鄙夷地称之为"约翰牛"和"俄国熊",多次以犀利的笔锋,无情地戳穿和剖开这一野牛、一恶熊身上披着的美丽画皮。

马克思和恩格斯不止一次地指出,英国的殖民者及其政客绅士们实际上就是一伙海盗。"惯于吹嘘自己道德高尚的约翰牛,却宁愿用海盗式的借口经常向中国勒索军事赔款"①。那些貌似正人君子、"装出一副基督教的伪善面孔"的达官显宦和社会名流,其所作所为,充分说明他们大量地保留了他们历代"祖先所特有的古老的海盗式掠夺精神"②。杀人越货、谋财害命、敲诈勒索、坐地分赃等等,都是他们的祖传惯伎。在对待弱国的外交活动中,他们的拿手好戏是捏造罪名、恫吓讹诈;两面三刀、挑拨离间;收买内奸、组织叛乱;甚至不惜篡改和伪造外交文件,颠倒黑白,欺世惑众,煽动战争歇斯底里。对于这些阴谋诡计和卑劣手段,马克思和恩格斯都援引确凿可靠的事实、史料和文件,一一揭穿内幕,剥夺其招摇撞骗的资本,暴露其丑恶无耻的嘴脸。同时,也严正地警告这些唯利是图的殖民者:他们侵略掠夺活动所获得的"纯利",只不过是在广大被压迫民族中给自己招来仇恨,终将导致他们自己的彻底覆灭③。

对于"俄国熊"贪婪凶残的本性、称霸世界的野心、狡诈狠毒的手腕、阴险伪善的面具以及腐朽虚弱的本质,马克思和恩格斯反复进行了全面的、深刻的揭露。

他们指出,沙皇俄国对外政策的主旨,就是要征服全世界,实现世界霸权。它可以不断变换手法,但称霸全球的主旨和目的,却从来不会改变④。沙俄御用诗人捷尔沙文在颂扬叶卡特琳娜二世的侵略"战果"时曾写道:"俄罗斯啊,……迈步前进,全世界就是你的。"恩格斯认为,这句诗概括地表达了老沙皇们的自负和狂妄。马克思还根据史实,开列清单,揭示俄国自彼得大帝以来向四邻弱国鲸吞大片领土的概况,其中单单向南就"迈步前进"了约一千英里,而仅在十八世纪末以后的短短六十年间,其所侵夺的领土面积以及这些领土的重

---

① 马克思:《英中条约》。《马克思恩格斯全集》第12卷,第605页。
② 恩格斯:《英人对华的新远征》。《马克思恩格斯全集》第12卷,第186页,并参阅第590页。
③ 参阅马克思:《与波斯签订的条约》。《马克思恩格斯全集》第12卷,第249页,并参阅同卷《英中冲突》、《议会关于对华军事行动的辩论》、《鸦片贸易史》以及第13卷《新的对华战争》等文。
④ 参阅马克思:《1867年1月22日在伦敦纪念波兰起义大会上的演说》;恩格斯:《俄国沙皇政府的对外政策》。《马克思恩格斯全集》第16卷,第226页;第22卷,第24页。

要性,就等于俄罗斯帝国在此以前的整个欧洲部分①。

为了实现称霸世界的既定目的,沙俄政府历来就是不择手段的。马克思和恩格斯多次指出,在对外交往中,"俄国熊无疑也是什么事都能做"②,它惯于把虚构的口实和藻饰的威逼凑合起来,也惯于把狂妄的野心、狡猾的伎俩和十足的野蛮糅在一起;它不惜背信弃义,阴谋颠覆,谋刺暗杀,也不惜卑躬屈节,重金贿买;它"头在圣彼得堡而在欧洲各国内阁里有其爪牙"③;它"为了用毒药和匕首等等除掉妨碍它的人能干出什么事情来,巴尔干半岛近百年的历史可以提供足够的实例"④。一言以蔽之,它"有多大本领就能干出多大的伤天害理的事情"⑤!

坏事做绝,好话说尽,干得卑鄙龌龊,讲得冠冕堂皇——这是沙俄实行殖民扩张的一大特色。恩格斯根据大量史实对这个特色作了总结,他指出,沙皇政府每次掠夺领土,都是拿"开明"、"自由主义"、"解放"各族人民作为幌子。它拚命鼓吹要建立"斯拉夫民族大家庭",甚至打着"援助斯拉夫兄弟"的旗号发动战争,但受"援"的小"兄弟"总是在事后"饱尝了沙皇式解放的滋味"⑥,在那个"大家庭"中横遭专制家长的统治和蹂躏,吃尽苦头,受够奴役。

在列强瓜分中国的罪恶勾当中,沙皇俄国突出地扮演了一个翻云覆雨、左右逢源、口蜜腹剑、阴险狠毒的角色。单以英法联合侵华的第二次鸦片战争为例,如恩格斯所揭露的,当时沙俄一方面"挺身出来"把自己伪装成"中国的秉公无私的保护人",并在缔结和约时"俨然以调停者自居",另一方面却乘人之危,"正好在这个时候从中国夺取了一块大小等于法德两国面积的领土和一条同多瑙河一样长的河流"。恩格斯还英明地预见到:沙俄决不会满足于这一点,就此罢手。它还必将通过"确定边界"之类的鬼蜮惯伎,继续把中国领土"一块一块地割去",而且,"俄国军队不论哪一天都能够向北京进发"⑦!

欧洲一切反动势力的主要堡垒 在欧洲的国际政治生活中,沙俄帝国总是

---

① 参阅马克思:《土耳其问题。——〈泰晤士报〉。——俄国的扩张》。《马克思恩格斯全集》第9卷,第131页。

② 有一则笑话,说是有两位波斯学者在研究熊,其中一位从未见过这种动物,就问道:熊究竟是生崽呢还是下蛋?另一位比较熟悉些的回答说:"熊这种动物什么事都能做。"马克思借用了这句话,轻蔑地、辛辣地嘲笑了"俄国熊"的无恶不作。参阅:《俄国对土耳其的政策。——英国的工人运动》。《马克思恩格斯全集》第9卷,第188—189页。

③ 马克思:《国际工人协会成立宣言》。《马克思恩格斯全集》第16卷,第14页。

④ 恩格斯:《帝俄高级炸药顾问》。《马克思恩格斯全集》第21卷,第222页。

⑤ 恩格斯:《俄国沙皇政府的对外政策》。《马克思恩格斯全集》第22卷,第17页。

⑥ 恩格斯:《俄国沙皇政府的对外政策》。《马克思恩格斯全集》第22卷,第51页,并参阅同卷第21、26页;第16卷,第181—182页。

⑦ 恩格斯:《俄国在远东的成功》。《马克思恩格斯全集》第12卷,第662、664—665页。

极力支持欧洲的一切反动势力,甚至多次公开出兵入侵别国,镇压和绞杀当地的革命运动,并趁机"开疆拓土",攫取各种反动权益。长期以来,它在欧洲国际社会中扮演着"世界宪兵"的可耻角色,骄横跋扈,成为"欧洲一切反动势力的堡垒"[①]。

恩格斯认为,马克思的一个功劳就在于,他第一个在一八四八年指出,并从那时起不止一次地强调,由于沙俄帝国是欧洲反动势力的主要堡垒,由于这个帝国一贯抱着统治全欧的野心,其目的在于使欧洲无产阶级的胜利成为不可能,因此,"西欧的工人政党不得不与俄国沙皇政府作殊死战"[②]。马克思和恩格斯直到他们的晚年,经常把是否坚决反抗当时沙俄帝国的侵略政策,作为划分欧洲政治力量以及区别欧洲民族运动是否应当受到国际无产阶级赞助的一个界线。在这个问题上,马克思、恩格斯正是基于对当时欧洲各国错综复杂的民族矛盾和阶级矛盾进行全面的观察和科学的分析,找出欧洲国际工人运动和被压迫民族最凶恶最危险的主要敌人,提醒全欧以工人阶级为首的被压迫人民和被压迫民族,必须集中目标,针锋相对,认真对付,奋力抗击。

当年沙俄帝国的侵略扩张政策不仅直接蹂躏了欧洲各弱小民族,而且还直接威胁着欧洲一些发达国家的民族独立。因此,无产阶级革命导师一方面始终坚决反对这些国家的机会主义者利用"保卫祖国"的口号来掩盖自己对于无产阶级国际主义的背叛,另一方面,也教导这些国家的无产阶级应当在一定条件下高举民族独立的旗帜,为反对沙俄帝国的侵略威胁站在斗争的最前列。

例如,一八九一年沙俄曾经积极准备发动侵德战争,旨在取消德意志民族的独立,把德国从一个业已实现统一的国家拉回到分裂、割据的状态。就在沙俄侵德战争迫在眉睫之际,恩格斯明确地指出:沙皇俄国是西方各民族的敌人,如果沙皇俄国打败并征服了当时工人运动比较发展的德国,他们带来的不是自由而是奴役,不是进步而是野蛮,整个"欧洲的社会主义运动就要停滞二十年"[③];"沙皇取得胜利就等于欧洲被奴役"[④]。正是在这种情况下,恩格斯教导说:如果当时的德国政府接受工人政党提出的条件,那么,德国工人政党可以向政府表示准备支持它反抗外敌。恩格斯认为,这样做将有利于德国乃至全欧

---

① 恩格斯:《流亡者文献》。《马克思恩格斯全集》第18卷,第576页,并参阅第22卷,第15页。
② 恩格斯:《俄国沙皇政府的对外政策》。《马克思恩格斯全集》第22卷,第15页,并参阅第8卷,第56—57页。
③ 恩格斯:《致奥古斯特·倍倍尔(1891年9月29日)》。《马克思恩格斯全集》第38卷,第157页,并参阅同卷第172页;第6卷第172页;第22卷第294页;《列宁全集》第22卷第334页;第35卷第239、255页。
④ 恩格斯:《德国的社会主义》。《马克思恩格斯全集》第22卷,第298页。

革命形势的发展。

鉴于沙俄帝国全面地、严重地危害着欧洲许多弱小民族甚至一些发达国家的独立生存,恩格斯强调说,"推翻沙皇政府,消灭这个威胁着整个欧洲的祸害,——我认为,这是解放中欧和东欧各民族的首要条件"①。

就在"俄国熊"张牙舞爪、称王称霸的时候,马克思和恩格斯却敏锐地洞察了它外强中干和腐朽虚弱的本质。他们指出,沙俄以其传统的诡计可以把欧洲的宫廷——昏庸的上层统治者捉进自己的圈套,但是它在对付革命人民的时候却是完全无能为力的。同时,由于其经济政治制度的极端反动腐朽,"沙皇帝国内部具有在大力促使它灭亡的因素"②。在这样的内外条件下,全世界人民一定会"在看到我们大家最大的敌人——俄国沙皇制度的骄横一世之后,再看到它的(已经开始了的)衰落和彻底垮台"③!无产阶级革命导师代表历史对老沙皇罗曼诺夫王朝作出这一严正的死刑判决,果然在1917年被人民铁面无私地执行了。

以上所述,是马克思恩格斯关于民族殖民地问题基本思想的第一个方面。

雄辩论证无产阶级国际主义, 尖锐批判资产阶级反动民族主义

马克思恩格斯雄辩地论证了无产阶级国际主义的基本原则,教导全世界的无产者必须抵制资产阶级反动民族主义的思想毒害,实行国际性的阶级团结,为反对资本主义、殖民主义实行联合的斗争。他们尤其致力于揭露强国的地主资产阶级通过对外实行民族压迫和殖民掠夺借以在国内巩固反动统治和加强阶级压迫这一毒辣手腕,启发宗主国的无产者认识到支持殖民地人民争得民族解放乃是他们自己争得阶级解放的首要条件。此外,他们还提醒无产者要善于识别民族虚无主义的"左"倾空谈,看穿它在"国际主义"伪装下为大国强族的并吞暴行张目的反动实质。

分散的努力会遭到共同的失败 在对外侵略扩张和殖民掠夺中,欧美的地主资产阶级及其在工人运动中的代理人经常鼓吹大国沙文主义、狭隘民族主义和"种族优越"等谬论,用以分裂各国工人阶级和其他劳动者,驱使他们为本国剥削者的利益而互相为敌,骨肉相残,或者为本国剥削者的利益去征服和残害

---

① 恩格斯:《致若昂·纳杰日杰(1888年1月4日)》。《马克思恩格斯全集》第37卷,第5页。
② 恩格斯:《〈论俄国的社会问题〉一书导言》。《马克思恩格斯全集》第18卷,第642页,并参阅第9卷,第262页;第16卷,第175页;第39卷,第399页。
③ 恩格斯:《致彼·拉·拉甫洛夫(1890年12月5日)》。《马克思恩格斯全集》第37卷,第509页。

弱国弱族的阶级兄弟。

针对地主资产阶级的这种恶毒用心和无耻骗局,马克思和恩格斯不懈地进行揭露和斗争。从马克思主义诞生的第一天起,他们就谆谆教导说:"工人没有祖国",响亮地提出"全世界无产者,联合起来"①的战斗口号。

他们反复启发各国无产者一定要识破本国剥削者关于祖国、民族的伪善说教,摒除狭隘的偏见,超越国家和民族的界限,实现国际主义的阶级团结,在反压迫反剥削的斗争中,采取联合的行动。这样做,不但是完全可能的,而且是绝对必要的,它是"无产阶级获得解放的首要条件之一"②。

马克思恩格斯指出:现代的资本压迫,无论在英国或法国,无论在美国或德国,都是一样的。不同国家不同民族的无产者,其基本的阶级地位和阶级命运并无本质的差别,从这个意义上说来,无产者已经"失去了任何民族性"③。而不同国家不同民族的资产者,尽管他们之间存在着各种矛盾和争斗,但在对付无产者这一点上,却总是沆瀣一气,往往实行国际性的勾结。因此,无产者"应当以各民族的工人兄弟联盟来对抗各民族的资产阶级兄弟联盟"④,才能获得斗争的胜利和阶级的解放。反之,各国各族的无产者如果受骗上当,自相分裂残杀,或者忽视了国际间的阶级团结,忽视了"在解放斗争中坚定地并肩作战",那就势必会使他们自己"受到惩罚,——使他们分散的努力遭到共同的失败"⑤。

奴役其他民族的民族是在为自身锻造镣铐　为了全人类的彻底解放,也为了自身的彻底解放,大国、强国、宗主国的无产阶级必须全力支持殖民地半殖民地的民族解放斗争。因为,殖民掠夺和殖民统治不仅给殖民地、半殖民地的人民造成灾难,而且也给大国、强国、宗主国的人民造成灾难。马克思和恩格斯多次告诫说:"奴役其他民族的民族是在为自身锻造镣铐"⑥,"压迫其他民族的民族是不能获得解放的"⑦。

马克思就英国对爱尔兰的殖民统治作了精辟的分析。他回顾了自己对这个问题认识不断深化的过程:原先,他曾在长期内认为可能借助于英国工人阶级运动的高涨来推翻统治爱尔兰的殖民制度;但是,经过多年更深入的考察研

---

①② 马克思和恩格斯:《共产党宣言》。《马克思恩格斯选集》第1卷,第270、286页。
③ 同上书,第262页。
④ 马克思和恩格斯:《论波兰》。《马克思恩格斯选集》第1卷,第289—290页。
⑤ 马克思:《国际工人协会成立宣言》。《马克思恩格斯全集》第16卷,第13页。
⑥ 马克思:《机密通知》。《马克思恩格斯全集》第16卷,第474页。
⑦ 恩格斯:《流亡者文献》。《马克思恩格斯全集》第18卷,第577页,并参阅第4卷,第410页;第32卷,第359页。

究之后,却终于得出了相反的信念,认为只要英国工人阶级没有摆脱爱尔兰,那就毫无办法。因为,对爱尔兰实行殖民奴役,正是英国本土反动统治者物质力量和精神力量的重大源泉,也是英国工人阶级意识深受毒害和英国社会革命受阻的首要原因。

当时英国的地主资产阶级一方面对爱尔兰的劳动人民进行残酷的盘剥和掠夺,攫得了巨量财富,从而增强了在英国本土的统治实力;另一方面又强迫爱尔兰贫民作为廉价劳动力大量迁入英国本土,利用英国工人与爱尔兰移民工人在民族、宗教、社会地位上的差异以及就业机会上的竞争,在两者之间进行挑拨和煽动,竭力制造对立和分裂,使他们互相敌视,以便分而治之;特别是竭力在英国工人中培养民族优越感,使他们觉得自己是统治民族的一分子①,充当了英国地主资产阶级对付爱尔兰人民的工具,这就大大麻痹和削弱了英国工人对本民族剥削者的阶级斗争,从而客观上延长和加强了本族地主资本家的统治,归根结蒂,使英国工人自身继续披戴着雇佣奴隶的沉重枷锁和镣铐。

基于以上分析,马克思断定:第一,"**不是在英国,而只有在爱尔兰**才能给英国统治阶级以决定性的打击"。杠杆一定要安放在爱尔兰。为了加速英国的社会革命,唯一的办法就是使爱尔兰独立。因此,第二,英国工人阶级的直接的绝对的利益,是要英国断绝现在同爱尔兰的关系。应当唤醒英国工人阶级,使他们意识到:"**爱尔兰的民族解放对他们来说**并不是一个抽象的正义或博爱的问题,而是**他们自己的社会解放的首要条件**。"②

马克思关于爱尔兰问题的论述,开始提出了一个在国际共产主义运动中具有普遍意义的、极为重要的原理:资本主义先进宗主国本土缺乏革命形势,往往在很大程度上是由拥有殖民地和肆行殖民掠夺所造成的;在这种情况下,殖民地人民争取民族独立的革命斗争便成为打击宗主国反动统治者和促进无产阶级革命的决定性力量。因此,宗主国无产者要摆脱自身遭受的阶级奴役,就非大力支持殖民地摆脱民族奴役不可!

民族虚无主义与"俄国佬精神" 为了支持被压迫民族的解放斗争,不但必须批判公开的、赤裸裸的大国沙文主义,而且必须批判隐蔽的、带保护色的大国

---

① 恩格斯曾经指出,当时在英国工人中间广泛流行着一种错误观念:"他们比爱尔兰人高一等,对爱尔兰人说来他们是贵族,正如蓄奴州的最堕落的白人认为自己对黑人说来是贵族一样。"参阅《马克思恩格斯全集》第18卷,第87页。

② 《马克思致齐·迈耶尔和奥·福格特(1870年4月9日)》,《马克思恩格斯全集》第32卷,第656—657页,并参阅同卷第398页;第16卷,第473—475页。

沙文主义,其中包括披着"国际主义"美丽外衣的民族虚无主义。

在第一国际成立初期,来自法国的蒲鲁东主义者极力鼓吹他们那种以小资产阶级空想为基础的"社会革命",对任何民族问题都持全盘否定的态度。他们要求第一国际把全部注意力集中在他们所设计的"社会革命"(实则是改良主义的海市蜃楼)上,根本不必过问同无产者"无关"的民族问题。他们硬说民族特性是"无稽之谈",一切民族特性和民族本身都是"陈腐的偏见",工人阶级犯不着为此分心。他们特别反对把声援波兰人民抗击沙俄殖民统治和抵抗俄国佬对整个欧洲的威胁,作为全欧工人阶级共同的战斗任务,列入第一国际代表大会的议事日程,并且信口雌黄,诬蔑提出这种议案的马克思主义者"抄袭了"波拿巴主义的反动的民族原则①。针对这类极端荒谬的观点,马克思、恩格斯进行了尖锐的揭露和坚决的反击。马克思指出,这种民族虚无主义观点实质上就是提倡由"模范的"强大民族来吞并各个弱小民族。在波兰问题上持这种观点,那就是被"俄国佬精神束缚住了",客观上充当了俄国佬"最新的同盟者"②,即成为沙俄推行霸权主义政策、肆意奴役掠夺弱小民族的可耻帮凶。恩格斯强调:对于弱小民族的工农大众说来,民族压迫是他们前进道路上的第一个障碍,排除民族压迫是一切健康和自由的发展的基本条件。无产阶级的国际运动,无论如何只有在独立民族的范围内才有可能,国际合作只有在平等者之间才有可能,因此,从国际观点来看,民族独立绝不是很次要的事情,恰恰相反,"民族独立是一切国际合作的基础"③。

蒲鲁东分子所鼓吹的民族虚无主义,乍看起来似乎也是主张打破民族狭隘眼界、超越于民族界限之上的,因而与马克思所倡导的无产阶级国际主义略有几分"相似",但是,取消民族主权独立观念,无视民族压迫,非难民族解放运动,这就意味着要求弱小民族安于被压迫被奴役的现状。所以,它实际上既是对无产阶级国际主义的严重歪曲,又是对无产阶级爱国主义的彻底背离。有鉴于此,恩格斯无情地揭露说,如果属于统治民族的第一国际会员竟然要求被征服的和继续受压迫的民族忘掉自己的民族性和丧权辱国的民族处境,高唱什么"抛开民族分歧"等等,那么,"这就不是国际主义,而只不过宣扬向压迫屈服,是企图在国际主义的掩盖下替征服者的统治辩护,并使这种统治永

---

① 参阅恩格斯:《工人阶级同波兰有什么关系?》,《马克思恩格斯全集》第16卷,第170—171页;同卷第583页。
② 《马克思致恩格斯(1866年1月5日)》,《马克思恩格斯全集》第31卷,第172页,并参阅同卷第224、230—231页。
③ 《恩格斯致卡·考茨基(1882年2月7日)》,《马克思恩格斯全集》第35卷,第262页,并参阅第22卷,第430页。

世长存"①。

以上所述,是马克思恩格斯关于民族殖民地问题基本思想的第二个方面。

严格区分革命的民族运动和反动的民族运动

马克思恩格斯坚定地站在被压迫弱小民族这一边,热情赞扬和崇高评价它们反抗殖民奴役争取民族解放的革命斗争,认定殖民地半殖民地人民的革命斗争必将对宗主国的革命发生巨大的积极影响和促进作用;在反对欧洲资产阶级反动统治的革命斗争中,殖民地半殖民地的被压迫民族是宗主国无产阶级最好的同盟军;而众多被压迫民族在反抗侵略者的过程中互相声援,加强斗争,必将冲破殖民统治的重重黑暗,迎来民族解放的无限光明。从无产阶级的革命利益出发,马克思恩格斯十分注意严格区分革命的民族运动和反动的民族运动,对前者加以坚决支持,对后者加以无情揭露。

历史的"报应":种蒺藜者必得刺 马克思和恩格斯满腔热情地歌颂弱小民族争取独立解放的正义斗争,并对它寄以厚望;同时,又义正词严地痛斥殖民主义者对这种斗争的恶毒诬蔑和无耻诽谤。

在论及印度人民反抗斗争的一系列著作里,马克思指出,"他们看来好像天生疲沓,但他们的勇敢却使英国的军官们大为吃惊";"无论如何我们都可以满怀信心地期待……这个巨大而诱人的国家将复兴起来"②。在1857年印度民族大起义期间,英国殖民者通过御用报刊一方面为自己涂脂抹粉,开脱罪责,另一方面又血口喷人,反诬起义者对待英国人十分"暴虐"。对此,马克思怀着极大的无产阶级义愤,就英国殖民者长期对印度人民滥施酷刑和血腥屠杀的情况作了专题调查研究,并援引英国官方"蓝皮书"中的确凿材料以及英国驻印文武官员来信中的自供言词,逐桩历数其惨酷暴行,严正指出:印度的英国统治者,决不像他们想在世人面前装扮的那样,是印度人民的非常温和的和无可责难的"恩人",是"至仁至善"的体现者。印度人民企图赶走擅权肆虐的外国侵略者和征服者,这是天然合理的。英国殖民者在印度的所作所为是如此惨酷无情和绝灭人性,印度人民忍无可忍,给予必要的惩罚,那也是殖民者罪有应得,无可厚非!而且,"就算起义的印度人在起义和斗争的狂怒中犯下了硬说是他们犯下的那些罪行和暴虐,又有什么奇怪呢?"③马克思辛辣地讥讽说:"人类历史上存

---

① 恩格斯:《关于爱尔兰支部和不列颠联合委员会的相互关系》,《马克思恩格斯全集》第18卷,第87页。
② 马克思:《不列颠在印度统治的未来结果》,《马克思恩格斯全集》第9卷,第251页。
③ 马克思:《印度刑罚的调查》,《马克思恩格斯全集》第12卷,第296页,并参阅第291页。

在着某种类似报应的东西,按照历史上报应的规律,制造报应的工具的,并不是被压迫者,而是压迫者本身"①!

英国政客们对中国人民的抗英义举也曾反咬一口,诬蔑中国人为"野蛮人"、"不道德"等等。对此类无耻谰言,马克思也痛加诛伐,以正视听。他尖锐揭露英国人向中国大量贩毒(鸦片)牟取暴利,就是"年年靠摧残人命和败坏道德来充实英国国库"②。一旦中国人被迫采取措施禁毒,英国殖民者就发动侵略战争,这难道不是"半野蛮人维护道德原则,而文明人却以发财的原则来对抗"③?可见,在荒谬离奇的强盗逻辑中,"野蛮"与"文明"完全被颠倒了!马克思列举"英国军官亲笔记载下来的暴行"④——滥烧、滥杀、狂抢、强奸等等巨量事实,愤怒地指出:"中国人针对着英国人提出的每一件控诉,至少可以提出九十九件控诉!"⑤

恩格斯对中国人民采取暴动、夜袭、投毒、锄奸等等游击战的方法惩罚侵略者的英勇行为,也给予充分肯定和赞扬。他指出:中国人民找到了自己独特的、行之有效的抵抗方法,这种方法如能彻底实行,就会使殖民侵略者大吃苦头,步步败北。因此,一切外国人切"不要像骑士般的英国报纸那样去斥责中国人可怕的残暴行为,最好承认这是为了保卫社稷和家园的战争,这是为了保存中华民族的人民战争";为了抗击侵略者,"既然只有这种方法能生效,那么中国人管得着这些吗?"⑥

最好的同盟军 马克思和恩格斯对殖民地、半殖民地人民的民族解放运动和革命斗争,给予崇高的评价,认为它是宗主国无产阶级革命的催化剂、引爆器、同盟军。

在论及中国的太平天国革命时,马克思指出,推动这次大爆炸的毫无疑问是英国的大炮,英国的对华侵略掠夺引起了中国的革命,而这场革命又必将反过来对英国并通过英国对整个欧洲发生巨大的影响。中国人民革命斗争的高涨,沉重地打击了殖民侵略者的各种掠夺活动,使资本主义市场急剧缩小,英国对华贸易陷于瘫痪,势必导致其国内工业衰落、金融恐慌,加速经济危机和政治危机的到来。马克思断言:"中国革命将把火星抛到现代工业体系的即将爆炸的地雷上,使酝酿已久的普遍危机爆发,这个普遍危机一旦扩展到国外,直接随

---

① 马克思:《印度起义》。《马克思恩格斯全集》第12卷,第308页,并参阅311—312页。
② 马克思:《英人在华的残暴行动》。《马克思恩格斯全集》第12卷,第178页。
③ 马克思:《鸦片贸易史》。《马克思恩格斯全集》第12卷,第587页。
④ 马克思:《印度起义》。《马克思恩格斯全集》第12卷,第309页。
⑤ 马克思:《英人在华的残暴行动》。《马克思恩格斯全集》第12卷,第177页。
⑥ 恩格斯:《波斯和中国》。《马克思恩格斯全集》第12卷,第232页,并参阅228页。

之而来的将是欧洲大陆的政治革命。"①

在论及印度1857年的民族大起义时,鉴于它大量地吸住和成批地痛歼英国反动军队,严重地削弱了英国的统治阶级,大大有利于英国本土工人阶级的解放斗争,马克思高兴地指出:"印度使英国不断消耗人力和财力,现在是我们最好的同盟军。"②

在论及十九世纪波兰人民的多次抗俄起义时,马克思和恩格斯认为,处在殖民地地位的"波兰是实现俄国对世界霸权的贪欲的最重要的工具"③,对波兰实行军事占领和殖民统治,既是沙皇借以进一步觊觎、威胁全欧的强固据点和前进基地,又是沙皇借以煽起沙文主义狂热,断送和扼杀国内革命运动,巩固本土反动统治的重要手段。所以,"波兰的独立和俄国的革命是互为条件的",只要沙皇俄国的大批反动军队还侵占着波兰,俄国人民就既不能获得政治解放,也不能获得社会解放;而"一旦俄国失去波兰,俄国国内的运动就会壮大到足以推翻现存秩序的地步"④。正因为如此,马克思、恩格斯再三号召全欧的工人阶级务必大力声援和支持波兰人民抗击沙俄殖民统治、争取民族独立解放的正义斗争,强调用革命方法解决波兰问题是摧毁欧洲反动堡垒——沙皇制度的基本前提⑤。

马克思和恩格斯认为,全世界各被压迫民族争取独立解放的正义斗争都是互相支持的。这些斗争可以削弱共同的敌人,往往使殖民主义者顾此失彼,疲于奔命,穷于应付。

1857年前后数年间,中国、波斯(伊朗)、印度几乎同时或相继开展抗英武装斗争,汇合成亚洲民族解放斗争史上的一次重大高潮。马克思和恩格斯敏锐地看出这些斗争彼此间在客观上互相支援的关系。马克思指出,正是在英国对波斯的战争几乎把原驻印度孟加拉管区的欧洲兵全部抽光了的时候,印度的民族大起义就立刻爆发了;起义使英国殖民当局惊惶失措,手忙脚乱,被迫立即从波斯调回侵略军,同时"命令正在前往中国途中的额尔金勋爵和阿希伯纳姆将军的部队停止前进",中途截回侵华兵力。可见,波、中人民的抗英斗争吸引和

---

① 马克思:《中国革命和欧洲革命》,《马克思恩格斯全集》第9卷,第114页,并参阅第110、112页;第12卷,第74、76页。
② 《马克思致恩格斯(1858年1月14日)》,《马克思恩格斯全集》第29卷,第250页,并参阅同卷第270、297—303、318—332、337—338页。
③ 马克思:《1867年1月22日在伦敦纪念波兰起义大会上的演说》,《马克思恩格斯全集》第16卷,第226—227页。
④ 恩格斯:《流亡者文献》,《马克思恩格斯全集》第18卷,第578页,并参阅同卷第629—630页。
⑤ 参阅马克思:《临时中央委员会就若干问题给代表的指示》,《马克思恩格斯全集》第16卷,第222页,并参阅同卷第170—171、177、181—182、229页;第4卷,第540—541页;第15卷,第614—615页;第18卷,第575—576、630、642—643页。

牵制了大量英军,客观上为印度人民的起义创造了极其有利的条件,而印度人民的起义又反过来给波、中人民的抗英斗争提供了有力的支援。① 同时,中、波、印的这些抗争打击了殖民主义者的凶焰,削弱了他们的实力,打乱了他们的侵略部署,又进一步鼓舞和推动了亚洲其他国家的反殖战斗。面对这种大好形势,马克思充满喜悦地断定:"英印军队中的起义与亚洲各大国对英国统治的普遍不满同时发生,因为在孟加拉军内的起义无疑与波斯战争和中国战争有密切的联系,——所有这些,都是过去从未有过的事情。"②

反对反动的民族运动 马克思和恩格斯从来不把民族运动本身看成孤立自在和至高无上的运动,不加区别地一概予以支持。作为无产阶级的革命导师,他们总是对一切民族运动进行具体的历史的分析,判断它是否有利于无产阶级开展革命斗争,是否有利于推动社会历史前进,并以此作为准绳,决定是否予以支持赞助。

在一定的历史条件下,有一些小民族所开展的民族运动是直接为某个反动大国的侵略扩张和霸权主义效劳的,对于这种逆历史潮流而动的民族运动,马克思恩格斯历来是加以无情揭露和坚决反对的。他们在上一世纪中后期对待捷克人和南方斯拉夫人的民族运动所持的态度,就是这方面的范例。

1848年欧洲大陆革命风暴正盛之际,长期在奥匈帝国奴役下的捷克人和南方斯拉夫人(均为斯拉夫族的分支)掀起了民族解放运动的新高潮,提出了一系列强烈的革命民主主义要求,甚至在布拉格发动了武装起义。对于他们这种争取摆脱异族反动统治的义举,马克思恩格斯曾予以热情的关注和支持。但是,自从这次起义被镇压以后,这些小民族中的地主资产阶级反动分子全盘把持了民族运动的领导权,大肆鼓吹和推行"泛斯拉夫主义",使民族运动的内容、性质和客观作用朝着反动的方向发生了根本变化。马克思恩格斯敏锐地、及时地觉察了这一点,并理所当然地对它进行毫不留情的谴责和批判。

当年喧嚣一时的"泛斯拉夫主义",是俄国沙皇政府为推行侵略扩张政策而制造的一种反动民族主义"理论";它以纯属虚构的所谓全体斯拉夫人具有同一"民族特性"作为幌子,鼓吹要使居住在欧亚两洲的一切斯拉夫人合并溶化成为一个以俄罗斯人为中心的强大统一的"民族",建立一个空前庞大的"斯拉夫帝国"。对此,马克思恩格斯一针见血地揭露说:"泛斯拉夫主义是圣彼得堡内阁

---

① 史载:当时正在进行抗英斗争的中国广东人民听说"印度已叛,英兵败绩,连丧其渠",于是"辗转传言","人心大喜"。华廷杰:《触藩始末》,卷中。
② 马克思:《印度军队的起义》。《马克思恩格斯全集》第12卷,第252页,并参阅254页。

的发明,它的目的无非是要把俄国的欧洲疆界向西面和南面推进"①;"想把整个欧洲变成斯拉夫种族、尤其是这个种族的唯一强有力的部分即俄罗斯人的领土"②。简言之,它是沙俄政府用以吞并弱国弱族和"争夺世界霸权的骗人计划"③。这个计划一旦得逞,俄国式的封建农奴制就势必推行于全欧,全欧就势必出现严重的历史大倒退。

在这样的历史条件下,捷克等一些曾经受到异族压迫的小民族把实现"泛斯拉夫主义的统一"当作开展民族运动的宗旨,那就是"自觉或不自觉地直接为俄国的利益服务"④,势必成为"**俄国的鞭子**"⑤;而在实践上他们果然成了沙俄用以镇压匈牙利革命的帮凶和打手。

鉴于捷克等小民族中那些混入革命队伍的反动分子业已把本民族的解放运动引向邪途,纳入了直接为沙俄霸权主义效劳的轨道,从而使整个民族运动变了质;鉴于这些反动分子及其追随者实际上已经成为部署在欧洲的"俄国前哨部队"⑥,为俄国侵略者充当马前卒,因此,恩格斯愤怒地指出,他们所从事的,乃是一场"荒唐的、反历史的运动";他们的所作所为表明:"他们为了一个独立民族的幻影而出卖了革命事业",而按此发展下去,这个独立民族的命运"至多也不过同俄国统治下的波兰民族的命运一样"⑦!

以上所述,是马克思恩格斯关于民族殖民地问题基本思想的第三个方面。

正确指明彻底解决民族殖民地问题的根本道路

马克思恩格斯在深入揭露民族殖民地问题产生根源的基础上,在深刻揭示民族压迫与阶级压迫、殖民掠夺现象与资本主义制度之间必然联系的基础上,为民族殖民地问题的彻底解决,指明了唯一正确的根本道路:推进无产阶级社会主义世界革命,在全球范围内消灭一切剥削制度和一切剥削阶级。

---

① 马克思和恩格斯:《社会主义民主同盟和国际工人协会》。《马克思恩格斯全集》第18卷,第492页。
② 恩格斯:《德国的革命和反革命》。《马克思恩格斯全集》第8卷,第56页。
③ 恩格斯:《致卡尔·考茨基(1882年2月7日)》。《马克思恩格斯全集》第35卷,第263页,并参阅第22卷,第55页。
④ 恩格斯:《德国的革命和反革命》。《马克思恩格斯全集》第8卷,第57页。
⑤ 恩格斯:《匈牙利的斗争》。《马克思恩格斯全集》第6卷,第201页,并参阅同卷,第334、336页。
⑥ 参阅恩格斯:《民主的泛斯拉夫主义》。《马克思恩格斯全集》第6卷,第341—342页,并参阅《列宁全集》第22卷,第334—335页。
⑦ 恩格斯:《德国的革命和反革命》。《马克思恩格斯全集》第8卷,第56、57页。

早在马克思主义诞生初期,早在资产阶级还处于上升、全盛、绝对统治的阶段,早在殖民主义势力横行肆虐全球、气焰绝顶嚣张的时代,马克思和恩格斯就满怀信心地断言全世界的资本主义殖民体系终必没落崩溃和彻底覆灭。他们指出:资本主义社会"现存的所有制关系是造成一些民族剥削另一些民族的原因",为了从根本上彻底解决民族殖民地问题,彻底根除民族压迫和殖民统治,使全球一切民族能在平等基础上真诚地团结互助,就必须在全世界实行无产阶级社会主义革命,彻底消灭现存的所有制关系,消灭资本主义和一切剥削制度。因此,"无产阶级对资产阶级的胜利同时就是一切被压迫民族获得解放的信号"[①]。基于对人类历史发展规律、特别是对资本主义社会发展规律进行深刻的科学分析,马克思和恩格斯代表全世界无产者庄严、豪迈地宣布:"资产阶级的灭亡和无产阶级的胜利是同样不可避免的!""民族内部的阶级对立一消失,民族之间的敌对关系就会随之消失";"人对人的剥削一消灭,民族对民族的剥削就会随之消灭"[②]!

以上所述,是马克思恩格斯关于民族殖民地问题基本思想的第四个方面。

马克思和恩格斯的上述基本观点,为无产阶级关于民族殖民地问题的革命理论奠定了坚实的基础。

这些基本观点,是列宁在帝国主义时代在民族殖民地问题上开展反修斗争的理论根据。

在反对国际帝国主义和国际修正主义的伟大斗争中,列宁全面地继承、捍卫和发展了马克思主义,把马克思主义提高到一个新的阶段,其中也包括把马克思、恩格斯关于民族殖民地问题的革命学说,推向一个新的高峰。

二、第二国际后期,列宁在民族殖民地问题上反对修正主义的斗争

(一)帝国主义时代基本矛盾的激化和修正主义路线的出现

巴黎公社革命失败以后,在十九世纪的最后三十年中,"自由"资本主义逐

[①] 马克思和恩格斯:《论波兰》。《马克思恩格斯选集》第1卷,第287—288页。
[②] 马克思和恩格斯:《共产党宣言》。《马克思恩格斯选集》第1卷,第263、270页。

步向垄断资本主义过渡。十九世纪末二十世纪初,世界资本主义终于发展成为帝国主义。"帝国主义作为资本主义的最高阶段,到 1898—1914 年间先在欧美然后在亚洲最终形成了"①。

帝国主义是垄断的、腐朽的、垂死的资本主义。垄断资本的统治是帝国主义最基本的特征。在帝国主义时代,资本主义所固有的各种矛盾日益激化。

三大基本矛盾空前尖锐

在帝国主义时代,资本主义国家内部无产阶级同资产阶级的矛盾空前尖锐。一小撮垄断资本家为了攫取高额的垄断利润,在经济上对工农大众实行更加残酷的剥削。除了千方百计延长劳动时间和压低实际工资的故伎外,资本家还"发明"和采用了加紧榨取工人血汗的各种"科学"制度,通过什么"泰罗制"、"福特制"、"赫尔斯制"、"罗文制"、"康脱制",拼命加强工人的劳动强度,"无情地绞尽他所有的力量,以三倍于原先的速度榨取雇佣奴隶一点一滴的神经和筋肉的能力"②。每逢经济危机,资本家就向劳动者转嫁危机损失,不但把千千万万的劳动者抛进本来就已十分庞大的失业队伍,而且实行通货膨胀,造成物价飞腾,使劳动者备受双重的熬煎。灯红酒绿、一掷万金与啼饥号寒、暴尸街头,两种现象同时并存,社会更加分裂为对立的两极:"一方面是一小撮卑鄙龌龊的沉溺于奢侈生活的亿万富翁,另一方面是千百万永远在饥饿线上挣扎的劳苦大众"③。

在政治上,西方资产阶级日益走向全面反动。他们拼命扩大和强化军事官僚国家机器,进一步缩小和取消人民仅存的一点民主权利,对国内人民群众实行更加残暴的反动统治。同时,在列强征服和争夺殖民地的过程中,连年征战,不断扩军,赋税激增,人民群众不仅要负担浩繁的战费,而且要充当卖命的炮灰。侵略战争给他们带来了无穷灾难。

凡此种种,把资本主义国家中的广大群众更加推进水深火热之中。到了二十世纪初,劳动与资本的冲突已经达到新的顶点,在欧美各主要国家里,数十万乃至成百万工人一齐发动的声势浩大的罢工斗争和示威游行彼伏此起,接二连三。在许多地方,工人们与前来镇压的反动军警展开了流血搏斗,甚至还筑起街垒,开展了巷战。其中尤以 1905 年爆发的俄国革命,影响最大,标志着自从巴黎公社失败以来长达三十余年的国际资本主义"和平"发展时期业已终结。

---

① 列宁:《帝国主义和社会主义运动中的分裂》,《列宁选集》1972 年版第 2 卷,第 884 页。
② 列宁:《榨取血汗的"科学"制度》,《列宁全集》第 18 卷,第 594 页。
③ 列宁:《给美国工人的信》,《列宁全集》第 28 卷,第 44 页。

形势表明：无产阶级革命运动在欧美各国发展的程度虽不平衡，形式也不尽相同，但是总的说来，国际社会主义运动已经向前迈进了一大步，无产者大军已经在一系列阶级冲突中大大提高了觉悟性和组织性，无产阶级同资产阶级的决定性斗争也愈来愈近；而在阶级斗争特别尖锐激烈的某些国家里，"财产私有者和劳动者之间的决斗已经一天比一天临近了"，广大无产者长期蕴积心头的阶级仇恨一旦迸发，"'和平的'议会斗争局面就要被真正的内战场面所代替"①。

殖民地半殖民地人民的死敌——帝国主义垄断资产阶级在国内面临"山雨欲来风满楼"的险境，这在客观上为被压迫民族的解放斗争提供了有利的条件。

在帝国主义时代，帝国主义国家之间的矛盾空前尖锐。各国垄断组织的出现，不仅没有消弭竞争，反而促使竞争在更广阔的范围、更巨大的规模、更激烈的程度上继续进行。"帝国主义的一个重要的特点，是几个大国都想争夺霸权，即争夺领土"②。

在十九世纪的最后二十五年中，各大国垄断集团为了争夺销货市场、原料产地和投资场所，展开了抢先占领势力范围和瓜分世界的空前猛烈的恶斗。到了十九世纪末二十世纪初，整个世界业已被瓜分完毕。由于资本主义发展的不平衡性，帝国主义列强实力对比不断发生变化，经济急速发展的后起国家来到资本主义的吃人筵席时，座位都已占满了，它们不但要求"入席"，而且要求"首座"，要求按照实力的新对比重新瓜分世界，因而在帝国主义各国之间，充满了从别人手上夺取殖民地、重新分配势力范围、重新排列世界霸主座次的矛盾冲突。这些矛盾冲突导致了1898年的美西战争、1899—1902年的英布战争、1904—1905年的日俄战争，而且愈演愈烈，后来终于酿成了1914—1918年的第一次世界大战。

帝国主义列强之间的矛盾冲突和彼此撕拼，使它们的力量互相削弱，这在客观上又为被压迫民族的解放斗争提供了另一项有利的条件。

在帝国主义时代，被压迫民族同帝国主义的矛盾空前尖锐。

由于垄断组织的形成大大激化了世界范围的竞争，由于"只有占领殖民地，才能充分保障垄断组织获得胜利"③，在十九世纪的最后二十五年和二十世纪初，帝国主义列强以前所未有的速度和疯狂性，加紧侵略扩张和加强殖民掠夺。以非洲为例，在1876年殖民国家布鲁塞尔国际会议之前，列强在非洲侵夺的殖民地只占该洲全部面积的十分之一，到了二十世纪初，列强已将这个面积达三

---

① 列宁：《世界政治中的引火物》。《列宁全集》第15卷，第159、161页。
② 列宁：《帝国主义是资本主义的最高阶段》。《列宁选集》1972年版第2卷，第810页。
③ 同上书，第802页。

千万平方公里的富饶大陆宰割瓜分殆尽,灭亡了几十个国家,几乎所有的非洲国家和地区全都沦为殖民地和保护国,只剩下埃塞俄比亚和利比里亚两国表面上勉强保持一定程度的独立。在瓜分世界的过程中,英、俄、法、德、美、日六个最大的帝国主义国家在第一次世界大战以前抢占的殖民地面积竟达六千五百万平方公里,约等于它们本国面积总和的四倍①,相当于六个半欧洲。

在这六个国家中,沙俄帝国主义又具有自己的"特色":同其他帝国主义国家相比,沙俄的资本帝国主义较薄弱,而军事封建帝国主义却是比较强大的,因此在对外侵略扩张中显得特别穷兵黩武、暴虐野蛮。同时,它的四邻多是幅员辽阔的弱国,而且没有大海阻隔,因此它在对外侵略扩张中又显得特别肆无忌惮、就近吞噬。简言之,它在"军事力量上的垄断权,对极广大领土或掠夺异族如中国等等的极便利地位的垄断权,部分地补充和代替了现代最新金融资本的垄断权"②。

十九世纪末二十世纪初,沙俄这条国际社会中的凶恶巨蟒虽已吞咽了比它自身大三倍多、面积接近于两个欧洲大陆③的四邻疆土,仍然毫不餍足,继续把血盆大口张向四邻。特别是当时既富饶又积弱的中国,在它眼中"**不过是一块肥肉**"④。它在1858—1884年短短二十多年中强行割夺中国疆土一百五十多万平方公里之后,还得陇望蜀,拚命要"在中国割取一块更肥的肉"⑤。它拟定了霸占中国东北各省辟为"黄俄罗斯"的罪恶计划,并逐步予以实施;它在1898年元旦致德国的一份备忘录中公然宣称:"中国北部各省,包括全部满洲、直隶及新疆在内,是我们独占的行动范围"。沙皇尼古拉二世的陆军大臣库罗巴特金在1903年2月16日的日记中供认:"我们皇上的脑袋中有宏大的计划:为俄国夺取满洲,把朝鲜并入俄国。还想把西藏并入本国。要夺取波斯;不仅要占博斯普鲁斯,还要占达达尼尔……"⑥后来,此人又在呈给尼古拉二世的秘密奏折中叫嚣:改变中国和俄国的边界是非常紧急的事,并提出从中国新疆西陲天山的汗腾格里峰到海参崴之间划一直线作为边界,使西起伊犁、中经外蒙和内蒙、东迄满

---

① 根据列宁所引用的统计数字,当时这六国本土面积总和是一千六百五十万平方公里。参阅《列宁全集》第21卷,第282页;第22卷,第250页。

② 列宁:《帝国主义和社会主义运动中的分裂》。《列宁选集》1972年版第2卷,第893页,并参阅第635页注解。

③ 根据列宁所引用的统计数字,1914年俄国本土的面积是五百四十万平方公里,它已侵夺到手的殖民地面积是一千七百四十万平方公里。整个欧洲的面积是一千零四十万平方公里。参阅《列宁全集》第21卷,第282页。

④ 列宁:《新生的中国》。《列宁全集》第18卷,第395页。

⑤ 列宁:《评国家预算》。《列宁全集》第5卷,第302页。

⑥ 《库罗巴特金日记》,苏俄《红档》杂志,1922年,第2卷,第31页。

洲,即中国西北、华北、东北的半壁江山,尽行囊括进俄罗斯大帝国的版图①。

总之,正如列宁所总结的:在帝国主义列强瓜分中国的罪恶活动中,沙皇俄国"是最先伸出魔掌的"②;在列强大肆殖民扩张、争夺世界霸权的过程中,"数百年来,沙皇政府比任何专制魔王更厉害地掠夺和压迫其他民族,……使大俄罗斯人腐化堕落,成为屠杀其他民族的刽子手"③,它是"欧洲和亚洲的野蛮、残暴、反动的主要堡垒"④。

在帝国主义时代,列强对亚、非、拉弱小民族的侵略扩张和殖民掠夺进入了空前疯狂的新阶段。包括沙俄在内的帝国主义列强,在他们所攫取或控制的亚、非、拉广大地区,确立和加强了一整套极端野蛮、极端残暴的殖民统治秩序。他们除了继续袭用从贱买贵卖到杀人越货那一系列老谱之外,还大量采取资本输出的新手法,利用亚、非、拉地区地价贱、工资低、原料廉的条件,举办各种企业,把资本的吸血管伸进一切领域,简直是无孔不入,无所不包,使吸吮殖民地半殖民地人民膏血的罪恶勾当更加扩大化、经常化、制度化。他们到处霸占矿山油田,垄断铁路交通,独揽河海航运,把持对外贸易,包办关税邮电,专卖烟酒食盐,摧残和扼杀当地民族工业的嫩芽……从而完全控制了弱小民族国民经济的全部命脉,榨取了天文数字般的巨额垄断利润;他们广设银行,滥发纸钞,聚敛资金,高利盘剥,操纵金融,左右财政;他们巧立名目,滥定苛捐杂税,肆意横征暴敛,搞得弱小民族国穷财尽,民不聊生;他们暴戾恣睢,草菅人命,于更加大量地劫夺财富的同时,更加大量地制造死亡⑤;他

---

① 参阅:苏联《新东方》杂志,第6卷,第270页。
列宁在《"帝国主义"笔记》中也摘录了同样的材料:沙皇俄国"在东亚也一贯按预先考虑好的计划……在实行扩张,目的在于直接占领一直到长城脚下的大片领土,并获得在东亚的霸权。"(见《列宁全集》第39卷,第765页)按照这个预定计划,沙俄政府在十九世纪末二十世纪初又采取了一系列的侵略行动。如:1892年违约越界出兵中国帕米尔地区,再占中国萨雷阔勒岭以西两万多平方公里领土;1896年强迫清朝政府签订《中俄密约》,攫取在中国东北修筑中东铁路的特权;1898年强迫清朝政府签订《旅大租地条约》,强行"租借"旅顺、大连和辽东半岛;1899年勾结英国,划分两国在华"势力范围",把中国长城以北广大地区划为沙俄"势力范围";1900年勾结其他帝国主义国家,拼凑八国侵华联军,血腥屠杀中国人民,还派遣十几万侵略军占领中国东北三省,长期拒不撤军;1911年策动中国外蒙古一小撮活佛、王公,宣称"独立",实际上把外蒙古变为沙俄殖民地;1912年先后策动中国黑龙江呼伦贝尔地区和内蒙古哲里木盟的封建主进行叛乱,宣称"独立";同时直接出兵侵占中国新疆伊犁、喀什噶尔和阿尔泰地区,并策动多次叛乱,等等。
② 列宁:《中国的战争》。《列宁全集》第4卷,第335页。
③ 列宁:《无产阶级在我国革命中的任务》。《列宁全集》第24卷,第38页。
④ 列宁:《民族问题提纲》。《列宁全集》第19卷,第238页。
⑤ 以拉丁美洲为例,据统计,在帝国主义时代,美国从拉美榨取的金钱财富每年为二十亿美元,平均每分钟约四千美元;同时,在拉美造成的非正常死亡每年多达二百万人,平均每分钟约四人。拉美人民愤怒地指出:"每抢走我们一千块美元,就给我们留下一具死尸。一千块美元一具死尸,这就是所谓帝国主义的价格。"按此推算,每五年就掠走一百亿美元,留下一千万具尸首!又以亚洲的印度为例,由于帝国主义的残酷掠夺,印度仅在十九世纪的最后二十五年内就发生了十八次严重饥荒,单单死于饥馑者竟多达一千五百万人。这还仅仅是一个国家的数字,举一可以反三!

们扶植和勾结亚、非、拉当地最反动腐朽的政治势力和民族败类,以太上皇自居,实行白色恐怖统治;他们对胆敢实行反抗的弱小国家和民族,动辄大举兴兵,炮轰火焚,庐舍为墟,血雨腥风,滥施屠戮,残害妇孺,洗劫城乡。之后,还要勒索骇人听闻的巨额"赔款",实行竭泽而渔、杀鸡取卵式的搜刮敲剥①。

压迫愈重,反抗愈猛

帝国主义强盗变本加厉的疯狂掠夺和暴虐统治把殖民地半殖民地人民推进了苦难深渊的最底层,与日俱增的民族灾难和亡国灭种的惨痛经历从反面深刻地教育了他们,大大促进了民族意识的觉醒。现实生活迫使被压迫民族以更大的决心,在更大的规模上用革命的暴力反对反革命的暴力,拿起武器,前仆后继地投入了抗击帝国主义、维护国家独立、争取民族解放的艰苦斗争。从十九世纪最后五六年至二十世纪初,短短十几年间,亚、非、拉广大地区被压迫民族反侵略、反掠夺、反压迫、反奴役的起义和战斗,如风雷四起,震荡全球。其中比较突出的,如:自 1891 年开始一直坚持到 1898 年西非几内亚人民的抗法战争;1894—1895 年朝鲜人民"逐灭倭夷"、"灭尽权贵"的抗日革命战争;1894—1895 年中国人民的抗日战争;1894—1896 年东非马达加斯加人民的抗法战争;1895—1896 年埃塞俄比亚人民大败意大利侵略军的战争;1895—1898 年拉美古巴人民反对西班牙殖民统治的独立解放战争;1896 年南非马达别列人民的反英起义;1896—1902 年菲律宾人民先后反抗西班牙和美国的民族独立战争;1898—1900 年苏丹人民的抗英战争;1899—1900 年中非乍得人民的抗法战争;1900—1901 年中国人民抗击"八国联军"的斗争;1900 年西非阿散蒂(加纳)人民的第八次抗英战争;1901—1920 年东非索马里人民的抗英斗争;1904—1907 年西南非霍屯督人民和赫列罗人民的抗德战争;1906 年南非祖鲁人民的反英起义;1907—1911 年朝鲜人民的抗日游击战争;1909 年和 1911 年伊朗人民两度抗击沙俄和英国反革命干涉军的战斗;1911 年北非摩洛哥人民的反法起义;1911—1912 年北非的黎波里(利比亚)人民的抗意战争;1911—1916 年中国人民抗击沙俄侵略中国北部和西北部边疆的斗争;1914 年墨西哥人民抗击美国

---

① 以列强对中国的两次敲诈为例:日本侵华的"甲午战争"后,1895 年的《马关条约》规定:中国清政府必须"赔偿"日本"军费"二万万两白银。当时清政府每年税收总数不过七、八千万两白银,"赔款"竟三倍于此数,而且要在三年内交清,否则要额外加息。八国联军侵华战争后,1901 年的《辛丑条约》规定:中国应"赔款"四万万五千万两白银,加上逐年分期付款外加利息,合计近十万万两。其中沙皇俄国分赃最多,独吞赃银一万万三千万两,占"赔款"总额的百分之二十九(不包括利息)。事后沙俄的外交大臣拉姆斯道夫得意忘形,自供这次侵华战争是历史上少有的"最够本的战争"(见罗曼诺夫:《俄国在满洲》,第 262 页)。所有这些沉重负担,被全部转嫁到中国劳动人民身上,使他们更加艰难竭蹶,陷入绝境。

反革命干涉军的战斗。在亚、非、拉地区以外,欧洲的被压迫民族也多次掀起反帝、反殖的武装斗争。其中较突出的,如1910—1912年阿尔巴尼亚人民反抗土耳其殖民统治、争取民族独立的胜利起义等。

特别重要的是:历史已经前进到了十九世纪末二十世纪初,就时代尺度而言,无产阶级革命已经成为直接实践的问题,资本帝国主义国内人民的革命斗争同殖民地半殖民地人民的反帝斗争联成共同战线,互相呼应,互相推动,使得帝国主义垄断资产阶级陷入"后院熊熊火起,前庭烈焰冲天"的重围。形势说明:帝国主义给自己准备了灭亡的条件。正是帝国主义对全世界的残酷压迫剥削,驱使殖民地半殖民地的人民大众和帝国主义自己国家内的人民大众共同走上了消灭帝国主义的伟大斗争道路。

群丑跳梁和反修斗争

在这种情况下,富有反动政治经验、善于耍弄反革命两手的帝国主义垄断资产阶级深知:为要挽救自己的灭亡,不但需要自己直接出面对国内外起来造反的奴隶们实行血腥的屠杀和甜蜜的欺骗,而且需要从奴隶阵营中物色和豢养一批叛徒来充当自己的代理人,让他们出面来维护资产阶级,这"比资产者亲自出马还好"①。

当时,由于资产阶级的收买,欧美列强的工人队伍中业已形成了工人贵族阶层。对于他们说来,"有奶便是娘",因而他们的最高行动准则就是尽力保住国内外的资本主义、殖民主义、帝国主义吃人制度,反对任何革命斗争。再加上当时大量小资产阶级"同路人"涌入工人队伍及其先锋队,带进了资产阶级、小资产阶级的世界观和思想影响。工人贵族和他们一起,成为第二国际内部机会主义日益抬头的社会基础。只是由于马克思的亲密战友、在国际共产主义运动中具有崇高威望的恩格斯仍然健在,他以无产阶级革命导师所特有的锐利眼光和坚定原则,对国际工人运动中的一切机会主义思潮,在它们刚刚露头的时候,就及时识别,并率领国际无产阶级革命派予以迎头痛击,才使其当时未能泛滥成灾。

1895年恩格斯逝世后,各国机会主义分子认为时机已到,开始兴风作浪,猖狂跳梁。他们窃踞第二国际的领导地位,把马克思主义的基本原则诬为过时的"教条",明目张胆地群起围攻和全面篡改马克思主义的革命学说,系统地提出了一整套修正主义的理论、纲领和路线,闹得乌烟瘴气,把整个国际共产主义

---

① 列宁:《共产国际第二次代表大会》。《列宁全集》第31卷,第203页。

运动引向危险的邪途。

当时,由马克思和恩格斯所亲手培育的德国社会民主党在国际共产主义运动中素来享有传统的威信,因而这个党的某些领导人在篡改和背叛马克思主义的过程中,尤其起着欺世惑众和罪魁祸首的作用。诚如列宁所愤怒揭露的,他们"首先要负玷污社会主义的责任"①;"以前,德国社会民主党曾是权威,而现在**它已经是个无恶不作的榜样了!**"②

面对国际修正主义者所掀起的排天浊浪,无产阶级革命导师列宁以大无畏的反潮流精神,挺身而出,团结和领导各国无产阶级革命左派,对第二国际那些享有"权威"的"大人物"们实行坚决的反击,针锋相对地揭露和批判他们所鼓吹的修正主义谬论和修正主义路线,坚定不移地继承和捍卫了马克思主义的革命原则。在这个斗争过程中,列宁在马克思恩格斯革命学说的基础上,根据帝国主义时代新的历史条件和新的革命实践,全面分析了帝国主义的各种矛盾,揭示了帝国主义的发展规律,进一步阐明了关于无产阶级革命和无产阶级专政的理论和路线,创造性地解决了帝国主义时代无产阶级革命和无产阶级专政的一系列重大问题,从而极大地丰富和发展了马克思主义,把马克思主义推进到列宁主义阶段。"列宁主义是帝国主义和无产阶级革命时代的马克思主义"③。

列宁断言,帝国主义是垄断的、腐朽的、垂死的资本主义,是资本主义发展的最高阶段和最后阶段。帝国主义是无产阶级革命的前夜。

列宁提醒人们注意:帝国主义的一个重要特点就是几个大国都想争夺霸权;帝国主义战争是帝国主义政策的必然继续,因此,帝国主义是战争的根源。为了维护世界和平,必须对帝国主义开展坚决的斗争。

列宁指出,帝国主义不仅剥削本国无产阶级和其他劳动人民,而且压迫和掠夺全世界弱小民族。他强调,要实现无产阶级和被压迫民族的解放,决不能走改良主义的道路,而只能走革命的道路;先进资本主义国家的无产阶级解放运动应当同殖民地半殖民地的民族解放运动结成革命的联盟。帝国主义必然将在国际无产阶级和被压迫民族的联合斗争中灭亡。

在深入研究资本主义发展不平衡规律的基础上,列宁得出结论:社会主义将首先在一个或几个国家中获得胜利,而不能在一切国家中同时获得胜利。相应地,国际上社会主义和资本帝国主义的长期斗争,将包括一整个历史时代,社会主义国家随时都应当高度警惕和全力防止帝国主义进行颠覆和侵略的危险。

---

① 列宁:《战争和俄国社会民主党》,《列宁全集》第 21 卷,第 12 页。
② 列宁:《给亚·施略普尼柯夫》,《列宁全集》第 35 卷,第 150 页。
③ 斯大林:《论列宁主义基础》,《斯大林全集》第 6 卷,第 63 页。

对于披着"社会主义"外衣的帝国主义者即社会帝国主义者的伪善和危险，列宁作了尖锐无情的揭露。

一切革命的根本问题是国家政权问题。列宁详尽透彻地论述了无产阶级革命的根本问题，即无产阶级专政问题。他指出，通过暴力革命打碎资产阶级国家机器之后建立起来的无产阶级专政，是无产阶级同农民和其他一切劳动者的特种形式的阶级联盟。无产阶级专政不是阶级斗争的结束，而是阶级斗争在新形式中的继续，是夺得政权的无产阶级为镇压剥削阶级的复辟和抵抗外来的侵略，为反对旧社会的黑暗势力和反动传统而进行的顽强斗争，即流血的与不流血的，暴力的与和平的，军事的与经济的，教育的与行政的斗争。列宁论证了无产阶级专政国家在资本主义包围条件下能够一国建成完全的社会主义社会，并且为建设社会主义拟定了一整套切实可行的基本方针和方法。列宁极力强调必须广泛采用当代先进技术进行社会主义经济建设，并以简明易懂的生动语言提出了一个著名的公式：共产主义就是苏维埃政权加全国电气化。

无产阶级在革命斗争中必须坚持自己的独立性和领导权。列宁把马克思恩格斯关于无产阶级领导权的基本思想要点，扩展成为关于无产阶级领导权的系统学说。

列宁认为，要实现无产阶级革命，建立和巩固无产阶级专政，头等重要的是无产阶级要建立一个用马克思主义武装起来的、真正革命的、同机会主义彻底决裂的政党，即共产党。这个政党是无产阶级阶级组织的最高形式，是无产阶级政权的领导力量。列宁为无产阶级制订了完善的建党学说和建党原则。

在帝国主义和无产阶级革命时代，列宁主义的完整思想体系，是指引全世界无产者和被压迫民族的革命解放斗争不断走向胜利的明亮灯塔，随着时间的推移，它愈来愈广泛地放射出灿烂的光辉！

斗争焦点之一：如何对待民族解放运动

在帝国主义和无产阶级革命时代，民族殖民地问题是无产阶级革命总问题的一个重要部分。帝国主义三大矛盾的激化及其解决，无一不是与民族殖民地问题直接牵连和息息相关的。所以，第二国际修正主义分子在全面篡改、"修正"马克思主义的过程中，适应着帝国主义资产阶级的需要，在民族殖民地问题上也散播了种种谬论，制造思想混乱，力图麻痹、瓦解和破坏殖民地半殖民地的民族解放运动。因此，第二国际后期在民族殖民地问题上进行反修斗争，就成为国际马克思主义者反对国际修正主义者这一总斗争中的重要组成部分。

在民族殖民地问题上所展开的斗争和论战，焦点在于应当怎样估价和对待殖民地半殖民地的民族解放运动，是歌颂、声援、支持、促进？还是诬蔑、拆台、破坏、镇压？围绕着这个问题展开的斗争和论战，对无产阶级世界革命事业，有着极其重要的意义。

如所周知，殖民地是帝国主义的生命线。欧美各国的殖民主义者、帝国主义者向来就把殖民地半殖民地人民的血液和脂膏，作为喂肥自己的营养品，也作为维持国内阶级"和平"、抑制国内阶级斗争的麻醉剂。资产阶级对外实行民族压迫和殖民掠夺，正是欧美各国内部反资本主义决战长期迁延的主要原因之一。从这个意义上说，长期以来，占有并统治着广阔的殖民地半殖民地，这是帝国主义资产阶级最巨大的后备力量，它对于欧美发达国家的无产阶级革命说来，原是一个严重的消极因素。生活本身愈来愈雄辩地证明马克思关于"奴役其他民族的民族是在为自身锻造镣铐"的论断，确是颠扑不破的真理。

殖民地半殖民地民族解放运动的不断加强，是一个化消极因素为积极因素、化反革命后备力量为革命后备力量的剧变过程。殖民地半殖民地人民的革命斗争，是砍断帝国主义生命线的巨斧，是猛摧国际帝国主义危厦的"极大的世界风暴"①。所以，它是世界无产阶级革命的伟大同盟军，也是制止不义战争、保卫世界和平的强大力量。

因此，殖民地半殖民地的民族解放运动和反帝革命斗争，它所牵涉到的，不仅是亚、非、拉广大地区亿万人民的解放问题，而且是欧美发达国家无产阶级和其他劳苦大众的解放问题。换句话说，它对于全人类解放事业说来，不是一个战术性问题，而是一个战略性问题；不是一个局部性问题，而是一个全局性问题。它作为一条极其重要的战线，关系着、影响着、在一定意义上甚至决定着整个国际无产阶级世界革命事业的成败。

由此可见，自第二国际后期以来，国际共产主义运动内部在民族殖民地问题上所展开的论战，不是孤立存在的。它实质上是在无产阶级世界革命总问题上马克思主义总路线同修正主义总路线之间对立斗争的一个有机组成部分；它在一个极其重要的领域，从一个极其重要的角度，反映了国际共产主义运动队伍中世界革命促进派与世界革命取消派之间的势不两立。

---

① 列宁：《马克思学说的历史命运》，《列宁全集》第18卷，第583页。

在这场严峻斗争中,列宁始终是一个伟大的旗手。他在全面地继承、捍卫和发展马克思主义的过程中,也在民族殖民地问题上继承和捍卫了马克思主义的基本原则,反击了修正主义者对它的篡改、歪曲和阉割,并且在反修斗争中,创造性地丰富和发展了马克思主义关于民族殖民地问题的理论。

列宁主义民族观的严整体系逐步确立

如前所述,马克思和恩格斯当年在分析爱尔兰、印度、中国、中欧各国、波兰、匈牙利等国的事件时,已经提供了关于民族殖民地问题的基本的主要的思想。列宁在自己的著作中论述同一问题时,就是以马克思和恩格斯的这些思想为基础,同时又作了一系列新的、重大的添加。斯大林把列宁在民族殖民地问题上对马克思主义的重大发展,作了简扼总结和概括,认为:"列宁在这方面的新贡献在于:(甲)他把这些思想集合成为一个关于帝国主义时代民族殖民地革命学说的严整体系;(乙)他把民族殖民地问题和推翻帝国主义的问题联系起来;(丙)他宣布民族殖民地问题是总的国际无产阶级革命问题的一个组成部分"①。

有斗争,才能发展。真理是在同谬误作斗争中间发展起来的。列宁关于帝国主义时代民族殖民地革命学说的严整体系,是在马克思主义民族观同机会主义民族观反复多次的激烈交锋中,是在全面批判第二国际修正主义者关于民族殖民地问题各种谬论的长过程中,逐步形成、确立和完善起来的。

第二国际修正主义分子从帝国主义资产阶级的反动立场出发,向来总是狭隘地、孤立地看待民族问题,因而在他们关于民族问题的各种谬论中,贯串着三个方面的割裂:

第一,把民族问题和殖民地问题割裂开来。他们考察和谈论民族问题,通常总是把它局限在主要和"文明"民族有关问题的狭小范围以内,只是对欧洲某些没有充分主权的民族的命运表示"关怀",而对于欧洲以外的众多"不文明"民族,对亚、非、拉那些遭受最野蛮最残酷民族压迫的亿万人民,则根本不放在眼里,极力回避这些殖民地半殖民地大量被压迫民族的彻底解放问题,借以维护帝国主义列强对亚、非、拉广大地区的殖民统治。

第二,把民族殖民地问题和推翻帝国主义的问题割裂开来。他们把民族压迫看成是与资本压迫、与整个资本帝国主义制度无关的问题,鼓吹在保存

---

① 斯大林:《和第一个美国工人代表团的谈话》,《斯大林全集》第 10 卷,第 90 页。并参阅第 85—86 页。

资本帝国主义制度的前提下,对殖民政策实行这样那样的"改变"或"改良",似乎就可以消除民族压迫,解决民族殖民地问题。他们极力掩盖资本帝国主义制度与民族压迫现象之间的必然因果关联,隐瞒产生民族压迫的真正根源,在被压迫民族中散布幻想,借以转移反帝斗争的视线,从而瓦解和取消民族解放运动。

第三,把民族殖民地问题和国际无产阶级世界革命总问题割裂开来。他们把被压迫民族的解放斗争看成是与国际无产阶级世界革命互不相干的两码事。一方面,被压迫民族的解放问题似乎可以离开无产阶级革命的大道,可以不必进行艰苦的反帝革命斗争,就能平平静静安安稳稳地得到解决;另一方面,欧美无产阶级革命似乎更可以不必同殖民地半殖民地的民族解放运动直接结成联盟,就能取得胜利,因而欧美无产者及其政党无须大力支持和切实援助亚非拉广大地区被压迫民族的反帝革命斗争。他们极力贬低甚至抹杀殖民地半殖民地的民族解放运动在国际无产阶级世界革命中的地位和作用,阻挠全世界无产者和全世界被压迫民族的联合斗争,以便对世界反帝革命力量实行分化瓦解和各个击破,彻底葬送整个国际无产阶级世界革命事业。

第二国际修正主义分子在民族殖民地问题上所搞的这三大割裂,从根本上背离了马克思恩格斯关于民族殖民地问题的基本思想原则,也是对帝国主义时代民族殖民地问题客观现实的熟视无睹和严重歪曲。

列宁在批判修正主义谬论的过程中,从新时代的客观现实出发,创造性地运用马克思恩格斯关于民族殖民地问题的基本思想原则,为当代民族解放运动解决了一系列带根本性的问题,从而把民族殖民地问题革命理论推进到一个新的阶段。

列宁明确地把民族问题和殖民地问题紧密地联系起来。他从世界范围内观察民族关系的全貌,对于新历史阶段中与日俱增的大量事实加以高度概括,提出了关于帝国主义时代全世界已经分裂成为压迫民族和被压迫民族两大对立营垒的著名论断,强调指出:在当前这个时代,民族压迫以及由此产生的两大民族营垒的矛盾对抗,已经发展成为世界性的现象。因此,民族问题已从局部的问题变成了全局的问题,也就是说,它早已越出了局部地区一国数国的范围,变成为遍及全球各大洲的殖民地半殖民地被压迫民族摆脱国际帝国主义枷锁的世界性问题。列宁对整个世界作这样的划分,准确地反映了帝国主义时代民族关系、国际关系中最基本最重要的现实,成为国际无产阶级和世界革命人民考察和分析民族殖民地问题的基本出发点,成为帝国主义时代民族殖民地革命学说严整体系的一个立论基础。

列宁明确地把民族殖民地问题和推翻帝国主义的问题紧密地联系起来。他深刻地论证了帝国主义的经济实质和政治实质,令人信服地指出当代殖民掠夺、民族压迫和暴力兼并之所以变本加厉和全面加强,民族压迫现象之所以遍及全球,其源盖出于资本帝国主义制度。帝国主义是一切民族压迫现象的总祸根,是殖民地半殖民地一切被压迫民族的死敌。被压迫民族同帝国主义之间的矛盾对抗是不可调和的,而帝国主义的本性又是不可能改变的。因此,如果对帝国主义抱幻想、等恩赐,如果满足于点点滴滴的"改良",而不全力开展反帝革命斗争,不从根本上推翻帝国主义,那么,被压迫民族就不可能获得彻底解放,民族殖民地问题就无从解决。列宁关于帝国主义实质和本性的科学分析,关于务必根本推翻帝国主义的革命教导,为全世界无产者和被压迫民族规定了唯一正确的斗争大方向,成为帝国主义时代民族殖民地革命学说严整体系的主导思想。

列宁明确地把民族殖民地问题和国际无产阶级世界革命总问题紧密地联系起来。他第一次把被压迫民族反对帝国主义的斗争看作是世界无产阶级社会主义运动的一个组成部分,即第一次明确认定民族殖民地问题是国际无产阶级世界革命总问题的一个组成部分。他反复阐明:民族殖民地问题只有和无产阶级革命相联系并在无产阶级革命的基础上才能得到彻底解决;而先进国家的无产阶级革命也必须同殖民地半殖民地的反帝解放运动结成革命联盟才能取得胜利。他创造性地提出了"全世界无产者和被压迫民族联合起来"的战略方针,号召这两大革命力量在全球范围内结成国际反帝统一战线,共同发动革命进攻,以击败和埋葬国际帝国主义。在第二国际修正主义思潮泛滥、欧美先进国家工人革命运动受到严重腐蚀破坏的情况下,列宁对占世界人口绝大多数的殖民地半殖民地人民的反帝革命斗争特别寄以厚望,断定它必将反转来影响先进国家,促使这些国家工人阶级革命化,给长期处于停滞状态的欧美无产阶级社会主义革命运动以有力的推动。因此,列宁极力强调:先进国家的无产阶级及其政党对于殖民地半殖民地的反帝革命斗争和民族解放运动,务必言行一致地、切切实实地予以全力支持和直接援助。列宁关于民族殖民地问题是国际无产阶级世界革命总问题一部分的光辉论述,关于全世界无产者与被压迫民族联合起来的战斗号召,成为帝国主义时代民族殖民地革命学说严整体系的核心内容。

列宁深入分析了被压迫民族的地主资产阶级在反帝革命斗争中的两面性,提出了在民族解放运动中无产阶级必须坚持革命领导权的光辉思想。他批判了风行一时的所谓"民族文化自治"的修正主义民族纲领,科学地解释和深入地阐发了民族自决权的基本原则,极力强调遭受帝国主义殖民统治压迫的弱小民族必须为真正的、彻底的独立自主而斗争,它们理应有权在政治上从殖民帝国中分离出来,组建本民族独立自主的国家。列宁雄辩地论证在帝国主义时代民族解放战争不仅是可能的,而且是不可避免的、进步的、革命的,从而为全世界殖民地半殖民地被压迫民族彻底挣脱帝国主义锁链、彻底实现独立解放指明了正确的途径,等等。列宁的这一系列关键性的具体教导,使帝国主义时代民族殖民地革命学说的严整体系成为更加切实可行的实践指南。

列宁在批判第二国际修正主义分子的长过程中所逐步创立的关于帝国主义时代民族殖民地革命学说的严整体系,作为民族殖民地问题革命理论发展的新阶段,在国际共产主义运动的历史上,在全世界被压迫民族争取自由解放的斗争中,具有极其深远的指导意义。

(二)列宁对伯恩施坦、万-科尔之流在民族殖民地问题上谬论的斗争

恩格斯逝世以后,在国际共产主义运动内部首先就民族殖民地问题挑起论战的,不是别人,正是臭名昭著的修正主义鼻祖伯恩施坦(1850—1932)。他明目张胆地为帝国主义的殖民掠夺政策曲为辩护,洗刷罪恶。在这个问题上同伯恩施坦唱和最密、最力的,是荷兰籍的修正主义头目万-科尔(1852—1925)。此人曾窃踞第二国际社会党执行局委员要职,屡屡以殖民地问题"理论专家"的姿态在国际代表大会上作报告,草决议,几乎"垄断"了有关这个问题的主要发言权。这一"狼"一"狈"在民族殖民地问题上所极力鼓吹的种种谬论,在当时各国的社会沙文主义分子中,具有典型性和代表性,并且已经逐渐形成一股国际性的反动思潮。其内容大体如下:

所谓"利益有关"和"资源人类共有"

1899年,伯恩施坦在他所写的《社会主义的前提和社会民主党的任务》一书中,十分露骨地表述了他对民族殖民地问题所持的帝国主义态度。正像他在无产阶级革命的其他一切基本问题上都彻底背叛马克思主义一样,他在民族殖民地问题上也彻底地抛弃了无产阶级国际主义,拼命宣扬大国沙文主义和民族利己主义。

在伯恩施坦嘴里,德国国内的阶级对立不见了,剩下的只是"国家"和"民

族"。他援引当时帝国主义国家中的统治阶级被迫承认劳动者享有点滴政治权利和经济权利的"新事实",证明无产阶级已经在自己的"祖国"里享受到不少的"福利",因而他们"对于民族利益不能漠不关心",并由此得出结论说,马克思当年在《共产党宣言》中谆谆教导的"工人没有祖国"这句话,已经"丧失了它的大部分真理性";"国际主义在今天还过于遥远,看来它是属于未来时代的东西";顺应着这种"新条件",德国社会民主党必须成为一个能够坚决"保卫德国利益"的"民族的政党"①。

伯恩施坦把德国容克资产阶级狭隘卑鄙的阶级私利冒充为整个"国家"和"民族"的利益,声嘶力竭地叫嚣:为德国夺取殖民地和实行殖民掠夺,是"事关民族的重大利害",决不能"怯懦地让步"②。他恬不知耻地论证说,德国每年要从属于其他国家的殖民地输入大量热带产品,既然"享受热带植物的产品是无可非难的",那么,尽力想方设法去占有和扩大属于德国的殖民地,以便"自己栽培这些植物","从自己的殖民地取得这些产品的一部分","也就能够是无可非难的了"③。

就是根据诸如此类的强盗逻辑,伯恩施坦公然抨击马克思主义创始人所一再强调的"压迫其他民族的民族是不能获得解放的"这一著名论断,胡说什么"认为殖民地的扩展将推迟社会主义实现的这一观念,归根到底是以……完全过时的思想为基础的",因此,"德国社会民主党对于德意志帝国的殖民政策根本没有什么可以害怕的。""没有理由把取得殖民地看成是从根本上应当予以谴责的事"④。

伯恩施坦的大国沙文主义和民族利己主义立场,在"胶州湾事件"上暴露得更为彻底。1897—1898年,德国的社会主义报刊曾严词谴责本国帝国主义者派兵霸占中国胶州湾的强盗行径。伯恩施坦却气急败坏地声称:对于这种严厉谴责"我是完全不能赞同的";他信口雌黄说,夺取胶州湾"对德国人民有很大利害关系",所以德国"社会民主党不应当在原则上反对这件事";他厚颜无耻地鼓吹,在列强瓜分中国的肮脏勾当中,德国应当捷足

---

① 见伯恩施坦:《社会主义的前提和社会民主党的任务》,柏林1921年版,第204—206页。并参阅同书1923年德文增补修订版相应部分。
② 同上书,第206页。
③ 同上书,第211页。
后来,伯恩施坦还利用和迎合德国小市民的自私心理,大力歌颂殖民掠夺给宗主国居民在"食品方面掺进了许多有营养的和美味的热带产品","有助于降低肉价"和"面包价格",并寡廉鲜耻地高喊:"我们要感激这些殖民事业"!参阅伯恩施坦:《社会主义和殖民问题》。《社会民主党和殖民地》,柏林1919年版,第59页。
④ 见伯恩施坦:《社会主义的前提和社会民主党的任务》,柏林1921年版,第209—210页。

先登,以免坐失时机,说是"即使德国不取得胶州湾,俄国也会继续实行它的包围政策,并且一有机会就占据满洲的港湾",因此德国决不能"袖手旁观",而"应当确保一个地盘,使自己……也能以此为基础……对中国的事情的进展发生影响,而不致不得不满足于事后提出抗议"。根据这种"先下手为强"的强盗哲学,伯恩施坦得出了一个纯帝国主义式的结论:"只要租借(按:在帝国主义者的字典里,"租借"只是霸占的讳称)胶州湾……只是为了使德国在中国的将来利益获得保障,那么在这一限度内社会民主党也就可以对此表示赞同"①。

以上就是伯恩施坦的"利益有关"论。伯恩施坦狂妄地宣称,他的这种谬论是德国社会民主党在确立对待殖民政策的态度时应当遵循的、"起决定作用的基本观点"②。

其次,伯恩施坦鼓吹说:"任何部落、任何民族和任何种族都不能说对任何一块居住着的土地有一种绝对的权利。地球不归属于任何尘世之人,它是全体人类的财富和财产"③。乍一听,冠冕堂皇,无以复加,伯恩施坦似乎是个十足的"共产"主义者!莫非他主张把德意志民族居住着的土地以及地皮下蕴藏的煤、铁、钾盐等富饶资源无偿地贡献给"全体人类"?当然不是!他的真意,原来是:"承认野蛮人对于被他们占有的土地的权利也只能是有条件的。归根到底,较高的文明在这里也有更大的权利"④。据此,则世世代代在亚、非、拉劳动生息的"不文明"的当地人民,对本国土地和资源的神圣主权,只能是"有条件"、有限制的,反之,远在千里万里之外的"不野蛮"的欧美资产阶级,对亚、非、拉的广

---

① 伯恩施坦:《社会主义的前提和社会民主党的任务》,柏林1921年版,第207—208页。

把伯恩施坦在瓜分中国问题上所说的这些话,同早些时候德国的皇帝和外交大臣在同一问题上用同一语调所说的话对照一下,伯恩施坦的帝国主义奴才面目就更加昭然若揭了:1895年,德皇威廉二世在给首相何伦洛熙的一项指示中说:"倘使俄国着手占领朝鲜领土或一个海口(按指中国的口岸),则我们就当立即占据威海卫,以不使英国或法国军队也像在非洲一样地捷足先登。一个既成事实总是比抗议容易为别国尊重"。

两年之后,在出兵侵占胶州湾的前几天,这个皇帝在给外交大臣布洛夫的一项指示中又说:"我决定立即动手。……千百个德国商人在获悉德意志帝国终于在东亚取得一个巩固立足点的时候,必将欢欣鼓舞,兴高采烈!"——在这里,威廉第二供认夺取胶州湾是为了德国资产阶级的利益,而不是伯恩施坦所瞎扯的"德国人民"的利益。主子的直供戳穿了奴才的胡诌(以上参阅:《德国外交文件有关中国交涉史料选译》,商务印书馆1960年版,第1卷,第3648、3690号文件)。

1897年,德外交大臣布洛夫在帝国议会中为侵占胶州湾一事辩解时说:"我们不愿消极地站在旁边,而让他人分割世界","让别的民族去分割大陆和海洋而我们德国人只满足于蓝色的天空的时代已经过去了。我们也要为自己要求日光下的地盘"(参阅:《世界近代史文献》,高等教育出版社1957年版,第2卷,第1分册,第121—122页)。以上着重点,都是引者加的。

②④ 伯恩施坦:《社会主义的前提和社会民主党的任务》,柏林1921年版,第211页。

③ 伯恩施坦:《社会主义和殖民问题》。《社会民主党和殖民地》,柏林1919年版,第58页。

阔土地和富饶资源,却理应享有无条件、无限制的"更大的权利"了! 以"文明人"和"社会主义者"自诩的伯恩施坦,就是以如此蛮横无赖的口吻"论证"问题的。

伯恩施坦的谬论出笼后受到国际马克思主义者的严厉批判,而殖民地问题"理论家"万-科尔却狡猾地为这个同伙呐喊助威。他在1904年第二国际的阿姆斯特丹代表大会上作了有关殖民地问题的冗长报告,集中地、全面地论述了社会沙文主义者在民族殖民地问题上的反动路线。他在报告中大耍两面派手法:开头装模作样地对殖民暴行作了一番"谴责",并且发誓赌咒"要毫不容情地向资本主义的殖民政策宣战"! 在虚晃一枪之后,他话锋一转,就请出了马尔萨斯的亡灵,闪烁其词地胡说什么列强对外实行殖民掠夺是由于欧洲"旧大陆上过分拥挤"、"人口过剩"和"文明国家感到无法满足本国居民的需要"引起的。他无耻地歪曲马克思主义关于生产资料社会化的主张,用偷换概念的卑鄙手法,胡诌什么在民族和国家仍然存在的情况下地球上的一切土地和资源都是"全人类的财产",应当"属于所有的人";并以此作为"理论根据",进而诬蔑亚、非、拉人民"还处在未成熟时期","没有能力开发地下富饶资源和我们星球上最肥沃的地方",只会"毫无意义地用原始方法去毁坏集体财富"。为了"抢救"人类的"集体财富",欧洲的文明国家"应当为了全人类的利益而加以干预",使这些土地和资源"向世界全体居民提供生活资料"①!

由此,万-科尔推导出这样的结论:"殖民地不仅目前存在,而且在以后许多世纪里还将存在;殖民地将密不可分地列入人类历史"。因为,在目前,"人类团结的时代还是很遥远的事。在社会主义时代没有到来以前,为了等待这种制度而不去扩大殖民地,那是一种空想";在将来,即使社会主义时代到来了,然而由于"现代国家已无法脱离能够给工业和人类生活需要提供某些原材料和热带产品的地区",因此"殖民地甚至在未来的社会主义制度下也是必要的"。于是,万-科尔大声疾呼:不应当不分场合,"不分时间和地点地对任何殖民统治都进行谴责"②!

不言而喻,万-科尔所作的喋喋论证,全是为了竭力掩盖殖民掠夺之真正的社会经济根源和阶级根源,用各种"自然因素"为殖民主义者、帝国主义者开脱罪责:似乎是"事出无奈,情有可原"。在他的心目中,亚、非、拉的亿万人民命

---

①② 万-科尔:《殖民政策和社会民主党》。布拉斯拉夫斯基编:《第一国际第二国际历史资料》,新莫斯科出版社1926年版,第168号文件。

里注定应当"为了全人类的利益"而千秋万代永当奴隶。实际上,万-科尔想喊而未喊的口号是:"殖民掠夺万岁!"

资产阶级化的无产阶级和社会帝国主义者

伯恩施坦和万-科尔都是当年一度享有国际"声望"的头面人物。他们头上戴的是"社会主义者"的桂冠,口中说的却是帝国主义者的谰言,为什么会出现这种怪诞现象?他们公然歌颂帝国主义殖民掠夺暴行的荒谬"理论",竟然能够在党内外都拥有相当数量的信徒和追随者,乃至于形成为一股社会思潮,这又当如何理解?对于这类谬论谰言,应当从什么角度上深揭猛批,方能击中要害,肃清流毒?——凡此,都是当时亟待科学地加以解答的问题。

伯恩施坦和万-科尔之流的这类"理论"同他们所具有的社会民主党人的身分是如此毫不相容,这类"理论"的荒谬性和反动性是如此彰明昭著,以致以列宁为首的国际马克思主义者没有必要花费过多的精力对其"论据"一一详予驳斥,而只是着重于无情揭露这些谬论的阶级实质和社会根源。

列宁认为,在工人运动和社会主义政党内部出现这种公然为殖民掠夺张目的社会思潮,同工人贵族这一社会阶层的形成有着直接的因果关联。他反复多次系统地回顾了马克思和恩格斯当年对工人贵族的论述,并根据帝国主义时代出现的新情况,作了更加全面、更加深入的剖析。

众所周知,工人贵族最早出现于英国,这是英国特定的历史条件所决定的。从十九世纪中叶起,英国就具备了帝国主义的两大特征:拥有大量的殖民地领土;在世界市场上占垄断地位,因而拥有巨额的垄断利润。老奸巨猾的英国资产阶级为了巩固国内老巢的资本主义统治,在使用反革命暴力镇压工人运动的同时,还凭借上述"有利"条件,不惜以攫自殖民地的超额利润的一小部分,对成批的工人阶级上层分子进行多种形式的收买和腐蚀,借以分化工人队伍,瓦解工人阶级的革命斗争。

早在上一世纪的五十年代末,恩格斯就已敏锐地觉察到英国资产阶级这种阴险收买政策所造成的严重恶果。他尖锐地指出:在英国这个"剥削全世界的民族"里,无产阶级实际上日益资产阶级化了,看来事情终将导致这样的地步,即除了资产阶级之外,还要有一个"资产阶级化的无产阶级"[①],即"工人阶级中

---

① 《恩格斯致马克思(1858年10月7日)》。《马克思恩格斯全集》第29卷,第344—345页。

的贵族"①。他们依靠资产者的"恩赐",即依靠资本家吃人筵席上扔下来的骨渣和滴下来的油水,日子过得颇为"美满",在生活方式上日益向资产阶级靠拢,因而在思想方式上和政治立场上,也日益向资产阶级靠拢,和资产者有着愈来愈多的共同语言。尽管他们身为工人或者"代表"工人,但是,资产阶级式的"体面"观念却已经深深地渗入他们的肺腑,因而他们并不重视在本阶级群众中获得信任和享有声望,却以能够得到"上流社会"那些阔佬大亨、红衣主教、行政长官等资产阶级头面人物的垂青和器重引为殊荣,受宠若惊。甚至连曾被恩格斯称为当时英国工运中最优秀人物的汤姆·曼,也向别人津津乐道他"将同市长大人共进早餐",以炫耀自己身分不凡②!

总的说来,这些工人贵族和他们的资产阶级雇主之间的关系简直是"情投意合"的:"不但雇主非常满意他们,而且他们也非常满意雇主"③。他们深知自己的优裕生活仰仗于雇主们所从事的殖民事业,出于切身的利害得失,就不能不毫无保留地、同资产者完全一样地支持和赞助本国反动政府的殖民政策,以便"十分安然地"和资产阶级"共享英国的殖民地垄断权和英国在世界市场上的垄断权"④。

列宁一再强调:马克思和恩格斯关于英国工人贵族的论述"极能说明问题","是值得细细玩味的",必须"**全面**加以研究",并且应当把它"当作最好的武器来运用"⑤。显然,这些言论之所以必须加以充分重视和认真研究,首先是因为它对于列宁所处的时代说来,具有普遍的典型意义和迫切的现实意义。

列宁指出,到了二十世纪初,帝国主义列强已经完成了对整个世界的分割,其中每个国家都剥削着全世界的一部分,都在相当程度上占有世界市场的垄断地位和拥有殖民地的垄断权,地球上七千五百万平方公里的全部殖民地中,有六千五百万平方公里,即百分之八十六集中在六大强国手里。就全球范围来说,帝国主义已经从当年的萌芽状态成长为世界性的统治体系。随着资本主义在帝国主义时期的发展和成长,随着欧美所有资本主义大国先后都侵夺霸占了大量的殖民地,于是,当年只是在英国一国出现的用殖民掠夺巨额收入的一部

---

①③ 恩格斯:《一八四五年和一八八五年的英国》。《马克思恩格斯全集》第21卷,第228页。
② 参阅:《恩格斯致弗·阿·左尔格(1889年12月7日)》。《马克思恩格斯全集》第37卷,第316页。
④ 《恩格斯致卡·考茨基(1882年9月12日)》,《马克思恩格斯全集》第35卷,第353页,并参阅第21卷,第231页;第36卷,第59—60页。
⑤ 列宁:《〈约·菲·贝克尔等致弗·阿·左尔格等书信集〉俄译本序言》,《帝国主义和社会主义运动中的分裂》。《列宁全集》第12卷,第358、359页;第23卷,第112页。

分收买豢养大批工人贵族的独特现象,也就逐渐扩展成为所有这些大国广泛出现的普遍现象①。简言之,到了二十世纪初,原先那种英国式的收买和变节,已经在国际上泛滥成灾,成为一大"时代特色"!

根据列宁的分析,可以看出:进入帝国主义时代以后,各大强国垄断资产阶级对工人阶级上层分子的收买还具有以下几个特点②:第一,用于收买的经费十分庞大。它虽然只不过是殖民掠夺超额利润的一个"零头",其相对数字,即它在利润总数中所占比例是很小的,但其绝对数字则相当惊人。据列宁统计,在第一次世界大战以前仅英、法、德这三个从殖民地掠夺财富最多的国家,其他收入不算,单单资本输出一项,每年就可榨取利润八十亿到一百亿法郎。资产阶级完全可以从中拿出五亿法郎来施舍给工人上层分子,进行收买。这五亿,只不过是百中抽五抽六,但它本身却就是一笔天文数字!由于经费如此"充裕",所以,第二,进行收买的形式十分多样,范围十分广泛:或巧立名目,为工人议员、工会首领、合作社领导人、工人报刊编辑记者们设置各种"肥缺"、"美差",授以高官厚禄,并于高额"薪俸"之外,另给各种"津贴"和"外快";或举办各种经济文化"福利",规定各种社会政治特权,专供工人上层分子享用;或对某部门某行业的熟练技工发放优厚工资和酬金,等等。通过诸如此类的手法,千方百计地对工人上层分子实行直接的和间接的、公开的和隐蔽的、有形的和无形的广泛收买。基于以上两点,又导致了第三点,即被收买的人数相当众多。他们在整个工人队伍中只居极少数,同千百万中、下层工人群众对比起来,他们只不过是一小撮,但就他们本身的数量而言,则不是数以百计、千计,而是达到了数以万计的程度,从而在帝国主义列强国内各自形成为一整个比较广泛、比较稳定的社会阶层。

存在决定意识。在资产阶级的收买和豢养下,工人贵族阶层享有安稳丰足、高人一等的生活,他们全然摆脱了贫苦大众的灾难和痛苦,也彻底丧失了贫苦大众的革命情绪。概括地说,他们的"生活方式、工资数额和整个世界观"都已经"完全市侩化"和"资产阶级化",他们精神面貌上的特征是:极端狭隘自私,但求利己,不顾他人死活;贪得无厌,形同市侩;特别是具有强烈的"帝国主义情绪"和"最浓厚的狭隘的行会习气以及小市民的和帝国主义的偏见"③。因

---

① 参阅列宁:《打着别人的旗帜》,《列宁全集》第21卷,第130页;第22卷,第277页;第23卷,第114页。

② 参阅:《列宁全集》第21卷,第90—91、110、130页;第22卷,第185—186页;第23卷,第114—115页;第27卷,第453—454页;第29卷,第10—11页;第31卷,第169、202页。

③ 参阅:《列宁全集》第21卷,第219页;第22卷,第185—186页;第31卷,第3、169页。

此，他们理所当然地成为帝国主义垄断资产阶级及其奴仆第二国际机会主义者的主要社会支柱。

工人贵族这种强烈的帝国主义情绪和浓厚的帝国主义偏见，在对待殖民地解放问题上，表现得尤其突出、尤其明显。他们是帝国主义殖民掠夺政策和殖民扩张政策的狂热的支持者和拥护者，成为猖獗的社会沙文主义思潮的社会阶级基础。

正是紧紧抓住这个关键问题，列宁对于在工运队伍中出现社会沙文主义思潮同垄断资产阶级实行殖民掠夺这两者之间的内在必然联系，作了极其深刻的揭露。他指出，欧洲许多国家由于广泛推行殖民政策的结果，使本国的"无产者**在一定程度上**陷入了这样的境地：养活全社会的，**不是**他们的劳动，而几乎是被掠夺的殖民地人民的劳动"①。特别是一小撮"大"国对殖民地的剥削，使"文明"世界愈来愈变成叮在数万万"不文明"的民族身上的寄生虫，而"帝国主义国家的无产阶级中的特权阶层，部分地也依靠数万万不文明的民族过活"②。正因为如此，对于那些尝到了殖民掠夺的"甜头"、分享了"'大块蛋糕'的一点碎屑"的工人贵族们说来，失去了殖民地就意味着丧失了高官厚禄和美衣玉食的主要源泉；反之，保住和扩大本国的殖民版图，则意味着能够继续享用"大块蛋糕"的一份和更大一份碎屑，即继续保住和进一步扩大自身享有的各种经济特权和政治特权。在这种情况下，就"形成了使无产阶级沾染上殖民沙文主义的物质经济基础"，帝国主义的意识形态也渗透到工人阶级里面去了。由于受到这种意识形态的长期腐蚀和严重毒害，以致在某些国家里，甚至"连无产阶级也有些热中于侵略"③。

于是乎就在各国工人队伍和社会主义运动内部发生了国际性的严重分裂④：一方面，饱受残酷压迫剥削的广大无产者要求推翻资本帝国主义，实现社会主义；另一方面，长期养尊处优的工人贵族则力求保住资本帝国主义，力求把本民族变成永远叮在他人身上的寄生虫，靠剥削掠夺殖民地人民来坐享"清福"。这种严重分裂，在思想路线上反映为国际马克思主义同国际机会主义的根本对立："国际马克思主义是反对帝国主义的，而国际机会主义则是拥

---

① 列宁：《斯图加特国际社会党代表大会》。《列宁全集》第13卷，第61页。
② 列宁：《帝国主义和社会主义运动中的分裂》。《列宁选集》1972年版第2卷，第884页，并参阅《列宁全集》第21卷，第130页。
③ 列宁：《斯图加特国际社会党代表大会》。《列宁全集》第13卷，第60、61页。
④ 参阅：《列宁全集》第10卷，第40—41页；第18卷，354、545—546页；第19卷，第35—36、370—371页；第20卷，第369—370页。

护帝国主义的"①。

显而易见,伯恩施坦和万-科尔之流在民族殖民地问题上极力鼓吹"利益有关"论和"资源人类共有"论等等,明目张胆地拥护帝国主义实行殖民掠夺,这正是十分直截了当地反映了那些从殖民掠夺中分享了一杯人肉羹汤、因而与本国垄断资产阶级一鼻孔出气的工人贵族特权阶层的情绪和利益。

作为一个社会主义者,作为无产阶级政党的一个领导成员,竟然堕落到公开为殖民掠夺政策唱颂歌,对此,列宁一针见血地指出:"这就是直接采取了资产阶级的观点。这就是为了使无产阶级服从……目前特别嚣张的资产阶级帝国主义,而跨出的决定性的一步";这就是直接"退向资产阶级的世界观,替殖民战争及野蛮行为辩护"②。

这些无产阶级叛徒的世界观、立场、观点同帝国主义垄断资产阶级实际上毫无二致,所不同的仅仅在于他们暂时还混迹于国际共运队伍之中,身上还披着社会主义者的外衣。因此,列宁恰如其分地把伯恩施坦、万-科尔这一类修正主义分子称为"社会帝国主义者",即口头上的社会主义者,实际上的帝国主义者③。他们和帝国主义资产阶级有着"共同奋斗的目标",即"依靠剥削亚非两洲来建立一个帝国主义的欧洲";他们的基本社会作用,就是为帝国主义资产阶级充当"资本主义的**看门狗**"④。对于社会沙文主义、社会帝国主义在欧洲猖獗泛滥的现象,列宁后来总结说:"收买就是整个问题的症结所在"⑤!

社会帝国主义者鼓吹"利益有关"论,极力宣扬民族利己主义。同他们针锋相对,列宁从开始革命活动的初期起,就始终不懈地大力宣传天下劳苦大众是一家的无产阶级国际主义思想。早在1895年底到1896年夏,列宁在沙皇政府所设的彼得堡监狱中为尚在酝酿筹建阶段的俄国工人革命政党草拟党纲草案⑥时,就已明确指出:从根本上说来,"全世界工人的利益和目的是

---

① 列宁:《社会主义与战争》。《列宁全集》第21卷,第290页。
② 列宁:《斯图加特国际社会党代表大会》。《列宁全集》第13卷,第60、70页。
③ 列宁:《帝国主义是资本主义的最高阶段》。《列宁全集》第22卷,第278页,并参阅第21卷,第219、302页;第29卷,第458页。
④ 列宁:《帝国主义和社会主义运动中的分裂》。《列宁全集》第23卷,第108页。
叛徒们对于叛徒面目之被揭露,是十分害怕的。第二国际的一个大头目王德威尔德就曾在一次发言中承认:"一个社会党人的最大耻辱,莫过于被称为资产阶级的走狗"(参阅:《第一国际第二国际历史资料》。新莫斯科出版社1926年版,第265号文件)。
⑤ 列宁:《共产国际第二次代表大会》。《列宁全集》第31卷,第202页。
⑥ 这份党纲草案是列宁用牛奶汁密写在一本医学书籍的字行缝隙中的。为严守秘密,防备狱卒发觉,列宁巧妙地用干面包块挖成小"墨水瓶",内贮牛奶汁供书写用。遇有危险,就迅即把这种书写"设备"放进口中咀嚼吞下。他在一封致狱外战友的书信中曾幽默地透露说:"我今天一共吃了六个墨水瓶"。寥寥数字,也蕴含着无产阶级革命家在狱中的顽强、机智和达观。

完全共同一致的",应当"把各个民族和各个国家的工人阶级团结成一支工人大军"①。列宁强调:资本是一种国际势力;统治工人的资本家阶级并不限于在一个国家内进行自己的统治。随着资本主义、帝国主义经济的发展,资本家的剥削活动日益加速地越出民族和国家的界限,资本家的国际协会出现了,国际性勾结大大加强了,资本的统治愈来愈成为国际性的了。面对这种强大的国际性的阶级敌人,"只有工人进行反对国际资本的共同斗争,各国工人争取解放的斗争才会有所成就"②。因此,在反对国际资本家阶级的共同斗争中,对于任何一国一族的无产者说来,即使是属于异国异族的无产者,也是自己的战友和同志;反之,即使是同属本国本族的资本家,也是自己的革命对象或阶级敌人。

在后来的一系列著作中,列宁反复多次阐述了上述思想原则。它是全世界无产者(特别是强国大族的无产者)摆脱民族利己主义的狭隘自私眼界,联合战斗,共谋解放的根本指南。

所谓殖民地人民"愚昧、低能"和殖民者的"道义责任"

在前述1904年阿姆斯特丹代表大会上的那次长篇报告中,万-科尔还以贵族老爷的傲慢姿态,恶毒诽谤亚洲、非洲和美洲广大地区的劳动者,抹杀殖民地半殖民地人民的巨大革命潜力,悍然反对无条件地让一切被压迫民族获得彻底的独立解放。

据他说,在这些地区,"真正的无产阶级的形成过程将是相当困难的",由于天生的"种族"的影响和"历史"的影响,"土著居民很少有可能在某一时期内……形成有觉悟的无产阶级"。他诬蔑殖民地的广大无产者只是"一大批没有任何坚强活动能力的、因贫困而道德败坏的、体力衰退和精神空虚的退化了的奴隶",他们"不能依靠自己的力量"来进行反对资本主义、殖民主义的斗争,不能依靠自己的斗争来解放自己。万-科尔还恶毒攻击:由于殖民地人民"在政治上根本没有自治的习惯","一旦长期的托管有所放松,就会陷于无政府状态和贫困",所以欧洲的文明国家决"不应当简单地放弃旧殖民地",就像决不能"把一个身体衰弱或没有独立意识因而非我们帮助不可的孩子完全撇开不管"一样!否则,就简直是

---

① 列宁:《社会民主党纲领草案及其说明》。《列宁全集》第2卷,第81—82页。
② 同上书,第82页。

"毫无恻隐之心"①了!

那么,该怎么"管"呢?万-科尔播布了这样的"福音":有朝一日,死死啃住殖民地不放的欧洲宗主国的老爷们,会突然自愿改变其吞噬殖民地人民的豺狼本性,在继续保持殖民统治的前提下,"履行神圣的道义的责任","使这个孩子长大成人";"尽到自己的荣誉的责任,支持弱者,扶持被压迫者,使那块被它弄得贫困不堪的地区繁荣起来",保证"备受压迫的人们能够获得美好的未来"②。其具体办法,就是通过宗主国的"国家"出面"干预",在殖民地实行一些"社会改革",诸如"举办公益事业、实行卫生措施、创办学校"③、减轻负担、反对高利贷等等,来"防止土著居民的极端贫困化"("稍微"贫困化一点是理所应当的!)。甚至连如何适当"改善"殖民地的监狱制度,也赫然列入了万-科尔仁慈的"改革"计划(而殖民地造反者坐坐牢房也是理所应当的!)。据说,经过宗主国文明老爷们这么一番施恩赐福、慈航普度,灾难深重的芸芸众生,似乎就能统统跳出殖民掠夺的苦海,进入极乐世界——"获得美好的未来"!

十分明显,万-科尔的上述诽谤,旨在败坏殖民地半殖民地人民掌握自己命运的信心;而万-科尔的上述"福音",则旨在散布对帝国主义者的幻想,从而麻痹殖民地半殖民地人民的反帝决心,瓦解他们的反帝斗志。

在万-科尔及其同伙的把持下,1904年第二国际阿姆斯特丹代表大会所通

---

① 万-科尔:《殖民政策和社会民主党》。《第一国际第二国际历史资料》,新莫斯科出版社1926年版,第168号文件。
把万-科尔关于殖民地人民"根本没有自治习惯"因而"不应当"独立的谰言,对照以下两段史料,是颇耐人寻味的:
近代重新瓜分世界的帝国主义战争的始作俑者、著名的帝国主义分子、前美国总统麦金莱在1898年从西班牙手中夺得菲律宾后,又凶残地镇压了菲律宾人民争取民族解放的起义。他是这样为自己的罪行辩解的:"我们不能允许菲律宾人自治,因为他们对自治尚未有准备,而菲律宾的独立将会马上导致比西班牙战争还要坏的无政府无纪律状态"(见《世界近代史文献》,高等教育出版社1957年版,第2卷,第2分册,第466页)。
1960年7月间,正当刚果人民如火如荼地开展反殖民主义斗争时,美国的《明星晚报》发表社论说:"刚果共和国的不愉快事件是一件客观的教训,它说明如果自治权掌握在没有充分准备的人的手中会多么危险";刚果的"黑种居民非常缺乏了解民主过程和懂得如何治理的人才。在目前,独立看来只是潜在的无政府状态"。8月,美国垄断资产阶级的"舌头"李普曼就刚果问题所发表的一篇政论中说:"刚果的悲剧是刚果本身拥有的有训练的领袖、行政人员、技术人员非常少。比利时给予他们独立,但是没有使他们对独立有所准备"。他鼓吹说,对刚果说来,"文明"的白人殖民者是"无法替代的"(参阅1960年7月9日《明星晚报》及8月17日《纽约先驱论坛报》)。
万-科尔的口吻,与同辈的、业已死去的帝国主义者以及后辈的、仍然活着的帝国主义者,是如此酷似,甚至雷同。这当然不是用语的巧合,而是立场的一致。老帝国主义者——修正主义者——新帝国主义者,原是三位一体的啊!
② 万-科尔:《殖民政策和社会民主党》。《第一国际第二国际历史资料》,新莫斯科出版社1926年版,第168号文件。
③ 《第一国际第二国际历史资料》,新莫斯科出版社1926年版,第169号文件。

过的关于殖民政策的决议,充满了浓重的机会主义色彩。它公然背弃了八年前伦敦代表大会所提出的关于殖民地人民彻底实行民族自决的要求,而代之以帝国主义者所可以任意解释因而可以完全接受的提法:"按照土著居民的发展程度,给予他们尽可能广泛的自由和自治"。按决议的规定,帝国主义宗主国社会民主党人的任务,并不是无条件地从精神上和物质上全力支援殖民地人民争取民族独立的反帝革命斗争,而只是通过社会民主党的"议会党团","力求把对外政策置于议会的有效的监督之下",通过宗主国议会来自我"约束"一下殖民主义者所使用的残暴手段;并采取万-科尔式的上述诸般"社会改革"和"公益事业"来略微"改善"殖民地土著居民的处境①。这样,就万事大吉了!

仇恨引导奴隶们去建立最伟大的历史功勋

对于伯恩施坦、万-科尔之流西方贵族老爷们所宣扬的殖民地人民"愚昧、低能"论,列宁根据事实,痛加驳斥。

列宁列举了二十世纪初期在波斯、土耳其、印度、中国、印度尼西亚等地如火如荼地开展的革命斗争,高度评价和热情赞扬殖民地半殖民地人民的革命造反精神和巨大革命潜力。他把这些革命斗争称为"世界政治中的引火物",充满喜悦地指出:烈火这样明显地蔓延燃烧到昨天还在沉眠不醒的大多数亚洲国家去,这说明殖民地半殖民地民族革命的日益尖锐化是绝对不可避免的。殖民主义者、帝国主义者及其走狗们残酷的压迫剥削,使得殖民地半殖民地那些"闭塞的、迟钝的、无知无识的奴隶"们,在心胸中长期积藏了强烈的仇恨,革命斗争的实践正在日益"把现代奴隶群众中的仇恨集中起来",而"奴隶们一旦意识到自己的可耻的奴隶地位,这种仇恨就会引导他们去建立最伟大的历史功勋"②。

在总结大量历史事实的基础上,列宁一贯极力强调:"世界上没有一个地方的群众摆脱压迫和专横的真正解放,不是这些群众自己进行独立、英勇、自觉斗争的结果"③。这条宝贵的历史经验,显然是放之四海而皆准的普遍真理,它当然也完全适用于亚洲、非洲和美洲广大地区被压迫民族摆脱殖民奴役的抗争。换句话说,被压迫民族绝对不能把取得真正解放的希望寄托在西方殖民老爷们身上。如果放弃斗争,期待他们会接受其本国"议会监督"从而履行"道义责任",恩赐解放,那不但是缘木求鱼,而且无异于与虎谋皮!

因此,一切马克思主义者的责任,正在于进一步唤醒和激发殖民地半殖民

---

① 《第一国际第二国际历史资料》,新莫斯科出版社1926年版,第169号文件。
② 列宁:《世界政治中的引火物》。《列宁全集》第15卷,第157页,并参阅第162页。
③ 列宁:《农奴制崩溃的五十周年》。《列宁全集》第17卷,第72页,并参阅第23卷,第276页。

地被压迫民族中亿万"现代奴隶群众"对于殖民统治者的阶级深仇和民族大恨,全力支持他们开展的斗争。列宁指出,象万-科尔那样,既不从根本上反对殖民掠夺政策,又十分蔑视殖民地的人民群众,根本"不谈在群众中进行反对殖民地掠夺的宣传和唤起殖民地被压迫群众的反击和抵抗的精神,却只注意列举现行制度下殖民地生活的可能的'改革'",那么,贯穿在这种主张中的,决"不是无产阶级的阶级斗争精神,而是十足的小资产阶级的、甚至更坏些,简直是官僚的改良主义的精神"①。而混迹于国际共产主义运动中的改良主义者,如所周知,历来就是社会庸医②:面对社会制度的沉疴险症,他拿出几片阿司匹林,几钱薄荷甘草,拍着胸脯发誓:保证药到病除!

列宁的这些论述,从本质上拆穿了万-科尔之流所设置的骗局,并且为全世界殖民地半殖民地被压迫民族的真正解放指明了唯一正确的道路:依靠自己的力量,通过自己的斗争,掌握自己的命运。

"落后的欧洲和先进的亚洲"

当时,在国际无产阶级革命队伍中,有些人眼看整个欧洲的反资本主义决战长期迁延下去,十分悲观失望。列宁认为,这种情绪是十分近视、十分懦弱的。他指出,在一向被视为文明先进的欧洲,当权的资产阶级已经"衰老"和"活活地腐朽",他们维护一切落后、衰败、垂死的制度,支持一切黑暗、反动的势力;反之,一向被视为愚昧落后的亚洲,被压迫民族的数万万人民却正在觉醒起来,追求光明和自由,蓬蓬勃勃,一派革命生机。正是在这个意义上,列宁作出了关于"落后的欧洲和先进的亚洲"这一著名论断,发矇震聩,使人耳目一新。他提醒人们应当从这个"似乎是不合情理的"论断中去认识"一种辛辣的真理"③;教导人们应当从殖民地半殖民地亿万人民正在投入斗争的大量事实和大好形势中,看到希望,倍添勇气。一方面,他强调说,欧洲列强长期的殖民掠夺和压迫奴役,正在亚洲锻炼出几百万、几千万的无产者,"欧洲的觉悟的工人已经有了亚洲的同志,而且人数将不是与日俱增,而是与时俱增"④;另一方面,他指出:"极大的世界风暴的新泉源已在亚洲涌现出来了。……我们现在正处在这些风暴盛行及其'反转来影响'欧洲的时代"⑤。显然,这首先是因为亚洲殖民地半

---

① 列宁:《国际社会党执行局会议》。《列宁全集》第15卷,第218—219页。
② 参阅马克思和恩格斯:《共产党宣言》。《马克思恩格斯选集》1972年版第1卷,第244页。
③ 列宁:《落后的欧洲和先进的亚洲》。《列宁全集》第19卷,第82—83页,并参阅第67—68页。
④ 列宁:《世界政治中的引火物》。《列宁全集》第15卷,第158页。
⑤ 列宁:《马克思学说的历史命运》。《列宁全集》第18卷,第583页。

殖民地人民的反帝革命斗争必将严重削弱欧洲无产阶级所沾染的"殖民沙文主义的物质经济基础"①,从而有力地促使欧洲无产者进一步革命化。

鉴于被压迫民族的革命潜能正在发挥出愈来愈巨大的威力,鉴于殖民地半殖民地人民的反帝革命斗争在整个无产阶级世界革命中占有极其重要的地位,列宁把亚洲人民奋起反帝反封建同欧洲无产阶级的革命战斗并列,作为划分世界历史时代的首要标志。他高兴地指出:"亚洲的觉醒和欧洲先进无产阶级夺取政权的斗争的展开,标志着二十世纪初所揭开的全世界历史的一个新的阶段"②;标志着"无产阶级的国际斗争已经走上一个新的、比从前高得无可比拟的阶段"③。

大家知道,西方许多资产阶级史学家数百年来一贯信奉和拚命鼓吹"欧洲中心"论,把欧洲说成是人类文明和世界历史发展的唯一主轴,世界的一切都围绕着欧洲运转,欧洲决定世界的一切。在这种阶级偏见和地域偏见影响下所形成的社会观念,不是鄙视亚、非、拉,就是漠视亚、非、拉;不是认为亚、非、拉人民理应屈从殖民老爷,就是认为亚、非、拉人民的革命斗争无足轻重。而列宁却敢于力排众议,早在二十世纪初年就教育人们要冲破这种传统偏见的束缚。他放眼世界,全球在胸,把一向被殖民老爷们视为"落后、低能、愚不可及"的殖民地半殖民地人民的觉醒,摆在世界历史发展全局中如此重要的地位上加以考察和作出评价,这充分显示了无产阶级革命导师所独具的伟大襟怀和远瞩高瞻。

同时,从列宁的这些论述中可以看出两点极其重要的思想:第一,殖民地半殖民地的民族民主革命斗争和欧洲无产阶级夺取政权的社会主义革命斗争是紧密相连、互相影响、互相促进的。列宁此时虽还未直接指明被压迫民族的反帝革命斗争是无产阶级社会主义世界革命的一个组成部分,但这种思想观点显然正在形成和日益成熟;第二,在欧洲各先进资本主义国家革命形势的发展处在停滞状态、反资本主义决战长期迁延的情况下,革命者应当更加充分重视被压迫民族反帝革命斗争的新风暴,支持和促进它以更大的声势"反转来影响"暂时停滞的欧洲,从而推动整个无产阶级世界革命事业的发展。

对于地域辽阔、人口众多、灾难深重的中国人民的反帝革命斗争,列宁尤其寄以厚望。他指出,长期以来,在帝国主义列强眼里"中国不过是一块肥肉",俄、日、英、德等等帝国主义强盗纷纷都来"争尝这块肥肉"。二十世纪初,积弱的中国终于开始走向新生,"地球上四分之一的人口已经从酣睡中清醒,走向光

---

① 列宁:《斯图加特国际社会党代表大会》。《列宁全集》第13卷,第61页。
② 列宁:《亚洲的觉醒》。《列宁全集》第19卷,第68页。
③ 列宁:《世界政治中的引火物》,《列宁全集》第15卷,第156页。

明、运动和斗争了"①！尽管当时中国人民的革命斗争还不是社会主义性质的,但已引起列宁的高度重视。1912年1月,即在中国辛亥革命爆发后不久,列宁就在历史上著名的、使布尔什维克形成为一个独立政党的"布拉格会议"上,亲自执笔草拟了《关于中国革命》的决议,揭露和声讨当时俄国国内反动势力所掀起的反华叫嚣以及妄图趁中国发生革命动乱的时机占领中国北部几个省份的狼子野心,并且以整个代表会议的名义,向推翻了帝国主义走狗清封建王朝反动统治的中国革命人民,表达了俄国无产阶级的衷心祝贺。决议中明确指出:"中国人民的革命斗争具有世界意义,因为它将给亚洲带来解放、使欧洲资产阶级的统治遭到破坏"②。

列宁的这些光辉论述,对亚非拉革命人民说来,是武装头脑的强大武器,也是操在手中的锋利剖刀。它既鼓舞亚非拉人民敢于斗争、敢于胜利,也教育他们善于剖开那些自称"社会主义者"和"马克思主义者"而又诬蔑亚非拉人民"愚昧低能"、贬低中国革命伟大世界意义的西方救世主们的美丽画皮,看清他们躯壳中所隐藏的背叛无产阶级、敌视世界革命的肮脏内腑。此外,对于那些至今头脑中还存留着"欧洲中心"论流毒,至今还漠视和轻视亚非拉第三世界民族解放运动巨大历史意义的人们说来,他们理应从列宁早在本世纪初年就作出的明确教导中重新获得教益。

"传播文明"的"赞歌"

如果说,"利益有关"论、"资源人类共有"论以及殖民地人民"愚昧、落后"论之类,论证的是掠夺有"理";那么,"传播文明论"论证的则是侵略有"功"！

在论证帝国主义列强对亚洲和美洲实行殖民侵略的彪炳"功勋"方面,万-科尔和伯恩施坦也是沆瀣一气,引吭合唱的。例如,伯恩施坦的赞歌是:许多殖民地都深深"受到欧洲文明的殖民侵入的恩惠"③！而万-科尔的颂曲则是:在殖民地"白人带来的不是毁灭而是建设"④！

万-科尔早在1904年的阿姆斯特丹代表大会上,就搬弄一些貌似"马克思主义"的辞句,居然企图运用"社会发展规律"来论证殖民掠夺的"进步"作用。他力图掩盖西方殖民匪徒们在亚洲、非洲和美洲杀人越货、敲骨吸髓、造成种种

---

① 列宁:《新生的中国》。《列宁全集》第18卷,第395页。
② 列宁:《俄国社会民主党第六次("布拉格")全国代表会议》。《列宁全集》第17卷,第457页。
③ 伯恩施坦:《社会主义和殖民问题》。《社会民主党和殖民地》,柏林1919年版,第58页。
④ 万-科尔:《社会民主党的殖民政策的任务》。摘译自苏联《东方学问题》1959年第3期,第53页。

严重后果的滔天罪行,却百般歌颂这些盗匪是"企图把工业资本主义移植到这些热带国家里来",而这就意味着"开化",意味着"传播文明"!万-科尔再次耍弄偷换概念的诡辩惯伎,把殖民主义等同于资本主义,然后以"历史唯物主义者"的神气论证说,对殖民地,"我们的责任不是阻止资本主义(按:实指殖民主义,下同)的发展——这是人类历史上的一个必经环节;我们甚至应当……促使资本主义的诞生",因为"资本主义是经济进化的不可避免的阶段,……即使必须牺牲旧的所有制形式也在所不惜"。万-科尔给亚非拉人民"算命"说:"原始民族只有经过这个各各他①,才能走向文明"②!

继阿姆斯特丹代表大会之后,万-科尔在1907年的斯图加特代表大会上,再次兜售他的上述破烂货。所不同的是,这一次,他说得更加露骨了,并且由于得到当时在国际共产主义运动中享有权威地位的德国社会民主党的绝大多数代表的支持,气焰也更加嚣张了!在他所主持起草的关于殖民地问题的议案中,鼓吹各国社会党的议员应当分别向本国政府建议缔结一项国际条约,共同规定一套"保护土著居民权利"的"殖民公法",互相"保证",共同遵守③。这实质上是企图通过国际立法手续,把残暴的殖民制度本身肯定下来,巩固起来,使国际帝国主义者可以"依法"剥削和掠夺殖民地人民。

尤其猖狂的是,万-科尔在伯恩施坦和大卫等人的共同策划和积极支持下,竟然明目张胆地要求整个代表大会通过决议,共同肯定:"大会并不在原则上和在任何时候都谴责一切的殖民政策,殖民政策在社会主义制度下可以起传播文明的作用"④。这种要求,遭到与会马克思主义者的坚决反对,万-科尔却顽固地坚持说:"只要人类存在一天,殖民地便存在一天"。他气势汹汹地向当时坚持马克思主义立场的代表们发出连珠炮式的责问:"难道……想要中断殖民地向现代社会制度提供那些必不可缺的原料吗?难道……想要放弃殖民地的不可估量的财富吗?"那些反对殖民制度的"代表们难道愿意对于简单地废除目前的殖民制度承担全部责任吗?……难道……作为社会民主党人竟想逃避为使落后民族获得较高的教育和提高水平而不懈工作的义务吗?"这一连串的"难道",以抢劫犯的坦率自供始,却又以鳄鱼的慈悲眼泪终,多少总还夹杂着不应"逃避义务"云云的"仁义"之词。可是,万-科尔在最后解释他自己的"创造性"发明——未

---

① 各各他是《圣经》传说中耶稣死难处。——译"髑髅地"。据说,耶稣在此地被钉在十字架上折磨死后,就升入"天堂"了!参阅《马可福音》第15、16章。
② 万-科尔:《殖民政策和社会民主党》,《第一国际第二国际历史资料》,新莫斯科出版社1926年版,第168号文件。
③④ 万-科尔在斯图加特代表大会上代表殖民问题委员会提交大会的决议草案。《社会民主党斯图加特代表大会会议记录》,柏林前进书店1907年版,第24页。

来的"社会主义的殖民政策"时,竟干脆把脸一抹,现出本相,杀气腾腾地叫嚣:这种政策,也同资本主义的殖民政策一样,在开头也必须以武力征服殖民地作为起点。他说,有人认为"我们应当把机器和工具带到非洲去,这是书呆子的迂腐理论!……如果我们把机器带给中非的野蛮人,他们会用它干啥?他们也许会围着它跳舞,也许他们所崇拜的许多偶像又会增加一个。……如果我们欧洲人带着机器和工具到那儿去,我们就会成为土著居民的毫无自卫能力的牺牲品。因此,我们务必手持武器前往那里,即使……把这种做法称为帝国主义,那也无伤大雅"①!——流着眼泪的鳄鱼终于张开了血盆大口,露出了满嘴獠牙!

另一条更大的鳄鱼——伯恩施坦为了给同伙撑腰壮胆,也在大会上张牙舞爪,宣扬弱肉理应强食。他把欧美殖民强国一概美化为"文明"民族,把殖民地半殖民地人民一概蔑称为"非文明"民族,并公然叫嚣:"文明民族对非文明民族的一定的监护是必要的,这是社会主义者应该承认的。……文化发达的民族完全有理由在不同的情况下使不发达的民族屈从自己"②!据此,凡是不承认亚洲、非洲、美洲人民理应"屈从"西方殖民主义者这一"天经地义"的人,就一律没有资格当"社会主义者"!

还有一个德国的修正主义分子、"经济学家"大卫③,力图在"殖民政策"和"社会主义"之间拉线搭桥,替乌鸦和夜莺叙家谱攀亲戚。他"论证"说:"社会主义力求使人类有可能利用全世界的生产力,力求引导一切种族和民族的人民走向更高的文明,……殖民思想按其本质说来,乃是社会主义运动总的文明化目标的一个组成部分"④!

比利时的泰尔瓦格和奥地利的佩内多菲等人也在会上为万-科尔的提案摇旗鼓噪。

---

① 万-科尔在斯图加特代表大会上的发言。《社会民主党斯图加特代表大会会议记录》,柏林前进书店1907年版,第36—37页。
② 伯恩施坦在斯图加特代表大会上的发言。同上书,第28—29页。伯恩施坦的"监护"说和德国狂热帝国主义分子的"种族"论有异曲同工之妙。后者鼓吹:"种族生物学的世界观告诉我们,有治人的种族和治于人的种族。……侵略常常是治人的种族的事业……这一类人能够侵略,可以侵略,应该侵略!而他们也应该是主人,他们做主人乃是为了他们自己和别人的福利!"把羊吞掉,乃是为了使羊的灵魂早日升入"天国"——地道的虎狼语言!(参阅维纳·洛赫:《德国史》,三联书店1959年版,第274页)
③ 埃布阿德·大卫(1863—1930),德国社会民主党右翼首领之一,德国机会主义杂志《社会主义月刊》创办人。1903年出版《社会主义与农业》一书,列宁称之为"修正主义在农业问题上的主要著作"。第一次世界大战期间,大卫成为社会沙文主义分子,在所著《世界大战中的社会民主党》一书中,极力为德国社会民主党右翼在帝国主义战争中的沙文主义立场辩解。1919年参加德国资产阶级共和国联合政府内阁,担任内政部部长。后来成为德国帝国主义复仇主义的赞助人。
④ 大卫在斯图加特代表大会殖民问题委员会上对万-科尔提出的殖民地问题决议草案的修正案。《社会民主党斯图加特代表大会会议记录》,柏林前进书店1907年版,第111页。

在这次国际代表大会上,马克思主义者和修正主义者"两派正好势均力敌,于是斗争空前激烈地展开了"①。

经过反复交锋,代表大会终于以微弱多数票通过了革命派提出的修正案,尖锐地谴责了殖民政策,万-科尔的提案以128票对108票(另10票弃权)而被否决。"社会党内的机会主义在这里暴露了自己的真面目"②,这是国际马克思主义者的一项重大胜利!可是,一项内容如此反动、用语如此离奇古怪的提案,起先竟能在大会专设的殖民问题委员会中获得多数委员的通过,继而又能在全体代表大会上获得接近半数代表(多来自占有大量殖民地的帝国主义强国)的赞同,这就鲜明地显示出:社会沙文主义的思潮,业已在世界共产主义运动中形成一股国际性的危险逆流;整个第二国际内部的沙文主义、修正主义病症,已经开始进入膏肓!

"传播文明"!——这是一切帝国主义者及其奴仆在美化殖民政策时最常用的一块遮羞布。马克思主义者对于这种蛊惑人心的弥天大谎,一贯是大力予以揭露和痛斥的。

第二国际在恩格斯逝世后一年(当时在国际内部机会主义分子尚未占上风)召开的伦敦代表大会,就曾通过一项决议,明确指出:"殖民政策无论以宗教为借口或以传播文明为借口,它的实质都只是为了资本家阶级的特殊利益而扩大资本主义的剥削范围。"③后来,如上所述,第二国际的修正主义分子伯恩施坦和万-科尔之流彻底背弃了这项决议。

同他们相反,以列宁为首的国际马克思主义者则始终坚持和发扬了这一决议的思想。

早在第二国际斯图加特代表大会以前,列宁就已无情地揭露了帝国主义者及其奴仆们"传播文明"论的欺骗性和反动性。他在许多光辉论著中,一贯以极其强烈的无产阶级义愤,多次谴责帝国主义者在这一伪善幌子下对殖民地半殖民地人民欠下了累累血债。

---

①② 列宁:《斯图加特国际社会党代表大会》。《列宁全集》第13卷,第59—60页。
③ 《第一国际第二国际历史资料》,新莫斯科出版社1926年版,第136号文件。
在用宣传宗教或传播文明为借口来掩饰殖民暴行方面,前美国总统麦金莱的一段伪善辞令,是颇为典型的:"我每晚,直到午夜,在白宫里徘徊着……我不止一次跪下来向万能的上帝祈求启发和指导。有一天夜里,有下面一些连我自己也不知道的思想涌现在我的脑海中:……对我们来说,没有其他办法可想,唯有攫取全部菲律宾群岛,教育和提高菲律宾人,使他们文明起来,并对他们灌注基督教的理想,因为从人道上讲,他们都是我们的弟兄,耶稣钉死在十字架上也是为了他们。"据麦金莱自称:在得到"上帝"的这些"启示"以后,"我才上床,悠然入睡"!显然,麦金莱的"上帝"不是别人,就是美国的垄断资产阶级(参阅:《世界近代史文献》,高等教育出版社1957年版,第2卷第2分册,第466—467页)。

在1907年第二国际斯图加特代表大会上以及代表大会以后,列宁对反动透顶的"传播文明"论作了进一步的揭露和斗争。

列宁是以俄国社会民主党代表的身份参加斯图加特代表大会的。大会就各项议程设立了几个专门的委员会,委托它们预先讨论有关专题,并拟定决议草案提交大会进一步讨论表决。当时在第二国际中影响最大、势力最强的德国社会民主党的右派代表们,如蔡特金所说,"在大多数委员会和在大多数问题上都成了机会主义的首领",在殖民问题委员会内部也不例外。

列宁当时主要是在关于军国主义问题的委员会中工作,没有直接参加殖民问题委员会,但他却自始至终极其关注和直接指导了殖民问题委员会中国际马克思主义者的反修斗争。在大会全体会议开始讨论殖民地问题之前,列宁又成功地领导了布尔什维克和波兰、德国左派社会民主党人的联席会议,商定了国际马克思主义者在这个问题上的一致态度。此外,列宁还进行了细致的工作,团结和组织了那些没有实行殖民政策或深受殖民政策折磨的小国的代表,终于在大会全体会议上否决了万-科尔所提出的、得到德国代表伯恩施坦和大卫等人极力支持的关于殖民地问题的反动提案。

斯图加特代表大会闭幕以后,列宁立即撰文严厉地驳斥了伯恩施坦和万-科尔之流所鼓吹的、据说"可以起传播文明作用"的"社会主义殖民政策"。列宁以历史上和现状中不容狡赖的巨量事实作为依据,严正指出,殖民政策"是以直接奴役未开化的民族为基础的,资产阶级实际上是在殖民地实行奴隶制度,使当地人遭受闻所未闻的侮辱和压迫,用提倡酗酒、散播梅毒向当地人'传播文明'"。以奴役弱小民族为基础的殖民政策,同社会主义显然是水火不能相容的,因此,所谓"'社会主义殖民政策'这个概念本身就是荒谬绝伦的"①。

后来,列宁在《世界政治中的引火物》、《巴尔干和波斯的事变》、《意土战争的结局》、《文明的欧洲人和野蛮的亚洲人》、《落后的欧洲和先进的亚洲》等一系列论著中,又多次严词声讨了以"文明"自诩的殖民主义者的种种兽行,并进一步揭露了以"传播文明"为幌子的殖民政策在落后地区历史发展过程中所起的极端反动的作用。

列宁指出,在帝国主义时代,欧洲所谓"文明国家"的当权者——垄断资产阶级为了维护垂死的资本主义奴隶制度和野蛮的殖民统治,总是极力"支持一切落后的、垂死的、中世纪的东西"②,他们一方面"为对付文明程度最低却最渴

---

① 列宁:《斯图加特国际社会党代表大会》。《列宁全集》第13卷,第60、71页。
② 列宁:《落后的欧洲和先进的亚洲》。《列宁全集》第19卷,第82页。

望民主的亚洲国家"而组成"文明国家"的"**反革命联盟**"①；另一方面又与殖民地半殖民地的一切反动势力、历史渣滓、野心家、卖国贼狼狈勾结，残暴镇压和共同扼杀一切民族、民主革命运动，劫夺当地资源，摧残民族经济，千方百计地阻挠和破坏殖民地半殖民地正常的社会历史发展进程，使这些地区在经济上、政治上、文化上陷于全面的、长期的停滞和落后，使当地的千百万群众在死亡线上呻吟挣扎。而一当殖民地半殖民地人民觉醒起来造反，"那时'先进的'欧洲就会大喊什么'文明'、'秩序'、'文化'和'祖国'"而"出动**大炮**"了②；一当被压迫民族奋起同反动的殖民制度以及国内外反动派作斗争的时候，那些平日装模作样"虔诚地信仰基督教的俄国军人"，那些最"文明"的欧洲政客，就会立即"充当国际刽子手的角色"，露骨地显示出他们自己"竟变成了什么样的**野兽**"③。

在这方面，沙俄帝国主义者干得特别"出色"。远的姑且不谈，单就二十世纪初期而论，几乎所有同俄国相邻的弱小国家的民族、民主革命运动，都一无例外地要遭到来自彼得堡和莫斯科的反革命干涉和镇压。前述1900年沙俄反革命侵略军在"传播文明"旗号下勾结列强残酷扼杀中国义和团起义，只不过是其中一例。列宁指出，在1907—1908年波斯爆发革命期间，剽悍野蛮的沙俄"哥萨克……就在波斯建立镇压革命的功勋"，血腥屠杀波斯革命人民，"热心地替反革命效劳"④，力图"扼杀波斯革命"⑤；1908年爆发的土耳其革命，"一下子就碰上了以俄国为首的列强们的反革命联盟"⑥；而巴尔干半岛诸国的民族、民主革命运动，则更是一向得到"仁慈"沙皇的亲切"关怀"！可是，"俄国黑帮分子对'斯拉夫兄弟'的'关怀'是再反动不过的了。这种'关怀'掩盖着早已使俄国在巴尔干声名狼藉的那些最卑鄙无耻的阴谋。这种'关怀'一向就是要摧残某些巴尔干国家的**真正的民主**"⑦。一句话，支持反动和镇压革命，充当世界宪兵和国际刽子手，素来就是俄国沙皇的祖传本能和世袭职业。而所有这些，又素来都是在所谓"传播文明"、"开明"、"进步"、"解放各族人民"之类的金字招牌下干出来的。

沙皇俄国之所以如此敌视四邻弱国的民族、民主革命运动，必欲置之死地而后快，是出于它对外争夺世界霸权、对内维持反动统治的绝对需要。列宁指出，这些弱国人民争取民族独立、争取民主权利的斗争日益加强和取得胜利，这就是"在漫长的俄国国境线上建立起自由制度，从而为阻难黑帮沙皇政府的政

---

① 列宁：《巴尔干和波斯的事变》。《列宁全集》第15卷，第195页。
② 列宁：《落后的欧洲和先进的亚洲》。《列宁全集》第19卷，第83页。
③④ 列宁：《世界政治中的引火物》。《列宁全集》第15卷，第156页。
⑤⑥⑦ 列宁：《巴尔干和波斯的事变》。《列宁全集》第15卷，第194、202页。

策和促进俄国的革命高涨创造新的条件",而这种情况的出现,恰恰是沙皇政府所最害怕、最禁忌、最讳言的。因此,列宁号召俄国的革命者,务必揭穿沙俄反动政府及其外交家们的伪善辞令,撕下"伪君子的假面具"①,"向人民说明事情的真相"②,全力声援弱国的革命运动。

总之,列宁在上述这些充满战斗精神的光辉论著中不容置辩地揭示出:包括沙俄在内的帝国主义列强及其奴仆们的所谓"传播文明",实际上是传播了文明的反面:野蛮和反动;他们的所谓"促进繁荣",实际上是促进了繁荣的死敌:凋敝和赤贫!同时,针对所谓拥护"社会主义的殖民政策"这一欺世惑众的口号,针对沙俄等帝国主义者及其奴仆们在鼓吹殖民政策时善于花样翻新、变换手法和装腔作势地反对殖民掠夺政策的一种形式而"主张同一政策的另外一种形式",列宁提出了一个毫不含糊的战斗口号:"我们要打倒任何形式的殖民政策"③!这个口号极其鲜明地体现了国际马克思主义者同任何形式任何变种的殖民掠夺主义势不两立、彻底决裂的坚定立场。

"毫无私心"地伸出魔掌

尤其值得全世界人民衷心敬仰的是:作为国际无产阶级革命导师,列宁对于本国的帝国主义——沙皇政府打着"传播文明"旗号恣意侵略掠夺弱小民族的滔天罪行,历来是大义凛然,毫不留情地进行尖锐的揭露和愤怒的声讨,从而为全世界的无产阶级及其政党,特别是为拥有殖民地的大国强国的无产阶级及其政党,树立了一个光辉的楷模!列宁是当之无愧的伟大的无产阶级国际主义者。

1900年,沙皇政府伙同其他七个帝国主义国家发动侵华战争,共同镇压义和团的反帝爱国运动,血腥屠杀中国人民。沙俄陆军大臣库罗巴特金命令俄国侵略军在残害中国人民和进犯中国首都北京的过程中,"皆应首先着鞭,居于主要地位";同时,沙俄又单独倾巢出动十几万大军,大举入侵中国东北三省,铁蹄所到之处,焚烧劫杀,暴行累累,惨绝人寰,令人发指!沙皇的御用文人和俄国的社会沙文主义分子则紧密配合反革命军事侵略,在国内大造反革命舆论,他们颠倒黑白,硬说侵华战争是由于"中国人仇视欧洲文化和文明引起的";他们恶毒诬蔑中国"黄种人野蛮,仇视文明",无耻叫嚣"俄国负有开导使命",入侵中国是旨在"传播文明"、"毫无私心"等等;在侵华俄军制造重重灾难把中国人民

---

① 列宁:《巴尔干和波斯的事变》,《列宁全集》第15卷,第195页。
② 同上书,第202页。
③ 同上书,第203页。

推进血泊之后,他们更是兴高采烈,欢呼"欧洲文化击败了中国野蛮",欢呼俄罗斯"文明传播者"完成了"使命",建树了"殊勋"!

"在这一片欢呼声中,只是听不到千百万劳动人民的先进代表——觉悟工人的声音"①。

面对弥天的毒雾妖氛,列宁在俄国革命工人的第一份报纸——《火星报》的创刊号上发表专文,义愤填膺地揭穿了事情的真相。他指出,在此次侵华战争的前几年,沙俄帝国政府就已"毫无私心"地霸占了中国的旅顺口,现在又"毫无私心"地侵占中国的东北三省,而且"毫无私心"地每天只付给被迫修筑铁路的中国工人十个戈比的生活费,以致"不得不引起以温顺出名的中国人的愤怒"。这些"毫无私心"的行径,证明沙俄政府在帝国主义列强掠夺中国和瓜分中国的罪恶勾当中,"是最先伸出魔掌的"。

列宁指出,沙俄勾结列强瓜分中国,开头是"像贼那样偷偷摸摸进行的",一旦中国人民起而反抗,沙俄帝国主义者"就像野兽一样猛扑到"中国人民身上,"杀人放火,把村庄烧光,把老百姓驱入黑龙江中活活淹死,枪杀和刺死手无寸铁的居民和他们的妻子儿女"②,他们"不惜残杀妇孺,更不用说抢劫皇宫、住宅和商店了"③。

特别重要的是,列宁无情揭露了沙皇如此"毫无私心"地在中国"传播文明"的本质和根源。他指出,"沙皇政府在中国的政策是一种犯罪的政策",这种政策,仅仅对俄国一小撮资本家大亨、"对一小撮身居军政要职的贵族有利",它不仅给中国人民造成严重祸害,而且也给俄国人民带来更残酷的压迫剥削:俄国工农被迫卖命当炮灰,军费激增而引起捐税负担加重,田园荒芜,家庭破产,资本家加紧压榨,"工人的状况恶化,农民的死亡有增无减,西伯利亚大闹饥荒——这就是对中国的战争能够带来而且已经

---

① 列宁:《中国的战争》。《列宁选集》1972年版第1卷,第213页。以下四段中的引语,均见此文,不另注出处。
② 史载:当时侵华俄军曾在黑龙江畔原属中国的领土海兰泡和江东六十四屯制造了骇人听闻的大惨案。根据目击者的记录,1900年七月十七日上午十一时许,俄军把海兰泡好几千中国居民驱赶围困在黑龙江边以后,就"各持刀斧,东砍西劈,断尸粉骨,音震酸鼻,伤重者毙岸,伤轻者死江,未受伤者皆投水溺亡,骸骨漂溢,蔽满江洋。……询知惨杀溺毙者五千余名"。同一天,俄军又把江东六十四屯的大量中国居民驱赶"聚于一大屋中,焚毙无算"(见《瑷珲县志》第八卷)。其余未烧死的中国人统统被赶入水深流急的黑龙江中,大量淹死。
③ 关于帝俄侵略者在此次战争中抢劫皇宫,有如下一段自供实录,其笔者是个帝俄外交官,自叙他当时随同侵华俄军将领涅维奇等百余人闯进北京皇宫珠宝室"参观"时的奇妙经历:"……只见桌子上放着空盒、盖盖和托盘,东西却不翼而飞了……我发现同伴们的衣袋都显着地鼓了起来,怪不得虽然天气炎热,他们当中的几个人却穿上了大衣和斗篷。"(按:当时是阳历八月下旬,"三伏天"刚过数日。)(见科罗斯托维奇:《俄国在远东》,俄国东方教育出版公司1922年版,第85—86页。)

带来的灾难"。

列宁还深刻揭露了俄国反动统治者发动反华叫嚣的卑鄙目的和险恶用心:"竭力毒害人民群众的政治意识",转移斗争视线,以保持国内的反动统治。他指出:"凡是只靠刺刀才能维持的政府……都早就懂得一个真理:人民的不满是无法消除的,必须设法把这种对政府的不满转移到别人身上去",必须"挑拨民族仇恨和使劳动人民的注意力离开其真正的敌人"。

因此,列宁号召俄国革命人民奋起对沙皇政府开展针锋相对的斗争,粉碎他们用大俄罗斯沙文主义毒害群众政治意识的罪恶阴谋,"打碎战争强加在劳动人民身上的新的枷锁",打倒本国反动统治者,"结束政府的专制统治"。

(三) 列宁对爱尔威之流在民族殖民地问题上谬论的斗争

马克思主义关于民族殖民地问题的革命理论,不仅遭到右倾机会主义的攻击和阉割,而且遭到"左"倾机会主义的歪曲和篡改。在后一种场合,法国的社会民主党人古斯达夫·爱尔威是一个代表人物。

祖国"无所谓"论

古斯达夫·爱尔威(1871—1944)的职业是新闻工作者和律师,原先接近法国的无政府主义者,后来加入法国社会民主党。

在二十世纪的最初几年中,帝国主义列强重新瓜分世界、争夺世界霸权的矛盾冲突愈演愈烈,各国的反动统治者一方面疯狂扩军备战,加速军国主义化的步伐,另一方面在国内拚命煽起沙文主义狂热,以"保卫祖国"为名,力图驱使本国劳动者为他们火中取栗,卖命当炮灰。针对这种情况,各国马克思主义者大力开展斗争,反对军国主义化,揭露帝国主义战争的罪恶本质,借以戳穿"卫国"骗局,提醒劳动者切勿上当。而伪马克思主义者爱尔威也独树一帜,在他自己主办的《社会战争报》上,在法国社会党内,在第二国际的会议上,经常以极左面目出现宣传他那独特的反对军国主义的斗争纲领和策略,曾经轰动一时。

爱尔威歪曲了无产阶级国际主义思想,对民族、祖国这一类概念,采取了极端虚无主义的立场。他对于任何维护祖国主权和民族独立的言论和行动,都一概扣上"民族主义"的帽子,加以绝对的否定。在 1907 年第二国际的斯图加特代表大会上,爱尔威鼓吹说,"任何祖国都只是资本家的奶牛";"祖国是统治阶级的祖国,与无产阶级无关"。对无产阶级说来,无论生活在哪一个祖国都无所谓,生活在君主制的德国,或共和制的法国,或专制的土耳其,反正都一样;无论是德国受法国统治还是法国受德国统治,对无产阶级也都无所谓。由于无产阶级横竖都要遭受资本家的剥削,所以"资本家在什么样的民族和什么样的政府的标帜之下进行剥削,对于无产阶级说来是无关紧要的"。因此,爱尔威强调:"祖国对于所有无产者来说都只是幻想,说真的,他们犯不着为了幻想而拼得头破血流"。

基于这种观点,爱尔威蔑视任何有关民族独立和国家主权的观念,表示坚决反对任何涉及"祖国"和"民族"问题的战争。据他说,这是"马克思主义"的思想观点,因为马克思本人就说过:"工人没有祖国"。

在大力鼓吹这些奇谈怪论的基础上,爱尔威进一步要求以代表大会的名义,宣布反对所有一切战争,并号召全世界无产者用"罢战"和起义来对付任何性质的战争。爱尔威的计划"很简单":不论任何战争一旦爆发,在宣战那一天,社会党的现役士兵统统开小差,后备兵则宣布罢战,统统坐在家里不出来;同时,工人阶级很快就会转入公开的反抗,即举行起义。据爱尔威断定:这时"由于作战的军队驻在国境上,起义胜利的机会就更大了"①。

不能拒绝在民族战争中保卫祖国

在当时,爱尔威的真实面目尚未充分暴露,列宁对爱尔威的主张作了一分为二的、马克思主义的具体分析。一方面,他肯定爱尔威的思想从一定意义上说包含有"一线灵活的东西",包含有"一个实际上正确的内容":它企图说明当时修正主义者、社会沙文主义者所宣扬的资产阶级爱国主义的欺骗性,强调工人阶级国际团结的重要性;同时鼓吹无产者为了对付战争,必须采取革命的行动手段,而不应当仅仅局限于修正主义者所崇拜的温良恭俭让的议会斗争。但是,另一方面,列宁又十分严厉地指出,就整体而言,爱尔威所宣扬的只是一种"半无政府主义的谬论"。列宁从斗争的手段、斗争的目的以及否定革命战争(包括民族解放战争)、否定任何民族和祖国观念等方面,尖锐地揭露了爱尔威及其信徒们这种轻率浮夸的言论的反动性。

就其斗争手段而言,爱尔威分子的主张实际上是一种盲动冒险主义。他们

---

① 参阅布拉斯拉夫斯基编:《第一国际第二国际历史资料》第 182 号、183 号文件;并参阅《列宁全集》第 13 卷,第 63、74 页;第 15 卷,第 168—169 页。

不对斗争的具体环境进行正确的形势估量和阶级估量,而像无政府主义者那样,"盲目相信一切直接行动的神奇力量,把这种'直接行动'从整个社会政治局势中抽了出来",用简单机械千篇一律的策略来对付千变万化的斗争局势,其实践结果就必然是作茧自缚,"剥夺无产阶级选择决战时机的权利,而把这种权利交给敌人",从而导致革命力量的无谓损失。因此,爱尔威开出的万应"策略药方"实际上是一种"英勇的愚蠢"①!

就其斗争目的而言,爱尔威及其信徒们摆在首位的,是"和平"而不是革命,为了反对战争、"为了反对军国主义而忘记社会主义"②。他们只强调以和平代替战争,而并不强调以社会主义代替资本主义,不强调利用战争所产生的危机加速推翻资产阶级。他们不可原谅地"忘记了战争同资本主义的因果关系",如果按照这种主张去做,就等于"一方面把一切战斗准备(要知道,这里说的是起义)都用来同结果(战争)作斗争,另一方面却让原因(资本主义)继续存在"③。可见,爱尔威及其信徒们的反战纲领充其量只是扬汤止沸而不去釜底抽薪;而其客观意义则是在资本主义条件下保持"和平"的稳定性,维持资本主义式的"和平"秩序,使革命人民永远遭受剥削压迫,永远遭受掠夺战争的磨难。

就其不分青红皂白地反对一切战争、否定任何有关祖国和民族的思想观点而言,爱尔威及其信徒们的主张尤其具有极大的反动性。它实际上是在极左的伪装下为极右的资产阶级沙文主义和世界主义张目。

列宁指出,"战争是资本主义的必然产物,无产阶级不能拒绝参加革命战争"④。列宁特别强调:祖国这个政治的、文化的和社会的环境,是无产阶级进行阶级斗争过程中最强有力的因素,所以,"无产阶级不能对自己为之进行斗争的政治、社会和文化的条件采取无所谓的、漠不关心的态度,因而,他们对本国的命运也不能抱无所谓的态度"⑤。列宁严厉驳斥了对马克思所说的"工人没有祖国"一语的曲解。他屡屡援引马克思本人当年在第一国际内部嘲笑和驳斥法国蒲鲁东主义者歪曲无产阶级国际主义思想的事例,说明民族虚无主义与大

---

① 列宁:《好战的军国主义和社会民主党反军国主义的策略》,《列宁全集》第15卷,第169—171页。
② 列宁:《斯图加特国际社会党代表大会》,《列宁全集》第13卷,第75页。
③ 列宁:《好战的军国主义和社会民主党反军国主义的策略》,《列宁全集》第15卷,第169页,并参阅第13卷,第64页。
④ 列宁:《斯图加特国际社会党代表大会》,《列宁全集》第13卷,第63页。
⑤ 列宁:《好战的军国主义和社会民主党反军国主义的策略》,《列宁全集》第15卷,第168—169页。

国沙文主义之间的"血缘关系"①,说明那种不分青红皂白地否定一切民族、祖国的思想言论,实际上是全盘否定一切弱小民族争取民族解放、维护民族尊严、捍卫祖国独立的神圣权利,从而为觊觎他国领土主权的侵略者提供了最好的"理论根据",助长了帝国主义者、扩张主义者的气焰。

1914年8月,在第一次世界大战爆发后的最初几天里,就是这个善于哗众取宠、一向极力鼓吹民族虚无主义的爱尔威,竟猛然摇身一变,变成了一个极端的社会沙文主义分子,并自告奋勇地作为参战志愿兵去报到了。后来,他又和历来公开鼓吹社会沙文主义的桑巴、托马以及盖德等人都加入了法国资产阶级的"全民族的"战争政府②。这件事当然只不过是当时整个国际机会主义逆流中的一个小水泡,然而这个具有强烈讽刺意义的小水泡,却十分具体、十分生动地显示了民族虚无主义与大国沙文主义作为孪生兄弟的血缘关系,从一个小小的侧面证实了马克思和列宁上述见解的无比正确。"河水的流动就是泡沫在上面,深流在下面。然而就连泡沫也是本质的表现!"③

在革命洪流的冲刷下,爱尔威这个曾经名噪一时的小丑迅速沉没、销声匿迹了。但是,爱尔威之流从法国蒲鲁东分子那里继承得来并广为兜售的民族虚无主义观点以及祖国"无所谓"论,却由于它具有极"左"的、"革命"词句的装潢,仍在继续扩散。其流毒所及,甚至使当时国际革命左派队伍中的一些人也深受影响,在不同的时期和不同的历史条件下出现了种种糊涂观念。总的说来,他们致力于揭露和反对资产阶级文痞和修正主义分子所鼓吹的在业已爆发的帝国主义战争中"保卫祖国"的骗局,这是完全正确的。但其中有些人却从真理再往前"多走了一步",进而怀疑和否定在帝国主义时代所发生的一切保卫祖国独立或争取民族解放的战争;也有些人醉心于反对被压迫民族中的资产阶级狭隘民族主义,却忽略了甚至忘记了比它更危险、更凶恶多倍的压迫民族中的资产阶级大国沙文主义,有如列宁所讽喻的:"猫是老鼠心目中最凶的野兽"。④

为了进一步肃清爱尔威之流的思想流毒,澄清关于"祖国"和"民族"问题上的糊涂观念,列宁在第一次世界大战爆发、第二国际破产之后迄十月革命胜利之初,又反复地就这个问题作了一系列的阐释和论述。

列宁并不限于就事论事,而是从方法论入手,对认识模糊的同志进行耐心

---

① 参阅:《列宁全集》第20卷,第437—438页,第21卷,第389页。
② 到了二十世纪三十年代,此人又进一步堕落,积极鼓吹法国同法西斯德国敦睦亲近。
③ 列宁:《黑格尔〈逻辑学〉一书摘要》。《列宁全集》第38卷,第134页。
④ 参阅列宁:《论民族自决权》。《列宁选集》1972年版第2卷,第537页。

的启发。他指出,马克思主义的全部精神和整个体系要求人们在领会每一个革命原理时,必须做到三点:第一,历史地看问题;第二,同其他原理联系起来,全面地理解;第三,同具体的历史经验联系起来加以考察。如果违反了这三点要求,竟然脱离具体的历史条件和具体的历史实践经验,静止地、孤立地、片面地抓住马克思恩格斯说过的只言片语,把它从马克思主义的整个科学体系中割裂出来,当作"一般原则"和"一般的死板的公式硬套"到"五花八门、形形色色、错综复杂"的事物上去,那就是"陷入了抽象议论和反历史观点的泥坑"①,就会得出完全错误甚至荒谬可笑的结论,就会给革命事业造成严重的危害。

根据马克思主义的历史观点和科学精神,列宁首先对"工人没有祖国"一语作了经典性的解释。他指出,马克思恩格斯这句话的原意只是说,各国无产者的经济状况是国际性的,他们的阶级敌人和解放条件也是国际性的,因此他们的国际团结比民族团结**更为重要**②。这也就是说,全世界的无产者,不论属于哪个国家哪个民族,都是同命运、共呼吸的阶级兄弟;由于他们有着共同的阶级遭遇、共同的阶级敌人和共同的奋斗目标,而且只有通过联合的斗争才能获得共同的解放,因此,他们应当不问国家、民族的差别,实现国际性的阶级团结,进行国际性的阶级搏斗。在这个意义上,不妨说,马克思恩格斯所教导的"工人没有祖国",和他们所号召的"全世界无产者联合起来",实际上是同一思想观点的不同表述。可见,"工人没有祖国"一语的原意,与祖国"无所谓"论以及任何其他民族虚无主义观点,都是风马牛不相及的。

其次,列宁强调,为了准确地理解和掌握"工人没有祖国"这一原理的真谛,务必把它同马克思恩格斯的其他教导联系起来加以考察。他提醒人们注意:不是别人,而正是"同一个马克思曾经不止一次地**号召**进行**民族**战争"③;而恩格斯也曾在 1859 年和 1891 年先后两度直接激发德国人的**民族**感情,直接号召德国人民奋起进行民族战争,抗击侵略者,保卫祖国。

一方面讲工人没有祖国,另一方面又号召保卫祖国,从表面上看来,似乎"马克思和恩格斯今天说东,明天说西,是他们头脑不清楚吗?"针对这个问题,列宁斩钉截铁地回答说:"不是的"!

列宁进一步明确指出,"祖国是个历史的概念。……关于祖国和保卫祖国的原理**不可能**在一切条件下都是同样适用的"④。无产阶级对"祖国"和"民族",在

---

① 列宁:《给印涅萨·阿尔曼德(1917 年 1 月 19 日)》,《列宁全集》第 35 卷,第 262 页,并参阅第 238 页。
② 参阅列宁:《给印涅萨·阿尔曼德(1916 年 11 月 20 日)》,《列宁全集》第 35 卷,第 234—235 页。
③ 列宁:《给印涅萨·阿尔曼德(1916 年 11 月 30 日)》,《列宁全集》第 35 卷,第 239 页。
④ 同上书,第 238、239 页。

不同的历史条件下应当采取不同的态度。他反复强调这样的思想:在帝国主义战争中,"保卫祖国"当然是一种骗局,由于这种战争从双方来说都是掠夺性的,因而无产阶级对它的态度应当遵循这样的原则:"二贼相争,两败俱伤";但是,在民族解放战争中,就完全是另一回事了。"受民族压迫的国家为反对实行民族压迫的国家而'保卫祖国',这不是欺骗,社会主义者也**决不反对**在**这样的**战争中'保卫祖国'"①;"依我看,在民族战争中承认'保卫祖国'是**完全**符合马克思主义的",因此,无产阶级"不能拒绝在民族战争中保卫祖国",否则,就将犯"天大的错误"②!

我们是社会主义祖国的护国主义者

十月革命胜利以后,列宁又针对那些否定一切"保卫祖国"、对社会主义祖国的国防抱轻率态度的错误思想,作了尖锐的批判。

列宁指出,承认保卫祖国,就是承认战争的正当性和正义性。要衡量和判断任何战争是否正当、正义,只能从它归根到底是否有利于争取无产阶级解放这一标准和观点出发,其他标准、其他观点,我们是不承认的。根据这条根本原则,凡是剥削阶级为了巩固自己的反动统治而进行战争,这就是罪恶的战争,在这种战争中的"护国主义"就是卑鄙行为,就是背叛社会主义;反之,凡是已经取得政权的无产阶级为了保卫社会主义胜利果实,为了巩固和发展社会主义而被迫进行战争,这种战争则是完全正当的和神圣的。因此,列宁庄严地宣告:"我们是 1917 年 10 月 25 日以后的护国派","**必须保卫社会主义**祖国"。"谁要是对无产阶级已经获得胜利的国家的国防采取轻率的态度,他就是在破坏同国际社会主义的联系。……当我们已成为开始组织社会主义的统治阶级的代表时,我们就要求一切人**严肃地**对待国防"③。"我们是社会主义祖国的护国主义者"④。

当年,正是在列宁上述思想的指导和武装下,俄国工农大众第一次以国家主人的身份,奋起抗击外国侵略者,进行了"真正的卫国战争"⑤。

十月革命胜利后不久,帝国主义列强以俄国自卫分子的反革命叛乱为内应,对刚刚诞生因而还十分幼弱的社会主义国家发动武装进攻。他们互相勾结,凭借其强大的反革命武力,先后在乌克兰、高加索、西伯利亚和伏尔加流域

---

① 列宁:《论对马克思主义的讽刺和"帝国主义经济主义"》。《列宁全集》第 23 卷,第 25 页。并参阅同第 198 页;第 35 卷,第 263 页。
② 列宁:《给印涅萨·阿尔曼德(1916 年 11 月 30 日)》。《列宁全集》第 35 卷,第 239 页。
③ 列宁:《论"左派"幼稚性和小资产阶级性》。《列宁全集》第 27 卷,第 306 页。
④ 列宁:《在全俄中央执行委员会和莫斯科苏维埃联席会议上关于对外政策的报告》。《列宁全集》第 27 卷,第 351 页。
⑤ 列宁:《奇谈与怪论》。《列宁全集》第 27 卷,第 61 页。

等广阔地区,颠覆了初建的苏维埃政权,实现了反革命复辟,对千千万万工农群众实行反攻倒算和血腥屠杀。

战争是政治的继续。帝国主义侵略者当时追求的目的,不仅在于扶植俄国地主资本家自卫政权实行反革命复辟,借以从中捞取巨额报偿和各种特权;也不仅在于直接占领和掠夺社会主义国家的土地和资源,对俄国劳动人民实行直接的盘剥;而且还在于企图扑灭已经在这里燃烧起来并且将蔓延到全世界去的社会主义革命的火焰。帝国主义列强对第一个社会主义国家发动侵略战争的政治目的决定了战争的性质:这是一场非正义的、反革命的、罪恶的战争。

反之,在当时苏维埃俄国方面,俄国人民在布尔什维克党领导下奋起抗击帝国主义侵略者及其走狗,则是一场完全正义的、革命的、神圣的战争。这场卫国战争的正义性,不仅体现在它是为了保卫革命俄国的主权的独立和领土的完整;也不仅体现在它是为了保卫俄国工农群众所已经获得的社会主义革命胜利成果,解除重新强加在他们身上的阶级灾难和阶级枷锁,从而有利于俄国劳动人民争取彻底的阶级解放;而且还体现在它是为了保卫社会主义世界革命的第一块基地、根据地,是为了"在波涛汹涌的帝国主义大海中保持住苏维埃政权这一全世界工人和劳动人民所瞩目的孤岛"①,牵制和削弱国际帝国主义的力量,从而有利于推进世界革命,有利于全世界劳动人民争取彻底的阶级解放。正是在这个意义上,列宁认为当时俄国人民为抗击国际帝国主义侵略者及其白卫走狗们所进行的卫国战争,"不仅是在拯救俄国革命,而且是在拯救国际革命"②;"每一个上前线的人都懂得,他不仅是为俄国革命的命运而斗争,而且是为整个国际革命的命运而斗争"③。

由此可见,社会主义祖国的护国主义既是无产阶级爱国主义的一种体现,也是无产阶级国际主义的一种体现。它是无产阶级国际主义与无产阶级爱国主义的高度统一。它的立足点,是极其鲜明的全世界无产阶级的阶级利益观念和阶级解放观念,因而迥异于地主资产阶级所惯常鼓吹的狭隘的、抽象的"民族"观念或"民族尊严"观念。

列宁在解释社会主义祖国的护国主义时,强调指出:"我们保卫祖国不受帝国主义者的侵犯,我们在保卫祖国,……我们维护的不是大国主义(俄国遗留下

---

① 列宁:《在全俄中央执行委员会和莫斯科苏维埃联席会议上关于对外政策的报告》,《列宁全集》第27卷,第350页。
② 列宁:《在工业博物馆群众大会上的演说》,《列宁全集》第28卷,第65页。
③ 列宁:《在全俄教育工作第一次代表大会上的演说》,《列宁全集》第28卷,第68页。

来的除了大俄罗斯以外,没有任何其他东西),不是民族利益,我们肯定地说,社会主义的利益,世界社会主义的利益高于民族的利益,高于国家的利益"①。在这里,列宁显然是把社会主义祖国的护国主义同大国沙文主义、狭隘民族主义严格地划清了界限,绝对不容混淆。

面对当时大片国土沦于敌手和千百万劳动者惨遭涂炭的严酷现实,列宁所领导的苏维埃政府发出了"**社会主义祖国在危急中**"的警报。

布尔什维克党和政府动员全民以各种形式积极参加抗战。

俄国人民在列宁为首的布尔什维克党的领导下,上下一心,全力以赴,经过艰苦卓绝的斗争,终于扭转了濒于危亡的险境,沉重地打击了气焰极其嚣张的帝国主义侵略者,把他们驱出国境,镇压了猖獗一时的白卫反革命叛乱,取得了保卫社会主义祖国战争的伟大胜利。

同时,正由于这是一场保卫社会主义世界革命基地的正义战争,因此,它就理所当然地获得了全世界无产阶级和革命人民的同情和支持。

当时,有大批居住在俄国的外国工人(其中包括大量中国工人)纷纷参加红军队伍,有的还组成了国际团和国际旅,直接为俄国革命人民的卫国战争付出了鲜血和生命。

许多资本主义国家的工人以罢工等形式阻挠运送武器和军需品给帝国主义侵略军及其白卫走狗,并在"不许侵犯俄国"的口号下成立各种"行动委员会",积极开展反对反革命武装干涉的斗争,从各个方面给幼弱的苏维埃俄国及其卫国战争以有力的支持和声援。

列宁在总结这一点时,形象地指出:"只要国际资产阶级向我们举起拳头来,他们的手就会被本国工人抓住"②。他强调:"正是这种全世界工农劳动群众、甚至最敌视我们的强国的工农劳动群众对我们的支持和同情,成了最根本最有决定性的因素,使敌人对我们的一切侵犯归于失败"③。

列宁的上述理论教导以及当年俄国人民卫国战争的革命实践,给我们以极其有益的启示:当问题涉及反对民族压迫、争取民族解放的时候,特别是当问题涉及保卫社会主义祖国领土和主权的完整,对帝国主义及其走狗的侵略进攻实行自卫反击的时候,如果像当年法国的蒲鲁东分子或爱尔威分子那样,在"国

---

① 列宁:《在全俄中央执行委员会和莫斯科苏维埃联席会议上关于对外政策的报告》,《列宁全集》第27卷,第351页,并参阅第343页。
② 列宁:《在制革业职工代表大会上的演说》,《列宁全集》第31卷,第276页,并参阅第273—274页。
③ 列宁:《全俄苏维埃第九次代表大会》,《列宁全集》第33卷,第118页。

际主义"的美丽幌子下贩卖民族虚无主义的私货,胡诌什么"国境线从哪里通过对我们共产党人来说不是主要问题",把正义的卫国行动诬蔑为"狭隘民族主义"或"大国沙文主义",那么,这就是根本忘记了当年俄国革命人民曾经在列宁领导下为抗击帝国主义侵略者而进行过卫国战争的光荣斗争史,根本忘记了全世界革命人民对当年幼弱的革命俄国的卫国战争提供过巨大的支援;这也就是根本背叛了无产阶级国际主义,根本背叛了马克思列宁主义。这种人,要么是侵略者的帮凶,要么是侵略者的后台,要么本身就是穷凶极恶的侵略者,三者必居其一,甚至一身而二三任焉。

(四)列宁对鲍威尔之流在民族殖民地问题上谬论的斗争

十九世纪六十年代,马克思在论述波兰和爱尔兰问题时,曾经提出民族自决权的原则①。根据这个原则,一切民族都有权按照自己的意志决定自己的命运,遭受殖民统治的被压迫民族有权在政治上同压迫民族自由分离,建立自主独立的民族国家。

1896年第二国际伦敦代表大会通过决议,重申了马克思关于民族自决权的正确主张,明确宣告:"大会主张一切民族都有完全的自决权";同时号召一切被压迫民族的工人"参加全世界觉悟工人的队伍,和他们一起为战胜国际资本主义而奋斗"②。这个决议高举无产阶级国际主义旗帜,把反对大国沙文主义和反对狭隘民族主义紧密地、有机地结合起来,"能够给无产阶级在民族问题上的阶级政策提供唯一正确的指示"③,因而成为当年资本主义先进国家各个无产阶级政党制定民族纲领时所理应共同遵守的基本原则。1903年在俄国社会民主工党第二次代表大会上,正是由于列宁的坚持,把承认民族自决权的原则正式明文载入俄国党的党纲。

第二国际的修正主义分子为了维护帝国主义资产阶级的利益,拼命歪曲、篡改和攻击关于民族自决的思想原则,极力鼓吹"民族文化自治"论,因而引起国际马克思主义者的坚决回击。当时,关于民族自决和"民族文化自治"的论战,体现了马克思主义民族纲领与修正主义民族纲领的根本对立。

---

① 参阅马克思:《乔治·豪威耳先生的国际工人协会史》,《马克思恩格斯全集》第19卷,第164页,并参阅第31卷,第381、405页。
② 《第一国际第二国际历史资料》,新莫斯科出版社1926年版,第136号文件。
③ 列宁:《论民族自决权》,《列宁选集》1972年版第2卷,第544页。

所谓"民族文化自治"

对"民族文化自治"这一修正主义民族纲领加以全面系统论证的主要"理论家",是奥地利社会民主党的鲍威尔[①]和伦纳[②]。鲍威尔所写的《民族问题和社会民主党》以及伦纳所写的《民族问题》是第二国际修正主义分子鼓吹"民族文化自治"谬论的代表作。

鲍威尔、伦纳之流在考察民族问题时,漠视、甚至抹杀阶级分析和阶级斗争观点,把民族标准放在首要的、甚至唯一的地位。他们认为,"民族是自治的个人联盟",是"由一群现代人组成的、'地域'无关的文化共同体"[③];"民族就是那些在共同命运的基础上形成了共同性格的人们的全部总和"[④]。换言之,在他们看来,人群之所以构成为民族,其基础就是他们具有共同的"性格"和"文化",而这种共同"性格"和"文化"的形成,却和他们的共同经济生活、共同居住地域等物质条件没有任何本质上的联系,甚至纯然"无关"。

从这种唯心主义的民族观出发,他们极力主张工人政党解决民族问题的首要措施就是应当想方设法去"组成民族",即把散处全国各地的具有"共同性格"和"共同文化"的个人,不问其是否具有共同经济生活和共同居住地域,一律根据自报民族归属逐个登记,"编制民族名册",以便"共同组成"一个包括各个对立阶级的民族,构成一个法定的整体,选出"民族委员会"和本民族的"大臣",规定民族权利义务,掌管本民族的文化教育事业。据说,按此办理,不但可以"消除民族纠纷",解决民族问题;而且还可以成为未来的社会主义社会的一种雏形,因为,据他们说,"社会主义的社会制度……将把人类分成一些以民族为界限的团体";在社会主义时代,"人类将分成一些民族自治团体"[⑤],云云。

鲍威尔、伦纳之流在论述民族权利问题时,漠视、甚至抹杀被压迫民族的政治、经济权利,把文化权利放在首要的、甚至唯一的地位。他们认为,各民族在

[①] 奥托·鲍威尔(1882—1938),奥地利社会民主党和第二国际首领之一,第二国际著名的民族问题"理论家";所谓"奥地利马克思主义"学派的修正主义理论的主要骨干之一。社会沙文主义者,于1918年参加奥地利资产阶级共和国政府内阁,担任外交部长。维也纳第二半国际的头子之一。十月革命后,耍弄两面派手法,恶毒攻击无产阶级专政和殖民地半殖民地的民族解放运动。

[②] 卡尔·伦纳(1870—1950),奥地利社会民主党右翼首领和"理论家",社会沙文主义头子。所谓"奥地利马克思主义"学派的修正主义思想家,以"经济民主"论极力掩盖资本主义固有矛盾,美化帝国主义制度。"奥、德合并"论的积极吹鼓手。1919年曾出任奥地利资产阶级共和国总理。1945—1950年担任奥地利总统。

[③] 伦纳:《民族问题》。公益出版社1909年版,第19、43页。

[④] 鲍威尔:《民族问题和社会民主党》。镰刀出版社1909年版,第139页。

[⑤] 参阅鲍威尔:《民族问题和社会民主党》,镰刀出版社1909年版,第368、375、552、555、556页;伦纳:《民族问题》,公益出版社1909年版,第19、74、88—89、226页。

文化权利上的不平等,是产生民族纠纷的关键所在,因此必须从"文化自治"着眼来"解决"民族问题。按照他们的上述设计建立起来的民族组织及其中央机关也只管"文化"问题,不管"政治"问题。由民族全体成员选举产生的"民族委员会就是民族文化议会,它有权规定原则并批准经费,借以照管民族学校事宜,照管民族文学、艺术和科学,借以建立学院、博物馆、美术陈列馆、剧院"①等等。鲍威尔之流断言:通过这种"唯一可能的办法",就可以使民族文化成为"全体人民的财富",并且把包括一切对抗阶级的民族全体成员"团结"成为一个同命运、共呼吸的"民族文化共同体"②。于是乎民族压迫就此烟消云散,弱小民族也就此心满意足了。

鲍威尔、伦纳之流在论述民族权利平等的实现手段时,漠视、甚至抹杀一切革命途径,把改良主义途径放在首要的、甚至唯一的地位。他们鼓吹:只能经历"缓慢而痛苦的过程","逐步走向民族自治";民族自治和民族自由决不是"靠大胆的坚决行动就可以实现的"。他们避而不谈遭受殖民统治的被压迫民族的政治自决和分离自由,硬把保持现状、维护反动奥匈帝国的"完整"作为争取民族平权的前提,公开扬言:"我们的出发点是假定奥国各民族将仍然留在他们现时居住的国家联盟以内",即只准在强加给他们的现有帝国国界之内,在这个民族压迫的大牢笼之中,来调整"各民族相互间的关系和他们全体对于国家的关系"③。

"民族文化自治"这一修正主义的民族纲领,经过鲍威尔、伦纳之流的系统"论证",披上了"社会主义的铁甲",在当时带有很大的欺骗性。它博得了地主资产阶级的喝彩,因而也就成为第二国际其他各国修正主义分子抄袭、仿效的"范本",流毒甚广。在欧洲一些多民族国家中,他们纷纷根据"民族文化自治"的谬论,对民族自决权这一马克思主义的民族纲领大举猖狂进攻。就俄国而言,国内各派修正主义分子在这个问题上所制造的思想混乱已经"达到破坏党纲的地步"④。他们恶毒地攻击列宁提出的关于把俄国各族工人团结和融合在统一的阶级组织之中的正确主张,诬蔑它是所谓"同化的陈词滥调",妄图使俄国工人及其统一的阶级组织按照民族的标准划分开来,陷于四分五裂。

是民族自决?还是"民族文化自治"?在这场关于两种根本对立的民族纲

---

① 伦纳:《民族问题》。公益出版社1909年版,第234页。
② 参阅鲍威尔:《民族问题和社会民主党》。镰刀出版社1909年版,第553页。
③ 同上书,第399、422页。并参阅伦纳:《民族问题》。公益出版社1909年版,第14、281—282页。
④ 列宁:《关于民族问题的批评意见》。《列宁全集》第20卷,第1页。

领的争论过程中,当时国际上有一些左派社会民主党人也一度有过糊涂思想。

他们一方面表示坚决反对一切民族压迫,承认一切民族权利平等,另一方面却又认为:承认民族自决权,即承认遭受殖民统治的被压迫民族有权在政治上同压迫民族自由分离,另行组织独立自主的民族国家,这就等于支持和助长被压迫民族的资产阶级民族主义,不利于各族无产阶级的团结斗争。他们根据欧洲个别被压迫民族①在特定历史条件下暂时不宜提出分离独立口号的局部情况,推导出一般性、全局性的结论,要求一般地、普遍地否定民族自决权,作为处理全欧洲乃至全世界民族问题的基本纲领原则。他们发表了一些文章,提出了自己的错误见解,指摘和反对俄国的马克思主义者在自己的党纲中承认民族自决权。

左派犯错误,右派利用,历来如此。"民族文化自治"论形形色色的鼓吹者们"抓住了"这些左派同志的错误论点和论据,在1913年前后一段时期中更加猖獗地抨击马克思主义者关于实行民族自决的主张,一时骂声四起,来势汹汹,有如进行"十二个民族的侵犯"②。

在这种情况下,列宁不能不以相当大的注意力,对鲍威尔之流及其俄国应声虫们所鼓噪的"民族文化自治"论进行全面的、深刻的揭露和批判,科学地解释和深入地阐发了马克思主义关于民族自决权的光辉思想原则。在论战、斗争过程中,列宁对某些左派革命同志的糊涂思想,本着政治上热情爱护的精神,进行了严肃认真的批评,帮助他们纠正错误,团结对敌。可以说,当列宁发表文章严肃批评某些左派同志的糊涂思想和错误论据时,实质上是为了要剥夺那些修正主义右派分子手中的理论"武器",粉碎他们身上的理论"装甲",把他们揪出

---

① 这里主要是指欧洲的波兰。波兰的民族独立问题和民族解放运动,在十九世纪中期具有重大的全欧性意义,马克思和恩格斯都曾积极支持波兰的独立要求。到了二十世纪初,由于历史条件的变化,波兰民族独立问题已失去这种全欧性的特殊的革命意义,而且对当时波兰工人说来,民族问题已退居次要地位。波兰的马克思主义者认为波兰工人当时面临的主要任务是同俄罗斯工人结成最紧密的联盟,共同开展阶级斗争,反对沙俄反动统治者,才能促进社会主义事业和波兰民族解放事业的发展。因此,他们坚决批判当时波兰国内流行的资产阶级狭隘民族主义思潮,反对波兰小资产阶级的民族主义狂热,反对在当时立即提出波兰分离独立的口号,以免分散和转移波兰革命群众的主要注意力,削弱波兰工人与俄罗斯工人的阶级团结和共同奋斗。这些,在当时当地条件下都是正确的。但是,他们在批判波兰狭隘民族主义时,犯了"以偏概全"的错误,走向了另一个极端,要求从根本上全面否定民族自决权这一基本原则。这在理论上是"忘记**特殊**和**一般**在逻辑上的基本区别",而在实际上就是"醉心于反对波兰民族主义,因而忘记了大俄罗斯人的民族主义";"因害怕被压迫民族的资产阶级民族主义,而在**事实上**作了大俄罗斯人黑帮民族主义的帮凶!"因害怕"助长"被压迫民族的狭隘民族主义而在客观上助长了压迫民族的大国沙文主义(关于当时波兰所处的特殊历史条件,列宁曾作过精辟分析。详参《列宁全集》第20卷,第412、415、432—435、453—454页;第22卷,第340、342—346、353页)。

② 列宁:《论民族自决权》。《列宁选集》1972年版第2卷,第507页。

来示众①。

民族问题上的两种世界观

观察和分析民族问题,当然不能完全离开民族的标准,这是无可置疑的。马克思主义者在看待和处理民族问题时,从来就坚决反对民族虚无主义,从来就对民族标准、民族感情等因素给以应有的、足够的重视,这也是众所周知的。但是,马克思主义者从来就认为:在阶级社会中,民族问题并不是孤立自在的。就革命斗争的全局而言,"民族问题和'工人问题'比较起来,只有从属的意义"②。因此,无产阶级及其政党对待有关民族的一切问题,都必须从无产阶级的阶级利益出发,"从无产阶级争取实现社会主义的阶级斗争的观点来看"③。这也就是说,观察和处理民族问题,必须把无产阶级的阶级标准放在首要地位;对于阶级标准说来,民族标准只是第二位的东西,民族标准必须服从阶级标准。

其所以然,是由于任何民族从来就分裂为彼此对抗的阶级。列宁指出:在"每一个现代民族中,都有两个民族"④。在股份公司里,各不同民族的资本家都是坐在一起的,共同进行剥削;在工厂里,各不同民族的工人都在一起劳动,汗水流在一起,共同遭受剥削。由于阶级命运、阶级利益的一致,因此,每当阶级矛盾激化、阶级利害冲突十分尖锐的时候,各种政治力量的组合总是冲破民族的界限和壁垒,人群集团都是按阶级而不是按民族划分的⑤。

面对民族内部阶级对抗的现实,资产者和无产者从各自的阶级利益出发,采取了截然相反的态度。

作为剥削者,而且在民族人口中处于极少数地位,资产阶级总是力图掩盖和粉饰阶级对抗的现实,以保持现状和扩大既得利益。为此目的而采取的手段之一,就是把民族标准放在首要的甚至唯一的地位,拚命鼓吹资产阶级民族主义,把本阶级的狭隘私利一概冒充为全民族的共同要求,极力突出和强调民族的"共同性",千方百计地模糊无产者的阶级意识:对内,提倡民族内部的阶级调和;对外,破坏不同民族的无产者之间的阶级团结,借以转移斗争视线,削弱和瓦解无产阶级反对资本主义压迫剥削的阶级斗争。

换言之,鼓吹资产阶级民族主义,既可以无限夸大民族"共同性"从而否定

---

① 参阅《列宁全集》第20卷,第395、411、452—453、454页;第22卷,第353页。
② 列宁:《论民族自决权》。《列宁选集》1972年版第2卷,第548页。
③ 列宁:《关于民族问题的批评意见》。《列宁全集》第20卷,第20页。
④ 同上书,第15页。
⑤ 同上书,第19页。

本民族内部的阶级对抗性,又可以无限夸大民族间的"对抗性"从而否定不同民族无产者的阶级共同性;既可以欺骗无产者去同本族资产者无条件地实行"阶级合作",又可以煽动无产者去同外族的阶级兄弟实行骨肉相残。用心可谓极毒。列宁对这种情况作了总结,明确指出:"猖狂的资产阶级民族主义在钝化、愚弄和分化工人,使工人听任资产阶级摆布——这就是当代的基本事实"①。

反之,作为被剥削者,而且在民族人口中处于多数地位,无产阶级总是敢于正视民族内部阶级对抗的现实,并且务必立足于这种现实,始终保持着清醒的阶级意识,从无产阶级的阶级利益出发,来审查和鉴别资产阶级以"全民族"名义提出的一切要求,以决定给予支持还是加以反对。

早在马克思主义奠立之初,在论及无产阶级政党应当支持具有历史进步意义的民族民主运动时,马克思和恩格斯就强调:"共产党一分钟也不忽略教育工人尽可能明确地意识到资产阶级和无产阶级的敌对的对立。"②

对于这一条基本原则,列宁在新的历史条件下作了进一步的阐发。他指出:马克思主义同民族主义是不能调和的。诚然,民族原则在资产阶级社会中具有历史的必然性,因此,在估计这个社会时,马克思主义者完全承认民族运动的历史合理性。然而,要使这种承认不致变成替民族主义辩护,就应该极严格地只限于承认这些运动中的进步的东西,即"应该使这种承认不致使无产阶级的意识受到资产阶级思想的蒙蔽"③。这种无产阶级的阶级意识理所当然地要求各族无产者:既要同本族的资产者严格划清阶级界限,又要同外族的无产者全力加强阶级团结;坚决反对资产阶级反动民族主义,始终坚持无产阶级国际主义。

对于这方面的思想,列宁作了精辟的概括,明确指出:"资产阶级的民族主义和无产阶级的国际主义——这是两个不可调和的敌对的口号,它们同整个资本主义世界的两大阶级营垒相适应,代表着民族问题上的**两种**政策(也是两种世界观)。"④

在两大阶级营垒、两种民族问题世界观的根本对立中,所谓"民族文化自治"的理论和纲领及其鼓吹者究竟是属于哪一边的呢?列宁尖锐地揭露说:"这个纲领主要的、根本的罪过,就在于它想要实现最精致的和最绝对最彻底的民族主义"⑤;而"民族文化自治"论的鼓吹者们事实上就是要把资产阶级反动民族主义思想灌输到工人中间去。

---

① 列宁:《关于民族问题的批评意见》。《列宁全集》第 20 卷,第 7 页。
② 马克思和恩格斯:《共产党宣言》。《马克思恩格斯选集》1972 年版第 1 卷,第 285 页。
③ 列宁:《关于民族问题的批评意见》。《列宁全集》第 20 卷,第 17 页。
④ 同上书,第 9 页。
⑤ 同上书,第 16—17 页。

民族文化与国际文化

"民族文化自治"论的鼓吹者鲍威尔、伦纳及其俄国信徒们极力主张严格按照民族标准"划分"社会全体成员,硬要用人为的办法将业已散居全国各地的同族成员勉强收拢起来,箍在一起,"组成"一个民族。这种主张是和社会发展进程背道而驰的,也是和阶级斗争进程根本抵触的。

列宁全面地考察了资本主义发展过程中民族关系的发展规律,从中发现"在民族问题上有两个历史趋向。第一个趋向是民族生活和民族运动的觉醒,反对一切民族压迫的斗争,民族国家的建立。第二个趋向是民族之间各种联系的发展和日益频繁,民族壁垒的破坏,资本、一般经济生活、政治、科学等等的国际统一的形成"①。列宁说,马克思主义的民族纲领正是充分考虑到这两个客观趋向,因而首先是坚持民族平等,反对任何民族特权,坚持民族自决权;其次是坚持国际主义原则,毫不妥协地反对用任何形式的资产阶级反动民族主义思想毒害无产阶级。他反复教导全世界无产者,既要反对大国沙文主义,也要反对狭隘民族主义;既要反对民族压迫,也要反对盲目排外。

历史表明:资本主义经济的不断发展,日益改变了民族闭关自守的局面。不同民族之间的经济往来,政治联系、文化交流、易地迁居以及异族通婚,特别是各族工人在共同斗争中形成的阶级团结,等等,日益加强着打破民族壁垒、消除民族差别、促使民族同化的趋势。列宁认为,这种趋势是促使资本主义转变为社会主义的最大的动力之一,它本身就标志着资本主义已经成熟,正在向社会主义社会转变。从人类社会发展进程看,这种民族同化融合的趋势,只要不是采取暴力兼并和强食弱肉的手段而是建立在完全自愿和真正平等的基础之上,它就包含着极大的历史进步作用,这是不容置疑的。

因此,无产阶级历来反对任何巩固民族主义、隔离一切民族的做法,"相反地,它赞同一切帮助消除民族差别、打破民族壁垒的东西,赞同一切促使各民族之间的联系日益紧密和促使各民族融合的东西"②。

"民族文化自治"论的鼓吹者们把民族标准放在首位,认为在任何情况下,都是民族壁垒愈高愈好,民族鸿沟愈深愈好,民族孤立性和民族狭隘性愈强愈好,并且恶毒攻击马克思主义的民族同化融合观点,这只能证明他们是逆历史潮流而动,妄想"扭转历史的车轮,……想让历史倒过来走"③。

---

① 列宁:《关于民族问题的批评意见》。《列宁全集》第20卷,第10页。
② 同上书,第18—19页。
③ 同上书,第12页。

对于鲍威尔之流所最为津津乐道的"民族文化"本身,列宁坚持唯物史观,进行了深入的阶级分析。

列宁认为不能离开经济和政治来空谈文化。在任何资本主义社会中,真正的阶级斗争都首先是在经济和政治的领域内进行的。经济、政治和文化之间,有着本与末、决定与被决定的紧密联系。撇开经济权利、政治权利而侈谈文化权利,硬要把文化教育问题同经济政治领域分离、割裂和隔绝开来,这不但是本末倒置和舍本逐末,而且是一种根本不可能实现的荒谬空想。

就文化领域而言,由于民族内部的阶级分裂和对抗,相应地,"每一种民族文化中,都有两种民族文化"①:一种是属于本族被剥削被压迫劳动人民的进步的、革命的文化,即民主主义的和社会主义的思想体系,它是维护劳动者利益的;另一种是属于本族剥削者压迫者即地主资产阶级的落后的、反动的文化,它是维护剥削者利益的。在资本主义社会中,前一种文化一般都还不太发达,后一种文化则在本民族中占有统治地位,因此,所谓"民族文化"一般说来就是这个民族的地主资产阶级的文化。这就是"民族文化"的阶级底细。

但是,"资产者的全部利益要求散布超阶级的民族文化的信仰"②。他们为了保持和扩大既得利益,总是费尽心机把"民族文化"当作一个整体描绘成为"超阶级"的东西:一方面鼓吹对本族"民族文化"的绝对迷信,以便用"民族文化"的口号作为大旗,来掩盖本阶级的阶级意图和阶级私利;另一方面煽动对外族进步文化、革命文化的盲目排斥,以便用"民族文化"的口号作为鸿沟,来分裂不同民族的工人阶级;凡属本族所"固有"的,哪怕是糟粕和痈疽,也应视同珍宝和神物;凡属外族所传来的,即使是精华和灵药,也应看作洪水和猛兽。通过这种恶毒的反动宣传,借以加强地主资产阶级思想体系对劳动人民的腐蚀和毒害,阻挠他们在外来进步文化和革命文化的熏染启迪下加速阶级觉醒,破坏各族工人的阶级团结。

根据这些事实,列宁严肃地指出:"民族文化的口号是资产阶级的(而且常常是黑帮—教权派的)骗人工具"③;"宣传'民族文化自治',就是宣传把**民族分开**,……并且实际上是使一个民族的工人同**该民族的**资产阶级接近"④;"民族文化自治"论的思想基础和核心内容,就是要巩固和确立资产阶级反动民族主义,借助于特别的国家机关牢固地长久地"隔离一切民族"⑤。因此,"谁拥护民

---

① 列宁:《关于民族问题的批评意见》,《列宁全集》第 20 卷,第 15 页,并参阅第 6—7 页。
② 同上书,第 7 页。
③ 同上书,第 5 页。
④ 同上书,第 25 页。
⑤ 同上书,第 18 页。

族文化的口号,谁就只能站在民族主义市侩的行列里,不能站在马克思主义者的行列里"①。

同民族主义市侩们相反,马克思主义者既已弄清了所谓"民族文化"的阶级底细,当然就理应对任何"民族文化"(包括本族的和外族的)都采取一分为二的态度:支持和发扬其中进步的革命的成分,揭露和批判其中落后的反动的成分。因此,马克思主义者坚决反对鲍威尔之流鼓吹的"民族文化"口号,积极提倡"民主主义的和全世界工人运动的国际文化"②这一口号,即无产阶级国际主义文化的口号。

列宁解释说:国际文化现在已经由各国无产阶级系统地建立起来,它不是把"民族文化"(不论是哪一个民族集体的)全盘接受下来,而是"**只吸取每个**民族文化中彻底民主的和社会主义的因素"③。我们提倡这个口号,只是为了从每个民族的文化中取出民主主义的和社会主义的成分,以便同每个民族的剥削者压迫者阶级的反动文化、同资产阶级反动民族主义相对抗;同时,积极鼓励各族工人打破民族界限,互相交流和互相学习进步的、革命的被剥削者被压迫者阶级的文化,以利于共同提高觉悟,加强团结斗争。

反之,如果不这样对待"民族文化"问题,如果强大民族中的马克思主义者不认真尊重和学习弱小民族中的进步文化和革命文化,稍为漠视遭受殖民统治的弱小民族关于完全平等和民族自决的正义要求,那么,他就会滚到资产阶级反动民族主义泥潭中去;同理,如果弱小民族中的马克思主义者把对强大民族中压迫者的合理仇恨,扩大为对强大民族中的无产阶级文化和无产阶级事业也采取疏远或仇恨态度,那他就同样会滚到资产阶级反动民族主义泥潭中去。

由此可见:把任何一种民族文化看成铁板一块,加以绝对肯定或绝对否定,都是错误的;把任何两种民族文化,互相当作整体,把它们对立起来,也是错误的。资产者的利益要求按照民族标准分裂工人队伍,予以各个击破;无产者的利益则要求按照阶级标准团结各族工人,共同进行胜利的战斗。因此,"任何鼓吹把这一民族的工人同那一民族的工人分离的论调,任何攻击马克思主义的'同化思想'的言论,任何在谈论有关无产阶级问题时把一个民族文化当作整体来同另一个似乎是整体的民族文化对立起来的行为,都是**资产阶级**民族主义思想的表现,都应该坚决反对"④。

---

① 列宁:《关于民族问题的批评意见》,《列宁全集》第20卷,第8页。
② 同上书,第7页。
③ 列宁:《民族问题提纲》,《列宁全集》第19卷,第239页。
④ 列宁:《关于民族问题的批评意见》,《列宁全集》第20卷,第16页,并参阅第7、15页。

因此,列宁站在极其鲜明的无产阶级国际主义立场,明确宣布:"以工人阶级为首的真正的民主派举起了各民族完全平等的旗帜,发出了各民族工人在他们的阶级斗争中融合起来的号召。我们就是持着这种观点反对所谓'民族文化'自治的"[1]。

民族自决与各民族工人融合

作为资产阶级在民族问题上的世界观,资产阶级民族主义在不同条件下有不同的表现形式。在压迫民族中,它一般主要表现为大国沙文主义;在被压迫民族中,它一般主要表现为狭隘民族主义。可以说,这是屡见不鲜的。

"民族文化自治"论,就其人为地高筑民族壁垒,加深民族鸿沟,力图隔离一切民族,反对民族自然融合而言,特别是就其反对各族工人团结同化而言,它是一种狭隘民族主义思潮。这是问题的一个方面。就其在帝国主义殖民统治和民族压迫十分残暴的条件下只谈"文化自治"而不谈政治自决而言,就其只允许在保持殖民帝国所谓"国家完整"(即保持强族绝对殖民统治的现状)这一前提下,实行若干微小改良以"解决"民族问题而言,它又是和大国沙文主义思潮直接相通的。这是问题的另一个方面。

正由于"民族文化自治"论同时具有这两个方面的内容,无怪乎它既能博得被压迫民族地主资产阶级的喝彩,又能获得压迫民族地主资产阶级的赞同;无怪乎在它的鼓吹者队伍中既有被压迫民族的修正主义分子,同时又有压迫民族的修正主义分子;也无怪乎它的鼓吹者中有不少人可以从今天的狭隘民族主义者一下子就变成明天的大国沙文主义者和社会帝国主义者,或者在这两者之间转来转去。

与"民族文化自治"这一修正主义、改良主义纲领完全相反,马克思主义者所提出的"民族自决"这一革命纲领,首先是坚决反对资本帝国主义压迫民族中地主资产阶级的大国沙文主义,同时也是坚决反对被压迫民族中地主资产阶级的狭隘民族主义的。

列宁明确指出:"所谓民族自决,就是民族脱离异族集体的国家分离,就是成立独立的民族国家"[2];"从十九世纪中叶以来,民族自决始终都正是被了解为政治自决,即组织独立民族国家的权利"[3]。在异族殖民统治下,被压迫民族要求分离独立的倾向,反映了他们摆脱民族压迫的强烈愿望。马克思主义者坚

---

[1] 列宁:《关于民族政策问题》。《列宁全集》第20卷,第218页。
[2] 列宁:《论民族自决权》。《列宁选集》1972年版第2卷,第509页。
[3] 同上书,第529页。

决主张遭受殖民统治的一切被压迫民族享有政治自决权即分离独立权,这种要求,正是反对一切民族压迫的彻底表现①,也就是反对压迫民族中的大国沙文主义的彻底表现。这个道理是不说自明的。

那么,承认殖民帝国中被压迫民族享有自决权即自由分离权,会不会"助长"被压迫民族中的狭隘民族主义?——对于这个问题,列宁也作了令人信服的分析。

列宁强调:任何民族的无产阶级只要稍微拥护本民族资产阶级的特权,都必然会引起另一民族的无产阶级对它的不信任,都会削弱工人的国际阶级团结,都会分散工人而使资产阶级称快。十分明显,压迫民族中的无产阶级如果否认遭受本族殖民统治的被压迫民族享有自决权即自由分离权,实际上就必然是拥护本民族资产阶级对弱小异族实行压迫的特权,从而给被压迫民族中的资产阶级以最好的口实和把柄,借以扩大宣传狭隘民族主义,煽动本族工人盲目仇视外族工人,盲目追随本族资产阶级。

反之,如果压迫民族中的无产阶级旗帜鲜明地坚决承认遭受本族殖民统治的被压迫民族享有自决权,实际上就必然是反对本民族资产阶级对弱小异族实行压迫的特权,这就势必会大大增强被压迫民族中无产阶级对压迫民族中无产阶级的信任,引以为阶级兄弟和革命同志,从而大大缩减被压迫民族中资产阶级兜售狭隘民族主义的市场,使他们煽动盲目排外仇外情绪、破坏各族工人的阶级团结、扩大资本家阶级私利的如意算盘全然落空。

列宁援引1905年挪威从瑞典王国中分离独立的史例,高度赞扬当时瑞典无产阶级所持的国际主义立场,使得挪威无产阶级深信瑞典无产阶级没有沾染上瑞典地主资产阶级的大国沙文主义。他指出:"瑞典工人这样承认挪威人的分离权,结果**促进了**挪威和瑞典两国工人的紧密联合,**促进了**他们同志般的充分的阶级团结。"②

可见,承认遭受殖民统治的弱小民族享有民族自决权,不仅大有助于在压迫民族的无产者中增强阶级意识,清除大国沙文主义的思想毒害,而且大有助于在被压迫民族的无产者中提高阶级觉悟,抵制狭隘民族主义的腐蚀影响。不妨说,这就是承认民族自决权和反对狭隘民族主义之间的辩证关系。列宁嘲笑道,只有头脑简单到极点的人,才会认为马克思主义者既主张承认民族自决权又反对狭隘民族主义的立场是"自相矛盾"的③。

---

① 参阅列宁:《社会主义革命和民族自决权》。《列宁全集》第22卷,第140页。
② 列宁:《论民族自决权》。《列宁选集》1972年版第2卷,第540页,并参阅第536、720—721页。
③ 参阅列宁:《论民族自决权》。《列宁选集》1972年版第2卷,第546页。

总之,工人阶级的阶级利益要求各民族的工人达到完全的团结和最紧密的统一,以便在阶级对阶级的斗争中,共同奋斗,战胜共同的阶级敌人。因此,马克思主义政党在民族政策上的任务就应当是两个方面的:一方面,坚决反对一切反动的民族主义,首先是反对大国沙文主义;必须坚持一切民族完全平等,承认一切遭受殖民统治的民族都有自决权,即民族分离权;另一方面,正是为了同一切民族中的各种反动民族主义胜利地进行斗争,必须坚持无产阶级斗争和无产阶级组织的统一和团结,使它们不顾资产阶级的民族隔绝的倾向而极紧密地融合为一个国际整体。列宁简要地总结说:"各民族完全平等,各民族有自决权,各民族工人融合起来,——这就是马克思主义教导给工人的民族问题纲领。"①

决不纵容被压迫民族要求特权的趋向

前面提到,有人提出责难,说是承认民族自决权就等于支持被压迫民族的资产阶级民族主义,针对此种论调,列宁尖锐地指出:这是幼稚的胡说。"因为承认这种**权利**,既毫不排斥**反对**分离的鼓动和宣传,也毫不排斥对资产阶级民族主义的**揭露**"②。

怎样理解这两个"毫不排斥"?

就第一个"毫不排斥"而言,既承认民族自决权即自由分离权,又不排斥宣传反对分离,在"头脑简单"的形而上学者看来,这岂不又是"自相矛盾"?

否!

列宁一贯强调:无产阶级在民族问题上的政策与资产阶级根本不同。无产阶级始终把阶级和阶级斗争的标准放在第一位,"把各民族无产者之间的联合看得高于一切,提得高于一切,而**从**工人的阶级斗争**着眼**来估计一切民族要求,一切民族的分离"③。无产阶级认为民族要求应当服从无产阶级斗争的利益;无产阶级只是为了获得民族间的和平与平等权利,获得最好的阶级斗争环境,才支持资产阶级提出的民族要求。

因此,决不能把民族自决权即政治分离权的问题同某一民族实行分离是否适当的问题混淆起来。无产阶级政党在坚决反对帝国主义兼并融合、坚持一切民族都享有摆脱异族殖民统治的自由分离权的前提下,对于某一民族在某个时期实行分离是否适当的问题,应当在各个不同的场合,根据整个社会发展的利

---

① 同上书,第566页;并参阅第535、545页。
② 列宁:《论俄国社会民主工党的民族纲领》。《列宁全集》第19卷,第547页。
③ 列宁:《论民族自决权》。《列宁选集》1972年版第2卷,第523页,并参阅第521页。

益和无产阶级争取社会主义的阶级斗争的利益,分别地加以解决①。如果在当时当地的具体条件下实行分离有利于促进整个社会发展,有利于无产阶级开展争取社会主义的阶级斗争,就应进行赞同分离的宣传鼓动;反之,就应进行反对分离的宣传鼓动。

列宁以俄国为例,指出:全俄马克思主义者,首先是大俄罗斯族马克思主义者承认民族自决权,决不排斥某个被压迫民族的马克思主义者去宣传反对分离,"正像承认离婚权并不排斥宣传反对某个离婚案件一样"②。简言之,"**自决权**是一回事,而某个民族在某种情况下**是不是适合**实行自决即分离——这又是另外一回事"③。

就第二个"毫不排斥"而言,由于在民族运动中被压迫民族的资产阶级总是力图用民族标准来取代和抹煞阶级标准,总是把本阶级的一切要求都冒充为全民族的利益所在,"号召无产阶级无条件地支持它的要求"④,因此,无产阶级当然应该保持清醒的头脑,善于识别,切忌盲从,并对其中的某些要求,进行必要的揭露和斗争。

列宁对于被压迫民族的资产阶级,进行了极其深刻的阶级解剖:在民族问题上,被压迫民族的资产阶级一方面具有反对民族压迫的进步趋向,每个被压迫民族的资产阶级民族主义,都含有反对压迫的一般民主主义内容;另一方面,他们又具有同压迫民族的资产阶级一样的阶级劣根性,即第一,都害怕和敌视无产阶级;第二,"都打算使本民族取得特权,或者使本民族获得特殊利益"⑤。

由此,就往往出现这样的情况:第一,被压迫民族的资产阶级"同其他民族的资产阶级勾结起来损害无产阶级利益"⑥,在一定条件下,甚至可以同压迫民族的资产阶级狼狈为奸,共同反对本国劳动人民;第二,他们往往只求"保证**自己的**利益,不管其他民族的处境如何(不管它们受到什么损害)"⑦。即但求利己,不惜损人! 他们自身属于遭受帝国主义大国欺压的弱小民族,而对于比他们更加弱小的民族或国家,则又摆出大国大族的臭架子,尽力之所能及,肆行欺压。例如,当年波兰资产者之欺压犹太人等等。

因此,列宁十分强调:在民族运动中,无产阶级只是在一定的方向上支

---

① 参阅列宁:《1913年俄国社会民主工党中央委员会夏季会议的决议》。《列宁全集》第19卷,第427页,并参阅同卷第237页;第24卷,第269页。
② 列宁:《论民族自决权》。《列宁选集》1972年版第2卷,第564页。
③ 列宁:《立宪民主党人和"民族自决权"》。《列宁全集》第19卷,第527—528页。
④⑥⑦ 列宁:《论民族自决权》。《列宁选集》1972年版第2卷,第522页。
⑤ 同上书,第521页。

持资产阶级,始终只是有条件地支持资产阶级,"应该极严格地只限于承认这些运动中的进步的东西"①。对被压迫民族的资产阶级所提出的一切要求,无产阶级政党"必须**在原则上**划清两种趋势"②,区别对待:当被压迫民族的资产阶级反对民族压迫,开展反帝反封建斗争的时候,我们比任何人都更坚决更大胆地给予支持;反之,当被压迫民族的资产阶级从其阶级劣根性出发,鼓吹盲目排外,破坏各族工人的阶级团结和共同斗争的时候,当他们勾结外族资产阶级狼狈为奸的时候,特别是当他们要求本民族特权,甚至欺压和侵略其他更为弱小的民族的时候,我们就应当毫不留情地加以揭露,开展最坚决的斗争。

一句话,"我们反对压迫民族的特权和暴力,同时丝毫也不纵容被压迫民族要求特权的趋向"③,坚决"不向任何一个民族答应提供**损害**其他民族利益的**任何东西**"④!

反之,如果公然不顾这项马克思主义的起码原则,支持某一被压迫民族中资产阶级的反动民族主义,支持他们扩张主义的罪恶行动,诸如对其他更加弱小的被压迫民族大动干戈、侵犯边疆、肢解国家、颠覆吞并等等,那么,这种行径和这种人,就显然是彻底背叛了无产阶级国际主义,彻底背叛了马克思列宁主义!

三、第二国际破产以后十月革命胜利以前,列宁在民族殖民地问题上进一步反对修正主义的斗争

(一) 第一次世界大战爆发,民族殖民地问题进一步尖锐化

帝国主义列强之间重新瓜分殖民地、争夺世界霸权的矛盾斗争,在二十世纪开初的十几年中愈演愈烈,日益激化。国际危机、军事冲突和局部战争此戢彼起,频仍不断。

列强各打如意算盘,各怀叵测鬼胎,都想挖对方墙脚,从对方口中抢肉吃。

---

① 列宁:《关于民族问题的批评意见》。《列宁全集》第20卷,第17页。
② 列宁:《论民族自决权》。《列宁选集》1972年版第2卷,第523页,并参阅第521页。
③ 列宁:《论民族自决权》。《列宁选集》1972年版第2卷,第523页。
④ 同上书,第522页。

这国的殖民者和那国的殖民者,不是在这里剑拔弩张,怒目相向;就是在那里大动干戈,互相砍杀。在这过程中,各国垄断资产阶级为了壮大自己,孤立对方,又都本着各自的利害关系,在国际间加紧进行反革命勾结。经过多年纵横捭阖,多番分化改组,围绕着英、德两霸这一对主要矛盾,英、俄、法、德、奥、意等国逐渐分别形成了"协约国"和"同盟国"两大帝国主义集团。这两大敌对集团的形成促使列强争夺世界霸权的斗争更加白热化,终于以奥国皇太子斐迪南遇刺事件作为导火线,在1914年七月底八月初爆发了以欧洲大陆为主要战场的帝国主义大战。后来,随着日本和美国的参战,随着两大帝国主义集团把殖民地和半殖民地也强行拖进战争的漩涡,战火就进一步蔓延到亚洲、非洲以及大西洋、太平洋等广大地区,发展成为人类历史上规模空前的世界大战。

战争是政治的继续。帝国主义战争是帝国主义政治的继续。"1914—1918年的战争,从双方来说,都是帝国主义的(即侵略的、掠夺的、强盗的)战争,都是为了瓜分世界,为了分割和重新分割殖民地、金融资本的'势力范围'等等而进行的战争"①。更具体地说,这次"战争的真正实质,就是英、法、德三国之间为瓜分殖民地和掠夺竞争国而进行斗争,就是俄国沙皇政府和统治阶级图谋夺取波斯、蒙古、亚细亚土耳其、君士坦丁堡、加里西亚等地"②。

第二国际死亡了

大战的炮声一响,第二国际的修正主义群丑们闻声起舞,演出了一幕又一幕彻底背叛无产阶级的丑剧。他们把历次国际代表大会通过的关于反对帝国主义战争的庄严决议,全都抛到九霄云外,纷纷打起"保卫祖国"的旗号,狂热地支持本国反动统治者进行帝国主义战争,煽动各国工人互相残杀。

在这方面,战前已经在修正主义道路上走得很远的德国社会民主党右派领导人,又一次起了率先"带头"的作用。战争刚爆发,这个党的议会党团就发表声明:"我们不能在这危险关头把祖国置诸不顾","敌人的入侵正在威胁着我们……必须保障我国的文明与独立"③,并以"党纪"约束全党议员一致投票赞成反动政府的军事拨款,往侵略战火上添油。接着,这个党的中央委员会和议

---

① 列宁:《帝国主义是资本主义的最高阶段》,《列宁选集》1972年版,第2卷,第732页。
② 列宁:《俄国社会民主工党国外支部代表会议》,《列宁全集》第21卷,第137页。
③ 《德国社会民主党议会党团关于军事拨款的第一次声明》(1914年8月4日)。《第一国际第二国际历史资料》,新莫斯科出版社1926年版,第210号文件。

会党团又联名发表《告各地党组织书》,公然拾取威廉皇帝的牙慧,无耻宣称:"为了保障德国人民的自由发展,我们要求:门户开放,也就是说,德国有在一切殖民地从事经济活动的平等权利。"①这些话,充分表述了这些社会帝国主义者的卑鄙意愿:通过战争,扩大德国的殖民掠夺范围,从本国资产者手中分尝一杯人肉羹汤!

同时,这个党的工贼头目们把持工会,下令禁止工人群众罢工,以确保战争机器正常运转,还煽惑和诱骗工人上沙场去为资本家的钱包"捐躯"。这个党的中央机关报《前进报》甚至向反动军事当局保证:在今后的宣传中,决不再涉及"阶级斗争和阶级仇恨"问题;还指派专人到前线去"激励士气"。这个党的右派首脑谢德曼、列金等人则由反动政府面授机宜,出差到许多中立国家去摇唇鼓舌,游说同党,争取支持。

德国党修正主义头目们的这些丑恶表演,深得德国容克资产阶级主子的欢心,1914年9月,他们通过其御用文人汉斯·得尔布吕克立即表示"嘉许":"原来德国工人所追求的也不过是要和全国同胞站在一起,当祖国召唤时,就去厮杀!……社会民主党人把他们的党纲束之高阁,而站在民族的旗帜下来和大家一道进军,这是值得道谢的!"②

一吠领先,百吠齐起。欧洲各交战国的社会民主党在当权的右派的把持下,争先恐后,纷纷效尤德国党,发表同类叛变声明,进行同类叛变活动。法国党狂叫:"法国各阶层的神圣同盟万岁!""祖国万岁!"并在一项宣言中大声疾呼:"现在问题关系到民族的未来和法国的生存,因而党再没有什么可以考虑的了";"不仅要为祖国的生存和法兰西的尊严而战,并且要为共和国的自由和文明而战"③! 除了议会党团也投票赞成军事拨款外,该党还通过决议"委派"盖得、桑巴、托马等人参加帝国主义战争内阁,分别担任不管部部长、劳动部部长和军械部部长;后来托马又当上"法国特使",衔命前往俄国鼓吹把大战打到底,仆仆风尘,足迹遍及后方和前线,为主子宣劳,可谓备极"辛勤"!

此外,长期窃踞第二国际"执行局主席"要职的王德威尔德,居然也脱下革命外衣,戴上大臣乌纱,回到比利时粉墨登场,为"祖国"的反动统治者效忠去了。奥地利社会民主工党在大战爆发当天就发表"呼吁书",既向上前线厮杀的

---

① 《德国社会民主党议会党团关于军事拨款的第一次声明》(1914年8月4日)。《第一国际第二国际历史资料》,新莫斯科出版社1926年版,第216号文件。

② 参阅维纳·洛赫:《德国史》,三联书店1959年版,第343页。

③ 《法国社会党关于党员参加政府的宣言》。《第一国际第二国际历史资料》,新莫斯科出版社1926年版,第211号文件,并参阅第220号文件。

士兵们"致敬",又警告全体党员在战争的"非常时期"中"必须认真遵守政府法令",甚至必须"避免任何不慎言论",循规蹈矩,服服帖帖①;接着又通过其中央机关报发出了沙文主义的狂吼。俄国的孟什维克以及英、意等国社会党和工党的许多头面人物,也都本着"阶级合作"的宗旨,表忠的表忠,入阁的入阁,一个个、一批批地投进了本国垄断资产阶级的怀抱。

至于第二国际各党的"中派",素来以"正统的"马克思主义和"不偏不倚"自吹,到了这个关键时刻,也露出了麒麟皮下的马脚:在表决军事拨款时,他们碍于睽睽众目,不敢公然投票赞成,于是极力主张弃权,即在这个大是大非问题上用暧昧默许的狡猾手法,从实际上支持了右派;同时,又在理论上为右派的叛变行为辩解,鼓吹在列强争夺世界霸权的不义战争中,"无产阶级也应该拿出自己的一切力量来使国土的独立和完整不受侵犯","一切国家的社会民主党人都有同等的权利或者同等的义务参加这种保卫"②,等等。这些言行说明:"所谓'中派',事实上已经……向机会主义者投降了"③,即同右派完全同流合污了。后来的事实也日益表明:"中派"实际上只是一度暗藏的右派!

当时,除俄国的布尔什维克外,各国社会党内虽有少数革命左派坚持无产阶级革命立场,反对帝国主义战争,但还未能提出彻底革命的口号,同机会主义者彻底决裂,力量也还很单薄,无法挽回第二国际的整个颓局。

在这种局面下,整个第二国际终于四分五裂,成为各自追随本国反动政府互相厮杀的社会沙文主义、社会帝国主义集团。"第二国际死亡了,它已被机会主义征服了"④。

第二国际的死亡,是各国社会党在恩格斯逝世后长期推行反革命修正主义路线的必然结果。这个惨痛教训从反面启示革命人民:在路线问题上的机会主义错误会给无产阶级革命事业带来何等严重的、致命的危害。正如列宁所总结的:"大战造成的危机……割破了早已溃烂的脓疮,表明了机会主义所扮演的真正角色就是资产阶级的同盟者"⑤;"第二国际的破产,就是机会主义的破产"⑥。

---

① 参阅:《奥地利社会民主工党执行委员会的呼吁书》。《第一国际第二国际历史资料》,新莫斯科出版社1926年版,第229号文件。
② 考茨基:《战争时期的社会民主党》。《新时代》第33卷(1914—1915年)第1册第1期,第5、7页。
③ 列宁:《革命社会民主党在欧洲大战中的任务》。《列宁全集》第21卷,第2页。
④ 列宁:《社会主义国际的状况和任务》。《列宁全集》第21卷,第23页。
⑤ 列宁:《第二国际的破产》。《列宁全集》第21卷,第233—234页。
⑥ 列宁:《社会主义国际的状况和任务》。《列宁全集》第21卷,第18页。

祸根与火种

第一次世界大战的爆发和第二国际的破产,使民族殖民地问题更加突出,更加尖锐化。

这场历时四年三个月(1914年8月—1918年11月)的帝国主义大战,给世界人民,特别是给殖民地半殖民地人民带来了空前浩劫。当时战火席卷欧、亚、非三大洲以及大西、太平两大洋。参战和被强迫拉入战争的国家达三十三个,战祸波及的人口达十五亿以上,约占当时世界总人口的百分之七十五。双方动员的兵力共约七千四百万人,在战场上丧生的达一千万人,受伤的达二千二百万人,其中一千万人成为终身残废。由战争造成的饥饿和灾害导致无辜平民的死亡,更是不可胜数。据不完全统计,战争所直接造成的经济损失高达二千七百亿美元。——所有这些灾难,主要是落在殖民地半殖民地人民头上。

列强的"资产阶级从殖民地、落后国家以及那些最偏僻的地方抽兵来参加这场帝国主义战争"[①]。数以百万、千万计的殖民地半殖民地的"壮丁",在所谓"保卫大不列颠"、"保卫大俄罗斯"、"保卫大法兰西"、"保卫大德意志"之类的旗帜下,被驱赶到屠场。据统计,在这次大战期间,英国从所属殖民地共征集了四百五十万军队,其中单从印度一地就强征一百五十万人。印兵无谓丧生殆半:阵亡者竟达七十万人之多。法国从所属殖民地共征集了一百四十万人。其中从热带地区被强拉入伍的非洲土人,除了大量死于枪炮之外,还因被服窳劣,无法适应欧洲冬日气候而死于风雪严寒。例如,一支塞内加尔土著部队于1917年2月被法国将军强行派往欧洲,总数一万一千人中竟有七千五百余人活活冻死。

德国仅从土耳其一地单在1916年就强行征调十二万名精壮士兵,以"供应"欧洲战场屠戮"急需"。德军总参谋长法尔肯汉事后在回忆录中无耻宣称:"对我来说,下述事实是用不着证明的:……两万五千名土耳其人代替两万五千名德国人在加里西亚流血牺牲,那对我们来说是非常重要的。"[②]法尔肯汉的自供,道出了那些强迫殖民地人民代为火中取栗的帝国主义盗匪们的共同心声。此外,列强还从殖民地征发了数百万民工,驱使他们上前线挖战壕或到后方当苦力。当时人口不到一千万的埃及就被强征去五十万人。中国被逼诱"参

[①] 列宁:《共产国际第二次代表大会》。《列宁选集》1972年版第4卷,第330页。
[②] 参阅米列尔:《土耳其现代简明史》,三联书店1958年版,第108—109页。

战"后，也有大批劳动人民被劫运到欧洲从事繁重劳役，因不堪折磨而巨量死亡。

大战期间，帝国主义列强空前疯狂地加紧榨取殖民地半殖民地的物力财力，勒索了巨额的战费、粮食和各种战略物资。德国在土耳其专设"中央采购委员会"，实际上是"采"而不购，拼命搜括，搞得土耳其民穷财尽，经济彻底破产，致使饥饿和疾病仅在小亚细亚地区就夺去了二百五十万人的生命。法国向所属殖民地摊派的强迫性"借款"多达十一亿法郎，并掠夺了多达二百五十万吨以上的粮食和原料。至于英国，单单每年从殖民地搜刮去的各种产品就值一亿二千万英镑，超过战前十倍以上；战争期间，除日常的苛捐杂税激增外，仅从印度一地就又勒索了"自愿赠礼"一亿四千多万英镑，充当战费；此外，还抢走了大量粮食，后来，由此所造成的饥荒和疫疠竟吞噬了一千二、三百万印度人民①。单单这个数字，就比整个大战期间世界各国在前线阵亡人数的总和还要多。

大战期间，帝国主义列强既把殖民地半殖民地视为争夺的对象，又按历来的"传统"②，把这些地区当作火并厮杀的屠场。在这几年里，沙俄先后从高加索侵入土耳其国境，强占伊朗的阿塞拜疆(1914年)；又与英法进行肮脏交易，让他们同意沙俄"有权"兼并伊斯坦布尔、博斯普鲁斯和达达尼尔海峡以及马尔马拉海整个西岸(1915年)；接着这三家强盗达成瓜分亚洲阿拉伯诸国的"萨依克斯——皮柯协定"③，互相承认"有权"分别加以占领的殖民地和势力范围(1916年)。英国军队在亚洲占领波斯湾，攻入美索不达米亚，侵占巴格达，进兵巴勒斯坦、叙利亚和阿拉伯等地，排挤了德国势力(1914—1918年)；在非洲则伙同法军先后瓜分了德国殖民地多哥和喀麦隆(1914、1916年)，又独力夺取德属西南非(1915年)，还在坦噶尼喀一带与德军进行长期的拉锯战，并最终夺取了德国在东非的殖民地(1918年)；此外，早在大战初期就公然宣布埃及脱离土耳其成为英属"保护国"(1914年)。日本帝国主义则利用欧洲列强暂时无暇东顾的"良机"，在亚洲大逞淫威，从德国手中攫夺中国领土青岛(1914年)，又

---

① 参阅巴拉布舍维奇等编：《印度现代史》，三联书店1972年版上册，第22—23页，32—33页。
② 近代帝国主义盗匪们最早的几次争夺火并，都是以亚、非、拉人民的田园家舍当战场的：1898年的美西战争是在亚洲的菲律宾和拉美的古巴领土上进行厮杀的；1899—1902年的英布战争是在非洲南部的土地上开枪放炮的；1904—1905年的日俄战争则是在中国的领土上杀人放火的。
③ 这项卑鄙的分赃密约先由英、法两国外交人员萨依克斯和皮柯拟定，随即送交沙俄外交大臣萨松诺夫，经萨松诺夫提出一些"条件"后三方达成协议。协议瓜分的范围包括叙利亚、黎巴嫩、巴勒斯坦、外约旦、伊拉克以及土耳其的大片领土。十月革命后，列宁领导的苏维埃政府公开揭露了这项密约，举世舆论大哗。参阅：《近代国际关系史参考资料〈苏联外交辞典选译〉》，世界知识出版社1957年版，第286—289页。

悍然提出灭亡中国的"二十一条"(1915年),妄图独吞整个中国;继而又与美国签订"兰辛——石井协定"①,共同宰割中国(1917年);此外还夺取了德属太平洋马利亚纳等群岛(1914年)。美国也乘机出兵侵占了拉丁美洲的海地和多米尼加(1915、1916年)。在上述这些过程中,亚非拉许多地区的人民饱受了群盗恶斗、庐舍为墟、虎去狼来、拒狼进虎以及"新盗入门三把火"的无穷苦难。

总之,这次帝国主义大战对各国垄断资产阶级说来,是"大炮一响,黄金万两";但对全世界人民(特别是殖民地半殖民地人民)说来,却是大炮一响,抓丁派款,粮食抢光,田园抛荒,妻离子散,家破人亡!

在新的沉重灾难中,不能不迸发出新的复仇怒火。大战四年,在历史的长河中只是短暂的一瞬,就在这短暂期间里,被压迫民族反帝反殖的斗争烈焰,在世界范围内四处冲天而起,其"密度"和"频率",在历史上是罕见的。

在亚洲,伊朗人民的抗俄斗争是名垂史册的。大战期间,被俄、英瓜分占领的伊朗全国各省几乎全都出现了以农民为主体的游击队,开展反帝战斗,其中尤以北部吉兰省一带的"森林军"最为活跃,声威最盛。他们以茂密的森林作为掩护和屏障,神出鬼没地给沙俄占领军以沉重打击和严厉惩罚。剽悍凶残的沙俄哥萨克骑兵面对荆棘丛生的茂林,无所施其纵马砍杀的惯伎,只好"望林兴叹",处处被动挨打。许多游击战士蓄发以明志,立誓:"不到民族独立之日,决不剃头",表示了誓与沙俄帝国主义侵略者血战到底的决心。在伊朗南部,也爆发了桂西加部落的反英起义。

德国侵略者在土耳其的日子也很不好过。甚至在戒备森严的首都伊斯坦布尔,德国军官也常遭狙击而丧命;许多城市的饥民群众蔑视德、土反动当局的戒严令,纷起暴动;被强征入伍的壮丁和士兵成群结队地携械开小差逃跑,转移到山区和密林与当地农民相结合,开辟根据地,抗击前来"讨伐"的德、土反动军队;土属汉志、巴勒斯坦、叙利亚等地的阿拉伯民族也先后起义和开展游击战,反对德、土的殖民统治②。

南亚次大陆也远非风平浪静。1916—1918年间,印度孟买工人先后掀起了三次大罢工的汹涌浪潮,反抗殖民当局及英印资本家加强经济盘剥和政治压迫。大战后期,农民抗租税、反强征的革命风潮遍及信德、联合省、比哈尔和旁

---

① 这项秘密协定是由美国国务卿兰辛和日本特使石井背着中国人民签订的。其主要内容是:美国承认日本在中国享有"特殊利益";日本同意美国所谓"门户开放、利益均沾"的对华政策。参阅前引《近代国际关系史参考资料》,第291—292页。

② 参阅雷斯涅尔等主编:《东方各国近代史》。三联书店1958年版,第2卷,第447—449页;米列尔:《土耳其现代简明史》。三联书店1958年版,第113—116页。

遮普各地。英印军队中被强迫去卖命的印度士兵频频哗变，1916年甚至有一整旅的印军在新加坡公开起义，在旁遮普的锡克教徒队伍也发生暴动。印度人民群众的这些革命行动都直接地冲击和削弱着英国的殖民"秩序"，使英帝国主义殖民统治者经常处在心惊肉跳的境地。

日本帝国主义新的侵华暴行在中国激起了声势浩大的反日巨澜。1915—1916年间，规模空前的抵制日货运动和示威游行风起云涌，席卷全国，迫使日货进口锐减；日资企业工人纷起罢工，日本商店挨炸，凶横跋扈的日本侵略者受到痛惩。这些，都严重地摧挫了日帝的凶焰。慑于民愤极大，中日反动派拍板成交的"二十一条"迄未能生效实施。直接负责对日事务的外交次长曹汝霖成了过街老鼠，在震撼全国的"诛曹汝霖以谢天下"的怒吼声中被迫通电辞职下台。随后不久，帝国主义的头号走狗、窃国大盗袁世凯也在举国声讨、众叛亲离的困境中一命呜呼，被扫进了历史的垃圾堆。

在大战期间，非洲人民反帝反殖的烽火也到处冲破漫漫夜空，遍照这个"黑暗大陆"的东西南北。法属阿尔及利亚、摩洛哥、突尼斯、塞内加尔、毛里塔尼亚、尼日尔、乍得、达荷美、马达加斯加，英属埃及、苏丹、尼日利亚、黄金海岸（即加纳）、尼亚萨兰（即马拉维），意属利比亚，葡属安哥拉以及比属刚果等地，或同时，或先后，连连爆发武装起义，开展游击战争，反抗各宗主国横征暴敛、加紧搜括、强抓壮丁和滥派民伕等殖民暴政。其中如摩洛哥的抗法战争和尼亚萨兰的奇伦布韦暴动，都是曾经轰动一时的。

摩洛哥山区部落在大战期间高举独立义旗，建立起"国中之国"，狠狠打击法国殖民"讨伐"军。单单1914年11月在黑尼夫腊附近一役，就一举击毙法军司令官拉韦尔杜尔上校及其手下六百余名侵略者。

1915年，尼亚萨兰人民起义抗英。义军首领奇伦布韦出身寒微，当过木匠和杂役。他愤怒控诉殖民主义者实行残暴掠夺压迫，强征非洲壮丁当炮灰白白送命，致使非洲"留下无数孤儿寡妇挨饿受苦"；提出："让那些富翁、银行家、显贵、商人、种植园主和地主们自己去打仗去送死吧"；号召人民奋起反抗殖民暴政，夺回被霸占的土地家园。他身先士卒，率领义军攻陷殖民者的庄园，严惩凶残的庄园主，焚毁为虎作伥的教会教堂，围攻白人殖民者的城堡据点和军械库，一时声威远播。后来，起义遭到残酷镇压，奇伦布韦本人虽已壮烈牺牲，但当地人民却长期不肯相信他确已战死沙场，认为他不久即将重新露面，继续率军为解放祖国而冲锋陷阵。这反映了革命群众对民族英雄的高度崇敬和深切怀念。

史家认为：奇伦布韦暴动之所以意义重大，不仅在于它已有了一个初具雏形的革命纲领，采用了武装斗争的革命手段，而且主要在于参加这次起义的广大农民和农场劳工,并不是在部落血缘和部落团结的基础上由部落首长领导起义,而是作为一定的被剥削阶级,从自己的队伍和自发的斗争中产生了自己的革命领袖,它标志着非洲劳动人民新的阶级觉醒。许多现代非洲人把这次起义看作是本大陆劳动人民比较自觉地为争取民族自决而开展反帝斗争的第一炮。

在非洲大陆以西的大西洋彼岸,拉丁美洲墨西哥人民的抗美斗争取得了重大胜利。1916年,墨西哥农民革命军迎击入侵的美帝反革命武装干涉军,打得十分英勇顽强,屡挫强敌,全国各爱国阶层也敌忾同仇,越来越多地投入了声势浩大的抗美斗争,并且认真准备长期抗战。面对墨西哥人民不畏强暴的果敢行动,美帝侵略军终于被迫于翌年初撤退。在这场斗争中,雇工出身的农民革命军首领弗朗西斯科·比利亚起了重大作用。他痛斥国内上层人物的妥协投降倾向,坚主抗战到底。在1916年10月发表的告全国人民书中,比利亚义正辞严地表达了墨西哥人民捍卫民族独立的坚强意志:"要晓得,美国佬应当在很大程度上为我们的民族灾难负责";"在这民族独立遭到危险的真正考验关头,任何拒绝参加斗争的墨西哥人均应被宣布为叛徒!""外国资本家的财产应当收归(墨西哥)国有"。宣言末句庄严宣布:"墨西哥是墨西哥人民的!"

大战期间,除了亚、非、拉人民的反帝斗争外,甚至在欧洲也爆发了殖民地起义,即著名的"都柏林暴动"。1916年,爱尔兰人民在本民族革命组织的领导下举义抗英,占领了首府都柏林的部分地区,宣布成立独立的爱尔兰共和国。这次起义虽然旋即遭到残暴镇压,但由于它发生在帝国主义的心脏地区,而且就在当时号称世界头号强国的英国老巢左近,因而引起举世瞩目,也使帝国主义者感到十分震惊!

总之,正是帝国主义大战造成的新灾难,激起了大战期间全世界被压迫民族反帝斗争的新高潮,同时也为此后更大规模的反帝斗争播下了新火种。

灾有源,祸有根。

早在战前,以列宁为首的国际无产阶级革命派就在第二国际的多次代表大会上以及大量论著中反复强调:帝国主义战争的祸根,就在于万恶的殖民主义、资本主义、帝国主义制度本身。大战爆发后,列宁横眉冷对第二国际叛徒们掀起的社会沙文主义狂潮,有如中流砥柱,巍然屹立,更加坚定顽强地反复阐扬这条真理。大战刚一打响,列宁就旗帜鲜明地提出"变现时的帝国主义战争为国内战争"①,以革命制止战争的正确路线,号召世界人民奋起斗争,彻底推翻

---

① 列宁:《战争和俄国社会民主党》。《列宁选集》1972年版第2卷,第574页。

整个资本帝国主义制度。在大战过程中,列宁所制定的这条革命路线为愈来愈多的革命群众所接受、所掌握,在它的教育和鼓舞下,帝国主义列强国内的反战革命斗争日益波澜壮阔。事实表明:列强国内的革命群众正在逐步看清祸根所在,并开始着手加以铲除。后来,在俄国爆发的伟大的十月社会主义革命,就是以革命制止战争和坚决铲除祸根的突出范例。这是问题的一个方面。

另一方面,大战期间殖民地半殖民地的反帝起义爆发得如此广泛和频繁,这同样既是开始找到祸根的一种表现,又是开始铲除祸根的一种利锄。换句话说,这么广泛频繁的反帝起义标志着愈来愈多的被压迫民族日益觉醒:逐渐看清民族苦难的根源所在,逐步认识到只有采取暴烈的革命手段,加强反帝革命斗争,彻底推翻帝国主义的殖民统治,才能摆脱民族苦难,实现民族独立;同时,大战短短数年间在广大殖民地半殖民地平添了这许多反帝革命斗争的新火种,它又和宗主国列强内部的无产阶级革命斗争互相配合,日益汇集成为彻底铲除上述祸根的强大力量。

在这种形势下,是向世界人民进一步揭示苦难的老根,进一步拨旺反帝革命的火种,以革命的烈火烧毁祸根呢?还是向世界人民遮掩祸根之所在,竭力扑灭反帝革命的火种,使祸根得以长存,从而使被压迫民族和被压迫人民继续忍受重重苦难?——这就是第一次大战期间马克思主义者与修正主义者在民族殖民地问题上进一步展开激烈论战的重点。

(二)列宁对考茨基之流在民族殖民地问题上谬论的斗争

卡尔·考茨基(1854—1938)是德国社会民主党和第二国际的机会主义首领之一,是前述"中派"的代表人物。此人见过马克思,并曾在恩格斯的指导和帮助下,写过一些宣传和解释马克思主义的著作,长期主编德国党的理论刊物《新时代》,在传播马克思主义方面起过一定的积极作用,因此曾被看作是一个马克思主义理论家、"社会主义的权威人士"。然而,"考茨基虽然有过大功劳,但他从来不是一个在严重危机时期能立刻站到战斗的马克思主义立场上来的人"①。他在早年给马克思和恩格斯留下的印象,就是"一个天生的学究和搞烦琐哲学的人"②。后来,随着考茨基在政治上的蜕变堕落,上述那些早年经历,

---

① 列宁:《死去的沙文主义和活着的社会主义》。《列宁全集》第21卷,第78页,并参阅《列宁选集》1972年版第1卷第351页,第2卷第255页。
② 《恩格斯致奥·倍倍尔(1881年8月25日)》。《马克思恩格斯全集》第35卷,第211页。

却成为他用以招摇撞骗的"政治资本"。恩格斯去世以后,考茨基以最大的"理论权威"自居,极其狂妄地自吹是一个"原始的马克思主义者",是"最后一个莫希干人"①。

第一次世界大战期间,考茨基的真实嘴脸日益明显暴露。他所鼓吹的修正主义谬论,其中包括在民族殖民地问题上的谬论,曾对世界无产阶级革命事业起过严重的腐蚀破坏作用,他成为"头号伪君子和糟蹋马克思主义的能手"。"在政治上和科学上很有威望的卡尔·考茨基,已经用自己的行为和可怜的遁词把自己给埋葬了"②。十月革命以后,他极端仇视和恶毒攻击无产阶级革命和无产阶级专政,还沐猴而冠,当上了德国反革命政府的外交部副部长,彻底完成了从机会主义者到社会帝国主义者的演变,成为无产阶级的叛徒和最凶恶的敌人。

在民族殖民地问题上,考茨基的谬论具有一定的"特色":如果说,伯恩施坦和万-科尔之流在这个问题上主要是颠倒黑白,鼓吹殖民主义和兼并政策的"正当性",公然要求永远保存殖民制度,那么,考茨基则主要是在"反对"殖民主义和兼并政策的幌子下,散播幻想,论证在资本主义条件下也可能根本消除殖民主义和兼并政策;如果说,伯恩施坦和万-科尔之流主要是为帝国主义者使用暴力实行殖民掠夺的罪行多方辩解,那么,考茨基则主要是向帝国主义者献策,"规劝"他们用"和平"的、亦即更狡猾的办法实行殖民掠夺,并且致力于欺骗被压迫民族:帝国主义者会自动放弃暴力政策,甚至自动放弃殖民地;如果说,伯恩施坦和万-科尔之流的沙文主义理论,都还比较粗糙和笨拙,那么,考茨基的沙文主义理论却是"花言巧语的"和"最精密最巧妙地以科学性和国际性伪装起来的"③。

所谓"超帝国主义"与"和平新纪元"

考茨基所杜撰的"超帝国主义"论,是他全面背离马克思主义的那一整套思想体系的基础。在他看来,帝国主义只是现代资本主义所可以采取也可以不采取的一种政策。推行这种政策,似乎只是统治者的一时迷误,它和现阶段资本主义生产方式之间并没有内在的联系。用考茨基自己的话来说,"帝国主义就是每个工业资本主义民族力图征服和吞并愈来愈多的农业地区","资本主义工

---

① 莫希干人是美洲一个已经绝种的民族。"最后一个莫希干人"原为美国库伯所著书名,西方习惯上用以借喻老前辈中最后仅存的代表人物。
② 列宁:《第二国际的破产》。《列宁选集》1972年版第2卷,第663、644页。
③ 同上书,第626、630页。

业民族在力求不断扩展与其有贸易关系的农业地区时,也可能采用各种不同的形式。……帝国主义就是实现这种扩展要求的一种特殊的形式"①;因此,帝国主义"不是资本主义进一步发展所不可缺少的","它对资本主义统治下的工业生产继续进行来说不是必然的";"帝国主义只是获得超额利润的手段之一,而不是唯一的手段。堵死了资本的这条道路,它会为自己寻找别的道路"②。考茨基的明确结论是:"我也不把帝国主义看成某种不可改变的东西,我认为通过金融资本本身的另一种政策它就可能改变。"③

考茨基所鼓吹的"别的道路"或"另一种政策",就是所谓"超帝国主义的政策"。他认为,帝国主义列强为了争夺殖民地而相互厮杀的战争政策,有必要也有可能代之以另一种"和平"政策。由于互相争夺殖民地势必会将列强"卷入无穷无尽的、耗尽人力财力的战争",从而"把国家整个经济生活导向破产的道路"④;由于"资本主义经济受到资本主义国家对立的最严重的威胁",因此,据考茨基说,帝国主义者们幡然悔悟、不再好战嗜杀了,都想化干戈为玉帛了,"任何一个有远见的资本家今天都要向他的伙伴们大声疾呼:全世界资产者,联合起来!"于是乎世界资本主义就"可能"进入一个"把卡特尔政策应用到对外政策上的超帝国主义的阶段"⑤。在这个阶段里,"现在的帝国主义政策"就会"被一种新的超帝国主义政策所排除,这种新的超帝国主义的政策,将以实行国际联合的金融资本共同剥削世界,来代替各国金融资本的相互斗争"⑥。换言之,考茨基所设计的这第一座仙山琼阁是:列强合作,共宰世界。即由帝国主义列强达成协议,缔结"和平"条约,建立一个超于帝国主义各国之上的金融资本国际联合,来"和平"地共享殖民掠夺之"乐"!据说,这么一来,争夺殖民地的战争就自行消失了,"持久和平"就自行来到了,于是就会"在资本主义内部造成新希望和新期待的纪元"⑦。

考茨基所设计的这座仙山琼阁,是以列强"自愿裁军"作为基石的。大战爆发之前,他就竭力散布虚幻的和平安全感,胡说什么帝国主义各国统治阶级"谁都害怕担负煽起现代战争的可怕恐怖的责任",都自愿"要求裁军"⑧。他尤其强调:只要当时争夺世界霸权的两大主角英国和德国能带头裁军,则"至少能够带动欧洲的其他一切国家……参加裁军"⑨。而一旦实现了普遍裁军,"无限

---

① ⑤ 考茨基:《帝国主义》。1914 年 9 月 11 日《新时代》周刊。
② 考茨基:《帝国主义战争》。1917 年 2 月 16 日《新时代》周刊。
③ ⑥ ⑦ 考茨基:《两本论述重新学习的书》。1915 年 4 月 30 日《新时代》周刊。
④ 考茨基:《民族国家、帝国主义国家和国家联盟》。纽伦堡 1915 版,第五章。
⑧ 考茨基:《战争与和平》。1911 年 4 月 28 日《新时代》周刊。
⑨ 考茨基:《五一节和反对军国主义的斗争》。1912 年 4 月 6 日《新时代》周刊。

的经济资源将会解放出来——全世界一年有二百亿。单凭这一大笔款项,社会变革就能够多么迅速地进行,它就可以多么没有痛苦地实现啊!"①因此,社会民主党"必须不惜任何代价为争取自愿停止军备竞赛而努力"②。

考茨基唱起这支迷魂曲,力图使世界革命人民丧失警惕,昏然入睡,借以掩护帝国主义者疯狂扩军备战的活动,而曲声未罢,大战就轰然爆发了。于是他又适应人们痛恶帝国主义战争的情绪,布下新的迷雾,诡称"战争是军备竞赛的产物",只要列强"自愿就裁军问题达成协议",就"消除了最严重的战争根源",因此,力争实现裁军应当成为"国际社会主义的和平纲领"的核心③。——按此办理,为裁军而奋斗就压倒了甚至取代了一切反帝革命斗争。

鉴于素以"正统"马克思主义者自居的考茨基是第二国际最有"权威"的代表人物,鉴于他最善于"用娓娓动听的谎话代替了厚颜无耻的谎话"④,无产阶级革命导师列宁不能不以很大的精力,对考茨基的上述谬论进行毫不调和的揭露和斗争。他先后在《第二国际的破产》、《论欧洲联邦口号》、《论和平纲领》、《帝国主义是资本主义的最高阶段》、《帝国主义和社会主义运动中的分裂》等一系列论著中,针锋相对地、几乎是逐句逐段地痛斥了考茨基的"超帝国主义"论及其附属物。

为了深入探索现代资本主义的规律,列宁进行了艰巨的劳动,他对于《资本论》出版后半个世纪以来资本主义的发展过程,对于帝国主义时代的各种经济现象和政治现象,进行了全面的、系统的研究,作出了科学的总结,从而深刻地揭示了帝国主义的本质。他根据马克思主义政治经济学的基本原理,分析了大量的事实,雄辩地论证:帝国主义并不是资本所可以采取也可以不采取的一种政策。帝国主义是垄断的、腐朽的、垂死的资本主义,是资本主义发展的一整个特殊的、必然的历史阶段。在这个阶段里,"少数富强国家……把垄断扩展到无比广阔的范围,攫取着数万万以至数十万万**超额**利润,让别国数万万人民'驮着走',为瓜分极丰富、极肥美、极稳当的赃物而互相搏斗着。帝国主义的经济实质和政治实质就在于此"⑤。因此,在资本主义发展的这个阶段里,各国垄断资产阶级所推行的一切对内对外的基本政策,都深深地植根于垄断资本主义这一经济基础之中,都是帝国主义的上述实质所决定的,都具有深刻的、内在的必然

---

① 考茨基:《战争与和平》。1911年4月28日《新时代》周刊。
② 考茨基:《再论裁军》,第三节。1912年9月6日《新时代》周刊。
③ 考茨基:《民族国家、帝国主义国家和国家联盟》,纽伦堡1915年版,第四章,第六节。
④ 列宁:《帝国主义和社会主义运动中的分裂》。《列宁选集》1972年版第2卷,第892页。
⑤ 同上书,第893页。

性。在垄断资本主义彻底消灭以前,帝国主义列强的殖民兼并政策和战争政策绝不可能自行泯灭,绝不可能自行"改变"成为非暴力、非兼并、非掠夺、非战争的"另一种政策"。

列宁援引大量确凿的事实,深刻地论证了产生殖民兼并政策的社会经济根源。他指出,从殖民地榨取天文数字般的巨额利润,"这就是帝国主义压迫和剥削世界上大多数民族和国家的坚实基础,这就是极少数最富国家的资本主义寄生性的坚实基础"①;而利用殖民掠夺来缓和国内阶级矛盾,则更是帝国主义资产阶级用以"避免在国内发生爆炸"的不可缺少的手段②。所以,"殖民政策和帝国主义并不是资本主义的一种病态的可以纠正的偏差(并不像包括考茨基在内的庸人们所想象的那样),而是资本主义基础发展的必然结果"③。

列宁指出,考茨基所提出的关于帝国主义的定义,是极端荒谬的。就经济方面说,帝国主义的特点恰恰不是如考茨基所说的"工业资本",而是金融资本;正是金融资本的迅速发展迫使列强特别加紧推行殖民兼并政策;同时,帝国主义的特点恰恰不只是如考茨基所说的力图兼并农业地区,而且还力图兼并工业极发达的地区。就政治方面说,考茨基固然一般地谈到了帝国主义就是力图兼并,但是却讳言和掩饰帝国主义在政治方面总是力图施用暴力和实行反动这一极端突出的特点。

列宁一语道破了考茨基所鼓吹的帝国主义本性"可能改变"论的荒谬关键。他指出,"关键在于考茨基把帝国主义的政策同它的经济割裂开了"④,"把帝国主义的政治同它的经济**割裂**开了,把政治上的垄断制和经济上的垄断制割裂开了"⑤。考茨基把猖獗于全世界的帝国主义暴力兼并行径解释为只是金融资本所"情愿采取"的一种政策,极力宣传在同样的金融资本的基础上似乎也可能产

---

① 列宁:《帝国主义是资本主义的最高阶段》。《列宁选集》1972年版第2卷,第784—785页。
② 一些帝国主义分子在为殖民政策辩护中也多少透露了他们想利用殖民掠夺来缓和国内革命危机的惶迫心情。例如,英国垄断资本寡头、英布战争的罪魁谢西尔·罗得斯在1895年就说过:"我昨天在伦敦东头(工人区)参加了一个失业工人的集会。我在那里听到了充满'面包,面包!'的呼声的粗野的发言。回家时,我把看到的情形思考了一番,结果我比以前更相信帝国主义的重要了……帝国就是吃饱肚子的问题。要是你不希望发生内战,你就应当成为帝国主义者";法国的资产阶级作家瓦尔在1905年说过:在一切"文明国家中都积下了一种危及社会安宁的急躁、愤怒和憎恨的情绪!脱离了一定阶级常轨的力量必须找到应用的场所,应当让它到国外去发泄,以免在国内发生爆炸";美国国务卿海约翰在1898年则说得更明白、更"干脆":"或者是社会革命,或者是帝国主义,两者必择其一!"(参阅:《新时代》周刊,1898年第16年卷第1分卷,第304页;《第一国际第二国际历史资料》,新莫斯科出版社1926年版,第168号文件)看来,这些话,既是辩词,也是供状!
③ 列宁:《意大利的帝国主义和社会主义》。《列宁全集》第21卷,第337页。
④ 列宁:《帝国主义是资本主义的最高阶段》。《列宁选集》1972年版第2卷,第811、812页。
⑤ 列宁:《帝国主义和社会主义运动中的分裂》。《列宁选集》1972年版第2卷,第885页。

生另外一种并非帝国主义的资产阶级政策,鼓吹可以用后者来取代前者。"照这样说来,经济上的垄断是可以同政治上的非垄断、非暴力、非掠夺的行动方式相容的。照这样说来,世界领土的分割……也是可以同非帝国主义的政策相容的"①。显然,如此理解政治与经济之间的关系,那就根本违背了马克思主义政治经济学的起码常识。以马克思主义"权威"自居的考茨基竟然违背马克思主义的常识,这当然不是出于无知,而是妄图一手遮天,向饱尝殖民掠夺和帝国主义战争苦难的被压迫民族和被压迫人民,隐瞒产生殖民兼并政策与战争政策的真正基础和祸根所在,从而转移他们的斗争视线,以保存资本帝国主义制度于万古千秋。对此,列宁一针见血地指出,考茨基同那些公开跪在帝国主义面前歌功颂德的机会主义者比起来,是"更巧妙更隐蔽地(因此是更危险地)宣传同帝国主义调和"②。

"赊账的马克思主义"——"超等废话"

掠夺殖民地既然是帝国主义列强的共同需要,那么,是否有朝一日会出现考茨基所设计和鼓吹的那种美妙局面,即列强合作,共宰世界,从而"在资本主义内部"出现一个"持久和平"的"新纪元"?

列宁深入地探索了帝国主义阶段经济和政治的奥秘,发现经济政治发展的不平衡是资本主义的绝对规律。他根据大量无可争辩的材料,明确指出:金融资本和托拉斯的出现并不是削减了而是大大增加了世界经济各个部分在发展速度上的差异。占有殖民地较少的、后起的帝国主义国家往往在经济发展的速度上和水平上,迅速赶上和超过占有大量殖民地的老牌帝国主义国家,它们要求按照新的实力对比来分配殖民地和势力范围。可是,到了帝国主义时代,整个地球早已瓜分完毕,从争霸的双方来说,既得利益者力求保住既得,后来居上者力求重新分配,这就不能不经常发生饱狗饿狗老狗新狗之间的激烈撕咬。"**新兴的**帝国主义国家不用暴力手段来重新瓜分殖民地,就不能得到比较老的(**又比较弱的**)帝国主义列强现在享有的那些特权"③。"试问,**在资本主义基础上**,要消除生产力发展和资本积累同金融资本对殖民地和'势力范围'的分割这两者之间不相适应的状况,除了用战争以外,还能有什么其他办法呢?"④

---

① 列宁:《帝国主义是资本主义的最高阶段》。《列宁选集》1972年版第2卷,第811页。
② 同上书,第812页。
③ 列宁:《帝国主义和社会主义运动中的分裂》。《列宁选集》1972年版第2卷,第892页。
④ 列宁:《帝国主义是资本主义的最高阶段》。《列宁选集》1972年版第2卷,第817页;并参阅:同书第632、815、841—842页。

因此，在帝国主义时代，尽管整个资本主义经济正在朝着一个囊括一切企业和一切国家的世界性托拉斯的方向发展，但是，这种囊括一切的世界性托拉斯终究是不可能实现的幻想。因为，由于上述绝对规律的支配，在朝着这个方向发展进程中，列强之间充满了空前尖锐的矛盾冲突和空前猛烈的社会动荡，以致在还没有出现一个囊括一切帝国主义强国（特别是互相争夺全球霸权的头等强国）的全世界性托拉斯，即各民族金融资本"超帝国主义的"全世界联盟以前，帝国主义就必然要崩溃，资本主义一定会变成自己的对立物①。

当然，帝国主义列强在争夺殖民地和势力范围的过程中，并不是不间断地处在战争状态中的。在一定条件下，为了一定的目的，它们之间（甚至两大争霸死敌之间）可以互相勾结，达成这样那样的"和平"协议，结成这样那样的国际联盟。但是，列宁指出，这只不过是争霸双方斗争的**形式**暂时发生变化，而双方斗争的**实质**、斗争的**内容**——瓜分世界和争夺世界霸权，只要还存在帝国主义垄断资产阶级，就始终**不会**改变。这样的斗争内容，在双方实力对比发生新变化的时候，就势必重新采取战争的形式表现出来，双方再次兵戎相见，一决雌雄。可见，"'国际帝国主义的'或'超帝国主义的'联盟，不管形式如何，不管是一个帝国主义联盟去反对另一个帝国主义联盟，还是**一切**帝国主义强国结成一个总联盟，都**不可**避免地只会是前后两次战争之间的'暂时休战'"②。

因此，列宁强调："我们的'和平纲领'应当说明帝国主义列强和帝国主义资产阶级不可能给予民主的和平。"③要争得持久和平和永久和平，就必须通过世界无产阶级社会主义革命，打倒和消灭一切垄断资产阶级，彻底埋葬帝国主义制度。

考茨基利用世界人民渴望和平的善良愿望进行政治投机，鼓吹"超帝国主义"与"和平新纪元"论，侈谈帝国主义条件下的"和平"。列宁一针见血地指出，这类谬论实际上是"一个充满了甜蜜语句、小改良、小让步等等的大骗局"，是妄图"用修补资本主义的方法来巩固资本主义的统治"④。它的客观的社会意义只有一个：就是拿资本主义制度下可能达到永久和平的希望，使饱受帝国主义战祸折磨的群众想入非非，"不去注意现代的尖锐矛盾和尖锐问题，而去注意某

---

① 参阅列宁：《给布哈林的小册子〈世界经济和帝国主义〉写的序言》。《列宁全集》第22卷，第97—98页。
② 列宁：《帝国主义是资本主义的最高阶段》。《列宁选集》1972年版第2卷，第837—838页；并参阅第795—796页。
③ 列宁：《论"和平纲领"》。《列宁全集》第22卷，第161页。
④ 列宁：《世界政治的转变》。《列宁全集》第23卷，第270、275页。

种所谓新的将来的'超帝国主义'的虚假前途"①。也就是说,用空言约许即将出现美好的未来,用虚无缥缈的仙山琼阁和海市蜃楼,诱骗群众逃避现实,放弃斗争,在幻景和麻醉中苟且偷生,静坐恭候那"持久和平"的"新纪元"也许某天清晨会翩然降临人间。因此,尽管考茨基素来自命为马克思主义理论"权威",然而他那种"和平新纪元"的臆想和说教,却根本"没有一点马克思主义的气味",它只不过是"赊账的马克思主义,许愿的马克思主义"②;整个"超帝国主义"论,只不过是一套荒谬绝伦的"超等废话"③!

对于考茨基在裁军问题上所散播的谬论和谎言,列宁也作了无情的揭露。列宁援引英国大资产阶级权威喉舌——《经济学家》杂志上所供认的数字,指出:属于不同国籍,甚至分别属于敌对阵营的帝国主义垄断资产阶级,既互相争夺,又互相勾结,他们正在扩张军备和战争方面干着得意的买卖,军火公司的利润正在逐年猛增,直线上升,而考茨基却睁着眼睛说瞎话,胡诌什么帝国主义列强统治阶级都已产生"裁军的要求",出现裁军的"趋势",这表明"他想在天真的市侩言谈和幻想的掩护下回避那些同矛盾和缓论丝毫不能相容的确凿事实"④。列宁揭露说,所有帝国主义资产阶级及其政府关于"和平"与"裁军"的空谈,无非是想"竭力愚弄人民,进行彻头彻尾的欺骗",无非是想"借以掩饰帝国主义和平的丑恶面目,掩饰分赃"⑤。这位革命导师谆谆告诫世界人民切勿受骗上当,务必清醒地认识到:"没有无产阶级的革命行动,就谈不上民主的和平与裁减军备。"⑥

所谓"友善关系"和"裁军节余援助开发"

同"列强合作、共宰世界"并列,考茨基所设计的第二座仙山琼阁是:虎狼行善、施恩赐福。他绞尽脑汁,竭力论证帝国主义的虎狼本性是可以改变的,帝国主义列强有必要也有可能自觉自愿地同殖民地半殖民地弱小民族建立"和平"的、"友善"的、"以富济贫"的关系,因而后者无须庸人自扰,去开展艰苦卓绝

---

① 列宁:《帝国主义是资本主义的最高阶段》。《列宁选集》1972年版第2卷,第836页。
② 列宁:《给布哈林的小册子〈世界经济和帝国主义〉写的序言》。《列宁全集》第22卷,第96、97页。
③ 列宁:《帝国主义是资本主义的最高阶段》。《列宁选集》1972年版第2卷,第813页,并参阅812页。
④ 列宁:《第二国际的破产》。《列宁选集》1972年版第2卷,第632、633页。
⑤ 列宁:《资产阶级的和平主义与社会党人的和平主义》。《列宁选集》1972年版第2卷,第902页。
⑥ 列宁:《英国的和平主义和英国的不爱理论》。《列宁全集》第21卷,第240页,并参阅同卷第326页。

的反帝革命斗争,以求根本推翻殖民统治。

众所周知,进入帝国主义时代以来,帝国主义殖民体系在一个相当长的历史时期里囊括了和统治着整个世界。寥寥几个帝国主义强国依仗庞大的反革命暴力,操纵着全球弱国弱族的经济命脉和军政大权,对丧失了独立主权的广大殖民地半殖民地人民进行着随心所欲的掠夺、奴役和宰割。殖民地半殖民地的弱小民族虽然在不同时期不同地区掀起不同规模的民族解放运动和反帝革命斗争,对帝国主义进行了一定的打击,但是,总的说来,当时他们的力量仍然还相当幼弱;还缺乏正确、有力的领导;各地区众多弱小民族之间也还未能声气互通,自觉地组织起来,联合战斗。相形之下,帝国主义列强在实力对比上则仍然占有巨大的、压倒的优势,能够较为容易地对付和镇压弱小民族的解放运动和反帝斗争。因此,对于帝国主义列强说来,武力征服、军事占领和暴力镇压就成为他们维护殖民统治和扩大殖民地盘的最"拿手"、最"便宜"、最"有效"的手段。相应地,反革命的武力政策也就成为帝国主义列强用以对付殖民地半殖民地的经常的、基本的和主导的国策。这一点,已被进入帝国主义时代以来的无数史实所反复验证,成为当年有目共睹、无可辩驳的现实。

然而,适应着帝国主义垄断资产阶级麻痹、瓦解被压迫民族反帝斗志的需要,考茨基却有意规避当年的无情现实,力图抹杀众所周知的事实,千方百计地把弱小民族的视线和注意力从帝国主义者正在极力推行的反革命武力政策上引向别处,借以削弱和破坏殖民地半殖民地人民为根本推翻殖民统治而进行的以牙还牙、针锋相对的反帝革命战斗。考茨基就十八世纪北美洲的英国殖民地通过武装斗争脱离英国宣告独立一事,为资产阶级总结了历史的"教训":不要简单地用老一套的暴力镇压手段去对付殖民地的民族解放运动,以免使这种"革命运动发展到极端尖锐化"。各国资产阶级都应当向吸取了历史"教训"的英国资产阶级学习,要"善于用及时作出让步的办法挫断革命运动的锋芒";善于"通过让步的办法收买和腐化运动,或者使运动不采取暴力的方法"①。

据考茨基说,在实行殖民扩张中,"帝国主义的武力政策,对于资本主义经济发展来说远远不是必不可缺的",在各种扩张方法中,武力政策是"最费钱和最危险的,但决不是最有效的",应当而且可能改而"采取经济意义大得多的其他方法"②。他列举了一大堆"数字",运用形而上学的、诡辩的手法,进一步证明"扩展国家疆域决不是扩大商品输出或资本输出的唯一手段或最

---

①② 考茨基:《民族国家、帝国主义国家和国家联盟》,纽伦堡1915年版,第四章,第二节。

重要手段";证明为了要同落后地区"进行贸易"(按:这是"实行掠夺"的别称),并不需要"把它们作为殖民地加以占领";证明"不用武力占领"而"单靠经济因素的作用"并不会使"贸易"增长得慢些。因此,考茨基献策说:向落后地区实行扩张的愿望,"最好不用帝国主义的暴力方法,而用和平民主的方法来实现"①。

考茨基所说的"单靠经济因素的作用"与"和平民主的方法",究竟指什么呢?那就是在广大落后地区被压迫弱小民族并未摆脱帝国主义者直接、间接的殖民统治或军事占领的条件下,亦即在这些民族政治上完全丧失独立自主权利、经济命脉完全操在外国垄断资本家手中这种极不自由极不平等的条件下,让宗主国和殖民地半殖民地之间"签订一种尽可能近似自由贸易的贸易协定",双方"平等地"撤除关税壁垒或尽量降低关税,建立"友善的关系",实行"最频繁的交流","这种关系既便于向农业地区输出商品和资本,又同样便于从这些地区取得各种原料"。如所周知,考茨基所极力鼓吹的这种我骑着你、你驮着我的"友善关系"与"经济合作",丝毫不是什么新鲜货色,它实质上依然还是宗主国强加于殖民地半殖民地的不等价交换,即依然还是殖民主义者、帝国主义者们早已行之多年的掠夺方法之一,而且多年的历史事实证明,这种掠夺办法又恰恰是以武力征服作为基础或后盾的。可是在考茨基所设计的这第二座仙山琼阁里,这种保持殖民统治现状并在"友善关系"和"自由贸易"幌子下进行的殖民掠夺方法,却突然同帝国主义的武力政策彻底"绝缘",毫不相干了;而且,考茨基胡吹,这种建立在帝国主义者继续实行殖民统治基础之上的"友善关系"和"自由贸易"简直是美不可言:它不但"是促进经济发展的最好办法,同时也是实现和保障世界和平的最有效手段",而且还能使劳动群众的苦难和牺牲减轻到"最少"程度②。——按照考茨基的如意算盘,这样做,既可以同样收到吸吮殖民地人民膏血的实惠,又可以避免在殖民地激起暴烈的反帝革命运动,这对于欧美列强说来,岂不一举两得?!

考茨基胡诌,对于殖民地半殖民地被压迫民族说来,似乎大可不必首先进行激烈的艰苦的反帝斗争以摆脱殖民压迫取得独立自主,从而在平等、互利的基础上同欧美列强进行必要的经济交往,而只要在不根本触动殖民统治秩序的基础上同欧美列强建立上述那种"友善关系",实行"自由贸易",便可以一举三、四得:它意味着列强对殖民地半殖民地"不是选择扩张殖民帝国的手段"了,即

---

① 考茨基:《民族国家、帝国主义国家和国家联盟》,纽伦堡1915年版,第四章,第二节。
② 同上书,第五章。

不再实行武力征服和军事占领了；列强向殖民地半殖民地大量输出资本，意味着"极迅速地发展各农业国家的生产力"，修筑铁路，建造灌溉工程；意味着发展工业，把农业国"努力变成工业国"，以取得"繁荣"和"独立"①。此外，考茨基还公然撒谎，说是帝国主义列强业已出现"裁减军备的趋势"，它们会把裁军节省下来的钱用以援助殖民地半殖民地进行开发，据称，"西欧的军备负担越少，就会有更多的资金可以用来在中国、波斯、土耳其、南美洲等地修筑铁路"，从而"更为有效得多"地"促进工业发展"②云云。一句话，考茨基极力宣扬的是：殖民地半殖民地人民完全可以指靠和坐等帝国主义者的"慷慨援助"，以臻于富强康乐！

为了防止被压迫民族和被压迫人民起来造反，考茨基在甜蜜的哄骗之外，又兼施隐约的恫吓。他极力渲染帝国主义者手中现代化杀人武器如何"厉害"，说是"在现今条件下，没有一次战争对各民族（特别是对无产阶级）不是一种不幸，我们讨论的是，我们用什么手段能够防止有爆发危险的战争，而不是讨论哪些战争有益，哪些战争有害"③。他打出的旗号是"反对"一切战争，而其实质则在于反对包括民族解放战争在内的一切革命战争，妄图使被压迫民族和被压迫人民在帝国主义反革命暴力下永远服服帖帖——借维护世界"和平"之名，行压制世界革命之实。

往强盗头上洒圣水与从一牛身上剥两皮

考茨基所设计的这第二座仙山琼阁——虎狼行善、施恩赐福，同第一座一样，也是"上穷碧落下黄泉，两处茫茫皆不见"的。对于这又一骗局，列宁也在深刻分析帝国主义本性的基础上，彻底加以戳穿。

---

① 参阅考茨基：《民族国家、帝国主义国家和国家联盟》，纽伦堡1915年版，第五章；并参阅考茨基：《帝国主义》。1914年9月11日《新时代》周刊。
② 考茨基：《再论裁军》，第三节。1912年9月6日《新时代》周刊。
③ 考茨基：《战争时期的社会民主党》。1914年10月2日《新时代》周刊。
自第一次世界大战结束，到第二次世界大战前夕，考茨基这种隐约的恫吓又逐步"升级"为公开的讹诈。他鼓吹：在战争"恐怖"下，为了实现"和平"，帝国主义时代的一切重大问题都已"退居次要地位"；"在现有的社会里，尽管人口中的大多数感到很窘迫，或者甚至陷入极度的绝望，他们终究还是能够生存下去。反之⋯⋯下一场战争不仅会带来贫穷和灾难，而且要彻底摧毁一切文明，而留下来的仅仅是冒烟的废墟和腐烂的尸体"；他诡称："殖民地居民的解放将通过和平方式来实现"，以致"一切暴力手段都变成多余的"；帝国主义军队"在技术上所占的优势越大"，殖民地人民的武装反抗就"越加荒唐"，殖民地人民如果胆敢起来暴动造反，则"瞬息间""很快就被打垮"，"没有产生巨大影响的希望"，云云（参阅考茨基：《战争和民主》导言，柏林1932年版；《社会主义者和战争》，布拉格1937年版，第四编，第八章，第四节）。考茨基对全世界被压迫者拼命渲染战争恐怖和散播失败主义悲观情绪，要他们永远跪着求生，这就更加彻底地暴露了他那社会帝国主义者的丑恶嘴脸。这些反动谬论后来为赫鲁晓夫之流所全盘继承，成为他们渲染核恐怖实行核讹诈的蓝本。

列宁指出,帝国主义在政治上的特点是全面的反动,是民族压迫的加强。在帝国主义时代,民族压迫和暴力兼并的趋向即破坏民族独立的趋向,不是比以前减弱了,而是变本加厉了①。因为,列强对世界各地弱小民族实行榨取和支配,尽管采取了这样那样的不同形式,但是,总的说来,在当时的历史条件下,"对于金融资本最'方便'最有利的当然是使从属的国家和民族丧失政治上的独立**这样的**支配","只有占领殖民地,才能充分保障垄断组织获得胜利,战胜同竞争者斗争中的各种意外事件"②;因为,对弱小民族实行暴力兼并,实行直接统治,才能使经济掠夺"更方便,更便宜,更如意,更稳妥"③;因为,"兼并就是在政治上保证'投入'被兼并国家的千万个企业的亿万资本获得利润"④。这就决定了帝国主义者必然要使用反革命暴力来征服和镇压那些不愿意丧失民族独立、不愿意"和平"地忍受宰割的殖民地半殖民地人民。

列宁还进一步揭示说,为了保障对殖民地半殖民地的掠夺和榨取,有百万富翁们的全国委员会即所谓政府专门为之服务,这些政府把亿万富翁们的子弟"安置"在殖民地和半殖民地,充当什么总督、大使、领事、各种官员和牧师之类的吸血虫;另一方面,这些政府又拥有庞大的反革命暴力——陆军和海军,作为防止和镇压殖民地半殖民地人民造反的工具。列宁强调说,在帝国主义时代,少数强国掠夺广大殖民地半殖民地人民的罪恶行径,就是这样组织起来的,在资本主义制度下,也只能这样组织。因此,期待帝国主义者会自动放弃殖民地和势力范围,自动不再使用反革命暴力镇压殖民地半殖民地人民的革命要求,那就无异于痴人说梦,与虎谋皮⑤。

当然,帝国主义者对殖民地和势力范围的控制和统治,并不是在任何条件下都只有赤裸裸的武装占领这一手。列宁多次指出,在某些场合,帝国主义者出于被迫,或者为了欺骗,可以承认某些落后国家保留形式上的政治独立,但却对这些国家的经济、财政、政治、军事和外交,牢牢地掌握着掠夺权和控制权。然而,这决不是意味着不经过艰苦卓绝的反抗斗争,帝国主义者会像考茨基所宣扬的那样,自动赐予殖民地哪怕只是形式上的政治独立,更不是意味着帝国主义者会甘愿允许被压迫民族获得真正的、彻底的政治独立。恰恰相反,一旦

---

① 参阅列宁:《帝国主义是资本主义的最高阶段》。《列宁选集》1972年版第2卷,第810、828、839页。
② 同上书,第802页。
③ 列宁:《论对马克思主义的讽刺和"帝国主义经济主义"》。《列宁全集》第23卷,第36页。
④ 列宁:《路易·勃朗主义》。《列宁全集》第24卷,第16页。
⑤ 参阅列宁:《论欧洲联邦口号》。《列宁选集》1972年版第2卷,第707—708页,并参阅同卷第819页。

被压迫民族的独立要求从根本上触动了殖民统治,帝国主义者就必然撕下一切伪装,图穷匕见,挥舞屠刀!所以,一切形式的殖民主义,不论是老殖民主义,还是新殖民主义,都一无例外地是以反革命的暴力征服和暴力镇压作为基础、前提和后盾的①。

因此,列宁指出,像考茨基那样,不是向群众揭露真相,说明不推翻帝国主义资产阶级及其政府就不能制止暴力兼并和各种殖民压迫,特别是不向群众揭露本国帝国主义肆行暴力兼并和殖民压迫的真相,却只空口说什么"一切国家必须毫不含糊地打消兼并别国领土以及使某国人民屈从的念头",这种极端含糊其辞的善良词句,"其客观意义完全等于在加冕的资本主义强盗头上洒基督圣水",特别是等于为本国最富有侵略性、最凶恶的帝国主义者"**涂脂抹粉**"②。

在严厉批判考茨基谬论的过程中,列宁一再提醒世界革命人民,对于帝国主义者和社会帝国主义者在对外关系上所经常使用的伪善辞令和"庄严"声明,切切不可轻听轻信。他揭露说,"难道我们不是经常看到,所有帝国主义列强的外交都是以极其善良的'一般的'词句和'民主的'声明自我标榜,借以**掩饰**对弱小民族的掠夺、欺凌和压迫吗?"③因此,如果我们陷入基督教式的冥想默念,沉湎于一般善良词句的善心好意,而不揭穿这种词句的实际的政治意义,那我们就不再是马克思主义者,也根本不再是社会主义者了。列宁问道:"一个成年人能不能只注意人们自己对自己的**看法**而不去检查他们的**行为**呢? 一个马克思主义者能不能把愿望、声明同客观事实**不**区别开来呢?"回答是斩钉截铁的:"不,不能!"④

至于考茨基这个"中派"头子吹得天花乱坠的"以富济贫"、"援助开发"论,究其实质,无非是前述第二国际右派头目们所鼓吹的"传播文明"论的变种。这个五彩缤纷的肥皂泡,在事实面前,也是不戳自破的。

列宁以考茨基之流所备加颂扬推崇的列强竞相在那些丧失了政治独立和经济自主权的落后地区修筑铁路一事为例,指出:在那些资产阶级御用教授和小资产阶级庸人看来,修筑铁路似乎是一种传播文明的事业,可是在资本主义生产资料私有制的条件下,帝国主义者实际上是"把这种建筑事业变成对**十亿**

---

① 参阅:《列宁全集》第 4 卷,第 334—336 页;第 15 卷,第 156—157、195、200 页;第 19 卷,第 82—83 页;第 22 卷,第 250、252、255—256 页;第 23 卷,第 36、39、46、274 页;第 31 卷,第 130 页。
② 列宁:《资产阶级的和平主义与社会党人的和平主义》。《列宁选集》1972 年版第 2 卷,第 905 页。
③ 同上书,第 904 页。
④ 列宁:《路易·勃朗主义》。《列宁全集》第 24 卷,第 16 页。

人民(殖民地加半殖民地),即占世界人口半数以上的附属国人民,以及对'文明'国家资本的雇佣奴隶进行压迫的工具"①。

根据大量事实,列宁还进一步剖析了帝国主义列强在十分苛刻的政治、经济条件下对殖民地半殖民地那些失去政治和经济独立自主权的弱小民族提供经济"援助"和"贷款"的实质,指出它实际上是一种资本输出,是为帝国主义国内大量的"过剩资本"寻找出路,利用这些落后地区资本少、地价贱、工资低、原料廉的条件,攫取在其本国无法攫得的巨额暴利。它所追求的,决不是考茨基之流所胡吹的"促进"这些地区的"繁荣"与"独立",而是贪得无厌地榨取这些地区人民的脂膏,"要从一条牛身上剥下两张皮来"②:第一张皮是从"贷款"盘剥高利,第二张皮是作为借债条件,迫使债务国用这批"贷款"购买债权国的过剩产品,从中牟取又一笔暴利。此外,帝国主义债主们还力图利用这些落后国家由此产生的经济上的依赖性,达到破坏其国家主权,从政治、军事、外交上加以全面控制的凶恶目的③。考茨基之流把凶恶的强盗描绘成仁慈的救世主,这就证明他们是强盗的同伙。

应当区分压迫民族和被压迫民族,反对"僧侣主义"

饱遭帝国主义者蹂躏、吞噬的殖民地半殖民地弱小民族,既然不可能也不应当期待虎狼行善、施恩赐福,那么,怎样才能不当奴隶当主人?

鉴于帝国主义者一贯极其顽固地凭借庞大的反革命暴力维护殖民统治,列宁不止一次地强调被压迫民族必须用革命的暴力对付反革命的暴力。他指出:"伟大的历史问题一定要由群众直接用暴力建立新制度来解决,而不能缔结一个保持腐朽的垂死的旧制度的协定来了结"④;在资本主义制度下,不经过多次革命,不"付出一系列革命和起义的代价",被压迫民族就根本不可能获得真正的独立解放⑤。他严词驳斥了那种否定正义战争(包括否定民族解放战争),向被压迫者宣传"废除武装"、"取消军备"的反动口号,告诫被压迫者:如果不努力学会掌握武器,获得武器,并坚决拿起武器,那就只配被人当作奴隶使唤⑥!

---

① 列宁:《帝国主义是资本主义的最高阶段》,《列宁选集》1972年版第2卷,第733页。
② 同上书,第835页,并参阅第783—786页。
③ 同上书,第805—806页。
④ 列宁:《世界政治的转变》,《列宁全集》第23卷,第276页,并参阅第31卷,第449、455页。
⑤ 参阅列宁:《社会主义革命和民族自决权》,《关于自决问题的争论总结》,《列宁全集》第22卷,第139、331、332页。
⑥ 参阅列宁:《论"废除武装"的口号》,《列宁全集》第23卷,第94页,并参阅同卷第77、93页。

列宁指出，帝国主义对殖民地半殖民地弱小民族的残暴掠夺压迫，必然促使反对民族压迫、争取民族解放的斗争扩大化和尖锐化；而弱小民族被迫进行反帝的民族解放战争，又必然是它们的争取民族解放这种政治的继续。因此，在帝国主义时代，在亚非拉广大不发达地区，"殖民地和半殖民地的民族战争不仅是可能的，而且是**不可避免的**"①。

不但如此。即使在经济发达的欧洲地区，也仍然可能发生被压迫弱小民族抗击帝国主义侵略者的民族战争。由于帝国主义历来就是强食弱肉和贪得无厌的，它在力图兼并农业区域的同时，也还力图兼并工业极发达的区域，因此，"即使在欧洲也不能认为民族战争在帝国主义时代不可能发生"②。本着对具体情况进行具体分析的一贯原则，1916年列宁在反对第二国际机会主义者拥护帝国主义战争中任何一方的同时，强调指出：恩格斯在1891年德国受到沙俄侵略的严重威胁时号召德国人民奋起为保卫民族独立而战的基本精神，是完全正确的，它仍然同样适用于当代欧洲那些被兼并的或受民族压迫的弱小国家反对帝国主义强国的民族战争③。列宁公开声明："如果在战争时期说的是保卫民主或反对压迫民族的压迫，那我是决不反对这种战争的，只要是属于这类性质的战争或起义，我也就不害怕'保卫祖国'这四个字。"④

总之，在帝国主义时代，"**反对**帝国主义列强的民族战争不仅是可能的和可以设想的，而且是不可避免的、**进步的、革命的**"⑤。

列宁的这些论述教导我们，不论是发达国家或者不发达国家，只要受到帝国主义强国的兼并和侵占，它们所进行的反兼并、反侵占的民族战争，就是正义的战争，就理应得到国际无产阶级的拥护和支持。

对于被压迫民族争取民族解放的斗争在推翻国际帝国主义总斗争中的重大革命作用，列宁作了充分的估计。他认为，"弱小民族是反帝斗争中的一个**独立因素**，是帮助反帝的**真正**力量即社会主义无产阶级登上舞台的一种酵母、霉菌"⑥。正因为如此，列宁着重指出：作为社会主义者，不但应当要求无条件地、无代价地立即解放殖民地，而且还应当最坚决地支持这些国家的民族解放运动中最革命的分子，帮助他们举行起义和进行革命战争，反对压迫他们的帝国主

---

① 列宁：《论尤尼乌斯的小册子》，《列宁选集》1972年版第2卷，第851页，并参阅第872页。
② 同上书，第852页。
③ 参阅列宁给印涅萨·阿尔曼德的三封信，《列宁全集》第35卷，第239、255—257页，并参阅第22卷，第304—305页。
④ 列宁：《给波利斯·苏瓦林的一封公开信》，《列宁全集》第23卷，第198页。
⑤ 列宁：《论尤尼乌斯的小册子》，《列宁选集》1972年版第2卷，第853页。
⑥ 列宁：《关于自决问题的争论总结》，《列宁全集》第22卷，第352页。

义列强①。反之,"如果我们拒绝支持被兼并地区的起义,那在客观上我们就是兼并者",就是"背叛社会主义"②。

列宁深入考察了帝国主义时代在民族关系领域中日益变本加厉的强食弱肉现象,敏锐地看到帝国主义列强同弱小民族之间利害得失的根本对立与不可调和。他对当代民族关系的现实进行了深刻的阶级分析,三番五次地强调,就民族问题而言,"在社会民主党的纲领中,中心问题应该是把民族区分为压迫民族和被压迫民族。这种区分是由帝国主义的**本质**决定的"③;"社会民主党党纲应当指出帝国主义时代基本的、极其重要的和必然发生的现象:民族已经分成压迫民族和被压迫民族"④。他反复指出:从反对帝国主义的革命斗争的观点看来,正视这种现实,强调这种区分,是非常紧要的。

列宁的这一光辉思想和精辟论断,是列宁主义关于民族殖民地问题革命学说的主要立论基础之一。它的含意十分丰富、十分深刻,值得我们认真探讨和深入领会。

第一,它揭示了帝国主义时代民族关系中新出现的、世界性的严重分裂和对抗。民族压迫现象,并非自当代始。它在人类历史上已经存在过好几个世纪,但在相当长期内,它还只是局部性的现象,在全世界的民族关系中,并不占主导的地位。到了帝国主义时代,由于一小撮帝国主义强国把整个世界全部瓜分完毕,许多原先独立的国家和民族,纷纷沦为殖民地半殖民地,世界人口中的绝大多数都遭受着残酷的殖民掠夺和民族压迫,因而民族关系上的全面分裂和全面对抗,就成为帝国主义时代世界中基本的(而不是附次的)、极其重要的(而不是无足轻重的)、必然发生的(而不是偶然出现的)、遍及全世界的(而不是局部地区的)现象。这种分裂和对抗是如此普遍、如此严重,不能不引起全世界革命人民的最大关注。

第二,它确证了被压迫民族革命抗争的正义性。有压迫就有反抗,压迫越重则反抗越烈,这是题中应有之义。毫不含糊地指明全世界一切弱小民族的被压迫地位,这不但意味着对压迫者的严正控诉和对被压迫者的深切同情,而且意味着雄辩地论证了被压迫民族的一切抗争,包括以革命暴力反击反革命暴力,直到实行民族解放战争,都是绝对正义、无可指摘的。

---

① 参阅列宁:《社会主义革命和民族自决权》。《列宁全集》第22卷,第145页,并参阅23卷,第25—26页。
② 列宁:《关于自决问题的争论总结》。《列宁全集》第22卷,第327页。
③ 列宁:《革命的无产阶级和民族自决权》。《列宁全集》第21卷,第388页,并参阅22卷,第141、159页;第30卷,第261页;第31卷,第125、210页。
④ 列宁:《社会主义革命和民族自决权》。《列宁选集》1972年版第2卷,第720页。

第三,它挖出了帝国主义时代世界性民族压迫现象的总根源。既然已经科学地断定:全世界民族之所以区分为压迫民族和被压迫民族"是由帝国主义的本质决定的",那么,民族压迫的迅速扩大和变本加厉,世界民族关系中的全面分裂和严重对抗,归根到底,就是由帝国主义所造成的。毫不含糊地揭示了这一点,就等于是在谁敌谁友这个革命的根本问题上,作出了明确无误的判断:帝国主义是被压迫民族的死敌。

第四,它指明了被压迫民族解放斗争的总方向和根本道路。既然帝国主义是造成全球性民族压迫的总祸根,那么,被压迫民族只有把斗争矛头集中地指向帝国主义及其走狗,推翻帝国主义的统治,才能挣脱锁链,取得解放。既然帝国主义压迫者和弱小民族被压迫者之间的利害得失是根本对立、不可调和的,而帝国主义的本质和本性又是不会改变的,那么,只有如实地强调民族关系中被压迫者同压迫者之间的严格区分和势不两立,才能启迪和激发被压迫民族的觉醒,使他们对帝国主义压迫者不抱幻想,不图侥幸,不等恩赐,而切切实实地依靠自己实行长期艰苦的反帝革命斗争,以改变自己的奴隶处境,掌握自己的民族命运。

第五,它蕴含着"全世界无产者和被压迫民族联合起来"的伟大战略思想。民族关系是以阶级关系为基础的,民族压迫是阶级压迫的延长和扩大。揭露了遍及全球的民族压迫是由帝国主义的本质所决定、所造成的,实际上也就是揭露帝国主义垄断资产阶级是国际无产阶级和一切被压迫民族的共同敌人,号召对共同的敌人进行联合的斗争。一九一六年夏秋之间,在谈到国际无产阶级革命运动和被压迫民族革命运动的关系时,列宁认为从世界范围来看,弱小民族的民主要求,包括实行民族自决争取民族解放在内,原先是世界一般民主主义运动的一部分,现在则已成为世界一般社会主义运动的一部分;并且明确指出:"社会革命只能在各先进国无产阶级为反对资产阶级而进行的国内战争已经同不发达的、落后的和被压迫的民族所掀起的**一系列**民主革命运动(其中包括民族解放运动)联合起来的时代中进行"[①]。后来,到了第三国际成立初期(1920年间),列宁关于世界革命的这一伟大战略思想又进一步具体化为简明有力的战斗口号"全世界无产者和被压迫民族联合起来!"[②]正是列宁,第一次把被压迫民族的反帝革命斗争看作是世界无产阶级社会主义革命的一个组成部分,提

---

① 列宁:《论对马克思主义的讽刺和"帝国主义经济主义"》。《列宁全集》第23卷,第54页,并参阅第22卷,第335—336页。
② 参阅列宁:《在俄共(布)莫斯科组织积极分子大会上的演说》。《列宁全集》第31卷,第412—413页。

出了实行联合斗争的伟大战略方针。

列宁如此强调压迫民族和被压迫民族的原则区分,这就同考茨基之流的修正主义谬论严格划清了界限。列宁痛斥考茨基之流故意回避上述"中心问题",故意模糊甚至抹杀民族关系上压迫者与被压迫者的根本区分和势不两立。这伙叛徒,正如他们在国内阶级关系问题上,竭力掩盖无产阶级同资产阶级之间的对抗性矛盾,鼓吹阶级"协调"、阶级"合作"一样,他们在国际民族关系问题上,竭力掩盖被压迫民族同帝国主义之间的对抗性矛盾,挖空心思地"论证"似乎不必彻底摧毁资本帝国主义也可以解决这个矛盾,欺骗被压迫民族去同自己不共戴天的敌人"协调"、"合作"——永当奴隶马牛,从而永远保存资本帝国主义的统治秩序。可见,考茨基之流对帝国主义的全部荒谬看法,"都浸透了一种同马克思主义绝不相容的、掩饰和缓和最根本矛盾的精神","不管你怎样把考茨基的论断翻来覆去地看,这里面除了反动性和资产阶级改良主义以外,没有任何别的东西"①。而混在国际共产主义运动队伍中的资产阶级改良主义者是何许人呢?列宁说,他们"照例都是一些走狗"②!

列宁痛斥考茨基在政治上的堕落和破产,揭露他恬不知耻地甘为帝国主义盗匪们充当神甫牧师的卑鄙角色。因为,考茨基一方面对民族关系上的压迫者——嗜血成性的帝国主义盗匪,进行布道式的劝说③,力图造成屠夫可以立地成佛的假象和错觉;另一方面,又对民族关系上的被压迫者——苦难深重的殖民地半殖民地人民,进行麻醉性的安慰,绞尽脑汁妄想证明资本帝国主义不要殖民地,不用暴力征服和掠夺弱小民族,不搞扩张军备,不发动侵略战争,也是"可能"存在的,证明"和平"是最好的东西。用这些"理论"来美化资本帝国主义吃人制度,来"安慰被压迫者,给他们描绘一幅在保存阶级统治的条件下减少痛苦和牺牲的远景……从而使他们忍受这种统治,使他们放弃革命行动,打消他们的革命热情,破坏他们的革命决心"。这些,意味着什么呢?列宁指出,劝告无产阶级放弃革命行动,就是"直接背叛无产阶级",因为没有革命行动,一切诺言、一切美好的远景都只是空中楼阁而已。④

列宁揭露说,所有一切压迫阶级,为了维持自己的统治,都需要有两种社会职能:一种是刽子手的职能,另一种是牧师的职能。刽子手专管血腥镇压,牧

---

① 列宁:《帝国主义是资本主义的最高阶段》。《列宁选集》1972年版第2卷,第832、840页。
② 列宁:《世界政治的转变》。《列宁全集》第23卷,第275页。
③ 参阅列宁:《论欧洲联邦口号》。《列宁选集》1972年版第2卷,第708页,并参阅同卷第635—636页。
④ 列宁:《第二国际的破产》。《列宁选集》1972年版第2卷,第638、639页。

师专搞安慰欺骗。列宁引述了费尔巴哈用以揭穿宗教安慰反动性的名言"谁要是安慰奴隶,而不去发动他们起来反对奴隶制,谁就是奴隶主的帮凶",尖锐地指出:考茨基竭力用歌颂帝国主义"和平"的靡靡之音来安慰和麻醉怨气冲天的被压迫民族和被压迫人民,这就表明"考茨基把马克思主义糟蹋到了骇人听闻的地步","把马克思主义歪曲成了最恶劣最笨拙的反革命理论,歪曲成了最龌龊的僧侣主义",而考茨基本人也就相应地在实际上堕落成为一个"不折不扣的牧师"和货真价实的叛徒!①

贼喊"捉贼"的沙文主义骗局

在民族自决这一具体纲领问题上,考茨基也采取了比较隐蔽因而更有欺骗性的沙文主义立场。在大战期间,第二国际右派那些露骨的社会沙文主义者公开地赞成兼并,反对把民族自决的主张列入党的纲领。作为"中派"头子的考茨基则和他们略有"不同"。他口头上也承认和拥护民族自决,甚至还冠冕堂皇地主张社会民主党"要全面地和无条件地重视和坚持民族的独立"。但是,他为了讨好帝国主义殖民统治者,却无耻地阉割了民族自决权的核心内容,叫嚷什么,殖民帝国中的被压迫民族要求政治分离自由是"过分的";为遭受帝国主义者殖民统治的弱小民族要求"国家独立"未免要求得"太过分了"②,等等。他鼓吹不应当"把民族独立和民族主权混为一谈",在多民族的殖民帝国里,被压迫民族享有民族自治权就够了,不一定要替他们要求获得政治独立的平等权利③。

但是,如果人们以为考茨基在任何情况下都反对被压迫民族有政治分离权,那是不"公道"的。因为,在若干具体场合,考茨基也很"勇敢地"打出政治自决的旗号,赞成在同德国争霸的其他帝国主义强国统治之下的被压迫民族有分离的自由。例如,他鼓吹说,不能证明"波兰人必须隶属于俄国",应当承认波兰有从俄国分离出去的自由;他还斥责法国的社会党人不该背弃国际主义,因为他们竟想用战争来取得亚尔萨斯—洛林的自由。考茨基的同伙们则连篇累牍地发表文章,大谈特谈受到英国压迫的民族理应取得独立的问题;对于在印度不断高涨的反英民族解放运动,他们更是津津乐道,深表"同情",等等。在"论

---

① 列宁:《第二国际的破产》。《列宁选集》1972年版第2卷,第637—638页,并参阅《列宁全集》第23卷,第273页。按:这位身穿"马克思主义"外衣的牧师后来在1918年还直接加入刽子手的行列,到以血腥屠杀德国革命工人而恶名昭著的艾伯特—谢德曼的反革命政府中当了大官,积极参与反革命活动。考茨基的袍笏登场表明:"牧师"与刽子手之间的"分工"并不是绝对"严格"的。

② 见1915年4月16日《新时代》周刊;1915年5月21日《新时代》周刊。参阅《列宁全集》第21卷,第390页;第22卷,第146页。

③ 见1916年3月3日《新时代》周刊。参阅《列宁全集》第22卷,第159页。

证"过程中,考茨基及其同伙给自己的主张"披上各种华丽的辞藻外衣,什么辞藻都有,什么话都讲,甚至扯到国际主义上面去"①,一副道貌,俨然是这些被压迫民族的"天然盟友"!

然而,奇妙的是:考茨基及其同伙万分"同情民族的'民族自决',只是**不**同情本民族……所附属的那些民族的民族自决"②!他们对于处在德国帝国主义即考茨基分子自己的"祖国"统治下的那部分波兰人,绝口不谈他们有从德国分离出去的自由;同样,对于亚尔萨斯—洛林应当有从德国分离出去的自由问题,特别是对于当时德国在非洲和亚洲霸占的广大殖民地有权脱离德国取得彻底独立的问题,考茨基及其同伙更是三缄其口,不置一辞③。

除此之外,考茨基还极力赞助和美化第二国际右派在第一次大战期间所玩弄的一套欺世惑众和沽名钓誉的把戏:当时以英、法、俄等国的社会沙文主义者为一方,以德国和奥国的社会沙文主义者为另一方,曾分别在伦敦和维也纳开会,又是慷慨陈词,又是通过决议,争先打起了"维护"受对方蹂躏的弱小民族的"民族独立"和"民族自决"的堂皇旗号,来遮掩他们各自的沙文主义立场④。对于如此明显的骗局,以"马克思主义"理论权威自居的考茨基不但不加以揭露,反而赞不绝口,备加推崇,胡说什么"所有过去在第二国际范围内拟定的和平纲领,如哥本哈根、伦敦、维也纳等纲领,都要求承认民族独立,这是十分公正的。这种要求应当成为我们在当前战争中的指南针"⑤。在他看来,这些分属两大敌对集团的露骨社会沙文主义者在互揭对方烂疮疤借以把自己打扮成"反兼并"英雄时所表现的完全一致,在竭力欺骗工人时所表现的完全一致,就是第二国际各党在要求和平问题上和赞助民族自决问题上意见"完全一致"的明证。就这样,"民族独立"、"民族自决"等这些本来反对帝国主义的革命口号,竟在第二国际右派那些社会沙文主义者的"一致"同意下,竟在"中派"社会沙文主义者考茨基进行"理论加工"的神奇咒语下,摇身一变,变成为捍卫帝国主义的反动口号了。

在民族自决问题上,考茨基在俄国的无产阶级叛徒队伍中找到了不少同道。"大名鼎鼎"的马尔托夫、托洛茨基等人在第一次世界大战期间,都"师承"考茨基的狡诈手法,为沙皇帝国主义政府的兼并政策和争霸政策张目。列宁恰

---

① 列宁:《论德国的和非德国的沙文主义》。《列宁全集》第22卷,第177页。
② 列宁:《给布哈林的小册子〈世界经济和帝国主义〉写的序言》。《列宁全集》第22卷,第97页。
③ 参阅:《列宁全集》第22卷,第160、291页。
④ 参阅:《第一国际第二国际历史资料》,新莫斯科出版社1926年版,第239、240号文件。
⑤ 考茨基:《再论我们的幻想》。1915年5月21日《新时代》周刊。参阅:《列宁全集》第22卷,第155—156页;第36卷,第392—393页。

如其分地把这伙叛徒称为"俄国的考茨基分子"①。

专供"输出"的"国际主义"——第一千零一种的伪善

除了逐一批判考茨基在民族殖民地问题上的一般"理论"之外，列宁还无情揭露了考茨基在民族自决这一具体纲领上所采取的隐蔽的沙文主义立场。

如前所述，在当时的历史条件下，帝国主义者对弱小民族实行掠夺和剥削，其最"方便"、最"便宜"、最"如意"、最"稳妥"的方式，就是使这些民族丧失政治独立，对它们实行直接统治。反过来，弱小民族为了要摆脱帝国主义者的压迫、剥削和掠夺，其首要前提就是要争得政治上真正的独立自主。因此，马克思主义者从国际无产阶级的利益出发，在反对帝国主义侵略扩张、殖民统治的斗争中，把反对政治兼并、实行民族自决列入自己的斗争纲领。

为了澄清糊涂思想和纠正概念上的混乱，列宁在大战以前就已明确指出，"从历史的和经济的观点看来，马克思主义者的纲领上所谈的'民族自决'，除了政治自决，即国家独立、建立民族国家以外，**不能**有什么别的意义"，"只能把自决权了解为国家分离权，而不能了解为任何别的东西"②。大战期间，列宁又一再重申：遭受帝国主义殖民统治的"被压迫民族的自决权，也就是政治上的自由分离权"；民族自决权"只是一种独立权，即在政治上同压迫民族自由分离的权利"③。

考茨基口头上也承认民族自决，但又主张不应当为遭受帝国主义殖民统治的被压迫民族提出政治分离自由的"过分"要求，把民族自决歪曲为民族"自治"。列宁尖锐地揭露说，这是为了讨好帝国主义资产阶级而把马克思主义民族纲领中最本质的东西一笔勾销，这是"以改良主义的方式而不是以革命的方式来表述社会民主党的民族纲领"。因为，对于帝国主义资产阶级说来，只要能把弱小民族强迫留在殖民大帝国的版图之内，那就无论什么样的"民族自治"都是可以答应的。它无碍于帝国主义者继续实行残酷的掠夺。由于考茨基这种曲意逢迎帝国主义者的主张偏偏又是在"拥护"民族自决的幌子下提出来的，所以"考茨基的社会沙文主义谎言说得最漂亮，因而对于无产阶级也最危险"④！

---

① 列宁：《论"和平纲领"》，《列宁全集》第22卷，第160页，并参阅同卷第353—354页。
② 列宁：《论民族自决权》，《列宁选集》1972年版，第2卷，第512、509页。
③ 列宁：《社会主义革命和民族自决权》，《列宁全集》第22卷，第137、140页。
④ 列宁：《革命的无产阶级和民族自决权》，《列宁全集》第21卷，第390、391页。

在反对帝国主义兼并政策的斗争中,要判断一个人究竟是真心实意地反对民族压迫,还是假仁假义地反对民族压迫,究竟是真正的国际主义者,还是冒牌的国际主义者,不但要看他是否一般地承认遭受殖民统治的弱小民族享有政治上的分离自由和独立自主权利,尤其要看他是否具体地承认受他"祖国"殖民统治的弱小民族享有政治上的分离自由和独立自主权利。列宁明确指出:"只有**每个**民族的社会主义者都要求被自己民族压迫的民族有分离的自由,才是真心诚意地反对兼并,**也就是说**,才是真心诚意地承认自决"①,"不这样,无产阶级的国际主义就仍然是一句空话"②!

因为,在一定的条件下,甚至最凶恶、最贪婪的帝国主义者也可以把民族自决的口号接过去,表示"赞同"甚至"声援"在争霸敌手统治下的弱小民族实行政治分离。他们的如意算盘是一箭三雕:既借以削弱敌手,"从而改善自己的军事地位",增强自己的争霸实力;又借以欺骗怨声载道的本国人民,"转移他们的视线,从国内转向国外"③;此外,还便于对这些弱小民族插手染指,直至伺机实行新的吞并,把这些地区收入自己的帝国版图或占为自己的势力范围。

列宁指出,当时德国的帝国主义资产阶级正是出于这样的险恶用心而大谈特谈受英国压迫的弱小民族的独立问题,而考茨基及其同伙在大战期间津津乐道"协约国"一方被压迫民族的分离自由,却绝口不谈"同盟国"一方被压迫民族的分离自由,这完全是迎合德国帝国主义资产阶级争夺世界霸权政策的需要,是为了向德国的反动皇帝威廉第二"效犬马之劳"④。然而,"不幸的是,这班德国资产阶级的代理人竟是所谓德国'社会民主'党的党员"⑤。这一群帝国主义鹰犬,身披"社会主义"的漂亮外衣,口说"国际主义"的华丽辞藻,而这种"国际主义"又是专供"输出",在本国则被弃若敝屣,与本国"无缘"的。列宁愤怒地揭露说:"一句话,这是第一千零一种的伪善!"⑥他强调:"断定一个人,不是根据他的言论,而是根据他的行动"⑦,提醒全世界被压迫民族和被压迫人民,定要擦亮眼睛,明辨真伪!

---

① 列宁:《论"和平纲领"》。《列宁全集》第 22 卷,第 161 页,并参阅第 159 页。
② 列宁:《社会主义革命和民族自决权》。《列宁全集》第 22 卷,第 141 页。
③⑤⑦ 列宁:《论德国的和非德国的沙文主义》。《列宁全集》第 22 卷,第 177 页。
④ 列宁:《社会主义革命和民族自决权》。《列宁全集》第 22 卷,第 150 页,并参阅同卷第 176—177、291 页。
⑥ 列宁:《给布哈林的小册子〈世界经济和帝国主义〉写的序言》。《列宁全集》第 22 卷,第 97 页,按:西谚"一千零一",源于阿拉伯故事集《一千零一夜》,习惯上用以形容极多、极端、极度、绝顶、无与伦比。

此外，列宁还痛斥考茨基美化伦敦和维也纳会议，竭力把第二国际两大右派集团互向敌方"输出"的"国际主义"敝屣加以"理论"装潢的诈骗行径。

显而易见，当时在伦敦和维也纳分别上演的这两场闹剧的实质，有如饿虎发誓赌咒要为豺狼血口中的小羊"伸张正义"，加以"拯救"，借以掩饰"从对方口中挖肉吃"的真正目的。而考茨基对此所作的歌颂性"剧评"，其要害就在于故意抹杀社会沙文主义的兼并争霸政策同马克思主义的民族解放政策之间的根本对立和根本界限，把水搅浑，以假乱真，混淆视听。针对这一点，列宁明确指出：从当时交战的**双**方来说，都只是为了争相奴役其他弱小民族，而决不是为了这些民族的独立。因此，伦敦和维也纳这两帮互相火并撕咬的好汉们所宣称的"反对兼并"、"承认民族独立"等等，全都"是令人发指的谎言，是最无耻的伪善"。考茨基在这个问题上的新罪恶就在于：他们的这种伪善本来是一国的、笨拙的、显而易见的、触目的、工人看得清清楚楚的，现在考茨基却把它变成国际性的、巧妙的、隐蔽的、迷糊工人眼睛的伪善了。因此，对世界无产阶级说来，考茨基的诈骗手法比那些笨拙的社会帝国主义分子"更有害百倍、危险百倍，考茨基的伪善也更恶劣百倍"①。

作为全世界无产阶级的革命导师，作为伟大的国际主义者，列宁不仅狠狠批了德国籍的考茨基，而且猛烈抨击了俄国籍的考茨基们，无情揭穿他们那种身在贼窝却手指远方、高喊捉贼的卑鄙狡诈手法。列宁指出，俄国的考茨基分子马尔托夫、托洛茨基之流，口头上拥护民族自决，而实际上却丝毫"没有触及主要的、根本的、本质的、接近实际的问题，即对于受'我的'民族压迫的民族应持什么态度的问题"。在民族自决问题上，他们舞文弄墨，连篇累牍地发表文章，用"国际主义"的华丽辞藻高谈阔论，哗众取宠，可是偏偏就"回避了主要的问题：俄国**即使在和平时期**，在更加野蛮的、中世纪的、经济落后的、军事官僚式的帝国主义基础上也打破了民族压迫的世界纪录"。因此，他们和当时已经在政治上严重堕落的普列汉诺夫之流一样，"**实际上就是帝国主义者和沙皇的走狗**"②。

为了在更多的俄国革命群众面前揭穿沙皇及其走狗们的真实面目，并用无产阶级国际主义思想武装广大的俄国革命人民，列宁还巧妙地使用"伊索寓言

---

① 列宁：《论"和平纲领"》。《列宁全集》第22卷，第156页。
② 列宁：《关于自决问题的争论总结》。《列宁全集》第22卷，第354页，并参阅同卷第147—148、160—161页。

式的语言",用暗示的方法,在沙皇政府书报检查机关认为"合法"的著作中,进一步阐述了上述观点。他举了一个简明易懂的例子:假定日本人指责美国人兼并菲律宾,试问会不会有很多人相信这是因为他根本反对兼并,而不是因为他自己想要兼并菲律宾呢?是不是应该承认,只有日本人起来反对日本兼并朝鲜,要求朝鲜有从日本分离的自由,才能认为这种反对兼并的斗争是真挚的,政治上是诚实的呢?

在沙皇政府被推翻之后,列宁亲自对这段隐晦语言的真实含意作了专门的说明:为了通得过反动的书报检查,"我不得不拿……日本作例子!细心的读者不难用俄国来代替日本,用芬兰、波兰、库尔兰、乌克兰、希瓦、布哈拉、爱斯兰和其他非大俄罗斯人居住的地区来代替朝鲜"①。十分明显,列宁在这里所着重揭露的,不是别的,而正是俄国沙皇及其各色走狗们的"第一千零一种的伪善":在争夺世界霸权的过程中,他们经常打出"支持民族解放"的大纛,扛起"社会主义"的招牌,唱着"国际主义"的高调,借以挖争霸劲敌的墙脚,力图取代其霸主地位,接收其殖民掠夺特权;他们对于争霸劲敌蹂躏弱小民族,可以佯作"义愤"填膺之状,力主民族"自决",而对于自己铁蹄下弱小民族极其强烈的自决呼声,却一贯装聋作哑,置若罔闻,噤若寒蝉;他们自称是殖民地半殖民地一切弱小民族的"天然盟友",却又以殖民地或半殖民地的形式把一批又一批的弱小民族强行禁锢在大俄罗斯帝国的黑暗监狱里。

(三) 列宁对库诺夫、谢姆柯夫斯基之流在民族殖民地问题上谬论的斗争

第一次世界大战前夕和大战期间,社会沙文主义者在民族自决问题上有两种主要色彩:一种就是上述考茨基、马尔托夫式的伪善,另一种则是下述库诺夫、谢姆柯夫斯基式的无耻。前者("中派")主要体现为甜蜜的哄骗,后者(右派)则主要体现为蛮横的叫嚣。

暴力"融合"的吹鼓手

当时,德国是后起的、野心勃勃的帝国主义国家,它在争夺世界霸权、吞并弱小民族方面,显得特别贪婪、疯狂。适应着德国容克垄断资产阶级的需要,在

---

① 列宁:《帝国主义是资本主义的最高阶段》。《列宁选集》1972年版,第2卷,第731、840页。

德国社会民主党内部出现了库诺夫①、连施②、帕尔乌斯③等狂热的社会帝国主义分子。他们公开地"跪在帝国主义面前歌功颂德"④，借口民族之间联系的加强以及经济与政治的集中具有历史进步作用，大力赞扬帝国主义的暴力兼并政策，鼓吹在强食弱肉、民族不平等的基础上实行民族的"联合"或"融合"，明目张胆地反对被压迫民族实行反暴力兼并、反帝国主义的革命斗争；并且把马克思主义者关于实行民族政治自决即被兼并的弱小民族有权组织独立自主的民族国家的主张，诬蔑为所谓"过了时的理想"、"没有科学根据"、"小资产阶级的反动空想"、"鼓吹历史倒退"等等。

至于德国党内的老右派大头目伯恩施坦，他早先曾因明目张胆地鼓吹侵略有"理"、殖民有"功"而受到多年批判。此际，他学得更"乖巧"和狡诈些了。为了骗取群众信任，他在大战期间提交德国党中央的一份决议草案中⑤，略为改变了此前赤裸裸赞扬殖民掠夺的腔调，转而采取两面手法。一方面，伪善地声称"决不承认任何一个民族有征服其他民族的权利"，另一方面，却在他所拟定的具体方案里从实质上根本否定了这一漂亮词句。他避而不谈被压迫民族摆脱帝国主义的统治、从政治上分离出来成立独立国家的问题，却含糊其辞地提倡什么"国家自治的权利"。而且，按他的方案，被压迫民族要获得这种自治权利，还必须具备一系列的条件：第一，必须是居住在欧洲地区的民族；第二，必须"具有欧洲文化"；第三，这些民族所居住的地区必须"在面积上足以使他们能够作为各民族国际联盟的一员而独立地发展"；第四，被压迫民族的人民只能以"公民投票"的方式表达自己的意愿，而不得诉诸武力，虽然它们丧失独立正是帝国主义者实行暴力兼并的结果。至于居住在欧洲以外的亚洲、非洲、美洲广阔地区的被压迫民族的独立解放问题，在伯恩施坦的心目中，是根本不存在的。

---

① 亨利希·库诺夫(1862—1936)，德国社会学家、历史学家，曾任柏林大学教授；德国右翼社会民主党人，露骨的社会沙文主义者和社会帝国主义"理论家"，篡改和伪造马克思主义的"能手"，列宁称之为"帝国主义和兼并政策的辩护士(《列宁选集》1972年版第2卷，第812页)。1917—1923年间任德国社会民主党中央机关刊物《新时代》编辑，从"理论"上疯狂攻击社会主义革命和无产阶级专政。

② 保罗·连施(1873—1926)，德国社会民主党人，1905—1913年间任该党左翼机关报《莱比锡人民报》的编辑。第一次世界大战一爆发，连施就转而采取社会沙文主义立场；战后担任鲁尔区工人贵族机关报《德意志大众报》主编。

③ 帕尔乌斯(即 A. L. 赫尔凡得，1869—1924)，早年参加德国社会民主党左派，从事德国和俄国工运工作；俄国社会民主工党第二次代表大会以后，加入孟什维克派。他所提出的反马克思主义的"不断革命"论，后来成为托洛茨基用以反对列宁主义的武器。此人后来退出社会民主党，充当了德国帝国主义的代理人，从事大规模的投机倒把活动，在军需供应中发了横财。

④ 列宁：《帝国主义是资本主义的最高阶段》。《列宁选集》1972年版第2卷，第812页。

⑤ 参阅布拉斯拉夫斯基编：《第一国际第二国际历史资料》。新莫斯科出版社1926年版，第215号文件。

存在的只是"在保证当地居民在法律地位和物质生活上不致恶化的条件下",可以对殖民地作一些"国际变动",即可以将原来隶属于某一帝国主义国家的殖民地"变动"为隶属于另一帝国主义国家。在这里,伯恩施坦所慷慨地给予亚洲、非洲、美洲殖民地人民的唯一权利,就是可以在帝国主义列强之间"易主而事"——更换一个主人来奴役自己。这种方案,对于在争夺殖民地的"事业"中来迟了一步因而急欲重分世界的德国容克资产阶级说来,当然是最最惬意不过的了!

伯恩施坦的这种观点,是和当时流行于德国的兼并融合"进步"论紧密配合的,也可以说,这是一种改头换面的兼并融合"进步"论。

在"各族人民的监狱"——沙皇俄国,臭名远扬的保皇党大头目普利什凯维奇和资产阶级沙文主义者科科什金之流大叫大嚷:赞成弱小民族的政治自决,就是"不顾一切的冒险主义",就是"政治的盲动";就是"鼓励分裂",就会促使"统一完整"的国家陷于"瓦解"——这简直是"罪该万死"的大叛大逆!像列宁所揭露的,他们"甚至把分离的念头也当作罪恶"①。

俄国的社会沙文主义者谢姆柯夫斯基②、李普曼③、尤尔凯维奇④等人,充当了沙皇黑帮和资产阶级沙文主义者的应声虫,并且和库诺夫之流一鼻孔出气,极力反对实行民族自决。为了招摇撞骗,他们使用了一些颇为"马克思主义"的词句,给马克思主义者乱扣帽子,攻击民族自决的主张是什么"提倡民族闭关自守"、"闹分散主义"、阻碍和反对"同俄国整个无产阶级共同进行斗争"、"助长资产阶级民族主义"等等。

简言之,这些社会帝国主义分子妄图用他们骂街的唾沫,在人们面前布起一层迷眼的毒雾:在处理民族关系问题上,似乎正是反对帝国主义暴力兼并、主张民族自决权的国际马克思主义者"违背"历史发展规律,"阻碍"历史正常进程,"抛弃"了无产阶级国际主义;反之,似乎倒是歌颂帝国主义暴力兼并、反对民族自决权的他们,"顺应"历史发展规律,"促进"历史正常进程,"坚持"了无产阶级国际主义。

---

① 列宁:《论民族自决权》。《列宁选集》1972年版第2卷,第562页。
② 谢姆柯夫斯基(即C. Ю. 布隆施坦,1882年生,卒年未详),俄国孟什维克取消派分子,长期担任该派重要报刊编辑,极力宣传反对民族自决原则。1917年成为孟什维克党中央委员,1920年退出该党。后来在乌克兰大学教授,从事科学、文学方面的工作。
③ Ф. 李普曼(1882年生,卒年未详),大学教授,俄国崩得(犹太族知识分子和工人组织)分子首领之一。曾十分热衷于鼓吹鲍威尔的"民族文化自治"论,极力攻击民族自决原则。第一次世界大战期间,狂热支持沙俄政府的侵略兼并政策。十月革命以后成为维也纳第二半国际的拥护者。
④ Л. 尤尔凯维奇(1885—1918),乌克兰民族主义分子,乌克兰社会民主党中央委员。在报刊上积极鼓吹狭隘民族主义思想。第一次世界大战期间,极力拥护沙俄政府的侵略兼并政策。

国际右派的新进攻,挑起了关于民族自决问题的新论战。第一次世界大战期间的这场新论战,实际上是战前在同一问题上长期论战的延长和继续,但又不是简单的"旧话重提"。在新的历史条件下,这场论战具有比战前更加迫切的现实意义,论战的范围具有更加广泛的国际性,交锋的主题内容也更加全面深入。

在国际无产阶级左派队伍中,那些原先对民族自决问题抱有糊涂思想的人在大战业已爆发、帝国主义暴力兼并行为变本加厉的新条件下,尽管能为反对帝国主义战争而奔走呼号,不遗余力,但仍然未能从自己的错误认识中解脱出来,反而对原有的想法作了一些新的错误"论证"。

例如,波兰某些左派社会民主党人在1916年发表了一份《关于帝国主义和民族压迫的提纲》,严正声明反对任何暴力兼并,在这点上,他们似乎是同公开颂扬暴力兼并政策的社会帝国主义分子库诺夫之流严格划清了界限;但是,他们却在这份《提纲》中笼统含糊地肯定在"帝国主义车轮碾压"下形成的政治集中和经济集中可以"为社会主义准备条件",因而声称"决不主张在欧洲树立新的国界标志,恢复被帝国主义拆除的国界标志",即反对被帝国主义暴力吞并的弱小民族实行政治自决恢复国家独立。

另外,左派队伍中还有一些人受到欧洲"文明"人传统观念和狭隘眼界的束缚,没有注意到或不认真考虑把民族自决原则推广运用于欧洲以外亚洲、非洲和美洲广大地区殖民地半殖民地的众多被压迫民族,"理由"是这些地区"没有无产阶级",不适用工人政党提出的民族自决口号。

诸如此类的新"论证",在逻辑上显然是自相矛盾的,在实践上则起了替帝国主义暴力兼并政策文过饰非和呐喊助威的作用,成为库诺夫和谢姆柯夫斯基之流用以诋毁和抨击民族自决原则的新的"理论炮弹",从而"不由自主地为社会帝国主义者效了劳"①。

在国际社会帝国主义分子的一片叫骂声中,以列宁为首的国际马克思主义者坚定不移地捍卫民族自决这一革命的民族纲领,从理论上给社会帝国主义分子以迎头痛击;同时,对某些左派社会民主党人的有害观点,则在"进行同志般的讨论"②中加以既尖锐严厉又令人信服的说理批评,帮助他们回到马克思主义的革命路线上来。

---

① 列宁:《革命的无产阶级和民族自决权》。《列宁全集》第21卷,第390页,并参阅第22卷,第146、328—329页。

② 列宁:《关于自决问题的争论总结》。《列宁全集》第22卷,第324页。

务必同尼古拉二世的"融合"
主张严格划清界限

前面说过,列宁在大战以前批判"民族文化自治"论的过程中,曾经科学地论述了关于民族分离独立和民族同化融合这两种历史趋向及其相互关系,教导世界无产阶级应当自觉掌握历史发展的客观规律,按规律办事,既要坚持民族平权和民族自决,反对大国沙文主义,又要坚持各族无产阶级的国际主义团结,反对狭隘民族主义。

大战以前,列宁曾经明确表示:"总的说来,我们是反对分离的。但我们拥护分离权,因为黑帮的大俄罗斯民族主义大大损害了民族共居的事业,有时**在自由分离以后**,反而可以获得**更多的联系!!**"①1914年4月间,列宁又在一篇题为《关于民族政策问题》、准备由布尔什维克代表在国家杜马中正式宣读的发言稿中,严正声明:"我们只重视自愿的联系,决不赞成强制性的联系。"②他还曾以俄国为例,具体剖析了强制融合的严重恶果,指出沙皇黑帮所推行的暴力兼并、民族压迫的政策,就是民族**分裂**的政策。他们通过维护大俄罗斯民族的压迫特权,制造民族对立,挑动民族残杀,煽起民族仇恨,以破坏各族工人之间的阶级团结,使统一的工人阶级队伍按民族标准陷于四分五裂,从而达到分而治之的险恶目的③。因此,只有取消民族压迫特权,"取消强制性的、封建的和军事的联系,建立自愿的联系,才能够赢得各民族工人阶级的团结一致"④。而马克思主义者大力宣传和维护被压迫民族摆脱殖民统治的自决权,即政治上的分离权、独立权、自主权,就是为了不承认**强制性的**联系,通过反对任何民族特权,坚持民族平等,借以培养各族工人的阶级团结、阶级友爱精神,反对共同的阶级敌人。

从列宁在战前的有关论述中可以看出:马克思主义者在民族融合问题上的基本态度是:第一,赞同加强民族之间的联系和融合;但是,第二,这种联系和融合,必须以平等、自愿作为基础和前提。

大战期间,在关于民族自决问题的新论战中,为了批判兼并融合"进步"论,列宁进一步对上述基本态度作了更加鲜明,也更加深刻的阐述。

---

① 列宁:《给斯·格·邵武勉的信》。《列宁全集》第19卷,第502页。
② 《列宁全集》第20卷,第217页。
③ 参阅列宁:《民族平等》。《列宁全集》第20卷,第232—233页,并参阅第8卷,第320页;第19卷,第303页。
④ 列宁:《关于民族政策问题》。《列宁全集》,第20卷,第217页,并参阅本书第二章第四节关于"民族自决与各民族工人融合"的引述。

列宁反复多次阐明：马克思主义者是各种狭隘民族主义的敌人，是民主**集中制**的拥护者，是反对分立主义的。马克思主义者深信：**在其他条件相同的情况下**，由各民族共同组成大国家的好处是不容置疑的。在一个按照民主集中制原则组织起来的统一的大国里，更便于不同民族在各方面直接地互通有无，取长补短，互助合作，共谋繁荣；也更便于不同民族的工农大众直接地加强联系，紧密团结，同心协力，共谋解放。因此，总的说来，大国比小国更有利于解决发展经济的任务，也更有利于无产阶级对资产阶级开展斗争。

如果进一步从人类社会历史发展的全过程着眼，那么，中央集权制的大国是从中世纪的分散状态走向将来全世界社会主义的统一体的一个巨大历史步骤；而且，民族本身只是一个历史范畴，它和阶级一样，只是人类历史发展到一定阶段的产物，并非自古就有的，也非永世长存的。从长远说，社会主义、共产主义的目的不只是要消灭人类划分为阶级的现象，而且要消灭人类划分为许多小国的现象，要消灭各民族间的任何隔离状态；不只是要使各民族互相亲近，而且要使各民族互相融合，成为一体①。

但是，在如何实现这些目的的问题上，马克思主义者的路线同修正主义者、社会帝国主义者却是根本对立，形同水火的。

在马克思主义者看来，由于帝国主义到处实行暴力兼并和殖民统治，世界各地不同民族之间在平等自愿的基础上互相接近和互相融合的正常进程，受到了极其严重的阻挠和破坏，代之而来的是遍及全球的弱肉强食和民族压迫。以暴力兼并为基础的强迫联系和强迫融合，不但给众多的弱小民族带来了种种社会灾难，而且也给强国大族的劳动者加固了沉重的阶级枷锁，归根到底，造成了全球性的民族对抗和民族分裂。这种现象，对于各族无产阶级的国际主义团结，对于无产阶级社会主义革命事业的进展，对于全人类的解放和共产主义目标的实现，危害至深，破坏极大！

正是针对这种由帝国主义暴力兼并和民族压迫造成的世界性社会病象，马克思主义者力主被压迫弱小民族应当有权从帝国主义殖民帝国整体中分离出来，借以彻底摆脱民族压迫，实现独立自主，即应当享有民族自决权。对于此种主张，列宁再次明确解释说："我们把分离权的问题和我们是不是提倡分离的问题区别开来"②；"民族自决权从政治意义上来讲，只是一种独立权，即在政治上

---

① 参阅列宁：《社会主义革命和民族自决权》，《列宁全集》第22卷，第140页，并参阅第20卷，第29、98—99、217页；第21卷，第86页；第24卷，第51页。
② 列宁：《论对马克思主义的讽刺和"帝国主义经济主义"》，《列宁全集》第23卷，第61页。

同压迫民族自由分离的权利";"这种要求并不等于分离、分散、成立小国家的要求,它只是反对一切民族压迫的彻底表现"①。

换句话说,马克思主义者提倡民族自决原则决不是意味着提倡一切民族通通分离单干,各自组建小国,更不是意味着提倡一切民族各自局处一隅,闭关自守,互相隔绝;而仅仅是意味着对一切民族压迫现象的深恶痛绝,意味着对民族压迫所造成的民族对抗、民族分裂现象的痛心疾首;反过来,同时也就是意味着对世界各族人民在民族平等基础上实现民族亲近、民族融合的强烈愿望!因为,承认、宣传、维护民族自决权,就无异于承认、宣传、维护弱小民族的平等独立地位和当家作主权利,这就有利于他们彻底摆脱帝国主义的暴力兼并和民族压迫,有利于消除由民族压迫所造成的民族对抗和民族分裂,有利于廓清民族之间的猜疑、憎恨或仇视,增强不同民族工农大众的阶级团结②。而所有这些,都归结到一点:有利于不同民族在完全平等、自愿的基础上实现亲近和融合。

可见,提倡遭受异族殖民统治的弱小民族享有分离独立权与实现各民族亲近融合,两者之间,貌似相反,实则相成。对于两者之间的这种关系,列宁作了出色的概括。他指出:马克思主义者是主张民族融合的,但是,在帝国主义对弱小民族肆意实行暴力兼并、殖民统治和民族压迫的现实条件下,没有分离自由,便不能从强制的融合、从兼并过渡到自愿的融合。"正如人类只有经过被压迫阶级专政的过渡时期才能达到阶级的消灭一样,人类只有经过一切被压迫民族完全解放的过渡时期,即他们有分离自由的过渡时期,才能达到各民族的必然融合"③。

列宁还以最简明的语言,突出地强调了马克思主义者坚持民族自决权的根本用意。他总结说,我们宣传和维护民族自决权,"**决**不是为了'提倡'实行分离,相反地,是为了促进和加速各民族的**民主**的亲近和融合";我们之所以要求给遭受帝国主义暴力兼并和殖民统治的一切被压迫民族以分离自由,"只是因为我们主张**自由的**、**自愿的**亲近和融合,不主张强制的亲近和融合。如此而已!"④

由此可见,在马克思主义者看来,在存在着帝国主义殖民统治的条件下,承

---

① 列宁:《社会主义革命和民族自决权》。《列宁全集》第22卷,第140页,并参阅20卷,第217页;第21卷,第392—393页。
② 参阅本书第二章第四节关于"民族自决与各民族工人融合"的引述。
③ 列宁:《社会主义革命和民族自决权》。《列宁全集》第22卷,第141页,并参阅第23卷,第64页。
④ 列宁:《论对马克思主义的讽刺和"帝国主义经济主义"》。《列宁全集》第23卷,第62页。

认民族分离权与促进各民族亲近融合,这两者之间,是手段与目的关系,是途径与终点的关系。承认民族分离权本身并不是目的或终点,而仅仅是促进反帝革命斗争、促进民族自愿亲近融合的有效手段和有效途径。

正由于坚持遭受殖民统治的弱小民族享有分离自由权仅仅是一种手段,它同促进反帝革命斗争、促进各族自愿亲近融合这一目的比较起来,只是相对的、第二性的、被决定的东西,因此马克思主义在有关民族自决权即分离自由权的宣传鼓动和具体运用上,就不应当把它绝对化、僵死化,不应当把它看成是独立自在或一成不变的。恰恰相反,必须视其是否能最有效地服从于和服务于上述目的,在宣传和运用上保持必要的灵活性。

在这方面,列宁的有关论述中有两项要点是特别值得注意的:

第一,仅仅赞助有利于反帝的革命的分离运动,坚决反对不利于反帝的反动的分离运动。列宁在战前有关论述的基础上,再一次重申:"决不允许把民族有权自由分离的问题和某一民族在某个时期实行分离是否适当的问题混为一谈。"①他认为对于后一问题,马克思主义者应当在各个不同的场合,从当时当地的实际情况出发,根据整个社会发展的利益和无产阶级争取社会主义的阶级斗争的利益,全面地权衡利弊,分别地加以解决,即分别地表示赞成分离或反对分离。

列宁明确指出,民族自决的要求,并不是什么绝对的东西,而只是世界整个社会主义革命运动的一小部分。"在个别的具体情况下,部分可能和总体相矛盾,那时就必须抛弃这一部分"②。他还特地引述马克思恩格斯当年坚决反对在欧洲为沙俄霸权扩张充当马前卒的某些小民族所掀起的反动民族运动,作为光辉的策略范例,教育革命人民应当从中吸取有益于将来的极其宝贵的教训③。

列宁的这些教导启示我们:必须严格区分革命的和反动的民族分离运动,以便决定予以赞助还是加以反对;而判断某一民族分离运动之是非,则必须以它在反帝反霸斗争总结算中的实际结果作为标准,看它对帝国主义、霸权主义是起了削弱和瓦解的作用,还是起了巩固和加强的作用④。当民族分离的要求不是有利于促进反帝革命斗争、促进各民族平等自愿的亲近和融合,反而是被

---

① 列宁:《俄国社会民主工党(布)第七次全国代表会议(四月代表会议)》,《列宁全集》第24卷,第269页,并参阅第19卷,第237、427页。
② 列宁:《关于自决问题的争论总结》,《列宁全集》第22卷,第336页。
③ 参阅列宁:《关于自决问题的争论总结》,《列宁全集》第22卷,第335页。
④ 对于这方面的思想观点,斯大林曾以列宁的有关论述为依据,在《论列宁主义基础》一文中作了出色的阐发。参阅《斯大林全集》第6卷,第124—126页。

帝国主义、霸权主义所利用,从而加剧民族对抗和民族分裂或者损害各族工农大众共同的、整体的革命利益时,马克思主义者就应当对这类要求断然加以否定和反对,对它开展必要的斗争。

第二,制定民族纲领,务必切合本国国情,以利于各族自愿融合,共同推进革命。列宁在大战前数月发表的一篇专论民族自决权的长文中强调:在分析任何一个社会问题时,马克思主义理论的绝对要求,就是要把问题提到一定的历史范围之内。如果谈到某一国家的具体的民族纲领,那就一定要估计到在同一历史时代这个国家不同于其他各国的具体特点,而决不能生搬硬套①。在大战期间,列宁写了另一长篇专文批驳对民族自决原则的曲解和攻击,文中再次强调:"一切民族都将走到社会主义,这是不可避免的,但是一切民族的走法却不完全一样",在国家类型、政治体制、民主形式上,"每个民族都会有自己的特点"②,一定会表现出多样性,丰富多彩。因此,决不能"一律用浅灰色"去描绘这方面的未来,否则就顶多只能作出蹩脚可笑的图画。

十月革命胜利之后,列宁更是多次重申这样的思想:当每个国家采取具体的途径来解决统一的国际任务,向着社会主义、共产主义的共同革命目标迈进时,无论如何也不能在斗争策略规则上要求千篇一律、死板划一、彼此雷同,以致作茧自缚,贻害革命。恰恰相反,各国的马克思主义者都必须认真考察、研究、探索、揣摩和把握本民族的特点,在具体运用共产主义基本原则时,把它在细节上正确地加以改变,使它正确地适应于民族的和民族国家的差别③。

列宁的这一光辉指导思想,当然也完全适用于各国民族纲领的正确制订和民族问题的妥善解决。他无疑是要求各国共产党人在各自的全部革命实践中,其中也包括在民族纲领的制定和民族问题的解决方面,务必从本国的实际情况出发,勇于探索,善于创新,多辟新径,殊途同归。

从列宁的以上论述中,我们显然可以看出:鉴别和判断任何民族纲领和民族政策之是否正确,其首要标准就在于看这种纲领和政策是否最切合于本国国情,从而最有利于促进反帝革命斗争,最有利于促进各民族平等自愿的亲近融合和团结合作,归根到底,是否最有利于共同推进无产阶级社会主义、共产主义的革命事业。

为了促进各民族在平等自愿基础上的亲近融合,马克思主义政党应当对一

---

① 参阅列宁:《论民族自决权》。《列宁选集》1972年版,第2卷,第512页。
② 列宁:《论对马克思主义的讽刺和"帝国主义经济主义"》。《列宁全集》第23卷,第64—65页。
③ 参阅列宁:《共产主义运动中的"左派"幼稚病》。《列宁选集》1972年版第4卷,第246页,并参阅《列宁全集》第29卷,第168页;第30卷,第138—139页。

切民族的工农群众进行无产阶级国际主义教育。列宁指出,这种教育工作的具体内容在实行帝国主义压迫的强大民族和遭受帝国主义压迫的弱小民族中,显然不应完全相同,而应当有不同的侧重点。

在压迫民族中,国际主义教育的重心必须是大力宣传并且要工人坚持遭受殖民统治的被压迫民族有分离的自由,对于某一弱小民族的分合去留问题,应当按照该弱小民族自己的意愿去解决;不应当专为本民族着想,而应当把一切民族的利益、一切民族的普遍自由和平等置于本民族之上。

反之,在被压迫民族中,国际主义教育的重心则应当放在各民族"自愿**联合**"这末尾两个字上,围绕这个中心开展宣传鼓动工作,教育群众在任何场合都应当反对小民族的狭隘观点、闭关自守和各自为政,时刻注意把各族无产者的国际主义阶级团结以及各族工农共同的革命事业放在第一位,积极提倡顾全整体和大局,局部利益服从总体利益;在完全平等、自愿的基础上,通过各种形式,同其他民族亲近融合,以便和外族的工农群众齐心协力,共同为无产阶级的革命事业努力奋斗①!

然而,就世界的全局而论,马克思主义者对于反对大国沙文主义的斗争和反对狭隘民族主义的斗争,又并不是等量齐观,平均使用力量的。

列宁教导说,由于我们这个时代的帝国主义使一些大国对其他民族的压迫成了一种普遍现象,一小撮大国的民族正在压迫世界上大多数民族和大多数居民,并且当时为了巩固对其他民族的压迫而正在进行着帝国主义战争,因此,"正是同大国民族的社会沙文主义进行斗争的观点,应该成为社会民主党民族纲领中决定性的、主要的、基本的观点"②。

从这一适应于客观现实和反映了时代特色的基本观点出发,马克思主义者在全世界范围内理所当然地应以更大的努力,来宣传和维护遭受帝国主义殖民统治的弱小民族享有自决权即自由分离权的思想原则,为被压迫弱小民族从帝国主义大国大族的暴力兼并和殖民统治下实行政治分离、另组独立国家的自由权利而大声疾呼,坚决斗争!

可是,当时身为社会民主党人的库诺夫、连施和谢姆柯夫斯基之流,不唯不严格遵循上述主要的、基本的观点,反而借口经济集中、政治集中和民族融合的历史进步作用,赞成和颂扬帝国主义对弱小民族实行暴力兼并,恣意攻击和恶毒诽谤马克思主义者关于民族自决权的正确主张,反对弱小民族享有摆脱帝

---

① 参阅列宁:《关于自决问题的争论总结》。《列宁全集》第22卷,第340—341页,并参阅第20卷,第29页;第23卷,第61—62页。

② 列宁:《革命的无产阶级和民族自决权》。《列宁全集》第21卷,第389页。

主义殖民统治、组建独立国家的自由分离权。列宁尖锐揭露说,这只能说明他们是"相当露骨的资产阶级奴仆"①,是"露骨的社会帝国主义者"②。

列宁反复强调:同他们根本相反,马克思主义者决不能按帝国主义者的理解来坚持经济集中和政治集中的进步性。要使各民族互相接近乃至进一步融合,达到这个目的的方法决不应当是暴力,也决不应当是其他任何形式的强制,而应当"仅仅是各民族工人和劳动群众的自由的和兄弟般的联合"③,即仅仅是"使各民族在真正民主和真正国际主义的基础上相互接近乃至相互融合"④。

有鉴于国际共产主义运动中在民族融合问题上存在着暴力吞并融合和平等自愿融合这两条水火不相容的路线,列宁谆谆教导各国人民要善于进行阶级分析,"研究社会**各阶级**对这个问题的态度"⑤,以便通过比较,进行鉴别,识破那些假马克思主义者、假国际主义者的真貌。他说:"如果压迫的、兼并的大民族中的社会民主党人仅仅一般地鼓吹民族融合,而忘记了,哪怕是一分钟忘记了'他的'尼古拉二世、'他的'威廉、乔治、彭加勒等等**也主张**和小民族**融合**(用兼并手段),……那么,这样的社会民主党人在理论上是可笑的学理主义者,在实践上是帝国主义的帮凶!"⑥

当今世界上,存在着大国霸权主义者。他们多年来拼命鼓吹在强食弱肉和民族不平等的基础上实行民族融合,实行经济集中和政治集中,实行"经济一体化"和"政治一体化"。大国霸权主义者们究竟如何对待当年尼古拉二世的主张?他们记住了什么,"忘记"了什么?——这是值得人们深思的!

在揭批兼并融合"进步"论的过程中,列宁还针对那种形"左"实右的荒谬观点,即夸夸其谈地用"革命"词句唱高调、轻视民族解放运动伟大革命意义的观点,作了辛辣的嘲讽⑦。

列宁认为,如果把帝国主义时代的社会革命看成是"纯粹"由国际无产阶级来进行的革命,那就是一种"迂腐可笑的观点"。这种人实际上是把社会革命设想成这样:大概,有一支队伍在这一边排好队,喊道:"我们赞成社会主义",而另一支队伍在那一边排好队,喊道:"我们赞成帝国主义",这就是社会革命吧!

---

① 列宁:《社会主义革命和民族自决权》。《列宁全集》第 22 卷,第 146 页。
② 列宁:《关于自决问题的争论总结》。《列宁全集》第 22 卷,第 353 页,并参阅第 328—329 页。
③ 列宁:《无产阶级在我国革命中的任务》。《列宁全集》第 24 卷,第 51 页,并参阅第 22 卷,第 143—144、329 页。
④ 列宁:《革命的无产阶级和民族自决权》。《列宁全集》第 21 卷,第 393 页。
⑤ 列宁:《论民族自决权》。《列宁选集》1972 年版第 2 卷,第 526 页。
⑥ 列宁:《关于自决问题的争论总结》。《列宁选集》1972 年版第 2 卷,第 867 页。
⑦ 参阅列宁:《关于自决问题的争论总结》。《列宁全集》第 22 卷,第 349—352 页。以下三段引文均见上列诸页论述,不另注出处。

列宁指出:"谁要是等待'纯粹的'社会革命,谁就**永远**要落空,谁就是不懂得真正革命的口头革命家。"因为,历史表明:像俄国1905年那样的民主革命,就是"由人民中**一切**具有不满情绪的阶级、团体和分子的一系列的战斗构成的";而就社会主义革命而言,它也"**不能不**是一切被压迫者和不满者的群众斗争的爆发",而绝不仅限于无产阶级觉悟分子的参加。面对这五光十色的群众斗争,只要"**客观上**他们是向**资本**进攻的",先进的无产阶级就应当和能够"统一和指导这个斗争",借以实现自己的革命目的。

反之,如果在无产阶级争取社会主义的伟大解放斗争中,轻视被压迫弱小民族的反帝革命运动,"不善于利用反对帝国主义**个别**灾难的**一切**人民运动来加剧和扩大危机,那我们就不是好的革命家"。当时有人借口民族解放运动参加者的社会成分不"纯"而无视运动所产生的客观效果,把欧洲一次具有广泛群众基础的弱小民族的起义蔑称为小资产阶级的"盲动"。对此,列宁严肃地指出:第一,这是一种"教条式和书呆子式的奇怪评价";第二,也是更重要的,这种评价竟同当时俄国的帝国主义分子对同一运动所作的反动评价"'偶然'吻合一致",在这种情况下,"眼睛总该睁开了吧!!"

离婚自由不等于"家庭瓦解"

为了更有力地反击社会沙文主义、社会帝国主义者的上述诬蔑,揭露其谬论的实质,为了使更广大的群众理解和接受马克思主义关于民族自决的主张,列宁还对民族之间分离与融合、分散与集中的关系,作了一个十分通俗、十分恰切的譬喻。

他指出,在婚姻家庭关系上,反动分子反对离婚自由,叫嚷什么允许离婚自由就是促使"家庭瓦解",实际上他们是想维护男性对女性欺凌肆虐的特权。其实,第一,"承认妇女有离婚**自由**,并不等于**号召**所有的妻子都来闹离婚"[①];第二,把离婚自由赋予家庭关系上的被压迫者,势必使家庭关系上的压迫者有所忌惮,不能肆逞淫威,因此,这不但不会使家庭关系"瓦解",而且相反地会使这种关系在家庭民主这一更加牢实的基础上巩固起来。同理,把拥护民族自决权即拥护弱小民族享有摆脱帝国主义殖民统治的政治分离权和独立自主权的人,诬蔑为"闹分散主义"、"鼓励分裂"、"促使国家瓦解"、"破坏工人国际主义团结"等等,这"正像责备拥护离婚自由的人是在鼓励破坏家庭关系一样愚蠢,一样虚

---

① 列宁:《论对马克思主义的讽刺和"帝国主义经济主义"》。《列宁全集》第23卷,第67页。

伪"①。因为,进行这种诬蔑的人,醉翁之意不在酒,其实际目的无非是妄图极力保住帝国主义压迫民族的大国沙文主义特权,就像非难离婚自由的人实际上是力图保住"大男子"的压迫特权一样。

在这方面,列宁特别愤怒地谴责和声讨沙皇黑帮一贯对俄罗斯帝国"大家庭"中的许多弱小民族实行封建家长式的暴虐统治。

列宁认为,欧洲的波兰、芬兰、乌克兰以及亚洲的蒙古、土尔克斯坦等等,都是俄国沙皇和资本家的占领地或殖民地,"对俄国说来,试图在被压迫民族和殖民地之间找出某种重大的差别,那是特别荒谬的"②。在俄国,半数以上,几乎是五分之三的居民遭受着"打破世界纪录"的民族压迫,遭受着沙皇黑帮和大俄罗斯民族地主资本家的残酷掠夺和暴虐摧残。这些吸血鬼拼命鼓吹大俄罗斯民族主义,"有多次血腥镇压民族运动的传统"③。而对弱小民族的压迫,转移了斗争视线,分裂了革命队伍,又反过来成为大俄罗斯民族本身解放事业的莫大障碍,它"是一根有两头的棍子"④,这棍子一头打击弱小的"异族人",另一头打击俄罗斯民族的工农,起着巩固沙皇专制统治的作用。

针对这种情况,列宁一方面号召各族被压迫人民共同奋起彻底摧毁沙皇反动政权,同时又坚决主张各被压迫弱小民族应当享有从俄罗斯帝国的"大家庭"中分离出去的自由权利。因为只有这样,才能更有效地反对民族压迫,从而团结和发动各族人民,更有力地打击沙皇专制统治,加速它的彻底覆灭!列宁强调说:"俄国社会民主党绝对必须承认受沙皇制度压迫的民族有同俄国自由分离的权利"⑤,"要无条件地反对统治民族……对于在国家关系上愿意分离的民族用任何形式施用任何暴力"⑥,如果自称"社会主义者"而又不按此行事,那就必然是"沾满了血污的帝国主义君主派和帝国主义资产阶级的走狗"⑦。

1917年2月革命以后,沙皇政府刚被推翻不久,在两个政权并存的局面下,列宁再一次强调说,无产阶级政党应当立即宣布和实行:"一切受沙皇制度压迫、被强迫合并或强迫划入版图的民族,即被兼并的民族,都享有同俄国分离

---

① 列宁:《论民族自决权》。《列宁选集》1972年版第2卷,第534页。
② 列宁:《论对马克思主义的讽刺和"帝国主义经济主义"》。《列宁全集》第23卷,第63页注,并参阅第25卷,第39—40页。
③ 列宁:《1913年有党的工作人员参加的俄国社会民主工党中央委员会夏季会议的决议》。《列宁全集》第19卷,第427页。
④ 列宁:《民族平等》。《列宁全集》第20卷,第233页。
⑤ 列宁:《社会主义革命和民族自决权》。《列宁选集》1972年版第2卷,第727页。
⑥ 列宁:《民族问题提纲》。《列宁全集》第19卷,第237页。
⑦ 列宁:《社会主义革命和民族自决权》。《列宁选集》1972年版第2卷,第726页。

的完全自由"①。他指出：民族压迫政策是沙皇专制制度的可耻"遗产"，"我们俄国的工人和农民决不用强力扣留任何一块非大俄罗斯的土地或殖民地"②；"否认自由分离权，就是直接继续沙皇政府的政策"，"就等于拥护侵略政策或兼并政策"③。

民族自决口号新的革命内容

在关于民族自决问题的新的论战中，列宁对民族自决这一口号的历史演变过程作了简要的回顾，并精辟地阐明了新的历史时代赋予这个口号以崭新的、更加丰富充实的革命内容。

列宁指出，关于民族自决这个要求，早在十七和十八世纪就已经由小资产阶级提出来了。从整个世界历史发展进程来看，民族运动的产生是同资本主义上升时代，即资本主义彻底战胜封建主义的时代联系在一起的。这种运动的经济基础就是：弱小民族的新兴资产阶级为了发展资本主义商品生产，赢得更多的利润，就必须尽力夺得和全面控制本民族本地区的商品销售市场。要实现这一目的，就必须使操着同一种语言的人群所居住的地域用国家形式统一起来，建立最能满足资本主义发展要求的独立的民族国家。为了建立独立的民族国家，就不能不努力反抗强大异族封建势力的专制统治和民族压迫，实现本民族的政治自决，从异族集体中脱离、分离出来。

所以，民族自决本来就是作为一种反对封建专制主义的斗争口号，即资产阶级民主主义的斗争口号而提出来的。

但是，历史发展到十九世纪末二十世纪初，出现了许多重大的新情况、新因素。资本主义已发展到它的最后阶段即帝国主义阶段，帝国主义列强变本加厉地推行暴力兼并政策，把整个世界瓜分完毕，使民族压迫成为全球性的普遍现象。"帝国主义造成新的基础上的民族压迫"，所以，"帝国主义是在**新的**历史基础上的民族压迫的时代"。

在这个新的时代里，由于民族压迫的加强和扩大，被压迫民族的反抗斗争也相应地加强和扩大，使民族自决大大增加了"问题的迫切性"，民族自决口号的呼声遍及全球，"帝国主义使这一陈旧的口号更新了"④。在新的历史条件

---

① 列宁：《无产阶级在我国革命中的任务》，《列宁选集》1972年版第3卷，第50页。
② 列宁：《有没有通向公正的和平的道路？》，《列宁全集》第25卷，第40页。
③ 列宁：《俄国社会民主工党(布)第七次全国代表会议(四月代表会议)》，《列宁全集》第24卷，第269页。
④ 列宁：《关于帝国主义的笔记》，《列宁全集》第39卷，第841页，并参阅第20卷，第396—397页；第22卷，第141页。

下,这个老口号获得了新活力,增添了新的革命内容。

民族自决口号的更新,粗略地说,主要体现在以下几个方面。

第一,民族自决的口号不再仅仅适用于欧洲,而且广泛适用于全世界。

如所周知,在世界历史上,西欧是资本主义的摇篮;作为资本主义发展的伴生现象,民族运动也最早出现在西欧,并相继产生于欧洲其他地区和北美。依据民族自决原则而组建的许多独立"民族国家对于整个西欧,甚至对于整个文明世界,都是资本主义时期**典型的**正常的国家形式"①。因而,长期以来在欧洲"文明"人的传统观念和一般心目中,剩下的只是那些居住在欧洲、"文化水平"颇高、同样属于"文明"人而又尚未建立独立国家的弱小民族该不该实行民族自决和如何实行民族自决的问题了。

适应着新时代的新要求,列宁果敢地同这种传统观念实行彻底的决裂,严厉批驳了那种硬说民族自决口号早已"过时"和不适用于亚洲、非洲和美洲广阔地区的荒谬观点。

列宁就民族自决问题把当时世界的主要国家分成三类。第一类是西欧的先进资本主义国家和美国:在这些地区,总的说来资产阶级进步的民族运动早已结束。但是,对于迄未挣脱殖民枷锁的爱尔兰人说来,对于在帝国主义大战中遭到暴力兼并因而丧失民族独立的弱国弱族说来,实行民族自决仍然是一个十分现实、毫不过时的问题。对于这些地区压迫民族中的无产阶级说来,则大力赞助受本族帝国主义资产阶级压迫的弱小民族实行民族自决,更是责无旁贷的义务,也不存在"过时"问题。

第二类是欧洲东部的国家:奥地利,巴尔干国家,尤其是俄国。在这些地区,资产阶级民族民主运动当时正在迅猛发展,民族压迫与反民族压迫的斗争十分尖锐。这些国家的无产阶级如果不坚持遭受殖民统治的弱小民族享有民族自决权,就不可能完成民主革命和促进社会主义革命。民族自决的口号在这里不但没有过时,反而具有十分迫切的现实意义。

第三类是中国、波斯、土耳其等半殖民地国家和一切殖民地:在这些地区,人口共达十亿,约占当时世界总人口的百分之六十。这里的资产阶级民族民主运动,一部分刚刚开始,一部分方兴未艾,远未结束。在这个幅员最广、人口最多、受民族压迫最残酷的地区里,实行民族自决、彻底摆脱帝国主义殖民统治,更是当务之急,刻不容缓!因为,全世界的社会主义者都"应当要求无条件地、

---

① 列宁:《论民族自决权》。《列宁选集》1972年版第2卷,第509页。

无代价地立即解放殖民地,——这个要求在政治上的表现只能是承认自决权"①。"所谓解放殖民地,就是实行民族自决"②。

可见,"过时"论是对世界客观现实的严重歪曲和根本背离,是纯主观的反动玄想。

列宁揭露了"过时"论的症结和要害,指出,他们的眼光只注视着英、法、意、德等民族解放运动已成为过去的那些国家,而没有注视到东方、亚洲,没有注视民族解放运动正在发生和将要发生的殖民地半殖民地。可谓一叶障目,不见泰山! 但是,作为一个马克思主义者,就"必须承认一切民族均有自决权",民族自决的原则和要求应当适用于遭受帝国主义统治和压迫的一切民族和一切殖民地,特别是应当适用于"**欧洲以外的一切**被压迫民族,即一切殖民地"③。"欧洲人常常忘记殖民地人民**也是**民族,谁容忍这种'健忘精神',谁就是容忍沙文主义"④;谁如果认为只有欧洲某些"文明"民族才配享有民族自决权,而欧洲以外其他众多遭受帝国主义殖民统治的"不文明"民族则不配享有同等权利,并进而赞成采用兼并手段对这种权利加以破坏,那他就堕落成为社会帝国主义者而决不是马克思主义者了。

列宁进一步强调:在马克思主义者看来,即使对于那些没有工人而只有奴隶主和奴隶等等的殖民地国家,提出"自决"也不仅不是荒唐的,而且是绝对必须的。这首先是因为他们所遭受的民族压迫最为沉重和残酷,提出民族自决即自由分离正是他们反抗帝国主义殖民统治和民族压迫的正确方向;同时也因为马克思主义者、工人政党的口号从来就不仅仅是向工人提出的,民族自决的口号,和工人政党党纲中的其他各种民主要求一起,历来就是作为共同的斗争纲领向全体劳动者、向全体人民提出来的;更何况,绝大多数的殖民地半殖民地早就诞生了无产阶级并且正在成长壮大之中! 由此可见,所谓欧洲以外的殖民地地区"没有无产阶级"因而不适用工人政党提出的民族自决口号云云,是极端荒谬的瞎说。

列宁的这些论述,如此彻底地冲破了欧洲"文明"人传统的狭隘眼界,如此明确地把民族问题和殖民地问题紧密地联结在一起,从而把民族关系上的压迫与反压迫斗争当作全球性的突出现象加以全盘深入的考察和分析,特别是如此郑重地把广大殖民地半殖民地的彻底解放当作世界性的紧迫现实问题,提到全世界革命人民议事日程上来,这在马克思主义的发展

---

① 列宁:《社会主义革命和民族自决权》。《列宁全集》第22卷,第145页。
②④ 列宁:《论对马克思主义的讽刺和"帝国主义经济主义"》。《列宁全集》第23卷,第58页。
③ 列宁:《和平问题》。《列宁全集》第21卷,第269页,并参阅第270、384页。

史上还是第一次。

第二，民族自决的口号不再仅仅是反对封建专制主义的斗争口号，而且主要成为反对资本帝国主义的斗争口号。

列宁指出：民族自决也就是争取民族彻底解放、争取彻底独立和反对兼并的斗争。可是，"在帝国主义时代，资本主义已由反封建主义斗争中的民族解放者，变为各民族的最大压迫者"①。遍及全球的民族压迫现象既然是帝国主义造成的，实现民族自决就是力争彻底摆脱帝国主义的统治和奴役，因此，在新的历史条件下，民族自决这一口号的斗争矛头理所当然地是径直指向帝国主义的。所以，列宁教导说，"民族自决的口号同样必须同资本主义的帝国主义时代**联系**起来"，"我们主张进行革命斗争反对帝国主义"②，而决不赞成保持帝国主义对弱小民族肆意宰割的现状，也决不赞成那种既想改变现状又想逃避大规模反帝革命战争的庸俗的空想。

一方面，不立足于坚持被压迫民族有自决权即自由分离权，就不可能同帝国主义进行真正彻底的斗争；另一方面，不进行最坚决的反帝斗争，包括必要时进行暴烈的民族解放战争，民族自决就成为骗人的空话。因此，只有坚持民族自决原则并把实现民族自决同最坚决最彻底的反帝斗争紧密地联系起来，"才能在我们这个时代对民族问题作出无产阶级的而不是小市民的提法"③，才能同那种市侩式的、企望不经过酷烈反帝斗争便能实现民族解放的右倾机会主义虚幻空想严格划清界限。

第三，民族自决的口号不再仅仅与民主革命相联系，而且紧密地与社会主义革命相联系。

民族问题是"民主问题之一"④；而民族自决则是"政治民主要求之一"⑤。在历史上，争取民族自决向来和其他各种民主主义要求一样，都是同资产阶级民主革命联系在一起的。

进入帝国主义和无产阶级革命时代以后，尽管就民族自决这一要求本身而言，它仍然是民主主义性质的，但是，由于这时无产阶级社会主义革命已经成为直接实践的问题，革命的对象是帝国主义垄断资产阶级，而争取民族自

---

① 列宁：《社会主义与战争》。《列宁选集》1972年版第2卷，第670页，并参阅《列宁全集》第23卷，第25页。
② 列宁：《和平问题》。《列宁全集》第21卷，第271页。
③ 同上。并参阅《列宁选集》1972年版第2卷，第720页。
④ 列宁：《革命的无产阶级和民族自决权》。《列宁全集》第21卷，第387页。
⑤ 列宁：《社会主义革命和民族自决权》。《列宁选集》1972年版第2卷，第722页，并参阅第718页。

决,作为马克思主义政党在民族问题上的革命纲领,其斗争矛头也是直指帝国主义垄断资产阶级的,因此,在新的历史条件下,实现民族自决的革命斗争同实现社会主义的革命斗争,两者所面临的敌人是共同的。从革命的阵线上说来,实现民族自决的斗争起着打击和削弱社会主义革命的敌人、支持和援助社会主义革命力量的作用。同时,对于被压迫民族的无产阶级说来,反对帝国主义殖民统治、争取民族自决斗争的彻底胜利,乃是进一步实行社会主义革命的必要前提和直接准备;而要取得民族自决斗争的彻底胜利,也离不开正在开展社会主义革命斗争的、压迫民族中无产阶级的支持和声援,以击败共同的敌人。

正因为如此,列宁在一九一五年明确指示:"我们应当**把**争取社会主义的革命斗争同民族问题的革命纲领**联系**起来。"①一九一六年列宁在《关于自决问题的争论总结》一文中更加明确地强调说,对于当代被压迫民族的各种民主要求,都不应当孤立地来看,而应当**从世界范围**来看:在新的历史条件下,被压迫民族关于实行民族自决的要求已经成为整个无产阶级社会主义革命运动的一个组成部分②。

总之,列宁关于民族自决口号内容更新的光辉创见和雄辩论述,准确地反映了新时代的新现实和新要求。这些创见和论述是对马克思主义民族殖民地革命学说的重大发展,并且作为一项威力巨大的新思想武器,对马克思主义的总理论武库作了十分重要的添加。

两类民族在自决问题上的不同重点

在第一次世界大战爆发以前,列宁就要求人们注意:民族问题上的机会主义在压迫民族中和在被压迫民族中,有着各不相同的表现③。

大战爆发之后,在论述民族自决口号内容更新的过程中,列宁再三提醒压迫民族的无产者和被压迫民族的无产者,在民族自决问题上开展反对机会主义斗争中应当特别加以注意的重点是各不相同的。这些教导,比较完整集中地体现在一九一六年先后发表的《社会主义革命和民族自决权》、《关于自决问题的争论总结》等纲领性和总结性的光辉论著之中。

就帝国主义压迫民族的无产阶级而言,对待民族自决问题,首先必须切忌谈远不谈近、谈虚不谈实:只用笼统抽象的泛泛空谈去反对兼并和赞成一般的

---

① 列宁:《革命的无产阶级和民族自决权》。《列宁全集》第21卷,第387页。
② 参阅《列宁全集》第22卷,第335—336页。
③ 参阅列宁:《论民族自决权》。《列宁选集》1972年版第2卷,第522页。

民族平等,而对于深受本族帝国主义压迫、被强制扣留在本国疆界以内的弱小民族的政治自决问题,则态度暧昧,默不作声。对于这个具体的要害问题,压迫民族的帝国主义资产阶级历来是最为忌讳、最感到"不愉快的",无产阶级则必须针锋相对,反其道而行之,敢于直接触及和戳破这个"脓疮",旗帜鲜明地要求受本族帝国主义压迫的一切弱小民族和殖民地享有自决权即享有政治分离的充分自由,并为此而开展斗争。如果不敢或不肯这样做,那么,无论说得多么动听,无产阶级国际主义就仍然是口惠而实不至,形同画饼。

其次,必须切忌把义务当恩赐,视自救为救人:要求让受本族帝国主义压迫的一切弱小民族和殖民地享有自决权,支持他们获得民族解放,这不但是压迫民族中无产阶级应尽的国际主义义务,而且是后者自身获得社会解放的首要条件。列宁多次援引马克思对爱尔兰民族自决问题的精辟分析,反复重申和详尽阐明马克思和恩格斯提出的关于"奴役其他民族的民族是在为自身锻造镣铐"、"压迫其他民族的民族是不能获得解放的"著名论断,指出:马克思在1869年之所以要求英国工人支持爱尔兰脱离英国而独立,"正是从英国工人的革命斗争着想"①;他提出这个要求,并不是要"替爱尔兰主持公道","而是从**压迫民族即英国民族**的无产阶级反对资本主义的革命斗争的利益出发的。**这个**民族对其他民族的压迫限制了和损害了**这个民族的自由**"②。

列宁强调,马克思和恩格斯当年在爱尔兰问题上的原则立场为全世界各个压迫民族的无产阶级提供了应当怎样对待民族自决和民族解放运动的伟大范例,这个范例在民族压迫遍及全球的帝国主义时代,尤其"具有巨大的**实际意义**"③。他分析道:马克思和恩格斯没有活到帝国主义时代,现在全世界已经形成了一个由寥寥五六个帝国主义殖民大强国组成的体系,其中每个大强国都正在残暴地压迫其他民族,"而这种压迫是人为地延缓资本主义崩溃的办法之一,是人为地支持那些统治世界的帝国主义民族的机会主义和社会沙文主义的办法之一"④。换句话说,帝国主义列强对广大殖民地半殖民地的残酷压迫剥削,正是造成这些强国内部修正主义思潮泛滥成灾的一项主要条件,也是使这些国家内部革命工人运动受到严重阻碍、反资本主义决战长期迁延的一个主要原因。

---

① 列宁:《社会主义革命和民族自决权》。《列宁全集》第22卷,第143页。
② 列宁:《革命的无产阶级和民族自决权》。《列宁全集》第21卷,第389页,并参阅第20卷,第440—441页。
③ 列宁:《论民族自决权》。《列宁选集》1972年版第2卷,第553页。
④ 列宁:《关于自决问题的争论总结》。《列宁全集》第22卷,第336页,并参阅第18卷,第583页;第31卷,第169页。

列宁的这些分析，为帝国主义压迫民族的无产者找到了他们自身长期处在雇佣奴隶地位的病根，教育他们必须领悟到"救人实乃自救"的辩证道理，把全力支持受本国本族压迫的殖民地半殖民地人民实现民族自决，看作是他们自身争取自我阶级解放的必经途径和必要手段。只有这样，才能认真摆脱帝国主义资产阶级的蛊惑煽动和修正主义思潮的腐蚀毒害，促使自身思想革命化，加速社会主义革命的到来，取得无产阶级自身和全人类的彻底解放。

以上，是帝国主义压迫民族中的无产阶级在民族自决问题上应当特别注意的两大要害。

另一方面，就被压迫民族中的无产阶级而言，他们在对待民族自决问题上应当特别注意些什么呢？

首先，争取民族自决必须不要损害阶级团结。列宁教导说："被压迫民族的社会党人必须特别坚持和实现被压迫民族的工人和压迫民族的工人的完全的无条件的（包括组织上的）团结。"①否则，就不能同本民族资产阶级所鼓吹的狭隘民族主义严格划清界限，就不能保持和捍卫无产阶级在民族解放运动中的独立性，即保持和捍卫无产阶级在反帝革命斗争中的领导权。

其次，争取本民族的自决的同时，切切不要去破坏他民族的自决。既要谨防本民族资产阶级去同压迫民族的资产阶级实行反动的妥协，尤须严杜本民族资产阶级把民族解放的口号变成欺骗工人的手段，在对外政策上"竭力同相互竞争的帝国主义强国之一相勾结，来实现自己的掠夺目的"②，肆意欺凌比本民族更加弱小的他国他族，破坏他国他族的独立和主权。

其三，争取民族自决必须切忌弄成虎去熊来，易主而事。列宁告诫说："争取民族自由、反对一个帝国主义强国的斗争，在某种情况下可能被另一'大'国利用来达到它的同样的帝国主义的目的。"③显然，要避免出现这种名为"自决"实是"他决"的可悲局面，被压迫民族的无产者和革命人民务必加倍提高警惕，既要及时识破这"另一大国"的假仁假义、口蜜腹剑，又要坚决揭露本国本族反动势力开门揖新盗的背叛行径，为本民族真正彻底的解放而斗争。

列宁的这些教导，是对历史上民族解放运动经验教训的科学总结，也是对帝国主义时代客观现实的深入解剖。它对于全世界被压迫民族被压迫人民正确分析和正确对待错综复杂的国际阶级斗争和民族斗争，具有极其重要的现实指导意义。

---

① 列宁：《社会主义革命和民族自决权》。《列宁选集》1972年版第2卷，第721页，并参阅《列宁全集》第23卷，第61—62页。

②③ 均见列宁：《社会主义革命和民族自决权》。《列宁选集》1972年版第2卷，第721页。

四、十月革命以后第三国际初期，列宁在民族殖民地问题上清除修正主义流毒的斗争

（一）一九一七年底至一九二四年初民族殖民地问题面临的新形势

第一次世界规模的帝国主义大战给苦难深重的各国被压迫人民增添了无穷的新灾难，逼使人民群众更快地走上根本推翻资本帝国主义制度的革命道路；同时，大战使帝国主义列强严重地互相削弱，十分有利于革命人民从最薄弱的一个环节上冲破世界资本帝国主义体系的锁链，而它果然被冲破了！

在以列宁为首的布尔什维克党的领导下，俄国的工农群众通过一九一七年的二月民主革命，摧毁了万恶的沙皇制度，埋葬了长达三百年的罗曼诺夫王朝；紧接着，又在同年俄历十月二十五日（公历十一月七日），通过武装起义，一举推翻了帝国主义资产阶级的临时政府，建立了世界上第一个无产阶级专政的社会主义国家。

伟大的转折和崭新的时期

十月社会主义革命的伟大胜利，是人类历史的伟大转折。它"改变了整个世界历史的方向，划分了整个世界历史的时代"[①]，"给世界人民解放事业开辟了广大的可能性和现实的道路"[②]。它破天荒第一次打破了世界资本帝国主义体系的坚冰，开通了驶向社会主义的航路，指明了通往共产主义的航向，从而使人类历史迈进一个崭新的纪元。

十月革命以后，在世界政治中出现了一系列前所未有的重大因素，使全世界被压迫民族反帝革命斗争的局面，焕然改观，从而使全世界殖民地半殖民地的民族解放运动也进入了一个崭新的时期。

十月革命使原先无所不包的、一统的世界资本帝国主义体系，在全球六分之一的土地上崩溃，严重地削弱了国际帝国主义势力。沙皇俄国这个

---

① 毛泽东：《新民主主义论》。《毛泽东选集》（一卷本），第628页。
② 毛泽东：《全世界革命力量团结起来，反对帝国主义的侵略》。《毛泽东选集》（一卷本），第1249页。

拥有殖民地一千七百多万平方公里的庞大殖民帝国的瓦解覆灭，不能不给整个世界殖民体系以极其沉重的打击。这就大大地改变了全世界压迫民族和被压迫民族两大敌对营垒之间的力量对比，十分有利于被压迫民族的解放事业。

十月革命以后，在列宁和斯大林的正确领导下，俄国从欧亚两洲反动势力的主要堡垒，一变而为国际无产阶级公开的革命基地；从被压迫弱小民族的死敌，一变而为殖民地半殖民地民族解放运动的后盾。在十月革命的重大影响和直接推动下，许多先进资本主义国家内部的无产阶级革命运动获得新的重大进展，有力地支持了殖民地半殖民地的民族解放运动。反过来殖民地半殖民地蓬勃开展的民族解放运动，直接打击和严重削弱国际帝国主义势力，也极其有力地支持了第一个无产阶级专政的社会主义国家，声援了资本帝国主义国家无产阶级的革命斗争。面对共同的敌人，这种互相支持、互相声援的关系，在社会主义国家、资本主义宗主国无产阶级社会主义革命和殖民地半殖民地民族民主革命之间架起了一道桥梁，使它们紧密地联结成为一条反对世界帝国主义的国际统一战线。从此以后，殖民地半殖民地的民族民主革命就不再是旧的资产阶级和资本主义的世界革命的一部分，而是新的世界革命的一部分，即无产阶级社会主义世界革命的一部分，成为无产阶级社会主义世界革命的伟大的同盟军。

十月革命一声炮响，给殖民地半殖民地人民送来了马克思列宁主义，它和当地的工人运动相结合，在一些国家和地区相继产生了共产党。其中有些国家和地区的无产阶级，通过自己的马克思列宁主义革命政党，开始逐步掌握民族民主革命运动的领导权，使长期以来在黑暗中摸索、寻求革命真理的人民，从此能够得到思想上政治上正确的领导。正是由于十月革命以后马克思列宁主义在全世界的广泛传播，大大地帮助了被压迫民族的先进分子和革命组织，促使他们开始用无产阶级的宇宙观作为观察国家民族命运的工具，重新考虑自己所面临的迫切问题，作出新的结论。他们对帝国主义压迫的认识，终于从感性阶段上升到理性阶段；他们的斗争，终于从缺乏明确、彻底的反帝革命纲领上升到坚定地确立彻底的反帝革命纲领，大大提高了觉悟水平和斗争水平，从而使这些国家的民族民主运动能够提高到一个崭新的阶段。

十月革命后，中国革命成为无产阶级社会主义世界革命的一部分。在占世界人口总数四分之一、占弱小民族人口总数将近一半的中国，一九一九年爆发了反帝反封建的"五四"运动，在"外争国权、内惩国贼"等战斗口号下，以无产阶级为首的全国人民开展了声势浩大的反对帝国主义及其走狗反动军阀的革命斗争,大大促进了马克思列宁主义同中国工人运动的结合。一九二一年,伟大的中国共产党诞生了,从此以后,中国人民的革命斗争以崭新的面貌出现在世界上。随着时间的推移,中国革命日益发展成为无产阶级社会主义世界革命的"伟大的一部分"①,在愈来愈大的程度上打击着和摧毁着国际帝国主义反动统治的根基。以毛泽东同志为首的中国共产党所领导的中国人民革命的胜利,改变了东方和世界的形势,为被压迫民族和被压迫人民的解放事业,开辟了新的道路。

"二贼相争,两败俱伤"

十月社会主义革命的胜利,严重地打击了世界帝国主义战争势力。列宁领导的苏维埃政权在初建后的第二天就颁布了著名的《和平法令》,提议各交战国立即缔结和约,实现"不割地(即不侵占别国领土,不强迫合并别的民族)不赔款的和平"②,并且挫败了国内外战争势力的种种阻挠和破坏,在一九一八年三月与德国签订了布列斯特-立托夫斯克和约,使苏维埃俄国完全摆脱了帝国主义战争。

在十月革命的强大影响下,在俄国榜样的有力启迪下,欧洲许多国家饱遭战祸的革命人民纷纷把枪口转向本国反动政府,奋起以革命制止战争。保加利亚王国、奥匈帝国、德意志帝国内部先后爆发了声势浩大的反战起义和暴力革命,保、土、奥、德四国政府先后被迫宣布投降。第一次世界大战终于在一九一八年十一月正式结束。

两大帝国主义集团这一场历时四年多的大火并,在一定程度上造成了列宁所预期的局面:"二贼相争,两败俱伤"③。大战使俄、德、奥三大帝国陷于土崩瓦解。英、法、意等帝国主义虽是所谓"战胜国",也打得精疲力竭,元气大伤,实力锐减,有的走向衰落,有的负债累累。在大战末期和战后初期财政危机经济危机的冲击下,深受十月革命影响和鼓舞的无产阶级和革命群众在帝国主义各国内部一再掀起波澜壮阔的罢工和骚动的浪潮,往往在短短的一年之中,单单一个国家参加罢工或骚动的人数就多达几百万乃至上千万(如一九一八年夏秋在日本爆发轰动全球的"米骚动",在三个月中参加暴动斗争的革命群众就多达一千万人以上);其中意大利的二百多万罢工工人在一九二〇年甚至夺取了本国北部所有的大工厂,主持生产和分配,南意的贫苦农民也展开了夺取地主土

---

① 毛泽东:《新民主主义论》。《毛泽东选集》(一卷本),第632页。
② 列宁:《全俄工兵代表苏维埃第二次代表大会》。《列宁全集》第26卷,第227页。
③ 列宁:《给印涅萨·阿尔曼德(1917年1月19日)》。《列宁全集》第35卷,第263页。

地的运动,使反动阶级的统治一度摇摇欲坠。德国工人在新建的德国共产党的领导下,于一九一九年四月间举行武装起义,一度建立了巴伐利亚苏维埃共和国;一九二三年十月,在萨克森和图林根两个地区一度建立了工人政府,还在汉堡地区举行武装起义,把反动警察缴了械,同数量上占绝对优势的政府军激烈搏斗了三天。

在这同时,各国工人和革命士兵还积极开展了保卫刚刚诞生的、革命的苏维埃俄国的运动,在"不许侵犯俄国"的口号下,以拒绝装运杀人武器和军需物资、拒绝作战等等实际行动,努力制止对俄国的反革命武装干涉,有效地支持和保卫了无产阶级世界革命的第一个公开基地。

阿芙乐尔炮声的余震未已,一九一九年三月又在匈牙利爆发了社会主义革命,长期遭受沉重民族压迫和阶级压迫的匈牙利人民,继俄国十月革命之后,从又一个薄弱环节再度冲破了世界资本帝国主义体系的锁链。尽管这又一个无产阶级专政的国家只存在一百三十三天,但它是对国际帝国主义势力的又一重大打击,同时也是对世界被压迫民族被压迫人民的又一重大鼓舞。

上面这些情况,都促使国际帝国主义势力在十月革命后六七年间进一步遭到削弱,从而为世界被压迫民族的解放斗争造成了十分有利的国际环境。

然而,帝国主义列强决不会因为国内的动乱而改变其吞噬殖民地半殖民地人民的虎狼本性。相反,为了缓和国内的经济危机和政治危机,它们在新的条件下向被压迫弱小民族加紧展开了新的进攻。

新的分赃和新的抗争

第一次世界大战结束后,帝国主义列强按照新的实力对比,在一九一九年一月开场的"巴黎和会"上,对殖民地和势力范围实行了新的分赃,展开了新的争夺。战场上的火并厮杀暂时转化为会场上的勾心斗角,而会场上的尔虞我诈又孕育着下一次战场上的大炮轰鸣。

经过五个月又十天的互相攻讦和激烈争吵,列强勉强达成暂时妥协,于一九一九年六月末签订了对德和约,即凡尔赛和约。随后又相继签订了对奥、对保、对土等一系列和约。根据这些和约的有关规定:德国在非洲、亚洲、大洋洲所有的殖民地全部由几个主要的帝国主义"战胜国"以接受"委任"代行统治的美名加以瓜分,德属东非的大部分(坦噶尼喀)划归英国,德属西非的多哥和喀麦隆由英法分割,德属西南非改由英国自治领南非联邦统治,德属萨摩亚归英国自治领新西兰接管,德属新几内亚以及太平洋赤道以南诸岛(除萨摩亚和瑙鲁以外)改隶于英国自治领澳大利亚,太平洋赤道以北德属诸岛则为日本所得;

土耳其在西亚和北非的所有属国全由英、法、意宰割瓜分；连欧洲一些弱小民族的疆土，也竟如一盘豆腐，任凭列强横切竖割，支离破碎，东归西并。此外，凡尔赛和约竟不顾当时中国也是个"战胜国"，公然规定把德国在我山东省攫取的一切非法特权和胶州湾租借地转让给日本①。荒唐悖谬，无以复加！

为了进一步从组织上巩固这种新的分赃局面和新的殖民"秩序"，巴黎和会还制定了《国际联盟盟约》，列为凡尔赛和约的第一部分，并于一九二〇年一月正式宣告成立"国际联盟"。这个拥有四十多个会员国的国际组织，打出的旗号是"促进国际合作"，"维护国际和平与安全"，实际上却是三五个帝国主义大国用以共同宰割世界、奴役弱小民族、镇压民族解放运动的得力工具。例如，在《国际联盟盟约》（它被吹捧为"国联"的"宪法"——根本大法）中，公然诬蔑许多弱小民族"尚不能自立"，需要"先进国"加以"监护（保佐）"，并以此作为借口，公然以弱小民族的太上皇自居，定出了一整套"委任统治"的规章制度，建立了"委任统治委员会"的常设机构，而且堂而皇之地以"国联"名义向殖民盗匪颁发一张又一张的"委任状"；"授权"他们对这些弱小民族实行直接统治②。——时至二十世纪二十年代，居然还如此行事，这倒是完全符合于十五世纪末西班牙国王把哥伦布"预封"为海外殖民总督的历史"传统"的！

作为"巴黎和会"与凡尔赛和约的继续与延长，列强又在一九二一年十一月至一九二二年二月搞了个"华盛顿会议"，签订了条约，保证"互相尊重"在太平洋地区的殖民"权益"，并共同确定了列强在中国的"门户开放、机会均等"原则，实质上等于公开宣布对中国实行"国际共管"，从而使中国成为帝国主义诸大国共同宰割的对象③。

就这样，通过这种臭名昭著的"凡尔赛—华盛顿体系"，战后帝国主义盗匪们完成了对整个地球的重新分赃，确定了世界帝国主义殖民统治的新"秩序"，结成了共同对付和镇压民族解放运动的新的反革命同盟；并且在这些新条件

---

① 参阅：《凡尔赛条约》，第一百五十六至一百五十八条。《国际条约集(1917—1923)》，世界知识出版社 1961 年版，第 136—137 页。

② 参阅：《国际联盟盟约》、《根据国际联盟盟约第二十二条的委任统治文件》。《国际条约集(1917—1923)》，世界知识出版社 1961 年版，第 266、274—275、552—583 页。

③ 参阅：《关于太平洋区域岛屿属地和领地的条约》，第一条；《九国关于中国事件应适用各原则及政策之条约》第一至五条。《国际条约集(1917—1923)》，世界知识出版社 1961 年版，第 738、767—768 页。
1922 年 7 月发表的《中国共产党第二次全国大会宣言》愤怒地揭露说："华盛顿会议给中国造成一种新局面，就是历来各帝国主义者的互竞侵略，变为协同的侵略。这种协同的侵略，将要……使四万万被压迫的中国人都变成新式主人国际托拉斯的奴隶。"见《中共党史教学参考资料》，新华书店北京分店 1957 年版，第一辑。

下,对殖民地半殖民地人民实行更残暴、更疯狂的压迫和掠夺。

但是,殖民地半殖民地的人民在大战期间被迫付出了几千万人的生命代价,难道是为了易主而事,更换一伙新的老爷来奴役自己?帝国主义者在战时和战后给他们制造巨大的新灾难的同时,也制造了同样巨大的新仇恨和新觉醒,旧恨加新仇促使弱小民族同帝国主义者的矛盾空前激化。而大战期间数以千万计的殖民地半殖民地人民被帝国主义资产阶级驱赶到战场上参与了现代化的战争,被驱赶到欧洲工厂中接触了革命的无产者,其中有些人还亲自经历或亲自参加了俄国十月革命和欧洲无产者的革命斗争,凡此,都使他们经了风雨,见了世面,受了熏陶,提高了政治觉悟,掌握了军事技术,学会了使用新式武器的本领(列宁说过:"这是一种非常有用的本领,我们为此要向资产阶级深深地致谢"①)。他们当中的许多人回到祖国之后就成为反帝革命斗争的政治、军事骨干。同时,在大战期间,在帝国主义列强忙于互相厮杀的间隙中,殖民地半殖民地一些国家和地区的民族资本主义经济有了较为迅速的发展,相应地,这些国家工人阶级的队伍也较为迅速地成长壮大,阶级觉悟和民族意识不断提高,开始作为一支引人注目的独立的社会阶级力量登上了政治舞台。

由于各种革命因素和革命力量日益增长,特别是在十月革命的影响和鼓舞下,在马克思列宁主义的传播和武装下,在无产阶级革命政党的正确领导下,亚洲、非洲和美洲广大地区以工人阶级为首的人民群众的反帝革命斗争和民族解放运动,就以空前迅速猛烈和空前广泛深入的态势,蓬勃发展起来了。"拥有十亿以上人口、受尽压迫的殖民地各国人民的反抗……一年比一年、一月比一月,甚至一星期比一星期更加剧烈"②,"连最'有威力的'列强也阻挡不住他们了"③!

单在十月革命以后短短六七年间,亚非拉到处都燃起反帝革命斗争的怒火。

在亚洲,中国人民于 1919 年掀起了反帝反封建的革命狂澜;全球瞩目的"五四"运动,在中国人民和世界人民的反帝斗争史上,写下了光辉的崭新篇章。朝鲜人民于 1919 年举行了全国性的武装起义,全国二百一十八个府郡中,爆发示威和起义的多达二百一十一个,参加斗争的群众达二百万人以上,严惩了日本侵略者和亲日地主,空前沉重地打击了日本的殖民统治。印度人民于 1918 年至 1922 年间连绵不断地举行大规模的罢工示威和武装暴动,到处袭击英国的殖民统治机构和亲英地主的庄园,抵制和焚烧英货,武装抗租抗税;其中马德拉斯省马拉巴尔地

---

① 列宁:《共产国际第二次代表大会》,《列宁选集》1972 年版第 4 卷,第 330—331 页,并参阅同卷第 103 页。
② 列宁:《俄共(布)第十次全国代表会议》,《列宁全集》第 32 卷,第 427 页。
③ 列宁:《〈真理报〉创刊十周年纪念》,《列宁全集》第 33 卷,第 312 页。

区起义的贫苦农民甚至还宣布成立"哈里发共和国",在农村中建立了自己的政权机构,坚持了五个月之久,在印度现代史上开创了一个良好的范例。阿富汗人民于1919年全力支援本国仅有的五万军队,奋勇抗击在数量上和装备上都占绝对优势的三十四万英国殖民侵略军,终于迫使英帝国主义者同意签订协定,承认阿富汗的主权和独立。伊朗人民于1920年掀起了反英武装起义,一度在阿塞拜疆省建立了反帝反封建的民族政府,并在吉兰省建立了吉兰共和国,打击了英帝国主义及其走狗的反动统治。土耳其人民于1920年至1922年进行了艰苦的民族解放战争,并在列宁领导的苏维埃俄国的国际主义援助下,击败了英法等国的侵略占领军,推翻了帝国主义走狗的封建王朝,建立了共和国。

在非洲,埃及人民于1919年发动了驱逐英国侵略者的大规模武装起义,工人和学生在城市同英国占领军逐街逐巷展开激烈血战,农民则在乡村广泛开展游击战打击殖民强盗,广大埃及妇女也毅然冲破了"闺阃"制度的传统约束,拿起武器同侵略者英勇搏斗;经过反复较量,终于迫使英帝国主义者在1922年承认埃及独立,摆脱了"保护国"的屈辱地位。摩洛哥里夫族人民于1921年以原始武器勇敢顽强地抗击装备精良的西班牙殖民侵略军,取得了全歼两万名强敌的辉煌胜利,建立了"里夫共和国";接着又先后在1924年和1925年进一步粉碎了西班牙十万殖民军的反扑,挫败了法国殖民军的进犯,一度使整个西属摩洛哥国土几乎全部光复,并严重震撼了法属摩洛哥的殖民统治。

在拉丁美洲,阿根廷人民于1918年至1924年开展了反对帝国主义走狗反动独裁统治的斗争,罢工示威一浪高过一浪,武装起义也在城乡各地频频爆发,到处打击和惩罚反动军警,使伊里戈延反动政权一度濒于垮台!此外,在墨西哥、巴西、智利、秘鲁等其他拉美国家,1918年至1920年之间广大人民群众反美帝、反独裁的革命斗争,也有如风起云涌,遍及各地,而且在不少国家发展成为革命的武装暴动。其中,墨西哥部分地区的工人和农民甚至占领矿场自行管理生产,夺取大庄园主的土地加以平分;某些城市和州还曾仿效俄国一度宣布成立苏维埃,由此可见十月革命影响深刻广泛之一斑。

总之,十月革命以后数年间,亚非拉广大地区漫天而起的反帝烽火和革命风暴,以其新的气势和新的声威,空前有力地同欧美先进国家的无产阶级革命运动互相呼应和互相促进,搅得国际帝国主义资产阶级惊恐万状。加强血腥镇压,是他们的看家本领,继续蒙蔽欺骗,也是他们的拿手惯伎。主人挥手,走狗出笼:大战爆发后业已四分五裂的第二国际的余孽们,战后又重新啸聚纠集,在无产阶级革命和无产阶级专政的一系列基本问题上,其中包括在民族殖民地问题上,继续大放其毒。或老调重弹,或陈腔新唱,一时猎猎之声,又复此落彼起了。

沉滓泛起，僵尸还魂

正当帝国主义主子们在巴黎折冲樽俎、纵横捭阖之际，他们的奴才——分属两大敌对阵营的第二国际余孽们，经过四年之久的相对龇牙咆哮之后，也在伯尔尼聚首一堂，握手言欢，共商反革命大计。1919年2月的伯尔尼会议选出了社会党"国际"（史称伯尔尼国际）的常设委员会和执行委员会，老牌的第二国际右派头子布兰亭得意洋洋地宣告："国际又复活了。"这次会议所通过的一系列反革命修正主义的决议表明：巴黎的帝国主义头子们和伯尔尼的社会帝国主义头子们之间，是心心相印、紧密唱和、大演政治双簧的。国际马克思主义者恰如其分地指出：伯尔尼国际是"第二国际的僵尸还魂"①，是"巴黎和会的从属机构和国际联盟的辅助机关"，是"国际帝国主义代理人的组织"，是"黄色的、背叛的、变节的国际"②。

一方面是沉滓的泛起，另一方面则是精华的聚集：在大战期间反帝、反修的共同斗争过程中，愈来愈多的国际马克思主义者逐步团结在列宁周围，于1915年开始组成了齐美尔瓦尔得左派集团，设立了自己的常务局，进一步开展活动，加强斗争。从此以后，特别是在伟大的十月革命以后，国际左派队伍更加迅速扩展壮大。1919年3月，在列宁亲自领导和主持下，三十个国家的共产党和左派社会党组织的代表参加了共产国际的成立大会，正式组成了共产国际——第三国际。在国际共运史上，这是一项影响深远的大事。大家知道，自从恩格斯逝世以后，第二国际修正主义分子在国际共产主义运动队伍中造成了长达二十余年之久的思想混乱和组织瓦解状态，现在，终于由第三国际在世界范围内竖起了一面鲜红的革命大旗，号召全世界一切被压迫阶级和被压迫民族集合在这面旗帜之下，这就使全世界革命者为之耳目一新，倍感振奋！第三国际成立之初，就遵循马克思列宁主义的革命原则，制定了大力促进无产阶级世界革命事业的基本路线和行动纲领。

在民族殖民地问题上，第三国际愤怒谴责帝国主义列强战后变本加厉地推行殖民掠夺政策，尖锐揭露伯尔尼社会党国际"奴颜婢膝地为威尔逊国际联盟效劳"；同时严正声明："与黄色的社会党国际相反，共产主义无产阶级的国际将支援被剥削的殖民地人民反对帝国主义的斗争，以便促使世界帝国主义体系最后崩溃。"③列宁

---

① 《对伯尔尼代表会议的态度（共产国际第一次代表大会的决议）》。《第一国际第二国际历史资料》，新莫斯科出版社1926年版，第247号文件。
② 列宁：《论第三国际的任务》。《列宁全集》第29卷，第457、459页。
③ 《共产国际行动纲领》。《第三国际》（国际共运史资料汇编），中国人民大学出版社1958年版，第34页。

领导下的第三国际的革命路线和斗争实践,代表了国际无产阶级和被压迫民族被压迫人民的根本利益和共同愿望,它在世界革命人民中享有崇高的威望。

有鉴于此,第二国际的"中派"余孽们为了捞取政治资本,以便在工人群众中继续招摇撞骗,纷纷厚着脸皮申请加入第三国际。但是,他们又拒不接受第三国际的革命纲领和革命章程,这样的申请理所当然地碰了壁。于是,他们别立门户,独树一帜,1921年2月在维也纳组成了"社会党国际工人联合会"(史称维也纳国际或第二半国际),借以显示自己颇有异于"伯尔尼国际"那些声名狼藉的右派余孽,并非后者的同类。然而维也纳国际的一切言行却处处表明他们在思想政治路线的大是大非问题上,同伯尔尼国际是亦步亦趋、并无二致的。"第二半国际的先生们很想自称为革命家,但实际上一到紧要关头就变成了反革命分子"①。在1923年5月的汉堡代表大会上,两派余孽干脆进一步实现了组织上的合并,定名为"社会主义工人国际"。本出一丘而暂分两窟的黄貉和灰貉终于又同归一穴、抱成一团了。

沉渣再度泛起,本相越加分明。在暂时分家终又合穴的过程中,两派余孽的共同的基本立场是:继续鼓吹阶级调和、阶级"合作"、议会道路与"和平"过渡。其中不少死心塌地的资产阶级走狗相继入阁当官,甚至担任资产阶级反动政府的首脑,窃踞军政要职,一遇奴隶造反,便下令把革命推入血泊,"为资产阶级执行刽子手职务",成为"一群卑鄙的杀人犯"②。

他们继续"发扬"大战期间社会沙文主义的"传统",在"国际"会议等各种场合,各自为本国主子效力,攻讦对方,推卸战争罪责,力求攫得更多的割地赔款,争得更大的霸权。

他们紧密合作,互相唱和,共同恶毒攻击无产阶级专政,积极支持帝国主义列强对初生的社会主义国家实行反革命武装干涉和各种颠覆活动,力图把它扼杀在摇篮之中。

他们拥护和支持本国垄断资产阶级的殖民掠夺和侵略扩张政策,百般美化国际帝国主义巩固殖民统治的最新工具——国际联盟,并且对日益觉醒、起来造反的世界弱小民族,极尽欺骗、恐吓、诬蔑、挑拨之能事,妄图稳住日趋崩溃的帝国主义殖民体系的阵脚。

---

① 列宁:《新时代,新形式的旧错误》,《列宁全集》第33卷,第6页。
② 列宁:《论第三国际的任务》,《列宁全集》第29卷,第466页。
据上述汉堡代表大会通过的"社会主义工人国际"章程第十五条规定:该"国际"的执行委员如果参加资产阶级反革命政府内阁,只是暂时自动失去"国际"执委资格;而过足官瘾、领够赏钱之后,一旦退出政府,这些政治娼妓和杀人犯就立即又恢复了"社会主义"的童贞,"可以再度当选为执行委员"。参阅:《第一国际第二国际历史资料》,新莫斯科出版社1926年版,第271号文件。

(二)列宁对第二国际余孽们在民族殖民地问题上谬论的斗争

为国联唱颂歌

如前所述,战后各国帝国主义者通过缔结一系列国际条约,从法律上确定了对整个地球的重新分赃,又通过成立国际联盟,力图进一步从组织上巩固新的分赃局面和新的殖民"秩序"。对于这个由殖民主义者全盘操纵,高举着"白色的反革命的大旗","号召全世界一切反革命分子集合于其旗帜之下"①的反动机构,第二国际的余孽们却顶礼膜拜,推崇备至。他们公然作出决议,把这个世界性的反革命组织同他们梦寐以求的"社会主义理想"扯在一起,把帝国主义政客们关于成立国际联盟的主张,说成是"非社会主义的政治活动家们"如今已被迫"承认实现这个社会主义理想——成立国际联合会(联盟)是当务之急"②。

他们利用全世界被压迫民族被压迫人民痛恨帝国主义战争和殖民掠夺政策的心理,渲染战争恐怖,散布"和平"幻想,胡诌什么"下一次战争就会把世界完全毁灭掉。……这种灾难只有成立国际联盟才能防止";而被压迫民族则应当安分守己,静待殖民主义者所操纵的国际联盟来"确认各族人民的权利不容侵犯",由国际联盟来"制订法律",妥加"保护","为最迅速地提高土著居民创造条件",于是乎结社自由、出版自由、集会自由、地方自治自由乃至"国家自决的自由",都会从天而降③!这些空头支票,集中到一点,就是在新的历史条件下再次耍弄考茨基之流的故伎:竭力模糊和抹杀压迫民族和被压迫民族的根本对立。

余孽们当然也知道国际联盟的现状是不得人心的,于是在多次的决议中反复向国际联盟的未来抹上一层层浓重的金色油彩,冀能增强它的欺骗性。这种骗术集中表现在"使国际联盟民主化"的口号上。所谓"民主化"的具体办法就是把参加国际联盟执行机构——理事会的人选成员,由原先各国政府指定的代表,更换为各国议会诸党派选出的代表,从而把国际联盟逐步改组为社会党人(按指社会帝国主义者)占优势的国际性代表机关。同时,分别由各国工人对本

---

① 毛泽东:《中国社会各阶级的分析》。《毛泽东选集》(一卷本),第4页。
② 参阅:《关于国际联盟问题的决议》。《第一国际第二国际历史资料》,新莫斯科出版社1926年版,第243号文件。
③ 参阅:《关于国际联盟问题的决议》、《关于领土问题的决议》。《第一国际第二国际历史资料》,新莫斯科出版社1926年版,第243、244号文件。

国代表在国际联盟的活动"实行直接监督"。据说,经过如此这般的一番"充实和改善"之后,国际联盟就会"真正地成为捍卫各国人民的和平与权利的机构",成为"正义与持久和平的自然的工具","公正地"处理一切国际纠纷。因此,各国无产阶级理应"全力支持"国际联盟,好让它顺利地完成它所担负的"伟大任务"①。——第二国际的余孽们把他们自己所耽迷的"议会道路"从国内延伸到国际,诱骗被压迫民族沿着这条死胡同去求得"解放",这是他们的又一"创造性"发明!

一方面是对国际联盟的顶礼膜拜,另一方面则是对弱小民族的鄙夷蔑视。这是第二国际余孽们作为国际资产阶级走狗的本质所决定的。

第二国际的余孽们假仁假义地自称赞同民族自决,同时却直接搬用了帝国主义殖民老爷们的语言,恶毒诬蔑亚洲、非洲和美洲许多弱小民族"还没有达到自决的水平",一笔勾销了殖民地半殖民地亿万人民的自决权。在伯尔尼黑会上,他们公然通过决议②,鼓吹"还没有达到自决水平的民族,应该由国际联盟加以保护并且由国际联盟促进它们的发展"。——为虎狼颁发了"保护"羔羊的最新"许可证"③!

在这份盖有"社会主义"印章的"许可证"上,赫然写着:国际联盟的一项"重要任务",就是在国际上推行"贸易自由","开放殖民地门户"。如果有哪个

---

① 参阅:《关于国际联盟问题的决议》、《帝国主义和约与工人阶级的任务》。《第一国际第二国际历史资料》,第 243、272 号文件,并参阅连茨:《第二国际的兴亡》,三联书店 1974 年版,第 185 页。
关于这方面的思想观点,后来由考茨基作了更肉麻的表述:他吹捧国际联盟是达到"理想目标"的"至高无上的手段",通过它,能够"创造一个持久和平的时代,把地球变成自由、平等、彼此友爱地联合起来的各民族的一个大家庭的居处"。因此,虽然国际联盟的现状不能令人满意,"但是正如对待国家或议会的态度那样……要激励无产阶级十分有力地去支持那些旨在加强国际联盟和使国际联盟的组织更为合理的一切努力。"参阅考茨基:《国际问题和社会民主党》,第九章;《社会主义者和战争》,第四编第七章第八节。

② 参阅:《关于国际联盟问题的决议》。《第一国际第二国际历史资料》,新莫斯科出版社 1926 年版,第 243 号文件。

③ 社会帝国主义者在伯尔尼通过的这项决议同帝国主义者在巴黎通过的《国际联盟盟约》第二十二条,从内容到用词,都是互相呼应的,《盟约》明文规定:许多殖民地国家"其居民尚不克自立",因而国际联盟应当"以此种人民之保佐委诸……各先进国,该国即以受任统治之资格为联盟施行此项保佐"。参阅:《国际条约集(1917—1923)》,世界知识出版社 1961 年版,第 274 页。
关于"自决水平"问题,考茨基在其晚年著作中也胡诌什么:许多殖民地已经同宗主国建立了"紧密的经济关系","一旦突然切断这种关系",就不可能不给殖民地土著居民"造成重大损失",甚至会"又沦入东方专制统治的阶段";殖民地半殖民地人民"无知而且散漫",还不具备"相当文明"的"前提","如果英国人今天撤出印度,这个帝国将完全陷于无政府状态"。结论是:"不应当立即就让殖民地的居民自己管理自己"!在他看来,殖民地半殖民地人民一旦摆脱了西方吸血魔鬼,就肯定活不好、活不了。晚年的考茨基连最后一层的"中派"外衣也脱得精光,干脆和右派社会帝国主义者穿上连裆裤了。参阅考茨基:《国防问题和社会民主党》,第四章;《社会主义者和战争》第四编第八章,第四节。

弱小民族不愿敞开国门，引狼入室，而打算实行或保留关税制度，则必须"交国际联盟讨论"，"经国际联盟批准"——如果国际太上皇们不批准，弱小民族就理应平毁关税壁垒，听凭帝国主义列强"自由"地占领本国市场，"自由"地倾销舶来商品，"自由"地摧残民族经济①。

这份"许可证"上还赫然写着："应当授权国际联盟，使它能扩大成为一个调节重要物资和原料的生产和分配的机关"。这段温文尔雅的外交辞令，其真实含义是：全世界各地的一切重要原料和自然资源，统统应当由三五个强国的殖民盗帮打起国际联盟的新旗号加以统一占有、统一控制，并统一"分配"到他们的私囊中去。可是据余孽们说，此项"授权"纯粹是为了"把世界产量增加到最高限度"②，而丝毫不意味着你的就是我的。——伯恩施坦和万-科尔早年鼓吹的"资源人类共有论"③本来只是个别人物的邪说，此时竟正式上升为"国际"的"庄严"决议。

"保护"云云，原来如此！

除此之外，第二国际余孽们目睹战后亚非拉民族解放运动来势空前迅猛，锐不可当，便进一步施展故伎，利用世界各国人民饱尝帝国主义战祸后渴望世界和平的善良愿望，居心险恶地把争取民族解放的斗争同维护世界和平的斗争对立起来，妄图孤立和破坏民族解放运动。

他们诡称支持弱小民族的"真正解放"，却又以维护国际"和平"为名，不许被压迫民族使用革命的暴力抗击压迫民族的反革命暴力。按照他们规定的清规戒律，被压迫民族纵然世代横遭帝国主义的武力征服、军事占领和残暴的殖民统治，也不许以牙还牙，动刀动枪，借以改变丧权辱国和疆土沦亡的现状，而只能温良恭俭让地请求一小撮殖民恶霸所操纵控制的国际联盟来主持"公道"，通过"国际协商"、"国际仲裁法庭"、"公民投票"等等"和平手段"，"以民主方式解决民族问题"，"而且最好在国际联盟范围内解决"④。余孽们甚至还极力鼓

---

① 第二国际余孽们在1923年汉堡黑会的决议中更进一步宣布："为反对关税保护制……而斗争，也是工人阶级的一项职责"。参阅：《第一国际第二国际历史资料》，新莫斯科出版社1926年版，第272号文件。

② 第二国际余孽们在1925年马赛黑会的决议中说得更"透彻"：国际联盟内的经济组织应当"保证在一切国家之间合理分配原料资源，反对高额保护关税制度和经济上的民族主义"；殖民地国家的国民经济"应当置于真正国际性的(?!)机构的控制之下，并受国际联盟的监督"。考茨基在临死前一年更为蛮横无耻地公开声称：国际联盟的任务之一就在于"把某些国家对生存必需的资源和动力的单独占有转变为全人类所占有"，"国际联盟自身应当占有这些场地"！参阅：《第一国际第二国际历史资料》，新莫斯科出版社1926年版，第276号文件；考茨基：《社会主义者和战争》，第四编第八章第五节。

③ 参阅本书第二章第二节。

④ 参阅：《关于国际联盟问题的决议》、《关于领土问题的决议》、《关于东方问题的决议》。《第一国际第二国际历史资料》，新莫斯科出版社1926年版，第243、244、281号文件。

吹殖民地"解放"的范围尺寸,不得超越出直属宗主国所设置的牢笼栏栅。例如,臭名昭著的社会帝国主义分子海德门①在谈论英属殖民地民族解放运动时,就以老爷式的傲慢口吻宣称:"英国渴望的是,新的发展和解放应该在英国指导下,和平地进行。"②一句话,他们妄图用"和平"的绳索,绑住被压迫民族革命造反的手脚,用"和平"的刀斧,削尽被压迫民族反帝斗争的锋芒,借以保持既定的殖民"秩序"。

如果有谁敢于蔑视他们的"和平"戒律、"和平"牢笼以及"和平"绳斧,敢于倡导反帝革命,鼓吹以革命暴力回敬反革命暴力,这些社会帝国主义战争贩子们便把自己装扮成"和平卫士",大声咆哮,信口雌黄地咒骂别人"好战"、"危害世界和平"。在这方面,第二国际、第二半国际的头子鲍威尔跳得很高。这个"出色的社会主义叛徒"、"不可救药的有学问的混蛋"③,肆意歪曲国际马克思主义者关于支持民族解放斗争、促进世界革命和以革命制止战争的一贯主张,恶毒诬蔑以列宁为首的国际无产阶级革命派是在提倡什么"为了完成世界革命必须进行新的世界战争",指责共产国际不该支援殖民地半殖民地反帝革命斗争,以致"产生了新的世界战争的极大危险"④。余孽们通过诸如此类的造谣中伤,在全世界人民中进行挑拨离间,妄图把国际无产阶级革命派从渴望世界和平的群众中孤立起来。

另外一位同鲍威尔"声名"不相上下的"理论家"希法亭⑤,深知要瓦解民族解放运动和败坏无产阶级世界革命事业,单靠极右的手法是"效果"有限的,于

---

① 亨利·迈尔斯·海德门(1842—1921),英国律师、政论家,英国社会党创始人和领导人之一。改良主义者。1900—1910 年间担任第二国际执行局委员。第一次世界大战期间,成为英国沙文主义者的首脑,露骨地为英国政府的殖民主义、帝国主义政策辩护。敌视十月社会主义革命,并积极赞助对苏俄进行武装干涉。

② 海德门:《亚洲的觉醒》,卡富尔出版公司 1919 年伦敦版,第 270 页。

③ 列宁:《政论家的短评》。《列宁全集》第 30 卷,第 327 页。

④ 鲍威尔:《关于东方问题的决议》。《第一国际第二国际历史资料》,新莫斯科出版社 1926 年版,第 281 号文件。
在这场血口喷人的合唱中,后来考茨基的调门拉得更高。他不但诬蔑国际马克思主义者通过"煽动民族矛盾来为世界大战推波助澜","需要战争来作为革命的序幕";而且诽谤被压迫民族的反帝斗争"危害"了世界"和平",胡说什么"对于世界和平说来,帝国主义的危害不过是微小的。而东方的民族意图……的危害看起来还更大"。这个维护世界"和平"的宪兵公然把苦主诬赖为凶手,好让真正的凶手逃脱,这正说明他自己是凶手的同谋犯。参阅考茨基:《国防问题和社会民主党》第九章、第十章第三节。

⑤ 鲁道夫·希法亭(1877—1941),经济学家,德国社会民主党和第二国际首领之一。1907—1915 年担任该党中央机关报《前进报》编辑。第一次世界大战期间,同考茨基一起成为"中派"主义头子。极力鼓吹"有组织的资本主义",歌颂资产阶级的国家垄断资本主义,从"理论"上百般粉饰帝国主义制度,同时恶毒攻击无产阶级专政。1923 年和 1928 年两度参加资产阶级政府内阁,任财政部部长。

是便以形"左"实右的言词欺世惑众。他诽谤殖民地半殖民地人民(主要是贫苦农民)过于"落后",革命性"太差";进而诋毁马克思主义者关于先进国家无产阶级与被压迫民族结成反帝同盟的正确主张是所谓"机会主义"路线,鼓吹等待"纯粹的"工业无产阶级在全世界实行"纯粹的"社会主义革命。他用这类极端"革命"的漂亮空话,极力回避和无限期拖延无产阶级所面临的迫切革命任务,为自己及同伙临阵脱逃、变节投敌的罪行遮羞盖丑,开脱罪责;并妄图借以破坏国际反帝革命统一战线,分裂世界反帝革命大军,予以各个击破。

十月革命胜利和第一次世界大战结束以后,第二国际余孽们在民族殖民地问题上的上述新"理论",实际上大多是这伙叛徒在战前和大战期间同类谬论的旧词新谱,滥调新唱。由于国际马克思主义者多年来的揭露批判,由于这帮社会帝国主义者丑恶面目的日益暴露,由于被压迫民族被压迫人民的日益觉醒,战后这类谬论的市场也相应地逐步缩小。但是,其流毒所及,仍然对无产阶级世界革命事业发生重大的消极影响和破坏作用。为了进一步清除这种消极影响和破坏作用,以列宁为首的国际马克思主义者在新的条件下开展了新的斗争。

熊未打死就为分熊皮而厮咬

十月革命胜利后,列宁所领导的布尔什维克党在一个幅员辽阔、人口众多的国土上执掌了政权,建立了世界上第一个无产阶级专政的社会主义国家。革命胜利的事实雄辩地证明了列宁主义路线的无比正确,以列宁为首的国际无产阶级革命派的威望空前提高。

1919年共产国际的成立,使国际无产阶级革命派在思想政治路线上、组织上和行动上加强了统一和团结。

在这些有利条件下,列宁率领国际马克思主义者为肃清修正主义流毒,其中包括在民族殖民地问题上的修正主义流毒,开展了更加广泛深入、更加卓有成效的斗争。

究竟应当怎样看待战后成立的国际联盟?——这是当时国际马克思主义者同国际修正主义者论战的焦点之一。

第二国际的余孽们把国际联盟吹捧为维护国际和平的卫士、弱小民族的救星,在世界被压迫民族和被压迫人民中散播新的博爱"福音"。对于这场花样翻新的政治骗局,列宁本着一贯的原则精神,无情地加以戳穿。

列宁尖锐地指出:所谓在资本主义制度下各民族能够和平共居和一律平

等的说教,只不过是"市侩的民族幻想"①。第二国际余孽们把国际联盟与他们的"社会主义理想"扯在一起,可是,现实无情:由几个帝国主义大国全盘控制的国际联盟却是建立在资本主义私有制的基础之上的。列宁说,私有制就是掠夺,以私有制为基础的帝国主义国家就是强盗的国家,而强盗为了分赃就不免要互相厮杀。他们之间的老规矩历来是"熊还没有打死,甚至还没有动手打,就要分熊皮,并且为这只熊闹起纠纷来了"②。国际联盟成立伊始,帝国主义列强为了根据新的实力对比重新分割世界,争夺世界霸权,不是在这个组织内部舌剑唇枪,激烈争吵,就是在这个组织外部刀拔弩张,一触即发。因此,帝国主义列强之间的国际联盟纵能在短暂的期间内造成国际"和平"的错觉,但是事实很快就证明:"这臭名远扬的联盟原来是个肥皂泡,马上就破灭了"③;它只是"纸上的联盟"④,更形象些说,它只是"疯狗联盟,他们在抢肉骨头"⑤。

出于利欲薰心,强者对于强者向来是不讲和平的,而强者对于弱者则尤其不讲和平。大战结束后,凡尔赛"和约"的缔结和国际联盟的成立,不但不能使帝国主义列强对弱小民族的殖民压迫和殖民掠夺有所减轻,反而使这种压迫和掠夺达到了前所未有的广度和深度。对于这种局面,列宁作了十分精辟的科学分析。

列宁对全世界人口的分布情况作了统计,指出:大战爆发前夕,大约十亿人口被置于殖民地半殖民地的屈辱地位;战后,帝国主义列强通过签订凡尔赛和约和成立国际联盟之类的倒行逆施,使遭受殖民压迫和殖民掠夺的人口骤然增至十二亿五千万人以上,并且使这些人口的"贫困、破产达到了空前未有的程度"⑥。更为重要的是:如果说,战前列强对殖民地半殖民地的分赃和掠夺在国际社会上还是比较"名不正言不顺"的,那么,战后一系列国际会议、国际条约、国际联盟却使这种分赃和掠夺"合法化"了,"有史以来破天荒第一次把十二亿五千万人遭受掠夺、奴役、贫困、饥饿和屈居附属地位的事实,用法律形式固定下来了"⑦。简言之,殖民掠夺的范围扩大了,殖民掠夺的程度加深了,殖民掠夺的秩序"法定"了,——这就是战后国际联盟的三大最新"德政"。

---

① 列宁:《民族和殖民地问题提纲初稿》。《列宁选集》1972年版第4卷,第272页。
② 列宁:《在莫斯科省的县、乡、村执行委员会主席会议上的演说》。《列宁全集》第31卷,第291页。
③ 列宁:《俄共(布)中央委员会的报告(1920年3月29日在俄共(布)第九次代表大会上)》。《列宁选集》1972年版第4卷,第160页。
④ 列宁:《在全俄农村工作干部第二次会议上的演说》。《列宁全集》第31卷,第150页。
⑤ 列宁:《在全俄矿工第一次代表大会上的讲话》。《列宁全集》第30卷,第454页。
⑥⑦ 列宁:《共产国际第二次代表大会》。《列宁选集》1972年版第4卷,第322—323页,并参阅第316—318页。

列宁还进一步揭露了国际联盟的反动本质,指出它实际上是一个"企图瓜分管理各国家的权利,企图分割世界"①的反革命机构;国际联盟《盟约》所明文规定的"委任统治"制度,则更是空前明目张胆的强盗立法,"人们所谓分配殖民地委任统治权,就是分配被委托去盗窃和抢劫的权利"②。对于这样一个助纣为虐、择弱而噬的反动组织,第二国际余孽们竟把它美化为在国际上主持公道、扶弱抑强的救命菩萨,力图诱骗世界被压迫民族和被压迫人民去膜拜它,"支持"它,"保卫"它,这和这伙叛徒在大战期间鼓吹"保卫祖国"一样,实际上等于保卫本国资产阶级吸血鬼的利益,都是"不可容许的叛卖性妥协的最主要表现"③。

不切实援助弱小民族的反帝革命,"国际主义"就成为一块假招牌

关于如何看待国际联盟的论战,实质上牵涉到被压迫民族的解放应当走什么道路的问题:是走改良主义的道路,还是走革命造反的道路?是寄希望于帝国主义贵族老爷们,想入非非,等待恩赐,还是唤醒和依靠奴隶们自身,丢掉幻想,奋起战斗?换句话说,大战后有关国际联盟问题的争论,实质上是大战前和大战期间关于民族解放道路问题论战的继续和发展,是在新形势下就老问题展开了新的论战。

第二国际余孽们把国际联盟视如神物,并指望把它"充实和改善"成为各国议会的国际性代表机构——"国际议会",这是完全符合他们的一贯"传统"的。正如列宁所揭露的,这些社会帝国主义者所习惯地认为"正常的",是要殖民地半殖民地亿万人民甘愿忍受旷古未闻的剥削和明目张胆的掠夺,忍受饥饿、暴力和侮辱,好让"文明"人能够"自由地"、"民主地"、"议会式地"决定他们的命运,任意摆布和宰割他们④。正是从这种"正常的"帝国主义立场出发,他们就"理所当然"地把弱小民族的反帝革命造反义举统统看作"越轨行动",把坚决支持这种义举的国际马克思主义者统统诬为"好战"和"危害和平"。

列宁痛斥了第二国际余孽这种假维护国际"和平"之名,行维护帝国主义殖民秩序之实的反革命言行。他一针见血地揭露说:这些社会帝国主义者的惯用伎俩是口头上伪善地承认国际主义,而事实上却"用市侩民族主义与和平主

---

① 列宁:《俄共(布)中央委员会报告(1920年3月29日在俄共(布)第九次代表大会上)》.《列宁选集》1972年版第4卷,第160页。
② 列宁:《在全俄东部各民族共产党组织第二次代表大会上的报告》.《列宁选集》1972年版第4卷,第103页。
③ 列宁:《共产主义运动中的"左派"幼稚病》.《列宁选集》1972年版第4卷,第224页。
④ 参阅列宁:《〈真理报〉创刊十周年纪念》.《列宁全集》第33卷,第311页。

义偷换国际主义"①;口头上诡称赞助民族自决,事实上却反对本着革命的精神进行工作,反对切切实实地援助殖民地半殖民地被压迫民族的反帝斗争。因此,他们的所谓"国际主义"云云,只不过是狗肉摊上的羊头,只不过是"一块假招牌"②!

同第二国际余孽的这种反革命立场针锋相对,列宁号召参加第三国际的"各国共产党必须直接帮助附属的或没有平等权利的民族……和殖民地的革命运动"③;并且鲜明地提出:第三国际在民族殖民地问题上的全部政策,主要应该是使各民族和各国的无产者和劳动群众联合起来,共同进行革命斗争,战胜资本主义。"如果没有这一胜利,便不能消灭民族压迫和不平等的现象"④。他强调:"除了用革命推翻资本主义之外,任何国际仲裁法庭、任何关于裁减军备的谈论、任何对于国际联盟的'民主'改组,都不能使人类摆脱新的帝国主义战争"⑤,摆脱帝国主义的殖民掠夺。在列宁的建议和主持下,第三国际作出决定:凡是愿意加入第三国际的党,不仅要揭露公开的社会沙文主义的穷凶极恶,而且要揭露社会和平主义的假仁假义。反之,不做到这一点,就意味着没有同第二国际余孽们严格划清界限,因而就没有资格参加坚持世界革命的第三国际。

正确认识帝国主义时代的分裂和对抗

列宁谆谆教导世界革命人民务必十分清醒地认识到帝国主义时代世界性的分裂和对抗。一九一九年,他提醒说:"劳动者不应当忘记,资本主义把民族分成占少数的压迫民族,即大国的(帝国主义的)、享有充分权利和特权的民族,以及占大多数的被压迫民族,即附属或半附属的、没有平等权利的民族"⑥。由于前者对后者长期实行压迫、剥削、掠夺、奴役,使后者对前者的不满和不信任已经积累了好几百年。第一次帝国主义世界大战以及战后帝国主义列强种种新的倒行逆施,促使这两者之间的分裂和对抗进一步加深了,恶感和仇恨也进一步加剧了。

一九二〇年,列宁在分析国际形势的一项报告中,把当时总计拥有十七亿五千万人口的世界各国划分为三类:一类是在大战中和大战后大发横财和扩大了掠夺地盘的寥寥几个国家,总人口还不到二亿五千万,而其中又只有一小撮上层分子才能享受殖民掠夺的利益;另一类是战后基本保持原来地位的发达国家,总人口不超过二亿五千万,这些国家因实力削弱而在经济上或军事上依

---

①②③ 列宁:《民族和殖民地问题提纲初稿》。《列宁选集》1972年版第4卷,第274页,并参阅同卷第337页。
④ 同上书,第272页。
⑤ 列宁:《加入共产国际的条件》。《列宁选集》1972年版第4卷,第310页。
⑥ 列宁:《为战胜邓尼金告乌克兰工农书》。《列宁选集》1972年版第4卷,第148页。

赖于帝国主义新霸主;还有一类是拥有十亿人口、始终处在被压迫地位的广大殖民地半殖民地,以及拥有二亿五千万人口、战后沦于殖民地地位的国家,其中包括同样被帝国主义战争"置于同殖民地毫无差别的境地"①的第一个社会主义国家——苏维埃俄国。这就是说,战后遭受民族压迫和殖民掠夺的人口已从战前的十亿人激增到十二亿五千万人,实际上就是使"十二亿五千万人依附于一小撮富翁,处于无法生存的境地"②。一句话,民族压迫的范围空前扩大了,被压迫民族同压迫民族之间的矛盾也空前激化了。

列宁认为,从世界全局来说,"所有导致革命的资本主义基本矛盾、帝国主义基本矛盾,所有引起了对第二国际作激烈斗争的工人运动中的基本矛盾,都是同世界人口的这种划分联系着的"③。"十二亿五千万人决不会让'先进的'、文明的资本主义任意奴役下去,要知道,他们占世界人口百分之七十!"④在全世界两大民族营垒矛盾空前激化的情况下,被压迫民族的反帝革命怒火燃遍全球,就成为历史的必然!

对于世界人口的这种划分以及由此引起的矛盾对抗的空前激化,第二国际余孽们历来不是正视它、揭露它,而是千方百计地回避它、掩饰它。他们的惯伎之一,就是使用资产阶级民派的伪善辞令,"只限于空洞地、形式地、纯粹宣言式地承认民族平等,在实践上却不负任何责任"⑤,并借此把寥寥几个帝国主义大国残酷压迫全世界弱小民族的现实遮盖起来,妄图平息世界性的反帝革命风暴,阻挠和破坏世界革命的正常进程。

针对第二国际余孽们的这种惯伎,列宁号召参加第三国际的各国共产党一定要"揭露其虚假和伪善"⑥,揭露帝国主义资产阶级经常破坏民族平等的种种事实。他教导说,在观察和处理一切民族殖民地问题时,不要从修正主义者所津津乐道的资产阶级"民主"、"平等"之类的抽象原则出发,而要从具体的现实的各种现象出发,对帝国主义时代具体的历史情况,首先是经济情况,作出准确的估计,而"帝国主义的特点就是现在全世界已经划分为两部分,一部分是人数众多的被压迫民族,另一部分是人数甚少的、拥有巨量财富和强大军事实力的压迫民族"⑦;帝国主义时代所特有的现象,就是"为数无几的最富强的先进资

---

① 列宁:《共产国际第二次代表大会》。《列宁选集》1972年版第4卷,第316页。
② 同上书,第324页。
③ 同上书,第318页。
④ 同上书,第325页。
⑤ 列宁:《民族和殖民地问题提纲初稿》。《列宁选集》1972年版第4卷,第273页。
⑥ 同上书,第271页。
⑦ 列宁:《共产国际第二次代表大会》。《列宁选集》1972年版第4卷,第333页。

本主义国家对世界绝大多数人实行殖民奴役和金融奴役"①。

正是从这种最基本、最主要的客观现实出发,列宁亲自为第三国际的第二次代表大会起草了一份著名的有关民族殖民地问题的纲领性文件,而且一再提醒代表们注意贯串于整个提纲的基本思想,极其鲜明地指出:"我们的提纲中最重要最基本的思想是什么呢?就是被压迫民族和压迫民族之间的区别。同第二国际和资产阶级民主派相反,我们强调这种区别。"②

在这里,值得注意的是:列宁在把当时属于资本主义世界的多种国家分别划归上述三类的同时,把社会主义的苏维埃俄国同殖民地半殖民地被压迫民族列在同一类里。列宁这样划分,难道是忘记了或忽视了社会主义同资本主义之间的原则界限吗?不是的,绝对不是!因为:

第一,众所周知,资本帝国主义存在着固有的三大基本矛盾,即资本主义国家内部无产阶级同资产阶级的矛盾;帝国主义列强之间的矛盾;帝国主义同殖民地半殖民地人民之间的矛盾③。随着十月革命的胜利,从世界范围来看,又开始出现了另一项基本矛盾,即帝国主义国家同社会主义国家之间的矛盾。在地球上出现了第一个社会主义国家之后,不是别人,而正是列宁本人在论述资产阶级和无产阶级两种外交方式的时候,明确指出:现在地球上有两个世界,一个是资本主义的旧世界,一个是正在成长的新世界④。显而易见,列宁在此处对于资本主义世界和社会主义世界这两种社会制度的原则界限,是划分得清清楚楚、十分严格,毫不暧昧含糊的。

当然,同时也要看到,列宁在另外一些场合却对世界政治力量按照另外一些标准作了别种划分。例如,按照世界各民族间最本质的相互关系,划分为压迫民族和被压迫民族两大营垒;或者按照世界各国在国际上的经济地位、政治地位,划分为前述三类国家。我们认为,在学习列宁的这些论述时,不但要把上述几种不同的划分联系起来,作为一个整体加以全面理解,而且要把这些划分,同帝国主义和无产阶级革命时代世界上存在的诸项基本矛盾联系起来,加以综合领会。

如果说,列宁关于资本主义旧世界和社会主义新世界的"两分法",主要是如实地反映了帝国主义和无产阶级革命时代世界中帝国主义国家同社会主义国家之间的矛盾;如果说,列宁关于压迫民族和被压迫民族的"两分法",主要是

---

① 列宁:《民族和殖民地问题提纲初稿》。《列宁选集》1972年版第4卷,第271页。
② 列宁:《共产国际第二次代表大会》。《列宁选集》1972年版第4卷,第332—333页。
③ 参阅斯大林:《论列宁主义基础》。《斯大林全集》第6卷,第65—66页。
④ 参阅列宁:《全俄苏维埃第九次代表大会》。《列宁全集》第33卷,第123页。

如实地反映了帝国主义和无产阶级革命时代世界中帝国主义同殖民地半殖民地广大人民的矛盾;那么,列宁关于世界人口和国家的上述"三分法",就主要是如实地、综合地反映了同一时代世界中帝国主义同殖民地半殖民地广大人民的矛盾,帝国主义国家同社会主义国家之间的矛盾,帝国主义国家同帝国主义国家之间的矛盾以及这些矛盾之间的相互关系。例如,划入遭受帝国主义强国残酷压迫和殖民掠夺这一类型的十二亿五千万人口中,既有原先的殖民地半殖民地国家,体现了帝国主义同殖民地半殖民地人民之间的矛盾;也有初生的第一个社会主义国家,体现了帝国主义国家同社会主义国家之间的矛盾;还有当时的帝国主义战败国,体现了帝国主义国家同帝国主义国家之间的矛盾。此外,当时世界总人口中的其余五亿人,虽同属资本主义国家,但也分为战后实力扩张和实力削弱两类,则又从另一领域体现了帝国主义列强之间的矛盾。

简言之,这种"三分法",和上述两种"两分法"一样,都是列宁对帝国主义和无产阶级革命时代世界政治力量的基本划分,这三种划分,无疑都是完全正确的。它们的区别,只是在于革命导师分析问题时的着眼点有所不同:在不同的场合,从不同的角度,分别地对帝国主义和无产阶级革命时代世界的某一种基本矛盾进行单独的考察,或者全面地对帝国主义和无产阶级革命时代世界的多种基本矛盾进行综合的考察。

第二,在帝国主义和无产阶级革命时代,世界的任何一种基本矛盾,都不是孤立自在的。各种基本矛盾之间,是互相联系、互相渗透和互相影响的。帝国主义国家同社会主义国家之间的对立,帝国主义同殖民地半殖民地广大人民的对立,这两种基本矛盾之间的关系,也不能例外。列宁把全世界人口和国家划分为三类,并且把苏维埃俄国同殖民地半殖民地被压迫民族列为同一类,这显然是着眼于和强调了业已取得革命胜利和掌握国家政权的无产阶级,应当更加坚定地同殖民地半殖民地的被压迫民族站在一起,在反对国际帝国主义的共同斗争中,同命运,共呼吸,互相支持,互相援助,协同进击,合力挫败共同的敌人。这是社会主义革命在一国立足生根和巩固发展的绝对需要,也是社会主义革命在全世界逐步推进的绝对需要。可见,列宁在划分国际政治阵线时这样做,丝毫不是忘记了或忽视了当时的苏维埃俄国已经是社会主义国家,丝毫不是动摇了苏维埃俄国的社会主义发展方向,恰恰相反,列宁的这一立场,不但真正坚持了苏维埃俄国的社会主义发展方向,而且完全符合于国际无产阶级革命事业的利益。它为国际无产阶级争取社会主义世界革命的胜利作出了极其正确的战略规定,也为后来的一切社会主义国家树立了光辉的榜样。

被压迫民族要参与决定世界命运

列宁不但启迪被压迫民族要充分认识帝国主义的残暴本性,意识到同帝国主义的根本对立,从而下定反帝革命斗争的决心;而且鼓励被压迫民族要彻底看透帝国主义的虚弱本质,估量到奴隶们自身的强大力量,从而树立反帝革命必胜的信心。他一贯教导被压迫民族,既要不存幻想,又要不畏强暴。

第二国际那些社会帝国主义分子视世界弱小民族如草芥。他们以西方殖民老爷们祖传的倨傲态度,或者诬蔑许多弱小民族"还没有达到自决水平",或者诋毁他们过于"落后"和革命性"太差",或者恫吓他们不得拿起武器以暴抗暴,以免被"完全毁灭"。

列宁严厉驳斥了诸如此类的流氓恶霸哲学,并且以无产阶级革命家的远见卓识,充分估计和热情歌颂殖民地半殖民地人民所蕴藏的巨大革命威力和所能发挥的巨大革命作用。

他总结了被压迫民族奋起抗击国际帝国主义的胜利实践,满怀信心地指出:尽管这些民族非常弱小,尽管欧洲压迫者在斗争中运用了最优良的武器和战术,似乎拥有不可战胜的力量,但是被压迫民族所进行的革命战争一旦把千百万被剥削劳动者真正唤醒,就会激发出创造奇迹的毅力和才能,就完全能够击败帝国主义侵略者,争得民族的解放①。列宁的这一科学总结,充满了对被压迫落后民族劳苦大众的无限信赖,它教育和鼓舞殖民地半殖民地人民要从根本上藐视貌似不可战胜的帝国主义者,敢于斗争,敢于胜利!

前面说过,早在第一次世界大战以前,列宁在通盘考察"全球各地和各种形式的世界解放运动"②时,就高度评价亚洲众多被压迫民族掀起的反帝革命义举,并且把亚洲被压迫民族的觉醒与欧洲无产阶级开展夺取政权的战斗并列,作为二十世纪初世界历史开始迈进新阶段的主要标志。十月革命胜利和第一次世界大战结束以后,列宁看到世界被压迫民族特别是东方各弱小民族反帝革命斗争的浪潮空前高涨,看到他们"最终卷入了全世界革命运动的总漩涡"③,他十分高兴地作了个今昔对比:长期以来,西方殖民强盗们一向用东方亿万人民"给资本主义文化和文明当肥料",强迫他们"仅仅充当别人发财的对象";而

---

① 参阅列宁:《在全俄东部各民族共产党组织第二次代表大会上的报告》。《列宁选集》1972年版第4卷,第97页。
② 列宁:《亚洲的觉醒》。《列宁全集》第19卷,第68页。
③ 列宁:《宁肯少些,但要好些》。《列宁选集》1972年版第4卷,第709页。

今,继东方觉醒时期之后,一个新的时期到来了:拥有七亿多人口的"印度和中国在咆哮着",东方众多弱小民族纷纷挺身奋起,不当"肥料",要当家作主了,他们要求掌握自己的命运,要求"参与决定世界命运"、"参与决定全人类命运"①了。根据此类情况,列宁判断说,占全世界人口绝大多数的殖民地半殖民地劳动群众业已发生了"根本的变化"②,在国际政治舞台上,他们"现在已经作为独立的、积极的革命因素出现了"③。

面对这种大好形势,列宁科学地综合概括了世界革命的新鲜经验,其中也包括世界被压迫民族被压迫人民大力支援第一个社会主义国家抗击国际帝国主义的胜利经验,明确地指出:各先进国家的劳动人民反对帝国主义者和剥削者的国内战争正开始同反对国际帝国主义的民族战争结合起来。因此,今后世界社会主义革命不会仅仅是或主要是每一个国家的革命无产者反对本国资产阶级的斗争。不会的。"这个革命将是受帝国主义压迫的一切殖民地和国家、一切附属国反对国际帝国主义的斗争"④。

列宁再三提醒人们注意被压迫民族占世界人口绝大多数并且蕴藏着巨大革命潜力这两大特点,他科学地断定:十月革命以后,殖民地半殖民地的亿万人民群众已经成为用革命行动彻底摧毁国际帝国主义这一伟大事业中的重大力量,他们的反帝革命运动起初是为争取民族的解放,将来一定会转而反对资本主义,即必将从民族民主革命进一步发展为社会主义革命,"在未来的世界革命的决战中……它所起的革命作用,也许比我们所希望的要大得多";"他们一定会在世界革命的下一个阶段中起非常巨大的革命作用"⑤。

无产阶级同被压迫民族结成联盟

正因为殖民地半殖民地人民在摧毁国际帝国主义的斗争中所具有的巨大潜能是如此之不容忽视,他们在未来世界革命的决战中所能起的革命作用是如此之举足轻重,所以,列宁在为无产阶级社会主义世界革命确立战略思想、制定战略路线的时候,极其强调全世界无产阶级必须同全世界被压迫民族联结成强大的国际反帝革命统一战线,实现尽可能紧密的联盟,以战胜共同的压迫

---

① 列宁:《在全俄东部各民族共产党组织第二次代表大会上的报告》,《列宁选集》1972年版第4卷,第103页,并参阅《列宁全集》第33卷,第312—313页。

②③ 列宁:《共产国际第三次代表大会》,《列宁全集》第32卷,第442、469页,并参阅第31卷,第204页;第32卷,第154页,第32卷,第312、313页。

④ 列宁:《在全俄东部各民族共产党组织第二次代表大会上的报告》,《列宁选集》1972年版第4卷,第102页。

⑤ 列宁:《共产国际第三次代表大会》,《列宁全集》第32卷,第469页,并参阅第442页。

者——国际垄断资产阶级。

大家知道,由于资本主义发展不平衡,社会主义革命不可能在一切先进国家同时获得胜利。同样由于资本主义发展不平衡,当代世界中除了高度发展的资本主义民族之外,还有许多很弱小和经济十分不发达的民族,它们在觉醒之后有着强烈的革命要求,但这种革命要求却不可能在一开始就是社会主义性质的。基于对这些客观现实进行深入的研究分析,列宁早在大战期间就断定:未来世界范围内的社会革命,只能在各先进国家无产阶级的社会主义革命同落后地区被压迫民族所掀起的一系列民族民主革命互相联合起来的时代中进行①。

大战以后,根据这种正确判断,列宁在一九二○年提交共产国际第二次代表大会讨论的一项纲领性文件中,明确地制定了一条根本指导原则:"共产国际在民族和殖民地问题上的全部政策,主要应该是使各民族和各国的无产者和劳动群众为共同进行革命斗争、打倒地主和资产阶级而彼此接近起来"②。因为只有这种接近和联盟,才能保证最终战胜资本主义,从而消灭一切阶级压迫和民族压迫,实现全人类的解放。

列宁的这一战略思想包含着以下两个主要方面:

一方面,列宁早就指出:殖民地半殖民地人民在争取民族解放的革命斗争中,"有各文明国家里的无产阶级做他们的可靠的同盟者"③。特别是殖民地半殖民地人民可以利用宗主国无产阶级掀起推翻本国反动统治者的革命斗争和国内战争所造成的大好时机,来发动民族起义,争得本民族的独立解放。十月革命以后,列宁又强调:被压迫民族的解放斗争只有同国际无产阶级反对国际帝国主义的革命斗争直接联系起来,才能顺利地发展,才能有所成就。对于弱小民族中的亿万被剥削劳动群众说来,他们获得彻底解放的唯一希望是国际革命的胜利,国际无产阶级是他们的"唯一同盟者"④。

基于这种思想,列宁多次教导被压迫民族的无产阶级政党必须坚持无产阶级在民族解放运动中的领导权,用无产阶级国际主义精神教育本民族的工农群众,严防本民族的资产阶级用反动的民族主义毒害工农的阶级意识,分裂和破坏劳动者的国际团结,分裂和破坏国际反帝革命统一战线。

---

① 参阅列宁:《论对马克思主义的讽刺和"帝国主义经济主义"》。《列宁全集》第 23 卷,第 54 页。
② 列宁:《民族和殖民地问题提纲初稿》。《列宁选集》1972 年版第 4 卷,第 272 页,并参阅第 275 页。
③ 列宁:《落后的欧洲和先进的亚洲》。《列宁全集》第 19 卷,第 83 页,并参阅第 23 卷,第 53—54 页。
④ 列宁:《在全俄东部各民族共产党组织第二次代表大会上的报告》。《列宁选集》1972 年版第 4 卷,第 105 页,并参阅第 95 页。

另一方面，列宁尤其着重强调：先进国家的无产者在争取阶级解放的革命斗争中，必须取得殖民地半殖民地各被压迫民族劳动群众的援助，首先是东方各民族劳动群众的援助。如果没有这种援助，他们是不能取得胜利的①。因此，"如果欧美工人的反资本斗争不把被资本压迫的千百万'殖民地'奴隶最紧密地全部团结起来，那么先进国家的革命运动事实上只不过是一场骗局"②！

在这里，列宁显然是把欧美先进国家无产阶级同亚洲、非洲和美洲广大落后地区被压迫民族劳苦大众的紧密团结和联合斗争，把后者对前者的援助，看成是欧美先进国家无产阶级争得自身解放的必要前提。

可以说，这是列宁在十月革命之后新的历史条件下，把自己历来一贯坚持的思想原则，提到新的高度上再次加以极力强调。而其所以必须如此强调，显然是从欧美先进国家社会主义革命的动力、对象以及十月革命后新旧两个世界的力量对比进行综合考察和深思熟虑的结果。

首先，从欧美先进国家社会主义革命的动力来说，既然实行殖民掠夺是这些国家无产阶级深受腐蚀毒害、革命工人运动遭到严重阻碍破坏、反资本主义决战长期迁延的一个主要原因③，那么，没有殖民地半殖民地众多弱小民族奋起开展反帝革命斗争以推翻殖民统治，就无法促使欧美先进国家无产阶级思想革命化，也就无法促进欧美社会主义革命的到来。

其次，从欧美先进国家社会主义革命的对象来说，既然实行殖民掠夺是欧美垄断资产阶级物质力量和精神力量的一个主要源泉，是他们人为地延长资本主义寿命推迟资本主义崩溃的一项主要办法④，那么，没有殖民地半殖民地众多弱小民族奋起开展反帝革命斗争以推翻殖民统治，就无法严重削弱欧美垄断资产阶级，也就无法大大促进欧美社会主义革命的胜利。

再次，从十月革命后社会主义新世界同资本主义旧世界的力量对比来说，由于资本主义发展不平衡的规律导致革命发展不平衡，社会主义革命只能首先在单独一个或寥寥几个国家内获得胜利从而处在资本主义包围之中。因此，在相当长期里，资本主义旧世界在实力对比上占有巨大的优势，并且基于对社会主义国家的共同仇视而实行反革命的国际联合。在这种情况下，如果没有国际

---

① 参阅列宁：《在全俄东部各民族共产党组织第二次代表大会上的报告》，《列宁选集》1972年版第4卷，第105页。

② 列宁：《共产国际第二次代表大会》，《列宁全集》第31卷，第238页。

③ 参阅列宁：《关于共产国际第二次代表大会的基本任务的提纲》，《列宁选集》1972年版第4卷，第300页。并参阅《列宁全集》第13卷，第60—61页；第22卷，第337—338页；第23卷，第104—105页；第26卷，第148—149页；第28卷，第411页；第31卷，第202—203、229页。

④ 参阅列宁：《关于自决问题的争论总结》，《列宁全集》第22卷，第336页。

无产阶级的共同声援,特别是如果没有亚洲、非洲和美洲广大地区被压迫民族亿万群众积极开展反帝革命斗争以牵制和削弱国际帝国主义,社会主义国家就无法改变上述十分不利的实力对比,难以避免陷于孤立和遭到扼杀的巨大危险,也就谈不上巩固和发展社会主义革命的胜利成果。

历史表明:十月革命后,正是由于当时殖民地半殖民地广大地区反帝革命运动的蓬勃发展,迫使国际帝国主义穷于应付从而无法全力以赴去扼杀初生的苏维埃政权;正是世界被压迫弱小民族亿万群众反帝革命斗争的蓬勃发展,形成了一项重大的有利因素,使幼弱的社会主义国家能够在虎狼环伺的资本主义包围之中生存下去和成长起来[1]。

总之,欧美先进国家的无产阶级(其中包括业已取得社会主义革命初步胜利的俄国无产阶级)同亚洲、非洲和美洲广大落后地区的被压迫民族有着共同的敌人。从无产阶级世界革命的斗争全局进行综合考察,殖民地半殖民地人民的反帝革命斗争和民族解放运动,既是直接打击和严重削弱国际帝国主义垄断资产阶级的,客观上同时也就是直接打击和严重削弱欧美先进国家无产者国内的反动统治者以及社会主义国家的外部敌人。因此,欧美先进国家的无产阶级理应把殖民地半殖民地人民的反帝革命斗争和民族解放运动,看成是对自己的一种最可靠的支援,看成是自己直接的切身的利益所在;从而,理应无条件地予以全力支持。反之,如果不这样看和这样做,那就不论其"社会主义革命"口号喊得多么高亢激昂(例如,像前述希法亭之流那样),"事实上只不过是一场骗局"!

正因为如此,列宁特别注意教导欧美先进国家的共产党人,在对待殖民地半殖民地的民族解放运动时,务必摆脱一国一族的狭隘自私立场,同第二国际那些社会帝国主义者所一贯鼓吹的"市侩民族主义"和"民族利己主义"严格划清界限;务必坚持无产阶级国际主义的革命原则,并且把它摆在首要地位。

对于第一个社会主义国家——苏维埃俄国的共产党人,列宁尤其要求他们清醒地认识到,俄国革命"最大的历史课题就是:必须解决国际问题,必须唤起国际革命,必须从我们狭隘的民族革命转到世界革命"[2],因而更应当率先严格按照无产阶级国际主义行事。"而无产阶级的国际主义,第一、要求一个国家的无产阶级斗争的利益服从全世界范围的无产阶级斗争的利益;第二、要求正在

---

[1] 参阅列宁:《在共产国际第三次代表大会上关于俄共的策略的报告提纲》。《列宁全集》第32卷,第441—442页,并参阅同卷,第427页;第31卷,第295—296页。

[2] 列宁:《关于战争与和平的报告》。《列宁全集》第27卷,第80页。

战胜资产阶级的民族,有能力和决心去为推翻国际资本而承担最大的民族牺牲"①。大家都知道,列宁在一九二〇年提出这一号召的时候,正是年轻的苏维埃俄国遭到十四个国家反革命武装干涉的艰辛岁月。尽管本国处境是如此困难,还是这样说,这样做,勇于为世界革命事业承担最大的民族牺牲,这是何等无私的胸襟!何等伟大的气魄!何等远大的眼光!只有真正以解放全人类为职志的阶级及其政党和领袖,才具有这样的胸襟、气魄和眼光。

根据上述革命原则,列宁不但在他执笔拟定并获得第三国际第二次代表大会通过的关于民族殖民地问题的纲领性文件中,把直接援助殖民地半殖民地被压迫民族的革命运动,作为各国共产党责无旁贷的义务,一般地规定下来;而且在他亲自起草并获得大会通过的另一项重要决议中,把切实支持本国殖民地的反帝革命运动,作为各宗主国工人政党申请加入第三国际的先决条件之一,特别地加以规定。决议明文写着:"凡是愿意加入第三国际的党,都必须无情地揭露'本国的'帝国主义者在殖民地所干的勾当,不是在口头上而是在行动上支持殖民地的一切解放运动,要求把本国的帝国主义者从这些殖民地赶出去,教育本国工人真心实意地以兄弟般的态度来对待殖民地和被压迫民族的劳动人民,不断地鼓动本国军队反对对殖民地人民的任何压迫"②。这项规定意味着设下了一道关口,严防那些顽固坚持社会帝国主义立场的第二国际余孽们削尖脑袋,钻进威望日益提高、"在某种程度上已经成了时髦"③的第三国际——共产国际当中来,捞取政治资本;同时,这项规定实际上还意味着:把对待本国帝国主义反动统治阶级殖民侵略暴行所采取的态度,作为检验真假共产党、真假马克思主义者的重要试金石。

当年,以列宁为首的布尔什维克党,就是严格按照第三国际这项规定的革命精神,率先身体力行。

事例之一:早在俄国无产阶级政权建立后的第二天,列宁就在他亲自为苏维埃政府草拟的第一个法令中向全世界庄严宣告:坚决废除宰割弱小民族的秘密外交,立刻着手公布俄国地主资本家政府同其他帝国主义国家所缔结的企图在大战结束后兼并领土、瓜分殖民地和势力范围的全部秘密条约,借以彻底揭露本国帝国主义者及其外国盗伙们的贪婪狠毒、卑鄙无耻和口蜜腹剑;同时

---

① 列宁:《民族和殖民地问题提纲初稿》,《列宁选集》1972年版第4卷,第274页,并参阅第3卷,第589页。
② 列宁:《加入共产国际的条件》,《列宁选集》1972年版第4卷,第311页。
③ 同上书,第308页。

宣布"立即无条件地废除"这些密约①。

事例之二：十月革命胜利后的最初几个月里，列宁在万机待理之际就迅即签署发布宣言和指令②，公开声明废除沙俄政府参与签订的关于瓜分土耳其、霸占君士坦丁堡、勒索土属阿尔明尼亚领土的一切条约，支持被俄国占领的土属阿尔明尼亚人民实行民族自决；废除关于瓜分波斯（伊朗）的条约，尽速从波斯撤出俄国占领军，等等。一九二一年初，遵循列宁的指示，苏维埃俄国政府又先后同长期饱遭沙俄侵略欺凌的弱小邻国正式签订了一系列平等的友好条约。在这些条约中，不但旗帜鲜明地公开谴责沙俄对这些弱小国家的暴力压迫和殖民掠夺政策，而且具体规定坚决放弃一系列的殖民特权。例如，在波斯和苏俄友好条约中明文规定：沙俄历届政府强加于波斯、侵害波斯人民权利的所有各种协定概行作废；把沙俄时期霸占的波斯领土和"租借地"一律归还波斯；沙俄政府为了控制波斯而付出的对波贷款，一笔勾销，无须偿还；沙俄为了侵略目的而在波斯境内兴建的铁路、公路、港口设施和有关房产等，全部无代价地交给波斯，借以部分地赔偿沙俄军队对波斯所造成的种种损害；取消俄国在波斯的领事裁判权，等等③。此外，对阿富汗和土耳其，也签订了类似的条约，作出了类似的规定④。

事例之三：在第三国际作出上述决议的前后，列宁领导下的苏维埃政府于一九一九年七月和一九二〇年九月就沙俄帝国主义者强加给中国的不平等条约，一再发表对华宣言，郑重表示："以前俄国政府历次同中国订立的一切条约全部无效，放弃以前从中国夺取的一切领土和中国境内的俄国租界，并将沙皇政府和俄国资产阶级从中国夺得的一切，都无偿地永久地归还中国。"⑤

列宁对中国的这项无产阶级革命政策，尽管由于当时的历史条件而未能实现，但对待老沙皇殖民侵略的"遗产"采取如此鲜明的决裂态度——分毫不取，悉数退赃，这就从一个重要的侧面证明了：当年列宁领导下的布尔什维克党是当之无愧的马克思主义、国际主义的党；当年列宁领导下的苏维埃政府是当之

---

① 参阅列宁：《全俄工兵代表苏维埃第二次代表大会》，《列宁全集》第26卷，第228页。
② 参阅：《人民委员会〈告俄罗斯和东方全体伊斯兰教劳动人民书〉》；《人民委员会关于"土属阿尔明尼亚"的指令》，《苏联民族政策文件汇编》，北京1954年版，第37、47—48页。
③ 参阅：《波斯和俄罗斯苏维埃联邦社会主义共和国友好条约》，《国际条约集(1917—1923)》，世界知识出版社1961年版，第613—620页。
④ 参阅：同上书，第620—623、632—636页。
⑤ 《俄罗斯苏维埃联邦社会主义共和国政府对中国政府的宣言(一九二〇年九月二十七日)》。见《中国近代对外关系史资料选辑》，上海人民出版社1977年版，下卷第1分册，第18页。

无愧的无产阶级革命政权。

（三）列宁对第三国际内部布哈林、罗易之流在民族殖民地问题上"左"倾空谈的斗争

马克思列宁主义在其生命的途程中每前进一步都得经过战斗。

列宁关于民族殖民地革命学说的严整体系，同列宁关于其他方面的革命学说一样，是在同形形色色的机会主义作斗争中逐渐形成和不断发展、完善起来的。在这个过程里，列宁既坚决反对民族殖民地问题上的右倾机会主义，也坚决反对这个问题上的"左"倾机会主义。他本着马克思主义的一贯原则立场，以主要精力揭露和批判当年最为猖獗的"来自右面的修正主义"，同时，也毫不放松对"采自左面的修正主义"①开展严肃的斗争。

十月革命以前的史实说明了这一点，十月革命以后的史实也同样有力地说明了这一点。

在十月革命以后到一九二四年初列宁逝世这段时期里，如果说，在民族殖民地问题上的右倾机会主义谬论主要来自业已破产的第二国际的余孽，那么，在同一问题上的"左"倾机会主义空谈则主要来自诞生不久的第三国际内部。

当时，第三国际队伍中在民族殖民地问题上热衷于"左"倾空谈的，不仅有混迹于俄国共产党（布尔什维克）行列之内的极左分子，而且有欧洲其他国家的左派社会民主党人；此外，还有亚洲一些被压迫民族中刚刚出现的第一批共产党人。

所谓"劳动者自决"和"暴力镇压不可避免"

"劳动者自决"论是布哈林②在一九一九年提出来的。

早在一九一五年，布哈林就自命为"具有周密理论的极左派"。他以极左的面目出现，坚决反对马克思主义者提出"民族自决权"口号和积极支持民族解放运动。在这方面，他所耍弄的基本手法之一，就是片面地、僵死地强调阶级斗争和阶级分析，把阶级斗争同民族斗争机械地对立起来，把无产阶级争取社会主义的斗争同争取民族解放的斗争机械地对立起来，并以开展阶级斗争为名，全

---

① 参阅列宁：《马克思主义和修正主义》，《列宁全集》第15卷，第20页。
② 尼古拉·伊万诺维奇·布哈林(1888—1938)，1906年加入俄国社会民主工党（布尔什维克），主要从事宣传工作。从1917年党的第六次代表大会后任中央委员；十月革命后，历任中央政治局委员、共产国际执行委员会委员和主席团委员、《真理报》主编等要职。

盘否定和取消争取民族解放的斗争。

为了哗众取宠，布哈林在伙同皮达可夫①炮制的一份提纲②中高喊必须"对整个资本主义制度采取十分鲜明的革命态度"。什么是"十分鲜明的革命态度"呢？据布哈林分析：马克思主义者对于帝国主义侵略兼并弱小民族这一反动政策所作出的回答，只应该是无产阶级的社会主义革命，而不应当提出民族自决这类属于民主主义性质的、"最低限度"的要求。他认为，当时已经到了"在国际范围内动员无产阶级的力量去进行国际活动、去推翻资本主义"的时候，在这种时候，还"吸引无产阶级的注意力去解决'民族问题'，就变得极其有害"。

他攻击"民族自决"的口号，硬说在这个口号下，"整个策略路线是指向民族斗争而不是指向阶级斗争"，它势必会"转移"无产阶级的阶级斗争视线，"分散"无产阶级的力量，使无产阶级的活动"丧失"国际性质。因此，提出"民族自决"的口号，提出民族解放的任务，就意味着只是满足于"在资本主义文明的领域内提出'局部性的'任务"，就"意味着引诱无产阶级力量离开问题的实际解决，意味着使它们同有关的民族资产阶级集团的力量实行联合"。

布哈林和皮达可夫的上述"左"倾空谈，在提出的当时就遭到列宁的批评和驳斥。

列宁对实行社会主义革命同争取民主的斗争这两者之间的关系，作了精辟的分析。

诚然，遭受帝国主义殖民统治的被压迫民族争取民族解放、争取民族自决权利，这只是一种民主主义的要求，它本身并非社会主义性质的口号。但是，应当看到："社会主义革命不是一次行动，不是一条战线上的一次战斗"③，它是充满了剧烈的阶级冲突的整整一个时代，是在一切战线上，即在一切经济和政治问题（其中也包括民族问题）上长长一系列的战斗，这些战斗只有靠剥夺资产阶级才能完成。在争取社会主义的过程中，无产阶级如不首先在各个领域内为争取民主而进行全面彻底的革命斗争，就不能为战胜资产阶级作好准备。因此，"如果认为争取民主的斗争会使无产阶级脱离社会主义革命，或者遮挡住社会主义革命等等，那是根本错误的"④。

---

① 格奥尔基·列奥尼多维奇·皮达可夫(1890—1937)，1910年参加俄国社会民主工党(布尔什维克)，十月革命后，曾任俄共(布)中央委员、乌克兰临时工农政府主席、苏俄国家计委副主席等职。

② 布哈林、皮达可夫：《关于自决权的提纲》(1915年11月)。载于甘钦和费舍：《布尔什维克与世界大战》，伦敦1940年英文版，第219—221页。

③④ 列宁：《社会主义革命和民族自决权》。《列宁选集》1972年版第2卷，第717页。

其次，斗争实践日益显示：以消灭帝国主义为目的的社会主义革命的爆发和发展，同被压迫民族和被压迫人民要求民主、反抗压迫的义愤日益增长，有着**不可分割**的联系。而布哈林和皮达可夫上述谬论的错误关键，就在于他们"不能了解这样一个问题，即**怎样把已经到来的帝国主义同争取改革的斗争，同争取民主的斗争联系起来**"①。

其三，在沙俄政府对众多弱小民族实行残酷殖民统治的情况下，俄国无产阶级政党提出民族自决的口号，这"将有助于把一切民族迅速地争取到我们这边来"，有助于用劳动者反对剥削者的共同意志把各族人民联合起来，投入共同的战斗。反之，在当时俄国条件下，如果不提出民族自决的口号和要求，"如果各民族之间没有真正的**民主**关系，因而没有国家分离的自由，那就**不可能**使各民族的工人和劳动群众去进行反对资产阶级的国内战争"②，从而，社会主义革命也就成为空谈和泡影了。

可见，以所谓"十分鲜明的革命态度"，唱着"社会主义革命"和"反帝"的高调，却完全忽视甚至根本否定现实的属于民族民主革命性质的反帝政治斗争，这在客观上无异于"从**承认**帝国主义存在'堕落'到替帝国主义**辩护**"③。

对于来自列宁的批评帮助，布哈林和皮达可夫并未从中吸取应有的教益，他们仍然坚持自己的错误见解。

十月革命胜利之后，第三国际成立之初，顺应着当时国内外形势的巨大变化，俄国共产党（布尔什维克）在一九一九年三月中下旬召开的第八次代表大会把修改党纲列为首要议题。在讨论新党纲草案时，布哈林再次坚决反对把民族自决权的有关条文继续载入党纲④。他仍然从自己那种狭隘僵死的所谓"阶级观点"和"阶级斗争"概念出发，对自己的"左"倾空谈作了新的论证。一方面，他冠冕堂皇地宣称："任何民族的任何特权，民族之间的一切不平等现象，都应该废除"；"我们反对各种各样的民族压迫，我们绝对不想强制任何人跟随我们"；另一方面，他又以阶级观点"十分鲜明"的姿态扬言：既然民族是各个阶级的总和，"民族概念包括该社会的一切阶级"，那么，在谈论民族自决问题时，问题的提法就"不是无产阶级或者资产阶级，而是既包括无产阶级，也包括资产阶级"。据此，布哈林推论

---

① 列宁：《论正在产生的"帝国主义经济主义"倾向》。《列宁全集》第23卷，第4页，并参阅同卷第14页。
② 列宁：《答皮·基也夫斯基（尤·皮达可夫）》。《列宁全集》第23卷，第16页。
③ 列宁：《论正在产生的"帝国主义经济主义"倾向》。《列宁全集》第23卷，第4页。
④ 参阅布哈林：《在俄共（布）第八次代表大会上关于党纲的报告》；《在俄共（布）第八次代表大会上关于党纲报告的结论》。载于《俄共（布）第八次代表大会·速记记录》，莫斯科1959年俄文第二版，第46—48、109—112页。

说:"'民族自决权'口号和无产阶级专政原则是互相矛盾的","既然我们现在坚持无产阶级专政的方针,那么……我们就不能提出民族自决权的口号。"

为了解决上述矛盾,布哈林极力主张在新党纲中删去"民族自决"的旧口号,而代之以新的、与无产阶级专政目标"相应的口号",即"每个民族的劳动阶级的自决"。他以强大的俄罗斯民族和弱小的、曾遭沙俄吞并的波兰民族之间的关系为例,对这个新"公式"的要义作了解释:"如果波兰民族的工人不愿意和我们处在一个国家里,我们将不强拉着他们,我们准许并将尊重波兰无产阶级的意志,但是我们绝不准许也并不尊重波兰资产阶级的意志。"

布哈林的这些观点在俄共(布)的第八次代表大会上再次获得皮达可夫的全力支持。不过,皮达可夫这次却比布哈林走得更远。

十月革命以前,皮达可夫就曾在一九一六年间撰写专文①论证民族自决口号之不可取。他把自己的眼光局限于欧洲一隅,而无视整个世界的现实,硬说历史的发展已经超越过资本主义发展和民族国家确立的时代,民族国家已经从当初的"发展生产力的最好形式"转变为"生产力发展的桎梏",因此,提出民族自决这个口号是"空想的"和"有害的"。皮达可夫尤其反对向长期遭到帝国主义掠夺因而经济发展十分落后的殖民地提出这一口号,他藐视殖民地人民的革命精神和自主能力,以十分倨傲和鄙夷的口吻质问道:对殖民地来说,"'自决'是向谁提出来的呢?向各殖民地的资产阶级?向阿拉伯乡巴佬?向农民?"他攻击说,"向殖民地提出自决口号,在社会主义者来说是非常荒唐的"。

十月革命胜利以后,皮达可夫的极左立场有了新的"发展"。在俄共(布)第八次代表大会讨论党的民族纲领时,他甚至公开宣告立即"取消"民族,说是"任何民族都不需要,需要的是全体无产者的联合"。当时俄共(布)党内有些人在十月社会主义革命胜利和第三国际成立的大好形势鼓舞下,头脑发热,忘乎所以,充分暴露了大俄罗斯沙文主义的狂妄。他们在谈论当时世界革命进程和国际关系时,居然主张组织什么"世界国民经济委员会",并且要求全世界"一切民族的党隶属于俄共中央委员会"。对于这些被列宁称为"入了迷的同志"的自大狂,皮达可夫援引不伦不类的"事实"加以"论证",说什么:"乌克兰的共产党员就是按着俄共(布)中央的指示而行动的。"②他的言外之意就是说:既然在莫斯

---

① 题为《论民族自决权》。参见《列宁全集》第23卷第387页注解第12、14。
② 按:在1917年十月革命胜利之后至1922年底成立苏联(苏维埃社会主义共和国联盟)之前这段时期里,原沙俄统治下的各民族曾分别组成六个各自独立的社会主义国家。当时,"俄罗斯苏维埃联邦社会主义共和国"和"乌克兰苏维埃社会主义共和国",同其他各共和国一样,都有各自独立的中央政权。(参阅《苏联民族政策文件汇编》,北京1954年版,第4、104、244号文件。)

科有一个出色的中央委员会,那么一切民族自决又有什么用处呢?在这些荒谬看法遭到列宁严肃批评之后,皮达可夫居然反唇相稽说:"难道你认为这不好吗?"

除了布哈林和皮达可夫之外,在当时俄共(布)中央还有另一个重要领导人在民族殖民地问题上采取类似的极左的狂妄立场。他就是普列奥布拉任斯基。

一九二〇年六、七月间,普列奥布拉任斯基[①]在一份列宁起草的供俄共(布)若干领导人讨论的重要文件上提出了"修改和补充"的意见[②]。一方面,他主张应当把建立"统一的经济整体"放在首要地位,认为"在革命以后,民族问题的解决必须服从于把已经成立的各个社会主义共和国建设成为统一的经济整体的任务";另一方面,他断言:在帝国主义时代,被压迫民族的民族意识和民族主义思潮"已经衰颓变质";在经济发展落后的国家里,民族的商业资产阶级和知识界的上层分子决不肯在本民族中培养民族主义的掘墓人,恰恰相反,他们必然要仿效历史先例力图"大体上按照资产阶级民族国家形成时期那样的方式来解决民族问题,这么一来,他们就成了已经衰颓变质并且注定要灭亡的民族主义的代表"。

根据诸如此类的"理论前提",普列奥布拉任斯基推导出两项荒谬的结论:一、在帝国主义时代,被压迫民族的民族解放运动业已完全失去了革命的发展前途,因此,"夸大殖民地民族起义的革命意义是错误的";二、经济发展先进的欧洲即将出现一系列的社会主义共和国,社会主义的欧洲各共和国或"欧洲共和国联盟"中的无产阶级理应充当落后国家中的"民族主义的掘墓人"。如果落后国家中的下层劳动群众还不能推举出代表自己利益的集团来执掌政权并和欧洲结成联邦,而"欧洲共和国联盟"又不能同这些落后国家中"占统治地位的民族集团达成经济上的协议,那就不可避免地要用暴力镇压他们,并强迫那些重要的经济地区归并入欧洲共和国联盟"。

布哈林、皮达可夫和普列奥布拉任斯基的上述这些主张尽管用词不一,角度不同,但他们所挥舞的却是相同的、似是而非的、令人眩目的"旗帜":坚持"阶级斗争",发扬"国际主义",推进"世界革命"!加以他们都身居要职,是第一个社会主义国家或共产国际的领导人、头面人物,这样,他们就在当时的俄国共

---

① 叶甫盖尼·阿列克谢也维奇·普列奥布拉任斯基(1886—1937),1903年参加俄国社会民主工党(布尔什维克)。十月革命后历任中央委员、中央委员会书记、《真理报》编辑等职。

② 普列奥布拉任斯基:《对列宁起草的民族和殖民地问题提纲初稿的评论》(初次发表于《苏共历史问题》,1958年第二期,第16页)。并参阅《列宁全集》,莫斯科1963年俄文第5版,第41卷,第513页;《共产党人》,1968年第5期,第39页。

产党和国际共运面前提出了以下几个方面的重大问题：

第一，在帝国主义和无产阶级革命时代，殖民地半殖民地的民族解放运动在世界历史发展的全局中究竟占有什么地位？它是否仍然起着历史的进步的作用？这种运动以及为了赞助这种运动而提出的"民族自决"口号，对于无产阶级开展阶级斗争、推进世界革命来说，究竟是"极其有害"的，还是极其有利的？

第二，在帝国主义和无产阶级革命时代，对于遭受帝国主义殖民统治的弱小民族，是否可以否定其民族自决权，改而提倡"劳动者自决"？应当怎样如实地观察和分析被压迫民族内部的阶级相互关系？怎样理解民族斗争同被压迫民族内部的阶级斗争之间的辩证关系？

第三，在帝国主义和无产阶级革命时代，压迫民族中的无产阶级及其政党，特别是先进国家中已经取得社会主义革命胜利的无产阶级及其政党，应当怎样正确对待落后国家和被压迫民族的民族主义和民族感情？在新的革命形势下，民族观念、主权观念是否已经完全"过时"？国际公法上的主权平等、领土完整与不可侵犯等基本原则是否可以弃置不顾甚至肆意践踏？是否可以由最早取得社会主义革命胜利的某一个民族的共产党来充当世界革命的指挥中心，让全世界其他"一切民族的党隶属于"它，按照它的"指示"而行动？一个社会主义国家是否可以借口"推进世界革命"、消灭"注定要灭亡的民族主义"而对落后国家中的弱小民族滥施暴力，越俎代庖，"输出"革命？是否可以借口建立社会主义的"统一的经济整体"而强行吞并那些属于落后国家弱小民族的"重要的经济地区"？

以上这三个方面的重大问题，在十月革命取得胜利、无产阶级社会主义世界革命进入一个新的发展阶段、民族解放运动蓬勃兴起的时代条件下，不仅对俄国共产党而且对全世界共产党人都具有空前迫切的实践意义。特别是其中第三方面的问题，更是在社会主义革命已经取得一国胜利这一新情况下，首次出现在国际共运史上的新问题。对于这些重大问题，都亟待一一作出符合马克思主义革命原则的、科学的解答。

第一个作出这种解答的，是伟大的列宁。

不承认民族而只承认劳动群众，那是空洞至极的废话

关于上述第一方面的问题：

列宁在十月社会主义革命前后的一系列著作中，对帝国主义和无产阶级革命时代民族解放运动的历史地位和历史作用，都作了详尽的、令人信服的论证。

前面引述过的①列宁关于民族自决口号革命内容更新的论断,关于殖民地半殖民地民族解放运动已经成为无产阶级社会主义世界革命的一个组成部分的论断,关于世界范围的社会革命只能在各先进国家无产阶级的社会主义革命同落后地区被压迫民族的民族民主革命联合起来的时代中进行的论断,关于被压迫民族的劳动群众已经成为用革命行动摧毁国际帝国主义的积极因素的论断,关于先进国家无产阶级社会主义革命如果没有殖民地半殖民地被压迫民族劳动群众的援助就不可能取得胜利的论断,关于被压迫民族的反帝革命运动必将从民族民主革命进一步发展为社会主义革命的论断,关于被压迫民族的反帝革命斗争必将在未来世界革命决战中发挥非常巨大的革命作用的论断,等等,其批判矛头首先是指向那些藐视和敌视殖民地半殖民地民族解放运动的第二国际右翼分子、社会帝国主义分子的,同时,也是针对当时国际左派以及俄国布尔什维克党队伍中布哈林等人的上述极左谬论的。换言之,在这些正确论断中,列宁对殖民地半殖民地民族解放运动和民族自决口号作出了恰如其分的历史评价,在民族殖民地的最基本的问题上坚持了马克思主义的革命原则,既痛斥了从伯恩施坦到鲍威尔之流的"来自右面的修正主义",又批驳了从爱尔威到布哈林之流的"来自左面的修正主义"。

关于上述第二方面的问题:

列宁断然表示:"决不能说:'打倒民族自决权!我们只让劳动群众有权自决'"②,更决不能随意宣告"取消民族"。"当然,这是很美妙的事情,也是会实现的事情,但只能是在共产主义发展的另一个阶段上"③。

列宁指出,无产阶级政党看待任何民族问题,都必须"站在严格的阶级观点上"④。但是,在运用阶级观点分析具体问题时,却不能从教条和概念出发,玩弄概念游戏;也不能从主观愿望出发,"把愿望当作现实"⑤;而只能从实际情况出发,在正视客观现实的基础上确定具体的纲领、口号和措施。"不承认实际情况是不行的,因为它会强迫你承认它"⑥。

在各种实际情况中,首先必须认真考察和具体分析的是各民族所处的社会历史发展阶段、内部阶级分化的程度以及劳动人民阶级觉醒的现有水平。

列宁指出,既然世界上所有国家各个民族都还处在从中世纪制度到资产阶

---

① 参见本书第三章第三节及第四章第二节中的有关部分。
② 列宁:《关于党纲的报告》,《列宁全集》第29卷,第149页。
③ 列宁:《关于党纲报告的结论》,《列宁全集》第29卷,第165—166页。
④ 列宁:《关于党纲的报告》,《列宁全集》第29卷,第146页。
⑤ 同上书,第143页。
⑥ 同上书,第148页。

级民主制或从资产阶级民主制到无产阶级民主制道路的不同阶段上,即都还远未发展到一切民族都在完全平等自愿的基础上完全融合的共产主义阶段,那么,在相当长的历史时期内,民族就仍然作为一个客观实体而存在。在这种现实面前,如果我们说不承认什么民族,而只承认劳动群众,"那就是空洞到极点的废话"①。

诚然,民族内部是划分为阶级的,劳动者同剥削者彼此的阶级利益总的说来是对立的。但是,"勾去民族自决而写上劳动者自决是完全不正确的,因为这样的提法没有考虑到各民族内部的分化是如何困难、如何曲折"②。由于各民族的剥削者长期以来总是利用民族矛盾来掩盖阶级矛盾,甚至捏造各种流言蜚语,对本民族劳动群众进行欺骗和挑拨,煽动盲目的民族主义排外情绪,离间他们同异族阶级兄弟的亲密关系,致使劳动群众往往难于清醒地意识到本民族内部的阶级对立,看不清事情的真相。在这种情况下,如果无视现实,不尊重民族观念和主权平等原则,否定一切遭受帝国主义殖民统治的弱小民族都享有自决权,那就无异于授人以柄,替这些民族的剥削者增添欺骗宣传的口实和扩大欺骗宣传的效果,使劳动者更难于摆脱本族剥削者的影响,从而"阻碍我们所应当促进的无产阶级分化出来的过程"③。

反之,帝国主义压迫民族(或曾经是帝国主义压迫民族)中的无产阶级政党严格遵守主权平等原则,在自己的纲领中公开承认民族自决权,这就有利于消除民族矛盾,揭穿被压迫民族的剥削阶级利用民族矛盾掩盖阶级矛盾的各种欺骗宣传,有利于劳动者从本民族剥削者的影响下解脱出来,这就意味着促进了被压迫民族内部的阶级分化、阶级斗争和革命发展。列宁以一九一七年底苏维埃政权承认沙俄属地芬兰独立之后芬兰内部阶级分化的情况为例,指出:"由于我们承认了民族自决权,那里的分化过程就容易些了"④;当时"在芬兰,无产阶级和资产阶级分开的过程是非常明显、强烈和深刻的"。事实证明,"每个民族都应当获得自决权,而这会促进劳动者的自决"⑤。

由此可见,对于遭受帝国主义殖民统治的弱小民族,以只承认"劳动者自决"为借口来否定其民族自决,貌似坚持了阶级观点,实则严重脱离实际,只会阻碍各族劳动者的阶级觉醒、阶级团结和阶级解放,而且客观上只会助长帝国主义殖民统治者的反动气焰;而坚持承认民族自决,从字面上看似乎未提到阶级,实则有利于各族劳动者的阶级觉醒和阶级团结,从而有利于共同开展反帝革命斗争,求得民族解放和阶级解放,这才是无产阶级的阶级政策,才是真正

---

① ⑤ 均见列宁:《关于党纲的报告》。《列宁全集》第29卷,第148页。
② 同上书,第146—147页。
③ ④ 均见上书,第145页。

"站在严格的阶级观点"上。

至于究竟谁是被压迫民族分离意志的代表者,列宁认为对于这个问题也必须考虑到该民族所处的历史发展阶段,从历史观点与阶级观点的结合上作出判断。① 总的说来,作为剥削者和寄生虫的资产阶级确实是"该受万分鄙视"②的。然而在一定的历史条件下,无产阶级政权的代表往往不得不以被压迫民族中曾经起过刽子手作用的资产阶级代表人物作为谈判对手,不得不同他们在外交场合中互相握手甚至"彼此恭维几句"。列宁说:"这是多么不好啊!但这是必须做的事情。"③显然,这样做的目的,也在于澄清他们的欺骗宣传,争取还处于他们影响之下的广大劳动群众。

对待被压迫民族的民族感情必须特别慎重

关于上述第三方面的问题:

为了最大限度地争取和团结被压迫民族中的广大劳动群众,以促进无产阶级世界革命事业的发展,列宁在批判布哈林之流的"左"倾空谈过程中,多次反复强调压迫民族(或曾经是压迫民族)中的无产阶级要正确地对待被压迫民族中的民族感情残余。对待遭受帝国主义殖民统治的弱小民族,尤应严格遵守主权平等原则,切实尊重他们的自决权利。

这一点,对于曾经长期充当压迫民族的大俄罗斯人说来,尤其显得重要。

众所周知,沙皇俄国是各族人民的监狱。长期以来,大俄罗斯民族的地主资产阶级在实行民族压迫方面打破了世界纪录。因此,正如列宁所尖锐指出的:"其他民族的劳动群众对大俄罗斯人都不信任,把他们看做一个进行盘剥、压迫的民族";对于许多弱小民族说来,大俄罗斯人就是压迫者、骗子的同义语;他们理所当然地"曾经引起所有其他民族的切齿痛恨"④。甚至也引起其他民族劳动群众对俄罗斯民族中无产阶级的猜疑和憎恨。对于这些来自被压迫民族劳动群众的猜疑、不信任和憎恨感,大俄罗斯民族的无产阶级及其政党应当采取什么态度呢?能否简单粗暴地扣上"民族主义"的帽子加以谴责和压制呢?

列宁认为,压迫民族(或曾经是压迫民族)中有共产主义觉悟的无产阶级对于长期饱遭压迫的国家和民族的民族感情残余"要特别慎重,特别注意"⑤。

---

① 参阅列宁:《俄共(布)党纲草案》。《列宁全集》第29卷,第103页。
② 列宁:《关于党纲的报告》。《列宁全集》第29卷,第146页。
③ 同上书,第145页。
④ 列宁:《关于党纲报告的结论》。《列宁全集》第29卷,第167页,并参阅第31卷,第130页。
⑤ 列宁:《民族和殖民地问题提纲初稿》。《列宁选集》1972年版第4卷,第276页。

首先，必须对这类民族感情进行具体的分析。当然，应该看到：这类民族感情同落后国家或被压迫民族由于小农生产、宗法制度和闭塞保守而产生的小资产阶级偏见——民族利己主义和民族狭隘性有关，这些偏见，只有在各先进国家内的帝国主义和资本主义消灭之后，只有在落后国家的全部经济生活基础急剧改变之后，才能消逝，因此它的消逝过程就不能不是相当缓慢的。对它采取简单急躁或粗暴压制的态度非但无济于事，反而大有碍于问题的解决。

同时，尤其重要的是应当看到：上述民族感情的产生正是压迫民族长期施加残酷民族压迫所必然造成的严重恶果。对于这一点，更须具体分析，谨慎对待。列宁指出，在这种场合，"抽象地提出一般民族主义问题是极不恰当的"。必须把压迫民族的民族主义和被压迫民族的民族主义区别开来，把大民族的民族主义和小民族的民族主义区别开来。他强调，"对于第二种民族主义，我们大民族的人，在历史的实践中几乎永远都是有过错的，我们施加了无数暴力……和侮辱"①。既然被压迫民族对压迫者异族的不信任和憎恨感是在长期历史中形成和累积起来的，那么，要使他们改变看法，改变感情，就不可能求之于一朝一夕，"要知道，这是一个长期的事情，要知道，这是不能用任何法令消除的"②。换言之，企图用一纸具文或其他口惠而实不至的空话来改变他们的看法和感情，是办不到的。只有这样认识问题，方能正确处理问题。

其次，基于以上认识，为了消除被压迫民族的不信任和憎恨感，压迫民族中夺得了国家政权的无产阶级必须认真采取有效的措施来矫正和弥补上述历史上的过错。为此，就不能仅仅限于形式上宣布民族平等，而且要切切实实地在行动上帮助以前受压迫的民族获得事实上的平等，完全解放殖民地和半殖民地的被压迫民族，直到承认他们的民族自决权，"以便摧毁这种不信任的基础"③。"这样才能保证资本主义遗留下来的、各民族劳动群众的不信任和被压迫民族工人对压迫民族工人的愤恨完全消失，而建立起自觉自愿的联盟"，才能"真正使各民族的工人和农民在推翻资产阶级的革命斗争中接近和融合起来"④。

其三，除了努力做到各民族之间的真正平等、承认殖民地半殖民地被压迫民族的自决权之外，为了更快地消除上述猜疑心和憎恨感，压迫民族中已经取得政权的无产阶级及其政党对历史上长期遭受压迫的弱小民族，还"必须作某种让步"⑤。

---

① 列宁：《关于民族或"自治化"问题(续)》。《列宁全集》第36卷，第631页，并参阅第629—630页。
② 列宁：《关于党纲报告的结论》。《列宁全集》第29卷，第167页。
③ 列宁：《俄共(布)党纲草案》。《列宁全集》第29卷，第88页。
④ 同上书，第102页；并参阅第8页。
⑤ 列宁：《民族和殖民地问题提纲初稿》。《列宁选集》1972年版第4卷，第276页。

列宁强调说,压迫民族即大民族的国际主义,"不仅在于遵守形式上的民族平等,而且在于压迫民族即大民族要以对待自己的不平等来抵偿生活上实际形成的不平等"①,要以自己对待被压迫民族人民的耐心忍让态度或做出这样那样的让步来"抵偿"压迫民族即大民族的政府在过去的历史上给他们带来的那种不信任、那种猜疑、那种侮辱。此外,列宁还特别提醒大民族的无产阶级注意:长期受侮辱受压迫的民族的劳动群众"对平等感、对自己的无产阶级同志破坏这一平等(哪怕是出于无心或由于开玩笑)是最敏感的。因此,在这种情况下,对少数民族多让步一些,多温和一些,比让步不够、温和不够要好些"②。

共产主义不能用暴力来移植
决不要从莫斯科发号施令

十月革命胜利之后,国际资产阶级及其奴仆们把俄国布尔什维主义和列宁领导下的苏维埃政权视同洪水猛兽和致命瘟疫,除了对幼弱的第一个社会主义国家进行反革命武装进犯、妄图把它"扼杀在摇篮里"之外,还通过各种宣传工具大造反革命舆论,说是布尔什维克拥有大量军队,想用占领手段在别国别族培植布尔什维主义,想用"红军的刺刀"强迫别国别族接受他们的制度,从而"造成和俄国一样的混乱状态",等等。这一类流言,对于当时在列宁领导下坚持国际主义立场、信守民族自决原则的布尔什维克党和苏维埃政权说来,当然是可笑的无稽之谈。但是,它在长期遭受大俄罗斯人、"大莫斯科主义者"压迫的许多弱小民族劳动群众中,却有着相当的思想影响,增加了他们对当时苏俄的疑惧和反感。

在这种情况下,俄国布尔什维克党内部居然也有人——如普列奥布拉任斯基之流——在极左辞句的掩盖下,主张对落后国家中的弱小民族滥施暴力、吞并领土,这就更加显得令人不能容忍。

列宁坚决反对无视国际公法关于各国应当互相尊重主权和领土完整的基本准则,借口"社会主义经济建设"而用暴力吞并异国弱小民族疆土的作法。他指出:"在民族问题上不能说无论如何也需要经济上的统一。当然这是需要的!但是我们应当用宣传、鼓动、自愿的联盟来达到它。"③针对普列奥布拉任斯基提出的关于民族问题的解决必须"服从于"建立所谓社会主义经济统一体任务的主张,列宁曾经写下十分简短而又十分明确的批注:"决不能简单地'服从

---

① 列宁:《关于民族或"自治化"问题(续)》。《列宁全集》第36卷,第631页。
② 同上书,第632页。
③ 列宁:《关于党纲报告的结论》。《列宁全集》第29卷,第167页。

于'：对照我写的第十二条。"①这里所说的"第十二条"，就是指列宁所起草的《民族和殖民地问题提纲初稿》中的最后一条②。此项简明批注意味着：列宁再一次强调和提醒大国强族中业已执掌政权的无产阶级及其政党务必注意遵守和执行在这一条条文中明确规定的基本原则：一定要"特别慎重"地对待被压迫弱小民族的民族感情，要善于作出必要的让步，从而唤起和增进世界各国和各民族的无产阶级和全体劳动群众"自愿追求联盟和统一的愿望"，加强国际阶级团结，共同完成最后战胜世界资本主义和国际帝国主义的崇高事业。决不容许以任何借口，肆意违反国际公法准则和粗暴践踏民族自愿原则，恃强凌弱，强加于人，迫使"服从"。

当年，列宁领导下的苏维埃俄国确实不愧是无产阶级专政的社会主义国家，不愧是无产阶级世界革命的第一个根据地，因而获得世界革命人民的充分信任。然而，即使是在这样的历史条件下，列宁仍然明确宣布："共产主义是不能用暴力来移植的。"③对待那些经济发展比较落后的弱小国家和民族，尤其不应越俎代庖，"输出革命"。当这些国家和民族内部的革命还未完全成熟，广大劳动群众还处在本族剥削者影响之下因而还完全服从于"自己的"剥削者的时候，"我们是否可以到这些民族那里去说：'我们要打倒你们的剥削者'呢？我们不能这样做"；"这里必须等待这个民族的发展，等待无产阶级与资产阶级分子分开，这种发展过程是必不可免的"④。列宁在仔细审读普列奥布拉任斯基提出的关于"不可避免地要用暴力镇压"落后国家和弱小民族的统治阶层，并强迫其所属重要经济地区并入"欧洲共和国联盟"的书面意见之后，特地把这些谬见部分用黑线标出，打了两个大问号，并严厉批评道："说得太过分了。说什么'不可避免地''要用暴力**镇压**'，这是无稽的和荒谬的。根本错误！"⑤这寥寥数语，相当鲜明地体现了列宁对于在国际关系民族关系中借口"推进革命"而滥施暴力的霸权行径，是何等的深恶痛绝！

不言而喻，对落后国家和民族内部的阶级分化和革命发展进程作必要的耐心等待，反对以"促进世界革命"为名对落后国家弱小民族滥施暴力，这都是切实尊重弱国弱族主权、严格遵守民族自决原则的必备条件。反过来，也只有切

---

① 列宁：《对普列奥布拉任斯基评论的批注》（初次发表于《苏共历史问题》，1958年第2期，第16页）。
② 参阅：《列宁选集》，1972年版第4卷，第276页。
③ 列宁：《关于党纲的报告》，《列宁全集》第29卷，第148页。
④ 同上书，第145—146页。
⑤ 列宁：《对普列奥布拉任斯基评论的批注》（初次发表于《苏共历史问题》，1958年第2期，第16页）。并参阅：《列宁全集》，莫斯科1963年俄文第5版，第41卷，第513页。

实尊重弱国弱族主权、严格遵守民族自决原则,才能增强各族工农的国际团结,从而真正促进世界革命。这是问题的一个方面。另一方面,正如列宁所指出的:就民族自决原则而言,"问题的本质在于:不同的民族走着同样的历史道路,但走的是各种各样的曲折的小径,文化较高的民族的走法显然不同于文化较低的民族"①。从这个意义上说,尊重民族自决原则就是承认和尊重不同民族在共同历史道路上具体行进方法的多样性和特殊性,就是承认和尊重世界历史发展的客观规律,也就是承认和尊重历史唯物论。

由此可见,马克思主义者所大力倡导的对落后国家弱小民族自决自主权利的切实尊重,这不但是真正促进世界革命的需要,而且是自觉顺应历史规律的体现。在这里,始终贯串着革命性和科学性的高度统一。

因此,如果不想背离无产阶级世界革命,不想陷入历史唯心主义的泥潭,那么,任何先进国家先进民族中执掌政权的无产阶级及其政党都决不能、也绝对无权自以为是,把自己的主观意志或局部经验当做一成不变的僵死公式,到处乱套,强加于人,要求落后国家弱小民族奉命照办。对于此点,列宁说得既幽默又严肃:"还没有颁布一个法令要一切国家都用布尔什维克的革命日历,即使颁布了这样的法令,也是不会执行的。"②

列宁谆谆教导俄国共产党人必须实事求是、恰如其分地估计本国的革命经验。他指出,当时俄国只是"积累了在一个存在着无产阶级和农民的特殊关系的国家里实行摧毁资本主义的初步措施的实际经验。如此而已"。反之,如果缺乏自知之明,不是这样看待问题,如果把在俄国革命过程中所做过的一切,事无巨细,全都说成是"一切国家的一种理想",认为它做出了"很多的天才发现"和实行了"一大堆的社会主义新奇东西",那是十分可笑的。针对当时俄共中央某些领导人的自大狂,列宁告诫说:"如果我们自充好汉,吹牛夸大,我们就将成为全世界的笑柄,成为纯粹的吹牛家!"③

列宁的结论是斩钉截铁的:"决不要从莫斯科发号施令!"④

在批判布哈林等人上述谬论的过程中,列宁并不停留在就事论事上。他还以敏锐的洞察力,透过布哈林等人用极左词句织成的帷幕,看清背后隐藏着的大俄罗斯沙文主义的幽灵。他指出:在当时俄国共产党队伍中,仍然有人轻视或蔑视被压迫弱小民族,不愿尊重各民族的独立权利和平等地位,甚至公然反

---

① 列宁:《关于党纲报告的结论》。《列宁全集》第29卷,第16页。
② 列宁:《关于党纲的报告》。《列宁全集》第29卷,第148页。
③ 列宁:《关于党纲报告的结论》。《列宁全集》第29卷,第164页。
④ 列宁:《关于党纲的报告》。《列宁全集》第29卷,第149页。

对当时的俄国革命政府把沙皇时代从弱小民族处侵夺到手的赃物退还原主,指责什么不该把"很好的渔场""送人";也还有人不许学校用俄语以外的其他民族语言讲课,等等。列宁认为,此类人在俄共队伍中还很多;并且提醒大家对此类人应当保持警惕,应当把他们的红色表皮"刮一刮",借以认出他们的本相,免得受蒙蔽欺骗。他说:"刮一刮某个共产党员,你就会发现他是大俄罗斯沙文主义者。"①列宁号召一切真正的共产党人:"我们必须同他们作斗争!"②

罗易等的"不相干"论和"完全绝缘"论

十月革命以后,随着马克思列宁主义的广泛传播,随着殖民地半殖民地革命运动的蓬勃开展,在亚洲、非洲和拉丁美洲的一些国家和地区相继出现了第一批的共产主义者和共产主义组织。在这些共产主义者当中,有些人由于马克思列宁主义的理论素养不足,对殖民地半殖民地的实际情况缺乏深入的调查了解,或者出于小资产阶级的主观、急躁和狂热,因而对落后国家和民族作出错误的形势估量和阶级估量,以"左"倾机会主义的立场和观点来看待被压迫弱小民族的解放运动,在有关殖民地半殖民地革命运动的性质、对象、动力、战略、策略等问题上,提出了一系列错误的主张。

在这方面的典型人物,是来自印度的马纳本德拉·纳特·罗易(1887—1954)。

罗易早年接受民族主义思想,参加反英恐怖主义极左组织的活动,一九一五年出国到处设法秘密购运军火,一度侨居墨西哥。在十月社会主义革命胜利影响下,一九一九年参加筹建墨西哥共产党,并于一九二〇年以墨共代表团团长的身份出席共产国际第二次代表大会,同时参加大会专设的"民族和殖民地问题委员会"工作。在苏俄居留期间,他以"东方后起之秀"的姿态,同无产阶级革命导师列宁辩论过民族殖民地问题③,并曾为共产国际第二次代表大会草拟民族殖民地问题《补充提纲》的初稿,因而"名噪一时"。但是,正如罗易自己所说,他个人的"政治演化过程"和政治观点是"从激烈的民族主义突然跳到共产主义",当时他具有"刚刚改变信仰者的一股狂热"。事实也证明:这种信仰更新和思想转变的过程来得如此"突然",使得他在民族殖

---

① 列宁:《关于党纲报告的结论》。《列宁全集》第29卷,第167页。
② 同上书,第168页。
③ 据罗易回忆:当时许多与会代表"对于从每一个国家的经济情况和政治局势来分析革命的可能性,看法各有不同。对客观可能性的不同估量,产生了对于革命斗争的组织方法和策略的互相冲突的意见"。罗易自称他同列宁的主要分歧之一在于:"列宁认为民族资产阶级在历史上能起革命作用,因而应当受到共产党人的支持。我是不同意他那种观点的。"参阅罗易:《罗易回忆录》,孟买1964年英文版,第3卷,第48、49、56节。

民地问题上的主张难以真正"跳"出原先那过激的、极左的思维轨道和既定框框①。

罗易从纯主观的愿望出发,对本世纪二十年代开初殖民地革命运动的性质作了错误的判断。他断言,"认为殖民地民族由于经济和工业的落后而势必经历资产阶级民主阶段,这种设想是不正确的。许多殖民地的事变进程和情况并不证明这种设想"②。罗易以印度为例,认为当时英属印度内部的群众革命运动并不是着重于争取民族解放,它"很快就具有争取经济解放和社会解放以及争取消灭一切阶级统治的性质"③。显然,在罗易看来,当时印度所面临的并不是(或至少主要不是)民族民主革命,而是社会主义革命了。而且,这还不止限于印度一地,而是当时"许多殖民地的事变进程"的共同特点。

罗易是这样"论证"他的上述基本观点的:他认为,在印度以及其他许多殖民地半殖民地被压迫民族中同时存在着两种力量、两种运动。一种是由土著资产阶级、中间阶层和青年学生在民族主义口号下开展的民族解放运动,另一种是由工人和贫苦农民在反对一切剥削制度口号下开展的群众性革命运动,这两种力量和两种运动是各自为政、各自独立的,甚至相互对立的。"资产阶级民主性质的民族运动只局限于人数不多的中间阶层范围,它并不反映群众的意图志向……群众并不同资产阶级民族主义首领们一道走,他们正在走向革命,而这种革命同资产阶级民族主义运动是互不相干的";"如果认为资产阶级民族主义运动反映了全体居民的情绪和意向,那是错误的"。

那么,广大群众的情绪和意向究竟何在呢?罗易认为,在于迅即消灭一切剥削制度。他说:"殖民地的革命运动实质上是经济斗争","殖民地的资产阶级民族主义民主派力图建立自由的民族国家,可是,工人和贫苦农民群众却奋起(尽管在许多场合是不自觉的)反对那种容许如此残酷地剥削的制度。因此,我们看到,

---

① 罗易是共产国际第二、三、四、五届代表大会的代表,历任共产国际常设的执行委员会候补委员、委员等要职。1927年曾以共产国际专使身份到过中国。回印度后于1936年参加了国大党。

② 罗易:《关于民族和殖民地问题的补充提纲(初稿)》,第九条。这份提纲的初稿文本现在保存于苏共中央马克思列宁主义研究院中央党史档案馆。列宁曾对这份初稿进行过多处原则性的修改和订正。以后又经共产国际第二次代表大会专设的、在列宁直接领导下开展工作的民族和殖民地问题委员会多次讨论、修改。代表大会最终正式通过的《关于民族和殖民地问题的补充提纲》,是这份文件的第九稿。它和初稿比较起来,早已"面目全非"——焕然一新了。参阅:《列宁全集》,莫斯科1963年俄文第5版,第41卷,第473页;《共产国际第二次代表大会(记录)》,莫斯科1934年俄文版第105、496—499页。

③ 罗易:《印度革命党宣言——告英国无产阶级书》。载于俄文《民族生活》报,1920年7月25日,第24期,第1—2页。

在殖民地中有着两种彼此互相对立的力量,它们是不能共同发展的"①。

十分明显,罗易上述判断的立论基础,是过高地估计殖民地半殖民地中社会经济发展成熟的程度、内部阶级分化的速度以及工农群众(特别是广大小农)阶级觉悟的水平,并且相应地过低估计争取民族解放的斗争对于广大工农争取阶级解放的斗争所起的巨大促进作用以及这两种斗争的密不可分,似乎被压迫民族的工农大众可以不经历和不参加反帝反殖、争取民族解放和国家独立的斗争,就能毕其功于一役,一举消灭一切剥削制度,实现彻底的阶级解放。

从这种主观主义、冒险主义的形势估量和阶级估量出发,罗易认为殖民地半殖民地的民族解放运动同共产党人是"不相干"的。他反对被压迫民族中的共产党人赞助和参加当地的属于资产阶级民主性质的民族解放运动,也反对共产国际对这种运动表示赞助和支持,否则,就会祸害无穷。据他说,"支持殖民地的资产阶级民主运动,就意味着助长民族情绪的发展,这种情绪归根到底会阻碍群众阶级意识的觉醒";同时,这么一来,就无异于助长当地资本主义的发展,就无法"防止本国的资本主义取代业已消失的外国资本主义而发展起来,继续压迫和剥削人民"②。

罗易对于在殖民地半殖民地开展"早期阶段"的阶级斗争不感兴趣。他所说的"早期阶段"的阶级斗争,显然就是指反对帝国主义殖民统治和反对本国封建势力的斗争。他硬说:"在殖民地从事尽量早期阶段的阶级斗争——这意味着使人民闭眼无视欧洲资本主义移植过来的危险。当这种资本主义在欧洲将会被推翻的时候,它却能够在亚洲找到避难所,从而一开始就消灭了这种被推翻的可能性。"③为了避免殖民地资产阶级民族主义分子把欧洲资本主义"移植过来"的危险,共产党人和共产国际就"不应当在他们当中去寻找支援殖民地革命运动的途径"④,即不应当把殖民地的民族资产阶级看做是革命斗争中可能的同盟者。恰恰相反,在殖民地半殖民地,"共产国际应当仅仅协助开创和发展共产主义运动"⑤。

在这几段话里,罗易实质上就是极力主张共产党人可以不顾殖民地半殖民地经济发展十分落后的现状,不顾反帝反封建任务远未完成的实况,也不顾阶

---

① 罗易:《关于民族和殖民地问题的补充提纲(初稿)》,第七条、第十条,并参见罗易:《在民族和殖民地问题委员会中的发言》,载于《共产国际第二次代表大会公报》,1920年7月27日,第1期,第1—2页。
② 罗易:《关于民族和殖民地问题的补充提纲(初稿)》,第十条。
③ 同上书,第十一条。
④ 同上书,第七条。
⑤ 罗易:《在民族和殖民地问题委员会中的发言》,载于《共产国际第二次代表大会公报》,1920年7月27日,第1期,第1—2页。

级力量对比上明显不利的处境,立即在这些国家和民族中发动工农群众开展反对本国资产阶级和消灭本国资本主义的无产阶级社会主义革命。如果共产党人不这样做,反而去赞助和支持当地的资产阶级民族民主运动,按照罗易的见解,那就不但会阻碍殖民地半殖民地"群众性革命运动"的发展,而且会推延乃至破坏欧美国家社会主义革命的成功。

因此,罗易要求共产国际把有关支持殖民地半殖民地民族解放运动的斗争纲领和实际措施,概予一笔勾销①。

罗易的基本观点得到了波斯(伊朗)共产党人苏尔坦-扎德(1889—1938)的赞同和支持。

苏尔坦-扎德是波斯共产党的创始人和领导人之一,曾多次出席共产国际代表大会,并曾任共产国际执行委员会委员。他在共产国际第二次代表大会上作了关于东方社会革命前途的报告。他对东方各落后国家和民族内部阶级力量的对比作了盲目"乐观"的估计。尽管他承认"整个东方总的说来还处在封建奴隶制时代",许多东方国家"还是封建的或半封建的国家",但是,他认为在这些落后国家和民族中,异国统治者、本国封建王公、宗教僧侣、豪商巨贾以及民族资产者等等各种剥削者之间的利害矛盾冲突十分激烈,同床异梦,以致于"在各统治阶级内部没有也不可能有一致的利益",而当地的农民群众又备受各种残酷沉重的压迫。这些因素加在一起,就在许多东方国家中"造成了异常闷热的天气"。他断定:当时"西方革命的霹雳轰鸣已经震撼了东方的大地,……全世界革命的时代已经来临了"!

据此,他坚决主张在殖民地和半殖民地中"开创和支持纯粹的共产主义运动,借以对抗各种资产阶级民主流派"。他危言耸听地硬说,在全世界革命时代已经到来的情况下,共产党人和共产国际如果实行支持落后国家资产阶级民主运动的政策,"那就意味着把群众推向反革命的怀抱";"就会给我们造成最悲惨的结局"②。

---

① 参阅罗易:《在民族和殖民地问题委员会中的发言》。载于《共产国际第二次代表大会公报》,1920年7月27日,第1期,第1—2页。

② 苏尔坦-扎德:《在共产国际第二次代表大会第五次全体会议上的发言(1920年7月28日)》。《共产国际第二次代表大会(记录)》,莫斯科1934年俄文版第118—120页。并参阅:《民族生活》报,1920年8月1日,第25期,第2页。

就在苏尔坦-扎德提出上述主张的同时,波斯共产党的其他领导人阿布科夫等在参加1920年著名的吉兰反英起义取得初步胜利,建立了吉兰共和国,组成了反帝反封建的革命统一战线政权之后,立即开始从事如苏尔坦-扎德所鼓吹的"纯粹共产主义运动"的实践,他们提出了社会主义革命的口号,并在吉兰共和国辖区内任意征用和没收小地主、商人和手工业者的财产,排挤和逮捕资产阶级代表人物。于是资产阶级、小地主以及受他们影响的农民和手工业者纷纷退出革命队伍,统一战线遂告瓦解,共产党人陷于孤立,终于招致了此次民族民主革命的失败。参阅伊凡诺夫:《伊朗史纲》,三联书店1973年版,第386—392页。

参加共产国际的意大利社会民主党左派领袖塞拉蒂①也支持罗易和苏尔坦-扎德的看法,坚决反对共产党人和共产国际赞助殖民地半殖民地的民族民主革命运动。

塞拉蒂打出了名为"反对阶级合作"实是"左"倾宗派主义的旗号,对国际马克思主义者关于声援落后国家民族民主运动的主张横加指责,说是:第一,就先进国家而言,这种主张势必会"给先进国家的共产主义无产阶级的立场带来特别严重的危害",因为无产阶级"始终是公开敌视任何形式的阶级合作的";第二,就落后国家而言,各种资产阶级民主派别所搞的民族解放运动,即使是采取暴动起义的方式,也毫无革命意义,"一般说来都不是革命性的行为",因为他们"进行这些活动,要么是为了正在诞生中的民族帝国主义的利益,要么是为了另外一个国家的资本帝国主义的利益,这个国家正在同原先的宗主国进行着竞争"。

此外,塞拉蒂还从革命队伍应当纯而又纯、阶级意识应当净而又净这一基本观点出发,断言这些国家中的无产阶级必须同一切剥削者(其中也包括号称"革命民族主义者"的各种资产阶级民主派)"完全绝缘",才能开展阶级斗争。因此,民族解放运动也"只有在工人阶级始终保持同一切剥削者完全绝缘状态的条件下,才能产生革命的结果"。反之,共产党人如果对资产阶级政党即所谓革命的民族主义分子表示支持,或者同他们结成哪怕是间接的、暂时的联盟,那么,"这一类联盟只能模糊无产阶级的意识"②,破坏无产阶级社会主义革命事业。

罗易、苏尔坦-扎德以及塞拉蒂上述哗众取宠的极左言论,并不是全无市场的。他们的基本观点在共产国际队伍中,特别是在共产国际第二次代表大会专设的民族和殖民地问题委员会内部以及大会全体会议上,造成新的思想混乱,意见纷纭,争论十分激烈。据当时民族和殖民地问题专设委员会的秘书马林③的归纳,认为争论时大家感到十分棘手的最大"难题仅仅在于要找到一种正确的方针来处理落后国家和殖民地中革命的民族主义运动与社会主义运动之间

---

① 扎钦托·梅诺蒂·塞拉蒂(1872—1926),意大利社会党领导人之一。1915—1923 年意大利社会党中央机关报《前进报》主编。第一次大战期间持国际主义立场,参加过齐美瓦尔德和昆塔尔代表会议。共产国际成立后,主张意社会党加入共产国际,曾率领意大利社会党左派代表团参加共产国际第二次代表大会。1924 年以"第三国际派"名义加入意大利共产党。

② 塞拉蒂:《在共产国际第二次代表大会第五次全体会议上的发言(1920 年 7 月 23 日)》,《共产国际第二次代表大会(记录)》,莫斯科 1934 年俄文版,第 155 页。

③ 亨里克·马林(1883—1942),原为荷兰社会民主党人,1913—1919 年住在爪哇,加入爪哇共产党和荷兰共产党。共产国际二大代表。1921—1923 年首任共产国际执行委员会派驻远东地区的代表,住在中国。

的相互关系"①。

这个大难题,确实是在当时历史发生巨大转折这一新情况下出现的新问题,是前人所未曾遇到过因而也未曾加以解决的新难题。

因为,在十月革命以前,马克思主义学说的传播、工人阶级社会主义革命运动的开展以及社会主义革命政党的活动,主要都是局限在欧美先进资本主义国家的范围内。亚洲、非洲和美洲广大殖民地半殖民地落后地区虽也时常爆发群众性的革命斗争,但一般都是属于反殖、反帝、反封建性质的民族民主运动。十月革命以后,随着马克思主义在殖民地半殖民地的广泛传播,随着当地工农群众的进一步阶级觉醒,在这些地区也开始出现了以实现社会主义、共产主义作为奋斗目标的革命政党组织,在广大群众中开展革命活动。在从事革命斗争的实践中,他们不能不面临涉及如何正确处理当地民族民主革命运动与社会主义革命运动二者关系的一系列现实具体问题,诸如:

1. 在十月革命以后出现的新历史情况下,广大殖民地半殖民地群众革命运动的任务和性质究竟应当是什么?是反帝反封建的民族民主革命?还是反资本主义的社会主义革命?

2. 这种革命运动的对象和动力是什么?当地资产阶级中鼓吹民族主义、要求民族独立的阶层是革命的对象?还是革命的动力?怎样全面地、辩证地分析被压迫民族中的资产阶级以及资产阶级民族主义?

3. 殖民地半殖民地的广大农民群众和西方先进国家的农民有什么不同?他们能不能立即接受无产阶级的社会主义、共产主义革命主张?

4. 殖民地半殖民地的民族民主革命运动同共产党人是否毫"不相干"?共产党人和共产国际对这种运动应当采取什么基本方针?是坚决反对?是袖手旁观?还是大力支持?工人阶级同本民族资产阶级中要求反帝反封建的阶层应当"完全绝缘"?还是应当结成革命联盟?

5. 殖民地半殖民地的民族民主革命运动的发展前途是怎样的?如果共产党人和共产国际支持和赞助这种运动,是否必然导致西方资本主义的易地"移植"和助长"民族帝国主义"的形成和发展?

对于上述这些在共产国际内部引起激烈争论的一系列新"难题",列宁在科学分析殖民地半殖民地的社会历史现实、认真总结群众革命斗争实践经验的基础上,创造性地一一加以妥善解决。

---

① 马林:《在共产国际第二次代表大会第五次全体会议上的发言(1920年7月28日)》,《共产国际第二次代表大会(记录)》,莫斯科1934年俄文版,第138页。

党提出的任务必须适合于
殖民地东方农民国家的水平

在共产国际内部就上述问题展开同志式争论的过程中,列宁充分显示了他那谦虚谨慎、平等待人、充分发扬民主与坚持革命原则高度结合的一贯作风。

作为第一个社会主义国家以及共产国际的创始人和领导者,作为公认的无产阶级革命导师,列宁当时在全世界已经享有崇高的声望和权威。但他把为共产国际第二次代表大会草拟的《民族和殖民地问题提纲初稿》,不但提交俄共党内许多有关同志,而且也提交前来参加国际会议的许多弱国小党的代表,广泛征求意见,请他们"提出自己的评论、修正、补充和具体说明"①。例如,据罗易事后回忆,当时交给他的那份文件,左上角由列宁亲笔签名并写明:"罗易同志:请提批评和建议";而当年罗易本人的感受则是:"一个伟大的革命执政官,怎么会有那样谦虚和宽容的精神,竟在文件上写下了那样一段简短说明!收件人是个小人物,因此他那样做并不是出于例行的客套。"在争论过程中,列宁认真地倾听了来自罗易的反对意见,并建议他把自己的见解正式写成书面提交代表大会全体会议作进一步的讨论。罗易写道:"我获得了受到一位伟大人物平等相待的非常难得的荣幸;列宁这样对待我,证明了他的伟大。他完全可以拒绝浪费他的宝贵时间,去同一个无足轻重的青年人讨论问题。那样一来,我就没有机会让共产国际代表大会听取我的意见了。"②

又例如,列宁事先得知意大利社会党代表团团长塞拉蒂等人歧见甚深,而大会专设的有关委员会进行讨论时他们均未参加,便在开会当天特地给塞拉蒂写了便条邀请他们到会,并在便条中询问:"为什么不派任何一个意大利同志出席殖民地问题委员会,以便申述自己关于**不支持资产阶级民主运动**的观点?"③

列宁这种认真倾听来自同志的反对呼声、珍视一得之见并善于集思广益的一贯作风,是无产阶级革命领袖高贵品质的一个重要组成部分,它从一个侧面体现了列宁的伟大。这一点,连他的论敌也无法否认。

与此同时,列宁坚定的革命原则性在上述争论过程中也表现得同样明显和充分。他对上述一系列问题善于作出科学解答,正是他敢于不顾各种极左辞句

---

① 列宁:《关于民族和殖民地问题初稿》,《列宁选集》1972年版第4卷,第270页,并参阅《列宁全集》,莫斯科1963年俄文第5版,第41卷,第513页,第82条注解。
② 罗易:《罗易回忆录》,孟买1964年英文版,第3卷,第45、51节。
③ 《列宁全集》,莫斯科1965年俄文第5版,第51卷,第244页。

的非难,始终坚持革命真理的必然结果。

在分析任何一个社会问题时,马克思主义理论的绝对要求,就是要把问题提到一定的历史范围之内。同时,只有客观地考虑某个社会中一切阶级相互关系的全部总和,因而也考虑该社会发展的客观历史阶段,考虑该社会和其他社会之间的相互关系,才能成为无产阶级革命政党制定正确策略的依据——这是列宁所一贯坚持的历史唯物主义的基本原则①。列宁对殖民地半殖民地群众革命运动所作的全部分析以及所制定的正确策略,也同样贯串着这一基本原则。

在苏尔坦-扎德所草拟的论述东方社会革命前途的发言稿上,列宁写下了简明的批注:

"(1) 各种有产的剥削阶级陷于分裂

"(2) 大部分人口是受**中世纪剥削的农民**

"(3) 在工业中——**零星细小的手工业者**

"(4) 结论:**使**苏维埃体制和共产党(党的成分、党的特殊任务)都**适合于**殖民地东方**农民**国家的水平。

"实质就在这里。关于这点必须加以思考并**找出具体**的答案。"②

可以说,这几行简明批注大有助于人们理解列宁考虑东方殖民地问题时的思维线索,也是革命者分析同一问题时应当遵循的基本大纲。

据我们理解和体会,在列宁所写的这几行简明批注当中,既含有符合一般殖民地半殖民地客观实际的形势估量和阶级估量,也包含着以这些正确估量为基础的、适用于一般殖民地半殖民地革命运动的基本策略要求:1. 必须看到本国剥削者与外国剥削者之间、本国剥削者各阶级各阶层之间的矛盾,并充分加以利用;2. 必须看到当地资本主义工业不发达、现代产业无产者队伍不够壮大、身受中世纪式封建主义剥削的农民占居民的绝大多数等具体情况,设法把所有这些被剥削的劳动者引上革命大道;为此,3. 在把共产党人的基本主张、共产主义的基本原则具体运用到这些落后国家和民族中去的时候,就应当认真考虑这些民族和国家所具有而欧洲各国所没有的特殊条件,把这些原则在细节上正确地加以改变,使之正确地适应和运用于民族的和民族国家的差别③,即

---

① 参阅列宁:《论民族自决权》、《卡尔·马克思》。《列宁选集》1972年版第2卷,第512、602页。
② 列宁:《对阿·苏尔坦-扎德关于东方社会革命前途的报告的批注》,《列宁全集》,莫斯科1963年俄文第5版,第41卷,第457页。
③ 参阅列宁:《在全俄东部各民族共产党组织第二次代表大会上的报告》、《共产主义运动中的"左派"幼稚病》。《列宁选集》1972年版第4卷,第104、246页。

适合于落后的殖民地半殖民地农民国家的水平。

列宁认为,把马克思主义的普遍真理、共产主义的基本原则运用到世界广大殖民地半殖民地革命的具体实践中去,这是特别崇高而又相当困难的任务,是当时"全世界共产主义者所没有遇到过的任务";"这些任务的解决方法,……无论在哪一部共产主义书本里都找不到"[1]。所以革命形势要求共产党人勇于和善于在实践中去寻找,去从事创造性的探索。

对于如何把共产主义基本原则运用于殖民地半殖民地"农民国家"的问题,列宁在十月革命胜利以后的一系列重要著作中进行了具体的剖析,提供了原则性的"具体的答案"。

落后国家首先需要解决的斗争任务不是反对资本而是反对中世纪残余

关于殖民地半殖民地群众革命运动的任务和性质问题,列宁在十月革命以前论述民族殖民地的大量著作中,几乎每一篇都从不同的角度对它进行过剖析。其中尤以《中国的战争》、《世界政治中的引火物》、《巴尔干和波斯的事变》、《中国的民主主义和民粹主义》、《新生的中国》、《亚洲的觉醒》、《落后的欧洲和先进的亚洲》、《论民族自决权》、《社会主义革命和民族自决权》、《论尤尼乌斯的小册子》等著名篇章,对殖民地半殖民地群众革命运动的反帝反封建斗争任务、对这种革命运动的资产阶级民族民主革命的性质,论述得更为充分和明晰。

这方面的问题由于客观事实本身十分彰明昭著,在当时的国际共产主义运动中本来并不存在多大争论而且业已基本解决。但是,在十月革命以后殖民地半殖民地群众革命运动空前高涨这种新形势下,罗易和苏尔坦-扎德等人提出了超越革命现实阶段的极左空谈并且开始从事冒险主义和宗派主义的实践,这就不能不引起列宁对这个问题重新加以关注。

因此,十月革命以后,特别是在共产国际第二次代表大会就民族殖民地问题进行专门讨论前后这段期间里,列宁又在总结革命经验的基础上,以革命前沙俄所属诸殖民地的现实情况作为典型,对落后国家和民族中群众革命运动的任务和性质问题,作了重要的补充分析。

列宁指出:"这些国家最重要的特点就是资本主义前的关系还占统治地位",在这些国家和民族里几乎还没有工业无产阶级,"因此,还谈不到纯粹的无

---

[1] 列宁:《在全俄东部各民族共产党组织第二次代表大会上的报告》,《列宁选集》1972年版第4卷,第105页。

产阶级运动"①。这些地区人民群众的绝大多数,都还"不是受过资本主义工厂锻炼的工人",而是"遭受中世纪压迫的劳动农民"②。对本国封建势力来说,他们都还"处于半封建依附地位","不仅受商业资本剥削而且也受封建主和封建国家剥削"③。这就意味着:作为殖民地半殖民地群众革命运动主力军的广大农民群众,在所处的经济地位上以及直接的革命要求上,不但迥异于欧洲先进国家的产业无产者,也不同于先进国家中的农民。

与此相适应,在这些落后国家中开展的群众革命运动,就国内来说,首先"需要解决的斗争任务不是反对资本而是反对中世纪残余"④,即反对封建剥削制度和各种封建主势力。

另一方面,落后国家的广大人民群众还长期遭受外国帝国主义资产阶级的残酷压迫和剥削,而外国帝国主义势力又总是同落后国家内部的封建反动势力互相勾结并充当后者的靠山,因此,落后国家的群众革命运动在解决反封建斗争任务的过程中,就必须同时大力开展反对国际帝国主义的斗争,直至进行"反对国际帝国主义的民族战争"⑤。

斗争任务决定革命性质。由此可见,十月革命以后殖民地半殖民地人民群众的反帝反封建斗争,按其社会性质说来,基本上依然还是资产阶级民主主义性质的革命。

在这里,当然应把列宁的上述观点同列宁在一九一六年提出的另一观点,即关于被压迫民族要求自决的斗争开始成为世界社会主义运动一部分的著名论断⑥,紧密地联系起来,作为一个整体加以全面领会。换言之,在十月革命后的新形势下,从世界范围内的斗争全局和革命阵线来看,这种反对国际帝国主义的革命斗争已经成为全世界无产阶级社会主义革命的同盟军,从而成为无产阶级社会主义世界革命的一个组成部分;但是,从它在本国本地历史发展过程中的地位来看,殖民地半殖民地人民群众的反帝反封建革命斗争,仍然还没有超越过资产阶级民主主义阶段。

在共产国际第二次代表大会所专设的民族和殖民地问题委员会中,列宁还以当时的印度为例,针对罗易关于即速"开创和发展共产主义运动","争取消灭一切阶级统治"等等超越革命现实阶段的极左空谈,进行了令人信服的反驳。

---

① ③ 列宁:《共产国际第二次代表大会》。《列宁选集》1972年版第4卷,第335页。
② ④ 列宁:《在全俄东部各民族共产党组织第二次代表大会上的报告》。《列宁选集》1972年版第4卷,第104页。
⑤ 同上书,第102页。
⑥ 参阅列宁:《关于自决问题的争论总结》。《列宁全集》第22卷,第335—336页。

他指出,直到当时为止,"印度的共产主义分子还迄未能在自己国内把共产党建立起来,仅此一端,就足见罗易同志的观点在很大程度上是无根无据的"①。

后来,列宁在一九二一年同蒙古代表团的谈话中,也建议蒙古的革命者应当根据本国的实际情况,逐步地推进革命而不要急躁冒进,立即实行社会主义革命变革。列宁指出,在蒙古,居民的大多数是游牧的牧民,应当建立一个群众性的"蒙古阿拉特党"②,使广大阿拉特群众团结在党和政府周围,为国家的经济发展和文化发展而奋斗;在当时条件下,不应当立即把这个党"改变"为共产主义政党。列宁解释说,共产党就其阶级实质说来是无产阶级的政党,因此,蒙古的"革命者还需要在自己的国家建设、经济建设和文化建设方面做大量的工作,才能从牧民分子中形成无产阶级群众,然后,无产阶级群众将会帮助人民革命党'改变'成为共产党。简单地换一块招牌是有害的和危险的"③。

列宁对于殖民地半殖民地群众革命运动任务和性质的论述,始终贯穿着不断革命论和革命发展阶段论相结合的精神;也贯穿着列宁所一贯倡导的反空谈、重实干的精神:"少唱些政治高调,多注意些极平凡的……共产主义建设事实";"少说些漂亮话,多做些**日常**平凡的事情"④!

坚持无产阶级对民族民主革命的领导权
竭力使农民运动具有最大的革命性

在认清革命的任务与性质的基础上,无产阶级所面临的首要问题就是正确判断革命的对象与动力,即区分敌、我、友,确定领导者、同盟军以及打击方向。

列宁认为,即使在无产阶级十分幼弱的落后国家里,共产党人也应该在群众革命斗争中尽力担负起领导者的作用⑤。

列宁教导殖民地半殖民地的无产阶级先进分子"应该组成能够独立进行斗争的基干队伍,即党的组织"⑥,并且必须密切地结合本国的具体情况,创造性地运用一般的共产主义理论原则,以便把革命运动不断推向前进。在这个过程中,首要的关键在于这些国家的无产阶级政党务必坚持对民族民主革命的领导

---

① 关于列宁发言的这段简略记载,见于《共产国际第二次代表大会公报》,1920年7月27日,第1期,第2页。
② "阿拉特"系蒙语音译,意指革命前受封建主压迫剥削最重的贫苦牧民。
③ 列宁:《同蒙古人民共和国代表团的谈话》。《列宁全集》,莫斯科1964年俄文第5版,第233页。
④ 列宁:《伟大的创举》。《列宁选集》1972年版第4卷,第8、17页。
⑤ 参阅列宁:《民族和殖民地问题委员会的报告》,《列宁选集》1972年版第4卷,第335页。
⑥ 同上书,第336页。

权,贯彻执行一条马克思主义的革命路线。

殖民地半殖民地的共产党人要在民族民主革命中坚持无产阶级的领导权,就必须正确处理两个方面的关系,第一是无产阶级同本国农民群众的关系,第二是无产阶级同本国资产阶级的关系。列宁科学地分析了殖民地半殖民地社会的经济、政治现状和阶级相互关系,认为在这些国家的民族民主革命运动中,无产阶级及其政党必须领导农民运动,充分满足农民群众的革命要求,同农民结成广泛的联盟;同时,也要在一定条件下联合资产阶级民主派,同他们结成反帝反封建的统一战线,但是,无产阶级应当保持自己的独立性,严防他们同无产阶级争夺革命的领导权,把革命引入歧途,甚至葬送革命。

领导者如果没有被领导者,就不成其为领导者。无产阶级必须有一个自愿接受无产阶级领导的、人数众多的、可靠的同盟军,这是领导权思想本身所要求的。在落后国家中占人口绝大多数的劳动农民群众就是这样的同盟军。

为了发动农民和领导农民,列宁认为应当从思想、政治、经济等方面采取一系列措施。主要是:

(一)必须紧密结合群众的切身利益,用人民懂得的语言进行共产主义宣传,借以在长期遭受中世纪压迫因而一向闭塞保守的农民群众中激发起独立思考政治问题、独立进行政治活动的愿望,激发他们把自己组织起来的革命积极性①;

(二)鉴于广大农民群众不但深受帝国主义压迫剥削,而且饱遭封建主义压迫剥削,因此,无产阶级在领导他们进行反帝斗争的同时,必须领导和支持他们大力开展反封建斗争。无产阶级政党"必须特别援助落后国家中反对地主、反对大土地占有制、反对各种封建主义现象或封建主义残余的农民运动,竭力使农民运动具有最大的革命性"②;

(三)必须普遍宣传关于农民苏维埃、劳动者苏维埃的思想,"只要是条件允许的地方,他们就应该立即设法建立劳动人民苏维埃"③,用这样的方法把苏维埃制度的基本原则应用到资本主义前的关系占统治地位的国家中去,从而通过这样的工农政权组织,更有力地推进革命。

列宁告诫说,在农民占人口绝大多数的情况下,无产阶级政党如果不同农民运动发生一定的关系,不在实际上支持农民运动,那么,要在这些落后的国家

---

① 参阅列宁:《在全俄东部各民族共产党组织第二次代表大会上的报告》、《民族和殖民地问题委员会的报告》。《列宁选集》1972年版第4卷,第104、105、335页。
② 列宁:《民族和殖民地问题提纲初稿》。《列宁选集》1972年版第4卷,第275页,并参阅104页。
③ 列宁:《共产国际第二次代表大会》。《列宁选集》1972年版第4卷,第335页,并参阅275页。

里实行共产主义的策略和共产主义的政策就是空想①。只有大力支持和充分满足劳苦农民的革命要求,帮助他们打碎身上的枷锁,并对他们进行社会主义、共产主义的前途教育,才能使广大劳苦农民群众自愿接受无产阶级及其政党的领导,摆脱来自资产阶级的各种不良影响,并在民族民主革命取得胜利之后,继续跟随无产阶级逐步向社会主义、共产主义迈进。

既要借助于资产阶级民族主义,又要严防资产阶级叛卖革命

领导者如果不能贯彻本阶级的领导意图,也就不成其为领导者。无产阶级必须独占革命领导地位,挫败资产阶级篡夺革命领导地位从而把革命引入邪途的企图,这也是领导权思想本身所要求的。

但是,在殖民地半殖民地的特定条件下,资产阶级既是革命领导权的争夺者,又是可能的革命同盟军。一方面,他们是无产阶级的直接剥削者,可是另一方面,为了对抗本族更腐朽的剥削者,为了对抗异族更强大的剥削者和侵略者,他们又同无产阶级有着某种程度上的利益一致性。此外,由于历史上和经济上的原因,他们的文化水平和政治经验都远胜于幼弱的或不甚壮大成熟的无产阶级,而无产阶级却不但要防止他们篡夺革命领导权,而且要促使他们愿意接受自己的领导,还要防止他们投向革命的敌方,即投向反革命阵营。凡此种种,都大大增加了问题的复杂性。不妨说,前述罗易、塞拉蒂等人的"不相干"论和"完全绝缘"论等极左空谈,其错误的关键之一,就是在这个复杂问题面前不知所措,草率鲁莽或逃避困难。反之,列宁对此所作的辩证分析,则为世界众多落后国家的无产阶级政党提供了解决这一复杂问题的钥匙。

"要战胜更强大的敌人,只有尽最大的力量,同时**必须**极仔细、极留心、极谨慎、极巧妙地一方面利用敌人之间的一切'裂痕',哪怕是最小的'裂痕',利用各国资产阶级之间以及各个国家内资产阶级各集团或各派别之间的一切利益对立,另一方面要利用一切机会,哪怕是极小的机会,来获得大量的同盟者,尽管这些同盟者是暂时的、动摇的、不稳定的、靠不住的、有条件的"②——这是列宁

---

① 参阅列宁:《共产国际第二次代表大会》。《列宁选集》1972年版第4卷,第334页。
② 列宁:《共产主义运动中的"左派"幼稚病》。《列宁选集》1972年版第4卷,第225页。列宁这本在国际共运中负有盛名的论著,以单行本形式发表于一九二〇年共产国际第二次代表大会召开前夕,并曾分送各国与会代表阅读。据罗易事后回忆,这本批评"左"派幼稚病(包括轻视甚至排斥革命同盟者的问题)的名著中所阐述的基本观点,曾经是代表们普遍关心和争论得"最激昂慷慨的"中心问题之一。参阅:《列宁选集》1972年版第4卷,第268—269页;罗易:《罗易回忆录》,孟买1964年英文版,第3卷,第50节。

从多年革命斗争中总结出来的一条基本经验。他在教育国际共产党人在革命斗争中应当正确对待落后国家和民族的资产阶级时,显然是把这条基本经验作为指导思想之一的。

列宁在十月革命以前就依据大量历史事实,对被压迫民族里的资产阶级在民族民主革命中所表现的两面性,作了出色的分析和总结。

他指出,从全世界历史上看,资本主义彻底战胜封建主义的时代,总是同被压迫民族的民族运动联系在一起的;而这些民族中的资产阶级,在一切民族运动开始时,又总是很自然地充当运动的首领——领导者。因此,被压迫民族中的资产阶级在一定历史时期和一定程度上具有反对封建势力、反对民族压迫、要求民主平等、要求民族独立的民主主义进步趋向①。即使在帝国主义时代,一切被压迫弱小民族反对帝国主义侵略兼并的斗争,包括民族解放战争,都是进步的、革命的,与此相应,参加或领导这种民族解放斗争和民族解放战争的资产阶级,当然也仍然发挥着历史的进步的作用②。这是问题的一个方面。

在这同时,列宁又明确指出:在许多场合,"被压迫民族的资产阶级**只是**空谈民族起义,实际上却偷偷地同压迫民族的资产阶级实行反动勾结,从背后来**反对**本国人民"③;历史曾经多次表明:只要革命的无产阶级在资产阶级面前站了起来,资产阶级就会出卖祖国、人民和民族的利益;为了维护他们的阶级私利,被压迫民族的资产阶级甚至不惜在本民族受压迫、受屈辱最厉害的时候,丧心病狂地依靠压迫民族的士兵来镇压敢于伸手夺取政权的无产者同胞。也就是说,他们甚至可以"连一秒钟都没有犹豫,立刻就同民族公敌,同蹂躏其祖国的外国军队勾结起来镇压无产阶级运动"④。这是问题的另外一个方面。

基于对资产阶级劣根性的深刻分析和对世界各国历史经验的科学总结,列宁不仅十分强调被压迫民族的无产阶级始终**只是有条件地**、只是在一定方向上支持本民族的资产阶级,始终必须严防本民族的资产阶级用反动的民族主义思想毒害工农群众的阶级意识⑤;而且多次提醒被压迫民族的无产阶级政党对于本民族资产阶级在反对外族压迫的斗争中所经常出现的妥协叛卖倾向,务必保持高度的警惕,开展原则的斗争。

---

① 参阅:《列宁选集》1972年版第2卷,第508、521、524页。
② 参阅:《列宁全集》第22卷,第303—305页;第23卷,第198页;第35卷,第239、255—257页。
③ 列宁:《论对马克思主义的讽刺和"帝国主义经济主义"》。《列宁全集》第23卷,第55页,并参阅第22卷,第142页。
④ 列宁:《马克思主义和修正主义》。《列宁全集》第15卷,第19页,并参阅第6卷,第420页。
⑤ 参阅列宁:《论民族自决权》。《列宁选集》1972年版第2卷,第521—523页。

在这些论述里,列宁站在无产阶级的立场上对于被压迫民族中资产阶级两面性的解剖,对他们在民族民主革命斗争中何时可能是盟友,何时可能是敌人的划分,是清清楚楚、界限分明的。

特别值得注意的是:列宁在一九一二至一九一三年间针对当时半封建半殖民地中国的资产阶级所作的分析,对于社会历史条件基本相似的一切殖民地半殖民地说来,都具有普遍的意义。

当时,列宁就把中国的资产阶级划分为两大部分:一部分是同本国封建势力以及外国帝国主义势力紧密勾结的自由派资产阶级,另一部分则是要求反对封建势力、反对帝国主义的民主派资产阶级。列宁指出,尽管西方的资产阶级已经完全腐朽,但是在东方、在亚洲出现的这种民主派资产阶级及其政治代表人物则"还能从事历史上进步事业"①,"还同人民一起反对反动势力"②,因而还"能够代表真诚的、战斗的、彻底的民主主义"③。至于自由派资产阶级,其政治代表人物则往往充当着"反动势力的朋友"。在对内方面,他们惯于"在君主制和革命之间实行随风倒的政策",而且"最善于变节"④:昨天害怕皇帝,匍伏在他面前;后来眼看革命民主派即将取得胜利,就背叛了皇帝;明天则可能又同什么旧的或新的"立宪"皇帝勾结而出卖革命民主派。与此同时,在对外方面,他们则惯于为了阶级和集团的私利,为了扼杀革命而与帝国主义者结成反革命联盟。总之,他们是"中国民主、自由的敌人"⑤。后来,中国的事变进程准确地、典型地证实了这一点。

在这些论述里,列宁站在无产阶级立场上对殖民地半殖民地资产阶级中两大阶层的分析,对他们在民族民主革命中谁可能是盟友,谁可能是敌人的划分,也是清清楚楚、界限分明的。

十月革命以后,特别是在共产国际第二次代表大会前后一段期间内,列宁又在上述科学分析的基础上就这个问题进一步加以阐发。

当时在这个问题上存在着两个方面的疑问:一、按照马克思主义的一般理论,资产阶级同无产阶级是两大对立的阶级,那么,作为无产阶级先锋队的共产党以及作为全世界无产阶级指挥部的共产国际是否应该支持落后国家的资产阶级民主运动;如果加以支持,在原则上是否可以允许,在理论上是否正确。

---

①③ 列宁:《中国的民主主义和民粹主义》,《列宁选集》1972年版第2卷,第425页。
② 列宁:《落后的欧洲和先进的亚洲》,《列宁全集》第19卷,第82页。
④ 列宁:《中国的民主主义和民粹主义》,《列宁选集》1972年版第2卷,第428、425页,并参阅450页。
⑤ 列宁:《落后的欧洲和先进的亚洲》,《列宁全集》第19卷,第83页。

二、按照马克思主义的一般理论,资产阶级民族主义和无产阶级国际主义是两大对立的思想潮流,那么,一贯坚持无产阶级国际主义的各国共产党人是否可以支持被压迫民族中的资产阶级民族主义思潮以及在这一思潮指导下的民族解放运动。

列宁向来提倡对问题从实际出发进行具体分析,反对从概念出发进行抽象推导。本着这种精神,他对上述疑问进行了有力的澄清。他向存在这些疑问的同志耐心地反复阐明帝国主义时代被压迫民族的资产阶级民主民族运动在无产阶级社会主义世界革命事业中的重要地位和巨大作用,阐明共产国际和共产党人同被压迫民族中愿意反帝反封建的资产阶级结成革命统一战线的必要性。在这同时,列宁对提出疑问的同志(包括争论的对手)的一得之见,又十分珍视,及时采纳,并据以对自己所起草的《民族和殖民地问题提纲初稿》作了补充修改。其中重要的修改之一就是把各国共产党必须帮助落后国家的"资产阶级民主解放运动"的提法,改为必须帮助这些国家的"革命的解放运动"①。

这样修改,突出了"革命"两字,就强调了要把存在于殖民地半殖民地中的反动的改良主义运动同革命运动严格加以区分,即要把受帝国主义培植、为帝国主义效劳、借点滴改良和小恩小惠以转移反帝革命斗争视线和愚弄群众的一切反动骗局,同真正反对帝国主义、要求根本推翻帝国主义殖民统治的革命群众斗争严格加以区分;要把帝国主义在被压迫民族中物色和豢养的资产阶级代理人集团同愿意参加反帝斗争的资产阶级集团严格加以区分。

列宁指出,"实际上,在落后国家和殖民地国家里,这种区别最近已经表现得十分明显"。由于帝国主义国家的资产阶级和殖民地半殖民地的资产阶级"已经有相当密切的关系",所以后者往往(甚至可以说在大多数场合下)虽然也支持民族运动,但同时又与前者妥协,"同他们一起来反对一切革命运动和革命阶级"。所以,作出上述修改的用意,就在于着重强调"只有在殖民地国家的资产阶级解放运动真正具有革命性的时候,在这种运动的代表人物不阻碍我们用革命精神去教育、组织农民和广大被剥削群众的时候,我们共产党人才应当支持并且一定支持这种运动"。列宁认为,对这份纲领性的文件做了这样的修改

---

① 根据共产国际二大所设"民族和殖民地问题委员会"秘书马林向与会全体代表所作的汇报,该委员会在列宁主持下初步决定:1.《提纲初稿》第 6 条以及第 11 条第 1 段中的"资产阶级民主解放运动"改为"革命的解放运动";2. 第 11 条第 5 段中的"资产阶级民主民族运动"改为"革命运动"。这些修改连同其他一些文字修改都经代表大会审查通过。参阅:《共产国际第二次代表大会(记录)》,莫斯科 1934 年俄文版,第 104、492、494、495 页;并对照《列宁选集》1972 年版第 4 卷,第 272、274—275、334 页。

之后,"这就更确切地表达了我们的观点"①。

由此可见,列宁在考察殖民地半殖民地的民族民主运动时,显然就是把它划分为两大类,而且,显然是以反帝不反帝作为识别和划分真革命与假革命,从而决定应予支持抑或应加反对的首要标准。

至于上述第二方面的疑问,它同第一方面的疑问是紧密关联的,同时它在国际共运史中实际上并不是第一次提出的新问题,而只是在十月革命胜利后新形势下的"旧话重提"。关于共产党人究竟应当如何正确对待被压迫民族中的资产阶级民族主义问题,列宁在十月革命以前和以后的长期斗争实践中,曾经从不同角度作过多次论述。通过对列宁有关论述的学习,我们可以从中得到以下几点启示:

(一) 作为民族问题上的两种世界观,资产阶级民族主义和无产阶级国际主义是互相对立的、不可调和的。前者的要害在于以民族观念取代或否定阶级观念。当被压迫民族的资产阶级用反动的民族主义思想毒害本民族工农群众的阶级意识,抹杀本民族内部的阶级对立和阶级斗争,破坏各族劳动者的国际联合和阶级团结,或者甚至企图为本民族攫取特权的时候,共产党人就应当坚决反对,开展斗争②;

(二) 应当把压迫民族的资产阶级民族主义同被压迫民族的资产阶级民族主义区别开来。共产党人必须从国际反帝斗争的全局上去看待后者,切不可单从一国一族的狭隘观点出发,因醉心于反对被压迫民族的资产阶级民族主义,而忘掉了极端凶恶、极端反动的帝国主义压迫民族的资产阶级民族主义,从而在客观上充当了后者的帮凶③;

(三) 压迫民族对于被压迫民族中资产阶级民族主义的形成和传播犯有历史过错,负有一定责任。共产党人(尤其是压迫民族中的共产党人)对待被压迫民族的民族感情必须特别慎重④;

(四) 每个被压迫民族的资产阶级民族主义,都含有反对压迫、要求平等自由的一般民主主义内容,具有历史的进步意义。在这种思想内容的影响下,有助于民族意识的觉醒和反帝斗争的开展。被压迫民族开展的群众性反帝革命斗争,是摧毁国际帝国主义的积极因素,是帮助无产阶级登上舞台的强力酵母。因此,对于被压迫民族资产阶级民族主义思潮中所包含的一般民主主义内容,

---

① 列宁:《共产国际第二次代表大会》,《列宁选集》1972年版第4卷,第334—335页。
② 参阅:《列宁全集》第20卷,第9、409—412页。
③ 参阅:《列宁全集》第20卷,第412、415、454页;第36卷,第631页。
④ 参阅:《列宁全集》第31卷,第130页;第36卷,第628—632页。

共产党人应当加以无条件的支持①；

（五）总之，在反革命的帝国主义的西方压迫下，出现了革命的和民族主义的东方②。被压迫民族中资产阶级民族主义的产生是有其历史根据的，共产党人在为无产阶级革命事业而斗争的过程中，不是应当"绝缘"于而是"应当借助于正在这些民族中间产生出来并且必然要产生出来的资产阶级民族主义"③。

列宁对被压迫民族中的资产阶级和资产阶级民族主义所作的剖析，实际上已经从思想上为共产党人确立了对待这个阶级所应当采取的又联合、又斗争的基本方针。也就是说，在落后国家的民族民主革命的全过程中，共产党人既要尽力争取资产阶级民主派作为无产阶级的盟友，又要始终不懈地反对他们的反动的民族主义倾向、改良主义倾向、妥协投降倾向；既不能同他们"完全绝缘"，又不能同他们完全合一。只有这样，才能确保无产阶级对革命实行正确的领导，确保反帝反封建斗争的彻底胜利，并促进无产阶级社会主义世界革命的发展。因此，在反帝反封建斗争中，应当同殖民地和落后国家的资产阶级民主派结成临时联盟，实行革命的联合，但是决不能同他们融合。

总之，无产阶级及其政党务必努力掌握革命统一战线的领导权，而决不能充当资产阶级的盲目追随者，"甚至当无产阶级运动还处在萌芽状态时，也绝对要保持这一运动的独立性"④。

在特定条件下落后民族的国民经济可以避免资本主义发展阶段

共产党人和共产国际既然应当同殖民地半殖民地的资产阶级民主派结成反对国际帝国主义、反对国内封建势力的临时联盟，支持和赞助当地的资产阶级民族民主革命运动，那么，这是否会不可避免地在当地同时造成"移植"西方资本主义、培植"民族帝国主义"的严重恶果？反之，共产党人和共产国际同殖民地半殖民地的资产阶级民族民主革命运动"完全绝缘"，不予理睬，而径自立即开展社会主义革命运动，这是否就可以使当地国民经济"防止"或避过资本主义泛滥的发展阶段？

对于这个问题，罗易和塞拉蒂等人的回答是肯定的。同他们相反，列宁的

---

① 参阅：《列宁全集》第20卷，第412页；第22卷，第352页；第30卷，第138页。

② 参阅列宁：《宁肯少些，但要好些》，《列宁选集》1972年版第4卷，第710页。

③ 列宁：《在全俄东部各民族共产党组织第二次代表大会上的报告》，《列宁选集》1972年版，第4卷，第105页。

④ 列宁：《民族和殖民地问题提纲初稿》，《列宁选集》1972年版第4卷，第275页，并参阅第334页。

回答则是否定的。

众所周知,在人类社会历史上,资本主义的发展阶段曾经带来了巨大的物质文明,但也同时制造了巨大的社会灾难和社会罪恶。所以,如何消灭或如何避免这些灾难和罪恶的问题,始终是社会先进思想家和革命导师探索的中心课题。马克思和恩格斯在研究和揭示社会发展基本规律和基本进程时,曾经设想过:在特定的条件下,有些国家和民族的社会发展"能缩短和减轻分娩的痛苦"①。具体些说,如果西欧资本主义发达国家的无产阶级取得胜利和生产资料转归公有之后,在革命和建设方面为落后国家做出榜样和给予积极支持,那么,许多处于资本主义以前发展阶段的国家或刚刚踏上资本主义发展道路的国家,就可以"大大缩短自己向社会主义社会发展的过程,并可以避免我们在西欧开辟道路时所不得不经历的大部分苦难和斗争"②。

马克思恩格斯对落后国家未来发展道路的这种设想,当时并未引起人们应有的重视,后来又遭到第二国际修正主义者恶毒的攻击。例如,以殖民地问题"理论权威"自居的万-科尔就曾嘲笑说:"马克思提出的关于某些国家至少可能部分地在自己的经济进化过程中越过资本主义阶段的假设,并没有得到实现"③;他硬说殖民地人民饱遭资本主义、殖民主义的折磨苦难,都是理所应当和绝对不可避免的。据他宣称,只有这样"才能走向文明"④。德国的社会沙文主义者大卫也曾应声叫嚷:"无论在什么地方,人类通过资本主义的痛苦过程是不可避免的","殖民地也必须经过资本主义,在那儿人们也不可能从荒野中跳入社会主义"⑤。

如果说,万-科尔等右倾机会主义分子根本否定了落后国家经济发展避免资本主义泛滥阶段的任何可能性,那么,罗易等人的"左"倾空谈则是不顾马克思恩格斯提出的先决条件而无限夸大了这种可能性。而一旦果真按照罗易等人那种迅即开展"纯粹的"社会主义革命的主张去做,那就无异于揠苗助长,只能促使无产阶级及其政党在殖民地半殖民地的群众革命运动中迅速陷于孤立,造成革命的夭折,从而也同样根本否定了避免资本主义泛滥阶段的可能性。"左"倾与右倾,历来就是难兄难弟、异途同归的。

无论是万-科尔等人的右倾谬论,抑或是罗易等人的"左"倾空谈,都是无视

---

① 马克思:《资本论》。《马克思恩格斯全集》第23卷,第11页。
② 恩格斯:《〈论俄国的社会问题〉跋》。《马克思恩格斯全集》第22卷,第502页。
③④ 万-科尔:《殖民政策和社会民主党》。《第一国际第二国际历史资料》,新莫斯科出版社1926年版,第168号文件。
⑤ 大卫:《在斯图加特代表大会上的发言》。《社会民主党斯图加特代表大会会议记录》,柏林前进书店1907年版,第30—31页。

于历史发展规律的。因为"一切民族都将走到社会主义,这是不可避免的,但是一切民族的走法却不完全一样";"在社会生活各方面的社会主义改造的速度上,每个民族都会有自己的特点"①——这是列宁在十月革命前一年就已明确提出随后又反复加以强调的基本观点。在批判罗易等人的"左"倾空谈过程中,列宁既坚持了马克思恩格斯早年提出的上述原则性的设想,又根据当时的革命实践和时代的现实对这种设想加以丰富和发展,并把努力创造先决条件以促进这种可能性转化为现实,当作一项迫切的战斗实践任务,向全世界无产者及其政党、向全世界被压迫民族提了出来。

列宁认为,对于某些殖民地半殖民地落后国家说来,在十月革命以后所形成的特定的国内外条件下,国民经济的资本主义发展阶段并不是不可避免的。在这些国家里,只要无产阶级及其政党紧紧地掌握民族民主革命的领导权,把民族民主革命引向彻底胜利,同时得到无产阶级专政的社会主义国家的竭诚帮助,就"可以不经过资本主义发展阶段而过渡到苏维埃制度,然后经过一定的发展阶段过渡到共产主义"②。这样,列宁就从原则上指明了落后国家民族民主革命的光明发展前途,正确地解决了落后国家群众革命运动往何处去的问题。至于必须采取什么具体手段才能达到这个目的,列宁则把这个问题留待后人的革命实践去解答,他说:"这不可能预先指出。实际经验会给我们启示的。"③

列宁的这一英明预见,已经为中国、朝鲜等国家的革命实践所证实,并正在不断地得到新的验证。但是,它也正在遭到大国霸权主义者的严重歪曲和无耻阉割。他们打着"列宁主义"的旗号,到处诱骗亚、非、拉落后国家接受他们在经济上、军事上以及文化教育上的所谓"全面援助"和所谓"无私援助",胡说什么这样就可以取得政治上和经济上的彻底独立,就可以通过所谓"非资本主义道路",走向社会主义、共产主义。

可是全世界稍微有点马克思列宁主义常识的人都知道,列宁为亚、非、美落后国家所指出的上述光明发展道路,其国际前提条件,只能是无产阶级专政的社会主义国家提供国际主义的帮助,而决不能是超级大国实行霸权主义和利己主义的控制和盘剥;其国内前提条件,只能是无产阶级及其政党牢牢掌握民族民主革命的领导权,实行一条马克思主义的革命路线,建立以工农联盟为主体的革命政权,而决不能是地主资产阶级篡夺了民族民主革命的领导权,实行一

---

① 列宁:《论对马克思主义的讽刺和"帝国主义经济主义"》。《列宁全集》第23卷,第64—65页,并参阅第29卷,第168页;第31卷,第73—74页。

②③ 列宁:《共产国际第二次代表大会》。《列宁选集》1972年版第4卷,第336页。

条妥协投降的路线,建立地主资产阶级专政的政权。

面对着霸权主义者对列宁科学论断的歪曲和阉割,人们耳边自然回响起列宁对共产党人的明确指示以及对修正主义者的辛辣嘲讽。

关于国际条件方面,列宁早在十月革命以前就已提醒一切被压迫弱小民族注意:在争取民族自由解放、反对某一个帝国主义强国的斗争中,务必严防另一个帝国主义大国利用这种斗争来达到它的同样的帝国主义目的[①]。十月革命以后,就在列宁指明落后国家民族民主革命在一定条件下可以径直过渡到社会主义这一光明前途之前一个多月,他也再次强调过这个问题的另一方面,即"必须向一切国家、特别是落后国家的最广大的劳动群众不断地说明和揭露帝国主义列强一贯进行的欺骗,帝国主义列强打着建立政治上独立的国家的幌子,来建立在经济、财政和军事方面都完全依赖于它们的国家"[②]。可见,列宁对落后国家民族民主革命发展前途的关注和指导是十分全面的:既指出了它所可以争取的美好前景,又指出了它所可能遇到的危险陷阱;教导被压迫弱小民族在争取自由解放的全过程中要走上坦途,要谨防暗算;要坚持国家和民族的独立自主,巩固和发展得来不易的胜利成果,并在条件成熟时按照人民的意愿走上社会主义道路;要提高警惕,识破骗局,尽力避免在摆脱某一帝国主义国家的殖民奴役之后,又被套上另一帝国主义国家的殖民枷锁。

关于国内条件方面,列宁在十月革命后为共产国际制订的关于民族殖民地问题的纲领性文件中,教导全世界共产党人:

"必须坚决反对把落后国家内的资产阶级民主解放思潮涂上共产主义的色彩"[③]。同时,人们还不能不注意到:列宁早在十月革命以前总结世界各国历史经验教训时,就已明确指出:一八四八年欧洲各国的革命使社会各阶级**在行动中**暴露了自己的面目,事变进程已经"最终地证明了**只有**无产阶级具有社会主义本性",因而一切关于**非**阶级的社会主义的学说,都是胡说八道;而二十世纪初期亚洲各国的革命进程也同样向我们揭示了无产阶级与任何资产阶级之间的明显界限。"有了欧亚两洲的经验,谁若还说什么**非**阶级的政治和**非**阶级的社会主义,谁就只配关在笼子里,和澳洲袋鼠一起供人

---

① 参阅列宁:《社会主义革命和民族自决权》。《列宁选集》1972年版第2卷,第721页。
② 列宁:《民族和殖民地问题提纲初稿》。《列宁选集》1972年版第4卷,第275页。
③ 同上。在共产国际第二次代表大会正式通过的《民族和殖民地问题决议》里,列宁所拟初稿中此处的"资产阶级民主解放思潮"数字已更改为"并非真正共产主义的革命解放思潮"。参阅《共产国际第二次代表大会(记录)》,莫斯科1934年俄文版,第495页。

观赏。"①

"全世界无产者和被压迫民族联合起来!"
社会主义世界革命的最后胜利是绝对有保证的

列宁关于民族殖民地问题的以上论述,从大力促进无产阶级社会主义世界革命着眼,不仅对压迫民族的共产党人实行了正确的战略指导,而且也对被压迫民族的共产党人以及其他革命分子实行了正确的战略指导。

列宁关于先进国家的无产阶级必须同殖民地半殖民地人民联结成反帝革命统一战线的基本思想和革命原理,为国际无产阶级社会主义世界革命事业,同时也为全世界被压迫民族的彻底解放事业,确立了一条战无不胜的斗争路线,制定了唯一正确的战略方针。

列宁的这些基本思想原理,以相当集中和十分简明的形式体现在他亲自为共产国际第二次代表大会起草的《民族和殖民地问题提纲初稿》这一纲领性文件中。在大会专设的民族和殖民地问题委员会里,来自十八个国家(其中大半是殖民地半殖民地国家)的委员们原先在许多重大原则上争论纷纭,但是在列宁谆谆善诱的正确引导下,终于得以"在一切最重要问题上完全取得了一致的意见"②。一九二〇年七月,列宁起草的上述纲领性文件在代表大会全体会议上获得一致通过③,列为大会的正式决议,从而使上述唯一正确的路线和战略成了全世界共产党人所必须共同遵守的基本行动准绳。这意味着第二国际及其余孽们在无产阶级世界革命和民族殖民地问题上修正主义路线的完全彻底破产,也标志着列宁在这个问题上长期进行反修斗争的光辉胜利总结。

在列宁的直接指导下,共产国际不仅为世界无产者的解放而大声疾呼和积极战斗,而且为与无产者解放事业密切相关的、全世界一切被压迫弱小民族的解放而大声疾呼和积极战斗。正是在这个意义上,列宁表示:"的确,我们现在不仅是全世界无产者的代表,而且是被压迫民族的代表。"④

共产国际的执行委员会把列宁的上述战略思想和斗争路线归结为一句简洁明了的战斗口号:"全世界无产者和被压迫民族联合起来!"列宁认为这个口

---

① 列宁:《马克思学说的历史命运》,《列宁选集》1972年版第2卷,第438、440页。
② 列宁:《共产国际第二次代表大会》,《列宁选集》1972年版第4卷,第332页。
③ 在有表决权的169名代表中,仅塞拉蒂等三人在投票时弃权,无人反对。连当时曾同列宁争论的主要对手罗易本人也投票赞成列宁的基本观点(后来罗易出尔反尔,又背离了这些基本观点)。参见:《共产国际第二次代表大会(记录)》,莫斯科1934年俄文版,第155、161、625页。
④ 列宁:《在俄共(布)莫斯科组织积极分子大会上的演说》,《列宁全集》第31卷,第412页。

号是完全正确的①。这个口号,大大丰富和发展了马克思和恩格斯在《共产党宣言》结语中所发出的"全世界无产者联合起来"的战斗号召,成为激荡全球的时代最强音!

在一九二〇年第三国际第二次代表大会上,列宁十分高兴地指出:先进资本主义国家的革命无产者同殖民地半殖民地的革命群众之间的自觉联合,已经开始形成。他教育和激励全世界的共产党人,今后一定要全力以赴,"进一步加强这种联合"。列宁满怀信心地断言:"一旦各国被剥削被压迫工人的革命进攻……同迄今还站在历史外面、只被看作历史客体的亿万人民的革命进攻联合起来,世界帝国主义就一定会灭亡。"②

为了切实加强这种联合,列宁多次反复强调必须大力肃清第二国际余孽们所一贯鼓吹的社会帝国主义、社会沙文主义思想的深远流毒。他尤其着重于对当时世界上第一个社会主义国家的共产党人教诲谆谆。他明确提出:"应该特别坚决地反对"存在于俄罗斯共产党人队伍之中的"大俄罗斯帝国主义思想和沙文主义思想"③。

俄国反革命分子的卑鄙行刺,为世界革命事业的过度操劳,使列宁的健康受到严重损害,以致自一九二一年冬季起,列宁一直是抱病坚持工作,并且数度因病情恶化而被迫停止办公。就是在这样的情况下,列宁也还惦记着提醒俄共中央务必注意大力清除在某些领导人头脑中根深蒂固的大俄罗斯沙文主义。他尖锐地指出:毫无疑问,会有一部分领导人"沉没在这个肮脏的大俄罗斯沙文主义的大海里,正如苍蝇沉没在牛奶里一样"④。本着疾恶如仇的一贯精神,列宁在一张给俄共(布)中央政治局的便笺中写道:"我宣布同大俄罗斯沙文主义进行决死战。我那颗讨厌的蛀牙一治好,我就要用满口的好牙吃掉它!"⑤

列宁,全世界无产阶级的伟大革命导师,在其战斗一生的最后几个月,在沉重的病痛中,仍然念念不忘全世界被压迫民族被压迫人民的彻底解放。他对包括中国在内的殖民地半殖民地亿万人民,即人口最多、灾难最深、革命性最强、

---

① 参阅列宁:《在俄共(布)莫斯科组织积极分子大会上的演说》。《列宁全集》第31卷,第412—413页。
② 列宁:《共产国际第二次代表大会》。《列宁选集》1972年版第4卷,第330页。
③ 列宁:《立宪会议选举和无产阶级专政》。《列宁全集》第30卷,第239页。
④ 列宁:《关于民族或"自治化"问题》。《列宁全集》第36卷,第629页。
⑤ 列宁:《关于反对大国沙文主义给政治局的便笺》。《列宁全集》第33卷,第334页,并参阅联共(布)中央马恩列学院编:《列宁生平事业简史》,新华书店1949年版,第405、411页。
此处列宁原话中的"Великорусскому шовинизму"一词,应译为"大俄罗斯沙文主义"。《列宁全集》中文版第33卷334页译为"大国沙文主义",似不准确。现据《列宁全集》俄文第4版第33卷第335页原文改译。

革命潜能最大的人民,尤其寄予厚望。他进一步发挥了关于弱小民族亿万群众在未来世界革命决战中必将起非常巨大作用的思想观点,科学地预言和坚定地相信:世界的命运,决定于人口的大多数。他在病榻上给全世界革命人民留下的最后遗言之一是:世界革命斗争的结局,归根到底取决于这一点:占世界人口绝大多数的被压迫民族正在"非常迅速地卷入争取自身解放的斗争中,所以在这个意义上讲来,世界斗争的最终解决将会如何,是不能有丝毫怀疑的。在这个意义上讲来,社会主义的最后胜利是完全和绝对有保证的"①!

---

① 列宁:《宁肯少些,但要好些》。《列宁选集》1972年版第4卷,第710页,并参阅《列宁全集》第32卷,第442、469页。

Ⅷ 论经济主权原则是当代国际经济法首要的基本规范[*]

内容提要 国际经济法的基本规范或基本原则,指的是贯穿于调整国际经济关系的各类法律规范之中的主要精神和指导思想。国际经济法的基本原则需获得众多主权国家的共同认可和普遍赞同。在最近六十多年来的"南北矛盾"和"南北合作"进程中逐步形成了国际经济法的若干基本原则,其中经济主权原则乃是首屈一指的根本。本文分析了经济主权原则的提出背景,具体阐述经济主权原则的基本内容及其形成过程。全文强调:1974年两次联合国大会先后通过的《建立国际经济新秩序宣言》和《各国经济权利和义务宪章》,是获得众多主权国家共同认可和普遍赞同的纲领性的法律文献,享有国际权威,其中对各国享有的经济主权的主要内容,作出了明确的规定,主要包括如下五个方面:(一)各国对本国内部以及本国涉外的一切经济事务享有完全、充分的独立自主权利;(二)各国对境内一切自然资源享有永久主权;(三)各国对境内的外国投资以及跨国公司的活动享有管理监督权;(四)各国对境内的外国资产有权收归国有或征用;(五)各国对世界性经贸大政享有平等的参与权和决策权。

目 次

一、南北矛盾与国际经济法基本原则的演进
二、经济主权原则的提出
三、经济主权原则的形成过程及其基本内容

---

[*] 本文的基本内容,原载于笔者参撰和主编的《国际经济法总论》(法律出版社1991年版),先后经多次修订增补,分别辑入笔者参撰和主编的《国际经济法学》(北京大学出版社1994—2007年第1—4版)和《国际经济法学专论》(高等教育出版社2002—2007年第1、2版)。

(一) 各国对本国内部以及本国涉外的一切经济事务享有完全、充分的独立自主权利,不受任何外来干涉

(二) 各国对境内一切自然资源享有永久主权

(三) 各国对境内的外国投资以及跨国公司的活动享有管理监督权

(四) 各国对境内的外国资产有权收归国有或征用

(五) 各国对世界性经贸大政享有平等的参与权和决策权

国际经济法的基本原则,指的是贯穿于调整国际经济关系的各类法律规范之中的主要精神和指导思想,指的是这些法律规范的基础和核心。

如前所述,国际经济法规范是由国际公法、国际私法、国际商务惯例以及各国涉外经济法、民商法等互相交叉渗透而形成的多门类、跨学科的边缘性综合体,因此,从整体上说,贯穿于国际经济法各类规范中的基本原则,既不是只由单一主权国家通过国内立法独自加以制定的,也不是只由少数几个主权国家通过国际条约联合加以确认。此外,在社会经济制度各异、形形色色主权国家林立的当代国际社会中,更不可能、也不应该如某些学者所鼓吹的那样,组成凌驾于各个主权国家之上的具有什么"联合主权"的"国际政府"或"世界政府",由其"立法机构"①去制定统一的"跨国法"和统一的国际经济法基本原则。

在调整国际经济关系过程中,某些最基本的行为规范和行动准则,只有获得国际社会广大成员即众多主权国家的共同认可和普遍赞同,才能逐渐形成为国际经济法的基本原则。

一、南北矛盾与国际经济法基本原则的演进

随着历史和时代的演进,国际社会成员即主权国家的数量和结构发生了重大的变化,处境不同、利益相异的各类国家之间的力量对比发生了重大的变化,相应地,能够获得国际社会广大成员即众多主权国家共同认可和普遍赞同的国际经济法的基本原则,也必然会有重大的变化、更新和发展。

就国际经济法中所包含的在经济领域方面的国际公法而言,第二次世界大战结束以前,被承认为国际公法主体、有权参加创立和制订国际公法行为规范

---

① See Philip G. Jussep, *A Modern Law of Nations*, The Macmillan Company, 1948, pp. 2-3.

和行动准则的国家,只有区区四十多个。世界上大部分地区当时都还是殖民地、附属国,受着殖民主义国家、宗主国的统治和压迫,从而根本没有参加制订或创立国际公法规范和准则的权力和机会。在长达两三百年的历史时期中,制订或创立国际公法规范和准则的权力,成为欧美列强的"专利"和特权。由此而产生的传统的国际公法规范和准则,就势必在许多方面强烈地体现了列强的既得利益,充满了殖民主义和强权政治的色彩。

就国际经济法中所包含的各国涉外经济法、民商法而言,第二次世界大战结束以前处在殖民地、附属国地位的众多弱小民族,或者根本没有立法权,或者只有形式上的立法权,实际上只能直接采用或简单"移植"殖民主义国家、宗主国的涉外经济法、民商法。

第二次世界大战结束以后数十年来,被压迫弱小民族的反殖民主义斗争陆续胜利,众多新主权国家相继兴起,逐渐形成了发展中国家聚合的第三世界。作为主权国家,它们上升为国际公法的主体,成为国际公法上各种权利的享受者和各种义务的承担者,而且是制定国际公法上各种行为规范和行动准则的积极参加者和全权创立者。换句话说,基于国际社会的内部结构和力量对比产生了重大和深刻的变化,制订或创立国际公法规范和准则已不再是西方"文明"国家即欧美列强垄断的特权,而是国际社会全体成员即所有主权国家的共同任务了。

与此同时,众多第三世界发展中国家,作为新兴的主权国家,开始有了独立的国内立法权,可以根据本民族的利益和意志自主地制定出本国的涉外经济法、民商法,用以调整本国境内的涉外经济关系。

各发展中国家尽管在社会经济制度、政治倾向和意识形态等方面存在着这样那样的差异,但它们有着受压迫、被剥削的共同屈辱历史,有着通过艰苦奋斗挣脱殖民枷锁、获得独立自主的共同斗争经历,有着政治上仍然被歧视、经济上不发达、科技上很落后、在国际财富分配上仍受不公平待遇的共同现实处境,因而有着彻底改变这种现状的共同愿望和强烈要求。

特别值得注意的是:近60多年来,世界经济全球化的趋势日益加速发展,它使各国经济的互相依存、互相影响日益强化和不断加深。但是,迄今为止,"经济全球化趋势是在不公正、不合理的国际经济旧秩序没有根本改变的情况下发生和发展的,因而势必继续加大穷国与富国的发展差距。根本的出路在于努力推动建立公正合理的国际经济新秩序,以利于各国共同发展"[①]。

---

① 江泽民:《在亚太经合组织第六次领导人非正式会议上的讲话》(1998年11月18日),载《人民日报》(海外版)1998年11月19日第1版。

为了实现改变不公平、不合理现状的共同奋斗目标,第三世界各国在参加制订或各自制订各类国际经济法行为规范和行动准则的过程中,总是力争除旧布新、破旧立新:对于传统国际经济法的各种行为规范和行动准则,要求加以全面的、逐一的检查和审查,凡是符合于改造国际经济旧秩序、建立国际经济新秩序需要的,就加以沿用、重申或强调;凡是违反这种需要的,就加以改订、废弃或破除。

第三世界发展中国家的这种要求和努力,当然会遇到来自发达国家的各种阻力和障碍。因此,在当代国际经济法基本规范或基本原则更新发展的全过程中,始终贯穿着强权国家保护既得利益、维护国际经济旧秩序与贫弱国家争取平权地位、建立国际经济新秩序的矛盾和斗争。这种矛盾斗争,乃是当代世界性"南北矛盾"斗争的主要内容。

由于世界经济全球化的发展,发展中国家与发达国家之间既有互相矛盾、互相斗争的一面,又有互相依存、互相合作的一面。因此,每一个回合的"南北矛盾"斗争,往往以双方的妥协以及国际经济秩序在某种程度上的除旧布新而告终。妥协之后经过一段期间,又在新的条件下产生新的斗争。如此循环往复,螺旋式上升,逐步形成基本上适合于新时代潮流和符合新历史需要的国际经济法基本规范或基本原则,获得国际社会广大成员即众多主权国家的共同认可和普遍赞同。当然,也应当看到,其中有些认可和赞同,是勉强的、非完全自愿的。因此,又孕育着新的矛盾和新的斗争。

在最近60年来"南北矛盾"斗争中逐步形成的国际经济法基本规范或基本原则,可以大体上归纳为经济主权原则、公平互利原则、全球合作原则以及有约必守原则等四个方面,其中的经济主权原则,乃是当代国际经济法中首要的、最基本的原则和规范。

二、经济主权原则的提出

主权原则一直是国际公法中最基本的原则。在不同类型的国家林立并存、强权政治仍然时隐时现的现代国际社会中,主权仍然是独立国家最宝贵的属性。众多现代国家,特别是挣脱殖民主义枷锁后争得独立的众多发展中国家,面临的现实问题是如何维护主权而不是削弱或限制主权。超级大国有些学者鼓吹"联合主权"论,其潜台词是"联合起来,由我主宰";有些学者鼓吹"主权有限"论,其歇后语是"限你不限我,你有限而我无限";有些学者鼓吹"主权弱化"

论,其真心话则是"你弱化,我强化,你听命于我"。归根到底,都是为霸权主义、弱肉强食和侵略扩张制造理论根据。

国家享有主权,意味着它有权独立自主,也意味着它在国际社会中享有平等地位,不俯首听命于任何其他强权国家。第三世界诸弱小民族,通过长期艰苦的斗争,才争得主权国家的地位,得来不易,当然倍加珍惜。它们从事国际交往活动的基点和中心,都在于巩固和维护自己的主权。因为,只有坚持主权,才能保障独立自主,在国际社会中享有平等地位,获得应有的权益;才能清除殖民主义残余,彻底摆脱压迫和剥削;才能避免和防止重新陷于被压迫被剥削的境地。

在多年的斗争实践中,第三世界各国极其强调和坚持主权原则,不仅使这个原则得到巩固,而且使它获得重要的发展。最值得注意的是,它们所强调和坚持的国家主权,已经不局限于传统的政治方面,而且强有力地、相当突出地扩展到经济方面,把"经济主权"这一概念和原则,与固有的"政治主权"概念和原则相提并论,促使它在国际社会中获得日益广泛的共同认可和普遍赞同,从而日益被确立为国际经济法中最基本的行为规范和行动准则。

本来,国家主权是一个含义相当广泛的概念,既包括国家在政治上的独立自主,也包括国家在经济、社会以及文化等诸方面的独立自主,即既包括政治主权,也包括经济主权、社会主权以及文化主权等等。主权国家对于本国领土上的一切人和物,除国际法上规定的少数例外,都享有排他的管辖权,这已是现代国际社会的共识和常识,为举世所公认、所周知。据此,经济主权指的就是国家在本国内部和本国对外的一切经济事务上,都享有独立自主之权,当家做主之权。从而,主权国家有权完全独立自主地选择本国的经济制度,不受任何外来干涉;有权完全独立自主地控制和处置本国境内的一切自然资源;有权完全独立自主地管理和监督本国境内的一切经济活动;有权完全独立自主地以平等主体的法律地位参与世界性经济事务(即国际经贸大政)的决策,所有这些,本来都是主权这一总体概念的题中应有之义。

但是,数十年来,众多发展中国家却在各种国际场合一再强调和坚持自己在上述经济领域方面享有独立自主权利,鲜明地、突出地提出了经济主权的概念和原则,并为维护自己的经济主权而大声疾呼,不懈奋斗,要求和促使国际社会予以确认,这是有其特定的历史原因和现实原因的。

从历史上看,大多数发展中国家在第二次世界大战结束以前都处在殖民地的地位,受到异国殖民主义者的直接统治,境内的各种自然资源以及有关的经济命脉,都为殖民主义国家资产者及其公司所垄断或操纵。殖民地人民处在完全无权的地位。在传统的国际法观念中,殖民地不是拥有主权的政治实体,既无政治主权,更无经济主权。还有一些发展中国家在第二次世界大战结束以前名义上是独立国家,但实际上处在半殖民地的地位,受到殖民主义列强的间接统治,境内的自然资源以及有关的经济命脉,也大多数被外商垄断或控制。它们虽具有形式上的政治独立,但其政治主权和经济主权都是严重残缺不全的。

第二次世界大战结束后,全球殖民地、半殖民地众多被压迫弱小民族相继挣脱了殖民枷锁,争得了民族解放和国家独立,享有政治上的独立自主权。但是,作为取得政治独立的条件,它们在独立之际往往被迫签订条约或协定,同意保留原殖民统治者或宗主国在当地的许多既得权益和特惠待遇。因此,许多新兴的发展中国家在取得政治独立之后相当长的时期里,境内的重要自然资源及有关的经济命脉仍然在不同程度上受到发达国家殖民主义势力的控制;旧日的经济结构虽然有所改变,但远未根本改变,因而在经济上仍然遭受着发达国家殖民主义势力的盘剥和榨取,甚至仍然处在从属和附庸的地位。从实质上说,在这里,政治独立与经济独立,政治主权与经济主权,被人为地割裂开来了。

诚然,发展中国家的政治独立和政治主权,是得来不易,极其可贵的,它为弱小民族进一步争得经济独立和经济主权,创造了必备的先决条件。但是,实践证明:如果不紧接着奋力尽快争得经济独立和经济主权,那么,归根结底,政治独立和政治主权就有名无实,形同画饼;有朝一日,势必得而复失,荡然无存。简言之,第三世界众多发展中国家从实践中深刻地认识到:经济主权和政治主权是密不可分的,政治主权是经济主权的前提,经济主权是政治主权的保障。因此,它们坚持不懈地要求和促使整个国际社会鲜明地确认各国享有独立的经济主权,特别是各国对本国境内自然资源享有永久主权。这种坚持不懈的努力,实质上是全世界弱小民族反殖民主义斗争的必要继续和必然发展。

三、经济主权原则的形成过程及其基本内容

经济主权原则是国际经济法中的首要基本规范。

1974年12月12日,联合国大会第29届会议以压倒性多数,通过了《各国经济权利和义务宪章》①这一纲领性、法典性文件。它明确地记载和鲜明地肯

---

① 《各国经济权利和义务宪章》,以下简称《宪章》。See: Yearbook of the United Nations 1974, Vol. 28, Office of Public Information United Nations, New York, 1977. 其中译文本收辑于陈安、房东编:《国际经济法学资料选萃》,高等教育出版社2007年版,第1编。

定了第三世界众多发展中国家数十年来关于建立国际经济新秩序的各项基本要求,其中包括它们为之奋斗多年的关于确认和维护各国经济主权的正义主张。

《宪章》第1条明文规定:"每一个国家都享有独立自主和不容剥夺的权利,可以根据本国人民的意愿,不仅选择本国的政治、社会和文化制度,而且选择本国的经济制度,不受任何形式的外来干涉、压制和威胁。"

《宪章》第2条进一步规定:"每个国家对本国的全部财富、自然资源以及全部经济活动,都享有并且可以自由行使完整的、永久的主权,其中包括占有、使用和处置的权利。"

《宪章》第10条又进一步规定:"各国在法律上一律平等,并且作为国际社会的平等成员,有权充分地和切实有效地参加解决世界性的经济、财政金融以及货币等重要问题的国际决策过程;特别是有权通过相应的国际组织,并遵循这些组织的现行规章或逐步改善中的规章,参加这种决策过程,并且公平地分享由此而来的各种效益。"

可以认为,这三条规定,把发展中国家所极力强调的经济主权原则,作了高度的概括和"浓缩",体现了当代国家经济主权原则最基本的本质内容:其中,第1条突出地强调了各国在经济制度总体上的独立自主权利,即经济主权;第2条概括了经济主权在本国境内的主要体现,即不仅对本国境内的一切财富、一切自然资源享有完整的永久主权,而且对本国境内的一切经济活动享有完整的永久主权;第10条则着重强调了本国在国际社会中平等地参与世界性经济事务决策(即国际经贸大政)的权利,即在世界性经济事务上享有完全平等的决策权。

在一个具有纲领性、法典性的国际权威文献中,对各国享有的"经济主权"的内容作出范围如此广泛的明确规定,这是众多发展中国家多年来共同奋斗的重大成果。

早在1952年1月,联合国大会第6届会议就通过了第523(Ⅵ)号决议,即《关于经济发展与通商协定的决议》,率先肯定和承认各国人民享有经济上的自决权。这种规定虽然比较抽象和空泛,但毕竟是个良好的开端,具有重要意义。

1952年12月,联合国大会第7届会议通过了第626(Ⅶ)号决议,即《关于自由开发自然财富和自然资源的权利的决议》,开始把自然资源问题与国家主权问题联系起来,明文规定:"各国人民自由地利用和开发其自然财富和自然资源的权利,乃是他们的主权所固有的一项内容。"作为联合国大会的一般决议,此项决议的实际意义当时并未引起人们重视。时隔半年多,它就开始显现出作为一种法律文献的实际效果:1953年9月日本东京高等法院以及1954年9月意大利罗马民事法院先后就"英伊石油公司"国有化问题发表法律见解时,就都曾援引联合国的此项决议,作为一种法理根据,论证东道国伊朗对英资"英伊石油公司"采取国有化措施是一项合法的行为①。这就使人们对联合国的此类决议开始刮目相看。

此后,南北两方(即发展中国家与发达国家)在联合国内外又经过整整十年的磋商、谈判和论战,1962年12月在联合国大会第17届会议上通过了第1803(XVII)号决议,即《关于自然资源永久主权的宣言》(以下简称《永久主权宣言》),正式确立了各国对本国境内的自然资源享有永久主权的基本原则。这是发展中国家维护本国经济主权、争取经济独立的重大成果。但是,由于当时在联合国内外南北两个营垒的力量对比上,双方处在相持不下的状态,所以在各国对本国自然资源实行国有化或征收问题上,《永久主权宣言》虽然基本肯定了各国有权采取此类措施,但又设定了若干限制,而且有关的规定含有调和妥协、模棱两可的重大缺陷,下文将另作分析[参见本文第三部分之第(四)点]。

众多发展中国家为了进一步维护自己的经济主权,当然不能就此止步。此后,南北两方又经过十余年的磋商、谈判和论战,导致1974年5月联合国大会第6届特别会议通过了第3201(S—VI)号和3202(S—VI)号决议,即《建立国际经济新秩序宣言》②和《建立国际经济新秩序行动纲领》③;紧接着,同年12月联合国大会第29届会议又进一步通过了第3281(XXIX)号决议,即《各国经济权利和义务宪章》。这些纲领性的法律文献,从全世界国际经济秩序实行重大变革和除旧布新的全局上,从作为调整全球国际经济关系的"根本大法"(宪章)

---

① 石油是伊朗首要的自然资源和经济命脉,长期以来,受英国资本的石油公司控制和垄断。1951年伊朗议会通过法律,决定对境内的石油产业实行国有化。英资"英伊石油公司"通过英国政府向国际法院起诉,伊朗政府据理拒绝应诉。国际法院以"本院对本案无管辖权"驳回英国的起诉,不予受理。事后,日本一家公司向新建的"伊朗国家石油公司"购买了一批石油,"英伊石油公司"获悉后,以日方买主为被告,向日本法院起诉,主张伊朗的国有化不合法、无效,要求返还这批原属于英伊石油公司的财产(石油)。日本东京高等法院认为:根据日本的冲突法原则,财产所有权争端应当适用财产所在地法,伊朗的国有化法令并不违反日本的公共秩序和善良道德,而且符合联合国上述决议的基本法理精神,应当承认其法律效力。据此,驳回原告的要求。另外,"英伊石油公司"还以四艘运油船只作为被告,向意大利法院起诉,要求返还它们从伊朗运走的原属"英伊石油公司"的石油。罗马民事法院以类似于日本东京高等法院的理由,驳回所请,原告败诉。参见陈安译:《国际经济立法的历史和现状》,法律出版社1982年版,第48页;See: A. H. Lowenfeld, International Economic Law, Volume II, International Private Investment, Matthew Bender, 1981, Second Edition, pp. 161 - 163.

②③ See: Yearbook of the United Nations 1974, Vol. 28, Office of Public Information United Nations, New York, 1977. 其中译文本收辑于陈安、房东编:《国际经济法学资料选萃》,高等教育出版社2007年版,第1编。

的高度上,以更加鲜明的文字,不但再次确认和强调了各国对本国境内的全部自然资源享有完整和永久的主权,而且确认和强调各国对本国境内的一切经济活动也享有完整的和永久的主权。同时,删除了前述《永久主权宣言》中关于国有化问题的无理限制规定和含混模棱之处,这就使发展中国家多年来力争的经济独立和经济主权,上升到更高的层次,包含了更广的内容。《宣言》、《纲领》和《宪章》的通过,是众多发展中国家在第二次大战结束后三十余年来协力奋斗的一次重大突破,也是国际经济秩序破旧立新过程中的一次重大飞跃和明显转折。作为国际经济法的首要基本规范,经济主权原则的确立、巩固和发展,也进入了一个崭新的阶段。

根据联合国大会的上述基本文献以及其他有关决议,国家经济主权原则的主要内容大体上可归纳为以下五个基本方面:

(一) 各国对本国内部以及本国涉外的一切经济事务享有完全、充分的独立自主权利,不受任何外来干涉

这是国家经济主权原则的总体现。据此,各国有权独立自主地选择本国的经济制度,并按确立和发展这种经济制度的需要,一方面,独立自主地制定各种内国的和涉外的经济政策和经济立法;另一方面,独立自主地对外缔结或参加各类国际经济条约,开展对外经贸往来,不受任何外来的干涉、压制和威胁。

当然,国家在对外缔结或参加各类国际经济条约之后,基于权利与义务同时并存的国际通行准则,其经济主权和有关的权利难免在一定范围和一定程度上受到某种影响、约束或限制。但是,如能从本国现实的国情和现有的综合国力出发,坚持以自愿、公平、互利为基础,坚守权利与义务的对等与平衡,则这种影响、约束或限制,就是缔约各方协调意志的结果,也是各方自主全面权衡和自愿乐于接受的产物。从这个意义上说,一国自愿地接受对本国经济主权及其有关权利的某种限制,也是自觉行使其经济主权的一种表现形式,体现了原则坚定性与策略灵活性的高度结合,体现了善于全面权衡利弊、善于趋利避害的高超决策艺术。

(二) 各国对境内一切自然资源享有永久主权

各国境内的自然资源是该国人民生存和发展的物质基础。《永久主权宣言》明确规定:"承认各国享有根据本国国家利益自由处置本国自然财富和自然资源的不可剥夺的权利,并且尊重各国的经济独立";"建立和加强各国对本国

自然财富和自然资源的不可剥夺的主权,能够增进各国的经济独立"①。基于这一原则,《永久主权宣言》特别强调:"为促进发展中国家的经济开发而实行的国际合作,不论其方式是公私投资、交换货物、交换劳务、技术援助,或是交换科学情报,都应以促进这些国家的独立发展为目的,并且应以尊重这些国家对本国自然财富和自然资源的主权为基础。"②简言之,这就是把尊重东道国对本国自然资源的主权作为南北之间一切国际经济交往和经贸活动的前提。

长期以来,人们谈论自然资源主权问题时,一向着眼于陆地资源。随着科技的长足发展,海洋资源引起举世瞩目。顺应着形势的发展,1970年联合国大会第25届会议以及1972年联合国大会第27届会议先后通过第2692(XXV)号和第3016(XXVII)号决议,将各国对本国自然资源享有的永久主权,从陆上资源进一步扩展到该国邻接海域以及大陆架上覆水域的资源。

发展中国家关于对本国自然资源享有完整永久主权的主张,受到发达国家某些法学家的抨击。有些人诬蔑发展中国家这种正当要求是什么"主权迷了心窍";有些人则指责这种主权观念是"最大的开倒车"。英国代表在1974年联合国大会第6届特别会议上,公开扬言第三世界国家对各自本国的自然资源只能享有"有限的主权",主张各国对本国自然资源只是行使"监护人"的职责。作为"监护人",对于被"监护"的资源只享有相对的经营管理权。他所鼓吹的这种特殊身份使得资源丰富的国家对本国自然财富的全权主人翁或全权所有者的地位,下降为"托管国"或"受托代管人"的地位,只是代表世界其他各国对其本国境内的自然资源享有占有权或部分、有限的所有权。另外一些西方国家代表的主张虽不像英国代表那样赤裸和露骨,却也对永久主权观念表示了重大的保留,要求资源国的主权应当与所谓的"国际利益"互相"协调一致"。当时担任法国外交部长的米歇尔·诺贝尔声称:"自然资源应当隶属于资源国的主权,但是,作为现代经济生活的一种条件,它对于一切受益于它的人都负有某种特殊的责任。"这种外交辞令的弦外之音,显然不难意会。

众所周知,如今的发达国家大多是当年的殖民主义国家、宗主国。它们对于其本土上的全部自然资源,历来是全权的所有者;对于殖民地、半殖民地的自然资源,则长期是蛮横的霸占者。它们对其本土资源,从来不与他国慷慨分享。而在弱小民族摆脱殖民枷锁、收回经济主权之际,却以所谓"国际利益"、"现代经济生活"需要为名,力图继续染指发展中国家的自然资源,其论证逻辑,无非

---

① 参见《关于自然资源永久主权的宣言》序言,载《第17届联合国大会决议集》,1963年英文版,第15页。其中译文本收辑于陈安、房东编:《国际经济法资料选萃》,高等教育出版社2007年版,第1编。

② 参见《关于自然资源永久主权的宣言》第1部分第6条。

是"我的归我独享,你的我占一份"。这种逻辑,理所当然地遭到众多发展中国家的谴责和抨击。

经过激烈的论战,联合国大会第 6 届特别会议通过的《建立国际经济新秩序宣言》终于写上了:"每一个国家对本国的自然资源以及一切经济活动拥有完整的、永久的主权。为了保护这些资源,各国有权采取适合本国情况的各种措施,对本国的资源及其开发事宜加以有效的控制管理,包括有权实行国有化或把所有权转移给本国国民。这种权利是国家享有完整的永久主权的一种体现。任何国家都不应遭受经济、政治或其他任何形式的胁迫,阻挠它自由地、充分地行使这一不容剥夺的权利。"[1]同时,《宣言》还进一步郑重宣布:"一切遭受外国占领、异族殖民统治或种族隔离的国家、地区和民族,在它们所固有的自然资源以及其他一切资源受到盘剥榨取、严重损耗和毁损破坏时,有权要求物归原主,并向施加上述侵害的外国殖民主义者索取充分的赔偿。"[2]对《宣言》所厘定并郑重宣布的这些原则,随后不久通过的《宪章》以更加鲜明、具体的文字加以重申和再次强调[3]。

(三) 各国对境内的外国投资以及跨国公司的活动享有管理监督权

《宣言》和《宪章》一再强调:东道国对于本国境内的一切经济活动享有完整的、永久的主权,并且突出地强调对境内外国资本和跨国公司的管理监督权。

欧美国家的资本输出,由来已久。19 世纪末至 20 世纪初,资本主义发展到帝国主义阶段,资本输出逐渐凌驾于商品输出之上,具有特别重要的意义,成为帝国主义的基本特征之一。从历史上看,资本输出的主要目的,在于更方便地利用东道国当地廉价的原料、便宜的劳力和广阔的市场,更有效地掠夺殖民地的自然资源和剥削殖民地人民的劳动成果,以攫取超额利润。

在发展中国家境内进行经营活动的外国资本和跨国公司,如能遵守东道国的政策法令,服从东道国的管理监督,对于东道国的经济发展是可以发挥积极作用的。发展中国家可以根据自身的需要,有计划、有步骤、有选择、有限制地引进外国的雄厚资金、先进技术和管理经验,以弥补本国资金的不足,提高本国的生产技术水平和企业管理水平,增加本国劳动者的就业机会,促进国民经济的发展。

但是,觅利是资本的本性。在殖民主义旧轨道上走惯了的外国资本和跨国

---

[1] 参见《宣言》第 4 部分,第 5 点。
[2] 参见《宣言》第 4 部分,第 6 点。
[3] 参见《宪章》第 2、16 条。

公司,为了攫取超额利润,往往在其经营活动中不顾发展中国家制定的发展目标、经济改革和有关的法令规章,在投资导向、资源保护、税金缴纳、贸易管理、价格监督、外汇管制、劳工保护、环境保护等等方面,以各种不法手段,逃避和抵制东道国政府的管辖。特别是一些规模巨大的跨国公司,往往凭借其雄厚资金和垄断东道国经济要害部门的特殊地位,排挤和打击东道国的民族工商业;或者飞扬跋扈,公然无视东道国的法律,贪婪地、不择手段地榨取最大限度的利润,成为东道国实现经济独立、保证民族生存与发展的重大障碍和主要威胁。有的甚至凌驾于东道国政府之上,为所欲为,干涉东道国的内政,严重侵犯东道国的政治主权。本书第一编第Ⅰ篇第三部分末尾提到的美国跨国企业——"国际电话电报公司"20世纪70年代初期在智利干涉内政、从事颠覆活动,就是典型事例之一。

可见,发展中国家与外国资本以及跨国公司之间管制与反管制的矛盾和斗争从未止息。其实质,显然是侵害东道国经济主权与维护这种经济主权的尖锐冲突。

经过长期的联合斗争,第三世界众多发展中国家关于管制外国资本和跨国公司的正义要求,终于载入了《宣言》、《纲领》和《宪章》。

《宣言》除了一般地宣告各国对本国境内的一切经济活动享有完整的永久主权之外,特别强调:"接纳跨国公司从事经营活动的国家,根据它们所拥有的完整主权,可以采取各种有利于本国国民经济的措施来管制和监督这些跨国公司的活动。"①《纲领》进一步规定:国际社会在这方面应当采取具体行动,制定一套国际性的跨国公司行动准则,借以防止跨国公司干涉东道国的内政;对跨国公司在东道国境内的各种活动加以管束,责成它们取消各种限制性的商业惯例,遵守发展中国家本国的发展计划和发展目标,必要时,可以重新审议和修改过去已经签订的协议;促使跨国公司按公平和优惠的条件向发展中国家转让技术和传授管理技能;在照顾到各方合法权益的基础上,对跨国公司把利润汇回本国的额度加以限制;鼓励跨国公司把所得利润在发展中国家里进行再投资②。

《宪章》重申了上述基本精神和原则,同时以更为鲜明的文字,强调了它的法律规范性,即通过东道国制定的法律规范,加以贯彻实现。《宪章》规定:各国有权根据本国的法律和条例,对境内的外国资本实行管辖和管理;有权对境

---

① 参见《宣言》第4部分,第7点。
② 参见《纲领》第5部分。

内跨国公司的经营活动加以管理监督,有权采取各种措施,以确保跨国公司的经营活动切实遵守本国的法律、条例和规章制度,符合本国的经济政策和社会政策①。

当前众多发展中国家所面临的现实问题是:在吸收和利用外国资本促进本国经济发展的过程中,既要对境内外商的合法权益加以切实的保护,使他们确实有利可图;又要将境内外国资本和跨国公司的活动纳入国际经济新秩序的轨道,按照《宪章》的基本规定,要求外商充分尊重东道国的经济主权,切实遵守东道国的法律法规,接受严格的管理和监督。

(四)各国对境内的外国资产有权收归国有或征用

东道国政府在必要时是否有权把境内的外国人资产收归国有的问题,在相当长的历史时期内存在着激烈的争论。在殖民主义盛行的年代,按照西方殖民强国的传统观点,落后地区的东道国政府对于境内外国投资家的财产,只有保护的义务,没有"侵害"的权利。一旦予以"侵害"(包括征用或国有化),就构成所谓"国际不法行为",投资家的本国政府就"有权"追究东道国的"国家责任",甚至可以以"护侨"为名,大动干戈,兴兵索债。面对这种横暴的武装入侵,东道国"有忍受干涉的法律义务"②。这种观点,在西方国际法学界中曾经长期占有统治地位。至20世纪初,南美著名法学家、阿根廷外交部部长德拉果率先向这种占统治地位的传统观点挑战,谴责殖民强国向弱国兴兵索债乃是侵略他国领土、干涉他国内政之举,是一种真正的国际违法行为。对于这种来自弱小民族的正义呼声,直到20世纪50年代,西方国际法学界仍有一些"权威"学者(如劳特派特)公然表示反对,扬言"德拉果主义"是"没有根据的,并且未得到一般的承认"③。

但是,随着弱小民族的进一步觉醒,从20世纪30年代末起,上述这种根本否认东道国政府有权征用外资从而掌握本国经济命脉的传统观点,由于其不符合时代潮流,毕竟已经难以坚守原来的阵地,不得不开始有所后退。这一迹象,比较典型地体现在1938年墨西哥实行土改、征用境内的美资地产和石油企业时美国所采取的态度上。当时美国的外交照会提出:"依据法律和公平合理的

---

① 参见《宪章》第2条第2款第1、2项。
② 参见《奥本海国际法》(上卷 第1分册),第134目、135目、151目、155目,商务印书馆1981年版(译自1955年英文版),第230—233、235、257页;大百科全书出版社1998年版(译自1992年英文修订版),第1卷,第1分册,第318—319页。
③ 参见《奥本海国际法》,商务印书馆1981年版,第233页,注解〔2〕;周鲠生:《国际法》(上册),商务印书馆1983年版,第237—238页。

一切准则,不论为了何种目的,如果不针对征用提供迅速及时、充分足够以及切实有效(prompt, adequate and effective)的赔偿,任何政府都无权征用(外国人的)私有财产。"①这些措辞尽管气势汹汹,十分强硬,但在逻辑上却可以推导出这样的结论:如果给予"迅速及时、充分足够以及切实有效的赔偿",东道国政府就有权征用境内的外国人私有财产。后来,在美国法学界具有一定"权威性"的《美国涉外法律综合诠解(第2版)》②一书,以更加明确的语言,阐述了美国的上述观点。它认为:国家征用境内的外国人财产,如果不是为了公益目的,或不按上述标准给予赔偿,才是国际法上的不法行为。反之,就不视为国际法上的不法行为。在为了公益目的而征用外国私人财产的场合,就此种征用本身而论,并非国际法上的不法行为,只有在征用时不按上述标准给予赔偿,这种"拒赔"才构成国际法上的不法行为,从而引起"国家责任"问题③。

从表面上看,此时外资国有化或征用问题争执的焦点,似已转移到赔偿标准上,但按照美国所主张的赔偿原则,即所谓"国际法上的公平标准",往往索价极高,甚至迹近敲诈勒索④,实际上大大限制、削弱,甚至无异取消了贫弱的发展中国家行使经济主权、征用外资、掌握本国经济命脉的基本权利。美国的此种主张得到西方发达国家(多是原先的殖民强国)的支持。与此相反,鉴于许多外资在殖民主义统治时期或在被征用前业已获取了巨额利润,鉴于本国财力薄弱的现实情况,发展中国家(均是原先的殖民地或半殖民地)一贯主张在征用外资时只按照东道国国内法的规定给予赔偿,从而维护自己的政治主权和经济主权。可见,关于征用赔偿标准问题之争,究其实质,依然是贫弱国家对外资是否充分享有征用权或收归国有权之争,或者说,它是历史上长期存在的征用权之争的延长和继续。

---

① 《美国国务卿赫尔致墨西哥驻美大使纳耶拉信件》(1938年8月22日),载《美国外交文件汇编(1938年)》(第5卷),1956年英文版,第677页。

② Restatement of the Law (Second), Foreign Relations Law of the United States,由"美国法学研究所"主编和审定。内容是对美国的各种涉外法律、法令加以全面综合整理,作出简明扼要的解释说明,并提出改进立法的建议。由于其具体编写人员多是美国法学界"权威人士",故美国法官和律师们在法律文书中论证自己的见解时,往往对书中论点加以引用。书名中的"Restatement"一词,有人译为"重述",似不尽符合该书原意。

③ See: Restatement of the Law (Second), Foreign Relations Law of the United States, American Law Institute Publications 1965, pp. 553, 562; see also: Restatement of the Law (Third), Foreign Relations Law of the United States, American Law Institute Publications, 1987, Volume Ⅱ, pp. 196—216.

④ 参见陈安:《美国对海外投资的法律保护及典型案例分析》(第四章:雷诺尔德斯公司索赔案、阿纳康达公司索赔案、美国国际电话电报公司索赔案),鹭江出版社1985年版,第62—122页;陈安著:《国际经济法学刍言》(上),北京大学出版社2005年版,第496—531页。

经过激烈论战,1962年联合国大会第17届会议通过了《关于自然资源永久主权的宣言》,它意味着在国际社会上开始普遍承认各国有权把外资控制的自然资源及其有关企业收归国有或加以征用,但它同时规定:"采取上述措施以行使其主权的国家,应当按照本国现行法规以及国际法的规定,对原业主给予适当的赔偿。"①这种妥协性的措辞,实际上就是上述两种对立主张的简单相加,是非并未判明,分歧并未解决。与此同时,此项决议还在"序言"中要求发展中国家尊重当年在殖民统治下被殖民主义者攫取的既得利益,保证"绝不损害任何联合国会员国(按:指原先的殖民主义国家或宗主国)在既得财产上对于继承国和继承政府(按:指新兴的发展中国家及其政府)享有权利和承担义务这一问题的任何方面的立场"。

直到1973年,联合国大会第28届会议通过了第3171(XXVIII)号决议,规定国有化的赔偿问题以及因赔偿引起的争端,均应按照实行国有化的国家的国内法加以解决;紧接着,1974年联合国大会第29届会议又以压倒性大多数票通过了《各国经济权利和义务宪章》,明文规定:"每个国家都有权把外国资产收归国有、征用或转移其所有权。在这种场合,采取上述措施的国家应当考虑本国有关的法律、条例以及本国认为有关的一切情况,给予适当的补偿。"②对比1962年的上述决议,在征用赔偿标准上,删除了"以及国际法的规定"等字样,也删除了关于发展中国家绝不损害殖民主义者在殖民统治时期所攫取的既得利益的无理要求。至此,终于在一项具有重大权威性的国际经济法的基本文献中,不但以毫不含糊的语言肯定了每个国家必要时可以征用境内外资的经济主权权利,而且排除了西方发达国家按照它们的传统观念在征用赔偿问题上对发展中国家所施加的所谓"国际法上的公平标准"的约束③。

由此可见,世界上弱小民族对于境内外资必要时实行国有化或加以征用的合法权利,是经过长期的奋斗才开始获得国际社会普遍承认和充分肯定的。这是一种得来十分不易的经济主权权利。迄今为止,它仍然是新、旧两种国际经济秩序矛盾斗争的焦点之一。

(五)各国对世界性经贸大政享有平等的参与权和决策权

前文提到,国家享有主权,意味着它有权独立自主,也意味着它在国际社会

---

① 《关于自然资源永久主权的宣言》第1部分,第4条。
② 《宪章》第2条第2款第3项。
③ 参见陈安:《从海外私人投资公司的由来看美国对海外投资的法律保护》一文的有关部分,载于《中国国际法年刊》1984年本,中国对外翻译出版公司1985年版,第94—109页;陈安:《国际经济法学刍言》(上),北京大学出版社2005年版,第459—473页。

上享有平等的地位，不俯首听命于任何其他强权国家。这种平等地位在国际经济领域中的主要体现之一，就是国家不分大小、贫富和强弱，在世界性经贸大政的讨论、磋商和作出决定的全过程中，都享有完全平等的参与权和决策权。

国家在世界性经贸大政中的参与权和决策权，既是国家经济主权的重要组成部分，也是国家经济主权的重要保证。完全没有这种参与权与决策权，国家经济主权就是残缺不全的；虽然各有一定的参与权和决策权，但权力的分配很不平等，很不公平，或徒具虚名，有名无实，则在世界性经贸大政的磋商和决策过程中，就不可避免地会出现以大压小、仗富欺贫和恃强凌弱的现象，从而使小国、贫国、弱国的经济主权和正当经济权益，得不到基本保证。

在当代世界性经贸大政的磋商和决策过程中，最为常见的三大弊端是：

第一，只由七八个最发达国家的首脑或其代表（如"七国集团"或"八脑会议"），进行密室磋商，黑箱作业，或进行半公开、半隐秘的讨价还价，定出基调或基本框架之后，交由十几个或二十几个发达国家组成的经济性组织或区域性组织（如"经合组织"或"欧洲联盟"），协调各方利害关系，定出共同主张和一致步调，然后，才提交全球性的经贸大政会议或国际经济组织进行讨论。这种做法，从一开始就排除了、剥夺了全球众多发展中国家的知情权和参与权，常令它们不明就里，措手不及，缺乏必要和足够的思想准备、理论准备和实践准备，从而在磋商或论战过程中处在劣势或弱势地位。

第二，事先就在全球性国际经济组织的体制规章上，定出不公平、不合理的表决制度，实行表决权力大小不一甚至极端悬殊的投票安排。在这方面的典型表现，就是迄今为止仍在国际货币基金组织和世界银行中大行其是的"加权表决制"，它使寥寥几个经济大国或区区十几个经济强国加在一起，就可以操纵全球性重大经济事务的决策；其中超级大国更享有的特多投票权或特大表决权，往往可以在很大程度上左右重大决策，甚至可以在一定条件下实现其独家否决的特权。而众多发展中国家在这种极不合理、极不公平的决策体制下，往往陷入进退维谷的两难选择：一是被迫签字"画押"，吞下苦果；另一是被迫退出困境，自行"孤立"。在全球经济一体化、各国经济互相紧密依存的现实情势下，两者势必都会损害到弱国的经济主权和各种经济权益。

第三，就全球惟一的超级大国而言，它在世界性经贸大政的磋商和决策进程中，历来奉行的"国策"是"本国利益至上"和"对人对己双重标准"，这是它的两大行动准则。它不但可以在这种磋商和决策过程中，凭借其经济实力上的绝对优势，实行纵横捭阖，左右或操纵全局，而且可以在全球性经济会议决策之后，随时根据自己的需要，拒不遵守或完全背弃自己依国际条约承担的义务，凭借自己经济实力上的强势,刚愎自用,一意孤行。

上述三大弊端集中到一点,其首要症结就在于世界性经贸大政决策权力的国际分配,存在着严重不公。

这种决策权力分配不公所直接导致的后果是:国际经济秩序的主要决定权,国际经贸往来"游戏规则"的制订权和确立权,往往操在经济强国、经济大国和超级经济大国之手,从而必然造成全球财富的国际分配,也随之出现严重不公。

如所周知,全球财富国际分配的严重不公,正是当代世界中国际经济旧秩序未获根本改造和仍然持续存在的最本质的表现,也是众多发展中国家的经济主权和经济权益得不到保证和经常受到侵害的主要恶果。一言以蔽之,权力分配与财富分配之间,往往存在着不可分割的因果关系,这是人类社会中"古今中外莫不皆然"的真实历史和无情现实。有鉴于此,为了改变全球财富国际分配的严重不公,就必须从"源头"上根本改变世界性经贸大政决策权力分配的严重不公。

可以说,全球众多发展中国家之所以如此突出强调一切国家应当对世界性经贸大政享有平等的参与权和决策权,其根本原因就在于此。

IX 论中国在"入世"谈判中应当坚持经济主权原则[*]

内容提要 本文针对1997年当时中国"入世"谈判中遇到的现实问题,运用国际经济法中有关国家经济主权原则的理论,加以剖析,论证中国在"入世"谈判中应当坚持经济主权原则,从本国国情出发,力争以发展中国家的身份,与其他有关国家开展有理、有利、有节的谈判磋商,达成公平互利的"入世"协议。

目 次

一、新加坡WTO部长会议分歧的根因:南北国家经济主权之争
二、南方国家强调经济主权的来由
三、经济主权原则已成为当代国际社会的共识
四、经济主权原则的主要内容
五、各国对经济主权的自愿限制
六、中国维护经济主权的基本立场

当前,国际经济风云激荡,一系列与国际经济相关的事件均涉及国家主权,特别是经济主权。为此,本报记者阚文新走访了厦门大学国际经济法研究所陈安教授、曾华群教授、廖益新教授和朱崇实教授,一起讨论有关当代国家经济主权这一重大原则问题。

---

[*] 本文原为《法制日报》约稿,由曾华群执笔、陈安修订,以记者"走访"报道形式,刊登于该报1997年3月22日第8版。原题为《当代经济主权问题纵横谈》。

一、新加坡 WTO 部长会议分歧的根因：
南北国家经济主权之争

记者：1996年12月在新加坡举行的世界贸易组织部长会议上，发达国家与发展中国家对会议议程发生重大分歧，重演了70年代中期在联合国大会上南北双方对阵的局面，请问，这一分歧是否存在深层次的原因？

陈安教授：在这次世贸组织部长会议上，发达国家提出了要在"一视同仁"的基础上把贸易同劳工标准和环境标准联系起来，进一步公开投资规则和协调反托拉斯政策等新议题，而发展中国家则主张会议应集中讨论各国履行现有贸易协议的情况，反对增加新议题。乍一看，这只不过是议题之争，但诚如您所提出的，这里存在深刻的经济和政治原因。众所周知，在基于市场经济、自由竞争、非歧视和互惠原则的世贸组织体制下，经济发展水平相当的国家之间的贸易活动能从该体制中分享利益，而在经济发展水平悬殊的发达国家与发展中国家之间，如果僵死地、过多过广地适用"一视同仁"规则，即不顾世贸成员经济发展水平的多样性而强行划一，实行"一刀切"的做法，就意味着进一步削弱甚至剥夺发展中国家民族经济竞争的机会和能力。它的实质，就像是要求先天不足、后天失调、大病初愈的弱女与体魄强健、训练有素的壮汉，在同一起跑点上"平等地"赛跑，从而以"平等"的假象掩盖不平等的实质。早在百余年前，马克思就在《哥达纲领批判》这一传世之作中揭示了形式上"平等"的弊病，提倡以实质上的平等即承认差别的公平原则取代形式上的"平等"。他的精辟见解对于我们认识当代南、北两大类国家之间应有的公平互利关系，具有极其现实的指导意义。发展中国家民族经济的发展是个逐步的、渐进的过程。在这次会议上，发达国家从强烈的利己主义出发，急不可耐地提出这些新议题，企图在世贸组织中确立更为广泛、更加苛刻的"一视同仁"和"一刀切"的新规则，其实际后果势必严重阻碍发展中国家民族经济的发展进程，因而理所当然地遭到发展中国家的一致反对。

从更深层次看，这次议题之争实质上是发展中国家长期以来维护国家主权，特别是经济主权斗争的继续。

二、南方国家强调经济主权的来由

记者：在国际论坛和实践中，为什么发展中国家作为一个整体，特别强调国家主权?

曾华群教授：从历史上看，第二次世界大战结束后，随着被压迫的弱小民族反殖民主义斗争的陆续胜利，出现了许多新兴的主权国家，即发展中国家。这些国家尽管在社会经济制度、政治倾向和意识形态等方面各有差异，但有着共同的遭受压迫、奴役的屈辱史和挣脱殖民枷锁的艰苦奋斗史，又同样面临政治上被歧视、经济不发达以及在国际经济决策和财富分配方面遭受不公平待遇的现实处境。这种共同的历史和现实遭遇促使发展中国家形成了在国际社会中具有共同立场的政治力量。

虽然，主权原则是传统国际法的最基本原则，但在历史上，列强从来没有认真遵循过这一原则，恃强凌弱、践踏弱国主权的事例不胜枚举。即使在当前国际社会中，强权政治仍时隐时现，有时甚至咄咄逼人。超级大国某些学者鼓吹所谓"联合主权"、"主权有限"等论调，其潜台词是"联合起来，由我主宰"、"限你不限我，你有限而我无限"，归根结底，是为霸权主义、侵略扩张、新殖民主义和新干预主义张目。因此，发展中国家独立后的首要任务，就是巩固和维护其来之不易的国家主权，特别是经济主权。

记者：经济主权是国家主权的应有之义，为什么发展中国家要特别突出经济主权这个概念呢？

陈安教授：这个问题提得好。国家主权以往一般强调的是政治主权，发展中国家突出经济主权这一概念同样可从历史上寻找原因。许多发展中国家在获得独立时，作为对原宗主国的妥协，往往被迫签订条约，同意保留原宗主国在当地的一些既得权益或特惠待遇。其结果，这些发展中国家在取得政治独立后的相当长时期，本国境内重要的自然资源和其他经济要害部门仍不同程度地受到原宗主国的控制。实质上，这些国家的政治独立与经济独立、政治主权与经济主权，被人为地割裂开了。发展中国家从实践中深刻认识到，政治独立和政治主权为其进一步争取经济独立和经济主权创造了重要的先决条件，但如不紧接着初步实现政治独立之后奋力争取尽快实现经济独立，则前者将形同虚设，甚至将得而复失。显然，发展中国家争取实现其经济独立和经济主权的斗争，是历史上长期反殖民主义斗争的继续，直接关系其生存和发展。

三、经济主权原则已成为当代国际社会的共识

记者：主权原则是国际法的基本原则，目前，是否存在国际社会普遍接受

的经济主权原则?

廖益新教授：应当说，通过国际社会特别是发展中国家的长期努力，经济主权原则在70年代中期已经确立。这一原则主要是由一系列联合国大会决议宣示的。在1962年《关于自然资源永久主权的宣言》中，正式规定了各国对本国境内自然资源享有永久主权，这是发展中国家维护本国经济主权的重大成果。然而，取决于当时南北力量对比情况，该决议也存在一些不公平的妥协性规定。此后，南北国家又经历长达12年的磋商、谈判和论战，1974年，在联合国大会上相继通过了《建立国际经济新秩序宣言》、《建立国际经济新秩序行动纲领》和《各国经济权利和义务宪章》。这些纲领性的法律文件，以更鲜明的文字，不但重申了各国对本国境内自然资源的永久主权，而且确认和强调各国对本国境内的一切经济活动（包括外商投资、贸易活动）享有完整的、永久的主权，同时删除了《关于自然资源永久主权的宣言》中不公平的妥协性规定。这就使发展中国家长期以来力争实现的经济独立和经济主权，上升到更高的层次，包含了更广泛的内容。

必须指出，上述文件在起草过程中，经历了发展中国家与发达国家的反复较量和激烈斗争，在表决通过时，少数发达国家投了反对或弃权票。然而，这些文件以压倒性绝大多数通过的事实本身已充分反映了国际社会绝大多数成员的共同意志，也雄辩地说明经济主权原则已得到国际社会的普遍承认和接受。

四、经济主权原则的主要内容

记者：一般理解，国家主权意味着对内至高无上，对外独立平等，经济主权原则是否也可以这样理解，其主要内容是什么呢？

朱崇实教授：经济主权是国家主权在经济领域的表现。经济主权原则同样可以从对内和对外两个方面说明。

对内方面，首先各国有权自由选择符合本国国情的经济制度；其次，各国对本国境内自然资源和一切经济活动享有完整的、永久的主权（包含所有权或支配权、管辖权和管理权等）。这是传统国际法的"属地管辖"原则在经济领域的体现。美国在1996年3月和8月先后通过的《赫尔姆斯—伯顿法》和《达马托法》显然违反了上述传统原则，是对古巴、伊朗和利比亚经济主权的侵犯。

各国经济主权在对外方面主要表现在：

第一，各国在国际经贸大政决策中，具有平等的参与权和决策权。实际上，在许多场合,发展中国家远未能取得这种平等权利。例如,在国际货币基金组织、世界银行集团等机构中,都实行加权表决制,各国的发言权和表决权是同其财富实力和"认股"多寡直接挂钩的。"财大气粗"在这些组织中成为"法定"的原则。因此改变这种现状,在经济领域真正体现各国主权平等的原则,是建立新国际经济秩序的重要任务。

第二,各国有权自主地确立国际经济关系、签订国际经济条约和参与国际经济组织。国家之间的双边经济关系,只能由有关国家双方确立,第三方无权干涉。美国《赫尔姆斯—伯顿法》和《达马托法》企图干预其他国家的双边经济关系,不仅侵犯了古巴、伊朗和利比亚的主权,也侵犯了同上述三国进行正常经贸往来的所有国家的主权,因此,它不可避免地触犯众怒,成为众矢之的。

五、各国对经济主权的自愿限制

记者:刚才谈到各国有权自主签订国际经济条约和参与国际经济组织,是经济主权的表现形式之一。然而,一旦一国签订国际经济条约或参与国际经济组织(例如世界贸易组织或欧洲联盟)之后,其经济主权是否被削弱了?

陈安教授:国际经济条约可分为双边条约和多边条约。当前,各国在缔结双边经济条约实践中,如以公平互利为基础,对经济往来中的权利义务关系作出互相对等的明确规定,互有得失,则从整体上说,一般不致影响各自的经济主权。

多边经济条约比较容易导致对缔约国经济主权的限制,但这种限制本身就是许多主权国家协调意志的产物,同时也是以参加国的自主权衡与自愿接受为效力前提的。例如根据《解决国家与他国国民间投资争端公约》,缔约国在一定条件下,应将本国政府与另一缔约国国民之间的投资争端交由"解决投资争端国际中心"(ICSID)解决,其结果是排除了本国对此类争端的司法管辖权。然而,应该看到,一国是否缔结或加入该公约和接受 ICSID 体制,完全由该国自主决定。由于接受该体制有利于增强外国投资者在东道国投资的安全感,从而有利于吸引更多外资以发展本国经济,许多发展中国家出于国家整体和长远利益的考虑,权衡利弊,还是自愿接受该体制。在这个意义上,一国自愿通过国际条约安排接受对其经济主权的某些限制,也是其经济主权的正当行使;同时也体现了在公平互利基础上开展"南北互补"和"南北合作"的基本精神。就世贸组织而言,情况也是如此。该组织要求缔约国减让关税、取消贸易壁垒、公开贸易政策等,对缔约国经济主权构成了一定的限制。然而,这同样是以缔约国自主缔结该条约即自愿加入该组织和自愿接受有关义务为前提。事实上,由于这种缔约的自主性与自愿性,任何国家所能接受的对其经济主权的条约限制,都是有分寸、有选择和有限度的。任何国家都不应不顾本国的现实国情和漠视本国的根本利益,去接受对本国经济主权产生无理限制甚至破坏作用的国际机制。中国就早日加入世贸组织进行艰苦的、有理有利有节的谈判和斗争,其根本原因也在于此。

曾华群教授:在战后兴起的区域性经济组织中,欧洲联盟经济一体化程度最高。与其他区域性经济组织不同的是,欧盟最终将导向"欧洲邦联"或"欧洲联邦"。因此,欧盟面临一体化日益加深与成员国维护本国主权和民族利益之间的矛盾。随着一体化合作向纵深发展,往往意味着一些限制成员国主权的政策措施和法律要出台。面临这些对传统国家主权观念的挑战,成员国不得不进行痛苦的抉择。不过,欧盟成员国目前仍保留作为主权国家的基本权能,并保留恢复其完整主权的权利。这点在英国表现得最为突出,每当欧盟一项新政策出台时,英国往往基于本国利益反复考虑是否接受,甚至在公众舆论中重新讨论是否应该继续待在欧盟。

六、中国维护经济主权的基本立场

记者:实行改革开放政策以来,中国积极开展国际经济交往活动,请谈谈中国坚持经济主权原则的最新实践。

陈安教授:中国是主权牢牢在握的独立国家,中国人民十分珍惜自己经过长期奋斗得来不易的主权权利。在国际经济交往活动中,中国始终站在发展中国家的共同立场上,利用国际讲坛、国际经济组织,为改革旧国际经济秩序,建立新国际经济秩序而不懈努力。在签订国际经济条约或加入国际经济组织的有关谈判中,中国始终坚持和维护经济主权原则,从本国国情出发,在公平互利的基础上,达成有关条约或接受有关国际机制。例如,众所周知,尽管"复关"和加入世贸组织的谈判旷日持久,难关重重,中国坚持经济主权原则,有关加入多边贸易体制的基本立场和方针不变。中国是发展中国家,而并非某些别有用心的国际人士所指称的"发达国家"或"准发达国家"。中国坚持主张,中国的市场开放只能是逐步的、渐进的,并与中国的经济发展水平相一致。中国所能接受的只能是发展中国家所应承担的世贸组织协定义务。任何超过这一范围的、企图强加给中国的歧视性条件,都是不能接受的。

X 世纪之交在经济主权上的新争议与"攻防战"：综合评析十年来美国单边主义与WTO多边主义交锋的三大回合[*]

内容提要 在经济全球化加速发展的条件下,各国经济主权的原则和观念是否应当弱化和淡化？这是当代国际论坛上颇有争议的一大理论问题。本文以WTO体制运作十年来美国单边主义与WTO多边主义交锋的三大回合作为中心,综合评析美国"1994年主权大辩论"、1998—2000年"301条款"争端案以及2002—2003年"201条款"争端案的前因后果和来龙去脉,指出这三次交锋的实质,都是美国经济"主权"(经济霸权)与各国群体经济主权之间限制与

---

[*] 本文部分内容约1.5万字最初以《美国1994年的"主权大辩论"及其后续影响》为题,发表于《中国社会科学》2001年第5期。随后,全稿约4.75万字,题为《世纪之交围绕经济主权的新"攻防战"——从美国的"主权大辩论"及其后续影响看当代"主权淡化"论之不可取》,发表于《国际经济法论丛》第4卷。其中部分内容经数度修订增删,分别辑入笔者参撰和主编的《国际经济法学》(北京大学出版社2001—2007年第2—4版)、《国际经济法学专论》(高等教育出版社2002—2007年第1、2版)。2002—2003年世界贸易组织中发生举世瞩目的"201条款"争端案,美国在2003年7月"初审"中"败诉"后,笔者根据当时案情发展,结合过去研究心得,撰写了英文稿"The Three Big Rounds of U. S. Unilateralism Versus WTO Multilateralism During the Last Decade: a Combined Analysis of the Great 1994 Sovereignty Debate, Section 301 Disputes (1998—2000), and Section 201 Disputes (2002—2003)"[《十年来美国单边主义与WTO多边主义交锋的三大回合：综合剖析美国"主权大辩论"(1994)、"301条款"争端(1998—2000)以及"201条款"争端(2002—2003)》,全文约6.5万字],发表于美国Temple International & Comparative Law Journal, 2003, Vol. 17, No. 2(《天普大学国际法与比较法学报》2003年第17卷第2期),并将其中部分内容摘要改写为中文稿,《美国单边主义对抗WTO多边主义的第三回合——"201条款"争端之法理探源和展望》(约2万字),发表于《中国法学》2004年第2期。2003年英文稿在美国发表后,引起国际人士关注。2003年11月,美国在"201条款"争端案"再审"(终审)中再度败诉。笔者应总部设在日内瓦的"South Centre"["南方中心",众多发展中国家缔约组建的政府间国际组织,被称为发展中国家的"智库"(think tank),中国是其成员国之一]约稿,又结合本案终审结局,将上述英文全稿再次作了修订增补,由该"中心"作为"T. R. A. D. E. Working Papers 22"("贸易发展与公平"专题工作文件第22号),于2004年7月重新出版单行本,散发给"南方中心"各成员国理事以及WTO各成员常驻日内瓦代表团,供作决策参考；同时,登载于该"中心"网站上(http://www.southcentre.org/publications/workingpapers/paper22/wp22.pdf),供读者自由下载。现将上述各文内容再度综合整理,辑入本书,全文约5.7万字。

反限制的争斗;都是植根于美国在1994年"入世"之初就已确立的既定方针:力图在"入世"之后仍然推行其单边主义政策,以维护和扩大其既得的经济霸权,可以随时背弃其在WTO体制中承担的多边主义义务。

上述既定方针,是美国"1994年主权大辩论"得出的结论,它标志着在这第一回合大交锋中美国单边主义的胜利和WTO多边主义的败北。其后,在第二回合的大交锋中,审理"301条款"争端案的专家组执法不公,以模棱两可、"小骂大帮忙"的方式偏袒美国,实际上导致美国单边主义的再度获胜和WTO多边主义的再度败北。在第三回合的大交锋中,经过"两审"结案,美国终于在2003年11月败诉,这虽然标志着美国单边主义的初步败北,固属可喜,但是充其量,只能把它视为十年来WTO多边主义此前两次事实上"败北"之后的"初度小胜",对其发展前景,实在不宜过度乐观。因为,美国总统在"201条款"争端案中败诉之后发表声明,对上述既定方针毫无改弦易辙之意,足见祸根未除,"病根"仍在,故其单边主义的霸权顽症可能随时复发,WTO多边主义仍然前途多艰,可谓"庆父不去,鲁难未已"。鉴此,善良的人们不能不经常保持清醒,增强忧患意识,随时谨防美国单边主义大棒之卷土重来和再度肆虐。

另一方面,"201条款"争端案中WTO多边主义之初度小胜,端赖与美国对垒的22个主权国家,敢于和善于运用掌握在自己手中的经济主权,与经济霸权开展针锋相对的斗争。可见,所谓WTO正式运转之后,有关国家经济主权的原则和概念应当日益"淡化"、"弱化"云云,此类说词,至少是不符现实、不够清醒的,也是很不可取的;至于美国权威学者鼓吹经济主权"过时"论云云,则显然是居心叵测的理论陷阱,对此,不能不倍加警惕!

目　次

一、新争议的缘起:乌拉圭回合与世贸组织
二、新争议在美国的折射:"1994年主权大辩论"
　(一)主权观念已经"过时"应予"废弃"论
　(二)美国的"主权"(既得霸权)应予捍卫论
　(三)美式"主权废弃"论与美国"主权捍卫"论的"矛盾"与"统一":美国单边主义(美国霸权)的初胜与WTO多边主义(他国群体主权)的初败
三、美国的"主权大辩论"与美国的"301条款"
　(一)"301条款"是美国的霸权立法

（二）美国"主权大辩论"的首要结论：美国的霸权立法"301条款"不许改变

四、美国"主权大辩论"的后续影响之一："301条款"争端案

（一）美国"301条款"引发的欧—美经济主权争讼案：缘由与前奏

（二）美国"301条款"引发的欧—美经济主权争讼案：指控与抗辩

（三）WTO/DSB专家组对本案经济主权争讼的裁断：美国单边主义（美国霸权）的再度获胜与WTO多边主义（他国群体主权）的再败

（四）本案专家组裁断留下的执法形象

（五）本案专家组裁断留下的疑窦与隐患

五、美国"主权大辩论"的后续影响之二："201条款"争端案

（一）"201条款"争端案的起因

（二）"201条款"争端案的"初审"结论

（三）"201条款"争端案的"终审"结论

（四）对"201条款"争端案结局的客观评价：WTO多边主义（他国群体主权）两败之后的小胜与美国单边主义（美国霸权）的"依然故我"

六、美国"主权大辩论"、"301条款"争端案以及"201条款"争端案之宏观小结：庆父未去，鲁难未已

七、世纪之交在经济主权原则上的新争议与"攻防战"对发展中国家的重大启迪

（一）增强忧患意识，珍惜经济主权

（二）力争对全球经贸大政决策权实行公平的国际再分配

（三）善用经济主权保护民族权益，抵御霸权欺凌和其他风险

（四）警惕理论陷阱，摒除经济主权"淡化"论

时序更新，人类社会开始步入21世纪。在新、旧世纪交替之际，国际社会经济全球化加速发展，各国间互相依存关系加速深化，号称"经济联合国"的"世界贸易组织"（以下简称"世贸组织"或WTO）正式成立并已运行十年。在这种新的宏观背景下，各国的主权藩篱是否正在加速撤除，或应该加速撤除？经济主权的原则和观念是否已显陈旧，并且正在弱化和淡化，或应该弱化和淡化？——这是当代国际社会中出现的新的现实问题，也是摆在国际论坛上颇有争议的一大理论问题。

这个现实问题和理论问题,涉及当代国际经济交往、国际经济关系的许多层面,而在1994—2004年这十年中,则比较集中地、比较典型地体现在如何对待世贸组织这个问题上。

兹以简介WTO体制引发的美国"1994年主权大辩论"作为切入点,概述WTO多边体制与美国单边主义(unilateralism)①的重大冲突,以及此种冲突导致的欧共体—美国争讼等重大案件,剖析1994—2004年这十年中围绕着国家经济主权问题的"攻防战"的来龙去脉,并从中探讨它们对全球众多发展中国家的重大启迪。

这场新的"攻防战"之所以值得重视,不但因为它涉及国家经济主权原则这一重大理论问题,而且因为它首先"爆发"于第一世界"超强"国内,继而主要交锋于第一世界与第二世界之间,而其影响和启迪,则广泛地普及于广大的第三世界,因而突显出它具有全球性的重大意义。

一、新争议的缘起:乌拉圭回合与世贸组织

如所周知,世贸组织是经济全球化加速发展的产物。成立这个世界性组织的必要前提或必经程序,是缔结多边国际条约,即由各个主权国家和若干单独关税区在平等、自愿、互惠、互利的基础上,通过谈判磋商,协调各方意志,达成共识,签订"一揽子"②的多边国际条约,制订对参加缔约各方都具有法律约束力的国际行为规范和行动准则,共同遵守。对于每个主权国家说来,参加缔约是为了获得某些经济权益,而按照权利义务对等和平衡的原则,在获得经济权益的同时,又必须承担相应的经济义务,接受某些约束,这就意味着各缔约国都同意对自己原先享有的经济主权权力或权利,加以一定范围和一定程度的自我限制。但是,由于各国国情不同,利害得失不一,甚至互相矛盾,因此在谈判磋商过程中,要求在何种范围、何种程度上限制他国的经济主权,愿意在何种范围、何种程度上限制本国的经济主权,就成为讨论和争执的核心和焦点。

世贸组织号称"经济联合国",1986—1994年间参加缔约谈判的多达125

---

① "单边主义"是unilateralism一词简单的直译。它实质上含有自私自利、我行我素、刚愎自用、一意孤行、专横独断等多重意义。它是"多边主义"(multilateralism)的对立面。《WTO协定》是一项全球性的多边国际条约,依据这个国际条约建立起来的全球性多边贸易体制,提倡全体成员互利互惠、互相尊重、平等协商、民主决策、恪守协议,可概括地称之为"多边主义"。

② 指缔约各方就多个领域、多种议题开展谈判,并应同时全盘接受谈判达成的所有协议,不得只从中选择接受部分协议而拒绝接受其他部分协议。详见《世界贸易组织协定》第2条第2款。

个成员方,各方国情不一、要求不同,所涉及的各类国际经贸往来问题又空前广泛,要使如此大量、如此多样的缔约成员在如此广泛的问题上协调一致,达成共识,当然障碍重重,步履维艰。不过,耗时八年之久的乌拉圭回合谈判,各方外交家们纵横捭阖,折冲樽俎,讨价还价,尽管其形式多样,但归根结底,却始终集中于和围绕着同一个核心:在国家经济主权问题上,进行着限制与反限制的争斗、妥协和合作。而乌拉圭回合终于取得缔约成果,世贸组织终于正式成立并运行十年以来,新一轮的大争斗又已在酝酿和兴起之中,争斗的核心依然还是各国之间、各类国家之间在经济主权上的限制与反限制问题。

深入地观察和了解近年来围绕着国家经济主权问题展开的纷繁复杂争斗的全貌,自非易事。但是,如果寻找和选择一个恰当的"切入点",通过"解剖一只麻雀",析微知著,从中粗略地了解有关争斗的大体脉络和轮廓,则是可以做到的。这只"麻雀",就是在《世界贸易组织协定》(以下简称《WTO协定》)谈判后期和签署、批准前后这段期间里,在美国国内"爆发"的一场有关国家经济主权问题的论战。可以说,这场论战乃是国际社会上有关国家经济主权限制与反限制争斗的一种反映、一种"折射"。

二、新争议在美国的折射:"1994年主权大辩论"

(一) 主权观念已经"过时"应予"废弃"论

1989年间,美国的国际公法"权威"教授路易斯·汉金(Louis Henkin)在海牙国际法研究院(Hague Academy of International Law)发表系列演讲,针对国际公法上的若干重大问题,回顾和重新审议传统的观念,论证当代的最新发展。他特别提到,国际公法在二战以后的"冷战"期间,经历了拥有核武器的两个超级大国的长期对峙,也经历了第三世界发展中国家的纷纷崛起。长期以来,"主权"一词被误引滥用(misconceived invocation of "sovereignty"),阻碍了国际公法的现代化和健康发展。[①] 汉金认为,"主权"一词到处充斥泛滥,其根源在于它"不幸地"被人们曲解了。他扬言:"'主权'是个有害的字眼,这不仅是因为它一向效劳于各种可怕的国家神话,而且因为在国际关系中,甚至在国际

---

① See L. Henkin, *International Law: Politics and Values*, Martinus Nijhoff Publishers, 1995, pp. xi, 1-2.

公法中,它往往成为一种时髦用语,取代了深思熟虑和谨慎行事"①;因此,他强调:"对于国际关系来说,特别是对于国际公法说来,主权一词在很大程度上肯定是没有必要的,最好避免使用";他甚至鼓吹:"我们该把主权一词作为旧时代的残余遗物(relic)摆放到历史的陈列架上去。"②

20 世纪 90 年代初,苏联解体,"冷战"结束,美国成为全球惟一的超级大国。汉金认为,值此将要进入 21 世纪的转折时期,国际公法必须对业已发生变化的"世界秩序"(world order)作出新的回应,国际社会应当敏锐地抓紧新的时机,克服"旧秩序"留下的各种障碍(old order obstacles),进一步改善国际公法③。这段话的弦外之音,显然是指:苏联解体和"冷战"结束后,国际的实力对比发生了有利于美国的重大变化,应当抓住大好时机,努力清除国际公法上传统的、体现了"旧秩序"的主权观念,好让霸权主义者所鼓吹的"主权过时"论,在全球通行无阻。

1993 年 5 月,正当乌拉圭回合谈判紧张进行,各国、各类国家经济主权之争如火如荼之际,汉金教授又专门发表了《关于主权的神话》一文,针对数年来弱小国家在许多方面坚持独立自主、不肯俯首听命于超级大国的现象,进行了猛烈的抨击。其主要论点如下:

> "在政治空气中,弥漫着大量的'主权'空谈,它往往污染了政治空气……'主权'一词,被用以说明国家的独立自主(autonomy),说明在制订[国际]法律规范和建立各种体制时,必须得到国家的同意。'主权'一词,被用以论证和界定各国的'私事',各国的政治独立和领土完整,各国的权利及各国人民的权益不受干涉,各走自己的路。但是,主权一词也已经发展成为有关国家庄严和强盛的一种神话,这种神话曲解了主权这一概念,散布迷雾,模糊了其真实含义和价值所在。这种神话往往是空话连篇,并且有时对人类的各种价值观念起着破坏性的作用。例如……我们至今仍然时常听到有人主张一个主权国家不能同意接受某些国际准则(international norms)的约束,诸如,有关人权的国际准则,或有关经济一体化的国际准则(如在欧洲)。更加常见的是,'主权'一词一直被援引来抗拒各种'入侵干预'措施('intrusive' measures),不肯按照各种国际义务——人权义务或武器控制协议义务,接受监督控制。……是时候了,应

---

① See L. Henkin, *International Law: Politics and Values*, Martinus Nijhoff Publishers, 1995, p. 8.
② Ibid., p. 10.
③ Ibid., p. 2.

当把主权[的神话]带回现实尘世,加以审查、剖析,重新构思这个概念,恰如其分地削减其范围,取出其规范性的内容,加以重新包装,甚至重新命名。"汉金的结论是:应当"废弃这个'S'字!"①

汉金这段"高论",当然不是无的放矢的"空谈"。其立论的现实主旨,显然在于为美国在国际上推行的各种"大棒"政策张目,便于美国在全球打着"人权高于主权"、"防止和控制大规模杀伤性武器扩散高于主权"、"经济一体化高于经济主权"之类的旗号,推行其新干涉主义、新炮舰主义和新殖民主义。其矛头所向,当然包括20世纪80—90年代一切不愿屈服于美国政治霸权和经济霸权的弱小民族。这种理论,在美国国内,当时是一片附和声,鲜见异议。美国国际法学会并将汉金的这种高论,作为一篇"新闻信札"(Newsletter)及时地广为散发、宣传。

然而,历史很会嘲弄人。仅仅时隔年余,美国国内就"爆发"了一场有关美国可否放弃自己的"主权"的大辩论,许多美国的学者和政客,纷纷强调美国切不可轻易全盘接受作为乌拉圭回合谈判成果的《WTO协定》的法律体制,特别是其中的争端解决机制,以免美国自己的经济决策主权受到削弱、侵害、毁损或剥夺。于是,汉金极力主张予以"废弃"的主权观念,又被许多美国学者"捡"了回来,郑重其事地进行新的"论证"。

(二)美国的"主权"(既得霸权)应予捍卫论

作为美国政府外贸国策的主要顾问之一,约翰·杰克逊(John H. Jackson)教授当时曾亲身经历这场全国性大辩论,并两度出席美国参议院财政委员会、外交委员会举办的公听会,发表"证词"。据他事后撰文②评介,当时这场辩论的缘由和要点大体如下:

1986年启动、历时八年的"乌拉圭回合谈判",终于在1994年4月15日落幕,各成员方代表签署了《乌拉圭回合多边贸易谈判成果最后文本》和《WTO协定》。作为1947年《关税及贸易总协定》(以下简称"GATT")的继续和重大发展,WTO的主要改革之一,在于建立了一套新的争端解决机制,弥补了

---

① (Away with the "S"word!) Louis Henkin, The Mythology of Sovereignty, ASIL, Newsletter, March May, 1993, pp. 1-2. "S"是英文"主权"(sovereignty)一词的第一个字母。此处意指"应当废弃'主权'一词!"如予连读,则有"扔掉这把利剑(sword)吧!"的双关含义。

② John H. Jackson, *The Great 1994 Sovereignty Debate: United States Acceptance and Implementation of the Uruguay Round Results*, Columbia Journal of Transnational Law, Vol. 36, Special Double Issue, 1997, pp. 157-188.

GATT 原争端解决机制的"先天缺陷"(birth defect)。

根据 GATT 第 22、23 条及其后续补充、修订文件的有关规定,各缔约成员政府之间发生国际贸易争端,应自行协商解决;如当事各方在一定期间内经反复协商仍不能达成圆满的解决办法,则可将有关争端问题提交缔约方全体(contracting parties)研究处理。一般的做法是:由缔约方全体指定中立的专家小组(panel)认真调查有关事实,并以 GATT 的有关规则作为准绳,提出处理建议,报请缔约方全体审夺。后者经讨论通过,应向有关当事方提出相应建议,或作出相应裁决,要求当事方加以执行。但是,在缔约方全体大会或在其闭会期间举行的"代表理事会"(Council of Representatives)上,多年来一向实行"协商一致"(consensus)①的决策程序,即与会者全体一致同意才能通过,致使争端中的被诉方或潜在的败诉方可以尽力设法阻挠大会或理事会达成全体一致的决议或决定,从而在实际上造成"一票否决"的后果,导致 GATT 的整个争端解决机制显得低效和软弱。

有鉴于此,《WTO 协定》的缔约各方在总结 GATT 实践经验的基础上,达成了《关于争端解决规则与程序的谅解书》(Understanding on Rules and Procedures Governing the Settlement of Disputes,以下简称 DSU 或《谅解书》)。其中规定:设立"争端解决机构"(Dispute Settlement Body,简称 DSB),它实际上是 WTO 总理事会(General Council)以不同名义召开的会议,由它全权处断争端。DSB 有权"设立专家组,采纳专家组和上诉机构报告,监督裁决和建议的执行,以及授权暂停适用有关协定项下的关税减让和其他义务"②。尤其重要的是,在 DSB 中,彻底改变了 GATT 实行多年的上述"协商一致"的程序,转而采取"反向协商一致"(negative consensus)的决策原则,即"一致反对,才能否决",或"一票赞成,即可通过"。具体言之,在任何缔约方向 DSB 投诉,请求成立专家组调查争端时,除非 DSB 全体成员一致决定予以驳回,即全体一致决定不设立专家小组,否则,就应同意该投诉缔约方的请求,及时设立专家小组,进行调查。在专家小组(相当于一审机构)或上诉机构(相当于二审机构)向 DSB 提交调查处理报告之后,除非 DSB 全体成员一致决定不予采纳,就应及时同意通过该项审结报告,并责成各有关当事方无条件地接受有关的建

---

① 在《WTO 协定》第 9 条的一项注解中,就"consensus"一词的特定含义作了专门解释:"在某一事项提交会议作出决定时,只要与会缔约成员代表中无人正式表示反对,就视为该有关机构已经以一致同意(consensus)作出决定。"

② 《谅解书》第 2 条第 1 款。

议,或履行有关的裁决①。否则,违反 DSB 决定的当事方(通常就是败诉方)就会受到相应的各种制裁或报复②。简言之,DSB 在处断争端过程中实行这种新的决策原则,实际效果就是:只要受害的申诉方或潜在的胜诉方在 DSB 会议上坚持经过专家小组或上诉机构正式认定的正当请求,就会实现"一票赞成,即可通过"的结局。

由此可见,WTO 的争端解决机制远较 GATT 的原有机制强硬和高效,这种争端解决机制如能确保正常地运作,对于那些经济实力强大的缔约成员,特别是其中的超级大国,无疑是一种比较有力的约束。因为它们在国际贸易中,往往因"财大"而"气粗",按民族利己主义和霸权主义行事,造成对弱国贸易利益的重大损害;而实施上述争端解决新机制之后,一旦再遇到受害方投诉,像美国这样的超级贸易大国就难以再依仗其经济强势和借助于过去实行的"协商一致"原则,随心所欲地阻挠和逃避任何制裁。

上述这种新的争端解决机制乃是整个《WTO 协定》体制中一个不可分割的组成部分,1994 年 4 月 15 日美国谈判代表在该"一揽子"协定上签署之后,政府主管部门将它呈交美国国会审议批准。紧接着,美国国会两院针对《WTO 协定》的全套规定举行了一系列的听证会和全会。在此期间,许多议员对乌拉圭回合的谈判成果横加指责,认为批准接受《WTO 协定》就是"违宪"行为,因为它"侵害了美国的主权",其主要论据之一,就在于担忧接受新争端解决机制之后,势必会"毁损、剥夺美国的主权"。持此种观点的议员,不妨称之为"主权担忧派"。另一些议员针对上述观点加以反驳,认为接受 WTO 体制,包括其中不可分割的争端解决机制,完全无损于美国自己的主权。持此种观点的议员,不妨称之为"主权自信派"。国会内两派议员的激烈争论,经过广播、电视、报刊等各种媒体炒作,多种学术性和商务性公开论坛也纷纷卷入这场是非曲直之争,遂形成全国性的论战,杰克逊教授称之为"1994 年主权大辩论"("the Great 1994 Sovereignty Debate"),而 1994 年也就成了在美国具有"历史意义"的大辩论之年③。

杰克逊坦言,"参加或接受一项条约,在一定意义上就是缩小了国家政府行动自由的范围。至少,某些行动如不符合条约规定的准则,就会导致触犯国际

---

① 参见《谅解书》第 6 条第 1 款、第 16 条第 4 款、第 17 条第 14 款。
② 指可以针对既不遵守 WTO 规则、又不服从 DSB 处理决定的缔约成员方采取歧视性措施,暂停给予有关协定项下的各种关税减让或其他各种优惠待遇。参见同上《谅解书》第 3 条第 7 款。
③ See J. Jackson, The Great 1994 Sovereignty Debate, supra note 8, pp. 169–170.

法"①;"反对派"之所以反对《WTO协定》中的争端解决程序,就因为它相当强硬严峻,不再允许单一国家(贸易大国)对专家小组的处断报告自由地实行抵制,拒不接受②。因此,日后它势必对美国所追求的经济目标,对美国的对外经贸政策及其有关立法措施,产生约束作用和不利影响。对于WTO新争端解决机制如此神经过敏和疑虑重重(nervousness),正是反映了美国当局强烈希望留权在手,俾便日后在特定情况下,尤其是在"可能危及国家基本目标"的情况下,可以采取"灵活的"抵制措施,拒绝严格遵守国际条约规定的各项准则③。"许多国会议员担心授予WTO的决策权力是否会侵害到美国独立自主的最高决策权"④;美国人经常关注的主要问题是:"美国这个国家难道应当承担义务,允许一个国际机构有权作出决策,对本国(或本国有关国际经济关系的主张)施加影响,而不把这种权力保留在本国政府手中?"⑤"许多反对此项条约的人断言:WTO会危及美国的主权,因为许多决定可由WTO作出,并凌驾于美国法律之上"⑥。据此,杰克逊反复强调指出:1994年美国这场有关维护本国"主权"的全国性大辩论,其实质和关键就在于权力分配问题(questions about the allocation of power):即决策权力如何在国际机构与美国政府之间恰如其分地分配的问题⑦。

在这场全国性的主权问题大辩论中,杰克逊教授曾于1994年3月23日以美国对外贸易代表公署总顾问的身份,出席参议院财政委员会公听会发表证词。除缕述WTO体制的来龙去脉之外,他还针对美国国内有关"接受WTO体制会损害美国主权"的反对派见解,作了如下的解释和"澄清"⑧:

> 关于WTO体制的效果及其对美国法律的各种影响作用,存在着某些思想混乱。几乎可以肯定:就像美国国会处理最近几项贸易协定的情况一样,WTO和乌拉圭回合订立的各项条约并不会自行贯彻在美国法律之中,因此,它们不能自动地变成美国法律的一部分。同理,WTO专家小组争端解决程序作出的结论也不能自动地变成美国法律的一部分。相反,通

---

① See J. Jackson, The Great 1994 Sovereignty Debate, supra note 8, p.172.
② Ibid., p.177.
③ Ibid., p.175.
④ Ibid., p.174.
⑤ Ibid., p.179.
⑥ Ibid., p.173.
⑦ See Ibid., pp.160,179,182,187-188.
⑧ J. Jackson, Testimony Before the Senate Finance Committee, March 23, 1994, in *Legal Problems of International Economic Relations*, 4th ed., West Group, 2002, p 223.

常是经过美国国会正式立法,美国才必须履行各种国际义务或执行专家小组报告书作出的结论。一旦美国认为问题十分重要,以致明知自己的某种行为可能不符合自己承担的国际义务,却仍然有意地违背有关的国际性规范准则(international norms),那么,根据美国的宪法体制,美国政府仍然享有如此行事的权力。这种权力能够成为事态发生严重错误时的重要抑制力量。当然,这种权力不宜轻易动用。

杰克逊教授上述这段"证词"给当时的议员们以及其后的所有读者们至少提供了以下信息,证实了以下几条"美国信念":

第一,美国在参加缔结任何国际条约时,一贯把本国利益以及维护本国利益的美国"主权"和美国法律,放在首要地位。

第二,美国参加缔结的国际条约,其中所规定的各种国际行为规范和行为准则,以及美国所承担的国际义务,通常都必须通过体现美国"主权"的主要机构——美国国会加以审议、批准和立法,才能转变成为美国国内法律的一部分,才能在美国贯彻实施。

第三,一旦美国认为有必要采取某种措施、行动来"维护"本国的重大利益,它就"有权"自由行动,即"有权"不受国际行为规范和行为准则的约束,"有权"违背自己依据国际条约所承担的国际义务,自行其是,我行我素。这种权力,就是美国的"主权",就是美国在任何国际"权力分配"过程中始终保留在自己手中的美国"主权"!

杰克逊教授所论证的这种美国"主权"信念,在当时 WTO"赞成派"中具有代表性。经过数月的全国性"主权大辩论","赞成派"的这种"主权"信念在全国范围内,特别是在国会内,逐渐占了上风,使大多数国会议员逐渐摆脱了 WTO "反对派"关于"主权"的担忧,进而确信即使加入 WTO 之后美国"主权"仍然牢牢掌握在自己手中,终于促使美国众议院和参议院在 1994 年 11 月 29 日和 12 月 1 日分别以 288 票:146 票和 76 票:24 票相继批准了《WTO 协定》。

十分有趣的是:作为 WTO"赞成派"和 WTO"反对派"之间的一种"妥协",也作为当时的总统克林顿(民主党)与参议院多数派首领多尔(共和党)之间达成的一笔"交易",由后者出面,在投票前数日提议通过专门立法,建立一个法定的专门"委员会",由五名美国联邦法官组成,专门负责审查日后 WTO 争端解决机构通过的、不利于美国的各种专家小组报告书,评估和判断它们是否违反了四项特定标准,即:(1)是否逾越了授权范围或审理范围;(2)是否既不增加美国承担的 WTO 条约义务,也不减少美国享有的 WTO 条约权利;(3)办事处断是否公平公正,是否有专横武断或失职不端行为;(4)是否违反了应有的审查标准,包括针对反倾销问题设定的审查标准。经仔细审议评估之后,这个专门委员会应向国会报告审查结论。如果该专门委员会断定 WTO 争端解决机构通过的专家报告书违反了上述四项标准之一,且此类专家报告书在五年之内累计达到三份之多,则美国国会就应考虑作出决定,退出 WTO 这个全球性组织,自行其是①(以下简称为"美式事不过三"原则或"美国败诉不过三"立法)。

这个专门立法,数年来正在由有关议员积极推动之中,并待机"击发"! 杰克逊认为,这项立法建议本身,它的明确主张,以及它所设定的审查标准,全面地、十分鲜明地表露了 WTO "反对派"对于美国"主权"可能受损的忡忡忧心②。

(三) 美式"主权废弃"论与美国"主权捍卫"论的"矛盾"与"统一":美国单边主义(美国霸权)的初胜与 WTO 多边主义(他国群体主权)的初败

回顾和揣摩美国这场"主权大辩论"的前前后后,人们不禁深感纳闷:1989年至 1993 年期间,美国国际公法权威教授路易斯·汉金曾经一再鼓吹主权观念已经"过时",主张应该把它当作旧时代的残余"摆放到历史的陈列架上去";并且痛斥它是"有害的字眼",是"空谈",是"神话",应予根本"废弃"。当时这些高论在美国国内学界一向被奉为经典。何以转眼之间,到了 1994 年,美国国际公法的另一位权威教授约翰·杰克逊却把被汉金教授痛斥和"废弃"的主权"空谈"和"神话",恭恭敬敬地请了回来,并且不惮其烦地详加论证? 何以这种"空谈"和"神话"转眼之间又变成了美国国会议员们心目中的神圣不可侵犯的"神物"?

面对这一"难题",人们可以通过细读杰克逊教授事后撰写的一篇大作,从中获得启发。1997 年,杰克逊教授在回顾和总结美国 1994 年这场"全国性主权大辩论"时,针对其前辈③"权威"汉金的前述立论,颇为委婉、但却十分明确地表示了异议。他提出:"在词语使用上,我的看法,可能有些显得与汉金教授的部分观点恰恰相反,特别是在他论及'该把主权一词作为旧时代的残余遗物摆放到历史的陈列架上去',或论及'应当废弃主权一词'的场合,我的看法截然相反……有目

---

① See Gary Horlick, *WTO Dispute Settlement and the Dole Commission*, Journal of World Trade, Vol. 29, No. 6, 1995, pp. 45 - 48; John H. Jackson, *The Great 1994 Sovereignty Debate: United States Acceptance and Implementation of the Uruguay Round Results*, Columbia Journal of Transnational Law, Vol. 36, Special Double Issue, 1997, pp. 186 - 187.

② Ibid.

③ 1997 年适值汉金教授 80 岁"大寿",美国哥伦比亚大学主办的《哥伦比亚跨国法学报》特邀请美国负有盛名的若干法学教授撰文,进行跨国法、国际法学术讨论,并汇辑成为纪念文集(festschrift)。杰克逊教授是被邀请撰文者之一,时年 60 多岁。

共睹的事实是:'主权'一词当今仍然在广泛地使用之中,在不同的场合,往往蕴含着不同的派生含义(sub-meanings)。"①因此,杰克逊教授主张应当把"主权"一词加以"分解"(decompose),以便分别在不同的场合恰当地加以使用。

这段委婉的言词初读似感有些"晦涩",但结合其上下文细加揣摩,便不难领悟到以下两点:

第一,汉金教授的主权观与杰克逊教授的主权观,貌似相反,实则相成:原来两位教授的用词遣句是各有所指:汉金教授主张应予"废弃"的主权,乃是专指不愿臣服于超级大国的弱小民族的主权,因为它们总是举着主权这面义旗,抵制超级大国的干涉主义和霸权主义;而杰克逊教授主张应予保护的"主权",乃是专指超级大国美国自身的"主权",因为打起"主权"这面堂皇的大旗,恰恰可以用来遮盖和掩护美国既得的霸权,从而抵制国际条约义务、国际行为规范和国际行为准则对美国的约束。一句话,两位美国教授对"主权"一词的看法确实是一对矛盾:汉金的"废弃论",乃是针对弱小民族主权的进攻之"矛",用以攻破弱小民族的主权藩篱和屏障,攫取新的霸权权益,多多益善;而杰克逊教授的"保护论",则是遮掩美国"主权"即既得霸权的护卫之"盾",不许既得霸权受损分毫!真可谓功能不同,各有妙用。看来,美国在国际社会中处事的"实用主义"和"双重标准",于此又是一大例证。

第二,由杰克逊加以阐释论证的上述美国式主权"信念",即参加WTO这一全球性多边体制之后,美国仍然"有权"不受多边主义的约束,仍然"有权"继续推行其单边主义的政策和法律云云,乃是美国国会当初终于批准《WTO协定》的思想基础和理论前提,乃是美国参加WTO之初就已确立的既定方针和行动指南。可见,贯穿于上述这场"主权大辩论"全过程的美国单边主义(美国霸权)与WTO多边主义(他国群体主权)首度大交锋的结局,乃是前者的胜利,后者的败北!美国参加WTO之后,之所以不断地用美国的单边主义阻挠、冲击和破坏WTO的多边主义,其最主要和最新的思想理论根源,盖在乎此!

三、美国的"主权大辩论"与美国的"301条款"

其实,归根结底,究其本质,无论是WTO"反对派"忡忡担忧其"可能受损"

---

① John H. Jackson, *The Great 1994 Sovereignty Debate: United States Acceptance and Implementation of the Uruguay Round Results*, Columbia Journal of Transnational Law, Vol. 36, Special Double Issue, 1997, pp. 158 - 159.

的,还是 WTO"赞成派"喋喋论证其"仍然在握"的,并不是美国的经济主权,而是美国的经济霸权。

在这方面,最明显的例证是美国贸易法规中所谓"301条款"的多年实践,以及美国国会在上述"大辩论"后作出的决定:坚持继续实施"301条款"。

(一)"301条款"是美国的霸权立法

"301条款"一词屡屡见于中外报端,人们耳熟能详,这是"美国贸易代表"[①]频频挥舞的一根用以威胁和压服外国政府贸易对手的"狼牙棒",充分体现了美国在国际贸易领域中的经济霸权。它原是 1974 年《美国贸易法》的第 301 条 (Section 301),其后几经修订,扩充了内容,共计 10 条,习惯上仍统称为美国贸易法"301条款"(以下沿用此习惯统称),其核心内容是:如果美国贸易代表确认外国的某项立法或政策措施,违反了该国与美国签订的贸易协定,或虽未违反有关协定,但却被美国单方认定为"不公平"、"不公正"或"不合理",以致损害或限制了美国的商业利益,美国贸易代表便有权不顾国内其他法律以及国际条约准则作何规定,径自依照美国贸易法"301条款"规定的职权和程序,凭借美国经济实力上的强势,采取各种单边性、强制性的报复措施,以迫使对方取消上述立法或政策措施,消除其对美国商业造成的损害或限制,或提供能令美国官方和有关经济部门感到满意的赔偿[②]。

"301条款"的主旨、要害和实际作用,就在于单方自立"公平"与否的"美式"标准,以单方施加"制裁"、实行报复作为恫吓或"惩罚"手段,迫使外国开放其国内市场。这一霸权立法及其实施,曾在国际社会中引起广泛谴责和抨击,因为这一美国国内立法显然背离了美国参加缔结的 GATT 这一多边国际条约的规定,以单边自立标准、单边判断和单边施加报复制裁,取代了 GATT 原有争端解决机制中的有关交由中立专家小组调查、审议后,报请 GATT 理事会审

[①] United States Trade Representative,又译"美国贸易谈判代表",简称"USTR",由美国总统任命,参议院确认,具特命全权大使衔,原主司美国对外贸易谈判,1974 年以后设公署于华盛顿,成为美国政府的常设机构,职权不断扩大:参与美国政府对外贸易决策;就对外贸易问题向联邦政府其他机构、部门发布政策指南;代表美国政府主持或参加各种对外贸易谈判;接受美商"投诉",保障美商对外贸易权益;执行"301条款",对外国政府贸易对手发起"侵权"、"违约"调查,决定采取报复行动或制裁措施等。

[②] See Trade Act of 1974 § 301, 19 U.S.C. §§ 2411–2440 (1994); see also: Sections 301-310 of the Trade Act of 1974, Report of the Panel, United States – Sections 301-310 of the Trade Act of 1974, Annex 1, WT/DS152/R, (22 Dec. 1999), pp. 352–364. (http://www.wto.org/english/tratop.e/dispu-e/wtds.152r.doc). 并参见张玉卿、关越:《美国贸易法 301 条款》,载《国际贸易》1992 年第 6—9 期;杨国华:《美国贸易法"301 条款"研究》,法律出版社 1998 年版,第 36—57 页。

夺处断的多边原则，从而违背了美国承诺承担的国际义务。但是，"美国利益至高无上"以及"笑骂由他，厚利我自赚之"，这乃是美国"实用主义"哲学在经贸领域的一贯体现，并由此导致国际社会中的正常贸易秩序时常受到美国"301条款"的不当干扰。

试以中国"领教"过的三次"报复措施"和"经济制裁"为例①：

早在1991年11月，"美国贸易代表"即以中国未能对美商的知识产权给予"充分、有效"的保护以及未能对拥有知识产权的美商给予"公平"的市场准入机会，作为借口，将中国列为适用美国贸易法"301条款"的"重点国家"，并单方片面宣布了总值为15亿美元的对华"报复清单"，后经双方反复磋商，终获合理解决。

1994年6月30日，美方重施故伎，再次将中国列为"重点国家"，同时提出许多直接干涉中国立法、司法和内政的苛刻要求，诸如：修改中国民法，缩短审限；修改民事诉讼收费规定，从廉收费；每周两次在国内大规模打击对美侵权行为，并向美国报告，直到美方满意为止；每季度"向美国政府报告"一次中国查处对美侵权的情况，等等。由于美方要求过苛，经7轮磋商，未能解决争端，美国遂于1994年12月31日单方面宣布了总值为28亿美元的对华"报复清单"，妄图迫使中国就范。中国对此进行了针锋相对、有理有利有节的斗争：一方面，严正指出：美国采用单边报复手段对付其他国家贸易对手，显然违背有关国际公约、条约关于通过多边协商解决争端的原则规定，已经受到国际社会的普遍谴责；另一方面，根据《中华人民共和国对外贸易法》第7条的规定（即任何国家或者地区在贸易方面对中国采取歧视性的禁止、限制或其他类似措施的，中国可以根据实际情况对该国或该地区采取相应的措施），由中国对外经贸部公布"拟对美贸易反报复清单"，其中规定：对若干种从美国进口的大宗产品，加倍征收关税；暂停从美国进口其他若干大宗产品；暂停与美方谈判若干大型合资项目；暂停美商在华设立投资公司的申请，等等；同时，明确宣布："上述措施拟于美国正式执行对中国出口产品报复时生效"。眼看对华"报复"、"制裁"无法如愿以偿，且可能失去中国的广阔市场，美方有所"收敛"，取消了原先坚持的若

---

① 参见《外经贸部公布拟对美贸易反报复清单》（1994年12月31日）和《对外贸易经济合作部公告：中华人民共和国对美利坚合众国的贸易反报复清单》（1996年5月16日），分别载于《人民日报》1995年1月1日第2版和1996年5月16日第2版；张月姣（中国对外经贸部条法司前司长）：《中美知识产权磋商：背景和成果》，载于《国际贸易》1995年第4期，第4—5页。有关概况，并可参见美国贸易代表公署编制的综合性一览表：Section 301 Tables of Cases (as of 9 August, 1999), No. 301-86, PRC: Intellectual Property Protection; No. 301-88, PRC: Market Access; No. 301-92, China: Intellectual Property Rights. (http://www.ustr.gov/reports/301 report/act301.htm)

干苛刻要求,中美双方终于在1995年2月26日以"换文"形式达成"双赢"协议,避免了一场由美方挑起、一触即发的"贸易战"。

1996年春夏之交,中美贸易争端又起,美方又片面单方宣布中国为"特别301条款重点国家",并宣布了总值为30亿美元的对华"报复清单",中国政府主管部门也再次郑重宣告:"为维护国家主权和民族尊严,……我国将不得不采取相应的反报复措施",含八项内容,并规定"以上措施将于美国对我出口产品报复措施生效时生效"。经过艰苦谈判,终于又在1996年6月17日达成了中美双方都可以接受的协议。这场新的"较量"再次证明:国家间的贸易纠纷,特别是大国之间的贸易纠纷,应该并且只能通过平等磋商求得公平合理解决,"单边报复"等恃强欺弱的做法,往往无济于事,无法得逞,徒显其蛮横形象而已。

有鉴于美国"301条款"实质上乃是这个超级大国的单边霸权立法,严重背离了GATT的多边精神,因此,在1986—1994的乌拉圭回合谈判中,绝大多数GATT成员,特别是许多"领教"过美国"301条款"滋味的GATT成员,决心通过改革,强化前述GATT原有争端解决机制的约束力,以制止美国的刚愎自用和一意孤行(unilateralism,又译"单边主义","独断专行主义"),并且实现了DSB表决原则的前述改革更新。

但是,在美国代表签署《WTO协定》、并提交美国国会审议批准的过程中,却激起轩然大波,引发了"1994年主权大辩论"。

(二) 美国"主权大辩论"的首要结论:美国的霸权立法"301条款"不许改变

在这场大辩论中,美国国会议员们却凭着训练有素的政治敏感,毫不含糊地坚持:决不许改变"301条款",决不能改变该条款授权的美国贸易谈判代表的谈判地位和行政职能。其结果是:"除了在程序上稍作微小修订之外,301条款仍然纹丝未动。"①美国专家指出:"这一法律条款,也许是1994年国会大辩论中有关主权的各种审议考虑中最关紧要、首屈一指的政治主题(the most important political bellwether)。"②

不难看出,美国的行政代表签署了WTO的国际协定,美国的立法当局却仍然坚持继续实施与《WTO协定》相左的"301条款",其实际效果无非是"脚踩

---

① John H. Jackson, *The Great 1994 Sovereignty Debate: United States Acceptance and Implementation of the Uruguay Round Results*, Columbia Journal of Transnational Law, Vol. 36, Special Double Issue, 1997, pp. 183 – 184.

② Idid., pp. 183 – 184.

两船,左右逢源":在美国与他国政府间发生国际贸易争端时,特别是当美国充当"被告"时,如果经由WTO的争端解决程序作出的结论或裁决,有利于美国,美国就可以"胜诉方"的身份,"信守"国际条约,冠冕堂皇地表示赞同和接受此种结论或裁决;反之,一旦有关的结论或裁决不利于美国,使美国成了"败诉方",此时,它虽已不能再在WTO的DSU程序及其"negative consensus"表决中逞其故伎,单方阻挠专家小组报告和DSB最后决定的达成、通过和执行,却仍可同样冠冕堂皇地打着"维护美国经济主权"、"维护美国宪法体制"(constitutional institution)的大旗,弃DSB决定如敝屣,并对实施或履行DSB决定的"胜诉方"加以抵制,甚至加以报复。除此之外,只要美国认为必要,它仍可完全撇开WTO的DSU程序,随心所欲地单方启动仍然牢牢在握的"301条款",以既是"原告"又兼"法官"的双重身份,按自己设定的"法定"标准,把从事"不公平"贸易行为的"罪名"强加于对方"被告",并绳之以"法"! 这岂不是又一次证明:在强权政治和霸权主义条件下,"公法乃凭虚理,强者可执其法以绳人"[1]!

由此可见,美国所倍加珍惜呵护的,乃是极力扩张了的"主权",乃是披着"主权"外衣的既得霸权;而美国国会在批准加入《WTO协定》之后,仍然坚持保留和实施"301条款"的现有立法,这就如同穿上厚厚的双重铠甲,力图使既得霸权做到"刀枪不入",万古千秋。

四、美国"主权大辩论"的后续影响之一: "301条款"争端案

1995年1月《WTO协定》正式生效以来,美国就是按其在"主权大辩论"中得出的上述"结论"行事的:既参加WTO这一多边贸易体制,享受其他成员给予美国的各种优惠和权利;又继续推行美国的一系列单边主义政策和法律,享受其自私自利、损人肥己的特权。实践证明:美国的这种做法,在某些场合,确实达到了它"左右逢源"的预期目的。其典型之一,就是1995年的"美一日汽车市场争端"案[2]。当时,美、日两国政府曾就日本国内汽车及汽车部件市场的开

---

[1] 晚清中国思想家郑观应名言(见郑观应著:《盛世危言·公法》(卷一),光绪24年(1898)三味堂刊,第42页)。人类社会已进入21世纪,而19世纪末弱小民族思想家发出的慨叹,至今仍具有十分现实的意义,这实在是对历史、对至今仍不愿改弦易辙的强权者的强烈讽刺。

[2] See U. S. Imposition of Import Duties on Automobiles from Japan, WT/DS6/1, WT/DS6/5, WT/DS6/6, at http://docsonline.wto.org/GEN.-SearchResult.asp。

放问题进行过多轮谈判,因双方各持己见,争端迄未解决。美国作为 WTO 成员方之一,却置 WTO/DSU 多边性争端解决体制于不顾,径自依照《美国贸易法》"301 条款"的规定,于 1995 年 5 月 16 日单方宣布将对从日本进口的轿车按货价征收 100%的关税,以示惩罚。这一税率大大高于美国关税减让表承诺的对汽车征税 2.5%的约束税率,新关税总额将高达 59 亿美元。面对这种单边主义的报复,日本政府于 1995 年 5 月 22 日向 WTO/DSB 投诉,指控美国违反了 WTO 多边体制规定的国际义务。但终于在美国强大的压力下,于 1995 年 6 月 28 日与美国达成"谅解":日本接受了美国有关开放日本国内汽车及其部件市场的若干具体要求;美国尝到了施压的"甜头",取消了前述对从日本进口的汽车征收惩罚性关税的决定。

但是,在另一些场合,美国上述"左右逢源"的盘算却引发了相当激烈的"商战"和论战,使美国一度成为众矢之的。其典型之一,就是 1996 年至 2000 年绵延长达四五年之久的"美—欧香蕉贸易争端"案①以及由此导致的"欧—美'301 条款'争端"案②。

(一) 美国"301 条款"引发的欧—美经济主权争讼案:缘由与前奏

1996 年 2 月和 1998 年 8 月,美国为首并策动"美元香蕉"区的厄瓜多尔、危地马拉、洪都拉斯、墨西哥四国,先后两度通过 WTO 机制向欧共体提出磋商谈判要求,理由是欧共体在进口、销售该五国香蕉中所实行的各种管制措施,使它们获得的待遇低于欧共体给予《洛美协定》缔约成员的优惠,从而违背了世贸组织的一般规则,构成了贸易歧视。在有关谈判正在持续进行之际,1998 年 11 月 10 日,美国以欧共体拟定实行让步的香蕉进口新体制仍不符合世贸组织的要求为借口,径自依据《美国贸易法》"301 条款",单方宣布了将对欧共体采取报复措施的清单以及实行制裁的时间表,胁迫欧共体继续让步。在有关争端按 DSU 程序提交仲裁之际,美国竟又径自于 1999 年 3 月 3 日突然发动"闪电式"报复,单方宣布:美国决定对英国、意大利、德国、法国等欧共体国家输往美国的约 20 种热销产品,按货价征收高达 100%的关税,以示惩罚,其总额约为 5.2 亿美元。美国这一独断专行举动,使 WTO 建立的多边体制面临新的重大威

---

① See Reports of the Panel, European Communities Regime for the Importation, Sale and Distribution of Bananas Recourse to Article 21.5 (Separately) by Ecuador & by the European Communities, WT/DS27/RW/ECU; WT/DS27/RW/EEC.

② See Report of the Panel, United States Sections 301-310 of the Trade Act of 1974 (hereinafter "ROP"), WT/DS152/R, 22 December, 1999, at http://www.wto.org/english/tratop-e/dispu-e/wtds152r.doc.

胁。1999年4月6日,DSB仲裁庭作出的裁决确认:欧共体上述香蕉进口新体制虽对美国的利益构成损害,但其损害程度远低于美国单方声称的5.2亿美元,其实际损失约为1.914亿美元①,仅及其宣布数额的36.8%左右。换言之,美国单方宣布的损失数字中,竟含有高达63.2%的"水分"!

鉴于美国在《WTO协定》正式生效,DSU多边性争端解决机制正式开始运作之后,仍然继续依据其国内立法"301条款",一再对WTO的其他成员实行单边主义的威胁和报复,并且屡屡得逞或"奏效",欧共体遂于1998年11月25日,即上述"香蕉大战"逐步升级、美国根据"301条款"于1998年11月10日单方宣布对欧报复清单之后,在1999年1月26日要求DSB正式成立专家组,审理此案。显而易见,欧共体此举乃是"开辟第二战场",反守为攻,从"美元香蕉案"中的"被告",变为"301条款案"中的"原告",把原案中气势汹汹的美国推上了新案的被告席。

如所周知,不少国家曾在不同程度上吃过美国"301条款"的苦头。此次由欧共体牵头,一呼多应:巴西、喀麦隆、加拿大、哥伦比亚、哥斯达黎加、古巴、多米尼加、多米尼加共和国、厄瓜多尔、中国的香港地区、印度、以色列、牙买加、日本、韩国、圣卢西亚以及泰国,先后纷纷要求以与本案有利害关系的第三方身份,参与本案的磋商谈判和专家组的审理程序。如果欧共体以其15个成员国计算,则连同诸多第三方,使本案审理过程实际上形成三十多个WTO成员共同"声讨"美国"301条款"的局面。

1998年12月17日,争端当事人举行谈判未能解决纷争。应欧共体请求,DSB于1999年3月2日决定成立专家组处断此案。据此,WTO总干事于1999年3月31日指定戴维·哈威斯(David Hawes)、特杰·约翰尼逊(Terje Johannesen)和约瑟夫·威勒(Joseph Weiler)三人为本案专家组成员,哈威斯担任组长。其审理范围(terms of reference)是:"根据欧共体在WT/DS152/11号文件中所援引各项协定的有关规定,审议欧共体在该文件中提交DSB的事项,作出认定,以协助DSB按照上述各项协定的规定,提出建议,或作出裁定。"

---

① See Decision by the Arbitrators, European Communities – Regime for the Importation, Sale and Distribution of Bananas – Recourse to Arbitration by the European Communities Under Article 22.6 of the DSU, WT/DS27/ARB, pars. 1.1, 8.1, at http://www.wto.org/english/tratop-e/dispu-e/1735d.doc.
据报道,事后欧盟与美国就此项争讼达成了新的协议:欧盟自2001年7月1日起开始实施新的香蕉进口制度;相应地,美国也在当天取消了对来自欧盟的有关进口商品征收100%惩罚性关税的决定。参见《投桃报李,有来有往》,载《国际经贸消息》2001年7月3日,第1版。

质言之,这场由《美国贸易法》"301条款"引发的WTO众多成员间的对垒和论战,突出地体现了在经济全球化加速发展的新形势下,各国经济主权上限制与反限制的新斗争;其中既主要体现了全球经济霸主与其他经济强国之间在经济主权问题上的大火拼,也涵盖了众多经济弱国与全球经济霸主在经济主权问题上的新较量。

具体说来,本案的涉讼当事人,"原告"(complainant,又译"起诉人"、"起诉方")是欧共体15国,其中包含德、英、法、意四大经济强国;"被告"(respondent,又译"应诉人"、"应诉方")是全球经济霸主"超强"美国;正式参讼的"第三方"(thirdparty)十几个WTO成员,其中包含日本、加拿大两大经济强国,它们实际上完全站在"原告"欧共体一方。综合起来,这场反对"301条款"与维护"301条款"两大势力之间的争讼,其主角乃是全球经济最发达的"七国集团"一分为二,围绕着各自经济主权的限制与反限制这个核心和焦点,展开了大对决。在这场大较量中,"超强"虽强,但独自以"孤家寡人"身份面对其他六强,再加上虽然较弱、但不甘示弱的其他许多欧洲发达国家以及亚、非、拉美许多发展中国家一起挥戈"上阵",从双方实力对比上说,似可称之为"旗鼓相当,难分轩轾"。这种局面,在世界贸易发展史上,是十分罕见的。审理本案的专家组,则可称为"处于两大之间"。

本案专家组在1999年3月31日组建成立之后,经过长达约9个月的审理,于1999年12月22日向各方当事人签发了审结报告书,并呈交DSB审批。这份报告书洋洋数万言,单单正文就长达351页。由于当事人欧共体与美国均未提起上诉,DSB遂于2000年1月27日正式通过了专家组的审结报告。

专家组的审结报告虽如限作出,而且未遭上诉,但却留下了令人不敢恭维的执法形象以及一系列的法律疑窦和隐患,值得认真探讨。下文分别简介和剖析本案审理过程中"控"、"辩"各方的立论要点,专家组审结报告的主要内容以及其中留下的疑窦和隐患。

(二) 美国"301条款"引发的欧—美经济主权争讼案:指控与抗辩

1. 欧共体代表的指控[①]

欧共体代表指控:美国在《WTO协定》确立的多边体制生效后,仍然坚持保留和实施《美国贸易法》第301—310条所规定的单边主义报复和制裁,其所

---

① See Report of the Panel, United States Sections 301-310 of the Trade Act of 1974 (hereinafter "ROP"), WT/DS152/R, 22 December, 1999, at http://www.wto.org/english/tratop-e/dispu-e/wtds152r.doc., paras. 3.1, 4.1-4.18; 4.26-4.48; 4.100-4.119; 4.126; 4.146-4.153; 7.1-7.8.

作所为，背弃了美国在签订《WTO 协定》时作出的郑重承诺和承担的国际义务。欧方特别强调，《美国贸易法》上述条款的规定与 DSU 第 23 条有关"加强多边体制"的具体规定是互不相容的：

第一，DSU 第 23 条第 2 款(a)项规定：WTO 成员之间遇有贸易争端，必须根据 DSU 确立的规则和程序加以解决。除此之外，任何成员均不得自行单边断定(make a determination)其贸易权益受到损害；任何成员在断定其自身权益受到损害时，其断定的内容必须与 DSB 根据 DSU 规定通过的专家报告书、上诉庭报告书或仲裁裁决书所认定的内容(findings)完全相符。

但是，《美国贸易法》第 304 条(a)(2)(A)款却要求美国贸易代表径自单方断定其他 WTO 成员是否损害了美国依据 WTO 某项协定享有的权益，而完全不顾 DSB 是否已经按多边程序通过了专家报告书或上诉庭报告书所作出的认定。

同时，《美国贸易法》第 306 条(b)款要求美国贸易代表径自单方断定 DSB 针对有关争端提出的整改建议是否已经获得贯彻执行，而完全不顾 DSU 规定的多边认定程序是否已经完结。

由此可见，《美国贸易法》的这些规定直接违反了 DSU 的上述规定。

第二，DSU 第 23 条第 2 款(c)项规定：WTO 成员①如未能在合理的期限内履行 DSB 作出的整改建议或决定，则应依 DSU 规定的多边程序，先确认对该成员暂停给予有关协议规定的关税减让等优惠的范围和幅度(level)，并经 DSB 授权同意之后，方可对该成员采取暂停给予关税减让优惠等制裁措施。

但是，《美国贸易法》第 306 条(b)款却要求美国贸易代表在争端对方未能如期履行 DSB 建议时，既不经 DSU 多边程序确认制裁的范围和幅度，也不经 DSB 授权同意，即径自根据《美国贸易法》第 301 条和第 305 条(a)款，单方作出决定并采取制裁措施。

由此可见，《美国贸易法》的这种规定直接违反了 DSU 的上述规定。

第三，《1994 年关贸总协定》(以下简称"GATT 1994")第 1、2、3、8、11 条分别规定了最惠国待遇、关税减让表、国民待遇、降低规费及简化输出入手续、取消数量限制等多边性的互惠待遇和共同义务，WTO 的全体成员应共同遵守。遇有争端，应当遵循多边程序予以解决。

但是，《美国贸易法》第 306 条(b)款却要求美国贸易代表随时径自单方作出决定，对贸易争端所涉的外国进口货物征收高额关税、高额规费或施加各种限制。

---

① 一般是贸易争端中"败诉"的一方。

由此可见,《美国贸易法》的这些规定直接违反了上述 GATT 1994 中的一项或多项规定。

第四,退一步说,即使将《美国贸易法》第 301—310 条解释为:"允许"(permit)美国贸易代表在执法时可以有所选择,可以避免作出违背 WTO 多边体制的单方断定和采取单边主义报复制裁措施,但是它也允许美国贸易代表在执法时,可以通过自由裁量,径自作出背离 WTO 多边体制的单方断定,径自采取单边主义报复制裁措施。因此,显然不能认为这些条款已为美国履行其在 WTO 体制中承担的国际义务提供了"稳妥可靠的法律依据"(sound legal basis);而缺乏这种可靠的法律依据,势必对 WTO 其他成员及其经济经营者(economic operators,指一般公司、企业等)形成一种威胁和法律上"捉摸不定"(legal uncertainty)的氛围和环境,这就从根基上毁坏了 WTO 这一多边贸易体制的"安全保障和可预见性"(security and predictability)①。

第五,更有甚者,《美国贸易法》第 301—310 条的规定,实质上乃是表达了一种经过深思熟虑和精心设计的方针政策(a deliberate policy),提供一种特殊模式,便于美国随时采取背离 WTO 多边体制的行政措施。美国之所以在其法典上坚持保留《美国贸易法》第 301—310 条这样的立法,无论在其法律条文的字面措辞上,还是在其立法者的主观意图上,都是蓄意授权美国贸易代表,可以无视和违反美国在 WTO 多边体制中承担的各种国际义务,径自独断专行:既可作出单边主义的断定,又可采取单边主义的制裁,以追求其双重目的:或直接"诛杀"其对手,或以"诛杀"相胁,迫使其对手俯首就范。此种双重目的,可称为"达摩克利斯头上悬剑效应"(Damocles sword effect)②。

欧共体代表强调指出:在实践上,美国向来惯于利用其"301 条款"所产生的这种"达摩克利斯头上悬剑效应",形成"经常存在的威胁"(constant threat),作为一种"讨价还价"的手段(bargaining tool),力图从其贸易对手国家方面勒索和榨取各种非分的减让和优惠权益。美国此种行径,即使在《WTO 协定》生效之后,也毫不改弦更张,而不惜背弃美国自己在 WTO 法制中所承担的国际义务。在前述"美元香蕉案"中,美国就是如此一意孤行,使欧共体权益受到侵害。而

---

① See Report of the Panel, United States Sections 301-310 of the Trade Act of 1974 (hereinafter "ROP"), WT/DS152/R, 22 December, 1999, at http://www.wto.org/english/tratop-e/dispu-e/wtds152r.doc., paras. 4.35, 7.5.

② Ibid., paras. 4.43-4.44, 7.5-7.6. 希腊神话传说:暴君狄奥尼修斯曾命其廷臣达摩克利斯就座,并以一根马鬃悬一把利剑在后者头顶上,以示其处境极端危殆。其后此词转义为:大祸临头、处境危殆。参见《辞海》相关条目,上海辞书出版社 1979 年缩印本,第 1038 页;《新英汉词典》,上海译文出版社 1989 年版,第 293—294 页。

WTO 的其他成员,诸如加拿大、韩国、中国的香港地区、印度、日本和巴西等,直至在《WTO 协定》已经生效之后,也都有过类似的经历,吃过类似的苦头,因而同声谴责美国坚持"301 条款"的单边主义实践,认同和支持欧共体的诉求①。

由此可见,无论如何不能把《美国贸易法》第 301—310 条看成是《WTO 协定》第 16 条第 4 款所规定的、符合 WTO 法律体制的美国国内法。因为《WTO 协定》第 16 条第 4 款明文规定:WTO"每个成员应当确保其国内的各种法律、条例以及行政程序完全符合 WTO 各种附件协定所规定的各项义务",与此相对照,《美国贸易法》第 301—310 条却违反了前引 WTO 法律体制的多种规定和多项国际义务。

第六,基于以上理由,欧共体代表请求本案专家组明确裁定②:

(A) 美国未能确保其国内的《美国贸易法》切实遵守世贸组织 DSU 第 23 条、GATT 1994 第 1、2、3、8、11 条的各项具体要求;美国的所作所为,违背了上述各种国际协定以及《WTO 协定》第 16 条第 4 款规定的各项国际义务,从而取消了或侵害了欧共体根据上述各种国际协定享有的各种权益;

(B) 由专家组建议 DSB 正式要求美国采取改正措施,使《美国贸易法》完全符合美国在世贸组织 DSU、GATT 1994 以及《WTO 协定》中所承担的各项国际义务。

2. 美国代表的抗辩③

针对欧共体代表提出的指控和诉求,美国代表提出了抗辩,其要点如下:

第一,《美国贸易法》第 301—310 条的规定无碍于美国"不折不扣地遵循"("following to the letter...")DSU 的各项规定和要求。"301 条款"的有关立法授权给美国贸易代表,使其可以充分自由裁量,力求遵守("to pursue and comply with")多边性的争端解决程序。欧方不能单凭臆测,断言美国贸易代表一定会以违反 WTO 规则的方式来行使其自由裁量权。欧方之所以向 WTO/DSB 提出本案,指控美国的"301 条款",把前述"香蕉贸易争端"指责为美国的单边主义行为所致,这是为了转移视线,掩盖欧共体自身在前述"香蕉贸易争端"案件中未能遵守 DSB 裁定和建议④。

第二,《美国贸易法》第 301—310 条,只是一种"任意性立法"(discretionary

---

① See Report of the Panel, United States Sections 301-310 of the Trade Act of 1974 (hereinafter "ROP"), WT/DS152/R, 22 December, 1999, at http://www.wto.org/english/tratop-e/dispu-e/wtds152r.doc., paras. 4.45-4.48.

② Ibid., paras. 3.1; 7.7-7.8.

③ Ibid., paras. 3.2; 4.19-4.25; 4.49-4.65; 4.120-4.125; 4.128-4.140; 4.142-4.145; 4.154; 7.9.

④ Ibid., paras. 4.49-4.52.

legislation),而不是"强制性立法"(mandatory legislation)。它赋予美国贸易代表的自由裁量权是极其充分的(more than adequate discretion)。后者完全可以在每一个案件中都遵照 DSU 第 23 条以及 WTO 体制中的其他规定,行使自己的职权。具体而言,第 304 条允许美国贸易代表在每个案件中都根据 DSB 专家组和上诉庭作出的认定,来判断美国的贸易权益是否(whether)受到侵害;第 306 条则允许美国贸易代表在每个案件中都依据 DSU 第 22 条的规定,要求并且获得 DSB 的授权同意,以便暂停给予争端对方关税减让等优惠。可见,《美国贸易法》第 301—310 条的规定,与 WTO 体制中的 DSU 第 23 条、《WTO 协定》第 16 条第 4 款以及 GATT 1994 第 1、2、3、8、11 各条的有关规定,都是完全一致的[①]。

第三,法律面前,人人平等。法律既是弱者的保护人,也是强者的保护人;它给予小国和大国的保护,应当是一视同仁的;它给予"得人心者"和"不得人心者"(the popular and the unpopular,又译"受欢迎者和不受欢迎者")的保护,也应当是不分轩轾的。诚然,美国知道其贸易法第 301—310 条并不是得人心、孚众望的。但是 WTO 和 DSU 体制并不是一个"举行得人心竞赛"的俱乐部,用以专门对付某个成员(a club to be used in a popularity contest against any one member)。如果 WTO 多边体制确实想要保护弱者,那么,它就必须也保护强者不受到无端攻击,即不应仅仅因为他强大就要受到攻击,而不是因为他做了什么坏事、错事[②]。

据此,一国的法律,只要它并不指令(command)其行政当局故意背弃 WTO 体制规定的各种国际义务,就没有犯什么过错。而《美国贸易法》第 301—310 条既然允许(allow)美国贸易代表恪守(comply fully with)美国在《WTO 协定》及其全部附件中承担的各种国际义务,这就说明美国的此项法律并没有背弃或违反美国在 WTO 体制中承担的国际义务。换言之,此项法律的存在本身丝毫也没有违反这些国际义务。

由此可见,欧共体提出本案诉求,只是想把这场讼争转变成为对美国现行贸易政策实行政治上的攻击,此举恰恰突显出欧共体在法律根据上是十分空虚无力和毫无理由的[③]。

第四,美国代表特别强调:1994 年 9 月 27 日,美国总统向美国国会提交了《乌拉圭回合协定法》(Uruguay Round Agreements Act of 1994)的立法草案,

---

① See Report of the Panel, United States Sections 301-310 of the Trade Act of 1974 (hereinafter "ROP"), WT/DS152/R, 22 December, 1999, at http://www.wto.org/english/tratop-e/dispu-e/wtds152r.doc. paras. 4.54-4.58; 7.9.
② Ibid., paras. 4.62; 7.11.
③ Ibid., paras. 4.64-4.65.

同时也提交了另一份《政府行政声明》(Statement of Administrative Action,简称"SAA"),这两份文件都在1994年11月间获得国会两院批准通过,因而都具有法律约束力。就后者而言,其中特别明文规定:如果有人投诉称美国根据《WTO协定》享有的权益受到损害而由美国政府发起调查,则:

"美国贸易代表将(will):

· 按照现行法律的要求援用WTO的DSU程序;

· 依据DSB通过的专家组或上诉庭的认定结论,按301条款的要求,断定美国在有关协定中享有的权益已经(has been)受到侵害或遭到否定;

· 遵循专家组或上诉庭通过的对美方有利的审结报告,允许被诉方在合理的期间内实施报告中提出的改正建议;

· 在上述期间内如问题仍未解决,将要求DSB授权同意实行报复。"①

可见,这份《政府行政声明》实际上已经对美国贸易代表在执法时的自由裁量权加以限制,有效地排除了(preclude)美国贸易代表在DSU审理程序终结以前,擅自作出违反DSB认定内容的判断,擅自采取违反DSB授权同意的报复措施②。

第五,在这份《政府行政声明》第1页,开宗明义地规定:

"本声明阐述了为实施乌拉圭回合各项协定而将要采取的重大行政行为。……本声明对美国政府当局(administration)有关解释和实施乌拉圭回合各项协定的看法,作出了权威性的阐述,以便美国履行其国际义务,并在国内法律中加以贯彻。美国政府当局认为,美国国会期望今后美国政府机构(administrations)将会遵守和实施(will observe and apply)本声明中作出的解释和承诺。而且,由于本声明将由美国国会在实施乌拉圭回合各项协定的同时予以批准,因此本声明中针对这些协定作出的解释说明具有特别的权威意义。"③

在本案审理过程中,美国代表在专家组面前信誓旦旦,"毫不含糊地、正正经经地、反反复复地、毫无条件地确认"(explicitly, officially, repeatedly and unconditionally confirmed)在上述《政府行政声明》中作出的许诺,即美国贸易代表将(would)"依据DSB通过的专家组或上诉庭的认定结论,按'301条款'的要求,断定美国在有关协定中享有的权益已经受到侵害或遭到否定"。"美国的法律已经排除了美国贸易代表不依据被通过的专家组或上诉庭的认定结论

---

① See Report of the Panel, United States Sections 301-310 of the Trade Act of 1974 (hereinafter "ROP"), WT/DS152/R, 22 December, 1999, at http://www.wto.org/english/tratop-e/dispu-e/wtds152r.doc., paras. 4.121; 7.112.

② Ibid., para. 7.109, note [683].

③ Ibid., para. 7.110.

而径自作出上述肯定判断的可能。"①

第六,基于以上各点理由,美国代表请求本案专家组明确裁定②:

(A) 欧共体未能举证证明:《美国贸易法》第 301—310 条要求美国贸易代表,不顾 DSB 的认定,不经 DSB 的授权,径自断定美国权益受损,径自采取停止关税减让优惠等报复措施,从而违反 WTO 体制中 DSU 第 23 条以及 GATT 1994 第 1、2、3、8、11 条的各项规定。

(B)《美国贸易法》第 301—310 条并未指令(mandate)采取违反 DSU 或 GATT 1994 任何规定的行动,也未排除(preclude)采取遵守上述协定中各项国际义务的行动。

(C) 全盘驳回欧共体的一切诉求。

(三) WTO/DSB 专家组对本案经济主权争讼的裁断:美国单边主义(美国霸权)的再度获胜与 WTO 多边主义(他国群体主权)的再败③

本案专家组在 1999 年 3 月 31 日组建成立之后,经过长约 9 个月的审理,充分听取了欧共体一方的多轮指控和美国一方的多轮抗辩,也听取了以"第三方"身份正式参加审理过程的 12 个国家和地区④对美国"301 条款"的指控以及美方的相应抗辩,于 1999 年 12 月 22 日向双方当事人签发了审结报告书,并呈交 DSB 审批。由于双方当事人均未提起上诉,DSB 于 2000 年 1 月 27 日正式通过了本案专家组的审结报告。

如前所述,这份报告书洋洋数万言,单单正文就长达 351 页。其中主要认定内容和裁断结论是⑤:

第一,专家组认定自身在本案中的职能(function)是"司法审理性质的"(judicial);根据 DSU 第 11 条的规定,其职责(duty)在于:"针对案件的各项事实,就其是否适用有关协定,以及是否遵守有关协定,作出客观的评估;并且应当作出其他

---

① See Report of the Panel, United States Sections 301-310 of the Trade Act of 1974 (hereinafter "ROP"), WT/DS152/R, 22 December, 1999, at http://www.wto.org/english/tratop-e/dispu-e/wtds152r.doc., paras. 7.115;7.109, note [683].

② Ibid., paras. 3.2; 4.65; 4.145.

③ Ibid., paras. 7.10-7.189; 8.1.

④ 除欧共体 15 个成员国外,原先表示将参加本案审理程序及保留参加权利的"第三方",共达 21 个 WTO 成员。其后正式参加的第三方有 16 个成员,其中的 12 个成员,即巴西、加拿大、古巴、多米尼加、多米尼加共和国、中国香港地区、印度、牙买加、日本、韩国、圣卢西亚以及泰国,都对美国的"301 条款"分别提出尖锐指控。

⑤ See ROP, par. 7.31-7.33;7.109-7.112;7.126,8.1, supra, WT/DS152/R, 22 December, 1999.

有关的认定结论(findings),以协助 DSB 根据有关的协定,提出建议或作出裁定。"①

同时,专家组又自称其受命审理的范围仅限于欧共体提出的各项具体指控,而不对《美国贸易法》第301—310条是否符合 WTO 的各项协定作出全面的评估(overall assessment);除欧共体具体指控以外,不对有关"301 条款"的其他任何方面进行审查;特别是不对美国曾经在某些具体案件中根据"301 条款"采取的具体行动是否违反 WTO 体制,进行审查②。

第二,专家组指出:《美国贸易法》第 304 条(a)款要求美国贸易代表在美国发起违约侵权调查之后在 18 个月以内断定美国的权益"是否"(whether)受到侵害或遭到否定,而并非要求后者在期限内断定美国权益"已经"(have been)受到侵害或遭到否定。该法律条文确实赋予美国贸易代表广泛的自由裁量权,在每个贸易争端案件中作出"是"或"否"的断定。

但是,就《美国贸易法》"301 条款"的法律条文的措辞用语(statutory language)而言,该第 304 条(a)款虽未强制美国贸易代表必须在 DSU 多边审理程序终结以前作出美国权益已经受损的断定,却也并不排除美国贸易代表在上述审理程序终结以前作出上述断定。换言之,这些法律措词为美国保留了(reserves)径自采取单边主义措施的权利。因此,这些措词用语至少可以作为"初步证据"(prima facie),证明美国的"301 条款"违背了 DSU 第 23 条关于"加强多边体制"的规定。

因此,美国贸易代表仍然有权在 DSU 多边性审理程序终结以前,径自作出单边主义的断定(unilateral determination)③。

第三,根据《维也纳条约法公约》第 31 条规定的条约解释通则,对照 DSU 第 23 条第 2 款(a)项的条文、上下文及其立法宗旨,专家组认定:《美国贸易法》第 304 条的措辞用语至少可以作为"初步证据"(prima facie),证明它并不符合 DSU 第 23 条第 2 款(a)项的规定。因为根据 DSU 第 23 条关于"加强多边体制"的规定,美国已经承诺在解决贸易争端时应当援用和遵守 DSU 规定的多边性规则和程序,而不得径自采取单边主义措施。而《美国贸易法》第 301 条的规定却与此相反,它在法律条文的措辞用语上为美国保留(reserves)了径自采取单边主义措施的权利。

可以说,在这一点上,专家组基本上赞同和接受了欧共体方对美国"301 条款"的指控,批驳和拒绝了美国方作出的抗辩。

---

① See Report of the Panel, United States Sections 301-310 of the Trade Act of 1974 (hereinafter "ROP"), WT/DS152/R, 22 December, 1999, at http://www.wto.org/english/tratop-e/dispu-e/wtds152r.doc., para. 7.12.
② Ibid., para. 7.13.
③ Ibid., paras. 7.31-7.33.

第四,但是,专家组又认为:仅凭初步证据,还不足以最终确认美国已经背弃了《WTO协定》所规定的各项国际义务。除了上述法律文字措辞外,还应当综合考察美国国内的"体制因素和行政因素"(institutional and administrative elements),才能作出全面的认定。

专家组所称的"体制因素和行政因素",主要是指1994年9月间"主权大辩论"之际由美国总统提交美国国会的《政府行政声明》(Statement of Administrative Action,简称SAA)。专家组认为:(1)该SAA是由美国总统连同美国实施《WTO协定》的国内立法即《乌拉圭回合协定法》草案,一并提交美国国会审议通过的,它具有合法性和权威性。(2)该SAA明确表述了美国政府当局的权威性意见,今后美国政府机构(administrations)将(would)遵守和实施其中作出的解释和承诺。对此种解释和承诺,"国内外的有关行为人均可予以信赖"(on which domestic as well as international actors can rely)。(3)该SAA中明确规定和承诺:美国贸易代表将(will)依据DSB通过的专家组或上诉庭的认定结论,断定美国的有关权益已经受损,这就意味着在DSB审议通过上述认定结论以及DSU审理程序终结以前,美国贸易代表径自断定美国权益已经受损的自由裁量权,实际上已被取消了(curtailed)。

综上,专家组认定:尽管《美国贸易法》第304条在法律条文的措辞用语上允许美国贸易代表在DSU审理程序终结以前径自作出单方断定,但是这种自由裁量权,已被美国政府当局在《政府行政声明》中合法地、有效地予以取消①。

可以说,在这一点上,专家组完全赞同和接受了美国代表就"301条款"争讼问题提出的抗辩,拒绝和驳回了欧共体代表提出的指控。

第五,在本案审理过程中,欧共体代表曾揭露:就在1994年SAA这份美国代表反复援引的、据称是表述美国政府权威性意见的政府声明中,却包括了另外一段自相矛盾的表白:

"有人担心乌拉圭回合达成的各项协定,特别是其中的争端解决机制,今后会造成美国政府机关比较不愿意实施美国'301条款'规定的各种制裁,因为实施这些制裁可能违背美国所承担的贸易义务,从而可能给美国招来DSU体制所授权的反报复(counter retaliation),这种担心是没有根据的。……正如目前②,美国可以选择采取'301条款'规定的各种制裁行动,此类行动并未经过

---

① See Report of the Panel, United States Sections 301-310 of the Trade Act of 1974 (hereinafter "ROP"), WT/DS152/R, 22 December, 1999, at http://www.wto.org/english/tratop-e/dispu-e/wtds152r.doc., paras. 7.109-7.112.

② 指1994年9月SAA提交美国国会审议之际,当时WTO协定尚未生效,国际贸易仍按GATT 1947的规则进行运作。

GATT 授权,那些成为此类行动目标的外国政府也可以采取同类的行动作出回应。这种局面,在乌拉圭回合各项协定生效后也不会改变。在 GATT 体制下可能遇到的反报复的风险,从来就未能阻挡美国在有关案件中采取行动,诸如半导体案、药品案、啤酒案以及荷尔蒙饲料所产牛肉案等,都是如此。"①

欧共体认为,这段见于美国政府当局 SAA 声明的针对《乌拉圭回合协定法》作出的权威性解释,以明白无误、毫不含糊的措辞(terms)宣布了美国的一项政策:美国认为自己所承担的国际义务完全无碍于它采取单边主义的报复行动。

对欧共体代表所作的上述揭露和分析,专家组不予采信。专家组认为:尽管 SAA 中有些措辞用语显示了某种矛盾心态(ambivalent),但是"依据美国宪法"("following U. S. constitutional law"),在解释法律文件时,遇有含糊不清、模棱两可之处,就要尽可能作出符合于美国承担的国际义务的解释,予以解决。这一解决办法,可以适用于本案②。

第六,基于以上各点理由,本案专家组作出如下审理结论:

(A)《美国贸易法》第 304 条(a)(2)(A)款,并不违反 DSU 第 23 条第 2 款(a)项;第 306 条(b)款并不违反 DSU 第 23 条第 2 款(a)项或第 23 条第 2 款(c)项;第 305 条(a)款并不违反 DSU 第 23 条第 2 款(c)项;第 306(b)条并不违反 GATT 1994 第 1、2、3、8、11 条。

(B)以上结论,全部或部分地以美国政府当局在前述 SAA 声明中针对 WTO/DSU 体制所作的各点承诺和保证(undertakings, guarantees)作为基础。因此,一旦美国政府当局或美国政府的分支机构背弃了(repudiate)或者以任何其他方式取消了这些承诺和保证,则上述结论中作出的各项认定就不再继续有效(would no longer be warranted,又译:"就失去正当的理由和根据");相应地,美国的现行法律就违背了 DSU 第 23 条规定的国际义务,从而会使美国因此承担"国家责任"(State responsibility)③。

(四) 本案专家组裁断留下的执法形象

综观本案专家组在其审结报告中作出的冗长论证以及上述认定和裁断要点,

---

① SAA, p. 366 et seq. See Report of the Panel, United States Sections 301 – 310 of the Trade Act of 1974 (hereinafter "ROP"), WT/DS152/R, 22 December, 1999, at http://www.wto.org/english/tratop-e/dispu-e/wtds152r.doc., paras. 4.108 – 4.111.

② See Report of the Panel, United States Sections 301 – 310 of the Trade Act of 1974 (hereinafter "ROP"), WT/DS152/R, 22 December, 1999, at http://www.wto.org/english/tratop-e/dispu-e/wtds152r.doc., para. 7.113.

③ Ibid., 7.126; 8.1.

可以看出：专家组不但未能切实遵照 DSU 第 11 条规定的职能和职责,认真审查美国"301 条款"这一霸权立法,追究美国在 1995 年 1 月 WTO 体制正式运作之后仍然多次对 WTO 其他成员采取单边主义威胁的霸权实践,鲜明地裁断其中的大是大非;反而把实际上只是一纸空文、内容充满自相矛盾、毫无法律强制约束力的前述"SAA"行政声明,任意"拔高",美化为美国作出的"承诺和保证",并鼓吹什么对于美国总统在其中作出含糊其辞的空言约许,"可予以信赖"。简言之,这份审结报告的论证"特色"是：在"两大"之间,依违两可,双方讨好,八面玲珑;对美国"301 条款"这一霸权立法及其霸权实践,采取"小骂大帮忙"的手法,曲为辩解,加以袒护宽纵。因而留下了令人不敢恭维的执法形象以及一系列的法律疑窦和隐患①。难怪国际上已有学者对本案专家组的审结报告作出了这样的总体评价："'美国 301 条款案'专家组的审结报告在政治上是很精明圆滑的(astute),但其法律根基的某些方面,却是破绽百出的(flawed)。对于世贸组织争端解决机构今后的发展说来,这份审结报告所具有的政策方针性含义,令人产生了严重的关切和忧虑。"②

兹就上述几点印象分别简析如下：

1. 自我设限,谨小慎微,不越"雷池",有亏职守

如前所述,自"301 条款"在 1974 年《美国贸易法》上正式出现以来,美国的贸易代表即频频挥舞这根"狼牙棒",借以威胁和压服其外国政府贸易对手,榨取非分的霸权经济利益。二十多年来的实践记录,充分证明它早已遭到世界舆论的普遍谴责。关于这一点,连美国官方代表也略有"自知之明",承认"美国知道自己的第 301—310 条并不是得人心、受欢迎的"(The United States knows that Sections 301-310 are not popular)③。

在本案审理过程中,"申诉方"欧共体 15 个成员和实际参加的"第三方"16 个成员,都针对"被诉方"美国的"301 条款"加以猛烈抨击。此种局面足以说明美国的此项立法及其有关实践已在许多 WTO 成员中激起公愤。面对审理过程中出现的这种现

---

① 对本案审结报告的评析,详见陈安：《世纪之交围绕经济主权的新"攻防战"》,第四部分,载《国际经济法论丛》,第 4 卷,法律出版社 2001 年版,第 95—131 页;或陈安著：《国际经济法学刍言》(上),北京大学出版社 2005 年版,第 123—141 页。

② Seung Wha Chang (Korean), Taming Unilateralism under the Trading System: Unfinished Job in the WTO Panel Ruling on United States Sections 301-310 of the Trade Act of 1974(《在贸易体制中驯服单边主义：世贸组织专家组在 1974 年〈美国贸易法〉第 301—310 条裁断中的未了职责》,以下简称"Taming Unilateralism ..."), Law and Policy in International Bussiness, Vol, 31, No. 4, 2000, p. 1156.

③ See Report of the Panel, United States Sections 301-310 of the Trade Act of 1974 (hereinafter "ROP"), WT/DS152/R, 22 December, 1999, at http://www.wto.org/english/tratop-e/dispu-e/wtds152r.doc., para. 4.62.

实,专家组在其审结报告中也转述了美国代表的上述"自供",说是"在呈文中,美国自愿承认'第301—310条'是一项不得人心的立法"(In its submissions, the U.S. itself volunteered that Sections 301 - 310 are an unpopular piece of legislation)①。

但是,紧接着,专家组就为自己的审理范围设定了"三不"限制:即第一,不对美国的"301条款"是否违反 WTO 体制作出全面评估;第二,除欧共体的具体指控外,不审查"301条款"的其他方面;第三,不审查美国在若干具体案件中实施"301条款"的所作所为②。

专家组虽自称其职能是"司法审理性质的",但是,面对在国际社会中干犯众怒、激起公愤的美国"301条款"这一霸权立法及其霸权实践,却以上述"三不"自我设限,未能针对经济霸主的这一霸权立法也执法如山,全面追究和彻底审查,以判明其中的大是大非。这种审理方法和审理作风,突出地显示了其"如临深渊,如履薄冰",谨小慎微,趑趄不前,唯恐越"雷池"一步,缺乏刚正不阿、严正执法的胆气和魄力。

其实,专家组的法定职能、职权和职责,早已由 DSU 第11条作了总的规定,即除了针对案件的事实及其是否违反有关协定作出客观评估之外,还"应当作出其他有关的认定结论,以协助 DSB 根据有关的协定,提出建议或作出裁定"。可以说,这就是 WTO/DSU 法制赋予 DSB 专家组以法定权限和权力。必要时不但可以,而且应该根据案情主题的牵涉和关联,适当扩大其审理的范围和深度,作出"其他有关的认定"。

就本案而言,欧共体所作的具体指控是"301条款"中第304—306条的若干关键内容,这些内容与"301条款"的其他各项规定处处血肉牵连,不可分割地形成一个有机的整体。如果是一个恪守、恪遵 DSU 第11条上述职责、职权规定的专家组,岂能对这血肉牵连不可分割的整体,视而不见,刻意回避,对这个霸权立法在整体上的是非曲直,即整体上是否违背 WTO 体制,避而不作"全面评估"?又岂能对这一霸权立法的具体实践已经引发的群情激愤和世界舆论,充耳不闻,置之不理?即岂能对三十多个 WTO 成员共同指控的"301条款"具体的霸权实践,不予审查,不予追究,因而无法判明是非,无从"协助 DSB 根据有关规定"作出正确处断?如此"司法"审案,难道不是有法不依、有亏职守?而如此断案,更令人不禁想起一则流行颇广的寓言:某甲中箭受伤,求医于某乙。乙取出小锯,锯断甲体外的箭杆,即称手术完毕,要求付酬。甲惶惑不解,诉说箭镞尚在体内。乙

---

① See Report of the Panel, United States Sections 301-310 of the Trade Act of 1974 (hereinafter "ROP"), WT/DS152/R, 22 December, 1999, at http://www.wto.org/english/tratop-e/dispu-e/wtds152r.doc., para 7.11.

② Ibid., para. 7.13.

答:"我是外科医生,只管体外部分。箭镞既在体内,请另找内科医生!"

2. "两大"之间,依违两可,双方讨好,八面玲珑

本案的涉讼当事人,"申诉方"是欧共体15国,其中包含德、英、法、意四大经济强国;"被诉方"是全球经济霸主"超强"美国;正式参讼的"第三方"16个WTO成员,其中包含日本、加拿大两大经济强国,它们实际上完全站在"申诉人"欧共体一方。综合起来,这场反对"301条款"与维护"301条款"两大势力之间的争讼,其主角乃是全球经济最发达的"七国集团"一分为二,围绕着各自经济主权的限制与反限制这个核心和焦点,展开了大对决。这种局面,在世界贸易发展史上,如果不是空前绝后的,那也是十分罕见的。在这场大较量中,"超强"虽强,但独自以"孤家寡人"身份面对其他六强,再加上虽然较弱、但不甘示弱的其他许多欧洲发达国家以及亚洲WTO成员一起挥戈"上阵",从双方实力对比上说,似可称为"旗鼓相当,难分轩轾",审理本案的专家组,则可称为"处于两大之间"。

专家组的审结报告在1999年12月22日发布之后,"原告"欧共体与"被告"美国均表示不再上诉,但其各自的"说词"却体现了"各取所需"、颇有不同的"精神胜利法"。

美国贸易代表公署抢先在12月22日当天即发布号外"新闻公告",宣称:"WTO的解决争端专家组已经驳回欧盟提出的指控,确认1974年《美国贸易法》的'301条款'完全符合WTO体制";并且得意洋洋、霸气十足地扬言:美国的"301条款过去一向是、今后仍然是我们强制实现美国国际贸易权益的基石(cornerstone)。"①

美国的这一"胜利"说词当然并非毫无根据,因为本案专家组的审结报告的确认定美国"301条款"并不违反WTO/DSU体制。但是,它却避而不谈审结报告中的这种认定是有特定的前提条件和保留条件的,即上述专家组认定的第4点:美国当局在SAA中已经承诺排除了美国贸易代表在DSU程序终结之前,未经DSB授权即径自作出单边判断和径自采取报复制裁的自由裁量权。一旦美国政府或其分支机构以任何形式背弃了这一承诺和前提条件,则上述认定即归无效,"301条款"的继续存在就违反了美国在WTO体制中承担的国际义务,美国就将承担由此引起的国家责任。可见,美国的"胜利"说词避而不谈上述认定的前提条件和保留条件,显然有随意"阉割"之嫌。

紧接美国上述《新闻公告》之后,欧盟贸易专员帕斯科·拉梅(Pascal Lamy)于翌日即12月23日也发布了号外《新闻公告》,宣称:"欧盟满意地注意到WTO

---

① Press Release by the Office of the U. S. Trade Representative, Executive Office of the President, Press Release Nos. 99-102, WTO Panel Upholds Section 301 (Dec. 22, 1999), at http://www.ustr.gov/releases/1999/12/99-102.html.

专家组现已公布'301条款案件'的审结报告",它"对欧盟、对多边体制都是上好的结果";"总的说来,这是多边体制的胜利。……任何一方都不能自称凯旋班师,因为,尽管'301条款'这一立法仍可在卷未废,但本案专家组已予澄清:它只能在严格遵循WTO体制规则的条件下才可以用来对付WTO的其他成员。令我高兴的是美国已经在这方面作出了必要的承诺(the necessary commitments)"①。但是,这一"胜利"说词却避而不谈欧共体一方原先的主要诉求,即通过DSB的处断从根本上否定美国"301条款"这一霸权立法,远未实现②。

欧共体的这一"胜利"说词当然也不是毫无根据的。因为通过本案的争讼,它确已有效地制止了美国在前述"香蕉争端"中凭借"301条款"独断专横地"索赔"5.2亿美元的威胁和讹诈,迫使美国接受经WTO/DSU多边体制裁定的1.914亿美元的"赔偿"额,排除了原定"索赔"额中高达63.2%的水分③;同时,也迫使美国在审理过程中向国际社会一再"当众"表白今后将在恪遵WTO/DSU多边体制的前提下来实施"301条款"。但是,欧共体一方原先的期待和主要的诉求,即通过DSB的建议或决定从根本上否定和取消美国"301条款"这一单边主义的霸权立法,则远未实现。因此,所称"多边体制的胜利",显然也只是相当表面的、有限的和不稳的,因为祸根仍在,"病根未除",美国"301条款"的霸权顽症仍然可能随时"复发"。

此案审结报告由于双方均不上诉,DSB遂在2000年1月27日正式予以批准通过。国际舆论对此种审结报告,褒贬不一,但以下评价却颇值得注意:

在"双方均不上诉"的意义上说来,"本案专家组的裁断看来似乎是一种公平的'政治性'裁断,因为它讨好了双方,至少是给双方都保全了面子。但是,本案专家组作出的这种裁断在法律上却是虚弱无力的,尽管它并非全盘谬误。"④这一种总体评估,看来是不无根据的,对照本案专家审结报告中的最后两点结论及其表述"方法",在其"一擒一纵"之间,确实体现了颇为"纯熟"的"玲珑"与"圆滑"。

3. 欲纵故擒,貌擒实纵,先作"小骂",后帮大忙

在本案审结报告中,专家们旁征博引,乃至于用很多篇幅⑤,逐字逐句地阐

---

① Press Release by the EC, Press Release No. 86/99, WTO Report on U. S. Section 301 Law: A Good Result for the EU and the Multilateral System (Dec. 23, 1999), at http://www.insidetrade.com.
② 由于本案双方均未上诉,DSB遂于2000年1月27日正式通过了本案专家组的审结报告。
③ 参见本文第四部分之(一)。
④ *Seung Wha Chang (Korean), Taming Unilateralism under the Trading System: Unfinished Job in the WTO Panel Ruling on United States Sections 301 - 310 of the Trade Act of 1974*, Law and Policy in International Bussiness, Vol, 31, No. 4, 2000, p. 1185.
⑤ See Report of the Panel, United States Sections 301-310 of the Trade Act of 1974 (hereinafter "ROP"), WT/DS152/R, 22 December, 1999, at http://www.wto.org/english/tratop-e/dispu-e/wtds152r.doc., paras. 7.58 - 7.97.

释《维也纳条约法公约》第 31 条规定的用以解释国际条约的各项原则和准则,并煞有介事地论证了在国际社会中恶名昭著的"301 条款"霸权立法,在其法律条文的措辞用语上确实违反了 WTO/DSU 明确规定的多边体制,因而美国确实违反了它所承担的国际义务。但是,紧接着就是"笔锋一转",转向了以更多的篇幅和更大的力气,硬说法律条文中的白纸黑字及其确凿含义只是"初步证据",仍然不能凭以最后认定该霸权立法确实违反了 WTO 的国际法制和国际义务。接着,又援引 DSU 第 11 条关于"应当作出其他有关认定结论"作为自己的权能依据,抛开了原先的"三不"自我设限①,即突破了单单只就"301 条款"若干被指控的条款本身"就事论事"的限制,越出了"301 条款"的本身,把人们的注意力引向"301 条款"以外的所谓美国"体制因素"和行政因素,不惮其烦地逐一征引和细细论证美国行政当局的 SAA 声明以及美国出庭代表的旦旦信誓和并不高明的一再表白,说是美国行政当局的声明可以修改、取消美国国会的正式立法,说是 SAA 中已经取消了美国贸易代表根据"301 条款"采取单边主义决策和措施的自由裁量权,从而最终肯定:美国的这一单边主义的霸权立法,并不违反 WTO 的多边体制。而对于 SAA 中自相矛盾之处,又以所谓的美国"宪法原则"为由,要求世人相信经济霸主定会作出符合其国际义务的解释,加以"信赖"。

对如此这般的整体论证过程及其"方法",稍一综合观察,便不难看出其中"轨迹"确实很像政坛某些政客们的一种做法,即:翻手为云,覆手为雨;抽象肯定,具体否定;本欲纵之,故作"擒"之;貌似"擒"之,实为纵之;先加"小骂",继帮大忙!

4. 袒护霸权,曲为辩解,疑窦甚多,隐患不少

这是以上三点审理方法和审理作风的必然归宿,也是缺乏刚正不阿、秉公执法胆魄的必然后果。下文专就这方面的归宿与后果,加以简扼剖析。

(五) 本案专家组裁断留下的疑窦与隐患

细察本案专家组审结报告的内容及其作出的最后裁断,不难发现:其中留下的法律疑窦和隐患,主要有以下几个方面。

1. 疑窦与隐患之一:SAA 是郑重保证,还是一席空言?

美国总统提交美国国会批准通过的《政府行政声明》(SAA),果真是具有强制性约束力的法律规范吗?

---

① See Report of the Panel, United States Sections 301-310 of the Trade Act of 1974 (hereinafter "ROP"), WT/DS152/R, 22 December, 1999, at http://www.wto.org/english/tratop-e/dispu-e/wtds152r.doc., paras. 7.119; 7.13.

如前所述,本案专家组赞同和采信了美方提出的主要抗辩理由,认定美国的SAA已经合法地、有效地排除了"301条款"原先赋予美国贸易代表的自由裁量权,使后者不能在DSU多边审理程序终结和DSB作出决定以前,不顾DSB作出的决定和授权范围,径自作出单边主义的决定和径自采取单边主义的报复措施。

显然,专家组的这一采信和认定,是以SAA的有关声明对美国贸易代表具有强制性约束力为前提的。但是,如果认真查对SAA原文下述关键段落中的关键用词,就应当得出这样的结论:这种强制性约束力的前提事实上并不存在。

关键段落(A):SAA有关声明的原文如下:

"... the DSU does not require any significant change in section 301 *for investigations that involve an alleged violation of a Uruguay Round agreement or the impairment of U. S. benefits under such an agreement. In such cases, the Trade Representative* <u>*will*</u>:

• *invoke* DSU dispute settlement procedures, as required under current law;

• *base* any section 301 determination that there has been a violation or denial of U. S. rights under the relevant agreement on the panel or Appellate Body findings adopted by the DSB;

• following adoption of a favourable panel or Appellate Body report, *allow* the defending party a reasonable period of time to implement the report's recommendations; and

• if the matter cannot be resolved during that period, *seek* authority from the DSB to retaliate"(emphasis added). ①

这段文字的中译文已摘引于本文第四部分(二)之(2)"美国代表的抗辩"第4点。其中明确指出:世贸组织的DSU多边体制并不要求对美国"301条款"中有关发起调查追究的规定,作出重大的修改。如果有人投诉称美国根据WTO协定享有的权益受到侵害,则在美国政府发起调查追究时,"美国贸易代表将(*will*)"采取以下四点做法,即:(1)将援用(*will invoke*)……(2)将依据(*will base ... on*)……(3)将允许(*will allow*)……(4)将要求(*will seek*)……其中这个

---

① SAA, pp. 365-366, See Report of the Panel, United States Sections 301-310 of the Trade Act of 1974 (hereinafter "ROP"), WT/DS152/R, 22 December, 1999, at http://www.wto.org/english/tratop-e/dispu-e/wtds152r. doc., para. 7.112.

"*will*"字,就是这个关键段落中的关键词。从其英文原有含义说,它是个软性的、任意性的、模棱两可的助动词(auxiliary verb)。在法律用语中,它迥异于"*shall*"(应当、必须)这个硬性的、强制性的、斩钉截铁的、没有商量余地的、必须遵照执行的助动词。

SAA 中所列举的上述 4 点做法,并未指令美国贸易代表在发起上述调查追究时"必须援用"、"必须依据"、"必须允许"和"必须要求",简言之,对美国贸易代表说来,SAA 中列举的 4 点做法并非必须遵照执行的指令,并非强制性的法律规范,并无任何强制性的法律约束力。

关键段落(B):在这份 SAA 的首页中,开宗明义地提到"[F]uture Administrations *will* observe and apply the interpretations and commitments set out in this Statement"①("今后美国政府机构将会遵守和实施本声明中作出的解释和承诺")。这种措辞再次表明,美国行政当局根本无意将 SAA 中针对 WTO 体制与美国"301 条款"关系所作的声明、解释和承诺,作为行政命令,指令今后美国政府各级机构(包括美国贸易代表公署)必须切实遵行。

关键段落(C):正如欧方代表在本案审理过程中所揭露的,美国这份 SAA 声明中包含了一段明显地自相矛盾的内容,即公开声明:认为 WTO/DSU 体制生效之后,美国的政府机关会比较不愿意实施"301 条款"规定的各种单边主义制裁,这种担心是没有根据的。直到 1994 年 9 月,即 SAA 送交美国国会当时为止,美国贸易代表一向可以不经当时 GATT 的授权,径自采取"301 条款"规定的各种单边主义制裁行动,而无所忌惮;今后,即使在 WTO 协定正式生效之后,情况仍照旧不变,美国贸易代表仍可无所忌惮地"我行我素"②。把这段声明联系到前文提到的 1994 年 9 月当时美国国内的历史情景,即当时美国国会内外正在如火如荼地展开"主权大辩论","主权自信派"和"主权担忧派"之间正在进行"舌剑唇枪"的论战③,显然可以看出:SAA 中的这段"声明"乃是以美国行政当局为代表的"主权自信派"专门针对国会内外的"主权担忧派"作出的表态、昭告和安抚,用以消除他们对 WTO/DSU 新多边体制的顾虑和担心。

由此可见,美国政府当局之所以在 SAA 这份法律文件中反复使用"*will*"

---

① SAA, p.1, See Report of the Panel, United States Sections 301-310 of the Trade Act of 1974 (hereinafter "ROP"), WT/DS152/R, 22 December, 1999, at http://www.wto.org/english/tratop-e/dispu-e/wtds152r.doc., para. 7.110.

② See SAA p. 366 et seq., See Report of the Panel, United States Sections 301-310 of the Trade Act of 1974 (hereinafter "ROP"), WT/DS152/R, 22 December, 1999, at http://www.wto.org/english/tratop-e/dispu-e/wtds152r.doc.

③ 详见本文第三部分。

一词,之所以在 SAA 这同一份文件中作出了内容自相矛盾的(ambivalent)声明和表态,这一现象正综合地说明了美国政府当局从来不愿、也从来未曾把话说"死",从来就为自己继续实施"301 条款"这一霸权立法留下足够的"余地";也相当准确地反映了美国当局对这一霸权立法"恋恋不舍、貌弃实留"的真实心态。其后不久,这一 SAA 行政声明果然连同其《乌拉圭回合协定法》一并获得美国国会通过,这也正说明美国统治阶层一贯奉行的"利己主义"、"单边主义"、"实用主义"、"脚踩两船、左右逢源"等行动哲学和行为准则,再一次获得"有力的贯彻"和"生动的表现"。

本案专家组成员谅必都是既精通法学、也精通英语的饱学之士。但是,他们对 SAA 中前述(A)、(B)两个关键段落两度使用的关键词 *will* 及其在法律上的含义,却似无意实有意地避而不究或视若无睹;对上述(C)段与(A)、(B)两段的自相矛盾之处,又轻描淡写地以"依据美国宪法"的"解释"办法,一带而过,加以"开脱",并以根据"美国宪法"解释原则作出似是而非的"结论",否定和取消了原先根据国际公认的《维也纳条约法公约》第 31 条解释准则作出的确凿结论。而且更进一步把 SAA 中软性的、含糊其辞的、自相矛盾的声明,任意"拔高",美化为美国已对国际社会作出了"排除"单边主义霸权行为的"保证"(guarantees)①,要求世人予以"信赖"②,如此曲为辩解,并据此断案,客观上岂不涉嫌袒护霸权?

2. 疑窦与隐患之二:USTR 是切实遵行,还是肆无忌惮?

在 WTO 协定生效之后,美国贸易代表果真切实遵行 SAA 声明中作出的上述(A)、(B)两段"承诺"和"保证"吗?

在本案审理过程中,美方代表矢口否认美国贸易代表曾经实际采取单边主义的报复措施。其说词是:

"记录表明:美国贸易代表从来没有不依据 GATT 和 WTO 争端解决程序审理的结论而径自按《美国贸易法》第 304 条(a)(1)款断定美国在 GATT 或 WTO 协定中享有的权益受到侵害。一次也没有!"③

针对被诉人美方代表的全盘抵赖,申诉人欧方代表列举了美国贸易代表在前述"美元香蕉"案中公布报复清单的事实,日本作为与本案有利害关系的第三

---

① See Report of the Panel, United States Sections 301-310 of the Trade Act of 1974 (hereinafter "ROP"), WT/DS152/R, 22 December, 1999, at http://www.wto.org/english/tratop-e/dispu-e/wtds152r.doc., para. 7.126.

② Ibid., para. 7.111.

③ U.S. oral statement, second meeting, para. 16, See Report of the Panel, United States Sections 301-310 of the Trade Act of 1974 (hereinafter "ROP"), WT/DS152/R, 22 December, 1999, at http://www.wto.org/english/tratop-e/dispu-e/wtds152r.doc., para. 7.128.

方,也列举了美国贸易代表在前述"汽车部件"案中公布报复清单的事实,共同批驳和揭露美方的抵赖是无理的。

如前所述,在"美元香蕉"案中,WTO/DSU 多边审理程序终结、DSB 正式授权许可美国实施对欧报复的具体日期是 1999 年 4 月 19 日。然而,美国贸易代表却早在 1998 年 11 月 18 日(即在上述 DSU 程序终结之前五个月),就单方宣布了对欧制裁的报复清单;其后,又在 1999 年 3 月 3 日(即在上述 DSU 程序终结之前 47 天),再次单方宣布高达 5.2 亿美元含有大量讹诈"水分"的对欧报复清单。在"汽车部件"案中,美国贸易代表则根本抛开了 DSU 多边程序,未向 WTO/DSB 提出任何申请或投诉,就径自依美国"301 条款"的规定,在 1995 年 5 月 16 日单方宣布了对日制裁的报复清单。

这些事实,都发生于美国政府的 SAA 声明生效和 WTO/DSU 机制正式运作之后。它们不但赫然登录在美国政府当时的《联邦公报》上①,也见于美国贸易代表公署自己编制的《301 条款案件一览表》②。这些确凿事实有力地证明美国行政当局在 SAA 中所作的声明,对于美国贸易代表说来,毫无强制性的法律约束力;后者的所作所为,不但没有恪守和遵行 SAA 中所作的"承诺"和"保证",而且弃之如敝屣,抛之于脑后;这也足以证明美国政府在 SAA 中所作的声明,实质上只是玩弄两面手法,力图掩人耳目而已。

但是,面对这些确凿事实,本案专家组竟然以下述借口,敷衍搪塞,不予追究:

其一,"审查美国在某些具体案件中的具体行为,这不是我们的任务。"③

其二,"我们认为:提交我们的有关证据不足以推翻我们针对《美国贸易法》第 304 条作出的前述结论。"④

综观上述两案的全程,可以看出:美国是在挥舞"301 条款"大棒进行威胁和讹

---

① See Notice of Determination and Request for Public Comment Concerning Proposed Determination of Action Pursuant to Section 301: Barriers to Access to the Auto Parts Replacement Market in Japan, 60 Fed. Reg. 26, 745 (1995); Press Release by the Office of the U. S. Trade Representative, Executive Office of the President, Press Release No. 98 - 113, USTR Announcing List of European Products Subject to Increased Tariffs (Dec. 21, 1998); 63 Fed. Reg. 71, 665 - 66; USTR Press Release 99 - 17, United States Takes Customs Action on European Imports, Mar. 3, 1999, available in USTR, The USTR Home Page.

② See Section 301 Tables of Cases (as of 9 August 1999), No. 301 - 93, Japan Auto Parts; No. 301 - 100, the EC and the Importation, Sale, and Distibution of Bananas, at http://www.ustr.gov/reports/301 report/act 301. htm.

③ See Report of the Panel, United States Sections 301 - 310 of the Trade Act of 1974 (hereinafter "ROP"), WT/DS152/R, 22 December, 1999, at http://www.wto.org/english/tratop-e/dispu-e/wtds152r. doc. , para. 7. 12.

④ Ibid, para. 7. 130.

诈,达到了预期目的,尝足"甜头"之后,"见好就收",最终未正式实施原定的单边主义报复制裁。按照美方自我辩解的逻辑:在上述两案中,美国贸易代表既然最终均未真正实施原定的单边报复制裁,就算是"宽宏大量",并未违背自己在 WTO 体制中承担的国际义务。按此逻辑,则《联合国宪章》就不应禁止在国际关系中使用武力威胁,而各国刑法中也不应规定敲诈勒索是犯罪行为,或者说,以武力威胁他国并不违反国际法,实行敲诈勒索也并不触犯刑法了[1]。这种说词,岂不荒谬之极?

但是,本案专家组在其审结报告中,竟然采信了这种极其荒谬的抵赖说词。如此审断,不但纵容了美国在上述两案中以"301 条款"实行威胁讹诈的行径,而且无异于鼓励美国今后继续依仗这根单边主义的霸权大棒,横行于国际经贸领域,其影响所及,势必使 WTO／DSU 多边体制遭到更多、更大的削弱和破坏。

于是,问题的关键就转入了凭借"301 条款"实行威胁和讹诈这一行为本身,究竟是否违反 WTO 法制,是否背弃美国承诺的国际义务,是否应当承担国家责任。

3. 疑窦和隐患之三:耍弄"悬剑"效应,是守规,还是违法?

"301 条款"的"达摩克利斯悬剑"效应,果真不违背 WTO／DSU 的多边体制,不背弃美国承担的国际义务吗?

如前所述,"301 条款"最初在 1974 年《美国贸易法》上正式出现,二十多年来,一直是美国贸易代表频频挥舞、用以威胁和压服外国贸易对手的一根"狼牙棒"。凭借这根大棒所产生的强大的"达摩克利斯悬剑"效应,美国屡屡达到预期的讹诈目的,备尝"甜头"。据美国贸易代表公署自己编制公布的《301 条款案件一览表》,自 1975 年 7 月 1 日至 1999 年 8 月 5 日,24 年间共立案处理 119 件。据统计,其中只有 15 件是最后正式实施了预定的单边主义贸易制裁;其余 104 件,约占案件总数的 87.4%,美国的对手都是在"兵临城下"的巨大压力下,被迫屈服。可见,单单宣布报复措施本身就足以形成强大的威慑和胁迫力量,迫使美国的贸易对手国家,特别是经济实力弱小的国家,"同意"开放其国内市场,或与美国达成十分有利于美国的协议,以解决贸易争端。同时,上述案件实践的总体比例也足以说明:单单宣布报复措施所能发挥的"威力"和收到的"效果",也远远超过了这些报复措施的最后实际执行[2]。

---

[1] 参见《联合国宪章》第 2 条第 4 款,《中华人民共和国刑法》第 274 条。
[2] See Taming Unilateralism ..., Law and Policy in International Bussiness, Vol, 31, No. 4, 2000, p. 1157; see also Jay L. Eisenstat, Comment, The Impact of the World Trade Organization on Unilateral United States Trade Sanctions Under Section 301 of the Trade Act of 1974: A Case Study of the Japanese Auto Dispute and the Fuji-Kodak Dispute, 11 EMORY INT'L L. REV. 137, 153 - 154 (arguing that the Congressional intent underlying Section 301 is to open foreign markets by creating "credible threats of retaliation").

美国贸易代表公署官员们在实施"301条款"的执法过程中,通常采取的手法是:其一,在收到美商"投诉"申请或"举报"信息,经审议立案之后,即正式发起调查追究(to initiate an investigation),并在《联邦公报》上公布立案概要,同时迅速通知对手国家要求就调查事项进行磋商谈判;其二,邀请美国各方利害关系人提出书面评论(含新的"举报"和投诉);其三,举行"公众听证会",听取各方投诉意见;其四,公布初步拟定的报复清单,提交贸易对手国,并根据案情发展,随时修订增补报复清单;其五,正式实施报复制裁。在上述"执法"过程中,经过美国强大"媒体"的积极炒作,常常闹得满城风雨,不但在谈判过程中不断对对手国家形成精神上的威胁,而且实际上也使外国的有关商家和企业,在"山雨欲来风满楼"的情势下,对随时可能出现的高关税、高规费、停清关、增刁难等诸多报复性风险,心存疑惧,从而不得不及早采取避险措施,诸如减少或停顿输美货物的生产,或将原定输美的货物中途改输他国,或增加投保保险金,等等,这就导致有关商品的成本剧增,大大削弱了有关商家和有关商品在国际市场上的公平竞争能力,甚至完全剥夺了它们在国际市场上的平等竞争机会。

由此可见,美国凭借其经济实力上的绝对强势推行"301条款"霸权立法,从其在《联邦公报》上正式公布立案和发起调查开始,其日益强化的"达摩克利斯悬剑"效应,实质上就已经不断地对贸易对手国家及其有关商家和商品,造成重大的歧视待遇,破坏和践踏了WTO/GATT国际贸易体制中最基本的原则,即最惠国待遇原则和国民待遇原则;而在程序上,则破坏和践踏了WTO/DSU体系中的基本原则,即解决争端的多边性审理裁断原则。换言之,这种"悬剑"效应,远在有关的报复制裁正式实施之前,就已经侵害、破坏了对手国家依据WTO多边体制所享有的实体上和程序上的双重权利和利益。对此种做法,美国在1995年1月《WTO协定》正式生效之后,依然我行我素,拒不改弦更张,这就完全背弃了美国在WTO法律体制中所承担的国际义务。

对于如此彰明昭著的"悬剑效应"及其对WTO体制的破坏性后果,本案专家组在其洋洋数万言的审结报告中也只是轻描淡写,点到为止;接着,同样以美国的SAA声明及其"宪政"解释为由,不予深入追究[①]。如此断案,其客观效果确实是混淆了大是大非,袒护了经济霸主,鼓励了经济霸权。

4. 疑窦与隐患之四:纵容"301条款",是无关大局,还是后患无穷?

本案审结报告对美国"301条款"所作的袒护和纵容,其"示范"作用和后续

---

① See Report of the Panel, United States Sections 301-310 of the Trade Act of 1974 (hereinafter "ROP"), WT/DS152/R, 22 December, 1999, at http://www.wto.org/english/tratop-e/dispu-e/wtds152r.doc., paras. 7.89-7.92.

影响,是无关大局,不妨姑妄"听"之?还是后患无穷,不容忽视?

如前所述,本案围绕着"301条款"这一霸权立法展开的对垒和论战,突出地体现了在全球经济一体化加速发展的新形势下,WTO众多成员在各国经济主权上限制与反限制的新斗争。在整个较量过程中,以美国为一方,在维护其"经济主权"的大纛下,力图继续以"301条款"作为进攻武器和护身法宝,保持和扩大其既得的经济霸权,继续保住其全球经济霸主的地位。这一主旨,早在1994年美国国内"主权大辩论"中就已经"浮出水面",并大事张扬鼓吹,成为当时美国国会审议中"首屈一指的政治主题"[①]。与此相反,以欧共体牵头的三十多个WTO成员为另一方,则力图通过WTO多边体制,要求修改和废弃"301条款",从而有效地限制和削弱美国的经济霸权,维护自己不断受到"301条款"侵害的经济主权。

面对此项事关全球性大局的争端,本案专家组要做到恪尽职守,秉公断案,自应以WTO/DSU体制中的基本规定,作为行事准则和行为规范。

《WTO协定》鲜明地规定了自身的宗旨,即通过全体缔约成员的共同努力,建立起"一体化的、更有活力和更加持久的多边贸易体制"。为此,各成员应当确保其国内的各种法规和程序完全符合它在WTO各项协定中承担的国际义务(序言,第16条第4款)。

作为与《WTO协定》配套并服务于其宗旨的强有力保证,《DSU》在其"总则"中也鲜明地规定:"WTO的争端解决制度是为多边贸易体制提供安全保障和可预测性的中心环节"(第3条第2款);它的首要目标,通常是确保撤销那些被认定为不符合WTO各项国际协定内容的各种国内法规和措施(第3条第6款)。而依据DSU机制设立的各案专家组,其主要职责就在于针对案件的各项事实,就其是否切实遵守有关国际协定作出客观的评估和有关的认定,以协助DSB提出整改建议或作出处断决定,责成争端当事人切实遵行(第11条)。

以上这几条规定,可谓互相呼应,环环相扣,毫不含糊地为各案专家组设定了其专门职守和行为准则。

本案专家组面对已经激起国际社会公愤,并由三十多个WTO成员同声指控和严词谴责的美国"301条款",明知其具体规定和具体实践,确实违反了WTO多边体制中的多项协定,而且白纸黑字,证据确凿,却不但不予深究,不提出相关整改建议,经DSB审定批准,责令美国认真修改和废除其臭名昭著的

---

① 详见本文第三部分。

霸权立法,反而以前述"小骂大帮忙"的手法,掩人耳目,从实质上给予全盘肯定,允许其原封不动,全面保留。这样的审结报告,显属袒护和纵容霸权,有亏职守,因而已经引起国际学术界与舆论界有识之士的非议、批评①。笔者认为,对这样纵容霸权的审结报告,如果听之任之,不加深入批判、抵制,则随着时间的推移,就可能逐步导致以下四种"连锁反应":

第一,就美国而言,今后可以利用本案专家组所作的审断结论,作为最新的"保护伞"和"避弹衣",继续无所忌惮地利用其"301条款"的霸权立法,继续维护、巩固和扩大其全球经济霸主的地位;继续通过单边主义的威胁和讹诈,进一步打开外国贸易对手的国内市场,攫取非分的、不平等的权益,而又不受WTO/DSU多边体制的约束,完全避开或藐视在WTO/DSU体制中遭到法律指控和反向制裁的后续"风险"。因为专家组在审结裁断中所作的惟一保留,即一旦美国背弃其在SAA中作出的"承诺"与"保证",则美国将承担由此引起的国际责任("...the U.S. would incur State responsibility")云云,那只是念念有词、却全然无效的伪劣"紧箍咒",它根本制服不了桀骜不驯的当代"齐天大圣"!

第二,就其他经济强国而言,今后可以"以美为师",仿此办理,以含糊其辞、掩人耳目的国内"行政声明",掩护本国各种形式的单边主义立法和措施,各行其是,既可欺凌弱者贸易对手,又可避免受害的经济弱国援用WTO多边体制加以指控和制裁。

第三,为自卫计,各经济弱国也将被迫采取含糊其辞的国内"行政声明",以规避WTO多边贸易体制的约束规定,规避自己承担的国际义务。

第四,在上述各种单边主义国内立法的交互撞击下,WTO全体成员经多年努力共同建立起来的一体化多边体系,其根基势必逐步被彻底撞毁,终将使WTO体制陷于土崩瓦解,荡然无存,造成历史的大倒退。千里之堤,尚且可溃于蝼蚁之穴,何况WTO体制初建不久,远非"千里之堤",而前述"301条款"大

---

① See Taming Unilateralism..., Law and Policy in International Bussiness, Vol, 31, No. 4, 2000, pp. 1224-1226.
韩国学者Seung Wha Chang在上述论文中指出:本案专家组所作的裁断,其法律基础是虚弱、动摇的(shaky)。因为它不集中精力,审查1994年美国当局在SAA中表述的自相矛盾的立场以及美国国会在通过《乌拉圭回合协定法》时的其他有关记录;它不认真审查1995年《WTO协定》生效后美国在若干具体案件中背弃WTO义务的所作所为,却完全采信了美国的抵赖说词;完全信赖美国代表在审理过程中的"保证"表态。所有这些,都将给WTO/DSU的争端解决机制带来危险。这些评论,确实颇有见地。但是,作者在文末却特地声明:撰写本文的目的,不是代表美国贸易对手指责美国的"301条款",而只是敦劝美国今后不要再滥用"301条款"。作者声称美国的"301条款"与WTO的多边贸易体系可以"同时并存、和平共处"(coexist);WTO需要美国充当"领袖"(leader)才能保持其多边贸易体系,等等。这些"善良愿望",在一定程度上显示了某种糊涂与天真:希望通过规劝,让虎狼改荤吃素;期待以薄荷甘草,根治霸权顽症。

案要案之错误裁断,也远非"蝼蚁之穴"。

由此可见,世人对本案专家组审结裁断的后续影响,确实不可掉以轻心。

※ ※ ※

前文提到,美国在1994年"入世"之际通过其国内"主权大辩论",确立了美国式的"主权"信念和既定方针,即参加WTO这一全球性多边体制之后,美国仍然"有权"不受多边主义的约束,仍然"有权"继续推行其单边主义的政策和法律。可见,贯穿于上述这场"主权大辩论"全过程的美国单边主义(美国霸权)与WTO多边主义(他国群体主体)首度大交锋的结局,乃是前者的胜利,后者的败北!

美国在1994年"入世"之后果然就按此既定方针行事,并由此引发了上述"301条款"争端案,体现了美国单边主义与WTO多边主义第二度大交锋。本案专家组作出政治上玲珑圆滑、法律上破绽百出、实质上袒护霸权的上述裁断。对此,在被诉方美国得意洋洋、霸气十足地宣称"胜诉"之后,起诉方欧共体也不无勉强地自称"这是多边体制的胜利"。但衡诸事实,欧共体一方原先的期待和主要的诉求,即通过WTO/DSB的多边主义裁断从根本上否定和取消美国"301条款"这一单边主义的霸权立法,则远未实现。就这一关键问题而言,显示出美国单边主义(美国霸权)与WTO多边主义(他国群体主体)第二度大交锋的结局,乃是前者的再度获胜,后者的再度败北!

就WTO/DSB本身而言,面对美国单边主义的"301条款"霸权立法,竟然显得如此软弱、姑息和无奈,在大是大非上含糊暧昧,依违两可,留下了"祸根"和"病根",因此,随后在WTO体制内美国经济霸权与各国经济主权之间限制与反限制的争斗,美国单边主义与WTO多边主义之间的交锋较量,当然不可能就此止息。

五、美国"主权大辩论"的后续影响之二:"201条款"争端案

果然,就在"欧—美'301条款'争端案"的轩然大波终于平息之后,不到15个月,即2002年3月初,美国又挑起了"欧—美'201条款'争端案"。

"201条款"原是1974年《美国贸易法》的第201条(Section 201),其后几经修订,扩充为四条,但习惯上仍统称为美国贸易法"201条款"(以下沿用此习惯统称)①。

---

① See Trade Act of 1974, §201, 19U.S.C §§2251—2254;韩立余译:《美国贸易法》,法律出版社1999年版,第60—80页。

"201条款"的核心内容是：如果美国确认从外国进口的某项物品，其数量增长到足以对美国国内生产同类物品的产业造成严重损害，或使其面临严重的威胁，则美国总统有权采取一切适当和可行的措施，包括在一定时期内对该有关进口物品加征额外关税或限制进口数量，借以帮助和促进美国国内产业针对进口产品，开展竞争。

比较起来，"201条款"与前述"301条款"有迥然相异的法律功能，却又有异曲同工和殊途同归的立法特色。一方面，就其法律功能而言，"301条款"的主旨和效应，在于保证美国产品能够长驱直入和充分占领其他国家的国内市场；而"201条款"的主旨和效应，则在于充分保护美国国内产业及其国内市场的"高度安全"，使其免受外国进口产品的强劲竞争。换言之，前者是用以攻入他国市场的坦克和大炮，后者则是用以保障美国本国市场的坚壁和高垒。另一方面，就其立法特色而言，"201条款"与"301条款"相同，在实质上和实践中，都是在维护美国国家经济"主权"这一大纛下在全球推行美国经济霸权，具有强烈的单边主义(unilateralism)色彩，置美国已经承担的多边主义(multilateralism)国际义务于不顾。

在这方面，其最新典型就是由美国挑起的上述"欧—美'201条款'争端案"①。

(一)"201条款"争端案的起因

早在2001年6月下旬，美国国际贸易委员会(USITC)②依据1974年《美国贸易法》的"201条款"，就外国进口钢铁对美国钢铁行业的影响和损害进行调查，历时约半年之后，于同年12月19日将调查认定的结论和有关措施建议提交美国总统布什。布什于2002年3月5日正式宣布：自3月20日起，对于由某些外国进口到美国的10类钢铁产品采取"保障措施"(safeguard measures)，分别加征从8%至30%的额外关税，为期3年③。

---

① See The Final Reports of the Panel on Unite States-Definitive Safeguard Measures on Imports of Certain Steel Products (hereinafter "ROP/DS248-259"), 11 July 2003, pp. A-1-H-4, at http://www.wto.org/english/traptop-e/dispute/DS248《美201钢铁案水落石出》；杨国华：《美国钢铁保障措施案背景及专家组裁决》(以下简称"杨国华文")，分别载《公共商务信息导报》2003年7月16日第1版、7月28日第2版。

② 美国国际贸易委员会(United States International Trade Commission, USITC)是根据美国宪法设立的政府顾问机构，本身并不属于行政职能部门。国际贸易委员会的主要职能包括：在反倾销和反补贴调查中负责产业损害调查；对贸易和关税问题进行研究，并就此向国会、总统和其他政府机构提供信息和建议。

③ See Proclamation No. 7529 of 5 March 2002, "To Facilitate Positive Adjustment to Competition from Imports of Certain Steel Products", Federal Register, Vol. 67, No. 45, 7 March 2002, p. 10553.

美国政府宣称:之所以采取上述"保障措施",是由于全球钢铁产量严重过剩,世界市场供过于求,且其中许多产品大量进口美国,导致美国钢铁产业受到严重影响和损害。通过采取上述"保障措施",可以为美国钢铁业提供时间和机会,对本产业进行"积极调整"(positive adjustment),以适应和对付进口货的竞争。但是,国际舆论认为:美国钢铁产业整体的低迷现状,其主要症结在于美国国内钢铁产业的结构落后,大型综合钢铁厂技术更新缓慢,成本太高,敌不过美国本国诸多小钢铁厂采用高新技术、节约生产成本、降低售价的同类产品的强劲竞争,致使大厂的许多钢铁工人就业困难。而布什政府在2002年3月此时此际采取这些"保障措施",除了经济原因之外,还追求一项政治目的:为了向国内的大量钢铁工人"示好"取悦,以便在2002年11月举行的美国国会中期选举中,为布什自己所属的美国共和党争取更多的工人选票。

美国政府把本国钢铁产业基于其自身内因产生的不景气,归咎于从外国进口的同类产品的竞争,并以此作为借口,采取上述<u>单边主义</u>的国内"保障措施",对多种进口钢铁产品大幅度加征额外关税,这种做法,直接违背了美国在国际条约中承担的<u>多边主义</u>义务,特别是背弃了它在 WTO/GATT"关税减让表"中所作出的庄严承诺,对正常的国际钢铁贸易和多边主义的世界贸易秩序产生了相当大的冲击和破坏作用,因而激起了许多受害国家的强烈反应,纷纷运用自己手中掌握的国家经济主权,实行"自卫反击":欧共体(15国)、日本、中国等先后向 WTO 通报了准备对美国产品实施贸易报复的清单①;欧共体、日本、韩国、中国、瑞士、挪威、新西兰以及巴西等受害国家相继向 WTO 争端解决机构(DSB)提出申诉,要求对美国违反 WTO 规则、破坏全球多边贸易体制的行为加以处断和纠正。应诸受害国家的请求,WTO 所设"争端解决机构"(DSB)遂于2002年7月25日决定正式组建一个专家组,综合受理受害国

---

① 例如,欧共体在2002年3月22日迅即拟就一份针对美国产品的报复清单,其中包括325种美国产品,声称:如果美国在同年6月18日以前不改弦更张,迅即停止前述无理加征额外关税的单边主义专横行为,并赔偿欧共体由此遭受的损失,则欧共体国家将自即日起,针对上述清单所列的各种从美国进口的产品,分别加征10%至30%的额外关税,总值约为25亿欧元,大体相当于欧共体钢铁产业因美国加征额外进口关税而蒙受的损失。

就中国而言,据估算,美国采取的上述措施将使中国每年约3.7亿美元的钢铁产品出口受到重大影响。经与美方磋商,未获解决,中国驻 WTO 代表团遂于5月17日向 WTO 递交了中国对美国部分产品中止关税减让的报复清单,并且声明:中国将在 WTO 争端解决机构最终裁决美国201钢铁保障措施违反 WTO 有关协议后,对来自美国的上述产品加征24%的附加关税,加征后的关税增额约9 400万美元。参见:《美国关税壁垒》及本书第409页注①引杨国华文,分别载于《公共商务信息导报》2003年6月23日第2版、7月28日第2版。

家的八宗申诉案①。紧接着,加拿大、中国台北、古巴、墨西哥、泰国、土耳其以及委内瑞拉等七个 WTO 成员相继要求作为"第三方"(third parties)参与本案的整个审理过程。

在此项由美国挑起的"201 条款"争端中,"原告"(complainant)实际上多达 22 个主权国家,并以美国作为共同的"被告"(respondent)。其"原告"之众多、"被告"之孤立、涉及面之广泛及其对 WTO 体制和全球贸易秩序未来影响之大,均不亚于前述"301 条款"争端,故其争讼进程和是非曲直,为举世所瞩目。

(二)"201 条款"争端案的"初审"结论

经过涉讼各方几近一年的对簿公堂和舌剑唇枪,综合审理本案的专家组终于在 2003 年 7 月 11 日作出了综合性的审结报告。其主要结论是:

(1) 美国采取的上述"保障措施"已经违背了 WTO《保障措施协定》和 GATT 1994 的有关规定,已经取消了或损害了各"原告"方依据上述协定享有的正当权益;因此,

(2) 本案专家组建议 WTO 争端解决机构(DSB)责成美国更改上述"保障措施",使它符合于美国在上述国际协定中承担的国际义务②。

作为本项"201 条款"争端案的"败诉"方,美国对本案专家组的上述审结报告表示不服,并于 2003 年 8 月 11 日向 WTO 的"上诉机构"(Appellate Body)提起上诉。

(三)"201 条款"争端案的"终审"结论

2003 年 11 月 10 日,上诉机构发布了终审报告,除稍作改动外,维持上述专家组审结报告中绝大部分原有裁断③。

美国总统鉴于本案败局已定,无可挽回,加以美国已经从其推行了 21 个月之久的单边主义"保障措施"中捞到了大量实惠,"已经达到了预期的目的",乃于 2003 年 12 月 4 日宣布:自即日起,终止实行美国的上述"保

---

① 欧共体 15 国作为一个整体,联合提出一宗申诉案(claim),其案件编号为 WT/D248(EC v. U. S.);其余七宗申诉案的编号分别是 WT/D249(Japan v. U. S.);WT/D251(Korea v. U. S.),WT/D252(China v. U. S.),WT/DS253(Switzerland v. U. S.),WT/DS254 (Norway v. U. S.),WT/DS258 (Newzealand v. U. S.),以及 WT/DS259(Brazil v. U. S.)。
② ROP/DS248 - 259, pp. A-1-4, B-3, C-4, D-4, E-4, F-4, G-4, H-4.
③ WT/DS248/AB/R - WT/DS259/AB/R, paras, 513 - 514.

障措施"①。本案遂告最后落幕。

纵观和细察本案争讼的过程,其中所蕴含的原则碰撞和法理冲突,很值得追本溯源,认真探讨,仔细剖析。

如所周知,关税自主权本是各国经济主权的重要内容之一。各国对外来进口产品是否征收关税以及厘定税率之高低,本属各国经济主权权限范围,悉由各国自行决定。但是,在国际贸易的实践过程中,各主权国家都力图增加本国的关税收入,因而难免发生利害冲突,甚至发展成为商战,导致两败俱伤。有鉴于此,自1947年起,国际社会各成员以GATT/WTO机制作为依托和支柱,力图通过互惠互利的安排,各自大幅度削减关税及其他贸易壁垒,逐步建立起健全的多边贸易体制,以促进全球范围内的贸易自由化,实现共同的经济繁荣。这是国际社会各成员协力追求的共同利益和长远利益②。

但是,在追求实现共同利益和长远利益的同时,各成员却仍然各有自己的局部利益和眼前利益。这就难免又引起种种新的矛盾与冲突。归根结底,就是各成员国家在经济主权(包括关税自主权)上的限制与反限制。自1947年签订GATT以来,此种限制与反限制的斗争,反映在关税减让问题上,经历了以下几度"周而复始"的进程和逐步上升的层次,即关税互相减让;关税减让的例外;对关税减让例外的控制;对此种控制的破坏;对破坏此种控制的制裁。可谓一"魔"一"道",相生相克,迄未止息。具体地说:

(1) 为了共同的和长远的利益,各成员达成多边协议,对各自的关税自主权实行一定程度的自我限制,互相实行关税减让。这体现为GATT 1947/1994第2条关于"关税减让表"的规定,即每一缔约方给予其他缔约方的贸易待遇不得低于GATT所附"减让表"中规定的待遇,对于从其他缔约方进口到本国境内的产品,在一定的条件下,不得在规定的"普通关税"之外,任意加征额外关税。

(2) 与此同时,为了各成员局部的或眼前的利益,各成员达成多边协议,对各自的关税自主权作出重大保留(或反限制)。这体现为GATT 1947/1994第19条关于"对某些产品进口采取紧急措施"的规定,即在特定的情况下,如因某种外国产品进口数量激增,以致本国生产同类产品的企业在市场竞争中受到

---

① See President's Statement on Steel, at http://www.whitehouse.gov./news/release/2003/12/20031204-5.html;并参阅《美国取消保护性钢材进口关税,同时实施预警系统》,中国日报网站:http://www.sina.com.cn 2003年12月5日;《商务部发言人崇泉就美国撤销钢铁保障措施发表谈话》,中国商务部网站:http://www.mofcom.gov.cn/article/200312,2003年12月5日。

② 参见《1947年关税与贸易总协定》小序,《马拉喀什建立世界贸易组织协定》小序。

严重损害或面临严重损害的威胁,则作为上述关税减让原则的例外,本国有权在必要的限度和时期内,实行适当的"自我保障",对上述外国进口产品暂停给予原先约定的关税减让,撤销或者修改原定的减让,并酌情加征额外关税。

但是,在嗣后四五十年的国际贸易实践中,有些成员,特别是少数经济强国,往往过分强调本国的局部利益和眼前利益,滥用上述有关"紧急措施"的例外规定,任意实行无理的、过度的、单边主义的"自我保障",以致严重损害生产上述进口产品的其他外国的合法权益。此时此际,滥用"紧急措施"的少数强国,其经济主权,就开始转化成为经济强权或经济霸权,因为它无视国际协定的约束。

(3)为了防止和消除滥用单边主义"自我保障"措施造成新的关税壁垒和贸易障碍,避免由此引起互相报复和两败俱伤,各成员又达成新的多边协议,对各自保留在自己手中的关税自主权或反限制权,实行新的限制和多边控制。这一宗旨充分体现在和始终贯穿于1994年WTO体系中新出现的多边性专题协定即《保障措施协定》之中。其"序言"反复强调:"有必要澄清和加强GATT 1994的纪律,特别是其中第19条(对某些产品进口采取紧急措施)的纪律";"有必要重新建立对保障措施的多边控制,消除逃避多边控制的保障措施"。

(4)但是,经济上的强权国家,为了自身局部的和眼前的利益,又往往不甘接受上述重新建立起来的、更加严格的"多边控制",不惜背弃自己在这个新缔结的专题性多边国际协定中作出的庄严承诺和承担的国际义务,凭借自己的经济实力和强势,依然随心所欲,时时滥用单边主义的自我保障措施,从而对上述"多边控制"造成新的破坏,严重影响国际贸易的正常秩序。此种行为,究其实质,乃是经济强国对自身经济主权的单边扩张,乃是超级大国自身经济霸权的旧病复发,乃是对其他国家经济主权的恣意侵害。

在这方面,其最新的"典型",就是2002年3月至2003年12月间美国依据本国贸易法的"201条款"径自采取针对外来钢铁进口产品的"保障措施"。

(5)为了预防和制止违反或破坏上述"多边控制"的行为,各成员又在上述多边协议中规定,受害方有权向WTO体制中带有强制司法性质的"争端解决机构"(DSB)起诉,通过DSB依法审理、裁断、责成加害方撤销其单边主义的"自我保障"措施[①]。加害方"败诉"之后,如在一定期间内仍拒不履行DSB的

---

① WTO《保障措施协定》第14条规定,WTO体制中带有强制司法性质的《争端解决谅解书》(DSU)的全部规则,适用于有关保障措施的一切争端。

裁断,则DSB可授权受害方实施必要的报复和制裁,包括停止给予加害方一切关税减让等。在此种情况下,加害方不但在物质上得不到什么便宜,而且还要受到国际舆论的普遍谴责,在道义上遭到巨大损失,从而在国际社会中陷于孤立,到头来,在国际利害得失的"总结算"中得不偿失。

在这方面,其最新的"典型",就是上述"201条款"钢铁进口争端案最后以被告方美国"败诉"以及美国总统不得不宣布取消原有单边主义"保障措施"告终。

(四) 对"201条款"争端案结局的客观评价:WTO多边主义(他国群体主权)两败之后的小胜与美国单边主义(美国霸权)的"依然故我"

此次"201条款"争端事件的以上结局,意味着WTO多边主义对美国单边主义的胜利,当然值得世界公正舆论的称道和赞许。但是,如果把2002—2003年的"201条款"争端,与前述美国1994年的"主权大辩论"以及1998—2000年的"301条款"争端,联系起来,加以宏观的综合考察,则可以说,2003年11月结案的上述"201条款"钢铁进口争端,乃是晚近十年(1994—2004)来美国单边主义(美国霸权)对WTO多边主义(他国群体经济主权)的第三次大冲击,乃是美国单边主义对抗WTO多边主义的第三个大回合。相应地,此次交锋的结局,只能综合评估为WTO多边主义先前两次"败北"之后的初度"小胜",WTO多边主义仍然前途多艰。因为,尽管在这第三回合的交锋中,美国的单边主义以"败诉"告终,但美国在2003年12月4日发表的前述"总统声明"中,不但对其已经实行了21个月单边主义"保障措施"给其他国家从事钢铁生产和钢铁贸易的对手造成重大损失这一霸道行为,装聋作哑,不作任何检讨,反而进一步公开宣称:美国今后仍将继续"执行我们自己的贸易法律",并且将进一步强化针对外国进口产品的"监督措施"①。其语调、语意与当年"301条款"争端案审结后美国贸易代表在1999年12月22日发表的前述公告,如出一辙,足见美国在此次"败诉"后,对受到全球诟病的本国单边主义霸权立法,仍然毫无改弦更张、弃旧图新之意。

---

① See President's Statement on Steel, at http://www.whitehouse.gov/news/release/2003/12/20031204-5.html;并参见《美国取消保护性钢材进口关税,同时实施预警系统》,中国日报网站:http://www.sina.com.cn,2003年12月5日;《商务部发言人崇泉就美国撤销钢铁保障措施发表谈话》,中国商务部网站:http://www.mofcom.gov.cn/artcle/200312,2003年12月5日。

六、美国"主权大辩论"、"301条款"争端案以及"201条款"争端案之宏观小结：庆父未去，鲁难未已

以史为鉴，可以知兴替。WTO体制运作十年来(1994—2004)上述三大回合交锋的具体时间、地点和表现形态上，虽各有差异，但如加以综合考察，便不难看出其中的共同特点和发展轨迹，即核心相同，旗号相同，因果相连，祸根未除。

第一，十年来上述三大回合交锋，其法理核心相同，即都是美国经济霸权与他国经济主权之间的限制与反限制，也都是美国单边主义与WTO多边主义之间的原则大碰撞[①]。

第二，在上述三大回合交锋中，美国单边主义冲击WTO多边主义时，打出的旗号相同，即都是行使美国的"主权"，贯彻美国的"法律"，维护美国的"权益"，借以掩盖和粉饰其经济霸权的实质。

第三，上述三大回合交锋，都是首先由美国寻衅，挑起争端；三大回合，前后因果紧密相连，后两次争端的"基因"，都直接地、深深地植根于美国早在1994年"入世"之初就已确立的既定方针，即美国在加入WTO、勉强接受多边体制之后，依然我行我素，继续奉行单边主义，极力维护和扩大既得的经济霸权。

第四，在上述第三回合即"201条款"争端案中，WTO多边主义虽然获得"初度小胜"，但其影响力和实际效果显然只是相当有限和很不稳定的，因为祸根仍在，病根未除，美国基于其特有的"主权"信念在参加WTO之初就已确立的既定方针和行动指南，始终如一；美国的霸权积习及其单边主义霸权立法依然"健在如恒"，并未受到丝毫损伤，从而，任意挥舞"301条款"、"201条款"之类大棒为所欲为的霸权顽症，仍然可能随时复发。今后在WTO体制内美国经济霸权与各国经济主权之间限制与反限制的争斗，仍将时伏时起，难以止息。套用一句中国古谚，可谓"庆父不去，鲁难未已"。因此，人们不能不经常保持清醒，增强忧患意识，随时谨防美国单边主义大棒之卷土重来和再度肆虐。

---

① See An Chen: The Three Big Rounds of U. S. Unilateralism versus WTO Multilateralism during the Last Decade: A Combined Analysis of the Great 1994 Sovereignty Debate, Section 301 Disputes (1998-2000), and Section 201 Disputes (2002-2003), South Centre, T. R. A. D. E. Working Papers 22 (http://www.southcentre.org/publications/workingpapers/paper22/wp22.pdf);并参见陈安:《美国单边主义对抗WTO多边主义的第三回合——"201条款"争端之法理探源和展望》，载《中国法学》2004年第2期。

第五,"201条款"争端案中 WTO 多边主义之初度小胜,端赖与美国对垒的22个主权国家,敢于和善于运用掌握在自己手中的经济主权,及时开列"报复清单"、采取报复措施,并且及时联合起来共同把全球唯一的超级大国推向 WTO／DSB 的被告席等等,通过诸如此类的反击措施,对经济霸权开展针锋相对的斗争[①]。反之,如果不坚持经济主权,或忽视经济主权这一武器的充分运用,则面对经济霸权的横行与肆虐,经济实力上的弱者势必无以自卫、自保,即使是小胜也不可得,更遑论积小胜为大胜,实现全球的共同繁荣?由此可见,国内外一度相当"时髦"的理论,即认为全球经济一体化加速发展、"经济联合国"WTO 正式运转之后,有关国家经济主权的原则和概念应当日益"淡化"、"弱化"云云,此类说词,至少是脱离实际、不够清醒的,也是很不可取的;至于经济主权的原则和概念已经"过时"云云,则显然是居心叵测的理论陷阱,对此,不能不倍加警惕!

七、世纪之交在经济主权原则上的新争议与"攻防战"对发展中国家的重大启迪

美国1994年的这场"主权大辩论"是在经济全球化加速发展、WTO 体制即将在全球范围内开始运作之际发生的。在这种国际宏观背景下,发生于全球唯一的超级大国国内的、以"301条款"之存废为首要主题的这场大辩论,其原因当然远非限于国内,其后续影响也当然远远超出一国范围。

果不其然,紧接着《WTO 协定》正式生效之后不久,作为这场"主权大辩论"确立既定方针的后续影响,就开始接二连三地发生了"日—美汽车部件贸易争端案"、"美—欧香蕉贸易争端案"、"欧—美'301条款'争端案"以及"欧—美'201条款'争端案"。这些大案、要案的具体进程和结局虽各有差异,但它们都是以美国作为争端较量的强大"敌手";都紧密地关联到美国"301条款"或"201条款"这些霸权立法,或直接以这些霸权立法的存废作为讼争主题;其讼争的核心与实质,都是美国经济霸权("主权")与他国群体经济主权之间限制与反限制的新型国际争斗。

可以说,从1994年至2004年这些以经济主权之限制与反限制作为实质和

---

① 参见《中美钢铁贸易战中方胜诉》,《贸易争端:政府力量不可忽视》,载《深圳商报》2003年11月12日,第 B2 版。

核心的激烈论战,其此伏彼起的发展进程,为国际社会提供了一系列重大的信息,值得人们加以认真研究,尤其值得全球众多弱小民族加以认真剖析和探讨,从中获得某些启发。

兹试将这些前后绵延起伏长达十年、以经济主权问题为核心的激烈论战对发展中国家的启迪,简述如下。

(一) 增强忧患意识,珍惜经济主权

大量事实表明:在经济全球化加速发展和WTO体制正式运作的条件下,各国之间和各类国家之间的经济主权"攻防战",不但迄未止息,而且有时还相当激烈。因此,发展中国家不可不正视客观现实,增强忧患意识,强化主权观念,珍惜经济主权。

在WTO体制中,为期十年的上述"攻防战",主要表现为国际社会中的最强者不但力图保住自己既得的经济霸权,而且力图进一步削弱次强者,特别是力图损害众多弱者得来不易的经济主权。国际霸权主义者在经济主权问题上一贯奉行着"双重标准":视自己的经济"主权"(实为经济霸权)为神物,视弱小民族的经济主权为草芥。

面对这种霸权主义进攻之"矛"与霸权主义"自卫"之"盾",面临此种利矛坚盾正在不断挥舞之际,作为弱小民族的发展中国家,显然不可"太平麻痹",刀枪入库,马放南山;显然不能不增强忧患意识,强化主权观念,加倍珍惜经济主权,切忌懵懵然地接受经济主权"过时"论、"废弃"论、"弱化"论或"淡化"论[①]。

(二) 力争对全球经贸大政决策权实行公平的国际再分配

全球性经贸大政决策权力的国际分配乃是当代各国经济主权"攻防战"的重要组成部分。因此,发展中国家亟应在此种决策权力的国际分配中力争获得

---

① 现任国际法院大法官(日本前驻联合国大使)小和田恒强调:"尽管全球化在不断发展,但以主权国家为核心的框架并未消失。……问题在于,当各国的价值观发生冲突时,如何从国际社会的观点出发来确定公共秩序。在目前的国际体系中并没有决定这种秩序的中央集权。……如今一些人倡导的单边主义,则是要用单方面的价值观和政策来推动全球化。这就会陷入'全球化的单边主义'的危险。这种做法不可能形成真正意义上全球化的公共秩序。……不可否认,在国际社会中,实力决定国际关系。拥有实力的主体可以对国际秩序的形成发挥巨大作用。不过,这里的关键问题是**要区分"霸权"和"领导力"两个概念**。前者是通过把自己的政策和价值观强加给他人的方式来建立秩序,而后者是在得到他人的赞成和支持的基础之上来建立秩序。这是二者的本质区别。在可预见的未来,既然无法建立'世界政府',那么以主权国家为核心的目前这种国际体系就会继续下去。我们必须正视国家之间力量不均衡这种无法回避的现实。在美国是唯一超级大国的现实中,我们要设法使这种领导力朝着能得到其他国家支持的方向发展,才能促进真正意义上的全球化。"见《全球化与单边主义》,原载《朝日新闻》2003年8月31日,译文见《参考消息》2003年9月14日,第3版。

平等的一份。

全球性经贸大政决策权力的国际分配是否公平、合理,决定了弱国经济主权能否得到应有的保护,进而决定全球财富的国际分配是否公平合理。三者之间的关系乃是"原因 —>结果+原因 —>结果"。相应地,要改变全球财富国际分配严重不公的现状,就必须大大增强对弱国经济主权的保护;为此目的,就必须从"源头"上改革全球经贸大政决策权力国际分配严重不公的弊端。

如前所述,杰克逊教授在回顾和总结美国1994年这场全国性"主权大辩论"时,曾一再强调指出它的关键和实质就在于权力分配问题,即国际事务的决策权力如何在国际机构与美国本国政府之间恰当地分配。这种见地,可谓抓住了问题的要害,把话说到了点子上。但是,也许是由于身份和地位的局限,杰克逊教授未能(或未敢)进一步揭示出国际经贸大政决策权力在超级大国与众多发展中国家之间的现有分配是何等的不公!事实表明,在国际经贸大政决策权力这块"大蛋糕"的现有分配体制中,美国所已经得到的,远远超过了它所应得的平等的一份,而在美国的1994年"主权大辩论"中,无论是主权"自信派",还是主权"担忧派",貌似针锋相对,实则其立论的根本出发点是"心有灵犀一点通"的,即都是死死抱住已在自己"餐盘"中那"超级大份"的国际事务决策权,不让分毫,甚至还进而觊觎着并力图攫取他人盘中那本来就已经很小的一份,以遂其饕餮之欲。

众所周知,60多年前按照"布雷顿森林体制"组建的"世界银行"和"国际货币基金组织"这两大全球性经济组织,至今仍实施着当年由美国主持推行的以"缴资"多寡为基础的"加权表决制",从而使美国在有关的国际经济事务中一直享有"超级大份"的决策权①。在乌拉圭回合谈判中,美国曾经力图施展故伎,将此种"加权表决制"移植到WTO之中,由于遭到广大发展中国家的坚决抵制,未能如愿②。

多年来若干国际经济组织不同决策机制的实践已经反复地证明:采用以经济实力和"钱包大小"为基础的"加权表决制",往往导致仗富欺贫、以大压小和恃强凌弱;反之,实行"一国一票"的平权表决制,则不但有助于大小平等、以富济贫和互补互利,而且尤其有助于扶弱抑强。在美国前述这场"主权大辩论"中,主权"担忧派"所最为忌惮的,正就是WTO体制中的一国一票表决制以及

---

① 例如,在"国际货币基金组织"中,美国一国享有的投票权曾经长期占总投票权的20%左右,而不少贫弱国家的投票权仅分别占总投票权的0.1%或0.01%,大小悬殊数百倍甚至数千倍。其后,投票权比例虽略有"微调",但此种悬殊现象迄今未有根本性改变。

② John H. Jackson, *The Great 1994 Sovereignty Debate: United States Acceptance and Implementation of the Uruguay Round Results*, Columbia Journal of Transnational Law, Vol. 36, Special Double Issue, 1997, pp. 161, 174 – 175.

DSB 中的"反向协商一致"表决制的有机结合,使得美国难以再在 WTO 这个全球性国际经济组织中凭借自己的经济强势横冲直撞,不受任何约束。强者、霸者之所惮,当然就是弱者之所欲。发展中国家弱小民族要在当代经济主权的"攻防战"中,保护自己的应有权益,显然必须凝聚集体的力量,联合自强,力争在全球经贸大政决策权力的国际再分配中,获得自己应有的平等的一份。

(三) 善用经济主权保护民族权益,抵御霸权欺凌和其他风险

一国的经济主权,即是在本国对内对外的一切经济事务上享有的独立自主之权。在经济全球化的新形势下,发展中国家尤应敢于坚持和善于运用本国的经济主权。

在经济全球化加速发展的大潮流中,发展中国家面对的是机遇与风险并存的局势。要利用机遇,就必须牢牢掌握自己手中的经济主权,以它作为主要杠杆,才能对各种内外经济因素实行必要的引导、组织和管理。要预防和抵御风险,也必须依仗牢牢在握的经济主权,以它作为主要屏障,采取各种切实有效的措施,对各种可能发生和已经发生的风险,及时地加以化解和消弭。

简言之,要在经济全球化加速发展的大潮中,趋利避害,则牢牢掌握和始终坚持经济主权就是"不可须臾离"的前提和基础。

"天下没有完全免费的午餐"。欲有所取,必有所予,这是市场经济的常规。要利用机遇,要调动外国的各种经济资源服务于本国的经济建设,就须付出必要的代价,即在完全独立自主的基础上,对自己的某些经济权力和经济权益作出适度的自我限制。这个"度",就是:(1) 坚持义务与权利的平衡,坚决抵制外来的过苛要求。对于可能对本国产生严重冲击、影响国家安全和社会稳定的非分要求,尤应断然回绝,寸步不让①。(2) 独立自主地全面权衡利弊得失,力争利大于弊,失少于得。(3) 对于可能伴随机遇而来的各种风险,诸如国民经济命脉重新操于外强之手,财政金融失控、混乱,国有资产和国库税源大量流失等等,则务必居安思危,增强忧患意识,早加预估,早有预见,早作预防。(4) 对于风险过大而效益不彰的让步和代价,宜思虑再三,慎之又慎,切不可轻率约许。(5) 约许之前和之后,均须早作安排,提高防御和消弭风险的能力。只有

---

① 例如,2001 年初在中国加入世贸组织的"一揽子协议"谈判中,一些发达国家成员对中国的农业政策调整提出了过苛的要求,遭到中国代表团的拒绝。代表团团长、首席谈判代表龙永图强调:"在农业方面,中国有 9 亿农业人口,保持农业的稳定,对于中国的社会安定和经济发展都有极其重要的意义。……中国政府需要在加入世贸组织后,保留符合世贸组织规定的农业支持手段,9 亿农业人口的利益永远是我们考虑一切问题的出发点。"参见《世贸组织中国工作组第 15 次会议结束》,载《人民日报》2001 年 1 月 19 日,第 3 版。

这样,才能在经济全球化大潮的冲击下,始终保住本国经济上的独立自主,如中流砥柱,岿然屹立。

(四) 警惕理论陷阱,摒除经济主权"淡化"论

理论上的错误,势必导致实践上的盲目,并为此付出惨重的代价。纵观当代世界南北矛盾的全局,对于发展中国家弱小民族说来,"主权弱化"论或"主权淡化"论显然是不可取的。

在经济全球化加速发展的情势下,形形色色的主权观念"淡化"论、"弱化"论时时会在不同的场合悄然出现。它们可能在一定条件下形成为一种"新鲜",一种"时髦";一些涉世未深、未尝过弱小民族苦难滋味的善良人们,可能惑于某些似是而非的说辞、"论据"和假象,懵懵然地成为这种"时髦"理论的附和者。但是,放眼世界,联系到当代经济霸权主义仍然时时肆虐的现实,以及为它张目的来自霸权国度的主权"过时"论、主权"废弃"论,细加思考,则不啻是当头棒喝,从反面催人猛醒:原来,主权"过时"论、主权"废弃"论的主旨在于彻底解除弱小民族的思想武装,好让当代霸权主义在全球通行无阻;"淡化"论和"弱化"论的"发展方向",正是归宿于"过时"论和"废弃"论。这种归宿,绝不是弱小民族之福,而是善良的人们不能够预见其后果的理论陷阱。

人们如果头脑冷静,加强对当代国际现实的观察和比较,那就自然会接受符合客观实际的正确判断:在经济全球化加速发展的条件下,"霸权主义和强权政治依然存在,发展中国家维护国家的主权、安全和利益的任务依然艰巨"①。

作为全球最大的发展中国家,中国在 19 世纪至 20 世纪政治主权、经济主权的"攻防战"中,经历过丧权辱国、饱受列强宰割的巨大历史创痛,也经历了通过百年苦斗,恢复国家尊严,在政治上、经济上自己当家作主的巨大历史欢欣。如今,已经步入 21 世纪,在经济全球化加速发展的新情势下,又面临着新百年中的经济主权"攻防战"。际此时刻,很有必要时时重温邓小平同志留下的殷殷叮咛:"中国人民珍惜同其他国家和人民的友谊和合作,更加珍惜自己经过长期奋斗而得来的独立自主权利。任何外国不要指望中国做他们的附庸,不要指望中国会吞下损害我国利益的苦果。"②

---

① 江泽民:《中非携手合作,共创新的世纪》,载《人民日报》2000 年 10 月 11 日,第 1 版。
② 邓小平:《中国共产党第十二次全国代表大会开幕词》(1982 年 9 月 1 日),载《邓小平文选》(第 3 卷),人民出版社 1993 年版,第 372 页。

XI 论社会帝国主义主权观的一大思想渊源：民族虚无主义的今昔①

内容提要 主权问题是国际法学上的一个根本问题，也是国际反霸斗争中十分现实的问题。20世纪50年代中期至80年代，前苏联领导集团在这个问题上散播了不少貌似"国际主义"实为民族虚无主义——大国沙文主义的谬论，制造思想混乱，借以为蹂躏弱国主权，推行世界霸权政策张目。本文回顾和缕述当年马克思、恩格斯和列宁与伪装成"国际主义者"的形形色色的民族虚无主义者多次论战的历史事实，追本溯源，探讨曾经猖獗一时的社会帝国主义主权观的理论基础和思想渊源，揭露它既是对国际法主权原则的粗暴践踏，又是对马克思主义的主权观的彻底背离，从而进一步澄清了它的反动实质。

目　次

一、三种谬论，一大基石
　（一）他国"疆境不足道"论
　（二）苏联"最高主权"和弱国"有限主权"论
　（三）互相"越界爱国"论
二、追本溯源，看"俄国佬精神"与民族虚无主义的早期结合
三、斥祖国"无所谓"论，"我们是社会主义祖国的护国主义者"
四、"刮一刮"红色表皮，"你就会发现他是大俄罗斯沙文主义者"
五、借鉴历史，明辨真伪

---

　① 本文撰写于1980年"中苏交恶"和"大论战"时期。其中大部内容曾发表于《吉林大学社会科学学报》1981年，第3期，第30—40页。因限于篇幅，发表时全部注解均被删节。现按当初原有文稿，将全文和全部注解重新整理收辑于本书，俾便读者逐一查索引文出处。

主权，是每个国家独立自主地处理一切内政外交事务的最高权力。通俗地说，一个国家享有主权，就是享有自己当家作主之权。它是国家作为国际社会的一个独立成员而存在的必备条件，是国家作为国际公法主体所不可或缺的最基本的属性。

国家无论大小强弱，都应享有完全平等的主权。世界和平的维持，国际社会的安宁，其首要前提是国际社会的全体成员——一切国家都互相尊重主权的完整和不可侵犯。这些，都是当代国际社会生活中最基本的准则。关于各国主权完全平等以及应当互相尊重主权的原则业已明文载于《联合国宪章》①之中，获得举世的共同确认，从而使这些原则成为国际公法上的根本原则。这是全世界弱小民族和亿万革命人民经过许多世代的长期斗争所获得的重要成果。

强国推行霸权，是弱国维护主权的死敌，反之，弱国维护主权则是强国推行霸权的大碍，任何形式的帝国主义、殖民主义、支配主义，为了推行霸权扩张政策，无不千方百计地力图否定国际公认的传统的主权观念和国际公法上的主权原则。力图削减、践踏，甚至完全剥夺弱国弱族在国际社会中应享的平等主权。这类否定弱国弱族主权、鼓吹弱肉强食的谬论，有赤裸裸地不加掩饰的，也有蒙上各种漂亮伪装的。披着"无产阶级国际主义"美丽画皮的民族虚无主义，即从根本上否定一切民族观念，进而否定民族自决权②和国家主权的邪说，就是后者当中的一种。对于这种邪说，在1953年至1980年本文撰写期间，苏联领导集团一向是积极鼓吹，不遗余力的。

一、三种谬论，一大基石

苏联领导集团在"国际主义"幌子下践踏弱国弱族的神圣主权，并非自今日始。二十余年来，在极力推行世界霸权政策过程中，他们对敢于抵制苏联各种侵略颠覆阴谋，敢于维护国家主权和民族尊严的弱国弱族人民，往往血口喷人，诬蔑为"违背"国际主义，奉行"狭隘民族主义"，妄图以诸如此类的大帽子和紧

---

① 《联合国宪章》开宗明义就"重申……大小各国平等权利之信念"（序言）；规定各会员应当遵行"主权平等之原则"（第2条第1项）；"发展国际间以尊重人民平等权利及自决原则为根据之友好关系"（第1条第2项）；不得干涉"在本质上属于任何国家国内管辖之事件"（第2条第7项）。见《国际条约集（1945—1947）》，世界知识出版社1959年版，第36—37页。

② 民族自决权也就是民族自主权或民族主权。任何遭受殖民统治的弱小民族都有权自己决定自己的命运，甚至在政治上从殖民帝国中分离出来，组建本民族的独立国家。建立了独立国家的民族，其民族主权便与国家主权融为一体。

箍咒,从精神上迫使后者就范。与此同时,他们又在国家主权问题上极力杜撰和鼓吹各种谬论,借以作为掩护苏联坦克和炮舰横冲直撞的迷雾和烟幕。这些谬论中较为典型的有以下三种:

(一) 他国"疆境不足道"论

1959年,当时的印度政府在中印边境多次挑起武装冲突;1962年10月,竟进一步向中国领土发动大规模武装进攻。中国人民为了保卫社会主义祖国主权和领土的完整,被迫进行自卫反击。在这次历史事件中,披着"社会主义国家领导人"、"共产党人"、"列宁的继承者"……等多层画皮的苏联领导集团,出于其争夺世界霸权的全球战略的需要,竟然在经济上和军事上,特别是在政治上,全面援助和支持当时印度政府的侵华行动。一方面给他们送去了几十亿卢比的经济"援助"和军事"援助";另一方面又开动宣传机器,恶毒诬蔑中国人民实行自卫反击的正义行动是所谓"狭隘的民族态度的表现"[1];并且信口雌黄,胡说什么"我们是共产党人,国境线在哪里通过对我们不是主要问题"[2],对于领土幅员广阔的国家来说,"几公里算得了什么"[3];"中印争议地区人烟稀少,对人的生活没有很大价值"[4],含沙射影地攻击中国不该不放弃自己祖国的领土,以满足当时印度政府的非分要求。他们恬不知耻地宣称:上述这些荒谬言论都是"遵循列宁的观点"[5],而中国人民的正义行动却是"非列宁主义的"。

众所周知,马克思列宁主义历来强调国际主义与爱国主义的统一,既坚决反对不顾国际革命斗争大局的狭隘民族主义,又尤其坚决反对提倡强食弱肉的大国沙文主义和社会沙文主义。姑且慢说苏联领导集团的上述谬论是如何彻底背叛了列宁遗训(这一点我们将在下面详述),即以这些谰言同现实生活的常识以及国际法的基本准则作对比,就可以明显看出它是何等荒诞绝伦。第一,当时中印边界问题所牵涉的,是印度方面侵占中国神圣领土12.5万平方公里的问题。中国人民千百年来就劳动、生息在这片广阔的领土上,它的面积,比苏联的阿塞拜疆和亚美尼亚两个加盟共和国的面积总和还要大。试问,这难道是"几公里"的问题吗?第二,领土是民族和国家赖以生存的物质基础,是民族和国家行使主权的直接对象和固有空间。领土的完整性受到侵害和破坏,就意味着民族和国家主权的严重损缺。因此,任何民族和国家都有权利也有义务保卫

---

[1] 《苏共中央给中共中央的口头通知》(1960年2月6日)。
[2] 赫鲁晓夫:《在布加勒斯特对中共代表团团长的谈话》(1960年6月22日)。
[3] 赫鲁晓夫:《同印度〈新世纪〉周刊记者的谈话》(1959年11月7日)。
[4][5] 赫鲁晓夫:《在苏联最高苏维埃会议上的讲话》(1962年12月12日)。

自己所固有的一切神圣领土,这是国际法上公认的起码准则。《联合国宪章》第 2 条第 4 项也明文责成各会员国不得使用武力或以其他任何方法侵害他国领土的完整①。试问,有哪一位并非帝国主义狂夫的人,在什么时候什么地方规定过:被压迫弱小民族或社会主义国家只许保卫自己的人烟稠密的领土,而不许保卫自己那些"人烟稀少"的领土? 第三,按照"共产党人可以不管国境线在哪里通过"云云的谬论,试问,这岂不是等于说,在仍然存在着阶级和国家的现实世界中,在仍然存在着帝国主义、社会帝国主义和资产阶级反动派的现实世界中,社会主义国家竟然根本无权保卫自己的边界,根本无权捍卫祖国的神圣领土和维护民族的应有尊严,而理应撤尽藩篱,开门揖盗,引狼入室了?显而易见,鼓吹这种逻辑和提倡这种哲学的,非盗即狼,这是不证自明的。

(二) 苏联"最高主权"和弱国"有限主权"论

1968 年 8 月,苏联领导集团悍然出动重兵,以希特勒"闪电战"的方式,对捷克斯洛伐克实行军事占领。之后,莫斯科的官方报刊就连篇累牍地为这种赤裸裸践踏别国主权的暴行张目,胡说什么"把主权看成是最高的绝对的宝贵的东西"是"废话";"任何企图把自己的民族利益放在首位,闭关自守和与外界隔绝的做法,必然会使主权受到无法补救的损害"。他们把大举武装侵捷说成是保卫所谓"最高主权"②;甚至还公然宣称,苏联可以决定别国的命运,"包括它的主权的命运在内"③。

在这一片聒噪声中,他们既说不能"把主权看成是最高的",又说要保卫"最高主权",何以如此语无伦次,自打嘴巴?原来,后者专指苏联君临一切的权力,即任意摆布宰割别国的权力,它是最高的、绝对的、宝贵的、无限的,因而应当坚决保卫;前者则泛指一切弱国弱族自己当家作主之权,它是低等的、相对的、贱价的、有限的,因而不妨肆意践踏。这两者,就是这样高度地"统一"起来了。主权而竟有高低贵贱,可以分等论价,这么一来,弱国弱族的主权就变成了奴权,即当奴隶之权;而苏联那"最高主权"实际上就是霸主之权即霸权的别称。他们说得如此蛮横跋扈,的确帮助全世界弱小民族大大地开了眼界!

狰狞既露,自须浓施粉黛。侵捷之后两年半,似乎已"事过境迁",勃列日涅夫 1971 年 3 月在苏共二十四大上宣称:"我们郑重宣布,我们对谁都没有领土要求,……也不打算进攻任何人,我们主张各国人民自由和独立地发展。"他还

---

① 参见《国际条约集(1945—1947)》,世界知识出版社 1959 年版,第 37 页。
② 苏联《国际生活》1968 年第 11 期。
③ 苏联《红星报》1969 年 2 月 14 日。

说:"不使用武力和不以使用武力相威胁来解决争端,这应当成为国际生活的法规"①,并建议缔结国际条约加以保证,妄图给人以"屠刀已放、从此成佛"的印象。可是1973年参加"欧安会"第一阶段会议的苏联代表团发言人索芬斯基在赫尔辛基答复记者质问时,奉旨并不排除再次按侵捷方式保卫"最高主权",扬言"将来仍然是这样";而1976年6月特意发表的侵捷军指挥官、苏军前副总参谋长什捷缅科的"遗作"②中,也把侵捷暴行当作"采取集体措施"保卫"最高主权"的光辉范例。这就又一次促使世人恍然大悟:原来苏联领导集团所竭诚建议制订的上述国际"法规",只不过是为了捆住他人手脚而便于自己为所欲为。你看,他们不是进一步跨出了"大家庭"的门槛,采取类似的"集体措施",就在1976年当年终于把安哥拉人民刚刚获得的主权再次变换为奴役权了吗?他们不是更进一步干脆丢弃了最后一片遮羞布,变"集体措施"为独夫单干,又在1979年把自己的"最高主权"即霸权统治强加到阿富汗人民头上去了吗?

(三) 互相"越界爱国"论

作为苏联"最高主权"和弱国"有限主权"论的推衍和延长,最近几年莫斯科又响起一片"越界爱国"论的喧嚣声。1973年4月19日的《红星报》领先鼓吹:"军事大踏步前进了,我们武装力量的对外职能有所改变",苏联人的"爱国主义……正在越出国界",要"展开积极的攻势"。字句虽略有闪烁支吾,语意却并不含糊:苏联军队的"对外职能"扩展到国外去,应当"越出国界",去展开"爱国主义"的"攻势"! 擅长"军事文学"的小说家们也紧密配合,例如,1973年出版的中篇小说《勃兰登堡门旁》,借用一个到东欧某国探亲的苏联军属卡什塔诺夫的脑袋,想出了这样的高见:"既然自己的亲生儿子在那里生活服役,那么一个别人的国家也就不怎么是别人的了。"同时又借用一个苏联军人谢尔盖的脑袋,让他在听军乐队演奏苏联和东欧各国国歌时放胆地胡思乱想:用"一种异常光明的基调"把"各国国歌连接起来演奏,就会是一支统一的国歌"。谢尔盖的胡想实际上就是苏联领导集团的美梦,他和他的父亲卡什塔诺夫都积极响应号召,"越出国界"去"爱"苏联领导集团惨淡经营多年的、囊括许多"别人的国家"在内的"统一的"殖民大帝国了。这是"越界爱国"论实际含义的一个方面。

哲学家毕竟比小说家高明,他们对"越界爱国"论作出了更全面的概括:"在社会主义制度下,可以说,爱国主义正在越出国界,它表现为……忠于世界社会

---

① 勃列日涅夫:《苏共中央委员会总结报告(1971年3月30日)》。
② 参见什捷缅科:《在战斗中产生的兄弟情谊》,载于苏联《在国外》周报1976年5月7日。

主义大家庭的利益",因而,"社会主义国家已不是祖国这个字眼传统意义上的单个的'祖国'了"①。这么一来,"越界爱国"论就又增添了另一层新的含义,即除了苏联殖民侵略者可以"越出国界"去"爱"别人国家的领土资源以及各色财富之外,"大家庭"中的小成员们还应当"越出国界"去"爱"那个称王称霸的封建家长。

多年来的事实反复证明:前一种越出国界的"爱",就是西洋传说中那死神的亲吻,一经此吻,弱国的主权就立即呜呼哀哉了,"传统意义上"的独立的祖国,也就此魂归地府,至多只剩下一个听凭宰割的躯壳!某些国家丧权辱国的现状,就是被苏联越界"爱"上了的现实样板。后一种越出国界的"爱",就是按俄罗斯的"古礼",屈膝匍伏,去亲吻农奴主的脚背;就是去爱异国的暴君,向他们纳贡称臣。近年来东欧各国被迫勒紧裤带挤出几十亿卢布的资金,派出几十万的劳力,背井离乡到苏联境内去做苦工,为它伐木采矿、开发资源、铺设油管等等,就是这后一种"越界爱国"的小小范例②。而这一类样板和范例的总和,同时也就是"打破"民族和国家的"狭隘"界限、在"大家庭"中实行所谓"社会主义经济一体化"或"建立一个作为统一综合体的社会主义经济"③的精髓所在。

如果你既不愿接受那越界飞来的死神之吻,也不愿越界去亲吻异国暴君的脚背;如果你坚持国家主权的独立和领土的完整,守住祖国的大门和民族的藩篱,严防虎狼闯入,那你就是罪该万死的"狭隘民族主义",就是对"大家庭"的严重不"忠",而大家长就要对你执行严厉的封建"家法":开动插着"国际主义"大旗的巨型坦克,撞毁你的国门,碾平你的家园。这就叫做运用"最高主权",实行"国际专政"!

苏联领导集团所鼓吹的上述三种谬论,尽管其具体论点不一,花样不断翻新,但作为社会帝国主义主权观的构成部分,却贯穿着同一条思想黑线,立足于同一块理论基石。这就是貌似国际主义的民族虚无主义。

因为,在"国际主义"的大纛之下,这三种谬论的矛头所指,都集中在同一个

---

① 哈纳扎罗夫:《爱国主义和社会进步》(书评),载于苏联《哲学问题》1975年第4期。
② 据报道,单是敷设从苏联乌拉尔地区的奥伦堡到苏联西部边境的天然气输送管道这一项工程,保加利亚、匈牙利、民主德国、波兰、捷克斯洛伐克五国除要分摊60亿卢布的资金外,还得派几万名工人"越出国界"到苏联去服苦役,把长达2800公里的管道分段包干完成,苏联只负责勘探设计,此外便可不花分文,坐享其成。对苏联来说,这种做法,既可向东欧各国转嫁苏联国内的经济困难,又可控制对东欧各国的原燃料供应从而加强经济盘剥和政治奴役,还可通过这条管道把天然气输往西欧各国牟取暴利。真是"一箭多雕"!列宁曾说过:剥削从落后国家来的、低工资的工人的劳动,正是帝国主义的特别典型的特征。奥伦堡工程就是一个新的例证。
③ 赫鲁晓夫:《世界社会主义体系发展的迫切问题》,载于苏联《和平和社会主义问题》1962年第9期。

要害上,即力图否定、取消、剥夺弱小民族的民族生存权利和民族独立自主;这三种谬论的立论根柢,都集中在同一个焦点上,即极力鼓吹:弱小民族的民族尊严、民族主权、民族藩篱和民族意识,一概都是无关宏旨、无足挂齿、无须尊重的,一概都是可有可无、有不如无的。

苏联领导集团极力宣扬诸如此类的谬论,妄图造成一种错觉,似乎马克思主义者既然提倡超越于民族国家界限之上的无产阶级国际主义,那就意味着可以对民族、祖国、主权、领土等等观念采取虚无主义态度,全面加以否定;对于国际公法上关于国家主权独立和领土完整的基本准则,似也可以径予漠视甚至弃置不顾。他们千方百计地妄图模糊、抹杀无产阶级国际主义同民族虚无主义之间的根本界限,并进一步偷天换日,用民族虚无主义来冒充和取代无产阶级国际主义,借以混淆视听,为自己的霸权侵略扩张开脱罪责。不言而喻,这是对无产阶级国际主义的严重歪曲和无耻篡改。

二、追本溯源,看"俄国佬精神"与民族虚无主义的早期结合

民族虚无主义的出现,并非始于现代。

百余年来,某些混迹于国际共运队伍中的老机会主义分子、老社会帝国主义分子,先后曾经不止一次地在"国际主义"的招牌下贩卖过民族虚无主义的毒品,借以麻醉弱小民族,从理论上为国际豪强的侵略兼并和霸权统治作伥助虐。如今,苏联领导集团极力鼓吹社会帝国主义的主权观,尽管在新的历史条件下具有新的"特色",但从其理论基石和立论根柢上观察,可以说是颇为"源远流长"的。换言之,当前颇为喧嚣的社会帝国主义主权观,就其基本点而言,乃是国际共运史上曾经数度出现的民族虚无主义谬论谰言的继续和伸延;而这些谬论谰言,又是当年屡经革命导师痛加挞伐、早有定论的。

"有比较才能鉴别"①。要准确地辨认和充分地揭露当前社会帝国主义主权观的反动本质,显然不能仅限于就事论事,而很有必要进一步从现状与历史的结合上,认真地寻根究蒂,探索这种反动主权观的思想渊源之所在,以便通过比较对照,弄清今日的社会帝国主义者在主权观问题上究竟如何全盘承继了老机会主义者、老社会帝国主义者的理论衣钵,如何彻底背叛了革命导师的谆谆

---

① 毛泽东:《在中国共产党全国宣传工作会议上的讲话》,载于《毛泽东选集》(第5卷),第416页。

教导。这样,才能剥光今日社会帝国主义者身上那"列宁门徒"的楚楚衣冠,使全世界人民更加清晰地认出他们的丑恶原形。

为此,就必须回顾马克思主义对民族虚无主义开展斗争的大体过程。

在国际共运史上,马克思主义者反对民族虚无主义的斗争,曾经经历过几个重大回合。其中第一个重大回合,是马克思和恩格斯对蒲鲁东分子民族观、主权观的尖锐批判。

在第一国际成立初期,来自法国的蒲鲁东主义者极力鼓吹他们那种以小资产阶级空想为基础的"社会革命",对任何民族问题都持全盘否定的态度。他们要求第一国际把全部注意力集中在他们所设计的"社会革命"(实则是改良主义的海市蜃楼),根本不必过问同无产者"无关"的民族问题。他们硬说民族特性是"无稽之谈",一切民族特性和民族本身都是"陈腐的偏见",工人阶级犯不着为此分心。他们特别反对把声援波兰人民抗击沙俄殖民统治恢复民族独立和国家主权、抵抗俄国佬对整个欧洲的威胁,作为全欧工人阶级共同的战斗任务,列入第一国际代表大会的议事日程,并且信口雌黄,诬蔑提出这种议案的马克思主义者"抄袭了"波拿巴主义的反动的民族原则①。针对这类荒谬的观点,马克思、恩格斯进行了尖锐的揭露和坚决的反击,从而进一步阐明了无产阶级的民族观和主权观。

早在马克思主义诞生之初,马克思恩格斯就对无产阶级进行国际主义教育,提出"工人没有祖国"这一著名论断,号召全世界无产者不分国别、族别联合起来进行斗争。就在这个同时,他们已经明确指出:就斗争形式而言,无产阶级反对资产阶级的斗争首先是一国范围内的斗争。每一个国家的无产阶级当然首先应该打倒本国的资产阶级,在本国本族的范围内取得政治统治,所以它本身暂时还是民族的②。既然无产者在开展阶级斗争、争取阶级解放的过程中,其基本的、经常的、主要的活动舞台首先是在一国一族的范围之内,那么,对无产者说来,本国本族总的处境和命运就不可能是"无关"大局和"不必过问"的问题,尽管无产者所理解的祖国和民族同资产者所鼓吹的往往有很大的差异甚至完全不同。

民族斗争,说到底,是一个阶级斗争问题。民族压迫实质上是阶级压迫的一种表现形式,因此,争取阶级解放和争取民族解放总是息息相关的。从被压迫民族中工农大众的角度来看,他们在走向阶级解放的途程中所必然要

---

① 参见恩格斯:《工人阶级同波兰有什么关系?》,载于《马克思恩格斯全集》(第16卷),第170—171页、第583页。

② 参见马克思、恩格斯:《共产党宣言》,载于《马克思恩格斯选集》(第1卷),第262、270页。

遇到的第一个巨大障碍,就是强大异族的压迫和掠夺,因此,"排除民族压迫是一切健康和自由的发展的基本条件",与此相应,被压迫民族中的无产阶级的党就应当"把解放国家提到自己纲领的首要地位"①。反之,不首先维护或恢复民族独立和国家主权,不首先反对民族压迫、争取民族独立解放,阶级解放就势必成为空谈。这个道理是十分明显的,无待赘述,另一方面,从压迫民族中工农大众的角度来看,对弱小民族所实行的民族压迫同样也是他们走向阶级解放途程中的一大障碍。因为,对弱小民族实行压迫和掠夺乃是强国大族剥削阶级物质力量和精神力量的重大源泉,也是他们在本国内部毒化工农阶级意识、转移斗争视线、巩固反动统治、加强阶级压迫的必要手段。因此,压迫民族中的无产者如果不赞助弱小民族维护民族独立和国家主权的斗争,不反对民族压迫或者甚至受骗去支持这种民族压迫,那就无异于加重自己身上的枷锁,严重削弱甚至完全破坏自己的阶级解放事业。"奴役其他民族的民族是在为自身锻造镣铐"②,"压迫其他民族的民族是不能获得解放的"③——马克思和恩格斯的这两句名言,正是革命导师针对强国大族的工人阶级敲起的响亮警钟。

鉴于民族压迫与阶级压迫、民族解放与阶级解放之间的关系是如此密不可分,所以,马克思号召国际工人阶级必须为维护弱小民族的独立和主权反对民族压迫、支持民族解放、实现民族平等而斗争,并且庄严宣告:为此而进行的斗争,"是争取工人阶级解放总斗争的一部分"④。不言而喻,在这一英明判断中,既包含着无产阶级国际主义思想,又包含着无产阶级爱国主义思想,可以说,它是国际主义与爱国主义的高度统一。

对比之下,蒲鲁东分子所鼓吹的民族虚无主义,乍看起来似乎也是主张打破民族狭隘眼界、超越于民族界限之上的,因而与马克思所倡导的无产阶级国际主义略有几分"相似",但是,由于它从根本上否定民族问题,取消民族独立主权观念,无视民族压迫,非难民族解放运动,不争民族平等,这就意味着要求弱小民族安于被压迫被奴役的现状。所以,它实际上既是对无产阶级国际主义的严重歪曲,又是对无产阶级爱国主义的彻底背离。有鉴于此,马克思在民族虚无主义论调刚一露头的时候,就以惊人的洞察力,透过其极"左"的词句,一眼看清其极"右"的实质,尖锐地指出,这种论调实质上就是提倡由"模范的"强大民

---

① 《恩格斯致卡·考茨基(1882年2月7日)》,载于《马克思恩格斯全集》(第35卷),第261页。
② 马克思:《机密通知》,载于《马克思恩格斯全集》(第16卷),第474页。
③ 恩格斯:《流亡者文献》,载于《马克思恩格斯全集》(第18卷),第577页。
④ 马克思:《国际工人协会成立宣言》,载于《马克思恩格斯选集》(第2卷),第135页。

族来吞并各个弱小民族①。

特别应当注意的是：蒲鲁东及其门徒们以民族虚无主义的观点和态度来对待当时波兰人民为恢复民族独立和国家主权而开展的抗俄斗争，进而非难和反对欧洲各国民主力量对波兰民族解放运动的大力支持，这就更加突出地显示了这种观点和态度的反动性，尤其令人不能容忍。对此，马克思曾经愤怒地指出，这是"为了迎合沙皇而表现了愚蠢的厚颜无耻"②。

如所周知，当时的沙俄是"欧洲一切反动势力的堡垒"，庞大的俄国反动军队曾经多次公开侵入欧洲邻国帮助当地的反动派绞杀一切革命，扮演着"世界宪兵"的可耻角色，而处在俄国殖民统治下的波兰国土，又成为沙俄楔入欧洲心脏地带，觊觎全欧和施加霸权压力的巨大前进基地。因此，沙俄不但是波兰人民而且是欧洲各族人民最凶恶的敌人，相应地，波兰民族争取独立解放的抗俄战斗不但是直接打击沙俄在波兰一国的殖民统治，而且也能严重削弱沙俄对全欧的霸权主义影响，促进全欧革命运动的发展。蒲鲁东分子不从欧洲无产阶级革命斗争的全局来观察问题，却以貌似"革命"的民族虚无主义空谈来非难波兰的民族解放运动，马克思认为，这只能说明他们是被"俄国佬精神束缚住了"，从而在客观上充当了俄国佬"最新的同盟军"③，即成为沙俄推行霸权主义政策，肆意奴役掠夺弱小民族的可耻帮凶。

在批判民族虚无主义的斗争中，恩格斯还作了另外一些十分重要的补充。他强调，无产阶级的国际运动，无论如何只有在独立民族的范围内才有可能，国际合作只在平等者之间才有可能，因此，从国际观点来看，民族独立以及建立在民族独立基础之上的国家主权、主权平等原则，绝不是很次要的事情，恰恰相反，"民族独立是一切国际合作的基础"④，如果属于统治民族的第一国际会员竟然号召被征服的和继续受压迫的民族忘掉自己的民族性和丧权辱国的处境，号召"抛开民族分歧"等等，那么，"这就不是国际主义，而只不过宣扬向压迫屈服，是企图在国际主义的掩盖下替征服者的统治辩护，并使这种统治永世长存"⑤。

---

① 参见马克思：《致恩格斯（1866年6月20日）》，载于《马克思恩格斯全集》（第31卷），第230—231页、第224页。

② 马克思：《论蒲鲁东》，载于《马克思恩格斯全集》（第16卷），第35页。

③ 马克思：《致恩格斯（1866年1月5日）》，载于《马克思恩格斯全集》（第31卷），第172页。

④ 《恩格斯致卡·考茨基（1882年2月7日）》，载于《马克思恩格斯全集》（第35卷），第262页、第261页。

⑤ 恩格斯：《关于爱尔兰支部和不列颠联合委员会的相互关系》，载于《马克思恩格斯全集》（第18卷），第87页。

马克思、恩格斯的上述言论,充分揭示了民族虚无主义的反动本质,从而帮助人们认识到:第一,在国际共运史上,民族虚无主义从开始出现之日起,就是侵略者、征服者,特别是俄国霸权主义者手中的精神武器和理论鸦片。它的反动性就在于为征服者的侵略暴行和霸权统治张目,力图麻痹被压迫弱小民族的民族意识和抗暴斗志,从而使他们俯首帖耳,任人宰割。第二,民族虚无主义从开始出现之日起,就披着"国际主义"的美丽画皮,但它实质上只不过是改头换面的大国沙文主义。必须透过假象看清本质,谨防受骗上当。

三、斥祖国"无所谓"论,"我们是社会主义祖国的护国主义者"

第二国际后期,列宁对爱尔威分子民族观、主权观的批判,是国际共运史上马克思主义者反对民族虚无主义斗争的第二个重大回合。

20世纪的最初几年中,帝国主义列强重新瓜分世界、争夺世界霸权的矛盾冲突愈演愈烈,各国的反动统治者疯狂扩军备战,并在国内拼命煽起沙文主义狂热,以"保卫祖国"为名,力图欺骗和驱使本国劳动者充当炮灰。在这场所谓"保卫祖国"的欺骗宣传中,第二国际中的右翼社会党人即修正主义分子纷纷成了本国反动统治者的应声虫和吹鼓手。针对这种情况,各国马克思主义者大力开展斗争,揭露帝国主义战争的罪恶本质,戳穿"卫国"骗局,提醒劳动者切勿上当。在这个过程中,法国的伪马克思主义者爱尔威也独树一帜,经常以极"左"面目出现,宣传他那独特的有关祖国、民族问题的观点。

在 1907 年第二国际的斯图加特代表大会上,爱尔威极力宣扬祖国"无所谓"论,他鼓吹说,"任何祖国都只是资本家的奶牛";"祖国是统治阶级的祖国,与无产阶级无关"。对无产阶级来说,无论生活在哪一个祖国都无所谓,生活在君主制的德国,或共和制的法国,或专制的土耳其,反正都一样;无论德国受法国统治还是法国受德国统治,对无产阶级也都无所谓。由于无产阶级横竖都要遭受资本家的剥削,所以"资本家在什么样的民族和什么样的政府的标识之下进行剥削,对于无产阶级说来是无关紧要的"。因此,爱尔威强调:"祖国对于所有无产者来说都只是幻想,说真的,他们犯不着为了幻想而拼得头破血流。"[①]

基于这种观点,爱尔威蔑视任何有关民族独立和国家主权的观念,表示坚

---

① 参见《列宁全集》(第13卷),第63、74页;《列宁全集》(第15卷),第168—169页。

决反对任何涉及"祖国"和"民族"问题的战争。据他说,这是"马克思主义"的思想观点,因为马克思本人就说过:"工人没有祖国。"

在大力鼓吹这些奇谈怪论的基础上,爱尔威进一步要求以代表大会的名义,宣布反对所有一切战争。

在当时,爱尔威的真实面目尚未充分暴露。列宁对爱尔威的主张作了一分为二的、马克思主义的具体分析。一方面,他肯定爱尔威的思想从一定意义上说,包含有"一个实际上正确的内容":它企图说明当时修正主义者、社会沙文主义者所宣扬的资产阶级爱国主义的欺骗性,强调工人阶级国际团结的重要性;但是,另一方面,列宁又十分严厉地指出,就整体而言,爱尔威所宣扬的只是一种"半无政府主义的谬论";特别是就其不分青红皂白地反对一切战争(包括争取民族独立解放的革命战争)以及否定任何有关祖国和民族的思想观点而言,爱尔威及其信徒们的主张尤其具有极大的反动性。

列宁指出,"战争是资本主义的必然产物,无产阶级不能拒绝参加革命战争"①。列宁特别强调:祖国这个政治的、文化的和社会的环境,是无产阶级进行阶级斗争过程中最强有力的因素,所以,"无产阶级不能对自己为之进行斗争的政治社会和文化的条件采取无所谓的、漠不关心的态度,因而,他们对本国的命运也不能抱无所谓的态度"②。

列宁严厉驳斥了对马克思所说的"工人没有祖国"一语的曲解。他屡屡援引马克思本人当年在第一国际内部嘲笑和驳斥法国蒲鲁东主义者歪曲无产阶级国际主义思想的事例,说明民族虚无主义与大国沙文主义之间的"血缘关系"③,说明那种不分青红皂白地否定一切民族、祖国的思想言论,实际上是全盘否定一切弱小民族争取民族解放、维护民族尊严、捍卫祖国独立的神圣权利,从而为觊觎他国领土主权的侵略者提供了最好的"理论根据",助长了帝国主义者、扩张主义者的气焰。

1914年8月,在第一次世界大战爆发后的最初几天里,就是这个善于哗众取宠、一向极力鼓吹民族虚无主义的爱尔威,竟猛然摇身一变,变成了一个极端的社会沙文主义分子,并自告奋勇地作为参战志愿兵去报到了。后来,他又和历来公开鼓吹社会沙文主义的桑巴、托马以及盖德等人都加入了法国资产阶级的"全民族的"战争政府。这件事当然只不过是当时整个国际机会主义逆流中

---

① 列宁:《斯图加特国际社会党代表大会》,载于《列宁全集》(第13卷),第63页。
② 列宁:《好战的军国主义和社会民主党反军国主义的策略》,载于《列宁全集》(第15卷),第168—169页。
③ 参见《列宁全集》(第20卷),第437—438页;《列宁全集》(第21卷),第389页。

的一个小水泡,然而这个具有强烈讽刺意义的小水泡,却十分具体、十分生动地显示了民族虚无主义与大国沙文主义作为孪生兄弟的血缘关系,从一个小小的侧面证实了马克思和列宁上述见解的无比正确。这恰如列宁所说的:"河水的流动就是泡沫在上面,深流在下面。然而就连泡沫也是本质的表现!"①

在革命洪流的冲刷下,爱尔威这个曾经轰动一时的小丑迅速沉没、销声匿迹了。但是,爱尔威之流所广为兜售的民族虚无主义观点以及祖国"无所谓"论,却由于它具有极"左"的、"革命"词句的装潢,仍在继续扩散。其流毒所及,甚至使当时国际革命队伍中的一些人也深受影响,在不同的时期和不同的历史条件下出现了种种糊涂观念。总的说来,他们致力于揭露和反对资产阶级文痞和修正主义分子鼓吹在业已爆发的帝国主义战争中"保卫祖国"的骗局,这是完全正确的。但其中有些人却从真理再往前"多走了一步",进而怀疑和否定在帝国主义时代所发生的一切保卫祖国独立或争取民族解放的战争;也有些人醉心于反对被压迫民族中的资产阶级狭隘民族主义,却忽略了甚至忘记了比它更危险、更凶恶多倍的压迫民族中的资产阶级大国沙文主义,有如列宁所讽喻的:"猫是老鼠心目中最凶的野兽"②。——眼光短浅,见小忘大;思想片面,以偏概全。只看到了"猫",忘记了世界上还有穷凶极恶的帝国主义虎狼熊罴。

为了进一步肃清爱尔威之流的思想流毒,澄清关于祖国、民族、主权、领土等问题上的糊涂观念,列宁在第一次世界大战爆发、第二国际破产之后迄十月革命胜利之初,又反复地就这个问题作过一系列的阐释和论述。

可以说,列宁在这一段期间里为此而进行的努力,乃是国际共运史上马克思主义者反对民族虚无主义斗争的第三个重大回合。

根据马克思主义的历史观点和科学精神,列宁首先对"工人没有祖国"一语作了经典性的解释。他指出,马克思、恩格斯这句话的原意只是说,各国无产者的经济状况是国际性的,他们的阶级敌人和解放条件也是国际性的,因此他们的国际团结比民族团结更为重要③。这也就是说,全世界的无产者,不论属于哪个国家哪个民族,都是同命运、共呼吸的阶级兄弟;由于他们有着共同的阶级遭遇、共同的阶级敌人和共同的奋斗目标,而且只有通过联合的斗争才能获得共同的解放,因此,他们应当不问国家、民族的差别,实现国际性的阶级团结,进行国际性的阶级搏斗。在这个意义上,不妨说,马克思、恩格斯所教导的"工人

---

① 列宁:《黑格尔〈逻辑学〉一书摘要》,载于《列宁全集》(第38卷),第134页。
② 参见列宁:《论民族自决权》,载于《列宁选集》(第2卷),第537页。
③ 参见列宁《给印涅萨·阿尔曼德》(1916年11月20日),载于《列宁全集》(第35卷),第234—235页。

没有祖国",和他们所号召的"全世界无产者联合起来",实际上是同一思想观点的不同表述。可见,"工人没有祖国"一语的原意,与祖国"无所谓"论以及任何其他民族虚无主义观点,都是风马牛不相及的。

其次,列宁强调,为了准确地理解和掌握"工人没有祖国"这一原理的真谛,务必把它同马克思、恩格斯的其他教导联系起来加以考察。他提醒人们注意:不是别人,而正是"同一个马克思曾经不止一次地号召进行民族战争"①,而恩格斯也曾经在1859年和1891年先后两度直接激发德国人的民族感情,直接号召德国人民奋起进行民族战争,抗击侵略者,保卫祖国主权和领土完整。

一方面讲工人没有祖国,另一方面又号召保卫祖国,从表面上看来,似乎"马克思和恩格斯今天说东,明天说西,是他们头脑不清楚吗?"针对这个问题,列宁斩钉截铁地回答说:"不是的!"

列宁进一步明确指出,"祖国是个历史的概念。……关于祖国和保卫祖国的原理不可能在一切条件下都是同样适用的"②。无产阶级对"祖国"和"民族",在不同的历史条件下应当采取不同的态度。他反复强调这样的思想:在帝国主义战争中,"保卫祖国"当然是一种骗局,由于这种战争从双方来说都是掠夺性的,因而无产阶级对它的态度应当遵循这样的原则:"二贼相争,两败俱伤";但是,在民族解放战争中,就完全是另一回事了。"受民族压迫的国家为反对实行民族压迫的国家而'保卫祖国',这不是欺骗,社会主义者也决不反对在这样的战争中'保卫祖国'"③;"依我看,在民族战争中承认'保卫祖国'是完全符合马克思主义的",因此,无产阶级绝对"不能拒绝在民族战争中保卫祖国",否则,就将犯下"天大的错误"④!

十月革命胜利之初,列宁又针对那些否定一切"保卫祖国",对社会主义祖国的国防抱轻率态度的错误思想,作了尖锐的批判。

列宁指出,承认保卫祖国,就是承认战争的正当性和正义性。要衡量和判断任何战争是否正当、正义,只能从争取无产阶级解放的标准和观点出发,其他标准、其他观点,我们是不承认的。根据这条根本原则,凡是剥削阶级为了巩固自己的反动统治而进行战争,这就是罪恶的战争,在这种战争中的"护国主义"就是卑鄙行为,就是背叛社会主义;反之,凡是已经取得政权的无产阶级为了保卫社会主义胜利果实,为了巩固和发展社会主义而被迫进行战争,这种战争则

---

① ④ 均见列宁:《给印涅萨·阿尔曼德》(1916年11月30日),载于《列宁全集》(第35卷),第239页。
② 同上书,第238、239页。
③ 列宁:《论对马克思主义的讽刺和"帝国主义经济主义"》,载于《列宁全集》(第23卷),第25页,并参见同卷第198页;第35卷,第263页。

是完全正当的和神圣的。因此,列宁庄严地宣告:"必须保卫社会主义祖国"。"谁要是对无产阶级已经获得胜利的国家有国防采取轻率的态度,他就是在破坏同国际社会主义的联系。……当我们已成为开始组织社会主义的统治阶级的代表时,我们就要求一切人严肃地对待国防。"[①]"我们是社会主义祖国的护国主义者"[②]。

在革命导师的这些光辉论述中,马克思主义的主权观体现得十分鲜明。它有力地澄清了民族虚无主义所造成的思想混乱。给人们以两项重大的启示:第一,马克思主义者从来就认定被压迫民族和被侵略国家有权利也有义务奋起捍卫民族独立和国家主权;第二,当问题涉及反对民族压迫、争取民族解放的时候,特别是当问题涉及保卫社会主义祖国领土和主权的完整,对帝国主义及其走狗的侵略进攻实行自卫反击的时候,如果像当年法国的蒲鲁东分子或爱尔威分子那样,在"国际主义"的美丽幌子下贩卖民族虚无主义的私货,把正义的卫国行动诬蔑为"狭隘民族主义",那就是根本背叛了无产阶级国际主义,根本背叛了马克思列宁主义。这种人,要么是侵略者的帮凶,要么是侵略者的后台,要么本身就是凶恶的侵略者,三者必居其一!甚至一身而二三任!

四、"刮一刮"红色表皮,"你就会发现他是大俄罗斯沙文主义者"

在 1919 年以后的一段期间里,列宁对布哈林等人伪国际主义民族观、主权观的无情揭露,是国际共运史上马克思主义者反对民族虚无主义斗争的第四个重大回合。

1919 年 3 月共产国际成立之初,俄共(布)顺应着当时国内外形势的重大变化,把修改党纲列为第八次代表大会的首要议题。会上,布哈林坚决主张从党纲中删去关于民族自决权的条文[③]。他从自己那种狭隘僵死的"阶级观点"和"阶级斗争"概念出发,扬言:既然"民族概念包括该社会的一切阶级",那么,在谈论民族自决问题时,问题的提法就"不是无产阶级或者资产阶级,而是既包

---

① 列宁:《论"左派"幼稚性和小资产阶级性》,载于《列宁全集》(第 27 卷),第 306 页。
② 列宁:《关于对外政策的报告》,载于《列宁全集》(第 27 卷),第 351 页。
③ 参见布哈林:《关于党纲的报告》;《关于党纲报告的结论》,载于《俄共(布)第八次代表大会速记记录》,1959 年俄文第 2 版,第 46—48、109—112 页。

括无产阶级,也包括资产阶级"。据此,布哈林推论说:"'民族自决权'口号和无产阶级专政原则是互相矛盾的","既然我们现在坚持无产阶级专政的方针,那么……我们就不能提出民族自决权的口号。"他坚持要取消这个旧口号,代之以新的、与无产阶级专政方针"相应"的口号,即"每个民族的劳动阶级的自决"。据他举例解释:"如果波兰民族的工人不愿意和我们处在一个国家里,我们将不强拉着他们,我们准许并将尊重波兰无产阶级的意志,但是我们绝不准许也并不尊重波兰资产阶级的意志。"

布哈林的这些观点在会上获得皮达可夫的全力支持,而后者又比前者走得更远。皮达可夫甚至宣布立即"取消"民族,说是"任何民族都不需要,需要的是全体无产者的联合"。当时俄共党内有些人在十月社会主义革命胜利和第三国际成立的大好形势鼓舞下,头脑发热,忘乎所以,充分暴露了大俄罗斯沙文主义的狂妄。在谈论当时世界革命进程和国际关系时,他们居然主张组织什么"世界国民经济委员会",并且要世界"一切民族的党隶属于俄共中央委员会"。对于这些被列宁称为"入了迷的同志"的自大狂,皮达可夫援引不伦不类的"事实"加以"论证",说什么:"乌克兰的共产党员就是按照俄共中央的指示而行动的。"①他的言外之意就是说,既然在莫斯科有一个出色的中央委员会,那么一切民族自决又有什么用处呢? 在这类荒谬看法遭到列宁严肃批评之后,皮达可夫居然反唇相讥说:"难道你认为这不好吗?"

除了布哈林、皮达可夫外,当时俄共中央还有另一位重要领导人普列奥布拉任斯基在民族观、主权观上采取了类似的狂妄立场。普列奥布拉任斯基在一份列宁起草的供俄共若干领导人讨论的重要文件上提出了"修改和补充"意见②。一方面,他主张应当把建立"统一的经济整体"放在首要地位,认为"在革命以后,民族问题的解决必须服从于把已经成立的各个社会主义共和国建设成为统一的经济整体的任务";另一方面,他断言:在帝国主义时代,被压迫民族的民族意识和民族主义思潮"已经衰颓变质",是"注定要灭亡"的。根据诸如此类的"理论前提",普列奥布拉任斯基推导出两项荒谬的结论:一是在帝国主义时代,被压迫民族的民族解放运动业已完全丧失了革命的发展前途。二是经济发展先进的欧洲即将出现一系列的社会主义共和国,社会主义的欧洲各共和国

---

① 在1917年十月革命胜利之后至1922年成立苏维埃社会主义共和国联盟之前,原沙俄统治下的各民族曾分别组成六个各自独立的社会主义国家。当时,"俄罗斯苏维埃联邦社会主义共和国"和"乌克兰苏维埃社会主义共和国",同其他共和国一样,都有各自独立的中央。

② 普列奥布拉任斯基:《对列宁起草的〈民族和殖民地问题提纲初稿〉的评论》(初次发表于《苏共历史问题》1985年第2期,第16页),并参见《共产党人》1968年第5期,第39页。此人曾任俄共(布)中央委员、中央委员会书记。

或"欧洲共和国联盟"中的无产阶级理应充当落后国家中的"民族主义的掘墓人"。如果落后国家中的下层劳动群众还不能推举出代表自己利益的集团来执掌政权并和欧洲结成联邦,而"欧洲共和国联盟"又不能同这些落后国家中"占统治地位的民族集团达成经济上的协议,那就不可避免地要用暴力镇压他们,并强迫那些重要的经济地区归并入欧洲共和国联盟"。

布哈林、皮达可夫、普列奥布拉任斯基的上述主张尽管用词不一,角度不同,但他们所挥舞的却是相同的、似是而非的、令人炫目的旗帜:坚持"阶级斗争",发扬"国际主义",推进"世界革命"!加以他们都身居要职,是第一个社会主义国家或共产国际的头面人物,这样,就在俄共和整个国际共运面前提出了以下两个方面的重大问题:

第一,在帝国主义和无产阶级革命时代,对于遭受帝国主义殖民统治的弱小民族,是否可以否定其民族自决权、改而提倡"劳动者自决"?怎样理解民族斗争同被压迫民族内部阶级斗争之间的辩证关系?

第二,在帝国主义和无产阶级革命时代,民族观念、主权观念是否已经完全"过时"?国际公法上的主权平等、领土完整与不可侵犯等基本原则是否可以弃置不顾甚至肆意践踏?是否可以由最早取得社会主义革命胜利的某一个民族的共产党来充当世界革命的指挥中心,让全世界其他"一切民族的党隶属于"它?一个社会主义国家是否可以借口"推进世界革命"、消灭"注定要灭亡的民族主义"而对落后国家弱小民族滥施暴力?是否可以借口建立社会主义的"统一的经济整体"而强行吞并那些属于落后国家弱小民族的"重要的经济地区"?

这些在新情况下出现的新问题,亟待一一作出符合马克思主义革命原则的、科学的解答。第一个作出这种解答的,是伟大的列宁。

列宁断然表示:"决不能说:'打倒民族自决权!我们只让劳动群众有权自决'"①;更不能随意宣告"取消民族"。"当然,这是很美妙的事情,也是会实现的事情,但只能在共产主义发展的另一个阶段上"②。

列宁指出,世界各国各族的发展阶段和发展水平虽不相同,但都还远未发展到一切民族都在完全平等自愿的基础上完全融合的共产主义阶段,因此,在相当长的历史时期内,民族就仍然作为一个客观实体而存在。在这种现实面前,如果我们说不承认什么民族,而只承认劳动群众,"那就是空洞到极点的废话"③。

---

① 列宁:《关于党纲的报告》,载于《列宁全集》(第29卷),第149页。
② 列宁:《关于党纲报告的结论》,载于《列宁全集》(第29卷),第165—166页。
③ 列宁:《关于党纲的报告》,载于《列宁全集》(第29卷),第148、146—147页。

诚然,民族内部是划分为阶级的,劳动者同剥削者彼此的阶级利益总的说来是对立的。但是,"勾去民族自决而写上劳动者自决是完全不正确的,因为这样的提法没有考虑到各民族内部的分化是如何困难,如何曲折"①。由于各民族的剥削者长期以来总是利用民族矛盾来掩盖阶级矛盾,煽动盲目的民族主义排外情绪,离间本族劳动者同其异族阶级兄弟的关系,在这种情况下,如果无视现实,不尊重主权观念和主权原则,否定一切遭受帝国主义殖民统治的弱小民族都享有自决权,那就无异于授人以柄,替该民族的剥削者增添欺骗宣传的口实和扩大欺骗宣传的效果,使劳动者更难于摆脱本族剥削者的影响,从而"阻碍我们所应当促进的无产阶级分化出来的过程"②。反之,帝国主义压迫民族(或曾经是帝国主义压迫民族)中的无产阶级政党严格遵守主权平等原则,公开承认民族自决权,这就有利于消除民族矛盾,揭穿各种欺骗宣传,有利于劳动者从本族剥削者的影响下解脱出来,从而促进被压迫民族内部的阶级斗争和革命发展。换言之,遭受帝国主义殖民统治的"每个民族都应当获得自决权,而这会促进劳动者的自决"③。

列宁特别强调,对于曾经长期充当压迫民族的大俄罗斯人说来,尤其必须严格遵守主权平等原则,切实尊重弱小民族的自决权。

众所周知,沙皇俄国是各族人民的监狱。长期以来,大俄罗斯民族的地主资产阶级在实行民族压迫方面打破了世界纪录。因此,正如列宁所尖锐指出的:"其他民族的劳动群众对大俄罗斯人都不信任,把他们看做一个进行盘剥、压迫的民族";对于许多弱小民族说来,大俄罗斯人就是压迫者、骗子的同义语:他们理所当然地"曾经引起所有其他民族的切齿痛恨"④。对于来自被压迫民族劳动群众的这种不信任和憎恨感,大俄罗斯民族的无产阶级及其政党应当采取什么态度呢?

列宁认为,在这种场合,"抽象地提出一般民族主义问题是极不恰当的",必须把压迫民族的民族主义和被压迫民族的民族主义区别开来。他强调,对于后者,大俄罗斯民族的人"在历史的实践中几乎永远都是有过错的,我们施加了无数暴力……和侮辱"⑤。因此,夺得了国家政权的俄罗斯无产阶级如果信守国际主义原则,就有责任认真地弥补和矫正历史过错。不能仅限于形式上宣布民

---

① 列宁:《关于党纲的报告》,载于《列宁全集》(第29卷),第148、146—147页。
② 同上书,第145页。
③ 同上书,第148页。
④ 列宁:《关于党纲报告的结论》,载于《列宁全集》(第29卷),第167页,并参见第31卷,第130页。
⑤ 列宁:《关于民族或"自治化"问题(续)》,载于《列宁全集》(第36卷),第631页、第629—630页。

族平等，而且要切实在行动上帮助以前备受大俄罗斯帝国主义殖民压迫的弱小民族获得事实上的平等，直到承认他们的民族自决权，即承认他们有分离的自由。这样，才能使各族工农在共同的革命斗争中接近和融合起来，建立起自觉自愿的联盟①。

列宁坚决反对无视国际公法关于各国互相尊重主权和领土完整的基本准则，借口建立"统一的经济整体"而用暴力吞并落后国家弱小民族疆土的做法。他指出："在民族问题上不能说无论如何也需要经济上的统一。当然这是需要的！但是我们应当用宣传、鼓动、自愿的联盟来达到它。"②针对普列奥布拉任斯基提出的关于民族问题的解决必须"服从于"建立所谓社会主义经济统一体的主张，列宁写下简短明确的批注："决不能简单地'服从于'：对照我写的第12条。"③这"第12条"，就是指列宁所起草、后来经共产国际第二次代表大会正式通过的纲领性文件《民族和殖民地问题提纲初稿》中的最后一条，其中规定：各国（尤其是欧美列强）的共产党人"对于受压迫最久的国家和民族的民族感情残余要特别慎重，特别注意"④。显然，列宁的上述批注是再一次强调不许以任何借口，肆意违反和粗暴践踏自愿原则，恃强凌弱，强加于人，迫使"服从"。

当年，列宁领导下的苏维埃俄国确实不愧是无产阶级专政的社会主义国家，不愧是无产阶级世界革命的第一个根据地，因而获得世界革命人民的充分信任。然而，即使是在这样的历史条件下，列宁仍然明确宣布："共产主义是不能用暴力来移植的。"⑤对待那些经济发展比较落后的弱小国家和民族，尤其不应越俎代庖，"输出"革命。"这里必须等待这个民族的发展，等待无产阶级与资产阶级分子分开"⑥。列宁在仔细审读普列奥布拉任斯基提出的关于"不可避免地要用暴力镇压"落后国家弱小民族的统治阶层并强迫其所属重要经济地区并入"欧洲共和国联盟"的书面意见之后，特地把这些谬见部分用黑线标出，打出了两个大问号，并严厉批评道："说得太过分了。说什么'不可避免地'、'要用暴力镇压'，这是无稽的、荒谬的。根本错误！"⑦这寥寥数语，相当鲜明地体现了列宁对于在国际关系和民族关系中借口"推进革命"而滥施暴力的霸权行径，是何等的深恶痛绝！

---

① 参见《列宁全集》(第29卷)，第88、102页。
② 列宁：《关于党纲报告的结论》，载于《列宁全集》(第29卷)，第167页。
③ 列宁：《对普列奥布拉任斯基评论的批注》，初次发表于《苏共历史问题》1958年第2期，第16页。
④ 列宁：《民族和殖民地问题提纲初稿》，载于《列宁全集》(第4卷)，第276页。
⑤ 列宁：《关于党纲的报告》，载于《列宁全集》(第29卷)，第148页。
⑥ 同上书，第145—146页。
⑦ 参见《列宁全集》(第41卷)，莫斯科1963年俄文第5版，第513页。

不言而喻,反对以"促进世界革命"为名对落后国家和弱小民族滥施暴力,这是切实尊重主权平等、严格遵守民族自决原则的必备条件。反过来,也只有切实尊重弱国弱族的主权、严格遵守民族自决原则,才能增强各族工农的国际团结,从而真正促进世界革命。这是问题的一个方面。另一方面,正如列宁所指出的:就民族自决原则而言,"问题的本质在于:不同的民族走着同样的历史道路,但走的是各种各样的曲折的小径,文化较高的民族的走法显然不同于文化较低的民族。"①从这个意义上说,尊重民族自决和国家主权,也就是承认和尊重不同民族不同国家在共同历史道路具体行进方法上的多样性和特殊性,也就是承认和尊重世界历史发展的客观规律性。这样,尊重弱国弱族的主权就和尊重历史唯物论水乳交融,并且成为尊重历史唯物论的一种具体表现了。

由此可见,信守国际法上的主权平等原则,尊重弱族弱国自决自主的权利,这不但意味着站在严格的阶级观点上,坚持了无产阶级的阶级性和革命性,而且意味着站在严格的科学观点上,坚持了唯物主义的科学性。简言之,马克思主义的主权观,贯穿着党性与科学性的高度统一。

因此,如果不想背离无产阶级世界革命、背离历史唯物主义、背离马克思主义的主权观,那么,任何先进国家先进民族中执掌政权的无产阶级及其政党都决不能、也绝对无权自以为是,把自己的主观意志或局部经验强加于人,要求落后国家弱小民族奉命照办。对于此点,列宁说得既幽默又严肃:"还没有颁布一个法令要一切国家都用布尔什维克的革命日历,即使颁布了这样的法令,也是不会执行的。"②同时,针对当时俄共中央某些领导人的自大狂,列宁告诫说:"如果我们自充好汉,吹牛夸大,我们就将成为全世界的笑柄,成为纯粹的吹牛家。"③列宁的结论是斩钉截铁的:"决不要从莫斯科发号施令!"④

在批判布哈林等人蔑视弱族弱国主权的各种民族虚无主义谰言时,列宁并不停留在就事论事上。他还以敏锐的洞察力,透过他们用极"左"词句织成的帷幕,看清背后隐藏着的大俄罗斯沙文主义的幽灵。他指出,在当时俄共队伍中仍然有不少人蔑视被压迫弱小民族,不愿意尊重各民族的独立权利和平等地位,甚至公然反对当时的俄国革命政府把沙皇从弱小民族处侵夺来的赃物退还原主,指责什么不该把"很好的渔场""送人",等等。列宁提醒大家对此类人应当保持警惕,应当把他们的红色表皮"刮一刮",好让人们看清本相,以免受骗,

---

① 列宁:《关于党纲报告的结论》,载于《列宁全集》(第29卷),第168页。
② 列宁:《关于党纲的报告》,载于《列宁全集》(第29卷),第148页。
③ 列宁:《关于党纲报告的结论》,载于《列宁全集》(第29卷),第164页。
④ 列宁:《关于党纲的报告》,载于《列宁全集》(第29卷),第149页。

他说:"刮一刮某个共产党员,你就会发现他是大俄罗斯沙文主义者。"①列宁号召一切真正的共产党人同他们作坚决斗争。他本着嫉恶如仇的一贯精神,在一张给俄共(布)中央政治局的便笺中写道:"我宣布同大俄罗斯沙文主义进行决死战。我那颗讨厌的蛀牙一治好,我就要用满口的好牙吃掉它!"②

列宁的上述教导,集中到一点,就是坚决反对和无情揭露俄共队伍中打着"国际主义"旗号、以"革命"姿态出现的大俄罗斯沙文主义。他旗帜鲜明地坚决反对本国——第一个社会主义国家的某些领导人以任何漂亮借口,继承老沙皇的霸权侵略传统,恃强凌弱,择肥而噬;坚决反对他们耍弄民族虚无主义的理论故伎,粗暴践踏国际公法基本准则,肆意破坏弱国弱族主权和领土的完整,保持殖民"遗产"和扩大殖民统治。

五、借鉴历史,明辨真伪

马克思、列宁在世期间,马克思主义者反对民族虚无主义的几次重大斗争,情况大体如上。在这些斗争中,始终贯穿着和鲜明地体现了马克思主义主权观和社会帝国主义主权观的根本对立。

在这些斗争中,无产阶级革命导师马克思和列宁关于揭露民族虚无主义、批判社会帝国主义主权观的光辉论述,具有重大的现实意义和深远的历史意义。它和马克思、列宁的其他遗训一样,都是后人从事革命战斗的锐利思想武器,也是他们鉴别敌友、明辨真伪的准确圭臬。

马克思主义者坚持无产阶级国际主义、反对民族虚无主义的斗争,时起时伏,绵延不断。它开始于百余年前,现在仍在进行之中,将来还要进行下去。在这些斗争中,从历史与现状的结合上,人们可以看出哪些规律性的现象,吸取哪些主要的教益呢?粗略地说,可以列出以下几点:

第一,民族虚无主义是社会帝国主义主权观的立论根基或"理论基础"。社会帝国主义主权观的核心和宗旨,就是力图论证扩张有"理"、侵略有"功"以及弱小民族爱国有"罪"。这种主权观,是社会帝国主义那一整套霸权扩张"理论"体系中的一个重要组成部分。同社会帝国主义的其他"理论"一样,这种主权观也具有"口头上的社会主义实际上的帝国主义"③这一共同特色,而其具体的独

---

① 列宁:《关于党纲报告的结论》,载于《列宁全集》(第29卷),第167页。
② 列宁:《关于反对大国沙文主义给政治局的便笺》,载于《列宁全集》(第33卷),第334页。
③ 列宁:《论第三国际的任务》,载于《列宁全集》(第29卷),第458页。

特装潢则是所谓"无产阶级国际主义"。在国际共运史上,民族虚无主义历来是作为一种伪国际主义出现的。它是奸商们用来以假乱真、诱人入套的貌似"国际主义"的一种赝品。

第二,民族虚无主义历来就是大国沙文主义的变种,是以大国沙文主义为基调而谱成的和声。无论在历史上还是在现实中,这两者总是共生相伴,形影不离的。而且,由于民族虚无主义有着"革命"词句的精致装潢,比一般赤裸裸的大国沙文主义具有更大的欺骗性,从而能更有效地为殖民主义、帝国主义、霸权主义的侵略扩张政策辩解和张目,因而更受帝国主义者和社会帝国主义者的喜爱。正因为他们需要使用它作为遮掩侵略的理论烟幕,因而这种迷眼毒雾虽屡遭揭露和廓清,却又一再有人重新广泛施放、鼓吹,不遗余力。

第三,民族虚无主义在历史上曾经为老沙皇的世界霸权政策出过力,又为苏联领导集团变本加厉的世界霸权政策效过劳。

苏联领导集团拼命鼓吹他国"疆境不足道"论、弱国"有限主权"论和互相"越界爱国"论,强令弱国弱族忘掉"传统意义"上的祖国、民族、主权、领土。对这类谰言,如果查一查它们在俄国历史上和国际共运史上的"血缘",便知其嫡祖乃是罗曼诺夫王朝的大俄罗斯沙文主义;而其近亲则是蒲鲁东分子所鼓吹的"民族陈腐"说、爱尔威分子所宣扬的"祖国无所谓"论以及普列奥布拉任斯基所叫嚷的"越界镇压"、"暴力归并"定理。

第四,当前甚嚣尘上的社会帝国主义的主权观,是历史上同类主权观的再现,但又并非简单的重复。在新的历史条件下,它具有更大的欺骗性,也远比当年危险得多,凶恶得多。

如果说,当年民族虚无主义、社会帝国主义主权观的鼓吹者曾分别遭到革命导师本人的严厉批判,因而声名狼藉,那么,当今社会帝国主义主权观的鼓吹者却盗用革命导师的名字来招摇撞骗,欺世惑众。他们的所作所为是对伟大列宁和列宁主义的背叛和亵渎,要透过这一系列假象看清他们的本质,从而对他们开展针锋相对的斗争,往往要经历一个十分痛苦的过程,付出相当重大的代价。

如果说,当年民族虚无主义、社会帝国主义主权观都还只是影响不大的一席书生清谈、一种学说流派或一股反动思潮,那么,当今的社会帝国主义主权观却已被具体化成为一个极端贪婪的超级大国的根本国策,成为这个超级大国推行世界霸权主义的理论根据。这种"国策化"了的反动主权观,它所凭借依仗的,已经远不仅仅限于政客文痞们的如喙之口、如簧巧舌和如刀之笔,而主要是一系列现代化的宣传工具、一整套巨大的反动国家机器以及规模十分庞大的侵略性武装暴力。它紧密地配合着这些庞大的侵略性武装暴力,成为碾平弱国疆界、撞毁弱族国门的"理论坦克",正在肆虐于全球。面对这种欺骗性、危险性、凶恶性都比以往同类大得多的反动主权观,全世界弱国弱族的革命人民当然丝毫不能掉以轻心。相反,务必以更大的注意力,对它的反革命实质开展无情的揭露和批判,肃清影响,以正视听。

第五,为了进一步弄清当今社会帝国主义主权观的反动实质,除了把它同历史上的社会帝国主义主权观进行比较外,还应当把它同历史上的一般帝国主义主权观进行比较。鼓吹后者的典型人物,首推臭名远扬的希特勒和杜勒斯。希特勒当年视德国的霸权为至高无上的神物,视弱族弱国的主权为低贱之极的草芥,狂叫德国、日耳曼民族"有权统治别人"。杜勒斯也鼓吹民族主权"已经变成陈腐了的观念"①。杜勒斯的同事,以宣扬赤裸裸的帝国主义观点而"闻名"于世的国际法"权威"杰塞普则公开提倡对弱小国家的主权加以削减或"限制",胡诌什么"无限制的主权如今已经不被看作是国家的最宝贵的或最迫切要求的属性";弱族弱国素常所坚持用以捍卫民族尊严和国家独立的主权观念和主权平等原则,只不过是"传统的国际法所赖以建立的流沙"。为了论证帝国主义霸权扩张政策可以"造福"人类,普度众生,他竟公然要求彻底冲刷"流沙",否定国际社会和国际法上公认的传统的主权观念和主权平等原则,极力鼓吹以操纵在帝国主义霸主手中的所谓"联合的主权"代替"单个国家的主权"②。

苏联领导集团既自称拥有"最高主权",又硬说弱国"主权有限",还胡诌什么祖国一词已不是"传统意义上单个的祖国"——这些,显而易见,倒全都是传统意义上的帝国主义法西斯狂言!

希特勒曾经"叱咤风云",固一世枭雄也,而今安在哉?这是奉行希特勒传统的新希特勒们应当记取的。

---

① 参见美国《外交季刊》1957年10月号。
② 参见杰塞普:《现代国际法》,1948年版,第2、12—13、14—42页。

XII 论国际经济法中的公平互利原则是平等互利原则的重大发展*

内容提要 本文分析了国际经济法中公平互利原则提出的背景,阐述了它的形成过程,认为:公平互利原则与国际公法传统意义上的主权平等原则、平等互利原则,既有密切的联系,又有重要的区别。"公平互利"是"平等互利"的重大发展;在国际经济交往和国际经济关系中确立和贯彻公平互利原则,其主旨在于以新的平等观取代旧的平等观,以实质上的、真正的平等取代形式上的、虚假的平等;其关键在于对分配不公的世界财富实行公平互利的国际再分配,以促进建立公平合理的国际经济新秩序。本文并以较大篇幅,以"非互惠的普遍优惠待遇"为例来说明公平互利原则的初步实践,并且强调发达国家对发展中国家实行的"普惠待遇",貌似单方的施惠,实为双方的互惠;貌似富国慷慨的恩赐,实为历史旧债的部分清偿。

目 次

一、公平互利原则的提出
二、公平互利原则的形成过程及其主要宗旨:"公平"与"互利"的联系和区别
三、公平互利原则的初步实践之一例:非互惠的普遍优惠待遇

一、公平互利原则的提出

第二次世界大战结束以后数十年来,被压迫弱小民族的反殖民主义斗争陆

---

* 本文的基本内容,原载于笔者参撰和主编的《国际经济法总论》(法律出版社1991年版),经修订整理,另行独立成篇,发表于《中德经济法研究所年刊》(1992),南京大学出版社1992年版。其后,又经多次修订增补,分别辑入笔者参撰和主编的《国际经济法学》(北京大学出版社1994—2007年第1—4版)和《国际经济法学专论》(高等教育出版社2002—2007年第1、2版)。

续胜利,众多新主权国家相继兴起,逐渐形成了发展中国家聚合的第三世界。基于国际社会内部结构和力量对比产生了重大、深刻的变化,制订或创立国际公法规范和准则已不再是少数西方"文明"国家即欧美列强垄断的特权,而是国际社会全体成员即所有主权国家的共同任务了。

国际经济法中的"公平互利"(mutual and equitable benefit)原则,就是在这样一种全球性的"大气候"下提出来的基本法理原则之一。

众所周知,当代国际社会中存在着由来已久的"南北矛盾"。"南北矛盾"的主要根源,在于世界财富的国际分配存在着严重的不公平,而且,这种分配不公具有不断扩大的趋向。试以联合国分别在1974年和1992年发表的两项文件中所列举的基本数字为例:20世纪70年代初,发展中国家的人口约占世界人口总数的70%,却只享有世界国民总收入的30%,反之,发达国家的人口只占世界人口总数的30%,却享有世界国民总收入的70%。到了90年代初,时至今日,这种分配不公、贫富悬殊的局面,即发达国家与发展中国家之间的经济鸿沟,又进一步扩大和加深了:占世界人口20%的富国,占有世界国民总收入的80%以上,反之,占世界人口80%的贫国,却只占世界国民总收入的20%以下;近年来,富国每年向第三世界各国提供的经济援助总额约为500亿美元,而富国依仗其经济实力上的绝对优势控制国际市场给第三世界贫穷国家造成的损失,每年竟高达5 000亿美元,换言之,"劫贫济富"竟是"乐善好施"的10倍!

不平则鸣!则争!正是在这样的历史背景下,第三世界在近数十年来为建立国际经济新秩序而奋斗的过程中,除了极力强调应当在国际经济关系中认真贯彻"尊重各国经济主权"、"南北平等合作共谋发展"等基本法理原则之外,也大声疾呼应在国际经济关系中大力贯彻"公平互利"这一基本法理原则。

与"尊重各国经济主权"等原则并列,"公平互利"原则获得众多主权国家的赞同,从而开始成为当代国际社会的共识。其主要标志,应当是1974年联合国先后两次大会通过的两大基本文献,即当年5月联大第6届特别会议通过的《建立国际经济新秩序宣言》(以下简称《宣言》)以及同年12月联大第29届常会通过的《各国经济权利和义务宪章》(以下简称《宪章》)。

《宣言》强调:国际经济新秩序应当建立在彼此公平相待的基础上,国际社会一切成员国应当根据公平原则,开展最广泛的合作,借以消除经济差距,达到共同繁荣[1]。《宪章》将《宣言》中所列举的关于建立国际经济新秩序的20条法

---

[1] 参见《宣言》第4部分,第2点。

理原则,以简明扼要的文字,归纳整理为 15 条,鲜明地提出了公平互利原则①。

国际经济法中的公平互利原则,与国际公法中传统意义上的主权平等原则、平等互利原则,既有密切联系,又有重要区别。公平互利原则是主权平等原则和平等互利原则的重大发展。

公平(equity)与平等(equality)有时是近义的,有时却是径庭的。在某些场合和特定条件下,表面上的"平等"实际上是不公平的;反之,表面上的"不平等"却是公平的。

发展中国家为了在国际经济交往、国际经济关系中实现公平互利原则,为了在国际经济新秩序中确立公平互利原则,为了对分配不公的世界财富实行公平互利的国际再分配,曾经进行过、并且正在继续进行不懈的斗争。

二、公平互利原则的形成过程及其主要宗旨:"公平"与"互利"的联系和区别

国际公法传统意义上的主权平等,主要指的是在国际社会中,国家不分大小强弱,都具有平等的国际人格,享有平等的法律地位,既没有高低贵贱之分,也不允许存在统治与被统治的关系,任何国家都不应要求享有任何特权。传统的主权平等原则的着眼点,显然是侧重于国与国之间的政治关系。

在殖民主义盛行的年代,全球众多殖民地、附属国不具备或被剥夺了国际公法主体的身份,缺乏独立的国际人格,没有主权,也就没有平等可言。因此,在传统的国际公法观念中,主权平等原则对它们是概不适用的。殖民国家与殖民地之间、宗主国与附属国之间,存在着公开的统治与被统治关系,这种赤裸裸的不平等关系曾经长期被认为是"合法"的,并且往往以国际不平等条约的形式把这种公开的不平等关系从法律上加以肯定和固定。当年的主权平等原则,只被推行于欧美所谓"西方文明国家"之间。但是,由于资本主义弱肉强食规律的普遍作用,即使是在这些"文明国家"之间,主权平等原则也经常遭到破坏。

第二次世界大战以后,殖民地、附属国众多弱小民族挣脱殖民枷锁,建立了独立的国家,具备了独立的国际人格,成为国际社会的正式成员,并且根据国际公法上主权平等的原则,开始与一切强国、大国、富国一起,并立于世界民族之林,享有平等的法律地位。这是国际关系史和国际公法史上的一大进步。

---

① 参见《宪章》第 1 章,第 5 点。

但是,由于种种历史的原因和现实的原因,这些弱小民族建立的新兴发展中国家在国际社会中的平等地位,往往遭到强权政治和霸权主义者的轻视、侵害和践踏。因此,发展中国家对于传统国际公法中经过一定更新的主权平等原则,经常加以重申和强调,并且为维护、捍卫主权平等原则而联合斗争。

另一方面,在国际交往实践中,发展中国家愈来愈感受到,仅仅从或主要从政治角度上强调主权平等原则,往往只能做到形式上的平等,难以实现实质上的平等。在某些场合,发达国家往往以形式上的平等掩盖实质上的不平等。因此,发展中国家开始侧重从经济角度、从实质上来重新审查传统意义上的主权平等原则和形式平等问题,并对传统原则和传统观念加以更新、丰富和发展,赋以新的时代内容,明确地提出了互利原则,不但用以调整国际政治关系,而且尤其用以调整国际经济关系,从而使平等原则上升到新的高度。

互利,指的是各国在相互关系中,应当做到对有关各方互相都有利。反对为了利己,不惜损人,即不能通过损害他国的利益来满足本国的要求,更不能以牺牲他国、压榨他国为手段,攫取本国单方的利益。民族利己主义和由此派生的霸权主义,是互利原则的死敌。

国家与国家之间的关系,只有建立在平等的基础上,才能做到互利;只有真正地实行互利,才算是贯彻了平等的原则,才能实现实质上的平等。

可见,把互利与平等联结融合起来,作为指导和调整国际政治关系和经济关系的一项根本原则,标志着国际法上主权平等原则的重要发展。

中国是国际社会中最早提出并积极推行平等互利原则的国家之一。早在中华人民共和国成立前夕,中国人民政治协商会议在1949年9月29日通过的《共同纲领》中,就明确地把平等互利规定为与一切外国建立外交关系的一个前提条件,同时,又郑重宣布,"中华人民共和国可在平等和互利的基础上,与各外国的政府和人民恢复并发展通商贸易关系"①,即明文规定平等互利原则乃是中国实行对外经济交往、调整国际经济关系的基本准则。

1954年4—6月,中国与印度、缅甸一起,率先把平等互利原则与互相尊重主权和领土完整、互不侵犯、互不干涉内政、和平共处等原则结合起来,共同积极倡导把这五项原则作为指导当代国际关系的基本准则。随着时间的推移,和平共处五项原则经历了二十年的实践考验,至70年代中期,它们不但已经获得广大发展中国家的积极赞许和大力维护,而且开始得到许多发达国家的认可和肯定,被相继载入不胜枚举的国际性法律文件之中。平等互利原则与其他四项

---

① 参见《中华人民共和国对外关系文件集》(1949—1950年),世界知识出版社,第1—4页。

原则并列,成为举世公认的国际公法基本原则。

1974年5月和12月先后在联合国大会上通过了《宣言》和《宪章》。这两项具有重大国际权威性的法律文献,以大体相同的语言文字,把和平共处五项原则的基本内容加以吸收,或列为建立国际经济新秩序20条原则的首要组成部分,或列为调整国际经济关系15条基本准则的首要组成部分。

值得注意的是:无论《宣言》或《宪章》,都把平等原则与互利原则重新分开,分别列为建立国际经济新秩序的两条基本原则或调整国际经济关系的两项基本准则,分别地加以重申和强调:一方面,强调各国主权一律平等;另一方面,强调各国交往必须公平互利(mutual and equitable benefit)①。联系到《宣言》和《宪章》中论及国际经济关系时,又多次提到必须贯彻公平原则②,显然可以看出:这两大国际经济法文献既把平等与互利分开,分别从不同角度上加以重申,又把公平与互利联系起来,加以突出的强调,这种新措辞和新规定,实际上是丰富和发展了互利原则,如实地反映了广大发展中国家在国际经济交往中新的呼声和强烈愿望。

众所周知,在一切正常、自愿的国际经济交往中,由各自求利构成的互利,历来是互相交往的起点和动因,也是终点和归宿。换言之,实行国际经济交往的双方,说到底,是为了谋求各自的利益,没有这一点,各方就没有交往的动力。因此,如果在交往中任何一方不让对方也获得相应的或对等的利益,甚至但求利己,不惜损人,则这种交往势必中断,归根结底,一方原先为自己谋求利益的愿望也就落空。所以,在正常、自愿的国际经济交往中,互利乃是双方矛盾利益的交汇点、调和点和融合点;互利是成交的前提和基础。只有实现真正的互利,才能使国际经济交往中正常、自愿的成交,周而复始,生生不息,互补互益,不断扩大,从而促进世界经济的普遍繁荣。

但是,在当代国际经济交往的实践中,互利原则的贯彻,往往遇到干扰、阻碍和破坏。在发达国家与发展中国家之间的经济交往中,尽管以不平等条约为基础的公开的不平等,一般说来已经大为削弱或已不复存在,但是,发达国家仍然凭借其经济实力上的绝对优势,对历史上积贫积弱因而经济上处于绝对劣势的发展中国家,进行貌似平等实则极不平等的交往,实行形式上有偿实则极不等价的交换。其常用的主要手段,就是对于经济实力悬殊、差距极大的国家,"平等"地用同一尺度去衡量,用同一标准去要求,实行绝对的、无差别的"平等

---

① 参见《宣言》第4部分,第1、2点;《宪章》第1章,第2、5条。
② 参见《宣言》第4部分,第10点;《宪章》序言,第2章,第6、14、26条。

待遇"。其实际效果,有如要求先天不足、大病初愈的弱女与体魄强健、训练有素的壮汉,在同一起跑点上"平等"地赛跑,从而以"平等"的假象掩盖不平等的实质。

例如,根据1947年的《关税及贸易总协定》,自20世纪40年代中期至70年代初期,在国际贸易关税体制中长期推行互惠原则、最惠国原则以及无差别原则,这在经济发展水平大体相当的国家之间说来,基本上是公平的、可行的。但是,由于把这些原则绝对化、僵化,因而不顾发展中国家与发达国家之间发展水平的差距和经济实力的悬殊,要求一切缔约方在国际贸易中无条件地实行对等互惠,"平等"地大幅度削减关税,其结果,往往导致发展中国家的民族工业、国内市场以及对外贸易进一步萎缩,造成富国更富、贫国更贫的局面。又如,在《国际货币基金协定》中,主要依据各国缴纳基金份额这一统一的、"平等"的标准,来决定各会员国所享有的决策权和借款权,实行"份额面前,人人平等",往往导致财大者气粗,以富欺贫。

诸如此类形式上的"平等",不但未能消除世界财富原有的国际分配不公,而且增添了新的国际分配不公,严重阻碍实质平等和真正互利的实现。

正是在这种背景下,第三世界众多发展中国家在强调各国主权平等的同时,在强调各国在政治上、法律上享有平等地位的同时,又侧重从国际经济关系方面,大声疾呼和强烈要求贯彻公平互利原则,突出地强调了公平的重要性和迫切性,并且借助于联合国大会通过的《宣言》和《宪章》,使它上升为建立国际经济新秩序的一项基本原则和调整国际经济关系的一项基本准则。

公平互利原则进一步明确了平等互利的真实含义,丰富了平等互利的内容,是平等互利原则的重要发展。

在国际经济交往中强调公平互利,究其主要宗旨,端在于树立和贯彻新的平等观。

对于经济实力相当、实际地位基本平等的同类国家说来,公平互利落实于原有平等关系的维持;对于经济实力悬殊、实际地位不平等的不同类国家说来,公平互利落实于原有形式平等关系或虚假平等关系的纠正以及新的实质平等关系的创设。为此目的,就应当积极采取各种措施,让经济上贫弱落后的发展中国家有权单方面享受非对等性的、不要求直接互惠回报的特殊优惠待遇,并且通过给予这些貌似"不平等"的特惠待遇,来补偿历史上的过错和纠正现实中的弊病,以实现真正的、实质上的平等,达到真正的公平。

这种新的平等观,是切合客观实际需要的,是科学的,也是符合马克思主义基本观点的。早在百余年前,马克思在剖析平等权利时,就曾经指出:用同一尺度去衡量和要求先天禀赋各异、后天负担不同的劳动者，势必造成各种不平等的弊病，并且断言："要避免所有这些弊病，权利就不应当是平等的，而应当是不平等的。"①马克思的这种精辟见解，对于我们深入理解当代发展中国家提出的关于贯彻公平互利原则、实行非互惠普惠制等正义要求，具有现实的指导意义。

只有在公平互利的基础上建立新型的国际经济关系，才能逐步纠正目前存在的国际贫富悬殊的不合理现象，实现全球各类国家在经济上的均衡发展和共同繁荣。换言之，贯彻公平互利原则不仅对发展中国家有利，从世界战略全局和发达国家本身利益出发，在发达国家和发展中国家之间建立公平互利关系，也有助于缓和发达国家的经济困难，有利于世界的和平与稳定。

三、公平互利原则的初步实践之一例：非互惠的普遍优惠待遇

《宪章》规定：为了加速发展中国家的经济增长，消除发达国家与发展中国家之间的经济鸿沟，发达国家应当尽可能在国际经济合作的领域内给予发展中国家"普遍优惠的、不要求互惠的和不加以歧视的待遇"（generalized preferential, non reciprocal and non discriminatory treatment）。同时，责成发达国家根据国际关税主管机构的决定，针对发展中国家出口的产品，积极推行"普遍的、不要求互惠和不加以歧视的关税优惠制度"（generalized non-reciprocal and non-discriminatory tariff preferences）②。前者通常简称"非互惠的普惠待遇"，或"普惠待遇"，以区别于国际法中的传统概念"互惠待遇"和"最惠国待遇"。后者是前者的原则在关税体制中的具体运用，通常简称"非互惠的关税普惠制"、"关税普惠制"、"普惠关税制"、"普遍优惠制"或"普惠制"。

发达国家对发展中国家实行"非互惠的普惠待遇"，是公平互利原则的一种具体运用和初步体现。

如前所述，在第二次世界大战结束后推行了几十年的《关税及贸易总协定》（以下简称《总协定》），其中关于"互惠、最惠国、无差别"待遇的原则，对于发展

---

①　参见马克思：《哥达纲领批判》，载《马克思恩格斯选集》（第3卷），人民出版社1995年版，第305页。

②　参见《宪章》第2章，第18、19条。《宣言》第4部分第14点以及《纲领》第1部分第(3)、I、J点也作为类似的规定。

中国家与发达国家之间的贸易往来而言,是显失公平的。1964年,在"联合国贸易和发展会议"的首届大会上,与会 77 个发展中国家共同呼吁改变《总协定》中不合理、不公平的规定,要求发达国家排除不利于发展中国家出口的障碍,针对来自发展中国家的商品给予普遍的、非互惠的和非歧视的关税优惠待遇,并把这种要求与建立国际经济新秩序的总要求,紧密联系起来,加以强调。会议终于通过了一项重要原则:"发达国家应当给予全体发展中国家减让,把发达国家之间相互给予的一切减让,推广给予发展中国家;在给予这些减让时,不应要求发展中国家以任何减让作为回报。……应当把所有发展中国家作为一个整体,给予新的优惠减让;这种优惠,不应推广给予发达国家。"[①]这一原则,初步描绘了非互惠的普惠待遇的基本轮廓。

经过众多发展中国家多年的联合斗争,促使《总协定》这一国际公约组织先后在 1964 年 11 月、1971 年 6 月以及 1978 年 11 月对十分僵硬的"互惠、最惠国、无差别"的原有体制,三次作了局部的修订和变更,逐步认可和肯定了专门给予发展中国家出口产品的"非互惠的普惠待遇"以及"非互惠的关税普惠制"[②]。在这个过程中,发展中国家又通过集体的努力,促使此种普惠原则和普惠关税制在 1974 年正式载入联合国大会通过的《宣言》、《纲领》和《宪章》等具有国际权威性的法律文献。通过这些国际公约、国际法律文献以及相应的国际关税实践,逐步在法律上确立了普惠待遇原则和普惠关税制的合法地位。

在普惠关税制中,"给惠国"(或"施惠国")指的是对发展中国家制造和出口的商品给予关税普惠待遇的发达国家;"受惠国"指的是享受发达国家给予关税普惠待遇的发展中国家;"受惠产品"指的是列入给惠国方案清单中的、享受关税普惠待遇的受惠国商品。

在当前的国际实践中,一般是由各给惠国(发达国家)根据本国的立法程序,分别制订给予受惠国(发展中国家)关税普惠待遇的具体方案。方案的制定国即给惠国拥有相当大的自由裁量权和决定权,即可以单方面随意决定受惠国名单、受惠产品范围、受惠关税减免幅度以及反普惠的保护措施等等。因此,严

---

① See: *Proceedings of the United Nations Conference on Trade and Development*, *Final Act and Report* (United Nations publication), Vol. I, annexes A. I. 1, A. I. 2 and A. I. 3, pp. 18–25, 26.

② 参见《总协定》决议: L/3545, L/4093;并参见汪暄:《论关税及贸易总协定下的贸易自由化》;高燕平:《国际贸易中的普遍优惠制》,载《中国国际法年刊》1986 年本,中国对外翻译出版公司 1987 年版,第 44、59、60、63、161—163 页。

经过多边谈判,《总协定》组织在 1978 年 11 月作出第 L/4093 号决议:"……缔约国可以给予发展中国家有差别的和更有利的优惠待遇,而不把这种待遇给予其他缔约国";"发达的缔约国不得期望发展中国家在贸易谈判中给予它的发展、财政和贸易需要不相称的互惠"。

格说来,国际上现行的关税普惠制实际上还只是各发达国家各种不同给惠方案的简单凑合,远非发展中国家原先所要求的普遍的、非互惠的和非歧视的关税优惠制度。一般说来,在各种普惠制方案的制定上,作为普惠制倡议者的众多发展中国家几乎毫无发言权,只是消极被动地认可或接受由发达国家单方制作的既定方案。

在现行的各类关税普惠制中,由于其中几个主要关键问题的决策权完全操纵在有关的发达国家手中,因此,它们在确定受惠国名单时,往往出于经济或政治考虑,厚亲薄疏,排斥"异己",甚至以此作为实施"经济制裁"或政治要挟的手段;在开列受惠产品清单时,往往把对于发展中国家出口利益有重大影响的产品(诸如纺织品、皮革制品、儿童玩具、某些农产品等),排除在受惠产品范围之外;在厘定关税优惠减免幅度时,往往设定各种"配额"和"最高限额",来自发展中国家的出口产品,超过一定的额度,其超过部分就不得享受普惠待遇;此外,还借口保护国内同类产业和国内市场不受"干扰"和"威胁",采取名目繁多的"保护性措施",设置各种"非关税壁垒",推行"逐渐取消优惠"条款,这就使得关税普惠制在实际执行中受到重重限制,大打折扣,甚至流于有名无实。

可见,现行的普惠制实际上是南北矛盾和南北妥协的产物。对比传统的、绝对的"互惠、最惠国、无差别"体制,它可以说是一项重要的改革;但对比原来意义上的普惠制,则还有相当大的距离。实施现行的普惠制,对于许多发达国家说来,意味着它们已经开始从国际经济旧秩序的原有阵地上退却,但是在退却过程中却又步步为营,力求尽可能多地保住既得利益;对于广大发展中国家说来,意味着它们在建立国际经济新秩序方面已经有所推进,但在继续推进中却遇上重重壕堑,每前进一步都要再经过新的艰苦斗争。

在继续推进普惠制问题上,发展中国家正在开展新的联合斗争。其首要着力点,显然应当集中于:力争在上述几个关键问题上,享有参与决策的权利,即改变发达国家"一言堂"的现状,实行南北双方的"众言堂",通过认真的南北新谈判和新协商,达成新的共识,采取新的普惠措施,共同努力贯彻。1975年、1979年、1984年以及1989年先后签订的四个《洛美协定》,由非洲、加勒比地区和太平洋地区几十个发展中国家与欧洲经济共同体国家实行集体的南北对话和谈判,陆续达成了比较有利于发展中国家的协议,逐步实施和改进了有关非互惠普惠待遇的体制。这就是广大发展中国家正在朝着上述方向不断努力前进的一个有力例证,也是它们在这个方向上取得的一项重要成果。

实践证明:在南北对话和谈判中,为了取得新的、公平合理的共识,达成新的公平的协议,在法理上必须澄清几个基本观念:

第一,实施非互惠的普惠待遇,既不是发达国家的恩赐和施舍,更不是发展中国家的讨赏和乞求。稍具历史知识者都懂得:今日的发达国家大多是当年的殖民主义国家或宗主国,它们今日的富强与当年对殖民地、附属国的掠夺和盘剥,有着密切的历史联系和因果牵连。反之,今日发展中国家的贫弱落后,就是它们当年在殖民枷锁下长期遭受盘剥和榨取的历史积淀。历史上的恩仇可以淡化和消除,历史上的巨债却不宜一笔勾销。从这个意义上说,如今发达国家单向地给予发展中国家"非互惠的普惠待遇",其实质,不妨认定为历史旧债的部分偿还,即历史上债务人的继承者对于历史上债权人的继承者的初步清偿。这本来就是国际公法上关于国家责任原则、国家继承原则以及政府继承原则的法定内容和法定要求。

第二,所谓"非互惠的普惠待遇",其中"非互惠的"一词,并不完全准确。诚然,从局部的、短暂的角度看,给惠国不要求受惠国立即给予直接的反向回报,因而勉强可以说是"非互惠的"。但是,从全局的、长远的角度看,给惠国实际上从受惠国不断取得重大的回报和实惠。以前述四个《洛美协定》为例,参加缔约的非、加、太地区数十个发展中国家原先绝大多数都是欧共体发达国家的殖民地、附属国或"势力范围",历来是欧共体国家极其重要的原料供应地和商品的销售市场。通过《洛美协定》,欧共体国家诚然给予非、加、太地区国家以普惠待遇,反过来,欧共体国家也相应地确保和扩大了在这些地区国家中的经济利益,确保了许多重要原料的来源和扩大了商品的销售市场;并且在资本主义社会"自由竞争"体制下,在美国和日本等"商战劲敌"面前,占了上风。由此可见,所谓"非互惠"或"不要求互惠",实际上仍贯穿着"投桃者求报李"和"礼尚往来"的用意,也蕴含着商场上"等价有偿"的法理原则。

第三,在当代现实的国际市场中,发达国家凭借其经济实力和垄断手段,可以随意操纵各类商品的价格,致使来自发展中国家的农矿原料产品、初级工业产品,与来自发达国家的、以这些原料和初级产品作为根基的精制产品以及其他科技产品,其间往往存在着纯属人为的重大剪刀差,两类国家两类产品价格贵贱的悬殊,并不真正体现两类商品中所凝聚的社会必要劳动量的重大差异。相反,这种人为剪刀差正是对经济学上"等价交换"原则和法学上"等价有偿"原则的严重背离。针对这种国际贸易往来中显失公平的现实弊端,要求发达国家单向地对发展中国家采取"非互惠的普惠待遇",充其量只不过是对上述不公弊端的纠正,对弊端后果的补偿和补救,只不过是"等价交换"和"等价有偿"等公平原则的恢复和重建。因此,这绝不是什么"非分要求",更不是"过分苛求"。

第四,在现代科技条件下,国际社会中各类国家的经济在很大程度上是互相联系、互相依存和互相补益的。国际社会的各类成员只有实现共同的发展，才能有效地谋求各自的繁荣。任何国家或国家集团在谋求本身发展的过程中，都不能置他国利益于脑后。过分损人，终必害己。诚如《宣言》所郑重宣布的："发达国家的利益同发展中国家的利益，彼此再也不能截然分开；发达国家的兴旺发达，同发展中国家的成长进步是息息相关的；整个国际社会的繁荣昌盛，取决于它的各个组成部分的繁荣昌盛。开展国际合作以共谋发展进步，是一切国家义不容辞的目标和共同的职责。"[①]由此可见，富强的发达国家对贫弱的发展中国家实施"非互惠的普惠待遇"，说到底，只是发达国家对整个国际社会应尽的一份职责。

总之，认真贯彻实行"非互惠的普惠待遇"和"非互惠的关税普惠制"，有助于加强发展中国家产品在国际市场上的竞争能力，扩大它们的出口，改善这些国家经济上贫困落后的处境，从而纠正国际上贫富悬殊和分配不公的现状。与此同时，这种新体制也给发达国家带来许多现实的利益和对等的实惠，特别是从全局和长远的观点看来，对发达国家也是十分有利的。由此可见，这种新体制乃是公平互利原则的一种具体运用和初步体现，是国际经济新秩序的一种重要构成因素。

应当指出，从当前国际现状的整体上看，公平互利原则的贯彻实行，还只是略见端倪，有所进展；发展中国家在国际经济关系中的不利地位，尚未得到重大改变；要真正实现公平互利，还需经过长期的奋斗和不懈的努力。

---

① 《宣言》第3部分。

XIII 论南北合作是解决南北矛盾的最佳选择*

内容提要 本文针对1974年两次联合国大会相继通过的《建立国际经济新秩序宣言》以及《各国经济权利和义务宪章》中倡导的"全球合作"原则,结合其后三十多年来的实践发展,加以诠解和剖析。全文侧重分析南北矛盾上升为当代国际经济关系中主要矛盾的各种原因;指出南北矛盾的根源在于世界财富的国际分配存在严重的不公;论证南北矛盾的实质是积贫积弱的众多发展中国家反抗弱肉强食的国际经济旧秩序,要求建立公平互利的国际经济新秩序,而少数原先是殖民主义列强的发达国家,却力图保留既得利益和垄断地位,维护国际经济旧秩序,抵制和反对建立国际经济新秩序。但是,这两大类国家在当代现实经济生活中形成的极其密切的互相依存和互相补益关系,却决定了它们之间"合则两利,离则两伤",这就促使这两大类国家终究要在不同发展阶段的南北争斗中,互相妥协让步,作出"南北合作"的最佳选择,从而解决各个相应阶段的南北矛盾。文章还以《洛美协定》的多次签订和不断更新,说明南北合作原则的实践不断地往前推进。

目 次

一、全球合作原则的中心环节:南北合作
二、南北合作原则初步实践之一例:《洛美协定》和《科托努协定》
三、《洛美协定》和《科托努协定》的生命力与局限性

---

* 本文的基本内容,原载于笔者参撰和主编的《国际经济法总论》(法律出版社1991年版),先后经多次修订增补,分别辑入笔者参撰和主编的《国际经济法学》(北京大学出版社1994—2007年第1—4版)和《国际经济法学专论》(高等教育出版社2002—2007年第1、2版)。

南北矛盾,由来已久。南北矛盾和由此而来的南北争斗与冲突,给当代国际社会的和平共处以及世界经济的发展繁荣,带来了重大的负面影响。在长期的实践中,全球有远见的政治家们逐步认识到:开展南北合作乃是解决南北矛盾的**最佳选择**。这种看法,逐渐发展形成了**国际共识**。其重要标志之一,就是1974年两次联合国大会相继通过的《建立国际经济新秩序宣言》以及《各国经济权利和义务宪章》对南北合作这种最佳选择,作出了相当明确的规定。

强调全球各类国家之间开展全面合作,特别是强调南北合作,以共谋发展,这是始终贯穿于《宣言》、《纲领》和《宪章》中的一条主线。

《宪章》对于全球合作、共谋发展这一主题,就其基本目标、基本范围、首要途径以及中心环节,都作了相当明确的规定。兹归纳如下:

全球合作的基本目标:实行世界经济结构改革,建立公平合理的国际经济新关系和国际经济新秩序,使全球所有国家都实现更普遍的繁荣,所有民族都达到更高的生活水平。为此,一切国家都有义务对世界经济实现平衡稳定的发展作出贡献,都有义务充分注意发达国家的福利康乐同发展中国家的成长进步是息息相关的;充分注意到整个国际社会的繁荣昌盛取决于它的各个组成部分的繁荣昌盛①。

全球合作的基本范围:一切国家都有责任在公平互利的基础上,在经济、社会、文化、科学技术等各种领域中通力合作,以促进整个世界特别是发展中国家的经济进展和社会进步。合作是多领域、多层次和全方位的②。

全球合作的首要途径:所有国家在法律上一律平等,并且作为国际社会的平等成员,有权充分地和切实有效地参加解决世界性经济、财政、货币问题的国际决策,从而公平地分享由此而来的各种利益③。

全球合作的中心环节:一切国家都应切实尊重其他国家的主权平等,不附加任何有损于他国主权的条件,对发展中国家加速本国经济发展和社会进步的各种努力,给予合作,按照这些国家的发展需要和发展目标,提供有利的外部条件,扩大对它们的积极支持④。换言之,全球合作的中心环节,在于开展南北合作。

---

① 参见《宪章》序言、第8条、第31条。
② 参见《宪章》序言、第3、4、9、11—14、17、23、27、28、30条。
③ 参见《宪章》第10条。
④ 参阅《宪章》序言、第17条。

一、全球合作原则的中心环节：南北合作

全球合作这一中心环节的形成，不是偶然的。众所周知，当代国际社会各类成员之间，存在着许多对矛盾与合作的关系。其中比较重要的有："东西关系"，通常指社会主义国家与资本主义发达国家之间的关系；"南北关系"，通常指发展中国家与发达国家之间的关系；"南南关系"，通常指发展中国家相互之间的关系；"北北关系"，通常指发达国家相互之间的关系。这许多对矛盾与合作的关系，彼此之间又互相交叉、互相影响和互相渗透，构成了一幅极其错综复杂的世界政治经济关系的总画面，或一张世界政治经济关系之网。

在这许多对矛盾与合作的关系之中，南北关系是全世界政治经济关系中的主要矛盾，是贯穿世界政治经济关系之网的一条主纲。这是因为：第一，其他几对矛盾与合作的关系，都是局部性的，南北之间的矛盾与合作关系，则是全球性的，牵动到和决定着整个世界政治经济的全局和全貌。第二，如果追溯到历史上殖民地和附属国弱小民族与殖民主义列强之间的矛盾，则南北矛盾的形成和发展，已有数百年的历史渊源。冰冻三尺，非一日之寒。要化解这种由来已久的全球性矛盾，并且使它转化为全面的合作，需要全世界各国长期的共同努力。第三，当代南北双方在经济上的利害冲突是极其尖锐的，同时，双方在经济上互相依存、互相依赖、互相补益的关系也是最为密切的。相应地，无论是矛盾冲突还是协调合作，对于全球经济的影响，也是最为深刻、最为巨大的。

简言之，南北矛盾的广度、深度以及解决这一矛盾的难度，使得它上升为当代国际经济关系中的主要矛盾。

南北矛盾的根源在于世界财富的国际分配存在着严重的不公。根据估算，发展中国家的人口占世界人口总数70％，却只享有世界国民总收入的30％。另一种统计数字表明：发展中国家占世界人口的3/4，只享有世界国民总收入的1/5；反之，发达国家只占世界人口的1/4，却享有世界国民总收入的4/5。这种分配不公、贫富悬殊的局面，是长达几个世纪的殖民主义、强权政治和霸权主义造成的历史恶果①。

---

① 在不同阶段由不同联合国机构提供的文献中，世界财富国际分配的具体比例略有差异和出入，但存在严重分配不公、贫富悬殊的局面，则始终如一，且有愈演愈烈之势。

南北矛盾的实质是发达国家凭借其历史上长期形成的、在国际经济体系中的垄断地位和绝对优势,继续控制和盘剥发展中国家,力图维护国际经济旧秩序;而历史上长期积贫积弱的发展中国家,不愿继续忍受发达国家的控制和剥削,起而抗争,维护本国的民族经济权益,力图变革国际经济旧秩序和建立国际经济新秩序。

南北合作的根据是发达国家与发展中国家在现实的经济生活中存在着极其密切的互相依存和互相补益关系。前者需要来自后者的原料、燃料和各种初级产品,需要后者的商品市场和投资市场;后者需要来自前者的资金、技术、粮食和各种中、高级工业产品,也需要前者的商品市场。任何一方对于对方说来,都是不可或缺的。缺少对方,或与对方长期处在严重对抗的地位,而又不作任何妥协退让,势必造成生产的严重萎缩和破坏,导致现实经济生活的严重混乱。"合则两利,离则两伤"。正是出于这种现实的考虑,南北合作问题总是伴随着南北矛盾问题,作为同一个问题的两个不同方面,形影不离地以同样的频率出现于国际社会的一切政坛和论坛,列为同等重要的议事日程和谈判主题,引起国际社会的同等重视。

但是,要在公平互利的基础上推动南北合作,阻力颇大。阻力来自发达国家,特别是来自第一世界的美国。时至今日,美国仍然有相当多眼光比较狭隘短浅的政界、法界人士,不肯承认《宪章》具有国际法上的约束力;指责第三世界众多发展中国家为建立国际经济新秩序而进行的联合斗争是什么"多数人的暴政",竭力宣扬现存国际经济旧秩序"对全世界起了良好的作用",没有改革的必要。这种态度反映了美国是现存国际经济旧秩序中最大的既得利益者,因而成为这种旧秩序的主要"守护神"。

相对而言,第二世界各国的政界、法界人士中,尽管也有不少国际经济旧秩序的维护者和辩护人,但毕竟也出现了一些能够比较冷静地正视南北互相依存现实的明智人士。他们意识到本国在能源、原料和市场问题上,严重地依赖第三世界,如果进行僵硬对抗以致发生危机,首当其冲受到损失的,是它们自己;认识到:继续僵硬地全盘否定第三世界在国际经济秩序中破旧立新的正当要求,强行维护甚至加剧国际上贫富悬殊的现状,归根到底,对所有发达国家都是很不利的,因而自20世纪70年代中期起,法国前总统吉斯卡尔·德斯坦等人开始积极倡议实行"南北对话",认真探讨南北合作问题。

在第三世界的强烈要求下,在第二世界部分国家领导人和有识之士的现实考虑下,南北两大类国家的对话和合作,取得了初步的成果,其中较为重要的,首推 1975 年至 1989 年先后签订的四个《洛美协定》,以及 2000 年签订的《科托努协定》。

二、南北合作原则初步实践之一例:《洛美协定》和《科托努协定》

《洛美协定》的全称是《欧洲经济共同体—非洲、加勒比和太平洋(国家)洛美协定》,简称《洛美协定》或《洛美公约》。它在当前的南北关系中,是最大的经济贸易集团。

1975 年 2 月,属于第三世界的非洲、加勒比和太平洋地区 46 个发展中国家(以下简称非加太地区国家),会同属于第二世界的欧洲共同体 9 个国家,在西非国家多哥的首都洛美,签订了贸易和经济协定,有效期 5 年。其主要内容是:(1)非加太地区国家的全部工业品和 99.2%的农产品进入欧洲共同体时,可以享受豁免关税和不受数量限制的优惠待遇;欧洲共同体成员国向非加太地区国家出口商品时,并不要求得到同等的优惠,而只享受最惠国待遇。(2)非加太地区国家向欧洲共同体出口的 12 种重要产品的价格跌落到一定水平以下时,可以申请从欧洲共同体所设立的专门基金中取得补贴,以保证非加太地区国家的出口收入。这种补贴,一般是无息贷款,分 7 年还清;对一些最不发达国家说来,这种补贴是赠款,不必偿还。(3)欧洲共同体在 5 年以内向非加太地区国家提供 33.9 亿欧洲货币单位(约合 42 亿美元)的财政援助。在这笔援助中,70%是无偿赠款,其余 30%是条件优惠的低息长期贷款,年利率 1%,还款期限为 40 年,另加宽限期 10 年。这个协定,通称第一个《洛美协定》。

1979 年 10 月在多哥洛美签订的《洛美协定》,通称第二个《洛美协定》,有效期仍为 5 年。这个新协定的主要内容是:(1)把非加太地区国家享受出口补贴的农副产品种类增加到 44 种,从而扩大了享受特别优惠待遇的范围;(2)增订了关于稳定上述国家 9 种主要矿产品出口收入的优惠补贴制度(这种补贴一般是低息贷款,年利率 1%,分 10 年还清);(3)规定欧洲共同体在 5 年内向非加太地区国家提供的财政援助增加到 56 亿欧洲货币单位,约合 74.5 亿美元。参加签署这个新协定的非加太地区成员国增加到 63 个。

1984 年 12 月在多哥洛美签订的《洛美协定》,通称第三个《洛美协定》,

有效期也是5年。这个协定增加的新内容是：(1)确认了参加缔约的南北两大类国家双方之间的平等伙伴和相互依存关系；(2)强调要加强非加太地区国家的集体自力更生能力，优先发展农业，争取粮食自给；(3)扩大了合作的领域，增加社会文化合作、环境保护、捕鱼、私人投资和国际旅游等合作内容；(4)欧洲共同体许诺优先援助最不发达国家，并向非洲难民提供援助；(5)欧洲共同体同意将非加太地区国家享受稳定出口收入优惠待遇的产品，由原来的44种扩大到50种；(6)欧洲共同体在5年内向非加太地区国家提供的财政援助增加到85亿欧洲货币单位，约合83亿美元。参加签署这个新协定的非加太地区成员国增加到66个，欧洲共同体成员国增加到10个。

1989年12月在多哥洛美签订的《洛美协定》，通称第四个《洛美协定》，有效期延长一倍，即10年。这个协定又增添了一些新的内容，主要是：(1)欧洲共同体应在财政上支持非加太地区国家近年来所进行的经济结构调整计划；(2)允许这些国家不再偿还欧洲共同体提供的用以稳定非加太地区国家农矿产品出口收入的贷款补贴；(3)进一步扩大这些国家农产品和工业品向欧洲共同体的出口；(4)欧洲共同体在5年内应向非加太地区国家提供财政援助120亿欧洲货币单位(约合132亿美元)，其中108亿为赠款，12亿为优惠贷款，总金额比第三个《洛美协定》增加40%。参加签署这个协定的非加太地区成员国增加到68个，欧洲共同体成员国增加到12个。其后，两类成员国又分别增加了3个，迄2000年5月，成员国合计86个。

第四个《洛美协定》于2000年期满。在此之前，世界经济全球一体化的进程明显加快。欧洲共同体于1993年进一步发展成为欧洲联盟。世界贸易组织于1995年正式成立，新的世界性贸易体制和有关规则开始运作和实施。适应着新形势的发展，《洛美协定》成员国自1998年秋起开始谈判原协定的更新和改订问题，其间意见不一，分歧不少，但终于在较为公平合理的基础上达成了各方都可以接受的新协议。2000年6月23日，欧盟、欧盟15个成员国以及非加太地区77个国家在贝宁的科托努(Cotonou)共同签署了新的《伙伴关系协定》(*Partnership Agreemen*)，简称《科托努协定》，用以取代原先的《洛美协定》。其有效期长达20年，每隔5年修订一次。《科托努协定》规定了新的发展目标、新的伙伴关系以及新的实施途径和运作方式，但又设定2000—2007年底为"过渡期"(preparatory period，或译为"预备期")，在这8年以内，基本上仍继续维持现行的体制，并在此基础上,进一步磋商和逐渐过渡到新的伙伴关系体制①。其发展前景,令人瞩目。

三、《洛美协定》和《科托努协定》的生命力与局限性

综观上述四个《洛美协定》以及《科托努协定》的发展进程,可以看出:发展中国家与发达国家之间的互利合作关系是有生命力的。它表现在:

第一,实施《洛美协定》30多年来,参加缔约的南北两大类国家总数不断增加,从55国逐步递增至86国。至2000年6月,《科托努协定》继承和取代了《洛美协定》,参加《科托努协定》的成员国又进一步扩大为93个。其后随着欧共体(欧盟)的再度扩大,其成员国也再度增至103个。

第二,南北合作的内容和范围不断扩大。每一个《洛美协定》与前一个《洛美协定》相比,欧洲共同体及其后的欧洲联盟向非加太地区国家提供的优惠条件,都有所改善。

第三,每次续订协定的谈判,都历经艰难,从南北矛盾重新激化到南北重新对话,从舌剑唇枪到互相妥协,最后总能达成对发展中国家更为有利、使南北合作有所前进的新协议。

第四,每一个新的南北协议,从总体上说,都更有利于双方在各个领域谋求更全面的合作,建立更稳定、更合理的国际经济关系。

但是,也应当看到:迄今为止,《洛美协定》式的南北合作,仍然远未能从根本上改变南北双方之间很不平等、很不公平的经济关系。它表现在:

第一,在两类国家之间的贸易交往中,仍然存在着严重的不等价交换。非加太地区国家向欧洲共同体出口的产品,95%以上是初级产品,在西欧垄断资本操纵国际市场的条件下,价格时时被压低;而欧洲共同体向非加太地区国家

---

① 参见 Development New ACP-EU Agreement, at http://europa.eu.int/comm/development/cotonou/index-en.htm, inter alia, Press Release & Speech by Mr. Poul Nielson dateel 23/06/2000. 国际舆论认为:WTO体制下的西雅图部长会议不欢而散,无果而终(1999年12月),ACP-EU体制下的《科托努协定》却得以达成,形成鲜明对比,发人深思。同时,此项长期协定的达成,使加勒比地区发展中国家保持欧盟各国作为稳定的重要贸易伙伴,并获得重要砝码,借以抗衡强邻超级大国的经济霸权;反过来,欧盟各国也在非加太有关地区的对美、对日"商战"中,占了上风。

《科托努协定》中有关南北合作的特惠规定过渡期等,已获WTO第四次部长级会议(多哈会议)作出专题决定,予以认可和支持。See EC-the-ACP-EC Partnership Agreement, Decision of 14 Nov. 2001, WT/MIN(01)/15, at http://www.wto.org/.

出口的产品，85％是中级、高级的制成品，价格却不断上涨。两类产品价格之间不合理的"剪刀差"，始终存在，且有逐渐扩大的趋势。

第二，关税上的普惠待遇往往伴随着种种非关税壁垒的重重限制。欧洲共同体及其后的欧盟各国在实践中，往往巧立名目，以"卫生条例"、"质量规定"以及各种行政手段，对来自非加太地区国家的出口产品，采取"保护主义"措施，施加新的限制。

第三，用以稳定非加太地区国家出口收入的补贴和给予这些国家的财政援助，其绝对数量虽不断递增，但相对于这些积贫积弱国家发展经济的现实需要说来，差距仍然很大。

第四，由于在殖民地阶段长期形成的"畸形经济"，迄今积重难返，许多非加太地区国家往往不得不继续接受外来的指令，在农业或牧业生产上依然实行单一种植、单一经营和单一出口，从而严重影响了这些国家国民经济的正常健康发展，难以彻底摆脱经济落后状态。

由此可见，《洛美协定》和《科托努协定》在实现南北合作、改变南北不平等关系、纠正世界财富国际分配严重不公现象方面，虽已取得初步的重要成果，但距离实现彻底公平互利的南北合作从而建立起国际经济新秩序的总目标，还有相当漫长、艰辛的路程。

XIV 全球合作的新兴模式和强大趋势：南南合作与"77国集团"*

内容提要 本文针对1974年两次联合国大会相继通过的《建立国际经济新秩序宣言》以及《各国经济权利和义务宪章》中倡导的"全球合作"原则，结合其后三十多年来的实践发展，加以诠解和剖析。全文强调：南南合作与南北合作都是"全球合作"的重要组成部分，但南南合作的政治基础、经济基础、内在实质和实践效应，均与南北合作有重大的差异；南南合作乃是国际经济关系上众多弱者之间的互济互助，以共同应对或联合反抗来自强者和霸者的弱肉强食，而南北合作则是国际经济关系上众多弱者与少数强者之间在不同阶段的互相妥协和互相让步。南南合作，联合自强，旨在增强众多弱者在"南北对话"中的实力和地位，争得与少数强者"平起平坐"的对话态势和公平合理的应得权益，从而在公平合理的基础上更有效地全面促进"南北合作"，而并非意味着众多弱者与少数强者彻底割断关系，更非以南南合作完全取代南北合作。在上述理论分析的基础上，本文还以较大篇幅回顾和评述"77国集团"四十多年来在曲折中逐步发展壮大以及努力增进联合自强的长期实践，说明南南合作在国际经济秩序除旧布新进程中正在发挥着日益增强的作用。

目　次

一、南南合作与南北合作的联系和区别
二、南南合作的战略意义

---

* 本文的部分内容，原载于笔者参撰和主编的《国际经济法总论》(法律出版社1991年版)，先后经多次修订增补，分别辑入笔者参撰和主编的《国际经济法学》(北京大学出版社1994—2007年第1—4版)和《国际经济法学专论》(高等教育出版社2002—2007年第1、2版)。

三、南南合作的初步实践:"77国集团"的初露头角与一度削弱
    (一)20世纪60年代中期至70年代末:"77国集团"初露头角
    (二)20世纪80年代初至90年代中期:"77国集团"一度削弱
    (三)20世纪90年代后期至21世纪初始:"77国集团"重整旗鼓
四、南南合作实践的强化与"多哈发展回合"(DDR)的曲折进程
    (一)"多哈回合"的启动与中国的"入世"
    (二)"坎昆会议"与"20国集团"的崛起

    前文提到,全球合作的中心环节,在于开展南北合作。

    但是,鉴于发达国家,特别是其中的霸权国家和强权国家,在南北对话南北合作过程中总是极力坚持和扩大既得利益,步步为营,不肯轻易让步,因此,《建立国际经济新秩序宣言》(以下简称《宣言》)、《建立国际经济新秩序行动纲领》(以下简称《纲领》)和《各国经济权利和义务宪章》(以下简称《宪章》)在强调南北合作的同时,也十分强调南南合作,大力提倡在南北谈判、南北合作进程中,发展中国家应当采取联合行动,借以强化国际弱势群体即发展中国家在南北对话中的谈判实力,维护和争得公平合理的权益。

    《宣言》强调:全球各发展中国家,必须通过单独的和集体的行动(individual and collective action),在经济、贸易、财政以及技术等方面加强相互之间的合作,并且把加强这种合作列为建立国际经济新秩序的20条重大原则之一①。《纲领》进一步指出:"发展中国家之间的联合自强(collective self-reliance,又译"集体的自力更生")以及日益扩大的互助合作,将进一步加强它们在新的国际经济秩序中的作用。"②《宪章》也重申了全球发展中国家加强互助合作的重要性③。

    发展中国家相互之间开展经济合作,国际上通称为"南南合作"。这是一种新型的互济互助、取长补短、互利互惠、共同发展的国际经济关系。20世纪70年代以来,南南合作越来越受到第三世界的普遍重视,第三世界国家召开的一系列国际会议都把它列为重要议题之一,要求发展这种新型合作关系的呼声愈来愈高。

---

① 参见:《宣言》,第4部分。
② 参见:《纲领》,第7部分。
③ 参见:《宪章》,第21、23条。

一、南南合作与南北合作的联系和区别

南南合作与南北合作,都是全球合作的重要组成部分,这是两者的共同点。但南南合作的政治基础、经济基础、内在实质及实践效应,却与南北合作有重大的差异。

第一,就其政治基础而言:目前世界上共有 190 多个独立国家,其中约 160 多个是发展中国家,属于第三世界。第三世界各国在经济模式、政治制度、国内政策、对外关系等方面各行其是,并不相同。但是,它们过去都戴过殖民主义的枷锁,独立后都面临着振兴民族经济、维护国家独立的共同任务。相似的历史遭遇,大体相同的国际地位,共同的现实利害,使得它们在一系列重大的世界经济和政治问题上,有许多共同的语言。这是发展南南合作的牢固政治基础。

第二,就其经济基础而言:第三世界各国在取得独立以前,由于长期遭受殖民主义、帝国主义的压迫和剥削,由于受国内前资本主义生产关系的束缚,生产力发展水平很低,人民极其贫困。当时它们的对外经济关系,主要是向殖民国家、宗主国提供农矿原料和燃料,它们自己相互之间不可能有多少经济往来。独立以后,尽管一般说来仍未能摆脱贫困落后,但由于大多数国家采取了一系列政策和措施,大力促进民族经济的发展,使国家的经济面貌产生了重大的变化:农业、工业、科技都在原有基础上取得了较大的进步和发展;国际性商品经济的发展程度日益提高,增强了互通有无、实行国际交换的必要与可能;加以各国拥有的自然资源丰富多彩,各有自己的特色,使得各国的经济既分别具有自身的优势,又与他国经济具有很大的互补性和互利性。至于全球发展中国家拥有辽阔的土地、众多的人口和广大的市场,更是第三世界在全球经济关系中所具备的集体优势。简言之,第三世界各国独立以来经济结构的变化和经济力量的增强,乃是发展南南合作的良好经济基础。

第三,就其内在实质而言:由于南南合作是在上述政治基础和经济基础上形成和发展起来的,因此,这种合作的内在实质迥然不同于南北合作。南北合作,说到底,是国际经济关系中剥削者与被剥削者、强者与弱者之间的妥协,也是对弱肉强食规则缓慢的逐步否定;南南合作则是国际经济关系中被剥削者与被剥削者、弱者与弱者之间的互济,也是对弱肉强食规则的联合反抗。

第四,就其实践效应而言:南南合作的这种实质决定了它在国际社会中的

实践效应,具有重大的特色和深远的影响,即"这种合作有助于冲破现存不平等的国际关系和建立国际经济新秩序,具有伟大的战略意义"①。

第二次世界大战后50多年来的历史实践证明:上述判断是言之有据、完全正确的;半世纪以来建立国际经济新秩序斗争所取得的步步进展,无一不是第三世界国家团结合作、共同努力的结果②。

二、南南合作的战略意义

如所周知,国际经济旧秩序是第三世界国家争取经济独立、巩固政治独立的严重障碍,是它们发展民族经济的桎梏。因此,早在20世纪50年代,一系列亚非拉国家陆续争得政治独立以后,就在国际经济关系领域展开了破旧立新的斗争。第三世界争取建立国际经济新秩序的斗争,从一开始就是与它们之间的团结合作紧密地联系在一起的。1955年4月在印尼万隆召开的亚非会议,高举团结反帝的旗帜,初步形成了"南南联合自强"的战略思想,并且明确宣告一切国际关系(包括国际经济关系)必须建立在互相尊重主权和领土完整、平等互利等五项原则基础上③。

在1964年召开的第一届联合国贸易和发展会议上,第三世界国家组成了"77国集团",共同促使联合国把"贸发会议"确定成为联合国在经济方面的一个常设机构,从而使第三世界得到了一个可以联合起来与全球发达国家讨论南北经济关系问题的重要国际讲坛。

在广大第三世界国家的联合推动下,1974年召开的联合国大会第6届特别会议和第29届会议相继通过了《建立国际经济新秩序宣言》、《建立国际经济新秩序行动纲领》、《各国经济权利和义务宪章》等重要法律文献,把争取建立国际经济新秩序的斗争推进到一个新阶段。70年代中期,第三世界的石油输出国团结一致,拿起石油武器,在第三世界非产油国的大力支持下,同国际石油垄

---

① 胡耀邦:《全面开创社会主义现代化建设的新局面(在中国共产党第12次代表大会上的报告)》,1982年版,第43页。
② 参见陈安:《南南联合自强五十年的国际经济立法反思——从万隆、多哈、坎昆到香港》,载《中国法学》,2006年第2期;An Chen, *A Reflection on the South-South Coalition in the Last Half Century from the Perspective of International Economic Law-making*: From Bandung, Doha and Cancún to Hong Kong, in The Journal of World Investment & Trade, Geneva, April 2006, Vol. 7, No. 2.
③ 参见本书第一编之Ⅲ,"论国际经济法的产生和发展",第三目之(二),"创立国际经济法新规范的斗争"。

断资本开展斗争,终于夺回了"油价决定权"这一关键性权力。之后,广大第三世界国家又以其他各种原料为武器,向不平等的国际经济旧秩序展开了猛烈的冲击。

70年代后期至80年代,鉴于全球性的南北谈判往往陷入僵局,发展中国家日益重视南南合作,并以南南合作来推动南北谈判,促进南北合作。1979年,第三世界众多发展中国家聚会于坦桑尼亚,并通过《阿鲁沙联合自强纲领和谈判纪要》,突出地强调了发展中国家实行联合自强的战略,制定了相应的实施要领。1981年的《加拉加斯行动纲领》和1982年的《新德里磋商》进一步开拓了发展中国家相互间实行经济合作的领域和途径。同时,各类发展中国家又根据互济互助和联合斗争的需要,先后组建了20多个区域性的经济一体化组织,诸如拉丁美洲自由贸易协会、中美洲共同市场、加勒比共同体、东非共同市场、中非关税及经济同盟、西非经济共同体、阿拉伯共同市场、东南亚国家联盟等;成立了十几个地区性财政金融组织,诸如亚洲开发银行、非洲开发银行、拉丁美洲开发银行、阿拉伯货币基金、安第斯储备基金等;建立了20多个原料生产和输出国组织,诸如石油输出国组织、国际铝土生产国协会、铜矿出口国政府联合委员会、可可生产者联盟等。发展中国家通过这些组织,实行联合自强,并借以与发达国家的各种无理要求相抗衡。

面对这样的国际形势,一些发达国家为了保证自己的能源和原料供应,扩大向第三世界的出口,不得不在不同程度上改变过去的传统方式,从盛气凌人的"对抗",逐渐转向平起平坐的"对话",并在一些局部问题上向第三世界国家做出了一定的让步。

由此可见,建立国际经济新秩序斗争所取得的步步进展,确实无一不是第三世界国家联合自强、共同奋斗的结果。

历史的经验和严峻的现实使第三世界国家进一步认识到:

第一,现存的国际经济体制,是在经济实力基础上形成的。要改变它,首先也要依靠实力。第三世界国家争取建立国际经济新秩序的斗争,同它们过去争取政治独立的斗争一样,不能指望和等待任何人的"恩赐"。国际经济关系领域破旧立新斗争的进程,在很大程度上取决于第三世界国家本身经济力量的增长和它们相互间团结合作的加强。第三世界国家拥有的经济实力越大,它们对世界经济大政的发言权、参与权、决策权就越大,对某些在南北关系问题上坚持僵硬立场和专横态度的发达强国,也就能发挥更大的制约作用。因此,发展中国家应当把发展和壮大自己的经济实力,摆在首要地位。

第二,历史的教训表明:在经济上过分依赖发达国家,对第三世界国家民族经济的发展极为不利。加强南南合作,走弱者联合自强的道路,建立独立自主的民族经济,减少对发达国家的依赖,才是它们争取经济繁荣、增强自身经济实力的可靠途径。

第三,实行南南合作,把各个分散的、在经济上相对弱小的第三世界国家联合起来,凝聚成一股强大的国际力量,就能够提高这些国家在南北对话、南北谈判中的地位,迫使态度僵硬或蛮横的发达国家对改革不公平的国际经济关系转而采取比较现实的态度,从而打破僵局,开辟改革旧国际经济关系的新局面。

第四,南南合作从一开始就是建立在弱者互助互济、公平互利的基础之上的。它是全球合作的一种新兴模式和强大趋势。而且,它本身就是国际经济新秩序的一种体现。因此,一切发展中国家对已经出现的南南合作这一新兴模式和强大趋势,都应备加珍惜,全力扶持和推进。

由于长期殖民统治遗留下来的问题,某些第三世界国家之间存在着一些矛盾和争端,有时甚至导致双方兵戎相见;各国处境不同,内外政策不一,在某些问题上也会产生一些新的分歧。对于这些争端和分歧,如果处理不当,势必成为南南合作发展的障碍。但是,由于第三世界国家之间没有根本的利害冲突,只要有关各方能够排除超级大国的干扰,以大局为重,互谅互让,耐心协商,就一定能化解矛盾和纠纷,消除争端和分歧,把南南之间具有巨大潜力的互济互利合作,推进到新的、更高的阶段。

第五,南南合作,并非意味着与北方国家割断关系,更不是为了取代南北经济合作。南南合作,有助于推动南北谈判,改善南北关系,在公平互利的基础上促进南北经济合作,以实现全世界各类国家普遍的经济繁荣。

三、南南合作的初步实践:"77国集团"的初露头角与一度削弱

"77国集团"是全球众多发展中国家实行"南南合作"的重要组织形式,也是它们凝聚分散力量,通过联合奋斗,推动国际经济秩序破旧立新的重要手段。

1964年3月至6月,联合国贸易和发展会议在瑞士日内瓦举行第一届会议。会议结束前夕,与会的77个发展中国家基于共同的奋斗目标和共同的利益,发表了《77国联合宣言》(Joint Declaration of the Seventy-Seven Developing Countries Made at the Conclusion of the UNCTAD),形成了"77

国集团",相约在国际经贸和发展的重大事务和有关的国际会议上,采取统一的立场、步调和行动,以伸张弱小民族共同的正义要求,维护发展中国家集体的合法权益。此后,又有许多发展中国家相继参加了这个国家集团,迄今为止,其成员国已增至 131 个,但仍沿用"77 国集团"这个具有历史意义的原始名称。中国 1971 年恢复在联合国的席位和安理会常任理事国的席位之后,虽未直接加入这个集团,成为其正式成员,但一向与这个集团保持密切的协作关系,积极支持其维护弱小民族共同权益、推动国际经济秩序除旧布新、破旧立新的正义要求①。

这个国家集团,作为第三世界在联合国内部最大的联合体(as the Largest Third World Coalition in the United Nations),在组建迄今的四十多年中,经历了曲折的发展道路:它在南北矛盾—南北对话—南北合作的总进程中,通过南南合作,取得了重大的成就,也遭遇到重大的困难,其影响力一度有所削弱。但进入世纪之交,它又重整旗鼓,恢复了活力,开始了新的征程。以下简述其发展概况。

(一) 20 世纪 60 年代中期至 70 年代末:"77 国集团"初露头角

"77 国集团"自成立之初,就设定自己的行动宗旨,即:(1) 旗帜鲜明地为发展中国家表述自己的正义主张,促进发展中国家集体的经济权益;(2) 在联合国体制内部,在有关国际经济一切重大问题的南北谈判中,增强发展中国家的"集体谈判能力"(joint negotiating capacity);(3) 在发展中国家之间,加强经济合作和技术合作。

这个集团的最高决策机构是"77 国集团部长会议",每年召开一次,时间选定在每届联合国大会在纽约举行之初;同时,在每届联合国贸易和发展会议、联合国工业发展组织、联合国教科文组织召开大会之际,定期集会,俾使集团成员国的代表们事先及时聚会,共商大计,协调立场,研究共同对策,从而在后续大会上采取联合行动②。"77 国集团"的总部设在美国纽约联合国总部所在地;另在联合国各有关专门机构的所在地日内瓦、罗马、维也纳、巴黎、内罗毕,设立"77 国集团分部"(Chapters of the Group of 77),就近参加各该有关组织的日常活动。此外,还在美国首都华盛顿,组成代表发展中国家权益的"24 国集

---

① See: Clement Robes (Chair for the Group of 77 and China for 1999), *The Group of 77 and China: Current Priorities*, NY 12/01/99, at http://www.southcentre.org/southletter/s/33/.

② See: *What is the Group of 77*, p. 1, at http://www.g77.org/geninfo/.

团",参与国际货币基金组织和世界银行的活动①。

在20世纪60年代中期至70年代末,"77集团"的联合奋斗是卓有成效的②。由众多发展中国家弱小民族凝聚分散力量而形成的综合实力,在联合国体系内各种政治、经济的论坛和舞台上,发挥了应有的作用:它运用了第三世界在联合国内平等表决制形成的多数优势,促使联合国的各种机构通过了比较公平合理和有利于发展中国家的决议,其中包括若干具有法律约束力的决定;推动联合国创设了一些新的机构或机制,实施有助于贫弱国家经济增长的各种方案③;并且通过联合国各种讲坛的论战或有关的决议,对国际社会中的政治霸权和经济霸权,加以批判、抵制和约束;敦促联合国各有关机构就全球性经济发展严重失衡、世界财富的国际分配严重不公、南北两类国家贫富悬殊的鸿沟不断扩大等重大问题,加强研究评析,采取相应的有效措施,逐步加以解决。

其中,特别值得称道的是:针对南北两类国家之间商品贸易中长期存在严重失衡和价格"剪刀差"问题提出的改革方针,即对发展中国家实行"非互惠的普惠待遇"等原则,就是在1964年联合国贸发会议上,由"77国集团"率先提出倡议,并经多年坚持不懈的努力,终于推动《关贸总协定》不公平、不合理的原有体制实行了局部的改进。而针对国际经济旧秩序提出鲜明的战略性变革主张,即联合国1974年通过的《建立国际经济新秩序宣言》、《各国经济权利和义务宪章》,也是首先在联合国贸发会议上由"77国集团"酝酿、发动、磋商、论证,统一了认识,再提交联合国大会,作出了具有重大历史意义的决议,形成了国际经济秩序除旧布新的纲领性文献,比较系统地初步确立了符合时代潮流的国际经济法的新法理原则。关于这方面的成就和意义,本书本编Ⅲ之三前文已经提及,兹不另赘。

(二) 20世纪80年代初至90年代中期:"77国集团"一度削弱

在这个阶段中,由于国际形势的发展变化,"77国集团"所体现的南南合作

---

① 日内瓦是联合国贸易和发展会议(UNCTAD)秘书处所在地,罗马是联合国粮食及农业组织(UNFAO)所在地,维也纳是联合国工业发展组织(UNIDO)所在地,巴黎是联合国教科文组织(UNESCO)所在地,内罗毕是联合国环境规划署(UNEP)所在地,华盛顿是国际货币基金组织和世界银行总部所在地。

② See: South Centre, *Thirty Years of the Group of 77 (1964 – 1994)*, *United for a Global Partnership for Development and Peace*, South Centre Publications, 1994, pp. 1–8.

③ 诸如:推动各有关国家缔结各种专项商品协定、实施综合性商品方案、设立公共基金,以促进发展中国家资源的开发和初级商品的出口;促进召开援助最不发达国家的各种专题会议,减免穷国的官方债务;促进修订对发展中国家不利的国际运输规则,控制损害技术落后国家的限制性商业做法;设计和阐明各种南南合作的项目,就弱国经济发展的重大外部环境和条件问题开展南北对话,促进制订和实施连续性的"联合国十年发展规划"(UN Decades of Development)等等。参见同上注引文第7—8页。

的整体力量及其在国际舞台上的影响,有所削弱,这主要是由于①:

第一,"77国集团"的组织机构和日常联系,本身比较松散,不够紧密;成员众多,要求各异,缺乏一个强有力的比较稳定的核心领导机构,步调往往难以统一,或在采取统一立场过程中,行动迟缓,贻误时机。相形之下,发达国家却以"77国集团"为核心,挟其经济和政治实力上的固有强势,步步为营地维护其既得利益,步调一致地对付、抵制发展中国家提出的变革要求。

第二,"77国集团"本身缺乏一个常设的高水平研究机构和宣传机构,未能经常广泛收集有关的资料信息,针对客观形势的变化及其引发的错综复杂的问题,及时地进行深入的研究和剖析,作出科学的评估和判断,进而及时提出切合实际的对策、方案和倡议,并加以充分的论证和宣传,进行必要的舆论准备。因此,在"南北对话"的各种国际论坛和国际谈判中,南方谈判代表面对经济强国智囊们精心设计的议程、议题、方案、论点和论据,往往处在守势,陷于被动应付,难以主动出击、开拓新的局面。

第三,发达国家改变了谈判的策略。一方面,对发展中国家的联合奋斗采取了分化瓦解的手法;不断利用单个发展中国家经济上的脆弱和财政上的急需,实行"大棒加胡萝卜"(club with carrot)的政策,通过双边谈判,"各个击破",使后者偏离"77国集团"原定的集体奋斗目标和轨道,从而不断削弱南方国家整体的凝聚力和战斗力。另一方面,又千方百计地转移谈判的场所和目标,尽力回避或架空"77国集团"在其中占有优势的联合国贸发会议,把多边谈判的主阵地和主议题转到和纳入原"布雷顿森林体制"机构及原《关贸总协定》所设定的框架之中,以便由少数经济强国对有关议程、议题、议事规则、进程、结论和结局,加以全面主导和全盘控制,从而大大削弱了发展中国家凝聚共识、集体谈判和联合行动的机会和能力。

第四,20世纪90年代初,前苏联陷于瓦解,东欧各社会主义国家也发生政治剧变,致使在各种"南北对话"、"南北谈判"的场合,原先支持发展中国家的声援力量和表决票数优势,有所削弱。

由于以上诸因素的综合作用,在许多国际多边谈判中,特别是在长达8年之久(1986—1994)的GATT/WTO乌拉圭回合谈判之中,发展中国家往往未

---

① See: *Thirty Years of the Group of 77 (1964 -1994)*, *United for a Global Partnership for Development and Peace*, South Centre Publications, 1994, pp. 9 – 16; See also *The Future of the Group of 77*, *South Centre Background Paper for the Ministerial Round Table of Group of 77*, Midrand, South Africa, 1996, South Centre Publications, 1996, pp. 1 – 5.

能像昔日那样凝聚共识,集体决策,联合行动,从而往往在多边谈判中处在弱势地位。相形之下,发达国家,特别是其中的经济大国和强国,却常能在旧体制之下,凭借其综合实力,操纵全局,在制定国际经贸大政方针及其"游戏规则"方面处在绝对主导的地位。

有鉴于此,发展中国家回顾和总结了这一历史阶段中的缺失和教训,重新认识到"南南联合"在"南北对话"和更新国际经济立法中的重要意义,开始着手自身力量的重新整合。1994 年它们一致达成《建立南方中心协定》(Agreement to Establish the South Centre)。根据这个《协定》建立起来的"南方中心"(South Centre),是一个政府间组织(intergovernmental organization),其主要宗旨是:加强南方各国的团结,针对发展中国家在南北矛盾和南北对话过程中面临的各种问题,以及它们在国际舞台上应有的共同政策取向和集体联合行动方针,加强研究,提出建议,供"77 国集团"以及其他所有发展中国家的决策当局参考和采用。其后,"南方中心"逐渐形成专门为众多发展中国家出谋划策的一个小型"智囊机构"(a small think tank)。实践证明:随着时间的推移,根据上述《协定》组建的"南方中心",在凝聚发展中国家的意志和力量,强化南南联合,促进南北平等对话和南北互利合作,更新国际立法等方面,正在发挥着日益重要的"智囊"作用。

(三) 20 世纪 90 年代后期至 21 世纪初始:"77 国集团"重整旗鼓

"南方中心"组建和成立以来,进行了许多有益的研究、出版和宣传工作。其中比较重要的两份文献是《七十七国集团的三十年(1964—1994)》以及《77 国集团的未来》。前者着眼于总结过去的经验教训,后者着眼于规划未来的行动指针。

"南方中心"的研究结论强调:在经济全球化加速发展的条件下,全球经济大政(macro-economic working of the global economy)及其有关国际经济立法,实际上由寥寥几个经济强国组成的"7 国集团"所把持和操纵,没有任何单一的发展中国家的力量能够改变这种现状。因此,今后在针对一系列全球性问题进行讨论和决策的国际论坛上和多边谈判中,南方各国比以往任何时候都更加需要采取集体联合行动,才能赢得公平、公正和合理的成果。为了维护发展中国家共同的根本利益,必须适应形势的变化,通过精心研究和科学设计,调整和更新"77 国集团"的纲领,重新协调不同的利益,重新增强共识和内部凝聚力。"南方中心"提出的这些研究结论和鲜明主张,在 2000 年 4 月间召开的"南方首脑会议"(South Summit)上获得了更加充分和更加系统的论证,上升到一个新的层次,并且被接受为南方各国政府在今后国际多边谈判中的共同指针。

此次首脑会议在古巴首都哈瓦那举行。这是"77国集团"成立36年以来第一次召开的层次最高、规模最大的会议。当时共132个发展中国家的元首、政府首脑或其代表聚首一堂,共商全球大计,其中心主题就是如何应对世界经济加速全球化给众多南方国家带来的严峻挑战和重大风险;如何通过南方国家的团结一致和联合行动,敦促南北平等对话,力争南北完全平等地参与世界经济大政的决策和有关法律规则的制定;如何开展南北互利合作,建立一个公正、公平、合理的国际经济新秩序。会议结束时,发表了《南方首脑会议宣言》以及为实现此项宣言而制定的《哈瓦那行动纲领》[1]。

鉴于"77国集团"组织比较松散,亟需组建一个比较稳定的核心领导机构,此次首脑会议决定筹组一个"南方协调委员会"(South Coordination Commission),由南方首脑会议主席、不结盟运动主席、东南亚国家联盟主席、阿拉伯联盟主席、加勒比共同体主席、非洲统一组织主席等南方国家各大区域性组织的主要领导人共同组成,其主要职能就是统一协调和组织实施此次首脑会议制订的上述《行动纲领》和有关南南合作的各项决定[2]。

此次"南方首脑会议"的上述举措和行动,举世瞩目。它促使第三世界众多弱小民族重新凝聚,重振旗鼓,焕发出新的团结奋斗精神。因此,国际舆论认为,它标志着"77国集团"发展史上的一个新的重大转折,也标志着进一步加强"南南联合"、更新国际立法、推动国际经济秩序除旧布新和破旧立新,开始了新的征程[3]。此时,原先的GATT体制已进一步发展成为WTO体制,因此,如何在这个号称"经济联合国"的新体制中发挥发展中国家集团的作用,提高自己在全球经贸大政及其法律规则问题上的发言权、参与权、决策权和制定权,就成为"77国集团"面临的新课题。

---

[1] See *Declaration of the South Summit: Havana Programme of Action*, at http: // www.g77. org/summit/Declaration;summit/Programme of Action.
　　中国派出的高级代表团出席参加了这次会议,并作了长篇发言,强调:"南南合作首先是一种团结精神,同时也是发展中国家联合自强、寻求共同发展的重要途径……只有团结起来,才能提高发展中国家在南北对话中的地位,才能有效参与国际经济决策,才能在全球化过程中最大限度地维护自身利益。"参见《人民日报》2000年4月15日第1版。

[2] See Martin Khor, *Havana Summit, a Defining Moment in G77 History: Coordinating Commission Set Up*. Third World Economics, No. 232, Geneva, 2000, pp. 2-3, 12-14.

[3] See *South Summit in Havana to Mark a "Turning Point" for Developing Countries*, at http: // www.g77.org/summit/pressrelease; see also supra, *Havana Summit, a Defining Moment in G77 History*.

四、南南合作实践的强化与"多哈发展回合"(DDR)的曲折进程

21世纪伊始,"77国集团"从发展中国家权益的角度,回顾和总结了1995年初—2001年初 WTO 体制运作6年过程中的利弊得失,在 WTO 第四届部长级会议召开之前19天,即2001年10月22日,发表了一份宣言①,用"一分为二"的观点,既肯定了这一多边贸易体制在促进全球共同发展进程中的重要作用与积极意义,又指出了其中存在许多亟待认真贯彻实施的郑重诺言以及亟待纠正更新的先天缺陷,即对待发展中国家的权利与义务的失衡和不公;并就贯彻现有的合理协定以及纠正现有的各种缺陷提出了全面的改进建议,强调:"必须全面地和诚信地实施乌拉圭回合协定并且纠正其中存在的各种失衡与不公"②。这些改进建议涉及消除或改变发展中国家产品出口到发达国家的市场准入障碍,发达国家的高关税以及形形色色的非关税壁垒等等诸多方面存在的问题。

这些针对 WTO 体制现状的不足和缺陷提出的全面的改进建议,体现了发展中国家的共同要求,指出了 WTO 体制进一步改善以及走向公平、公正、透明、公开的方向,符合于国际经济法和国际经济秩序进一步弃旧图新的时代潮流。引人注目的是:这些要求乃是以"77国集团"当时所实际涵盖的132个发展中国家发表共同宣言的方式,正式提交 WTO 最高决策机构——第四届部长级会议,显示出众多发展中国家在新千年新世纪伊始举行的此次南北多边谈判中,确是<u>"有备而来"</u>,确实是国际政治经济舞台上不可忽视的有组织、有纲领的集体力量。

(一)"多哈回合"的启动与中国的"入世"

在众多发展中国家重新凝聚和强烈要求下,2001年11月10日,WTO 在卡塔尔首都多哈市举行的第四届部长级会议(通称"多哈会议")通过了《多哈宣言》,决定:以全球发展中国家普遍面临的发展问题为中心,全面启动新一轮的全球性多边贸易谈判(通称"多哈发展回合谈判"或简称"DDR"),以便对现有的 WTO 体制和规则,即有关的国际经济立法,加以必要的改善和更新。宣言

---

① *Declaration by the Group of 77 and China on the Fourth WTO Ministerial Conference at Doha, Qatar*, 22 October 2001, at http://www.g77.org/Docs/Doha.htm.
② Ibid., par. 5.

中特别强调:"WTO成员的大多数是发展中国家,我们(部长级会议)寻求把发展中国家的需要和利益摆在本宣言通过的工作方案的中心地位"①,并且明确规定:依据本宣言设定各项议题进行新一轮的多边磋商谈判,应当在2005年1月1日以前结束②。

从法律的角度看,WTO体制及其各项多边规则乃是国际经济法的一个重要组成部分。因此,五年来举世瞩目的"多哈回合"谈判,其法律实质或法律定性,乃是针对有关世界贸易的现行国际经济立法如何进一步除旧布新问题而开展的新一轮全球性磋商,其主旨在于促使WTO现行体制及其各项多边规则——各项国际经济立法,获得必要的更新和改善。

会议还通过了《关于中国加入世界贸易组织的决定》,中国自2001年12月11日起正式成为WTO成员。这就为众多发展中国家在WTO体制内部开展南南合作和进行联合斗争增添了强大的中坚力量。

在新一轮全球性多边贸易谈判中,首屈一指的议题和难题是农业问题。长期以来,它一直是南北经济利害冲突的焦点和核心,也是南北经济合作的主要领域。

众所周知,由于历史的原因,绝大多数发展中国家都是经济落后、"以农立国"的国家,农产品出口往往是国民经济的重要命脉。但是,在国际市场竞争中,发展中国家出口的农产品却处于极大的劣势和困境,其所以然,除了生产技术落后之外,主要是由于许多发达国家对本国的市场采取一系列保护主义措施,在"市场准入"(market access)方面设置了重重障碍,阻挠发展中国家农产品顺畅入境;同时,又对本国的农业生产给予多种"国内资助"(domestic support,又译"国内扶持"或"国内支持"),并对本国农产品的出口给予各种"出口补贴"(export subsidy)。这三种因素综合起来,就对正常、公平的国际农产品贸易起了严重的扭曲作用,严重损害了众多发展中国家的权益,使它们本来就落后的经济发展有如"雪上加霜",更加艰难竭蹶。

针对发达国家采取的这些违反正常市场公平竞争规则的措施,南北两大类国家经过长期的论战和谈判,在1994年的《农业协定》中,WTO全体成员在放宽市场准入、削减国内支持和削减出口补贴三方面初步达成共识,并约定于5年后进一步开展谈判,达成新的协议,以便在一定的期间内对现行体制逐步实行根本性改革(fundamental reform),纠正和防止对世界农产品市场的限制和

---

① *Doha WTO Ministerial 2001: Ministerial Declaration* (hereinafter "Doha Declaration"), 14 Nov. 2001, http://www.wto.org/english/thewto-e/minis-e/mino/-e, pars..5, 2, 12, 45.

② See Ibid., pars. 12, 45.

扭曲,从而确立公平的、切实遵守市场规则的贸易体制①。但是,事隔六年,发达国家在这方面的承诺仍然是口惠而实不至,迟迟未能兑现,所以在2001年的《多哈宣言》中,再次加以强调和重申②,并且规定应在2003年3月31日以前由参加新一轮农业谈判的各方共同拟定一个综合性的改革草案,以便进一步提交第五次部长级会议(即"坎昆会议")审议。

(二)"坎昆会议"与"20国集团"的崛起

然而,由于发达国家一直坚持其无理立场,不肯作出实质性让步,故新一轮的农业谈判,和其他重大议题的谈判一样,进展十分缓慢,逾期多时,南北两大类国家之间无法达成共识。有鉴于此,巴西、印度和中国为首的20个发展中国家经过磋商协调,形成了共同的谈判立场,并于WTO第五次部长级会议在墨西哥坎昆召开之前8天,即2003年9月2日,向WTO秘书处总干事递交了一份有关全球农业贸易改革的联合提案:《关于农业问题的框架建议》③,要求作为本届会议的正式文件,散发给与会的全体成员代表进行讨论,待取得共识后,纳入本届会议的宣言。这份《建议》的主要内容是:(1)削减国内资助:一切发达国家应在规定的时间内按规定的百分比指标,大幅度削减政府给予本国农业的各种优惠资助和补贴。(2)放宽市场准入:发达国家的进口关税应在规定的时间内按规定的百分比指标,加以削减,降低税率,扩大课税进口产品的配额(quota)。(3)削减和取消出口补贴:发达国家应当承诺在规定的年限内取消对本国产品出口的各种补贴,特别是取消对发展中国家十分不利的各种出口补贴。

坎昆会议于2003年9月10日正式开幕后的五天中,WTO各成员之间最主要的分歧集中在农业贸易改革问题上。而会上的所有分歧,归根结蒂,最主要的是发展中成员与发达成员之间带根本性的利害矛盾和冲突。由于各方立场差距甚大,争论非常激烈,预定在本次会议结束时发表的"部长宣言"草案,几经修订,各方依然在发达国家放宽市场准入、削减国内资助、削减和取消出口补贴的程度、幅度和期限等方面相持不下,无法打破僵局,形成共识,最终大会主

---

① 见《农业协定》,序言,第20条,载《世界贸易组织乌拉圭回合多边贸易谈判结果法律文本》,法律出版社2000年版,第33、46页。
② See supra, *Doha Declaration*, pars. 13, 14.
③ *Agriculture-Framework Proposal*, *Ministerial Conference*, *Fifth Session*, *Cancun*, 10-14 September 2003, WT/MIN(03)/W/6, 4 Sept. 2003. 提交此项联合倡议的国家是阿根廷、玻利维亚、巴西、智利、中国、哥伦比亚、哥斯达黎加、古巴、厄瓜多尔、萨尔瓦多、危地马拉、印度、墨西哥、巴基斯坦、巴拉圭、秘鲁、菲律宾、南非、泰国以及委内瑞拉,共20个发展中国家,其后土耳其申请参加此项联合提案,被合称为"21国集团"。接着,埃及和尼日利亚也相继于2003年9月9日和9月30日加入,作为共同的倡议国。

席墨西哥外长宣布会议结束,草草收场。至此,坎昆会议继西雅图会议之后,再次不欢而散,无果而终①。

此次会议虽以无果告终,但它在 WTO 体制的发展史上,在南北对话的发展史上,都具有不可忽视的作用,其影响是巨大和深远的。它突出地显示了南南联合自强在南北对话中的地位和作用。

前文提到,自 20 世纪 40 年代中期第二次世界大战结束后数十年来,在全球经贸大政问题的决策上,在世界贸易体制的设计和有关规则的制订过程中,一向都是美国、欧盟等发达国家占有主导地位。而此次会议上,却开始出现了新的局面:发展中国家比较紧密地联合起来形成集团②,就全球性的经贸重大议题鲜明地表明自己的共同立场和主张,与发达国家,特别是与其中的经济强国公开抗衡。这种新局面,显示了众多发展中国家联合奋斗的意志和实力,引起国际舆论的"刮目相看"③。

事后不久,"77 国集团"和中国的外交部长在一年一度的集会中总结了坎昆会议的得失,明确表示:此次会议未能就发展中国家所关切的问题达成协议,令人失望。但是,"在坎昆会议上,发展中国家在多项谈判中发挥了根本性的作用(fundamental role)。我们郑重地重申,在今后世贸组织多哈回合进一步开展谈判过程中,我们一定会在同等程度上继续显示出目标的一致和力量的

---

① 参见许宏治(人民日报驻墨西哥记者):《坎昆会议无果而终》,载《人民日报》2003 年 9 月 16 日,第 3 版。

② 据当时媒体报导:此次会议上出现了"发展中国家以三大集团对抗发达国家"的现象。除上述"21 国集团"之外,另外两个集团是由非加太国家、非洲联盟国家和孟加拉等最不发达国家聚合组成的联盟,以及多米尼加、肯尼亚、斯里兰卡等 33 国结成的联盟。参见《世贸部长会议发展中国家以三大集团对抗发达国家》,at http://www.people.com.cn/GB/jingji/1037/2091073.html。

③ 法新社记者 2003 年 9 月 12 日报导:在这次坎昆会议上,美国和欧盟实际上面对的是二十多个发展中国家组成的集团,这些国家主要有巴西、中国和印度。日本《每日新闻》记者于同年 9 月 13 日报导:贸易人士分析说:"会议上政治色彩比经济谈判色彩更浓。"其背景是,欧美一直主导贸易自由化谈判,发展中国家反对这个世贸组织延续多年的框架,可以说是发展中国家向发达国家发起挑战,想和发达国家"一决雌雄"。英国《经济学家》周刊在 2003 年 9 月 15 日一期发表了题为《坎昆会议已成重大事件》的文章,指出:"此次会议高明的政治手段比会议产生的任何单项建议都将具有更加深远的影响。以中国、印度和巴西为首的发展中国家第一次自我组织起来,形成联盟,即 21 国集团,表明了它们要与欧盟和美国较量的意愿。就像工会的诞生一样,发展中国家发现了团结、行为准则和对抗的力量。""中国的参与对这一进程至关重要。印度和巴西以前曾努力组建一个发展中国家集团,但总是因各种经济或政治压力而失败。中国是一个大国,而且地位重要,所以不能任意摆布。有了中国,这个联盟才有意义。""世贸组织是一个发展中国家在其中拥有较大权力的论坛。如果联合起来,它们就能获得平等待遇,如果单独行事,它们就会被当做是乞讨者。"日本《朝日新闻》于同年 9 月 13 日报道:在世贸组织的部长会议上,首次出席会议的中国显示出影响力。发挥了重视实际利益的非凡的外交手腕。应特别指出的是中国在农业谈判中的影响,中国同发展中国家站在一起,明确主张:在农业问题上应停止实施以美欧为主导的世界贸易组织体制。参见《坎昆会议:农业问题成为焦点》和《中国在坎昆展现非凡外交手腕》,分别载《参考消息》2003 年 9 月 14 日第 4 版和 9 月 17 日第 1 版。

团结。"①

作为"77国集团"和全球发展中国家共同的"智囊机构","南方中心"特地在其机关刊物中转载了知名教授瓦尔登·贝罗(Walden Bello)论述坎昆会议的专题论文,其中提出:此次世贸组织部长级会议的无果而终明显地体现了全世界人民的胜利,绝大多数发展中国家已经看穿了多哈会议之后美、欧强国屡屡背弃诺言的惯伎和贪得无厌的本质,故此次前往坎昆与会的大多数代表都采取了团结起来实行自卫的行动,从而使美国和欧盟不再能一如往昔,任意左右多边谈判的全局。贝罗教授强调,此次会上形成的"20国集团"(Group of 20)是一项具有重大意义的新事物,它可能大有助于改变全球的力量对比。这个由巴西、中国、印度和南非等大国牵头的新生集团,其潜力不容轻视,它代表着全球一半以上的人口和全球63%以上的农民,团结在一起。无怪乎美国的代表们认为"20国集团"的聚合和形成乃是发展中国家力图重新推动早在20世纪70年代就已提出要建立的"国际经济新秩序"。贝罗教授满怀希望地指出:"20国集团"有可能形成为南南合作的引擎,对贸易以外的投资政策、资本流通政策、工业政策、社会政策以及环境政策等等,也开展南南合作,加以统一协调,从而力争改变WTO的现状②。

---

① *Ministerial Declaration*, by the Ministers of Foreign Affairs of the Group of 77 and China, New York, 25 Sept. 2003, at http://www.g77.org/Docs/Dec/2003.htm.

② See Walden Bello, *The Meaning of Cancun*, in *South Letter*, No. 39, p. 18, 2003, at http://www.southcentre.org/southletter/s139.

XV 南南联合自强五十年的国际经济立法反思：
从万隆、多哈、坎昆到香港*

内容提要 WTO 体制及其各项规则乃是国际经济法的一个重要组成部分。五年来举世瞩目的多哈发展回合谈判，说到底，乃是有关现行国际经贸立法进一步除旧布新的全球性多边磋商。多哈回合谈判于 2001 年底启动，2003 年在 WTO"坎昆会议"上因南北矛盾激化不欢而散。事后，各方又于 2005 年 12 月举行 WTO"香港会议"，就多哈回合重启新一轮谈判，初步打破了僵局，但仍留下关键性争端难题，悬而未决。由于后续谈判僵局一直未能化解，2006 年 7 月底，WTO 总理事会决定全面停止多哈回合所有议题的谈判。经过反复磋商，2007 年 2 月 WTO 总理事又决定全面恢复所有议题的谈判。此后南北各方经长达 17 个月的折冲樽俎，各有让步，阴霾渐散，但又因强权和霸权国家的

---

* 本篇专论有中、英两种文本。随着"多哈回合"谈判形势的发展，先后数度应邀增订或改写，被中国及国际组织机关公报等国内外六种权威学刊相继采用、转载、转译，并被辑入英文学术专著。

中文本最初发表于《中国法学》2006 年第二期；其增订补充稿，连载于《世界贸易组织动态与研究》2006 年第 9、10 两期。

英文和韩文的不同版本先后发表于四种学刊：【1】"*Be Optimistic, or Be Pessimistic? —— The Fork Confronting DDR and WTO after Its Hong Kong Ministerial Conference*"（《乐观？悲观？何去？何从？——香港会议后多哈回合与世贸组织面临岔路口》），发表于国际组织"南方中心"（South Centre）机关刊物《南方公报》（*South Bulletin*），第 120 期，2006 年 3 月。"南方中心"是 62 个发展中国家缔约组建的政府间国际组织，总部设在日内瓦，被称为众多发展中国家的共同"智库"（think tank），中国是其成员国之一。【2】"*A Reflections on the South-South Coalition in the Last Half Century from the Perspective of International Economic Law-making: From Bandung, Doha and Cancun to Hong Kong*"（《南南联合自强五十年的国际经济立法反思：从万隆、多哈、坎昆到香港》），发表于《世界投资与贸易学刊》（*The Journal of World Investment & Trade*），第 7 卷第 2 期，2006 年 4 月。【3】"*Weak versus Strong at the WTO*"（《世组织中群弱抗衡强权》），发表于《日内瓦天下大事论坛》季刊（The Geneva Post Quarterly.—The Journal of World Affairs），创刊号，2006 年 4 月。【4】被转译为韩文后，发表于韩国仁荷大学《法学研究》（*The Journal of Inha Law*），第 9 卷第 1 期，2006 年。新近，英文稿的最新增订本又被辑入学术专著"*Economic Law through World Trade: A Developing World Perspective*"（《从发展中国家视角看世界贸易经济法》），Kluwer Law International, Alphen aan den Rijn, 2007.

本篇专论的英文增订稿同时收辑于本书，列为第七编之Ⅱ，可供对照参考。

自私和蛮横,2008年7月底关键性谈判再度破裂,僵局重现。看来,此后相当时期内,势必又面临另一番南北角力,前景难卜。本文根据五十多年来发展中国家在南北矛盾中实行"南南联合自强"、力争更新国际经济立法的主要史实,并结合WTO"香港会议"以来的最新发展,以史为师,尝试探索和论证通过南南联合自强、更新国际立法的历史轨迹,指出:由于"南弱北强"的实力悬殊,弱小民族要求更新国际经济立法、改变国际经济旧秩序的联合奋斗,只能在步履维艰中曲折行进,不能急于求成或盲目乐观,因此"速胜论"是缺乏足够根据的;另一方面,由于"南北依存"和"南多北寡"(得道多助,失道寡助)的时代潮流,WTO"香港会议"之后即使谈判再度受挫或破裂,WTO多边体制也未必就此陷于瘫痪瓦解,无须过于失望悲观,因此"瓦解论"也是缺乏足够根据的。弱小民族要求逐步更新国际经济立法,争得自身应有权益,舍韧性的南南联合自强,别无他途可循。

目　次

一、多哈回合全球谈判的法律实质
二、从万隆到多哈:五十年来南南联合自强始终在曲折中行进
　　(一)南方国家的万隆会议(即首届"亚非会议")
　　(二)南方国家的"77国集团"
　　(三)"南方首脑会议"
　　(四)"多哈发展回合"(DDR)的启动与中国的"入世"
三、多哈——坎昆进程中南南联合自强的新面貌和新曲折
四、"香港会议"前南北矛盾的僵局及其"乍暖还寒"
五、"香港会议"的积极成果:千呼万唤始出来,犹抱琵琶半遮面
六、"香港会议"后南北谈判的断而复续与僵局的再现
七、从五十年来南南联合自强的历史轨迹展望DDA和WTO今后的走向
　　(一)南北矛盾和南南联合自强的历史轨迹:"6C"律及其特点
　　(二)多哈发展回合谈判的成功:舍韧性的南南联合自强,别无他途可循!

2006年7月下旬,从日内瓦WTO总部发布的官方信息表明:由于美国为首的寥寥几个最富国家在取消农产品补贴和开放市场这一关键问题上,始终不肯作出必要的让步,谈判僵局一直未能化解,WTO秘书处总干事拉米于身心

交瘁之余,不得不在 7 月 24 日正式宣称:"面对这个长期以来无法打破的僵局,我能建议的惟一行动方案,便是<u>全面停止所有议题的谈判</u>。" 7 月 28 日,WTO 总理事会正式批准了拉米的上述建议①。

紧接着,DDR/WTO 多边体制几近"彻底失败"、濒临"最终瓦解"之类的悲观论调又再度上升为国际舆论的主流②。

多哈回合全球谈判和世贸组织多边体制,面临歧途岔路,今后究竟走向何方? 这是当前举世关注的热点问题和难点问题。

一、多哈回合全球谈判的法律实质

从法律的角度看,WTO 体制及其各项多边规则乃是国际经济法的一个重要组成部分。五年来举世瞩目的"多哈回合"谈判③,说到底,乃是针对有关世界贸易的现行国际经济立法如何进一步除旧布新问题而开展的全球性磋商,其主旨在于促使 WTO 现行体制及其各项多边规则——各项国际经济立法获得必要的更新和改善。

多哈回合谈判于 2001 年底启动后,进展迟缓。2003 年 9 月 14 日,就多哈回合展开谈判的"坎昆会议"即 WTO 第五次部长级会议,由于南北两大类成员之间激烈的利害冲突,导致不欢而散,无果而终。经过两年多大大小小的折冲樽俎,又于 2005 年 12 月 13—18 日在香港召开 WTO 第六次部长级会议,继续

---

① Lamy, "*It's time for serious thinking on what's at stake here*", at http://www.wto.org/english/news-e/news06-e/tnc-chair-report-27july06-e.htm; WTO NEWS, *General Council supports suspension of trade talks*, at http://www.wto.org/english/news-e/news06-e/gc-27july06-e.htm; 并参见《多哈回合遭受"重大挫折"》,载于《参考消息》2006 年 7 月 26 日第 4 版。

② 诸如:DDR/WTO 全球多边谈判"遭受重大挫折"、"谈判已经破裂"、"谈判已经无限期推迟"、"重启谈判可能需要数月或数年时间"、"无限期中止彻底失败不远了",等等。在 7 月 24 日当天的各代表团团长全体大会上,多边谈判的主持人拉米十分无奈、语重心长地说:"恕我坦诚相告:在今天大会的与会者中没有赢家、输家之分。今天这里只有输家。"用中国成语说,就是"两败俱伤"!("Let me be clear: there are no winners and losers in this assembly. Today there are only losers."参见《参考消息》同上综合报道。并参见 WTO NEWS — DDA JUNE/JULY 2006 MODALITIES: SUMMARY 24 JULY, *Talks suspended. "Today there are only losers."*, at http://www.wto.org/english/news-e/news06-e/mod06-summary-24july-e.htm; http://www.wto.org/english/news-e/news06-e/tnc-dg-stat-24july06-e.htm.

③ 2001 年 11 月在卡塔尔首都多哈市举行的 WTO 第四届部长级会议发表了《多哈宣言》,决定:以全球众多发展中国家普遍面临的发展问题为中心,全面启动新一轮的全球性多边贸易谈判,通常简称"多哈发展回合"(Doha Development Round)或"多哈回合"谈判。

多哈回合谈判。此次会议初步打破了停滞两年多的僵局,获得一些积极进展,但仍留下若干关键性争端难题,悬而未决。鉴于两年来在主要议题上的南北矛盾迄今未能认真化解,如今又再宣布**"全面停止所有议题的谈判"**,看来,在原定最后期限即 2006 年底以前,完成多哈谈判的良好愿望,已经完全落空;今后,势必继续面临另一番剧烈的南北角力,前景殊难预卜。

但是,如果认真回顾坎昆会议和香港会议之前和之后的历史和现实,似乎也还可以梳理出若干线索,有助于探讨"香港会议"之后多哈回合谈判的大体走向。

历史往往会重演——在不同的历史条件下,出现大同小异的历史现象。

回首当初 2003 年 10 月坎昆会议"失败"之际,世人基于立场和视角的差异,其"第一反应"就是颇有分歧的。归纳起来,约有四种看法:

(1) 认为"两败俱伤":南北双方僵持各自的立场,形同冰炭,WTO 前景暗淡,甚至面临瓦解。

(2) 认为"北赢南输":北方保住了既得利益;南方要求太苛,"由于拒绝让步,穷国空手而归"(by refusing to compromise, poor countries have come away with nothing)①。

(3) 认为"南赢北输":南方显示了力量,北方尝到了"苦头",从此北方不敢轻慢、小视南方,多哈发展回合的谈判以及 WTO 体制可能从此步入坦途。

(4) 认为"输赢未定":南北两方尚难分胜负,也未必"两败俱伤",仍有望达到"双赢"——从南北新冲突走向南北新合作。

对 2005 年 12 月香港会议的结局,国际舆论的评价又再度见仁见智,褒贬不一:或称"香港会议圆满闭幕,获得圆满成功,为明年完成多哈议程奠定良好基础";或称香港会议只是"促使多哈回合向前迈进了一小步";或称香港会议之后"多哈回合前景依然暗淡";或称"与其假装取胜,不如坦承失败";或称"香港协议没有兑现多哈承诺,是对穷国的背叛"。

这些看法,都不是全然没有"根据",但也未必都很周全。如果站在南方国家——发展中国家的立场和视角,则两年多以来,在坎昆会议和香港会议上以"20 国集团"等六个南方成员弱势群体的团结和崛起为主要代表的<u>南南联合自强</u>,<u>其来龙去脉</u>,却十分值得认真回顾和思考。

---

① Cancun's Charming Outcome, The Economist, 20 September 2003, p. 13.

二、从万隆到多哈：五十年来南南联合自强始终在曲折中行进

第二次世界大战结束以来，众多发展中国家强烈要求彻底改变数百年殖民统治所造成的本民族的积贫积弱，要求彻底改变世界财富国际分配的严重不公，要求更新国际经济立法，彻底改变不公平不合理的国际经济旧秩序，建立起公平合理的国际经济新秩序。但是，这些正当诉求，却不断地遭到了在国际社会中为数不多的发达强国即原先殖民主义强国的阻挠和破坏。它们凭借其长期殖民统治和殖民掠夺积累起来的强大经济实力，千方百计地维持和扩大既得利益，维护既定的国际经济立法和国际经济旧秩序。由于南北实力对比的悬殊，发展中国家共同实现上述正当诉求的进程，可谓步履维艰，进展缓慢。其主要进程大体如下：

（一）南方国家的万隆会议（即首届"亚非会议"）

1955年4月，《亚非会议最后公报》向全世界宣告了亚非弱小民族共同的奋斗目标和行动准则：迅速根除一切殖民主义祸害，维护国家主权和民族独立，并在互利和主权平等的基础上，开展国际经济合作。为此目的，必要时可以"采取集体行动"，"采取一致的态度"，或"制订共同的政策"，或"在国际会谈中事先进行磋商，以便尽可能促进它们共同的经济利益"[①]。可以说，正是从此时起，众多发展中国家在全球性南北矛盾十分尖锐和"南弱北强"力量悬殊的形势下，开始形成了明确的战略思想：**南南联合自强**。

（二）南方国家的"77国集团"

1964年6月在联合国贸易和发展会议（UNCTAD）上成立的"77国集团"[②]，是全球众多发展中国家实行"南南联合自强"的重要组织形式，也是它们

[①] 《亚非会议最后公报》，"甲、经济合作"，http://big5.china.com.cn/chinese/2005/wlhy50/838285.htm。

[②] 迄今为止，其成员国已增至131个，但仍沿用"77国集团"这个具有历史意义的原始名称。中国1971年恢复在联合国的席位和安理会常任理事国的席位之后，虽未直接加入这个集团，成为其正式成员，但一向与这个集团保持密切的协作关系，积极支持其维护弱小民族共同权益，更新国际经济立法和推动国际经济秩序除旧布新、破旧立新的正义要求。See Clement Robes (Chair for the Group of 77 and China for 1999), The Group of 77 and China: Current Priorities, NY 12/01/99, at http://www.southcentre.org/southletter/s/33/。

凝聚分散力量,通过联合奋斗,更新国际经济立法,推动国际经济秩序破旧立新的重要手段。

这个国家集团,作为第三世界在联合国内部最大的联合体(as the Largest Third World Coalition in the United Nations),组建迄今,已经44年多。在这段历史时期中,**经历了曲折的发展道路**：它在南北矛盾—南北对话—南北合作的总进程中,通过南南联合自强,在更新国际立法方面取得了重大的成就,也遭遇到重大的困难,其影响力一度有所削弱。但进入20—21世纪之交,它又重整旗鼓,恢复了活力,开始了新的征程。

在20世纪60年代中期至70年代末这段时间里,77国集团的联合奋斗是卓有成效的。其突出的事例是：(1) 1964—1968年大力倡导和率先制定了有利于发展中国家的"非互惠的普惠待遇"等改革方针和新的法理原则,推动了当时"GATT 1947"旧法律体制的局部改革[1];(2) 1974年以压倒性多数票[2]推动联合国大会通过了《建立国际经济新秩序宣言》以及《各国经济权利和义务宪章》。这些纲领性、法典性国际文献所确立的基本法律观念和基本法理原则[3],是新型的国际经济法基本规范发展的重要里程碑,也是此后进一步建立新型国际经济法规范体系的重要基石。经过三十多年来的实践,这些基本法律观念和基本法理原则已日益深入人心,逐渐形成为当代国际社会的法律共识[4]。

在20世纪80年代初至90年代中期,由于各种因素的综合作用,在许多国

---

[1] 参阅：《关贸总协定》决议：L/3545,L/4093;汪暄：《论关税及贸易总协定下的贸易自由化》;高燕平：《国际贸易中的普遍优惠制》,载于《中国国际法年刊》,1986年本,第44、59、60、63、161—163页。

[2] 《宪章》草案交付表决时,120票赞成,其中绝大多数是发展中国家;6票反对：美国、英国、联邦德国、丹麦、比利时、卢森堡;10票弃权：日本、法国、意大利、加拿大、奥地利、荷兰、挪威、西班牙、爱尔兰、以色列。

[3] 如果把贯串于《宣言》和《宪章》中的法理原则加以粗略概括,其最主要之点在于：第一,确认了各国的经济主权是不可剥夺、不可让渡、不可侵犯的。各国对本国的自然资源以及境内的一切经济活动,享有完整的、永久的主权。各国有权对它们实行切实有效的控制管理,包括必要时对外资企业实行国有化或将其所有权转移给本国国民。跨国公司的经营活动,必须遵守东道国的政策法令,接受东道国的司法管辖和管理监督;不得强行索取特惠待遇,不得干涉东道国内政。第二,确认应当按照公平合理和真正平等的原则,对世界财富和经济收益实行国际再分配,以遏制和消除富国愈富、贫国愈贫的危险趋向和恶性循环。为此,必须在国际生产分工、国际贸易、国际技术转让、国际税收、国际货币制度、国际资金融通、国际运输、公海资源开发等领域,全面地逐步变革现行的不合理、不公平的法律体制,并对发展中国家采取各种不要求互惠的优惠措施。第三,确认一切国家,特别是发展中国家,在一切世界性经济问题上都享有平等的参与权、决策权和受益权。国家不论大小,不论贫富,应该一律平等。国际经济事务应该由世界各国共同来管,而不应当由一两个超级大国来垄断,也不应当由少数几个富强的发达国家来操纵。为此,必须在有关的国际组织和有关的国际经济事务上,变革现行的仗富欺贫、恃强凌弱、以大欺小的决策体制。

[4] 参见陈安著《国际经济法学刍言》(上卷),北京大学出版社2005年版,第61—69页。

际多边谈判中,特别是在长达8年之久(1986—1994)的GATT/WTO乌拉圭回合谈判之中,发展中国家往往未能像昔日那样凝聚共识,集体决策,联合行动,从而往往在多边谈判中处在弱势地位。相形之下,发达国家,特别是其中的经济大国和强国,却常能在旧体制之下,凭借其综合实力,操纵全局,在制定国际经贸大政方针及其具有法律约束力的各种"游戏规则"(以下简称"法律规则")方面,处在绝对主导的地位。

有鉴于此,发展中国家回顾和总结了这一历史阶段中的缺失和教训,重新认识到"南南联合"在"南北对话"和更新国际经济立法中的重要意义,开始着手自身力量的重新整合。1994年它们一致达成《建立南方中心协定》,并且依靠这个由众多发展中国家共建的政府间组织,积极开展有关南北矛盾、南北谈判对策的全面研究。20世纪90年代后期起,"南方中心"的研究结论反复强调:在经济全球化加速发展的条件下,全球经济大政(macro-economic working of the global economy)及其有关国际经济立法,实际上由寥寥几个经济强国组成的"七国集团"所把持和操纵,**没有任何单一的发展中国家的力量能够改变这种现状**。因此,今后在针对一系列全球性问题进行讨论和决策的国际论坛上和多边谈判中,南方各国比以往任何时候都更加需要采取集体行动,才能赢得公平、公正和合理的成果。为了维护发展中国家共同的根本利益,必须适应形势的变化,通过精心研究和科学设计,调整和更新"77国集团"的纲领,重新协调不同的利益,重新增强共识和内部凝聚力[1]。实践证明:随着时间的推移,根据上述《协定》组建的"南方中心",在凝聚发展中国家的意志和力量,强化南南联合,促进南北平等对话和南北互利合作,更新国际立法等方面,正在发挥着日益重要的"智囊"作用。"南方中心"的组建及其积极开展活动,标志着"77国集团"开始重整旗鼓。

(三)"南方首脑会议"

2000年南方首脑会议在古巴首都哈瓦那举行,这是"77国集团"成立36年以来第一次召开的层次最高、规模最大的会议。当时共132个发展中国家的元首、政府首脑或其代表聚首一堂,共商全球大计,其中心主题就是如何应对世界经济加速全球化给众多南方国家带来的严峻挑战和重大风险;如何通过南方国家的团结一致和联合行动,敦促南北平等对话,力争南北完全平等地参与世界经济大政的决策和有关法律规则的制定;如何开展南北互利合作,建立一个公

---

[1] See Thirty Years of the Group of 77 (1964 - 1994), United for a Global Partnership for Development and Peace, South Centre Publications, 1994, pp. 13 - 16; see also The Future of the Group of 77, South Centre Publications, 1996, pp. 5 - 11.

正、公平、合理的国际经济新秩序。会议结束时,发表了《南方首脑会议宣言》以及为实现此项宣言而制定的《哈瓦那行动纲领》①;决定筹组一个"南方协调委员会",统一协调和组织实施此次首脑会议制订的上述《行动纲领》和有关南南合作的各项决定②。国际舆论认为,它标志着"77国集团"发展史上的一个新的重大转折,也标志着进一步加强"南南联合"、更新国际立法、推动国际经济秩序除旧布新和破旧立新,开始了新的征程③。

此时,原先的GATT体制已进一步发展成为WTO体制,因此,如何在这个号称"经济联合国"的新体制中发挥发展中国家集团的作用,提高自己在全球经贸大政及其法律规则问题上的发言权、参与权、决策权和制定权,就成为77国集团面临的新课题。

(四)"多哈发展回合"(DDR)的启动与中国的"入世"

在众多发展中国家重新凝聚和强烈要求下,2001年11月10日,WTO在卡塔尔首都多哈市举行的第四届部长级会议(通称"多哈会议")通过了《多哈宣言》,决定:以全球发展中国家普遍面临的发展问题为中心,全面启动新一轮的全球性多边贸易谈判,以便对现有的WTO体制和规则,即有关的国际经济立法,加以必要的改善和更新。会议还通过了《关于中国加入世界贸易组织的决定》,中国自2001年12月11日起正式成为WTO成员。这就为众多发展中国家在WTO体制内部开展南南合作和进行联合斗争增添了强大的中坚力量。

从以上简略的历史回顾中,不难看出:第一,从万隆到多哈,<u>五十年来南南联合自强、更新国际经济立法的过程</u>,始终在曲折中行进;第二,由2001年多哈会议启动的"多哈发展回合"谈判以及其后<u>2003年坎昆会议和2005年香港会议上的风云变幻</u>,实质上乃是五十年来南北矛盾冲突以及<u>南南联合自强、更新国际立法的过程</u>在曲折中行进的一个新阶段。

---

① See Declaration of the South Summit; Havana Programme of Action, http://www.g77.org/summit/Declaration; summit/Programme of Action.
中国派出的高级代表团出席参加了这次会议,并作了长篇发言,强调:"南南合作首先是一种团结精神,同时也是发展中国家联合自强、寻求共同发展的重要途径……只有团结起来,才能提高发展中国家在南北对话中的地位,才能有效参与国际经济决策,才能在全球化过程中最大限度地维护自身利益。"参见《人民日报》2000年4月15日第1版。

② See Martin Khor, Havana Summit, a Defining Moment in G77 History; Coordinating Commission Set Up. Third World Economics, No. 232, Geneva, 2000, pp. 2-3;12-14.

③ See South Summit in Havana to Mark a "Turning Point" for Developing Countries, http://www.g77.org/summit/pressrelease; see also Havana Summit, a Defining Moment in G77 History, supra note 12.

三、多哈—坎昆进程中南南联合自强的新面貌和新曲折

21世纪伊始,77国集团从发展中国家权益的角度,回顾和总结了1995年初—2001年初WTO体制运作6年过程中的利弊得失,在多哈会议召开之前19天,即2001年10月22日,发表了一份宣言,即《77国集团和中国关于WTO第四届部长级会议的宣言》①,就贯彻现有的合理协定以及纠正现有的各种立法缺陷提出了全面的改进建议,强调:"必须全面地和诚信地实施乌拉圭回合协定并且纠正其中存在的各种失衡与不公。"②

这些针对WTO体制及其现有立法缺陷提出的改进建议,体现了发展中国家的共同要求,符合于国际经济法和国际经济秩序进一步弃旧图新的时代潮流。引人注目的是:这些要求乃是以"77国集团"当时所实际涵盖的132个发展中国家发表共同宣言的方式,正式提交WTO最高决策机构——第四届部长级会议,显示出众多发展中国家在新千年新世纪伊始举行的此次南北多边谈判中,确是"有备而来",确实是国际政治经济舞台上不可忽视的有组织、有纲领的集体力量。

在众多发展中国家的集体努力和共同奋斗下,上述有关改进WTO现状的许多要求和建议,被多哈会议接受作为重新审议和磋商的议题,并且在《多哈宣言》中特别强调:"WTO成员的大多数是发展中国家,我们(部长级会议)寻求把发展中国家的需要和利益摆在本宣言通过的工作方案的中心地位"③;同时规定,在下一次即第五次部长级会议("坎昆会议")上,应当针对各项磋商谈判的进展情况作出评估,作出必要的决定。

坎昆会议于2003年9月10日正式开幕后的五天中,各成员代表团纷纷阐述自己对新一轮谈判("多哈回合")各项议题的立场和看法,其中最主要的分歧集中在农业贸易改革问题上④。而会上的所有分歧,归根结蒂,最主要的是发

---

① Declaration by the Group of 77 and China on the Fourth WTO Ministerial Conference at Doha, Qatar, 22 October 2001, at http://www.g77.org/Docs/Doha.htm.

② Ibid, par. 5.

③ Doha WTO ministerial 2001: Ministerial Declaration (hereinafter "Doha Declaration"), 14 November 2001, http://www.wto.org/english/the wto-e/minis-e/mino-e/, pars. 5, 2, 12, 45.

④ 本次会议分歧较大的另一类议题是"新加坡议题",其中包括有关投资、竞争、贸易便利化和政府采购透明度等四个方面的新议题。这些议题早在1996年在新加坡召开的WTO第一次部长级会议上即已提出,但迄未正式启动多边谈判。此次坎昆会议对于是否在近期内正式启动这些新议题的谈判,发达成员与发展中成员也存在重大矛盾,迄难达成共识,陷入僵局。

展中成员与发达成员之间带根本性的利害矛盾和冲突。由于各方立场差距甚大,争论非常激烈,预定在本次会议结束时发表的部长级宣言草案,几经修订,各方依然在发达国家放宽市场准入、削减国内资助、削减和取消出口补贴的程度、幅度和期限等方面相持不下,无法打破僵局,形成共识,最终大会主席墨西哥外长宣布会议结束,草草收场。至此,坎昆会议继西雅图会议之后,再次不欢而散,无果而终①。

此次会议虽以无果告终,但它在 WTO 体制的发展史上,在南北对话的发展史上,都具有不可忽视的作用,其影响是巨大和深远的。它突出地显示了<u>南南联合自强在南北对话和更新国际经济立法中的地位和作用</u>。

自 20 世纪 40 年代中期第二次世界大战结束后数十年来,在全球经贸大政问题的决策上,在世界贸易体制的设计和有关法律规则的制订过程中,一向都是美国、欧盟等发达国家占有主导地位。而此次会议上,却开始出现了新的局面:发展中国家比较紧密地联合起来形成各种集团②,就全球性的经贸重大议题及其有关法律规则,鲜明地表明自己的共同立场和主张,与发达国家,特别是与其中的经济强国公开抗衡。这种新局面,显示了众多发展中国家联合奋斗的意志和实力,引起国际舆论的"刮目相看"③。

事后不久,77 国集团和中国的外交部长在一年一度的集会中总结了坎昆

---

① 参阅许宏治(人民日报驻墨西哥记者):《坎昆会议无果而终》,载于《人民日报》2003 年 9 月 16 日,第 3 版。
② 据当时媒体报导:此次会议上出现了"发展中国家以三大集团对抗发达国家"的现象。除上述"21 国集团"之外,另外两个集团是由非加太国家、非洲联盟国家和孟加拉等最不发达国家聚合组成的联盟,以及多米尼加、肯尼亚、斯里兰卡等 33 国结成的联盟。参阅:《世贸部长会议发展中国家以三大集团对抗发达国家》,at http://www.people.com.cn/GB/jingji/1037/2091073.html。
③ 法新社 2003 年 9 月 12 日报导:在这次坎昆会议上,美国和欧盟实际上面对的是二十多个发展中国家组成的集团,这些国家主要有巴西、中国和印度。它们要求富国大幅削减农产品补贴并完全取消对农业出口商的官方资金援助。日本《每日新闻》同年 9 月 13 日报导,贸易人士分析说:"会议上政治色彩比经济谈判色彩更浓。"其背景是,欧美一直主导贸易自由化谈判,发展中国家反对这个世贸组织延续多年的框架,可以说是发展中国家向发达国家发起挑战,想和发达国家"一决雌雄"。英国《经济学家》周刊在 2003 年 9 月 15 日一期发表了题为《坎昆会议已成重大事件》的文章,指出:"此次会议高明的政治手腕比会议产生的任何单项建议都将具有更加深远的影响。以中国、印度和巴西为首的发展中国家第一次自我组织起来,形成联盟,即 21 国集团,表明了它们要与欧盟和美国较量的意愿。就像工会的诞生一样,发展中国家发现了团结、行为准则和对抗的力量。""中国的参与对这一进程至关重要。印度和巴西以前曾努力组建一个发展中国家集团,但总是因各种经济或政治压力而失败。中国是一个大国,而且地位重要,所以不能任意摆布。有了中国,这个联盟才有意义。""世贸组织是一个发展中国家在其中拥有较大权力的论坛。如果联合起来,它们就能获得平等待遇,如果单独行事,它们就会被当做是乞讨者。"日本《朝日新闻》同年 9 月 13 日报道:在世贸组织的部长会议上,首次出席会议的中国显示出影响力;中国发挥了非凡的外交手腕;中国同发展中国家站在一起,明确主张:在农业补贴问题上应当停止实施以美欧为主导的世界贸易组织体制。参阅《坎昆会议:农业问题成为焦点》《中国在坎昆展现非凡外交手腕》,分别载于《参考消息》,2003 年 9 月 14 日第 4 版,同年 9 月 17 日第 1 版。

会议的得失,明确表示:此次会议未能就发展中国家所关切的问题达成协议,令人失望。但是,"在坎昆会议上,发展中国家在多项谈判中发挥了根本性的作用(fundamental role)。我们郑重地重申,在今后世贸组织多哈回合进一步开展谈判过程中,我们一定会在同等程度上继续显示出目标的一致和力量的团结。"①

四、"香港会议"前南北矛盾的
僵局及其"乍暖还寒"

坎昆会议"失败"后,自2003年10月至2005年11月,两年多以来WTO体制内关于恢复"多哈发展回合"新一轮谈判的南北磋商,时冷时热,"乍暖还寒";南北两方虽各有妥协让步,但对垒、对抗的局面,迄未根本改善、改变。2004年7—8月间一度出现转机,似见"柳暗花明",从而响起"乐观"的基调;但此后北方的强者、霸者又再开倒车,依然口惠而实不至,故谈判进展甚微,各方情绪又转化为"悲观"②。简况如下:

坎昆会议后经过长达十个月的僵局,南北各方经过艰难的讨价还价,以欧盟、美国为首的发达国家迫于发展中国家南南联合的强大压力,终于在农业问题上做出了一些让步,部分地同意发展中国家的主张,相应地,发展中国家也在非农产品市场准入问题上作了一些让步,WTO的147个成员终于在2004年8月1日通过了WTO总理事会《多哈工作计划决定》,将多哈回合的谈判从完全破裂的边缘挽救了回来;并把原定完成谈判的期限延至2005年7月底。长期的僵局终于打破,"久雨初晴",令人一度乐观,当时的WTO总干事素帕猜甚至认为这是一项"真正的历史性的成就"(a truly historic achievemnt);当时的美国谈判代表佐立克也称之为"里程碑"(milestone)。但是,上述协定实质上只是一个继续谈判的"框架",仅限于列明主要议题、基本原则、主要方针和抽象"承诺",而各项十分棘手的具体问题均被留到随后拟定具体"谈判模式"(modality,又译"谈判细节方案")

---

① Ministerial Declaration, by the Ministers of Foreign Affairs of the Group of 77 and China, New York, 25 Sept. 2003, at http://www.g77.org/Docs/Dec/2003.htm.
② 参见陈安:《南南联合自强五十年的国际经济立法反思——从万隆、多哈、坎昆到香港》,载《中国法学》2006年第2期;并参见: An Chen, *A Reflection on the South-South Coalition in the Last Half Century from the Perspective of International Economic Law-making: From Bandung, Doha and Cancún to Hong Kong*, The Journal of World Investment & Trade, April 2006, Vol. 7, No. 2.

阶段再逐一解决。

随后开展的具体"模式（细节）"问题的谈判，自 2004 年 8 月初到 2005 年 7 月底，经历了各种层次、各种主题、各种集团和各种规模的会议磋商和讨价还价，在少数问题上虽略有进展，但在整体上，特别是在关键问题上，又出现了曲折、坎坷和障碍。

WTO 总干事素帕猜鉴于经过延长之后预定完成谈判的新期限（2005 年 7 月底）即将届满，而自己的现职任期也将在 2005 年 8 月底届满，乃在 2005 年 7 月 29 日向 WTO 总理事会呈交了一份综合性的报告，其中概述了一年以来诸项议题谈判中的若干积极表现，之后，以大量篇幅缕述了谈判进展的步履维艰：农业问题的谈判进展迟缓，远远落后于预期；其他领域的谈判，也大同小异。他总结说："令我遗憾的是，消极面超过了积极面。我的坦率评估是：要达到我们（完成多哈谈判）的目标，还有很长的路要走。"有鉴于此，素帕猜在报告中反复呼吁和敦促南北各方谈判代表加强"密集磋商"（intensive consultations），寻找利益的"交汇点"（convergence），各自尽可能"放弃长期僵持的立场，走向中间地点，实行必要的妥协"。同时宣告，把完成多哈发展回合多边谈判的最后期限，推迟到 2006 年底。

素帕猜这份类似"临别赠言"的综合报告，其通篇基调可以说是相当"灰色"、失望的；还夹杂着坦率的焦虑、善良的期待和委婉的无奈。这和一年前即 2004 年 8 月初"久雨初晴"和似见"柳暗花明"时的乐观情绪相比，形成相当明显的对照。

2005 年 9 月 1 日，帕斯科·拉米（Pascal Lamy）走马上任，接替了离职的素帕猜。拉米在会见媒体时，发表了简短讲话，寥寥三段，措辞低调，声称："大家都知道，我本人也必须时刻铭记：WTO 总干事手中并没有魔杖（magic wand）。WTO 的事务不可能按此法［挥舞魔杖］办理。WTO 的成员们才有决策权。"①

2005 年 9 月 14 日，WTO 新任总干事拉米首次主持"贸易谈判委员会"（TNC）会议，他呼吁和敦促各方加紧谈判，以便快步跑到（run-up to）预定于同年 12 月在香港举行的 WTO 第六次部长级会议；他强调："只有把有关发展的主题摆在谈判的中心位置，多哈回合谈判才能取得成功。"他期待：香港会议若能达成重要协议，则 2006 年底结束本轮多边谈判的整体任务就完成

---

① *Statement to the media by Pascal Lamy upon taking office on 1 September 2005*, at http://www.wto.org/english/news-e/news05-e/dg-lamy-1sept05-e.htm.

了三分之二。但他同时承认,世贸组织各成员必须付出极为艰苦的努力才能完成上述目标①。

据新闻报道②,2005年11月8日,拉米在日内瓦主持召开了一个"小型部长级会议",旨在为加速香港会议的准备工作获得新的政治推动(Political momentum)。与会者有欧盟、美国、日本、加拿大、瑞士、新西兰、澳大利亚、韩国、印度、巴西、中国、中国香港、马来西亚、泰国、巴基斯坦、埃及、南非、赞比亚、阿根廷、墨西哥、牙买加等二十几个成员的高级代表(部长、副部长或大使)。日内瓦外交界对此举议论纷纷,称之为"小型部长绿屋会议",期待它能挽救香港会议的可能"失败"。但据有关信息,由于欧盟和美国坚持既得利益和既定立场,拒不在农业谈判的主要问题上作出较大让步,却掉转矛头,无理苛求发展中国家对来自美、欧等发达国家的"非农产品",大幅度降低进口关税和开放国内市场。因此,南北各方的关键性代表正在紧张地进行"口水战"(blame game)。印度的工商部长卡莫尔·纳思(Kamal Nath)在接见英国广播公司记者时,尖锐地批评欧美的苛刻要求是"只肯拿出一英吋,要换回的,不只是一英呎,而是一英哩"("giving an inch and asking not just for a foot but a mile")。他强调印度一定要保卫本国许多小农户的权益。巴西以及其他许多发展中国家代表都认为:发达国家是否在农业问题上真正作出必要让步,改变其扭曲自由贸易的政策,乃是"多哈发展回合"谈判成败的关键问题和检验标准。而欧盟与美国两大强权在此问题上仍然坚持各自的既得利益,并且在谈判中互相呼应,互相默契,互相"原谅",沆瀣一气。更有甚者,他们正在力图转移视线,把香港会议可能受挫或可能失败的责任转嫁到发展中国家身上。对欧美代表的此种手腕和图谋,WTO日内瓦总部走廊上的南方成员代表们无不感到愤愤不平。

两天之后,即2005年11月10日,鉴于谈判中南北分歧甚大,无法弥合,而时间又十分紧迫,拉米不得不大大降低他在上任之初即9月14日提出的前述乐观期待,即在香港会议上能够达成重要协议,从而使多哈回合谈判的整体任务一举完成三分之二。他在2005年11月10日当天向各成员派驻WTO总部的使团团长们通报了一周以来谈判进展步履维艰的最新情况,并以委婉的口气提出:"如果大家都同意:在召开香港会议之前我们无法在全面的谈判模式(细节方案)(full modalities)上达成共识,那么,就必须重新调整(recalibrate)我们

---

① See: *Lamy Opens "New Phase" in Trade Talks*, at http://www.wto.org/english/news-e/news05-e/tnc-stat-lamy-14sep05-e.htm.

② See Martin Khor, *Trade: Mood at WTO gloomy as "Ministerial Green Room" convenes*, in *SUNS* #5911 Wednesday 9 November 2005 [Geneva, Email Edition].

对香港会议的期望值,仔细考虑我们在香港会议上以及会议之后要求达到什么,从而不降低整个多哈发展回合宏伟目标的总体水平。"①

与此同时,拉米也不忘一再敦促各方各作必要的妥协让步。他强调:在谈判中采取"要么同意接受,要么拉倒算了"的态度,是无助于各种谈判获得进展的。他强调:"只要有心前进,就会有路可走,我们现在必须找到出路。"

拉米的反复呼吁,可谓苦口婆心,克尽职守。但国际舆论对他提出的"必须重新调整对香港会议的期望值"——降格以求的倡议,却不无非议和批评。其中比较典型的是发表于美国《国际先驱论坛报》上的一篇专论,题为《此番贸易谈判何以需要失败?》②,它尖锐地指出:

"有人提倡掩盖争议,降低目标,淡化失败形象。这是错误的做法。只有促使此番谈判归于失败,才能彻底打破当前在农业问题上和本轮贸易回合谈判中的整个僵局。尽管农业在当今全球产业经济整体中只占微小的份额,但是农业的自由化却是促使多哈回合谈判紧扣其发展主题的关键所在。许多贫弱国家在农产品上具有比较优势,对它们说来,强劲有力的农产品出口乃是经济增长的必备条件。但是,第三世界的农民们根本无法与富强国家每年享有农业补贴3 000亿美元的农产品开展竞争。——按理说,各国政府本来可以在本月以内坐在谈判桌前达成协议,促使香港会议成功。但是,掩盖农业问题谈判中出现的僵局却是最最危险不过的做法。企图通过掩盖许多争议来避免在新闻报道中出现谈判失败的大字标题,等于是发出误导信号。这种做法无异于让法国的领导人认为他们可以享受例外待遇,继续娇惯其许多特殊产品的农业部门,同时却伪装成十分关怀贫弱国家的发展目标。这种做法也让日本的领导人相信他们可以拒绝接受对农产品征收关税不得超过100%的最高限额③,却仍然宣称他们信守诺言,拥护世界贸易体制。这种做法还允许美国每年花费190亿美元补贴本国的农场主,却竖起指头戳向别人,指责其他国家政府不肯实现农产品

---

① Lamy Says Differences Require "Recalibration" of Hong Kong Expectations, Calls for "Negotiating Spirit" to Advance TradeTalks, at http://www.wto.org/english/news-e/news05-e/stat-lamy-nov05-e.htm.

② Christina Davis, Why these trade talks need to fail, in International Herald Tribune, December 7, 2005, at http://www.iht.com/articles/2005/12/07/opinion/eddavis.php. 据该报与编者注:本文作者是美国普林斯顿大学威文逊学院的政治学助理教授,是《粮食对抗自由贸易:国际机构如何促进农业贸易自由化》一书的作者。

③ 据新华社报道,日本为"保护"本国大米市场,目前对进口大米所征关税竟高达778%。参见《农业谈判——多哈回合谈判的重中之重》,at http://finance.people.com.cn/GB/42773/3943545.html.

贸易自由化。反之,如果此番谈判遭到明显失败,却能引起许多国会的院外说客们和广大公众的注目关切,他们现在毫不关心那些没完没了针对各种贸易公式细枝末节进行的冗长谈判。应当把一系列的争议广泛地公之于众。此番谈判的失败可以突出地显示农业自由化与更广泛的贸易自由化之间的密切联系。"

上述评论显然是强调应把当前南北双方在农业问题上的严重分歧和陷入僵局的真相,如实地、透明地向全球大众公告周知,借以振聋发聩,促进他们明白自身的现实处境,以便进一步开展虽然更加艰巨,但也更加有效的南北谈判;反对向公众掩盖和隐瞒矛盾冲突的严重程度和事实真相,只是轻描淡写,降格以求,粉饰"太平",转移视线,松懈或削弱国际弱势群体的斗志。

五、"香港会议"的积极成果:千呼万唤始出来,犹抱琵琶半遮面

2005年12月13—18日在香港召开WTO第六届部长级会议,继续开展多哈回合的新一轮多边贸易谈判。在这连续六天之中,各方在此前所拟《宣言》草稿的基础上,进行密集谈判,夜以继日,甚至通宵达旦,据WTO总干事拉米统计,一共召开了450次大小会议,进行了200多场协调磋商,举行了6次重大集会,终于在12月18日的最后时刻,通过了《部长宣言》的第五稿。拉米在当晚新闻发布会上,一方面充分肯定本次会议取得的若干实质性进展,指出:"**我们终于促使多哈回合的谈判在经历一段冬眠期之后开始回到了正轨上**";但同时又强调:"今后必须加快谈判速度,因为**已经没有歇息停留的时间**。"①

本次部长会议主持人、香港工商及科技局局长曾俊华列举了本次会议取得的主要成果②,即各方商定:(1)发达成员将在2013年全面取消一切形式的农产品出口补贴;(2)发达成员和部分发展中成员2008年起向来自最不发达国家的所有产品提供免关税、免配额的市场准入;(3)发达成员将在2006年取消

---

① See *Day 6 : Ministers agree on declaration that "puts Round back on track"*, at http://www.wto.org/English/thewto-e/minist-e/min05-e/min05-e18dec-e;并参见人民网:《世贸第六次部长级会议闭幕通过〈部长宣言〉》,at http://finance.people.com.cn/GB/42773/3952155.html;《世贸组织第六次部长级会议在香港闭幕》,at http://world.people.com.cn/GB/1029/3952117.html。

② 参见《WTO香港会议主席曾俊华在记者招待会上的发言要点》,载港府《新闻公报》2002年12月18日,at http://sc.info.gov.hk/gb/www.info.gov.hk/gia/general/200512/18/P20。

棉花的出口补贴,并同意优先磋商在较大幅度上减少对棉花的国内资助;(4)为非农产品市场准入的谈判定下具体方向,WTO 各成员同意采用"瑞士公式",以达到较高关税需面对较大减幅的原则,并同意农产品的市场准入与非农产品的市场准入两者的市场开放幅度应该相称;(5)为在 2006 年底完成多哈回合谈判订立了路线图,一致同意在 2005 年 4 月 30 日以前就农业问题以及非农产品市场准入问题的具体谈判细节达成共识,并于同年 7 月 31 日以前就这两大议题提交具体减让承诺建议,2006 年底以前全部完成多哈回合谈判,等等;(6)在服务业方面,已就 2006 年进一步开展谈判的方向和模式达成共识。香港行政长官曾荫权就此次世贸会议发表声明,盛赞此次会议"圆满闭幕,大会发表《香港部长宣言》,为明年完成多哈议程奠定良好基础";"香港顺利举办部长级会议,圆满成功"①。

但是,在国际舆论上,对此次香港会议所取得的成果和达成的协议,看法并不一致,非议者并不少见。甚至不妨概括为"褒贬不一,毁誉参半"②。这是因为:

第一,上述列举的六项成果中,可分为两类,即"三实三虚"。其中(1)、(2)、(3)三项是具有实质内容和定有时间界限的,设立了具体检验其实际效果的尺度和标准,它们在一定程度上纠正了发达成员过去"口惠而实不至"、"开空头支票"的积习和惯伎。虽值得肯定,但仍有若干重大不足和隐患③。就其中(4)、(5)、(6)三项而言,它们仍然只停留在空洞的意愿和抽象的表态,并不能形成有法律约束力的义务和可操作的规则,也并未定出可检验的具体标准。

这些方向性的意愿和表态,其基本内容,早在 4 年多以前即 2001 年 11 月多哈发展回合谈判启动之初,就已大体规定和明确提出;而其中关于本轮谈判完成期限之设定为 2006 年底,更是多哈宣言原定三年期限(2001.11—2004.12)的一再拖延以及实际效果的连续降格和倒退。故 2005 年香港会议上《部长宣言》的这后三项内容,在一定程度上只是 2001 年多哈会议上《部长宣言》的"旧话重提"和重新"拨乱反正",用拉米的话说,即是"经历一段冬眠期之后开始回到了正轨上",严格说来,并不能算是新的重大成果。

---

① 参见《香港行政长官就世贸会议发表声明》,载港府《新闻公报》2002 年 12 月 18 日,at http://sc.info.gov.hk/gb/www.info.gov.hk/gia/general/200512/18/P20。
② 参见《世贸香港协议毁誉参半》,载《参考消息》2005 年 12 月 20 日第 4 版。
③ 参见陈安:《南南联合自强五十年的国际经济立法反思——从万隆、多哈、坎昆到香港》,载《中国法学》2006 年第 2 期;并参见:An Chen, *A Reflection on the South-South Coalition in the Last Half Century from the Perspective of International Economic Law-making: From Bandung, Doha and Cancún to Hong Kong*, The Journal of World Investment & Trade, April 2006, Vol. 7, No. 2.

第二,就前述设定具体实现期限的第一项成果而言,也应作进一步的具体分析。此项成果规定:发达国家应于 2013 年全面取消一切形式的农产品出口补贴。据国际知名的评论家《第三世界网络》主编马丁·科尔(Madin Khor)揭示①:老谋深算的欧盟代表始终坚持原议,寸步不让,旨在作为谈判交换筹码,力图从发展中国家方面勒索更多的让步,即以更大幅度的国内市场向欧盟的非农产品和服务贸易业开放准入。直到香港会议最后一天的"绿屋谈判"的最后一小时,曼德森恐干犯众怒才终于抛出 2013 年的期限约许。而根据英国"行动援助组织"(Tim Rice of Action Aid)的统计,欧盟拖延至 2013 年才取消农产品出口补贴,其所可能减少的出口补贴不过 10 亿欧元,相形之下,欧盟每年给予农业生产的国内资助却高达 550 亿欧元,前者只相当于欧盟每年给予农业国内资助的 1.8%,后者却占 98.2%,这是扭曲国际农产品自由贸易、阻碍农产品贸易自由化的最大消极因素,而在香港会议上却毫未触及,依然文风不动。因此,对欧盟说来,其谈判策略和实际后果只不过是"勉强抛出小恩小惠,顽固死守豪夺巨利"。

第三,就前述设定具体实现期限的第二项成果而言,会议一致同意 2008 年起向最不发达国家所有出口产品提供免关税、免配额的市场准入优惠待遇,这当然是一个值得称道的积极成果。但是,据拉米透露的信息,此项给予最不发达国家出口产品的"双免"待遇,其所涉及的贸易额还不到全球贸易总额的 1%,不会对任何其他国家构成"威胁",因此不难获得其他成员赞同②。但是,此举也因其所占比重很小,对占全球贸易总额 99%的现存的不公平、不平衡、被扭曲的贸易秩序,几乎没有什么触动或影响。何况,这其中还存有一个例外或漏洞,即按《宣言》所定③:为某些发达成员在给予最不发达成员"免关税、免配额"优惠方面,设下了一条"规避条款"(escape clause)。该条款规定,在给予"双免"优惠方面有困难的国家,可以用保护"敏感产品"国内市场作为理由,照旧实行高关税、低配额。而这些所谓"敏感产品",却正是不少最不发达国家具有出口优势的产品,诸如纺织品、大米、糖、皮革、水产品等等。例如,日本可以根据该条款,继续对来自最不发达国家的大米征收高达 778%的进口关税,从

---

① See. Madin Khor, *Trade: WTO Ministerial outcome imbalanced against developing countries in SUNS* [Email Edition, Geneva], #5941, 21 December 2005, at http://www.sunsonline.org/.

② See *Pascal Lamy's Ministerial Conference Diary*, at http://www.wto.org/english/thewto-e/dg-e/pl-visitors-e/min05-blog-e.htm.

③ See *Ministerial Declaration*, *Sixth Ministerial Conference*, adopted on 18 Dec. 2005, Article 47, Annex F, (36)(a)(i),(ii), WTO, WT/MIN(05)/DEC; 并参见葛传红:《世贸香港峰会成就中国"穷国代言人"形象》,载《国际金融报》2005 年 12 月 23 日,第 15 版。

而把来自最不发达国家的这一"敏感产品"全部拒之门外;美国也明确明示,来自最不发达国家孟加拉、柬埔寨的纺织品进入美国时不得享受上述"双免"待遇。因此,所谓"双免"优惠在相当程度上意味着:最不发达国家根本不能生产或并无比较优势的产品,"有权"享受"双免"待遇,而它们具有比较优势的出口产品,却全被拒之门外,归根到底,"它们只能在无力实现权利的领域里被赐予了权利"[1]。形同墙上画饼,岂能真正充饥?

第四,就前述设定具体实现期限的第三项成果而言,发达成员承诺在2006年底以前取消棉花出口补贴,当然是有积极意义的,但其影响面也很有限,因为:(1) 棉花只是几十种农产品之一,发达国家只在单项棉花出口上限期取消补贴,而在其他多项农产品出口上仍然长期坚持给予巨额补贴,则单项取消棉花出口补贴一举对于改变国际市场上整体农产品贸易被严重扭曲的局面说来,形同"杯水车薪",实效甚微;(2) 单项棉花出口补贴对比发达国家给予棉业巨额国内资助而言,比重微乎其微,以美国为例,它给予本国棉业的国内资助每年高达38亿美元,占其给予棉业各种补贴总额的80%—90%,欧盟给予其境内棉业的国内资助,也占类似比重。而此次香港会议对于在欧美发达成员棉业各种补贴总额中占八、九成比重的国内资助问题,毫未真正触及和设定取消期限,可谓"捡了芝麻,丢了西瓜"。

第五,最为重要的是,如前文所述,早在1994年的《农业协定》中,WTO全体成员已基本达成共识,约定于1999年进一步开展谈判,针对发达国家用以扭曲国际农产品贸易的"市场准入"、"国内资助"和"出口补贴"三大保护主义措施,即扣在发展中国家农产品出口业身上的三大"枷锁",予以削减和废除。但时至2005年,11年的时光如水流逝了,从未认真落实兑现。在香港会议上,除了在撤除"出口补贴"这一大枷锁上开出了令人捉摸不定的、8年之后(即2013年)才可能兑现的远期支票之外,对于扣在发展中国家农产品出口业身上沉重得多的另外两大枷锁,却始终仍停留在虚情假意和"口惠而实不至"的原有水平上,不予认真放松或撤除。

第六,在此前的冗长谈判中,以欧盟和美国为首的发达国家坚持要求发展中国家对来自发达国家的非农产品,更大幅度地开放国内市场,作为发展中国家农产品进入发达国家国内市场的交换条件。发达国家对发展中国家弱势群体提出的此种勒索性要求,在《香港宣言》中并未明确地予以抵制,只在其第24

---

[1] See Madin Khor, *Trade: WTO Ministerial outcome imbalanced against developing countries*, in SUNS [Email Edition, Geneva], #5941, 21 December 2005, at http://www.sunsonline.org/.

条中,对此做出了含糊其辞的规定,说是"对于农产品市场准入和非农产品市场准入的开放幅度应当相称(Comparably high level of ambition in market access for Agriculture and NAMA)。此种幅度应按特殊与差别待遇原则予以平衡和构成比例"。此种表述实际上是将南、北双方的观点简单相加,留下许多争议隐患。

基于以上各点不足、漏洞和隐患,国际舆论上出现了这样的总体评价:"香港部长级会议的结局对发展中国家有失公平"。"香港部长会议证实:多哈宣言所规定的发展主题始终被抛在屋角,并一直处在昏睡状态之中"。"香港会议产生了失衡的效果,这种效果会使发展中国家在今后一年有关服务贸易以及非农产品市场准入问题的谈判中,增添更多的困难。"①此外,还有一些非政府组织(NGO)负责人对香港会议达成的协议颇有微词,指出"这不是协议,是欺诈,是对全球 24 亿贫困人口的侮辱";"这次会议是一个失败,会议只是对农产品补贴做出了微不足道的削减";"这个协议没有兑现帮助发展中国家的承诺,而这正是 4 年前启动的多哈贸易谈判的中心宗旨";"这是一个很令人失望的版本,是对发展承诺的一种背叛,富国的利益再次占了上风"②。

作为 62 个发展中国家参与的政府间组织和"南方集团思想库","南方中心"派出的代表们对香港会议的评价是:"虽然这个回合号称为'发展回合',但发展中国家和最不发达国家却不得不结成强大的联合战线,并通过长期和艰苦的奋斗,才能获得一些成果";"就发展主题而言,今后还有许多悬案有待达成协议"。在这次香港会议中,发展中国家和最不发达国家不得不在非农产品市场准入和服务贸易市场准入等问题上作出重大让步和接受妥协,以便挽救多边贸易体制。简言之,是"发展中国家作出了自我牺牲才挽救了多哈发展回合",使它"免于完全失败"。今后,"号称'发展回合'的本轮谈判要继续行进,可谓路漫漫其修远!"③

参加世贸组织香港会议的中国代表团新闻发言人于会议闭幕后表示:此次会议在农业、非农、棉花以及发展问题上都取得了一些积极的进展。同时还说:"到目前为止,多哈谈判只是取得了部分进展,今后谈判还有很艰巨的任务"④,中国商务部的有关报导称:"就整个农业贸易谈判来说,这只是迈出了一小步。在农业方面,还有削减扭曲贸易的国内支持和市场准入的两大难题";

---

① See Madin Khor, *Trade: WTO Ministerial outcome imbalanced against developing countries*, in SUNS [Email Edition,Geneva],♯5941,21 December 2005,at http://www.sunsonline.org/.
② 参见《世贸香港协议毁誉参半》,载《参考消息》2005 年 12 月 20 日第 4 版。
③ *Developing Countries Sacrifice to save Doha Negotiations*, Press Release, Hong Kong, 18 Dec. 2005, at http://www.southcentre.org.
④ 新华社香港 2005 年 12 月 18 日电:《中国代表团称香港会议取得的进展是积极的》,at http://www.people.com.cn/GB/1029/3952111.htm.

"多哈回合期待突破"①。

六、"香港会议"后南北谈判的
断而复续与僵局的再现

香港会议后,果如当时国际主流舆论所料,又出现了新的谈判僵局,一直未能化解。2006年7月28日,WTO总理事会正式批准了总干事拉米提出的建议:<u>全面停止多哈回合所有议题的谈判</u>。

紧接着,多哈回合谈判几近"彻底失败"、WTO多边体制濒临"最终瓦解"之类的悲观论调,又再度上升为国际舆论的主流②。

但是,就在WTO总理事会批准总干事拉米建议,同意全面暂停一切议题谈判之际,与会成员们又表达了<u>共同的强烈期待</u>:第一,大家一致认为确有必要空出一段时间进行反省、反思;但希望这段中断的时间是临时的和短暂的,因为<u>确实有必要尽快把谈判拉回到正轨上来</u>。第二,大家都表示应当共同维护迄今为止已经达成的各项谈判成果,并在此基础上巩固加强,而不是推倒重来。

经过多方沟通,时隔半年,冬尽春来,拉米于2007年2月7日向WTO总理事会正式报告:经过反复磋商,全世界政坛的领袖们现已取得共识,明确要求全面恢复所有议题的谈判。此时,香港会议上原先设定的2006年底以前全面完成"多哈回合"谈判的期待,显已逾期落空。拉米遂再次敦促南北各方和各利益集团都要作出必要的妥协让步,寻找新的利益交汇点,并且强调"现在是所有国家都要为达成协议作出贡献的时候了!""每个国家都必须作出自己的贡献,大国强国应当比小国弱国作出更多的贡献。"看来,半年前一度全面停顿、奄奄一息、濒临"彻底失败"的"多哈回合"谈判,此时又逐步"起死回生"了。

然而,在此后历时17个月的反复磋商中,南北双方虽各有让步,逐渐走向

---

① 《多哈回合期待突破》,载《公共商务信息导报》2005年12月20日第1版。
② 诸如:DDR/WTO全球多边谈判"遭受重大挫折"、"谈判已经破裂"、"谈判已经无限期推迟"、"重启谈判可能需要数月或数年时间"、"无限期中止离彻底失败不远了",等等。在7月24日当天的各代表团团长全体大会上,多边谈判的主持人拉米十分无奈、语重心长地说:"恕我坦诚相告:在今天大会的与会者中没有赢家、输家之分。今天这里只有输家。"用中国成语说,就是"两败俱伤"!("Let me be clear: there are no winners and losers in this assembly. Today there are only losers."参见《参考消息》同上综合报道。并参见 WTO NEWS — DDA JUNE/JULY 2006 MODALITIES: SUMMARY 24 JULY, Talks suspended. "Today there are only losers.", at http://www.wto.org/english/news_e/news06_e/mod06_summary_24july_e.htm; http://www.wto.org/english/news-e/news06-e/tnc-dg-stat-24july06-e.htm.)

"利益交汇点",但在 2008 年 7 月 29 日,又因强权和霸权国家的自私与蛮横,由南北 30 多个代表性国家举行的小型部长级会议谈判再度破裂。拉米在当天举行的新闻发布会上说:"此次谈判已经破裂,与会成员始终无法弥合它们之间的分歧。"他解释说,谈判破裂主要是因为世贸组织重要成员在发展中国家"农产品特殊保障机制"上难以达成一致。所谓"农产品特殊保障机制",是指发展中成员可在农产品进口激增的情况下,采取提高关税等特殊保障措施以保护本国农业免受冲击。以印度为代表的发展中成员要求放宽对本国采取特殊保障措施的限制,以保护本国相对脆弱的农业生产,维护粮食安全,但遭到了美国的反对。

拉米承认,这次再度破裂对延宕 7 年之久的多哈回合是"沉重的打击",但他表示,过去一周多的紧张谈判毕竟也取得了一定成果,他将尽力以此为基础,推动谈判重归正轨。他说,世贸组织 153 个成员现在需要一些时间考虑下一步如何行动。另外有些国际人士则认为:原先曾经预期能在 2008 年底完成多哈回合谈判的希望显得更加渺茫,谈判进程很可能再耽误数年[1]。

以上各种褒贬毁誉,立场不一,视角不同。但"兼听则明",古有明训。所有这些评论都值得认真倾听,仔细分析,科学判断,借于"为我所用",预测和评估今后的可能发展,从而作出正确的对策定位,并据以采取必要的措施。

七、从五十年来南南联合自强的历史轨迹展望 DDA 和 WTO 今后的走向[2]

从以上简略的历史回顾中,不难看出:第一,从万隆到多哈直到如今,五十多年来南南联合自强、更新国际经济立法的过程,时起时伏,以不同的形式

---

[1] 中国代表团团长、商务部长陈德铭在 2007 年 7 月底此次谈判破裂后表示,多哈回合谈判目前出现严重困难的关键是美国在自己利益得到保障后漫天要价。印度商业和工业部长纳特也批评美国不顾多哈回合旨在促进发展中成员发展的本意,为了一己私利阻碍谈判进程。参阅:《世贸组织多哈回合谈判关键一搏宣告失败》,载于新华网(北京),〈http://news.163.com/08/0730/00/4I2FVT7G0001121M.htm〉

[2] See An Chen, *South-North Conflicts in a Historical Perspective*, excerpted from "*Be Optimistic, or Be Pessimistic? —— The Fork Confronting DDR and WTO after Its Hong Kong Ministerial Conference*"(陈安:《乐观?悲观?何去?何从? ——香港会议后世贸组织与多哈回合面临岔路口》), in the *South Bulletin*, No. 120, March 2006; also be posted on the website of the intergovernmental organization, South Centre, at http://www.southcentre.org; See also An Chen, *Weak versus Strong at the WTO: The South-South Coalition from Bandung to hong Kong*(陈安:《世贸组织中群弱抗衡强权》), *The Geneva Post Quarterly — The Journal of World Affairs*, April 2006.

存在,以不同的强度发挥作用,但始终在坎坷的道路上不屈不挠地曲折行进。第二,由 2001 年多哈会议启动的"多哈发展回合"谈判,历经 2003 年坎昆会议、2005 年香港会议以及其后的风云变幻,实质上乃是五十多年来南北矛盾冲突以及南南联合自强、更新国际立法的过程在曲折中行进的一个新阶段。第三,随着经济全球化的加快和加深,贫富鸿沟的进一步扩大,以及发展中国家觉醒意识和凝聚力的进一步提高,南南联合的总趋势是逐步地和不断地增强的。在南南联合自强的情势下,南北矛盾的发展进程,也是有迹可寻的:

(一) 南北矛盾和南南联合自强的历史轨迹:"6C"律及其特点

前文提到,在国际经济的发展过程中,在全球经济的发展过程中,国际社会始终贯串着强权国家与弱势群体之间的争斗,前者力图维护既定的国际经济秩序和国际经济立法,以保持和扩大既得的经济利益;后者力争更新现存的国际经济秩序和国际经济立法,以获得经济平权地位和公平经济权益。五十多年来,这些争斗往往以双方的妥协而告终,妥协之后又因新的矛盾而产生新的争斗,如此循环往复不已。这种历史进程似可概括地称为螺旋式的"6C 轨迹"或"6C 律",即 Contradiction(矛盾)→Conflict(冲突或交锋)→Consultation(磋商)→Compromise(妥协)→Cooperation(合作)→Coordination(协调)→Contradiction new(新的矛盾)……但每一次循环往复,都并非简单的重复,而都是螺旋式的上升,都把国际经济秩序以及和它相适应的国际经济法规范,推进到一个新的水平或一个新的发展阶段,国际社会弱势群体的经济地位和经济权益,也获得相应的改善和保障。

回顾近五十年来南北矛盾与南北合作的史实,以下几条基本线索一直是贯串其全程的,今后仍将长期存在,不会轻易改变:

第一,南北之间的矛盾和冲突,势必在今后相当长的一段历史时期里,持续存在。因为它的形成,并非一日之寒,至今仍然根深蒂固;而且循环往复,不断衍生。其主要原因就在于国际资本的贪婪痼疾和国际强权的利己顽症,极难根除,更不可能不"药"而愈。化解三尺冰冻和根治痼疾顽症,显然不应期待于一朝一夕。面对当代国际社会的此种基本现实,不能不保持清醒的头脑、足够的耐心、不挠的韧性。

第二,在南北矛盾与冲突中,南北力量对比上的"南弱北强",也势必在今后相当长的一段历史时期里,持续存在。这是因为历史上数百年残酷的殖民统治和殖民掠夺给众多弱小民族造成的积贫积弱,积重难返,不可能在短期内获得根本改变。在改变世界财富国际分配严重不公,更新国际经济立法,改变国际经济旧秩序的抗争过程中,单个弱小民族、单个发展中国家的力量当然是单薄的,只能是"人为刀俎,我为鱼肉";反之,南南联合的群体凝聚力愈大,就愈有助于改变"南弱北强"的战术态势和战术劣势,甚至可以转化为暂时的战术优势,这是五十年来的南北较量史实所反复证明了的。但是,迄今为止,南南联合自强所发挥的力量和作用,虽能在一时一事上获得可喜的成果与胜绩,却难以在总体上根本改变"南弱北强"的战略态势和战略劣势,更不可能在某一次角力中使国际强权对手"一败涂地"和从此"一蹶不振"。可见,2003年坎昆会议过程中"20国集团"等南方群体团结崛起,展示了实力,使国际经济强权操纵会议的如意算盘落空失败后,国际舆论上一度出现的"南赢北输,从此WTO步入坦途"论,看来就是对上述暂时的战术优势,估计偏高;对上述长期的战略劣势,估计不足。

第三,基于以上两点,在南北角力的进程中,南南联合自强者务必树立起"持久战"的战略思想。既不能立足于速战速决速胜,不能期待"毕其功于一役",迅即制服强权对手,也不能因一时一事之小进展和小胜利而沾沾自喜或盲目乐观,错估形势。否则,一旦再度遇到必然会一再遇到的曲折和挫折,就容易迅速转成悲观失望,松懈斗志,甚至失去"前途依然光明"的信心。与此同时,也不能低估国际强权对手历来惯用的而且必然继续使用的"大棒加胡萝卜"、"分而治之"、"分化瓦解,各个击破"、"以连横制合纵"[1]等等伎俩及其可能效果。对此,南南联合自强者务必随时保持警惕,密切注视,认真对付,及时破解。

第四,五十年来,南北矛盾与南北依存始终是同时存在的。经济全球化的加速发展和贫富鸿沟的扩大,常常激化或加深了南北之间的矛盾与冲突;但与此同时,也强化了南北之间互相依赖的程度。两者之间的经济互补性和日益强化的互相依赖性(经济利益的犬牙交错和相互交织),使得国际强权者不可能与全球众多发展中国家坚持对抗到底,断绝经济往来。面对占全球80%以上人口的、不断增强其内部凝聚力、并非"一盘散沙"的国际弱势群体提出的正当要求和强大压力,国际强权者在权衡利弊的前提下,往往不得不作一定的让步和妥协。五十年来不断出现的南北抗衡僵局,总会通过南北的

---

[1] 春秋战国后期,秦国最强大且十分霸道,齐、楚、燕、赵、韩、魏六国均相对弱小而受欺。南北为纵,六国地连南北,故六国联合抗秦谓之"合纵"。东西为横,秦地居西,六国居东,故六国共同服从秦国谓之"连横"。"合纵"是当时六国的政治战略家苏秦的主张;"连横"是当时秦国的政治战略家张仪的主张。参看《辞海》,"合纵连横"词目,上海辞书出版社1979年版缩印本,第319页。

对话和磋商,找出双方对抗利益的中间交汇点(convergence),并在适当的"火候"下,达成南北合作,避免两败俱伤,实现"双赢"新局。尽管这种新局面随后又常常遭到南北新矛盾和新冲突的削弱甚至破坏,但经济全球化加速发展的时代潮流和南北必须互相依赖的客观现实,又赋予南北合作以旺盛的生命力。

从这种意义上说,南北合作会"生病",甚至会"身患重症",但不会迅即"无药可医,不治而亡"。五十年来反复出现的前述**"6C 轨迹"**,就是这方面的历史记录和事实明证。可见,2003 年坎昆会议失败后,国际舆论上一度出现的"北赢南输"论和"两败俱伤,WTO 前景暗淡,面临瓦解"的悲观看法,与前述"南赢北输,WTO 从此步入坦途"的看法一样,也是缺乏足够的历史依据和现实依据的。

(二) 多哈发展回合谈判的成功:舍韧性的南南联合自强,别无他途可循!

笔者认为,多哈回合自 2001 年 11 月正式启动至 2006 年 7 月 27 日全面停止所有议题的谈判,又自 2007 年 2 月 7 日开始全面恢复谈判至 2008 年 7 月 29 日 WTO 小型部长级会议关键性谈判再度破裂,近七年来出现的时起时伏、忽冷忽热、乍暖还寒和艰难曲折,充其量只不过是近五十年来南北矛盾和南北合作进程中多次反复出现"6C"现象之一,只不过是近五十年来上述"6C"轨迹的再次展现,只不过是近五十年来上述"6C"律螺旋式发展的一个新阶段、新环节、新循环。这次"6C"新循环目前仍在进行之中,尽管步履维艰,却是"合乎常规",实属"司空见惯"!以史为师,就不难看到:尽管 WTO 总理事会 2007 年一月一度决定全面停止多哈回合所有议题的谈判,尽管 2008 年 7 月底小型部长级会议关键性谈判再度破裂,但是,WTO 多边体制也未必就此陷于瘫痪瓦解,到了适当"火候"和一定时机,激烈的南北矛盾势必再度走向平和的南北合作。其所以然,根本原因就在于前述第四点所阐述的"南北依存"的历史必然性和"南北合作"的旺盛生命力。

除此之外,WTO 的前身即"GATT 1947"的发展史,也从事实上和实践上有力地说明了上述"南北依存"的历史必然性和"南北合作"的旺盛生命力:

1947 年 10 月 30 日签订的《关税与贸易总协定》,自其诞生至 1993 年 12 月 15 日止,在 46 年期间里,共经历了 8 轮即 8 个"回合"新的全球性多边贸易谈判,以便对"GATT 1947"具有法律约束力的各种规则,加以"与时俱进"的调整和修订。其简况可列表如下:

《关税与贸易总协定》历次谈判回合①

年度	参加国家/地区数	地点/名称	谈 判 主 题
1947	23	日内瓦	关税
1949	13	安纳西	关税
1951	38	托尔圭	关税
1956	26	日内瓦	关税
1960—1961	26	日内瓦/狄龙回合	关税
1964—1967	62	日内瓦/肯尼迪回合	关税与反倾销措施
1973—1979	102	日内瓦/东京回合	关税、非关税措施、"框架"协议
1986—1994	123	日内瓦/乌拉圭回合	关税、非关税措施、各种规则、服务行业、知识产权、争端解决、纺织品、农业问题、建立世贸组织,等等。

从上表所列有关史实中可以看出:(1)每"回合"的新一轮多边谈判,其参谈成员数目愈多,议题愈多,费时也愈多。(2)其中"东京回合"费时6年,"乌拉圭回合"费时8年,都不算短。(3)以史鉴今,如今"多哈回合"的新一轮多边谈判,参加谈判的成员原已多达148个,最近又增加到153个②,其参谈成员之多、议题范围之广、南北利害矛盾之深以及解决难度之大,均不逊于,甚至超过"东京回合"或"乌拉圭回合"。加以如今南南联合的自觉性与凝聚力也比10年前(WTO初建之际)有颇大提高,面对国际强权对手设定的扭曲规则和不公待遇,当然不甘随人俯仰,不会在强权对手的压力或利诱下轻易低头或就范。因此,自2001年11月《多哈宣言》提出和启动新一轮多边谈判以来,《宣言》预期完成本轮谈判的最后期限不得不一延再延,即从2004年12月底延至2005年7月底,又再延至2006年底,接着又因僵局、停顿而再度逾期。但即使从2001年11月起算,迄2008年底,总计费时也只是7年左右,较之历史上曾经有过的

---

① See *Understanding the WTO*, 3rd edition, Previously published as "*Trading into the Future*" September 2003, revised October 2005, at http://www.wto.org/english/thewto-e/whatis-e/whatis-e.htm.

② 截至2008年5月止,WTO已有152个成员。http://www.wto.org/08/02/2007。

"东京回合"、"乌拉圭回合",也大体相当或不见得更长。何况,"多哈回合"尽管步履维艰,"三起三落",屡陷僵局,但毕竟落而又起,持续不断,始终在曲折之中迈步向前。

世人诚然都期待"多哈发展回合"谈判能够早日全面完成,逐步更新国际经济立法,使南北合作、走向全球共同繁荣的进程,更少曲折,更多平顺,更大和谐。但鉴于此次香港会议的原有"期望值"被迫降低要求,所已经达成的"积极成果"是虚多于实,遗留待决的悬案和难题又均属事关大局,南北利害冲突颇大,妥协殊为不易;因此,世人的上述善良愿望,在可预见的将来,看来难以迅速和顺利实现。面对此种现实,似不宜稍有"积极成果"便过于乐观,忽视前进途程中势必再现的坎坷;也不宜因重大难题悬案依然"健在",前途依然多艰,便过于急躁、失望或悲观。回顾和总结历史,以史为师,人们就不难运用慧眼,客观地正视现实,多一份冷静、耐心和韧性,少一些脱离实际的乐观或悲观。即使"香港会议"之后,"多哈发展回合"再次"起死回生"之后,各项重大难题悬案的谈判再次出现"拉锯"或僵局、再次受挫甚至再次不欢而散,也早在意料之中,早有思想准备,应继续以南南联合自强的韧性奋斗精神,从容应对,力求"多哈发展回合"的新一轮多边谈判在今后的一定时期里,得以在公平互利、南北合作的基础上,全面完成。

总之,要逐步更新国际经济立法、建立起国际经济新秩序,**舍韧性的南南联合自强,别无他途可循!**

值得重视的是,在南南联合自强和南北对话的历史途程中,近几年来出现的一种新的力量组合和对话方式开始渐露头角,举世瞩目:由最发达强国组成的"七国集团"或"八国集团"的首脑与若干主要发展中国家的领导人定期会晤,开展南北对话,磋商"天下大事",共谋解决全球性热点难题。此种对话方式已实行数次,其最近一次就是2008年7月在日本举行的八国集团首脑同中国、印度、巴西、南非和墨西哥5个发展中国家领导人对话会议。

会议期间,中国领导人胡锦涛针对这种南南联合自强和南北对话的新形式作了精辟的分析①。他指出:当今世界正处在大变革大调整之中。共同分享发展机遇,共同应对各种挑战,推进人类和平与发展的崇高事业,事关各国人民的根本利益,也是各国人民的共同心愿。发展中国家是维护世界和平、促进共同发展的重要力量。**近年来,发展中国家整体力量上升、团结合作加强**,在国际事

---

① 参见:《胡锦涛在发展中五国领导人集体会晤时的讲话》,载于新华网〈http://news.xinhuanet.com/newscenter/2008-07/08/content_8512384.htm〉

务中的影响和作用日益增长。中国、印度、巴西、南非和墨西哥五国都是重要的发展中国家,人口占世界的 42%,国内生产总值占世界的 12%。**加强五国的协调合作,不仅有利于各自国家发展**,也有利于加强南南合作、推动南北对话、推进人类和平与发展的崇高事业。过去的一年里,五国初步建立起多个层面的协调机制,围绕同八国集团举行对话会议密切沟通、加强协调,取得了积极成果。应该以此为基础,继续作出努力。当前,五国已成为世界经济体系的重要组成部分和世界经济增长的重要推动力量,应该就世界经济增长中的重大问题加强沟通和协调,开展互惠互利的双边和多边合作,共同应对不利因素,保持经济较快发展的势头和活力,继续为世界经济发展作出贡献。

胡锦涛主席强调:"南南合作是发展中国家取长补短、实现共同发展的重要途径。我们**应该为促进南南合作作出积极贡献、起到表率作用**。一方面,我们应该共同促进多边主义和国际关系民主化,增强发展中国家在国际事务中的参与权和决策权,为发展中国家发展争取有利外部环境。另一方面,我们应该积极推动国际经济、金融、贸易、发展体系改革,维护发展中国家正当权益,提高发展中国家应对各种风险和挑战的能力,促进世界经济均衡、协调、可持续发展。"

同时,胡锦涛主席指出,五国应该着眼长远,推进南北对话,应该继续本着积极务实、求同存异的原则,推动南北国家建立平等、互利、合作、共赢的新型伙伴关系。"总之,**我们五国合作潜力很大,在维护世界和平、促进共同发展方面可做的事情很多。加强团结合作不仅符合我们五国人民的利益,也符合世界各国人民的共同利益。**"

胡锦涛主席的这些分析,言简意赅,既总结了南南联合自强的过去,又展望了南南联合自强的未来,还着重强调了上述五个重要发展中国家所承担的全球性历史任务及其在南南联合自强中应当发挥的**表率作用**和**中流砥柱作用**。这些精辟分析,引起了全球公众的共同关注,对于中国今后在推动建立国际经济新秩序历史进程中的自我"战略定位",尤其具有启迪意义和指导意义。

可以想见,经过近年来坎昆会议以及香港会议前后的历练,发展中国家今后在多边谈判中,必将更加自觉地加强南南联合,以增强在南北对话中的实力地位,扩大自己在全球经贸大政问题上的发言权、参与权与决策权,以维护自己的正当权益。

但是,也不能不看到:面对发展中国家的重新组合和联合奋斗,少数经济强权国家正在重新耍弄其分化瓦解的故伎,力图通过各种双边谈判或地区性安排,予以各个击破①。

由此可见,在当代国际社会中,有两种力量或两种走向:一方面是加强南南合作,推动国际经济秩序的全面更新,从而实现公平互利基础上的南北合作和全球繁荣,另一方面是瓦解南南合作,从而维护少数经济强权国家在国际经济旧秩序下的既得利益,这两种力量、两种走向之间的国际较量和角力,今后还将长期存在。国际经济秩序破旧立新、新旧更替的历程,依然任重而道远。但南南合作的道路合乎时代需要,定会与时俱进,越走越宽!

---

① 据媒体报导:坎昆会议期间,美国面对发展中国家的"集团作战",就曾竭力采取分化政策。美国对参加"21国集团"的中美洲国家表示:如果他们脱离"21国集团",美国将增加从这些国家进口产品的配额。美国参议院财政委员会主席格拉斯利(Charles Grassley)在2003年9月12日则警告说,他对那些正在与美国进行自由贸易区谈判但又加入了"21国集团"的拉丁美洲国家表示"失望",拉丁美洲国家在坎昆的行为"会影响美国将来的决策",语含恫吓,并产生了一定的"效果"。例如,20国集团在坎昆会议期间原先有22个成员国,其后不久,秘鲁和哥伦比亚就因受美国的压力而退出了。See Balakrishnan Rajagopal, *A New Opportunity in Cancun's Failure*, Yale Global, 3 December 2003, at http://yaleglobal.yale.edu/display.articleid=2937, June 1, 2006。当时与会的美国贸易副代表一面坚持强硬的态度,他公开怀疑"同床异梦的发展中国家是否能真正团结起来";另一面"想用经济援助等手段,拼命离间发展中国家的团结。"在此次坎昆会议开幕之前,布什总统还曾亲自打电话与牵头提出21国联合提案的巴西总统卢拉协商,希望巴西做出妥协。但据说卢拉总统反驳:"不能损害国家利益。"(参见前引《三大集团对抗发达国家》和《坎昆会议:农业问题成关注焦点》)。随后,美国又凭仗其实力,刻意冷落多边,移情双边。美国首席谈判代表佐立克(Zoellick)撰文鼓吹:"美国不能无所事事,坐等那些'不干'的国家";并且积极行动,去和那些"愿干"的国家("will do" countries)在双边基础上寻求"合作"。See Robert Zoellick, *America will not wait for the won't do countries*, Financial Times, 22 September 2003。许多信息表明,近年来美国一直在按此行事,已经陆续与一些国家签订了双边自由贸易协定,并正在与另一些国家谈判签订同类协定。

XVI 论"有约必守"原则在国际经济法中的正确运用[*]

内容提要 "有约必守"这一源于民商法的基本原则,被援引运用于国际经济法领域,成为国际经济法的基本原则之一。在国际经济法中,"有约必守"原则具有双重含义,分别指"国际条约必须遵守"和"跨国合同(契约)必须遵守"。然而,任何原则的适用都有一定的前提条件和例外情况。"有约必守"原则的适用前提是"约"的合法。如果订立条约或契约时存在暴力胁迫、欺诈等违法因素,受害的当事国或当事人就没有遵守的法律义务,反而具有依法予以废除或撤销的法定权利。因此,"约"与"法"二者并不属于同一层次,总的说来,"法"(合法性)高于"约"。合法的"约"具有法律约束力,这是法所赋予的,并且由此产生了"有约必守"的法律原则。反之,违法的"约"没有法律约束力,依法自始无效,或者可以依法撤销、废除。因此,对于违法的"约",毫无"必守"可言。据此,基于胁迫或欺诈而缔结、用以维护国际经济旧秩序的各种不平等条约,不属"必守"范围,反而在"可废"之列。此外,"有约必守"原则还可因"情势变迁"而不予适用。但"情势变迁"规定应严防被曲解滥用,既要防止殖民主义、帝国主义、霸权主义势力借口"情势变迁"任意毁约,侵害弱国和弱小民族;又要防止这些势力滥用《维也纳条约法公约》关于适用"情势变迁"的限制性规定,绑住发展中国家的手脚,阻碍它们实行废除各种不平等条约、变革现存国际经济旧秩序的正义斗争。可见,国际经济法中的"有约必守"原则以及作为其例外的"情势变迁"规定,都不是孤立存在的。只有紧密地结合前述经济主权原则和公平互利原则,

---

[*] 本文的基本内容,原载于笔者参撰和主编的《国际经济法总论》(法律出版社1991年版),经修订整理,另行独立成篇,发表于《东亚法律、经济、文化国际学术讨论会论文集》(中国大百科全书出版社1993年版)。其后,经多次修订增补,分别辑入笔者参撰和主编的《国际经济法学》(北京大学出版社1994—2007年第1—4版)和《国际经济法学专论》(高等教育出版社2002—2007年第1、2版)。

才能对"有约必守"原则、"情势变迁"规定及其适用限制，作出全面的理解和正确的运用。

目　次

一、有约必守原则的基本内容
　（一）国际条约必须信守
　（二）跨国契约（合同）必须信守
　（三）有约必守原则在各国涉外经济法中的体现：以中国为例
二、对有约必守原则的限制
　（一）合同或条约必须是合法、有效的
　（二）合同或条约往往受"情势变迁"的制约

　　"有约必守"（pacta sunt servanda），又译"约定必须遵守"或"约定必须信守"。这是一条很古老的民商法基本原则。就这条原则的原有意义而言，指的是民事关系当事人或商事关系当事人之间一旦依法订立了合同（又称契约），对于约定的条款，必须认真遵守和履行。后来，这条原则被援引运用于国家与国家之间的政治、经济等方面的外交关系，成为国际公法上的一条基本原则。由于它主要是通过国际条约这一形式来体现的，所以，通常又称"条约必须遵守"或"条约必须信守"。

　　如前所述，本书立论，对于国际经济关系和国际经济法，均采用广义说，即举凡超越一国国境的经济交往，都属于国际经济关系，其主体包括国家、国际组织以及分属于不同国家的自然人和法人；国际经济法是用以调整上述国际（跨国）经济关系的国际法规范和各种国内法规范的总称。因此，这里所阐述的"有约必守"原则，就包括"条约必须遵守"以及"合同（契约）必须遵守"这两重含义。

一、有约必守原则的基本内容

　　有约必守原则成为国际经济法的基本原则之一，这是由国际经济关系本身的基本要求所决定的。国家之间、不同国籍的当事人之间签订的各种经济条约、经济合同,只有在缔约各方或立约各方都诚信遵守和切实履行的条件下,才能产生预期的经济效果,才能维持和发展正常的国际经济交往和国际经济关系。从这个意义上说,有约必守原则乃是国际经济法必不可少的主要基石之一。

(一) 国际条约必须信守

就国家间的条约而言,有约必守指的是当事国一旦参加签订双边经济条约或多边经济条约,就在享受该项条约赋予的国际经济权利的同时,也受到该条约和国际法的约束,即必须信守条约的规定,实践自己作为缔约国的诺言,履行自己的国际经济义务。否则,不履行条约所赋予自己一方的国际义务,就意味着侵害了他方缔约国的国际权利,构成了国际侵权行为或国际不法行为(international delinquency),就要承担由此引起的国家责任(state responsibility)。

有约必守原则已被正式载入国际公约。1969年5月开放供各国签署并于1980年1月开始正式生效的《维也纳条约法公约》,在序言中,开宗明义地强调"条约必须遵守原则乃举世所公认"。《维也纳条约法公约》第26条规定:"凡有效之条约对其各当事国有拘束力,必须由各该国善意履行。"第27条又进一步指出国际条约与缔约国国内法之间的关系,明文规定:"一当事国不得援引其国内法规定为理由而不履行条约。"

1974年12月联合国大会第29届会议通过《各国经济权利和义务宪章》。在这份当代国际经济法的基本文献中,列举了用以调整国际经济关系的15条基本准则,其中之一,就是要求各国都"真诚地履行各种国际义务"[①]。这显然是重申和再次强调"有约必守"的精神,因为各种国际义务首先和主要来自各种国际条约。履行国际义务,主要就是履行有关国际条约的具体表现。

(二) 跨国契约(合同)必须信守

就自然人、法人相互间或他们与国家之间的跨国合同(契约)而言,有约必守指的是有关各方当事人一旦达成协议,依法订立跨国合同,它就具有法律上的约束力,非依法律或当事人重新协议,不得单方擅自改变。任何一方无合法原因不履行跨国合同义务或者履行合同义务不符合约定条件的,对方有权请求

---

① 参见《宪章》第1章,第10点。

履行或解除合同,并有权就不履行或履行不符合约定条件所造成的损失要求赔偿。在近现代各国涉外民商立法和经济立法中,普遍都有这一类基本条款规定①。

(三) 有约必守原则在各国涉外经济法中的体现:以中国为例

一般说来,第三世界众多发展中国家在其涉外民商立法和经济立法中,都十分重视贯彻上述双重含义上的有约必守原则。

试以中国为例。中华人民共和国成立以来,在其对外经济交往中一贯坚持"言必信、行必果"的民族优良传统,认真实践"重合同、守信用"的行动准则,并且在有关的各种国内法中作出了明确的规定。

针对中国自愿参加缔订的国际条约与中国国内法的优先适用问题,《中华人民共和国民法通则》第142条第2款明文规定:"中华人民共和国缔结或者参加的国际条约同中华人民共和国的民事法律有不同规定的,适用国际条约的规定,但中华人民共和国声明保留的条款除外。"

《中华人民共和国民事诉讼法》第238条针对涉外民事诉讼程序问题,明文规定:"中华人民共和国缔结或者参加的国际条约同本法有不同规定的,适用该国际条约的规定,但中华人民共和国声明保留的条款除外。"

这类规定充分说明:中国在依法调整涉外经济关系、处断涉外经济法律问题时,不论在实体法方面,还是在程序法方面,对于本国参加缔订的国际条约中的有关规定,都严格遵循有约必守原则,予以优先适用。

对于涉外经济合同,中国曾在1985年制订了专门的法律规范,即《中华人民共和国涉外经济合同法》,其中也多处鲜明地体现着"有约必守"的基本原则,诸如:

第一,强调合同的法律约束力。第16条规定:合同依法成立,即具有法律约束力。当事人应当履行合同约定的义务,任何一方不得擅自变更或者解除合同。

第二,强调违约的法律责任。第18条规定:当事人一方不履行合同或者履行合同义务不符合约定条件,即违反合同的,另一方有权要求赔偿损失或者

---

① 例如,在全世界大陆法系各国立法史上具有重大影响的1804年《法国民法典》(即《拿破仑法典》),至今仍在施行,其中第1134条第1款规定:"依法订立的契约,对于缔约当事人具有相当于法律的效力。"同条第3款规定:"前款契约应以善意履行。"第1136—1155条则详细规定了因各种违约行为即不履行契约而必须承担的损害赔偿责任。参见马育民译:《法国民法典》,北京大学出版社1982年版,第226—229页;并参见《中华人民共和国民法通则》第111条;《中华人民共和国合同法》第94条、第107—122条。

采取其他合理的补救措施。采取其他补救措施后,尚不能完全弥补另一方受到的损失的,另一方仍然有权要求赔偿损失。

第三,强调瑕疵合同中的合法条款仍有法律约束力。第9条规定:合同中某些条款违反中华人民共和国法律或者社会公益的,经当事人协商同意予以取消或者改正后,不影响合同的效力。换言之,在取消或改正合同中的违法条款之后,当事人各方对于合同中的一切合法条款,仍有义务按照有约必守原则,切实予以履行。任何一方仍然不得擅自变更或解除合同中的合法条款。否则,就应承担因违约而引起的损害赔偿责任。

第四,强调三类合同具有特强的法律约束力。第40条规定:在中华人民共和国境内履行、经国家批准成立的中外合资经营企业合同、中外合作经营企业合同、中外合作勘探开发自然资源合同,在法律有新的规定时,可以仍然按照合同的规定执行。换言之,以上三类涉外经济合同一经依法订立,中外双方都负有法定义务,按照有约必守原则,诚信履行;在履行过程中,即使有关的法律规定发生变更,合同中的原有规定仍然可以保持原有的法律约束力,并不因法律规定变更而削弱或消失。在合同的有效期间内,如遇法律规定发生变更,合同当事人(在实践中主要是外方当事人)有权斟酌利弊和权衡得失,既可以选择适用新的法律规定,也可以选择适用原有的法律规定,按照原有合同有关条款的原有规定,继续执行。对上述三类涉外经济合同赋予特别强的、排他性的法律约束力,可以说是中国政府根据本国国情给予来华投资外商的一种特惠待遇,旨在加强保护外来投资者的合法权益,以吸收更多外资,促进中国的社会主义建设。这种规定充分体现了中国在对外经济交往中一贯"重合同、守信用"和"有约必守"的传统,也有力地表明中国实行对外开放、吸收外资和保护外商合法权益的政策,确实是诚意的、长期的基本国策。

1999年3月,适应着形势发展的需要,中国立法机构把先后分别制订和颁行的三种合同法,即《中华人民共和国经济合同法》、《中华人民共和国涉外经济合同法》以及《中华人民共和国技术合同法》,融为一体,并加以修订增补,制订和颁行了《中华人民共和国合同法》,统一适用于一切内国合同和涉外合同。在这部新颁的法律中,吸收和保留了原《涉外经济合同法》关于"有约必守"原则的上述各项规定[①]。

---

① 参见1999年《中华人民共和国合同法》第8、107—112、52、56条。

二、对有约必守原则的限制

任何无可争辩的真理,都附有一定的条件,一定的限度。否则,"只要再多走一小步,仿佛是向同一方向前迈的一小步,真理便会变成错误。"①这一至理名言,也适用于有约必守原则。换言之,对于有约必守原则,不能过分夸大其重要性,加以绝对化。它必须受到其他法律原则的制约,受到一定的限制,否则,势必导致极不公正的法律后果。

对有约必守原则的限制,主要有以下两个方面:

(一) 合同或条约必须是合法、有效的

1. 就合同而言,违法合同和缺乏其他必备条件的合同,都是自始无效的(*void ab initio*)。在各国的民商立法中,普遍都有此项基本规定。对于违法的因而是无效的合同(契约),当然谈不上"有约必守"。对于缺乏其他必备条件的合同,当然也不适用有约必守原则。

以现行的《法国民法典》为例,它一方面强调:依法订立的契约对于缔约当事人双方具有相当于法律的效力;另一方面,同样强调契约的有效成立必须同时具备四项主要条件:(1) 承担义务的当事人的同意;(2) 上述当事人的缔约能力;(3) 构成义务客体的确定标的;(4) 债的合法原因②。四者缺一,都会导致契约无效。

合同(契约)内容必须合法,这是《法国民法典》所反复强调的。该法典第1133条规定:如果订立契约的原因为法律所禁止,或原因违反善良风俗或公共秩序时,此种原因为不法原因;而第1131条则强调基于不法原因的债,不发生任何效力。该法典"总则"第6条中,把上述各点概括为"不得以特别约定违反有关公共秩序和善良风俗的法律"。

在英美法系诸国,不论在以判例法形式出现的普通法中,还是在以制定法形式出现的成文法中,也都贯穿着同样的基本原则。

如前所述,中国的《涉外经济合同法》鲜明地体现着有约必守原则。与此同时,它也同样鲜明地强调"违法合同自始无效"原则。其中第4条、第9条、第10条分别明文规定:"订立合同,必须遵守中华人民共和国法律,并不得损害中

---

① 列宁:《共产主义运动中的"左派"幼稚病》,载于《列宁选集》(第4卷),第257页。
② 参见马育民译:《法国民法典》第1108条,北京大学出版社1982年版,第222页。

华人民共和国的社会公共利益";"违反中华人民共和国法律或者社会公共利益的合同无效";"采取欺诈或者胁迫手段订立的合同无效"。这些法理原则,已被吸收进1999年3月15日公布、同年10月1日起施行的《合同法》第7条和第52条之中。

由此可见,"违法合同自始无效"原则是与"有约必守"原则同样古老、同样普遍的一种法理共识,同样是举世公认的一条基本法理原则。二者相反相成,成为维护和发展正常经济交往和契约关系的两个必备前提。

但是,当人们把"违法合同自始无效"这一举世公认的法理原则适用于国际经济交往的实践时,由于各国社会、经济制度的不同,政治、法律体制的差异,法学观点的分歧,以及当事人利害的冲突,往往产生种种矛盾和争端。这些矛盾和争端,集中到一点,就在于对什么是合法的合同,什么是违法的合同,看法不同;或者说,合同之合法与违法,其根本界限和判断标准,往往因国而异,因时而异。

在此种场合,就必须依据国际私法或法律冲突规范来认定准据法。除了法律许可当事人按照意思自治(autonomy of will)原则,自行选定准据法(*lex voluntatis*)外,一般应适用与合同有最密切联系的国家的法律(the law of the country which has the closest connection to the contract);具体说来,又要依照合同争端的主要症结所在,分别选定合同缔结地法(*lex loci contractus*)、合同履行地法(*lex loci solutionis*)或物之所在地法(*lex loci situs*)等,作为准据法。

在通常情况下,除当事人依法自选准据法外,根据上述诸项冲突规范,判断国际经济合同之合法与否,一般应以东道国法律作为准据和标准,因为,东道国的法律往往与国际经济合同具有最密切的联系。

但是,在国际经济交往的实践中,发达国家往往以东道国法制"不健全"、"不完备"、"不符合文明国家公认的一般法律原则"、"不够西方文明国家法律水准"之类的借口和遁词,力图排除东道国法律的适用,而代之以发达国家所惬意的所谓"国际法标准"或"文明国家公认的法律原则"。

关于这方面的意见分歧和激烈论战,由来已久。这里应当重新提起的是:1974年联合国大会先后通过的《建立国际经济新秩序宣言》、《建立国际经济新秩序行动纲领》以及《各国经济权利和义务宪章》,反复强调东道国对于本国境内的一切经济活动享有完整的、永久的主权,可以依据本国的法律,对境内一切涉外经贸活动实行管理和监督,这是各国经济主权的主要体现之一。根据上述国际经济法基本文献中所明文记载的这一基本法理原则,结合法律冲突规范的一般准则,在一般情况下,选定东道国的国内法作为判断国际经济合同是否合法的准据和标准,从而决定是否应当在该合同上贯彻有约必守原则,这应当是毋庸置疑的。

由此可见,在国际经济法中,有约必守原则不是孤立存在的。只有紧密地结合经济主权原则和公平互利原则,才能对有约必守原则作出正确的理解和正确的运用。

2. 就条约而言,要贯彻有约必守原则,其前提条件也在于条约本身必须是合法、有效的。

《维也纳条约法公约》第五编第二节专门针对条约的违法和失效问题,列举了八种情况[①]。对于国际经贸条约和国际经济法来说,其中所列关于错误、诈欺、强迫和违反国际强行法[②]诸条款,尤其值得注意:

(1) 错误:缔约时对于作为立约根据之事实的认定有错误,以致条约内容具有非文字性的实质错误,缔约国可据此撤销其承受条约拘束的同意。

(2) 诈欺:一国因另一谈判国的诈欺行为而缔结条约,前者可援引诈欺为理由,撤销其承受条约拘束的同意。

(3) 强迫:违反《联合国宪章》所包含的国际法原则,通过威胁或使用武力而缔结的条约,无效。

(4) 违反国际强行法:违反一般国际法强制规范而缔结的条约,无效。任何新产生的条约,如与现存的一般国际法强制规范相抵触,即归于无效,应予终止。就《维也纳条约法公约》而言,"一般国际法强制规范"指的是某些最基本的国际法原则,它们已被国际社会全体成员共同接受,公认为不许触犯,只有日后产生具有同等性质的国际法基本原则,才能加以更改。

根据上述标准,可以认定:国家主权平等原则、经济主权原则、公平互利原则等,都应属于国际强行法范畴。

由此可见,历史上和现实中一切以诈欺或强迫手段签订的不平等条约,一切背离主权平等原则、侵害他国经济主权的国际经贸条约,都是自始无效的或可以撤销的,它们都绝对不在"有约必守"之列,相反,应当把它们绝对排除在"有约必守"的范围以外。据此,发展中国家对于殖民统治时期列强强加于它们

---

① 参见《维也纳条约法公约》第46—53条、第64条,中译文载于王铁崖、田如萱编:《国际法资料选编》,法律出版社1982年版,第714—716页、第719页;并参见《关于国家和国际组织间或国际组织相互间条约法的维也纳公约》(1986年通过),第46—53、64条,联合国大会 A/CONF,129/15号文件,1986年中文版单行本,第27—29、34页。

② 强行法(*jus cogens*),又称强制法、绝对法,指必须绝对执行的法律规范,不允许法律关系参与者一方或双方任意予以伸缩或变更。其相对名称为任意法(*jus dispositivum*),又称相对法,指可以随意选择取舍的法律规范,允许法律关系参与者在法定范围内自行确定相互间的权利义务关系。

的不平等条约,对于独立初期因国力贫弱而被迫接受的新殖民主义条约,都有权在恢复国家主权平等、维护国家经济主权的正义旗帜下,依据国际社会公认的国际强行法规范,通过国际谈判,予以废除,从而改变弱肉强食的国际经济旧秩序,建立公平互利的国际经济新秩序。这样做,不但不违反有约必守原则,而且由于把它建立在经济主权原则和公平互利原则的基础之上,这就使它具有更大的权威性和更强的生命力。

发展中国家有权根据国际条约法和国际强行法的基本规定,废除弱肉强食的新、老殖民主义条约。其基本精神,已载入《各国经济权利和义务宪章》等国际经济法基本文献。《宪章》强调:一切国家都有权利和义务个别地或集体地采取行动,消除殖民主义和新殖民主义;消除各种形式的外国侵略、占领和统治;消除由此而产生的各种经济后果和社会后果,从而为发展提供先决条件①。

总之,国际经济法上所称的"约",包括具体的条约和契约。"约"与"法"二者并不属于同一层次,总的说来,"法"(合法性)高于"约"。合法的"约"具有法律约束力,这是法所赋予的,并且由此产生了"有约必守"的法律原则。反之,违法的"约"毫无法律约束力,依法自始无效,或者可以依法撤销、废除。因此,对于违法的"约",毫无"必守"可言。

(二) 合同或条约往往受"情势变迁"的制约

"情势变迁"原是民商法上的一种概念,指的是:在合同(或契约)依法订立并且发生法律效力以后,履行完毕以前,当初作为合同订立之基础或前提的有关事实和情势,由于不能归责于当事人的原因,发生了无法预见的根本变化。在这种情况下,如果仍然坚持合同一切条款原有的法律约束力,要求全盘履行原有的约定内容,势必显失公平。因此,允许当事人要求或请求对合同中原有的约定内容,加以相应的变更,而不必承担相应的违约责任。

在这方面,最常见的例子是由于通货膨胀而引起的债务清偿纠纷。借贷合同中规定的款额贷出之后,到期清偿以前,或买卖合同规定的货物交割以后,货款付清以前,发生了大规模的战争、灾荒或严重的经济危机,导致通货膨胀和货币严重贬值,还债期限或付款期限届满时,如仍按原定金额偿还本息或付清货款,势必使贷方或卖方遭受严重损失,借方或买方则坐享不义之财或不当得利,这显然是不符合公平互利这一法理原则的。因此,贷方或卖方可援引情势发生根本变化为理由,要求或请求按贷款或货物原有的实际价值,还清本息或付清

---

① 参见《宪章》第 16 条;《宣言》第 4 部分第 1 点、第 5—9 点。

货款。

从民商法学理论上说,这意味着:合同当事人在立约当时是以某些基本情势或基本事态的继续存在为前提的,因此,应当推定:在一切合同中都暗含着一项默示的条款,即规定"情势不变"或"事态如恒"的条款(*clausula rebus sic stantibus*)①,一旦情势或事态发生根本变化(vital, essential or fundamental change of circumstances),当事人就有权根据这一默示条款,要求变更、解除或终止原有的合同。

许多国际法学者把当代各国立法中原来适用于合同(契约)的上述民商法法理原则,引进国际法领域,认为国际条约也适用同一法理,即如果由于不可预见的情势变迁或事态变化而使国际条约中所规定的某项义务,危及缔约国一方的生存或重大发展,该缔约国一方应当有权要求解除这项义务②。

把这一法理原则适用于国际条约,其合理之处在于,某一缔约国与另一缔约国签订条约之后,由于发生了缔约当时完全不能预料到的根本性情势变化,使前者在条约原有规定的事项上已蒙受或将蒙受严重损害,以致与后者在权利义务的利害关系上出现严重的不对等、不平衡、不公正,则前者可以援引"情势变迁"原则,要求解除有关义务,以保护本国的正当权益。

但是,困难在于如何客观地判断立约当初的基本事态或基本情势究竟是否已经发生了根本变化。在国际社会尚未确立起某种特定的程序或体制以前,单凭各缔约当事国自行判定,便有造成条约缺乏应有约束力和极不稳定的危险,特别是历史和实践已经证明,霸权主义和帝国主义国家曾经多次歪曲和滥用"情势变迁"原则,作为背信弃义、片面撕毁国际条约的借口,为其侵略扩张政策服务。因此,对于此项原则,国际法学界见解不一,有的强调其理论上的合理性,有的强调其实践中的不确定性和危害性,有的则兼赞其理论上的公平合理和实践上的有益无害。各执一端,长期聚讼纷纭。

1969年5月通过的《维也纳条约法公约》对于上述争论作出了重要的初步结论,承认可以援引"情势之根本改变"作为终止条约或退出条约的根据,从而使"情势变迁"原则正式成为国际上的实体法规范。但在条文措辞上,采取极为审慎的态度,使此项原则的适用受到相当严格的限制。该《公约》第62条是这

---

① 参见亨利·布莱克:《布莱克法学辞典》,1979年英文第5版,第226页。
② 参见劳特派特修订:《奥本海国际法》(上卷 第2分册),商务印书馆1981年版(译自1955年英文版),第354—356页;《奥本海国际法》(第1卷 第2分册),中国大百科全书出版社1998年版(译自1992年英文修订版),第680—681页;并参见周鲠生:《国际法》(下册),商务印书馆1983年版,第673—675页。

样表述的:

一、条约缔结当时存在之情况发生根本改变而非当事国所预料者,不得援引为终止或退出条约之理由。除非:

(甲)此等情况之存在构成当事国同意承受条约拘束之必要基础;及

(乙)该项改变之影响将根本变动依条约尚待履行之义务之范围。

二、情况之根本改变不得援引为终止或退出条约之理由:

(甲)倘该条约确定一边界;或

(乙)倘情况之基本改变系援引此项理由之当事国违反条约义务或违反对条约任何其他当事国所负任何其他国际义务之结果。

……

1986年3月通过的《关于国家和国际组织间或国际组织相互间条约法的维也纳公约》,在第62条中也作了类似的规定。

一般认为,上述条文可作如下解释:

第一,条文以否定式、消极性的措辞,规定了适用"情势变迁"原则的狭小范围,即在一般情况下"不得"援引它作为理由要求废约或退约,"除非"在特殊情况下才可以援用这个理由。前者是原则,后者是例外;前者是本文,后者是但书。在这里,显然是把"情势变迁"原则视为"有约必守"原则的一种例外。

第二,实现这种例外,必须同时具备许多要件,即:

1. 发生情势变迁的时间必须是在缔约之后。反之,如果某种事实或情势在缔约以前即已客观存在,只是当事国在签约当时尚不知情或尚未认识,因而误断误签,则不在"情势变迁"之列。但可考虑是否属于《维也纳条约法公约》第48条规定的"错误"或第49条规定的"诈欺"。

2. 情势变迁的程度必须是根本性的改变。

3. 情势变迁的实况必须是当事国所未预见的。

4. 情势变迁的结果必须是丧失了当事国当初同意接受该条约拘束的必要基础或基本前提。

5. 情势变迁的影响必须是势将根本改变依据该条约尚待履行的义务的范围或程度。

6. 情势变迁的原因必须不是出于该当事国本身的违约行为。

7. "情势变迁"原则适用的对象必须不是边界条约或边界条款。

《维也纳条约法公约》的上述规定,对"情势变迁"原则的适用加以严格限制,有助于阻遏殖民主义、帝国主义和霸权主义国家歪曲和滥用这一原则,背信弃义，任意毁约，以达到弱肉强食的目的。因此，这些规定是合理的、有益的。但是，在国际实践中，也必须注意防止殖民主义、帝国主义和霸权主义势力歪曲和滥用该《公约》对"情势变迁"原则的限制性规定，绑住第三世界发展中国家的手脚，限制和破坏它们求解放、争生存、图发展的正当要求和正义行动，以继续维持弱肉强食的国际经济旧秩序。

在国际经济秩序破旧立新的斗争中，在废除极不公平的旧日殖民主义"特许协议"、"特惠条约"和恢复国家经济主权的斗争中，"情势变迁"原则一向是发展中国家有权掌握和正当使用的法理利器之一。

由此可见，在国际经济法中作为"有约必守"原则之例外的"情势变迁"原则，也不是孤立存在的。只有紧密地结合前述经济主权原则和公平互利原则，才能对"情势变迁"原则及其限制作出全面的理解和正确的运用。

陈安

论·国·际·经·济·法·学
An CHEN on International Economic Law

第四卷
Vol. IV

陈 安 / 著

复旦大学 出版社
www.fudanpress.com.cn

目　录

第 四 卷

第五编　涉台经济法

I 两种"两岸人民关系法"之对立与统一——兼谈《闽台自由贸易协定》之可行 …………………………………………………………（1595）

一、两种《草案》的对立与比较 ………………………………………（1596）

（一）台湾地区的《条例草案》显然无法为两岸人民所接受 …………（1596）

（二）台湾地区的《条例草案》与内地的《建议草案》之比较 …………（1598）

二、两岸已显重要共识，今后尚待扩大加深 …………………………（1599）

三、闽台《自由贸易协定》倡议的可行性 ………………………………（1600）

（一）从地缘和血缘看，两省"天生"比邻相亲，具有率先签订《协议》的先天条件 ………………………………………………………（1601）

（二）从两省经贸特点看，具有率先签订《协议》的必要性 …………（1601）

（三）就政治因素看，两省具有率先签订《协议》的可能性 …………（1602）

四、闽台《自由贸易协定》的法律定位 …………………………………（1603）

（一）《协议》是两省地方性单行法 ……………………………………（1603）

（二）《协议》是一项相对独立的特别法 ………………………………（1603）

（三）《协议》是一项前瞻性的试点法和开拓性的示范法 …………… (1604)

　　（四）《协议》是规范两省经贸活动的多部门综合法 ……………… (1605)

Ⅱ 《台商大陆投资权益保障协议》初剖 …………………………………… (1607)

　　一、"海基会清单"事出有因 …………………………………………… (1608)

　　二、"廿二条规定"稳定无虞 …………………………………………… (1609)

　　三、立法未周者求其周 ………………………………………………… (1610)

　　四、执法不力者宜着力 ………………………………………………… (1612)

　　五、要求过高者应降低 ………………………………………………… (1613)

　　六、了解不足者待深入 ………………………………………………… (1617)

　　七、诸因交错者须综治 ………………………………………………… (1618)

　　八、"省际"模式容或可行 ……………………………………………… (1620)

Ⅲ 台商内地投资保险可行途径初探 ………………………………………… (1624)

　　一、选用内地现行的投资保险机制 …………………………………… (1625)

　　二、选用台湾地区现行的海外投资保险机制 ………………………… (1627)

　　三、选用两岸协作举办台商内地投资保险的机制 …………………… (1629)

　　　　（一）"两府模式" ……………………………………………………… (1629)

　　　　（二）"两会模式" ……………………………………………………… (1630)

　　　　（三）"两省模式" ……………………………………………………… (1631)

　　　　（四）"两司模式" ……………………………………………………… (1632)

　　　　（五）"合营模式" ……………………………………………………… (1633)

　　四、选用第三地国家现行的海外投资保险机制 ……………………… (1633)

　　五、选用"多边投资担保机构"的保险机制 …………………………… (1636)

　　六、选用中国人民保险公司承保或"两岸协作"承保与MIGA

　　　　"再保险"相结合的机制 …………………………………………… (1639)

Ⅳ 《多边投资担保机构公约》对我国台湾地区的适用问题 ……………… (1641)

　　一、选用非多边投资担保机构保险机制存在的局限与障碍 ………… (1643)

　　　　（一）选用中国现行投资保险机制的局限与障碍 …………………… (1643)

（二）选用我国台湾地区现行海外投资保险机制的局限与障碍 ……（1644）
　　（三）选用第三地国家现行海外投资保险机制的局限与障碍 ……（1646）
　　（四）选用两岸直接协作保险机制的现实障碍 …………………（1647）
二、选用多边投资担保机构保险机制的具体安排 ………………（1648）
　　（一）单独选用现有的 MIGA 保险机制 …………………………（1648）
　　（二）选用中国人民保险公司与 MIGA 相结合的保险机制 ……（1649）

Ⅴ 中国"入世"后海峡两岸经贸问题"政治化"之防治 ……………（1650）
一、适用于两岸经贸关系的 WTO 基本规则 ……………………（1651）
二、两岸经贸问题被台湾地区当局"政治化"的现实和可能 ……（1653）
三、防止两岸经贸争端被台湾地区当局"政治化"的几种设想 …（1656）
　　（一）组建我国四地自由贸易区的设想和问题 …………………（1656）
　　（二）援用"安全例外"条款的设想和问题 ………………………（1658）
　　（三）援用"互不适用"条款的设想和问题 ………………………（1669）
　　（四）"中国台北"单独关税区 WTO 成员资格的重新审定问题 …（1671）
　　（五）更新观念，接受挑战，善用 DSU/DSB 机制 ………………（1673）
四、几点结论 ………………………………………………………（1676）

第六编　国际法教育

Ⅰ 改进我国国际法教育的"他山之石"——欧美之行考察见闻 ……（1681）
一、关于国际法专业人才的培养 …………………………………（1682）
　　（一）派人员出国深造应考虑门类、品种和国别的多样化 ……（1682）
　　（二）应积极参加国际性的学术讨论会或学术团体 ……………（1684）
　　（三）国际法课程的教学应注重培养学生解决实际问题的能力
　　　　——大量的课前预习和活跃的课堂对话 ……………………（1684）
　　（四）提倡由优秀研究生主办学刊——法学拔尖人才的摇篮 …（1686）
　　（五）注重开发利用外籍华人和港台留学生中的法学人才资源 …（1687）
二、关于国际法资料中心的建立 …………………………………（1688）
三、关于国际法专业力量的合作 …………………………………（1689）

Ⅱ 从难从严训练　成果人才并出 …………………………………… （1691）
　　一、实行"大运动量"训练，过法学专业英语关 ………………… （1692）
　　二、多学科交叉渗透，建立合理的知识结构 …………………… （1694）
　　三、理论联系实际，提高实务工作能力 ………………………… （1695）
　　四、充分信赖，畀以"重担"，严密组织，严格把关 ……………… （1696）
　　五、赋予较大"成才自留权"，加速形成"人才生产力" ………… （1697）

Ⅲ "博士"新解 ………………………………………………………… （1699）
　　附录 …………………………………………………………………… （1701）
　　一、官员与老板：心仪博士帽 …………………………………… （1701）
　　二、"教授"贬值为哪般 …………………………………………… （1702）
　　三、该挤挤"学术泡沫"了 ………………………………………… （1703）

Ⅳ 是"棒打鸳鸯"吗？——就"李爽事件"评《纽约时报》报道兼答美国法学界同行问 ……………………………………………………… （1706）
　　一、李爽是何许人？"李爽事件"的背景如何？ ………………… （1707）
　　二、李爽触犯了什么法律？犯了什么罪？ …………………… （1709）
　　三、是打击"鸳鸯"的无情棒？还是拯救沉沦的救生圈？ ……… （1712）
　　附录 …………………………………………………………………… （1717）
　　一、中国拘禁了法国男人的情妇 ……………………………… （1717）
　　二、法国外交官说中国拘留了他的未婚妻 …………………… （1719）
　　三、小题大做——评白天祥等人在所谓"李爽事件"上的喧嚷 …… （1719）

第七编　英文版论文选辑

Ⅰ Trade Related Agenda, Development and Equity (T. R. A. D. E.): The Three Big Rounds of U. S. Unilateralism versus WTO Multilateralism during the Last Decade　A Combined Analysis of the Great 1994 Sovereignty Debate, Section 301 Disputes (1998 – 2000) and Section 201 Disputes (2002 – 2003) ……………… （1725）

目 录

I Introduction ……………………………………………… (1730)

II Ignition of the Section 201 Disputes: U. S. Unilateralism and Sovereignty ……………………………………………… (1733)

III Conflicts of Sovereignties in the Formation of the WTO System ……………………………………………………………… (1739)

IV The Refraction of Such Conflicts in the United States: "The Great 1994 Sovereignty Debate" ……………………… (1741)

    IV. 1 Away with the "S" word—[sovereignty of other states]! …… (1743)

    IV. 2 Never away with the US "S" word—["sovereignty"(hegemony) of United States!] ……………………………………… (1745)

    IV. 3 The "contradiction" and coordination between "spear" and "shield" ……………………………………………………… (1752)

    IV. 4 Some discussions on "Double Standards" etc. ……………… (1753)

V "The Great 1994 Sovereignty Debate" and Section 301 …… (1757)

VI The E. C.-U. S. Economic Sovereignty Disputes Caused by Section 301: Origin and Prelude ……………………… (1762)

    VI. 1 U. S.-Japan Auto Disputes ………………………………… (1762)

    VI. 2 U. S.-E. C. Banana Disputes ……………………………… (1764)

    VI. 3 E. C.-U. S. Section 301 Dispute …………………………… (1767)

VII The E. C.-U. S. Economic Sovereignty Disputes Caused by Section 301: Claims and Rebuttals ……………………… (1770)

    VII. 1 The Claims of the E. C. Representatives ………………… (1770)

    VII. 2 The Rebuttals of the United States ……………………… (1774)

VIII The WTO/DSB Panel Report on the Section 301 Case ……… (1777)

IX The Equivocal Law-enforcing Image Concluded from the Panel Report ……………………………………………… (1781)

    IX. 1 The Panel Creates a Limit for Its Own Duty, Is Overly Cautious, Dares Not Transgress the "Mine Bounds", and Is Irresponsible for Its Duties ………………………………………………… (1781)

    IX. 2 The Panel Hovers between the "Two Powers" in Its Attempt to

    Ingratiate Itself with Both Sides ·················· (1783)
  Ⅸ.3 The Panel Leaves the Offender at Large, Criticizing Pettily While
    Doing It Great Favor ···························· (1786)
  Ⅸ.4 The Panel Is Partial to and Pleading for Hegemony and Thus
    Leaves a lot of Suspicions and Hidden Perils ············· (1787)
Ⅹ The Remaining Suspicions and Latent Perils Entailed by the
  Panel Report ····································· (1788)
  Ⅹ.1 The First Suspicion and Latent Peril ················· (1788)
  Ⅹ.2 The Second Suspicion and Latent Peril ················ (1791)
  Ⅹ.3 The Third Suspicion and Latent Peril ················· (1793)
  Ⅹ.4 The Fourth Suspicion and Latent Peril ················ (1795)
Ⅺ The Implications for Developing Countries of "The Great
  1994 Sovereignty Debate" and the E. C.-U. S. Economic
  Sovereignty Disputes ······························· (1799)
Ⅻ Conclusion ······································· (1805)

Ⅱ A Reflection on the South-South Coalition in the Last Half-Century from the Perspective of International Economic Law-making　From Bandung, Doha and Cancún to Hong Kong ············ (1808)

 Ⅰ Introduction ······································ (1810)
 Ⅱ From Bandung to Hong Kong: The South-South Coalition
  Progresses Unevenly ································ (1812)
  A. The Bandung Conference among the South-South Countries: The
    First Asian-African Conference ····················· (1813)
  B. The Group of 77 among the South Countries ············ (1813)
 Ⅲ The Fresh Countenance and Forthcoming Obstacles of the
  South-South Coalition in the Doha-Cancún Process ········ (1819)
 Ⅳ The Status Quo and Prospects for the South-South Coalition
  from Cancún to Hong Kong ·························· (1824)
  A. The Multilateral Negotiations Stagnated after the Cancún Deadlock

...... (1824)

B. The Prospect of the South-North Multilateral Negotiation Grew Brighter
...... (1825)

C. The South-North Multilateral Negotiation again Dimmed ...... (1826)

D. The Positive Fruits of the Hong Kong Conference with Heavy Negative Comments-Emergent after Numerous Appeals but Still Half-masked ...... (1836)

E. New Highlights in the South-North Conflict—Judicial Breakthrough in Recently Litigated WTO Agricultural Disputes ...... (1843)

Ⅴ Assessment of the Trend after the Hong Kong Conference from the Perspective of the South-South Coalition during the Last Fifty Years ...... (1844)

A. The Historical "6C" Track of South-North Conflicts and Its Characteristics ...... (1844)

B. For the Doha Round's Success: Tenacious South-South Coalition Will Once Again Be Necessary ...... (1846)

Ⅵ Concluding Remarks: What Lies Ahead? ...... (1849)

References ...... (1851)

Ⅲ **Should the Four "Great Safeguards" in Sino-Foreign BITs Be Hastily Dismantled? Comments on Critical Provisions concerning Dispute Settlement in Model U. S. and Canadian BITs** ...... (1853)

Ⅰ The Provisions concerning Dispute Settlement in the Chinese BITs and Their Correspondence with Relevant Provisions in the ICSID Convention ...... (1856)

Ⅱ Essential Provisions concerning Dispute Settlement in U. S. and Canadian Model BITs ...... (1862)

Ⅲ China Should Not Hastily Accept the above U. S. and Canadian Provisions or their Variations when Negotiating and/or Concluding BITs ...... (1867)

  A. Such Provisions Deviate from the Rights Authorized to Host Countries by International Conventions ……………………… (1867)

  B. Such Provisions Do Not Match China's Current Circumstances ……………………………………………………………………… (1874)

  C. Such Provisions Ignore the Bitter Lessons of Some BITs Harming Weak Countries: The Warning from Argentina's Dilemma …… (1885)

  D. Such Provisions Ignore the Latest Legislative Track-Shift in Two Host Countries—Argentina and the United States …………… (1890)

Ⅳ Suggestions for Future Sino-Foreign BIT Negotiations …… (1896)

  A. Strengthening Investigation and Research on Recent Developments in BIT Practice and Acting with High Caution ………………… (1896)

  B. Using Well the Authorizations of Relevant Conventions and Firmly Holding onto the Four Great Safeguards ………………………… (1897)

  C. Insisting on "Never Repeat" and Timely "Mending the Fold after some Sheep Have Been Lost" …………………………………… (1899)

Ⅳ Distinguishing Two Types of Countries and Properly Granting Differential Reciprocity Treatment—Re-comments on the Four Safeguards in Sino-Foreign BITs Not to Be Hastily and Completely Dismantled ……………………………………………………… (1902)

Ⅰ Background ………………………………………………………… (1905)

Ⅱ Major Viewpoints in "the First Comments" ………………… (1909)

Ⅲ Some New Thoughts for Future Sino-foreign BIT Negotiations ………………………………………………………………………… (1912)

  A. Strengthening Investigation and Research on Recent Internal and External Developments and Acting with High Caution ………… (1912)

  B. Using Well the Authorizations of the Relevant Conventions and Firmly Uphold the Four Great Safeguards ……………………… (1913)

  C. Distinguishing Two Kinds of Countries, Granting Differential Reciprocity, Excluding or Limiting the Application of MFN to International Dispute Settlement Procedures …………………… (1915)

Ⅳ The Theoretical Grounds and Practical Precedents for Adopting Differential Treatment Based on the Distinguishing Two Types of Countries ……………………………………… (1924)
　A. Differential Treatment Conforms to the Universal Philosophy of "Analyze Issues under Their Concrete Situations" …………… (1924)
　B. Differential Treatment Conforms to the Basic Jurisprudence of "Equity and Mutual Benefit" ………………………………… (1924)
　C. Differential Treatment Conforms to the Basic International Legal Principle of Supremacy of State Sovereignty …………………… (1927)
　D. Differential Treatment Conforms to the Evolution of the Principle of MFN Treatment ……………………………………………… (1928)
　E. Differential Treatment and Exclusion or Limitation of the Application of MFN Treatment to the Dispute Settlement Procedures Conforms to the Latest Repeated Warnings from UNCTAD …………… (1930)
　F. Differential Treatment Conforms to the Current International Arbitration Practices ……………………………………………… (1933)
　G. The Precedents of Granting Differential Treatment and Excluding or Limiting the Application of MFN Clause ……………………… (1935)
Ⅴ Conclusion ……………………………………………………………… (1936)

Ⅴ Could China-Peru BIT 1994 Be Applied to Hong Kong Special Administration Region under "One Country, Two Systems" ? — A Jurisprudential Analysis on the Case of Tza Yap Shum v. Republic of Peru ……………………………………………………………… (1939)

Ⅰ Introduction: Summary of the Disputing Case …………… (1942)
Ⅱ Main Issues & Basic Conclusions ………………………………… (1944)
　2.1 Main Issues ……………………………………………………… (1944)
　2.2 Basic Conclusions ……………………………………………… (1945)
Ⅲ Issue upon the Claimant's Chinese Nationality …………… (1946)
　3.1 Acquisition of Chinese Nationality ……………………………… (1946)

3.2　Loss of Chinese Nationality ……………………………… (1947)

3.3　Application of the Nationality Law to the Hong Kong Special Administrative Region ……………………………… (1948)

3.4　Proof of Chinese Nationality ……………………………… (1948)

3.5　HKSAR Passport as Proof of Chinese Nationality ………… (1949)

Ⅳ　Issue upon Applicability of SINO-FOREIGN BITs to Chinese Nationals with the Right of Abode in Hong Kong ……… (1951)

4.1　Historical Overview of Hong Kong Before and After Its Return to China ……………………………… (1952)

4.2　The Sino-British Joint Declaration ……………………… (1953)

4.3　The Joint Liaison Group ……………………………… (1955)

4.4　The Basic Law of the Hong Kong Special Administrative Region ……………………………… (1957)

4.5　Applicability of the China-Peru BIT 1994 to Hong Kong Residents ……………………………… (1968)

Ⅴ　Issue upon Scope of the Arbitration Provision in the China-Peru BIT 1994 ……………………………… (1969)

5.1　China's Accession to the ICSID Convention ……………… (1970)

5.2　China's Policy on the Resolution of Investment Treaty Disputes ……………………………… (1973)

5.3　Scope and Nature of the Dispute Resolution Provision in the China-Peru BIT ……………………………… (1983)

Ⅵ　Issue upon Scope of the Most-Favoured-Nation Clause in the China-Peru BIT 1994 ……………………………… (1986)

6.1　China's Historical Experience with the Most-Favoured-Nation Treatment ……………………………… (1986)

6.2　The Most-Favoured-Nation Clause in the China-Peru BIT 1994 ……………………………… (1989)

6.3　Use of the Most-Favoured-Nation Clause to Create New ICSID Jurisdiction ……………………………… (1990)

6.4　The Consensus on the Essence of MFN Clause in Contemporary

International Law Community: MFN Treatment is Merely a Derivative of State Sovereignty ……………………………… (2002)

6.5 Interpreting the MFN Clause in the China-Peru BIT 1994 under the VCLT …………………………………………………… (2003)

6.6 The Scientific Interpretation of MFN Clause in the China-Peru BIT 1994 by Further Using the ICSID Convention and the China-Peru BIT 1994 *per se* ………………………………………… (2008)

6.7 The Repeated Warnings by Authoritative Documents of UN and the Strict Interpretation of MFN Clause in Contemporary World ……………………………………………………………… (2011)

6.8 The Restrictions and Exclusions of the MFN Provision in Contemporary Treaty Practices ………………………………………… (2016)

6.9 The Restrictions and Exclusions of the MFN Provision by ICSID Practices (Precedent Decisions) ……………………………… (2017)

6.10 Tracing Back to the Specific MFN Issue in China-Peru BIT 1994 ……………………………………………………………… (2024)

Ⅶ Conclusion ……………………………………………………… (2025)

Ⅵ Is Enforcement of Foreign Arbitral Awards An Issue for Establishment and Improvement in China? ………………… (2027)

Ⅰ 1949 – 1978(about 30 Years): Related-Legislation Blank ………………………………………………………………… (2028)

Ⅱ 1979 – 1994(15 Years): Domestic Legislation Established and International Conventions Acceded ………………… (2029)

1. Promulgating PRC's Civil Procedure Law (for Trial Use) …… (2029)
2. Acceding to the New York Convention of 1958 ……………… (2030)
3. Acceding to the Washington Convention of 1965 …………… (2030)
4. Promulgating PRC's Civil Procedure Law (Formal) ………… (2031)
5. Promulgating PRC's Arbitration Law ………………………… (2031)

Ⅲ 1995 – present: Judicial Explanations Added …………… (2032)

  1. Obstacles from "Local-protectionism" ················· (2032)

  2. "Double Report System" Preliminary Established: to Overcome the "Local-protectionism" ················· (2034)

  3. "Double Report System" Strengthened: to Overcome the "Local-protectionism" ················· (2036)

 Ⅳ Domestic Legislations Need to Be Further Improved ······ (2037)

Ⅶ The Truth among the Fogbound "Expropriation" Claim: Comments on British X Investment Co. v. British Y Insurance Co. Case ········ (2039)

 Ⅰ Summary of the Case ················· (2040)

 Ⅱ Questions for Answers ················· (2042)

 Ⅲ Expert's Views & Opinions ················· (2043)

  (Ⅰ) In the CJV Contract dated on 25 December 1996, which aimed to establish C Power Company, the provisions of Article 15 on distribution of profit was in compliance with the laws at that time and have been in compliance with the laws ················· (2043)

  (Ⅱ) For the "Circular [1998] No. 31" of the State Council on Strengthening the Administration and Carrying on Check of the Foreign Exchange and Foreign Debt issued in September 1998, its legal force is not complete ················· (2045)

  (Ⅲ) The "Circular [1998] No. 31" has no legal effect of retroactivity ················· (2047)

  (Ⅳ) Actually, the aforesaid prohibitive provisions in the "Circular [1998] No. 31" has been amended again and again in 2002 and 2004 ················· (2050)

  (Ⅴ) "Circular [2002] No. 43" is not an "expropriation decree"; New Agreements on 11 March 2003 are not "behaviors of expropriation" ················· (2055)

  (Ⅵ) Provisions in the Foreign Investment Regulations and "Bilateral Investment Agreement between PRC and UK" concerning the expropriation of foreign investment ················· (2061)

    IV Conclusion ·· (2063)

VIII **The Approach of "Winning from Both Sides" Used in the "Expropriation" Claim: Re-Comments on British X Investment Co. v. British Y Insurance Co. Case** ············ (2066)

    [Q1] & [A1]······································· (2066)
    [Q2] & [A2]······································· (2068)
    [Q3] & [A3]······································· (2069)
    [Q4] & [A4]······································· (2070)
    [Q5] & [A5]······································· (2071)
    [Q6] & [A6]······································· (2072)
    [Q7] & [A7]······································· (2074)
    [Q8] & [A8]······································· (2076)
    [Q9] & [A9]······································· (2077)
    [Q10] & [A10]····································· (2077)
    [Q11] & [A11]····································· (2078)
    [Q12] & [A12]····································· (2080)
    [Q13] & [A13]····································· (2085)
    [Q14] & [A14]····································· (2086)

IX **On the Serious Violation of Chinese *Jus Cogens*: Comments on the Case of importing Toxic Brazilian Soybeans into China [*Expert's Legal Opinion on Zhonghe v. Bunge Case*]** ············ (2092)

    I Brief CV of the Expert ···························· (2093)
    II Summary of the Case ····························· (2094)
    III Questions Consulted ····························· (2098)
    IV Expert's Views & Opinions ························ (2099)
    V Brief Conclusion ································· (2113)

第五编

涉台经济法

Ⅰ 两种"两岸人民关系法"之对立与统一[*]

——兼谈《闽台自由贸易协定》之可行

内容提要 1989年间我国台湾地区有关部门通过的《〈台湾地区与大陆地区人民关系暂行条例〉草案修正条文》与内地学界人士拟出的《〈大陆地区与台湾地区人民关系法〉建议草案》,显然是互相矛盾的两个对立面,但是,如果细心体察,又不难发现其中实际上已蕴含有若干点重要的共识,存在着进一步互通声气直至互通"心曲"的趋势和可能。基于这一可喜契机,双方可以进一步扩大和加深共识,加强灵活性。我国台湾地区当局的现有《草案》有违民心,内地学者的现有《草案》短期内不易被接受。因此,我国台湾地区有关人士倡议:不妨由闽台两省率先签订《自由贸易协定》,实行货物、人力和资金的自由流动以及税收的互惠抵免等。这一立法动议看来具有前瞻性和开拓性,具有重要参考价值。应当认真研究和讨论此种省际"协议"或特别"安排"的法律定位问题,使其逐渐趋于可行和完善。

目 次

一、两种《草案》的对立与比较

---

[*] 本文的某些观点,曾由《人民日报》(海外版)加以报道,题为《就闽台两省结拜"姐妹"一事,厦门大学法学教授发表看法》,载于该报1989年5月8日第5版。由陈安、彭莉合撰的本文,载于《台湾研究集刊》1990年第2、3期合刊。随后由台湾博远出版社辑入《从大陆看台湾》一书,1991年出版;又由台湾蔚理法律出版社辑入《两岸法律适用之理论与实务》一书,1992年出版。

本文剖析我国台湾地区的《两岸人民关系暂行条例》,系以1990年的《条例草案》作为评论对象。1992年9月,我国台湾地区当局正式颁布施行该《条例》,全文96条。其后,经多次修订,其现行最新文本是2003年10月颁行的《台湾地区与大陆地区人民关系条例》,全文仍为96条。其中部分条文内容,在台湾地区民进党当局操持下,作了逆历史潮流而动的"倒退性"的修订。阅读本文时,请注意查索对照新近有关该《条例》的信息和评论。

(一)台湾地区的《条例草案》显然无法为两岸人民所接受

(二)台湾地区的《条例草案》与内地的《建议草案》之比较

二、两岸已显重要共识,今后尚待扩大加深

三、闽台《自由贸易协定》倡议的可行性

(一)从地缘和血缘看,两省"天生"比邻相亲,具有率先签订《协议》的先天条件

(二)从两省经贸特点看,具有率先签订《协议》的必要性

(三)就政治因素看,两省具有率先签订《协议》的可能性

四、闽台《自由贸易协定》的法律定位

(一)《协议》是两省地方性单行法

(二)《协议》是一项相对独立的特别法

(三)《协议》是一项前瞻性的试点法和开拓性的示范法

(四)《协议》是规范两省经贸活动的多部门综合法

一、两种《草案》的对立与比较

1987年11月台湾地区当局开放探亲以后,两岸民间经贸往来更加频繁。面对这一客观形势,在我国台湾地区人民的强烈呼吁下,台湾地区"行政院大陆工作汇报研究小组"通过《"台湾地区与大陆地区人民关系暂行条例"草案修正条文》(以下简称《条例草案》),旨在"规范台湾地区与大陆地区人民之往来,并处理衍生之法律事件"。

《条例草案》是台湾地区当局因应客观形势之发展而制定的,然而这一客观形势逼迫下的产物不但未能反映客观实际之需要,反而多处背离海峡两岸人民的共同意愿。其主要弊病之一在于《条例草案》竟然无视早已大量存在的客观事实,明文禁止台商在内地从事直接投资或与内地直接贸易,违者可处以千日监禁与百万罚金。如此立法,实属违逆两岸民心。

(一)台湾地区的《条例草案》显然无法为两岸人民所接受

《条例草案》公布后,不但引起内地人士的批评,而且首先导致台湾岛内非议之声四起,对于其中的经贸条款,抨击尤多。台湾《自立早报》发表社论强调指出:"对于草案中过多的消极性与禁止性规定,如禁止或限制两岸直接贸易、金融往来、通航、通讯等,我们亦难以全然苟同。在两岸已逐渐出现经济资源互

通关系之际,政府对于海峡双方民间往来的基本要求,实应藉立法方式给予更合理的满足,岂有反其道而行之理?""为求有效贯彻上述禁止性之规定,草案中复推出一连串的刑罚条文,冀藉此收吓阻之效……动辄科以重刑,无异扭曲了刑罚的应有目的与作用,也将导致国家刑罚权的滥用。"①台湾《雷声》杂志刊载专文,强调:"就人民的期待与利益来看,要求海峡两岸的商业活动应开放为直接往来,声浪相当高涨,显示出国民党现行对大陆经贸活动只准许采取间接方式已违反民意了。"作者并评论说,若将《"两岸人民关系法"建议草案》和台湾地区的《条例草案》作一比较,可以发现"国民党的态势比中共矮了半截"②。至于利害关系最为密切的台湾地区企业界人士对《条例草案》经贸条款批评更为激烈。如在内地拥有丰富投资经验的螺丝公会理事长潘焕章认为:"《两岸关系暂行条例》草案的可行性极低。"潘先生并断言:"此一规定只是政府立场的表态。""一切都会照旧。"其他一些在内地拥有投资经验的业者亦批评《条例草案》"除了可笑之外,实在看不出有什么可行性"③。总之,台湾地区民众普遍认为,政策走向一直模糊不清的两岸经贸活动原则,在《条例草案》中依然原地徘徊,"没有走出政策的黑箱"④。台湾文化大学法律系王志文教授更尖锐地指出:禁止两岸直接贸易,事实上已违反了国民党"宪法"第 148 条关于"货畅其流"的规定。如果实施《条例草案》,就得废止"宪法"中的这一条,岂不荒谬⑤?

上述批评意见充分体现出《条例草案》违逆民意,不符合时代潮流。台湾地区当局如不对此进行全面检讨,其中的经贸条款显然就不能真正起到规范两岸经贸活动的作用。一旦通过,其实际效果不外三种可能:第一,立法之初就不想执法,以立法条款充作政治宣言。一方面出于政治需要,"明知不可而为之";另一方面,由于众怒难犯以及"法不罚众",因而对早已大量存在并日益迅猛发展的台商对内地直接投资和直接贸易行为,采取鸵鸟政策,视而不见,听其自便。台商摸准当局此种心态,不妨继续奉行"法自言法,我行我素"哲学,官民之间,彼此"心照","相"谅"相"安"。第二,立法之初就准备修法。由于《条例草案》中之经贸条款严重脱离现实,势必窒碍难行,台湾地区当局迫于民心所向与民行所趋,立法墨沈未干,就又准备另立炉灶,着手起草新的修订法案。第三,立

---

① 见《评两岸关系暂行条例草案》,载于台湾《自立早报》,1989 年 10 月 12 日。
② 见巫山峡:《两岸经贸大门胡不开?——成立台海和平共同市场的必要性》,载于台湾《雷声》杂志,总第 292 期,第 61—62 页,1989 年 11 月 20 日。
③ 见《企业界看两岸关系暂行条例》,载于台湾《中国时报》,1989 年 10 月 10 日。
④ 见童再兴:《立法制典必须走出政策黑箱》,转引自《台湾法参考资料》(第 1 期)第 9 页,1989 年。
⑤ 见郁辛:《两岸人民往来的"紧箍咒"》,载于《人民日报》(海外版),1989 年 10 月 30 日。

法执法,一意孤行。不惜干犯众怒,凭借"国家"机器和强制权力,粗暴推行有关经贸的禁止条款和刑罚条款,终将导致民怨沸腾和社会混乱,危及台湾地区当局统治的根基。看来,台湾地区当局谅还不至于如此不智,致使上述第三种可能性转化为现实。因此,即使《条例草案》在近期内完成"立法"手续,也势将出现上述第一种或第二种局面,或第一、第二种局面的综合体。当然,如果台湾地区当局鉴于民心民意之不可侮,更加"聪明"一些,而暂且把《条例草案》再搁置一时,静以观变,待时机更加成熟之际,再相机行事,目前仍然暂时维持"黑箱"现状,这也并非不可能。但"黑箱"终须走出,现状终须打破,大势所趋,谁也无力回天。

(二) 台湾地区的《条例草案》与内地的《建议草案》之比较

《条例草案》是台湾当权者意志的体现。它没有充分反映出台湾地区人民的利益,更没有反映出祖国大陆人民的利益,因此也不能为祖国大陆人民所接受。1989年上海市法学会"港澳台法律研究会"(筹)等有关人士曾就《条例草案》召开学术研讨会,与会者普遍认为其主要弊病在于:(1) 对祖国大陆人民充满狭隘的敌意。时至今日,仍然诬称中国共产党及共青团为"叛乱组织",连大陆"民用航空器"进入台湾地区也要采取"防卫处置";(2) 公然歧视祖国大陆人民,给予明显的不平等待遇,在继承权、候选权、居住权、经商权等诸多方面,设定种种歧视限制,使同是中国同胞在同一种中国法律面前竟然无法享受同等权利,把"法律面前人人平等"这一常识性法理原则完全抛之脑后,弃若敝屣;(3) 在经贸条款方面,不但无视现实,反而实行大倒退。过去台湾地区当局对台胞到祖国大陆投资以"资敌"罪论处,后来台湾地区法院对此判决为无罪,现在《条例草案》无视最新判例,又规定凡到祖国大陆直接投资或从事直接贸易者,要处以重刑①。今年1月20日,北京法学界人士就台湾地区"行政院大陆工作汇报研究小组"通过的《条例草案》进行探讨时,也认为,该草案与"法务部"的原有草案初稿相比,"增加了许多带有限制性和歧视性的条文规定"。"《条例草案》对两岸人民及经贸、商务等方面的交往,限制范围更宽,限制事项更多,……处罚更严厉"。学者们指出:"近年来两岸人民交往迅猛发展,台湾地区当局制定的这个草案抱残守缺,远远落后于时代的需要,肯定是行不通的。"②

---

① 见《评析〈台湾地区与大陆地区人民关系暂行条例〉(草案)》,载于《法学研究动态》1989年第12期,第22—24页。
② 参见报道:《首都法学界人士举行研讨会指出:台"两岸关系法草案"有悖法理》,载于《人民日报》(海外版)1990年1月22日。

与台湾地区当局不能正视现实的态度相反,中央政府在两岸经贸关系上一向坚持"三通四流"的方针。北京的台湾法律研究所于1989年拟出了《"大陆地区与台湾地区人民关系法"建议草案》(以下简称《建议草案》)。《建议草案》全文贯串"化干戈为玉帛"之基本精神,摒除一切"敌我意识",充满和解祥和气氛,对台湾地区居民悉以炎黄子孙同胞相待,对两岸中国人民之一切法定权利与法定义务完全一视同仁,待遇全面平等,鼓励两岸同胞在经贸、文化等多领域实行全方位交往。对比两种立法草案,孰是孰非、孰优孰劣,明眼人一目了然,自有公论,毋庸多赘。

纵观台湾地区方面之《条例草案》和祖国大陆方面之《建议草案》,显然可以看出二者内容存在重大的矛盾和差异。由于两岸立法指导思想不同,这种矛盾和差异在短期内难以完全消除,达成共识。要制定一部两岸均能接受的"两岸关系法"虽未必是遥遥无期,但也并非可以计日程功。可以说,在一定时期内,这两种草案是调整台湾海峡两岸人民关系这一客观事物或客观进程中互相矛盾着的两个对立面,或者说,这两个矛盾对立面统一并存在于调整两岸人民关系这一客观事物或客观进程之中。

二、两岸已显重要共识,今后尚待扩大加深

目前已推出的两种"草案",诚然是互相矛盾的两个对立面,但如果细心体察,又不难发现其中实际上已蕴含有若干点重要的共识,存在着进一步互通声气直至互通"心曲"的趋势和可能。例如:

(1) 双方都认为有必要制定专题法规,用以调整和规范两岸人民的相互往来,正确处理早已存在或由此产生的各种法律问题,以保护两岸当事人合法权益,确保社会安定。

(2) 双方都认为只有一个中国,即都把大陆和台湾认定为同一个国家的两个不同地区、绝非两个不同的国家。

(3) 双方都有条件地承认在对方地区制作的法律文书、民事裁决书、民事判决书具有法律上的约束力,可以申请强制执行。

(4) "三不政策"已开始在正式的立法草案中向"三通政策"转化和认同。在祖国大陆方面,"三通"决策为时已久,两岸"三通"事实也早已存在;但在台湾地区方面,却是首次在一项重大立法草案中,以法律条款的方式正式全面确认一定程度上的"三通"已属合法行为,尽管仍然设置各种限制,但对比原先在法

律上绝对全面严禁"三通",则可以说是一个重要的突破。同时,在法律上正式有条件地允许祖国大陆人民赴台继承遗产、经商、置产、定居,也未始不是立法上一项重要的"除旧布新"或"破旧立新"之举。

这些共识的出现并被载入正式立法草案,说明了两点:第一,"形势比人强";第二,在形势的有力推动下,台湾地区当局已开始改变原先的僵化的立场,开始向海峡彼岸转递了某种"灵活性"信息。

现在双方共同面临的现实问题是,如何自觉地把握这一可喜契机,进一步扩大和加深共识,加强灵活性。

三、闽台《自由贸易协定》倡议的可行性

如前所述,台湾地区当局推出《条例草案》不能顺应两岸民心,不能适应两岸日益发展的经贸需要;反过来,大陆民间法学界人士推出的《建议草案》虽能顺应两岸民意,符合两岸交往急需,但在短期内恐难为台湾地区当局所全盘接受。而从两岸当前形势来看,要制定双方都能接受的法规,不论是统一的实体法规范还是冲突法规范,来全面调整两岸的经贸关系,皆非指日可待之事。而且,即使若干年后一部双方都认可的《两岸人民关系法》终于出台,由于其涵盖面甚广,内容涉及宪法、民法、婚姻法、刑法、诉讼法、冲突法等诸多方面,亦无法对两岸经贸关系作出具体规定。因此,双方共同认可的《两岸人民关系法》,无论在时间上或在内容上皆无法充分适应两岸经贸关系迅猛发展之客观需要。

然而,两岸之经贸往来并不因为立法的落后而停滞不前。相反,近年来流入祖国大陆的台胞投资额与两岸贸易额均显持续增长趋势。种种资料和信息表明,近年内两岸之经贸关系还将有更大突破。如此一来,一个令人担忧的问题——经贸立法与经贸实践严重脱序的现象——将日趋严重。

然则,出路何在?

对这一现实的问题,海峡两岸有关人士曾提出多种解决之道,笔者认为其中台湾地区"立法委员"沈世雄先生提出的闽台两省率先签订《自由贸易协定》之建议,就其基本精神和主要措施而言,颇有独到之处①。

沈世雄先生有鉴于台海两岸经贸交往日益频繁且这种交往对两岸经济关

---

① 沈先生此项质询案,载于台湾地区《立法院公报》(第78卷),第31期,第149—150页,1989年。
按:"协定"、"协议"语义相近或相同,在英文中一般可以通译为 agreement。为避免在法律定位上可能引起的误解或曲解,本文在评析沈先生此项质询动议时,一律称之为"协议"。

系发展皆贡献甚大的事实,特于1989年4月16日向"立法院"提出一项书面质询,呼吁"行政院"推动台湾省政府尽早率先与福建省结为姐妹省,签订《自由贸易协定》(以下简称《协议》),作为主动积极地推展两岸经贸关系的一个重要步骤,使"早已不是偷偷摸摸在地下进行"的两岸经贸交往"逐渐正常化与制度化"。《协议》的主要内容包括货物的自由流通、人力的自由流通、资金的自由流通、税捐的互惠抵免等四方面。不难看出,沈先生上述动议之目的及动议之内容,具有相当的前瞻性、开拓性、必要性与可行性。

(一) 从地缘和血缘看,两省"天生"比邻相亲,具有率先签订《协议》的先天条件

福建是祖国大陆与台湾岛相距最近的一个紧邻省份,闽台两省有着极为密切的地理、历史和人文关系。就地理位置而言,两省相距最近之处仅有70余海里,海上交通十分方便,航行速度快些的海船可以"朝发而午至",不必乘飞机就可以"在福建吃早点,到台湾吃午饭"。就血缘而言,二者关系更为密切,台湾著名史学家连横早就振笔大书:"台湾之人,中国之人也,而又闽粤之族也。"[1]据统计,现在居住台湾的汉族同胞中,80%的祖先均从福建移去;台湾许多政要人士之先辈,皆为福建人。再就方言而言,两省亦极为相近,福建的"闽南话"至今通行全岛。两省的习俗也基本相同,台湾现有的一万余座庙宇供奉的二百多位主要神,大都来自福建。正是由于"地缘相邻、血缘相亲、方言相通、习俗相同",使得闽台两省关系特别亲密。因此,两省之间的兄弟姐妹关系,无需经过"结拜",早就是"天生"形成的了。闽台两省具有进行紧密经济合作,率先签订自由贸易协定的得天独厚的条件。

(二) 从两省经贸特点看,具有率先签订《协议》的必要性

基于上述原因,加以福建省长期以来实行特殊的开放政策,所以在20世纪80年代两岸关系逐步恢复和发展的过程中,福建省始终是台湾地区工商界人士眼中进行经贸合作的最理想地区,特别是厦门经济特区以及漳州、泉州一带,更是台胞从事投资和贸易的一大"热点"。最近几个月来,台资来势更猛,出现了由中小型项目到大型项目、由低层次企业到高层次企业的发展势头。根据报端信息,台湾地区最大的企业集团"台塑"正在计划租用厦门新近开辟的海沧开发区大片土地,投资数十亿美元,兴建新的"石化王国",引起海内外"震动"和巨

---

[1] 见连横:《台湾通史》(第23卷),《风俗志》,商务印书馆1983年版,第423页。

大反响①。

近几年来,台胞对闽的投资额、贸易额及其占全国对台经贸总额中的百分比均呈大幅度上升趋势。据不完全统计,目前,福建省已批准的台资协议金额达7.2亿美元,占台商在大陆投资总额的3/5以上。上述情况说明,闽台经贸关系与其他省份相比,具有起步早、时间久、发展快、项目多、数额大、政策特殊等特点。相应地,由此所衍生和引发的各种法律问题,也势必多于大陆其他各省,因而更迫切需要有一套两岸均能接受的、比较具体的经贸法规加以规范、调整和解决。可以说,沈世雄先生所建议的《协议》,就是这种经贸法规的基础和先河,是闽台两省迎面相会、比其他各省早走一步和先走一步的切实可行的措施。由于这种自由贸易协议可以比较充分、比较具体和比较灵活地反映闽台经贸关系的特殊需要,所以,它既可以与日后出现的两岸都能接受的《两岸人民关系法》相互衔接和配合,又可以相对独立地单独存在,发挥其独特的作用。关于这一点,下文将作进一步分析。

(三) 就政治因素看,两省具有率先签订《协议》的可能性

时至今日,台湾地区当局在两岸总体关系上仍然坚持"三不"(不妥协、不谈判、不接触)政策,因而短期内要制定出双方共同认可的总体法规困难重重。但是,局部并非总体,省级也非最高峰。最高一级不行,省一级何不试试?历史上和现实中的政坛人物,尽管立场各异,但聪明、机智、灵活、现实几乎是他们的共性。名义上的"三不"加速转化为事实上的"三通",这就是政治家们聪明灵活、讲究实际的一大明证。既然如此,那就不妨、也极有可能再朝着这个方向跨出新的一步,以两个省份的名义,签订两省之间的自由贸易协议,此种协议与立即制定总体上的《两岸人民关系法》相比,具有两大优越性,即:第一,它可以只谈商务,不说政治;只议经贸,不言"信念";只务实,不务虚,这就大大地便于和易于达成共识。第二,它可以相对地降低敌对情绪和"敌我意识",局部地"忘却"历史恩仇,暂时地规避一些在总体上相当敏感的政治问题,即暂且搁置一时难以解决的基本矛盾,面对经贸实务,存异求同。因此,这项两省协议立法工作的先期完成具有一定程度的现实可能性,而这项立法工作的完成又实际上意味着占台胞在大陆投资额3/5以及贸易额大部分比重的闽台经贸关系有法可依,迅即合法化、正常化和制度化。

由此可见,关于闽台两省签订自由贸易协议之议,基本上符合两省间传统

---

① 参见报道:《台塑传将在大陆另建石化王国》,载于台湾《工商时报》1990年2月25日。

的特殊关系和现实状况,其基本着眼点和实际效果在于使客观存在并大有可为的闽台经贸关系得到进一步的正常发展,切实保障两岸人民的合法权益,促进两岸经济的共同繁荣,是故应当肯定此种立法动议具有前瞻性和开拓性。其中关于货物、人力、资金的自由流通以及捐税的抵免互惠等四个方面的内容,基本上符合孙中山先生一贯提倡的"人尽其才、地尽其利、物尽其用、货畅其流"的精神,体现了"孙文学说"中的一项基本原则,即一切行事均应"适于世界之潮流,合乎人群之需要"。

四、闽台《自由贸易协定》的法律定位

从法律观点看,沈先生所动议的《闽台自由贸易协定》属于什么性质?应当具备哪些具体内容?其现实作用和深远意义何在?这些问题,都有待进一步探讨。

笔者管见简述如下,谨就教于高明:

(一)《协议》是两省地方性单行法

中国只有一个,这是两岸素来的共识;福建和台湾是中国的两个省份,也是两岸不争的事实。从两岸的法律体制看来,福建和台湾这两省的省级地方立法机构都有依照法定程序制定本省地方法规的立法权。闽台签订《协议》,究其实质,可以说是两省地方立法机构的共同立法,即适用于两省全部地区的单行性地方法规。这一省际的地方共同法规在法律层次上和法律效力上高于各省的地方法规,一旦正式制定和生效,就成为用以调整两省经济交往和贸易投资活动的行为规范和行动守则,对于两省的有关经贸活动具有法律上的约束力和强制力。如若两省各自原有的有关地方法规与此项《协议》有不相协调或互相矛盾之处,两省的立法机构应当根据省际《协议》分别对本省有关法规作出相应的调整和补充,使省内立法与省际共同立法相互协调一致和相互配合,并以前者来保证后者的切实实施。

(二)《协议》是一项相对独立的特别法

目前,海峡两岸各自都有一套民商法规或冲突法规,直接或间接地适用于对岸的人民。它们大致为三类:(1)一般的涉外经济立法,如《中华人民共和国中外合资经营企业法》、《中华人民共和国中外合作经营企业法》、《中华人民

共和国外资企业法》、《中华人民共和国涉外经济合同法》等,其中给予外商的种种优惠待遇,一般均可参照适用于台商。至于台湾地区的类似法规,如《外国人投资条例》、《华侨回国投资条例》,其中的优惠规定日后是否也可参照适用于大陆人民的对台投资,则尚有待澄清。(2) 专门的涉台立法或涉大陆立法,如《国务院关于鼓励台湾同胞投资的规定》,台湾地区的《处理中国内地产品办法》,其适用对象和范围,十分明确,无需多赘。(3) 一般的法律冲突立法,如《中华人民共和国民法通则》第八章"涉外民事关系的法律适用",其中各项规定,在实践中已参照适用于来祖国大陆的台胞。至于台湾地区的《涉外民事法律适用法》,其中若干条款(如第5、6、7、10条)的基本原则已被吸收于前述《条例草案》(10、11、12条)之中,显然是准备适用于从事对台经贸活动的祖国大陆人民。

拟议中的《协议》是在上述法规的基础上,针对闽台经贸现状与特点,本着"求同存异"的原则协商制定的,因此该《协议》一旦签订生效,相对于上述诸类普通法而言,即成为具有相对独立性的特别法,对于闽台两省之间的经贸活动和法律行为,应予优先适用。此外,若在拟议中的《协议》签订并生效之后,两岸又分别颁行了各自的《两岸人民关系法》,或者通过协商颁行了两岸均能接受的《两岸人民关系法》,如其中有些条款与《协议》的条款有所矛盾,则《协议》仍可作为与上述《两岸人民关系法》这一普通法并存的一种特别法,就闽台两省之间的经贸关系而言,按"特别法优于普通法"的法理原则,继续在两省范围内实施。

(三)《协议》是一项前瞻性的试点法和开拓性的示范法

一切经过试验,从实验中总结、提高、推广,人类有今日之文明,端赖这条行事准则和行动路线;如果事事拒绝试验,则人类至今势必仍停留在茹毛饮血、穴居野处的阶段。这条行事准则和行动路线,当然也适用于调整和规范两岸人民的频繁往来,适用于与此有关的一切立法实践。

规范两岸人民往来的立法,既然一时难以从总体上求同,则不妨暂时存异,改从局部上求同。这里的"局部",既指"地域",也指"事域"和"法域",即从闽台这一最紧邻的地域、经贸这一最迫切的事域、两省经贸规范这一最现实的法域,率先着手和立即动手,先从最热之"点"上开始,进行试点和试验,总结和提高后,再逐步推广到其他次热之"点",积"点"成"面",全面开花,结成累累硕果和美果。可见,《协议》之签订不仅具有现实的重大作用,而且有深远的历史意义。它不但可以把占两岸经贸交往极大比重的闽台两省投资贸易关系用法律形式固定下来,使其进一步公开化、合法化和制度化,有助于促进两省经贸互补互利活动的长足发展,而且可以成为制定全面的《两岸人民关系法》的试点和示范。

换言之,《协议》中一些行之有效的基本原则和成功试验可以为日后制定的从总体上全面调整两岸人民关系的《两岸人民关系法》所吸收,扩大推行于台湾地区与祖国大陆其他各省之间的经贸活动和其他活动,即扩大到其他地域、事域和法域,从而逐步化解历史的恩仇和现实的冲突,为祖国和平统一大业立一大功。

(四)《协议》是规范两省经贸活动的多部门综合法

沈世雄先生在前述质询和动议中,认为《协议》的主要内容应为货物之自由流通、人力之自由流通、资金之自由流通及税捐之抵免互惠,并为这四方面的主要内容设计了一个基本框架。这是颇有见地的。不过,在尚无总体的《两岸人民关系法》的条件下,或者在虽有《两岸人民关系法》而对经贸事域、法域语焉不详的条件下,《协议》的主要内容似不宜只限于实体法规范,而应当同时包括一些最基本的程序法规范和冲突规范。这就是本文所指的"多部门综合法"。

以实体法规范和程序法规范而言,《协议》中似还应包含一些必不可少的主要条款,诸如:关于两省投资商和贸易商之基本法律待遇的条款,关于两省间船舶、航空器、港口、空港的使用条款,关于经贸活动导向的条款,关于知识产权保护的条款,关于争端管辖权及其解决途径的条款,关于裁决和判决执行的条款,等等。

特别是在冲突规范方面,《协议》中尤应就其基本原则作出比较具体的规定。鉴于闽台两省事实上存在着两个体制相异的地方政府和两个管辖权,鉴于闽台两省属于不同的法系,在有关经济案件法律适用的规定上存在较大差异,而同一案件适用不同法律又直接影响当事人的权益,因此,法律适用问题将是签订《协议》时必然会遇到的棘手问题。《协议》应在充分协商、平等互利、互谅互让的基础上,参照国际商务惯例作出规定,在属人法方面似宜以住所地作为连接点,在合同的法律适用方面似可根据"当事人意思自治原则"和"最密切联系原则"选择准据法;而在物权的法律适用方面则可区分动产和不动产,规定分别适用不同的法律,其中不动产以适用物之所在地法为宜,动产则适用"动产随人"原则。

总之,关于闽台两省率先签订《自由贸易协定》的大胆设想可以说是一个颇有独到见地并且切实可行的倡议。遗憾的是这一倡议至今仍停留在初步设想阶段。如果沈先生能联合台湾省内其他具有同等胆识和同等明智的各界人士,就其合理倡议广为宣传阐释,获得广泛的社会认同与群众支持,用沈先生的语言来说,达到"国人皆曰可"的地步,并且在此基础上,联合有关立法人士联名提出正式的法案,充分行使和发挥台省立法机关的职能与职权,以立法促行政,则其势头和推动作用就会大得多。与此同时,尽可能抓紧时机,与福建省的有关立法机构和行政机构,通过各种可行的渠道,开始间接和直接的接触,包括在双方认为适当的地点会晤磋商,早日促使签订《协议》的设想得以实现,那么,两岸人民日夕企盼的闽台经贸关系长足发展、两岸经济共同繁荣的灿烂前景也势必加速实现!

Ⅱ 《台商大陆投资权益保障协议》初剖*

内容提要 1993年4月"汪辜会谈"之际,我国台湾地区"海基会"等有关人士主张:在两岸之间签订《台商大陆投资权益保障协议》之类的法律文件。其主要理由之一是:中国国务院1988年颁行的《关于鼓励台湾同胞投资的规定》,只是一种行政法规,很容易"说变就变",缺乏稳定性,"不足以保障台商的权益"云云。台湾地区舆论界也对上述《规定》的内容及其贯彻实施情况提出各种批评意见,诸如"立法不周"、"执法不力"、"保护不足"等等。本文针对上述主张和意见,结合当时台海两岸的现实,从中国法律和国际通行立法惯例互相接轨的角度加以剖析和评论,澄清了一些误解和待决问题,也提出改进有关立法和执法现状的各种可行建议。此后,《中华人民共和国台湾同胞投资保护法》和《中华人民共和国台湾同胞投资保护法实施细则》相继在1994年3月5日和1999年12月5日公布施行,提高了保护台胞大陆投资的法律的位阶和力度,并且"从善如流",吸收了来自各方(包括来自台商和两岸学界)的合理意见和建议,改进了原先立法不够周全之处,并逐步走向完善,对台商投资大陆起了重大的促进作用。

目 次

一、"海基会清单"事出有因

---

* 1993年4月"汪辜会谈"后,台海两岸之间出现了"良性互动"的气氛。台湾东吴大学校长章孝慈教授曾以法学家身份积极推动两岸学者组团互访,多次共同研讨两岸交往中的诸般法学理论和实务问题。本文由笔者和彭莉合撰,并曾应邀在一次全国性两岸学者研讨会上宣读,引起广泛注意。《人民日报》海外版并曾对本文的主要观点进行了报道,题为《理论务实的学术交流盛会》,载于该报1993年8月27日。事后应中国社会科学院台湾研究所约稿,本文经修订后发表于《台湾研究》1993年第4期。文中所援引的法律、法规,均以1993年当时现行有效者为准。阅读时请注意查对1993年以来有关法律、法规的发展情况。

二、"廿二条规定"稳定无虞
三、立法未周者求其周
四、执法不力者宜着力
五、要求过高者应降低
六、了解不足者待深入
七、诸因交错者须综治
八、"省际"模式容或可行

自1992年初以来,台湾方面在不同场合,多次倡议和要求在海峡两岸之间签订《台商大陆投资权益保障协议》(以下简称"《权益保障协议》")。1993年4月下旬举世瞩目的"汪辜会谈"前夕,台湾地区海基会秘书长邱进益先生向台湾商界和媒体公开披露了由海基会拟定的关于台商大陆投资权益保障的清单(以下简称"海基会清单"),开列了十五个具体项目①。以此为基础,在上述会谈中台湾海基会向大陆海协会提交了一份"备忘录"②。本文拟参照"海基会清单",并综合有关报道,就《权益保障协议》问题提出的背景、十五项具体要求的可行性问题以及日后协议可能采取的法律形式,分别提出意见,以就教于两岸同行方家。

一、"海基会清单"事出有因

寻觅机遇,挹彼注此,极力追求最大限度的利润,这是一切资本的共性。近年来,我国台湾地区大量资金在两岸新的特定历史条件下,为内地近年来出现的良好投资环境所吸引,源源西流。据台湾地区"中央银行"总裁谢森中在6月上旬的估算,台资流入内地已达100亿美元,另有新台币现钞200亿元③。

在上述投资大潮的冲击和驱动下,在台湾各界有识之士的强烈呼吁下,近年来,台湾地区当局的大陆经贸政策一方面仍然是层层设限,步步为营,另一方面却不得不逐步放宽,迈向相对明智。今年2月4日台湾地区当局修正通过的

---

① 《海基会拟妥十五项台商权益保护清单》,载于台湾《工商时报》1993年4月22日。
② 《汪道涵提出海峡两岸经济交流合作的具体意见》,载于《人民日报》(海外版)1993年4月28日。
③ 见《参考消息》1993年6月12日。

《在大陆地区从事投资或技术合作许可办法》①,将酝酿多时的"间接汇款视为间接投资"正式定为法规,更标志着台湾地区当局的大陆经贸政策有相当重大的实质性松动。根据上述《许可办法》第4条第3项规定,台商向内地进行的各类投资,其"金额未逾100万美元者,得经由第三地区为之,不需在第三地区设立公司或事业"。明眼人不难看出,此项规定实质上已突破了原来意义上"直接投资"的禁区,"风起于青萍之末",其发展前途,实未可限量!

正是在这种形势下,一年多来,吁请中央政府加强保障台商在大陆的投资权益,促使台湾海基会和海协会间签署类似"双边投资保护协议"的协议,成了台湾地区当局对内地的工作重点之一。

二、"廿二条规定"稳定无虞

众所周知,台湾地区当局于1987年11月初宣布解除长期禁令,许可民众赴祖国大陆探亲;之后半年多,中央政府即及时制定和公布了《国务院关于鼓励台湾同胞投资的规定》(以下简称"《鼓励台资22条》"),迄今已施行5年有余,颇著实效。但台湾地区有的高层人士认为:此项法规,不过是一项行政规定而已,这种单靠办法、规定所制定的优惠措施,或者游戏规则,很容易"说变就变"②,"不足以保障台商的权益"③,因而希望中央政府把"以行政命令方式"保障台商的《鼓励台资22条》,"提升至双方签署协议的位阶"④。可以说,在"汪辜会谈"前夕台方披露的上述"海基会清单"以及会谈中台方正式提交的"备忘录",都是以上述认识为基础的。

为了化异为同,取得共识,显然有必要首先澄清台湾地区某些人士对《鼓励台资22条》法律效力的总体评价。诚然,我国的成文法按其地位的高低依次分为宪法、法律、行政法规与地方法规,根据现行《宪法》,其中"行政法规"是指最高国家行政机关国务院制定的一种规范性文件⑤,它是我国成文法的重要渊源之一,是具有普遍约束力和相当稳定性的行为规范和行动准则。从多年的实践情况来看,国务院颁布的行政法规在法制建设中也起着极为重要

---

① 载于台湾《工商时报》1993年2月5日。
② 《我和台商是穿同一条裤子的!》,载于台湾《工商时报》1993年1月19日。
③ 《台商投资大陆,至少百亿美元》,载于台湾《工商时报》1993年3月16日。
④ 《海基会拟妥十五项台商权益保护清单》,载于台湾《工商时报》1993年4月22日。
⑤ 张友渔主编:《中国大百科全书·法学》,中国大百科全书出版社1984年版,第86页。

的作用。诸如1984年公布的《国务院关于经济特区和沿海十四个港口城市减征、免征企业所得税和工商统一税的暂行规定》，1986年公布的《国务院关于鼓励外商投资的规定》等等，不但施行多年，从未被随意变动，其法律效力在各自所规范的领域内迄今居于权威地位；而且随着沿海、沿江、沿边以及各省省会对外"全方位"开放，其适用地区和赋予外商的优惠范围也在不断扩大之中。其的根基稳定性，就在于这些行政法规的基本立法精神完全符合中国改革开放这一长期的基本国策。由此可见，1988年7月由国务院颁行的《鼓励台资22条》，并非某些台湾地区人士所想像的，是什么"说变就变"的行政命令，而是一种层次仅低于宪法和法律，具有相当稳定性和普遍约束力的行政法规。特别值得强调的是：贯串于《鼓励台资22条》之始终的，除了改革开放这一基本国策之外，还有和平统一祖国以及"一国两制"这两大重要国策，这就更加强有力地保证了其基本立法精神的稳定无虞。因此，对我国上述现行行政法规的实际法律效力和稳定性似不必有过多的顾虑，也不宜作过低的评估。

其次，为了化异为同，取得共识，显然更有必要剖析在前述"海基会清单"中台湾方面提出的有关保障台商大陆投资权益的十五项要求。大体而言，这十五项要求可以分为五类：第一类是针对祖国大陆立法上不够周全完备者；第二类是针对祖国大陆执法中尚未严格落实者；第三类属于台方要求过高而不符合现代国际惯例者；第四类似是出于对祖国大陆现行法规的了解不足；第五类则为上述若干情形之"综合体"。兹试逐一初剖如下：

三、立法未周者求其周

针对祖国大陆立法上不够周全完备者：主要是有关智慧财产权（祖国大陆称"知识产权"）和投资许可范围两方面，即要求中央政府切实保障台商之智慧财产权，扩大投资许可范围，并以表列方式明定投资项目的许可与否，以免除台商之风险。

近年来，海峡两岸人民智慧财产权分别受到对方单位和个人侵犯的现象，时有发生。因此，此岸之智慧财产权如何获得彼岸之保护，日渐引起人们关注。然而，目前两岸法规关于保护对方智慧财产权的规定都相当不足。就祖国大陆而言，在版权方面已于北京设立了"中华版权代理总公司"，接受作者或其他版权所有者委托，开展对台版权贸易业务；在专利权方面，国家专利局亦于

1988年明确规定，进行"间接投资"，具有外国身份的台商可按《中华人民共和国专利法》第18、19条的规定申请专利保护。同时，还可以作另一种选择，即：台胞与祖国大陆公民一样，可以依据前述《专利法》就其发明创造，向中国专利局申请专利，取得专利保护①。为便于境内外方人士的专利权益依法取得保障，还专门设立了"中国专利代理有限公司"。但是，从总体上看，相关立法还很不完善，更未形成一套健全、完整的法律制度。为此，"汪辜会谈"中特别拟定在年内召开的两岸经济交流会上，将智慧财产权保障问题列为会议议题②。据报道，唐树备先生强调，应争取在今年内，就两岸智慧财产权保障问题，签署一份对双方有效的协议文件③。看来，届时智慧财产权问题将会得到比较妥善的解决。

在投资项目问题上，《鼓励台资22条》规定："台湾投资者可以在大陆的工业、农业、服务业以及其他符合社会和经济发展方面的行业投资。"④这显然是一种原则性的规定，比较笼统，可能让台商感到无所适从。实则，我国现行有关外商投资项目范围的规定，散见于不同时期的不同法规之中，如1983年颁行的《中外合资经营企业法实施条例》，对允许设立合资企业的主要行业明列了六大类二十种⑤；1984年关于经济特区和沿海十四个港口城市减、免税的暂行规定对允许给予"打八折计算征税"待遇的外商投资企业，列举了六大类十六种⑥；1990年施行的《外资企业法实施细则》则不从正面列举允许举办的企业种类，而从反面(负面)表列了四大类十种"禁止设立"以及五种"限制设立"⑦的行业。至于《中外合作经营企业法》，则至今尚未有实施细则出台。而自1992年初以来，在实践中，某些原先属于"禁止"之列的行业，又有以"红头文件"形式试行开禁的趋向⑧。由此可见，在这方面"立法滞后"现象显得相当突出，改变这一状况已势在必行。可以预期，在不久的将来，定会在全面总结十几年经验的基础上，有一个既与国际惯例接轨又符合内地实情的、统一的、明确的规定出台，俾使外商和台商、港商据以抉择投资。

---

① 庄金锋主编：《海峡两岸民间交流政策与法律》，上海社会科学院出版社1991年版，第67、70页。
② 《辜汪今签三协议，发表共同文件》，载于台湾《中国时报》1993年4月28日。
③ 《三通先"打通"，再谈投保协议》，载于台湾《工商时报》1993年4月25日。
④ 见《国务院关于鼓励台湾同胞投资的规定》第4条。
⑤ 见《中华人民共和国中外合资经营企业法实施条例》第3条。
⑥ 见《国务院关于经济特区和沿海十四个港口城市减征、免征企业所得税和工商统一税的暂行规定》之三(一)。
⑦ 见《中华人民共和国外资企业法实施细则》第4、5条。
⑧ 见《国务院关于商业零售领域利用外资问题的批复》。

四、执法不力者宜着力

针对祖国大陆执法中尚未严格落实者:前述"海基会清单"所列诸项要求中,属于此类者,主要是有关组织台商联谊会和落实台商经营自主权两方面。

在内地投资的台商可以依法组织联谊会,这是中国法律赋予台商特有的一项权利,其法律依据为《鼓励台资22条》之第18条。但是,从多年实践情况来看,这一规定似乎没有得到很好的贯彻。据台湾人士称:"一万多家台商中,目前只有六个联谊会组织。"[①]对这一执法中存在的问题,中央政府应当也定将尽力予以改进。据报道,唐树备先生已明确表示:"有关台商得以筹组联谊会组织,的确是国务院所颁布的22条规定中所允许设立的组织,这方面确实应加以改进。"[②]相信在"汪辜会谈"后,上述状况会有所改变。不过,要真正让台商能有效地组织联谊会,台湾方面似宜有所配合,具体而言,即应尽早使直接投资合法化,以使台商能正式以"台商"(不是以"外商")名义,更加"名正言顺"地按照《鼓励台资22条》有关规定筹组联谊会。

关于台资企业经营自主权问题,《鼓励台资22条》之第15条也有明确规定:"台胞投资企业依照经批准的合同、章程进行经营管理活动。企业的经营自主权不受干涉。"但是,在实践过程中,主管机关插手干预台资企业经营活动的现象仍时有发生。

为改变外资、台资企业经营自主权未能得到严格落实的局面,近年来中央政府作了一定努力,如1990年修订《中外合资经营企业法》时,取消了外资企业董事长只能由中方人士担任的原有限制。1992年7月公布的《全民所有制工业企业转换经营机制条例》更对企业享有的经营权作了如下详细而明确的规定:企业经营权是指企业对国家授予其经营管理的财产享有占有、使用和依法处分的权利,具体而言,包括:生产经营决策权,产品、劳务定价权,产品销售权,物资采购权,进出口权,投资决策权,留用资金支配权,资产处置权,联营、兼并权,劳动用工权,人事管理权,工资、资金分配权,内部机构设置权,拒绝摊派权,共明列十四种。企业的上述经营权受法律保护,任何部门、单位和个人不得干预和侵犯,否则,企业有权向政府和政府有关部门申诉、举报或者依法向人民

[①][②] 《唐树备:目前两岸不可能订台商投保协议》,载于台湾《中国时报》1993年4月24日。

法院起诉①。上述规定的法律效力虽然仅及于国有工业企业,但它充分表明了中央政府遵循"市场经济"规律、强化企业经营管理自主权的最大决心和强大势头。这些已经为内地国有工业企业所享有的法定权利,相信台商不但同样可以获得,而且将有所突破。

五、要求过高者应降低

属于台方要求过高而不符合现代国际惯例者:前述"海基会清单"所列诸项要求中,属于此类者,集中表现在有关征收及其补偿问题上。

在专就保障台商大陆投资权益问题提出的前述"海基会清单"所列的十五个项目中,最有待商榷的,当属要求修改《鼓励台资 22 条》中的第 8、9 两条规定,排斥政府对企业依法征收的权力,或对被征收者给予"迅速有效的赔偿、补偿",并且要求对赔偿、补偿的款项和额度作出具体规定②。台湾地区"国贸局"在今年 3 月亦曾发表看法,认为中央政府对台商投资规定"十分不合理":《鼓励台资 22 条》中的第 8 条规定不对台资实行国有化,第 9 条又说国家可依公共利益的需要,对台资企业实行征收。两条款"互相抵触"③。对于台湾地区某些人士的上述看法与要求,似宜探讨商榷。

众所周知,对于外资的国有化或征收,通常是指东道国基于公共利益的需要,对境内外国私人企业全部或部分资产实行征用,收归国家所有。国有化问题是一个关系到资本输入国、资本输出国以及海外投资者三方权益的关键性问题,所以在相当长的历史时期内,国际上一直存在着有关这个问题的激烈争论。早在殖民主义盛行的年代,按西方殖民强国的传统观点,落后地区的东道国政府对于境内外国投资者的财产只有保护的义务,没有侵害的权利。一旦予以侵害(包括征收或国有化),就构成所谓"国际侵权行为",投资者的本国政府就"有权"追究东道国的"国家责任"。到了 20 世纪 30 年代末期,这种根本否认东道国政府有权征用外资企业的传统观点,由于其不符合时代潮流,不得不开始有所后退。在当时美国与墨西哥有关征收问题的激烈争议中,美国政府开始默认:如果给予迅速及时、充分足够以及切实有效的赔偿(prompt, adequate and effective compensation),东道国就有权征用境内的外国人私有财产。

---

① 见《全民所有制工业企业转换经营机制条例》第 6—22 条。
② 《海基会拟妥十五项台商权益保护清单》,载于台湾《工商时报》1993 年 4 月 22 日。
③ 《唐树备:目前两岸不可能订台商投保协议》,载于台湾《中国时报》1993 年 4 月 24 日。

然而，美国政府所主张的这一索赔原则，往往索价极高，甚至几近敲诈勒索，实际上长期大大限制、削弱甚至取消了贫弱的发展中国家征用外资的基本权利。美国的此种索赔主张，得到西方发达国家（多是原先的殖民强国）的支持，却为广大发展中国家（多是原先的殖民地或半殖民地）所坚决反对。经过长时间激烈的国际论战，直至 1974 年，发展中国家的有关主张终于正式载入联合国大会的重要文献，即第 29 届大会通过的《各国经济权利和义务宪章》。《宪章》明文指出："每个国家都有权将外国资产收归国有、征收或转移其所有权。在收归国有、征收或转移所有权时，应由采取这些措施的国家，考虑本国有关法律和条例的规定以及本国认为有关的一切情况，给予适当的补偿。"这一规定不但毫不含糊地肯定了每个国家必要时可以征用境内外资这一主权权利，而且排除了西方发达国家按它们的传统观念在征用赔偿问题上对发展中国家所施加的"充分、有效、及时"标准的约束。由此可见，世界上弱小民族对境内外资必要时实行国有化或加以征用的合法权利，是经过长期奋斗才获得国际社会普遍承认和充分肯定的。对于这种得来不易的主权权利，不论从具体国情出发还是从世界"南北矛盾"的全局来考虑，作为第三世界一员的中国，都不能轻易放弃。对于这一主权权利，我们信守这样的基本原则：务必留权在手，但绝不任意滥用[①]。这种基本原则，显已充分体现在中国有关外商投资的法律条文之中[②]。

参照上述基本原则，《鼓励台资 22 条》第 8 条规定："国家对台湾投资者的投资和其他资产，不实行国有化。"第 9 条规定："国家根据社会公共利益的需要，对台胞投资企业实行征收时，依照法律程序进行并给予相应的补偿。"这些规定既符合中国具体之国情，也符合世界各国立法的惯例[③]。前一条文言明在一般情况下对台资企业不实行国有化的基本立场，后一条文则是前一条文的一种例外或"但书"，即在特殊情况下，"根据社会公共利益的需要"，"依照法律程序"并"给予相应的补偿"，中央政府可以对境内台资企业实行征收。两条文相辅相成，综合地、完整地表明了中央政府在国有化或征收问题上的基本立场和态度。因而，它们并非如某些台湾人士所言的"互相抵触"或自相矛盾的。

[①] 见陈安：《我国涉外经济立法中可否规定对外资绝不实行国有化》，载于《厦门大学学报》（哲社版），1986 年第 1 期。

[②] 《中华人民共和国中外合资经营企业法》第 2 条第 3 款；《中华人民共和国外资企业法》第 5 条。

[③] 西方国家奉为圭臬的法国大革命时期的《人权宣言》，在宣告私有财产"神圣不可侵犯"的同时，也肯定了一种例外，即依据法律认为显属公益所必需时，可以在给予公平赔偿的条件下，征用私人财产。后来，西方各国宪法多有类似规定。例如，《美国宪法》第 5 项修正案即载明：国家依照法律程序，给予公平赔偿，可以征收私人财产，以供公用。

至于补偿标准问题,依据"公平、互利"原则及"自然资源永久主权"原则而建立起来的"适当补偿"原则,已于 20 世纪 70 年代在联合国大会通过的前述《宪章》中得到国际社会的正式确认,在长期的实践中亦为各国所广泛采用。内地有关各类外资立法以及台湾立法中所提出的"相应补偿"的概念,正是"适当补偿"原则的一种体现,而不是一种新的补偿标准[1],因此,它也是符合国际准则和国际惯例的。

　　此外,"海基会清单"中所提出的有关征收补偿标准问题的要求,不仅与中国长期以来一贯秉持的原则相左,与中国同其他国家签署的众多双边投资保护协议以及国内大量外资立法中坚持的基本立场不符,也与台湾地区本身的外资、侨资法,即现在征收补偿问题上的明文规定大相径庭。考察在台湾地区实行了近 40 年之久的两大主要外资、侨资法《外国人投资条例》和《华侨回国投资条例》,台湾地区在"国有化"或征收补偿方面规定的标准也只是:"应给予合理补偿"[2],这说明台湾自身对侨资、外资企业,没有采取以美国为首的发达国家所主张和设立的"及时、充分、有效"的补偿标准,没有在法规中规定"赔偿、补偿的款项和额度"。相形之下,论者认为"海基会清单"中有关这方面的主张属于"要求过高而不符合现代普遍惯例",这种评价是言之有据和不无道理的。

　　不过,话说回来,有关征用及其赔偿或补偿等问题,毕竟是台商大陆投资诸项权益中的"命脉"所系和关键所在,不能不引起他们最大的关注。在前述"海基会清单"所列诸项要求中,就有四项分别涉及大陆台商企业被征收及其赔偿问题、台商企业在大陆发生战争时蒙受损失的赔偿问题、台商企业避免"围厂、砸厂"威胁问题以及台商企业资本和利得自由兑换和汇出大陆境外问题。这四项关键问题占"海基会清单"所列十五项的四分之一强[3]。实则,这四项问题在当代国际投资活动的实践中,通常被概括地称为"非商业性风险"或"政治风险"。在中国现有的国内立法机制和参与的国际条约机制下,内地的台商企业如欲更有效地防止或避免因此类政治风险事故而遭受经济损失,完全可以选择向中国人民保险公司或向国际性投资保险机构投保的方式,取得保障,达到目的。

　　如对投保于大陆的保险公司有顾虑或不够"放心",则不妨向"多边投资担

---

[1] 见曾华群:《中外合资企业法律的理论与实务》,厦门大学出版社 1991 年版,第 206—209 页。
[2] 见台湾《外国人投资条例》第 15 条第 1 款及《华侨回国投资条例》第 14 条第 1 款,载于陶百川主编:《最新六法全书》,台湾三民书局 1989 年版,第 1261、1259 页。
[3] 《海基会拟妥十五项台商权益保护清单》,载于台湾《工商时报》1993 年 4 月 22 日。

保机构"投保政治风险。20世纪60年代以来,西方许多发达国家相继组建由政府经营或主管的专业保险公司①,对本国海外投资可能遇到的上述各类政治风险提供保障服务。此类海外投资保险公司都存在着种种局限性。有鉴于此,国际社会经过多年酝酿,在世界银行主持下,于1985年拟订了《多边投资担保机构公约》(Convention Establishing the Multilateral Investment Guarantee Agency),以下简称《公约》或《MIGA公约》,开放供世银成员国和瑞士的代表签署。《公约》于1988年4月正式生效,"多边投资担保机构"(以下简称"MIGA机构")即据此组建成立,并于1989年6月间开始正式营业。中国是这个公约和MIGA机构的创始成员国之一。作为国力较弱的发展中国家,中国在MIGA机构中认缴的股份,竟居全体成员国的第6位,超过许多发达国家,甚至超过最发达国家"七国集团"中的加拿大和意大利。仅此一端,就足见中国对这个机构的重视和支持。

按照《公约》规定②,MIGA机构一般只对成员国国民在发展中国家领土内所作的外来投资提供下述四种风险担保:(1)禁兑险:指东道国政府采取措施,限制将该国货币自由兑换为投保人可接受的另一种货币并汇出东道国境外,其中包括东道国政府在合理期限内对投保人提出的此类汇兑申请不作处理;(2)征用险:包括征用及其类似措施造成的风险,指东道国政府在立法上或行政上的作为或不作为,导致投保人丧失对其投资的所有权或控制权,或丧失其投资的重大利益。但政府为管理境内经济活动而采取的普遍适用、一视同仁的措施不在此限;(3)违约险:指东道国政府对投保人毁约或违约,且投保人无法求助于当地司法或仲裁机构对有关索赔作出裁决,或当地司法、仲裁机构未能在保险合同规定的合理期限内作出裁决,或虽有裁决而无法实施;(4)战乱险:指在东道国境内任何地区发生的军事行动或内部骚乱。

笔者认为:按照MIGA机构的上述机制、规章以及中国的现行法规,台商在祖国大陆的投资,不论在两岸达成台商投资权益保障协议之前或之后,似均可根据台商自身的不同身份和意愿作如下两种选择,达到避免"非商业性风险"事故损失的目的:第一,如果台商具有外国自然人或外国法人身份,或者通过外国法人对内地进行"间接投资",而该外国人又是MIGA公约的成员国,他就可以以该国国民或该国法人的名义,直接向MIGA机构投保;第二,如果台商

---

① 如美国的海外私人投资公司,德国的黑姆斯信用保险公司等。参见陈安:《从海外私人投资公司的体制和案例看美国对海外投资的法律保护》,载于《中国国际法年刊》1985年本。

② 参见《MIGA公约》第11、14条。

不具有外国自然人或外国法人身份,而径以台湾自然人或台湾法人名义对内地进行"直接投资",他就可以以中国国民或中国法人身份,与内地有关主管部门一起向 MIGA 机构提出"联合申请",办理投保手续①。

六、了解不足者待深入

属于对祖国大陆现行法规了解似有不足者:前述《海基会清单》所列诸项要求中,属于此类者,包括给予台商"最优惠待遇"问题和延长投资协议年限问题。

台湾方面要求中央政府同意"台商享有和外商相等的最优惠待遇"。这种"最优惠待遇",中国的有关立法实际上早已赋予了台商。因为《鼓励台资22条》明确规定:在大陆的台胞投资企业,"除适用本规定外,参照执行国家有关涉外经济法律、法规的规定,享受相应的外商投资企业待遇"②。也就是说,在中国现行投资法的架构下,台商实际上拥有双重的法律保护③,因而早已完全获得了最优惠待遇,根本不存在所谓"歧视"问题。此外,据报端信息:迄今中国法律、法规尚未采行的"国民待遇",在不久的将来将赋予外来投资者④。届时,台商不但能够享受一般外商现有的"最优惠待遇",还可以获得"国民待遇",即在许多经贸活动领域享有与内地本地企业同等的待遇,条件不可谓不优惠,保护不可谓不周全。

关于投资协议年限问题,台湾方面认为,"目前台商与大陆厂商所签协议年限太短,稳定性不足",故要求"将协议年限延长以 10 年为基准"⑤。上述看法与要求,看来是出于对中国外资立法了解不足所致。且不论 1990 年新修订后的《中外合资经营企业法》已经允许某些行业的合资企业可以不约定合资期限因而无限持续⑥,即便在修订前的《合资法》及其《实施条例》架构下,合资企业的合营期限亦完全超过了 10 年的基准:一般项目的合营期限为 10—30 年;重

---

① 按《MIGA 公约》第 13 条(a)款规定:有权向 MIGA 机构投保的"合格投资者",原则上限于非东道国即外国的自然人或法人。但同条(c)款作了灵活性的规定:根据投资者和东道国的联合申请,经MIGA 机构董事会特别多数通过,可以将有权投保的"合格投资者"扩大到东道国的自然人或法人。其惟一条件是所投资产必须是从东道国境外流入的。
② 见《国务院关于鼓励台湾同胞投资的规定》第 5 条第 1 款。
③ 《唐树备:目前两岸不可能订台商投保协议》,载于台湾《中国时报》1993 年 4 月 24 日。
④ 《外国投资将享受"国民待遇"》,载于《人民日报》(海外版)1993 年 4 月 26 日。
⑤ 《海基会拟妥十五项台商权益保护清单》,载于台湾《工商时报》1993 年 4 月 22 日。
⑥ 见《中华人民共和国中外合资经营企业法》第 12 条。

大项目的合营期限则可以长达 30 年以上①。更何况,不论新、旧《合资法》,都明文规定合营企业经合营各方同意,在合营期限届满 6 个月以前提出申请,经审批机关批准,可以延长合营期限②。

七、诸因交错者须综治

属于上述一、二、四类之"综合体"者:前述"海基会清单"所列诸项要求中,属于此类者,包括商务纠纷仲裁、税租法定和放宽投资工具等三项问题。

在"商务纠纷仲裁"问题上,台湾方面的看法是,《鼓励台资 22 条》中"明文规定台商须在大陆或香港的仲裁机构仲裁……这与国际惯例不合";内地并未如此要求其他外商,因此,这是对台商的"一种歧视"。台方要求:"可由当事人自由约定在两岸或第三地仲裁。"③笔者认为:上述见解一方面表现了台方对《鼓励台资 22 条》的基本精神认识有所不足,另一方面也反映了这一法规的有关规定不够严谨与周全。

实际上,若仔细体察《鼓励台资 22 条》之总体精神及在内地绝大多数台商的法律身份,便不难断定:涉台商务纠纷不但可以提交内地或香港的仲裁机构仲裁,也完全可以提交其他仲裁机构仲裁。其理由如下:首先,迄 1993 年 2 月台湾地区当局正式通过《在大陆地区从事投资或技术合作许可办法》以前,台商向内地投资,不论其规模大小与金额多寡,始终必须在海峡两岸以外的第三地区设立公司或事业单位,然后以它们的名义转赴内地投资,因此,这些台商在法律上的身份乃是"外商"或"港商"。换言之,1993 年 2 月以前,在内地理应没有直接以"台商"的法律身份实行投资的台商;1993 年 2 月后迄今,也理应没有直接以"台商"的法律身份将 100 万美元以上的资金投入内地的台商。所以,严格地说,《鼓励台资 22 条》实际上并没有、或基本上没有真正"名副其实"的适用对象。因此,在海峡两岸的现行规制下,台商完全可以适用"三资"企业法中关于仲裁条款的规定,即与内地厂商合作者约定提交大陆仲裁机构或其他第三地区仲裁机构仲裁。其次,退一步说,即使某些直接以"台商"法律身份在大陆投资的小型台商可以适用《鼓励台资 22 条》第 20 条第 2 款,但是,由于该法规第 5

---

① 见《中华人民共和国中外合资经营企业法》第 12 条,同时见《中华人民共和国中外合资经营企业法实施条例》第 100 条。
② 见《中华人民共和国中外合资经营企业法》第 12 条。
③ 《海基会拟妥十五项台商权益保护清单》,载于台湾《工商时报》1993 年 4 月 22 日。

条第 1 款规定台胞投资企业"除适用本规定外,参照执行国家有关涉外经济法律、法规的规定,享受相应的外商投资企业待遇",据此,即使是这些小型台商实质上也无需受前述第 20 条第 2 款关于仲裁地点的限制。

笔者认为,在上述法规中将仲裁地设定于内地与香港,应是基于方便台商和节省费用之考量,而并非给予"歧视待遇"。虽则如此,然而法律条文贵在明确与统一,既然实际上涉台商务纠纷仲裁地点问题与其他外商并无二致,那么不如比照"三资"企业法中关于仲裁问题的条文,在专门性台资立法中也作出类似的明确规定,以增强台商投资信心。特别是在今年 2 月台湾正式通过《在大陆地区从事投资或技术合作许可办法》,允许实行 100 万美元以下的"间接汇款式的直接投资"后,随着两岸形势的进一步发展,台商的法律身份势必渐趋名实相符,并普遍受《鼓励台资 22 条》规范,在这种情况下,修订此项法规中的仲裁条款更显必要。

在"租税法定"问题上,台湾方面提出,《鼓励台资 22 条》中"虽有一些减税优惠,但对一些行政规费却未以法律明定",因此希望中央政府能"以租税法定原则,详细列出征收台商的各项税收规费,避免乱摊派"①。的确,此项法规中没有专门条款明文规定禁止摊派不当费用。台商可以参照适用的各项外商投资立法,亦找不到类似规定,因此,虽然台商在内地投资可享受多种税收优惠,但在实践中,向台资企业收取非法定税收与费用的事例时有出现,严重侵害了台商的合法权益。实际上,这一问题并非仅存在于台资企业方面,在外资、港资企业以及内地本地之私有、集体乃至国有企业方面,亦同样存在。

对此,中央政府并非未采取任何措施。相反,早在 1982 年国务院即发布了《关于解决企业社会负担过重若干问题的规定》,1988 年又更具体、全面地公布了《禁止向企业摊派暂行条例》,该条例正面表列了不得在法律、法规规定之外向企业征收的十四种费用②,并明定"对法律、法规规定的征收费用项目,任何单位不得超出征收的范围,提高征收的标准,变更征收的办法"。同时,条例还赋予企业以"拒绝任何单位摊派"的权利。台资企业完全可以援引该条例作为法律依据,拒绝和抵制任何不当摊派,保护自己的合法权益。然而,实践表明,非法向台商摊派、收费的现象并未因上述法规的颁行而彻底杜绝,究其原因,大

---

① 《海基会拟妥十五项台商权益保护清单》,载于台湾《工商时报》1993 年 4 月 22 日。
② 《禁止向企业摊派暂行条例》列举的不得在法律、法规规定之外向企业征收的 14 项费用为:各地教育部门、学校自定的职工子女入学费,建田费、垦复费,进入城市落户的人头费,排水增容费,各种名目的治安管理费,各种名目的卫生费、绿化费,支农费,各种名目的会议费及其他名目的费用。见《中华人民共和国法律全书》,吉林人民出版社 1989 年版第 1177—1178 页、第 1150—1152 页。

致有两方面,首先是执法不力,其次是立法尚欠严密和严格。因此,在全面加强执法力度的同时,若能在有关台资的立法中明确规定台资企业应纳税费种类并注入前述法规严禁摊派之精神,对于更切实有效地保障台商合法权益、进一步吸引台资,必将大有助益。

在"放宽投资工具"问题上,台湾方面要求在《鼓励台资 22 条》中已经明定的"自由兑换货币、机器设备或者其他实物、工业产权、专有技术"可以作为投资之外,还应广泛地包括"任何投资","如动产、不动产、公司股票、债券、有价值的契约权利、智慧财产权、营业特许权等"①。其实,在目前中国有关外商投资的法律体系下,台商之"投资工具"远非仅止于《鼓励台资 22 条》第 6 条所列举的几项具体内容。通过依法参照适用财政部颁行的《外商投资企业财务管理规定》,台商可以采用的"投资工具"实际上还广泛涵盖了各类无形资产或提供各种合作条件②,该法规本身举例说明了"无形资产"一词的具体内容,其中包括工业产权、专有技术、场地(海域)使用权、经营特许权、著作权以及商誉,等等③。对此,台湾方面似乎未予彻底了解。

其次,也不妨略作对比:按现行台湾地区侨、外投资条例,其允许侨、外投资者出资的种类包括:(1)汇入或携入外汇构成之现金;(2)自备外汇输入之自用机器设备或原料;(3)专门技术或专利权;(4)经核准转让投资或减资或解散所得之投资本金及资本利得、净利、孳息或其他收益④。相形之下,在中国外商投资法律体系中台商可以参照适用的有关投资工具之规定,显已超过了台湾地区给予外来投资者的同类待遇。当然,这种对比并非表明在此方面无需再作任何改善。对于来自台湾方面的一些合理要求而中国法律尚未采行或尚未明列者,日后修订有关法律、法规时,应可考虑采纳并作出明文规定。

八、"省际"模式容或可行

前述"海基会清单"在 1993 年 4 月 21 日向台湾地区工商界和媒体披露之后,台湾方面随即在 4 月 27 日开始举行的"汪辜会谈"中,要求将《鼓励台资 22 条》"提升至双方签署协议"的位阶,将有关保护大陆台商权益的各项具体要求

---

① 《海基会拟妥十五项台商权益保护清单》,载于台湾《工商时报》1993 年 4 月 22 日。
② 见财政部颁行的《中华人民共和国外商投资企业财务管理规定》第 8 条第 2 款。
③ 同上,第 22 条第 1、6 款。
④ 见台湾《外国人投资条例》第 3 条,《华侨回国投资条例》第 3 条。

列入由海协会与台湾海基会共同签署的《台商投资权益保障备忘录（草案）》。这一《备忘录》所欲达成之目的及其性质,大体相当于或近似于双边投资保护协定。然而,在两岸目前之政治、经济形势下,要签订一份这样的文件,还存在着许许多多障碍。

首先,台湾方面至今依然坚持"间接、单向"的交流原则。众所周知,时至今日,除前述 100 万美元以下的"间接汇款"方式属于有所突破之外,从总体上和法规上说,台湾地区当局仍然未能充分正视两岸民间经贸往来之现实需求,不准台商直接以自身的名义赴大陆直接投资。这种"名实不尽一致"的微妙身份,使得一般台商在实践中不但可以享受《鼓励台资 22 条》的优待,而且可以获得内地有关外商投资的一系列法律、法规的全面保护;此外还可以获得内地和该台商投资经由的第三地区所属国家签署的投资保护协定的保护。在这种情况下,倘若两岸再签一份法律意义近似于"双边保护协定"的共同文件,则台商究竟应适用何者？从严格的法律角度看,由于台商身份已经转换为"外商"或"港商",因而无法适用两岸间的此类协议。可见,在台湾现行的大陆经贸政策下,两岸签署共同保障台商权益的法律文件并没有名正言顺的适用对象,也不具有实质性的意义。这一困惑也正是 1993 年 4 月间"唐邱磋商"和"汪辜会谈"中两岸无法就签署台商投资权益保障协议问题达成共识的主要症结①。解开这一症结的途径显然在于：台湾地区当局尽早抛开"国统纲领"中所设的人为局限,实现两岸经贸的"直接、双向"交流。

其次,障碍显然也来自历史上遗留下来的政治因素。中国只有一个,这是两岸人民的共识。中央始终坚持的原则是：中华人民共和国政府是中国惟一合法政府的代表;反对"一国两府"或"两个对等政治实体"的政治主张。因此,要在两岸签署这种具有国际法上"双边协定"含义的法律文书,还存在许多难以解决的政治困扰。看来,似乎也正是基于这一考量,"汪辜会谈"中台湾方面提出的"备忘录",摒弃了原有的"协议"这一比较"敏感"的用词,并且明白表示这只是海协会与海基会之间的一种共同文件。既然"备忘录"只是两岸两会间的共同文件,其地位和名份也就只是两岸民间组织之间的一种协议,因而并不具备任何法律效力。只有经过双方各自的立法机关或行政当局的认可,才具法律

---

① 据报道,"汪辜会谈"之前约一个月,台湾地区"陆委会副主任"高孔廉先生曾经预感到"对于惯用于国与国之间的投保协定,中共方面势必排斥"。他认为,即使把"协定"一词调整为"协议"名称,"中共是否愿意接受,还很难说"(见《辜汪签订投资保障协定可能性极低》,载于台湾《联合报》1993 年 3 月 20 日)。对于这个问题,海协会常务副会长唐树备先生在"汪辜会谈"前夕即作出明确回应："现阶段大陆不可能与台湾签订'台商投资保障协议'。"见前引《唐树备：目前两岸不可能订台商投保协议》。

约束力。然而,如此一来,该"备忘录"便转化为"国际法规",也就失去了"两岸民间协议"的原来含义和原有性质。

在这种政治困扰和逻辑窘境互相交错的"迷宫"中,我们设想,可以找到的出路大体有二:其一是中央政府的完善立法,其二是内地某省与台湾省的省际共同地方立法。前者指的是:由国务院或全国人大全面地、认真地总结《鼓励台资22条》颁行以来的实践经验,在此基础上,依据近年来台商向内地投资迅猛发展的新形势,结合考虑台方通过海基会等渠道传递过来的某些合理要求,通过正规的立法程序,尽快制定出(或修订出)一部完整、周全的有关鼓励和保护台商大陆投资的法律或条例。这样的立法过程,当然必须假以时日,时间可能较长。后者指的是"省际模式"。台湾知名人士沈世雄先生曾在1989年提出的由闽台两省率先签订省际"自由贸易协定"的构想和建议,不失为两岸求同存异的"可行之道"之一①。当时,笔者曾有专文就此加以论述②,认为:在两岸一时难以达成共识的情况下,如果采纳沈先生的建议,容或有利于规避和暂且搁置在总体上相当敏感的政治问题,求同存异,以台湾省与内地某省的名义,面对各自地域内两岸间的投资实务,实行共同的省级地方立法。然后按此模式由点及面,逐省扩展开去,达到务实地逐步解决问题的目的。

笔者还认为:由台湾省与内地某省共同订立的此类省际协议,具有以下性质和特点:(1)它是两省共同的地方性单行法。它由两省省级立法机构共同制定,适用于两省全部地域,在法律层次和法律效力上高于各省的地方法规。(2)它是相对独立的特别法。即相对于两省现有调整两岸经贸关系的立法而言,它是一种特别法,按"特别法优先于普通法"的原则,对两省间的经贸活动和法律行为应优先适用。(3)它是前瞻性的试点法和开拓性的示范法。它不但可以使两省间的经贸关系以法律形式固定下来,使其进一步合法化、制度化,而且还可以为日后条件成熟时海峡两岸更高层次的经贸立法起试点和示范作用。(4)它是规范两省经贸活动的多部门综合法。它的主要内容应广泛包含实体法规范、程序法规范和冲突规范。

笔者在这里简略回顾四年前沈先生提出的上述建议以及我们对此建议的

---

① 沈世雄先生"质询案",载于台湾"立法院公报"(第78卷),第31期,第149—150页。
② 参见陈安、彭莉:《两种"两岸人民关系法"之对立与统一——浅谈〈闽台自由贸易协定〉之可行》,载于《台湾研究集刊》1990年第2、3期合刊,并先后被分别收辑于台湾地区出版的《从大陆看台湾》(1991)、《两岸法律适用之理论与实务》(1992)两书;同时参见《就闽台两省结拜"姐妹"一事,厦门大学法学教授发表看法》,载于《人民日报》(海外版)1989年5月8日。

分析，其主旨在于提请两岸同行方家进一步深入探讨：这种"省际协议"的模式是否是当前两岸订立台商投资权益保障协议所可以采取的一种法律形式。可以确信：通过海峡两岸各界的共同努力，促使两岸进一步改善鼓励台商向内地投资的法律、法规体制，台商在内地投资的权益必将获得更全面、更有效的保障！

Ⅲ 台商内地投资保险可行途径初探[*]

内容提要 台商大陆投资的"非商业性风险"(又称"政治风险",含征用、禁兑、战乱等)的保险问题,是台商关注的"热点"之一,也是近年来海峡两岸有关机构和人士磋商、探讨的重大待决法律问题。本文就解决这一法律问题,列举了六种可资选用的机制,即大陆机构承保、台湾机构承保、两岸协作承保、第三地机构承保、"多边投资担保机构"(MIGA)承保、两岸协作承保与 MIGA 承保相结合,并立足于当前两岸的现实,对这六种机制的长短利弊作了客观分析,提出了相应建议。

目　次

一、选用内地现行的投资保险机制
二、选用台湾地区现行的海外投资保险机制
三、选用两岸协作举办台商内地投资保险的机制
　　(一)"两府模式"
　　(二)"两会模式"
　　(三)"两省模式"
　　(四)"两司模式"
　　(五)"合营模式"
四、选用第三地国家现行的海外投资保险机制
五、选用"多边投资担保机构"的保险机制
六、选用中国人民保险公司承保或"两岸协作"承保与 MIGA"再保险"相结合的机制

---

[*] 本文原载于《中国法学》1995 年第 5 期。文中所援引的法律、法规,均以 1995 年当时现行有效者为准。阅读时请注意查对 1995 年以来有关法律、法规的发展情况。

近年来,台资西涌,源源流入祖国大陆。据不完全统计,迄1994年8月底为止,累计已达200亿美元左右①。涌入祖国大陆的台资在同一时期台湾地区境外投资总额中所占比重也迅速上升,以1993年为例,已高达66.5%,占同期台湾地区境外投资总额的2/3②。这标志着两岸经贸的互动、互利关系迭上层楼,其总趋势确是"适于世界之潮流,合乎人群之需要"。

在上述潮流衍生的诸项法律问题中,台商内地投资的保险问题是其"热点"之一。众所周知,两岸曾经互相隔绝近四十年,迄今仍然存在着两种相异的社会经济制度和政治制度,以致向内地投资的某些台商有所顾虑,担心自己投入内地的资金和资产也许会遇上各种"政治风险"(或"非商业性风险");考虑能否采取法律措施加以预防,力争避免受到损失;一旦遇"险"受损,如何获得补偿。本文拟针对上述台商投资"政治风险"的保险问题,简述管见。

一、选用内地现行的投资保险机制

中国人民保险公司于1984年制定和实施了《投资保险(政治风险)条款》(以下简称《政治风险条款》),其中规定:该公司可为各种投资项目承保以下三类政治风险,即:(1)战争、类似战争行为、叛乱、罢工及暴动;(2)政府有关部门征用或没收;(3)政府有关部门限制汇兑,致使投保人(被保险人)不能将按投资合同规定应属投保人所有的款项(外汇)汇出境外。一旦发生承保范围内的各类政治风险事故,保险公司应视事故类别,在事故发生3个月或6个月后,负责赔偿投保人因此遭受的损失。赔偿金额不得超过各份保险单所载明的投保金额。

但是,承保人对于投保人投资的下列五种损失不负赔偿之责,即:(1)投保人的投资项目受损以后造成投保人的一切商业性损失(即非政治风险损失);(2)投保人或其代表违背或不履行投资合同,或有故意违法行为,致使政府有关部门对已经投保的资产加以征用或没收所造成的损失;(3)政府有关部门规定了汇款出境的期限,投保人未按规定期限汇款出境所造成的损失;(4)原子弹、氢弹等核武器造成的损失;(5)投资合同范围以外的任何其他财产的征

---

① 参见殷存毅:《两岸经贸的现状与前景》一文所录中华人民共和国对外贸易经济合作部提供的统计资料,载于《台湾研究》1994年第3期,第26页;并参见《两岸经贸统计表》,载于台湾海基会刊物《两岸经贸通讯》,1994年11月号,第50页。

② 参见《台商对外投资,大陆成为主要地区》,载于台湾《联合报》1994年2月28日。

用、没收造成的损失。

上述《政治风险条款》中并无承保人理赔后"代位求偿"(subrogation,又译"代位索赔")的规定,这显然是不够严密的。

1988年11月,中国人民保险公司发布了《企业财产保险条款》。其中第20条规定:"保险财产发生保险责任范围内的损失,应当由第三方负责赔偿的,被保险人应当向第三方索赔。如果被保险人向本公司提出赔偿请求,本公司可以按照本条款的有关规定,先予赔偿,但被保险人必须将向第三方追偿的权利转让给本公司,并协助本公司向第三方追偿。"在这以前,该公司发布的有关家庭财产、国内货物运输、国内船舶、机动车辆等各种保险条款中,也都含有大体相同的"代位求偿"规定。诚然,以上这些保险条款所承保的都是"非政治性风险",但是,其中关于"代位求偿"的规定,乃是处理一切保险与被保险法律关系的基本法理原则,当然也应适用于调整政治风险的投保人与承保人相互之间的权利义务关系。这也是当代各国有关政治风险保险立法的通行做法。

据此,中国人民保险公司在对政治风险的投保人依约理赔之后,为保障该公司本身的合法权益,当然有权向应对风险事故承担责任的第三方代位索赔。在投保人是中国的公民或法人而责任第三方是外国政府有关部门的场合,中国人民保险公司在代位求偿或索赔方面必会尽力而为,应无疑义。但是,在投保人是外商或台商而责任第三方是中国政府有关部门的场合,中国人民保险公司将会如何操作?某些投保人对此难免有所疑虑,诸如:第一,该保险公司是中国的国有公司,它对中国政府有关部门采取的征收、没收、限汇等措施引起的"政治风险"事故及其造成的损失,是否能公正地予以核实和认定,完全摆脱本国政府法令的约束、政策的影响和国内舆论的压力;第二,它在按照保险合同向投保人理赔之后,转向中国政府有关部门"代位求偿"时,是否会有所"顾忌"、有所"退缩",因而在依约理赔之前就有所犹豫,从而影响到理赔的额度、力度和速度;第三,投保人与该公司(即承保人)之间如因风险事故索赔、理赔等发生争议,而又无法协商解决,因而需要提交仲裁或提起诉讼,则按前述《政治风险条款》第5条的规定,其仲裁或诉讼地点应在"被告方"所在地。一般而论,在保险合同纠纷中的"被告方",通常都是承保人,即保险公司,这就意味着外商或台商投保人与该保险公司之间的争端必须由中国的仲裁机构或法院受理和裁判。届时,受理机构是否能绝对秉公处断,毫不偏袒,等等。

众所周知,中国人民保险公司在其数十年的业务实践中,历来是信守合同、严格履约的,因而赢得国内外广大投保客户的信赖,并在国际上享有很高的商誉。尽管如此,内地现行的投资保险(政治风险)规定本身,却暂时还不能使外商、台商全然消除上述疑虑。其中有关解决保险合同争端的规定,则显然已经落后于形势发展,且与现有法律规定未能衔接①。因此,应当根据中共中央十四届三中全会《关于建立社会主义市场经济体制若干问题的决定》的精神②,针对上述诸项问题,就有关外商、台商投资政治风险的保险体制,进行缜密的立法,以适应形势发展的需要。

二、选用台湾地区现行的海外投资保险机制

我国台湾地区于1979年成立了"中国输出入银行"(以下简称"输银"),开办输出保险业务。它是一家公营的专业银行,也是台湾岛内办理输出保险业务的惟一机构。其经营宗旨标明"不以营利为目的",而旨在保障台湾地区的出口厂商和海外投资家的权益,使他们在商品输入地或投资所在地发生政治风险事故因而遭受损失时,能够获得赔偿。相应地,"输银"的保险业务就分为出口贸易保险和海外投资保险两大类③。

就海外投资保险(专保各种政治风险)而言,其承保对象(即适格投保人)必须同时具备三项要件,即:(1)必须是在台湾地区注册登记的台湾公司;(2)其海外投资项目必须已经获得主管机关台湾地区"经济部投资审议委员会"(以下简称"投审会")核准;(3)该投资项目已经取得被投资国(以下简称"东道国")的许可。保险的标的是被保险人作为投资之股份或其股息、红利。承保的范围有三,即:(1)"没收危险",包含东道国政府或其相当机构对台商资产采取没收、征用、国有化等行为;(2)"战争危险",包含战争、革命、内乱、暴动或民众骚扰造成台商投资企业受到损害,还包括这些企业的物权、矿业权、商标专用权、专利权、渔业权等特别重要的权利或利益被东道国政府侵害因而遭

---

① 《中华人民共和国涉外经济合同法》第37条规定:当事人间发生合同争议时,如不能通过协商或调解解决,可依合同中的仲裁条款或事后达成的书面仲裁协议,提交中国仲裁机构或其他仲裁机构仲裁。《中华人民共和国台湾同胞投资保护法》第14条也有同类规定。显然可以看出,受理此类仲裁的机构,其所在地并不限于中国大陆。

② 该决定的第九部分强调:要抓紧制定关于规范市场经济、促进对外开放等方面的法律。要适时修改和废止与建立社会主义市场经济体制不相适应的法律和法规。

③ 参见台湾地区"中国输出入银行":《海外投资保险》(业务简本),单行本。

受重大损失;(3)"汇款危险",包含东道国政府限制或禁止外汇交易、东道国发生战乱造成外汇交易中止,致使台商无法将投资本利汇回台湾,逾两个月以上。

承保期间一般不超过7年,必要时,可以10年为期,期满可以续保。保险(承保)金额应占保险价额(投资总额)85%以下,实际百分比高低由投保人(被保险人)自由决定。承保范围内的政治风险事故发生并造成投保人损失后,承保人支付的赔偿金额,以实际损失金额,按保险金额与保险价额之比例计算赔偿金额。这种规定,要求实行海外投资的台商分担15%的风险损失,促使其在东道国内尽力而为,避免政治风险事故之产生,或在风险产生之后尽可能依法据理力争,做到"用尽当地救济"(exhaustion of local remedies),以挽回损失或减轻损失。这种做法显然是吸收了当代各国海外投资保险立法的先进经验。

台湾"输银"办理的海外投资保险,其保险年费率高低不一,按投资地区分为A、B、C、D四个等级,年费率自0.65%至0.95%,逐级递增,这显然也是吸收国际经验,视东道国或投资地区政治风险产生可能性之大小而定,使保险收费率之高低与风险产生可能性之大小适成正比。但1990年11月间台湾地区当局修订了《鼓励民间业者赴中南美国家考察与投资补助要点》,"基于外交考虑"和"认为具经济效益",特别鼓励投资总额在7 500万新台币(或等值美元)以下的向中南美国家的投资项目,其保险费可按上述比率减免一半;而前述保险金额比例和赔偿金额比例则均提高至"十成",即不但按100%的投资总额予以十足的承保,而且按风险事故实际损失的100%予以十足的赔偿。在此之前,对投资于东南亚地区的台商投保人也按原订保险费率减0.15%收取年费。凡此,都明显地体现了台湾地区当局对台商海外投资活动的政治导向,体现了"输银"是紧密配合台湾地区当局的对外政策并为之服务的。

此外,"输银"还规定:该银行收受台商关于"海外投资保险"的要保书(投保申请书),并不意味着已经同意承保。"输银"是否承保,应待与要保(投保)有关的各项要件(如:被投资国即东道国最近的经济、政治状况,拟投资金额大小,等等)审查通过后,才正式通知当事人,表示接受承保。足见其作出承保决定,是十分审慎从事的。

综观"输银"有关"海外投资保险"的上述这些规定,看来是比较缜密的,且已行之有年,在保护台商海外投资权益方面发挥了一定的作用。现在的问题是,这些保险规定是否也适用于台商在内地的投资?

根据报刊信息,台湾地区有关主管部门在这个问题上,似乎尚未拿定主意,而且部门之间的意见也很不一致。例如,1994年2月21日台湾地区"经建会"

高级官员表示:"海外投资保险制度不保障大陆投资。政府不鼓励大陆投资,大陆投资将排除于海外投资保险制度的保险范围。"①但同年同月翌日,台湾地区"财政部"高级官员则向记者透露:"'财政部'已拟妥输出保险法草案,将大陆地区纳入海外投资保险范围,并由国库补助输出保险基金的亏损。"据报道:此项《输出保险法草案》的重点之一,就是"将大陆地区纳入海外投资保险(属输出保险的一种)范围内,以因应赴大陆投资台商需求"②。

事隔月余,当时的"经建会"主委萧万长先生又表示:"政府不考虑对大陆投资实施海外投资保险","原因是中国内地不承认台商权益须经签署投资保障协定,中国内地自行订定的《台商投资保护法》(注:原文如此)宣称可保护台商,政府并不满意,仍希望能与大陆签订投资保障协定"③。有关信息表明:台湾地区"财政部"拟定的"输出保险法草案"似仍尚未完成立法手续④。看来,由于岛内各主管部门对于将台商内地投资纳入"输银"海外投资保险范围仍然看法不一,上述《输出保险法草案》的重点内容纵能顺应台商需要和时代潮流,若要获得台湾地区"立法机关"通过并付诸实施仍需相当时日,并非指日可待。

三、选用两岸协作举办台商内地投资保险的机制

迄今为止,既然两岸各自现存的海外投资保险体制均尚不能满足台商内地投资保险的现实需要,各界有心人就转而探讨通过两岸协议的某种模式,合作举办台商内地投资的保险业务。

两岸协作的具体模式,已见诸报端政界言论或在学术界已露端倪者,约有以下数种:

(一)"两府模式"

由台湾地区当局与国务院签订有关台商内地投资的协定,其中包含台资保险的基本原则。此议显然行不通。因为它涉及一系列政治敏感问题,短期内显

---

① 《经建会:海外投资险不保大陆投资》,载于台湾《联合报》1994年2月22日;并参见《海外投资险不含大陆地区》,载于台湾《两岸经贸通讯》(海基会刊物),1994年3月号,第10—11页。
② 《财政部拟定大陆将纳入海外投资保险范围》,载于台湾《经济日报》,1994年2月23日。
③ 《海外投资保险排除大陆,两岸未签投保协定是主因》,载于上引日报,1994年4月1日。
④ 《保障海外投资,财部拟〈输出保险法〉》,载于台湾《万国法律》第77期,1994年10月1日,第42页。

然无法解决,诸如:台湾方面至今坚持两岸政府之间"不接触、不谈判、不妥协"政策,"两府模式"也就无从谈起;祖国大陆方面坚持一个中国、"一国两制",反对"两个中国"、"一中一台"或"一国两府"等等,均属政治前提,双方近期内无法达成共识。台湾地区"陆委会"高孔廉先生曾经断言:"对于惯用于国与国之间的投保协定(指"投资保障协定"),中共方面势必排斥。"①这种判断当然是正确的。

(二)"两会模式"

由台湾海基会与海协会签订《台商大陆投资权益保障协议》,其中包含台资保险的基本原则。此议在1993年4月"汪辜会谈"前夕即已由台湾海基会当时的副董事长兼秘书长邱进益先生提出。他向台湾媒体披露台方起草的该《协议》15项要点②,其中第二项要点即是"征收补偿条款",涉及台资保险问题的核心。经过双方磋商,大陆海协会常务副会长唐树备先生明确强调:"现阶段大陆不可能与台湾签订'台商投资保障协议'。"据报道,当时"磋商会场出现了较激烈的争论场面,邱、唐两人据理力争,同时相互辩驳对方的观点"③。看来,其主要症结在于台方在两岸经贸(包括投资)关系上始终坚持"间接"的交流原则,致使绝大多数台胞均以第三地区"外商"或"港商"的法定身份进入内地投资,因而难以从法律上"名正言顺"地适用两岸两会签署的此类协议。

直到1994年年底,两岸各有关方面仍然各自坚持原有立场,并无"松动"迹象。前述台湾地区"经委会"主委萧万长先生于1994年3月底的明确表态,即是仍然坚持以两岸签订上述协议作为台方举办大陆台资保险的前提;1994年11月17日台湾地区"陆委会"主委黄昆辉先生也依然强调两岸两会应早日签订上述协议④。国务院主管投资事宜的外经贸部部长吴仪则强调《台胞投资保护法》能"为台商回大陆投资提供最高水平和最充分的法律保护";同时,台胞来内地投资属于特殊的国内投资,因此对台胞投资权益的保护只能由国内法来解决。她的论断是:"就当前两岸关系现状而论,两岸签署的任何协议文件均无法取代《台胞投资保护法》的法律地位。"⑤海协会常务副会长唐树备先生1994年

---

① 《辜汪签订投资保障协定可能性极低》,载于台湾《联合报》1993年3月20日。
② 《海基会拟妥十五项台商权益保险清单》,载于台湾《工商时报》1993年4月22日。并参见陈安、彭莉:《〈台商大陆投资权益保障协议〉初剖》,载于《台湾研究》(中国社会科学院台湾研究所刊物)1993年第4期,第58—68页。
③ 《唐树备:目前两岸不可能订台商保护协议》,载于台湾《中国时报》1993年4月24日。
④ 《黄昆辉促两岸签署投资保障协议》,载于台湾《中央日报》1994年11月18日。
⑤ 《吴仪谈〈台胞投资保护法〉》,载于《人民日报》(海外版)1994年1月29日。

8月首次访台期间接受记者专访时,对签订上述协议问题"始终不肯松口,依然坚持去年(指1993年)在新加坡会谈期间的政策底线",他再次解释说:台湾方面迄今不愿开放让台商直接到大陆投资,现在内地的台商都是用其他国家或地区(包括美国、新加坡、香港、澳门等地)公司的名义到内地去投资的,"在这种情况下,如果大陆和台湾签署两岸投资保险协议的话,是不是就有干涉这些国家内政的嫌疑?这样签署这个协议的话,会有'名不正言不顺'的问题"①。

1995年1月30日,此事出现了"突破性"的重大进展:中共中央总书记、国家主席江泽民同志在新春茶话会上发表了重要讲话,提出八点看法,主张推进祖国和平统一。其中第五点强调:"我们将继续长期执行鼓励台商投资的政策,贯彻《中华人民共和国台湾同胞投资保护法》。不论在什么情况下,我们都将切实维护台商的一切正当权益。"与此同时,也明确表示:"我们赞成在互利互惠的基础上,商谈并且签订保护台商投资权益的民间性协议。"②

江泽民同志的这段话,显然是再一次强调对台商投资的保护,必须主要通过继续认真贯彻现有的有关政策以及相应的专门法律,才能切实有效地发挥作用,达到预期目的;同时,又指明:两岸之间可以开始商谈并进一步签订的有关保护台资权益的协议,纯属民间性质,迥异于前述"两府模式"。

笔者认为:即使假以若干时日,两岸两会终于签署了上述协议,则其在法律上的名份和地位,也仅限于两岸民间组织(尽管实质上是半官方)之间的一种协议,它本身并非任何法律、法规,并不具备超越一般民事合同的法律效力。在两岸关系良性互动的新形势下,两岸两会之间签署上述协议一事如能争取尽早实现,自是一大好事,它有利于增添两岸间的祥和气氛,加强台商投资大陆的信心。但是,纵使一时难以迅速谈妥和签订,那也无碍大局。因为,从法律上说,此种民间性协议似乎并没有"必不可少"或"非签不可"的绝对必要性。

(三)"两省模式"

由台湾省政府与内地某省(或省级市)政府签订上述协议,其中包含台资保险的基本原则。早在1989年4月间,台湾地区的沈世雄先生即曾在"立法院"提出由闽台两省率先签订省际"自由贸易协定"的构想和建议。③ 这不失为两

---

① 《唐树备:签署投保协议,名不正言不顺》,载于台湾《工商时报》1994年8月7日。
② 江泽民:《为促进祖国统一大业的完成而继续奋斗》(1995年1月30日),载于《人民日报》(海外版)1995年1月31日。
③ 参见沈世雄先生的"质询案",载于台湾"立法院公报",第78卷第31期,第149—150页。

岸求同存异、促进经贸交往的法律途径之一。当时,笔者曾有专文就此加以论述①,认为:在两岸各自坚持原有的总体政治理念,一时难以达成共识的情况下,如果采纳沈先生的建议,抑或有利于规避和暂时搁置在总体理念上相当敏感的政治难题,求同存异,以台湾省与内地某省的名义,面对各自地域内两岸间的投资实务,实行共同的省级地方立法。然后按此模式由点及面,逐省扩展开去,务实地达到逐步解决问题的目的。看来,人们不难从沈先生这一富有前瞻性和开拓性的立法建议中得到启迪。当前台商内地投资的保险问题不妨先从局部着手,可以在台商台资较为集中的内地省(市)与台湾省之间,率先按"两省模式"签订直接具有法律效力的协议或协定,即实行省际共同立法,予以妥善解决。

(四)"两司模式"

由台湾地区的"输银"或其他民营保险公司与中国人民保险公司(以下简称"人保")联合举办内地台资的保险业务。在这方面,有三条报端信息特别值得注意:第一,台湾地区"陆委会"经济处处长陈明璋先生于1994年2月间曾经透露:"'陆委会'正在审查'财政部'草拟的《两岸保险业务往来许可办法草案》,将先适度开放两岸保险业务往来范围,提供台商保障。"第二,"财政部"高级官员透露:前述《输出保险法草案》的另一重点是"开放民营保险公司参与承保,以分担风险,并适度解决目前受制于对外政治关系的难题"。第三,台湾地区"输银"副总经理孔繁曦先生透露:目前"输银"所经营的海外投资保险业务,资金明显不足。台湾地区当局迄今只拨给新台币两亿元,作为基金,而输出保险基金的承保能力是按基金金额的20倍计算,两亿元基金只能承保40亿元的额度,但目前"输银"所承保的海外保险额度已达60亿元到80亿元,早已超过安全限度。由于基金不充实,"输银"也不敢大手笔地承接海外投资保险。

看来,上述"两司模式"颇有"呼之欲出"之势。因为它既可排除或绕过一些政治因素的障碍和困扰,又可解决"输银"保险基金经费不足的现实困难。两岸"志士仁人",特别是台湾地区的主管人士和商界人士,均宜大力着鞭,力促"两司模式"早日实现。

---

① 参见陈安、彭莉:《两种〈两岸人民关系法〉之对立与统一——浅谈〈闽台自由贸易协定〉之可行》,载于《台湾研究集刊》1990年第2、3期合刊;转载于台湾地区出版的《从大陆看台湾》(1991)、《两岸法律适用之理论与实务》(1992)两书;另参见《就闽台两省结拜"姐妹"一事,厦门大学法学教授发表看法》,载于《人民日报》(海外版)1989年5月8日。

（五）"合营模式"

由台湾地区"输银"与中国人民保险公司在海峡两岸以外的第三地组建合营公司，共同承接内地台资保险业务。上述"两司模式"，虽较现实可行，但它仍难以完全解决本文第一部分提到的存在于部分台湾投资商中的若干疑虑，即：内地的保险业操作人员能否摆脱政府法令的约束和政策的影响而严格履约和公平理赔，等等。为了使台商投保者更彻底地消除此类疑虑，充分"放心"地前往投保，不妨考虑组建一种"新型"的两岸合营公司。该公司具有以下几个主要特点：

第一，它由两岸的"输银"、"人保"以及其他资金雄厚的民营保险公司，以"合资企业"或"合作企业"的形式，共同组建一家专业保险公司，专为向内地投资的台商承保各类政治风险。

第二，它设立在两岸以外的第三地，成为具有当地"国籍"的一家完全独立的公司，具有当地独立法人的资格；而对于海峡两岸说来，它却是一家"外国公司"。

第三，依照当地公司法和国际惯例，它应当接受该第三地所属国家法律的管辖，而不接受海峡两岸法律的管辖，因而可以摆脱两岸当局和两岸法令的直接影响。

第四，该合资企业（或合作企业）内部各股东（或合作者）之间的权利义务关系，约定应较为缜密。特别是约定：在承保的风险事故及其招致的损失经该专业保险公司认定和依保险合同理赔后，如果无法向中国政府行使"代位求偿"权，则该专业保险公司的内地方股东（或合作者）应当承担大部分或全部经济责任。

第五，该专业保险公司的上述"代位求偿"权，已纳入该公司国籍国政府与中国政府签订的《双边投资保护协定》的有关条款，从而具有国际法上的保障。

具有以上主要特点的两岸合营公司，也许可以在当前条件下基本满足台商向内地投资者的需要。

四、选用第三地国家现行的海外投资保险机制

当代海外投资保险体制源于美国。1948年，作为"马歇尔计划"的一部分，

美国国会通过了《经济合作法案》。根据这个法案,美国率先创立了海外投资保险制度,专门承保美国私人海外投资的政治风险,并由美国政府的对外经济合作机构直接承办有关的保险业务。此后,二十年间,根据形势发展和海外投资家的需要,多次修订法案,使这一专业保险体制不断改善。至1969年,美国国会修订了《对外援助法案》,将原先由政府行政部门直接承办的海外投资保险业务转交给新设立的"海外私人投资公司"(Overseas Private Investment Corporation,简称OPIC)全权经营。这样"改制"的目的,在于使跨国投资争端(包括承保风险事故发生后的理赔和跨国代位索赔等)发生之后,由该公司出面行使"代位求偿权",从而使跨国投资纠纷"非政治化",避免资本输出国(美国)与资本输入国两国政府之间的直接对抗。但是,根据1969年的前述修订法案,这家官办的专业保险公司实际上仍处在美国政府的直接领导和严密控制之下,成为贯彻美国对外政策的得力工具[1]。

鉴于此制"行之有实效",其他资本输出国纷纷仿效,结合各自本国的国情,建立了与美国上述做法大体相同或相类似的海外投资保险体制。这种体制的基本特点是:第一,以国家为后盾,以国内立法为依据,由政府专门机构或政府指定的专业公司为本国的海外投资者提供政治风险的保险;第二,以本国(资本输出国)与资本输入国缔结的双边投资协定为先行,明确规定后者承认前者的专业保险公司或专门机构享有"代位求偿"权;第三,通过这种双边国际协定,使得国内私法关系(国内保险合同)上的代位求偿权具有国际公法上的约束力,从而使本国海外投资者的权益和本国保险公司的权益获得更加强有力的法律保护。

当代各资本输出国建立此种保险机制,或先或后,互相借鉴,行之有年,逐渐形成了一套比较成熟的规定和措施。它对于承保机构、承保的政治风险险别、适格的投资者(投保人)、适格的投资项目(投保项目)、适格的东道国(资本输入国)、保险额和保险期限、保险费、赔偿和救济等,都有比较严密的规定[2]。

鉴于当前台商向内地投资者多以两岸以外第三地公司的名义或身份出现,一般地说,自可利用该第三地所属国家的海外投资保险机制,以保障自身的合法权益。台湾地区当局为坚持和配合其现行的对内地投资只准"间接"进行的

---

[1] 参见陈安:《从海外私人投资公司的由来看美国对海外投资的法律保护》,载于《中国国际法年刊》1984年本,第97—114页;或参见陈安:《美国对海外投资的法律保护及典型案例分析》,鹭江出版社1985年版,第16—34页。

[2] 参见陈安:《国际经济法学》,北京大学出版社1994年版,第309—314页。

政策,也一向要求有关台商"假道"第三地国家的上述保险机制,以避免或减少风险损失。其见于报端的最新信息之一是:台湾地区"'经济部'表示:……政府基于保护台商的立场,希望台商能经由第三国,再转赴大陆投资,透过双重(双边)投资保证协定,来保障台商的权益"①。

但是,实际上此"道"要受到许多限制,"路障"甚多。其中常见的障碍是:各国官办的投资保险机构既受本国政策的控制,又受本国法律的约束,还要受当局现实政治需要的影响。试以美国为例,其官办的"海外私人投资公司"要求前来投保的海外投资者必须是企业资产51%以上为美国人所有的美国公司,或企业资产95%以上为美国人所有的外国公司。据此,一家台商公司纵已在美国设立了子公司,使该子公司取得了法定的美国国籍,但如果该子公司中全然没有美资成分,或纵有美资成分但其比重达不到51%,它便不具备向美国OPIC投保的法定资格,即投保人不适格。更有甚者,如前所述,美国OPIC是由美国政府严密控制的,是美国贯彻其对外政策的得力工具,因此,其承保与否,端视美国自己对外政策的需要,或晴或阴,或风或雨,悉由美国当权者念咒呼唤,并无定数。1989年春夏之交的政治风波发生之后,基于美国"对华经济制裁"政策的需要,OPIC随即中止(禁止)对进入中国内地的新美资提供政治风险保险,迄今已六年,尚未正式解禁②。在此种情况下,举凡台商美籍子公司,纵使含有51%以上的美资成分,也仍然无法利用美国现行的OPIC保险机制,以保障自己的权益。

目前向内地投资的台商采取在美国设立子公司的"间接"投资途径者,为数不少。但在美国OPIC现行机制、美国现行对华政策以及台湾地区当局现行内地投资政策的"围堵"下,事实上已经出现这样的局面:各家台商美籍子公司,既无权利用美国OPIC现行的海外投资保险机制,又无法利用台湾地区"输银"现行的海外投资保险机制(如本文第二部分所述),处在"绕树三匝,无枝可依"的窘境!对于它们来说,这种局面显然是很不公平的。看来,"假道"第三地国家的保险机制,终非良策。为长远计,最好还是立足于"中国人的问题,中国人自己解决"的基本原则,用心寻求最佳的"出口"(exit)和出路。

---

① 《台商安全亮红灯,经部认经第三国投资可减低风险》,载于台湾《中央日报》1994年11月18日。

② 参见《吴仪和布朗举行会谈认为:发展中美商贸关系符合两国共同利益》,载于《人民日报》(海外版)1994年8月30日;并参见陈仲洵:《多边投资担保机构与美国在华投资》,载于《中国社会科学》1992年第6期,第96页。按:直到2004年10月,迄本文辑入本书之际,OPIC对在华美资不予承保的"禁令"仍未解除。

五、选用"多边投资担保机构"的保险机制

根据1985年的《MIGA公约》(亦称《汉城公约》),"多边投资担保机构"(Multilateral Investment Guarantee Agency,简称 MIGA)正式成立于1988年4月,随即于1989年6月开始正式营业。它是由世界银行主持组建的、旨在促进国际投资跨国流动的一个世界性组织。它的主要业务就是通过直接承保多种政治风险,为各国海外投资者的权益提供经济上和法律上的保障。

截至1995年4月,《MIGA公约》的签署国已增至152个,其中128个国家已正式批准加入该公约①。迄今为止,MIGA机构已经同包括中国在内的一系列发展中国家(资本输入国)成员国分别签订了有关担保外来投资权益和待遇的双边协定,从而为MIGA在这些国家开展保险业务提供了国际法上的保障。

MIGA机制具有以下几个突出的特点,从一定意义上说,这些特点也是它的优点②。

第一,MIGA体制源于OPIC体制,又远高于OPIC体制。MIGA在设置宗旨、主要功能、承保险别、投保条件、运作程序、理赔前提、代位求偿等方面,显然都借鉴和吸收了美国OPIC体制的有益经验。但是,MIGA体制绝非OPIC体制的简单翻版或单纯的多国化。MIGA在服务对象、承保范围、保险能力、兼容并蓄、运用灵活等方面,具有明显的优越性,远非OPIC等单国的体制所能企及,其发展潜力也远非后者所能匹敌。

第二,MIGA是当今世界南、北两大类国家之间经济上互相依存、冲突、妥协和合作的产物。在跨国投资问题上,南、北矛盾和冲突植根于两大类国家之间不同的经济利益之上,但两大类国家之间很强的经济互补性又促使它们互相依存和取长补短。因此,冲突和矛盾的结果必然导致互相妥协和互相合作,共同谋求改善发展中国家的投资环境。如果没有两大类国家之间的相互妥协和合作,也就不会有MIGA的出现。

第三,这种妥协的结果之一,就是作为东道国的发展中国家在一定程度上自我限制本国在外国投资担保问题上的主权。这种自我限制明显体现在以下几个方面:(1)承认MIGA与外国投资者之间签订的政治风险担保合同在一

---

① 参见MIGA总部印发:MIGA成员国名单(1995年4月25日)。
② 参见前注引陈仲洵文,第102—106、108、109页;并参见前引陈安:《国际经济法学》,第365—378页。

定条件下对东道国具有法律拘束力;(2)承认 MIGA 对东道国的代位求偿权;(3)承认 MIGA 与东道国之间的争端解决方式为国际仲裁,而不是东道国法院的判决;(4)承认在采用仲裁程序时,一并适用 MIGA 公约、可适用的国际法规则以及东道国的国内法规则,而不仅仅限于适用东道国的国内法规则;(5)承认国际仲裁裁决对当事人和当事国具有最终效力和法律拘束力,犹如在《MIGA 公约》各成员国法院作出终审判决那样①。

第四,妥协的另一方面结果是,《MIGA 公约》成员国中的发达国家同意敦促本国投资者更加尊重东道国——发展中国家的政治主权和经济主权。在一定程度上,务必恪守东道国的国内立法。这些要求尤其明显地表现为:(1)除非事先获得东道国政府的同意,MIGA 不得签订任何承保政治风险的保险合同;(2)MIGA 不对不符合东道国法律和法规的投资提供保险;(3)MIGA 只承保有利于东道国经济发展的投资;(4)对于因投保人认可或负有责任的东道国政府的任何作为或不作为所造成的损失,MIGA 不予担保;(5)从法律上禁止 MIGA 伙同任何成员国从事反对其他成员国(特别是发展中国家)的政治活动②。

基于以上两个方面的妥协和合作,加入 MIGA 既有利于发展中国家,也有利于发达国家,前者可以借此改善投资环境,吸收更多的外资以加速本国经济的发展;后者可以借此在相对安全的条件下增加更多的赢利机会。

第五,MIGA 机制不同于任何国家官办保险机制的突出特点,在于它对吸收外资的每一个发展中国家会员国,同时赋以"双重身份":一方面,它是外资所在的东道国,另一方面,它同时又是 MIGA 的股东,从而部分地承担了外资风险承保人的责任。这种"双重身份"的法律后果是:一旦在东道国境内发生 MIGA 承保的风险事故,使有关外资遭受损失,则作为"侵权行为人"的东道国,不但在 MIGA 行使代位求偿权之后,间接地向外国投资者提供了赔偿;而且,作为 MIGA 的股东,它又必须在 MIGA 行使代位求偿权之前,即在 MIGA 对投保人理赔之际,就直接向投资者部分地提供赔偿。此外,它作为"侵权行为人",还要面临 MIGA 其他成员国股东们国际性的责备和集体性的压力。可见,MIGA 机制在实践中加强了对东道国的约束力,对外资在东道国所可能遇到的各种政治风险起了多重的预防作用。

鉴于 MIGA 体制具有以上优点,中国对这一体制的形成和发展,一向采取

---

① 参见《MIGA 公约》第 11 条(a)款及第 13 条(a)款,第 18 条(a)、(b)款,第 57 条及公约附件Ⅱ第 4 条(g)、(h)、(j)款。
② 参见《MIGA 公约》第 15 条,第 12 条(d)(i)、(ii)、(iii)项,第 11 条(c)款(i)项,第 34 条。

积极参与和大力支持的态度。据世界银行资深副总裁兼总顾问易布拉欣·希哈塔(Ibrahim F. I. Shihata)先生自称,他早在1985年1月间,就曾代表世界银行前来北京就有关组建MIGA的问题与中国政府进行磋商,并与中国政府的高级官员们讨论了《MIGA公约》的草案①。1988年4月28日,中国正式签署《汉城公约》,两天后即交存了批准书,并按规定认购了MIGA的股份,从而成为本公约的正式成员国。中国认购了MIGA股份3 138股,相当于3 138万特别提款权(SDR),约折合4 000万美元。这个认股数字,在MIGA全体成员国中居第六位②,领先于许多发达国家,甚至超过由全球最发达国家组成的"七国集团"中的加拿大和意大利。当时中国综合国力不强,特别是财力有限,却认购了MIGA的大量股份,它对这个全球性多边投资担保机构的重视和支持,由此可见一斑。

根据来自MIGA总部的信息,自1989年6月开始正式营业至1994年11月16日为止,MIGA所承保的跨国投资已经超过10亿美元,其所涵盖的跨国投资项目则已超过60亿美元,遍布全球27个国家。其中,截至1992年7月上旬,外国对华投资已有16个项目在MIGA正式登记申请投保,等待审议,其投资总额超过6亿美元,投资部门包括产品制造业、农业、综合企业、制药业、渔业、能源乃至快餐业等等。至1994年6月初,向MIGA正式登记申请投保的外国对华投资项目已超过40个。迄1994年11月16日为止,已有8个外商对华投资项目由MIGA正式签约承保,其承保总金额累计已高达6 000万美元,这些项目分布在烟台、苏州、宜兴、武汉以及上海等地③。看来,中国与MIGA之间的协作关系将不断扩大和日益紧密。

根据以上有利条件,向中国内地投资的台商自应认真考虑可否利用MIGA的保险机制以保障自己在大陆的权益。

按《MIGA公约》第13条(a)款规定:有权向MIGA机构投保的"适格投资者"(即适格投保人),原则上限于非东道国即外国的自然人或法人。但同条(c)

---

① 参见"世银"副总裁兼总顾问F·I·希哈塔先生致陈安教授函(1994年11月21日)及为陈安主编《MIGA与中国》一书撰写的序言(1994年11月16日);并参见希哈塔:《MIGA与外国投资》,1988年英文版,第75页。

② 参见《MIGA 1993年度报告书》,英文版,第38—40页。MIGA中认购股份最多的9个国家依次为:美国(20 519股),日本(5 095股),德国(5 071股),法国(4 860股),英国(4 860股),中国(3 138股),俄国(3 137股),加拿大(2 965股),意大利(2 820股)。

③ 参见《MIGA讯息》,1993年第3卷第2期,第2页;并参见MIGA总部法律部首席顾问罗林·威森费尔德(Lorin Weisenfeld)先生致陈安教授函(1992年7月7日、1994年6月9日、1994年9月9日、1995年4月10日)及其附文:《MIGA与中国的协作及其潜在的功能》;并见前引F·I·希哈塔先生所撰"序言"。

款作了灵活性的规定：根据投资者和东道国的联合申请，经 MIGA 董事会特别多数①通过，可以将有权投保的"合格投资者"扩大到东道国的自然人或法人。其惟一条件是所投资产必须是由东道国境外流入。此项灵活规定的主旨显然在于促进发展中国家的私人在境外的资金回流到本国，加速其本国的开发与建设。

此外，按《MIGA 公约》第 24 条以及"附件一"第 1 条至第 3 条的规定：任何成员国均可单独地或联合地筹集"赞助信托基金"(sponsorship trust fund)，单独列账，自负盈亏，在 MIGA 机制的范围内，举办"赞助投资担保"业务(guarantees of sponsored investments)，为任何国籍的投资者承保政治风险。

笔者认为：按照 MIGA 机构的上述体制、规章以及中国的现行法规，台商在大陆的投资，不论在两岸达成台商投资权益保障协议之前或之后，似均可根据台商自身的不同身份和意愿作如下两种选择，以达到避免"非商业性风险"事故损失的目的：第一，如果台商具有外国自然人或外国法人身份，或者通过外国法人对大陆进行"间接投资"，而该外国又是 MIGA 公约的成员国，他就可以该国国民或该国法人的名义，直接向 MIGA 机构申请投保。第二，如果台商不具有外国自然人或外国法人身份，而径以台湾自然人或台湾法人名义对大陆进行"直接投资"，他就可以中国国民或中国法人身份，与中国有关主管部门一起向 MIGA 机构提出"联合申请"，办理投保手续；或者由中国政府筹集"赞助信托基金"，在 MIGA 机制内，为大陆台资承办"赞助投资担保"。

六、选用中国人民保险公司承保或"两岸协作"承保与 MIGA "再保险"相结合的机制

《MIGA 公约》第 19—21 条规定：MIGA 应与本公约成员国承办非商业性风险保险业务的全国性机构、区域性机构或私营机构进行合作，以"再保险"(reinsurance)和"共同保险"(coinsurance)的方式，做出适当的安排。对于成员国一国的全国性投资担保机构、若干成员国共同举办的区域性投资担保机构或私营的投资担保机构所已经承保的特定投资，MIGA 机构可以实行再保险。在

---

① "特别多数票"指代表 MIGA 认缴股份 55% 以上，不少于总投票权 2/3 的赞成票。见《MIGA 公约》第 3 条(d)款。

MIGA与上述投资担保机构分别签订的每一份再保险合同中，双方的权利义务应按MIGA董事会制定的规章制度作出明确规定，特别是有关再保险范围、再保险费、被再保险机构（reinsured agency）的必要承诺、用尽当地救济手段、索赔、代位求偿、国际仲裁等项事宜，更应一一明确约定。

由于"再保险"合同必须按照MIGA董事会制定的规章制度来订立，因此它实质上就是MIGA保险机制的扩大与延伸，归根结底，这也使得有关的资本输入国（吸收外资的东道国）在自愿的基础上接受了更多一层的国际法上的约束，在依法、依约保护外来投资方面，多承担了一份义务。

显然，这种"再保险"机制如能充分加以利用，使其与中国人民保险公司举办的政治风险承保结合起来，或与两岸协作举办的政治风险承保结合起来，就能使向内地投资的台商获得更放心、更满意的权益保障。

Ⅳ 《多边投资担保机构公约》对我国台湾地区的适用问题[*]

内容提要 本文是本编第三篇专题论文即《台商大陆投资保险可行途径初探》的后续文章或其"姐妹篇",曾列为《MIGA 与中国:多边投资担保机构述评》一书的第 14 章第 2 节。本文在上述第三篇专题论文的基础上,集中论述在祖国大陆投资的台商可以考虑选择 MIGA 这一多边投资担保机构,承保其在祖国大陆投资的"非商业性风险"(又称"政治风险",含征用、禁兑、战乱等);而且,鉴于当时两岸现实的政治局面和经济体制,MIGA 很可能是大陆投资台商首选的保险机构;它可以有效地为在祖国大陆投资的台商解除某些疑虑或"后顾之忧"。文中论述内容与本编第三篇专题论文有所交叉并互为补充,阅读时可以互相参照。

目 次

一、选用非多边投资担保机构保险机制存在的局限与障碍
  (一)选用中国现行投资保险机制的局限与障碍
  (二)选用我国台湾地区现行海外投资保险机制的局限与障碍
  (三)选用第三地国家现行海外投资保险机制的局限与障碍
  (四)选用两岸直接协作保险机制的现实障碍
二、选用多边投资担保机构保险机制的具体安排
  (一)单独选用现有的 MIGA 保险机制
  (二)选用中国人民保险公司与 MIGA 相结合的保险机制

---

[*] 陈安主编、徐崇利副主编的《MIGA 与中国:多边投资担保机构述评》一书,由福建人民出版社于 1995 年 12 月出版。本文列为该书第 14 章第 2 节。文中所援引的法律、法规,均以 1995 年当时现行有效者为准。阅读时请注意查对 1995 年以来有关法律、法规的发展情况。

《多边投资担保机构公约》(以下简称《汉城公约》)适用于我国台湾地区的问题可以大体区别为三个层面:其一,外国投资者在台湾地区的投资能否得到MIGA担保的问题。对于这个问题,笔者认为,台湾是中华人民共和国领土的一部分,中国参加《汉城公约》之后,该公约应当可以适用于台湾地区;也就是说,外国投资者在台湾地区的投资可以获得MIGA的担保。但在实践中,会碰到一系列目前无法解决的问题,诸如MIGA担保的批准权是由中央人民政府行使,还是授权台湾地区当局行使？MIGA代位求偿的对象是中央人民政府,还是台湾地区当局？有关MIGA对台湾的代位求偿纠纷的仲裁程序是由中央人民政府参加,还是指定台湾地区当局参加？等等。考虑到两岸尚未统一的现实,中央人民政府似乎可以单方面发表声明,授权或指定台湾地区当局处理MIGA担保外国投资者在台投资的事宜,但有一个必备的前提就是,台湾地区当局必须以"中华人民共和国台湾省政府"的名义与MIGA打交道。然而这个前提目前恐不会为台湾地区当局所接受。因此实际上,在台投资的外国投资者现在不可能得到MIGA的担保。在两岸就有关的问题作出明确安排之前,MIGA也不会向在台外资提供担保,因为作为一个国际组织,MIGA不能干涉成员国的内部事务,尤其是不能擅自插手或介入像台湾问题这样一个敏感的中国内政问题。其二,台商在MIGA的其他发展中国家成员国中的投资能否得到MIGA的担保？对于这个问题,笔者认为,只要台商以中华人民共和国国民或法人的名义向MIGA投保,MIGA应认为他(它)们是在这方面适格的投保人。不过,如果他(它)们以所谓的"中华民国国民或法人"的名义要求MIGA承保,MIGA当然不能予以接受。其三,台商在大陆投资能否得到MIGA的担保,对于这个问题,本节将着重予以探讨。

近数年来,台资西涌,流入中国大陆,一波高过一波。据不完全统计,截至1994年8月底止,累计已达200亿美元左右[①]。涌入大陆的台资在同一时期台湾境外投资总额中所占比重,也迅速上升。以1993年为例,已高达66.52%,占同期台湾境外投资总额的2/3[②]。这两个简单的绝对数字和相对数字,标志着两岸经贸的互动、互利关系,迭上层楼,其总趋势确是"适于世界之潮流,合乎人群之需要"。

在上述潮流衍生的诸项法律问题中,台商在中国大陆投资的保险问题是其

---

① 参见殷存毅:《两岸经贸的现状与前景》一文所录中华人民共和国对外贸易经济合作部提供的统计资料,载于《台湾研究》1994年第3期,第26页;并参见《两岸经贸统计表》,载于台湾海基会刊物《两岸经贸通讯》1994年11月号,第50页。
② 参见:《台商对外投资,大陆成为主要地区》,载于台湾《联合报》1994年2月28日。

"热点"之一。如所周知,两岸曾经互相隔绝近40年,迄今仍然存在着两种相异的社会经济制度和政治体制,以致向中国大陆投资的某些台商有所顾虑,担心自己投入中国大陆的资金和资产也许会遇上各种非商业性风险;考虑能否采取法律措施加以预防,力争避免受到损失;一旦遇"险"受损,如何获得补偿。这些顾虑和担心,自在情理之中,可以理解,并且随着投资规模的日益扩大,逐渐成为热点问题之一。

台商就其在中国大陆投资的非商业性风险,可以选择多种途径投保,而MIGA可能是台商首选的保险机构。

一、选用非多边投资担保机构保险机制存在的局限与障碍

台商选用中国大陆现行的投资保险机制、台湾地区现行的海外投资保险机制、第三地国家现行的海外投资保险机制以及两岸直接协作的投资保险机制,均存在着不同的局限与障碍。面对这种现实,将促使台商对其在中国大陆投资的非商业性风险,寻找MIGA保险机制的保护。

(一)选用中国现行投资保险机制的局限与障碍

中国人民保险公司于1984年制定和实施了《投资保险(政治风险)条款》(以下简称《政治风险条款》),其中规定:该公司可为各种投资项目承保以下三类政治风险,即:(1)战争、类似战争行为、叛乱、罢工及暴动;(2)政府有关部门征用或没收;(3)政府有关部门限制汇兑,致使投保人(被保险人)不能将投资合同规定应属投保人所有的款项(外汇)汇出境外。一旦发生承保范围内的各类政治风险事故,保险公司应视事故类别,在事故发生3个月或6个月后,负责赔偿投保人因此遭受的损失。赔偿金额不得超过各份保险单所载明的投保金额。

但是承保人对于投保人投资的下列五种损失,不负赔偿之责:(1)投保人的投资项目受损以后造成投保人的一切商业性损失(即非政治风险损失);(2)投保人或其代表违背或不履行投资合同,或有故意违法行为,致使政府有关部门对已经投保的资产加以征用或没收所造成的损失;(3)政府有关部门规定了汇款出境的期限,投保人未按规定期限汇款出境所造成的损失;(4)原子弹、氢弹等核武器造成的损失;(5)投资合同范围以外的任何其他财产的征

用、没收造成的损失。

上述《政治风险条款》中并无承保人理赔后"代位求偿"的规定,这显然是不够严密的。

1995年6月通过的《中华人民共和国保险法》第44条规定:"因第三者对保险标的的损害而造成保险事故的,保险人自向被保险人赔偿保险金之日起,在赔偿金额范围内代位行使被保险人对第三者请求赔偿的权利。"可见,关于"代位求偿"的规定,乃是处理一切保险与被保险法律关系的基本法理原则,当然也应适用于调整政治风险的投保人与承保人相互之间的权利义务关系。这也是当代各国有关政治风险保险立法的通行做法。据此,中国人民保险公司在对政治风险的投保人依约理赔之后,为保障该公司本身的合法权益,当然有权向应对风险事故承担责任的第三方代位求偿。在投保人是中国的公民或法人而责任第三方是外国政府有关部门的场合,中国人民保险公司在代位求偿或索赔方面必会尽力而为,应无疑义。但是在投保人是外商或台商而责任第三方是中国政府有关部门的场合,中国人民保险公司将会如何操作?某些投保人对此难免有所疑虑。诸如:第一,该保险公司是中国的国有公司,它对因中国政府有关部门采取的征收、没收、限汇等措施引起的"政治风险"事故及其造成的损失,是否能公正地予以核实和认定,完全摆脱本国政府法令的约束、政策的影响和国内舆论的压力?第二,它在按照保险合同向投保人理赔之后,转向中国政府有关部门"代位求偿"时,是否会有所"顾忌"、有所"退缩",因而在依约理赔之前就有所犹豫,从而影响到理赔的额度、力度和速度?第三,投保人与该公司(即承保人)之间如因风险事故索赔、理赔等发生争议,而又无法协商解决,因而需要提交仲裁或提起诉讼,则按前述《政治风险条款》第5条的规定,其仲裁或诉讼地点应在"被告方"所在地。一般而论,在保险合同纠纷中的"被告方",通常都是承保人,即保险公司,这就意味着外商或台商投保人与该保险公司之间的争端必须由中国的仲裁机构或法院受理和裁判。届时,受理机构是否能绝对秉公处断,毫不偏袒?等等。

如所周知,中国人民保险公司在其数十年的业务实践中,历来是信守合同、严格履约的,因而赢得了国内外广大投保客户的信赖,并在国际上享有很高的商誉。尽管如此,中国现行的投资保险(政治风险)规定本身,却暂时还不能使外商、台商全然消除上述疑虑。

(二)选用我国台湾地区现行海外投资保险机制的局限与障碍

台湾地区于1979年成立了"中国输出入银行"(以下简称"输银"),开办输出保险业务。它是一家公营的专业银行,也是台湾岛内办理输出保险业务的惟一机构。其经营宗旨标明"不以营利为目的",而旨在保障台湾的出口厂商和海外投资家的权益,使他们在商品输入地或投资所在地发生政治风险事故因而遭受损失时,能够获得赔偿。相应地,"输银"的保险业务就分为出口贸易保险和海外投资保险两大类①。

就海外投资保险(专保各种政治风险,下同)而言,其承保对象(即适格投保人)必须同时具备三项要件,即:(1)必须是在台湾地区注册登记的"本国"公司;(2)其海外投资项目必须已经获得主管机关台湾地区"经济部投资审议委员会"(以下简称"投审会")核准或核备;(3)该投资项目已经取得被投资国(以下简称"东道国")的许可。保险的标的是被保险人作为投资之股份或其股息、红利。承保的范围有三,即:(1)"没收危险":包含东道国政府或其相当机构对台商资产采取没收、征用、国有化等行为;(2)"战争危险":包含战争、革命、内乱、暴动或民众骚扰造成台商投资企业受到损害,还包括这些企业的物权、矿业权、商标专用权、专利权、渔业权等特别重要的权利或利益被东道国政府侵害因而遭受重大损失;(3)"汇款危险":包含东道国政府限制或禁止外汇交易、东道国发生战乱造成外汇交易中止,致使台商无法将投资本利汇回台湾,逾两个月以上。

综观"输银"有关"海外投资保险"的各项规定②,看来是比较缜密的,且已行之有年,在保护台商海外投资权益方面发挥了一定的作用。现在的问题是,这些保险规定是否也适用于台商在祖国大陆的投资?

根据报刊信息,台湾地区有关主管部门在这个问题上,似乎尚未拿定主意,而且部门之间的意见也很不一致。例如,1994 年 2 月 21 日台湾地区"经建会高级官员"表示:"海外保险制度不保障大陆投资。政府不鼓励大陆投资,大陆投资将排除于海外投资保险制度的保险范围"③。但翌日,台湾地区"财政部高级官员"则向记者透露:"'财政部'已拟妥输出保险法草案,将大陆地区纳入海外投资保险范围,并由'国库'补助输出保险基金的亏损。"据报道,此项《输出保险法草案》的重点之一,就是"将大陆地区纳入海外投资保险(属输出保险的一种)范围内,以因应赴大陆投资台商需求"④。整个《草案》将于 1994 年 6 月底

---

① 参见台湾地区"中国输出入银行":《海外投资保险》(业务简介),单行本。
② 有关"输银"海外投资保险制度的其他各项规定,详见陈安:《台商大陆投资保险可行途径初探》,载于《中国法学》1995 年第 5 期,第 92—103 页。
③ 《经建会:海外投资险不保大陆投资》,载于台湾《联合报》1994 年 2 月 22 日;并参见《海外投资险不含大陆地区》,载于台湾《两岸经贸通讯》(海基会刊物)1994 年 3 月号,第 10—11 页。
④ 《财部拟定将大陆纳入海外投资保险范围》,载于台湾《经济日报》1994 年 2 月 23 日。

前送台湾地区"立法院"审议。

事隔月余,当时的"经建会"主委萧万长先生又表示:"政府不考虑对大陆投资实施海外投资保险","原因是中国内地不承认台商权益须经签署投资保障协定,中国内地自行订定的《台商投资保护法》(原文如此)宣称可保护台商,政府并不满意,仍希望能与中国内地签订投资保障协定"①。迄10月初,有关信息表明:台湾"财政部"拟定的"输出保险法草案"似仍尚未完成立法手续②。看来,由于岛内各主管部门对于将台商中国内地投资纳入"输银"海外投资保险范围一议仍然看法不一,上述《输出保险法草案》的重点内容纵能顺应台商需要和时代潮流,若要获得台湾地区"立法机关"通过并付诸实施,还需假以相当时日,并非指日可待③。

(三)选用第三地国家现行海外投资保险机制的局限与障碍

当代,各资本输出国大都建立了本国的海外投资保证机构。鉴于当前台商向中国大陆投资者多以两岸以外第三地公司的名义或身份出现,一般地说,自可利用该第三地所属国家的海外投资保险机制,以保障自身的合法权益。台湾地区当局为坚持和配合其现行的对中国大陆投资只准"间接"进行的政策,也一向要求有关台商"假道"第三地国家的上述保险机制,以避免或减少风险损失。其见于报端的最新信息之一是:台湾地区"'经济部'表示:……政府基于保护台商的立场,希望台商能经由第三国,再转赴大陆投资,透过双重(双边)投资保证协定,来保障台商的权益"④。

但是实际上此"道"要受到许多限制,"路障"甚多,并非康庄坦途。其中常见的障碍是:各国官办的投资保险机构既受本国政府的控制,又受本国法律的约束,还要受当局现实政治需要的影响。试以美国为例,OPIC要求前来投保的海外投资者,必须是企业资产51％以上为美国人所有的美国公司,或企业资产95％以上为美国人所有的外国公司。据此,则一家台商公司纵已在美国设立了子公司,使该子公司取得了法定的美国国籍,但如果该子公司中全然没有

---

① 《海外投资保险排除大陆,两岸未签投保协定是主因》,载于台湾《经济日报》1994年4月1日。
② 参见《保障海外投资,财部拟〈输出保险法〉》,载于台湾《万国法律》1994年10月1日,第77期,第42页。
③ 据报道:1995年6月间,台湾地区当局"已原则同意将大陆地区纳入境外贸易输出保险之承保范围,请'输银'先行试办,半年后再行检讨";但仍将"'输银'开放承保的对象限制在大陆出口、台湾接单之案件以及经济部核准或报备赴大陆投资之厂商"。参见台湾海基会刊物《两岸经贸通讯》1995年7月号,第9—10页;并参见台湾《自立早报》,1995年6月19日。
④ 《台商安全亮红灯,经部认经第三国投资可减低风险》,载于台湾《中央日报》1994年11月8日。

美资成分,或纵有美资成分但比重达不到51%,它便不具备向OPIC投保的法定资格,即投保人不适格。更有甚者,如前所述,OPIC是由美国政府严密控制的,是美国贯彻其对外政策的得力工具,因此其承保与否,端视美国自己对外政策的需要:或晴或阴,或风或雨,悉由美国当权者念咒呼唤,并无定数。1989年春夏之交的政治风波发生以后,基于美国"对华经济制裁"政策的需要,OPIC随即中止(禁止)对进入中国的新美资提供政治风险保险,迄今已五六年,尚未正式解禁①。在此种情况下,举凡台商美籍子公司,纵使含有51%以上的美资成分,也仍然无法利用美国现行的OPIC保险机制,以保障自己的权益。目前向中国大陆投资的台商采取在美国设立子公司的"间接"投资途径者,为数不少。但在美国OPIC现行机制、美国现行对华政策以及台湾地区当局现行中国大陆投资政策的"围堵"下,事实上已经出现这样的局面:各家台商美籍子公司既无权利用OPIC现行的海外投资保险机制,又无法利用台湾地区"输银"现行的海外投资保险机制,处在"绕树三匝,无枝可依"的窘境!对于它们来说,这种局面显然是很不公平的!看来,"假道"第三地国家的保险机制,终非良策。

(四)选用两岸直接协作保险机制的现实障碍

迄今为止,既然两岸各自现存的海外投资保险体制以及第三地国家现行的海外投资保险机制均尚不能满足台商大陆投资保险的现实需要,各界有心人就转而探讨通过两岸协议的某种模式,合作举办台商大陆投资的保险业务。

两岸协作的具体模式,已见诸报端政界言论或在学术界已露端倪者,约有以下数种:(1)"两府模式",即由台湾地区当局与中华人民共和国国务院签订有关台商祖国大陆投资的协定,其中包含台资保险的基本原则;(2)"两会模式",即由台湾海基会与祖国大陆海协会签订《台商大陆投资权益保障协议》,其中包含台资保险的基本原则;(3)"两省模式",即由台湾省政府与祖国内地某省(或省级市)政府签订上述协议,其中包含台资保险的基本原则;(4)"两司模式",即由台湾地区的"输银"或其他民营保险公司与中国人民保险公司联合举办大陆台资的保险业务;(5)"合营模式",即由台湾"输银"与中国人民保险公司在海峡两岸以外的第三地组建合营公司,共同承接祖国内地台资保险业务。然而这些有关两岸直接合作举办台商祖国大陆投资保险业务的设想或建议,或则因遇到重大政治障碍,势必很难实现;或则因涉及许多具体问题,尚需

---

① 参见《吴仪和布朗举行会谈认为:发展中美商贸关系符合两国共同利益》,载于《人民日报》(海外版)1994年8月30日,并参见陈仲洞:《多边投资担保机构与美国在华投资》,载于《中国社会科学》1992年第6期,第96页。

假以相当时日,既面临时间障碍,近期内也难以迅速付诸实施①。

二、选用多边投资担保机构保险机制的具体安排

台商就其在祖国大陆投资的非商业性风险,选用 MIGA 的保险机制,看来可作如下两项具体安排,而且这两项安排在实践中都是可行的、有效的,因此均可成为台商的首选保险途径。

(一) 单独选用现有的 MIGA 保险机制

根据《汉城公约》组建的多边投资担保机构与中国之间一直保持着良好的合作关系。从近年的发展势头来看,中国与 MIGA 之间的协作关系将不断扩大和日益紧密。根据这种有利条件,向祖国大陆投资的台商自应认真考虑可否利用 MIGA 的保险机制以保障自己在大陆的权益。

按《汉城公约》第 13 条(a)款规定:MIGA 的适格投资者(即适格投保人),原则上限于非东道国即外国的自然人或法人。但同条(c)款作了灵活性的规定:根据投资者和东道国的联合申请,经 MIGA 董事会特别多数通过,可以将有权投保的"适格投资者"扩大到东道国的自然人或法人。其惟一条件是所投资产必须是从东道国境外流入。台湾是中华人民共和国领土不可分割的一部分,台商来中国大陆投资不能认为是从"中国境外流入"资金,其性质仍属东道国境内的资金流动。不过中国政府可与 MIGA 协商,作出灵活安排,将《汉城公约》第 13 条(c)款规定的适用扩大解释为,只要资金从"中国内地境外流入",MIGA 也可予以担保。

此外,按《汉城公约》第 24 条以及附件Ⅰ第 1 条至第 3 条的规定:任何成员国均可单独地或联合地筹集"赞助信托基金",单独列账,自负盈亏,在 MIGA 机制的范围内,举办"赞助投资担保"业务,为任何国籍的投资者承保非商业性风险。

笔者认为,按照 MIGA 的上述体制、规章以及中国的现行法规,台商在中国大陆的投资,不论在两岸达成台商投资权益保障协议之前或之后,似均可根据台商自身的不同身份和意愿作如下两种选择,达到避免非商业性风险事故损

---

① 有关以上五种两岸模式的详尽评析,参见本书本编之Ⅲ。

失的目的。第一,如果台商具有外国自然人或外国法人身份,或者通过外国法人对中国大陆进行"间接投资",而该外国又是《汉城公约》的成员国,他(它)就可以该国国民或该国法人的名义,直接向 MIGA 申请投保。第二,如果台商不具有外国自然人或外国法人身份,而径以台湾自然人或台湾法人名义对中国进行"直接投资",他(它)就可以中国国民或中国法人身份,与中国有关主管部门一起向 MIGA 提出"联合申请",办理投保手续;或者由中国政府筹集"赞助信托基金",在 MIGA 机制内,为中国内地台资承办"赞助投资担保"。

(二) 选用中国人民保险公司与 MIGA 相结合的保险机制

《汉城公约》第 19—21 条规定,MIGA 应与本公约成员国承办非商业性风险保险业务的国家性机构、区域性机构或私营机构进行合作,以分保和共保的方式,作出适当的安排。对于成员国一国的国家性投资担保机构、若干成员国共同举办的区域性投资担保机构或私营的投资担保机构所已经承保的特定投资,MIGA 可以实行分保。在 MIGA 与上述投资担保机构分别签订的每份分保合同中,双方的权利义务应按 MIGA 董事会制定的规章制度作出明确规定,特别是有关分保范围、分保费、分保分出机构的必要承诺、用尽当地救济手段、索赔、代位求偿、国际仲裁等项事宜,更应一一明确约定。

由于分保合同必须按照 MIGA 董事会制定的规章制度来订立,因此它实质上就是 MIGA 保险机制的扩大与延伸。归根结底,这也使得有关的资本输入国(吸收外资的东道国)在自愿的基础上接受了更多一层的国际法上的约束,在依法、依约保护外来投资方面,多承担了一份义务。

显然,这种"分保"机制如能充分加以利用,使其与中国人民保险公司举办的政治风险承保结合起来,就能使向中国大陆投资的台商获得更放心、更满意的权益保障。

V 中国"入世"后海峡两岸经贸问题"政治化"之防治*

内容提要 中国入世后海峡两岸经贸往来面临新的格局。台湾地区当局为追求错误的政治目的,仍然无视形势新发展,以政治分歧干扰两岸经贸交流和经济合作,并力图把两岸经贸问题进一步"政治化"、"外交化"和"国际化"。本文探讨用以预防和治理台湾地区当局将两岸经贸问题政治化的五种可能途径,并综合分析了其不同的可行条件。

目 次

一、适用于两岸经贸关系的 WTO 基本规则

二、两岸经贸问题被台湾地区当局"政治化"的现实和可能

三、防止两岸经贸争端被台湾地区当局"政治化"的几种设想

  (一)组建我国四地自由贸易区的设想和问题

  (二)援用"安全例外"条款的设想和问题

  (三)援用"互不适用"条款的设想和问题

  (四)"中国台北"单独关税区 WTO 成员资格的重新审定问题

  (五)更新观念,接受挑战,善用 DSU/DSB 机制

四、几点结论

---

* 中国法学会 WTO 研究会和厦门大学国际经济法研究所于 2001 年 12 月 14 日至 16 日在厦门联合举办了"中国入世后海峡两岸经贸法律新问题研讨会"。本文是根据作者在会上的发言稿整理扩充而写成的。全文约 30 000 字,其中约 22 000 字发表于《中国法学》2002 年第 2 期;后全文辑入《国际经济法论丛》第 6 卷(法律出版社 2002 年版),冀能引致更多读者的评论和指教。本文撰写过程中,承华东政法学院朱榄叶教授、厦大国际经济法研究所房东博士提供部分资料,谨此志谢。

2001年11月10日,世界贸易组织(以下简称"世贸组织"或"WTO")第四届部长级会议通过了《关于中国加入世贸组织的决定》。翌日,根据1992年关贸总协定理事会主席声明所确定的原则,本届部长级会议又通过决定,同意中国的台湾地区以"台湾、澎湖、金门、马祖单独关税区(简称'中国台北')"的名义,加入世贸组织。按照有关程序分别履行批准手续之后,中国自2001年12月11日起正式成为世贸组织成员;中国的台湾地区则自2002年1月1日起,也正式成为世贸组织的另一成员①。

自此时起,海峡两岸就面临着如何按照《世界贸易组织协定》(以下简称《世贸组织协定》或《WTO协定》)厘定的原则和规则,进一步开展两岸经贸往来的新课题。

本文拟就今后适用于两岸经贸关系的WTO基本规则、两岸经贸问题被台湾地区当局"政治化"的现实与可能以及防治两岸经贸争端"政治化"的设想等问题,提出管见,以就教于海内外方家。

一、适用于两岸经贸关系的WTO基本规则

台湾海峡两岸的相继入世,为两岸之间经贸往来的正常化和健康发展提供了新的有利因素。如所周知,世贸组织是一个全球性的经贸平台,其主要宗旨在于建立完整、健全、持久的全球性多边贸易体制,促进贸易自由化,实现全球各成员的共同经济繁荣。为实现此目标,其主要途径是在各成员间"达成互惠互利安排,大幅度削减(substantial reduction)关税和其他贸易壁垒,消除国际贸易关系中的歧视待遇"②。两岸相继入世,意味着已经分别作出郑重承诺:在今后一切对外贸易活动中,包括两岸彼此间的一切贸易活动中,均将恪守《WTO协定》厘定的各项基本原则及其相关的具体规则。

换言之,举凡肇始于《关税与贸易总协定》并为《世贸组织协定》所承袭和发展的用以促进全球贸易自由化的各项基本原则,诸如公平贸易原则、非歧视原

---

① 参见:《中国加入世贸组织》,《就中国台北加入世贸组织问题外经贸部和国台办负责人发表谈话》,分别载于《人民日报》(海外版)2001年11月11日、2001年11月13日。
② 《马拉喀什建立世界贸易组织协定》(Marrakesh Agreement Establishing the World Trade Organization,以下简称《世贸组织协定》或《WTO协定》),序言。其中substantial reduction一词,现在通行的两种中译本译为"实质性削减"或"切实削减",似不尽达意。改译为上,以供对照参考。

则、互惠互利原则、最惠国待遇原则、国民待遇原则、大幅度削减关税和其他贸易壁垒原则、透明度原则、协商一致原则等①，均应根据两岸分别加入WTO时所作的承诺，完全适用于两岸之间的经贸往来。

特别值得注意的是，与参加世贸组织的所有其他成员相同，今后两岸都应切实信守《世贸组织协定》第16条第4款明文规定的"一揽子"义务，即："每一成员方均应确保其法律、条例和行政程序完全符合各项附件协定所规定的义务。"②这是一条涵盖性极广、约束力特强的关键条款或"总管"条款。

如所周知，现行的《世贸组织协定》是由一个主协定以及17个"附件协定"(annexed agreements)构成的有机整体。根据《世贸组织协定》第2条第2款，所有这17个附件协定及其相关的一系列法律文件，都是《世贸组织协定》的不可分割的组成部分(integral parts)，对所有成员都具有约束力。换言之，缔约各方对于就多个领域、多种议题开展多边谈判所达成的各种多边贸易协定，必须同时全盘接受，有如市场采购中的"成套买卖"或"一揽子交易"(package deal)，不得只从中选择接受部分协定而拒绝接受其他部分协定。

据此，海峡两岸相继参加世贸组织之后，作为它的两个成员，就必须分别以《WTO协定》主协定、17个附件协定以及其他相关法律文件作为标准，对各自现行的全部法律、条例以及一切行政程序规定进行全面的审查并采取相应的立法和执法措施。具体说来，举凡完全符合《WTO协定》整体规定的现行政策法令，就应继续推行；举凡不完全符合的，就应加以修订和调整；举凡完全不符合的，就应彻底废止，完全改弦更张。只有这样，才能做到确保海峡两岸两个关区内的政策法令，都完全符合《WTO协定》的整体"游戏规则"。

但是，要在两岸经贸往来中切实履行各自的承诺，贯彻实现促进贸易自由化的上述各项原则，却殊非易事。迄今为止，有关两岸经贸往来问题的谈判，一次又一次地陷入僵局，其主要症结就在于台湾地区当局长期以来竭力将两岸经贸问题"政治化"，不断地以政治分歧干扰两岸经贸交流，阻挠两岸

---

① 分别参见《1994年关税与贸易总协定》(以下简称"GATT1994")第1、2、3、8、10、11条。GATT 1994是《WTO协定》的首要附件协定。

② 《世贸组织协定》第16条第4款，其英文原文为："Each member shall ensure the conformity of its laws, regulations and administrative procedures with its obligations as provided in the annexed agreements."兹根据原文译出，译文与现在通行的两种中译本略有不同。

经贸合作。

二、两岸经贸问题被台湾地区当局"政治化"的现实和可能

中国政府在"入世"以前,就已长期采取经济上对外开放的基本国策。在对台经贸往来过程中,二十多年来,始终坚持不以政治分歧影响和干扰两岸经贸交流和经济合作的方针,在关税、贸易、投资、税收、金融、运输等诸多方面,对前来祖国大陆从事贸易、投资各类商务活动的台商,一贯给予全方位、多层次的优惠待遇,致使祖国大陆对台商产生了强大的"磁吸"作用。据有关主管部门统计,迄 2001 年底为止,两岸贸易额累计已超过 2 232 亿美元,其中大陆对台出口 360.40 亿美元,大陆自台进口 1 872.22 亿美元,两相抵扣,台湾地区从中获得的贸易顺差高达 1 511.93 亿美元之巨;与此同时,在投资方面,大陆已累计吸收台资50 820项,合同台资547.25 亿美元,实际使用 293.18 亿美元。目前,大陆已成为台湾第二大出口市场和最大的贸易顺差来源地[①]。

中国政府在"入世"之后,已经并正在继续依据《世贸组织协定》有关促进贸易自由化的宗旨、原则和各项规定,对国内各项原有的对外经贸政策和法规进行调整、改订和更新,并将遵循 WTO 的整体规定,在最大范围和最高层次上,继续对台商给予各种优惠待遇,俾能以更强的力度促使两岸经贸往来更加全面、快速和健康地发展。

但是,反观海峡对岸,台湾地区当局在"入世"前后,为了追求其狭隘的政治目的,无视两岸人民的共同愿望和根本利益,长期设置各种障碍,阻挠两岸经贸往来的健康发展,并刻意地将两岸经贸问题"政治化"。

这种"政治化"主要表现为两种形式:

第一,以"国家安全"之类的政治借口,制定针对祖国大陆的限制性和歧视性经贸政策和相关"法规",阻挠两岸双边贸易的正常进行,特别是阻挠大陆的商品和服务业进入台湾;阻碍台资流向大陆,特别是阻碍大陆资金进入台湾;并对大陆经贸人员的进出台湾、两岸经贸商务纠纷的处理,设定了种种无理限制和歧视待遇。在这方面,台湾地区 1991 年"国家统一纲领"和 1992 年《台湾地区与大陆地区人民关系条例》的相关规定,就是刻意将两岸经贸问

---

① 新华社报道:《海峡两岸经贸交流获长足发展》,载于《人民日报》(海外版)2002 年 2 月 11 日。

题"政治化"的典型表现。台湾地区当局至今仍然限制1 500余项大陆农工产品进口台湾地区,不但造成大陆对台贸易逆差累计高达1 511亿美元,而且迄今尚未批准任何一家大陆资本的企业在台湾地区注册,这与大陆已批准台资企业5万余家形成极其强烈的反差对比。凡此种种,归根结底,也在很大程度上削弱了台湾地区企业在世界市场上的竞争力,损害了台湾地区广大消费者的利益。①

第二,台湾地区当局出于政治目的而滥用世贸组织中的争端解决机制(以下简称DSU/DSB机制),刻意将两岸经贸争端"国际化",力图以"国际性"的"对簿公堂"方式,扩大政治影响,制造政治错觉,拓展"国际生存空间"。

上述第一种形式,是台湾地区当局已经行之多年的现实,至今未见有改弦易辙的重大举措。而且随着岛内政治格局的变化和民进党成为"立法院"的第一大党,今后还可能沿着原有的方向变本加厉。上述第二种形式,则是台湾地区当局正在积极策划并力求付诸实施的图谋,有种种迹象表明,它在一定条件下将从可能转化为现实。

就在"中国台北"单独关税区的代表在入世《议定书》上签署而"墨汁未干"之际,台湾地区当局就针对两岸经贸关系新局面发出这样的"政治"喊话:"加入WTO后,希望两岸能在同样国际组织、同样规则下,进行有秩序及比较正面的发展;至于所谓的'大三通',必须两岸协商,能在WTO架构下来谈。"②紧接着,台湾地区当局主管大陆事务的"陆委会"随即发表"声明",公开扬言:"两岸互不隶属,双方加入世贸组织(WTO)申请案也是分开处理,入世后将是两个独立、平行、对等的会员体";"WTO部长会议通过两岸同时入会案,此举标志着国际社会已正式接纳两岸成为国际自由体系一员。这个体系为两岸提供一个新的沟通、对话与咨商管道。透过WTO的架构,双方不再需要预设任何政治立场,也无需设置前提,即可依据现有规范与架构,针对共同和各自关切的经贸议题,自然地进行对话与咨商。"③对于台湾地区当局诸如此类的"政治喊话",台湾舆论界曾经及时作出中肯的解读,指出:"[台湾]当局显然对WTO的政治效益颇有寄望,期借WTO的国际架构来建立两岸在政治上的对等地位";"将WTO变成一个'经贸为借口,政治为目标'的借题发挥的政治舞台";"欲借此

---

① 参见《唐树备:加入世贸组织后两岸需要及早进行协商》,at http://www.chinataiwan.org/portal.po? UID (Sept. 1, 2002)。

② 台湾地区"中央社2001年11月12日电"报道当时"行政院长"张俊雄的表态。见《参考消息》2001年11月14日。

③ 台湾《联合报》2001年11月13日报道:《两岸方入世,即掀攻防战》;并见《台当局企图以"WTO架构"偷换"一中"》,载于《参考消息》2001年11月15日。

迫北京在国际注目下放弃对'一中原则'或'九二共识'的坚持"①。

国际上,密切注视台海两岸政治互动关系的"明眼"人士,也一眼看穿和一语道破台北"政治葫芦"中装入的最新"膏药"和最新盘算:"对台北而言,预计在[2002年]1月份的入世是一次外交上的偷袭。台北把加入WTO看作是世界其他国家实实在在地承认了台湾确实是一个独立于北京的实体。"②

针对台湾地区当局借"中国台北"入世之机,力图将两岸经贸问题进一步"政治化"、"外交化"和"国际化"的最新盘算,中国政府反复多次阐明了自己的原则立场。在两岸入世前夕,就严肃指出:"两岸加入世贸组织(WTO)为两岸经贸发展特别是直接'三通'提供了契机,但这些问题都是中国人自己的事情,可以在一个中国的原则下协商解决,不需要借助WTO架构下的争端解决机制,也不需要借助其他场合。""两岸之间的问题都可以协商,但前提和基础是必须看作为一个国家内部的事务,不能看作国际或国与国之间的事务。"③

两岸代表相继在入世《议定书》上签署之后,中国政府又严正声明:"我们欢迎中国台北在中国加入世贸组织之后以'中国台北'的名义加入世贸组织。……需要指出的是,两岸先后加入世贸组织之后,两岸经贸关系仍属中国主体与其单独关税区之间的经贸关系,两岸经贸关系只有在一个中国框架内才能得到发展。"④

新近,中国政府又在更高的层次上郑重表示:两岸双方已先后加入世贸组织,这是双方一件大事,也是进一步发展两岸经贸关系的新契机。当前,经济全球化程度不断加深,区域经济合作的趋势更加突出。面对共同的机遇与挑战,两岸同胞理应甘苦共尝,相互扶持。因此,"我们主张不以政治分歧干扰两岸经贸交流。限制两岸经济合作的人为障碍,应当尽快拆除。两岸经贸问题应该也完全可以在两岸之间解决。"⑤

综上所述,不难看出:第一,在两岸经贸问题上,特别在两岸直接"三通"问

---

① 台湾《联合报》2001年11月14日社论:《正确定位WTO:经贸平台?政治舞台?》,载于《参考消息》2001年11月16日。
② 美国《商业周刊》2001年11月19日文章:《台湾入世可能进一步扰乱两岸关系》,见《参考消息》2001年11月21日。
③ 新华社2001年10月31日电:《国台办发言:两岸之间的问题不需借助WTO架构解决》,at http://202.106.83.158/xxjb0042.htm。
④ 《就中国台北加入世贸组织问题外经贸部和国台办发言人发表谈话》,载于《人民日报》(海外版)2001年11月13日。
⑤ 钱其琛:《坚持"和平统一、一国两制"基本方针,努力推动两岸关系发展》(在江泽民主席《为促进祖国统一大业的完成而继续奋斗》重要讲话发表七周年座谈会上的讲话),载于《人民日报》(海外版)2002年1月25日。

题上,从来就存在着力图使其"政治化"和反对使其"政治化"的重大分歧和争斗。第二,在两岸相继入世之后,台湾地区当局囿于小"利"而昧于大势,任意曲解和可能滥用 WTO 的各种机制,在更多层面和更多场合,加强力度,继续扩大推行其把两岸经贸问题"政治化"的基本方针,并进一步把它"外交化"和"国际化";制造更大的"新麻烦",使两岸人民根本利益和祖国统一大业受到更严重的伤害。有鉴于此,对这种新的现实和可能,显然有必要依据《WTO 协定》所厘定的基本原则、有关规则及其历史实践进程,加以剖析,探讨其防治之方法与途径。

三、防止两岸经贸争端被台湾地区当局"政治化"的几种设想

根据世贸组织现行的基本原则、具体规则及其历史实践,结合海峡两岸相继入世后面临的新格局,可以考虑为防治两岸经贸问题被台湾地区当局进一步"政治化",提出以下五种设想或五种途径:(1)建立我国四地自由贸易区;(2)援用"安全例外"条款;(3)援用"互不适用"条款;(4)对"中国台北"单独关税区重新定位;以及(5)更新观念,接受挑战,善用 DSU/DSB 机制。下文将逐一探讨这五种设想或五种途径在 WTO 体制中的条款依据,剖析其中可能出现的新问题,并综合权衡比较其利弊得失,从而谨慎、灵活地趋利避害,从容取舍。

(一) 组建我国四地自由贸易区的设想和问题

1995 年的《世贸组织协定》(WTO)是由 1947 年的《关税与贸易总协定》(GATT)演进发展而来的。前者对后者有重大的发展,又在许多方面继续沿用后者的基本原则和有关规定(以下简称为"WTO/GATT 体制")[1]。关于组建自由贸易区问题,即是其中一例。

按照 WTO/GATT 体制,各缔约成员相互之间在征收进出口关税方面应当实行"普遍最惠国待遇",即任何缔约方在关税方面给予任何另一缔约方产品的优惠待遇,应当立即无条件地给予其他所有缔约方的同类产品[2]。但是,作

---

[1] 《1947 年关税与贸易总协定》(GATT 1947)经过修订,成为《1994 年关税与贸易总协定》(GATT 1994),并作为《世贸组织协定》的首要"附件协定"(annexed agreement),对世贸组织的所有成员具有全面的约束力。

[2] 见 GATT 1994,第 1 条第 1 款。

为"普遍最惠国待遇"的一种例外,WTO/GATT 体制又允许某些经贸关系特别密切的缔约方,即两个或两个以上关税区的中小群体(a group of two or more customs territories),另行组建为"自由贸易区",在其有关成员之间互相给予特别优惠的关税待遇,即"实质上(substantially)对原产于各成员境内各种产品的一切贸易,互相取消关税以及其他限制性商业规章"。而此种互相给予的特惠待遇,可以不给予自由贸易区成员以外的其他 GATT 缔约方①。有人通俗地比喻:这是允许在 WTO/GATT 的大集体大家庭中,另搞"小团伙";小团伙"哥们"间互相给予的特惠,可以不让大家庭中的其他成员分享。

由于此种做法既能够给各有关成员带来"左右逢源"的实惠,而又并不违反 WTO/GATT 的整体规范,从而是合理合法的,再加上客观实践证明:这种组织形式对于全球经济的共同繁荣确能起到促进作用,因此,20 世纪 80 年代后期以来,随着经济全球化程度不断加深,组建"自由贸易区"之类区域性经济合作组织的趋势,也日益强化和更加突出。据 WTO 现任总干事穆尔(Moore)透露:迄 2000 年 11 月底止,经 WTO 秘书处登记在案的区域性贸易协定已达 170 多个,另有 70 多个也在磋商谈判之中②。对于近十几年来如"雨后春笋"般相继出现的此类协定,《世贸组织协定》在其首要附件中给予了积极的评价,认为"此类协定各参加方的经济更加紧密的一体化,可以对世界贸易的扩大作出贡献"。③ 世贸组织的最高决策机构新近在多哈会议后发表的《部长会议宣言》中,也对 WTO 框架下的区域性贸易协定加以充分肯定,宣称:"我们强调确认世贸组织是制定全球性贸易规则和促进全球贸易自由化的无与伦比的论坛;同时,我们也承认各种区域性贸易协定在推动贸易自由化、扩大贸易和促进发展等方面,能够发挥重大的作用。"④

如今,中国既已加入世贸组织,对于上述行之有效的国际惯例或通行做法,自有参考、借鉴的可能和必要,并可结合中国国情,采取"拿来主义",加以妥善运用。据报道,不久前中国对外经贸部副部长龙永图在香港举行的一个大型国际研讨会上透露,"中国政府正考虑入世后在内地、香港及澳门之间建立一个自由贸易区,在世界贸易组织有关条例和框架之下进一步促进中国内地、香港与

---

① 见 GATT 1994,第 24 条第 8(b)款。
② See Moore, Globalizing Regionalism: A New Role for Mercosur in the Multilateral Trading System, at http://www.wto.org/english/news-e/spmm.htm.
③ 见 GATT 1994, d. 关于 1994 年关税总协定第 24 条解释的谅解。载于《乌拉圭回合多边贸易谈判结果法律文本》(以下简称《乌拉圭回合法律文本》),法律出版社 2000 年版,第 26 页。
④ Doha WTO Ministerial 2001: Ministerial Declaration, adopted on 14 Nov. 2001, par. 4, at http://www.wto.org/english/thewto-e/minist-e.

澳门的经济发展和繁荣。""中国入世后,在内地、香港和澳门之间建立自由贸易区完全符合世界贸易组织的贸易协定,而且有利于加强彼此间的贸易往来,有利于密切相互的经济合作。"①香港经济学家也认为,在内地和港澳地区之间逐步建立起一种自由贸易关系,形成比一般世贸组织成员之间更加紧密的贸易互惠关系,将更能体现内地与港澳地区之间一个国家几个关税区的特殊关系和客观现实。

香港有的学者则更进一步倡议组建"大中国自由贸易区",参照欧盟、北美自由贸易区、东盟的架构,立足于中国国情,逐步建立起包括我国台湾地区在内的一国两岸四地(大陆、港、澳、台)自由贸易区。除了在四地之间实行比一般WTO成员之间更紧密的协作和更优惠的互惠措施之外,还设置特定的争端解决机制,以专门解决一国两岸四地之间的经贸争端②。

这一设想和倡议,符合我国四个关税区广大人民的共同利益,符合WTO/GATT体制下的常规,符合当代潮流,自是可取之道。果能实现,就可避免将两岸经贸问题和经贸争端"政治化"、"外交化"和"国际化"的种种弊端和危害。但是,这一设想的实现,却必须以海峡彼岸台湾地区当局承认"一个中国"的原则作为基础和前提。衡诸当前现实,台湾地区当局至今仍然坚持其顽固立场,甚至公然推翻当年"汪辜会谈"已经达成的关于"一中各表"的"九二共识",则此议在目前可预见的一定时期内,恐难实现。不过,如果在WTO/GATT框架下,分两步走,第一步先把中国内地、港、澳这三个关税区妥善地组建为具有中国特色的自由贸易区,充分发挥其互补互助的综合集体优势,强化其在国际市场上的竞争能力,共同为13亿中国人民谋取到令人艳羡的福祉,则这一自由贸易区对海峡彼岸的台湾地区当能发挥相当有力的示范作用和"磁吸"效应,并在时机成熟时导致第二步,促使管辖着"中国台北"关税区的台湾地区当局改变立场,同意加盟。这应当是可以合理预期的。

(二)援用"安全例外"条款的设想和问题

在WTO/GATT体制中,"安全例外"条款是常被援用但至今争议很大的条款。

前文述及,世贸组织要求其所有成员都应恪守WTO/GATT体制下的各项原则和规范,在贸易领域相互给予关税减让等各种互利互惠的待遇,以不断

---

① 新华社报道:《中国正考虑在内地与港澳之间建立自由贸易区》,载于《人民日报》(海外版)2001年11月29日。
② 参见莫世健:《论世贸组织内大中国自由贸易区的法律框架》,载于《国际经济法论丛》(第5卷),法律出版社2002年版。

促进彼此之间和全世界范围内贸易自由化。但是,全球各国、各地区与贸易有关的具体形势是极其复杂多变的,为了保护其成员在某些特定情况下的合理权益,世贸组织又允许其成员在某些特定情况下,作为例外,可以在一定程度上暂时偏离(deviate from)其本应恪遵的某项原则或规范,即暂不履行其原先承诺承担的某种义务。前述允许组建"自由贸易区",即是对"普遍最惠国待遇"原则的一种例外;而以"安全利益"为由暂时偏离 WTO/GATT 有关规范和暂不履行其原有义务,则是另一种例外,而且是更加重要的例外。

根据 WTO/GATT 体制中"安全例外"条款,《1994 年关税与贸易总协定》中的任何具体规定,均"不得被解释为阻止任何缔约方采取其认为对保护其基本安全利益(essential security interests)所必须的任何行动",其中包括与武器、弹药和作战物资的贸易有关的行动,在战时或国际关系中其他紧急情况下采取的行动,等等①。

两岸分别入世后,作为同一个中国主权实体下的两个关税区,任何一方对其相互之间的贸易往来,可否以保护自身"基本安全利益"作为理由,援引"安全例外"条款,偏离 WTO/GATT 的现有规范,设置贸易障碍,拒绝给予对方应有的各种优惠待遇,阻挠贸易自由化的进程?据笔者所知,这在 WTO/GATT 体制五六十年的演进史上,还是一个新鲜问题。围绕着这一中心,又可分解为以下三个"子"问题,即:

(1) 台湾地区当局是否可能在 WTO 新体制下,援引"安全例外"条款,继续阻碍两岸经贸的健康发展?或者更进一步援引此例外条款,滥用 WTO 中的争端解决机制,制造新的"麻烦",把两岸经贸问题更加"政治化"、"国际化"?

(2) 中国政府是否可能在 WTO 新体制下,援引"安全例外"条款,拒绝继续给予台商各种优惠以继续促进两岸经贸的健康发展?或者进一步援引此例外条款,排除台湾地区当局对 WTO 中争端解决机制的滥用?

(3) 台湾地区当局是否可以在 WTO 新体制下,援引"安全例外"条款,继续和强化其向美国等采购武器的贸易行动(以下简称"向美购武"或"对台售武"),并使此类行动获得 WTO/GATT 体制下和国际法上的合法地位?

对于上述第一个"子"问题的答案,应当是肯定的。如所周知,李登辉当权年代长期推行"戒急用忍"方针阻挠两岸经贸正常往来,其最基本的"理论借口"就是所谓保护台湾岛的"安全利益"。如今,台湾地区当局承袭了李登辉的衣钵,虽在岛内外压力下提出了所谓"积极开放,有效管理"的"调整"办法,貌似有

---

① 参见 GATT 1994,第 21 条,载于前引《乌拉圭回合法律文本》,第 456 页。

所"松绑",实则许多迹象表明其基本方针并未改弦易辙,以致被嘲为"开放开放,开而不放;松绑松绑,松而又绑"。特别是"新政策"中的"有效管理"一词,留下模糊的解释空间,论者认为它不过是台湾地区当局捞取更多选票的一种"障眼"术或"掩耳"法,不过是"戒急用忍"的政治"变种",或新瓶装旧酒①。其最新例证之一是:就在"中国台北"关税区的代表在入世《议定书》上签署的前后,由台湾地区"国家安全局"牵头,"经济部"、"财政部"、"警政署"参与的"WTO 因应小组"秘密会议,频频举行,研拟在两岸入世后的新"对策",议题分商品、人力、资金、情报、高科技五个小组,其中资金小组是整个会议的焦点,判定大陆"极有可能利用世贸市场开放之便对台展开经贸统战";"连带势必衍生'以商围政'、'以商乱政'的情形,届时,台湾将面对长年经济基业受制于人形成的'内乱'"②。此例说明:台湾地区当局早就加紧策划于密室,研究"因应"之策,并已下定决心在"入世"之后,仍然耍弄故伎:打起保护"国家安全"的破旗,危言耸听,欺骗舆论,蛊惑人心,继续阻挠两岸经贸往来的健康发展。

但是,如果较深入地回顾 WTO/GATT 体制的历史实践,则不难发现,台湾地区当局的这一如意盘算是极难得逞的。在 GATT 的历史实践中,曾经有过三起比较典型的援用"安全例外"条款的争端③,兹分别简介如下:

(A) 阿根廷诉欧共体、加拿大和澳大利亚限制进口案

阿根廷东南沿海的马尔维纳斯群岛(又称福克兰群岛),原为阿国领土,1832 年间被英国长期占领。1982 年阿根廷采取了收复失土的措施,英国对阿悍然发动侵略战争,因强弱悬殊,以阿方失败告终,史称"马岛战争"。在"马岛战争"期间,在英国的积极策划和推动下,欧共体及其成员国(含英国)、澳大利亚和加拿大等自 1982 年 4 月 10 日起对阿根廷实行进口限制,以示"制裁"。

---

① 台湾舆论界综合观察了岛内"松绑政策"的种种现实,指出:以"松绑"取代"戒急用忍","虽然方向正确,但是目前的规范仍然绑了小脚,一路走来将会始终颠簸";台湾地区当局一方面作出"积极开放"的姿态,"给厂商萝卜吃,一方面也祭出种种审查机制、动态调节机制,及事后管理手段作为棒子,……以利掌控资金流向"。参见杜震华:《松绑"戒急用忍"不如"三通"》,载于台湾《中央日报》2001 年 11 月 8 日;《萝卜十棒子》,载于台湾《工商时报》2001 年 11 月 8 日。见《参考消息》2001 年 11 月 10 日。
② 台湾《东森新闻报》2001 年 11 月 21 日报道,香港《明报》2001 年 11 月 22 日报道:《台称要防大陆"经济统战"》,载于《参考消息》2001 年 11 月 23 日。
③ See Robert Hudec, Enforcing International Trade Law: the Evolution of Modern GATT Legal System, Appendix / Part I: 207 GATT Complains, Nos. 112, 125,143,Butterworth Legal Publishers, 1993,pp. 502,512 - 513,527 - 528; Oliver Long, Law and its Limitations in the GATT Multilateral Trade System, Martinus Nijhoff Publishers ,1985, pp. 81 - 83. 其中译本为:《关贸总协定多边贸易体制的法律及其局限》,童守云译,中国社会科学出版社 1989 年版,第 102—104 页。并参见朱榄叶:《关税与贸易总协定国际贸易纠纷案例汇编》,法律出版社 1995 年版,第 28、33—37、70—71 页;余敏友等:《WTO 争端解决机制概论》,上海人民出版社 2001 年版,第 134—136 页。

1982年4月30日,阿根廷向当时的关贸总协定理事会投诉,指控这些国家所采取的措施均非出于经济和贸易方面的原因,衡诸《关贸总协定》的原则和有关规范,显属非法行为,应予撤销。这些被诉国家援引《关贸总协定》第21条所规定的"安全例外"条款,论证其行为的"合法性"。双方舌剑唇枪,展开激烈争辩,GATT理事会未作结论。其后不久,迫于全球公正舆论[1],被诉诸国于1982年6月底撤销了上述对阿的无理限制措施。但被诉方援用"安全例外"一举之是非曲直以及是否合法,迄未澄清[2]。

为要个"说法",讨回公道,并防止今后"安全例外"条款再被任意滥用,阿根廷继续坚持要求GATT理事会作出决定,正式确认被诉诸国对阿采取的进口限制属于违法行为。此项正当要求因受被诉诸强国抵制,未果。阿遂声明保留其在《关贸总协定》体制下的一切权利,"包括可能在适当时候援用GATT第23条规定来确定(determine)这些制裁所造成损害"[3]。它还进一步要求GATT理事会以"协商一致"方式将其意见写进针对GATT第21条作出解释的文件中。1982年11月,GATT缔约方全体受理该争端,又经一番激烈争辩,GATT理事会仅仅同意在作出第21条正式解释的决定之前,先制定援用第21条的程序性"指导原则"。该"指导原则"规定,今后凡援用GATT第21条"安全例外"条款采取贸易限制措施者,应尽早通知各缔约方;受影响的所有缔约方有权保留其在关贸总协定体制下的一切权利,并且有权请求理事会对该问题进行相应的全面审查。但对于阿根廷要求就"安全例外"条款本身作出正式解释一事,GATT理事会虽表示要加以"进一步研究"(further study),但一直采取拖延、回避态度,最后不了了之[4]。

(B) 尼加拉瓜诉美国削减食糖配额案[5]

尼加拉瓜是中美洲农业国,经济上以生产和出口粮、糖、咖啡为主。自20

---

[1] 在1982年"马岛战争"期间,除英国外,欧共体其余国家(法国、联邦德国、意大利、荷兰、比利时、卢森堡、丹麦、爱尔兰、希腊等)以及加拿大和澳大利亚,都根本不是国际公法意义上的"交战国"(belligerents)。它们与阿根廷之间,全部都是"非交战国"(nonbelligerents)关系,实际上纯属群强纠合,欺压弱小,却胡乱援引GATT第21条"基本安全利益"例外条款,对阿实施贸易"制裁",显得极其牵强附会,难以自圆其说,徒贻天下笑柄。See Robert Hudec, supra, p.176.

[2] See Report of the Council of Representatives on work carried out since the thirty-seventh session of the Contracting Paities, doc. L/5414, 12 Nov. 1982, p.17.

[3] GATT第23条规定:各缔约方认为其GATT项下的任何权益受到侵害时,有权依有关程序,向缔约方全体投诉,缔约方全体应立即对有关投诉进行研究,并向有关缔约方提出改正建议或作出相应裁决。

[4] See Oliver Long, supra, pp. 81 – 82; Robert Hudec, supra, pp. 502, 176.

[5] See United States-Imports of Sugar From Nicaragua, Report of the Panel adopted on 13 March 1984(L/5607 – 31S/67),at http://www.wto.org/english/dispu-e/gt47ds-ehtm.

世纪30年代初起,尼国长期由亲美军阀索摩查家族统治,沦为美国的半殖民地。1979年桑地诺民族解放阵线推翻了索摩查家族的独裁统治,建立了独立自主的新政权,触犯了美国在尼的"既得利益"。于是美国视桑地诺阵线政权为眼中钉,力图予以扼杀。除大力支持尼国内部反政府武装的颠覆活动外,于1983年5月起大幅度削减从尼国进口食糖的配额,从原有的每年进口配额58 000短吨骤减为每年6 000短吨(1短吨=2 000磅=907.2公斤),即大约十削其九,只留其一;并将削减下来的食糖配额重新分配给其他拉美国家。据统计,此举将使尼国每年损失1 400万美元的外汇收入。美国所持"理由"是:美国对其自身"安全"和整个拉丁美洲的"安全"负有维护责任。大幅削减从尼国进口食糖配额,旨在削弱尼国政府用于军事目的以及资助中美地区"颠覆活动"和"极端分子"的财源,以保障和增强美国和拉美的"安全"与"稳定"。

1983年5月26日,尼加拉瓜向GATT理事会投诉,指控美国此举是为了追求特殊的政治目的而给予尼加拉瓜的歧视待遇,从而违反了《关贸总协定》第13条第2款关于"数量限制的非歧视管理"的规定,即"在对任何产品实施进口限制时,缔约方应当做到使此种产品的贸易分配尽可能接近在无此类限制的情况下各缔约方预期获得的份额"。同时,还指控美国此举也违反了《关贸总协定》第2条关于关税减让表的规定、第11条关于取消数量限制的规定以及该协定第4部分关于"贸易与发展"和给予发展中国家特惠待遇的规定。

双方经协商无法解决争端,尼加拉瓜遂于1983年6月27日进一步要求GATT理事会成立专家组审理此案。1983年10月18日理事会主席宣布,经与各方磋商,决定成立由R. Peren、H. Sarraillet和C. Manhusen组成的三人专家组,并且已授权专家组主席Peren与有关各方商定本案"审理范围"(terms of reference)为:"依据GATT有关规定,审理由尼加拉瓜提交缔约方全体的关于美国对从尼加拉瓜进口食糖采取措施的争端案,并作出事实认定(findings),以便协助缔约方全体依据GATT第23条的规定,提出建议,或作出裁定。"

这样,受理本案的专家组从一开始就把争讼双方中的政治分歧问题,即有关美国援用"安全例外"条款本身的理由之是否合法问题,是否触犯GATT规范问题,完全排除在"审理范围"之外,把贸易争端从政治分歧中完全"剥离"出来,而仅仅"就事论事",审理美国所采取的限制尼糖进口新措施是否符合GATT的有关规定。经过将近5个月的调查听审和取证,专家组于1984年3月初作出了本案的审结报告,呈交GATT理事会,其中认定:美国将尼糖进口配额从原有的58 000短吨骤减为6 000短吨此举,表明美国违反了《关贸总协定》第13条第2款关于"非歧视"的规定,"美国未能履行它根据《总协定》所承担的义务"。"专家组建议缔约方全体要求美国迅即向尼加拉瓜分配符合《总协定》第 13 条第 2 款规定标准的食糖进口配额。"此项专家组审结报告在 GATT 理事会上引起激烈争辩。众多国家认为：为了追求政治目的而施加贸易限制，是不合理、不正当的，因而主张正式通过此项审结报告。美国代表则极力强调 GATT 组织根本无权处置此类国际争端。1984 年 3 月 13 日,此项审结报告终于在 GATT 理事上获得通过。但是,美国政府仍坚持原有立场,并公然表示：只有在美一尼之间的政治矛盾找到妥善解决方案之后,美国才会撤销上述措施。足见美国当年即使在 GATT 原多边体制下,依然我行我素,不受任何多边规范的约束,表现得十分霸气和蛮横①。

此案的审理虽未能最终解决美一尼矛盾,但关贸总协定前任总干事奥利弗·隆(瑞士籍人士)却从"方法论"的角度对它的审理经验作出了相当积极的肯定。他总结说："此案的审理在关贸总协定的法律方面有一些值得注意的特色。首先,它表明：至少在某些争端中,有可能将政治因素与贸易因素分隔开来；其次,它表明：即使在处理政治色彩很浓的争端中,专家组程序也是颇能发挥作用的。"②

(C) 尼加拉瓜诉美国禁运案

尼一美贸易争端前波未平,后波又起：1985 年 5 月 1 日美国总统里根宣布,由于尼加拉瓜政府的政策和行为对美国的"国家安全"和外交政策构成"特别的威胁",根据美国 1976 年的《国家紧急状态法》,美国政府决定自 1985 年 5 月 7 日起,对尼加拉瓜实行全面禁运,并禁止美国人与尼加拉瓜进行任何贸易,以示对尼实行"制裁"。针对美国政府此种变本加厉、背弃 GATT 多边规则义务的强霸行为,尼加拉瓜向 GATT 理事会投诉,请求成立专家组审理此案,并作出决定,要求美国取消禁运。在嗣后的激烈争辩中,美国坚主 GATT 专家组不能审议美国援引 GATT 第 21 条"安全例外"条款这一行动的合法性问题,在此前提下,才能同意成立专家组。显见其"做贼心虚",色厉内荏。为了打破僵局,GATT 理事会同意接受美国提出的这一条件,并成立了专家组。据此,专家组成立之后在其"审理范围"(terms of reference)中,排除了上述审议内容,也不审议依据国际公法其他准则提出的其他指控,而仅限于就贸易论贸易。1985 年 10 月,专家组提交了调查审结报告,作出了貌似"模棱两可"实为"委婉"地批评美国的认定：一方面,承认美国有权实行贸易禁运；另一方面,又认

---

① See Robert Hudec, supra, pp. 512－513, 176.
② 参见前引 Oliver Long 原著,第 83 页；童译中文本,第 104 页；余友敏等书,第 136 页。

为美国的禁运措施有悖于 GATT 推进贸易自由化的基本宗旨。美国固然有权援引 GATT 第 21 条"安全例外"条款,但也需要有稳定的贸易政策,在两者互相矛盾不可得兼时,美国选择了前者,而放弃了后者,这是错误的选择。但是,专家组并未针对美国的这种错误选择进一步提出改正建议。同年 11 月,GATT 理事会对专家组的报告作了讨论。当事国双方以及相关各方对决议案文的内容和措辞又各执一端,僵持不下。经理事会与争端双方磋商协调,迄未能化解僵局,遂将专家组报告作为未经通过的文件存档搁置①。此后 1987 年、1988 年,尼加拉瓜政府又多次向 GATT 理事会投诉,指控美国的禁运措施违背它自己在 GATT 中承担的国际义务,但始终未获理事会积极回应。直至 1989 年,尼加拉瓜大选,产生了新总统,美国才在 1990 年 2 月正式解除了对尼的禁运②。

以上三宗案例,具体情节各异,但其中"安全例外"条款的援用者却颇有"共性":第一,都是为了追求政治目的,蓄意将经贸问题政治化。第二,都是对 GATT 体制下"安全例外"条款加以曲解和滥用。第三,都是背弃了自己参加 GATT 多边体制时作出的郑重承诺,自食其言,违反国际义务。第四,GATT 的缔约方全体(contracting parties)及其理事会在处理此类蓄意把经贸问题与政治冲突挂钩、曲解和滥用"安全例外"条款因而引发的争端时,总是回避直接触及棘手的政治分歧,而尽可能将经贸问题从政治争端中剥离出来,"在商言商",就贸易谈贸易,并以《关贸总协定》本身的规则为准绳,求得问题的妥善解决。诚如关贸总协定前任总干事奥利弗·隆所总结的:在 GATT 体制下,当事人将争端提交缔约方全体及理事会之后,如果其中的政治意义大于贸易意义,缔约方全体及其理事会就只打算在《关贸总协定》的职权职责范围之内行事。它们总是尽一切努力避免卷入政治性的纷争,而将解决政治争议的责任留给其他相关组织去处理。"为了把贸易因素和政治因素隔离开来,GATT 理事会总是将政治因素搁置一边,而只受理审查该案争端是否与《关贸总协定》的具体规定相关联,能否根据《关贸总协定》的具体规定来断处。"③第五,正因为

---

① 按照当时的议事规则,GATT 理事会对争端案件作出处断决定时,采取"协商一致"(consensus)的方式,即对于受理审议的争端事项加以处断的拟议决定(proposed decision),出席会议的全体成员无人正式表示反对,方可视为经"协商一致"作出了决定。这种表决制度往往导致某些大国在 GATT 内部敢于独行其是,不受约束,从而使 GATT 当年的争端解决机制显得软弱、低效。参见陈安:《世纪之交围绕经济主权的新"攻防战"》,载于《国际经济法论丛》(第 4 卷),法律出版社 2001 年版,第 84—86 页。

② See Robert Hudec, supra, pp. 527–528, 202.

③ 参见前引 Oliver Long 原著,第 81 页;童译中文本,第 102 页。

GATT 缔约方全体及其理事会对此类因曲解和滥用"安全例外"条款引发的争端,采取上述"政贸分离"的处断方针,因此,此类争端制造者的违规、违法行为,极难得到其他缔约方的普遍认同,恰恰相反,到头来总是遭到其他缔约方和国际舆论的同声谴责和广泛批评,即使是超级大国或经济强国,也未能例外和"幸免"。其"政治收支结算",总是所失远超于所"得"。

简言之,在 GATT 体制下滥用"安全例外"条款者的以上五点"共性",似可概括为:目的相近,手段相似,后果相同。

由此可见,两岸入世后,如果台湾地区当局仍然昧于大势,不识时务,也拒绝"以史为鉴",硬要耍弄故伎,在 WTO/GATT 的新框架下曲解和滥用"安全例外"条款,继续把两岸经贸问题政治化,以阻挠两岸经贸往来的健康发展,则到头来势必是"偷鸡不着蚀把米",除了进一步在世贸组织和国际社会中丢丑之外,不会有其他什么美果可尝。这就是对前述第一个"子"问题持肯定答案的"发展前景"。

关于前述第二个"子"问题,即中国政府是否可能在 WTO 新体制下援引"安全例外"条款,以应对台湾地区当局的"经贸政治化"行径及其后果?其答案应当是否定的。至少就现有的两岸关系"生态学"环境看,应持否定答案。

这是由中国政府对待两岸经贸问题的基本立场、基本政策方针所决定的。因为:首先,如前文所述,中国政府反复多次强调:"两岸加入世界贸易组织之后,两岸经贸关系仍属中国主体与其单独关税区之间的经贸关系";两岸经贸问题始终"都是中国人自己的事情",可以在一个中国原则下和一个中国范围内,自行协商解决;"两岸经贸问题应该也完全可以在两岸之间解决"。① 换言之,在可预见的未来岁月中,没有必要援用"安全例外"条款,主动把两岸经贸争端问题提交 WTO 去求得解决。其次,亦如前文所述,中国政府在入世前后,已经并正在继续依据 WTO 促进贸易自由化的诸般原则和规则,调整和更新对外开放的政策法令,在更大范围、更多层次和更强力度上,扩大对外开放。因此,对于"血浓于水"的本国同胞——台商,势必继续给予在 WTO 新框架下的各种可能的最大优惠;甚至在条件成熟时,也给予"自由贸易区"的同等特惠待遇,这也不是不可预期的。既然如此,中国政府显然不会在台湾地区当局继续阻挠两岸经贸正常往来的新情况下,援用"安全例外"条款,自行改变对广大台商给予最大优惠的政策。因为,中国政府对待迄今仍坚持"台独"走向的台湾地区当局与对待心向祖国的广大台商,从来就是严格区分、绝不混淆的。

---

① 见前引钱其琛讲话;外经贸部和国台办发言人谈话。

但是，如果台湾地区当局不但长期拒不改弦更张，而且误判"入世"后的新格局、新形势，顽固地和加速地沿着台独走向愈行愈远，并且变本加厉，进一步肆意滥用WTO中的争端解决机制，不断地制造新麻烦和挑起新事端，千方百计地借"入世"之机把两岸关系"国际化"，则中国政府届时是否可能援用"安全例外"条款，又当别论。关于这一点，下文将另作分析。

关于前述第三个"子"问题，即台湾地区当局能否在WTO新体制下援引"安全例外"条款，使其向美国等采购武器的贸易行为获得WTO/GATT体制下和国际法上的"合法"地位？其答案也应当是否定的。其所以然，有着三个方面的原因：

第一，贸易自由化须受国际公法准则的约束。WTO/GATT体制所借以建立和运行的法律根据是《WTO协定》。后者的立约宗旨，是在经贸这一有限的领域，即在非政治领域，建立一个全球性的多边平台，即全球性的多边贸易体制，以促进全球贸易自由化(trade liberalization)。这种"自由化"，当然不应当也不可能是无条件的、绝对的、不受任何法律约束的"自由化"。即使就体现了促进贸易自由化宗旨的WTO诸项基本规则而言，其关税减让的幅度，贸易壁垒撤除的范围，非歧视措施、最惠国待遇、国民待遇实施的程度，也都是必须具备一定条件和受到一定限制的，而这些条件和限制的本源，归根结底，则是来自各主权国家在政治上和经济上的协商意志和协调权力。因此，在当代国际社会中，任何全球性的经贸平台或多边贸易体制，都不是孤立自在和至高无上的，它的持续存在和正常运作，是与国际政治上现有的多边体制互相配合、相辅相成的；相应地，它必须也必然要切实遵守和直接受制于国际政治关系、国际公法上的一切基本原则，而不得任意违背、侵害、践踏、直至破坏这些基本原则。否则，就势必造成国际政治秩序和国际经济秩序的混乱，并最终导致经贸平台本身的瓦解和覆灭。

第二，对台售武是触犯国际强行法(*jus cogens*)[①]的违法行为。当代国际社会上行之多年的《维也纳条约法公约》，在序言中开宗明义地强调"条约必须遵守原则是举世公认的(universally recognized)"。《公约》第26条规定："凡在有效期中的条约对各当事国均有拘束力，各当事国必须真诚守信地(in good faith)履行。"第27条又进一步指出国际条约与缔约国国内法之间的关系，明文规定："条约当事国不得援引其国内法规定作为理由而不履行条约。"这就是众

---

① 强行法(*jus cogens*)，又称强制法、绝对法，指必须绝对执行的法律规范，不允许法律关系参与者一方或双方任意予以伸缩或变更。其相对名称为任意法(*jus dispositivum*)，又称相对法，指可以随意选取舍的法律规范，允许法律关系参与者在法定范围内自行确定相互间的权利义务关系。

所周知的"有约必守"(pacta sunt servanda)原则。与此同时,《公约》第53条又明文强调:"条约在缔结时如与一般国际法强制性规范(peremptory norm)相抵触,条约无效。""一般国际法强制性规范是指由国家组成的国际社会整体接受并公认为不容许侵害毁损……的规范。"①而"有约必守"原则以及不得侵害国家主权原则,即一切国家应当互相尊重国家主权的独立和领土的完整,这都是早已厘定于《联合国宪章》②和举世公认的国际法强制性规范。

据此,任何全球性的政治公约、经济公约,包括《WTO协定》,其缔结、运作和执行,显然也都不得任意违反、背离上述国际法强制性规范。衡之台湾地区当局向美国购武以及美国对台售武的现实,则购买与销售双方,显然都是直接违反、践踏《联合国宪章》和《维也纳条约法公约》有关"有约必守"以及国家主权不容侵害这些国际法强制性规范的。它们之间的购、销行为,显然都不属于WTO体制下的促进贸易自由化的合法范畴;恰恰相反,此类行为都应属于国际法上的不法行为或违法行为。

众所周知,台湾自古即属于中国。中国人由大陆赴台开发、经营、生息繁衍,已长达1 700余年。1885年,中国清朝政府正式划定台湾为中国的单一行省,并任命巡抚统辖全岛。1895年起台湾虽一度被日本侵略者长期霸占,但第二次世界大战结束前后,一系列国际协定和法律文书已重新确认中国对台享有主权,并使台湾重归祖国怀抱③。

但是,1949年中华人民共和国成立之后,美国出于其称霸全球的战略需要,长期拒绝在外交上承认中国,并极力扶持退踞台湾的国民党集团窃踞新中国在联合国中的合法席位。经中国与全球主持正义的国家联合斗争,终于在1971年10月25日由第26届联合国大会通过2758号决议,驱逐了台湾地区当局的代表,恢复了中华人民共和国在联合国的席位和一切合法权利。美国政府鉴于大势已去,无力回天,为避免自己陷于彻底孤立,遂于20世纪70年代之初

---

① 1969年《维也纳条约法公约》较通行的中译本有二,这里摘引的内容是根据其英文本原文,参照通行译本,另行改译。见李浩培著:《条约法概论》,附录一,法律出版社1987年版,第605、613、620页,第633、654、671页,第701、711、720页。关于国际法强制性规范或强行法的各种见解及其分析,见同书第294—303页。
② 见《联合国宪章》,第2条,第1、2、4、7款。
③ 1943年12月1日中、美、英三个同盟国签署的《开罗宣言》,1945年7月26日中、美、英及前苏联共同签署的《波茨坦公告》,一再重申:日本所窃取于中国之土地诸如中国东北、台湾、澎湖列岛等,均应归还中国。1945年8月15日,日本宣布投降,在《日本投降条款》中对上述国际协定表示接受。同年12月25日,受降主官代表中国政府宣告:自即日起,台湾及澎湖列岛已正式重归中国版图,所有一切土地、人民、政事皆已置于中国主权之下。至此,台湾、澎湖完全重归于中国主权管辖之下,并已获得国际社会的普遍承认。详见中国政府白皮书:《台湾问题与中国的统一》(1993年8月1日);《一个中国的原则与台湾问题》(2001年4月7日)。At http://www.chinataiwan.com.org/。

开始对华建交谈判,并在其后发表的三份中美联合公报中,反复重申:"美国认识到,在台湾海峡两边的所有中国人都认为只有一个中国,台湾是中国的一部分。美国政府对这一立场不提出异议。"①"美利坚合众国承认中华人民共和国政府是中国的惟一合法政府。""美利坚合众国政府承认中国的立场,即中国只有一个,台湾是中国的一部分。"②"互相尊重主权和领土完整、互不干涉内政是指导中美关系的根本原则。……美国政府非常重视它与中国的关系,并重申,它无意侵犯中国的主权和领土完整,无意干涉中国的内政,也无意执行'两个中国'或'一中一台'政策。"③

特别应当指出的是,在上述发表于20年前的第三个中美联合公报中,美国政府还专门就对台售武问题作出郑重的、具体的承诺:"美国政府声明,它不寻求执行一项长期向台湾出售武器的政策,它向台湾出售的武器在性能和数量上将不超过中美建交后近几年供应的水平,它准备逐步减少它对台湾的武器出售,并经过一段时间导致最后的解决。"④

相隔15年之后,中美双方又发表联合声明,分别和共同重申恪守上述三个联合公报:"中方强调,台湾问题是中美关系中最重要最敏感的核心问题,恪守中美三个联合公报的原则,妥善处理台湾问题是中美关系健康、稳定发展的关键。美方重申,美国坚持一个中国的政策,遵守中美三个联合公报的原则。"⑤

简言之,在尊重中国国家主权和领土完整以及与之紧密相关的削减和停止对台售武问题上,美国历届政府可谓信誓旦旦,好话说尽,言犹在耳。但是,对照众所周知的美国对台售武的现实,自上述第一个公报发表后长达30年的期间内,美国政府不但未信守诺言,"逐步减少"对台售武,反而不断变本加厉,在对台售武的性能和数量上均大大超过中美建交后1982年的原有水平。如果把这种严重食言、背信弃义、践踏"有约必守"和国家主权原则等国际强行法规范的违法行为,说成是符合WTO/GATT体制宗旨和规则的合法行为,说成是符合国际公法的正当行为,那就不啻是对WTO/GATT体制和国际公法基本准则荒谬绝伦的歪曲和极端严重的亵渎!至于美国国内至今仍有"鹰派"人士以实施美国国内的《台湾关系法》为借口,"论证"美国对台售武行为之"合法性"和坚持此种践踏国际强制性规范的违法实践,只不过是徒然凸显其对《维也纳条

---

① 《中美联合公报》(1972年2月28日), at http://www.chinataiwan.com.org/。
② 《中华人民共和国和美利坚合众国关于建立外交关系的联合公报》(1979年1月1日)(网址同上)。
③④ 《中华人民共和国和美利坚合众国联合公报》(1982年8月17日)。
⑤ 《中美联合声明》(1997年10月29日)(网址同上)。

约法公约》第27条禁止规定之无知、蛮横和理屈词穷,实在无法掩尽天下人耳目,因为后者毫不含糊地载明:任何条约当事国均不得援引其国内法规定作为理由而不履行国际条约。

第三,欧美其他军事工业强国对台售武行为,也是触犯国际强行法的违法行为。近数十年来,除美国之外,欧美其他军工强国的军火商及其政府对台售武情事,亦时有发生,伏而又起。此类行为,当然也是属于违反"有约必守"和"他国主权不容侵害"等国际强行法规范的不法行为。因为,在这些国家与中国建交之初,都毫无例外地在有关建交的双边公报中公开宣布:尊重中华人民共和国主权和领土的完整,承认中华人民共和国政府是中国的惟一合法政府,台湾是中国的一部分。不言而喻,一方面宣称尊重中国主权和领土的完整,另一方面却在经济利益驱动下把各种先进武器出售给严重损害和破坏中国主权与领土完整的地方叛乱集团或顽固分裂势力,这种言行不一、违背国际信义和国际义务的不法行为,不论来自何方,理所当然和毫无例外地受到中国政府的谴责、抵制和相应的制裁。中国政府的这一基本立场,显然不会因中国的入世而稍有松动和改变,因为在台湾地区当局的分裂主义和台独走向未有彻底改弦易辙的条件下,任何对台售武这一国际非法行为,都绝不可能在WTO/GATT体制下和国际公法上摇身一变,突然变成为什么"贸易自由化"的"合法"行为。其理至显,已如上文第一、二点所述,毋庸多赘。

(三) 援用"互不适用"条款的设想和问题

"中国台北"单独关税区入世后,台湾地区当局力图把世贸组织这一"经济平台"转换作为"政治舞台",以两岸经贸问题为口实,借题发挥,追求将两岸整体关系"外交化"和"国际化",这一图谋早在2001年11月间就已经昭然若揭。新近的讯息是:其"陆委会"主管曾多次鼓吹要将两岸关系"引导"到WTO架构下,"提升"到"国际层次",通过加入世贸组织,一举为台湾"打开140扇国际大门","积极参与国际事务,扩大台湾在国际的生存空间"[①]。

不难预料,在现行的WTO体制下,最有可能被台湾地区当局滥用来作为"政治舞台"的,就是其中的"争端解决机制":台方以两岸某种经贸问题或某项经贸争端作为"切入口"或突破口,寻衅肇事生端,以"申诉人"(claimant)的身份,向世贸组织所设的"争端解决机构"(Dispute Settlement Body,简称DSB)

---

① 见《入世后两岸经贸的趋势》,人民网地方联报网(2002-01-25)。http://www.unn.com.cn/GB/channel2567/2577/2579/200201/25/153823.html。

投诉,"迫使"中国政府以"被诉人"(respondent)身份,与台方代表在 WTO 这一拥有144个成员国家和地区(单独关税区)的全球性国际组织中,"对簿国际公堂",制造"国际争端"的错觉,进而利用国际各种新闻媒体从中"炒作",混淆国际视听,扩大国际政治影响,捞取国际政治资本。

针对这种图谋,学界有人提出,中国政府不妨"未雨绸缪",考虑援用 WTO 体制下的"互不适用"条款,特别申明对两岸经贸问题及有关争端互不适用《世贸组织协定》的"附件2",即互不适用《关于争端解决规则与程序的谅解》(Understanding on Rules and Procedures Governing the Settlement of Disputes,简称 DSU),借以从源头上和根本上堵塞台湾地区当局力图将两岸问题"外交化"和"国际化"的"通道"。因为,世贸组织中的"争端解决机构"(DSB)据以设立的"法源"以及据以运作的规则,就是 DSU 这份多边协定。如能做到两岸经贸争端"互不适用"DSU 这一多边协定,则一旦台方将两岸经贸争端提交 DSB 解决,就是"所请于法无据,应予驳回"了。此种设想是否可取,应作具体分析。

《世贸组织协定》第13条就是专门针对"多边贸易协定在特定成员间的互不适用"问题作出的规定。其中第1款载明:"任何成员,如在自己成为成员时或在另一成员成为成员时,不同意在彼此之间适用本协定及附件1和附件2所列多边贸易协定,则这些协定在该两成员之间互不适用。"这里所列的"附件2",就是指 DSU 这一多边"谅解书"。同时,同条第3款规定:在 WTO 成立之后即1995年1月1日以后参加 WTO 的新成员,"只有在不同意对另一成员适用的一成员在部长级会议批准关于加入条件的协议之前,已按此通知部长级会议的前提下,第1款(关于互不适用)的规定方可在该两成员之间援用实施"。此外,同条第4款又进一步作出概括性的重要补充:"在任何成员请求下,部长级会议可审议本条在特殊情况下的运用情况,并提出适当建议。"

根据本条第1款和第3款的上述明文规定,中国政府现在如欲正式要求在两岸经贸问题争端上互不适用 DSU 这一多边协定,就会遇到两个方面的具体问题,即:第一,如前文所述,《WTO 协定》乃是"一揽子"协定,各成员在参加缔结和接受本协定时,"要么全部,要么全不",不允许只从中挑选接受某些规定却又拒绝其中另外某些规定。DSU 协定乃是整个《WTO 协定》不可分割的一部分,这是《WTO 协定》第2条第2款所明文涵盖的。据此,结合第13条第1款的文字表述,则一成员如欲提出对另一成员"互不适用",看来也只能就《WTO 协定》及其17个附件协定这一不可分割的整体,作出全盘的抉择。如果选择"全盘互不适用",这显然不符合中国参加 WTO 的本意,也不符合中国政府对台湾地区这一中国主权下单独关税区的基本政策。第二，中国作为WTO的新成员，如欲提出对另一成员即"中国台北"单独关税区"互不适用"，则应在相关的部长级会议批准中国加入之前，即2001年11月10日之前提出并已通知部长级会议，方为有效。如今显已失去时效。

当然，也应当看到，第13条第4款"概括性"的补充规定，留下了较大的解释空间和援用的可能性。如果台湾地区当局甘冒天下之大不韪，肆无忌惮地硬把两岸经贸问题争端"外交化"和"国际化"，对中国造成了极大的危害，到了令人忍无可忍的地步，则届时中国自可考虑援用第13条第4款的上述规定，同时也援用《1994年关贸总协定》第21条关于"安全例外"的规定，提请部长级会议作为"特殊情况"加以审议，并提出相应的处断建议。但是，对条文中所称"特殊情况"究应作何解释，其内涵和外延如何界定，按《WTO协定》第9条第2款的规定，应由部长级会议以3/4的多数票通过，方能生效。由此可见，援用第13条第4款的上述规定并提出相应的请求，其审议、批准的条件和程序可谓相当严格和复杂，且含有诸多模糊不清和难以确定的解释变数。显然，非到万不得已，一般成员是不会轻易提出此项申请的。

不过，整个DSU这一多边协议，经过1995—2001年前后大约七年的实施和十分频繁的运用，实践表明：其中某些规定已显得不能适应形势发展的新需要，故2001年11月在多哈举行的WTO第四届部长级会议上已决定把DSU作为新一轮多边谈判的项目之一，对它进行新的审议、磋商和必要的修订。这一决定已引起WTO全体成员瞩目。中国现在既已成为WTO的正式成员之一，自当在重新审议、修订DSU的过程中，提出合理的改革建议，与其他缔约成员一起，促使WTO中的DSU/DSB机制更趋健全与完善，杜绝一切形式的歪曲和滥用。此项工作定于2002年1月启动，并定于2003年5月以前达成新的协议，完成修订工作[①]。

（四）"中国台北"单独关税区WTO成员资格的重新审定问题

对世贸组织，人们喻之为"经济联合国"。此称突出地强调它的功能、职权和职责，在于"经济"领域而不宜插手政治，也生动地形容它在全球范围内的广泛代表性和重要性，差堪与当今主司全球性政治事务的联合国互相媲美，相辅相成。

---

① See Doha WTO Ministerial 2001: Ministerial Declaration, adopted on 14 Nov. 2001, par. 30; The Doha Declaration Explained. At http://www.wto.org/english/thewto-e/minist-e/www......./tratop-e/dda-e/dohaexplained.

但是,此称在"通俗易懂"的同时,却也"易滋误解"。因为世贸组织不像联合国(United Nations)那样,全是主权国家(nation)的联合体。世贸组织的成员,除了大量的主权国家外,还有相当数量的"单独关税区"(separate customs territory)。这种成员结构,是它与联合国最大的区别之一。

根据《1947年关贸总协定》原有的规定,"单独关税区"指的是"在处理其对外贸易关系和本协定规定的其他事项方面享有完全自主权"的某国部分领土[①]。一方面,"单独关税区"既是归属于某一主权国家并受其政治管辖的部分领土,却又在处理本地区的外贸关系等方面享有自主权;另一方面,该地区虽在处理本地外贸关系等方面享有自主权,却又在国际法公认的"身份"和地位上,仍然只是归属于该主权国家并受其政治管辖的部分领土。正因为一个主权国家及其属下的"单独关税区"有着这种法定的管辖与被管辖关系,所以,各个参加缔约的主权国家的政府,在它向缔约方全体的"执行秘书"(其后改称"总干事")交存"接受书"(instrument of acceptance)时,应遵守如下程序[②]:

"(a) 接受本协定的每一政府即代表其本土及其负有国际责任的其他领土接受本协定,但在其自己接受本协定时即通知缔约方全体的执行秘书的单独关税区除外。

(b) 根据本款(a)项中的例外如此通知执行秘书的任何政府,可随时通知执行秘书,其接受应对原先被排除在外的一个或多个单独关税区生效,且此项通知应自执行秘书收到之日后的第30天生效。"

由此可见,一个主权国家不但在加入GATT之际,有权从本国所辖的全部领土中划出一定地区,作为"单独关税区"和另一个缔约方,与本国同时加入GATT;而且有权在如此行事之后,随时通知"执行秘书"(总干事),撤销原先的"单独关税区",在外贸关系等方面,对它改按本国的其他一般领土同等对待。简言之,该"单独关税区"之存废、之设立与撤销,"悉听"其所属的主权国家之需要与"尊便"。

《1947年关贸总协定》中有关"单独关税区"的上述规定,一字未易,被全盘吸收和承袭,纳入《1994年关贸总协定》,作为《WTO协定》的首要附件的内容之一,而且其中关于"单独关税区"含义的界定,还直接被移植于《WTO协定》这一主协定本身的第12条第1款,加以重申,从而延续和强化了GATT已推行近半个世纪之久的原有体制。

正是依据WTO/GATT体制的上述规定,中国政府代表在正式签署入世

---

① 见 GATT 1947,第26、31、33条。
② GATT 1947,第26条,第5款。

《议定书》前夕就强调指出:根据 1992 年 GATT 理事会主席声明所确定的原则,中国"入世"后,中国的台、澎、金、马地区作为"中国台北单独关税区",也加入世贸组织,从此之后,两岸就既是一个主权国家内部的关系,又是两个世贸组织成员的关系①。

也正是依据 WTO/GATT 体制的上述规定,台湾岛内也不乏头脑冷静的明智人士或内行人士,针对台湾地区当局力图把两岸经贸问题"政治化"、"外交化"和"国际化"的盘算,提出了善意的"劝告"或委婉的"警告"。他们指出:"海峡两岸经贸关系有其特殊性,期待 WTO 的争端解决机制会成为两岸经贸交涉的一个主要途径,是不切实际的想法。"鉴于中国政府"必定坚持海峡两岸的经贸问题属于国内事务,不在 WTO 的规范之内",因而"必定将两岸的经贸纠纷拉抬定位为国家主权问题",在这种情况下,台湾地区当局如不识时务,硬要"主动运用 WTO 的争端解决机制以促成两岸平等对话",则"可能提供中共重提台湾会员(WTO 成员)地位定位的机会"!②"将两岸问题搬到国际机构中处理,有时反而可能会增加其困难度",妄图借此迫使中国政府"在国际注目下放弃对'一中原则'或'九二共识'的坚持,恐亦不啻缘木求鱼",而且"恐怕会出现难以收拾的局面"!因此,他们"劝告"和警告说:"台湾方面应当谨慎以对,不要轻率地将自己的转圜空间完全堵死"!③

这些"劝告"或警告,似是隐隐约约,实为明明白白。所谓"重提台湾会员地位定位"问题,"出现难以收拾的局面",看来显然都是"于法有据"的!即在国际公法的基本原则—主权原则下,在 WTO/GATT 的现有条约准则和有关规则下,台湾地区当局如一意孤行,定要在台独走向之下,不择手段地滥用 WTO 争端解决机制,对中国的国家主权肆无忌惮地长期挑衅和肆意侵害,严重违反甚至破坏 WTO 的有关规则,那么,就难免有朝一日会被依法取消"单独关税区"和 WTO 成员资格,徒然自取其辱,自食苦果。看来,任何明智者都不会不希望避免当年被逐出联合国的历史重演于当今的"经济联合国"之中。

(五)更新观念,接受挑战,善用 DSU/DSB 机制

如前文所述,种种迹象表明:两岸"入世"后,台湾地区当局"在 WTO 框架

---

① 新华社报道:中国对外经贸部石广生部长谈话,见《两岸先后加入世界贸易组织将为推动"三通"提供契机》,《人民日报》(海外版)2001 年 10 月 19 日,第 3 版。
② 见姚思谦:《WTO 机制无法解决两岸贸易争端》,载于台湾《中国时报》2001 年 11 月 17 日。见《参考消息》2001 年 11 月 19 日。
③ 台湾《联合报》2001 年 11 月 14 日社论:《正确定位 WTO:经贸平台? 政治舞台?》,载于《参考消息》2001 年 11 月 16 日。

下",不但将继续推行其原有的把两岸经贸问题"政治化"的"既定方针",而且还图谋把 WTO 这一经济平台当作政治舞台,待机寻衅,特别是滥用 DSU/DSB 机制,制造"国际争端"假象,进一步把两岸经贸问题"外交化"和"国际化"。

有人认为,一旦台湾地区当局利用 DSU/DSB 机制,挑衅生端,则最佳的对应之方就是:置之不理! 你奈我何? 因为"泥鳅掀不起大浪"。反之,如果事事"应诉",就恰恰进了所设圈套,客观上扩大了和增强了其所追求的"国际轰动效应",一如当年"麻烦制造者"李登辉所言:"闹得愈大愈好。"

此种对策设想,不切合实际,似有不妥。这是因为:

第一,如前文提及,双方相继入世之后,两岸关系既是一个主权国家内部两个关税区之间的关系,又是世贸组织两个成员之间的关系。从国际公法上说,中国关税区与"中国台北"关税区,前者是主权实体和国家主体,后者则是非主权实体和国家主体下属的一个地区;而且按 WTO/GATT 规则,后者之获得"单独关税区"的资格,必须经由前者,即它所隶属的主权国家,提出倡议,发表声明,予以确认①。单独设立关区之后,一旦情势变更,前者还可随时通知有关国际组织,撤销后者的"单独关税区"资格②。因此,两者的法定身份地位是显有不同的。但是,在这一前提之下,不能不看到:在世贸组织的现行体制之中,作为该组织的两个成员,其在该组织范围内所享有的权利和承担的义务,却是一视同仁的,并无轩轾之分。即使只是"单独关税区"成员,在其 WTO 成员身份存续期间,也享有与 WTO 其他任何国家成员完全相同的权利,包括完全相同的诉讼权利。

第二,单就 DSU/DSB 争端解决机制及其运行程序而言,任何一个 WTO 成员,包括"单独关税区"身份的成员,都享有同等的诉讼权利,都有权向另一成员,针对在后者境内发生的经贸争端,提出交涉,请求进行双边磋商。并同时将此事通知 WTO 中专设的"争端解决机构"DSB。被请求方成员应在收到此项请求后 10 天内作出答复,30 天内与请求方成员真诚地磋商,以求得解决。如被请求方置之不理,逾期不答或逾期仍拒绝磋商,则请求方即起诉方(complaining party)有权直接向 DSB 请求设立专家组(panel),以受理和审议本案③。特别值得注意的是:

第三,"如起诉方提出请求,则专家组应最迟在此项请求首次作为一项议题列入 DSB 议程的会议之后的下一次 DSB 会议上设立,除非在此次会上 DSB 经

---

① 见 GATT 1994,第 26 条第 5(a)、5(c)款。
② 见同上协定,第 26 条第 5(b)款。
③ 见 DSU,第 4 条第 2、3、7 款。

协商一致决定不设立专家组。"①专家组成立之后,必须在规定的"审限"内(最长不超过 9 个月),就其职权范围,针对有关争端进行调查和审议,并根据调查结果写出审结报告,以协助 DSB 就有关争端向当事人提出建议,或作出裁决②。

紧接着,DSB 应迅速将此项专家审结报告散发给 WTO 的全体成员,广泛征求评论意见。然后,"在向各成员散发专家报告后 60 天内,该报告应在 DSB 会议上通过,除非某一当事方向 DSB 正式通报其上诉的决定,或者 DSB 经协商一致决定不通过该报告。如某一当事方已通知 DSB 决定上诉,则在上诉程序终结以前,DSB 不审议通过该专家组报告。"③

上诉机构受理案件后,必须在规定"审限"(最长不超过 90 天)内审结,并将审结报告呈交 DSB,同时散发给 WTO 全体成员广泛征求评论意见。"上诉机构报告应由 DSB 通过,争端各方应无条件接受,除非在报告散发各成员后 30 天内,DSB 经协商一致决定不通过该报告"④。

上述专家组审结报告或上诉机构审结报告经 DSB 通过之后,即由后者监督执行审结报告中所提出的建议内容或裁决内容⑤。

由上述 DSU/DSB 争端解决机制运作程序概况中,可以看出几个关键要点,不容忽视:(1) 运作程序追求高效率、透明度、公开性、多边性,而且在程序进展中步步相连,环环相扣,相当细密,不留下任意拖延的空间;(2) 强调经 DSB 通过后的审结结论就是终局性裁断,具有很强的法律约束力和执行力,"争端各方应无条件接受"。否则,就会受到相应的经济制裁;(3) 特别值得注意的是:DSB 在设立专家组、通过专家组审结报告或上诉机构审结报告时,采取了十分特殊的"反向协商一致"(negative consensus)的表决方式,即"一致反对,才能否决",或"一票赞成,即可通过"。具体言之,在任何缔约方向 DSB 起诉,请求成立专家组调查争端时,除非 DSB 全体成员一致决定予以驳回,就应同意该投诉缔约方的请求,及时设立专家小组,进行调查。在专家小组(相当于一审机构)或上诉机构(相当于二审机构)向 DSB 提交调查处理报告之后,除非 DSB 全体成员一致决定不予采纳,就应及时同意通过该项审结报告,并责成各有关当事方无条件地接受有关的建议,或履行有关的裁决。否则,违反 DSB 决

---

① DSU,第 6 条第 1 款。
② 见 DSU,第 7 条。
③ DSU,第 16 条第 4 款;并参见第 15 条第 2 款;第 16 条第 1、2 款。
④ DSU,第 17 条第 14 款;并参见同条第 5 款。
⑤ 见 DSU,第 21 条至第 23 条。

定的当事方(通常就是败诉方)就会受到相应的各种制裁或报复①。简言之,DSB 在处断争端过程中实行这种新的决策原则,实际效果就是:只要起诉方或潜在的胜诉方在 DSB 会议上坚持通过专家组或上诉机构正式认定的请求,就会实现"一票赞成,即可通过"的结局。

显而易见,在这样的程序规则下,如果涉讼的被诉方对于起诉方提出的指控和挑衅,不积极应诉和答辩反驳,而只是消极地"置之不理",则纵使是"恶人先告状"(即被诉方实是一向守法循规的正派成员,起诉方却是违法牟利的邪恶成员),也无法阻止争讼程序的不断进行;而且,实为受害人的被诉方无异于自动放弃了依法反击、据理力争、澄清迷雾、以正胜邪的权利。其影响所及,就极可能造成专家组—上诉机构—DSB 层层偏听偏信,错裁错断,从而出现"好人吃亏受屈,坏人趾高气扬"的冤案结局。

因此,中国入世后,一旦面对任何横逆"原告",包括居心叵测和别有用心的"中国台北"原告,从而被迫当了"被告",就必须在认识上摆脱一些习惯的误区,诸如"置之不理,你奈我何"②、"对簿公堂,岂不跌份"、"坐上被告席,有理矮三分"③等等,必须彻底更新观念,发扬"君子讼以止讼"④的优良传统和古训,敢于和善于运用 DSU/DSB 机制的现行规则,积极应诉,从容对付,挫败一切不法图谋。

四、几点结论

1. 中国入世后,面对把两岸经贸问题"政治化"、"外交化"和"国际化"的新图谋和新行径,其可行的防治途径,似可粗略列出以上五种。其所以"可行",指

---

① 指可以针对既不遵守 WTO 规则、又不服从 DSB 处理决定的缔约成员方采取歧视性措施,暂停给予有关协定项下的各种关税减让或其他各种优惠待遇。参见 DSU,第 3 条第 7 款。

② 改革开放以来,曾有多起涉外案件由外国法院或仲裁机构受理,作为被诉人的中国企业对境外发来的起诉状、仲裁申请书和开庭通知,往往置之不理,以为"尔其奈我何"。到头来,受到"缺席判决"或"缺席裁决",拿到的是偏听偏信、颠倒黑白的判决书或裁决书,吃了大亏,徒呼负负。此类教训,值得吸取。

③ 在当代法治国家的多种"案例汇编"中,儿子告老子、晚辈告前辈、部属告上司之类的民事诉讼,民告官、公司告政府、下级部门告上级部门、地方当局告中央政府之类的行政诉讼,简言之,不同身份者对簿公堂,可谓"家常便饭",屡见不鲜,"辈份"、"身份"较"高"者,从无所谓"跌份"问题;在社会心态上,也都形成了共识:原告未必有理,被告未必无理;谁笑在最后,谁笑得最美!

④ 此语曾有多种理解,其中一解是指守法人士一旦被迫当了被告,就应通过积极参加诉讼,澄清是非,打击抢先告状的恶人,从而使社会正义与守法观念深入人心,达到制止"恶人先告状"的现象再现,减少和止息不应有和不必要的诉讼。

的是它们都符合WTO本身的基本"游戏规则"。但是相比较而言,其可行之时机条件和轻重缓急,又各有不同。

2. 就组建我国四地自由贸易区而言,此径虽是"双赢互利"之首选,但在台方僵持无理立场的现实情况下,条件似未成熟,尚需待之来日。就援用"安全例外"条款或"互不适用"条款而言,尚存在许多程序上的碍难和解释上的变数,既不易实现也不宜轻易尝试。就重新审定"中国台北"关区地位和WTO成员资格而言,衡之中国政府对台湾地区当局一再宽容等待、力求做到仁至义尽的一贯政策,非到忍无可忍,看来一时不会轻易动用此种"猛剂",出此"杀手锏"。因此,相形之下,最为可循的常规常法,乃是更新观念,善用DSU/DSB机制,从容对应,变被动为主动。

3. 要善用DSU/DSB机制,就不但要加强学习,熟谙其中的一切程序运作规则体系,洞悉其中的环环相扣和首尾呼应的机变诀窍,而且要加强学习,熟谙WTO多种多边协定浩繁的实体规则体系,全面掌握其中各种权利义务的交错互动。此外,还要回顾研究GATT的历史实践,熟知其在先前案例中向来"在商言商而不言政"和坚持"政经分离"的处断原则和习惯做法,随时加以援引论证。诚能如此,则不难做到充分利用WTO/DSU/DSB国际论坛,强化国际社会的"一个中国"共识,挫败对方将两岸经贸问题和经贸争端"政治化"、"外交化"和"国际化"的一切不法图谋。

第六编

国际法教育

I 改进我国国际法教育的"他山之石"*

——欧美之行考察见闻

内容提要 1984年3—4月间笔者应联合国教科文组织邀请,作为中国派出的"国际法教育考察组"成员之一,出访西欧和北美5国20个城市,对西方发达国家的法学教育进行调研、考察,并与一百多位有关法学界人士进行交流。本文是依据此次考察见闻,结合中国国情,就国际法专业人才培养等方面的问题,提出具体的改进建议。如今这些建议有的已被有关部门采纳,并行之有效;有的则尚待借鉴他山之石,付诸实践,俾使中国的国际法人才培养事业,与时俱进,更上层楼。

目 次

一、关于国际法专业人才的培养
 (一)派人员出国深造应考虑门类、品种和国别的多样化
 (二)应积极参加国际性的学术讨论会或学术团体
 (三)国际法课程的教学应注重培养学生解决实际问题的能力
   ——大量的课前预习和活跃的课堂对话
 (四)提倡由优秀研究生主办学刊——法学拔尖人才的摇篮
 (五)注重开发利用外籍华人和港台留学生中的法学人才资源
二、关于国际法资料中心的建立
三、关于国际法专业力量的合作

---

* 本文原题为《对我国国际法教育的刍议》,发表于原国家教委主办的《国际学术动态》(内部刊物)1985年第4期"考察综述"专栏。其中部分内容曾以《欧美之行看西方法学院对学生实践能力的培养》为题,先期发表于《福建高教研究》1985年第1期。此次辑入本书,综合上述两文,对标题和若干提法稍加调整改订。

应联合国教科文组织的邀请,中国国际法教育考察组一行三人,由北大国际法研究所所长王铁崖教授率领①,于1984年3月3日至4月21日对西欧和北美的五国进行了法学教育的考察。其目的是,了解和学习西方发达国家国际法教学与科研的主要经验;争取外来资助,为选送更多的青年教师与研究生出国深造而沟通渠道;同时,也向国际同行介绍了中国国际法教学与科研的现状、我国在若干国际法问题上的原则立场以及我国涉外的政策法令。

考察期间,我们历经比利时的布鲁塞尔、鲁汶,瑞士的日内瓦,联邦德国的波恩、法兰克福、海德堡,加拿大的渥太华、哈里法克斯、多伦多、蒙特利尔、埃德蒙顿,美国的纽约、纽赫文、罗莱、查洛斯维尔、华盛顿特区、旧金山等二十个城市,走访了享有国际声誉的大学法学院、国际法研究所、联合国总部、联合国欧洲分部、欧洲共同体总部等重要国际组织以及议会、法院、国会图书馆、国际性大型律师事务所、国际法专业书刊出版社等,约三十个单位,先后与一百多名国际法学界的知名人士和专家、学者进行了学术交流,并就开展国际学术协作、培养人才、交流资料等进行了初步的磋商。现将访问考察过程的若干见闻和感想,结合中国国情,从国际法专业人才的培养、国际法资料中心的建立以及国际法专业力量的合作这三个方面,综合简述如下。

一、关于国际法专业人才的培养

我国法学人才短缺,国际法人才尤其缺。现有国际法专业人才的数量和质量,与发达国家相比,差距很大。为了提高我国的国际地位,大力开展国际交往活动,我们必须加速国际法专业人才的培养。借鉴有关经验,我国现有的培养方法宜在以下几点加以改进:

(一)派人员出国深造应考虑门类、品种和国别的多样化

目前我国选派出国深造的国际法专业人员,绝大多数集中在美国,绝大多数攻读法学硕士(L.L.M.)学位,选读的课程和选定的学位论文题目,其计划性、目的性、针对性也不够强,未必尽能切合我国开展国际斗争和扩大国际交往的急需。例如,欧洲共同体是我国对外交往中的主要对象之一,有些主攻欧洲共同体法律的出国人员不是派往西欧,却送到美国去,这就不如派往比利时或

---

① 除王铁崖先生和笔者外,还有一人是西南政法学院的刘鸿惠教授。

联邦德国、法国这些欧洲共同体成员国学习,从而耳濡目染,获得更多感性认识和理性认识。

据了解,联邦德国基于自身利益的考虑,亟欲扩大对中国的经济、文化交流。阿登纳基金会等组织对于提供资助吸收中国留学生前往联邦德国学习法律很有积极性,所提供的资助也是比较优厚的。但国内选派的预备人选只有德语训练,缺乏基本的法学专业知识,不符合对方要求,故两年来该基金会为中国学生留下的资助名额,至今还空着。它们的要求是宁可德语差些,也要先具备基本法学知识,在联邦德国可以进行德语速成训练,进而专攻欧洲共同体法律或联邦德国法律。因此,国内有条件的法律系中,不妨自一年级起就要求部分学生修习德、法、日、俄、西班牙等语种,作为第一外语必修课,便于从中选派前往相应国家深造的人员,这是很有必要的。

在联邦德国、加拿大和美国的若干大学里,学习中国法律已成为"热门",但我国现有的法律系,却极少开设德国法、加拿大法或美国法的专门课程。这些国家的政府或投资者在与中国交往中,多半聘有熟知中国法令的本国专家或律师参加谈判或立约,而我国现有法学人员中,既掌握国际法又熟知对方国内法者几乎完全阙如。例如,近年来我国对美国经济关系中就发生过"蘑菇贸易官司"、纺织品配额纠纷、湖广铁路债券案件等,在有关讼争中,我方往往不得不花费重金聘请美国律师提供法律帮助,其不得力、不相称是可想而知的。所以,我们从现在起应以较大的注意力,有计划地选送适量的留学生专攻中国对外交往重点对象国家的国内法。以美国为例,就是攻读 J.D. 学位而不是攻读 L.L.M. 或 S.J.D. 学位。而在攻读 L.L.M. 或 S.J.D. 学位的留学生中,也应根据我国的现实需要,在国际公法、国际私法、国际经济法(国际贸易法、国际投资法、国际货币金融法、国际税法、国际组织法等等)以及有关的重要分支专业(诸如海洋法、外层空间法、国际环境保护法、国际海事法等等)各门各类中,分别有所侧重,有所专攻。通过上述措施,使我国的国际法专业人才"品种齐全,配套成龙",有能力在各种国际场合打各种"国际官司",以维护我国权益。

此外,鉴于我国国内目前的培养力量(国际法专家、师资)严重不足,图书资料奇缺,而国际法专业训练又具有特别强的国际性,因此,即使是国内在学的国际法研究生,如能获得外国学术资助,又不增加国家负担,也宜尽多地送往国外培养,以求迅速成才。我国目前有关在学研究生不得出国的现行规定,自有一定道理,但考虑国际法专业人才的特殊情况,似乎不宜"一刀切",而宜灵活掌握或对原规定加以调整。

(二) 应积极参加国际性的学术讨论会或学术团体

享有国际声誉的联邦德国马普国际法研究所对于加强中、德国际法学术交流具有浓厚兴趣,他们主动倡议 1985 年春在联邦德国海德堡或中国北京举办一次国际法学术讨论会,主题是有关国际投资保护条约的理论和实践,建议中、德双方各提供五六篇学术论文,并欢迎中国青年学者届时出席会议。他们还建议把这类学术讨论会制度化,今后每两年定期举行一次。我们建议首次讨论会最好在北京举行,对方初步表示同意,并即将派专人前来北京进一步找中国国际法学会会长宦乡同志具体磋商确定。如果此种形式果真制度化,我们应有与之相应的准备。

美国国际法学会是一个国际性的学术组织,拥有许多其他国家的会员。其年会讨论的问题丰富多彩,多半是国际法学科中新出现的疑难问题或有争论的问题,事后又将有关的专题论文和讲稿汇编出版。会议期间,不但国内外国际法学者云集,而且全美经营国际法专业书刊的各家大出版商也摆出二十余个书摊,推销最新出版和即将出版的各种国际法读物专著,可谓琳琅满目。据了解,来自发展中国家的学会会员,每年只需缴纳 30 美元的会员费,即获免费赠阅《美国国际法杂志》(美国权威性学术杂志,一年六期,原定价为 78 美元)一份,还可以用 40 美元的订阅价获得一份《国际法学资料》(一年四册,原定价为 85 美元)。以上两种杂志,是当前我国各大学法律系国际法课程的重要参考读物,各校多按原订阅价付款订购,而没有人利用入会会员资格获得上述半价优待。看来这是一种可以避免的浪费,而其"思想障碍"则可能是认为"中国人不宜参加美国学会"。其实,中国的国际法专业人员以个人名义参加这种实际上是国际性的学术组织作为会员,有利于维护我国的权益。适当地有组织地选派我国部分国际法学者加入该学会,实质上有如派人出国留学、进修一样,符合鲁迅先生所提倡的"拿来主义"精神。利用会员资格和派人参加这种会议,我们可以从中了解国际法学科的最新动态。

(三) 国际法课程的教学应注重培养学生解决实际问题的能力——大量的课前预习和活跃的课堂对话

我国法律系各科目前的教学内容,大多侧重于理论体系的分析讲解,在一定程度上存在着"纯理论"的偏向,对引导学生研究与分析典型的实际案例,是不够注意的。在教学方法上,则相当普遍地采取"满堂灌"的办法。课堂上自始至终,全是主讲教员的"一言堂",学生则全神贯注,忙于记录,无暇思考,形成

"课上记笔记、课后对笔记、考试背笔记、考后全忘记"的消极、被动、低效率的学习局面。可以说,这是文科教学中常见的积弊,亟待改革。

西方发达国家的教学内容和教学方法,颇可以借鉴。一般说来,他们的课堂教学主要采取两种方式:20人以上的大班,采取以教师为主的讲授式;20人以下的小班,采取教师指导下的讨论式。当然,根据课程的性质和教师个人的喜好,也有采用讲授式的小班。但不论采取何种方式,全都要求学生事先进行大量的预习,由教师指定阅读范围,每两节课要求事先预习60—80十六开印页的图书和资料,其内容主要是典型案例以及有关的原始文档。讨论式教学中,学生围绕典型案例各抒己见,教师加以引导。讲授式教学中,也有大量时间用于师生对话,即教师就预习内容和案例提问,要求学生当堂阐述自己的看法;或者由学生随时举手,经教师许可,就教师讲授内容中的疑点提出质询、问难或发表自己不同的意见。因此,教师事先也必须充分备课,以便随时对付这种"半路杀出来的程咬金"。这种以大量预习为基础,课堂上穿插大量师生对话的讲授,对师生双方都提出了更高的要求。它在课堂上极能激发学生的积极思维,利于师生思想和知识的及时交流。这样,不但课堂气氛生动活泼,而且学生学得积极主动,大大加深了对所学内容的理解,同时培养了独立思考的习惯和能力。

他们认为,教师应当了解学生心理,讲究教学艺术,鼓励学生"自我表现":在刻苦钻研的基础上,敢于探索新知识,提出新见解。青年学生精力旺盛,在课前经过刻苦钻研,往往有许多新鲜的看法、独特的观点和丰富的联想。他们在课堂上当众表述、答疑或质疑,不但可以锻炼他们的口头表达能力(这也是一种重要的基本功),而且可以使他们带着一种高涨、激动的情绪进行学习和思考,既在学习和辩难中意识到自己的智慧和力量,体验到开拓与创造的欢乐,也在同一过程中发现自己的缺陷和不足,"知不足而后学",从而获得新的提高。在课堂上让他们阐发歧议、开展争论,还可以进一步激发学生群体的思考,扩大和加深对有关问题的理解;与此同时,教师也从课堂上的辩难中,大大增强备课和讲授的广度、深度和针对性,十分有利于教学水平的提高。这种教学相长、师生互促共进的效果,是那种"台上播音员,台下打字员"的老办法所无法达到的。

西方法学院重视培养学生的实践能力,还体现在普遍开设模拟法庭课(Moot Court)、法律门诊课(Clinical Program in Legal Aid)或学生法律援助服务项目(Student Legal Aid Service)上。

模拟法庭课在许多学校的法学院是一年级学生(研究生)的必修课。自第二年开始,则有"模拟法庭竞赛"选修课。它由选修学生自行结合为许多二人小组,就教师所指定的案例案情,轮流充当原告或被告的代理人(或辩护人)出庭辩论,采取淘汰赛的办法,最后胜诉者获得"竞赛冠军"称号。初赛中的法官(审判员)由毕业班学习成绩突出者担任,复赛中的法官由授课老师或聘请律师事务所有名望的律师志愿担任(义务工作,无报酬,受聘者引为一种荣誉)。决赛时则请法院现职老法官裁判。最后的胜诉竞赛冠军小组取得奖品银杯或银盾后,把姓名镌刻其上,交还学校保管,以供下届竞赛之用,一如国际性球赛奖杯的颁发与收藏。学校当局往往把这种优胜银杯或银盾作为一种学习荣誉展品,放在大会客厅或公共图书馆最显眼处,陈列展览,供历届入学新生和外宾参观。

模拟法庭竞赛也常在校际进行。美国国际法学会年会则每年举办模拟国际法庭竞赛最后阶段的复赛和决赛,这是全国性的校际竞赛,奖杯命名为"杰塞普杯",争夺十分激烈。对学生来说,模拟法庭中复赛或决赛的优胜者,不惟是一项荣誉,而且是日后获得良好职业岗位的初步保证。因为各大律师事务所前来法学院征聘新人员时,毕业生在模拟法庭课中的成绩和表现,往往是主管人(雇主)决定取舍的一项重要标准。

至于"法律门诊课"或"学生法律援助服务项目",实际上就是模拟的律师事务所。前者由有关师生联合组成,另由学校出资聘请数位开业律师兼任部分指导工作,对前来寻求法律援助的托办人(当事人)收取低廉费用或完全免费,主要目的在于训练在学学生初步学会开业律师的"基本功";后者则纯是学生自行组织的免费服务项目,为社会上无力支付律师费用的人解答法律上的疑难,提供法律援助,学生们从免费服务中获得运用课堂知识的实践锻炼,提高了独立地分析和解决实际问题的能力。

目前,我国法律系一般只要求高年级学生参加司法实习,而低年级学生则很少有实际锻炼的机会。实习成绩在四年学习总成绩中所占的比重很低,毕业生中往往出现"高分低能"的现象。离校从事司法工作或经办法律事务,在相当一段时期内,往往不能适应实际工作需要,审案办案能力不强或案情分析欠佳,抓不住要害,或庭辩谈锋不健,说不清论点论据。这与在校期间的训练方法欠妥有密切关系。

(四)提倡由优秀研究生主办学刊——法学拔尖人才的摇篮

一般说来,西方每所法学院,都有一种以上的法学学术杂志,而校办法学学术杂志,一般都是由该校学习成绩最优的研究生担任主编和编委,这尤其是美国校办法学刊物的一大特点。他们的一般做法是:法学院二年级研究生可以自愿报名,要求参加该校法学刊物编辑工作,然后由刊物的主编、编委(都是高年级研究生)共同进行考核和审批。考核的主要根据是一年级的学生成绩以及当场出题测试的成绩,择其最优者参加编辑工作。头年的工作主要是查对来稿的脚注,称为"脚注编辑",要求把作者投寄的论文来稿中的所有脚注,一一查对出处,弄清是否言之有据,是否符合原文原意,并对作者的引证和论证,从内容到方法,作出自己的评论,提交"论文编辑"审议。一篇法学论文,脚注一般在100—200个之间,"脚注编辑"每审毕一稿,等于是"被迫"认真细致地阅读了大量的原始资料和有关书刊,大大开阔了学术视野,锻炼了缜密思考的习惯,培养了一丝不苟的学风。

"脚注编辑"工作成绩优良者,次年(即三年级研究生)始能被编委会提升为论文编辑,担任论文编辑所经受的学术锻炼和专业知识水平的提高,较之脚注编辑,自然更胜一筹。整个编委会,全由学习成绩优异的高班研究生组成,来稿的取舍,全由编委民主决定。若干学术精深的教授,则被编委会礼聘为刊物顾问,为专业疑难问题提供咨询意见,但并不干预编务工作。编委中大约半数逐年毕业离校,因而逐年更新一半,使更多新人获得锻炼的机会。据了解,曾经担任过校办学术刊物编委的毕业生,本身就是高材生的标志之一,一般是各家大律师事务所争相罗致的对象。因此,尽管担任编委纯是无偿的义务性社会工作,但美国诸法学院的研究生却竞相争取入选,乐此不疲。看来,法学院、法律系多办法学刊物,并由成绩优异的高班研究生主办的方式,既有利于法学学术繁荣,也是促使青年人早日成才和培养拔尖法学人才的有效途径之一。

在世界民族之林中,中国人的智慧、勤劳和开拓精神,素来享有盛誉。"拿来主义"更是鲁迅先生所一贯倡导的信条。"他山之石,可以攻玉。"在法学人才培养的措施和方法上,我们显然不妨借鉴他人的经验,拓出自己的新路,使法苑新苗茁壮成长,人才辈出。

(五) 注重开发利用外籍华人和港台留学生中的法学人才资源

在国外,不时可以遇到开业的外籍华人律师、法学教授以及正在法学院攻读 J. D. 或 L. L. M. 或 S. J. D. 学位的港台研究生,他们的共同点是:(1) 英文根底厚,法学基本知识较好,对所在国的法律学有专长或较为熟悉;(2) 对我党三中全会以来所厘定和贯彻的基本政策表示赞同,民族凝聚力和向心力与日俱增;(3) 有的已在国外立足,有的正在争取并有很大可能在国外立足就业。由于国外物质待遇远较中国内地优厚,而且对内地还存在不同程度的疑虑或误解,所以他们不愿长期回国工作,但不少人却很想短期回国讲学、工作或居留,既为祖国法学繁荣和法制建设出点力,也便于他们自己更深入具体地学习中国法律,提高在国外执业的能力和充当中外交往中的法律桥梁。

鉴于我国现有法学人才短缺,能熟练掌握外文而且熟知外国国内法的法学人才尤缺,因此,上述人才资源颇有开发利用的必要与可能。如何适应他们的业务特点和思想特点,拟定相应的政策,采取相应的措施(包括建立短期招聘的制度),是值得考虑的。

二、关于国际法资料中心的建立

在国内从事国际法教学和研究的人员,常苦于专业资料奇缺,难为无米之炊。再加上国内现有的外文图书资料分散收藏,互不通气,单位"垄断"、"保密"不愿外传的现象,亦非绝无仅有,这些,都是我国国际法学并不繁荣昌盛的重要原因。而国外有些著名的国际法研究所之所以成果累累,原因之一,就在于注意资料的长期积累和广泛收集。访德期间,马普国际法研究所的图书馆员在引导客人参观时,检索书目,发现了王铁崖教授1945年所撰写的英文小册子《论外国人与外国企业的地位》。他们为表示友好情谊,经有关领导同意,当即复印一份收藏,而将原本当面奉赠原作者。原作者此书当年出版于中国战乱时期,早已散失;此次竟在国外偶获样书,实属喜出望外。该研究所收集资料之广泛,由此可见一斑。

为尽快改变我国国际法资料奇缺的状况,似可采取以下办法:

1. 建立一两个全国性的国际法资料中心。以我国现有的北京大学国际法研究所和武汉大学国际法研究所为基础,给以采购专业图书资料的外汇保证和自主使用权,并指定专人负责,陆续收集和统一整理目前我国各大学、研究所以及外交、外贸等实务部门所收藏的国际法外文图书资料目录,陆续印发各有关单位。同时,在资料中心配备较好的复印机,便于各地专业单位或专业人员前来复制使用。这样做,既可大量节省外汇,避免外文书刊采购上的重复和疏漏,又能大大提高外文书刊使用效率。

2. 有些外国法学院、研究所或学术基金会表示愿意免费赠送法学书刊,但也要求我方免费赠送公开出版的中文法学书刊资料。为此,应当给资料中心定期拨付专款,供采购中文书刊和对外邮寄交流之用。

3. 访问联合国欧洲分部(即联合国驻日内瓦办事处)时,该部总负责官员E. Suy表示愿将私人收藏多年的全套《美国国际法杂志》(自1946年迄今,计38年,二百余册)赠送给我国大学。访美时,纽约大学的图书馆负责人表示愿将馆中收藏的多余复本图书资料,免费赠送中国大学,以便腾出藏书空间。此外,联合国总部法律事务局的负责人也有免费赠书的同类表示。对于我国国际法教学和科研来说,这些图书资料都是难得的、珍贵的,但问题是这些书刊的运费须由我方负担。这一问题亟待有关部门研究解决。

三、关于国际法专业力量的合作

西方发达国家的国际法学术机关(大学、研究所)与国家政府的涉外实务部门,往往是互相通气、联系密切的。许多学有专长的国际法教授和专家,往往同时是政府有关部门的常年顾问或谈判代表;另一方面,在政府涉外部门工作多年的专家或实务人员,也经常受聘到大学讲学或到研究所从事研究工作,总结工作经验,著书立说。教授、研究员的研究成果和有关建议,常为政府涉外部门所采纳,而政府涉外部门也经常提出一些实务问题交付教授、研究员研究讨论,并拨出专款,以供征聘研究工作助手和购置图书资料等项开支。大学与独立研究所之间的分工合作和人才交流,也是常见现象。专职研究人员往往到大学兼课,讲授研究成果;而大学教授也往往是独立研究所的兼职研究员。联邦德国的马普国际法研究所、加拿大的麦吉尔比较法研究所和外层空间法研究所,其人员结构,都是如此。因此,其研究成果累累,人才辈出,饮誉世界,颇为国际同行所称道。看来,上述这类体制,颇有利于理论与实际的结合,也有利于国际法学术的繁荣,值得师法。

结合我国的现状,下述办法似乎也是可行的:

1. 在外交部、外经贸部、司法部、最高人民法院等实务部门同各大学、研究所之间,建立密切联系的体制:由前者定期向后者介绍涉外事务和涉外案件中的实况和存在的问题,布置研究的课题和任务,在不违反保密原则的前提下,尽可能提供必要的文档资料,要求大学、研究所定期写出研究报告。目前,我国国务院设有国家科委,专司自然科学方面研究任务的布置和下达,在社会科学(包括国际法学)方面,也不妨设立类似的机构,主持研究项目的布置下达和研究经费的调拨。

2. 大学和研究所可随时聘请外交部、外经贸部等实务部门在职或离休、退休的老干部和专业人员,担任兼职教员或研究人员,举办专题讲座、讲学授课或参加研究工作。

3. 现有的北大国际法研究所与武大国际法研究所,除编制以内的专职研究人员外,可以聘请外校、外单位的国际法教授、讲师作为兼职的研究人员,以加强校际、所际的互相通气和分工合作。在研究课题上，力求成龙配套，以适应国家对外交往中的各种需要，避免重复和疏漏；在图书资料上，互通信息，互通有无，避免耳目不灵不周，学术情报闭塞无知；在治学经验和研究方法上，向老前辈、老专家学习，并提倡校际交流，互相取长补短，避免"近亲繁衍"，见闻受囿，不利创新。

Ⅱ 从难从严训练 成果人才并出[*]

内容提要 培养研究生的目的是为国家输送高层次的专业人才,为了快出人才,出好人才,很有必要把出成果作为培养人才的手段。从研究生入学伊始,就从难从严出发,狠抓基本功训练,力争实现成果与人才同时并出,其基本训练方式包括:实行"大运动量"训练,敢于坚持严格要求,力排怕苦"众议"和畏难"惰性",过法学专业英语关;多学科交叉渗透,提倡兼修相关相邻课程,建立合理的知识结构;理论联系实际,参加各类实践,提高实务工作能力;充分信赖,及时"压"担,严密组织,严格把关;赋予新设专业较大"成才自留权",加速形成"人才生产基地",提高人才生产力。

目　次

一、实行"大运动量"训练,过法学专业英语关
二、多学科交叉渗透,建立合理的知识结构
三、理论联系实际,提高实务工作能力
四、充分信赖,畀以"重担",严密组织,严格把关
五、赋予较大"成才自留权",加速形成"人才生产力"

培养研究生的目的是为国家输送高层次的专业人才,因而,人们通常认为:衡量研究生培养工作的优劣,端视所出人才的质量和数量。至于出科研成果,则是培养成才之后的事,必须待以时日。我们在培养研究生过程中认识到,出

---

[*] 本文于1988年由当时的厦门大学博士生刘智中同志根据导师陈安教授的讲话录音整理,原载于国务院学位委员会和国家教委联合主办的《学位与研究生教育》1988年第5期。因篇幅所限,原文稿在该刊发表时曾有所删节,现恢复全文,辑入本书。

人才与出成果,其先后次序并非如此截然分明。在从严训练基本功的基础上,应适时地给年轻人压担子,让他们承担一定的科研任务,早出成果,多出成果,把出成果作为培养人才的手段,或者说,力求创成果与出人才二者互相促进,同时并举。从研究生入学伊始,我们就确定了这么一条原则:从难从严出发,狠抓基本功训练,以便为创成果与出人才奠定坚实、必要的基础。

一、实行"大运动量"训练,过法学专业英语关

本专业研究生的培养目标是造就从事国际经济法律教学、科研和涉外经济法律实务的高层次专门人才。这一培养目标决定了外语基本功的重要性,甚至可以说是一切基本功的首要前提。尤其是在目前,我国实行对外开放的时间还不长,造成了对国际经济往来所适用的国际惯例不够了解,对各国的涉外经济法律知之甚少。要在较短时间内迎头赶上,了解最新学术动态和实务,及时引进最新专业知识,就必须能够熟练地阅读、准确地理解外文资料和原始文档。

在有限时间内练好外语基本功,不宜在听、说、读、写四方面平均花力气,而应侧重于阅读——理解——翻译这一主要环节。我们招收的研究生,外文底子比较好,但即使是外语专业毕业的本科生,也同样面临熟练阅读和准确翻译的问题。因为所接触的已不是一般的文艺读物、政论文章,而是专业性很强的国际经济法文献。法律语言的特点是准确、精练,但表达的思想又深邃复杂,对句式、语法都有很高的要求,往往一字之差,含义全变。要准确透彻地理解,就得发狠下一番苦工夫。我们在抓外语基本功训练时,主要注意两点:一是认真扎实,一丝不苟,逐词逐句地弄通弄懂;二是要广泛接触,大量阅读,准确地译成中文。具体的训练过程要环环紧扣。我们从近年出版的最新文档资料中选取国际经济法律的重要参考文献,或者让学生们根据自己的研究课题选取有关参考资料,由学生在认真阅读、深刻理解之后译成中文,并随时记下翻译过程中碰到的疑难问题,包括语言难点和学术上有争议的问题。译稿誊写三份,一份交给导师,一份留底,一份给同班研究生搞"循环校对"。一方面要在校对中发现他人译文中的错误、不妥之处,予以修改更正;另一方面要解答他人翻译过程中悬而未决的难题。这就体现和发挥了"同窗"的作用,相互切磋,共同提高。随后,在导师指导下进行小组讲评,发挥集体的智慧协力攻关,解决疑难。这样做,既扩大了研究生的知识面,又促使他们认真地去思考问题,发挥学习的积极主动性。

翻译、互校、讲评、答疑、讨论,每一个步骤都要求学生认真对待,实行"综合评分"。实践表明,经过这几个环节的反复训练,学生的专业外语阅读理解能力以及专业知识水平都能在较短期间内得到明显提高,因为在阅读外文专业文献中,从似懂非懂到透彻理解,是一个飞跃;从只能意会、无法言传到克服障碍、正确地表达,又是一个飞跃;就翻译而言,从逐词逐句对译、诘屈聱牙,到修改成通顺规范的现代汉语,又是一个飞跃。我们的专业外语训练并不停留于此。由于学生接触、阅读的都是近期的外文资料,这些资料反映了国际上本专业的最新学术动态和研究成果,因而有必要予以引进、消化、吸收并介绍给国内学术界。再者,研究生的训练中还有教学实践这一环,还要进一步要求他们把从专业外文新资料中获得的知识条理化,经过融会贯通,写成讲稿,传授给同窗和本专业的本科生。因此,备课、试讲这些环节,又是一次新的飞跃。简言之,研究生的专业外语基本功的训练是与日后的教学、科研紧密联系在一起的。总的要求就是熟练地阅读、深刻地理解、准确地翻译、流畅地表达。要到达这一境界,需要付出艰苦的劳动。导师的职责,不仅在于从方法上给予指导,还在于严格要求,使研究生在训练过程中养成一丝不苟的严谨的学风。

抓专业外语基本功训练,要坚持"大运动量"原则。起初,研究生对"大运动量"训练的意义认识不足,"压力"大些,钻研辛苦些,就颇有牢骚,用他们自己的话来说,"有时甚至会'怨声载道'"!但导师秉持"教不严,师之惰"的古训,从不"姑息"迁就,敢于力排怕苦"众议"和畏难"惰性",坚持严格训练的原则。同时,又常常援引当年周恩来总理特聘日本"狠"教练大松博文严格培训中国女排,苦练基本功,打下坚实基础,从而使她们在后来国际大赛中连连夺取冠军的故事,对"叫苦不迭"的青年同学加以启发诱导,促使他们提高勇于吃苦的自觉性。反复引导他们思考:中国女排成功的秘诀何在?为什么能在短期内不但达到国际水平,而且夺得"五连冠"?显然,其主要经验之一就在于日常坚持大量的、严格的、单调的摸、爬、滚、打。只有在基本功训练中不怕大量流汗、不怕皮破血流,才能练出过硬的水平,赢得胜利和荣誉。总之,基本功的训练绝对不能"讲价钱、打折扣"。就这样,促使每个研究生在短短一年中,精读细译10万字以上的原始资料;循环校对他人10万字以上的译稿,之后,阅读理解能力普遍得到提高。正如俗话所说:"磨刀不误砍柴工。"他们也尝到了基本功训练的甜头。不少研究生事后反映:为写作论文或专著而收集资料时,能从浩瀚的外文专业书刊中较快地检索所需材料,略加浏览,便可决定取舍。撰写论文时,也取得了时间上的效益,因为得心应手地使用专业外语这个工具,为他们的科研提供了很大的便利。自此以后,历届研究生都心悦诚服地接受了这一整套的严格训练方案。

二、多学科交叉渗透,建立合理的知识结构

建立合理的知识结构,是每一学科都可能面临的问题。国际经济法是新兴的边缘学科,与世界经济、国际经济关系、法学都有密切的关系;同时,它虽然是一个独立的法律部门,但与国际公法、国际私法,又都具有许多互相交叉渗透之处。因此,就知识结构而言,从上到下,应该包含三个层次:第一个层次,是国际经济法这一学科的核心知识。从课程设置来说,国际经济法总论、国际贸易法、国际投资法、国际货币金融法、国际税法、国际海事法等应作为国际经济法专业的主干课程,是本专业硕士研究生必须系统学习、牢固掌握的。第二个层次,包括一般法律基础课和国际经济法的专业基础课。一般法律基础课指法学基础理论、宪法、民法、民事诉讼法等课程。专业基础课则包括国际公法、国际私法、比较民商法、涉外经济合同法等课程。这些基础课都在不同程度上与国际经济法具有内在的联系,对本专业的学习和研究,也是必不可少的。但只有这两个层次还不够,因为国际经济法作为一门边缘学科,与国际经济有密切的联系。因此,第三个层次就是政治经济学、世界经济、国际贸易、国际金融等学科的基础理论和知识。国际经济法植根于国际经济关系,它的产生和发展,必然要受到世界经济形势的影响。要把握国际经济法的本质和规律,不能不对国际经济学作一番深入的探讨。涉外经济实务方面的知识,对于本专业的学习也有很大的帮助。因而,为了使本专业的研究生具有坚实的基础知识,我们总是鼓励他们跨系、跨学院选修并学好相邻学科的课程,拓宽和加厚基础,扩大知识面。我们认为,就法学法、就法论法,不利于本专业研究生建立合理的知识结构。因而,相邻学科知识的学习和掌握,也应包括在基本功训练的范围里,而且是本专业研究生训练基本功的重要内容之一。

扩大知识面与有所专攻,如能妥善处理,二者并不矛盾,也可以同时并举。我们前几批招收的十余名研究生相继进入高年级后,学院就在确定学位论文选题时有意识地把他们分布在国际经济法的五个主要分支,让他们把各自的科研、学习与本专业本科生课程设置的需要结合起来,分别选定国际贸易法、国际投资法、国际货币金融法、国际税法、国际海事法等为重点学习和研究的范围。这样,在打好基础的同时,又各有所长,毕业后,很快就能承担本专业本科生各门主干课程的教学工作。通过自力更生,"成龙配套"地培养了厦大国际经济法专业本科的第一代师资力量,不但在短期内就开齐了本专业的应有课程,使教

学逐步系统化,而且准备了促使本专业科研成果逐步系统化的有利条件。

三、理论联系实际,提高实务工作能力

国际经济法这门学科的实践性很强。我们利用学校地处经济特区的有利条件,结合本省市的具体情况,学术界当前争论的现实、理论问题,国家决策方面的疑难问题,进行学习和研究。厦门特区的涉外经济活动比较多,从客观条件来看,可谓"得天独厚",有利于在国际经济法的教学与科研中培养理论与实际相结合的优良学风。

厦大设有律师事务所,法律系多数教师都参加了兼职律师工作,律师事务所成了他们很好的实践基地。我们也安排研究生从在学期间起就在律师事务所实习,在兼职律师指导下,参加涉外经济法律的实务工作,如涉外经济合同的草拟、谈判,提供涉外经贸问题的法律咨询,参加涉外经贸纠纷的诉讼活动等,充分运用所学的知识,在分析和解决实际问题的过程中,深化理论知识,并不断得到提高。另外,组织高年级研究生参加经济特区的立法活动,为特区法制建设作贡献。如厦门市人大草拟厦门经济特区条例时,就请厦大法律系教师提供咨询意见,我们也安排研究生参加讨论,探讨和权衡各项有关条文规定的利弊得失,锻炼和提高他们分析实际问题的能力。我们还曾接受福建省有关领导部门的委托,组织研究生翻译校订本省为贯彻执行《国务院关于鼓励外商投资的规定》所制定的地方性法规。在为地方政府提供服务的过程中,锻炼了运用专业英语对外商宣传我国有关政策法令的实务本领。这些工作实践都为研究生日后从事涉外经济、法律工作积累了有益的经验。

近年来,随着我国进一步实行对外开放政策,许多新的法律问题也不断出现。我们获悉:我国正在考虑是否参加1965年制定的《华盛顿公约》,即《解决国家与他国国民之间投资争端公约》。对此,国内学术界意见不一,众说纷纭。我们认为,争论双方都有一定理由,但均从一般原则出发立论,缺乏足够的事实根据。除了应该进一步深入研究仲裁机构(ICSID)的体制以外,还应了解它设立以来是怎么运转的,处理过哪些具体的案件,处理过程中对发达国家有哪些偏袒,对发展中国家是否有过歧视,等等,据以判断我国作为发展中国家是否应该参加。根据这种认识,我们组织研究生结合他们的外语基本功训练和学位论文写作,翻译了大量有关ICSID的基本文献,分工撰写专题研究报告,并拟将研究成果汇集成册出版,供我国有关决策部门和立法部门参考。这项研究课

题,由于紧密联系实际,切合国家急需,已得到有关部门重视。同时,对于本届研究生也是一次有益的尝试,使他们从解决现实问题出发,开展科研、集体攻关。

四、充分信赖,畀以"重担",严密组织,严格把关

经过两三年严格的基本功训练之后,研究生的视野扩大了,思维、表达、写作各方面的能力也都有了一定程度的提高,再加上年轻人特定的优势,诸如精力充沛、思维敏捷、善于接受新知识,等等,因此具有较大的潜力。如果把他们组织起来,适时地给他们压担子,并加以引导,就可以成为一支具有攻坚实力和开拓精神的科研队伍。我们认为,应充分估计到这支队伍蕴藏的能量,信赖他们,热情地鼓励他们承担科研任务,勇于"自讨苦吃",敢于超过常规负荷,从在学期间起,就把学习的心得体会、知识积累、专题研究与日后的实际工作、教学任务、科研项目结合起来,经过不断努力,力争多出成果,快出人才。

在出成果中培养人才是一个行之有效的办法,但这同样需要在导师的精心组织、悉心指导之下,才能达到预期的目标。若放任自流,就形不成一股强劲的攻坚实力,也不利于对研究生个人的培养。1985年,我们接受了国家教委博士点基金的重点科研项目,编写一套国际经济法系列专著,即国际贸易法、国际投资法、国际货币金融法、国际税法、国际海事法等。这在当时,是一个大胆的设想,因为要对国际经济法这一学科的五个分支部门同时进行深入的研究,在短短两年内写出共约155万字的系列专著,成套推出,这在国内尚属初次尝试,任务是相当艰巨的,更何况我们的第一批专业师资队伍当时才刚刚建立,人员和力量显然都不足。但我们对这些年轻人的潜能作了实事求是的估量。接受任务之后,就以这批初出茅庐的硕士毕业生为骨干,同时也挑选了几名较优秀的在学研究生,组成攻关小组,既"异想天开",又脚踏实地,立足于刻苦的学习和研究,充分发挥潜力,要求他们尽可能广泛地收集国内外最新的研究成果,潜心钻研。另一方面,在充分估量年轻硕士生潜力的同时,也清醒地看到他们的弱点,如学术上不够成熟,不同程度地存在治学经验不足,学风不够严谨,知识面不够宽等问题,这些都有待于及时得到同行、前辈的指导。针对这些弱点,本专业点导师又分别邀请国内各有关分支学科的知名学者、教授(含安徽大学朱学山教授、复旦大学董世忠教授、南开大学潘同珑教授和高尔森教授、中国政法大

学吴焕宁教授等)给予具体指导和严格把关。在审订年轻作者的书稿时,不符合要求者退回重写,有疏漏处退回补充,错误的予以改正,累赘者予以删除。在青年硕士生勤奋笔耕、同行前辈学者严格把关之下,终于完成了国家教委下达的科研任务。1987 年 11 月,全套五本系列专著正式出版,不但成书质量得到保证,而且使年轻人在写作过程中经受了较全面的严格锻炼。

学界人士认为:这套系列专著问世,对于国际经济法这门边缘性学科在中国的兴起,在一定程度上发挥了开拓创新的作用。它们具有两个鲜明的特点:(1) 材料新:引进了国际经济法的新知识和新信息,因为它直接取材于近期外文书刊有关国际经济法的最新学术动态和科研成果;(2)见解新:站在第三世界国家的共同立场上,从中国的实际出发,评析国际经济往来中的法律问题,提出自己的见解,为建立具有中国特色的国际经济法学体系作了添砖加瓦的努力,也得到有关部门的重视。1986 年,司法部教育司教材编辑部组织编写国际经济法学科系列教材,除了本专业导师担任《国际经济法总论》、《国际经济法参考资料》两本书的主编以外,还有五位青年教师应邀参加其他五本教材的编写工作。这说明他们的刻苦劳动已经得到了一定的社会承认;也说明了在严密组织、严格把关的前提下,这些新生力量是可以信赖的,他们将在实践中不断地得到锻炼,取得进步和提高。

五、赋予较大"成才自留权",加速形成"人才生产力"

几年来,我们的培养工作取得了一些成绩,这与国家教委和学校领导的关心和重视是分不开的。我们希望再经过若干年的努力,利用现有的基础和有利的客观条件,把厦大国际经济法专业建设成为我国培养国际经济法高层次专门人才的主要"生产"基地之一,进入全国同类专业的前列,为国家输送更多的人才。

就目前的情况来看,我们认为有必要允许新兴学科的新设专业在毕业研究生的使用和分配方面适用灵活政策,拥有更多的自主权和"自留权",对毕业研究生的使用应该相对地集中,组织他们集体攻关,相互配合,分工协作,以便在较短的期间内,迅速形成培养人才的生产力,从而源源不断地为国家输送这方面的人才。新学科与老学科、白手起家的学校与积累有余的学校应该区别对待。对新学科中的新设专业,应当像对刚开始赢利的外资、合资企业一样允许它们享有"二年免税、三年减半纳税"的优惠待遇。在成才研究生的分配上,允许培养单位多留些人,这才有利于他们在没有外来援助的情况下,通过自力更生,加速形成生产力。对老学科、老专业来说,"防止近亲繁衍"是对的,但不能把它绝对化,不分青红皂白地推行于新设的专业。成才研究生的分配使用如果过于分散,就有如一架拆散的工作母机,东一个马达,西一条皮带,南一个齿轮,北一个螺丝钉,不利于更多地制造新机器,不可能建设起人才培养的生产基地。

其次,学校的物质待遇比起涉外经贸部门、政府机关、企事业单位来要相对地差些,研究生的"从政热"、"从商热"在各个专业不同程度地存在着,而在国际经济法专业尤甚。要使研究生安心在教学、科研机构工作,还有待于各级领导部门采取合理的、切实有效的措施解决待遇差距问题,以便"稳定军心"、"提高士气"。此外,高职称的比例和名额限制,也直接影响到学术梯队的形成以及教学、科研人员的工作积极性。对确有才华,又经过努力取得颇佳科研成果的年轻人,应该努力创造条件,让他们上。这个问题,对于新兴学科的发展影响较大,希望能够引起有关部门和领导的重视。

Ⅲ "博士"新解*

内容提要 "博士"应当是博学之士、博采之士与搏斗之士的"综称"或"合成体"。一个合格的"博士",其学识范围应扩及本专业的中、外、古、今;应能瞄准本学科的中外最新前沿新知,消化吸收后创出新高度;应刻苦拼搏,"自讨苦吃",方能有成。

目 次

附录

一、官员与老板:心仪博士帽

二、"教授"贬值为哪般

三、该挤挤"学术泡沫"了

"傻博士"曾与"穷教授"并列,一度是用以嘲人或自嘲的一对"美称"。嘲的大概是其耕耘之艰辛与其收获之菲薄,反差甚大,因而感慨于分配之不公。然而,曾经"萧条"一时的"博士业",近来却出现了"考博热",而且迅猛升温。这标志着人们在体制改革深化过程中价值观念的重要改变,自属可喜。不过,据报道,也有业内人士担心在这种新气象下不无某种隐忧,"使博士教育严格的管理体系面临着从未有过的考验。"①

五六年前的这种隐忧,如今竟在某种程度上"不幸而言中"。在商品经济大潮的冲击下,在某种腐败风气的侵蚀下,一向相对"清高"甚至拥有"名牌"的某

---

* 本文原辑于《专家论坛:中国法学教育的改革与未来》,《中国大学教学》2001年第4期,高等教育出版社2001年版。

① 见《官员与老板:心仪博士帽》,《人民日报》(海外版)1995年11月24日。

些高校,某些管理者和被管理者也放松了应有的学术自律,其教授和博士的知识"含金量"明显下滑,甚至出现了镀金冒称"足赤";刚刚入学就大量印发名片,赫然自封"JD"或"博士",以攫取某种"效益";存心混过三年,就文凭到手,也果真有如愿以偿的。诸如此类,说轻些,是"短斤缺两",说重些,恐怕近乎掺假伪劣产品及虚假广告。对此类现象,社会正直人士已经公开质问:"教授贬值为哪般?"并且大声呐喊:"该挤挤学术泡沫了!"①

单就博士而言,看来问题就出在其"严格的管理体系"在某些学校日渐松弛了。在强调"依法治国"的宏观环境下,攻读法学博士学位乃是"博士热"中之一大热。追求者众,难免也面临着严格管理体系是否日渐松弛的现实问题。

说到"严格的管理",无非是把好质量关,做到"严进"和"严出",使博士之名与博士之实严格相符。这显然应是管理者与被管理者的共同追求。

从这个意义上说,似不妨对"博士"一词略作新解:它是博学之士,博采之士与搏斗之士的"综称"或"合成体"。

"博士"必须博学,自是题中应有之义。一个合格的博士,其学识范围自应扩及本专业的中、外、古、今。业务上的高精尖,离不开比较宽广的基础知识面和过硬的中文、外文基本功。如果博士阅读外文资料的速度只比蜗牛略快,或笔下中文错别字不断,而又自解为"雕虫小技,微不足道",则此种"大将"风度实在不敢恭维。

博学是目的,博采是手段。博采提倡瞄准本学科的中外最前沿新知,奉行"拿来主义"与"消化主义"相结合,创出新高度。有如蜜蜂,广泛采集最新鲜的"花粉",绞尽脑汁,和以心血,酿成科学之新蜜。而不是如蜘蛛之悬空结网,貌似"体系完整",却华而不实;也并非如蚂蚁之只善搬运和堆砌,却不致力开拓和创新。博采的前提之一,是虚怀若谷,具备"海绵"精神,善于吸收他人科学新知的涓涓滴滴,忌的是"自我感觉良好",浅尝辄止,或眼高手低,志大才疏。

"博",古通"搏",两字同音同义。故"博士"亦指其"拼搏"的必备之志和必具治学精神。"梅花香自苦寒来","学海无涯苦作舟",所喻的都是务必刻苦拼搏和"自讨苦吃",方能有成。如此,平日"喝咖啡的时间"比别人少,却心安理得;必要时通宵达旦,废寝忘餐,也不喊其累,却自得其乐,甚至自觉活得很"潇洒",这就渐臻于"博士"的化境了。

一言以蔽之,如能致力于兼具此三"博"要素,则博士之名实严格相符,并不难预期。

---

① 参见以上述质问和呐喊为题的两篇文章,载于《瞭望新闻周刊》2001年5月21日第21期。

附录

一、官员与老板：心仪博士帽[*]

中新社记者　王晓晖

当几位经理漫步在中国社会科学院研究生院秋日的校园时，共青团中央书记处第一书记李克强已经在未名湖畔戴过博士帽。

海关总署副局级官员黄胜强今年以骄人成绩叩开博士之门的时候，中国名牌三鸣养生王的总裁又报考了中国科技大学研究生院。

不知数学与养生之间有多少的距离和联系，但可以确认的是，近两年的中国考博热中，官员考博和老板考博已成为此间一大景观。

考博热来得迅猛。前十年招不满博士生的中国社会科学院近来招考比例激增到 1∶5。中国科学院招收的博士再次突破了历史最高水平，今年入学的博士人数预计又很可观。国家教委去年的计划在众多方面的要求之下被打破，实际招收数超出预定数字两千多人，达到九千人以上。

计划变更的原因有多少是因为官员与老板的介入，这个数字难于统计。不过事情正像中国社科院研究生院党委副书记翁杰明所说的，戴上黑帽子的博士官居要职的事实和身居星级宾馆的老板日夜兼程备考博士的消息已成为中国考博热与生源多元化的重要依据。

平心静气地看，参与过中国政治经济生活具体运作的官员与老板重返校园去读书，这中间的动力何在呢？在政府部门供职的李先生说，我们必须先期致力于自身知识结构的完善。因为，经济给政治带来的影响无法回避，因为国家的现代化首先要求人的现代化。

按照翁杰明估计，20 年后，中国的领导群体将由一批具有硕士、博士头衔的职业、半职业管理者组成，而一个健全的知识结构是他们所必需的。

至于老板对博士帽的向往则隐约折射出他们对儒商的向往。而且，在商言利，有一顶博士帽戴在公司头顶，公司的信誉即可瞬间陡增，届时，知识的力量便可以在公司的生意上以数字的形式表现出来。

其实，以考博为愚钝之举还只是昨天的事情，"傻博士"的称呼仍依稀响在耳畔，考博士的热潮就迅猛地来到了眼前。无论是向往学术健全知识结构，还是借

---

[*] 本文原载于《人民日报》（海外版）1995 年 11 月 24 日。

助博士桂冠达到实利的目的,究其根本,还是知识的力量越来越被人们认识,翁杰明说,中国的市场经济逐步有序化,靠机遇和冒险去获取超额利润不会再是一种普遍现象了。不过,也有业内人士指出考博热引出招博方式的多样化,据称,操作过程中各种利益的驱动使博士教育严格的管理体系面临着从未有过的考验。

二、"教授"贬值为哪般*

苗体君

近年来,"教授满街走"已成为高校的普遍现象。北京大学著名学者季羡林教授曾极而言之:"如今不管是谁,只要能在北大谋一个教书的位子,就能评上教授。"而在七八十年前,连鲁迅、梁漱溟这样的大学者也只能被聘为讲师。今天,稍有名气的大学多在拼命增加教授的数量,一些院系甚至提出告别有讲师的奋斗目标,广东还有大学趁合并之机一次性突击评出了四十多个博导。这不禁使人想起大跃进时期全民炼钢铁的那一幕。

笔者日前在南京大学档案馆查阅有关校中资料时发现,1927年时的南京大学(时称第四中山大学)竟没有一位教授,即使是从国外回来的诸如芝加哥大学毕业的吴有训博士、哈佛大学毕业的竺可桢博士、法国国家科学院毕业的严济慈博士,也都只被聘为副教授。而到新千年来临之际,南京大学的教授已达千余名。难怪那里的一位博导对学生说:"别称我教授,现在的教授一分钱能买好几个。"

当今社会对教授们的期望值总是很高,其实高校也并非什么理想干净的知识殿堂。十年前毕业的优秀本科生、研究生很少有人愿意到高校当教师,因为这个职业太清贫,连不太优秀留下来作教师的,也视作进了鬼门关。教师队伍的整体素质亟待提高已是不争的事实。笔者认为,现在的高校教师大致可分为两类:一类真正有本事且热心教育;另一类没什么本事,因能力不足从社会大舞台退到学校,只图混口饭吃而已。

在新中国的五十多年历史中,"文化大革命"前对教授的评审,在数量和质量上都有所限制,教授是潜心做学问的象征,含金量大,中央教育部直接参与对教授的评审与任命。"文化大革命"结束,在恢复高校职称审评制度的开始几年还比较正规,后来随着职称评审的最终权力下放,滥评现象就出现了。

---

* 本文原载于《瞭望新闻周刊》2001年5月21日第21期。经征得该刊总编室杨桃源主任同意,转录于此,以飨读者。谨向该刊和本文原作者致谢。

一些学校对教授的评审不重视学术水平和教学能力,而要按教师的工作年限排队,有些学校为了解决教师职称,竟由校领导出面编写教材及教学指导书目,再强卖给学生使用,其实有些教授们编的教材几乎都是照抄别人的,实在没有多少学术价值。

　　我国现行的官本位体制是导致教授贬值的一大原因。在高校仅做个专职教师还不够,想尽快提升职称不从政不行,多数人称之为"曲线提升"。有了行政职务就有了"学术",就可以凭借手中的权力占有科研经费,出版专著都可以找人代笔。

　　学贯中西的大学者钱仲联,可谓江苏省学术界的一块金招牌。二十年前国家首次审批申报博导时,他所在的学校向北京申报了不包括他的一百余人,甚至该校的膳食科长也名列其中。北京的评审者没有找到他的名字,就通知江苏省火速上报他的材料。结果当只有钱仲联一人为博导的批文回到该校,大家都呆了。这个真实的故事很快传遍了全国学术界,当时中央评审之正规可见一斑。

　　这类事情同时反映了我国"不患寡而患不均"的传统观念对评聘教授工作的渗透。天津某大学的一个好友告诉我,他取得博导的成功秘诀是在学术上"团结领导和广大群众"。原来他每次撰写著作或论文,总是添上领导或一些教师的名字,如此把自己辛勤获得的成果均分,以求得大家的支持和拥护。

　　不能破除教授终身制是造成教授贬值的又一个原因。教授头衔多是高校教师最终的追求目标,一旦得到,他们中的不少人便要享受教授头衔带来的诸多好处,而对教学、科研不会再有过多的兴趣。

　　眼下拉关系、送礼在职称评审时也成为时尚,最具学术说服力的博导评审都不例外。笔者今年在北京参加一个学术会时,才得知一个多年未见的好友成了博导。他的学术资本只是两篇质量一般的论文,此次荣升的关键还是占有教务处处长的职位。他私下里对我说,他们学校刚成为博士点的某专业,是花了20万元买来的。

三、该挤挤"学术泡沫"了*

周大平

　　据教育部去年底统计,在我国高校的 46.3 万名教师中,教授和副教授占

---

* 本文原载于《瞭望新闻周刊》2001 年 5 月 21 日第 21 期。经征得该刊总编室杨桃源主任同意,转录于此,以飨读者。谨向该刊和本文原作者致谢。

32.4%。高级教学职称头衔的人数指标符合国家标准,而其中是否如这篇来稿中所言"教授"贬值,恐怕只有透过"学术泡沫"去洞察它的深层。

近两年有的高校扩招,实际上是把大量高考分数中等偏下的考生扩招进了学校,因为考分较高的考生不必扩招也能考入大学。面对新生质量的参差不齐,高校普遍出现了教师的结构性短缺,致使一些本科专业的教师达到满负荷授课的极限,有的基础课甚至由在校研究生讲授。这种现状使人想起两年前北京大学高教研究所的一个预言:就供给的角度说,要大规模扩大招生,除非以降低教育质量为代价。

瑞士洛桑国际管理开发研究院发表的《2000年度国际竞争力报告》表明,中国的国际竞争力已由1998年的第24位降到第31位。清华大学的一个课题组在调查两个工科系后认为,这与当前我国高等教育质量严重下滑有关,其中教师的教学质量下滑是一个关键因素。教育部一位官员也委婉地表示,这支队伍的整体素质有待提高。

尽管谁也无从知道到底有多少高校教师所拥有的教学职称与实际能力不符,然而教师教学质量下滑的现状,使我们仍有理由作出这样的推断:是那些形形色色无法定论为学术腐败的行为,导致了当今高校中一些名不副实的"教授"们在"滥竽充数"。

高校的根本任务是培养人。从经济学的角度讲,学生好比是产品,评定其质量是否合格,首先必须拥有一些基础性的标准,这与教育部所称的建立教育质量的多样化模式并不矛盾。其次必须拥有施教者个人的良好素质,如果施教者的教学职称是注了水的,他本人也就没有了"可靠度",所谓"人而无信不知其可"。原复旦大学校长杨福家院士曾举过一个同类型的例子:前些年上海有个很有名的年轻教授,后来被人发现他的许多论文都是抄别人的,于是他失去了所有的光环。

目前高校教学职称中所以存在"假冒",一个重要原因是教学质量评价机制的自我封闭,其运作的客观性和公正性完全取决于体系内主管者的道德自律。一旦这种自律失控,教学职称评定的"学术泡沫"必然发生。广东某大学去年一次性突击评出40多个博导的事情,就被业内人士判定是一个"内行包庇同行"的典型。

我国不是没有教师职务聘任方面的规定,也不是没有强调教师教学业绩表现的政策导向,然而为什么还是对混迹在教师队伍中的"滥竽"无能为力?这的确是一个值得反思的问题。

多年来,我们的教育督导往往侧重于评价学校的各项硬件达没达标,各项投入符不符合法定的标准等,而对教师的教学效果如何,学校对师资的管理是否有利于培养人(包括对教授这样的高级职称有没有按需设岗,有没有面向社会、公开招聘,有没有平等竞争、择优录用、合同管理)等有所忽视。如果教育督导没有把"人"放在督导的核心,实际上就是在客观上为那些违反道德准则的行为网开一面。

  高校的自主办学权正在逐年扩大,教学质量是教育永恒的话题。从进一步强化监管职能考虑,教育部已着手建立高校教学质量的监控体系。从未来走上社会就业考虑,苦读几年的学生最关心的莫过于高校的教学质量"能使自己学到多少东西"。而从自身的生存和竞争考虑,一些学校如果没有危机感,置学校教学质量于不顾,频频在教学职称评定上违规做手脚,终究要自食其果,被市场淘汰,只是到时候他们有何颜面面对为此付出了沉重代价的在校生们?

IV 是"棒打鸳鸯"吗?
——就"李爽事件"评《纽约时报》报道兼答美国法学界同行问*

内容提要 1981年秋,时值中国实行对外开放基本国策之初,北京发生了一起涉及法国驻华外交官 E. Bellefroid 的"绯闻"和拘留中国女青年李爽的事件。经外国媒体炒作,在国际上闹得沸沸扬扬,成为轰动一时的"外交事件"。当时,美国法学界有些人士也借题发挥,对中国的"人权"状况和法制问题,议论纷纷,或误解,或指责,或抨击,或质疑,不一而足。诸如:中国政府是否尊重和保护人身自由和婚恋自由? 中国对驻华外交官的身份地位和外交特权是否给予应有的尊重和足够的保护? 中国政府及民众是否具有强烈的盲目排外情绪? 中国当局是否乘机制造借口迫害前卫知识分子? 此事在中国何以不公开审理并接受外国记者自由采访和舆论监督? 等等。当时笔者正在美国哈佛大学从事国际经济法学研究,并兼部分讲学工作,遂应邀针对由此事件引发的一系列具体问题和质疑,作了一次专题演讲,依据中国当时现行有效的法律法规、有关的国际公约以及美国的相关法律和司法实践判例,对上述有关问题逐一作了评论和剖析。以下是此次专题演讲的基本内容。

目 次

一、李爽是何许人?"李爽事件"的背景如何?
二、李爽触犯了什么法律? 犯了什么罪?
三、是打击"鸳鸯"的无情棒? 还是拯救沉沦的救生圈?
附录

---

* 本文根据1982年初笔者在哈佛大学所作的一次专题演讲整理而成,原文刊载于美国纽约法学院《国际法与比较法学刊》第3卷第1期(1982年初出版)。详见本书第七编"英文版论文选辑"之Ⅸ。

一、中国拘禁了法国男人的情妇
二、法国外交官说中国拘留了他的未婚妻
三、小题大做——评白天祥等人在所谓"李爽事件"上的喧嚷

《纽约时报》记者克利斯托弗·S·雷恩(Christopher S. Wren)写了一篇新闻特别报道,题为《中国拘禁了法国男人的情妇》①。1982年1月间,这篇特稿连同另一则短讯②,由任课的美国教授③加以复印,分发给哈佛大学法学院的博士研究生,供作"当代中国法律"这一热门课程的参考资料。看来,这两篇报道,特别是其中的第一篇,现在已被当作研究中国现行法律制度的重要素材。

不久前,我从中华人民共和国应邀来到哈佛大学法学院。不少美国同行朋友和研究生得知我来自中国,先后向我提出了有关这一事件的许多问题。诸如:李爽究竟是何许人?此案产生的背景如何?她究竟触犯了什么法,犯下了什么罪?中国政府何故干预她的婚姻自由,竟然"棒打多情鸳鸯",不尊重基本人权?此案为什么不公开审理?等等。面对这形形色色的诸多问题,身为来自中国的法律学人,我感到有责任也很乐意同对这一事件感兴趣的美国同行朋友们一起来展开讨论。同时,鉴于《纽约时报》的上述两篇报道有含糊不清、不正确或自相矛盾之处,我谨结合中国现行法律、法规的有关规定,提出个人的看法,希望通过共同讨论,把这一事件的真相和本质尽可能弄个一清二楚、水落石出。

一、李爽是何许人?"李爽事件"的背景如何?

雷恩先生撰写的上述"特别报道"称:

"李爽是一名年方24岁的前卫派美工人员。她与法国驻华大使馆一名馆员,即年已33岁的昂玛努·贝耶华(Emmanuel Bellefroid),共同坠入

---

① 载于《纽约时报》1981年11月13日,第36版,第1栏。见本文附录一。
② 题为《法国外交官说中国拘留了他的未婚妻》,载于《纽约时报》1981年9月13日,第5版,第6栏。见本文附录二。
③ 哈佛大学法学院前副院长、东亚法律研究中心主任柯恩教授,是美国法学界知名的"中国通"。当时修习柯恩教授主讲的"当代中国法律"这门课的博士生,除来自美国外,还有许多来自英、法、德、日、澳等国的留学人员。

情网,并且已经订婚。此间的朋友们都说,中国人先前曾经许诺这一对情侣可以正式结婚……但是,本星期二,中国当局公开宣布:这位李小姐已经被判处在一所惩罚机构中接受'劳动教养'两年。""贝耶华先生已经与他的妻子分居。"

这一段报道中含有不少误解、失实和不确切之处。

根据中国的新闻报道,李爽本来是中国青年艺术剧院的一名美工人员,1981年1月辞职后,成为一名无业游民和女阿飞。她在很长一段时间里没有正当职业,却从事各种下流活动,违反公共道德,影响了社会秩序。特别应当指出:尽管有关当局曾反复多次对她提出劝诫,但她却置若罔闻,依然我行我素,拒不改正;并且进一步发展到不顾一切后果,干脆明目张胆地搬入法国外交官贝耶华的寓所,与他同居达两个月之久,并利用贝耶华的外交官特权来庇护她自己。因此,依据中国法律的有关规定,她被有关当局拘留,并由一家执法机关按照正当的执法程序处以两年劳动教养。随后,贝耶华就大喊大叫,歪曲事实真相,煽动舆论,猛烈抨击中国有关当局针对李爽不轨行为依法采取的正当的措施。

针对这些抨击,看来很有必要严格区分正当、合法的恋爱婚姻关系与不正当、不合法的男女两性关系。众所周知,中国是一个社会主义国家。国家要求具有劳动能力的每个公民都应当自食其力,并遵守公共秩序和社会道德。中华人民共和国的《宪法》明确规定,公民享有多种自由权利,诸如:言论自由、出版自由、集会自由、结社自由、游行示威自由,等等。但是,中国《宪法》从来未曾规定个人可以享有从事不道德、不合法两性腐化行为的"自由"。恰恰相反,在中国,一切不道德和不合法的两性行为都会受到公众的谴责;而情节严重者,则会受到法律的惩罚。毫无疑义,世界上一切正直的人士,包括一切理智的人权主义者和人权倡导人,都决不会把通奸"自由"或卖淫"自由"认定为个人的正当"自由",认定为公民"人权"的一个正当组成部分。因为诸如此类的不正当、不合法的两性行为,早已被公认为违反公共道德,损害和危害民族健康。

其次,自从粉碎"四人帮"之后,中国人民与世界各国人民的接触日益频繁。绝大多数外国人是中国人民的忠实朋友,他们致力于促进中国与其他各国的文化经济交流。但是,也确实还有极少数外国人仍然沿袭老殖民主义者居高临下、傲慢无礼的态度,仍然视独立自主的新中国如半殖民地的旧中国,仍然把新中国看作"外国冒险家的乐园",他们往往在各种外衣的掩护之下,来到中国为非作歹,恣意欺凌中国老百姓。他们认为在这里依然可以随心所欲,寻花问柳。

遗憾的是,也确有少数中国女青年,为某些外国来客的财富所诱惑,不顾民族的尊严和自己的人格,向外国人出卖自己的灵魂和肉体。换言之,她们竟然从事卖淫活动,或从事变相的卖淫。如所周知,自 1949 年新中国建立以后,娼妓卖淫活动在中国内地一直受到严禁,并曾一度销声匿迹。但是,自 1979 年中国实行对外开放政策以后,娼妓卖淫活动又开始在少数城市中死灰复燃。特别可恶的是,有一些卖淫或变相卖淫活动,竟是在某些外国人的强权地位和特权豁免掩护之下,明目张胆、肆无忌惮地进行的。这显然是藐视和嘲弄了中国法律的庄严,严重地伤害了中国人民的民族自尊,并且激怒了中国民众。因为,这种丑恶现象勾起了中国民众对 1949 年以前遭受一百多年殖民地屈辱的痛苦回忆,他们强烈地希望在这种丑恶现象重新萌长的初期阶段就予以严厉禁止。

可以说,这就是产生"李爽事件"的部分重要背景。人们如果能在这样的背景下,结合其他各种因素来观察这次事件,就不难理解中国有关当局何以采取如此严肃认真的态度来处理此事。这种态度正是准确地反映了中国民众的共同愿望,因而获得了他们的全力支持。

诚然,也不难设想,在西方某些国家中,人们对此类现象的看法和态度也许会与中国人有很大的差异。这是因为他们的历史、文化、社会制度和道德观念,迥然不同于中国民众。但是,我仍然确信,一切外国朋友定能充分理解:中国人曾经饱经忧患,饱受殖民主义者和帝国主义者强加的不胜枚举的各种苦难、蹂躏、侵害、亵渎和凌辱,因此,他们不能不时时回顾和总结过去的痛苦经历,一切外国朋友也定能充分理解和自觉自愿地充分尊重中国民众正当的、无可厚非的民族感情。

二、李爽触犯了什么法律?犯了什么罪?

由于李爽是中国公民,她的违法行为发生于中国境内,因此,作为一个主权独立的国家,中国当局依据中国法律处置李爽的违法行为,并且视之为纯属内国事务,与外交无涉,这是理所当然,无可非议的。看来,有关法律选择或准据法的此项普通常识,目前已被某些人士置之脑后,因此,有必要重新强调此项常识,并把它作为评析本案的前提和基础。

我个人的初步看法是李爽的行为触犯了以下几种中国法律法规:

首先,她可能触犯了《中华人民共和国治安管理处罚条例》[①]。该《条例》第

[①] 1957 年 10 月 22 日全国人民代表大会常务委员会第 81 次会议通过,同日公布施行。收辑于《中华人民共和国公安法规选编》(1950—1979),法律出版社 1982 年版,第 73、79—80 页。本条例于 1986 年 9 月 5 日修订,原第 5 条和第 30 条的规定合并改列为第 30 条,并有重要补充。本条例于 1994 年 5 月 12 日再次修订,其中第 30 条规定未作更动。

5 条规定:"有下列扰乱公共秩序行为之一的,处十日以下的拘留、二十元以下的罚款或者警告",其中所列的第 8 种违法行为,就是"违反政府取缔娼妓的命令,卖淫或者奸宿暗娼"。作为一项十分重要的补充,该《条例》第 30 条进一步规定:"对于一贯游手好闲、不务正业、屡次违反治安管理的人,在处罚执行完毕后需要劳动教养的,可以送交劳动教养机关实行劳动教养。"

其次,她触犯了中国国务院《关于劳动教养问题的决定》。该《决定》第 1 条规定:对于不务正业,有流氓行为,违反治安管理,屡教不改的人,应当加以收容实行劳动教养①。1979 年,国务院又公布了《关于劳动教养的补充规定》,其中第 3 条载明:"劳动教养的期限为 1 年至 3 年。必要时得延长 1 年。节日、星期日休息。"②

雷恩先生的报道中提到,中国驻法国大使馆在 1981 年 11 月 12 日发表的一项声明中"并未说明李爽小姐究竟犯了什么罪"。这是不足为奇的。因为该大使馆发表的声明并不是一份裁决书或判决书,因此它无需逐一详细列出被指控的违法行为和被援引的有关法律条文。但是,1981 年 11 月 14 日新华社记者发表的评论中却已经明确指出:根据中国国务院颁行的《关于劳动教养问题的决定》第 1 条,李爽被送去接受"劳动教养"两年③。

有人质疑:李爽究竟是否触犯了中国的刑法?

要回答这个问题,必须先指出以下两点:

第一,根据我在美国所看到的有关新闻报道,中国政府并未认定李爽的行为是触犯了中国刑法的犯罪行为,从而根据刑法的有关规定加以惩处;中国政府只是按照"劳动教养"的有关规定,加以处罚。关于这一点,前面已经提到,本文的第三部分将进一步加以评析。

第二,李爽的行为是否触犯了中国的刑法,取决于法国外交官贝耶华当时的婚姻状态:在贝耶华与李爽公开同居的当时,这位男人究竟是单身未婚?已经结婚?丧偶鳏居?已经离异?抑或是正在分居之中?雷恩先生在报道中说"贝耶华已与他的妻子实行分居",但在同一篇报道的开头,却又说贝耶华和李爽"已经订婚",而且,"中国人先前曾经许诺这一对情侣可以正式结婚。"④同一篇报道中出现的这两种说法难道不是自相矛盾吗?众所周知,"分居"是与"离

---

① 1957 年 8 月 1 日全国人民代表大会常务委员会第 78 次会议批准,1957 年 8 月 3 日国务院公布施行。
② 1979 年 11 月 29 日全国人民代表大会常务委员会第 12 次会议批准,同日国务院公布施行。
③ 新华社记者评论:《小题大做》,载于《光明日报》1981 年 11 月 15 日。详见本文"附录三"。
④ 见本文附录一。雷恩先生在 1981 年 9 月 13 日发表的另一篇报道中,也说到李爽是贝耶华的"未婚妻"。

婚"具有本质差异的一种婚姻状态。即使在美国的法律规定以及官方文件中，前者与后者从来都是严格地加以区分的①。显而易见，"离婚"意味着有关的法定婚姻关系已经死亡，而"分居"则意味着有关的法定婚姻关系仍然存活着，只不过是男女配偶双方各自分别居住而已。既然如此，贝耶华作为一个有着合法妻子的"有妇之夫"，在其并未正式依法离婚之前，怎么可以合法地与另外的一个女人——李爽"订婚"？中国人又怎能"许诺"他们两人可以合法地"正式结婚"？由此可见，如果雷恩先生关于贝耶华与其合法妻子"分居"的报道属实，那么，贝耶华和李爽两人就犯下了重婚罪②。

有人辩难说：李爽并未与贝耶华正式结婚，而只不过是与贝耶华同居两个月而已，因此，她的行为并未构成重婚罪。诚然，根据1980年公布施行的《中华人民共和国婚姻法》的规定，一项合法的婚姻，必须由男女双方前往婚姻登记机关进行结婚登记。符合法定条件的，发给结婚证书，确立夫妻关系③。但是，社会实际生活中却有不少这样的事例：男方或女方已经有一个依法登记在案的合法配偶，却又与另一个异性住在一起，他和她不是秘密地通奸，而是公开地俨然以夫妻相待，共同生活，而并不进行另一次（第二次）结婚登记。在中国的司法实践中，此类公开同居往往被认定为"事实上的重婚"，并且按重婚罪处断，以便更有效地控制这种犯罪行为。这种司法实践已被总结成为一项公认的原则，并被辑入1980年出版的《法学词典》④；中国官方主办的一家周报——《中国法制报》对这一原则也加以采纳和宣传⑤。

对照上述这类司法实践中总结出来的断案原则，可以看出，如果雷恩先生对于贝耶华当时婚姻状态所作的描述准确无误，那么，李爽进入外交人员聚居的使馆区，并在外交官住所内与贝耶华公开同居达两个月，这一行为本来就已

---

① 例如，在美国驻华大使馆颁发的《非移民签证申请书》中，其第19栏就对"分居"与"离婚"作了明显的区分。

② 1979年7月1日通过的《中华人民共和国刑法》第180条规定："有配偶而重婚的，或者明知他人有配偶而与之结婚的，处二年以下有期徒刑或者拘役。"[按：已于1997年3月14日修订，原第180条有关重婚罪的规定改为第258条。文字未作改动。]

③ 见1980年9月10日公布施行的《中华人民共和国婚姻法》，第7条。[按：本法已于2001年4月28日修订，原第7条改列为第8条。文字内容稍有增补。]

④ "重婚：已有配偶的男女未办理离婚手续又与他人结婚，或虽未登记而实际上与他人以夫妻关系相对待而共同生活。是破坏一夫一妻制的违法行为。……凡以重婚论处的，应解除其非法的重婚关系，追究其刑事责任。"见《法学词典》，上海辞书出版社1980年版，第521—522页。

⑤ 参见《他犯有重婚罪吗?》，载于《中国法制报》1981年10月2日。文章以"本报法律顾问组"解答咨询的形式指出："所谓重婚……是指已有配偶的男女，在其配偶没有死亡，或者婚姻关系没有依法解除之前，又同他人登记结婚，或者虽未进行结婚登记，但与他人在事实上以夫妻关系同居生活，构成了事实婚姻。"

经构成了事实上的重婚罪。

当然,还应当补充说说:如果贝耶华在与李爽公开同居之前,确实已经与他的法国妻子办妥了离婚手续,那么,李爽的行为本来就可以不构成事实上的重婚。不过,她与贝耶华的所作所为,就其整体而言,仍然可以被认定为流氓阿飞和娼妓行为①。

三、是打击"鸳鸯"的无情棒?还是拯救沉沦的救生圈?

雷恩先生报道说,中国"有关当局一向警告中国公民,不要和外国人厮混"。"十分明显,处罚李爽的用意在于杀鸡吓猴,儆戒其他情侣。不过,现在还弄不清楚此事是否也表明当局有意对知识界的不驯分子采取更加严厉的镇压迫害措施。"雷恩这些模棱两可、含糊其辞的评论,把中国人与外国人之间正常、合法的交往与两者之间不正常、不合法的关系混为一谈,也混淆了法律问题与政治问题的界限,并且把再就业培训曲解为镇压迫害与威胁恫吓。

众所周知,中国人民绝不会盲目排外,绝不会不分青红皂白,反对一切来自外国的事物和人员,也从来不反对在中国人与外国人之间进行正常、合法的接触和交往,包括正常、合法的中外联姻结亲。这方面的事例可谓不胜枚举,无需逐一列举最近几年来已经正式结成佳偶的许多中外情侣。最能说明问题的是:在同一个城市北京,属于同一个法国驻华大使馆的另一名外交官克里斯琴·加依亚诺(Christian Galliano),就在1981年10月与一名中国女青年赵江愉快地结为夫妻。仅此一例,就足以说明:中国当局对于"中外合璧"型的美满姻缘,向来是成人之美和乐观其成的。关于这一项中外联姻,雷恩先生在前述那篇新闻特稿中,也如实地作了报道,这是令人高兴的。遗憾的是,法国外交官贝耶华

---

① 据另外一篇报道说:1980年9月间,法国外交官贝耶华与李爽在北京一次美术展览中相遇。按贝耶华的描绘,两人"一见钟情"。当时,贝耶华的妻子在法新社驻北京办事处工作。到了1981年5月,贝耶华向中国有关当局申请,要求与李爽结婚,并且出具了与法国妻子离婚的证明。但是,在此之前好几个月里,李爽仰仗洋人外交特权公开从事变相卖淫的下流放荡行为已经严重地影响了社会秩序,并激起当地群众的愤怒。由于当时李爽的流氓阿飞行为问题正在处理之中,尚悬而未决,在此种情况下,中国有关当局暂且不能批准李爽与贝耶华结婚。于是,李爽不顾有关当局的一再劝诫,明目张胆地搬入北京使馆区贝耶华居住的外交官员住所,公开同居两个月,并且利用贝耶华的外交官特权,庇护自己,因为中国治安人员不能随意进入使馆区外交官住所。其后,1981年9月间,在李爽离开使馆区外交官住所外出时,被中国有关当局依法拘留,接着又在1981年11月间,被送交"劳动教养"。见"中国新闻社"特写稿,美国商务部:《FBIS每日报道》(中国专辑),1981年11月16日,第G2页。

的所作所为却迥异于这另一位法国外交官加依亚诺。贝耶华利用他所享有的外交官特权,包括司法管辖上的豁免权①,藐视其派驻所在地东道国的法律法规,从事与其外交官身份极不相称的不轨行为。具体说来,他作为有妇之夫,却在正式离婚前就与李爽乱搞男女关系,从事两性交易,任意触犯中国法律,并且滥用他所享有的外交官住所不可侵犯的特权②,以窝藏和包庇李爽。为什么说是"滥用"外交特权呢?因为,《维也纳外交关系公约》明文规定:"在不妨碍外交特权和豁免权的情况下,凡享有外交特权与豁免权的人员,均负有尊重接受国(东道国)法律规章的义务。这些人员并负有不干涉该国内政的义务。"③与此相关,一切使馆馆舍以及享有同等不可侵犯特权的一切外交官住所,也理所当然地"不得充作与本公约或一般国际法之其他规则、或派遣国与接受国间有效之特别协定所规定之使馆职务不相符合之用途"④。贝耶华利用外交官住所窝藏和包庇李爽、非法同居的所作所为,显然违反了《维也纳外交关系公约》的禁止规定。

任何外交官员,如果滥用其享有的各种特权,从而严重触犯了接受国(东道国)的法律,则按照《维也纳外交关系公约》有关规定的精神,享有主权的东道国就有权根据国际公法的原则,采取严肃的措施,对付该违法胡为的外交官员。诸如向社会公众披露其不光彩行为(如贝耶华之不轨行为)的有关事实,宣布他为"不受欢迎的人员"(persona non grata),要求派遣国把他召回或撤换,实质上也就是东道国有权把他驱逐出境⑤。但是,中国政府出于珍视中法两国友谊的考虑,尽力避免如此行事。中国有关当局仅仅是局限于依据本国国内法的有关规定,对本国的违法公民(李爽)加以处罚,而并未对触犯中国法律的贝耶华本人采取本来可以采取的严厉措施。

然而,贝耶华不但不领情,反而恩将仇报。他伙同他的一帮朋友,肆无忌惮

---

① 1961年4月18日签订的《维也纳外交关系公约》第29条规定:"外交代表人身不得侵犯。外交代表不受任何方式之逮捕或拘禁。接受国对外交代表应特示尊重,并应采取一切适当步骤以防止其人身、自由或尊严受到任何侵犯。"第31条进一步规定:"外交代表对接受国之刑事管辖享有豁免权。"参见王铁崖、田如萱:《国际法资料选编》,法律出版社1982年版,第606页。

② 《维也纳外交关系公约》第30条第1款规定:"外交代表之私人寓所一如使馆馆舍,应享有同样的不可侵犯权和同等的保护。"《公约》第22条第1款则进一步明确规定:"使馆馆舍不得侵犯。接受国官员非经使馆馆长许可,不得进入使馆馆舍。"参见注①引书,第606页。

③ 《维也纳外交关系公约》第41条第1款。参见注①引书,第610页。

④ 《维也纳外交关系公约》第41条第3款。参见注①引书,第610页。

⑤ 《维也纳外交关系公约》第9条第1款规定:"接受国可以随时在不必解释决策理由的条件下,通知派遣国,宣告使馆馆长或使馆任何外交职员为不受欢迎人员,或使馆任何其他职员为不能接受人员。遇此情形,派遣国应酌情况召回该有关人员或解除其在使馆中之职务。"参见注①引书,第601页。

地猛烈抨击中国有关当局处置李爽是所谓"镇压迫害"知识分子,"压制自由化",并且标志着"中国的改革发生变化"。诸如此类的信口雌黄、造谣中伤、捏造歪曲和大吵大闹,显然都是为了混淆视听,借以为贝耶华自己那些与外交官身份极不相称的不轨行为遮羞盖丑,借以转移中外社会公众的视线和注意力。简言之,贝耶华正是竭尽全力,妄图把法律问题歪曲为所谓的"政治"问题,借以为自己的丑行涂脂抹粉;把李爽下流放荡的违法行为美化为所谓"政治自由化",并把中国有关当局依法给予李爽的正当处罚诋毁为对知识分子施加所谓政治上的"镇压迫害"。

显而易见,所有这些诽谤无非只是一场烟幕。明眼人不难一眼就看穿这场闹剧的本质。即使有些人士暂时还不明白此事的真相,但只要不存在"先入为主"的偏见(或许雷恩先生也属此类人士),则随着时间的推移,也不难透过贝耶华所施放的烟幕,逐渐地看清此事的本来面目。

说到这里,也有必要针对李爽受到处罚所依据的"劳动教养"法律制度,简略地谈谈它的程序和性质。

许多外国朋友以为,在有关当局决定对李爽处以"劳动教养"之前,没有经过什么必要的程序,因为他们在雷恩先生的报道中没有看到有关这方面的叙述。但是,据我所知,在中国驻法国大使馆所发表的一项声明中,却已经明确指出,"中国的一家执法机关依据执法程序",决定对李爽处以两年"劳动教养"①。依据1957年以及1979年由中国国务院先后公布施行的《关于劳动教养问题的决定》以及《关于劳动教养的补充规定》,对于需要实行劳动教养的人,应由当地民政、公安部门及有关单位提出申请,报请"劳动教养管理委员会"认真审查批准后,送往劳动教养机关实行劳动教养。在各省、自治区、直辖市和大中城市分别设立"劳动教养管理委员会",由当地民政、公安、劳动部门的负责人组成,领导和管理各该地区的劳动教养工作。劳动教养机关的各种活动,应由当地的人民检察院实行监督②。

雷恩先生并没有在报道中概述中国实施"劳动教养"的程序。人们当然不应为此而苛责于他。因为,在一篇短短的特别报道中,不可能说得面面俱到,巨细无遗。况且,他也未必熟悉有关实行"劳动教养"的程序问题。即使他对此略有所知,他也未必就有机会直接参加或采访李爽案件的审讯过程。

---

① 见《中国驻巴黎大使馆澄清对李爽的劳教处罚》,载于美国商务部:《FBIS每日报道》(中国专辑)1981年11月13日,第G1页。

② 参见《国务院关于劳动教养问题的决定》第2、3条;《国务院关于劳动教养的补充规定》第1、5条。

在有关审讯问题上,依据中国《刑事诉讼法》的有关规定,作为基本原则,人民法院审判案件,一律公开进行。但是,"有关国家机密或者个人阴私的案件,不公开审理"①。在案件涉及国家秘密或者个人隐私,如果公开审理可能对国家利益或者对公共道德和社会风气产生不良影响的情况下,中国民众和外国来客(包括外国新闻记者)都会被谢绝列席旁听审理。因为,这些人既不是利害攸关的诉讼当事人;也不是证人;也不是通常被允许进入法庭的诉讼当事人的近亲、密友、法律顾问、陪审员、法官、法院职员以及与法院业务有关的其他人员。

诚然,前文已经提到,李爽案件并未作为一起刑事犯罪案件并且严格地依据刑事诉讼法的程序进行审理,但是,上述审理个人隐私案件有关规定的基本精神,显然也是适用的,因为这些基本精神本来就应当适用于像李爽这样的案件。

在这方面,有些美国朋友提出了一些重要的疑问:即使这些涉及个人隐私的案件不予公开审理只是一些例外,即使这些不公开审理的案件总数可能不多,但是,这种做法岂不是侵害了新闻出版自由?更为重要的是,此类不予公开审理的例外做法,使得法院在审理案件过程中不受社会公众的监督,这岂不是把被告置于可能遭受到不公待遇的危境?

这些问题确实很有趣也很重要,值得进一步探讨。如所周知,在这些问题上,人们向来见仁见智,意见分歧;而且就是在美国法学界,也一直聚讼纷纭。究竟应当如何看待不公开审理这一例外做法,是一项有待深入研究和剖析的课题,就此足以写出多篇学术论文。在这里,我们只需要指出一点,即:在对待公开审理的问题上,美国法本身也存在着原则和例外,并且采取类似于中国法的做法。

譬如,作为一项基本原则,美国《宪法》在其第一修正案中规定:"国会不得制定剥夺……言论自由、新闻出版自由……的法律。"第六修正案中进一步规定:"在一切刑事诉讼中,被告有权要求实行快速和公开的审理。"第五修正案以及第十四修正案中反复强调:非经"正当的法律程序"(due process of law),不得剥夺任何个人的生命、自由或财产。综合这些规定,从整体上说,"新闻出版自由"和"被告公开审理权"两者都受到宪法的保护,联邦和各州当局都不得任意加以剥夺。

但是,另一方面,美国的司法实践表明:"新闻出版自由"和"被告公开审理

---

① 见 1979 年 7 月 1 日通过的《中华人民共和国刑事诉讼法》第 8 条,第 111 条第 1 款。该法已于 1996 年 3 月 17 日修订,原第 8 条改列为第 11 条,原第 111 条改列为第 152 条,同时,在文字上将"国家机密"更改为"国家秘密","个人阴私"更改为"个人隐私"。

权"这两者都不是绝对的,两者都必须结合其他方面的权益,加以综合权衡,而有些权益则可能证明:在法院审理某些案件时,不让公众和新闻界列席旁听是合情合理的。在美国的司法实践中,向来可以引据和论证各种各样的权益,足以令人信服地承认:在某些情况下,完全地或部分地拒绝社会公众和新闻记者列席旁听庭审,是合理合法的,为此目的,甚至可以不顾被告的反对意见。这些曾经被引据和论证的各种权益中,就含有以下几种情况:在许多强奸案件中,有必要切实保护少年受害人和出庭作证的少年目击者[1];在某类案件中,有必要防止暴露隐名代理人的身份[2];有必要防止泄漏公司的商业秘密[3];有必要对制止空中劫机的做法保密[4],等等。而且,根据这些案例所述,完全地或部分地不让社会公众和新闻记者列席旁听审理并不是没有宪法依据的。

除此之外,有些被告往往自愿放弃获得公开审理的权利,并且主动请求采取封闭式或半封闭式的审理,以便保护自己,免受新闻炒作、危言耸听、猎奇哗众之苦,并且避免可能由此造成的审理不公的结果。

两相比较,社会公众和新闻记者列席旁听法院审理的权利,其宪法依据和重要性,当然不会必然超过被告是否愿意选择公开审理的权利。因此,在上面列举的类似情况下,前一种权利往往会被后一种权利所否定。

重温这些法律规定和司法判例,人们就会获得这样的初步印象:在有关公开审理的问题上,立法机关或司法机关都应当仔细评估和全面权衡各种互相对抗的权益(competing interests),或者在每一起具体案件中,慎重考虑各种有利因素和不利因素,准确地划分原则和例外,从而在审理和断案进程中尽可能做到对社会、对国家、对涉案的个人都是公正和公平的。

最后,除了上述有关"封闭式"审理的问题之外,看来也很有必要进一步说明一下李爽所受到的处罚——"劳动教养"的性质和特点。

就其固有意义说来,"劳动教养"本来就不只是一种惩罚,而且是对被教养者实行强制性教育的一种措施。大家知道,中国是社会主义国家,中国宪法规定:"劳动是一切有劳动能力的公民的光荣职责";国家实行"不劳动者不得食"

---

[1] See Geise v. United States, 262 F. 2d 151,151-57(9th Cir. 1958), cert. denied,361 U. S. 842 (1959).

[2] See United States ex. rel. Lloyd v. Vincent, 520 F. 2d 1272,1272-76(2d Cir. 1975), cert. denied,423 U. S. 937(1975).

[3] See Stamicarbon v. American Cyanamid Co., 506 F. 2d 532,532-42(2d Cir. 1974).

[4] See United States v. Bell, 464 F. 2d 667, 667-76(2d Cir. 1972), cert. denied,409 U. S. 991 (1972).

的原则,公民必须"遵守劳动纪律,遵守公共秩序,尊重社会公德"。① 根据中国宪法的上述基本精神,"劳动教养"制度的建立,目的在于改造那些虽有能力劳动,却游手好闲、违法乱纪、不务正业的人,通过劳动教养,把这些人员改造成为自食其力的新人,从而维护公共秩序,有利于社会主义建设。依据有关法规的明文规定,"劳动教养,是对于被劳动教养的人实行强制性教育改造的一种措施,也是对他们安置就业的一种办法"。在实行劳动教养期间,对于被劳动教养的人,"应当按照其劳动成果发给适当的工资";同时,为了避免他们在拿到工资后即时挥霍,吃光花光,管理机构可以酌量预先扣出其一部分工资,作为其家属赡养费或者日后本人安家立业的储备金②。

这些规定表明:"劳动教养"迥然不同于中国刑法所规定的"劳动改造",这主要体现在两个方面:(1)劳动改造是执行有期徒刑或无期徒刑的重要组成部分,本质上是一种刑罚;劳动教养在本质上却不是简单的处罚,它是一种强制性的教育和职业培训措施。(2)劳动改造是不能领取工资的;而劳动教养则是有权领取适当工资的。

在中国,劳动教养制度行之已久,实践证明:在改造和拯救失足青年、使他们转变为对社会有益的劳动者过程中,劳动教养是特别有效的措施。许多国际知名的外国法官和法学家参观、访问了中国的劳动教养所,他们都肯定这种制度对社会进步能够发挥积极、有益的作用,而且,其中还体现了革命人道主义的精神。

因此,任何不存偏见的人自然会得出这样的结论:中国当局对李爽个人采取的措施,既不是打击"鸳鸯"情侣的无情棒,也不是恫吓知识界不驯分子的杀威棒,而只是拯救沉沦青年的救生圈!

附录

一、中国拘禁了法国男人的情妇③

克里斯托弗·S·雷恩

(北京1981年11月12日电) 一个中国女人与法国一名外交官员在北京

---

① 见1978年3月5日通过的《中华人民共和国宪法》第10、57条。中国现行的《宪法》制定于1982年,其后又经过1988年、1993年以及1999年三次修正。上述1978年《宪法》第10条和第57条的基本精神,已分别被吸收于1982年《宪法》的第6、42、53条。
② 参见国务院《国务院关于劳动教养问题的决定》,小引言,第2条第2、3款。
③ 《纽约时报》特别报道,1981年11月13日,第36版,第1栏。

本地外国人围墙住区中同居,随后,她被逮捕了。中国政府正在想方设法向西方世界证明:对这个女人进行的审判是合理合法的。

李爽是一名年方24岁的前卫派美工人员,她与法国驻华大使馆的一名馆员,即年已33岁的昂玛努·贝耶华,共同坠入情网,并且已经订婚。此间的朋友们都说,中国人先前曾经许诺这一对情侣可以正式结婚。

但是,11月9日,在李爽进入贝耶华先生的公寓同居两个月之后,她在北京三里屯外交官围墙住区的入口处被几名便衣警察逮捕带走,当时贝耶华先生正在香港停留,随后他已返回法国。

此后两个月,李爽杳无音信。直到本星期二,中国当局公开宣布:这位李小姐已经被判处在一所惩罚机构中接受"劳动教养"两年。

法国官员十分恼火

此事影响广泛,涉及许多方面。因为,在宣布判处李爽劳动教养两年之际,法国外贸部长米歇尔·约伯(Michel Jobert)正在北京和官员们会谈。据报道,约伯曾为这对情侣出面干预,设法与中国的高级官员,包括邓小平先生和赵紫阳总理进行交涉。但他被告知此案纯属中国的内部事务。

据此间法国消息灵通人士说,约伯先生一怒之下,竟然取消了其日程上原定的一场新闻发布会和最后两场技术性会谈,并在当天傍晚拂袖而去,离开北京。另一位消息人士报道说,正值法国高官访问北京之际,却披露了李爽被判受罚的信息,邓小平认为这是一次"令人遗憾的偶然巧合",今天,中国官方的新华社发布了一份专为驻巴黎以及其他各地的中国大使馆准备的声明,针对此事提出了北京版本的说法。

这份声明也由中国外交部提供给在北京当地的一些西方记者。据这份声明说,"这个问题并不像某些人所说的,是什么李爽与贝耶华之间的婚姻问题,而是李爽触犯了中国法律"。

并未说明准确的罪名

这份声明并未说明李爽小姐究竟犯了什么罪。不过,有关当局一向警告中国公民,不要和外国人厮混。在北京,外国居民被指定聚居在用围墙隔开的公寓里,周围有士兵保卫。在一些公共餐馆,外国人往往被带到另外的餐厅,与其他中国顾客分隔开来。

尽管此类接触和结婚都受到阻拦,但都并非不可能实现。今天发表的声明中就提到,法国驻华大使馆中的另一名馆员克里斯琴·加依亚诺就在上个月被许可与中国女青年赵江结为夫妻。今年早些时候,有一个加拿大人被许可与一名中国舞蹈演员结婚。

此间有些外国居民熟悉李小姐案件的有关情况,他们认为,中国的官员们一般持有清教徒般的思想观念,反对与异己分子搞男女关系,反对婚外私通行为。李爽明目张胆地搬进贝耶华的公寓和他同居,公开藐视共产党人的清规戒律,这就激怒了中国的官员们。贝耶华先生已经与他的妻子分居,她已返回法国。

此外,李爽在北京美术界一个前卫团伙中表现突出,这些美术界人员玩世不恭,政治上标新立异。十分明显,处罚李爽的用意在于杀鸡吓猴,儆戒其他情侣,不过,现在还弄不清楚此事是否也表明当局有意对知识界的不驯分子采取更加严厉的镇压迫害措施。

贝耶华目前住在法国。当地正在围绕李爽事件掀起阵阵喧嚣,新华社发表的这份声明表明这些喧嚣使中国人感到困窘。

新华社这份声明指出:"中国作为一个享有主权的国家,依据中国的法律处理李爽的犯法行为,这是完全正当的。""此举纯属中国内部事务,它同中法两国关系毫不相干。我们相信法国的朋友们一定会也一定能够理解。"

二、法国外交官说中国拘留了他的未婚妻[①]

(美联社北京 1981 年 9 月 12 日电) 一位法国外交官说,警察今天把他的中国籍未婚妻拘留了。

昂玛努·贝耶华,现年 33 岁,是法国驻华大使馆的一名馆员。他说,星期四这天他从国外回到北京,得知李爽星期三在外国人聚居的围墙住区(使馆区)外面被抓走了。他们俩就住在这个围墙区里面。

贝耶华先生称:他到公安局去解释说,李小姐住在他的公寓里是合法的,公安局拒不接见他。这位外交官说,李爽离开围墙住区,想去看望她的姐妹,就被抓走了。中国人必须持有特别通行证,或在外国人陪伴下,才能获准进入这个围墙住区。

三、小 题 大 做[②]

——评白天祥等人在所谓"李爽事件"上的喧嚷

近日来,法国一些报刊和电台、电视台就所谓"李爽事件"大做文章。法国

---

① 《纽约时报》,1981 年 9 月 13 日,第 5 版,第 6 栏。
② 新华社记者述评:《小题大做》,载于《光明日报》1981 年 11 月 15 日。

前驻华使馆外交官埃马纽埃尔·贝勒弗鲁瓦①(中文名叫白天祥)接二连三地对法国报纸和电台、电视台发表谈话,歪曲事实真相,攻击中国的政策。中国舆论界注意到,这样大规模的宣传攻势,是自1964年中法两国建立外交关系以来所罕见的。

所谓"李爽事件"是怎么一回事呢？原来,这个被白天祥称作是他的"未婚妻"的李爽,是中国一个女公民。今年7月起,她被白天祥利用其外交官身份窝藏在北京他的寓所达两个月之久。李爽由于触犯中国法律,9月间被拘留,最近根据国务院《关于劳动教养问题的决定》第1条,决定对她进行劳动教养两年。

这本来是中国政府挽救、教育失足青年的措施,纯属中国内部事务。它同中法两国关系毫无关系。但令人遗憾的是,白天祥和法国某些人士却小题大做,歪曲事实,搞得满城风雨。他们把事情说成是中国阻挠了白天祥和李爽的婚姻,"嘲弄了人权";还说什么"中国改变了政策","压制自由化",甚至扬言李爽事件"损害了中法两国关系"。

李爽的被决定劳教,根本不是什么"婚姻"问题。我们决不排外,也不反对中国人同外国人正常的接触。但李爽的行为表明,在中国确有极个别的人,不顾国家和民族的尊严,丧失国格与人格,从事出卖自己灵魂的活动；也确实有极个别的外国人在各种外衣掩护下从事欺负中国人,甚至是别有用心、干涉中国内政的活动。

白天祥攻击中国政府对李爽的处理"粗暴"。这位曾经担任过驻中国的外交官,对中国"劳动教养"这一改造、挽救失足青年的有成效的制度居然这样无知,是令人吃惊的。参观过中国劳教所的许多国际法学界知名人士都知道,劳动教养不是判刑,这种制度所体现的人道主义精神,使许多失足青年转变成有用之才。

尤其奇怪的是,白天祥等人攻击中国对李爽的处理是"镇压"、"制服"知识分子,攻击"中国改变了政策"。中国执行什么样的政策完全是中国的内政,是用不着外国人来指手画脚的。中国坚持四项原则,也坚持对外开放的方针,是前后一贯的。"中国改变政策"、"压制自由化"的喧嚷,完全是无的放矢,有意制造混乱。为什么白天祥硬要把处理一个犯有罪行的女青年这样一件事,说成是中国"政策的改变"呢？他这样做是不是要掩盖他的那些不合外交官身份的活

---

① 法文原名为 Emmanuel Bellefriod。前文译为昂玛努·贝耶华,系参照商务印书馆1973年出版的《译音表》所列法语标准译音而改译的。——摘录者注

动,转移人们的视线呢?

　　中国政府和人民十分珍视中法人民之间的友谊和中法两国之间的友好关系。中国人是照顾大局的。正是出于这样的原因,我们对于干了与外交官身份不相容的事情的白天祥本人并未采取严厉措施,也没有公布他的那些活动事实。我们希望不出现需要公布这些材料的情况。正因为这样,我们对于今年9月以来法国一些报刊电台就所谓李爽事件进行的歪曲宣传,迄今未予置理。但是,令人遗憾的是,白天祥等人反而变本加厉,利用这件小事,掀起新的轩然大波,这是违背中法两国人民的意愿的。

第七编

英文版论文选辑

本 编 说 明

　　本编选辑的英文论文相继撰写和发表于1981—2007年之间。它们不仅记录了笔者在这26年中针对有关法律问题的观点和见解,而且在一定程度上反映了中国在这个时期对外开放政策有关法律框架的发展进程。因此,不妨把这些论文,特别是发表于20世纪80—90年代的论文,视为可供有关研究参考的历史资料和写作当时的事实反映。笔者谨此建议:在阅读这些论文时,应将其中有关法律问题的论述和摘引联系当前中国现行有关法律、条例、规章的最新规定,加以比较和理解。各文中提到的中国在对外开放早期制定的各项法律规章,其中有些规定近几年来已经陆续地、或多或少地有所发展、补充或修订。这是阅读时应留意查索对照的。

　　本编所辑各篇专题论文曾分别发表于不同时期的不同书刊,其编排体例和字体等亦各有特色,并不一致。现辑入本书,均保持其原版的体例和字体,以存其真,不求统一。

NOTE of the Compilation

　　Articles published in English and selected to be compiled in **Series Seven** of the present Book were consecutively prepared during the period of 1981 - 2007. They not only recorded the author's view points on pertaining legal problems in the past 26 years, but also reflected, to some extent, the consecutive development of legal framework of China's Economic Open Policies in the same period. Consequently, These papers, *inter alias*, those written down early in 80 - 90' of 20th century, could be considered and treated as some historical materials and factual reflection of that time for the reference of related research. The author hereby would like to suggest and remind that all the description and citation of legal aspects in these Articles should be combined and compared with the most recent provisions of respective laws, regulations, and rules effective in current China, while you reading these papers. Some of those legal stipulations enacted and explained in the earlier stage of the Open Policies, have more or less been further developed, supplemented, or amended in recent years. Please check and compare while reading and researching.

I TRADE RELATED AGENDA, DEVELOPMENT AND EQUITY

(T. R. A. D. E.)

WORKING PAPERS

22

THE THREE BIG ROUNDS OF U. S. UNILATERALISM
VERSUS WTO MULTILATERALISM
DURING THE LAST DECADE*

A COMBINED ANALYSIS OF THE GREAT 1994 SOVEREIGNTY DEBATE
SECTION 301 DISPUTES (1998 – 2000) AND
SECTION 201 DISPUTES (2002 – 2003)

This working paper was written by

An Chen

Professor of Law, Xiamen University School of Law, Xiamen, China

SOUTH CENTRE

JULY 2004

THE SOUTH CENTRE

In August 1995, the South Centre was established as a permanent

---

* 本文中文稿的部分内容最初发表于《中国社会科学》2001年第5期。随后其英文全稿发表于美国Temple International & Comparative Law Journal, 2003, Vol. 17, No. 2(《天普大学国际法与比较法学报》2003年第17卷第2期),引起国际人士关注。笔者应总部设在日内瓦的"南方中心"约稿,又结合当时"201条款"案终审结局,将上述英文全稿再次作了修订增补,由该"中心"作为"T. R. A. D. E. Working Papers 22"("贸易发展与公平"专题工作文件第22号),于2004年7月重新出版单行本,散发给"南方中心"各成员国理事以及 WTO 各成员常驻日内瓦代表团,供作决策参考;同时,登载于该"中心"网站上(http://www.southcentre.org/publications/workingpapers/paper22/wp22.pdf),供读者自由下载。现将上述英文内容再度综合整理,辑入本书;其中文本(增补)同时收辑于本书第二编,列为其第五篇专题论文,题为《世纪之交在经济主权上的新争议与"攻防战":综合评析十年来美国单边主义与WTO多边主义交锋的三大回合》,可资参照阅读。文中所援引和评析的法律法规,均以 2001—2004 年当时现行有效者为准。阅读时请注意查对和比较 2001 年以来有关法律法规的发展情况,以明其历史发展脉络,并获得最新信息。

intergovernmental organization of developing countries. In pursuing its objectives of promoting South solidarity, South-South cooperation, and coordinated participation by developing countries in international forums, the South Centre has full intellectual independence. It prepares, publishes and distributes information, strategic analyses and recommendations on international economic, social and political matters of concern to the South.

The South Centre enjoys support and cooperation from the governments of the countries of the South and is in regular working contact with the Non-aligned Movement and the Group of 77. The Centre's studies and position papers are prepared by drawing on the technical and intellectual capacities existing within South governments and institutions and among individuals of the South. Through working group sessions and wide consultations which involve experts from different parts of the South, and sometimes from the North, common problems of the South are studied and experience and knowledge are shared.

"南方中心"(中译)

"南方中心"组建于1995年8月,是众多发展中国家参加的永久性的政府间组织机构,其宗旨是促进南南团结和南南合作,协调众多发展中国家参与国际事务谈判论坛的共同立场。南方中心在思想理论上完全独立自主。它负责征集、出版和发行发展中国家共同关切的各种信息资料以及有关国际经济、社会和政治事务的各种战略性分析和战略性建议文件。

"南方中心"获得众多发展中国家政府的支持和合作,并且与"不结盟运动国家"以及"七十七国集团"保持经常工作联系。该中心推出的各项研究报告和阐明立场的各种论文,均是依靠和吸收众多发展中国家政府、学术机构以及个别人士的专门知识和智慧资源草拟而成的。该中心通过各种工作小组会议,并且广泛咨询来自发展中国家各部门的专家,有时也包括来自发达国家的专家,深入研究发展中国家共同面临的各种问题,并将有关的经验和知识提供给大家共享。

PREFACE

In 1998, the South Centre, with funding support from the TCDC Unit of the UNDP, initiated a project to monitor and analyse the work of WTO from the perspective of developing countries. Recognizing the limited human and financial resources available to the project, it focuses on selected issues in the WTO identified by a number of developing countries as deserving of priority attention. As anticipated, the project has helped in establishing a medium-term work programme of the South Centre on issues related to international trade and development, which includes several sub-projects on specific WTO Agreements /issues.

An important objective of the work programme is to respond, to the extent possible within the Centre's limited resources, to the needs of developing country negotiators in the WTO and other related multilateral fora such as WIPO, for concise and timely analytical inputs on selected key issues under ongoing negotiation in these organizations. The publication of analytical cum policy papers in the T. R. A. D. E. working paper series is one of the ways in which the South Centre is hoping to achieve this objective. These working papers comprise brief analyses of chosen topics from the perspective of developing countries rather than exhaustive treatises on each and every aspect of the issue.

It is hoped that the T. R. A. D. E. working paper series will be found useful by developing country officials involved in WTO discussions and negotiations, in Geneva as well as in the capitals.

The text of these working papers may be reproduced without prior permission. However, a clear indication of the South Centre's copyright is required.

South Centre, July 2004

小序(摘译)

……

我们预期:"贸易论坛:发展与公平"(T. R. A. D. E)发表的系列工作文件,对于各发展中国家的政府官员们来说,在日内瓦以及各国首都参与世贸组织各种讨论和谈判的场合,会很有助益的。

这些工作文件的内容,可以不经事先许可,即予重印发行。但是,应当清楚地标明其版权属于"南方中心"。

南方中心,2004年7月

About the article: This Article was first published in *the Temple International & Comparative Law Journal* (TICLJ), 2003, Vol. 17, No. 2, pp. 409 – 466. It was then updated and amended in July 2004. Under TICLJ's kind permission, the Article was selected and republished in the form of pamphlet by the South Centre (Geneva) as its T. R. A. D. E. working papers series No. 22, and was posted on the website of South Centre, to make it more widely known and accessible. After preliminary comments and discussions by some international scholars, the Article was amended again and submitted to ASIL/IELG Conference held in Washington DC, February 24 – 26, 2005. The topic of this Conference is "International Trade as the Guarantor of Peace, Liberty and Security?"

Furthermore, please note that the phrase *"The Great 1994 Sovereignty Debate"*, which is used throughout this paper to discuss a series of debates in the United States, derives from Professor John H. Jackson's article, *The Great 1994 Sovereignty Debate: United States Acceptance and Implementation of the Uruguay Round Results*, 36 COLUM. J. TRANSNAT'L L. 157, 162 (1997). These debates are often referred to as the Great Debate(s).

About the author: Professor of Law, Xiamen University School of Law, Xiamen, China; Chairman of the Chinese Society of International Economic Law; International Arbitrator, CIETAC, P. R. C.; International Arbitrator, International Centre for the Settlement of Investment Disputes (ICSID) under the Washington Convention; Visiting Professor as Distinguished Asian Scholar-in-Residence, Northwestern School of Law, Lewis & Clark College, 1990 – 1991; Senior Visiting Scholar, Harvard Law School, 1981 – 1983.

The author would like to thank Dr. Chen Huiping, Dr. Cheng Hongxing and Dr. Chi Manjiao at Xiamen University School of Law, for their kind help with the English version of this Article. The author is also grateful to TICLJ Editor-in-Chiefs Dr. David B. McGinty and Dr. Mark Urbanski as well as Articles Editor, Dr. Laura K. Kolb, for their kind support.

[Table of Contents]

Ⅰ Introduction

II   Ignition of the Section 201 Disputes: U. S. Unilateralism and Sovereignty

III   Conflicts of Sovereignties in the Formation of the WTO System

IV   The Refraction of Such Conflicts in the United States: "The Great 1994 Sovereignty Debate"

    IV. 1   Away with the "S" word—[sovereignty of other states]!

    IV. 2   Never away with the US "S" word—["sovereignty"(hegemony) of United States!]

    IV. 3   The "contradiction" and coordination between "spear" and "shield"

    IV. 4   Some discussions on "Double Standards" etc.

V   "The Great 1994 Sovereignty Debate" and Section 301

VI   The E. C. -U. S. Economic Sovereignty Disputes Caused by Section 301: Origin and Prelude

    VI. 1   U. S. -Japan Auto Disputes

    VI. 2   U. S. -E. C. Banana Disputes

    VI. 3   E. C. -U. S. Section 301 Dispute

VII   The E. C. -U. S. Economic Sovereignty Disputes Caused by Section 301: Claims and Rebuttals

    VII. 1   The Claims of the E. C. Representatives

    VII. 2   The Rebuttals of the United States

VIII   The WTO/DSB Panel Report on the Section 301 Case

IX   The Equivocal Law-enforcing Image Concluded from the Panel Report

    IX. 1   The Panel Creates a Limit for Its Own Duty, Is Overly Cautious, Dares Not Transgress the "Mine Bounds", and Is Irresponsible for Its Duties

    IX. 2   The Panel Hovers between the "Two Powers" in Its Attempt to Ingratiate Itself with Both Sides

    IX. 3   The Panel Leaves the Offender at Large, Criticizing Pettily While Doing It Great Favor

    IX. 4   The Panel Is Partial to and Pleading for Hegemony and Thus Leaves a lot of Suspicions and Hidden Perils

X   The Remaining Suspicions and Latent Perils Entailed by the Panel Report

    X. 1   The First Suspicion and Latent Peril

X.2　The Second Suspicion and Latent Peril
X.3　The Third Suspicion and Latent Peril
X.4　The Fourth Suspicion and Latent Peril
XI　The Implications for Developing Countries of "The Great 1994 Sovereignty Debate" and the E. C.-U. S. Economic Sovereignty Disputes
XII　Conclusion

I INTRODUCTION

Is International Trade the Guarantor of Peace, Liberty and Security? In my view, the answer to this question can be in either way: Yes! or No! To be brief, if international trade is conducted on the basis of equity and mutual-benefit, it can be the guarantor of global peace, liberty and security. However, if international trade is based on inequity and unilateral selfishness, it can otherwise be the destroyer of peace, liberty and security, and even the motivation of war—not only trade war, but real war with fire, cannons and bombs!

History has already provided us with many such examples. Both the Independence War between the American people and the British Empire (1775 – 1783), and the Opium War between the Chinese people and the British Empire (1840 – 1842), convincingly demonstrate the answers to this question from a negative perspective.

If we cast our eyesight to the contemporary world at large, it is easy to find that this globe is still full of fights between multilateralism and unilateralism. In the field of international trade nowadays, multilateralism is mainly represented by the WTO mechanism, while unilateralism is largely reflected by the unilateral actions of the states driven by their own interests. As the saying goes, forgetting history means losing future. Considering the current situation and drawing lessons from the history, it is sound to say, if all states act in line with multilateralism, it is definitely helpful to peace, liberty and security, and thus will guarantee a lasting global peace. However, if a state, particularly a super power, stubbornly clings to unilateralistic selfishness, it is surely harmful to peace, liberty and security, and will very likely to put the global peace at risk.

It is important for us to trace back to some major fights between multilateralism and unilateralism happened in WTO mechanism during last decade.

At the turn of the twenty-first century, the development of economic globalization is accelerating and the interdependent relationship between nations is deepening. The World Trade Organization (WTO), the so-called Economic United Nations, has been in operation for more than ten years. In this context, the world trading system of global multilateralism is further strengthening. However, strong unilateralism, the adversary of global multilateralism, originating from the contemporary sole superpower, the United States, has not been ready to concede to the WTO multilateralism voluntarily. During the latest decade, this superpower has been persistently, and by hook or crook, imposing obstacles to impede the solidifying and strengthening of global multilateralism in hopes of maintaining its economic hegemonic status of unilateralism. Usually those unilateral behaviors are conducted under the camouflage of defending U.S. sovereignty, safeguarding U.S. interest, and enforcing U.S. law. New evidence of this aspect is the mighty disturbance of the U.S. Trade Act's Section 201[1] and the chain of disputes ignited by the United States in March of 2002 within the WTO, specifically in the area of the international steel trade. These disputes were collectively decided by the WTO Panel in the case of *United States— Definitive Safeguard Measures on Imports of Certain Steel Products*[2].

---

[1] See Section 201 of the Trade Act of 1974, 19 U.S.C. § 2251.
[2] WTO Final Panel Report, WT/DS248/R-WT/DS259/R (July 11, 2003), available at http://www.wto.org/english/tratop_e/dispu_e/distabase_e.htm [hereinafter U.S.-Certain Steel Products]. The Secretariat noted at the beginning of the Report that:

> In the disputes, WT/DS248, WT/DS249, WT/DS251, WT/DS252, WT/DS253, WT/DS254, WT/DS258, and WT/DS259, as explained in paragraph 10.725 of the Panel's Findings, the Panel decided to issue its Reports in the form of a single document constituting eight Panel Reports, each of the Reports relating to each one of the eight complainants in this dispute. The document comprises of a common cover page, a common Descriptive Part, and a common set of Findings in relation to the complainants' claims that the Panel decided to address. This document also contains Conclusions and Recommendations that, unlike the Descriptive Part and the Findings, are particularized for each of the complainants. Specifically, in the Conclusions and Recommendations, separate document numbers/symbols have been used for each of the complainants

In a macro view, the recent disputes concerning the U.S. Trade Act's Section 201 (Section 201 Disputes) are nothing but the third big round of confrontations between U.S. unilateralism and WTO multilateralism during the last decade. Its occurrence is never occasional or isolated. It has been closely connected with, and continues from, the first and second big rounds of the same confrontation: *"The Great 1994 Sovereignty Debate"* in the United States, and the disputes over the U.S. Trade Act's Section 301 (Section 301 Disputes) that occurred in the WTO during 1998–2000.

The core of all the three rounds of confrontation focuses on the restriction and anti-restriction between the US economic hegemony and the economic sovereignty of other states. These confrontations deeply root in the policy that has been firmly established by the U.S. since 1994 when it just acceded to WTO: continuing to enforce its unilateralism, so as to maintain and extend its owned economic hegemony.

This article is written in the manner of a flashback. First, a brief introduction is given to the recent development of the Section 201 Disputes, i. e., the third round of the aforementioned confrontation. Second, a general origin of the confrontation is traced back to the conflict between the national unilateralism of each sovereign state and the multilateralism of the WTO system during the formation stage of the WTO. Third, an objective and logical analysis is conducted to show that the third round confrontation has been closely connected with, and continues from, the first and second round

---

(WT/DS248 for the European Communities, WT/DS249 for Japan, WT/DS251 for Korea, WT/DS252 for China, WT/DS253 for Switzerland, WT/DS254 for Norway, WT/DS258 for New Zealand and WT/DS259 for Brazil).

The background for such an approach is: Although all complaints made by the eight co-complainants were considered in a single panel process, the United States requested the issuance of eight separate panel reports, claiming that to do otherwise would prejudice its WTO rights, including its right to settle the matter with individual complainants. The complainants vigorously opposed to this request, stating that to grant it would only delay the panel process. The Panel decided to issue its decisions in the said form of "one document constituting eight Panel Reports". Thus, for WTO purposes, this document is deemed to be eight separate reports, relating to each of the eight complainants in this dispute. In the Panel's view, this approach respected the rights of all parties while ensuring the prompt and effective settlement of the disputes. See United States-Definitive Safeguard Measures on Imports of Certain Steel Products-Final Reports of the Panel (circulated 11/07/2003), WT/DS248/R, WT/DS249/R, WT/DS251/R, WT/DS252/R, WT/DS253/R, WT/DS254/R, WT/DS258/R, WT/DS259/R.

confrontations, and that the common motive and trigger of the three rounds of confrontation have manifestly been the traditional U. S. unilateralism, which has grown deep as a result of the longstanding economic hegemony of the United States, often under the camouflage of U. S. sovereignty. Fourth, more attention is paid to the WTO/DSB Panel Report in the case of the Section 301 Disputes, with the idea that the law-enforcing image of the Panel was not as good as reasonably expected, and that the Panel Report itself entails some legal flaws and suspicions, as well as some latent perils to WTO multilateralism.

Finally, this article probes into the significant implications and lessons from the sovereignty debate and the aforementioned disputes that might be worthy of notice by developing countries.

II IGNITION OF THE SECTION 201 DISPUTES: U. S. UNILATERALISM AND SOVEREIGNTY

On June 22, 2001, on the grounds that the U. S. steel industry was seriously injured by imported steel products, the U. S. government authorized the U. S. International Trade Commission to invoke Sections 201–204 of the U. S. Trade Act of 1974, generally referred to as Section 201, to carry out investigations on more than twenty countries that exported steel to the United States[①]. Based upon the Commission's preliminary conclusion, on March 5, 2002, U. S. President George W. Bush declared the employment of safeguard measures that implemented three-year long quota restrictions on major imported steel, or otherwise levied additional tariffs ranging from eight to thirty percent, which were to come into effect after March 20, 2002[②]. The United States' behavior was met with violent condemnation from the injured states, and a large-scale trade war was triggered as a consequence.

---

① Letter from Robert B. Zoellick, U. S. Trade Representative, Executive Office of the President, to the Honorable Stephen Koplan, Chairman, United States International Trade Commission (Jun. 22, 2001), available at http://www.usitc.gov/steel/ER0622Y1.pdf.

② Proclamation No. 7529, 67 Fed. Reg. 10553 (Mar. 5, 2002); Memorandum of March 5, 2002, 67 Fed. Reg. 10593.

Prior to March 22, 2002, the European Commission (E. C.) had drafted a list of those commodities that it might use to retaliate against the United States①. The list included 325 categories of commodities—such as steel, textiles, citrus, fruits, paper, rice, motorcycles, and firearms②. This list, aside from being submitted to the fifteen member nations of the E. C. for approval, was also delivered to the WTO③. The E. C. intended to levy additional tariffs ranging from ten to thirty percent of the total value of 2.5 billion Euros, which was equivalent to the damages incurred from the United States' unilaterally enhanced steel import tariff④. If by June 18, 2002, the United States continued to adhere to its unilateral measures of arbitrarily increasing tariffs, and refused to compensate the E. C. for damages incurred from its additionally levied steel tariff, the E. C. retaliatory measures would enter into force on the same day⑤.

Other states, including Japan, the Republic of Korea, China, Switzerland, Norway, New Zealand, and Brazil, also incurred damages from the United States' unilateral measures. From March 14, 2002 to May 21, 2002, all of the states that had incurred damages jointly participated in the E. U.-U. S. consultations or engaged in separate consultations⑥. However, none of the dispute settlement

---

① EU Draws up Steel Sanctions List, CNN. COM (Mar. 23, 2002), at http://edition.cnn.com/2002/WORLD/europe/03/23/steel/? related.

② Patrick Lannin, EU Draws up U. S. Sanctions List in Steel Row, PNLTV (Mar. 22, 2002), at http://www.pnltv.com/NewsStories/Mar%2022%20EU%20draws%20up%20U. S. %sanctions%20list%20in%20steel%20row.htm.

③ EU Draws up Steel Sanctions List, supra note ①.

④ Lannin, supra note ②; see also 2002 J. O. (L. 85) 1.

⑤ 2002 J. O. (L. 85) 1.

⑥ United States-Definitive Safeguard Measures on Imports of Certain Steel Products-Request to Join Consultations-Communications from Korea, WTO Doc. WT/DS258/4 (Jun. 4, 2002); United States-Definitive Safeguard Measures on Imports of Certain Steel Products-Request to Join Consultations-Communications from Norway, WTO Doc. WT/DS258/5 (Jun. 4, 2002); United States-Definitive Safeguard Measures on Imports of Certain Steel Products-Request to Join Consultations-Communications from China, WTO Doc. WT/DS258/6 (Jun. 4, 2002); United States-Definitive Safeguard Measures on Imports of Certain Steel Products-Request to Join Consultations-Communication from the European Communities WTO Doc. WT/DS258/2 (May 29, 2002); United States-Definitive Safeguard Measures on Imports of Certain Steel Products-Request to Join Consultations-Communication from Japan, WTO Doc. WT/DS258/3 (May 29, 2002); United States-Definitive Safeguard Measures on Imports of Certain Steel Products-Request for Consultations by New Zealand, WTO Doc. WT/DS258/1 (May 21, 2002); United States-Definitive Safeguard Measures on Imports of Certain Steel Products-Request for Consultations by Chinese Taipei, WTO Doc. WT/DS274/1 (Nov. 11, 2002); United （转下页）

consultations succeeded in resolving the dispute. The parties then proceeded separately to request the establishment of a panel to examine the issues arising from the consultations①. On July 25, 2002, in accordance with Articles 6 and 9.1 of the *Understanding on Rules and Procedures Governing the Settlement of Disputes* (DSU), the Dispute Settlement Body (DSB) eventually established a single panel to examine similar matters raised by all the complainants②.

On July 11, 2003, the final reports of the Panel on *United States-Definitive Safeguard Measures on Imports of Certain Steel Products* were issued and circulated to all Members, pursuant to the DSU③. The Panel concluded that the safeguard measures imposed by the United States on the imports of certain steel products were inconsistent with the *Agreement on Safeguards and the General Agreement on Tariffs and Trade* (GATT)④. Therefore, the Panel recommended that the DSB request that the United States bring the safeguard measures into conformity with its obligations under the GATT⑤.

接上页 States-Definitive Safeguard Measures on Imports of Certain Steel Products-Request for Consultations by Brazil, WTO Doc. WT/DS259/1 (May 23, 2002); United States-Definitive Safeguard Measures on Imports of Certain Steel Products-Request for Consultations by Switzerland, WTO Doc. WT/DS253/1 (Apr. 8, 2002). Canada, Chinese Taipei, Cuba, Mexico, Thailand, Turkey, and Venezuela participated in the Panel proceedings as third parties. U.S.-Certain Steel Products, supra note.

① United States-Definitive Safeguard Measures on Imports of Certain Steel Products-Request for the Establishment of a Panel by Brazil, WTO Doc. WT/DS259/10 (Jul. 22, 2002); United States-Definitive Safeguard Measures on Imports of Certain Steel Products-Request for the Establishment of a Panel by New Zealand, WTO Doc. WT/DS258/9 (Jun. 28, 2002); United States-Definitive Safeguard Measures on Imports of Certain Steel Products-Request for the Establishment of a Panel by Norway, WTO Doc. WT/DS254/5 (Jun. 4, 2002); United States-Definitive Safeguard Measures on Imports of Certain Steel Products-Request for the Establishment of a Panel by Switzerland, WTO Doc. WT/DS253/5 (Jun. 4, 2002); United States-Definitive Safeguard Measures on Imports of Certain Steel Products-Request for the Establishment of a Panel by China, WTO Doc. WT/DS252/5 (May 27, 2002); United States-Definitive Safeguard Measures on Imports of Certain Steel Products-Request for the Establishment of a Panel by Korea, WTO Doc. WT/DS251/7 (May 24, 2002); United States-Definitive Safeguard Measures on Imports of Certain Steel Products-Request for the Establishment of a Panel by Japan, WTO Doc. WT/DS249/5 (May 24, 2002); United States-Definitive Safeguard Measures on Imports of Certain Steel Products-Request for the Establishment of a Panel by European Communities, WTO Doc. WT/DS248/12 (May 8, 2002).

②③④ U.S.-Certain Steel Products, supra note.

⑤ Ibid. These Panel Reports must be adopted by the DSB within sixty days after the date of its circulation unless a party to the dispute decides to appeal, or the DSB decides by consensus not to adopt the report. See Understanding on Rules and Procedures Governing the Settlement of Disputes, Apr. 15, 1994, Marrakesh Agreement Establishing the World Trade Organization, Annex 2, Art. 16(4), LEGAL INSTRUMENTS-RESULTS OF THE URUGUAY ROUND vol. 31, 33 I.L.M. 81 (1994) [hereinafter DSU]. If the Panel Reports are appealed to the Appellate Body, they cannot be considered for adoption by the DSB until after the completion of the appeal. Ibid.

On the same day that the Reports were issued for circulation, the eight co-complainants jointly declared that they "welcome[d] the Panel's decision which upheld their main arguments and call[ed] upon the United States to terminate its WTO incompatible safeguard measures without delay."① The co-complainants further stated that "should the United States appeal this Panel's decision, the co-complainants [would] continue to work together to ensure that the WTO Appellate Body confirm[ed] that the United States' steel safeguard measures violate[d] WTO rules."② The co-complainants requested that the Panel Report be adopted at the "earliest opportunity to allow a prompt termination of the United States' safeguard measures."③ However, the co-complainants stated that they would "keep working in close coordination if the United States decide[d] to appeal."④

Thereafter, it was reported that the United States, "instead of complying with the Panel's ruling, announced its intention to lodge an appeal with the WTO against the Panel's decision."⑤ With regards to China, a spokesman for the People's Republic of China's Ministry of Commerce told reporters on July 15, 2003, that "[w]e have noted the United States is to take such action [appeal]." ⑥ "We will continue to collaborate with the seven other plaintiffs to ensure that the WTO appellate body retains the Panel's present decision."⑦ It was further reported:

> [T]he Ministry had also taken note of the E. U.'s announcement that it was ready to retaliate if the United States refuse[d] to accept the WTO decision within five days of the final judgment. An E. U. spokesman recently announced that the body had prepared a list of U. S. products against which it would implement sanction measures. If the United States failed to comply with the WTO decision. As one of the plaintiffs, China is closely watching the development of the issue, studying counteractive measures to protect the rightful interests of the domestic iron and steel sector⑧.

---

①②③④ USA-Steel: Full Victory for the Co-Complainants in the WTO Panel against the U. S. Steel Safeguards (Jul. 11, 2003), http://europa.eu.int/comm/trade/issues/sectoral/industry/steel/legis/pr_110703_en.htm.

⑤⑥⑦⑧ Meng Yan, U. S. Faces Stand Over Measures, CHINA DAILY (Jul. 16, 2003), available at http://www1.chinadaily.com.cn/en/doc/2003-07/16/content_245580.htm.

On August 11, 2003, the United States officially notified the WTO of its decision to appeal to the Appellate Body certain issues of law covered in the Panel Reports, as well as certain legal interpretations the Panel developed[①]. The United States sought review of the Panel's legal conclusion that the application of safeguard measures on imports of certain major steel products was separately and/or jointly inconsistent with Articles XIX: I of the GATT and Articles 2.1, 3.1, 4.2, and 4.2(b) of the Safeguards Agreement[②]. The United States argued that the Panel's findings were in error and based on erroneous findings on issues of law and related legal interpretations[③]. The United States further sought review on the grounds that the Panel had acted inconsistently with Article 11 of the DSU, in that it failed to make an objective assessment of the matter before it, including an objective assessment of the facts of the case and the applicability of and conformity with both the GATT and the Safeguards Agreement[④]. The United States also sought review of the Panel's findings on the grounds that the Panel acted inconsistently with Article 12.7 of the DSU, in that its report did not set out the basic rationale behind its findings and recommendations[⑤].

On 10 November 2003, the Appellate Body Report[⑥] was circulated to Members. The Appellate Body upheld the Panel's ultimate conclusions that each of the ten safeguard measures at issue in this dispute was inconsistent with the United States' obligations under Article XIX: 1(a) of the *GATT 1994 and the Agreement on Safeguards*. The Appellate Body reversed the Panel's findings that the US failed to provide a reasoned and adequate explanation on "increased imports" and on the existence of a "causal link" between increased imports and serious injury for two of the ten safeguard measures. Ultimately, however, even these measures were found to be

---

[①②③④⑤] United States-Definitive Safeguard Measures on Imports of Certain Steel Products-Notification of an Appeal by the United States under Paragraph 4 of Article 16 of the Understanding on Rules and Procedures Governing the Settlement of Disputes, WTO Doc., WT/DS248/17, WT/DS249/ll, WT/DS251/12, WT/DS252/10, WT/DS253/10, WT/DS254/10, WT/DS258/14, WT/DS259/13 (Aug. 14, 2003) [hereinafter Safeguards Agreement], available at http://www.wto.org/english/tratop_e/dispu_e/appellate_body_e.htm.

[⑥] United States-Definitive Safeguard Measures on Imports of Certain Steel Products-AB-2003-3-Report of the Appellate-Body (circulated 10/11/2003), WT/DS248/AB/R, WT/DS249/AB/R, WT/DS251/AB/R, WT/DS252/AB/R, WT/DS253/AB/R, WT/DS254/AB/R, WT/DS258/AB/R, WT/DS259/AB/R.

inconsistent with the *WTO Agreement* on other grounds.

At its meeting on 10 December 2003, ie, just one month after the Appellate Body Report had been circulated to Members, the DSB adopted the Appellate Body report and the Panel report, as modified by the Appellate Body report①.

At that same DSB meeting of 10 December 2003, the US informed Members that, on 4 December 2003, the President of the United States had issued a proclamation that terminated all of the safeguard measures subject to this dispute, pursuant to section 204 of the US Trade Act of 1974②.

However, it is necessary to remind and note that at the same time and in the same proclamation, the US President, after obtaining a great deal of both economic and political benefits during the past period of 21 months, satisfactorily announced, "These [US] safeguard measures have now achieved their purpose". He emphasized, "We will continue to pursue [our] economic policies", as well as "our commitment to enforcing our trade laws."③ As to the serious damages that had been incurred by abusing these US safeguard measures to foreign steel-related trade partners during the same period of 21 months, the eloquent President pretending to be deaf and dumb, kept absolutely silent without saying even one word of regret, sorriness or apology.

The Section 201 Disputes, first ignited by the United States in March 2002, and eventually settled down under the WTO /DSU /DSB mechanism in December, 2003, had once become the focus of worldwide attention. The specific Disputes have now been over, and turned into history. However, as is known to all, Mr. History has always been the best teacher. Should people of the contemporary world learn something from the "new history" and its related precedents?

As mentioned above, with regard to the United States, the ignition of these disputes has never been isolated or occasional. It is deeply rooted in the United States' longstanding unilateralism and its new conception of

---

①② Minutes of Meeting, DSB,WTO,10 December, WT /DSB /M /160, 27 January 2004,(04 - 0286)

③ [US] President's Statement on Steel, at http: //www. whitehouse. gov /news /release / 2003 / 12 /20031204 - 5. html.

sovereignty that evolved in 1994.

For a better understanding on the origin and essence of the current U. S. unilateralism and its related disputes, it would be necessary to trace back to the history upon "*The Great 1994 Sovereignty Debate*"① and its history happened in the United States. The debates of 1994 focused on whether or not the United States should accept the WTO system and strictly observe its multilateralism②. Specifically, it centered upon whether the acceptance of the WTO system and the observance of its multilateral rules, *inter alia*, the WTO /DSU /DSB system and its rules, would impair, infringe, destroy, or deprive the United States of its sovereignty as it effected its economic policy decision-making③.

Ⅲ CONFLICTS OF SOVEREIGNTIES IN THE FORMATION OF THE WTO SYSTEM

In light of the worldwide scope and the accelerated advancement of economic globalization, is the sovereignty hedge of nations being demolished too quickly? Should it be demolished at all? Are the principles and notions of economic sovereignty obsolete and in the process of being abated and diluted, and should it be weakened and diluted? This is not only a realistic problem arising out of the contemporary international community, but also a significant, controversial, and theoretical question often confronted in international forums.

Manifestly, the WTO is the product of the accelerated development of economic globalization. The necessary premise and procedure to establish the worldwide organization is the conclusion of a multilateral international treaty. To be a member of the WTO, each sovereign country or separate customs territory must, on the basis of equity, willingness, and reciprocity, conclude an international treaty establishing and /or acceding the multilateral

---

①②③ This phrase was first coined by John H. Jackson in his article, *The Great 1994 Sovereignty Debate: United States Acceptance and Implementation of the Uruguay Round Results*, (hereinafter referred to as "Jackson") 36 COLUM. J. TRANSNAT'L L. 157, 160, 162, 174, 179, 182, 188 (1997), available at http://www.worldtradelaw.net/articles/jacksonsovereignty.pdf.

organization, in which the international codes and rules of conduct, with legally binding effect, are stipulated for joint observance①.

For every sovereign country, entering into such a treaty allows the country to acquire certain economic rights and interests. In accordance with the principle of reciprocity and equilibrium in rights and obligations, a nation, while acquiring economic rights and benefits, must also assume some corresponding economic obligations and restraints. This means that each sovereign country promises to self-restrict its inherent economic sovereign power to some extent as a concession. However, due to the differences or even contradictions among interests of each sovereign state, the core focus of the discussion and dispute in the consultation process is: what is the scope and degree of restrictions that should be imposed on another nation's economic sovereignty, and what scope and degree of self-restriction is acceptable to impose on its own economic sovereignty.

In the process of establishing the WTO, there existed numerous differences in national situations and requirements among the 125 prospective contracting parties. Furthermore, the international trade issues involved were of an unprecedented and vast range. Therefore, to accomplish harmony and consensus on so vast a scope of topics, obstacles and hardships had to be overcome in every state. During the eight-year-long Uruguay Round (UR) negotiations, the diplomats of every country bargained with each other. Though forms varied, in essence, the negotiations consistently focused on the same core, i. e., the conflicts and compromises around the restriction and anti-restriction on national sovereignty, or around the conflicts and compromises between national unilateralism and international multilateralism. As known to all, the UR ultimately succeeded, concluding an agreement in 1994. However, during the last decade, the core of such conflicts has not only appeared in international negotiations, but has also been reflected in internal fora.

The domestic debate on national sovereignty that arose in the United

---

① This phrase was first coined by John H. Jackson in his article, *The Great 1994 Sovereignty Debate: United States Acceptance and Implementation of the Uruguay Round Results*, (hereinafter referred to as "Jackson") 36 COLUM. J. TRANSNAT'L L. 157, 160, 162, 174, 179, 182, 188 (1997), available at http://www.worldtradelaw.net/articles/jacksonsovereignty.pdf. at 166; see also WORLD TRADE ORGANIZATION, ACCESSION: TECHNICALNOTE, COMPLETION OF THE WORKING PARTY MANDATE, http://www.wto.org/english/thewto_e/acc_e/tn_4accprocess_e_e.htm.

States during the later negotiation stage of the WTO, and the period around its signing and ratification, was a typical reflection and refraction of the international restriction versus anti-restriction struggle on national economic sovereignty.

IV THE REFRACTION OF SUCH CONFLICTS IN THE UNITED STATES: "THE GREAT 1994 SOVEREIGNTY DEBATE"

The reason that a ten-year old domestic debate is worthy of great attention is not only due to the fact that it involved the major weighty issue of national sovereignty; but also due to the fact that such a debate of 1994 firstly broke out within the sole superpower, i.e., the *First World*. Then, it had a broad effect on the combat between the First World and the *Second World*, and profoundly influenced the vast *Third World*. Therefore, it has a strikingly universal and global importance.

In the comparatively long period of time before the WTO Agreement and its multilateral system came into operation on January 1, 1995, some U.S. authoritative legal scholars repeatedly advocated the theories of "sovereignty *obsolete*"①, "sovereignty *dilution*", and even "sovereignty *discarding*"②, all of which developed into original and fashionable theories and were continuously invoked and testified to in U.S. foreign political and economic affairs.

In 1989, an U.S. international law professor, Louis Henkin, delivered a series of lectures before The Hague Academy of International Law. In his lectures, Henkin re-examined the principal themes of traditional international

---

① PHILIP JESSUP, A MODERN LAW OF NATIONS 1-3, 12-13, 40-42 (Macmillan 1948). Jessup was a professor at Columbia University from 1949 to 1953. He was appointed as the Ambassador-at-Large, playing an active role in foreign affairs. In 1970, he was chosen as a Judge of the International Court of Justice.

② Louis Henkin, The Mythology of Sovereignty, ASIL NEWSLETTER, March-May 1993, 1-2, available at http://www.asil.org/pres.htm; LOUIS HENKIN, INTERNATIONAL LAW: POLITICS AND VALUES, xi, 1-2 (Mantinus Nijhoff 1995). "This volume derives from a series of lectures delivered as the 'general course' at The Hague Academy of International Law in July 1989." Ibid. Mr. Henkin served as President of the American Society of International Law and was a long-time professor at the Columbia Law School.

law and elaborated on the latest developments in the current era①. In particular, Henkin addressed the fact that international law had experienced long-term conflicts between two superpowers armed with nuclear weapons, and had also experienced the emergence and proliferation of many Third World countries during the Cold War②. However, Henkin argued that the misconceived invocation of sovereignty had impeded the modernization and development of international law③. In his opinion, the perversion of the term "sovereignty" was rooted in an unfortunate mistake④ Henkin declared that "[s]*overeignty is a bad word*," not only because it has served terrible national mythologies in international relations, and even in international law, but also because it is often a catchword, or a substitute for thinking and precision⑤. Henkin emphasized that "[f]or international relations, surely for international law, [*sovereignty*] *is a term largely unnecessary and better avoided.*"⑥ Henkin even advocated that "we might do well to relegate the term sovereignty to the *shelf of history as a relic from an earlier era*"⑦.

In the early 1990s, the disintegration of the Soviet Union and the end of the Cold War pushed the United States to the throne as the sole superpower. Professor Henkin stated that "international law will have to respond to the changed world order at the turn of the twenty-first century."⑧ Henkin further warned that "the world community ought to be alert to new opportunities to overcome old-order obstacles to a better international law"⑨.

The implication of Henkin's opinions, in its context, is that the sharp change in power contrast and balance greatly favors the United States. Thus the United States should take this opportunity to relegate the traditional sovereignty concepts in international law that reflected the "old-order," so that the ideology of "the obsolete of sovereignty," advocated by hegemonists, may pervade and prevail in the world without fetter.

① See Henkin, supra note.
② Id. at 1.
③⑧⑨ Id. at 2.
④ Id. at 8.
⑤ Id. (emphasis added).
⑥ See Henkin, supra note, at 10 (emphasis added).
⑦ Id. (emphasis added).

Ⅳ.1 Away with the "S" word—[sovereignty of other states]!

In May of 1993, when the negotiations of the UR were in tense debate and the struggle for economic sovereignty among every category of nation was spreading like a wildfire, Professor Henkin issued a paper, *The Mythology of Sovereignty*①. Henkin's main viewpoints are as follows:

> Talk of "sovereignty" is heavy in the political air, often polluting it.... "Sovereignty" is used to describe the autonomy of states and the need for state consent to make law and build institutions. "Sovereignty" is used to justify and define the "privacy" of states, their political independence, and territorial integrity; their right and the rights of their peoples to be let alone and to go their own way.
>
> But sovereignty has also grown a mythology of state grandeur and aggrandizement that misconceives the concept and clouds what is authentic and worthy in it, a mythology that is often *empty* and sometimes destructive of human values.
>
> For example ... [o]ften we still hear that a sovereign state cannot agree to be bound by particular international norms—e.g., on human rights, or on economic integration (as in Europe). Even more often, sovereignty has been invoked to resist "intrusive" measures to monitor compliance with international obligations—human rights commitments or arms control agreements ...
>
> It is time to bring sovereignty down to earth; to examine, analyze, reconceive the concept, cut it down to size, break out its normative content, repackage it, perhaps even rename it ...
>
> ...
>
> ***Away with the "S" word*** ②!

The enlightening remarks of Professor Henkin assuredly are not "*empty

---

① Louis Henkin, The Mythology of Sovereignty, AM. SOC'Y INT'L L. NEWSL., Mar.-May 1993, 1-2, available at http://www.asil.org/pres.htm.

② Ibid. (emphasis added). "S" is the first letter of the word sovereignty. This sentence means that sovereignty should be relegated away to the shelf of history as a relic. If "S" and "word" are read together, the sentence reads, "Away with the sword," thus implying that sovereignty is an old but "terrible" sword that needs to be done away with.

words" without target. The realistic purport of his reasoning is obviously to boost the "big stick" policy that the United States is practicing in the international community, and to facilitate the United States in pursuing its neo-interventionism, neo-gunboatism, and neo-colonialism disguised under the flag that human rights is superior to sovereignty, that preventing and controlling the proliferation of weapons of mass destruction is superior to sovereignty, or that economic integration is superior to sovereignty. The targeted countries definitely include all the small and weak nations who were not willing to succumb to the political and economic hegemony of the United States during the 1980s and 1990s. The theory was then met with applause within the United States. As a newsletter, the American Society of International Law diffused and propagated Professor Henkin's enlightening remarks to a large audience.

However, history is apt to mock people. Only one year later, in the United States, there broke out the Great Debate concerning whether the United States could relinquish its own sovereignty. Many American scholars and politicians, one after another, stressed that the United States should never accept wholesale the legal system embodying the UR negotiation results or the WTO Agreement, especially its dispute settlement mechanism[①]. Otherwise, the scholars argued, the United States' own economic decision-making sovereignty would be diminished, detracted, or taken away[②]. Thus, the notion of sovereignty that Professor Henkin had vigorously advocated to do "*away with*", was *re-adopted* and re-expounded on by many American scholars.

[①] Matthew Schaefer, Sovereignty, Influence, Realpolitik and the World Trade Organization, 25 HASTINGS INT'L & COMP. L. REV. 341 (2002); PATRICK J. BUCHANAN, THE GREAT BETRAYAL: HOW AMERICAN SOVEREIGNTY AND SOCIAL JUSTICE ARE BEING SACRIFICED TO THE GODS OF THE GLOBAL ECONOMY (Little Brown 1998); Patrick J. Buchanan, Showdown at the GATT Corral, DENVER POST, Oct. 9, 1994, at E4.

[②] Schaefer, Ibid., at 341; Patrick J. Buchanan, Fritz Hollings Derails the GATT Express, DENVER POST, Oct. 2, 1994, at F4 (arguing that "[i]n the World Trade Organization, established by GATT, America surrenders her national sovereignty, her freedom of action to defend her own economic vital interests from the job pillagers of Tokyo and Beijing. We give up our freedom-to foreign bureaucrats who will assume authority over America's commerce that the Founding Fathers gave exclusively to the Congress of the United States. And, if we are outraged by WTO's decisions, we have just one vote, out of 123, to challenge those decisions.... And in [the] WTO, the U.S. has no veto power.")

Ⅳ.2　Never away with the US "S" word—〔 "sovereignty" (hegemony) of United States!〕

　　One such scholar, Professor John H. Jackson, subsequently wrote a commentary intended to explore the issue of sovereignty as it related to the Great Debate①. As one of the major counsels on the foreign trade policy of the United States, Professor Jackson had the experience of participating in the nation-wide Great Debate. He twice testified and attended hearings held separately by the Senate Finance Committee and the Senate Committee on Foreign Relations②. In his paper, Jackson discusses the causes and major points of the Great Debate. Some of his discussion is outlined below.

　　The eight-year long UR negotiation was launched in 1986, and ultimately concluded on April 15, 1994, when the representatives of the contracting members signed the *Final Act Embodying the Results of the Uruguay Round of Multilateral Trade Negotiations and the Marrakesh Agreement*, establishing the WTO③. As a continuation of, and supplement to, the 1947 GATT, one of the major innovations of the WTO was its establishment of a new set of dispute settlement mechanisms correcting some of the birth-defects that existed in the original 1947 GATT④.

　　One such birth defect that the UR attempted to correct "concerned the dispute settlement procedures of the 1947 GATT"⑤. According to Article 22 of the GATT, international trade disputes arising between contracting members' governments should be resolved through mutual consultations⑥. If no satisfactory settlement is reached between the disputing parties within a reasonable time, the dispute may be referred to all of the contracting parties

---

　　① Jackson, supra note.
　　② Ibid., at 188 n. 3.
　　③ Final Act Embodying the Results of the Uruguay Round of Multilateral Trade Negotiations, Apr. 15, 1994, LEGAL INSTRUMENTS-RESULTS OF THE URUGUAY ROUND vol. 1 (1994), 33 I. L. M. 81 (1994) [hereinafter Final Act]
　　④ Jackson, supra note, at 166.
　　⑤ Ibid., at 165.
　　⑥ General Agreement on Tariffs and Trade, Oct. 30, 1947, Art. XXII, 61 Stat. A-11, T. I. A. S. 1700, 55 U. N. T. S. 194, available at http://www.wto.org/english/docs_e/legal_e/gatt47_02_e. htm#articleXXII [hereinafter GATT]

for resolution①. "As practice developed, disputes were considered by a panel of experts (usually three but sometimes five individuals) not to be guided by any government."② The Panel would then submit a report to a council made up of contracting parties, that if adopted was considered binding on the parties③. However, "the decision to adopt the report had to be by 'consensus.'"④ According to this procedure, a Panel report can only be passed with the unanimous agreement of those present at the meeting, which allows the parties in the dispute to block the consensus of the council—in fact resulting in a *de facto* phenomenon where "one objection means veto" and results in a low efficiency and weakness of the GATT dispute settlement mechanism⑤.

In light of this, the DSU eliminated the ability of a party to block the adoption of the report⑥. The DSU provides that the Dispute Settlement Body (DSB), the name under which the General Council held its meetings, is fully competent to deal with the disputes⑦. "Accordingly, the DSB shall have the authority to establish panels, adopt panel and Appellate Body reports, maintain surveillance of implementation of rulings and recommendations, and authorize suspension of concessions and other obligations under the covered agreements."⑧ What is more important, the DSB completely transformed from the consensus procedure practiced during the 1947 GATT to the decision-making procedure of reverse consensus, whereby "[t]he report is deemed adopted unless there is a consensus against adoption"⑨. In essence, if any complaining party so requests, a panel must be established unless the DSB decides by consensus not to establish a panel⑩. After the panel (similar to "the first instance adjudicating organization") or the Appellate Body (similar to "the second instance adjudicating organization") submits its report to the DSB, unless the DSB decides by consensus not to adopt the report, the DSB must adopt the report, requiring the concerned parties to unconditionally

---

① General Agreement on Tariffs and Trade, Oct. 30, 1947, Art. XXIII.
②③④ Jackson, supra note, at 165.
⑤ Ibid., at 189 n.16.
⑥ Ibid., at 176.
⑦⑧ DSU, supra note, Art. 2(1).
⑨ Jackson, supra note, at 176; DSU, supra note, Art. 16(4).
⑩ DSU, supra note, Art. 16(4).

accept the recommendations or to implement related rulings①. Otherwise, a party who breaches the DSB's ruling (usually the losing party) will incur various sanctions and retaliations②. In short, the actual effect of the new decision-making principle that the DSB adopted in its dispute settlement proceedings is that if the injured claimant or the winning party insists on the legitimate demands determined by the panel or the Appellate Body in the DSB meeting, the final decision and recommendations will be implemented by a "pass with one vote."

From this it can be perceived that the dispute settlement mechanism of the WTO is tougher and more efficient than that of the GATT. If this dispute settlement mechanism operates normally, it can have a binding effect on the economically powerful contracting members, especially on the superpower. In international trade, the powers are invariably in dominance because of their national wealth. Meanwhile, they act on a principle of national egoism and hegemonism, thus materially impairing the trade interests of the economically weak nations. If such dispute settlement mechanisms are effectively implemented, once the injured party complains, a superpower, like the United States, cannot block the decision or escape from sanctions at will by relying upon its economic dominance and recourse to the formerly applied principle of consensus.

The perfected new dispute settlement mechanism of the DSU is an indispensable element of the integral WTO Agreement system. After the U.S. negotiation representatives signed onto the single package treaty, the responsible governmental department sent it to the U.S. Congress for consideration and ratification③. Subsequently, the two houses of Congress held a series of congressional hearings and plenary sessions on the UR results, during which many congressmen sharply criticized the UR results, arguing that the ratification and acceptance of the WTO Agreement was unconstitutional because it would infringe on the United

---

① DSU, supra note ⑤ of page 1735, arts. 6(1), 16(4), 17(14).

② Ibid., arts. 3(7). The other party may suspend the application of the concessions or other obligations under the covered agreements on a discriminatory basis to those Members who neither abide by the WTO rule nor accept the rulings of the DSB. Id.

③ Jackson, supra note, at 168–169.

States' sovereignty①. One of the arguments they posed was that the sovereignty of the United States would definitely be eroded should the United States accept the new WTO dispute settlement-mechanism②. The congressmen who held this opinion can be categorized as the "Sovereignty Anxiety Group;" while other congressmen, the "Sovereignty Confidence Group," refuted the above viewpoints, deeming that the acceptance of the WTO system, together with its indispensable dispute settlement mechanism, would not impair the sovereignty of the United States at all③.

Those who "argued against the WTO did so partly because the dispute settlement procedure was tougher, and no longer permitted a single nation [trade superpower] to block acceptance of a panel report" at will④. Members of Congress who opposed the WTO were concerned with the issue of "whether the allocation of power regarding WTO decision-making was an inappropriate infringement on the United States' sovereign decision-making."⑤ Politicians most often addressed the issue of whether "this nation [should] accept the obligation to allow certain decisions affecting it (or its view of international economic relations) to be made by an international institution rather than retaining that power in the national government?"⑥ "Various opponents to the treaty argued that the WTO posed risks to U. S. sovereignty because decisions could be made in the WTO that would override U. S. law."⑦

In addressing these viewpoints, Professor Jackson acknowledged that

---

① Jackson, supra note, at 169; The World Trade Organization and U. S. Sovereignty: Hearings before the Senate Committee on Foreign Relations, 103rd Cong. (1994) (testimony of Ralph Nader, Center for Responsive Law), available at 1994 WL 4188790 [hereinafter Ralph Nader Testimony]. The heated argument between the two factions of Congress, "combined with a general public debate in all the various media, as well as many academic, business, and other public forums," created a great debate that swept across the nation. Jackson, supra note 33, at 169 - 70. Professor Jackson named it "The Great 1994 Sovereignty Debate," and proclaimed 1994 a year of "historic importance" in U. S. history. Id.

② See Ralph Nader Testimony, Ibid.; Ross Perot, Appeal to Trade Body Carries Risks for U. S., HOUSTON CHRON. 2, Jun. 14, 1996.

③ See, e. g., 140 CONG. REC. H11492 (Nov. 29, 1994) (statements of Rep. Archer, Rep. Coble, Rep. Richardson, and Rep. Bunning); 140 CONG. REC. S15,342 (Dec. 1, 1994)(statements of Sen. Domenici, Sen. Cochran, Sen. Hutchison, Sen. Roth, Sen. Gramm, and Sen. Grassley).

④ Jackson, supra note, at 177 (emphasis added).

⑤ Ibid., at 174.

⑥ Ibid., at 179.

⑦ Ibid., at 173.

"acceptance of any treaty, in some sense reduces the freedom and scope of national government actions."① "At the very least, certain types of actions inconsistent with the treaty norms would give rise to an international law violation."② However, Professor Jackson repeatedly argued that the majority of objections to joining an international treaty, which result in a loss of U. S. sovereignty, are arguments about the allocation of power③. "That is, when a party argues that the U. S. should not accept a treaty because it takes away U. S. sovereignty to do so, what that party most often really means is that he or she believes a certain set of decisions should, as a matter of good government policy, be made at the nation-state [U. S.] level and not at an international level."④ Professor Jackson suggested that "nervousness about international dispute settlement procedures reflects a government's desire to have some flexibility to resist future strict conformity to norms in certain special circumstances, particularly circumstances that could pose great danger to essential national objectives."⑤ In response to those opposing the WTO on the basis that the WTO would damage U. S. sovereignty, Professor Jackson provided the following explanations and clarifications:

> There is some confusion about the effect of a WTO and its actions on U. S. law. It is almost certain to be the case (as Congress has provided in recent trade agreements) that the WTO and the Uruguay Round treaties will not be self-executing in U. S. law. Thus, they do not automatically become part of U. S. law. Nor do the results of panel dispute settlement procedures automatically become part of U. S. law. Instead, the United States must implement the international obligations or the result of a panel report, often through legislation adopted by the Congress. In a case where the United States feels it is so important to deviate from the international norms that it is willing to do so knowing that it may be acting inconsistently with its international obligations, the U. S. government still has that power under its constitutional system. This can

---

① Jackson, supra note, at 172.
② Ibid., at 172.
③ Ibid., at 160, 179, 182, 187-88.
④ Ibid., at 160.
⑤ Ibid., at 175.

be an important constraint if matters go seriously wrong. It should not be lightly used of course. In addition, it should also be noted that governments as members of the WTO have the right to withdraw from the WTO with six month notice (Art. XV: 1 of the WTO Agreement). Again, this is a drastic action which would not likely to be taken, but it does provide some checks and balances to the overall system①.

Hereby Professor Jackson actually presented U. S. Congress and other wide audiences with the following "U. S. creeds":

(1) When entering into or concluding any international treaty, the United States consistently put into primary consideration the national interests, the U. S. sovereignty safeguarding its national interest and the U. S. law.

(2) The international norms and code of conduct stipulated in the international treaties concluded by the United States, and the international obligations undertaken by the United States therein, must generally be reviewed, ratified and enacted by the U. S. Congress, the main branch embodying the U. S. sovereignty, before they became a part of the U. S. domestic law to be implemented.

(3) Once the United States deemed it necessary to take certain measures or actions to safeguard its significant national interests, it's empowered to escape from the binding of international rules and norms, to breach its international obligation undertaken in the light of international treaties, and to go in its own way. When necessary, the United States even does not hesitate to withdraw from the international treaties that it deems would restrain it from free action. Such power is the U. S. sovereignty, the sovereignty that the United States persistently retains in hand in the process of the international "allocation of power."②

---

① Results of the Uruguay Round Trade Negotiations: Hearings Before the Senate Finance Committee, 103d Cong. 114 (1994) (Mar. 23, 1994, testimony of John H. Jackson); JOHN H. JACKSON ET AL., LEGAL PROBLEMS OF INTERNATIONAL ECONOMIC RELATIONS: CASES, MATERIALS AND TEXT 305 (3d ed. 1995) [hereinafter LEGAL PROBLEMS OF INTERNATIONAL ECONOMIC RELATIONS].
② LEGAL PROBLEMS OF INTERNATIONAL ECONOMIC RELATIONS, Ibid.

The above creeds on U. S. sovereignty expounded by Professor Jackson represent the typical opinion among WTO proponents at that time①. After months of nationwide debate, the sovereignty creeds of the proponents gradually prevailed throughout the whole nation, especially in Congress②. The majority of congressmen were thus relieved from the anxiety of sovereignty and further convinced that U. S. sovereignty was firmly in its own hands, even after it joined the WTO③. Ultimately, the WTO Agreement was successively approved by the House of Representatives on November 29, 1994, by a vote of 288 to 140, and by the Senate on December 1, 1994, by a vote of 76 to 24④.

What is interesting is that, as a compromise between the WTO opponents and proponents and a deal between President Bill Clinton (Democratic Party) and the Senate Majority Leader Robert Dole (Republican Party), a statutory *ad hoc* commission was to be established pursuant to special legislation proposed by Mr. Dole a few days before the congressional votes were cast⑤. The *ad hoc* commission was to be "composed of five U. S. federal judges who would review the adopted WTO Panel reports adverse to the United States"⑥. The Commission would evaluate and judge whether the reports violated four particular criteria. The specific criteria for evaluating WTO dispute reports were "whether the panel had: 1) exceeded its authority or terms of reference; 2) added to the obligations of or diminished the rights of the United States; 3) acted arbitrarily or capriciously or engaged in misconduct, etc.; or 4) deviated from the applicable standard of review including that in article 17. 6 of the antidumping text."⑦

After careful review and evaluation, the Commission would report the results of its review to Congress⑧. If the Commission determined that the WTO/DSB Panel's report was contrary to any of the above criteria, and if the

---

①②③ 140 CONG. REC. S15, 342 (Dec. 1, 1994) (statements of Sen. Domenici, Sen. Cochran, Sen. Hutchison, Sen. Roth, Sen. Gramm, and Sen. Grassley).

④ 140 CONG. REC. H11493 (NOV. 29, 1994); S. VOTE RPT. 329 (Dec. 1, 1994).

⑤ Jackson, supra note, at 186; A Bill to Establish a Commission to Review the Dispute Settlement Reports of the World Trade Organization and for Other Purposes, S. 16, 104th Cong. (1995) [hereinafter A Bill to Establish a Commission]. "This proposal has not become law, although a series of attempts were made to enact it in 1995 and 1996." Jackson, supra note, at 186.

⑥ Jackson, supra note, at 186; A Bill to Establish a Commission, Ibid.

⑦⑧ A Bill to Establish a Commission, supra note 89.

number of such reports amounted to three within five years, Congress would then consider withdrawing from the WTO and act at its will①.

While the proposal has never become law, it has been vigorously advocated by members of Congress at various times and remains a possibility that would provide the United States with the ability to attack and shoot at the proper time. Professor Jackson opined that the proposal *per se*, its obvious proposition and the review criteria set up by it, clearly shows the "anxious concerns" of the WTO opponents②.

More interesting, there seems to be some "contradictions" or "conflicts" between the aforesaid theories of Prof. Henkin' and Prof. Jackson. In fact, these theories actually constitute a pair of well coordinating weapons, spear and shield, both of which have been firmly grasped in US hands.

Ⅳ.3 The "contradiction" and coordination between "spear" and "shield"

When Prof. Jackson summarized his article concerning "*The Great 1994 Sovereignty Debate*", he mildly expressed his dissent to the above quoted arguments of Prof. Henkin, the senior authority③. He acclaimed that:

> In some sort of nominal sense, my views may appear to be somewhat contrary to parts of Professor Henkin's views, especially in those instances when he speaks of delegating "the term sovereignty to the shelf of history as a relic from an earlier era" or doing away with the "S" word.... [T]he observable fact is that the word "sovereignty" is still being used widely, often in different settings which imply different "sub-meanings."④

Therefore, Prof. Jackson contends that the word sovereignty should be decomposed to use appropriately in different situations.

These remarks seem obscure upon the first reading, but after due consideration, one can comprehend without difficulty that the words of the two professors refer to sovereignty *in different circumstances*.

---

① A Bill to Establish a Commission, supra note 89; Gary Horlick, WTO Dispute Settlement and the Dole Commission, 29(6) J. WORLD TRADE, 45-48 (1995).

② Jackson, supra note, at 187.

③④ See Jackson, supra note, at 158-59.

The sovereignty that Prof. Henkin advocated to relegate specifically refers to the sovereignty of *those small and weak nations* that (1) are unwilling to succumb to the superpower; (2) constantly raise the justice flag of sovereignty; and (3) boycott the interventionism and hegemonism of the superpower.

While, the sovereignty that Prof. Jackson seeks to preserve refers specifically to *the "sovereignty" of the United States itself*. Behind the camouflage of *"sovereignty"*, the United States can cover its *vested hegemony*, and thus resist being bound by its international treaty obligations and the international rule and code of conduct. Therefore, even the viewpoints of the two professors seem contradictory each other at first sight, they actually constitute a pair of well-coordinating weapons: Prof. Henkin's relegation theory is the spear to attack the small and weak nation's sovereignty, while Prof. Jackson's preservation theory provides the shield to defend the United States' "sovereignty", the vested hegemony. The two theories differ in function, while serving the same purpose (maintain U.S. hegemonic interests) perfectly. This is another perfect example for the philosophy of pragmatism and double standards acted upon by the United States in the international community.

Now, faced with the attacking spear and the defending shield of hegemonist, shouldn't the developing countries, especially the weak and small nations, intensify their sense of crises / risks so as to avoid unconsciously accepting the theory of the abolishment, relegation, weakening, or dilution of economic sovereignty?

For the third world, it seems necessary to advocate: Never away with the "S" word in current time! They must firmly cling to the "S" word, so as to use their sovereignty, separately and /or jointly, to fight against the political and economic hegemony, when the political and economic hegemony have still existed in contemporary world.

Ⅳ.4　Some discussions on "Double Standards" etc.

There have been some different opinions[①] in regard to my above-

---

① See Video Record, "the Conference on International Economic Law and China in Its Economic Transition", held in Xiamen, China, Nov. 4 - 5, 2004.

mentioned comments on the viewpoints of Prof. Henkin and Prof. Jackson. To summarize, these opinions can be roughly categorized into the following several types:

(1) Both Prof. Henkin and Prof. Jackson are respectful scholars, and they don't serve as the "instrument" or the so-called "spear and shield" of the U. S. government. Their ideas did not necessarily represent those of the U. S. government and therefore do not function as self-serving excuses to be used by the U. S. government.

(2) Somebody also raise their suspicion on the understanding of the academic works of Prof. Henkin and Prof. Jackson. They doubt whether there exist "partial quotations" of the works of the two professors.

(3) It is strongly proposed among some scholars that the U. S. is a state always actively advocates multilateralism in the international arena. For example, the U. S. was one of the firmest propeller of the GATT (and later the WTO) and the UN, the most important international organizations in this world. Therefore, it seems lack of evidence to say that the U. S. adopts a unilateralistic approach in dealing with international affairs.

(4) Starting from a practical perspective, some scholars argue that, ever since the U. S. joined the WTO, it has been the state that has lost the most cases, and therefore suffered the most in the WTO system.

(5) Finally, it has been proposed by some scholars that all politics are local and/or national. To be more specific, given that the U. S. has adopted double standards in dealing with international affairs by resorting to either unilateralism or multilateralism out of its own interest, it is no denying that China and, in the large, all other states have acted in the similar way, too, because the decision-making of all states are driven by their respective state interests. Hence it is unfair to only reproach the U. S. for its double standards while ignoring that similar situation for the rest of the world.

Admittedly, the above opinions are thought provoking. However, despite of the benefit I draw from them, I also think it is of paramount importance to clarify my ideas in discussion with the above opinions.

First, I would be happy to admit that both Prof. Henkin and Prof. Jackson have received worldwide acknowledgement for their outstanding academic achievements. Nevertheless, this does not prevent others from disagreeing with them at some academic points. A successful scholar receives social respect is one thing, while his proposition as to one specific matter is challenged is another thing. Social respect cannot conceal doubt and challenge. Besides, it should be stressed that the quotations from the works of the two professors were not "partial" or "out of context", but direct and accurate, i.e. the quotations were taken from the academic works written down in black and white by the two professors.

Second, it is true that U.S. has been an active proponent of some international organizations, but this fact should be differentiated from being multilateralistic. I would propose to conduct a further exploration to the actual adoption of multilateralism by the U.S. and its motives for so doing. Facts have shown that whether the U.S. would strictly enforce multilateralism actually depends on whether the U.S. could benefit from so doing. This is a result of a complicated process of assessing and comparing gains and losses of adopting multilateralism. When the U.S. could benefit from multilateralism, it is willing to be a good player. On the contrary, when U.S. could not benefit from doing so, it will stand on the opposite side by insisting on unilateralism. In recent years, the Section 201 Disputes, Section 301 Disputes and the U.S.' withdrawal from the Kyoto Protocol to the United Nations Framework Convention on Climate Change are typical examples of its such stance.

Third, it might be as well argued that, by reviewing the WTO cases in general, the U.S. is the one that has lost the most cases. But I would say, just like every coin has two sides, the U.S. is no exception in joining WTO. So, when we are talking about who has lost the most, let us in the same time do not forget who has gained the most. In this sense, as everyone knows, the U.S. is undoubtedly the biggest winner in the WTO mechanism in total.

Fourth, in light of the double standards issue, I would propose that even if the adoption of double standards in dealing international affairs actually constitute a global phenomenon to some extent, this does not serve to justify the U.S.' stance in maintaining double standards and clinging to unilateralism. In my mind, whether a state can, and to what extend be justified by adopting double standards towards certain issues, should be tested depending on the actual and specific situation of that state. Admittedly, the adoption of double standards does harm to the international economic order. However, when we explore further as to the actual harm and impact this may create, we must differentiate from state to state according to the actual situation of the specific state in question. As the sole super power in this world, the injustice and harm incurred by the U.S.' double standards and unilateralism is far more than that caused by a weak and small state. When the poor states are sometimes coerced to adopting unilateralism as their final resort merely for survival and existence, the U.S. is always trying the same suit with a strong aim to become an even mightier super power. This, in turn, actually and significantly harms the global welfare and widens the already wide gap between the poor and the strong states. The final result will be a more imbalanced international community and a more unjustified world order.

Finally we must further differentiate upright scholars from the "pragmatic", speculating politicians. It could be "common" for those "pragmatic" politicians to arbitrarily employ double standards in one **same matter**, but for any upright scholars, never should they take the double standards position when they comment on one same matter.

As a common sense of international law, (1) each state, strong or weak, big or small, has the sovereignty based on independence and equality; (2) each state shall fully respect the independent sovereignty of any other state; (3) each state has equal right to share benefits from the international community; (4) each state, in return for the benefit it shares, shall undertake the obligation to conduct appropriate self-restraint on its own sovereignty, so as to promote world prosperity on the basis of mutual benefit, equality, equity and multilateralism; (5) under the multilateral mechanism, such as UN and WTO, no state has the privilege of requiring any other state to do "away with" its sovereignty in any excuse; also, no state has the privilege of stubbornly insisting on its vested hegemony under the camouflage of "sovereignty". Therefore, as an upright scholar and /or commentator, he/she should follow a **unified and unitary criterion** rather than "double standard", in treating the solemn sovereignty problem of all states. It therefore seems hard to advocate that Prof. Henkin's "sovereignty discarding" theory is right but inapplicable to the U. S. sovereignty, while Prof. Jackson's "sovereignty preserving" theory is also right, but also inapplicable to other states.

However, if Prof. Jackson's theory gets popular, i. e. each state insists on its unilateral selfishness while disregarding its international obligations, even after its concluding multilateral treaty and acceding related multilateral mechanism, how can the global multilateralism continue to exist and develop?

V "THE GREAT 1994 SOVEREIGNTY DEBATE" AND SECTION 301

In fact and in essence, what WTO opponents and proponents argue over is not the economic sovereignty of the United States, but the economic hegemony of the United States. An obvious example of this aspect is the implementing practice of Section 301 of the U. S. Trade Act[①] and the decision made by the U. S. Congress after the Great Debate that Section 301 should continue to be implemented.

Section 301, familiar to everyone and appearing ubiquitously in Chinese and foreign newspapers, is the "big stick" that the Office of the U. S. Trade Representative (USTR)[②] frequently waves to threaten and make submissive its trade adversaries, and fully reflects the United States' economic hegemony

---

① 19 U.S.C. §§ 2411-2420 (2003). Section 301 refers to § 301 of the U. S. Trade Act of 1974, whose contents have been expanded through several amendments, and incorporated into the Omnibus Trade and Competitiveness Act of 1988, as Section 301-310. These ten sections, as a whole, are habitually referred to as Section 301.

② The USTR is appointed by the U. S. President and approved by the Senate, with the rank of Ambassador Plenipotentiary and Extraordinary. Formerly, the USTR conducted U. S. foreign trade negotiations. Since 1974, its office has been located in Washington, D.C., and has become a permanent institution of the U. S. government. Its authority has been extended constantly, participating in the U. S. government's foreign trade decision-making, issuing policy guidance on foreign trade to other branches and departments of the U. S. federal government, representing the U. S. government in presiding or presenting various foreign trade negotiations, accepting the "petition" of the U. S. commercial actors and defending their rights and interests in foreign trade, implementing Section 301 to initiate "tort and contract breach" investigations on its trading partners of foreign governments, and determining whether or not to take retaliatory actions or impose sanction measures.

in the area of international trade①. Though wordy, the core content of

---

① For example, take the three retaliatory measures and economic sanctions that China encountered. In November of 1991, the USTR, under the pretext that China had failed to provide "sufficient" and "effective" protection for the intellectual property rights of U. S. businesses, and failed to provide "equitable" market access opportunity to those American businessmen, listed China as a "Priority Foreign Country" to which Section 301 should apply. Peter K. Yu, From Pirates to Partners: Protecting Intellectual Property in China in the Twenty-First Century, 50 AM. UNIV. L. R. 131, 141 (2001). Meanwhile, it unilaterally published a "retaliatory list" against China with a resulting cost of $1.5 billion. Ibid., at 142. Through repeated consultations between the two sides, the dispute was ultimately resolved. Memorandum of understanding Between China (PRC) and the United States on the Protection of Intellectual Property, Jun. 17, 1993, P. R. C.-U. S., T. I. A. S. No. 12036 (1995). However, on June 30, 1994, the United States played the old trick again, listing China once more as a Priority Foreign Country. UTSR, 1995 ANNUAL RPT., available at http://www.ustr.gov/html/1996_tpa_monitor_3.html. Simultaneously, the USTR put forward many harsh requirements that directly contravened and interfered with China's legislation, jurisdiction, and internal affairs. For example, the United States required the amendment of Chinese civil law, shortening the time limit for judicial hearings, revising the provisions on the charge for civil litigation with the purpose of lowering the charge, engaging in a large-scale attack on torts committed against U. S. intellectual property rights in China, reporting the results of such actions to the United States until it was satisfied, and quarterly reporting to the U. S. government the situation of China's investigation and disposal of the torts on U. S. intellectual property rights. As the U. S. requirements were too harsh, after seven rounds of consultations the dispute remained unsolved. David E. Sanger, U. S. Threatens $2.8 Billion on Tariffs on China Exports, N. Y. TIMES, Jan. 1, 1995, at A14. Then, on December 31, 1994, the United States unilaterally announced its retaliatory list against China would increase in cost, to approximately $2.8 billion, in an attempt to compel China to succumb. Ibid. In response, China carried out direct, justified, favorable, and dignified counterattacks. Martha M. Hamilton, U. S. to Hit China with Stiff Tariffs; Sanctions are Largest Ever Imposed, WASH. POST, Feb. 5, 1995, at A1; Yu, supra, at 144. On the one hand, China pointed out that the United States' use of unilateral retaliatory measures to cope with its trading partners was obviously in breach of the principle that disputes should be resolved through multilateral consultations, which is required by many international treaties and conventions, and thus should receive general condemnation in the international community. On the other hand, in accordance with Article 7 of the Foreign Trade Law of the People's Republic of China—which provides that if any country or region takes discriminatory, restrictive, or other similar measures of trade against China— China can take corresponding measures on the basis of factual circumstances. The Ministry of Foreign Trade and Economic Cooperation of the PRC (MOFTE. C.) published an "intended anti-retaliatory list on the U. S.", which provided that double tariffs would be levied on some large quantity goods imported from the United States, suspension of the import of other large quantity goods from the United States, suspension of the negotiations of some large-scale joint venture projects with U. S. partners, and suspension of the applications of American businessmen to establish investment corporations in China. Yu, supra, at 144. Meanwhile, it was clearly announced that "the above measures would come into effect when the United States officially implemented its retaliation on Chinese exported goods." Ibid. at 144. Considering that its "retaliation" and "sanctions" on China could not be fulfilled, along with the possibility of losing the big market in China, the United States had to restrain itself from its former attitude and abolish some of its formerly adhered to harsh requirements. See Julia Chang Bloch, Commercial Diplomacy, in LIVING WITH CHINA: U. S.-CHINA RELATIONS IN THE TWENTY-FIRST CENTURY 185, 197–198 (Ezra F. Vogel ed. 1997). On February 26, 1995, China and the United States reached a "win-win" compromise in the form of "exchange of notes;" thus （转下页）

Section 301 is never ambiguous. Section 301 provides, in part:

> If the United States Trade Representative determines under section 304(a)(1) that: the rights of the United States under any trade agreement are being denied; or an act, policy, or practice of a foreign country-violates, or is inconsistent with, the provisions of, or otherwise denies benefits to the United States under, any trade agreement, or is unjustifiable and burdens or restricts United States commerce; the Trade Representative shall take action authorized in subsection (c), subject to the specific direction, if any, of the President regarding any such action, and shall take all other appropriate and feasible action within the power of the President that the President may direct the Trade Representative to take under this subsection, to enforce such rights or to obtain the elimination of such act, policy, or practice[①].

Relying on both the authority and procedure provided by Section 301 and the economic dominance of the United States, subsection C authorizes the USTR to take various unilateral and compulsory retaliatory actions to compel its adversaries to eliminate the policy, act, or practice; to phase out their injury or restriction on U.S. commerce; or to provide the United States with

---

接上页 an on-the-trigger "trade war," evoked by the United States, was avoided. See Agreement Regarding Intellectual Property Rights, Feb. 26, 1995, P. R. C.-U. S., 34 I. L. M. 881 (1995). Between the spring and summer of 1996, a trade dispute between China and the United States rose again. Richard W. Stevenson, U. S. Cites China for Failing to Curb Piracy in Trade, N. Y. TIMES, May 1, 1996, at D4; Yu, supra, at 148. The United States unilaterally listed China as the Priority Foreign Country under Section 301, and announced a retaliatory list on China to the value of $2 billion. Id. at D4; Yu, supra, at 148. Correspondingly, the department of Chinese government solemnly declared again that "[t]o safeguard our national sovereignty and dignity, ... we are forced to take corresponding anti-retaliation measures." The Announcement of the MOFTE. C.: The PRC's Anti-retaliation List on the U. S, PEOPLE'S DAILY, May 16, 1996 (on file with author); Sanger, supra, at A1. The anti-retaliation list contained eight items and provided that "[t]he above measures would come into effect once the United States implemented its retaliatory measures on Chinese exported goods." Ibid.; Sanger, supra, at A1. On June 17, 1996, through arduous negotiations, the two sides reached an acceptable agreement. China Implementation of the 1995 Intellectual Property Rights Agreement, Jun. 17, 1996, P. R. C.-U. S., available at http://www.mac.doc.gov/China/Agreements.htm. This new "contest" demonstrated once again that the trade disputes between states, especially between large, powerful ones, should and could only be resolved justifiably and reasonably through equitable consultations. An action such as unilateral retaliation, which is merely bullying the weak by relying on one's power, is destined to end fruitlessly, and what is left is an arbitrary image.

① 19 U. S. C. § 2411(a).

compensation that is satisfactory to the U. S. government and its related economic sectors while disregarding other domestic law and international treaties①.

The purpose and practical function of Section 301 lie in its unilaterally set-up U. S. criteria, justified or not, which compels other nations to open their domestic market by means of retaliatory threat and sanctions. Such hegemonic legislation and its implementation once gave rise to a wide range of reproaches and criticism in the international community, as this domestic act of the United States obviously deviated from the provisions of the GATT, a treaty both concluded and ratified by the United States. The United States adopted *unilaterally set-up criteria*, *unilateral judgment*, *and unilateral implementation* of retaliatory sanctions to replace the principle of multilateralism, where any dispute should be investigated and dealt with by a neutral panel and then reported to the GATT counsel for review which is reflected by the original GATT dispute settlement mechanism. Such an action is in breach of the international obligations that the United States committed itself to. However, the supremacy of U. S. interests and national egoism is the constant reflection of U. S. pragmatism in the area of international trade, which results in improper harassment of the normal international trade order in the international community. In view of this, during the UR, a majority of GATT contracting members, especially those who had experienced the attack of Section 301, were determined to strengthen the binding effect of the original dispute settlement mechanism of the GATT to stop the United States from its aggressive unilateralism and arbitrariness②.

During the period that the U. S. representative signed the WTO Agreement and sent it to the U. S. Congress for review and ratification, many congressmen made it clear that no changes in Section 301 would be tolerated③. Consequently, "except for some minor procedural amendments, Section 301 remains intact."④ It was pointed out by some U. S. experts that "[t]his statute ... was perhaps *the most important political bellwether* of the

---

① 19 U. S. C. § 2411; Yuqing Zhang & Yue Guan, Section 301 of the U. S. Trade Act, INTL. TRADE 6-9 (1992); GUOHUA YANG, STUDY ON THE SECTION 301 OF THE U. S. TRADE ACT 36-57 (1998); see generally United States-Sections 301-310 of the Trade Act of 1974, WTO Panel Report WT /DS /152 /R (Dec. 22, 1999).

②③④ Jackson, supra note, at 183.

sovereignty considerations in the Congress during the 1994 Debate"①.

Conspicuously, even though an U. S. executive representative signed the WTO Agreement, the U. S. legislature continues to enforce Section 301, in contravention of the WTO Agreement. The actual effect of this device inevitably leaves the United States *sitting on the fence with an ability to gain advantages from both sides*. In international trade disputes between the United States and its trading partners, particularly in cases where the United States is the defendant, if the conclusion and award made through the WTO dispute settlement procedure is in favor of the United States, the United States, as the winning party, will agree and accept the conclusion or award in a high-sounding manner to show that it strictly abides by the international treaty. On the other hand, if the conclusion or award is against the United States, making it the losing party, the United States-no longer able to play the old trick of blocking the enforcement of the Panel report or DSB decision—but can still cast away the DSB decisions like worn-out shoes and boycott, even retaliate against the winning party under the rhetoric of *safeguarding the United States'economic sovereignty and defending the United States'constitutional institutions*. In addition, the United States can abandon the DSB procedures of the WTO, unilaterally invoke Section 301, and impose accusations of engaging in unjustified trade on the defendant and adjudicate the case in accordance with its statute, in the dual capacities of both plaintiff and judge, all pursuant to its self-established statutory criteria! Furthermore, it is demonstrated that in the circumstance of power politics and hegemonic action, "[t]he international public law is nothing but on defaulted basis, while the powerful are able to tie others in accordance with their own law!"②

What the United States preciously cherished was the vigorously aggrandized sovereignty, the vested hegemony in the camouflage of "sovereignty". The U. S. Congress, after its ratification of the WTO

---

① Jackson, supra note, at 183 - 184 (emphasis added).
② GUANYING ZHEN, FRIGHTENING WORDS IN THE FLOUISHING AGE: LAW OF JUSTICE 42 (1898). It is amazing that since human society has stepped into the twenty-first century, the sigh of regret uttered by a thinker from a weak nation in the late nineteenth century is still of realistic importance, and is a sharp satire to the history and hegemony who do not change their mode of operation.

Agreement, still retains and enforces Section 301, and passionately continues to promote the adoption of the above-proposed legislation that "the United States can't lose more than three times." ① Thus, the vested hegemony was doubly armored to resist sword and spear, and to keep itself immortal.

Ⅵ THE E.C.-U.S. ECONOMIC SOVEREIGNTY DISPUTES CAUSED BY SECTION 301: ORIGIN AND PRELUDE

The U.S. practice since the WTO Agreement's entry into force in January of 1995 demonstrates that the United States in fact acts upon the conclusion it came to during "*The Great 1994 Sovereignty Debate*" that although it entered into the multilateral system of the WTO, it was able to retain and pursue unilateralism under Section 301. In some circumstances, the United States indeed achieved the anticipatory aim of "sitting on the fence in order to gain advantages from both sides," but in other situations new trade wars and disputes were triggered, making the United States a targeted country. The following are cases involving typical disputes.

Ⅵ.1 U.S.-Japan Auto Disputes

During the period before and after the WTO Agreement came into effect, the United States conducted a series of bilateral negotiations with Japan regarding Japan's opening its market for automobiles and automobile parts. However, neither the United States nor Japan would budge from their viewpoints and the dispute remained unsolved②. The United States, as a member of the WTO, totally disregarded the multilateral dispute settlement

---

① Referring to A Bill to Establish a Commission to Review the Dispute Settlement Reports of the World Trade Organization and for Other Purposes, S. 16, 104th Cong. (1995).

② Letter from Michael Kantor to Renato Ruggiero (May 9, 1995), in 141 CONG. REC. S6433; James Gerstenzang, U.S., Japan Still on Collision Course over Trade Diplomacy: Clinton and Murayama Meet at Summit, but Neither Budges on Sanction Threat, L.A. TIMES, JUN. 16, 1995, at 18.

mechanism of the DSU, instead relying directly on Section 301 and unilaterally declaring, on May 16, 1995, that it would levy 100% ad valorem duties on thirteen different types of imported Japanese luxury-model automobiles①. Additionally, the United States withheld the liquidation of customs entries with respect to the automobiles, causing a detention of goods②.

Clearly, these were retaliatory measures and punitive sanctions. Faced with U.S. unilateral retaliation, the Japanese government filed a request for consultation with the WTO /DSB on May 22, 1995, claiming that the measures taken by the United States constituted serious discriminatory treatment to Japanese commodities and was in breach of Articles 1 and 2 of the GATT and Article 23 of the DSU③. Japan further charged that the unilateral decision of the U.S. government had a significant adverse impact on the Japanese export industry in that goods with a value of over 108 million dollars that were scheduled to be exported to the United States were forced to stop being transported or had to be transported to other countries—the scheduled production plan with a value of 93 million dollars would have to be reduced④. Thereafter, through two rounds of negotiation, the United States

---

① Statement by Ambassador Michael Kantor, Office of the USTR, Executive Office of the President (May 16, 1995), available at http://www.ustr.gov/releases/1995/05/95-36.html [hereinafter Kantor Statement]; William E. Scanlan, A Test Case for the New World Trade Organization's Dispute Settlement Understanding: The Japan-United States Auto Parts Dispute, 45 KAN. L. REV. 591, 605 (Mar. 1997). This rate of duty is much higher than the binding tariff of 2.5% that the United States committed to on the tariff concession schedule. Calculated on the basis of the total value of the same category of imported goods in 1994, the total amount of the newly imposed tariff is $590 million.

② Kantor Statement, supra note.

③ United State-Imposition of Import Duties on Automobiles from Japan under Sections 301 and 304 of the Trade Act of 1974, WTO Doc. WT /DS6 /1 (May 22, 1995) [hereinafter U.S.-Japan Auto Disputes]; GATT, supra note, Art. 1 (providing that each contracting member must accord mutually with "general Most-Favored-Nation Treatment, [w]ith respect to customs duties and charges of any kind imposed on or in connection with importation or exportation or imposed on the international transfer of payments for imports or exports, and with respect to the method of levying such duties and charges, and with respect to all rules and formalities in connection with importation and exportation," and that no discriminatory measures may be taken at will); GATT, supra note, Art. 2 (providing that each contracting member pledge to each other to levy tariffs subject to the listed preferential tariff in the annexed "tariff concession schedule" of each member, and not to increase tariffs arbitrarily); DSU, supra note, Art. 23 (providing that the trade disputes arising between contracting members should be resolved in accordance with the DSU multilateral procedures and rules, and unilateral measures must not be taken willfully).

④ U.S.-Japan Auto Disputes, supra note 107.

and Japan reached an understanding on June 28, 1995①. The Japanese government accepted the United States' specific proposal for Japan to open its market for automobile and automobile parts, and promised to adopt specific measures to implement the proposal②. The U. S. government, as a compromise, phased out its decision to levy an 100% duty on automobiles imported from Japan and withholding the liquidation of customs③.

Ⅵ.2 U.S.-E.C. Banana Disputes

In February of 1996, and August of 1998, respectively, the United States and countries in the "Dollar Banana District," including Ecuador, Guatemala, Honduras, and Mexico, jointly requested consultation with the E. C. pursuant to the WTO system, claiming that the various regulatory measures implemented by the E. C. in the importation and distribution of bananas from the above five countries made them enjoy less favorable treatment than that the E. C. conferred upon Contracting Members of the Lóme Convention, thus breaching the primary rule of the WTO, and constituting trade discrimination④. While the concerned negotiations were still in progress, the United States—on November 10, 1998, under the pretext that the proposed concession by the E. C. concerning the new banana importation regime was not consistent with the WTO, and on the basis of Section 301—unilaterally declared that it would issue a list of retaliation measures on the E. C. and a timetable to enforce the sanctions, threatening that unless the E. C. made further concessions the United States would impose trade sanctions at the beginning of 1999⑤.

The next day, November 11, 1998, E. C. President Jacques Santer

---

① U. S.-Japan Automotive Agreement, Aug. 23, 1995, reprinted in 34 I. L. M. 1482 (1995) [hereinafter Auto Agreement]; USTR Fact Sheet on U. S.-Japan Auto and Auto Parts Agreement Released Jun. 28, 1995, 12 INT'L TRADE REP. (BNA) 1163, 1163-1164 (Jul. 5, 1995).

②③ Auto Agreement, Ibid.

④ European Communities-Regime for the Importation, Sale and Distribution of Bananas-Recourse to Article 21.5 by Ecuador, WTO Panel Report, WT /DS27 /RW /ECU (Apr. 12, 1999) [hereinafter Ecuador Panel Report].

⑤ James Cooper, Spirits in the Material World: A Post Modern Approach to United States Trade Policy, 14 AM. U. INT'L L. REV. 957, 972 (1999); Stephen Fidler & Neil Bucklar, U. S. Threatens 100% Tax on European Union Exports in Banana Trade War, FIN. TIMES, Nov. 11, 1998, at 1 (including cheese, clothing, cosmetics, electronic goods, paper and wine among the products threatened with tariffs).

responded by writing a letter to U. S. President Clinton, warning that the United States' proposals would breach its international obligations under the WTO Agreement①. EU Trade Commissioner Sir Leon Brittan further pointed out that although the United States was authorized to raise queries and disagreements on the new banana importation regime implemented by the E. C. on January 1, 1999, it was not empowered to threaten the EU with unilateral sanctions②. Director General of the WTO Renato Ruggiero argued that both sides should resolve the dispute within the DSU multilateral system established by the WTO Agreement③. After continual failed negotiations, the E. C. , in accordance with Article 22. 6 of the DSU, submitted a request for arbitration④. On January 29, 1999, the DSB decided to establish an arbitral tribunal⑤. After the establishment of the arbitral tribunal, the United States, under the pretext that the arbitral proceeding was not prompt enough, initiated lightning-like retaliation on March 3, 1999, and announced that it would unilaterally levy 100% retaliatory *ad valorem* duties as punishment on twenty categories of popular goods exported to the United States from such E. C. members as Britain, Italy, Germany, and France, totaling $520 million⑥.

---

① EU Attacks Clinton over Bananas, BBC NEWS, Nov. 11, 1998, available at http://news.bbc.co.uk/1/hi/business/the_economy/212262.stm; Stephen Bates & Larry Elliott, Banana War Puts Global Economy at Risk, THE GUARDIAN, Nov. 12, 1998, available at http://www.guardian.co.uk/banana/Story/0,2763,208538,00.html [hereinafter Banana Wars]. In his letter to President Clinton, Jacques Santer stated that "[n]o WTO member had the right unilaterally to determine whether another member is in compliance with WTO rules. " Ibid.

② Press Release No. 97/98, European Union, Statement by Sir Leon Brittan: EU/US Banana Dispute (Nov. 10, 1998), available at http://www.eurunion.org/news/press/1998-4/pr97-98.htm. Nigel Gardner, spokesman for European Trade Commissioner Sir Leon Brittan, was also quoted as saying, "What we will not do is negotiate with the gun of unilateralism illegally at our heads. " Fight Over Banana Trade Escalates, NATL. L. J. (Nov. 30, 1998), at A14.

③ Banana Wars, supra note ①.

④ European Communities-Regime for the Importation, Sale and Distribution of Bananas-Recourse to Arbitration by the European Communities under Article 22.6 of the DSU, WTO Arbitrator Dec. , WT/DS27/ARB (Apr. 9, 1999) [hereinafter European Communities Arbitration].

⑤ Ibid. , para. 1.1.

⑥ John R. Schmertz, Jr. & Mike Meier, U. S.-EU Banana Dispute Continues Despite WTO Arbitration: EU Issues Regulation to Increase Support to its ACP Banana Suppliers, INT'L L. UPDATE, May 1999, at 5; Implementation of WTO Recommendations Concerning the European Communities' Regime for the Importations, Sale, and Distribution of Bananas, 64 Fed. Reg. 19209 (Apr. 19, 1999); Eliza Patterson, The U. S.-EU Banana Dispute, ASIL INSIGHTS, Feb. 2001, http://www.asil.org/insights/insigh63.htm [hereinafter The U. S.-E. U. Banana Dispute].

The arbitrary action taken by the United States sharply escalated the "Banana War," and the multilateral system established by the WTO was confronted with a serious threat①. The United States' action was condemned by many representatives who attended a WTO emergency conference②. On April 9, 1999, the DSB Panel Report was issued and the arbitral award was made③. The Panel Report concluded that the E. C.'s new banana importation regime was inconsistent with the Most-Favored-Nation treatment and the National Treatment stipulated in the GATT and GATS, and recommended that the DSB require the E. C. to make further revisions on the new regime④. The arbitration panel decided that the E. C.'s new regime had constituted injury to the U. S. interest, but that the actual loss was $191.4 million instead of the $520 million that was originally claimed by the United States⑤. In other words, the actual loss only accounted for 36.8% of what the United States claimed, i. e., the original U. S. claim of $520 million was with 63.2% inflation and extortion! On April 9, 1999, the United States requested authorization from the DSB to retaliate on the basis of the amount determined by the arbitral award, and the authorization was given to the United States on April 19, 1999⑥.

---

① John Lloyd, Yanks Go Home ... But Not Just Yet: U.S. Sanctions, NEW STATESMAN, Mar. 12, 1999, at 14.
② Banana Deal Frittered Away, BBC NEWS, Dec. 19, 1999, available at http://news.bbc.co.uk/1/hi/business/238370.stm; Charlotte Denny & Stephen Bates, Bananas: It's a Trade War, THE GUARDIAN, Mar. 5, 1999, available at http://www.guardian.co.uk/banana/Story/0,2763,208540,00.html; Crisis Talks Over Bananas, BBC NEWS, Mar. 8, 1999, available at http://news.bbc.co.uk/1/hi/business/the_economy/292041.stm; US Declaring War Over Bananas, BBC NEWS, Mar. 8, 1999, available at http://news.bbc.co.uk/1/hi/world/292654.stm; Mark Milner, WTO Talks up Banana Peace, THE GUARDIAN, Mar. 8, 1999, available at http://www.guardian.co.uk/bnana/Story/0,2763,209337,00.html.
③ The US-EU Banana Dispute, supra note.
④ European Communities-Regime for the Importation, Sale and Distribution of Bananas-Recourse to Article 21.5 by the European Communities, WTO Panel Report, WT/DS27/RW/EEC (Apr. 12, 1999), paras. 7.1 – 7.2 [hereinafter European Communities Panel Report].
⑤ European Communities Arbitration, supra note, paras. 1.1, 8.1. On April 11, 2001, the United States and the EU reached an understanding in their long running dispute over bananas that called for the EU to adopt a new licensing system for bananas by July 1, 2001. In return, the United States lifted retaliatory duties on $191 million worth of EU products. See U. S. Trade Representative Announces the Lifting of Sanctions on European Products as EU Opens Market to U. S. Banana Distributors, Office of the United States Trade Representative, Executive Office of the President, Jul. 1, 2001, http://www.useu.be/Categories/Bananas/BananaUSSanctionsEUJuly1.html.
⑥ The Week in Review, NATL. L. J., Apr. 19, 1999, at A8.

The international dispute ended with a partial financial win for the United States. The United States, however, has paid the great price of its international credit and image for its reckless waving of the "big stick," otherwise known as Section 301, to implement a unilateral threat after it has undertaken its international obligations under the multilateral system of WTO/DSB.

Ⅵ.3 E.C.-U.S. Section 301 Dispute

Due to the United States' continuous use of Section 301 during the Banana Dispute, on November 25, 1998, the E.C. requested consultations with the United States in accordance with Article 22.1 of the GATT and Article 4 of the DSU, with the intent of addressing the U.S. use of Section 301 after the WTO and its multilateral dispute settlement mechanism, the DSU, came into effect[①]. Clearly, the intention of the E.C. was to open up a second battlefield so as to transform its position as the defendant in the Banana Dispute into the plaintiff in the Section 301 Dispute. Thus, the United States, truculent in the Banana Dispute, was forced to play defense in the new proceeding.

From the date of the official operation of the WTO/DSU multilateral dispute settlement mechanism until July 13, 2001, the total number of disputes requiring consultations or determinations under the DSU amounted to 234. Compared with other disputes, the E.C.'s claims in this dispute were peculiar. First, normally the objects of the dispute concern the treatment of a certain category of commodity or certain specific commodities; however, in the present case the complaint focused on the United States' hegemonic Section 301 legislation. Second, generally the disputes do not directly or clearly involve the struggle of economic sovereignty between the concerned states, although they may involve the concrete economic interests of the states. However, the present dispute between the E.U. and the United States reflected, rather directly and conspicuously, the restricting and anti-restricting practice of economic sovereignty between the two big powers. As for the United States, it consistently regarded the hegemonic Section 301 as

---

① United States-Sections 301-310 of the Trade Act of 1974, WTO Panel Report, WT/DS152/R (Dec. 22, 1999), para. 1.2 [hereinafter Sections 301-310 Panel Report]; ANALYSIS OF WTO DISPUTE SETTLEMENT CASES 563-571(Lanye Zhu ed., 2000).

its lifeblood to safeguard its economic sovereignty. Although the United States entered into the WTO multilateral system, the United States believed that the Act could not be crippled, let alone be abolished. Otherwise, the United States would not hesitate to withdraw from the WTO, which was discussed earlier in this paper①. On the other hand, the E. C. persistently regarded the Lóme Convention, concluded with 70 odd developing countries in Africa, the Caribbean, and the Pacific region—and the "generalized non-reciprocal and non-discriminatory [tariff] preferences" conferred to the latters—as its significant measure of exercising economic sovereignty and promoting the cooperation between the North and the South②. Once the WTO Agreement had officially come into effect, the original mechanisms implemented by the E. C. in accordance with the Lóme Convention were gradually transformed to be consistent with the new WTO system.

However, during the Banana Dispute, the United States, without waiting for a determination to be made by the WTO/DSU multilateral rules, frequently threatened sanctions in accordance with its unilateral, hegemonic Section 301 legislation. Confronted with such hegemonic actions, which impaired the E. C. 's economic sovereignty, the E. C. refused to submit willingly and targeted Section 301 in hopes of *catching the ring leader, cutting the weed, and digging out the roots.*

As it is well known, a number of countries have suffered to varying degrees from the United States' invocation of Section 301. When the E. C. first initiated the Section 301 Dispute, many WTO members—including the Dominican Republic, Columbia, Panama, Guatemala, Mexico, Jamaica, Honduras, Japan, and Ecuador—quickly echoed a request to participate in the consultations as interested third parties in accordance with Article 4.11 of the DSU③. All the requests were

---

① See supra Part V.
② Sections 301 - 310 Panel Report, supra note, para. 5.150.
③ See United States-Sections 301 - 310 of the Trade Act of 1974, Request to Join Consultations, WTO Doc. WT/DS152/9 (Dec. 14, 1998) (Communication from Columbia), WT/DS152/2 (Dec. 9, 1998) (Communication from Dominican Republic), WT/DS152/3(Dec. 9, 1998) (Communication from Panama), WT/DS152/4 (Dec. 9, 1998) (Communication from Guatemala), WT/DS152/5 (Dec. 14, 1998) (Communication from Mexico), WT/DS152/6 (Dec. 14, 1998) (Communication from Jamaica), WT/DS152/7 (Dec. 14, 1998) (Communication from Honduras), WT/DS152/8 (Dec. 14, 1998) (Communication from Japan), WT/DS152/10 (Dec. 14, 1998) (Communication from Ecuador); DSU, supra note, Art. 4.11.

granted. On December 17, 1998, the disputing parties held consultations but were unable to settle the dispute①. Upon the request of the E. C., the DSB decided on March 2, 1999, to establish a panel to deal with this dispute②. David Hawes, Terje Johannesen, and Joseph Weiler were selected for the panel, with David Hawes acting as Chairman③. The terms of reference were:

> To examine, in the light of the relevant provisions of the covered agreements cited by the European Communities in document WT/DS 152/11, the matters submitted to the DSB by the E. C. in that document and to make such findings as will assist the DSB in making its recommendations or in giving its rulings according to the above mentioned agreements④.

In the mean time, other countries that suffered from Section 301 declared, one after another, that they reserved their rights to participate in the panel proceedings as third parties⑤. Those WTO members include Brazil, Cameroon, Canada, Columbia, Costa Rica, Cuba, Dominican Republic, Ecuador, Hong Kong (China), India, Israel, Korea, St. Lucia, and Thailand⑥. An unprecedented situation developed in which thirty-six WTO members, including the fifteen E. C. member states and twenty-one state or regional members of the WTO, requested participation in the panel proceeding as third parties so that they could jointly condemn Section 301. The United States was more isolated than ever!

During the panel proceeding, the E. C., the United States, and the third parties engaged in fierce "sword-like" verbal debates. In essence, the hostility and debate among many WTO members, ignited by Section 301 of the U. S. Trade Act, fully reflected a new battle on the restriction and anti-restriction of economic sovereignty among nations under the new accelerated economic globalization. The process not only reflected the fight between the global

---

① Section 301-310 Panel Report, supra note, para. 1.2.
② Ibid., para. 1.5.
③ Ibid., para. 1.7.
④ Ibid., para. 1.5.
⑤⑥ United States-Sections 301-310 of the Trade Act of 1974, Constitution of the Panel Established at the Request of the European Communities, WTO Panel Report, WT/DS152/12 (Apr. 6, 1999).

economic hegemony and other economic powers on economic sovereignty, but also indicated new contests between many economically weak countries and the global economic hegemony on economic sovereignty. Accordingly, the dispute attracted the world's attention.

Pursuant to Articles 12.8 and 12.9 of the DSU, the period in which the panel must conduct its examination, from the date that the composition and the terms of reference of the panel have been agreed upon until the date the final report is issued to the parties to the dispute, must not exceed six months①. If it is impossible to conclude the proceedings in time, upon approval of DSB, the time limit can properly be prolonged, but in no case should the period from the establishment of the panel to the circulation of the report to the Members exceed nine months②. The deadline for this case was December 31, 1999③. On December 22, 1999, the panel issued a lengthy, 351 - page concluding report④. Neither the E. C. nor the United States requested an appeal, and the DSB formally passed the Panel Report on January 27, 2000⑤.

Although the Panel Report was issued in time and no appeal was submitted, a series of latent perils were left behind, which deserved further discussion. In the following text, the arguments of the E. C. and United States, the main contents of the Panel Report, and the latent perils left behind are introduced and analyzed.

Ⅶ THE E.C.-U.S. ECONOMIC SOVEREIGNTY DISPUTES CAUSED BY SECTION 301: CLAIMS AND REBUTTALS

Ⅶ.1 The Claims of the E. C. Representatives

The E. C. representatives claimed that the United States, after the WTO

---

① DSU, supra note, Art. 12.8.
② Ibid., Art. 12.9.
③④ Sections 301 - 310 Panel Report, supra note.
⑤ United States-Sections 301 - 310 of the Trade Act of 1974, WTO Panel Report, WT /DS152 / 14 (Feb. 28, 2000).

Agreement established the multilateral system, still retained and enforced the unilateral retaliation and sanctions laid down in Sections 301 – 310 of the U. S. Trade Act, which was in derogation of the international obligations the United States undertook when it signed the WTO Agreement①. The E. C. particularly emphasized that what the United States stipulated in its Trade Act was inconsistent with the provisions that concerned the *"strengthening of the multilateral system"* as laid down in Article 23 of the DSU②.

Article 23. 2(a) of the DSU provides that in case of a trade dispute, WTO members must settle the dispute in accordance with the rules and procedures established by the DSU③. No member may unilaterally make a determination to the effect that its "[trade] benefits have been nullified and impaired."④ In determining whether its benefits have been impaired, members "shall make any such determination consistent with the findings contained in the panel or Appellate Body report adopted by the DSB or an arbitration award rendered under this Understanding."⑤ However, Section 304(a)(1)(A) of the U. S. Trade Act requires the USTR to determine whether another member denies the United States rights or benefits under the WTO Agreement, irrespective of whether the DSB adopted the findings on the matter contained in the panel or Appellate Body report⑥. Meanwhile, Section 306(b) requires the USTR to unilaterally determine whether a recommendation of the DSB has been implemented, irrespective of whether the multilateral proceedings on this issue under the DSU have been completed⑦. Therefore, the above provisions of the U. S. Trade Act have obviously breached what is set forth in the DSU.

Article 23. 2(c) provides that if a WTO member fails "to implement the recommendations and rulings within [a] reasonable period of time" the winning party must follow the multilateral procedures of the DSU "to determine the level of suspension of concessions or other obligations and obtain DSB authorization in accordance with those procedures before

---

① Sections 301 – 310 Panel Report, supra note, paras. 3. 1, 4. 1 – 4. 18, 4. 26 – 4. 48, 4. 100 – 4. 199, 4. 126, 4. 146 – 4. 153.
② Ibid., paras. 4. 1, 4. 3; DSU, supra note, Art. 23 (emphasis added).
③④⑤ DSU, supra note, Art. 23. 2(a).
⑥ 19 U. S. C. § 2414(a)(1)(A) (2003).
⑦ 19 U. S. C. § 2416(b) (2003).

suspending concessions or other obligations under the covered agreements."① However, Section 306(b) requires the USTR to determine and carry out sanctions under Section 301 and Section 305(a) in cases where the opposing party fails to implement the DSB recommendations, irrespective of the scope and level that the DSU multilateral system determines, and without the DSB's authorization②. It is obvious that the stipulations in the U. S. Trade Act directly breach what is in the DSU.

Articles I, II, III, VIII, and XI of the GATT stipulate that mutual favored treatment and common obligations—such as the Most-Favored-Nation Treatment, Schedules of Concessions, the National Treatment, Reducing Fees and Simplifying Formalities connected with Importation and Exportation, and Elimination of Quantitative Restriction—should be adhered to by all WTO members③. In other words, all disputes must be solved in accordance with the multilateral system. Section 306(a), however, requires the USTR to unilaterally make determinations on whether to impose high duties, fees, or restrictions on imported goods from foreign countries involved in trade disputes④. It is obvious that the provisions of the U. S. Trade Act violate one or more of the above GATT provisions.

Additionally, even if Section 301 – 310 could be interpreted to permit the USTR to have options in implementing the law to avoid WTO-inconsistent unilateral determinations and retaliatory actions, it could also be interpreted to permit the USTR to have discretion to unilaterally make determinations inconsistent with the WTO multilateral system and to invoke retaliatory sanction measures. Therefore, it is obvious that the provisions of Sections 301 – 310 cannot be regarded as a sound legal basis for the implementation of the United States' obligations under the WTO. The lack of this sound legal basis is sure to produce a situation of threat and legal uncertainty against other WTO members and their economic operators⑤. This will fundamentally undermine the "security and predictability" of the multilateral trading system⑥.

---

① DSU, supra note, Art. 23. 2(c).
②④ 19 U. S. C. § 2416.
③ GATT, supra note, arts. I, II, III, VIII, XI.
⑤ Sections 301 – 310 Panel Report, supra note.
⑥ Id. para. 4.35.

What is more, the apparent confusion in Sections 301 – 310 is nothing more than a deliberate policy, providing a particular mode for the United States to invoke administrative measures and deviate from the WTO multilateral system at any time. In fact, the United States—by maintaining legislation such as Sections 301 – 310, which on its face and by its intent mandates unilateral determinations and actions in breach of the United States' obligations under the DSU and the WTO—implements a deliberate policy pursuing double objectives: the USTR may make a unilateral determination or evoke unilateral sanctions so that the rival may be directly "killed" or may surrender at the threat of being "killed." Such a scheme could be called the "Damocles sword effect"①.

In its argument to the Panel, the E. C. maintained that in particular, United States' Section 301 was deployed to create a constant threat, "the Damocles sword effect", using it "as a 'bargaining' tool in order to extract extra trade concessions" and preferential interests②. Even after the entry into force of the WTO Agreement, the conduct of the United States remained unchanged, disregarding its international obligations under the WTO legal system. The United States acted unilaterally in the Banana Dispute, impairing the interests of the E. C. Other members of the WTO, such as Canada, Korea, Hong Kong (China), India, Japan, and Brazil, however, had identical experiences and suffered greatly both before and after the conclusion of the WTO Agreement. Accordingly, they all condemned the unilateral practice of Section 301, and supported and concurred with the E. C.'s charges against the United States③. Ultimately, the E. C. argued that in consideration of all of the above factors, Sections 301 – 310 of the U. S. Trade Act, may in no case, be regarded as consistent with what is laid down in Article 16. 4 of the WTO Agreement and with the WTO legal system④. Article 16. 4 of the WTO Agreement expressly provides that "[e]ach Member

---

① Sections 301 – 310 Panel Report, supra note. paras. 4. 43 – 4. 44, 7. 5 – 7. 6. The term "Damocles sword effect" originates from Greek mythology in which the tyrant Dionysius ordered his official Damocles to be seated. A sword was hung by a horse's mane over Damocles' head, indicating that Damocles was in jeopardy.
② Ibid., para. 4. 46.
③ Ibid., paras. 4. 45 – 4. 48.
④ Sections 301 – 310 Panel Report, supra note, para. 4. 59.

shall ensure the conformity of its laws, regulations and administrative procedures with its obligations as provided in the annexed Agreements"①. Sections 301–310 of the U.S. Trade Act, the E.C. argued, breached several of the above-cited provisions of the WTO legal system and its international obligations, and the E.C. requested the panel to clearly rule that:

> the United States, by failing to bring the Trade Act of 1974 into conformity with the requirements of Article 23 of the DSU and of Articles I, II, III, VIII, and XI of the GATT 1994, acted inconsistently with its obligations under those provisions and under Article XVI. 4 of the WTO Agreement and thereby nullifies or impairs benefits accruing to European Communities under [those Agreements]; and to recommend that the DSB request the United States to bring its Trade Act of 1974 into conformity with its obligations under the DSU, the GATT 1994, and the WTO Agreement②.

Ⅶ.2　The Rebuttals of the United States

In view of the claims and requests of the E.C., the United States responded with the following arguments:

> Sections 301–310 do not prevent the United States from following to the letter the requirements of the DSU. This legislation provides ample discretion to the United States Trade Representative to pursue and comply with multilateral dispute settlement procedures in every instance.... The European Communities may not assume that the USTR will exercise this discretion in a WTO-inconsistent manner.... ③
>
> Nevertheless, the reason this case has been filed is because European Communities found itself in the position of having failed to comply with DSB rulings and recommendations in [the Banana Dispute]④.
>
> Sections 301–310 provide more than adequate discretion to the USTR [to pursue] and comply with DSU Article 23 and other WTO

---

① Sections 301–310 Panel Report, supra note, para. 4.59. (quoting WTO Agreement Article XVI: 4).
② Ibid., para. 3.1.
③ Ibid., para. 4.51.
④ Ibid., para. 4.52.

obligations in every case. Section 304 permits the USTR to base her determinations [whether the trade interests of the United States are impaired] on adopted panel and Appellate Body findings in every case. And Section 306 permits, in every case, the USTR to request and receive DSB authorization to suspend concessions in accordance with DSU Article 22 ... Sections 301 - 310 are thus consistent with DSU Article 23, Article XVI: 4, and GATT Articles I, II, III, VIII, and XI①.

The law is the protector of both the weak and the strong, equally. It protects the small and the large, equally. It protects the popular and the unpopular, equally.... The United States knows that Sections 301 - 310 are not popular. But the WTO and the DSU are not clubs to be used in a popularity contest against any one Member. If they are to protect the weak credibly, they must also protect the strong against attacks not on what they have done, but on who they are②.

Sections 301 - 310 allow the USTR to comply fully with United States' obligations under the WTO Agreement and its annexes. This law by its mere existence violates none of [the United States' obligations under the WTO system]. The E. C.'s transparent efforts to turn this proceeding into a forum for making political attacks on United States' trade policy only highlight the absolute void at the center of its legal case③.

The United States indicate[d] that its Administration has, in the Statement of Administrative Action approved by Congress, provided its "authoritative expression ... concerning its views regarding the interpretation and application of the Uruguay Round agreements ... for the purposes of domestic law"... the USTR will:

• invoke DSU dispute settlement procedures, as required under current law;

• base any Section 301 determination that there has been a violation or denial of U. S. rights under the relevant agreement on the panel or Appellate Body findings adopted by the DSB;

---

① Sections 301 - 310 Panel Report, supra note, para. 4.58.
② Ibid., para. 4.62.
③ Ibid., para. 4.65.

• following adoption of a favorable panel or Appellate Body report, allow the defending party a reasonable period of time to implement the report's recommendations; and

• if the matter can not be resolved during that period, seek authority from the DSB to retaliate①.

The Statement of Administrative Action (SAA) provides:

This statement describes significant administrative actions proposed to implement the Uruguay Round agreements ... this statement represents an authoritative expression by the Administration concerning its view regarding the interpretation and application of the Uruguay Round agreements, both for purposes of U. S. international obligations and domestic law. Furthermore, the Administration understands that it is the expectation of the Congress that the future Administrations will observe and apply the interpretations and commitments set out in this Statement. Moreover, since this statement will be approved by the Congress at the time it implements the Uruguay Round agreements, the interpretations of those agreements included in this Statement carry particular authority②.

The U. S. explicitly, officially, repeatedly, and unconditionally confirmed the commitments expressed in the SAA namely that the USTR would ... "base any Section 301 determination that there has been a violation or denial of U. S. rights under the relevant agreement on the panel or Appellate Body findings adopted by the DSB."③

That is to say, U. S. law precludes [the USTR's] affirmative determination not based on adopted panel or Appellate Body findings④.

Based on the above reasons, the United States requested that the panel rule explicitly:

That [the] European Communities has[sic]failed to meet its burden

---

① Sections 301-310 Panel Report, supra note, para. 4.121.
② Ibid., para. 7.110 (emphasis added).
③ Ibid., para. 7.115.
④ Ibid., n. 683; The Uruguay Round Agreements Act: Statement of Administrative Action at 366, reprinted in H. R. Doc. No. 103-316 [hereinafter SAA].

of establishing that Sections 301 – 310 of the Trade Act of 1974 are inconsistent with DSU Article 23, WTO Agreement Article XVI: 4, and GATT 1994 Articles I, II, III, VIII, and XI, and that Sections 301 – 310 are therefore not inconsistent with these obligations①,... [that] Sections 301 – 310 ... do not mandate action in violation of any provision of the DSU or GATT 1994, nor do they preclude any action consistent with those [WTO] obligations②,... [and must] reject the E. C. 's speculative arguments in their entirety③.

Ⅷ THE WTO /DSB PANEL REPORT ON THE SECTION 301 CASE

The Panel for the dispute was initiated on March 31, 1999. The whole proceeding lasted about nine months, during which the E. C. 's charges and claims, and the responses of the United States, together with the condemnations against Section 301 by the twelve countries and regions participating in the proceeding as third parties, were fully heard by the Panel. On December 22, 1999, the Panel issued its final report to the concerned parties and submitted it for DSB approval④. As the report was not appealed, the DSB formally passed the final Panel Report on January 27, 2000⑤.

In the lengthy 351 – page report, the Panel initially concluded that:

> Our function in this case is *judicial*. In accordance with Article 11 of the DSU, it is our duty to "make an objective assessment of the facts of the case and the applicability of and conformity with the relevant covered agreements, and make such other findings as will assist the DSB in making recommendations or in giving the rulings provided for in the covered agreements."⑥

---

① Sections 301 – 310 Panel Report, supra note, para. 4.65.
② Ibid., para. 3.2.
③ Ibid., para. 4.145.
④⑤ United States-Sections 301 – 310 of the Trade Act of 1974, WTO Panel Report, WT /DS152 / 14 (Feb. 28, 2000).
⑥ Sections 301 – 310 Panel Report, supra note, para. 7.12 (emphasis added).

The mandate we have been given in this dispute is limited to the specific E. C. claims.... We are not asked to make an overall assessment of the compatibility of Sections 301 – 310 with the WTO Agreements.... We are, in particular, not called upon to examine the WTO compatibility of U. S. actions taken in individual cases in which Sections 301 – 310 have been applied①.

In determining whether Section 304 constituted a violation of DSU 23. 2 (a), the Panel found that:

Section 304 (a) requires the USTR to determine whether U. S. rights are being denied within 18 months. It does not require the USTR to determine that U. S. rights are being denied at the 18 months deadline②.

[W]e find that even though the USTR is not obligated, under any circumstance, to make a Section 304 determination ... it is not precluded by the statutory language of Section 304 itself from making such a determination③.

Therefore, pursuant to examination of text, context and object-and-purpose of [DSU] Article 23. 2(a) we find, at least *prima facie*, that the statutory language of Section 304 precludes compliance with Article 23. 2 (a).... Under Article 23 the US promised to have recourse to and abide by the DSU rules and procedures, specifically not to take unilateral measures referred to in Article 23. 2 (a). In Section 304, in contrast, the U. S. statutorily reserves the right to do so. In our view, because of that, the statutory language of Section 304 constitutes a *prima facie* violation of Article 23. 2(a)④.

We [do] not conclude that a violation has been confirmed. This is so because of the special nature of the Measure in question. The Measure in question includes statutory language as well as other institutional and administrative elements. To evaluate its overall WTO conformity we

---

① Sections 301 – 310 Panel Report, supra note, para. 7. 13 (emphasis added).
② Ibid., para. 7. 31(c) (emphasis added).
③ Ibid., para. 7. 31(d) (emphasis added).
④ Sections 301 – 310 Panel Report, supra note, para. 7. 97 (emphasis added).

have to access all of these elements together①.

One of the institutional and administrative elements the Panel refers to concerns the SAA, which was submitted by the U. S. President for congressional approval. With regards to the SAA, the Panel determined that:

> [T]he U. S. Administration has carved out WTO covered situations from the general application of the Trade Act. It did this in a most authoritative way, *inter alia*, through a Statement of Administrative Action (SAA) submitted by the President to, and approved by, Congress. Under the SAA so approved "... it is the expectation of the Congress that future administrations would observe and apply the [undertakings given in the SAA]." This limitation of discretion would *effectively preclude* a determination of inconsistency prior to exhaustion of DSU proceedings②.
>
> The SAA thus contains the view of the Administration ... concerning both interpretation and application and containing commitments, to be followed also by future Administrations, *on which domestic as well as international actors can rely*③.

On this point, the Panel totally supports and accepts the arguments of the United States on Section 301, and repudiates and rejects the claims of the E. C. However, during the proceedings, the E. C. called the Panel's attention to another paragraph, which contained ambivalent statements in the SAA, and which is cited repeatedly by the United States as the authoritative administrative statement.

> There is *no basis for concern* that the Uruguay Round agreements in general, or the DSU in particular, will make future Administrations *more reluctant* to apply section 301 sanctions that may be inconsistent with U. S. trade obligations because such sanctions could engender DSU-authorized counter-retaliation ... Just as the United States may now choose to take section 301 actions that are not GATT *authorized*, governments that are the subject of such actions may choose to respond

---

① Sections 301－310 Panel Report, supra note, para. 7.98.
② Ibid., para. 7.109 (emphasis added).
③ Ibid., para. 7.111 (emphasis added).

in kind. That situation will *not change* under the Uruguay Round agreements. The risk of counter-retaliation under the GATT has *not prevented* the United States from taking action in connection with such matters as semiconductors, pharmaceuticals, beer, and hormone-treated beef①.

The E. C. contends that this portion of the SAA, providing for an authoritative interpretation of the URAA, the implementing statute, announces in very clear and unambiguous terms that the United States will not feel impeded by its international obligations to continue having recourse to retaliatory action of unilateralism.

The Panel, not persuaded to accept the E. C. 's analysis, admitted, however, that "some of the language in the SAA appears ambivalent."② They noted "however that, following U. S. constitutional law, cases of ambiguity in the construction of legal instruments should, where possible, always be resolved in a manner consistent with U. S. international obligations."③ The Panel concluded "that it [was] possible to do so in this case."④

In consideration of the above reasons, the Panel to this dispute comes to the following conclusions:

(a) Section 304(a)(2)(A) of the U. S. Trade Act of 1974, is not inconsistent with Article 23. 2(a) of the DSU; (b) Section 306(b) of the U. S. Trade Act of 1974, ... is not inconsistent with either Article 23. 2 (a) of the DSU; or 23. 2(c) of the DSU; (c) Section 305 (a) of the U. S. Trade Act of 1974, is not inconsistent with Article 23. 2(c) of the DSU; (d) Section 306 (b) of the U. S. Trade Act of 1974, is not in consistent with Articles I, II, III, VIII, and XI of GATT 1994.... [A]ll these conclusions are based in full or in part on the U. S. Administration's undertakings mentioned above. It thus follows that should they be repudiated or in any other way removed by the U. S. Administration or another branch of the U. S. Government, the findings of conformity

---

① Sections 301 – 310 Panel Report, supra note, para. 4. 108 (emphasis added) (quoting SAA, supra note 164). The word "now", as used in this paragraph refers to September of 1994, when the SAA was sent to Congress for approval. The WTO Agreement had not come into effect at that time, so international trade was conducted in accordance with the 1947 GATT.

②③④ Sections 301 – 310 Panel Report, supra note, para. 7. 113.

contained in these conclusions would no longer be warranted①.

IX THE EQUIVOCAL LAW-ENFORCING IMAGE CONCLUDED FROM THE PANEL REPORT

The Section 301 Dispute Panel findings are rather impressive when we take a comprehensive look at the above Panel findings and conclusions. The Panel's decision can be characterized with four observations. First, the Panel creates a limit for its own duty, being overly cautious, dares not to transgress the "mine bounds", and is irresponsible for its duties. Second, the Panel is *shilly-shallying* towards the two powers, and is smooth and slick in ingratiating itself with both sides. Third, the Panel leaves the offender at large, criticizing the offender pettily while doing it great favor. Fourth, the Panel is partial to and pleads for hegemony, and thus, leaves a lot of suspicions and hidden risks. Therefore, it is not surprising that international scholars make a general valuation on the final report of the Panel, commenting that "[w]hile the United States-Section 301 Panel Report is politically *astute*, its legal underpinnings are *flawed* in some respects and its policy implications for the future of the WTO Dispute Settlement Body generate serious concerns."② The above observations concluded from the Panel's report are further analyzed below:

IX.1 The Panel Creates a Limit for Its Own Duty, Is Overly Cautious, Dares Not Transgress the "Mine Bounds", and Is Irresponsible for Its Duties

Since the enactment of Section 301 of the U.S. Trade Act of 1974, the USTR has frequently waved this "big stick" to threaten and force its trading partners into submission, and to extract extra hegemonic economic interests. The record of the United States' practice in the last twenty years sufficiently

---

① Sections 301-310 Panel Report, supra note, para. 8.1.
② Seung Wha Chang, Taming Unilateralism Under the Trading System: Unfinished Job in the WTO Panel Ruling on United States Sections 301-310 of the Trade Act of 1974, (hereinafter referred to as "Chang") 31 LAW & POL'Y INT'L BUS. 1151, 1156 (2000) (emphasis added).

shows that it met ample condemnation in the world public opinion. The U. S. government is aware of this opinion, admitting that "[t]he United States knows that Sections 301 – 310 are not popular."①

During the proceeding, "[i]n addition to the EC, twelve of the sixteen third parties expressed highly critical views of this legislation."② This situation clearly indicates that Section 301 and the U. S. related practices have aroused public indignation among many WTO members. Faced with this reality, the Panel felt compelled to note this U. S. confession in its final report, stating that "[i]n its submissions, the U. S. itself volunteered that Sections 301 – 310 are an unpopular piece of legislation."③

Subsequently, however, the Panel limits its terms of reference with a "*three-not*" mandate. The Panel determines that its purpose is: 1) not "to make an overall assessment of the compatibility of Sections 301 – 310 with the WTO Agreements"; 2) not to examine other aspects beyond the specific E. C. claims; and 3) not "to examine the WTO compatibility of U. S. actions taken in individual cases in which Sections 301 – 310 have been applied"④. The Panel claims that its function is ***judicial***, yet when encountered with the offending indignation aroused by the hegemonic legislation and the related practices of the United States in the international community, the panel chooses to impose on itself the "three-not" limit, fails to strictly enforce the law, and fails to investigate and examine the hegemonic legislation in order to determine the cardinal question of right or wrong. This review style strikingly reflects the Panel's image that they act too cautiously so as to avoid transgressing the bounds of mines, as if they were faced with the abyss or treading on thin ice. In other words, they lack the courage and boldness to act upright, without flattery, and to enforce the law strictly.

In fact, the function, authority, and terms of reference of the Panel are generally provided for in DSU Article 11, that is, in addition to making an objective assessment of the facts of the case and the applicability of and conformity with the relevant covered agreements, the panel should "*make such other findings* as will assist the DSB in making the recommendations or

---

① Sections 301 – 310 Panel Report, supra note, para. 4.62.
②③ Ibid., para. 7.11.
④ Ibid. para. 7.13.

the rulings provided for in the covered agreements."① This can be taken as the legitimate power and terms of reference rendered by the WTO /DSU system to the DSB panel. When necessary, the panel *should* enlarge its scope and depth of review according to the related issues to make such other findings.

As far as this case is concerned, the concrete claims of the E. C. involve some critical articles of Sections 304 – 306 of the U. S. Trade Act. These articles are closely related with other articles of Section 301 and constitute an indispensable part of Section 301 as an organic whole. If the Panel is the one that strictly abides by its function and terms of reference provided for in DSU Article 11, how could it consciously neglect and evade such an integral part of Section 301? How could it avoid making an overall assessment on the illegitimacy of the hegemonic legislation and its consistency with the WTO system in its entirety? How could it turn a deaf ear to and ignore the *specific practices* of legislation that have aroused the indignation of the world? How could it fail to thoroughly investigate, but indeed pardon the specific hegemonic practices of Section 301 complained of by over thirty WTO members? Indeed, the Panel failed to judge right from wrong, and failed to assist the DSB in making a correct determination in accordance with the related provisions. Is not such a short-sighted judicial examination of the Panel a violation of the law? Is it not irresponsible for the panel's duties?

Such adjudication, however, brings to mind a popular fable. A was hurt by an arrow and went for treatment from doctor B. B took out a small saw, sawed the arrow shaft outside A's body off, then announced the completion of the operation and requested compensation. A was perplexed, pointing out that the metal arrowhead remained in his body. B responded, "I'm a physician who is only responsible for the portion outside your body; as for the metal arrowhead within your body, you should go to a surgeon!"

IX. 2 The Panel Hovers between the "Two Powers" in Its Attempt to Ingratiate Itself with Both Sides

Among the concerned parties in the dispute, the claimants consist of the

---

① Sections 301 – 310 Panel Report, supra note, para. 7. 119 (emphasis in original); DSU, supra note 15, Art. 11.

fifteen countries of the E. C. , including Germany, United Kingdom, France, and Italy, which are four economically powerful countries; and the respondent is the superpower of global economic hegemony—the United States. Also concerned parties in the dispute are the participating third parties, sixteen of which are WTO members, including Japan and Canada. The latter twos are also economically powerful nations. The third parties concurred completely with the E. C. in its arguments before the Panel. Therefore, this can be characterized as a dispute between two powers, one that is opposing Section 301, and the other defending it. The leading actors in the dispute are the most economically developed "Seven," ①which are divided into two sides. Between the two sides, a great war broke out that centered on the restriction and anti-restriction of its own economic sovereignty. This circumstance in the history of world trade development is rare, if not unprecedented. Although the superpower is very formidable, it stands alone; and particularly when opposed by six powerful nations, who have substantial WTO members' support, it faces considerable power and opposition. The Panel judging the dispute is thereby caught between the two Bigs.

After the final Panel Report was circulated among the members of the WTO on December 22, 1999, both parties to the case announced they would not seek an appeal. However, in their related statements, they both report a positive outcome, illustrating each sides' mental victory. The USTR issued a press release on December 22, 1999, announcing that the dispute settlement Panel of the WTO "has rejected a complaint by the European Union, upholding the WTO-consistency of Section 301 of the Trade Act of 1974."②

U. S. Trade Representative Charlene Barshefsky triumphantly and arrogantly stated that "[s]ection 301 has served, and will continue to serve, as a cornerstone of our efforts to enforce our international trade rights."③

To be sure, the U. S. statement of victory is not totally without basis, as the final Panel Report determined that Section 301 is not inconsistent with the WTO /DSU system④. However, the United States avoids mentioning the

---

① The G7, they are Germany, United Kingdom, France, Italy, Japan, Canada, and the United States.

②③ Press Release No. 99 - 102, Office of the U. S. Trade Representative, WTO Panel Upholds Section 301 (Dec. 22, 1999), available at http://www.ustr.gov/releases/1999/12/99-102.html.

④ Sections 301 - 310 Panel Report, supra note, para. 7.115.

precondition and reservation on which the determination is based—i. e. , it was alleged and asserted that the U. S. Administration, in the SAA, has promised to preclude the USTR's discretion to make unilateral determinations or retaliatory sanctions prior to the exhaustion of DSU proceedings or without the DSB's authorization. Should the U. S. Administration repudiate the preconditions, the above findings would not be justified and the United States would incur state responsibility because the existence of Section 301 would then be rendered inconsistent with its obligations under the WTO system. Thus, the United States' statement of victory, which avoids mentioning the preconditions and reservations, should be considered "*emasculated*", and could be rendered meaningless at any time.

On December 23, 1999, just after the issuance of the United States' press release, the E. U. Trade Commissioner, Pascal Lamy, also issued a press release, in which he stated that:

[t]he EU notes with satisfaction the WTO Panel's now published report on the Section 301 case. This is a fair result, a balanced outcome to a difficult case, but overall, it is a victory for the multilateral system. Neither side can claim a triumph, because while the Section 301 legislation can stay on the books, the Panel has clarified that it can be used against other WTO members only as long as it strictly follows WTO rules. I am glad the United States has given the necessary commitments to these effects①.

The E. C. 's statement of victory is also not totally without basis. Through this *new-case*-igniting, the E. C. effectively curbed the $520 million claim of the United States in the banana case, compelling the WTO /DSU to reduce the U. S. compensation to $191. 4 million, thereby eliminating the 63. 2% inflation and extortion claimed by the United States in the banana old-case②. Furthermore, it prompted the United States, during the proceedings, to state repeatedly that in the future it would implement Section 301 strictly under the WTO multilateral system. However, the main goals of the E. C. ,

---

① Press Release No. 86 /89, Delegation of the European Commission to the United States, WTO Report on U. S. Section 301 Law: A Good Result for the European Union and the Multilateral System (Dec. 23, 1999), available at http://www.eurunion.org/news/press/1999/1999086.htm.

② See supra Section VI. B.

namely, to deny and abolish the unilateral and hegemonic legislation of Section 301 through the recommendation or determination of the DSB, were far from satisfied. Therefore, the so-called "*victory* of the multilateral system" is rather very limited and very unstable, for the **bane** remains and the chronic disease of Section 301 may recur at any time in the future.

The final Panel Report, having not been appealed by either party, was formally adopted by the DSB on January 27, 2000. The international public has levied both praise and criticism for the Panel Report. One international author commented that "[t]he Panel decision seem[ed] to be a fair 'political' decision that pleased both parties, or at least enabled them to save face. However, this panel decision is *legally weak*, even though it is not entirely wrong."① This overall assessment seems not to be without basis. In light of the fact that both sides claimed victory and the Panel's way of ingratiating itself with both parties, the Panel displays an undeniable "*astute*" skill at avoiding the core issues.

Ⅸ.3 The Panel Leaves the Offender at Large, Criticizing Pettily While Doing It Great Favor

In the final Panel Report, quoting copiously from various sources, the Panelists expounded in great length on the general rules and principles guiding the interpretation of international treaties provided for in Article 31 of the Vienna Convention on the Law of Treaties, and proved that the statutory language of Section 301 is inconsistent with the WTO /DSU multilateral system and that the United States actually did breach its international obligations②. However, the Panel's opinion swerved suddenly and concluded, in even greater length and energy, that the plain words and the definite meaning in the statutory provisions only constituted *prima facie* evidence③, and thus could not be relied upon to determine that the hegemonic legislation was inconsistent with the WTO and the United States' international obligations④. Subsequently, the Panel again invoked Article 11

---

① Chang, supra note, at 1185.
② Sections 301 - 310 Panel Report, supra note, para. 7.58 - 7.79.
③ Id. para. 7.98.
④ Id. paras. 7.104 - 7.113.

of the DSU as the basis of its competence, casting away the self-imposed "three-not" limits that had confined it to analysis of the claims themselves[①]. The Panel exceeded Section 301 *per se* by distracting peoples' attention beyond Section 301 to the United States' institutional and administrative elements[②]. Quoting laboriously and rationalizing the SAA and the solemn pledge and obtuse statements of the U. S. representative[③], the Panel concluded that the SAA can revise and abolish the formal legislation of the U. S. Congress, that the SAA had curtailed the USTR's discretion to make unilateral determinations according to Section 301, and consequently confirmed that the unilateral hegemonic legislation of the United States was not inconsistent with the WTO multilateral system. However, as for the ambivalent sections of the SAA, the Panel, under the pretext of U. S. constitutional principles, endeavored to persuade the world to rely on the United States', the economic hegemony's assurances that it would make interpretations of its own hegemonic law strictly in conformity with its international obligations[④].

A general survey of the integral reasoning process and the method employed by the Panel manifests that its trick was appallingly identical to the behavior of some politicians in the political arena, for example, saying East for the purpose of saying West; just producing clouds with the hand upper-turned, while promptly producing rain with the same hand over-turned; negating in the abstract but confirming in the specific; and criticizing a bit while conferring great favor!

IX.4 The Panel Is Partial to and Pleading for Hegemony and Thus Leaves a lot of Suspicions and Hidden Perils

In brief, the Panel's attitudes and approaches toward the Section 301 Disputes aforesaid could be objectively summarized as *partial* to and *pleading for* the contemporary *hegemony*. A lot of Remaining Suspicions and Hidden Perils, which have been left, are the inevitable destination of the three adjudicating ways and dispute-settling styles as mentioned above in IX.1, IX.

---

① Sections 301-310 Panel Report, supra note, paras. 7.119, 7.13.
② Ibid., para. 7.98.
③ Sections 301-310 Panel Report, supra note, para. 7.109.
④ Ibid., n. 681.

2 and Ⅸ.3 *points*. In essence, the Remaining Suspicions and Hidden Perils are the inevitable results of the panel's lacking of the courage and boldness to act uprights without flattery, and to enforce the related international laws and WTO rules righteously. The following Part X of this paper will conduct a concise analysis of these inevitable destination and results.

X THE REMAINING SUSPICIONS AND LATENT PERILS ENTAILED BY THE PANEL REPORT

Scrutinizing the content and the final conclusions of the Panel Report, one can perceive the legal suspicions and latent perils embodied therein.

Ⅹ.1 The First Suspicion and Latent Peril

<u>Is the SAA that was submitted by the U. S. President and approved by the U. S. Congress indeed a *mandatory* binding statute?</u>

As stated above, the Panel approved and affirmed the arguments of the United States, confirming that the SAA had lawfully and effectively curtailed the discretion vested with the USTR by Section 301, so that the latter could not make unilateral determinations or resort to unilateral retaliatory measures prior to the exhaustion of the DSU proceedings[①].

Manifestly, the affirmation and determination of the Panel is premised on the fact that the related statements in the SAA have a mandatory binding effect on the USTR. However, after a careful check of the key words in the key paragraphs in the SAA, it can be concluded that the premise of a mandatory binding effect does not exist at all.

The original text of the SAA reads as follows:

> Although it will enhance the effectiveness of Section 301, the DSU does not require any significant change in Section 301 for investigations that involve an alleged violation of a Uruguay Round agreement or the impairment of U. S. benefits under such an agreement. In such cases,

---

① Sections 301-310 Panel Report, supra note, para. 7.112.

the Trade Representative will:
- invoke DSU dispute settlement procedures, as required under current law;
- base any Section 301 determination that there has been a violation or denial of U. S. rights under the relevant agreement on the panel or Appellate Body findings adopted by the DSB;
- allow the defending party a reasonable period of time to implement the report's recommendations; and
- if the matter cannot be resolved during that period, seek authority from the DSB to retaliate①.

In the above paragraph, the word "*will*" is the key word. As far as the original meaning of "will" is concerned, it is a *soft, discretional, optional, and ambiguous auxiliary* verb. In the legal vocabulary, it differs totally from "shall," a rigid, compulsory, resolute, non-negotiable, and execution-force auxiliary verb. In the above listed actions, the SAA doesn't direct that the USTR "shall invoke", "shall base", "shall allow", or "shall seek" when carrying out the investigations. In short, the four actions listed in the SAA are not compulsory executive directions; thus the SAA is not a compulsory statute with a binding legal effect.

The preamble of the SAA provides that "[f]uture Administrations will observe and apply the interpretations and commitments set out in this Statement."② These words reveal again that the U. S. Administration has no intention at all of treating the SAA statements, interpretations, and commitments on the relationship between Section 301 and the WTO system as an administrative order so as to direct future U. S. Administrations to strictly abide by them.

Furthermore, as the E. C. brought to light during the proceeding, the SAA contains clearly ambivalent statements that state publicly that there is no basis for concern that the WTO /DSU will make future Administrations

---

① SAA, supra note, at 365 – 366 (emphasis added); see also Sections 301 – 310 Panel Report, supra note, para. 7.112 (quoting the SAA at 365 – 366.).

② SAA, supra note, at 1; see also Sections 301 – 310 Panel Report, supra note, para. 7.110.

more reluctant to apply Section 301 unilateral sanctions①. Until the SAA was submitted to the U. S. Congress for approval in September of 1994, the USTR could willingly and dauntlessly apply Section 301 unilateral sanctions without the DSB's authorization. The situation remains unchanged. The United States can continue to dauntlessly persist in its old way②. In this context, recalling the historic "Great Sovereignty Debate" that took place in the U. S. Congress between the "Sovereignty Confidence Group" and the "Sovereignty Anxiety Group", it seems obvious that this paragraph of the SAA is the proclamation, statement, and appeasement made by the "Sovereignty Confidence Group" with the aim of eliminating the "Sovereignty Anxiety Group's" apprehension and anxiety toward the new WTO /DSU multilateral system.

This would explain why the U. S. Administration repeatedly adopted the word "will" in the SAA and made ambivalent statements and declarations in the same document. It further indicates that the U. S. Administration is never willing to be absolute, but rather leaves an adequate margin for itself to persist in the implementation of Section 301. It also accurately reflects the United States' mentality and reluctance to part with hegemonic actions. The U. S. Congress approved both the SAA and the Uruguay Round Agreement Act, indicating that the "egoism, unilateralism, pragmatism, and fence-sitting" philosophy and codes of conduct of the United States' ruling class were once again "effectively applied" and vividly manifested.

Those sitting on the Panel are inevitably those learned scholars who are well versed in legal science and English. However, they consciously evaded the twice used key word "will" and its legal meaning. In response to the ambivalent statements in the SAA, the Panel pleads for the United States to "follow the interpretation principle" of the U. S. Constitution. However, by making controversial conclusions based on the interpretation principle of the U. S. Constitution, they negated the irrefutable conclusions of the worldwide-

---

① SAA, supra note, at 366.
② The Panel "recognize[d] of course that an undertaking given by one Administration can be repealed by that Administration or by another Administration." Sections 301 – 310 Panel Report, supra note, para. 7.109.

accepted interpretative principles provided for in Article 31 of Vienna Convention on the Law of Treaties. Furthermore, the Panel arbitrarily transformed the weak, ambiguous, and ambivalent statement in the SAA into an U. S. "*guarantee*" that would preclude it from making unilateral determinations in the international community, thereafter asking the international communities to rely on it. How can this way of pleading and examination not be suspected of being partial to hegemony?

X.2 The Second Suspicion and Latent Peril

Does the USTR, after the entry into force of the WTO Agreement, truly abide by the commitments and "*guarantees*" made in the SAA?

During the proceedings, the United States flatly denied that the USTR had ever taken any unilateral retaliatory action. The relevant statement reads as follows:

> The record shows that the [US] Trade Representative has never once made a Section 304(a)(1) determination that U. S. GATT or WTO agreement rights have been denied which was not based on the results of GATT and WTO dispute settlement proceedings. Not once[①].

In responding to this overall denial by the United States, the E. C. pointed out that the USTR had published the retaliatory list in the banana case before the exhaustion of DSU proceedings[②]. Japan, as an interested third party to the dispute, further pointed to the USTR's publishing of the retaliatory list in the Automobile Parts Dispute[③]. Jointly, they refuted and exposed the United States' unjustified denial.

Both of these unilateral acts took place after the SAA and WTO /DSU had come into effect. The lists were not only conspicuously registered in the U. S. Federal Register, but also appeared in the Section 301 Tables of Cases

---

① Sections 301 - 310 Panel Report, supra note, para. 7.128.

② On April 19, 1999, the WTO /DSU proceedings were exhausted and the United States was given permission to publish the retaliatory list by the DSB. However, on December 21, 1998, the United States unilaterally published its retaliatory list of sanctions on the E. C., four months prior to the exhaustion of the DSU proceedings.

③ In the Automobile Parts Dispute, the United States unilaterally published its retaliatory list on May 16, 1995, without recourse to the DSB in accordance with the DSU.

compiled by the USTR Bureau themselves①. These irrefutable facts strongly demonstrate that the statement in the SAA made by the U. S. Administration to the USTR is *devoid* of legally binding effect. The actions of the USTR to date show that it does not abide by the commitments and **"guarantees"** made in the SAA, but rather casts them away like worn-out shoes. It is also a sufficient indication that the SAA statements are, in essence, nothing more than crafty maneuvering and double-faced tactics to deceive the public.

However, even in the face of such irrefutable facts, the Panel unexpectedly pardoned the United States, stating that "[w]e are, in particular, not called upon to examine the WTO compatibility of U. S. actions taken in individual cases."② "We do not consider the evidence before US sufficient to overturn our conclusions regarding Section 304 itself."③

In conducting a comprehensive survey of the proceedings in the above two cases, one can perceive that the United States, after its anticipated goals were accomplished by waving the "big stick" to threaten its opposition, ceased at the proper time and did not formally carry out its original unilateral retaliatory sanctions. According to the United States' self-defending logic—that because the USTR did not actually execute its original unilateral retaliatory sanctions in the above two cases—the United States does not breach its international obligations under the WTO system. According to this logic, the Charter of the United Nations should not ban the using of military threats in international relations, and the criminal law of every nation should not stipulate that blackmail is a criminal offense; in other words, under this logic, threatening other nations "does not breach international law," and blackmail "is not a violation of criminal law." Is this not ridiculous?

---

① Notice of Determination and Request for Public Comment Concerning Proposed Determination of Action Pursuant to Section 301: Barriers to Access to the Auto Parts Replacement Market in Japan, 60 Fed. Reg. 26745 (May 18, 1995); Press Release No. 98 – 113, Office of the U. S. Trade Representative, Executive Office of the President, USTR Announcing List of European Products Subject to Increased Tariffs, (Dec. 21, 1998) (on file with author); Implementation of WTO Recommendations Concerning the European Communities' Regime for the Importation, Sale and Distribution of Bananas, 63 Fed. Reg. 71,665 – 666 (Dec. 29, 1998); Press Release No. 99 – 17, United States Takes Customs Action on European Imports (Mar. 3, 1999) (on file with author); Section 301 Table of Cases, Japan Auto Parts No. 301 – 93, The E. C. and the Importation, Sale, and Distribution of Bananas No. 301 – 100 (Aug. 9, 1999), available at http://www.ustr.gov/reports/301report/act301.htm.

② Sections 301 – 310 Panel Report, supra note, para. 7.13.

③ Ibid., para. 7.130.

Nevertheless, it is this kind of ridiculous logic that the Panel adopted in its final report. What is worse, it is no different from encouraging the United States to wreak havoc in international trade by relying on its unilateral hegemonic "big stick" in subsequent practice. Consequently, its influence would definitely bring about additional weakening and devastation to the WTO/DSU multilateral system. The critical issue then becomes whether the action of carrying out threats and relying on Section 301 is *per se* inconsistent with the WTO, whether it repudiates the United States' international obligations, and whether the United States should incur state responsibility.

X.3 The Third Suspicion and Latent Peril

Is the "Damocles sword effect" of Section 301 really consistent with the WTO/DSU multilateral system? Does it not repudiate the United States' international obligations?

As stated above, the formal implementation of Section 301 of the U.S. Trade Act of 1974 is a frequently waved "big stick," utilized by the USTR to threaten its trading partners. Relying on the formidable "Damocles sword effect" created by the "big stick," the United States repeatedly fulfilled its anticipated goals and enjoyed incredible benefits. According to the Section 301 Table of Cases compiled by the USTR Bureau, from July 1, 1975 to August 5, 1999, 119 cases were investigated over the course of twenty-four years. In only fifteen of these cases were trade sanctions actually imposed. In the remaining 104 cases, almost 87.4% of all the trading partners were compelled to succumb to the enormous pressure of the "big stick." This shows that the mere publishing of possible retaliatory measures is sufficient to create a formidable and threatening influence, forcing the United States' trading partners, especially those economically small and weak countries, to accede to open their markets or to reach agreements that favor the United States. Experience has shown that the might of Section 301 lies in the threat of a trade sanction, rather than the sanction itself[①].

[①] Chang, supra note 189, at 1157; Jay L. Eizenstat, The Impact of the World Trade Organization on Unilateral United States Trade Sanctions under Section 301 of the Trade Act of 1974: A Case Study of the Japanese Auto Dispute and the Fuji-Kodak Dispute, 11 EMORY INT'L L. REV. 137, 153-154 (arguing that the Congressional intent underlying Section 301 is to open foreign markets by creating "credible threats of retaliation.").

Whenever the USTR invokes Section 301, it follows a certain procedure①. First, upon receiving the petition and allegations from the interested person, the USTR determines to initiate an investigation after review and then publishes the summary of the case in the Federal Register; meanwhile, it requests consultations with the concerned foreign country regarding the issue involved in the investigation②. Second, the interested persons of the United States are invited to bring forth verbal comments, including new petitions and allegations③. Third, public hearings are held to seek advice from the petitioners④. Fourth, a preliminary retaliatory list is announced, the list is presented to the foreign countries concerned, and necessary revisions and supplements are made to the retaliatory list with the development of the case⑤. Finally, the retaliatory sanctions are actually implemented⑥.

In this law enforcing process, the powerful U. S. media actively helps disseminate the news and create a great sensation. The media sensation not only constitutes a great mental threat to the United States' trading partners in the negotiation process, but actually compels the concerned enterprises confronted with the occasional retaliatory risks such as high tariff rates, high regulatory fees, customs suspension and other deliberate difficulties, to carry out risk avoiding measures in advance to eliminate their inner apprehensions. Such measures include: reducing or stopping goods being transported to the United States; shifting the goods originally transported to the United States to other countries; or increasing the insurance premiums, etc. which all result in a sharp increase in price of the concerned goods, greatly weakening or even utterly depriving the concerned commercial undertaking, and thus denying the chance of fair competition in the international market.

In light of this, it is the United States' reliance upon its economic dominance that led it to implement its hegemonic, Section 301. Ever since the formal publishing of the case in the Federal Register and the initiation of investigation, the increasingly consolidated "Damocles sword effect" has *substantively* caused continuously significant discriminatory treatment of

---

①②③④⑤⑥ See 19 U. S. C. § 2411.

relevant trading partners, economic actors and goods, and, consequently, has *substantively* violated the most fundamental principles in the WTO/GATT international trade system: the principles of the Most Favored Nation Treatment and the National Treatment[①]. Concerning *procedure*, the "Damocles sword effect" violates and tramples the fundamental principles of the WTO/DSU system: multilateral adjudication and examination to solve disputes. In other words, this "Damocles sword effect" has breached and infringed upon relevant trading partners' both substantive and procedural privileges and interests under the WTO multilateral system, far before retaliatory sanctions are formally implemented. As to this action, the United States continues acting at will and refuses to deviate from its pre-WTO old track. In doing so, the United States totally repudiates the international obligations it has under the WTO system.

Countering with the startlingly conspicuous "Damocles sword effect" and its destructive consequence on the WTO system, the Panel, in its lengthy final report, only casually mentioned it and never penetrated it deeper. However, on the same pretexts of the statements in the SAA and interpretation of U.S. constitutional principles, it determined not to investigate further[②]. The objective effect of this method of examination actually confuses the significant falsehood and truth, mixes up black and white, wrong and right, and thus consequently connives and encourages the economic hegemony.

X.4 The Fourth Suspicion and Latent Peril

Does the exemplary effect and its consequent influence of partiality and connivance in the Panel Report on U.S. Section 301 not affect the *general situation*? Should we therefore see no harm in *letting it go*, or is this a matter of significance which should not be *ignored*?

As stated earlier, the struggles and debates launched on the hegemonic act of Section 301 reflected the new conflicts between WTO members on the restriction and anti-restriction of economic sovereignty during the new acceleration of global economic integration. In the contesting process, the

---

① DSU, supra note, Art. 2.
② See Sections 301 – 310 Panel Report, supra note, paras. 7.89 – 7.92.

United States, on one side, under the big flag of safeguarding its economic sovereignty by asserting execution of Section 301 as its offending weapons and defending magic weapons, has striven to maintain and enlarge its in-hand economic hegemony and to retain its global economic hegemony. This purport, as early as 1994, had floated onto the surface during *The Great 1994 Sovereignty Debate.*" It was widely spread and advocated and thus became the "most political bellwether" in the Congress' review①. The E. C. and numerous other WTO members, on the other hand, in having recourse to the WTO multilateral system, requested that the United States revise and relegate Section 301 in the hope of restricting and weakening U. S. economic hegemony and defending their constantly impaired economic sovereignty. Facing such a globally important dispute, the Panelists, to be responsible and impartial, should take the basic provisions in the WTO /DSU system as their codes and rules of conduct.

The WTO Agreement, in its preamble and Article 16.4, explicitly provides that its objectives are to establish "an integrated, more viable, and durable multilateral trading system" through the joint efforts of the contracting members②. It additionally provides that each Member must ensure the conformity of its laws, regulations, and administrative procedures with its obligations as provided in the annexed agreements③.

The DSU, an accessory to the WTO Agreement and a forcible guarantee of its objectives, explicitly provides in its General Provisions: *"The dispute settlement system of the WTO is a central element in providing security and predictability to the multilateral trading system."*④ Its first objective is usually to secure the withdrawal of the measures concerned if these are found to be inconsistent with the provisions of any of the covered agreements⑤. Correspondingly, the function of panels established under the DSU is to make an objective assessment of the facts of the case and the applicability of and conformity with the relevant *covered agreements*⑥, and make such other

---

① See supra Part V of this paper.
② DSU, supra note, at pmbl.
③ Ibid., Art. 16.4.
④ Ibid., Art. 3.2 (emphasis added).
⑤ Ibid., Art. 3.7.
⑥ Ibid., Art. 11.

findings as will assist the DSB in giving rulings provided for in the covered agreements. These provisions expressly stipulate specific functions and codes of conduct for the Panel in adjudicating each dispute.

Reviewing Section 301, which aroused the indignation of the international community and is sternly condemned by thirty-plus WTO members, the Panel did not investigate or make such findings in assisting the DSB to make recommendations and rulings for the United States to revise and relegate the notorious hegemonic statute, even though it was fully aware that the specific provisions and practices of Section 301 actually breached many agreements in the WTO multilateral system. The Panel, by the above means of "criticizing pettily while doing great favor," deceived the public and affirmed Section 301 flatly, allowing Section 301 to be preserved and remain intact. The final Panel Report is obviously partial to hegemony, which has aroused controversy and criticism from the learned persons in the international academic field and in the public opinion arena①.

If the report were left alone and not further criticized or boycotted with the passing of time, it may gradually result in the four types of chain reactions:

First, using the conclusions of the Panel's report to fashion a protective umbrella and bulletproof clothes, the United States will proceed unbridled in implementing its hegemonic Section 301 while safeguarding, consolidating, and extending its state global economic hegemony. It will continue to open up the markets of its trading partners through recourse of unilateral threat and

---

① Chang, supra note 189, at 1224 – 1226. The Seoul scholar, Seung Wha Chang, pointed out in the article that the Panel's ruling stands on shaky legal ground, because the Panel did not sufficiently focus on the ambivalent position of the United States, which is expressed in the SAA as well as in other congressional records for the passage of the URAA in 1994. Ibid. The Panel did not make a formal ruling on the WTO consistency of specific U. S. actions. Id. Instead, it directly supports the U. S. denials. Id. It heavily relies on the assurances made by the United States before it during the proceeding. Ibid. All these pose a risk for the WTO /DSU dispute settlement mechanism. Ibid. These comments are of deep insight. However, at the end of the Chang's paper, the author declared in particular that the goal of his article was not to unilaterally blame Section 301 on behalf of U. S. trading partners, but to persuade the United States not to abuse Section 301 in the future. See Ibid. The author claimed that Section 301 can co-exist with the WTO multilateral system, that the WTO needs the United States to be a leader in maintaining its multilateral trading system, and so forth. Ibid. Those "good wills," to a certain degree, demonstrate the bewilderment and naivety of the author: the hope to advise the tiger; that a tiger could change its diet from meat to vegetables; the hope to cure the chronic disease of hegemony by simply applying some light, herbal medicine.

blackmail, with the purpose of extracting more presumptuous and inequitable rights without being bound by the WTO /DSU multilateral system and totally evading the risks of incurring claims and anti-retaliations in the WTO /DSU system. Its rationale is that the only reservation that the Panel made in its final report is that once the United States repudiates its commitments and "guarantees" as established by the SAA, the United States would incur state responsibility. This is only an utterance of void and forged "Trammel Incantation" that *cannot tame* the contemporary intractable *Monkey King*!①

Second, other economic powers may follow U.S. practice in shielding their various unilateral legislations and measures by adopting an ambiguous and publicly deceiving "Statement of Administrative Act." They can then bully weak trading partners and prevent the interest-impaired, economically weak countries from invoking the WTO multilateral system to charge and sanction them.

Third, for those economically weak nations, they, in self-defense, will be compelled to each craft an ambiguous domestic "Statement of Administrative Act" to escape from the binding provisions of the WTO multilateral trade system and consequent international obligations.

Finally, the various unilateral domestic legislations are sure to gradually collide with each other, thoroughly shaking and destroying the foundation of the WTO integral multilateral system, which was established through the joint efforts of all of its members. In the end, the WTO system will exist no more and a big historic retrogression will occur. Even a thousand-mile dike can collapse due to the existence of one ant-hole. The danger posed by the false conclusions of the Section 301 case, acting as the one ant-hole, may make the WTO system similarly vulnerable to collapse. In consideration of all these chain reactions, the adverse influence of the Panel Report cannot be neglected.

---

① Monkey King, a mythical hero of a the Chinese classic novel, The Pilgrim to the West, is the apprentice to Saint Xuanzhang, an elite monk who contributed to the spread of Buddhism in China. St. Xuanzhang resolved to acquire the original Buddhist Classics from India, a country far from China, then in Tang Dynasty. Monkey King was an escort to St. Xuanzhang, but because he was intractable and sometimes disobedient, St. Xuanzhang had to utter the "splitting-headache incantation" to control him when he did not behave rightly.

XI THE IMPLICATIONS FOR DEVELOPING COUNTRIES OF "THE GREAT 1994 SOVEREIGNTY DEBATE" AND THE E.C.-U.S. ECONOMIC SOVEREIGNTY DISPUTES

Conspicuously, *"The Great 1994 Sovereignty Debate"* in the United States took place in an accelerated economic globalization on the eve of the birth of the WTO system. Against this background, the causes of the debate, which broke out regarding the abolition or preservation of Section 301, were not confined to the United States itself and its follow-up influence was far reaching and exceeding U.S. territory.

As expected, soon after the WTO came into effect, the Japan-U.S. Automobile Parts Dispute, the U.S.-E.C. Banana Dispute, the E.C.-U.S. Section 301 Disputes, and the E.C.-U.S. Section 201 Disputes occurred one after the other. Although the proceedings and results of these cases may differ, they shared significant commonalties. First, the United States was targeted as the formidable adversary in the contests. Additionally, each was closely related to the hegemonic legislation of Sections 301 and 201, or directly aimed at the theme of the abolition or preservation of Section 301. Moreover, the essence of the cases was based upon restriction and anti-restriction conflicts between the United States' economic hegemony and the economic sovereignty of other nations.

The fierce rise, fall, and re-emergence of the debates, which revolved around the restriction and anti-restriction on economic sovereignty from 1994 to 2003, provide significant information worthy of serious research by the international community, especially small and weak nations. Such nations should analyze and inquire about these debates so as to draw some enlightenment.

The implications of the debates for developing countries, which have occurred over the span of ten years, are several as follows:

First, as economic globalization accelerates, the offensive and defensive war of economic sovereignty has not calmed down; rather, it continues and sometimes becomes rather fierce. Therefore, the developing countries must strengthen their sense of crises /risks to avoid unconscious acceptance of the theories of *obsolescence*, *relegation*, *weakening*, or *dilution of economic sovereignty*.

The main characteristic of this offensive and defensive war is that the most powerful nation is striving to defend its vested economic hegemony, to weaken further the economic sovereignty of those less powerful nations, and to damage the hard-earned economic sovereignty of weak nations. The international hegemonist has been consistently applying a double standard to the issue of economic sovereignty, i. e., regarding its own economic sovereignty and actually economic hegemony as a *holy god* while it treats that of weak and small nations as *a small straw*.

Under such international circumstances, the third world should **never away with the "S" word in current time.** They must consciously insist their independent sovereignty, so as to separately and /or jointly fight against the political and economic hegemony, when the political and economic hegemony still exist.

Second, the international allocation of decision-making power in global economic affairs is an important part of the offensive and defensive wars on economic sovereignty. Therefore, the developing countries should strive to acquire an equitable portion of decision-making power in the international arena.

The equity and rationality of the international allocation of decision-making power in world economic affairs is decisive as to whether a weak nation's economic sovereignty can obtain the protection it deserves. Further, it determines whether the international allocation of world wealth is reasonable. To change the severe inequity in the international allocation of global wealth, the protection of the weak nations' sovereignty should be strengthened. For this purpose, reformations should be conducted on the source of the severe inequity malpractice in the international allocation of decision-making power in world economic affairs.

As noted above, Professor Jackson, when reviewing and concluding *"The*

Great 1994 Sovereignty Debate" emphasized repeatedly that the core and essence of the debate was about the allocation of power, the appropriate allocation of the decision-making power in international affairs between the U. S. government, and international institutions①. This insight touched the essence of the issue and was on point. Perhaps confined by his social status and position, Professor Jackson was unable or did not dare to further expose the gigantic inequity of the current allocation of the decision-making power in international affairs between the superpower and the majority of developing countries.

The facts attest that, in the allocation system of decision-making power in international economic affairs, the United States has acquired a portion far in excess of what it deserves. During "*The Great 1994 Sovereignty Debate*," the arguments of the "Sovereignty Confidence Group" and the "Sovereignty Anxiety Group" seem contradictory, even though, in essence, they share a common fundamental starting point—i. e. , grasping tightly a *super-portion* of decision-making power in international affairs without making any concessions, while endeavoring to seize the *small portion* of the decision-making power that rests on other's plates to satisfy its own voracious appetite.

As is well known, the two worldwide economic organizations, the World Bank and the International Monetary Funds, established in accordance with the Bretton Wood System approximately fifty years ago, implemented a weighted voting mechanism based upon the amount of capital subscription advocated by the United States. It enables the United States to enjoy a super-portion of decision-making power in relevant international economic affairs②. During the Uruguay Round negotiations, the United States intended to play the old trick again to implant the weighted voting mechanism into the WTO; however, its efforts failed due to constant resistance from the majority of

---

① See Jackson, supra note.

② For example, in the "International Monetary Fund," the voting rights of the United States account for twenty percent of the overall voting rights for a long time, while the voting rights of many weak and poor countries only account for 0. 1% or 0. 01%. The differences of voting rights between them reach several hundred, even several thousand, times. Later, the percentage of the voting rights was "slightly tuned," while the great differences have not been fundamentally changed.

developing countries①.

The practice of the various decision-making mechanisms in some international economic organizations, in many years, has repeatedly proven that the weighted voting mechanism on the basis of economic power and upon the "size of the purse" will inevitably lead the wealthy to bully the poor, the bigger to oppress the smaller, and the strong to over-shadow the weak. Conversely, to implement the "one nation, one vote" equitable voting mechanism will contribute to the realization of equality between nations, distributing the wealth to the poor, and provide mutual complementation and benefits. It will particularly help to support the weak and restrain the strong. During the United State's "*Great 1994 Sovereignty Debate*," what most worried the "Sovereignty Anxiety Group" was the organic combination of the voting system of "one nation, one vote" in the WTO with the voting system of reverse consensus in the DSB, which made the United States impossible to dash around due to its economic dominance. However, what the strong and hegemonic dread is always what the weak yearn for. To safeguard their deserved interests and rights in the contemporary offensive and defensive wars of economic sovereignty, obviously developing countries, weak nations, and small nations must strengthen their cohesive force to strive for deserved equitable portions in the international allocation of decision-making power in global economic affairs.

Third, the economic sovereignty of a country lies in its autonomy, power in all its domestic and foreign economic affairs. In the new circumstance of economic globalization, the developing countries should particularly dare to insist on and be good at maneuvering their economic sovereignty.

In the tide of accelerated economic globalization, what the developing countries face is a situation in which chances and crises coexist. To make use of the chances, the developing countries must grasp tightly their economic sovereignty. Only by using it as major leverage can developing countries conduct necessary guidance, organization, and management on various internal and foreign economic affairs. To prevent and defend crises, the developing countries should rely on their tightly grasped economic

---

① See Jackson, supra note, at 161, 174-175.

sovereignty, apply it as the main defense, and take all necessary and effective measures to disintegrate and eliminate any crisis possible.

There is no such thing as a free lunch in the world. Sacrifice must be paid to take advantage of the chances and to make use of foreign economic resources to serve a nation's own economic construction. But the sacrifice is limited to an appropriate degree of self-restraint on certain economic power and economic interests, and on the basis of complete independence and autonomy. The appropriate degree of self-restraint may be found by: 1) persisting on the balance between obligation and right, and resisting harsh foreign requirements. We should flatly reject those extra requirements that would generate a severe negative impact or deteriorate a nation's security and social stability, without making any concession[①]; 2) making an overall assessment of the advantages and disadvantages, gains and losses, on the autonomy basis, then striving for more advantages than disadvantages, more gains than losses; 3) being vigilant in peace time and strengthening our sense of anxiety in assessing, anticipating, and taking precautions earlier due to the possible risks accompanying such chances, such as the *re-manipulation* of the national economy vein by foreign countries, the loss of control and confusion of the finance and monetary order, the drain of national property, and the taxation source of national treasury; 4) being prudent enough and taking deep consideration without making promises too rashly as to those concessions and prices with too high a risk with less benefits; and, finally, 5) making arrangements before and after making promises to enhance the ability to defend and eliminate crisis. Only then can nations, as steadfast as a midstream rock, retain their autonomy in their economy under the lash of the economic globalization tide.

---

① For example, in the "single package" negotiation on China's accession to the WTO at the beginning of 2001, some developed country members put forward harsh requirements on China's adjustment on its agricultural policy, which were denied by the Chinese delegation. The head of the Chinese delegation and its chief negotiation representative, Yongtu Long, emphasized: "with regard to the agriculture, China has a population of 900 million engaging in agriculture industry, so keeping the stability of agriculture is of great importance to the social stability and economic development of China.... After its accession to the WTO, the Chinese government needs to reserve those measures in support of agriculture which are consistent with the WTO. The interest of the 900 million agricultural population will forever be the first consideration of us." Fifteenth Session of WTO Chinese Working Group Finished, PEOPLE'S DAILY (Jan. 19, 2001).

Fourth, any mistake in **theory** is sure to lead to blindness in **practice** and paying a great price. After an overall survey of the current contradiction between the South and the North, it is obviously **inadvisable** for the weak and small nations of developing countries to recognize or to adopt the theories of *sovereignty weakening or sovereignty dilution*.

With accelerated economic globalization, various theories of diluting or weakening the concept of sovereignty will appear quietly on some occasions, which seem to be novel and fashionable ideas. Some less-worldly people with a kind heart, who have not tasted the bitterness of a small or weak nation, may be perplexed by certain specious arguments, evidence, or false impressions, and thus become unconsciously the echoes of the fashionable theories. However, considering the reality that contemporary economic hegemony is performing arbitrariness from time to time, and combining with the fact that those theories of the obsolete and relegation of sovereignty were created *right from* the hegemonic country and have been advocated as a strong theoretical support of economic hegemony, it should be a sudden wake-up for many people: the development direction of the sovereignty dilution and weakening theories is destined to the sovereignty obsolete and relegation theories. This destination is never the welfare of the small and weak nations, rather it is a theoretical trap and people with good intention can not foresee its results.

If people can keep calm and strengthen their observation and comparison of the current international reality they will naturally accept the right judgment in conformity with reality: In the situation of accelerated economic globalization, hegemonism and power politics still exist, thus the tasks of the developing countries to safeguard their national sovereignty, security, and interests are still arduous[①].

Consider for a moment China's place in this discussion. In the offensive and defensive wars in the field of political and economic sovereignty during the period of twentieth century, China, being the biggest developing country, had suffered severe historic tortures of national oppression, exploitation and humiliation, been trampled by powers; and then, it experienced great historic

---

① See Zemin Jiang, China-Africa Cooperated Hand in Hand, Creating a New Century, PEOPLE'S DALLY (Oct. 11, 2000).

exultation when eventually achieving autonomy on politics and economy after 100 odd years of striving to restore its national dignity. Now, at the beginning of the twenty-first century, in the new situation of accelerated economic globalization, China is, as well as a great deal of other developing countries, once again confronted with the offensive and defensive wars of economic sovereignty in the new century. It is necessary at this moment to revive the eager exhortation left by Mr. Deng Xiao Ping that Chinese people cherish their friendship and cooperation with other countries and their people, but they cherish more their rights of autonomy acquired through long periods of striving. Any country should not count on China to be their dependency, should not expect China to swallow the bitter fruits that may impair their country's interests[①].

XII CONCLUSION

In a macro view, the conflicts and confrontations between U. S unilateralism and WTO multilateralism during the last decade have produced at least three big rounds attracting worldwide attention. The first round was embodied in *"The Great 1994 Sovereignty Debate."* The second was reflected in the Section 301 Dispute. The third round was incarnated in the Section 201 Disputes. Notwithstanding the fact that the expression of each round has varied, each have the same core: the restriction and anti-restriction on U. S. economic hegemony, coming under the high-flown flag and camouflage of defending the United States' "sovereignty", safeguarding U. S. interests, and implementing U. S. laws.

In the first round, the United States reluctantly accepted WTO multilateralism with the pre-condition that U. S. unilateralism co-exists with it. Moreover, the Dole Commission is set to be activated at anytime necessary, to guarantee that U. S. unilateralism may always defeat WTO multilateralism.

In the second round, WTO multilateralism was only on the surface

---

① See Deng Xiaoping, The Opening Ceremony Remarks on the Twelfth Plenary Session of the CCP, THE SELECTED WORKS OF DENG XIAOPING, 372 (People's Publ. House 1983).

respected and observed by using the twist-explained SAA of the United States, while U. S. unilateralism was insisted upon by USTR's declaration that "Section 301" has served, and will continue to serve, as a cornerstone of U. S. efforts to enforce U. S. international trade "rights"①. Additionally, owing to the fact that U. S. unilateralism was, to some extent, actually protected and encouraged by the Panel Report, the U. S. unilateralism, also to the same extent, actually won in the "suit". Thus, the "Damocles sword" is still hanging over the weak's heads! And therefore, the Judgment on this round has been criticized for its being politically astute but legally flawed, and particularly for its serious policy implications on the WTO /DSB system and on multilateralism.

The third round resulted in a small win for WTO multilateralism after the multilateralism had actually lost twice during the previous two big rounds. It had been so hard to achieve by so many WTO members with collective and cooperative struggles for such a long period of 21 months. Undoubtedly, this win, even if small, has been worth congratulating for the wide supporters of WTO multilateralism. However, the real meanings of the small win had better not to be unduly and excessively appraised. People seem need to keep in their mind that the longstanding and traditional U. S. unilateralism has far from willingly retreated since then.

In this respect, one of the strongest evidences is that, as cited and mentioned in Part Ⅱ of this paper, the U. S. President emphasized and vowed, "We will *continue to* pursue [our] economic policies", as well as "our commitment to enforcing our trade laws"②, right after U. S. had lost in the "Section 201" Disputes and was forced to temporarily terminate the abused U. S. "safeguard measures" of unilateralism. Similar to the USTR's declaration right after the end of "Section 301" Disputes in December 1999, the U. S. President's proclamation right after the end of "Section 201" Disputes in December 2003 actually announced to the world: We, U. S. A., *will continue to pursue our policies of economic hegemony, and continue to conduct such activities still under the camouflage of defending U. S.*

---

① USTR Press Release, WTO Panel Upholds 301 (Dec. 22, 1999), available at http:/Iwww. ustr. gov /releases /1999 /12 /99 - 102. pdf.

② See supra note.

"*sovereignty*", *safeguarding U. S. interests, and enforcing U. S. laws*. Therefore, even though U. S. lost in the recent "Section 201" Disputes, its hegemony chronic malady of unilateralism may continue to recur at any time.

Of course, nobody can nowadays precisely predict what, when, where and how it will happen in the future. However, in light of the conflicts over the last decade and their related lessons, it is certain that traditional U. S. unilateralism will not exit from the international trade arena voluntarily, or get out of its old rut automatically. Consequently, WTO multilateralism cannot proceed forward smoothly in the foreseeable future. There will inevitably occur more rounds, big or small, of new conflicts and confrontations between U. S. unilateralism and WTO multilateralism, and /or between U. S. economic hegemony and economic sovereignties of other states, if the United States, the unique super-power in the contemporary world, continues to persist in its established unilateralist and arbitrary behavior.

Under such circumstances, should the weak in the contemporary world, *inter alia*, the wide developing countries, sum up the experiences from the even small win in the third round aforesaid? How to enhance their united and cooperative struggles against contemporary economic hegemony and its unilateralism, so as to protect their own economic sovereignties and related equitable rights? Could they achieve some new and bigger success? Could international trade really play the role of guarantor of global peace, liberty and security?

Let us wait and see!

II A Reflection on the South-South Coalition in the Last Half-Century from the Perspective of International Economic Law-making

From Bandung, Doha and Cancún to Hong Kong

AN CHEN*

[Abstract] WTO system and its rules are substantially an integral part of international economic law. The Round of Doha Development Agenda

---

* Professor of Law, Xiamen University School of Law, former dean of the School (1987 – 1998); Chairman, Chinese Society of International Economic Law since 1993; International Arbitrator, selected and designated to the International Centre for Settlement of Investment Disputes (ICSID) under the Washington Convention by the Chinese government since 1993. He may be contacted at: chenan@xmu.edu.cn.

The present article has won wide attention in international academic circles. The concluding section of this article was first published under the title "South-North Conflicts in a Historical Perspective", in the authoritative *South Bulletin*, No. 120, 2006. Consequently, its full version entitled "A Reflections on the South-South Coalition in the Last Half Century from the Perspective of International Economic Law-making" was published in *The Journal of World Investment & Trade* (*JWIT*), Vol. 7, No. 2, April 2006. At the request of *JWIT*'s Editor, Mr. Jacques Werner, the said version was re-written and published under a new title "Weak versus Strong at the WTO" in *The Geneva Post Quarterly* (*The Journal of World Affairs*, JWA), Vol. I, No. 1, April 2006. With time passing, this article received growing attention in international academic circles. Its newly-updated version was translated into Korean language and published in the leading Korean academic journal, *The Journal of Inha Law*, Vol. IX, No. 2, June 2006. Most recently, its re-updated English version was included in the volume edited by Professor Yong-Shik Lee, entitled "*Economic Law through World Trade: A Developing World Perspective*", Kluwer Law International, Alphen aan den Rijn, 2008.

Now, both Chinese version and English version of this article were compiled in the present book, entitled "*An Chen on International Economic Law*", separately as Series One, No. XIV; Series Seven, No. II. It is expected that such arrangement could be convenient for mutual reference by different readers.

The author is grateful to the publisher of the said academic journals and book, Mr. Jacques Werner and Professor Y. S. Lee, for their careful editing. Thanks are also due to Dr. Hongxing Cheng for his kind help in preparing the English version of this article.

(DDA) has actually focused on the gradual improvement of international economic law embodied in WTO mechanism. WTO's Cancún Conference failed in Mid-October 2003 without any agreement. Then, WTO's Hong Kong Conference was held in Mid-December 2005 and concluded with some positive fruits, while leaving some key issues of the DDA pending to be re-negotiated and agreed before the end of 2006. It seems inevitable that the DDA would have to face a new round of haggle and wrestle between the South and the North. Nowadays it is hard to precisely predict its final results. However, this paper, from the position of developing countries, devotes to carefully research and summarize the history of and its lessons on the South-South self-reliance during the past 50 years. By learning from the history, the paper tries to forecast the possible developments on the DDA in the coming days.

[Table of Contents]

I Introduction
II From Bandung to Hong Kong: The South-South Coalition Progresses Unevenly
   A. The Bandung Conference among the South-South Countries: The First Asian-African Conference
   B. The Group of 77 among the South Countries
      1. The Period from the Mid-Sixties to the Late Seventies of the Twentieth Century
      2. The Period from the Early Eighties to the Mid-Nineties of the Twentieth Century
      3. The South Summit Meeting
      4. The Launch of the Doha Round and the Accession of China to the WTO
III The Fresh Countenance and Forthcoming Obstacles of the South-South Coalition in the Doha-Cancún Process
IV The Status Quo and Prospects for the South-South Coalition from Cancún to Hong Kong

    A. The Multilateral Negotiations Stagnated after the Cancún Deadlock

    B. The Prospect of the South-North Multilateral Negotiation Grew Brighter

    C. The South-North Multilateral Negotiation again Dimmed

    D. The Positive Fruits of the Hong Kong Conference with Heavy Negative Comments—Emergent after Numerous Appeals but Still Half-masked

    E. New Highlights in the South-North Conflict—Judicial Breakthrough in Recently Litigated WTO Agricultural Disputes

Ⅴ Assessment of the Trend after the Hong Kong Conference from the Perspective of the South-South Coalition during the Last Fifty Years

    A. The Historical "6C" Track of South-North Conflicts and Its Characteristics

    B. For the Doha Round's Success: Tenacious South-South Coalition Will Once again Be Necessary

Ⅵ Concluding Remarks: What Lies Ahead?

References

Ⅰ INTRODUCTION

The World Trade Organization system, along with its multilateral rules, is an important component of international economic law. The widely-publicized Doha Development Round (DDR) is, in essence, a multilateral consultation on the renovation and amelioration of the current WTO system and multilateral rules.

The DDR negotiations have been advancing sluggishly since they were launched at the end of 2001. On 14 September 2003, the Fifth WTO Ministerial Conference, held in Cancún, Mexico to implement the DDR, ended in vain and with ill will due to the escalation of the North-South divergence. WTO Members decided, after various levels of "shuffle negotiations" in recent years, that the Sixth WTO Ministerial Conference would be held in Hong Kong from 13 to 18 December 2005 to resume the DDR negotiations. The Hong Kong Ministerial Conference broke the two-year deadlock and made some positive achievements, although it left critical controversies unresolved.

The South-North disagreement on the main issues has yet to be settled and is now more evident than ever as revealed by the suspension of the Doha Round in July 2006. Even after the negotiations resume in future, we should expect an acute round of fierce struggle between the South and the North. Meanwhile, a flashback of the history and facts before and after the Cancún Conference and the Hong Kong Conference can also offer some valuable clues to the discussion.

During the early phase of the failure of the Cancún Conference, WTO Members' instant responses sharply diverged. These responses can be generalized into four categories:

1) Some Members held that the North-South split would be mutually destructive because the two sides would refuse to budge and their positions had completely bifurcated, so that the WTO's prospects were dim, facing collapse;

2) Other Members predicted the victory of the North and the loss of the South. They opined that since the North would sustain its vested interests, the South's demands would be hard to meet, because its refusal to compromise would leave the South with nothing;①

3) Yet other Members held that the South would win and the North would lose. The South had demonstrated its power, embittering the North. Thus, the North would not dare oppose the South, and would thereby permit the DDR negotiations and the WTO system to proceed smoothly thereafter; and

4) Lastly, some Members held that the final outcome was not definite; that it was hard to determine who would be the winner and loser between the North and the South; that the two sides were not necessarily mutually destructive; and that a "win-win" situation was possible to achieve, after which the South-North conflict would move in the direction of co-operation.

Comments of the international media on the outcome of the Hong Kong

---

① *"Cancún's Charming Outcome,"* The Economist, September 20, 2003, p. 13.

Conference were once again basically mixed. Some proclaimed that the Hong Kong Conference was successful, laying a good foundation for the conclusion of the DDR negotiations in 2006. Others have taken the position that the Hong Kong Conference only pushed the DDR one small step ahead. Some others have held that the future of the DDR after the Hong Kong Conference remains dim. Still some others have argued that it is better to admit the failure of the Hong Kong Conference than to pretend that it was successful. Some have expressed the view that the Hong Kong Agreement does not fulfill the Doha Undertakings, and therefore constitutes a betrayal of the developing member countries of the WTO.

The above viewpoints are not entirely unsubstantiated, and perhaps can be justified by the subsequent suspension of the Doha Round negotiations. From the standpoint and perspective of the South, the emergence in the last three years of a coalition of groups composed of vulnerable WTO Members, such as the "G – 20" during the Cancún Conference, is the typical symbol of the South-South coalition. The context of such coalition is worthy of careful review.

II FROM BANDUNG TO HONG KONG: THE SOUTH-SOUTH COALITION PROGRESSES UNEVENLY

After the Second World War, the developing countries made strong appeals for the complete transformation of their accumulated poverty caused by centuries of colonial rule, for the complete elimination of the inequity in the international allocation of wealth[①]; for the renewal of international law-making; and for the replacement of the inequitable and unjustifiable old international economic order with a new, equitable and reasonable one. These appeals, though legitimate, were constantly blocked and confounded by those

---

① As a recent report reveals, 80 percent of the world's gross domestic product belongs to the 1 billion people living in the developed world; the remaining 20 percent is shared by the 5 billion people living in developing countries. *Report on the World Social Situation 2005: The Inequality Predicament*; available at: <www. un. org /esa /socdev /rwss /media%2005 /cd-docs /media. htm>.

few who carried out the original colonial hegemony, intending by all means to maintain and extend their vested rights as well as to maintain the established system of international law-making and the old international economic order, backed up by their accumulated strong economic power after colonial rule and plunder. Due to the sharp contrast in power between the South and the North, the course of the South's pursuit of its legitimate appeals advanced arduously and slowly. What follows are the contours of that course.

A. THE BANDUNG CONFERENCE AMONG THE SOUTH-SOUTH COUNTRIES: THE FIRST ASIAN-AFRICAN CONFERENCE

The Final Communiqué of the Asian-African Conference in April 1955 declared to the world the goals and code of conduct of the weak and powerless Asian and African nations, which included the rapid eradication of the evils of colonialism, the maintenance of sovereignty and national independence, and international co-operation conducted on the basis of mutual benefit and equal sovereignty. For this purpose, the Asian-African nations, "when necessary, could take collective actions and take accordant position, or institute common policy, or make forehand consultation in international negotiations so as to stimulate their common economic interest."① It can be said that from then on, the developing countries shaped clear strategic thought as to the nature of the South-South coalition under the circumstances of acute South-South contradictions and the sharp contrast in power between the weak South and the strong North.

B. THE GROUP OF 77 AMONG THE SOUTH COUNTRIES

The Group of 77②, established within the United Nations Conference on

---

① *The Final Communiqué of the Asian-African Conference*, A Economic Co-operation; available at: <big5.china.com.cn /Chinese /2005 /wlhy50 /838285. htm> (in Chinese).

② At the time of this writing, the Members of the Group of 77 numbers 131, although the original name retains its historical significance. After China's restoration to its membership in the United Nations and the Permanent Membership in the Security Council, it has kept in close contact with the Group of 77, actively supporting the Group's defense of the small and weak nations' legitimate interests, along with their justifiable demands for the renewal of international law-making and the push for regeneration of the international economic order. See Clement Robes (Chair for the Group of 77 and China for 1999), *The Group of 77 and China: Current Priorities*, January 12, 1999; available at: <www. southcentre. org /southletter /sl 33 /s 133 – 06. htm>.

Trade and Development (UNCTAD) in June 1964, is the most important structure under which the developing countries carry out the South-South coalition and also serves as an important means for developing countries to renew international law-making and prevent the regeneration of the old international economic order through the consolidation of otherwise-dispersed power. As the largest third world coalition in the United Nations, the Group of 77 has been in existence for forty-three years, during which it has undergone a rough development process. Through this South-South coalition, the Group of 77, in the general course of South-North contradictions, dialogue and co-operation, has made great accomplishments in renewing international law-making but has also met enormous hardships, which have led to its influence's diminution. At the beginning of the twenty-first century, the Group of 77 rallied again and was reinvigorated, now setting forth on a new journey by committing in the 2005 World Summit Outcome Document to their Millennium Development Goals[①].

1. The Period from the Mid-Sixties to the Late Seventies of the Twentieth Century

The joint struggle of the Group of 77 during this period was highly fruitful, and two events stood out. From 1964 to 1968, the Group of 77 strongly advocated and instituted reformative guidelines and jurisprudential principles, *inter alia*, on generalized preferential and non-reciprocal treatment favorable to the developing countries and promoting the partial reform of the old 1947 General Agreement on Tariffs and Trade (GATT) legal system[②]. Additionally, the Group of 77 impelled the United Nations General Assembly

---

[①] See US Federal News, "Secretary-General Speaks at Group of 77 Handover Ceremony," 1 /12 / 06 USFEDNEWS, available at 2006 WLNR 730740. But see INFID Press Release: "2005 World Summit Outcome Document to weaken Developing countries," available at: <aolsearch. aol. com /aol /redir? src = websearch&·requestId = 2a44bd761e73957e&·clickedItemRank = 2&·userQuery = group + of + 77 + beginning + of + twenty-first + entury&·clickedItemURN = http% 3A% 2F% 2F www. g77. org% 2Fvienna% 2FCICPCrimeCommApr02. htm&·title = Statement + by + the + Group + of + 77 + and + China + during + the + eleventh + session + … &·moduleId = pre _ matchingsites. jsp. M&· clickedItemPageRanking=2&·clickedItemPage=1&·clickedItemDescription=WebResults>.

[②] See, respectively, GATT doc. L /3545, *Generalized System of Preferences*, *Decision of 25 June 1971*; GATTdoc. L /4093, *Import Restrictions of Japan: Lifting of Import Restrictions* (October 11, 1974); Xuan Wang, "The Trade Liberalization Under GATT" (1986) *Chinese International Law Journal*, 44, 59, 60, 63; Yanping Gao, "The GSP in International Trade" (1986) *Chinese International Law Journal*, 161 - 163.

to adopt both the Declaration on the Establishment of a New International Economic Order and the Charter of Economic Rights and Duties of States by an overwhelming majority in 1974①.

The fundamental legal concepts and jurisprudential principles② in those guidelines and codes constitute a significant landmark in the fundamental development of a new type of international economic normative system. These concepts and principles thereby lay the foundation for its future development. After 30 years of operation, those basic legal concepts and jurisprudential principles won the hearts of people around the world and were gradually developed as the *opinio juris* of the contemporary international community③.

---

① The Charter was adopted with 120 votes of approval. The 6 votes of dissent were from the United States, Great Britain, the Federal Republic of Germany, Denmark, Belgium and Luxemburg. Ten countries—Japan, France, Italy, Canada, Austria, the Netherlands, Norway, Spain, Ireland and Israel—abstained from voting.

② The jurisprudence in the Declaration and the Charter can be concisely generalized as containing the following points: they established that the economic sovereignty of nations is non-strippable, inalienable and unable to be infringed. Every State has and shall freely exercise full permanent sovereignty, including possession, use and disposal, over all its wealth, natural resources and economic activities. Each State has the right to nationalize, expropriate or transfer ownership of foreign property to its nationals with appropriate compensation. Each State has the right to regulate and supervise the activities of transnational corporations within its national jurisdiction and take measures to ensure that such activities comply with its laws and conform with its economic and social policies. No State shall be compelled to grant preferential treatment to foreign investment. Secondly, the two instruments established the principle of the reallocation of the world's wealth and economic benefits in accordance with the principles of fairness, reasonableness and full equity with an aim to control and eradicate the vicious circle of the wealthy States becoming increasingly wealthier while the poor States become ever poorer, for which the unreasonable and inequitable legal system in areas such as international production assignment, international trade, international technology transfer, international taxation, international monetary system, international financing, international transportation and highseas exploitation of natural resources must be reformed. Meanwhile, non-reciprocal preferential treatment should be accorded to developing countries to this end. Thirdly, the two documents established that all States, especially developing States, are juridically equal and, as equal members of the international community, have the right to participate fully and effectively in the international decision-making process in the solution of world economic, financial and monetary problems, *inter alia*, through the appropriate international organizations in accordance with their existing and evolving rules, and to share in the benefits resulting therefrom. International affairs should be jointly conducted by States around the world, neither to be monopolized by a few super powers nor to be manipulated by a few wealthy States. Therefore, the existing decision-making mechanisms in some international organizations and affairs under which the powerful and big States could bully the weak and small States should be transformed.

③ An Chen, *Chen's Papers on International Economic Law*, Vol. 1, (Beijing University Press, 2005), pp. 61-69.

2. The Period from the Early Eighties to the Mid-Nineties of the Twentieth Century

During this period, for various reasons, the developing countries failed to adopt the common positions, make collective decisions, or take joint action in many international negotiations, most notably during the eight-year-long (1986 – 1994) GATT/WTO Uruguay Round negotiations, and were regularly trapped in a position of inferiority in multilateral negotiations. By contrast, developed countries, especially the economic hegemonists, could dominate the institution of grand international trade policy and legal rules under the old system by exercising their power.

The developing countries, after reflecting upon and summarizing the failures and lessons in this phase, recognized the importance of the South-South coalition in the South-North dialogue and the renewal of international law-making, and thus commenced to integrate their own power. In 1994, these countries reached the Agreement to Establish the South Centre, an inter-governmental organization. The South Centre's main purpose is to strengthen the unity of developing countries and reinforce research on the various issues that developing countries confront, especially those issues that they face under the circumstances of escalated economic globalization, along with their supposed common policy-orientation and policy on collective action, bringing about proposals before the Group of 77 and all other developing countries as reference or for adoption.

It has become increasingly evident that the South Centre is a small think tank that provides tactics for the developing countries; it assembles the will and power of the developing countries, reinforces South-South union, promotes South-North equitable dialogue, and enhances co-operation and the renewal of international law-making. The research of the South Centre emphasizes that under the escalated development of economic globalization, the macro-economics of the global economy and relevant international law-making were in fact subject to control and manipulation by the few economic powers, and that no single developing country could change the status quo on its own. Therefore, in the later international fora and multilateral negotiations on a series of global issues, it has become more necessary than ever for the developing countries of the South to take action to obtain an equitable, justified and reasonable outcome. To defend the fundamental common interests of developing countries, it is imperative for the South to adapt itself to the changes of circumstances through delicate research and scientific design and to reorient and renew the guidelines of the Group of 77, harmonizing various interests and reinforcing common understanding and internal cohesion[①].

3. The South Summit Meeting

The Summit Meeting of the Group of 77, held in Havana, Cuba in 2000, was the first high-level, large-scale meeting in the thirty-six years since the formation of the Group of 77. Heads of State from 132 developing countries attended the Meeting to deliberate over the macro-economic issues of the global economy. The main themes of this meeting were: how to cope with the severe challenges and risks posed to the Southern countries by the escalated economic globalization; how to press the South-North dialogue to strive for both the South and the North's equitable participation in decision-and rule-making in the macro-economic aspects of the global economy; and how to institute an equitable, fair and reasonable new international economic order through cooperation that is beneficial to both the South and the North. The Summit concluded with the release of the *Declaration of the South Summit* and the *Havana Programme of Action*, the latter promulgated with the purpose of implementing the Declaration[②]. Because the Group of 77 is a loose organization which imperatively needs a rather stable core institution, the

---

[①] See South Centre, *Thirty Years of the Group of 77 (1964 - 1994), United for a Global Partnership for Development and Peace*, (South Centre Publications, 1994), pp. 13 - 16. See also South Centre, *The Future of the Group of 77*, (South Centre Publications, 1996), pp. 5 - 11.

[②] See *Declaration of the South Summit*; *Havana Programme of Action*; available at: <www.g77.org /Docs /Declaration_G77Summit.htm> and <www.g77.org /Docs /ProgrammeofAction_G77Summit.htm>, respectively. The Chinese high-level delegation attended this South Summit Meeting, at which the then-Vice Premier of China delivered a lengthy speech stressing that the development of economic globalization is in more imperative need than ever of the institution of a fair and reasonable international political and economic order; that South-South co-operation is in the first place a spirit of union, while also being an important approach through which the developing countries jointly strive for self-reliance and seek mutual development; that the exaltation of the spirit of union and the further consolidation of South-South co-operation is necessary and emergent when the South is confronted with the same challenges, and that only by being united could the status of the developing countries in the South-North dialogue be enhanced and effectively participate in international economic decision-making, defending their interests in the process of globalization to the utmost. See Lanqing Li, Speech Delivered at the South Summit Meeting, *People's Daily* (China), April 15, 2000.

Summit made a decision to set up the South Coordination Commission, which will include the Chairmen of ASEAN (the Association of South-East Asian Nations), CARICOM (the Caribbean Community and Common Market), OAU (Organization of African Unity), NAM (the Non-Aligned Movement) and similar regional organizations, which aim to better prepare the South for negotiations and to follow up on the Summit's action plan[①].

The aforementioned measures and actions attracted the attention of the world and spurred the reunion and rally of the weak third world nations to emanate a fresh spirit of joint struggle. Therefore, these were considered by the international media to mark a turning point in the development history of the Group of 77, symbolizing the new march of the South-South union to renew international law-making and renovate the international economic order[②]. Contemporaneously, the original GATT system has evolved into the WTO system after the Uruguay Round (1986 – 1994). The Group of 77, as a developing-countries group, was confronted with the new assignment of how to contribute to the new system that enjoys the moniker of the "economic United Nations," enhance the privilege of presenting its views, and meaningfully participate in decision-making.

4. The Launch of the Doha Round and the Accession of China to the WTO

As developing countries' reunion strengthened and vehement demands for the facilitation of development in the trading system increased, the Fourth WTO Ministerial Conference held in Doha, Qatar, released the Doha Declaration on November 10, 2001. This Declaration set forth that a new round of multilateral trade negotiations should be launched to focus on the development concerns of developing countries, aimed at the necessary amelioration and renovation of the existing WTO systems and rules that were part of international economic legislation. At the Conference, the Protocol on China's Accession to the WTO was adopted and China became a formal Member of the WTO as of December 11, 2001, which further underpins South-South co-operation and the joint struggle within the WTO system. It is

---

① See Martin Khor, "Havana Summit, A Defining Moment in G77 History; Coordinating Commission Set Up" (2000) 232 *Third World Economics* pp. 2 – 3 and 12 – 14.

② See "South Summit in Havana to Mark a 'Turning Point' for Developing Countries," Workers' *Daily Internet Edition*, No. 68 (April 12, 2000); available at: <www.g77.org/summit/pressrelease>. See also Khor, Ibid., pp. 2 – 3 and 12 – 14.

not difficult to infer from this sketchy reflection on history that the South-South coalition and the renovation of international economic law-making, from Bandung to Doha over the last 50 years, has advanced along meanderingly. Moreover, the DDR negotiations launched at the Doha Conference and the capriciousness of the Cancún Conference and the Hong Kong Conference essentially opened a new phase continued from the last 50 years in which the South-North conflict the sinuous South-South coalition, and the renovation of international economic legislation have constantly happened.

III THE FRESH COUNTENANCE AND FORTHCOMING OBSTACLES OF THE SOUTH-SOUTH COALITION IN THE DOHA-CANCÚN PROCESS

At the beginning of the twenty-first century, the Group of 77 reflected upon the benefits and disadvantages arising from the operation of the WTO system from the perspective of maintaining the rights and privileges of the developing countries. On October 22, 2001, nineteen days before the convening of the Doha Conference, the Group of 77 released what was known as the *Declaration by the Group of 77 and China on the Fourth WTO Ministerial Conference*[①], in which it took a bifurcated view of the WTO multilateral trading system. The Declaration, on the one hand, recognized the critical importance of the multilateral trading system and its rules in the promotion of joint global economic development. On the other hand, it also pointed out the faults in international trade law that cause imbalance and inequity regarding the rights and obligations of developing countries and which must be redressed. The Group of 77 in the Declaration reiterated the need for full and faithful implementation of the plausible agreements and the redress of existing imbalances and inequity emanating from the Uruguay Round Agreement[②].

These improvement suggestions aimed at the reform of the WTO system

---

[①] *Declaration by the Group of 77 and China on the Fourth WTO Ministerial Conference at Doha*, Qatar, October 22, 2001, available at: <www.g77.org/Docs/Doha.htm>.

[②] Ibid., para. 5.

and its legislative deficiencies reflected the joint appeal of the developing countries. That appeal was submitted formally to the highest WTO decision-making body, the Fourth Ministerial Conference, in the form of a joint declaration by the 132 developing countries covering the Group of 77 and China①. This convocation indicates that the developing countries were fully prepared in the South-North negotiations held at the beginning of the new millennium and they had indeed become a collective power with a creed that cannot be neglected.

The above appeals and suggestions for the reform of the status quo of the WTO through the collective effort and joint struggle of the developing countries were accepted as topics to be re-deliberated and considered. The Doha Declaration specifically notes that the majority of WTO Members are developing countries and that the WTO seeks to place their needs and interests at the heart of the *Work Programme* adopted in that Declaration②. Meanwhile, it mandates that the Fifth Session of the Ministerial Conference will take stock of progress in the negotiations, provide any necessary political guidance and make decisions as necessary. It clarifies that the negotiations to be pursued under the terms of this Declaration shall be concluded no later than January 1, 2005③.

Agriculture is the bellwether issue in the new round of global multilateral trade negotiations, one which has for a long period been the focus and core of the trade conflict between the South and the North and also the main area of South-North economic co-operation. Twenty developing countries led by Brazil, India and China formulated the common position on negotiations after consultation and coordination and then submitted to the Director-General of the WTO a joint proposal on global trade reform entitled *Agriculture Framework Proposal*④ on September 2, 2003, eight days before the

---

① See ICTSD, "Economically Diverse G-77 Converge on Doha Declaration," *BRIDGES Weekly*, October 30, 2001, available at: <www.ictsd.org/weekly/01-10-30/wtoinbrief.htm>.

② WTO, *Doha Ministerial Declaration* (hereinafter Doha Declaration), November 14, 2001, paras 2, 5, 12 and 45; available online at: <www.wto.org/english/thewto-e/minis-e/mino/-e>.

③ See ibid., paras 12 and 45.

④ WTO, *Agriculture Framework Proposal* (hereinafter "Framework Proposal"), WT/MIN (03)/W/61 (September 4, 2003). The joint proposal was submitted by Argentina, Brazil, Bolivia, China, Chile, Colombia, Costa Rica, Cuba, Ecuador, El Salvador, Guatemala, India, Mexico, Pakistan, Paraguay, Peru, Philippines, South Africa, Thailand and Venezuela. Thereafter, Turkey applied to join the submission of the joint proposal, and these nations were altogether called the Group of 21. Subsequently, Egypt and Nigeria joined as proposing countries on September 9 and September 30, 2003, respectively.

convening of the Fifth WTO Ministerial Conference in Cancún, Mexico. As requested by the twenty countries, the proposal was circulated as a formal document to all WTO Members for discussion and was to be included in the Conference Declaration after consensus was reached.

The main content of the Proposal was:

1) Reduce domestic subsidies: all developed countries shall, in the prescribed period, in the range of [ ] percent-[ ] percent①, substantially reduce the various favors and subsidies granted to their domestic agricultural industries;

2) Improvement in market access: developed countries shall reduce import tariffs in the prescribed period, in the range of [ ] percent-[ ] percent, expand tariff rate quotas by [ ] percent of domestic consumption and reduce in-quota tariff rates to zero; moreover, developing countries shall benefit from special and differential treatment, including lower tariff reductions and longer implementation periods; and

3) Reduce and eliminate export subsidies: developed countries shall commit to eliminate over a prescribed period export subsidies for their export products, especially those of particular interest to developing countries.

WTO Members, during the five days after the inauguration of the Cancún Conference, elaborated their positions and viewpoints on the various topics in the DDR negotiations and revealed the divergence among which centred on agricultural trade reform②. The divergence at the Conference, in the final analysis, was mainly due to the fundamental contradiction and conflict of interests between developing countries and developed countries.

---

① The original "Framework Proposal" contains these "bracketed percentages" as given here, representing figures to be negotiated.

② Another category of controversial issues at this Conference was the "Singapore Issues," in which investment, competition, trade facilitation and transparency in government procurement, the four new issues, are included. Those issues were raised at the First WTO Ministerial Conference, held in Singapore in 1996, but the multilateral negotiations were not launched at that time. At the Cancún Conference, the developed and developing countries were in conflict over whether to formally launch negotiations on the Singapore Issues. No consensus has been reached to date and the negotiations are in deadlock.

In view of the large gap in their positions that resulted in the fierce debate, the Ministerial Declaration scheduled to be issued at the end of the Conference, after verifications, was not released because no consensus could be reached on the expansion of market access, the reduction of domestic subsidies and the reduction and elimination of export subsidies. The Mexican Minister of Foreign Affairs ultimately declared a conclusion to the Conference in haste. The Cancún Conference, following upon the Seattle Conference, thus ended in vain and with ill will[①]. Nonetheless, the Cancún Conference's role in the development of the WTO system and the South-North dialogue should not be underestimated; its influence is immense and far-reaching, demonstrating the unique status and role of the South-South coalition in the South-North dialogue and the renovation of international economic law.

Decades after the end of the Second World War, developed countries such as the United States and the European nations invariably dominated the policy decisions on global economics and trade, as well as the design of the world trading system and the institution of relevant laws and rules. At the Cancún Conference, however, a new phase emerged as the developing countries closely united into various groups[②] to manifestly present their joint positions and claims on the global policies on economics and trade, along with their governing laws and rules, openly contradicting the developed countries, especially the economic hegemonists among them. Such a new phase reveals the developing countries' will and power, attracting the international media's extra focus with a totally fresh vision.

After the Cancún Conference, the Ministers of Foreign Affairs of the Group of 77 and China considered the gains and losses of the Conference during their annual meeting, stating that they were disappointed that it failed

---

① Hongzhi, Xu, "Cancún Conference Ended in Vain," *People's Daily* September 16, 2003, p. 3.

② As reported at that time by a Chinese newspaper, during this meeting it appeared that developing countries were antagonizing the developed countries in various groups. In addition to the Group of 21, the other alliances were the alliance among CARICOM, the OAU and the least-developed countries; the alliance among the 33 countries; and a group comprising Dominica, Kenya and Sri Lanka. *See The Developing Countries Were Antagonizing the Developed Countries in Three Groups at the WTO Ministerial Conference*; available at: <www.chinanews.com.cn/n/2003-09-15/26/346661.html> (in Chinese).

to produce an agreement that would have addressed the interests and concerns of developing countries. At Cancún, developing countries had played a fundamental role in the negotiations. They had reaffirmed their commitment to display the same degree of unity of purpose and solidarity in further negotiations under the DDR[①].

It was expected that developing countries, after the test of the Doha Conference, would be more spontaneous in enhancing South-South co-operation, with the purpose of reinforcing their power in the South-North dialogue and expanding their voice and rights of participation and decision-making to defend their legitimate interests. Nevertheless, it should be noted that, facing the developing countries' re-arrangement and joint struggle, a few economic hegemonists engaged again in playing the old trick of trying to disintegrate these developing countries. The hegemonists did so in the attempt to break the chain of developing countries through bilateral negotiations and regional arrangements[②].

There are two categories of power, and accompanying trends, in the contemporary international community: (i) the power of reinforcing the South-South union so as to push for the overall renewal of international economic law-making and the international economic order, the realization of South-Sorth co-operation and global prosperity on the basis of equity and mutual benefit; and (ii) the power of disintegrating the South-South union so as to maintain the economic hegemonists' vested rights under the current international law and the old international economic order. The struggle on the international level between the two categories of power and trends will continue. The regeneration of new international economic law-making, the new international economic order and the replacement of the old with the new remain arduous and time-consuming. In any case, however, the South-South

---

① *Ministerial Declaration*, by the Ministers of Foreign Affairs of the Group of 77 and China (hereinafter *Ministerial Declaration*) (New York, September 25, 2003); available at: <www.g77.org/Docs/Dec/2003.htm>.

② See Ian F. Ferguson, *CRS Report for Congress*, "World Trade Organization Negotiations: The Doha Development Agenda" (Library of Congress, 2006), available at: <italy.usembassy.gov/pdf/other/RL32060.pdf>, pp. 2, 8. See Binglan Xu, "Bilateral, regional trade focus at Boao meeting," *China Daily*, April 26, 2006, available at: <www.chinadaily.com.cn/english/doc/2004-04/26/content_326419.htm>. See Joseph Stiglitz, "Arrested Development," *The Guardian*, August 10, 2006, available at: <www.globalpolicy.org/socecon/trade/2006/0810arresteddevelopment.htm>.

coalition path is contemporarily compatible with the needs of the epoch, despite the arduous and time-consuming process, and will inevitably evolve and broaden with the times.

IV THE STATUS QUO AND PROSPECTS FOR THE SOUTH-SOUTH COALITION FROM CANCÚN TO HONG KONG

From October 2003 to November 2005, in the wake of the Cancún Conference's setback, the South-North consultation in the newly-resumed DDR negotiations under the WTO system experienced ups and downs, with the temperature luke-warm but occasionally cold. Though the South and the North each made compromises and concessions, the situation of contradiction and conflict was not fundamentally ameliorated or changed. Although from July to August 2004, the prospects transitionally brightened, reverberating with optimistic keynotes, but this mood of optimism did not last long as further discussed below.

A. THE MULTILATERAL NEGOTIATIONS STAGNATED AFTER THE CANCÚN DEADLOCK

In the last quarter of 2003, after the Cancún Conference ended with disappointing results, many developing countries and various alliances expressed their intent to re-launch the WTO multilateral negotiations, with the prerequisite that their concerns about the Doha Development Agenda be fully considered. In opposition, the main developed countries, especially the European Communities and the United States, intentionally snubbed multilateralism, emphasizing bilateralism instead: chief U.S. trade negotiator Robert Zoellick wrote to proclaim that the United States would not wait for the "won's do" countries and would take positive actions to seek co-operation with the "will do" countries on the bilateral level[①]. Due to the sharp divergence in negotiating positions, the Doha negotiations in this period

---

① See Robert Zoellick, "America Will Not Wait for the Won't Do Countries," *Financial Times*, September 22, 2003.

stagnated.

Under the escalated development of economic globalization, however, South-South diplomatic consultation of various types, levels and scales held at WTO headquarters in Geneva was continuously active in 2004, which enhanced its joint power and negotiating strategy. The South therefore did not submit to the demands of the dominant developed countries easily, leaving the few economic hegemonists in isolation. With this in mind, the chief U.S. trade negotiator, after an assessment of the situation, brought forth new proposals in the second quarter of 2004, targeting the five key players (the U.S.; the EC; Brazil and India, representing the G – 20; and Australia, representing the Keynes Group), advocating and promoting miniature, exclusive consultations among the Five Interested Parties on agricultural issues, with the hope of breaking the deadlock. The Five Interested Parties consulted frequently and reached consensus on the main issues in the Agreement on Agriculture Framework.

The emergence of the Five Interested Parties invited the criticism of many WTO Members, including many developing countries and their alliances. Nevertheless, this negotiation continued to include Brazil and India, representing the G – 20, making the manipulation of WTO core decision-making by the North more difficult. It is symbolized as a small victory for the coalition of the weak and thus worthy of careful consideration.

B. THE PROSPECT OF THE SOUTH-NORTH MULTILATERAL NEGOTIATION GREW BRIGHTER

On August 1, 2004, after two weeks of intense negotiation and a night-long sprint, the 147 Members of the WTO on the General Council ultimately adopted the WTO Doha Work Programme[①], which is a package framework agreement on the main negotiation issues, settling the controversy over how to further negotiations. After ten months of deadlock following the Cancún Conference, the developed countries, headed by the United States and the EC, submitted to the pressure exerted by the

---

① WTO, UN Doc. WT /L /579, August 2, 2004, Doha Work Programme Decision Adopted by the General Council on August 1, 2004, text available at: <www.wto.org>.

developing countries and made concessions on the agricultural issues. Moreover, the developed countries agreed to lay aside the topics of investment, competition policy and government procurement. Accordingly, the developing countries made some concessions on market access for non-agricultural products. The two sides' concessions expedited conclusion of the framework agreement. Put concisely, the South-North co-operation pulled the Doha Round negotiations back from the brink of rupture after arduous bargaining, extending the agreed negotiation deadline to the end of July 2005. Then WTO Director-General Suphachai Panitchpakdi understood the framework agreement to be a truly historic achievement which consolidated the WTO Members' confidence in the progress of multilateralism. Zoellick hailed it as a milestone①.

C. THE SOUTH-NORTH MULTILATERAL NEGOTIATION AGAIN DIMMED

There was an air of optimism after the breaking of the ten-month-long deadlock. However, the framework agreement only set a framework for future negotiations and only listed fundamental principles, major guidelines and abstract concessions, leaving the tough issues to be resolved in the subsequently-drafted modalities through negotiation. The negotiations on the modality issues launched thereafter with regards to agriculture, trade facilitation, tariff reduction formulas and non-agricultural market access②, from early August 2004 to the end of July 2005, involved consultations and bargaining at conferences on various levels, diversified topics and various groups and scales which achieved minor successes in a few issues, including the adoption of the "Swiss formula" for tariff reduction; consensus on a system designed to curtail domestic agricultrural support that distorts trade; and a draft for the conversion of *ad valorem* tariffs [non-AVEs] into *ad valorem* equivalents [AVEs]. At the same time, however, these groups and

---

① See WTO, *Round-the-clock Meetings Produce "Historic" Breakthrough*, available at: <www.wto.org/english/news-e/news04-e/dda_package_sum_31july04_e.htm>. See also "A Step Forward," *The Economist*, August 7, 2004.

② See ICTSD, "WTO Agriculture Negotiations: Members to Agree on 'Pre-Modalities' by August 2005," (2004) 8(44) *BRIDGES Weekly* Main Page, available at: <www.ictsd.org/weekly/04-12-22/story1.htm>.

scales also met frustration blocks on critical issues, such as services, as to which negotiations resulted in bilateral requests to specific countries; the non-production of "first approximations of the text on agricultural issues;" and consensus on market access①. From the overview of the individual areas of the negotiations which followed, it can be seen that the advances were uneven across the different negotiating areas and progress within specific areas was sporadic.

Whereas the extended deadline to fulfill the negotiations would expire by the end of July 2005 and his own term of office would expire by the end of August 2005, Director-General Suphachai, on July 29, 2005, submitted a comprehensive report to the WTO General Council in which he summarized the positive aspects of the negotiations on various issues over the past year, followed by a lengthy and detailed description of the hardship of the further negotiations. He stated:

> I regret that the negative side of the ledger outweighs the positive. My frank assessment is that we have a long way to go to achieve the goals... This delay has cost us any hope of agreeing on a "first approximation" of modalities in Agriculture by the end of July, and it has slowed progress on other sectors as well... Throughout 2005, we have enjoyed a good level of political impetus into our work in Geneva, with Ministers meeting on several occasions, but we appear to have had a problem turning this impetus into real and steady progress in our work. At times, it has even appeared that we have backtracked on the advances made when some Ministers have met... I am seriously concerned that we are still seeing a tendency towards brinkmanship among negotiators who should know better. Recent experience, most painfully at Cancún, has taught us that a multilateral deal in today's WTO cannot be pushed through by a few Members. This lesson needs to be fully absorbed and acted upon. I made the point to the G8 Leaders at Gleneagles, who

---

① See World Trade Organization: Current WTO Negotiations; Information Bulletin-WTO Negotiations, October 2005, available at: <www. maeci-dfait. gc. ca /tna-nac /WTO /info0905 - en. asp. > See World Trade Organization-negotiation on agriculture, available at: <www. defra. gov. uk / farm /policy /internat /wto /wtopaper. htm#sec7>. See WTO Doha Round Bulletin 2005, World Trade Organization-Trade negotiations, available at: <www. dfat. gov. au /trade /negotiations / wto_bulletin / 2005 /wto_bulletin_050812. html>.

understood it fully①.

The negotiations on agriculture issues lagged far behind expectations, and the negotiations in other sectors were in similar situations. Suphachai himself proclaimed that he had warned at the time that the pace was too slow and far from the target, and that if it were not expedited, itwould not be possible to implement the schedule for the Doha negotiation assignments. He regretted that his earnest warnings had not been taken seriously. Therefore, in his report, he repeatedly appealed for intensive consultations between the South and the North's negotiation representatives, asking them to seek a convergence of interests, to abandon long-held positions and to move to a middle ground and make the necessary concessions to do so. He emphasized that only through this convergence of interests could the prerequisite foundation be laid for the success of the Sixth Ministerial Conference, which would be held in Hong Kong, to complete the Doha Development Round of multilateral trade negotiations before the newly set deadline expired at the end of 2006. The comprehensive report prepared by Director-General Suphachai was somewhat like farewell words mixed with frank concern, good-willed expectations and implied helplessness, throughout all of which a note of greyness and disappointment was evident, sharply contrasted with the optimistic mood in early August 2004 when prospects had seemingly brightened.

Pascal Lamy succeeded Suphachai as WTO Director-General on 1 September 2005. Lamy addressed the media with a concise inauguration speech which was three paragraphs long and modestly toned. "The WTO Director-General has no magic wand," he reminded his audience. "Things don't work this way in the WTO. Members have the decision-making power."②

During the period from September to December 2005, before the inauguration of the Hong Kong Conference, four new trends emerged, creating significant concern. First, there was new interaction among the South. The G - 20 Ministers in charge of trade convened in Bhurban,

---

① WTO, *Report by the Chairman of the Trade Negotiations Committee to the General Council*, WTO Doc. TN /C /5, (July 28, 2005), (05 - 3430); available at: <www.wto.org /english /news_e / news05_e /gc_tnc5_e. doc>.

② WTO, *Statement to the media by Pascal Lamy upon taking office on 1 September 2005*; available at: <www.wto.org /english /news_e /news05_e /dg_lamy_1sept05_e. htm>.

Pakistan to consult exclusively on the common position that the G-20 should take during the Hong Kong WTO Ministerial Conference at the end of 2005. A joint Ministerial Declaration was released①, clearly calling for the developed countries to instantly promise the suspension of all forms of export subsidy accorded to their domestic agricultural products and to eliminate any form of export subsidy in the next five years. At the same time, they urged the developed countries to steadily lower their import taxes levied on agricultural products from developing countries so as to enlarge market access for developing countries.

It is noteworthy that Ministers stressed the need to give priority to strengthening alliances between the G-20 and other developing country groups. Ministers extended the invitation to the coordinators of the G-33, the Least Developed Countries (LDCs), the African Group, the African-Caribbean-Pacific (ACP) countries, and CARICOM, with the aim of strengthening convergences. Conspicuously, the G-20 is actively practicing horizontal alliances, expanding the membership and power of the South-South coalition so as to effectively resist inequitable legal rules, to stipulate and implement new ones and to defend the common interests of the internationally weaker group of countries to the utmost.

Secondly, there was new interaction among the Northern countries as the two super-economic bodies and trade partners, the United States and the EC, were constantly reproaching one another, calling for each other to take the lead in concessions on the issues of agricultural subsidies, market access and industrial tariffs. Other countries called for the United States and the EC to discard their divergences and to break the deadlock. After the appeal of the G-20, U.S. Trade Representative Rob Portman and EU Trade Commissioner Peter Mandelson concluded a meeting on the agricultural trading issue on September 14, 2005. At the news conference following that meeting, they indicated that their meeting was based on the proposal of lowering agricultural product tariffs put forward by the G-20. They

---

① *See* The G-20 Bhurban Ministerial Declaration (2005) 110 *South Bulletin*. The current Members of the G-20 are slightly different from those in September 2005. Its now-21 members are Argentina, Brazil, Bolivia, Chile, China, Cuba, Egypt, Guatemala, India, Indonesia, Mexico, Nigeria, Pakistan, Paraguay, Philippines, South Africa, Thailand, Tanzania, Uruguay, Venezuela and Zimbabwe.

admitted that the two-day-long meeting did not achieve any breakthrough but said that both sides would make joint efforts to reach agreement on the reduction of agricultural trade barriers①.

Thirdly, there is new interaction between the North and the South. At the opening ceremony of the UN World Summit on September 14, 2005, U. S. President George W. Bush made a high-profile new commitment to the Doha Round negotiations. He stated that the elimination of agricultural subsidies, tariffs and other barriers that stunt the development of developing countries is key to diminishing the gaps between the poor and the wealthy nation and that WTO Members should, therefore, be able to reach agreement in the Doha Round on eliminating these trade barriers. He stressed that not only the Doha Round's success, but also the lives and futures of millions of the world's poorest citizens, hang in the balance and so the WTO Members must bring the Doha trade talks to a successful conclusion. He expressed that the United States is ready to eliminate all tariffs, subsidies and other barriers to free flow of goods and services. At the same time, his generosity was predicated on the prerequisite that "other nations do the same"②, shifting the responsibility of non-cooperation in Doha negotiations to the EC and other WTO Members.

In sharp contrast that same day, P. J. Patterson, both the Chairman of the G-77 and the Prime Minister of Jamaica, concisely stressed on behalf of the 131 members of the G-77 and China that actions speak louder than words. "[T]here has been no progress in the Doha Development Round and consultations to date have yielded no fundamental instructions to the Hong Kong Ministerial Meeting in November to advance the situation of developing countries,"③ Patterson observed during the financing-for-development session of the United Nations General Assembly. "It is not sufficient to set targets.

---

① See "Comprehensive Report, The Doha Round is Highly Likely to be Finished in 2006" (2005) 1276 *Chinese Economy Report*; available at: <www.ceh.com.cn/focus_detail.asp?id=22628>.

② See Statement of Mr. George W. Bush, *President of the United States of America, 2005 World Summit, High Level Plenary Meeting*, September 14, 2005; available at: <www.un.org/webcast/summit2005/statements.html>.

③ See Statement by J. Patterson, *Prime Minister of Jamaica, on Behalf of the Group of 77 and China in the Financing for Development Session of the UN General Assembly*, 14 September 2005; available at: <www.g77.org/Speeches/091405.htm>.

We must honour their implementation in a timely manner. It should by now be abundantly clear to all of us that we cannot cross this chasm of development financing by any series of small steps."①

Further response came about a week later. On September 22, 2005, the Ministers of Foreign Affairs of the Group of 77 and China released a joint declaration. The Ministers emphasized in the declaration the importance of sending a strong political message to the WTO Ministerial Meeting in Hong Kong later that year to pay special attention to the development dimension of trade in all areas of the negotiations②.

Fourthly, there was repeated urging by the new WTO Director-General. On September 14, 2005, Lamy opened his first Trade Negotiations Committee meeting by expressing the hope that it would mark a new and more productive phase for the Committee. He urged intensification of work on the core issues in the run-up to the Hong Kong Ministerial, adding that the Round would only succeed if "the development dimension is at the centre of the negotiations."③ He expected that the Hong Kong Meeting would take WTO Members two-thirds of the way but meanwhile admitted that it was the target on which they should be focusing all of their efforts④.

On October 6, 2005, Director-General Lamy, in his speech at the session of the Trade and Development Board of UNCTAD, pointed out that because developing countries account for over 75 percent of the WTO's membership, they therefore have a central role in all trade negotiations in the WTO. On the other hand, he stressed, "it is *precisely 68 days away* from the Hong Kong Ministerial Meeting, four years after the Doha Round was launched, and well past the deadline set for its completion."⑤ He indicated, "It is now a question of days, not months or years. If we fail, we would all have lost a unique opportunity to rebalance the

---

① See Statement by J. Patterson, *Prime Minister of Jamaica, on Behalf of the Group of 77 and China in the Financing for Development Session of the UN General Assembly*, 14 September 2005; available at: <www.g77.org/Speeches/091405.htm>.

② *Ministerial Declaration*, by the Ministers of Foreign Affairs of the Group of 77 and China, New York, September 22, 2005, available at: <www.g77.org/neswire/index.htm>.

③④ WTO, *Lamy Opens "New Phase" in Trade Talks*, available at: <www.wto.org/english/news_e/news 05_e/tnc_ stat_lamy_14 sep05_e.htm>.

⑤ WTO, *Lamy: Trade is "Fundamental Tool" in Fight against Poverty* (October 6, 2005); available at: <www.wto.org/English/news_e/sppl_e/sppl05_e.htm (emphases added)>.

world trading system to the interests of developing countries."①

Seven days later, in a statement at the meeting of the WTO Trade Negotiations Committee on October 13, 2005, the Director-General also noted, "the engines of the negotiation plane have been switched on again. This is no guarantee that the engines will be able to lift the plane to the necessary altitude to start the approximation to Hong Kong, since a lot of work remains, but at least the engines are buzzing."② Lamy expressed his intent to "focus very much on Agriculture, because I think we all recognize that this is the engine that has to lift the bulk of our plane. If that engine is log-jammed, as it has been, the plane gets stuck on the tarmac."③

Three days later, on October 16, 2005, Director-General Lamy delivered a speech at the Hong Kong Foreign Correspondents Club, in which he urged WTO Members to carry out intensive consultations to expedite the pace of negotiations and compromises. He again likened the current negotiation to a plane, observing, "you need some speed to fly. You can reduce speed but there comes a zone where the speed is insufficient to give you the lift you need and—BOOM—you fall."④ Lamy thus re-emphasized the importance of the task ahead. "The question to ask about any Doha agreement is not whether it gives you everything you sought," ⑤ he said. "Although I am not downcast on the prospects, I remain concerned about the size of the task at hand. With so little time remaining we cannot afford to waste even a single day."⑥ Director-General Lamy's insistence continued in his report to the General Council three days later; he said that the negotiations had advanced slowly and the agricultural issue was essential. "[O]ur target is to circulate a comprehensive draft text in mid-November. This means we are under severe pressure of time... We need to act now."⑦

---

① WTO, *Lamy: Trade is "Fundamental Tool" in Fight against Poverty* (October 6, 2005); available at: <www.wto.org/English/news_e/sppl_e/sppl05_e.htm (emphases added)>.

②③ WTO, *Lamy Says the Engines of Negotiations are "Buzzing" Again* (October 13, 2005); available at: <www.wto.org/english/news_e/news05_e/tnc_13oct05_e.htm>.

④⑤⑥ WTO, *Speech by Director-General Pascal Lamy, 16 October 2005, at Hong Kong Foreign Correspondents Club*; available at: <www.wto.org/english/news_e/sppl_e/sppl08_e.htm>.

⑦ WTO, *Lamy: We Need to Act Now*; available at:
<www.wto.org/english/news_e/news05_/e/tnc_19oct05_e.htm>. *See also* Lamy's speech to the *Annual Conferene of the Parliamentary Network of the World Bank*; available at:<www.wto.org/english/news_e/sppl_e/spplll_e.htm>.

On November 8, 2005, the Director-General convened a mini-Ministerial meeting in Geneva in an attempt to provide some political momentum to the faltering preparatory process for the Hong Kong Ministerial Conference[①]. This meeting was attended by senior representatives from 26 Member States, which included the EC, the United States, India, Brazil, Japan, Canada, Switzerland, Hong Kong, Zambia, New Zealand, Australia, Korea, South Africa, Malaysia, Lesotho, Benin, Chad, Thailand, Argentina, Mexico, Costa Rica, Jamaica, Egypt, Kenya, Pakistan and China. This "Mini-Ministerial Green Room Meeting" was hotly debated among the diplomats in Geneva, with hopes that it would save the Hong Kong Ministerial from being termed a failure.

At this critical juncture, the EC and the United States seemed intent on turning the spotlight away from agriculture, where they have defensive interests and cannot offer much, and focusing attention on areas where they have offensive interests and can make unreasonable demands that the developing countries would be wise to reject. Therefore, the critical representatives from the North and South ended up intensifying a "blame game." In an interview with the BBC, Indian Commerce and Industry Minister Kamal Nath aptly described the EC position as "giving an inch and asking not just for a foot but a mile." He had also stressed at a press conference that India's main interest was defense of its small farmers and that India would not accept extreme demands for it to liberalize its agriculture and non-agricultural products. Many developing countries' delegates at the WTO shared India's unhappiness. They privately viewed the EC's move to set aside the agriculture talks, and the U. S. support of that, as a tacit agreement between the two major WTO powers to accept that each of them had reached its bottom line in agriculture, to "forgive" each other for that, and to team up to seek maximum concessions from developing countries in non-agricultural products and services. Worse, the EC and the United States were shifting the responsibility for the failure or setback of the Hong Kong Conference to developing countries, leaving the developing countries' delegates fuming in the corridors.

---

① See Martin Khor, *Trade: Mood at WTO Gloomy as "Ministerial Green Room" Convenes*, SUNS #5911, Wednesday, November 9, 2005 [Geneva, Email Edition], p. 5.

In light of the fact that the sharp differences in the negotiations between the South and the North could not be bridged, and faced with the imperative of the time schedule, Director-General Lamy reluctantly lowered his optimistic expectations that the Hong Kong Conference would take WTO Members two-thirds of the way to a successful conclusion of the DDR. In his report to heads of delegations on November 10, the Director-General informed them about the new developments in the stagnant negotiations during the past week. He tactfully said that the question was whether to adjust the expectations for Hong Kong to what could reasonably be achieved or whether they were ready to run the risk of making Hong Kong an "announced failure."① "[I]f we all agree that we cannot reach 'Full Modalities' by Hong Kong, then we must necessarily recalibrate our expectations for our Conference," he noted. "We must carefully reflect on what we want to achieve at and after Hong Kong, in order not to reduce the level of ambition of the whole Round."②

At the same time, the Director-General was prepared to urge the negotiating Members to make the necessary compromises. He stressed that "take-it-or-leave-it" attitudes would not help progress in the negotiations. "There is a will—and where there is a will, there is a way. We just have to find that way."③

After intensive consultations and meetings on various levels, the Trade Negotiations Committee produced the first and the second Draft Ministerial Texts for the Hong Kong Conference by the end of November. In his report to the WTO General Council, Director-General Lamy pointed out that the draft of the Ministerial Declaration was to be accomplished through a "'bottom-up' approach", whereby "new understandings were reached but many remain unsolved." "So the draft Declaration is not an encyclopaedia of positions," ④ Lamy concluded. "On the other hand, it does not pretend, either, to be definitive or agreed. It does not prejudice your positions and of course it leaves your Ministers in Hong Kong full freedom to raise or add any

---

①②③ WTO, *Lamy Says Differences Require "ecalibration" of Hong Kong Expectations, Calls for "Negotiating Spirit" to Advance Trade Talks*; available at: <www.wto.org/english/news_e/news05_e/stat_lamy_nov05_e.htm>.

④ WTO, *Lamy Says Improved Draft Text Will Help Ministers in Hong Kong*; available at: <www.wto.org/english/news_e/news05_e/tnc_chair_report_2dec05_e.htm>.

issues that they wish."①

Since the Hong Kong Conference was in just a few days, the Director-General appealed for the collective responsibility of the delegations to provide Ministers with an objective, balanced and tranquil evaluation of the current situation of negotiations which would allow them to make well-informed decisions. He established his position strongly through recurrent appeals and earnest advice. Some international media, however, were critical of Lamy's calls for "recalibration" of Hong Kong expectations. Typical of such criticism was an article published in the *International Herald Tribune*. "Some call for patching over differences, lowering goals and reducing the appearance of failure,"② the article stated. "That would be wrong. Only by forcing the failure of negotiations will the current impasse on agriculture and the trade round as a whole be broken."③ The article then insisted that notwithstanding agriculture's small fraction in industrial world economies, the sought-for issue for the Doha Round to slate on its development agenda is "agricultural liberalization." The author reasoned, "For the many poor countries that have a comparative advantage in agricultural production, a strong agriculture export sector is essential for growth." Nonetheless, "third world farmers cannot compete against the $300 billion that rich countries' governments spend every year on farm subsidies."

The author then stressed the pitfalls of avoiding this issue: "Ideally

---

① WTO, *Lamy Says Improved Draft Text Will Help Ministers in Hong Kong*; available at: <www.wto.org/english/news_e/news05_e/tnc_chair_report_2dec05_e.htm>.

② Christina Davis, "Why These Trade Talks Need to Fail," *International Herad Tribune*, December 7, 2005; available at: <www.iht.com/articles/2005/12/07/opinion/eddavis.php>. Christina Davis is Assistant Professor of Politics and International Affairs at Princeton University's Woodrow Wilson School and the author of *Food Fights Over Free Trade: How International Institutions Promote Agricultural Trade Liberalization* (Princeton University Press, 2003).

③ *Ibid*. The author elaborated in the article, "Patching over the differences in order to avoid headlines about a negotiation collapse would send the wrong signal. It would allow leaders in France to think that they can coddle the farm sector with exceptions for every special product and still pretend to care about development goals. It would allow leaders in Japan to believe that they can refuse a 100 percent ceiling on agricultural tariffs and still say they are committed to upholding the world trade system. It would allow the United States to continue spending $19 billion annually on its farmers while pointing fingers at other governments who fail to liberalize. Dramatic failure, on the other hand, might finally catch the attention of business lobbies and the public that pay little heed to the interminably long negotiations over the minutiae of trade formulas. The lines of disagreement should be widely publicized. Such failure would highlight the linkage between agricultural liberalization and broader trade liberalization."

governments could sit down at the table this month and work out an agreement for a successful meeting. But nothing could be more dangerous than to hide a deadlock over agriculture." The above comment unequivocally stressed that the sharp divide and the deadlock between the North and the South should be disclosed frankly and transparently to the worldwide public. This disclosure would enlighten the public to be conscious of the situation, so as to launch a more arduous but more effective South-North negotiation. The author opposed those who conceal the seriousness of the contradictions and the factual situation from the public and those mention only marginally the facts, opt for a lower goal in order to falsely claim success, and divert the focus of the public in order to inhibit the fighting will and to impair the morale of the internationally weak nations.

D. THE POSITIVE FRUITS OF THE HONG KONG CONFERENCE WITH HEAVY NEGATIVE COMMENTS-EMERGENT AFTER NUMEROUS APPEALS BUT STILL HALF-MASKED

After two years of harsh negotiation with ups and downs since the failure of the Cancún Conference, the WTO Members prepared to hold the Sixth Ministerial Conference in Hong Kong on December 13-18, 2005 to continue with the new succession of multilateral negotiations of the Doha Round. During these six days, WTO Members conducted intensive negotiations day and night on the basis of the draft Declaration: 450 meetings were organized, along with six major gatherings and over 200 consultations. The fifth edition of the Ministerial Declaration draft was approved right before the close of the Conference. At the press conference held that night, the Director-General made positive comments about the significant progress made at the Conference: "We have managed to put the Round back on track after a period of hibernation."[1] However, he emphasized that the future negotiations should continue apace since there was no time for a break.

Hong Kong's Commerce, Industry and Technology Secretary John Tsang, who chaired the Conference, outlined the achievements, among which are:

---

[1] See WTO, *Day 6: Ministers Agree on Declaration that Puts Round Back on Track*, December 18, 2005, available at: <www.wto.org/English/thewto_e/minist_e/min05_e/min05_e18dec_e.htm>.

1. that the developed countries would eliminate export subsidies and disciplines on all export measures on agricultural products by 2013;
2. that the developed countries would give duty-free and quota-free access for exports from LDCS;
3. that all forms of export subsidies for cotton would be eliminated by developed countries by 2006, and that developed countries had committed themselves to giving priority in the negotiations to reach such an outcome;
4. that the mandate was given for negotiations on market access for nonagricultural products. WTO Members would adopt a Swiss Formula with coefficients at levels which shall, *inter alia*, reduce or eliminate tariffs as appropriate, including the reduction or elimination of tariff peaks, high tariffs and tariff escalation, in particular, on products of export interest to developing countries. There is a comparably high level of ambition for market access for both agricultural and nonagricultural products;
5. that WTO Members set roadmaps for the completion of the Doha Round negotiations by the end of 2006. They were resolved to establish modalities no later than April 30, 2006 and to submit comprehensive draft Schedules based on those modalities no later than July 31, 2006. The Doha Round is to be completed by the end of 2006; and
6. that in respect of services negotiations, WTO Members determined the direction and modalities of further negotiations[①].

The Hong Kong Special Administrative Region President exhorted the Conference's smooth conclusion. He proclaimed that the approved Hong Kong Ministerial Declaration laid a good foundation for the completion of Doha Round negotiations in 2006. Overall, he called the Conference a success[②].

However, the international media were divided in their opinions of the

---

① *Statement by SCIT and WTO Hong Kong Ministerial Conference Chairman at the Final Press Conference*; available at: <sc. info. gov. hk /gb /www. info. gov. hk /gia /general /200512 /18 /P20>.

② *Statement of Hong Kong SAR President*; available at: <sc. info. gov. hk /gb /www. info. gov. hk /gia / general /2005 12 /1 8 /P20>.

fruits and agreements reached at the Conference. Those which held critical opinions were not in the minority. The comments on the Conference could be generalized as pros and cons, or as "half-praising, while half-blaming."①

In the first place, the six listed fruits may be divided into two categories, that is, three "real promises" alongside another three "void promises." The items ranging from (1) to (3) were set with substantial content and timelines, as well as with standards to test their effectiveness. Those three promises, to some extent, redress the chronic stratagem of issuing non-cashable notes and making empty promises. Though the first three fruits are overall positive, there remain loopholes, to be addressed below.

Items (4), (5) and (6), however, are just empty and abstract promises that cannot amount to legally binding obligations or operable rules. There are no specific criteria to test their real effectiveness. These stipulations were to a large extent determined and specifically set forth at the launch of the DDR in November 2001. The rescheduling of the deadline of the Doha Round to the end of 2006 is a back-tracking on the originally established deadline of three years (November 2001 – December 2004), prolonging the length of time. In this sense, the last three accomplishments of the Hong Kong Conference amounted only to reiteration and readjustment of the Doha Ministerial Declaration. Ironically, Lamy was apt in his observation of the Round being put back on track. In no way should that be taken as significant progress.

The first achievement deserves further and detailed analysis. This achievement directs that the developed countries will eliminate export subsidies and disciplines on all export measures on agricultural products by 2013. EC Trade Commissioner Peter Mandelson had previously affirmed that the EC would only like to cut its large agricultural subsidy by 35 – 60 percent and would not make any further concessions. The EC Trade Commissioner had also rejected the proposal to set deadlines on agricultural export subsidies.

In order to break the deadlock and save the Doha Round negotiations, the six coordination groups representing 110 countries—that is the G – 20, the G – 33, the ACP, the LDCs, the African Group, and the Small Economies—

---

① *Developing Countries Sacrifice to Save Doha Negotiations* (Press Release, December 2005); available at: <www.southcentre.org>. See also, *infra*, Part V, "B" and its footnotes.

held a joint Ministerial meeting to develop their common stance on the agricultural negotiations. This newest form of coalition was an historic event in the eleven years of WTO Ministerial Conferences. The developing countries, after the Ministerial Meeting, issued a joint statement in which the groups agreed that the Round must result in the removal of distortions that inhibit the export growth of developing countries and called upon developed countries to agree to the complete elimination of export support measures by 2010①.

The day following the joint statement, on December 17, 2005, the joint request was incorporated into the fourth edition of the Hong Kong Ministerial Declaration, which was recognized by all WTO Members but the EC. As Mr Martin Khor, the chief editor of the Third World Network, reported, the astute EU Trade Commissioner Peter Mandelson held back until the last minute before agreeing to this incorporation, so that the EU could extract even more from developing countries, forcing them to give market access to the non-agricultural products and services from EU in vast scope: "According to Tim Rice of Action Aid (UK), the EU had already committed internally to reducing export subsidies anyway and by 2013 the cut would amount to one billion euros. In contrast, the EU gives 55 billion euros in domestic subsidies each year."② In other words, the reduced export subsidies roughly account for 1.8 percent of the subsidies EU confers on domestic agricultural sectors, while the domestic agricultural subsidies roughly account for 98 percent of the total agricultural support. The domestic agricultural subsidies are the most negative element that distort international agricultural trade and block its liberalization, but this issue was hardly touched and left intact.

Besides the above imbalance, it should be remembered that even though the deadline for the overall elimination of export subsidies in agriculture has been set, it lies eight years ahead. In the meantime, loopholes have to be plugged to avoid distorting measures such as hidden export subsidies in credit, food aid and the sales of exporting State enterprises. The plugging of the loopholes is an arduous task since the work should be done by multilateral

---

① See *A Grand Coalition of the South: Day 4 of Hong Kong Ministerial*, December 16, 2005; available at: <www.southcentre.org/hkupdated4.pdf>.

② Khor, Martin, *Trade: WTO Ministerial Outcome Imbalanced against Developing Countries*, SUNS #5941, December 21, 2005, (Geneva, Email Edition), pp. 2, 5, and 7.

regulation and supervision①.

The Conference's determination that the developed countries would give duty-free and quota-free access for exports from LDCS was a commendable achievement. The removal of these two barriers to exports from LDCs affect only a tiny fraction of world trade—less than 1 percent—and hence cannot be seen as a meaningful sacrifice to anyone, so it would be easy to win support from other WTO Members②.

This seemingly admirable resolution, however, also has a loophole. The Declaration requires Members facing difficulties in providing market access to instead provide duty-free and quota-free market access for at least 97 percent of the products originating from LDCS. This allows developed countries to exempt 'sensitive products' that are of export advantage to continue to protect LDCS, such as textiles and clothing, rice, sugar, leather products and fishery products. Japan at its press briefing indicated that products sensitive to LDC imports cover 2 percent of the total, and thus the 3 percent exemption allows it comfortably not to include those LDC products that could effectively enter its market. The United States has also indicated it cannot include textiles and clothing from Bangladesh or Cambodia. In other words, the LDCs can have market access for products they do not produce at all or do not produce competitively, but access can be blocked for those products in which they are competitive. They are only given rights in areas where they cannot realize these rights③. This privilege for the developing countries is comparable to a sketch of food that cannot ease hunger.

In addition, the developed countries' promise to eliminate export subsidies on cotton by the end of 2006 is indeed a positive achievement but its scope of influence is limited. First of all, cotton is only one type of agricultural product. Developed countries merely promised to eliminate export subsidies on cotton while continuing to provide large amounts of subsidies to other

---

① See Day 6: Ministers Agree on Declaration that "Puts Round Back on Track," supra note. See also WTO, "Ministerial Declaration, Sixth Ministerial Conference," Article 6, WTO doc. WT/MIN (05)/DEC. (adopted on December 18, 2005).

② See WTO, Pascal Lamy's Ministerial Conference Diary; available at: <www.wto.org/english/thewto_e/dg_e/pl_visitors_e/min05_blog_e.htm>.

③ See Ministerial Declaration, Sixth Ministerial Conference, Ibid., Annex F, (36)(a)(i) and (ii).

agricultural products in the long term, making the elimination of subsidies on cotton less effective and utterly inadequate for the transformation of the current state of international trade in agricultural products. For example, the United States' current domestic subsidy to cotton is $3.8 billion and accounts for 80-90 percent of the subsidies it gives to cotton. Domestic subsidies also make up almost all of the European cotton subsidies[①]. The Hong Kong Conference did not touch upon this issue and set deadlines for the elimination of domestic subsidies that account for nearly 80-90 percent of the various subsidies, which seems to be reaping the seed but missing the crop.

WTO Members agreed in the WTO Agreement on Agriculture of 1994 to launch further negotiations on the reduction and elimination of three protective measures that developed countries have employed to twist international trade in agricultural products. These measures—market access, domestic subsidies and export subsidies—amount to three fetters imposed on the developing countries' export of agricultural products. However, this pledge was not fulfilled, *albeit* to a limited extent, until November 2005. The Hong Kong Conference only dealt with export subsidies, but the other two shackles on the developing countries' export of agricultural products remain without a clear promise to remove them.

Lastly, in the lengthy negotiations conducted, the developed countries, headed by the United States and the EC, appealed to the developing countries to give more market access for the non-agricultural products from developed countries in exchange for market access for their agricultural products. This rather blatant request put forward by developed countries was not rejected by the Hong Kong Declaration; the Declaration, in its Article 24, only stipulates "that there should be a comparably high level of ambition in market access for Agriculture and NAMA (non-agricultural market access). This ambition is to be achieved in a balanced and proportionate manner consistent with the principle of special and differential treatment." Such statement is a simple mix of the viewpoints held by the North and the South, leaving behind many latent perils.

In light of the drawbacks, loopholes and latent perils of the Hong Kong Declaration, Martin Khor commented, "The … Conference has resulted in

---

① See Khor, *supra* note, p. 6.

an imbalanced outcome to the disadvantage of developing countries." According to Khor, the Conference "confirmed that the 'development issues' mandated in Doha have been put in a corner in a state of comatose (sic) ... The Hong Kong meeting thus produced an imbalanced result." Khor predicted that this result would encumber negotiations on services and NAMA in the coming year①.

In addition, many non-governmental organizations were critical of the agreement reached at the Hong Kong Conference. They posited that the ensuing Declaration was not an agreement but rather a fraud and a humiliation to the 2.4 billion people living in poverty worldwide. The Conference was a debacle in that it only made a slight cut in agricultural products and the agreement did not allow developing countries' to take advantage of the developed countries' promises, a core theme of the Doha Round launched four years ago. The Declaration is a disappointing edition and a betrayal of the development promise, with the interests of the developed countries overwhelmingly winning out②.

The delegation of the South Centre which attended the Hong Kong Conference made this comment:

> Although this is being called "a development round," developing countries and least-developed countries (LDCs), with a strong united front, had to fight hard and long to get anything. A lot remains to be agreed in terms of development. Developing countries and LDCs have offered major concessions and accepted compromises in non-agricultural market access and market access in services trade to save the multilateral trade system. Hong Kong should be remembered for the spirit of compromise and sacrifice shown by developing countries and LDCs to save the Doha Round from total collapse. There is, however, a long way to go if this is to be called "a development round."③

The spokesman of the Chinese delegation to the Hong Kong Conference said after the conclusion of the Conference that positive achievements were

---

① See Ibid., pp. 2 and 7-8.
② See "On WTO's Hong Kong Conference: Half Praise, While Half Blame, A Comprehensive Report, Can Kao Xiao Xi" *News for Reference* (in Chinese), December 20, 2005, p. 4; also available at: <61.132.51.61:8080 /ht /c /wsnews /mEntrance?>.
③ *Developing Countries Sacrifice to Save Doha Negotiations*, supra note.

made on the agricultural, non-agricultural, cotton and development issues. Meanwhile, he stated that only partial progress was achieved during the Doha Round negotiations and there remained an arduous task in future negotiations①. The relevant report by the Chinese Department of Commerce opined that there was only a little step forward in the whole agricultural market access negotiations. In terms of agriculture, the Doha Round was expected to make breakthroughs in the two issues of market access and reductions of the domestic subsidies that distorted international agricultural trade②.

E. NEW HIGHLIGHTS IN THE SOUTH-NORTH CONFLICT — JUDICIAL BREAKTHROUGH IN RECENTLY LITIGATED WTO AGRICULTURAL DISPUTES

From March to May of 2005, while the multilateral negotiations on agriculture and other issues stagnated, new highlights of the South-South coalition emerged: Brazil won a suit against the United States upland cotton subsidies in the WTO dispute settlement procedure③. Brazil also prevailed on another complaint (jointly with Thailand) against EC sugar subsidies④. The final awards in these two cases appeared in close sequence, echoing each other, and their influence is in step with the times.

These cases, initiated when the multilateral negotiations on the political and economic levels were languishing, served as precedents for the successful South-South coalition within the WTO. Moreover, these cases created binding *stare decisis* on agricultural subsidies. Lastly, these cases have shown that the developing Member countries can employ WTO rules and bring an end to wrongful practices through the WTO dispute settlement process. The South, if it unswervingly carries forward the tenacious spirit of South-South

---

① "Zhong Guo Dao Biao Tuan Cheng Hong Kong Hui Yi Qu De Jin Zhan Shi Ji Ji De," *Xin Hua News Agency* (Chinese newspaper) (Hong Kong), December 18, 2005, available at: <www. people. com. cn /GB /1029 /3952111. htm> (in Chinese).

② "Duo Ha Hui He Qi Dai Tu Puo," *Gong Gong Shang Wu Xin Xi Dao Bao* (Chinese newspaper), December 20, 2005, p. 1.

③ WTO Appellate Body Report, WT /DS267 /AB /R (March 3, 2005), *United States—Subsidies on Upland Cotton*; available at: <www. wto. org /english /tratop_e /dispu_e /cases_e /ds267_e. htm>.

④ WTO Appellate Body Report, WT /DS265 /AB /R, WT /DS 266 /AB /R, and WT /DS283 /AB /R, (April 28, 2005), *European Communities—Export Subsidies on Sugar*; available at:<www. wto. org /english /tratop_e /dispu_e /cases_e /ds266_e. htm>.

coalition with perseverance, could inevitably and steadily renovate the relevant international economic law and promote the institution of an equitable and reasonable new international economic order.

V ASSESSMENT OF THE TREND AFTER THE HONG KONG CONFERENCE FROM THE PERSPECTIVE OF THE SOUTH-SOUTH COALITION DURING THE LAST FIFTY YEARS

A. THE HISTORICAL "6C" TRACK OF SOUTH-NORTH CONFLICTS AND ITS CHARACTERISTICS

It is not hard to discern from the historical facts presented above that the South-South coalition in the South-North conflict and the renovation of international economic law has experienced ups and downs, taking various forms and functioning in varied degree, yet advancing on the rugged road with perseverance. Also, the large gap in wealth has worsened with the escalation and deepening of economic globalization while the enhancement of the developing countries' consciousness and cohesion and the overall trend of the South-South union has been steadily enlarging and reinforcing.

As is well known, the development of the international economy has been characterized by struggles between two sides: one that attempts to maintain and enhance the vested economic interests, to protect the established international economic law, and to adhere to the old international economic order; and the other to strive for the economic equity, the renewal of international economic law, and the institution of a new international economic order. These struggles have invariably ended in compromises on both sides, but those compromises have been followed by new contradictions that have in turn ignited new conflicts. This cycle is not merely repetitive but reflects an evolutionary ascent which drives the international economic order and relevant rules to a new level and a new development phase. The historical course can be generalized as the "6C Track" or the "6C Rule:" Contradiction → Conflict → Consultation → Compromise → Co-operation → Coordination → new Contradiction, and so on.

After reflection on the historical facts concerning South-North conflict and co-operation during the last 50 years, we can identify some truths that run throughout the process. Firstly, the conflict and co-operation between the North and South will continue for long because of this cycle is regenerative and strongly deep-rooted. The main reason for this cycle is the unyielding and continuous attempt to maintain economic dominance by international capital, which is difficult to suppress. Facing such a fundamental reality of the current international community, the countries of the South should be conscious, patient and tenacious.

Secondly, the more collective power the South-South union has, the more power it has to change the tactically inferior situation of the weak South in relation to the strong North. However, even though South-South joint self-reliance can serve to achieve favorable results and bring about victories on specific occasions, it still cannot fundamentally transform the strategically inferior situation of the South relative to the strong North due to the great gap in economic power.

Thirdly, the South-South coalition must set its strategic mind on the lengthy nature of the South-North struggle, never expecting to finish the arduous war in one battle or to tame the hegemonic adversary in a prompt manner. The South-South union should not inaccurately assess the situation, should not be blindly optimistic or congratulate itself on making small progress or winning small victories on specific occasions. Otherwise, when the unavoidable twists and setbacks reoccur, it will quickly be trapped in a mood of pessimism and will slack off, even losing optimism for future efforts. In the meanwhile, the South-South union cannot underestimate the effect of the tactics that the international hegemonists are accustomed to and will continue to play, among which are "carrot-and-stick," "dividing and subduing," "disintegrating, then triumphing over one by one," and "employing the horizontal subdued power to cope with the vertically dissenting power." The South-South union should keep alert for these tactics, take them seriously and respond in a timely manner.

Fourthly, the South-North conflict and South-North interdependence are phenomena that coexist. The escalation of economic globalization and the large gap between the poor and the wealthy always stimulate or deepen South-North contradictions and conflict, but at the same time the globalization intensifies the degree of South-North interdependence.

Complementariness in economies and intensified interdependence due to the intersection of economic interests between the South and the North predetermine that there will be a limit to the power of international hegemonists in dominating the economic exchanges between the South and North.

The international hegemonists, after weighing the advantages and disadvantages, will make certain concessions and compromises when dealing with the legitimate requests and pressure by the developing countries which comprise 80 percent of the world's population. The recurrent deadlocks in the South-North conflict will, to a certain extent, be solved through dialogue and consultation, with co-operation realized and the convergence of the adversaries' interests, and substituting the mutually destructive behavior of both sides with a win-win result. Even though the new co-operative situation may occasionally be weakened or undermined by new South-North contradictions and conflict, the contemporary trend of the escalated globalization of the world economy and the South-North interdependence could revitalize South-North co-operation. In this sense, South-North co-operation might suffer from disease, sometimes even suffer from severe symptoms, but would in no case die out. This is the historical inevitability and the strong vitality of South-North cooperation. The spiral recurrence of the "6C" Track is the historical record and factual proof in this respect. Therefore, the pessimistic attitude about the dimness of the future of the WTO or the view of its quick collapse—just the same as the above-mentioned view that "the South wins and the North loses; hence, the WTO will go along a smooth way"—is deficient in historical basis and proof in reality.

B. FOR THE DOHA ROUND's SUCCESS: TENACIOUS SOUTH-SOUTH COALITION WILL ONCE AGAIN BE NECESSARY

On the presumption that the aforementioned perspective is basically correct, it is possible to foresee the result and the subsequent direction of the new round of South-North negotiations despite the suspension of the negotiation in July 2006. If the South and the North could be realistic and make a correct assessment of the situation, showing some strategic flexibility, endeavor to seek a new convergence of economic interests, make the necessary concessions and compromises and draft a feasible program, then the roadmap determined at the Hong Kong Conference can still be turned into reality.

On the other hand, if the international hegemonists rigidly adhere to their extreme egotistic position and continue to fake benevolence, make empty promises in paper checks, or play their "disintegrate and subdue one by one" tactic in new forms, then, under the counter-attack of the South-South union, we would once again see a "seesaw-war" break out. The negotiations would meet setbacks, and the North and the South might once again part in the WTO on bad terms.

Raising concern about the latter possibility, WTO headquarters in Geneva released some significant official information during late July of 2006:

(1) A few rich and strong developed countries, including the United States and the EC Member States, still insisted on their unreasonable position in agricultural issues, and refused to offer necessary concessions. The gaps between North and South remained too wide to bridge. The situation has become very serious. Without the modalities in Agriculture and NAMA, it would not be possible to finish the Round by the end of 2006 (and it did not)[1].

(2) In light of the fact that there was no way to break the blockade in the forseeable near future, Mr. Lamy had to declare to the TNC meeting of Heads of Delegations held on 24 July 2006 the suspension of the negotiations[2].

(3) The General Council, at its meeting on July 27 – 28, 2006, supported the said recommendation by Director-General Lamy to suspend the Doha negotiations[3].

---

[1] See WTO—News items—Trade Negotiations Committee, DG Lamy, *Time out needed to review options and positions*, available at: <www.wto.org/eng/2006 News items—Trade Negotiations Committee—24 July 2006.htm>. See also WTO—Modalities Summary, *Talks suspended*. "*Today there are only losers*," available at: <www.wto.org/eng/WTO 2006 News items—DDA JUNE – JULY 2006 Modalities Summary 24 July 2006>.

[2] "Faced with this persistent impasse, I believe that the only course of action I can recommend is to suspend the negotiations across the Round as a whole to enable the serious reflection by participants which is clearly necessary. Time-out to review the situation, examine available options and review positions. In practical terms, this means that all work in all Negotiating Groups should now be suspended, and the same applies to the deadlines that various groups were facing." *Ibid.*

[3] See WTO, News items—General Council, *General Council supports suspension of trade talks*, available at: <www.wto.org/eng/2006 News items—General Council (July 27, 2006)>. See also WTO, "*It's time for serious thinking on what's at stake here*," available at: <www.wto.org/english/news_e/news06_e/tnc_chair_report_27july06_e.htm>.

It seems that the latter of two possible outcomes that the author forecast has unfortunately become the reality, that is, that a "seesaw-war" would again break out before and after the expiration of the 2006 deadline, the negotiations would encounter setbacks, and the North and the South would again part in the WTO acrimoniously. Likewise, the goodwill to implement the DDR negotiations by the end of 2006 has been aborted. And, as an immediate result, the various pessimistic comments have once again rapidly become the mainstream in the international media①.

Nonetheless, according to the author's view which has been analyzed and published in two journals in Geneva in the April of 2006②, the WTO multilateral trading system would not necessarily face paralysis and collapse even if the latter situation had unfortunately emerged. This is primarily because of the historical inevitability and the strong vitality of South-North co-operation, as mentioned above. These two factors have been shown even at the time when the General Council meetings of July 27 – 28, 2006 endorsed Lamy's recommendation on suspension of DDR trade talks. It was reported that during the meeting, Members not only expressed their common and profound regret, disappointment and frustration for the lack of progress in the negotiations, but also agreed that a time of reflection was needed. From both the North and the South, Members also expressed their common will and their hope that this "time-out" would be temporary and short since there was a need to put the negotiations back on track as soon as possible. Members also said that they should preserve the achievements of the negotiation so far and build upon them rather than unravel them. There

---

① Such comments include: the global maltilateral negotiation DDR "suffers serious setbacks;" WTO /DDR maltilateral negotiations "have been broken and defered to infinite [sic];" "[f]or restarting multilateral negotiation, it may need several months or even several years;" "suspension without limitation is not far to a complete failure [sic]," etc., See: *On WTO's Hong Kong Coh ference: Half Praise, While half Blame*, News For Reference (A Chinese daily, CAN-KAO XIAO-XI,《参考消息》, particularly for com-excerpting and directly translating reports from international media), July 26, 2006, p. 4. also available at: <61.132.51.61:8080 /ht /c /wsnews /mEntrance>. Lamy, as the Chairman of TNC, frankly commented at the assembly of Heads of WTO Delegations, "Let me be clear: there are no winners and losers in this assembly. Today, there are only losers." See "DDR Suffers Serious Setbacks;" See: WTO, News items—Trade Negotiation Committee, DG Lamy: *Time out needed to review options and positions*, available at: <www.wto.org /eng /2006News items—Trade Negotiations Committee-24 July 2006.htm>.

② See *supra* note * at the beginning of this paper.

was a general agreement on the need not to modify the mandate or split it, allowing for selective progress①. In February 7, 2007, Director Lamy declared that the Doha Round negotiations were resumed fully across the board②.

VI CONCLUDING REMARKS: WHAT LIES AHEAD?

The prospect for the future can be inferred from what happened in the past. The historical inevitability and the strong vitality of South-North co-operation are well illustrated by the history of GATT, predecessor to the WTO. During the five decades of the GATT regime, eight rounds of multilateral trade negotiations were launched, and every round was concluded with meaningful results despite its treacherous process③. With each round getting longer with more complex issues and more participants, the prolonged

---

① See WTO, News items—General Council, *General Council supports suspension of trade talks*, available at: <www.wto.org/eng/2006News items—General Council (July 27, 2006)>.

② See WTO News Items, Lamy: *"We have resumed negotiations fully across the board"* available at <www.wto.org/english/news_e/news07_e/gc_dg_stat_7feb07_e.htm (7 February 2007)>.

③

Table: The GATT 1947 Trade Rounds

Year	Place /Name	Subjects covered	Countries
1947	Geneva	Tariffs	23
1949	Annecy	Tariffs	13
1951	Torquay	Tariffs	38
1956	Geneva	Tariffs	26
1960–1961	Geneva (Dillon Round)	Tariffs	26
1964–1967	Geneva (Kennedy Round)	Tariffs and anti-dumping measures	62
1973–1979	Geneva (Tokyo Round)	Tariffs, non-tariff measures, "framework agreements"	102
1986–1994	Geneva (Uruguay Round)	Tariffs, non-tariff measures, rules, services, intellectual property, dispute settlement, textiles, agriculture, creation of the WTO.	123

Source: World Trade Organization, *Understanding the WTO*, 3rd edition, previously published as *Trading into the Future*, September 2003, revised October 2005; available at: <www.wto.org/english/thewto_e/whatis_e/whatis_e.htm>.

duration of the Doha Round does not necessarily signal its ultimate failure.

In addition, the spontaneity and the collectiveness of the South-South union have been more enhanced than they were ten years ago when the WTO was newly established. The South, confronting the inequitable rules and treatment instituted by the international hegemonic adversaries, would not follow their lead or easily submit to the pressure by them. This culminated in the repeated extension of the ultimate deadline set out in the Doha Declaration—initially the end of December 2004 and to the end of July 2005, again to the end of 2006, and now to the end of 2007. However, the total duration of the negotiation time has only been six years, which is not longer than the previous Uruguay Round.

Early closure of the DDR negotiations is desired by those around the world since it will make the process of South-North co-operation for global prosperity smoother and more harmonious. Nonetheless, this desire will be hard to meet in near future: because the original expectations of the Hong Kong Conference were lowered, the positive achievements made are not likely to improve the situation of developing countries significantly; the unsettled issues are indeed of systemic significance and thus difficult to resolve; the sharp divide between the South and the North cannot easily be compromised.

Under such circumstances, one should not be overly optimistic about making the positive and effective achievements nor ignore the frustration that will definitely emerge on the way ahead. Nevertheless, we should not be impatient, pessimistic or disappointed because many important issues are unsettled and the future is full of difficulty. Historical references will be helpful to deal with the present difficult circumstances objectively. The participants of the negotiations should also exercise patience and flexibility.

Even though there may once again be see-saw wars and deadlocks during the future negotiation of unsettled issues, and even if setbacks and yet another undesirable suspension of negotiations may once again be anticipated, the South should, by adhering to the spirit of tenacious struggle in the South-South coalition, pursue the overall implementation of the DDR negotiations in the multilateral negotiations. In conclusion, there is no way other than through the tenacity of the South-South coalition to ensure the gradual renovation of international economic law and the institution of a new international economic order.

References

Chen, A., *Chen's Papers on International Economic Law*, Vol. 1, (Beijing University Press, 2005).

Davis, C., "Why These Trade Talks Need To Fail," *International Herald Tribune*, December 7, 2005.

Ferguson, I. F., "orld Trade Organization Negotiations: The Doha Development Agenda," *CRS Report for Congress*, (Library of Congress, 2006).

ICTSD, "Economically Diverse G - 77 Converge on Doha Declaration" (2001) 5(37) *BRIDGES Weekly*.

ICTSD, "WTO Agriculture Negotiations: Members to Agree on 'Pre-Modalities' by August 2005," (2004) 8(44) *BRIDGES Weekly*.

Khor, M., "Havana Summit, A Defining Moment in G - 77 History; Coordinating Commission Set Up" (2000) 232 *Third World Economics*.

Li, L., "Speech Delivered at the South Summit Meeting," *People's Daily* (in Chinese), April 15, 2000.

Stiglitz, J., "Arrested Development," *The Guardian*, August 10, 2006.

South Centre, *Thirty Years of the Group of 77 (1964 - 1994), United for a Global Partnership for Development and Peace* (South Centre Publications, 1994).

South Centre, *The Future of the Group of 77* (South Centre Publications, 1996).

United Nations, *Report on the World Social Situation 2005: The Inequality Predicament*.

Wang, X., "The Trade Liberalization Under GATT" (1986) *Chinese International Law Journal*.

World Trade Organization (WTO), *Understanding the WTO*, 3rd edition, previously published as *Trading into the Future* (September 2003, revised October 2005).

WTO, *Doha Ministerial Declaration*, November 14, 2001.

WTO, *Agriculture-Framework Proposal*, WT/MIN(03)/W/61 (September 4, 2003).

WTO Appellate Body Report, *United States—Subsidies on Upland Cotton*. WT/DS267/AB/R, (March 3, 2005).

WTO Appellate Body Report, *European Communities—Export Subsidies on Sugar*, WT/DS265/AB/R, WT/DS266/AB/R, and WT/DS283/AB/R, (April 28, 2005).

WTO, *Report by the Chairman of the Trade Negotiations Committee to the General Council*, WTO Doc. TN/C/5 (July 28, 2005).

Xu, B., "Bilateral, regional trade focus at Boao meeting," *China Daily*, April 26, 2006.

Xu, H., "Cancún Conference Ended in Vain," *People's Daily*, September 16, 2003.

Yanping, G., "The GSP in International Trade" (1986) *Chinese International Law Journal*.

Zoellick, R., "America Will Not Wait for the Won't Do Countries," *Financial Times*, September 22, 2003.

(Numerous WTO press items and media reports omitted.)

Ⅲ   Should the Four "Great Safeguards" in Sino-Foreign BITs Be Hastily Dismantled?

Comments on Critical Provisions concerning Dispute Settlement in Model U.S. and Canadian BITs

AN CHEN *

[Abstract] China has concluded Bilateral Investment Treaties(BITs) with more than 110 countries and now is continuing to conclude some new ones or revise some existing ones. It is recognized that, in recent relevant negotiations, some BIT drafts provided by foreign counter-countries are based on U.S. or Canada Model BITs with moderate modifications. This article devotes in examining some critical provisions concerning disputes settlement in U.S. and Canada Model BITs. The author suggests that such provisions, in essence, require the host country to abandon its rights to

---

* Senior Professor of Law School, Xiamen University, People's Republic of China, and former Dean of the School (1987-1998); Chairman, Chinese Society of International Economic Law since 1993; International Arbitrator, selected and designated by the Chinese government to the International Centre for Settlement of Investment Disputes (ICSID) under the Washington Convention since 1993. He may be contacted at: <chenan@xmu.edu.cn>.

An earlier version of this article was first published was first published in *The Journal of World Investment & Trade* (*JWIT*), Vol. 7, No. 6, December 2006.

Thanks are due to Mr Zezhong Zhang (Doctoral Candidate), Dr Huiping Chen (Associate Professor), and especially to Visiting Professor Lorin S. Weisenfeld of the Law School, the former Principal Counsel of the Multilateral Investment Guarantee Agency, for their kind help in preparing the English version of this article.

Now, both Chinese version and English version of this article were compiled in the present book, entitled "An Chen on International Economic Law", separately as Series Three, No.Ⅴ; Series Seven, No.Ⅲ. It is expected that such arrangement could be convenient for mutual reference by different readers.

"consent case by case", to "exhaust local remedies", to "apply the host country's laws", and even abandon the right to invoke the "exception for State essential security". Such requirements not only deprive the authorizations by the relevant international conventions to host countries and conflict with the current circumstances in China, but also overlook the serious lessons provided by some developing countries and ignore the shift of latest legislations of some host countries. Hence, China, in the course of negotiating BITs, should insist on stipulating in related BITs such rights authorized by the relevant international law, well control the four "Great Safeguards", so as to effectively protect China's national interests, as well as to play a model role in the course of establishing reasonable legal norms towards foreign investments and the New International Economic Order.

[Table of Contents]

I The Provisions concerning Dispute Settlement in the Chinese BITs and Their Correspondence with Relevant Provisions in the ICSID Convention

II Essential Provisions concerning Dispute Settlement in U. S. and Canadian Model BITs

III China Should Not Hastily Accept the above U. S. and Canadian Provisions or their Variations when Negotiating and/or Concluding BITs

   A. Such Provisions Deviate from the Rights Authorized to Host Countries by International Conventions

   B. Such Provisions Do Not Match China's Current Circumstances

   C. Such Provisions Ignore the Bitter Lessons of Some BITs Harming Weak Countries: The Warning from Argentina's Dilemma

   D. Such Provisions Ignore the Latest Legislative Track-Shift in two Host Countries—Argentina and the United States

IV Suggestions for Future Sino-Foreign BIT Negotiations

   A. Strengthening Investigation and Research on Recent Developments in BIT Practice and Acting with High Caution

B. Using Well the Authorizations of Relevant Conventions and Firmly Holding onto the Four Great Safeguards
C. Insisting on "Never Repeat" and Timely "Mending the Fold after some Sheep Have Been Lost"

In the early 1960s, Germany initiated a new type of bilateral treaty with some other countries by separating some rough and abstract rules relating to transnational investment from the traditional Friendship, Commerce and Navigation Treaty, adding a lot of specific and detailed rules, and thereby giving rise to the bilateral investment treaty (hereinafter referred to as BIT or BITs)[①]. Since then, this has become a unique pattern among various international treaties, aiming at the promotion and protection of international investment, and, thus, it is usually called "Agreement between States A and B concerning the Encouragement and Reciprocal Protection of Investments" or "Agreement between States A and B on the Mutual Promotion and Protection of Investments". As such, BITs have proven effective in regulating the transnational investment relationship, and many other countries have followed the model and concluded similar treaties. After four decades' development, the accumulated number of such BITs is greater than that of any other category of international treaties.

BITs generally include such essential provisions as the scope of investment protection, investment treatment, expropriation and compensation, currency remittance, performance requirements, nationality requirements of the senior management and directors, the transparency of regulations and policies, taxation measures, and dispute settlement. This article examines and comments on the provisions concerning dispute settlement in the Model U.S. and Canadian BITs and those in the over 110 Sino-foreign BITs (hereinafter referred to as the Chinese BITs).

---

① See Oukawa Shin, *On Overseas Investment and Bilateral Treaty*, in An Chen (ed. and translated), *The History and Current Situations of International Economic Legislation*, Law Press, 1982, pp. 119 – 144; see also An Chen, *Chen's Papers on International Economic Law*, Vol. Ⅰ, Beijing University Press, 2005, pp. 459 – 465.

I THE PROVISIONS CONCERNING DISPUTE SETTLEMENT IN THE CHINESE BITS AND THEIR CORRESPONDENCE WITH RELEVANT PROVISIONS IN THE ICSID CONVENTION

According to the latest information reported by the Secretary-General of the International Centre for Settlement of Investment Disputes (ICSID) in December 2005, three very noticeable statistics pertinent to transnational investment in the latest 15 years are as follows:

(i) the total amount of foreign private capital flowing into the developing countries rose rapidly from USD75 billion to USD400 billion between 1990 and the end of 2004;

(ii) the world had concluded over 2,000 BITs, of which over 1,500 selected ICSID as the dispute settlement institution; and

(iii) the number of international investment disputes increased rapidly— ICSID only had five cases involving USD15 million unsettled a decade ago, but by the end of 2005, it had 113 unsettled cases involving USD30 billion[①].

The foregoing information and data have close links to China. Since China began to carry out the opening and reform policy, up to the end of 2004, the accumulated foreign capital absorbed by China had reached USD562.1 billion[②]. In

---

① See Roberto Dañino, *Opening Remarks*, at the Symposium co-organized by ICSID, the Organisation for Economic Co-operation and Development (OECD), and the United Nations Conference on Trade and Development (UNCTAD), 12 December 2005.

② According to the statistics of the Department of Foreign Investment Administration of the Ministry of Commerce of the People's Republic of China on 19 October 2005: up to the end of 2004, Mainland China had approved the establishment of 508,941 foreign enterprises, the value of contracted foreign direct investment (FDI) was USD1.1 trillion, and *the realized FDI value was $562.1 billion*. Hong Kong (USD241.6 billion) topped other countries/regions and shared 42.98% of the total realized FDI value in the Mainland. The other 10 top countries/regions were successively the United States (USD48.0 billion), Japan (USD46.8 billion), Taiwan (Province of China) (USD39.6 billion), the British Virgin Islands (USD36.9 billion), the Republic of Korea (USD25.9 billion), Singapore (USD25.5 billion), the United Kingdom (USD12.2 billion), Germany (USD9.9 billion)　　（转下页）

recent years, both the cumulative figure and increasing annual amount of foreign direct investment (FDI) in China lead those for all developing countries. Up until the end of September 2005, China had concluded 112 BITs after its first one with Sweden in 1982. China continues to conclude new BITs and to revise the existing ones. The number of Chinese BITs also topped that of other developing countries. However, no cases at ICSID, either settled or pending, have been lodged against China, the largest host Contracting State with the most FDI. The vital reason was that China maintained a cautious attitude and paid much attention to reserve various sovereign rights—various safeguards set forth and authorized by relevant international conventions—in its own hand when concluding BITs with other countries or acceding to the Convention on the Settlement of Investment Disputes between States and Nationals of Other States (hereinafter referred as the Washington Convention or the ICSID Convention).

First, ever since the failure of the 1840s Opium War, the Chinese people have experienced much bitterness over loss of sovereignty and State insults, including having no jurisdiction over disputes involving foreign affairs *within the territory of China* and being forced to accept the *consular jurisdiction* imposed by the Great Powers. The Chinese people were extremely indignant at such treatment. Since the foundation of the People's Republic of China in 1949, the series of unequal treaties and their related *consular jurisdiction* have been completely abolished. However, due to the bitter historical lessons over 100 years, China had to hold a very serious and cautious attitude towards the transfer of part of its jurisdiction over disputes involving foreign affairs to international institutions for a long period, even after the implementation of the opening-up policy in 1978. After many years' investigation, policy consultation, and prudent thought①, China signed the ICSID Convention and accepted ICSID's arbitration mechanism on 9 February 1990. Then, after

---

接上页   and France (USD6.8 billion). See:
  Statistics of FDI from Selected Countries /regions as of 2005; available at <http://www.fdi.gov.cn/common/info.jsp?id=ABC00000000000034356>.

① See An Chen (ed.), *Study on the Arbitration of International Investment Disputes: The Mechanism of the International Centre for Settlement of Investment Disputes*, Fudan University Press, 2001, pp.1-72.

three years' consideration, the legislative body of China formally ratified it. The Convention thus entered into force in China on 6 February 1993. In other words, it did not formally accept the ICSID system until 40-odd years after the People's Republic of China was established in 1949. It is not surprising that "once bit, twice shy"; "the burnt child dreads fire!".

Second, according to the stipulations concerning dispute settlement in the Chinese BITs concluded during the 1980s and the 1990s, the Chinese BITs impose serious restrictions on the scope and procedure of ICSID arbitration of investment disputes between foreign investors and the host Contracting State (including the Chinese government). For example, after China formally acceded to the ICSID Convention in 1993, Article 10 of the Sino-Morocco BIT (1995) relating to "the settlement of investment disputes" provides as follows:

"1. Any investment dispute between one Contracting Party and an investor of the other Contracting Party shall, as far as possible, be settled amicably through negotiations between the parties to the dispute.

2. In case that a dispute cannot be settled amicably through direct arrangement by the parties to the dispute within six months from the date on which it is raised in written form, the dispute shall be, in accordance with the investor's choice, submitted to: (1) the competent courts of the Contracting Party accepting the investment, or, (2) the International Centre for the Settlement of Investment Disputes (ICSID), created by the Convention on the Settlement of Investment Disputes between States and Nationals of other States, opened for signature at Washington D. C. on March 18, 1965.

For that purpose, either Contracting Party shall grant an irrevocable consent to the submission of a dispute concerning *the amount of compensation for expropriation* to the arbitration proceedings.

3. The Contracting State, as one party to the dispute, cannot put out any objection at any stage of the arbitration proceedings or in the enforcement of the award because the investor, as the other party to the dispute, may receive compensation for total or part losses in accordance with an insurance policy.

4. The tribunal shall decide a dispute in accordance with the law of the Contracting State accepting investment, including its rules on the

conflict of laws, stipulations of this Agreement, stipulations of the special agreement for the investment, and rules of international law.

5. The award of the tribunal shall be final and binding on the parties to the dispute. Each Contracting State shall promise to enforce the award pursuant to its domestic laws." (emphasis original or added)①.

It can be seen from the above provisions concerning dispute settlement in Chinese BITs that, first of all, either party to the dispute must exhaust "the local remedies", including amicable negotiation and judicial proceedings, to acquire a fair and bilaterally acceptable settlement of the dispute. Such provision on dispute settlement in the Chinese BITs basically corresponds to the stipulation of Article 26 of the ICSID Convention, pertinent to the "exhaustion of local remedies"②.

Secondly, either party to the dispute may submit the *general* investment dispute to ICSID only with "both parties' consent", if it cannot be settled through "the local remedies" within a certain period. It is only the *special* investment dispute relating to compensation for expropriation that either party is authorized to unilaterally submit to an ICSID tribunal. Such provision on dispute settlement in the Chinese BITs basically corresponds to the declaration at the end of the Preamble, as well as the stipulation of Article 25 (1) of ICSID Convention, pertinent to "consent case by case"③.

Thirdly, the ICSID tribunal shall decide the case in accordance with "the laws

---

① Ministry of Foreign Trade and Economic Co-operation, People's Republic of China (ed.), *Collection of the International Investment Treaties*, Police Education Press, 1998, p. 995. Before and after the Sino-Morocco BIT 1995, there have been similar provisions concerning dispute settlement included in many other Sino-Foreign BITs, see ibid., pp. 894, 906, 931, 956, 968, 1015, 1027, 1041, 1053, 1067, 1079, 1094, 1106, 1118, 1130, and 1142.

② Article 26 of the ICSID Convention provides: "A Contracting State may *require the exhaustion of local administrative or judicial remedies* as a condition of its consent to arbitration under this Convention" (emphasis added).

③ The Preface of the ICSID Convention explicitly proclaims that: "No Contracting State shall by the mere fact of its ratification, acceptance or approval of this Convention and without its consent be deemed to be under any obligation to submit any particular dispute to conciliation or arbitration." Article 25(1) of the Convention further provides: "The jurisdiction of the Centre shall extend to any legal dispute arising directly out of an investment, between a Contracting State (or any constituent subdivision or agency of a Contracting State designated to the Centre by that State) and a national of another Contracting State, which *the parties to the dispute consent in writing* to submit to the Centre. When the parties have given their consent, no party may withdraw its consent unilaterally." (emphasis added).

of the Contracting State party to the dispute" and some related rules of international law. Such provision on dispute settlement in the Chinese BITs basically corresponds to the stipulation of Article 42(1) of the ICSID Convention, pertinent to the application of the law of the Contracting State party to the dispute①.

Finally, the various stipulations concerning the reservation of rights to "exhaust local remedies", to "consent case by case" and to "apply the host country's laws" contained in Chinese BITs are apparently the concrete reflection of the exercise of sovereign power and the safeguarding of national security by host countries accepting foreign investment. It means that, on the one hand, China agrees to self-restrict its jurisdiction over foreign investment disputes within its territory and to transfer some limited jurisdiction to the international arbitration institution—ICSID; on the other hand, the scope and procedures of such transfer are based on its independent will and strict restrictions in the course of concluding bilateral treaties. Such provision on dispute settlement in the Chinese BITs basically corresponds to the stipulation of Article 25(4) of ICSID Convention②.

As noted above, China concluded its first BIT with Sweden in 1982 before China formally acceded to the ICSID Convention. This first Sino-foreign BIT abstractly provides in principle that investment disputes can be submitted to international arbitration under a certain condition. Later the "Exchange of Notes" of the two parties' delegations explicitly made supplemental explanation:

"Since the People's Republic of China is not a party to the Washington Convention on the Settlement of Investment Disputes between States and Nationals of other States, dated 18 March 1965, the

---

① Article 42(1) of the ICSID Convention provides: "The Tribunal shall decide a dispute in accordance with such rules of law as may be agreed by the parties. In the absence of such agreement, the Tribunal *shall apply the law of the Contracting State party to the dispute* (including its rules on the conflict of laws) and such rules of international law as may be applicable." (emphasis added).

② Article 25(4) of ICSID Convention provides: "Any Contracting State may, at the time of ratification, acceptance or approval of this Convention or at any time thereafter, notify the Centre of the class or classes of disputes which it would or *would not consider submitting to the jurisdiction of the Centre*. The Secretary-General shall forthwith transmit such notification to all Contracting States. Such notification shall not constitute the consent required by paragraph (1)." (emphasis added).

delegations did not find it possible to include in the Agreement any provision about the settlement of disputes between a Contracting State and an investor of the other Contracting State, The delegations agreed, however, that if in the future the People's Republic of China should accede to the Washington Convention, the Agreement should be supplemented by an additional agreement providing for a mandatory system of settlement of disputes before the International Centre for the Settlement of Investment Disputes."①

The next year, in order to supplement the deficiency of the text of the BIT between China and Germany, both Parties also provided in the later "Protocol":

"The Contracting Parties have agreed that when the two Contracting Parties become members to the Convention on the Settlement of Investment Disputes between states and Nationals of other states opened for signature at Washington D. C. on March 18, 1965, the two Parties Shall hold negotiations on a supplementary arrangement, if so, as an integral part of the Agreement, concerning what kind of disputes between one Contracting Party and investors of the Other Contracting Party and what forms resorting to the International Centre for the Settlement of Investment Disputes for conciliation or arbitration according to the Convention."②

Later, in a series of bilateral treaties, such as the Sino-France BIT, etc., the Contracting Parties expressed their common will similar to the above, either through an "appendix", an "exchange of notes" or a "protocol"③.

After China formally became a Member of the ICSID Convention in 1993, it became necessary for China to re-negotiate how to supplement or revise the existing treaties separately with the counter-countries that previously signed the BITs so as to adapt to the latest development of the situations. Meanwhile, it has been necessary for China to further negotiate and conclude

---

① Ministry of Foreign Trade and Economic Co-operation (ed.), *Collection of the International Investment Treaties*, *supra* note, pp. 145 and 151.
② Ibid., pp. 169 and 181.
③ Ibid., pp. 189, 208, 224, 237, 249, 291, 307, 325, 347, 368, 385, 405, 428, 445, 467, 485, 564, 642, 677, 705, 902, 844, 894, 906, etc.

new treaties with those countries that had not yet signed any BIT with China so as to adapt to the new situations that more and more foreign capital is flowing into China and more Chinese capital has started to flow out.

As is known to all, the United States of America, the most powerful developed country, elaborately designed, unceasingly updated and exhaustively spread its satisfying Model BIT over the world. When China now negotiates with some foreign countries to conclude new BITs or to revise existing ones, such countries provide the U. S. Model BIT or its variations as the negotiation model and require to negotiate with China on this basis. One example is the present BIT negotiation between China and Canada.

During the course of such new negotiations and conclusion of treaties, it seems that China needs to maintain proper cautiousness, seriously and deeply analyze the U. S. and Canadian Model BITs, especially the several critical provisions concerning dispute settlement, on the basis of national policies of further opening to outside world and firmly rooting in Chinese domestic conditions and circumstances. For such purpose, the better way should be "dissecting a sparrow", as the Chinese saying goes, i. e. to judge the whole from carefully dissecting a small sample.

II ESSENTIAL PROVISIONS CONCERNING DISPUTE SETTLEMENT IN U. S. AND CANADIAN MODEL BITS

The United States formulated its first Model BIT, elaborately designed, in the early 1980s, supplemented and updated several times. The current Model dates from 2004[①]. The main provisions concerning dispute settlement are in Section B, as follows:

"Article 23: Consultation and Negotiation

In the event of an investment dispute, the claimant and the respondent should initially seek to resolve the dispute through

---

① See: <http://www.ustr.gov/Trade_Sectors/Investment/Model_BIT/Section_Index.html>, last visited 1 June 2005.

consultation and negotiation, which may include the use of non-binding, third-party procedures.

Article 24: Submission of a Claim to Arbitration

1. In the event that a disputing party considers that an investment dispute cannot be settled by consultation and negotiation:

(a) the claimant, on its own behalf, may submit to arbitration under this Section a claim

(i) that the respondent has breached

(A) an obligation under Articles 3 through 10,

(B) an investment authorization, or

(C) an investment agreement;

and

(ii) that the claimant has incurred loss or damage by reason of, or arising out of, that breach; and

(b) the claimant, on behalf of an enterprise of the respondent that is a juridical person that the claimant owns or controls directly or indirectly, may submit to arbitration under this Section a claim

(i) that the respondent has breached

(A) an obligation under Articles 3 through 10,

(B) an investment authorization, or

(C) an investment agreement;

and

(ii) that the enterprise has incurred loss or damage by reason of, or arising out of, that breach.

2. At least 90 days before submitting any claim to arbitration under this Section, a claimant shall deliver to the respondent a written notice of its intention to submit the claim to arbitration ("notice of intent"). The notice shall specify:

(a) the name and address of the claimant and, where a claim is submitted on behalf of an enterprise, the name, address, and place of incorporation of the enterprise;

(b) for each claim, the provision of this Treaty, investment authorization, or investment agreement alleged to have been breached and any other relevant provisions;

(c) the legal and factual basis for each claim; and

(d) the relief sought and the approximate amount of damages claimed.

3. Provided that six months have elapsed since the events giving rise to the claim, a claimant may submit a claim referred to in paragraph 1:

(a) under the ICSID Convention and the ICSID Rules of Procedure for Arbitration Proceedings, provided that both the respondent and the non-disputing Party are parties to the ICSID Convention;

(b) under the ICSID Additional Facility Rules, provided that either the respondent or the non-disputing Party is a party to the ICSID Convention;

(c) under the UNCITRAL Arbitration Rules; or

(d) if the claimant and respondent agree, to any other arbitration institution or under any other arbitration rules.

[4,5, and 6 omitted]

Article 25: Consent of Each Party to Arbitration

1. Each Party consents to the submission of a claim to arbitration under this Section in accordance with this Treaty.

2. The consent under paragraph 1 and the submission of a claim to arbitration under this Section shall satisfy the requirements of:

(a) Chapter II of the ICSID Convention (Jurisdiction of the Centre) and the ICSID Additional Facility Rules for written consent of the parties to the dispute; [and]

(b) Article II of the New York Convention for an "agreement in writing" and

(c) Article I of the Inter-American Convention for an "agreement."]①.

---

① The relevant original text of the U.S. Model BIT 2004 is:
"Article 25: Consent of Each Party to Arbitration
1. Each Party consents to the submission of a claim to arbitration under this Section in accordance with this Treaty.
2. The consent under paragraph 1 and the submission of a claim to arbitration under this Section *shall satisfy the requirements* of:
(a) Chapter II of the ICSID Convention (Jurisdiction of the Centre) and the ICSID Additional Facility Rules for written consent of the parties to the dispute; [and]
(b) Article II of the New York Convention for an 'agreement in writing'; [and]
(c) Article I of the Inter-American Convention for an 'agreement.'" （转下页）

[Articles 26 – 29 omitted]
Article 30: Governing Law

接上页. The relevant original text of the Canadian Model BIT 2004 is:
"Article 28: Consent to Arbitration

1. Each Party consents to the submission of a claim to arbitration in accordance with the procedures set out in this Agreement.

2. The consent given in paragraph 1 and the submission <u>by a disputing investor</u> of a claim to arbitration <u>shall satisfy the requirement</u> of:

(a) Chapter II of the ICSID Convention (Jurisdiction of the Centre) and the Additional Facility Rules for written consent of the parties;

(b) Article II of the New York Convention for an agreement in writing; and

(c) Article I of the Inter-American Convention for an agreement.

The relevant original text of the North American Free Trade Agreement (NAFTA), effective on 1 January 1994, is:

"Article 1122: Consent to Arbitration

1. Each Party consents to the submission of a claim to arbitration in accordance with the provisions of this Subchapter.

2. The consent given in paragraph 1 and the submission by a disputing investor of a claim to arbitration in accordance with the provisions of this Subchapter <u>shall satisfy the requirement</u> of:

(a) Chapter II of the ICSID Convention (Jurisdiction of the Centre) and the Additional Facility Rules for written consent of the parties;

(b) Article II of the New York Convention for an agreement in writing; and

(c) Article I of the Inter-American Convention for an agreement.

The relevant content in the Multilateral Agreement on Investment (Draft) 1998 is:

"[Article] V. DISPUTE SETTLEMENT

3. Contracting Party consent

a. each Contracting Party hereby gives its <u>unconditional consent</u> to the submission of a dispute to international arbitration in accordance with the provisions of this Article…

4. Written Agreement of the Parties

The consent given by a Contracting Party in paragraph 3. a, together with either the written submission of the dispute to resolution by the investor pursuant to subparagraph 2. c or the investor's advance written consent to such submission, <u>shall constitute the written consent and the written agreement</u> of the parties to the dispute to its submission for settlement for the purposes of Chapter II of the ICSID Convention, the ICSID Additional Facility Rules, Article 1 of the UNCITRAL Arbitration Rules, the Rules of Arbitration of the ICC, and Article II of the United Nations Convention on the Recognition and Enforcement of Foreign Arbitral Awards (the "New York Convention"). Neither party may withdraw its consent unilaterally, except as provided in paragraph 9 e. of this Article."

[All emphases in above texts are added].

It is not difficult to see from the four original texts above that: (1) both Article 25 in the U.S. Model BIT 2004 and Article 28 in the Canadian Model BIT 2004 emerged from the womb of the relevant Article 1122 in the NAFTA, and both were variations on the latter one; (2) the relevant provisions of Article V in the Multilateral Agreement on Investment (Draft) 1998 designed by the OECD, mainly constituted by the developed countries, interpreted "the consents" given by Contracting Parties in this International Agreement into "<u>shall constitute</u>" "the written agreement" case by case (originally provided in Article 25 of the ICSID Convention). Such interpretation was more explicit and strengthening in wording than "<u>shall satisfy</u>" "the agreement in writing"

（转下页）

1. Subject to paragraph 3, when a claim is submitted under Article 24(1)(a)(i)(A) or Article 24(1)(b)(i)(A), the tribunal shall decide the issues in dispute in accordance with this Treaty and applicable rules of international law.

2. Subject to paragraph 3 and the other terms of this Section, when a claim is submitted under Article 24(1)(a)(i)(B) or (C), or Article 24(1)(b)(i)(B) or (C), the tribunal shall apply:

(a) the rules of law specified in the pertinent investment agreement or investment authorization, or as the disputing parties may otherwise agree; or

(b) if the rules of law have not been specified or otherwise agreed:

(i) the law of the respondent, including its rules on the conflict of laws; and

(ii) such rules of international law as may be applicable.

3. A joint decision of the Parties, each acting through its representative designated for purposes of this Article, declaring their interpretation of a provision of this Treaty shall be binding on a tribunal established under this Section, and any award must be consistent with that decision."

The critical provisions concerning dispute settlement in the Canadian Model BIT (2004) have the same source as those of the U.S. Model BIT (2004), i.e. both of them emerged from the womb of the provisions of the North American Free Trade Agreement (NAFTA), dominated by the United States. Therefore, the basic contents of both are roughly the same, except for a slight divergence in that the writing style of the Canada Model BIT 2004 is more concise and some of the latter's specific provisions are "harsher" than those of the U.S. Model BIT 2004[①]. For convenient analysis in this article, the two models are hereinafter referred to as "the U.S. BIT" and "the Canadian BIT", respectively, or "the U.S. and Canadian BITs", collectively.

接上页 case by case (originally provided in Article 25 of the ICSID Convention) in the NAFTA and the U.S. Model BIT above.

① Agreement between Canada and XXXX for the Promotion and Protection of Investments, Article 40, "Governing Law", 1; see *infra* note and accompanying text.

III CHINA SHOULD NOT HASTILY ACCEPT THE ABOVE U. S. AND CANADIAN PROVISIONS OR THEIR VARIATIONS WHEN NEGOTIATING AND /OR CONCLUDING BITS

The above provisions concerning dispute settlement in the U. S. and Canadian BITs fully reflect the rights and interests of the contemporary strong developed countries—the capital-exporting countries. For the developing countries absorbing foreign capital, especially for those such as China that absorb huge amounts of foreign capital, the crucial point is that these provisions require that the four vital rights conferred to host States (i. e. to "consent case by case", to require "exhaustion of local remedies", to "apply the host country's laws" and to invoke the "exceptions for the State's essential security") be abandoned or crippled, thereby dismantling the four "great safeguards" which have been used to avoid vital risks by the developing countries absorbing foreign investments.

Such a series of provisions deviates from the authorization by relevant international conventions of self-protection for the weak countries and do not conform to the real national conditions of China. They also ignore both the bitter lessons of international practices and the latest legislative track-shift of various host countries. Therefore, while negotiating to conclude new BITs or to revise old ones, China should not hastily accept the above provisions or its variations so as to avoid potential serious problems or troubles arising therefrom. Detailed reasons are as follows.

A. *SUCH PROVISIONS DEVIATE FROM THE RIGHTS AUTHORIZED TO HOST COUNTRIES BY INTERNATIONAL CONVENTIONS*

What is referred to herein are the rights authorized to host countries by the ICSID Convention and the Vienna Convention on the Law of Treaties. These rights include the following.

1. THE RIGHT TO "CONSENT CASE BY CASE"

According to the stipulation of Article 25(1) of the ICSID Convention, the jurisdiction of ICSID extends to any legal dispute arising directly out of an investment, between a Contracting State and a national of another Contracting State. ICSID can decide a dispute only under the condition that the two parties to the dispute consent in writing to submit the dispute to the Centre. Thus, any such disputes submitted to the Centre must have the previous written consent of the host Contracting State. The host Contracting State is authorized to consent case by case.

However, Article 25 of the U.S. Model BIT 2004 and Article 28 of the Canadian Model BIT 2004 provide that a foreign investor of another Contracting State may directly submit any such disputes to an international arbitration tribunal *merely* after the host Contracting State consents in the treaty (i.e. the BIT) and need not obtain any other written consent from the host Contracting State on each particular case. Thus, the host country's right to "consent case by case", authorized by Article 25(1) of the ICSID Convention is abridged.

2. THE RIGHT TO REQUIRE "THE EXHAUSTION OF LOCAL REMEDIES"

Article 26 of the ICSID Convention provides:

> "Consent of the parties to arbitration under this Convention shall, unless otherwise stated, be deemed consent to such arbitration to the exclusion of any other remedy. A Contracting State may require the exhaustion of local administrative or judicial remedies as a condition of its consent to arbitration under this Convention."

In other words, the host country has the right to require the full and exhaustive use of the various local administrative or judicial remedies before disputes are submitted to the international arbitration tribunals.

However, both the U.S. Model BIT 2004 and the Canadian Model BIT 2004 provide that the host country's consent in the BIT is treated as its unconditional consent that foreign investors may submit relevant disputes to international arbitration without exhaustion of local remedies. It absolutely deprives the host country of the right to "exhaust local remedies" with priority and abolishes the host country's exercise of *the domestic jurisdiction within its territory* within some specific period.

3. THE RIGHT TO "APPLY THE HOST COUNTRY'S LAWS"

Article 42(1) of ICSID Convention provides:

> "The Tribunal shall decide a dispute in accordance with such rules of law as may be agreed by the parties. In the absence of such agreement, the Tribunal shall apply the law of the Contracting State party to the dispute (including its rules on the conflict of laws) and such rules of international law as may be applicable."

So, it can be seen that the Convention provides that any ICSID tribunal shall decide a dispute in accordance with the rules of law agreed to by the parties. If the parties have not made a choice, the host country's domestic laws and applicable international law become the basis of the tribunal's decision. Therefore, the Convention does not exclude the application of the host country's domestic laws but admits that the host country's laws are one of the applicable laws even if in the absence of parties' consents.

However, Article 30 of the U.S. Model BIT 2004 substantially abridges the host country's right to apply its laws by means of "stealing the sky by putting up a sham sun". It provides that the tribunal shall apply different governing laws based on claimants' different claims that the respondent has breached the treaty, the investment authorizations, or the investment agreement. Article 30(1) provides that if the claimant raises a claim that the respondent has breached its duties under "Article 3 to Article 10 [of the BIT]"①, the tribunal shall decide in accordance with the treaty and applicable rules of international law. Article 30(2) provides if the claimant raises a claim that the respondent has breached an investment agreement or an investment authorization, the tribunal shall apply:

> (a) the rules of law specified in the pertinent investment agreement

---

① The duties in Article 8 refer to National Treatment, Most-Favored-Nation Treatment, Minimum Standard of Treatment, Expropriation and Compensation, Transfers, Performance Requirements, Senior Management and Boards of Directors, Publication of Laws and Decisions Respecting Investment.

or investment authorization, or as the disputing parties may otherwise agree; or

(b) if the rules of law have not been specified or otherwise agreed:

(i) the law of the respondent, including its rules on the conflict of laws; and

(ii) such rules of international law as may be applicable.

So, the application of governing law conforms to the stipulations of the ICSID Convention if the claimant claims that the respondent has breached the relevant investment authorization or investment agreement. However, the application of governing law deviates from the provisions of the ICSID Convention and eliminates the application of the host country's laws if the claimant claims that the respondent has breached the BIT.

With a bit of difference, Article 40(1) of the Canadian Model BIT 2004① does not distinguish among the claimant's claims. It explicitly provides that the tribunal shall settle disputes in accordance with the treaty and the applicable rules of international law, which more harshly and completely precludes the application of the host country's laws. The U. S. Model BIT, we may say, "partly" deprives the host country of the authorization pertinent to application of its laws while the Canadian Model BIT completely precludes the possibility of the application of the host country's laws.

Nevertheless, the "double-track" approach of Article 30(1) and (2) of the U. S. Model BIT 2004 is substantially consonant with the "single-track" approach of the Canadian Model BIT, even if the former has some hypocrisy. "Smart" investors and their lawyers, of course, may choose the stipulations of Article 30(1) of the U. S. Model BIT and completely preclude the right to apply the host country's laws. Therefore, if we say that the deprivation of the right to apply the host country's laws in Article 40 of the Canadian Model BIT is naked and undisguised, then the deprivation of the application of the host country's laws in Article 30 of the U. S. Model BIT is "coy" and covered by a hypocritical fig leaf.

---

① The original text is: "A Tribunal established under this Section shall decide the issues in dispute in accordance with this Agreement and applicable rules of international law."

4. THE RIGHT TO INVOKE THE "EXCEPTION FOR THE STATE'S ESSENTIAL SECURITY"

When critical financial and economic risks occur, the emergent measures taken by the host country to safeguard national security are often claimed to be indirect expropriation and submitted for international arbitration. This has conspicuously been reflected in the Argentine financial crisis, where some foreign investors have turned to international arbitration since 2002. In view of Argentina's shocking international lesson, while Article 13 in the Canadian Model BIT 2004 sets up a high standard for compensation for expropriation, its Annex B 13(1) specifically provides many exceptions to avoid the abuse of the rule of "indirect expropriation". Many "indirect expropriation" claims actually do great harm to the host country's sovereign power. Two paragraphs are especially notice-worthy:

"[T]he economic impact of the measure or series of measures, although the sole fact that a measure or series of measures of a Party has an adverse effect on the economic value of an investment does not establish that an indirect expropriation has occurred.

[N]on-discriminatory measures of a Party that are designed and applied to protect legitimate public welfare objectives such as health, safety and the environment do not constitute indirect expropriation."[①]

Annex B of the U.S. Model BIT 2004 also makes similar provisions regarding indirect expropriation. Additionally, Article 18 ("Essential Security") of the U.S. Model BIT 2004 provides:

"Nothing in this Treaty shall be construed: 1. to require a Party to furnish or allow access to any information the disclosure of which it determines to be contrary to *its essential security interests*; or 2. to preclude a Party from applying *measures* that *it considers necessary* for the fulfillment of its obligations with respect to the maintenance or restoration of international peace or security, or the protection of *its own*

[①] The Canadian Model BIT 2004; available at: <http://ita.law.uvic.ca/investmenttreaties.htm>, last visited 1 January 2006.

essential security interests..." (emphases added)①.

In contrast to the various requirements confirming the exceptions for "financial services" and "taxation measures" in the Model, the only requirement for judging whether a measure belongs to the exception for essential security is that the Contracting State "*considers [it] necessary*"; no matter the pertinent measures really. And it does not require other conditions, such as the *successive confirmation* by the pertinent bodies of the two Contracting parties, the arbitration tribunal for settlement of disputes between State and State or between the investor and the host Contracting State, which the exceptions for "financial services", etc., do require. Therefore, the United States actually pays much attention to reserve its own right to invoke the "exception for the State's essential security".

Similarly, India, as a developing country, also provides "the exception for essential security interests". Article 12(2) of India's Model BIT provides that "nothing in this Agreement" precludes the host country from "taking action for the protection of its essential security interests or in circumstances of extreme emergency in accordance with its laws normally and reasonably applied on a non-discriminatory basis."② Similarly to Article 12(2) of the India's Model BIT, Article 11(2) of the Investment Protection Treaty between India and the United Kingdom of 1995 also provides that the Treaty shall not preclude the host country from taking actions for the protection of its essential security interests or in circumstances of extreme emergency③.

Therefore, no matter whether they be developed countries such as Canada and the United States (States with "super power") or developing

---

① The U.S. Model BIT 2004; available at: <http://ita.law.uvic.ca/investmenttreaties.htm>, last visited 1 January 2006.

② The original text of Article 12 reads: "(1) Except as otherwise provided in this Agreement, all investment shall be governed by the laws in force in the territory of the Contracting Party in which such investments are made. (2) Notwithstanding paragraph (1) of this Article, nothing in this Agreement precludes the host Contracting Party from taking action for the protection of its essential security interests or in circumstances of extreme emergency in accordance with its laws normally and reasonably applied on a non-discriminatory basis". Available at: <http://ita.law.uvic.ca/investmenttreaties.htm>, last visited 1 January 2006.

③ The Investment Protection Treaty between India and the United Kingdom, 1995; available at: <http://www.unctad.org/sections/dite/iia/docs/bits/uk_india.pdf>, last visited 1 January 2006.

countries such as India (a State similar to China), are all paying extreme attention to the preclusion of matters relating to "essential security" and "extreme emergency" from the jurisdiction of international arbitral tribunals.

Furthermore, both the Vienna Convention on the Law of Treaties 1969① and the Vienna Convention on the Law of Treaties between States and International Organizations or between International Organizations 1986② provide that the host country can terminate, withdraw from, or suspend a treaty in the face of some fundamental changes of circumstance. For example, Article 62(1) of the Vienna Convention provides that, if a fundamental change of circumstances which (a) has occurred with regard to those existing at the time of the conclusion of a treaty, (b) was not foreseen by the parties, (c) the existence of those circumstances constituted an essential basis of the consent of the parties to be bound by the treaty, and (d) the effect of the change is radically to transform the extent of obligations still to be performed under the treaty, then such change may be invoked as a ground for terminating, withdrawing from, or suspending the treaty.

It goes without saying that China, as a developing country, must have the right to formally invoke a rule allowing it to assert an exception for "essential security interests" in BITs. However, China, as far as the author knows, has not clearly and completely precluded the matters relating to "essential security interests" and "extreme emergency" from international jurisdiction in Chinese BITs concluded with other countries. Especially, it still does not provide any exception for essential security interests under the new conditions that offer complete consent to the jurisdiction of ICSID in China's BITs recently concluded with such developed countries as Germany and the Netherlands.

China's BITs generally consist of only 12 to 16 articles, with very simple content, which seems not enough to completely describe the proper

---

① Vienna Convention on the Law of Treaties, 1969; available at: <http://www.un.org/law/ilc/texts/treatfra.htm>, last visited 1 January 2006.

② Vienna Convention on the Law of Treaties between States and International Organizations or between International Organizations, 1986; available at: <http://www.un.org/law/ilc/texts/trbtstat.htm>, last visited 1 January 2006.

exceptions. Even the Sino-Germany BIT, which has the longest texts and the most explicit content, only uses three items to make a slightly restrictive announcement in the annex "Protocol"[①]. In contrast, the developed countries' Model BITs usually further provide a series of other important exceptions, such as "Most-Favored-Nation Treatment", "Denial of Benefits", "Establishment and Merger of New Investment Enterprises", etc. However, most of the current Chinese BITs concluded with other countries do not have similar content[②].

Under the condition of no additional exceptions for protecting the host country's essential security, the *complete acceptance* of the jurisdiction of ICSID. is similar to a widely open door without any defense. If China cannot keep indispensable caution and put on necessary "brakes", the consequences may be ghastly and endless troubles once the unpredictable and unavoidable crises occur under the attack of international capital or speculative "giant crocodiles". Such vigilant consciousness should not be weakened at any time. It seems not just a groundless tale for frightening people nor just a fantasy to say so.

B. *SUCH PROVISIONS DO NOT MATCH CHINA'S CURRENT CIRCUMSTANCES*

1. THE CURRENT RATIO BETWEEN THE FOREIGN CAPITAL FLOWING INTO CHINA AND CHINESE CAPITAL INVESTED OVERSEAS

The higher the protection standard set by BITs, the heavier and bigger the international duties the host country bears. Investment protection with

---

① Only Ad Articles 3, 4 and 5 among the seven "Ad Articles" in this annex "Protocol" contain some "exceptions or restrictions": "Ad Article 3" provides that China will take steps to progressively remove any non-conforming measures; "Ad Article 4" provides that the provisions of Article 3 (Investment Treatment) in the Sino-Germany New BIT do not oblige a Contracting Party to extend to investors resident in the territory of the other Contracting Party tax privileges, tax exemptions and tax reductions which according to its tax laws are granted only to investors resident in its territory; and "Ad Article 5" provides that the provisions of Article 6 (Repatriation of Investments and Returns), paragraph 1 (c) in the Sino-Germany New BIT will apply provided that the transfer shall comply with the relevant formalities provided by the present Chinese laws and regulations relating to exchange control, etc.

② For discussion of these relevant exceptions, see Wang Hailang, *Falling behind? or Going far beyond the Limit?—China's Consent to the Jurisdiction of ICSID*, Journal of International Economic Law, Vol. 13, No. 1, 2006, pp. 145–181.

high standards is much more beneficial to capital-exporting countries than to capital-importing countries. If a country mainly exists as a capital-importing country (i.e. the host country), it will also encounter high risks of being sued in an international arbitration tribunal while utilizing a large amount of foreign capital. Therefore, if China can objectively judge the real relationship between its absorbed FDI and its capital invested overseas, it would be very conducive to scientifically evaluate the proportion between the risks caused by Chinese BITs with high protection standards and its obtainable profits so as to hold the proper attitude in the course of concluding BITs with high standards of protection.

The following statistics of the Department of Foreign Investment Administration of the Ministry of Commerce of the People's Republic of China are worthy of special note:

(i) in 2004, Chinese direct investment overseas was equal to 0.9% of the outflow and 0.55% of the store of global FDI;

(ii) in 2004, the Chinese net value (i.e. store) of direct investment overseas was only equal to 6.8% of its absorbed FDI[1];

(iii) through analyzing *the accumulation*, up to 2004 the accumulative value of direct investment overseas was only equal to 4.5% of absorbed FDI[2];

---

[1] According to the statistics of the Department of Foreign Investment Administration of the Ministry of Commerce of the People's Republic of China in October 2005: in 2004, the net value (i.e. store) of Chinese direct investment overseas was USD5.5 billion and remained USD2.87 billion after deducting USD2.63 billion investment in Hong Kong. In 2004, the realized inward FDI value in China was USD60.63 billion and remained USD41.63 billion after the deducting USD19 billion of investment received from Hong Kong. In consequence, in 2004 the value of Chinese direct investment overseas was only equal to 6.8% of the absorbed FDI if the net USD2.87 billion overseas investment is compared with the net USD41.63 million realized inward FDI.

[2] Up to the end of 2004, the accumulative net value of China's direct investment overseas was USD44.8 billion, of which Hong Kong's share represented 67.8% (USD30.39 billion); after deducting this item, the accumulative value of China's direct investment overseas was USD14.41 billion. Up to the end of 2004, the accumulative net value of realized inward FDI was USD562.1 billion in the whole country, of which Hong Kong's share represented 42.98% (USD241.57 billion); after deducting the investment in Hong Kong, there remained only USD320.53 million of net realized inward FDI. The accumulative value of China's direct investment overseas therefore was only equal to 4.5% of the absorbed FDI if the net accumulative USD14.41 billion overseas investment is compared with the net accumulative USD320.53 billion of absorbed inward FDI.

(iv) up to the end of 2004, the accumulative value of the Chinese direct investment in the United States was USD670 million, whereas the accumulative net value of U. S. direct investment in China was USD48 billion, i. e. the value of Chinese direct investment in the United States was only about 1.3% of U. S. investment in China;

(v) up to the end of 2004, the accumulative value of China's investment in Canada was USD467 million, whereas the realized accumulative value of Canadian investment in China was about USD4.5 billion, i. e. the value of China's investment in Canada was around 10% of Canadian investment in China①.

From the above statistics, it is not difficult to see that up to the end of 2004, although more Chinese capital was invested overseas because of "outgoing" policy, when that is compared with the pertinent numbers relating to absorbed inward FDI, China is still mainly regarded as capital-importing country when participating in international investment activities. Correspondingly, in the course of concluding BITs, China seems to need to pay more attention to the erosion of national management power over public interests due to the excessively "open" BITs while emphasizing the protection of its own investment overseas. If China cannot firmly base its policies and practices on the real national situations and powers but deviates from those realities, opens too much or too fast to the outside world, and gives a high standard of protection in its BITs, the disadvantages obviously would outweigh the advantages and the loss would outweigh the gain.

Take the figures of the third group above for an example. At the present stage and within a recent predictable period, there is no doubt that the loss will greatly outweigh the gain if the possible safety of 4.5% of Chinese overseas investment (as contingent credit) is used to change back the 95.5% FDI risks (as contingent debt) that could easily be appealed to international

---

① The statistics above are all taken from *The Annual Statistics Report of China's Overseas Direct Investment (Non-financial Section) 2004*, available at: <http://www.chinapressusa.com/luntan/200510270180.htm>; and *The Information Summary of China's FDI 2004*, available at: <http://www.fdi.gov.cn/common/info.jsp?id=ABC00000000000025847>, both last visited 1 January 2006.

arbitration by international capitalists. In other words, such a consideration is just like paying one dollar for five cents.

Instead, there would be no harm for China to calmly watch the situation developing, gradually and safely to go forward at a slow pace, while negotiating to conclude any BITs with high standards of protection. It will not be too late to wait to revise the present comparatively low standard of protection (but comparatively conform to the real national conditions of China) until the day when China's overseas investment value is basically equaled to that of absorbed FDI arrives.

2. THE POSITIVE RELATIONSHIP BETWEEN THE HUGE AMOUNT OF FDI INFLOW INTO CHINA AND THE SINO-FOREIGN BITS OVER THE RECENT TWO DECADES

(a) *From the perspective of China absorbing the highest level of foreign capital*

During the period of January – December 2005, the 10 top countries / regions that invested in Mainland China (based on the realized FDI value) were as follows: (1) Hong Kong, USD17.95 billion (29.75%); (2) British Virgin Islands, USD9.02 billion (14.96%); (3) Japan, USD 6.53 billion (10.82%); (4) Republic of Korea, USD5.17 billion (8.57%); (5) the United States USD3.06 billion (5.07%); (6) Singapore, USD2.20 billion (3.65%); (7) Taiwan (Province of China), USD2.15 billion (3.57%); (8) Cayman Islands, USD1.95 billion (3.23%); (9) Germany, USD1.53 billion (2.54%); and (10) Samoa, USD1.35 billion (2.24%).①

The above statistics show that FDI from the 10 top countries /regions amounted to 84.4% of the total realized FDI inflow into China (USD60.32 billion) during the period January – December 2005. The eight top FDI sources countries /regions (excluding investment from China's Hong Kong and Taiwan regions) are, successively, the British Virgin Islands, Japan, the Republic of Korea, the United States, Singapore, the Cayman Islands, Germany and Samoa. Only the British Virgin Islands, Japan, the Republic of

---

① See *An Analysis on the FDI inflow to mainland China (January – December, 2005)*; available at: <http://www.fdi.gov.cn/common/info.jsp?id=ABC00000000000028169>.

Korea, Singapore and Germany among the eight countries have concluded bilateral investment protection treaties with China. The Sino-United Kingdom BIT 1986 provides that only the specific disputes relating to the amount of compensation for expropriation shall be submitted to international arbitration[1]. Both the Sino-Japan BIT 1988[2] and the Sino-Republic of Korea BIT 1992[3] also provide that ICSID only has jurisdiction over specific disputes relating to the amount of compensation for expropriation. As to the jurisdiction over other disputes, the two Contracting States must sign an additional agreement. The Sino-Singapore BIT 1985 also only provides the willingness to submit specific disputes relating to the amount of compensation for expropriation to international arbitration[4].

However, Article 9 of the newly revised Sino-Germany BIT (Chinese version) of 1 December 2003 provides that any dispute concerning investments between a Contracting Party and an investor of the other Contracting Party *may*, at the request of the investor, be submitted for ICSID's arbitration if the dispute cannot be settled within six months of the date when it was raised by one of the parties in dispute. The English-language version provides that the above dispute "*shall*" be submitted to ICSID arbitration. This BIT was done at Beijing in duplicate in the German, Chinese and English languages. According to the BIT, all the above texts are authentic. In case of divergent interpretation of the German and the Chinese texts, the English text shall prevail. Thus, in the newly revised Sino-Germany BIT 2003, China has already completely consented to the jurisdiction of ICSID[5].

In brief, among the said eight top countries/regions investing in China,

---

[1] See Article 7 of the Sino-United Kingdom BIT of May 1986.
[2] See Article 11 of the Sino-Japan BIT 1988.
[3] See Article 9 of the Sino-Republic of Korea BIT 1992.
[4] Article 13(1) of the Sino-Singapore BIT 1985 ("Dispute Settlement") provides that the two disputing Parties shall resolve a dispute through consultation. Article 13(2) provides that the dispute shall be submitted to the courts having jurisdiction in the host Contracting Party if the dispute cannot be resolved through consultation within six months. Article 13(3) provides that the dispute may be submitted to an international arbitration tribunal established by the two Parties if the dispute is involved with the amount of compensation for expropriation, nationalization or other equivalently effective measures and cannot be resolved through consultation within six months.
[5] See Article 9 of the new Sino-Germany BIT (revised) 2003. The original Sino-Federal Republic of Germany BIT was signed on 7 October 1983.

only the Sino-Germany BIT completely consents to the jurisdiction of ICSID. The Sino-United Kingdom (including British Virgin Islands) BIT, the Sino-Japan BIT and the Sino-Republic of Korea BIT consent to the jurisdiction of the Centre *merely* over disputes relating to the *amount of compensation for expropriation*. Among the 84.4 % of realized FDI from the eight countries / regions, only 2.54 % is from Germany. In other words, only 2.54 % of the total foreign capital invested in China, to the maximum degree, may relate to the *complete jurisdiction of ICSID* provided in the newly revised Sino-Germany BIT. However, there is no evidence to assert that such 2.54% FDI from Germany would not have flowed into China if there were no such complete consent to ICSID's jurisdiction. Furthermore, the remaining 97.46% FDI basically and actually did not require the complete jurisdiction of ICSID to be accorded in related BITs when it flowed into China in such a large scale. In other words, the real positive influence of BITs with complete jurisdiction of ICSID should not be over-estimated.

(b) *From the perspective of china's investments overseas*

The *Annual Statistic Report of China's Direct Investment Overseas* (excluding China's Hong Kong, Macao and Taiwan regions) jointly issued by the Ministry of Commerce and the National Statistics Department of the People's Republic of China on 1 September 2005 showed that the overseas enterprises of China at that time were investing in over 149 countries and regions, comprising 71% of the countries (regions) in the world, and 43% of that investment was in Hong Kong, the United States, Russia, Japan, Germany and Australia (17% in Hong Kong)①. However, up to the end of 2004, China had only signed BITs providing complete consent to the jurisdiction of ICSID with 17 of those 149 host countries. The 17 Contracting Parties were Barbados, Congo, Botswana, Cyprus, Sierra Leone, Mozambique, Kenya, the Netherlands, Burma, Bosnia and Herzegovina, Trinidad and Tobago, Côte d'Ivoire, Guyana, Germany, Bénin, Latvia and Uganda. Among these, only the Netherlands and

---

① *China Almost Doubled the Overseas Investment Last Year*; available at: <http://www.huaxia.com/sw/cjzx/jjdt/2005/00361580.html>, last visited 8 September 2005.

Germany are developed countries. Not included were the United States, Russia, Japan and Australia, where Chinese overseas enterprises are heavily invested.

These statistics show that, while Chinese overseas enterprises were choosing the host countries, they seemed not to have considered as a primary factor whether or not the host country and China had already signed BITs with complete consent to the jurisdiction of ICSID or not.

(c) *From the perspective of the latest global investment reports*

The global comprehensive research report pertinent to international investment 2003 – 2005 shows that the expectation of absorbing foreign capital by concluding BITs had not been effectively realized by including in those BITs arbitration arrangements like ICSID for the resolution of investment disputes. In other words, such arrangements had played some but not a very great role in absorbing foreign capital. The World Bank, in its *Global Economy Prospects 2003*, objectively pointed out:

> "*Even the relatively strong protections in BITs do not seem to have increased flows of investment to signatory developing countries*. These facts suggest that expectations for new flows associated with protections emerging from any multilateral agreement should be kept low." (emphasis added)[1]

The World Bank, in its *World Development Report 2005*, further emphasized that it is inappropriate to exaggerate the influence of BITs on investment inflows:

> "Assurances of this kind can contribute to the investment climate of the host country, and there is some evidence that investors rely on those assurances. Indeed, in some cases a BIT is a precondition for obtaining political risk insurance from bilateral agencies. Despite this, *empirical studies have not found a strong link between the conclusion of a BIT and subsequent investment inflows.*

---

[1] World Bank, *Global Economy Prospects 2003*; available at: <http://www.worldbank.org/prospects/gep2003/summarycantonese.doc>.

...[T]here is evidence that many investors are not aware that a BIT is in place at the time of considering an investment, and indeed investors may remain oblivious until some issue arises when its provisions may be relevant." (emphasis added)①.

An investment report offered by a scholar studying in the United Kingdom also proved this view. He found that EU investors engaged in international investment rarely knew the arbitration mechanism of ICSID. Only 18% of EU investors noticed whether they could invoke the arbitral mechanism or not when deciding to invest in China②.

In the same vein, another authoritative institution under the United Nations, the United Nations Conference on Trade and Development (UNCTAD), early in its *World Investment Report 2003*, formally reminded and alerted the weak nations all over the world that:

"For developing countries, the most important challenge in future IIAs [international investment agreements] is to strike a balance between the potential contribution of such agreements to increasing FDI flows and the preservation of the ability to pursue development-oriented FDI policies that allow them to benefit more from them, that is, *the right to regulate in the public interest*. This requires *maintaining sufficient policy space* to give governments the flexibility to use such policies within the framework of the obligations established by the IIAs to which they are parties." (emphasis added)③.

What is the exact meaning of "maintaining sufficient policy space"? In this author's view, it refers to the principle that the host country, in the

---

① World Bank, *World Development Report 2005, A Better Investment Climate for Everyone*, World Bank and Oxford University Press, 2004, p.177.

② Wenhua Shan, *The Role of Law in China's Success in Attracting Foreign Investment: An Empirical Approach*, p.12. This essay had been submitted to the International Symposium of "International Economic Law and China in Its Economic Transition" held in Xiamen on 4–5 November 2005.

③ UNCTAD, *World Investment Report 2003—FDI Policies for Development: National and International Perspectives (Overview)*, UNCTAD/WIR/2003 (Overview), 2003, p.18.

course of concluding BITs, needs to reserve its own independent rights and powers in moderating and adjusting its policies and strengthening the management of the national economy, reserving the right to exercise controls over its domestic situations on the basis of the public interest at any necessary time. In other words, the host country should not completely accept the jurisdiction of the international arbitral tribunals without any conditions and reservations. At the same time, both the proper exceptions and the independent rights and powers aforesaid shall be reserved and written into the relevant BITs in concrete language, to make it explicit beforehand, so as to avoid afterward being criticized as having "broken" the international investment treaties.

Why did UNCTAD's Report solemnly put forward such advice? It is apparently not shooting without any target. It might as well say that this is a reflection of thoughts on the bitter consequences resulting from the practice that some host developing countries have over-relaxed their controls and management of the national economy in order to hastily absorb foreign capital without reserving enough "policy space". There are more analyses concerning this aspect in Section III. C of this article.

3. THE MAIN REASONS FOR THE HUGE INFLOW OF FDI INTO CHINA OVER THE PAST TWO DECADES

It is well known that China's great achievements in absorbing foreign capital mainly depend on the following factors:

— *cheap labor in China*: In general, Chinese workers employed by many foreign enterprises only receive RMB600 (roughly equivalent to USD75) per month but have to work over 10 hours each day. Foreign inventors neglect China's labor laws and are not afraid of the protest of "labor unions";

— *the preferential policies to foreign capital and vast consumer markets*: The vast markets of China are more and more open since China entered the World Trade Organization, and foreign capital can enjoy more preferential "super-national treatment" in taxation, administrative procedures and utilizing lands, etc. This means that foreign capital occupies a privileged position in competing with

Chinese enterprises from the beginning;

— *the stable political situation in China*: This means the enormous decrease in political risks. At the same time, foreign investors greatly decrease their fears of future disturbance because Chinese laws continuously reaffirm that foreign capital shall not be nationalized and expropriated under normal conditions; and

— *comparatively rich resources in China*: Although China is deficient in raw materials and energy, its other natural resources, in general, are comparatively rich in lots of aspects when compared with those of many developed countries. The cost for using local materials is very cheap, which greatly attracts foreign investments.

In brief, it is not the result of the conclusion of BITs with high standards of investment protection but mainly the abovementioned factors that cause China to be the top among all developing countries in absorbing foreign capital. The most convincing evidence is that up until now, China has not concluded any kind of BIT with the United States, not to say a BIT with high standards of investment protection, because the United States always "demands" an exorbitant price. However, up to the end of 2004, it was the United States instead of other countries that was "top" in the investment accumulation in China over the latest two decades①. In addition, it should be noted that both the Sino-Japan BIT 1998② and the Sino-Republic of Korea BIT 1992③ just agree on ICSID's jurisdiction over disputes relating to the amount of compensation for expropriation. However, up to the end of 2004, the Republic of Korea and Japan were respectively the second and third countries in investment accumulation in China. This strongly proves that both the Sino-Republic of Korea BIT and the Sino-Japan BIT, with comparatively low protection standards, did not affect the activity and enthusiasm of South Korean and Japanese capital flowing into China. Therefore, at the present stage, there seems to be no necessity for China to drift with the "current" and

---

① See the statistics by the Department of Foreign Investment Administration, *supra* note.
② See Article 11 of the Sino-Japan BIT 1988.
③ See Article 9 of the Sino-Republic of Korea BIT 1992.

wantonly lift the protection standard by a big margin.

4. CHINA BEING WITHIN THE PERIOD OF ECONOMIC TRANSITION AND POLICY ADJUSTMENT

As a developing country in the process of fundamental change to a consummate market economy, China still needs to make a series of new laws and regulations or reform the existing ones so as to effectively control the macro national economy, when it certainly faces many new problems within a period. So it is impossible to completely exclude the breach of some pertinent franchise agreements for the purpose of maintaining national security and public interests.

Firstly, there is no need for reticence in noting that the natural ecological system has been seriously destroyed after many years' coarse development of the economy, which is negatively influencing the further enhancement of China's comprehensive economic strength. So the Chinese government repeatedly stresses realization of sustainable development and strengthens environmental protection. However, the comprehensive requirement for environmental protection would be likely to have extensive effects on the benefits of relevant foreign enterprises.

Secondly, for many years China's economic development has relied on the cheap labor force and deficiencies in the labor protection system. In particular, the protection for the farmworkers in many foreign enterprises is almost non-existent, and the so-called "labor unions" therein often are merely nominal. So China has established a policy to promote a harmonious society to deal with the problems caused by Chinese polarization, and it seeks to improve labor protection standards, which may affect the vested interests of foreign capital.

Thirdly, as to the "super-national treatment" of foreign capital, China is undertaking tax reforms to eliminate discrimination in treatment between domestic and foreign-related enterprises. Such reforms may also greatly affect the vested interests of foreign capital.

Finally, as a developing country, the financial system and economic operation of China are still not very well developed, stable or healthy, and the country has no strong capability to withstand various financial risks and economic crises. When encountering such serious risks or crises, China certainly will take measures to protect national economic security, such as stronger foreign exchange controls and customs supervision, which may also greatly impact the vested and potential interests of foreign capital.

The policy reforms mentioned above, such as environmental, labor, taxation and "super-national treatments", etc., need to be carried out. When the imbalance of economic operation, financial risks or economic crises happen in the future, China will certainly take various necessary measures to control and protect the national economy, as other sovereign States do under similar circumstances. All such actions will have to harm the vested interests and potential profits of foreign investors to a certain degree within a specific period. Should China have to choose to break the investment contracts or the stipulations of high protection standard in BITs (including complete consent to ICSID's jurisdiction) under emergency situations, the foreign investors can appeal to international arbitration in accordance with the investment contracts or BITs (including complete consent to ICSID's jurisdiction), which may bring about the inter-locking reactions of dominoes and the consequences of being frequently or massively sued before the international arbitral tribunals. There have been bitter lessons in some developing countries as a result of their practice of concluding BITs with high protection standards. China should take warning from these. Otherwise, China could become another Argentina one day if China does not strengthen the vigilant consciousness and take precautions in peacetime.

C. *SUCH PROVISIONS IGNORE THE BITTER LESSONS OF SOME BITS HARMING WEAK COUNTRIES: THE WARNING FROM ARGENTINA'S DILEMMA*

Argentina is the second largest country in South America and had been reduced to the status of a colony for a long period of its history. Heavily suffering from colonialism, the Argentine people have a good tradition of resisting it. So it is not accidental that Argentina was the birthplace of the Calvo doctrine, the core content of which is to safeguard the independence of national jurisdictional sovereignty and maintain the jurisdiction of the domestic courts over business disputes involving foreign elements. However, over the past two decades, the Calvo doctrine, with its important global impact, had experienced "negating the negation" like a "saddleback" in its birthplace, Argentina, which has attracted worldwide attention and set people thinking deeply①.

As the ICSID Convention 1965 was against the spirit of the Calvo doctrine, Argentina always took the initiative to openly resist it when the international arbitral system was discussed and came into being, which led many South American countries to refuse to join the ICSID Convention for a long period. However, in order to alleviate the economic difficulties and absorb more foreign capital to promote economic construction in the early 1990s, Argentina initiated two reforms: (i) massively extending privatization in original State-owned public utilities and energy undertakings and absorbing a large amount of foreign capital by way of signing long-term contracts with foreign businessmen; and (ii) strengthening the peso's position in domestic and foreign financial markets by linking the Argentine currency to the U.S. dollar by guaranteeing to freely exchange at an official rate of 1:1 between the peso and the U.S. dollar. At the same time, Argentina also took two reforms in its treaty-concluding practice: (i) after many years' resistance and observation, Argentina finally decided to join the ICSID Convention in May 1991 and formally submitted its ratification in October 1994; and (ii) to be in line with the ICSID Convention, it signed a series of BITs with many countries.

However, Argentina lacked serious consideration and necessary cautiousness in the course of concluding BITs with lots of the developed countries. Such lack can be seen from the fact that the relevant authorities neglected their real national conditions and powers and weakened their consciousness of vigilance and sense of risks. Consequently, too high standards of investment protection in many BITs were offered to foreign investors. *Inter alia*, with regard to submitting investment disputes, the scope of openness was too large and the velocity of openness was too fast. Further, no necessary restrictions or essential exceptions were set in the

---

① For more, see *infra* notes and accompanying text.

BITs. As a result, foreign investors may avoid Argentine domestic jurisdiction and tendentiously submit any investment disputes to international arbitration. Thus, the abovementioned four great safeguards authorized by the ICSID Convention and the Vienna Convention were completely dismantled, which left potential dangers and led to trouble later on.

As statistics show, for promoting the inflow of foreign capital, Argentina had separately and consecutively concluded, since the early 1990s, a series of BITs with high protection standards with many developed countries, including the United States, France, Germany, Australia and Spain, and with other comparatively rich developing countries. Argentina signed more than fifty BITs in the 1990s. This was far more than the number of BITs signed by other Latin American countries[①].

Besides offering extensive substantial treatments of a high standard in related BITs, Argentina made a general and complete consent to the jurisdiction of the international arbitral tribunals[②]. For example, Argentina's BITs provide that foreign investors may choose an ICSID arbitral tribunal, to use the ICSID Additional Facility Rules, to use the Arbitration Rules of the United Nations Commission on International Trade Law, or consent to submit a dispute to international arbitration through other approaches as they prefer[③]. The so-called "free choice" means that foreign investors are free to try anything they like. However, in such BITs, Argentina did not explicitly

---

[①] Freshfields Bruckhaus Deringer, *The Argentine Crisis—Foreign Investor's Rights*; available at: <http://www.freshfield.com/places/latinamerica/publications/pdfs/2431.pdf>, last visited 1 July 2005.

[②] According to the research of Dr Wei Yanru, Argentina had completely accepted ICSID's jurisdiction in at least 23 BITs, including those signed with the developed countries like Sweden, the United States, Spain, Germany, France, Australia and Finland. These data can be proved by the original text of Argentina's BITs; available at: <http://www.unctadxi.org/templates/DocSearch.aspx?id=779>. Wei Yanru, *On the Impropriety of China's Recent Complete Acceptance of ICSID Jurisdiction*, Section 3 Journal of International Economic Law, Vol. 13, Number 1, 2006, pp. 109-144. Additionally, lecturing at Xiamen University on 12 July 2005, Mr Ucheora Onwuamaegbu, Senior Consultant of ICSID, pointed out that all of Argentina's cases before ICSID tribunals were raised by foreign investors in accordance with the related BITs.

[③] See, for example, Article 7 of the Argentina-U.S. BIT and Article 8 of the Argentina-Sweden BIT; available at: <http://www.unctadxi.org/templates/DocSearch.aspx?id=779>, last visited 1 January 2006.

attach the provisions of necessary restrictions and exceptions of national essential security authorized by ICSID Convention while completely accepting the jurisdiction of ICSID or other international arbitral tribunals. Hence, surprisingly and regrettably, the Calvo doctrine, ever enjoying good fame among hundreds of millions of weak people, has almost disappeared in its hometown.

Roughly since 2001, Argentine financial crises became increasingly serious, under the attack of international capital and unhealthy domestic management. Then Argentina promulgated a Public Emergency Law in 2002 and its coordinated regulations and decrees, which included the following provisions:

— the government and financial organs would no longer guarantee to freely exchange the peso for U. S. dollars at the official rate of 1 : 1;
— various U. S. dollar debts and other foreign currencies debts, including deposits, would be required to be converted into peso debts at a ratio far lower than the normal market rate (which greatly devaluated the peso in comparison with the U. S. dollar; and
— public utilities undertakings (including lots of foreign private undertakings or joint-ventures) were required to charge their consumers still at the official rate of 1 : 1 between the peso and the U. S. dollar while, at the same time, they were required to continue to completely perform their duties under the franchise agreements.

At the same time, to explore sources of revenue and augment the national treasury, the Argentine government increased the customs duties on the exports produced by foreign-invested energy enterprises or joint ventures[①].

Increasing incomes and reducing expenditures, these emergency measures

---

① Paolo Di Rosa, *The Recent Wave of Arbitrations Against Argentina Under Bilateral Investment Treaties: Background and Principal Legal Issues*, The University of Miami Inter-American Law Review, Vol. 36, 2004, pp. 44–49.

taken by an Argentine government confronting a financial crisis inevitably hurt foreign investors' interests to a fair extent. Then the foreign investors submitted their claims to ICSID according to the stipulations of related BITs with high protection standards. During the period March 1997 – November 2005, there were 41 cases against Argentina submitted to ICSID. As of 29 September 2006, there still were 33 cases against Argentina among the 105 pending cases before ICSID. Such a phenomenon of so many claimants who are so concentrated against one country not only has never happened during the four decades since the birth of ICSID and its arbitral system but also has never existed in the whole history of the international arbitral system in modern times.

Argentina has been in an extremely embarrassed situation in recent years. From the information issued in the Annual Report of ICSID 2005 and on the ICSID Website, as a striking contrast to its early generosity and complete consent to ICSID's jurisdiction in a series of BITs, Argentina nowadays has taken some dilatory tactics to fight for every inch of land after it has continuously become the respondent in international arbitration. The basic tactics seem to raise an objection to jurisdiction at first, then try hard to raise an application to revoke the final decision under the condition that the tribunal has continuously rejected its objections to jurisdiction and has made an award on the substantial issues①.

Meanwhile, there appears to exist a strong voice to rehabilitate the Calvo doctrine and its pertinent laws and decrees in the territory of Argentina, as well as the latest trend to recall the pertinent jurisdiction and reserve it to its domestic courts again. In other words, if the early action that the jurisdiction of foreign-related investment disputes was transferred to a large degree to the international arbitration tribunals without any reservation, was seen as the *negation* of the Calvo Doctrine, then the present strong voice and corresponding actions to recall the pertinent jurisdiction might as well be

---

① See details on the ICSID Website, at: <http://www.worldbank.org/icsid/cases/pending.htm>.

called the beginning of a new stage of *"negation of negation"*①.

D. SUCH PROVISIONS IGNORE THE LATEST LEGISLATIVE TRACK-SHIFT IN TWO HOST COUNTRIES—ARGENTINA AND THE UNITED STATES

In recent years, one of the measures taken by the Argentine government was to issue a decree and to appoint a domestic court to retry the case concerning GB Oil Company. It was reported that in 1996 Argentine ex-President Carlos Menem had signed a decree to establish an arbitral tribunal to settle the dispute between GB Oil Company and the Argentine government at the request of the foreign investors. He thought it was the most effective and economical approach to settle this dispute, but the dispute was not settled in the end. Seven years later, in October 2003, the Argentine government issued a new decree to repeal the previous one of 1996 and appointed special persons to bring suit again against the two then-closed companies previously controlled by GB Oil Company, claiming a 500 million Argentine peso default on tax payment, fines and loans. This action is considered to be the first step of "renationalizing legal conflicts" with the foreign investors inside Argentina taken by the Government. These disputes, in fact, included some 20 cases, including those of public utilities enterprises mainly owned by foreign investors, suing the Argentine government while ICSID Tribunals were accepting and hearing these cases②.

The impact caused by the action of the Argentine government greatly surpasses that of the case itself. The media considers that the new decree formally scraps the international arbitration tribunals because it proclaims that the submission of the above cases to a third party outside Argentina's

---

① For discussion of Argentina's experiences and lessons, see Wei Yanru, *supra* note; Shan Wenhua, *The Death and Revival of "Calvo Doctrine"—Recent Changes of Attitude of Legislations concerning International Investment in Latin-American Countries and Their Implication for China*, Journal of International Economic Law, Vol. 13, Number 1, 2006, pp. 183 - 206; Cai Congyan, *Loosening Jurisdiction Imprudently, A Tidal Wave of Litigations Arising—Argentina's Imprudent Attitude towards Investment Disputes Jurisdiction and Its Serious Lesson*, Journal of International Economic Law, Vol. 13, Number 1, 2006, pp. 207 - 234.

② *Argentina: Government Reopens 7-Year-Old Case vs Oil Group*, Laurence Norman, Dow Jones Newswires; available at: <http://www.LatinPetroleum.com>, last visited 1 January 2006.

orbit would bring about a series of difficulties from various layers of law, politics and the economy. Horacio Rosatti, the Head of the Office of the Attorney General in the Treasury, announced in a press conference that the purpose of government was to rehabilitate the jurisdiction of Argentina's domestic courts. His announcement was extensively quoted. He said that the Argentine government was studying how to bring back other disputes between the government and foreign enterprises to be settled within Argentina's orbit, including those losses caused by emergency measures in 2002 and the related disputes that had been submitted to ICSID tribunals. He also mentioned that the Argentine government was trying hard to ensure that these enterprises must, with priority, exhaustively use all legal remedies within Argentina's orbit and that the Argentine courts could "analyze" any final decision of the international arbitral tribunals. He also asserted: "[W]e are questioning such [international] jurisdiction and may further question the constitutionality of its whole system."① In other words, the Argentine government is seriously studying whether the submission of all investment disputes involving foreign elements to ICSID tribunals conforms to the national fundamental law, the Argentine Constitution.

Additionally, according to the comment in an article entitled *Is Calvo Finally Back?*②, on 2 March 2005 at the time of opening the 123rd ordinary session of the Argentine Congress, Argentine President Kirchner delivered a speech that severely questioned eventual decisions of international arbitration tribunals on claims filed by foreign investors against Argentina. Two House Representatives of the governing party are promoting a bill aimed at limiting the intervention of international arbitral tribunals in cases involving the State, State agencies or enterprises. The proposed limitations are:

— no such case may be submitted to international arbitration unless

---

① *Argentina: Government Reopens 7-Year-Old Case vs Oil Group*, Laurence Norman, Dow Jones Newswires; available at: <http://www.LatinPetroleum.com>, last visited 1 January 2006. See also C. E. Alfaro and P. M. Lorenti, *The Growing Opposition of Argentina to ICSID Arbitral Tribunals—A Conflict between International and Domestic Law*? 6 J. W. I. T. 3, June 2005.

② Guido Santiago Tawil, *Is Calvo Finally Back*? Transnational Dispute Management, No. 3, June 2005; available at: <http://www.transnatiional-dispute-management.com/news/tdm2-2005_5.htm> (by subscription).

Congress has provided in the case for an exception through a specific statute; and

— any decision of such case made by an international arbitral tribunal may not be recognized unless an *appeal* of the decision before <u>Argentine federal courts</u> is taken and won.

The latter provision may completely deny the finality nature of international tribunals' awards and brings the power of final decision back into Argentina's own hands.

The bill also instructs the Executive to inform the appropriate authorities of Argentina's repeal of any treaty by means of which Argentina has accepted the jurisdiction of international arbitral tribunals and requires the Executive, its agencies and enterprises to issue all necessary orders or decisions in order to annul prior agreements or decisions contrary to such provisions.

Similarly to Argentina, both Canada and the United States have also undergone in recent years a process moving from extensive openness to a recall of jurisdiction. Originally, both countries had tried hard to include provisions in BITs with higher protection standards for investors and to permit an investor to pursue remedies of international arbitration, including ICSID, without any restriction. They mostly signed BITs with developing countries, and their positions were obviously based on the interests of a capital-exporting country. However, the Canadian and the U.S. governments gradually realized the negative impact of being the respondent when foreign investors in their economies resorted to the international arbitral tribunals. They also began to consider that the right of foreign inventors to easily appeal to the international arbitral tribunals should be restricted and the host county's power in controlling its macroeconomy should be maintained. Then in 2004, Canada and the United States each significantly revised their original Model BITs, added numerous exceptions, and clarified some legal issues contained in the NAFTA.

For example, both Annex B. 13(1) of the Canadian Model BIT 2004 and Annex B of the U.S. Model BIT 2004 further clarified that an action of the host country may be treated as an indirect expropriation only under specific situations and limited conditions; the host country's measures for prot ecting legitimate public welfare objectives, such as health, safety and the environment, etc., do not constitute indirect expropriation. Therefore, the scope of indirect expropriation was greatly limited. For another example, both Article 5 of the Canadian Model BIT 2004 and Article 5 of the U. S. Model BIT 2004 restrictively interpreted the "fair and equitable treatment" by adding the "customary international law minimum treatment".

Therefore, the Canadian Model BIT 2004 is called "two steps forward, one step back" by Western scholars[①]. Meanwhile, as to the development tendency of the U. S. Model BIT 2004, Western scholars thought that the U. S. government tended to weaken investor protection in the free trade agreements and bilateral investment protection treaties with Chile, Singapore and other countries. Although up to now there have not been many cases brought by foreign investors in the territory of the United States that have appealed to international arbitration, the U. S. Model BIT 2004 still notes and is concerned more with criticism from the U. S. Congress and the public that more foreign investors may raise international appeals some time in the future[②].

The U. S. Department of Commerce required the U. S. Advisory Committee on International Economic Policy (ACIEP) (a non-governmental expert committee representing broad groups) to check and evaluate the draft of the U. S. Model BIT. A subcommittee on investment of the ACIEP put forward a report on 30 January 2004 that concluded as follows. Firstly, the members representing U. S. overseas investors considered that the United States need not revise the Model BIT 1994 because it reflected the modern practice of international law and investment and provided strong protection for the risks encountered by U. S. overseas investors. On the contrary, the Model BIT 2004 substantially weakened the protection for U. S. overseas investors, and thus shows the tendency of its decline and that it can not

---

[①] James McIlroy, *Canada's New Foreign Investment Protection and Promotion Agreement — Two Steps Forward, One Step Back?* 5 J. W. I. T. 4, August 2004, p. 621, at p. 646.

[②] David A. Gantz, *The Evolution of FTA Investment Provisions: From NAFTA to the United States — Chile Free Trade Agreement*, American University International Law Review, Vol. 19, 2004, p. 679.

preclude the jurisdiction of the host country's "undeveloped legal system" which U. S. overseas investors often faced. Secondly, the members representing the U. S. environmental protection bodies and the labor organizations considered that even the Model BIT 2004 did not sufficiently maintain the power of the U. S. government to take measures to protect essential public interests at any time. They felt that the Model BIT should emphasize that foreign investors must abide by U. S. domestic laws so that United States may enhance the standards of environmental protection and laborer rights when necessary and command foreign investors in U. S. territory to strictly abide by and implement these standards. The members representing U. S. labor organizations objected to any treaty that promotes employment opportunities or production organizations to be shifted abroad. [1]

In addition, for fear that the finality of awards made by the international arbitral tribunals might excessively affect U. S. national interests, the Bipartisan Trade Promotion Authority Act of 2002 explicitly provided that the United States' prime goal of negotiation was to improve the settlement mechanisms of disputes between foreign investors and the host country's government by way of establishing "appellate bodies" or similar mechanisms[2]. Consequently, Annex D of the U. S. Model BIT 2004 also provides that the Contracting Parties must consider whether to establish a "bilateral appellate body" or similar mechanism to review awards of the international arbitral tribunals within three years after the relevant BIT enters into force[3].

It can be seen from the above developments that, firstly, with respect to

---

[1] Subcommittee on Investment of the U. S. Department of State Advisory Committee on International Economic Policy (ACIEP), *Report Regarding the Draft Model Bilateral Investment Treaty 2-3* (30 January 2004); available at: <http://www.ciel.org/Publications/BIT_Subcmte_Jan3004.pdf>, last visited 1 January 2006; Sean D. Murphy, *Proposed New U. S. "Model" Bilateral Investment Treaty*, American Journal of International Law, October, 2004, p. 837.

[2] See 19 U. S. C. S. § 3802(b)(3)(G)(iv).

[3] See relevant discussions on U. S. legislation and its trend of track-shift in Wei Yanru, *The Recent Change of U. S. A.'s Attitude towards the Supervision Mechanism of the International Investment Dispute Arbitration and Its influence on the Supervision Mechanism of ICSID Arbitration*, Journal of International Economic Law, Vol. 12, No. 4, 2005, pp. 209-228; and Li Wanqiang, *Some Comments on Recent U. S. A.'s Attitude towards the International Investment Dispute Arbitration — NAFTA as an example*, Journal of International Economic Law, Vol. 13, No. 1, 2006, pp. 235-243.

a developing country such as Argentina, it initially had precluded a mechanism by which investment disputes between the host country's government and domestic foreign investors could be submitted to international arbitral tribunals and insisted that relevant disputes must be settled within the territory of the host country. However, with the development of the international economic situation, it realized that the jurisdiction of the international arbitration tribunals could not be completely precluded and thus experienced a stage from proper restriction of domestic jurisdiction to complete negation of the domestic jurisdiction and complete consent to the jurisdiction of the international arbitral tribunals. But, after encountering serious setbacks in international arbitration practices, it realized again that the excessive restriction or even total abandonment of the domestic jurisdiction, the said complete *negation*, proved to be very harmful for itself in maintaining control of the macroeconomy and the protection of public interests. And thus it has striven to *re-negate* the jurisdiction of the international arbitral tribunals and bring back as many the pertinent jurisdictions as possible.

Secondly, with respect to a developed country such as the United States, it initially precluded and negated the complete jurisdiction of the host country over domestic foreign investment disputes and exhaustively advocated that relevant disputes be submitted to international arbitral tribunals. However, with the latest development of the international economic situation, even the United States, the unique "super power" in the world, is experiencing the disadvantages when foreign investment disputes which arise in the United States may be decided by international arbitral tribunals with the mechanism of "arbitration is final". And thus it also has begun to adopt new ways and to shift the legislative track.

Thirdly, the above two kinds of countries are now in a new stage of "*negation of negation*" after respectively experiencing different stages of negation. It is very interesting that both of the two different "negations of negation" tend to develop in the same direction with the same goal, i.e. both have begun to negate the complete jurisdiction of international arbitration and pay attention to the necessary restrictions on such international arbitration, and both stress that the host country should reserve the priority or monopoly of jurisdiction over domestic foreign investment disputes within necessary scopes and conditions.

Finally, contrasting to these countries, and as a developing country, China seems to some extent to be neglecting the latest developments in the course of concluding new BITs or revising existing ones. It seems not completely to realize the latest direction of development and track-shift, and hastily still follows "the obsolete trend" of some developing countries' previous stages. In other words, from its initial emphasis on domestic jurisdiction, China still has gradually shifted to substantial negation of domestic jurisdiction and, even further, has completely consented to the jurisdiction of the international arbitrations. It appears that such a trend is out of date and may provide great loss. There have been previous lessons drawn from other countries. On the other hand, it is not too late if the authorities concerned can sum up the experiences and halt the vehicle in time.

IV SUGGESTIONS FOR FUTURE SINO-FOREIGN BIT NEGOTIATIONS

A. *STRENGTHENING INVESTIGATION AND RESEARCH ON RECENT DEVELOPMENTS IN BIT PRACTICE AND ACTING WITH HIGH CAUTION*

A BIT is a double-edged sword for any country, especially for developing countries mainly absorbing foreign capital. Obviously, while negotiating and revising its BITs, China can only receive some things while giving up some other things. To keep a proper balance between receiving and giving, rights and duties, it is imperative to stand on the reality of the current national conditions and circumstances of China, to have the whole world in view, and to sum up the international experiences and lessons. In other words, China needs to comprehensively and thoroughly analyze and weigh the various possible advantages and disadvantages, gains and losses that may be caused by various provisions in BITs, *inter alia*, the provisions concerning jurisdiction over dispute settlement as discussed in the present article.

To realize a fair and proper balance, the national conditions of China relating to the absorption of foreign capital need to be thoroughly explained and evaluated. At the same time, the beneficial experiences and bitter lessons of the international practice in concluding BITs needs also to be evaluated. Only on the basis of sufficient investigation of both the real domestic and foreign conditions can China scientifically set the appropriate balance, the proper limits of giving and taking during negotiating and concluding relevant BITs.

Before knowing details such as the water depth, velocity of flow and existence of whirlpools ahead, people must be cautious and conscientious when crossing any "river" rather than taking it for granted, drifting with the stream, and simply pursuing the number of apparent "negotiation successes" and "reached agreements". In other words, it is absolutely not "the conservative" or "following the old" but the most witty and dependable "going forward with the time's pace", if people step forward steadily, even more slowly, under the situations of uncertainty and lack of clarity. When looking forward and finding somebody ahead is falling into the torrential whirlpool and is struggling hard to extricate himself, the follower should be very cautious and make a detour, except that the follower can save the former.

B. *USING WELL THE AUTHORIZATIONS OF RELEVANT CONVENTIONS AND FIRMLY HOLDING ONTO THE FOUR GREAT SAFEGUARDS*

The ICSID Convention and others authorize host Contracting States, especially the weaker groups, the four rights discussed above, i.e. the rights to "consent case by case", to require "the exhaustion of local remedies", to "apply the host country's laws", and to invoke the "exception for the State's essential security". These rights not only reflect proper sovereignty, especially judicial sovereignty, but also are the essential safeguards that the international weak groups may use to protect and defend themselves before the strong power of international capital. It is perfectly justifiable to firmly control the four rights or safeguards and effectively use them. This is the attitude that China should have in the course of negotiating or concluding new BITs or revising the existing ones.

Before the Sino-Barbados BIT 1998 established new dispute settlement clauses with a style of complete consent, the previous Sino-Morocco BIT 1995 and others mentioned above had set the provisions concerning the dispute settlement with necessary "security restrictions" for many years and had substantial effectiveness. There is not evidence enough to prove that the essential contents and relevant vigilant consciousness had deviated from the real national conditions of China and fallen behind the world's latest trend. On the contrary, they had never explicitly affected or weakened the confidence and enthusiasm of foreign investors, which have been proved again and again by the pertinent facts and official statistics relating to the inflow of huge amounts of foreign capital to China. Therefore, China need not agree to the provisions of dispute settlement set in the U.S. or Canadian Model BITs or their variants, i.e. to thoroughly abandon the four rights authorized by the ICSID Convention *et al.* and hastily remove the four safety valves in negotiating or concluding BITs. On the contrary, China should invoke the provisions of related Conventions and argue on just grounds, "reserving legal rights in own hands", clearly and firmly resisting the provisions which are very unfavorable to China put forward by other negotiating parties.

At the same time, China must seriously and modestly study the latest provisions of various security exceptions currently raised by other negotiating parties in model BITs, which has usually been neglected in the past. Then, combining with the realities of China, it should properly transplant them when necessary.

In light of the above, China may properly reconsider the real situations and objective requirements of Chinese overseas investment, gradually and steadily modify the provisions of dispute settlement articles originally set in the style of the Sino-Morocco BIT 1995, and appropriately relax the application scope and conditions of international arbitration on the basis of real mutual benefit.

However, it appears that China has abandoned some safeguards in the BITs concluded with some developed countries such as Germany. How can China bring back these safeguards and hold them firmly in own hands when necessary? Should China timely "mend the fold after some sheep have been lost"?

C. INSISTING ON "NEVER REPEAT" AND TIMELY "MENDING THE FOLD AFTER SOME SHEEP HAVE BEEN LOST"

Firstly, according to Article 25(1) of the Washington Convention, the jurisdiction of ICSID extends to any legal dispute arising directly out of an investment between a Contracting State and a national of another Contracting State which the *parties to the dispute* consent in writing to submit to the Centre. "When the *parties* have given their consent, no party may withdraw its consent unilaterally." In other words, if only one party to the investment dispute consents, then the party may unilaterally withdraw the consent *before the other party also consents in writing*. In reality, as one party to an investment dispute, the host Contracting State usually makes this general consent in the U.S. and Canadian BITs in advance. Then, it is treated as the foreign investor's consent when it later submits a written arbitration application to ICSID after a dispute occurs. Although China made general consent in some BITs after 1998, no foreign investor has submitted an arbitration application to ICSID up to now. Therefore, nowadays China still has the right to withdraw these previous consents in accordance with the above provisions of Article 25(1) of the Washington Convention. If necessary, China may start re-negotiations with Germany and the Netherlands in view of the lessons of Argentina and try to sign new protocols as an inseparable part of those BITs to modify the original stipulations relating to the general and complete consents to international arbitration without any restrictions or exceptions, and explicitly provide that the revised texts in the new protocols shall be the authentic ones.

Secondly, as all Chinese BITs provide for most-favored-nation (MFN) treatment, is it possible for investors of the other Contracting States to assert a right to the same treatment of dispute settlement as is stipulated in the Sino-Germany BIT by quoting the precedent and in accordance with the term of the MFN treatment, even if China should no longer dismantle the four great safeguards in newly concluding BITs from now on? In view of the Award in *Emilio Agustín Maffezini v. Kingdom of Spain*①, such possibility could be a reality. China may explicitly restrict the concrete application of the terms of MFN treatment in new or revised BITs in the future by stipulating that this term is not applicable to *procedural* treatment. The terms of MFN treatment are usually applied to *substantial* treatment, even though there is no unanimous view in the world whether it is applicable to procedural treatment or not. In view of the trend that ICSID tribunals practically endeavor to enlarge their jurisdiction through discretionary power, China may also make explicit corresponding restrictions in new or revised BITs in the future.

Some precedents are worthy of note. For example, there is a note in the Free Trade Agreement of the Americas 2004:

"The Parties note the recent decision of the arbitral tribunal in *Maffezini (Arg.) v. Kingdom of Spain*, which found an unusually broad most-favoured-nation clause in an Argentina-Spain agreement to encompass international dispute resolution procedures. By contrast the Most-Favoured-Nation Treatment Article of this Agreement is expressly limited in scope to matters 'with respect to the establishment, acquisition, expansion, management, conduct, operation, and sale or other disposition of investments.' *The Parties share the understanding and intent that this clause [MFN treatment] does not encompass international dispute resolution mechanisms such as those contained in Section C of this Chapter*." (emphasis added)②

In addition, China also may refer to the stipulations in Annex III of the Canadian Model BIT 2004 relating to exceptions to MFN treatment: "Article 4 [MFN treatment] shall not apply to treatment accorded under all bilateral

---

① *Emilio Agustín Maffezini v. Kingdom of Spain*, ICSID Case No. ARB /97 /7, Decision on Objections to Jurisdiction of January 25, 2000; available at: <http://www.worldbank.org/icsid/cases/emilio_DecisiononJurisdiction.pdf>, last visited 1 January 2006.

② Chapter XXIII, Dispute Settlement of FTAA (Draft Agreement), 25 March 2004, footnote 13; available at: <http://www.ftaaalca.org/FTAADraft03/ChapterXXIII_e.asp>. See also OECD, *International Investment Law: A Changing Landscape*, Chapter 4, "Most-Favoured-Nation Treatment in International Investment Law", OECD Publishing, 2005, pp. 127, at 132.

or multilateral international agreements in force or signed *prior* to the date of entry into force of this Agreement." (emphasis added) It should be impossible for any other Contracting party in Chinese BITs to require quoting the precedents to enjoy the same preferential treatments that had been granted to a third party previously in accordance with MFN treatment, had China learned and transplanted such exception from Canada.

In brief, it is hard for China to completely and precisely predict how many frustrations, pitfalls and whirlpools are ahead while absorbing huge amounts of foreign capital and dealing with powerful international capital. China need not experience the bitterness again that Argentina has experienced and need not pay the high "tuitions" again that Argentina has paid. What China should do is to try best to avoid following the same route of the overturned cart or falling into the pitfalls and whirlpools by mistake. To some extent, reaching no agreement (BIT) or temporarily having no agreement is much better than having an agreement concluded hastily and very unfavorably for China.

Weighing the real domestic and foreign conditions, China has no necessity to forsake the legitimate rights and related powers too fast and too greatly and does not need to hastily take actions in order to create a political and "friendly" atmosphere which would unconsciously leave the door widely open with no defense. On the contrary, based upon the current national situation of China and having the whole world in view, China obviously needs to enhance its awareness of risks, keep conscious and vigilant in peacetime, insist on the legitimate and reasonable authorizations of the relevant international conventions, be good at controlling the four great safeguards, go toward the fair benefits and avoid the unfair harm, and endeavor to keep a proper and comprehensive balance between the protection of legitimate rights and interests of foreign investors and the sovereignty of China.

Thus, China could really further realize mutual benefits by negotiating or concluding new BITs or revising the existing ones with other countries. It could, as well, play the proper model role in establishing equitable and reasonable legal norms towards foreign investments and promoting a New International Economic Order.

Ⅳ DISTINGUISHING TWO TYPES OF COUNTRIES AND PROPERLY GRANTING DIFFERENTIAL RECIPROCITY TREATMENT

—Re-comments on the Four Safeguards in Sino-Foreign BITs Not to Be Hastily and Completely Dismantled

An Chen *

[Abstract] Some FDI *dispute settlement provisions* in Sino-foreign BITs are open to question. In future negotiations, for seeking benefits and avoiding harms, China needs to keep a clear mind, stand on its own national situations, learn lessons from international practices, enhance its sense of risk, uphold the rights authorized by international conventions and flexibly use the four authorized rights as "safeguards". Thus, China should *distinguish the North and the South countries, properly grant differential reciprocity treatment, and explicitly exclude the general application of the MFN clause to FDI dispute settlement procedures.* To achieve that, China needs to strike for proper balances between "*absorbing FDI inwards*" and

---

* Senior Professor of Law School, Xiamen University, People's Reupblic of China, and former Dean of the School (1987-1998);Chairman, Chinese Society of International Economic Law since 1993; International Arbitrator, selected and designated by the Chinese government to the International Centre for Settlement of Investment Disputes (ICSID) under the Washington Convention since 1993.

Thanks are due to Mr. Zezhong Zhang (Doctoral Candidate), Dr. Hailang Wang and Dr. Manjiao Chi, for their kind helps in preparing the English version of this article.

The author may be contacted at chenan@xmu.edu.cn.

This Article was first published in the Journal of World Investment & Trade (Geneva), Vol. 8, No.6, 2007.

"*promoting CDI outwards*", and between *protecting the legitimate rights of foreign investors* and *safeguarding the sovereignty and essential security of the host country*, so as to play a model role for developing countries.

[Table of Contents]

Ⅰ Background
Ⅱ Major Viewpoints in "the First Comments"
Ⅲ Some New Thoughts for Future Sino-foreign BIT Negotiations
  A. Strengthening Investigation and Research on Recent Internal and External Developments and Acting with High Caution
  B. Using Well the Authorizations of the Relevant Conventions and Firmly Uphold the Four Great Safeguards
  C. Distinguishing Two Kinds of Countries, Granting Differential Reciprocity, Excluding or Limiting the Application of MFN to International Dispute Settlement Procedures
    1. Should China Completely and Universally Waive Its Jurisdiction on FDI Disputes in Its BITs?
    2. May China Completely and Real-equally Waive Its Jurisdiction on FDI Disputes in Its BITs with Developing Countries?
    3. Should China Completely and Universally Waive Its Jurisdiction on FDI Disputes in Its BITs with Powerful Developed Countries?
    4. May China Exclude or Limit the Application of MFN Treatment to the Existing and/or Future Dispute Settlement Procedures?
Ⅳ The Theoretical Grounds and Practical Precedents for Adopting Differential Treatment Based on the Distinguishing Two Types of Countries
  A. Differential Treatment Conforms to the Universal Philosophy of "Analyze Issues under Their Concrete Situations"
  B. Differential Treatment Conforms to the Basic Jurisprudence of "Equity and Mutual Benefit"
  C. Differential Treatment Conforms to the Basic International Legal Principle of Supremacy of State Sovereignty

  D. Differential Treatment Conforms to the Evolution of the Principle of MFN Treatment

  E. Differential Treatment and Exclusion or Limitation of the Application of MFN Treatment to the Dispute Settlement Procedures Conforms to the Latest Repeated Warnings from UNCTAD

  F. Differential Treatment Conforms to the Current International Arbitration Practices

  G. The Precedents of Granting Differential Treatment and Excluding or Limiting the Application of MFN Clause

V Conclusion

To date, China has concluded Bilateral Investment Treaties (BITs)[①] with more than 120 countries. Nowadays, in order to better meet the need of absorbing more foreign direct investment (FDI) and promoting more Chinese direct investment (CDI) overseas, China is still negotiating new BITs and revising some existing ones. During the negotiation process, some developed countries proposed the U. S. Model BIT or its variation as the model text, whose dispute settlement provisions actually require China to be more open and even to completely waive its jurisdiction over FDI disputes within its territory by giving complete consent to the jurisdiction of International Center for Settlement of Investment Dispute (ICSID) or other international arbitration forum.

The above proposition, in essence, requires China to abandon its rights regarding the settlement of FDI disputes which actually serve as safeguards for its national interest and security. These rights or safeguards are (1) the right to give consent to international arbitration on a case-by-case basis, (2) the right to require local remedies be exhausted, (3) the right to apply the law of the host state, and (4) the right to invoke exceptions for essential

---

 ① BIT is the abbreviation for "Bilateral Investment Treaty". Sino-foreign BIT is commonly called "*Agreement between the Government of the People's Republic of China and the Government of _____ for the Promotion and Reciprocal Protection of Investment*" or "*Agreement between the Government of the People's Republic of China and the Government of _____ concerning the Encouragement and Reciprocal Protection of Investment*".

state security. Such a proposition not only deprives China as host state of its due rights authorized by relevant international conventions, overlooks the repeated warnings of authoritative UN organizations, but also fails to conform to the current national situations of China, disregards the bitter lessons drawn from the sufferings of some developing countries, and ignores the latest track-shift of legislations of the two kinds of host states (i. e. , developed states and developing states). If China hastily accepts such a proposition and expands the application of the aforesaid US type dispute settlement provisions, the judicial sovereignty of China will inevitably be greatly hurt and weakened.

Hence, in the future BIT negotiations, China should keep a clear mind, stand on its own national situations, learn lessons from international practices, enhance its sense of risk, uphold the rights authorized by relevant international conventions and flexibly use these safeguards, so as to seek benefits and avoid harms. It is the author's opinion that China should *distinguish two kinds of countries (i. e. the North and the South countries, or developed and developing countries), properly grant differential reciprocity treatment, and explicitly exclude the overall application of the most-favored-nation (MFN) clause to international dispute settlement procedures*. In brief, China needs to strike for proper balances between *"absorbing FDI"* and *"promoting CDI"*, and between *protecting the legitimate rights of foreign investors and safeguarding the sovereignty and essential security of China*, with an aim to play a model role in establishing reasonable legal norms of foreign investments and the new international economic order.

I BACKGROUND

In December 2003, China and Germany agreed to terminate their original BIT concluded in 1983 and signed a new one (Sino-Germany BIT 2003). A friend called the author from London to inquire the background and reasonableness of some provisions in Sino-Germany BIT 2003, which prompted the author's study of this BIT *per se* as well as the major issues thereof with enthusiasm.

Sino-Germany BIT 2003 has two distinct features comparing with the original BIT 1983. First, Sino-Germany BIT 2003 substantially enlarges the scope of foreign investor's right of submitting FDI disputes to international arbitration against the host state. Under the original BIT, foreign investors are only entitled to submit "dispute concerning *amount of compensation for expropriation*" to international arbitration; however, Sino-Germany BIT 2003 entitles foreign investors to submit "[a]ny dispute *concerning investments between a Contracting Party and an investor of the other Contracting Party.*"① Second, Sino-Germany BIT 2003 grants foreign investors full discretion in unilaterally deciding to initiate international arbitration proceedings against the host state②, which accordingly negates or deprives the host state of the right to consent to submit a dispute to international arbitration on a case-by-case basis.

In fact, the dispute settlement provision in Sino-Germany BIT 2003 is not a fresh one among BITs between China and other countries. Similar provisions or "model" had been seen in Sino-Barbados BIT Concluded on 20 July 1988③, and 13 other BITs China concluded with *developing* countries from August 1988 to November 2003. However, these provisions did not generate sufficient attention from the academic community.

Sino-Germany BIT 2003 becomes so eye-catching in international legal community mainly for two reasons. First, Germany is one of the strongest developed economies and a key member of "Group Eight" with a huge amount of overseas investment in the world. Second, the ratio between the total amount of Germany investment in China and that of Chinese investment in Germany stood at about 100%:0.93% when this BIT was concluded. Therefore, although Sino-Germany BIT 2003 looks "equal and mutually beneficial" superficially, when the

---

① See Article 4 of Agreement between the Government of the People's Republic of China and the Government of the Federal Republic of Germany for the Promotion and Reciprocal Protection of Investment 1983 (Sino-Germany BIT 1983) and its Protocol, Ad Article 4(a)-(c), available at http://tfs. mofcom. gov. cn / aarticle /h /au /200212 /20021200058419. html; see also Article 9(1)-(3) of the Sino-Germany BIT 2003 and Point 6 of its Protocol, http://tfs. mofcom. gov. cn /aarticle /h /au / 200405 /20040500218063. html.

② *Ibid.*, Sino-Germany BIT 2003, Article 9(2).

③ See Article 9(1), (2) of the *Agreement between the Government of the People's Republic of China and the Government of Barbados concerning the Encouragement and Reciprocal Protection of Investment*, http://www. ec. com. cn / pubnews /2004_09_17 /100259 /1049275. jsp.

circumstances change and the investment disputes occur, it does pose China to a risk 107 times more than that of Germany of being sued to /in international arbitration. In such a case, the judicial sovereignty of China is far more likely to be restricted and weakened than that of Germany.

The dispute settlement provisions in Sino-Germany BIT 2003 proposed by Germany and accepted by China, actually originated from US Model BITs 1982 and 1984, which were dedicatedly designed and undertook timely update①. These two US Model BITs have been imitated and transplanted by several developed countries. Actually, US did have lobbied China to accept these Model BITs when the two countries were in negotiation years ago. However, due chiefly to the great disparity in economic strength between the two countries and considering the very small amount of Chinese investment in US comparing with the huge amount of US investment in China, such BITs were likely to seriously restrict China's jurisdiction and regulation power over US investors in China. For these reasons, China and US failed to conclude any BITs over the past two decades-odd. Considering that the Sino-Germany BIT 2003 and the two US Model BITs bear much similarities, it is necessary to explore the rationale of these US Model BITs when analyzing the reasonability and rationality of the dispute settlement provisions in Sino-Germany BIT 2003.

Actually, in May 2006, the author wrote an article titled "*Should the Four Great Safeguards in Sino-Foreign BITs Be Hastily Dismantled?—Comments on Provisions concerning Dispute Settlement in Model U. S. and Canadian BITs*"②(hereinafter: "the *First Comments*"). This article mainly discussed the reasonableness of the dispute settlement provisions in Sino-

---

① See An Chen, *Analyze on the U. S. Legal Protection on Its Overseas Investment and typical cases*, Lujiang Press, Xiamen Special Economic Zone, 1985, Appendix, Article 6 of the U. S. Model BIT 1984, pp. 225 – 227. This Model forms the present negotiating version afterward being updated several times, available at http://www.ustr.gov /Trade_Sectors /Investment /Model_BIT /Section_Index.html. 06 – 01 – 2005. Article 23 – 25 are the main clauses of dispute settlement, and their original texts and Chinese translations can be found at *Journal of International Economic Law* (in Chinese), Vol. 13, No. 1, 2006, pp. 9 – 11, fn. 6.

② The former version of this article in Chinese was first published in An Chen edited *Journal of International Economic Law*, Vol. 13, No. 1, 2006, Peking University Press. Consequently, the article was substantively updated and the English version of it was published in *Journal of World Investment & Trade*, Geneva, December 2006, Vol. 7, No. 6.

Germany BIT 2003, which was a significant issue raised by the academic community both inside and outside China.

In the author's opinion, the four "safeguards" granted to the host states by relevant international conventions would be substantially dismantled if the dispute settlement provisions in Sino-Germany BIT 2003 is incorporated into all other Sino-foreign BITs as a common practice. On the contrary, facing the strong and powerful international capital and transnational corporations, China should, on the one side, try to maintain the enthusiasm of the foreign investors, and on the other side, try to avoid waiving its jurisdiction on FDI disputes too hastily and too widely. It is surely not in conformity with the current Chinese national situations if foreign companies in China have sole discretion to submit "any dispute *concerning investments between a Contracting Party and an investor of the other Contracting Party*" to international arbitration. Therefore, it seems necessary for China to "timely mend the fold after sheep have been lost", which means the dispute settlement provisions in Sino-Germany BIT 2003 shall *"never be repeated"* when China revises old BITs or concludes new BITs with other highly-*developed* countries in the future.

The First Comments aroused strong interests across the academic community, and received much supportive and positive feedback. However, this article also invoked some dissenting opinions and queries, and the two key queries are:

First, China is currently implementing the "going-out" policy (i. e., to encourage Chinese companies to invest overseas), thus it is imperative to follow the current prevailing "international practice". Therefore, a complete waiver of its jurisdiction on FDI disputes by China and permitting foreign companies to freely resort to international arbitration seem to be unavoidable. Furthermore, China has already concluded 29 BITs containing similar dispute settlement provisions as provided in the US Model BITs and the Sino-Germany BIT 2003 (US /Germany Type BITs).

Second, the author's idea of "timely mend the fold after some sheep have been lost" and "never repeat" which was put forward in *the First Comments* seems not in conformity with the current prevailing principle of "Most Favored Nation (MFN) Treatment". Since China has already consented to incorporating the US Type dispute settlement provisions into Sino-Germany BIT 2003, it is therefore difficult for China to refuse to do the same in the future during the revision or negotiation of BITs upon the request of other developed states (including states with strongest economies) pursuant to the MFN treatment.

In the light of these two queries, this article, namely *"the Re-Comments"* or *"the Second Comments"*, which serves as a continuation of *"the First Comments"*, provides some new opinions as a result of the author's recent study, in order to seek a more reasonable understanding through a wider discussion in the academic community.

To facilitate the reader's understanding of the opinions in *"the Second Comments"*, it is necessary to briefly review the main viewpoints and grounds put forward in *"the First Comments"*.

II MAJOR VIEWPOINTS IN "THE FIRST COMMENTS"

The main viewpoints and grounds put forward in *"The First Comments"* are as follows: (1) The dispute settlement provisions in a great majority of Chinese BITs are generally incompliance with the relevant provisions of the ICISD Convention[①]; (2) Pertaining dispute settlement provisions in US and Canadian Model BITs actually deviate from the relevant provisions in the ICISD Convention[②]; and (3) China should not hastily and commonly accept the US and Canadian type provisions or their variations in future BIT negotiations[③]. Specifically, *the First Comments* explains in detail why China should not hastily and commonly accept the US type BITs in future Sino-Foreign BITs which might be concluded with some strongest developed countries.

In the author's opinion, the reasons are many folds.

Firstly, the dispute settlement provisions in US type BITs deviate from the

---

① For details, see: An Chen, *Should the Four Great Safeguards in Sino-Foreign BITs Be Hastily Dismantled? Journal of World Investment & Trade*, Geneva, December 2006, Vol. 7, No. 6, pp. 900–904.
② Ibid., pp. 904–907.
③ Ibid., pp. 907–929.

rights authorized to host countries by international conventions. Such rights include: (1) The right to consent on a case-by-case basis; (2) The right to require the exhaustion of local remedies; (3) The right to apply the host country's laws; and (4) the right to invoke the exception for essential state security.

Secondly, the dispute settlement provisions in US type BITs *do not match China's current situations*. Nowadays, in general, the current ratio between FDI flowing into China and CDI flowing overseas implies that the possible risk for China of being sued in international arbitration arising from FDI disputes is around 20 times more than that for foreign states arising out of CDI disputes. Besides, the actual relationship between the huge amount of FDI flowing into China and Sino-foreign BITs in the recent two decades-odd shows that the real positive influence of BITs giving complete jurisdiction to ICSID should not be overestimated in absorbing FDI. Frankly, the main reason for the huge inflow of FDI into China over the past two decades-odd is not the conclusion of Sino-foreign BITs giving complete jurisdiction to ICSID, but the *cheap labor*, *the preferential policies to foreicin investment*, *the vast domestic markets* and *comparatively rich and low-price resources in China*.

The most convincing evidence is, up to now, China has not concluded any BIT with US because of the excessive demand of US, not to mention a BIT with high FDI protection standards to US investors. However, until the end of 2004, it was US but not any other country that has "topped" the investment board in China over the last two decades-odd[①]. In addition, it should be noted that both Sino-Japan BIT 1988[②] and the Sino-Korea BIT 1992[③] only agree to ICSID jurisdiction over disputes relating to the *amount of compensation for expropriation*. However, up to the end of 2004, Korea and Japan ranked the second and third in terms of investment amount in China respectively. This strongly proves that both Sino-Korea BIT and Sino-Japan BIT, with comparatively "low" protection standards, did not affect the

---

① See the statistics of 2004 issued by Department of Foreign Investment Administration, MOFCOM of China, available at http://www.chinapressusa.com/luntan/200510270180.htm; and http://www.fdi.gov.cn/pub/FDI/wztj/Intjsj/wstzsj/2004yearzgwztj/t20060423_27905.htm.
② See Article 11 of the Sino-Japan BIT 1988.
③ See Article 9 of the Sino-Republic of Korea BIT 1992.

activeness and enthusiasm of Korean and Japanese investment flowing into China. Therefore, at the present stage, it is not necessary for China to drift with the "stream" and hastily lift the protection standards by a big margin.

On the other hand, China needs to keep in mind its current specific situations that China *per se* is now being within the period of economic transition and policy adjustment. It is necessary to pre-estimate the possible influences on the FDI's interests and its related risks (FDI's counter-contingent claims against the host state) that China might have from its policy adjustments. These policy adjustments may probably concentrate on the fields such as environment, labor, tax and "super-national treatments" and others. Admittedly, all such actions might harm the vested interests and potential profits of foreign investors to a certain degree within a certain period. Furthermore, once significant imbalance in economic operation, financial risks or economic crises happen in the future, China will certainly need to take various necessary measures to control and protect its national economic security, as other sovereign States would do under similar circumstances. In such a situation, if China has to break some investment contracts or the stipulations of *high protection standard* in BITs (including provisions giving complete consent to ICSID jurisdiction) in emergency, foreign investors might sue China to international arbitration in accordance with these investment contracts or BITs. This might initiate the inter-locking reactions of dominoes and bring out consequence of being frequently or massively sued in international arbitration, as Argentina has now suffered.

Thirdly, the dispute settlement provisions in US type BITs also ignore the bitter lessons drawn from the harms of such BITs suffered by the weak countries, which is well exemplified by the Argentina Dilemma①. Since there had already been bitter lessons in some developing countries as a result of their practice of concluding BITs with high protection standards, China should draw necessary lessons therefrom. Otherwise, China would become another Argentina if it fails to enhance its vigilance and take precautions measures in peacetime.

---

① For details, see An Chen, *Should the Four Great Safeguards in Sino-Foreign BITs Be Hastily Dismantled? Journal of World Investment & Trade*, Geneva, December 2006, Vol. 7, No. 6, pp. 921 – 924.

Fourthly, the dispute settlement provisions in US type BITs also ignore the latest legislative track-shift in two types of host countries, which can be shown by the cases both in Argentina and in US①.

Finally, upon the said analysis, the First Comments also puts forward some suggestions for China and other developing countries for future BIT negotiations②.

On the basis of the viewpoints in "the First Comments", the author would further analyze the new issues relating to this topic, upon taking into consideration the latest developments in the field. Here, the present Article, *Re-comments on the Four Safeguards in Sino-Foreign BITs Not to Be Hastily and Completely Dismantled*, not only reflects the author's latest opinion of BIT study, but also provides responses to the dissenting opinions and answers to the queries arising out of "the First Comments".

III SOME NEW THOUGHTS FOR FUTURE SINO-FOREIGN BIT NEGOTIATIONS

A. STRENGTHENING INVESTIGATION AND RESEARCH ON RECENT INTERNAL AND EXTERNAL DEVELOPMENTS AND ACTING WITH HIGH CAUTION

As repeatedly mentioned in "The First Comments", a BIT is a double-edged sword for any country, especially for developing countries mainly as foreign investment absorbing countries. Obviously, while negotiating and /or revising its BITs, China must pay for gain. To keep a proper balance between the gains and the pays, rights and duties, it is imperative for China to stand on its current national situations, take the whole world into view, and sum up the international experiences and lessons. In other words, China needs to

---

① For details, see An Chen, *Should the Four Great Safeguards in Sino-Foreign BITs Be Hastily Dismantled? Journal of World Investment & Trade*, Geneva, December 2006, Vol. 7, No. 6, pp. 924 – 929.

② Ibid., pp. 929 – 933.

comprehensively and thoroughly analyze and weigh various possible advantages and disadvantages, gains and losses that may be caused by the provisions in BITs, including the FDI dispute settlement provisions which shall be further examined in this article.

To realize a fair and proper balance, we have to be aware of the two crucial points: (A) the national situations of China relating to the absorption of foreign investment need to be thoroughly explained and evaluated; and at the same time, (B) the useful experiences and bitter lessons of international practice of concluding BITs also need to be evaluated. Only by sufficiently investigating the real situations of China and foreign countries, can China scientifically set the appropriate balance, the proper limits of gain and pay in future BIT negotiations.

To China, the process of future BITs negotiation is somewhat like crossing the river. Without knowing clearly the depth, velocity, flow and whirlpools of the river water, one must be cautious when crossing the "river", and should not take anything for granted and drift along with the "stream". This means China should undertake detailed investigation before concluding any BIT, and should not pursue the so-called "successes" of negotiation by eagerly "reaching agreements". Further, if one steps forward steadily and slowly when the situations is not fully clear, he is absolutely not "conservative" or "following the old", but is showing his wisdom and keeping himself apace with the reality and with time. Besides, when one finds somebody ahead falling into the torrential whirlpool and is struggling hard for survive, he as the follower should be very cautious and better make a detour if he cannot save that victim. If we compare BIT negotiation as crossing the river, it then becomes evidently important to ask, what is the latest development regarding FDI and CDI in China? This question can be explained with official statistics below[①].

B. USING WELL THE AUTHORIZATIONS OF THE RELEVANT CONVENTIONS AND FIRMLY UPHOLD THE FOUR GREAT SAFEGUARDS

As above mentioned, the ICSID Convention and other Conventions

---

① See *infra*, notes and their related contexts of Part Ⅲ, "C".

authorize contracting host states four rights, especially to the weaker ones. These rights are (1) the right to consent to ICSID jurisdiction on a case-by-case basis, (2) the right to require local remedies to be exhausted, (3) the right to apply the law of the host state, and (4) the right to invoke the exception for the essential state security. These rights not only demonstrate respect to state sovereignty, especially judicial sovereignty, but also provide essential safeguards for the weak states to protect and defend themselves when hit by strong power of international capital. Therefore, it is justifiable to firmly uphold the four safeguards and effectively use them. This is the attitude China should have when negotiating or concluding future BITs or revising the existing ones.

Before Sino-Barbados BIT 1998 incorporated dispute settlement provisions giving complete consent to international arbitration, Sino-Morocco BIT 1995① and a great many of other BITs had all incorporated dispute settlement provisions with necessary "security restrictions"② and have been effective ever since.

Basically and generally speaking, evidence is insufficient to suggest that the essential contents and vigilance of these BITs have deviated from the real national situations of China and fallen behind the latest "trend" in the world. On the contrary, these BITs have not affected or weakened the confidence and enthusiasm of foreign investors, which have been repeatedly proved by the facts and official statistics relating to the inflow of huge amounts of foreign investment into China. Therefore, China does not have to agree to the US type dispute settlement provisions or their variants, nor does China have to thoroughly abandon the four safeguards authorized by the ICSID Convention and other Conventions when negotiating or concluding new BITs. In fact, according to the provisions of related Conventions, China is justified for "reserving legal rights in its own hands", clearly and firmly resisting

---

① See Ministry of Foreign Trade and Economic Co-operation, People's Republic of China (ed.), *Collection of the International Investment Treaties*, Police Education Press, 1998, pp. 995. Before and shortly after the Sino-Morocco BIT 1995, similar provisions concerning dispute settlement were included in many other Sino-Foreign BITs. See Ibid., pp. 894, 906, 931, 956, 968, 1015, 1027, 1041, 1053, 1067, 1079, 1094, 1106, 1118, 1130, and 1142. See also An Chen, *Should the Four Great Safeguards in Sino-Foreign BITs Be Hastily Dismantled? Journal of World Investment & Trade*, Geneva, December 2006, Vol. 7, No. 6, pp. 901 - 903.

② For details, see *ibid.*, An Chen's Article, pp. 901 - 903.

unfavorable dispute settlement provisions put forward by countries whose powerful economic situations are substantially different form that of China.

At the same time, China should also seriously and modestly study the latest provisions of various long-neglected security exceptions in the Model BITs proposed by its negotiating counterparts, and properly transplant them when necessary while combining them with the realities of China.

In light of the above, China should properly reconsider the real situations and objective requirements of CDI, gradually and steadily modify the dispute settlement provisions in Sino-Morocco BIT 1995 or its variants, and appropriately enlarge the application scope and conditions of international arbitration on the basis of *real mutual benefit*.

However, it appears that China has abandoned some safeguards in some BITs concluded *not only* with developing countries, *but also* with a few developed countries such as Germany. We have to ask, how can China recapture and uphold these safeguards when necessary? Should and could China "timely mend the fold after some sheep have been lost"?

C. DISTINGUISHING TWO KINDS OF COUNTRIES, GRANTING DIFFERENTIAL RECIPROCITY, EXCLUDING OR LIMITING THE APPLICATION OF MFN TO INTERNATIONAL DISPUTE SETTLEMENT PROCEDURES

According to current situations of China and the latest statistics, four issues shall be discussed under this title: (1) As the host country, should China completely and universally waive its jurisdiction on FDI disputes in its BITs? (2) May China completely and really equally waive its jurisdiction on FDI disputes in its BITs with developing countries? (3) Should China completely and universally waive its jurisdiction on FDI disputes in its BITs with powerful developed countries? and (4) May China exclude or limit the application of MFN treatment to the existing and /or future *dispute settlement procedures*?

1. SHOULD CHINA COMPLETELY AND UNIVERSALLY WAIVE ITS JURISDICTION ON FDI DISPUTES IN ITS BITS?

The higher the protection standard set in BITs, the heavier and bigger the international duties the host state bears. Generally, FDI protection with high standards is more beneficial to investment-exporting countries than to investment-importing countries. If a country is mainly an investment-importing one (i.e. the host state), it will bear a high risk of being sued in international arbitrations with large amounts of inflow FDI. Therefore, if China can objectively judge the relationship between FDI it absorbed and CDI it invested overseas, China will be more capable in *scientifically* evaluating the risks likely to be caused by BITs with high protection standards as well as the interest such BITs may bring, and will be in a better position to take a proper attitude when concluding BITs with high protection standards.

Recently, official statistics show that from 1979 to the end of 2006, the total net sum of utilized FDI in Mainland China is USD703.974 billion[1]. At the same period, the total net sum of CDI is USD75.03 billion[2], *grossly* equaling to only 10.66% of FDI. However, among the total USD75.03 billion CDI, Hong Kong received USD42.27 billion. Macao received about USD 0.61 billion, both amounting to USD42.88 and constituting 57.15% of the total net sum of CDI[3]. As is known to all, CDI in Hong Kong and Macao are, in essence, not investments to *foreign countries*, and such investments are not likely to confront political risks which may otherwise occur in foreign countries. This means the *actual* CDI shall only be USD32.15 billion (excluding the CDI in Hong Kong and Macao). Therefore, the total net sum of CDI *to foreign countries* (USD32.15 billion) *actually* only equals to 4.57% of the said FDI (USD703.974 billion)[4].

From the above statistics, it is not difficult to find that up to the end of

---

[1] *Statistics on FDI in China* 2007, issued by Ministry of Commerce of P.R. China, MOFCOM Publication, p. 19.

[2][3] *Annual Statistics Report on China's Overseas Direct Investment* (*Non-financial Section*) 2006, p. 21, Table 8, available at: http://hzs.mofcom.gov.cn/accessory/200709/1190343657984.pdf. last visited 27 September 2007.

[4] To implement the policy of "one country, two systems" and promote the prosperity and stability in Hong Kong and Macau, China's government regards all forms of investments from Hong Kong and Macao inward to Mainland of China (containing the returning "round-trip" CDI from Hong Kong and Macao) as "foreign investment", which enjoy the same treatment as FDI from *foreign countries*. Therefore, in comprehensively evaluating benefits and risks arising from BITs with high standards of protection, China should compare two groups of data: (1) the accumulated net value of CDI outward to foreign countries which are protected by international arbitrations; (2) the accumulated net value of *all forms* of FDI inward to china which is protected by international arbitrations, *without deducting* the returning "round-trip" investments from Hong Kong and Macau.

2006, although CDI was on the rise because of the "out-going" policy, while comparing with the amount of inflow FDI, China is still largely regarded as investment-importing country. Correspondingly, when concluding BITs, China not only needs to enhance the protection of CDI, but also should pay more attention to avoid the *erosion* of its management *power* over public interests and essential state security that might be caused by excessively "open" BITs. If China *fails* to firmly base its policies and practices on the real national situations and strength but deviates from the realities and opens too much or too fast to the outside world by uniformly setting high protection standards in the BITs, the disadvantages would obviously outweigh the advantages and the loss would outweigh the gain.

In relation to China, at present and within the predictable future, there is no doubt that the loss will substantially outweigh the gains if China undertakes 100% risk (contingent counter-claim or debt) of being appealed to international arbitration by foreign investors arising from FDI disputes, for the purpose of maintaining the safety of 4.57% (contingent claims or credit) of being appealed to international arbitration by Chinese investors arising from CDI disputes. This is just like paying ten thousand dollars for something worth less than five hundred dollars in the market, a deal which could not be hastily accepted by any shrewd buyer.

Therefore, before China uniformly conclude BITs with high protection standards with foreign states, it is imperative to consider prudently *the current ratio between the inflow FDI and the outfiow CDI*, to weigh seriously whether such BITs truly reflect the principle of "exchange on equal value", and whether the "equal and mutually beneficial" *in form* covers the inequality and non-reciprocal benefits *in reality*. If real inequality and inequity have been found insofar, China should not universally conclude BITs with high protection standards now and in the predictable future. On the contrary, if not absolutely necessary, it would be better for China *in general* to calmly watch the situation development and gradually and safely go forward at a slower pace in negotiating BITs with high standards of protection. At any rate, it is not too late to wait to completely lift the present comparatively low standards of protection (but nevertheless conforming to the real national situations of China) until the time when the total sum of GDI is basically and really equal to that of FDI arrives.

Nevertheless, it shall be pointed out that this does not mean China would no longer conclude BITs with high protection standards with *any type* of foreign countries under the principle of *true* equality and mutual benefits in the predictable future.

2. MAY CHINA COMPLETELY AND REAL-EQUALLY WAIVE ITS JURISDICTION ON FDI DISPUTES IN ITS BITS WITH DEVELOPING COUNTRIES?

As is well known, developing countries and developed countries are the two major types of countries in the world today. It is a fact that the legal protection for foreign investment is not sufficiently sound in some developing countries due to their imperfect legal systems, lack of a high-level law-ruling and effectiveness of local remedies. Consequently, China's investments (CDI) in these countries may fail to receive sufficient legal protection, which may in turn expose such investments to more or higher political risks. In the light of such specific situation, the high standards protection for FDI or CDI should be granted to each other in the BITs concluded between China and these developing countries as described above. Such protection may include mutually extending complete consent to submit FDI or CDI disputes within the territory each of the host state to ICSID, so as to make up for the inadequacy and deficiencies of local remedies, and to seek fair and just settlement of the disputes.

According to the official statistics of China, up to February 12, 2007, China has concluded 29 BITs containing provisions giving complete consent to the ICSID jurisdiction over FDI or CDI disputes. These BITs are shown in *Table 1* below:

TABLE 1: SINO-FOREIGN BITS WITH COMPLETE CONSENT TO ICSID JURISDICTION[①]
(in order of concluding date from July 1998 to Feb. 2007)

	Country /Region	Time of Concluding BIT
1	Barbados	1998 - 07 - 20
2	Congo	2000 - 03 - 20

---

① Materials available at http://tfs.mofcom.gov.cn/h/h.html and http://ita.law.uvic.ca/investmenttreaties.htm (emphasis added).

续 表

	Country /Region	Time of Concluding BIT
3	Botswana	2000-06-12
4	Sierra Leone	2001-05-16
5	Mozambique	2001-07-10
6	Kenya	2001
7	Jordan	2001-11-05
8	*The Netherlands*	2001-11-26
9	Burma	2001-12-12
10	Cyprus	2002-01-15
11	Bosnia and Herzegovina	2002-06-26
12	Trinidad and Tobago	2002-07-22
13	Cote d'Ivoire	2002-09-30
14	Guyana	2003-03-27
15	Djibouti	2003-08-18
16	*Germany*	2003-12-01
17	Latvia	2004-04-15
18	Uganda	2004-05-27
19	Tunisia	2004-06-21
20	Finland	2004-11-15
21	Benin	2004-12-18
22	North Korean	2005-03-22
23	*Spain*	2005-11-14
24	Czechoslovakia	2005-12-08
25	*Portugal*	2005-12-09
26	The Republic of Vanuatu	2006-04-05
27	Russia	2006-11-09
28	India	2006-11-21
29	Seychelles	2007-02-12

Among these 29 states, 23 are developing countries in usual meaning except the Netherlands, Germany, Spain, Portugal, Czech and Russia.

That China concluded BITs with provisions giving complete consent to the ICSID jurisdiction over FDI or CDI disputes with 23 developing states is based on the actual need of implementing the "out-going" policy and expending investment destinations, and is in accordance with the spirit of real equality and mutual benefit principle.

Czech and Russia are not developing countries in usual meaning, but are nonetheless viewed as "developing countries" under the Convention Establishing the Multilateral Investment Guarantee Agency (MIGA) because of the high political risks foreign investment may confront within their territories[①]. So the same consideration and rationale apply to the conclusion of Sino-Czech BIT and Sino-Russia BIT with provisions giving complete consent to the ICSID jurisdiction, similar to the above 23 BITs. As to BITs with the Netherlands, Spain and Portugal, due to the limited investment to China from these countries, these BITs would actually not impose serious influence on the overall situation.

However, so far as Sino-Germany BIT 2003 is concerned, China has to seriously reconsider whether such a BIT really conforms to the principle of true equality and mutual benefit. Especially, China has to rethink whether such a BIT with provisions giving complete consent to ICSID jurisdiction could be immediately and totally, in the predicable future, transplanted to BITs with other powerful developed economies such as US, Japan, UK, France and Canada which have invested heavily in China. In the author's view, the answer should be negative.

3. SHOULD CHINA COMPLETELY AND UNIVERSALLY WAIVE ITS JURISDICTION ON FDI DISPUTES IN ITS BITS WITH POWERFUL DEVELOPED COUNTRIES?

The following part provides a further analysis on this issue with reference to the top 15 countries or regions in terms of FDI into Mainland China.

The figures in *Table 2* show that up to the end of 2006. the total CDI in Japan amounts to around 0.39% of Japanese FDI in Mainland China; the percentage of CDI in US in comparison with US FDI in Mainland China stands at around 2.29% the similar percentage with Republic of Korea, around

---

① Among the 170 members states of *Convention Establishing the Multilateral Investment Guarantee Agency* (*MIGA*), 147 are Developing Countries, and such countries refer to those MIGA agrees to provide guarantee of political risks for the foreign investors within their territories as host countries. They include the developing countries in usual meaning, as well as former Soviet Union and Eastern European countries where foreign investment are likely to encounter more political risks. Now both Russia and Czech are regarded as "developing countries". Available at: <http://www.miga.org/sitelevel2/level2.cfm?id=1152>; see also An Chen, Chongli Xu (ed.), *MIGA and China*, Fujian People's Publishing House, 1994, pp. 15 - 20. In addition, Russia and Czech are not regarded as "developed countries" but "transitional economies" in UNCTAD documents, see UNCTAD, World Investment Report 2006, Note, UNCTAD /WIR /2006 (Overview), available at www.unctad.org/wir.

2.71%; with Singapore, around 1.56%; with U.K., around 1.45%; with Germany, around 3.52%; with France, around 0.58%; and with Canada, around 2.60%. In short, the total CDI in these developed countries and "newly industrialized countries"① only represents 0.39%–3.52% compared with FDI from those countries to Mainland China.

Under such specific conditions, if China neglects the real national situations and fails to consider prudently *the current ratio between the inflow FDI from these powerful economies and the outflow CDI to these countries*, but hastily conclude BITs with these countries giving complete consent to ICSID jurisdiction or other international arbitration institutions *in a universal and uniform manner*, such BITs would actually deviate from the principles of fairness and "exchange on equal value", and would inevitably cover up the real inequality and non-mutually beneficial by the high-sounding words of "equality and mutual beneficial".

TABLE 2: COMPARISON BETWEEN TOP 15 INVESTORS' INVESTMENT (FDI) IN MAINLAND CHINA AND MAINLAND CHINA'S OVER SEAS INVESTMENT (GDI) AS OF 2006②

Unit: Billion USD

Rank	Accumulative value of investment → Countries /regions investing in China ↓	(A) Accumulative value of realized FDI in Mainland China as of 2006	(B) Accumulative value of realized CDI overseas as of 2006	(C) Percentage of accumulative value of CDI overseas in comparison with FDI in Mainland China
1	Hong Kong (China)	279.755	42.269	15.10%
2	Japan	57.973	0.224	0.39%

---

① The term of "Newly Industrialized Countries" refers to Republic of Korea and Singapore in international community. The two countries have been colonies of the Great Powers, and now their economic development levels are equal to those of the developed countries, but they are not developed countries in common meaning.

② The information is summarized from the following sources: the figures in column (A) are quoted from *Statistics on FDI in China* 2007, issued by Ministry of Commerce of P. R. China, MOFCOM Publication, p.16; the figures in column (B) are quoted from the *Annual Statistics Report on China's Overseas Direct Investment (Non-financial Section)* 2006, pp. 21–25, Table 8, available at the official website: <http://hzs.mofcom.gov.cn/accessory/200709/1190343657984.pdf>. The relationship of thesefigures is: (B)÷(A)=(C).

续 表

Rank	Accumulative value of investment → Countries /regions investing in China ↓	(A) Accumulative value of realized FDI in Mainland China as of 2006	(B) Accumulative value of realized CDI overseas as of 2006	(C) Percentage of accumulative value of CDI overseas in comparison with FDI in Mainland China
3	Virgin Islands	57.164	4.750	8.30%
4	U.S.A	53.955	1.238	2.29%
5	Taiwan (China)	43.893	0.0002	0.0004%
6	Republic of Korea	34.999	0.949	2.71%
7	Singapore	30.004	0.468	1.56%
8	U.K.	13.922	0.202	1.45%
9	Germany	13.418	0.472	3.52%
10	Cayman Islands	10.755	14.209	132.11%
11	France	7.802	0.045	0.58%
12	Netherlands	7.759	0.020	0.26%
13	West Samoa	7.513	0.0009	0.012%
14	Macao (China)	6.940	0.612	8.82%
15	Canada	5.414	0.141	2.60%

The reasons are many folds. First, as previously mentioned, concluding such BITs is of no difference from bearing great potential risks of counter-claims for securing a small potential claims. It is similar to paying USD10,000 for something worth only 39 - 352 dollars. Second, such BITs unfairly, unequally and excessively restrict the inherent judicial sovereignty and jurisdictional power over FDI disputes within the territory of China as a sovereign state. Third, China needs to retain indispensable discretional space for taking certain re-arrangement and emergent measures to protect its essential national security when necessary. Thus, should such BITs be otherwise concluded, China's inherent powers and capabilities in these fields would significantly and marginally shrink.

Admittedly, in the predictable future, China is facing a complicated national situations or *contradictions* when concluding new BITs or revising existing ones: China must absorb FDI on one hand and meanwhile increase CDI on the other hand; China must promote its economic development on one side and meanwhile maintain its political, social and economic stability and security on the other side; China must endeavor to seek fair benefits on one side and meanwhile avoid unfair harms on the other side. So the wise step for China to take in recent period when concluding new BITs or revising the existing ones, is to *distinguish two kinds of countries* (i.e. the North states and the South states), *to reset the standards of differential reciprocity and to properly adopt such differential treatment* regarding waiving the host country's jurisdiction on FDI disputes within its territory, and thereby endeavor to realize genuine fairness, equality and mutual benefit. Naturally, a further discussion below goes onto whether the adoption of the above mentioned *differential treatments* in conformity with MFN treatment.

4. MAY CHINA EXCLUDE OR LIMIT THE APPLICATION OF MFN TREATMENT TO THE EXISTING AND /OR FUTURE DISPUTE SETTLEMENT PROCEDURES?

This issue consists of four questions: (1) Does the application of *differential treatment* conform to MFN treatment under current international law? (2) Are there sufficient legal grounds for differential treatment? (3) Has there been any prevailing precedent in practice? This question is especially thorny since China has already concluded BITs with some developed countries (e.g. Germany) with some "safeguards" being removed, which exposed China to the risk of potential substantial unfairness hidden behind the wording of "equal and mutual benefits". Therefore, China needs to "timely *mend the fold after some sheep have been lost*" and insist on "*non-repetition*". Then, (4) can China discharge itself from MFN treatment invoked by other countries, if China determines to *take back* and uphold the aforesaid "*safeguards*" when concluding or revising BITs with other powerful developed countries in the future? The answers to all these four questions should be affirmative. Detailed explanations are put in the next part of this article.

IV THE THEORETICAL GROUNDS AND PRACTICAL PRECEDENTS FOR ADOPTING DIFFERENTIAL TREATMENT BASED ON THE DISTINGUISHING TWO TYPES OF COUNTRIES

A. DIFFERENTIAL TREATMENT CONFORMS TO THE UNIVERSAL PHILOSOPHY OF "ANALYZE ISSUES UNDER THEIR CONCRETE SITUATIONS"

As is well known, "the most essential part and the living soul of Marxism lie in that Marxism analyzes different issues under their individual concrete situation"①. This is a principle that has received universal recognition. The differential treatment completely conforms to this principle because it is a scientific conclusion and a feasible approach based on the concrete and comprehensive analysis of the situations of China as well as the two different types of countries at present stage. On the contrary, it is not scientific, wise and feasible to adopt unified standards and models and "impose uniformity in all cases" simply by "one cut" without any concrete and comprehensive analysis and without *differential treatment*.

B. DIFFERENTIAL TREATMENT CONFORMS TO THE BASIC JURISPRUDENCE OF "EQUITY AND MUTUAL BENEFIT"

In contemporary international economic practices, the principle of mutual benefit is frequently confronted with heavy interference or even impediments. An important characteristic in current international economic practices between developed and developing countries is that, even the overt inequalities caused by unequal treaties have greatly diminished or basically disappeared, developed countries *still* conduct unequal and unfair economic activities, *but behind a mask of*

---

① See Lenin, *Communism, Complete Works of Lenin*, Vol. 20; also see *On Contradiction, Selected Works of Mao Tse-tung*, Vol. 1, p. 287.

equality and fairness, with developing countries which have been long suffered from poverty and weakness. One of the typical means of developed countries is to adhere to the *absolute and non-differential "equal treatment" by applying unified standards* with developing countries bearing great economic disparities and wide gaps comparing with them. The effect is like requiring a lady of inborn weakness who has just recovered from serious illness to race against a strong well-trained man on the same starting line with the same rules. This actually covers the inequality in nature with the equality in form.

As a matter of fact, the principle of "equity and mutual benefit" is helpful in maintaining the existing equality among countries with similar economic situations and position. However, the same principle can only be realized, when being applied to different countries with huge gaps in their economic development and position, by correcting the original unified and seemingly equal but truly unequal standards in nature. In other words, to realize real and substantial equality and fairness for developing countries, various positive measures should be taken to grant the poor developing countries the right to unilaterally enjoy a *special preferential treatment* without any direct reciprocal reward[①].

It is under such a background, numerous third world countries have strongly called for the implementation of the principle of *"equity* and mutual benefit" from the perspective of international *economic* relation and highlighted the importance and imperativeness of *equity*, while emphasizing sovereign equality and equal position in politics and law. With the adoption of *the Declaration on the Establishment of a New International Economic Order* (NIEO) and the *Charter of Economic Rights*

---

① See An Chen, *Chen's Papers on International Economic Law*, Vol. 1, Peking University Press, 2005, pp. 176 – 177. This *new concept* of equality is scientific, and effectively conforms to the needs of objective reality and the essential views of Marxism. Over one hundred years ago, Karl Marx had ever pointed out that it must bring out various *unequal maladies* to measure and require, by a same criterion, those laborers who have different inborn endowments and postnatal burdens. He asserted: "to avoid all these maladies, right, instead of being equal, would have to be unequal." See Karl Marx, *Critique of the Gotha Programme*, Selected Works of Marx and Engels, Vol. 3, People's Publishing House, 1995, p. 305. Available at http://www.marxists.org/archive/marx/works/1875/gotha/ch01.htm. Karl Marx's incisive exposition can guide people to deeply understand those justifiable requirements on implementation of the principle of "equity and mutual benefit" and the system of generalized and non-reciprocal preferences strongly called for by the developing countries.

and Duties of States (the Charter) by the UN General Assemblies in 1974, the principle of "equity and mutual benefit" had been elevated to an essential jurisprudence of the establishment of NIEO and a basic norm in the governance of international economic relationship.

For over 30 years thenafter, the jurisprudential principle of "equity and mutual benefit" emphasized in *NIEO* and *the Charter* have been accepted with *opinion juris* and become a guideline in the international economic relations.

In regard to whether the principle of "equity and mutual benefit" had been justly carried out in contemporary BITs practices, Professor M. Sornarajah, a famous scholar in international investment law, once analyzed thoughtfully on the factual unfairness existing in present BITs[①]:

"Another feature of bilateral investment treaties is that they are made between *unequal partners*. They are usually agreed between a capital-exporting developed state and a developing state keen to attract capital from that state ... Though the treaty contemplates a two-way flow of investments between the states parties to the treaty, it is usually only a one-way flow that is contemplated and feasible in reality in the context of the disparities of wealth and technology between the two parties. There is an insufficient *quid pro quo* in that *the two-way flow that is openly stated as the basis of the treaties is often a fiction* ... They do not contain any firm obligation on the part of the capital-exporting state to ensure that such flows take place. In the belief that foreign investment flows will be forthcoming, there is a *surrender of sovereignty* on the part of the state that hopes to receive the capital by way of foreign investment. *Sovereignty is ceded* as the foreign investment subject to the treaty receives external protection from international dispute settlement mechanisms and *is insulated from the reach of the local laws* to a considerable extent." (emphasis added)

Therefore, to overcome the shortcoming of modern BITs which are seemingly equal and mutual beneficial but essentially unfair, China should *distinguish two types of countries, reset the standards of differential*

[①] M. Sornarajah, *The International Law on Foreign Investment*, Cambridge University Press, 2004, pp. 207–208.

reciprocity and grant properly differential treatment in future BIT negotiations or revisions. This approach means China need to clearly restrict and exclude the wide application scope of MFN treatment, and properly and respectively consider the concrete conditions of its BIT counterparts including their different economic development levels, economic strength, the ratio between their investment in China and Chinese investment vise versa, the difference of political risks and legal protection systems for /to FDI within their territories, the different capability of handling litigation and international arbitration, and the different needs to safeguard essential national security.

C. DIFFERENTIAL TREATMENT CONFORMS TO THE BASIC INTERNATIONAL LEGAL PRINCIPLE OF SUPREMACY OF STATE SOVEREIGNTY

It has become a mainstream consensus in international law community that the principle of MFN treatment has never been and should not be an absolute as a *jus cogens* principle, nor a principle of customary international law. State sovereignty is still the primary rule and occupies the highest hierarchical position within the norm-systems and theory-system of international law. Actually, MFN treatment is usually grounded on treaties concluded by sovereign states mutually granting and receiving such treatment. All sovereign states, while based on their specific domestic and foreign situations and upon weighing the advantages and disadvantages, shall have *full discretion* to decide whether or not to grant, and under what conditions to grant MFN treatment to other states; or whether to revoke the same treatment granted to other states. Besides, all sovereign states are entitled to decide the type, scope or restriction of MFN treatment. Of course, those provisions relating to MFN treatment shall all be clearly stipulated in their respective treaties[①].

In this sense, it can be said that MFN treatment is merely a derivative of state sovereignty, and is only a secondary principle, which should be

---

① See United Nations' International Law Commission, *Draft Articles on Most-Favoured Nation clauses with commentaries* 1978; Tieya Wang (ed.), *International Economic Law Materials*, Law Press 1982, pp. 761 – 767; Tieya Wang (ed.), *International Law*, Law Press 1995, pp. 180 – 182; Weitian Zhao, *Legal System of World Trade Organization*, Jilin People's Publishing House 2000, pp. 75 – 81.

subordinated to and serve the supreme principle of state sovereignty. However, even if the principle of state sovereignty occupies the supreme place, it can still be appropriately constrained by the states themselves on the basis of real equality, reciprocity, willingness and equal negotiation. It naturally follows that MFN treatment, as a secondary principle, may also be subject to *necessary restrictions or revocation* as required by the actual time, location or conditions, based on the exercise of free will of the contracting states and through their amiable and equal negotiations.

In this aspect, what remains fresh in Chinese people's memory is forced imposition of MFN treatment on China by the Western Powers in a series of unequal treaties during the late Qing Dynasty. For example, Article 8 of the 1843 Humen Treaty between China and the United Kingdom provides that "[a]ny new favor that China's Emperor may grant to other countries in the future shall also be granted to and shared by the United Kingdom". ① Such a clause actually creates the situation where any favor one of the Great Powers extorted from China should be unconditionally granted to and shared by others. The serious consequences of humiliation of nation and forfeiture of sovereignty are unfaded bitter lessons in history. Nowadays Chinese people have stood up and recovered, and have also intensified the sovereignty status of complete independence, China of course should not easily forget such historical tragedies in its new practices of conclusion or revision of BITs.

D. DIFFERENTIAL TREATMENT CONFORMS TO THE EVOLUTION OF THE PRINCIPLE OF MFN TREATMENT

In contemporary treaty practices, critical inequity and inequality usually occur when concluding MFN clause between or among countries with great disparity of strength and having different levels of economic development. It

---

① The Humen Treaty (in Chinese), available at http://baike.baidu.com/view/150487.htm; see also: *British Supplementary Treaty of the Bogue* (*China-United Kingdom* [*1843*]) available at Encyclopedia Britannica's website, http://www.britannica.com/eb/topic-71506/British-Supplementary-Treaty-of-the-Bogue. It reads: "The Treaty of the Bogue was an agreement between China and the United Kingdom, which was concluded in October 1843 in order to supplement the previous Treaty of Nanking. The treaty is mostly known for the fact that it granted extraterritoriality and most favored nations status to Britain..., which meant that Britain would enjoy any privilege granted to other powers."

was for this reason, strong resentment and joint fights from numerous developing countries had been seen in the history of North-South conflicts and collaboration during the past decades. As a result, the "*absoluteness*" of MFN clause has been constantly "amended" and "revised" by setting a series of "exceptions" at that time, which in turn substantially weakened the effects of such a clause and evolved into a clause of "*non-absoluteness*".

The most convincing example of such *evolution* is the constant revision of MFN clause in the GATT /WTO legal systems in the past decades in order to bring it apace with the development of the time. Originally, the principle of "general MFN treatment" was stipulated in Article 1 of GATT 1947. However, according to the later revision and supplement of Article 18, weak and poor developing countries "*shall be free to deviate temporarily from the provisions of the other Articles* [including MFN in Article 1] *of this Agreement*" under certain conditions. Besides, other provisions such as the "Security Exceptions" (Article 21), "Customs Unions and Free-trade Areas" (Article 24), "Waiver of Obligations" (Article 24 and Article 25) and "Trade and Development" (the later supplemented Part D, Article 36 to Article 38) also consecutively allow developing countries to deviate from MFN clause to various degrees and in different fields.

After WTO Agreements replaced the former GATT 1947, the "*special and differential treatment*" (S&D treatment), opposite to "general MFN treatment", began to appear in various WTO agreements at a higher frequency, in a wider fields and covering larger scopes. It is certainly the result of the unremitting joint efforts of the developing countries. The most note-worthy phenomenon is that the *Doha Ministerial Declaration* issued in November of 2001 listed the enforcement of various S&D treatment provisions as one of the items on the agenda for the new round of multilateral negotiation, since many offers and promises pertaining to S&D treatment had not been kept①. In short, the development and evolution

---

① *Doha Ministerial Declaration* reaffirms that "provisions for special and differential treatment are an integral part of the WTO Agreements. ... All special and differential treatment provisions shall be reviewed with a view to strengthening them and making them more precise, effective and operational." "Special and differential treatment for developing countries shall be an integral part of all elements of the negotiations and shall be embodied in the schedules of concessions and commitments and as appropriate in the rules and disciplines to be negotiated, so as to be operationally effective and to enable developing countries to effectively take account of their development needs." See *Doha Ministerial Declaration*, adopted on 14 November 2001, paras. 44 & 13, WT /MIN(01) /DEC /1, available at http: //www.wto.org /english /thewto_e /minist_e /min01_e /mindecl_e.htm.

of MFN clause with time show that the original feature of "generalization" of MFN treatment has been gradually and constantly amended and finally replaced by new features of "speciality" and "differentiation" favoring the developing countries①.

Hence, it is completely *Conforming* to the modern development of MFN treatment for China to *distinguish two kinds of countries, reset the standards of differential reciprocity and grant properly differential treatment* on jurisdictional matters of FDI disputes in future BIT negotiations or revisions. *Differential treatment* may be mutually granted and enjoyed in accordance with the concrete and specific conditions of the respective BIT counterparts, such as their respective economic development level, economic strength, the scale of and ratio between their investment in China and China's investment inversely, the legal environment for FDI protection, and the necessity of assuring national security, etc. The aim is to mutually waive certain inherent rights properly and to keep apt differentiation on the basis of real fairness and reciprocity.

E. DIFFERENTIAL TREATMENT AND EXCLUSION OR LIMITATION OF THE APPLICATION OF MFN TREATMENT TO THE DISPUTE SETTLEMENT PROCEDURES CONFORMS TO THE LATEST REPEATED WARNINGS FROM UNCTAD

In a series of research reports issued between 2003 and 2006,② the World Bank and the United Nations Conference on Trade and Development

---

① See Huaqun Zeng, *On the Development and Legal Grounds of the "Special and Differential Treatment" Provisions*, Journal of Xiamen University, Vol. 6, 2003.

② See World Bank, *Global Economy Prospects 2003*, available at: http://www.worldbank.org/prospects/gep2003/summarvcantonese.doc; World Bank, *World Development Report 2005 — A Better Investment Climate for Everyone*, World Bank and Oxford University Press, 2004, p. 177; UNCTAD, *World Investment Report 2003 — FDI Policies for Development: National and International Perspectives (Overview)*, 2003, pp. 18 - 19, UNCTAD /WIR /2003 (Overview); *The São Paulo Consensus*, paragraph 8, adopted at the UNCTAD XI Conference, available at: http://www.unctad.org/en/docs//td410_en.pdf; UNCTAD, *World Investment Report* 2006 — *FDI from Developing and Transition Economies: Implications for Development (Overview)*, 2006, pp. 9 - 11, UNCTAD /WIR /2006(Overview), available at: www.unctad.org/wir. See also An Chen, *Should the Four Great Safeguards in Sino-Foreign BITs Be Hastily Dismantled* 7 Journal of World Investment &. Trade, Geneva, December 2006, Vol. 7, No. 6, pp. 917 - 919.

(UNCTAD) repeatedly reminded the weak nations that they should be fully aware of the effect of double-edged sword of BITs. On one hand, developing countries need to absorb FDI to serve their national development; and on the other hand, they must endeavor to appropriately reserve necessary fiexibility and discretion for the exercise of sovereignty, so as to safeguard their own national interests and essential security. In short, they need to strike for a balance between both sides. Especially worthy of note, in its research report entitled "*Preserving Flexibility in IIAs (International Investment Agreements): The Use of Reservations*", UNCTAD persuasively instructed how the weak developing countries in the course of concluding BITs could make full use of the "reservation" right set forth in Article 2 of the *Vienna Convention on the Law of Treaties*, enact necessary exceptions and try to reserve the rights of self-determination, jurisdiction and agility discretion in their own hands. Mr. Supachai Panitchpakdi, former Director-General of WTO and current Secretary-General of UNCTAD, indicated in the preface of this *Report* that: the aim of the series research reports including this one is to provide consultation opinions and reasonable suggestions to the decision-makers in these countries, government officials, corporate executives, NGO's representatives, officials of international agencies and researchers[①].

Some significant view points repeatedly stressed throughout this report are, *inter alia*:

1. "It is in the very nature of international agreements to constrain policy options at the national level. In the case of IIAs, the obligations they establish[ed] limit the choices available to policy makers in designing national investment policies.... While enhancing host countries' investment climates, it is important that IIAs do not unduly constrain the degree of flexibility afforded to national policy makers in the pursuit of development or other national policy objectives."[②] Besides,

---

① UNCTAD, *Preserving Flexibility in IIAs: The Use of Reservations*, UNCTAD Series on International Investment Policies for Development, New York and Geneva, 2006, p. ⅳ, available at http://www.unctad.org/templates/webflyer.asp?docid=7145&intItemID=2310&lang=1&mode=downloads.

② *Ibid.*, p. 6.

2. "Countries at all development levels broadly resort to the same types of non-conforming measures, *with* limitations on national treatment destined to tilt competitive conditions in favour of domestic investor and *MFN exceptions*, aimed at preserving the preferential or reciprocal nature of various agreements, emerging as the most common types of non-conforming measures found in reservation lists."①

3. "Many countries, independent of their level of development, feel the need to preserve certain economic activities from international obligations. This trend is more pronounced in the case of developing countries, given their need to face greater social and economic problems while also addressing new regulatory challenges with more limited resources and expertise." ② Thus

4. "Developing countries covered by the sample IIAs have shown a greater overall tendency to lodge reservations and to preserve non-conforming measures than is the case of developed countries."③ And consequently,

5. "*Reservations* in international investment agreements (IIAs) are a *key* technique for *balancing* flexibility of national authorities with international obligations in the field of investment, *especially for developing countries*."④

---

① UNCTAD, *Preserving Flexibility in IIAs: The Use of Reservations*, UNCTAD Series on International Investment Policies for Development, New York and Geneva, 2006, p. ⅳ, available at http://www.unctad.org /templates / webflyer. asp? docid = 7145 & intltemlD = 2310 & lang = 1 & mode = downloads. p. 2. (emphasis added)

②③ Ibid., p. 2.

④ Ibid., p. 1. (emphasis added). The original footnote as follows: "(1) It should be noted that a number of the sample agreements contained in this study uses the term 'reservation', while others prefer the term 'exception'. In both cases, *these 'reservations' or 'exceptions' are meant to exclude certain non-conforming measures of the parties from the scope of application of specinfic treaty obligations*. For the sake of consistency, the current study utilizes the terms 'reservations' and 'exceptions' interchangeably. According to the Vienna Convention on the Law of the Treaties (Art. 2. 1. d) 'reservation' is taken to mean a 'unilateral statement, however phrased or named, made by a State, when signing, ratifying, accepting, approving or acceding to a treaty, whereby it purports to exclude or to modify the legal effect of certain provisions of the treaty in their application to that State'." (emphasis added)

Actually such suggestions are the *scientific summarization and sincere admonishments of* UNCTAD *experts* after surveying a great deal of relevant experiences and lessons in IIA practices, especially those of developing countries. These suggestions certainly meet China's needs and are worthy of careful study in choosing its own development path.

It appears that the timely adoption of distinguishing two kinds of countries and granting *differential reciprocity* with some *MFN exceptions*, including the necessary *exclusion or limitation of applying MFN to dispute settlement procedures*, fully complies with the basic spirit of the report issued by UNCTAD. Such suggestions are really helpful to China in properly relaxing the jurisdiction and differentially treating different types of countries on the basis of real equity and mutual benefit.

F. DIFFERENTIAL TREATMENT CONFORMS TO THE CURRENT INTERNATIONAL ARBITRATION PRACTICES

On the issue relating to the jurisdiction of FDI disputes, explicit words may be taken in BITs to restrict or exclude the application of MFN treatment to the procedural matters. Such an idea has become a mainstream consensus in recent international arbitration practices[①].

In *Maffezini* (Argentina) *v. Spain* of 2000, the ICSID Tribunal carefully examined the MFN clause in Argentina-Spain BIT[②]. Although the Tribunal asserted that the MFN clause may be applied to dispute settlement procedures in question, this decision was based on the fact that the Argentina-Spain BIT *failed to explicitly exclude* the applicability of the MFN clause to the dispute settlement procedures. Thus, had Argentina-Spain BIT explicitly excluded MFN clause from being applied to jurisdictional matters, the decision could not have been made, according to the universally accepted principle of "autonomy of will" of parties. The reasoning and decision of this case once had aroused extensive attention and heated discussions in

---

① See Wang Hailang, *New Jurisdictional Issues and China's Countermeasures* (PhD. Paper), Chapter Four, to be published.

② Emilio Agustin Maffezini v. Kingdom of Spain (ICSID Case No. ARB /97 /7), *Decision of the Tribunal on Objections to Jurisdiction*.

international arbitration community, and has brought profound influence in several ensuing cases relating to the jurisdiction of ICSID.

In a later case of *Plama (of Cyprus) v. Bulgaria*, issued in 2005, the ICSID Tribunal clearly expressed in its *Decision on Jurisdiction* that the MFN clause in one BIT cannot be extended and applied to dispute settlement procedures in another①. In this case, the Bulgaria-Cyprus BIT provided that only disputes relating to the *amounts of the compensation for expropriation* should be submitted to international *ad hoc* tribunal. In the hearing of the case②, the parties held opposite opinions on the issue whether or not the disputes beyond *amounts of the compensation for expropriation* could also be submitted to ICSID by invoking the dispute settlement provisions in *Bulgaria-Finland* BIT or other BITs on the basis of the MFN clause.

However, the ICSID Tribunal held when concluding Bulgaria-Cyprus BIT, the contracting states limited the application of the arbitration clause to the scope prescribed in the BIT (i. e., only the dispute concerning the *amounts of compensation for expropriation*), and thus had no intention of extending the said application scope of the arbitration clause by MFN clause③. This Tribunal further held that "the intention to subject the dispute settlement matter to the MFN treatment must be clearly and unambiguously expressed"④. Therefore, ICSID Tribunal reached a conclusion that even if

---

① Plama Consortium Limited v. Republic of Bulgaria (ICSID Case No. ARB /03 /24), *Decision on Jurisdiction of February* 8, 2005, paras. 216 – 224, available at www. worldband. org /ICSID /cases /plama-decision. pdf.

② Ibid. , para. 26, Article 4. 1 of the *Bulgaria-Cyprus* BIT stipulates: "The legality of the expropriation shall be checked at the request of the concerned investor through the regular administrative and legal procedure of the Contracting Party that had taken the expropriation steps. In cases of dispute with regard to the *amount of the compensation*, which disputes were not settled in an administrative order, the concerned investor and the legal representatives of the other Contracting Party shall hold consultations for fixing this value. If within 3 months after the beginning of the consultations no agreement is reached, the amount of the compensation at the request of the concerned investor shall be checked either in a legal regular procedure of the Contracting Party which had taken the measure on expropriation or *by an* international 'Ad Hoc1' Arbitration Court'. " Article 4. 2. of the same BIT further stipulates: "The International Court of Arbitration mentioned in paragraph 4. 1 of Article 4 shall be established on a case-by-case basis. Each Contracting Party shall designate one arbitrator, and the two arbitrators agree upon a national of a third state to be a Chairman. " (emphasis added)

③ *Ibid,*, paras. 195 – 197.

④ *Ibid*. , paras. 204, 214.

combining the MFN clause in Bulgaria-Cyprus BIT together with the BITs signed with other countries by Bulgaria (especially the Bulgaria-Finland BIT), it could not be construed that Bulgaria had consented to bring *all disputes* between itself and Plama Company to ICSID, or that Plama Company had the right to invoke the dispute settlement provisions in other BITs to bring this case to ICSID.

Comparing these two ICSID decisions on jurisdiction, it can be found that the opinion of the *Maffezini v. Spain* Tribunal is MFN treatment *may be aenerally applied* to jurisdictional matters unless the parties explicitly provided otherwise. While the opinion of the *Plama v. Bulgaria* Tribunal is MFN treatment *shall not usually be applied* to jurisdictional matters unless the parties explicitly provided otherwise. Notwithstanding the minor divergence, *both* tribunals *unanimously denied the absoluteness of application of MFN treatment* to jurisdiction of FDI disputes. However, the opinion of *Plama v. Bulgaria* Tribunal is more plausible in that it paid more stress on the universally accepted principle of "*parties autonomy*" and is more consistent with the basis and jurisprudence of submitting disputes to international arbitration, and thus received more appreciations and affirmations world-widely.

G. THE PRECEDENTS OF GRANTING DIFFERENTIAL TREATMENT AND EXCLUDING OR LIMITING THE APPLICATION OF MFN CLAUSE

The usual application scope of MFN treatment is confined to substantive treatments, and there lacks a unanimous view regarding whether MFN treatment can be applied to procedural matters by reasoning or interpretation. Considering the trend that ICSID tribunals practically endeavor to extend their jurisdiction by exercising discretionary power, China should explicitly exclude or restrict the jurisdiction of ICSID if it does not wish to apply MFN treatment to procedural matters such as FDI disputes settlement procedures in future BIT negotiations or revisions.

In this regard, some precedents are worthy of note. For example, in the relevant part of the Free Trade Agreement of the Americas (Draft) 2004 reads as below:

"The Parties note the recent decision of the arbitral tribunal in *Maffezini (Arg.) v. Kingdom of Spain*, which found an unusually broad most-favoured-nation clause in an Argentina-Spain agreement to encompass international dispute resolution procedures. By contrast the most-favoured-nation Treatment Article of this Agreement [FTAA] is expressly *limited in scope* to matters 'with respect to the establishment, acquisition, expansion, management, conduct, operation, and sale or other disposition of investments.' *The Parties share the understanding and intent that this clause [MFN treatment] does not encompass international dispute resolution mechanisms such as those contained in Section C of this Chapter*, and therefore could not reasonably lead to a conclusion similar to that of the Maffezini case."[1](emphasis added)

In addition, there were practices to restrict the application of MFN treatment by the non-retroactivity rule. For example, China may also refer to the stipulations in Annex III of the Canadian Model BIT 2004 relating to "exceptions from MFN treatment", which states:

"Article 4 [MFN treatment] shall not apply to treatment accorded under all bilateral or multilateral international agreements in force or signed *prior to* the date of entry into force of this Agreement." (emphasis added)

If China learns and transplants such an exception from Canada Model BIT, it is not likely for future Contracting parties to claim for the same preferential treatments that China granted to other states by resorting to MFN treatment.

V CONCLUSION

To conclude, China should *distinguish two types of countries, properly*

---

[1] See Chapter XXIII, Dispute Settlement of FTAA (Draft Agreement), 25 March 2004, fn. 13; available at: http://www.ftaaalca.org/FTAADraft03/ChapterXXIII_e.asp. See also OECD, *International Investment Law: A Changing Landscape*, Chapter 4, "Most-Favoured-Nation Treatment in International Investment Law", OECD Publishing, 2005, p. 132.

grant differential reciprocity treatment, *and clearly restrict or exclude the application of MFN clause to the international dispute settlement procedures* when concluding new BITs or revising existing ones. This bears special significance for China since it is hard for China to completely and precisely predict how many frustrations, pitfalls and whirlpools are ahead when absorbing huge amounts of foreign investment and dealing with powerful international capital. The aforesaid Argentinean experiences have turned into a valuable common wealth of the vast developing countries. China does not have to taste the bitterness again which Argentina had experienced, nor does China have to pay the "expensive tuitions" again which Argentina had paid. What China should do is to try its best to avoid following the same route of the overturned cart and avoid falling into the pitfalls and whirlpools by mistake.

In this sense, reaching *no agreement* (BIT) or temporarily having no agreement is *much better than* having an agreement substantially unfavorable for China concluded hastily and "smoothly", particularly when China is negotiating BITs with countries of the strongest economies and with great economic disparity. Weighing the real domestic and foreign conditions, China has no necessity to forsake the legitimate rights and related powers too fast and too greatly, nor does China need to hastily take actions in order to create a politically "friendly" atmosphere which would let China unconsciously leave the door widely open without imperative and indispensable defense. On the contrary, based upon the current Chinese national situations and having the whole world in mind, China obviously needs to enhance its awareness of risk, keep conscious and be vigilant in peacetime[①], uphold the legitimate and reasonable rights authorized by relevant international conventions, be good at

---

[①] See Jiang Zeming, *The Report on constructing a comfortably-off society and initiating a new prospect of socialism with Chinese characteristics*, section 10, Nov. 22, 2002, available at <http://www.hfzfcg.gov.cn/wzyc/wzyc/20021122141827.htm>; Hu Jingtao, *A speech at Symposium on Provincial Leaders' capacity to construct a harmonious society of socialism*, section 1, Xinhuanet Feb. 19, 2005, available at <http://news3.xinhuanet.com/newscenter/2005-06/26/content 3138887.htm>; Wen Jiabao, *Several Issues on the Historical Tasks and Foreign Policy of China at the Primary Stage of Socialism*, section 1 & 3, Xinhua News Agency, Feb. 26, 2007, available at <http://politics.people.com.cn/GB/1024/5418093.html>.

keeping the four great safeguards, and avoid unfair harms while seeking justifiable benefits.

In brief, China needs to endeavor to keep a *proper and comprehensive balance* between protecting the legitimate *rights and interests of foreign investors* and safeguarding the *sovereignty and related rights of China*, and a *balance* between "*absorbing FDI inward*" and "*investing CDI outward*". Only by so doing, can China really further realize mutual benefits by negotiating or concluding new BITs or revising the existing ones; Only by so doing, can China play a proper model role in establishing equitable and reasonable legal norms towards foreign investments and promoting a New International Economic Order; Only by so doing, can the BITs be beneficial to China, the developing countries and the common prosperity and development of the harmonious world.

V Could China-Peru BIT 1994 Be Applied to Hong Kong Special Administration Region under "One Country, Two Systems"?

—A Jurisprudential Analysis on the Case of Tza Yap Shum v. Republic of Peru

An Chen

Abstact It was reported that an investor from Hong Kong applied for ICSID's arbitration on the allegation that the host state Peru Government took expropriation of his fish flour company. The current main issue focuses on whether the ICSID's Tribunal is competent for the jurisdiction on the disputed case. It mainly depends upon whether the China-Peru Bilateral Investment Agreement of 1994 could be directly applied to Hong Kong Special Administration Region under "One Country, Two Systems". This Article, from a jurisprudential perspective, aims at discussing the direct applicability of the China-Peru BIT 1994 to Chinese nationals with the right of abode in Hong Kong. In accordance with Chinese law, the Hong Kong Basic Law, international law, as well as their related jurisprudence, the preliminary answer to this question is negative.

Table of Contents

I Introduction: Summary of the Disputing Case
II Main Issues & Basic Conclusions
  2.1 Main Issues

2.2 Basic Conclusions
Ⅲ Issue upon the Claimant's Chinese Nationality
    3.1 Acquisition of Chinese Nationality
    3.2 Loss of Chinese Nationality
    3.3 Application of the Nationality Law to the Hong Kong Special Administrative Region
    3.4 Proof of Chinese Nationality
    3.5 HKSAR Passport as Proof of Chinese Nationality
Ⅳ Issue upon Applicability of SINO-FOREIGN BITs to Chinese Nationals with the Right of Abode in Hong Kong
    4.1 Historical Overview of Hong Kong Before and After Its Return to China
    4.2 The Sino-British Joint Declaration
    4.3 The Joint Liaison Group
    4.4 The Basic Law of the Hong Kong Special Administrative Region
        4.4.1 The Legal Status of Hong Kong
        4.4.2 Applicability of Chinese National Laws and Sino-Foreign Treaties and Agreements to Hong Kong
    4.5 Applicability of the China-Peru BIT 1994 to Hong Kong Residents
Ⅴ Issue upon Scope of the Arbitration Provision in the China-Peru BIT 1994
    5.1 China's Accession to the ICSID Convention
        5.1.1 Before the "Open-Door" Policy
        5.1.2 The "Open-Door" Policy and the Signing of the ICSID Convention
    5.2 China's Policy on the Resolution of Investment Treaty Disputes
        5.2.1 China's Notification under Article 25(4) of the ICSID Convention
        5.2.2 The Scope of the Dispute Resolution Clauses in Sino-Foreign BITs
    5.3 Scope and Nature of the Dispute Resolution Provision in the China-Peru BIT
Ⅵ Issue upon Scope of the Most-Favoured-Nation Clause in the China-Peru

BIT 1994
6.1 China's Historical Experience with the Most-Favoured-Nation Treatment
6.2 The Most-Favoured-Nation Clause in the China-Peru BIT 1994
6.3 Use of the Most-Favoured-Nation Clause to Create New ICSID Jurisdiction
    6.3.1 China's Policy with Respect to International Arbitration of Investment Disputes
    6.3.2 China's Approach to Substantive and Procedural Protection of Foreign Investment
    6.3.3 General Overview of languages on MFN Clause in Chinese BITs
    6.3.4 China's Recent Practices with Respect to the Arbitration of Investment Disputes
6.4 The Consensus on the Essence of MFN Clause in Contemporary International Law Community: MFN Treatment is Merely a Derivative of State Sovereignty
6.5 Interpreting the MFN Clause in the China-Peru BIT 1994 under the VCLT
    6.5.1 The Provisions Regarding Treaty Interpretation in the Vienna Convention of the Laws of Treaties (VCLT)
    6.5.2 Interpreting the MFN Clause in the China-Peru BIT 1994 under the VCLT
6.6 The Scientific Interpretation of MFN Clause in the China-Peru BIT 1994 by Further Using the ICSID Convention and the China-Peru BIT 1994 *per se*
6.7 The Repeated Warnings by Authoritative Documents of UN and the Strict Interpretation of MFN Clause in Contemporary World
6.8 The Restrictions and Exclusions of the MFN Provision in Contemporary Treaty Practices
6.9 The Restrictions and Exclusions of the MFN Provision by ICSID Practices (Precedent Decisions)
    6.9.1 The MFN Issue in Salini Costruttori S. p. A. et al. v. The

Hashemite Kingdom of Jordan
6.9.2 The MFN Issue in Plama Consortium Limited v. Republic of Bulgaria
6.9.3 The MFN Issue in Telenor Mobile Communications A. S. v. The Republic of Hungary
6.9.4 Basic and Common Conclusion from the 3 Precedent Decisions on MFN Issue & ICSID Jurisdiction
6.10 Tracing Back to the Specific MFN Issue in China-Peru BIT 1994
Ⅶ Conclusion

Ⅰ INTRODUCTION:SUMMARY OF THE DISPUTING CASE

According to the official information from ICSID[①], Mr. Tza Yap Shum has become *the first Chinese investor* to file a dispute against a state at the Washington-based International Centre for Settlement of Investment Disputes (ICSID)[②]. Mr. Tza Yap Shum is suing the Republic of Peru, in an effort to obtain 20 million USD in compensation for the alleged expropriation of his fish flour company, TSG Peru S. A. C.. The claim has been lodged pursuant to the China-Peru Bilateral Investment Treaty (BIT), which was signed in 1994. According to the claimant's lawyers, TSG Peru is involved in the manufacturing, import, export, and distribution of fish flour intended for the Asian market. Mr. Tza Yap Shum owns 90% of the company, which was listed as being one of the top six fish-product exporters in Peru between 2003 and 2004. Peru is the world's largest producer of fish flour, which in 2005

[①] It reads as follows: Tza Yap Shum v. Republic of Peru (ICSID Case No. ARB /07 /6). Subject Matter: Fish flour production enterprise. Date Registered: February 12, 2007. Date of Constitution of Tribunal: October 01, 2007. Composition of Tribunal: President: Judd L. KESSLER (U. S.). Arbitrators: Hernando OTERO (Colombian), Juan FERNÁNDEZ-ARMESTO (Spanish). Status of Proceeding: Pending (Tribunal recently constituted), available at http://icsid.worldbank.org /ICSID /FrontServlet? requestType=CasesRH&actionVal=ListPending.

[②] Chinese investor launches BIT Chinese investor launches BIT claim against Peru at ICSID, available at www.iisd.org /investment /itn.

accounted for 70% of its fish exports by volume. The substance is a popular component in animal feed due to its high concentration of protein and digestible fats. The present dispute began in December of 2004 when la Superintendencia Nacional de Administración Tributaria (Sunat) [National Tax Administration Office] charged TSG Peru for an alleged tax debt in the amount of 12 million Peruvian New Sols (currently equivalent to about 4 million USD). According to the claimant, the Peruvian tax authorities proceeded to confiscate TSG's bank accounts a mere month after the company first received notice of the charge, and while the company was still trying to challenge the decision within the legally-prescribed time limits for doing so. The claimant alleges that the confiscation of the company bank accounts paralyzed the company and resulted in an expropriation, for which the company has not been compensated. <u>An official at Peru's embassy in Washington</u> tells *Investment Treaty News* (ITN) that Peru had only recently received the notice of arbitration and did not have an official opinion at this time. The official said the country was in the process of examining the claim and would respond in the next couple of months. **Unusual** about this claim is that BITs signed by China have not produced many known investor-estate arbitrations in the past, and *none brought by a Chinese investor to ICSID*. As reported previously by ITN, older China BITs tended to have limited dispute resolution provisions that did not offer foreign investors wide latitude to take their host state to international arbitration. For instance, a China-Finland BIT signed in 1984 only allowed investors to seek international arbitration to dispute the amount of compensation they have been awarded as a result of an expropriation①.

The China-Peru BIT has a similarly circumscribed dispute resolution provision. Mr. Tza Yap Shum initiated the mandatory six month consultation period required by the China-Peru BIT in October of 2005 and the claim was registered by ICSID on February 12 of this year. Carlos Paitán Contreras, Orlando Siu and Omar Cardenas of the Lima, Peru-based law firm Estudio Paitán & Abogados are representing the claimant in the ICSID arbitration.

---

① see "China-Finland investment treaty points to new trend in Chinese BITs," at http://www.iisd.org/pdf/2007/itn_feb14_2007.pdf.

The author and his academic team have devoted in research of international investment law, including the issues on ICSID mechanism and BIT conclusion. As known to international arbitration circles, the said case contains a lot of newly emerging complicated questions which *firstly* happened relating to a Chinese national with the right of abode in the HKSAR, under the very specific situation of China's "*One country, two systems*". Naturally, the disputing case has attracted a great attention of the author's academic team. Besides, the author has been required by domestic and foreign friends to explain and answer many complicated questions from an academic perspective under wide-accepted international law as well as Chinese Law.

II MAIN ISSUES & BASIC CONCLUSIONS

2.1 *Main Issues*

The main issues of the disputed case include /are not limit to the followings:

(A) Whether the Claimant, who is with the right of abode in the Hong Kong Special Administrative Region ("HKSAR"), is a national of China in the general and broad meaning. Whether the Claimant with the right of abode in HKSAR is a national of China in the *specific* meaning stipulated in the China-Peru BIT 1994.

(B) Whether the protection afforded by bilateral investment treaties/ agreements ("BITs") entered into by China, such as the bilateral investment treaty between China and Peru in 1994 (the "China-Peru BIT 1994"), applicable to Chinese nationals with the right of abode in the HKSAR.

(C) Whether the scope of the dispute resolution provisions contained in the China-Peru BIT 1994 allows a claimant to submit any kind of disputes with the host state to ICSID for its arbitration.

(D) Whether the scope and nature of the most-favoured-nation ("MFN") clause contained in the China-Peru BIT 1994 allows using such clause to import dispute resolution provisions from third-State BITs for the purposes of creating ICSID jurisdiction.

Based upon the detailed analysis that is set forth in the ***following sections*** (Parts) of this Article, the author have reached the following preliminary views with respect to the issues that have been asked and discussed by his academic team.

2.2 Basic Conclusions

(A) The Claimant, who is with the right of abode in the HKSAR, *is indeed* a national of China in the *general and broad* meaning. However, the Claimant with the right of abode in HKSAR *is really not* a national of China in the *concrete* meaning stipulated in the *specific* China-Peru BIT 1994.

(B) The protection afforded by bilateral investment treaties/agreements ("BITs") entered into by China, such as the bilateral investment treaty between China and Peru in 1994, *is not applicable* to Chinese nationals with the right of abode in the HKSAR. A Chinese national with the right of abode in the HKSAR cannot invoke protection under the China-Peru BIT 1994.

(C) The scope of the dispute resolution provisions contained in the China-Peru BIT 1994 *does not allow* a claimant to unilaterally submit any kind of disputes, except the dispute on *amount of compensation for expropriation*, with the host state to ICSID for its arbitration. In the absence of a further express agreement of the disputing parties, an international arbitral tribunal constituted under the China-Peru BIT 1994 only has jurisdiction to decide disputes involving the *amount of compensation* due to an investor after a determination of expropriation by the competent court of the host State.

(D) The scope and nature of the MFN clause contained in the China-Peru BIT 1994 *does not allow* using such clause to import dispute resolution provisions from third-State BITs for the purposes of creating ICSID jurisdiction. The MFN clause in the China-Peru BIT 1994 *cannot be interpreted* to allow investors to bypass the narrow arbitration clause contained in the treaty by importing broader arbitration clauses contained in third-party treaties.

III ISSUE UPON THE CLAIMANT'S CHINESE NATIONALITY

This section explains the basic principles governing the acquisition, loss and proof of Chinese nationality under Chinese law, and the specific nationality of the Claimant.

3.1 *Acquisition of Chinese Nationality*

The issue of nationality is governed by the "Nationality Law of the People's Republic of China", which was adopted at the Third Session of the Fifth National People's Congress, and promulgated by Order No. 8 of the Chairman of the Standing Committee of the National People's Congress on 10 September 1980 ("Nationality Law"). The Nationality Law entered into force on the date of its promulgation. According to its Article 1, the Nationality Law "is applicable to the acquisition, loss and restoration of nationality of the People's Republic of China".

Under Article 4 of the Nationality Law, "any person born in China whose parents are both Chinese nationals or one of whose parents is a Chinese national shall have Chinese nationality". Under this rule, to become a Chinese national, an individual must have been born: (i) in Chinese territory; and (ii) to Chinese parents, or at least to one Chinese parent.

Article 5 of the Nationality Law provides that "any person born abroad whose parents are both Chinese nationals or one of whose parents is a Chinese national shall have Chinese nationality". But the rule then warns that "a person whose parents are both Chinese nationals and have both settled abroad, or one of whose parents is a Chinese national and has settled abroad, and who has acquired foreign nationality at birth shall not have Chinese nationality". Under this rule, an individual who is born in foreign territory to Chinese parents (or at least to one Chinese parent) can acquire Chinese nationality at birth, *provided* that he has not acquired foreign nationality at birth and neither of his parents has settled abroad.

Although the Nationality Law adopts a mixed system where both the *jus solis* and *jus sanguinis* principles are recognized, it always requires that Chinese nationals be born to Chinese parents or at least to one Chinese parent.

In addition to the rules described above, an individual can acquire Chinese nationality through naturalization. Article 8 of the Nationality Law provides that "any person who applies for naturalization as a Chinese national shall acquire Chinese nationality upon approval of his application ..."

3.2 *Loss of Chinese Nationality*

Article 3 of the Nationality Law provides that "the People's Republic of China does not recognize dual nationality for any Chinese national".

Consistent with this principle, Article 9 of the Nationality Law provides that "[a]ny Chinese national who has settled abroad and who has been naturalized as a foreign national or has acquired foreign nationality of his own free will shall automatically lose Chinese nationality". According to this rule, a Chinese national who: (i) settles in a foreign country; *and* (ii) is voluntarily naturalized as a national of such country; *or* (iii) has otherwise voluntarily acquired the nationality of a foreign country, shall automatically lose his Chinese nationality.

By the same token, individuals who have acquired their Chinese nationality through naturalization, shall not retain their (previous) foreign nationality. In this respect, Article 8 provides: "a person whose application for naturalization as a Chinese national has been approved shall not retain foreign nationality."

In addition, Article 10 provides that "Chinese nationals who meet one of the following conditions may *renounce* Chinese nationality upon approval of their applications: (1) they are near relatives of foreign nationals; (2) they have settled abroad; or (3) they have other legitimate reasons" (emphasis provided). Unlike Article 9, this rule provides for the renunciation of Chinese nationality, and requires that the Chinese national make an application to renounce his Chinese nationality and that such application be approved by the relevant Chinese authorities.

3.3 Application of the Nationality Law to the Hong Kong Special Administrative Region

The Nationality Law has applied in Hong Kong since 1 July 1997①. The Nineteenth Session of the Standing Committee of the Eighth National People's Conference adopted an interpretation regarding the implementation of the Nationality Law to the HKSAR on 15 May 1996 ("Explanations of Some Questions by the Standing Committee of the National People's Congress Concerning the Implementation of the Nationality Law of the People's Republic of China in the Hong Kong Special Administrative Region") ("Explanations").

According to Section 1 of the Explanations, "where a Hong Kong resident is of Chinese descent and was born in the Chinese territories (including Hong Kong), or where a person satisfies the criteria laid down in the Nationality Law of the People's Republic of China for having Chinese nationality, he is a Chinese national". To acquire Chinese nationality, a Hong Kong resident must therefore: (i) be of Chinese descent②; *and* (ii) have been born in Chinese territory; *or* (iii) must have satisfied the criteria for Chinese nationality laid down in the Nationality Law.

Also, according to Section 5 of the Explanations, "if there is a change in the nationality of a Chinese national of the Hong Kong Special Administrative Region, he may, with valid documents in support, make a declaration at the authority of the Hong Kong Special Administrative Region responsible for nationality applications". This authority has been granted to the Immigration Department of the HKSAR.

3.4 *Proof of Chinese Nationality*

In line with the principles set forth above, to prove Chinese nationality

---

① The Nationality Law is one of the few laws of the People's Republic of China that applies in Hong Kong, pursuant to Article 18 of the "Basic Law of the Hong Kong Special Administrative Region of the People's Republic of China" and its Annex III (The Basic Law will be discussed in further detail in Part 4 of this Article).

② Note that "descent" in Chinese "中国血统" means "Chinese origin of blood" which would cover a broader line of ancestors than parents only.

under Chinese law, an individual might be asked to show that: (i) he was born in Chinese territory to parents, or at least to one parent, who is a Chinese national *or*, if he is a HKSAR resident, that he was born in Chinese territory and is of Chinese descent①; (ii) he was born abroad to parents, or at least to one parent, who is a Chinese national and who themselves have not settled abroad, and that he did not acquire foreign nationality at birth; or that (iii) he acquired Chinese nationality through naturalization. These facts are proven through a certified copy of the individual's birth certificate or a certified copy of the individual's approved application for naturalization, as applicable.

In addition, he must declare that he has *not*: (i) settled abroad and been naturalized as a foreign national or acquired foreign nationality of his own free will; (ii) effectively renounced his Chinese nationality; or, if he is a Hong Kong resident, (iii) made a declaration that he is a foreign national or an application for change of nationality to the HKSAR Immigration Department.

3.5 *HKSAR Passport as Proof of Chinese Nationality*

The author has been provided with a copy of a page from the passport of Mr. Tza Yap Shum. The passport appears to have been issued on 23 July 2003 by the Immigration Department of the Hong Kong Special Administrative Region of the People's Republic of China. According to the document, Mr. Tza Yap Shum appears to have been born in the Fujian province on 10 September 1948. The passport states that Mr. Tza Yap Shum is of Chinese nationality.

The author has been asked to opine on whether the passport described above constitutes conclusive proof of Mr. Tza Yap Shum's Chinese nationality under Chinese law. Strictly speaking, it seems that Mr. Tza Yap Shum's HKSAR passport does constitute *prima facie evidence* but does not constitute *conclusive proof* of his Chinese nationality under Chinese law.

According to Chapter XIV of Annex I to the Joint Declaration, the Government of the HKSAR has the authority to issue HKSAR passports to

---

① In the case of Hong Kong residents, proof of Chinese "descent" would suffice.

Chinese nationals who hold permanent identity cards of the HKSAR①.

In order to be issued a HKSAR passport, individuals must submit their HKSAR permanent identity cards, along with an "Application for HKSAR Passport", to the Immigration Department of the HKSAR Government (*see* official application form). In addition to stating their name, date and place of birth, applicants must declare that they are "a Chinese citizen". However, the HKSAR Immigration Authority does not require that applicants provide evidence of their Chinese nationality in order to issue HKSAR passports.

Applicants are also required to declare that they "have not made any declaration of change of nationality to the Immigration Department, Hong Kong". This is so, because the Explanations provide that if there is a change in the nationality of a Chinese national residing in the HKSAR, he may, by producing valid documents, make a declaration to the HKSAR Immigration Department②. However, the declaration required in the "Application for HKSAR Passport" does not constitute evidence of the fact that a Chinese national residing in the HKSAR has not lost or renounced his Chinese nationality.

In order to be issued a HKSAR passport, Mr. Tza Yap Shum would have likely submitted an application like the one described in the preceding paragraphs to the HKSAR Immigration Authority. The mere declaration by Mr. Tza Yap Shum that he is a "Chinese citizen" and that he "has made no declaration of change of nationality to the Immigration Department, Hong Kong" for the purpose of applying for a HKSAR passport does *not* amount to conclusive proof of his Chinese nationality under Chinese law. Nor does it constitute conclusive evidence of the fact that he has not lost or renounced his Chinese nationality.

As explained above, to provide conclusive proof of his Chinese nationality, Mr. Tza Yap Shum may be asked to show either of the

---

① *See* Chapter XIV of Annex I to "The Joint Declaration of the Government of the United Kingdom of Great Britain and Northern Ireland and the Government of the People's Republic of China on the Question of Hong Kong"; and Article 154 of "The Basic Law of the Hong Kong Special Administrative Region of the People's Republic of China", both of which are discussed in further detail in Part 4 of this Article.

② *See* Section 5 of the Explanations.

following: (i) that he was born in Chinese territory to Chinese parents (or at least to one Chinese parent) *or*, if he is a Hong Kong resident, that he is of Chinese descent, which may be proven by offering a certified copy of his birth certificate; *or* (ii) that he acquired Chinese nationality by way of naturalization, which is proven by offering a certified copy of an approved application for naturalization. In addition, Mr. Tza Yap Shum may be asked to declare that he has *not*: (i) settled abroad and been naturalized as a foreign national or acquired foreign nationality of his own free will; (ii) effectively renounced his Chinese nationality; or (iii) made a declaration that he is a foreign national or an application for change of nationality to the Immigration Department of the HKSAR.

Even if Mr. Tza Yap Shum were able to prove that he is a Chinese national under Chinese law, he would not, as the author explains in the Section / Part 4 below, be able to invoke protection under the China-Peru BIT 1994 because of the special legal treatment and privilege accorded to Chinese nationals with the right of abode in Hong Kong.

Ⅳ ISSUE UPON APPLICABILITY OF SINO-FOREIGN BITs TO CHINESE NATIONALS WITH THE RIGHT OF ABODE IN HONG KONG

This section discusses the following: (i) an historical overview of Hong Kong before and after its return to China; (ii) the principles and rules set forth in the Joint Declaration, and (iii) the work carried out by the Joint Liaison Group; (iv) the Basic Law of the Hong Kong Special Administrative Region, and the applicability of Chinese laws and Sino-Foreign treaties and agreements to Hong Kong①; and (v) the applicability of the China-Peru BIT 1994 to Chinese nationals with the right of abode in Hong Kong.

---

① It bears noting that the Sino-Foreign BITs are called "agreements" (instead of "treaties"). However, for purposes of this Article, it will use the term "treaty".

4.1 Historical Overview of Hong Kong Before and After Its Return to China

Since ancient times, the island of Hong Kong has been a part of Chinese territory. In 1840, however, the United Kingdom invaded China motivated by the legal restrictions imposed by China on the opium trade, giving rise to the notorious "Opium War". As a result of China's defeat in the war, the Government of the Qing Dynasty was forced to cede the territory of Hong Kong to the United Kingdom, and was compelled to enter into unequal and humiliating treaties①. The Treaty of Nanjing (entered into in 1842) provided for the cession of Hong Kong to the United Kingdom, turning the island into a British colony. Shortly thereafter, China was forced to enter into similarly unequal treaties to "lease" the adjacent territory of Kowloon and the New Territories.

During the United Kingdom's occupation, Hong Kong Island, Kowloon and the New Territories (collectively known as "Hong Kong") were exclusively governed by the national laws of the United Kingdom. In addition, many of the international treaties entered into by the United Kingdom with third countries were made applicable to Hong Kong. David Edwards explains that the "UK also extended about 180 of its bilateral international agreements to Hong Kong in a variety of practical areas: air services, extradition, investment promotion and protection, reciprocal enforcement of judgments in civil and commercial matters, and visa abolition"②. Similarly, the United Kingdom "extended more than 200 multilateral international agreements to Hong Kong"③.

Since Hong Kong was not subject to Chinese sovereignty during the British occupation, the laws of the People's Republic of China had no application in Hong Kong. Similarly, the international treaties and

---

① This Article addresses the terms of these unequal treaties in its Part 5.
② David M. Edwards [Law Officer (International Law) of the Hong Kong Government and legal adviser to the United Kingdom in the Joint Liaison Group], "*China & Hong Kong: The Legal Arrangements After 1997*", Hong Kong Lawyer, February 1995, at 35.
③ Ibid., at 34.

agreements entered into by China with third countries had no effect in Hong Kong.

4.2 The Sino-British Joint Declaration

It was not until 1972 that the People's Republic of China and the United Kingdom established formal diplomatic relations. The two countries engaged in lengthy and difficult negotiations concerning the return of Hong Kong to China. They finally reached an agreement in December 1984, when they signed the "Joint Declaration of the Government of the United Kingdom of Great Britain and Northern Ireland and the Government of the People's Republic of China on the Question of Hong Kong" (the "Joint Declaration").

In the Joint Declaration, the Government of China declared that it had decided to resume the exercise of sovereignty over the Hong Kong area (including Hong Kong Island, Kowloon and the New Territories) with effect from 1 July 1997, while the United Kingdom declared that it would restore the Hong Kong area to China on the same day.

In the Joint Declaration, China further declared its basic policies regarding Hong Kong:

(1) Upholding national unity and territorial integrity and taking account of the history of Hong Kong and its realities, the People's Republic of China has decided to establish, in accordance with the provisions of Article 31 of the Constitution of the People's Republic of China, a Hong Kong Special Administrative Region upon resuming the exercise of sovereignty over Hong Kong[①].

(2) The Hong Kong Special Administrative Region will be directly under the authority of the Central People's Government of the People's Republic of China. The Hong Kong Special Administrative Region will enjoy a *high degree of autonomy*, except in foreign and defence affairs which are the responsibilities of the Central People's Government.

[①] Article 31 of the Constitution of the People's Republic of China provides: "The state may establish special administrative regions when necessary. The systems to be instituted in special administrative regions shall be prescribed by law enacted by the National People's Congress in the light of the specific conditions."

(3) The Hong Kong Special Administrative Region will be vested with *executive, legislative and independent judicial power*, including that of final adjudication. The laws currently in force in Hong Kong will remain basically unchanged.

(4) The current *social and economic systems in Hong Kong will remain unchanged*, and so will the life-style ... Private property, ownership of enterprises, legitimate right of inheritance and *foreign investment will be protected by law*.

(5) The Hong Kong Special Administrative Region will retain the status of a *free port and a separate customs territory*.

(6) The Hong Kong Special Administrative Region will retain the status of an *international financial centre*, and its markets for foreign exchange, gold, securities and futures will continue. There will be free flow of capital. The Hong Kong dollar will continue to circulate and remain freely convertible.

(7) The Hong Kong Special Administrative Region will have *independent finances*. The Central People's Government will not levy taxes on the Hong Kong Special Administrative Region.

(8) The Hong Kong Special Administrative Region may establish mutually beneficial *economic relations* with the United Kingdom and other countries, whose economic interests in Hong Kong will be given due regard.

(9) Using the name of "Hong Kong, China", *the Hong Kong Special Administrative Region may on its own maintain and develop economic and cultural relations and conclude relevant agreements with states, regions and relevant international organisations* ... (emphasis provided).

The principles whereby HKSAR is to enjoy a high degree of autonomy and have the power to conclude international agreements on its own, are developed in further detail in Annex I to the Joint Declaration, the "Elaboration by the Government of the People's Republic of China of Its Basic Policies Regarding Hong Kong" (*see* Annex I to the Joint Declaration).

Chapter XI of Annex I to the Joint Declaration regulates the power of

Hong Kong to negotiate and enter into its own international agreements with states, regions and international organizations. The Joint Declaration specifically provides that the international agreements entered into by Hong Kong prior to its reunification with China, shall remain in force.

With respect to international agreements entered into by China, Chapter XI provides that their application to Hong Kong "*shall be decided by the Central People's Government, in accordance with the circumstances and needs of the Hong Kong Special Administrative Region, and after seeking the views of the Hong Kong Special Administrative Region Government*". In other words, the Joint Declaration provides that international treaties entered into by China with third countries would *not automatically apply* to Hong Kong after July 1997. On the contrary, they would *only* apply to Hong Kong if the Central Government of China decided to extend their application to Hong Kong after consultation with the Government of HKSAR.

4.3 *The Joint Liaison Group*

In anticipation of Hong Kong's hand-over to China in 1997, the Chinese and British Governments set up a Joint Liaison Group ("JLG"), which conducted consultations on the implementation of the Joint Declaration and discussed matters relating to the smooth transfer of government in 1997 (Annex II to the Joint Declaration).

Among the matters for consideration by the JLG during the first half of the period between the establishment of the group and 1 July 1997 were:

(a) action to be taken by the Chinese and British Governments to enable Hong Kong to maintain its economic relations as a separate customs territory, and in particular to ensure the maintenance of Hong Kong's participation in the General Agreement on Tariffs and Trade, the Multifibre Arrangement and other international arrangements; and

(b) action to be taken by the Chinese and British Governments to ensure the continued application of international rights and obligations affecting Hong Kong.

The two Governments agreed that in the second half of the period between the establishment of the JLG and 1 July 1997, there would be a need for closer cooperation. Among the matters for consideration by the group during the second period were:

(a) procedures to be adopted for the smooth transition in 1997; and
(b) action to assist Hong Kong to maintain and develop economic and cultural relations and conclude agreements on these matters with states, regions and relevant international organizations.
(Annex II to the Joint Declaration).

The international agreements (bilateral and multilateral) that were applicable to Hong Kong during the United Kingdom's occupation would cease to have force in Hong Kong on 1 July 1997. Since these agreements played an important role in Hong Kong's legal and economic relationship with the international community, the JLG worked towards putting in place Hong Kong's own international agreements in important areas such as investment protection. As a result, in the 1990s, *prior to its hand-over to China and with the authorization of the United Kingdom, Hong Kong entered into BITs with Australia, Austria, the Belgo-Luxembourg Economic Union, Denmark, France, Germany, Italy, Japan, the Republic of Korea, the Netherlands, New Zealand, Sweden and Switzerland*①.

The JLG also agreed that the *bilateral investment treaties entered into by Hong Kong with other countries prior to the hand-over would continue to be in force after 30 June 1997*②.

---

① http://www.legislation.gov.hk/table2ti.htm.
② The JLG agreed that Investment Promotion and Protection Agreements entered into by Hong Kong with "the Netherlands (agreed to in the JLG, March 1992, signed November 1992), Sweden (June 1993, May 1994), Australia (June 1993, September 1993), Denmark (September 1993, February 1994), Switzerland (September 1993, September 1994), Germany (December 1993, January 1996), Italy (June 1994, November 1995), France (September 1994, November 1995), New Zealand (April 1995, July 1995), Belgium (July 1995, October 1996), Austria (February 1996, October 1996), Japan (May 1997, May 1997) and the Republic of Korea (May 1997, June 1997)" would remain in force after 30 June 1997. For other international agreements entered into by Hong Kong that were to remain in force after 30 June 1997, *see* http://www.info.gov.hk/cab/topical/right4_1_1.htm#3.

4.4 The Basic Law of the Hong Kong Special Administrative Region

On 4 April 1990, the Seventh National People's Congress of the People's Republic of China adopted "The Basic Law of the Hong Kong Special Administrative Region of the People's Republic of China" ("Basic Law"). The Basic Law constitutes the constitutional document that governs the HKSAR and contains the basic policies of the People's Republic of China regarding Hong Kong①.

The Basic Law came into effect on 1 July 1997, when the People's Republic of China resumed sovereignty over Hong Kong. Notwithstanding the country's territorial unity, the National People's Congress established the **"One Country, Two Systems"** principle. To maintain the prosperity and stability of Hong Kong, the Central Government decided that the socialist system and policies governing the People's Republic of China should not apply to Hong Kong. Instead, Hong Kong would continue to operate under its previous capitalist system and its way of life for a period of 50 years from 1997.

The "One Country" principle emphasizes China's national unity and territorial integrity. Hong Kong shall be a part of the Chinese territory and the Central Government of China shall have control over the country's defence and foreign affairs. The "Two Systems" principle, on the other hand, emphasizes the high level of autonomy enjoyed by Hong Kong, which would allow it to continue to embrace capitalism and to maintain its legal, economic, social and cultural systems②.

---

① Article 11 of the Basic Law provides: "In accordance with Article 31 of the Constitution of the People's Republic of China, the systems and policies practiced in the Hong Kong Special Administrative Region, including the social and economic systems, the system for safeguarding the fundamental rights and freedoms of its residents, the executive, legislative and judicial systems, and the relevant policies, *shall be based on the provisions of this Law. No law enacted by the legislature of the Hong Kong Special Administrative Region shall contravene this Law.*" (emphasis provided)

② See Ji Pengfei, "*Explanation on the Draft of the Basic Law and Its Relevant Wordings*", Official Circular of the National People's Congress Standing Committee, No. 2, 1990 at 2. Mr. Ji was Director of the Drafting Committee of the Basic Law, Foreign Minister of China between 1972 and 1974, and former CPC Central Committee Liaison Minister and Deputy Premier of China.

4.4.1 The Legal Status of Hong Kong

As explained in further detail below, the Basic Law echoes the principles outlined in the Joint Declaration①.

Since its return to China in 1997, Hong Kong enjoys a high degree of autonomy. Article 2 of the Basic Law provides: "The National People's Congress authorizes the Hong Kong Special Administrative Region to exercise a high degree of autonomy and enjoy executive, legislative and independent judicial power, including that of final adjudication…"②

With respect to its internal legislation, the laws in force in Hong Kong prior to its return to China—*i.e.*, the common law, rules of equity, ordinances, subordinate legislation and customary law— remain in force after 1997. (Article 8 of the Basic Law)③ Yash Ghai explains the reason for this regulation:

> "The common law and most other constituents of the previous legal system are protected in the Basic Law. A well developed, private market oriented legal system, geared towards the security of transactions, the minimisation of risks, and predictability, is provided by the preservation of the existing laws and judicial system of Hong Kong (e.g., arts. 8 and

---

① See Xu Chongli and Zhao Deming, *Debate Regarding the Application of International Investment Treaties to the Hong Kong Special Administrative Region After 1997*, Journal of Chinese Law and Comparative Law, Volume 2, No. 1, 1996, at 139 – 154. The authors describe the three basic principles set forth in the Joint Declaration and the Basic Law with respect to Hong Kong's return to China; namely: (i) the HKSAR shall independently maintain and develop relationships with other nations and international institutions and enter into and perform the relevant treaties; (ii) the international treaties entered into by the HKSAR shall continue to be applicable; and (iii) the Central Government of China may, based on the circumstances and needs of the HKSAR, and taking into account the opinion of the HKSAR, make determinations as to whether treaties entered into by China shall apply to the HKSAR.

② Similarly, Article 12 of the Basic Law states: "The Hong Kong Special Administrative Region shall be a local administrative region of the People's Republic of China, which shall enjoy a high degree of autonomy and come directly under the Central People's Government." *See also* Article 16 and Chapter IV Sections 1 and 2 of the Basic Law (Executive Power); Article 17 and Chapter IV Section 3 of the Basic Law (Legislative Power); and Article 19 and Chapter IV Section 4 of the Basic Law (Judicial Power).

③ *See also* Article 18, paragraph 1 of the Basic Law ("The laws in force in the Hong Kong Special Administrative Region shall be this Law, the laws previously in force in Hong Kong as provided for in Article 8 of this Law, and the laws enacted by the legislature of the Region").

18)"①.

From an international standpoint, Hong Kong may participate in relevant international organizations and international trade agreements (Article 116 of the Basic Law). In this respect, Professor Yao Zhuang explains:

"Different social systems will inevitably lead to different systems and policies in the fields of economy, trade, finance, labor and medical care. Furthermore, Hong Kong and the Mainland have, as a result of their separate social backgrounds, joined different international organizations... These different situations require that opportunities be granted to Hong Kong to express its specific demands separately in international organizations. Therefore, it is not advisable that all of Hong Kong's future activities in international organizations be arranged as part of the activities of the Mainland delegations. Hong Kong should be allowed, where necessary, to participate in such activities in a separate capacity in order to better maintain its existing interests."②

A good example of Hong Kong's autonomy with respect to international organizations and international trade agreements is its separate WTO membership. Professor Zeng Huaqun explains that the Governments of China and the United Kingdom decided that Hong Kong would become a separate Contracting Party to the General Agreement on Tariffs and Trade ("GATT"), a decision that materialized through a declaration by the United Kingdom in April 1986. After 1 July 1997, China made a declaration to allow Hong Kong to maintain that position. After the WTO Agreement became effective, Hong Kong became an original WTO member based on its own rights as a GATT Contracting Party. In analyzing the WTO's claim and liabilities system, Zeng explains that Hong Kong, as a separate WTO member, can make separate claims and be subject to liability: "If 'Hong

---

① Yash Ghai, "*Hong Kong's New Constitutional Order: The Resumption of Chinese Sovereignty and the Basic Law*", Chapter 6 ("The Economic System"), 2d. ed., 1999, at 241.

② Yao Zhuang, "*Hong Kong and International Organization*", in Chinese Yearbook of International Law, 1989, Law Press (1990) at 327. Mr. Yao is a Senior Professor at the China Foreign Affairs University and was a Chinese legal expert for the Sino-British Joint Liaison Group during the China-UK negotiations.

Kong, China, ... considers that its rights and interests have been injured by a third member, it will resort to the disputes settlement mechanism ... of the WTO without [going] through the PRC." Similarly, "WTO cases involving China as a complainant or [as] a respondent are totally unrelated to 'Hong Kong, China' ... in a legal sense"①.

In addition, under the **Basic Law**, Hong Kong shall "<u>maintain and develop relations and conclude and implement agreements with foreign states and regions and relevant international organizations in the appropriate fields, including the economic, trade, financial and monetary, shipping, communications, tourism, cultural and sports fields</u>" (Article 151 of the Basic Law).

In addressing Hong Kong's external autonomy, Professor Mushkat explains: "the HKSAR is party to more than 130 bilateral agreements with 60 countries concerning strategic fields of economic activity, most pertinently air services, double taxation avoidance and investment promotion and protection."② Indeed, in the field of "investment promotion and protection", Hong Kong entered into bilateral investment treaties with third countries both before and after its return to China.

Before 1 July 1997, Hong Kong entered into over a dozen bilateral investment treaties, which continue to be in force after July 1997③. After its hand-over to China, Hong Kong entered into bilateral investment treaties with the United Kingdom in July 1998 and with Thailand in November 2005. In this respect, the Basic Law specifically mandates, "[t]he Government of the Hong Kong Special Administrative Region shall provide an economic and legal environment for encouraging investments, technological progress and the development of new industries" (Article 118 of the Basic Law).

---

① Zeng Huaqun, "*One China, Four WTO Memberships: Legal Grounds, Relations and Significance*", Journal of World Investment & Trade, 2007, 680.

② Roda Mushkat, "*Hong Kong's Exercise of External Autonomy: A Multi-Faceted Appraisal*", International & Comparative Law Quarterly, 2006, at 947.

③ In this respect, the Basic Law echoes the principle set forth in the Joint Declaration in that those agreement shall remain in force after 30 June 1997. Article 153, paragraph 2 of the Basic Law provides: "International agreements to which the People's Republic of China is *not* a party but which are implemented in Hong Kong may continue to be implemented in the Hong Kong Special Administrative Region." (emphasis provided)

4.4.2 Applicability of Chinese National Laws and Sino-Foreign Treaties and Agreements to Hong Kong

China's National Laws. Under the Basic Law, the laws of the People's Republic of China or "National Laws" "shall not be applied in the Hong Kong Special Administrative Region, except for those specifically listed in Annex III of the Basic Law. The laws listed therein shall be applied to Hong Kong locally by way of promulgation or legislation by the Region" (Article 18, paragraph 2 of the Basic Law). According to this rule, the laws of the People's Republic of China do not apply to the Hong Kong Special Administrative Region, *unless* they have been specifically included in Annex III of the Basic Law, or have been subsequently added to such Annex III after consultation with the Government of Hong Kong①. Furthermore, in order to have legal effect in the territory of Hong Kong, any such National Laws must be incorporated into the legislation of Hong Kong by way of promulgation or legislation②. In this respect, Yash Ghai explains: "Most of Chinese law is excluded from application to Hong Kong; stringent requirements must be satisfied before national laws are applied (they must relate to foreign affairs, defence and other matters outside the autonomy of Hong Kong; and the Committee for the Basic Law must be consulted, art. 18)."③

According to Professor Xiao Weiyun (member of the Drafting Committee of the Basic Law), the common law system adopted by Hong Kong is beneficial to Hong Kong's social and economic development. And, in his view, the socialist laws of Mainland China should not be extended to Hong Kong, because the application of socialist laws to capitalist Hong Kong would impair the region's stability and prosperity. Professor Xiao explains that the fact that a very small number of National Laws are applied to Hong Kong is a

---

① Chinese National Laws that apply to Hong Kong are those concerning the Capital, Calendar, National Anthem and National Flag of the People's Republic of China; the National Day of the People's Republic of China; the Territorial Sea; Nationality; Diplomatic and Consular Privileges and Immunities; the National Flag and National Emblem; the Territorial Sea and the Continuous Zone; the Garrisoning of the HKSAR; and the Exclusive Economic Zone and the Continental Shelf; and Judicial Immunity from Compulsory Measures Concerning the Assets of Foreign Central Banks (Annex III to the Basic Law).

② See: http://www.legislation.gov.hk/choice.htm#bf.

③ Yash Ghai, "*Hong Kong's New Constitutional Order: The Resumption of Chinese Sovereignty and the Basic Law*", Chapter 6 ("The *Economic System*"), 2d. ed., 1999, at 241.

reflection of the clear distinction between China's and Hong Kong's legal systems: while the socialist legal system applies in Mainland China, the common law system applies in Hong Kong①.

The exception to the rule of non-applicability of China's National Laws to Hong Kong can be found in Article 18 of the Basic Law, which provides that "[i]n the event that the Standing Committee of the National People's Congress decides to declare a state of war or, by reason of turmoil within the Hong Kong Special Administrative Region which endangers national unity or security and is beyond the control of the government of the Region, decides that the Region is in a state of emergency, the Central People's Government may issue an order applying the relevant national laws in the Region".

Sino-Foreign Treaties and Agreements. Article 153, paragraph 1 of the Basic Law provides that *"the application to the Hong Kong Special Administrative Region of international agreements to which the People's Republic of China is or becomes a party shall be decided by the Central People's Government, in accordance with the circumstances and needs of the Region, and after seeking the views of the government of the Region"*. That is, international treaties and agreements entered into by the People's Republic of China with other countries do <u>*not*</u> apply to the Hong Kong Special Administrative Region, <u>*unless*</u> the Government of China decides that their application should be extended to Hong Kong, which shall be done after consultation with the Government of HKSAR.

For a Sino-Foreign treaty or agreement to apply to the Hong Kong Special Administrative Region, the following requirements must be met:

(i) The Central Government of the People's Republic of China must decide that the treaty or agreement is to be applied to the Hong Kong Special Administrative Region, in light of the circumstances and needs of such region;

(ii) The Central Government of the People's Republic of China must seek the views of the Government of the Hong Kong Special

---

① Xiao Weiyun, *"The Judicial Relationship between Hong Kong and Mainland China after 1997"*, in China and Foreign Law Science, Issue 2, 1996, at 56; *see also* Xiao Weiyun, *"The Guarantee provided by the Hong Kong Basic Law with respect to the Rule of Law in HKSAR"*, in China and Foreign Law Science, Issue 2, 1999, at 2.

Administrative Region regarding the potential application of such treaty or agreement to the region;

(iii) If the Governments of China and Hong Kong agree on the extension of the treaty or agreement to the HKSAR, China must exchange diplomatic notes or agree on a protocol with the other Contracting State to amend the treaty or agreement so as to make it applicable to Hong Kong, and inform the depository of the respective treaty or agreement of any such amendment. Also, while investment promotion and protection agreements do not need to be implemented in Hong Kong through local legislation, the practice is to publish them in the Official Gazette once they are brought into force[①].

As of the date of this Article being prepared, no bilateral investment treaties entered into by China before 1997 have been made applicable to the Hong Kong Special Administrative Region. For this reason, the *China-Peru BIT, which was signed in 1994 and entered into force in 1995, does not apply to Hong Kong.* Since 1997, nothing has been done to change this situation.

Similarly, no bilateral investment treaty entered into by China after 1997 has extended to the Hong Kong Special Administrative Region.

This is not surprising. China and Hong Kong are two separate legal, economic and social systems, and their policies regarding foreign investment are markedly different. Yash Ghai explains:

"The autonomy of the HKSAR cannot be adequately exercised unless it has its own treaty regime. As has been indicated above, Hong Kong's economic system is not only separate from that of the rest of China, but also requires a series of international agreements to sustain it."[②]

To illustrate the differences between China and Hong Kong BITs, a comparative chart of two sets of BITs entered into separately by China and

---

[①] See Letter (b) of the Information about Treaties and International Agreements, International Law Division of the Department of Justice, Hong Kong Special Administrative Region; at http://www.legislation.gov.hk/choice.htm#bf.

[②] Yash Ghai, "*Hong Kong's New Constitutional Order: The Resumption of Chinese Sovereignty and the Basic Law*", Chapter 6 ("The Economic System"), 2d. ed., 1999, at 483.

Hong Kong with the same countries is prepared as follows:

Current Set One: Sino-Korea BIT 1992 v. HK-Korea BIT 1997

	Sino-Korea BIT 1992	HK-Korea BIT 1997
Investors & Nationals	"investor" means nationals or companies who invest in the territory of the other State. "*Nationals*" means, in relation to one Contracting Party, physical persons possessing the *nationality* of that *State*①.	"investor" means in respect to *HK* (i) physical persons who have the *right of abode* in its area …; in respect to *Korea* (i) physical persons who are its *nationals*②.
Dispute Settlement	A dispute concerning the *amount of compensation* for expropriation between an investor of one State and the government of the other State … shall at the request of such investor be submitted to an arbitration board established with reference to the *ICSID* Convention. Any dispute concerning other matters between an investor and the host State, shall be submitted by mutual agreement to the arbitration board as stated above③.	Any dispute between a Contracting Party and an investor of the other Contracting Party … shall be submitted to arbitration under the Arbitration Rules of *UNCTRAL*④.

Current Set Two: Sino-Japan BIT 1988 v. HK-Japan BIT 1997

	Sino-Japan BIT 1988	HK-Japan BIT 1997
Investors & Nationals	The term "nationals" means, *in relation to one Contracting Party, physical persons possessing* the nationality of that Contracting Party⑤.	The term "investors" means: (a) in respect of *Japan*: (i) physical persons possessing the *nationality* of Japan …; (b) in respect of *Hong Kong*: (i) physical persons who have the *right of abode* in its area⑥;

① Sino-Korea BIT 1992, Art. 1(3).
② HK-Korea BIT 1997, Art. 1(5).
③ Sino-Korea BIT 1992, Art. 9(3).
④ HK-Korea BIT 1997, Art. 9(3).
⑤ Sino-Japan BIT 1988, Art. 1(3).
⑥ HK-Japan BIT 1997, Art. 1(4).

续 表

Sino-Japan BIT 1988	HK-Japan BIT 1997
A dispute concerning the *amount of compensation* for expropriation between a national **or company of either Contracting Party and the other Contracting Party** ... shall, at the request of such national or company, be submitted to an arbitration board established with reference to *ICSID* Convention. Any dispute concerning other matters between a national or company of *either* Contracting Party and the other Contracting Party may be submitted by mutual agreement to an arbitration board as stated above①.	Any dispute between an investor of one Contracting Party and the other Contracting Party concerning an investment of the former in the area of the latter ... shall at the request of the investor concerned be submitted to arbitration under the Arbitration Rules of the *UNCTRAL* as then in force②.

Therefore, notwithstanding the possibility afforded by the Basic Law to extend the application of bilateral investment treaties entered into by China to Hong Kong, such possibility is unlikely to materialize. Aware of such differences, Chinese scholars Xu Chongli and Zhao Deming have stated, "It is our opinion that, bilateral investment protection treaties between China and other nations should not be applied to the Hong Kong Special Administrative Region after 1997"③. In the view of these authors, "the various bilateral investment protection treaties currently in effect between China and other nations are not suitable to the current condition in Hong Kong, and are unable to fully reflect Hong Kong's own interests. Therefore, mandating that the various bilateral investment protection treaties currently in effect between China and other nations be applied to Hong Kong would be truly unwise"④.

---

① Sino-Japan BIT 1988, Art. 11(2).
② HK-Japan BIT 1997, Art. 9(2).
③ Xu Chongli and Zhao Deming, "*Debate Regarding the Application of International Investment Treaties to the Hong Kong Special Administrative Region After 1997*", Journal of Chinese Law and Comparative Law, Volume 2, No. 1, 1996, at 149.
④ Ibid., at 151.

The fact that a bilateral investment treaty entered into by China does not apply to Hong Kong means that, notwithstanding their Chinese nationality, individuals who have the *right of abode* in Hong Kong *cannot* invoke protection under such treaty with respect to investments made in the territory of the State with which China concluded the treaty. Similarly, foreign investors *cannot* invoke protection under a China treaty with respect to investments made in the territory of the Hong Kong Special Administrative Region.

The Joint Declaration explains what persons shall have "right of abode in the Hong Kong Special Administrative Region" (Chapter XIV of Annex I to the Joint Declaration) Namely:

- all Chinese nationals who were born or who have ordinarily resided in Hong Kong before or after the establishment of the Hong Kong Special Administrative Region for a continuous period of 7 years or more, and persons of Chinese nationality born outside Hong Kong of such Chinese nationals;
- all other persons who have ordinarily resided in Hong Kong before or after the establishment of the Hong Kong Special Administrative Region for a continuous period of 7 years or more and who have taken Hong Kong as their place of permanent residence before or after the establishment of the Hong Kong Special Administrative Region, and persons under 21 years of age who were born of such persons in Hong Kong before or after the establishment of the Hong Kong Special Administrative Region;
- any other persons who had the right of abode only in Hong Kong before the establishment of the Hong Kong Special Administrative Region.

Individuals who have the right of abode in the Hong Kong Special Administrative Region are entitled to protection under the bilateral investment treaties or agreements entered into by Hong Kong. Indeed, the bilateral investment treaties or agreements entered into by Hong Kong (both before and after July 1997), provide for the protection of (and define "investors" as) "*physical persons who have the right of abode*" in Hong Kong①.

In this respect, a clear distinction must be drawn between Chinese nationals who hold a People's Republic of China passport, and Chinese nationals who hold a HKSAR passport. While the former can seek protection under BITs entered into by China, the latter must seek protection under BITs entered into by Hong Kong. For this reason, countries like Australia, Austria, Belgium, Luxembourg, Denmark, France, Germany, Italy, Japan, the Republic of Korea, the Netherlands, New Zealand, Sweden and Switzerland entered into bilateral investment treaties with both China and Hong Kong.

This distinction did not disappear after China's resumption of sovereignty over Hong Kong in 1997. Recent evidence of this fact is that, after 1997, Hong Kong entered into bilateral investment treaties with the United Kingdom (in 1998) and Thailand (in 2005), even though China had already concluded investment treaties with the same countries.

The same distinction applies to legal entities. Indeed, legal entities incorporated in accordance with the laws of the People's Republic of China can only invoke protection under BITs entered into by China, but they cannot invoke protection under BITs entered into by Hong Kong. By the same token, legal entities incorporated or constituted under the laws of the HKSAR, must seek protection under BITs entered into by Hong Kong and cannot benefit from the protection afforded by Sino-Foreign BITs②.

---

① Most BITs entered into by HKSAR define "investors" as "*physical persons who have the right of abode in its area*", that is, in the Hong Kong Special Administrative Region. For example, HKSAR-Australia BIT of 1993 (Article 1(f)(i)(A)); HKSAR-Austria BIT of 1996 (Article 1(d)(i)); HKSAR-Denmark BIT of 1994 (Article 1(2)(a)(i)); HKSAR-France BIT of 1995 (Article 1(3)(a)(i)); HKSAR-Germany BIT of 1996 (Article 1(4)(b)); HKSAR-Italy BIT of 1995 (Article 1(6)(a)(i)); HKSAR-Japan BIT of 1997 (Article 1(4)(b)(i)); HKSAR-Korea BIT of 1997 (Article 1(5)(a)(i)); HKSAR-Netherlands BIT of 1992 (Article 1(2)(a)(i)); HKSAR-New Zealand BIT of 1995 (Article 1(2)(a)(i)); HKSAR-Sweden BIT of 1994 (Article 1(2)(a)(i)); HKSAR-Switzerland BIT of 1994 (Article 1(2)(a)(i)); and HKSAR-Thailand BIT of 2005 (Article 1(4)(b)(i)). Other Hong Kong BITs define "investors" as "*physical persons who have the right of abode in the area of Hong Kong*", such as the HKSAR-Belgo-Luxembourg Economic Union BIT of 1996 (Article 1(5)(a)); and as "*physical persons who have the right of abode in the area of Hong Kong but who are not British nationals*", like the HKSAR-United Kingdom BIT of 1998 (Article 1(f)(i)).

② *See* definitions of "investor" or "companies" in HKSAR BITs.

Furthermore, this distinction is not only relevant to the application of bilateral investment treaties. It applies to other international agreements, such as treaties for the avoidance of double taxation. China and Hong Kong have entered into that type of agreement between them. In this respect, Yash Ghai explains:

"A particularly striking example of the way the Mainland and Hong Kong are treated as separate economies is the avoidance of double taxation agreement between them which was signed in February 1998. The agreement is made between the Finance Bureau of the HKSAR and the State Administration of the PRC"①.

Another example of the China-HKSAR divide is the "Mainland and Hong Kong Closer Economic Partnership Arrangement" ("CEPA"), a free trade agreement concluded between China and Hong Kong in 2003.

4.5 Applicability of the China-Peru BIT 1994 to Hong Kong Residents

The "Agreement Between the Government of the People's Republic of China and the Government of the Republic of Peru Concerning the Encouragement and Reciprocal Protection of Investments" and its Protocol were entered into between China and Peru on 9 June 1994. They entered into force on 1 February 1995.

The China-Peru BIT was entered into in 1994, *before* Hong Kong was handed over to China. After 1997, the China-Peru BIT 1994 continued only to apply to China, and thus afforded no protection to Hong Kong residents.

None of the requirements set forth in the Joint Declaration and the Basic Law for the extension of Sino-Foreign treaties or agreements to Hong Kong has been met with respect to the China-Peru BIT 1994. As a result, the China-Peru BIT 1994 does *not* apply to Hong Kong, and thus Hong Kong residents cannot invoke protection under the same.

This means that individuals who have the right of abode in Hong Kong

---

① Yash Ghai, "*Hong Kong's New Constitutional Order: The Resumption of Chinese Sovereignty and the Basic Law*", Chapter 6 ("The Economic System"), 2d. ed., 1999, at 235.

cannot invoke protection under the China-Peru BIT 1994 with respect to investments made in the territory of Peru. By the same token, Peruvian nationals *cannot* invoke protection under the China-Peru BIT 1994 with respect to investments made in the territory of the Hong Kong Special Administrative Region.

In preparing this Article, the author consulted the views of the HKSAR Government on this issue. Specifically, the author's research assistant, Doctor Wang Hailang, sent an email to Liang Xiaoling, Secretary for Legal Affairs of the International Law Division of the Department of Justice of HKSAR on 2 January 2008, asking whether the China-Peru BIT 1994 applies to Hong Kong. Here is Ms. Liang's response to Mr. Wang:

> "The treaty for the promotion and protection of investments signed between the Central Government of PRC and the Republic of Peru on June 9, 1994 is not applicable to the HKSAR. All the treaties for the promotion and protection of investments that apply to HKSAR shall be signed between the HKSAR Government and the foreign government directly, after being authorized by the Central Government."

The author has been asked to opine on whether Mr. Tza Yap Shum can invoke protection under the China-Peru BIT 1994. Mr. Tza Yap Shum holds a HKSAR passport, which means that he has the right of abode in the Hong Kong Special Administrative Region. Even if he were to comply with the requirements described in Part 3 of this Article, and offered conclusive proof of his Chinese nationality, he would still not be entitled to invoke the protection of the China-Peru BIT 1994 given his capacity as a Hong Kong resident.

V ISSUE UPON SCOPE OF THE ARBITRATION PROVISION IN THE CHINA-PERU BIT 1994

This section discusses the following: (i) historic overview of China's accession to the ICSID Convention; (ii) China's policy with respect to the resolution of investment treaty disputes; and (iii) scope and nature of the arbitration clause in the China-Peru BIT 1994.

5.1 China's Accession to the ICSID Convention

The history behind China's accession to the ICSID Convention is a key to understanding the nature and scope of the dispute resolution provisions contained in the bilateral investment treaties entered into by China①. The signing of the ICSID Convention by China was controversial and took almost three decades to materialize.

5.1.1 Before the "Open-Door" Policy

After its defeat in the "Opium War" in 1840, China became a semi-colonial country and gradually lost its political, judicial and economic sovereignty. China was compelled to enter into a series of unequal treaties that provided for the so-called "consular jurisdiction" system. Under this imposed and unilateral system, China lost jurisdiction over disputes taking place in China but bearing an overseas connection②.

Mao Zedong described these unequal treaties and the "consular jurisdiction" system as follows:

> "The imperialist powers have forced China to sign numerous unequal treaties by which they have acquired the right to station land and sea forces and exercise consular jurisdiction in China, and they have carved up the whole country into imperialist spheres of influence"③.

> "Consular jurisdiction was one of the special privileges provided in

---

① For an analysis concerning China's attitude toward foreign investment, see Kong Qingjiang, *Bilateral Investment Treaties: The Chinese Approach and Practice*, 8 Asian Yearbook of International Law 105 (1998/1999).

② The "consular jurisdiction" system was first provided for in the Sino-British Treaty of Humen (the Bogue) in 1843 and then in the Sino-American Treaty of Wanghia of 1844. Since then, "consular jurisdiction" provisions were included in other treaties imposed upon China before 1949, such as the Sino-British Tianjin Treaty of 1858 and the Sino-French Tianjin Treaty of 1858.

③ Mao Zedong, *"The Chinese Revolution and the Chinese Communist Party"*, in Selected Works of Mao Zedong (English Version), Vol. 2, 1965, People's Press 1991, at 628.

the unequal treaties which the imperialist powers forced on the governments of old China — beginning with the supplementary treaty to the Sino-British Treaty of Nanking, signed at Humen (the Bogue) in 1843, and with the Sino-American Treaty of Wanghia in 1844. *It meant that, if a national of any country enjoying the privilege of consular jurisdiction in China became a defendant in a lawsuit, civil or criminal, he was not to be tried by a Chinese court but by the consul of his own country*"[①](emphasis provided).

China was thus deprived of its power to exercise judicial jurisdiction within its own territory for over a century. In 1949, when the People's Republic of China was established, the unequal treaties were abolished and with them the "consular jurisdiction" system. Nevertheless, bitter historical lessons of colonial oppression and foreign intervention spanning over 100 years made the Chinese people wary. As the Chinese saying goes, "once bitten, twice shy; a burnt child dreads fire". China thus entered a stage of self-imposed isolation from the outside world and adopted a hostile attitude towards foreign investment[②]. China feared that history would repeat itself and was concerned that entering into international agreements could erode its hard-won independence.

This period of isolation lasted until the end of 1978, when China decided to open up to the outside world. During these three decades, there was practically no foreign direct investment coming into China, and there was no formal consideration of the possibility of acceding to any international convention relating to international arbitration (either commercial or investment related).

5.1.2 The "Open-Door" Policy and the Signing of the ICSID Convention

Starting in 1979, China adopted an "open-door" or "opening-up" policy, and began a process of attracting foreign investment. To make the transition

---

① Mao Zedong, "*The Chinese Revolution and the Chinese Communist Party*", in Selected Works of Mao Zedong (English Version), Vol. 2, 1965, People's Press 1991, at 654, ft. 17.

② Kong Qingjiang explains that, during this period, the People's Republic of China rejected private property in accordance with orthodox Marxism, and that China's then Constitution did not clearly recognize the legitimacy of private ownership of means of production. Furthermore, the principles of inviolability of private property and the requirement of state responsibility for injury to aliens was publicly repudiated. *Kong Qingjiang*, op cit. at 107 – 108.

from self-imposed isolation to integration into the world economy, China had to change its approach to foreign investment. However, it did so gradually and with caution①. The Chinese Government wanted to avoid the reoccurrence of the "consular jurisdiction" system, and it was therefore reluctant to agree to join an international agreement providing for the international arbitration of disputes that could involve the Chinese State itself.

China had not acceded to either of the two most important international conventions pertaining to international arbitration—the Convention on the Recognition and Enforcement of Foreign Arbitral Awards of 1958 ("New York Convention") and the ICSID Convention of 1965.

It was not until 22 January 1987 that China signed the New York Convention, which came into force on 22 April 1987. Even though the New York Convention touched upon historically sensitive issues relating to China's judicial jurisdiction and sovereignty, it could only directly affect private parties. In light of this consideration, Chinese Government officials and legal experts considered that China should join the treaty.

The question of whether China should join and ratify the ICSID Convention was different. By acceding to the ICSID Convention, China would be agreeing to the possibility of being a party to an arbitration proceeding and being subject to a binding decision made by foreign arbitrators. In the eyes of the Chinese people at the time, this commitment would not only limit China's judicial jurisdiction, but also potentially undermine China's political sovereignty②.

---

① Kong observes that China's attitude towards foreign direct investment in this period "was rooted in mixed feelings of attraction and aversion to [foreign direct investment], or, in Chinese terms, the tone was encouraging as well as restrictive, with the emphasis on encouragement". *Kong Qingjiang*, op cit. at 110.

② Xu Chongli and Zhao Deming examine the reasons behind China's hesitation over joining the ICSID Convention. The authors explain that China's internal legislation and regulations concerning foreign investment were undergoing changes and that, in the view of the Chinese government, the granting of jurisdiction to ICSID to decide disputes that would arise out of the application of unstable legislation would be unwise. See Xu Chongli and Zhao Deming, *"Debate Regarding the Application of International Investment Treaties to the Hong Kong Special Administrative Region After 1997"*, Journal of Chinese Law and Comparative Law, Volume 2, No.1, 1996, at 140.

As a result, from the mid-1980s to the early 1990s, heated discussions took place among Chinese officials and scholars on the question of whether China should accede to the ICSID Convention①. In February 1990, after hearing from all circles and weighing the advantages and disadvantages associated with potential accession to the treaty, China eventually decided to sign the ICSID Convention. But it was not until 1 July 1992, some two years later, that the National People's Congress of China (China's supreme legislative organ) ratified the Convention. The ICSID Convention formally entered into force in China on 6 February 1993.

5.2 China's Policy on the Resolution of Investment Treaty Disputes

Even after China decided to join the ICSID Convention, concerns over sovereignty continued to be at the forefront of China's policy with respect to foreign investment and the resolution of investment disputes. This policy is reflected in: China's notification under Article 25(4) of the ICSID Convention; the Sino-Foreign Model BIT; and the dispute resolution clauses contained in the vast majority of Sino-Foreign BITs.

5.2.1 China's Notification under Article 25(4) of the ICSID Convention

Along with signing the ICSID Convention, China notified the International Centre for the Settlement of Investment Disputes ("ICSID" or "Centre") of the class of disputes that China would consider submitting to the Centre's jurisdiction②. Under Article 25(4) of the ICSID Convention, any Contracting State may, at the time of ratification, acceptance or approval of the Convention, or at any time thereafter, notify ICSID of "the class or classes of disputes which it would or would not consider submitting to the

---

① On the issue of China's reluctance to sign the ICSID Convention and submit investment disputes to international arbitration, see An Chen, "*Divergences upon Whether China Should Accede to the Washington Convention and Accept the ICSID Mechanism*", in Arbitration on International Investment Disputes: A Study on the ICSID Mechanism, Fudan University Press, 2001, Introduction, pp. 25 – 41; see also, An Chen, "*Distinguishing Two Types of Countries and Properly Granting Differential Reciprocity Treatment: Re-comments on the Four Safeguards in Sino-Foreign BITs Not to Be Hastily and Completely Dismantled*," The Journal of International Economic Law (Chinese version), Vol. 14, No. 3, 2007 (Part II). Its updated English version was published in The Journal of World Investment & Trade, Vol. 8, No. 6, 2007.

② This notification was issued on 7 January 1993 and remains in place today.

jurisdiction of the Centre".

On 7 January 1993, when China submitted the instrument of ratification of the Convention to the World Bank, China also submitted an Article 25(4) notification stating the following:

> "Pursuant to Article 25 (4) of the Convention, the Chinese Government would *only* consider submitting to the jurisdiction of the International Centre for Settlement of Investment Disputes *disputes over compensation resulting from expropriation and nationalization*" (emphasis provided).

Through this notification, China made clear that it *only* intended to submit to the jurisdiction of the Centre with respect to disputes concerning the *amount of compensation* resulting from expropriation or nationalization. Any other dispute had to be submitted to the competent court of the State receiving the investment.

As explained in further detail below, this same policy is reflected in the language of the dispute resolution clauses negotiated by China with other countries.

5.2.2 The Scope of the Dispute Resolution Clauses in Sino-Foreign BITs

In line with the "opening-up" policy, in 1982 China started to negotiate and sign bilateral investment treaties with several countries. From a dispute resolution perspective, the history of China's BITs can be divided in the following three stages:

Stage One: From March 1982 through January 1993. In March 1982, China entered into its first bilateral investment treaty (agreement) with Sweden. This first BIT—as well as others signed by China during this period[①]—contained no investor-State dispute resolution clause. The only dispute resolution clause in these treaties concerned disputes between the Contracting States with respect to the interpretation or application of the treaty itself.

Other treaties (agreements) entered into by China between 1982 and

---

① For example, the China-Thailand BIT of 1985 and the China-Turkmenistan BIT of 1992.

1993 contained investor-State dispute resolution clauses①. Under these treaties, investor-State disputes were first to be negotiated directly between the parties②. If the investor and the host State were unable to reach an agreement, the dispute had to be submitted to the competent court in the State receiving the investment③. Provided that a local court first made a finding of expropriation or nationalization, the investor, or, in some cases, the host State, could commence *ad hoc* arbitration proceedings to challenge the *amount of compensation for expropriation* or nationalization awarded by the local court④. Some of these treaties (agreements) provided that if the investor had resorted to the local courts to resolve a dispute concerning the *amount of compensation* for expropriation, it would then be prevented from commencing arbitration proceedings with respect to that same dispute⑤.

---

① *See e.g.*, China-Australia BIT of 1988 (Article XII); China-Belarus BIT of 1993 (Article 9); China-Belgian-Luxembourg Economic Union BIT of 1984 (Article 10); China-Bolivia BIT of 1992 (Article 8); China-Bulgaria BIT of 1989 (Article 9); China-Czech and Slovak Federal Republic BIT of 1991 (Article 9); China-Denmark BIT of 1985 (Article 8); China-Finland BIT of 1984 (Protocol Article 2); China-France BIT of 1984 (Article 8); China-Federal Republic of Germany BIT of 1983 (Protocol Article 4); China-Ghana BIT of 1989 (Article 10); China-Greece BIT of 1992 (Article 10); China-Hungary BIT of 1991 (Article 10); China-Italy BIT of 1985 (Article 5); China-Japan BIT of 1988 (Article 11); China-Kazakhstan BIT of 1992 (Article 9); China-Republic of Korea BIT of 1992 (Article 9); China-Kuwait BIT of 1985 (Article 8); China-Mongolia BIT of 1991 (Article 8); China-Netherlands BIT of 1985 (Article 9); China-New Zealand BIT of 1988 (Article 13); China-Norway BIT of 1984 (Protocol Article 2); China-Pakistan BIT of 1989 (Article 10); China-Philippines BIT of 1992 (Article 10); China-Portugal BIT of 1992 (Article 8); China-Singapore BIT of 1985 (Article 13); China-Spain BIT of 1992 (Article 9); China-Sri Lanka BIT of 1986 (Article 13); China-Switzerland BIT of 1986 (Article 12); China-Turkey BIT of 1990 (Article VII); China-Ukraine BIT of 1992 (Article 10); China-United Kingdom BIT of 1986 (Article 7); and China-Vietnam BIT of 1992 (Article 8).

② The Chinese tradition of avoiding litigation is reflected in the dispute resolution clauses concerning both investor-State disputes and State to State disputes, which require that the parties negotiate for a given period of time (6 to 12 months) in an attempt to reach an amicable settlement. It bears noting, however, that the BITs with Belarus (1993), Bulgaria (1989), Finland (1984), Federal Republic of Germany (1983), Ghana (1989), Hungary (1991), Kazakhstan (1992) and Pakistan (1989) do not provide for a mandatory negotiation period.

③ In some cases, the treaty specifically stated that the investor could resort to both administrative and judicial courts in the host State. *See e.g.*, China-Kuwait BIT of 1985 (Article 8). In other cases, no express reference is made to the competent courts of the host State, such as in the treaties with Belarus (1993), Kazakhstan (1992), the Philippines (1982) and the United Kingdom (1986).

④ In light of the fact that China had not yet ratified the ICSID Convention, the BITs entered into by China before 1993 provide for *ad hoc* arbitration. In some cases, however, these BITs provide that, in determining its own procedural rules, the *ad hoc* tribunal could be guided by the principles contained in the ICSID Convention. *See e.g.*, China-Finland BIT 1984 (Protocol Article 2(4)).

⑤ *See*, for example, treaties with the Republic of Korea, New Zealand, Singapore and Vietnam.

The only circumstance in which an investor and the host State could arbitrate disputes *other* than those concerning the amount of compensation for expropriation was if they expressly agreed to do so.

In negotiating these treaties (agreements), China vigorously pushed for narrow investor-State arbitration clauses. As a result of those negotiations, the agreement to arbitrate entered into by the Contracting States was limited to disputes concerning the *"amount of compensation for expropriation"*①. This meant that *all other disputes*, including those concerning the issue of whether the host State had expropriated or nationalized the investment, had to be submitted to the courts of the host State.

The wording of the arbitration clauses was carefully tailored to reflect this policy. For example, Article 2 of the Protocol to the BIT entered into between China and Finland in 1984 (also dated 1984) provides:

"(1) If an investor considers the measure of expropriation in Article 5 incompatible with the laws of the Contracting Party taking the measure, *the competent court of that Party* shall, upon request of the investor, review the said measure.

(2) *If an investor whose investment has been expropriated challenges the amount of compensation for his assets*, the investor and the Contracting Party which adopted the measure of expropriation shall consult with a view to reaching agreement on the amount of compensation within six months.

(3) If the parties to the consultations do not reach agreement within the period set out in subparagraph (2) the competent court of the Contracting Party adopting the measure of expropriation or *an international arbitral tribunal* shall, upon the request of the investor, review the *amount of the compensation*" (emphasis provided).

---

① Xu Chongli and Zhao Deming explain that China was against having international arbitral tribunals decide the legality of expropriations or nationalizations. Furthermore, China did not want international arbitral tribunals to decide whether governmental measures could amount to indirect expropriation, which was a standard that had been employed by developed countries, and not by China. Xu Chongli and Zhao Deming, *"Debate Regarding the Application of International Investment Treaties to the Hong Kong Special Administrative Region After 1997"*, Journal of Chinese Law and Comparative Law, Volume 2, No. 1, 1996, at 140 – 141.

The only exception to this rule was the parties' express agreement to submit other types of disputes to arbitration. Article 3 of the Protocol to the China-Finland BIT of 1984 provides:

> "*Unless otherwise agreed* all other disputes over an investment between an investor and the Contracting Party receiving the investment shall be settled through local remedies of the Contracting Party in question and in accordance with its laws and regulations" (emphasis provided).

In this respect, Kong Qingjiang explains:

> "[T]he earlier Chinese BITs distinguish between disputes arising from expropriation and other types of dispute. The China-Finland BIT is an example. It requires all state-investor disputes, except those arising from expropriation, unless agreed otherwise, to be settled through local remedies in accordance with the laws and regulations of the host state. With respect to state-investor disputes arising from expropriation, *it further distinguishes between the issues of lawfulness and compensation. In case of a dispute regarding the lawfulness of the expropriation, the BIT provides that the competent municipal court is the only institution responsible for the settlement of the dispute.* As for disputes concerning compensation, either the competent municipal court or an *ad hoc* Arbitration Tribunal may settle the dispute"① (emphasis provided).

The language of the dispute resolution clauses contained in other treaties signed by China during this period is markedly similar.

Stage Two: From February 1993 through June 1998. In February 1993, the ICSID Convention entered into force with respect to China. Soon after the ICSID Convention's entry into force, China worked on a "Sino-Foreign Model BIT" to be used in its BIT negotiations with other countries②. Like the pre-

---

① Kong Qingjiang, op cit. at 130 – 131.
② "Agreement Between the Government of the People's Republic of China and the Government of ___ Concerning the Encouragement and Reciprocal Protection of Investments", in "Bilateral Investment Treaties in the Mid-1990s", United Nations Conference on Trade and Development (UNCTAD), UNCTAD/ITE/IIT/7, United Nations Publication, Printed at United Nations, Geneva, Switzerland, 1998.

1993 BITs, the Sino-Foreign Model BIT limits the types of disputes that can be submitted to arbitration to those involving the "*amount of compensation for expropriation*". Any other disputes had to be submitted to the competent court in the host State. Article 9 of the Sino-Foreign Model BIT provides:

"1. Any dispute between an investor of one Contracting Party and the other Contracting Party in connection with an investment in the territory of the other Contracting Party shall, as far as possible, be settled amicably through negotiations between the parties to the dispute.

2. If the dispute cannot be settled through negotiations within six months, either party to the dispute shall be entitled to submit the dispute *to the competent court of the Contracting Party accepting the investment.*

3. If a *dispute involving the amount of compensation for expropriation* cannot be settled within six months after resort to negotiations as specified in Paragraph 1 of this Article, it may be submitted at the request of either party to an *ad hoc* arbitral tribunal. The provisions of this Paragraph shall not apply if the investor concerned has resorted to the procedure specified in the Paragraph 2 of this Article" (emphasis provided).

Like the treaties that preceded them—and mirroring the Sino-Foreign Model BIT—the bilateral investment treaties entered into by China between February 1993 and June 1998, only provide for the arbitration of disputes involving the "*amount of compensation for expropriation*"[①].

[①] *See*, for example, the China-Albania BIT of 1993 (Article 8); China-Azerbaijan BIT of 1994 (Article 9); China-Cambodia BIT of 1996 (Article 9); China-Cameroon BIT of 1997 (Article 9); China-Chile BIT of 1994 (Article 9); China-Croatia BIT of 1993 (Article 8); China-Cuba BIT of 1995 (Article 9); China-Ecuador BIT of 1996 (Article 9); China-Egypt BIT of 1994 (Article 8); China-Estonia BIT of 1993 (Article 8); China-Ethiopia BIT of 1998 (Article 9); China-Georgia BIT of 1993 (Article 9); China-Iceland BIT of 1994 (Article 9); China-Indonesia BIT of 1994 (Article IX); China-Jamaica BIT of 1994 (Article 8); China-Laos BIT of 1993 (Article 8); China-Lithuania BIT of 1993 (Article 8); China-Morocco BIT of 1995 (Article 10); China-Oman BIT of 1995 (Article 9); China-Peru BIT of 1994 (Article 8); China-Poland BIT of 1998 (Article 10); China-Slovenia BIT of 1993 (Article 8); China-Tajikistan BIT of 1993 (Article 9); China-United Arab Emirates BIT of 1993 (Article 9); China-Uruguay BIT of 1993 (Article 9). It bears noting that the BIT with Argentina in 1992 provides for the arbitration of disputes concerning the amount of compensation for expropriation with respect to China, and for the arbitration of all disputes arising out of the treaty with respect to Argentina (Article 8). Also, the treaty with Romania (1994) (Article 9) only provides for the arbitration of disputes arising out of the treaty if the parties so agree (Article 9).

For example, Article 9 of the China-Chile BIT of 1994 provides:

"(1) Any dispute between an investor of one Contracting Party and the other Contracting Party in connection with an investment in the territory of the other Contracting Party shall, as far as possible, be settled amicably through negotiations between the parties to the dispute.

(2) If the dispute cannot be settled through negotiations within six months, either party to the dispute shall be entitled to submit the dispute *to the competent court of the Contracting Party accepting the investment.*

(3) If a *dispute involving the amount of compensation for expropriation* cannot be settled within six months after resort to negotiations as specified in Paragraph 1 of this Article, it may be submitted at the request of either party to an international arbitration of the International Centre for the Settlement of Investment Disputes (ICSID) ... *Any dispute concerning other matters* between an investor of either Contracting Party and the other Contracting Party *may be submitted by mutual agreement to an ad-hoc arbitral tribunal.* The provisions of this Paragraph shall not apply if the investor concerned has resorted to the procedure specified in Paragraph 2 of this Article" (emphasis provided).

This clause is in line with those contained in China's pre-1993 BITs. It demands that the investor and the State engage in direct negotiations for a given period of time. If unsuccessful, it allows them to resort to the courts of the host State to resolve their dispute. If after the local court finds against the State and determines that the State expropriated the investor's investment, a dispute arises regarding the amount of compensation due to the investor as a result of such expropriation, either party is entitled to commence arbitration proceedings.

It bears noting that the February 1993 – June 1998 BITs are consistent in providing that if either party resorts to the local courts with respect to disputes involving the amount of compensation for expropriation, they are prevented from commencing arbitration to resolve such disputes①.

The new element in China's dispute resolution clauses after February 1993 is the insertion of ICSID arbitration for the resolution of disputes involving the amount of compensation for expropriation. However, notwithstanding that the ICSID Convention entered into force in China in February 1993, not all of the BITs entered into by China during this period provide for ICSID arbitration for disputes involving the amount of compensation for expropriation②. Some of the States with which China concluded these treaties were not (and still are not) a party to the ICSID Convention③, while others had not yet ratified the ICSID Convention④. Moreover, in some cases where both China and the other Contracting State were parties to the ICSID Convention, the treaty still provided for *ad hoc* arbitration of disputes involving the amount of compensation for expropriation⑤. In this respect, Kong explains, "[t]he absence of acceptance of the ICSID rules in some of the earlier Chinese BITs reflects the Chinese concern to safeguard its long-standing perception of sovereignty"⑥.

Stage Three: From July 1998 to date. In July 1998, China entered into a bilateral investment treaty (agreement) with Barbados. In this treaty

---

① Examples of BITs that do not provide for this limitation are those with Poland (1998), Tajikistan (1993), and the United Arab Emirates (1993).

② For example, the following BITs provided for *ad hoc* arbitration of disputes concerning the amount of compensation for expropriation: Albania (1993), Azerbaijan (1994), Cambodia (1996), Croatia (1993), Cuba (1995), Ecuador (1996), Egypt (1994), Estonia (1993), Ethiopia (1998) (providing for the option of ICSID arbitration once both parties joined the ICSID Convention), Georgia (1993), Indonesia (1994), Jamaica (1994), Laos (1993), Lebanon (1996), Oman (1995), Poland (1998), Slovenia (1993), Tajikistan (1993), United Arab Emirates (1993) (provides for the parties to discuss the possibility of ICSID arbitration once both parties endorse the ICSID Convention), and Uruguay (1993). Other treaties, like those entered into with Cameroon (1997), Chile (1994), Lithuania (1993), Morocco (1995) and Peru (1994), provided for ICSID arbitration of disputes concerning the amount of compensation for expropriation. Finally, the treaty with Iceland in 1994 provided for *ad hoc* or ICSID arbitration.

③ Such States include Cuba, Laos, Poland and Tajikistan.

④ Such as Croatia, Lebanon, Oman and Slovenia. In the case of Cambodia and Uruguay, while they had signed the ICSID Convention at the time they entered into the BIT with China, the Convention did not enter into force in either of those countries until later.

⑤ Like Albania, Azerbaijan, Ecuador, Egypt, Estonia, Georgia, Indonesia, Jamaica and United Arab Emirates.

⑥ Kong Qingjiang, op cit. at 131.

(agreement), China for the first time consented to the arbitration of all disputes arising out of the treaty.

The investor-State arbitration clause in the China-Barbados BIT reads as follows:

"1. Any dispute between an investor of a Contracting Party and the other Contracting Party, related to an investment, shall be as far as possible settled amicably through negotiations between the investor and the other Contracting Party.

2. If the dispute mentioned in paragraph 1 of this article cannot be settled through negotiations within six months from the date a party to the dispute receives a written notice on the dispute from the other party, *the investor is entitled to choose to submit the dispute to either of the following arbitration tribunals and settle the dispute through international arbitration:*

a) the International Center for Settlement of Investment Disputes (the Centre) under the Convention on the Settlement of Investment Disputes between States and Nationals of Other States, done at Washington on 18 March, 1965; or

b) the arbitration tribunal established in accordance with the Arbitration Rules of the United Nations Commission on International Trade Law, according to which the arbitrators shall be appointed by the general secretary of the Centre.

3. Notwithstanding the provisions in paragraph 2, a Contracting Party may still request the investor to exhaust the domestic procedures for administrative review before the investor submits the dispute for international arbitration" (emphasis provided).

After the treaty with Barbados, China entered into other BITs with similarly broad arbitration clauses[①]. It bears noting, however, that this has

---

[①] Examples of BITs containing broad arbitration clauses are the China-Bosnia and Herzegovina BIT of 2002 (Article 8); China-Botswana BIT of 2000 (Article 9); China-Brunei Darussalam BIT of 2000 (Article 9); China-Cote d'Ivoire BIT of 2002 (Article 9); China-Djibouti BIT of 2003 (Article 3); China-Finland BIT of 2004 (Article 9); China-Germany BIT of 2003 (Article 9); China-Guyana BIT of 2003 (Article 9); China-Madagascar BIT of 2005 (Article 10); China-Netherlands BIT of 2001 (Article 10); China-Portugal BIT of 2005 (Article 8); and China-Trinidad and Tobago BIT of 2002 (Article 10). available at http://tfs.mofcom.gov.cn/h/h.html.

not been China's uniform practice since July 1998. For example, the BIT with Bahrain in 1999 only provides for the arbitration of disputes on "the amount of compensation resulting from nationalization and expropriation" (Article 9 China-Bahrain BIT). Similarly, Article 9 of the 1999 BIT with Qatar provides:

"1. Any legal dispute arising out of an investment between either Contracting Party and [an] investor of the other Contracting Party shall be settled amicably between the parties concerned.

2. If the dispute cannot be settled within a period of six months from the date on which it occurred, it shall be settled at the request of either party *by the competent court in the country in whose territory the investment was made.*

3. *If the legal dispute is tied up with the amount of compensation for expropriation* and was not settled amicably within a period of six months from the date on which it occurred, and neither party chooses to settle the dispute by the competent court as stated in Paragraph (2) thereof, either party shall be entitled to submit it to an arbitral tribunal … " (emphasis provided).

Given the lack of uniformity in China's BIT practice after 1998, the treaties (agreement) entered into by China after 1998 must be examined on a case-by-case basis and interpreted and applied based on the specific terms found in each treaty.

Since concluding its first BIT with Sweden in 1982, China has entered into BITs with over 100 countries, which means that China has the second-largest BIT network, only behind Germany. Over 80 of those treaties contain narrow arbitration clauses whereby the Contracting Parties limit their consent to arbitration to disputes concerning the "*amount of compensation for expropriation*". This is a reflection of China's longstanding position against the submission of investment disputes to international arbitration.

As explains in further detail in Part 5 of this Article, some of the BITs entered into by China have been recently amended to include a broader arbitration agreement between the Contracting States. Such is the case of the

BITs with Finland, Germany, the Netherlands and Portugal. It bears noting, however, that out of 80 odd China BITs containing narrow arbitration clauses, only 15 have been amended to expand the investor-State arbitration clause to all disputes arising out of the treaty (agreement). For this reason, the investor-State arbitration clauses in China BITs must be examined on a case-by-case basis.

5.3 *Scope and Nature of the Dispute Resolution Provision in the China-Peru BIT*

The China-Peru BIT 1994 was entered into a year after China's ratification of the ICSID Convention, and four years before the signing of the China-Barbados BIT. The China-Peru BIT 1994 is clearly modelled upon the Sino-Foreign Model BIT.

With respect to investor-State disputes, Article 8 of the China-Peru BIT 1994 provides as follows:

"1. Any dispute between an investor of one Contracting Party and the other Contracting Party in connection with an investment in the territory of the other Contracting Party shall, as far as possible, be settled amicably through negotiations between the parties to the dispute.

2. If the dispute cannot be settled through negotiations within six months, either party to the dispute shall be entitled to submit the dispute *to the competent court of the Contracting Party accepting the investment.*

3. If a ***dispute involving the amount of compensation for expropriation*** cannot be settled within six months after resort to negotiations as specified in Paragraph 1 of this Article, it may be submitted at the request of either party to the international arbitration of the International Center for Settlement of Investment Disputes (ICSID), established by the Convention on the Settlement of Investment Disputes between States and Nationals of Other States signed in Washington D. C., on March 18, 1965. ***Any disputes concerning other matters*** between an investor of either Contracting Party and the other Contracting Party may be submitted to the Center if the parties to the disputes so agree. The provisions of this Paragraph shall not apply if the investor concerned

has resorted to the procedure specified in Paragraph 2 of this Article." (emphasis provided).

As typical of the treaties (agreements) entered into by China between 1993 and June 1998, the China-Peru BIT 1994 mandates that the investor and the State negotiate for at least six months in an attempt to settle any disputes that may arise in connection with investments made in the territory of the Contracting Parties. If the dispute cannot be settled amicably, either the investor or the host State can submit the dispute to the competent court in the State receiving the investment. If, after such court finds that the investment has been expropriated, a dispute arises between the investor and the State with respect to the *amount of compensation* owed to the investor for the value of the expropriated investment, either party may submit such dispute to ICSID arbitration. The treaty (agreement) warns, however, that resort to international arbitration shall not be available to either party if they previously submitted the dispute involving the amount of compensation for expropriation to the local courts.

Under Article 8 of the China-Peru BIT 1994, any disputes concerning the obligations of the host State under the treaty (agreement), such as: (i) fair and equitable treatment (Article 3(1)); (ii) protection in the territory of the host State (Article 3(1)); (iii) repatriation of funds (Article 6); and (iv) expropriation or nationalization, *must* be submitted to the competent courts of the State receiving the investment. The submission of any claims concerning any of these obligations to international arbitration is *inadmissible* under the treaty. The *only* circumstance in which a dispute concerning the obligations of the Contracting States under the treaty (agreement) can be submitted to ICSID arbitration is if the parties to the dispute expressly agree to do so (China-Peru BIT 1994 Article 8(3)).

Therefore, under the China-Peru BIT1994, the *only* dispute in respect of which the Contracting Parties have consented to arbitration is that involving the *amount of compensation* for expropriation. In this respect, it clearly stipulates and explicitly emphasizes that disputes about the issue of whether the host State has expropriated or nationalized the investor's investment are subject to the exclusive jurisdiction of the courts in the State receiving the investment, and thus cannot be submitted to ICSID arbitration. This is an uncontested principle.

Professor Shan Wenhua distinguishes among: (i) "State-State disputes", (ii) "Normal State-investor Disputes", and (iii) "State-investor disputes over amounts of compensation". According to Professor Shan, "[n]ormal disputes between a host country and investors shall be settled within the jurisdiction of the host country, e.g., through conciliation or by a competent administrative authority or court of law of the host country". With respect to "State-investor disputes over amounts of compensation", he explains, "[d]isputes on amounts of compensation for expropriation can be, as an alternative solution within domestic jurisdiction, submitted to an international arbitral tribunal."①

Indeed, as Xu Chongli and Zhao Deming explain, China "did not include the issues of the definition and legality of nationalization and expropriation in the scope of the jurisdiction of ICSID arbitration"②. Pat K. Chew explains that this was one of the reasons for the failure of the U.S.-China BIT negotiations: "Dispute resolution mechanisms also proved problematic. China was willing to allow international arbitration only with respect to the *amount of compensation* allowed for expropriated investments, leaving other issues to be resolved by Chinese processes" (emphasis provided)③. In the context of the China-Japan BIT negotiations, the author explains, "[t]he treaty terms are consistent with China's opposition to submitting expropriation issues, except the issue of the *amount of compensation*, to international arbitration without China's consent" (emphasis provided)④.

The author has been asked to opine on whether the claims asserted by Mr. Tza Yap Shum against Peru can be submitted to ICSID arbitration under

---

① Shan Wenhua, "*The International Law of EU Investment in China*", Chinese Journal of International Law 555, 2002, at 609.

② Xu Chongli and Zhao Deming, "*Debate Regarding the Application of International Investment Treaties to the Hong Kong Special Administrative Region After 1997*", Journal of Chinese Law and Comparative Law, Volume 2, No.1, 1996, at 140.

③ Pat K. Chew, "*Political Risk and U.S. Investment in China: Chimera of Protection and Predictability*," 34 Virginia Journal of International Law 615 (1994), 661.

④ *Ibid*, at 668, ft. 250.

the China-Peru BIT 1994. According to the Report of the *Investment Treaty News* (ITN) as mentioned in the *Introduction* of this Article, the answer to this question should be: the Claimant cannot so do, unless Peruvian Government now so agrees.

Ⅵ ISSUE UPON SCOPE OF THE MOST-FAVOURED-NATION CLAUSE IN THE CHINA-PERU BIT 1994

This section discusses the following: (ⅰ) China's historical experience with the MFN treatment; (ⅱ) the MFN clause in the China-Peru BIT 1994; and (ⅲ) the potential use of the MFN clause in the China-Peru BIT 1994 to import arbitration clauses from third-party treaties and thus create new ICSID jurisdiction.

6.1 *China's Historical Experience with the Most-Favoured-Nation Treatment*

In his renowned work "The Chinese Revolution and the Chinese Communist Party" published in 1939, the then leader of China, Chairman Mao, described the foreign invasions suffered by China in the 19th and 20th centuries and their impact on China's sovereignty in the following terms:

"The imperialist powers have waged many wars of aggression against China, for instance, the Opium War launched by Britain in 1840, the war launched by the Anglo-French allied forces in 1857, the Sino-French War of 1884, the Sino-Japanese War of 1894, and the war launched by the allied forces of the eight powers in 1900. After defeating China in war, they not only occupied many neighboring countries formerly under her protection, but seized or 'leased' parts of her territory. For instance, Japan occupied Taiwan and the Penghu Islands and 'leased' the port of Lüshun, Britain seized Hongkong and France 'leased' Kwangchowwan. In addition to annexing territory, they exacted huge indemnities. Thus heavy blows were struck at China's huge feudal empire... These facts represent the other aspect of the change that has taken place since the imperialist penetration of China — the blood-stained picture of feudal China being reduced to semi-feudal, semi-colonial and colonial China."①

The imperialist powers that gained control over Chinese territory forced China to enter into a series of unequal treaties. In addition to the "consular jurisdiction" system, one of the most prominent features of those treaties was the MFN treatment afforded to foreign powers. China's most authoritative international law scholar, Professor Wang Tieya, explained the nature of the MFN treatment accorded to foreign nations during that period:

"During the 100-odd years from the 19th century to the 20th century, the imperialist states have concluded many general, unconditional and unilateral MFN Clauses in the unequal treaties with eastern countries including old China. This has made MFN Clauses a privilege of those imperialist countries in old China and other eastern countries. Such unilateral and unequal MFN Clauses are in nature a violation of the principles of equality and mutual-benefit in international law."②

"The main features of the unequal treaties are force and equality. A treaty concluded under force or the threat of force aims to extort rights and privileges for foreigners and foreign countries, which bluntly violates the sovereignty and independence of China and completely denies the equality principle of international law."③

"There are at least two elements for unequal treaties: one, unequal treaties contain contents that are not equal or mutual-beneficial; the other, unequal treaties are usually concluded with the force or threat of force."④

"One-sided, unconditional and wide-scoped MFN clause actually extends all the privileges and rights to all countries maintaining treaty

---

① Mao Zedong, op cit. at 628, 630.
② Wang Tieya, International Law, Law Press 1981, at 256.
③ Wang Tieya, *China and International Law: the Past & the Present*, compiled in Den Zhenglai (Edited) Selections from Wang Tieya, Press of Chinese University of Politics & Law, 1993, at 316.
④ Ibid., at 392.

relationship with China."①(emphasis added).

The aforesaid theoretical analysis is in full accordance with the *historical facts happened in China*.

For example, the Treaty of the Bogue (Humen), which was entered into between China and the United Kingdom in October 1843 to supplement the Treaty of Nanjing, granted extraterritoriality and MFN status to Britain, which meant that Britain would enjoy any privilege granted by China to other powers. Article 8 of the Treaty of the Bogue provided: "any new favor that China's Emperor may grant to other countries in the future shall also be granted to and shared by the United Kingdom".

Similar to the Sino-UK Humen Treaty, Art. 40 of the Sino-France Tianjin Treaty 1858 also provides that "... any treaty [China may conclude] with foreign countries whose scope falls out of this Treaty shall not be observed by the French consular officials and nationals; However, any privilege, offering, exemption or prays granted to other countries shall be also enjoyed by France." Also similarly, Art. 30 of the Sino-U. S. Tianjin Treaty 1858 also sets forth that: "As agreed by the two States, any privilege, offerings or benefits that the Qing Government may grant to any other States or their nationals in the future, no matter concerning shipping or sea transport, trade and commerce, political or diplomatic affairs, which has not been granted to U. S. and its nationals previously or is not covered by this Treaty, shall be granted to the officials and nationals of the U. S. immediately."②

Numerous similar historical facts have been objectively recorded and taught to Chinese teenage students. Thus, it has become common knowledge widely known to hundred millions of Chinese peoples.

More than a century of forced "consular jurisdiction" and MFN treatment generated resentment among the Chinese people. With the founding of the People's Republic of China, China stood up and gradually recovered its

---

① Wang Tieya, *China and International Law: the Past & the Present*, compiled in Den Zhenglai (Edited) Selections from Wang Tieya, Press of Chinese University of Politics & Law, 1993, at 319.
② Tian Tao (edited), *A Complete Collection of Treaties in Qing Dynasty*, Heilongjiang People's Press, 1999, Vol. I, p. 227.

sovereign status. But China's bitter lessons did not easily fade away. The unequal terms of treaties forced upon China, as well as the imposition of MFN treatment in favour of foreign nations, would remain fresh in the memory of the Chinese people. Indeed, it took time before China agreed to accord MFN treatment to foreign nationals[①].

6.2 *The Most-Favoured-Nation Clause in the China-Peru BIT 1994*

The MFN clause in the China-Peru BIT 1994 is identical to that in the Sino-Foreign Model BIT of 1994. Indeed, Article 3 of both the Sino-Foreign Model BIT and the China-Peru BIT 1994 read as follows:

"1. Investments and activities associated with investments of investors of either Contracting Party shall be accorded fair and equitable treatment and shall enjoy protection in the territory of the other Contracting Party.

2. The treatment and protection referred to in Paragraph 1 of this Article shall not be less favorable than that accorded to investments and activities associated with such investments of investors of a third State.

3. The treatment and protection as mentioned in Paragraphs 1 and 2 of this Article shall not include any preferential treatment accorded by the other Contracting Party to investments of investors of a third State based on customs union, free trade zone, economic union, agreement relating to avoidance of double taxation or for facilitating frontier trade".

The MFN treatment afforded by the China-Peru BIT 1994 is thus limited to the "treatment and protection referred to in Paragraph 1 of [Article 3]". Paragraph 1 of Article 3, in turn, provides that "investments and activities

---

① It bears noting that China has been reluctant to afford investors with "National Treatment" protection. Indeed, few China BITs contain National Treatment clauses. This is so because the Chinese Government has been of the view that there is a need for protection of national industries from competition, as well as a need to maintain State enterprise monopoly. The first National Treatment provision was provided in the BIT between China and the United Kingdom signed in 1986. However, the Chinese government has adopted a very cautious approach in granting National Treatment to foreign nationals and foreign companies. See Liu Kaixiang and Ren Rong, "*Establishment of National Treatment Principle in Foreign Investment Legislation*", Beijing Social Science, Issue 1, 2001 at 5.

associated with investments of investors of either Contracting Party shall be accorded fair and equitable treatment and shall enjoy protection in the territory of the other Contracting Party". Therefore, China and Peru committed to accord to foreign investors treatment and protection that is not less favourable than the treatment and protection afforded to other foreign investors vis-à-vis "fair and equitable treatment" and "protection in the territory of the other Contracting Party".

Similar MFN language can be found in an overwhelming number of treaties (agreements) entered into by China in the 1990s. Indeed, China's BITs with Albania, Azerbaijan, Bahrain, Bolivia, Bulgaria, Cambodia, Chile, Croatia, Cuba, Ecuador, Egypt, Estonia, Ethiopia, Georgia, Hungary, Jamaica, Laos, Lebanon, Lithuania, Mongolia, Philippines, Romania, Slovenia, Uruguay and Vietnam, also provide for MFN treatment with respect to fair and equitable treatment and protection of the investment in the territory of the other Contracting Party[①].

6.3 Use of the Most-Favoured-Nation Clause to Create New ICSID Jurisdiction

The author has been asked to opine on whether the MFN clause contained in the China-Peru BIT 1994 can be invoked by an investor to "import" a dispute resolution provision from a third-party treaty with the purpose of submitting to ICSID arbitration disputes other than those involving the *"amount of compensation for expropriation"*. The answer to this question should be: the MFN clause in the China-Peru BIT 1994 cannot be invoked for this purpose.

The answer is based on several grounds: (i) China's policy with respect to international arbitration of investment disputes, which is reflected in China's Article 25(4) notification to the Centre and the narrow scope of the arbitration clauses contained in BITs entered into by China with other countries prior to July 1998; (ii) China's approach to substantive and procedural protection of foreign investors and investments; and (iii) China's recent practice with respect to

---

[①] *See* MFN clauses contained in BITs entered into by China between 1993 and 1998.

the international arbitration of investment disputes.

6.3.1 China's Policy with Respect to International Arbitration of Investment Disputes

For the historical reasons described above, China was cautious about agreeing to accord to foreign investors MFN treatment. As reflected in the Sino-Foreign Model BIT and in so many of the bilateral investment treaties (agreements) entered into by China during the period in which the China-Peru BIT 1994 was concluded, such treatment was limited to the substantive standards of "fair and equitable treatment" and "protection in the territory of the other Contracting Party".

At the time the China-Peru BIT 1994 was concluded, China's policy with respect to the international arbitration of investment disputes was clear and consistent. China was only willing to submit to the jurisdiction of an arbitral tribunal disputes involving the "*amount of compensation for expropriation*". All other disputes would be submitted to the exclusive jurisdiction of the courts of the State receiving the investment. The only exception to this principle was the otherwise express agreement of the parties in dispute.

This approach is reflected in China's notification to the Centre under Article 25(4) of the ICSID Convention, which stated that the Chinese Government would only consider submitting to the jurisdiction of ICSID disputes over compensation resulting from expropriation and nationalization, and which continues to be in place. This policy is further reflected in the language of the dispute resolution clauses contained in over 80 BITs concluded by China with other countries.

In its treaty negotiations with other countries, China vigorously advanced its position against international arbitration of investment disputes. As a result, the Contracting States to over 80 BITs only consented to the international arbitration of disputes involving the *amount of compensation* due to investors for the value of their expropriated investments. Under such treaties or agreements, the jurisdiction of arbitral tribunals is therefore limited to the resolution of disputes about the amount to be paid to investors after a competent domestic court has determined that their investment has been expropriated by the host State.

The Contracting States to these treaties intended to *limit* their agreement to arbitrate to disputes involving the amount of compensation for expropriation. They could not, at the same time, have intended to afford investors with the ability to use the MFN clause to bypass such limitation and import a broader arbitration clause from a different treaty. Otherwise, such an argument resists any logic.

If investors were able to use the MFN clauses contained in the China BITs to import dispute resolution clauses from third-party treaties, the States' limited agreement to arbitrate in the basic treaty or agreement would be rendered meaningless.

6.3.2 *China's Approach to Substantive and Procedural Protection of Foreign Investment*

In interpreting the MFN clauses contained in the BITs entered into by China, one has to take into consideration China's approach to the substantive and procedural protection of foreign investors and their investments. Under Chinese law, substantive and procedural protections are dealt with separately and are clearly distinguishable.

Among the Chinese laws that provide for the substantive protection of foreign investors and their investments in the Chinese territory, the Constitution is placed first in the legal hierarchy. Paragraph 2 of Article 18 of the Chinese Constitution of 2004 provides: "*All foreign enterprises, other foreign economic organizations as well as Sino-foreign joint enterprises within Chinese territory shall abide by the law of the People's Republic of China. Their lawful right and interests shall be protected by the law of the People's Republic of China*" (emphasis provided).

In line with the principle set forth in the Constitution, Article 1 of the "Law on Wholly Foreign-Owned Enterprise Law of the People's Republic of China" provides:

> "In order to expand foreign economic co-operation and technological exchange and to promote the development of the Chinese national economy, the People's Republic of China permits foreign enterprises and other economic organizations or individuals (hereinafter referred to as

foreign investors) to establish enterprises with sole foreign investment within Chinese territory, and *protects the legitimate rights and interests of such enterprises*"①(emphasis provided).

Article 4 of the "Law on Wholly Foreign-Owned Enterprise Law of the People's Republic of China" further provides that "the *investments*, profits and other legitimate rights and interests of foreign investors in China are *protected by Chinese law*" (emphasis provided).

Similar provisions regarding the protection of the substantive rights of foreign investment in China can be found in the current "The Sino-Foreign Equity Joint Venture Law of the People's Republic of China", as well as the "The Sino-Foreign Co-operative Joint Venture Law of the People's Republic of China".

The substantive protection of foreign investors described above must be distinguished from the procedural protection afforded to such foreign investors under Chinese law.

China does provide fair treatment and protection regarding procedural matters for foreign investors within Chinese territory. However, as aforesaid, such procedural rights are provided for in procedural laws, which are clearly distinctive from the substantive laws. The **wording** of these procedural laws is very clear and the **procedural nature** of these rights is also **readily recognizable**. The "Code of Civil Procedure of the People's Republic of China" governs the protection of the *procedural rights* accorded to foreign investors in the Chinese territory. The following is the wording examples used in the PRC's Civil Procedural Law ②.

Art. 4

All those who engage in **civil lawsuits** within the territory of the

---

① Under Article 2 of the law, "enterprises with sole foreign investment" are those "enterprises established within Chinese territory, in accordance with the relevant Chinese laws, with their capital provided totally by a foreign investor. It does not include branches in China of foreign enterprises or other economic organizations".

② This Procedure Law was recently amended and has entered into force since 1 April 2008. The specific orders of the below-cited Articles 237,238,244 and 246 are separately adjusted as 235,236,242 and 244.

People's Republic of China must abide by this Law. (*emphasis added*)

Art. 5

Foreign nationals, stateless persons, foreign enterprises and organizations that institute or respond to prosecutions in the people's courts shall have the **same litigation rights and obligations as** citizens, legal persons and other organizations of the People's Republic of China. (*emphasis added*)

Should the courts of a foreign country impose restrictions on the civil **litigation rights** of the citizens, legal persons and other organizations of the People's Republic of China, the people's courts of the People's Republic of China shall follow the principle of reciprocity regarding the **civil litigation rights** of the citizens, enterprises and organizations of that foreign country.

Art. 8

The parties to a civil lawsuit shall have **equal litigation rights**. The people's courts shall, in conducting civil proceedings, guarantee and facilitate the exercise of litigation rights by the parties, and apply the law equally to the parties. (*emphasis added*)

Art. 237

The provisions of this Part shall be applicable to any **civil lawsuit involving foreign interests** within the territory of the People's Republic of China. Where it is not covered by the provisions of this Part, other relevant provisions of this Law shall apply. (*emphasis added*)

Art. 238

If an **international treaty** concluded or acceded to by the People's Republic of China contains provisions differing from those found in this Law, the provisions of the international treaty shall apply, unless the provisions are the ones on which China has **announced reservations**. (*emphasis added*)

Art. 244

Parties to a dispute over a contract involving foreign interests or over property rights and interests involving foreign interests may, through written agreement, choose the people's court in the place which has actual connections with the dispute as the *jurisdictional court*. If a people's court of the People's Republic of China is chosen as the jurisdictional court, the stipulations on jurisdiction by level and *exclusive jurisdiction* in this Law shall not be contravened.

Art. 246

***Lawsuits* initiated for disputes arising from the performance of contracts for Chinese-foreign equity joint ventures, or Chinese-foreign contractual joint ventures, or Chinese-foreign cooperative exploration and development of the natural resources in the People's Republic of China *shall be under the jurisdiction* of the *people's courts* of the People's Republic of China.** (*emphasis added*)

From the above list and examples, it can be easily found that:

(1) In Chinese law system today, procedural laws and rights are clearly and strictly *distinguishable* from substantive laws and rights; therefore it can be inferred that:

(2) When China is concluding BITs, it is not likely for China to neglect the *distinction* between substantive and procedural rights and employ vague wording in the treaties which might have negative impact on China's judicial sovereignty and state interests;

(3) As repeatedly mentioned above, China has suffered much pain and humiliation of the MFN Clause imposed by the imperialist states in history. Therefore, even if China is independent now, its lessons are still fresh, which would help to understand that China is taking a very careful attitude toward the application scope of the MFN Clause when negotiation BITs to prevent the repetition of the past.

(4) As repeatedly stressed previously, *considering China's long-standing stance* toward the MFN Clauses in BITs and that China has been *very strictly restricting the scope of dispute that can be submitted to ICSID arbitration* within "disputes relating to the amount of the compensation for expropriation" in more than 80 Sino-Foreign BITs concluded before June 1998, it is not reasonable to perceive that China, on one side, *strictly restricts* the scope of dispute for ICSID jurisdiction

within "disputes relating to the amount of the compensation for expropriation" in Art. 8 (3) of the China-Peru BIT 1994, but on the other side, agrees that Art. 3(2) of the very same BIT to be interpreted as to accommodate **_unlimited extension_** of the ICSID jurisdiction and **_complete abandon of_** its consistent restrictions on ICSID jurisdiction. This perception in logic is self-contradicting and manifestly absurd.

In brief, under Chinese law, procedural rights are clearly distinguished from substantive rights. In concluding BITs, China did not neglect this distinction. Therefore, in negotiating MFN clauses that provide for MFN treatment with respect to the substantive standards of fair and equitable treatment and protection of investments in the territory of the host State, China did not intend such treatment to extend to investors' procedural rights.

6.3.3 *General Overview of languages on MFN Clause in Chinese BITs*

The basic languages on MFN Clause in Chinese BITs are set forth in Sino-Foreign Model BIT 1994 submitted to UNCTAD as follows:

Article 3

1) Investments and activities associated with investments of investors of either Contracting Party shall be accorded fair and equitable treatment and shall enjoy protection in the territory of the other Contracting Party.

2) The treatment and protection referred to in Paragraph 1 of this Article shall not be less favorable than that accorded to investments and activities associated with such investments of investors of a third State.

3) The treatment and protection as mentioned in Paragraphs 1 and 2 of this Article shall not include any preferential treatment accorded by the other Contracting Party to investments of investors of a third state based on customs union, free trade zone, economic union, agreement relating to avoidance of double taxation or for facilitating frontier trade. ①

---

① "Agreement Between the Government of the People's Republic of China and the Government of ___ Concerning the Encouragement and Reciprocal Protection of Investments", in "Bilateral Investment Treaties in the Mid-1990s", United Nations Conference on Trade and Development (UNCTAD), UNCTAD/ITE/IIT/7, United Nations Publication, Printed at United Nations, Geneva, Switzerland, 1998.

Generally speaking, the MFN Clause in most of Sino-Foreign BITs concluded before and after 1994 is almost copied from the said Model. As to the MFN Clause in the China-Peru BIT 1994, it is exactly copied *word by word* directly from the said Model.

6.3.4 *China's Recent Practices with Respect to the Arbitration of Investment Disputes*

The best way to illustrate the Contracting Parties' intent with respect to the scope of the MFN clause in the China-Peru BIT 1994 is by looking at China's recent practice with respect to certain BITs. For example, the first China-Netherlands BIT, entered into in 1985, contained a narrow arbitration clause that only provided for the arbitration of disputes concerning the "*amount of compensation to be paid when measures of expropriation, nationalisation or other similar measures have been taken*". Article 9 provided:

"1. Disputes between one Contracting Party and an investor of the other Contracting Party concerning an investment of that investor in the territory of the former Contracting Party shall, if possible, be settled amicably.

2. If such disputes cannot be settled according to the provisions of paragraph 1 of this Article within a period of six months from the date either party requested amicable settlement and the parties have not agreed to any other dispute settlement procedures the investor concerned may choose one or both of the following means of resolution:

file complaint with and seek relief from the competent administrative agency of the Contracting Party receiving the investment;

file suit with the competent court of law of the Contracting Party receiving the investment.

3. Disputes concerning the amount of compensation to be paid when measures of expropriation, nationalisation or other similar measures have been taken which cannot be settled according to the provisions of paragraph 1 of this Article within a period of six months from the date either party requested amicable settlement shall if the investor so wishes be submitted either to the competent court of law of the Contracting

Party receiving the investment or to international arbitration"①. (emphasis provided)

The MFN clause contained in the China-Netherlands 1985 BIT reads as follows:

"1. Investments and activities associated with investments of investors of one Contracting Party shall be accorded *fair and equitable treatment in the territory of the other Contracting Party*.

2. The *treatment as mentioned in paragraph 1 of this Article* shall not be less favourable than that accorded to investors of any third State" (emphasis provided).

In 2001, China and the Netherlands signed a new BIT, which entered into force in August 2004②. Unlike the 1985 BIT, the new treaty contains a broad arbitration clause. Article 10 (paragraphs 1 to 3) of the China-Netherlands BIT of 2001 provides as follows:

"1. Disputes which might arise between one of the Contracting Parties and an investor of the other Contracting Party concerning an investment of that investor in the territory of the former Contracting Party shall, whenever possible, be settled amicably between the Parties concerned.

2. An investor may decide to submit a dispute to a competent domestic court. In case a legal dispute concerning an investment in the territory of the People's Republic of China has been submitted to a competent domestic court, *this dispute may be submitted to international dispute settlement*, on the condition that the investor concerned has withdrawn its case from the domestic court. If a dispute concerns an investment in the territory of the Kingdom of the Netherlands an investor may choose to *submit a dispute to international dispute settlement at any time*.

---

① The China-Netherlands BIT of 1985 is available at: *The Compilation Of International Investment Treaty*, Cop Education Press, 1998.

② The China-Netherlands BIT of 2001 is available at http://www.unctad.org/sections/dite/iia/docs/bits/china_netherlands.pdf.

3. If the dispute has not been settled amicably within a period of six months, from the date either party to the dispute requested amicable settlement, *each Contracting Party gives its unconditional consent to submit the dispute at the request of the investor concerned* to:

(a) *the International Centre for Settlement of Investment Disputes*, for settlement by arbitration or conciliation under the Convention on the Settlement of Investment Disputes between States and Nationals of other States, opened for signature at Washington on 18 March 1965; or

(b) *an ad hoc arbitral tribunal*, unless otherwise agreed upon by the parties to the dispute, to be established under the Arbitration Rules of the United Nations Commission on International Trade Law (UNCITRAL)" (emphasis provided).

It is very clear that neither China nor the Netherlands understood that the MFN clause contained in the 1985 China-Netherlands BIT could be invoked to import a broader arbitration clause from a third-party treaty, thereby bypassing the Contracting Party's limited agreement to arbitrate. Indeed, had China and the Netherlands thought that the MFN clause in Article 3 of the 1985 China-Netherlands BIT could be used by investors to submit to international arbitration disputes *other* than those "concerning the amount of compensation to be paid when measures of expropriation, nationalisation or other similar measures have been taken", they would have had no reason to agree on a new and broader dispute resolution clause in the 2001 China-Netherlands BIT. The dispute resolution clause was deliberately amended to provide for the arbitration of any disputes concerning an investment of an investor in the territory of the other Contracting Party.

Another example is the China-Federal Republic of Germany BIT of 1983, which, similar to the China-Netherlands BIT of 1985, included an arbitration provision limited to disputes concerning the amount of compensation for expropriation (Article 4(c) of its Protocol)①.

"*If the two parties cannot agree upon the amount* [of compensation

---

① The China-Germany BIT of 1983 is available at http://tfs.mofcom.gov.cn/aarticle/h/au/200212/20021200058419.html.

for expropriation] within six months of the negotiation, the amount shall, at the request of the investor, be submitted for review to the competent court of the Contracting Party taking the expropriation or to an international arbitral tribunal" (emphasis provided).

In addition, in the 1983 Protocol to the treaty, the Contracting Parties specifically provided:

"[T]*he legality of any such expropriation* shall, at the request of the investor, be subject to review by the juiridical body having jurisdiction in the Contracting Party taking such expropriatory measures" (Article 4(b) of the Protocol) (emphasis provided).

In this treaty, not only did China and the Federal Republic of Germany only agreed to the arbitration of disputes relating to the amount of compensation for expropriation, but also undertook to clarify that the courts of the State receiving the investment would have exclusive jurisdiction to decide the legality of the alleged expropriation.

With respect to MFN treatment, Article 3 in the 1983 China-Federal Republic of Germany BIT provides:

"1. Neither Contracting Party shall in its territory accord the investments by investors of the other Contracting Party treatment that is less favorable than that accorded to investments by investors of any third country with which the former Contracting Party has concluded a similar agreement.

2. Neither Contracting Party shall in its territory accord the activities associated with investments of investors of the other Contracting Party treatment less favorable than that accorded to the activities associated with investments of the investors of any third country with which the former Contracting Party has concluded a similar agreement".

In December 2003, China and Germany signed a new BIT, which entered into force in November 2005①. The 2003 China-Germany BIT includes a broad investor-State dispute resolution clause. Article 9 (numerals 1 – 3)

---

① The China-Germany BIT of 2003 is available at http://tfs.mofcom.gov.cn/aarticle/h/au/200405/20040500218063.html.

reads:

"(1) *Any dispute concerning investments* between a Contracting Party and an investor of the other Contracting Party should as far as possible be settled amicably between the parties in dispute.

(2) If the dispute cannot be settled within six months of the date when it has been raised by one of the parties in dispute, it shall, at the request of the investor of the other Contracting State, *be submitted for arbitration*.

(3) *The dispute shall be submitted for arbitration* under the Convention of 18 March 1965 on the Settlement of Investment Disputes between States and Nationals of Other States (ICSID), unless the parties in dispute agree on an *ad-hoc* arbitral tribunal to be established under the Arbitration Rules of the United Nations Commission on the International Trade Law (UNCITRAL) or other arbitration rules" (emphasis provided).

Had China and Germany understood that the MFN clause contained in the 1983 BIT could be invoked by an investor to submit disputes arising out of the treaty to international arbitration, including those concerning the legality of the expropriation, they would not have negotiated and ultimately concluded a new treaty that does provide for the arbitration of such disputes.

Other examples include the China-Portugal BIT of 1992 and the China-Finland BIT of 1984, which were amended in 2005 and 2004, respectively. The investor-State dispute resolution clauses in both treaties were amended to include a broader agreement to arbitrate between the Contracting States[①].

As of the date of this Article being prepared, the China-Peru BIT 1994 has not been amended. China's and Peru's agreement to arbitrate is limited to disputes involving the *amount of compensation* for expropriation. Mr. Tza Yap Sum cannot invoke the MFN clause to bypass such agreement. As

---

① Compare Article 8 of China-Portugal BIT of 1992 with Article 9 of the China-Portugal BIT of 2005. Compare Article 2 of the Protocol to the China-Finland BIT of 1984 with Article 9 of the China-Finland BIT of 2004. These BITs are available at http://tfs.mofcom.gov.cn/static/column/h/au.html/1.

Professor Xu Chongli puts it:

> "In a situation where host countries are entering into greater and greater numbers of international investment treaties, if the MFNT provisions contained within them are applied to dispute resolution procedures such as to allow foreign investors to choose from amongst the many third party treaties the single provision most favourable to them, then the host country will be left in a position of relative powerlessness. *Such an interpretation of the MFNT provision is inconsistent with the true intentions of the host country, and is furthermore unfair*"[1] (emphasis provided).

6.4 *The Consensus on the Essence of MFN Clause in Contemporary International Law Community: MFN Treatment is Merely a Derivative of State Sovereignty*

It has become a mainstream consensus in international law community that the principle of MFN treatment has never been and should not be an absolute as a *jus cogens* principle, nor a principle of customary international law. State sovereignty is still the primary rule and occupies the highest hierarchical position within the norm-systems and theory-system of international law. Actually, MFN treatment is usually grounded on treaties concluded by sovereign states **specifically** on a mutual basis. All sovereign states, while based on their specific domestic and foreign situations and upon weighing the advantages and disadvantages, shall have full discretion to decide whether or not to grant, and under what conditions to **specifically** grant MFN treatment to other states; or whether to revoke the same treatment granted to other states. Besides, all sovereign states are entitled to decide the **concrete** type, scope or restriction of MFN treatment. Of course, those provisions relating to MFN treatment shall all be **clearly** and **precisely** stipulated in their respective treaties.

---

[1] Xu Chongli, "*From Matters of Substance to Matters of Procedure: The Debate Regarding the Scope of Application of Most-Favoured Nation Treatment Provisions*", Studies on Law and Commerce, Issue 2, 2007 at 46.

For instance, the International Law Commission's *Draft Articles on Most-Favoured Nation clauses* of 1978 confirms that the past 30 years have established such *opinio juris* in international treaty practices that the granting and the extent of the MFN treatment shall be subject to the contracting parties consensus. In that connection, top international law professors of China such as Prof. Tieya WANG and Prof. Weitian ZHAO also point out that MFN treatment has not become customary international law norms, but remains to be an agreement based on the consensus between equal states on the mutual beneficial footings[①].

In this sense, it can be said that MFN treatment is merely a derivative of state sovereignty, and is only <u>a secondary principle</u>, which should be subordinated to and serve the supreme principle of state sovereignty. It naturally follows that <u>MFN treatment should be subject to necessary restrictions or revocation as required by the actual time, location or conditions</u>, based on the exercise of free will of the contracting states and through their amiable and equal negotiations.

6.5 Interpreting the MFN Clause in the China-Peru BIT 1994 under the VCLT

6.5.1 The Provisions Regarding Treaty Interpretation in the Vienna Convention of the Laws of Treaties (VCLT)

For the purpose of scientifically interpretation the said provisions, it need refer and accord to the well-known rules set forth by Arts. 31 & 32 of the VCLT.

Arts. 31 & 32 of the VCLT

A treaty shall be interpreted in good faith in accordance with the **ordinary meaning** to be given to the terms of the treaty in their context

---

① See: United Nations International Law Commission, *Draft Articles on Most-Favoured Nation clauses* (*UN Draft on MFN Clause*), 1978, Arts. 1, 4, 8, 21, available at http://untreaty.un.org/ilc/texts/instruments/english/draft%20articles/1_3_1978.pdf; See also, Tieya WANG (ed.), *International Law Materials*, Law Press 1982, pp. 761-767; Tieya WANG (ed.), *International Law*, Law Press, 1995, pp. 180-182; Weitian ZHAO, *MFN & Multilateral Trade System*, Chinese Social Science Press, 1996, pp. 36, 57.

and in the light of its object and purpose. (*emphasis added*)

The context for the purpose of the interpretation of a treaty shall comprise, in addition to the text, including its preamble and annexes:

(a) any **agreement** relating to the treaty which was made between all the parties in connection with the conclusion of the treaty; (*emphasis added*)

(b) any **instrument** which was made by one or more parties in connection with the conclusion of the treaty and accepted by the other Parties as an instrument related to the treaty. (*emphasis added*)

There shall be taken into account, together with the context, any relevant **rules of international law** applicable in the relations between the parties. A **special meaning** shall be given to a term if it is established that the parties so intended. (*emphasis added*)

Recourse may be had to supplementary means of interpretation, including the preparatory work of the treaty and the **circumstances** of its conclusion, in order to confirm the meaning resulting from the application of article 31, or to determine the meaning when the interpretation according to article 31: (a) leaves the meaning ambiguous or obscure; or (b) leads to a result which is manifestly absurd or unreasonable. (*emphasis added*).

6.5.2 Interpreting the MFN Clause in the China-Peru BIT 1994 under the VCLT

Under the aforesaid provisions regarding treaty interpretation in the VCLT, the MFN Clause in the China-Peru BIT 1994 should certainly be interpreted in accordance with & closely in connection to the followings:

1) The **ordinary meaning** to be given to the terms of the China-Peru BIT 1994 in their context and in the light of its object and purpose. In this aspect, attention must be particularly paid to the explicit reservation and serious restriction regarding ICSID jurisdiction stipulated in the China-Peru BIT 1994 *per se*. As above-mentioned, both Peru and China only agreed that a dispute involving **the amount of compensation for expropriation** between a foreign investor and the host state may be

submitted at the request of either disputed party to ICSID arbitration. **Any dispute concerning other matters** between them is not entitled to be submitted to ICSID arbitration except they reach a new arbitration agreement stating otherwise. Combining with such context and in the light of its object and purpose, it is logical and self-evident that the **ordinary meaning** of the MFN Clause in the China-Peru BIT 1994 cannot be isolatedly interpreted and construed as a very broad meaning to contain that "any dispute concerning other matters" between a foreign investor and the host state is entitled to be submitted to the ICSID without any new arbitral agreement between them allowing so.

2) The **principal agreement** relating to the **China-Peru BIT 1994**, i.e., the ICSID Convention, to which both Peru and China had acceded indivisibly in connection with the conclusion of the **China-Peru BIT 1994.**

3) the most important **instrument**, i.e., the Notification for explicit reservation and serious restriction regarding ICSID jurisdiction (see Part V), which was sent by China upon its ratification to ICSID Convention in January 1993, and was certainly accepted by Peru as an instrument related to the ICSID Convention as well as to the **China-Peru BIT 1994.** Hereby, let us reiterate that China strictly limits and only accepts the ICSID arbitral jurisdiction on the investment **disputes over compensation** resulting from expropriation and nationalization.

4) Also, a series of other significant **instruments** as listed in Part V, including the Sino-Foreign Model BIT submitted to UNCTAD, as well as 80 plus Sino-Foreign BITs separately and consecutively concluded during the period from March 1982 to June 1998, all contain similar explicit reservation and restriction on international arbitration mechanism and ICSID jurisdiction. All these BITs are reasonably considered as "Sister BITs" to the China-Peru BIT 1994, and all have been "accepted" by Peru "as an instrument related to" the China-Peru BIT 1994. Nowadays, all of these "Sister BITs" together with their similar explicit reservation and restriction on

ICSID Jurisdiction have still been effective and operable. Therefore, when combining with these **instruments** — "Sister BITs", it is logical and self-evident that the <u>term</u> of the MFN Clause in the China-Peru BIT 1994 cannot be isolatedly interpreted and construed as a term of very broad meaning to contain that "<u>any dispute concerning other matters</u>" between a foreign investor and the host state is entitled to be submitted to the ICSID without any new arbitral agreement between them so allowing.

5) With the passing of time, the Draft Articles on Most-Favoured Nation Clauses 1978, prepared by International Law Commission of UN shall be taken into account, together with the context, as relevant **rules of international law** applicable in the relations between China and Peru. As above mentioned, the MFN treatment has never been *jus cogens* or a customary international law principle. Therefore, all sovereign states, and only sovereign states, are entitled to decide on their own discretion the specific and <u>concrete</u> type, scope or restriction of MFN treatment in their related BITs. If there is no specific, concrete, clear and precise definition on MFN Clause in such BIT as the China-Peru BIT 1994, it is certain that merely the related Contracting States themselves are entitled to further discuss and set a precise definition on MFN Clause as newly agreed. In other words, any third party, rather than related Contracting States themselves, has no legal right to impose any arbitrary and incorrect meaning to an ambiguous or vague MFN Clause, and thereby violates the original intention of the Contracting States.

6) To further confirm the exact meaning of an ambiguous or vague MFN Clause in a BIT, recourse may be had to the **circumstances** of its conclusion①. So far as the MFN Clause in the China-Peru BIT 1994 is concerned, it should be interpreted in combination with the <u>historical background and specific circumstances</u> under which this BIT was concluded. As a matter of fact, the following <u>historical background</u>

---

① See *UN Draft on MFN Clause*, Art. 32.

and specific circumstances in China need particular notice:

(a) The history of China's bitter lessons suffered from the Consular Jurisdiction Clause imposed by unequal treaties during the period from 1840 to 1949①.

(b) The history of China's bitter lessons suffered from the MFN Clause imposed by unequal treaties during the period from 1840 to 1949②.

(c) The long-standing worries on the reoccurrence of imposed Consular Jurisdiction & MFN Clause in some uncertain form and the consequent long-term hesitation in acceding to ICSID Convention during the period from 1949 to 1993: the basic feelings and emotion of Chinese people: "Once bitten, twice shy" or "a burnt child dreads fire"③.

(d) The 1993 Notice regarding reservation & restriction on ICSID jurisdiction, as well as the 80 plus Sino-Foreign BITs containing similar explicit reservation and serious restriction on ICSID Jurisdiction concluded during the period from March 1982 to June 1998④.

(e) The China-Peru BIT 1994 was nothing but one of the 80 plus "Sisters-BITs" with similar DNA and similar face. Moreover, The China-Peru BIT 1994 was exactly signed in 1994, i. e. , the next year to 1993 when China sent its Notice of reservation on ICSID jurisdiction to the World Bank (Headquarters of ICSID)⑤. Therefore, China's Proposition on serious restriction of ICSID jurisdiction must be fully understood, recognize and accepted by Peru at the time when China-Peru BIT 1994 was concluded.

7) In combination with aforesaid <u>historical background and specific circumstances under which the China-Peru BIT 1994 was concluded</u>, it is logically self-evident that the <u>scope</u> of the MFN Clause in China-Peru BIT 1994 cannot be arbitrarily and isolatedly interpreted or

---

① ③ ④ ⑤ See *supra* Part V.
② See *supra* Part Ⅵ.

construed as a term of very broad meaning to contain that "any dispute concerning other matters" between a foreign investor and the host state is entitled to be submitted to the ICSID without any new arbitral agreement between them in so do.

6.6 *The Scientific Interpretation of MFN Clause in the China-Peru BIT 1994 by Further Using the ICSID Convention and the China-Peru BIT 1994 per se*

1) Using the ICSID Convention

Art. 42 (1) of ICSID Convention

"The Tribunal shall decide a dispute in accordance with such rules of law as may be agreed by the parties. In the absence of such agreement, the Tribunal shall apply the *law* of the **Contracting State party** to the dispute (including its rules on the conflict of laws) and such rules of international law as may be applicable." (*emphasis added*)

2) Using Art. 8(4) of the China-Peru BIT 1994 *per se*

Art. 8(4) of the China-Peru BIT 1994 provides that ICSID shall make a decisions in accordance with the ***laws of State Parties*** receiving the investment (including rules of conflict law), the provisions of this Agreement and international law principles that are accepted by the parties and generally recognized. Such provision reflects the respect and prioritized application of the national laws of the Contracting State parties to the BIT. Therefore, when interpreting the provisions of the China-Peru BIT 1994, the domestic/national laws of the Contracting State parties, i.e., China and Peru, shall be respected and applied with priority.

Both China and Peru are Contracting State parties to the ICSID Convention. As they have no explicit agreement relating the exact meaning of Art. 3(1) and 3(2) of the China-Peru BIT 1994, their respective domestic/national laws shall be referred for purposes of interpretation in accordance with Art. 42(1) of ICSID Convention. As the domestic/national law of Peru is not within the scope of this Article, only the relevant Chinese law shall be discussed hereunder.

Under the Chinese law system, procedural law and substantive law are always independent though mutually supportive. For instance, Civil Law and Civil Procedural Law, Criminal Law and Criminal Procedural Law, Administration Law and Administration Procedural Law are no exceptions to this general rule.

Besides, Chinese legal culture always advocates using explicit and precise wording so as to reflect the genuine legislation intention, and opposes using vague and ambiguous wording; stresses keeping insistence within the passage of the legislation and avoids conflicting wordings; emphasizes comprehensive understanding and opposing partial understanding of the passage.

Therefore, starting form the legal traditions of China, to comprehensively and scientifically understand or judge the exact meaning of Art. 3(1) and 3(2) of the China-Peru BIT 1994, such factors must be taken into consideration: the general rules of legislation and legal wording in China; the exact wording of Art. 3(1) and 3(2) of the China-Peru BIT 1994; the position, context, logic of these articles in the China-Peru BIT 1994 as well as the legislative background and the public policy of China when this BIT was concluded. Actually, the interpretation rules of China legal culture are essentially identical to those of the VCLT (Arts. 31 and 32), which shall be discussed below.

First, judging from the wording of Art. 3(1) and 3(2) of the China-Peru BIT 1994, these provisions do not *per se* provides that "protection" and "fair and equitable treatment" can be extended to the dispute settlement procedures in this BIT.

Second, judging from the context and logics of Art. 3 *vis-a-vis* the China-Peru BIT 1994 as a whole, Art. 3 shall be referred only to substantive treatment, since Art. 2 as well as Arts. 4, 5 & 6 all exclusively deal with substantive treatment. In other words, the Contracting Parties deem Art. 3, particularly the MFN Clause under Art. 3(2), as substantive treatment. Besides, Art. 3(2) is nothing but a supplement to Art. 3(1), while Art. 8 is *an independent and special article particularly deals with dispute* settlement. These two articles are quite irrelevant and quite far from each other in the logic arrangement. This means, the "protection" and "fair and equitable treatment" as provided in Art. 3(1) as well as MFN as provided in Art. (2) shall be only interpreted to be applied to substantive treatment but not procedural one.

Third, judging from the context the whole wordings and logic structure in Article 8 *per se* of the China-Peru BIT 1994, one can easily find that: (a) according to the 1st sentence of Art. 8 (3), only a dispute involving the *amount of compensation for expropriation* may be submitted at the *unilateral* request of either party to the international arbitration of the ICSID; (b) according to the 2nd sentence of Art. 8 (3), any dispute concerning *other matters* between an investor of either Contracting Party and the other Contracting Party may not be submitted at the *unilateral* request of either party to the international arbitration of the ICSID; (c) according to Art. 8 (2), either party to such latter dispute shall be entitled to submit the dispute to the competent court of the Contracting Party accepting the investment.

Forth, judging from the combination of the said Art. 8 with Art. 3 of the China-Peru BIT 1994, one can further easily find that: Article 3(2) [MFN Clause] of the BIT does not include any provision extending its scope of application to dispute settlement. It does not envisage "all rights or *all matters* covered by the agreement". Quite on the contrary, the intention of the both Contracting Parties as expressed in the said Article 8(3) of the China-Peru BIT 1994 was clearly to *exclude* from ICSID jurisdiction "any disputes concerning *other matters* between an investor of either Contracting Party and the other Contracting Party", which may not be *unilaterally* submitted to the ICSID for international Arbitration. Because such disputes concerning *other matters* [other than the disputes concerning the *amount of compensation* for expropriation] shall be settled in accordance with the procedures set forth in the Art. 8 (2), i. e. ," either party to the dispute shall be entitled to submit the dispute to the competent court of the Contracting Party accepting the investment ."(*emphasis added*)

Fifth, judging from the public policy of China when concluding the China-Peru BIT 1994, China was at that time quite conservative in accepting ICSID jurisdiction when concluding BITs. Actually, in the large amount of

Sino-Foreign BITs (more than 80 in total) that China concluded before June 1998, China has been very strictly restricting the scope of dispute that can be submitted to ICSID arbitration within "disputes relating to the amount of the compensation for expropriation". It logically follows that China could not have been abruptly become "wide-open" and completely abandon its consistent stance of strictly restricting the ICSID jurisdiction in its BITs, and to have agreed the application of the MFN Clause to the procedural matters relating to ICSID jurisdiction in the China-Peru BIT 1994, when this BIT was negotiated and concluded. More specifically, it is not reasonable to *perceive* that China, on one side, **strictly restricts** the scope of dispute for ICSID jurisdiction within "disputes relating to the amount of the compensation for expropriation" in Art. 8 (3) of the China-Peru BIT 1994, but on the other side, agrees that Art. 3(2) of the very same BIT to be interpreted as to accommodate **unlimited extension** of the ICSID jurisdiction and **complete abandon of** its consistent restrictions on ICSID jurisdiction. Such a perception in logic is self-contradicting and manifestly absurd.

Sixth, the China-Peru BIT 1994 granted "fair and equitable treatment" and "protection" for foreign investors. However, the Contracting States did not provide any interpretation regarding such treatment. It shall be pointed out that, as far as China is concerned, there are many similar wordings in the *substantive* laws of China which actually conforms to the *substantive* rights provided in Sino-Foreign BITs.

6.7 *The Repeated Warnings by Authoritative Documents of UN and the Strict Interpretation of MFN Clause in Contemporary World*

The above sub-sections 6.5—6.6 discuss the definition of the MFN Clause in China-Peru BIT 1994 from a bilateral perspective. For an overall understanding, it is also necessary to discuss the same question from a global perspective.

In contemporary treaty practices, critical inequity and inequality usually occur when concluding MFN clause between or among countries with great disparity of strength and having different levels of economic development. It was for this reason, strong resentment and joint fights from numerous developing countries had been seen in the history of North-South conflicts and collaboration during the past decades. As a result, the "absoluteness" of MFN clause has been constantly "amended" and "revised" by setting a series of "exceptions" at that time, which in turn substantially weakened the effects of such a clause and evolved into a clause of "non-absoluteness".

The most convincing example of such evolution is the constant revision of MFN clause in the GATT/WTO legal systems in the past decades in order to bring it apace with the development of the time. Originally, the principle of "general MFN treatment" was stipulated in Article 1 of GATT 1947. However, according to the later revision and supplement of Article 18, weak and poor developing countries "shall be free to deviate temporarily from the provisions of the other Articles [including MFN in Article 1] of this Agreement" under certain conditions. Besides, other provisions such as the "Security Exceptions" (Article 21), "Customs Unions and Free-trade Areas" (Article 24), "Waiver of Obligations" (Article 24 and Article 25) and "Trade and Development" (the later supplemented Part IV, Article 36 to Article 38) also consecutively allow developing countries to deviate from MFN clause to various degrees and in different fields.

After WTO Agreements replaced the former GATT 1947, the "special and differential treatment" (S&D treatment), opposite to "general MFN treatment", began to appear in various WTO agreements at a higher frequency, in a wider fields and covering larger scopes. It is certainly the result of the unremitting joint efforts of the developing countries. The most note-worthy phenomenon is that the Doha Ministerial Declaration issued in November of 2001 listed the enforcement of various S&D treatment provisions as one of the items on the agenda for the new round of multilateral negotiation, since many offers and promises pertaining to S&D treatment had not been kept[1].

---

[1] *Doha Ministerial Declaration* reaffirms that "provisions for special and differential treatment are an integral part of the WTO Agreements. ... All special and differential treatment provisions shall be reviewed with a view to strengthening them and making them more precise, effective and operational." "Special and differential treatment for developing countries shall be an integral part of all elements of the negotiations and shall be embodied in the schedules of concessions and commitments and as appropriate in the rules and disciplines to be negotiated, so as to be operationally effective and to enable developing countries to effectively take account of their development needs." See *Doha Ministerial Declaration*, adopted on 14 November 2001, paras. 44 & 13, WT/MIN(01)/DEC/1, available at http://www.wto.org/english/thewto_e/minist_e/min01_e/mindecl_e.htm.

In short, the development and evolution of MFN clause with time show that the original feature of "generalization" of MFN treatment has been gradually and constantly amended and finally replaced by new features of "speciality" and "differentiation" favoring the developing countries①.

Hence, it is completely conforming to the modern development of MFN treatment for China and other developing countries to distinguish two kinds of countries, reset the standards of differential reciprocity and grant properly differential treatment on jurisdictional matters of FDI disputes in future BIT negotiations or revisions. Differential treatment may be mutually granted and enjoyed in accordance with the concrete and specific conditions of the respective BIT counterparts, such as their respective economic development level, economic strength, the scale of and ratio between their investment inflow and investment outflow, the legal environment for FDI protection, and the necessity of assuring national security of the host states, etc. The aim is to mutually waive certain inherent rights properly and to keep apt differentiation on the basis of real fairness and reciprocity.

In a series of research reports issued between 2003 and 2006②, the World Bank and the United Nations Conference on Trade and Development (UNCTAD) repeatedly reminded the weak nations that they should be fully aware of the effect of double-edged sword of BITs. On one hand, developing countries need to absorb FDI to serve their national development; and on the other hand, they must endeavor to appropriately reserve necessary flexibility

---

① See Huaqun Zeng, On the Development and Legal Grounds of the "Special and Differential Treatment" Provisions, *Journal of Xiamen University*, Vol. 6, 2003.

② See World Bank, *Global Economy Prospects 2003*, available at: http://www.worldbank.org/prospects/gep2003/summarycantonese.doc; World Bank, *World Development Report 2005 — A Better Investment Climate for Everyone*, World Bank and Oxford University Press, 2004, p. 177; UNCTAD, *World Investment Report 2003—FDI Policies for Development: National and International Perspectives (Overview)*, 2003, pp. 18 - 19, UNCTAD/WIR/2003 (Overview); *The São Paulo Consensus*, paragraph 8, adopted at the UNCTAD XI Conference, available at: http://www.unctad.org/en/docs//td410_en.pdf; UNCTAD, *World Investment Report 2006—FDI from Developing and Transition Economies: Implications for Development (Overview)*, 2006, pp. 9 - 11, UNCTAD/WIR/2006(Overview), available at: www.unctad.org/wir. See also An Chen, Should the Four Great Safeguards in Sino-Foreign BITs Be Hastily Dismantled? *Journal of World Investment & Trade*, Geneva, December 2006, Vol. 7, No. 6, pp. 917 - 919.

and discretion for the exercise of sovereignty, so as to safeguard their own national interests and essential security. In short, they need to strike for a balance between both sides.

Especially worthy of note, in its research report entitled "*Preserving Flexibility in IIAs (International Investment Agreements): The Use of Reservations*", UNCTAD persuasively instructed how the weak developing countries in the course of concluding BITs could make full use of the "reservation" right set forth in Art. 2 of the VCLT, enact necessary exceptions and try to reserve the rights of self-determination, jurisdiction and agile discretion in their own hands. Mr. Supachai Panitchpakdi, former Director-General of WTO and current Secretary-General of UNCTAD, indicated in the preface of this Report that: the aim of the series research reports including this one is to provide consultation opinions and reasonable suggestions to the decision-makers in these countries, government officials, corporate executives, NGO representatives, officials of international agencies and researchers[①].

Some significant view points repeatedly stressed throughout this Report are, *inter alia*:

(1) "It is in the very nature of international agreements to constrain policy options at the national level. In the case of IIAs, the obligations they established limit the choices available to policy makers in designing national investment policies.... While enhancing host countries' investment climates, it is important that IIAs do not unduly constrain the degree of flexibility afforded to national policy makers in the pursuit of development or other national policy objectives."[②] Besides,

(2) "Countries at all development levels broadly resort to the same types of non-conforming measures, **with** limitations on national treatment

---

[①] UNCTAD, *Preserving Flexibility in IIAs: The Use of Reservations*, UNCTAD Series on International Investment Policies for Development, New York and Geneva, 2006, p. iv, available at http://www.unctad.org/templates/webflyer.asp?docid=7145&intItemID=2310&lang=1&mode=downloads

[②] Ibid., p. 6.

destined to tilt competitive conditions in favour of domestic investor and ***MFN exceptions***, aimed at preserving the preferential or reciprocal nature of various agreements, emerging as the most common types of non-conforming measures found in reservation lists."①

(3) "Many countries, independent of their level of development, feel the need to preserve certain economic activities from international obligations. This trend is more pronounced in the case of developing countries, given their need to face greater social and economic problems while also addressing new regulatory challenges with more limited resources and expertise."② Thus

(4) "Developing countries covered by the sample IIAs have shown a ***greater overall tendency*** to lodge reservations and to preserve non-conforming measures than is the case of developed countries."③ And consequently,

(5) "**Reservations** in international investment agreements (IIAs) are **a key** technique for **balancing** flexibility of national authorities with international obligations in the field of investment, **especially for** developing countries."④

Actually such suggestions are the **scientific summarization and sincere admonishments of** UNCTAD **experts** after surveying a great deal of relevant experiences and lessons in IIA practices, especially those of developing

---

① UNCTAD, *Preserving Flexibility in IIAs: The Use of Reservations*, UNCTAD Series on International Investment Policies for Development, New York and Geneva, 2006, p. iv, available at http://www.unctad.org/templates/webflyer.asp? docid=7145&intItemID=2310&lang=1&mode=downloads, p. 2. (emphasis added)

②③ Ibid., p. 2.

④ Ibid., p. 1. (emphasis added). The original footnote as follows: "(1) It should be noted that a number of the sample agreements contained in this study uses the term '*reservation*', while others prefer the term 'exception'. In both cases, *these 'reservations' or 'exceptions' are meant to exclude certain non-conforming measures of the parties from the scope of application of specific treaty obligations.* For the sake of consistency, the current study utilizes the terms 'reservations' and 'exceptions' interchangeably. According to the Vienna Convention on the Law of the Treaties (Art. 2. 1. d) 'reservation' is taken to mean a 'unilateral statement, however phrased or named, made by a State, when signing, ratifying, accepting, approving or acceding to a treaty, whereby it purports to exclude or to modify the legal effect of certain provisions of the treaty in their application to that State'". (emphasis added) countries. These suggestions certainly meet developing countries' needs and are worthy of careful study in choosing its own development path.

It appears that the timely adoption of distinguishing two kinds of countries and granting differential reciprocity with some MFN exceptions, including the necessary **exclusion or limitation of applying MFN to dispute settlement procedures**, fully complies with the basic spirit of the Report issued by UNCTAD. Such suggestions are really helpful to any sovereignty state, if it is necessary, in properly keeping or relaxing its jurisdiction, and in differentially treating different types of other countries on the basis of real equity and mutual benefit.

6.8 The Restrictions and Exclusions of the MFN Provision in Contemporary Treaty Practices

The usual application scope of MFN treatment is confined to substantive treatments. However, considering the trend that ICSID tribunals practically endeavor to extend their jurisdiction by exercising discretionary power, any sovereignty state is entitled to explicitly exclude or restrict the jurisdiction of ICSID if it strongly does not wish to apply MFN Clause to procedural matters such as FDI disputes settlement procedures in future BIT negotiations or revisions.

In this regard, some precedents are worthy of note. For example, in the relevant part of the Free Trade Agreement of the Americas (Draft) 2004 reads as below:

"The Parties note the recent decision of the arbitral tribunal in Maffezini (Arg.) v. Kingdom of Spain, which found an unusually broad most-favoured-nation clause in an Argentina-Spain agreement to encompass international dispute resolution procedures. By contrast the most-favoured-nation Treatment Article of this Agreement [FTAA] is expressly **limited in scope** to matters 'with respect to the establishment, acquisition, expansion, management, conduct, operation, and sale or other disposition of investments.' The Parties share the understanding and intent that this clause [**MFN treatment**] does not encompass international dispute resolution mechanisms such as those contained in Section C of this Chapter, and therefore could not reasonably lead to a conclusion similar to that of the Maffezini case."① *(emphasis added)*

In addition, there were practices to restrict the application of MFN treatment by the non-retroactivity rule. For example, if national situation needs, any sovereignty state may also refer to the stipulations in Annex Ⅲ of the Canadian Model BIT 2004 relating to "exceptions from MFN treatment", which states:

> "Article 4 [MFN treatment] shall not apply to treatment accorded under all bilateral or multilateral international agreements in force or signed ***prior to*** the date of entry into force of this Agreement." *(emphasis added)*

If any sovereignty state learns and transplants such an exception from Canada Model BIT, it is not likely for future foreign investors, by resorting to MFN Clause, to claim for the same preferential treatments that this sovereignty state granted to other states.

6.9 *The Restrictions and Exclusions of the MFN Provision by ICSID Practices (Precedent Decisions)*

On the issue relating to the jurisdiction of FDI disputes, explicit words shall be taken into BITs to restrict or exclude the application of MFN Clause to the procedural matters. That is to say, if the BIT at issue contains MFN Clause, absent any explicit words restricting or excluding the application of MFN Clause to the procedural matters, or explicit words allowing the application of MFN Clause to the procedural matters on the contrary, it cannot be construed that the Parties to the BIT have agreed to apply the MFN Clause to the procedural matters. Indeed, the disputant parties must have clear and concrete arbitration agreement for submitting a dispute to

---

① See Chapter XXIII, Dispute Settlement of FTAA (Draft Agreement), 25 March 2004, fn. 13; available at http://www.ftaaalca.org/FTAADraft03/Chapter XXIII _ e. asp. See also OECD, *International Investment Law: A Changing Landscape*, Chapter 4, "Most-Favoured-Nation Treatment in International Investment Law", OECD Publishing, 2005, p. 132.

arbitration is the universally recognized precondition. Absent such a precondition, any arbitration as requested by one of the parties unilaterally is groundless and rootless. This will not only be in violation of the very nature of arbitration, but also the basic principle of party autonomy. Such an opinion has already become a mainstream consensus in recent international arbitration practices[①].

Last but not least, this mainstream opinion has been employed repeatedly and consistently by some well-known ICSID precedents on its jurisdiction. For example:

(1) Salini Costruttori S. p. A. & Italstrade S. p. A. v. The Hashemite Kingdom of Jordan;

(2) Plama Consortium Limited v. Republic of Bulgaria; and

(3) Telenor Mobile Communications A. S. v. The Republic of Hungary.

These three decisions on ICSID's jurisdiction were consecutively issued in 2004, 2005 and 2006. As will be discussed below, these cases provided similar arguments, rationale and conclusions regarding the MFN Clause. It seems that the practices of these cases are quite likely to be developed into new "customary law norms" relating to MFN issues, and are thus very remarkable.

6.9.1 The MFN Issue in Salini Costruttori S. p. A. et al. v. The Hashemite Kingdom of Jordan

In this case, Salini Costruttori S. p. A. and Italstrade S. p. A. claimed that they were entitled to submit their arbitral application to ICSID on the basis of the MFN Clause provided in the Italy-Jordan BIT. However, the ICSID Tribunal in charge of the case carefully finds that:

> Article 3 [MFN Clause] of the BIT between Italy and Jordan does not include any provision extending its scope of application to dispute settlement. It does not envisage "all rights or all matters covered by the agreement". Furthermore, *the Claimants have submitted nothing from*

---

① See Wang Hailang, *New Jurisdictional Issues and China's Countermeasures* (PhD. Paper), Chapter Four, to be published.

which it might be established that the common intention of the Parties was to have the most-favored-nation clause apply to dispute settlement. Quite on the contrary, the intention as expressed in Article 9(2) of the BIT was to exclude from ICSID jurisdiction contractual disputes between an investor and an entity of a State Party in order that such disputes might be settled in accordance with the procedures set forth in the investment agreements. Lastly, the Claimants have not cited any practice in Jordan or Italy in support of their claims[①]. (*emphasis added*)

From this, the Tribunal concludes that Art. 3 of the BIT does not apply insofar as dispute settlement clauses are concerned. Therefore the disputes foreseen in Art. 9(1) of the BIT concluded between Jordan and Italy must be settled in accordance with the said Article. In the event that, as in this case, the dispute is between a foreign investor and an entity of the Jordanian State, the contractual disputes between them must, in accordance with Art. 9(2), be settled under the procedure set forth in the investment agreement. <u>The Tribunal has no jurisdiction to entertain them</u>[②].

6.9.2 The MFN Issue in *Plama Consortium Limited v. Republic of Bulgaria*

In this case, Plama Consortium Limited claimed, among others, that they are entitled to submit their arbitral application to ICSID's jurisdiction on the basis of the MFN Clause provided in the Bulgaria-Cyprus BIT incorporating with the Bulgaria-Finland BIT. The ICSID Tribunal in charge of the case clearly expressed in its *Decision on Jurisdiction* that the MFN clause in one BIT cannot be extended and applied to dispute settlement procedures in another[③].

The related Bulgaria-Cyprus BIT *per se* provided that only disputes relating to the *amounts of the compensation for expropriation* should be

---

[①②] Salini Costruttori S.p.A. and Italstrade S.p.A. versus The Hashemite Kingdom of Jordan (ICSID Case No. ARB/02/13) *Decision on Jurisdiction of* November 15, 2004, pars. 118 – 119.

[③] Plama Consortium Limited v. Republic of Bulgaria (ICSID Case No. ARB/03/24), *Decision on Jurisdiction of February 8, 2005*, paras. 216 – 224, available at www.worldband.org/ICSID/cases/plama-decision.pdf.

submitted to international *ad hoc* tribunal. In the hearing of the case①, the parties held opposite opinions on the issue whether or not the disputes beyond *amounts of the compensation for expropriation* could also be submitted to ICSID by invoking the dispute settlement provisions in **Bulgaria-Finland BIT** or other BITs on the basis of the MFN clause.

After carefully hearing and balancing *pro* and *con*, the ICSID Tribunal finds that when concluding **Bulgaria-Cyprus BIT**, the Contracting States precisely limited the application of the arbitration clause to the scope as prescribed in said BIT, i. e., only the dispute concerning the *amounts of compensation for expropriation*. Thus, it is evident that the Contracting States had no intention of extending the said application scope of the arbitration clause by MFN clause②. This Tribunal repeatedly stresses:

> The intention to subject the dispute settlement matter to the MFN treatment must be **clearly and unambiguously expressed**③. (*emphasis added*)

Nowadays, arbitration is the generally accepted avenue for resolving disputes between investors and states. Yet, that phenomenon does not take away the **basic prerequisite for arbitration**: an agreement of the parties to arbitrate. It is a well-established principle, both in domestic and international law, that *such an agreement should be clear and*

---

① Plama Consortium Limited v. Republic of Bulgaria (ICSID Case No. ARB /03 /24), *Decision on Jurisdiction of February 8*, *2005*, paras. 216 - 224, available at www. worldband. org /ICSID /cases / plama-decision. pdf., para. 26, Article 4. 1 of the *Bulgaria-Cyprus* BIT stipulates: "The legality of the expropriation shall be checked at the request of the concerned investor through the regular administrative and legal procedure of the Contracting Party that had taken the expropriation steps. In cases of dispute with regard to the *amount of the compensation*, which disputes were not settled in an administrative order, the concerned investor and the legal representatives of the other Contracting Party shall hold consultations for fixing this value. If within 3 months after the beginning of the consultations no agreement is reached, the *amount of the compensation* at the request of the concerned investor shall be checked either in a legal regular procedure of the Contracting Party which had taken the measure on expropriation or *by an* international 'ad hoc' Arbitration Court.". Article 4. 2. of the same BIT further stipulates: "The International Court of Arbitration mentioned in paragraph 4. 1 of Article 4 shall be established on a case-by-case basis. Each Contracting Party shall designate one arbitrator, and the two arbitrators agree upon a national of a third state to be a Chairman." (emphasis added)

② Ibid,, paras. 195 - 197.

③ Ibid., paras. 204,214.

unambiguous[1]. (*emphasis added*)

Doubts as to the parties' clear and unambiguous intention can arise if the agreement to arbitrate is to be reached by incorporation by reference[2]. Doubt may be further created by the scope of the dispute settlement provisions in the other BITs. A number of them refer to disputes arising out of the particular BIT. It appears to be difficult to interpret the MFN clause as *importing into* the particular BIT such specific language *from other BITs*[3]. (*emphasis added*)

Conversely, dispute resolution provisions in a specific treaty have been negotiated with a view to resolving disputes under that treaty. Contracting States *cannot be presumed to have agreed* that those provisions *can be enlarged by incorporating* dispute resolution provisions *from other treaties negotiated in an entirely different context*[4]. (*emphasis added*)

In light of the foregoing considerations, the Arbitral Tribunal makes decision on the issue of MFN as follows:

The most favored nation provision of the *Bulgaria-Cyprus BIT*, read with other BITs to which Bulgaria is a Contracting Party (in particular the *Bulgaria-Finland BIT*), cannot be interpreted as providing the Respondent's consent to submit the dispute with the Claimant under the Bulgaria-Cyprus BIT to ICSID arbitration or entitling the Claimant to rely in the present case on dispute settlement provisions contained[5]. (*emphasis added*)

6.9.3 *The MFN Issue in Telenor Mobile Communications A. S. v. The Republic of Hungary*

In this case, Telenor Mobile Communications A. S. claimed that they are entitled to submit their arbitral application to ICSID's jurisdiction on the basis

---

[1] PLAMA CONSORTIUM LIMITED v. REPUBLIC of BULGARIA (ICSID Case No. ARB/03/24), DECISION ON JURISDICTION, para. 198.
[2] Ibid., para. 200.
[3] Ibid., para. 206.
[4] Ibid., para. 207.
[5] Ibid., para. 240.

of the MFN Clause provided in the Hungary-Norway BIT incorporating with other BITs entered into by Hungary with other States.

Telenor (the Claimant) contends that the Tribunal has jurisdiction to entertain claims under Article III of the **Hungary-Norway BIT** by virtue of the "procedural link" established by the MFN Clause in Article IV, which Telenor claims entitles it to invoke the widest of the dispute resolution clauses under other <u>BITs</u> entered into by <u>Hungary with other States</u>. This is contested by Hungary (the Respondent), which contends that the MFN clause is <u>limited to substantive rights</u> and cannot be invoked to <u>extend the jurisdiction</u> of the Tribunal <u>beyond</u> that conferred by Article XI of the Hungary-Norway BIT[①]. (*emphasis added*)

After carefully hearing and balancing pro and con, the ICSID Tribunal in charge of the **Telenor** case finds that the Tribunal itself "wholeheartedly endorses the analysis and statement of principle furnished by the precedent **Plama** case Tribunal" as mentioned above[②].

According to **Telenor** case Tribunal, there are at least <u>four</u> compelling reasons why an MFN clause in a BIT providing for MFN treatment of investment should not be construed as **extending the jurisdiction** of the arbitral tribunal to categories of dispute beyond those set out in the BIT itself in the **absence of clear language** that this is the intention of the parties[③].

First, Art. 31 of the VCLT requires a treaty to be interpreted "in good faith in accordance with the ordinary meaning to be given to the terms of the treaty in their context and in the light of its object and purposes." In the absence of language or context to suggest the contrary, the ordinary meaning of "investments shall be accorded treatment no less favourable than that accorded to investments made by investors of any third State" is that the investor's <u>substantive rights</u> in respect of the investments are to be treated no less favourably than under a BIT between the host State and a third State, and there is no warrant for construing the above phrase as <u>importing procedural rights</u> as well. It is one thing to stipulate that the investor is to

---

①② TELENOR MOBILE COMMUNICATIONS A. S. v. THE REPUBLIC OF HUNGARY (ICSID Case No. ARB /04 /15), AWARD, para. 19.
③ Ibid., para. 91.

have the benefit of MFN investment treatment, but quite another to use an MFN clause in a BIT to ***bypass a limitation*** in the very same BIT when the parties have not chosen language in the MFN clause showing an intention to do this, as has been done in some BITs①.

Second, as the ***Plama*** tribunal pointed out, the effect of the wide interpretation of the MFN clause is to expose the host State to treaty-shopping by the investor among an indeterminate number of treaties to find a dispute resolution clause wide enough to cover a dispute that would fall outside the dispute resolution clause in the base treaty, and even then there would be questions as to whether the investor could select those elements of the wider dispute resolution that were apt for its purpose and discard those that were not②.

Third, the wide interpretation also generates both uncertainty and instability in that at one moment the limitation in the basic BIT is operative and at the next moment it is overridden by a wider dispute resolution clause in a new BIT entered into by the host State③.

Fourth, of particular relevance is the practice of the States parties to the BIT in the formulation of their dispute resolution clauses in BITs with other States.… There are BITs entered into by a State which provide for reference to arbitration of ***all*** disputes, and others entered into ***by the same State*** that limit consent to arbitration to specified categories of dispute, such as expropriation. It must be obvious that such a State, when reaching agreement on the latter form of dispute resolution clause, intends that the jurisdiction of the arbitral tribunal is to be limited to the specified categories and is not to be inferentially extended by an MFN clause.…… In these circumstances, to invoke the MFN clause to embrace the method of dispute resolution is to ***subvert*** the intention of the parties to the basic treaty, who have made it clear that this is not what they wish④.

---

① TELENOR MOBILE COMMUNICATIONS A. S. v. THE REPUBLIC OF HUNGARY (ICSID Case No. ARB /04 /15), AWARD, para. 92.
② Ibid., para. 93.
③ Ibid., para. 94.
④ Ibid., para. 95.

The Tribunal therefore concludes that in the present case the **_MFN clause cannot be used to extend the Tribunal's jurisdiction_** to categories of claim other than expropriation, for this would **_subvert_** the common intention of Hungary and Norway in entering into the BIT in question①.

6.9.4 Basic and Common Conclusion from the 3 Precedent Decisions on MFN issue & ICSID Jurisdiction

In brief, the basic and common conclusion of the three well-known decisions on ICSID jurisdiction as aforesaid may be summarized as:

(1) Any arbitral application submitted to the ICSID must be established on a **_clear and unambiguous_** arbitration agreement between the foreign investor and the host State.

(2) The MFN treatment provided in a contemporary BIT is usually limited to **_substantive_** rights, unless there are **_clear and unambiguous_** words precisely extending MFN treatment to some **_procedural_** rights.

(3) Any MFN Clause stipulated in a BIT must not be arbitrarily interpreted to import *procedural* rights, so as to **_bypass a limitation_** in the very same BIT, and to extend right to foreign-investor for unilaterally submitting claims to ICSID jurisdiction.

(4) Any MFN Clause stipulated in one BIT must not be arbitrarily interpreted to **_import procedural rights_** stipulated in any of other BITs, to which the Contracting States entered into in different situations.

(5) Anyway, an **_MFN Clause_** stipulated in any BIT **_must not be abused_** to violate the judicial sovereignty of Contracting States, which is contrary to or even subverting their original intention.

6.10 *Tracing Back to the Specific MFN Issue in China-Peru BIT 1994*

Now, let's trace back to the specific MFN issue in China-Peru BIT 1994. In comparison with the present case, as well as in accordance with the aforesaid legal documents and their scientific analyses, it is sound to conclude

---

① TELENOR MOBILE COMMUNICATIONS A. S. v. THE REPUBLIC OF HUNGARY (ICSID Case No. ARB /04 /15), AWARD, para. 100.

that:

(1) The MFN Clause in Article 3(2) of the China-Peru BIT 1994 is only limited to substantial treatment;
(2) The "treatment and protection" in Article 3(1) & (2) of the China-Peru BIT 1994 do not cover the procedural treatment, i. e., the dispute resolution mechanism available to an investor against the host State;
(3) Further, no investor can use the MFN Clause contained in the China-Peru BIT 1994 to import a broader dispute resolution provision found in another BIT entered into by Peru;
(4) Also, no investor can invoke the MFN Clause contained in the China-Peru BIT 1994 to import a broader dispute resolution provision found in another BIT entered into by China;
(5) The MFN Clause in the China-Peru BIT 1994 must square with China's reservation to the ICSID Convention; and
(6) With respect to China's "old-generation" BITs, China did not intend the MFN Clause to be employed by investors to expand the jurisdiction of ICSID. There is no evidence of such intent from and/or by China.

Sub-Conclusion: The provisions on "treatment and protection" & the "most-favored-nation clause" in Art. 3(2) of the China-Peru BIT 1994 do not cover the dispute resolution mechanisms available to an investor against the host State.

VII CONCLUSION

In summary, based upon the analysis above, the author is of the view that the ICSID Tribunal has no jurisdiction over the current dispute since:

(1) The China-Peru BIT 1994 is not applicable to HKSAR, to the companies and individuals of HKSAR, and thus the Claimant of the disputing case has no right to invoke such a BIT;

(2) Even if this tribunal could find that the China-Peru BIT 1994 is applicable, this ICSID Tribunal still has no jurisdiction over the current dispute on the grounds that China upon its accession to the ICSID Convention declared a clear reservation regarding the jurisdiction of the ICSID; and
(3) The MFN clause in the China-Peru BIT 1994 can only be applied to substantive matters and shall not be interpreted broadly to be extended in applying to procedural matters in absence of the consent of the Peruvian Government.

Prepared in March *2008*
Amended in May *2008*

Ⅵ Is Enforcement of Foreign Arbitral Awards An Issue for Establishment and Improvement in China?*

[Table of Contents]

Ⅰ 1949 – 1978(about 30 Years): Related-Legislation Blank
Ⅱ 1979 – 1994 (15 Years): Domestic Legislation Established and International Conventions Acceded
  1. Promulgating PRC's Civil Procedure Law (for Trial Use)
  2. Acceding to the New York Convention of 1958
  3. Acceding to the Washington Convention of 1965
  4. Promulgating PRC's Civil Procedure Law (Formal)
  5. Promulgating PRC's Arbitration Law
Ⅲ 1995 – present: Judicial Explanations Added
  1. Obstacles from "Local-protectionism"
  2. "Double Report System" Preliminary Established: to Overcome the "Local-protectionism"
  3. "Double Report System" Strengthened: to Overcome the "Local-protectionism"
Ⅳ Domestic Legislations Need to Be Further Improved

---

* This is a brief paper prepared by the author for addressing to the Special International Symposium jointly sponsored by ICSID / UNCTAD / OECD , 12 December 2005, held in the OECD headquarters, Paris. The main topic of the Symposium was on international investment treaty & international arbitration. The author was invited to introduce the historical framework of Enforcement of Foreign Arbitral Awards in China.

For either judicial proceedings or arbitral proceedings, their crucial points are the same: justice and efficiency.

As to efficiency, arbitral proceedings are superior to and more preferable than judicial proceedings, because the disputed parties can receive a final resolution after only one instance in the arbitral proceedings.

However, if the final award can not be timely recognized and enforced by the competent court, the superiority of arbitration in the aspect of efficiency will certainly be weakened or even thoroughly frustrated.

Therefore, the issue of enforcement of arbitral awards in a foreign country is one of the key issues for discussion in the international arbitration circles.

In terms of enforcement of arbitral awards in the People's Republic of China, it could be roughly divided into **three** stages: (Ⅰ) 1949 - 1978; (Ⅱ) 1979 - 1994; (Ⅲ) 1995 - present.

Ⅰ 1949 - 1978 (about 30 Years): Related-Legislation Blank

In China, after the establishment of the People's Republic of China and before the end of 1978, when China decided to open to the outside world as a fundamental national policy, there had been no formal legislation on the issues of recognition and enforcement for foreign arbitral awards.

The main reason for this phenomenon was that since 1840, when China was defeated in the notorious "Opium War", a series of unequal treaties by the west imperialist powers were imposed upon her. During the period of 1840 -1949, China became a semi-colonial country who increasingly lost her political and economic sovereignty. The so-called "consular jurisdiction" system deprived China of her power to exercise judicial jurisdiction in her own territory. These humiliating and miserable experiences, which prolonged for more than one hundred years, sensitized the Chinese people to the possible replay of history by the potential erosion of their hard-won independence, and hence, the re-subjection into the state of a pitiful respondent or defendant confronted by some uncertain foreign or international arbitral tribunals. The fear of a reoccurrence of the "consular jurisdiction" in any new form is as real as it is palpable. Feelings along the lines of the saying, "once bitten, twice shy; a burnt child dreads fire", are indeed understandable and pardonable.

II 1979 – 1994(15 Years):
Domestic Legislation Established and
International Conventions Acceded

1. Promulgating PRC's Civil Procedure Law (for Trial Use)

The said legislation blank had not been formally filled up until the first promulgation of the PRC's Civil Procedure Law (For Trial Implementation), on 8 March 1982. The Article 204 thereof expressly provides:

> When a people's court of the Republic of China is entrusted by a foreign court with the enforcement of a final judgment or arbitral award, the people's court shall examine it in accordance with any international treaty concluded or acceded to by the People's Republic of China, or on the principle of reciprocity. If the court deems that the judgment or award does not violate the fundamental principles of the law of the People's Republic of China or its national and social interests, it shall order to recognize the validity of the judgment or award and enforce it according to the procedure specified in this Law;Otherwise, the people's court shall return the judgment or award to the foreign court.

However, even though there were contexts referring to "any international treaty concluded or acceded to by" China, China had actually not concluded or acceded to either of the two most important conventions in the world pertaining to foreign or international arbitrations, namely: the United Nations Convention on the Recognition and Enforcement of Foreign Awards of 1958 (hereinafter referred to as the "New York Convention of 1958") and the Convention on the Settlement of Investment Disputes between States and Nationals of Other States of 1965 (hereinafter referred to as the "Washington

Convention of 1965"). In other words, China then was not their contracting party yet.

2. Acceding to the New York Convention of 1958

It was on 2 December 1986, more than four years later, that China did decide to conclude the New York Convention of 1958, and entered it into force for China on 22 April, 1987. Shortly before this date, on 10 April 1987, the PRC's Supreme Court released a formal notice asking the courts of all levels in China to seriously enforce the New York Convention. It urged that the Chinese courts of all levels should "immediately organize the economic, civil judges, the executive staffs and other persons related, to study this important convention and carry it out strictly according to its articles."

3. Acceding to the Washington Convention of 1965

Even though the New York Convention of 1958 really touched upon the historically sensitive issues relating to China's judicial jurisdiction and limited its juridical sovereignty, the directly effected people are only the Chinese legal persons and natural persons. And thus, China's acceding to the New York Convention of 1958 and assuming the related international duties is comparatively understandable and acceptable to China's officials and legal experts during the middle of 1980s.

However, complications arose when the question became whether China should accede to the Washington Convention of 1965 and accept the ICSID system by agreeing that the State itself or its independent government could be subjected to the role of a respondent or defendant confronted by uncertain foreign arbitral tribunal. Because it is not only an issue of limiting China's judicial jurisdiction, but also the issue of potentially undermining China's political sovereignty as well. As a result, during the period of middle 1980s to early 1990s, there existed long-standing divergences and corresponding discussions among the Chinese officials as well as scholars, around the question of whether China should accede to the Washington Convention of 1965 and accept the ICSID mechanism.

Up to February 1990, after widely absorbing the suggestions of all circles and repeatedly weighing the gains and losses, China eventually decided to participate in the Washington Convention and instruct the then Chinese

Ambassador to the Untied States, Mr. Zhu Qizhen, to sign the Convention of 1965. But actually it was only up to the early 1993, three years later, the National People's Congress of China (China's supreme legislative organ) ratified the Convention finally. Consequently, the Convention formally entered into force for China on 6 February 1993.

Due to the history mentioned above, China's sober-hesitation, and weighty consideration prior to accepting the ICSID system is readily seen. It reflects the long-standing resistance of the Chinese people in accepting uncertain foreign arbitration awards.

However, these worries have been gradually overcome in recent fifteen years.

4. Promulgating PRC's Civil Procedure Law (Formal)

In order to meet the needs of acceding to both the New York Convention of 1958 and the Washington Convention of 1965, and to perform its international obligations therein, a specific Article 269 particularly for the recognition and enforcement of foreign arbitral awards was enacted in the PRC's formal Civil Procedure Law, promulgated in April 1991①. It expressly stipulates:

> **If an award made by a foreign arbitral organ requires the recognition and enforcement by a people's court of the People's Republic of China, the party concerned shall directly apply to the intermediate people's court of the place where the party subject to enforcement has his domicile or where his property is located. The people's court shall deal with the matter in accordance with the international treaties concluded or acceded to by the People's Republic of China or with the principle of reciprocity.**

5. Promulgating PRC's Arbitration Law

Furthermore, the Arbitration Law of the People's Republic of China was adopted by the Standing Committee of the National Peoples Congress on 31 August 1994, and came into force on 1 September 1995. It contains eighty articles in eight chapters, and spells out basic provisions in respect of

---

① It was recently amended and re-promulgated on 28 October 2007, and has entered into force since 1 April 2008. The original order of Art. 269 has now been adjusted as Art. 267.

the scope of arbitration, the arbitration organ, the arbitration agreement, arbitration procedure, the arbitral award and its enforcement, arbitration supervision, foreign-related arbitration, etc. Among others, Articles 9 and 62 of this Law provide that the arbitral award is final and the parties shall have it enforced. If one party fails to comply with it, the other party may apply to court for enforcement. The above provisions are in accordance with the current advanced experiences of arbitration legislation of other countries and international customs. They are aimed to expedite effectively China's arbitration system toward modernization and internationalization and are not only welcomed domestically, but also accepted by the international society. To sum up, the Arbitration Law is worthy of praise as a whole.

From the history mentioned above, we can find two main points:

[A] The hesitation, prudence and seriousness of China in acceding the conventions and accepting related mechanisms had been prolonged for more than forty years since 1949 when the New China was established. It reflects the long existing worries of Chinese people to accept uncertain foreign arbitration awards.

[B] These worries have been gradually overcome during the period of 15 years after 1978, when China began to pursue a New Policy of opening to the outside world.

However, it seems that there are still some points in wording or substantive provisions in the current Arbitration Law that needs to be discussed and further completed.

Ⅲ 1995 – present:
Judicial Explanations Added

1. Obstacles from "*Local-protectionism*"

One of the points needed to be discussed and further completed is the lacking of detailed provisions on the recognition and enforcement of foreign award.

In the judicial practice during last decade in China, the recognition and enforcement of foreign award of some cases have occasionally been confronted with the obstacles from the *"local-protectionism"*. As mentioned above, the tasks of the recognition and enforcement of foreign award are authorized to the *local* competent courts. In some occasions, the *local* competent courts could be impacted by the "pressure" from the officials of the local governments, to partially protect the local parties who are subject to enforcement of the foreign awards. In brief, the recognition and enforcement of foreign award may be delayed and/or frustrated by the impacts of *"local-protectionism"*.

Nevertheless, in a survey of the trend of national enactments of other countries, a kind of phenomenon is worthy of note: in order to more strongly prevent the reverse and negative effect of "local protectionism" imposed on the recognition and enforcement of foreign award, and also in order to more effectively prevent the possible mistakes made by some judges of local courts in judicial examination and supervision over a foreign arbitral award (probably due to their lower professional proficiency), some advanced experience in the practice of international arbitration enactments should be taken for reference. That is, the supervision power to conduct both procedural and substantive examination over domestic and foreign arbitral awards is authorized without exception to some high level courts, which would have judges of a higher caliber, so as to show prudence and to guarantee both the justice and efficiency.

For example, such supervision power is granted to the High Court in the United Kingdom[①]. Similarly, the supervision and examination power over domestic and foreign arbitral awards is authorized to the Supreme Court in

---

[①] See Sections 1 (2),(4), Arbitration Act 1979 of England; ICA, Doc. Ⅶ. K. 3, pp. 35,37, 1985. After that the Arbitration Act 1996 made some amendments and supplements to the jurisdictional court who accepts the appeal to the arbitral award. It authorized the Lord Chancellor to make provision (a) allocating proceedings under this Act to the High Court or to county courts; or (b) specifying proceedings under this Act which may be commenced or taken only in the High Court or in a county court. See Section 105(1), (2), Arbitration Act 1996 of England.

Indonesia and in Australia①. Meantime, Swiss law provides that such supervision power shall be exercised in principle by the Federal Supreme Court, with the exception that both parties may agree that this power shall be exercised by the specific state court where the arbitration tribunal is located, instead of the Federal Supreme Court②.

Taken into account the characteristics of Chinese special situations that China has a large land and unbalanced economy in different provinces — and on the basis of deep investigation and research — if Chinese legislators deem it necessary to transplant the above experience, they may consider it necessary to stipulate in the Arbitration Law that a special tribunal be established in the Supreme Court, or some high courts of several developed provinces, which are authorized to deal with those complaints over foreign-related and foreign-made arbitral awards, and to perform overall supervision over both the procedural operation and substantive content of the awards.

2. "Double Report System" Preliminary Established: to Overcome the "Local-protectionism"

Since August 1995, there is a growing trend among Chinese judicial circles in supporting the idea of transplanting the aforesaid foreign experiences into China. This indication /sign is reflected mainly in a special "Notice"③ which stated expressly that:

> The Supreme People's Court now decides to establish a *report system* for such issues as a people's court accepting for dealing with a case of foreign-related economic dispute when there is an arbitration agreement between the parties, or a case of requesting the people's court to refuse the enforcement of a foreign-related arbitral award, or a case of requesting the people's court to refuse the recognition and enforcement of a foreign-made arbitral award.

---

① See Article 641, Civil Procedure Law of Indonesia; Article 38, New South Wales 1984 Commercial Arbitration Act (Australia).

② See Article 191, Private International Law Act of Switzerland.

③ See Notice Concerning the People's Court Dealing with Issues of Foreign-related Arbitration and Foreign Arbitration, by the Chinese Supreme People's Court, Doc. FA-FA (Court Issuance) No. 18, 1995, August 28,1995. (emphasis added, *infra ibid.*)

Such a report system contains two main points: "accepting a case for dealing with" and "making an order".

First, as to *"accepting a case for dealing with"*: Any case concerning economic, marine or maritime disputes involving the element of foreign, Hong Kong, Macao and Taiwan which is filed upon the local court, if the parties have an arbitration clause specified in their contract or they reach an arbitration agreement afterwards, but the local court considers that the arbitration clause or arbitration agreement be void, cease to be effective or cannot be executed due to its vague content, it shall be submitted for examination to the <u>provincial high court</u> in charge of this local district before the local court decides to accept for dealing with the complaint by one party. If the provincial high court agrees to accept the case for dealing with, the provincial high court shall submit its examination opinion to the <u>Supreme Court</u>. Temporarily, the case may not be accepted before the reply from the Supreme Court is given.

Second, as to *"making an order"*: When any party applies to the local court for the enforcement of an arbitral award made by a Chinese foreign-related arbitration institution, or for the recognition and enforcement of an arbitral award made by a foreign arbitration institution, if the local court considers that the award made by a Chinese foreign-related arbitration institution contains any situation stated in Article 260 of the PRC's Civil Procedure Law, or <u>the award made by a foreign arbitration institution does not comply with the provisions of international conventions acceded to by China</u> or <u>does not comply with reciprocal rules</u>, the local court shall submit it for examination to the *provincial high court* in charge of the local district ***before*** the local court makes any order ***refusing*** the enforcement of the foreign-related award, or ***refusing*** to recognize and enforce the foreign-made award. If the provincial high court agrees to refuse the enforcement of the foreign-related award or agrees to refuse the recognition and enforcement of the foreign-made award, it shall report its examination opinion to the <u>Supreme Court</u>. The local court may not make any order refusing the enforcement of the foreign-related award or refusing the recognition and enforcement of the foreign-made award until the Supreme Court replies.

The purpose of such a "Notice" by the Supreme Court is obviously to strengthen the judicial supervision by the Supreme Court and the provincial high courts over local courts of lower level, through establishing the strict system of "*double*" reporting and requesting for instruction beforehand. Thus, by the strict "double checks", it may prevent in advance the local courts of lower level from being affected by the "local-protectionism" in dealing with the recognition and enforcement of foreign-related award as well as foreign-made award, thus making an ultra vires order to accept the case with an arbitration clause (or arbitration agreement) for dealing with without advanced authorization, or making a mistaken order refusing the enforcement of the foreign-related award as well as foreign-made award.

No doubt, such a "double report system" is helpful to maintain the legal effect of the original arbitration agreement made by and between the parties, and to guarantee the correctness and justice of the order "refusing the enforcement" of the foreign-related award as well as foreign-made award. In short, this "Notice" not only provides the effective precautions against "local-protectionism", but also shows the rule of simultaneous emphasis on both the finality and justice of any correct arbitral award.

However, because the above notice of 28 August 1995 didn't expressly putdown the time limit for the local court and the provincial high court to report upwards step by step, prevention of local-protectionism still cannot be effectuated. In order to amend such a defect, on 21 October 1998, about three years later, the judicial committee of the Supreme Court released another "judicial explanation"①. It aimed to strengthen "Double Report System" for further overcoming the "local-protectionism".

3. "Double Report System" Strengthened: to Overcome the "Local-protectionism"

The new "judicial explanation" of 1998 made by Supreme Court says:

In case a party applies to the competent local court for the

---

① Regulations on the Recognition and Enforcement of Foreign Arbitral Award, adopted by the 1029 Session, Judicial Committee of the Supreme People's Court, Doc. FA-SHI (Court Explanation) No. 28, 1998,. October 21,1998.

recognition and enforcement of a foreign-made arbitral award according to Article 4 of New York Convention, and the court decides to recognize and enforce the award, the court shall make an order on it **within two months** after the day it accepts the application. And, if there is no other special situations, the court shall finish the execution within **six months** right after the day it makes the order. In case the court decides to refuse the recognition and enforcement of the award, it shall report the case for examination to the Supreme People's Court **within two months** right after the day it accepts the application, in accordance with the regulations of Notice Concerning the People's Courts Dealing with Issues of Foreign-related Arbitration and Foreign Arbitration, Doc. FA-FA (Court Issuance) No. 18, 1995, issued by the Chinese Supreme People's Court.

The practical meaning of the new "judicial explanation" is that in case the local competent court wishes to decide not to recognize and enforce the said award, the court must finish three steps **within two months** after it accepts the application. The steps include: (1) the competent local court primarily decides not to recognize and enforce the award; then, (2) the competent local court shall report its primarily decision on the case to its upper provincial high court for its exam; (3) in case the provincial high court primarily agrees with the lower charged court not to recognize and enforce the award, the provincial high court shall further report the case to the Supreme Court for its review.

Ⅳ Domestic Legislations Need to Be Further Improved

Nevertheless, there is no explicit regulation yet on the time limit within which the Supreme Court itself should give out its final replies on whether it agrees or disagrees with the lower courts. It is certainly a loophole in the new "judicial explanation". Therefore, **it seems necessary to improve the said judicial explanation at least in the two aspects as follows:**

[A] The above "judicial explanation" is not at the highest rank in the legality system in China, and thus, its legally binding effect is not the strongest. So, the said explanation and related regulations should be enacted in the future amended Arbitration Law and its implemental rules, or in the future amended Civil Procedure Law and its implemental rules.

[B] In the said law or regulations, a time limit should be stipulated for the Supreme Court to give its final reply to the said competent local court. The time limit should also be no more than two months from the day that the Supreme Court receives the related report from the provincial high court. Such a supplement could certainly be helpful to the timely recognition and enforcement of foreign-related and /or foreign-made arbitral awards without any unreasonable delay.

* * * *

In brief, as the biggest developing country, China has absorbed a huge amount of foreign investment. It really needs to further improve Chinese legal environment for foreign investment, including bettering its related measures on the enforcement of foreign awards. This is a fair and significant way to accelerate mutual benefits between foreign investors and the host country, and to promote the common prosperity of the world.

Ⅷ The Truth among the Fogbound "Expropriation" Claim: Comments on British X Investment Co. v. British Y Insurance Co. Case

[Table of Contents]

Ⅰ   Summary of the Case
Ⅱ   Questions for Answers
Ⅲ   Expert's Views & Opinions
  (Ⅰ) In the CJV Contract dated on 25 December 1996, which aimed to establish C Power Company, the provisions of Article 15 on distribution of profit was in compliance with the laws at that time and have been in compliance with the laws
  (Ⅱ) For the "Circular [1998] No. 31" of the State Council on Strengthening the Administration and Carrying on Check of the Foreign Exchange and Foreign Debt issued in September 1998, its legal force is not complete
  (Ⅲ) The "Circular [1998] No. 31" has no legal effect of retroactivity
  (Ⅳ) Actually, the aforesaid prohibitive provisions in the "Circular [1998] No. 31" has been amended again and again in 2002 and 2004
  (Ⅴ) "Circular [2002] No. 43" is not an "expropriation decree"; New Agreements on 11 March 2003 are not "behaviors of expropriation"
  (Ⅵ) Provisions in the Foreign Investment Regulations and "Bilateral Investment Agreement between PRC and UK" concerning the expropriation of foreign investment
Ⅳ   Conclusion

I Summary of the Case

On 14 April 2006, British Y Insurance Co. Ltd., the Respondent of an arbitral case, provided this expert (the author) with 3 Files, totaled 587 pages, containing the following documents: (1) Request For Arbitration submitted by the claimant, British X Investment Co.; (2) Contractual Documents; and (3) Relevant exchanges of correspondence (hereinafter referred to as "Documents"), and consulted with the author as to the Chinese law related to this case. The author presumed that these Documents are all true and believable, and made the following analysis and comments based thereon.

According to the aforesaid Documents, the summary of this case is as follows:

1.1 On 25 December 1996, Company A, a Cayman Islands entity, entered into a contractual joint venture agreement ("**the Agreement**") with Company B, a Chinese enterprise. The purpose of the Agreement was the formation of the C Power Company ("the **Contractual Joint Venture**" or "the **CJV**")

1.2 Under the terms of the Agreement, Company A agreed to make a cash investment of USD12,000,000 in the CJV.

1.3 Company A was entitled to appoint four of the seven members in the Board of Directors of CJV. The day to day operation and management of the Power plant was delegated to the Chinese Company B.

1.4 On 13 October 1997, the Agreement was amended and supplemented. The main change was to replace Company A with British X Investment Co..

1.5 Under both the Agreements, British X Investment Co.'s annual "Expected Profits" constituted a guaranteed return in the ratio of 18% to the investment.

1.6 **On 14 September 1998**, the PRC's State Council, promulgated

"**Circular [1998] No. 31**" entitled *State Council Notice on strengthening the Regulation of Foreign Exchange and Foreign Debt, and Inspecting the situations of Foreign Exchange and Foreign Debt* (*hereinafter referred to as State Council's Circular [1998] No. 31*). Under such Circular, a guaranteed fixed return to foreign investors in Sino-foreign joint ventures shall be prohibited and changed.

1.7 **On 10 September 2002**, the Central Government of the People's Republic of China, via the General Office of the State Council, promulgated **Circular [2002] No. 43** entitled *State Council General Office Notice on [**Improving**] Handling Relevant Issues with Existing Projects with Guaranteed Foreign Party Fixed Returns.* (*hereinafter referred to as State Council's Circular [2002] No. 43*). Under such Circular, parties whose joint ventures contained a fixed return were **suggested** to renegotiate the terms of their relationships and replace any fixed return with **one of the four alternative legal methods** of revenue distribution.

1.8 In two Amendment and Supplement Agreements dated 11 March 2003 all references to "Expected Profits" were deleted from the Agreement. The original system of profit distribution was replaced with a right, on the part of British X Investment Co., to 60% of the actual after tax net profits of the CJV.

1.9 Under the Policy issued to British X Investment Co. by British Y insurance Co., the Respondent of the Case, they provide cover for losses arising out of acts of *expropriation* occurring during the Policy period of 20 February 2001 to 19 February 2004.

1.10 British X Investment Co., the Claimant of the Case, claimed that the promulgation of Circular [2002] No. 43 constitutes an **Act of Expropriation**, and thereby requesting compensation from the Respondent.

1.11 Respondent has refused to provide the alleged "coverage" and compensation under the said Policy. Respondent invited Professor An CHEN to provide the Expert's Legal Opinions on British X

Investment Co. Case, for the purpose of answering some key issues and problems relating to the laws of China.

II Questions for Answers

The key Questions are as follows:

2.1 What is the key difference between the basic rule of profit-distribution in Chinese-Foreign *Contractual Joint Ventures* and the basic rule of profit-distribution in Chinese-Foreign *Equity Joint Ventures*?

2.2 What is the relationships between the *State Council's Circular [1998] No. 31* (promulgated on 14 September 1998) and the *Law of the People's Republic of China on Chinese-Foreign Contractual Joint Ventures* (promulgated on 13 April 1988)?

2.3 What is the relationships between the *State Council State Council's Circular[1998] No. 31* (promulgated on 14 September 1998) and the *Law of the People's Republic of China on Economic Contract Involving Foreign Interest* (promulgated on 21 March 1985)?

2.4 What is the relationships between the *State Council State Council's Circular[1998] No. 31* (promulgated on 14 September 1998) and the *State Council State Council's Circular [2002] No. 43* (promulgated on 10 September 2002)?

2.5 Has the *State Council State Council's Circular [2002] No. 43* (promulgated on 10 September 2002) been particularly authorized an retrospective legal binding effect?

2.6 Is the *State Council State Council's Circular[2002]No. 43* a kind of *jus cogens* with compulsory effect?

2.7 Does the the promulgation of *the State Council State Council's Circular[2002]No. 43* constitutes an **Act Of Expropriation**?

2.8 Did the conclusion of the two "Amendment and Supplement Agreements" dated 11 March 2003 (see *supra* para. 2.7) actually mean acts or measures of expropriation occurring during the Policy period of 20 February 2001 to 19 February 2004?

III Expert's Views & Opinions

(I) **In the CJV Contract dated on 25 December 1996, which aimed to establish C Power Company, the provisions of Article 15 on distribution of profit was in compliance with the laws at that time and have been in compliance with the laws**

3.1.1 Article 2 of *Law of the People's Republic of China on Chinese-Foreign Contractual Joint Ventures* published in April 1998 and amended in October 2002 (hereinafter referred to as "CJV Law") provides:

> The Chinese and foreign parties shall "*in accordance with the provisions of this Law, **prescribe** in their **contractual joint venture contract** such matters as the investment or conditions for cooperation, the **distribution** of **earnings** or products, the sharing of risks and losses ...*"*

Article 21 of the same Law further expressly provides for that:

> *The Chinese and foreign parties shall **share earnings** or products, undertake risks and losses **in accordance with** the agreements prescribed in the contractual joint venture **contract**.*

3.1.2 Article 43 of the *Detailed Rules for Implementation of Law of the People's Republic of China on Chinese-Foreign Contractual Joint Ventures* published in September 1995 (hereinafter referred to as "*Detailed Rules of CJV Law*" or "*Detailed Rules*") further set down some more loose and flexible provisions on the return on investment or share of earnings:

---

* The stress symbols in the quoted text in this Legal Opinions are added by the writer, the same below.

> The Chinese-foreign cooperative partners may adopt profits distribution, product distribution or <u>other measures as mutually agreed</u> to distribute income.

3.1.3 The above three provisions all expressly stipulate and reiterate that the measures of distribution of investment earnings or profits shall be agreed by parties to the contract **voluntarily** in the **contract**. This is totally in conformity with the most basic legal principle, i. e. "**the rule of autonomy of the will**" which is internationally accepted.

3.1.4 Paragraph 3 of Article 4 of *Law of the People's Republic of China on Chinese-Foreign Equity Joint Ventures* (hereinafter referred to as "EJV Law") provides for that:

> The parties to the venture shall share the profits, risks and losses **in proportion to their contributions to the registered capital**.

According thereto, the both parties to an EJV shall distribute the earning or share the profits "**in proportion to their contributions to the registered capital**" (or percentage of shares), and shall not be agreed otherwise by both parties in the **contract** by themselves. This is the most major difference between an <u>EJV</u> and a <u>CJV</u>.

3.1.5 In the CJV Law and its Detailed Rules, **there is no express mandatory requirements or prohibitive provisions** as to how the Chinese and foreign parties prescribe the share of the profits and risks, which are to be up to the both parties' decision after negotiating voluntarily and equally. So far, in aforesaid law and its Detailed Rules that is currently effective, there are still no detailed mandatory requirements or prohibitive provisions on which measure the both parties to a CJV can prescribe to distribute the investment earnings.

3.1.6 It is known to all, the principle that "<u>free where the law dose not expressly prohibit</u>" or "<u>legal where the law does not expressly prohibit</u>" has become the common understanding in the modern society ruled by law. Generally speaking, What is not prohibited by law is legal rather than illegal or that in violation of the law, and is permitted and practicable; to this, the parties have the right to decide on their own and freely. The present core textbook for university's law school or the relevant composition commonly acknowledged in China all make brief explanation and introduction to the aforesaid principle.

3.1.7 Based on the aforesaid, it should be determined that: the provisions on the distribution of the profits in Article 15 of the CJV contract for C Power company concluded on 25 December 1996 is legal and valid.

(Ⅱ) **For the "Circular [1998] No. 31" of the State Council on Strengthening the Administration and Carrying on Check of the Foreign Exchange and Foreign Debt issued in September 1998, its legal force is not complete**

3.2.1 With respect to the power to enact and power to amend various Chinese laws and regulations, *Constitution of the People's Republic of China* has different provisions. According to Article 62 and Article 67, the Standing Committee of the National People's Congress is vested with the power to enact and the power to amend the **laws**. Article 89 provides for that the State Council has the power "*to adopt administrative measures, enact* **administrative rules and regulations** *and issue* **decisions** *and* **orders** *in accordance with the Constitution and the law*".

Article 7 of *Legislation Law of the People's Republic of China* (hereinafter referred to as "*Legislation Law*") promulgated in July 2000 provides for that the power to enact and amend the **law** is exercised by the National People's Congress and its Standing Committee. Article 56 provides for that: the State Council shall, in accordance with the Constitution and laws, formulate **administrative regulations**.

3.2.2 Article 79 of the *Legislation Law* has set down the special provisions on the **level** or the **effect** of the laws and various administrative regulations, expressly pointing out that: **"the legal effect of laws is higher than that of administrative regulations"**. Article 87 further provides for that: during the course of enacting or amending the laws, regulations and other rules, where "the limits of power are transcended", or "**provisions of the legislation of lower levels contravene those of the legislation of the upper levels**", or "legal procedures are violated", the laws, regulations and other rules shall be altered or annulled according the procedures provided by law.

3.2.3 The aforesaid "Circular [1998] No. 31" is at most the internal administration instruction transmitted from the State Council to the administrative organ at lower levels. Its level and effect are even lower than the "administrative regulations" or the "order" published by the State Council; while the aforesaid CJV Law is one of the "basic laws" promulgated by the National People's Congress. **The level and the legal effect of the latter both higher than the former, so the provisions of the former shall not contravene those of the latter.**

3.2.4 The aforesaid "Circular [1998] No. 31" set down the provisions that "no fixed return for the foreign party in the enterprise with foreign investment shall be guaranteed". Such provision was set down **ten years** after the formal promulgation of the CJV Law of 1988. In nature, these **new added**, new established mandatory requirements or **prohibitive provisions** are aimed at Article 2 and Article 21 of the CJV Law, that is, amendment, restriction and partial abolishment to the quite flexible and loose method for distribution of the return on investment. These new added or new established mandatory requirements or prohibitive provisions are not in compliance with the relevant provisions in the current *Constitution of the PRC* and the *Legislation Law of the PRC*. The reasons are: First, the CJV Law is a law enacted by the National People's Congress, and the power to amend the law shall belong to the National People's Congress and its Standing Committee. The State Council shall have no power to amend, restrict, partly annul or completely annual the law enacted by the National People's Congress. Second, the new establishment of the mandatory requirements or prohibitive provisions in the aforesaid "Circular [1998] No. 31" constitutes amendment, restriction or alteration to "the provisions of the legislation of upper level" by "the provisions of the legislation of lower level". In other words, it contravenes the original provisions of "the legislation of the upper levels". Therefore, these new established mandatory requirements or prohibitive provisions are at least defective or not complete in their legal effects.

(Ⅲ) The "Circular [1998] No. 31" has no legal effect of retroactivity

3.3.1 "non-retroactivity of law"—this is a principle of law that is commonly accepted by the international society and the countries ruled by law. Article 84 of the *Legislation Law of the PRC* also absorbs this principle, and expressly provides for that:

> "Laws, administrative regulations, local regulations ... **shall not be retroactive**, but the regulations formulated specially for the purpose of better protecting the rights and interests of citizens, legal persons and other organizations, are excepted."

3.3.2 The prohibitive provisions that "no fixed return for the foreign party in the enterprise with foreign investment shall be guaranteed", which is newly set down in "Circular [1998] No. 31" is promulgated and come into force on **14 September 1998**. In the Circular, there are no express special provisions on "retroactivity". Therefore, according to the commonly accepted principle of "non-retroactivity of law" and the express provisions of Article 84 of the *Legislation Law*, such "Circular" and the subsequent similar Circulars shall not **retroactively** apply to the said CJV contract that is concluded on **25 December 1996** and has taken effect after approval by the competent authority in accordance with the laws. The Chinese and foreign investor of the legally established C Power Company shall not **be required forcibly** to amend or rescind the original provisions on the distribution of the earnings in Article 15 of this contract.

3.3.3 Article 40 of *The Law of the People's Republic of China on Economic Contracts Involving Foreign Interests* (hereinafter referred to as "*Sino-Foreign Economic Contracts Law*") expressly provides for that:

> ***If new legal provisions are formulated*** *while contracts for Chinese-foreign equity joint ventures, Chinese-foreign contractual joint ventures, or Chinese-foreign cooperative exploration and development of natural resources, which have been concluded with the approval of the state, are being performed within the territory of the People's Republic of China,* **the performance may still be based on the terms of the contracts.**

The said detailed provisions again absorb and reflect the two major principles of law, i. e. "autonomy of the parties' will" and "non-retroactivity of law" that is well accepted by the world.

It worthy specially noticing that: **this law** is promulgated by the National People's Congress in March 1985 and effective as of 1 July of the same year, and the relevant provisions therein is not absorbed and replaced by the *Contract Law of the PRC* until 1 October 1999. While, **this law** is just one of the "current laws" and the "special laws", on which basis the said CJV Contract concluded and took effect at the end of 1996. Therefore the method for distribution of the earnings in Article 15 of the CJV Contract that is legally examined and formally approved by the Chinese competent authority **is protected by the Chinese law** and should not be amended or annulled arbitrarily. Even though there are new provisions in laws and regulations, any party to this CJV Contract is entitled to, based on the legal rights as provided by Article 40 of the *Sino-Foreign Economic Contract Law*, request that the performance may **"still be based on"** the original provisions of Article 15 of the CJV Contract. Any department or individual shall not deprive of or forcibly cancel this legal right without authorization.

Therefore, the prohibitive provisions that "no fixed return for the foreign party in the enterprise with foreign investment shall be guaranteed" in the "Circular [1998] No. 31" is not only the provisions of "the legislation of the lower level", but also the provisions of "subsequent law" or prospective statute. Obviously, it can neither amend nor annul the provisions of "the legislation of its upper level" (i. e. provisions of Article 40 of *the Sino-Foreign Economic Contract Law*) nor can retroactively apply to the said CJV Contract concluded at the end of 1996.

3.3.4 It is worth noticing the *Interpretation (1) of the Supreme People's Court on Several Issues Concerning Application of the Contract Law of the PRC* (hereinafter referred to as "Interpretation"), which is promulgated on 29 December 1999. The Article 1 thereof provides for that:

> *For any dispute arising from the contract concluded after the Contract Law took effect, the Contract Law shall apply; for any dispute arising from the contract concluded before the Contract Law took effect, unless otherwise stipulated in this Interpretation, the law at that time shall apply. If the law at that time does not have any provision, the relevant provisions in the Contract Law shall apply.*

3.3.5 Therefore, to judge whether the original distribution method in Article 15 of CJV Contract is legal or illegal, the loose and flexible provisions in Article 2 and Article 21 of the CJV Law, Article 43 of the *Detailed Rules of the CJV Law*, which were effective at the time when the CJV Contract is concluded and took effect and are still effective now, and the Article 40 of *the Sino-Foreign Economic Contract Law*, which is effective at that time, shall be taken as the standard; while the **newly established** mandatory requirements or **prohibitive provisions** in the "Circular [1998] No. 31" promulgated in September 1998, shall not be taken as the standard. In other words, according to the "provisions of the law of the upper level", the original distribution method agreed voluntarily and legally by both parties in Article 15 of the CJV Contract is legal from the beginning to the end, and should be protected by the Chinese law, and should not be amended, annulled or cancelled.

(Ⅳ) **Actually, the aforesaid prohibitive provisions in the "Circular [1998] No. 31" has been amended again and again in 2002 and 2004**

3.4.1　China entered into the World Trade Organization (WTO) in December 2001. Article XVI/4 of the Agreement Establishing the WTO provides for that:

> *Each Member shall ensure the conformity of its laws, regulations and administrative procedures with its obligations as provided in the annexed Agreements.*

It means that: all the members entered into WTO bear the obligations as provided in the Agreements, and promise to ensure the full conformity of its laws, regulations and rules with the provisions of the WTO Agreements. Any conflicting laws, regulations and rules shall be amended or annulled according to the relevant provisions of the Agreement.

In September, 2001, the Chinese government leading official has publicly declared that: "after entry into WTO, China will perform its promises, further improving the foreign economic environment, creating a complete legal environment according to the requirement of the economic system and the international rules". The People's Daily reported that: the relevant department was starting to pressing forward with the preparation work of abolishment or amendment to a **great deal of laws, regulations and rules in violation of the WTO Agreement.**

Just under such circumstances, the said prohibitive provisions in the "Circular [1998]No. 31" was actually amended in September 2002.

3.4.2　The *Circular concerning* ***Carefully and Skillfully Handling*** *the Existing Projects that Ensure Fixed Return to Foreign Investment* (hereinafter referred to as "Circular [2002] No. 43, 2002") issued by the General Office of the State Council on 10 September, 2002 has made necessary amendment to the original mandatory requirements or the prohibitive provisions in the " Circular [1998] No. 31 "in the wording and in the nature, reflecting the trend from "quite strict" to "relatively loose". This New Circular of 2002 provides for that:

> *General Principles on dealing with existing fixed return projects are: according to the "EJV Law", "CJV Law" and other related regulations, we should persist in principle of sharing profits and risks by both Chinese and foreign investors in an **equality and mutual benefiting** way. Every party should proceed **harmonizing sufficiently** from the benefit of projects normal business and local economic development. Related local government and department in charge of projects should take efficient measures to rectify the Fixed Return Projects according to the special situation of projects, so as to maintain a good environment of China's foreign capital attraction.*

It is worth special notice that, the aforesaid paragraph provides "*Every party should proceed **harmonizing sufficiently** from the benefit of projects normal business and local economic development*" as the principle and the inevitable path of changing the existing fixed return distribution method. The subsequent paragraphs have put forward several handling ways, that is "to reform" (i. e. to retrieve investment in advance or to acquire investment profit preferentially by the foreign investor), "to purchase" (to purchase all shareholdings of foreign investor by the Chinese investor), "to change"(to change the foreign investment to external debt of Chinese investor) or "to deregistrate" (to terminate the performance of the CJV Contract and liquidate the enterprise pursuant to the conditions agreed in the contract and the legal procedures). Among these methods, except that the enterprises that should be dissolved in accordance with the provisions of the law or the contract can be dissolved, for the other three methods of "to reform", "to purchase" and "to change", "on the basis of **full discussion and negotiation** by **the Chinese and foreign investors**", "through **discussion and negotiation** between **the Chinese and the foreign investors**", "after **discussion and negotiation by all** parties" and "**through discussion and negotiation by all parties**" has been set down respectively as the <u>necessary conditions</u>, <u>inevitable path</u> and <u>essential precondition</u> of changing the fixed return distribution method. In other words, without the **negotiation** and the **agreement** between **the Chinese and foreign investors**, no administrative department can require the foreign investor or no Chinese investors can require the foreign investors by compulsory means to waive the existing fixed return distribution methods and accept the handling methods of "to reform", "to purchase" or "to change".

Besides, the antepenult paragraph of the "Circular [2002] No. 43, 2002" has reiterated in a summary that: *"The local governments at all levels shall explain this to the foreign investors, **fully negotiate it with them** and avoid arousing conflicts because of **simple** methods of work. If there are any special problems that cannot be solved through negotiations, they should be reported to the SDPC and MOFTEC immediately." Such wording and conditions has obviously amended and changed such simple administrative orders and the stiff mandatory provisions as "no space for discussion", "no need to obtain the foreign investors' voluntary consent", "a must of obeying without conditions", to a relatively loose and flexible method with space for equal negotiation and respecting the foreign investors' willing and choice. Briefly, the original* **mandatory and prohibitive provisions have changed into negotiable suggest**. In other words, the provisions in "Circular [1998] No. 31" have been replaced by the provisions in "Circular [2002] No. 43".

3.4.3 Article 83 of the *Legislation Law of the PRC* provides for that:

> With regard to laws, administrative regulations ..., if they are formulated by one and same organ and if there is inconsistency between the new provisions and the old provisions, the new provisions shall prevail.

Therefore, obviously, the local administrative competent department where C Power Company located or the Chinese investor in this company shall not invoke the **old provisions** in the "Circular [1998] No. 31" to press the foreign investors by compulsory means to waive the legal rights of obtaining the fixed return as agreed in Article 15 of the CJV Contract.

3.4.4 With the further development of the Chinese system reform and the opening to the outside world, the State Council promulgated a new administrative order on 1 July 2004, i.e. *Decision of the State Council on Reform of the Investment System* (herein after referred to as "Decision [2004] No. 20" or "*New Decision of the State Council*"). The New Decision admitted that:

> "*The existing investment system* **also has some problems**: *especially,* **enterprises do not have complete decision-making rights over investment**, ... *Therefore, the State Council has decided to further deepen investment reform ... Targets for deepening investment system reform include reforming the system of government oversight of enterprise investment and* **allowing enterprises greater independence in making investment decisions** *in line with the principle that '***one who invests, he makes the decisions, reaps the profits and bears the risks***'* "; strengthening that "**enterprises make their own investment decisions**"; and strengthening that "**further expanding project financing channels and developing a multiple of financing modes**".

Obviously, thoughout the *New Decision*, there are basic principles of further strengthening the enterprises' autonomous management, decision-making and **expanding financing**. Therefore, it is welcomed by the foreign and domestic investors. The relevant Chinese governmental departments at all levels are carrying out this New Decision seriously so as to **attract more domestic and foreign investment through various ways and various methods and promote the Chinese modernization construction.**

Obviously, this *New Decision* of 2002 has further **amended and replaced** again the aforesaid prohibitive provisions in the "Circular [1998] No. 31" of 1998.

3.4.5 Therefore, the author is of the opinions that with respect to the problems of the fixed return of the foreign investors in a CJV, the governmental departments and the law-enforcement organs at all levels shall carefully consider and properly handle in line with the new principles strengthened in the aforesaid *New Decision* of the State Council, i. e. **the principle that** "*one who invests, he makes the decisions, reaps the profits and bears the risks*". The enterprises' investment decision-making right, and the other decision making right shall be fully respect; **the financing channels shall be further expanded and a multiple of financing modes shall be developed**; and the governmental departments and the law-enforcement organs at all levels shall not rigidly adhere to the original mandatory requirements or prohibitive provisions in "Circular [1998] No. 31" to force the foreign investors to waive the legal rights of obtaining fixed return, which are agreed by the Chinese and foreign investors, decided by the enterprises and formally and legally approved by the competent administrative authorities.

3.4.6 On the contrary, if now, the local administrative competent departments where C Power Company located or the Chinese investors in this company still refuse to comply with the principle emphasized again and again in the "Circular [2002] No. 43" that **the negotiation must be fully conducted and the consent from the foreign investors must be obtained**, and still refuse to comply with the principle emphasized again and again in the aforesaid *New Decision of the State Council* that **the investor makes the investment decisions, reaps the profits and bears the risks**, the enterprises' investment decision-making right, and the other decision making right shall be fully respect, and force by compulsory means or cheat by fraudulent means the foreign investors to waive the legal rights of obtaining fixed return originally agreed in Article 15 of the CJV Contract, the foreign investors shall absolutely be entitled to take the following remedies according to the current Chinese laws respectively:

3.4.7 If the local administrative department unilaterally decided to force by taking administrative compulsory measures or cheat by fraudulent measures the foreign investors to waive the aforesaid legal rights as originally agreed, without full negotiation and voluntary consent by the foreign investors, the foreign investors shall have the right to apply for administrative reconsideration to the local governmental department or its organ at high level according *to the Administrative Reconsideration Law of the PRC*.

3.4.8 In the meantime, under the aforesaid circumstance, the foreign investors shall also have the right to file an administrative lawsuit against the local government before the competent People's Court directly according to *the Administrative Procedure Law of the PRC*.

3.4.9 If the Chinese investors in the CJV unilaterally decided to force by taking measures of detaining or freezing the profits or cheat by fraudulent measures the foreign investors to waive the aforesaid legal rights as originally agreed, without full negotiation with and voluntary consent by the foreign investors, then the foreign investors shall have the right to refer the dispute between the parties to the contract to an agreed arbitration institution for arbitration.

3.4.10 Besides, the foreign investors of the CJV Contract also has the right to report the situation to the *SPC* (State Planning Committee) under the State Council or the *MOFTEC* (current Ministry of Commerce) for decision according the "Circular [2002] No. 43".

(Ⅴ) "Circular [2002] No. 43" is not an "expropriation decree"; New Agreements on 11 March 2003 are not "behaviors of expropriation"

3.5.1 As stated in Documents, under the strong requests from the Chinese B company (i.e., the Chinese Party of Contractual Joint Venture), the Chinese and Foreign Parties entered into two additional agreements on March 11, 2003 (hereinafter referred to as "New Agreements"), to revise and amend the Contractual Joint Venture Contract and Articles of Association which were signed on December

25, 1996. The core contents of New Agreement are (i) deleting the provisions regarding fixed return for Foreign Party's investment, and changing to that "60% of the net benefits after tax shall be allocated to the Foreign Party"; (ii) in the previous agreements, the General Manager should be recommended by the Chinese Party (Party A) and appointed by the Board of directors, but in the New Agreements, the General Manager should be recommended by the Foreign Party (Party B) and appointed by the Board of directors (Please see File (2), Contractual Documents, Tab 12, Tab 13).

Simultaneously, an Industrial Company ("Operation Party", sponsored by Chinese B Company) and C Power entered into a new agreement on 11 March 2003 to revise and amend the Operation and Maintenance Agreement which was signed on 25 December 1996. The core contents are (i) strengthen the independent management power of the Board of the Cooperation Company, including the right of dismissal and appointment of General Manger, who usually carries on influential powers; the right of termination of Operation and Maintenance Agreement subject to certain conditions, by a simply majority vote of Board of Directors; and the right of entrusting new operation party or itself to operate the power plant; (ii) increase the liabilities of Operation Party if it breaches the Agreement (Please see File(2), Contractual Documents, Tab 14).

3.5.2　If Tabs 12, 13, 14 of the above-mentioned documents are genuine, the legal effects and enforcement will differ depending upon the following conditions.

3.5.3　As stated in "Request for Arbitration" (12 January 2006), **"Circular [2002] No. 43"** is the ground of the revisions and amendments to 1996 Agreements and Articles of Association. Therefore, it is necessary to summarize the points of the Circular again.

Firstly, <u>in respect of legal hierarchic rank</u>, "Circular [2002] No. 43" serves only as an internal administration instruction within State Council to its subordinate administration organs. The status and effects of this Circular are much lower than administrative regulations or orders issued by State Council. On the other hand, the *Law of the People's Republic of China on Chinese-Foreign Contractual Joint Ventures* and *Sino-Foreign Economic Contract Law of the People's Republic of China* are both the "basic laws" stipulated by National People's Congress. Pursuant to relevant provisions in *Constitution of the People's Republic of China* and *Legislation Law of the People's Republic of China*, **the rank and legal effects of latter two laws are much higher than the former, and the former should not violate the provisions in the latter two**. In accordance with Article 79 in *Legislation Law of the People's Republic of China*, it is apparent that there is no legal basis for "Circular [2002] No. 43" to amend, limit or revise the part of flexible provisions regarding return on foreign investment which are relevantly loose in the former two "Superior Laws" (see 3.2.1 – 3.2.4 hereinbefore).

Secondly, in respect of legal prescription, "Circular [2002] No. 43" has no retrospective binding effect against the investment business happened before 10 Sep. 2002 (the captioned CJV contract included) as a subsequent law (Please refer to the aforesaid 3.3.1 – 3.3.5).

Thirdly, in respect of mandatory effect, "Circular [2002] No. 43" has changed the enforcement provisions in the former "Circular [1998] No. 21" concerning prohibition of fixed return for foreign investors to a negotiable and suggestion provisions. Facing this kind of negotiable suggestion, the foreign investors may accept or refuse to amend the original fixed return clause at their own discretion (Please refer to the aforesaid 3.4.1 – 3.4.5).

Fourthly, in respect of selectivity of the law, according to the negotiable and suggestion provisions in "Circular [2002] No. 43", if the foreign investors accept to amend the original fixed return clause, they may enjoy full freedom by further choice from one of the four methods of "reform", "purchase", "change" and "deregistration" (Please refer to the aforesaid 3.4.1 – 3.4.5).

3.5.4 In a word, provisions in "Circular [2002] No. 43" concerning the fixed return problems has in fact **cancelled the mandatory requirement,**

reverting to and strengthening the principles of **"equality negotiation"** with the foreign investors and **"full respect to party autonomy"**.

Therefore, **"Circular [2002] No. 43" itself is obviously not a so called "administrative regulation or order to expropriate the assets owned by foreign investors"**. **The allegation of "The Promulgation of Circular No. 43 Constitutes an Act of Expropriation" has no legal basis.**

3.5.5 If local government authorities (administration organs and their clerks) have taken the "Circular [2002] No. 43" as proofs or pretense, and have taken enforcement or fraudulent measures to compel or induce the foreign investor of British X Investment Co. to sign unwillingly on the new agreement to change their rights from original fixed return to 60% net profit after tax, then, such kind of administrative actions made by the administrative organs and their clerks are **misinterpretation or misusage of the "Circular [2002] No. 43"**. The character of these actions **is not "legitimate expropriation", but "illegal administration"**.

According to Article 2 and Article 11 of the *Administrative Procedure Law of PRC*, the foreign investor British X Investment Co. is entitled to file an administrative lawsuit against these illegal administration actions before people's court of PRC for canceling these illegal actions and sue for damages.

In accordance with the current documents provided, there is no authentic proof in this respect. If British X Investment Co. has the aforesaid allegation, the burden of proof is on British X Investment Co.'s side.

3.5.6 If only Chinese Party of the CJV contract has taken the "Circular [2002] No. 43" as proofs or pretense, and has taken enforcement or fraudulent measures to compel or induce the foreign investor of British X Investment Co., to sign unwillingly on the new agreement to change their rights from original fixed return to 60% net profit after tax, then, these actions made by the Chinese Party are **not "legitimate expropriation", but "acts in tort"**. Because, (1) the legal status of the Chinese party is only an enterprise as legal entity, not a government authority or administrative organ enjoying public right, and thus has no right to take any expropriation measures. (2) The foreign investor, British X Investment Co., is not entitled to file an administrative lawsuit on the basis of "expropriation" against these acts in tort before people's court of PRC.

But, according to Clause 20.02 of the CJV contract concerning the dispute resolution and the *Civil Law* and *Contract Law of PRC*, the foreign investor British X Investment Co. is entitled to apply to CIETAC in Beijing for canceling the new agreement and claim for damages.

In accordance with the current documents provided, there is no authentic proof that Chinese Party of the CJV contract has made these acts in tort. If British X Investment Co. has the aforesaid allegation, the burden of proof is on British X Investment Co.'s side.

3.5.7 If, according to the negotiable and suggestion provisions in "Circular [2002] No. 43", the foreign party in this case, British X Investment Co., accepts the aforesaid negotiable suggestion at his own discretion and agrees to change the original profit distribution method, then, apart from to choose the method of 60% net profit after tax, British X Investment Co. may still enjoy full freedom to choose the other four methods illustrated by "Circular [2002] No. 43", say, "reform" ("recover investment ahead of time"), "purchase" ("purchase all shareholdings of foreign investor by Chinese party"), "change" ("change the foreign investment to external debt of Chinese investor") and "deregistration" ("terminate the CJV contract according to the condition set in the CJV contract and legal procedure and carry out dissolution liquidation") (Please refer to the aforesaid 3.4.1 – 3.4.5).

If only Chinese Party of the CJV contract has taken the "Circular [2002] No. 43" as proofs or pretense, and has taken enforcement or fraudulent measures to compel or induce the foreign investor, British X Investment Co., to sign unwillingly on the new agreement to change their rights from original fixed return to 60% net profit after tax, instead of enjoying full freedom to choose other methods which <u>may be more favorable</u> for their interest, then, these actions made by Chinese Party of the CJV contract are <u>still not "legitimate expropriation"</u>, but "acts in tort". The reason is the same as above mentioned.

In accordance with the current documents provided, there is no authentic proof that Chinese Party of the CJV contract has made these above mentioned enforcement or fraudulent acts in tort. If British X Investment Co. has the aforesaid allegation, the burden of proof is on British X Investment Co.'s side.

3.5.8 As manifested in the 3 New Agreements mentioned in 3.5.1 of the documents provided, that (1) the Chinese Party and the foreign Party, British X Investment Co., agreed to change the original fixed return for Foreign Party's investment to "60% of the net benefits after tax for the Foreign Party". As an important **swap condition**, the General Manager, who usually carries on influential powers, should be recommended by the Foreign Party instead of by the Chinese Party and appointed by the Board of directors. (2) The dismission and appointment of the "Operation Party" and its General Manager, who usually carries on influential powers, termination of Operation of the power plant should be decided by British X Investment Co. itself, etc. Obviously, such kind of "<u>new power allocation</u>", or "<u>power reallocation</u>" is <u>in full favor of British X Investment Co.</u>. If the General Manager recommend by British X Investment Co. and decided by a simply majority vote of Board of Directors (in fact **appointed by British X Investment Co. with majority** of directors) has full power and makes good operation, then the real amount of British X Investment Co.'s expected interest, say, 60% of net profit after tax, may exceed its rights with fixed return in 18% of his investment.

Therefore, after comprehensive analysis to the core contents of the 3 New Agreements, the following possibility could not be excluded: The Chinese Party and the foreign Party reached the New Agreements after full equality discussion and negotiation. They considered all kinds of advantages and disadvantages to obtain some interests and give up others on the basis of self-determination and freedom of each party. These New Agreements on the basis of equality negotiation and self-determination **are kinds of new important deals in accordance with normal market rules by both parties substantially**. They could not be arbitrarily defined as "expropriation by the foreign government", or "the expropriate risks covered by the insurance policy had occurred".

3.5.9 As a result, we can see that under the four kinds of circumstances of 3.5.5 – 3.5.8, it should not be identified as that the Chinese Government has done any "expropriation measures under domestic law" against the assets and legitimate rights owned by British X Investment Co. in China. It should not be treated as that accidents covered by the expropriation risks insurance have occurred to the assets and legitimate rights owned by British X Investment Co. in China. Therefore, the claim filed by British X Investment Co. against the Insurance Company, British Y insurance Co., is lack of essential legal and fact evidence.

(Ⅵ) **Provisions in the Foreign Investment Regulations and "Bilateral Investment Agreement between PRC and UK" concerning the expropriation of foreign investment**

3.6.1 Concerning relevant expropriation insurance policy documents issued by the British Y Insurance Co., the author would like to remind this insurance company of Provisions in the Foreign Investment Regulations and Bilateral Investment Agreement between PRC and UK concerning expropriation of foreign investment.

3.6.2 Aritcle 2 Clause 3 of *the Law of the People's Republic of China on Chinese-Foreign Equity-Joint Venture* (EJV Law) stipulates that:

> "The state shall not nationalize or expropriation any equity joint venture. Under special circumstances, when public interest requires, equity joint ventures may be expropriated and appropriate compensation shall be made."

3.6.3 There is no equal or similar provision in the *Law of the People's Republic of China on Chinese-Foreign Contractual Joint Ventures* (CJV Law).

3.6.4 However, Article 5 of *"the Agreements between the People's Republic of China and United Kingdom of Great-Britain and Northern Ireland on Reciprocal Promotion and Protection of Investments"* concluded in May 1986 (hereafter referred to as "BIT") gives broader definition about "expropriation":

1. Only for the public interests and when appropriate compensation is given, could the foreign asset located in the territory of one contracting party invested by natural person or legal entity from the other contracting party be possessed by **expropriation, nationalization or other measures to the same effect** (hereafter referred to as "expropriation"). The compensation mentioned above should be equivalent to the real value of the expropriated investments immediately before the expropriation is taken or before the impending expropriation becomes public knowledge. The compensation shall include interest at a normal rate from the date of expropriation until the date of payment. The compensation shall be made without improper delay and could be exchanged effectively and transferred freely. The affected natural person or legal entity is entitled, **under the law of the Contracting Party making the expropriation, to request prompt review, by a judicial or other independent authority of that Contracting Party, of his or its case and of the valuation of his or its investment in accordance with the principles set out in this paragraph of the Article.**

2. If, under domestic law, one Contracting Party may expropriate the company assets within its territory, which were invested or owned by the nationals or legal entities from the other Contracting Party, the first paragraph of this Article should be applied to guarantee reasonable compensation for the nationals or companies who own these assets.

Deducing from the legal logic, the above provisions in the BIT concerning the protection of assets invested by British nationals or companies in China should be applied to the assets in the **contractual joint ventures** invested by British side. Meanwhile, the provisions should protect the "subrogation rights" obtained by British insurance companies from the assured after they settle the claims presented by the assured.

3.6.5 However, the loss caused by "expropriation" or "other measures to the same effect" mentioned in BIT all mean that the covered risks **already happened** and subsequent losses of investments **already suffered** by the British nationals or companies, but do not include the risks which **may happen** or the losses which **may be suffered** by the assured in the future. Therefore, if the British insurers settle and pay the claim in advance to the assured before actual occurrence of losses caused by covered risks, the insurers are hardly or may not invoke the relevant provisions of BIT to lodge litigation or apply for compensation from subrogation rights before judicial or other independent authorities in China.

3.6.6 As a conclusion, the British insurance company, who insure the expropriation risk against the assets invested in China by the foreign investor British X Investment Co., should, in accordance with all kinds of authentic evidences provided by the assured, before relevant payment for claims under the insurance policy is settled, make careful investigation to check whether relevant administration organs or the Chinese cooperator have misinterpreted or misused the "Circular [2002] No. 43" as proofs or pretense, and have taken enforcement or fraudulent measures to compel or induce the assured to abandon the rights of fixed return, and the assured has really suffered losses due to covered risks.

IV Conclusion

In a nutshell, the following five points can be concluded:

4.1 According to the current Documents provided (3 Files, totaled 587 pages), there are no authentic evidences to prove that the assets and legitimate rights owned by British X Investment Co. in China were "expropriated under the domestic law" by the Chinese Government.

"Circular [2002] 43 " is not an "expropriate act or decree"; the 2 New Agreements concluded between the foreign and Chinese partners on 11 March 2003 are not "expropriate actions."

4.2 According to the principles well accepted by the modern international community and legal rule states, such as "full respect to party autonomy", "the freedom to do everything which is not expressly prohibited by law" and "Lex prospicit, non respicit", and according to the relevant Chinese provisions which already absorb and present these principles, Article 15 in the CJV contract concerning the profit distribution is legitimate at the time of signature and remains legitimate till now. It should be protected by the law of PRC. Relevant administration organs or the Chinese cooperator in the C Power Company have no right to take enforcement or fraudulent measures to amend, rescind the original profit distribution method, or to compel or induce the foreign investor to abandon the rights of fixed return.

4.3 If, due to practice circumstances, relevant administration organs or the Chinese cooperator in the C Power Company may make suggestions to the foreign investor to amend the original profit distribution method of the CJV contract, take other new distribution methods such as " recover investment ahead of time", "priority of the foreign investor of acquiring investment profit", " purchase all shareholdings of foreign investor by Chinese party" or " change the foreign investment to external debt of Chinese investor" and so on. However, all these suggestions should comply with and carry out the principles and methods strengthened by "Decision [2004] 20" and "Circular [2002] No. 43 ", say, "one who invests, he decides; he shares the profit," with full respect to the freedom of self decision of investment and on the basis of full discussion and negotiation with foreign investors and subject to the consent of the foreign investors. No methods should be made in breach of the above mentioned administrative decision and orders of the State Council. No enforcement or fraudulent methods should be taken to compel or induce the foreign investor to accept such kind of "suggestion".

4.4 If the local administration organ or the Chinese cooperator in the C Power Company does not comply with the relevant rules to protect the foreign investment, does not comply with the above administration decision and order promulgated the State Council, the foreign investor is entitled to apply for administrative reconsideration, lodge an administrative lawsuit or file for arbitration etc, requiring the administrative organs, judicial authorities or arbitration tribunal for decision, judgment or award for damages compensation in favor of British X Investment Co. (Foreign investor)'s legitimate rights.

4.5 The British Y Insurance Co., who insure the expropriation risk for British X Investment Co. (Investor), should, before relevant payment for claims under the insurance policy be settled, make careful investigation to check whether the covered risk really happened and the assured has really suffered subsequent losses. Otherwise, the insurers are hardly or may not lodge "subrogation claims" before relevant authorities or against relevant parties in China.

Professor An Chen
Senior Chinese legal expert
25 April 2006

VIII The Approach of "Winning from Both Sides" Used in the "Expropriation" Claim: Re-Comments on British X Investment Co. v. British Y Insurance Co. Case

14 May 2006

For further consultation, a new Questionnaire with 14 Questions was sent to the author by the British Y Inssurance Co. on 30 April 2006. This Opinion of Answers is presented correspondingly. For the sake of length saving and easy reading, when it needs to refer to the original Expert's Legal Opinion (hereafter referred as "ELO") of 25 April 2006, the author makes a footnote as " See: ELO, Para. xx".

[Q1] & [A1]

[Q1] Should "Circular [1998] No. 31", "Circular [2001] No. 10" and "Circular [2002] No. 43" consecutively issued by the State Council of PRC, be understood as the competent law explanation to the Contractual Joint Venture Law of PRC (LCJV) by Chinese government? Is there any limitation to the right of law explanation by the State Council of PRC?

[A1] All the three Circulars mentioned in the question should not be understood as the competent legal explanation to the Contractual Joint Venture Law of PRC (LCJV) by Chinese government. The main reasons are the followings:

1. State Council of PRC is the administrative organ of China. According to

Article 67 of the Constitution of PRC and Article 42 of Legislation Law of PRC, none administrative organ has the right to interpret the law made by the National People's Congress(NPC), not to mention any modification or rescission of the such upper-level law. Otherwise it constitutes breach of law, or even unconstitutionality. Therefore, whether to interpret, modify or rescind the regulations of LCJV deliberately or negligently, the notification itself does not comply with the Chinese law and has no legal binding effect.

2. The State Council is entitled to circulate notification as the highest administrative organ of China and requires its subordinate organs to perform or execute the detail matters concerning contractual joint ventures, or enact certain administrative regulations. But all these requirements made known to the lower organs in form of "Circular" are neither formal administrative regulations promulgated by the formal Order of the State Council, nor formal Decision, or formal Announcement, or official Bulletin, but just internal Circular. According to Article 5 of The Regulation on Official Documents of the Administrative Organs of the State published by the State Council in August 2000, the above mentioned "Circular" ranks only Level 5 among all the administrative measures of the State Council. Therefore it should not be deemed to have legal enforceability or binding effect. It has at most lower-level enforceability or binding effect as administrative measures.

3. If the State Council intends to formally forbid the fixed return to foreign investors in the contractual joint ventures and endue it with legal enforceability and binding effect, it should, according to the procedure regulated in Article 56.3 of the Legislation Law, apply to the NPC and its standing committee for legislation in this regard. However, generally speaking, even if new law is enacted, the new law can only come into force from the execution day and has no retrospective effect, unless otherwise expressly regulated.

4. Usually the foreigners would feel that the State Council represents the central government of PRC and its administrative actions behave relevant provisions of the law and regulations of PRC. However, the State Council

should also comply strictly with laws and acts according to the doctrine that "the law must be observed". If the administrative action of the State Council does not comply with the Constitution or law of PRC, it should be modified as well. That is to say, as a doctrine, "law-breakers must be prosecuted". The Administrative Procedure Law of PRC is specifically legislated to supervise and prosecute the illegal action made by all ranks of administrative organs (the State Council included) and their officers. It shows that China is now developing step by step to be a modern legal state.

5. Concerning the comprehensive understanding of this issue, other basic legal principles such as (1) "the freedom to do everything which is not expressly prohibited by law", (2) "full respect to party autonomy", (3) "Lex prospicit, non respicit" and (4) "Lex superior derogat legi interiori" should be mentioned①.

[Q2] & [A2]

[Q2] British X investment Co. divided the three circulars into "retrospective one" and "non-retrospective one" and alleged that "Circular [2002] No. 43" has the retrospective effect. Do you agree with such division?

[A2] The author do not agree with the division alleged by British X Investment Co. Below are the reasons:

1. According to the above mentioned four basic legal principles acknowledged by the modern international community and legal states, not only "Circular [1998] No. 31", "Circular [2001] No. 10", but also "Circular [2002] No. 43" made by the State Council of PRC, has no retrospective effect. They should only bind the new joint ventures built after promulgation of the circulars and have the administrative binding effect to them. British X investment Co. divided the three circulars into "retrospective one" and "non-retrospective one" and alleged that "Circular [2002] No. 43" has the retrospective effect. Such allegation could not be supported by any law provisions or recognized legal principles.

2. The Newsletter of the Ministry of Science and Technology of PRC on 10

---

① See: ELO, paras. 3.1.1 – 3.4.10.

Sep. 1999 wrote that "Chinese Government is trust worthy and will not breach the agreements and contracts approved by the government in the legal framework. If the violation occurs, it should be corrected in a firm manner". There is no single word to mention that the contracts already signed, approved and being executed which give fixed returns to the foreign investors should be modified. On the contrary, the first paragraph of this Newsletter confirms that no breach to these contracts should happen to affect trustworthiness of the Chinese Government. In case of any violation to such contracts, it should be rectified.

3. On the other hand, the Newsletter wrote that due to the development and changing of the Chinese market, "As a result, some policies shall undergo some corresponding changes. Apart from the continuous enforcement of <u>signed contracts</u>, *no more new contracts* promising fixed returns shall be signed." This is only to call the foreigner's attention of some relevant change of Chinese policies that in the future no fixed return should be given in CJV contracts.

4. The above contents of the Newsletter proved my opinion in the last ELO that <u>none of the relevant three Circulars has the retrospective effect</u>①.

[Q3] & [A3]

[Q3] "Circular [1998] No. 31" listed many actions, which should be inspected and supervised with more attention. Are all of such listed actions <u>to be deemed "illegal actions"</u>? Does it regard the agreements with guaranteed returns entered into previously as illegal?

[A3] It could not be understood that "Circular [1998] No. 31" regards the agreements with guaranteed returns entered into previously as illegal.

1. The official name of "Circular [1998] No. 31" is "Circular of the State Council on Strengthening the Administration and Carrying on Check of the Foreign Exchange and Foreign Debt". The listed actions, which should be inspected and supervised with more attention, are not all illegal actions. For obvious <u>illegal</u> actions (such as acts of evading, illegally obtaining or

---

① See: ELO paras, 3.3.1 – 3.3.5.

swindling foreign exchanges, and deals in foreign exchange black-markets etc.), the wording is "severely attacking". There are still actions which are not illegal but only get out of line, actions made by the citizens or legal entities due to the imprecise, skipped, undefined, ambiguous provisions of laws and regulations ("gray area" — the acts that has not been expressly prohibited), and actions which were allowed in the past but now causing inconvenience of administration due to the change of the situation and thus need to be modified. The wording "clean up" or "correct" are generally used for the above three kinds of actions. Obviously, they should not be deemed to be "illegal actions".

2. The terms to guarantee fixed return to foreign investors in the CJV contracts were popular after the publication of LCJV in 1988 and before "Circular [1998] No. 31" in 1998. Such terms do not break Article 2 and 21 of LCJV ① and could not be defined as illegal actions imprudently. The purpose of "Circular [1998] No. 31" is to "clean up" or "correct" these actions and for the sake of better administration order in the future. The wording in this circular is "put forward opinions of disposal according to different conditions and apply to the State Council for approval by the end of 1998". Obviously, the wording leaves space of different treatment and flexible disposal, but not treats dogmatically all such terms as "illegal action".

[Q4] & [A4]

[Q4] Does PRC's Law of Contractual Joint Venture (LCJV) allow foreign party obtains more profit ratio then his ratio in the investment? Does it generally require all the fixed assets of the contractual joint venture to belong to the Chinese party, upon the expiration of the period of the venture's operation?

[A4] Two prospects should be analyzed in respect of this issue:

1. Article 2, 21 of the LCJV and Article 43 of the Detailed Rules for the Implementation of LCJV all permit the parties to negotiate freely methods of sharing profits. Without doubt, it means that Chinese law allows

---

① See: ELO paras, 3.1.1 – 3.4.10.

foreign party obtains more profit ratio than his ratio in the investment.

2. The above mentioned permission in the LCJV means that there is no limitation or prohibition imputing on the methods of sharing profits, and the parties are entitled to <u>negotiate freely</u> a ratio in the JV contract, which can come into effect after <u>the official approval by the government authority</u>. <u>No balancing advantage to the Chinese party is required as a condition</u>.

3. Article 22 Cl. 2 of LCJV provides that "upon the expiration of the period of a venture's operation, all the fixed assets of the contractual joint venture are to belong to the Chinese party" only applies to the specific situation when "the Chinese and foreign parties may prescribe in the contractual joint venture contract the ways for the foreign party to <u>recover its investment ahead of expiration of the period of the venture's operation</u>". LCJV has not required applying this condition to any other agreed terms (including agree to guarantee fixed return to the foreigners, or give foreigners more profit than his investment ratio).

[Q5] & [A5]

[Q5] Article II(3) of Circular No. 43, 2002 provides that "the project that the foreign party's intended return is achieved merely by the power purchase agreement shall not be brought in the scope of fixed return projects to be settled this time." Is such provision applicable to <u>the project in this case</u>?

[A5] Answering to this question, four aspects should be analyzed:

1. As discussed in ELO, paras 3.1.1 – 3.4.10 and [A2] above, "Circular [2002] No. 43" in the whole has no retrospective effect. Therefore, all the provisions therein could not retrospectively apply direct to the captioned project <u>in principle</u>.

2. However, obviously the intention of the special provisions of Article II(3) is to grant special loose and favor policies to sino-foreign equity/contractual <u>power plant joint ventures</u>. Although Article 84 of the Legislation Law stipulates the general principle of "Lex prospicit, non respicit", there is a <u>"provisio"</u>, say "but the special regulations formulated

for the purpose of better protecting the rights and interests of citizens, legal persons and other organizations, are excepted". Therefore, from this point of view, as special provisions, Article II (3) should be applied to all contractual <u>power plant joint venture that is in compliance with its precondition.</u> So, as stipulated, such power plant projects should <u>"be properly handled with a view of the overall reform project of the power system and the supporting policies."</u>

3. It should be pointed out that as there is a word "merely" in Article II(3) of this Circular, it is specifically referred to the projects in which the investment returns of the foreigner could only be realized through Power Purchase Agreement. However, the captioned project relies not merely on the Power Purchase Agreement, but mainly on the fixed return clause of the CJV contract (say, Article 15, 18 etc.). So strictly interpreting, it should not be applied directly to the project involved.

4. <u>But on 12 May 2006, British Y Inssurance Co. provided us with the fourth File including 192 pages documents (hereinafter referred to as "4th File Documents"). Among others, the first part, App. E has a Power Purchase Agreement in pages of 41, which is worth specially noticing. It is both an indiscerptible part of the JV Contract and a main method of making the fixed return of investment practicable. Without this Power Purchase Agreement, the whole JV contract will come to nothing. Therefore, synthetically explained in essence and whole, this paragraph of the provisions should apply to the project in this case.</u>

[Q6] & [A6]

[Q6] Could "The Explanation Concerning the Judgment on Disputes arisen from Economic Association Contract" by the Supreme Court <u>be applied to CJV?</u>

[A6] "The Explanation Concerning the Judgment on Disputes arisen from Economic Association Contract" by the Supreme Court <u>could not always be applied to CJV.</u> Especially the interpretation in the fourth part concerning "the clause of promising the least income" in the economic association could not replace Article 2, 21 of LCJV and Article 43 of the

Detail Rules of the Implement of LCJV①. Below are the reasons:
1. Article 67 Clause 4 of the Constitution and Article 42 of the Legislation Law both stipulate that the right to interpret statutes belongs to the standing committee of NPC. The organizations such as the Supreme Court "has only the right to apply to the Standing Committee of NPC for legal interpretation", which however could not exceed its right limitation to interpret the relevant statutes (LCJV included) instead of the Standing Committee of NPC. The above explanation, in its name, is just to give <u>judicial operation regulations</u> for the convenience of judgment on disputes arisen from Economic Association Contract. The explanation itself is neither law nor administrative regulations. It has no direct binding effect and could not exceed its limitation to make interpretations which do not conform to the upper-level law②.
2. Although, Article 33 of the Law of Organization of the Court of PRC stipulates that "the Supreme Court should interpret the issues on <u>how to concretely apply</u> the laws and regulations in the judgment procedure." Such interpretation should only be limited to "the concrete application", but not to define and annotate the contents, meaning, connotation and extension of the legal provision itself. In other words, the above mentioned explanation made by the Supreme Court has only instruction function for the judicial operation. It should not set up another standard to define legal and illegal acts away from the relevant provisions of the laws.
3. There are only three simple clauses concerning the "Economic Association" in the General Principles of the Civil Law of PRC and they do not deal with any problem about the "fixed return" or "the clause of promising the least income". Any explanation was not entitled to take "the clause of promising the least income" as "illegal" and incorporate such thought as the new material of Article 51 - 53 of the Civil Law to give or raise their binding effect. By reading the whole body of the above documents of the Supreme Court, it concerns obviously the disputes among all kinds of <u>domestic</u>

---

① See: ELO paras, 4.1.1 - 4.1.3.
② See: ELO paras, 4.2.1 - 4.2.4.

companies, enterprises and institutions arising from their acts to seek most interests and gives instructions for resolution. CJV as a specific type of foreign invested company should not be included for this intention.

4. LCJV belongs to "special law" in Chinese legislation system and has the priority to be applied. According to Article 83 of the Legislation Law, among laws made by the same organ, "the special provision should prevail in case it is different from the general provision". The captioned project is a CJV and should be governed by the LCJV firstly. Only when there is no relevant provisions in the LCJV and the Detailed Rules for the Implementation of LCJV, other general laws, such as the Civil Law, should be applied.

[Q7] & [A7]

[Q7] Is Circular No. 305, 1994, jointly issued by State Administration for Industry and Commerce (SAIC) and Ministry of Foreign Trade and Economic Corporation(MOFTEC) an evidence of that the fixed return term were illegal?

[A7] The author does not consider Circular No. 305 is an evidence of that the fixed return term was illegal.

1. This document is only sort of "department regulated document" issued by State Administration for Industry and Commerce(SAIC) and Ministry of Foreign Trade and Economic Corporation(MOFTEC). It is neither law nor administrative regulation, or formal administrative Decision/Measures/Announcement/Bulletin promulgated by the State Council. Such level of department regulated document has less enforceability and binding effect than the law and regulations, not to mention prevailing over the latter.

2. This notification, as shown by its name, was only to give administrative instruction for strengthening the approval and administration for the FIE and whether FIE should be approved for establishment or registration. It was not to set up the standard of "legal" and "illegal". If the behaviors of the people or legal entity do not comply with the department regulated document, which however do not infringe the laws and administrative regulations, the relevant administrative authority has the right to require

modification or correction through proper procedure, but was not entitled to define them as "illegal" or "breach of law".

3. This notification has been abolished by SAIC on 30 June 2004, which shows the relevant provisions are out of date since the entering of China into WTO ① and could not be invoked as the criteria for legal and illegal.

4. On the second day of the abolishment of the above Notification, say 1 July 2004, the State Council published "the Decision on Reforming the Investment System" and expressly stipulated that in the future, the principle of "who invests, who decides, enjoys interests and bears risks" should be followed and the enterprises should <u>have their own decision right</u>. The Decision emphasized on broadening the channel of project investment and <u>developing all kinds of financing methods</u>. Viewing from these wordings, the fixed return guaranteed to the foreigners should be deemed as <u>one of such methods taken to broaden the financing channel</u> and as respect to the free investment rights and self-decision rights of the enterprises.

5. The following points should be noted against the new "Decision" by the State Council:

    (A) Although it is not the administrative regulations promulgated by the State Council in form of Order, it ranks as the second authority, only inferior to the administrative regulations according to the above mentioned "the Regulation on Official Documents of the Administrative Organs of the State". Its position in the administrative measure system of the State Council is not only greatly <u>superior</u> to the department regulation of the ministries of the State Council, but also <u>prevail</u> the "Circular [1998] No. 31", "Circular [2001] No. 10" and "Circular [2002] No. 43", issued in the name of the State Council or its General Office.

    (B) Essentially, the new "Decision" replaces all kinds of out-dated provisions in the old investment system before 1 July 2004, say, those provisions which do not comply with the principle of "who invests,

---

① See: ELO paras, 3.4.1 – 3.4.5.

who decides" or do not respect the autonomy of investment for enterprises.

(C) It modifies or replaced the provisions, which prohibit fixed return for the foreigners in the CJV contract, in Circular No. 31, 1998 and "Circular [2001] No. 10".

[Q8] & [A8]

[Q8] Does "Circular [2002] No. 43" issued by State Council constitute a kind of law, order, decree or regulation in Chinese legal system? <u>Is it authorized legal binding effect on</u> citizens and companies? Does Circular No. 105, 2002 issued by the State Administration of Foreign Exchange (SAFE) constitute a kind of law, order, decree or regulation in Chinese legal system?

[A8] Under Chinese legal system, "Circular [2002] No. 43" obviously could not reach the level or hierarchy of law, order, decree or regulation. It should be regarded at most as internal administrative instruction given by the State Council to lower levels of government requiring them to execute or carry out some detail matters. Please refer to Article 9(5) of the Regulation on Official Documents of the Administrative Organs of the State. It ranks inferior to the administrative regulations, orders, decisions, announcements and bulletins. Generally speaking, most provisions or opinions in the Circular were <u>not mature completely</u>, and should be carefully inspected by the practice and can be modified or changed at any moment. Comparing with laws or regulations, it lacks <u>comparative stability and explicit standardization</u>; the procedure of making and passing of such Circular is not strict and it usually would not be at once announced to the public without condition. Therefore, it has no direct binding force to citizens or companies. It must be handled and performed by the lower administration organ of the State Council, through which citizens and legal entities would be bound indirectly. Therefore, <u>it should not be regarded as the legal source of China in the strict way of interpretation</u>. As for the Circular No. 105, 2002 issued by the State Administration of Foreign Exchange (SAFE), if it was not approved and passed by the State Council, it could be deemed only as the department regulated document.

[Q9] & [A9]

[Q9] What rights that the British X investment Co. are entitled to enjoy as one party of the CJV under Chinese Law?

[A9] Under Chinese Law, British X investment Co. as one party of the CJV is entitled to enjoy all rights, benefits of the CJV defined in the LCJV and other relevant laws and regulations, and the rights and interests agreed by the parties in the CJV contract approved by the government authority.

[Q10] & [A10]

[Q10] Does "Circular [2002] No. 43" deprive British X investment Co. or prevent British X investment Co. from any lawful rights and interests in the disputed CJV? Have its rights and interests in the main contract or those in ancillary contracts been invaded?.

[A10] The following analysis should be made for this issue:

1. "Circular [2002] No. 43" itself has not deprive British X investment Co. or prevent British X investment Co. of any lawful rights and interests in the CJV. It has no power yet to deprive or disturb any lawful rights and interests of British X investment Co. in the CJV. In other words, "Circular [2002] No. 43" is never an "expropriation" order of the Chinese government to deprive the property owned by the foreigners in the CJV. The events of "expropriation" covered by the insurance policy had never occurred①.

2. British X investment Co.'s right and interest as the foreign partner of this project has been greatly materialized in the clauses of the main contract of this project in 1996, say those clauses which entitle it to enjoy its priority rights in benefiting from the investment, to make major decisions and to select general manager of the company. The operation and maintenance

---

① See: ELO paras, 3.5.1 – 3.5.9.

contract and guarantee contract are all ancillary contracts to the main contract. Since "Circular [2002] No. 43" itself has never deprived or prevented, or is entitled to deprive or prevent British X investment Co.'s legal and contractual rights and interests of the main contract, it is meaningless to discuss whether the rights and interests of the main contract or those of ancillary contracts are invaded.

3. According to Article 4 of China's Company Law, the Chinese and foreign investors enjoy all three major rights as benefiting from assets of the company, making major decisions and selecting managerial personnel. Meanwhile, according to Article 18 of the Company law, the provisions of Company Law should also apply to the present CJV since it was a limited liability company, but where LCJV provides otherwise, such provisions of LCJV should prevail. As a result, the special rules, such as Article 2, Article 21 of LCJV and Article 43 to Article 46 of the Detailed Rules for the Implementation of LCJV, concerning the profit division and early return of investment ahead of time during the period of the ventures operation should prevail①.

4. According to these general and special rules in China's Company Law and the actual situation happened after the disputes and the new agreement reached thereafter, it could be deduced that British X investment Co. obtains more than its loss. Linked to this, please refer to the following detail analysis in No. 6 – 11 of [A12].

[Q11] & [A11]

[Q11] British X investment Co. argues that the approval process to the disputed CJV proves that the fixed return clauses were legal. Is it correct? Could the legal opinions provided by A and B law firms be treated as evidence to prove that fixed return clause was legal at that time?

[A11] Below is the analysis for this issue:

1. If the fixed return clause in the JV contract of this project was already

---

① See: ELO paras, 3.1.1 – 3.1.7

officially approved by the administrative authority through legal procedure and came into effect thereafter, then such clause should be legal and effective at that time①.

2. The legal opinions provided by the two mentioned law firms should normally be treated as *prima facie* evidence to prove that fixed return clause was legal at that time, unless there are other <u>contrary evidences</u> which are <u>more authentic and sufficient</u> to identify the fixed return clause as illegal at the time of contract.

3. In the 4th File Documents provided by British Y Inssurance Co. on 12 May 2006, 5 original document's copies in the second part is worth noticing:

(1) (1996) No. 94, Approval Document to Establish the Sino-foreign Cooperative Joint Venture Enterprise, C Power Company, issued by the D Municipal Economic and Trade Commission;

(2) (1997) No. 88, Approval Reply on the Change in the Particulars of Cooperation of the C Power Co., issued by the D Municipal Economic and Trade Commission;

(3) (1996) No. 1331, Approval Document to Establish the Sino-foreign Cooperative Joint Venture Enterprise, C Power Company, issued by the N Provincial Economic and Trade Commission;

(4) (1997) ECND No. 001405, PRC's Enterprise Legal Person Business License, showing that this enterprise has been registered as a legal person and is hereby approved to commence its specific business.

(5) (1997) ECND No. 001405, PRC's Enterprise Legal Person Business License, showing that the enterprise's name is changed a bit.

4. If the copies of these Documents are true and reliable after verifying in the tribunal, it should be ascertained that: the JV contract of this project did be examined and approved by the competent administrative department as per the legal procedures at the time of conclusion thereof, and has been taken into effect. According to Article 2 and 21 of CJVL, Article 43 of its detailed rules for implementation as well as Article 40 of Foreign Economic

---

① See: ELO paras, 3.1.1 – 3.1.7.

Contract Law, the clause relating to the fixed return in this contract has always been legal and valid, and in fact, has been observed and executed for more than 6 years (1996. 12 – 2003. 3. 11, i. e. from the time when the JV contract become effective to the time when the New Agreement become effect) by both parties of the CJV in this case.

From the above, the subject argument of British X investment Co. that the approval process proves that the fixed return clauses were legal is correct.

[Q12] & [A12]

[Q12] British X investment Co. stated in Para. 25 – 38 of the Request for Arbitration that besides Chinese party's insistence that "Circular [2002] No. 43" should be conformed, there are other factors, which attributed to the re-negotiation and conclusion of new agreements. Could you make some comments on this issue.

[A12] It is a very key issue and is worthy of discussing deeply.

1. I have discussed preliminarily in this regard in my opinion of 25 April 2006[①]. The author now gives further comments linking this specific issue.

2. Supposing what British X investment Co. stated in Para. 25 – 38 of the Request for Arbitration is true, I agree that besides Chinese party's insistence that "Circular [2002] No. 43" should be conformed, there are other factors, which attributed to the re-negotiation and conclusion of new agreements.

3. About half a year before the issuance of "Circular [2002] No. 43", i. e., in March 2002, Mr. L, the representative of Chinese party of the JV, had repeatedly complained that the profits was reducing because of increasing coal price and decreasing steam sales volumes, and asked re-negotiation for the ratio of fixed return alleging that the 18% fixed return was too high. Nevertheless, Mr. L had never alleged that fixed return was illegal at that time. It can infer that before March 2002, Mr. L admitted that the 18% fixed return arrangement, which had been approved by government authorities and been performed almost 6 years, was legal and binding to

---

① See: ELO paras, 3. 5. 1 – 3. 5. 9.

the Chinese party.

4. What should be noted is the provisions in "Circular [2002] No. 43", to the effect that the fixed return arrangement should be amended had been stipulated in "Circular [1998] No. 31" and "Circular [2001] No. 10", but using stricter and firmer wording as early as 1998. Nevertheless, from 1998 to March 2002, Chinese cooperator had never claimed to amend the fixed return clause in light of "Circular [1998] No. 31" or " Circular [2001] No. 10". Therefore, it can infer that the main accounts that Chinese party claimed to re-negotiate and amend the 18% fixed return arrangement are market factors or economic factors, such as increasing coal price, decreasing steam sales volumes as alleged in the Request for Arbitration. In another word, it is not because of administrative factors or political factors, such as performing of Circulars, that Chinese party requested to amend the arrangement.

5. According to Para. 36 of the Request for Arbitration, just because "Mr. L would not concede this points", British X investment Co. surrendered their proposal of early return of capital provisions, which was reasonable and permitted explicitly by LCJV and "Circular [2002] No. 43 ". No any works or image contained in this paragraph shows that British X investment Co. were forced, threatened, pressed or deceived and therefore have to surrender the early return proposal. So it can infer that before they surrendered the early return proposal, British X investment Co. had fully considered all other favorable and unfavorable factors related besides the "Circular [2002] No. 43 ".

6. No any works or image contained in Para. 36 shows that British X investment Co. were forced, threatened, pressed or deceived and therefore have to surrender the favorable methods as "to reform", "to purchase", "to change" and "to deregistrate (liquidate)" as suggested by the "Circular [2002] No. 43". It seems British X investment Co. accepted voluntarily the amended agreements dated 11 March 2002 as replacement of fixed return arrangement. So it can infer that it is after fully examination of all other favouable and unfavouable factors, British X investment Co. surrendered the four methods permitted by Circular No. 43 and accept voluntarily the

amended agreements dated 11 March 2002 as replacement of fixed return arrangement.

7. As known to all, the investors of any company enjoy three rights of owners as (1) benefiting from assets of the company, (2) making major decisions and (3) selecting managerial personnel. All the three rights are connected organically and harmonized. After all, the second and third rights are designed to guarantee the realization of the first right, say, the right of benefiting from assets of the company. All the three rights are clearly stipulated in Article 4 of the Company Law of PRC.

8. Concerning the CJV in this project, there is one special personnel arrangement, i. e., the right to select the main operator (general manager) of this company by both parties that should be noted: the general manager of this CJV, Mr. L, has three important positions. He is taking decision and operation charge of three companies that have compact interest relationships: (1) Mr. L is the chairman of Board in charge of decision making of the Chinese party (The B company) of this CJV; (2) Mr. L is the Chairman of Board in charge of decision making of the counter party with which the CJV has the operation and maintenance contract(3) at the same time, Mr. L is the vice director of the board who has shared decision rights of the CJV and the general manager who has the exclusive operation rights.

9. According to Article 9 of the JV contract, 1996, the general manager of this CJV should be recommended by the Chinese Party and appointed by the Board of Directors. Although the Board of Directors has the right to dismiss the general manager at any moment, the new general manager after the dismissal should still be recommended by the Chinese Party according to the contract (rather than to be recommended by the foreign party). Because Mr. L is at the same time the major decision maker of the other two affiliated companies, which have close interest relationship with this CJV, such kind of personnel arrangement expands Mr. L's operation and managerial rights in this CJV. It is not good and even harmful for the foreign partner of this CJV, British X investment Co. when there is conflict of interest between the two parties.

10. At present, there are some quite significant changes in the New Agreement concluded on 11 March 2003:

(1) The New Agreement actually cancelled the said original personnel system, which is obviously in favor of the Chinese Party and quite not in favor of British X investment Co.. It cancelled the Chinese cooperator's right of recommending (electing) the General Manager by establishing British X investment Co.'s right of recommending (electing) the General Manager; such amendment actually form the situation that British X investment Co. can <u>unilaterally appoint</u> the <u>General Manager</u> of the CJV relying on British X investment Co.'s power of decision making by simple majority (4:3) in the board of directors; the major amendment or "reform" in the personnel system actually broke or cancelled the Chinese cooperator's **monopolization of the power of daily operation and management, and transferred the power possessed by the administer of the CJV to British X investment Co.**.

(2) The New Agreement actually cancelled <u>Chinese Party's</u> **power of undertaking** and **power of monopolizing** "the operation business" of the power plant by establishing British X investment Co.'s right of terminating the *Operation and Maintenance Contract* and right of choosing and instructing a new operation business undertaker under certain conditions. This new change and "reform" actually form the situation that **British X investment Co.** can <u>unilaterally choose</u> a new operation business undertaker relying on its simple majority (4:3) in the board of directors. Besides, it additionally aggravated the Chinese operator's liability of breach, and strengthened British X investment Co.'s option to <u>change operator midway</u>.

(3) It can be seen that the new power distribution or <u>redistribution of the company power</u> throughout the said New Agreement is <u>quite in favor of the foreign cooperator, British X investment Co., and quite not in favor of the Chinese cooperator</u>. They change, impair or even actually deprived of the power of operating and managing and the power of undertaking the business of the power plant, which had

been originally in the hands of the Chinese cooperator before the New Agreement being reached.

(4) As far as the CJV in this project is concerned, through the redistribution of the power by the New Agreement, the three major rights enjoyed by the investors as expressly provided in Article 4 of the *Company Laws* (i. e. beneficiary right in assets invested, decision making right for major business, and the right of choice of the main administrator (General Manager)) has been **fully fallen into** the hands of the foreign cooperator British X investment Co., which caused British X investment Co. can absolutely control the three major powers of this CJV in fact, and formed the situation of "taking **all power** into one person's hands". For British X investment Co. whose investment only account for **60%** rather than 90%–99% of the registered capital, it should be a quite satisfactory **new situation**. Viewing from the **market transaction rules**, this is an easy money business.

(5) Analyzed synthetically based on the core contents in the New Agreement, obviously, we cannot exclude such a possibility that the Chinese and foreign cooperator, through sufficient equal negotiation and several rounds of bargain, and after comprehensive weighing of the advantages and disadvantages, "obtained and offered respectively", and **reached the new agreement after compromise on the basis of voluntariness.** Such a new agreement reached on the basis of equal negotiation and voluntaries **obviously cannot be defined arbitrarily as "expropriation by foreign government" or have "happened" "the risks of expropriation by foreign government" within the coverage.**

11. The original text of the E-Mail sent by F Law Firm in China to British X investment Co. on 3 December 2003 is that " I am of the opinion that the present return arrangement of the disputed CJV project is **problematic** under the Notice." According to the explanation of the *Oxford Advanced Learner's English-Chinese Dictionary* (The Commercial Press, Edition 2002), "Problematic" just means "difficult to deal with or understand

(esp. of result) that cannot be foreseen; doubtful or questionable" rather than **"illegal"**. Only "illegal" can cause void and cannot be executed. While the "Problematic" matters can be legal matters, which both parties may have disputes and dissentions that are hard to settle smoothly at one moment.

12. The said E-Mail of F Law Firm did not mention the fact that British X investment Co. could not invoke the provisions of Article 18 of the original JV contract, requesting to take the measures of "buy up", i. e. the Chinese cooperator buys up the foreign cooperator's stocks. It can be seen that the statement in the paragraph 38 of the Application for Arbitration is not in consistent with the original meaning of F law firm's E-Mail. As to why British X investment Co. did not request the Chinese cooperator to buy up, it seems that British X investment Co. had other intentions, i. e. waiving this alternative way voluntarily after weighing the advantages and disadvantages. Obviously, British X investment Co. has no reason to attribute such waiver to "Circular [2002] No. 43" itself, as "Circular [2002] No. 43" itself suggests that this way (buy up) can be taken to replace the original way of fixed return.

13. Just as the advice provided by any other law firms, though F Law Firm's opinion can be taken by foreign clients for their reference, it cannot be served as the proof or evidence of the true meaning of the Chinese laws, regulations, decrees, especially nor be served as the standard, proof or evidence of judging the right from wrong in the court or arbitration proceedings after misinterpreting or exaggerating its original meaning.

[Q13] & [A13]

[Q13] What measures British X investment Co. is entitled to take, if British X investment Co. submit some alternative proposal regarding the fixed return clauses, which complies to "Circular [2002] No. 43", but being denied by the Chinese party?

[A13] If British X investment Co. did really submit any proposal to alter the fixed return clauses, which complies to "Circular [2002] No. 43", but the Chinese party wrongly denied the proposal, then, British X investment Co. is entitled to apply to "China International Economic and Trade Arbitration Committee"(CIETAC) for arbitration according to Article 21.02 of the JV contract. Since there is an arbitration clause in the contract, neither party has the right to lodge a suit before the people's court according to Article 5 of Arbitration Law of PRC, unless new agreement is made by the parties to allow lawsuit before the court. According to the facts contained in the 800 pages document of the 3 files submitted and the current evidence adduced by both parties, and under the current Chinese law and regulations (substantive law and procedure law included), British X investment Co. would have much more opportunities to win the arbitration, had the dispute be submitted to CIETAC.

[Q14] & [A14]

[Q14] British X investment Co. argued that according to Article 40 of the Foreign Economic Law Contract, the disputed CJV Agreement had been legal and valid before the "Circular [2002] No. 43" being issued. It is the "Circular [2002] No. 43" that made the disputed CJV Agreement illegal and invalid. If such argument were correct, why don't they resort to local remedies and seek proper legal protection according to Chinese substantive laws as well as Chinese procedure laws?

[A14] Indeed, this is another key and interesting issue, which is worthy of scrutiny.

1. As discussed above, the fixed return clause in the JV contract is always legal, which has been performed actually by parties of the JV. In this point, what British X investment Co. argued is right.

2. It is worth to note the express provisions on "Change of Law" in Article 1.06 and Article 5.14 in the Power Purchase Agreement in the first part App. E of the 4th File Documents:

   (1) Article 1.06 provides for that: "Change of Law" means any change of any national, provincial, municipal and other local law, rule regulation or policy of China relating to taxes, environmental issues or

any matters concerning the production and delivery of electricity or any matter affecting directly or indirectly the business of the Joint Venture Company or the economic benefit to be derived by the Joint Venture Company from the Contract or any change in any interpretation thereof that was relied upon by the Joint Venture Company in entering into this Contract.

(2) "Change of Law" in Article 5.14 further provides for that: If as a consequence of any Change of Law, the Joint Venture Company shall suffer any increase in costs or decrease in revenues under this Agreement or any other agreement relating to the Power Plant, then the Joint Venture Company shall thereupon be entitled, subject to the approval of the Price Control Bureau (or its successor statutory body), to claim such costs from the Power Bureau, whether by way of increasing the Tariff or requiring the payment of a compensation amount or otherwise in order to restore the Joint Venture Company to the position it would have enjoyed with regard to this Agreement had no such Change of Law had occurred. Any dispute about the additional charge shall be referred to arbitration under Article 12 provided by the Power bureau shall be required to pay such additional charge immediately notwithstanding that the Parties have proceeded to arbitration until arbitration determines otherwise.

(3) It can be said that Article 40 of the Foreign Economic Contract Law at that time as well as the express provisions in the aforesaid two clauses in the Power Purchase Agreement has established legal and agreed solid foundation for the winning of the CJV (including the foreign party, i.e., British X investment Co., of the CJV) in the arbitral proceedings.

Therefore, in normal conditions, British X investment Co. seems have no reason to reject invoking the aforesaid "self-defense" clause that was set down in advance, to resist the Chinese cooperator's unreasonable request in the excuse of "Change of Law" and protect its own legal rights and interests.

3. "Waiver of Sovereign Immunity Defense": in Article 12.7 of the Power

Purchase Agreement expressly provided for that: in any arbitration proceeding, any legal proceeding to enforce any arbitration award in any legal action between the Parties pursuant to or relating to this Agreement, each Party expressly waives the defense of sovereign immunity and other defense based on the fact or allegation that it is any agency or instrumentality of a sovereign state.

It can be said that the aforesaid express provisions further established legal and agreed solid foundation for the winning of the CJV in the arbitral proceedings.

Therefore, in normal conditions, British X investment Co. seems more than ever have no reason to reject invoking the aforesaid "self-defense" clause that was set down in advance, to resist the Chinese cooperator's unreasonable request in the excuse of "Change of Law" and protect its own legal rights and interests.

4. Article 19 of Arbitration Law of the PRC provides for that "an arbitration agreement shall exist independently. The amendment, rescission, termination or invalidity of a contract shall not affect the validity of the arbitration agreement." Such provisions effectively ensure British X Investment Co. can, under any circumstance, refer the relevant dispute to an agreed arbitration institution for arbitration according to the arbitration clause in the JV contract (i. e. the Master Contract) and the aforesaid Plant Purchase Agreement.

5. There is a case in the 3rd File of documents, i. e. the course and the result of the Jilin Caseof Huijin China (Changchun) Waste Water Disposal Co., Ltd. v. s. Changchun Municipal Government, which has a significant value of reference.

Huijin China (Changchun) Waste Water Disposal Co., Ltd. (hereinafter refer "Huijin China Company") was an international commercial company registered in British Virgin Islands on 30 October 1997. In March 2000, Changchun Drainage Company, as Party A concluded a Cooperative Enterprise Contract with Party B, Huijin China Company, which stipulated that Changchun Drainage Company should contribute Changchun Beijiao wastewater disposal facility, which was in process and all the land use right that needed at the price of RMB50,000,000 as its contribution, and Huijin China Company should contribute RMB 270,000,000, and both parties agreed to establish and operate a Chinese-foreign contractual joint venture in the total capital of RMB320,000,000, Changchun Huijin Waste Water Disposal Co., Ltd..

On 28 February 2003, for the purpose of carrying out and implementing GuoFaBan (2002) No. 43 of the State Council, Changchun Government made the *Decision on Cancellation of the Measures on Management of Waste Water Operation in Huijin of Changchun* (hereinafter referred to as "Measures"). In August 2003, Huijin China Company brought an administrative action before Changchun Intermediate People's Court against Changchun Government.

After a public court hearing and discussion, the court holds that it is correct and legal for the Defendant Changchun Government to make the decision of canceling the Measures according to GuoFaBan (2002) No. 43 of the State Council. The Plaintiff, Huijin China Company's allegation that the Defendant's decision of "canceling the Measures" is illegal and shall be revoked is untenable, and is not accepted by the court.

On 24 December 2003, the court judge that: reject the requests filed by Huijin China (Changchun) Waste Water Disposal Co., Ltd. that Changchun People's Government should bear the administrative liability of compensation.

The Plaintiff is dissatisfied with this Judgment and appealed to Jilin People's Court on 8 January 2004.

In August 2005, the Plaintiff and the Defendant reached a settlement agreement. The legal dispute which lasted two years is eventually terminated by Changchun government's buying back the foreign cooperator's stock. It was reported that the amount for buying back by the Changchun Government is RMB280,000,000, which was RMB10,000,000 more than the investment contributed by the foreign cooperator in the sino-foreign CJV, RMB270,000,000.

It can be seen from the above that:

(1) In fact, it is a representative case where the foreign investor in China

compels Chinese local government through legal means to make economic compensation to the foreign investor who suffered losses from the government's activity of illegal administration.

(2) In nature and in practice, the case effectively proved that the "Circular [2002] No. 43" issued by the General Office of the State Council did not have the retroactivity.

(3) In the meantime, it effectively proved that: as long as the foreign investor in China dares to and is good at relying on and applying Chinese current laws on protecting the foreign investment, and taking legal measures (inclusive of court proceedings and arbitration) to file the case before the court or apply for arbitration before an agreed arbitration institution, they can adequately protect their own legal rights and interests, including the legal rights and interests of obtaining the fixed return of investment as agreed in an effective agreement, which had been examined and approved by the competent governmental department by law.

6. According to Chinese law, the understanding of the legal level of "Circular [2002] No. 43" and its meaning as well as the representative case, even after issuance of "Circular [2002] No. 43", the fixed return clause in the JV contract is still legal, effective and enforceable. What British X investment Co. argue that "the fixed return arrangements had originally been legal but were rendered illegal by 'Circular [2002] No. 43' " or the fixed return arrangements "were rendered unenforceable by 'Circular [2002] No. 43'" is factually and legally groundless[①].

7. What British X Investment Co. argue in Para. 46 of the Request for Arbitration that **"The promulgation of 'Circular [2002] No. 43' constitutes an Act of Expropriation"** is groundless and seems just an excuse for the Company's special purpose.

8. According to **present** documents given to read, the author is of the opinion that British X Investment Co. should have sufficient and legal grounds to apply to CIETAC for arbitration for disputes over the CJV contract with

---

① For details, see: ELO, paras. 3.1.1 – 3.4.10; *inter alia*, 3.5.3 – 3.5.9.

the Chinese party. And British X Investment Co. should have rather opportunity to win the arbitration. However, British X Investment Co. did not choose to apply for arbitration. It seems that British X Investment Co. could have other purposes.

In other words, it cannot exclude the possibility that British X Investment Co. could have tried to **win from both sides**: **on the one hand**, British X Investment Co. pressed the Chinese party through negotiation to transfer the right of recommending general manager of the CJV and the right of operating and monopolizing the CJV as a *consideration* to British X Investment Co. giving up the fixed return clause. In fact, British X investment Co. made a good deal with the Chinese party, gaining more by paying less, and thus voluntarily gave up the protection of Chinese law for such clause and the option granted by "Circular [2002] No. 43"①; and **on the other hand**, British X Investment Co. claimed against the insurer on the excuse that "Circular [2002] No. 43" expropriated their interests. As analyzed above, such excuse is nothing but a fiction.

Such dishonest claim, subject to further evidence, should not be supported under Chinese law. It seems that the claim is also difficult to be supported under English law.

Professor An Chen
Senior Chinese legal expert
14 May 2005

---

① See: ELO, paras. 3.5.3, 3.5.4, 3.5.8.

IX On the Serious Violation of Chinese *Jus Cogens*: Comments on the Case of importing Toxic Brazilian Soybeans into China

[*Expert's Legal Opinion on Zhonghe v. Bunge Case*]

[Table of Contents]

I Brief CV of the Expert
II Summary of the Case
III Questions Consulted
IV Expert's Views & Opinions
V Brief Conclusion

An Chen, Senior Professor of Law School, Xiamen University, Senior Tutor to doctorial candidates, Chairman of the Chinese Society of International Economic Law, based on a request of Shanghai Chen & Co. Law Firm ("Chen & Co. Law Firm"), hereby provides an expert's legal opinion on the case between Xiamen Zhonghe Industry Co., Ltd ("Xiamen Zhonghe") v Bunge Agribusiness Singapore Pte. Ltd ("Bunge").

Ⅰ Brief CV of the Expert[①]

1.1 **An CHEN**, Senior Professor of Law School, Xiamen University, former dean (1987 – 1998); An internationally renowned scholar of China;

1.2 Chairman, the Chinese Society of International Economic Law (CSIEL, a nation-wide academic society) since 1993;

1.3 International Arbitrator, selected and designated to the International Centre for Settlement of Investment Disputes (ICSID) under the Washington Convention by Chinese Government since 1993;

1.4 Senior Visiting Scholar, Harvard Law School, USA, 1981 – 1983; Visiting Professor and Distinguished Asian Scholar-in-Residence, Northwestern School of Law, Lewis and Clark College, Oregon, USA, 1990 – 1991;

1.5 Numerous times invited to visit USA, Belgium (EC Headquarters), Switzerland (UN Branch), Germany, Canada, United Kingdom, Australia, France, Korea and Singapore to attend international academic conferences and/or giving academic lecturers to local universities;

1.6 Senior part-time Attorney at Law engaged in international business transactions and international arbitration; Senior Legal Consultant for transnational corporations;

1.7 Arbitrator, China International Economic and Trade Arbitration Commission (CIETAC); Arbitrator, specific case under the aegis of International Arbitration Court of the International Chamber of Commerce (ICC); Arbitrator, International Arbitrator Institute(IAI), France;

1.8 Expert, ICC China Expertise Service(ICCCEX); Member of ICC China Lawyer Group;

---

① Attachment 1, An Chen's Brief Resume.; See also
http://www.icc-china.org/zy/web/Maling/ca.htm (An Chen's CV)
http://www.icc-china.org/zy/web/Maling/lst.htm (ICC China Lawyer Group)
http://www.icc-china.org/zy/web/Maling/md.htm (List of members of ICC China Lawyer Group)

1.9   In numerous sino-foreign investment /trade disputes cases, acting as a Legal Consultant, Senior Expert offering legal opinions on Chinese laws, or, acting as an Arbitrator;

1.10 Reached high academic achievements in the field of International Economic Law, particularly in that of International Investment Law and International Commercial Arbitration; the Author and/or Editor-in-chief of 39 academic books; the Author of numerous academic articles published in both Chinese and English leading journals;

1.11 On the basis of said points, the Expert believes that he himself is qualified in providing Chen & Co. Law Firm with the present Legal Opinion.

II Summary of the Case

Chen & Co. Law Firm provided me with the major documents (approx. 220 pages) of this case during October 24, 2006 to October 29, 2006, and put forward the questions on Chinese Laws and English Laws in connection with this case. I assume that these documents are authentic and reliable and I make the following analysis and comments on the basis thereof.

In accordance with the aforesaid documents, the outlines of the case are as follows:

2.1   Xiamen Zhonghe entered into the Contract S04 - 071 (CNF Contract) with Bunge to purchase Brazilian soybeans of 55,000 metric tons on February 25, 2004. Based on the contract, Xiamen Zhonghe should open in favor of Bunge a letter of credit through a first-class Chinese bank acceptable by Bunge.

2.2   After the date of the contract, several shipments of Brazilian soybeans were prohibited by General Administration of Quality Supervision, Inspection and Quarantine of China ("AQSIQ") from importation to China for finding of *germicide carboxin* (poisonous substance) processed soybeans within the shipment. (*A Warning Notice of AQSIQ on Importation of Brazilian Soybeans Adulterated with Seed-Coating*

Chemical Processed Soybeans dated May 10, 2004, AQSIQ Public Announcement No. 58 dated May 22, 2004, and AQSIQ Public Announcement No. 61 date May 28, 2004). After the prohibitions, Xiamen Zhonghe tired to re-negotiate with Bunge for the terms of the contract but this was refused by Bunge. Xiamen Zhonghe did not open the letter of credit, as per the contract, on May 20, 2004.

2.3 On June 11, 2004, another shipment of Brazilian soybeans between Xiamen Zhonghe and Bunge was detected containing *germicide carboxin* processed soybeans and was prohibited from importation into China for breach of Article 9 of *the Law of the People's Republic of China on Food Sanitation* and Article 35 of *the Law of the People's Republic of China on Import and Export Commodity Inspection*.

2.4 On June 14, 2004, AQSIQ issued the AQSIQ Public Announcement 71 ("Public Announcement 71") declaring that Bunge was temporarily revoked of the capacity of exporting Brazilian soybeans to China.

2.5 On the same date of the AQSIQ Public Announcement 71, i.e. June 14, 2004, Bunge agreed to extend the deadline for opening the letter of credit under the Contract S04 – 071 to June 17, 2004. On June 16, Xiamen Zhonghe confirmed to "hope to perform the contract" and suggested to re-negotiate the contract as, with the effects of Public Announcement 71, Bunge was actually incapable to physically provide the soybeans to Xaimen Zhonghe.

2.6 On June 17, 2004, Xiamen Zhonghe did not open the letter of credit.

2.7 On June 18, 2004, Xiamen Zhonghe informed Bunge that the Contract S04 – 071 should be dissolved as Public Announcement 71 rendered it impossible for the parities to perform the contract.

2.8 On June 23, 2004, AQSIQ published the AQSIQ Public Announcement 76 and reinstated the capacity of the companies suspended, including Bunge, to export Brazilian soybeans to China. The announcement further stated that, "if mixed with soybeans with seed coatings (*germicide carboxin* and etc.) Brazilian soybeans shipped before 11 June, 2004 and now en route shall be sampled prior to unloading and not permitted to enter China unless they comply with China's relevant requirements".

2.9 After the date of June 14, 2004 when Bunge agreed to extend the deadline for opening the letter of credit, Bunge did not request Xiamen Zhonghe to open the letter of credit any more.

2.10 On June 25, 2004, Bunge declared Xiamen Zhonghe in default and terminated the Contract S04-071.

2.11 **Bunge is of the view that**: the prohibitions issued by AQSIQ on soybeans adulterated with poisonous substances of *germicide carboxin* processed soybeans can not be fully supported by Chinese laws. The laws that the prohibitions relied upon were mainly Article 9 of the *Law of the People's Republic of China on Food Sanitation* and Article 35 of *the Law of the People's Republic of China on Import and Export Commodity Inspection*. Article 9 of the *Law of the People's Republic of China on Food Sanitation* stipulated that, "*The production and selling of following foods shall be prohibited*: ... (2) *foods that contain or are contaminated by toxic or deleterious substances and can thus be injurious to a human being's health*;" Article 35 of *the Law of the People's Republic of China on Import and Export Commodity Inspection* regulated that, "*anyone who mixes impurities into or adulterates the products, or passes off a fake product as a genuine one, a defective product as a high-quality one, or a substandard product as a standard one, shall be prohibited by commodity inspection authority from exporting or importing such products, have illegal gains confiscated, and shall also be fined not less than half but not more than triple the amount obtained from illegal sales. In case it constitutes a crime, the criminal liability shall be pursued.*" The Brazilian soybeans exported by Bunge to Xiamen Zhonge were not the foods as stipulated by the *Law of the People's Republic of China on Food Sanitation* and the activities taken by Bunge were not the activities as regulated by *the Law of the People's Republic of China on Import and Export Commodity Inspection*, where the adulteration of the impurities or fake products therein had to be conducted with an intention. Therefore, the legislative authority for the decisions made by

AQSIQ upon the soybeans is not sufficient.

2.12 **Bunge is of the view that**: Public Announcement 71 was a temporary suspension and actually in existence for only 9 days and so it hasn't reached the point that it would frustrate the entire contract. Furthermore, the prohibition that was imposed upon Bunge by Public Announcement 71 was eventually dissolved on June 23, 2004. Xiamen Zhonge should have been able to open the letter of credit during the period between 23 and 25 of June 2004, but it failed to do so. Xiamen Zhonghe shall be responsible for the liabilities therefore arising.

2.13 Mr. Song Di Huang of Commerce & Finance Law Offices, attorney at law, issued an opinion concerning the opening of L/C as per Bunge's request on August 2, 2005 and stated that whether Chinese banks would open a letter of credit mainly depended on the corporate status and financial standing of the applicant. The issuance of Public Announcement 71 had no material influence on the opening of the letter of credit under this contract. It was indeed possible for Xiamen Zhonge to open the letter of credit if Xiamen Zhonghe was willing and was in satisfactory financial health.

2.14 **Bunge is of the view that**: Even if it is difficult for Xiamen Zhonghe to apply for the opening of the letter of credit in China, Xiamen Zhonghe still can open the letter of credit at the overseas branches of Chinese banks. In view of the Contract S04-071 not stating clearly the place of performance of the obligation to open the letter of credit, unless Xiamen Zhonghe is able to prove that it is unlawful to open the letter of credit at any overseas branches of Chinese banks in any locations around the world, Xiamen Zhonghe can not claim that the contract has been frustrated.

2.15 According to the Contract S04-071, English laws apply when a dispute is submitted for arbitration. English Laws only recognize that a breach at the place of performance of the contractual obligations can possibly lead to the contract frustration. Furthermore, according to the Contract S04-071, China is not the place of performance of the obligation to open the letter of credit, and opening of the letter of credit which is in violation of Chinese laws can not be taken as the ground for frustration under English Laws.

III Questions Consulted

3.1 The issue of the legal basis regarding the aforesaid AQSIQ prohibitions

During May 10th, 2004 to June 14th, 2004, the AQSIQ, as referred in 2.2 and 2.4 above, issued numerous notices and announcements clearly stipulating again that the import of Brazilian soybeans containing *germicide carboxim* processed soybeans into China is prohibited. Bunge believes that the legal basis of the AQSIQ prohibitions is not sufficient. Question: Is Bunge's claim here well-founded? Can the claim be established?

3.2 The issue of the legal effect regarding the aforesaid AQSIQ prohibitions

Are the rules concerning the importation of Brazilian soybeans into China in the above notices and announcements of AQSIQ mandatory regulations or orders? Do they have mandatory effect?

3.3 The issue of the duration regarding the aforesaid AQSIQ prohibitions

Are the numerous prohibitions mentioned above concerning the importation of Brazilian soybeans containing *germicide carboxim* processed soybeans to China still effective?

3.4 The issue of the real reason why each Chinese bank refused to open the letter of credit

Xiamen Zhonghe has previously applied to Chinese banks to open the letter of credit regarding the Brazilian soybeans sold by Bunge. But many Chinese banks refused to open the letter of credit due to the aforesaid AQSIQ prohibitions. Question: Is that enough to make the Contract S04 – 071 frustrated? What will be the legal liabilities and legal consequences for the Chinese banks, if the Chinese banks open the letter of credit for this soybeans transaction without authorization, disregarding AQSIQ prohibitions?

3.5 The issue of whether China is the place of performance of the obligation to open the letter of credit and the application of English laws

Under the Contract S04 – 071, this dispute should be submitted for arbitration in London pursuant to FOSFA 22 and English laws should be used. Bunge believes that English laws only recognize that violation in connection with the place of performance of the contract could possibly result in the contract frustration. However, China is not the place of performance of the obligation of opening of the letter of credit. As such, the opening of the letter of credit in violation of Chinese laws can not be considered as the reason for frustration of the contract under English laws. Question: Is the above claim of Bunge well-founded? Is it right?

3.6 The issue concerning the application of English laws and Chinese mandatory laws

Bunge claims that it is a **lawful** act under English laws for Xiamen Zhonghe to open the letter of credit according to the Contract S04 – 071. But in fact and in practice, the matter concerning this soybeans transaction and the related opening of the letter of credit must be judged that it would have been an **illegal action**, and should be strictly forbidden according to Chinese laws, i. e. there are ambiguities and conflicts between English laws and Chinese laws Question: In this situation, how to resolve the ambiguities and conflicts? Will English laws or Chinese laws prevail here?

IV Expert's Views & Opinions

With respect to the above questions, the answers to these questions will be set out as follows:

4.1 The issue of the legal basis regarding the aforesaid AQSIQ prohibitions

4.1.1 As we all know, the soybean itself is very popular and important **food**. There are more than 10 kinds of food with the component of soybean, such as soybean oil, soybean sauce, bean curd, soybean milk, pickles, and so on. Bunge's argument that the Brazilian soybeans which they exported to Xiamen Zhonghe were not the food provided for in the *Law of the People's Republic of China on Food Sanitation* is obviously against the commonsense.

4.1.2 The legal basis for the notices and announcements promulgated by AQSIQ from May 10, 2004 to June 23, 2004 not only include Article 9 of the *Law of the People's Republic of China on Food Sanitation* and Article 35 of *the Law of the People's Republic of China on Import and Export Commodity Inspection*, but also include Article 39 the *Law of the People's Republic of China on Food Sanitation* and in particular include Article 140 to Article 149, in relation to the provisions against crime relating to the production and distribution of unqualified products, of *the Criminal Law of the People's Republic of China*. The abstracts are set out as follows:

The Law of the People's Republic of China on Food Sanitation
"Article 39: In the case of, in violation of this Law, producing or operating the food which does not satisfy the hygiene standards, thus causing an accident of food poisoning or resulting in other diseases caused by food-borne bacteria, it shall be ordered to stop such production or operation; to destroy the food causing such food poisoning or disease; to confiscate the illegal gains and impose a penalty of not less than one time and not more than five times the illegal gains; if there are no illegal gains, a penalty of not less than 1,000 yuan and not more than 50,000 yuan shall be imposed. In the case of, in violation of this Law, producing or operating the food does not satisfy the hygiene standards, thus causing a serious accident of

food poisoning or resulting in other serious diseases caused by food-borne bacteria, and seriously harming the people's health, or adulterating the food with toxic or harmful non-food raw materials, it shall be subject to criminal responsibility according to law. If any or one of the activities provided in this Article occurs, the hygiene permit shall be revoked."

The Criminal Law of the People's Republic of China

"Article 140: Any producer or seller who mixes impurities into or adulterates the products, or passes a fake product off as a genuine one, a defective product as a high-quality one, or a substandard product as a standard one, if the amount of earnings from sales is more than 50,000 yuan but less than 200,000 yuan, shall be sentenced to fixed-term imprisonment of not more than two years or criminal detention and shall also, or shall only, be fined not less than half but not more than two times the amount of earnings from sales; if the amount of earnings from sales is more than 200,000 yuan but less than 500,000 yuan, he shall be sentenced to fixed-term imprisonment of not less than two years but not more than seven years and shall also be fined not less than half but not more than two times the amount of earnings from sales; if the amount of earnings from sales is more than 500,000 yuan but less than 2,000,000 yuan, he shall be sentenced to fixed-term imprisonment of not less than seven years and shall also be fined not less than half but not more than two times the amount of earnings from sales; if the amount of earnings from sales is more than 2,000,000 yuan, he shall be sentenced to fixed-term imprisonment of 15 years or life imprisonment, and shall also be fined not less than half but not more than two times the amount of earnings from sales or be sentenced to confiscation of property.

Article 143: Whoever produces or sells food that is not up to hygiene standards, thus causing an accident of serious food poisoning or resulting in any serious disease caused by food-borne bacteria, shall be sentenced to fixed-term imprisonment of not more than three years or criminal detention and shall also, or shall only, be fined not less than half but not more than two times the amount of earnings from sales; if serious harm is done to human health, he shall be sentenced to fixed-term imprisonment of not less than three years but not more than seven years and shall also be fined not less than half but not more than two times the amount of earnings from sales; if the consequences are especially serious, he shall be sentenced to fixed-term imprisonment of not less than seven years or life imprisonment, and shall also be fined not less than half but not more than two times the amount of earnings from sales or be sentenced to confiscation of property.

Article 144: Whoever mixes the foods that he produces or sells with toxic or harmful non-food raw materials or knowingly sells such foods shall be sentenced to fixed-term imprisonment of not more than five years or criminal detention and shall also, or shall only, be fined not less than half but not more than two times the amount of earnings from sales; if an accident of serious food poisoning or any serious disease caused by food-borne bacteria has resulted, thus seriously harming human health, he shall be sentenced to fixed-term imprisonment of not less than five years but not more than 10 years and shall also be fined not less than half but not more than two times the amount of earnings from sales; if death is caused to another person or especially serious harm is done to human health, he shall be punished according to the provisions in Article 141 of this Law.

[**Note: i. e. fixed-term imprisonment of not less than 10 years, life imprisonment or death penalty.**]"

4.1.3　In respect of this case, if someone, without authorization, imports the Brazilian soybeans that contains *germicide carboxin* processed soybeans in violation of the prohibition published by the AQSIQ, such behavior shall violate *the Law of the People's Republic of China on Food Sanitation* and *the Law of the People's Republic of China on Import and Export Commodity Inspection*, and in addition shall be likely to offend the **Criminal Law**. The relevant administrative officials, clerks and the parties shall not only assume the administrative liability and be subject to corresponding administrative punishment (including pecuniary penalty, warning, demerit record, demotion, dismissal, discharge from the public duty, revoke of the business license etc.), but also probably assume the corresponding criminal liability and be subject to the corresponding criminal punishment (including pecuniary penalty, property penalty, deprivation of liberty, death penalty etc.) depending on the severity and consequences of the injuries caused by the criminal behavior that is against the Criminal Laws.

4.2 The issue of the legal effect regarding the aforesaid AQSIQ prohibitions

4.2.1 AQSIQ is a ministry level department which is subordinate to the State Council of China, and is also one of the governmental agencies with power to strictly enforce laws. By carrying out the inspection and quarantine in accordance with the laws, AQSIQ represents the nation in safeguarding and preventing all the poisonous, harmful food or other non-qualified commodities from being imported into or exported from China in order to avoid injury to people's health both in China and in other countries, or impairing their economic interest. The notices, announcements and prohibitions issued by AQSIQ according to Chinese law are in fact a form of the administrative regulations and legal order of the enforcement agencies of the Chinese government which are legally binding.

4.2.2 In addition, the AQSIQ prohibitions are usually published based on or supported by other basic laws of China (e.g. *the Law of the People's Republic of China on Food Sanitation*, *the Law of the People's Republic of China on Import and Export Commodity Inspection*, and *the Criminal Law of the People's Republic of China*) and accordingly, the prohibitions published by AQSIQ in accordance with the laws have comprehensive and powerful legally-binding force. Everyone shall strictly abide by such prohibitions and shall not randomly deviate from or violate them. Otherwise, they shall assume the legal liability for violation of such administrative laws or for offending the criminal laws, and shall have imposed on them the corresponding administrative or criminal punishment.

4.3 The real reason why each Chinese bank refused to open the letter of credit

4.3.1 Xiamen Zhonghe had applied to several first-class Chinese banks Xiamen branches for the opening of a letter of credit for this soybean transaction, but all the applications were refused. They all provided Xiamen Zhonghe with written announcements or certificates to clarify the legal reasons for refusal of opening the letter of credit.

For example, China Industry and Commerce Bank Xiamen Tongan Sub-branch in its announcement confirmed that:

"Considering the fact that, during the period from April to June, 2004, the State Administration of Quality Supervision, Inspection and Quarantine (AQSIQ) prohibited lots of exportation of Brazilian soybeans to China, our bank was unwilling to open Letter of Credit to facilitate the purchase of soybeans from Brazil.

We also hereby confirm that, between 14th and 23rd June 2004, because the beneficiary, i.e. BUNGE AGRIBUSINESS SINGAPORE PTE LTD, of the letter of credit that Xiamen Zhonghe Industry Co., Ltd applied to open was included in the list of banned exporter under the AQSIQ Order No. 71 of June 14, 2004, our bank did not and would not accept Xiamen Zhonghe's application for opening a letter of credit to import soybeans from Brazil, so as to implement the nation's import and export policies." [①]

In addition, China Agriculture Bank Xiamen Tongan Sub-Branch, Bank of China Xiamen Tongan Sub-branch and China Construction Bank Xiamen Tongan Sub-branch straightforwardly gave the same legal reasons why they were refusing Xiamen Zhonghe's applications and why they were not opening letters of credit for this soybeans

---

① Attachment 2.

transaction in their respective announcements or testimonies①.

4.3.2 All the announcements or testimonies issued by the above first-class Chinese banks clearly pointed out that the key and sole reason why they refused Xiamen Zhonghe's application for opening letters of credit and why they were unwilling to or unable to open letters of credit for this soybean transaction meant that they must strictly execute China's import and export policies and decrees, and must strictly abide by the prohibitions made by AQSIQ, a Chinese national enforcement agency, in order to avoid assuming legal liabilities or punishments arising from their illegal behavior of opening letters of credit in violation of the national policies and prohibitions.

4.3.3 The aforesaid prohibitions were issued by AQSIQ as a Chinese national enforcement agency and therefore should have mandatory effects upon Chinese banks, not only those in the territory of China but also all the overseas branches of Chinese banks. It is obvious that any overseas branches of Chinese banks will not act unlawfully or will be free from corresponding penalty and punishment under Chinese laws if they, in violation of AQSIQ prohibitions, issue a letter of credit for the importation of Brazilian soybeans adulterated with *germicide carboxin* processed soybeans, and facilitate and encourage the importation of such poisonous soybeans. Therefore, the claim of Bunge that Xiameng Zhonghe should or was able to apply for a letter of credit in an overseas branch of Chinese banks is unreasonable and legally not correct.

4.3.4 It follows that Bunge's assertion, based on the *Statement on L/C Issues* issue by Mr. Song Di Huang, PRC Attorney, that Xiameng Zhonghe's failure in timely providing a letter of credit for the soybeans under the contract was "mainly" or "completely" caused by poor assets positions, insufficiency of funds and poor credit worthiness of Xiamen Zhonghe, or the assertion that "*I have not found any evidence to suggest that the decision making of Chinese*

---

① Attachment 3, 4, 5.

banks considering credit applications was materially influenced by the actions of the Chinese administrative body by AQSIQ and the very temporary suspension imposed on the importation of Brazilian soybeans", is fall away from the fact and can not be adopted.

4.4 The issue of the duration regarding the aforesaid AQSIQ prohibitions

4.4.1 It was based on the guarantee given by Brazilian government and exporters that they would strengthen inspection and supervision on soybean exportation and that events like "*germicide carboxin processed soybean*" would not happen again, that AQSIQ issued the Public Announcement 76 on June 23, 2004 reinstating the qualification of 23 exporters and suppliers (including Bunge) to export Brazilian soybeans to China. However, it was issued with a strict precondition:

"*If mixed with soybeans with seed coatings Brazilian soybeans shipped before 11 June and now en route shall **be sampled prior to unloading** and not permitted to enter China unless they comply with China's relevant requirements. All costs of the sampling and handling are to be borne by the exporter, **failing which the goods will be returned**.*"

4.4.2 Considering the wordings that "*failing which the goods will be returned*" and that all costs of the sampling and handling *germicide carboxin* processed soybeans to be borne by the exporter, it is obvious that Public Announcement 76 continued to strictly prohibit the importation of any soybeans adulterated with *germicide carboxin* soybeans into China. Therefore, the claim that "Public Announcement 71 only in existence for 9 days" is just part of the context and does not accord with the original idea and legal purpose of the Public Announcement 76 dated June 23, 2004, i.e. to go on prohibiting the import of poisonous soybeans and continue protecting the health of Chinese consumers.

4.4.3 The point of this argument is not the duration of Public

Announcement 71, but is that Xiamen Zhonghe had the right to terminate the contract and did actually terminate it. Thus, the argument of Bunge on the period of duration is meaningless. Moreover, Bunge can not ensure and has never ensured the soybeans transported by them do not contain *germicide carboxin* processed soybeans.

4.5 The issue of whether China is the place of performance of the obligation to open the letter of credit and the application of English laws

4.5.1 The clause on "PAYMENT" under the Contract S04 - 071 provides "Buyer to open L/C through a first-class **Chinese** bank acceptable to seller", which obviously provides that China should be the place of performance of the obligation of opening the letter of credit of the contract hereunder by its plain meanings and true intention of both parties.

4.5.2 Before this contract, Xiameng Zhonghe and Bunge had made another soybean transaction (contact No. S03 - 593). The letter of credit thereunder was issued by China Industry and Commerce Bank Xiamen Tongan Sub-branch and China Agriculture Bank Xiamen Tongan Sub-Branch. In other words, the place to implement the obligation to issue the letter of credit thereunder was Xiamen China①.

4.5.3 The aforesaid other soybean transaction between Xiamen Zhonghe and Bunge **set up a precedent** in application and acquisition of letters of credit, and the application and acquisition of letters of credit therefore were quite convenient and without problem. Thereby, it can be reasonably concluded that: the real meaning and true intention of "first-class **Chinese** bank acceptable to seller" in the contract for the transaction of soybeans of the same classification and between the same seller and buyer (i.e. Xiameng Zhonghe and Bunge) was, **in light of the precedent**, to issue the letter of credit in **Xiamen**, i.e. the

---

① Attachment 6, 7.

place to open the letter of credit for this soybeans transaction should be China and the letter of credit should be issued by a first class Chinese bank within the territory of China.

4.5.4 Commercial deals put emphasis on efficiency, and merchants are so clever that they generally will not be so foolish to intentionally choose an inefficiency way of doing things over an efficiency, namely to require the buyer to apply for the letter of credit with an overseas branch of Chinese banks, which is far away from the place of the buyer. In terms of this contract, even if Bunge did intend to actually unreasonably request Xiamen Zhonghe to apply for the letter of credit with an overseas branch of Chinese banks, which was far away from Xiamen, such request should have been provided clearly and definitely in the contract beforehand. Actually, the Contract S04-071 did not include this by a definite and unambiguous provision, however, on the contrary, it made such an unambiguous provision that, **general logical meaning of words and the true intention of both parties obviously point to the clear requirements of Chinese banks inside China** (see the above analysis in 4.5.1-4.5.3). It is obvious that Bunge's claim that the issuing bank in the aforesaid contact should be a overseas branch of Chinese banks is similar to the situation described in a Chinese saying enunciated in a Chinese proverb regarding people having the benefit of hindsight after the occurrence of the event and is not acceptable.

4.5.5 Even if Bunge initially unreasonably required Xiamen Zhonghe to apply for the letter of credit with overseas branches of Chinese Banks, which was far away from Xiamen, such requirement could not be fulfilled at all because it violated the repeated compulsory prohibitions issued by China AQSIQ (See the above analysis in 4.3.3).

4.5.6 In conclusion, just as Bunge said: English laws only recognized that a contract might be **frustrated** if the performance thereof was illegal under the laws of the place of performance. According to the analysis above, both the literal wording of the Contract S04-071 and the true intention of the parties thereto show that **China shall be the place of performance of the obligation of the opening of the letter of credit**. It follows that if any of the Chinese banks without authorization issue a letter of credit against the prohibition issued by AQSIQ as a Chinese national enforcement agency, they would be in violation of Chinese compulsory laws. This also proved that Chinese banks would not open a letter of credit for the soybeans transaction under such circumstances. This shall be the grounds for the frustration of contract under English laws and Xiamen Zhonghe, of course, shall be entitled to dissolve the Contract S04 – 071 under this circumstance.

4.6 The issue concerning the application of English laws and Chinese mandatory laws

4.6.1 Based on my research, England promulgated and issued regulations regarding food safety as well, i.e. Food Safety Act 1990 (c. 16). As per the definition of food in Article 1, namely *"articles and substances used as ingredients in the preparation of food or anything falling within this subsection"* referred in article 1.1.d, the soybeans under the Contract S04 – 071 shall be understood as food. Article 7 thereunder provides that any person who renders any food injurious to health by means of adding any article or substance to the food which is intended to be sold for human consumption shall be guilty of an offence. The detailed articles are as follows:

"PART I Preliminary

Article 1 Meaning of "food" and other basic expressions.

1.—(1) In this Act *"food" includes* —

    (a) drink;

    (b) articles and substances of no nutritional value which are used for human consumption;

    (c) chewing gum and other products of a like nature and use; and

    (d) *articles and substances used as ingredients in the preparation of food or anything falling within this*

subsection.

...

PART Ⅱ Main Provisions

Food Safety

Article 7   Rendering food injurious to health

7. —(1) ***Any person who renders any food injurious to health by means of any of the following operations, namely—***

(a) ***adding any article or substance to the food;***

(b) using any article or substance as an ingredient in the preparation of the food;

(c) abstracting any constituent from the food; and

(d) subjecting the food to any other process or treatment,

with intent that it shall be sold for human consumption, shall be guilty of an offence.

(2) In determining for the purposes of this section and section 8(2) below whether any food is injurious to health, regard shall be had—

(a) not only to the probable effect of that food on the health of a person consuming it; but

(b) also to the probable cumulative effect of food of substantially the same composition on the health of a person consuming it in ordinary quantities.

(3) ***In this Part "injury", in relation to health, includes any impairment, whether permanent or temporary, and "injurious to health" shall be construed accordingly.***

4.6.2   It is obvious that the purpose of the above provisions is to protect consumers' rights and interests and national health and the **mandatory effects** thereof under English laws are the same as that of the above Chinese laws. In other words, the importation of food containing poisonous substances is also in violation of English laws.

4.6.3   In the present case, the Contract S04-071 and the clauses in FOSFA 22 expressly stipulate that "*English laws shall be applied*", but we still need further analysis and clarification in accordance with English laws in order to find the accurate meaning of the stipulation. In terms of English laws, most of the rules concerning "choice of law" in relation to contract in common law systems have been substituted by the related rules in *the EEC Convention on the Law Applicable to Contractual Obligations*("*Rome Convention*")①. These rules have been incorporated into *Contracts (Applicable Law) Act 1990* ② and came into force as of April 1, 1991. Article 3(3) of the aforesaid *Rome Convention* expressly states that: "*The fact that the parties have chosen a foreign law, whether or not accompanied by the choice of a foreign tribunal, shall **not**, where all the other elements relevant to the situation at the time of the choice are connected with one country only,* **prejudice the application of rules of the law of that country which cannot be derogated from by contract, hereinafter called 'mandatory rules'**".

4.6.4 This article of the *Rome Convention* has not only been absorbed into English laws, but also discussed, refined, and summarized by learned English scholars as the "Conflict of Laws Rules" (Rule 175) and has been written into the authoritative literature that is influential throughout the world, i.e. *Dicey and Morris on the Conflict of Laws*③.

4.6.5 With regard to the fact of this case, both parties to the transaction, Xiamen Zhonghe and Bunge, have jointly chosen English laws as the applicable laws in relation to the resolution through arbitration of the disputes arising under the contract mentioned above, but considering that other key factors of this contract including localities of both parties to this contract, place of conclusion of the contract, place of issuance of the letter of credit, place of performance of

---

① EEC Convention on the Law Applicable to Contractual Obligations ("Rome Convention").
② Contract (Applicable Law) Act 1900.
③ Dicey and Morris on the Conflict of Laws, 13th ed., Vol. 2, Sweet & Maxwell, 2000, p.1242 (In 12th ed. published in 1993, the rule is listed as Rule 177, p 1239.). See Attachment 8.

import, and so on, are only related to China①, having no connection with England, therefore the parties to this contract may not exclude any mandatory rules under Chinese laws including the prohibitions in aforesaid AQSIQ through their choice of English laws in Contract S04 - 071.

4.6.6 According to the long established judicial practice of English courts and the treatise of authoritative English scholars, English courts shall refuse to recognize and enforce a contract where an English contract is performed in a foreign country and the performance thereof will violate the law of that country, whether directly or indirectly. Particularly, English courts shall refuse to recognize and enforce such a contract which is lawful and valid under English laws but the performance thereof will violate or break the laws of **a friendly country of England** and the implementation of the applicable law chosen by the parties will impair the good relation between England and the country in which the contract is to be performed, so as to be manifestly incompatible with the public policy ("*ordre public*") of English laws. This principle and basic guideline have been implemented by English courts in their long established judicial practice, and summarized and refined by authoritative British scholars, and were incorporated into the abovementioned work as Rule 180 of "Conflict of Laws Rules" (Rule 180)②. Other related typical cases are not difficult to find and study, e.g. (1) De Wutz v. Hendricks (1824) 2 Bing. 314 - 316; (2) Foster v. Driscoll [1929] 1 K.B. 470,518,521(C.A.); Regazzoni v. K.C. Sethia, Ltd. [1958] A.C. 301, 322, 328, 329; (3) Jennings [1956] C.L.J. 41; (4) F.A. Mann (1956) 19 M.L.R. 523; and (1958) 21 M.L.R. 130; A.L.G. (1957) 73 L.Q.R. 32; (5) Rossano v. Manufacturers' Life Ins. Co. [1963] 2.Q.B. 352, 376 - 377; (6) Frischke v. Royal Bank of

---

① The party that actually signed the Contract S04 - 071 with Xiamen Zhonghe was the subsidiary of Bunge residing in Shanghai, i.e. Bunge International Trading (Shanghai) Co., Ltd. See Attachment 9.

② See: Ibid, pp. 1276 - 1277, 1280 - 1281. (In 12th ed published in 1993, the rule is listed as Rule 182, pp. 1243 - 1244, 1281 - 1282) See Attachment 10.

Canada (1977) 80 D. L. R. (3d) 393 (Ont. C. A); (7) Euro-Diam Ltd. v. Bathurst [1990] 1 Q. B. 1,40(C. A.).

4.6.7 It is well known that Britain was one of the first countries which recognized the People's Republic of China. Since January 1950, these two countries have been maintaining a friendly and cooperative relationship in broad fields; furthermore, they have been **respecting the economic, political and legal systems of each other on the principles of equality and mutual benefit, especially the mandatory rules in their respective legal systems**. Therefore, even though English laws apply to the present case, in accordance with (1) *the Rome Convention* to which Britain is a party, (2) the effective *Contracts (Applicable Law) Act 1990*, (3) the precedents established by English courts in their long established judicial practice, and (4) conflict of laws rules which have been refined and summarized by authoritative English scholars and widely accepted by the international community. **The mandatory rules in Chinese legal system shall be applied as the applicable laws to decide the merits and dispute in this case**, **in compliance with the English case law tradition** and **current English laws** which fully respect the domestic mandatory rules of the countries which have a good relation with Britain, in full respect of the various mandatory rules in present Chinese laws regarding foreign trade regulation and protection of national health and consumers' interests, and in support of China's stringent enforcement of the aforesaid compulsory prohibitions issued by AQSIQ.

V Brief Conclusion

In summary, based upon the analysis above, I am of the view:

5.1 **In accordance with the correct understanding of "application of English laws", Chinese mandatory rules which are fully respected by English laws shall be the proper law (or applicable law) in the arbitration of this case.**

5.2 **Therefore, due to the fact that Bunge, as the beneficiary of the letter of** credit, was prohibited to export Brazilian soybean into China by AQSIQ and that Chinese banks could not and dared not, in violation of the laws and prohibitive rules, to open a letter of credit with Bunge as the beneficiary, the Contract S04 - 071 was frustrated. Consequently, Xiamen Zhonghe is entitled to rescind the contract.

5.3 It is hoped that the opinions presented above can be fully considered and sufficiently adopted by your honorable arbitration tribunal.

Senior legal expert and law professor of China
An Chen
1 November 2006

陈安论国际经济法学

An CHEN on International Economic Law

第二卷
Vol.II

陈 安／著

复旦大学出版社
www.fudanpress.com.cn

目 录

第 二 卷

第二编 国际经济法基本理论（二）

Ⅰ 论"适用国际惯例"与"有法必依"的统一 ………………（521）
　一、关于"国际惯例"的诸般学说 ………………………………（522）
　二、关于"国际惯例"理论要点之管见 …………………………（525）
　三、"与国际惯例接轨"不能凌驾于"有法必依" ……………（530）
　四、结语 …………………………………………………………（534）

Ⅱ 论中国涉外仲裁监督机制 ………………………………（536）
　一、中国《仲裁法》的涉外仲裁监督规定与《民事诉讼法》有关规定
　　的接轨 …………………………………………………………（538）
　二、中国《仲裁法》的涉外仲裁监督规定与国际条约有关规定的
　　接轨 ……………………………………………………………（540）
　三、中国《仲裁法》的涉外仲裁监督规定与当代各国仲裁立法
　　通例有关规定的接轨 …………………………………………（542）
　四、中国涉外仲裁监督问题的"特殊性"及其有关机制与国际
　　条约、国际惯例接轨的必要性 ………………………………（545）

Ⅲ 论中国的涉外仲裁监督机制及其与国际惯例的接轨 ……………（550）
　　一、中国的审判监督、内国仲裁监督与涉外仲裁监督的同异及其
　　　　待决问题 ………………………………………………………（553）
　　二、中国两类仲裁监督"分轨"立法之合理性问题 ………………（557）
　　　　（一）中国《仲裁法》的涉外仲裁监督规定与《民事诉讼法》有关规定的
　　　　　　　接轨问题 ……………………………………………………（559）
　　　　（二）中国《仲裁法》的涉外仲裁监督规定与国际条约有关规定的
　　　　　　　接轨问题 ……………………………………………………（562）
　　　　（三）中国《仲裁法》的涉外仲裁监督规定与当代各国仲裁立法通例
　　　　　　　有关规定的接轨问题 ………………………………………（566）
　　　　（四）中国国情的"特殊性"与涉外仲裁监督"从宽"的必要性问题 ……（571）
　　　　（五）当事人选择仲裁时"更注重效益"而非"更注重公平"问题 ………（579）
　　三、加强现行中国涉外仲裁监督机制的几点设想 ………………（585）

Ⅳ 申论中国涉外仲裁监督机制 ……………………………………（588）
　　一、内国仲裁监督与涉外仲裁监督"分轨制"，并非"国际社会的
　　　　普遍做法" ………………………………………………………（589）
　　二、英国的仲裁监督并未实行"分轨制"，其涉外仲裁监督并非
　　　　"只管程序运作，不管实体内容" ………………………………（591）
　　三、终局而不公、终局而违法的裁决不是受害一方"当事人最主要
　　　　的期望" …………………………………………………………（593）
　　四、"无权监督、无计可施"的担心不是"多余的" …………………（594）
　　五、结束语 …………………………………………………………（599）

Ⅴ 再论中国涉外仲裁的监督机制及其与国际惯例的接轨
　　——兼答肖永平先生等 ……………………………………………（600）
　　一、对内国仲裁监督与涉外仲裁监督实行"分轨"，这是国际社会
　　　　的普遍做法或"符合国际上的通行做法"吗？有何依据？ ……（602）
　　二、英国的仲裁监督，是否实行"内外有别"的"分轨制"？它对于
　　　　涉外仲裁的监督是否"只管程序运作，不管实体内容"？ ………（605）

（一）英国的《1950年仲裁法》和《1979年仲裁法》……………（605）
　　（二）英国的《1996年仲裁法》……………………………………（608）
　　（三）英国《1996年仲裁法》之"尘封"年半及其"原貌"辨识 ……（611）
三、美、德、法诸国的仲裁监督，联合国《国际商事仲裁示范法》的
　　有关规定，是否实行"内外有别"的"分轨制"？对于涉外仲裁
　　的监督是否"只管程序运作，不管实体内容"？ ………………（619）
　　（一）美国的仲裁监督机制辨析 …………………………………（619）
　　（二）德国的仲裁监督机制辨析 …………………………………（625）
　　（三）法国的仲裁监督机制辨析 …………………………………（637）
　　（四）联合国《国际商事仲裁示范法》 ……………………………（643）
四、当事人选择仲裁解决争议，"最主要的就是期望获得一份终局
　　裁决"吗？终局而不公、终局而违法的裁决，是受害一方当
　　事人"最主要"的期望吗？ …………………………………………（649）
五、"应更注重效益"论、"预防保护主义"论、"抵制司法腐败"论、
　　"仲裁一片净土"论能否成为涉外仲裁排除实体监督的正当
　　"理由"？ ……………………………………………………………（651）
　　（一）"应更注重效益"论评析 ……………………………………（652）
　　（二）"预防保护主义"论评析 ……………………………………（655）
　　（三）"抵制司法腐败"论评析 ……………………………………（659）
　　（四）"仲裁一片净土"论评析 ……………………………………（661）
六、依照现行的涉外仲裁监督机制，对于实体内容上错误或违法
　　的涉外裁决，包括凭伪证作出或基于贪赃枉法作出的涉外
　　裁决，任何权威机关都无权监督，无计可施。"这种担心是
　　多余的"吗？ ………………………………………………………（663）
　　（一）对仲裁员的监督无法取代对裁决书的监督 ………………（663）
　　（二）《仲裁法》第58条的监督规定不适用于涉外裁决 …………（665）
七、结束语 ………………………………………………………………（670）

Ⅵ **论中国执行外国仲裁裁决机制的形成和不足** ……………………（673）
一、1949—1978年（约30年）：相关立法基本空白 …………………（674）

二、1979—1994年(约15年)：国内逐步立法十参加国际公约 …………（675）
　　（一）颁布中国《民事诉讼法》(试行) ……………………………（675）
　　（二）参加1958年的《纽约公约》 …………………………………（675）
　　（三）参加1965年的《华盛顿公约》 ………………………………（676）
　　（四）颁布正式的现行中国《民事诉讼法》 ………………………（676）
　　（五）颁布现行的中国《仲裁法》 …………………………………（677）
三、1995年迄今 …………………………………………………………（678）
　　（一）来自"地方保护主义"的障碍 ………………………………（678）
　　（二）克服"地方保护主义"的措施之一："双层报批复审制" …（679）
　　（三）强化"双层报批复审制"：设定时限 ………………………（681）
四、中国有关执行外国仲裁裁决的立法仍有待改善 ……………………（682）
　　（一）正式立法，提高法律位阶 ……………………………………（682）
　　（二）对最高院设定答复时限 ………………………………………（682）

Ⅶ　论中国涉外仲裁程序中当事人的申辩权和对质权——就香港百利多投资有限公司诉香港克洛克纳东亚有限公司一案向香港高等法院提供的专家意见书 ……………………………………（683）
一、专家简况 ……………………………………………………………（685）
二、咨询的问题：当事人可否对CIETAC自行指定专家作出的鉴定提出抗辩？ …………………………………………………（685）
三、专家的看法和意见 …………………………………………………（686）
　　（一）中国审理制度的首要原则之一：确保当事人行使诉讼权利 …（686）
　　（二）CIETAC仲裁程序必须遵循上述原则的法律根据 …………（688）
　　（三）中国参加的《纽约公约》确保仲裁当事人享有充分申辩权 …（688）
附录 ………………………………………………………………………（690）

Ⅷ　就中国涉外仲裁体制答英商问〔专家意见书〕 ……………………（694）
一、仲裁和诉讼（俗称"告状"或"打官司"）有何不同？ ……………（695）
二、"仲裁协议"是否必须采取另立合同的形式？ ……………………（696）
三、英商Y能源有限公司申请仲裁，是否已经具有充分的根据？

………………………………………………………………………………（697）

四、由中国国际经济贸易仲裁委员会进行仲裁,与一般国内
民事仲裁以及由法院审判相比较,其主要区别是什么? ……（698）

五、有人说:"即使你仲裁胜诉了,到本省本市执行不了,你也
没办法。"这种说法对不对? ………………………………（699）

六、从申请仲裁到裁决和执行,会拖延不少时间,在此期间内
对方如借口处于仲裁中而不执行合同,M电厂势必瘫痪。
遇此情况,对方应承担什么法律责任? ………………………（700）

七、如果对方不愿或不能履行合同,英商Y公司是否即可按
《合资经营合同》第29条进行索赔?其赔偿额依法应
如何确定? …………………………………………………（701）

八、有人说,政策变化属于"不可抗力"。这种说法能否成立? ……（702）

Ⅸ 论涉外仲裁个案中的偏袒伪证和纵容欺诈——CIETAC 1992—1993年个案评析 …………………………………………………………（704）

一、本案案情梗概 ……………………………………………（705）

二、本案仲裁申请书(1992年9月22日) ……………………（708）

三、关于香港PH公司S先生欺诈行为的补充说明
(1993年4月10日) …………………………………………（710）

（一）香港PH公司与美国PH公司的关系 …………………（711）

（二）香港PH公司的资信问题 ………………………………（712）

（三）组建香港PH公司的真实意图 …………………………（713）

（四）S先生在尖端专利产品销售权问题上的欺诈行为 ……（717）

（五）香港PH公司S先生的欺诈行为对KP合同效力的影响 …（718）

四、本案讼争主要问题剖析(1993年4月14日) ……………（720）

（一）解除《KP合同》的约定条件和法定条件均已完全具备 …（721）

（二）本案被诉人的欺诈行为导致《KP合同》必须火速废除 …（730）

（三）本案申诉人FJ公司的合理合法的紧急请求应予支持 …（737）

五、关于《（1993）贸仲字第3470号裁决书》的法律意见书——
对本案裁决执法不公的批评、质疑和建议(1993年11月5日)

………………………………………………………………………………（739）
　（一）关于《裁决书》的法律效力问题 ……………………………（739）
　（二）关于事实认定和仲裁程序问题 ………………………………（741）
　（三）关于仲裁程序的其他问题 ……………………………………（746）
　（四）关于法律适用问题 ……………………………………………（746）

Ⅹ　论涉外仲裁个案中的越权管辖、越权解释、草率断结和有欠透明
　　——CIETAC 2001—2002 年个案评析 ………………………（749）
　一、小引 ………………………………………………………………（751）
　二、本案案情梗概 ……………………………………………………（753）
　三、本案裁决书"仲裁庭意见"一稿与二稿的大相径庭与突变 ……（758）
　　（一）"仲裁庭意见"一稿——原有的 2∶1 …………………（759）
　　（二）专家咨询会议的短促评议及其可商榷之处 ………………（764）
　　（三）"仲裁庭意见"二稿——反向的 2∶1 …………………（772）
　四、本案裁决中的越权管辖裁断和越权擅自解释 …………………（776）
　　（一）关于越权管辖裁断 …………………………………………（776）
　　（二）关于越权擅自解释 …………………………………………（785）
　　（三）关于防止越权管辖和越权解释的几点建议 ………………（789）
　五、本案仲裁后期的草率断结和断结后的有欠透明 ………………（791）
　　（一）后期的草率断结及其负面后果 ……………………………（791）
　　（二）草率断结后的有欠透明及其负面后果 ……………………（791）
　六、几项寄语 …………………………………………………………（798）
　　（一）更完善地发挥所设"专家咨询委员会"的功能与作用 …（798）
　　（二）更充分地发挥常设"仲裁研究所"的功能与作用 ………（798）
　　（三）更慎重地选择每案的首席仲裁员 …………………………（799）
　　（四）澄清和修订 CIETAC 现行《仲裁规则》第 54 条 ………（799）
　七、尾声 ………………………………………………………………（800）

Ⅺ　论中国法律认定的"违法行为"及其法律后果——就广东省广信
　　公司破产清算债务讼案问题答外商摩根公司问〔专家意见书〕……（802）

一、专家简况 …………………………………………………………（803）
二、本案的梗概和咨询的问题 ………………………………………（803）
三、专家的看法和意见 ………………………………………………（804）
（一）中国人民银行的《1995年通知》并非法律或法规 ……………（804）
（二）《协议》违反《1995年通知》并非当然违法和全盘无效 ………（805）
（三）当事人一方以不实信息误导对方致造成损害应依法赔偿 ……（807）
（四）中国法律对违约救济程序的基本规定 ………………………（808）
（五）中国法律、法规和行政规章与《WTO协定》规则的"接轨" ……（809）

XII 论中国内地土地使用权的回收与变卖——就香港某债务讼案问题答台商问〔专家意见书〕………………………………………（811）
一、专家简况 …………………………………………………………（812）
二、本案咨询的问题 …………………………………………………（812）
三、专家的看法和意见 ………………………………………………（813）
（一）中国政府有权依法收回已转让的土地，或依法另行转让 ……（813）
（二）中国法律禁止外商将已获使用权的地块长期闲置不用 ………（813）
（三）中国政府和法院有权依法直接变卖外商用以抵押的地块使用权
………………………………………………………………………（815）

XIII 论"法无明禁即为合法"——就外资企业"设董"自主权问题答英商问〔专家意见书〕…………………………………………………（818）
一、在华外商独资有限责任公司可以设立也可以不设立董事会
………………………………………………………………………（819）
（一）适用的主要法律：中国的《公司法》与《外资企业法》…………（819）
（二）特别法优先于普通法：《外资企业法》优先于《公司法》………（819）
（三）《公司法》相关规定的合理解释 ………………………………（820）
二、中外合资企业或中外合作企业的董事会人数不得少于3人，但外商独资企业的董事会人数可以少于3人 ………………（820）
（一）《中华人民共和国中外合资经营企业法》及其《实施条例》的禁止规定 ……………………………………………………………（821）

（二）《中华人民共和国中外合作经营企业法》及其《实施细则》的禁止
　　　　规定 …………………………………………………………………（821）
　　（三）《中华人民共和国外资企业法》及其《实施细则》未作相关
　　　　禁止规定 ……………………………………………………………（821）
三、两人董事会或偶数董事会避免决策"僵局"的具体办法 …………（822）
四、新颁《国务院关于投资体制改革的决定》深受外商欢迎，
　　应予认真贯彻 ……………………………………………………………（822）
五、结论 …………………………………………………………………………（823）

第三编　国际投资法

Ⅰ　OPIC述评：美国对海外私人投资的法律保护及典型案例分析 ……（827）
　　韩德培先生序言 ……………………………………………………………（828）
　　前言 …………………………………………………………………………（830）
　　一、从中美投资保险和投资保证协定谈起 …………………………………（833）
　　二、海外私人投资公司的历史沿革和设置意图 ……………………………（837）
　　（一）保护海外美资的国际条约之递嬗 …………………………………（837）
　　（二）保护海外美资的国内立法之变迁 …………………………………（845）
　　（三）在保护海外美资中，美国当局的趋避 ……………………………（848）
　　三、海外私人投资公司的基本体制 …………………………………………（859）
　　（一）组织领导与业务范围 ………………………………………………（859）
　　（二）投保适格 ……………………………………………………………（861）
　　（三）承保项目 ……………………………………………………………（865）
　　（四）索赔规定 ……………………………………………………………（867）
　　四、海外私人投资公司对若干索赔案件处断概况 …………………………（872）
　　（一）关于东道国政府的直接牵连问题 …………………………………（875）
　　（二）关于股东的基本权利问题 …………………………………………（884）
　　（三）关于企业的有效控制问题 …………………………………………（885）
　　（四）关于东道国政府的正当法令问题 …………………………………（903）
　　（五）关于在东道国就地寻求补救问题 …………………………………（914）

（六）关于在东道国搞挑衅活动问题 …………………………（918）
　一、若干初步结论 ……………………………………………………（925）

Ⅱ 从 OPIC 到 MIGA：跨国投资保险体制的渊源和沿革 ……………（929）
　一、跨国投资保险体制的渊源和沿革：从 OPIC 到 MIGA ………（932）
　　（一）OPIC 模式的由来、演进和局限 ………………………（933）
　　（二）MIGA 模式的孕育和诞生 ………………………………（938）
　二、多边投资担保机构的概貌 ………………………………………（941）
　　（一）多边投资担保机构成员国结构 …………………………（941）
　　（二）多边投资担保机构股权、投票权分配 …………………（946）
　　（三）多边投资担保机构第一个五年的主要业绩、存在的问题和前景
　　　　　展望 ……………………………………………………（955）
　三、研究多边投资担保机构对于中国的重大现实意义 ……………（962）
　　（一）有利于扩大吸收外资 ……………………………………（962）
　　（二）有利于扩大向外投资 ……………………………………（963）
　　（三）有利于扩大吸收我港、澳、台地区的投资 ……………（965）
　　（四）有利于促进全球合作，建立国际经济新秩序 …………（967）
　[附录] 十五年来多边投资担保机构的涉华实践（1990—2004）…（967）

Ⅲ "多边投资担保机构"与美国在华投资 ………………………………（993）
　一、前言 ………………………………………………………………（994）
　二、MIGA 与世界银行集团之间的关系 ……………………………（996）
　三、MIGA 与"解决投资争端国际中心"之间的关系 ………………（998）
　四、MIGA 与美国欧皮克公司之间的关系 …………………………（1001）
　五、中国学者的观点及中国的有关立法 ……………………………（1002）
　六、美国对 MIGA 的看法以及相应的立法 …………………………（1006）
　七、MIGA 对保护美国在华投资可能发挥的重大作用 ……………（1009）
　八、结语 ………………………………………………………………（1016）

Ⅳ ICSID 与中国：我们研究"解决投资争端国际中心"的现实动因

和待决问题 …………………………………………………………（1018）
一、问题的提出：在中国境内的涉外投资争端中，外国的"民"
　　可否控告中国的"官" ………………………………………（1020）
　　（一）中国国内法关于在华外商控告中国民间当事人的规定 ……（1020）
　　（二）中国国内法关于在华外商控告中国政府机关的规定 ………（1021）
　　（三）中外国际条约中关于在华外商控告中国政府机关的规定——
　　　　　"中心"问题的提出 ……………………………………………（1022）
二、"解决投资争端国际中心"的由来及其仲裁体制 …………（1025）
　　（一）"中心"出现的历史背景 ……………………………………（1026）
　　（二）"中心"仲裁体制的基本框架和运作原则 …………………（1028）
三、中国与"解决投资争端国际中心"早期关系的发展进程 ……（1034）
四、关于中国应否参加《华盛顿公约》、可否接受"解决投资争端
　　国际中心"仲裁体制的分歧意见 ……………………………（1037）
　　（一）主张"为了促进开放，应当从速参加"者的主要论据 ………（1037）
　　（二）主张"为了珍惜主权，绝对不宜参加"者的主要论据 ………（1039）
　　（三）主张"积极加强研究，慎重考虑参加"者提出的各种待决问题 ……（1043）
五、中国参加《华盛顿公约》、接受"解决投资争端国际中心"仲裁
　　体制后面临的新形势和待决问题 ……………………………（1049）
　　（一）十一年来《公约》缔约国大幅度增加 ………………………（1049）
　　（二）十一年来"中心"仲裁体制的功能不断扩大 …………………（1056）
　　（三）十一年来"中心"受理的国际投资争端案件急剧增多 ………（1058）
　　（四）在"中心"新形势下中国面临新的待决问题 …………………（1058）
六、《国际投资争端仲裁——ICSID机制研究》一书的内容结构
　　………………………………………………………………（1074）

第二编

国际经济法基本理论(二)

I 论"适用国际惯例"与"有法必依"的统一[*]

内容提要 本文从理论与实践两个层面就我国在对外经贸往来中适用国际惯例的问题进行了探讨。作者在回顾与辨析关于国际惯例的诸般学说的基础上,提炼和概括出关于这一问题的几个理论要点,并由此出发,以近年来土地开发与房地产经营中出现的混乱现象为例,指出不应将适用国际惯例凌驾于"有法必依"之上,而应将两者统一起来。在"适用国际惯例"与"有法必依"两者之间,如果存在着某种"矛盾",则在立法上,应及时加强调查研究,慎重考虑是否可以或应该"变法";即使可以或应该"变法",也必须"依法变法",不应提倡乱闯法律禁区,以免贻患无穷。

目 次

一、关于"国际惯例"的诸般学说
二、关于"国际惯例"理论要点之管见
三、"与国际惯例接轨"不能凌驾于"有法必依"
四、结语

国际惯例作为法的一种渊源,分属于不同的法学学科和法律门类。有的属于国际公法领域,有的属于国际私法领域,有的属于国际经济法领域,有的属于各国民法、经济法、刑法领域,等等。我们在这里探讨的是属于国际经济法领域的惯例,简称"国际经济惯例"或"国际经贸惯例"。

本文拟紧密结合当前中国的实际,对近年来中国在对外经贸往来中适用国

---

[*] 本文原载于《中国社会科学》1994年第4期。

际经济惯例方面存在的若干理论问题和实践问题加以探讨。

中国自20世纪70年代末实行改革开放基本国策以来,对外经贸往来迅猛发展。1992年,党的"十四大"明确提出建立社会主义市场经济体制的改革目标,全方位地对外开放,这就使中国成为国际社会经济生活中更加积极、愈来愈活跃的一员。建立社会主义市场经济,涉外经济基础和上层建筑的许多领域,需要有一系列相应的体制改革、政策更新和法律调整,才能使中国在更大的广度和深度上参与和拓展国际经贸往来,充分利用国际市场经济所提供的各种资源和机遇。正是在这样的历史条件下,人们日益强调:中国为推进改革开放大业而采取的各项措施,应当更加注意"参照国际惯例"、"适用国际惯例",或"与国际惯例接轨"。

"适用国际惯例"一词,是中国现行经济法、民商法中常见的立法用语。它主要是指中国对外经贸往来在一定条件下适用国际经贸商务中通行的做法,即适用国际经贸惯例。对此,各界看法大体一致,似无歧义。但是,对中国现行经济法、民商法中常见的立法用语"国际惯例"一词,其具体内涵和外延如何界定,"国际惯例"在中国法律规范的整个体系中处在何种具体的法律位阶,它的法律效力或约束力是否高于中国的现行法律,在"国际惯例"与中国现行法律不一致或发生矛盾冲突时,如何正确对待和取舍,等等,则说法不一,见解不同,并且各按自己的说法和见解,各行其是;甚至在"与国际惯例接轨"的堂皇旗号下,乱闯现行法律禁区,追逐个人私利或部门、地区的局部利益,造成思想上和实践上的混乱,严重损害了国家的全局利益。为正本清源,很有必要从理论上对"国际惯例"进行剖析和澄清,以正视听。

一、关于"国际惯例"的诸般学说

早在1985年,中国就在《涉外经济合同法》中针对国际惯例的适用原则作出明确的法律规定:"中华人民共和国法律未作规定的,可以适用国际惯例。"次年,在《民法通则》中进一步载明:"中华人民共和国法律和中华人民共和国缔结或者参加的国际条约没有规定的,可以适用国际惯例。"1992年颁布的《中华人民共和国海商法》(以下简称《海商法》)再一次重申了同样的适用原则[①]。

关于"国际惯例"一词的内涵,在中外法律文件的提法上和学者们的论述

[①] 参见《涉外经济合同法》第5条第3款、《民法通则》第142条第3款、《海商法》第268条第2款。《涉外经济合同法》颁行以来曾经发挥了重大的积极作用。其基本内容现已被吸收融合于1999年10月1日起施行的《中华人民共和国合同法》中。《涉外经济合同法》、《经济合同法》以及《技术合同法》,均于同日废止。

中,见仁见智,迄今似尚无举世公认、完全一致的界说。

《国际法院规约》第 38 条规定:国际法院在裁判中可以适用"国际习惯"(international custom),这种惯例,就是"有证据表明已被接受为法律的通例"(general practice)①。

英国学者劳特派特(H. Lauterpacht)修订的《奥本海国际法》在"绪论"中专设一目,阐明"习惯"(custom)与"惯例"(usage)的区别,认为"习惯不应与惯例相混淆。……如果某种行为的一种明显和继续的惯行(habit)是在这种行为按照国际法是必需和正当的这个信念之下形成的,国际法学者就说这是习惯。另一方面,如果某种行为虽然形成一种惯行,但却没有这种行为按照国际法是必需的或正当的信念,国际法学者就说这是惯例"②。据此,在形成的时间上,惯例先于习惯;而在约束力的层次上,惯例低于习惯,习惯是由惯例"上升"而成的。

但是,紧接上述正文之后,同书同页却加上一条注解,指出:"国际法上的习惯与惯例的区别并非尽如正文所说明的。例如,霍尔(Hall)说过'这种习惯从此形成为一个确定的惯例。'"③。据此,则惯例之形成后于习惯,而惯例之约束力应高于或优于习惯,惯例是由习惯"上升"而成的。简言之,上述两种见解正好是截然相反的。

美国学者布莱克(H. C. Black)编纂的《布莱克法学辞典》问世一百余年来,历经五度修订。其中,将"习惯与惯例"(custom and usage)合并立目,并统一解释为"惯例或人们的惯常做法(practice),……具有强制力;在与它有关的场合或事项上,具有法律约束力。"但是,在同一条目中又补充说:"惯例[辨义](usage distinguished):'惯例'是一种重复的行为,它不同于习惯,后者是产生于此种重复行为的法律或一般规则。可以有尚未形成习惯的惯例,但如无惯例伴行或先行,就不能形成习惯。"④在这里,就其合并立目和统一解释而言,显然是将"习惯"和"惯例"作为同义语看待,两者的法律地位及约束力属于同一层

---

① 英文原文为:"international custom, as evidence of a general practice accepted as law", see: *Statute of The International Court of Justice*, in Louis Henkin et al. ed., *Basic Documents Supplement to International Law*, West Publishing Co., 1987, p. 92. 国内中文本通常译为"国际习惯,作为通例之证明而经接受为法律者",读来拗口,且语意不明。兹改译如正文,供参考和讨论。

② 参见〔英〕劳特派特修订,王铁崖、陈体强译:《奥本海国际法》,商务印书馆 1971 年版,上卷第 1 分册,第 18—19 页。并参见同书英文版,H. Lauterpacht, Oppenheim's International Law, 6th Edition, Longman, Green and Co., 1940, p. 25。

③ 劳特派特修订:《奥本海国际法》,商务印书馆 1971 年版,第 19 页;英文第 6 版,第 26 页。

④ 《布莱克法学辞典》,1979 年英文第 5 版,第 347 页,并参看第 1381 页"usage"条目中的"custom distinguished"段。这本辞典的特色之一是:把学术界对同一辞目的不同理解和不同解释,兼收并蓄,并一一注明释义的出处,以供读者进一步查索和对照比较。上述既合并立目又补充辨义和诠释的方法,正是这种编纂体例的一种体现。由此可见,在美国法学界,对于惯例与习惯的理解,向来是众说纷纭的。

次;但就其补充"辨义"而言,却又将两者作为异义语看待,两者的法律地位及约束力就有高低强弱之分。

日本学者皆川洸认为:"国际习惯,是指国际间业经确立的一般惯例。这些惯例已被证明具有法律义务之意义,且正在实践中使用。其实,国际惯例并不是法律义务,而主要是出于国际礼让和方便的考虑而加以引用。在承认业经确立之一般国际惯例时,……即已存在着承认其法律意义的推定。"①这段论述,显然是针对前述《国际法院规约》有关规定所作的诠解。

在中国,1929年国民党当局颁行的《民法》中明文规定:"民事,法律所未规定者,依习惯;无习惯者,依法理。"②在这前后的"司法解释"和"判例"中,"习惯"一词常与"习惯法"、"习惯法则"、"惯例"等混合使用或交替使用。值得注意的是这样的表述和说明:"习惯法之成立须以多年惯行及普遍一般人之确信心为其基础。""习惯法则应以一般所共信不害公益为要件。否则,纵属旧有习惯,亦难认为有法的效力。"③

中国台湾学者张镜影先生认为:"习惯乃指多数人对同一事项,经过长时间,反复而为同一之行为也。因此,习惯是一种事实上的惯例。""习惯经国家承认时,则成为习惯法(customary law)。""民事采用之习惯,其必备之要件有五:一须有习惯之存在;二须为人人确认其有法之效力;三须系为法令所未规定之事项;四须不背于公共秩序与善良风俗者;五须经国家明示或默示承认者。"④在张先生看来,习惯只是一种客观存在的事实,其所以具有"法之效力",则来源于"人人确认"与"国家承认"这两大前提要件。这种观点,符合实际,颇有见地,值得称道。

著名国际法学者王铁崖教授认为:"惯例"一词,有广义与狭义之分,广义的"惯例"包含"习惯"在内。通常外交文件上所称"惯例",既包含已经具有法律约束力的"习惯",也包含尚未具有法律拘束力的常例、通例或惯常做法。狭义的"惯例"则专指尚未具有法律约束力的常例,即《国际法院规约》第38条第一项(丑)款所指的"通例"之类。换言之,"国际习惯"与狭义的"国际惯例",两者之间的区别,就在于它们"是否被各国认为具有法律拘束力。"⑤王先生关于"广义

---

① 日本国际法学会编:《国际法辞典》,世界知识出版社1985年版,第603页。
② 林纪东、郑玉波等编纂:《新编六法参照法令判解全书》,中国台湾五南图书出版公司1986年版,第63页。
③ 同上书,第63—65页。
④ 何孝元主编:《云五社会科学大辞典》(第6册),《法律学》,中国台湾1971年版,第302页。
⑤ 王铁崖主编:《国际法》,法律出版社1981年版,第29页。14年之后,王先生的具体提法虽有所发展更新,认为"狭义的'惯例'专指'习惯'",即专指具有法律拘束力的习惯,但他所率先提出的关于"广义的惯例"之说,则始终如一。参见王铁崖主编:《国际法》,法律出版社1995年版,第13页。

的惯例"的见解,在一定程度上突破了前述劳特派特修订本见解所设定的狭窄框架,比较切合实际,颇具启迪意义。

著名国际私法学者韩德培教授认为:"国际惯例是在国际交往中逐渐形成的不成文的法律规范。"他强调:"国际惯例只有经过国家认可才有约束力。"他同时指出:在国际私法领域,国际惯例可大体分为两类,一类是无需经过当事人选择,大家都必须遵守的惯例,如"国家财产豁免"原则;另一类是只有经过当事人选择,才对他们有约束力的惯例,如《国际贸易术语解释通则》。前一类是强制性规范,后一类是任意性规范。我国在处理涉外民商事法律问题时,除应遵守我国法律以及我国与有关国家订立的条约外,"在维护主权和平等互利的原则下,也参照国际惯例和习惯。"①在参照适用国际惯例时,大力强调维护国家主权与国家认可原则,是韩先生上述见解的一大特色,颇能发人深思。

著名国际经济法学者朱学山教授认为:"惯例是从习惯来的。"一旦有了习惯,人们往往会按照习惯行事,并逐渐觉得应当如此行事,愿意相约遵守,于是习惯便发展成为惯例。此时或此阶段的习惯,不但具备了"物质因素",即客观上存在的、长期重复发生的行为,而且具备了"心理因素",即人们主观上普遍觉得理应如此,理应遵守这些习惯,这就叫做有了"法的确信"。"习惯具备了这两个因素,就不再是一般的习惯,而是转化成为具有法律效力的惯例了。可以说,惯例是在法律意义上取得了法律效力的习惯。"②朱先生强调的是:惯例来自习惯而又高于习惯,此种见解,与前述霍尔的见解可谓不谋而合,而其阐述和论证,则远比霍尔明快、透辟,令人耳目一新!

二、关于"国际惯例"理论要点之管见

对于中外法学家的上述各种观点和见解,仔细地加以比较分析和综合研究,方能博采众长,集思广益。作为中国当代的法律学人,如能立足于中国的实际国情,着眼于当代世界经济秩序新旧更替的趋势,来考察和理解关于适用国际惯例问题,就不难从上述各种见解中,概括、提炼和推导出以下的理论要点。

1. "custom"、"usage"和"practice",这三个名词实际上都具有习惯、惯例、惯常做法等多重含义,在辞典的名词字义诠解中,常被用于互相交叉解释。可

---

① 韩德培主编:《国际私法》(修订本),武汉大学出版社1989年修订版,第27—28页。
② 朱学山先生的上述见解,收辑于陈安主编:《国际经济法总论》,法律出版社1991年版,第136页。

以说,在一定范围内,这三个单词实际上是字义互通的同义语[①]。现有的一些中译本,把 custom 译为"习惯"、usage 译为"惯例"、practice 译为"通则"或"常例",看来也只是为了解释上的方便,而并不意味着这三者的字义之间"界限分明",绝对不准沟通,不得逾越,禁止互相代替使用。有人认为,"习惯"与"惯例"这两个名词,在日常生活语言中可以交叉混用,但在国际法学者用语中却不容混淆[②]。其实,任何国际法学者都不能脱离社会日常生活,似乎没有绝对必要另外创造或生造一套"同词异义"字,使其完全脱离日常用语中约定俗成的原有字义。例如,有谁能够断言:international custom 一词,只能译成"国际习惯"而绝对不能译成"国际惯例",或者,前译准确而后译讹误呢?

在中国汉族社会的语言文字和日常生活中,一般说来,"惯例"一词的语义、语气和力度,似均强于"习惯"一词。"例"字含有先例、成例、规例、规程、规则、准例、条例、律例诸义[③],并由此衍生出"有例可援"、"援例办理"、"依例断案"和"据例处刑"等成语。因此,"惯例"一词似可诠释为"由习惯而形成的规例",相应地,前述《国际法院规约》第 38 条中的"international custom"一词如改译为"国际惯例",似更切合于中国社会生活和日常习惯用语的实际,也更有利于与中国现行诸基本法律(民法、海商法等)中的"国际惯例"这一法定用语互相衔接,取得一致。

2. 中国上述法律条文中提到可以适用的"国际惯例",当然主要是指在国际社会中普遍认为具有约束力的那些习惯或惯常做法。但是,在司法实践中,对于那些尚未获得普遍承认,暂时还欠缺约束力的习惯或惯常做法,只要确实有利于问题或争端的公平处理和公正解决,似也不妨采取"拿来主义",参照适用。从这个意义上说,对中国现行法律、法规中提到的"国际惯例"一词,似宜作广义的理解。

3. 在中国法律未作明确规定的情况下,"适用国际惯例"、"参照国际惯例"或"与国际惯例接轨",既可以是司法、执法的补充准则,也可以是立法或施政的指导方针。换言之,既可适用或参照国际惯例来办事断案,解决争端,又可适用或参照国际惯例来厘定新的政策,制定新的法规。近年来,人们自觉提倡的"与国际惯例接轨",通常就是指在全方位对外开放条件下,中国在施政和立法方面努力更新与不断改善的新导向。

4. 严格说来,国际惯例本身并不具备任何强制力。有关的法律文字既曰

[①] 参见《韦氏新大学辞典》(1990 年第 9 版)、《布莱克法学辞典》(1979 年版)以及《新英汉词典》等书的有关辞目。

[②] 劳特派特修订:《奥本海国际法》,商务印书馆 1981 年版,第 18 页。

[③] 参见《辞海》,上海辞书出版社 1979 年缩印本,第 238 页;《汉语大词典》第 1 卷,上海辞书出版社 1986 年版,第 1334—1335 页。

"可以适用",当然就意味着:也可以不用。用与不用,悉听司法、执法者的自由裁断。因此,这显然只是一种任意性规范而不是强制性规范。国际惯例从一个本来并无强制力的客观事物转化成为具有法律约束力的行为规范,一般必须通过两种"中介"之一:其一,通过当事人之间的协议,将其有关规则或内容纳入合同,使其产生合同法上的法律约束力;其二,通过主权国家权力机关某种形式的承认或确认,赋予它法律上的约束力。前者是个案性的,影响甚小;后者则是总体性、普遍性、全国性的,影响至巨。

因此,一个主权国家在决定是否认可和采纳某项国际惯例时,自应审慎从事,在认真调查研究有关国际惯例的真实内容和规则,弄清全貌之后,再立足于本国国情,全面权衡利弊得失,决定取舍。在这方面,闭目塞听,夜郎自大,因循守旧,故步自封,是错误和有害的;反之,一知半解,若明若暗,追赶"时髦",盲目附和,轻率从事,同样是错误和有害的。

5. 当今世界存在着两大类主权国家,一类是发达国家,它们大多是原先的殖民主义强国;另一类是发展中国家,它们大多是原先的殖民地半殖民地弱小国家。这两大类国家,由于经济上的互补性,在通过合作谋求世界各国经济的共同繁荣方面,有着共同的利益和共同的语言。但是,毋庸讳言,由于两类国家在经济利害得失上的矛盾和冲突,从总体上说来,发达国家多是国际经济旧秩序的维护者,发展中国家多是国际经济新秩序的倡导者。相应地,在国际惯例领域,除了两类国家都可以接受的惯例外,也有某些不合时宜的旧日传统惯例,为发达国家所坚持,却为发展中国家所反对;某些符合时代潮流的新生的惯例,为发展中国家所倡导,却为发达国家所抑制。因此,在国际经济秩序新旧更替的过程中,国际惯例并不是"铁板一块"的,也不是固定不变的。中国是社会主义国家,也是发展中国家。作为第三世界的一员,中国在决定是否认可和采纳某项国际惯例时,当然也必须考虑到国际经济秩序新旧更替、除旧布新的全局,考虑到第三世界众多发展中国家的共同立场和共同利益。

6. 作为一个主权国家,中国认可和采用国际经贸惯例的方式大体有下述四种:第一,与有关外国缔结或者参加各类国际经济条约;第二,在中国的国际私法(冲突法)立法中,吸收有关的国际经贸惯例;第三,在中国的经济法、民商法立法中,吸收有关的国际经贸惯例;第四,既不缔结或参加某类或某项国际条约,也不在国内立法中正式吸收某项国际经贸惯例,悉听当事人自行决定是否在涉外经贸法律行为中采用某些条约的有关规定、某些外国法律的有关规定,或某些国际民间团体编纂的国际经贸惯例规则。换言之,举凡中国并未缔结或参加的国际条约、一切外国的法律、一切国际民间团体编纂的规则,其中所包含的国际经贸行为规范或行动准则,在中国这个主权国家看来,它们始终都只是停留在国际经贸惯例的位阶,即停留在既非国际法也非国内法(或非条约、非法律)的位阶;它们对于中国这个主权国家看来,都是没有法律约束力的。但是,在中国有关机关的执法、司法过程中,却不妨把它们作为国际社会中通行的行为规范和行动准则,参照适用,在各类个案中,赋予一定的法律约束力。

7. 由此可见,在中国涉外立法的整个体系中,国际经贸惯例与中国的国内法、中国缔结或参加的国际条约之间,具有互相交叉、互相渗透和互相融合的关系。试粗略示意如下图。

(甲) 综合图

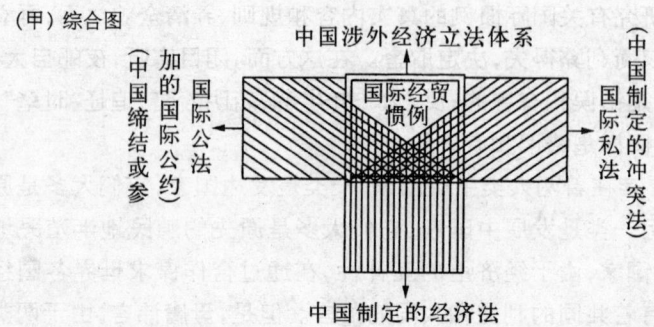

(乙) 分解图

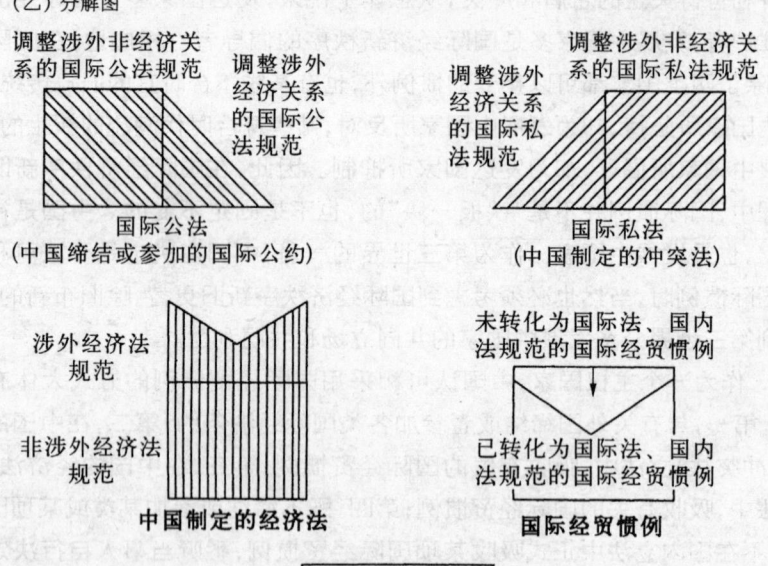

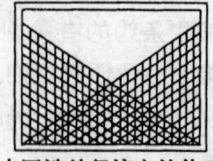

在中国涉外经贸法律行为规范的整个体系中,那些尚未转化为国际法(指中国缔结或参加的条约)、中国国内法的国际惯例,可谓自成一类,其独特之处在于它既不是对中国有约束力的国际法规范,也不是在中国境内有直接约束力的国内法规范。具体说来:

第一,它的确立,并非基于中国的国家立法或中国的对外缔约;而中国涉外经贸法律行为规范的其余部分,却无一例外,都必须经过中国的国家立法或国际缔约等程序,才能确立。

第二,它对于特定当事人具有的法律上的约束力,从总体上说,并非直接来源于中国国家的主权或其他强制权力,而是来源于当事人各方的共同协议和自愿选择。如果没有当事人的合意采用,一般说来,它就毫无约束力可言。反之,中国涉外经贸法律行为规范的其余部分,其约束力不但毫不仰赖于当事人的协议采用,而且往往可以逆着当事人的意愿径自发挥其应有作用,如果当事人这种意愿违反有关法律强制性规定的话。

第三,当事人在订立合同时,对于某一项现成的国际经贸惯例,只要各方合意议定,就既可以全盘采用,也可以有所增删,悉听自便。反之,当事人对于调整特定涉外经济关系的许多强制性法律条款,则只有全面遵照办理的义务,并无随意增删更改的自由。

第四,在许多场合,国际经贸惯例对于特定当事人的约束力,虽然并非直接来源于中国国家的主权或其他强制权力,但是,这种约束力的实施或兑现,却往往必须借助于中国国家的主权或其他强制权。例如,涉外经济合同当事人一方任意食言,无视自愿选择采用的某项国际经贸惯例的约束力,为了解决争端,除可提交仲裁之外,最终往往要通过法院作出判决或裁定,借以兑现和显示此项国际惯例的约束力。就此点而言,国际经贸惯例的约束力既区别于又类似于一般民商法律条款。从法理上分析,当事人在订立合同时既已自愿选择采用某种现成的国际经贸惯例,则此种惯例中所规定的权利和义务,就转化成为该项合同所确立的权利和义务,由合同法给予法律上的保障,并赋予法律上的约束力和强制力。因此,一方擅自违约,就要承担法律上的责任。另一种情形是:当事人之间在某项涉外经贸法律行为争端上并无明确的约定条款,而中国法律以及中国缔结或参加的国际条约中也没有明确规定,则中国法院可以参照或适用有关的国际经贸惯例,予以处断。在此种场合,此项国际惯例的约束力,貌似由中国法院直接赋予,实则此时此项国际惯例之约束力的真正渊源和主要法律依据,乃是前述中国《民法通则》中关于"可以适用国际惯例"的明文规定。

三、"与国际惯例接轨"不能凌驾于"有法必依"

探讨国际经贸惯例的理论要点,研究国际惯例与相邻部门国际经贸法律行为规范之间的联系与区别,当然不是纯学理的繁琐考证,也不是书斋中的概念游戏。理论上的模糊,往往会导致观念上的错觉和实践中的失误,小则损及单个企业,大则贻害整个国家。

20多年来,特别是在强调全方位对外开放以来,"按国际惯例办事"、"与国际惯例接轨"的口号和指针日益为国人接受。它开阔了人们的视野,更新了人们的观念,使人们勇于和善于吸收外国的先进经验,加大了中国在经济基础和上层建筑诸多领域改革的深度和力度,促进了社会主义市场经济体制的建立,加快了社会主义经济建设的发展。这当然是事物的主流。但是,在这个过程中,已经出现了一股不容忽视的支流:出于对国际惯例实际内容的无知、误解或一知半解,或者,为了追求某种难登"大雅之堂"的私欲、私利或部门、地区的狭隘利益,随心所欲,滥用上述口号,以"按国际惯例办事"或"与国际惯例接轨"为名,冲击"有法必依"的法制基本原则,否定社会公众心目中好不容易才逐渐形成和初步建立起来的守法意识,似乎中国的现行法律,都应当用"国际惯例"这个最高圭臬衡量检验一番,以判断其是否已经"不合时宜",从而决定取舍或是否遵行。其影响所及,就在某些地区、某些问题和某种程度上,出现了有法不依、有令不行、有禁不止的现象,出现了思想观念上的混乱和经济秩序上的混乱。

试以土地开发与房地产经营为例。顺应改革开放的形势需要,我国已经相继颁行了《中华人民共和国土地管理法》及其实施条例、《中华人民共和国城镇国有土地使用权出让和转让暂行规定》、《外商投资开发经营成片土地暂行管理办法》等基本法律、法规以及一系列配套的行政规章,各地也大都有了相应的地方法规。这些法律、法规不能说已经尽善尽美,尚需在今后随着形势的进一步发展而作必要的修改补充,但其中关于征用土地面积数量的审批权限、各类用途土地使用权出让不同的最高年限、土地使用权转让或出租的前提条件(特别是引进外商成片开发然后转让土地使用权的前提条件)、禁止"占而不用"和长期闲置土地等等基本规定,应当说,都是立足中国国情、借鉴外国先进经验的正确立法,切合我国加以保护和充分开发利用我国土地资源的现实需要。然而,近年来在全国范围内,特别是在沿海地区,有些地方政府的领导人法制观念淡薄,依法行政的意识不强,往往只从本地区的局部利益和眼前利益出发,甚至只是为了制造个人"政绩",企求邀宠晋升①,竟然不顾国家整体利益和长远利益,不计后果,对上述法律、法规的基本规定,视而不见,置若罔闻。一时间,越权批地,超年限批地,外商缴纳少量象征性资金后,不经开发即取得土地使用权并立即转手倒让,牟取暴利,或大片"圈地"占地不开发,坐等地价飙升再转手炒卖,使大量耕地抛荒,种种乱象,层出不穷,严重危害了社会经济的健康发展,破坏了土地资源的合理利用,并使大量的级差地租资金白白外流,国家蒙受巨大的经济损失,引起广大群众的强烈不满②。

这些有法不依、有意违法的行为,有许多是在"现行法规已不合时宜"、"要敢于闯不合时宜的政策法规的禁区"、"应当按国际惯例办事"、"应当与国际惯例接轨"之类的时髦借口之下,冠冕堂皇地进行的。在他们心目中的所谓"国际惯例",其法律位阶和约束力量已经远远凌驾于中国的现行法律之上。

这实在是对"适用国际惯例"一词的严重误解或曲解。任何无可争辩的真理,都附有一定的条件和限度。超过限度,"只要再多走一小步,仿佛是向同一方向迈的一小步,真理便会变成错误。"③这一至理名言,在这里再一次显示了它的旺盛生命力。

关于国际惯例的法律位阶及其约束力问题,本文第二部分之"4"、"6"两点已经论及。而本文开头引述的中国现行法律有关适用国际惯例的明文规定,实际上是把国际惯例置在低于中国缔结或参加的国际条约,也低于中国国内的现行立法的第三层次,而且限定:只有在这些条约、现行法这两种较高层次的行为规范未作规定的前提条件下,才适用国际惯例。换言之,这分明是强调在"有法必依"的前提下,在"无法可依"的特定情况下,才参照适用国际惯例,办事断案;而不允许反其道而行,把第三位阶的行为规范任意拔高到第一位阶或第一层次,让所谓的"国际惯例"凌驾、取代、取消或否定上述这些条约或现行法律。

于是,就有必要进一步探讨如何促使"有法必依"与"适用国际惯例"高度统一,以及如何理解这种高度统一的问题。在这方面,谨粗略概述管见如下。

1. 就中国所缔结或参加的国际经贸条约而言,其具体内容大多是原先已存在多时的国际经贸惯例。但是,它既已被确立为中国缔结或参加的国际条

---

① 这里暂且不讨论为了捞钱受贿而滥用权力、胡乱批地的违法犯罪行为。
② 参见《国务院批转国家土地管理局关于部分地方政府越权批地情况报告的通知》,载《中华人民共和国房地产法规汇编》,中国检察出版社 1992 年版,第 563 页。
③ 列宁:《共产主义运动中的"左派"幼稚病》,载《列宁选集》(第 4 卷),第 257 页。

约,那么,对于中国说来,它就不再停留在国际惯例的原有位阶,而是上升到法律地位(即属于国际公法层次)的行为规范。中国国内法中的某些规定如果与这些国际条约有所不同,除原先已经声明保留的条款外,应优先适用这些国际条约的规定①。因此,对于这些原先的国际惯例,已经不再是"参照适用",而是必须遵守了。换言之,它已不属于"按国际惯例办事"的范畴,而是已被提高到"有约必守"②(pacta sunt servanda)的层次,同时已经属于"有法(国际法)必依"的范畴了。

2. 就中国现行的国家经济立法而言,其中涉外的许多内容,都是在改革开放基本国策的指引下,既立足于中国的国情,又尽量参照国际惯例,在广泛吸取国外先进经验的基础上制定出来的。在这个意义上,遵守中国现行法律的有关规定与按国际惯例办事应当是完全一致的,并无互相排斥之处。但是,这部分国际惯例既已通过中国国家的立法,被吸收和融化于中国的法律,成为其中不可分割的、有机的组成部分,于是,对于它们应当采取的态度,就不再停留在"参照适用"的位阶和层次,而也已上升到"有法必依"的范畴,必须遵守和执行了。

3. 前文业已提及:除了上述两类法律规范之外,举凡中国并未缔结或参加的国际条约、一切外国立法机关制定的法律、一切国际民间团体编纂的规则,其中所包含的行为规范,在中国这个主权国家看来,都属于并无法律约束力的一般国际惯例之列。通常人们所说的"按国际惯例办事"、"与国际惯例接轨",严格说来,就是指的这一类。

作为一个主权国家,中国对于这些形形色色的国际惯例,理应在充分调查研究、了解全貌后,以本国的现行法律作为准绳,以国家利益和社会公共利益作为根据,逐一地、仔细地全面衡量利弊,决定取舍:或听其自然,参照适用,择其佳者逐步吸收上升为中国法律;或是坚决抵制和断然排斥。决不能不分青红皂白,不辨精华与糟粕,对所有的"舶来品",来一个"照单全收"!

有些在西方国家盛行的"国际惯例",如出版发行淫秽的书刊和视听作品,卖淫和嫖娼,开设赌场等等,在当地是合法的,在中国则是违法的或犯罪的行为。对于此类"国际惯例",自应依据中国的现行法律,予以抵制和排斥;对于按此类国际惯例行事的当事人,则予以制裁和惩罚。显然,这就是"有法必依"的结果,也是"有法必依"的另一种表现形式。

---

① 参见《民法通则》第142条第2款、《海商法》第268条第1款、《民事诉讼法》第238条。
② 参见《维也纳条约法公约》序言第26、27条,载于王铁崖、田如萱编:《国际法资料选编》,法律出版社1982年版,第699、708页。

有些西方发达国家坚持的国际惯例,例如要求东道国对于财产被征用的外商,"按照国际法上的公平标准",给予"迅速及时、充分足够、切实有效"的赔偿,索价极高,迹近敲诈勒索,实际上大大限制,甚至无异于根本剥夺了贫弱的发展中国家征用境内外资的主权权利[①]。这一国际惯例,由于带有浓烈的殖民主义宗主国气息,霸气甚重,历来为广大发展中国家所抵制和抨击,经过长期的斗争和论战,至 20 世纪 70 年代中期,通过联合国大会厘定的《各国经济权利和义务宪章》等基本法律文献,逐渐形成了新生的、符合时代潮流的国际惯例:对于因社会公共利益而被征用的外商资产,可依东道国的法律规定给予"适当的补偿"。作为第三世界的一员,中国积极参与了国际经济秩序破旧立新的联合斗争,相应地,在有关外商投资的国内立法中,在缔结的国际条约中,都抵制了"传统的"、不合时宜的前一种国际惯例,却参照和吸收了新生的、符合时代潮流的后一种国际惯例,从而使它上升为正式的法律规范。在这里,再次体现了"适用国际惯例"与"有法必依"的高度统一。如果有谁硬要以过时的、陈旧的国际惯例作为标准,责难中国"不按国际惯例办事"或"不愿与国际惯例接轨",那至少说明他对当今世界上仍然存在的殖民主义霸气嗅觉不灵,对国际经济秩序新旧更替的进程和总趋势,缺乏应有的敏感。

4. 随着改革开放的进一步深化,中国现有的涉外经济立法体系当然会有某些内容逐步不能适应新形势发展的需要,有必要采取措施,加以修订、补充和更新,诸如:缔结某些新的国际条约,参加某些尚未参加的国际条约,接纳或吸收某些已经存在的国际惯例,调整或改变国内立法中的某些规定,等等。但是,在这个过程中,依然应当强调法制观念,把"有法必依"放在首要地位。此时的"有法必依",包含着两个要点:第一,对于被认为不能适应形势发展新需要或"不合时宜"的某些法规内容,对于某些被认为应参照吸收的某些国际惯例,务必进行认真细致的调查研究,全面深入的比较分析,对前者之是否真正不合时宜以及后者之是否真正值得吸收,进行反复的论证,得出科学的结论。在得出科学结论之前,对于现行法规中的明确规定,仍然必须严格遵守,依法办事。第二,任何一个法治国家,法律法规之制定、修改或废除,都必须经过法定的程序。在参照和吸收适合我国需要的国际惯例,进一步改善我国涉外经济法律体系的过程中,对于法定的立法程序,务必严格遵守,做到依法"变法"或依法立法,有法必依。绝不能以违法的手段来"立法"或"以

---

① 参见陈安:《美国对海外私人投资的法律保护及典型案例分析》,鹭江出版社 1985 年版,第 50—122 页;《我国涉外经济立法中可否规定对外资不实行国有化》,载《厦门大学学报》1986 年第 1 期。

言代法"①,造成新的混乱。

四、结　语

中国建立社会主义市场经济体制、实行全方位对外开放的客观形势,要求中国在对外经贸交往实践及其行为规范方面,更多、更快、更好地与国际经贸惯例接轨。因此,应当"适时修改和废止与建立社会主义市场经济体制不相适应的法律和法规。加强党对立法工作的领导,完善立法体制,改进立法程序,加快立法步伐,为社会主义市场经济提供法律规范。"②

近几年来,在经济全球化加速发展的趋势下,在中国即将和已经加入世界贸易组织的条件下,中国的立法机关根据上述原则,一直在加强调查研究,加快必要的法律更新,并力求进一步完善中国的法制体系。这是问题的一个方面。

另一方面,对于一个主权国家来说,一切国际经贸惯例在法律上的约束力,来源于该主权国家的依法认可和参照执行。因此,这些国际经贸惯例在该主权国家的涉外经济法律体系中,其法定的规范位阶和约束力层次,应在该国参加或缔结的国际条约和制定的国内立法之下,而不应凌驾于这两者之上。因此,在"适用国际惯例"与"有法必依"两者之间,如果存在着某种"矛盾",则在立法上,应及时加强调查研究,慎重考虑是否可以或应该"变法";即使可以或应该"变法",也必须"依法变法",不应提倡乱闯法律禁区,以免贻患无穷;在法律尚未改变之前,在执法、司法上,仍应有法必依。换言之,"各级政府都要依法行政,依法办事。坚决纠正经济活动以及其他活动中有法不依,执法不严,违法不究,滥用职权,以及为谋求部门和地区利益而违反法律等现象。"③

中国作为社会主义国家,作为努力建立社会主义市场经济体制的国家,作为发展中国家和第三世界的一员,具有自己独特的综合性的国情。面对形形色色的国际经贸惯例,在深入研究和认真鉴别的基础上,只要它确实有利于促进我国社会主义市场经济体制的建立,就应当奉行"拿来主义",尽可能地博采众长,大胆采用。

---

① 邓小平同志早在1978年就严肃批评了"以言代法"的现象,指出,有人"往往把领导人说的话当做'法',不赞成领导人说的话就叫做'违法',领导人的话改变了,'法'也就跟着改变"。见《解放思想,实事求是,团结一致向前看》,载于《邓小平文选》(第2卷),人民出版社1994年版,第146页。

② 《中共中央关于建立社会主义市场经济体制若干问题的决定》,载《人民日报》(海外版)1993年11月17日。

③ 同上。

有利而不"拿来",属于因循守旧,故步自封;反之,一知半解,"信手拈来",奉为最高圭臬,则难免流于盲目轻率,后果堪虞。在这方面,应防止的是"一个倾向掩盖另一个倾向"! 拿来之前要鉴别,拿来之后要消化,因此,"拿来主义"应当与"鉴别主义"、"消化主义"三结合。

鉴别→拿来→消化的基本原则应当是:立足国情,以我为主,趋利避害,为我所用。相应地,其基本方法则理应是:开阔视野,博集广收,深入调研,仔细鉴别,去粗取精,吐故纳新,摄其精华,弃其糟粕。

在鉴别→拿来→消化的全过程中,我们的基本信念和基本守则依然是:务必做到"有法可依,有法必依,执法必严,违法必究"。只有这样,才能切实做到"适用国际惯例"、"与国际惯例接轨"和"有法必依"的高度统一。

# Ⅱ 论中国涉外仲裁监督机制[*]

内容提要 《中华人民共和国仲裁法》的颁行,标志着中国仲裁制度的进一步完善。但是,这部《仲裁法》关于仲裁监督机制的具体规定却存在着较为明显的缺失。它规定内国仲裁监督与涉外仲裁监督实行"分轨制",对于涉外仲裁裁决,只允许审查和监督其程序运作,不允许审查和监督其实体内容。这种做法并不符合中国现实国情——不利于反腐倡廉,不利于维护法律的尊严。另外,这种做法也不符合中国参加的有关国际条约的规定,不符合当代各国仲裁立法的先进通例。为了改变这种状况,有必要对《仲裁法》进行某些修订,将内国仲裁监督与涉外仲裁监督完全并轨,同时加强涉外仲裁领导机构的建设。

目　次

一、中国《仲裁法》的涉外仲裁监督规定与《民事诉讼法》有关规定的接轨

二、中国《仲裁法》的涉外仲裁监督规定与国际条约有关规定的接轨

三、中国《仲裁法》的涉外仲裁监督规定与当代各国仲裁立法通例有关规定的接轨

四、中国涉外仲裁监督问题的"特殊性"及其有关机制与国际条约、国际惯例接轨的必要性

《中华人民共和国仲裁法》(以下简称《仲裁法》)于1994年8月31日由全国人民代表大会常务委员会通过,并自1995年9月1日起实施。这标志着中

---

[*] 本文原载于《中国社会科学》1995年第4期。原题为《中国涉外仲裁监督机制评析》。原稿含有大量资料出处注解,发表时因限于篇幅,均被删节。其后在拙作《论中国的涉外仲裁监督机制及其与国际惯例的接轨》中,所有相关资料的原始出处,均予一一列明,可供对照查索(详见本书本编之Ⅲ)。

国仲裁制度的进一步健全和完善,是中国仲裁制度走向现代化和国际化的一项重大举措。同时,也应当看到,《仲裁法》的个别环节,不论是在行文措词上,还是在实体规定上,都存在着可以商榷和需要改进之处。本文拟针对《仲裁法》中有关涉外仲裁监督机制的具体规定加以评析,并就其进一步与国际先进惯例接轨的问题提出若干建议和设想。

中国《仲裁法》中所规定的仲裁监督,指的是对已经发生法律效力的"一裁终局"裁决,如发现确有错误或违法,有关当事人可依法定程序向有管辖权的人民法院(以下简称"管辖法院")申请撤销裁决,或申请不予执行[1]。但是,对于内国仲裁与涉外仲裁,该法所规定的监督范围却很不一样。它所规定的内国仲裁监督,其范围包括了程序上和实体上这两个基本方面。这与我国现行的民事审判监督范围基本一致,也与当代各国的立法通例相吻合。然而,它所规定的涉外仲裁监督,则只限于对涉外终局裁决中程序上的错误或违法实行监督和纠正,而更为重要的涉外终局裁决中实体上的错误或违法则不在监督之列[2]。

具体地讲,管辖法院有权对涉外终局裁决实行仲裁监督的,仅限于在程序上错误或违法的以下四种情况:当事人在合同中没有订立仲裁条款或者事后没有达成书面仲裁协议;被申请人(即仲裁程序中的被诉人)没有得到指定仲裁员或进行仲裁程序的通知,或者由于其他不属于应由被申请人负责的原因而未能陈述意见;仲裁庭的组成或仲裁的程序与仲裁规则不符;裁决的事项不属于仲裁协议的范围或者仲裁机构无权仲裁。但是,遇有在实体上错误或违法的以下五种情况之一,纵使一方当事人已经提出确凿证据,证明其完全属实,管辖法院也无法、无权援用涉外仲裁监督程序对它们进行监督和纠正。这些情况是:原涉外裁决认定事实的主要证据不足;原涉外裁决根据的证据是伪造的;对方当事人隐瞒了足以影响公正裁决的证据;原涉外裁决在适用法律方面确有错误;涉外仲裁员在仲裁该案时有贪污、索贿、受贿、徇私枉法等行为。

不难看出,《仲裁法》对内国仲裁监督和涉外仲裁监督实行的是分别立法,致使涉外仲裁接受监督的范围远远小于内国仲裁。对于《仲裁法》之所以采取上述这种做法的原因,大致有这样几种解释:《仲裁法》的规定必须与法律位阶高于它的《民事诉讼法》中关于涉外仲裁监督的规定保持一致;《仲裁法》的规定必须与中国缔结或参加的国际条约中的有关规定接轨;《仲裁法》的规定符合当代各国仲裁立法通例;《仲裁法》的规定符合中国国情——我国的涉外仲裁员素

---

[1] 参见《仲裁法》第58、63、70、71条。
[2] 参见《仲裁法》第65、70、71条;《民事诉讼法》第260条。

质极高,无须过分强调监督,且裁决的实体内容易受地方保护主义阻碍而不能得到很好的执行,故不宜向管辖法院授予审查涉外仲裁裁决实体内容的权力;等等。实际上,这几种意见都是值得商榷的。

一、中国《仲裁法》的涉外仲裁监督规定与《民事诉讼法》有关规定的接轨

《仲裁法》的法律位阶究竟如何?《仲裁法》的规定是否可以突破《民事诉讼法》现行的相应规定? 众所周知,对于当事人之间的经济争端,向来就有"司法解决"和"仲裁解决"两种解决途径。《民事诉讼法》是专为司法解决而制定的程序法,《仲裁法》则是专为仲裁解决而制定的程序法,两者分工明确,各有专司。只是由于仲裁裁决的强制执行与撤销,须由拥有管辖权的法院来处理,所以在总共270条的《民事诉讼法》中才出现了关于仲裁方面的寥寥几条原则规定。我们并不能据此推断整个《仲裁法》就是从《民事诉讼法》这一"母法"派生出来的"子法"。相反,这两种程序法,都是由全国人大这一最高立法机关制定的法律,两者的法律位阶应当是相等的,并无主从关系。关于这一点,可以从《仲裁法》本身的规定中找到有力的根据。例如,《仲裁法》第15条第3款以及第75条分别明文规定:中国仲裁协会制定可供具体操作的《仲裁规则》或各类仲裁委员会制定《仲裁暂行规则》时,应当"依照本法和民事诉讼法的有关规定"。在这里,显然是把《仲裁法》与《民事诉讼法》相并列,作为制定仲裁规则所必须遵循的法律基础和法律依据,而且在排列的顺序上,把《仲裁法》列在《民事诉讼法》的前面。

尤其值得注意的是,《仲裁法》第78条明文规定:"本法实施前制定的有关仲裁的规定与本法的规定相抵触的,以本法为准。"这就毫不含糊地表明:就"有关仲裁的规定"而言,《仲裁法》的规定具有法定的、绝对的优越权和优先适用地位。此前各种法律(包括《民事诉讼法》、法规、规章)中针对仲裁的一切规定,都必须与《仲裁法》的规定保持协调一致,不得违反。如有违反,概属无效。

由此可见,在仲裁程序问题上,《仲裁法》处在"特别法"的地位;其他一切法律,包括《民事诉讼法》,均处在"普通法"的地位。按照"特别法优先于普通法"的基本法理原则,《仲裁法》中有关仲裁的规定理所当然地可以突破《民事诉讼法》中有关仲裁的现行规定。前举《仲裁法》第78条就充分地体现了这

种突破。

同时,还应当充分注意到,试行自1982年,修订于1991年,适用于计划经济体制的《民事诉讼法》(包括其中关于仲裁监督机制的规定),完全应当根据中共十四届三中全会《关于建立社会主义市场经济体制的决定》之第九部分所指明的立法工作基本方向加以修订。就仲裁领域的立法而言,也必须适应全国人大于1993年3月正式通过的修订后的《宪法》关于"实行社会主义市场经济"的要求,以深化改革、扩大开放的眼光,考虑我国社会主义市场经济与世界市场经济的接轨问题,使中国的仲裁立法(包括有关涉外仲裁监督机制的立法)能够立足于中国当前国情的需要,并恰如其分地与国际立法惯例接轨。

从总体上看,《仲裁法》是符合上述立法方向的。《仲裁法》关于内国仲裁监督机制的新规定,确实已经突破《民事诉讼法》在同一问题上的现有规定,体现了向国际立法惯例靠拢并与之"接轨"的精神。例如,《民事诉讼法》第217条规定:被申请人提出证据证明仲裁裁决有该条文所列举的六种错误或违法情事之一,经法院审查核实,应裁定"不予执行";而对此类错误的或违法的原裁决,却并无依法予以撤销的任何规定。现在,《仲裁法》第58条的规定则与此不同。它参照和吸收了世界各国仲裁立法的有益经验,规定:当事人(包括仲裁案件中的申请人和被申请人)提出证据证明仲裁裁决有该条文所列举的六种错误或违法情事之一,经法院审查核实,即"应当裁定撤销"。与《民事诉讼法》相比,《仲裁法》中这一突破性规定的法律效力、社会影响乃至一般公众观感是大不相同的。它有利于明辨是非、澄清模糊认识,有利于维护"有法必依、违法必究"的基本法理原则,有利于维护中国法律和中国法院的尊严。关于这一点,后文还将述及。

但是,如前所述,《仲裁法》对于"内国仲裁监督"和"涉外仲裁监督"实行"内外有别"的分轨制,把对涉外仲裁裁决的监督(包括裁定撤销)仅仅限制在《民事诉讼法》第260条第1款所规定的四种程序运作上的错误或违法这样一个小范围内,而不过问涉外仲裁裁决的实体内容,从而在实践上势必造成这样的效果:管辖法院对于前文所举实体内容上的五类错误裁决或违法裁决,包括凭伪证作出的裁决或仲裁员贪污受贿枉法作出的裁决,竟然无权监督、无法监督、无计可施:既不能裁定不予执行,更不能裁定应予撤销。此外,《民事诉讼法》第260条第2款原有规定:"人民法院认定执行该(涉外)裁决违背社会公共利益的,裁定不予执行",对于这一极其重要的国际立法惯例——"公共秩序保留条款"(the reservation clause of public order),《仲裁法》在规定涉外仲裁监督机制时,竟然全未提及,这不能不说是立法上的一大疏漏甚至倒退。

二、中国《仲裁法》的涉外仲裁监督规定与国际条约有关规定的接轨

《仲裁法》与中国缔结或参加的国际条约中有关涉外仲裁监督的规定是否已经确实互相接轨和完全一致？对于这个问题，我们不妨以1958年在纽约订立的《承认及执行外国仲裁裁决公约》(以下简称《1958年纽约公约》)①以及1965年在华盛顿订立的《解决国家与他国国民间投资争端公约》(以下简称《1965年华盛顿公约》)②为例，进行剖析。

1986年12月2日，中国全国人民代表大会常务委员会决定中国加入《1958年纽约公约》。该公约第3条规定：各缔约国应当互相承认外国仲裁裁决具有约束力，并按法定程序予以执行。不言而喻，这正是缔结该公约的主旨所在。但是，公约第5条第1款却规定了几种例外，即原裁决在程序上存在错误或违法的五种情况(限于篇幅，不一一列出)，只要具备其中之一，经受害当事人一方之请求和举证证实，有关缔约国之主管机关对于该项来自外国的仲裁裁决，就有权拒绝承认且不予执行。这实际上就意味着作为东道国的缔约国对于已经发生法律效力并将在本国境内执行的外国裁决，有权加以必要的审查和监督，并保留否认其约束力和拒绝执行的权利。公约第5条第2款又进一步规定：外国仲裁裁决执行地所在国(东道国)之主管机关，如果认定：(1)按照东道国本国的法律，该项争端不能以仲裁解决；或(2)承认或执行某项外国仲裁裁决有违东道国本国的公共政策(public policy)，则有权拒不承认和执行该项外国仲裁裁决。这种规定，乃是"公共秩序保留"这一原则的具体运用。它的实质，就是授权上述东道国主管机关对来自外国的仲裁裁决除了可以进行程序方面的审查和监督之外，也可以进行实体内容上的审查和监督。

《1958年纽约公约》上述条文中使用了英美法系所惯用的"公共政策"一词，其含义相当于大陆法系中的"公共秩序"(public order)，或中国法律用语中的"社会公共利益"(social public interests)；这些同义语的共同内涵，通常指的是一个国家的重大国家利益、重大社会利益、基本法律原则和基本道德原则。就笔者所见，众多法典条文、法学专著和工具书对此均无歧解。遗憾的是，中国

---

① 参见陈安等：《国际经济法资料选编》，法律出版社1991年版，第71—76页。
② 同上书，第684—704页；陈安等：《"解决投资争端国际中心"述评》，鹭江出版社1989年版，附录第162—184页。

《仲裁法》对于《1958年纽约公约》所赋予缔约国的上述"公共秩序保留"权利，对于中国《民事诉讼法》第260条第2款所明确规定的中国拥有的同一权利，即拒不承认、拒不执行具有错误内容或违法内容的外国仲裁裁决，以免损害本国社会公共利益的权利，竟然略而不提。尽管有人认为中国管辖法院在实践中可以援引《民法通则》第142条第2款前半段的规定来弥补这一缺失，但毕竟失于间接且有赖于解释、推理。

在仲裁领域实行国际协作方面，中国除了在1986年参加了《1958年纽约公约》之外，还在1992年参加了《1965年华盛顿公约》。后者的主旨，在于通过国际仲裁，解决东道国政府与外国投资者之间的争端。为了处理仲裁裁决的"终局性"与"公正性"这一对矛盾，《1965年华盛顿公约》作出了这样的规定：一方面，强调仲裁裁决具有与终局司法判决一样的约束力，不但当事人必须遵守和履行，除公约另有规定外，不得进行上诉或申诉，而且公约的各缔约国都应尊重仲裁裁决，并在其本国领土内履行该裁决所课予的与金钱有关的各种义务；另一方面，又专设一条，允许当事人的任何一方有权根据下列五种理由之一，向依据《1965年华盛顿公约》设立的"解决投资争端国际中心"（International Centre for Settlement of Investment Disputes,以下简称"ICSID"）申请撤销原定的仲裁裁决，这五种理由是：(1)仲裁庭的组成不适当；(2)仲裁庭显然有越权行为；(3)仲裁庭的一名成员有受贿行为；(4)仲裁过程中严重违反仲裁程序基本规则；(5)仲裁裁决未陈述其所依据的理由。

这一专条的规定具有重大的意义，它比较妥善地处理了仲裁裁决之"终局性"与"公正性"之间的矛盾和在对跨国投资争端实行国际仲裁过程中存在着的"南、北"之间的矛盾。从"解决投资争端国际中心"各年度的报告来看，在提交该组织仲裁的跨国投资争端案件中，吸收外资的发展中国家（东道国）几乎全部处在被诉人（被告）的地位。在这种情况下，如果国际仲裁庭的裁决大体上公平合理，则强调裁决的约束力并强化其执行制度当然无可厚非；反之，如果裁决本身在程序上或实体上确有错误或违法之处，以致处断不公，造成对发展中国家（被诉人）的无端损害，则裁决之约束力愈大，执行制度愈严格，其危害性也愈强烈。正是基于此种考虑，经过发展中国家的共同力争，《1965年华盛顿公约》才设有上述监督机制专条的明文规定。

诚然，在上述跨国投资争端的国际仲裁中，其中一方当事人是外国投资者，另一方则是吸收外资的东道国。从表面上看，后者与一般的商事纠纷当事人有所不同。但是，在上述这种国际仲裁中，后者的法律身份并非国际公法上的主体，而已"降格"为国际商法上的主体，即无异于一般国际商事纠纷中的另一方当事人,双方当事人在仲裁庭中的法律地位完全"平起平坐"。统计资料表明,在此类仲裁实践中,ICSID仲裁员和实际断案的专家们绝大多数来自发达国家或经受过发达国家的法学教育训练,这就不可能不影响到他们在"南北矛盾"中的倾向和态度。不难看出,《1965年华盛顿公约》第52条有关仲裁监督机制的规定(包括对仲裁裁决实体内容的监督),实际上是一种保护弱者以维护仲裁裁决公正性的必要措施。

同样令人感到遗憾的是,《仲裁法》中有关涉外仲裁裁决监督机制的规定,也未能充分借鉴和吸收中国已经参加的《1965年华盛顿公约》在仲裁监督机制方面适当地扶持弱者以保证仲裁裁决公正性的有益经验。

总之,所谓"中国《仲裁法》中关于涉外仲裁监督的现有规定与中国缔结或参加的国际条约互相接轨和完全一致"的论断,显然缺乏足够的事实根据。

三、中国《仲裁法》的涉外仲裁监督规定与当代各国仲裁立法通例有关规定的接轨

《仲裁法》关于涉外仲裁监督的规定是否符合当代各国仲裁立法的通例?答案是否定的。现列举有关资料如下[①]。

美国 美国仲裁立法中对于在本国境内作出的仲裁裁决,不论其为内国裁决或为涉外裁决,都采取同样的监督机制。监督的对象、项目或要点,既有程序方面的,又有实体方面的。根据当事人的请求,仲裁裁决地所属地区内的管辖法院除了有权审查一般仲裁程序上的错误和违法情事之外,还重视审查仲裁裁决是否"以贿赂、欺诈或者不正当方法取得",仲裁庭各成员是否"显然有偏袒或贪污情事"。一旦认定确有上述情事之一,管辖法院即可作出裁定,撤销原仲裁裁决。

德国 在《德国民事诉讼法》中设有"仲裁程序"专编(第10编)[②],其中对在本国境内作出的仲裁裁决实行监督的规定,也本着"一视同仁"的原则,不区分其为内国裁决或涉外裁决。监督的对象或要点,既涉及裁决的程序运作,也

[①] 本文所引各国仲裁立法资料,除另注出处者外,均见程德钧和王生长主编:《涉外仲裁与法律》(第二辑),中国统计出版社1994年版;姚梅镇主编:《国际经济法教学参考资料选编》(下册),武汉大学出版社1992年版;谢怀栻译:《德意志联邦共和国民事诉讼法》,法律出版社1984年版。

[②] 本文发表于1995年。其后,《德国民事诉讼法》第10编经过修订并自1998年1月1日起开始实施。详见本书第二编Ⅴ,《再论中国涉外仲裁的监督机制及其与国际惯例的接轨》第三部分之(二)。

涉及裁决的实体内容。就对于裁决内容方面的监督而言,具有下列七种情况之一,当事人即可申请撤销原裁决:

(1) 承认裁决,显然违背德国法律的基本原则,特别是不符合德国的基本法;

(2) 对方当事人宣誓作证而又犯有故意或过失伪证的罪行,裁决却以其虚假证言作为根据;

(3) 作为裁决基础的证书是伪造或变造的;

(4) 证人或鉴定人犯伪证罪行,裁决却以其虚假证言或鉴定作为根据;

(5) 当事人的代理人或对方当事人(或其代理人)犯有与本仲裁案件有关的罪行,而裁决即是基于该行为而作出的;

(6) 仲裁员犯有与本仲裁案件有关的、不利于当事人的渎职罪行;

(7) 裁决是以某项法院判决为基础,而该项判决已被依法撤销。

管辖法院认定确有上述情况之一,即应撤销原仲裁裁决并驳回执行该裁决的申请。

可见,德国法律既规定仲裁裁决对于当事人具有与法院终局判决同等的法律效力,同时,又对裁决的程序,特别是对裁决的实体内容,实行十分严格和相当具体的监督。对于在仲裁过程中当事人等实行伪证或仲裁员渎职因而势必影响裁决公正性的场合,尤其强调从严监督,坚决纠正。

值得附带提及的是:德国对于来自外国的仲裁裁决,除了在其《民事诉讼法》第 1044 条中吸收《1958 年纽约公约》第 5 条有关监督机制的规定,授权本国的管辖法院可以裁定"不予承认和不予执行"之外,还专门立法,授权本国的管辖法院在特定情况下可以对来自外国的仲裁裁决作出"应予撤销"的裁定。足见德国的法律的确是把任何仲裁裁决的公正性放在首要地位而从严监督的。

日本 《日本民事诉讼法》对于在本国境内作出的内国仲裁裁决和涉外仲裁裁决,也采取"统一立法、同等监督"的原则。对于在日本本国境内作出的上述两类仲裁裁决,除了实行程序方面的监督之外,也相当强调实行实体方面的监督。就后者而言,凡具备该法所举六项条件(与前文德国法之"七种情况"极近似)之一,当事人即可申请撤销原仲裁裁决;而管辖法院一旦认定申请者举证属实,即应作出裁定,撤销该仲裁裁决。

可见,日本对于在本国作出的涉外仲裁裁决,也与对待内国仲裁裁决一样,针对其实体内容的公正性,实行相当严格与具体的监督。

澳大利亚 澳大利亚实行联邦制,六个州各有自己的宪法、法律和最高法院。1984 年以来各州法律实行"统一化"改革,基本上采用同一模式,大同小异。兹以经济和法律发展水平最高、辖区最大的新南威尔士州1984年的《商事仲裁法》为代表,摘述其中对仲裁裁决的监督规定。

这部仲裁法对于在本州作出的一切仲裁裁决,包括内国裁决和涉外裁决,实行统一的司法审查和监督。其特色有二:第一,对于终局性仲裁裁决,原则上一般不允许上诉,但如该州最高法院认为因裁决产生的法律问题可能对争端当事人的权益产生重大影响,则作为例外情况,在经过严格审查和适当限制的条件下,允许当事人向最高法院提起上诉,经过后者审定,可视情况分别作出裁定,维持、变更或撤销原仲裁裁决,或就有关法律问题提出意见,发回重审(重裁);第二,对于终局性仲裁裁决,如发现其"仲裁员或公断人本身行为不轨,或对程序处理不当",或"裁决不当",则作为一般原则,法院可以应仲裁协议一方当事人的申请,全部或部分撤销该仲裁裁决。

在仲裁裁决监督机制上采取这种做法,既对"内国"与"涉外"两类裁决实行"合流"和统一的监督,又按仲裁裁决本身所存在的程序或实体问题的轻重大小实行适当的"分流"监督,灵活掌握,同时提高实行监督的司法机关的层次以昭慎重,可谓独树一帜。

在发达国家的行列中,除了上述美、德、日、澳诸国之外,法国、意大利、加拿大、英国、比利时、荷兰、瑞士、奥地利等许多国家,对于在本国作出的涉外仲裁裁决,也都设有比较健全的监督机制。它们的共同特点是:第一,对于在本国作出的涉外仲裁裁决,与本国作出的内国仲裁裁决,实行统一的、同一标准及同等要求的监督;第二,监督和纠正的范围和要点,既包含两大类仲裁裁决在程序方面的错误或违法,又包括它们在实体方面的错误或违法;第三,管辖法院用以纠正这些错误或违法裁决的具体措施,并不局限于裁定"不予执行",而且有权裁定"应予撤销"。

在当代,许多发展中国家的仲裁立法都借鉴和吸收了发达国家的有益经验,在充分肯定仲裁裁决之终局性和约束力的同时,十分强调仲裁裁决的公正性,并为此建立了同样具备上述三项共同特点的监督机制。如印尼、泰国、埃及、阿根廷、秘鲁、韩国、南斯拉夫等国,其仲裁立法中关于审查和监督的条文虽有"列举"、"概括"及"综合"等不同的表述方式,但基本精神却是一致的。

综观当代世界各国仲裁立法的通行做法,不论是发达国家还是发展中国家,都对在其本国境内作出的内国仲裁裁决与涉外仲裁裁决实行"一视同仁"的监督,而不实行"内外有别"的分流机制;都对两大类裁决实行程序运作上和实体内容上的双重监督,而不实行"只管程序运作、不管实体内容"的单薄监督。

可以说,正是有鉴于当代各国仲裁立法的通例,总结了各国仲裁实务的有益经验,联合国国际贸易法委员会(UNCITRAL)1985年6月通过的《国际商事仲裁示范法》对于仲裁监督机制才作出了相应的规定,即:一个国家的管辖法院对于在本国境内作出的一切仲裁裁决实行审查和监督时,不分其为内国裁决或是涉外裁决,都采取同样的审查标准和补救措施;对于经过管辖法院审查认定其在程序操作上确有错误或违法,或在实体内容上确与本国公共政策相抵触者,则均在"可予撤销"之列,而不局限于"不予承认"和"不予执行"(这一点突破了《1958年纽约公约》的有关规定)。作为各国仲裁立法的重要参考,这部《国际商事仲裁示范法》受到了联合国大会的郑重推荐。

如前所述,中国《仲裁法》第58条对于在程序上或实体上确有错误或违法之处的内国仲裁裁决,明文规定"应当裁定撤销",从而突破了中国《民事诉讼法》第217条仅限于"裁定不予执行"的原有规定。这种突破,显然与借鉴和吸收当代世界各国仲裁立法的先进通例以及《国际商事仲裁示范法》的积极内容不无关系,并且已与国际仲裁立法通例接轨。但是,根据中国《仲裁法》第65条、第70条、第71条的规定,同法第58条所规定的审查标准和补救措施,却不能一体适用于在中国作出的涉外仲裁裁决。换言之,对于在中国作出的涉外仲裁裁决,只能就其程序运作进行司法审查和监督,而不能审查和监督(包括必要的纠正)其实体内容。这种"只管程序运作,不管实体内容"的监督规定,显然与国际仲裁立法的通例以及《国际商事仲裁示范法》的范例相左。

四、中国涉外仲裁监督问题的"特殊性"及其有关机制与国际条约、国际惯例接轨的必要性

我国的涉外仲裁界是否是无须严格监督的"一片净土"?以"防止司法执行上的地方保护主义"作为将地方管辖法院对涉外仲裁裁决的审查和监督限制在其运作程序方面的理由是否站得住脚?对此需要作具体的分析。

从整体上看,中国涉外仲裁队伍的品德素质和业务素质比较高。他们所作出的涉外裁决,在国内外获得了不少赞誉,至今尚未发现在程序上或实体上有严重的错误。但是,据此否定建立严格监督机制的必要性则是错误的,因为我们必须清醒地意识到以下几点。

第一,"至今尚未发现"并不等于至今绝对没有。况且,众所周知,在1982年3月至1991年4月实施的《中华人民共和国民事诉讼法(试行)》中,本身就

缺乏有关涉外仲裁监督的规定,致使法院对于涉外仲裁裁决的程序运作和实体内容,一概无权过问或监督。1991年4月修订颁布《民事诉讼法》以后,情况有所改善,但是管辖法院对于前文所列举的属于实体内容上的五类错误裁决或违法裁决,包括凭伪证作出裁决或仲裁员贪污受贿枉法裁决等等,仍然无从监督,受害当事人向管辖法院投诉以及管辖法院实行监督(包括受理、审查、发现和纠正)的法律渠道实际上被堵塞住了。在这种情况下,错误或违法的裁决当然就难以被发现。

第二,毋庸讳言,伴随着改革开放和市场经济的发展,各种各样的腐败现象已经渗透到社会生活的广泛领域之中,中国的涉外仲裁界并非生活在隔绝尘寰的"世外桃源"里,对于在改革开放和市场经济条件下带有一定规律性的阴暗事物没有理由不保持足够的警惕,没有理由陶醉于"一片净土"的自我评判中而拒绝接受实体监督。

第三,健全、有效的监督机制是从根本上防止腐败现象产生的一个必要条件。中国的涉外仲裁机构近年来先后制定和修订了《仲裁员须知》、《仲裁员守则》,强调仲裁员应当依法公正裁断、廉洁自律、珍惜荣誉、自我监督;《仲裁法》除了规定应当组建"中国仲裁协会"这一自律性组织之外,还明文规定了要依法追究仲裁员枉法裁决行为的法律责任[①]。这些举措无疑是有益的,但却很不够。理由很简单:自我监督任何时候都不能代替广泛的社会监督、完善的制度监督和严格的法律监督;对于涉外仲裁员个人的法律监督也代替不了对涉外仲裁裁决的法律监督。即使仲裁员个人因实施枉法裁决行为而受到查处,但在由《民事诉讼法》第260条第1款和《仲裁法》第65、70、71条所规定的现有监督机制下,受害当事人仍然不可能依法向管辖法院投诉,管辖法院要受理、审查乃至裁定"不予执行"或"应予撤销",也仍然是无法可依。总之,我国的涉外仲裁监督机制亟待进一步健全。

至于以中国现实国情"特殊",必须在仲裁立法中注意预防仲裁裁决执行中的"地方保护主义"和有关审判人员"业务素质和能力水平不够理想"为理由,主张地方管辖法院对涉外仲裁裁决的司法审查和监督,只宜限制在其程序运作方面,不应扩及其实体内容方面的见解,也是难以自圆其说的。这是因为:

第一,随着我国法律的进一步健全,"地方保护主义"对基层及中级司法界的某些影响必将逐步减弱。我们不能以局部的、暂时的消极现象作为全国性立法的主要依据。对于那种确因地方保护主义作祟而阻碍正确涉外仲裁裁决执

---

① 参见《仲裁法》第15、38条。

行的司法裁定,则完全可以运用现有司法体制中的上诉程序和审判监督程序予以纠正,而不应在仲裁立法中因噎废食,留下漏洞。只要把实施于1982年3月至1991年3月间的《民事诉讼法(试行)》第157、158条和修订后的《民事诉讼法》第140、177、178、179、184、185、186条相对照,就不难看出,我们实际上已经在通过健全法制来克服"地方保护主义"等消极因素方面作出了卓有成效的努力。可惜的是,这种积极的立法精神在《仲裁法》关于涉外仲裁监督机制的规定中没有得到充分的贯彻和体现。

第二,一般说来,涉外民商事案件比内国民商事案件复杂,审理和处断难度较高,而处断的公正与否、得当与否都将涉及国际影响或国际形象问题。为慎重计,在我国改革开放初期,即1982年3月间,曾试行把管辖和受理一切涉外案件的第一审法院定为各地的中级人民法院。随着基层人民法院组织机构的逐步健全、审判人员经验的不断积累和业务水平的逐步提高,自1991年4月9日起,除重大涉外案件第一审的管辖权不变之外,大量一般涉外案件的第一审,已经依法改由基层人民法院管辖受理①。同时,大量的司法实践也已经证明基层人民法院和中级人民法院在审理涉外案件时是胜任的,它们完全能够对涉外案件实体内容的是非曲直作出正确的审理和判决。可是,按《仲裁法》关于涉外仲裁监督机制的现有规定,不仅基层人民法院和中级人民法院,甚至连各省的高级人民法院和中国的最高人民法院也都无权对任何涉外仲裁裁决的实体内容进行司法审查、监督和纠正。这是对整个中国法院系统的"业务素质"、"能力水平"缺乏信任,还是人为的法律障碍?笔者认为,这个立法缺失是不能不予弥补的。

第三,我国现行民事审判监督制度是内国与涉外实行并轨。诚然,对仲裁裁决的监督不宜完全等同于对司法裁判的监督。前者基于当事人的自愿选择,讲求效率,"一裁终局"。但是,绝不能由此推导说,有关当事人已经因此全盘放弃了向管辖法院提出申诉,请求对错误或违法的仲裁裁决加以监督和纠正的权利。综观当代各国仲裁立法的趋向,有一种现象是值得注意的:为了更加有力地防止"地方保护主义"等消极因素对执行正确仲裁裁决可能产生的不利影响,为了更加有效地防止基层或中级人民法院部分审判人员可能因业务水平不高而在对仲裁裁决实行司法审查和监督中发生失误,把对于内国和涉外两类仲裁裁决实行程序运作审查和实体内容审查的监督权,一概授予拥有高水平审判人员的高层次法院,以昭慎重,并确保监督的公正、正确和准确,而又不影响效率。

---

① 参见《民事诉讼法(试行)》第17条、《民事诉讼法》第19条。

例如,在英国,此种监督权被授予高等法院;在印度尼西亚和澳大利亚,此种监督权被授予最高法院;在瑞士,原则上由联邦最高法院行使此种监督权,但是当事人可以协议以仲裁庭所在地特定的州法院代替联邦最高法院行使此权。笔者认为,结合我国幅员辽阔、各省发展不平衡等国情特点,在深入调查研究的基础上,可以考虑借鉴或移植上述经验。

综上所述,不难看出,中国《仲裁法》对内国仲裁监督与涉外仲裁监督实行"内外有别"的分轨制,不允许对涉外仲裁裁决的实体内容也实行必要的司法审查和监督,不符合中国现实国情,也不符合中国参加的有关国际条约以及当代各国仲裁立法的先进通例。它不利于促进中国涉外仲裁制度与有关的国际惯例相接轨,也不利于中国涉外仲裁体制迅速走向现代化和国际化。为了改变这种状况,笔者特提出下列设想。

第一,参照当代国际仲裁立法的先进通例,将内国仲裁监督与涉外仲裁监督完全并轨。为此,必须完全删除《仲裁法》第70、71条,并将同法第58条关于对内国仲裁裁决的程序运作和实体内容实行全面监督的规定推广适用于一切涉外仲裁裁决,毫无例外地实行"违法必究"和"违法必纠"。此外,《仲裁法》还可以作出规定,由最高人民法院组建专庭,或授权某些省份的高级人民法院,负责受理针对重大涉外仲裁裁决的投诉,对此类裁决的程序运作和实体内容实行全面监督;对于一般涉外仲裁裁决,则由有管辖权的基层人民法院或中级人民法院行使兼及程序、实体的全面监督权。

第二,在涉外仲裁体系的领导机构中,设立"自律委员会"或"惩戒委员会"之类的组织,以全国涉外仲裁人员(包括分散在全国各地、各部门的仲裁员)为检查、监督的对象,专门受理对于涉外仲裁人员违纪行为、对于涉外仲裁裁决实体内容错误或违法的有关投诉。对于经过认真查证核实者,视其违纪行为、裁决实体内容错误或违法的具体情节,分别给予有关人员以劝告、警告、严重警告、记过直到除名的处分。日后,在"中国仲裁协会"这一全国仲裁界自律性组织正式依《仲裁法》第15条第2款组建成立之后,上述"自律委员会"或"惩戒委员会"之类的组织可以作为它的一个分支机构或互相配合的职能部门,继续发挥其应有作用。

第三,在涉外仲裁体系的领导机构中,扩大现有"研究所"或其他研究机构的作用。对于有关涉外仲裁裁决实体内容错误或违法的投诉,凡是情节较为复杂、是非较难判明者,可由上述"自律委员会"、"惩戒委员会"委托此类研究机构立项研究,并将研讨结论向涉外仲裁机构的领导人员提出书面报告,便于后者充分了解情况,果断判明是非,对有关投诉作出正确的回答和必要的处理。

第四，在涉外仲裁体系的领导机构中，加强现有"专家委员会"的作用。专家委员会不但可以在涉外裁决作出之前，针对仲裁过程中出现的疑难或分歧进行研究和提出咨询意见，以供有关案件的仲裁庭参考；而且可以在涉外裁决已经作出并已发生法律效力之后，接受涉外仲裁领导机构的委托，就有关裁决实体内容错误或违法提出的投诉立项研究，并将研究结论报送有关主管领导，俾便后者酌情正确处断。在这方面，应当切实保证专家委员会确有认真研究的足够时间，并给予应有的咨询研究劳务报酬。

第五，修订并健全首席仲裁员的指定体制，从严选定首席仲裁员。《中国国际经济贸易仲裁委员会仲裁规则》第55、56条规定了首席仲裁员在由三人组成的仲裁庭中的特殊地位，相应地，对首席仲裁员的品德和业务水准的要求也就应该比一般仲裁员要高。《仲裁法》第31条规定，在由三人组成仲裁庭的场合，双方当事人除应各自选定一名仲裁员之外，"第三名仲裁员由当事人共同选定或共同委托仲裁委员会主任指定。第三名仲裁员是首席仲裁员"。这种规定充分尊重当事人共同的自愿选择，显然是很合理的，也符合当代国际仲裁立法的先进通例。不过，按现行的《中国国际经济贸易仲裁委员会仲裁规则》第24条的规定，这第三名仲裁员——首席仲裁员，却只能由仲裁委员会主席自行指定，无需以双方当事人的"共同委托"为前提，更不允许双方当事人"共同选定"。这种规定与《仲裁法》第31条直接相抵触，且在实践中未必有利无弊。据《仲裁法》第73、78条，该规定势在必改，而在尚未修改时，对于首席仲裁员的指定自应慎之又慎。对于前述第三点、第四点中提到的当事人投诉较多、且有关仲裁裁决经立项研究核实其程序运作或实体内容确有错误或违法情事的仲裁员，纵使未必就有贪赃受贿、徇私舞弊行为，也不宜再在其他案件中被指定为首席仲裁员。上述规定修订之后，如果双方当事人没有共同选定担任首席仲裁员的第三名仲裁员，则涉外仲裁委员会主任仍有接受当事人的"共同委托"而代为选择和指定首席仲裁员的权力和职责。对于这种权、责的运用和履行，也必须伴有一套合理科学的规章制度，以昭慎重，从而不辜负当事人的信赖和委托，有效地维护涉外仲裁委员会的良好形象。

（本文部分资料由博士研究生单文华帮助收集，特致谢忱。）

Ⅲ 论中国的涉外仲裁监督机制及其与国际惯例的接轨*

内容提要 《中华人民共和国仲裁法》的颁行,标志着中国仲裁制度的进一步完善。但是,这部《仲裁法》关于仲裁监督机制的具体规定却存在着较为明显的缺失。它规定内国仲裁监督与涉外仲裁监督实行"分轨制",对于涉外仲裁裁决,只允许审查和监督其程序运作,不允许审查和监督其实体内容。这种做法并不符合中国现实国情——不利于反腐倡廉,不利于维护法律的尊严。另外,这种做法也不符合中国参加的有关国际条约的规定,不符合当代各国仲裁立法的先进通例。为了改变这种状况,有必要对《仲裁法》进行某些修订,将内国仲裁监督与涉外仲裁监督完全并轨,同时加强涉外仲裁领导机构的建设。

目　次

一、中国的审判监督、内国仲裁监督与涉外仲裁监督的同异及其待决问题

二、中国两类仲裁监督"分轨"立法之合理性问题

　（一）中国《仲裁法》的涉外仲裁监督规定与《民事诉讼法》有关规定的接轨问题

　（二）中国《仲裁法》的涉外仲裁监督规定与国际条约有关规定的接轨问题

　（三）中国《仲裁法》的涉外仲裁监督规定与当代各国仲裁立法通例有关规定的接轨问题

　（四）中国国情的"特殊性"与涉外仲裁监督"从宽"的必要性问题

---

* 本文全稿约 3.2 万字,其中部分内容(约 1.5 万字,下称"缩略稿")曾以《中国涉外仲裁监督机制评析》为题,发表于《中国社会科学》杂志 1995 年第 4 期。随后,全稿收辑于《比较法研究》1995 年第 4 期。"缩略稿"简明易读,但注解不足。全文稿论证更加透彻,资料更加丰富翔实。辑入本书时,为便于读者对照正文和注释,查索资料原始出处,全文稿正文未加删节。其后,全稿又经增补修订,并译成英文,刊载于《国际仲裁学刊》(*International Arbitration Journal*)1997 年第 14 卷第 3 期。

（五）当事人选择仲裁时"更注重效益"而非"更注重公平"问题
三、加强现行中国涉外仲裁监督机制的几点设想

权力不加监督，势必产生腐败。健全立法，加强法律监督，是预防腐败、制止腐败、纠正腐败和惩治腐败的必要手段之一。为此，有必要把预防腐败的精神和原则，贯彻于各项重要立法之中。换言之，"制定法律、法规和规章，都要把反腐倡廉作为有机组成部分考虑进去，做到存利去弊，完善决策，未雨绸缪，预防在先。要依靠发展民主、健全法制来预防和治理腐败现象"；特别要注意从立法上针对容易产生腐败现象的薄弱环节，通过体制创新，"建立结构合理、配置科学、程序严密、相互制约的权力运行机制"①。

这一基本精神和基本原则，适用于中国现行的和日后的各种重要立法，当然也适用于中国的仲裁立法。本节所述，就是根据这种精神和原则，探讨中国现行仲裁立法的进一步走向健全和完善的问题。

《中华人民共和国仲裁法》（以下简称《仲裁法》）于1994年8月31日由全国人民代表大会常务委员会通过，并自1995年9月1日起施行。它包含8章80条，分别就仲裁范围、仲裁组织、仲裁协议、仲裁程序、仲裁裁决、仲裁监督、涉外仲裁等基本方面，作出了原则性的规定。它是继《中华人民共和国刑事诉讼法》（以下简称《刑事诉讼法》）、《中华人民共和国民事诉讼法》（以下简称《民事诉讼法》）、《中华人民共和国行政诉讼法》（以下简称《行政诉讼法》）之后，我国又一部重要的程序法。

应当看到：《仲裁法》的颁行，标志着中国仲裁制度的进一步改善。但是，也应当看到：这部《仲裁法》关于仲裁监督机制的具体规定却存在着较为明显的缺失。它规定内国仲裁监督与涉外仲裁监督实行"分轨制"，对于涉外仲裁裁决，只允许审查和监督其程序运作，不允许审查和监督其实体内容。这种做法并不符合中国现实国情——不利于反腐倡廉，不利于维护法律的尊严。另外，这种做法也不符合中国参加的有关国际条约的规定，不符合当代各国仲裁立法的先进通例。为了改变这种状况，有必要对《仲裁法》进行某些修订，将内国仲裁监督与涉外仲裁监督完全并轨，实行一视同仁的、兼及程序运作和实体内容的双重监督。

---

① 江泽民：《在中央纪委第五次全体会议上的讲话：总结党风廉政建设和反腐败斗争经验，加大从源头上预防和治理腐败的力度》，载《人民日报》2000年12月27日。

据不完全统计,在《仲裁法》颁布以前,我国有关仲裁行为规范的规定,散见于14种法律、82种行政法规以及190种地方性法规之中①。这些规定,分散而不统一;其中有些做法(例如对内国经济合同纠纷的仲裁,曾经长期采取"一裁两审终局"②的制度),显然已经不能适应我国经济形势发展的需要。因此,我国立法机关在全面总结内国仲裁和涉外仲裁工作实践经验的基础上,根据建立社会主义市场经济体制和进一步开展国际经贸往来的要求,借鉴世界各国仲裁制度的有益经验和国际通行做法,制定了这部统一的《仲裁法》,成为规范我国一切仲裁行为的基础法律。它的制定和颁行,是中国仲裁制度走向现代化和国际化的一项重大举措,标志着中国仲裁体制进一步走向健全和完善。

《仲裁法》对于内国仲裁和涉外仲裁统一采用了国际上通行的"或审或裁和一裁终局"制度③,以提高仲裁工作的效率;规定了设立仲裁机构的必备条件,以促使其组织健全化;强调了选择和聘任仲裁员必备的品德操守、专业水平和工作纪律,以提高仲裁员队伍整体的综合素质;确立了当事人"意思自治"(autonomy of will)原则,在仲裁方式、仲裁机构、仲裁地点、仲裁规则以及仲裁员的选择上,充分尊重当事人的协商意愿,以切实保障其自主权利;厘定了对仲裁裁决的监督和纠正措施,以补救、防止或杜绝不当裁决和不法裁决所可能造成的损害或恶果,等等。此类规定,都是符合中国的国情需要的,也都是与当代各国仲裁立法的先进经验和国际惯例,互相"接轨"的。它们必将有效地促使中

---

① 参见全国人大常委会法制工作委员会主任顾昂然:《关于〈中华人民共和国仲裁法(草案)〉的说明》,人民出版社,1994年6月27日单行本,第2页。

② 1981年12月13日通过、1982年7月1日起实施的《中华人民共和国经济合同法》第48—49条规定:经济合同发生纠纷,当事人无法协商解决时,任何一方均可向国家规定的合同管理机关(通常为工商行政管理局)申请调解或仲裁,也可径向人民法院起诉。在当事人申请仲裁而上述合同管理机关已制作仲裁决定书之后,如当事人一方或双方对仲裁不服,可在法定期限内向人民法院起诉。这样,仲裁程序就转化为诉讼程序,按《民事诉讼法》第147条、第158条的规定,当事人有权请求法院继采取第一审程序和第二审程序,予以审理和作出终审裁判。以上法定程序,通常综合简称"一裁两审终局"制。经过十几年的实施,经验证明此制层次过多,程序繁琐,旷日持久,不利于当事人早日解决争端,不能适应市场经济体制的要求。有鉴于此,全国人大常委会于1993年9月2日在修改《经济合同法》时,将上述"一裁两审终局制"改定为"或审或裁和一裁终局"制,即:经济合同发生纠纷,当事人无法协商解决时,可依据合同中的仲裁条款或事后达成的书面仲裁协议,向仲裁机构申请仲裁。当事人未在经济合同中订立仲裁条款,事后又未能达成书面仲裁协议的,可以向人民法院起诉。当事人协议选择仲裁程序解决争端,则一经裁决,即成为已经发生法律效力的终局决定。对此"一裁终局"的决定,如当事人一方不肯履行,另一方可以申请人民法院强制执行。参见国务院法制局局长杨景宇:《关于〈中华人民共和国经济合同法修正案(草案)〉的说明》,1993年9月单行本。

③ 《仲裁法》第5条规定:当事人达成仲裁协议,一方向人民法院起诉,人民法院不予受理,但仲裁协议无效的除外。换言之,对于经济争端,当事人可以在"审判解决"和"仲裁解决"两种途径之中任择其一,一旦双方议定选择仲裁解决途径,法院即无权受理单方的起诉。第9条及第62条则进一步规定:仲裁裁决是终局的,当事人应予履行。一方不履行的,另一方可向法院申请强制执行。

国的仲裁制度加速走向现代化与国际化,不但为国内人民所由衷欢迎,而且为国际社会所乐意接受。因此,从整体上说,这部《仲裁法》是很值得称道的。

但是,《仲裁法》的个别环节,不论是在行文措词上,还是在实体规定上,仍有值得商榷和有待进一步改善之处。本文拟针对《仲裁法》中有关涉外仲裁监督机制的具体规定,加以评析,并就其进一步与国际先进惯例接轨问题,提出若干建议和设想,旨在抛砖引玉,以引起学术界同行更深入的探讨和评论。

一、中国的审判监督、内国仲裁监督与涉外仲裁监督的同异及其待决问题

审判监督,指的是对于已经发生法律效力的终审判决或裁定(以下简称"终审裁判"),发现确有错误,可依法定程序,予以提审或再审,重新作出判决或裁定。审判监督程序,是从近现代世界各国司法工作实践中总结出来的一种先进机制,它的主要功能在于防止或纠正法院作出的违法的终审裁判,切实保证司法裁判的公正性,以维护法律的尊严,保障当事人的合法权益。此种先进机制,已为当代各国法律所普遍吸收和采用。中国的《刑事诉讼法》、《民事诉讼法》以及《行政诉讼法》,也都对审判监督程序作出了明确的原则规定[①]。

有人可能提出这样的问题:法院审判人员作出的终审裁判,既然已经发生法律效力,何以又允许在一定条件下予以提审或再审,即"推倒重来"?这种机制是否会损害法律的尊严和降低法院的权威?答案是否定的。

审判监督机制的理论基础可以大体归纳为以下三个要点。

(1)对于任何权力(当然也包括法官作出终审裁判的权力),都有必要加以一定的监督。不受任何监督的权力,势必会导致权力的滥用,就容易产生腐败。中外古今,概莫能外。对于人类社会发展过程中的这一普遍现象,早在18世纪中期,就由当时杰出的进步思想先驱孟德斯鸠在《论法的精神》这一世界名著中加以明确的总结。他认为:"一切有权力的人都容易滥用权力,这是万古不易的一条经验。……要防止滥用权力,就必须以权力约束权力"[②]。列宁也曾指出,要保证法律的实施和执行,就必须:"第一,对法律的实行加以监督。第二,对不执行法律的加以惩办。"[③]邓小平同志以更为明快的语言,表述和丰富了这一思

[①] 参见《刑事诉讼法》第148—150条;《民事诉讼法》第177—188条;《行政诉讼法》第62—64条。
[②] 孟德斯鸠:《论法的精神》(中译本),商务印书馆1982年版,第154页。
[③] 列宁:《新工厂法》,载《列宁全集》(第2卷),人民出版社1984年版,第358页。

想,强调务必"做到有法可依,有法必依,执法必严,违法必究"①。据此,对于已经发生法律效力的终审裁判,一旦发现其确有违法之处,包括在实体内容上的违法或在程序运作上的违法,当然都应在"必究"和"必纠"之列。

(2) 法律的尊严,首要关键在于它的公正,即秉公执法。对已经发生效力的终审裁判,如果事后发现其确有违法和错误(或执法不公,或枉法裁判,或违反法定程序),却又片面强调其"终局性",不允许通过特定的监督程序重新予以审查、审理和作出必要的纠正,则不但不能积极维护法律的尊严,反而会严重损害法律的威信。换言之,裁判的终局性与裁判的合法性和公正性对比起来,终局性应当居于第二位,它必须以合法性和公正性为前提,并且必须服从于合法性和公正性。

(3) 审判监督机制本身,也受某些法律规定的约束。实施审判监督,必须具备特定的条件,通过特定的程序;这就足以防止审判监督机制的滥用。因此,它所"克"的,只是那些错误的、违法的终审裁判,而不对那些正确的、合法的终审裁判产生任何消极影响,有如良好的农药,"只除害虫杂草,不伤粮禾棉株"。特别是在当事人对已经发生法律效力的裁判认为有错误的场合,他固然可以向原审法院或上一级法院申请再审,但该项判决、裁定并不停止执行②。

中国审判监督的对象、宗旨和理论基础,大体如上。

中国《仲裁法》中所规定的仲裁监督,指的是对已经发生法律效力的"一裁终局"仲裁裁决,如发现确有错误或违法,有关当事人可依法定程序向有管辖权的人民法院(以下简称"管辖法院")申请撤销裁决,或申请不予执行③。仲裁监督的宗旨和理论基础,与前述审判监督的宗旨和理论基础,是基本相同的。

按照各国立法的通例,实行仲裁监督的范围或条件与实行民事审判监督的范围或条件,也是基本相同的。具体而言,它们包含两个基本方面。其一,在司法的终审裁判或仲裁的终局裁决中,确实存在程序上的错误或违法情事;其二,在司法的终审裁判或仲裁的终局裁决中,确实存在实体上的错误或违法情事。属于这两个基本方面的各种错误或违法,通常由法律明文具体列举。只要具备其中之一,就应当按照法定程序,对有关的司法终审裁判或仲裁终局裁决,加以审查、监督和纠正。

就中国而言,《仲裁法》中所规定的内国仲裁监督(不包括涉外仲裁监督),

---

① 邓小平:《解放思想,实事求是,团结一致向前看》,载《邓小平文选》(第2卷),人民出版社1994年版,第146—147页。
② 参见《刑事诉讼法》第148条;《民事诉讼法》第178条;《行政诉讼法》第62条。
③ 参见《仲裁法》第58、63、70、71条。

其范围或条件,也包含上述程序上和实体上这两个基本方面。这是与中国现行的民事审判监督的范围或条件基本一致的,也是与当代各国的立法通例互相接轨的。

然而,审判程序毕竟有异于仲裁程序。前者是全过程均由国家司法机关实行的,后者则一般是全过程由非国家机关实行的,其中一部分案件也仅在其末期执行阶段可能有国家司法机关的介入[1]。相应地,审判监督程序与仲裁监督程序也有一些重大不同。其最明显的差异之一就在于,实行审判监督的法定渠道较为多样,而实行仲裁监督的法定渠道只限于一途。

试以中国为例,在实行审判监督的场合,如果发现(或认为)已经发生法律效力的终局裁判中确有错误或违法之处,则可以援用法定审判监督程序加以监督和纠正者,多达7种人员或机关[2],即:(1)原审人民法院的院长和审判委员会(自行再审);(2)上级人民法院(自行提审或指令再审);(3)最高人民法院(自行提审或指令再审);(4)与原审人民法院同级的人民检察院(自行提请上级人民检察院提出抗诉);(5)上级人民检察院(自行提出抗诉);(6)最高人民检察院(自行提出抗诉);(7)当事人(申请再审)。简言之,上述第(1)至第(6)所列的6种人员或机关都有权不经当事人的申请径自主动对上述终审裁判施加监督,从而使它得到必要的纠正(经法院再审或提审后重新裁判)。

相形之下,在实行仲裁监督的场合,如果发现(或认为)已经发生法律效力的终局裁决中确有错误或违法之处,则可以援用法定仲裁监督程序申请加以监督和纠正者,只限于原案的当事人向特定的法院提出请求一途。换言之,以上第(1)至第(6)种人员或机关都根本无权对仲裁的终局裁决主动加以干预、监督或纠正;而且,即使经过原案当事人提出实行仲裁监督的申请,其中有权受理的,也仅限于特定的一家管辖法院,而其他各级法院(包括最高人民法院)以及

---

[1] 按《仲裁法》的规定,仲裁机构(仲裁委员会)既不是司法机关,也不是行政机关,它与司法机关以及行政机关都没有隶属关系。同时,仲裁机构对于自己作出的终局裁决,并无予以强制执行的权力。从这种意义上说,仲裁机构并非国家权力机关而只是独立的事业单位法人。但是,仲裁机构作出的裁决,具有很强的法律效力或法律约束力。如一方当事人不履行仲裁裁决,经另一方当事人向管辖法院申请执行,法院即应当予以强制执行。从这个意义上说,有人认为,仲裁机构就不是一个纯粹的"民间组织",它带有"准司法机构"(quasi judicial organ)的性质和"官民结合"的特点。此外,就仲裁程序而言,从受理—开庭—裁决—执行,在当事人完全服从仲裁裁决的场合,可以认为仲裁机构实施了仲裁程序的全过程。反之,在当事人一方不服仲裁裁决并向法院申请"予以撤销"或"不予执行",或另一方申请予以执行,此时,仲裁裁决的执行阶段就由国家司法权力机关——法院全面介入并由后者全权决定了(参见《仲裁法》第14、58、62、63、70、71条)。不过,也有人认为:仲裁程序的全过程在作出裁决之后即告终止。裁决之后的执行问题,并不属于仲裁程序本身,即并非仲裁程序的有机组成部分。以上这些看法,学者们见仁见智,有待进一步探讨。

[2] 参见《民事诉讼法》第177—179、185—186条。

各级人民检察院(包括最高人民检察院)一概无权加以受理、干预、监督或纠正。

这种规定,是符合各国立法通例的,也是很合理的。因为:双方当事人为解决争端而自愿选择仲裁方式,其法律效果,实际上就是自愿放弃了向法院诉讼的权利,并以此作为"代价",换得比较"干脆"的"一裁终局",尽早解决争端;既避免了法院诉讼审判程序上的"两审结案",旷日持久,也避免了审判监督程序上的"多头干预",降低效率。基于这一点,就不妨推定:在仲裁监督程序中,施加监督的途径(渠道)如此狭窄和单一,也正是充分尊重当事人的自愿选择。

但是,绝不应由此推导出:当事人一旦选择仲裁方式之后,即使面临错误的或违法的涉外终局裁决,也自愿全盘放弃了向管辖法院提出申诉和请求加以监督和纠正的权利。恰恰相反,无论从"违法必究"这一基本法理准则来衡量,还是从当代各国仲裁立法通例来考察,对于已经发生法律效力的涉外终局裁决,只要当事人提出确凿证据足以证明该裁决确有前述法定的各类错误或违法情事,则不论其为程序上的错误或违法,抑或是实体上的错误或违法,都属于管辖法院应当依法实行仲裁监督之列,即应当在仲裁领域严肃认真地、全面地贯彻"违法必究"和"违法必纠"的基本方针。

反观我国的《仲裁法》,其中规定的内国仲裁监督机制的监督范围,确是全面的、符合上述基本法理准则的,也是符合当代国际仲裁立法通例的。但是,《仲裁法》中规定的涉外仲裁监督机制,则只限于对涉外终局裁决中程序上的错误或违法实行监督和纠正,而对于更为重要的、涉外仲裁终局裁决中实体上的错误或违法,则不在实行监督之列[1]。

具体说来,管辖法院有权对涉外终局裁决实行仲裁监督的,仅限于在程序上错误或违法的以下四种情况之一:

(1) 当事人在合同中没有订立仲裁条款或者事后没有达成书面仲裁协议;

(2) 被申请人(即仲裁程序中的被诉人)没有得到指定仲裁员或进行仲裁程序的通知,或者由于其他不属于被申请人负责的原因未能陈述意见;

(3) 仲裁庭的组成或仲裁的程序与仲裁规则不符;

(4) 裁决的事项不属于仲裁协议的范围或者仲裁机构无权仲裁。

反之,遇有在实体上错误或违法的以下五种情况之一,纵使一方当事人已经提出确凿证据,证明其完全属实,管辖法院也无法、无权对它们援用涉外仲裁监督程序予以监督和必要的纠正。这些情况是:

(1) 原涉外裁决认定事实的主要证据不足;

---

[1] 参见《仲裁法》第65、70、71条;《民事诉讼法》第260条。

(2) 原涉外裁决所根据的证据是伪造的;
(3) 对方当事人隐瞒了足以影响公正裁决的证据;
(4) 原涉外裁决在适用法律上确有错误;
(5) 涉外仲裁员在仲裁该案时有贪污、索贿、受贿、徇私舞弊、枉法裁决行为。

质言之,这五种情事归根结底都属于涉外裁决书内容上或实体上的错误或违法。但是按《仲裁法》关于涉外仲裁监督机制的规定,管辖法院即使在当事人举证之后初步认定确有其事,意欲进一步弄个"水落石出",俾便主持法律公道和祛邪扶正,也仍因"于法无据",碍难过问,而束手无策!这就难免给人形成这样一种印象:第一,在中国,对于具有上述五种情事之一的涉外仲裁裁决,竟然可以"违法不究",或竟因没有法律根据而无法追究和纠正,难免令人感到法律或法院的"软弱"或"无奈";第二,受到仲裁员凭伪证裁决损害或枉法裁决坑害的一方当事人,既不能向管辖法院申请撤销原裁决,也不能向它申请裁定不予执行,从而陷入"投诉无门"的绝境!

试问,这样的执法实践效果岂是《仲裁法》的立法本意?

这岂能维护中国法律的应有尊严?

这岂能有利于中国在国际社会中树立起法治国家的形象?

这岂能符合中国国际贸促会(中国国际商会)近年来所致力追求的促使中国涉外仲裁体制现代化和国际化的宗旨和目标?

以上这几个问题,是很值得人们认真深入思考和郑重回答的。看来,全部问题的核心就在于中国《仲裁法》对"内国仲裁监督"与"涉外仲裁监督"实行"内外有别"的"分轨制",即区别对待、分别立法,使后者接受监督的范围远远小于前者,即仅限于仲裁的程序运作,而不涉及裁决的实体内容,以致某些涉外仲裁裁决,纵有严重谬误或严重违法的实体内容,仍然可以"逍遥法外",不受任何法律监督和纠正,从而造成两类仲裁裁决在法律效果和法律形象上的强烈反差。上述这种"分轨监督"的做法,究竟是否绝对必要?是否完全合理?——这是有待商榷的。

二、中国两类仲裁监督"分轨"
立法之合理性问题

据笔者所知,当前国内法学界对于《仲裁法》之所以把两类仲裁监督分别立法并就涉外仲裁监督机制作出上述规定的原因,有着各种不同的解释和理解。

归纳起来,约有如下五种。

第一种意见认为:中国《仲裁法》中关于涉外仲裁监督的上述现有规定,是与中国《民事诉讼法》中关于涉外仲裁监督的规定一致的和"互相接轨"的。鉴于《民事诉讼法》是当前中国法院处理一切民事商事诉讼的一大基础法,其法律位阶应当高于《仲裁法》,因此,尽管《民事诉讼法》中有关涉外仲裁监督机制的现有规定可能存在某些有待修订之处,但在对它进行修订以前,《仲裁法》的同类规定必须与它完全保持一致,不宜有差异,更不容有突破,以免被认为中国的这两部程序法有"自相矛盾"之处,而且是以位阶较低的"从法"或"子法",否定了"位阶较高"的"主法"或"母法",从而有损于中国法律的"国际观感",被认为是缺乏足够的稳定性和一致性。

第二种意见认为:中国《仲裁法》中关于涉外仲裁监督的上述现有规定,是与中国缔结或者参加的国际条约(特别是1958年的《纽约公约》)互相接轨和完全一致的,中国不能一边缔结或参加有关涉外仲裁的国际条约,一边在国内仲裁立法中却自行其是,不遵守或背离这些条约中的明确规定。

第三种意见认为:中国《仲裁法》中关于涉外仲裁监督的现有规定,即实行内国仲裁监督与涉外仲裁监督的"分轨制",是完全必要的,也符合国际上的通行做法①。换言之,中国《仲裁法》中这种"内外有别、分轨监督、严宽不一"的现行规定,是与当代各国仲裁立法的通行做法即国际立法惯例互相接轨的,这些现有规定正是中国涉外仲裁体制走向现代化与国际化的具体体现之一。

第四种意见认为:中国涉外仲裁体制的现状及其所处周边环境条件具有一定的"特殊性",其主要体现是:(1)中国的涉外仲裁员队伍的品德素质和业务素质都是相当高水平的,他们所作出的涉外裁决,至今尚未发现有严重错误、索贿受贿、徇私舞弊、枉法裁断等情事,可以誉之为"一片净土",因此,无须过分强调涉外仲裁的监督;(2)当前中国基层和中级法院某些审判人员的业务素质和能力水平不够理想,且在不同程度上受"地方保护主义"观念的影响,少数审判机关中甚至还存在着司法腐败现象。这些因素,往往造成一些涉外仲裁裁决的执法往往难以顺利实现。在这种条件下,如果法律授权管辖法院可以对涉外仲裁裁决的实体内容的合法性和公正性予以审查,并作出必要的纠正(不予执行或予以撤销),则势必严重影响涉外仲裁裁决的及时和正确的执行,不利于提高中国涉外仲裁机构及其裁决的"国际威信"。因此,《仲裁法》中关于涉外仲

---

① 参见陈安:《中国涉外仲裁监督机制申论》,收入本书时改为《申论中国涉外仲裁监督机制》,详见本书第二编Ⅳ,原载《中国社会科学》1998年第2期,第97页。

裁监督机制的现有规定,正是充分考虑到当前中国现实国情的上述"特殊性"而作出的正确立法,是一种必要的"预防"措施。

第五种意见认为:当事人选择仲裁解决争议,最主要的就是期望获得一份终局裁决;仲裁裁决的终局性能给当事人带来巨大的潜在利益,它显然比上诉程序带来的利益大得多。在商人们看来,以放弃上诉权利为代价而获得裁决的终局性是完全值得的;当事人在选择仲裁时更注重效益,而不是公平[①]。既然如此,则依据"当事人意思自治"原则,即使仲裁庭作出显失公平、甚至违法的裁决,有关当事人也应乐意接受,自觉履行,而不该再有任何异议或怨言,因为,这是他自愿选择的结果。

对于以上五种意见,乍看乍听,似均不无道理,但细加推敲思考,却都是难以自圆其说、难以令人信服的。本节以下各目拟针对这些见解,逐一加以剖析。

(一) 中国《仲裁法》的涉外仲裁监督规定与《民事诉讼法》有关规定的接轨问题

就前述第一种意见而言,首先应当探讨的是《仲裁法》的法律位阶问题以及《仲裁法》的规定是否可以突破《民事诉讼法》现行的相应规定。

众所周知,对当事人之间的经济争端,向来就有"司法解决"和"仲裁解决"两种途径或两种方式。《民事诉讼法》是专为"司法解决"而制定的程序法;而《仲裁法》则是专为"仲裁解决"而制定的程序法,两者分工明确,各有专司。只是由于仲裁裁决的强制执行与撤销,须由有管辖权的法院来处理和定夺,所以,在总共 270 条的《民事诉讼法》中就只有寥寥几条条文是专门针对仲裁问题的原则规定。但并不能据此推断认为整个《仲裁法》就是从《民事诉讼法》这一"母法"派生或衍生出来的"子法"。相反,这两种程序法,都是由全国人大这一最高立法机关制定的法律,两者的法律位阶应当属于同一个层次,"平起平坐",只有分工的不同,而没有主从的区别。质言之,两法之间只是"兄弟关系"和"互补关系",而非"母子关系"或"父子关系"。关于这一点,可以从《仲裁法》本身的规定中找到有力的根据。例如,《仲裁法》第 15 条第 3 款以及第 75 条分别明文规定:中国仲裁协会制定可供具体操作的《仲裁规则》或各类仲裁委员会制定《仲裁暂行规则》时,应当"依照本法和民事诉讼法的有关规定"。在这里,显然是把《仲裁法》与《民事诉讼法》并列,作为制定仲裁规则所必须遵循的法律基础和法

---

① 参见陈安:《中国涉外仲裁监督机制申论》,收入本书时改为《申论中国涉外仲裁监督机制》,详见本书第二编Ⅳ,原载《中国社会科学》1998 年第 2 期,第 95、97 页。

律依据，而且在排列的顺序上，把《仲裁法》列在《民事诉讼法》的前面。

尤其值得注意的是，《仲裁法》第78条明文规定："本法实施前制定的有关仲裁的规定与本法的规定相抵触的，以本法为准。"这就毫不含糊地表明：就"有关仲裁的规定"而言，《仲裁法》的规定具有法定的、绝对的优越权和优先适用地位。此前各种法律（包括《民事诉讼法》）、法规、规章中针对仲裁的一切规定，都必须与《仲裁法》的规定保持协调一致，而不得违反。如有违反，概属无效。

由此可见，在仲裁程序问题上，《仲裁法》处在"特别法"的地位，其他一切法律，包括《民事诉讼法》，均处在"普通法"的地位，按照"特别法优先于普通法"基本法理原则具体法律规定[①]，《仲裁法》中有关仲裁的规定理所当然地可以突破《民事诉讼法》中有关仲裁的现行规定。《仲裁法》第78条的上述明文，就充分地体现了这种突破；而同法第58条以及第70条的规定也具体地突破了《民事诉讼法》的原有规定（详见下文）。

同时，还应当充分注意到：《民事诉讼法》（试行）制定于1982年，修订于1991年。按照当时《宪法》第15条关于中国经济体制的规定，"国家在社会主义公有制基础上实行计划经济"。但是，适应形势的发展，全国人民代表大会于1993年3月正式通过了《中华人民共和国宪法修正案》，将《宪法》第15条的原文修改为"国家实行社会主义市场经济"。接着，1993年11月中共十四届三中全会正式作出关于在中国建立社会主义市场经济体制的决定。其中第九部分为今后的立法工作指明了基本方向，包括：必须努力逐步建立适应社会主义市场经济的法律体系；改革、完善司法和行政执法机制；建立健全的执法监督机制；适时修改和废止与建立社会主义市场经济体制不相适应的法律和法规，等等。

这一决定，完全切合中国的现实迫切需要。显然，对于修订于1991年，适用于计划经济条件下的《民事诉讼法》（包括其中关于仲裁监督机制的规定），也必须根据上述立法基本方向加以认真的思考、审议和必要的修订。就仲裁领域的立法而言，也必须适应修订后的宪法关于"实行社会主义市场经济"的要求，以深化改革、扩大开放的眼光，考虑社会主义市场经济与世界市场经济的接轨，使中国的仲裁立法（包括有关涉外仲裁监督机制的立法），立足于中国当前国情的需要，并恰如其分地与国际立法惯例接轨。

应当说：1994年8月底通过的《仲裁法》，就其总体观察，是符合上述立法方向的一大举措，其中关于内国仲裁监督机制的新规定，确实已经突破《民事诉

---

① 《中华人民共和国立法法》第83条规定：在同一机关制定的各种法律中，特别规定与一般规定不一致的，适用特别规定。

讼法》中在同一问题上的现有规定,体现了向国际立法惯例靠拢并与之"接轨"的精神。例如,《民事诉讼法》第 217 条规定:被申请人提出证据证明仲裁裁决有该条文列举的六种错误或违法情事之一,经法院审查核实,应裁定"不予执行"。而对此类错误的或违法的原裁决,却并无依法予以撤销的任何规定。现在,《仲裁法》第 58 条的规定则与此不同。它参照和吸收了世界各国仲裁立法的有益经验,规定:当事人(包括仲裁案件中的申请人和被申请人)提出证据证明仲裁裁决有该条文所列的六种错误或违法情事之一,经法院审查核实,即"应当裁定撤销"。

对《民事诉讼法》上述规定的这一突破,可以说是中国内国仲裁监督机制的一大进步,令人耳目一新。因为,对于在程序上或实体上确有错误或违法因素的终局裁决,管辖法院在审查核实后究竟是裁定"不予执行",还是裁定"应予撤销",其法律效力、社会效应和公众观感,是大不相同的。如果法院只裁定"不予执行",其在法理逻辑上的可能解释有二:(1) 原仲裁裁决依旧合法、有效,只是不予强制执行,从而导致"在法律上有效,在事实上无效"(valid *de jure*, but invalid *de facto*)的结局;(2) 原仲裁裁决之合法与否、有效与否,尚未定论,也不作定论,使其处在一种"悬而未决、含糊、模棱"的状态,有如一个未知数或一首"朦胧诗"。以上两者之中,不论作何种解释,其社会效应势必是令公众感到此种"不予执行"的裁定缺乏是非上的鲜明性和透明度。反之,如果法院裁定"应予撤销",则表明法院已经旗帜鲜明地确认原仲裁裁决在法律上是无效的,而且是自始无效(void *ab initio*)。因此,面对一项已经发现其确有错误或违法因素的仲裁裁决,如果法院的法定权力仅仅限于裁定"不予执行",而根本无权裁定"应予撤销",这样的法定授权界限,实在很不利于维护"有法必依、违法必究"的基本法理原则,有损于中国法律的严肃性,有损于中国法律和中国法院在国内外公众中的尊严形象!现在《仲裁法》已经把管辖法院对内国仲裁裁决的监督权力进一步扩大到必要时可以裁定"应予撤销",这就有效地消除了《民事诉讼法》上述现有规定所势必产生的负面社会效应,也是完全符合于当代各国仲裁立法的惯例的。关于这一点,本文第二部分之(三)将作进一步分析。

但是,如前所述,《仲裁法》对于"内国仲裁监督"和"涉外仲裁监督"实行"内外有别"的分轨制,把对涉外仲裁裁决的监督范围依旧仅仅限于《民事诉讼法》第 260 条第 1 款所规定的四种程序运作上的错误或违法[①],而不过问涉外仲裁

[①] 按《仲裁法》第 70 条的规定,对于这四种程序上有错误或违法的涉外仲裁裁决,管辖法院根据当事人的确凿举证和申请,有权裁定予以撤销,而不是只限于裁定"不予执行"。就这一点而言,也对《民事诉讼法》第 260 条的原有规定(仅限于有权"裁定不予执行")有所突破。

裁决的实体内容,从而在实践上势必造成这样的效果:管辖法院对于本文第一部分末所列举的实体内容上的五类错误裁决或违法裁决,包括凭伪证作出裁决或仲裁员贪污受贿枉法裁决,竟然无权监督、无法监督、无计可施。既不能裁定不予执行,更不能裁定应予撤销,只能"干瞪眼"!

更有甚者,《民事诉讼法》第260条第2款明文规定:人民法院认定执行该(涉外)裁决违背社会公共利益的,裁定不予执行;然而,对于这一极其重要的国际立法惯例——"公共秩序保留条款"(the reservation clause of public order),《仲裁法》在规定涉外仲裁监督机制时,竟然毫未提及,这不能不说是立法上的一大疏漏。如果是有意删去,那就是更加令人难以理解和难以接受的倒退了。至于上述"公共秩序保留条款"的内容和实质,下文将另作述评。

(二) 中国《仲裁法》的涉外仲裁监督规定与国际条约有关规定的接轨问题

就本文第二部分开头所引述的第二种意见而言,应当着重深入探讨的是:中国《仲裁法》中有关涉外仲裁监督的现有规定,与中国参加缔结的国际条约的有关规定,究竟是否已经确实互相接轨和完全一致。

在这个问题上,可以用1958年在纽约订立的《承认及执行外国仲裁裁决公约》(以下简称《1958年纽约公约》)①以及1965年在华盛顿订立的《解决国家与他国国民间投资争端公约》(以下简称《1965年华盛顿公约》)②为例,进行剖析。

1986年12月2日,中国全国人民代表大会常务委员会决定加入《1958年纽约公约》。该公约第3条规定:各缔约国应当互相承认外国仲裁裁决具有约束力,并按法定程序予以执行。不言而喻,这正是缔结本公约的主旨所在。但是,公约第5条第1款却规定了几种例外,即原裁决在程序上存在错误或违法的五种情况③,只要具备其中之一,经受害当事人一方之请求和举证证实,有关

---

① S. Zamora & R. A. Brand, ed, *Basic Documents of International Economic Law*, CCH International, Vol. 2, 1991, pp. 975-984. 中译文载于陈安、刘智中主编:《国际经济法资料选编》,法律出版社1991年版,第71—76页。

② 见同上注引书 S. Zamora & R. A. Brand, ed, *Basic Documents of International Economic Law*, pp. 947-973. 或陈安主编:《"解决投资争端国际中心"述评》,鹭江出版社1989年版,附录第162—184页。

③ 这五种情况是:(1)原仲裁协议的当事人无行为能力或原协议依法属于无效协议者;(2)当事人一方未获关于指派仲裁员或仲裁程序之适当通知,或因他故,致未能申辩者;(3)裁决所处理的争议不属原仲裁条款规定范围者;(4)仲裁机构之组成或仲裁程序与当事人间仲裁协议不符者;或无协议而与仲裁地所在国法律不符者;(5)原裁决尚未发生约束力或已被撤销或停止执行者。《纽约公约》第3条和第5条的英文原文均见同上注引书 S. Zamora & R. A. Brand, ed, *Basic Documents of International Economic Law*。

缔约国之主管机关对于该项来自外国的仲裁裁决，就有权拒绝承认，也不予执行。这实质上就意味着作为东道国的缔约国对于已经发生法律效力并预期在本国境内执行的外国裁决，有权加以必要的审查和监督，并保留否认其约束力和拒绝执行的权利。有人据此断言，《1958年的纽约公约》也只是允许作为裁决执行地的东道国的主管机关对程序上有错误或违法之处的外国仲裁裁决实行必要的审查和监督，而并未授权此类主管机关对外国的仲裁裁决是否在实体内容上存在错误或违法之处，也进行审查和监督。

笔者认为，这种理解是不够全面的。因为，紧接着上述规定之后，该公约第5条第2款又进一步规定：外国仲裁裁决执行地所在国（东道国）之主管机关，如果认定：(1)按照东道国本国的法律，该项争端不能以仲裁解决；或(2)承认或执行某项外国仲裁裁决有违东道国本国的公共政策（public policy），则有权拒不承认和执行该项外国仲裁裁决。这种规定，乃是"公共秩序保留"这一原则的具体运用，它的实质，就是授权上述东道国主管机关对来自外国的仲裁裁决，在进行程序方面的审查和监督之外，也进行实体内容上的审查和监督。

《1958年纽约公约》上述条文中使用了英美法系所惯用的"公共政策"一词，其含义相当于大陆法系中的"公共秩序"（public order），或中国法律用语中的"社会公共利益"（social public interests）①。这些同义语的共同内涵，通常指的是一个国家的重大国家利益、重大社会利益、基本法律原则和基本道德原则②。换言之，根据《1958年纽约公约》第5条第2款的规定，外国仲裁裁决执行地所在国（东道国）的主管机关，经过审查，一旦认定某项外国仲裁裁决的实体内容确有违反东道国国家或社会的重大利益、违反东道国法律或道德的基本规范之处，如果加以承认和执行，势必严重损害本国社会的正常秩序，亵渎本国固有法律和道德的尊严，在这种情况下，该东道国就有权以该项外国仲裁裁决的实体内容存在错误和违法情事为由，不予承认和执行。对外国仲裁裁决采取这样的审查标准和判断角度，显然不属于程序运作上的审查与监督，而是实体内容上的审查与监督。

遗憾的是：中国《仲裁法》对于《1958年纽约公约》所赋予缔约国的上述"公共秩序保留"权利，对于中国《民事诉讼法》第260条第2款所明确规定中国拥

---

① 参见日本国际法学会编：《国际法辞典》（中译本），"公共秩序"条目，世界知识出版社1985年版，第110—111页。并参见《法国民法典》第6条；中国《民法通则》第150条；《涉外经济合同法》第4条、第9条第1款；《中华人民共和国合同法》第7、52条。

② 参见李浩培："保留条款"（条目），载于《中国大百科全书·法学卷》，中国大百科全书出版社1984年版，第10—11页；韩德培主编：《国际私法》，武汉大学出版社1985年版，第70—79页；李双元主编：《国际私法》，北京大学出版社1991年版，第135—137页。

有的同一权利,即拒不承认、拒不执行具有错误内容或违法内容的外国仲裁裁决,以免损害本国社会公共利益的权利,竟然略而不提。让我们再次强调:这显然至少是不应有的疏漏,有待日后补订①。

在仲裁领域实行国际协作方面,中国除了在1986年参加了《1958年纽约公约》之外,还在1992年参加了《1965年华盛顿公约》。

《1965年华盛顿公约》的主旨,在于通过国际仲裁,解决东道国政府与外国投资者之间的争端。为了处理仲裁裁决的"终局性"与"公正性"这一对矛盾,公约作出了这样的规定:一方面,强调仲裁裁决具有与终局司法判决一样的约束力,不但当事人(含东道国)必须遵守和履行,除公约另有规定外,不得进行上诉或申诉,而且公约的各缔约国都应尊重仲裁裁决,并在其本国领土内履行该裁决所课予的与金钱有关的各种义务②。另一方面,又专设一条,允许当事人(含东道国)的任何一方有权根据下列五种理由之一,向依据《1965年华盛顿公约》设立的"解决投资争端国际中心"(International Centre for Settlement of Investment Disputes,以下简称ICSID)申请撤销原定的仲裁裁决,这五种理由是:(1)仲裁庭的组成不适当;(2)仲裁庭显然有越权行为;(3)仲裁庭的一名成员有受贿行为;(4)仲裁过程中严重违反仲裁程序基本规则;(5)仲裁裁决未陈述其所依据的理由③。

这条规定具有重大的意义:第一,它比较妥善地处理了仲裁裁决之"终局性"与"公正性"之间的矛盾,在强调其"终局性"的同时,又对其可能存在的程序上和实体上的错误或违法情事,通过公约规定的监督机制,实行应有的审查和监督,一旦认定其确有重大问题,就对原裁决予以撤销,从而有力地维护了仲裁裁决的公正性。第二,它比较妥善地处理了对跨国投资争端实行国际仲裁过程存在于"南、北"之间的矛盾。一般而论,在提交"解决投资争端国际中心"仲裁的跨国投资争端案件中,吸收外资的发展中国家(东道国)几乎全部是处在被诉人(被告)的地位④。

---

① 在学术讨论中,有的学者认为:在《仲裁法》未对国际通行的"公共秩序保留"条款作出具体规定的情况下,中国的管辖法院在实践中可以援引《民法通则》第142条第2款前半段的规定,以弥补此种疏漏或缺失,即主张"中华人民共和国缔结或者参加的国际条约同中华人民共和国民事法律有不同规定的,适用国际条约的规定",从而保有《1958年纽约公约》所承认的各缔约国的"公共秩序保留"权利。此议有理,录以备考。不过,此种"弥补"方式,有待于法律上的解释推理,流于间接,自不如在《仲裁法》本身中直截了当地、明确地予以补订为好。

② 《1965年华盛顿公约》第53、54条和第52条。见S. Zamora & R. A. Brand, ed, *Basic Documents of International Economic Law*。

③ 同上公约,第53、54条和第52条。

④ See: ICSID Annual Reports (1988-2000), *ICSID List of Concluded Cases*, *ICSID List of Pending Cases*, at http://www.worldbank.org/icsid/cases/conclude.htm.

在这种情况下,如果国际仲裁庭的裁决大体上公平合理,则强调裁决的约束力并强化其执行制度当然无可厚非;反之,如果裁决本身在程序上或实体上确有错误或违法之处,以致处断不公,造成对发展中国家(被诉人)的无端损害,则裁决之约束力愈大,执行制度愈严格,其危害性也愈强烈。正是基于此种考虑,经过发展中国家的共同力争,《1965年华盛顿公约》才设有上述监督机制专条的明文规定①。

诚然,在上述跨国投资争端的国际仲裁中,其中的一方当事人是外国投资者,另一方则是吸收外资的东道国。从表面上看,后者是与一般的商事纠纷当事人有所不同的。但是,在上述这种国际仲裁中,后者的法律身份并非国际公法上的主体,而只是国际商法上的主体,即无异于一般国际商事纠纷中的另一方当事人。双方当事人在仲裁庭中的法律地位完全"平起平坐",并无轩轾之分,就此点而言,吸收外资的东道国实际上已在参加《1965年华盛顿公约》之初,就已经自愿"降格"为国际商事仲裁过程中的一般当事人,而并无任何特权可言。相反,统计资料表明:在此类仲裁实践中,ICSID仲裁员和实际断案的专家们绝大多数来自发达国家或经受过发达国家的法学教育训练②,这就不可能不影响到他们在"南北矛盾"中的倾向和态度,从而很难完全避免在处断体现着"南北矛盾"的跨国投资争端中,自觉地或不自觉地向发达国家有所"倾斜"或偏倚。因此,在此种国际仲裁中,作为吸收外资东道国的发展中国家往往是处在一种弱者的地位。相应地,上述《1965年华盛顿公约》第52条有关仲裁监督机制的规定(包括对仲裁裁决实体内容的监督),究其实质,就是一种保护弱者以维护仲裁裁决公正性的必要措施。

可惜的是,中国《仲裁法》中有关涉外仲裁裁决监督机制的规定,也未能充分借鉴和充分吸收中国已经参加的《1965年华盛顿公约》在仲裁监督机制方面适当地扶持弱者以保证仲裁裁决公正性的有益经验。

众所周知,《1958年纽约公约》和《1965年华盛顿公约》乃是中国已经参加的、涉及国际仲裁问题的最重要的两项公约。从上述剖析中不难看出:前述所谓"中国《仲裁法》中关于涉外仲裁监督的现有规定是与中国缔结或参加的国际条约互相接轨和完全一致"的说法或论断,显然缺乏足够的事实根据。

---

① 参见陈安主编:《国际投资争端仲裁——"解决投资争端国际中心"机制研究》,复旦大学出版社2001年版,第32—41页。

② See: *Composition of ICSID Tribunals*, News from ICSID, Vol. 4, No 2, 1987, pp. 3, 5—7;并参见同上注引书,第40—41页。

(三) 中国《仲裁法》的涉外仲裁监督规定与当代各国仲裁立法通例有关规定的接轨问题

就本文第二部分开头所引述的第三种意见而言,应当深入探讨、查核和具体澄清的是:当代各国仲裁立法在涉外仲裁监督问题上通常作何规定,中国《仲裁法》在同一问题上的现有规定与国际社会中仲裁立法的有关通例究竟是否能妥帖地互相接轨。

就笔者初步查证所知,答案是否定的。兹试列举有关资料信息如下。

美国 美国仲裁立法中对于在本国境内作出的仲裁裁决,不论其为内国裁决或为涉外裁决,都采取同样的监督机制。监督的对象、项目或要点,既有程序方面的,又有实体方面的。根据当事人的请求,仲裁裁决地所属地区内的管辖法院除了有权审查一般仲裁程序上的错误或违法情事之外,还重视审查仲裁裁决是否"以贿赂、欺诈或者不正当方法取得",仲裁庭各成员是否"显然有偏袒或贪污情事"。一旦认定确有上述情事之一,管辖法院即可作出裁定,撤销原仲裁裁决[1]。

德国 在《德国民事诉讼法》中设有"仲裁程序"专编(第十编),其中对在本国境内作出的仲裁裁决实行监督的规定,也本着"一视同仁"的原则,不区分其为内国裁决或涉外裁决。监督的对象或要点,既涉及裁决的程序运作,也涉及裁决的实体内容。就对于裁决实体内容方面的监督而言,具有下列七种情况之一,当事人即可申请撤销原裁决[2]:

(1) 承认裁决,显然违背德国法律的基本原则,特别是不符合德国的基本法;

(2) 对方当事人宣誓作证而又犯有故意或过失伪证的罪行,裁决却以其虚假证言作为根据;

(3) 作为裁决基础的证书是伪造或变造的;

(4) 证人或鉴定人犯伪证罪行,裁决却以其虚假证言或鉴定作为根据;

---

[1] 参见《美利坚合众国仲裁法》第 10 条,载于《国际商务仲裁》(*International Commercial Arbitration*,以下简称《ICA》)第七编:"各国仲裁立法",(活页)文件编号:Ⅶ. L. 1,第 4 页,美国奥西阿纳出版社(Oceana Publications),1985 年英文版;朱建林中译文载于程德钧、王生长主编:《涉外仲裁与法律》(第二辑,资料编译),中国统计出版社 1994 年版,第 295 页。

[2] 参见《德意志联邦共和国民事诉讼法》第 1041、1042 条,第 580 条,载于同上引书《ICA》,文件编号:Ⅶ. C /1. 1,第 10—11 页,1986 年英文版;中译文见谢怀栻译:《德意志联邦共和国民事诉讼法》,法律出版社 1984 年版,第 337—338 页,第 166—167 页〔本文发表于 1995 年。其后,《德国民事诉讼法》第 10 编经过修订,并自 1998 年 1 月 1 日开始实施。详见本书第二编Ⅴ,《再论中国涉外仲裁的监督机制及其与国际惯例的接轨》第三部分之(二)〕。

(5) 当事人的代理人或对方当事人(或其代理人)犯有与本仲裁案件有关的罪行,而裁决即是基于该行为而作出的;

(6) 仲裁员犯有与本仲裁案件有关的、不利于当事人的渎职罪行,

(7) 裁决是以某项法院判决为基础,而该项判决已被依法撤销。

管辖法院认定确有上述情况之一,即应撤销原仲裁裁决并驳回执行该裁决的申请①。

可见,德国法律既规定仲裁裁决对于当事人具有与法院终局判决同等的法律效力②,同时,又对裁决的程序,特别是对裁决的实体内容,实行十分严格和相当具体的监督。对于在仲裁过程中当事人等实行伪证或仲裁员渎职因而势必影响裁决公正性的场合,尤其强调从严监督,坚决纠正。

值得附带一提的是:德国对于来自外国的仲裁裁决,除了在其《民事诉讼法》第 1044 条中吸收《1958 年纽约公约》第 5 条有关监督机制的规定,授权本国的管辖法院可以裁定"不予承认和不予执行"之外,还专门立法,授权本国的管辖法院在特定情况下③可以对来自外国的仲裁裁决作出"应予撤销"的裁定。足见德国的法律确是把任何仲裁裁决(包括在本国作出的内国仲裁裁决和涉外仲裁裁决以及在外国作出的仲裁裁决)的公正性,放在首要地位,监督从严。

日本 《日本民事诉讼法》对于在本国境内作出的内国仲裁裁决和涉外仲裁裁决,也采取"统一立法、同等监督"的原则,而且多处与德国法律的有关规定,十分近似。对于在日本本国境内作出的上述两类仲裁裁决,除了实行程序方面的监督之外,也相当强调实行实体方面的监督。就后者而言,凡具备以下六项条件之一,当事人即可申请撤销原仲裁裁决;而管辖法院一旦认定申请者举证属实,即应作出裁定,撤销该仲裁裁决④。这七项条

---

① 参阅《德意志联邦共和国民事诉讼法》,第 1042 条第 2 款,载于同上《ICA》汇编文件,第 10 页;同上谢怀栻译书,第 338 页。

② 参见同上法律,第 1040 条,载于同上《ICA》汇编文件,第 10 条;同上谢怀栻译书,第 337 页。

③ "特定情况"指的是:如果属于《1958 年纽约公约》范围的外国仲裁裁决是在德国以外的另一缔约国依据德国的程序法作出的,则可以在德国境内向管辖法院提起撤销原仲裁裁决之诉,而一旦德国管辖法院认定该项外国裁决确有前述《德国民事诉讼法》第 1041 条所规定的七种撤销原因之一,即应裁定予以撤销。参见《德国关于实施 1958 年〈承认和执行外国仲裁裁决公约〉的法律》(1961 年 3 月 15 日),载于《德意志联邦共和国民事诉讼法》谢怀栻译书,第 342 页,注解之〔10〕。

④ 参见《日本民事诉讼法》第 801—804,420 条,载于《日本模范六法》,三省堂 1991 年日文版,第 1162、1154—1155 页。英译文载于《国际商务仲裁·亚太地区商务仲裁立法》(*International Commercial Arbitration · Commercial Arbitration Law in Asia and the Pacific*,以下简称《ICA·CALAP》),文件编号:7,第 3—6 页,美国奥西阿纳出版社 1990 年版;张玉林中译文载于同上引资料编译,第 217—218 页。

件是:

(1) 仲裁裁决命令一方当事人实施法律禁止的行为;

(2) 仲裁员对本仲裁案件犯有渎职罪行;

(3) 当事人的指控或答辩受到阻碍,以致影响公正裁决;

(4) 作为裁决证据的文书及其他物证是伪造或变造的;

(5) 证人、鉴定人、翻译人员、当事人或其代理人作出的虚假陈述被援引作为裁决的证据;

(6) 作为裁决基础的某项其他判决或行政裁定已被变更。

可见,日本对于在本国作出的涉外仲裁裁决,也与对待内国仲裁裁决一样,对其实体内容的公正性,实行相当严格与具体的监督。

澳大利亚 澳大利亚实行联邦制,六个州各有自己的宪法、法律和最高法院。1984年以来各州法律实行"统一化"改革,基本上采用同一模式,大同小异。兹以经济和法律发展水平最高、辖区最大的新南威尔士州1984年的《商事仲裁法》为代表,摘述其中对仲裁裁决的监督规定。

这部仲裁法对于在本州作出的一切仲裁裁决,包括内国裁决和涉外裁决,实行统一的司法审查和监督。其特色有二:第一,对于终局性仲裁裁决,原则上一般不允许上诉,但如该州最高法院认为因裁决产生的法律问题可能对争端当事人的权益产生重大影响,则作为例外情况,在经过严格审查和适当限制的条件下,允许当事人向最高法院提起上诉,经过后者审查,可视情况分别作出裁定,维持、变更或撤销原仲裁裁决,或就有关法律问题提出意见,发回重审(重裁);第二,对于终局性仲裁裁决,如发现其"仲裁员或公断人本身行为不轨,或对程序处理不当",或"裁决不当",则作为一般原则,法院可以应仲裁协议一方当事人的申请,全部或部分撤销该仲裁裁决①。

在仲裁裁决监督机制上采取这种做法,即对"内国"与"涉外"两类裁决实行"合流"和统一的监督;而又按仲裁裁决本身存在程序上或实体上问题的轻重大小实行适当的"分流"监督,"宽严有别",灵活掌握;同时,提高实行监督的司法机关的层次,以昭慎重,此种机制,可谓独树一帜。

在当代发达国家的行列中,除了上述美、德、日、澳诸国之外,**法国、意大利、加拿大、英国、比利时、荷兰、瑞士、奥地利**等许多国家,对于在本国作出的涉外

---

① 参见《澳大利亚新南威尔士1984年商事仲裁法》第38—42条,载于同上引书《ICA》,文件编号:Ⅶ.A.3,1988年英文版;朱建林中译文载于同上引资料编译,第231—233、255—258页。

仲裁裁决,也都设有比较健全的监督机制。它们的共同特点也是:第一,对于在本国作出的涉外仲裁裁决,与本国作出的内国仲裁裁决,实行统一的、同一标准、同等要求的监督;第二,监督和纠正的范围和要点,既包含两大类仲裁裁决在程序方面的错误或违法,又包括它们在实体方面的错误或违法;第三,管辖法院用以纠正这些错误或违法裁决的具体措施,并不局限于裁定"不予执行",而且有权裁定"应予撤销"[①]。

在当代发展中国家的行列里,有许多国家的仲裁立法借鉴和吸收了发达国家的有益经验,在充分肯定仲裁裁决之终局性和约束力的同时,十分强调仲裁裁决的公正性,并为此建立了同样具备上述三项共同特点的监督机制。

就发展中国家仲裁立法针对仲裁裁决的实体内容进行司法审查和监督而言,各有关法律条文的表述方式,大体上可分为三种:(1)"列举式",即逐项列举审查和监督的要点,诸如:仲裁员有不法行为、渎职行为,当事人从事伪证、欺诈或隐瞒真相,裁决内容违法或违反公共政策等。采取此种方式的有印尼、泰国等[②]。(2)"概括式",即从总体上规定对仲裁裁决的监督可比照对司法审判监督的程序办理,诸如:明文指出"对仲裁员的裁决,可根据与撤销司法判决同样的规则,申请予以撤销"。采取此种方式的有埃及、阿根廷、秘鲁等国[③]。(3)"综合式",即将列举式和概括式两者相加,既列举仲裁裁决监督的某几项要点,又概括规定应比照适用司法审

[①] 参见《法国民事诉讼法》第1482—1485条,王生长中译文载于同上资料编译,第32—33页;《意大利民事诉讼法》第828—831条,载于同上书《ICA》,文件编号:Ⅶ.F/1/A.1,第8—10页,1986年英文版;王松中译文载于同上资料编译,第133—134页;《加拿大不列颠哥伦比亚1986年国际商事仲裁法》第34条,载于同上书《ICA》,文件编号:Ⅶ.A/2.1,第25—26页,1987年英文版;王生长中译文载于同上资料编译,第350—351页;《英国仲裁法》第1—2条,载于同上书《ICA》,文件编号:Ⅶ.K.3,第35—37页,1985年英文版;陈鲁明中译文载于同上资料编译,第134—137页。〔本文发表于1995年。其后《英国仲裁法》经过修订,并自1997年1月31日开始实施。详见本书第二编Ⅴ,《再论中国的涉外仲裁的监督机制及其与国际惯例的接轨》。〕《比利时司法法典(节选)》第1704条,王生长中译文载于同上资料编译,第44—45页;《荷兰民事诉讼法》,第1065、1068条,载于同上书《ICA》,文件编号:Ⅶ.F/2/A.1,第13—15页,1987年英文版;王生长中译文载于同上资料编译,第66—68页;《瑞士国际私法法案》第190—191条,王生长中译文载于同上资料编译,第75页;《奥地利民事诉讼法》第595—597条,王生长中译文载于同上资料编译,第82—83页。

[②] 参见《印度尼西亚民事诉讼法》第643条,载于同上引书《ICA·CALAP》,文件编号:6,第12—13页,1987年英文版,许耀忠中译文载于同上资料编译,第148—149页;《泰国仲裁法》第24、26条,载于同上书《ICA·CALAP》,文件编号:16.1,陈鲁明中译文载于同上资料编译,第193—194页。

[③] 参见《埃及民事和商事诉讼法》第511条,宋贝贝中译文载于同上资料编译,第356页,《阿根廷国家民商事诉讼法》第758、761条,许耀忠中译文载于同上资料编译,第304页;《秘鲁民事诉讼法(节选)》第570条,许耀忠中译文载于同上资料编译,第314页。

判监督中的若干项具体规定。采取此种方式的有韩国、南斯拉夫等①。

综上所述,不难看出:当代世界各国的仲裁立法的通行做法,不论其为发达国家或发展中国家,都对在其本国境内作出的内国仲裁裁决与涉外仲裁裁决实行"一视同仁"的监督,而不实行"内外有别"的分流机制;都对两大类裁决实行程序运作上和实体内容上的双重监督,而不实行"只管程序运作、不管实体内容"的单薄监督。

可以说,正是有鉴于当代各国仲裁立法的通例,总结了各国仲裁实务的有益经验,联合国国际贸易法委员会(UNCITRAL)1985年6月通过的《国际商事仲裁示范法》对于仲裁监督机制也作了相应的规定,即一个国家的管辖法院对于在本国境内作出的一切仲裁裁决实行审查和监督时,不分其为内国裁决或是涉外裁决,都采取同样的审定标准和同样的补救措施,而并不采取"内外有别、区别对待"的做法;而且进一步规定:对于经过管辖法院审查确认其在程序操作上确有错误或违法,或在实体内容上确与本国公共政策相抵触者,则均在"可予撤销"之列,而不局限于"不予承认"或"不予执行"②。在这一点上,显然是对《1958年纽约公约》有关规定的一大突破。

为了促使世界各国在商事仲裁立法方面尽快趋向统一化,从而进一步增强国际经济交往,联合国大会于1985年12月11日通过专门决议,向整个国际社会郑重推介这部《国际商事仲裁示范法》,建议"全体会员国对这部《示范法》给予应有的考虑",以作为各国国内仲裁立法的重要参考和借鉴③。这种郑重推介,客观上无异于承认了和进一步加强了示范法各有关条款作为国际通行做法(通例)的应有地位。

如前文所述,中国《仲裁法》第58条对于在程序上或实体上确有错误或违法之处的内国仲裁裁决,明文规定"应当裁定撤销",从而突破了中国《民事诉讼法》第217条仅限于"裁定不予执行"的原有规定。这种突破,显然与借鉴和吸收当代世界各国仲裁立法的先进通例以及联合国大会推介的《国际商事仲裁示

---

① 参见《韩国仲裁法》第13条,载于同上书《ICA·CALAP》,文件编号:8,第5页,1987年英文版;宋贝中译文载于同上资料编译,第186页。可以看出,韩国本条的文字表述方式是参照和吸收了德国和日本的类似表述方式。《南斯拉夫民事诉讼法》第484、485条,载于同上书《ICA》,文件编号:Ⅶ.M.Ⅰ,第9—10,1986年英文版;刘京中译文载于同上资料编译,第20页。

② See: *UNCITRAL Model Law on International Commercial Arbitration*, Arts. 1(1),2(1),34, S. Zamora & R. A. Brand ed., Basic Documents of International Economic Law, CCH International, 1991, Vol. 2, pp. 999 - 1000,1011 - 1012;中译本见胡康生主编:《中华人民共和国仲裁法全书》,法律出版社1995年版,第616—621页。

③ See: *UNCITRAL Model Law on International Commercial Arbitration*, Arts. 1(1),2(1),34, supra 44, Basic Documents of International Economic Law, Vol. 2, p. 993.

范法》的积极内容,不无关系,并且已与国际仲裁立法通例互相接轨。但是,根据中国《仲裁法》第65、70、71条的规定,同法第58条所规定的审查标准和补救措施,却不能一体适用于在中国作出的涉外仲裁裁决。换言之,对于在中国作出的涉外仲裁裁决,只能就其程序运作进行司法审查和监督,而不能审查和监督(包括必要的纠正)其实体内容。这种"只管程序运作,不管实体内容"的监督规定,显然与国际仲裁立法的通例以及联合国大会郑重推介的上述《国际商事仲裁示范法》的范例相左。

前文提到,有一种观点断言:中国现在实行内国仲裁监督与涉外仲裁监督的"分轨制",是完全必要的,也符合国际上的通行做法①。但是,迄今为止,尚未见有人能够举出中国以外的任何一个国家实行像中国这种仲裁监督"分轨制"的实例;换言之,至今似乎仍然无人能够举例证明:当今世界上,除中国之外,究竟还有哪一个国家在哪一部法律的哪些条文中,明文规定这样的"分轨制":对于本国境内仲裁员凭伪证作出的或基于贪赃枉法作出的内国裁决,依法应予撤销;而与此同时,对于本国境内仲裁员作出的含有同类错误或违法内容的涉外裁决,却规定不得依法撤销,而应当继续承认其法律上的合法地位和法定的约束力,依然必须坚决执行。这样的"分轨制",难道果真是"国际上的通行做法"?这是否中国现行立法上的一种缺失?在涉外仲裁法律监督机制上,这里是否存在着应予堵塞的"漏洞"?这些问题,都是值得反复思考和认真探讨的。

(四)中国国情的"特殊性"与涉外仲裁监督"从宽"的必要性问题

就本节第二目所引述的第四种意见而言,中国现有国情是否十分"特殊",而且"特殊"到足以促使中国仲裁立法无须借鉴国际上"两类仲裁、同等监督"的先进通例,"特殊"到对涉外仲裁监督必须特别从宽?这显然是有待认真研究的。其中尤其值得深入探讨的,是前文提及的"仲裁一片净土"论、"预防地方保护主义"论以及"抵制司法腐败"论。兹试逐一评析如下。

1. "仲裁一片净土"论评析

如前所述,此论的主要论据是:中国涉外仲裁界的综合素质具有很高水平,至今尚未发现有裁决严重错误或枉法裁断情事,故可誉为"一片净土",无须过分强调法律监督。

---

① 参见《中国社会科学》1998年第2期,第97页。

以"净土"这一佛教名词①喻中国的涉外仲裁界,有其勉励洁身自爱、说法比较形象的一面,又有其溢美过誉、不合逻辑的一面。

诚然,从整体上看,中国涉外仲裁界队伍的品德素质和业务素质具有较高水平;多年以来他们所作出的涉外裁决,在国内外获得较高的赞誉;至今尚未发现在程序上或实体上有严重的错误、贪污,或受贿、徇私舞弊、枉法裁决等行为。但是,即使成绩昭著,在人们的赞誉声中,沾沾自喜或陶然自满也是无益的;而据此否定建立严格监督机制的必要性,则是错误的。因为,必须清醒地意识到以下几点。

第一,"至今尚未发现"并不等于至今绝对没有。况且,众所周知,在1982年3月至1991年4月施行的《民事诉讼法(试行)》中,本身就缺乏有关涉外仲裁监督的规定,以致法院对于涉外仲裁裁决的程序运作和实体内容,一概无权过问或监督。1991年4月修订颁行《民事诉讼法》以后,情况有所改善,但是17年以来,在《民事诉讼法》第260条规定的涉外仲裁监督现行机制之下,管辖法院对于本文第一部分末所列举的属于实体内容上的"五浊"——五类错误裁决或违法裁决,包括凭伪证作出裁决或仲裁员贪污受贿枉法裁决等等,都无从依法监督,无计可施。这就把受害当事人向管辖法院投诉以及管辖法院实行监督(包括受理、审查、发现和纠正)的法律渠道给堵塞住了。对于因法律渠道堵塞、无从依法监督,因而难以发现或尚未发现的恶行,显然没有理由掉以轻心,高枕无忧。

第二,中国实行改革、开放的基本国策已经有20多年了。近几年来,计划经济体制正在逐步向社会主义市场经济体制过渡。紧闭的门窗打开之后,导入许多有益健康的新鲜空气,难免也混进一些蚊蝇之类。而在市场经济与商品经济的大潮之中,也难免泥沙俱下,鱼龙混杂,沉渣泛起。人们在为中国经济的迅猛发展而欢欣鼓舞之际,又不免为贪污腐败现象之层出不穷而深感忧虑和愤慨。党和国家领导人早就对此提出了郑重、痛切的告诫②。中共中央总书记、国家主席江泽民同志曾在部署全国反腐败斗争的一次重要会议上明确地指出:"揭露出来的问题是严重的。腐败现象已经渗透到社会生活的

---

① 参阅"净土"条目,《辞海》,上海辞书出版社1979年版缩印本,第368页;《汉语大词典》,汉语大词典出版社1990年版,第5卷,第1178页。这个佛教名词,指的是没有三毒四恶五浊、没有尘世秽垢污染的清净佛境,是西天诸佛聚居的极乐世界。

② 参见江泽民:《在中央纪委第三次全体会议上的讲话》(1994年2月28日),载《人民日报》(海外版),1994年3月7日,第1版。在这次讲话中,江泽民同志郑重提醒全国人民注意:腐败现象已经渗透到社会生活的广泛领域,利用职权贪赃枉法等犯罪行为,达到了惊人的程度;号召坚决开展反腐败斗争。

广泛领域,尤其是侵蚀到我们的党政机关和干部队伍。利用职权营私舞弊、贪赃枉法、索贿受贿等犯罪行为,达到了惊人的程度。这些情况说明,我们如果不坚决打好反腐败这个硬仗,确实有亡党亡国的危险。"① 这一段精辟言论,科学地概括了当前中国社会的心腹巨患和一大隐忧,有如警钟长鸣,振聋发聩,催人深省。它既道出了广大人民的共同心声,也是引导人们清醒地认识当前"社会生活广泛领域"的阴暗面从而与之作不懈斗争的正确指针,具有广泛的、普遍的指导意义。中国的涉外仲裁界并非生活在超凡脱俗、隔绝尘寰的"世外桃源",而是生活在中国社会这个现实的大环境、大气候中,因此,对于在尘世市场经济、商品经济中带有一定规律性的阴暗面现象,也没有理由不保持足够的警惕。满足于"一片净土"论,正是反映了缺乏应有的清醒和足够的警惕。

第三,在分析和总结上述腐败现象时,江泽民同志指出:"已经揭露出来的问题说明,我们在管理上、制度上存在不少漏洞,在领导作风上存在严重问题,使犯罪分子、腐败分子有机可乘。"他提出:应当"认真总结经验教训,堵塞漏洞,健全制度,加强管理,坚决克服官僚主义。"② 党中央的其他领导同志也从不同的角度强调了同样的思想。主管政府工作的李鹏同志指出:"同各种腐败现象作斗争,是政权建设的一项基本任务,也是改革与发展顺利推进的重要保证……要通过深化改革,健全法制,建立有效的监督机制和制约机制,从制度上防范和消除腐败现象。"③ 主管政法工作的乔石同志也反复强调:"加强反腐败斗争,还必须进一步健全党和国家的监督机制";必须"建立起对权力的有效制约和监督机制。缺乏制约的权力很容易产生腐败。在建立社会主义市场经济体制的过程中,必须加强对权力的制约和监督"。必须建立和完善社会主义市场经济法律体系,以便"有助于从根本上防范腐败现象的产生"④。数月前,党中央在关于党建重大问题的新决定中,也号召全国"把反腐败斗争深入持久地进行下去",为此,必须"逐步建立健全有效的监督约束机制";"逐步形成强有力的监督体系"⑤。

---

①② 江泽民:《在中央纪委第三次全体会议上的讲话》(1994年2月28日),载《人民日报》(海外版)1994年3月7日,第1版。
③ 李鹏:《政府工作报告》(1994年3月10日),载《人民日报》(海外版)1994年3月24日,第1—2版。
④ 乔石:《建立完善社会主义市场经济体制,必须有完备的法律规范和保障》,载于《法制日报》1994年1月15日第1—2版。
⑤ 参见《中共中央关于加强党的建设几个重大问题的决定》,载于《人民日报》(海外版)1994年10月7日第1、3版。

党中央的这些号召和指示,提醒人们:为了在社会生活的各个领域防腐反腐,不但要有一般的监督机制,而且要有健全、有效的监督机制。这些号召和指示,对于全中国的一切领域、一切机构,都具有普遍的指导意义。不言而喻,它对于中国的涉外仲裁领域及其有关机构,也是完全适用的。中国涉外仲裁界显然不宜满足于"一片净土"的溢美之词而稍有懈怠,片面强调自身的"特殊性",忽视现行监督机制与国际先进立法通例之间、与中国现实国情需要之间的差距,从而忽视在涉外仲裁领域也建立起健全、有效的监督机制,以杜绝不利于防腐反腐的任何漏洞。恰恰相反,应当深入体会党中央上述指示的精神,认真研究中国现行涉外仲裁监督机制方面的上述两种差距,积极支持和配合中国的立法机构,为进一步完善中国的涉外仲裁监督机制、堵塞任何漏洞,为中国的涉外仲裁体制加速实现现代化与国际化,作出应有的贡献。

第四,中国的涉外仲裁机构近年来先后制定和修订了《仲裁员须知》、《仲裁员守则》,其中强调仲裁员应当依法公正裁断、廉洁自律;在工作会议中也强调仲裁员应当珍惜自己的荣誉,努力自我监督、自我完善。这当然是很好的,但却是不足的。因为,自我监督在任何时候都不能取代广泛的社会监督和严密的制度监督,更不能取代严格的法律监督。

中国的《仲裁法》颁行之后可以在一定程度上弥补这方面的不足,它除了规定应当组建"中国仲裁协会"这一自律性组织,对中国各类仲裁机构人员、仲裁员的违纪行为进行组织监督之外,还明文规定:仲裁员如私自会见当事人或接受其请客送礼,情节严重者,或有索贿受贿、徇私舞弊、枉法裁决行为者,不但应予除名处分,而且还应依法追究其法律责任①。

然而,对于涉外仲裁员个人的法律监督无论如何严格、严厉,都仍然无法代替对涉外仲裁裁决的法律监督。理由很简单,纵使仲裁员个人有上述不法行为且证据确凿因而受到纪律、行政处分,甚至受到刑事惩罚而锒铛入狱,他所制作的涉外仲裁裁决,纵使在实体内容上彰明昭著地含有枉法裁决或凭伪证裁决等重大谬误之一,而且铁证如山,但是,在现行的《民事诉讼法》第 260 条第 1 款规定以及由此推衍而来的《仲裁法》第 65、70、71 条规定的现有监督机制之下,受害当事人仍然无从依法向管辖法院投诉,管辖法院也仍然无从依法受理、审查有关涉外裁决书的实体内容,也更无从依法裁定"不予执行",更不必说依法裁定"应予撤销"了。换言之,这种在实体内容上确有严重错误或违法的涉外仲裁裁决,在法律上仍然是有效的,谁也动它不得!而且必须予以执行!这就犹如

---

① 参见《仲裁法》第 15 条第 2 款、第 38 条。

掺入甲醇的假茅台酒的制造者已定案入狱服刑,而其含毒伪劣产品却仍作为"特级国优名酒"在一流大商店中公开展销,不许撤除和销毁。一旦果真出现这种情况,实在是对现行涉外仲裁监督机制的一种强烈讽刺,也是对中国法律尊严的一种严重亵渎!这样的规定,显然不符合党中央关于在社会生活各个领域建立健全、有效、严密的监督体制,逐步形成强有力的监督体系这一指示的基本精神。

由此可见,片面强调"一片净土"的"特殊性",其实践效果是有害无益的,它很不利于发现和清除过去、现在和将来可能潜在的污浊,污浊就会获得藏身之所,美誉就会向怨言转化;反之,在美誉之下,仍然保持清醒的头脑和警惕的眼光、遵循中央上述指示的精神,从立法上、制度上使涉外仲裁监督机制进一步健全化、严密化和有效化,这才是防污去浊、保持干净的不二法门。生活的辩证法,历来如此!

2. "预防地方保护主义"论评析

如前所述,此论的主要论据是:当前中国基层和中级法院某些审判人员的综合素质水平不够理想,且在不同程度上受地方保护主义观念或力量的影响,致使涉外仲裁裁决的执行往往难以顺利实现,从而影响国际威信。《仲裁法》中关于涉外仲裁监督机制的现有规定,即不允许法院对涉外仲裁裁决的实体内容进行任何审查监督,正是充分考虑到当前中国现实国情的上述特殊性而作出的正确立法,是一种必要的"预防"措施。

这种见解,貌似有理,但稍加推敲,就不难发现它也是难以自圆其说和令人信服的。因为:

第一,"地方保护主义"对基层甚至中级法院虽有一定影响,从而使某些仲裁裁决的执行遇到障碍或困难,但这并不是全国性的普遍现象,更不会是长期存在的现象。随着中国法制的进一步改善和健全,它必将逐步消失。不能以这种个别的、局部性和短暂性的现象,作为全国性立法的主要依据。一般而论,对于在程序上和实体上完全正确无误的涉外仲裁裁决,主管的基层或中级法院是会依法予以尊重和执行的。这无疑是现实生活中的主流。对于那种确因地方保护主义作祟而阻碍正确涉外仲裁裁决执行的司法裁定,则完全可以运用现有司法体制中的上诉程序和审判监督程序予以纠正[①],而不应在仲裁立法中"因噎废食",留下漏洞。

---

① 《民事诉讼法》第140条规定:对于管辖法院作出的"不予受理"、"对管辖权有异议"或"驳回起诉"的裁定,可以上诉。对于仲裁裁决"不予执行"的裁定,虽不能直接上诉,但可援引同法第177—179、184—186条的规定,通过七种渠道,予以再审或提审,重新作出裁定。

第二,一般说来,涉外民商事案件比之内国民商事案件较为复杂;在审理和处断上,难度较高;而处断的公正与否、得当与否,都涉及国际影响或国际形象问题。为慎重计,在我国改革开放初期,即1982年3月间,曾试行把管辖和受理一切涉外案件的第一审法院定为各地的中级人民法院。随着基层人民法院组织机构的逐渐健全、审判人员经验的不断积累和业务水平的逐步提高,自1991年4月9日起,除重大涉外案件第一审的管辖权不变之外,大量一般涉外案件的第一审,已经依法改由基层人民法院管辖受理①。既然现行法律承认和肯定基层法院和中级法院已经分别成熟到可以管辖受理一般涉外案件和重大涉外案件的程度,足以就涉外案件是非曲直的实体内容,作出正确的审理和公正的判决,而且大量事实已经证明它们在审理涉外案件中是胜任愉快的,那么,显然就没有理由硬说这两级的管辖法院现在还没有能力、没有水平对涉外仲裁裁决实体内容上的是非曲直及其合法与否,加以必要的司法审查和监督。否则,就难以自圆其说,更无法解释当初《民事诉讼法(试行)》第17条以及现行《民事诉讼法》第18、19条的规定。即:何以早在1982年或至迟在1991年就已经存在并经法律肯定的同一种业务能力和水平,到了1994—1995年,却突然丧失了呢?

更有甚者,按《仲裁法》关于涉外仲裁监督机制的现有规定,甚至连各省的高级人民法院和中国的最高人民法院,依法也都无权对任何涉外仲裁裁决的实体内容进行必要的司法审查、监督并加以必要的纠正,这就显然不是"没有能力"、"没有水平"的问题,而是"不但没有法律授权,反而有法律障碍"的问题了。看来,这个立法缺失、不足或漏洞,是不能不予弥补的。

第三,在涉外仲裁裁决执行问题上,对于在少量个案中出现的局部或暂时的"地方保护主义"所造成的障碍,应当采取进一步健全法制、加强审判监督的办法去抵制、克服和排除,而不应当采取在立法上"削足适履"或"因噎废食"的办法去规避它。中国《民事诉讼法》在1991年4月对原有的审判监督规定作了大幅度的修订和补充,就是通过健全法制来克服"地方保护主义"等消极因素的良好范例。

在1982年3月至1991年3月中国《民事诉讼法(试行)》实施期间,在先后九年的司法实践中,虽然在某些案件上,确有因局部或暂时存在的地方保护主义作祟,以致地方法院审判人员曲意袒护本地当事人,作出无理损害外地当事

---

① 参见《民事诉讼法(试行)》(1982年3月8日)第17条;《民事诉讼法》(1991年4月9日)第19条。

人或外国当事人权益的不公裁判,或者对已经发生法律效力的外地法院判决、裁定在本地的顺利执行,设置了某种障碍。但是,面对这种消极现象,在1991年4月有关审判监督的新的立法中,不但没有因此取消对已经发生法律效力的司法判决或裁定实行实体内容上的监督,反而大大加强了对已生效裁判之实体内容上的监督。这主要体现在以下两点上,即:(1)逐一列举了已生效的裁判在实体内容上含有错误或违法的5—7种情节(包括认定事实主要证据不足、适用法律确有错误、审判人员贪赃枉法等),明确规定对此类裁判依法"应当再审"或"有权提审";(2)增加和扩大了对此类裁判实体内容实行审查和监督的渠道和职能机关:除了法院系统自行实施的审判监督之外,还增加了最高人民检察院、上级人民检察院依法提出抗诉以及同级人民检察院提请上级人民检察院依法提出抗诉这三条新渠道或三种受权职能机关[①]。

可惜的是:这种通过加强和健全法制以克服"地方保护主义"等消极因素的立法精神,在《仲裁法》关于涉外仲裁监督机制的立法中,却没有得到应有的贯彻和体现。

第五,诚然,对仲裁裁决的监督不宜完全等同于对司法裁判的监督。前者基于当事人自愿选择,讲求效率,因而实行"一裁终局"制度。但是,绝不能由此推导说:有关当事人已经因此全盘放弃了向管辖法院提出申诉,请求对错误或违法的仲裁裁决加以监督和纠正的权利。关于这一点,在本文第一部分剖析仲裁监督和审判监督的异同时,已作论述,兹不另赘。不过,综观当代各国仲裁立法的趋向,有一种现象是值得注意的:为了更加强有力地防止"地方保护主义"等消极因素对执行正确仲裁裁决可能产生的不利影响,为了更加有效地防止基层或中级法院部分审判人员可能因业务水平不高而在对仲裁裁决实行司法审查和监督中发生失误,国际仲裁立法实践中已有某些可资参考借鉴的先进经验,即:把对于内国和涉外两类仲裁裁决实行程序运作审查和实体内容审查的监督权,一概授予拥有高水平审判人员的高层次法院,以昭慎重,并确保监督的公正、正确和准确,而又不影响效率。例如,英国把此种监督权授予高等法院(High Court)[②];印度尼西亚和澳大利亚都把此种监督权授予最高法院[③];在瑞士,则原则上应由联邦最高法院行使此种监督权,但是当事人可以协议以仲裁

---

① 参见《民事诉讼法》第177—179、185—186条;并对照《民事诉讼法(试行)》第157—158条。
② 参见英国1996年《仲裁法》第105条。
③ 参见《印度尼西亚民事诉讼法》第641条,许耀忠中译文,载程德钧、王生长主编:《涉外仲裁与法律》(第二辑,资料编译),第148页;《澳大利亚新南威尔士1984年商事仲裁法》第38条,见《中华人民共和国仲裁全书》,法律出版社1995年版,第676页。

庭所在地特定的州法院代替联邦最高法院行使此权①。

结合中国幅员辽阔、各省发展不平衡等国情特点,在深入调查研究的基础上,如认为确有必要移植上述经验时,似可考虑在中国的仲裁立法中作出规定,由最高人民法院组建专门法庭,或授权某些省份的高级人民法院,负责受理针对特大或重大涉外仲裁裁决的投诉,对此类裁决的程序运作以及实体内容,实行全面的监督。至于对一般涉外仲裁裁决实行兼及程序、实体的全面监督权,则归由有管辖权的基层法院或中级法院掌握和行使。

近几年来,中国在司法实践中也采取了若干新的有效措施,以防范和制止地方保护主义发生的消极作用。这些措施,与上述诸国的立法相较,似有异曲同工、不谋而合之处,而又带有中国的特色,值得注意。

例如,最高人民法院曾在1995年8月间下达文件②,明确规定:凡一方当事人向人民法院申请执行我国涉外仲裁机构的裁决,如果人民法院认为该项裁决具有《民事诉讼法》第260条规定情况之一,则在裁定不予执行之前,必须报请本辖区所属高级人民法院进行审查;如果高级人民法院同意不予执行,则应将其审查意见呈报最高人民法院。待最高人民法院答复后,方可裁定不予执行。其后,又在1998年4月间下达另一份文件③,进一步明确规定:凡一方当事人按照《仲裁法》的规定向人民法院申请撤销我国涉外仲裁裁决,如果人民法院经审查认为涉外仲裁裁决具有《民事诉讼法》第260条第1款规定的情形之一的,在裁定撤销裁决或通知仲裁庭重新仲裁之前,须报请本辖区所属高级人民法院进行审查。如果高级人民法院同意撤销裁决或通知仲裁庭重新仲裁,应将其审查意见呈报最高人民法院。待最高人民法院答复后,方可裁定撤销裁决或通知仲裁庭重新仲裁。

这两份文件,看来其主旨均在于通过法院系统内部建立事先报批制度,对地方管辖法院裁定不予执行、予以撤销或发回重裁的权力,加以必要的规范、限制和给予必要的指导,以防止某些地区的地方保护主义妨碍终局涉外裁决的顺利执行。这些规定,既保留了地方各级管辖法院对涉外仲裁裁决的程序运作进行审查监督的权力,又在这些权力具体行使过程中的某些方面,设立了实质上的两级复审制度。看来,这些规定比较符合中国幅员辽阔、各省发展不平衡等

---

① 参见《瑞士国际私法法案》第191条,见《中华人民共和国仲裁全书》,法律出版社1995年版,第635页。
② 参见最高人民法院《关于人民法院处理与涉外仲裁及外国仲裁事项有关问题的通知》,1995年8月28日法发(1995)18号文件。
③ 参见最高人民法院《关于人民法院撤销涉外仲裁裁决有关事项的通知》,1998年4月23日法发(1998)40号文件。

国情特点。因此,如果日后依中国国情的实际需要,修订《仲裁法》,把对涉外仲裁裁决的司法审查监督,扩大到兼及其实体内容,则由高级人民法院和最高人民法院针对下级法院上报的有关不执行或撤销涉外仲裁裁决的意见加以两级复审的机制,也同样可以有效地预防地方保护主义,切实地保障正确的涉外仲裁裁决得以顺利执行。

由此可见,维护涉外仲裁裁决终局性和高效率的途径很多,无论如何,都不应以"预防地方保护主义"作为借口,在仲裁立法中完全放弃或取消对涉外仲裁裁决也实行实体内容上的司法审查和监督,以致形成涉外仲裁监督机制上的漏洞,留下"违法不究"的隐患。

由此可见,本文第二部分开端所引述的第四种见解,其所强调的中国当前国情的"特殊性",乍一看似乎在某种程度上可谓"持之有故",但细一分析,就显见纯属言之乏理,其思想方法上的毛病就在于以点代面,以偏概全,以事物之次要的、表面的"特殊性"否定其主要的、本质的普遍性。

(五) 当事人选择仲裁时"更注重效益"而非"更注重公平"问题

就本节第二目所引述的第五种意见而言,有待认真探讨的是:当事人选择仲裁方式时,是否意味着以放弃上诉权利为代价而获得终局裁决?是否意味着"更注重效益,而不注重公平"?①

1. "放弃上诉权利"论评析

强调当事人在选择仲裁时即已自愿放弃上诉权利,这种论断,看来是缺乏足够的法理根据和事实根据的。因为:

第一,诚然,当事人为解决争端而自愿选择仲裁方式,实际上就是自愿放弃了向法院提起诉讼的权利,并以此作为代价,换得比较干脆的一裁终局,尽早解决争端,避免了法院诉讼程序上的两审结案,旷日持久,降低效率。但是,应当指出,此时此际当事人所放弃的仅仅是向初审法院提起诉讼的权利,而绝不是所谓的以放弃上诉权利为代价。在这里,向初审法院的起诉权利与向管辖法院的上诉权利两词,只有一字之差,其本质、含义却大不相同。换言之,绝不应任意推断:当事人一旦选择仲裁方式之后,即使面临错误的或违法的涉外终局裁决,也自愿全盘放弃了向管辖法院提出申诉和请求加以监督和纠正的权利。恰恰相反,无论从"违法必究"这一基本法理准则来衡量,还是从当代各国先进的仲裁立法通例来考察,对于已经发生法律效力的涉外终局裁决,只要当事人提

---

① 参见《中国社会科学》1998年第2期,第95、97页。

出确凿证据足以证明该裁决确有前述各类重大错误或重大违法情形,则不论其为程序上的错误或违法,抑或是实体上的错误或违法,都属于管辖法院应当依法实行仲裁监督之列,即应当在仲裁领域严肃认真地、全面地贯彻"违法必究"和"违法必纠"的基本方针。

第二,法律的尊严,首要关键在于它的公正,即秉公执法。对已经发生效力的终局裁决,如果事后发现其确有重大违法和错误(或执法不公,或枉法裁判,或违反法定程序),却又片面强调其"终局性",不允许通过特定的仲裁监督程序重新予以审查、审理和作出必要的纠正,其社会效果不但不能积极维护法律的尊严,反而会严重损害法律的威信。换言之,裁决的终局性与裁决的合法性和公正性相比,终局性应当属于第二位,它必须以合法性和公正性为前提,并且必须服从于合法性和公正性。应当说,这就是对终局性的裁决设立仲裁监督机制的立法本旨。中国1995年9月开始实施的《仲裁法》以及英国1997年1月开始实施的1996年《仲裁法》,其开宗明义第1条,都不约而同地把"公正"或"公平"一词置于"及时"或"避免拖延"之前,作为仲裁立法或仲裁裁决的首要宗旨和第一要求①,这就是上述立法宗旨或基本法理的最新证明。

第三,再从当事人的正常心态分析:任何正派、诚实的当事人,选择仲裁解决争议,其所殷切期盼的理应是既公正公平又相对简便快捷的终局解决。对于守法的当事人说来,裁决的公正性和公平性,较之裁决的便捷性和终局性,有如熊掌与鱼。两者孰重孰轻、孰珍孰廉,是洞若观火的。两者可以得兼,自是理想追求,一旦两者不可得兼,正常人恐怕谁也不会舍熊掌而取鱼。试设身处地地想一想:一个正派诚实的涉外商人,当其合法权益受到对方侵害而诉诸仲裁之后,耗时、耗资、耗精力之余,最终收到的却是一份仲裁员凭伪证作出或基于贪赃枉法作出的错误的或违法的终局裁决,这难道是他选择仲裁的初衷和最主要的期望?他难道无权依法向上申诉,讨回公道?古往今来,深受冤假错案之害而又心甘情愿、不极力谋求申诉平反者,应当是极为罕见的。

反过来,通过伪证、行贿等不法手段而取得含有重大错误或违法实体内容的终局裁决,却又因其是涉外仲裁裁决便可以"依法"把裁决受害人向上申诉讨回公道的途径完全堵塞,使其"永世不得翻身",这才是不法奸商(对方当事人)参加仲裁的最主要的期望;而且,正是这样荒唐、违法而又不容许依法推翻的终

---

① 中国《仲裁法》第1条规定:"为保证**公正**、及时地仲裁经济纠纷……制定本法";英国1996年《仲裁法》第1条规定:"仲裁的目的在于通过公正的仲裁庭使争端获得公平的解决,避免不必要的拖延或不必要的费用。"

局裁决,能够给他"带来巨大的潜在利益"和实在利益。

可见问题就是这样摆着:对于一份凭伪证作出的或基于贪赃枉法作出的涉外终局裁决,片面强调其绝对的、至高无上的"终局性",却不允许裁决受害人依法向上申诉,请求对裁决的实体内容予以审查、监督,作出必要的拨乱反正,这样的仲裁监督体制,归根结蒂,究竟是保护了正派、守法的商人,还是纵容了不法奸商?

第四,更有甚者,不妨再深入地设想一下:一个守法的在华外商,正好是这种凭伪证作出的或基于贪赃枉法作出的裁决的一方当事人和直接受害者,却又因在中国诉请对涉外裁决实行实体内容监督的法律途径已被依法堵塞,因而投诉无门,只能忍气吞声,束手"挨宰",或"引颈待戮",试问:这样的法律设计及其存在的漏洞,是如人们所善意预期的"增强对外国当事人的吸引力,改善本国的投资环境"? 还是背道而驰,适得其反?

第五,从中国《仲裁法》的现行规定看,当事人选择仲裁方式解决涉外争议之际,并未承担任何法定义务,必须放弃上诉权利,或竟然可以推定其放弃上诉权利。恰恰相反,《仲裁法》第70、71条以及《民事诉讼法》第260条的有关规定,正是为确保当事人在收到终局的涉外裁决之后,仍可依法诉请就有关裁决实行程序运作方面的司法监督。令人遗憾的是,这些现行的法律规定不允许此种司法监督也扩及涉外裁决的实体内容,因而存在漏洞和可能发生弊端。可见,如果不细加分析,对于选择仲裁方式解决涉外争端的所有当事人,不问青红皂白,一概推定其已经"自愿放弃上诉权利",则此种见解,不但没有法律根据,而且不符合现行法律的明文规定。它不但根本无法解释这些在程序运作方面确保当事人向上申诉权利的现行规定,而且背离了"当事人意思自治"这一基本法理原则。因为这种推断,完全是强加于当事人的,它违背了当事人选择仲裁时的真实意思表示。

2. "应更注重效益"论评析

此论断言:当事人在选择仲裁时更注重效益,而不是公平;并主张为了提高效率,就不能允许法院对仲裁的监督涉及实体问题。"如果我国法律允许法院对仲裁进行实质审查,无异于使仲裁程序从属于法院的诉讼程序。"[①]

这种主张,看来也是有欠周全、有失偏颇的。因为:

---

① 参见肖永平:《也谈我国法院对仲裁的监督范围》,载于《仲裁与法律通讯》(中国国际经贸委员会主办内刊)1997年第6期,第8、12页;肖永平:《内国、涉外仲裁监督之我见》,载于《法学评论》1998年第1期,第45、49页;陈安:《英、美、德、法等国涉外仲裁监督机制辨析》(对肖文的异议),载于《法学评论》1998年第5期;陈安:《再论中国涉外仲裁的监督机制及其与国际惯例的接轨》(对肖文的异议),载于《国际经济法论丛》第2卷,法律出版社1999年版,第201—206页。

第一,事实上,为了"注重效益"和维护涉外仲裁"裁决的终局性",并不应当也不必要以牺牲其公正性和合法性作为代价。环顾当今世界许多国家先进的仲裁立法,一般都首先坚持公正与合法,同时兼顾效益,因而都允许针对涉外仲裁裁决,提出兼及其程序运作缺陷或实体内容谬误的撤销之诉。其申诉期限,在作出或送达有关仲裁裁决之后,有的长达1年,如美国①;有的定为3个月,如德国②;有的定为1个月,如法国③;有的则定为28天,如英国④。各国仲裁立法中有关提起撤销之诉的具体时限,固有或长或短之分,但在两个基本点上则是相同的,即:(1)都明确地保留、保护当事人在一定条件下和一定期限内针对内国仲裁裁决和涉外仲裁裁决提起撤销之诉的权利,而不因推崇任何仲裁裁决的"终局性"或"注重效益"而从根本上取消申诉期;(2)都明确地允许当事人针对上述两大类裁决的程序缺陷和实体谬误,提起撤销之诉,而不因特别推崇涉外裁决的"终局性"或"注重效益",以此作为借口,禁止受害当事人针对涉外裁决中实体内容上的谬误,提起撤销之诉,从而不但剥夺了受害当事人的申诉权,而且严重损害了仲裁制度的公正性和合法性,甚至亵渎了法律的尊严。

第二,中国《仲裁法》目前规定对仲裁裁决提起撤销之诉的期限为收到裁决书之后的6个月以内,这一期限,短于美国,长于德、法、英等国,它是否长短适度,自应在经历数年实践之后,总结经验教训,立足中国国情,参照他国立法的先进通例,予以必要的调整。但也应当重视:中国自身在法院审判监督体制方面,也已积累了一些有益的经验,可以作为进一步改善、健全中国现行仲裁监督体制的参考或借鉴。例如,中国现行的审判监督程序规定:当事人对于已经发生效力的判决或裁定,认为有错误的,可以依法申请再审⑤。其实质,就是允许当事人针对终局性判决或裁定中存在的重大程序缺陷或实体谬误,提出撤销原判或原裁之诉。对终局性司法裁判提起再审之诉(撤销之诉)的期限,定为原裁判发生法律效力之后的两年以内⑥,较之对终局性仲裁裁决提起撤销之诉的6个月期限,长达4倍。就此点而言,现行法律对终局性司法裁判之绝对定案和不可推翻,其保证的强度和力度,似均逊于对终局性仲裁裁决所给予的保证。因为前者在生效后的两年之内仍属于尚可"依法翻案"之列;后者则在生效之后再经半年,就属于"铁案如山",根本无法撼动,依法不许推翻了!

---

① 美国《仲裁法》第9条。
② 德国《民事诉讼法》第1059条第3款。
③ 法国《新民事诉讼法》第1484、1503、1505条。
④ 英国《1996年仲裁法》第70条第3款。
⑤⑥ 分别参见中国《民事诉讼法》第178、179、182、183条。

但是,另一方面,在司法审判监督程序中,当事人对终局性司法裁判申请再审或提起撤销之诉,一般并不能阻止、停止终局裁判的强制执行①。只有在有关再审的申请或有关撤销的诉求经过法定程序的严格审查,并由主管法院决定予以再审之后,才能作出裁定,中止原终审裁判的执行②。就此点而言,现行法律对终局性司法裁判给予保证的强度和力度,似均胜于对终局性仲裁裁决所给予的保证。因为审判监督的运作程式是:

当事人申请再审──→法院立案受理,原终局司法裁判应继续执行,不得中止──→法院决定再审,原终局司法裁判方可中止、暂停执行。

但仲裁监督的运作程式则是:

当事人申请撤销──→法院立案受理,原终局仲裁裁决立即不得继续执行,应予中止③。

两相比较,显然可以看出:前者的运作程式,在当事人申请与中止执行之间,多设了一道严格审查、不容蒙混逾越的"关口",这对于当事人滥用申诉权、无理取闹以阻碍终局司法裁判执行的行为,无疑能够起到有效的预防和制止作用。对于在现行司法审判监督体制中行之有效的这一道"关口",似可以移植到仲裁监督体制中,即在仲裁当事人申请撤销终局仲裁裁决与仲裁裁决中止执行之间,也另设一道关口,命名为"法院决定审查",即在当事人申请、法院立案受理之后,法院决定审查之前,原仲裁裁决应继续执行,不得中止,借助于这一新设"关口",以预防和制止仲裁当事人滥用申请撤销仲裁裁决的程序,从而确保正确的仲裁裁决得以顺利执行。这一立法建议,在日后修订《仲裁法》、改进仲裁监督机制时,不妨加以考虑。

由此可见,为了注重效益和维护涉外仲裁裁决的终局性,完全可以采取其他有效的措施,以预防和制止申诉权被滥用,而不应不分青红皂白,绝对排斥对涉外仲裁裁决实行兼及其实体内容的司法审查。

第三,所谓"允许法院对仲裁进行实质审查,无异于使仲裁程序从属于法院的诉讼程序",并由此推导出结论:"所以,我国法院对仲裁的监督是不应该涉及实体问题的",这种断言和推导,显然是对当代中外法治国家通行的权力制衡原则④有所误解。当代许多法治国家普遍允许法院对终局性的行政决

---

①② 分别参见中国《民事诉讼法》第178、179、182、183条。
③ 参见中国《仲裁法》第64条。
④ 参阅江泽民:《在中央纪委第五次全体会议上的讲话》,载《人民日报》2000年12月27日。在这篇讲话中,强调要加大力度,从源头上预防和治理腐败;要通过健全法制和体制创新,建立起合理、科学和严密的"相互制约的权力运行机制"。

定,依法进行实质审查,决定予以维持或予以撤销;允许法院对终局性的公诉决定,依法进行实质审查,决定予以肯定或予以否定;又允许检察院对终局性的司法判决,依法进行实质审查,决定予以支持或予以"抗诉"。这些规定,乃是对几种不同的权力,实行互相制衡、互相监督和互相纠偏改错,以确保权力不被滥用,从而维护社会的公正,保持法律的尊严。难道可以从这些规定中分别推导出:"这无异是使行政程序从属于法院的诉讼程序","这无异是使检察程序从属于法院的审判程序",或"这无异是使法院的审判程序从属于检察院的检察程序"?人们显然不能作如此推导和如此判断。换言之,行政机关与行政权力、法院与审判权力、检察院与检察权力,三者之间是互相制衡的,又是互相平等的,并不存在谁高谁低、谁"从属"于谁的问题。如果一定要从这种法治体制中找出某种"从属"关系,那么,不妨说,这三种机关或三种权力,都应当从属于法律,从属于依法治国,从属于防止权力腐败,从属于维护社会公正。

"举三可以反一",由此足以证明:在"或审或裁、一裁终局"的现行体制下,同时设置对终局裁决实行兼及其实体内容的司法审查机制,这同样是出于权力制衡、防止腐败、维护公正的需要,而不应误解为"使仲裁程序从属于法院的诉讼程序"。

何况,如上所述,在我国现行法制下,无论行政权力、检察权力,还是审判权力,其运作结果和终局决定,都毫无例外,一律要依法接受针对其实体内容的审查监督。作为"准司法权力"或"准审判权力"的仲裁权力,其内国仲裁运作的终局决定(即内国仲裁裁决),也要依法接受针对其实体内容的审查监督。可是,唯独对于其涉外仲裁运作的终局决定(即涉外仲裁裁决),却绝对排斥、绝对不许依法(更准确些说,是"无法可依"或"依法无权")对其实体内容,也实行必要的审查监督,从而有可能让某些在实体内容上含有重大缺陷或违法谬误的涉外仲裁裁决,得以长期"逍遥法外",谁也奈何不得。无论从理论角度还是从实务角度来看,都毋庸讳言:这乃是我国现行涉外仲裁监督机制的一大漏洞,有待于认真予以堵塞。

综上所述,不难看出:中国《仲裁法》对内国仲裁监督与涉外仲裁监督实行"内外有别"的分轨制,不允许对涉外仲裁裁决的实体内容也实行必要的司法审查和监督,这种立法,实在并不符合中国现实国情本质上的迫切需要,也不符合中国参加的有关国际条约以及当代各国仲裁立法先进通例的基本精神;从而相当不利于促进中国涉外仲裁体制与有关的国际惯例互相接轨,相当不利于中国涉外仲裁体制迅速走向现代化和国际化。

有鉴于此,看来很有必要鼓励中国法学界、司法界、仲裁界以及商界有关人士,针对在1995年9月1日开始施行的《仲裁法》所规定的涉外仲裁监督机制,就其合理性问题进行较为系统的调查研究和深入的探讨,借以集思广益,供立法部门决策参考。笔者认为:为了全面贯彻党中央反复强调的防腐反腐基本方针,为了在涉外仲裁领域中也建立起健全有效的监督机制,以维护法律的应有尊严,使中国在国际社会中进一步树立起法治的形象,日后在修订仲裁立法时,其可行方案之一是:参照当代国际仲裁立法的先进通例,将"内国仲裁监督"与"涉外仲裁监督"完全并轨合流,一视同仁;把对涉外仲裁裁决的监督,也扩大到其实体内容方面,为此,将《仲裁法》第70、71条完全删除,并将同法第58条关于对内国仲裁裁决的程序运作和实体内容实行全面监督的规定,推广适用于中国的一切涉外仲裁裁决,从而对一切已经发生法律效力的涉外仲裁裁决,也毫无例外地实行"违法必究"和"违法必纠"!

三、加强现行中国涉外仲裁监督机制的几点设想

在对中国《仲裁法》有关涉外仲裁监督的规定进行必要的修订、使它进一步健全化以前,似乎可以设想:不妨在中国现有的涉外仲裁机构体系内,采取若干措施,以弥补现行监督机制之不足。

第一,在中国涉外仲裁体系的领导机构中,设立"自律委员会"或"惩戒委员会"之类的组织,以全国涉外仲裁人员(包括分散在全国各地、各部门的仲裁员)作为检查、监督的对象,专门受理对于涉外仲裁人员违纪行为、对于涉外仲裁裁决实体内容错误或违法的有关投诉,对于经过认真查证核实者,视其违纪行为、裁决实体内容错误或违法的具体情节,对有关人员分别给予劝告、警告、严重警告、记过直到除名的处分。日后,在"中国仲裁协会"这一全国仲裁界自律性组织正式依法①组建成立之后,上述"自律委员会"或"惩戒委员会"之类的组织可以作为它的一个分支机构或互相配合的职能部门,继续发挥其应有作用。

第二,在中国涉外仲裁体系的领导机构中,加强和扩大其现有"研究所"或其他研究机构的作用和功能。对于有关涉外仲裁裁决实体内容错误或违法的投诉,凡是情节较为复杂、是非较难判明者,可由上述"自律委员会"、"惩戒委员

---

① 参见《仲裁法》第15条第2款。

会"委托上述研究机构立项进行深入的专题研究,并将研讨结论向涉外仲裁机构的领导人员提出书面报告,便于后者充分了解情况,果断判明是非,对有关投诉作出正确的回答和必要的处理。

第三,在中国涉外仲裁体系的领导机构中,加强和扩大其现有"专家委员会"的作用与功能。专家委员会不但可以在涉外裁决作出之前,针对仲裁过程中出现的疑难问题或分歧见解,进行研究和提出咨询意见,以供有关案件的仲裁庭参考;而且可以在涉外裁决已经作出并已发生法律效力之后,接受涉外仲裁领导机构的委托,对涉外仲裁裁决实体内容错误或违法提出的有关投诉,立项进行认真的研究,并将研究结论报送有关主管领导,俾便后者酌情正确处断。在这方面,应当切实保证专家委员会确有认真研究的足够时间,并给予应有的咨询研究劳务报酬。

第四,健全或修订首席仲裁员的指定体制,从严选定首席仲裁员。首席仲裁员在由三人组成的仲裁庭中,虽然在最终裁决时也只有一票表决权,但他毕竟是仲裁庭的主干或核心,自始至终主持全案的仲裁运作过程,对仲裁裁决的正确与否和公正与否,起着举足轻重的作用。特别是按照中国现行的涉外仲裁程序规则,在三名仲裁员各持己见、不能就裁决形成多数意见时,仲裁裁决即依首席仲裁员的意见作出①。在这种场合,首席仲裁员的意见就比"举足轻重"更进一步,成为"一锤定音"、决定一切了。由此可见,在遴选和指定首席仲裁员时,对其品德素质和业务水平,都应有比一般仲裁员更高、更严格的要求。根据中国《仲裁法》第31条的规定,在由三人组成仲裁庭的场合,双方当事人除应各自选定一名仲裁员之外,"第三名仲裁员由当事人共同选定或共同委托仲裁委员会主任指定。第三名仲裁员是首席仲裁员"。《仲裁法》中的这种规定,充分尊重当事人共同的自愿选择,显然是很合理的,也符合当代国际仲裁立法的先进通例。不过,按现行的《中国国际经济贸易仲裁委员会仲裁规则》第24条的规定,这第三名仲裁员——首席仲裁员,却纯由仲裁委员会主席自行指定,无需以双方当事人的"共同委托"为前提,更不允许双方当事人"共同选定"。现行涉外仲裁规则的这种规定,与《仲裁法》第31条的规定显然有抵触,且在实践中未必有利无弊。按《仲裁法》第73、78条的规定,上述仲裁规则的这种现行规定势在必改②。在现行仲裁规则的这种规定尚未修订之前,对于首席仲裁员的指

---

① 参见《中国国际经济贸易仲裁委员会仲裁规则》第55、56条。
② 《仲裁法》第73条规定:"涉外仲裁规则可以由中国国际商会依照本法和民事诉讼法的有关规定制定";第78条进一步规定:"本法施行前制定的有关仲裁的规定与本法的规定相抵触的,以本法为准。"

定,自应慎之又慎。对于前述第二、第三点中提到的当事人投诉较多,且有关仲裁裁决经立项研究核实其程序运作或实体内容确有错误或违法情事的仲裁员,纵使未必就有贪赃受贿、徇私舞弊情节,也不宜再在其他案件中指定为首席仲裁员。在上述仲裁规则第 24 条的现行规定按《仲裁法》第 31 条的规定修订之后,如果双方当事人没有共同选定担任首席仲裁员的第三名仲裁员,则涉外仲裁委员会主任仍有接受当事人的"共同委托"而代为选择和指定首席仲裁员的权力和职责。对于这种权、责的运用和履行,似也必须有一套比较缜密和科学的规章制度,以昭慎重,从而不辜负当事人的信赖和委托,并且有利于维护和增强涉外仲裁委员会的良好形象和国际威信。

  以上各点管见,均属引玉之砖。期待这个主题能引起广泛的注意和深入的讨论。不妥之处,欢迎批评指正。

1994 年 10 月初草

1995 年 2 月改定

Ⅳ 申论中国涉外仲裁监督机制[*]

内容提要 针对笔者关于中国现行的涉外仲裁监督机制应予改进的见解,肖永平教授提出四点商榷意见,认为中国对国际仲裁监督和内国仲裁监督实行内外有别的"分轨制"是完全必要的,也符合国际上的通行做法;英国的仲裁监督就是实行内外有别的"分轨制",在大陆法系国家,即使仲裁裁决有明显错误,法院也不能予以推翻;当事人选择仲裁,最主要的是期望尽快获得一份终局裁决,故常常更注意效益,而不是更注意公平;中国现行的仲裁立法对涉外仲裁裁决的内容并非无权监督。对于这些商榷意见,笔者逐一作了回应,指出:根据已经查索到的大量有关资料,事实证明内国仲裁监督与涉外仲裁监督的"分轨制"并非国际社会的普遍做法,许多国家都对在其本国境内作出的内国仲裁裁决与涉外仲裁裁决实行"一视同仁"的监督,而不实行"内外有别"的分流机制;都对两大类裁决实行程序运作上和实体内容上的双重监督,而不实行"只管程序运作、不管实体内容"的单薄监督。事实上,英国的仲裁监督并未实行"分轨制",其涉外仲裁监督兼及于两类裁决的程序与实体,并非只管程序运作,不管实体内容。当事人选择仲裁,是在力争公平的前提下追求效率,较之裁决的合法性和公正性,裁决的效率性和终局性应当退居第二位。中国现行《仲裁法》对涉外仲裁员个人的监督无法代替对涉外仲裁裁决内容本身的法律监督,无法堵塞现行法律监督体制上的漏洞,不利于反腐倡廉,不利于维护法律的尊严,亟宜修订改进。

目 次

一、内国仲裁监督与涉外仲裁监督"分轨制",并非"国际社会的普遍做法"

二、英国的仲裁监督并未实行"分轨制",其涉外仲裁监督并非"只管程序运作,

---

[*] 本文原载于《中国社会科学》1998年第2期,原题为《中国涉外仲裁监督机制申论》,旨在回应载于同刊同期的肖永平教授的评议文章《国内、涉外仲裁监督机制之我见》。

不管实体内容"
三、终局而不公、终局而违法的裁决不是受害一方"当事人最主要的期望"
四、"无权监督、无计可施"的担心不是"多余的"
五、结束语

拙作《中国涉外仲裁监督机制评析》一文(以下简称"拙作")在《中国社会科学》1995年第4期发表后,赞同者固多,持异议者亦不罕见。据笔者所知,持异议者的批评意见大同小异,其中肖永平教授提出的四点商榷意见(以下简称"肖文")具有一定的代表性。现将笔者进一步查证、研究和思考所得概述如下。

一、内国仲裁监督与涉外仲裁监督"分轨制",并非"国际社会的普遍做法"

肖文认为,对国际仲裁和国内仲裁作出区分是国际社会的普遍做法,中国在现阶段实行国内仲裁监督与涉外仲裁监督的分轨制是完全必要的,也符合国际上的通行做法,进而批评笔者仅仅考察了几个国家的立法就得出结论,是"不够妥当的"和"不全面的"。

不难看出,拙作是专就中国涉外仲裁的"监督"机制作出评析,而不是泛论内国仲裁与涉外仲裁(以下简称"两大类仲裁")的一般"区分"或区别。如果援引个别国家(例如肖文所引的英国)对待两大类仲裁在非监督机制方面某些细节操作上的一般区分,来论证中国对待两大类仲裁在监督机制方面严格分轨之合理性,实际上转换了论题。这就违反了逻辑学上"同一律"的基本要求。

笔者在撰写《中国涉外仲裁监督机制评析》一文时,查核了当代各国有关仲裁监督机制的立法。限于条件,笔者当时未能逐一钻研全世界所有国家(单是联合国成员国当时就多达185个)的仲裁立法,但确实查索了收集当代各国仲裁立法原始资料较为齐全的《国际商务仲裁》(*International Commercial Arbitration*)、《国际商务仲裁·亚太地区商务仲裁立法》(*International Commercial Arbitration · Commercial Arbitration Law in Asia and the Pacific*)①数卷,

---

① 两书均由美国奥西阿纳出版社(Oceana Publications)出版,前者出版于1985年,后者出版于1990年。

以及若干中文书籍,选出其中具有代表性的19个国家(12个是发达国家,7个是发展中国家)关于仲裁监督机制的现行立法,在该文中作了扼要论述①。出自版面的考虑,《中国社会科学》1995年第4期在发表拙作《中国涉外仲裁监督机制评析》时,删去了详细注解,同时增加了一条综合性注解,集中说明了有关资料的来源。因此,对于所谓拙作只依据几个国家的资料就得出全局性结论的批评,恐怕是出自一种误解。拙作所征引的19个国家有关仲裁监督机制的现行立法,有一个主要的共同点,即都对在其本国境内作出的内国仲裁裁决与涉外仲裁裁决实行"一视同仁"的监督,而不实行"内外有别"的分轨机制;都对两大类裁决实行程序运作上和实体内容上的双重监督,而不实行"只管程序运作、不管实体内容"的单薄监督。"一视同仁"、"双重监督"的做法有广泛的适应性。正是有鉴于当代各国仲裁立法的通例,总结了各国仲裁实务的有益经验,联合国国际贸易法委员会(UNCITRAL)1985年6月通过、联合国大会同年12月通过决议向国际社会推荐的《国际商事仲裁示范法》对于仲裁监督机制才作了相应的规定,即:一个国家的管辖法院对于在本国境内作出的一切仲裁裁决实行审查和监督时,不分其为内国裁决或是涉外裁决,都采取同样的审定标准和同样的补救措施;对于经过管辖法院审查认定其在程序操作上确有错误或违法,或在实体内容上确与本国公共政策相抵触者,则均在"可予撤销"之列,而不局限于可"不予承认"和"不予执行"②。这一点显然是对《1958年纽约公约》有关规定的一大突破。

但是,根据中国《仲裁法》第65、70、71条的规定,同法第58条所规定的审查标准和补救措施,对于在中国作出的涉外仲裁裁决,只能就其程序运作进行司法审查和监督,而不能审查和监督(包括必要的纠正)其实体内容。这种"只管程序运作,不管实体内容"的监督规定,显然与国际仲裁立法的通例以及联合国大会郑重推介的上述《国际商事仲裁示范法》的范例相左。

肖文强调:中国实行国内仲裁监督与涉外仲裁监督的分轨制"符合国际上的通行做法"。遗憾的是肖文中竟未举出中国以外的任何一个国家推行这种仲裁监督"分轨制"的实例。譬如,能否举例证明,当今世界上究竟有哪一个国家在哪一部法律的哪些条文中明文规定,对于本国境内仲裁员凭伪证作出的或基

---

① 参见拙作《论中国涉外仲裁的监督机制及其与国际惯例的接轨》,载于《比较法研究》1995年第4期。该文详细地注明了这19个国家有关仲裁监督机制的法律名称及具体条文序号。
② 参见《国际商事仲裁示范法》第1条第2款、第2条第1款和第2款、第34条;扎莫拉等主编:《国际经济法基本文献汇编》(第2卷),1990年英文版,第999—1000、1011—1012页(Stephen Zamora & Ronald A. Brand ed., Basic Documents of International Econimic Law, Vol. II, CCH International, 1990, U.S.A.)。

于贪赃枉法作出的内国裁决,依法应予撤销;而在这同时,对于含有同类错误或违法内容的涉外裁决,却规定不得依法撤销,而应当继续承认其法律上的合法地位和法定的约束力,依然必须坚决执行?

二、英国的仲裁监督并未实行"分轨制",其涉外仲裁监督并非"只管程序运作,不管实体内容"

诚如肖文所指,单就相隔约 30 年的两部英国《仲裁法》而言,1979 年立法规定的有关法院对仲裁实行监督的范围确较 1950 年立法规定的监督范围有所缩小。实际上,无论法院对仲裁的监督怎样"缩小"和"弱化",英国仲裁法始终仍然坚持对英国本国作出的包括涉外裁决在内的一切裁决,实行兼及程序运作和实体内容的同等监督和双重监督,这应当是无可置疑和无法否定的事实。特别应当注意的是:《1950 年仲裁法》第 22—27 条关于仲裁监督机制的规定,在1979 年之后,仍然作为英国仲裁体制"主法"的一部分,持续生效,直至 1997 年1 月 31 日,才被《1996 年仲裁法》的相关规定所取代。按照《1950 年仲裁法》第23 条的明文规定,凡是仲裁员本身有渎职行为或错误处置程序(has misconducted himself or the proceedings),高等法院(the High Court)有权将该仲裁员中途撤换(remove);凡是仲裁员本身有渎职行为或错误处置程序,或当事人以不正当的手段取得仲裁裁决,高等法院有权撤销该项裁决。

1996 年 6 月 17 日,英国《1996 年仲裁法》(*Arbitration Act 1996*)正式通过,并自 1997 年 1 月 31 日开始施行。细察其中有关仲裁监督的规定,除了对两大类仲裁裁决仍然坚持"一视同仁、双重监督"这一基本特点和国际通行做法之外,其监督范围、监督力度及其有关表述,与《1950 年仲裁法》以及《1979 年仲裁法》相比,也更加具体和严谨。

《1996 年仲裁法》第 68 条第 1 款规定:"仲裁程序中的一方当事人,可以在通知对方当事人以及仲裁庭的条件下,以存在重大不法行为,影响仲裁庭、仲裁程序或仲裁裁决作为理由,向法院申请,对仲裁裁决提出异议。"同条第 2 款对"重大不法行为"(serious irregularity)加以解释,列举了 9 种具体情况,只要出现其中之一,经一方当事人依法提出申请,法院认为它对申请人已经造成或将会造成实质性的不公正或不公平(substantial injustice),即应立案受理。其中所列的第(1)、(7)、(9)项这三种情况尤其值得重视:"(1) 仲裁庭未能遵守和履行本法第33条规定的基本职责(general duty)",即未能公正、公平地断案,未能在实施仲裁过程中不偏袒任何一方等;"(7)以欺诈手段取得仲裁裁决;裁决本身或取得裁决的手段违反公共政策";"(9)在实施仲裁程序中或在仲裁裁决中存在任何不法行为,对于这种不法行为,已由仲裁庭,或由经当事人授权与实行仲裁程序或作出裁决有关的任何仲裁机构、其他机构或个人,加以承认"。①

除此之外,《1996年仲裁法》又另立专条,进一步明确规定对两大类仲裁裁决都实行实体内容方面的监督:"除非当事人另有协议,仲裁程序中的一方当事人可以在通知对方当事人以及仲裁庭的条件下,就仲裁裁决书中出现的法律问题,向法院提出上诉。"(第69条第1款)尽管设有各种条件限制(见该法第69条第2、3款),但该法对仲裁程序中和仲裁裁决书中存在的各种重大不法行为和枉法裁断,始终敞开着投诉之门。

当事人基于上述各种实体性或程序性理由提出的上诉,经管辖法院受理并查证核实,法院可根据具体情况,分别作出裁定:(1)维持原裁决;(2)变更原裁决;(3)发回原仲裁庭重新审理(全部或部分);(4)撤销原裁决(全部或部分);(5)宣布原裁决无效(全部或部分)(见该法第68条第3款、第69条第7款)。与此同时,该法第24条还允许当事人依据事实,合理地怀疑仲裁员不公正,从而按照法定程序,向管辖法院申请中途撤换该仲裁员。

此外,《1996年仲裁法》虽暂时保留若干细节操作上的原有规定,对内国仲裁和涉外仲裁稍作区分,但鉴于国际上"一视同仁,并轨合流"的通行做法,却又另立专条,授权英国国务大臣(Secretary of State)可以制作行政命令,经国会两院批准,随时取消或废除上述仅存的细节区分规定,以免与英国所承担的国际条约义务相抵触②。

众所周知,英国采用商事仲裁体制,有悠久的历史。根据英国本国专家的

---

① 除了这三种"重大不法行为"之外,第68条第2款所列举的其他6种重大不法行为是:仲裁庭有越权行为;仲裁庭未能按照当事人商定的程序实行审理;仲裁庭未能处断当事人提交的一切争端;经当事人授权与实行仲裁程序或作出裁决有关的任何仲裁机构、其他机构或个人,有越权行为;对裁决书效力的表述含糊不清或模棱两可;裁决书的格式不符合要求。见英国《1996年仲裁法》(注释本),1997年英文版,第45页(Arbitration Act 1996, Annotations by A. W. Sheppard, 1997, U. K.)。

② 参见该法第85—88条。由英国枢密院顾问、资深大法官萨维尔(Rt. Hon. Lord Justice Saville)主持的"仲裁法起草咨询委员会"在其法案报告中曾建议将这些仅存的细节区分予以删除,以免与英国参加缔结的《欧洲经济共同体条约》(即《罗马条约》)第6、7条相抵触,因为其中规定各缔约国相互之间不得基于国籍不同而对外商采取差别待遇,如果英国继续区分内国仲裁与涉外仲裁,势必对欧共体(欧盟)其他国家的国民给予差别待遇。故这些仅存的细节差别和区分规定,势必在近期内予以废除。按《1996年仲裁法》第88条的规定,英国国务大臣竟可以用行政命令的方式随时取消仲裁法第85—87条的法律规定,仅此一端,也足见这些法律规定的短暂性和不稳定性。参见《1996年仲裁法》(注释本),1997年英文版,第56、57、58页的注释。

评析,其1996年的最新仲裁立法,是在系统地总结了英国本国长期实践的经验教训,参考和吸收了当代世界各国先进的仲裁立法通例,并在很大程度上以联合国郑重推荐的《国际商事仲裁示范法》作为起草指南(framers' guide),经过长达七年多的国会辩论和广泛征求意见,数易其稿,才达成共识,正式通过与颁行。可以说,这一套包含110条、正文达60页左右的《1996年仲裁法》,是相当缜密细致的。它是英国仲裁立法走向统一化、国际化和现代化的重大改革和重要体现,在当代世界各国现行的同类立法中居于比较领先的地位,其中的许多规定,包括有关仲裁监督机制的规定,体现了当代仲裁立法的新走向,值得重视和参考[①]。它告诉我们,"分轨制"并不是什么"发展趋势"或"通行做法"。

三、终局而不公、终局而违法的裁决不是受害一方"当事人最主要的期望"

肖文强调:"当事人选择仲裁解决争议,……最主要的就是期望获得一份终局裁决";"仲裁裁决的终局性能给当事人带来巨大的潜在利益,它显然比上诉程序带来的利益大得多。在商人们看来,以放弃上诉权利为代价而获得裁决的终局性是完全值得的";"当事人选择仲裁常常更注意效益,而不是公平"。这种论断恐怕是缺乏足够的法理根据和事实根据的。

诚然,当事人为解决争端而自愿选择仲裁方式,实际上就是自愿放弃了向法院提起诉讼的权利,并以此作为"代价",换得比较"干脆"的"一裁终局",尽早解决争端;避免了法院诉讼程序上的"二审结案",旷日持久,降低效率。但是,应当指出,此时当事人所放弃的仅仅是向第一审法院提起诉讼的权利,而绝不是肖文所指称的"以放弃上诉权利为代价"。这里,"诉讼权利"与"上诉权利"两词的含义并不相同。换言之,除非当事人间另有明文协议"各方自愿放弃任何上诉权利",否则,绝不应任意推断:当事人一旦选择仲裁方式之后,即使面临错误的或违法的涉外终局裁决,也自愿全盘放弃了向管辖法院提出申诉和请求加以监督和纠正的权利。恰恰相反,无论从"违法必究"这一基本法理准则来衡量,还是从当代各国先进的仲裁立法通例来考察,对于已经发生法律效力的涉

[①] 参见托贝·朗道(Toby Landau)《论英国新仲裁法对协会机构仲裁的影响》,载于《国际仲裁学刊》(Journal of International Arbitration)(日内瓦,1996年12月英文版)第13卷第4期,第113—114页(该文作者曾经参与英国《1996年仲裁法》的起草工作);A. W. 夏帕德(Sheppard):《1996年仲裁法评介和注释》,载于《1996年仲裁法》(注释本),1997年英文版,第3—6页。

外终局裁决,只要当事人提出确凿证据足以证明该裁决确有重大错误或重大违法情事,则不论其为程序上的错误或违法,抑或是实体上的错误或违法,都属于管辖法院应当依法实行仲裁监督之列,即应当在仲裁领域严肃认真地、全面地贯彻"违法必究"和"违法必纠"的基本方针。显而易见,与裁决的合法性和公正性相比,裁决的终局性应当居于第二位,它必须服从于合法性和公正性。正因为如此,中国1995年9月开始实施的《仲裁法》以及英国1997年1月开始实施的《1996年仲裁法》,其开宗明义第1条,不约而同地把"公正"或"公平"一词置于"及时"或"避免拖延"之前,作为仲裁立法或仲裁裁决的首要宗旨和第一要求。而从当事人的心态看,一个正派诚实的涉外商人,当其合法权益受到对方侵害而诉诸仲裁之后,耗时、耗资、耗精力之余,最终收到的却是一份仲裁员凭伪证作出或基于贪赃枉法作出的错误的或违法的终局裁决,这显然并非他选择仲裁的初衷和"最主要的期望"。如果一个守法的在华外商,正好是凭伪证作出的或基于贪赃枉法作出的裁决的一方当事人和直接受害者,却又因在中国诉请对涉外裁决实行实体内容监督的法律途径已被"依法"堵塞,因而投诉无门,只能束手"挨宰",这样的法律设计与肖文所善意预期的"增强"涉外仲裁"对外国当事人的吸引力,改善本国投资环境"的目标完全是背道而驰的。

此外,从中国《仲裁法》的现行规定看,当事人选择仲裁方式解决涉外争议之际,并未承担任何法定义务,必须"放弃上诉权利",或竟然可以推定其"放弃上诉权利"。恰恰相反,《仲裁法》第70、71条以及《民事诉讼法》第260条的有关规定,正是为确保当事人在收到终局的涉外裁决之后,仍可依法诉请就有关裁决实行程序运作方面的司法监督。所憾者,这些现行的法律规定不允许此种司法监督也扩及涉外裁决的实体内容,因而可能发生弊端。如果不细加分析,一概推定当事人完全自愿地放弃了上诉权利,则不但不符合法律规定,也违背当事人"意思自治"原则或"真实意思表示"。

至于肖文提及的《仲裁法》第59条和第64条允许当事人在收到裁决书之日起6个月内提出撤销裁决申请的规定在实践上的缺陷,并不能因其限制扩及涉外裁决的实体内容而得到弥补。要纠正它,完全可以"对症下药",参照我国《民事诉讼法》第178、183条,英国《1996年仲裁法》第70条第3款和最高人民法院1995年8月下达的一项执法通知加以必要的修订。

四、"无权监督、无计可施"的担心不是"多余的"

肖文列举《仲裁法》第34、38条的规定,包括实行仲裁员回避制度、禁止仲裁员私自会见当事人或吃请收礼、依法追究和惩办贪赃枉法的仲裁员等,来论证我国目前的立法对涉外仲裁裁决并非"无权监督"。然而,拙作探讨的主题是对涉外仲裁裁决书本身实体内容的法律监督(包括受理受害当事人的投诉,对该涉外裁决的实体内容进行审查核实,进行必要的补救和纠正),而不是对涉外仲裁员个人行为的监督。诚然,涉外仲裁员的个人行为、品德操守以及业务水平都与他所制作的涉外裁决的实体内容有着密切的联系;回避制度之类的措施,也略有助于预防涉外仲裁员枉法裁断。但是,第一,对于裁决书内容中凭伪证作出的处断或枉法裁断,当事人一般须待裁决书正式签发和送达之后,才能得悉。在此以前,既然无法未卜先知,又岂能有足够的理由援用回避制度以预防错误处断或枉法裁决?一旦裁决已经签发,其中错误的或违法的实体内容,即已发生法律效力,采取其他措施则为时已晚。第二,对于涉外仲裁员个人的法律监督无论如何严格、严厉,都无法代替对涉外仲裁裁决本身的法律监督。理由很简单:纵使仲裁员个人有上述不法行为且证据确凿因而受到纪律、行政处分,甚至受到刑事惩罚,他所作出的涉外仲裁裁决,纵使在实体内容上彰明昭著地含有枉法裁决或凭伪证裁决等重大谬误之一,而且铁证如山,但是,在现行的《民事诉讼法》第260条第1款以及由此推衍而来的《仲裁法》第65、70、71条规定的现有监督机制之下,受害当事人仍然无权依法向管辖法院投诉,管辖法院也仍然无权依法受理、审查有关涉外裁决书的实体内容,更无权依法裁定"不予执行",更不必说依法裁定"应予撤销"了,这种涉外裁决书在法律上仍然是有效的。这就犹如掺入甲醇的伪劣"名酒"制造者已被判刑,而他所制造、勾兑出的含毒假酒却仍被允许公开销售,实在是很荒唐的。

　　肖文介绍了《仲裁法》原草案第56条规定的审议修改过程,说是"多数人"认为"人民法院对仲裁裁决只应审查程序问题,不应审查实体问题",因此,经过删改,形成了第58条的现行规定,并认为"这样规定是比较适当的"。肖文对第58条规定本身的总评并无不当,但它似乎忽略了三项不容忽视的关键问题:

　　第一,《仲裁法》第58条的监督规定不适用于涉外裁决。《仲裁法》第七章是针对涉外仲裁作出的一系列"特别规定",其中包括专门用以监督涉外裁决的特别规定,即第70条("裁定撤销")及第71条("裁决不予执行")。第七章第65条明文规定了两大类仲裁"分轨"和区别对待的基本原则,即"本章没有规定的,适用本法其他规定"。据此,从该法的整体结构和各个条文间的相互关系上说,本法第63条是针对内国裁决不予执行的一般规定,第71条则是针对涉外裁决不予执行的特别规定,两者分工明确,各有专司;第58条是针对内国裁决予以撤销的一般规定,第70条才是针对涉外裁决予以撤销的特别规定,两者泾渭分明,不容混淆。第 58 条规定"比较适当",并不等于第 70、71 条规定也适当。

第二,《仲裁法》第 58 条中的三项监督规定,貌似程序监督,实为实体监督。第 58 条第 1 款第(1)、(2)、(3)诸项所列的监督要点,当然是属于仲裁程序范围;但同条同款第(4)、(5)、(6)诸项所列的监督要点,则貌似属于程序问题,实则属于实体范畴。它们指的是:凭伪证作出裁决;对方当事人隐瞒证据,足以影响公正裁决;仲裁员贪赃舞弊枉法裁决。不难看出,仲裁员根据伪证或在对方当事人隐瞒重要证据的情况下作出的裁决,势必反映为裁决书在认定事实方面的重大错误;仲裁员在贪赃枉法基础上作出的裁决,势必反映为裁决书在适用法律方面的任意曲解。管辖法院对于这些在认定事实和适用法律上确有谬误的裁决加以监督和纠正,显然属于实体监督。可惜的是,按《仲裁法》的现有规定,这三类具体监督不能适用于涉外裁决。在这里,肖文对《仲裁法》第 58 条审议修改过程所作的情况介绍似乎不完全准确。限于篇幅,此处无法详细说明,查王叔文《全国人大法律委员会关于〈中华人民共和国仲裁法(草案)〉审议结果的报告》(见《全国人大常委会公报》1994 年,第 414 页)可知。

为了更便于对照比较,判明法定"界限",兹试列出简表,以说明我国当前对两大类裁决的实体内容实行"内外有别、分轨监督"的法律依据及其在法律效果上的重大反差(见下表)。该表告诉我们:

(1)仲裁裁决的实体内容上存在上述 5 种错误或违法情节之一,如果是包含在或体现在内国裁决之中,则毫无例外地一概不予执行;序号"1"、"2"、"3"三种情节之一出现在内国裁决之中,则不但不予执行,且应进一步依法予以撤销。这确实是大有利于维护中国法律的应有尊严,大有利于促进中国长期艰巨的反贪、反腐斗争,大有利于维护中国在国际社会中的法治国家形象。

序号	监督项目（实体内容）	裁决类别	应否执行	应否撤销	法　律　依　据
1	裁决所根据的证据是伪造的	内国裁决	不予执行	应予撤销	《仲裁法》第 58 条第 1 款第 4 项
		涉外裁决	应予执行	不得撤销	《仲裁法》第 65、70、71 条;《民事诉讼法》第 260 条第 1 款

续 表

序号	监督项目 （实体内容）	裁决类别	应否执行	应否撤销	法 律 依 据
2	对方当事人隐瞒了足以影响公正裁决的证据	内国裁决	不予执行	应予撤销	《仲裁法》第58条第1款第5项
		涉外裁决	应予执行	不得撤销	《仲裁法》第65、70、71条；《民事诉讼法》第260条第1款
3	仲裁员在仲裁该案时有贪污、索贿、受贿、徇私舞弊、枉法裁决行为	内国裁决	不予执行	应予撤销	《仲裁法》第58条第1款第6项，第63条；《民事诉讼法》第217条第2款第6项
		涉外裁决	应予执行	不得撤销	《仲裁法》第65、70、71条；《民事诉讼法》第260条第1款
4	认定事实的主要证据不足	内国裁决	不予执行	不得撤销	《仲裁法》第63条；《民事诉讼法》第217条第2款第4项
		涉外裁决	应予执行	不得撤销	《仲裁法》第65、70、71条；《民事诉讼法》第260条第1款
5	适用法律确有错误	内国裁决	不予执行	不得撤销	《仲裁法》第63条；《民事诉讼法》第217条第2款第5项
		涉外裁决	应予执行	不得撤销	《仲裁法》第65、70、71条；《民事诉讼法》第260条第1款

（2）上述5种错误或违法情节之一（甚至5种情节"齐备俱全"），如果出现在涉外裁决之中，则"依法"毫无例外地一概必须执行，一概不许撤销。换言之，现行的涉外仲裁监督机制对涉外裁决实体内容中存在的上述5种重大错误或违法情节，竟然全盘放弃了应有的、起码的法律监督。这种"差别"待遇或"特

惠"待遇在社会效应和国际形象上的负面作用将是巨大的。立足于当前国情，笔者的担心绝不是"多余的"①。

第三，《仲裁法》第58款第3款的"公共秩序保留"规定并不能涵盖和适用于涉外裁决。这是因为：(1) 前已述及，从该法整体结构看，第58条与第70条，是一对互相对应、互相搭配的规定，前者专管内国裁决的撤销，后者专管涉外裁决的撤销，其法定的分工界限十分鲜明，不宜随便解释，任意"张冠李戴"；(2) 从第58条3个款的上下文衔接看，第1款所指称的"有下列情况之一的""裁决"，第2款所指称的"有前款规定情况之一的""裁决"，以及第3款所指称的"该裁决"，显然是前后连贯、具有同等内涵和同等外延的同一概念，即均是专指"内国裁决"，而不能涵盖涉外裁决；(3) 从第58条与《民事诉讼法》(以下简称《民诉法》)第217条的关联看，前者显然是从后者直接移植和适当修订而来的。具体而言，《民诉法》第217条第2款的六点监督规定，经移植和修订，形成了《仲裁法》第58条第3款的同类规定，两者之间的源流关系不言自明。关于这一点，这可以从肖文所引述的《仲裁法草案》修订文字中看清，即原草案第56条第1款第7项关于"违背社会公共利益的"这一规定，经修订后作为单独一款，被吸收为现行《仲裁法》第58条第3款，这样，就与《民诉法》第217条第3款的原有规定，在作为独立一款的层次上，完全互相衔接了(只是在监督力度上从"裁定不予执行"提高为"应当裁定撤销")，这不是又一个有力的佐证吗？

有人认为，《仲裁法》第58条第3款关于"公共秩序保留条款"的规定，可以解释为同样适用于涉外裁决，因而"无需"在《仲裁法》第70条中另作特别规定；遇有涉外裁决违背公共利益的，"法院自然有权援用第58条的规定撤销该裁决，否则岂不重复"。这种理解颇为牵强。专门监督内国裁决的《民诉法》第217条第3款，明文规定和强调了国际通行的"公共秩序保留"这一重大法律原则，而专门监督涉外裁决的《民诉法》第260条第2款，也一字不差地规定和强调了"公共秩序保留"这同一原则，这是完全正确和必不可少的"重复"；而《仲裁法》中专门监督涉外裁决的第70条和第71条规定，竟然只字不提国际通行的"公共秩序保留"这一重大原则，确实是仲裁立法的一个明显缺陷。总之，"无权监督"、"无计可施"，并不是笔者的危言耸听或杞人之忧。

---

① 参见拙作《论中国涉外仲裁的监督机制及其与国际惯例的接轨》中所摘引的各项重要文献，载于《比较法研究》1995年第4期；江泽民：《在中央纪委第八次全会上讲话的摘要》，载于《人民日报》(海外版)1997年5月16日。

五、结束语

　　自商务仲裁制度与民商事诉讼制度并存以来,仲裁裁决之公正性与终局性,即公平与效率如何兼顾的问题,一直是个老旧而又常新的话题。假定仲裁与诉讼能够同样地保证公平,则当事人当然会倾向于讲求效率,即选定仲裁。但是,如果不讲究公平,把"终局性"强调到至高无上的地位,那也是不妥当的。当守法的当事人获得了虽属高效却很不公平的仲裁裁决时,他当然有强烈的愿望和法定的权利向上申诉。笔者认为,对于仲裁的终局性与高效性应当作辩证的理解,而不能片面地强调效率而忽略公平。

V 再论中国涉外仲裁的监督机制及其与国际惯例的接轨*
——兼答肖永平先生等

内容提要 肖永平教授撰写的《也谈我国法院对仲裁的监督范围》及其"缩写本"《内国、涉外仲裁监督机制之我见——对〈中国涉外仲裁监督机制评析〉一文的商榷》,在短期内先后连续三度分别发表于《仲裁与法律通讯》1997年第6期、《法学评论》1998年第1期、《中国社会科学》1998年第2期,逐步"升级",形成一定的"声势"。对此,笔者先后在同一刊物上(《仲裁与法律通讯》1998年第2期、《中国社会科学》1998年第2期和《法学评论》1998年第5期)分别作了回应。本文是笔者先后回应诸文的综合整理。其基本内容参见本书第二编Ⅳ《中国涉外仲裁监督机制申论》题下之"内容提要",兹不另赘。

目　次

一、对内国仲裁监督与涉外仲裁监督实行"分轨",这是国际社会的普遍做法或"符合国际上的通行做法"吗? 有何依据?

二、英国的仲裁监督,是否实行"内外有别"的"分轨制"? 它对于涉外仲裁的监督是否"只管程序运作,不管实体内容"?
　　(一)英国的《1950年仲裁法》和《1979年仲裁法》
　　(二)英国的《1996年仲裁法》

---

* 本文原稿曾发表于梁慧星教授主编的《民商法论丛》1998年第10卷,原稿约3.9万字。其后,作者经进一步查证和研究,对本文原稿作了重要的修订,增补了约4万字新的内容,全稿约8万字。修订增补后的新稿发表于《国际经济法论丛》第2卷,法律出版社1999年版。较之此前发表的各篇原稿,经过综合修订增补后的新稿论证更为透彻,资料更加丰富翔实。为便于读者对照正文和注解,查索资料原始出处,新稿辑入本书时全部正文和注解未加删节。

（三）英国《1996年仲裁法》之"尘封"年半及其"原貌"辨识

三、美、德、法诸国的仲裁监督,联合国《国际商事仲裁示范法》的有关规定,是否实行"内外有别"的"分轨制"？对于涉外仲裁的监督是否"只管程序运作,不管实体内容"？

　　（一）美国的仲裁监督机制辨析

　　（二）德国的仲裁监督机制辨析

　　（三）法国的仲裁监督机制辨析

　　（四）联合国《国际商事仲裁示范法》

四、当事人选择仲裁解决争议,"最主要的就是期望获得一份终局裁决"吗？终局而不公、终局而违法的裁决,是受害一方当事人"最主要"的期望吗？

五、"应更注重效益"论、"预防保护主义"论、"抵制司法腐败"论、"仲裁一片净土"论能否成为涉外仲裁排除实体监督的正当"理由"？

　　（一）"应更注重效益"论评析

　　（二）"预防保护主义"论评析

　　（三）"抵制司法腐败"论评析

　　（四）"仲裁一片净土"论评析

六、依照现行的涉外仲裁监督机制,对于实体内容上错误或违法的涉外裁决,包括凭伪证作出或基于贪赃枉法作出的涉外裁决,任何权威机关都无权监督,无计可施。"这种担心是多余的"吗？

　　（一）对仲裁员的监督无法取代对裁决书的监督

　　（二）《仲裁法》第58条的监督规定不适用于涉外裁决

七、结束语

　　拙作《中国涉外仲裁监督机制评析》一文(以下简称"拙作")在《中国社会科学》1995年第4期发表后,赞同者固多,也不无持异议者。据笔者所知,异议者的批评意见,大同小异。其中,肖永平先生对拙作提出的意见[①](以下简称"肖文"),具有一定的代表性。笔者很钦佩肖先生的钻研精神,但对肖文的基本观

---

① 见肖永平:《也谈我国法院对仲裁的监督范围》及其"缩写本"《内国、涉外仲裁监督机制之我见——对〈中国涉外仲裁监督机制评析〉一文的商榷》,先后分别发表于《仲裁与法律通讯》1997年第6期,第5—12页;《法学评论》1998年第1期,第42—49页;《中国社会科学》1998年第2期,第94—97页。

点、立论依据以及论证方法,却不敢苟同。为便于对照,兹谨按肖文所列顺序,就近来进一步查证、研究和思考所得,逐一缕述管见如下,以就教于肖先生以及其他同行学人。

一、对内国仲裁监督与涉外仲裁监督实行"分轨", 这是国际社会的普遍做法或"符合国际上的通行做法"吗？有何依据？

肖文认为：对国际仲裁和国内仲裁作出**区分**是国际社会的**普遍做法**(着重点是摘引者加的,下同),主张中国在现阶段,实行国内仲裁监督与涉外仲裁监督的分轨制是完全必要的,"也符合国际上的**通行做法**",并据此进而批评笔者"在考察几个国家的立法后"就得出结论的"**不周全性**"。

拙作所探讨的主题和中心,显然是专就中国**涉外**仲裁的**监督机制**作出评析,而不是泛论内国仲裁与涉外仲裁(以下简称"两大类仲裁")的一般"区分"或区别。这从拙作的标题和内容上看,都是不说自明和不容误解的。因此,似不宜援引个别国家(例如肖文所引的英国)对待两大类仲裁在**非监督机制**方面某些细节操作上的一般区分,来论证中国对待两大类仲裁在**监督机制**方面严格分轨之合理性及其"符合国际上的通行做法",并据以批评拙作的基本观点。否则,这就是转换了论题,从而违反了逻辑学上"同一律系"的基本要求[①]。

笔者在查核当代各国有关仲裁监督机制的立法时,限于资料,未能把全世界所有国家(单是联合国当时的成员国就多达 185 个)的仲裁立法毫无遗漏地逐一钻研,但确实曾就力所能及,认真查索了收集当代各国仲裁立法原始资料较为齐全的《国际商务仲裁》(*International Commercial Arbitration*)、《国际商务仲裁·亚太地区商务仲裁立法》(*International Commercial Arbitration · Commercial Arbitration Law in Asia and the Pacific*)[②]数厚卷,以及若干中文资料书籍,选出其中具有代表性的 19 个国家(12 个是散处欧、

---

① "同一律系形式逻辑的基本规律之一。在同一思维过程中,每个概念、判断必须具有确定的同一内容。遵守同一律能使思维具有确定性;否则,就会犯'偷换概念'和'偷换论题'等逻辑错误。"(见《辞海》,1979 年版,第 197 页;《汉语大词典》(第 3 卷),1989 年版,第 101 页。)

② 两书均由美国奥西阿纳出版社(Oceana Publications)出版,前者出版于 1985 年,后者于 1990 年问世。

北美、亚、澳四大洲的发达国家,7个是散处亚、非、南美、欧四大洲的发展中国家)关于仲裁监督机制的现行立法,或详或简,或在正文或在注解,列举在拙作之中①。其间,扼要地概述了《美国仲裁法》(1970年修订)第10条,1995年当时的《德意志联邦共和国民事诉讼法》第1040、1041、1042条及第580条,《日本民事诉讼法》第801—804条及第420条,以及《澳大利亚新南威尔士商事仲裁法》(1984年修订)第38—42条;逐一指明并归纳了《法国民事诉讼法》第1482—1485条,《英国1950年仲裁法》第22—27条以及《英国1979年仲裁法》第1—2条,《意大利民事诉讼法》第828—831条,《加拿大不列颠哥伦比亚国际商事仲裁法》(1986年修订)第34条,《比利时司法法典》第1704条,《荷兰民事诉讼法》第1065、1068条,《瑞士国际私法法案》第190—191条以及《奥地利民事诉讼法》第595—597条的具体条文序号及其内容上的主要共同点;同时,又逐一指明和综述了《印度尼西亚民事诉讼法》第643条,《泰国仲裁法》第24、26条,《埃及民事和商事诉讼法》第511条,《阿根廷国家民商事诉讼法》第758、761条,《秘鲁民事诉讼法》第570条,《韩国仲裁法》第13条,以及《南斯拉夫民事诉讼法》第484、485条的具体条文序号及其三种表述方式。

把这些原始资料加以分析和归纳,显然可以看出这19个国家有关仲裁监督机制的现行立法,都有一个主要的共同之点,即都对在其本国境内作出的内国仲裁裁决与涉外仲裁裁决实行**"一视同仁"**的监督(以下简称"同等监督"),而不实行**"内外有别"**的分流机制;都对两大类裁决实行兼及程序运作上和实体内容上的**双重监督**(以下简称"双重监督"),而**不实行"只管程序运作、不管实体内容"**的单一监督。

应当说,这19个国家有关仲裁监督机制的这种立法,在很大程度上反映了当代世界各国在同一问题上的通行做法,具有很大的**代表性**。因为:

---

① 关于这19个国家有关仲裁监督机制的法律名称及具体条文序号,笔者曾在拙作全文原稿的注解㉕至㉟中,逐一详细注明引据资料的出处(约共1 800字),以备读者查证对照。由于全文篇幅较大,《中国社会科学》1995年第4期仅摘要刊登了其中的1.5万字,并删节了上述注解。但细心的编者除了在正文中全部保留拙作所列的19个国家的国名以及有关的概括、归纳和综述文字之外,还在该期第24页末添加了一条颇长的综合性脚注,交代了本文所列各国仲裁立法资料的主要出处,以便读者进一步查索和研究。其后不久,拙作全文约3.2万字在《比较法研究》1995年第4期上发表,题为《论中国涉外仲裁的监督机制及其与国际惯例的接轨》,与此同时,上述原有11条注解的1 800余字也全文刊出(详见该刊该期第377—380页脚注㉕至㉟)。看来,肖文的作者在提出只"考察几个国家的立法后就得出通例"的有关批评时,可能并未注意到《中国社会科学》中上述那条综合性脚注,也未涉猎到《比较法研究》上的那十几条长篇注解,因而在撰文批评时,还未曾花时间或暂且来不及予以一一查核澄清。

第一,在所列举的这19个国家中,包含不同地域和多种类型,它们散处全球欧、北美、亚、非、南美、澳六大洲,不但地域差异很大,而且经济发展水平也颇有不同:既有发达国家,又有发展中国家;既有全球经济发展水平最高的发达国家(如属于原"七国"集团的美、德、日、英、法、加、意),又有经济发展水平次高的一般发达国家;既有经济"起飞"取得突出成就的发展中国家,又有经济发展较为落后或业绩平平的发展中国家。它们分别具有各自类型的**典型性**。

第二,尽管这些国家地域差异甚大,发展水平不一,但却在仲裁监督机制立法方面具有上述突出的共同点,这就有力地说明它们对两大类仲裁裁决实行**"一视同仁、双重监督"**机制,确是**切合于**不同地域、不同发展水平国家的**共同需要**,是建立现代化仲裁监督机制过程中带有**规律性**的客观现象,值得认真思考和借镜。把这种在国际社会中多处、多次重复出现的现象,称之为"国际上的通行做法",看来是可以允许的,大体上不会犯"不周全性"的严重错误。

第三,可以说,正是有鉴于当代各国仲裁立法的通例,总结了各国仲裁实务的有益经验,联合国国际贸易法委员会(UNCITRAL)1985年6月通过的**《国际商事仲裁示范法》**对于仲裁监督机制才作了相应的规定,即:一个国家的管辖法院对于在本国境内作出的一切仲裁裁决实行审查和监督时,**不分**其为**内国裁决**或是**涉外裁决**,都采取**同样**的审定标准和**同样**的补救措施,对于经过管辖法院审查认定其在程序操作上确有错误或违法,或在实体内容上确与本国公共政策相抵触者,则均在"可予撤销"之列,而不局限于"不予承认"和"不予执行"[①]。在这一点上,显然是对《1958年纽约公约》有关规定的一大发展。

为了促使世界各国在商事仲裁立法方面尽快趋向统一化,从而进一步增强国际经济交往,联合国大会于1985年12月11日通过专门决议,向整个国际社会郑重推荐这部《国际商事仲裁示范法》,建议"全体会员国对这部《示范法》给予应有的考虑",以作为各国国内仲裁立法的重要参考和借鉴[②]。这种郑重推介,客观上无异于承认了和进一步加强了《国际商事仲裁示范法》各有关条款作

---

① See: *UNCITRAL Model Law on International Commercial Arbitration*, Arts. 1(1),2(1),34, S. Zamora & R. A. Brand ed., Basic Documents of International Economic Law, CCH International, 1991, Vol. 2, pp. 999-1000,1011-1012;中译本见胡康生主编:《中华人民共和国仲裁法全书》,法律出版社1995年版,第616—621页。

② See: *UNCITRAL Model Law on International Commercial Arbitration*, Arts. 1(1),2(1),34, supra 5, Basic Documents of International Economic Law, Vol. 2, p. 993.

为**国际通行做法（通例）**的应有地位。

但是，根据中国《仲裁法》第 65、70、71 条的规定，同法第 58 条所规定的审查标准和补救措施，却**不能一体适用**于在中国作出的涉外仲裁裁决。换言之，对于在中国作出的涉外仲裁裁决，只能就其程序运作进行司法审查和监督，而不能审查和监督（包括必要的纠正）其实体内容。这种对涉外裁决实行严格分轨监督以及"**只管程序运作，不管实体内容**"的监督规定，显然与国际仲裁立法的**通例**以及联合国大会郑重推介的上述《国际商事仲裁示范法》的范例**相左**①。

肖文强调：中国实行国内仲裁监督与涉外仲裁**监督**的分轨制"符合国际上的通行做法"。既曰"国际上的**通行做法**"，谅必有许多实例。而且，按肖文所立的"不周全"与"周全"的判断标准，其考察的范围和掌握的有关实例，谅必是远远超过"几个国家"，当然也不止于一二十个国家。遗憾的是肖文中竟未举出**中国以外的任何一个国家**推行这种仲裁监督"**分轨制**"的实例。譬如，能否举例证明，当今世界上，除中国之外，究竟还有哪一个国家在哪一部法律的哪些条文中，明文规定这样的"分轨制"：对于本国境内仲裁员凭**伪证**作出的或基于**贪赃枉法**作出的内国裁决，依法应予撤销；而**在这同时**，对于含有同类错误或违法内容的涉外裁决，却规定不得依法撤销，而应当继续承认其法律上的合法地位和法定的约束力，依然必须坚决执行？

笔者囿于见闻，恳切期待着能获得这方面的答案、论据、信息或资料，肖文的其他读者们想必也有同样的期待。

二、英国的仲裁监督，是否实行"内外有别"的"分轨制"？它对于涉外仲裁的监督是否"只管程序运作，不管实体内容"？

（一）英国的《1950 年仲裁法》和《1979 年仲裁法》

肖文认为："对某一特定国家仲裁法制的总结也应从其**历史发展**的角度来

---

① 中国现有国情是否"十分特殊"，而且"特殊"到足以促使中国的仲裁立法在这方面根本无需或绝对不宜与国际仲裁立法的通行做法以及联合国推荐的《国际商事仲裁示范法》互相接轨，关于这个问题，笔者曾在《论中国涉外仲裁的监督机制及其与国际惯例的接轨》一文中作了探讨（详见《比较法研究》1995 年第 4 期，第 381—385 页），兹不另赘。

归纳,单凭某一具体的立法文件是**不全面的**"。该文"以英国为例",列举英国《1950 年仲裁法》(Arbitration Act 1950)和《1979 年仲裁法》(Arbitration Act 1979)对仲裁监督机制规定的差异,论证其"历史发展"轨迹。从"对仲裁监督最为严格"到"削弱了法院对仲裁的监督和干预";并以此作为主要论据,断言"各国仲裁立法的**通行做法**不是扩大法院的监督范围,而是**缩小**司法复审的范围,弱化法院对仲裁的监督"。

诚然,单就英国这两部先后相隔约 30 年的《仲裁法》①而言,1979 年立法规定的有关法院对仲裁实行监督的范围的确较 1950 年立法规定的监督范围有所缩小。但是,肖文据此提出的关于"不全面的"的批评,却是难以令人信服的。因为:

第一,历史是历史,现状是现状,不能用历史的某种发展否定现状的**现实存在**。1995 年,拙作在引述英国的仲裁机制时,探讨和论证的是**当时**英国仲裁监督机制的**现状**,即当时英国根据《1950 年仲裁法》以及《1979 年仲裁法》对其本国制作的两大类仲裁裁决实行内外合轨、一视同仁,并且兼及裁决程序运作与裁决实体内容的全面监督;拙作同时指出英国当时的这些现状,与其他许多发达国家的现行同类立法,具有共同的特点。如果拙作的这些观点不符合 **1995 年当时的英国现状**,当然理应心悦诚服地接受批评指正。可惜的是肖文在批评拙作"单凭某一具体的立法文件"之"不全面"时,完全避而不谈该"具体立法文件"(即当时现行有效的法律)的具体内容,不敢直接面对争论的焦点,也未能提出任何确凿具体的论据证明:英国在 1995 年当时或其稍后,对两大类仲裁裁决的监督实行"内外有别"的分轨制,而且"只管程序运作,不管实体内容"。相反,却顾左右而言他,旁征博引"历史发展"之由严到宽、由强到弱。当问题是"现状是否实行一视同仁、双重监督"时,答案却是"现状的监督**比历史**上缩小、弱化",这种答非所问、文不对题的现象,究其实质,仍然是未能遵守讨论学术问题时必须共同遵守的逻辑学"同一律"的基本要求。

---

① 英国的《1950 年仲裁法》制定于 1950 年 7 月 28 日,同年 9 月 1 日开始施行(见该法第 44 条第 2 款);《1979 年仲裁法》制定于 1979 年 4 月 4 日,并授权英国国务大臣以行政命令的方式随后指定实施日期(见该法第 8 条第 2 款)。《1979 年仲裁法》对《1950 年仲裁法》进行了重要的修订和补充,同时继续保留了后者的大部分内容。前者在其第 1 条第 1 款中规定:"本法行文中称《1950 年仲裁法》为'主法'(principal law)",以示后者与前者之间有"主从关系"或"主次关系";同时,前者又在其第 8 条第 1 款中规定:"本法可称为《1979 年仲裁法》",以示它本身又是一项独立的新的立法。这两项立法有机地互相结合和互为补充,构成一个整体,持续生效至 1997 年 1 月 30 日。详见前文所列 19 个国家有关仲裁监督机制的具体条文序号以及有关正文所引《国际商务仲裁》(International Commercial Arbitration,以下简称"ICA")一书,第七编:"各国仲裁立法",文件编号:Ⅶ.K.1,第 1—28 页;Ⅶ.K.3,第 35—43 页。

第二,英国《1979年仲裁法》关于仲裁监督的规定较之《1950年仲裁法》的有关规定,虽有"缩小"和"弱化",但无论怎样"缩小"和"弱化",它**始终仍然坚持**对英国本国制作的包括涉外裁决在内的一切裁决,实行兼及程序运作和实体内容的**同等监督**和**双重监督**,这应当是无可置疑和无法否定的事实。其铁证之一便是英国《1979年仲裁法》第1—2条明文规定:如果裁决书中存在法律问题,而且对该法律问题的认定会在实体上影响(substantially affect)当事人的权益,则当事人经高等法院批准,可以向该院上诉,要求将上述裁决变更、撤销,或发回重审①。

特别应当注意的是:《1950年仲裁法》第22—27条关于仲裁监督机制的规定,在1979年之后,仍然作为英国仲裁体制"主法"的一部分,持续生效;直至1997年1月31日,才被《1996年仲裁法》的相关规定所取代。按照《1950年仲裁法》第23条的明文规定,凡是仲裁员本身有渎职行为或错误处置程序(has misconducted himself or the proceedings),高等法院(the High Court)有权将该仲裁员中途撤换(remove);凡是仲裁员本身有渎职行为或错误处置程序,或当事人以不正当的手段取得仲裁裁决,高等法院有权撤销该项裁决②。本条规定,可谓斩钉截铁,毫不含糊,而且同等适用于在英国境内作出的一切仲裁裁决(包括内国裁决和涉外裁决)。

由此可见,自1950年9月1日迄1997年1月30日,根据英国当时两部现行仲裁法的**综合规定**,即《1950年仲裁法》中持续生效的大部分规定以及《1979年仲裁法》新增订的规定,英国法院对在本国境内作出的一切裁决,包括内国裁决和涉外裁决,只要其中确实存在重大的法律问题,或仲裁员本身有贪赃枉法等渎职行为,或当事人以不正当手段(包括提供伪证以歪曲事实或向仲裁员行贿等)取得仲裁裁决,则经过一定法定程序查证属实,概在可予撤销之列。这些法律条文的明确规定足以证明:在上述这段长达47年左右的时期里,英国**始终**对本国作出的内国和涉外这两大类仲裁裁决采取"一视同仁、双重监督"的监督体制,而并不实行"内外有别"的分轨监督体制。**1997年12月**,肖文在转述他人编著时,认定了"英国**现在**(原文如此,详见以下第三点分析)的仲裁法是**1950年仲裁法**和**1979年仲裁法并存**,只是**1950年仲裁法**的一部分**作废**而已"。但是,在其据此进一步论证和发挥时,却忽视或回避了《1950年仲裁法》中在上述那段期间

---

① 详见同上注书,第七编:"各国仲裁立法",文件编号:Ⅶ.K.3,第35—37页。
② 同上注书,文件编号:Ⅶ.K.1,第11页。

内仍然长期"并存"、并未"作废"的关键部分,即对两大类仲裁裁决仍然长期继续实行"一视同仁、双重监督"的关键性规定,并遽下断语称:"英国仲裁法对国际仲裁和国内仲裁的监督实行的是'内外有别'的分流机制"①。衡诸上述两法"并存"的综合规定和具体法条,这种断语显然并不符合事实,也难以自圆其说。

由此可见,肖文在其第一部分之中长篇转述他人的第二手资料及有关论断时,并不完全准确,也并未全面反映当时英国有关法制的客观事实。作为郑重的学术批评,似**不宜停止在转述、转引**之上,而不去进一步仔细查证上述**法律条文的第一手**(原始)规定。

(二) 英国的《1996年仲裁法》

英国《1996年仲裁法》(*Arbitration Act 1996*)于1996年6月17日正式通过并自1997年1月31日开始施行。这是最新的现状,当然也是最新的"历史发展",应当给予充分的注意。细察其中有关仲裁监督的规定,除了对两大类仲裁裁决**仍然坚持"一视同仁、双重监督"**这一基本特点和国际通行做法之外,其监督范围、监督力度及其有关表述,与《1950年仲裁法》以及《1979年仲裁法》相比,也更加具体和严谨。

《1996年仲裁法》第68条第1款规定:"仲裁程序中的一方当事人,可以在通知对方当事人以及仲裁庭的条件下,以存在重大不法行为②,影响仲裁庭、仲裁程序或仲裁裁决作为理由,向法院申请,对仲裁裁决提出抗辩。"同条第2款对**"重大不法行为"**加以解释,列举了9种具体情况,只要出现其中之一,经一方当事人依法提出申请,法院认为它对申请人已经造成或将会造成实质性的不公正或不公平(substantial injustice),即应立案受理。其中所列的第(1)、(7)、(9)项这三种情况尤其值得重视:"(1)仲裁庭未能遵守和履行本法第33条规定的基本职责(general duty)",即未能公正、公平地断案,未能在实施仲裁过程中不偏袒任何一方等;"(7)以**欺诈手段**取得仲裁裁决;裁决本身或取得裁决的手段**违反公共政策**";"(9)在实施仲裁程序中或在仲裁裁决中存在**任何不法行**

---

① 肖永平:《也谈我国法院对仲裁的监督范围》、《内国、涉外仲裁监督机制之我见——对〈中国涉外仲裁监督机制评析〉一文的商榷》,先后发表于《仲裁与法律通讯》1997年第6期,第6页;《法学评论》1998年第1期,第44页。

② "Serious irregularity",又译"重大不轨行为"、"重大不正当行为"或"重大违规行为"。See *Arbitration Act 1996*, Annotated by A. W. Sheppard, *Current Law States*, Vol. 2, 1996, Sweet & Maxwell, London, 1997, p. 45.

为,对于这种不法行为,已由仲裁庭,或由经当事人授权与实行仲裁程序或作出裁决有关的任何仲裁机构、其他机构或个人,**加以承认**。"①(强调是引者加的,下同。)

除此之外,《1996年仲裁法》又另立专条,进一步明确规定对两大类仲裁裁决都实行**实体内容**方面的监督:"除非当事人另有协议,仲裁程序中的一方当事人可以在通知对方当事人以及仲裁庭的条件下,就仲裁裁决书中出现的**法律问题**,向法院提出上诉。"②当然,当事人一方就裁决书中出现的法律问题向法院上诉,并非漫无限制,而应当符合一定条件,即法院认为:对该项法律问题的认定会在实体上影响当事人一方或多方的权益(the determination of the question will substantially affect the rights of one or more of the parties);根据裁决书认定的事实,仲裁庭对有关问题作出的决定显然是错误的;或此项问题具有"普遍的公共重要性"(of general public importance),而仲裁庭对此问题作出的决定至少有重大疑问等等,因而准予上诉③。可见,尽管设有各种条件限制,但对仲裁程序中和仲裁裁决书中存在的各种重大**不法行为**和**枉法裁断**,始终是**敞开投诉之门**的。

当事人基于上述各种实体性或程序性理由提出的上诉,经管辖法院受理并查证核实,法院可根据具体情况,分别作出裁定:(1)维持原裁决;(2)变更原裁决;(3)发回原仲裁庭重新审理(全部或部分);(4)撤销原裁决(全部或部分);(5)宣布原裁决无效(全部或部分)。④

此外,《1996年仲裁法》虽**暂时**保留若干细节操作上的原有规定,对内国仲裁和涉外仲裁稍作区分,但鉴于国际上"一视同仁,并轨合流"的通行做法和大势所趋,却又另立专条,授权英国国务大臣(Secretary of State)可以制作**行政命令**,经国会两院批准,**随时取消**或废除上述仅存的细节区分规定,以免与英国

---

① 除了这三种"重大不法行为"之外,第68条第2款所列举的其他6种重大不法行为是:仲裁庭有越权行为;仲裁庭未能按照当事人商定的程序实行审理;仲裁庭未能处断当事人提交的一切争端;经当事人授权与实行仲裁程序或作出裁决有关的任何仲裁机构、其他机构或个人,有越权行为;对裁决书效力的表述含糊不清或模棱两可;裁决书的格式不符合要求。
新近披露的英国"上诉法院"1999年5月12日作出的一项判例,论及外国的仲裁裁决在英国申请执行的问题,其中提到有关以欺诈、伪证手段取得仲裁裁决的观点,值得注意,录以备考:"原则上,如果能够确认伪造的证据足以影响一项裁决,法院就可以拒绝执行该有关裁决"。详见 Lloyd's Law Reports, Alert Service, No.41, July 26, 1999.
② 英国《1996年仲裁法》第69条第1款。
③ 英国《1996年仲裁法》第69条第2款、第3款。
④ 英国《1996年仲裁法》第69条第7款、第68条第3款。与此同时,该法第24条还允许当事人依据事实,合理地怀疑仲裁员不公正,从而按照法定程序,向管辖法院申请中途撤换该仲裁员。

所承担的国际条约义务相抵触①。其后不久,英国当局随即取消了内国仲裁与涉外仲裁的操作差别,完全并轨合流②。

众所周知,英国采用商事仲裁体制,有悠久的历史。根据英国本国专家的评析,其1996年的最新仲裁立法,系统地总结了英国本国长期实践的经验教训,参考和吸收了当代世界各国先进的仲裁立法通例,并在很大程度上以联合国郑重推荐的《国际商事仲裁示范法》作为起草指南(framers' guide),经过长达七年多的国会辩论和广泛征求意见,数易其稿,才达成共识,正式通过与颁行。可以说,这一套包含110条、正文长达60页左右的《1996年仲裁法》,是相当缜密细致的。它是英国仲裁立法走向统一化、国际化和现代化的重大改革和重要体现;在当代世界各国现行的同类立法中,居于比较领先的地位;其中的许多规定,包括有关仲裁监督机制的规定,体现了当代仲裁立法的**新的走向**,值得重视和参考③。它告诉我们:"分轨制"并不是什么"发展趋势"或"通行做法"。

综上事实,不难看出:英国最新仲裁立法中关于仲裁监督机制的现行规定,即英国仲裁监督机制最新的"历史发展",也实在很不利于作为论据,据以论证所谓对两大类仲裁的监督"实行分轨制符合国际上的通行做法"或符合"国际社会的普遍做法"的见解;尤其不利于据以论证所谓英国对涉外仲裁的监督已经或即将"缩小"或"弱化"到只管程序运作、不管实体内容的**臆测**。更何况,单就英国仲裁监督机制之宽、严变迁而言,当历史发展已经开始进入"否定之否定"阶段时,仍囿于转述他人对"肯定之否定"阶段的并不全面的第二手评析,并据此立论和发挥,这是否有点**"不合时宜"**呢?

---

① 参见英国《1996年仲裁法》,第85—88条。由英国枢密院顾问、资深大法官萨维尔(Rt. Hon. Lord Justice Saville)主持的"仲裁法起草咨询委员会",在其法案报告中,曾建议将这些仅存的细节区分予以删除,以免与英国参加缔结的《欧洲经济共同体条约》(即《罗马条约》)第6条、第7条相抵触,因为该条约中规定各缔约国相互之间不得基于国籍不同而对外商采取差别待遇,如果英国继续区分内国仲裁与涉外仲裁,势必对欧共体(欧盟)其他国家的国民给予差别待遇。故这些仅存的细节差别和区分规定,势必在近期内予以废除。按《1996年仲裁法》第88条的规定,英国国务大臣竟可以用行政命令的方式随时取消仲裁法第85—87条的法律规定,仅此一端,也足见这些法律规定的短暂性和不稳定性。参阅《1996年仲裁法》(注释本),1997年英文版,第5、56—58页的注释。(C. 23 Arbitration Act 1996, Annotations by A. W. Sheppard, Current Law States 1996, Vol. Ⅱ, Sweet & Maxwell, 1997.)

② See *Arbitration Act 1996* (*Commencement No. 1*), *Order 1996* (*No. 3146*), at http://www.arbitrators.org/subweb/nvmay-97/Commene.htm;并参见前引陈安:《再论中国涉外仲裁的监督机制及其与国际惯例的接轨》,载《国际经济法论丛》第2卷,第150—153页。

③ Toby Landau, *The Effect of The New English Arbitration Act on Institutional Arbitration*, *Journal of International Arbitration*, Vol. 13, No. 4, pp. 113-114. 并参见陈安:《再论中国涉外仲裁的监督机制及其与国际惯例的接轨》,载《国际经济法论丛》第2卷,第153—154页。

(三) 英国《1996年仲裁法》之"尘封"年半及其"原貌"辨识

值得注意的是：肖文首先发表于 1997 年 12 月出版的《仲裁与法律通讯》。此时距英国《1996 年仲裁法》正式通过并颁布的日期（1996 年 6 月 17 日）已历时 18 个月，但其有关立法内容在肖文中未见有任何反映或转述。肖文的"缩写本"发表于 1998 年第 2 期的《中国社会科学》，其中仍无片言只字提及英国《1996 年仲裁法》。故其立论似显对英国立法最新的"历史发展"注意不够，从而不大符合肖文自己提出的原则或主张，即："对某一特定国家仲裁法制的总结也应从其**历史发展**的角度来总结。"1998 年 1 月重复发表于《法学评论》上的肖文，终于注意到并转述了英国《1996 年仲裁法》的某些新规定，这当然是一大进步，但可惜的是：如将其转述和任意"发挥"的内容与该法原文作一对照，却又与后者的原貌和真义"显然有较大差异"，多处**不实**、**失真**、**讹传**，甚至完全**背离**，因而其立论的"根基"就发生了重大的动摇。

肖文称：

> 它[指英国《1996 年仲裁法》]规定，在**国际仲裁**中，当事人可以在任何时间内协议排除法院的司法复审权，换言之，**只要当事人同意**，法院不得以法律或事实认定上的错误为由撤销仲裁裁决。而在**国内仲裁**中，要排除这种干预只有在仲裁程序开始后才能进行，且对上诉有**更为严格**的条件，主要是：(1) 仲裁庭对争议事项无实体管辖权（第 67 条）；(2) 仲裁程序严重有误（第 68 条）；(3) 在某些情况下，如**中间裁决**中的法律问题，必须经双方当事人同意或法院同意方可上诉（第 69 条）。当事人上诉时必须首先采用**法律用尽**原则，且在裁决作出后 28 天内提出。**由此可见**，英国仲裁法对国际仲裁和国内仲裁的监督实行的是"**内外有别**"的**分流机制**，而监督的范围也是越来越小，**限于程序问题**。

为便于读者查核、对照、鉴别和判断，兹谨将英国《1996 年仲裁法》的相关原文摘引和辨析如下：

第一，关于该法第 68 条和第 33 条：

Challenging the award: serious irregularity

68. — (1) A Party to arbitral proceedings may (upon notice to the other parties and to the tribunal) apply to the court challenging an award in the proceedings on the ground of serious irregularity affecting the tribunal, the proceedings or the award.

A party may lose the right to object (see section 73) and the right to apply is subject to the restrictions in section 70(2) and (3).

(2) Serious irregularity means an irregularity of one or more of the following kinds which the court considers has caused or will cause substantial injustice to the applicant —

(a) <u>failure by the tribunal to comply with section 33 (general duty of tribunal)</u>;

(b) the tribunal exceeding its powers (otherwise than by exceeding its substantive jurisdiction: see section 67);

(c) failure by the tribunal to conduct the proceedings in accordance with the procedure agreed by the parties;

(d) failure by the tribunal to deal with all the issues that were put to it;

(e) any arbitral or other institution or person vested by the parties with powers in relation to the proceedings or the award exceeding its powers;

(f) uncertainty of ambiguity as to the effect of the award;

(g) <u>the award being obtained by fraud or the award or the way in which it was procured being contrary to public policy</u>;

(h) failure to comply with the requirements as to the form of the award; or

(i) <u>any irregularity</u> in the conduct of the proceedings or in the award which is <u>admitted by the tribunal</u> or by any arbitral or other institution or person vested by the parties with powers in relation to the proceedings or the award.

(3) If there is shown to be serious irregularity affecting the tribunal, the proceedings or the award, the court may —

(a) remit the award to the tribunal, in whole or in part, for reconsideration,

(d) set the award aside in whole or in part, or

(c) declare the award to be of no effect, in whole or in part.

...

第33条[第68条(2)(a)所概括转引的具体规定]

General duty of the tribunal

33. — (1) The tribunal shall —

(a) <u>act fairly and impartially as between the parties</u>, giving each party a reasonable opportunity of putting his case and dealing with that of his opponent, and

(b) adopt procedures suitable to the circumstances of the particular case, avoiding unnecessary delay or expense, so as to provide a fair means for the resolution of the matters falling to be determined.

(2) The tribunal shall comply with that general duty in conducting the arbitral proceedings, in its decisions on matters of procedure and evidence and in the exercise of all other powers conferred on it.

第 68 条的标题是**"对裁决提出抗辩：存在重大不法行为"**；第 33 条的标题是**"仲裁庭的基本职责"**。这两条条文有关大意的中译文可参看前引 1997 年版英国《1996 年仲裁法》（注释本）及有关正文。

通过对照，读者不难看出：《1996 年仲裁法》第 68 条规定的监督对象，是含有 9 种不法情节的仲裁裁决，其监督范围兼及程序错误和实体错误，而绝非局限于肖文所称的"仲裁**程序**严重有误"。具体而言，第 68 条第 2 款所列举的 9 种情节中，第(2)、(3)、(4)、(5)、(6)、(8)[即上引英文原文中的(2)之(b)、(c)、(d)、(e)、(f)、(h)]这 6 种，属于程序上的不法行为，而(1)、(7)、(9)[即原文中(2)之(a)、(g)、(i)]这 3 种中，第(1)种所监督的，是仲裁员不履行基本职责，以致断案偏袒和执法不公，这显然是兼及实体内容和程序运作；第(7)、(9)两种所监督的，包含了依靠伪证等欺诈手段取得的错误裁决和依靠行贿等不法手段取得的枉法裁决，实质上是针对实体内容的。显然，正因为本条规定的监督范围兼及程序和实体两者，故在条文的标题上概括为"对裁决提出抗辩：**存在重大不法行为**"，以便从概念的内涵和外延上能够兼容和涵盖程序和实体这两大方面。肖文将此 9 种不法情节概括为"仲裁**程序**严重有误"，从而在本条中完全**摒除**了对裁决"**实体**严重有误"的监督，如此转述，不知是否另有其他英国法律条文根据？纵使果真另有其他法律条文依据，则似亦不宜在括号中又标明为"第 68 条"，因为该"第 68 条"并无此种**摒除**规定。

第二，关于该法第 69 条：

Appeal on point of law

69. — (1) Unless otherwise agreed by the parties, a party to arbitral proceedings may (upon notice to the other parties and to the tribunal) <u>appeal to the court on a question of law arising out of an award</u> made in the proceedings.

...

(2) An appeal shall not be brought under this section except —
(a) with the agreement of all the other parties to the proceedings, or
(b) with the leave of the court.

The right to appeal is also subject to the restrictions in section 70(2) and (3)...

本条标题是"**针对法律要点提起上诉**"。条文第 1 款大意是：除非各方当事人另有约定，仲裁案件的一方当事人，经通知对方当事人和仲裁庭，可以针对仲裁案件裁决中存在的法律问题，向法院提起上诉。同条第 2 款的大意是：除非仲裁案件中其他当事人一致同意，或者经过法院批准，一方当事人不得根据本条提起上诉。

通过对照，读者不难看出：《1996 年仲裁法》第 69 条规定的监督对象，是指实体内容上存在重大**法律问题**的<u>一切仲裁裁决</u>，包括中间裁决(interlocutory award)、部分裁决(partial award)以及终局裁决(final award)，而<u>绝非局限于</u>肖文所称的"<u>中间裁决</u>"。在仲裁案件中的所谓"中间裁决"，通常指的是仲裁庭认为有必要时，或者当事人提出经仲裁庭同意，可以在全案终局裁决作出之前，在仲裁过程中的任何时候，就案件中的任何部分问题先行作出"中途"性的裁决。其英文表述通常是"interlocutory award"或"interim award"[①]。但是，通读《1996 年仲裁法》第 69 条的英文原文，仍不能发现有任何相当于肖文所称"<u>中间裁决</u>"的英文表述。如果将原文中的"an award made in the proceedings"硬译为"中间裁决"，则显属常识性错误或不当。不知肖文所述是否另有其他英国法律条文根据？纵使果真另有其他法律条文根据，则似亦不宜在括号中标明为"第 69 条"，因为该"第 69 条"中并无此项所谓"中间裁决"的规定。

第三，关于该法第 70 条：

Challenge or appeal: supplementary provisions

70. — (1) The following provisions apply to an application or appeal under section 67, 68 or 69.

(2) An application or appeal may not be brought if the applicant or appellant has <u>not first exhausted</u> —

(a) any available arbitral process of appeal or review, and

(b) any available recourse under section 57 (correction of award or additional award).

(3) Any application or appeal must be brought within 28 days of the date

---

① 参见《中国国际经济贸易仲裁委员会仲裁规则》(1995 年 10 月 1 日起施行)第 57 条及其英译文；并参见该《仲裁规则》(1989 年 1 月 1 日起施行)第 35 条及其英译文，载于国务院法制局编：《中华人民共和国涉外法规汇编》下卷(1949—1990)，中国法制出版社 1991 年版，第 1556、1911、1917 页。1998 年 5 月 10 日，上述《规则》再度修订施行，其中第 57 条的中文、英译文均未作任何更改。

of the award or, if there has been any arbitral process of appeal or review, of the date when the applicant or appellant was notified of the result of that process.

……

本条标题是"**抗辩或上诉：补充规定**"。条文第 1 款大意是：以下各项规定，适用于根据本法第 67、68 条或第 69 条提出的申请或上诉。第 2 款的大意是：申请人或上诉人未经首先**用尽**以下两项措施，不得提出申请或上诉：(1) 采取仲裁中可以援用的申诉程序或复议程序；(2) 采取本法第 57 条规定可以援用的补救办法（更正裁决或作出补充裁决）。第 3 款则是有关上诉应在裁决后 28 天以内提出的有关规定。

通过对照，读者不难看出：《1996 年仲裁法》第 70 条规定的上诉步骤，似只是要求当事人首先尽量采取（或"用尽"）上面**两项程序性**措施，而并不存在肖文所称的"**法律用尽**原则"。众所周知，常见的法学专业术语中有"用尽当地救济"（exhaust local remedies）一词，指的是在采取"非当地救济"（外国救济或国际救济）以前必须首先尽量采用东道国当地的司法、行政或仲裁等救济措施①。可见，依逻辑常理，**当地**救济"用尽"之后，所采取的就应当是、必然是**非当地**救济。参照此类**互相对应**的法律术语，如果像肖文所称，当事人在针对仲裁裁决向法院提出抗辩或上诉之前必须首先做到"用尽"法律，那么，就会把当事人向法院提出抗辩或上诉这一举措，排除在**法律**救济之外，并把当事人采取此种郑重的、地地道道的**法律**行动，视为采取了**非法律**的救济措施。这是不是有点违背法学常识？不知肖文所称的"法律用尽"原则，究何所指？有何英国法律根据？

第四，关于该法第 68、69、70 条的适用范围：

细读《1996 年仲裁法》上述各条的原文，读者不难看出：其中关于当事人不服仲裁裁决向管辖法院提出抗辩或上诉的各项监督规定，不但兼及仲裁程序运作和裁决实体内容两大方面，而且完全**同等适用**于英国作出的内国裁决和涉外裁决，足证英国现行的仲裁立法确是对上述两大类仲裁裁决实行"合流并轨、一视同仁"的**同等**监督和**双重**监督。

---

① 例如，《解决国家与他国国民间投资争端公约》第 26 条规定："缔约国可以要求用尽当地各种行政或司法补救办法，作为其同意根据本公约交付[国际]仲裁的一个条件"（A Contracting State may require the exhaustion of local administrative or judicial remedies as a condition of its consent to [international] arbitration under this Convention.）See Stephen Zamora et al. (ed.), Basic Documents of International Economic Law, 1990, Vol. Ⅱ, p. 960.

但是，前引肖文对这些条文适用范围的转述和发挥，与原条文的实际规定却大相径庭。肖文把两大类仲裁称为"国际仲裁"（指涉外仲裁）和"国内仲裁"（指内国仲裁），强调两类仲裁的当事人在协议排除司法复审干预的时间条件上有先后之分，紧接着就论证说："在国内仲裁中，要排除这种干预只有在仲裁程序开始后才能进行，**且对上诉有更为严格的条件，主要是……**"，在"主要是"三字以下，逐一转述了《1996年仲裁法》第67、68、69条的规定（均具体标明条文序号），也转述了该法第70条的相关规定（未标明条文序号）。这显然是认定：这些有关"上诉"的"**更为严格的条件**"，**仅仅适用于"国内仲裁"**（指内国仲裁），而不适用于"国际仲裁"（指涉外仲裁），从而完全排除了第67、68、69、70条各条对涉外仲裁裁决的同等适用。这种转述和"发挥"，不能不让细心的读者提出这样的问题：**根据何在**？究竟是否真正符合英国《1996年仲裁法》的原来面貌？何以如此面目全非，南辕北辙？

第五，关于该法第85—87条的存废问题：

如前所述，《1996年仲裁法》第85—87条虽在若干程序操作细节上对内国仲裁和涉外仲裁，仍然稍作区分（例如，关于一方当事人申请中止法律诉讼的条件，两类仲裁略有不同；双方当事人协议排斥法院管辖权的时机先后，两类仲裁稍有差异），但是，第88条随即授权英国国务大臣可以通过行政命令随时取消、废除这些暂时仅存的细节区分规定（见前文脚注及其有关正文）。

根据中国国际经济贸易仲裁委员会仲裁研究所研究人员1996年底在有关刊物上提供的来自英国的信息，这些细节区分早已不复存在：在英国，"在历史上，存在着国际仲裁与国内仲裁的区别……然而，经采纳了广泛的社会公众之意见，顾问委员会在1996年9月30日的会议上决定取消二者的区别。如今，在新的仲裁法中国际仲裁与国内仲裁已别无二致"；"现在取消国际与国内仲裁的差别，意谓[味]着仲裁法对两种形式的仲裁协议一视同仁"。①

---

① 见穆子砺编译：《英国仲裁法(1997)简介》，载于《仲裁与法律通讯》1996年第6期，第55页；1997年第1期，第47页。
承穆先生惠赠一份他从英国带回的资料：Freshfields: The Arbitration Act 1996—A Client Guide, Oct. 1996. 这是伦敦一家著名的国际性律师事务所（即Freshfields）国际仲裁部专为国际仲裁客户提供的实用指南，其中第3页和第13页一再强调："顾问委员会"(DAC)已决定建议在英国的《1996年仲裁法》中取消两类仲裁的差别规定："A distinction has historically been drawn between international and domestic arbitration, ... However, following extensive public consultation, the decision was taken at a meeting of the DAC on 30 September 1996 to abolish this distinction. The Act now treats international and domestic arbitrations alike." "The abolition of the distinction between international and domestic arbitration now means that the Act treats parties to both types of agreements in the same way." 文中的DAC全称是Departmental Advisory Committee of Department of Trade and Industry, 指的是英国贸易与产业部授权专门负责起草和解释仲裁法的顾问（咨询）委员会。

经过"互联网"(internet)查证,得悉此项信息是确凿可信的:早在1996年12月16日,英国国务大臣即根据《1996年仲裁法》第109条的授权,正式发布行政命令,规定该《仲裁法》自1997年1月31日起开始实施;但是,其中的第85—87条(即内国仲裁与涉外仲裁在程序操作细节上稍有区别的三条规定),则作为例外,**不予开始实施**(are not commenced)。同时,有关进一步废除(repeal)这三条规定的另一项行政命令草案,即将尽快提交英国议会两院(both Houses)审批后正式发布①。

对于上述信息,举凡关注国际(尤其英国)仲裁立法最新"历史发展"动态的学人,似均宜及时予以注意。如果意欲以"英国对两类仲裁的监督实行'内外有别'的分流机制"作为立论的**事实依据**,借以"证明"中国现今对两类仲裁监督的

---

① 见《1996年仲裁法实施令》[Arbitration Act 1996 (Commencement No. 1) Order 1996 (No. 3146), web-site: http://www. arbitrators. org /sebweb /nvmay 97 /commence. htm];又见《英国议会下院议事录》[House of Commons Hansard Written Answers for 17 Jan 1997 (pt. 2), web-site: http://www. parliament the-stationery-offi…9697/…]。

本《实施令》的英文原文如下,特录以备考:

THE ARBITRATION ACT 1996
(COMMENCEMENT NO. 1) ORDER 1996
(S. I. 1996 No. 3146 (C. 96))

The Secretary of State, in exercise of the powers conferred on him by section 109 of the Arbitration Act 1996(c. 23), hereby makes the following Order:

1. This Order may be cited as the Arbitration Act 1996 (Commencement No. 1) Order 1996.
2. The provisions of the Arbitration Act 1996 ("the Act") listed in Schedule 1 to this Order shall come into force on the day after this Order is made.
3. The rest of the Act, except sections 85 to 87, shall come into force on 31st January 1997.
4. The transitional provisions in Schedule 2 to this Order shall have effect.

John M. Taylor,
Parliamentary Under Secretary of State
for Corporate and Consumer Affairs.
Department of Trade and Industry

16th December 1996

载于英国官方出版的《1996年法规文件汇编》,1998年版,第9695页(Statutory Instruments 1996, Part Ⅲ, Section 3, p. 9695, 1998)。

本《实施令》的英文"诠解"原文如下,亦录以备考:
ARBITRATION ACT 1996 (COMMENCEMENT No. 1) ORDER 1996 (No. 3146)
The Order was made on 16 December 1996. The explanatory note is set out hereunder:
With one exception, this Order brings into force the provisions of the Arbitration Act 1996. Those provisions necessary to enable the substantive provisions to be brought into force are commenced immediately. The substantive provisions come into force on 31st January 1997. Commencement is subject to transitional provisions designed to ensure continuity of legal proceedings and to preserve the current law on what are known as "honourable engagement" clauses in relation to existing agreements.
Sections 85 to 87, which make special provisions in relation to domestic arbitration agreements, are not commenced.

载于上引"互联网"(internet)的 web-site。

分流机制符合当代"国际上的通行做法",并借以批评他人之不懂英国仲裁立法的"历史发展",则对于此种与"分流机制"主张截然相反的新信息,即英国早已将两大类仲裁完全合流并轨的新信息和最新的"历史发展",尤其不宜不予以应有的重视,并着力于自我的知识更新。

第六,关于当事人协议排除法院的司法复审权问题:

肖文称,英国《1996年仲裁法》规定"在国际仲裁中,当事人可以在任何时间内协议排除法院的司法复审权";"**只要当事人同意**,法院不得以法律或事实认定上的错误为由撤销仲裁裁决。"肖文之意显然在于强调和论证"当事人意思自治"原则在英国涉外仲裁程序中处于至高无上地位。但是,如果未注意到、或虽已注意到却不同时向读者推介该法第4条对"当事人意思自治原则"的**限制性规定**,就难免使读者获得"不周全"的概念。因为第4条第1款明文规定:"本法本篇的各项强制性规定,列明于'附表一'之中,无论当事人达成何种相反的协议,这些强制性的规定仍然有效"①。而"附表一"所逐一列出的**强制性规定**中,就赫然**包含有本法第67、68、71条**②。换言之,第67条规定法院有权受理仲裁当事人对仲裁庭管辖权提出的抗辩,第68条规定当事人有权对存在9种重大不法行为之一的仲裁裁决提出抗辩,法院有权对存在9种重大不法行为之一的仲裁裁决实行监督和纠正,以及第71条规定法院有权对仲裁裁决作出裁定予以变更、发回重审、撤销或宣布无效,这些规定,都是强制性的,不是任意性的。对于这些规定,当事人只有遵守、服从的义务,**没有自由"排除"的权利**。因此,即使仲裁当事人事先订有仲裁协议,约定排除上述这些司法复审、干预和监督,这种**"排除协议"也是无效的**,没有约束力的,它丝毫不能削弱、更不能取消这些强制性规定的法律效力③。由此可见,在仲裁协议中的"当事人意思自治",并不能不受任何限制,也不能凌驾于各项强制性法律规定之上,更不能在任何程序运作和实体内容上都绝对排除法院对仲裁的必要监督。一言以蔽之,此时此际,当事人的"意思自治"不等于当事人的"随心所欲",更不是**非当事人**的随意推断。这种强制性的司法

---

① 英文原文为"The mandatory provisions of this Part are listed in Schedule 1 and have effect notwithstanding any agreement to the contrary."

② 英文原文为"Schedule 1 *Mandatory provisions* of Part 1:... sections 67 and 68 (challenging the award: substantive jurisdiction and serious irregularity) and *sections 70 and 71* (*supplementary provisions: effect of order of court*) so far as relating to those sections."

③ 英国学者夏帕德对《1996年仲裁法》第4条作出这样的评注:本条明白无误、毫不含糊地指明了本法附表一中所列举的各项规定都是"**强制性的**",当事人不能予以否定。参见前引英国《1996年仲裁法》(注释本),1997年英文版,第9页。

监督规定,显然是保障裁决公正、防止不法裁决和维护法律尊严所不可或缺的。

第七,关于《1996年仲裁法》监督机制的综合判断:

通过以上各点的对照和比较,不难发现:肖文对英国《1996年仲裁法》有关仲裁监督机制各条条文的转述和"发挥"并**不符合该法各条的本来面貌**。因此,根据这些转述和"发挥"对英国现行仲裁监督机制整体作出的综合判断,也就**严重地背离了事实**。换句话说,所称"英国仲裁法对国际仲裁和国内仲裁的监督实行的是'内外有别'的**分流机制**,而监督的范围也是越来越小,**限于程序问题**"云云,**既无事实根据,更无法律根据**。进而言之,就在上引的同一段文字中,既说仲裁的当事人在一定条件下可以就仲裁裁决中存在的**法律问题**向法院上诉,由法院予以复审,又说法院对仲裁的监督"**限于程序**问题",在这里,又一次出现了论据与论点的显著龃龉和重大背离。看来,出现上述各种背离现象的原因之一,似在于肖文的作者在撰文批评拙作并连续在三种不同刊物上重复发表内容大体雷同的大作之际,还**未曾花时间**或**暂且来不及**对英国的《1996年仲裁法》的原文全文,予以必要的**通读**,更不必说认真予以**精读**了。在这种基础上作出这样的学术批评,对于被批评者说来,自难令人信服;而对于尚无机会亲自阅读该法原文全文的一般读者说来,是否难免起着某种**误导**的作用呢?

三、美、德、法诸国的仲裁监督,联合国《国际商事仲裁示范法》的有关规定,是否实行"内外有别"的"分轨制"?对于涉外仲裁的监督是否"只管程序运作,不管实体内容"?

肖文在其第二部分中,再次长篇转述他人评介美、德、法等国有关仲裁监督的第二手资料,并据此立论和进一步发挥,作出自己的判断。读者如果细心地将肖文所作的判断与被转述的原有文字作一对照,特别是与被转述的有关国家仲裁立法**条文本身**作一对照,就不难发现肖文所作的判断,有的并非被转述的评介资料的原意,有的甚至还背离了有关立法条文的原有内涵。

(一)美国的仲裁监督机制辨析

肖文援引他人编著中转述的、由美国民间团体草拟的《美利坚合众国统一仲裁法》,作出自己的推论和判断,断言:美国法院对仲裁的监督"**主要是从程**

序角度来进行的"①。

对照美国联邦立法机关（美国国会）正式制定和颁行的《美利坚合众国联邦仲裁法》（以下简称美国《仲裁法》），肖文所作的上述论断显然是**失实、失真的**，并存在若干不宜存在的**讹误**。

美国的《仲裁法》制定于 1925 年 2 月，其后经 1954 年、1970 年、1988 年、1990 年以及 1992 年数度修订增补，共 3 章 31 条②。这是对美国各州均有约束力的联邦立法③，它既是全国性的、"严格意义上的法律"，又是美国仲裁体制（包括仲裁监督机制）方面的基本法和特别法，故在评介美国**法定**的仲裁监督机制时，显然不能任意忽略或避而不谈。

现行的美国《仲裁法》第一章题为"总则"（General Provisions），含第 1—16 条，对在美国境内实施仲裁的基本法律原则或一般行为准则，作了总体的规定；第二章题为"承认及执行外国仲裁裁决公约"，含第 201—206 条，专门针对题述《公约》（即 1958 年的《纽约公约》）在美国境内的实施问题，作出原则规定；第三章题为"美洲间国际商务仲裁公约"，含第 301—307 条，专门针对题述的另一公约（即 1975 年由北美、南美各国缔结的商务仲裁公约）在美国境内的实施问题，作出原则规定。

美国《仲裁法》第一章第 13 条，确认和强调了仲裁裁决具有很强的法律拘束力。仲裁裁决如未获自愿执行，一方当事人可依法向管辖法院申请对仲裁裁决予以确认和强制执行。法院受理和审查后，对程序运作和实体内容均符合法律规定的仲裁裁决，应予确认，并作出判决，强制执行。这是问题的一个方面④。

问题的另一个方面是：管辖法院经审查后，如果认定仲裁裁决具有《仲裁法》第一章第 10 条(a)、(b)两款所列举的情节之一，即裁决的**程序运作**或**实体**

---

① 肖永平：《也谈我国法院对仲裁的监督范围》、《内国、涉外仲裁监督机制之我见——对〈中国涉外仲裁监督机制评析〉一文的商榷》，先后发表于《仲裁与法律通讯》1997 年第 6 期，第 9 页；《法学评论》1998 年第 1 期，第 46 页。

② The Federal Arbitration Act, http://www.adr.org/statutes/federal-act.html; U.S. House of Representatives Downloadable U.S. Code, Title q-Arbitration, http://uscode.house.gov/title-09.htm. 并参见陈安：《再论中国涉外仲裁的监督机制及其与国际惯例的接轨》，载《国际经济法论丛》第 2 卷，法律出版社 1999 年版，第 157—163 页。

③ 在美国，"虽然各州都有自己的仲裁法律，但根据美国宪法中联邦至上的原则，以及联邦有利仲裁的政策，如果有关交易及合同涉及海事、州际贸易或对外贸易，无论是联邦法院还是州法院都应以联邦仲裁法为准"。参见姜兆东等：《国际商事仲裁裁决在各国国内法中的处理》，载于《中国国际法年刊》，1991 年本，第 296 页。

④ 详见前引 The Federal Arbitration Act；并参见 See U.S. Code, Title 5, Chap. 5, Subchap. 4-Alternative Means of Dispute Resolution in the Administrative Process, http://uscode.house.gov/title-0.5.htm. 美国法律第 5 编（即《政府组织与雇员法》）第 580 条。

内容存在重大的瑕疵,则可由法院作出裁定,撤销该仲裁裁决。兹将这两款的各项具体规定,分别介绍和阐述如下:

1. 美国《仲裁法》第 10 条(a)款的规定

美国《仲裁法》第一章第 10 条的英文原文,照录附后①,以备读者对照查考。这里先将其中的(a)款规定,试为中译如下:

第 10 条　仲裁员的决定;撤销;理由;重新审理

(a) 仲裁裁决具有下述情况之一的,仲裁裁决地所属地区的美国法院可以根据任何一方仲裁当事人的申请,作出裁定,撤销仲裁裁决:

(1) 裁决以**贿赂**、**欺诈**或者其他不正当方法取得;

(2) 仲裁员全体或者其中任何一人显然偏袒一方或者有**贪污受贿**行为;

(3) 仲裁员错误地拒绝理由充分的延期审理请求,错误地拒绝审核与争端相关的实质证据,或者有损害当事人权利的其他错误行为;

(4) 仲裁员超越权限,或者没有充分运用权力,以致对仲裁事件没有作出共同的、终局的、确定的裁决。

(5) 裁决已经撤销,但仲裁协议规定的裁决期限尚未终止,法院可以酌情指示仲裁员重新审理。

以上第 10 条(a)款所列的 5 项中,第(1)至(4)诸项之一,是仲裁当事人向管辖法院申请撤销仲裁裁决的必备条件;第(5)项则是管辖法院在撤销仲裁裁决之后的特定处理,它本身并不是撤销仲裁裁决的必备条件之一,因其不属于

---

① Sec. 10. Same; vacation; grounds; rehearing

(a) In any of the following cases the United States court in and for the district wherein the award was made may make an order vacating the award upon the application of any party to the arbitration

(1) Where the award was procured by corruption, fraud, or undue means.

(2) Where there was evident partiality or corruption in the arbitrators, or either of them.

(3) Where the arbitrators were guilty of misconduct in refusing to postpone the hearing, upon sufficient cause shown, or in refusing to hear evidence pertinent and material to the controversy; or of any other misbehavior by which the rights of any party have been prejudiced.

(4) Where the arbitrators exceeded their powers, or so imperfectly executed them that a mutual, final, and definite award upon the subject matter submitted was not made.

(5) Where an award is vacated and the time within which the agreement required the award to be made has not expired the court may, in its discretion, direct a rehearing by the arbitrators.

(b) The United States district court for the district wherein an award was made that was issued pursuant to section 580 of title 5 may make an order vacating the award upon the application of a person, other than a party to the arbitration, who is adversely affected or aggrieved by the award, if the use of arbitration or the award is clearly inconsistent with the factors set forth in section 572 of title 5.

本文探讨范围，可暂不置论。

如果对以上第(1)至(4)项所列，联系生活现实，加以考察分析，就不难理解：其中第(3)、(4)两项，乃是对仲裁裁决的运作程序实行监督；而其中第(1)、(2)两项，则是对仲裁裁决的**实体内容**实行监督。

实践表明：以提供伪证等欺诈手段取得的判决或裁决，势必在认定事实方面产生重大的谬误或扭曲；在行贿、受贿等条件下制作出来的判决或裁决，即在法官或仲裁员贪赃枉法基础上作出的裁断，也势必在认定事实或适用法律方面产生重大的谬误或扭曲。因此，美国《仲裁法》第10条(a)款第(1)、(2)两项关于撤销仲裁裁决的上述规定，显然属于对仲裁裁决实行实体内容上的严格监督。这两项规定，占四项之半，而且列在第10条(a)款的前面一半，足见其重要性超过或至少并不亚于(a)款后两项[即(3)、(4)两项]有关程序运作上的监督。任何谨慎些的法律学人，怎能无视这条有关仲裁裁决监督的专门的、最基本的法律规定，随意作出这样的论断：美国法院在仲裁监督问题上"**主要是从程序的角度来进行的**"？

诚然，肖文转述了他人编著中提到的《美利坚合众国统一仲裁法案》，提到其中规定具有所列五种情况之一，经一方当事人申请，法院可以撤销有关的仲裁裁决，其中(1)、(2)两种情况，与美国《仲裁法》第10条(a)款第(1)、(2)两项的上述规定基本相同；(3)、(4)两种情况则与《仲裁法》同条同款第(3)、(4)两项基本相同，只是多列了一种"没有仲裁协议"云云的程序性监督。表面上看，程序监督条款与实体监督条款的"比例"是3∶2。但是，不能不指出：

第一，这个《统一仲裁法案》只是民间人士草拟的供各州地方性立法参考的一项建议性草案，它本身毫无法律约束力。

第二，尽管它"目前已有20多个州采用"[①]，但在美国的50个州中，至少也还有另外"20多个州"不予采用；而且就是已予采用的20多个州中，实际上也并非全盘照搬，而是"稍有增删和修改"，"各州的仲裁法还有自己的独立性，它们与该法案并不完全相同"[②]。仅仅根据这样的民间人士建议性草案，美国各州只有半数左右经过修订增删才加以采用的规则以及含糊不清的局部性统计数字，怎能从中得出有关美国在仲裁监督体制上的全局性结论，认为在美国全国通行的仲裁监督"**主要是从程序的角度来进行的**"？这样的推断是否略嫌"大胆"了些？

---

① 肖永平：《也谈我国法院对仲裁的监督范围》，《内国、涉外仲裁监督机制之我见——对〈中国涉外仲裁监督机制评析〉一文的商榷》，先后发表于《仲裁与法律通讯》1997年第6期，第9页；《法学评论》1998年第1期，第45页。

② 见王存学主编：《中国经济仲裁和诉讼实用手册》（以下简称《实用手册》），中国发展出版社1993年版，第35页。肖文在转述《实用手册》中有关内容时，删去了这些似不宜删去的关键性语句。

第三,退一步而言,纵使姑且认可美国对仲裁裁决的监督"主要是从程序的角度来进行"云云的论断,那么,有"主要"就必有"次要"(或"非主要"),然则就"次要"(或"非主要")而言,不就是"从实体的角度"来进行监督么?既然同时还要对仲裁裁决的实体内容进行监督,那么,无论它多么"次要"或多么"非主要",美国对仲裁裁决难道不就是实行兼及程序运作和实体内容的**双重监督**吗?

2. 美国《仲裁法》第 10 条(b)款的规定

作为美国《仲裁法》第 10 条(a)款的重要补充,同法第 10 条(b)款从<u>另一个方面</u>对仲裁监督机制,作出概括性的规定①,其内容,大体上相当于大陆法系国家仲裁立法中关于"公共秩序保留"或"公共政策保留"的规定。与第 10 条(a)款相较,第 10 条(b)款更加集中、更为直截了当地规定了对在美国境内制作的一切仲裁裁决实行兼及程序运作和实体内容的双重监督。

美国《仲裁法》第 10 条原无(b)款规定。现行的第 10 条(b)款规定,是在1990 年 11 月 15 日修订立法增补而成的。兹试为中译如下:

第 10 条 仲裁员的裁决;撤销;理由;重新审理

(a)......

(b) 采取仲裁方式或执行仲裁裁决,显然违背〔美国法律〕**第 5 编第 572 条**②列举的各项因素,致使仲裁当事人以外的**第三人**受到损害或侵害,经受害人申请,可由依据〔美国法律〕第 5 编第 580 条③作出仲裁裁决所在地的美国地区法院,裁定撤销该项裁决。

经查核,美国《仲裁法》第 10 条(b)款中所转指的美国法律第 5 编第 572 条,是这样规定的:

(a) 经当事人协商同意,政府机构可以采取某种争端解决程序,解决涉及某种行政管理事项的争议问题。

(b) 遇有下列各项情况,政府机构应当考虑不采取此种争端解决程序:

(1) 要求对案件作出终局性或权威性决定,使其具有先例价值,但采取此种解决程序就难以构成公认的权威性先例;

(2) 案件涉及或可能影响到**政府政策**(Government Policy)的重大问

---

① 见 Sec. 10. Same; vacation; grounds, rehearing 第 10 条(b)款英文原文。
② See U. S. Code, Title 5, Chap. 5, Subchap. 4-Alternative Means of Dispute Resolution in the Administrative Process, http://uscode.house.gov/title-0.5.htm.
③ 美国法律第 5 编第 580 条专门规定了仲裁裁决的制作、送达、生效、执行等有关程序。详见同上注出处。

题,必须经过另外几道程序才能作出最后决定,但采取此种解决程序,就难以发展成为政府机构**可取的政策**(recommended policy);

(3)维护某些**既定的政策**(established policies)具有特别重要的意义,因而不应在各种个案决定中增加各种变动,但采取此种解决程序,就难以在各种个案决定中保持协调一致;

(4)案件对于程序当事人以外的其他个人或组织产生重大的不利影响;

(5)有关程序的完全公开的记录具有重大意义,但采取此种争端解决程序,就不能形成这样的公开记录;

(6)政府机构必须对有关事项继续保持管辖权,从而有权根据形势的变化,更改对有关事项的处置,但采取此种争端解决程序,就会妨碍政府机构实现上述要求。

(c)本节(subchapter)授权采取的各种替代性争端解决方式,都是自愿选择的程序,它们只是补充而并不限制政府机构采取其他可行的争端解决方法。

把美国《仲裁法》第10条(b)款的概括规定与该款所转指的美国法律第5编(即美国《政府组织与雇员法》)第572条的上述具体规定联系起来,综合考察,就不难看出:

第一,在美国的现行法制中,对仲裁实行的审查和监督,是比较全面的和双重的,是兼及仲裁方式的程序运作和仲裁裁决的实体内容的。对于本国制作的内国仲裁裁决和涉外仲裁裁决,其监督范围和监督力度,是一视同仁的,即均兼及程序运作和实体内容两个方面,并无从严、从宽之分。

就(a)款而言,其中第(3)、(4)两项,乃是对仲裁裁决的运作程序实行监督;而其中第(1)、(2)两项,则是对仲裁裁决的实体内容实行监督。

实践表明:以提供伪证等欺诈手段取得的裁决,势必在认定事实方面产生重大的谬误或扭曲;在行贿、受贿等条件下制作出来的裁决,即在仲裁员贪赃枉法基础上作出的裁断,也势必在认定事实或适用法律方面产生重大的谬误或扭曲。因此,美国《仲裁法》第10条(a)款第(1)、(2)两项关于撤销仲裁裁决的上述规定,显然属于对仲裁裁决实行实体内容上的严格监督。

第二,单就对仲裁裁决的实体内容实行审查和监督而言,不但可因《仲裁法》第10条(a)款第(1)、(2)两项所列的欺诈、伪证、行贿、受贿等情节,由管辖法院对有关的仲裁裁决作出裁定,予以撤销;而且可因同法第10条(b)款所列的违反"政府政策"等情节,由管辖法院对有关的仲裁裁决作出裁定,予以撤销。

第三，美国《仲裁法》第 10 条(b)款针对确认与执行仲裁裁决问题规定的"政府政策"保留，在一定程度上相当于大陆法系国家同类立法中的"公共秩序"保留或"公共政策"保留。所不同的是：(1) 在术语上，美国使用"政府政策"、"既定政策"、"可取政策"等词，略异于其他国家通常使用的"公共秩序"或"公共政策"；(2) 其他国家关于"公共秩序"或"公共政策"保留条款的确认和实施，可由管辖法院主动地自行采取相应的法定措施，而无须经过仲裁程序当事人一方提出撤销裁决的申请；但在美国，管辖法院如以违背"政府政策"等作为理由，对有关的仲裁裁决予以撤销，则依法必须以仲裁程序当事人以外的其他受害人（**第三人**）提出撤销申请，作为前提条件。

由此可见，美国《仲裁法》第 10 条(b)款针对确认与执行仲裁裁决问题作出的概括性规定及其转指的有关"政府政策"保留的具体内涵，乃是对仲裁裁决实施兼及实体内容监督的另一个重要方面，不可忽视，不容漠视，更不应避而不谈。

肖文在引据和论述美国对仲裁裁决的监督机制时，对上述兼及**实体内容**监督的重要法律规定，不予重视，也不予正视，未置片言只语作出评析，便遽尔断言：美国法院对仲裁的监督"<u>主要是从程序的角度来进行的</u>"。这种失实论断，显然有欠"周全"或"理解有所偏差"。不论是出于有意规避，还是由于尚未认真查索和通读最基本的法律条文，这种批评方法，似都是学术争鸣中不宜提倡的。

3. 美国《仲裁法》是否也规定了"内外有别"或"内外分轨"的监督机制？

上述 1.、2. 两部分剖析了肖文对美国现行的仲裁监督机制作出的失实论断，除此之外，值得注意的是：肖文中还对另一关键问题保持了"**缄默**"，即根本未提及、更无法援引任何具体法律条文来证明美国对仲裁裁决的监督体制，竟然也是实行"内外大有别"的分轨制，竟然也对本国制作的涉外仲裁裁决特别"优待"：即不许适用《美利坚合众国联邦仲裁法》第 10 条关于一视同仁、双重监督的规定，而只许监督其程序运作，不许监督其实体内容，一如中国今日《仲裁法》规定的那样。这种"缄默"实在无助于证明肖文所力图论证的核心观点，即现阶段中国实行内国仲裁监督和涉外仲裁监督"内外大有别"的分轨制"符合国际上的通行做法"。

（二）德国的仲裁监督机制辨析

当代德国的仲裁立法，可以大体划分为两个阶段，即 1997 年 12 月 31 日以前施行多年的原有仲裁立法，以及经过修订增补并于 1998 年 1 月 1 日开始实施的现行仲裁立法。兹分别简介和评析如下。

1. 德国行之多年的原有仲裁立法

德国一向没有独立的、单行的"仲裁法"。在 1997 年 12 月 31 日以前，德国的立法机构把有关仲裁的法律规定,作为民事诉讼法有机组成的一部分,纳入《德意志联邦共和国民事诉讼法》(以下简称《德国民事诉讼法》),列为其中的最后一编,即"第10编:仲裁程序",并经过多次补充和修订,形成为包含31条条文的立法单元。

《德国民事诉讼法》第10编修订增补以前的原第1041条,规定了德国主管法院有权对仲裁裁决依法予以撤销的**6种情况**。肖文在转述他人编著中介绍的第二手资料时,也列举了有关6种情况,并评论说,该法第1041条所列举的理由"与陈文中所列举的理由显然有较大差异"。其意似在暗示或隐指前述拙作中所列举的关于德国法院有权对仲裁裁决的实体内容进行监督并在必要时依法予以撤销的另外6种具体情况,在德国的立法中并无根据。但是,读者如将肖文的转述、被转述的《实用手册》内容以及《德国民事诉讼法》原第1041条的原文全译作一仔细比较对照,就不难发现:肖文所作的转述虽是忠实于被引述的《实用手册》的,但却似有两点重大疏忽:第一,该法原第1041条第1款第1项规定了可予撤销的第一种仲裁裁决,即"仲裁裁决不是根据有效的仲裁协议作成的,或者仲裁裁决是依其他不合法的程序作成的"①。《实用手册》在介绍有关资料时表述为:"仲裁裁决不是根据有效的仲裁协议作成的,或者是依

---

① 《德意志联邦共和国民事诉讼法》,载于前注8引ICA一书,第7编:"各国仲裁立法",活页文件编号:Ⅶ.C/1.1,第10页。并参见谢怀栻译中文单行本,法律出版社1984年版,第337—338页。

为便于读者查考和对照,兹将《德国民事诉讼法》原第1041条的英文译文以及上述谢译的中文译文分别摘录如下:

<u>1041 Action to set aside the award may be brought:</u>
(1) if the award does not arise out of a valid arbitration agreement or depends in some other manner on an inadmissible procedure;
(2) if recognition of the award would involve an offence against morality or public policy;
(3) if the party was not represented in the proceedings according to provisions of law, unless he agreed either expressly or tacitly to the manner in which the proceedings were conducted;
(4) if the party was not granted a due hearing in the course of the proceedings;
(5) if the grounds for the award are not stated;
(6) if the conditions under which an action for judicial review (Restitutionsklage), in the cases enumerated in Section 580, Paras. 1—6, may be brought are fulfilled.
An award shall not be set aside on the grounds given in No. 5, if the parties have agreed otherwise.

<u>第1041条〔撤销之诉〕</u>(一)有下列情形时,可以申请撤销仲裁裁决:
(1)仲裁裁决不是根据有效的仲裁契约作成的,或者仲裁裁决是依其他不合法的程序作成的;
(2)如承认仲裁裁决就违反善良风俗或公共秩序;
(3)当事人在仲裁程序中未经合法代理,但当事人已经明示地或默示地对仲裁的进行予以追认时除外;
(4)当事人在仲裁程序中未经合法讯问;
(5)仲裁裁决未附理由;
(6)具备依第580条第1至第6项的回复原状诉讼的要件。
(二)在前款第5项的情形,如当事人另有约定时,不得申请撤销仲裁裁决。

其他不合法的协议作成的,或者是依其他不合法的程序作成的。"① 其中"或者是依其他不合法的协议作成的"一语,很可能是"衍词"或"笔误",因为在原法律条文中并无此句。肖文在转述时,却把在原法律条文中并未出现的这句话也照样转抄了。第二,该法原第 1041 条第 1 款第 6 项**概括式地、间接地**规定了**另外 6 种**可予撤销的仲裁裁决,即有关仲裁裁决中"**具备《德国民事诉讼法》第 580 条第 1 项至第 6 项的回复原状之诉的要件**"。②《实用手册》在介绍这一条款时,为节省文字,简略地表述为:"具备《民事诉讼法》规定的恢复原状诉讼的要件"③,这当然是完全可以的。肖文在加以转述时,照样抄录,当然也是完全**可以**的。但是,如果不花时间、下工夫进一步查清究竟什么是《德国民事诉讼法》中所规定的有关"恢复原状诉讼的要件",就遽尔判断:德国的立法中对仲裁裁决的监督只限于程序运作范围,它并不对仲裁裁决实行兼及程序运作和实体内容的监督,或也"主要是从程序的角度来进行的";那就难免违背事实,进入判断的**误区**或盲区,因而就有所欠妥和有所**不可**了。事实是这样的:《德国民事诉讼法》第 580 条明文规定如下④。

有下列各种情形之一的,可以提起回复原状之诉(Restitutionsklage):

(1) 对方当事人宣誓作证而又犯有故意或过失伪证的罪行,判决却以其虚假证言作为根据;

(2) 作为判决基础的证书是伪造或变造的;

(3) 证人或鉴定人犯了伪证罪行,判决却以其虚假证言或鉴定作为根据;

(4) 当事人的代理人或对方当事人(或其代理人)犯有与本诉讼案件有关的罪行,而判决即是基于该行为而作出的;

(5) 参与判决的法官犯有与本诉讼案件有关的、不利于当事人的渎职罪行;

(6) 判决是以某一普通法院、特别法院或行政法院的判决为基础,而该判决已由另一确定判决所撤销;

……

由此可见,《德国民事诉讼法》原第 1041 条第 1 款第 6 项的**概括性**文字表

---

① 王存学主编:《实用手册》,第 40 页。
② 《德意志联邦共和国民事诉讼法》。
③ 王存学主编:《实用手册》,第 40 页。
④ 谢怀栻译:《德意志联邦共和国民事诉讼法》,法律出版社 1984 年版,第 166—167 页。

述,实际上就是明确规定:举凡同法第 580 条第 1 项至第 6 项所列举的当事人可以针对既定判决的**实体内容**上的谬误,提起"回复原状之诉",以求撤销既定裁判的 6 种具体条件,不但适用于**司法**过程,**也**适用于**仲裁**过程;不但适用于法官作出的法院**判决**,**也**适用于仲裁员作出的仲裁**裁决**。

由此可见,肖文所评论的"**显然有较大差异**",实际上乃是一种误解或错觉,其缘由盖在于未对他人编著中提供的信息线索进一步寻渊探源,"跟踪追击"或按图索骥,以致根本未能发现与第 1041 条**血肉相连、不可分割**"的第 580 条的一系列规定。

由此可见,肖文在援引**德国**的例子来论证其核心观点,强调中国对两大类仲裁的监督必须实行"内外有别"的分流机制,强调中国对涉外仲裁裁决只实行程序监督而不实行实体监督的有关规定"符合国际上的通行做法"时,恰恰就是忽略了或无意中回避了《德国民事诉讼法》原第 1041 条第 1 款第 6 项所特地指明的、该法第 580 条逐一列举的、同样适用于两大类仲裁裁决的 6 种**实体监督**。

除此之外,肖文在援引德国的例子来论证其核心观点时,也毫未提及或引证任何一条德国法律条文借以证明德国对两大类仲裁裁决的监督的确也是实行"**分流机制**"的,这就更难令人信服其"国际上的通行做法"之说了。

2. 德国新近制订的现行仲裁立法

前述《德国民事诉讼法》中有关仲裁的规定,新近作了若干重大的修改和补充。

为了适应形势发展的需要,经过各有关部门和学术界长达七八年的酝酿、讨论和审议,德国联邦议院在 1997 年 11 月至 12 月间通过和颁布了《仲裁程序修订法》,自 1998 年 1 月 1 日起开始实施。《仲裁程序修订法》的主体内容,就是对《德国民事诉讼法》第 10 编的原有法律条文加以修改,并将原有的 31 条扩充为 42 条,分列为 10 章,依次为总则、仲裁协议、仲裁庭的组成、仲裁庭的管辖权、仲裁程序的实施、作出仲裁裁决和结束仲裁程序、申请撤销仲裁裁决、承认与执行仲裁裁决、法院程序以及非协议性仲裁庭。本编这 10 章 42 条,既自成体系,又仍然纳入《德国民事诉讼法》,作为其有机构成的一部分,而并未分离出来,另外采取"仲裁法"的名义,成为独立的、单行的另一种特别法律[①]。这样的仲裁立法体例,有异于中国的现行做法,却大体相同于

---

① 见德国《联邦法律公报》1997 年第 1 卷第 88 期,第 3224—3232 页(Bundesgesetzblatt Jahrgang 1997 Teil 1 Nr. 88, ausgegeben zu Bonn am 30, Dezember, 1997, 3224—3232);并参见办珺:《德国仲裁立法改革》,载于《仲裁与法律通讯》1998 年第 3 期,第 25—35 页。

下述法国的仲裁立法。

就德国现行的仲裁监督机制而言,上述新近立法中最值得注意的是:(A)第1025条第1款、第4款关于本编仲裁立法适用范围的规定,以及(B)第1059条关于申请**撤销仲裁裁决**的规定。兹分述如下:

A. 关于本编仲裁立法的适用范围

第1025条的德文原文[①]如下:

§ 1025

Anwendungsbereich

(1) Die Vorschriften dieses Buches sind anzuwenden, wenn der Ort des schiedsrichterlichen Verfahrens im Sinne des § 1043 Abs. 1 in Deutschland liegt.

(2) Die Bestimmungen der §§ 1032, 1033 und 1050 sind auch dann anzuwenden, wenn der Ort des schiedsrichterlichen Verfahrens im Ausland liegt.

(3) Solange der Ort des schiedsrichterlichen Verfahrens noch nicht bestimmt ist, sind die deutschen Gerichte für die Ausübung der in den §§ 1034, 1035, 1037 und 1038 bezeichneten gerichtlichen Aufgaben zusändig, wenn der Beklagte oder der Kläger seinen Sitz oder seinen gewöhnlichen Aufenthalt in Deutschland hat.

(4) Für die Anerkennung und Vollstrechung ausländischer Schiedssprüche gelten die §§ 1061 bis 1065.

兹根据本条的德文原文,并对照其英文译文[②],试为中译如下:

[①] 见德国《联邦法律公报》1997年第1卷第88期,第3225页。

[②] Section 1025 Scope of application

(1) The provisions of this Book apply if the place of arbitration as referred to in section 1043 subs. 1 is situated in Germany.

(2) The provisions of sections 1032, 1033 and 1050 also apply if the place of arbitration is situated outside Germany or has not yet been determined.

(3) If the place of arbitration has not yet been determined, the German courts shall be competent to perform the court functions specified in sections 1034, 1035, 1037 and 1038 if the respondent or the claimant has his place of business or habitual residence in Germany.

(4) Sections 1061 to 1065 apply to the recognition and enforcement of foreign arbitral awards.

《德国民事诉讼法》第10编各条的英译文本,由"德国仲裁协会"(Deutsche Institution für Schiedsgerichtsbarkeit)提供,载于该协会(DIS)Web-site: http //www. dis-arb. de /materialien/ Schiedsverfahrensrecht 98-e. html。

第 1025 条
适用范围

（1）本编各条规定适用于本法第 1043 条第 1 款①所规定的仲裁地点在德国境内的仲裁。

（2）本法第 1032 条、1033 条以及 1050 条的规定②，也适用于仲裁地点在德国境外或地点尚未确定的仲裁。

（3）仲裁地点尚未确定，但被申请人或申请人的营业地或习惯住所在德国境内，则德国法院有权实施本法第 1034 条、第 1035 条、第 1037 条以及第 1038 条规定的各项法院职能③。

（4）本法第 1061 条至第 1064 条适用于对外国仲裁裁决的承认和执行④。

本条是现行《德国民事诉讼法》第 10 编第 1 章的第 1 条，它**实质上**也就是德国现行仲裁立法的第 1 条。在这第 1 条的第 1 款中，以"开宗明义"的方式，一开始就明确规定了本法适用的范围，即：举凡在**德国境内**进行的仲裁程序并**在德国境内**作出的仲裁裁决，**不论**其为**内国**仲裁抑或是涉外仲裁，均应适用本法的各项规定。本条的第 2、3、4 款则规定：仲裁地点在德国境外或仲裁地点未定的仲裁以及外国仲裁裁决的承认与执行，在特定情况下，也适用本法某几条的规定（主要是德国法院对有关仲裁程序特定的司法协助功能和司法管辖功能）。

特别值得注意的是：通观新近修订颁行的《德国民事诉讼法》第 10 编，其所含 10 章 42 条之中，并无任何专章专条，另对涉外仲裁作出"特别规定"，像中国现行的《仲裁法》那样。

由此可见，德国现行的仲裁立法，对于在**德国境内**的内国仲裁程序和涉外

---

① 第 1043 条第 1 款规定：当事人可自由议定仲裁地点。如无此种协议，应由仲裁庭参酌案件情况，包括当事人的方便，确定仲裁地点。见德国《联邦法律公报》1997 年第 1 卷第 88 期，第 3228 页。

② 第 1032 条规定：德国法院不受理当事人曾达成仲裁协议的案件；第 1033 条规定：在仲裁程序开始之前或进行之中，德国法院可应当事人一方的请求，对仲裁标的物采取临时性的保护措施；第 1050 条规定：德国法院可应仲裁庭或当事人的请求，协助取证，或采取其他司法行动。见同上《公报》，第 3226、3229 页。

③ 第 1034 条规定：仲裁庭的组成对一方当事人显失公平时，德国法院可以改组仲裁庭。第 1035 条规定：在某些情况下，德国法院可以直接指定独任仲裁员或首席仲裁员。第 1037 条规定：在某些情况下，德国法院可应当事人一方的请求，决定仲裁员的回避问题。第 1038 条规定：仲裁员不能视事时，德国法院可应当事人的请求，解除对仲裁员的任命。见同上《公报》，第 3326—3327 页。

④ 第 1061 条规定：对外国仲裁裁决的承认与执行，应按 1958 年《纽约公约》的规定办理。第 1062 条规定了有权监督仲裁的管辖法院及其各项职能。第 1063 条和第 1064 条规定了法院执行或撤销仲裁裁决的具体操作程序。见同上《公报》，第 3132—3232 页。

仲裁程序,**仍然保持**了其历史上惯行的"**一视同仁,同等对待**"的**传统**,适用完全相同的法律,加以规范和调整。换言之,它在仲裁程序进行的全过程中,对内国仲裁和涉外仲裁实行的是"**内外合流**"的"**单轨制**"或"**并轨制**",而不是"**内外有别**"的"**分流制**"、"**分轨制**"或"**双轨制**"。

由此可见,所谓"对国际仲裁和国内仲裁作出区分是国际社会的**普遍做法**"①,云云,此种论断,无论在德国的原有仲裁立法中还是在 1998 年 1 月 1 日以后实施的德国现行仲裁立法中,都是找不到任何法律根据的。

B. 关于对仲裁裁决的监督

德国现行仲裁立法中对仲裁裁决的监督,主要体现在 1998 年 1 月 1 日开始实施的《德国民事诉讼法》第 1059 条关于撤销仲裁裁决的规定之中。本条的德文原文②如下:

§ 1059

Aufhebungsantrag

(1) Gegen einen Schiedsspruch kann nur der Antrag auf gerichtliche Aufhebung nach den Absatzen 2 und 3 gestellt werden.

(2) Ein Schiedsspruch kann nur aufgehoben werden,

1. wenn der Antragsteller begründet geltend macht, daB

a) eine der Parteien, die eine Schiedsvereinbarung nuach den §§ 1029,1031 geschlossen haben, nach dem Recht, das für sie persönlich maBgebend ist, hierzu nicht fähig war, oder daB die Schiedsvereinbarung nach dem Recht, dem die Parteien sie unterstellt haben oder, falls die parteien hierüber nichts bestimmt haben, nach deutschem Recht ungültig ist oder

b) er von der Bestellung eines Schiedsrichters oder von dem schiedsrichterlichen Verfahren nicht gehörig in Kenntnis gesetzt worden ist oder daB er aus einem anderen Grund seine Angriffs oder Verteidigungsmittel nicht hat geltend machen können oder

c) der Schiedsspruch eine Streitigkeit betrifft, die in der Schiedsabrede nicht erwähnt ist oder nicht unter die Bestimmungen der

---

① 肖永平:《内、涉外仲裁监督机制之我见——对〈中国涉外仲裁监督机制评析〉一文的商榷》,《中国社会科学》1998 年第 2 期,第 94 页。
② 见德国《联邦法律公报》1997 年第 1 卷第 88 期,第 3231 页。

Schiedsklausel fällt, oder daB er Entscheidungen enthält, welche die Grenzen der Schiedsvereinbarung überschreiten; kann jedoch der Teil des Schiedsspruchs, der sich auf Streitpunkte bezieht, die dem schiedsrichterlichen Verfahren unterworfen waren, von dem Teil, der Streitpunkte betrifft, die ihm nicht unterworfen waren, getrennt werden, so kann nur der letztgenannte Teil des Schiedsspruchs aufgehoben werden; oder

d) die Bildung des Schiedsgerichts oder das schiedsrichterliche Verfahren einer Bestimmung dieses Buches oder einer zulässigen Vereinbarung der Parteien nicht entsprochen hat und anzunehmen ist, daB sich dies auf den Schiedsspruch ausgewirkt hat; oder

2. wenn das Gericht feststellt, daB

a) der Gegenstand des Streites nach deutschem Recht nicht schiedsfähig ist oder

b) die Anerkennung oder Vollstreckung des Schiedsspruchs zu einem Ergebnis fünrt, das der öffentlichen Ordnung (ordre public) widerspreicht.

3. Sofern, die Parteien nichts anderes vereinbaren, muB der Aufhebungsantrag innerhalb einer Frist von drei Monaten bei Gericht eingereicht werden. Die Frist beginnt mit dem Tag, an dem der Antragsteller den Schiedsspruch empfangen hat. lst ein Antrag nach § 1058 gestellt worden, verlängert sich ide Frist um höchstens einen Monat nach Empfang der Entscheidung über diesen Antrag. Der Antrag auf Aufhebung des Schiedsspruchs kann nicht mehr gestellt werden, wenn der Schiedsspruch von einem deutschen Gericht für vollstreckbar erklät worden ist.

4. lst die Aufhebung beantragt worden, so kann das Gericht in geeigneten Fällen auf Antrag einer Partei unter Aufhebung des Schiedsspruchs die Sache an das Schiedsgericht zuruckverweisen.

5. Die Aufhebung des Schiedsspruchs hat im Zweifel zur Folge. daB wegen des Streitgegenstrandes die Schiedwvereinbarung wiederauflebt.

兹根据本条的德文原文,并参照其英文译本①,试为中译如下:

第1059条

申请撤销仲裁裁决

1. 只有符合本条第2款和第3款的规定,才可以向法院申请撤销仲裁裁决。

2. 具备下列情形之一,才可以申请撤销仲裁裁决:

(1) 申请人提出证据证明:

a) 本法第1029条和第1031条规定的仲裁协议的一方当事人,依据对他适用的法律,缺乏行为能力;或依据各方当事人议定遵守的法律,上述

---

① Section 1059 Application for setting aside
1. Recourse to a court against an arbitral award may be made only by an application for setting aside in accordance with subsections 2 and 3 of this section.
2. An arbitral award may be set aside only if:
(1) the applicant shows sufficient cause that:
a) a party to the arbitration agreement referred to in secions 1029 and 1031 was under some incapacity pursuant to the law applicable to him; or the said agreement is not valid under the law to which the parties have subjected it or, failing any indication thereon, under German law; or
b) he was not given proper notice of the appointment of an arbitrator or of the arbitral proceedings or was otherwise unable to present his case; or
c) the award deals with a dispute not contemplated by or not falling within the terms of the submission to arbitration; or contains decisions on matters beyond the scope of the submission to arbitration; provided that, if the decisions on matters submitted to arbitration can be separated from those not so submitted, only that part of the award which contains decisions on matters not submitted to arbitration may be set aside; or
d) the composition of the arbitral tribunal or the arbitral procedure was not in accordance with a provision of this Book or with an admissible agreement of the parties and this presumably affected the award; or
(2) the court finds that
a) the subject-matter of the dispute is not capable of settlement by arbitration under German law; or
b) recognition or enforcement of the award leads to a result which is in conflict with public policy (ordre public).
3. Unless the parties have agreed otherwise, an application for setting aside to the court may not be made after three months have elapsed. The period of time shall commence on the date on which the party making the application had received the award. If a request has been made under section 1058, the time limit shall be extended by not more than one month from receipt of the decision on the request. No application for setting aside the award may be made once the award has been declared enforceable by a German court.
4. The court, when asked to set aside an award, may, where appropriate, set aside the award and remit the case to the arbitral tribunal.
5. Setting aside the arbitral award shall, in the absence of indications to the contrary, result in the arbitration agreement becoming operative again in respect of the subject-matter of the dispute.
见前注引《德国民事诉讼法》第10编各条的英译本,载于 DIS web-site: http://www.Dis-arb.de/materialien/Schiedsverfahrensrecht 98-e.html.

仲裁协议是无效的;或未有明确议定,依据德国的法律,上述仲裁协议是无效的;

b) 该申请人没有获得关于指定一名仲裁员或关于仲裁程序的适当通知,或因其他原因,未能陈述意见进行申辩;

c) 裁决所处理的争议,并非提交仲裁的事项;或者不属于提交仲裁的范围;或裁决中含有对提交仲裁的争端以外的事项作出决定;但是,如果针对提交仲裁的事项作出的决定能够与未提交仲裁的事项区分开来,则只可以撤销针对未提交仲裁的事项作出的那一部分裁决;

d) 仲裁庭的组成或仲裁的程序不符合本法本编的规定,或者不符合各方当事人的约定,从而可能影响公正裁决;或者,

(2) 法院认定:

a) 依据德国的法律,争议事项不能以仲裁解决;或

b) 承认和执行该裁决,会导致违反公共秩序(ordre public)。

3. 除非当事人另有约定,提出申请的一方当事人在收到仲裁裁决之日起满3个月后,不得向法院申请撤销裁决。如果已经依据本法第1058条①提出请求,则限于在收到针对该项请求的决定后1个月以内,提出撤销裁决的申请。在德国法院宣布裁决准予执行之后,不得再申请撤销该项裁决。

4. 如果符合条件,法院可以依据申请,撤销有关裁决,并将它发回仲裁庭重新审理。

5. 裁决撤销后,如无相反规定,有关争议事项的原有仲裁协议重新生效。

本条规定,是专为当事人向法院申请撤销仲裁裁决而设。综观本条以及《德国民事诉讼法》第10编(即德国现行的主要仲裁立法)其他各条各款的整体内容,可以看出以下几个关键之点:

第一,本条各款所列的可据以向主管法院申请撤销仲裁裁决的各项条件,均一体适用于、**同等**适用于在德国境内作出的**内国**仲裁裁决和**涉外**仲裁裁决。对待这两类裁决实行监督的**范围**、**条件**和**力度**,完全一视同仁,并**无任何宽、严、厚、薄**之分。对于涉外仲裁裁决的监督,并没有任何"特惠待遇",只要它确实符

---

① 第1058条规定:当事人可在收到裁决书后1个月内,请求仲裁庭更正裁决书中的数字计算、文书打字之类的失误;或对裁决书中的某个部分作出解释说明;或对仲裁过程中曾经提出请求但裁决书中漏裁的事项,作出补充裁决。见德国《联邦法律公报》1997年第1卷第88期,第3230页。

合与内国仲裁裁决相同的法定撤销条件,就应当依法予以撤销。换言之,在德国现行的这部最新仲裁立法中,对于涉外仲裁裁决,没有任何可以"监督从宽"和曲意庇护的明文规定或暗示含意。

第二,本条第2款第2项(b)点关于"违反公共秩序"的规定,值得特别注意。

众所周知,德国属于大陆法系。法、德等大陆法系国家法律用语中的"公共秩序"(ordre public 或 öffentlichen ordnung)一词,其含义相当于英美法系国家法律用语中的"公共政策"(public policy),或中国法律用语中的"社会公共利益"(通常英译为 social public interests)①。这些同义语的共同内涵,通常指的是一个国家的重大国家利益、重大社会利益、基本法律原则和基本道德原则②。

德国现行仲裁立法中本条本款本项(b)点有关"违反公共秩序"的规定,显然是指:仲裁裁决执行地的德国主管法院,经过审查,一旦认定某项仲裁裁决的实体内容确有违反德国国家或社会的重大利益、违反德国法律或道德的基本规范之处,如果加以承认和执行,势必损害本国社会的正常秩序,亵渎本国固有法律和道德的尊严,在这种情况下,德国主管法院就有权以该项仲裁裁决的实体内容存在错误和违法情事为由,不但不予承认和执行,而且可以依法径予撤销。对于在德国境内作出的一切仲裁裁决,包括内国仲裁裁决和涉外仲裁裁决,采取这样的审查标准和判断角度,显然不属于一般程序运作上的审查与监督,而是**实体内容上**的审查与监督。

第三,本条第2款第2项(b)点关于"违反公共秩序"的规定,不妨说,实质上乃是对前述《德国民事诉讼法》原第1041条第1款第6项间接地转引的第580条所列有关申请司法再审("回复原状之诉")诸项条件的概括和移植,即继续把这些在司法程序中申请审判监督、撤销终局判决的条件,推广适用于在仲裁程序中申请仲裁监督、撤销仲裁裁决。众所周知,遇有仲裁员索贿、受贿、徇私舞弊、严重渎职、枉法裁决,或者当事人(或其代理人)以行贿、欺诈、提供伪证等不法手段取得仲裁裁决,则一般而论,这些行径势必导致裁决内容在**事实认定**或**法律适用**上产生重大谬误,从而产生颠倒黑白、扶邪压正的客观后

---

① 参见日本国际法学会编:《国际法辞典》(中译本),"公共秩序"条目,世界知识出版社1985年版,第110—111页。并参见《法国民法典》第6条;中国《民法通则》第150条,《合同法》第7条、第52条。

② 参阅李浩培:"保留条款"(条目),载于《中国大百科全书·法学卷》,中国大百科全书出版社1984年版,第10—11页;韩德培主编:《国际私法》,武汉大学出版社1985年版,第70—90页;李双元主编:《国际私法》,北京大学出版社1991年版,第135—137页。

果和社会危害。对于此种裁决,受害一方的当事人理所当然地有权援引本条关于"承认和执行该裁决会导致违反公共秩序"的规定,向主管法院申请予以撤销。

特别值得注意的是:起草德国仲裁新立法的法学专家们针对有关法律条文中"公共秩序"一词所作的权威性的诠释。1997年,德国联邦政府将《仲裁程序修订法草案》(Entwurf eines Gesetzes zur Neuregelung des Schiedsverfahrensrechts)提交联邦议院审议时,曾经附有一份《仲裁程序修订法草案理由说明》,其中针对《德国民事诉讼法》**原第 1041 条**第 1 款第 6 项转引的关于撤销仲裁裁决的各点理由(要件),与同法**新订的第 1059 条**第 2 款规定的关于撤销仲裁裁决的各点理由(要件),两者之间的**衔接**关系,作了专门的、毫不含糊的说明与交代①。

"《德国民事诉讼法》原第 1041 条第 1 款第 6 项规定的提起'恢复原状之诉'的各点理由(Restitutionsgründe),在同法新修订的第 1059 条第 2 款第 1 项中并未列入,这意味着:提起'恢复原状之诉'的这些理由,今后将被**纳入**同条第 2 款第 2 项关于**违反公共秩序**这一**条款**(ordre public Klausel)的范畴,加以掌握援用。"

"各项**基本法律**,乃是**公共秩序**的核心,这是不言而喻和毫无疑义的。"

上述《仲裁程序修订法草案》于 1997 年度获得德国联邦议院通过和公布。由此可见,德国的仲裁立法专家和立法机关对于仲裁新订法律条文中"公共秩序"一词的诠解和掌握,其内涵和适用范围,是并不狭窄和较为宽泛的。由此可见,凡是以行贿、欺诈、伪证等**不法手段**取得从而在**实体内容**上有重大谬误的仲裁裁决,德国法院都有权以违反德国基本法律作为理由,援引《德国民事诉讼法》第 1059 条第 2 款关于"公共秩序"的规定,予以撤销。

关于对"违反公共秩序"这一规定的理解,本文第三部分之(四)以及第六部分,将作进一步的分析。

第四,本条各款的有关规定,乃是德国现行仲裁立法中针对仲裁裁决实行监督的主要内容。这种监督机制,基本上是以 1985 年联合国郑重推荐的《国际商事仲裁示范法》(以下简称《示范法》)第 34 条②作为蓝本,结合德国本国的国情,加以修订和移植,从而也体现了《示范法》中有关仲裁

---

① 见德国《联邦议院公报》第 13/5274 号(BT—13/5274) or web-site; http://www.bundes.tag.de, at "Datenbanken Documentensever (Parfors)";并参见《德意志联邦共和国民事诉讼法》及有关正文。
② 见《国际商事仲裁示范法》,前注,《中华人民共和国仲裁法全书》,第 620—621 页。

监督机制的基本原则,即:一个国家的管辖法院对于在本国境内作出的一切仲裁裁决实行审查和监督时,不分其为内国裁决或是涉外裁决,都采取**同样**的审定标准和**同样**的补救措施,而并不采取"内外有别、区别对待"的做法;而且规定:对于经过管辖法院审查确认其在程序运作上确有错误或违法,或在实体内容上确与本国公共政策相抵触者,则均在"可予撤销"之列,而不局限于"不予承认"和"不予执行"。

由此可见,所谓"实行国内仲裁监督与涉外仲裁监督的**分轨制**是完全必要的,也**符合国际**上的**通行做法**"①云云,这种论断,无论在德国的原有仲裁立法中,还是在1998年1月1日以后实施的德国现行仲裁立法中,也都是找不到任何法律根据的。

(三) 法国的仲裁监督机制辨析

就**法国**的仲裁立法而言,肖文转述了施米托夫所列举的5种"特定情况"的仲裁监督,紧接着笔锋一转,就判断说:"因此,法国法院对仲裁的监督也是**控制**在**程序**问题上的。"②可是就在肖文所转述的五种"特定情况"的监督之中,竟赫然列明包含这样两种在内,即仲裁裁决"违背了公正原则";"执行裁决与法国的公共秩序相抵触"③。既然法国法院对仲裁的监督也包含这样两种显然是同时针对裁决实体内容的监督,那又怎能做到把对仲裁的监督"控制在程序问题上"呢?果真加以此种"控制",则岂不是有法不依或违法操作?简言之,这样论证问题,岂不是出现了论点与论据之间的龃龉与背离?

经查证核实:法国并无独立的"仲裁法",而是将仲裁程序的有关规定纳

---

① 见肖永平:《内国、涉外仲裁监督机制之我见——对〈中国涉外仲裁监督机制评析〉一文的商榷》,《中国社会科学》1998年第2期,第97页。

② 见肖永平:《也谈我国法院对仲裁的监督范围》,《仲裁与法律通讯》1997年第6期,第10页。随后,在其《法学评论》1998年第1期,第46页上,将这句话改为"主要也是控制在程序问题上的",即添加了"主要"两字,从而闪烁其词,显见已略失其原有的自信,但又不大愿意承认自己立论的"失之偏颇"。

③ 此处施米托夫原著的原译文是"承认与执行该外国裁决与国际公共政策相抵触"(when it is contrary to international public policy as to recognition or enforcement [of a foreign award])。肖文转述时将此语修改为"执行裁决与法国的公共秩序相抵触"。在这里,"外国裁决"改成了"国籍"不明的"裁决","国际公共政策"改成了"法国的公共秩序",从"无国籍"或"多国籍"变为"法国籍"。这样转述和任意修改,衡诸逻辑学上的"同一律",恐有不当。实则施著此处所述,指的是《法国民事诉讼法》的第1502条(外国裁决或国际性裁决),而并非同法的第1484条(法国内国裁决)。参见赵秀文译:《国际贸易法文选》,中国大百科全书出版社1993年版,第679页;并参见《法国民事诉讼法(节选)》,载于王生长等主编:《涉外仲裁与法律》第2辑,中国统计出版社1994年版,第32—33页、第36页。

入本国的民事诉讼法之中,列为其中的若干编章。此种仲裁立法体例,大体相同于德国,却有异于中国现行的做法。20世纪80年代初,法国曾连续两度对有关仲裁的立法作了重要的更新和补充:1980年5月14日,颁布了关于仲裁的第80—354号法令,刊载于1980年5月18日出版的《官方议事录》(*Journal Official*),第1238页;1981年5月12日,又颁布了关于国际仲裁的第81—500号法令,刊载于1981年5月14日出版的《官方议事录》,第1402页。这两项法令的内容,随即被辑入《法国新民事诉讼法》,共同构成它的第4编,列为该法的第1442—1507条①。按这些现行法条的规定,法国把在本国境内进行的仲裁区分为内国仲裁和涉外仲裁(即"国际仲裁")两种,并对两者的仲裁员指定、仲裁规则选择、准据法选择等具体操作规则作了若干区分。

就法国现行的仲裁监督机制而言,上述立法中最值得注意的是第1484条关于内国仲裁监督的规定以及第1502条和第1504条关于外国仲裁和国际仲裁监督的规定。兹分述如下。

1. 对内国仲裁裁决的监督

按照《法国新民事诉讼法》第1484条的规定,当事人对于具有下列六种情形之一的内国仲裁裁决,可以向有管辖权的法院申请予以撤销。本条的法文原文②为:

Art. 1484 Lorsuqe, suivant les distinctions faites à l'article 1482, les parties ont renoncé à l'appel, ou qu'elles ne se sont pas exressément réservé cette faculté dans la convention d'arbitrage, un recours en annulation de l'acte qualifié sentence arbitrale peut néanmoins être formé malgré toute stipulation contraire.

Il n'est ouvert que dans les cas suivants:

1. Si l'arbitre a statué sans convention d'arbitrage ou sur convention nulle ou expirée;

2. Si le tribunal arbitral a été irrégulièrement composé ou l'arbitre unique irrégulièrement désigné;

3. Si l'arbitre a statué sans se conformer à la mission qui lui avait été

---

① See W. Laurence Craig et al., International Chamber of Commerce Arbitration, 2nd ed., Part V § 30: Annex, French Law, Oceana Publications, 1990, pp. 499-513.

② Nouveux Code de Procedure Civile, Editions Dalloz, 1998, pp. 629-630.

conférée;

 4. Lorsque le principe de la contradiction n'a pas été respecté;

 5. Dans tous les cas de nullité prévus à l'article 1480;

 6. Si l'arbitre a violé une règle d'ordre public.

兹根据对于本条的法文原文,并参照英文①、日文②译文,试为中译如下:

 第1484条 依第1482条的区分,当事人放弃了上诉权或在仲裁协议中没有明确地保留上诉权的,不论有任何相反的规定,当事人仍可申请撤销具有仲裁裁决性质的文件。

 仅限于下列情形,可以申请撤销:

 1. 仲裁员作出裁决时,没有仲裁协议,仲裁协议无效,或仲裁协议已经失效;

 2. 仲裁庭的组成失当,或独任仲裁员的指定失当;

---

① 本条的英文译文为:
Article 1484 Whenever, in conformity with the distinction made in Article 1482, the parties have waived their right to appeal, or have not expressly reserved said right in the arbitration agreement, a motion to set aside the document characterized as an arbitral award may nevertheless be raised irrespective of any stipulation to the contrary.
It may be granted only in the following cases:
1st If there was no valid arbitration agreement or the arbitrator decided on the basis of a void or expired agreement;
2nd If there were irregularities in the composition of the arbitral tribunal or in the designation of the sole arbitrator;
3rd If the arbitrator has decided in a manner incompatible with the **mission** conferred upon him;
4th Whenever due process (literally: the principle of an adversarial process) has not been respected;
5th In all cases of nullity defined in Article 1480;
6th If the arbitrator has violated order *public*.
载于 See W. Laurence Craig et al., International Chamber of Commerce Arbitration, 2nd ed., Part V § 30: Annex, French Law, Oceana Publications, 1990, pp. 508 – 509.

② 本条的日文译文为:
第一四八四条　第一四八二条になされた区分に従って,当事者が控訴を放棄したとき,又は,当事者が仲裁の合意の申立にこの権限を明示に留保しないとき,それにもかかわらず,仲裁判断とされた文書の無効の不服申立はすべての反対の規定にかかわらずなされることができる。
それは、次の場合にのみ許される。
1　仲裁人が仲裁の合意なく又は無効若しくは満了の合意に基づき裁判した場合。
2　仲裁裁判所が不適法に構成され又は不適法に指名された単裁判人であった場合。
3　仲裁人が仲裁人に付与された任務に従わないで裁判した場合。
4　対審原則が尊重されなかったとき。
5　第一四八〇条に規定されたすべての無効の場合。
6　仲裁人が公序の規則を侵害した場合。
载于《近畿大学法学》1990年第40卷第2期,第322页。

3. 仲裁员作出裁决时,**违背了**他承担的职责①;
4. 仲裁中不遵守两造充分辩驳对质的原则②;
5. 裁决中存在本法第1480条规定的无效情况之一③;
6. 仲裁员触犯了公共秩序的准则④。

上述第3点和第6点的规定,显然都涉及仲裁裁决的程序运作,也都涉及仲裁裁决的实体内容,换言之,在作出仲裁裁决过程中,举凡仲裁员有渎职、失职、玩忽职守,乃至于利用职便或滥用职权,贪污受贿,徇私舞弊,枉法裁决,触犯基本的法律规范和道德规范(公序良俗)等行为,则不论其后果是体现在仲裁裁决的程序运作错误上,抑或是体现在仲裁裁决的实体内容错误上,均可依法申请管辖法院予以审查、纠正,甚至全盘撤销。

2. 对国际仲裁裁决的监督

按照《法国新民事诉讼法》第1502条的规定,当事人对于具有下列五种情形之一的外国仲裁裁决以及在法国境内作出的国际仲裁裁决,纵使已获法院准予承认或准予执行,仍可依法向有管辖权的上诉法院提起上诉,申请不予承认或不予执行。同时,根据同法第1054条第1款的规定,对于在法国境内作出的国际仲裁裁决⑤,则还可根据同样的理由,进一步申请予以撤销。这两条有关的法文原文⑥为:

Art. 1502 L'appel de la décision qui accorde la reconnaissance ou l'exécution n'est ouvert que dans les cas suivants:

---

① 本词语的法文原文为"mission",前注摘引的英译文也是"mission",发音不同,其含义均为职责、职守、天职、使命、任务。前注摘引的日译文为"任务",其含义也是责任、职责、职守、任务。这些释义分别参见《法汉词典》,上海译文出版社1979年版,第805页;《新英汉辞典》,上海译文出版社1991年版,第822页;《日汉大辞典》,机械工业出版社1991年版,第1376页。

有的学者将本词转译为"职权"或"权限",似不够贴切。"职权"或"权限",强调的是"权力";"职责"或"职守",强调的则是责任。从《法国新民事诉讼法》第1484条下所附的诠解中,也可以看出它所强调的是仲裁员必须德才兼备、恪尽职守。

② 法文原文为"principe de la contradiction",指法官或仲裁员审理案件时,应当让双方当事人到庭当面互相辩驳对质,充分尊重两造平等的陈述和讼争权利,借以澄清事实,兼听则明。这是法国民事诉讼程序中最基本的原则,其英译为"principle of an adversarial process",日译为"对审原则"。其释义参见张卫平、陈刚编著:《法国民事诉讼法导论》,中国政法大学出版社1997年版,第100—102页。

③ 《法国新民事诉讼法》第1480条综合规定:仲裁裁决书应当阐明裁决理由;列出仲裁员姓名、仲裁日期;并且应当经仲裁员签署。凡不符合这些规定要求的裁决书,概属无效。

④ 此处依法文原文"une règle d'ordre public"译出。其中"règle"一词,含义为准则、守则、行为规范等。

⑤ 《法国新民事诉讼法》第1492条规定:涉及国际商务权益的仲裁,均为国际仲裁(arbitrage internationale)。其内容大体相当于《中华人民共和国仲裁法》第七章各条所称的"涉外仲裁"。对于在法国境外作出的仲裁裁决,《法国新民事诉讼法》则称之为"外国仲裁裁决"(les sentences arbitrales rendues à l'etranger),其内容即是1958年《纽约公约》中所规定的"外国仲裁裁决"。

⑥ Nouveux Code de Procedure Civile, Editions Dalloz, 1998, p. 637, 639.

1. Si l'arbitre a statué sans convention d'arbitrage ou sur convention nulle ou expirée;

2. Si le tribunal arbitral a été irrégulièrement composé ou l'arbitre unique irrégulièremen désigné;

3. Si l'arbitre a statué sans se conformer à la mission qui lui avait été conférée;

4. Lorsque le principe de la contradiction n'a pas été respecté;

5. Si la reconnaissance ou l'exécution sont contraires à l'ordre public international.

Art. 1504 La sentence arbitrale rendue en France en matière d'arbitrage international peut faire l'objet d'un recours en annulation dans les cas prévus à l'article 1502.

兹根据这两条的法文原文,并参照其英文①、日文②的译文,试为中译如下:

第1502条 只有在下列情形下,才可以对准予承认或准予执行的决定提起上诉:

1. 仲裁员作出裁决时,没有仲裁协议,仲裁协议无效,或仲裁协议已经失效;

---

① 这两条的英文译文为:
Article 1502 An appeal against a decision granting recognition or enforcement may be brought only in the following cases;
1st If the arbitrator decided in the absence of an arbitration agreement or on the basis of a void or expired agreement;
2nd If the arbitral tribunal was irregularly composed or the sole arbitrator irregularly appointed;
3rd If the arbitrator decided in a manner incompatible with the mission conferred upon him;
4th If due process (literally: the principle of an adversarial process) was not respected;
5th If recognition or enforcement would be contrary to international public policy (order public international).
Article 1504 An arbitral award rendered in France in international arbitral proceedings is subject to an action to set aside on the grounds set forth in Article 1502.
See W. Laurence Craig et al., International Chamber of Commerce Arbitration, 2nd ed., Part V § 30: Annex, French Law, Oceana Publications, 1990, pp. 512 – 513.

② 这两条的日文译文为:
第一五〇二条 承認又は執行を付与する判決の控訴は次の場合にのみ許される。
1 仲裁人が仲裁の合意なく又は無効もしくは満了の合意に基づき裁判した場合。
2 仲裁裁判所が不適法に構成され又は不適法に指名された単裁裁判人であった場合。
3 仲裁人が仲裁人に付与されられた任務に従わないで裁判した場合。
4 対審の原則が尊重されなかったとき。
5 承認又は執行が国際公序に反する場合。
第一五〇四条 国際仲裁事項に関しフランスで下された仲裁判断は第一五〇二条に規定された場合に無効の不服申立の対象をなすことができる。
載于《近畿大学法学》,第324页。

2. 仲裁庭的组成失当,或独任仲裁员的指定失当;

3. 仲裁员作出裁决时,**违背了他承担的职责**;

4. 仲裁中不遵守两造充分辩驳对质的原则;

5. 承认或执行仲裁裁决违背国际公共秩序。

第 1504 条 对于在法国境内作出的国际仲裁裁决,具有第 1502 条所列的理由,可以申请予以撤销。

笔者之所以不厌其详地将《法国新民事诉讼法》第 1484、1502 和 1504 条的原文本、英文译本、日文译本以及中文译文逐一列出,目的端在提供**第一手的法律条文本身**,作为**论据**,据以论证:法国的有关法律虽然将内国仲裁和在法国境内作出的涉外仲裁分为两类,并对各类的若干操作规则作了区分,但是,就针对两类仲裁裁决的**监督机制**和**撤销条件**而言,**却是基本相同的**。

读者只要较为细心和认真地对上述四种文本中的任何一种文本(即法文原本、或中文译本、或英文译本、或日文译本)中第 1484 条关于**内国仲裁裁决**的六种撤销条件与第 1502 条关于**涉外仲裁裁决**的五种撤销条件,逐一加以对照比较,即不难发现后者所列的五种撤销条件,从用词遣句到实际内容,几乎完全**雷同**于前者,即几乎完全是逐字逐句地重复前者并从前者移植而来;所不同的只是对前者之中关于裁决书未阐述裁决理由或仲裁员未正式签署等纯程序性失误这一种撤销条件(即 1484 条第 5 款所指),未加移植而已。

由此可见,法国对于内国仲裁和涉外仲裁两者的监督范围,虽略有小异,但在监督的原则和监督的力度上,则基本相同,即对这两大类仲裁裁决都实行一**视同仁的、兼及程序**运作和**实体**内容的**双重监督**。

由此可见,肖文援引法国的例子似也无助于论证前述所谓"国际上的通行做法"之说①。

---

① 顺便说说,肖文在引证和转述施米托夫的有关法国仲裁监督机制的论述时,任意"修改"了施氏的原语和中文的原译,此点已见本书第 608 页角注①所作的对照。不但如此,肖文的作者尤其未曾下工夫去查证施氏所述是否符合法国有关条文规定的真貌。经核对,原来施氏本人在这一段的叙述中,竟有三处"失真",即:(1) 法国用以调整国际贸易仲裁的法令,是颁布于 1981 年 5 月 12 日,而不是施氏所述的"1980 年";(2) 第 1052 条第 3 款的规定是"**仲裁员作出裁决时违背了他承担的职责**"(I'arbitre a statué sans se conformer à la mission qui lui avait été conférée, or the arbitrator decided in a manner incompatible with the mission conferred upon him),而不是施氏所述的"仲裁员超出了其权限范围"(the arbitrator's failure to respect the terms of reference);(3) 第 1052 条第 4 款的规定是"**仲裁中不遵守两造充分辩驳对质的原则**"(le principe de la contradiction n'a pas été respecté, or the principle of an adversarial process was not respected),而不是施氏所述的"违背了公正原则"(violation of the principle of fairness)。这种"**失真**"表明:即使是权威学者,也可能"千虑一失"。故对其有关论述,如欲加以引证和发挥,仍很有必要认真查对其原始出处,究其所本,而不宜一味迷信,导致以讹传讹。(参见 C. M. Schmitthoff's Select Essays on International Trade Law, Edited by C. J. Chen, Kluwer Academic Publishers, 1988, pp. 657 - 658;并参见赵秀文译:《国际贸易法文选》,中国大百科全书出版社 1993 年版,第 32—33、36 页。)

(四)联合国《国际商事仲裁示范法》

为了论证前述所谓"国际上的通行做法"之说,肖文进一步对 1985 年的联合国《国际商事仲裁示范法》加以转述和推论:

> 例如,《示范法》第 34 条规定,一方当事人要求撤销裁决时,必须能够证明:
> (1)订立仲裁协议的一方缺乏行为能力,或根据法律仲裁协议无效;或
> (2)有关当事人未能得到指定仲裁员或进行仲裁程序的适当通知,或因其他理由未能陈述其案情;或
> (3)裁决处理的是不属于仲裁协议规定提交仲裁的争议;或
> (4)仲裁庭的组成或仲裁程序违反当事人事先达成的协议。
> 法院认为有下列情况之一时,也可撤销仲裁裁决:
> (1)按照本国法律,争议的标的不能通过仲裁解决;或
> (2)该裁决与本国的公共政策相抵触。

陈文认为,上述公约设置的公共政策条款的实质"就是授权上述东道国主管机关对来自外国的仲裁裁决除了可以进行程序方面的审查和监督之外,也可以进行实体内容上的审查和监督。"笔者认为,这种理解显然过分扩大了公共政策的含义。公共政策作为国际私法上拒绝适用外国法的一种理由,其实际内容的不确定性和含糊性是一个显著特点,但大多数国家的司法实践和多数学者均主张,公共政策所针对的并不是外国法内容本身,而是其适用结果。因此,法院在审查仲裁裁决时,并不涉及仲裁员如何适用法律以及适用法律是否恰当,而只考虑承认和执行裁决的<u>结果</u>是否会与本国的公共政策相抵触。从实践来看,<u>各国法院在仲裁案中均对公共政策作了狭义的严格解释</u>。……因此,在目前的仲裁案中,以公共政策作为抗辩理由而取得成功的<u>可能性愈来愈小</u>。有位学者曾统计,在 <u>140</u> 起拒绝执行仲裁<u>裁决</u>和<u>仲裁协议</u>的判决中,仅有 5 项是基于公共政策作出的。而这 5 项又都是属于<u>程序上</u>的问题。例如,<u>德国汉堡</u>上诉法院拒绝执行一项在纽约作出的仲裁裁决,原因是仲裁员没有把申诉人提交仲裁员的信件转给被诉人。<u>德国科隆</u>上诉法院也拒绝执行一项在哥本哈根作出的仲裁裁决,原因是仲裁员的姓名未让当事人得知。因此,各国对仲裁中的公共政策都作了狭义的严格解释,且其一

般涉及程序上的问题①。

这段转述和推论,乍一读,似乎是"言之凿凿";细加推敲,却令人疑窦丛生:

第一,众所周知,1985年由联合国大会加以推荐的《示范法》(Model Law),从来就不是什么"国际条约"或"国际公约",十几年来,它一直只是一种"仅供各国参考"的国内立法建议。肖文在引述《示范法》第34条的具体规定之后,称之为"上述公约设置的公共政策条款",并进而把拙作中专门评论《纽约公约》的一段话,即"授权上述东道国主管机关对来自外国的仲裁裁决除了可以进行程序方面的审查和监督之外,也可以进行实体内容上的审查和监督"②,"嫁接"到《示范法》头上,再次"张冠李戴",从而产生了这样的问题:《示范法》并非国际公约,何能对东道国"授权"?这样的"嫁接"术,是逻辑学"同一律"所允许的吗?

第二,《示范法》既是专供各国在制定有关仲裁事宜的国内法时作为参考,故拙作对它作出评论时,认为其中有关仲裁监督的建议,乃是总结和概括了当代各国国内仲裁立法的通例,即:"一个国家的管辖法院对于在本国境内作出的一切仲裁裁决实行审查和监督时,不分其为内国裁决或是涉外裁决,都采取同样的审定标准和补救措施;对于经过管辖法院审查认定其在程序操作上确有错误或违法,或在实体内容上确与本国公共政策相抵触者,则均在'可予撤销'之列。"③拙作并据此进一步认为,中国对在本国境内作出的涉外仲裁裁决实行监督的现行规定,显然与当代各国仲裁立法对两大类裁决实行"一视同仁、双重监督"的通例以及联合国《示范法》的范例相左。面对拙作的这一重要论据和论点,肖文避而不予置评,既不能证明《示范法》提倡对两大类裁决实行"内外有别"的"分轨监督制",又不能证明它反对兼及程序与实体的"双重监督制",却又一次"顾左右而言他",花了不少笔墨论证"公共政策"含义的宽狭,不正面回答有关"公共政策"的监督究竟是不是实体内容的监督。这是否有意无意地避开了问题的焦点、难点和"要害"呢?

第三,肖文承认,法院在审查仲裁裁决时,必须"看承认与执行裁决的结果是否与本国的公共政策相抵触",既然如此,对执行裁决的结果进行审查时,可

---

① 见肖永平:《也谈我国法院对仲裁的监督范围》,《仲裁与法律通讯》1997年第6期,第10—11页;《法学评论》1998年第1期,第47页。
② 见《中国社会科学》1995年第4期,第22—23页。
③ 同上刊,第26页。

以完全不审查该裁决的实体内容吗？

第四，据肖文称"各国法院在仲裁案中对公共政策均作了狭义的严格解释"，然则这些解释是否已"狭"到肖文所强调的这种地步：完全"**否定法院对实体问题进行监督**"①？**有何具体证据？何不认真列举？**

第五，据肖文称"以公共政策作为抗辩理由取得成功的可能性愈来愈小"，然则已经"小"到何种程度？谁曾作过科学的衡量，可以断定其可能性已经"小"到等于零？有何具体证据？据称"有位学者"曾经对140起有关的判决作过"统计"；成功率仅为5：140，而这仅有的"5"，又全部"都是属于程序上的问题"云云。然而，令读者纳闷的是：在"140"这个基数中何以竟然掺有数量不明的、并非仲裁裁决的"仲裁协议"？在专门探讨"牛"的"发病率"时可以掺入"羊"的数字吗？"70头牛＋70只羊＝140头牛"——这样的基数，可凭以立论么？如果这样的统计数字果真确凿可信，而且具有普遍的、国际性的重大意义，则在转述时何以竟如此"惜墨如金"，语焉不详，含糊不清？在这里，是否略有一点"大胆假设，粗心求证"呢？②

第六，肖文所列举的两项德国判决，据称德国法院拒绝执行外国仲裁裁决的"原因"均在于仲裁庭未将有关信件或信息通知有关当事人，这显然纯属违反了《纽约公约》第5条第1款第2项的禁止规定，即"受裁决援用之一造未接获关于指派仲裁员或仲裁程序之适当通知，或因他故，致未能申辩者"③；因而与该公约同条第2款第2项关于"公共政策"的禁止规定毫不相干，即德国法院拒绝执行根本不是由于执行这些裁决有违德国的公共政策。以与公共政策无关的判例来论证公共政策的"狭义解释"，这样的"求证"，是否稍嫌"大胆有余，小心不足"？

---

① 见肖永平：《也谈我国法院对仲裁的监督范围》，《仲裁与法律通讯》1997年第6期，第7页。随后，在其《法学评论》1998年第1期，第44页上，将这句话修改为"基本否定法院对实体问题进行监督"，即添加了"基本"两字，从而再次闪烁其词，再次显示已失去其原有的自信，但又不愿意承认自己立论的"失之偏颇"。

② 肖文此段论述所"引证"的出处是"Albert Jan Van Den Berg, The New York Arbitration Convention of 1958, 1981. pp. 220—227."（见肖永平：《也谈我国法院对仲裁的监督范围》，《仲裁与法律通讯》1997年第6期，第10—11页；《法学评论》1998年第1期，第48、49页）。经查核Kluwer Law and Taxation Publishers 1981年版该英文原著复印件，发现其准确页数应是pp. 366—367而不是"pp. 220—227"。为何会出现这么大的页码差错？看来，肖文的这段转述是转引自另一位中国学者的著作。经向被转引的那本著作的中国学者请教，那位学者已查明和确认了自己的笔误。肖文的作者<u>对他人的笔误照抄不误</u>，既不下工夫去查证英文原著，也不如实注明所转引的中文著作。在治学和撰文中，这种引证方法似不宜提倡。参见韩健著：《现代国际商事仲裁法的理论与实践》，法律出版社1993年版，第346页注2及有关正文；并参见本文前述肖文对王存学主编《实用手册》笔误之"照抄不误"。

③ 本项规定的内容，与联合国《国际商事仲裁示范法》第34条第2款第1项第2点规定的内容大体相似，所不同的是《纽约公约》规定有关裁决可不予执行，《示范法》则进一步规定有关裁决可径予撤销。参见《国际商事仲裁示范法》，载于前引《中华人民共和国仲裁法全书》，第607、620页。

第七，肖文提到："在 140 起拒绝执行仲裁裁决和仲裁协议的判决中，仅有 5 项是基于公共政策作出的。"其所列举的"5 项"中的两项德国判决，属于"文不对题"，已如上述；其所未予列举的其余三项他国判决，经查对肖文所称那个"有位学者"的英文原著，原来竟也是"文不对题"的。该学者对其余三项他国判决的要点简介如下：

"……

第 3 个案例，是美国纽约地区法院作出的一项判决，判决认定：根据《美国公共船舶法》，有关海上救助美国军舰的争议，不得提交仲裁（在伦敦仲裁）①。

第 4 个案例，是比利时最高法院作出的一项判决，判决认定：根据《1961 年比利法时》(*Belgian Law of 1961*)，有关单方面终止特许比利时某商行独家经销协议的争议，不得按照该协议的规定提交（瑞士）苏黎世仲裁解决，而只应由比利时法院专属管辖②。

第 5 个案例，是美国哥伦比亚特区法院作出的一项判决，判决认定：利比亚采取的国有化措施构成了一种不能仲裁的国家行为，因此，根据《纽约公约》第 5 条第 2 款第 1 项，应当拒绝执行有关裁决。"③

《纽约公约》第 5 条第 2 款第 1 项规定：对于当事人一方申请执行之外国裁决，举凡申请执行地所在国之主管法院认定"依该国法律，争议系不能以仲裁解决者"，即可拒绝承认，不予执行。第 5 节第 2 款第 2 项则规定：举凡申请执行地所在国之主管法院认定"承认或执行裁决有违该国公共政策者"，亦可拒绝承认，不予执行④。把《纽约公约》的这两项规定对照美国和比利时上述三案例

---

① U. S. District Court of New York, S. D. December 21, 1976, B. V. Bureau Wijsmuller v. United States of America, (U. S. no. 15).

② Cour de Cassation (1st Chamber), June 28, 1979, Audi-NSU Auto Union A. G. v. Adelin Petit & Cie (Belgium no. 2).

③ U. S. District Court of Columbia, January 18, 1980, LIAMCO v. Libya (U. S. no. 33). 以上 3 条注解，均转引自 Albert Berb, The New York Arbitration Convention of 1958，第 367 页。英文原序号分别为 362、363、364。

④ 为便于读者仔细对照、查核和进一步研究，兹将 1958 年《纽约公约》（全称为《承认与执行外国仲裁裁决公约》）和 1985 年联合国《国际商事仲裁示范法》中有关外国仲裁裁决和内国仲裁裁决因违背本国公共政策而不予执行或径予撤销的条文规定（英文原文和中文译文）分别摘录如下：

《纽约公约》第 5 条第 2 款第 1 项和第 2 项的规定：

英文：

Article V

1. …

2. Recognition and enforcement of an arbitral award may also be refused if the competent authority in the country where recognition and enforcement is sought finds that:

的具体情节,显然可以看出:申请执行地所在国的主管法院拒绝执行有关外国裁决所依据的法定理由,**均属**《纽约公约》第5条第2款的第1项,而均非同条同款的第2项,即都是因为有关争议依执行地所在国法律根本不能提交仲裁,而都不是出于如予执行便会违背执行地所在国的公共政策。肖文无视于上述三案例的具体情节,抽象地援引这些与"公共政策"无关的判例,来论证"各国法院在仲裁案中均对公共政策作了狭义的严格解释",致使"论据"不能为"论点"服务,两者之间,有如风马牛之不相及。而且,把依据《纽约公约》第5条第2款第1项作出的判决,用来论证或诠释该公约第5条第2款第2项的内容,这是否类似于"认定事实不当"以及**适用法律错误**呢?

第八,其实,各国法学界对"公共秩序"、"公共政策"或"社会公共利益"的理

(a) The subject matter of the difference is not capable of settlement by arbitration under the law of that country; or

(b) The recognition or enforcement of the award would be contrary to the public policy of that country.

中译:

第5条

一、……

二、倘申请承认及执行地所在国之主管机关认定有下列情形之一,亦得拒不承认及执行仲裁裁决:

(甲)依该国法律,争议事项系不能以仲裁解决者;

(乙)承认或执行裁决有违该国公共政策者。

《国际商事仲裁示范法》第34条第2款第2项第1点和第2点的规定:

英文:

Article 34

1. ...

2. An arbitral award may be set aside by the court specified in Article 6 only if:

(a) the party making the application furnishes proof that:

...

(b) the court finds that:

(i) the subject matter of the dispute is not capable of settlement by arbitration under the law of this State; or

(ii) the award is in conflict with the public policy of this State.

中译:

第34条

1. ……

2. 仲裁裁决只有在下列情况下才可以被第6条规定的法院撤销:

(a) 提出申请的当事一方提出证据证明:

(b) 法院认为:

(i) 根据本国的法律,争议的标的不能通过仲裁解决;或

(ii) 该裁决与本国的公共政策相抵触。

以上英文原文见 S. Zamora & R. A. Brand ed., Basic Documents of International Economic Law, CCH International, 1991, Vol. 2, pp. 980-981, 1011.《国际经济法基本文献汇编》,第980—981页、第1011页;中译文参见《中华人民共和国仲裁法全书》,第607—608页、第620—621页。

解和诠释,尽管见仁见智,"广"、"狭"、"宽"、"严"不尽一致,但从基本法理上说,对于仲裁员在贪赃枉法基础上作出的仲裁裁决,或在适用法律上或认定事实上有重大错误的仲裁裁决,或对于当事人以提供伪证等欺诈手段取得仲裁裁决,如果立法者和执法者明知其违法却不许追究,不许纠正,不但不否定其法律效力,反而凭借法律的威力,仍予强制执行,则如此立法,如此执法,其客观后果和社会影响,就不可能不是对法律尊严的强烈讽刺和严重亵渎,就不可能不是直接违反社会公共秩序或社会公共利益。在这方面,作为近、现代民法和民事诉讼法发源地的法国,其法学界对"公共秩序"一词所持的见解是值得重视的。例如,针对前引《法国新民事诉讼法》第1502条第5款所列的仲裁裁决撤销条件之一——"违反国际公共秩序",法国的学者们就曾作出这样的诠释:

  E. 违反国际公共秩序
  ……
  16. 1982年6月14日的政府法令强制性地规定应当给予进口商补偿金。擅自更改这种法令规定的仲裁裁决是违反国际公共秩序的①。
  17. 法律规定对外国投资的公共权利应予以监督控制。仲裁裁决却认可了违反这种法律规定的行为,此项裁决是违反国际公共秩序的②。
  18. 以欺诈手段取得的仲裁裁决,其有关处断是违反国际公共秩序的③。

  法国法学界的这些主张,似可归纳为:在法国境内作出的涉外仲裁裁决,如果其实体内容违反了法国现行法律的规定,或因当事人以提供伪证等欺诈手

---

① 1998年由Dalloz出版社推出的《法国新民事诉讼法》(法文版)一书,在各条法律条文之下均标明主要的参考文献,并摘要辑录具有代表性的法学学者见解及其出处。
本段见解的出处是: Civ. 1re, 15 mars 1988; Bull. civ. 1, no. 72; D. 1989, 577, note Robert. 见 Nouveux Code de Procedure Civile, Editions Dalloz, 1998, p. 639。
② Paris, 5 avr. 1990; D. 1990, IR. 116. 见同上书同页。
③ Paris, 10 sept. 1993; Rev. crit. DIP 1994, 349, note Heuzé. 见同上书同页。
注①—③的法文原文如下,特摘录附此,以备读者一步查核和对照:
 E. CONTRARIT L'ORDRE PUBLIC INTERNATIONAL
 ……
 16. Est contraire á l'ordre public international la sentence modifiant l'attribution des montants compensatoires aux importateurs, ré glée impérativement par l'arrêté ministériel du 14 juin 1982. Civ. 1re, 15 mars 1988; Bull. civ, 1, no 72; D. 1989, 577, note Robert.
 17. Est contraire á l'ordre public international la sentence consácrant la violation des dispositions relatives au contrôle des pouvoirs publics sur les investissements étrangers. Paris, 5 avr. 1990; D. 1990. IR. 116.
 18. Les dispositions d'une sentence arbitrale obtenues par fraude sont contraires à l'ordre public international fiançais. Paris, 10 sept. 1993; Rev. crit. DIP 1994, note Heuzé.

段取得涉外仲裁裁决,从而使该裁决在认定事实上发生重大错误,则均应认定为违反了国际公共秩序,法国的主管法院可依法予以撤销。

笔者认为:根据"有法必依、违法必究"这一最基本的法理原则来判断,法国学者们对"违反公共秩序"一词的上述理解和诠释,可以说是"不枉不纵"、宽严适度、恰如其分、十分合理的。因而应当认真地予以借鉴。

四、当事人选择仲裁解决争议,"最主要的就是期望获得一份终局裁决"吗?终局而不公、终局而违法的裁决,是受害一方当事人"最主要"的期望吗?

肖文强调:"当事人选择仲裁解决争议,……最主要的就是期望获得一份终局裁决";"仲裁裁决的终局性能给当事人带来巨大的**潜在利益**,它显然比上诉程序带来的利益大得多。在商人们看来,以**放弃上诉权利**为代价而获得裁决的终局性是完全值得的";"当事人在选择仲裁时更注重**效益**,而不是**公平**。"①

这种论断,看来是缺乏足够的法理根据和事实根据的。

第一,诚然,当事人为解决争端而自愿选择仲裁方式,实际上就是自愿放弃了**向法院诉讼**的权利,并以此作为"代价",换得比较"干脆"的"一裁终局",尽早解决争端;避免了法院诉讼程序上的"二审结案",旷日持久,降低效率。但是,应当指出,此时此际当事人所放弃的仅仅是向**第一审法院**提起诉讼的权利,而绝不是肖文所指称的"以放弃**上诉权利**为代价"。在这里,向初审法院的"起诉权利"与向管辖法院的"上诉权利"两词,只有一字之差,其本质含义却大不相同。换言之,除非当事人间另有明文协议"各方自愿放弃任何上诉权利",否则,绝不应任意推断:当事人一旦选择仲裁方式之后,即使面临错误的或违法的涉外终局裁决,也自愿全盘放弃了向**管辖法院**提出申诉和请求加以监督和纠正的权利。恰恰相反,无论从**"违法必究"**这一基本法理准则来衡量,还是从当代各国先进的仲裁立法通例来考察,对于已经发生法律效力的涉外终局裁决,只要当事人提出确凿证据足以证明该裁决确有前述各类重大错误或重大违法情事,则不论其为程序上的错误或违法、抑或是**实体上**的错误或违法,都属于管辖法

---

① 见肖永平:《也谈我国法院对仲裁的监督范围》,《仲裁与法律通讯》1997年第6期,第8、12页;《法学评论》1998年第1期,第45、49页。

院应当依法实行仲裁监督之列,即应当在仲裁领域严肃认真地、全面地贯彻"违法必究"和"违法必纠"的基本方针。

第二,法律的尊严,首要关键在于它的公正,即秉公执法。对已经发生效力的终局裁决,如果事后发现其确有重大违法和错误(或执法不公,或枉法裁判,或违反法定程序),却又片面强调其"终局性",不允许通过特定的仲裁监督程序重新予以审查、审理和作出必要的纠正,其社会效果不但不能积极维护法律的尊严,反而会严重损害法院的威信。换言之,裁决的**终局性**与裁决的**合法性**和**公正性**相比,终局性应当属于第二位,它必须以合法性和公正性为前提,并且必须服从于合法性和公正性。应当说,这就是对终局性的裁决设立仲裁监督机制的立法本旨。中国1995年9月开始实施的《仲裁法》以及英国1997年1月开始实施的《1996年仲裁法》,其开宗明义第1条,都不约而同地把"公正"或"公平"一词置于"及时"或"避免拖延"之前,作为仲裁立法或仲裁裁决的首要宗旨和第一要求①,这就是上述立法宗旨或基本法理的最新证明。

第三,再从当事人的**正常心态**分析:任何正派、诚实的当事人,选择仲裁解决争议,其所殷切期盼的理应是既公正公平又相对简便快捷的终局解决。对于守法的当事人说来,裁决的公正性和公平性,较之裁决的便捷性和终局性,有如**熊掌与鱼**。两者孰轻孰重、孰珍孰廉,是洞若观火的。两者可以得兼,自是理想追求,一旦两者不可得兼,正常人恐怕**谁也不会舍熊掌而取鱼**。试设身处地地想一想:一个正派诚实的涉外商人,当其合法权益受到对方侵害而诉诸仲裁之后,耗时、耗资、耗精力之余,最终收到的却是一份仲裁员凭伪证作出或基于贪赃枉法作出的错误的或违法的终局裁决,这难道是他选择仲裁的初衷和"最主要的期望"? 此时此际,他应当"被打落门牙便往肚里吞"吗? 他难道无权依法向上申诉,讨回公道? 古往今来,深受冤假错案之害而又心甘情愿、不极力谋求申诉平反者,应当是极为罕见的。

反过来,通过伪证、行贿等不法手段而取得含有重大错误或违法实体内容的终局裁决,却又因其是涉外仲裁裁决从而可以"依法"把裁决受害人向上申诉讨回公道的途径完全堵塞,使其"永世不得翻身",这才是不法奸商(对方当事人)参加仲裁的"最主要的期望";而且,正是这样荒唐、违法而又不容许依法推翻的终局裁决,能够给他"带来巨大的潜在利益"和实在利益。

可见,问题就是这样摆着:对于一份凭伪证作出的或基于贪赃枉法作出的

---

① 中国《仲裁法》第1条规定:"为保证公正、及时地仲裁经济纠纷……制定本法";英国《1996年仲裁法》第1条规定:"仲裁的目的在于通过公正的仲裁庭使争端获得公平的解决,避免不必要的拖延或不必要的费用。"

涉外终局裁决,片面强调其绝对的、至高无上的"终局性",却不允许裁决受害人依法向上申诉,请求对裁决的实体内容予以审查、监督,作出必要的拨乱反正,这样的仲裁监督体制,归根结底,究竟是保护了正派、守法的商人,还是纵容了不法奸商?

第四,更有甚者,不妨再深入地设想一下:一个守法的在华外商,正好是这种凭伪证作出的或基于贪赃枉法作出的裁决的一方当事人和直接受害者,却又因在中国诉请对涉外裁决实行实体内容监督的法律途径已被"依法"堵塞,因而投诉无门,只能忍气吞声,束手"挨宰",或"引颈待戮",试问:这样的法律设计及其存在的"漏洞",是如肖文所善意预期的"增强该国的涉外仲裁对外国当事人的吸引力,改善本国的投资环境"? 还是背道而驰,适得其反?

第五,从中国《仲裁法》的现行规定看,当事人选择仲裁方式解决涉外争议之际,并未承担任何**法定义务**,必须"放弃上诉权利",或竟然可以**推定**其"放弃上诉权利"。恰恰相反,《仲裁法》第70、71条以及《民事诉讼法》第260条的有关规定,正是为确保当事人在收到终局的涉外裁决之后,仍可依法诉请就有关裁决实行**程序运作**方面的司法监督。令人遗憾的是,这些现行的法律规定不允许此种司法监督也扩及涉外裁决的**实体内容**,因而存在漏洞和可能发生弊端。可见,如果不细加分析,对于选择仲裁方式解决涉外争端的所有当事人,不问青红皂白,一概推定其已经自愿"放弃上诉权利",则此种见解,不但没有法律根据,而且不符合现行法律的明文规定。它不但根本无法解释这些在程序运作方面确保当事人向上申诉权利的现行规定,而且背离了"当事人意思自治"这一基本法理原则。因为这种推断,完全是**强加于当事人**的,它违背了当事人选择仲裁时的真实意思表示。

五、"应更注重效益"论、"预防保护主义"论、"抵制司法腐败"论、"仲裁一片净土"论能否成为涉外仲裁排除实体监督的正当"理由"?

为了论证对涉外仲裁裁决不应实行兼及其实体内容的司法审查或司法监督,肖文提出了"应更注重效益"论。与此种观点互相呼应的,还有若干其他人士提出的"预防保护主义"论、"抵制司法腐败"论以及"仲裁一片净土"论。兹试予分别评析如下。

(一)"应更注重效益"论评析

肖文极力强调:"当事人在选择仲裁时**更注重效益,而不是公平**";主张为了提高"效益",就不能允许法院对仲裁的监督涉及实体问题。因为:"如果我国法律允许法院对仲裁进行实质审查,无异于使仲裁程序从属于法院的诉讼程序,任何一方当事人可以在收到裁决书之日起 6 个月内因程序上或实体上的问题向作出裁决的仲裁委员会所在地中级人民法院申请撤销裁决,这比允许向法院上诉更不利于维护仲裁裁决的终局性,因为上诉的期限只是 15 天。所以,我国法院对仲裁的监督是不应该涉及实体问题的。"[1]

这种论证,看来也是有欠周全、有所偏差的。因为:

第一,根据中国现行《仲裁法》第 59 条,"当事人申请撤销裁决的,应当自收到裁决书之日起 6 个月内提出"。这 6 个月的法定期限,是同等适用于内国仲裁裁决和涉外仲裁裁决的。所异者,在适用于内国仲裁裁决的场合,应结合《仲裁法》第 58 条的规定,兼及于对有关裁决的运作程序和实体内容,实行双重的监督;而在适用于涉外仲裁裁决的场合,则应结合《仲裁法》第 70 条的规定,只能对有关裁决的运作程序,实行单重、单薄的监督,而不允许对其实体内容,也实行同等的、双重的监督。如果认为这 6 个月的法定期限,为时过长,从而"不利于维护仲裁裁决的终局性",则在当事人援引《仲裁法》第 58 条和第 70 条的规定针对涉外仲裁裁决的**程序缺陷**提起撤销之诉时,也**同样**依法享有这 **6 个月**的申诉期,这难道不是同样地"不利于维护仲裁裁决的终局性"吗?如果"当事人在选择仲裁时更注重效益,而不是公平"因而愿意"以放弃上诉权利为代价而获得裁决的终局性"这一论断果真是正确的,那么,为了"更注重效益",更迅速有效地"获得裁决的终局性",岂不是连同当事人针对涉外仲裁裁决的**程序缺陷**提起撤销之诉的权利,也应当在立法上一并予以否定或予以剥夺?试问:当今世界各国的仲裁立法,有如此极端推崇裁决之"终局性"、不惜牺牲裁决之公正性和合法性的规定吗?

第二,事实上,为了"**注重效益**"和维护涉外仲裁"裁决的终局性",并**不应当也不必要以牺牲其公正性和合法性作为代价**。环顾当今世界许多先进国家的仲裁立法,一般都正是首先坚持公正与合法,同时兼顾效益,因而都允许针对涉

---

[1] 见肖永平:《也谈我国法院对仲裁的监督范围》,《仲裁与法律通讯》1997 年第 6 期,第 8、12 页;《法学评论》1998 年第 1 期,第 45、49 页。

外仲裁裁决,提出兼及其程序运作缺陷或实体内容谬误的撤销之诉。其申诉期限,在作出或送达有关仲裁裁决之后,有的长达 1 年,如今日之美国①;有的定为 3 个月,如今日之德国②;有的定为 1 个月,如今日之法国③;有的则定为 28 天,如今日之英国④。各国仲裁立法中有关提起撤销之诉的具体时限,固有或长或短之分,但在两个基本点上则是相同的,即:(1)都明确地保留、保护当事人在一定条件下和一定期限内针对内国仲裁裁决和涉外仲裁裁决提起撤销之诉的权利,而不因推崇任何仲裁裁决的"终局性"或"注重效益"而从根本上取消申诉期;(2)都明确地允许当事人针对上述两大类裁决的程序缺陷和实体谬误,提起撤销之诉,而不因特别推崇涉外裁决的"终局性"或"注重效益",以此作为借口,禁止受害当事人针对涉外裁决中实体内容上的谬误,提起撤销之诉,从而不但剥夺了受害当事人的申诉权,而且严重损害了仲裁制度的公正性和合法性,甚至亵渎了法律的尊严。

第三,中国《仲裁法》目前规定对仲裁裁决提起撤销之诉的期限为收到裁决书之后的 6 个月以内,这一期限,短于美国,长于德、法、英等国,它是否长短适度,自应在经历数年实践之后,总结经验教训,立足中国国情,参照他国立法的先进通例,予以必要的调整。但也应当重视:中国自身在法院**审判监督**体制方面,也已积累了一些有益的经验,可以作为进一步改善、健全中国现行**仲裁监督**体制的参考或借鉴。例如,中国现行的审判监督程序规定:当事人对于已经发生效力的判决或裁定,发现确有错误的,可以依法申请再审⑤。其实质,就是允许当事人针对终局性判决或裁定中存在的重大程序缺陷或实体谬误,提出撤销原判或原裁之诉。对终局性司法裁判提起再审之诉(撤销之诉)的期限,定为原裁判发生法律效力之后的 2 年以内⑥,较之对终局性仲裁裁决提起撤销之诉的 6 个月期限,长达 4 倍。就此点而言,现行法律对终局性司法裁判之"绝对定案"和"不可推翻",其保证的强度和力度,似均逊于对终局性仲裁裁决所给予的保证。因为前者在生效后的 2 年之内仍属于尚可"依法翻案"之列;后者则在生效之后再经半年,就属于"铁案如山",根本无法撼动,依法不许推翻了!

但是,另一方面,在司法审判监督程序中,当事人对终局性司法裁判申请再审或提起撤销之诉,一般并不能阻止、停止终局裁判的强制执行⑦。只有在有

---

① 美国《仲裁法》第 9 条。
② 德国《民事诉讼法》第 1059 条第 3 款。
③ 法国《新民事诉讼法》第 1484、1503、1505 条。
④ 英国《1996 年仲裁法》第 70 条第 3 款。
⑤⑥⑦ 参见《民事诉讼法》第 178、179、182、183 条。

关再审的申请或有关撤销的诉求经过法定程序的严格审查,并由主管法院**决定予以再审**之后,才能作出裁定,中止原终审裁判的执行①。就此点而言,现行法律对终局性司法裁判给予保证的强度和力度,似均胜于对终局性仲裁裁决所给予的保证。因为**前者**的运作程式是:

  当事人申请再审→法院立案受理,原终局司法裁判应**继续执行,不得中止**→法院决定再审,原终局司法裁判方可中止,暂停执行

但**后者**的运作程式则是:

  当事人申请撤销→法院立案受理,原终局仲裁裁决即**不得继续执行,应予中止**。

两相比较,显然可以看出:前者的运作程式,在"当事人申请"与"中止执行"之间,多设了一道严格审查、不容蒙混逾越的"关口",这对于当事人滥用申诉权、无理取闹以阻碍终局司法裁判执行的行为,无疑能够起到有效的预防和制止作用。对于在现行司法审判监督体制中行之有效的这一道"关口",是否可以移植到仲裁监督体制中,即在仲裁当事人"申请撤销"终局仲裁裁决与仲裁裁决"中止执行"之间,也另设一道"关口",命名为"法院决定审查",即在当事人申请、法院立案受理之后,法院决定审查之前,原仲裁裁决应继续执行,不得中止,借助于这一新设"关口",以预防和制止仲裁当事人滥用申请撤销仲裁裁决的程序,从而确保正确的仲裁裁决得以顺利执行。这一立法建议,是日后修订《仲裁法》、改进仲裁监督机制时,不妨加以认真考虑的。

由此可见,为了"注重效益"和维护涉外仲裁"裁决的终局性",完全可以采取其他有效的措施,以预防和制止申诉权之被滥用,而不应不分青红皂白,绝对排斥对涉外仲裁裁决实行兼及其实体内容的司法审查。

第四,肖文断言:"允许法院对仲裁进行实质审查,无异于使仲裁程序**从属于法院的诉讼程序**",并由此推导出结论:"所以,我国法院对仲裁的监督是不应该涉及实体问题的。"这种断言和推导,显然是对当代中外**法治国家**通行的"**权力制衡**"原则②有所误解。当代许多法治国家普遍允许法院对"终局性"的行政决定,依法进行实质审查,决定予以维持或予以撤销;允许法院对"终局性"的公诉决定,依法进行实质审查,决定予以肯定或予以否定;又允许检察院对"终局

---

  ① 参见《民事诉讼法》第 178、179、182、183 条。
  ② 参阅江泽民:《在中央纪委第五次全体会议上的讲话》,载《人民日报》2000 年 12 月 27 日。在这篇讲话中,强调要加大力度,从源头上预防和治理腐败;要通过健全法制和体制创新,建立起合理、科学和严密的"相互制约的权力运行机制"。

性"的司法判决,依法进行实质审查,决定予以支持或予以抗诉。这些规定,乃是对几种不同的权力,实行互相制衡、互相监督和互相纠偏改错,以确保权力之不被滥用,从而维护社会的公正,保持法律的尊严。难道可以从这些规定中分别推导出:"这无疑是使行政程序**从属于**法院的诉讼程序"、"这无疑是使检察程序**从属于**法院的审判程序"或"这无疑是使法院的审判程序**从属于**检察院的检察程序"?衡之于现实,人们显然不能如此推导和如此判断。换言之,行政机关与行政权力、法院与审判权力、检察院与检察权力,三者之间是互相制衡的,又是互相平等的,并不存在谁高谁低、**谁"从属于"谁**的问题。如果一定要从这种法治体制中找出某种"从属"关系,那么,不妨说,这三种机关或三种权力,都应当"从属于"法律,"从属于"**依法治国**,"从属于"**防止权力腐败**,"从属于"维护社会公正。

举三可以反一。由此可以证明:在"或审或裁、一裁终局"的现行体制下,同时设置对终局裁决实行兼及其实体内容的司法审查机制,这同样是出于权力制衡、防止腐败、维护公正的需要,而不应误解为"使仲裁程序从属于法院的诉讼程序"。

何况,如上所述,在我国现行法制下,无论行政权力、检察权力,还是审判权力,其运作结果和"终局决定",都毫无例外,一律要依法接受针对其实体内容的审查监督;作为"准司法权力"或"准审判权力"的仲裁权力,其内国仲裁运作的终局决定(即内国仲裁裁决),也要依法接受针对其实体内容的审查监督;可是,惟独对于其涉外仲裁运作的终局决定(即涉外仲裁裁决),却绝对排斥、绝对不许依法(更准确些说,是"无法可依",详见下文)对其实体内容,也实行必要的审查监督,从而有可能让某些在实体内容上含有重大缺陷或违法谬误的涉外仲裁裁决,得以**飘飘然长期"逍遥法外"**,谁也奈何不得。无论从理论角度还是从实务角度来看,都毋庸讳言:这乃是我国现行涉外仲裁监督机制的一大漏洞,有待于认真予以堵塞。关于这一点,下文将进一步加以分析。

(二)"预防保护主义"论评析

"预防保护主义"论是和上述"应更注重效益"论互相呼应的。这种观点的主要"论据"是:当前中国基层和中级法院某些审判人员的业务素质和能力水平不够理想,且在不同程度上受**"地方保护主义"**观念或"力量"的影响,致使涉外仲裁裁决的执行往往难以顺利实现,在这种条件下,如果法律授权管辖法院可以对涉外仲裁裁决的实体内容的合法性和公正性予以审查,并作出必要的纠正(不予执行或予以撤销),则势必严重影响涉外仲裁裁决及时和正确地执行,不利于提高中国涉外仲裁机构及其裁决的"国际威信"。因此,《仲裁法》中关于涉外仲裁监督机制的现有规定,正是充分考虑到当前中国现实国情的上述"特殊性"而作出的正确立法,是一种必要的"**预防**"措施。

这种见解,貌似"有理",但稍加推敲,就不难发现它也是难以自圆其说和令人信服的。因为:

第一,"地方保护主义"对基层甚至中级法院虽有一定影响,从而使某些仲裁裁决的执行遇到障碍或困难,但这并不是全国性的普遍现象,更不会是长期存在的现象。随着中国法制的进一步改善和健全,它必将逐步消失。不能以这种个别的、局部性和短暂性的现象,作为全国性立法的主要依据。一般而论,对于在程序上和实体上完全正确无误的涉外仲裁裁决,主管的基层或中级法院是会依法予以尊重和执行的。这无疑是现实生活中的主流。对于那种确因地方保护主义作祟而阻碍正确涉外仲裁裁决执行的司法裁定,则完全可以运用现有司法体制中的上诉程序和审判监督程序予以纠正①,而不应在仲裁立法中"**因噎废食**",留下漏洞。

第二,一般说来,涉外民商事案件比之内国民商事案件较为复杂;在审理和处断上,难度较高;而处断的公正与否、得当与否,都涉及国际影响或国际形象问题。为慎重计,在针对涉外仲裁裁决实体内容进行司法审查监督方面,完全可以设定某些限制条件,从严掌握。遗憾的是:按《仲裁法》关于涉外仲裁监督机制的现有规定,甚至连中国的最高人民法院,依法也都无权对任何涉外仲裁裁决的实体内容进行必要的司法审查、监督并加以必要的纠正,这就显然不是"没有能力"、"没有水平"的问题,而是"不但没有法律授权,反而有**法律障碍**"的问题了。看来,这个立法缺失、不足或漏洞,是不能不予弥补的。

第三,中国现行的民事审判监督制度,就是实行内国审判监督与涉外审判监督"并轨"制或"合流"制,不存在"内外有别、区别对待"问题。既然中国各级法院已经逐步成熟,开始具备必要的能力和水平,可以依法对涉外司法判决或裁定实行兼及程序运作和实体内容的全面监督,何以就没有同样的能力与水平,对涉外仲裁裁决实行同样的全面监督?

第四,在涉外仲裁裁决执行问题上,对于在少量个案中出现的局部或暂时的"地方保护主义"所造成的障碍,应当采取进一步健全法制、加强审判监

---

① 《民事诉讼法》第140条规定:对于管辖法院作出的"不予受理"、"对管辖权有异议"或"驳回起诉"的裁定,可以上诉。对于仲裁裁决"不予执行"的裁定,虽不能直接上诉,但可援引同法第177—179、184—186条的规定,通过七种渠道,予以再审或提审,重新作出裁定。

督的办法去抵制、克服和排除,而不应当采取在立法上"削足适履"或"因噎废食"的办法去规避它。中国《民事诉讼法》在1991年4月对原有的审判监督规定作了大幅度的修订和补充,就是通过健全法制来克服"地方保护主义"等消极因素的良好范例:在1982年3月至1991年3月中国《民事诉讼法(试行)》实施期间,在先后九年的司法实践中,虽然在某些案件上,确有因局部或暂时存在的地方保护主义作祟,以致地方法院审判人员曲意袒护本地当事人,作出无理损害外地当事人或外国当事人权益的不公裁判,或者对已经发生法律效力的外地法院判决、裁定在本地的顺序执行,设置了某种障碍。但是,面对这种消极现象,在1991年4月有关审判监督的新的立法中,不但没有因此**取消**对已经发生法律效力的司法判决或裁定实行实体内容上的监督,反而大大**加强**了对已生效裁判之实体内容上的监督。这主要体现在以下两点上,即:(1)逐一列举了已生效的裁判在实体内容上含有错误或违法的5—7种情节(包括认定事实主要证据不足、适用法律确有错误、审判人员贪赃枉法等),明确规定对此类裁判依法"应当再审"或"有权提审";(2)增加和扩大了对此类裁判实体内容实行审查和监督的渠道和职能机关:除了法院系统自行实施的审判监督之外,还增加了最高人民检察院、上级人民检察院依法提出抗诉以及同级人民检察院提请上级人民检察院依法提出抗诉这三条新渠道或三种受权职能机关[①]。

可惜的是:这种**通过加强和健全法制以克服"地方保护主义"**等消极因素的立法精神,在《仲裁法》关于涉外仲裁监督机制的立法中,却没有得到应有的贯彻和体现。

第五,诚然,对仲裁裁决的监督不宜完全等同于对司法裁判的监督。前者基于当事人自愿选择,讲求效率,因而实行"一裁终局"制度。但是,绝不能由此推导说:有关当事人已经因此**全盘放弃**了向管辖法院提出申诉,请求对错误或违法的仲裁裁决加以监督和纠正的权利。关于这一点,在本文第四部分已作论述,兹不另赘。不过,综观当代各国仲裁立法的趋向,有一种现象是值得注意的:为了更加强有力地防止"地方保护主义"等消极因素对执行正确仲裁裁决可能产生的不利影响,为了更加有效地防止基层或中级法院部分审判人员可能因业务水平不高而在对仲裁裁决实行司法审查和监督中发生失误,国际仲裁立法实践中已有某些可资参考借鉴的先进经验,即:把对于内国和涉外两类仲裁裁决实行程序运作审查和实体内容审查的监督权,一概授予拥有**高水平**审判人

---

① 参见《民事诉讼法》第177—179、185—186条;并对照《民事诉讼法(试行)》第157—158条。

员的高层次法院,以昭慎重,并确保监督的公正、正确和准确,而又不影响效率。例如,在英国,把此种监督权授予高等法院(High Court)①;在印度尼西亚和澳大利亚,都把此种监督权授予最高法院②;在瑞士,原则上应由联邦最高法院行使此种监督权,但是当事人可以协议以仲裁庭所在地特定的州法院代替联邦最高法院行使此权③。

近几年来,中国在司法实践中也采取了若干新的有效措施,以防范和制止地方保护主义发生的消极作用。这些措施,与上述诸国的立法相较,似有异曲同工、不谋而合之处,而又带有中国的特色,值得注意。例如,最高人民法院曾在1995年8月间下达文件④,明确规定:凡一方当事人向人民法院申请执行我国涉外仲裁机构的裁决,如果人民法院认为该项裁决具有《民事诉讼法》第260条规定情况之一,则在裁定"不予执行"之前,必须报请本辖区所属高级人民法院进行审查;如果高级人民法院同意不予执行,则应将其审查意见报最高人民法院。待最高人民法院答复后,方可裁定"不予执行"。其后,又在1998年4月间下达另一份文件⑤,进一步明确规定:凡一方当事人按照《仲裁法》的规定向人民法院申请撤销我国涉外仲裁裁决,如果人民法院经审查认为涉外仲裁裁决具有《民事诉讼法》第260条第1款规定的情形之一的,在裁定撤销裁决或通知仲裁庭重新仲裁之前,须报请本辖区所属高级人民法院进行审查。如果高级人民法院同意撤销裁决或通知仲裁庭重新仲裁,应将其审查意见报最高人民法院。待最高人民法院答复后,方可裁定撤销裁决或通知仲裁庭重新仲裁。这两份文件,看来其主旨均在于通过法院系统内部建立**事先报批制度**,对地方管辖法院裁定"不予执行"、"予以撤销"或"发回重裁"的权力,加以必要的规范、限制和给予必要的指导,以防止某些地区的"地方保护主义"妨碍终局涉外裁决的顺利执行。这些规定,既保留了地方各级管辖法院对涉外仲裁裁决的程序运作进行审查监督的权力,又在这些权力具体行使过程中的某些方面,设立了实质上的"**复审**"制度。看来,这些规定比较符合中国幅员辽阔、各省发展不平衡等国情特点。因此,如果日后依中国国情的实际需要,修订《仲裁法》,把对涉外仲裁

---

① 参见《英国1979年仲裁法》第1条第2—4款;《英国1996年仲裁法》第105条。
② 参见《印度尼西亚民事诉讼法》第641条,见程德钧、王生长主编:《涉外仲裁与法律》,1994年版,第148页;《澳大利亚新南威尔士1984年商事仲裁法》第38条,见《中华人民共和国仲裁法全书》,第676页。
③ 参见《瑞士国际私法法案》第191条,见《中华人民共和国仲裁法全书》,第635页。
④ 详见最高人民法院《关于人民法院处理与涉外仲裁及外国仲裁事项有关问题的通知》,载于1995年8月28日"法发(1995)18号"文件。
⑤ 详见最高人民法院《关于人民法院撤销涉外仲裁裁决有关事项的通知》,载于1998年4月23日"法发(1998)40号"文件。

裁决的司法审查监督,扩大到兼及其实体内容,则由高级人民法院和最高人民法院针对下级法院上报的有关不执行或撤销涉外仲裁裁决的意见加以"双层复审"的机制,也同样可以有效地预防"地方保护主义",切实地保障正确的涉外仲裁裁决得以顺利执行。

由此可见,维护涉外仲裁裁决终局性和高效率的途径,**所在多有!** 无论如何,都不应以"预防地方保护主义"作为借口,在仲裁立法中完全放弃或取消对涉外仲裁裁决也实行实体内容上的司法审查和监督,以致形成涉外仲裁监督机制上的漏洞,留下"**违法不究**"的隐患。

(三)"抵制司法腐败"论评析

如果说,近几年来在一些地区的司法实践中存在着"地方保护主义",损害了执法的公正和效率,已经引起人民群众的不满和非议;那么,在少数审判机关中存在的"司法腐败"现象,尤为人民群众所深恶痛绝。"官吏的腐败、司法的腐败,是最大的腐败,是滋生和助长其他腐败的重要原因。"[①]这句话,一语破的,有如警钟长鸣,振聋发聩;也表明了中央领导抓住要害,根除一切腐败的坚强决心。

抵制、根除司法腐败,是全国上下人心所向。但是,决不能以"抵制司法腐败"作为"理由"或借口,在仲裁立法中绝对排除或拒绝对涉外仲裁裁决的实体内容也进行必要的司法审查和司法监督。因为:

第一,中国从远古时代起,就有关于"独角神兽"獬豸(廌)的美好传说:它具有目光如电、善于明辨邪正曲直的天生本领,又疾恶如仇,敢于"触不直者去之"。这种传说,反映了人民大众心目中对司法功能、司法公正的愿望与寄托。新中国成立后,人民司法成为人民民主专政国家机器不可或缺的组成部分,也是中国实行"依法治国"、建设社会主义法治国家必备的强大手段,其祛邪扶正作用,有待加强,不能削弱。因此,各类司法监督的覆盖面,随着"依法治国"的强化和深化,势必视需要而适当扩大;监督的力度也势必逐步加强。现实中的某些司法腐败现象,当然不能掉以轻心,必须坚决予以纠正和根除,这是问题的一个方面。另一方面,又不能不看到:强化各类司法监督体制乃是在社会生活各个领域全面纠正腐败和根除腐败的利器。**利器**本身的钝化和发生**锈蚀**,自应及时加以重新**磨砺**和认真锤锻,但显然不能完全**弃置**一旁,否则,就会导致更广

---

① 江泽民:《在中央纪委第八次全会上讲话的摘要》,载于《人民日报》(海外版)1997年5月16日第1版。

泛、更严重的"无法无天"!

第二,某些司法腐败现象的存在和一定程度的蔓延,这是毋庸讳言的生活现实。但从全国范围来看,它毕竟只是少数的、局部的、非主流的社会现象,而且正在大力纠正之中,不应以此作为全国性、长期性仲裁立法的主要根据,绝对排除对涉外仲裁裁决实行兼及其实体内容的司法审查和司法监督。否则,对涉外仲裁裁决实体内容上确实存在的重大谬误或严重违法,就无从通过必要的司法监督程序,"触而去之"!可见,以"抵制司法腐败"为由,在仲裁立法中绝对排除对涉外裁决实行兼及其实体内容的司法监督,有如将沾了秽臭的娃娃,不加洗濯,弃之沟壑;或洗濯之后,把脏澡水连同娃娃,一起泼入沟中。

第三,在针对涉外裁决实行兼及其实体内容的司法监督过程中,为了防止某些司法腐败因素可能发生的消极作用,即防止司法监督之被滥用,从而损及涉外裁决之公正执行和及时执行,不但可以援用《民事诉讼法》规定的现行"审判监督程序",对被滥用的司法监督本身予以监督和纠正①,而且可以通过贯彻上文列举的最高人民法院两份文件规定的"**两级复审**"制,予以切实有效的预防②。

总之,在设定涉外仲裁监督机制的过程中,对于可能出现的司法腐败和司法监督被滥用问题,应积极地正面地对待,通过更严密的监督立法和更有效的司法行政"复审"制,予以防范和制止;而不应消极地退缩、回避,因"抵制司法腐败"而从根本上放弃或废除对涉外仲裁裁决也实行兼及其实体内容的司法监督。反之,如果从根本上完全放弃了或废除了这种必要的司法监督,致使涉外仲裁裁决的实体内容处在**无法可督、无权可督、无人可督的"三无"真空地带**,则难以保证有朝一日,某些司法腐败不会"蔓延"为某些"准司法腐败",即仲裁腐败。人类社会的发展历史已经反复证明:对于任何权力的任何方面(当然包括法官作出终审裁判的权力,也包括仲裁员作出终局性涉外裁决的"准司法"权力),都有必要加以一定的监督。**不受任何监督的权力**,势必导致权力的**滥用**,从而产生**腐败**。这是中外古今概莫能外的规律性现象。对此种现象,早在18世纪中期,当时杰出的进步思想先驱孟德斯鸠就曾作出明确的总结③,值得后

---

① 参见《民事诉讼法》第 177—179、185—186 条。
② 参见前注引最高人民法院《关于人民法院处理与涉外仲裁及外国仲裁事项有关问题的通知》、《关于人民法院撤销涉外仲裁裁决有关事项的通知》。
③ 他总结了历史现象,指出:"一切有权力的人都容易滥用权力,这是万古不易的一条经验。……要防止滥用权力,就必须以权力约束权力。"见孟德斯鸠:《论法的精神》(中译本),商务印书馆 1982 年版,第 154 页。

人深思。

(四)"仲裁一片净土"论评析

这种意见认为:中国涉外仲裁监督体制的现状及其周边环境条件具有一定的"**特殊性**"。这种"特殊性"不但体现在某些司法监督职能部门存在着一定程度的"地方保护主义"或"司法腐败"现象,而且主要体现在:当今中国涉外仲裁员队伍的品德素质和业务素质都是相当高水平的,他们所作出的涉外裁决,至今尚未发现有严重错误、索贿受贿、徇私舞弊、枉法裁断等情事,可以誉之为"一片净土",因此,无须过分强调对涉外仲裁的监督。

这种观点,从反面衬托了"预防保护主义"论和"抵制司法腐败"论,流传较广,但却未必完全正确,因而值得深入思考,认真剖析。

以"净土"这一佛教名词①喻中国的涉外仲裁界,有其勉励洁身自爱、说法比较形象的一面,又有其**溢美过誉**、不合逻辑的一面。

诚然,从整体上看,中国涉外仲裁界队伍的品德素质和业务素质具有较高水平,多年以来他们所作出的涉外裁决,在国内外获得较高的赞誉,至今尚未发现在程序上或实体上有严重的错误,或贪污受贿、徇私舞弊、枉法裁决等行为。但是,即使成绩昭著,在人们的赞誉声中,沾沾自喜或陶然自满也都是无益的,而据此否定建立严格监督机制的必要性,则是错误的。因为,必须清醒地意识到以下几点。

第一,"至今尚未发现"并不等于至今绝对没有。况且,众所周知,在1982年3月至1991年4月施行的《民事诉讼法(试行)》中,本身就缺乏有关涉外仲裁监督的规定,以致法院对于涉外仲裁裁决的程序运作和实体内容,一概无权过问或监督。1991年4月修订颁行《民事诉讼法》以后,情况有所改善,但是17年以来,在《民事诉讼法》第260条规定的涉外仲裁监督现行机制之下,管辖法院对于本文第六部分"内外有别、分轨监督"的法律效果重大反差一览表所列举的属于实体内容上的五类错误裁决或违法裁决,包括凭伪证作出裁决或仲裁员贪污受贿枉法裁决等等,都无从依法监督,无计可施。这就把受害当事人向管辖法院投诉以及管辖法院实行监督(包括受理、审查、发现和纠正)的法律渠道给堵塞住了。对于因**法律渠道堵塞、无从依法监督**,因而难以发现或尚未发现的恶行,显然没有理由掉以轻心,高枕无忧。

---

① 参见"净土"条目,上海辞书出版社1979年版缩印本,第368页;《汉语大词典》,汉语大词典出版社1990年版,第5卷,第1178页。这个佛教名词,指的是没有三毒四恶五浊、没有尘世秽垢污染的清净佛境,是西天诸佛聚居的极乐世界。

第二,中国实行改革、开放的基本国策已经有20多年了。近几年来,计划经济体制正在逐步向社会主义市场经济体制过渡。紧闭的门窗打开之后,导入许多有益健康的新鲜空气,难免也混进一些蚊蝇之类。而在市场经济与商品经济的大潮之中,也难免泥沙俱下,鱼龙混杂,沉渣泛起。人们在为中国经济的迅猛发展而欢欣鼓舞之际,又不免为贪污腐败现象之层出不穷而深感忧虑和愤慨。中共领导人对此有切实而沉痛的告诫①。中国的涉外仲裁界并非生活在超凡脱俗、**隔绝尘寰**的"**世外桃源**",而是生活在中国社会这个现实的大环境、大气候中,因此,对于在尘世市场经济、商品经济中带有一定规律性的阴暗面现象,也没有理由不保持足够的警惕。满足于"一片净土"论,正是反映了缺乏应有的**清醒**和足够的**警惕**。

第三,在分析和总结上述腐败现象时,江泽民同志指出:"已经揭露出来的问题说明,我们在管理上、制度上存在不少**漏洞**,在领导作风上存在严重问题,使犯罪分子、腐败分子有机可乘。"他提出:应当"认真总结经验教训,**堵塞漏洞**,健全制度,加强管理,坚决克服官僚主义"②。党和国家的其他领导人也反复强调:务必通过深化改革,**健全法制**,建立有效的监督机制和制约机制,从制度上防范和消除腐败现象③。党和国家领导人的这些指示,对于全中国的**一切领域**、一切机构,都具有**普遍**的指导意义。不言而喻,它对于中国的涉外仲裁领域及其有关机构,也是完全适用的。中国涉外仲裁界显然不宜满足于"一片净土"的溢美之词而稍有懈怠,从而忽视在涉外仲裁领域也建立起**健全**、**有效**的监督机制,以**堵塞**不利于防腐、反腐的任何**漏洞**。

第四,中国的涉外仲裁机构近年来先后制定和修订了《仲裁员须知》、《仲裁员守则》,其中强调仲裁员应当依法公正裁断、廉洁自律;在其有关的工作会议中也强调仲裁员应当珍惜自己的荣誉,努力自我监督、自我完善。这当然是很好的,但却是不足的。因为,自我**监督**在任何时候都不能取代广泛的社会监督和严密的**制度监督**,更不能取代严格的**法律监督**。

中国的《仲裁法》的颁行可以在一定程度上弥补这方面的不足,它除了规定应当组建"中国仲裁协会"这一自律性组织,对中国各类仲裁机构人员、仲裁员的违纪行为进行组织监督之外,还明文规定:仲裁员如私自会见当事人或接受

---

①② 江泽民:《在中央纪委第三次全体会议上的讲话》(1994年2月28日),载于《人民日报》(海外版)1994年3月7日第1版。在这次讲话中,江泽民同志郑重提醒全国人民注意:腐败现象已经渗透到社会生活的广泛领域,利用职权贪赃枉法等犯罪行为,达到了惊人的程度;号召坚决开展反腐败斗争。

③ 参见李鹏:《政府工作报告》(1994年3月10日),载于《人民日报》1994年3月24日第1—2版;并参见乔石:《建立完善的社会主义市场经济体制,必须有完备的法制规范和保障》,载于《法制日报》1994年1月15日第1—2版。

其请客送礼,情节严重者,或有索贿受贿、徇私舞弊、枉法裁决行为者,不但应予除名处分,而且还应依法追究其法律责任①。然而,对于涉外仲裁员**个人**的法律监督却仍然代替不了对涉外仲裁**裁决**的法律监督。关于这一点,下文将作进一步分析。

由此可见,片面强调"一片净土"的"特殊性",其实践效果是有害无益的,它很不利于发现和清除过去、现在和将来可能**潜在**的污浊,**污浊**就会获得**藏身**之所,美誉就会向怨言转化;反之,在美誉之下,仍然保持清醒的头脑和警惕的眼光,从**立法上**、**制度上**使涉外仲裁监督机制进一步健全化、**严密化**和有效化,这才是**防污去浊**、保持干净的不二法门。生活的辩证法,历来如此!

六、依照现行的涉外仲裁监督机制,对于实体内容上错误或违法的涉外裁决,包括凭伪证作出或基于贪赃枉法作出的涉外裁决,任何权威机关都无权监督,无计可施。"这种担心是多余的"吗?

肖文列举《仲裁法》第 34、38 条的规定,包括实行仲裁员回避制度,禁止仲裁员私自会见当事人或吃请收礼,依法追究和惩办贪赃枉法的仲裁员等,论证对涉外仲裁**裁决**并非无权监督。因此,如果认为现行的涉外仲裁监督机制对于实体内容上含有重大错误或违法谬误的涉外裁决,势将奈何不得,无计可施,则"这种担心是多余的。"②肖文的这种论证方法,是第三次不遵守学术讨论中的基本准则:逻辑学上的"同一律"。

(一)对仲裁员的监督无法取代对裁决书的监督

肖文忽略了拙作探讨的主题和核心:对涉外仲裁**裁决书本身**实体内容的法律监督(包括受理受害当事人的投诉,对该涉外裁决的实体内容进行审查核实,进行必要的补救或纠正),而不是对涉外**仲裁员个人**行为的监督。

诚然,涉外仲裁员的个人行为、品德操守以及业务水平都与他所制作的涉外裁决的实体内容,有着密切的联系;回避制度之类的措施,也略有助于预防涉

---

① 参见《仲裁法》第 15 条第 2 款、第 38 条。
② 见肖永平:《也谈我国法院对仲裁的监督范围》,《仲裁与法律通讯》1997 年第 6 期,第 11 页;《法学评论》1998 年第 1 期,第 48 页。

外仲裁员枉法裁断,但是,决不能无视两点事实。

第一,肖文强调:"如果仲裁员违法裁判或枉法裁判,当事人当然有权申请其回避。"①然而,按仲裁常规,对于裁决书内容中凭伪证作出的处断或枉法裁断,当事人一般须待裁决书正式签发和送达**之后**,才能得悉。在此以前,既然**无法未卜先知**,又岂能有足够的理由援用回避制度以预防错误处断或枉法裁决? 一旦裁决已经签发,其中错误的或违法的实体内容,即已发生法律效力,则为时已晚,受害的当事人又岂能再"当然有权申请其回避",使"**熟饭**"再转变成为"**生米**"?

第二,对于涉外**仲裁员个人**的法律监督无论如何严格、严厉,都仍然无法代替对涉外**仲裁裁决**本身的法律监督。理由很简单:纵使仲裁员个人有上述不法行为且证据确凿因而受到纪律、行政处分,甚至受到刑事惩罚而锒铛入狱,他所制作的涉外仲裁裁决,纵使在实体内容上彰明昭著地含有枉法裁决或凭伪证裁决等重大谬误之一,而且铁证如山,但是,在现行的《民事诉讼法》第260条第1款规定以及由此推衍而来的《仲裁法》第65、70、71条规定的现有监督机制之下,受害当事人仍然无权**依法**向管辖法院投诉,管辖法院也仍然无权**依法**受理、审查有关涉外裁决书的实体内容,更无权**依法**裁定"不予执行",更不必说**依法**裁定"应予撤销"了。换言之,这种在实体内容上确有重大错误或违法的涉外裁决书本身,**在法律上仍然是有效的,谁也动它不得!** 而且必须予以执行! 这就犹如掺入甲醇的含毒假"茅台"的制造者已定案入狱服刑,而其含毒伪劣产品却仍作为"特级国优名酒"在一流大商店的漂亮橱窗中公开展销,不许撤除和销毁。一旦果真出现这种情况,实在是对现行涉外仲裁监督机制的一种强烈讽刺,也是对中国法律尊严的一种严重亵渎! 这样的现行规定,显然不符合党中央反复强调的关于在社会生活各个领域建立健全、有效、**严密的监督体制**,逐步形成强有力的**监督体系**这一指示的基本精神。

肖文介绍了《仲裁法》原草案第56条规定的审议修改过程,说是"多数人"认为,"人民法院对仲裁裁决只应审查程序问题,不应进行实体审查",因此,经过删改,形成了第58条的现行规定,并评价说,"我认为这样规定是比较适当的"②。肖文对第58条规定本身的总评并无不当。但它似乎忽略了三项不容忽视的关键问题。

---

①② 见肖永平:《也谈我国法院对仲裁的监督范围》,《仲裁与法律通讯》1997年第6期,第11页;《法学评论》1998年第1期,第48页。

(二)《仲裁法》第 58 条的监督规定不适用于涉外裁决

第一,《仲裁法》第 58 条的监督规定不适用于涉外裁决。《仲裁法》第七章是针对涉外仲裁作出的一系列"特别规定",其中包括专门用以监督涉外裁决的特别规定,即第 70 条("裁定撤销")和第 71 条("裁定不予执行")。第七章第 65 条明文规定了两大类仲裁"分轨"和区别对待的基本原则,即"本章没有规定的,适用本法其他规定"。据此,从本法的整体结构和各条条文间的相互关系上说,本法**第 63 条**是针对内国裁定不予执行的**一般规定**,**第 71 条**则是针对涉外裁定不予执行的**特别规定**,两者分工明确,各有专司;**第 58 条**是针对内国裁决予以撤销的**一般规定**,**第 70 条**才是针对涉外裁决予以撤销的**特别规定**,两者泾渭分明,不容混淆。换言之,《仲裁法》第 58 条规定的六项监督范围或监督要点,仅仅适用于内国仲裁裁决,而不适用于涉外仲裁裁决。因此,尽管它的规定"是比较适当的",却**无从推广**适用于理应一体适用的**涉外裁决**。对后者,只能按第 65 条、第 70 条、第 71 条的规定,实行"只管程序运作、不管实体内容"的狭窄的、单薄的监督,这就从整体上大大削弱了对涉外裁决的监督。因此,着力论证第 58 条规定的"**比较适当**",并不能掩盖或否定第 70 条、第 71 条规定之相当欠妥和**颇为失当**。

第二,《仲裁法》第 58 条中的三项监督规定,貌似程序监督,实为实体监督。第 58 条第 1 款第(1)、(2)、(3)诸项所列的监督要点,当然是属于仲裁程序范围;但同条同款第(4)、(5)、(6)诸项所列的监督要点,则**貌似**属于**程序**问题,**实则属于实体**范畴,它们并不因据称是审议参加者"多数人"的主观意志就改变了其客观属性,迅即从本质上的实体问题转化成为所谓的"程序问题"。事实上,也正因为它们的实质内涵确实属于对裁决的**实体内容**实行监督,所以,按当时审议参加者"多数人"的主张,竟然根本不许把它们(尽管貌似程序监督)推广适用于涉外裁决,从而取消了对涉外裁决实行同等的必要监督。

观察事物,不能只着眼于其表面现象,而不探究其内在实质。《仲裁法》第 58 条第 1 款后半所列的三种监督项目或监督范围,指的是凭伪证作出裁决;对方当事人隐瞒证据,足以影响公正裁决;以及仲裁员贪赃舞弊枉法裁决。乍一看,这些似乎都只是程序运作中出现的问题,因而对此类问题的监督仍属于程序范围,但细察之后,就不难发现这只是表面假象。因为,正如前文已经提到的:仲裁员根据**伪证**作出的裁决或在对方当事人隐瞒重要证据基础上作出的裁决,势必反映为裁决书内容中在**认定事实**方面产生**重大**的错误;仲裁员在**贪赃枉法**基础上作出的裁决,势必反映为裁决书内容中在**适用法律**方面任意曲解和出现**重大**的谬误。管辖法院对于这些在认定事实上确有重大错误、在适用法律上确有重大谬误的裁决加以监督和纠正,显然属于对裁决实体内容实行监督,这是不容置疑的。**可惜**的是,按《仲裁法》的现有规定,这三类具体的监督,竟全然**不许同等适用**于涉外裁决。

在这个问题上,肖文对《仲裁法》第58条审议修改过程所作的情况介绍,似有欠准确,或略有误解。经查对,1994年8月间有关主管同志向全国人大常委会正式报告关于该法草案审议结果时,提到:

"草案**第56条**规定:当事人提出证据证明仲裁有**认定事实**的主要证据不足和**适用法律**确有错误的,可以向人民法院申请撤销裁决。一些委员、法院和仲裁机构提出,要做到一裁终局,避免又裁又审,不应当对仲裁裁决进行**实体审查**,如果需要审查,也应当有明确、严格的限制。建议把草案第56条第(四)、(五)项'认定事实的主要证据不足的'和'适用法律确有错误的',修改为'裁决所根据的证据是伪造的;对方当事人隐瞒了足以影响公正裁决的证据的;有新的证据足以推翻裁决的。'(草案修改稿**第58条**)"①(黑体字是引者加的)

揣摩本段原文原意,显然是指原草稿第56条关于"认定事实"和"适用法律"方面的原有规定,属于对内国裁决进行**实体审查**,凡具备上述"证据不足"或"确有错误"的法定条件,当事人即"可以向人民法院申请撤销裁决"。一些审议者认为:此种审查标准和撤销标准**失之过宽**;一般而论,不应当对仲裁裁决进行实体审查,但如果确实需要进行**实体审查**,也应当有明确、**严格的限制**。因此,建议把草案中第56条原有的(四)、(五)两项修改为现行58条第1款中的(四)、(五)两项。经过重新修改和正式通过后,第58条中关于"裁决所根据的证据是伪造的"以及"对方当事人隐瞒了足以影响公正裁决的证据的"这

---

① 摘自王叔文(全国人大法律委员会副主任委员):《全国人大法律委员会关于〈中华人民共和国仲裁法(草案)〉审议结果的报告》,载于《全国人大常委会公报》1994年,总第414页。为便于读者对照查核,兹将正式通过的现行《仲裁法》第58条全文照录如下:
第58条 当事人提出证据证明裁决有下列情形之一的,可以向仲裁委员会所在地的中级人民法院申请撤销裁决:
(一)没有仲裁协议的;
(二)裁决的事项不属于仲裁协议的范围或者仲裁委员会无权仲裁的;
(三)仲裁庭的组成或者仲裁的程序违反法定程序的;
(四)裁决所根据的证据是伪造的;
(五)对方当事人隐瞒了足以影响公正裁决的证据的;
(六)仲裁员在仲裁该案时有索贿受贿,徇私舞弊,枉法裁决行为的。
人民法院经组成合议庭审查核实裁决有前款规定情形之一的,应当裁定撤销。
人民法院认定**该裁决**违背社会公共利益的,应当裁定撤销。

两项审查标准和撤销条件,显然仍属实行**实体审查**的范畴,只是对草案第56条原定的实体审查,设定了"明确、严格的限制"。换言之,这种严格的限制,只是属于实体审查范围宽、严程度上的"量"的变化,而不是使原有的实体审查发生"质"的改变,变成了"程序审查"。——这样理解,是否更符合于上引文字的原意呢?

为了更便于对照比较,判明法定"界限",兹试列出简表,以说明我国当前对两大类仲裁裁决**实体内容**实行"内外有别、分轨监督"的法律依据及其在法律效果上的重大反差。

中国对两大类仲裁裁决实体内容实行
"内外有别、分轨监督"的法律效果重大反差一览表

序号	监督项目（实体内容）	裁决类别	应否执行	应否撤销	法 律 依 据
1	裁决所根据的证据是伪造的	内国裁决	不予执行	应予撤销	《仲裁法》第58条第1款第4项
		涉外裁决	应予执行	不得撤销	《仲裁法》第65条、70条、71条;《民事诉讼法》第260条第1款
2	对方当事人隐瞒了足以影响公正裁决的证据	内国裁决	不予执行	应予撤销	《仲裁法》第58条第1款第5项
		涉外裁决	应予执行	不得撤销	《仲裁法》第65条、70条、71条;《民事诉讼法》第260条第1款
3	仲裁员在仲裁该案时有贪污、索贿、受贿、徇私舞弊、枉法裁决行为	内国裁决	不予执行	应予撤销	《仲裁法》第58条第1款第6项,第63条;《民事诉讼法》第217条第2款第6项
		涉外裁决	应予执行	不得撤销	《仲裁法》第65条、70条、71条;《民事诉讼法》第260条第1款
4	认定事实的主要证据不足	内国裁决	不予执行	不得撤销	《仲裁法》第63条;《民事诉讼法》第217条第2款第4项
		涉外裁决	应予执行	不得撤销	《仲裁法》第65条、70条、71条;《民事诉讼法》第260条第1款

续 表

序号	监督项目（实体内容）	裁决类别	应否执行	应否撤销	法律依据
5	适用法律确有错误	内国裁决	不予执行	不得撤销	《仲裁法》第63条；《民事诉讼法》第217条第2款第5项
		涉外裁决	应予执行	不得撤销	《仲裁法》第65条、70条、71条；《民事诉讼法》第260条第1款

从该一览表的对照中，显然可以看出：

（1）仲裁裁决的实体内容上存在上述5种错误或违法情节之一，如果是包含在或体现在**内国裁决**之中，则毫无例外地一概不予执行；序号"1"、"2"、"3"三种情节之一出现在内国裁决之中，则不但不予执行，且应进一步依法予以撤销。这确实是大有利于维护中国法律的应有尊严，大有利于促进中国**长期艰巨**的反贪、反腐斗争，大有利于维护中国在国际社会中的法治国家形象。

（2）上述5种错误或违法情节之一（甚至5种情节"齐备俱全"），如果出现在涉外裁决之中，则"依法"毫无例外地一概**必须执行**，一概**不许撤销**。换言之，现行的涉外仲裁监督机制对涉外裁决实体内容中存在的上述5种重大错误或违法情节，竟然**全盘放弃**了应有的、起码的**法律监督**。这种"差别"待遇或"特惠"待遇，其在法律效果上的巨大反差，势必反映在社会效应和国际形象上的巨大反差和**巨大负面作用**，从上述的"三大有利"，转化为"三大不利"。应当说，这正是立足于当前中国国情的冷静思考和事物发展的必然，并非什么"多余的"担心。它既不是杞人之忧，更**绝非危言耸听**[①]！

第三，对于《仲裁法》第58条第3款的"公共秩序保留"规定，也不应"想当

[①] 早在1994年初，江泽民同志在部署全国反腐败斗争的重要会议上指出：揭露出来的问题是严重的，**腐败现象已经渗透到社会生活的广泛领域**，利用职权索贿受贿、贪赃枉法等犯罪行为，达到了惊人的程度。他呼吁：应当认真总结经验教训，堵塞漏洞，健全管理监督制度。李鹏、乔石等中央主要领导同志以及中共中央的重要决议也多次反复强调必须努力在各个领域建立起健全、有效、强有力的法律监督机制和监督体系，俾便更有效、更深入持久地进行反腐败斗争。时隔3年，江泽民同志在1997年初充分肯定全国反腐败斗争取得新进展的同时，再次强调：当前反腐败斗争的形势依然严峻，某些腐败现象经过整治又有反复，有的仍在蔓延；必须看到：反腐败斗争要贯穿于改革开放和现代化建设的全过程，是一项长期而艰巨的任务；必须把查办贪污腐败案件同加强防范和管理监督结合起来。他再次提醒全国人民：务必加强反腐败斗争，决不能掉以轻心，松懈斗志；"这个问题不解决好，……就有亡党亡国的危险。这决不是危言耸听。"详见江泽民：《在中央纪委第八次全会上讲话的摘要》、《在中央纪委第三次全体会议上的讲话》；李鹏：《政府工作报告》(1994年3月10日)。

然"地认为它可以涵盖和适用于涉外裁决。前述第二点提到:第 58 条第 1 款的六项监督,包括前三项程序监督和后三项实体监督,均只适用于内国裁决而不适用于涉外裁决。然则,同条第 3 款关于"公共秩序保留"的规定,即"人民法院认定该裁决违背社会公共利益的,应当裁定撤销",是否**当然**涵盖和适用于涉外裁决?笔者认为:**答案是否定的**。这是因为:(1) 前面已经提到:从本法整体结构看,第 58 条与第 70 条,是一对互相对应、互相搭配的规定,前者专管内国裁决的撤销,后者专管涉外裁决的撤销,其法定的分工界限十分鲜明,不宜随便解释,任意"内冠外戴"。(2) 从第 58 条中三款的上下文衔接看,第 1 款所指称"有下列情形之一的"**裁决**,第 2 款所指称的"有**前款**规定情形之一的"**裁决**,以及第 3 款所指称的"**该裁决**"显然是前后连贯、具有同等内涵和同等外延的**同一概念**,即均是**专指"内国裁决"**,而不能涵盖涉外裁决,这是汉语语法和行文逻辑本身的严格要求,也是条文本身原有的、应有的含义范围。(3) 从本法第 58 条与《民事诉讼法》(以下简称《民诉法》)第 217 条的关联看,前者显然是从后者直接移植和适当修订而来的。具体而言,《民诉法》第 217 条第 2 款的六点监督规定,经移植和修订,形成了《仲裁法》第 58 条第 1 款的同类规定,两者之间的前源与后流、蓝本与新图的关系,是昭然若揭、不说自明的。关于这一点,还可以从肖文所引述的《仲裁法草案》修订文字中看清两者间的师承与发展关系:即原草案第 56 条第 1 款第 7 项关于"违背社会公共利益的"这一规定,经修订后作为单独一款,被吸收为现行《仲裁法》第 58 条第 3 款①,这样,就与《民诉法》第 217 条第 3 款的原有规定,在作为独立一款的**层次**上,完全互相衔接了(只是在监督力度上从"裁定不予执行"提高为"应当裁定撤销"),这不是又一个有力的佐证吗?

有人认为:《仲裁法》第 58 条第 3 款关于"公共秩序保留条款"的规定,可以解释为同样适用于涉外裁决,因而"无需在"《仲裁法》第 70 条中另作特别规定;遇有涉外裁决违背公共利益的,"法院**自然有权**援用第 58 条的规定撤销该裁决,否则**岂不重复**"。这种理解,衡诸前引事实,看来是颇为牵强,很难令人信服的;如果再对照一下《民诉法》第 217 条和第 206 条的"蓝本"规定,就益发显现出这种看法难以自圆其说。因为,如前所述,专门监督内国裁决的《民诉法》第 217 条第 3 款,明文规定和强调了国际通行的"公共秩序保留"这一重大法律原则,而专门监督涉外裁决的《民诉法》第 260 条第 2 款,也一字不差地规定和

---

① 详见肖永平:《也谈我国法院对仲裁的监督范围》,《仲裁与法律通讯》1997 年第 6 期,第 12 页;《法学评论》1998 年第 1 期,第 48 页;并参见现行《仲裁法》第 58 条全文。

强调了"公共秩序保留"这同一原则,对于这种在监督两大裁决时都绝对必须遵守的规范和准则,显然必须在针对内国裁决监督的**一般规定**中与针对涉外裁决监督的**特别规定**中,同时地和分别地予以强调。岂可以避免"重复"为由,在专管内国裁决的专条中"附带地"插入一款兼管涉外裁决的规定,从而引起逻辑上的混乱?显然,《民诉法》中上述两处关于"公共秩序保留"的明确规定,是完全正确和必不可少的"重复";而《仲裁法》中专门监督涉外**裁决**的第70条和第71条规定,竟然只字不提国际通行的"公共秩序保留"这一重大原则,相形之下,确实不能不说是仲裁立法上的一大疏漏甚至倒退[①]。任何立法者都不可能是神仙和圣人;任何立法经过实践检验和学界讨论,适时地加以必要的修订,这是法制不断走向健全的必经途径。对于立法上可能存在的任何疏漏和缺失,似均宜予以正视,而不宜讳疾忌医,曲为辩解。

七、结 束 语

自商务仲裁制度与民商事诉讼制度并存以来,仲裁裁决之公正性与终局性或公平性与效率性两者如何兼顾的问题,一直是个"老旧"而又"常新"的话题。

一般说来,正派、守法的当事人在诉讼与仲裁两者中之所以选择仲裁,通常是在假定这两者都保证**同等公正**的前提下,着眼于后者比前者有较高的效率。在这个意义上,也仅仅是在这个意义上,此时**矛盾的主要方面**是讲求**效率**。但选定仲裁之后,除非双方另有约定,当事人的主要期待理应是得到既公平、又高效的裁决,而从未放弃公平这一首要要求。当两者不可得兼,守法的当事人获得虽属高效率却十分不公的裁决之际,他当然有强烈的愿望和法定的权利向上申诉,请求监督、纠正。此时,**矛盾的主要方面**就从要求效率**转化为要求公正**了。

"**一裁终局**"与在特定条件下"**允许申诉**"同时**并存**,从来就是相反相成的**左右两腿**,缺一不可。仲裁制度行之多年和行之有效,端赖这两条腿的密切配合与循序协作。否则,就如单腿瘸子,难以健步行进。中外任何仲裁监督机制之设立,不论其宽严、新旧,其主旨都在于当矛盾的主要方面转化为要求公平时,让受害当事人投诉有门,讨回公道,以满足其**重新获得公正**的强烈愿望和首要

---

① 参见前注引《中国社会科学》1995年第4期拙作,第22—23页;《比较法研究》1995年第4期拙作,第374—375页。

要求。反之,如果推定当事人在选择仲裁之后就已自动放弃了公正的第一要求,只**讲效率**而**不求公正**,则**任何仲裁监督机制本身当初就根本没有产生的基础**,也**毫无继续存在的必要**,既然纯属多余,早就应当全盘取消,或移送到法律博物馆中去。何以至今世界各国从未采取这种荒唐举措呢?

在保证公正的前提下,强调仲裁之高效便捷的特色,并强调以"一裁终局"求得高效便捷的解决,这当然是正确的判断。但是这两种强调,都应当掌握一个"**度**"。片面、过分地强调到逾越了某个应有的"**度**",则任何正确的判断就会转变成它自身的反面。换言之,在对待涉外裁决问题上,如果把"终局性"强调到、推崇到"至高无上"的地位,纵有重大违法或重大谬误,纵有贪赃枉法裁断或依据伪证裁断,也绝对禁止追究,禁止纠正,则尽管作此种强调者的主观用意颇为良善,其客观实践后果却难免起到"**藏垢纳污**"的作用。任何真理,都附有一定的条件,受到一定的局限。任何真理的存在与确立都不是毫无条件和毫无限度的。一位伟大的先哲曾经谆谆告诫说:"只要再多走一小步,即使是向同一方向迈的一小步,**真理便会变成错误**。"①这一至理名言,对于辩证地理解仲裁的终局性和高效率,也具有重大的指导意义,值得后人反复咀嚼和认真品味。

综上所述,不难看出:中国《仲裁法》对内国仲裁监督与涉外仲裁监督实行"内外有别"的分轨制,不允许对涉外仲裁裁决的实体内容也实行必要的司法审查和监督,这种立法,实在并不符合中国现实国情本质上的迫切需要,也不符合中国参加的有关国际条约以及当代各国仲裁立法先进通例的基本精神;从而相当不利于促进中国涉外仲裁体制与有关的国际惯例互相接轨,相当不利于中国涉外仲裁体制迅速走向现代化和国际化。

有鉴于此,看来很有必要鼓励中国法学界、司法界、仲裁界以及商界有关人士,针对在 1995 年 9 月 1 日开始施行的《仲裁法》所规定的涉外仲裁监督机制,就其**合理性问题**进行较为系统的调查研究和深入探讨,借以集思广益,供立法部门决策参考。笔者认为:为了全面贯彻党中央反复强调的**防腐、反腐**基本方针,为了在涉外仲裁领域中也建立起健全、有效和严密的监督机制,以维护法律的应有尊严,使中国在国际社会中进一步树立起**法治**国家的形象,日后在修订仲裁法时,其可行方案之一是:参照当代国际仲裁立法的先进通例,将"内国仲裁监督"与"涉外仲裁监督"完全**并轨合流,一视同仁**;把对**涉外仲裁裁决的监督**,也**扩大**到其**实体内容**方面,亦即将《仲裁法》第 70、71 条完全删除,并将同法

---

① 列宁:《共产主义运动的"左派"幼稚病》,载于《列宁选集》(第 4 卷),第 257 页。黑体是引者加的。

第58条关于对内国仲裁裁决的程序运作和实体内容实行**全面监督**的规定,推广适用于中国的一切涉外仲裁裁决,从而对一切已经发生法律效力的涉外仲裁裁决,也毫无例外地实行"**违法必究**"和"**违法必纠**"!

（后记　本文修订补充过程中,承中国社会科学院法学研究所谢怀栻教授、清华大学法学院张卫平教授、中国国际商会仲裁研究所王生长主任、黎晓光女士、穆子砺先生、中国国际经贸仲裁委员会深圳分会韩健博士、香港城市大学法律学院王贵国教授、林来梵教授、香港商务仲裁专家杨良宜先生、英国伦敦大学访问学者曾华群教授、剑桥大学访问学者单文华副研究员、德国 Marburg 大学法律系博士生孙珺女士等同行学者惠赠了珍贵的第一手外文资料,谨此志谢!）

Ⅵ 论中国执行外国仲裁裁决机制的形成和不足[*]

内容提要 无论诉讼或是仲裁,两者都追求公正与效率。就效率而言,由于仲裁是一审终局,故仲裁优于诉讼。但是终局裁决之后,如法院未能给予及时承认和执行,则仲裁在效率上的优越性就会大为削弱甚至完全丧失。因此,仲裁裁决的执行、特别在外国执行的问题,就成为国际仲裁界广泛关注的焦点之一。针对中国有关执行外国仲裁裁决存在的"地方保护主义"、法律位阶不够高、法律约束力不够强等"美中不足",中国应在本国《仲裁法》或《民事诉讼法》修订及其实施细则中,正式设立"双层报批复审制",并进一步作出具体规定,借以提高其法律位阶,增强其法律约束力;并且在法律或法规中,进一步明确规定最高人民法院作出最后答复的时限,以利于提高承认和执行外国正确仲裁裁决的效率。

目 次

一、1949—1978 年(约 30 年):相关立法基本空白
二、1979—1994 年(约 15 年):国内逐步立法+参加国际公约
   (一)颁布中国《民事诉讼法》(试行)
   (二)参加 1958 年的《纽约公约》
   (三)参加 1965 年的《华盛顿公约》
   (四)颁布正式的现行中国《民事诉讼法》

---

[*] 本文是笔者 2005 年 12 月 12 日应邀参加在巴黎召开的国际仲裁专题研讨会上的大会发言文稿,旨在向国际同行简介当时中国执行外国仲裁裁决机制从无到有的形成过程和有待进一步完善的概况。这次专题研讨会由"解决投资争端国际中心"(ICSID)、"联合国贸易和发展委员会"(UNCTAD)以及"经济合作与发展组织"(OECD)联合主办,其主题是探讨有关国际投资协定以及国际仲裁立法的理论和实践。

（五）颁布现行的中国《仲裁法》
三、1995年迄今
　　（一）来自"地方保护主义"的障碍
　　（二）克服"地方保护主义"的措施之一："双层报批复审制"
　　（三）强化"双层报批复审制"：设定时限
四、中国有关执行外国仲裁裁决的立法仍有待改善
　　（一）正式立法，提高法律位阶
　　（二）对最高院设定答复时限

　　无论诉讼或是仲裁，两者都追求公正与效率。
　　就效率而言，由于仲裁是一审终局，故仲裁优于诉讼。
　　但是终局裁决之后，如法院未能给予及时承认和执行，则仲裁在效率上的优越性就会大为削弱甚至完全丧失。
　　因此，仲裁裁决的执行、特别在外国执行的问题，就成为国际仲裁界广泛关注的焦点之一。
　　在中华人民共和国，有关承认和执行外国仲裁裁决的立法过程和实践问题，大体上可以划分为三个阶段：（1）1949—1978年；（2）1979—1994年；（3）1995年迄今。兹分别简介如下。

一、1949—1978年（约30年）：相关立法基本空白

　　从1949年10月中华人民共和国（以下简称"新中国"）建立到1978年底新中国决定实行改革开放基本国策之前，在这段长达30年左右的时期里，由于众所周知的原因，没有关于承认和执行外国仲裁裁决的明确的法律规定。
　　其所以然，是因为：自1840年起，中国清朝政府在臭名远扬的"鸦片战争"中被英国击败后，西方列强把一系列的不平等条约强加于中国，使中国沦为半殖民地，丧失了政治主权和经济主权，而其中的"领事裁判权"条款排除了中国政府对本国领土上涉外争端的管辖权与裁判权，其严重恶果之一是，外国罪犯和暴徒在中国领土上为非作歹，违法犯罪，往往在各该国驻华领事的包庇、纵容下，可以逍遥法外，不受任何惩罚；反之，在本国领土上遭到外国罪犯歹徒暴行

侵害、蒙受人身伤亡或财产损失的中国人民,却无权寻求本国政府给予强有力的法律保护。凡此种种,在中国人的心目中历来是一种惨痛和耻辱。100多年的历史惨痛教训,使中国人对自己的国家政府当局可能直接成为受外国仲裁机构管辖的"被告"和被执行人一事,感到特别敏感和警惕,深恐"领事裁判权"以新的形式卷土重来,这种"惊弓之鸟,望月而飞"的心理状态,是不难理解和情有可原的!相应地,在这段长达30年左右的时期里,新中国没有关于承认和执行外国仲裁裁决的明确立法,可谓"基本空白",这也是不难理解和情有可原的。

二、1979—1994年(约15年):国内逐步立法+参加国际公约

(一)颁布中国《民事诉讼法》(试行)

1978年底,新中国决定实行改革开放基本国策。适应着形势发展的需要,1982年3月8日颁布了《中华人民共和国民事诉讼法》(试行),其中第204条首度出现与承认和执行外国仲裁裁决有关的法律明文规定:

中华人民共和国人民法院对外国法院委托执行的已经确定的判决、裁决,应当根据中华人民共和国缔结或者参加的国际条约,或者按照互惠原则进行审查,认为不违反中华人民共和国法律的基本准则或者我国国家、社会利益的,裁定承认其效力,并且依照本法规定的程序执行。否则,应当退回外国法院。

自此时起,中国才初步填补了有关承认和执行外国仲裁裁决的立法空白。

不过,尽管上述条文中提到中国"缔结或者参加的国际条约",但实际上在当时,中国还未缔结或者参加当代国际社会中有关外国仲裁裁决的最重要的国际条约,即1958年的《承认及执行外国仲裁裁决公约》(《纽约公约》),以及1965年《解决国家与他国国民间投资争端公约》(《华盛顿公约》)。换言之,在1982年当时,中国都还不是这两个公约的缔约国或成员国。

(二)参加1958年的《纽约公约》

直到《中华人民共和国民事诉讼法》(试行)颁布四年多以后,即1986年12月2日,中国才决定正式参加的前述《纽约公约》,在履行相关手续后,该公约于1987年4月22日开始对中国生效。在其生效前夕,即当年4月10日,中国的

最高人民法院向全国各级人民法院发布了关于认真执行《纽约公约》的正式通知，要求各级法院"都应立即组织经济、民事审判人员、执行人员及其他有关人员认真学习这一重要国际公约，并且切实依照执行"①。

参加《纽约公约》并接受其中规定的国际义务，虽然也涉及中国司法管辖权——中国司法主权的自我限制问题和国际互惠问题，但它所直接牵涉到的中国的"被执行人"（即参加民事诉讼、仲裁程序的中国"被告"或"被执行人"），毕竟还只限于中国的企业法人和自然人。这对于20世纪80年代中期的中国政府和学界人士说来，一般是能够理解和可以接受的。但是，当问题涉及中国是否可以参加《华盛顿公约》，从而接受ICSID体制，同意在国际仲裁中直接以中国政府当局为被诉人（"被告"，Respondent）和被执行人时，这就不仅是涉及中国司法管辖权或司法主权的自我限制，而且扩大到中国的政治主权问题了。因此，自20世纪80年代中期起，在中国应否参加《华盛顿公约》和接受ICSID仲裁体制问题上，在政府主管部门和学术界都曾经发生过相当长期的意见分歧和相应的争论②。

（三）参加1965年的《华盛顿公约》

直到1990年2月，中国政府在广泛征求各界意见、全面权衡利弊得失之后，终于指示当时的中国驻美大使朱启桢代表中国签署参加了《华盛顿公约》。但是，事隔三年，一直到1993年初，中国的全国人民代表大会（中国的最高立法机构）才最后正式批准了中国加入该公约，并向ICSID机构所在的世界银行总部递交批准书，成为该公约的正式成员，自1993年2月6日起生效。

由此可见中国政府针对接受ICSID仲裁体制问题决策之慎重和郑重，这也充分反映了由于前述特定的历史原因，中国人对于接受外国仲裁裁决理所当然地长期存在思想顾虑。

（四）颁布正式的现行中国《民事诉讼法》③

适应着中国先后参加《纽约公约》《华盛顿公约》以及履行国际条约义务的

---

① 最高人民法院"关于执行我国加入的《承认及执行外国仲裁裁决公约》的通知"，1987年4月10日"法(经)发【1987】5号"文件。
② 参阅陈安：《国际投资争端仲裁：ICSID机制研究》，复旦大学出版社2001年版，第25—41页。
③ 本文撰写于2005年12月初，此处所称"现行中国《民事诉讼法》"，指的是1991年4月颁行的《中华人民共和国民事诉讼法》。该法已于2007年10月28日修订公布，并且自2008年4月1日起施行。修订后的具体条文内容、数目和序列，均有所调整，阅读本文时请留意予以对照。
修订后的该法全文，见http://www.dffy.com/faguixiazai/ssf/200311/20031109201543-11.htm

需要，中国在总结前述"试行"实践经验的基础上，于1991年4月颁行了正式的《中华人民共和国民事诉讼法》，其中第268条和269条针对承认及执行外国仲裁裁决问题作出了比前述"试行"阶段更加明确的规定：

  人民法院对申请或者请求承认和执行的外国法院作出的发生法律效力的判决、裁定，依照中华人民共和国缔结或者参加的国际条约，或者按照互惠原则进行审查后，认为不违反中华人民共和国法律的基本原则或者国家主权、安全、社会公共利益的，裁定承认其效力；需要执行的，发出执行令，依照本法的有关规定执行。违反中华人民共和国法律的基本原则或者国家主权、安全、社会公共利益的，不予承认和执行。（第208条）

  国外仲裁机构的裁决，需要中华人民共和国人民法院承认和执行的，应当由当事人直接向被执行人住所地或者其财产所在地的中级人民法院申请，人民法院应当依照中华人民共和国缔结或者参加的国际条约，或者按照互惠原则办理。（第209条）

（五）颁布现行的中国《仲裁法》

  在颁布正式的中国《民事诉讼法》之后三年多，中华人民共和国全国人民代表大会常务委员会在1994年8月31日通过了《中华人民共和国仲裁法》，并自1995年9月1日起施行。这部重要法律含八章80条，针对仲裁范围、仲裁机构、仲裁协议、仲裁程序、仲裁裁决及其执行，仲裁监督以及涉外仲裁等事项，逐一作了明确的原则性规定。

  就仲裁裁决及其执行而言，中国《仲裁法》第9条和第62条明文规定：仲裁实行一裁终局的制度，当事人应当履行仲裁裁决。一方当事人不履行的，另一方当事人有权依照民事诉讼法的有关规定向人民法院申请执行，受申请的人民法院应当执行。

  这些规定，改变了过去曾经长期采取的"又裁又审、一裁两审终局"的体制，转采取"或审或裁、一裁终局"的体制，从而完全符合当代世界各国有关仲裁立法的先进经验，与国际惯例互相接轨，促进了中国仲裁制度加速走向现代化和国际化，因而不但受到国内人民的欢迎，而且也受到国际社会的认可和好评。简言之，从整体上说来，中国的这部《仲裁法》是值得肯定和称赞的。

  但是，这部《仲裁法》的若干环节，在行文措词上，在实体规定上，都存在有待商榷和需要改进之处。其中，有待商榷和改进的具体环节之一，就是这部法律还缺乏专门针对承认和执行外国仲裁的具体规定。

三、1995年迄今

(一) 来自"地方保护主义"的障碍

中国相继参加1958年《纽约公约》和1965年《华盛顿公约》以来,在承认和执行某些案件的外国仲裁裁决过程中,从整体上说来,是信守国际义务的。但是,有时会遇到来自"地方保护主义"的障碍。前文提到,按照《民事诉讼法》第209条,有关承认和执行外国仲裁裁决的任务,是授权给有管辖权的中级地方人民法院受理和承担的。在某些场合,这些有管辖权的中级地方人民法院可能受到来自当地政府官员的"压力",从而偏袒受到执行外国仲裁裁决不利影响的当事人(即"被执行人"),致使承认和执行某些外国仲裁裁决的进程,在"地方保护主义"的干扰之下,久拖不决,或拒不执行。

这类"地方保护主义"干扰问题,似乎并非中国独有,而且可以通过针对性立法加以排除。综观当代各国仲裁立法的趋向,有一种现象是值得注意的:为了更强有力地防止"地方保护主义"等消极因素对执行正确仲裁裁决可能产生的不利影响,为了更加有效地防止基层或中级法院部分审判人员可能因业务水平不高而在对仲裁裁决实行司法审查和监督中发生失误,国际仲裁立法实践中已有某些可资参考借鉴的先进经验,即:把对于内国和涉外两类仲裁裁决实行程序运作审查和实体内容审查的监督权,一概授予拥有高水平审判人员的高层次法院,以昭慎重,并确保监督的公正、正确和准确,而又不影响效率。例如,英国把此种监督权授予高等法院(High Court)[1];印度尼西亚和澳大利亚,都把此种监督权授予最高法院[2];在瑞士,则原则上应由联邦最高法院行使此种监督权,但是当事人可以协议以仲裁庭所在地特定的州法院代替联邦最高法院行使此权[3]。

结合中国幅员辽阔、各省发展不平衡等国情特点,在深入调查研究的基础上,如认为确有必要移植上述经验时,似可考虑在中国的仲裁立法中作出规定,

---

[1] 参见英国1996年《仲裁法》第105条。
[2] 参见《印度尼西亚民事诉讼法》第641条,许耀忠中译文,载程德钧、王生长主编:《涉外仲裁与法律》(第二辑,资料编译),第148页;《澳大利亚新南威尔士1984年商事仲裁法》第38条,见《中华人民共和国仲裁全书》,法律出版社1995年版,第676页。
[3] 参见《瑞士国际私法法案》第191条,见《中华人民共和国仲裁全书》,法律出版社1995年版,第635页。

由最高人民法院组建专门法庭,或授权某些省份的高级人民法院,负责受理针对重大涉外仲裁裁决和外国仲裁裁决的投诉,对此类裁决的程序运作以及实体内容,实行全面的监督。至于对一般仲裁裁决实行兼及程序、实体的全面监督权,则归由有管辖权的基层法院或中级法院掌握和行使。

(二)克服"地方保护主义"的措施之一:"双层报批复审制"

近几年来,中国在司法实践中也采取了若干新的有效措施,以防范和制止地方保护主义发生的消极作用。这些措施,与上述诸国的立法相较,似有异曲同工、不谋而合之处,而又带有中国的特色,值得注意。例如,最高人民法院曾在 1995 年 8 月间下达文件①,明确规定:

> 为严格执行《中华人民共和国民事诉讼法》以及我国参加的有关国际公约的规定,保障诉讼和仲裁活动依法进行,现决定对人民法院受理具有仲裁协议的涉外经济纠纷案、不予执行涉外仲裁裁决以及拒绝承认和执行外国仲裁裁决等问题建立报告制度。为此,特作如下通知:
>
> 一、凡起诉到人民法院的涉外、涉港澳和涉台经济、海事海商纠纷案件,如果当事人在合同中订有仲裁条款或者事后达成仲裁协议,人民法院认为该仲裁条款或者仲裁协议无效、失效或者内容不明确无法执行的,在决定受理一方当事人起诉之前,必须报请本辖区所属高级人民法院进行审查;如果高级人民法院同意受理,应将其审查意见报最高人民法院。在最高人民法院未作答复前,可暂不予受理。
>
> 二、凡一方当事人向人民法院申请执行我国涉外仲裁机构裁决,或者向人民法院申请承认和执行外国仲裁机构的裁决,如果人民法院认为我国涉外仲裁机构裁决具有民事诉讼法第二百六十条②情形之一的,或者申请承认和执行的外国仲裁裁决不符合我国参加的国际公约的规定或者不符

---

① 详见最高人民法院《关于人民法院处理与涉外仲裁及外国仲裁事项有关问题的通知》,1995 年 8 月 28 日"法发(1995)18 号"文件。(引文中的重点符号是笔者加的。下同)

② 中国《民事诉讼法》第二百六十条规定:"对中华人民共和国涉外仲裁机构作出的裁决,被申请人提出证据证明裁决有下列情形之一的,经人民法院组成合议庭审查核实,裁定不予执行:(一)当事人在合同中没有订有仲裁条款或者事后没有达成书面仲裁协议的;(二)被申请人没有得到指定仲裁员或者进行仲裁程序的通知,或者由于其他不属于被申请人负责的原因未能陈述意见的;(三)仲裁庭的组成或者仲裁的程序与仲裁规则不符的;(四)裁决的事项不属于仲裁协议的范围或者仲裁机构无权仲裁的。人民法院认定执行该裁决违背社会公共利益的,裁定不予执行。"中国《民事诉讼法》已于 2007 年 10 月 28 日修订公布,并且自 2008 年 4 月 1 日起施行。原第二百六十条上述规定已改列为第二百五十八条。

见 http://www.dffy.com/faguixiazai/ssf/200311/20031109201543-11.htm

合互惠原则的,在裁定不予执行或者拒绝承认和执行之前,必须报请本辖区所属高级人民法院进行审查;如果高级人民法院同意不予执行或者拒绝承认和执行,应将其审查意见报最高人民法院。待最高人民法院答复后,方可裁定不予执行或者拒绝承认和执行。

其后,又在1998年4月间下达另一份文件[1],进一步明确规定:凡一方当事人按照《仲裁法》的规定向人民法院申请撤销中国的涉外仲裁裁决,如果人民法院经审查认为涉外仲裁裁决具有《民事诉讼法》第260条第1款规定的情形之一的,在裁定撤销裁决或通知仲裁庭重新仲裁之前,须报请本辖区所属高级人民法院进行审查。如果高级人民法院同意撤销裁决或通知仲裁庭重新仲裁,应将其审查意见报最高人民法院。待最高人民法院答复后,方可裁定撤销裁决或通知仲裁庭重新仲裁。

这两份文件,看来其主旨均在于通过法院系统内部建立事先报批、双层复审制度,其操作要点有二。

(1) 受理不执行之诉或撤销之诉:有管辖权的中级人民法院,在正式立案受理不执行或撤销涉外裁决之诉、受理不承认和不执行外国裁决之诉以前,必须层层上报审批,直到最高人民法院批复同意之后,方可正式受理。否则,不得受理。

(2) 裁定不予执行或应予撤销:有管辖权的中级人民法院,在正式裁定不执行或撤销中国的涉外裁决、正式裁定不承认和不执行外国裁决以前,也必须层层上报审批,直到最高人民法院批复同意之后,方可正式裁定。否则,不得裁定。

中国最高人民法院下达这两份文件的目的,显然均在于通过法院系统内部建立事先报批制度,对地方管辖法院裁定"不予执行"、"予以撤销"或"发回重裁"的权力,加以必要的规范、限制和给予必要的指导,以防止某些地区的"地方保护主义"妨碍终局中国涉外裁决及外国裁决的顺利执行。

这些规定,既保留了地方各级管辖法院对有关涉外仲裁裁决或外国仲裁裁决进行审查监督的权力,又在这些权力具体行使过程中的某些方面,设立了实质上的"双层报批复审"制度。看来,这些规定比较符合中国幅员辽阔、各省发展不平衡等国情特点。因此,日后依中国国情的实际需要修订《仲裁法》时,不妨以专设法条明文规定,把对涉外仲裁裁决以及外国仲裁裁决的司法审查监

---

[1] 详见最高人民法院《关于人民法院撤销涉外仲裁裁决有关事项的通知》,1998年4月23日"法发(1998)40号"文件。

督,扩大到兼及其程序运作和实体内容,并由高级人民法院和最高人民法院针对下级法院上报的有关不执行或撤销涉外仲裁裁决的意见,有关不承认和不执行外国仲裁裁决的意见,加以"双层报批复审",从而更加有效地预防"地方保护主义",切实地保障正确的涉外仲裁裁决和外国仲裁裁决得以顺利执行。

但是,由于1995年8月、1998年4月的上述两份文件均未针对中国涉外仲裁裁决和外国仲裁裁决的"不予执行"问题,明确规定有关中级人民法院以及高级人民法院进行审查和逐级上报的时间限制①,故在实践中往往仍然出现延宕时日、久拖不决的现象,仍然难以切实有效地防止地方保护主义的各种干扰和消极影响。针对这一不足,1998年10月,最高人民法院审判委员会又专门作出了一项"释法规定",明确设定相关时限,借以强化"双层报批复审制"的实际效力。

(三) 强化"双层报批复审制":设定时限

此项"释法规定"明文指示②:

> 当事人依照《纽约公约》第四条规定的条件申请承认和执行外国仲裁裁决,受理申请的人民法院决定予以承认和执行的,应在受理申请之日起<u>两个月</u>内作出裁定,如无特殊情况,应在裁定后<u>六个月</u>内执行完毕;决定不予承认和执行的,须按最高人民法院法发[1995]18号《关于人民法院处理与涉外仲裁及外国仲裁事项有关问题的通知》的有关规定,在受理申请之日起<u>两个月</u>内上报最高人民法院。

这种规定的实际意义是:受理对外国仲裁裁决执行之诉的主管中级法院,必须在受理之后的<u>两个月时限内完成三件事</u>,包括:(1)主管中级法院决定是否予以承认和执行;(2)如果主管中级法院初步决定不予承认和执行,应迅即上报所属省高院;如省高院经过审查后,同意下属主管法院不予承认和执行的初步决定,应迅即(3)上报最高院。

但是,最高院应于多长时期(时限)以内完成审查,作出同意或不同意的最

---

① 1998年4月的上述通知虽然针对中国的涉外仲裁裁决的撤销和重裁时限问题作出规定:"受申请撤销裁决的人民法院如认为应予撤销裁决或通知仲裁庭重新仲裁的,应在受理申请后三十日内报其所属的高级人民法院,该高级人民法院如同意撤销裁决或通知仲裁庭重新仲裁的,应在<u>十五日内</u>报最高人民法院,以严格执行仲裁法第六十条的规定。"但是,对于有关涉外仲裁裁决和外国仲裁裁决<u>"不予执行"</u>的双层审查上报程序,却未设定任何时间限制。

② 详见最高人民法院《关于承认和执行外国仲裁裁决收费及审查期限问题的规定》,1998年10月21日"法释[1998]28号"文件。

终答复,则仍未明确规定。可谓"美中不足"或仍有"法律漏洞"。

四、中国有关执行外国仲裁裁决的立法仍有待改善

看来,针对上述"美中不足",中国有关执行外国仲裁裁决的立法有待进一步改进之处,至少还有以下两点。

(一) 正式立法,提高法律位阶

现有的司法解释的法律位阶不够高,法律约束力不够强,应在中国《仲裁法》修订及其实施细则中,或在中国《民事诉讼法》修订及其实施细则中,进一步作出具体规定,借以提高相关规定的法律位阶,增强其法律约束力。

(二) 对最高院设定答复时限

应当在中国《仲裁法》或中国《民事诉讼法》等法律或法规中,进一步明确规定最高人民法院作出最后答复的时限,从收到省级请示报告之日起,一般不宜拖延至两个月以上,以利于提高和保证承认和执行外国正确仲裁裁决的效率。

* * * *

总之,作为全球最大的发展中国家,中国正在持续不断地吸收大量外国投资。适应形势发展,中国确实需要不断改善吸收外资的法律环境,其中包括改善承认和执行外国仲裁裁决的立法和采取各种更加有效的措施。通过这条公平公正的途径,才能更有效地促进外国投资者与吸收外资东道国实现互利双赢,促进全球的共同繁荣。

Ⅶ 论中国涉外仲裁程序中当事人的申辩权和对质权

——就香港百利多投资有限公司诉香港克洛克纳东亚有限公司一案向香港高等法院提供的专家意见书

内容提要 本文是作者受托向香港高等法院出具的专家意见书。1989年,香港百利多公司(仲裁申请人)与香港克洛克纳公司(仲裁被申请人)因买卖合同纠纷提请中国国际经济贸易仲裁委员会(CIETAC)仲裁。在审理过程中,CIETAC仲裁庭曾自行指定专家进行调查并由专家出具鉴定报告书。1990年11月8日,CIETAC仲裁庭将上述专家鉴定报告书送达被申请人克洛克纳公司。后者尚未作出具体答辩,CIETAC随即于1990年11月15日签发了裁决书,裁决百利多公司"胜诉",克洛克纳公司"败诉"。

1992年4月1日,百利多公司(原告)向香港高等法院起诉,要求判令克洛克纳公司(被告)履行CIETAC裁决书规定的义务。被告不服,提出抗辩,认为CIETAC据以断案的专家鉴定报告不符合事实真相,而且,未允许被申请人行使质疑权利,故请求香港高等法院判定对CIETAC的上述裁决书不予执行。1992年6月10日,原告代理律师向香港高等法院提供证词,声称在中国司法程序和仲裁程序所采取的审理制度中,根本没有诸如"盘问(证人)或对质"(cross examination)之类的做法。就中国的仲裁程序而言,仲裁庭认为必要时,可以自行调查,搜集证据;也可以就案件中的问题请专家帮助,提供咨询意见或进行鉴定。各种证据应由仲裁庭自行审定。仲裁当事人根本无权"盘问"帮助仲裁庭自行调查取证的证人。就仲裁庭自行委托专家作出的专家报告书而言,当事人根本无权"盘问"仲裁庭聘请的专家,针对专家报告书中的调查结论提出异议。在此之前,中国国际经济贸易仲裁委员会秘书处曾在1992年2月15日致香港律师的复信中提到,"由仲裁庭独立聘请的专家作出的鉴定报告,任何一方当事人均无权对专家报告提出任何异议。因为专家鉴定报告是以一个独立、公正、第三人作出的,符合实际的科学的报告,具有权威性"。

被告代理律师于1992年12月7日来函要求笔者提供咨询意见。笔者综合研究了本案的案情及其发展过程,研究了中国的《民事诉讼法》、《仲裁法》以及中国参加的相关国际公约的规定,认为:根据中国有关仲裁的立法,根据以"事实为根据、以法律为准绳"的基本法理,根据充分保障当事人行使诉讼权利的审理原则,当事人在诉讼和仲裁过程中依法享有充分的陈述、答辩、质疑、对质等权利。因此,当事人完全有权针对仲裁庭自行指定专家所作出的专家鉴定报告书提出异议。因此,原告代理律师上述证词以及CIETAC秘书处上述复函中的主张和说法,并不符合中国有关法律的规定,不宜采信。

1993年1月15日,香港高等法院作出判决,其中长篇引述了笔者在本文(专家意见书)中提出的论点和论据,表示赞同和应予采信,并且最后认定:CIETAC仲裁庭在本案最后裁决之前,未能给被申请人(被告)一方充分申辩的机会,因此,香港主管法院应依据1958年《纽约公约》的规定以及香港《仲裁法例》的相应规定,判决对CIETAC的上述裁决书不予执行①。

目 次

一、专家简况
二、咨询的问题:当事人可否对CIETAC自行指定专家作出的鉴定提出抗辩?
三、专家的看法和意见
　　(一)中国审理制度的首要原则之一:确保当事人行使诉讼权利
　　(二)CIETAC仲裁程序必须遵循上述原则的法律根据
　　(三)中国参加的《纽约公约》确保仲裁当事人享有充分申辩权
附录

本人,中华人民共和国厦门大学政法学院院长陈安教授,应香港史蒂文

---

① See Judgment, 1991 No. MP 2219, In the Supreme Court of Hong Kong, High Court, Between Paklito Investment Ltd. (Plaintiff) and Klockner East Asia Ltd. (Defendant), 4th January, 1993.
本判决书的最后一段提到:"在1990年至1992年这三年里,本院曾经依法执行了大约四十份CIETACC作出的裁决;而本案中的这一份CIETAC裁决则是本院第一次决定不予执行。"

生·黄律师事务所 1992 年 12 月 7 日来函要求,就香港百利多投资有限公司(以下简称"百利多公司")与香港克洛克纳东亚有限公司(以下简称"克洛克纳公司")争议案件,提供法学专家意见如下:

一、专家简况

1—9.〔略〕

10. 基于以上各点,本人自信具有合格的学识和能力针对上述香港律师事务所提出的以下诸问题,提供专家咨询意见。

二、咨询的问题:当事人可否对 CIETAC 自行指定专家作出的鉴定提出抗辩?

11. 香港史蒂文生·黄律师事务所 1992 年 12 月 7 日来函提出的问题主要有如下两个方面:

A. 百利多公司聘请的仲裁代理人司筱潭律师在 1992 年 6 月 10 日提供的正式证词(affirmation)中,强调指出:在中国司法程序和仲裁程序所采取的审理制度中,根本没有诸如"盘问(证人)或对质"(cross-examination)之类的做法。英美普通法体制中所采用的盘问证人或涉讼双方互相对质的程序做法,在中国的审理制度中是根本不存在的。就中国的仲裁程序而言,仲裁庭认为必要时,可以自行调查,搜集证据;也可以就案件中的问题请专家帮助,提供咨询意见或进行鉴定。各种证据应由仲裁庭自行审定。作为一条总的原则,中国采用的审理制度不允许仲裁当事人对于仲裁庭自行调查取得的证据提出异议。中国审理制度所固有的特点在于:仲裁当事人根本无权"盘问"帮助仲裁庭自行调查取证的证人。就仲裁庭自行委托专家作出的专家报告书(意见书)而言,当事人根本无权"盘问"仲裁庭聘请的专家,针对专家报告书中的调查结论提出异议(见附件"PAC-1":司筱潭律师上述证词的第 19 段和第 20 段)。

请问:司筱潭律师的上述说法和主张,是否符合中国的实际情况?在中国的仲裁程序中,当事人究竟有没有权利针对仲裁庭自行聘请专家或证人作出的专家报告书或其他证据进行评论?当事人有没有权利向仲裁庭提供证据,以反驳仲裁庭自聘专家所提供的证据?

B. 中国国际经济贸易仲裁委员会(以下简称"CIETAC")秘书处1992年2月15日致香港廖绮云律师事务所丁志钢先生的"(92)贸仲字第0346号"复信中提到,"由仲裁庭独立聘请的专家作出的鉴定报告,任何一方当事人均无权对专家报告提出任何异议。因为专家鉴定报告是以一个独立、公正、第三人作出的,符合实际的科学报告,具有权威性"(见附件"PAC-2":CIETAC秘书处1992年2月15日复信)。

请问:CIETAC秘书处上述回信中所陈述的看法是否符合中国的实际情况?是否正确?

三、专家的看法和意见

(一)中国审理制度的首要原则之一:确保当事人行使诉讼权利

12. 针对上述A、B两方面的问题,本人提出以下各点看法和意见,供各有关方面参考。

13. 我认为,要正确地回答上述诸问题,首先必须弄清一个前提:在中国司法程序和仲裁程序现行的审理制度中,其最基本、最本质、最重要的原则是什么?

我认为,1982年公布施行的《中华人民共和国民事诉讼法(试行)》[1](以下简称《民诉法(试行)》)第一章一开头,就对这个问题作出十分明确的、具有权威性的规定:"人民法院审理民事案件,必须以事实为根据,以法律为准绳;……保障诉讼当事人平等地行使诉讼权利。"民事诉讼法的任务,就在于"保证人民法院查明事实,分清是非,正确适用法律……"(见附件"PAC-3":第5条、第2条)。1991年修订公布的《中华人民共和国民事诉讼法》(以下简称《民诉法》),以更加明确的语言,再次反复强调了中国现行审理制度中的上述最基本的原则:"中华人民共和国民事诉讼的任务是保证当事人行使诉讼权利,保证人民法院查明事实,分清是非,正确适用法律。……";"应当保障和便利当事人行使诉讼权利";"人民法院审理民事案件时,当事人有权进行辩论"(见附件"PAC-4":第2、7、8、12条)。在这里,特别值得注意的是:(1)把"保证当事人行使诉

---

[1] 1989年香港百利多公司将本案争端提交CIETAC仲裁,1990年12月CIETAC仲裁庭作出裁决,在这段期间里,中国的民事诉讼法尚在"试行"阶段。1991年4月9日,公布施行正式的、现行的民事诉讼法。

讼权利"列在整个民事诉讼法诸条任务的第一位,即视为首要任务;(2)把彻底查明事实真相作为适用法律的根据、基础和前提。

14. 就如何看待案件审理全过程中出现的各种证据而言,上述先后两部民事诉讼法也都作了明确的规定。《民诉法(试行)》,把专家的"鉴定结论"列为七种证据之一,并且强调一切证据(包括专家鉴定)都"必须经过查证属实,才能作为认定事实的根据"。同时,第56条进一步强调:人民法院应当"全面地、客观地搜集和调查证据"。这里所说的"全面地、客观地",当然包括收集诉讼双方当事人所提供之一切正面的和反面的证据。在有关"开庭审理"的专门规定中,又进一步强调审判员必须在法庭调查中向当事人"出示书证、物证"和"宣读鉴定结论"(见附件"PAC-3":第55条、第56条第2款、第107条)。所有这些规定,集中到一点,都是为了达到同样的目的:彻底弄清事实真相,查对附件,尽力避免偏听偏信。

关于对待一切证据(包括专家鉴定结论)的上述基本态度和基本原则,在1991年的《民诉法》中再次予以强调(见附件"PAC-4":第63条、第64条第3款、第124条)。

15. 在中国现行的案件审理制度中,当事人是否有权对证人(包括法院或仲裁庭聘请的专家)所提供的证词、证据(包括上述专家所提供的鉴定结论、报告书或意见书),进行评论、提出异议、加以反驳,甚至另外提供新的相反证据,以推翻任何人提供的任何已有证据?

答案是完全肯定的。

1982年的《民诉法(试行)》明确规定:"当事人经过法庭许可,可以向证人、鉴定人、勘验人发问。"在司法实践中,对于当事人提出的向证人、鉴定人等发问或盘问的正当要求,只要不是无理取闹,只要是摆事实讲道理,法庭一向总是许可的,甚至是加以鼓励的,因为这很有助于澄清事实,辨明真相。与此同时,"当事人在法庭上可以提出新的证据",其中当然也包括提出能够用以反驳鉴定人及其鉴定结论的任何新证据(见附件"PAC-3":第108条)。

这些基本规定,在1991年的《民诉法》中不但以类似语言重新加以强调,而且以更加明确的文字专门添加了一条全新的、总结了多年实践经验的条文,强调:"证据应当在法庭上出示,并由当事人<u>互相质证</u>。"这里的"<u>互相质证</u>"一词,实际上就是<u>互相盘问</u>(见附件"PAC-4":第125、66条)。

由此可见,那种认为在中国现行的案件审理制度中根本不存在"盘问证人"或"互相对质"程序的说法,是根本不符合中国已经行之多年的现行法律规定和现实实践情况的。

(二) CIETAC 仲裁程序必须遵循上述原则的法律根据

16. 那么,在中国的仲裁程序中,在 CIETAC 仲裁庭审理案件的程序中,是否也必须认真贯彻上述审理原则和规则呢?

答案也是完全肯定的。

17. 在现行的 1988 年《中国国际经济贸易仲裁委员会仲裁规则》(以下简称《CIETAC 仲裁规则》)中,虽然并没有具体的文字明白规定当事人有权对仲裁庭自行聘请的专家及其提供的鉴定报告书提出异议或加以反驳,但是,其中也绝对没有具体的文字明白规定当事人根本"无权"(如司筱潭律师所一再强调的)对上述专家及其报告书提出异议或加以反驳。换言之,其中并无针对当事人上述行为的任何禁止规定(见附件"PAC-5")。

1988 年的《CIETAC 仲裁规则》之所以未对当事人的上述争讼权利作出明文规定,看来有三条原因:

(1) 它本身十分简明扼要(一共只有 43 条),篇幅极其有限,不可能事事逐一详细规定。

(2) 前述案件审理的诸项基本原则和规则,早已在 1982 年的《民诉法(试行)》(共 205 条)之中作了详细规定,并已行之多年,它们虽然还不是已经家喻户晓,但对从事司法工作或仲裁工作的法律界人士说来,"以事实为根据,以法律为准绳","保护当事人行使诉讼权利"以及与此有关的重要审理原则和规定,却早已是人人皆知的普通常识了。

(3) 中国的其他重要法律和法规以及中国参加的国际公约已经针对中国涉外案件的仲裁审理原则,专门作出重要的规定。对这方面的主要规定,兹逐一列出如下:

18. 1988 年 6 月,中国国务院在一份专为《CIETAC 仲裁规则》修订工作下达的"批复"文件中,明确指示:应当根据中国法律和中国缔结或参加的国际条约,并参照国际惯例,对中国原有的涉外案件仲裁规则进行修订(见附件"PAC-6":中国国务院对中国国际贸易促进委员会的批复)。这显然是明确指示:1988 年颁行的《CIETAC 仲裁规则》,其一切内容和具体规定(包括审理原则),都不得违背中国法律所明确规定的有关案件审理的基本法理原则和基本行为准则,也都不得违背中国已经参加的国际条约,不得违背国际社会早已公认的、约定俗成的国际惯例。

(三) 中国参加的《纽约公约》确保仲裁当事人享有充分申辩权

19. 1982 年的《民诉法(试行)》第 189 条规定:中华人民共和国缔结或者

参加的国际条约同本法有不同规定的,适用该国际条约的规定(见附件"PAC-3")。

20. 1986年的《中华人民共和国民法通则》第142条规定:中华人民共和国缔结或者参加的国际条约同中华人民共和国的民事法律有不同规定的,适用国际条约的规定(见附件"PAC-7")。

21. 1991年经过修订的《民诉法》第238条以完全相同的文字,再次强调和重申了1982年《民诉法(试行)》第189条的上述规定(见附件"PAC-4")。

22. 根据以上"18"—"21"各段的政府批文和法律规定,现行的《CIETAC仲裁规则》显然不得违反中国已经缔结或参加的一切国际条约和公约,其中当然也包括中国已于1987年参加的《承认及执行外国仲裁裁决公约》(以下简称《纽约公约》)。

23. 1987年开始对中国生效的上述《纽约公约》明文规定:凡是受裁决援用之一造未接获指派仲裁员或仲裁程序之适当通知,或因他故,致未能申辩者,可以"向申请承认及执行地之主管机关提供证据",证明以上情况,有关主管机关(法院)可以依该当事人的请求,拒绝承认及执行已经生效的外国仲裁裁决(见附件"PAC-8":第5条)。

中华人民共和国最高人民法院于1987年4月10日下达全国各级法院的专门通知中,特别附列《纽约公约》的上述有关条文,指令各下级法院遵照执行(见附件"PAC-8")。

24. 1991年修订的《民诉法》第260条作出的规定,是与《纽约公约》的上述条文完全一致和互相衔接的。该260条规定:在仲裁案件中,被申请人没有得到指定仲裁员或者进行仲裁程序的通知,或者由于不属于被申请人负责的原因<u>未能陈述意见</u>,该被申请人可以提出有关上述情况的证据,经中国人民法院审查核实,法院可以对中国涉外仲裁机构(主要是指CIETAC作出的裁决),裁定<u>不予执行</u>(见附件"PAC-4",第260条)。

25. 由此应当得出结论:由CIETAC仲裁庭作出的裁决,如果其据以进行裁决的专家鉴定书,未向仲裁案中的被申请人一方及早出示,让被申请人有充分的机会向仲裁庭陈述自己的申辩意见,提出异议,加以反驳,或另外提供新的证据,这都属于使被申请人"未能陈述意见"或"未能申辩"之列,依照《纽约公约》以及中国1991年《民诉法》的上述规定,该被申请人显然有权向中国法院或其他参加《纽约公约》的国家或地区的法院,提出证据,申请对CIETAC仲裁庭的裁决书,裁定暂且不予执行。待该被申请人依《纽约公约》或依中国法律规定,能够向CIETAC仲裁庭对前述专家报告书<u>充分申辩、提出异议</u>、提供新证据,并由 CIETAC 仲裁庭依照应有程序彻底查清事实真相后,作出新的裁决,再予执行。

26. 前述 CIETAC 仲裁庭曾于 1990 年 11 月 8 日将本案的两份专家鉴定报告书送达被诉人克洛克纳公司的仲裁代理人,显然可以推定本案仲裁庭原是有意就该报告书请被诉人提出自己的意见(包括异议、反驳)的。可惜的是送达得太迟,而裁决书又签发得太早。否则,如果再等若干星期,或设定一个异议期限,让克洛克纳公司有机会再陈述一下自己的最后意见或异议,然后再签发出裁决书,那就尽善尽美,毫无瑕疵了!我相信,CIETAC 一定会朝这个方向努力,使自己的工作更加完善的。

厦门大学
国际经济法教授
陈安
(签字)
1992 年 12 月 10 日于香港

附录

一、司筱潭律师证词*(摘要)

(1992 年 6 月 10 日,香港)

In the Supreme Court of Hong Kong
High Court
Miscellaneous Proceedings
1991 No. M. P. 2219
1 - 18 〔Omitted〕
……

19. Finally, I would also like to stress that judicial and arbitral

---

* 这份"证词"原文是英文,由香港史蒂文生·黄律师事务所附在 1992 年 12 月 7 日来函中,要求陈安教授对该"证词"所述 cross-examination 问题作出评论。据司律师在"证词"第 1—4 点中所作自我介绍,他当时在北京"中国法律事务中心"任职,曾在 1989—1990 年香港百利多投资有限公司提交中国国际经贸仲裁委员会诉香港克洛克纳东亚有限公司的仲裁案件中,担任百利多公司一方的仲裁代理人。

proceedings in China followed the inquisitorial system. There is no such thing as "cross-examination" in the Chinese inquisitorial system. The procedure such as that adopted by the common law system for "examination" or "cross-examination" of witnesses is totally absent in the Chinese system. As far as Chinese arbitration proceedings is concerned, in the event that an Arbitration Tribunal want [Sic] to verify the truth of the evidence submitted by the parties, or to test the veracity of the case put forward by the parties, it would conduct its own inquiries, with the assistance of experts, if it thinks fit. The Tribunal alone would decide on the extent of such inquiries and what further evidence it would wish to collect before it makes a decision on the case. The evidence so collected by the Tribunal would be examined by the Tribunal itself who would decide whether it would accept the same as evidence in the proceedings (cf. Article 27 of the Rules of Arbitration). As a general rule, the inquisitorial system adopted by China did not allow the parties to challenge the inquiries made by the Tribunal itself. If the Tribunal wish[es] to seek the assistance of the legal representatives representing the parties, it could of course invite them to made [Sic] submission on any particular issue for which the Tribunal has made its own inquiry. However it is inherent in the nature of the inquisitorial system adopted by China that the parties do not have the right to "cross-examine" the Tribunal's own witnesses who assisted the Tribunal in making its own inquiries. In the context of an expert report commissioned by the Tribunal itself, the parties have no right to "cross-examine" the Tribunal's experts with a view to challenge the findings in such report. It is an inherent characteristic of the inquisitorial system that the Tribunal plays an active and independent role in ascertaining the evidence required for making a decision. This is different from the adversarial system in which the court or tribunal plays no active part in making any inquiry of its own.

20. In the present case therefore the Defendant had no right, unless the Tribunal invited it to do so, to raise any objection to the expert report prepared by the expert engaged by the Tribunal. The Tribunal alone would decide on the extent of its own inquiries and whether it would accept or reject the whole or only part of the evidence collected through these inquiries.

Affirmed at the office
Robert W. H. Wang & Co.
Nine Queen Road, CentralXiao Tan Si
Hong Kong
this 10th day of June 1992
　　　　　Before me,
Solicitor, LEE J. BURNEY
Hong Kong.
This Affirmation is filed on behalf of the Plaintiff

二、中国国际经济贸易仲裁委员会秘书处复函(1992)贸仲字第 0346 号关于贸仲字第(1990)2986 号裁决执行事
[香港]廖绮云律师事务所

丁志钢先生：

你所 1992 年 2 月 14 日传真收悉。

现答复如下：

1. 在本案于 1990 年 4 月 25 日开庭审理时，仲裁庭不仅审理了本案的程序问题，而且也对本案的事实问题进行了审理，双方不但进行了意见陈述，回答了仲裁庭的询问，还进行了辩论。仲裁庭还要求双方提供进一步的证据和补充陈述。此后双方向仲裁庭提交了进一步的证据和陈述，仲裁庭进行了认真的审阅，经仲裁庭合议后认为有必要独立聘请专家进行技术鉴定。在开庭审理时，被诉人既没有提出由其推荐专家对货物质量问题进行检验，也没有提出由其推荐的专家与仲裁庭聘请的专家一起联合检验货物的主张。

2. 对被诉人于 1990 年 11 月 12 日致仲裁庭函，仲裁庭没有给予答复。其理由是：仲裁规则第 26 条规定："……仲裁庭认为必要时，可以自行调查、收集证据。"仲裁规则第 28 条规定："仲裁庭可以就案件中的专门问题向专家咨询或者指定鉴定人进行鉴定。"也就是说由仲裁庭独立聘请的专家作出的鉴定报告，任何一方当事人均无权对专家报告提出任何异议。因为专家鉴定报告是以一个独立、公正、第三人作出的，符合实际的科学的报告，具有权威性。而且，在被诉人于 1990 年 11 月 12 日致函仲裁庭时，本案已审理终结。更为重要的是，经

我会查阅本案的卷宗记载及我会秘书处来函登记记载表明,被诉人于1990年11月12日致本案仲裁庭的函,我会直到1990年11月20才收到,而此时,本案裁决书早已发出。

基于以上考虑,仲裁庭认为对被诉人1990年10月12日函没有必要给予答复。

以上仅供参考。

中国国际经济贸易仲裁委员会秘书处(盖章)
1992年2月15日

Ⅷ 就中国涉外仲裁体制答英商问
〔专家意见书〕

内容提要 英商Y公司于1994年与中方Z公司订立合资经营合同,在J省组建M电力公司。合同规定:M公司生产的电力产品全部由中方Z公司按约定价格包销。合同中订有"仲裁条款",约定将经过协商仍不能解决的争端提交中国国际经济贸易仲裁委员会(CIETAC)仲裁解决。1996年至1998年,因政府调整电价,中方Z公司以"不可抗力"为由,要求降低原先约定的包销电价,并且长期拖欠应交的包销电力价款。Y公司不同意降价,并索偿Z公司长期拖欠的巨额电价债款。双方在谈判中各持己见,形成僵局。英商Y公司初步决定依法、依约将争端提请CIETAC仲裁。

Z公司方面有关人士制造舆论:(1)当地政府调整电价属于政策变化引起的"不可抗力"事故,Z公司依法有权不承担任何违约责任,即使提交仲裁,英商Y公司也不会胜诉;(2)即使英商Y公司在仲裁中胜诉,凭胜诉裁决书来到本省本市也执行不了,Y公司也"没有办法",不但束手无策,反而损失更大,等等。

英商Y公司对于中国的仲裁体制不甚了了,疑虑重重,信心大降,向笔者提出咨询。本文针对英商咨询的八个问题,逐一予以答复。英商对中国现行仲裁体制的基本特点、优点及其排除地方保护主义干扰的能力,提高了认识,增强了信心,遂坚持依法、依约将争端提交仲裁,以维护自己的合法权益,并已正式向CIETAC递呈仲裁申请书。最后,经政府主管反复协调,双方各作让步,达成协议,由地方政府和Z公司筹款出资,基本上按市场价格购买了英商Y公司在J省M电力公司中的全部股权,从而基本上弥补了英商Y公司的经济损失。

目次

一、仲裁和诉讼(俗称"告状"或"打官司")有何不同?

二、"仲裁协议"是否必须采取另立合同的形式？

三、英商Y能源有限公司申请仲裁，是否已经具有充分的根据？

四、由中国国际经济贸易仲裁委员会进行仲裁，与一般国内民事仲裁以及由法院审判相比较，其主要区别是什么？

五、有人说："即使你仲裁胜诉了，到本省本市执行不了，你也没办法。"这种说法对不对？

六、从申请仲裁到裁决和执行，会拖延不少时间，在此期间内对方如借口处于仲裁中而不执行合同，M电厂势必瘫痪。遇此情况，对方应承担什么法律责任？

七、如果对方不愿或不能履行合同，英商Y公司是否即可按《合资经营合同》第29条进行索赔？其赔偿额依法应如何确定？

八、有人说，政策变化属于"不可抗力"。这种说法能否成立？

英国Y能源有限公司：

贵公司1999年8月12日来函及所附合资合同等全套文件收悉。

承询有关仲裁的诸项问题，经研究有关国际惯例和中国立法，答复如下。

一、仲裁和诉讼（俗称"告状"或"打官司"）有何不同？

仲裁和诉讼，是当事人用以解决争端的两种不同方式。

就经济合同纠纷而言，各方当事人经过反复友好协商，仍无法达成一致意见，则应依据法律规定和当事人的约定，提请人民法院，按诉讼程序解决；或者提请仲裁机构，按仲裁程序解决。

仲裁与诉讼的主要不同，有如下三点。

1. 提起诉讼，可由单方决定；申请仲裁，须经双方议定

向法院提起诉讼，简称"起诉"，民间通称"打官司"或"告状"。起诉权是任何一方当事人都可以独立自主地享有的一种民事权利，只要合同当事人一方有此要求，并表达出来（通称"意思表示"），就可以向法院起诉，无需事先征得对方当事人的同意。法院对于单方当事人提起的、符合法定条件的诉讼请求，必须依法受理、不得拒绝。〔见《中华人民共和国民事诉讼法》（以下简称《民诉法》）

第8条、第108—112条。〕

反之,向仲裁机构申请仲裁,却必需合同当事人双方事先达成一致意见,即必须具有"仲裁协议",才可以依约提请仲裁,解决纠纷。换言之,提请仲裁解决,必须以具备"仲裁协议"为前提。对于没有"仲裁协议"、由单方当事人提出的仲裁申请,仲裁机构必须予以拒绝,不得受理。〔见《中华人民共和国仲裁法》(以下简称《仲裁法》)第4条、第21条。〕

2. 或诉讼,或仲裁,双方议定后,不可单方反悔

当事人可以单方决定提起诉讼,但应以双方事先并无"仲裁协议"为前提。如果当事人双方曾经达成"仲裁协议",事后一方反悔,单方向法院起诉,法院无权受理。反之,当事人双方曾经达成诉讼协议,事后一方反悔,单方向仲裁机构申请仲裁,仲裁机构也无权受理(《仲裁法》第4条、第5条)。

3. 诉讼采取"两审终局"制,仲裁采取"一裁终局"制

在中国,向法院提起诉讼,实行"两审终局"制;参加诉讼的任何一方当事人对于第一审法院作出的判决,如有不服,可以在法定期限内向上一级法院即第二审法院提起上诉,第二审法院作出的判决或裁定,是终局的判决或裁定。所谓"终局的"判决或裁定,即是正式发生法律效力的判决或裁定,可以提请强制执行。(见《民事诉讼法》第10条、第147条、第158条、第216条、第220条。)

反之,向仲裁机构申请仲裁,则实行"一裁终局"制;仲裁机构针对有关案件经过审理作出裁决之后,该裁决是终局的裁决,即正式发生法律效力,可以提请强制执行。换言之,任何一方当事人都不得就同一纠纷再向人民法院起诉或再向仲裁机构申请仲裁,人民法院或仲裁机构也无权再予受理。(见《仲裁法》第9条。)

以上三点,综合起来,统称为"或审或裁、一裁终局"体制。

二、"仲裁协议"是否必须采取另立合同的形式?

"仲裁协议"可以采取在经济合同之外另立合同的方式,也可采取在经济合同中附带专设仲裁条款的方式。两种形式的"仲裁协议"具有完全相同的法律效力。

按照《仲裁法》第16条的明文规定,一项合法、有效的仲裁协议,应当具有下列三点内容:

(1) 请求仲裁的意思表示;

（2）提交仲裁的事项；
（3）选定的仲裁委员会。

三、英商 Y 能源有限公司申请仲裁，是否已经具有充分的根据？

经查核贵公司寄来的全套文件，未发现 Z 国有资产营运公司（甲方）、J 省电力工业局（乙方）与英商 Y 能源有限公司（丙方）三方当事人之间订有独立的仲裁协议。但是贵公司提供的两种经济合同中，均明文载有专设的仲裁条款，按《仲裁法》第 16 条的规定，这些仲裁条款即是合法、有效的"仲裁协议"，对合同各方均具有法律约束力，各方必须严格遵循。未经三方共同一致同意更改，任何一方或两方均不得任意反悔违约。

因此，Y 公司如决定将有关经济合同的争端提请仲裁机构解决，不但已经具备充分的合同根据，而且已经具备充分的法律根据。具体而言，下列五点值得特别注意：

第一，三方于 1994 年 3 月 3 日订立、1995 年 4 月 29 日修改的《中外合资经营 M 电力开发有限公司合同》（以下简称《合资经营合同》）第 31 条就是一项专设的仲裁条款，即"仲裁协议"，其中明文规定："凡因执行本合同所发生的一切争议，合资各方应通过友好协商解决，通过协商不能解决时，即提交中国国际经济贸易仲裁委员会依照该委员会规则进行仲裁。仲裁是终局性的，对合资各方都有约束力，仲裁费由败诉方负担。"

第二，《合资经营合同》第 27 条规定，1995 年 4 月 30 日由 M 电力开发有限公司与 J 省电力工业局签订的《购电合同》是《合资经营合同》的组成部分，具有同等的法律效力。换言之，《购电合同》中的一切条款，包括其中的仲裁条款，对各方当事人都具有法律上的约束力。

第三，《购电合同》第九章"争议的解决"，实质上就是另一项专设的仲裁条款，就是另一项合法、有效的"仲裁协议"。其具体内容是："凡因执行本合同所发生的与本合同有关的一切争议，双方应通过友好协商解决；如协商不能解决，应提交仲裁。仲裁由中国国际经济贸易仲裁委员会根据该会的仲裁规则和中华人民共和国法律及本合同规定进行。仲裁是终局的，对争议双方都有约束力。仲裁费用由败诉方负担。"

第四，将上述第一、第三两点摘引的两项"仲裁条款"即"仲裁协议"的文字

内容,对照前述《仲裁法》第 16 条规定的"仲裁协议"必备内容,可以看出:

A. 上述两项"仲裁协议",都毫不含糊地表达了将有关争端提交仲裁的愿望,即都有十分明确的"请求仲裁的意思表示"。

B. 上述两项"仲裁协议"分别明确规定了提交仲裁的事项,即"凡因执行本合同(指《合资经营合同》)所发生的一切争议",以及"凡因执行本合同(指《购电合同》)所发生的与本合同有关的一切争议"。

C. 上述两项"仲裁协议"都明确地选定了审理有关争议的仲裁委员会,即中国国际经济贸易仲裁委员会。

综合上述 A、B、C 三点,可以断定:上述两项"仲裁协议"所包含的内容,是符合法定要求的,因而是合法的、有效的。

第五,由此可见,英商 Y 公司如果决定将有关《合资经营合同》以及《购电合同》的争议,提交中国国际经济贸易仲裁委员会,申请仲裁,则此种仲裁申请,不但具有充分的合同根据,而且具有充分的法律根据。

四、由中国国际经济贸易仲裁委员会进行仲裁,与一般国内民事仲裁以及由法院审判相比较,其主要区别是什么?

主要区别之一在于:由中国国际经贸仲裁委员会进行仲裁的案件,能够切实有效地摆脱地方行政权力的干预和"地方保护主义"的干扰,从而更能保证仲裁裁决的公正性及其有效执行。

《仲裁法》明确规定:涉外仲裁委员会由中国国际商会组织设立。中国国际经济贸易仲裁委员会是由中国国际商会依法设立的专门处理涉外经贸争议以及国际经贸争议的仲裁机构。

这个全国性的专设仲裁机构,具有鲜明的国际性。最初在 1954 年 5 月由当时的中央人民政府政务院决定组建,1956 年 4 月正式成立,原名"中国对外贸易仲裁委员会",1988 年 6 月改用今名。

四十多年来,这个专设的涉外仲裁机构,由于其仲裁员的德才综合素质好,办事效率高,仲裁裁决公正,在国内和国际上都享有很高的声誉。它所作出的仲裁裁决,也具有很大的法律权威性和法律约束力,具体说来:

第一,这个仲裁机构 1998 年的现行仲裁员名册中列明共有 424 人,均是从在国际经济法、国际经贸和科学技术等方面具有专门知识和实际经验的中外人士中,遴选聘任。其中137人是分别从美、英、法、德、意、加、瑞典、澳大利亚等21个国家以及中国香港地区的知名人士中聘任的。

第二,从整体上说,这些仲裁员的共同优点和特点是德才兼备,精通业务,清廉自守,办事公正,其综合素质水平,高于国内各地近年来设立的一般地方性仲裁机构和一般地方法院。而且,由于仲裁员来自全国各地,甚至来自许多外国,不受一省、一市地方当局的直接管辖,因此,在仲裁过程中,能够切实有效地摆脱地方行政权力的干预和"地方保护主义"的干扰,坚持依法秉公断案,作出公正裁决。

第三,由于《仲裁法》规定的"一裁终局"体制以及最高人民法院有关执行的配套措施,作出了有力的保证,一旦作出仲裁裁决,就能有效地排除地方行政权力的干预以及"地方保护主义"的干扰,依法强制执行。

五、有人说:"即使你仲裁胜诉了,到本省本市执行不了,你也没办法。"这种说法对不对?

这种说法,显然不对。不符合依法治国、依法治省、依法治市的基本精神,也不符合当前的最新现实。

第一,对外开放、吸收外资,是中国长期实行的基本国策。重合同,守信用,是中国对外经济交往中的优良传统。由于涉外经济纠纷的处断,事关基本国策的贯彻,并直接影响到中国的国际信誉和国际形象,故中国中央领导机关一向十分重视和强调在涉外经济领域中务必坚持依法办事,从而改善中国吸收外资的法律环境,取信于人,以吸收更多的外资,为中国的社会主义经济建设服务。

第二,正是由于涉外经贸争端的处断,其正确与否和公正与否,具有很大的政治影响和经济影响,必须慎重从事,故中国从20世纪50年代中期起即设立了全国性的专门处断涉外经贸争端的仲裁机构,聘请国内外四百多名德才兼备的专家担任仲裁员,各方当事人只能从这些仲裁员中选择指定一人担任有关争端案件的仲裁工作,并由双方共同选定一人或由仲裁委员会主任指定一人担任首席仲裁员,三人组成该案的仲裁庭,全权依法处理有关争端,一裁终局,交付执行。

第三,四十多年来的实践证明:中国国际经贸仲裁委员会作出的仲裁裁决,由于其公正性和权威性,绝大部分均由当事人自觉执行或由法院强制执行。1995年以前,偶有个别裁决因受强大的"地方保护主义"干扰和阻碍,在执行中发生困难,从而损害了中国的国际声誉和国际形象。有鉴于此,最高人民法院曾于1995年8月28日下达"法发(1995)18号"文件,明确规定:凡一方当事人向人民法院申请执行中国涉外仲裁机构的裁决,如果人民法院认为该项裁决具有《民事诉讼法》第260条规定的情况之一(指在仲裁程序上不符合某些具体规定等),则在裁定"不予执行"之前,必须报请本辖区所属高级人民法院进行审查;如果高级人民法院同意"不予执行",则应将其审查意见进一步呈报最高人民法院。待最高人民法院答复后,方可裁定"不予执行"(详见附件3:《最高人民法院关于人民法院处理与涉外仲裁及外国仲裁事项有关问题的通知》)。此项通知,看来旨在通过法院系统内部建立十分严格的事先报批制度,对地方管辖法院裁定"不予执行"的权力,加以必要的规范、限制和给予必要的指导,以防止和排除某些地区的"地方保护主义"妨碍终局涉外裁决的顺利执行。1995年8月之后,由于认真贯彻此项通知所规定的"事先双重审批"制度,对于涉外仲裁裁决"不予执行"的权力,实质上已收归最高人民法院,任何省、市一级的地方法院,再也无权任意作出"不予执行"的决定了。

第四,尤其值得注意的是:中共中央最近以"中发(1999)11号"文件,转发了最高人民法院《关于解决人民法院"执行难"问题的报告》,确定今年为人民法院的"执行年",要求各级人民法院在各地党委的领导下,加大执行力度,严厉打击拒不执行和妨害人民法院执行生效法律文书(含判决、裁决等)的不法行为。如仍有人以权压法,继续搞地方保护主义,非法干预人民法院的执行工作,将依法追究其法律责任,直至追究其刑事责任。在这种形势下,任何奉公守法的法院工作人员以及任何明智的当事人,面对终局判决或终局裁决的执行问题,想来都不会不识时务,敢于以身试法的。

六、从申请仲裁到裁决和执行,会拖延不少时间,在此期间内对方如借口处于仲裁中而不执行合同,M电厂势必瘫痪。遇此情况,对方应承担什么法律责任?

英商Y公司该怎么办?第一,《中华人民共和国中外合资经营企业法实施条例》(以下简称《合营企业法实施条例》)第112条明文规定:"在解决争议期间,除争议事项外,合营各方应继续履行合营企业协议、合同、章程所规定的其他各项条款"。可见,如果对方借口"处于仲裁中"而不执行争议事项以外合同的其他各项条款,导致电厂生产瘫痪,这就是一种违法行为,同时又是新的严重违约行为,可谓"错上加错",由此造成电厂和合资外方的合法权益遭受损害和损失,对方(即违法行为人和违约行为人)应当承担法律上和经济上的责任,依法向受害人赔偿全部损失。

第二,遇到对方采取上述违法、违约的侵权行为,英商 Y 公司可以视具体情况选择采取相应的法律行动,实行自我保护,并追究对方的法律责任:

A. 如已申请仲裁而尚未作出裁决,则可以随时依据新情况下发生的新损害的大小,向仲裁庭提出"补充申请",追加索赔金额。由仲裁庭连同原先提出的索赔要求,一并作出裁决,交由有关法院强制执行。

B. 如已申请仲裁而且已作出裁决,原索赔要求已经处理结案,则可依据新发生的损害提出新的索赔数额,另案提出仲裁申请,由中国国际经济贸易仲裁委员会另外立案受理,再次作出新的裁决,交由有关法院强制执行。

C. 根据《合营企业法实施条例》第 102 条,以及《合资经营合同》第 29 条的明文规定,如果英商 Y 公司认定:合营公司因合营一方(即对方)不履行合营企业合同规定的义务,致使企业无法继续经营;或企业发生严重亏损,无力继续经营;或合营企业未达到其经营目的,同时又无发展前途;或合营企业合同所规定的其他解散原因已经出现,遇有上述诸情况之一,即使原定合营期限尚未届满,英商 Y 公司仍有权依法依约要求提前终止原《合资经营合同》,提前解散合营企业,并依法依约通过仲裁向对方索取损害赔偿。

七、如果对方不愿或不能履行合同,英商 Y 公司是否即可按《合资经营合同》第 29 条进行索赔?其赔偿额依法应如何确定?

如果对方不愿或不能履行合同,英商 Y 公司不但可按《合资经营合同》第 29 条的规定索赔,还可按照《中华人民共和国民法通则》(以下简称《民法通则》)、《中华人民共和国涉外经济合同法》(以下简称《涉外经济合同法》)以及《中华人民共和国合同法》(以下简称《合同法》,1999 年 10 月 1 日起施行)的有关规定,依法计算和确定索赔金额。

《民法通则》

第 111 条 当事人一方不履行合同义务或者履行合同义务不符合约定条件的,另一方有权要求履行或者采取补救措施,并有权要求赔偿损失。

第112条　当事人一方违反合同的赔偿责任,应当相当于另一方因此所受到的损失。

《涉外经济合同法》

第18条　当事人一方不履行合同或者履行合同义务不符合约定条件,即违反合同的,另一方有权要求赔偿损失或者采取其他合理的补救措施。采取其他补救措施后,尚不能完全弥补另一方受到的损失的,另一方仍然有权要求赔偿损失。

第19条　当事人一方违反合同的赔偿责任,应当相当于另一方因此所受到的损失,但是不得超过违反合同一方订立合同时应当预见到的因违反合同可能造成的损失。

《合同法》

第107条　当事人一方不履行合同义务或者履行合同义务不符合约定的,应当承担继续履行、采取补救措施或者赔偿损失等违约责任。

第108条　当事人一方明确表示或者以自己的行为表明不履行合同义务的,对方可以在履行期限届满之前要求其承担违约责任。

第112条　当事人一方不履行合同义务或者履行合同义务不符合约定的,在履行义务或者采取补救措施后,对方还有其他损失的,应当赔偿损失。

第113条　当事人一方不履行合同义务或者履行合同义务不符合约定,给对方造成损失的,损失赔偿额应当相当于因违约所造成的损失,包括合同履行后可以获得的利益,但不得超过违反合同一方订立合同时预见到或者应当预见到的因违反合同可能造成的损失。

综上各条,可以看出:(1) Y公司有权提出的索赔额,应相当于因对方违约行为而使其受到的实际损失,其中包括合同履行后可以获得的利益(利润、利息等);(2) Y公司有权在对方"以自己的行为表明不履行合同义务"时,在履行期限届满之前,即依法要求对方承担违约责任,依法索赔。

八、有人说,政策变化属于"不可抗力"。这种说法能否成立?

第一,当事人一方因"不可抗力"不能履行合同的,根据不可抗力的影响,部分或者全部免除责任,但法律另有规定的除外。按国际立法惯例,所谓"不可抗力",通常是指地震、海啸、水灾、暴风雨、战争等人力无法控制、无法克服的意外事件。中国法律对"不可抗力"一词的含义,有法定的解释,不能任意加以扩大或缩小。《涉外经济合同法》第 24 条第 3 款规定:"不可抗力事件是指当事人在订立合同时不能预见、对其发生和后果不能避免并不能克服的事件。"《合同法》第 117 条第 2 款也有大体相同的规定:"本法所称不可抗力,是指不能预见、不能避免并不能克服的客观情况。"

应当注意:"不能预见"、"不能避免"和"不能克服",应当是三者必备和齐备,才能考虑是否属于"不可抗力",否则,仅具其中一项或两项条件,就不应认定为"不可抗力"。

第二,政策的某些变化通常不能被解释为"不可抗力"。因为它虽可能在当事人订立合同时未能预见,但其后果并非绝对不能避免,更非绝对不能克服。

第三,恰恰相反,为了贯彻对外开放、吸收外资的基本国策,中国政府曾以立法手段对外商作出了明确的法律保证:不得因事后的政策法令有所变化,而对原先给予外商的合同许诺,随便言而无信,自食其言。例如:《涉外经济合同法》第 40 条明文规定:

"在中华人民共和国境内履行、经国家批准成立的中外合资经营企业合同、中外合作经营企业合同、中外合作勘探开发自然资源合同,<u>在法律有新的规定时,可以仍然按照合同的规定执行。</u>"

又如,《民法通则》第 116 条更进一步明确规定:

"当事人一方由于上级机关的原因,不能履行合同义务的,<u>应当按照合同约定向另一方赔偿损失或者采取其他补救措施</u>,再由上级机关对它因此受到的损失负责处理。"

由此可见,中国政府早在对外开放之初,在十几年前就对来华外商作出郑重的法律许诺:不允许中方当事人任意借口日后发生的政策法令的某些变化,违反原来签订的合同,给外商合法权益造成不应有的损害。

总之,由于事关中国政府的国际信誉和社会主义法治国家的国际形象,在履行涉外经济合同时,相信一切有法治观念的中方当事人,终究都会自觉地重合同,守信用,以一地一时的局部利益,服从于贯彻基本国策和维护国家信誉的全局利益和长远利益。

以上答复,供参考。

厦门大学国际经济法研究所教授
陈安
1999 年 8 月 18 日

Ⅸ 论涉外仲裁个案中的偏袒伪证和纵容欺诈

——CIETAC 1992—1993年个案*评析

内容提要 1991年,中国科学院WG研究所下属FJ技术开发公司与香港PH激光系统有限公司以及香港中资(国有)HM公司,三方签订合资经营公司合同(简称"KP合同"),组建福州KP有限公司,扩大开发FJ公司原有的尖端专利产品。在KP公司成立后,香港PH公司迟迟未按约定如数出资。经FJ公司事后核实,始知香港PH公司的注册资本并非当初香港中资(国有)HM公司所保荐的4 000万港币,而是仅有10万港币。另一方面,香港PH公司董事长S滥用其在KP合营公司中担任董事长的权力,涉嫌串通或利用美国PH晶体激光高科技公司,坑害中方,盗卖中国高科技专利,牟取暴利;甚至力图篡改KP公司原定的开发高科技产品的经营宗旨,转而从事房地产买卖。1992年9月,受害人FJ公司委托笔者担任代理律师,向中国国际经济贸易仲裁委员会(CIETAC)请求追查资信伪证真相,追究欺诈责任,并解除因被欺诈受骗而订立的上述合资合同。1993年9月,本案三人仲裁庭以2∶1作出裁决,在仲裁程序、事实认定以及法律适用方面都存在重大的扭曲和错误,偏袒了伪证,纵容了欺诈。应受害人FJ公司要求,笔者当时即出具《法律意见书》,呈交CIETAC,针对上述扭曲和错误提出质疑和批评,建议<u>严肃清查偏袒伪证和纵容欺诈</u>的缺失和疑窦,从中总结教训,以利维护CIETAC的盛誉。由于中国的涉外仲裁监督机制不够健全、不够严密、不够严格,以上批评、质疑和建议被搁

---

* 本案编号为"V92171",CIETAC组庭受理于1992年11月,裁决于1993年9月20日。裁决书编号为"(93)贸仲字第3470号"。本文依据本案案卷文档写成。引文中的黑体是引者加上的。有关文档可依有关法定程序向CIETAC有关部门请求查索阅读。参照CIETAC公开发表裁决书的通常做法,本文隐去了当事人、仲裁员、涉案人员及涉案地点等真实的公司名、人名和地名,而以英文字母取代。参见CIETAC编:《中国国际经济贸易仲裁裁决书选编(1963—1988)》,前言,中国人民大学出版社1993年版。

置一旁,迄无下文。

时隔十余年,此事已成"历史",但人们记忆犹新,挥之不去。如今"旧事重提",盖因其中是非真伪与各种疑窦,仍然有待认真分辨澄清,仍然不无认真总结之价值。"前事不忘,后事之师";"以史为鉴,可以知兴替"——这两句古训,在这里也是完全适用的。CIETAC 中专门设有"仲裁研究所",如能专就此个案立项进行"历史"研究,信必大有助中国涉外仲裁之树,根深叶茂,常绿常青!

目　次

一、本案案情梗概

二、本案仲裁申请书(1992 年 9 月 22 日)

三、关于香港 PH 公司 S 先生欺诈行为的补充说明(1993 年 4 月 10 日)

　(一)香港 PH 公司与美国 PH 公司的关系

　(二)香港 PH 公司的资信问题

　(三)组建香港 PH 公司的真实意图

　(四)S 先生在尖端专利产品销售权问题上的欺诈行为

　(五)香港 PH 公司 S 先生的欺诈行为对 KP 合同效力的影响

四、本案讼争主要问题剖析(1993 年 4 月 14 日)

　(一)解除《KP 合同》的约定条件和法定条件均已完全具备

　(二)本案被诉人的欺诈行为导致《KP 合同》必须火速废除

　(三)本案申诉人 FJ 公司的合理合法的紧急请求应予支持

五、关于《(1993)贸仲字第 3470 号裁决书》的法律意见书——对本案裁决执法不公的批评、质疑和建议(1993 年 11 月 5 日)

　(一)关于《裁决书》的法律效力问题

　(二)关于事实认定和仲裁程序问题

　(三)关于仲裁程序的其他问题

　(四)关于法律适用问题

一、本案案情梗概

中国科学院 WG 研究所主办的 FJ 技术开发公司(简称"FJ 公司"或

"FJ"),是一家专门生产该研究所发明的晶体尖端专利产品的高科技公司,产品外销,已经占有一定的国际市场。为了进一步开发尖端产品,扩大国际市场,经香港中资(国有)HM 公司(简称"HM")某负责人引荐推介,FJ 公司于 1991 年 11 月 17 日与香港 PH 激光系统有限公司(简称"PH 公司"或"PH")、香港 HM 公司签订合资经营合同(简称"KP 合同"),组建了合资的福州 KP 有限公司(简称"KP 公司"或"KP")。KP 公司注册资金为 1 515 万美元,其中 FJ 公司以高科技晶体的技术产权折价 515 万美元出资,占注册资金的 34%;PH 公司以及 HM 公司各以现金 500 万美元出资,各占注册资金的 33%。合同规定:PH 公司应在合资的 KP 公司的营业执照签发之日起 3 个月内,缴足首期资金 150 万美元。但 PH 公司既欠实力,又另有所图,以种种借口拒不依约如期缴资。直至上述营业执照签发 6 个月,才缴交 15 万美元,仅占应缴数的十分之一,致使 KP 公司无法及时开展业务,并造成 FJ 公司专利权益的重大损失。FJ 公司经认真调查核实,终于在 1992 年 8、9 月间得悉 PH 公司在香港的注册资本原来只有 10 万元港币,仅相当于 1.28 万美元,基本上是个"皮包公司",经济实力低下,资信不佳;而且 PH 公司涉嫌串通或利用美国 PH 晶体激光高科技公司(以下简称"美国 PH 公司"或"美国 PH")坑害中方,盗卖中国高科技专利,牟取暴利。而当初 FJ 公司之所以接受这家"皮包公司"作为合资对象并与之订立合资经营合同,除了自己的缺乏经验和有欠慎重之外,主要是偏听和轻信了设在香港的中资(国有)HM 公司的推荐和"担保"。据 HM 公司声称:香港 PH 公司"拥有美国政府颁发的多项专利,注册资本为 4 000 万港元,拥有 40 多名专家、科研人员及市场推销员,是一家实力雄厚的高科技公司"。PH 在参加合营后,不但肆意拖延,不如期缴交首期投资,而且滥用"董事长"权力、力图篡改 KP 合资公司原定的开发高科技产品的经营宗旨,转而从事房地产买卖投机。FJ 公司在长期受骗上当的情况下,不但吸引外资和拓展国际市场的善良愿望落空,而且自己原有的专利权益也受到严重损害。在连连受害和真相大白之后,FJ 公司乃于 1992 年 9 月 22 日依据合资合同中的仲裁条款,委托厦门市第二律师事务所兼职律师陈安教授,向中国国际经济贸易仲裁委员会申请仲裁,要求追查欺诈和伪证真相,裁决正式解除合资合同,终止 FJ 公司与 PH 公司的合资关系,并责令 PH 公司按合同规定向 FJ 公司交付违约金 12.15 万美元。PH 公司辩称:首期资金到位日期变更推迟,"事出有因",后来已经到位且已有验资证明,故反对解除合资合同;与此同时,提出"反诉",说是 FJ 公司对 PH 公司的"诚意和信誉的诋毁已构成严重侵权",要求 FJ 公司向 PH 公司"公开赔礼道歉",并支付违约金和经济损失赔偿费42.375万美元。1993年9月20日,本案仲裁庭三位仲裁员意见分歧,以"2∶1"的"多数"作出裁决。其要点是:第一,认定合资合同"依法有效",FJ公司"要求解除合同的理由不能成立,合营各方应继续履行";第二,FJ公司的经济索赔和PH公司的"反诉"索赔,均不予支持。裁决书下达后,FJ公司方面群情激愤,舆论大哗,认为这一裁决显然有失公正。因为它在仲裁程序、事实认定以及法律适用方面,都存在重大的扭曲和错误,特别令人难以容忍的是:对于FJ公司强烈要求<u>追查资信伪证真相、追究伪证责任从而解除欺诈合同这一关键要害问题,置之不理</u>,不但在庭审过程中阻拦FJ公司代表充分揭露伪证行径,而且在裁决中曲意回避、掩盖和袒护PH公司串通HM公司<u>出具资信伪证</u>,实行欺诈等不法行为,听任国有尖端专利权益继续流失。况且,本案仲裁庭三位仲裁员中有一位资深仲裁员依法秉公断案,公开拒绝在上述裁决书上签字,实为该中国涉外仲裁机构当年仲裁实践中所罕见,这也从一个侧面反映出这份裁决书在实体上和程序上确实存在重大问题,有待查究。有鉴于此,FJ公司代理律师遂如实向仲裁委员会领导机构及时反映上述意见,请求给予监督、追查和追究错裁责任。以下收辑的是FJ公司代理律师先后提交本案仲裁庭及中国国际经贸仲裁委员会领导机构的《仲裁申请书》(1992年9月22日)、《关于香港PH公司S先生欺诈行为的补充说明》(1993年4月10日)、《律师代理词》(1993年4月14日)以及《关于〈(93)贸仲字第3470号裁决书〉的法律意见书》(1993年11月5日)。

  后来的事态发展证明:上述不公裁决造成了严重的"后遗症":FJ公司认为基于伪证、欺诈建立的合资关系有如"<u>骗婚</u>",而不许依法解除此种基于伪证、欺诈建立的合资"婚姻关系",则在事实上造成"<u>捆绑夫妻</u>",始终同床异梦,离心离德。自1993年10月迄1998年底,中、港合资的KP公司内部矛盾重重,纷争不断,"高潮"迭起,又因PH公司、HM公司进一步违约、产生新的资金不到位问题以及新的严重侵害FJ公司专利权益问题,迫使FJ公司先后于1995年9月25日和1997年6月10日委托北京律师代理,第二度、第三度就新的违约问题和侵权问题向中国国际经贸仲裁委员会诉请仲裁。其中前一案件于1995年底在有关方面斡旋下达成和解协议,由HM公司向FJ公司赔偿1 200万元人民币(在此之前,PH公司原有33%股权已被HM公司背着FJ公司私自另行收购);后一案件则于1998年12月25日由新案仲裁庭作出裁决,责令HM公司向FJ公司赔偿878.4万元人民币。

二、本案仲裁申请书

（1992年9月22日）

申诉人：中国科学院 WG 研究所 FJ 技术开发公司（以下简称"FJ 公司"）

地址、电话、传真等从略

被诉人：香港 PH 激光系统有限公司（以下简称"香港 PH 公司"）

地址、电话、传真等从略

申诉人 FJ 公司根据 1991 年 11 月 17 日与本案被诉人共同签订的《福州 KP 有限公司合同》（以下简称《KP 合同》）第 60 条仲裁条款的规定，就本案被诉人严重违约、迟延缴资、造成申诉人 FJ 公司重大损失的有关争议，提交中国国际经济贸易仲裁委员会，请求给予仲裁。

仲 裁 请 求

(1) 按照《KP 合同》第 53、54 条规定，终止《KP 合同》，正式解除申诉人 FJ 公司与本案被诉人之间的合资经营关系；

(2) 按照上述《KP 合同》规定，本案被诉人应交付违约金 12.15 万美元给申诉人 FJ 公司；

(3) 由本案被诉人承担本案全部仲裁费用。

事 实 与 理 由

（一）关于终止合同

申诉人 FJ 公司是中国科学院 WG 研究所（以下简称"WG 研究所"）主办的一家高科技开发公司。为了进一步开发晶体尖端产品，扩大生产规模，开拓国际市场，FJ 公司于 1991 年 11 月 17 日与港商 S 先生主办的香港 PH 公司（即被申诉人）、香港 HM（集团）有限公司（实为中资国有公司，以下简称"HM 公司"）签订合资经营合同，组建"福州 KP 有限公司"（以下简称"KP 公司"）。

三方约定：KP 公司的注册资本为 1 515 万美元。其中，申诉人 FJ 公司以高科技晶体的技术产权折价 515 万美元出资入股，占注册资本的 34%；本案被诉人以现金 500 万美元出资入股，占注册资本的 33%；HM 公司出资金额与所占全资比重，相同于本案被诉人。

按照《KP 合同》第 11 条规定，本案被诉人应在 KP 公司的营业执照签发之日起 3 个月内，按认缴出资额的 30％投入资金，即应缴足 500 万美元×30％＝150 万美元。为保证 KP 公司及时开展生产经营，《KP 合同》第 53 条进一步明确规定：本案被诉人如不在上述期限内按约定出资额缴足应交资金，从逾期第一个月算起，每逾期一个月，应缴付应交出资额的 3％的违约金给守约方。如逾期 3 个月仍未缴交资金，除累计缴付应交出资额的 9％的违约金外，守约方有权终止合同，并要求违约方（即本案被诉人）赔偿损失。

衡诸事实：(1) KP 公司的营业执照正式签发于 1992 年 1 月 29 日。虽经申诉人 FJ 公司多次催促，本案被诉人以种种借口拒不依约如期缴资，直至 1992 年 7 月 29 日止，即上述营业执照签发 6 个月之后，才缴交 15 万美元，致使 KP 公司无法及时开展生产经营，并造成申诉人 FJ 公司重大损失。显而易见，自 1992 年 7 月 30 日起，申诉人 FJ 公司要求终止合同的前提条件已经完全成熟和具备。(2) 申诉人 FJ 公司经过认真调查核实，终于得悉本案被诉人在香港的注册资本只有 10 万元港币（折合 1.28 万美元左右），经济实力低下；资信不佳；而且不能完全排除本案被诉人与美国 PH 公司双方串通坑害中方、共谋某种非法利益的可能。（详见有关附件。）

衡诸法规：经国务院批准，1988 年 1 月由中华人民共和国对外经济贸易部和国家工商行政管理局联合发布了《中外合资经营企业合营各方出资的若干规定》，其中第 4 条和第 5 条明文规定，合营各方不按法定期限在营业执照签发之日起 3 个月内缴清分期出资的定额，即"视同合营企业自动解散，合营企业批准证书自动失效，合营企业应当向工商行政管理机关办理注销登记手续，缴销营业执照"。

根据上述法规要求和《KP 合同》规定，申诉人 FJ 公司兹特正式要求仲裁庭作出裁决：《KP 合同》应予立即终止，正式解除申诉人 FJ 公司与本案被诉人之间的合资经营关系。

（二）关于违约金

根据以上事实，本案被诉人严重违约、逾期拒不缴付应交资金长达 3 个月以上。按照《KP 合同》第 54 条规定，违约方即本案被诉人应对守约方即申诉人 FJ 公司累计支付应交出资额的 9％的违约金。除本案被诉人于期限届满以前已经缴交的 15 万美元资金以外，其逾期 3 个多月拒不缴交的资金为 150 万美元－15 万美元＝135 万美元。相应地，其累计应交的占出资额 9％的违约金应为 135 万美元×9％＝12.15 万美元。

据此，申诉人 FJ 公司请求裁定：本案被诉人应依约尽速交付违约金 12.15 万美元给申诉人 FJ 公司。

（三）关于仲裁费用

本案被诉人单方严重违约，又拒不按照《KP 合同》规定支付违约金和赔偿金，致使申诉人 FJ 公司不得不申请仲裁，依法讨回公道。因此，申诉人 FJ 公司请求裁定：本案被诉人应当承担本案的全部仲裁费用。

基于以上事实和理由，申诉人 FJ 公司兹谨根据《中华人民共和国涉外经济合同法》第 18、20、29、37 条以及《中华人民共和国合资经营企业法》第 14 条的规定，并按照《KP 合同》第 60 条的约定，向贵会仲裁庭申述以上各点权利主张和请求，请依法予以公正裁决。

根据《中国国际经济贸易仲裁委员会仲裁规则》第 6 条第 3 款规定，兹谨选择 ZM 先生作为申诉人 FJ 公司指定的仲裁员。

谨呈

中国国际经济贸易仲裁委员会深圳分会

中国科学院 WG 研究所
FJ 技术开发公司（盖公章）
1992 年 9 月 22 日

三、关于香港 PH 公司 S 先生欺诈行为的补充说明

（1993 年 4 月 10 日）

FJ 公司近来陆续获得的新材料、新证据表明：在 KP 合同订立过程中，香港 PH 公司 S 先生采取了一系列欺骗及故意隐瞒事实真相的手段。这不仅表现为其在香港 PH 公司资信上的伪证和在该公司简介中的作假，而且表现为其蓄意隐瞒出卖我国利益从美国 PH 公司获得 800 万美元暴利的幕后秘密交易，还表现为其力图诱骗中方以 1 美元的代价将价值连城的 FJ 公司高科技产品 LBO 专利及技术诀窍卖断给美国 PH 公司，以及力图将 FJ 公司产品在全球范围内的销售权交由美国 PH 公司垄断。变着法子获取"两权"，用资金不到位压迫 FJ 公司接受，是 KP 一系列问题及香港 PH 资金到位问题上违约、违法的根

本原因。

按我国法律,组建中外合资经营公司的 KP 合同由于香港 PH 公司 S 先生的上述欺诈行为应被依法确认为自始无效。兹分别补充说明如下。

(一) 香港 PH 公司与美国 PH 公司的关系

香港 PH 公司 S 先生利用国内改革开放的大形势,利用 FJ 公司希望与美国激光高科技公司合作开发的心理,采用欺骗和故意隐瞒事实真相的手段以美国 PH 公司之名大造舆论。在与 FJ 公司洽谈以及许多书面材料中,他一再声称香港 PH 公司是美国 PH 的子公司。中方 FJ 公司曾一直以为是在通过 S 先生与美国 PH 公司合作,创办国际一流激光材料与器件的高科技产业。例如,由 S 先生一手撰写的《可行性报告》不仅载明了香港 PH 公司是美国 PH 的子公司,以及"美国 PH 公司将成为 KP 合资公司在北美的总代理,它不但可以销售 KP 合资公司的产品而且可以根据美国激光界对不同产品的需求,帮助 KP 合资公司开发新产品",还声称将在 1991—1999 年之间,每年邀请美国 PH 公司人员来华或派出人员去美国 PH 公司;中科院 WG 研究所与美国 PH 公司将联合研制、开发新的高科技产品与器件。在 KP 合资公司成立大会上 S 先生的致词中,他本人亦明确称 KP 公司为中、美、港三方的合资企业。美国 PH 公司人员还参加了签字仪式和第一次三方会谈(见附件 1)。在香港和内地的新闻媒体有关 KP 的报道中,均称 KP 公司的成立系中美在高科技领域合作的结晶(见本案被诉人答辩书的附件 1)。正是基于这种认识,FJ 公司还在第二次董事会上同意在美国建立负责晶体销售的子公司,并同意美国 PH 公司"尽快介入合资公司的运作,熟悉和了解晶体的生产环节"(第二次董事会纪要,见本案被诉人答辩书的附件 6)。显然,在 KP 合资公司谈判组建的过程中及签字成立后相当长的一段时间内,如果 FJ 公司不误信 S 先生代表了美国 PH 公司参与 KP 合资公司的谎言,上述情况是不可能发生的。

那么,香港 PH 公司与美国 PH 公司到底是什么关系呢?尽管 S 先生一再声称香港 PH 公司是美国 PH 公司的子公司,但事实上从香港政府公司注册处查到的档案证明:香港 PH 公司的法定登记中既无美国 PH 公司的股份体现,也没有与其"互为参股",因此根据香港的法定登记,它不可能是美国 PH 公司的子公司。即使美国 PH 公司的确拥有香港 PH 公司 44% 的股份,这一股份未在香港政府的公司注册处依法登记,根据美国、中国香港和中华人民共和国的法律,也是非法的和无法律意义的。

将以上事实与 S 先生所说的情况作一比较,就会产生两个实质性的问题:

(1) 假若香港 PH 公司与美国 PH 公司根本没有任何关系，S 先生所称"子公司"云云就显然是欺骗 FJ 公司；(2) 假若美国 PH 公司的确拥有香港 PH 公司的股份，而又从未依法登记注册在案，这种关系显然只可能是一种幕后的秘密交易，即 S 先生有意隐瞒了事实真相。两者必居其一，而无论是前者还是后者，都是欺诈行为。

特别值得指出的是，FJ 公司律师 1992 年 9 月已查得香港 PH 公司股份注册真实情况的书面凭证，并将它附入 FJ 公司仲裁申请书，且业经仲裁委员会送达 S 先生，但是直到 1992 年 12 月 28 日，S 先生仍然试图通过香港中资国有的 HM 公司就这一问题哄骗中科院的 WG 研究所及其下属的 FJ 公司，仍然不肯说出事实真相（附件 2）。

（二）香港 PH 公司的资信问题

从 KP 公司建立伊始，S 先生就一直极力回避直接提供香港 PH 公司的资信证明。他不出示按合资常规外方所必须提供的银行担保或银行资信说明，却玩弄手法让美国 PH 公司的 R. E. Meshel 和设立在香港的中资（国有）HM 公司出具证明，他本人也在 1991 年 12 月 9 日亲笔写了一份关于香港 PH 公司资信的证明（见陈安教授法律意见书附件 2），声称香港 PH 公司有三个股东，S 及其夫人分别拥有 5% 和 51% 的股份，而美国 PH 公司的 Steven Schiffer 拥有 44% 的股份。

1991 年 11 月 20 日<u>由香港中资（国有）HM 公司出具</u>的香港 PH 公司情况简介中称：

<u>香港 PH 公司</u>"<u>与美国 PH 公司互为控股</u>，主要发展医疗及工业应用激光系统，拥有美国政府颁发的多项专利，<u>注册资本为 4 000 万港元</u>，拥有 40 多名专家、科研人员及市场推销员，<u>是一家实力雄厚的高科技公司</u>"。

在此之前一个月，1991 年 10 月 19 日 HM 公司致中科院 WG 研究所的函（见陈安教授法律意见书附件 2）中称：

因香港 PH 公司"成立不久，没有业绩及资产负债表可提供，据我们了解，其信誉是可靠的。<u>HM 集团公司可以予以证明和担保</u>"。

事实到底是怎样的呢？直至 1992 年 9 月，FJ 公司由律师通过香港政府公司注册处查证才发现，<u>以上香港 PH 公司的资信证明纯属伪证</u>（见陈安教授法律意见书附件 2）。事实上，香港 PH 公司只有 10 万港元（约合 1.28 万美元）的注册资本而不是"4 000 万港元"，且股东只有 S 先生夫妇二人，美国 PH 公司并不在其中拥有任何股份，而香港 PH 公司也更非所谓的"拥有 40 多名专家"的

"实力雄厚的高科技公司"。香港 PH 公司事实上是一个既无经营业绩、又无不动产的"皮包公司"。同时,由于香港 PH 公司是一家有限责任公司,且仅有 10 万港元的注册资本,因而,它承担经济风险的能力是十分低下的。据此,上述 Meshel 等应 S 先生要求出具的关于香港 PH 公司的股东、资本、实力的证明和介绍以及香港 PH 公司与美国 PH 公司之间的关系的说辞,是明显的伪证和欺诈。

由于 HM 公司是福建省政府在香港所办公司,且其主要人员均属福建省外经贸委原负责官员,使 FJ 公司在香港 PH 公司的资信这一关键问题上长期被 S 蒙蔽,这从 FJ 公司主持撰写的《可行性报告》和《项目建议书》及 KP 公司签字仪式期间的背景材料介绍几乎完全原文引用 HM 公司的介绍即足以说明。

尽管 FJ 公司在香港 PH 资信问题上受骗上当,与 FJ 公司对合资企业经验不足有关,也与 FJ 公司轻信了作为省政府的驻外机构的 HM 公司的介绍有关,但是,从目前核实的事实来看,前述伪证显然均是由 S 先生所作出的或与其有直接关系的。Meshel 先生出具的和 S 先生本人手书的有关香港 PH 的介绍中,他们故弄玄虚,仅说明股份相对值(S 先生及其夫人分别拥有 5%和 51%股份,美国 PH 的 Steven Schiffer 拥有 44%的股份),而只字不提其注册资本的绝对值;S 先生对经其审阅认可的《可行性报告》、《项目建议书》及 KP 的背景材料介绍中有关香港 PH 的虚假介绍,从未提过只字异议或修改意见;HM 关于香港 PH 的"简介"中的不实之处,不能不令人疑窦丛生:因为,既然香港 PH 公司在香港政府的公司注册登记处登记的材料中明确记载,它只有 10 万港元的注册资本,<u>近在咫尺而不查核</u>,所谓"注册资本为 4 000 万港元"云云,其来源显然只能是听凭 S 先生自己的介绍了。这一点,从 HM 公司 1992 年 12 月 28 日致 FJ 公司的函件中亦可得到旁证(附件 2)。在这封信中,HM 写道:"根据你们的要求,我们也就贵司对有关香港 PH 公司与美国 PH 公司之间的关系问题质疑询问了 S 先生。"该信还特别附注了 S 先生本人提供的几页证明其本人与美国 PH 公司关系的材料。由此可见,HM 关于香港 PH 简介的材料均出自 S 先生本人之手。

(三) 组建香港 PH 公司的真实意图

KP 组建前后,S 先生在多次场合,甚至在报章上都一再声称,他不惜巨资,投资我国办合资公司是出于其对中国内地改革开放政策的"赞赏"和一片"爱国热情",是为了中国的高科技产业。但既然如此,他何以不直接投资而要专门另组一个仅有 10 万港币注册资本的香港 PH 呢? 对此他曾一再解释说,这只是为了与美国 PH 合作的方便。甚至到了 1992 年底,S 先生仍然将其成立香港 PH 公司的目的说成是"爱国行动","想在国内高科技产业上有所作为,带动美国投资者"。但是事实说明,S 背后的真实意图完全是另外一码事。

(1) 根据美国证券与交易委员会档案记载,美国 PH 激光系统有限公司提交备案的截至 1991 年 12 月 31 日的会计年度报告(简称"10－K 表格",见附件 3)第 00002 页第 4 段赫然写着以下内容:"1991 年 9 月,本注册公司取得了香港 PH 激光系统有限公司(以下简称"香港 PH 公司")44%的股权。这家香港公司组建的目的,在于取得中国开发的某些非线性光学材料的专利特许"。这段话在美国 PH 公司的该年度报告中重复了多次(见附件 3)。显然,S 先生所说的成立香港 PH 公司的目的与此截然不同。

在 00003 页第 1 段美国 PH 又进一步阐述了取得这一专利特许的用途之一:"1991 年 11 月,本注册公司(即美国 PH)组建了高级心脏疾病医疗仪器股份有限公司。该公司处于创始阶段,目的在于使用本注册公司通过香港 PH 公司参加上述合营企业取得的专有技术和先进的非线性光学材料,开发心脏疾病医疗新技术。"

(2) 更有甚者,美国 PH 公开发布的 1991—1992 年的年度报告称(附件 3):1991 年 9 月 30 日,美国 PH 给予香港 PH 公司 S 先生的夫人 T 女士个人价值 800 万美元的 4 万股优先股股票,以作为获得香港 PH 公司 44%股权(实际上仅为 4.4 万港元,约合 5 600 美元)的交换条件。两者价值悬殊竟达 1 428 倍之多!(800 万÷0.56 万＝1 428.57)。这一奇怪的"<u>不等价</u>"交换的前提条件是,<u>香港 PH 必须在两年内与 FJ 公司建立一个合资公司,以获得有关非线性光学材料方面的专利特许</u>,并在这方面按照美国 PH 公司与 S 先生签订的"<u>股票购买协议</u>"所定义的内容进行某些"科技项目"的经营。

关于这一幕后交易的内容,同文 000073 页写道:"1991 年 9 月 30 日,本公司通过向组建香港 PH 公司的股东之一发放 4 万股本公司的第八类股票,有效地换取了香港 PH 公司 44%的股权。第八类普通股 4 万股可折换为本公司拆股后的 40 万股普通股。按本公司股票当时的市场价格计算,这笔投资金额为 800 万美元。本公司认为,为了换取香港 PH 公司的净底本资产(10 万美元)的 44%股权而进行大量的超值溢价投资,是因为该香港 PH 公司的创业股东(指香港 PH 公司的 S 先生)有能力在中国境内进行谈判,作出合资研究和制造(高科技产品)的安排。"如果香港 PH 公司未按照《股票购买协议》,在两年期限内与中国订立某种合资经营协议,并且承担某些股票购买协议所规定或定义的科技项目经营,则应将本公司发给的20万普通股(或按协议规定的相当于这20万股价款的现金)如数还给本公司。"

上述事实中特别值得注意的是,美国PH为了获取香港PH 44%股份而发放的价值800万美元的股票是发放给S夫妇本人的,而不是香港PH公司。换言之,S夫妇借助于他们与美国PH的幕后交易,并通过建立香港PH来达到他们个人获得800万美元的巨额暴利,中饱私囊。

那么,美国PH公司通过这笔交易又能得到什么好处呢?

根据美国PH公司董事长Steven Schiffer先生提供的证词(见附件4),S先生允诺将LBO专利权以及FJ公司非线性光学材料在全世界的独家销售权转让给美国PH。S还告诉美国PH公司:只有通过香港PH公司,KP合资公司才能建立,并诱使美国PH公司认为从S的妻子T女士处购买香港PH公司44%的股权是建立KP合资公司的<u>先决条件</u>。因此,为了参加KP合资公司,美国PH公司用价值1 600万美元的代价(已入账的部分为800万美元,因此,10—K报告上只体现了800万美元)从S夫妇私人处购取了香港PH 44%的股份。美国PH的这份旁证清清楚楚地表明了S通过建立香港PH企图出卖我司(中国FJ公司)的利益并以此已经骗取了巨额私利!这也清楚地解释了为什么美国PH公司早在1992年4月14日报给美国政府证券与交易委员会的10—K报告中就已明确写道:"香港PH公司组建的目的,在于取得中国开发的某些非线性光学材料的专利特许。"同时,也无情地揭露了香港PH公司S先生为牟取巨额私利而在美国PH公司与中国FJ公司之间设立的骗局。

再来看看下列两项主要事实。KP公司组建前后,S先生一而再、再而三采取各种手段,逼迫已拥有年创汇能力达200万美元的FJ公司将晶体销售权及其国际销售网统统拱手交给美国PH。同时,S与美国PH企图以区区1美元的代价,诱骗FJ公司将LBO专利的全部权利一次性卖断给美国PH:先将其由FJ公司卖断给KP有限公司(KP Inc),再由其卖断给完全与FJ公司毫无干系的所谓"香港KP有限公司"(KP Ltd),尔后由后者再将生产、销售和专利特许权转到美国PH(见陈安教授的法律意见书附件3),归由美国PH公司在全世界范围内全盘垄断。不仅要使美国PH拥有LBO专利的生产、销售垄断权,而且要将有关的生产技术细节和诀窍全部无偿转移给美国PH公司。将这两项事实与上述S与美国PH的交易相联系,再与KP合同进行比较,S妄图出卖FJ公司利益牟取其巨额私利的欺骗行为,就昭然若揭了!

关于专利权的转让证书与许可证,早在1991年9月20日美国PH公司Meshell先生就给香港PH公司S先生写了一封信(见陈安教授的法律意见书附件3),信中写道:"S先生:依照FJ公司最近商谈的事项,现附上如下材料:待签署的'转让证书'一份。"以中国科学院WG研究所作为出让人转让第4826283号美国专利(即中国科学院WG研究所在美国申请获准的"LiB305晶体非线性光学器件发明"专利)。随信附上并由S转交的"转让证书"是要求研究所"以1美元或其等价物,以及其他可估价的良好对价"把LBO晶体在美国专利的持有权出售并转让给香港KP有限公司(其地址与香港PH公司的法定地址完全相同),其转让内容是中科院WG研究所将专利权完全卖断,任其处置。根据Meshell先生的这封信,S不仅事前完全知道把LBO专利以1美元的代价转让给美国PH这件事,而且这件事就是其精心安排的。这一点在美国PH董事长Steven Schiffer于1993年3月21日致FJ公司总经理ZY的信中再次得到证实(见附件5)。Schiffer证实:"所有专利转让的文件均是根据S的安排起草的。"然而,在KP合同谈判的整个过程中,S这一安排却对FJ公司只字未提,妄图瞒天过海。

1992年1月份美国PH的Meshell先生根据S的安排为美方人员参加KP签字仪式准备的两份"转让证书"和一份"许可证和技术服务协议",使这一"转让"的真实意图更加暴露无遗。第一份"转让证书"与前一份基本相同,只是受让人换了一个名称,即"香港KP有限公司"(KPI),以便与福州KP的英文名称合拍,不过其地址与香港PH的地址完全相同(这可能就是为什么S先生在合资初期,始终坚持把合资公司总部设在香港的缘故)。而第二份转让证书则是从KP公司(KPI)把专利权转让给"香港KP公司"(KPL),其地址恰恰又是香港PH的地址。经过这么一"转",S就可以轻易地完全攫取整个专利所有权、持有权和使用权,而中科院WG研究所和FJ公司从此只能依靠空口许诺的所谓34%利润的施舍了。

根据从香港政府公司登记注册处所查实的资料,S以KP的名义在香港登记注册了两家公司,KP Ltd(KPL)及KP Inc(KPI)。其中KPI成立于1992年1月25日。这两家香港KP的董事长与法定代表人均为S。倘若不是转让LBO专利的需要,还有任何理由可以解释S为什么建立了两家香港KP吗?

第三份"许可证与技术服务协议"也是经过精心安排的。表面上专利持有权还在与FJ公司毫不相干的"香港KP有限公司"手中,而美国PH通过这一协议却可以获得"上述专利的制造、使用和销售产品的独占许可证,以及运用有关LBO晶体的专利和专有技术的制造、使用、销售产品的独占性许可证"以及"依照本专利许可在'区域'(定义为整个世界)内独家制造、精制、组装、使用、经销以及出售本专利所包含的发明物"。

那么,美国 PH 获取 FJ 公司的专利权有什么好处?是否会严重损害 FJ 公司的利益呢?美国 PH 主要发展的是医疗激光器,它本身也处于激烈的竞争环境之中。在其 1991 年的 10—K 年度报告(附件 3)第 11 页中明确指出:"美国 PH 公司与其他发展激光器的公司进行的有效竞争在很大程度上依赖于其技术的保密性和专有性。"鉴于我司的 LBO 晶体是医疗及许多激光器的重要的甚至是关键性的部件,再加上其性能比现有其他晶体优越很多,因此,任何一家激光器厂家,只要控制了 LBO 专利的专利权或独家使用权,就可以有效地阻止别的厂家使用 LBO 晶体,从而保护其激光器的销售。若美国 PH 公司独家获得 LBO 的整个专利权,并控制住其晶体销售权,就可以很容易地对其竞争对手实行控制,不允许它们使用 LBO 晶体。这就是它对 LBO 专利的根本兴趣所在,也是它为什么愿意出高价获取 LBO 专利权的原因。对别的厂家来说,由于 LBO 专利的独家限制(不论是所有权还是使用权),就不能在其生产的激光器中使用 LBO,不得已就只能使用其他晶体,而这些其他的晶体,如 KTP,恰好是我国 FJ 公司的强有力竞争对手。对 FJ 公司来说,由于 FJ 公司主要产品是晶体材料,只有所有的激光器厂家都使用 FJ 公司的晶体,FJ 公司才可能最大限度地扩大产品销售。因而尽量使所有激光器厂家都使用 LBO 才是 FJ 公司的根本利益所在。显而易见,FJ 公司与美国 PH 之间在 LBO 专利问题上是存在根本性的经济利害冲突的。换言之,由美国 PH 控制专利权和销售权,我中方利益就可能遭到严重的损害。因此,即便仅仅是 LBO 专利使用权被卖断,就足以使 FJ 公司乃至于 KP 利益遭到严重损失。

以上事实表明,S 先生参加与 FJ 公司的合资绝不是为了所谓促进我国高科技的发展,而是为了骗取我国的专利特许及高科技晶体产品的销售权,以谋取其个人的巨额暴利!正如 S 所承认的,香港 PH 公司是为其与中国合资而专门建立的。很显然,美国 PH"慷慨"赠送 S 夫妇 800 万美元绝不是平白无故的。事实上,若 FJ 公司稍不留心,将上述专利权或者使用权全盘卖断和转移到 KP 公司,那么,S 先生作为该公司的董事长和法定代表人,以及另外两家香港 KP、一家香港 PH 的董事长和法定代表人,就极有可能将上述辗转盗卖阴谋变为事实。他一旦得逞,就将使 LBO 专利权丧失于美国 PH,中华人民共和国所拥有的 LBO 专利权将永远一次性卖断给 S 的公司;我国在非线性光学领域的国际王牌从此将失而不可复得。由此可见,S 先生精心策划的盗卖 LBO 专利的种种行为,是严重地损害了中华人民共和国的国家利益的。

(四)S 先生在尖端专利产品销售权问题上的欺诈行为

KP 合同第 17 条规定,KP"产品由合资公司直接向境外销售"。KP 章程

第9条也就销售渠道作了明确规定。但就在KP合同签字后的第二天,美国PH代表就提出了由美国PH接管合资公司产品在全球范围内的独家销售权的要求。由于FJ公司代表的不同意,导致了一场相当激烈的争论。从大局出发,KP公司开张之初FJ公司就在外方的压力下作了让步,部分地接受了与合同不符的内容,同意在美建立一家负责全球晶体产品销售的分公司。尽管如此,由于该公司的总经理人选问题又引发了一场旷日持久的争论。在此过程中,S毫无理由地坚持不接受FJ公司推荐的总经理人选,而非要美国PH的人员来担任不可,其理由是"白人更好"。

FJ公司曾百思不得其解,为什么合同章程中作了明明白白的规定的销售权问题,KP公司合同刚一签字就立即引起了如此激烈的争论?这个问题直到最近,FJ公司直接向美国PH调查有关情况并得到美国PH董事长Steven Schiffer先生的答复说明后才弄清楚。事实是:S在KP合同签字以前就已擅自许诺让美国PH接管合资公司晶体产品在全球的独家销售权,只是对方完全隐瞒了上述事实。他的这种做法造成了FJ公司与美国PH之间的严重误会,也是KP一成立,中美双方就产生激烈争执、严重对立的根本原因。很显然,若FJ公司事前知道S要把全球独家销售权交给美国PH,FJ公司是绝不会与S的香港PH签订合同的。原因很简单,销售权完全由外方控制,不仅违反高科技产业的特点,也会导致FJ公司利益的根本受损。在KP销售权的问题上,S先生欺骗及故意隐瞒事实的行为至此已真相大白。正如美国PH公司Schiffer董事长在其来信中所写到的:"S先生既欺骗了FJ公司,也欺骗了美国PH"(见附件5、附件6)。

更重要的是,以上事实还说明了一个根本性问题,即S的欺骗行为是引起KP成立后,FJ公司与美国、香港PH严重争执的根本原因。所谓要在美国建立负责全球销售的分公司并由美国PH人员担任总经理,不过是S变相地兑现其将销售权交给美国PH的幕后承诺的一种变通办法而已。KP成立以后,S一直用资金不到位作为一张王牌来压我们接受他的这一要求,这也恰恰是其在资金到位问题上严重违约、违法的根本原因之一(详见我司同时呈交的KP一系列问题的根本原因),同时也是我们对S辩护律师的所谓"无关论"的最好驳斥。

(五)香港PH公司S先生的欺诈行为对KP合同效力的影响

综上所述,由于香港PH公司S先生故意隐瞒事实真相,谎称香港PH公司是美国PH公司的子公司,并在有关香港PH公司资信和实力的介绍中作伪,以及打着爱国人士的幌子四处招摇,因而使 FJ 公司:(1) 以为 FJ 公司是在通过香港 PH 公司与美国 PH 合作;并得以借用美国 PH 的技术力量共同研制和开发新产品、新器件(见 KP 项目建议书)。(2) 以为香港 PH 公司实力雄厚。(3) 以为 S 参与合资的目的在于促进我国高科技的发展,并帮助 FJ 公司建立真正的高科技产业。

鉴于香港 PH 公司的一系列欺骗行为以及它背着 FJ 公司妄图出卖 FJ 公司利益及损害我国的国家利益,并已获得巨额私利的事实真相,根据我国下列法律和法规,KP 合同应属自始无效。1987 年最高人民法院发布的《关于适用〈中华人民共和国涉外经济合同法〉若干问题的解答》明确规定,涉外经济合同有下列情形之一的,应当确认自始无效:"一方当事人采用故意制造假象、隐瞒事实真相或者其他欺骗手段,致使对方形成错误认识与之订立合同的","双方当事人恶意串通订立损害国家、集体或第三方利益的合同,或者以合法形式掩盖非法目的而订立合同的。"1981 年五届全国人大四次会议通过的《中华人民共和国经济合同法》第 7 条和 1985 年六届全国人大常委会十次会议通过的《中华人民共和国涉外经济合同法》第 10 条均规定:"采用欺诈、胁迫等手段所签订的合同"为无效。1985 年国家工商行政管理局发布的《关于确认和处理无效经济合同的暂行规定》指出:"当事人的意思表示不真实或采用胁迫、欺诈等手段签订经济合同的","当事人规避法律,损害了国家利益、社会公共利益或他人利益的",该经济合同即是"内容不合法"。鉴于香港 PH 公司蓄意欺诈,FJ 公司是在被 S 先生故意隐瞒了事实真相和被其欺骗而造成了严重错误印象的情况下与其签订合同的,该合同是出于对合同内容有重大误解而订立的,因而是内容不合法的、自始无效的经济合同。鉴于与香港 PH 公司的这一合同关系将会严重损害 FJ 公司乃至国家利益,应依法立即予以终止、解除、废除。

显然,香港 PH 公司在资信和骗取专利等诸方面的欺诈行为不仅是资金到位方面严重违约、违法的直接原因,而且该欺骗行为本身也明显违背了我国有关法律的规定,从而根本地破坏了经济合同的法律效力。它说明,FJ 公司及时提请终止 KP 合同是必要的。实际上,在 FJ 公司准备提请仲裁时,又从福建省外经贸委了解到,像香港 PH 公司这样注册资本只有 10 万港币、资信低下的公司本来是不会被批准参与合资的,他们也是因为 HM 公司系省政府驻港的公司,误信其关于香港 PH 公司的资信介绍,才未予深究而批准了 KP 合同。可见,正是香港 PH 公司的欺骗行为导致了 KP 公司目前的纠纷和问题。FJ 公司不仅为 KP 公司付出了大量的人力、物力和时间的代价,而且也由于上述欺骗行为延误了 FJ 公司自己创办真正的、国际一流的合资公司的进程。因此,鉴于香港 PH 公司弄虚作假,蓄意欺骗 FJ 公司,以及图谋骗取我国的专利权,并出卖销售权以牟取私利,应依法确认 KP 合同为无效,并立刻依法废除这一因被欺诈而签订的合同。

FJ 技术开发公司
1993 年 4 月 10 日

附件目录:

1. S 先生在 KP 公司签字仪式上的讲话
2. HM 1992 年 12 月 28 日致我司函
3. 美国 PH 1992 年 4 月 14 日呈报给美国政府的 10—K 年度报告译文
4. 美国 PH 董事长 Steven Schiffer 1993 年 4 月 7 日证词
5. 美国 PH 董事长 Steven Schiffer 1993 年 3 月 21 日致我司函
6. 美国 PH 董事长 Steven Schiffer 1993 年 3 月 23 日致我司函

四、本案讼争主要问题剖析

(1993 年 4 月 14 日)

代 理 词

中国国际经济贸易仲裁委员会仲裁庭:

本人受申诉人 FJ 技术开发公司(以下简称"FJ 公司")委托,就申诉人 FJ 公司与被申诉人香港 PH 激光系统有限公司(以下简称"香港 PH 公司")之间有关《福州 KP 有限公司合同》(以下简称《KP 合同》)纠纷一案,提出如下代理意见:

本案争议,可以归结为"一个核心,两个基本要点"。核心是:《KP 合同》是否应当尽早解除和废除?第一基本要点是:解除《KP 合同》的约定条件和法定条件是否已经具备?第二个基本要点是:本案被诉人的欺诈行为是否已经导致《KP 合同》必须火速废除?

申诉人 FJ 公司认为:对上述一个核心、两个基本要点的答案都是绝对肯定的。对两个基本要点问题的绝对肯定答案,决定了对核心问题的绝对肯定答案,即《KP 合同》应当刻不容缓地予以解除和废除,以避免 LBO"国宝"被盗的现实危险,避免对中国的国家权益造成无可挽回的严重损失,避免我国这一高科技产业发展的进一步耽误。

兹分别说明如下。

(一) 解除《KP 合同》的约定条件和法定条件均已完全具备

1. 解除《KP 合同》的约定条件已完全具备

《KP 合同》第 11 条规定:乙方(即本案被诉人香港 PH 公司)应在合资公司营业执照签发之日起 3 个月内,投入其出资额 500 万美元的 30%,即第一期投资 150 万美元。第 53、54 条规定:乙方若不如期、如数缴足上述第一期投资,则"从逾期的第一个月算起,每逾期一个月,违约方应缴付应交出资额的 3% 的违约金给守约方。如逾期 3 个月仍未提交,除累计缴付应交出资额的 9% 的违约金外,守约方有权按合同第 53 条规定终止合同,并要求违约方赔偿损失"。经核实,KP 公司的营业执照正式签发于 1992 年 1 月 29 日,本案被诉人依约理应在同年 4 月 29 日以前缴足 150 万美元资金,但却以种种借口拒不依约如期、如数缴资。直至 1992 年 7 月 29 日,只缴交了 15 万美元,即只占其应交第一期出资额的十分之一。根据《KP 合同》的上述规定,FJ 公司自 1992 年 7 月 30 日起,即有权依约要求终止合同。

2. 解除《KP 合同》的法定条件已完全具备

1988 年由对外经贸部和国家工商行政管理局发布的《中外合资经营企业合营各方出资的若干规定》(以下简称《出资规定》)第 4 条第 3 款载明:"合营合同中规定分期缴付出资的,合营各方第一期出资,不得低于各自认缴出资额的 15%,并且应当在营业执照签发之日起 3 个月内缴清。"衡诸本案,本案被诉人至少应在依照本法规定的 3 个月限期内缴足 75 万美元(500 万美元×15%),否则即为违反本法规定。福建省对外经贸委关于同意设立 KP 公司的批复中,也明确指出:"各方应于营业执照签发之日起 3 个月内缴清 30% 的注册资本"(见附件 1 第 4 点)。这显然是根据上述《出资规定》,结合本案《KP 合同》第 11 条的约定,作出的具体规定。

《出资规定》第 5 条进一步规定:"合营各方未能在第 4 条规定的期限内缴付出资的,视同合营企业自动解散,合营企业批准证书自动失效,合营企业应当向工商行政管理机关办理注销登记手续,缴销营业执照;不办理注销登记手续和缴销营业执照的,由工商行政管理机关吊销其营业执照,并予以公告。"《出资规定》第7条则载明:"合营一方未按照合营合同的规定如期缴付或者缴清其出资的,即构成违约。守约方应当催告违约方在1个月内缴付或者缴清出资。逾期仍未缴付或者缴清的,视同违约方放弃在合营合同中的一切权利,自动退出合营企业。"

根据上述法规规定,KP公司的《KP合同》早已在法律上因外商严重违约而自动终止;公司已视同自动解散;其合营企业批准证书以及营业执照均已自动作废;香港PH公司也已被视同放弃在《KP合同》中的一切权利,自动退出了KP公司,这是洞若观火、毫无疑义的法定结论。

3. 本案被诉人的几种遁词和曲解不能成立

本案被诉人在其答辩书中以及庭辩(1993年3月31日至4月1日)中,为其资金不如期到位的严重违约行为制造各种遁词,甚至不惜歪曲有关文件的字义原意,来开脱其法律责任,现予逐一批驳。

(1)"乙方资金已如期到位"说

本案被诉人不顾事实,硬说其"第一期现金出资额已按期缴纳,福建华兴会计师事务所(92)外验字第080号文对此已予验资确认"。其代理律师在庭辩中则更明确强调上述"验资报告"确认香港PH公司的第一期出资"已按期投入"。实则上述报告的原文是"截至本报告日止"(即1992年9月8日)香港PH公司已按第一期出资额投入。把"按额"歪曲为"按期",企图以一字之差,把逾期半年多才投入应缴资金这一严重违约的事实,强行抹杀。这真是谈何容易!(见答辩书之"二"及其附件5)

(2)"合同有关甲方技术投资的规定有漏洞"说

庭辩中,被诉方律师强调:《KP合同》中有关甲方(即申诉人FJ公司)技术投资的规定有"漏洞";甲方也应在3个月期限内投入其技术产权的30%,才算是"公平合理"。这种说法是站不住脚的,因为:

第一,它根本不符合高科技产业的根本特点。反之,《KP合同》第11条规定的"甲方的技术视合资公司生产的需要及时投入",正是完全符合高科技投资本质特点、符合《KP合同》根本宗旨的最公平合理的规定。按:FJ公司原称中科院WG研究所开发公司,成立于1980年,在1992年1月底KP公司正式成立之前,它已存在12年,其原有生产和销售业务蒸蒸日上,已拥有晶体年产值高达200万美元(见附件2)。它同意与外商合资经营,毫无疑义是为了扩大生产和销售,而绝非把自己原有的既得利益无端让外商分享。外商前来投资,也显然必须通过扩大原有生产规模和销售范围,取得合法的利润回报。关于这一立约的根本宗旨,已载明于《合同》第4章和《章程》第2章。因此,所谓"视合资公司生产的需要"一词,显指外商第一期资金如期、如数到位后扩大生产的需要。正是由于外商严重违约,第一期资金逾期半年多始终不如期、不如数到位,造成了征地、厂房基建、设备购置、人员雇用等等一系列严重困难或陷于停顿,使扩大生产规模成为纸上空谈,因而,甲方的生产技术投资也就被迫根本无法"及时投入"。打个譬喻:福建省某鳗鱼养殖公司拥有一亩池塘,生产正常,盈利丰厚。为扩大养鳗规模,需增辟池塘达到十余亩,于是决定引进外资合营。如约定的外资长期迟迟不到位,从而无法征地、挖塘、蓄水、投饵……试问:鳗苗岂能养在干旱的陆地上或空气中,又岂能按扩大生产的需要"及时投入"?

第二,甲方的"技术投资"是否可以机械地也按 30%、30%、20%、20%分割为四期同步投入?答曰:高科技投资的本质特点决定了上述"分割投入"的不可能;LBO、BBO 晶体产品的生产技术,是一个不可分割的有机整体,它只能在厂房、生产各流程设备等"硬件"具备的前提下,一次性地投入、百分之百地投入。否则,它的投入就既无条件,也无"需要",更无可能。晶体生产整个生产流程中任何一个环节的设备硬件不具备,技术软件就不可能投入,产品就不可能产出。这就像鳗苗不可能切割成鱼头、鱼躯、鱼尾"分期"投入养殖一样。

第三,甲方的技术投资义务是否意味着甲方应当在外商资金到位以前先把晶体销售权立即转交给 KP 公司甚至美国 PH 公司呢?答案也是绝对否定的。因为,根据《KP 合同》第 8 条、第 16—19 条以及《章程》第 8、9 条的规定,应当交由 KP 公司销售的产品,显然都是指外资投入、生产规模扩大之后的"合资公司的产品",而绝非 FJ 公司自行独立小规模生产的产品。外商没有资金投入、合资公司无法如期投产,试问:他们凭什么坐享 FJ 公司的 LBO 等晶体销售权并从中分享利润?"无功不受禄"乃是常识,不尽义务,岂能坐享权利?

简言之,所谓甲方技术"及时投入"以及 KP 第二次董事会纪要改定的"同步"投入,其起码前提,显然都是乙、丙两方第一期资金(即各自认缴额的 30%)如期到位。一俟乙、丙两方各自认缴资金的 30%如期到位,并建造好生产所需厂房,购得设备硬件,甲方即根据生产的需要一次性地、100%地投入自己的技术产权投资,这正是高科技投资的本质特点决定了的,何来"不公平"?如果硬要说存在"不公平",那倒可能是对甲方"不公平"了(30%:100%)!难道不是吗?

第四,退一万步讲,即便 PH 公司的 S 先生对高科技产品的技术投入特点缺乏常识,认为这一合同规定有"漏洞",需要进一步商讨和修改,这也不能成为他拒不执行合同规定的理由。根据合同规定,这一问题根本不是乙方资金是否到位的前提条件。同时,在未经法定程序修改之前,已具法律效力的合同绝不能任意拒绝履行。因此，所谓合同"有漏洞"、"一直就甲方技术如何同步到位进行磋商"的说法，无论在法律上还是常理上，都是绝对不能成为被诉方资金不到位的遁词的。

(3)"甲方不履行合同"说

本案被诉人律师一再辩称，甲方不仅技术未同步到位，而且在乙、丙两方资金于8月份到位后，仍未将技术投入，根本就未履行合同。实则，这也只是被诉方的一种无理遁词。因为：

第一，申诉人FJ公司从合资公司成立第一天起就积极认真地履行合同，在KP公司的审批、土地征用、人员聘请和基建等方面做了大量的工作。根据拟定的生产规模及晶体生产的<u>技术需要</u>，FJ公司不仅请建筑设计院对厂房进行设计和规划，而且组织中科院WG研究所许多高级研究员对车间和生产线进行水、电、安全和布局设计，还对KP公司用地进行了勘探、打桩、填沙和清理，花费了很多人力和财力。只是由于乙、丙两方资金一再拖延到位，才迫使基建和生产线建设停顿下来了。

第二，1992年5月12日至14日，申诉人FJ公司还单独承担了近两万美元的费用，在一年一度美国举办的全球最大激光会议上，以FJ公司及KP公司名义联名参展，推销产品，为KP正式投产后产品的销售做好了市场准备。这些事实都充分证明了申诉人FJ公司认真履行合同的诚意。

第三，即便是在香港PH公司一再违约长达四个月之久、资金于8月底才到位后，申诉人FJ公司仍从大局出发，委曲求全，同时申诉人FJ公司尚不知S先生力图盗卖FJ公司利益以牟取其个人私利的事，故仍希望在被诉方遵守合同、具有合作诚意的前提下，把KP公司办下去。一直到正式申请仲裁前，申诉人FJ公司先后多次电话或书面通知KP公司和其董事长S先生，要求KP公司将筹建工作所需人员及技术支持告诉FJ公司，以便统筹安排好KP筹建及FJ本身的生产工作。申诉人FJ公司亦曾要求尽快进行三方会商，以便根据二次董事会纪要所规定的"甲方的技术与专利权的投资也同步进行，具体方式由三方股东另行商定"的规定，对甲方技术如何到位进行协商。申诉人FJ公司还曾要求被诉方尽快按第二次董事会纪要具体商讨落实我司技术投入的具体办法，但KP公司、S等均未答复，更不与申诉人FJ公司作任何磋商。更有甚者，他还滥用董事长权力，完全背着申诉人FJ公司强行迁址，并在其资金投入以前的8月中旬，就已在福州市鼓山私自定购了100亩土地(见附件3)。他的这些行为不仅违反了合同规定，也完全违反了第二次董事会纪要第3条明确规定的"重大投资必须经过董事会集体研究决定"的原则。由此可见，在此期间，真正不执行合同和第二次董事会纪要的恰恰是本案被诉人自己。同时,本案被诉人在此期间的所作所为,已充分说明,其与申诉人 FJ 公司合作的诚意早已荡然无存!

第四,在被诉方肆意践踏合同的情况下,申诉人 FJ 公司通过律师发现了被诉方正式登记在案的资信真相,同时,开始察觉被诉方一直想利用 KP 把 FJ 公司的专利权和销售权盗出国门的情况,为避免国家利益的损失,申诉人 FJ 公司被迫于 1992 年 9 月 22 日,循法律途径申请仲裁,以求解除与被诉方的合同关系。FJ 公司是在申请仲裁解除合同并立案后,才根据《中华人民共和国中外合资经营企业法实施条例》第 112 条、《KP 合同》第 61 条以及前引《出资规定》的条文暂停执行 KP 合同的。

(4)"甲方人事任免变动"说

本案被诉人以 LBO 晶体技术发明人之一 T 先生未能连续担任××研究所副所长职务,可能"影响"技术投入为借口,掩盖其资金迟迟不到位的真相。这是不值一驳的。因为:

第一,通观《KP 合同》全文,没有片言只字规定本案被诉人的资金到位应以 T 先生连续担任"副所长"为前提;何况,在由中科院党组及福建省委对研究所领导班子进行正常换届后,不再兼任所级行政职务的 T 先生可以更专注于科研(见附件 4);同时,他在科研室、组以及 FJ 公司、KP 公司所担任的职务均未受到任何影响。

第二,从 1992 年 5 月中旬中科院 WG 研究所正常换届到 7 月 29 日这段时间内,被诉方从未对其资金不到位的原因向申诉人 FJ 公司做任何说明。在此期间,申诉人 FJ 公司六次催资并书面要求说明原因,均被置之不理。本案被诉人今天又如何证明其资金不到位与中科院 WG 研究所换届有关呢?更何况,此换届事发生在 5 月中旬,因此,此事更与在此之前资金不到位的真正原因毫不相干。

第三,整个有关的专利技术产权,其所有权属于国家,持有权属于中科院 WG 研究所,只有使用权被转让给了其下属的 FJ 公司,T 先生本人并不享有本项专利技术知识产权的分毫,故其升、降、去、留,与有关专利技术知识产权的"及时投入"或"同步"投入,显然概无关系,因而,毫无"影响"可言!由此可见,本案被诉人以 T 的正常职务变动为借口,论证其资金不到位"有理",无非是想遮掩其当时无力出资的"难言之隐"罢了!

(5)"三方一致同意延期"说或"甲方未发表异议"说

本案被诉人硬说,"资金到位日期的变更"——拖延,"是经三方协商一致同意,历次董事会纪要都有详细记载"。所称"历次",显然是指 KP 公司正式成立前后的三次董事会。

实则,第一次董事会召开于 1992 年 1 月 17 日,当时 KP 公司营业执照尚未正式签发,距第一期资金到位期限的 4 月 29 日尚有三个多月的充裕时间,因而根本不存在所谓"资金到位日期的变更"问题。

第二次董事会召开于 1992 年 5 月 2 日。当时乙、丙两方第一期资金到位日期刚刚届满,逾期两天,我甲方代表即严肃地以"最后通牒"式的语言要求乙、丙两方"在 48 小时内"资金到位(见附件 5、6、7)。此后,我甲方董事之一、原 FJ 公司总经理 W 先生于 1992 年 5 月 12 日、5 月 18 日、6 月 1 日先后连续函催乙、丙两方资金火速到位,并如实指出,由于资金迟迟不来,KP 公司的整个基建工作"实际上已经处于停顿状态"。由于本案被诉人对这三封催款函未作任何书面答复,代表 FJ 公司的 KP 公司副董事长 Q 先生不得不于同年 6 月 29 日、7 月 6 日、7 月 24 日又连续三次致函本案被诉人,催促资金到位,并连续向对方提出警告:"谁违背合同和章程,谁就必须负全部责任。"毋庸讳言,这里所使用的显然已是"最后通牒"式文字,其具体含义,显然是指依照合同的上述具体条款索取违约金和解除合同!以上催款的多次书面文件历历在目,全部在档。试问:这怎能随心所欲地曲解为甲方在第二次董事会上及会后"同意"资金拖延半年多不到位?

至于第三次董事会,本案被诉人在会上不仅对其资金不到位的严重违约行为不表任何歉意,反而在此问题上态度蛮横,"仗财欺人"。加上本案被诉人在会上专横跋扈,公开践踏《章程》第 30 条规定的重大事项"必须经董事会一致通过"的议事原则,不顾 FJ 公司提出的应就迁址方案先进行可行性论证的合理要求,在迁址问题上强行表决,妄图压服甲方;继而出尔反尔,表示"我运用董事长否决权,我只同意先到位 50 万美元,以后的 85 万美元不到位"。在这种情况下,鉴于资金如期如数到位一事再次告吹,又强迫甲方接受盲目迁址的专横"决定",甲方副董事长代表人 H 先生忍无可忍,终于愤然离席,并拒绝在所谓"第三次董事会纪要"上签字。他的行动就是对整个第三次董事会的完全否定,也是对所谓"甲方未对 8 月 22 日资金投入日期发表异议"说的最好驳斥!按照《KP 合同》第 26 条、《章程》第 30 条的规定,所谓第三次董事会"纪要"从未正式形成,纯属一张废纸,从一开始就根本不具备任何法律效力。

(6) "甲方事后认可"说

本案被诉人在答辩书中两度援引申诉人 FJ 公司现任董事长 1992 年 8 月 17 日致 S 先生函件,断章取义地摘引其中"FJ 公司一定一如既往地与乙、丙两方同心同德密切合作"一语,硬说这"完全是对资金到位日期变更的事后认可"。可是一经对照原函原文,人们立即发现,在这句的前面,还有"只要 KP 各方都以合同、章程为准则,真诚合作"这个大前提。这种"阉割"前提的手法,实在幼稚、拙劣和徒劳!试问:KP 组建以来,乙方在资金到位问题上严重违约,在"迁址"(实质是篡改高科技开发这一组建初衷,转搞房地产投机)问题上践踏《章程》议事原则,并在 8 月 23 日将 KP 公司强行迁出原址,这能说是乙方已经具备"以合同、章程为准则,真诚合作"这个大前提吗?

庭辩中,被诉方律师强调 H 先生 1992 年 9 月 2 日致 S 先生函未直接论及资金不到位的问题,并据此推论这也是"事后认可"。这是十分荒唐的牵强附会。其实,由于被诉方在强行迁址问题上的蛮横行为,迁址问题已成为双方争议的新热点和新焦点。因此,H 先生在收到所谓第三次董事会"纪要"并就此复信 S 时,集中地再一次强调了 FJ 公司对 KP 迁址的观点,这怎么能说是 FJ 公司"事后认可"被诉方资金到位或默示"放弃"FJ 公司权力呢?

(7)"法规不适用"说或"灵活适用"说

被诉方律师在庭辩中反复强调,前述《出资规定》第 4、5、7 条不能适用于本案中的出资问题,并对该法规条文的"各方"、"一方"等字眼作了"独到"的"诠解"。实则,只要稍加推敲,就不难断定这些条文完全适用于本案。

第一,就此项法规的"立法宗旨"而言,它主要是专门"治疗"外商任意违约、资金不到位导致中方经济损失这一"常见病"的"特效药",在本案出资问题上援引和适用本法规的上述条文,正是"对症下药"。

第二,本法规第 5 条把"合营各方未能在第 4 条规定的期限内缴付出资"作为"视同合营企业自动解散"的前提条件,这一前提,在本案中业已完全具备。具体说来,乙、丙两方不但未能在第 4 条法定期限内(即营业执照签发之后 3 个月内)缴付第一期出资,而且在超越法定期限之后的又 3 个月,资金仍未到位。至于甲方作为折价投资的技术产权,也因乙、丙两方的资金不到位而被迫无法在法定期限内"及时投入"。因此,自 1992 年 4 月 30 日起,本法规第 5 条所规定的"合营各方"未能在法定期限缴付投资这一条件即已完全成熟,KP 公司即应"视同"自动解散,相应地其"批准证书自动失效"。由于甲方的技术知识产权投资之未能在法定期限"及时投入",纯属被迫,具有"不可抗力"性质,不应承担任何法律责任,因而甲方完全符合第 7 条所规定的"守约方"这一概念;而乙、丙两家则显然各自是同条所规定的违约的"合营一方",自 1992 年 4 月 30 日起,即应依法视同自动退出 KP 公司。上述这三个方面的"自动",从法理上和逻辑上说,都必然导致 KP 合同的完全彻底的自动终止、自动解除或自动失效。与此同时，作为守约方的申诉人 FJ 公司(甲方)随即有权依法依约向各自作为违约方的乙、丙两方，索取违约金和一切损害赔偿。这是不言而喻的。

被诉方律师还援引福建省对外经贸委于 1992 年 9 月 22 日针对 KP 公司迁址申请所签发的批准证书（见答辩书附件 8），论证上述国务院发布的《出资规定》不具备法律权威性，可以"灵活地"不予遵守执行。这种论调的错误在于：

第一，这份"批准证书"是专门针对 KP 公司的迁址申请而签发的，其唯一作用在于，KP 公司可凭此证书前往工商行政管理局申请迁址变更登记，并对营业执照上的地址作相应更改，从而使外商 S 先生等人强行迁址一举"合法化"。关于此点，只要对比一下福建省对外经贸委 1992 年 1 月 21 日签发的原始的"批准证书"（见答辩书附件 8），即可一目了然地看清：

① 前后两份批准证书的文号完全雷同，即都是"外经贸 A 府字(1992)031 号"；

② 两份批准证书中的企业名称、合资各方、投资总额、注册资本、合资年限、经营年限、经营范围、生产规模、董事长和副董事长人选等各栏载明的内容，也完全雷同；

③ 两份批准证书中唯一的不同之处在于"详细地址"一栏：1992 年 1 月签发的原始的批准证书载明的是"福州鼓楼区山头角 123 号"，而 1992 年 9 月签发的批准证书载明的是"福州鼓山福兴投资区福兴北路"，同时，在最后一栏的最后一行加上"注：迁址，原 92.1 证书作废"。

第二，1992 年 9 月签发的这一份针对申请迁址的批准证书，是乙方代表 S 先生、丙方代表 K 先生等人互相勾结，瞒着代表甲方的 KP 副董事长 H 先生，暗中申请和骗取到手的。作为申请"依据"的申请书上以及 KP 公司第三次董事会的所谓"纪要"上，都根本没有 H 先生的签字，按 KP《章程》第 30 条规定的"一致同意"议事原则，它只是一张无效的废纸。但福建省对外经贸委的经办人不明真相，误以为董事会上"8：1"的强行表决是"有效"的。事后他们曾说："你们内部矛盾问题如果早一点和我们打招呼，我们就不会发批文。"（见附件 8）

把这一份纯属"强奸民意"、骗取到手的针对迁址问题的批准证书，硬说是福建省政府主管机关针对资金迟延到位予以正式批准的证明，这显然是张冠李戴，偷换概念，指鹿为马！更有甚者，以此项骗取到手的迁址批准证书，论证福建省主管机关有权"灵活地"不遵守国务院发布的统一法令和政令，这就无异于鼓吹下级可以任意否定上级、有法可以不依了！这岂不是太过"离谱"了吗？

(8) "甲方已丧失解约请求权"说

被诉方律师援引上述《出资规定》第 7 条第 1 款有关"守约方"应在违约方

经催告而再度逾期1个月内向原审批机关申请批准解散合营企业的规定，硬说申诉人FJ公司目前已失去解散KP公司或解除《KP合同》的请求权。这种见解，显然是曲解条文原意。因为第7条第1款的这一规定与同条第3款规定是有机地紧密结合在一起的，它的原意显然是指主管机关（即"原审批机关"）应在上述再度逾期后继续再等候1个月，如在此期限内守约方未向它提出解散合营企业的申请，它才<u>有权主动撤销</u>对该企业的批准证书，相应地，工商行政管理机关才<u>有权主动吊销</u>其营业执照。《民法通则》第135条规定：请求保护民事权利的诉讼时效期限一般为2年。两相对照，上述"丧失解约请求权"的见解显然更是直接违反《民法通则》的。一句话，一切法律、法规的解释权，只能依法属于最高人民法院或其他法定权威机关。任何个人随意"诠解"法律、法规文字，不是缺乏自知之明，就是弄巧反拙！

庭辩中，被诉方律师还强词夺理地提出质问：申诉人FJ公司为何不在1992年7月30日，即在《合同》规定的解约条件刚刚成熟之际，或在其后数日内，提出解除《KP合同》的仲裁申请呢？

另一个强词夺理的质问是：甲方副董事长H在其8月17日致S函中提出了要求更换KP公司总经理的建议，既然你们认为KP自动失效，为什么还要求更换一个失效公司的总经理？

对这两个问题的答案都很简单：当时申诉人FJ公司尚未发现本案被诉人在资信方面有弄虚作假行径，更未发现其与美国PH公司的幕后秘密交易：从美方捞取800万美元巨款，纳入S夫妇私囊，并将中科院WG研究所持有的高科技LBO专利这一国宝的产品在全世界的销售垄断权，以1美元的代价，辗转"卖断"给美国PH公司，作为S夫妇对美方的报偿。由于申诉人FJ公司当时还处在受本案被诉人谎言蒙骗的状态，所以在对被诉方违约的事实表明严正态度的同时，对被诉方尚存一线希望和期待，给其一次补救的机会，以观后效。然而，事态的发展却与申诉人FJ公司的良好愿望背道而驰，被诉方不仅对FJ公司各种协商解决问题的一再呼吁置之不理，反而在8月8日第三次董事会上以"迁址争议"为导火线，引起一场爆炸式的吵闹和濒于决裂。随后，申诉人FJ公司又发现本案被诉人肆意践踏合同、章程，在完全背着FJ公司的情况下，在8月底强行迁出原址，并一意孤行，大幅度扩大用地投资，借高科技产业之名来搞房地产。之后，申诉人FJ公司通过深入调查，得悉本案被诉人的种种欺诈行径，得知LBO这一价值连城的国宝已经面临被人全盘盗出国门的巨大现实危险。此时申诉人FJ公司才猛然醒悟过来，将本案被诉人的这些欺骗行为与KP公司成立以来的种种争端互相联系，才发现被诉方真正"钟情"的并不是高科技产业,从而使申诉人 FJ 公司与之合作的基础已荡然无存,合资创办高技术产业的初衷已无法实现,遂于 9 月下旬决定立即采取法律途径,依法行使自己的索赔权和解约权。

(9) FJ 公司"抽逃资金"说

本案被诉人律师在庭辩时将 FJ 公司帮助美国 SKYTEK 公司建立光学晶体加工点一事作为"重磅炸弹"抛出,企图以此反诉 FJ 公司违反合同有关技术投入条款,"抽逃资金",是"非常严重的违约行为"。

申诉人 FJ 公司认为,该项与 SKYTEK 的协议签订与否跟本案概无关联,完全是 FJ 公司自己的事情。理由如下:

第一,FJ 公司参与合资后,仍作为独立法人存在,这一点在合资意向形成阶段三方的讨论以及 1992 年 2 月 28 日 Q 先生给 HM 公司的信(见附件 9)中已充分体现。除了按《KP 合同》和《章程》规定作为出资方式由合资公司排他性使用的技术以外,FJ 公司仍可以运用别的技术进行自己的晶体生产、经营和销售,有权根据自身发展的需要从事各种商务活动。

第二,本案被诉人的出资违约和故意隐瞒事实真相的行为导致了 KP 合同的失效和 KP 公司的自动解散。根据前述《出资规定》第 7 条,自 1992 年 7 月 30 日起,本案被诉人已自动退出合营企业、放弃在合营合同中的一切权利,所以本案被诉人无权就 1992 年 7 月 30 日以后 FJ 公司乃至 KP 公司的业务安排提出任何要求,此后 FJ 公司找谁合作、合作内容是什么概与本案被诉人无关。

4. 本案被诉人资金拖延到位的真正原因

以上各点是针对本案被诉人关于资金迟延到位的种种遁词进行的批驳。事实上,本案被诉人不顾合同和法规规定以及 FJ 公司的一再催资,一再拖延其资金投入的真正原因主要是:本案被诉人一直利用资金不到位作为一张王牌来要挟申诉人 FJ 公司接受其种种无理要求,而这些要求的实质是变着法子将 LBO 专利权与 LBO 专利产品的全球性垄断销售权转让给美国 PH,以兑现 S 先生为从美国 PH 已得到的 800 万美元横财而许下的诺言(参见 FJ 公司同时呈交仲裁庭的《关于香港 PH 公司 S 先生欺诈行为的补充说明》(定稿本)以及《KP 一系列问题的根本原因》)。

(二) 本案被诉人的欺诈行为导致《KP 合同》必须火速废除

关于 S 先生在谈判和签订《KP 合同》过程中出具资信伪证、暗地里盗卖我 LBO 专利"国宝"以牟取其个人巨额私利等欺诈行为的具体情节,申诉人 FJ 公司已在呈交仲裁庭的《关于香港 PH 公司 S 先生欺诈行为的补充说明》(定稿本)(1993年4月10日,以下简称"补充说明")中,作了翔实的揭露。这里不再逐一复述。但必须强调以下各点。

1. 废除《KP合同》的法定条件已充分具备

《中华人民共和国涉外经济合同法》第10条明文规定:采取欺诈手段订立的合同无效。《中华人民共和国民法通则》第58条也强调了这一基本法理原则。1987年最高人民法院发布的《关于适用〈中华人民共和国涉外经济合同法〉若干问题的解答》第三部分之第7点,以极其明确的文字指出:一方当事人采用故意制造假象、隐瞒事实真相或者其他欺骗手段,致使对方形成错误认识与之订立合同的,应当确认该合同无效。

衡诸本案被诉人在签订《KP合同》过程中多种弄虚作假、隐瞒真相的行为,显应断定:废除本《KP合同》的法定条件已经充分具备,应尽快依法确认本《KP合同》为无效合同。

2. 本案被诉人授意HM公司个别主管人员提供资信伪证

1991年11月20日由HM公司盖上公章郑重出具的关于香港PH公司的"资信情况简介"中写明:

<u>香港PH公司"与美国PH公司互为控股,拥有美国政府颁发的多项专利,注册资本为××4 000万港元,拥有40多名专家、科研人员及市场推销员,是一家实力雄厚的高科技公司"。</u>

这一份伪证的严重欺骗性和危害性,已在上述《补充说明》中简述。申诉人FJ公司由于长期受骗,完全信以为真,致在主持撰写《可行性报告》和《项目建议书》等文件和材料中,多次一字不漏地原文照抄。所有这些文件和材料,都曾经PH公司的S先生审阅认可,他从未提出只字异议或修改意见。在此次仲裁程序中,本案被诉人又在其答辩书第三部分第4点中,大力强调这份伪证的有效性和权威性,并以照抄上述伪证的《项目建议书》作为重要"物证"呈交仲裁庭,妄图继续欺蒙诈骗。在这里,本案被诉人使用的"逻辑公式"是:

(1)我骗了你,你信假为真,载入你写的文件;

(2)我即以你写的文件作为"证据",证明我的谎言即是真理!

这种"逻辑"实在是既荒谬,又可恶!同时,这也有力地反证:

(1)HM公司当初盖上公章出具的上述伪证,是在S先生授意或"唆使"下作出的;

(2)PH公司的S先生至今仍坚持此项伪证"有效",并继续使用这份伪证行骗!

值得特别指出的是:庭辩中HM公司主管人员K先生对这份假证中所谓

"注册资本为 4 000 万港元"的来源,解释成所谓"HM 公司的办公室工作人员出于对 PH 公司 S 先生信任,从其对 KP 认资 500 万美元反推算而来"云云。然而,这种解释是完全经不起推敲的。试问:倘若 4 000 万港元真是"推算而来",那么,把香港 PH 公司这个只有 10 万港元注册资本的"夫妻店",从无任何经营业绩的"皮包公司",说成是"拥有美国政府多项专利","拥有 40 多名专家"的"一家实力雄厚的高科技公司",这又是从何"推算"而来的呢? HM 公司主管人员 K 先生的这个解释,不仅完全开脱不了为 S 先生出具资信伪证的责任,反而更进一步说明了此类 HM 公司"旁证"或"担保"的不可信性与不负责任性,真是弄巧成拙。事实上,K 先生于 1992 年 12 月 16 日与申诉方 H、Q 两先生的会谈中,却说"4 000 万港元"是指美国 PH 公司。更进一步的问题是:K 先生为什么会愿意用如此拙劣和自相矛盾的说法来进行显然是为 S 先生开脱责任的解释呢? 真是令人百思不得其解!

3. 美国政府主管机构的文档证明了本案被诉人的诈骗牟取暴利行为

申诉人 FJ 公司在此次庭辩中面呈仲裁庭的"10-K"文档及其中文摘译,是由美国政府主管机构"证券与交易委员会"(Securities and Exchange Commission,简称"SEC")定期公开发布和存档备查的具有法律意义的文书(参见附件 10)。根据美国法律,所有上市公司必须如实向美国政府呈报公司经营情况,并对每一项投资及其他重大开支用款如实呈报原因、目的和去向。这些呈报若有不实,在美国是一极其严重的犯罪行为。根据 SEC 存档的美国 PH 公司 1991 年 10-K 年度报告书(见附件 11,摘译第 2 页),有几点特别值得注意。

第一,S 夫妇以个人名义(请注意:不是以"香港 PH 公司"这个法人名义)与美国 PH 公司签订了一项"股票购买协议",美国 PH 公司将当时价值 800 万美元巨款的股票发给 S 妻个人(请注意:不是卖给"香港 PH 公司"这个法人!),归入 S 妻私囊,以换取香港 PH 公司 44% 的股权(其票面价值仅为 10 万港元×44%=4.4 万港元,相当于 5 600 美元左右),两者价值悬殊竟达 1 428 倍之多! 美方之所以愿意实行如此悬殊、如此奇怪的"不等价交换",主要是因为 S 氏夫妇"有能力在中国境内进行谈判,作出合资研究和制造(高科技产品)的安排"。细读有关文字记载,便不难断定这份使 S 夫妇获得暴利横财的"股票购买协议",显然是以中科院 WG 研究所和 FJ 公司持有的 LBO 专利这一国宝的"安排"作为幕后秘密交易的标的,但申诉人 FJ 公司对这份"股票购买协议"一事毫无所知,对于自己如何被"安排"(被摆布、被出卖),也仍然蒙在鼓里。这就是 S 先生在口头和书面所多次反复鼓吹的"中美港真诚合作"! (参见附件 12:S 在 1992 年 1 月 18 日《KP 合同》签字仪式上的演说等)。

第二,S 在 1991 年 9 月 30 日把香港 PH 公司的 44% 股权出让给美国 PH 公司后,长期隐瞒真相,不按香港法律规定的 8 周的时限,向香港政府公司注册署如实申报。他在 1991 年 12 月 30 日呈交该署的股权分配申报表(见《法律意见书》附件 2)中,股东仍只报 S 夫妻两人,作出虚假陈述。直至 1992 年 9 月 17 日,申诉人 FJ 公司向该署取得该申报表复印件之日,上述虚假陈述依旧赫然在目,未作任何变更申报。(按香港刑法第 36 条规定,这是一种刑事犯罪行为,可判处有期徒刑 2 年,并科罚金。参见附件 13,香港刑法摘译。)

第三,美国 PH 公司 10-K 年度报告是 1992 年 4 月 14 日向美国政府提交的。

第四,在这份报告第 00002 页(见附件 11,摘译第 1 页)及其他多处对 S 组建香港 PH 的目的作了明确的阐述:香港 PH 组建的目的,在于取得中国开发的某些非线性光学材料的专利特许。这里的"某些"显然指的就是 LBO。

第五,美国 PH 公司对它给本案被诉人的 800 万美元财富附加了两个条件,一是本案被诉人必须与申诉人 FJ 公司组建一家合资公司;二是必须进行他们之间签订的"股票购买协议"所规定的"科技项目"经营。这两个条件必须在两年之内完成。任一个条件完不成,就必须将这笔价值 800 万美元巨额财富的一半(50%)退回给美国 PH 公司。

4. 美国 PH 公司提供的专利"转让证书"和"许可证协议"暴露了本案被诉人的欺诈行为

早在 1991 年 9 月 20 日,美国 PH 公司根据 S 的"安排",提出了一份拟好的"转让证书",要求中科院 WG 研究所将 LBO 专利的"全部所有权"卖断给总部设在 S 家中的"KP 有限公司",代价是 1 美元以及"其他良好对价"(见附件 14)。4 个月之后,即 1992 年 1 月 15 日,美方又根据 S 先生的许愿或许诺,提出了"连环套"式的两份"转让证书"和一份"许可证协议"(见附件 15),要求中科院 WG 研究所和 FJ 公司将 LBO 专利的"全部所有权"以 1 美元代价及其他"良好对价",先卖断给总部设在 S 先生家中的"KP 有限公司"(KP Inc),再转手卖断给总部同样设在 S 先生家中的另一家"KP 有限公司"(KP Ltd)。然后,再由后者把 LBO 专利产品的制造、使用、销售及其有关的专有技术(Know-how),以全球性"独占许可证"的方式,全盘授予美国 PH 公司。该"许可证协议"第 4 条载明:许可证出让方放弃提成费,不取分毫报酬,受让方唯一的义务只是"在美国境内追诉侵犯上述专利的第三人",而一切有关费用仍全由出让方承担。

1992 年 1 月 17 日 21 时召开的 KP 公司第一次董事会上,美国 PH 公司的代表 Steven Schiffer 即根据这些"连环套"的"精心设计"和有关规定,要求 FJ 公司将 LBO 晶体专利在全球范围内的独占许可(特别是其中的晶体产品销售权),迅即转交美国 PH 公司全盘垄断。同时,他还提出了立即接管 FJ 公司晶体材料的全球销售权。他的这些违反《KP 合同》的无理要求当即遭到 FJ 公司的拒绝。由此激起了中、美双方的激烈争论。第一次董事会纪要第 5 点文字中所称"就销售问题进行了热烈的讨论",就是对这场"激烈的争论"的"文雅"表述。接着,在 1 月 19 日,美方再次提出了由美国 PH 公司全盘接管 KP 合资公司产品在全球范围内的独家垄断销售权,这就再次导致中、美双方的激烈争论。对于这一激烈争论产生的背景和真实原因,申诉人 FJ 公司当时曾百思不得其解。直到 1993 年 3 月,申诉人 FJ 公司通过系统深入的调查研究,特别在掌握了美国政府主管部门 SEC 的文档材料以及 1993 年 3 月份美国 PH 公司董事长 Steven Schiffer 先生数度来函之后,才初步解开了这个十分难猜的"大谜"![详见 FJ 公司呈交仲裁庭的《关于香港 PH 公司 S 先生欺诈行为的补充说明》(定稿本)第三、四部分及其有关附件。]

只要把美国政府主管机构 SEC 文档中关于"股票购买协议"的确凿记载、美国 PH 公司按 S"安排"所设计的"连环套"转让证书、许可证协议以及美国 PH 公司董事长最近的连续来函,特别是 4 月 7 日证词(参见附件 16),串在一起,稍加思考分析,上述"大谜"的"谜底"就昭然若揭了。其主要之点在于:

(1) 本案被诉人以 LBO 专利权及 FJ 公司晶体材料的全球独家销售权为诱饵,使美国 PH 愿意以巨额财富换取这两种权利;同时,欺骗美方,使其误认为只有通过从 S 夫人处购得香港 PH 的股份方可加入合资公司。此外,他还使美国 PH 误信 FJ 公司已同意了将上述"两权"(即 LBO 专利的全部权利以及该专利产品的全球垄断销售权)交给美国 PH。

(2) S 既已从这笔交易中取得了美国 PH 给予的价值 800 万美元的巨额横财,作为回报,就必须按他已对后者所作的约许,迫使申诉人 FJ 公司把自己手中现有的 LBO 专利产品独家制造、销售的权利,以转让"独家许可"的形式,拱手交给美国 PH 公司,由后者在全球范围内加以垄断。而美方最为"猴急"的,乃是其中的全球销售垄断权。

(3) 由于申诉人 FJ 公司及其主管机关中科院 WG 研究所对上述各节完全不知情,并坚决抵制上述这两项将使 FJ 公司利益受到严重损害的无理要求,这就导致申诉人 FJ 公司与处在骗局另一端的美国 PH 公司之间产生激烈争执。S 为了实现他对美方的许诺,就以资金不到位相要挟,肆意违反和践踏《KP 合同》和《出资规定》,提出种种"变通方案",妄图迫使或骗使申诉人 FJ 公司及中科院 WG 研究所"俯首就范"!换言之,"资金不到位"已成为要挟申诉人 FJ 公司首先拱手交出销售权的主要手段!在第二次董事会上应 S 的坚决要求,作为资金到位的条件,在《纪要》中写入了如下规定:"FJ 公司的晶体销售工作应尽快移交三方合资的 KP 公司"、"要求美国 PH 公司应尽快介入合资公司的运作",提出一套"推销战略"云云,其精神实质,也在于此!

(4) 本案被诉人第一期资金在违约拖延半年多以后,之所以终于在 1992 年 8 月 23 日到位,乃是由于当时中国大地上出现了"房地产热"!房地产经营利润丰厚的强大诱惑使本案被诉人"移情别恋"。特别是打着"高科技产业"这块招牌招摇撞骗,就能以通常市价 50% 的价格获得最佳地皮(附件 3:WR 9 月份致 S 的信)。因而,本案被诉人不惜践踏《章程》议事准则,以极其专横的强行表决,妄图迫使申诉人 FJ 公司接受"迁址决议";他力图攫取百亩地皮,从中渔利,根本不惜篡改 KP 公司原定的经营宗旨。

5. 本案被诉人对其欺诈行为的几种辩解不可采信

(1) "多种安排"说

庭辩中,本案被诉人辩称:上述"连环套"中的几份涉及 LBO 专利"国宝"的转让证书和许可协议,只是《KP 合同》正式签订以前"多种安排"中的一种。它只是早已过去、无关宏旨的"历史"。而不是"现状",不值得大惊小怪。可是:

第一,本案被诉人却无法举证:除了上述郑重其事地两度见之于书面文字的安排之外,还有什么其他"多种安排"?

第二,1992 年初美商来华当时发生于美商与申诉人 FJ 公司之间的激烈争论以及最近两三个月以来美商与本案被诉人之间的尖锐讼争,都是紧紧围绕着这种特殊"安排"无法兑现而引起的!现在美国 PH 公司要求取消 1991 年 9 月间与本案被诉人订立的"股票购买协议"、索回当时价值 800 万美元的美国 PH 股票(见附件 17),也是与上述"安排"无法兑现紧密相关的。

显而易见,所谓"多种安排之一"云云,实际上就是唯一安排,至少也是主要安排!

(2) "无关现状"说

庭辩中,本案被诉人极力强调上述美国与中国香港之间的"股票购买协议"以及与此密切相关的上述"连环套",概与本仲裁案《KP 合同》争议无关,不应深究。实则大谬不然。因为:

第一,庭辩中,申诉人 FJ 公司曾再三质询该项主要涉及中方 LBO 专利权的美国与中国香港两方"股票购买协议"究竟是何内容?何以始终既背着中方签订在前,又长期瞒着中方在后?对这两个问题,本案被诉人始终支吾其词,不肯正面回答;继而极力回避,"顾左右而言他"!其心虚胆怯之窘态,有目共睹!岂能不刨根寻底,追究到水落石出?

第二,那笔载明于美国政府 SEC 文档、并经美国 PH 公司董事长 Steven Schiffer 证实、已经落入本案被诉人私囊的 800 万美元巨额财富,既是一年多以前企图骗走中国 LBO 专利"国宝"及试图将全球垄断销售权拱手交给美国 PH 公司的丰厚酬金,又是 1992 年 1—8 月半年多以来,本案被诉人以"资金不到位"相要挟企图迫使申诉人 FJ 公司尽速交出 LBO 产品销售权,因而导致双方一系列纠纷的主要"祸根",它终于进一步导致双方当前在仲裁庭上"对簿公堂"。所有这些,难道不是与本案息息相关的最重要的现实?

特别是作为直接或间接受害者的中国公民,对于 LBO 专利"国宝"面临被骗走或被盗出国门的重大现实危险,岂能等闲视之?

(3)"不足采信"说

本案被诉人的律师辩称:目前本案被诉人与美国 PH 公司董事长双方已卷入法律讼争,因此后者提供的揭露前者欺诈行为的一切说法和证词都"不足采信"!并借此反诬申诉人 FJ 公司与美商"勾结"。这种辩解,实在软弱无力和流于幼稚!

第一,申诉人 FJ 公司及美国 PH 直到今年 3 月 18 日才发现自己也是本案被诉人所设骗局的受害人。过去本案被诉人长期利用 FJ 公司的专利骗美国 PH,又利用美国 PH 的"声势"骗 FJ 公司、压 FJ 公司。现在两个受骗方一经接触对证戳穿画皮,才发现彼此均被骗了,在此情况下,共同合作,以便彻底弄清事实真相,何错之有?有何不可?被诉方关于"勾结"的反诬,适足以反映出本案被诉人极其害怕骗局之真相大白于天下!

第二,申诉人 FJ 公司前面所援引的"股票购买协议"、"转让证书"、"许可证协议",均是早在 1991 年 9 月至 1992 年 1 月间,即在美国与中国香港当事人双方关系"亲密无间"之际就已出现的。更何况,申诉人 FJ 公司前面引证的 SEC 大量文档记载,一向就是美国政府主管机关的一种法律文书!它更是在美国与中国香港当事人双方关系极好的 1992 年 4 月 14 日向美国政府报备的。它们的证据力岂能单凭"不足采信"这四字"咒语",便任意抹杀?

第三,在 KP 成立前的商谈过程中以及成立后的纠纷过程中,甚至直到近一个月前,本案被诉人一直利用美国 PH 的"威力"或所谓"影响中美关系",拉大旗作虎皮,虚张声势,借以唬人!事实不胜枚举。试举较近的一例:1992 年 12 月 9 日,S 在致中科院王××副院长的信中,还用所谓美国 PH 要在美国控告 FJ 公司,会引起"你死我活式"国际官司来吓唬人。但实际情况是,美国 PH 早在去年 11 月就与 S 先生发生严重纠纷(见附件 22),并于 1992 年 12 月 21 日正式撤销了早先授予他的投票权(见附件 21)。用 Steven Schiffer 先生自己的话说:"S先生从未跟我讨论过美国 PH 公司起诉 FJ 公司的任何可能性。他从未向我提起过有关 KP 公司所出现的任何问题。今年 1 月份以来,我从未与 S 交谈过。美国 PH 公司从未考虑过任何起诉 FJ 公司的事。我甚至不能想象我们有任何根据可以起诉 FJ 公司"。(见附件 23)

S 先生这种用美国 PH 名义来抬高自己的狐假虎威伎俩,也被他用在仲裁庭对本案的审理过程中。请看:尽管他在去年 11 月份就同美国 PH 发生了严重纠纷,并在 1992 年 12 月 21 日被撤销了投票权,但在他 12 月 30 日向仲裁庭提交的答辩书和反诉书中,仍然多处用美国 PH 来吓唬人,妄图再用其惯用的"中美关系"、"国际纠纷"之类的恫吓来影响仲裁庭的公正裁决。他的这种心理战术及伎俩,不但吓不倒 FJ 公司当事人,事实反而充分证明裹着虎皮吓人者,原来并非真虎,也不是虎的什么亲戚,其虎皮的确是"不足采信"的!更有趣的问题是,这个一直被他奉为神圣上司并被用来吓唬中国人的美国 PH,怎么一夜之间就变成与中方勾结并"不足采信"的了呢?

(三) 本案申诉人 FJ 公司的合理合法的紧急请求应予支持

根据申诉人 FJ 公司目前已经发现的官方档案材料,结合一年多以来申诉人 FJ 公司亲身经历的惨痛教训(其中包括中科院 WG 研究所和 FJ 公司内部因受本案被诉人挑拨、收买而出现的混乱现象和分裂动向),申诉人 FJ 公司现在的综合感觉是:<u>当初一念之差,听信谎言,竟然"误住黑店"、"误搭贼船",目前当务之急,就是马上离"店"!火速"下船"</u>!因此,申诉人 FJ 公司极其迫切、极其恳切地请求仲裁庭尽快依法、依约作出裁决,<u>火速解除《KP 合同》,彻底结束申诉人 FJ 公司与本案被诉人之间的合资关系</u>。具体而言,理由有:

1. LBO"国宝"仍然面临有朝一日被盗出国门的重大现实危险

就现状而言,根据 S 一手"安排"而由美方精心设计的上述"连环套",现在虽已出现重大"裂痕",但目前 KP 公司董事长一职仍由 S 先生所踞;总经理虽已由申诉人 FJ 公司撤回原有推荐,但在本案被诉人"强力"支持下,伙同 HM 公司个别领导人,以非法的"三结合"方式,继续盗用早应依法自动解散的"KP 公司"名义,为所欲为(前述"强行迁址"事件就是典型事例之一),而其对申诉人 FJ 公司在国内原有晶体生产业务的破坏,对申诉人 FJ 公司在国际市场上原有销售网络的削弱,都使申诉人 FJ 公司遭受极其严重的经济损失。更有甚者,在现有的非法"三马驾车"体制下,他们仍大权在握,可以任意与新的外商订立类似的新"连环套",并利用近来从中科院 WG 研究所以及 FJ 公司挖走的专业人员非法从事 LBO 专利产品的产、销,一俟时机成熟,就完全能够进一步把 LBO 专利国宝盗出国门。关于这一点,绝非申诉人 FJ 公司的"杞人之忧"或危言耸听,只要看一看那三份"连环套"证书和协议,就得知那个标明"Inc"字样的"KP 有限公司"与标明"Ltd"字样的另一个"KP 有限公司",法定地址都设在 S 先生的私宅之中,S 先生同时又是总部设在福州的第三个"KP 公司"的董事长,所以,只要他觉得有需要,中科院 WG 研究所和申诉人 FJ 公司现在所持有的 LBO 专利"国宝",就可以在 A→B→C→D 的连续"接力"下,极其迅速地被盗出国门。因为这种"接力"的最大特色是:可以在同一个房间内,以 5 分钟时间,把"接力棒"从本案被诉人的左手转交给右手,立即跑完"全过程"。因为,三个接力选手,都是同一个人——S! 不尽快结束这种局面,申诉人 FJ 公司以及任何有爱国心的中国公民岂能安心睡觉?

2. 申诉人 FJ 公司已绝对无法再与本案被诉人继续合作,《KP 合同》理应依法火速解除

自《KP 合同》签字以来,本案被诉人利用美商、港商的"优越"身份,凭借董事长这一职位,飞扬跋扈,"财大气粗",摆出一副颐指气使的架势,独断专行,遇有大事,往往撇开甲方(即申诉人 FJ 公司),既不商量,又不尊重甲方利益,从而使这一"合作"一开始就困难重重,极不愉快。例如,有关销售权提前转让、移交与否,总部设在香港与否,在美设分公司与否等一系列的争议均没有结果,于是本案被诉人一方面一再用资金拖延到位的手段,力图迫使申诉人 FJ 公司就范,另一方面又背着申诉人 FJ 公司,擅自准备迁址到上海、深圳,继而擅自决断改迁鼓山,发展到在第三次董事会上强行以 8∶1"通过"迁址决议,继而又在资金到位问题上,出尔反尔、自食其言于顷刻之间,此外,还根本背离 KP 组建初衷和经营宗旨,大谈发行股票及搞房地产的生意经[详见第三次董事会纪录(这份材料是由福建省科委主任吴×同志指定同单位的 L 同志在会议现场记录下来的,S 先生飞扬跋扈的突出形象跃然纸上、呼之欲出)]。加之,在此以后,申诉人 FJ 公司进一步查证出 S 的多方欺诈行为,其用心"良苦",FJ 公司稍有不慎,即可能陷入 S 先生精心设计的"陷阱"之中。鉴于上述种种,申诉人 FJ 公司实已无法再与本案被诉人"真诚"、"平等"地合作下去。俗话说:"捆绑不成夫妻",S 先生的种种作为已迫使申诉人 FJ 公司强烈要求尽早结束这种痛苦的内地与香港"结合"。显而易见,《KP 合同》的解除在所难免、势在必行!

3. 申诉人 FJ 公司请求尽快先作"中间裁决"

申诉人 FJ 公司眼看自力苦心经营多年、颇具业绩的高科技晶体生产和销售业务,日复一日地遭严重削弱、破坏,并且面临彻底毁灭的现实危险,眼看中国国家权益日益大量流失,深为痛心疾首,"度日如年"。鉴于贵仲裁委员会仲裁规则第 35 条中规定:必要时,可就案件的任何问题作出或中间裁决或部分裁决,鉴于我国《涉外经济合同法》第 34、35 条规定:合同解除后,既不影响当事人要求赔偿损失的权利,也不影响其中原有约定仲裁条款的继续有效,因此,申诉人 FJ 公司特此郑重请求:

(1) 如能在短期内将解除《合同》问题连同支付违约金等问题作出一次性裁决,自是最佳选择。

(2) 如一并解决违约金等问题尚需较长时间,则请求仲裁庭专门针对解除《合同》问题,尽速依法依约作出公正裁决,愈快愈好!

(3) 贵庭如果决定采纳上述第二方案,则违约金等问题可稍待一时,改日再行裁决。如确有必要,也可以另行开庭或另行立案,然后再作公正裁决。

(4) 针对本案被诉人提出的极其荒谬可笑的"反诉请求",申诉人 FJ 公司保留在适当时日予以坚决驳斥的全部权利;同时保留在适当时日要求本案被诉人进一步赔偿损失的全部权利,必要时,将向贵会另行提出仲裁申请。

〔为节省篇幅,本案代理词附件 23 种此处从略,存档备查。〕

FJ 技术开发公司
1993 年 4 月 14 日

五、关于《(1993)贸仲字第 3470 号裁决书》的法律意见书

——对本案裁决执法不公的批评、质疑和建议

(1993 年 11 月 5 日)

1993 年 10 月 15 日至 25 日,中国科学院 WG 研究所(以下简称"中科院 WG 研究所")所属 FJ 技术开发公司(以下简称"FJ 公司")的法定代表人 ZY 总经理、H 董事长,中科院 WG 研究所副研究员、FJ 公司仲裁代理人之一 L 君,先后通过长途电话和当面访谈,就《(1993)贸仲字第 3470 号裁决书》(以下简称《裁决书》),向厦门市第二律师事务所兼职律师陈安教授提出了一系列具体问题,要求逐一作答,并出具正式法律意见书。

兹针对所提多项具体问题,分别提供法律意见如下。

(一) 关于《裁决书》的法律效力问题

问:《裁决书》于 1993 年 10 月 12 日寄达 FJ 公司后,舆论大哗,群情激愤,

认为这一裁决有失公正。它曲解事实,偏袒本案被诉人(香港 PH 公司)的串通香港中资(国有)HM 公司个别主管人员、出具资信伪证、实行欺诈等不法行为。这种裁决,究竟有何法律效力?是否应当服从?

答:在一般正常情况下,仲裁裁决是终局的,对当事人有约束力。但是,在法律规定的某些反常情况下,受害的当事人不必要、不应当服从。相反,可以通过法定程序,提出抗辩,由人民法院作出裁定,不予执行。经法院裁定不予执行的仲裁裁决,就成为一纸空文,毫无法律约束力可言。

问:在这方面,我国法律有何具体规定?

答:《中华人民共和国民事诉讼法》第 217 条第 2 款明文规定:

受害的一方当事人"提出证据证明仲裁裁决有下列情形之一的,经人民法院组成合议庭审查核实,裁定不予执行:

(一)……

(二)……

(三)仲裁庭的组成或者仲庭程序违反法定程序;

(四)认定事实的主要证据不足的;

(五)适用法律确有错误的;

(六)仲裁员在仲裁该案时有贪污受贿,徇私舞弊,枉法裁决行为的;

人民法院认定执行该裁决违背社会公共利益的,裁定不予执行。"

本条规定适用于非涉外的仲裁裁决,即内国裁决。

同时,《民事诉讼法》第 260 条规定:对于中国涉外仲裁机构作出的裁决,<u>受害的一方当事人</u>提出证据证明在仲裁过程中<u>由于不属于该当事人负责的原因未能陈述意见</u>,或者<u>仲裁程序与仲裁规则不符</u>,经人民法院组成合议庭审查核实,应裁定不予执行。此外,人民法院认定执行该裁决是违背社会公共利益的,也应裁定不予执行①。

问:我国的《民事诉讼法》与我国涉外仲裁机构现行的《仲裁规则》,两者之间有何关系?

---

① 1995 年 9 月 1 日开始施行的《中华人民共和国仲裁法》,增加了对某些仲裁裁决应予撤销的规定。其第 58 条规定了内国仲裁裁决的撤销条件:"当事人提出证据证明裁决有下列情形之一的,可以向仲裁委员会所在地的中级人民法院申请撤销裁决:(一)没有仲裁协议的;(二)裁决的事项不属于仲裁协议的范围或者仲裁委员会无权仲裁的;(三)仲裁庭的组成或者仲裁的程序违反法定程序的;(四)裁决所根据的证据是伪造的;(五)对方当事人隐瞒了足以影响公正裁决的证据的;(六)仲裁员在仲裁该案时有索贿受贿,徇私舞弊,枉法裁决行为的。人民法院经组成合议庭审查核实裁决有前款规定情形之一的,应当裁定撤销。人民法院认定该裁决违背社会公共利益的,应当裁定撤销。"同法第 70 条则规定了涉外仲裁裁决的撤销条件:"当事人提出证据证明涉外仲裁裁决有民事诉讼法第 260 条第 1 款规定的情形之一的,经人民法院组成合议庭审查核实,裁定撤销。"

答：1988年6月21日，国务院曾下达文件，明确指示：应当根据中国的法律和中国缔结或参加的国际条约，修订当时原有的《仲裁规则》。据此，在运用同年9月颁行的《中国国际经济贸易仲裁委员会仲裁规则》时，即在仲裁过程中，显然必须遵守而不是违背《民事诉讼法》所明确规定的有关民事案件审理的基本法律原则和基本行为原则。诸如：应当以事实为根据，以法律为准绳；应当查明事实，分清是非，正确适用法律；应当保障当事人行使诉讼权利，保障当事人充分陈述意见；应当调查收集证据，按照法定程序全面地、客观地审查核实证据；证据应当在庭审中出示，并由当事人互相质证；知情人有义务出庭作证，审理人员应当让知情人出庭出证，……（参见《民事诉讼法》第2、8、64、66、70、124、260条）。凡是<u>违反</u>这些<u>基本审理原则的仲裁裁决</u>，显然都是<u>违反仲裁程序的</u>，经法院审查核实，应裁决不予执行。

（二）关于事实认定和仲裁程序问题

问：本案被诉人香港PH公司董事长S串通香港中资（国有）HM公司副总经理K，由后者在1991年11月20日以HM公司名义，盖上HM公章，出具书面伪证，证明香港PH公司"<u>注册资本4 000万港元，拥有40多名专家……是一家实力雄厚的高科技公司</u>"，导致FJ公司受骗上当，同意与香港PH公司组建合资公司。后来经FJ公司查证香港政府主管部门文档，得悉香港PH公司原来是一家"皮包公司"，其注册资本只有10万港元。FJ公司向仲裁庭早就提供了上述书面伪证复印件以及香港政府文档复印件，对S、K勾结实行欺诈的不法行径进行<u>揭露</u>，要求追究其法律责任。但两位仲裁员置之不理，却在《裁决书》中公然声称："就本案被诉人资信而言，仲裁庭认为可以根据以下事实认定：……合营公司一方的HM公司作为福建省驻外机构向中科院WG研究所提供的S先生信誉和财力的担保书中也证明了PH公司是一家实力雄厚的高科技公司。HM公司副总经理代表HM公司作证声明，直至现今也完全信任并愿意作担保。"请问：这样认定事实，对吗？

答：《裁决书》的这种裁判和认定，当然是错误的。因为：第一，HM公司副总经理K理应知道外商在中国境内合资必须提供银行担保的法律规定，更不该随便出具伪证，这是应负法律责任的。第二，香港政府的公司注册文档证明香港PH公司注册资金只有10万港元，K却吹嘘为4 000万港元，这是明目张胆的欺骗！本案仲裁庭两名仲裁员，把已有欺骗劣迹者所作的口头"担保"视为已经存在的客观事实，并引为经典，据以断案，这是极其危险的！第三，1991年11月19日K以HM公司名义盖公章出具的上述资信证明，题为《资信情况介绍》，毫无"担保"内容，《裁决书》称之为"担保书"，任意拔高，可谓无中生有！

问：《裁决书》据以认定香港 PH 公司资信可靠的另一"证据"是："香港冯元律师出具的见证书证明了香港财务公司贷款 350 万美元给香港 PH 公司，作为投资 KP 的资金。"这份"见证书"，据悉是 HM 公司 K 所雇用的一位律师出具的。仲裁庭开庭时，**首席仲裁员 SQ** 不肯出示，不让申诉人 FJ 公司通读一遍即赶紧收藏，深怕申诉人 FJ 公司当庭对质戳穿真相。事后申诉人 FJ 公司多次打长途电话催寄这份"见证书"都横遭拒绝，始终讳莫如深。可是，如今却据以认定事实，裁断案件，请问，这样做，合理合法吗？

答：这是违反审理原则和法定程序的。《民事诉讼法》第 68 条规定："证据应当在法庭上出示，并由当事人互相质证。"第 124 条进一步把"出示书证"作为庭审的必经程序之一。庭审中不认真出示，已属不当；庭审后经当事人一再请求出示，却横加拒绝，更属不当。从而令人有理由质疑：第一，这份书面"见证书"究竟有多少漏洞，是否经不起认真推敲，就会露馅？第二，所谓的"350 万美元"是否已经贷给了 PH 公司，抑或只不过是墙上画饼，空中皂泡？用不让当事人质证的"证据"认定事实、裁断案件，这是违反审理原则和法定程序的。

问：《裁决书》硬说："申诉人 FJ 公司突然免去 T 教授中科院 WG 研究所副所长及 FJ 公司董事长职务"、"T 研究组及其成果是 FJ 公司成为合资企业技术投资的主要内容，T 教授的去留直接影响到合资一方——申诉人 FJ 公司的投资是否确实存在"、"申诉人 FJ 公司对晶体技术发明人的免职行为造成（本案被诉人）资金延迟到位"。这简直是信口开河！本来申诉人 FJ 公司乃是中科院 WG 研究所主管的一个下属单位，下属单位哪有权将顶头上司领导"免职"？事实上，T 教授的免职是因任期届满、正常换班而由中国科学院决定的，岂能归责于 FJ 公司？

答：《裁决书》的这种判断，确属对科学院人事任免体制和有关权限的无知，以致严重背离事实。但更可笑的是对于专利权归属问题，竟然缺乏基本知识。按我国《专利法》规定：执行本单位的任务或利用本单位的物质条件所完成的技术发明，称为"职务发明"。国家各单位工作人员的"职务发明"，其专利权属于全民所有，并归该单位持有；只有"非职务发明"，其专利权才属于个人所有。本案申诉人 FJ 公司作价 515 万美元提供给 KP 合营公司的投资——BBO 和 LBO 晶体技术专利的使用权，其专利权属于国家，并归中科院 WG 研究所持有。作为此项科研发明群体中的成员之一，T 教授对此项专利既无持有权，更无所有权。即使 T 教授本人调离中科院 WG 研究所，国家对此项专利的所有权以及中科院 WG 研究所的持有权，也丝毫不受影响，在这项专利权有效期限20年届满以前,它是一直受到法律保护和继续"存在"的。断言T去留直接影响到FJ公司投资的存在,显然违背中国专利法常识。

问: 把T教授行政职务(副所长)的期满卸任、正常换届,曲解为FJ公司对其顶头上司行使"免职"权力,又把T教授的去留曲解为中科院WG研究所专利权存亡的前提,再进而据此指责FJ公司对T教授的"免职行为造成(本案被诉人)资金延迟到位",要FJ公司承担责任,这究竟是出于知识的缺乏,还是出于有意偏袒?

答: 二者必居其一,或者兼而有之。

问: 本案被诉人香港PH公司的董事长S曾向美国PH公司董事长Schiffer保证:绝对有把握将中科院WG研究所所持有的并许可FJ公司使用的BBO和LBO晶体技术专利权及其在全球范围内的销售权(以下简称"两权")弄到手,并转交给美国PH公司,其具体途径是:通过香港PH、HM公司、FJ公司合资经营"福州KP公司",作为掩人耳目的"中介",在KP董事长S和副董事长K的联合操纵下,全盘转交给美国PH公司。Schiffer等人信以为真,当即以价值1 600万美元的美国PH公司股票(账面800万美元)送给S夫妇,以"换取"香港PH公司44%的股权(相当于5 641美元),实际是一种无偿赠送,以换取日后的上述"两权"。这一事实,已明文记载于美国政府主管部门"证券交易委员会"(Securities Exchange Commission)定期发表的公报(SEC/10-K)中。申诉人FJ公司在委托美国律师深入调查文档之后,发现了这一铁证,已详细译成中文并连同原文复印件呈交本案仲裁庭,并反复要求彻底查清S盗卖中国BBO、LBO专利权的犯罪行为。但仲裁庭竟置之不理。庭审以后,美国PH公司因已支付价值1 600万美元的股票给S,而S许诺的"两权",却迟迟未能到手,发觉其中有诈,继又发现S竟盗用美国PH公司在港资金135万美元,充作香港PH公司向福州KP公司的投资,因而向香港法院起诉,控告S诈骗巨财和盗用巨款,并致函作为股东的FJ公司,要求立即退还或冻结S盗用并投入福州KP公司的美国资金。与此同时,美国PH公司董事长Schiffer又寄来大量的诉讼材料、证据和证词,将S设置的国际大骗局的真相和盘托出,并多次揭露他们所目击和知悉的有关S行贿、巨金收买的事实。他们还多次表示,愿意自费来华出庭宣誓作证。申诉人FJ公司收到这些与本案密切相关的来自美国知情人的揭发材料后,都一一及时转呈本案仲裁庭,要求迅速查核事实,立即解除因申诉人FJ公司受骗上当而与香港PH公司的合营关系,以免国家财产蒙受更大的损失。

可是,本案仲裁庭一概置之不理。如今,《裁决书》的托词是:"本仲裁案审理期间,当事人向仲裁庭提交的有关香港 PH 公司与美国 PH 公司之间的诉讼材料及美国 PH 公司 Schiffer 等人的<u>证据材料</u>,不属本案仲裁庭管辖范围,对此,仲裁庭不予考虑。"请问:证据材料也有"<u>管辖范围</u>"吗?这种托词在法律上站得住脚吗?

答:《裁决书》上的这种说法是错误的,而且违反民事案件审理和仲裁程序最基本的原则:"以事实为根据,以法律为准绳"。不审查核实一切证据,焉能客观地查清和认定事实,不查清事实,焉能正确适用法律?焉能公正断案?诚然,不同案件有不同的管辖范围,但是,既受理了某案,举凡与该案有关的一切证据材料,理所当然地就都属于受理该案的机构的管辖范围,岂能推诿搪塞,拒不查核?既不肯定,也不否定,"不管"了事,这至少是不负责任、是有亏职守的。

问:《裁决书》认为:"美国 PH 公司 Schiffer 等人是利害关系人,他们提供的材料,不能作证据,仲裁庭不予考虑。"请问:这种说法有法律根据吗?

答:不但没有法律根据,而且违反法定程序。

在案件审理的法定程序规则中,只是禁止与本案有利害关系的当事人或第三人担任审判员或仲裁员,却从不禁止知情的利害关系人提供证词、证据和出庭作证。恰恰相反,法律是鼓励一切人,包括知情的利害关系人提供证据的。因为第一,对一切证据进行审查核实,大有助于弄清真相,正确地认定事实。法律要求案件审理人员"<u>按照法律程序,全面地、客观地审查核实证据</u>"(《民事诉讼法》第 64 条),其中理所当然地也包括审查核实案件利害关系人提供的证据、证言。经过审查核实,只要它确实符合客观情况,确能证明事物的真相,就应加以采纳,并据以认定事实。反之,如果仅仅因为提供证据者是利害关系人,就"因人废言",对有关的大量证据、证言不作任何分析、审查和核实,盲目地加以一概排斥,"不予考虑",则闭目塞听,焉能公正断案?第二,在实际生活中经常出现这种事例:原先合作共事、共同谋取某项利益的当事人,事后发生利害矛盾,成为利害关系人,此时的利害关系人应当是对当初共谋阶段的实况和内幕最为权威的知情人。鲁迅所称"<u>因为从旧垒中来,情形看得较为分明,反戈一击,易制强敌于死命</u>",这显然是社会生活经验的科学总结。美国 PH 公司 Schiffer 等人当初与港商 S 共同谋取中国的 BBO、LBO 专利权,如今前者发觉受后者诈骗,恍然大悟,因而"反戈一击",将当初共谋真相和盘托出,这是大有益于澄清事实、戳穿国际大骗局的。对这样的外国利害关系人提供的、有利于保护中国国家财产的证据和证言,岂能不分青红皂白,盲目排斥?

特别应当强调的是:美商 Schiffer 从福州 KP 合营公司成立之初,就一直是这家公司的董事之一。从这个意义上说,他应当也是 KP 合营纠纷案件即本仲裁案件的当事人之一。对当事人之一提供的证言和证据,竟然不加分析,既不肯定,也不否定,而只是武断地"不予考虑",这显然是极端不负责任的,也是严重违反法定审理程序的。

问:《裁决书》断言:"关于各方出资,事实上各方当事人三次董事会本着互谅精神并根据合资公司当时发展情况已协商一致,作出了适当变更。"其主要依据,就是1992年8月17日 FJ 公司董事长 H 致 S 函件中未提到资金到位问题,硬说"申诉人 FJ 公司对于董事会关于变更资金到位日期毫无异议。据此,仲裁庭可以认定这是合资当事人对原合同关于资金到位时间的修改。"

这种断言严重地歪曲了事实。因为:第一,1992年8月8日召开的 KP 公司的第三次董事会上,因 KP 董事长 S 勾结副董事长 K,妄图篡改合营公司的开发高科技产品的经营宗旨和方向,强要迁址搞土地投机,遭到内地方代表 FJ 公司董事长(KP 副董事长)的坚决抵制,会上爆发了激烈争吵,不欢而散,根本没有形成任何董事会决定。事后,S、K 勾结炮制了一份所谓"第三次董事会纪要",H 拒不签字。按照《KP 合同》和《章程》的规定,此等重大事宜,必须经董事会全体成员一致通过,才能作出决定,因此,由 S 先生、K 先生勾结炮制,而 H 拒不签字的上述"第三次董事会纪要"是根本无效的,怎能把这种根本无效的"纪要"强加于 FJ 公司?更怎能凭以认定事实和处断案件?第二,福州 KP 公司第三次董事会上的记录人员 L 同志对会上的激烈争吵过程,是目击者。本案开庭前,他已抵达北京,并愿出庭作证,却横遭仲裁庭拒绝。第三,《裁决书》对1992年8月17日的函件内容,采取了"阉割"前提的手法,做了断章取义的曲解,任意删节,不敢全句整段地引述。第四,对于 FJ 公司前任董事长于1992年6月29日、7月6日、7月24日、7月28日、7月29日先后连续多次致函 S 严词谴责其背信违约、催促资金到位的"最后通牒"式的函件,却熟视无睹,全然不顾,硬说什么合资各方对于 S 资金严重延迟到位已经"协商一致",仲裁员能采取这种孤立、片面的手法来采证和断案吗?

答: 这种采证方法和论证方法,诸如孤立、片面、主观臆断、任意阉割……的做法和看法,都是严重违反法定程序的。前面已经提到:民事案件的审理人员,务必"按照法定程序,全面地、客观地审查核实证据";而且应当鼓励和支持一切知情人出庭作证,这是我国《民事诉讼法》规定的基本审理原则(第64条、第70条)。本案仲裁庭对于当事人已经呈交的各种证据,只是片面地、主观地查核,即只采用(而且是断章取义地采用)其中的一项,而把其他多项完全相反的证据,盲目排斥或弃置不理;知情人已经到庭且愿意出庭作证,却横遭拒绝,这都是背离了上述基本审理原则的错误做法。这种程序上的错误,势必导致事实认定上的错误以及法律适用上的错误。因此,按照错误程序作出的裁决书,势必不只是<u>程序上</u>的违法,而且会造成<u>实体上</u>的违法。

(三)关于仲裁程序的其他问题

问:我们最近再次认真研究了《仲裁规则》,得知其第32条明文规定"仲裁庭应当在案件审理终结之日起45天内作出仲裁裁决书"。本案虽经申诉人FJ公司多次催促从速处理,以免给国家财产造成更大损失,但主办人不理不睬,久拖不决,也从未通知申诉人FJ公司何时是"审理终结之日",继而又以"迅雷不及掩耳"的手法,<u>突然下达了《裁决书》</u>。这样做,符合上述程序规定吗?

答:当然不符合规定。

问:申诉人FJ公司鉴于上次庭审后陆续发现了许多新的事实、新的证据材料,认为很有必要再次开庭彻底查清本案真相,作出公正裁决,为此,曾于1993年10月2日通过传真件向仲委会秘书处和仲裁庭正式提交重新开庭的申请书,按常规,当天即可收到;随后又通过特快专递邮寄了此项申请书,按常规,这份申请书至迟应在10月4日前收到。但都被置之不理。另一方面,本案仲裁庭却在1993年10月11日,即在收到申诉人FJ公司的<u>上述传真申请书和邮寄申请书之后一个多星期,下达《裁决书》</u>,从而剥夺了申诉人FJ公司进一步充分陈述意见的神圣权利和应有机会。这不是更为严重的违反法定程序吗?

答:确属严重违反民事案件审理的基本原则。审理人员有义务保障当事人行使申诉权利,保证当事人有充分陈述意见的机会,重视当事人提供的新事实和新证据,这都是见之于《民事诉讼法》明文规定的 (见第2、8、64、66、70、124、217、260条)。本案仲裁庭事先从未通知当事人"审理终结之日",又在《裁决书》正式下达之前一个多星期就已收到申诉人FJ公司关于重新开庭的正式申请,不作任何审议和答复,却"抓紧时间",匆忙下达《裁决书》,这显然是<u>违反法定程序的</u>,也是很不正常的。对此,申诉人FJ公司当然有权提出抗议,并且为维护自己的法定申诉权,向有关主管机关提出新的申请。

(四)关于法律适用问题

问:申诉人FJ公司早在1992年11月呈交的《仲裁申请书》中即已提出明确主张:本案被诉人在合资公司领取营业执照后6个多月资金不到位,不但严重违约,而且严重违反了有关法规的明确规定,必须承担法律后果。《裁决书》面对无法否认的铁的事实,虽也认定"本案合资公司于1992年1月29日领取营业执照,第一期出资额150万美元应于4月29日到位,但只于3月4日到位

15万美元，8月22日本案被诉人第一期资金150万美元才全部到位。从时间上看，本案被诉人在资金到位上确实存在着违约问题"，但对于资金到位上的违约问题及其法律后果，《裁决书》为什么完全避而不谈？

答：不敢正视有关法律、法规的明文规定，规避适用有关的法律、法规，这是《民事诉讼法》中多次批评的"适用法律确有错误"的一种表现形式。凡属适用法律确有错误的判决或内国裁决，即使已经"定案"，也应通过法定程序，予以否定，或裁决不予执行。（见《民事诉讼法》第179、185、217条。）

《各方出资的若干规定》明文强调：合营各方不按法定期限在营业执照签发之日起3个月内缴清分期出资的定额，即"视同合营企业自动解散，合营企业批准书自动失效，合营企业应当向工商行政管理机关办理注销登记手续，缴销营业执照。"第7条进一步规定：合营一方未按合同规定如期缴付出资，经守约方催告而逾期仍不缴付的，"视同违约方放弃合营合同中的一切权力，自动退出合营企业"。这三个"自动"，综合地规定了和强调了违反法定期限、逾期拒不缴资的法律后果。这显然是法律上的强制性规定，当事人对此并无自由选择的余地，仲裁员更没有任意规避法律强制规定的权力。《裁决书》面对这种强制性的法律规定，噤若寒蝉，不置一词，足见其不无胆怯心虚！也足见其适用法律上的明显不当和确有错误。

问：首席仲裁员SQ在庭审休息时间，曾对申诉人FJ公司ZY等人发问："你们见过国家科委××同志对中科院WG研究所问题的批示吗？""你们要求解除与港商S的合资关系，这事，HM公司能同意吗？福建省委能同意吗？你们认真考虑过没有？"当时有多人在场，听后觉得很不是滋味。事后经过查对，迄今未见哪位国家科委负责人对本案有任何"批示"，也从未听说福建省委对本案申诉人FJ公司要求解除与港商S合资关系有任何不同意的意见或"指示"。我们认为，退一万步说，即使有过什么"批示"或"指示"，首席仲裁员为何不明确告诉申诉人FJ公司？尤其令人不解的是：他是从哪里得知这种"批示"或"指示"的？这"批示"和"指示"是否某个对方当事人伪造的或伪传的？

答：正直的、奉公守法的仲裁员在审理案件过程中，应当严格遵循"以事实为根据，以法律为准绳"的基本原则。任何"批示"或"指示"，都不可能取代法律或凌驾于法律之上，这是《宪法》第5条明文规定的。如果是伪造、伪传什么"批示"、"指示"，则伪造、伪传者固应承担责任，误信传言、以讹传讹或据此办事，也不是全无责任。在这方面，申诉人FJ公司可以列举事实，请求主管机关查明真相和"消息来源"。

问：我们现在总的看法是：本案的仲裁过程和《裁决书》本身，在仲裁程序、事实认定、法律适用、裁决内容等方面，都存在着颇为严重的问题和错误。我们的法律意识提醒我们自己：对于这样的歪曲事实、曲解法律、袒护欺诈和纵容伪证的有失公正的裁决，我们应当怎么办？

答：应当严格依法办事，依法提出抗辩，以保护自己的合法权益，保护国家财产。具体说来：第一，通过法定程序，请求法院裁定不予执行；第二，向中国国际经济贸易仲裁委员会反映上述情况和提出新的请求。

中国国际经济贸易仲裁委员会作为一个<u>整体</u>，在中国国内和国际上都享有<u>盛誉</u>。这种盛誉，并不能保证每个仲裁员、每份裁决书都能绝对严格依法秉公断案。因此，纵有个别仲裁员或个别仲裁书断案不公，也无损于仲裁委员会整体的公正形象。仲裁委员会领导人对于来自当事人的不平之鸣和据实举报，历来是<u>认真倾听和严肃清查的</u>，这也正是<u>这个仲裁机构素来享有盛誉的重要基础之一</u>。对于这一点，<u>应当抱有信心</u>。

厦门市第二律师事务所兼职律师

厦门大学法学教授　陈安

1993 年 11 月 5 日

X 论涉外仲裁个案中的越权管辖、越权解释、草率断结和有欠透明

——CIETAC 2001—2002 年个案*评析

内容提要 中国国际经济贸易仲裁委员会(CIETAC)组建以来,以其断案之公正、公平,在国际上享有盛誉,广受中外当事人信赖。但是其中个别案件的裁断,在实体内容以及程序操作上存在着不合法、不规范的缺失,出现了<u>越权管辖、越权解释、草率断结和有欠透明</u>等重大问题。其客观后果不但株连无辜的第三人,充当替罪羔羊,无端"挨宰"6 000 余万元巨款,而且实际上是掩盖了、纵容了地方行政官员涉嫌严重违法施政的行为,从而在相当程度上损害到 CIETAC 断案公正公平的传统光辉形象。笔者谨以 CIETAC"诤友"身份,撰写此文,坦诚陈言,以期引起有关方面注意,并通过学术争鸣,共同提高认识。

1995 年 12 月,外商 P 公司与中国 A 市(县级)X 水电站签订合同,组建中外合资 X 水电公司,投资总额达 2.1 亿元人民币。A 市的 Y 电力总站(甲方)奉市政府首长之命,与中外合资的 X 水电公司(乙方)签订《电量购销合同》,约定由甲方包销乙方所产全部电量每年 1.2 亿千瓦/时以上,此数远远超过甲方当时购电后的"消化"能力,致造成长期积欠乙方电价款。1998 年 5 月,A 市 Y 电力总站(甲方)奉行政主管之命注销,转化成为 D 市(地区级)L 水电总公司下属的一家分公司(非独立法人)。乙方遂转换索债目标,改向 L 水电总公司索偿巨债近亿元。L 水电总公司认为自己从来就不是本案涉讼合同的当事人,与该合同电价争端原本毫无关系,现在却因 A、D 两级市政府官员的行政失误以

---

* 本案编号为"DG20010277",CIETAC 组庭受理于 2001 年 10 月 16 日,裁决于 2002 年 7 月 10 日。裁决书编号为"(2002)贸仲裁字第 0198 号"。本文依据本案案卷文档写成。引文中的下画线或黑体是引者加上的。有关文档可依有关法定程序向 CIETAC 有关部门请求查索阅读。参照 CIETAC 公开发表裁决书的通常做法,本文隐去了当事人、仲裁员、涉案人员及涉案地点等真实的公司名、人名和地名,而以英文字母取代。参见 CIETAC 编:《中国国际经济贸易仲裁裁决书选编(1963—1988)》,前言,中国人民大学出版社 1993 年版。

及乙方刻意利用这种行政失误,使L水电总公司成为无辜"挨宰"的替罪羔羊,因此,断然拒绝乙方的索债要求。乙方遂于2001年10月依据《电量购销合同》中仲裁条款,以L水电总公司为被请求人(债务人),将争端提交CIETAC请求仲裁。

本案仲裁庭依法组建后,经过两度开庭听审。首席仲裁员G在2002年4月拟出《裁决书一稿》,提交讨论,其中认定:本案争议是A市和D市两级政府一系列行政行为造成的后果,依据中国现行法律,已<u>超出CIETAC</u>和本仲裁庭的<u>管辖范围</u>,因此,应当依法驳回中外合资X水电公司的仲裁申请。

本案仲裁庭成员T收阅《裁决书一稿》后,提出了与G相反的意见。笔者作为本案仲裁庭的第三位成员,在仔细研读G、T两位的相反意见后,向CIETAC书面表达了自己的看法:完全赞同G的意见,不赞同T的见解。至此,本案仲裁庭已形成"2:1"的多数,主张驳回申请人X合资公司的仲裁申请。但不知出于何种原因,本案却于2002年6月7日被提交CIETAC"专家咨询委员会"进行咨询。"专家咨询委员会"若干成员事先未仔细阅读案件文档,经45分钟短促讨论,泛泛而谈,认为本案仲裁庭应当受理本案并作出实质裁决,不宜驳回仲裁申请。按规定,此项咨询意见仅供参考,并无约束力。2002年6月30日,本案首席仲裁员G写成《裁决书二稿》,其中案<u>情事实认定完全照旧</u>,但裁决却发生180度的"质变":裁令与本案涉讼合同原本毫无法律关系的L电力总公司向X合资公司(涉讼合同的乙方)支付巨额欠款6 400余万元。针对这份《裁决书二稿》,笔者迅即提出正式的《异议意见书》,提出大量法律疑窦,建议在审限内认真查核受害当事人最新举报的重要证据,彻底查清本案中政府官员涉嫌严重违法施政的有关情节,以免CIETAC<u>越权管辖和错误裁决</u>。但此项《异议意见书》竟被搁置不理。《裁决书二稿》以与《裁决书一稿》完全相反的"2:1"多数,迅即作为正式终局裁决书草率签发。笔者曾要求按国际上通行的做法和CIETAC的有关先例,把本庭居于少数地位的仲裁员提供的《异议意见书》,附在本案终局裁决书之后,由CIETAC同时送达给双方当事人,实行"阳光断案",借以切实维护断案之透明、公开、公平,接受社会公众之监督,杜绝任何"暗箱作业"之弊端。此项合理建议,竟然又被置之不理。

本案2002年7月10日终局裁决书正式下达之后,原与涉讼合同(《电量购销合同》)毫不相干、纯属无辜的第三人即L水电总公司,竟被裁令充当替罪羔羊,"挨宰"巨款,致使当地舆论大哗,群情激愤,酝酿"闹事"。经当地政府主管官员反复进行行政协调,矛盾才未进一步激化,各方终于在当地政府主持下商定：仍由原涉讼合同甲方(即 A 市 Y 电力总站)向银行贷款 2 000 万元人民币，一次性地向原涉讼合同乙方(即 X 合资公司)清偿积欠电费，了结多年纷争。至此，L 水电总公司总算从本案错误裁决的"利刃"之下解脱出来，幸免于无辜被"宰"之难。此番因政府主管官员行政行为失误引发而缠讼多年的《电量购销合同》争端，终又通过政府主管官员的行政行为而解决了矛盾。这一结局，以事实有力地印证了笔者当初在《异议意见书》中所剖析判断的"<u>解铃还需系铃人</u>"，也印证了本案裁决书越权管辖裁断与越权代庖解释之"徒劳"与不当！

目　次

一、小引
二、本案案情梗概
三、本案裁决书"仲裁庭意见"一稿与二稿的大相径庭与突变
　　(一)"仲裁庭意见"一稿——原有的 2∶1
　　(二)专家咨询会议的短促评议及其可商榷之处
　　(三)"仲裁庭意见"二稿——反向的 2∶1
四、本案裁决中的越权管辖裁断和越权擅自解释
　　(一)关于越权管辖裁断
　　(二)关于越权擅自解释
　　(三)关于防止越权管辖和越权解释的几点建议
五、本案仲裁后期的草率断结和断结后的有欠透明
　　(一)后期的草率断结及其负面后果
　　(二)草率断结后的有欠透明及其负面后果
六、几项寄语
　　(一)更完善地发挥所设"专家咨询委员会"的功能与作用
　　(二)更充分地发挥常设"仲裁研究所"的功能与作用
　　(三)更慎重地选择每案的首席仲裁员
　　(四)澄清和修订 CIETAC 现行《仲裁规则》第 54 条
七、尾声

一、小　引

中国国际经济贸易仲裁委员会(CIETAC)及其前身自 20 世纪 50 年代中

期组建成立以来,迄今将近50年。近50年来,从总体上说,CIETAC以其断案之公正、公平、独立不阿和祛邪扶正,在国际社会中享有盛誉,广受当事人信任和信赖,近年来其受案数量已跃居全球同类仲裁机构的最前列。这是全体中国人特别是中国仲裁界引为自豪和倍加珍惜的。CIETAC在长达半个世纪的漫长岁月中,之所以能持续地保持蒸蒸日上、欣欣向荣的势头,日益走向真正的现代化和国际化,其关键之一,就在于它一向善于不断地发扬自身的上述优良传统,不断地总结经验教训,不断地倾听社会各界提出来的诤言、从善如流和排除负面因素;简言之,就在于它始终坚持"与时俱进"!

在这方面,其最新例证之一,就是CIETAC现任主要领导人最近在一次仲裁员研讨会上的重要发言。他提醒大家:近年来我国的仲裁事业不断发展,在经济领域和法制建设中起着重大作用;与此同时,各方面对仲裁工作的要求也更高了,国内外同行之间的竞争也随之加剧。"我们对这个形势应有一个清醒的认识,必须以与时俱进的精神状态,不断开拓仲裁工作的新局面。"为此目的,他特别强调仲裁人员应当"**忠于职守,廉政仲裁**",明确指出:"我们仲裁工作的开展不是处在真空,我们的仲裁员不是生活在世外桃源。……近年来,**社会各界从不同渠道反映仲裁存在的问题,仲裁员的问题呈上升趋势**。我们对此问题不能书生气十足,**不能麻痹**。要正面地、严肃地提出,必须注意这个问题,**敲响警钟**。我们在仲裁工作中要**理直气壮地倡廉反腐,树立仲裁事业的高尚职业道德**。"①

这篇重要发言的特点,在于既充分肯定成绩,又明确揭示问题;特别是对于来自社会各界的有关CIETAC的诤言,**不回避,不"讳疾",不"护短"**,敢于面对和正视现实,有的放矢,语重心长地敲响了警钟,振聋发聩,体现了领导人应有的**眼光、胸怀和气魄**。

笔者忝在CIETAC仲裁员队伍之列,作为其中普通一兵,既因CIETAC之享誉全球和蒸蒸日上,分享到一份自豪;也深感有一份责任:作为CIETAC的诤友,对其个案中可能存在的不足和缺失,理应就个人所知、所感,直抒胸臆,坦诚陈言,加以评析,以期引起有关方面注意,并通过学术探讨和学术争鸣,集思广益,共同求得真知,提高认识。

在2001—2002年CIETAC受理的某件涉外合同纠纷大案中,笔者作为该案仲裁庭的成员之一,深感其终局裁决(以2∶1多数通过),在实体内容以及程

---

① 刘文杰(中国贸促会副会长、中国国际经济贸易仲裁委员会副主任):《努力提高仲裁质量,创造仲裁工作新局面——在CIETAC部分仲裁员研讨会上的发言》(黑体和重点号是引者加的,下同),载于《中国对外贸易(中国仲裁)》2002年第12期,第6—7页。

序操作上存在着不合法、不规范的缺失,主要表现在其中出现了不应出现的**越权管辖、越权解释、草率断结和有欠透明**等重大问题。其客观后果不但任意株连与原合同纠纷全然无关因而全然**无辜**的第三人,充当**替罪羔羊**,使其无端"挨宰"人民币 6 478 万余元巨款,而且实际上是**掩盖了**、纵容了地方**行政官员**涉嫌严重违法施政的行为,从而在相当程度上**损害**到 CIETAC 断案公正公平的**传统光辉形象**。不能不令人感到十分遗憾和惋惜。本文拟在简介本案梗概的基础上,对上述四个方面的缺失和问题,逐一加以剖析。

二、本案案情梗概

1995 年 12 月 12 日,外商 P 公司与 A 市 X 水电站签订中外合资成立 A 市 X 水力发电有限公司(以下简称"X 合资公司")合同书(以下简称《合资合同》)。P 公司出资 55%,计 655 万美元,A 市 X 水电站出资 45%。合资公司投资总额约 2.1 亿元人民币。合资公司营业执照的颁发日期是 1995 年 12 月 27 日。

《合资合同》第 10 条规定:"合营公司与 A 市 Y 电力总站签订'X 水电站电量购销合同',A 市 Y 电力总站(以下简称'Y 电力总站')必须购买合营公司经营的水电厂(即中外合资扩建后的原 X 水电站)所有可输送的电量,年均购买不少于 12 000 万千瓦电量,电量购销合同必须在申请营业执照以前完成。"

据此,X 合资公司作为乙方与作为甲方的 Y 电力总站①在 A 市签订了关于 X 水电站电量购销事宜的《电量购销合同》(以下简称"涉讼合同"或"合同")。合同的主要内容如下:

合同第 2 条"购售电量"的第 2 款约定:"乙方年上网电量约为 12 000 万千瓦时,自 1998 年 1 月 1 日起,由甲方包销;若乙方水量足够而机组又能生产电量超过该年 12 000 万千瓦时,甲方应全部购买多余电量。水电站在 1996 年底正式投产后,在 1997 年间由甲方负责包销 9 000 万千瓦时"。第 2 条第 3 款约定:"若乙方能够按发电计划生产电力,而因甲方购买不足造成乙方弃水而损失的电量,则甲方仍然要按第 4 条所述基本电价……向乙方支付费用;……"。

合同第 3 条"电量计量"第 1 款约定:"X 水电站向电网售电的计量点设在 Y 电力总站 B 变电所 110 千伏侧,乙方于计量点装两块计量电度表。甲方每月

---

① A 市是 J 省山区的一个县级市,其下属的国有企业 Y 电力总站是依法成立的一个有限责任企业法人,其注册资金仅为人民币 252 万元。

月终抄表壹次,乙方可派员在场见证"。

合同第4条"电价、电费"第1款约定:"上网电价为人民币0.40元/千瓦时。该电价由基本费用、生产费用和税项所组成"。第4条第3款约定另收"专项还贷基金"0.05元/千瓦时,"并入电费计算"。

合同第9条"管辖法律及争议解决"第2款约定:"在执行本合同过程中发生的任何争议应通过友好协商解决,……如协商在30天内不能解决,争议将提交中国国际经济贸易仲裁委员会依照该会程序进行仲裁"。

合同第12条"政府有关部门的支持"约定:"甲方须取得下列文件:(1)A市人民政府、D地区行政公署①支持甲方履行包销电量的条款,并承诺批准此电量在其管辖范围内销售。(2)A市物价委员会批准本合同的电价计算方案。"

这份《电量购销合同》,即本案的涉讼合同,乃是由A市主管引进外资的S副市长一手主持操办的。作为合同甲方的A市Y电力总站,其法定代表人王树吉(已隐去真名,下同)站长,根本"无权"、也从来未曾直接参加与外商谈判和共同议定合同的具体条款,所有条款均由P外商及其主持下的X合资公司单方拟定,再由S副市长指令王树吉站长到"引资大会"上代表Y电力总站在该合同上签署盖章。王站长因迄未参加谈判拟约事宜,不明条款具体规定,心存疑虑而不愿到会贸然签署,S副市长声称:此次引资是重大"政治任务","你王树吉不签,我可叫张树吉、李树吉签字,你这站长就不用再当了。"面临被撤职罢官的现实风险和胁迫,王站长不得不依上级指令在该合同上签署盖章。对此有关情节,王树吉本人出具了书面证言。其他知情者也在庭审中作了类似陈述。

1996年1月3日和1月10日,A市人民政府和市物价委员会分别向本案申请人即X合资公司下发文件,表示1996年每千瓦时上网电价暂定0.40元人民币,待电站竣工投产发电后再按上级有关文件规定和发电成本重新核定。

1996年1月25日,A市人民政府向X合资公司下发文件决定自该公司经营的X水电站投产之日起,对全市的所有用电按每0.05元/千瓦时标准征收前述"专项还贷基金",用于偿还X水电站的各项投资借款,直到还清为止。

1997年1月21日,D地区物价委员会向A市物价委下发了D地价商(1997)014号"批复"文件[以下简称"D地价(97)14号文"],同意A市人民政府的审议意见,即1997年X水电站上网电价执行0.48元/千瓦时。A市物价

---

① A市是J省"D地区行署"下属的一个"县级市","D地区行署"改制为"D市"后,A市属于D市("地级市")管辖。

委向 X 合资公司转发了"D 地价(97)14 号文",确定从 1997 年 4 月 1 日起 X 水电站上网电价执行 0.48 元/千瓦时。

1997 年 5 月 15 日,D 地区物价委员会向 D 地区电力公司下发了 D 地价商(1997)078 号文件《关于调整 D 地区电力公司售电价格的批复》[以下简称 D 地价(97)78 号文]。根据该文件批复,D 地区电力公司代购代销 A 市电峰谷电价平均是人民币 0.24 元/千瓦时。

1997 年 5 月 20 日,A 市 Y 电力总站致函 X 合资公司要求缓交部分电费称:"近几月来,我站无法全部消化贵公司所发出的电量,截至 4 月份为止,尚有 520 多万 kW/h[千瓦时]电送往 D 地区电网,且因上 D 地区电网每度只有 0.25 元,与贵公司上网电价每度 0.48 元悬殊太大,我站难予[以]承受。经协商,D 地区电力公司同意上述电量暂寄存他处,待今后与我站用电互抵,时间可限到 9 月底止。由于我站目前资金周转困难,一时无法付清这部分电费,为此,要求贵公司体谅我站困难,同意上属[述]这部分电量的电费给予延迟到 10 月底交清,请支持并示复。"

1997 年 8 月 12 日,D 地区行政公署向所属各县、市下发 D 署传[1997]18 号文件《D 地区行政公署关于将 D 等八县、市国有电力企业划入 L 水电开发总公司①统一经营的通知》[以下简称"D 地署(97)18 号文"],该通知称:"为贯彻实施省委、省政府关于组建'大集团、大公司'的发展战略……实现我区经济增长方式的转变,提高国有资产营运效率,经研究将区内八县(市)的国有电力企业[含 A 市 Y 电力总站等]划归地属 L 水电开发总公司,其资产和人员全部由 L 水电开发总公司代表地区统一经营管理。划归后,其债权、债务均由 L 水电开发总公司[以下简称'L 水电总公司']承担。"同年年底,D 地区行署又下达了"D 署(1997)综 268 号"文件[以下简称"(97)268 号文"],催办有关人事和资产正式移交事宜。

D 地区行署采取此种行政措施实行所辖电力公司"大改组"的宗旨,在于另行组建一个"大型股份有限公司"——"N 电力股份有限公司",使其股票得以"包装"上市,从而征集大量资金。

1998 年 5 月 19 日,A 市 Y 电力总站奉命被工商局注销。同时,其"后继"单位"L 水电开发总公司 A 市分公司"奉命成立。

X 合资公司自 1997 年 4 月至 1998 年 7 月,向 A 市 Y 电力总站多次发函

---

① L 水电开发总公司是 J 省 D 地区行署(其后改制为 D 市,为"地级市")下属的国有企业,其注册资金高达人民币 26 468 万元,约相当于 A 市 Y 电力总站注册资金(252 万元)的 105 倍。

催收部分积欠电费;自1998年8月至2001年8月,转换索债目标,<u>改向</u>L水电总公司多次发函催收积欠电费,连同"滞纳金"(利息),索债总额累计高达人民币9 866万余元。L水电总公司认为自己从来就不是本案涉讼合同①的当事人,与该合同电价争端原本毫无关系,现在却因D市政府官员的行政失误和X合资公司恶意利用这种行政失误,转换索债对象致使纯属无辜的L水电总公司充当替罪羔羊,实属冤枉之极,因而坚决不愿无端"挨宰"受害。于是电价争端日益激化。

1998年5月8日,D地区行政公署召开专题会议力图通过新的行政"协调",解决X合资公司与Y电力总站以及L水电总公司之间的债务纠纷,随即形成专题《会议纪要》。但贯彻不力,纠纷迄未解决。

……

2000年8月,D地区行署官员主持组建的"N电力股份有限公司",上市成功,销售了数量巨大的股票,从股市上征集了数额巨大的新资金。

2001年4月10日,J省物价局向D市(原地区行署)及所辖各县[市、区]物价委下发了"J价(2001)商字114号"文件[以下简称"省局(2001)114号文"],其中将X水电站上网电价下调到0.388元/千瓦时。

2001年4月20日,D市(即原D地区行署改制后成为D市)财政局和D市国有资产管理局联合给所辖新组建的"N电力股份有限公司"下发D国资(2001)031号文件《关于变更国有股权管理的通知》[以下简称D国资(01)31号文]。该文称:"经研究决定,由D市国有资产管理局持有的N电力股份有限公司国家股19 847万股,原委托L水电开发总公司管理,从2001年1月起[改为]委托D地区国有资产投资经营有限公司管理,请尽快办理交接手续。"

2001年8月6日,D市人民政府给各县(市、区)人民政府下发D政(2001)145号文件《D市人民政府关于将L水电开发总公司八县(市、区)分公司下放管理的通知》[以下简称"D政(01)145号文"]。该文件称,1996年为了"N电力股份有限公司"股票上市,原D地区行署曾将所辖八县市国有电力企业划入L水电总公司统一经营管理。实际运作只将发电部分资产和相应负债剥离出来,组建"N电力股份有限公司",现"N电力"股票已成功上市一年,N电力股份有限公司生产经营已步入正轨。为了进一步推进电力体制改革……经研究决定将L水电总公司各县(市、区)分公司(包括发电存续公司)下放给相应县(市、

---

① 即前述1995年12月Y电力总站屈从A市政府官员行政命令而被迫与X合资公司签订的《电量购销合同》。

区)。即原各县(市、区)电力企业,除进入 N 电力股份公司的资产、负债和人员外,其余资产、负债和人员全部下放给相应县(市、区)。

总之,X 合资公司所经营的 X 水电站自从 1997 年初正式投产发电上网以来,电价争端问题始终没有得到解决。X 合资公司遂以 D 市政府(即原 D 地区行署)所辖的国有公司——L 水电总公司作为索赔对象(被申请人),于 2001 年 8 月 29 日,向 CIETAC 提出了仲裁申请。

由于本案双方各自提出了关于确定 X 水电站电价的政府文件,2001 年 12 月 30 日,被申请人 L 水电总公司致函 J 省 D 市(即原 D 地区行署)物价委员会,请求对 X 水电站上网电价适用有关文件进行解释。

2001 年 12 月 31 日,D 市物价委员会以 D 价商(2001)144 号文件下发给被申请人《关于 X 水电站上 D 市网[地网]电量电价问题的批复》[以下简称"D 价(01)144 号文"]。该批复表示:

"一、我委上报 J 省物价局《关于转报 D 市调整分类综合电价的请示》[D 价商(2001)1 号]中 X 水电站上 A 市网的电量电价每千瓦时 0.48 元,省物价局以《J 省物价局关于调整 D 市各县[市、区]综合分类电价的通知》[J 价(2001)商字 114 号]作了批复,即:A 市 X 水电站上 A 市网电量电价每千瓦时 0.388 元。

二、X 水电站所发电量在 A 市网内不能消化的部分上 D 市网[地网]的价格,仍按我委 D 地价商[1997]078 号文各类电价中的 A 市电购电价格执行。"

2001 年 D 市物价委员会的这份 D 价(01)144 号文提到 1997 年 78 号文所定的"A 市电购电价",就是人民币 0.24 元/千瓦时。这就实际上完全否定了本案申请人 X 合资公司一贯坚持按 0.48 元/千瓦时计价的主张。基于切身利害关系,X 合资公司在本案仲裁过程中多次反复指责该 D 价(01)144 号文件是 D 市物价委员会参与"恶意串通炮制"的"伪证"。

由于本案申请人 X 合资公司与被申请人 L 水电总公司双方对 D 市物价委员会上述批复[即 D 价(01)144 号文]有不同意见,为查明 D 市物价委员会 2001 年 144 号批复的合法性,仲裁庭通过 CIETAC 秘书局于 2002 年 3 月 8 日向 D 市物价委员会的直接上级即 J 省物价局发函调查。2002 年 3 月 25 日,J 省物价局以 J 价(2002)143 号文[简称"J 价(02)143 号文"]回复仲裁委员会的调查函。其中载明:"根据《国家计委规范电价管理有关问题的通知》[计价格(2001)151 号]以及我局《关于调整 D 市各县[市、区]综合分类电价的通知》[J 价(2001)商字 114 号]的有关规定,对上地方电网的上网电量除我局核定的上网电价外,其他电厂[站]上网电价由地市物价部门核定审批。我局核定的 X

水电站上网电价 0.388 元/千瓦时指上 A 市网的上网电价,该电站上其他地方电网的上网电价,由 D 市物价委员会核批。"①

以上案情梗概,摘自本案裁决书"第一稿"和"第二稿"以及最后"定稿"中的"第二部分 案情"。这三种文稿中由仲裁庭所认定的本案案情和事实叙述,除个别字句(含错别字)有所调整改订外,几乎完全一致和"雷同"。

三、本案裁决书"仲裁庭意见"一稿与二稿的大相径庭与突变

CIETAC 在收到申请人 X 合资公司的仲裁申请后,根据前述涉讼合同中的"仲裁条款"以及有关的"仲裁规则",组成本案仲裁庭,于 2001 年 12 月 27 日在北京对本案开庭审理。庭审过程中,双方当事人各陈己见,互相控辩对质;其间,曾在双方同意下,由仲裁庭进行调解,未获结果。

2002 年 1 月 25 日,被申请人 L 水电总公司致函仲裁委员会称:

"L 水电开发总公司因 D 市股改上市的政府行为而无端承担诉讼地位上的被申请人,L 水电开发总公司是 N 电力股份有限公司的发起人之一,享有该公司 66%的股权,而 X 水力发电有限公司[即 X 合资公司]除外商享有 25%的股权外,其余的 75%股权归 N 电力股份有限公司。目前,根据 D 市政府 145 号文[即前述 D 政(01)145 号文]的通知,各电力分公司又着手下放工作,而本案又因其价格问题属国家定价内容,对于当地政府(A 市)行政承诺的历史问题的理解存在重大分歧,而事实上本案的电价纠纷在实际履行过程中已由双方做出结算。为此,本案存在调解的前提基础,关键是 D 市人民政府的态度对本案纠纷的理顺起重要的作用,L 水电开发总公司作为 D 市政府下属国有企业,难以组织双方进行调解。因此,L 水电开发总公司特请求仲裁委按仲裁规则规定,由仲裁委主持,特邀市政府介入,组织双方当事人进行调解。"对此,申请人 X 合资公司表示同意邀请 D 市政府介入调解。

仲裁庭认为,在 A 市当地对本案进行第二次开庭审理,同时进行调解,较有利于案件的早日解决,经征得 CIETAC 秘书局同意,于 2002 年 3 月 3 日,在 A 市对本案进行第二次开庭审理,并对本案进行调解。双方当事人均派代表和

---

① J 省物价局针对 CIETAC 调查函问题作答的这份复文,明确地肯定了三点,即(1) D 市物委有权核批当地电价;(2) X 水电站上 A 市网的上网电价为 0.388 元/千瓦时;(3) X 水电站上其他地方电网(含 D 市电网)的上网电价,由 D 市物委核批,即 0.24 元/千瓦时。

仲裁代理人出席了第二次开庭,但本次开庭进行的调解没有成功。另外,仲裁庭还就本案的有关问题就近向 D 市和 A 市的政府人员进行了咨询。

2002 年 3 月 8 日,仲裁庭通过秘书局致函 J 省物价局,请求该省物价局表明对本案涉及的 D 地区物价委员会先后发布的文号为"D 地价商[1997]78 号"以及"D 价商[2001]144 号"两份文件的意见。J 省物价局对此给予了回复。(其具体内容已摘引和转述于本文第二部分倒数第 2 段。)

在紧接着第二次开庭后的非正式合议中,本案仲裁庭的首席仲裁员 G 提出:本案案情和有关证据有待进一步仔细辨析和思考。看来可能有三种解决方案:(甲)采纳申请人 X 合资公司的索赔主张,裁令被申请人 L 水电总公司偿还欠债(电费)本息共 6 000 万元至 9 000 余万元人民币;(乙)采纳被申请人 L 水电总公司的抗辩主张,由该公司代 A 市 Y 水电总站(即本案涉讼合同中签约的甲方当事人)向 X 公司偿还应交欠款约 600 万元人民币;(丙)本案争议是 A 市和 D 市两级政府一系列行政行为造成的后果,依据中国现行法律,已经超出 CIETAC 和本仲裁庭的管辖范围,因此,应当依法驳回 X 合资公司的仲裁申请。其他两位仲裁员同意首席仲裁员的建议:待对本案全部文档进一步剖析思考后,各自提出自己的看法,再行合议。

应当肯定:直到此时,本案仲裁庭在首席仲裁员 G 同志的主持下,对本案庭审过程中的听审、提问、查证及庭后初期的主动调查取证,都是积极和审慎的。而 G 同志率先提出的上述三种裁决"方案",也颇有助于开阔思路,促进思考。

(一)"仲裁庭意见"一稿——原有的 2∶1

2002 年 4 月 16 日,G 同志拟就本案裁决书的初稿(以下简称"裁决书一稿",共 69 页),提交其他两位仲裁员征求意见。"裁决书一稿"的"第四部分 仲裁庭意见"以及"第五部分 裁决",原文如下:

第四部分 仲 裁 庭 意 见

仲裁庭通过审阅双方当事人提供的材料以及其他材料,以及两次开庭审理本案,加之听取有关方面的情况介绍后认为,本案争议依据中国法律已经超出了仲裁庭的管辖范围,具体意见如下:

(一)合同签订中的政府行为

A 市政府在一开始就主导了 X 水电站的招商引资及后续合资合同及电量购销合同的签订。1995 年 8 月 3 日,A 市政府首先作出了购电承诺,原 D 地区行署给予见证。

1995 年 12 月 12 日合资合同第 10 条规定:"A 市 Y 电力总站必须购

买合营公司经营的水电厂所有可输送的电量,年均购买不少于12 000万千瓦时电量,电量购销合同必须在申请营业执照以前完成。"原A市Y电力总站并不是合资合同的一方,而合资合同之所以能够加予第三人这样强制性的购电义务,并得以使后来的购销电量合同自然满足这一义务,显然只有A市政府从中安排才能得以实现。合同第2条第3款规定若申请人(X合资公司)能够按发电计划生产电力,而因原A市Y电力总站购买不足造成申请人弃水而损失的电量,则原A市Y电力总站仍然要按基本电价向申请人支付费用。A市政府同时为保障还贷还向申请人发文,同意电费中加入还贷基金。这些都是A市政府为实现自己承诺,通过申请人与被申请人(应指A市Y电力总站)之间的合同内容来保证申请人收益的具体行为。

合同约定的上网电价是每千瓦时0.40元,在X水电站正式投入生产后,加收0.05元的专项还贷基金。那么,上网电价应是0.45元。但是,原D地区物价委员会根据A市政府的意见在D地价商(1997)14号文中将电价定为0.48元,这就是在没有任何正当理由的情况下,无形中[又额外]增加了0.03元。

综上,仲裁庭认为原A市Y电力总站站长王树吉的证词是可以采信的,合同是政府行政行为的结果。

(二) 关于政府对电力定价问题

电是一种特殊商品,根据现实情况和我国电力法的规定,需要政府定价,这是必要的政府行为。在本案中,政府为了吸引外商投资,需要根据投资总额以及十年还贷测算申请人上网电价。申请人(X合资公司)的投资总额开始是2.1亿元,不断超过预算,根据申请人自己的陈述最后增加到2.86亿元。仲裁庭认为A市政府将申请人上网电价建议定为0.48元应该与此有关。

从本案前后出现的政府文件的本意可以确定申请人作为生产企业其上网的电价是要保证申请人的投资回收,在投资回收额和每年发电量确定的情况下,其上网电价确实应是一个价格,而不应存在两个上网电价。但是当时可能由于相关方对A市存在省、地和(本)市三个电网而每个电网的上网电价又不同的情况以及A市(政府领导对本市)市网实际销售量不清楚或是视而不见、盲目承诺,从而造成原A市Y电力总站只能在A市(本市)电网上销售5 000多万千瓦时的电量。余电上地网①,而当时A市

---

① 指D地区(其后改制为D市)电网。

Y电力总站与拥有地区电网的被申请人(L水电总公司)是两个独立的法人,A市Y电力总站则只能以每千瓦时0.24元的价格上地网销售余电。在这种情况下,A市Y电力总站销售余电愈多,则亏损愈大,合同的履行显然不能进行下去,其间的问题已经很难解决。那么相关方包括(当地)政府对此结果不能说是没有关系的。

(三)关于被申请人股改上市问题

不可否认在原D行署(1997)18号文和(1997)268号文之前,本案被申请人(L水电总公司)与申请人(X合资公司)是没有任何法律关系的。18号文和268号文以及以后相应的工商变更手续,使A市所属的原Y电力总站与原D行署所属的被申请人(L水电总公司)合二为一,使被申请人(L水电总公司)代替原A市Y电力总站成为合同的一方(的继受人),将A市范围内应该解决的问题转移到了D市的范围。根据D地价商(1997)78号文、D价商(2001)144号文以及J省物价局(2002)143号文,上D地区地网的电价仍是0.24元。那么,虽然原A市Y电力总站与被申请人(L水电总公司)合二为一了,但上A市网与上D地区地网的价格根据政府文件并没有统一,使本来已经很难解决的电费问题更加复杂,直接造成当事人之间理解的不一致,以及本案的提起。

从本案的整个过程可以清楚地看出,原A市Y电力总站划归于被申请人(L水电总公司)并不是被申请人主动的意思表示和行为,而是原D地区行署或现在的D市政府的意志和行为。股改上市①成功后,D市政府通过(2001)31号文剥离了被申请人对上市公司股份享有的权利,又通过(2001)145号文要将原划归于被申请人(L水电总公司)的县级电力企业下放回去。这一切,没有原A市Y电力总站自身的任何意思表示,当然也没有被申请人(L水电总公司)对接受原A市Y电力总站以及如何处理合同遗留问题的意见。对于申请人(X合资公司)向原A市Y电力总站以及被申请人(L水电总公司)索要拖欠电费一事,原D地区行署政府或现D市政府采取了一系列的行政措施打算解决,但是没有成功。

《中华人民共和国合同法》(第2条)规定:"本法所称合同是平等主体自然人、法人、其他组织之间设立、变更、终止民事权利义务关系的协议。"第3条规定:"合同当事人的法律地位平等,一方不得将自己的意志强加给另一方。"第4条规定:"当事人依法享有自愿订立合同的权利,任何单位和

---

① 指前述新改制组建的"N电力股份有限公司"获准将股票上市销售。

个人不得非法干预。"第 5 条规定："当事人应当遵循公平原则确定各方的权利和义务。"这几条均是法律对合同的原则要求,但对照这几条,本案(涉讼)合同的签订、履行以及合同一方的变更均与法律对合同的基本要求格格不入。

《中华人民共和国仲裁法》第 2 条规定："平等主体的公民、法人和其他组织之间发生的合同纠纷和其他财产权益纠纷,可以仲裁。"第 4 条规定："当事人采用仲裁方式解决纠纷,应当双方自愿,达成仲裁协议。没有仲裁协议,一方申请仲裁的,仲裁委员会不予受理。"本案合同的签订、履行以及合同一方的变更包括争议发生后(当地)政府从中试图解决的行为均是政府行为在主导,是政府意志的体现,超出了申请人和被申请人这两个平等主体的范围。仲裁是协议管辖,仲裁委员会根据(原)合同中的仲裁条款只能约束(原)双方当事人,对于政府机关和政府行为,也就不在仲裁庭的审理范围。

总之,本案争议已经<u>超出了仲裁庭的审理范围</u>,(本仲裁庭)对于申请人的仲裁申请只能予以驳回。

第五部分 裁 决

<u>驳回申请人的全部仲裁请求</u>。

本案仲裁费为人民币××××××元,全部由申请人承担,申请人已经预缴了全部费用。

首席仲裁员:

仲裁员:

仲裁员:

本裁决为终局裁决。

中国国际经济贸易仲裁委员会
2002 年 4 月 16 日

本案仲裁员 T 同志在接获首席仲裁员 G 同志的上述裁决书一稿后,于 2002 年 4 月 25 日向后者"反馈"了相反的意见。T 同志强调本案涉讼合同(即前述由 X 合资公司与 A 市 Y 电力总站)签订的《电量购销合同》乃是双方当事人自由、真实的意思表示,是订立合同的民事主体自己的判断和选择,其后果也应由民事主体自己承担,因此,仲裁庭应当作出裁决,责令本案被申请人 D 市的 L 水电总公司向申请人 X 合资公司偿还欠交电费及其"滞纳金"合计人民币 6 480 余万元。其主要论据如下。

第一,无论经济合同法还是合同法,对合同无效均有明确规定,被申请人

(L水电总公司)认为电量购销合同违反了当事人意思表示真实、协商一致的原则,因此合同无效,证据仅是合同签字人法人代表的自述,根据该自述,签字人被迫订立合同,原因不是迫于对方当事人的欺诈、胁迫手段,而是签字人自己上级的压力,此理由一则举证证据不足,二则不是法律规定的无效条件。《经济合同法》和《合同法》虽然规定任何单位、个人不得干预经济合同,但并不等于凡是被干预过的合同全部无效,根据《电力法》第12条规定:"地方人民政府应当根据电力发展规划,因地制宜,采取多种措施开发电源,发展电力建设",被申请人未能举证合同被非法干预。因此不应认定无效。

第二,合同条款是否合法有效,法律有明确规定,其后果也是由法律规定的。《经济合同法》第7条、第8条,《合同法》第三章就是法律规定的相关内容。经济合同当事人是否有能力履行合同条款,履行后效益如何,是订立合同的民事主体自己的判断和选择,其后果也是由民事主体自己承担。

笔者作为本案仲裁庭的第三位仲裁员,在仔细研读全案有关文档以及G、T两位同志先后提出的截然相反的上述裁决意见之后,于2002年4月29日以书面函件经由本案协办秘书向G、T两位仲裁员表述了自己的看法。笔者认为:G同志拟就的上述"裁决书一稿"中的上述"仲裁庭意见"(即认为本案争议是由A市和D市两级政府一系列行政行为造成的后果,已经超出和不属于CIETAC和本仲裁庭的管辖范围,依法应当驳回申请人X合资公司的仲裁请求),乃是合法、公平、公正和可行的,应予赞同。反之,T同志提出的主张(论点)及其主要论据(即认为A市Y电力总站法人代表被迫订立合同,不是由于受到对方胁迫,而只是在自己上级压力下"订立合同的民事主体自己的判断和选择"云云),则完全不符合本案涉讼合同的实际。大量事实证明:本案合同条款从最初的订立,到后来一系列的修订、补充或变更,都并非"合同的民事主体自己的判断和选择"。恰恰相反,其中涉讼的主要条款,先后一直是两级政府父母官强加于有关民事主体(即A市Y电力总站及后来无辜替"罪"的D市L水电总公司)的"判断"和"选择",类似于父母之命,媒妁之言的"包办婚姻"或"强迫成婚"。因此,其法律后果不应由失去自由意志的"民事主体自己承担"。

至此,本案仲裁庭已经形成2∶1的多数,即二人主张应当裁决驳回申请人X合资公司的仲裁申请,一人主张应当裁决申请人X合资公司"胜诉",并责令与涉讼合同本来就"没有任何法律关系"的无辜第三人(即D市的L水电总公司),向X合资公司赔付6 400余万元巨款。

按常理,基于仲裁庭应依法独立办案、不受外来干扰的国际通例和中国法律的有关规定①，本仲裁庭本可就此作出2:1的多数裁决，或者再由本仲裁庭成员自行进一步讨论协商后再作决定。但不知出于何种原因和何种需要，本案却于2002年6月7日被提交CIETAC"专家咨询委员会"进行咨询。

(二) 专家咨询会议的短促评议及其可商榷之处

此次专家咨询会议原定2002年6月7日早上9时30分召开，因数人迟迟未到，直至10时10分，才来了7位成员，开始开会。其中一人自称迄未得空阅读过本案任何材料；另一人迄未发言。其余5人虽大体读过G、T两位仲裁员书写的两种仲裁意见，但显然并未细读本案的主要文档书证，发言也主要集中在本案涉讼合同即1995年X合资公司与Y电力总站之间签订的《电量购销合同》的效力问题，泛泛而谈，认为该合同虽明显地受到A市政府的行政干预，但此类做法在7年前当时的中国时有发生，并非个别现象，不宜完全否定其法律效力。但是，专家们对于1997年至2002年这五年期间A市的上级政府即原D地区行署及其后的D市政府一系列"翻手为云覆手为雨"的违法施政行为，以及为"股改上市"而强令与涉讼合同本来毫无法律关系的无辜的第三人D市L水电总公司"替罪挨宰"的可能"黑幕"，则根本未作深入了解和认真讨论。其所以然，第一，是由于当天上午短短不足两个小时，竟然安排了两项"疑难"案件咨询议题，都要讨论完毕，提出意见，以致本案的一般评论和讨论只是在当天上午10时10分至10时55分历时45分钟左右的短促时间内进行。当时笔者列席在座，在聆听专家的一般评论之后，曾就本案关键问题当场提出质疑和商榷意见，请求进一步认真讨论和澄清，但会议主持人却以"时间有限，下面还有另案疑难问题待议"为由，<u>不由分说</u>，即草草了事收场；旋即转入另一"难题"案件的咨询评议。第二，是由于当时有关原D行署及其后D市政府主管官员涉嫌重大违法施政，为实现"股改上市"而隐瞒巨债，虚报净资产，欺骗股民，聚敛不义之财等等行为，经当事人揭露，虽已初显端倪，但其有关的具体确凿证据，尚未由知情和受害的当事人充分举报和提供。

笔者认为，此次历时仅45分钟的短促咨询会议存在着如下不足之处和有待商榷的观点。

(A) 三份书面意见，只印发两份。

在会前各专家只看到了印发的G、T两位仲裁员的前述两份裁决意见，而

---

① 《中华人民共和国仲裁法》第8条规定："仲裁依法独立进行，不受行政机关、社会团体和个人的干涉。"CIETAC现行的《仲裁规则》第53条的规定也体现了这一精神，强调仲裁庭应当根据事实，依法"独立公正地作出裁决"。

对笔者 2002 年 4 月 29 日书写的前述书面(函件)评论意见,则都说"还没看到"。看来,这一"疏忽"对于专家们事先充分"兼听"和充分思考比较,不能说是全无负面影响。经笔者当场认真"提醒"和郑重提出要求,才临时复印补发,从而在客观上无异于要求与会专家在现场"现看现议",但此时已近咨询会议尾声,显然已经"为时太晚"了!那么,为什么会出现这种不应有的"疏忽"呢?不能不令人感到纳闷!

(B) 专家们会前阅卷不足,会上评议时间过短。

其有关概况,已见前文。笔者认为:既是要提交专家咨询的"疑难"问题,就必有一定的"难度",就不能不适当扩大专家们阅读主要文档书证的范围,让他们有较充分的时间和必要的凭据进行认真的研究,从而提出有理有据的看法,而切忌会前阅卷不足和会上为时间所限只能泛泛而谈,作短促简单的评论或表态①。而尤其重要的是也应该让承办有关案件的仲裁员们在会上可以有必要的时间介绍案件的症结和分歧,俾便专家们更具体地了解"下情",兼听则明。但是,所有这些都要在全程短短 45 分钟的时间内议好议毕,不但极难做到,而且给人以"走走过场"的不佳印象。这岂不有悖于提请咨询的宗旨?看来,在一次咨询会上(实际上不到两个小时)安排两项待决的"疑难"问题,显然有所欠妥。如果两个"疑难"问题竟能在两小时内全都议好议毕,则这些问题就可能并不疑难,并非疑难问题,也就没有必要提交专家们咨询了。

(C) 政府行为失误依法可否责成受命(受害)企业先"替罪"后索偿?

在此次咨询会上,有一种意见认为:本案涉讼合同之强令订立,与 A 市政府主管官员的昧于本市用电量和包销能力的实况、对外商盲目许诺等施政失误行为固有密切因果关系,但鉴于此类行政干预失误造成的合同不能履行或不能完全履行的现象,在 1995 年签约当时,所在多有,并不罕见,"在当时情况下是正常情况",为"充分保护来华投资的外商利益",一般应由受命具体签约而又违约的企业(在本案中应当就是 A 市 Y 电力总站)先按合同规定向签约对方(在本案中就是 X 合资公司)偿付违约金或赔偿金,然后再由该企业向应负责任的上级领导机关或业务主管机关索取补偿。并且强调:这种"先对外付赔然后再向上索偿"的处理办法是"于法有据"的,因为在我国的《经济合同法》上就有这

---

① 关于这一点,CIETAC 的现任主要领导人有一段很中肯的话,值得认真重视和贯彻。他在充分肯定专家咨询委员会的"救助作用和参谋作用"的同时,也明确指出它的某些不足,即"从现实情况看,仍<u>有待改进的地方</u>";特别强调:召开咨询会议之前,"要有充分准备。秘书局应提早将要咨询的内容,送给参会的专家,请专家们预先准备,<u>避免临场看材料,泛泛而谈</u>。"见前注所引文杰同志在仲裁员培训会上的重要发言。

样的规定。这种意见在会上获得不止一位专家的认同。

然而,这种见解却是有待认真商榷的。据笔者所知,这种见解在1982年7月1日至1993年9月1日这段期间里,确实曾经是"于法有据"的①。但自1993年9月2日经过修改的《中华人民共和国经济合同法》公布施行以来,这种见解所主张的做法却已从原先的"于法有据"转化为"于法无据",并且理应认为是并不合法甚至是直接违反新的现行法了。

如所周知,适应着客观形势的重大发展,早在1992年10月间,中国共产党第十四次全国代表大会就及时作出具有深远历史意义的战略性决策:把建立社会主义市场经济体制确定为我国经济体制改革的目标。紧接着,在1993年3月间,第八届全国人大第一次会议通过宪法修正案,决定将《宪法》第15条原有的"国家实行计划经济"一词明确修改为"国家实行社会主义市场经济",从而把党的重大决策正式纳入和确立为国家的根本大法。同年夏秋之间,鉴于原先在计划经济条件下制定于改革开放初期的《中华人民共和国经济合同法》,虽曾发挥过重大的历史作用,但此时随着改革的不断发展和深入,该法"在若干重要问题上显然已经不能适应发展社会主义市场经济和转变政府职能的要求,甚至同宪法修正案不一致,有关条款需要立即调整。"因此,国内各界要求尽快修订《经济合同法》的呼声日益强烈,而该法原第33条,即前述由受命签约和受害违约的企业充当"替罪羊"、"先对外付赔然后再向上索偿"的有关规定,就是属于"需要立即调整"和取消的条款之一。它和其他某些不合时宜的条款一起,果然就从1993年9月2日起,被彻底取消了②。

针对取消《经济合同法》原第33条规定一事,当时国务院具体主持拟出该法修正案(草案)的负责人曾作了专门的说明,指出制定于1982年的该法原第33条"主要是针对当时(指1982年)政企不分、行政机关干涉企业经营自主权的问题而作出的规定。有些部门和地方提出,现在(指1993年)情况已经有了很大变化。无论法规,还是政策,都是保护企业经营自主权不受侵犯的。至于现实生活中这类问题(指行政机关干涉、侵犯企业经营自主权)还时有发生,那

---

① 1981年12月制定并于1982年7月1日公布施行的《中华人民共和国经济合同法》第33条规定:"由于上级领导机关或业务主管机关的过错,造成经济合同不能履行或者不能完全履行的,上级领导机关或业务主管机关应承担违约责任。应先由违约方按规定向对方偿付违约金或赔偿金,再由应负责任的上级领导机关或业务主管机关负责处理。"

② 参见李鹏(时任国务院总理):《国务院关于提请审议〈中华人民共和国经济合同法修正案(草案)〉的议案》(1993年6月10日);杨景宇(时任国务院法制局局长):《关于〈中华人民共和国经济合同法修正案(草案)〉的说明》(1993年6月10日);全国人大常委会:《关于修改〈中华人民共和国经济合同法〉的决定》(第21项)(1993年9月2日)。

要依法处理,不能在经济合同法中为它提供'合法'存在的前提和依据。因此,草案删去了上述的规定。"①

由此可见,自1993年9月2日该法第33条原有规定从修订后的《经济合同法》中被剔除取消以来,上级行政机关或主管官员再任意强令下属企业对外签约,此种行为本身就是侵犯了企业的经营自主权;因上级机关过错而造成受命签约的企业受害违约,却又要受害企业先行"替罪"对外付赔,则更是侵犯了企业的经营自主权。换言之,依照新的法律规定,此类行为自1993年9月2日起,早就失去"合法"存在的前提和依据,并转化成为政府的非法干预②行为。更准确些说,从当天起,此类行为就应依法认定为政府的非法干预行为,并依此种法律定性,依法处理。其所造成的恶果,自应由原先施政失误,实行非法干预的行政机关及其施政主管官员直接负责,<u>直接</u>承担法律责任,包括依《行政诉讼法》等规定,把一切违法施政的行政机关及其工作人员推上被告席,由他们直接承担应有的、不可推卸的法律责任和经济责任③。

由此可见,"先对外付赔然后再向上索偿"之说,自1993年9月2日起,就已开始过时,而历时九年之后的今天,更进一步显得陈旧和不足为凭了。

对照本案实况:上述涉讼合同是由A市政府主管官员于1995年12月间强令下属Y电力总站对外签约的,此时新修订的《经济合同法》实施已经两年多,任何依法断案的仲裁员(或法官),显然不应当也已不可能再援用当时就早已废除的《经济合同法》原33条规定,来论证应由Y电力总站先"替罪"向X合资公司支付赔偿的"合法"性和合理性;当然,尤其不能据此裁令与涉讼合同原无任何法律关系的无辜第三人即D地区(D市)的L水电总公司向X合资公司

---

① 杨景宇(时任国务院法制局局长):《关于〈中华人民共和国经济合同法修正案(草案)〉的说明》(1993年6月10日)。
② 1993年修订后的《经济合同法》第5条规定:"订立经济合同,应当遵循平等互利、协商一致的原则。任何一方不得把自己的意志强加给对方。任何单位和个人不得非法干预。"1999年10月1日开始施行的《中华人民共和国合同法》第3条、第4条两条吸收和取代了上述规定,并作了更加明确的文字表述:"第3条合同当事人的法律地位平等,一方不得将自己的意志强加给另一方。""第4条当事人依法享有自愿订立合同的权利,任何单位和个人不得非法干预。"
③ 1990年10月1日开始施行的《中华人民共和国行政诉讼法》第2条规定:"公民、法人或者其他组织认为行政机关和行政机关工作人员的具体行政行为侵犯其合法权益,有权依照本法向人民法院提起诉讼。"第11条则进一步具体规定:凡是个人、法人或其他组织"认为行政机关侵犯法律规定的经营自主权的","认为行政机关违法要求履行义务的","认为行政机关侵犯其他人身权、财产权的"等等,均有权直接以负有责任的行政机关及其工作人员作为被告,向人民法院提起诉讼,追究责任和要求损害赔偿,从而把一切违法施政的行政机关及其工作人员推上承担法律责任的第一线。第71条规定:在华外商在中国进行行政诉讼,与中国公民、组织有同等的诉讼权利和义务。笔者认为:在华外商如认为因信赖政府盲目的"行政承诺"以致其在华合法财产权益受到侵犯和损害者,除可以其他方式索取损害赔偿外,也可以援引上述法律规定,循行政诉讼的途径,追究政府行政机关的责任和要求损害赔偿。

赔付巨款,"替罪"挨宰①。

至于所称"保护来华投资的外商利益",也不宜只能笼统、抽象的诠解。笔者认为,此点应作具体的法律分析,掌握<u>合法合理的分寸</u>。具体说来:

第一,如所周知,中国实行对外开放国策,鼓励外商来华投资,肇始于1978年底、1979年初。1979年7月中国颁行了第一部涉及吸收外商投资的法律(其后又相继颁行了另外两部同类的法律,通常合称为"三资企业法")。1982年更进一步将吸收和鼓励外商投资的大政方针正式纳入和确立为国家的根本大法——宪法的条款之一。在上述根本大法和基本法律中,都以相近似的法律文字规定了两条相辅相成的原则,即:在华外商"必须遵守中华人民共和国的法律";中国"依法保护"外商在华的"合法权益"②。显然,这些法律文字本身特别强调的是:(1)中国保护外商在华权益的依据,是"依法",而不是依长官的"承诺"。特别是当长官承诺的内容本身就不合法或直接违法,从而损害中国国家或无辜第三人的合法权益时,就更不能以此种"承诺"作为根据,要求百分之百"兑现"。(2)中国保护外商权益的范围,仅仅限于此种权益内容是完全合法的。一切并不合法的非法要求,或非分苛求,当然不在保护之列。按照这两项标准来衡量,不难看出:本案涉讼的外商及其主持的X合资公司当初在1995年底从A市政府某长官处获得的"行政承诺",即由后者强令其属下的国有企业Y电力总站签约承包购买远远超出其销售能力的电量,依当时的法律规定,就是不合法的;而在2001年8月,该外商及其主持的X合资公司竟又利用D地区行署(D市)一系列违法施政的过错和失误,改变索赔对象,另觅"猎物",择肥而噬,紧紧抓住和猛咬原先毫不相干、纯属无辜的第三人——D市L水电总公司,作为替罪羔羊,勒索9 866万余元巨款③,显然更是非分苛求和非法要求。对于此种不但非分、而且非法的仲裁请求,一向以依法公正断案的传统享誉全球的CIETAC及其仲裁人员,岂能不依法明辨是非,反而在"保护外商利益"的抽象概念下,予以姑息迁就,甚至予以全盘支持?

第二,1995年底,本案涉讼合同签订之际,已是中国开始实施吸收外资政策之后的第17个年头。当时中国有关吸收外资的立法以及其他相关的国内经济立法,虽尚非尽善尽美,但确已形成基本完整的框架和法律体系,并已经具有

---

① 详见本文前述"仲裁庭意见"的第三点"关于被申请人股改上市问题"以及本文第四部分之10.4段。

② 详见《中华人民共和国宪法》(1982年)第18条;《中华人民共和国中外合资经营企业法》(1979年)第2条;《中华人民共和国外资企业法》(1986年)第1条、第4条;《中华人民共和国中外合作经营企业法》(1988年)第3条。

③ 详见本文第四部分的10.4段。

颇大的公开性和透明度,较之改革开放初期有关法制之不健全和不透明,已有长足进步。在此时此际,进入中国投资市场的外商,特别是像 P 公司这样有较大实力的跨国投资公司,理应遵循跨国投资的国际通例,"入境问禁"、"入国问俗",事先充分调查了解中国有关法律法规的规定,作为自己在华投资活动应当切实遵守的行为规范和行动准则。不应当不了解中国法律早已<u>不容许行政官员任意侵害企业自主经营权利</u>的<u>禁止</u>规定;不应当不了解 17 年来外国投资者因轻信长官盲目承诺而招致经营失败和经济损失的诸多"前车之鉴";不应当不了解中国一些官员自认为"权大于法"的陋习和错觉但到头来却"法大于权"的客观后果。外商如果事先不充分地调查了解中国法律的禁止规定,以及中国官场某些陋习可能导致的苦果,而轻率地行事,或虽已有所了解却心存侥幸,仍然冒险盲目轻信某些长官的盲目承诺、非法承诺,或甚至有意利用中国官场的陋习①,以上压下,谋取非法、非分的厚利,则此等因不了解、不谨慎或蓄意不守法而落空的经济目的或招致的经济损失,在不同程度上就属于外商自身的过错或"咎由自取",从而没有理由要求获得中国法律的充分保护,没有理由不视其过错之大小自行承担一定的经济责任甚至一定的法律责任。

  第三,由外商 P 公司提出并与 A 市 X 水电站订立的前述《合资合同》以及由该外商主持下的 X 合资公司提出并与 Y 电力总站订立的前述《电量购销合同》,其有关条款,对于 P 公司和 X 合资公司自身权益的保护,可谓"层层设防",相当"缜密"。可见 P 公司、X 合资公司及其聘用的经济参谋和法律智囊都是具有一定实务经验的。按照常规,对于投资总额高达人民币 2 亿余元的一个大项目,该两公司及其有关人员自必须事先进行数项最起码的调查:(1) A 市及其周边地区用电市场的基本容量或销量;(2) 承包购买该大项目发电总量(供电量)的对方企业(即 A 市 Y 电力总站)的资信(含注册资金额)与实际的包购包销能力;(3) 立约对方 Y 电力总站作为独立企业,其法人代表是否具有立约意愿和是否直接参加立约谈判磋商。如果经过应有调查,则该外商对于当时 A 市每年总用电量不过 5 000 万千瓦时,因而极难销售消化 X 合资公司水电站每年高达 12 000 万千瓦时的供电量,Y 电力总站只是注册资金仅仅 252 万元人民币的县属小企业因而显然包购包销能力薄弱(有如儿童无力挑数百斤重担),以及立约对方从未直接参加谈判却受命被迫签约等等实际情况,自必一清二楚,心中有数。在这种情况下,任何略为谨慎、不太糊涂的外商当然不至于贸然立约投入巨资。反之,经过必要调查,对上述产销供求严重失衡、包销小企业

---

① 诸如守法意识薄弱,好大喜功,为上报"政绩"或其他利益驱动而盲目施政、违法施政等等。

实力严重不足等实况已经了然在胸,却仍然心存侥幸,要求和依仗当地行政长官作出超过其合法权限和能力的盲目承诺,并据以轻率投资,则由此产生的投资风险和经济损失,自应视情节由该外商自行承担一定责任,不能反而归咎于中国国家和中国法律对外商权益保护"不力"或"不周"。

笔者的以上商榷意见,原已初步形成,并拟在此次咨询会议上提出,向在座专家们进一步请教。但是,如前文所述,由于当时"时间有限,下面还有另案疑难问题待议",出现了"不由分说"的气氛,笔者虽深感"言犹未尽",也只好匆匆退席,无从再当面讨教。现特在此正式提出,期待能获得专家和同行学人们的进一步评论和教益。

(D) 专家的咨询意见是否具有"权威性"?

"专家提出的咨询意见具有权威性,但无约束力";"专家提出的咨询意见并无约束力,但有权威性"。——这两种说法曾在 CIETAC 仲裁员的研讨会和培训会上不止一次地由一位业务领导同志在大会报告中作过阐释①,20 多年以来也一直在仲裁界广为流行。

一般而论,CIETAC 所设"专家咨询委员会"中的成员多是资深仲裁员,他们的人品、学识和经验,都是令人景仰和钦佩的。因而经过他们认真阅卷和深思熟虑后提出的咨询意见,对于办案的仲裁员说来,具有重要的参考价值,这是不言而喻的。但是,对此也要进行具体分析:

第一,如果咨询会议召开之前有关专家阅卷不足,或竟迄未阅卷,评议时间过于短促,来不及就最关键的疑难问题②进行认真深入的评议,又未耐心倾听不同的商榷意见,只限于泛泛而谈,草草收场,有如本案 2002 年 6 月 7 日前述咨询会议情况者,则会上提出的评议意见的参考价值就难免相对地有所降低,从而与人们对专家咨询会议的一般"期望值",有一定的差距;也与 CIETAC 现任主要领导人对于改进专家咨询会议提出的正确要求③,有明显的距离。

第二,一般而论,强调专家咨询会上的评议意见具有重要参考价值,这是正确的。但是这些评议意见是否均具有"权威性"呢?笔者认为,用"权威性"一词形容或强调专家咨询会上的评议意见的效力,恐有未妥。因为,在马克思主义的有关理论中,"权威"一词有其科学的内涵,似不宜任意扩大使用范围,随便

---

① 如笔者记忆无误,是在 1993—1994 年之间。
② 如本案中原无任何法律关系、纯属无辜的第三人 D 市 L 水电总公司是否应当充当"替罪羔羊"挨宰巨款的问题,就是最有争议和最为关键的疑难问题,但在本次咨询会议上却未曾认真深入予以评议剖析。
③ 见前注所引刘文杰同志在仲裁员培训会上的重要发言。

"加冕"。例如,恩格斯在其著名的《论权威》一文中,就曾对"权威"的功能作用以及"权威"与"服从"的关系专门作了论证,他指出:

"这里所说的权威,是指把别人的意志强加于我们;另一方面,**权威又是以服从为前提的**。"

"能最清楚地说明需要权威,而且是需要最专断的权威的,要算是在汪洋大海上航行的船了。那里,在危险关头,要拯救大家的生命,所有的人就得立即**绝对服从一个人的意志**。"①

既然"权威"是以"服从"为前提的,那么,对于没有约束力、不要求"服从"的专家咨询意见,就不宜称之为"权威"或具有"权威性"。反过来,既将此类意见称之为有"权威性",又说此类意见"无约束力",则此说就显得并不符合"权威"一词所固有的科学含义。而且,滥用或误用"权威"一词,其影响所及,实际上就会产生某种不应有的心理"压力",甚至产生不应有的误导作用。

第三,在本次短促的咨询会上,有一位资深专家临时有事并未如约到会,另一位资深专家则到会而未发言或来不及发言。当然不能推断这二位专家不会同意前述的专家意见,但同样显然的是,也不能推断他们必会同意前述的专家意见。如果他们另有自己的独立见解,而不同于其他到会专家的意见,则他们所持的独立见解是否也同样具有"权威性"?咨询评议时并不实行多数表决制,则何者具有更高的"权威性"?似乎就难以正确判断。——可见,用"权威性"一词形容咨询评议意见,在实践中也会导致难以"两全",徒滋疑义。

第四,在本案此次咨询评议即将结束之际,有一种意见正式提出:"专家咨询会上的意见可供参考,没有约束力。不过,仲裁庭如不采纳本次咨询会上提出的意见,应当书面说明理由,附卷上交备查。"这种意见的前半段无疑是正确的。它完全符合于前述《仲裁法》第 8 条和 CIETAC《仲裁规则》第 53 条关于仲裁庭应依法独立断案、不受任何干涉的规定。但是,这种意见的后半段似有待商榷:一来,仲裁庭如不采纳咨询评议意见便应"说明理由附卷上交备查"之说,似并无任何法律或规则上的根据;二来,仲裁庭之是否采纳咨询评议意见,在具体案件的终局裁决书中,本身就有最明确的书面决定和作出这种裁断的书面理由,似并无必要另写"书面"理由附卷上交;三来,这种"额外"要求实际上近于要仲裁庭"对上作出书面交代",从而容易对具体办案的持有异议的仲裁员(特别是其中的首席仲裁员),产生某种精神上或心理上的"压力"。要完全摆脱

---

① 恩格斯:《论权威》,载于《马克思恩格斯全集》(第 18 卷),人民出版社 1965 年版,第 341 页、第 343 页。黑体是引者加的。此处指在海上航行中船长依法享有权威——指挥权,一切船员和乘客必须绝对服从船长在海上航行和救难中的指令。

这种无形的"压力",可能就要经过一番心理"挣扎"了。

2002年6月7日,在聆听专家对本案的咨询评议意见后,本案仲裁庭三位成员曾作合议。T同志仍持原议:应裁令本案被申请人D市L水电总公司向申请人X合资公司偿付巨额债款(欠交电费及滞纳金)。首席仲裁员G同志认为他自己所拟"裁决书一稿"中提出的原有裁决意见(即本案争议系由A市、D市两级政府先后一系列政府行为造成,已超出本仲裁庭的审理权限范围,故对申请人X合资公司提出的仲裁申请应予驳回)固然正确,但咨询会上不止一位专家认为:政府行政干预侵犯企业经营自主权的现象"在当时情况下是正常情况",应"充分保护来华投资的外商利益",因而应定性为一般经济合同纠纷予以受理裁断,等等,这些看法也有一定道理。看来难以再按"裁决书一稿"原有意见裁定驳回仲裁申请,而应当考虑改定为有权管辖受理并裁令L水电总公司还债付赔。笔者当即当面提出:G同志此议欠妥。因为仲裁庭有职权也有职责依法独立断案,在彻底弄清事实的基础上,断案的准绳和根据只能是法律,而不应当是法律以外的有待商榷的评议意见或初步看法。鉴于这些初步看法是在阅卷不足,未经深思熟虑,评议时间过于短促的情况下提出的,特别是对于本案的关键疑难——应否裁令纯属无辜的第三人L水电总公司替罪挨宰这一核心问题,并未认真深入评议,在这种情况下,仲裁庭对是否采纳这些初步看法,尤应慎重思考,独立判断。仲裁庭对于庭外专家意见固然应认真参考,但庭外意见也仅供参考而已,并非"权威",要求"服从",必须采纳。如不予采纳,似也并无根据要求仲裁庭在裁决书之外另附"书面",说明不采纳的"理由"。

仲裁庭此次合议未达成一致意见。随后,笔者收读了首席仲裁员G同志于2002年6月30日改写的"裁决书二稿",其中第一、二、三部分(仲裁程序、案情、双方当事人的主张)与一稿基本雷同,而第四、五部分(仲裁庭意见、裁决)则在案情事实认定未变的前提下,裁断发生"突变",与"裁决书一稿"中原有的仲裁庭裁决意见大相径庭,甚至完全相反。

(三)"仲裁庭意见"二稿——反向的2:1

"裁决书二稿"几乎原封不动地保留了"裁决书一稿"的案情事实认定,却从完全相同的事实认定中推导出新的、与"一稿"甚至截然相反的裁决意见。其主要内容如下:

第四部分 仲裁庭意见

......

仲裁庭认为,本案合同为有效合同。理由如下:

无论经济合同法还是合同法,对合同无效均有明确规定。被申请人(L水电总公司)认为电量购销合同违反了当事人意思表示真实、协商一致的原则,因此合同无效。被申请人的依据是合同签字人即当时A市Y电力总站的法定代表人的自述,根据该自述,签字人被迫订立合同。这一理由不是迫于对方当事人的欺诈、胁迫手段,而是签字人自己上级的要求①。对此,仲裁庭认为,此理由不构成合同无效的要件,因为,一是A市Y电力总站属国有企业,政府对企业生产经营提出要求在当时情况下是正常情况;二是这种情况并不符合《经济合同法》和《合同法》关于合同无效的条件。……

被申请人认为合同无效的第二个理由是A市Y电力总站没有能力履行包销条款,一旦履行必定亏损,因此违背了当事人订立经济合同的目的,违反了平等互利,等价有偿的原则。仲裁庭认为,合同是1995年签订的,履行开始时间是1997年。供销电合同的最终履行与诸多因素有关,而本案中没有充分证据证明双方当事人以及政府有关部门在1995年合同签订时,均认为A市Y电力总站无法履行合同。因此,仲裁庭对被申请人的这一理由不予支持。

……

本案涉及一系列政府对电上网的价格文件,其中也包括仲裁程序进行过程中的D市物价委员会的(01)144号文和J省物价局的(02)143号文。仲裁庭通过分析认为,这些文件的适用范围是明确的,并不存在矛盾之处。这些文件其实只解决两个问题,一是申请人上A市电网的价格,二是A市等电网上D地区网的价格。在A市Y电力总站为独立法人且拥有和管理A市电网时,(97)78号文件要解决A市Y电力总站与被申请人(L水电总公司)的电量及价款的结算问题;在A市Y电力总站的债权债务全部被被申请人所接受,成为被申请人的一个非法人地位的分公司后,则A市电网已成为被申请人电网中的一个有机组成部分,(97)78号文这时只解决被申请人内部的核算问题,对外并无实际意义。因此,被申请人不能以内部的价款结算依据对抗外部的申请人,……

关于欠付电费

---

① T仲裁员2002年4月25日的"反馈"意见中原先的提法是"原因不是迫于对方当事人的欺诈、胁迫手段,而是签字人自己上级的压力"。现在这种意见被吸纳入"裁决书二稿"及其后的"定稿"中,却"倒退"一步,把"压力"两字更改为"要求",连原先认定的"压力"也不承认了!足见在文字"推敲"上"忌讳"甚多,刻意回避真相。

被申请人欠付申请人电费问题从1997年就已存在,其中A市Y电力总站在1997年5月20日、被申请人(L水电总公司)在1998年8月15日也曾致函申请人表示了要解决欠费问题,政府部门也曾试图处理,但最终一直没能解决。……对此。仲裁庭认为,在双方没有对遗留电费协商一致的情况下,应按合同来确定电费的支付。申请人在仲裁申请书附件材料《1997—2001年电费结欠汇总表》中说明其电费的计算依据是:1997年1—2月份电费按0.40元/千瓦时计算,1997年3月至2000年12月电价统一按0.48元/千瓦时计算,2001年1—3月包销电量电价按0.48元/千瓦时计算,4月起按省物价委(局)0.388元/千瓦时执行,包干外电量电价按0.25元/千瓦时计算。这种计算符合仲裁庭对合同和补充合同均有效的认定,其总额为58 418 304.99元。对此,仲裁庭予以认定。

关于滞纳金

如前所述,本案电费的拖欠经历时间较长,其中有双方对有关理解的不一致,有合同主体的变动,有政府的协调处理,加之申请人也没有及时对争议提请仲裁,因此,完全按合同中约定的滞纳金的计算标准计算滞纳金,显然不合理。仲裁庭认为,基于本案实际情况,由被申请人向申请人支付欠付电费总额的10%是恰当的,金额为5 841 830.49元。

……

第五部分 裁 决

1. 被申请人向申请人支付自1997年至2001年6月30日止所欠电费人民币58 418 304.99元及滞纳金人民币5 841 830.49元。

2. 本案仲裁费为人民币756 144元,由申请人承担30%,即人民币226 843.20元;由被申请人承担70%,即人民币529 300.80元。申请人已经预缴了全部仲裁费人民币756 144元,全部冲抵本案仲裁费。故被申请人还应向申请人偿还申请人代被申请人向仲裁委员会垫付的仲裁费人民币529 300.80元。

……

本裁决为终局裁决。
首席仲裁员:
仲裁员:
仲裁员:

2002年6月30日于北京

就这样,在"裁决书一稿"中曾被称为与申请人即X合资公司原先根本"没有任何法律关系"、因而完全无辜的第三人,即被申请人 L 水电总公司,在"裁决书二稿"中,却突然转变成了应当替罪挨宰的羔羊,竟被裁令向申请人支付"欠款"金额高达 6 478 万余元之巨。令人费解的是:这"一稿"和"二稿"虽同出一人之手,但其思路却判若两人。

诚然,一份严肃、严谨的裁决书,理应历经多次推敲改订、精益求精,故其初稿与定稿之间自有许多不同,甚至不排除定稿全盘推翻初稿的可能。但是,应当同样肯定的是:案情事实并非一块"软面团",可以任意捏成任何形状;也不是一个"百依百顺"的女孩子,可以任意涂抹和梳妆打扮,有如一位著名的文史哲学家所鼓吹的那样①。如果案情事实认定完全相同,则其分析论证,似不宜在并无足够法律依据的情况下,甚至在"与法律对合同的基本要求格格不入"②的情况下,任意来个急转弯,甚至是来个 180°的"反向行驶"。

基于此种信念和认识,笔者在 2002 年 7 月 4 日收到"裁决书二稿"邮件并细读"仲裁庭意见"和"裁决"之后,深感其中的"急转弯"或"反向行驶"欠缺法律上和逻辑上的合理依据,故于 2002 年 7 月 7—9 日,以本仲裁庭成员之一的名义,拟就了一份《异议意见书(初稿)》(约 1.5 万字,以下简称《异议书》),提出了个人的看法、存疑、建议和要求。其中主要建议是:鉴于本案案情十分复杂,依据知情的受害当事人在审限内最新举报的重大事实和最新提供的重要证据,本案已不是一般的行政干预,而是涉嫌严重违法施政造成严重恶果,仲裁庭应尽快采取必要措施,包括仲裁员再次会晤合议甚至第三次开庭,以便进一步查清真相,为本案作出公正裁决提供坚实可靠的基础!

这份《异议书》于 2002 年 7 月 9 日 23 时 21 分以 E-mail 发往北京,请本案协办秘书转呈 G、T 两位仲裁员。遗憾的是:这份《异议书》及其建议竟被搁置不理,未获任何电话、传真回复。7 月 12 日,笔者经电话查询本案秘书,始悉:就在这份《异议书》E-mail 发到北京的翌晨,首席仲裁员"当机立断",迅即就近办毕有关手续,签发了本案的终局裁决,落款日期为 2002 年 7 月 10 日,离规定的审限届满之日(7 月 16 日),还有整整六天。经笔者数度电话催索,直到 7 月 30 日,始蒙本案秘书惠寄一份正式裁决的复印件,从而得悉:这份正式裁决,其基本内容和实质部分完全雷同于前述"裁决书二稿",其中存在着较为明显的越权管辖裁断、越权擅自解释等缺失,有待认真商榷。下文将

---

① 参见胡适:《实验主义》,载于姜文华主编:《胡适学术文集》(哲学与文化),中华书局 2001 年版,第 19—20 页。

② "裁决书一稿"原用语。

以上述《异议书》[①]为基础,逐一加以剖析。

四、本案裁决中的越权管辖裁断和越权擅自解释

(一)关于越权管辖裁断

2002年7月9日发到北京的这份《异议书》共四个部分,其中第一部分和第二部分提出了笔者对于上述"裁决书二稿"的基本看法和重要存疑。兹分别摘引如下:

第一部分　看　法

1. 我手头上现有两份裁决书(待定稿),一份标明为2002年6月10日,约60页(以下简称"一稿"[②]);另一份标明为同年同月30日,约62页(以下简称"二稿")。如果我记忆无误,先后两稿,谅均出自首席仲裁员G同志手笔。……

2. 但是,这先后两稿的基本立足点,却大相径庭。我认为:"一稿"对本案基本事实的剖析,是符合法律规定和法理原则的;基于正确剖析提出的裁决意见,是公平、公正和可行的,因而应予赞同。反之,"二稿"的论证过程和裁决意见,却存在着一系列疑窦和问题,甚至对"一稿"中原先正确剖析论证的法律规定和法理原则,有所背离,令人未敢苟同,有待进一步澄清、商榷,因而不宜按此贸然签发。

3. "一稿"第四部分"仲裁庭意见"中的以下三段论述[③],我认为是正确的:

3.1　合同签订中的政府行为:A市政府在一开始就主导了X水电站的招商引资及后续合资合同及电量购销合同的签订。……原A市Y电力总站并不是合资合同的一方,而合资合同之所以能够加予第三人这样强制性的购电义务,并得以使后来的购销电量合同自然满足这一义务,显然只

---

① 这份《异议书》全文各段均以阿拉伯数码标出,以求简明并便于对照查索。本文摘引《异议书》原文时,均保留原数码。此外,另在注解中补充了若干必要的说明。
② 这份"一稿"原草定于2002年4月25日。如前文所述,此稿于同年6月7日提交几位专家咨询评议,其所以落款标明为"6月10日",估计是原拟于专家评议后即按此稿作为裁决书的定稿签发。
③ 原《异议书》中以下三段论述,均全文直接摘引自原"裁决书一稿"第55—59页。详见本文上述第三部分之(一)。为节省篇幅,此处再摘引时有所节略,仅保留关键词句。阅读时请对照前引全文。

有 A 市政府从中安排才能得以实现。……

合同约定的上网电价是每千瓦时 0.40 元,在电站正式投入生产后,加收 0.05 元的专项还贷基金。那么,上网电价应是 0.45 元。但是,原 D 地区物价委员会根据 A 市政府的意见在 D 地价商(1997)14 号文中将电价定为 0.48 元,这就是在没有任何正当理由的情况下,无形中(又额外)增加了 0.03 元。

综上,仲裁庭认为原 A 市 Y 电力总站站长王树吉的证词是可以采信的,**合同是政府行政行为的结果**①。

3.2 关于政府对电力定价问题:……当时可能由于相关方对 A 市存在省、地和(本)市三个电网而每个电网的上网电价又不同的情况以及 A 市(政府领导对本市)市网实际销售量不清楚或是视而不见、盲目承诺,从而造成原 A 市 Y 电力总站只能在 A 市(本市)电网上销售 5 000 多万千瓦时的电量。余电上地网,而当时 A 市 Y 电力总站与拥有地区电网的被申请人(L 水电总公司)是两个独立的法人,A 市 Y 电力总站则只能以每千瓦时 0.24 元的价格上地网销售余电。在这种情况下,A 市 Y 电力总站销售余电愈多,则亏损愈大,合同的履行显然不能进行下去,其间的问题已经很难解决。那么相关方包括(当地)政府对此结果不能说是没有关系的。

3.3 关于被申请人股改上市问题:不可否认,在原 D 行署(1997)18 号文和(1997)268 号文之前,本案被申请人(L 水电总公司)与申请人(X 合资公司)是没有任何法律关系的。18 号文和 268 号文以及以后相应的工商变更手续,使 A 市属的原 Y 电力总站与原 D 行署所属的被申请人(L 水电总公司)合二为一,使被申请人(L 水电总公司)代替原 A 市 Y 电力总站成为合同的一方(的继受人),将 A 市范围内应该解决的问题转移到了 D 市的范围。根据 D 地价商(1997)78 **号文**、D 地价商(2001)**144 号文**以及 J 省物价局(2002)**143 号文**,**上 D 地区电网的电价仍是 0.24 元**。……

从本案的整个过程可以清楚地看出,原 A 市 Y 电力总站划归于被申请人(L 水电总公司)并不是被申请人主动的意思表示和行为,而是原 D 地区行署或现在的 D 市政府的意志和行为。股改上市成功后,D 市政府通过(2001)31 号文剥离了被申请人(L 水电总公司)对上市公司股份享有的权利,又通过(2001)145 号文要将原划归于被申请人(L 水电总公司)的县级电力企业下放回去。这一切,没有原 A 市 Y 电力总站自身的任何意思

---

① 引文中的黑体或下画线是引者加的。下同。

表示,当然也没有被申请人(L水电总公司)对接受原A市Y电力总电站以及如何处理合同遗留问题的意见。……

《中华人民共和国合同法》(第2条)规定:"本法所称合同是平等主体自然人、法人、其他组织之间设立、变更、终止民事权利义务关系的协议。"第3条规定:"合同当事人的法律地位平等,一方不得将自己的意志强加给另一方。"第4条规定:"当事人依法享有自愿订立合同的权利,任何单位和个人不得非法干预。"第5条规定:"当事人应当遵循公平原则确定各方的权利和义务。"这几条均是法律对合同的原则要求,但**对照这几条,本案**(涉讼)合同的**签订**、**履行**以及合同一方的**变更**均与**法律**对合同的**基本要求格格不入**。

《中华人民共和国仲裁法》第2条规定:"平等主体的公民、法人和其他组织之间发生的合同纠纷和其他财产权益纠纷,可以仲裁。"第4条规定:"当事人采用仲裁方式解决纠纷,应当双方自愿,达成仲裁协议。没有仲裁协议,一方申请仲裁的,仲裁委员会不予受理。"本案合同的**签订**、**履行**以及合同一方的**变更**包括争议发生后(当地)政府从中试图解决的行为**均是政府**行为在主导,是**政府意志的体现,超出了**申请人和被申请人这两个**平等主体的范围**。仲裁是协议管辖,仲裁委员会根据(原)合同中的仲裁条款只能约束(原)双方当事人,对于政府机关和政府行为,也就**不在仲裁庭的审理范围**。

总之,本案争议已经超出了仲裁的审理范围,(本仲裁庭)对于申请人的仲裁申请只能予以驳回。

4. 简言之,"一稿"中的以上三段论述,立足于本案的客观事实,符合于和维护了贯穿于当代各国(当然也包括中国)民商法和仲裁法之中的一大基石:当事人意思自治原则。

5. 与首席仲裁员G同志在"一稿"中论证的上述意见相反,仲裁员T同志认为:"经济合同当事人是否有能力履行合同条款,履行后效益如何,是订立合同的民事主体**自己**的判断和**选择**,其后果也是由民事主体**自己承担**";并据此**推论**和**极力主张**:作为本案原合同的一方当事人A市Y电力总站,特别是作为Y电力总站巨额债务**被迫"继受人"**的L水电总公司,应当"**自己承担**"原合同的全部经济责任。

6. 我认为,上述引号内的文字,从抽象理论上说,是正确的。但把此种抽象理论生搬硬套地用于本案,并据此作出上述**推论和主张**,显然完全不符合本案涉讼合同的实际,即完全无视"一稿"中所列明的有关政府意志和政府行为的三点基本事实(见上文 3.1—3.3 段),换言之,本案涉讼合同条款从最初的订立,到后来一系列的修订、补充或变更,都**并非"合同的民事主体自己的判断和选择"**。恰恰相反,其中涉讼的主要条款,先后一直是 A 市、D 市两级政府"父母官"**强加于**有关民事主体(原 Y 电力总站及其巨额债务继受人 L 水电总公司)的"判断"和"选择",类似于父母之命、媒妁之言的"包办婚姻"或"强迫成婚"。两度庭审中,不止一人、不止一次地谈到了当初 A 市某主管领导人下令签约时所说的"你王树吉不签,我可叫张树吉、李树吉签名"。此等长官语言,颇似老式"家长"所说的"你不同意成婚,我就把你赶出家门"。它对于下级"民事主体"法人代表而言,意味着随时可能被撤职、丢乌纱、穿小鞋,实质上乃是一种使"民事主体"**丧失自由意志**的胁迫。其中毫无"当事人意思自治"、"民事主体自己的判断和选择"可言。按《合同法》第 2、3、52 条的相关规定,此种"拉郎配"式的合同所造成的种种后果,就不应该"由民事主体自己承担",即不应该由受到胁迫、丧失自由意志、不能"自己选择"、完全无辜的民事主体,来"自己承担"其后果。否则,就会导致作出不公平、不公正的裁决。

  这一点,显然是处断本案时理应遵循的思考方向、立论前提和实践准则。应当说,"一稿"中业已循此正确方向、前提和准则,在纷繁复杂的现象中,抓住本案的主要矛盾和根本症结,作出了前述三段科学论证和拟定了正确处断意见(详见前文 3.1—3.3)。但令人深感不解的是:"二稿"何以在本案基本案情、主要矛盾和根本症结并无变化的情况下,却对"一稿"中已有的正确分析和论断,全盘予以否定或至少是全盘避而不谈。此种不应有的"倒退",殊属可惜!可憾!

  7. "二稿"第 56 页末段至第 57 页首段批驳了被申请人(L 水电总公司)关于原始《电量购销合同》违反当事人意思自治和协商一致原则因而合同无效的主张,认定当时 A 市 Y 电力总站签字人被迫订立合同这一事实(即"一稿"中认为"可以采信"的"王树吉证言",见上文第 3.1 段末)"不是迫于对方当事人的欺诈、胁迫手段,而是签字人自己上级的要求",进而据以断定"此理由不构成合同无效的要件。因为,……这种情况并不符合《经济合同法》和《合同法》关于合同无效的条件。""二稿"的这种论断是缺乏说服力和有待商榷的。

  7.1 按《经济合同法》第 7 条第 1 款第 2 项规定,只要是"采取欺诈、胁迫等手段所签订的合同",就是无效合同,并不以此种欺诈、胁迫必须直接来自**对方**作为认定合同无效的前提条件,也并不排除来自"**自己上级**"

的胁迫同样可以作为认定合同无效的条件。现行《合同法》第 52 条第 1 款规定合同无效的条件之一是:"一方以欺诈、胁迫的手段订立合同,损害国家利益",其中虽有"一方"两字,但并未规定该胁迫等必须**直接**来自该"一方",而不包括该一方要求第三人并通过第三人对另一方实施的胁迫。否则,一切通过收买弱女父母而由父母出面强迫弱女"同意"成婚的强迫婚姻,都可借口该胁迫并非直接来自男方而只是来自弱女"自己父母的要求",以致不能认定为不受法律保护和自始无效的婚姻,反而必须认定为应受法律保护和自始有效的婚姻了。这样认定和断案,能令无辜受害弱女及社会公众信服么?同理,政府官员出于某种利益驱动(含引资"政绩"有利个人提升,等等),接受外商要求,强令所辖本国公司代表签订合同,使后者丧失自由意志,被迫签约,这种"自己上级的要求",在本质上何异于上述"自己父母的要求"?这样的合同,在本质上何异于上述强迫婚姻?

7.2 如果说,早先 1995 年的《电量购销合同》,在强制性的行政命令下签订时表面上还采取了"合同"的形式,那么,1997—2001 年间 D 行署和 D 市府为操持"股改上市"而采取一系列强制性措施(先强迫 L 水电总公司继受承担巨额债务,后又强行剥夺该公司巨额股份权益等等)的全过程中,就干脆抛弃了"合同"形式,赤裸裸地以一道又一道的行政命令(书面红头文件)直接践踏了民事主体当事人意思自治原则,涉嫌"翻手为云覆手为雨",全凭"长官意志"为所欲为了。本仲裁庭在庭审过程中早已基本洞悉本案中这种"长官意志"否定"当事人意志"的概貌和主线,并已于 2002 年 6 月上旬草就"一稿"①,作出了正确的分析,提出了正确的处断意见,现在又进一步获得上述"股改上市"中涉嫌重大违法施政的正式书面举报和证据(详见下文第 10.2—10.6 段)而有待进一步认真澄清,在此种条件下,本仲裁庭如果既不坚持"一稿"中已经得出的正确结论,又不进一步澄清涉嫌重大违法施政问题的真相,却在仲裁庭以外某些因素的"压力"下,图"省事",避矛盾,服"压力",行"倒退",求"速决",迅即贸然决定按现有的"二稿"签发裁决,则其可预见的一系列负面后果和消极影响恐怕不是微不足道的(详见下文第 10.2—10.6 段)。

8. 根据"一稿"和"二稿"第二部分所缕述的本案案情,事实充分证明:本案纷争缠讼多年,其主要症结在于两级政府主管官员不依法施政,甚至涉嫌违法施政的一系列行政行为,其中包括初期的盲目许诺、下令签约;特

---

① 实为 4 月 25 日即已草就。参见前引《异议书》第 1 段落有关注解。

别是后来的资产强行上调,债务强行下放,强行"捆绑"上市,涉嫌**隐瞒巨债,虚报净资产**,"包装"误导小股民,谋取不义之财,获得暴利之后,继又强行剥离股权,涉嫌抽逃资金,导致完全无辜的民事主体(L水电总公司)充当"替罪"羔羊,等等。因此,"**解铃还需系铃人**",造成上述局面的有关政府官员或其继任者,既有责任、有义务,也有职权、有能力出面,对涉讼各方进行新的行政协调,平衡各方权益,自行妥善解决。中国国际经贸仲裁委员会对于由一系列不当的行政行为甚至违法的行政命令导致的本案纷争,似乎没有职权、也没有必要"**越俎代庖**",作出法定职权、法定功能以外的任何裁决。

第二部分 存　疑

9. 我认为:"二稿"第四部分"仲裁庭意见"中的分析论证和裁决意见,至少存在着以下各点重大疑窦和问题,不宜忽视,不宜不予慎重考虑和认真澄清。

10. 关于涉嫌违法施政的"股改上市问题"

10.1 "二稿"第二部分所缕述的有关"股改上市"的本案案情,与"一稿"第二部分所述的案情,完全一致,除段落稍有调整外,并无本质性的重大改动。细察"二稿"第二部分所述有关"股改上市"的案情,大量事实仍然充分证明:

第一,"从本案的整个过程可以清楚地看出,原A市Y电力总站划归于被申请人(L水电总公司)并不是被申请人主动的意思表示和行为,而是原D地区行署或现在的D市政府的意志和行为。股改上市成功后,D市政府通过(2001)31号文剥离了被申请人(L水电总公司)对上市公司股份享有的权利,又通过(2001)145号文要将原划归于被申请人(L水电总公司)的县级电力企业下放回去。这一切,没有原A市Y电力总站自身的任何意思表示,当然也没有被申请人(L水电总公司)对接受原A市Y电力总电站以及如何处理合同遗留问题的意见。"

第二,对照《合同法》的规定,"**本案合同的签订、履行**以及合同一方的**变更均与法律对合同的基本要求格格不入。**"

第三,**本案合同的签订、履行**以及合同一方的**变更**包括争议发生后政府从中试图解决的行为均是**政府行为在主导**,是政府意志的体现,超出了申请人和被申请人这**两个平等主体的范围**。仲裁是协议管辖,仲裁委员会根据(原)合同中的仲裁条款只能约束(原)双方当事人,对于政府机关和政府行为,也就**不在仲裁庭的审理范围**。

令人不解的问题是：以上这三点基本事实、定性分析及其所据的基本法理，究竟错在哪里？这些科学的定性分析在"一稿"中可谓洋洋洒洒，头头是道，令人信服（详见前文第3.1—3.3段摘引），何以在"二稿"中竟全然消失不见？是完全错误因而应予**全盘否定**？还是明知**正确**，又有所"**顾忌**"，有所"**犹豫**"，故只好完全**避而不谈**？

10.2 如果说，在1995年原先的《电量购销合同》的签订中，A市某主管官员实施了类似于父母"包办婚姻、强迫成婚"的错误行为，其"引资"的初衷本意尚属"情有可原"，则1997年8月至2001年8月这四年期间D地区行署和D市府主管官员为操持"股改上市"先后实施的一系列行政行为（含"案情"中所述的18号文、268号文、31号文、145号文等等），就类似于父母涉嫌为骗取不义之财，竟强令原本健康活泼的另一无辜女儿，听凭原本毫不相干的外人任意糟蹋和"宰割"。

10.3 细读双方当事人先后提供的大量文档以及两度庭审中的口头陈述（有记录可查），细读"一稿"、"二稿"第二部分所认定的本案"案情"，不难看出：D地区行署和D市府主管官员在操持"股改上市"的全过程中，涉嫌隐瞒巨债、虚报净资产、误导小股民、聚敛不义之财，因而违反《中华人民共和国证券法》第5条、第59条、第177条的规定。其真情实况，当然有待进一步查核，但已属"面目依稀可辨"，或近于"呼之欲出"。过去，被申请人慑于上司官威，说得隐隐约约，未敢直抒委曲内情，如今官员更动，"压力"稍小，终于敢在仲裁庭规定的审限之内（即2002年7月16日以前）以书面材料数十页，向仲裁庭正式举报：此次"股改上市"的"资产评估报告"和"招股说明书"等上市文件中所隐瞒的巨额债务，竟然高达1.74亿元，可谓骇人听闻。

这些举报材料，究竟是否子虚乌有，纯属捏造？这显然是本案仲裁庭不能置之不理，不予澄清的。现行《仲裁法》第43条以及CIETAC《仲裁规则》第38条规定，除当事人有义务对自己的主张提供证据之外，仲裁庭认为必要时可以自行调查事实，收集证据。本庭对于当事人在审限之内明确地以书面提出的上述最新举报和最新证据，涉及本案案情的根本事实、根本定性和根本定位，仲裁庭是否仍然认为"没有必要"按自己的职权和职责进一步自行调查核实呢？对此存疑，显然不能不慎重考虑。

10.4 仲裁庭解决经济纠纷，其最基本的原则应是公正、公平、独立。为此，就务必做到"应当根据事实，符合法律规定"。（见现行的《仲裁法》第1、7、8条和《仲裁规则》第2、53条。）

本案中原先1995年《电量购销合同》中的购电方即A市Y电力总站,只是区区一个县级市下属的企业,其承担有限责任的注册资金,只有区区252万元人民币。如果没有1997—2001年D地区行署和D市府主管官员为操持"股改上市"而涉嫌不法施政或违法施政的一系列行为,则本案申请人索赔的近一亿元的巨额债款,充其量只能获得252万元的**有限赔偿**。相对于其索赔近一亿元而言,仅及其2.5%,而其余97.5%索赔巨款势必因Y电力总站宣告破产而完全落空。但目前本案的现实却是:申请人X合资公司借助于和充分利用了D市府主管官员为"股改上市"而涉嫌违法施政的行为,放弃了"瘦骨嶙峋"的原债务人Y电力总站,改变目标,"择肥而噬",紧紧咬住原本"没有任何法律关系"("一稿"用语,见上文3.3段)、毫不相干、也纯属无辜的"替罪肥羊",向被申请人L水电总公司索赔巨款。对于申请人此种利用政府官员涉嫌严重违法施政造成的恶果,乘机另择无辜肥羊而噬的"恃强凌弱"行为和无理要求,本仲裁庭如不慎重权衡前因后果,而贸然予以支持,岂能符合《仲裁法》和《仲裁规则》所反复强调的公正、公平、合法、合理?

10.5 仲裁庭也许可以自我"谅解"或自我安慰说:我们既无权管束也无权追究D地区行署和D市府主管官员操持"股改上市"过程中涉嫌隐瞒巨债、虚报净资产、误导芸芸小股民、聚敛不义之财、继而又抽逃资金、推出"替罪羔羊"等等严重不法施政行为。因此,也就只能就合同文字谈合同,裁令购电合同巨额债务的无辜继受人(即被申请人L水电总公司)付赔,然后再由当地政府去自行协调。

此种"自解",显然欠妥。因为:

第一,诚然,仲裁庭自身无权直接管束或追究行政官员的涉嫌违法施政行为,但依现行《仲裁法》第43条以及《仲裁规则》第38条前述规定,仲裁庭却有权也有责对于已经浮出水面的"冰山一角",进一步追踪调查,收集证据,澄清事实真相,据以作为公正、公平断案的基础。换言之,无权"追究"不等于无权"追查"。有权追查和有责追查,却不予追查,就很可能有亏职守。

第二,CIETAC成立近50年以来,以其断案的公正、公平、独立不阿、祛邪扶正,而享誉全球。本案仲裁庭如果只图"省事",对于显然涉嫌严重违法施政、导致无辜当事人代食苦果甚至"替罪"而遭"宰割"之**明显不公、不平**,视而不见,不在力所能及、责无旁贷的范围内进一步查明可以查明之真相,而贸然作出严重损害无辜弱者的裁决,恐不能全然无损于CIETAC

本身极为珍惜的公正形象和一贯坚持的凛然正气!

有一则流行颇广的寓言,值得深思:某甲中箭受伤,求医于某乙。乙取出小锯,锯断甲体外的箭杆,即称手术完毕,要求付酬。甲惶惑不解,诉说箭镞尚在体内。乙答:"我是外科医生,只管体外部分。箭镞既在体内,请另找内科医生!"试想:本仲裁庭岂能充当这样的"外科医生"[①]?

第三,如果在本案的终局性裁决中,故意择肥而噬,索赔**无理**的,胜诉了;无辜替罪,拒赔**有理**的,却败诉了,则其负面影响及其在 D 地区所可能导致的损害社会稳定的后果(如被申请人 L 水电总公司已经估计会出现的职工闹事、拉闸断电之类),似不宜不予反复斟酌,全面权衡,慎之又慎!

10.6 仲裁庭也许还可以自我"谅解"或自我安慰说:本案被申请人举报 D 地区行署和 D 市府主管官员在"股改上市"中隐瞒巨债、虚报净资产等违法施政行为,是迟至 2002 年 6 月 29 日才正式书面提出,已经失去时机,属于节外生枝,可不予置理。

此种"自解",也显然欠妥。因为:

第一,盖有 CIETAC 公章的(2002)贸仲字第 002324 号关于延长本案审限的正式通知中,明白表示:本案仲裁庭"要求延长审理期限的请求确有必要而且理由正当",因而同意并决定将审限"延长至 2002 年 7 月 16 日止"。

第二,根据《仲裁法》第 70 条和《民事诉讼法》第 260 条的相关规定,如"由于其他不属于被申请人负责的原因而未能陈述意见的",其有关仲裁裁决可能被法院裁定撤销。

第三,被申请人早在其他一系列材料和庭审发言中已一再提到,并终于在上述法定和 CIETAC 自定审限届满以前半个多月,即正式书面郑重举报了有待认真查核澄清的、涉及本案根本定性的重大事实,并提供了重要证据。如果本庭对此最新举报和最新证据置之不理,是否可能被指控为 CIETAC"自食其言"和违反《仲裁法》第 70 条的相关规定?对此存疑,也不宜不予慎思。

10.7 综合以上各段剖析可归纳为以下四点:

A. CIETAC 及本案仲裁庭的法定职权是有限的,不得任意逾越法定的职权范围,越权管辖裁断不该由 CIETAC 管辖裁断的争端。

[①] 按常理:如果乙确有自知之明,自知没有能力取出"体内箭镞"并有效疗伤,就应在问明"病情"之后,建议甲另请高明,向有能力取镞治伤的良医求治,而不应自行贸然草率施治,贻误受伤病人。

B. 就本案而言:"裁决书一稿"依据不容否定的客观事实,将本案争端**定性**为政府的**行政行为**所造成的结果,断定不属于本仲裁庭的法定职权和管辖审理范围,依法应**裁决驳回**仲裁申请,这种定性和裁决是完全正确的。

C. 反之,"裁决书二稿"完全不顾上述一系列违法施政行为造成恶果的基本事实,将本案争端定性为平等主体之间一般的经济合同纠纷,进而越权管辖裁决,这种定性和裁决是不正确、不合法的,至少是有待进一步认真探讨商榷的。

D. 既然本案被申请人即无辜受害的当事人在审限届满之前半个多月已以相当确凿的最新证据,大胆举报了主管官员涉嫌严重违法施政的行为,这直接地、紧密地牵涉到本案争端的根本定性,本案仲裁庭理应恪尽职责,抓紧进一步查证澄清,而不应置之不理。因此,建议不宜按"二稿"立即贸然签发终局裁决书。

(二) 关于越权擅自解释

本案涉及 A 市、D 市、J 省三级政府主管机关先后相继签发下达的一系列"红头文件"。一般说来,这些"红头文件"的文字内容和含义是比较明确的。但是,双方当事人基于各自切身的利害得失,却对其中的某个或某些文件持有不同理解,或虽理解相同却持有截然相反、针锋相对的态度。其中争议最为激烈的,当首推 D 市物价委员会(2001)144 号文以及与它相关联的 D 地区物价委员会(1997)78 号文和 J 省物价局(2001)143 号文。

《异议书》第二部分中的第 11、12 两大段落,专就裁决书先后两稿对于同一文件作出自相矛盾、截然相反的解释,以及"裁决书二稿"对于政府授权机关文件作出扭曲字义的越权解释,提出了疑问和评议。具体内容如下:

11. 关于 D 市物价委员会"144 号"文件的字义和效力问题

11.1 D 市物价委员会 D 价商(2001)144 号文件中明文规定:"X 水电站所发电量在 A 市网内不能消化的部分上 D 市网(地网)的价格,仍按我委 D 地价商(1997)078 号文各类电价中的 A 市电购电价格执行。"即确认按人民币 0.24 元/千瓦时这一标准计价,而不按 0.48 元/千瓦时或 0.388 元/千瓦时计价。

对于 D 市物价委员会的这份 144 号文件,由于其含义十分明确而毫不含糊,申请人 X 合资公司与被申请人 L 水电总公司均凭其切身利害得失,针锋相对地分别表明了自己"极力反对"和"完全赞同"的态度。换言之,双方当事人对此文件确认定价 0.24 元/千瓦时的态度是截然相反的,但双方当事人对此文件本身定价内容准确含义的理解（确认定价 0.24 元/千瓦时）却是完全一致的，毫无分歧。

特别值得注意的是：本案仲裁庭"裁决书一稿"中对这份 144 号文件的准确含义，也作出完全正确的理解，也与双方当事人的共同理解完全一致，毫无分歧（详见前文第 3.3 段）。

11.2 申请人 X 合资公司鉴于该文件明确确认其所属 X 水电站所发电量上 D 市网（地网）电量的价格"仍按"0.24 元/千瓦时的标准计价，实际上完全否定了申请人自己坚持按 0.48 元/千瓦时计价的主张，故对该文件深恶痛绝，进而反复多次指责该 144 号文件是 D 市物价委员会参与"恶意串通炮制"的"伪证"。此种反复多次指责，有力地说明了申请人 X 合资公司已经准确地理解了该文件上述文字的本义。

然而，"裁决书二稿"对于该 144 号文中的上述明文规定却"通过分析"，完全抛弃了"一稿"中对同一文件的正确解释，并完全"反其道而行之"，作出了并不符合其文字本义、连申请人 X 合资公司自己都不敢随意作出的扭曲解释。说是：该文件"其实只解决两个问题，一是 X 水电站电量上 A 市网的价格，二是 A 市等电网上 D 地区网的价格"。试将这种解释与 144 号文件原文中所说的"X 水电站所发电量……上 D 市网（地网）的价格"作一比较，该 144 号文件原文的原有主词分明是"X 水电站"，"二稿"却"通过分析"，把原文的原主词变换成了"A 市等电网"。这样的"分析"，是否符合于字义逻辑最基本的原则：概念的同一性①？这样的"分析"和解释，究竟有多大的逻辑依据和事实依据？实在不能不令人纳闷、不解和存疑。

连申请人 X 合资公司自己都认为 144 号文件的上引文字给它自己"绑住"了"择肥而噬"的手脚，"二稿"却通过不符合逻辑原则的"分析"为它"松了绑"，如果有人对此提出"偏袒"批评，认为此种"分析""有欠公正"或"有所偏倚"，仲裁庭将何以自解？

11.3 "二稿"对 144 号文上述原文通过"分析"作出的上述理解，不但与申请人和被申请人双方对原文本义共同的认知和一致的理解，完全相反，而且与"一稿"原有的正确理解（见上文第 3.3 段），也完全相反。因此，"二稿"对 144 号文的这种新"分析"和新解释，是否完全符合原文本义，就

---

① "同一律系形式逻辑的基本规律之一。在同一思维过程中，每个概念、判断必须具有确定的同一内容。遵守同一能使思维具有确定性；否则，就会犯'偷换概念'和'偷换论题'等逻辑错误。"见《辞海》，1979 年版，第 197 页；并参见《汉语大词典》（第 3 卷），1989 年版，第 101 页。

有待进一步认真澄清。为慎重计,本案仲裁庭理应向原发文机关即D市物价委员会查询,要求它自己对该段文字的真实含义加以澄清,进一步作出权威性的解释。而不宜只图"省事",径由仲裁庭自行"代劳",以免有"越权"解释之嫌。

11.4 这里,牵涉到D市物价委员会究竟是否有权规定和解释有关电价的法定权威机关问题。申请人多次反复指责D市物价委员会参与"恶意串通炮制"、提供"伪证"。但至今尚未见申请人X合资公司就此种"恶意串通"行为提供任何确凿证据,仲裁庭当然不宜采信。

回顾本案纷争历史:1997年当初同意和决定X合资公司所经营的X水电站上网电价从1995合同原定的0.40元/千瓦时层层加码增至0.48元/千瓦时,就是以"D地价商(1997)014号文件"作为权威根据的,该文的发文机关,正就是"D地区物价委员会"即现在的"D市物价委员会"。申请人X合资公司一向坚持这份文件及其所定电价的有效性和权威性。但是,申请人对于由同一政府主管机关D市物价委员会针对电价现实歧见正式签发的"D价商(2001)144号文件",却反复多次指责为"恶意串通炮制"的"伪证",而又提不出任何有关的确凿证据。对同一政府主管机关签发下达的就同一电价问题作出的规定或说明,或奉之为"权威",或斥之为"伪证",其取舍标准只是看它们对本公司关于X水电站的电价主张是否支持、是否有利。申请人对政府主管机关依本身法定职权签发的文件,显然是采取了"实用主义"的"双重标准"。"裁决书二稿"对此种"双重标准"完全保持缄默,并未作出任何评论,澄清是非,却"通过分析",以含糊的"并不存在矛盾之处"一词,淡淡一笔带过,从而掩盖了事实上存在的矛盾,并且在实际上迁就了申请人一方利用政府官员涉嫌违法施政造成的恶果"择肥而噬"的无理要求(见前文第10.4段),这种缄默和这种"分析",实在难以令人信服。试想:如果被申请人L水电总公司一方也信口指责当初规定X水电站电价为0.48元/千瓦时的第14号文件,也是"恶意串通炮制"的"伪证",仲裁庭岂能也采信?岂能也"通过分析"在实际上予以迁就?

12. 关于J省物价局143号文件的真义问题

12.1 本案仲裁庭鉴于上述D市物价委员会(2001)144号文的适用对象和是否"有权解释",有所不明,曾于2002年3月8日专门驰函J省物价局调查咨询。该(2002)贸仲字第001134号专函(以下简称"调查函")提出:

"本案申请人称,D地价商(1997)014号文件和J价(2001)商字114号文件并没有对 X 供电上 A 市网还是上 D 地区网作出区分……因此,X 的电价应统一为 0.388 元。本案被申请人称,在 A 市本地使用的电价为 0.388 元,上 D 地区网的电价应按 078 号文件定价。

鉴于 D 市物价委 D 价商(2001)144 号文件是在仲裁程序开始后作出的,仲裁庭认为,有必要向省物价局查询如下问题:

(1) X 水电站所发电力上 D 市地区网电价应按照哪一份文件确定?

(2) D 市物价委批复的 D 价商(2001)144 号文件是否有省物价局的授权,D 市物价委是否有权解释省物价局 J 价(2001)商字 114 号文件。"

2002 年 3 月 25 日,J 省物价局以 J 价(2002)143 号文回复仲裁委员会的调查函。其中明确回答:"根据……我局《关于调整 D 市各县(市、区)综合分类电价的通知》[J 价(2001)商字 114 号]的有关规定,对上地方电网的上网电量除我局核定的上网电价外,其他电厂(站)上网电价由地市物价部门核定审批。我局核定的 X 水电站上网电价 0.388 元/千瓦时指上 A 市网的上网电价,<u>该电站上其他地方电网</u>的上网电价,由 D 市物价委核批。"

12.2 把上述两函中的具体询问与具体答复联系起来细予推敲,显然可以看出 J 省物价局(以下简称"省局")确认了以下四点:

第一,省局确认:所核定的 X 水电站上网电价 0.388 元/千瓦时确是专指该水电站"上 A 市网的上网电价"。

第二,省局确认:"该电站"即 X 水电站(发电量)"上其他地方电网"(显然是专指上 D 市网)的上网电价,应"由 D 市物价委核批"。(以上两点均针对"调查函"所查询的第 1 个问题作答。)

第三,省局两度确认:"地市物价部门"、"D 市物价委"确实有权自行"核定审批",即"核批"所辖地区的上网电价。(本点是针对上述"调查函"所咨询的第 2 个问题作答。)

第四,省局确认:X 水电站发电量上网应当根据事实分为两种,一种是该电站"上 A 市网的上网电价"(0.388 元/千瓦时),另一种是"该电站上其他地方电网的上网电价"(显指 D 市物价委核批的电价 0.24 元/千瓦时),所上电网不同,所定电价当然不同。

简言之,从"调查函"查询的两个具体问题和省局针对该两个具体问题作出的具体答复中,显然无法寻找出这样的结论:即省局认定,X 水电站所发电量不论其客观上是上了"A 市电网"还是上了"D 市电网",应当统一按 0.48 元/千瓦时(或 0.388 元/千瓦时)的标准计价。

可是,"裁决书二稿"却"通过分析",作出了与J省物价局的上述几点明文确认完全相反的结论,即凡是X水电站所发电量,不论其上"A市市网"还是上"D市市网",应一律按0.48元/千瓦时或0.388元/千瓦时的标准计价。

这样的"分析"及其结论,究竟有多大字义逻辑依据和事实依据?也不能不令人深感纳闷和存疑。

12.3 "裁决书二稿"对J省物价局上述143号文件原文"通过分析"作出的理解和结论,显然与该文件原文的本义迥然不同。为慎重计,本案仲裁庭理应向原发文机关即J省物价局再次查询,要求它针对仍存的疑义,进一步加以澄清,作出权威性的解释,而不宜只图"省事",又径由仲裁庭自行"代劳",自行"通过分析"任意作出有悖原文本义的解释,以免又有"越权"解释和扭曲解释之嫌!

(三) 关于防止越权管辖和越权解释的几点建议

为了防止前述越权管辖和越权解释的明显可能转化为成为错裁的现实,《异议书》的第三部分提出了明确的建议。具体内容如下:

第三部分 建 议

13. 鉴于"裁决书二稿"第四部分"仲裁庭意见"中的分析论证和裁决意见,至少存在着以上各点重大疑窦和问题,不容忽视,有待进一步认真澄清和商榷,作为本庭仲裁员之一,本人本着珍惜和维护CIETAC公正形象及其凛然正气的初衷,谨此提出以下建议,请予慎重考虑。

13.1 在上述重大疑窦和问题切实获得澄清和排除以前,似不宜迅即按"二稿"的现有内容贸然签发本案终局裁决书。

13.2 本案仲裁庭似应本着组庭以来一向坚持的公正、公平、慎重、稳妥的工作原则,并依据现行《仲裁法》第43条和《仲裁规则》第38条所规定的职权和职责,迅即去函或直接派员前往D市物价委及J省物价局,就上文第11—12段所述存疑问题,认真、彻底地予以澄清,并取得该两家原发文机关相关的必不可少的书面答复。诚然,这样做不免要支出一些新的费用、时间和精力,但事关重大,就不宜只图"省事",影响公正、公平。而且当事人为本案缴纳的仲裁费不菲[①],所提供的"物质条件"可谓绰绰有余。

---

① 本案仲裁费为人民币75.6万余元。

13.3 鉴于本案案情极其复杂,且不是一般的"行政干预",而是涉嫌重大违法施政造成重大恶果,仲裁庭似应认真考虑前文第10.2—10.6段所列诸点重大因素(含最新举报的重大事实及最新提供的重要证据),尽快采取必要措施(含本庭仲裁员的再次会晤甚至第三次开庭),追踪查明"冰山一角"下面的真相,俾便作为本庭作出公正、公平裁决的坚实可靠的基础,颠扑不破。

13.4 鉴于D市原先主持涉嫌违法"股改上市"的主管官员岗位更动,涉嫌违法上市的重大事实正在逐步显露其本来面目,鉴于D市政府正在积极组织和实施新的"行政协调",矛盾解决已显出新的眉目,申请人一方于收到CIETAC 2002年6月21日去函后也并未回函表示断然拒绝新的和解或撤诉,双方当事人终于达成和解协议并非绝不可能,因此,仲裁庭似可在积极采取13.2—13.3各段所述各点必要措施的同时,不妨再稍作必要等待(甚至再次略延审限),候其"三赢结果"(当事人双方以及政府当局均感"体面"和有利,避免矛盾进一步激化、两败俱伤,也避免政府当局陷入尴尬)"瓜熟蒂落"!

13.5 如果第13.4段所述新的"行政协调"终于"失败",即原"系铃"政府"解铃"不力或"解铃"无效,和解可能终于落空,则仲裁庭仍可按"裁决书一稿"原定的裁决意见断然作出裁决,即驳回申请人的仲裁申请。之后,因当地政府长官"系铃"之行政作为或"解铃不力"之"行政不作为"而自认为利益受损的当事人,可另外自行通过行政诉讼索取赔偿①。

13.6 如果第13.4段所述新条件下的"行政协调"终于"失败",而仲裁庭经采取13.2—13.3段所述必要措施进一步澄清问题和查明真相之后,认为依法不宜采用13.5段所述裁决意见,则还可根据新事实新证据作出其他内容的新裁决:既让受到损失的外商获得公平合理的补偿,又不能让它"择肥而噬"的无理要求全部或大部得逞,从而避免使无辜"替罪被宰"的L水电总公司遭受过于严重的经济损失。为此,"裁决书二稿"所定的赔偿额理应大幅度下调。

13.7 《仲裁法》第8条以及《仲裁规则》第2、53条反复强调仲裁应依

---

① 本案中先后因长官行政作为或行政不作为而自认为利益受损的当事人,可能是外商P公司及其主持下的X合资公司,也可能是L水电总公司。就中国现有的实情而言,前者提起行政诉讼索赔的权利一般更有保障,更少顾虑和掣肘。后者提起行政诉讼,所针对的往往就是自己的"顶头上司"和"婆婆",后者直接掌握着下级企业领导的人事任免权、奖惩权、财政拨款审批权,等等,下级企业如有"冒犯"或胆敢告上"公堂",则遭受打击报复的"风险"很大,故在提起行政诉讼时,往往掣肘甚多,顾虑很大。

法独立进行,不受任何外来因素的干预。本仲裁庭既然承担了对本案实行仲裁的职责,对于来自庭外的并无法定约束力的一切意见,既要虚心倾听,又要独立思考;既要勇于修正错误,又要敢于坚持正确。对于来自庭外的未经细读本案材料、不了解本案详情的感想性评论,可以参考,却不宜盲从。因为归根结底,终局裁决之正确与否,必须由本庭所有仲裁员承担全部责任,庭外其他人士可以概不负责。故在吸收庭外人士见解时,不可不独立判断,慎重取舍。

遗憾的是,《异议书》中所缕述的以上这些异议意见和可行建议(见前文13—13.3),不但未蒙认真倾听或重视,而且连简单的电话(或传真)回音也没有。事后得知,首席仲裁员早在《异议书》电子邮件抵京后的翌日(2002年7月10日)就"当机立断"立即签发,这也许就是最强有力的"回音"吧?——尽管此时离 CIETAC 所定的审限(2002年7月16日)还有整整六天时间!

五、本案仲裁后期的草率断结和断结后的有欠透明

(一) 后期的草率断结及其负面后果

如前所述,《异议书》中明确提出的可行建议(见前文 13—13.3),即关于慎重澄清受害当事人的最新举报和最新证据,再次调查和慎重澄清物价部门权威解释的真义,直至仲裁庭成员再次合议或再次开庭,等等,都是在审限届满的 6 天前即已 E-mail 发到北京的,都是没有理由置之不理、置之不复的。但不知出于何种原因或何种急迫需要,以致该调查、该澄清、该复议,而且还有足够时间调查、澄清、复议,却断然不再调查、不再澄清、不再复议,以致本来可以防止的越权管辖和越权解释却终于无法防止,终于从可能转变成了现实,从而直接导致了令人十分遗憾和十分惋惜的负面后果:择肥而噬的无理要求得逞了;纯属无辜的第三人替罪挨宰了;涉嫌严重违法施政的行为被遮掩捂盖了。更有甚者,正是 CIETAC 的这一草率裁决,在客观上竟然成了"名正言顺"地宰割无辜的"利刃",成了冠冕堂皇地遮掩丑恶的"帷幕",这样的社会效果,显然不能丝毫无损于 CIETAC 一向公正公平断案的名誉。

(二) 草率断结后的有欠透明及其负面后果

《异议书》的第四部分曾经提出了符合当代国际司法惯例和国际仲裁惯例

的合理要求。具体内容如下:

第四部分 要 求

14. 如果本仲裁庭 G、T 两位仲裁员经过慎重考虑后仍然坚持"裁决书二稿"的现有结论,决定按 2∶1 的"多数"作出终局裁决,并且正式签发下达,则作为本案居于"少数"地位的仲裁员,本人谨此要求:将上述异议意见书全文印出,附于本案终局裁决书之后,由 CIETAC 北京总部同时下达给双方当事人。

这一要求的理由是:第一,在当代各国的司法实践和仲裁实践中,将居于"少数"地位的法官或仲裁员所书写的异议意见书(dissensions),附同判决书或裁决书同时下达给双方当事人,这已是司空见惯的通行做法。它体现了"服从多数,尊重少数"的民主原则,既提高办案效率,又增强透明度,有助于比较鉴别,发人深思,有利于进一步辨明是非,促进断案公正。中国的仲裁实践正在走向现代化和国际化,自当"与时俱进",参照采用此种先进国际惯例。第二,现行的 CIETAC《仲裁规则》,并未明文禁止参照采用上述先进的国际惯例,即并未禁止将居于"少数"地位的仲裁员书写的异议意见,同时下达给双方当事人。第三,在 CIETAC 过去的实践中,已不乏这方面的先例。例如:(1995)深国仲结字第 91 号裁决书就是在两位仲裁员签署后下达,而居于"少数"地位的第三位仲裁员 N. Kaplan 先生书写的异议意见书,随即由 CIETAC 深圳分会寄发给双方当事人①。新近,由两位仲裁员签署的(2001)深国仲结字第 100 号裁决书,则是连同第三位仲裁员 W 先生书写的异议意见书,由上述深圳分会同时寄发给双方当事人。

作为持异议意见的第三位仲裁员,笔者的上述正当要求迄未获得任何正式答复。令人费解的是:第一,如果这种要求是错误的,那么,错在哪里?也应该有个说法,有个交代,为何"懒"于或"怯"于书面作复?第二,如果这种要求是正确的,既符合当代仲裁实践的国际通例,也符合 CIETAC 仲裁实践的先进事例,那么,为何不参照先例实行呢?第三,如果硬说这种要求违反了CIETAC 现行《仲裁规则》的禁止规定,则此种"禁止"规定有何文字依据②?

---

① 参见黄雁明(CIETAC 仲裁员、CIETAC 深圳分会副研究员):《商事仲裁中正当程序问题反思》,载于《国际经济法论丛》第 3 卷,法律出版社 2000 年版,第 439 页。
② CIETAC 现行的《仲裁规则》第 54 条规定:"由 3 名仲裁员组成的仲裁庭审理的案件,仲裁裁决依全体仲裁员或多数仲裁员的意见决定,少数仲裁员的意见可以作成记录附卷。"其中显然并无明文禁止规定。

第四，如果现行《仲裁规则》的第54条中的"少数仲裁员的意见可以作成记录附卷"一语竟然可以被任意推广解释为就是"少数仲裁员的意见不得(或禁止)同时寄发给双方当事人"，那么，上述 N. Kaplan 先生和 W 先生的先行实践就是"明知故犯"地违反了 CIETAC 的"禁止规定"，何以迄今未见给予"违规"批评甚至处分呢？总之，四者必居其一。要完全回避这些问题，看来是比较困难的。

尤其令人费解的是：据悉，本案无辜受害的当事人 L 水电总公司在收到按"多数仲裁员意见"作出的终局裁决书之后，深感不服，而且发现第三位仲裁员并未签署。该公司拟依法定程序向管辖法院申请予以司法审查和监督，要求法院依现行《仲裁法》第70、71条的规定，针对本案裁决书裁定不予执行或裁定予以撤销。另一方面，鉴于当时 D 市政府正在抓紧协调最终和平解决本案纠纷并已初具眉目，需要全盘了解和平衡各方面的各种意见，以便主持和促进尽快达成和解，为此目的，该公司曾向 CIETAC 经办人员查询缘由并索取"少数仲裁员"的异议意见以期通过比较鉴别，全面了解是非曲直。但此项正当要求，竟也遭到拒绝。这就涉及 CIETAC 是否应当充分尊重当事人的诉讼权利[特别是其中的知情权(right to know)]这个重大原则问题了。

具体说来，这里涉及四个方面的问题：

第一，CIETAC 作为仲裁机构，对当事人的商务秘密有对外"保密"的义务。但 CIETAC 办案，素以公正、公平、公开(透明度)自律，如果自信裁决本身的内容确是公平、公正的，那么，其中正、反两种意见①，只要不涉及国家秘密，对双方当事人本身说来，就应当是全面透明的，而不应当是半透明、半明半暗或"若明若暗"的；应当是胸怀坦荡，经得起当事人比较推敲和依法投诉，也经得起管辖法院的依法审查监督，而不应当是遮遮掩掩，深恐当事人知情和依法投诉以及法院依法监督。然则，如果确有自信，还有什么必要、有什么法定理由对当事人实行这样的"保密"？

第二，尤其值得研究的是：仲裁庭是否有权利对当事人实行这样的"保密"？这样的"保密"措施是否直接侵害了当事人在讼争过程中依法享有的知情权？众所周知，我国《民事诉讼法》在其"总则"编中，开宗明义地明确规定"中华人民共和国民事诉讼法的任务，是保护当事人行使诉讼权利……"，特别强调在

---

① 此处"正、反两种意见"，并非指其内容上之正确与不正确，只是指两种意见之相左或相反。换言之，如以合议仲裁庭中按多数意见正式签发的《裁决书》作为"正面"意见，则相应地少数仲裁员正式提出的《异议书》就是"反面"意见。反之，亦然。

审理民事案件过程中,"应当保障和便利当事人行使诉讼权利"①。不言而喻,当事人在诉讼过程中依法享有充分的知情权,应当是当事人行使诉讼权利的重要内容和重大表现之一,依法应当给予充分的保护、保障和便利。正是基于这一基本原则,《民事诉讼法》第52条进一步具体地明文规定"当事人可以查阅本案有关材料,并可以复制本案有关材料和法律文书。"②《民事诉讼法》中的这些基本规定及其基本精神,显然也完全适用于仲裁程序,并且也成为指导制定仲裁规则和实行仲裁操作的基本原则。

诚然,民商事仲裁程序有别于民事诉讼程序,因此,不能认为《民事诉讼法》中的每一细节规定都可推广适用于民商事仲裁过程。但是,众所周知,中国是实行"民商合一"体制的国家,"民事诉讼"一词的内涵和外延就包含了商事诉讼在内。民商事仲裁固然有别于民商事诉讼,但是民商事诉讼程序中的基本原则,诸如保护、保障、方便涉讼当事人行使诉讼权利(含前述知情权利)等,有什么理由断定它们绝对不能适用于被称为"准司法"和"准民商事诉讼"的民商事仲裁呢?更何况,CIETAC现行的《仲裁规则》,其所据以制定的主要"法源"之一,就是中国现行的《民事诉讼法》③,这就更没有任何理由和任何法律根据硬说《民事诉讼法》中关于保护、保障当事人诉讼权利(含知情权)的上述基本原则,不适用于中国的涉外仲裁程序了。恰恰相反,如果断言《民事诉讼法》中的上述基本原则和基本规定根本不适用于中国的涉外仲裁,那就显得有悖基本法理和有违基本法律规定了。难道不是吗?

第三,仲裁庭对当事人实行这样的"保密",是否有欠透明并且直接背离了讲求"透明度"的当代国际潮流?特别是,中国"入世"已经一年,国内有关法律、法令、规章和实际操作程序凡与WTO规则(包括透明度原则)不符者,都已废除、修改或调整,或正在抓紧废、改过程之中,上述这样的对当事人"保密"的做法,显然与CIETAC正在加紧迈向现代化和国际化的步伐,是不相称、不协调的。不是么?

---

① 见《中华人民共和国民事诉讼法》第2条、第8条。
② 见《中华人民共和国民事诉讼法》第52条第2款。
③ 早在1988年6月,国务院在有关CIETAC修订仲裁规则的著名《批复》中就明确指示"应当根据我国的法律"和有关国际条约并参照国际惯例进行修订。这里所说的"我国的法律",显应包括经全国人大通过的基本法律《民事诉讼法》在内。1994年8月由全国人大常委会通过的《仲裁法》第73条则更进一步明确规定:"涉外仲裁规则可以由中国国际商会依照本法和民事诉讼法的有关规定制定。"以上有关CIETAC仲裁规则"法源"的规定,见于2000年10月新版《仲裁规则》第2页之《批复》,第7页之第1条规定。

第四,值得 CIETAC 参考的是:"入世"后,中国正在抓紧进行的司法改革,其中包括正在抓紧贯彻 WTO 规则所要求的"透明度原则"。以下一项经过对国内外实践认真调查考察后提出的看法①是颇有见地的:

> 透明度原则带来的一个有争论的问题是裁判文书要公开到什么程度?引发这一争论的事由是广州海事法院在网上公开了合议庭成员的少数意见,合议庭的意见被表述为"某审判员认为:……"。不赞成公开到如此程度的人认为这与集体审判原则和审判机密原则相违背,也就是说,判决结果是合议庭少数服从多数的集体意见,不应以某审判员的个人立场表述;合议庭的合议结果是审判机密,合议庭的少数人意见不得泄露。而新闻界却对此大加赞赏,认为是中国的审判程序**"打开了最后一个暗盒"**,而且认为**阳光下的审判,可以对法官实行更有效的监督**。当事人和代理人在比较了两种不同意见后,也觉得胜者赢得明明白白,败者输得心服口服,减少了费钱费时的上诉。法院也认为此举节省了诉讼资源,提高了诉讼效率,**有利于实现司法公正。国际司法发展趋势**是支持后一种观点的。长期不主张公开少数法官意见的大陆法系国家法院正在与普通法系国家法院的做法趋同,挪威等国就开始公布不同意见法官的观点。以大陆法系成员国为主要当事人的欧洲法院和欧洲人权法院的**判决中(载明)的歧见法官意见已司空见惯**,在国际法院和前南问题国际刑事法庭的判决书中,中国籍大法官的不同意见已成为国际司法界的一道独特的风景线。

看来,以上这种颇有见地的看法和做法,正在中国司法改革的实践中开始引起"连锁反应"。紧接广州海事法院上述判决之后,又传来了上海第二中级人民法院将合议庭不同意见正式写进判决书的信息。据报道,对于此种改革创新的做法,该案原告"虽遭败诉,但其代理律师仍对法官说,这份判决书说理充分、有特色,体现了裁判文书改革的力度和裁判过程的**透明度**。"②针对这一改革举措,法学界有人评论说:"长期以来,法院在制作判决书时,都是千篇一律的'本院认为'行文模式,至于合议庭成员对于案件的具体意见只是作为内部消息,当事人无从知晓,对案件关心的其他人士更是一头雾水。这种做法对于法官来说

---

① 万鄂湘(法学教授、最高人民法院副院长):《"入世"后我国的司法改革与涉外民商事审判》,载于《国际经济法论丛》第 6 卷,法律出版社 2002 年版,第 7—8 页。(引文中的黑体是引者加的,下同。)
② 陆萍、刘建:《上海二中院创沪上首例:合议庭不同意见写进判决书》,载于《法制日报》2002 年 9 月 12 日第 1 版。据查索,该案民事判决书编号为(2002)沪二中民初字第 79 号,全文已公布于"阳光法律"网站,值得一读。其网址为: http://www.chinalawcase.com/home/data/display.asp?id=3638。

倒是简单省事,用不着为此多费思量,但却使判决书形成了一种僵化的文风,更重要的是判决结果难以令当事人心悦诚服,尤其是败诉的一方更易对司法的公正性产生怀疑。俗语说得好,<u>阳光是最好的防腐剂</u>。将合议庭成员的具体意见写入判决书,对于当事人来说,他对于案件判决的过程清清楚楚,是非公断明明白白,接受起来要容易得多。""将合议庭成员的个人意见写入判决书,不仅仅是裁判文书的一种改革,而是直接关系到法官职业水平的提高,关系到审判过程以至于司法的透明与公正,关系到社会大众对法律的信仰和对法官的信任,因此,这种做法值得提倡。"①

社会舆论反馈的良好评价使上海二中院的司法人员受到鼓舞。事后,他们进一步公开说明了将合议庭不同意见写入判决书这一改革举措的本意和用心:没有公开就没有公正,阳光是最好的防腐剂。司法公正的阳光要照进法庭,也要照在裁判文书这一诉讼活动的最终载体上。将合议庭的不同意见也写进判决,十分有利于落实审判公开,接受社会监督,树立司法公信,它"对于防止司法恣意,遏制司法腐败,实现司法公正,具有阳光般的积极意义。"他们强调:"公开不同意见的积极意义在于,告诫法官不仅要主持公正,而且还要使当事人和公众确信每一法官都没有怠于审理,恣意裁判,没有办人情案、关系案、'捣糨糊',更没有枉法裁判,……不同意见公开了,透明度提高了,极少数法官在'阳光'下恣意裁判和腐败的空间就相应减少了。"②

这些信息和评论,确实令人耳目一新,也完全符合于与时俱进、开拓创新的时代精神。问题是:有关法官及其书写的判决需要"实行更有效的监督","阳光是最好的防腐剂","阳光下的审判可以对法官实行更有效的监督","有利于实现司法公正",在当代国际先进的司法实践上,"判决中载明歧见法官意见已司空见惯",将异议意见明确载入裁判文书有利于"防止司法恣意,遏制司法腐败",等等,——这些理念和做法如今已经开始指导着和适用于中国的司法改革和中国的涉外民商事审判,那么,它们是否也基本上适用于具有"准司法"性质的中国涉外经贸仲裁?

在这方面,CIETAC 的专职队伍中也不乏有识之士,提出了相应的评论和

---

① 周芬棉:《提倡"合议庭不同意见写入判决"》,载于《法制日报》2002 年 9 月 16 日第 1 版。
② 上海二中院研究室:《将合议庭不同意见写入判决书的初步探索》,发表于该中院网站,2002 年 10 月 11 日。其网址为: http://www.shezfy.com/Discuss/detail.asp?id=142。

建议。在一篇题为《不同意见写入裁判文书,好!》的短文中①,作者指出:在英美法系国家,将同一合议庭案件每位法官的裁判意见尤其是其中少数法官的不同意见(dissenting opinions)写入裁判文书,是一件**很正常亦很平常**的事,人们从其中既阅读了裁判文书的判决意见(即合议庭多数法官的意见),又得以阅读裁判文书中公开表述的少数法官的不同意见。正是在这种比较、鉴别的过程中,人们才得以**自由地评判**出案件的**是非曲直,透亮地**"窥视"审断该案的每一位法官的思维过程、逻辑分析过程,甚至包括他们的人品才学、性格心态等等,从而**心悦诚服**地接受了裁判的结果,"因为,这样的裁判文书使你觉得**没有**什么是**不透明**的、**不透亮**的,**没有**什么是**可隐藏的**、**可暗箱操作**的。"

该文作者认为:"将少数审判人员持有的不同意见公开见诸于裁判文书,是个**突破**,符合司法公正所要求的公开透明原则,亦在本质上符合我国民事诉讼立法的原意。"但是,敢于"将审判人员的各个不同意见尤其是少数的不同意见公开写进裁判文书,是需要**勇气**和**底气**的。"如今,"中国法院的司法改革正以咄咄逼人之势向仲裁提出了挑战,中国法院已经先行了一步,那么,一直以专家断案自誉并以此为荣且……名扬于海内外的中国涉外仲裁,是否也已到了应将少数仲裁员的 dissenting opinions 写入裁决书的时候了?应该说中国的涉外仲裁基本上具备这样的底气,然而却不具备这样的**魄力**!"

该文作者进一步回顾说:"不是没有人提出过应将仲裁员之间的不同意见如实写入裁决书,早在 1994 年修改 1989 规则之际,这个问题就曾提上议事日程,只是那时谁也'不敢'拍板或是谁也不愿拍板作第一个承担有可能危及'生命'之风险的吃螃蟹的人,这不能不说是个遗憾!"显然,作者在这里想要强调:在当前的新形势下,理应"**旧话重提**",以引起有关人士的足够重视:"重要的是无论是诉讼还是仲裁都应尽一切可能**利用一切可以达到公正**审理并裁判案件的形式或机制以维护所有当事人的合法权益!这才符合社会主义法制的要求,符合独立公正审理并裁判案件的要求,才可以使无论是诉讼还是**仲裁之树常青**!"

看来,这篇公开发表于中国贸促会、中国商会主办的刊物上的文章,其思考方向完全符合于现任中国贸促会和 CIETAC 主要领导人所大力倡导的有关基本精神:"必须以**与时俱进**的精神状态,不断开创仲裁工作的新局面";

---

① 详见《不同意见写入裁判文书,好!》,载于《中国对外贸易(中国仲裁)》(黑体和重点号是引者加的,下同)2002 年第 10 期,第 6 页。

"形势的发展要求我们用**改革**的精神来看我们的工作现状,用扬弃的态度对待我们的经验,进一步解放思想,把我们的思想认识从那些**不适合时宜**的**观念、做法和规则**的**束缚中解放出来**。既要发扬好的传统,又要适应形势发展**创造新**的做法和经验。"①

六、几项寄语

在结束本文之际,谨向 CIETAC 以及同行学友提出以下三项寄语,供认真考虑和深入讨论。

(一) 更完善地发挥所设"专家咨询委员会"的功能与作用②

为此,似应充分给予参与评议的专家以应得的劳务报酬,同时要求他们事先认真阅读必要的案卷文档,并以事实为根据、以法律为准绳,经过认真思考研究,提出有理有据的中肯意见。此外,还应在专案评议会的时间上有足够的、切实的保证,防止时间过于短促,以致无暇充分比较正反意见,兼听则明。

(二) 更充分地发挥常设"仲裁研究所"的功能与作用③

对于已经裁结的案件,如案情复杂,仲裁庭成员对裁决存在重大分歧,涉及公正原则又一时难辨是非,并有书面异议意见者,或有重大投诉者,可筛选立项,交由研究所进行专题研究,提出研究报告,送交 CIETAC 主管领导参考,以

---

① 见前注所引刘文杰同志的重要发言。
② 关于这一点,笔者曾在 8 年前即 1995 年的一篇论文中提出这样的设想:在中国涉外仲裁体系的领导机构中,加强和扩大其现有"专家委员会"的作用与功能。专家委员会不但可以在涉外裁决作出之前,针对仲裁过程中出现的疑难问题或分歧见解,进行研究和提出咨询意见,以供有关案件的仲裁庭参考;而且可以在涉外裁决已经作出并已发生法律效力之后,接受涉外仲裁领导机构的委托,对涉外仲裁裁决实体内容错误或违法提出的有关投诉,立项进行认真的研究,并将研究结论报送有关主管领导,俾便后者酌情正确处断。在这方面,应当切实保证专家委员会确有认真研究的足够时间,并给予应有的咨询研究劳务报酬。"见拙作《论中国涉外仲裁的监督机制及其与国际惯例的接轨》,载于《比较法研究》1995 年第 4 期,第 386 页。
③ 关于这一点,笔者曾在 8 年以前发表的论文中提出这样的设想:"在中国涉外仲裁体系的领导机构中,加强和扩大其现有研究所或其他研究机构的作用和功能。对于有关涉外仲裁裁决实体内容错误或违法的投诉,凡是情节较为复杂、是非较难判明者,可……委托上述研究机构立项进行深入的专题研究,并将研讨结论向涉外仲裁机构的领导人员提出书面报告,便于后者充分了解情况,果断判明是非,对有关投诉作出正确的回答和必要的处理。"见上注②引论文,第 386 页。

利总结经验教训，提高公正断案水平。

（三）更慎重地选择每案的首席仲裁员①

首席仲裁员在每个个案中，都是主持人和实际上的"掌舵人"。因此，对于首席仲裁员综合素质的要求，显应更高于对一般仲裁员的要求。为此，在选择和指定首席仲裁员方面，似应建立一套相当缜密、科学、慎重的规章制度，优先选择能够依法独立不阿，在倾听任何庭外意见时，既勇于修正错误，又敢于坚持正确，既认真履行"首席"的职守和职责②，又十分慎重地使用"首席"的权力③，既敢于正确当机立断，又善于充分发扬民主、集思广益的人士担任首席，以保证每案的仲裁质量，特别是保证每案仲裁裁决的公正、公平和透明。

（四）澄清和修订CIETAC现行《仲裁规则》第54条

为促进CIETAC加速迈向现代化和国际化，似宜参照当代国际仲裁实践中的先进惯例，明文规定"少数仲裁员"提出的异议意见书，应当或可以连同多数仲裁员作出的裁决，同时向双方当事人送达。特别是在当事人任何一方索取或查阅、复印异议意见书时，不得以任何方式和借口予以拒绝。

※　※　※

以上个人管见，是否提出，如何提出，原先颇费斟酌踟蹰。笔者是凡夫俗

---

① 关于这一点，笔者曾在8年前发表的论文中提出这样的设想：健全或修订首席仲裁员的指定体制，从严选定首席仲裁员。首席仲裁员在由三人组成的仲裁庭中，虽然在最终裁决时也只有一票表决权，但他毕竟是仲裁庭的主干或核心，自始至终主持全案的仲裁运作过程，对仲裁裁决的正确与否和公正与否，起着举足轻重的作用。特别是按照中国现行的涉外仲裁程序规则，在三名仲裁员各持己见、不能就裁决形成多数意见时，仲裁裁决即依首席仲裁员的意见作出。在这种场合，首席仲裁员的意见就比"举足轻重"更进一步，成为"一锤定音"、决定一切了。由此可见，在遴选和指定首席仲裁员时，对其品德素质和业务水平，都应有比一般仲裁员更高、更严格的要求。

② 其中包含这样的职守和职责：按CIETAC现行《仲裁规则》第38条的规定，不怕"麻烦"，不图"省事"，对事关案件根本定性的问题上，主动地和执著地进行必要的、反复的调查事实，收集证据；对当事人在审限内提出的最新举报和最新证据，认真地进行必要的鉴别和追查，以求彻底查清真相，防止草率裁决。

③ CIETAC现任主要领导人在前述重要发言中明确提出："仲裁委员会对首席仲裁员应有刚性的要求。……比如，案件合议过程中，仲裁员有不同的意见，首席仲裁员应认真倾听，用心分析比较，切不要以首席自居，阻塞言路。""我们必须明确强调首席仲裁员在案件审理中负主要责任的地位。其所负的责任事关仲裁委员会的对外形象，事关仲裁事业的发展，事关当事人的切身利益。由于裁决书是终局性的，对当事人双方都具有约束力的，首席仲裁员签下的名字，字字千斤重。因此做出裁决一定要慎之又慎。我们是机构仲裁，为了我们的仲裁事业，我们对仲裁员特别是首席仲裁员要严格要求，严格管理，要讲纪律。凡在工作中不负责任，或不能胜任的，要采取措施，包括不再予以指定为首席仲裁员。"这些话，可谓苦口婆心与严肃认真兼而有之，而且显然不是"无的放矢"，不容置若罔闻。详见前注摘引中国贸促会副会长、CIETAC副主任刘文杰同志的重要发言。

子,并未超凡入圣,自不免也有些患得患失的凡俗之念。即使现在毅然公开提出学术争鸣,也仍时有"知我者谓我心忧,不知我者谓我何求"[①]的古人之慨叹萦回脑际。因为既然公开提出,在个别同行同志听来可能有些"逆耳"或有所"冒犯",从而损及上下或左右的"关系",并引来某些误解、非议或责难,甚至在一定程度上和一定范围内可能成为"众矢之的",或遭到实权人士的某种"莫须有"的"打击报复"。但是,秉着笔者个人的法律良知和追求公正的痴念,受到作为 CIETAC 诤友责任感的驱使,出于对 CIETAC 整体传统正气和一贯从善如流的确信,基于对 CIETAC 领导层集体素来敢于正视问题和不回避、不"讳疾"、不"护短"这一优良作风[②]的信赖,又不能不义无反顾,勇于坦诚陈言。所有管见陈言,囿于个人视野、学识和水平,自难完全避免欠妥或舛误。但既作为学术争鸣,也早已做好思想准备,竭诚欢迎来自海内外同行学人包括来自 CIETAC 友人的有理有据的批评和指正,俾取得与时俱进的、更加接近真理的共识。

如所周知,CIETAC 为了不断提高本身公正断案和扶正祛邪的专业职能,不但有常设的仲裁研究所、专设的专家咨询委员会,而且每年一度还定期召开全国性的仲裁员业务研讨会和培训会。如果以上个人管见可以在上述几种专业场合作为案例素材印发,提供讨论和评析,那么,是否也会更有利于在 CIETAC 队伍中贯彻"双百"方针,提倡和鼓励学术民主呢?是否也会更有利于促进 CIETAC 的体制规章在<u>新形势</u>下不断自我完善,继续开拓创新,"<u>与时俱进,让仲裁之树常青</u>"呢?

七、尾　声

据悉:本案 2002 年 7 月 10 日终局裁决书正式下达之后,原与涉讼合同

---

① 《诗经·国风·王风·黍离》,见吕恢文译注:《诗经国风今译》,人民文学出版社 1987 年版,第 109—110 页。
② 关于这方面的优良作风,除刘文杰同志的前述重要发言外,中国贸仲会法律部长、CIETAC 副主任王生长同志撰写的《与时俱进,让仲裁之树常青》一文[载于《中国对外贸易(中国仲裁)》2002 年第 12 期,第 8—9 页],也体现了 CIETAC 领导层集体提倡自律和"广开言路"的基本精神。文中指出:在绝大多数仲裁案件中,当事人对仲裁员的表现是满意或认可的,"但是,现实反馈的信息也表明,仲裁员还有许多应该注意和改进的地方",诸如考虑问题不周,**超裁漏裁,程序处理有缺陷**等等。"对于这些问题,**绝不能等闲视之**。"同时,特别强调"仲裁要讲公正",为了做到公正,仲裁员必须抛却私利,"才能避免以权谋私、**偏袒偏护、枉法裁判**等一系列不良现象";必须"坚持实事求是,**调查研究**,在理解现实世界时要**按照其本来面目**去理解而**不要给**它以任何先入为主的**附加**。"(黑体和重点号是引者加的。)这些良言,显然也不是"无的放矢"的。

(《电量购销合同》)毫不相干、纯属无辜的第三人即 L 水电总公司,竟被裁令充当替罪羔羊,"挨宰"6 478 万余元人民币,致使当地舆论大哗,该受害公司职工群情激愤,酝酿"闹事"。经当地政府主管官员出面反复进行行政协调,才使矛盾避免进一步激化,在当地政府主持下,各方终于商定:仍由原涉讼合同甲方即 A 市 Y 电力总站向银行贷款 2 000 万元人民币,一次性地向原涉讼合同乙方即 X 合资公司清偿积欠电费。至此,L 水电总公司总算从本案错误裁决的"利刃"①之下解脱出来,幸免于无辜被"宰"之难。此番因政府主管官员行政行为引发而缠讼多年的《电量购销合同》争端,终又通过政府主管官员的行政行为而解决了矛盾。这一结局,以事实有力地印证了笔者当初在《异议书》第 8 段、第 13.4—13.5 段中所剖析判断的"解铃还需系铃人"! 也印证了本案裁决书越权管辖裁断与越权代庖解释之"徒劳"与不当! 有关方面对此诚能认真加以总结,则"与时俱进,让仲裁之树常青",有厚望焉!

---

① 见本文第五部分之(一):后期的草率断决及其负面后果。

XI 论中国法律认定的"违法行为"及其法律后果[*]

——就广东省广信公司破产清算债务讼案问题答外商摩根公司问

〔专家意见书〕

内容提要 本文是笔者受托向广东省高级人民法院出具的专家意见书。1997—1998 年 7 月,美国摩根公司与广东国际信托投资公司(以下简称"广信公司")订立和修订《国际掉期交易协议》(以下简称《协议》)。1998 年 10 月,广信公司进入破产清算,摩根公司两度向广信公司清算组要求赔偿违约损失 400 余万美元,均遭后者拒绝,拒绝的主要理由是:上述《协议》的内容违反中国人民银行 1995 年 3 月 29 日发布的《关于禁止金融机构随意开展境外衍生工具交易业务的通知》(以下简称《1995 年通知》)的规定,属于无效合同,不受中国法律保护。摩根公司遂向广东省高级人民法院提起诉讼,其香港代理律师于 2001 年 9 月来函要求笔者提供咨询意见。咨询的主要问题是:中国人民银行的《1995 年通知》是否为中国的法律或法规?《协议》内容如确实不符上述通知规定,是否无效合同?广信公司曾向摩根公司作过"虚假不实陈述",后者信以为真并据以立约。依中国法律,应如何分清责任?如何补救?

针对上述问题,笔者仔细阅读了本案有关文档,查索和研究了中国《民法通则》、《合同法》等多种法律、法规的相关规定以及有关的司法解释,认为:中国人民银行以自己名义发布的《1995 年通知》,只是部门的规章,不是行政法规,更不是法律。《协议》的内容如与上述通知的规定有所不符,不能简单地认定为"无效合同",完全"不受法律保护";如有确凿证据表明广信公司在签订《协议》之前曾向摩根公司提供虚假信息实行误导并据以立约,则广信公司应承担相应

---

[*] 本文原是一份"专家意见书"。辑入本书时略有删节。

的法律责任,对摩根公司因《协议》无效而遭受的损失给予赔偿。此外,本案涉讼《协议》采用的范本如果确是当前国际上通行的规则,则依据《WTO协定》第16条第4款的规定,上述《1995年通知》中有关的规定有可能因其不符合WTO协定所肯定的国际通行规则而在近期内被中国政府部门废除或修改。

目　次

一、专家简况
二、本案的梗概和咨询的问题
三、专家的看法和意见
　（一）中国人民银行的《1995年通知》并非法律或法规
　（二）《协议》违反《1995年通知》并非当然违法和全盘无效
　（三）当事人一方以不实信息误导对方致造成损害应依法赔偿
　（四）中国法律对违约救济程序的基本规定
　（五）中国法律、法规和行政规章与《WTO协定》规则的"接轨"

　　本人,中国厦门大学法学院教授陈安,应 Morgan Stanley Capital Services Inc.(以下简称"摩根公司")要求,就其诉广东国际信托投资公司破产清算组(以下简称"广信清算组")一案,提供法学专家意见如下:

一、专　家　简　况

1—10【略】

二、本案的梗概和咨询的问题

11. 香港安理国际律师事务所 2001 年 9 月 20 日来函简述了本案的梗概:

11.1　摩根公司与广东国际信托投资公司(以下简称"广信公司")于 1997 年 9 月 3 日签订了一份《国际掉期交易协议》(以下简称《协议》)。1998 年 7 月 7 日进一步修订了该协议。1998 年 10 月,广信公司进入破产清算。依据上述

《协议》条款,广信公司违约,摩根公司有权向广信公司要求赔偿因其违约行为引起的损失 401 万美元。

11.2 1998 年 11 月 3 日和 2000 年 1 月 20 日,摩根公司先后两度向广信清算组致函,要求确认并赔偿上述损失及其利息,均遭广信清算组拒绝。

11.3 2001 年 4 月 29 日,摩根公司向广东省高级人民法院呈交了一份《申请书》,请求省高院裁定摩根公司有权作为债权人参与广信公司的破产财产分配。2001 年 6 月 21 日,又呈交了一份《补充申请书》。

12. 香港安理国际律师事务所着重提出并咨询以下两个方面的法律问题,征求专家意见:

12.1 据广信清算组 1999 年 10 月 26 日致摩根公司复函称:摩根公司与广信公司签订的上述《协议》,违反了中国人民银行 1995 年 3 月 29 日颁发的《关于禁止金融机构随意开展境外衍生工具交易业务的通知》(以下简称《1995/03/29 通知》)的有关规定,属于无效合同,不受中国法律保护,因此,摩根公司前述债权主张(见本《意见书》第 11.1 和 11.2 段)依法不能成立。2000 年 6 月 16 日,广信清算组再次函复摩根公司,重申上述见解,再次拒绝摩根公司的债权要求。

12.2 摩根公司一向坚持主张:上述《协议》并未违反中国人民银行发出的上述《1995/03/29 通知》。退一步说,即使《协议》对《1995/03/29 通知》的规定有所不符或有所违反,那么,请问:

12.2.1 上述《1995 年通知》究竟是否为中国的法律或行政法规?

12.2.2 如果《协议》与《1995 年通知》有所不符或有所违反,则是否即构成"违法行为"?从而,是否必然导致《协议》成为无效合同?

12.3 根据摩根公司掌握的材料和证据,广信公司曾经向摩根公司作过虚假不实的陈述(misrepresentation),摩根公司听信了广信公司的陈述并以此为基础与广信公司签订了上述《协议》。请问:

12.3.1 如果广信清算组拒绝摩根公司有关债权主张的上述答复和解释得以成立,那么,岂不是意味着广信公司不但可以逃避因其自身过错而理应承担的法律责任和经济责任,而且可以借此牟取非法利益?

12.3.2 在这方面,中国的现行法律有何补救规定?

三、专家的看法和意见

(一)中国人民银行的《1995 年通知》并非法律或法规

13. 就上述第 12.2.1 段的问题而言,要判断《1995 年通知》是否属于中国

的法律或行政法规的范畴,应当首先查证《中华人民共和国宪法》(以下简称《宪法》)的有关规定。(见附件一)

13.1 《宪法》序言末段规定:

> 本宪法……是国家的根本法,具有最高的法律效力。

第5条第2款规定:

> 一切法律、行政法规和地方法规都不得同宪法相抵触。

13.2 何谓"法律"？根据《宪法》第58条、第62条第3款以及第67条第2款的规定:全国人民代表大会及其常务委员会行使国家的立法权。其职权之一,是制定和修改国家的基本法律及其他一般法律。

13.3 何谓"行政法规"？根据《宪法》第89条第1款的规定,国务院的职权之一,是根据宪法和法律,制定行政法规,发布规定和命令。同时,《宪法》第90条第2款规定:国务院所属各部、各委员会(及各部委直属机构)根据法律和国务院的行政法规,在本部门的权限内,发布规章。

13.4 按照《宪法》的上述规定,国务院所属各部、各委及各部委级机构,显然均无权以自己的名义直接颁行任何法律、任何行政法规。它们只能在各部门自身的权限内,发布规章。规章本身并不是行政法规,更不是法律。

13.5 由此可见,中国人民银行以自己的名义发布的前述《1995年通知》,充其量只能是本部门的规章,而不是行政法规,更不是法律。

(二)《协议》违反《1995年通知》并非当然违法和全盘无效

14. 就12.2.2段的问题而言,2000年7月1日起施行的《中华人民共和国立法法》(见附件二,以下简称《立法法》),其第7条和第8条有关"立法权限"规定的根本依据,就是《宪法》上述各条的具体规定。前者的内容和文字,显然都是从后者直接"移植"而来的。

14.1 《立法法》第二章第二节直接以"规章"两字为题,其中第71条第1款明文规定:

> 国务院各部、委员会、中国人民银行、审计署和具有行政管理职能的直属机构,可以根据法律和国务院的行政法规、决定、命令,在本部门的权限范围内,制定规章。

14.2 上述规定,更具体地证明:中国人民银行以自己名义发布的上述《1995年通知》,充其量只能是本部门的规章,而不是行政法规,更不是法律。

15. 1987年1月1日起施行的《中华人民共和国民法通则》(见附件三,以下简称《民法通则》)第58条第1款第5项规定:

违反法律或者社会公共利益的民事行为无效。

16. 1985年7月1日起施行直至1999年10月1日才废止的《中华人民共和国涉外经济合同法》(见附件四,以下简称《涉外经济合同法》)第9条第1款规定:

违反中华人民共和国法律或者社会公共利益的合同无效。

17. 1999年10月1日起施行的《中华人民共和国合同法》(见附件五,以下简称《合同法》)第52条规定:

有下列情形之一的,合同无效:
(一) 一方以欺诈、胁迫的手段订立合同,损害国家利益;
(二) 恶意串通,损害国家、集体或者第三人利益;
(三) 以合法形式掩盖非法目的;
(四) 损害社会公共利益;
(五) 违反法律、行政法规的强制性规定。

显而易见:《合同法》本条的第5款吸收了上述《民法通则》第58条第1款第5项以及《涉外经济合同法》第9条第1款的内容,并且规定得更为具体、更加明确。

18. 综合上述第15—17段各项法律规定,显然可以断定:只有在合同条款内容直接"违反法律、行政法规的强制性规定"的情况下,才能依法认定合同无效。中国人民银行发布的上述《1995年通知》既然只是规章而不是法律或行政法规,则违反《1995年通知》的合同,充其量只是违反规章,而并非违反法律或行政法规,因此,不能据此认定它是"无效合同",硬说它"不受法律保护"云云。

19. 就上述第12.2.2段的问题而言,1999年12月29日起施行的《最高人民法院关于适用〈中华人民共和国合同法〉若干问题的解释(一)》(见附件六,以下简称《解释》)特别值得注意:

第1条 合同法实施以后成立的合同发生纠纷起诉到人民法院的,适用合同法的规定;合同法实施以前成立的合同发生纠纷起诉到人民法院的,除本解释另有规定的以外,适用当时的法律规定,当时没有法律规定的,可以适用合同法的有关规定。

第4条 合同法实施以后,人民法院确认合同无效,应当以全国人大及其常委会制定的法律和国务院制定的行政法规为依据,不得以地方性法规、行政规章为依据。

20. 本案涉讼的前述《协议》,乃是在《合同法》实施以前成立并在《合同法》实施之后发生纠纷起诉到人民法院的,按上述《解释》第1条,应当同时适用第15段至第17段摘引的《民法通则》、《涉外经济合同法》和《合同法》的有关规定。

21. 按上述《解释》第4条,《合同法》实施以后,人民法院确认合同无效,只能以法律、行政法规为依据,而不得以任何行政规章为依据。

22. 由此可见,就本案而言,显然不得以"违反"中国人民银行的上述《1995年通知》这一规章作为依据,任意认定前述《协议》为"无效合同",强词夺理地说它"不受中国法律保护"云云。

23. 由此可见,广信清算组有关前述《协议》因"违法"而"无效"的主张,以及完全否定摩根公司对广信公司破产财产享有债权的主张,显然是于法无据的,是不能成立和不可采取的。

(三) 当事人一方以不实信息误导对方致造成损害应依法赔偿

24. 就第12.3.1段的问题而言,如果摩根公司已经掌握确凿证据,足以证明广信公司曾向摩根公司作过虚假不实的陈述,而前述《协议》又确是以摩根公司听信此种虚假不实陈述作为基础而签订的,则按照中国现行的法律规定,广信公司当然不能逃避它应当承担的法律责任和经济责任。

25. 根据《民法通则》第106条规定:法人"由于过错"侵害他人财产的,"应当承担民事责任"。第111条更明确规定:

> 当事人一方不履行合同义务或者履行合同义务不符合约定条件的,另一方有权要求履行或者采取补救措施,并有权要求赔偿损失。

26.《涉外经济合同法》第11条规定:
当事人一方对合同无效负有责任的,应当对另一方因合同无效而遭受的损失负赔偿责任。

据此,以摩根公司听信广信公司虚假不实陈述作为基础的前述《协议》一旦不幸被确认为"无效合同",则造成此种后果的广信公司就负有法律责任和经济责任,应当对摩根公司因《协议》无效而遭受的损失给予赔偿。

27.《合同法》第42条进一步明确规定:

> 当事人在订立合同过程中有下列情形之一,给对方造成损失的,应当承担损害赔偿责任:

(一) 假借订立合同,恶意进行磋商;
(二) 故意隐瞒与订立合同有关的重要事实或者提供虚假情况;
(三) 有其他违背诚实信用原则的行为。

上述第25—27段的这些法律规定,极其强有力地说明:中国的法律对于任何一方的合同当事人因其提供虚假情况、违背诚信原则而给对方当事人造成损失的,毫不姑息宽纵,听任前者任意逃避其应负的责任。更绝不允许前者通过自己的虚假陈述和违背诚信的行为,从中牟取非法利益。相反,根据中国法律的上述规定,应当认真追究前者提供虚假情况、违背诚信原则的法律责任和经济责任,并责令前者向由此受到损失的对方当事人给予相应的损害赔偿。

(四) 中国法律对违约救济程序的基本规定

28. 就中国法律规定的违约救济措施而言,除以上各段所引述的基本实体原则之外,还具有以下各段引述的基本程序原则。关于救济程序,《涉外经济合同法》、《合同法》、《中华人民共和国民事诉讼法》(以下简称《民事诉讼法》)以及《中华人民共和国仲裁法》(以下简称《仲裁法》),均有相应的规定。

28.1 《涉外经济合同法》第5条规定:

合同当事人可以选择处理合同争议所适用的法律。当事人没有选择的,适用与合同有最密切联系的国家的法律。

第37条、第38条进一步规定:

发生合同争议时,当事人应当尽可能通过协商或者通过第三者调解解决。

当事人不愿协商、调解的,或者协商、调解不成的,可以依据合同中的仲裁条款或者事后达成的书面仲裁协议,提交中国仲裁机构或者其他仲裁机构仲裁。

28.2 《合同法》第126条规定:

涉外合同的当事人可以选择处理合同争议所适用的法律,但法律另有规定的除外。涉外合同的当事人没有选择的,适用与合同有最密切联系的国家的法律。

第128条进一步规定:

涉外合同的当事人可以根据仲裁协议向中国仲裁机构或者其他仲裁

机构申请仲裁。当事人没有订立仲裁协议或者仲裁协议无效的,可以向人民法院起诉。当事人应当履行发生法律效力的判决、仲裁裁决、调解书;拒不履行的,对方可以请求人民法院执行。

28.3 《民事诉讼法》第257条规定:

涉外经济贸易、运输和海事中发生的纠纷,当事人在合同中订有仲裁条款或者事后达成书面仲裁协议,提交中华人民共和国涉外仲裁机构或者其他仲裁机构仲裁的,当事人不得向人民法院起诉。

当事人在合同中没有订有仲裁条款或者事后没有达成书面仲裁协议的,可以向人民法院起诉。

28.4 《仲裁法》第4条、第5条规定:

当事人采用仲裁方式解决纠纷,应当双方自愿,达成仲裁协议。没有仲裁协议,一方申请仲裁的,仲裁委员会不予受理。

当事人达成仲裁协议,一方向人民法院起诉的,人民法院不予受理,但仲裁协议无效的除外。

29. 综合以上各种法律规定,可以看出:

中国法律在有关涉外经济合同违约救济措施的选择问题上,首先充分尊重"当事人意思自治原则",可由当事人按合同的争端解决条款,选择处理争议的具体管辖机构(法院或仲裁机构)、处理争议的方式(诉讼或仲裁)以及处理争议所适用的法律(中国法律或外国法律)。

30. 结合本案的情况,可按前述《协议》第13条"管辖法律和司法管辖区"及其有关附件的具体规定,选择解决争端的管辖法律和管辖机构。也可以按双方当事人重新协商一致同意的有关解决争端的新协议,另行选择新的管辖法律和管辖机关。

(五) 中国法律、法规和行政规章与《WTO协定》规则的"接轨"

31. 如所周知,中国即将在2001年11月正式加入"世界贸易组织"(WTO),因此,在解决本案争端的过程中,除应切实遵守中国现行的宪法、法律以及行政法规之外,还应认真结合考虑《世界贸易组织协定》(以下简称《WTO协定》)的有关规定。

32. 《WTO协定》第16条第4款规定(见附件七):

每一成员方应保证其法律、法规和行政程序与所附各协定对其规定的义务相一致。

这意味着：凡是加入 WTO 的每一成员，都承担了条约规定的义务并作出承诺：确保其国内的一切法律、法规和规章，都与 WTO 协定的规则完全一致。凡有不一致者，应按有关条约规定对本国的相关法律、法规和规章加以修改或废除。

33. 中国政府及其领导人、谈判代表已在多种场合公开表示：中国即将加入世贸组织，中国会信守承诺，进一步扩大对外开放，有步骤地推进金融、贸易等服务领域的对外开放；特别强调："中国将认真履行对外承诺，根据经济体制的要求和国际通行规则，进一步完善涉外经济环境，创造完备的法制环境"。据《人民日报》报道：中国有关部门正在加紧准备废除或修订一大批违反世贸组织规则的法律、法规和规章（见附件八）。

34. 结合本案的情况：本案《协议》采用的是《ISDA 国际掉期交易商协会制定的主协议》文本。该文本中所规定的各项"掉期交易条款"，乃是当前国际上通行的规则。中国人民银行前述《1995 年通知》这一规章中有关禁止的规定，显然已经落后于近几年来国内外经贸形势的重大发展，很有可能因其并不符合当前国际通行规则而在近期内被废除或修改。

35. 可以预期，也应当深信：中国的各级人民法院在审理有关本案争端过程中，必将认真遵照中国现行的宪法、法律、法规以及中国即将修订、更新并且与 WTO 规则完全一致、与国际通行规则接轨的新的法律、法规，作出公正、公平的裁定或判决。

厦门大学法学教授、博士生导师
陈 安
2001 年 9 月 24 日

[附件 8 种，略]

XII 论中国内地土地使用权的回收与变卖

——就香港某债务讼案问题答台商问

〔专家意见书〕

内容提要 本文是笔者受托向香港高等法院出具的专家意见书。1994年3月港商A与台商B在香港组建C公司,各拥有50%股权。旋即以C公司名义在厦门市投资组建D公司开发房地产,从市政府方面购得黄金地段的地块使用权。因开发资金不足,D公司以所获地块使用权作为抵押,向中国数家银行贷得4 600万元人民币。其后,两位股东争端迭起。上述房地产开发中途停顿多时,土地闲置超过法定时限,地方政府决定依法收回上述地块,另行转让。同时,由于D公司无力如期偿还银行贷款,中国法院应债权人申请判决以"抵押品"即上述地块使用权依法拍卖或变卖,以所得款项清偿债务。台商B表示要另外单独出资购买D公司拥有的上述地块使用权,港商A主张以拍卖方式出让上述地块使用权。双方各持己见,僵持不下,在祖国内地法院缠讼数年,迄未有最后定论。2001年9月,港商A向香港特别行政区高等法院起诉,要求:(1)台商B应将其在香港C公司中所拥有的50%股权作价转让给港商A;(2)台商B或其他台商不得单独出资购买D公司拥有的上述地块的使用权。2002年3月,台商B在香港聘请的本案代理律师来函要求笔者提供咨询意见。咨询的主要问题是:(1)中国政府是否有权将原先批准转让给外商的土地使用权,依法收回,或依法另行转让?(2)中国法律是否允许外商企业将已获得土地使用权的地块,长期闲置不用?如违法长期闲置,政府如何依法处理?(3)中国政府和中国法院是否有权决定将外商企业用以作为贷款抵押的上述地块使用权,依法加以直接变卖,以便早日还贷和避免该地块继续长期违法闲置?针对上述问题,笔者仔细阅读了本案的有关文档,查索和研究了中国多种法律、法规、司法解释以及部门行政规章的相关规定,对以上三个具体问题逐一作了明确的答复,并提供所引据的文档资料13种。

目 次

一、专家简况
二、本案咨询的问题
三、专家的看法和意见
　　(一) 中国政府有权依法收回已转让的土地,或依法另行转让
　　(二) 中国法律禁止外商将已获使用权的地块长期闲置不用
　　(三) 中国政府和法院有权依法直接变卖外商用以抵押的地块使用权

专 家 意 见 书

　　本人,中国厦门大学法学院教授、博士生导师陈安,应香港黄萃群、李钜林律师行李钜林律师要求,就 A 诉 B 一案,提供法学专家意见如下:

一、专 家 简 况

　　1—10【略】

二、本案咨询的问题

　　11. 兹向陈教授咨询以下法律问题:

　　11.1　中国政府(含厦门市政府)是否有权将原先批准转让给外商的土地使用权,依法收回,或依法另行转让?

　　11.2　中国法律是否允许外商企业将已获得土地使用权的地块,长期闲置不用?如违法长期闲置,政府如何依法处理?

　　11.3　中国政府和中国法院是否有权决定将外商企业用以作为贷款抵押的上述地块使用权,依法加以直接变卖,以便早日还贷和避免该地块继续长期违法闲置?

三、专家的看法和意见

（一）中国政府有权依法收回已转让的土地，或依法另行转让

12. 就上述 11.1 段的问题而言，按中国的现行法律，中国政府完全有权将原已转让给外商的地块使用权，依法收回，或依法另行转让。

12.1 《中华人民共和国宪法》第 10 条第 1 款明文规定："城市的土地属于国家所有"。第 3 款规定："国家为了公共利益的需要，可以依照法律规定对土地实行征用。"第 5 款规定："一切使用土地的组织和个人必须合理地利用土地。"

作为中国的根本大法，《宪法》中针对土地问题厘定的上述基本原则，始终贯穿于中国的其他一切有关土地使用权的法律和法规。

12.2 《中华人民共和国外资企业法》第 5 条规定：

"国家对外资企业不实行国有化和征收；在特殊情况下，根据社会公共利益的需要，对外资企业可以依照法律程序实行征收，并给予相应的补偿。"据此，中国政府对于在华外资企业的所有资产以及一切权益，其中当然也包括对于外资企业所已经拥有的地块使用权，均可根据社会公共利益的需要，依法征收，并给予相应补偿。

（二）中国法律禁止外商将已获使用权的地块长期闲置不用

13. 就上述 11.2 段的问题而言，中国法律不允许外商企业将已获得使用权的地块长期闲置不用。

13.1 《中华人民共和国土地管理法》第 37 条第 1 款明文规定禁止任何单位和个人闲置耕地和城市房地产开发用地，并规定应对违法闲置土地者给予必要的行政处罚。同条第 2 款又进一步特别规定："在城市规划区范围内，以出让方式取得土地使用权进行房地产开发的闲置土地，依照《中华人民共和国城市房地产管理法》的有关规定办理。"（见附件 3）

13.2 《中华人民共和国城市房地产管理法》第 25 条规定：

"以出让方式取得土地使用权进行房地产开发的，必须按照土地使用权出让合同约定的土地用途、动工开发期限开发土地。超过出让合同约定的动工开发日期满一年未动工开发的，可以征收相当于土地使用权出让金 20% 以下的

土地闲置费;满2年未动工开发的,可以无偿收回土地使用权;但是,因不可抗力或者政府、政府有关部门的行为或者动工开发必需的前期工作造成动工开发迟延的除外。"(见附件4)

13.3 对于13.1及13.2两种法律中所称的"闲置土地"究竟如何理解?为避免在实际执行中作不正确解释,致使国家土地资源被任意闲置,给国家造成无谓损失,中国国务院主管部门即中华人民共和国土资源部特地在1999年颁布行政法令:《闲置土地处理办法》,专门针对有关问题作了权威性的解释。其中第2条规定:

"本办法所称闲置土地,是指土地使用者依法取得土地使用权后,未经原批准用地的人民政府同意,超过规定的期限未动工开发建设的建设用地。

具有下列情形之一的,也可以认定为闲置土地:

(一)国有土地有偿使用合同或者建设用地批准书未规定动工开发建设日期,自国有土地有偿使用合同生效或者土地行政主管部门建设用地批准书颁发之日起满1年未动工开发建设的;

(二)已动工开发建设但开发建设的面积占应动工开发建设总面积不足1/3或者已投资额占总投资额不足25%且未经批准中止开发建设连续了1年的。"(见附件5)

13.4 《厦门市国有土地出让条件和使用规则》第10条规定:用地者应自签订合同之日起,在规定建设期限内竣工。"延期竣工超过两年的,市土地局有权收回土地使用权,注销其《建设用地许可证》、《土地使用证》,土地使用权以及地上建筑物无偿归市政府所有。"

此项地方性行政法规作为每一份"厦门市国有土地使用权有偿出让合同书"的必备附件,明文记载于该格式合同第17条,并明文规定"与本合同具有同等法律效力"(见附件6、附件7、附件8、附件9)。

13.5 根据以上各项法律、法规,对照本案涉讼的三个地块开发的具体情况,这些地块显然可以认定为闲置用地。依中国《城市房地产管理法》第25条、《闲置土地处理办法》第4条第3款以及《厦门市国有土地出让条件和使用规则》第10条的规定,中国政府主管部门对这些地块有权依法"无偿收回土地使用权";当然也有权在无偿收回这些地块使用权之后,将其使用权另行依法出让给其他任何个人或其经营的企业。

兹逐一对照分析如下:

13.6 "厦门市国有土地使用权有偿出让合同书"[(94)厦地合字(协)049号]第2条规定:该合同地块编号为94-B47,面积为9 271.394 m²(按补充合同调整后实数计算,下同),容积率为2.0,应开发地面总面积为9 271.394 m² ×2=18 542.788 m²;建设期限为自1994年9月8日起算,至2000年9月8日完工(见附件7)。但是,迄今为止原定竣工期限已经逾期1年6个月;而已经开发的地面面积却为零。中止开发建设早已连续超过1年以上。

13.7 "厦门市国有土地使用权有偿出让合同书"[(94)厦地合字(协)050号]第2条规定:该合同地块编号为94-B48,面积为6 633.303 m²,容积率为2.0,应开发地面总面积为6 633.303 m²×2=13 266.606 m²;建设期限为自1994年9月8日起算,至1998年9月7日完工(见附件8)。但是迄今为止原定竣工期限已经逾期3年6个月;而已经开发的地面面积亦为零。中止开发建设也早已连续超过1年以上。

13.8 "厦门市国有土地使用权有偿出让合同书"[(94)厦地合字(协)051号]第2条规定:该合同地块编号为94-B49,面积为6 900.138 m²,容积率为2.0,应开发地面总面积为6 900.138 m²×2=13 800.276 m²;建设期限为自1994年9月8日起算,至1998年1月7日完工(见附件9)。但是迄今为止原定竣工期限已逾期4年整,而已开发的地面面积亦为零。中止开发建设也早已连续超过1年以上。

13.9 根据上述13.1—13.4所列法律和法规,对照13.6—13.8三份合同履行的实际情况(即已开发面积占应开发总面积的百分比严重不足,中止开发建设连续满一年以上,原定竣工期限逾期已久),其所涉及的编号为94-B47、94-B48以及94-B49三个地块,显然都早已可以认定为闲置土地,厦门市主管部门有权依法无偿收回这三个地块的土地使用权,并另作处理。

(三) 中国政府和法院有权依法直接变卖外商用以抵押的地块使用权

14. 就上述11.3段的问题而言,按中国的现行法律,中国政府和中国法院有权决定将外商企业用以作为贷款抵押的上述地块使用权,在该外商无力按期还清贷款的情况下,依法加以直接变卖,以便尽早还贷和避免该地块继续长期闲置。

14.1 《中华人民共和国担保法》第33、34、53条明文规定:债权人对于设有抵押权而到期未偿的债款,有权请求法院依法将抵押物变卖作价,清偿金钱债务。(见附件10)

具体说来,该法第33条第1款规定:"债务人不履行债务时,债权人有权依照本法规定以该财产(按:指抵押物)折价或者以拍卖、变卖该财产的价款优先受偿"。第34条第1款第3项规定:"抵押人(按:指债务人)依法有权处分的国有土地的使用权",可以作为债权的担保,依法予以抵押。第53条则进一步明文规定:"债务履行期届满抵押权人未受清偿的,可以与抵押人协议以抵押物折价或者以拍卖、变卖该抵押物所得的价款受偿;协议不成的,抵押权人可以向人民法院提起诉讼。"

可见,依中国现行的《担保法》,以抵押物折价偿债,或将抵押物拍卖所得价款偿债,或将抵押物变卖所得价款偿债,这三种办法,悉听债权人(即抵押权人)与债务人(即抵押人)自由选择其一,自行议定,只有在双方协议不成的情况下,债权人(即抵押权人)可向人民法院提起诉讼。

14.2 《中华人民共和国民事诉讼法》第225—226条规定,经当事人请求强制执行,法院可以将逾期不还债的债务人的有关财产(含设有抵押权的地块使用权)加以扣押,并依法交有关单位拍卖或加以变卖,以偿清债款。(见附件11)

14.3 最高人民法院于1998年7月颁行《关于人民法院执行工作若干问题的规定(试行)》第46—48条分别载明:

"人民法院对查封、扣押的被执行人财产进行变价时,应当委托拍卖机构进行拍卖。财产无法委托拍卖、不适于拍卖或当事人双方同意不需要拍卖的,人民法院可以交由有关单位变卖或自行组织变卖。"

"人民法院对拍卖、变卖被执行人的财产,应当委托依法成立的资产评估机构进行价格评估。"

"被执行人申请对人民法院查封的财产自行变卖的,人民法院可以准许,但应当监督其按照合理价格在指定的期限内进行,并控制变卖的价款。"(见附件12)

根据以上规定,显然可以看出:

(1) 这些规定是以上述《担保法》和《民事诉讼法》的有关条款作为基础,进一步加以具体化;

(2) 人民法院对查封、扣押的被执行人(通常即是债务人)的财产进行变价时,可以酌情选择采取三种办法之一,即:

第一,由人民法院委托拍卖机构进行拍卖;

第二,被执行人(债务人)与申请执行人(债权人)双方商定同意不需要拍卖的,人民法院可交由有关单位变卖或自行组织变卖;

第三,人民法院可以准许被执行人申请对人民法院查封的财产自行变卖,但应监督其变卖价格和指定期限。

人民法院对拍卖、变卖被执行人的财产，应依法进行价格评估。

对照以下事实：厦门 D 公司作为被执行人——债务人，建设银行厦门分行等作为申请执行人——债权人，双方经过长期协商，已经一致同意不需要拍卖，议定在厦门人民法院主持下自行组织变卖，由厦门 D 公司将涉讼地块使用权出让给香港中莱公司，其价款则由福建省人民法院委托依法成立的厦门均和资产评估所作出客观和合理的评估，定为 4 954 万元人民币（见附件 13），并应以所得价款清偿建行等债权人。这些协议行为和操作程序完全符合于最高人民法院《关于人民法院执行工作若干问题的规定（试行）》中列举的可供酌情选择的三种解决办法中的第二种，并且正是以此项最高人民法院的司法解释作为行动指南和行为准则。总之，此举显属于法有据：既有《担保法》第 33、34、53 条以及《民事诉讼法》第 225—226 条作为法律依据，又有上述司法解释作为法律依据。

厦门大学法学教授、博士生导师
陈　安
2002 年 3 月 10 日

[附件 13 种，略]

XIII 论"法无明禁即为合法"
——就外资企业"设董"自主权问题答英商问〔专家意见书〕

内容提要 在华英商某独资公司原未设董事会,现拟设立董事会,以便在决策时有利于集思广益。但是,为了提高效率和节省董事高薪等项开支,拟设只由二人组成的董事会。有人认为,这种做法有悖于现行《中华人民共和国公司法》第45条的规定,且因董事人数为偶数,在实践上易于出现"1∶1"的决策僵局。故上述设想既不合法又颇欠妥。英商当事人向笔者提出咨询。笔者认为:第一,此事虽小,但也必须从法理上予以剖析,始能明其是非,解除顾虑,解决问题;第二,当事人的上述构思设想,是合法的、可行的,但要做好预防决策僵局的设计,并事先载入企业的章程。

目 次

一、在华外商独资有限责任公司可以设立也可以不设立董事会
   (一) 适用的主要法律:中国的《公司法》与《外资企业法》
   (二) 特别法优先于普通法:《外资企业法》优先于《公司法》
   (三)《公司法》相关规定的合理解释

二、中外合资企业或中外合作企业的董事会人数不得少于3人,但外商独资企业的董事会人数可以少于3人
   (一)《中华人民共和国中外合资经营企业法》及其《实施条例》的禁止规定
   (二)《中华人民共和国中外合作经营企业法》及其《实施细则》的禁止规定
   (三)《中华人民共和国外资企业法》及其《实施细则》未作相关禁止规定

三、两人董事会或偶数董事会避免决策"僵局"的具体办法

四、新颁《国务院关于投资体制改革的决定》深受外商欢迎,应予认真贯彻

五、结论

英国某公司来函咨询以下具体问题:

(1) 依据中国的现行法律、法规,在中国境内设立外商投资的独资企业(有限责任公司),是否必须设立董事会?

(2) 如果设立董事会,董事的人数是否必须为3人以上?董事会可否只设董事两名,以便既能集思广益,又能提高办事效率和节省经费开支?

(3) 如果只设两名董事,意见严重分歧时,如何避免决策困难?

针对以上三个问题,兹逐一奉答如下:

一、在华外商独资有限责任公司可以设立也可以不设立董事会

(一) 适用的主要法律:中国的《公司法》与《外资企业法》

现行的《中华人民共和国公司法》(以下简称《公司法》)、《中华人民共和国外资企业法》(以下简称《外资企业法》)以及《中华人民共和国外资企业法实施细则》(以下简称《外资企业法实施细则》),是适用于在华组建经营外商独资企业的主要法律和法规。

(二) 特别法优先于普通法:《外资企业法》优先于《公司法》

上述三者的关系是:《公司法》乃是适用于在华各类公司企业(包括外资独资企业)的"普通法",《外资企业法》和《外资企业法实施细则》则是专门适用于在华外资独资企业的"特别法"。在适用的先后层次和法律位阶上,"特别法"优先于"普通法",这是一条很重要的法理原则。《公司法》第18条规定:"外商投资的有限责任公司适用本法,有关中外合资经营企业、中外合作经营企业、外资企业的法律另有规定的,适用其规定。"这就是体现了"特别法"的适用优先于"普通法"的原则。据此,关于外商独资企业董事会设立的问题,应当优先适用《外资企业法》和《外资企业法实施细则》的有关规定。

(三)《公司法》相关规定的合理解释

《公司法》第45条规定:"有限责任公司设董事会,其成员为3人至13人。……董事长为公司的法定代表人。"同法第51条又规定"有限责任公司,股东人数较少和规模较小的,可以设1名执行董事,不设立董事会。执行董事可以兼任公司经理。……有限责任公司不设董事会的,执行董事为公司的法定代表人。"

由上述规定可以推导出四点:

(1) 有限责任公司可以设立董事会,也可以不设立董事会,而只设执行董事1人,视公司股东人数多寡和规模大小而定。其立法精神显然是提高决策和办事效率,精简机构和节省开支。

(2) 设立董事会的公司,董事长是该公司的法定代表人;不设立董事会而只设立执行董事1人的公司,执行董事是该公司的法定代表人。

(3) 董事会的人数,一般以"奇数"(即3、5、7、9、11或13)为宜,便于在意见分歧时投票表决,形成决议。但是:

(4) 法律并未明文规定绝对禁止董事会人数为偶数,即4、6、8、10或12人。因为董事人数多寡及名额分配往往取决于公司投资者(股东)的股权比例。有时各方股权比例相近或相等,如股权比例为50∶50,或25∶25∶25∶25,则董事人数就完全可能按1∶1,2∶2,1∶1∶1∶1,或2∶2∶2∶2分配,从而其董事会总人数就可能是2人、4人或8人。换言之,董事会的成员人数完全应当由公司的权力机构(即全体股东组成的股东会)根据本公司的投资比例等具体情况自主决定,并载入公司的章程。公司的权力机构股东会根据本公司具体情况自主决定董事会人数为偶数,应当是法律允许的,合法的。

二、中外合资企业或中外合作企业的董事会人数不得少于3人,但外商独资企业的董事会人数可以少于3人

中国现行的"三资"企业法,对三种外商投资企业(即中外合资经营、中外合作经营或外商独资经营的企业)之中的董事会构成问题,有不同的规定。《中外合资企业法》以及《中外合作企业法》之中,都有关于董事会构成的明文规定;在《外商独资企业法》中,则没有任何明文规定。具体说来:

(一)《中华人民共和国中外合资经营企业法》及其《实施条例》的禁止规定

《中外合资经营企业法》第 6 条及其《实施细则》第 30—34 条,对中外合资企业中董事会成员的人数,董事名额在中外双方之间的分配,董事会的职权范围、表决原则和其他议事规则等,都有具体的规定。其《实施细则》第 31 条明文规定:中外合资企业的"<u>董事会成员不得少于 3 人</u>。"此种规定的立法精神显然在于:既确保中外合资双方都享有参与企业决策的公平权利,又避免中外双方在一般事项的决策中无法形成"多数"的决议。

(二)《中华人民共和国中外合作经营企业法》及其《实施细则》的禁止规定

《中外合作经营企业法》第 12 条及其《实施细则》第 24—31 条,对中外合作企业中董事会(或联合管理机构)成员的人数、双方董事名额分配、董事会的职权范围、表决原则和其他议事规则等,也都有与中外合资企业董事会相类似、但又更为详细的规定。其《实施细则》第 25 条也明文规定:中外合作企业的"董事会或联合管理委员会<u>成员不得少于 3 人</u>"。其立法精神显然与中外合资企业的类似禁止规定大体相同。但是:值得注意的是:《外资企业法》及其《实施细则》却根本未作任何相似的禁止规定。

(三)《中华人民共和国外资企业法》及其《实施细则》未作相关禁止规定

中国现行的《外资企业法》及其《实施细则》中根本没有关于必须设立董事会和董事人数的具体规定,有意留下"空白"。其立法精神在于<u>充分尊重外商独资企业投资股东的自主决定权</u>,即:设立或不设立董事会问题,董事会人数问题,董事人选的国籍、资格、条件问题,董事名额分配、各位董事的职权大小和表决权大小等问题,全部由外商独资企业投资人(股东)自主决定,这是外商<u>独资</u>企业依法享有比中外<u>合资</u>企业以及中外<u>合作</u>企业<u>更加充分</u>的自主经营权的具体表现之一。换言之,这部优先适用于在华外商独资企业的法律及其《实施细则》,都没有禁止外商独资企业设立董事人数少于 3 人即只有 2 人的董事会。一般说来,<u>法律所不禁止的就是合法、可行的,当事人可以自主地、自由地决定取舍</u>①。

---

① "法无明禁即自由"——这一原则在现代法治社会中,已形成为普遍共识。其主要含义是指:凡是法律没有禁止的,都是允许的,合法的;每个人只要其行为不侵犯别人的自由和公认的社会公共利益,就<u>有权利、有自由</u>按照自己的意志活动。参见张文显:《法哲学范畴研究》,中国政法大学出版社 2001 年版,第 393—394 页。并参见《法无禁止即自由:一个值得永远重复的常识》,载于《南方都市报》2003 年 7 月 16 日,at http://unn.people.com.cn/GB/14781/21702/1970763.html。

三、两人董事会或偶数董事会避免决策"僵局"的具体办法

设立由偶数成员组成的董事会后,可能在最后投票决策上出现1:1或2:2…的"僵局"。怎么办?应具体分析和具体解决:

(1) 有些公司,其股东会本来就有意让偶数董事完全达成一致(consensus)才可决策,即董事人数相等的双方均享有否决权(veto)。此种决策机制,有利于促进各方董事在议事和决策时尽量听取和考虑对方的异议,使最后决策更慎重,更稳妥,更全面,更切实可行。

(2) 股东会可授予偶数董事双方不均等的表决权,如51:49;26:24:27:23,等,以排除或减少投票表决时出现"僵局"的可能。

(3) 股东会可临时增派新董事,使董事人数从偶数变为奇数。

(4) 股东会可随时调整、更换原有的一名或数名董事,实行改组。

(5) 偶数董事会无法通过表决形成决议时,将问题上报股东会,由股东会自行决定。

(6) 偶数董事会无法通过表决形成决议时,将问题提交仲裁机构或法院裁断解决。

以上各种选择,均应事先载入公司章程,以便随时可以照章办理,避免临时"无章可循"。

四、新颁《国务院关于投资体制改革的决定》深受外商欢迎,应予认真贯彻

2004年7月1日颁布实行的《国务院关于投资体制改革的决定》,特别强调:"深化投资体制改革的目标是:改革政府对企业投资的管理制度,按照'谁投资、谁决策、谁收益、谁承担风险'的原则,落实企业投资自主权";强调"企业自主决策";强调"改革项目审批制度,落实企业投资自主权。彻底改革现行不分投资主体、不分资金来源、不分项目性质,一律按投资规模大小分别由各级政府及有关部门审批的企业投资管理办法。对于企业不使用政府投资建设的项目,一律不再实行审批制,区别不同情况实行核准制和备案制"。

这些规定,都贯穿着进一步强化企业自主经营、自主决策的基本精神,因而深受外商和内商的一致欢迎。可以相信,中国各级政府的有关主管部门必将认真贯彻

这项最新决定,以利于吸引更多的国内外投资者,投资促进中国的现代化建设。

五、结　论

总之,根据上述<u>特别法优先适用</u>的法理原则,<u>法律未明文禁止即属合法可行</u>的法理原则,根据国务院上述最新决定有关落实和<u>加强企业自主权</u>的精神,外商独资企业有限责任公司为了充分发挥各有关董事不同的业务专长,使其在经营决策过程中实行充分的知识互补,从而形成更稳妥可靠的决策,同时为了节省经费开支,提高办事效率,其股东会<u>依法完全有权自主决定设立仅由 2 人组成的董事会</u>;并将有关规定明文载入公司章程,报请政府主管部门依法备案或核准,以资遵循实施。

厦门大学法学教授、博士生导师
陈　安
2004 年 8 月 7 日

第三编

国际投资法

Ⅰ OPIC述评：美国对海外私人投资的法律保护及典型案例分析*

内容提要 海外私人投资公司（Overseas Private Investment Corporation，简称OPIC）是美国政府专为美商在外国的投资提供政治风险担保以及相关服务而组建的一家官办公司。在法律地位上，一方面，它是一个企业法人，完全按照公司的体制和章程经营管理；另一方面，却又明文规定它是"在美国国务卿政策指导下的一个美国机构"（an agency of the United States under the policy guidance of the Secretary of State）；公司的董事长以及其余14名董事，概由美国总统遴选任命；资金由美国财政部拨付，并以美国国家信誉担保清偿其一切保险债务；公司应每年向美国国会提交有关经营详况的书面报告。这样的领导结构和上下关系，凸显出这家公司处在美国最高一层行政当局直接的严密控制之下，相当"独特"。本文以OPIC为中心，评述美国对海外美资的法律保护体制，针对OPIC组建的历史背景、设置意图、基本体制、具体运作、典型案例处断，逐一加以评介剖析。全文12万字左右，为阅读方便，特在文首列明较细目次，俾读者开卷时便可概见全文论述的内容、层次和脉络。

---

* 这是笔者1981—1983年间在美国哈佛大学从事国际经济法学研究的部分心得，其主要内容，曾分别以《从海外私人投资公司的由来看美国对海外投资的法律保护》和《从海外私人投资公司的体制和案例看美国对海外投资的法律保护》为题，先后连续发表于《中国国际法年刊》1984年本和1985年本。其后，经修订增补，撰成《美国对海外私人投资的法律保护及典型案例分析》一书，于1985年由鹭江出版社作为专著出版，全书约33万字。辑入《国际经济法刍言》一书的，是其中的12万字左右。

文中有关美国"海外私人投资公司"（OPIC）的论述均以当时（1981年10月至1985年9月）美国施行的OPIC立法作为依据和对象。此后20多年来，有关立法经数度修订增删，其具体数字、措施和程序有所更改，但其所确立的基本体制和主要原则则保持相对稳定，未有根本性变动。本文辑入本书时，除订正1985年初版的印刷错误并增添若干必要注解外，均保持原貌，以存其真。读者如欲细察OPIC体制之最新详情，请查索其主要立法Overseas Private Investment Corporation Amendments Act of 2003 (http://www.cornell.edu/uscode/22/ch32schIPIIspiv.html)和主要机构Overseas Private Investment Corporation (http://www.OPIC.gov/)。

目 次

韩德培先生序言
前言
一、从中美投资保险和投资保证协定谈起
二、海外私人投资公司的历史沿革和设置意图
 (一) 保护海外美资的国际条约之递嬗
 (二) 保护海外美资的国内立法之变迁
 (三) 在保护海外美资中,美国当局的趋避
三、海外私人投资公司的基本体制
 (一) 组织领导与业务范围
 (二) 投保适格
 (三) 承保项目
 (四) 索赔规定
四、海外私人投资公司对若干索赔案件处断概况
 (一) 关于东道国政府的直接牵连问题
 (二) 关于股东的基本权利问题
 (三) 关于企业的有效控制问题
 (四) 关于东道国政府的正当法令问题
 (五) 关于在东道国就地寻求补救问题
 (六) 关于在东道国搞挑衅活动问题
五、若干初步结论

韩德培先生序言

  从中国共产党十一届三中全会以来,我国就把对外开放定为长期的基本国策,作为加快社会主义现代化建设的战略措施。党还号召我们:"充分利用国内和国外两种资源,开拓国内和国外两个市场,学会组织国内建设和发展对外经济关系两套本领。"我国的四化建设,可以说是百业待举,需要大量的资金;而资金不足却又是我国经济发展中一个亟待解决的问题。因此,在坚持自力更生,

充分发挥本国的人力、物力和财力的基础上,还必须积极引进和利用外资,以加速我国的社会主义现代化建设。

据悉当前世界上许多国家,合起来计算总共约有八千亿美元的银行存款和游资,正在那里寻找出路。而我国有丰富的资源,有十亿人口的巨大市场,又有很高的国际威望,对它们很有吸引力。我们应该利用这个机会,积极而又妥善地引进和利用外资,以弥补国内资金的不足,加快现代化建设的速度。在引进和利用外资时,我们必须研究和了解资本输出国对它们的国外投资是怎样实行法律保护的,它们是采取什么样的保护体制,它们的有关法律和法令是怎样规定和怎样实施运用的。这样才能知己知彼,胸有成竹,而避免盲目行事,使自己处于不利的地位。即使一旦发生纠纷,也能公平合理地予以解决,使我国和对方的合法权益都得到保障。

目前我国法学界已开始注意研究有关国际投资方面的法律问题。陈安同志的这本著作,就是在这方面很出色的一项研究成果。他以美国"海外私人投资公司"作为中心环节,分析和论述了美国对海外美资的法律保护体制。他对这个"海外私人投资公司"的历史背景、美国当局的有关意图、"海外私人投资公司"的基本体制以及该公司对若干索赔案件的处断情况,都一一作了扼要的介绍和中肯的评析。特别难能可贵的是,他利用在美国从事研究工作的机会,用心收集了有关海外美资风险的典型索赔案例,通过理论与实践的结合,深刻地揭示出美国当局所设置的一整套法律保护体制,在实际上是如何运转和发挥作用的。这为当前我国法学界研究英美普通法系国家的法律和法律制度,提供了一个很好的榜样。不但如此,他还毫不惮烦地编译和附录了较多的英文原始资料,这些资料是我们在国内不容易找到看到的,对我们研究西方发达国家保护海外投资的现行体制,具有很重要的参考价值。他的这种认真务实的研究态度,也是非常值得称道和敬佩的。我想读者们读过此书后,也一定会深有同感的。谨志数语以为序。

韩德培
1985 年 5 月 26 日于武汉

前　言

在独立自主、自力更生的基础上,实行经济对外开放,积极吸收外资,以加速中国的社会主义四化建设,这是中国既定的、长期的基本国策之一。为了鼓励和促进外国的工商业家向中国投资,中国决定对合法的外资和正当的外商切实加以法律保护。这一重大决策,已经充分体现在中国的国家根本大法——宪法以及其他一系列涉外法令之中。

就人口和面积的结合体而论,中国拥有全世界最广阔的潜在市场。因此,中国实行经济对外开放和积极吸收外资的政策,不能不引起许多发达国家,特别是美国的浓厚兴趣。据接近美国官方的记者报道,按照美国政府官员所作的估算,自1979年初中美正式建交以来,迄1984年4月中旬为止,短短4年间,美国私人投资家投入中国内地的资本已近七亿美元之巨;而且方兴未艾,势头很足。

作为世界最大的发达国家和最大的海外投资国家,美国政府对美国工商业家在海外的私人投资,特别是在发展中国家里的美国私人投资,历来是不遗余力地实行法律保护的。这种法律保护,基本上可以分为两个方面:一方面是在国内立法上,对于美国的海外私人投资加以种种鼓励和保障;另一方面是在国际协定和条约上加以多方面扶持和庇护。在积累和总结多年经验教训的基础上,其现行的主要做法之一,就是通过国内立法,创设了一个政府官办的"海外私人投资公司",授权该"公司"全盘主管美国海外私人投资的保险事宜,承保这些海外私人美资在东道国所可能遭遇到的各种政治风险,负责赔偿其风险损失;而在此之前,或与此同时,又同世界上一百来个吸收美资的发展中国家,逐一签订了专题性的双边投资保险协定,要求这些吸收美资的东道国同意有关的美资在美国国内投保,承认美国私人投资家与美国政府官办"公司"之间的投保承保关系具有法律效力,允许该"公司"依约向投保人支付政治风险事故赔偿金之后,有权取代投保人的法律地位,转而向东道国政府实行国际"代位索赔"。简言之,就是把国内的投资保险合同与国际的投资保险协定挂起"钩"来。美国的这种"法律设计",其主旨显然在于力图使美国国内私法上的保险合同关系在一定意义上和在某种程度上"越出国境",使它同时带有国际公法上条约关系的约束力。

就中美之间的国际投资关系而言,为了进一步鼓励和促进美国的工商业家向中国投资,中国政府已于1980年10月间在互相尊重主权和平等互利的基础上同美国政府签订了关于投资保险和投资保证的协定,同意由美国的"海外私人投资公司"或其继承机构承保在华美资的政治风险,并在一定条件下允许作为承保人的该"公司"享有从国内保险合同中推衍出来的国际代位索赔权。根据有关报道①:1982年5月间美国政府又进一步向中国政府提交了一份关于"保护投资"的双边条约草案;建议谈判、缔结,俾使对在华美资实行的法律保护,进一步提高"规格",充实内容。在此种条约草案中美国政府再一次重申了其国内的"投资保险合同"的法律实效,要求对方缔约国给予承认。由此足见美国当局对现行的海外私人投资保险体制的重视。

在这种情况下,对美国为海外美资提供法律保护的上述体制进行研究,显然具有重大的、迫切的现实意义。

因为,美国是世界上最大的发达国家,中国是世界上最大的发展中国家,两国能否友好合作,不仅对两国本身,而且对整个世界都有重大的影响。在美国私人对华投资日益增长的形势下,为了加强两国之间的友好合作,从美国方面来说,有必要对中国的法律制度,特别是中国的涉外经济法令(包括中国对外资的法律保护和管理规定),进行研究和了解。许多事实表明,美国的法学界显然正在努力这样做。从中国方面说,同样有必要对美国的法律制度,特别是美国用以保护海外美资的法律体制,包括已经明文载入前述中美国际协定的"海外私人投资公司"本身,加强研究和了解。只有互相对对方的有关法令和法律体制进行研究和了解,才能在友好合作过程中避免陷入盲目性,从而尽量减少或避免可以预防的在华美资法律纠纷。而日后一旦发生了这类法律纠纷,也才能在双方互相了解和互相谅解的基础上,通过平等协商,公平合理地予以解决;或依约、依法处断,做到既维护中国应有的权益,也保护美国投资人的合法权益。

此外,由于许多西方发达国家对于本国的海外私人投资相继采取了类似美国的法律保护体制,而这些发达国家也在不同程度上、愈来愈多地具有在华私人投资,因此,研究和了解美国"海外私人投资公司"以及体现在其中的保护海外美资的法律制度,无异于剖析典型,其意义就显然不仅仅局限于正确处理在华美资的法律纠纷了。

基于以上认识,本书试图沿着以上方向进行初步的探索,就美国政府设立

---

① 参见《十一个国家提议同中国商签保护投资协定》,载于《中国经济新闻》(香港版)1982年6月21日第23期,第4、15—16页。

"海外私人投资公司"的历史背景、美国当局的有关意图、"海外私人投资公司"的基本体制以及该公司对于海外美资风险事故典型索赔案件的处断情况,作一概要的介绍和简扼的评析。

如果说本书还略具特色的话,那么,它首先就在于以较大的篇幅,对于有关海外美资风险事故的典型索赔案例,从法令与事实、理论与实践的结合上,予以述评。通过这些活生生的案例,人们就不难比较具体、比较深入地看出美国当局为海外美资精心设计的这一整套法律保护体制,究竟是如何运转、如何发挥作用的;它对于美国投资人,特别是对于吸收美资的东道国来说,究竟会产生何种法律效力和实际影响。

其次,本书的另一特色就在于以更大篇幅,编译和附录了较多的英文原始资料。这些英文资料是作者1981—1983年在哈佛大学从事研究工作期间逐步收集的,其中有些原始文档则是作者应邀访问"海外私人投资公司"、讲解中国涉外经济法令时就近查阅和索取的。鉴于这些第一手资料即使在美国也多未公开发表,在我国国内尤难看到,但对于研究西方发达国家保护其海外私人投资的现行法律体制,具有较大的参考价值;鉴于我国学人对此类法律体制的研究尚处于初步阶段,有待继续加强和深入;特别是鉴于作者本身学力有限,对于这些原始资料的理解和探索,都比较粗浅,难免有不妥或不足之处,故特为择要选辑,译成中文,附于书后,俾便读者查照和指正,也便于学术界有心人作进一步的发掘和评析[①]。当然,附录资料中有些观点显然是站在美国资产者的立场上说话的,为提供研究参考,译时均存其真,读者自不难运用马克思主义基本原则,细加分析、鉴别。

本书资料收集过程中,承美国"海外私人投资公司"前任法律总顾问S·林·威廉斯(S. Linn Williams)、现任代理法律总顾问安东尼·F·马拉(Anthony F. Marra Jr)、特别是索赔问题高级法律顾问理查德·D·斯腾(Richard D. Stern)诸先生给予许多帮助。在成书过程中,厦大法律系阮家芳、陈元兴、廖益新、蔡荣伟、周年政等同志也惠予不少助益。均此表示深切谢忱。

作者

1985年2月

厦门大学　海滨新村

[①] 拙著《美国对海外投资的法律保护和典型案例分析》一书中编译和附录了这些原始资料。在汇总合辑《国际经济法学刍言》时限于篇幅,这些原始资料未予收录。读者如感兴趣,可查阅鹭江出版社1985年推出的上述拙著第143—420页。

一、从中美投资保险和投资保证协定谈起

1980年10月30日,中美两国的代表在北京换文,签订了《中华人民共和国和美利坚合众国关于投资保险和投资保证的鼓励投资协议》。中华人民共和国自创建以来,同外国签订此种类型的协定,还是第一遭。

众所周知:独立自主,自力更生,无论过去、现在和将来,都是中国社会主义革命和建设事业的立足点。在这个坚定的基础上,按照平等互利的原则,实行对外开放,积极吸收外资,以促进社会主义现代化建设,这是中国长期的战略方针。

为了鼓励和促进外国的企业家向中国投资,中国政府决定对合法的外资和正当的外商切实加以法律保护。这一重大决策,不但充分体现在1979年以来所颁行的一系列普通法律、法令之中[①],而且充分体现在国家的根本大法之中。1982年12月4日公布施行的《中华人民共和国宪法》第18条规定:"中华人民共和国允许外国的企业和其他经济组织或者个人依照中华人民共和国法律的规定在中国投资,同中国的企业或者其他经济组织进行各种形式的经济合作。在中国境内的外国企业和其他外国经济组织以及中外合资经营的企业,都必须遵守中华人民共和国的法律。它们的合法的权利和利益受中华人民共和国法律的保护。"[②]新中国创建三十余年以来,这也是第一次把对外资实行法律保护的原则订入国家的根本大法,足见这一决策并非一时的权宜之计。

为了切实保护合法的外资,中国不但在国内的立法方面作出了明确的规定,而且在同外国缔结的国际条约中也厘定了相应的条款。签订上述中美协议时由美方递交中方的换文中提出:对于在中国境内的美国资本,其"投资保险和保证由根据美利坚合众国的法律而设立的独立的政府公司——海外私人投资公司执行"[③]。在上述协议的正文中,又进一步明确规定这个"海外私人投资公司"或其继承机构是美国在华投资"政治风险"的"承保者",它在依据承保范围向投保人(即遭遇"政治风险"受到损失的美国投资人)支付赔偿金之后,就

---

① 例如,1979年7月8日公布施行的《中华人民共和国中外合资经营企业法》第2条就明文规定:"中国政府依法保护外国合营者按照经中国政府批准的协议、合同、章程在合营企业的投资、应分得的利润和其他合法权益。"载于《人民日报》1979年7月9日;《新华月报》(文献版)1979年第6号,第94页。
② 载于《人民日报》1982年12月5日。
③ 见《中华人民共和国和美利坚合众国关于投资保险和投资保证的鼓励投资协议和换文》,1980年10月30日,载于《中国国际法年刊》(1982年),中国对外翻译出版公司1983年版,第432页。

"继承"了该投保人所让与的"任何现有或可能产生的权利、所有权、权利要求或诉讼权"①。

这些规定向人们提出了一系列颇为新鲜的问题。诸如：第一，这"海外私人投资公司"究竟是一家什么性质的公司？它既以"私人投资"命名，何以又是一家"独立的政府公司"？既称"投资公司"，又何以经营保险业务？简言之，其名与其实是否完全相符？第二，美国是个资本主义私有制社会，其各种企业、公司99%以上都是私人资本家经营的，美国当局为什么要设立这样一家颇为奇特的"政府公司"？该公司所据以设立的"美利坚合众国的法律"究何所指？第三，作为"承保者"，它所制定的一整套投保、承保体制，同私家经营的保险企业（承保法人）有何异同？第四，它设立以来，处理过哪些实际发生的"风险事故"？投保人和承保人之间在索赔与清偿问题上有过哪些争端？怎么解决的？承保人在支付赔偿金之后是如何行使它所受让的各项权利的？等等。

对于诸如此类的问题，中国作为接受美国私人投资并与美国签订了上述协议的国家，自有详加了解和研究的必要。这是因为：

第一，中国有着良好的投资环境，美国有着大量的觅利游资，随着中美正式建交，有许多迹象表明美国投资家对华投资的兴趣日趋浓厚。

中美两国于1979年正式建交以后，美国的有识之士在分析美国国势不断下降、必须采取有效对策时，就极力强调对华投资的重要性。例如，海外私人投资公司前总经理布鲁斯·列威林就持有这种见解。他说："由于我们面临着80年代的各种挑战，我们必须看到：许多发展中国家的问题为我们开创了良好的机会去拿出新主意，找到新出路；发展中国家日益增长的各种需要，为许多工业发达国家解决维持经济增长的难题提供了答案。例如，中华人民共和国就是全世界最巨大的潜在市场，它正期待着外国投资能在实现它的发展计划中发挥重大作用。按人口来说，他们参加进来就会把世界市场的规模扩大25%。"②

据接近美国官方的《华尔街日报》专职记者阿曼达·本内特报道③：美国政府官员作了估算，迄1984年4月中旬为止，美国私人在华投资总额已达六

---

① 见《中华人民共和国和美利坚合众国关于投资保险和投资保证的鼓励投资协议和换文》，1980年10月30日，第1条、第3条，载于《中国国际法年刊》（1982年），中国对外翻译出版公司1983年版，第432—433页。

② 布鲁斯·列威林：《在阿瑟·立特尔管理学院的一次演讲：谈谈海外私人投资公司》，1980年8月7日，见海外私人投资公司文档。复制件收存于厦门大学法学院资料室。

③ 参见阿曼达·本内特：《里根访华使若干问题打破了僵局，但某些问题仍然相持不下》，载于《华尔街日报》1984年4月20日。

亿八千五百万美元左右。其中已向美国政府官办的海外私人投资公司投保的在中国内地的美国私人资本,截至1984年9月30日为止,已达三亿五千六百六十万美元。此外,《中美和平利用核能合作协定》已于1984年4月30日由两国政府代表在北京草签。有人估计:单就这一项协定而言,它对美方有关公司就意味着开辟了新的、巨大的贸易和投资市场,其款额将达数亿乃至数十亿美元[1]。

美国现任总统里根在1984年4月下旬访华期间曾经总结说:"现在已有不少美国企业家来华投资,还有许多企业家对此感兴趣。随着美国对自己的出口政策继续进行修改,相信会有更多的企业家来中国投资。"[2]又说:"中国国土辽阔,朝气蓬勃,只要一提起中国,美国人就会感到有一股吸引力。"[3]美国现在行政首脑的这些观感和评论,看来不是没有根据的。

今后的中美关系,如能在互相充分尊重主权和领土完整的基础上健康地迈步前进,则美国的私人对华投资势必会有一个重大的发展。这就进一步要求人们早日了解和研究美国国内法对海外美资的保护规定。因为这种国内法中的某些有关规定,通过上述中美国际协议,对于日后可能出现的在华美资法律纠纷及其处理,势必产生某种影响和约束。

第二,如所周知,法律是统治阶级意志的升华,是为一定经济基础服务的上层建筑的一个重要组成部分。这是一切法律的共性,中外古今,莫不皆然。尽管西方资产阶级法学一向不肯公开承认法律的阶级性,但事实毕竟是无法抹杀的。美国的法律体制,包括有关保护海外美资的法律体制,显然也具有这种共性,它是为维护美国资本主义制度和资产阶级利益服务的。

中国是工人阶级领导的以工农联盟为基础的人民民主专政的社会主义国家,美国则是资产阶级占统治地位的资本主义国家。两国的社会、经济、政治、法律制度都有很大差异。但是,基于世界历史和国际经济的发展,双方都有互相交往、互通有无、在经济上和文化上实行交流的客观需要和主观愿望。在这一点上,却是相同的。中国吸收美资的目的,归根结底,在于促进本国的社会主义现代化;而美商向中国投资的目的,则最终归结为牟取最大限度的资本主义利润。这是根本不同的。但是,双方又都在美商对华投资营业活动过程中,各自获得一定程度的实惠。这一点,却又是相同的。所以,既不能不看到:由于

---

[1] 参见阿曼达·本内特:《里根访华使若干问题打破了僵局,但某些问题仍然相持不下》,载于《华尔街日报》1984年4月20日。
[2] 参见《赵紫阳同里根就双边关系举行会谈》,载于《人民日报》1984年4月28日第1版。
[3] 参见《里根总统和夫人举行答谢宴会》,载于《人民日报》1984年4月29日第4版。

以上的相同点，双方可以在平等互利、自愿协商的基础上，就许多经济领域的活动和投资项目，取得一致意见，实行各种合作；另一方面，也毋庸讳言：由于以上的不同点，日后双方难免在某些具体的利害得失上，有互相径庭直至矛盾冲突之处。

因此，从美国方面来说，有必要对中国的法律制度，特别是中国的涉外经济法规（包括中国对外资的法律保护和管理的规定），进行研究和了解。据笔者所知，美国的法学界显然正在努力这样做。从中国方面说，同样有必要对美国的法律制度，特别是就美国对海外美资实行保护的法律体制，进行了解和研究。在研究过程中，尤其应当注意到：由于美国国内有关投资保险合同所规定的投保、承保关系，使得前述这家"海外私人投资公司"势必成为日后在华美资法律纠纷案件中涉讼的利害关系人，也可能因上述中美国际协议所规定的代位关系①，直接转化为卷入讼争的当事人。因此，对美国这家官办公司的来龙去脉、基本体制以及其中所体现的美国对海外美资实行法律保护的各种具体措施和做法，更有详加了解的必要。

简言之，只有互相对对方的有关法令和法律体制事先进行了解和研究，才能避免在友好合作过程中陷入盲目性，尽量减少或避免可以预防的在华美资法律纠纷。而日后一旦发生了这类法律纠纷，也才能在双方互相谅解的基础上，通过平等协商，公平合理地予以解决；或依约、依法处断，做到既维护中国应有的权益，也保护美国投资人的合法权益。

第三，美国的私人海外投资在资本主义发达国家中一向居于领先地位，对于美国所制定的有关保护海外私人投资的法律制度，其他资本主义发达国家多在不同程度上加以参考、仿效、师法。例如，参照美国的经验举办类似美国海外私人投资公司型投资保险项目的发达国家，就有联邦德国、日本、法国、瑞典、加拿大、挪威、荷兰、瑞士、英国等等②。据统计，截至1980年8月，已有十八个发达国家采用美国海外私人投资公司类型的体制③。由于受到中国对外开放和吸收外资政策的鼓舞，上述这些发达国家

---

① 代位指取代他人原有的法律地位，代为行使某种权利或履行某种义务。例如，甲代替债务人乙偿清对债权人丙的欠债，甲即取得原债权人丙原有的地位和权利，可以向乙要求偿还所垫支的款项。此种法律关系在保险公司的业务中最为常见。参见亨·坎·布莱克：《法学辞典》，1979年英文第5版，第1279页。

② 参见《联邦德国、法国、日本、瑞典以及英国所举办的"海外私人投资公司"类型的保险项目》，载于美国国会图书馆为第93届国会准备的资料：《关于海外私人投资公司的评论分析》，1973年英文版，第114页以下。

③ 布鲁斯·列威林：《在阿瑟·立特尔管理学院的一次演讲：谈谈海外私人投资公司》，1980年8月7日，见海外私人投资公司文档。复制件收存于厦门大学法学院资料室。

的私人对华投资活动也蒸蒸日上，方兴未艾，中国也正在陆续与其中的许多国家分别签订或谈判双边投资保证协定①。在这种情况下，对美国类型的投资法律保护制度加以剖析，就可以在一定程度上收到举一反三、触类旁通的效果。

本书试图沿着上述方向，进行初步的探索，就美国海外私人投资公司的设立背景、基本体制、索赔案例及其处断情况，提供一些轮廓和看法，以作引玉之砖。

二、海外私人投资公司的历史沿革和设置意图

美国在1969年决定设立海外私人投资公司，作为对海外美资实行法律保护的一种特殊工具，这是历史发展的产物。为了比较深入地了解它，自需作简略的历史回顾。

（一）保护海外美资的国际条约之递嬗

美国自立国以来，对于美国人海外资产所实行的国际法律保护，可以约略分为两大阶段。第一阶段是以缔结双边性"友好通商航海条约"作为单层保障；第二阶段则是在前述条约之外，另再缔结双边性"投资保证协议"，以济前者的不足，实行双重保护。这两大阶段的基本分野大体上是在20世纪的50年代初②。到了20世纪80年代初，美国开始致力于同发展中国家谈判和签订双边性"投资保护条约"，旨在把过去"友好通商航海条约"中的若干规定加以补充和更新。截至1984年6月底为止，美国虽已先后同巴拿马等四个国家分别达成协议并已签署新约，但由于种种原因，均未正式生效。因此，另行缔结保护投资新专约的这种做法，日后能否继上述两大阶段之后，形成第三阶段，还有待于国际法学界作进一步的观察和分析。

---

① 参见中国对外经济贸易部副部长魏玉明1982年6月7日在"中国投资促进会议"开幕式上的讲话：《关于中国从外国吸收直接投资的政策》，载于香港版《文汇报》1982年6月8日；《中国对外经济贸易部全面解释外商来华投资问题》，载于香港《中国经济新闻》1982年5月12日，增刊第3期，第12页；《十一个国家提议同中国商签保护投资协定》，载于同上刊物，1982年6月21日。

② 美国同外国签订的第一个投资保证协议，是美国、土耳其专就两国"经济合作协议"第3条所进行的一次特别换文，签署于1951年11月。紧接着美国又于同年12月与意大利签订了同类协议。分别参见《美国参加的条约及其他国际协议汇编》（第3卷）第3分册，1952年英文版，第3721页；第2分册，第2877页。

现将美国对海外美资实行法律保护的上述三种国际条约和协议,就其发展演变的先后,分别简述要点如下:

"友好通商航海条约"。顾名思义,"友好通商航海条约"所调整的对象和所规定的内容,主要是确立缔约国之间的友好关系,双方对于对方国民前来从事商业活动,给予应有的保障,赋予航海上的自由权,等等。由于这种条约牵涉的范围颇为广泛,因而对于国外投资的法律保护这一特定问题,往往缺乏明确具体的专门规定,一般是笼统含糊,抽象空泛。而早先在列举有权享受条约所定优惠待遇的具体对象时,一般只是沿用"公民"、"臣民"、"居民"、"国民"等词,而并未道及公司。换言之,作为法人的公司,在条约中尚未被明确地视同自然人,成为享受条约保护的独立的权利主体①。

19世纪末20世纪初,世界资本主义发展到了帝国主义阶段。资本主义发达国家在继续实行商品输出的同时,资本输出剧增,它在资产者的经济利益中占有愈来愈重要的地位。适应着这种形势的发展,1911年以后,美国开始在它所参加签订的双边友好通商航海条约中,正式列出专门条款,把海外私人投资经营的企业、公司等社团,明确规定为受条约保护的独立的权利主体②。1923年,又进一步在它同德国缔结的同类条约中增添若干条款,较为清楚地规定了旅居对方缔约国境内的本国国民及其财产所应当享有的待遇,并且明确提到了海外资产的征用与赔偿这一特定问题:

"一方缔约国的国民,处在对方缔约国境内,……他们的人身和财产应当得到对方持续不断的保护和保证;他们享有的保护,应当达到国际法所要求的水平。对于他们的财产,非经法律上的正当程序,并且给予公平合理的赔偿,不得加以征用。"③

在当时以及此后的一段时期里,美国同其他国家缔结的友好通商航海条约对于海外美资的法律保护问题,大体上均是仿此模式作出规定。但是,后来美国的外交实践却验证了此种模式对美国资产者保护的"不足"。因为,尽管其中

---

① 参见赫尔曼·瓦尔克:《美国商务条约中关于公司的规定》,载于《美国国际法学刊》1956年第50卷,第373—375、378页。
② 这类专门条款首次出现在1911年美国同日本签订的"通商航海条约"上。该约第7条第1款规定:"根据一方缔约国的法律已经予以承认或今后将予以承认,并在该国领域内没有住所的商业性、工业性和金融性的股份有限公司,以及其他类型的公司和社团,有权在对方缔约国领域内,依据该国的法律,行使它们的权利,并以原告或被告的身份,出席法庭。"载于贝文斯编:《1776—1949年美国参加的条约及其他国际协定汇编》(第9卷),1972年英文版,第418—419页。
③ 见《美德通商航海及领事权利条约》第1条第4款,载于贝文斯编:《1776—1949年美国参加的条约及其他国际协定汇编》(第8卷),1971年英文版,第154页。

专门提到征用与赔偿的问题,这是明确的;但其所称"公平合理的赔偿",即关于赔偿的标准问题,却仍然是含混的。这种"不足"在1938年的美墨争端中显得十分突出:当时,墨西哥政府为了保卫国家主权和维护民族权益,对境内的美国石油公司实行国有化。美国资产者暴跳如雷。其国务卿赫尔在先后送交墨西哥政府的两份照会中强硬声明:

"我们不能容许一个外国政府无视国际法上的赔偿准则,随便夺取美国国民的财产;也不能容许任何外国政府片面地,通过国内立法径自取消此项公认的国际法原则。"①

"美国政府只不过是提出一项不说自明的事实:依据法律和公平合理的一切准则,不论为了何种目的,如果不针对征用提供迅速及时、充分足够以及切实有效的赔偿,任何政府都无权征用私人财产。"②

看来,"迅速及时、充分足够、切实有效"这三项原则,显然就是美国当局对"公平合理的赔偿"一词的解释,并为后来的美国官方文件所多次引据。但是,当时的墨西哥政府却针锋相对、理直气壮地提出:国有化过程中的征用措施是普遍适用于许多人的,它不同于针对个别私人财产的一般征用:

"如果对这种普遍适用、并非针对个别人士的征用,竟然要求给予迅速及时的赔偿,或者要求给予限期付款的赔偿,并把支付赔偿金视为法定义务,那么,在国际上既不存在这样的公认理论原则,也不存在这样的传统实践惯例。……我们国家的变革,也就是说,我们国家的前途,不能因为无法向极少数唯利是图的外国人立刻支付财产赔偿,而从此停顿中断。……墨西哥所主张的理论是:给予赔偿的时间和办法理应由它本国的法律来决定。"③

这场美墨纠纷和论战,一直延续到20世纪40年代。美国政府"总结"了诸如此类的"经验教训",于是在第二次世界大战后所签订的一系列友好通商航海条约中,就转而采取另一种新模式。以1953年缔结的美日友好通商航海条约为例,其中第6条第3款就针对海外私人投资的征用与赔偿问题,把上述赔偿

---

① 见《美国国务卿赫尔致墨西哥驻美大使纳耶拉信件(1938年7月21日)》,载于《美国外交文件汇编》(1938年第5卷),1956年英文版,第677页。
② 见《美国国务卿赫尔致墨西哥驻美大使纳耶拉信件(1938年8月22日)》,载于同上书,第687页。
③ 见《墨西哥外交部长阿伊致美国驻墨大使丹尼尔斯信件(1938年8月3日)》,载于同上书,第679—680页。

"三原则"以明确具体的文字,正式写进约文之中,以求对于对方产生国际法上的约束力。约文如下:

"一方缔约国国民和公司的财产,处在对方缔约国领域内,除非为了公益目的,不得加以征用;同时,如不迅速及时地给予合理的赔偿,也不得加以征用。这种赔偿,必须能够切实有效地折成现金,并且必须完全相当于被征用财产的价值。"①

至此,几经递嬗,一个以本国自然人以及法人的海外私人投资作为保护对象,具体地规定了征用基本前提和赔偿基本准则的美国式"样板"条款,终于出现。此后,这一样板条款也以大同小异的文字,被广泛地纳入美国同其他国家、特别是同众多发展中国家所签订的同类条约之中。

"投资保证协议"。对于美国资产者说来,在新订的友好通商航海条约中增添了上述这样一条明确的实体性条款,这比过去同类条约中只含糊其词地空言"持续不断的保护",当然是"前进"了一步。但是,实体法如车厢,程序法如车轮,有厢而无轮,则车不能行或虽行而不远。有鉴于此,自20世纪50年代初期起,美国又于原有的友好通商航海条约之外,先后与一百多个国家陆续另行签订了"投资保证协议"之类新的专约。其主要内容就是明确制订一套程序性的规定,借以保证对海外美资的法律保护得以切实贯彻实现。这就是前面提到的双重保证。

迄今为止,此类投资保证协议的条款,也是大同小异的。一般说来,可归纳为以下五个要点②:

(1) 双方政府商定:海外私人投资可以交付保险(投保);

(2) 投资项目须经接受投资的东道国根据本协定加以审查批准;

(3) 美国通过其海外美资保险机构(保证机构)的营业活动取得东道国当地的货币后,有权就地加以处置、使用;

(4) 对于美国国内某保险机构(保证机构)所承保的财产,美国在支付保险事故赔偿金之后,即取得相应的所有权和处理权,并有权取代投资人,实行代位索赔;

(5) 规定双方政府因索赔问题发生纠纷时的处理程序;规定将其中涉及国

---

① 见《美国参加的条约及其他国际协议汇编》(第4卷第2分册),1953年英文版,第2068—2069页。

② 参见美国法学研究所及美国律师公会主持编印、塞尔利等编:《国际商务往来律师指南》(第2卷),1979年英文第2版,第288页。

际公法问题的争端交付仲裁的方法。

关于"投资保证协议"的上述诸项要点,将在本文第三部分结合美国海外私人投资公司的现行体制问题,另行评介。

"投资保护条约"。据美国国务院官员统计:美国与其他各国间现行的双边"友好通商航海条约",其中有一半是在第二次世界大战结束后的一段时期里分别缔结的①。战后这四十多年来,世界政治形势和国际经济交往都有了重大的发展变化,上述此类条约中的许多规定已因时过境迁而显得陈旧。同时,此类条约内容繁杂,包含有许多非商业性的事项和条款,诸如领事问题、移民问题、各种个人权利问题,等等;有的甚至还包含宗教、教育、丧葬等琐细规定。因此,美国在同 20 世纪 60 年代以来新兴的许多国家谈判缔结"友好通商航海条约"的过程中,往往由于条约内容涉及问题过多过广,双方难以达成全面协议,无法签订新约,从而使美国向新独立的发展中国家推广"友好通商航海条约"模式的原计划受到挫折,收效甚微。到了 20 世纪 60 年代中期,推广这种条约模式的原定计划就逐渐偃旗息鼓了。

从 20 世纪 70 年代中期起,美国国务院法律顾问处的专家们主张着手编织另一种新型的条约网,以便把它扩展到许多新独立的发展中国家。在这以前,欧洲的一些国家已经摆脱了传统的"友好通商航海条约"的老框框,舍繁就简,顺利地同若干发展中国家缔结了双边性的"投资保护条约",专门针对有关投资的若干基本问题,达成协议。美国深感自己在这方面已经落后,必须急起直追;但又不能简单地抄袭欧洲模式。因为美国作为全球首屈一指的海外投资国家,在国际经济关系中享有各种传统的"优势",基于切身利害的考虑,必须尽早拟出并大力推行一种切合美国投资人利益需要的、美国型的"投资保护条约"样板,以适应和对付新的世界局面。

关于美国国务院法律专家们积极主张缔结新型条约的目的和用意,国务院现任助理法律顾问斯科特·古吉昂作了如下的说明:

"在这之前,(世界各地)已经发生了大量的征用事件;第三世界也大声疾呼要建立'新的国际经济秩序',而这种'秩序'却是同传统的国际经济法互相抵触的。大力推进缔结新约的主张,正是为了要在这样的历史时期中扩展对投资的保护力量,加强美国及其'经济合作与发展组织'②伙伴们在

---

① 参见斯科特·古吉昂:《美国式双边投资保护条约中的仲裁规定》(讨论稿),1984 年 4 月,见美国国际法学会文档。复制件收存于厦门大学法学院资料室。古吉昂现任美国国务院助理法律顾问。

② 这是西方资本主义国家于 1961 年成立的一个国际经济组织,总部设在巴黎。现有 24 个成员国,几乎全部是资本主义发达国家。

投资问题上所信守、所倡导的国际法立场。在这个意义上,上述美国型的新条约乃是一种'法学家的条约'。精心设计出这种条约,与其说是为了加强(私人)投资决心和扩大投资流量,不如说是更多地考虑到它在国际法上产生的影响以及如何保住现有的投资'股本'。"①

如果把这种美国型的新条约模式与传统的"友好通商航海条约"加以对比,就不难通过其异同而看出两者之间的相互关系。可以说,这种美国型的"双边投资保护条约"模式乃是旧日"友好通商航海条约"的一种发展和演进。而这种发展和演进,则是在20世纪60年代以来国际政治形势发生重大变化、国际投资气候对于美国投资家日趋不利的背景下出现的。这两种新、旧条约相比起来,前者删除了后者中的非商业性的条款;也删除了其中虽与商业有关但对美国投资家说来已经变得比较次要的规定(例如航海事宜等);还删除了业已由其他国际协议所取代的内容(例如,关于贸易事宜,已由"关税及贸易总协定"所取代;关于税收事宜,已由"双边课税协议"所取代)。在这个基础上,这种新型条约模式把注意力完全集中于有关保护海外投资的若干关键性问题,诸如:投资的入境兴业手续、投资兴业的待遇问题(国民待遇与最惠国待遇等)、投资企业的征用问题、资本和利得向境外转移汇出的问题、投资纠纷的处理问题,等等。在许多基本概念和名词术语上,这种新型的"投资保护条约"和传统的"友好通商航海条约"中的有关规定,是互相沟通和大体相同的。但是,前者把后者中有关规定大大地具体化了,并且按照美国所理解、所坚持的"国际法标准",对这些规定作了更详细的解释说明。这样做的目的,显然是为了把各种"法定权利"赋予私方投资家,更便于他们在根据条约向法院投诉或向仲裁庭申诉时直接加以援引和使用,从而加强私方投资家在讼争中的法律地位。

新约模式既已设计定型,就须积极加以贯彻实现。自1981年冬季起,美国开始同若干发展中国家就缔结新型的双边"投资保护条约"进行磋商和谈判②。两三年来,美国已经先后同巴拿马、埃及、海地、塞内加尔共四个国家分别达成协议,签署了新约。同时,又正在同摩洛哥、哥斯达黎加、扎伊尔、孟加拉、利比里亚、洪都拉斯、马来西亚、中国等积极开展缔约谈判。但是,直到1984年6月底,双方代表业已签署的上述四项新约尚未有任何一项已由双方立法机关正式

---

① 见上页注①斯科特·古吉昂:《美国式双边投资保护条约中的仲裁规定》(讨论稿)。
② 参见大卫·鲁滨逊:《评〈美国涉外法令精义诠解〉(修订本)关于征用的观点》,载于《美国国际法学刊》1984年1月号,第177—178页。鲁滨逊现任美国国务院法律顾问。

批准并开始生效①。而正在磋商谈判中的各项新约,也因在若干重大问题上双方意见相左,或迟迟未获协议,或中途受阻"搁浅"。

据美国报刊透露,出现上述诸现象的基本原因,主要在于以下两个方面:

第一,发展中国家无不十分珍惜自己经过长期奋斗得来不易的独立自主权利;而美方对海外美资享有的权利和待遇,往往要求过高,与作为东道国的发展中国家努力维护独立主权的立场相左。现任美国贸易代表助理哈尔维·贝尔是当前美方负责"双边投资保护条约"谈判事宜的高级官员。他在总结谈判进展实况时曾感叹说:"国家主权原则触到了外国资本的权利这一敏感问题。这些主权原则一开始就把推广新约的计划弄得远比人们预期的要复杂得多。"②透过这句话,人们可以看出:正是由于美方为海外美资要求过高待遇,可能逾越东道国主权所可以允许的范围和界限,使人难以接受,从而使谈判签约问题难以顺利达成协议③。

第二,海外美资在其经营活动的过程中,为美国投资人赢得了巨额利润。在这同时,也给作为东道国的一些发展中国家带来一定的经济效益。但是,多年以来,也有相当数量的美资跨国公司在第三世界各国中留下了颇为不佳的历史形象。它们或则恃富欺贫,飞扬跋扈;或则垄断了东道国的经济命脉;或则行为越轨,目无法纪,直至干涉东道国内政,从事颠覆活动。这些,都给接受美资的贫弱国家带来损害和危害。发展中国家总结了历史经验,在同美国就吸收美资问题谈判缔结新约之际,当然不能不保持清醒头脑,谨慎小心,努力趋利避害,以维护本国权益。面对此种基本态度,美国主管新约谈判事宜的高级官员哈尔维·贝尔也有所感触。他说:"在发展中国家里,要想就投资准则达成双方可以接受的谅解,那就很难回避由来已久的、对跨国公司心存余悸的问题。"可以想见:在新约谈判过程中,双方对于美资跨国公司

---

①② 参见《美国贸易代表公署指望今年内向参议院呈递八项双边投资保护条约》,载于《美国出口周刊》(第 20 卷),1984 年 5 月 15 日,第 950—951 页。

据该刊报道:美国同埃及谈判签订投资保护条约之际,双方的"谈判代表都低估了埃及议会对缔结双边性投资保护条约问题的政治敏感心理,未经充分磋商推敲,就匆忙抢先签署最后协议",致使条约在提交埃及议会审查批准时中途搁浅。美国同巴拿马签署同类条约后不久,巴拿马原任总统辞职下野。签约问题随即在巴拿马国内引起轩然大波,各党各派围绕条约内容的这一点或那一点,展开了激烈的政治性论战。条约本身一直是巴拿马在野反对党报刊加以抨击的一个"政治靶子",因而也搁浅了。至于美国与海地、塞内加尔分别签订的同类条约,据说已"包扎完妥",就等送交美国参议院完成审批手续了。不过,负责谈判工作的美国贸易代表公署却宁愿再等一等,"等到有更多的、意义重大的(同类)条约获得签署之后,再一起送审,而不愿把仅有的这两项条约就此送呈国会审批。"看来是正在密切注视形势的进一步发展。

③ 参见阿曼达·本内特:《里根访华使若干问题打破了僵局,但某些问题仍然相持不下》,载于《华尔街日报》1984 年 4 月 20 日。

的投资活动问题,确实存在着约束与反约束的矛盾,存在着约束到何种程度的"讨价还价"。

总之,美国自20世纪80年代初开始大力推行的新型"双边保护投资条约"体制,一开头就遇到了各种阻力和障碍。其中首要关键,就在于美国至今仍墨守某些陈旧的"国际法信念"。这种推行新条约体制的努力,日后究竟能在多长期间、多大范围、多大程度上如愿以偿,使新体制得以确立,目前尚难预测。但其中有一点则是基本确定的:即使美国同大量发展中国家一一缔结了上述新约——双边性"投资保护条约",它同这些国家先前缔结的双边性"投资保证协议",也势必继续发挥效能,并且将和上述新约相辅相成,合力保护海外美资。关于这一点,可以从上述新约的有关条款中,略见端倪。在美国提交对方供谈判用的新约最新"蓝本"中,第6条专就解决投资争端问题作出规定。该条第4款载明:

"在投资纠纷处理过程中,如果涉讼的一方国民或公司根据保险合同或保证合同,就其所申诉的全部损失或部分损失,已经获得或即将获得赔偿或其他补偿,另一方缔约国不得借此主张(如作为被告,不得借此反诉主张)享有抵扣权或其他权利。"[①]

十分明显,此处约文中所称"保险合同或保证合同",就是指美国投资人目前同美国"海外私人投资公司"所订立的这一类投保承保契约。如前所述,海外私人投资公司(或其继承机构)的法律地位以及它在保护海外美资过程中的作用,已经明文载入美国同大量发展中国家分别签订的《投资保险协议》之中。如今,它对海外美资所发挥的"保险"作用以及它与美国投资人所订立的保险契约,在新型的"投资保护条约"中再次获得确认和肯定。尽管先后两次确认和肯定的角度和措词有所不同,但显然可以看出:即使日后美国同大量发展中国家逐一缔结了这种类型的"投资保护条约",对美国说来,上述"协议"和上述"条约"不仅可以并行不悖,而且可以"相得益彰"。

以上,是美国为保护海外美资而在国际条约、国际协定方面所作努力的大体轮廓。

与此密切配合,美国同时在国内立法方面,多次厘定新案,"精益求精"地定出保护美资的整套措施,并且通过上述国际协定,使美国在国内法上为海外美资提供的保护伞,尽可能地扩张到美利坚合众国国界以外去,遍及世界各地。

---

① 见《双边投资保护条约样本》(1984年2月24日修订),载于《美国出口周刊》(第20卷),1984年5月15日,第960—963页。

在这方面的发展过程,也是有案可查的。

(二) 保护海外美资的国内立法之变迁

第二次世界大战结束之初,欧洲各国疮痍满目,百废待举,需财孔亟,对欧投资有厚利可图。于是大量美资乘虚蜂拥而入。其主要渠道,就是当年甚嚣尘上的"马歇尔计划"。早在1948年,作为推行"马歇尔计划"的一个重要环节,美国国会通过了"经济合作法案"。适应着美国资产者的需要,对于海外私人投资给予"安全保证"的基本原则和具体措施,就是依据该法案的下述"原始"规定而逐渐铺衍开来的:

"根据美国经济合作署署长指示制定的规章条例,对于向经过署长以及有关当事国批准的项目实行投资的任何人,……依照以下条件给予保证:

1. 对任何投资人提供的保证,不得超过该投资人经署长批准投入建设项目的美元总数;并且限定于保证该投资人所获得的下述其他国家货币或按这种货币计算的债权,可以兑换成美元:从经过批准的投资项目中取得的全部或部分收入、报偿或利润;由于出售或转让全部或一部分投资而取得的补偿款项。但根据本款规定向投资人支付赔偿金之后,上述其他国家的货币或按这种货币计算的债权,即应成为美国政府的财产。

2. 署长可以自行决定对每笔投资每年收取不超过总额百分之一的保证费。按此项标准收集的经费应当用于清偿根据本款规定提供保证所产生的债务,直到这类债务已经全部偿清或已经过期,或这些经费已按本款规定全部开支完毕。

3. 本款所称的'人',是指美国的公民,或根据美国的联邦法律、美国某州或某块领土的法律所设立并主要属于美国公民所有的法人、公司或其他社团。"①

在这段"原始"规定里,有三个方面值得注意:第一,投资保证制度适用的地区仅限于欧洲,条文中所称的"有关当事国",指的就是参加所谓"欧洲复兴计划"的欧洲国家②;第二,投资保证的内容,仅限于货币兑换上的风险,即只保证投保者可按契约规定将其他国家的货币兑换成美元;第三,投资保证业务的主

---

① 见《1948年经济合作法案》第111条第2款第3项,载于《美国法令大全》(第62卷),1949年英文版,第144—145页。
② 这一点,在上述法案的序言中作了总的说明。见同上书,第137页。

办机构——经济合作署,是直属美国国务院的一个行政部门。

此后三十年来,美国当局适应着形势的变化和投资人的需要,频繁地修订法案,更新立法,对以上三个方面不断地作了如下几点调整:

在投资保证制度适用的地区上:20世纪50年代初,欧洲经济逐步复苏,当地的各国资本家图谋尽多地占有本国的投资市场,开始致力竞争以排挤美资。相形之下,世界上各发展中国家和地区的投资环境,因其原料之丰足、便宜,劳力与地价之低廉,以及销售市场之广阔,对于美资自然具有更大得多的吸引力。但是,另一方面,第二次世界大战以后被压迫弱小民族觉醒的浪潮,日益澎湃于这些国家和地区,维护国家主权、发展民族经济的行动和措施日益加强。对于美资说来,这自然又意味着颇大的"政治风险"。正是在欧洲"地盘狭小"、亚非拉"利厚险多"的双重矛盾之下,美国的海外投资保证制度适用的地区,就逐步扩展到欧洲以外的地区①,并重点适用于发展中国家里的美国私人投资。1959年以后,又进一步规定:仅限于发展中国家里的美资,才能适用美国的投资保证制度②。

在投资保证的内容上:起初仅限于承保货币兑换上的风险;后来逐步扩大到承保征用风险③、战争风险④、革命和内乱风险⑤;最近又进一步扩大到承保骚动风险⑥。关于这方面的具体制度,将在本文的第三、第四部分予以阐述。

在投资保证业务的主办机构上:从1948年设立"经济合作署",历经1952年的"共同安全署"、1953年的"国外事务管理署"、1955年的"国际合作署",到1961年的"国际开发署",名称屡经变迁,职司有大有小,但均曾相继主管过海外美国私人投资的保证、保险业务。而每次调整更新,后一机构就是前一机构的"继承者",承接了前一机构就投资保证、保险业务所承担的义务和所享受的权利,使投保人与承保人之间的关系稳定化,同时也借以使美国有关承保机构

---

① 参见《1951年共同安全法案》第520条,载于《美国法令大全》(第65卷),1952年英文版,第384页。

② 参见《1959年共同安全法案》第413条第2款第4项,载于《美国法令大全》(第73卷),1960年英文版,第251页。

③ 参见《1950年经济合作法案》第111条第2款第3项第5点,载于《美国法令大全》(第64卷),1952年英文版,第199页。

④ 参见《1956年共同安全法案》第413条第2款第4项,载于《美国法令大全》(第70卷),1957年英文版,第558页。

⑤ 参见《1961年对外援助法案》第221条第2款第1项,载于《美国法令大全》(第75卷),1961年英文版,第429页。

⑥ 参见《1981年海外私人投资公司法案(修订)》第234条第1款第1项第3点,载于《实用美国法令汇编(律师版)》(第22卷),1982年英文版,第136页。

向东道国当局代位索赔的权利稳定化①。此外,每次更改名称,都还沿用一个"署"(Administration 或 Agency)字,并具体规定它始终是美国政府的一个行政部门。

1969 年,适应着国际形势的新变化,美国国会第 8 次修订《对外援助法案》,把主办海外美资保证、保险业务的权力,赋予一个新设的"海外私人投资公司"。一方面,一反过去长期沿用的名称,改"署"为"公司",即改行政部门为经济法人,完全按照"公司"的体制和章程经营管理;另一方面,却又明文规定它仍然是"在美国国务院政策指导下的一个机构。"②自从改公署主管为公司经营之后,十余年来,机构名称和基本体制均相对稳定,并至少将沿用到 1985 年 9 月③。这说明此种投资保证保险形式是基本适合美国当局和投资人需要的。

人们不禁要问:其中究竟有何奥妙?

海外私人投资公司前总经理布拉德福特·米尔斯 1973 年在美国国会的一次公听会上反复解释了采取"公司"形式的种种好处,其中最主要的是:"海外私人投资公司在解决投资纠纷中一向起着建设性的作用,从而避免了政府与政府之间的直接对抗。"他举例说,如果海外投资人未向该公司投保,一旦遇到征用风险事故,多半就是去找当地的美国大使馆,找美国国务院和国会,要求采取行动。于是美国政府就卷进这种投资纠纷。反之,投资人如果事先曾向该公司投保,那么,该公司就可以"充当外国政府与美国商行之间的桥梁,使政治性问题,取得商业性解决。"④因此,必须采取公司形式。

既然"商业性解决"是上策,那就干脆让私人去经营投资政治风险的保险业务,与美国政府完全无涉,岂不更好?对这个问题,该公司的另一位继任总经理布鲁斯·列威林解释说:"答案很简单:私人保险公司认为,保这种险,太过冒

---

① 1980 年中美关于投资保险和投资保证的协议第 1 条载明:"投资政治风险"的承保人是美国海外私人投资公司"或继承该公司的美利坚合众国政府的任何机构。"这种规定,显然就是为了使前述法律关系稳定化。参见 p.833 注③引书,第 432 页。

② 见《1969 年对外援助法案》第 231 条第 1 款,载于《美国法令大全》(第 83 卷),1970 年英文版,第 809 页。

③ 海外私人投资公司自 1969 年由美国国会授权成立以来,其所据以设立的专题法案在 1974 年、1978 年、1981 年先后经过三次修订,每次修订都规定本次授权的有效期限,俾便到期重新修订、重新授权。其用意显然在于使公司的经营章程既能相对稳定,又能适应海外投资环境、气候的变化,及时调整,灵活应付。按照《1981 年海外私人投资公司法案(修订)》第 235 条第 1 款第 5 项的规定,国会对该公司承办美资保险保证业务的本次授权,在 1985 年 9 月 30 日以前继续有效。参见 p.846 注⑥引书,第 142 页。

④ 见《海外私人投资公司总经理布拉德福特·米尔斯在第 93 届国会公听会上的发言》,载于《海外私人投资公司:美国第 93 届国会第 1 期会议众议院外交委员会对外经济政策小组委员会公听会》,1973 年英文版,第 271—272 页。

险,不愿意干。"①因此,既必须采取"公司"形式,又必须纯由政府经营。

此外,还有一位曾经为某投资家索赔案件当法律顾问的美国律师万斯·科文,他在论及投资家为避免各种政治风险损失而宁愿花钱向海外私人投资公司投保时,进一步介绍了该公司许多领导人的共同见解:"正如海外私人投资公司官员们所经常指出的,由于诸如此类的损失而去控告外国政府当局,要求赔偿,单就其费用高昂,旷日持久以及麻烦周章而言,就足以证明(向海外私人投资公司)花钱购买对付政治风险的保险单是很合算的;更不必提国际法所固有的变幻无常、捉摸不定,以及主权豁免和国家行为这一类学说所体现的各种潜在障碍了。"②

这些解释,看来都语焉不详,含义晦涩。但如果联系到近二三十年来美国政府和美国投资家所曾经遇到的各种"烦恼",就会知道上述这些话原来都是"经验之谈",而美国政府设置海外私人投资公司的目的意图,也就不难理解了。

(三) 在保护海外美资中,美国当局的趋避

如所周知,第二次世界大战以后三十多年来,被压迫民族的解放运动遍及全球,它们争取国家独立、维护民族权益的长期斗争及其重大成就,使得旧日殖民主义、帝国主义、霸权主义的统治秩序受到严重的冲击,并日益有力地促使旧的国际经济秩序被新的国际经济秩序所取代。相应地,国际公法上的某些陈旧"准则",在西方发达国家当权者看来几乎是"天经地义、万世不易"的,现在却受到众多发展中国家的挑战、非难和抨击。在"南、北"两大营垒舌剑唇枪的论战过程中,这些陈旧的"准则"由于其违背时代潮流,违反国际社会中多数成员的意志,理所当然地败下阵来,逐步受到淘汰。反之,在广大第三世界各国据理力争下,许多国际会议、国际协议所厘定的新原则,就逐步上升和转化成为新的国际法准则。国际法上这种除旧布新、新旧更替的过程,从历史发展规律和时代大势所趋看来,乃是十分正常的现象。但是,从固守旧日"秩序"、维护既得利益的角度来看,它就显得"变幻无常"、"捉摸不定",难以驾驭和控制了。

就美国对海外私人美资实行国际法律保护问题而言,在三十多年来国际风云"变幻"中,它所遇到的实际障碍和"潜在障碍",确也不外乎在国家行为、主权豁免、赔偿标准、司法管辖、外交保护等方面所出现的新问题、新见解以及逐步

---

① 见布鲁斯·列威林:《在阿瑟·立特尔管理学院的一次演讲:谈谈海外私人投资公司》,1980年8月7日,收存于海外私人投资公司文档。
② 见万斯·科文:《征用与海外私人投资公司的"法理学"》,载于《哈佛国际法学刊》(第22卷 第2期),1981年英文版,第270页。

形成的国际法新准则。在这个过程中,美国当局通过新的国际协定和国内立法努力推行对海外美资的保险、保证制度,特别是通过政府官办"公司"的承保形式来促进这一制度,看来正是为了千方百计地避开或绕过这些实在的或潜在的障碍——"拦路虎"。兹试分述如下:

1. 力图避开或绕过国家行为与主权豁免问题上的障碍

所谓国家行为,通常指的是一个主权国家的政府所从事的某种作为或不作为。按照国际惯例,主权国家的行为和财产不受任何外国法院的管辖。反过来说,任何一国的法院均不得对外国国家的行为和财产行使管辖权。这种惯例,是各国互相尊重主权独立和各国主权一律平等这一国际法基本原则的自然延伸。通称"对外国国家的司法豁免"①,或简称"主权豁免"②。

以美国而言,早在1897年,美国最高法院院长富勒就曾表述过该院的一致见解:"任何主权国家都有义务尊重其他一切主权国家的独立,因此,一国的法院不应当对另一国政府在其本国领土上的行为加以审判。对于这些行为所引起的损失,应当通过两个主权国家商定的适当措施加以补救。"③从理论上说,任何国家的政府在本国领土上对外国人财产加以征用,当然属于国家主权行为,这是不说自明的。但是,20世纪60年代初发生的一起征用事件国际纠纷,却使美国当局在这个问题上陷入思想混乱、自相矛盾和捉襟见肘的窘境:

1960年7月,美国当局大幅度削减古巴食糖进口配额。古巴当局迅即决定征用境内的美国私人投资企业,予以低息长期债券补偿。原美资卡马圭食糖公司的一批食糖经古巴征用后售与美商,运往纽约销售。古巴售糖单位原与美国私商法尔约定,售糖价款应交与"古巴国家银行"驻纽约的代理人,事后法尔却受命将糖款交与美国法院指定的收款人萨巴蒂诺。于是,古巴国家银行向纽约地方法院起诉,要求收回糖款。被告萨巴蒂诺等反驳称:这些食糖是美资卡马圭公司的财产,不属古巴所有。1961年3月,美国纽约地方法院判决:古巴的征用法令"违反国际法",故美国法院不承认它是外国政府的国家行为,不能享受主权豁免;糖款应当归卡马圭公司的美国股东们所有④。

古巴国家银行上诉于美国的"上诉法院"。该二审法院于1962年7月作出

---

① 参见周鲠生:《国际法》(上册),1976年版,第222—226、233—241页。
② 参见 L. H. Henkin 等著:《国际法》,1980年英文版,第491—511页。
③ 见《美国最高法院判例汇编》(第168卷),1898年英文版,第252页。
④ 参见《美国联邦法院判例汇编(补编)》(第193卷),1961年英文版,第375—386页。当时纽约地方法院判决的依据,就是前述1938年美墨纠纷以来美国自己对于国际法中有关征用赔偿准则的理解。它宣称:古巴的征用行动不是"出于公益需要",而是纯为"报复",对在古巴的美国国民实行"歧视";而且征用财产未付给"充分足够的赔偿",所以,"违反国际法"。参见 p.839 注②、p.840 注①及有关正文。

判决,除重申古巴的征用行动"违反国际法"之外,还着重提到:受害的美国股东们别无他途可以寻求法律救济,只有由美国法院宣布古巴政府通过征用所取得的财产(食糖)所有权无效,把售糖所得款项付给美国股东们,方可弥补损失。因此,驳回上诉,维持原判①。

事情最后闹到美国最高法院。最高法院碍于"国家行为学说"已获国际公认,1964年3月23日决定撤销原判,发回原辖纽约地方法院重审,并明确地指示了改判要旨:"由于国家行为学说不许可对本案中古巴征用法令的有效性提出异议,因此,强调征用法令无效的任何反诉都是站不住脚的。"②

就在最高法院作此最后决定的前后,美国国境内发生了几起与此有关、而且"有趣"的事,不能不补叙一笔:

1962年12月,在美国纽约召开的联合国大会第17届大会上,以美国为首的若干发达国家为一方,以广大发展中国家为另一方,就各国自然资源的主权问题进行了激烈的舌战。交锋结果,是在12月14日通过的大会决议上明文规定:

> 一切国家对本国自然资源都享有"永久主权"。"承认各国具有依其本国利益自由处置本国自然财富和自然资源的不可剥夺的权利"。"采取国有化、征收或征用措施,应以公认的、远较纯属国内外个人利益或私家利益重要得多的公益、安全或国家利益等理由作为根据。遇有此种场合,采取上述措施以行使其主权的国家,应当按照本国现行法规以及国际法的规定,对原业主给予适当的赔偿。赔偿问题发生争执时,一般应按采取上述措施的国家的国内诉讼程序,取得解决。但主权国家及其他当事人如另有协议,则应通过仲裁或国际审判以解决争端。"③

这些文字虽仍有不少含糊、模棱之处(下文将予分析④),但从逻辑上说,显然已经基本上承认各国把本国境内被外资控制的自然资源收归国有或加以征用,乃是"自由处置"的方式之一,乃是行使"不可剥夺的""永久主权"的一个组成部分。同时,遇有纠纷,一般应诉诸东道国国内的司法管辖。

众所周知,联合国总部就设在纽约。大会的激烈论战及其终于通过的国际

---

① 参见《美国联邦法院判例汇编》(第2集第307卷),1963年英文版,第845—868页。
② 见《美国最高法院判例汇编》(第376卷),1964年英文版,第439页。全案详况参见第398—472页。
③ 《关于自然资源永久主权的决议》序言,第1、4条,载于《第十七届联合国大会决议集》,1963年英文版,第15页。
④ 参见本文第二部分(三)之2以及p.853注①陈安编译本,第40—73页。

性决议,对于近在咫尺的华盛顿最高法院的大法官们,自不会毫无影响。法官们审时度势,为了维护自身的威信,对于正在手中复审的上诉案件作出上述处断,自然是比较明智的。

可是,早在最高法院作出上述决定之前,1963年7月,美国行政当局却已通过财政部颁行了《古巴财产控制条例》①,"冻结"了古巴在美国的一切财产,禁止一切支付、汇兑。于是,对"古巴国家银行"说来,美国最高法院的上述决定以及纽约地方法院的遵命改判,就成了"口惠而实不至"的一纸空文。至少在上述条例"解冻"之前,是无法兑现的。

同样有趣的是:紧接着最高法院于1964年3月作出上述判决之后不久,美国的立法机关——国会却在同年10月修订《对外援助法案》之际,在该法案第620条中赶紧补上一项新规定:今后凡是外国政府以(美国认为)"违反国际法"的征用法令取得的财产在美国卷入讼争,"不论其他法律作何规定,任何美国法院都不得借口联邦的国家行为学说,拒绝根据法律上的是非曲直作出判决。"同时规定:除非美国总统基于外交考虑认为个别特殊案件有必要援用国家行为学说并通知法院,法院方可作为例外处理②。于是,立法否定了司法,而且授权行政干预司法。至此,原先大法官们所力图建立的"公正持平、执法不阿"形象,就进一步被破坏殆尽了。在这个曾经轰动一时的具体案例上,美国式的"三权分立"竟有如许妙用,三者之间,究竟是互相掣肘,还是紧密配合?确实耐人寻味!

不过,就此案所涉的原卡马圭食糖公司的美国股东而言,前后打了将近四年官司,确实是所费不赀,延宕时日,而又终无所获。前述海外私人投资公司官员们的经常议论③。虽然并非专指本案,但本案却相当典型,可以作为前述官员们看法的绝好注脚。

反之,此类海外美资如按美国现行的投资保险保证体制,由投资家先向海外私人投资公司交费投保(即购买针对"政治风险"的保险单),而美国又事先与有关东道国订有双边性投资保证协定,则一旦发生征用风险事故,投资人便可依据美国国内的保险契约(合同)向该承保公司索赔,而该承保公司于支付赔偿金之后,又可借助于国际上的双边协定所加于东道国的国际法上的约束力,按事先约定的具体办法,代位求偿。于是,国家行为与主权豁免这一类横在索赔

---

① 见《美国联邦法令条例汇编》(第31卷),1981年英文版,第597—634页。
② 《实用美国法令汇编(律师版)》(第22卷),1982年英文版,第327—328页(2370);并见《美国法令大全》(第78卷),1964年英文版,第1013页。
③ 见 p.848 注②及有关正文。

途径上的实在障碍或潜在障碍，便多少可以避开或绕过了。

2. 力图避开或绕过征用赔偿标准问题上的障碍

美国对海外美资被征用时赔偿标准的一贯主张，已简述于前。这一标准，曾经广遭发展中国家非议和反对。对此，美国曾仰仗其雄厚经济实力以及第二次大战后形成的特殊地位，利用某些接受"美援"的发展中国家经济实力单薄、对美国有所依赖的弱点，向它们施加压力，迫使"不驯者"就范。其典型措施之一，就是在1962年修订《对外援助法案》时添加了若干新的条款（通称"希肯卢珀修订案"）。其要点在于除以不同语言重申美国一贯主张的征用赔偿三原则之外，特别强调：如果对美资实行征用的东道国不按美国所规定的标准、条件和期限实行赔偿，美国总统就应中断对该国的一切"美援"供应①。

这一规定的仗势欺人之处，在于许多发展中国家里的美资项目，是早在这些国家尚未独立、尚无主权的殖民地时期，在不平等、不公平、非互利、非自愿的基础上进入该国的。经过多年苛刻的盘剥，其所渔取的厚利早已远远高出原资本的数倍、数十倍。现在，东道国为了巩固新争得的国家独立和维护民族权益，将有关资源或项目收归国有或加以征用，却仍须按照美国的意志，在极短期间内以本国奇缺的外汇偿付"充分足够"的巨额赔偿金，这就无异于剥夺了弱小民族对本国自然资源行使永久主权的权利，使它们继续处在附庸、依赖的地位。正因为如此，这个希肯卢珀修订案通过之后，迅即遭到许多发展中国家的抨击。连美国最高法院的大法官们也不得不承认：

> "一个国家在征用外国人财产方面究竟享有多大限度的权力？在这个问题上聚讼纷纭，意见分歧如此严重，这是当代国际法中所罕见的。……某些新近独立的不发达国家的代表人物质问：关于对待外国人的国家责任准则究竟能否约束许多从来就没有对这些准则表示过赞同的国家。也有人极力主张：关于征用财产赔偿的传统标准，反映了'帝国主义者'的利益，因而对于新兴国家的处境说来，是格格不入的。……这方面的问题十分敏感地牵涉到国际社会各类成员不同的实践目标和意识形态目标，很难想象美国一国的法院竟可以对这方面的问题作出判决。"②

美国最高法院大法官们的这段叙述和有关见解，是有事实根据的。

即以前引联合国大会1962年《关于自然资源永久主权的决议》而论，其中

---

① 《美国法令大全》（第76卷），1962年英文版，第260页。
② 《美国最高法院判例汇编》（第376卷），1964年英文版，第428页。

第 4 条关于征用与赔偿问题的规定,就是南、北两方经过激烈论战之后通过的一个妥协性决议。众所周知,美国所主张的赔偿三原则,向来为西方其他发达国家所追随,它们认定这就是"国际法"上应有的赔偿标准。反之,众多发展中国家则向来认为征用与赔偿,均属本国主权行使过程中的内政,自应按本国国内法规定办事。而长期交锋之后终于通过的决议文字却是:对外国人财产实行征用的东道国"应当按照本国现行法规以及国际法的规定,对原业主给予适当的赔偿"。在这里,前半句基本上就是双方主张的简单相加,后半句则仍然可以见仁见智,各自按自己原来的观点对"适当的赔偿"作出解释,简言之,分歧与纷争并未解决①。

事隔十余年,至 20 世纪 70 年代初,由于又有许多殖民地被压迫民族相继争得国家独立,全世界发展中国家的数目激增。国际社会结构的变化反映到联合国内,第三世界会员国开始形成压倒性的多数。加上 1971 年中华人民共和国恢复了在联合国和安理会中的合法席位,坚定地同第三世界各国站在一起,为建立新的国际经济秩序而奋斗。于是,联合国内部形势大变:寥寥几个西方大国操纵一切的局面终被打破,第三世界国家日益活跃,举足轻重。在这种情况下,1974 年 5 月联合国大会第 6 次特别会议通过的《建立新的国际经济秩序宣言》以及同年 12 月第 29 届常会通过的《各国经济权利和义务宪章》,对于征用与赔偿问题的规定,就有了新的重大发展。兹试摘录要点,并比较说明如下:

(1)"各国对本国的自然资源以及一切经济活动拥有完整的、永久的主权。为了保护这些资源,各国都有权采取适合本国情况的各种措施……包括有权实行国有化或将其所有权转移给本国国民。这种权利是国家享有完整的永久主权的一种体现。任何国家都不应遭受经济、政治或其他任何形式的胁迫,这些胁迫旨在阻挠它自由地、充分地行使这一不容剥夺的权利。"②

(2)"一切国家都有权把外国产业收归国有、征用或转移其所有权。在这种场合,采取上述措施的国家应当根据本国的有关法律、条例以及本国认为恰当的一切办法,给予适当的补偿。"③

(3)"一切遭受外国占领、异族殖民统治或种族隔离的国家、地区和民

---

① 参见曾我英雄:《新国际经济秩序中的国际法问题》,载于日文《亚非研究》杂志,1979 年 9 月号;陈安编译:《国际经济立法的历史和现状》,法律出版社 1982 年中文版,第 40—73 页。
② 《建立新的国际经济秩序宣言》第 4 条第 5 款,载于《1974 年联合国年鉴》(第 28 卷),1977 年英文版,第 325 页。
③ 《各国经济权利和义务宪章》第 2 条第 2 款第 3 项,载于同上书,第 404 页。

族,在它们所固有的自然资源以及其他资源受到盘剥榨取、消耗殆尽和损害破坏时,有权要求物归原主,并取得充分的赔偿。"①

把这几段文字对照前述 1962 年《关于自然资源永久主权的决议》中的相应文字②,就可以看出,1974 年的文献有以下几点重大发展:

(1) 正式明文规定,把对本国自然资源实行国有化或征用,"包括"在一切国家"完整的永久主权"之内,即正式确认前者是后者的一个组成部分,"一种体现"。从而在国际社会中起了公开地"正名"的作用。同时,删除了征用时"应以公认的……理由作为根据"这一语意含糊、可以随意解释的前提条件,这无疑是承认了各国对本国自然资源享有永久主权是绝对的、无条件的。

(2) 正式明文规定,在给予征用赔偿时,应当按照东道国国内法的规定办事。删除了"……以及国际法的规定"等字样,从而排除了西方发达国家力图按它们自己建立的"传统"标准所施加的"国际法"的约束,使得"给予适当的赔偿"一语,含义明朗化、界限化,杜绝了前述模棱两可的解释。

(3) 为长期遭受殖民掠夺、自然资源受到严重损失的弱小民族伸张正义,赋予它们在一定条件下反转过来向掠夺者要求损害赔偿的正当权利,从而减轻或抵销把某些外资企业收归国有时支付赔偿金的沉重负担。

在美国看来,《宣言》和《宪章》中诸如此类的规定是它所不能接受的,特别是上述第(2)点,与美国长期所坚持的主张无异南辕北辙。所以,在上述《宪章》交付大会正式表决时,尽管有 120 票赞成,美国却是 6 个投反对票国家的为首者。

形势不饶人。失之东隅,就力图得之桑榆。有鉴于在国际性大场合美国关于征用赔偿标准的传统主张屡次受挫,节节败退,于是就设法通过缔结一系列新的双边性投资保证协议,加以补救,即一个一个地对缔约国对方施以新的国际约束:通过先在国内支付保险事故赔偿金,继向东道国代位索赔的途径,把赔偿金的计算标准,尽可能地(至少是部分地)掌握在自己手中,从而尽可能避开或绕过征用赔偿问题上的国际障碍。看来,这显然是美国在国际上致力于签订新的双边性投资保证协议,在国内不断调整投资保险体制,加强承保单位灵活性的重要动因。

3. 力图避开或绕过东道国的司法管辖

国家对于本国领土内的一切法律纠纷,除受国际法或条约义务的若干限

---

① 见 p. 853 注②所引宣言,第 4 条第 6 款,载于《1974 年联合国年鉴》(第 28 卷),1977 年英文版,第 326 页。

② 见 p. 850 注③及有关正文。

制外,享有充分的司法管辖权。这是国家主权原则的题中应有之义。自从19世纪中著名的"卡尔沃主义"和"卡尔沃条款"①开始出现以来,国际法学界对于其中有关外籍契约当事人自愿放弃受其本国政府外交保护权利的规定,尽管是非臧否不一,但其中所坚持的外国人应受东道国法律管辖,遇有法律纠纷必须由当地法院审理这一内容,却由于它符合国家主权原则,逐步获得普遍肯定。到了20世纪40年代,甚至像联合国这样具有颇大国际权威的世界性组织,也在宪章中规定它自身无权干涉"在本质上属于任何国家国内管辖之事件"②。

1952年国际法院就英国—伊朗石油公司国际纠纷案件所作的著名裁定③,进一步具体肯定了有关外国投资问题的契约纠纷、征用争端都应按照公司所在地的国内法处断,基本上承认了严格的国民待遇原则,即外国人可以享有,也只能享有不超过东道国本国国民的同等法律保护。

此后,在征用索赔的司法管辖问题上,经过第三世界的据理力争,联合国大会先后在1962年和1974年通过的《关于自然资源永久主权的决议》以及《各国经济权利和义务宪章》中,都正式作出了东道国国内法优先适用的规定,而后者的规定尤为明确:"赔偿问题引起争执时,应当根据采取国有化措施国家的国内法,由该国法院进行审理。"④

以上,是问题的一个方面。

另一方面,同样是基于主权原则的考虑,联合国宪章中规定了鼓励各当事国通过协商、自行选择其他方法以和平解决争端的原则⑤。在这一原则的影响下,上述1962年和1974年的两项联合国决议针对征用索赔纠纷问题,作为优先适用东道国国内法的一种例外,在"但书"中进行了相应的规定:允许各当事国在主权平等的基础上,自由议定采取东道国国内法以外的其他和平解决途径,诸如提交国际仲裁或国际法院审理,等等⑥。

---

① 参见 p.849 注①引书,第 237、282—288 页。并参见沃·弗雷德曼等著:《国际法案例与资料》,1978 年英文版,第 835—839 页。
② 《联合国宪章》第 2 条第 7 款,载于《联合国宪章与国际法院规约》,1945 年英文版,第 3 页。
③ 参见《1952 年国际法院判例汇编》,1952 年英文、法文对照版,第 93—1115 页。当时英国单方投诉于国际法院要求审理。但按《国际法院规约》第 36 条第 2 款规定:必须各有关国家一致同意提交该院审理的案件,该院才有权管辖。碍于这一规定,国际法院终以伊朗一方不同意作为理由,明确宣布:"本院对本案无权管辖"(投票表决时九票赞成此结论,五票反对),驳回英国的单方投诉,不予受理。
④ 《各国经济权利和义务宪章》第 2 条第 2 款第 3 项,见 p.853 注②引书。
⑤ 《联合国宪章》第 33 条第 1 项、第 36 条第 2 项。见注②引书,第 8 页。
⑥ 《关于自然资源永久主权的决议》第 4 条;《各国经济权利和义务宪章》第 2 条第 2 款第 3 项。分别见 p.850 注③、p.853 注②引书。

对于这种"但书"规定所提供的机会,美国政府向来是积极加以援用的。它吸取了英伊石油公司征用纠纷的"教训",在 1957 年 9 月同伊朗签订的《私人投资保证协议》中,专门列入一项规定:

> 遇有因征用赔偿等引起的代位索赔问题,"应由双方政府直接谈判解决。如果在一定期间内两国政府无法达成协议,解决争端,则应交由双方共同选定的一位独立仲裁人,作出最后的有约束力的裁决。如果 3 个月内双方政府就仲裁人选定问题无法达成协议,则应在任何一方政府请求下,由国际法院院长指定仲裁人。"①

这种直接谈判、国际仲裁条款,逐渐形成一种模式,在 20 世纪 50 年代中期以后美国同第三世界其他国家签订的双边投资保证协议中,以大同小异的文字表述,广泛出现。美国的这种做法,显然是通过把国内保险契约同国际保证协议直接挂钩,力求在征用等纠纷的代位索赔问题上,尽量避开东道国国内的司法管辖②。

4. 力图避开或绕过国际司法解决中当事人不适格的障碍

按照国际法准则,一个国家对于处在外国境内的本国国民,包括具有本国国籍的自然人和法人,有实行外交保护的权利。对于本国国民在外国所受的损害,可以在一定条件下投诉于国际法院,寻求国际司法解决,取得损害赔偿。

但是,国际法院对投诉案件行使的管辖权,却受到多重限制。第一,必须是诉讼当事国各方一致自愿提交的案件,此点已见前述英伊石油公司案例的裁定③。第二,"在本法院得为诉讼当事国者,限于国家。"④换言之,国际法院不受理由直接受到损害的自然人或法人自行起诉的国际索赔案件;必须由受害人所属的国家出面起诉,国际法院方予受理。第三,任何国家,只能为具有本国国籍

---

① 《美国—伊朗关于私人投资保证的协议》,载于《美国参加的条约及其他国际协议汇编》(第 8 卷第 2 分册),1957 年英文版,第 1600 页。

② 在美国—伊朗投资保证协议之前,美国于同年 1 月同土耳其签订的同类协议中也有类似的仲裁条款。在此后出现的同类协定中,仲裁人由原定一人逐渐发展为三人,即两国政府各指定一人,并由他们公推另一个第三国国民担任仲裁庭庭长。如公推不成,则由国际法院院长指定。1973 年 4 月美国同罗马尼亚签订的《投资保证协议》则把上述庭长人选指定权授予联合国秘书长。1980 年 10 月签订的中美投资保证协议里的仲裁条款,看来是参照了上述美罗协议的。美土协议、美罗协议、中美协议里国际仲裁规定,分别参见《美国参加的条约及其他国际协议汇编》(第 8 卷第 1 分册),1957 年英文版,第 203 页;《美国参加的条约及其他国际协议汇编》(第 24 卷第 1 分册),1973 年英文版,第 1074—1075 页; p. 833 注③引书,第 433—434 页。

③ 见 p. 855 注③。

④ 《国际法院规约》第 34 条第 1 款,载于 p. 855 注②引书,第 25 页。

的自然人或法人出面向国际法院起诉,要求司法解决;反之,受害人如不具有某国国籍,该国即无权代为出面起诉于国际法院。在最后这一点上,1970年有一桩新的判例引起当时国际法学界的广泛注意,特别是引起了美国的震动。这就是著名的巴塞罗纳公司案。

巴塞罗纳机车、电灯、电力股份有限公司在加拿大登记(注册)成立,但其股份却大部分属于比利时人所有(约占全部股份的85%)。1948年,这家公司在西班牙宣告破产。比利时政府认为西班牙当局在事后处置公司财产时,采取了"蚕食式征用"措施,违背了国际法准则,损害了比利时股东们的利益,因而出面向国际法院起诉,要求判令西班牙当局赔偿比利时股东们的损失。此案拖延多年,终于在1970年2月5日由国际法院作出判决,其要点是:(1)公司是法人,按照国际法的一般准则,只允许该公司国籍所属的国家行使外交保护权,以实现其寻求赔偿的目的。持股人所属的国家并不享有行使这种外交保护的权利。(2)公司的国籍一般依其登记所在地而定。巴塞罗纳是一家在加拿大进行登记、属于加拿大国籍的公司。因此,比利时政府无权为一个加拿大籍的公司的股东们实行外交保护。(3)本案原告不适格。据此,国际法院以十五票对一票,表决驳回比利时政府的起诉[①]。在此案争讼过程中,加拿大政府鉴于该公司名义上虽属加籍但其实际财产利益却与本国公民关系不大,故对于向国际法院起诉一举持消极态度。出现了比利时股东心急如焚,加拿大当局无动于衷的有趣局面!

此案表面上与美国全然无关。但判例中所体现的原则,却使美国感到有"切肤之痛"。原因就在于它在海外拥有大量属于美资却非美籍的跨国公司子公司,此例一开,则一旦这些子公司遇到"麻烦",美国要"名正言顺"地为这些子公司的美国股东们寻求国际司法解决,就会遇到新的困难,因而感到"物伤其类"。连某些知名的美国国际法学者对国际法院的上述判决也多非议、责难[②]。

不过,美国投资家所略可引以为慰的是,他们本国的立法者在智囊们的帮助下,已经预先为他们设下一道法律屏障,找到了一个"避法"窍门:早在1965年再次修订《对外援助法案》之际,立法者们就在其中添加了一个新的条款。其中规定:不仅美国国籍的海外公司可以向美国政府主办的承保机构投保,即使并不具有美国国籍的外国公司,只要其持股人全为美国国民(包括自然人、法

[①] 详况参见《1970年国际法院判例汇编》,1970年英文、法文对照版,第3—53页。
[②] 参见洛文费尔德:《国际经济法第二卷:国际私人投资》,1982年英文版,第151—152页;梅隆:《国际法中的投资保险问题》,1976年英文版,第2—3、17、19、57、99页。

人),同样可以向美国投保①。自此以后,这条规定一直沿用至今,仍为海外私人投资公司所遵循、执行。

设定这个条款的实际意义不外是:(1) 不具备美国国籍的海外美资公司,通过其具有美国国籍的股东或母公司,向美国政府主办的承保机构投保,建立民法上的保险契约关系;(2) 由于美国事先同接受美国投资的东道国订有国际协议,一般地承认其国内的这种保险契约有效;一旦投保美资遇"险"受损,允许美国官办承保机构于依约付赔之后,有权向东道国代位求偿;因此,(3) 一旦有必要采取国际司法途径解决投保美资索赔纠纷,美国政府就可以援引上述两方面的法律关系,作为实行外交保护的法律依据,争取在国际法院成为适格的原告,避开前述的当事人不适格的障碍。

5. 力图改善以高压手段保护海外美资造成的不佳形象

1974年联合国特别大会通过的《建立新的国际经济秩序宣言》大声疾呼:任何国家都不应遭受企图阻挠它行使经济主权的任何形式的胁迫②。这显然不是无的放矢。美国1962年的《希肯卢珀修订案》给第三世界各国(特别是接受"美援"的国家)留下的印象,就是乘人贫弱,仗富欺人。而且该修订案施行以来,屡遭抵制,收效甚微而树敌甚多,反使美国自己在外交上趋于孤立,以致事隔11年之后,不得不对其中特别雷厉、僵硬之处加以撤销,改得较为缓和、灵活③。这实际上是迫于形势,给自己找台阶下。另一方面,常常美国因海外美资企业被征用事件而进行国际索赔时,均由政府外交行政当局直接出面,这也加深了人们对它的不良观感。

在总结上述两个方面"经验"的基础上,美国投资保证的重点日益转向新的、得到对方国家批准的项目;并且只好比较现实地通过平等谈判,促使对方国家同意承担对境内美资安全给予某种保证的义务。另一方面,终于在1969年决定改变二十余年来一直由美国政府行政机关承办保险业务的做法,改由新设立的官办专业公司按照公司章程与投资人签订投保承保合同,使这种保险合同具有更强烈的私法民事契约气息;而在国际代位求偿场合,也以"公司"名义出现,力求在观感上令人觉得它主要属于经济关系的调整和财务纠葛的处理。这

---

① 《1965年对外援助法案》第223条第3款,载于《美国法令大全》(第79卷),1966年英文版,第654—655页。参见 p. 862 注①及有关正文。

② 见 p. 853 注②及有关正文。

③ 例如,1962年通过的原《修订案》规定:凡征用美资企业的东道国不按美国所要求的标准进行征用赔偿者,美国总统应即中断"美援"供应。绝无通融余地。1973年则修改为授权总统灵活掌握。如总统认为对上述国家不中断"美援"供应"对美国国家利益有重大好处",可继续提供"美援"。参见《1973年对外援助法案》第620条,载于《美国法令大全》(第87卷),1974年英文版,第722页。

样,就既有对海外美资实行外交保护之实,却又并无外交保护之名,至少是外交、政治的色彩被冲淡了许多,冀能使过去动辄由美国政府外交行政当局出面交涉的强权生硬做法在国际社会中所留下的不佳形象有所改善。

美国著名的国际经济法教授德奥多·梅隆在盛赞海外私人投资公司这一体制的国际作用时指出:"应当理解,投资保险安排是根据投资保证协议行事的。这就使得别人比较难以谴责承保的政府是经济帝国主义了。"[1]梅隆对公司保险体制的正面赞扬,却无意中从侧面道破了美国当局长期以来的某种心病和治病之方,可谓画龙点睛,言简意赅。

从以上的历史回顾中可以看出:美国对海外美资的法律保护制度经过多年来不断的扩充和调整,时至今日,在国际方面,除了在双边"友好通商航海条约"中作笼统规定之外,终有一百多个双边性投资保证专题协议之签订。在国内方面,终有海外私人投资公司之设立,而若干年后,又还会有新的变动。所有这些,说到底,就是数十年来全球性南北矛盾的一种产物。而从海外私人投资公司的设置意图来看,在国际经济秩序新旧交替期里,美国政府显然一直设法从国际法发展变动的夹缝中,千方百计地寻找空隙,以保护遍及全球的海外美资。足见这个政府对于本国的投资家——资产者说来,确实是恪尽职守,煞费苦心。

三、海外私人投资公司的基本体制

关于海外私人投资公司的基本体制,本文第二部分中已略有触及。这里再择要补充,作一鸟瞰。另外,这家公司自 1969 年底由国会授权成立以来,它所据以建制的法案历经三次修订[2],这里引述的根据是 1981 年 10 月的最新修订案。

(一) 组织领导与业务范围

根据美国政府 1979 年 10 月实施的"第二号改组计划",设立了一个"国际开发合作总署",统一主管美国与发展中国家经济关系方面的各项事务。海外私人投资公司现在是该总署所辖三个单位之一[3]。但是,在法律地位上,该公

---

[1] 见 p. 857 注②所引梅隆著作,第 99 页。
[2] 见 p. 847 注③。
[3] 《美国政府组织机构手册(1982—1983 年)》,1983 年英文版,第 608—618 页。

司又被视同美京华盛顿哥伦比亚特区的一个居民(法人),设住所于当地。因而在民事诉讼中,它可以以自己的名义当原告或被告,并按其住所所在地确定其司法管辖以及其他权利义务。在一切仲裁程序中,它也具有独立的人格①。这种授权规定,可谓"未雨绸缪",预为该公司提供了在"打官司"上的独立性、主动性和方便行事之权。

该公司由董事会全权领导。董事共15人。国际开发合作总署署长兼任董事长,美国贸易代表或副代表兼任副董事长,公司总经理兼任董事,劳动部官员1名兼任董事。其余董事,概由美国总统通过一定手续遴选任命②。公司总经理和常务副总经理也由总统委任并遵照总统命令和董事会决策,实行经营管理③。每逢财政年度年终,公司应向国会提交经营详况书面汇报④。这样的领导结构和上下关系显示:这家公司是在美国最高一层行政当局直接严密控制之下的。就此点而言,不但足见其被重视的程度,而且足见其和政府机关行政单位并无大异,尽管它名为"公司"。

关于公司的经营资金,国会授权美国总统按照法定程序由国库拨付专款,总统还可随时补充拨款,使公司手头经常保持足够的保险储备金。另外,公司本身受权可以随时出售一定限额的债券给财政部,以取得现款清偿保险赔偿费,然后定期归还⑤。公司的一切收入和收益,均由公司自身全权支配。但从1981年起,公司应从每年纯收益中提取一定数额交给财政部,逐渐还清1975年以前所获得的专用拨款⑥。简言之,既保证该公司有足够的财源和信用,又要求公司做到精打细算,自给自足⑦。就此点而言,它和政府行政单位是不同的。

至于公司的业务经营范围,据宣布,包括投资保险、投资保证、直接投资、投资鼓励、专业活动、其他保险活动等六个方面⑧。所谓"投资保险",指的是按公司所定条件对适格的海外私人投资专门承保各种政治性风险,诸如东道国禁止

---

① 《1981年海外私人投资公司修订法案》第239条第1、4款,载于p.846注⑥引书,第151页;并参见p.840注②引书,第282页。
② 见同上法案,第233条第2款,载于同书,第133页。
③ 见同上法案,第233条第3、4款,载于同书,第134页。
④ 见同上法案,第240(甲)条,载于同书,第157页。
⑤ 见同上法案,第232条、第235条第6款,载于同书,第132、143页。该法案第237条第3款还进一步规定:由OPIC签发的保险单应构成美国国家承担的义务,并以美国国家信誉保证履行有关义务。
⑥ 见同上法案,第236条、第240(乙)条,载于同书,第145、158页。
⑦ 见同上法案,第231条,载于同书,第127页。
⑧ 见同上法案,第234条,载于同书,第135—138页。

外商自由兑换货币,征用或没收企业财产,当地发生战乱引致企业财产损失,等等。该公司并不承保企业经营中所可能遇到的一般商业性风险,这是它的保险业务同其他一般民营保险公司相异之处。

所谓"投资保证",指的是按公司所定条件对适格的海外私人贷款等提供政治风险保证。按照1981年新法案的规定,海外私人投资公司在同一时间内就投资保险项目承保的可能风险事故赔偿金债务总额,不得超过75亿美元;而在投资保证项目中承保的可能事故债务总额,则限于7.5亿美元,仅及前者的1/10①。

所谓"直接投资",指的是按公司所定条件专对美国小本商号发放贷款,协助它们向发展中国家投资。此项贷款总额甚微,而小投资家申请融资者甚众,粥少僧多,因而大量申请书被积压或被驳回②。相形之下,对大投资家则照顾甚多。故有人抨击海外私人投资公司的业务安排在很多场合只不过是为美国最大的一些公司和资本家巨头提供海外投资津贴,"锦上添花"而已③。

所谓"投资鼓励",指的是按公司所定条件,对私人投资家提供资助,俾便对海外投资机会(可能项目)进行调查、估量和落实。

所谓"专业活动",指的是举办各种专业项目,包括提供有关个人技能、职业或管理方面的经费和咨询服务,以促进人力资源的开发,提高技术水平和资本使用效能,等等。

所谓"其他保险活动",指的是海外私人投资公司同其他保险公司或融资机构订立保险或再保险契约,让渡或承受再保险业务,等等。

在以上六种业务经营项目中,投资保险是首要的、占压倒优势的项目。不论是在立法上、章程上,还是在实践中,海外私人投资公司的绝大部分资金和精力,都是投在这个项目上的。下文就有关投保适格、承保项目、索赔规定等主要规章制度,分别加以简介。

(二)投保适格

这里所说的投保适格,具体指的是符合一定规格的海外美资才可以向海外

---

① 见《1981年海外私人投资公司修订法案》第235条第1款,载于同书,第142页。
② 参见《海外私人投资公司财政处呈交公司董事会的备忘录(1980年11月6日)》,收存于海外私人投资公司文档。
③ 参见《美国劳联-产联经济研究部专家伊莉莎白·杰吉尔等人在第97届国会参议院外交关系委员会公听会上的发言》,载于《海外私人投资公司:美国第97届国会第1期会议参议院外交关系委员会公听会》,1981年版,第243—267页。

私人投资公司投保(亦称"要保")。换言之,海外私人投资公司只是针对符合投保条件、具有投保资格的海外美资,向投资人出售保险单(亦称"保险证券"),承担保险责任。就该公司现有的章程看,其所要求的"适格",可以分为投保人、投保标的物所在国、投保资本三个方面:

1. 投保人适格

适格的投保人有以下三类:(1) 美国公民;(2) 依据美国法律(或美国某州法律、某块领土法律)登记成立,并主要由美国公司所拥有的公司、合伙企业以及其他社团;(3) 完全归上述美籍公民、美籍公司等所拥有的具有外国国籍的公司、合伙企业以及其他社团。该外国国籍的公司,其股票由非美国人认购者,如不超过股票总数5%,不影响其投保资格①。美国法令作出此种规定的本意,已见本文第二部分分析②,兹不赘述。

2. 投保标的物所在国适格

这方面的适格前提有二,二者缺一不可:

(1) 必须是美国政府事先已经同该所在国(即东道国)政府达成协议,建立了有关投资保险保证的体制③,以免一旦发生风险事故,美国政府无法依约进行代位索赔。关于此点的立法背景,已经见本文第二部分论述。

(2) 投保标的物所在国不但必须是"不发达国家",即发展中国家,而且必须是其中国民收入较低的国家。因为这些国家需要资金最迫切,劳动力价格也势必最低廉,从而美国投资获利也最厚。但是这些国家政治上较为"不稳定",各种革命"动乱"因素也多,从而美资可能遇到的风险也较多。因此,针对投入这些国家的海外美资开展保险业务,自然就成了海外私人投资公司的工作中心。按1978年的公司修订法案,美资标的物所在国必须是每人每年平均收入在1 000美元以下者,该项美资才算投保适格。1981年的新修订案则大大放宽了这方面的投保限制,把国民收入每人每年平均数限额提高到2 950美元,这意味着在经济水平较高的发展中国家里投放的美资,原先不能投保,现在却可以投保了。

这种修改,在国会中是经过了一番争论的。当时有人认为美国财力有限,应当保留原标准,对可以投保的美资从严控制,仍以低收入的发展中国家里的美资作为承保对象,始符合于公司法案中所宣布的堂皇目标,即尽力促进和优

---

① 见 p. 846 注⑥所引法案,第238条第3款,载于同书,第150页(§2198)。参见 p. 858 注①及有关正文。

② 见 p. 856 注④—p. 858 注①及其有关正文。并参见梅兹尔:《从巴塞罗纳机车公司案件看投资保证体制中法人投资的国籍问题》,载于《美国国际法学刊》1971年第65卷,第536页。

③ 见 p. 846 注⑥所引法案,第237条,第1、2款,载于同书,第146页。

先考虑这些特别不发达国家的"经济开发和社会发展"①。但是,海外私人投资公司的代表则坦率辩称:有些发展中国家或地区,诸如土耳其、牙买加、韩国等,对于美国说来具有"战略上的重要性",现在这些国家或地区的国民收入每人每年平均数已经过 1 000 美元原定最高限额,如果把它们排除在投保适格范围之外,美国就无法通过投资这一重要途径,对它们施加影响;海外私人投资公司也就无法放手地作出努力,以"支持美国实现其外交政策的各种目标"②。公司负责人提出的诸如此类的"论据",终于打动了多数议员的心,使他们投票同意扩大这方面的投保适格范围。可见,海外私人投资公司考虑投资承保问题,并非仅仅着眼于经济,在某些场合,政治、外交上的考虑往往置于首位。而海外私人投资公司对美国国务院的"政策指导"③,是如此奉命唯谨,亦步亦趋,以及它在美国与前苏联争夺世界霸权中所起的配合作用,于此可见一斑。

3. 投保资本性质适格

投保资本性质适格,主要有如下几项条件:

(1) 海外美资,必须经过所在东道国事先批准同意投保,始为适格。按海外私人投资公司所定章程,当事人在投保之先,须先向该公司索取"登记申请书",具体填报投资项目简况及投保种类要求,经该公司审议同意,再发给正式申请书,按公司指导填写完毕后寄给东道国政府,申请依据现有双边投资保证协议,批准投资、投保;经东道国政府签署意见后,将原件寄交当地美国大使馆转回该公司。这就是章程中所要求的"通过美国官方渠道寄回海外私人投资公司"④。如此郑重其事,究其实质,显然就是为了要加强对东道国政府的约束力,提高当地美资的"安全系数"。

(2) 海外美资,必须是新的投资,方可投保。一般说来,这指的是投向新的项目的美资。早先已在当地开业经营的海外美资,如欲投保,一般不适格。但旧企业因进行重大扩建、更新设备而吸收的新投资,则视同投入新项目的美资,

---

① 见 p. 846 注⑥所引法案,第 231 条第 1 款、第 2 款第 2 项,载于同书,第 127 页。并参见《卡内基国际和平基金会高级会员弗列德·伯格斯腾在第 97 届国会参议院外交关系委员会公听会上的发言》,见 p. 861 注③引书,第 248 页。

② 参见《海外私人投资公司代总经理杰拉德·威斯特在第 97 届国会参议院外交关系委员会公听会上的发言》,见 p. 861 注③引书,第 150—151 页。其后,此项标准又有新的调整:投资项目所在国人均年收入在 984 美元以下者,OPIC 应优先考虑予以承保;投资项目所在国人均年收入在 4 269 美元以上者,则应限制承保。以上美元,均按 1986 年以美元实值予以核计。参见《2003 年 OPIC 法案(修订)》第 231 条第(2)款。

③ 见 p. 847 注②及有关正文。

④ 《海外私人投资公司投资保险手册》,1980 年英文版,第 19—20 页。并参见 p. 840 注②引书,第 303 页。

可以投保①。该公司作此规定是有缘由的：商人把资金投向某个新的项目，一般显示该种项目为东道国所急需、所欢迎；同时也显示投资者凭其商人精明眼光、敏锐嗅觉和仔细盘算，经过调查研究和深思熟虑之后，认定该项目比较安全。海外私人投资公司选择此类美资立契承保之后，险情小而保险费照收，自然乐得。但其主要目的，显然在于对美资投放方向事先加以指引，以免导致过多的国际纠纷，因为实践已经证明：美国再也无法单凭自己的意志断然处置这类纠纷了。

(3) 海外美资，必须不是投入下述经营，才有资格投保。换言之，海外私人投资公司拒绝承保下列美资：A. 投资人看来是打算以这笔海外投资所出的产品，取代原在美国生产的同类产品，并且销往原属美国同类产品的同一市场，从而"大量削减该投资人在美国雇用职工的人数"。B. 这笔投资看来会大量削减美国其他企业单位雇用职工的人数。C. 这笔投资用于海外制造业或加工业的项目之后，看来会削减美国的贸易利益，大大不利于美国的国际收支平衡。D. 这笔投资采购商品或劳务的重点不在美国，却在另一个发达国家②。一句话，凡是对美国的就业、出口有较大消极影响的海外美资，一概不予承保，纵使它对发展中国家的"经济开发和社会发展"好处极大，也属枉然。可见，在法案上宣布的该公司成立宗旨虽甚冠冕堂皇，但归根结底，美国自身的经济利益，特别是美国有产者对国内的稳定统治③以及在国际上的经济优势，仍是权衡取舍的最高标准。

一笔投向海外的美资，如在以上三个方面均为适格，最后还要经过海外私人投资公司审批。审批的重要根据之一是驻在东道国当地的美国大使馆或美国国际开发署办事处同意推荐的项目④；另外，1973年9月，该公司还建立了一

---

① 《海外私人投资公司投资保险手册》，1980年英文版，第5—6页。并参见 p. 840 注②引书，第292页。
② 见 p. 846 注⑥所引法案，第231第3款，第11—13项；并参见同上手册，第17页；p. 840 注②引书，第294页。
③ 在1977年以前，有关海外私人投资公司的法案中本无本段正文中所说的A、B两点限制。1977年国会讨论对该公司重新授权问题时，遇到工会方面的猛烈抨击和反对。它们指责海外私人投资公司大力鼓励"逃跑工厂"。因为在海外私人投资公司提供保险的支持下，美国许多公司关闭了设在本国的工厂，而"逃跑"到第三世界去开设新厂，利用当地的廉价劳力，赢得厚利，从而削减了美国国内工人的就业机会，制造新的失业队伍。为了缓和国内的阶级矛盾，并使该公司的重新授权问题得到顺利解决，国会遂在《1981年海外私人投资公司修订法案》中增添了上述A、B两点规定。但每笔投资是否属于A、B两类，仍由该公司当局全权自由裁断。参见《美国劳联-产联提交第95届国会众议院外交委员会国际经济政策小组委员会公听会的声明》，载于《海外私人投资公司计划的延期和修订：美国第95届国会第1会议众议院外交委员会国际经济政策小组委员会公听会》，1977年英文版，第353页。
④ 《海外私人投资公司代总经理赫伯特·萨尔兹曼在第93届国会公听会上的证词》，载于《跨国公司与美国外交政策：美国第93届国会第1期会议参议院外交关系委员会跨国公司问题小组委员会公听会》，1973年英文版，第541页。

套"国情监听、监督制度",由专家们经常分析估量每个国家各种政治风险动向,不断积累资料并经常汇报,为公司领导人充当耳目,便于他们对前来投保的海外美资作出承保与否的判断。同时还规定凡向风险重大的地区投资额达一定数字者,承保与否的审批权属于公司的董事会①。

从投资所在国适格和投保资本性质适格的一系列规定中可以看出:该公司对于前来投保的海外美资同意承保与否,是颇费斟酌、慎之又慎的。这同前述"投保人适格"问题上该公司之广张保险大伞,尽量包罗庇护,恰恰形成极其鲜明的对照。怎样解释这种现象呢?看来,根本原因就在于美国的实用主义限制了美国的理想主义。说得通俗些,就是矛盾重重②,力不从心,只好有所退让。关于这点,下文将作进一步分析。

(三)承保项目

《1981年海外私人投资公司修订法案》中所列举的承保项目,基本上沿用1961年以来的规定而又有所扩大。但始终仅限于承保兑换、征用、战乱等三类政治性风险,而不包括一般商业性风险。投保者可以任意选购下述一、二种风险或全部风险的保险单:

1. 货币禁止兑换风险(亦称"甲类承保项目")

这种保险的主要内容是:投保人在保险期内作为投资的收益或利润而获得的当地货币,或者因变卖投资企业财产而获得的当地货币,如遇东道国禁止把这些货币兑换成为美元,应由承保人(海外私人投资公司)用美元予以兑换③。

按照保险合同所规定的不同情况,投资者必须在换取美元的申请已经提出30天或60天期满而当地政府仍不批准的条件下,方可向海外私人投资公司要求兑换。如事先未尽力向当地政府申请兑换,或者这笔当地货币在投资人手中迟迟不换已超过18个月,则无权再向该公司要求兑换④。在公司依约兑付美元之先,投保人应按公司要求将当地货币的现款或支票、汇票在指定地点交付公司⑤。公司得到这些货币之后,通常的做法是作价转让给美国财政部,由财

---

① 《海外私人投资公司董事会决议(1973年9月10日)》,载于 p.857 注②所引梅隆著作,附录,第602—606页。
② 参见本文结论之(二)。
③ 《海外私人投资公司 234 KGT 12—70 型合同(修订版)》第13条,载于1982年英文版单行本,第25页;并参见 p.846 注⑥所引法案,第234条第1款第1项第1点之(A),载于同书,第135—136页。
④ 同上合同,第14条第1款,载于同上单行本,第25—26页。
⑤ 同上合同,第16条,载于同上单行本,27页。

政部拨给驻在该东道国的美国大使馆,供作当地日常开销之用①,即加以"就地消化"。

2. 征用风险(亦称"乙类承保项目")

这种保险的主要内容是:在保险期内,由于东道国政府采取征用措施,致使投资人的投保资产受到部分或全部损失,应由承保人(海外私人投资公司)负责赔偿②。

按照有关法案规定,"征用"一词指的是"在投资人并无过错或不轨行为的情况下,东道国政府中途废止、拒绝履行或径行削弱它自己同投资人订立的经营项目合同,致使该项目实际上难以继续经营。"③法案条文语焉不详之处,由该公司所颁行的合同条款加以补充。从这种合同的具体条款来看,海外私人投资公司所承保的征用风险,范围甚广。在该公司保险业务实践中,有关这方面的纷争也最多。为便于对照分析,拟将合同中有关这方面的具体文字及其有关实际案例,一并在本文第四部分中加以论述。

3. 战乱风险(亦称"丙类承保项目")

这种保险的主要内容是:在保险期内,投资人在东道国的投保资产由于当地发生战争、革命、暴动或骚乱而受到损害,应由承保人(海外私人投资公司)负责赔偿④。

骚乱风险,原来不在承保之列。1981年的修订法案才扩大承保范围,把它纳入丙种承保项目。这是应美国投资人的要求而添加的项目,它显示美资在发展中国家里所遇到的还不够原定战乱规格的各种"烦恼"增多了⑤。不过,海外私人投资公司强调它自己向来只受权承保政治性风险,所以在事后对骚乱风险承保内容作了限制性的解释,即骚乱保险"只限于个人或集团主要为了实现某种政治目的而采取的破坏活动所造成的损失"⑥。这就把一般

---

① 参见《海外私人投资公司总经理布拉德福特·米尔斯在第93届国会公听会上的发言》,载于《海外私人投资公司:美国第93届国会第1期会议众议院外交委员会对外经济政策小组委员会公听会》,1973年英文版,第265页。

② 见 p.865 注③所引合同,第18条、第20条,载于同单行本,第28、30—31页;并参阅 p.846 注⑥所引法案,第234条第1款第1项第1点之(B),载于同书,第136页。在现行的《2003年 OPIC 法案(修订)》第238条(b)款的"定义"中,已将原定的"东道国政府"一词增补扩大为"外国政府、外国政府的政治分支机关、或由外国政府拥有或控制的一家公司"。这实际上意味着:即使只是东道国的地方政府或一家国有公司有重大违约行为,也要追究其中央政府的"征用"责任。

③ 见 p.846 注⑥所引法案,第238条第2款,载于同书,第150页。

④ 见 p.846 注⑥所引法案,第234条第1款第1项第1点之(C),载于同书,第136页。

⑤ 《美国第97届国会第1期会议众议院第195号报告书》,1981年英文版,第7页。

⑥ 《海外私人投资公司提交董事会的备忘录:关于骚乱保险的一般方针和指导原则(1982年4月20日)》附录一,1982年英文版,第1页。

的劳资纠纷、经济矛盾所引起的骚乱冲突风险排除在外,而让私人经营的保险公司去做这方面的承保生意。同时,公司还规定:投保人有义务提出确凿可信的证据,证明该骚乱、恐怖活动或破坏活动的主要目的确实在于实现某种政治意图①。此外,公司还按有关法案的规定,于1982年8月间向国会参、众两院的有关委员会提出报告②,专就骚乱承保项目的可行性、范围及其具体实施办法等,进行全面的分析、拟定,俾便另作审批。可见,对于实施这一新的承保项目,颇为慎重。

关于战乱所造成的"损害"一词,公司颁行的合同条款中专门作了解释。它指的是:由于战争、革命、暴动或骚乱,直接引起投保财产的物质状态受到损伤,投保财产被毁坏、被丢失、被夺走并扣留不还,包括在上述战乱中某方军队为了预防或对付日益迫近的敌对行动而采取的坚壁清野等破坏活动所造成的上述各种损害,都在索赔与赔偿之列。但其前提是在战乱与损害之间必须确实存在直接的、必然的因果关系③。

(四) 索赔规定

上述各种政治性风险事故一旦发生,紧接着,就出现两个方面的问题:一是投保人向承保人(海外私人投资公司)依照国内保险合同索赔的问题;另一是海外私人投资公司依照国际保证协定向东道国当局代位索赔的问题。

美国当局和公司领导人充分发挥了美国商人所固有的"精明干练、灵活圆通"的传统精神,把以上这两个方面紧密地联系起来,使其互相渗透,力争"左右逢源"。海外私人投资公司成立不久,国会众议院外交委员会的对外经济政策小组委员会就定下了这样的指导方针:

"美国已经卓有成效地同各国谈判签订了95个(有关投资保证的)双边协议,对于这些协议,当然不能弃置不用。但是,尽管海外私人投资公司可以行使这些协议中所规定的代位索赔权利,本小组委员会仍然深切期待

---

① 《海外私人投资公司提交董事会的备忘录:关于骚乱保险的一般方针和指导原则(1982年4月20日)》附录一,1982年英文版,第1页。
② 《海外私人投资公司关于实施骚乱保险项目的报告书》(1982年8月20日),1982年英文版,单行本。此项承保内容已获国会审批同意,并于1983年开始实行。参见《海外私人投资公司1983年度报告》,1984年英文版,第27页。
③ 见 p.865 注③所引合同,第1条第7款,载于同单行本,第3页。按现行规定,OPIC 现在还增添了新的承保项目:凡因禁兑、征用和战乱三种风险事故而造成营业中断(business interruption)风险事故,亦可预先投保。参见《2003年 OPIC 法案(修订)》,第234条第(a)(1)(D)款。

海外私人投资公司会施展才能,精心设计,妥善安排,做到在绝大多数场合避免产生政府同政府之间的迎面相撞、直接对抗。"①

这一基本指导方针显然是在盛气凌人,僵硬压服的一贯做法多次碰壁之后总结出来的。它确实已被贯穿于以下两个方面的具体规定之中。

1. 尽可能把投资人(投保人)推上索赔争讼的第一线,海外私人投资公司则居后指挥、支持,其要点是:

(1) 投保人应当尽速把发生风险事故的详况和判断理由通知海外私人投资公司②,以便该公司及时通过驻东道国的美国使领馆等机构核实,或指派专人前往当地查证核实。在前一种场合,美国驻外机构所签注的意见,就类似于"公证"③。

(2) 投保人在把海外企业财产全部转移给该公司并取得赔偿金之前,必须竭尽一切可能,首先在东道国境内采取一切行政补救或司法补救措施(交涉、谈判、请愿、起诉等等),要求制止风险或取得赔偿,并把争讼情况随时报告该公司,按后者的指挥行事④。反之,该公司就有权拒绝支付风险赔偿金。

(3) 投保人在获得该公司通知同意付赔后,应按后者要求把投保的有关资产、现金、债权、所有权、索赔权或起诉权等等,全部转移给该公司⑤。

(4) 投保人即使在获得该公司支付赔偿金之后,仍有义务同该公司委派的代表全面通力合作,除妥为管理、保护业已转归该公司所有的海外企业一切财产外,尤应继续参加行使业已转归该公司的索赔争讼权利。"投资人参与这些活动,均是为了海外私人投资公司的利益,或是充当海外私人投资公司的受托人,所有这些活动的一切费用,概由海外私人投资公司负责支付,无须投资人自掏腰包。"⑥这一条规定的核心内容看来就是:该公司出主意、出钱,投资者出面、出人,继续同东道国政府打官司。

(5) 投保人和承保人之间关于保险合同履行过程中的任何争议,应提交华盛顿特区"美国仲裁协会"仲裁,由后者作出有拘束力的最终裁决⑦。

---

① 美国第93届国会第1期会议众议院外交委员会对外经济政策小组委员会:《关于海外私人投资公司的报告》,1973年英文版,第35—36页。
② 见 p.865 注③所引合同,第19条第1款、第23条第1款,载于同单行本,第28、33页。
③ 参见海外私人投资公司文档:《费恩国际公司索赔案卷》,第5969及6159号合同,海外私人投资公司1973年10月20日裁定备忘录,第4页。
④ 见 p.865 注③所引合同,第2条第12款,载于同单行本,第15页。
⑤ 见同上合同,第16条、第19条第2款和第33款、第23条第2款,分别载于同上单行本,第27、28—29、33页。
⑥ 见 p.865 注③所引合同,第2条第13款,载于同单行本,第15—16页。
⑦ 见同上合同,第11条,载于同单行本,第24页。

对于海外私人投资公司精心设计这一套办法的用意,美国法学研究所和美国律师公会所联合主持编印的一套《律师指南》曾作了坦率说明:

"海外私人投资公司宁愿避免作为投资者的代位索赔人,直接地和正式地向东道国政府要求赔偿。……通过海外私人投资公司与投资人的双方协议或依据保险合同条款,即使在该公司支付赔偿金之后,投资人可能仍然要在名义上或实质上继续参加诉讼,寻求当地的各种补救办法。有一些因素限制了海外私人投资公司直接向东道国政府实行代位索赔:首先,因货币不能兑换而索赔,往往牵涉到东道国控制管理外汇的正当权力问题。在这类场合,海外私人投资公司宁愿等待一时,按照行得通的规章制度收回美元;或者把所得的当地货币拨充美国政府在投资项目所在国的开销。其次,根据公认的国际法准则,东道国政府对于因战争、革命或暴动所造成的各种损失,通常并没有责任要给予赔偿①。摘引者注。最后,海外私人投资公司作为投保股票的受让人,可以通过谈判协商,议价出售这些股票,解决问题,而不必在法定索赔程序中,要求赔偿。"②

从这一段说明中可以看出:海外私人投资公司之所以在国际索赔争讼中宁愿采取就地开销、就地出售等办法解决问题,特别是宁愿出钱指使打官司而不愿直接出面当原告,不仅仅是为了缓和气氛,而且也为了避开国际法上的争议之点和不便之处。另外,实际案例还表明,它尽可能不直接出面当原告,也给自己留下余地:尽管实际上它是潜在的当事人或实在的当事人,但它往往以"调解人"面目出现,在投资者与东道国政府之间斡旋缓冲,求取问题的实际解决③。

然而,美国当局在国际索赔问题上从来并不局限于消极地回避国际法上的难题和不便;相反,它一向致力于为自己的各种要求积极地创造国际法上的新理由和新根据,这是人们不可忽视的另一个方面。即:

---

① 参见 p. 849 注①引书,第 235—236 页。
② 见 p. 840 注②引书,第 307—308 页。
③ 例如,1974 年圭亚那政府对境内美资雷诺尔德斯-圭亚那矿业公司课以重税,并宣布将于年底以前把该公司收归国有。海外私人投资公司在赔偿讼争中的做法是:第一,怂恿美资雷诺尔德斯公司拒交税款;第二,以"调解人"身份出面"斡旋",同圭亚那政府谈判,确定由圭政府支付巨额赔偿金 1 000 万美元;然后,第三,由海外私人投资公司依照国内保险合同向雷诺尔德斯公司支付赔偿金 1 000 万美元;第四,圭亚那政府必须以分期付款方式偿还海外私人投资公司垫支的 1 000 万美元,外加分期付款的厚利高息。参见海外私人投资公司文档:《雷诺尔德斯金属公司索赔案卷》,第 5877 号合同,《雷诺尔德斯金属公司(圭亚那)索赔案案情梗概》,第 2—3 页。并参见本文第四部分(一),第三件案例。

2. 尽可能扩大海外私人投资公司的索赔权能,以"引而待发"之势对东道国施加影响和约束

关于这方面的做法,主要是在国际双边协定中比较详细具体地规定了海外私人投资公司代位索赔的范围和途径,其要点已简述于本文第二部分①。这里拟补充分析美国通过这类规定所希望获得的国际法上的几点新依据:

(1) 使国内私法关系上的代位权具有国际公法上的拘束力

条约必须信守,这是公认的国际法基本准则。1969年5月的《维也纳条约法公约》进一步明文规定"条约,必须遵守。凡有效的条约,对于缔约国具有拘束力,各缔约国必须善意履行。"②因此,在美国看来,吸收美资的东道国一旦自愿同美国签订了双边协议,允许海外私人投资公司享有代位索赔权,这就意味着该东道国承担了一项在国际法上具有拘束力的义务,有责任如约履行。于是原属美国国内私法契约关系上的代位索赔权就此"国际化"、"公法化"了。

(2) 使"再代位权"具有国际公法上的拘束力

早先,在美国同其他国家签订的投资保证协议中,都承认美国政府对美国投资人的代位权,而不附加任何限制③。后来,随着第三世界"经济民族主义"的高涨,联合国也相继作出了尊重弱小民族"经济主权"的决议,这就使美国希望获得的代位权受到新的限制,而并不具有绝对性。鉴于国际投资气候的这种变化,自1965年以来,美国同第三世界各国签订的双边性投资保证协议中往往添上一个条款:东道国如果禁止美国承保机构在该国境内取得投资人的财产利益,则应允许美方作出适当安排,将上述利益再转移给东道国法律所允许占有此项利益的单位④。这一条款意味着:东道国允许海外私人投资公司转让代位权,即让它安排"再代位",并且作为一项在国际法上具有拘束力的义务,加以承担、履行。

(3) 使国际裁决途径和争讼地位升级具有国际法上的保证

美国当局一方面尽量把投资人推上索赔争讼的第一线,要他们竭尽所能在东道国循着行政诉讼或司法诉讼程序寻找补救办法,取得赔偿;另一方面,却尽量规避完全按照东道国国内的实体法和程序法办事,力图摆脱它的管辖和约

---

① 见 p.840 注②及有关正文。
② 《维也纳条约法公约》第26条,载于《联合国条约法会议文件》,1971年英文版,第292页。
③ 如1957年9月签订的《美国-伊朗私人投资保证协议》,载于《美国参加的条约及其他国际协议汇编》(第8卷第2分册),1957年英文版,第1159—1600页。
④ 如1965年2月签订的《美国-巴西投资保证协议》第3条第1、2款,载于《美国参加的条约及其他国际协议汇编》(第18卷第2分册),1967年英文版,第1808页。

束①。这两个方面，貌似相反，实则相成，目的都是一个：从东道国取得最大限度的征用赔偿。前一方面，主要体现在国内的保险合同条款上，后一方面则主要体现在国际保证协议的规定中。此类双边协定中的国际仲裁条款，就是为此而设，旨在使此种摆脱东道国司法管辖的裁决途径，获得国际法上的保障。

除此之外，协定中实际上还埋下一个人们容易忽视的"伏笔"，即除了在一般情况下保证海外私人投资公司享有并行使代位索赔权这一手之外，还另有一手："美利坚合众国政府保留以其主权地位按照国际法提出某项要求的权利。"②这句话的含义究何所指？有的协议本身并未明言，但人们通过比较，却可以略知大概：1968年3月美国同巴巴多斯签订了投资保险协议，其中第4条后段明文规定："一旦发生拒绝受理或执法不公③的情况，或者发生国际法所认定的有关国家责任的其他问题，承保国（美国）政府保留以其主权地位按照国际法提出某项要求的权利。"④这就意味着：只要美国政府认为按照东道国的实体法和程序法处置美资企业的索赔要求有所不"公"（更不必说不予受理了），它就有权以主权国家的身份亲自出马，与东道国政府"迎面相撞，直接对抗"（借用美国议员语⑤）了；就可以要求撇开东道国的司法管辖，按双边协议中的仲裁条款诉诸国际仲裁，或投诉于国际法院，要求审判。于是，投资人依据私法合同关系提出一般索赔的问题，就升级为美国政府援用国际公法实行"外交保护"和追究"国家责任"的问题了。

对此，美国法学界人士认为："应当指出：美国政府通过海外私人投资公司提出代位索赔，与美国政府以其主权地位采取行动，支持财产被征用并受到国

---

① 参见本书第二部分之（三），第2、3点。
② 《中美投资保证协议》第3条第2款，载于p.833注③引书，第433页。
按：1973年4月签订的《美国-罗马尼亚投资保证协议》第3条以及同年1月签订的《美国-南斯拉夫投资保证协议》第4条中，也有基本相同的文句（载于《美国参加的条约及其他国际协议汇编》（第24卷第1分册），1973年英文版，第1074、1092页）。
③ 原文是denial of justice。此词在中文著作中有"拒绝司法"、"拒绝正义"、"执法不公"等多种译法。兹按其实际含义译为"拒绝受理或执法不公"，虽较累赘，但可避免以文害意。美国哈佛研究部在1929年所草拟的《国家责任公约草案》第9条对此词解释如下："一个国家如果拒绝受理案件或执法不公，致使一个外国人受到损害，它就负有责任。拒绝受理或执法不公，存在于以下几种场合：拒绝提交、无理拖延或阻碍提交法院审理；在司法程序或救济程序上严重缺乏行政管理；不为适当的司法行政管理提供公认的必要保证；作出显然不公正的判决。国家法院的工作失误并未形成不公正判决者，不属于拒绝受理或执法不公"（见《美国国际法学刊第23卷特别增刊》，1929年英文版，第134页）。哈佛上述草案中的这种看法，在西方发达国家中（特别是在美国）具有一定的代表性。对于这种看法的评论，可参见p.849注①引书，第四章第七节《国家的责任》，第五章第二节《外国人的法律地位》。
④ 《美国参加的条约及其他国际协议汇编》（第19卷第4分册），1968年英文版，第4693页。按：在1973年1月签订的《美国-南斯拉夫投资保证协议》第4条中，也有完全相同的文字。见②引书，第1092页。
⑤ 见p.868注①及其正文。

际法上所认定的拒绝受理或执法不公待遇的投资人,要求赔偿,其作用是根本不同的。"在前一种场合,美国"海外私人投资公司只能取代投保投资人的地位,不能要求享有更大的权利……在这种情况下,海外私人投资公司所具备的身份同一家私人经营的灾害保险公司提出代位索赔要求,基本上是一样的。"①反之,在后一种场合,美国政府以主权国家身份出现,其气氛、气势或气焰,当然就迥然相异了。

由此可见,美国富有经验的外交缔约专业人员实际上早就在国际双边协定中为可能出现的"政府同政府之间的迎面相撞"作了法律上的准备,即为日后索赔争讼中美方地位的升格和加强,预先埋设了国际法上的依据。一旦相撞,美国政府事先早已穿好了"法律盔甲"!

综合起来看,前述国会议员们关于避免政府与政府迎面相撞的说辞,貌似彬彬有礼;而缔约外交人员在精心推敲的国际协议中,却是步步为营的。从私人或"公司"出面,索取赔偿、就地开销、就地出售、就地转让、就地起诉,一直到政府直接出面谈判、提交国际仲裁、援用外交保护原则、投诉于国际法院,等等,确实是做到了多层设防。这里,既体现了专业人员的"能干",也体现了美资海外处境的"多艰"!

四、海外私人投资公司对若干索赔案件处断概况②

美国海外私人投资公司开设十余年来,其业务经营的总情况可以说是"财源茂盛,生意兴隆"。

这首先是由于它的资金主要来源是美国国库的专用拨款,而且由美国政府充当它的经济后盾和政治靠山,它无论行使权利还是履行义务,均"有恃而无恐",因此,美国的海外投资人对它抱有较大的期待和信心,纷纷投保。

1969年海外私人投资公司据以成立的法案明文规定:在这家公司成立以前由公司前身各主管机构所签发出售的一切保证单,以及公司成立以后所签发

---

① 见 p.840 注②引书,第308页。
② 据海外私人投资公司索赔问题高级法律顾问斯腾先生函告:该公司长期以来从未正式援用双边投资保证协议中规定的国际仲裁办法,解决索赔纠纷。只是直到最近,才有数起涉及伊朗政府的索赔案件,开始采用国际仲裁办法。但由于尚在讼争之中,尚无结论,材料概未公布。因此,迄今美国学术界所能看到的有关该公司的索赔案例资料,都是以该公司(承保者)和美国投资家(投保者)作为两造当事人的。(见斯腾先生1983年1月26日、12月20日致本文作者函件。)

出售的一切保险单、保证单、再保险单，分别按照其中有关条款的规定，"均应构成美利坚合众国所承担的法定义务，因此，应以美利坚合众国的全部信用和信誉作为担保，保证充分的清偿和履行上述义务。"①口气如此之大，当然会给投资家们造成此家公司十分"稳定、可靠"的印象。再加上这家官办公司提供的保险期可以长达二十年②（民营保险公司的保险期一般只有 1 至 3 年），所收取的保险费又远较一般民营保险公司为低③，难怪它顾客盈门，获利颇丰④。而自从正式开始营业以来，它不仅实现了自给自足的要求⑤，而且历年累计赚取的利润已高达 8.1 亿美元⑥。

但是，这家官办的海外投资承保公司同美国海外投资家投保顾客之间，却并不都是始终融洽无间的。特别是在海外美资遇到风险事故之际，投保人与承保人之间的讼争，可谓屡见不鲜，其间甚至不乏颇为激烈的交锋。

这类讼争与交锋，说到底，无非是资产者个人与资产者阶级整体、海外投资阶层的资产者与其他阶层的资产者之间的矛盾，以及海外投资阶层的资产者与美国广大纳税人之间的矛盾。因为，尽管海外私人投资公司设立的本来目的，就是直接向海外投资这一阶层的资产者服务的，但是，它毕竟是美国政府所属的一个机构，是整个美国国家机器的一个组成部分。在处理资产者个人与阶级、局部与整体的矛盾时，它必须以不背离这个国家的阶级实质为原则，必须以维护整个资产阶级的整体利益为最高依归。另外，它的财源直接来自国库；源头则在于美国广大纳税人所缴交的国税。广大纳税人对于该公司早有"为大资产者锦上添花"的讥弹⑦，对该公司形成了一定的社会压力。从美国国内说，正是由于以上这两方面的缘由，该公司对于单个资产者投保人遇"险"受损后的索赔要求，就不可能有求必应。

诚然，上述这些矛盾都发生在美国领域之内，乍看起来，似乎不值得加以注意，其实不然。因为，争讼的中心往往是投保的海外美资是否已经遇到了现实

---

① 见 p.846 注⑥所引法案，第 237 条第 3 款，载于同书，第 146 页。
② 见 p.863 注④所引手册，第 14 页；p.846 注⑥所引法案，第 237 条第 5 款，载于同书，第 146 页。
③ 参见《海外私人投资公司代总经理杰拉德·威斯特在第 97 届国会参议院外交关系委员会公听会上的发言》，载于 p.861 注③引书，第 209 页。
④ 试以该公司新近发表的 1983 年度营业财政情况报告为例：由于投保顾客多，该年度处在有效期中的投资保险承保总额高达 9 513 381 000 美元(即已超过 95 亿美元大关)，单单当年一年所收入的保险费等等，除用于支付各种风险事故赔偿金以及公司各种营业开支之外，纯利润高达 82 677 000 美元(即已超过 8 000 万美元)。参见《海外私人公司 1983 年度报告书》，1984 年英文版，第 1、41 页。
⑤ 见 p.860 注⑦及有关正文。
⑥ 见注③所引发言，附表二，载于同书，第 157 页。并参见《海外私人投资公司 1983 年度报告书》，1984 年英文版，第 42 页。
⑦ 见 p.861 注③及有关正文。

的风险事故，投保人是否已经遭受风险损失，以及海外私人投资公司是否应当依约支付赔偿金的问题。一旦该公司在国内争讼失败，"理亏"付赔，那么，依据国际双边保证协定中的代位索赔原则，争讼马上就从第一层次过渡到第二层次，从美国国内延伸到投保美资所在的东道国去了。从这个意义上说，吸收、接纳美资的第三世界东道国对于美国国内的这类讼争说来，并不全是可以袖手看热闹的旁观者，相反，往往是暂时潜在的当事人或现实的利害关系人。因此，对于此类争讼中最常见的案件类型、争执症结和处断情况，对于最可能引起国际代位索赔的具体纠纷问题以及海外私人投资公司对美资施加法律保护的具体范围，不可不略知梗概。特别是多年来，海外私人投资公司对于投保人的索赔要求之所以不敢过宽过滥地有求必应，除了上述两个方面的国内缘由之外，显然主要因为它在国内依约付赔的根据以及由此而来的国际代位索赔的根据，必须言之成理，持之有故，经得起东道国内行人的推敲。所以，举凡吸收美资的第三世界国家，为了维护自身利益，避免遭受愚弄，就尤有必要对有关典型案例作较为深入的了解。

在海外私人投资公司及其前身诸机构的业务实践中，绝大部分重大的索赔案例都属于征用风险范围（即乙类承保项目）。该公司在积累多年经验的基础上，在保险合同中对于征用承保项目规定得特别具体、细致。下面拟以这些合同条文规定作为纲索，逐一择要介绍曾经发生过的典型索赔案例及其处断概况。

该公司现行的"234 KGT 12—70 型合同（修订版）"第 1 条第 13 款规定：

"'征用行动'一词，指的是投资项目所在国的政府所采取、授权、认可或纵容的、给予赔偿或不给赔偿的任何行动，该行动开始于保险期内，并且直接造成以下一种后果长达一年之久：

（1）阻碍投资人获得海外美资企业依据有价证券以指定货币支付给投资人的到期款项；

（2）阻碍投资人作为股东或债权人有效地行使由于投资而取得的对于海外美资企业的基本权利……

（3）阻碍投资人转让有价证券或有价证券所派生的任何权利；

（4）阻碍海外美资企业对本企业重要财产的使用或处置实行切实有效的控制，阻碍建设或经营该投资项目；

（5）……（略）"①

在合同本条款规定的后半部，加上一段很长的"但书"，列举了八种情况，即

---

① 见 p. 865 注③所引合同，第 1 条第 13 款，载于同单行本，第 4 页。

使具备上述要件,亦不视为征用行动:

"(1)投资项目所在国政府正当合理地依据本国宪法所认可的政府方针,颁行某种法律、法令、条例或行政措施,按照其中的明文规定,并非有意实行国有化、没收或征用……并非专横无理,而且按照企业的合理分类加以适用,并不违反国际法上的公认原则。

(2)投资人或海外美资企业在投资人可控制的范围内没有采取一切正当合理的措施,包括在投资项目所在国境内遵循当时可以采用的行政程序和司法程序,提起诉讼,以制止或抗议上述行动。

(3)根据投资人或海外美资企业自愿参加签订的任何协议而采取的行动。

(4)(东道国政府)由于投资人或海外美资企业进行挑衅或煽动而采取的行动。但对下述行为不应认定是挑衅或煽动:甲、投资人或海外美资企业遵照美国政府的特定要求而采取的行动;乙、在投资项目所在国的政府卷入讼争的场合,投资人或海外美资企业在同该项讼争有关的司法程序、行政程序或仲裁程序中诚实无欺地采取的任何合理措施。

(5)、(6)、(7)、(8)……(略)"①

以上合同条款中关于"征用行动"的规定,包含范围甚广。按照人们通常的理解:对外资企业的征用,指的是东道国政府颁行法律或法令,明文宣布把外资企业收归国有或加以征用,并且指派专人前往接管、接收。但综观海外私人投资公司上述合同的规定,却并不以正式宣布征用并派人接管作为认定征用性质的前提条件。恰恰相反,它把西方发达国家通常所说的形迹并不明显的"蚕食式征用"②也统统包罗在内,从而尽可能造成一种局面:单按国际法一般原则,未必可以进行国际索赔;兼按国内保险合同具体条款,却可以进行国际索赔。

从下列各类索赔案例中,可以大体上看出海外私人投资公司和美国仲裁人员是如何理解和运用上述的合同规定的。

(一)关于东道国政府的直接牵连问题

按照前引"海外私人投资公司 234 KGT 12—70 型投资保险合同(修订

---

① 见《海外私人投资公司 234 KGT 12—70 型合同(修订版)》第 1 条第 13 款,载于同单行本,第 5 页。
② 原文为 creeping expropriation。creeping 一词含有"逐步蔓延、蹑手蹑脚的、悄悄爬行的、匍匐前进的、不知不觉的、不声不响的"等多种含义。这里意译为"蚕食式征用"。

版)"第1条第13款第1项的规定,凡对海外美资企业造成征用后果的行动,必须是该企业所在地东道国政府所采取、所授权、所认可或所纵容的。

东道国政府所采取、授权、认可或纵容的行动同海外美资企业所遭受的风险损失之间,必须有直接的因果联系。换言之,东道国政府的直接牵连,乃是构成征用风险事故的前提条件。根据此类条款,海外私人投资公司及其前身机构国际开发署曾对有关索赔案件处断如下。

1. 1968年印第安头人公司索赔案[①]

1961年12月,美国印第安头人公司与尼日利亚联邦东区州政府签订了一项协议,决定在尼日利亚东区州阿巴市合资经营阿巴纺织厂,开展原棉织布和布坯印染等生产业务。印第安头人公司拥有阿巴纺织厂全部股票的70%,其余的股票属于当时的尼日利亚东区州政府所有。1964年10月,工厂开始正式投产,盈利颇丰。

当时,尼日利亚联邦政府下辖四个州,其中包括东区州和北区州。北区州盛产原棉。阿巴纺织厂生产所需原棉,经合营双方约定,应由尼日利亚设在北区州的国营棉花购销垄断机构供应。该国营机构与阿巴纺织厂另外订立了原棉供应合同。

1967年5月,由于部族冲突,伊博族聚居的东区州当局宣布脱离尼日利亚联邦,成立"比夫拉共和国"。当时的尼日利亚中央当局,即联邦军管政府,于同年6月开始对东区州实行经济封锁和经济制裁,包括中断对东区州的原棉供应,禁止东区州产品外运,冻结东区州在联邦其他地区的银行存款,等等。紧接着,联邦军管政府又于同年7月向东区州发动军事进攻,于是内战爆发。在这种局势下,位于东区州的阿巴纺织厂因原料无以为继、产品无法外销、资金周转不灵而陷于瘫痪。同年8月间,工厂股东们决定停产关闭。

1967年8月,东区州的"比夫拉"军政当局下令,命阿巴纺织厂重新开工;并且不顾工厂资方抗议,于8月至11月间征用该厂,开工生产卡其布匹,供当地军队制造军服之需。同年11月底,工厂重新关闭,"比夫拉"军政当局从该厂搬走了部分价格昂贵的机器设备,未给任何补偿。此后,又无偿地陆续征用了该厂的许多生产备用物资。1968年4月,"比夫拉"军政当局宣布:一切外资企

[①] 参见海外私人投资公司文档《印第安头人公司索赔案卷》:(1)《国际开发备忘录:关于第5045号(尼日利亚)投资保证合同的责任问题》;(2)《呈交国际开发署私人投资管理局助理局长赫尔伯特·萨尔兹曼的本案处理备忘录》(1968年9月10日);(3)《国际开发署私人投资管理局助理局长赫尔伯特·萨尔兹曼致印第安头人公司等函件》(1968年9月10日)。以上原档影印件收存于厦门大学法学院资料室。

业均应重新开工,否则即按"放弃财产"论处;同年6月,进一步宣布:凡是不立即开工生产的工厂,一律予以没收归公。1968年9月4日,尼日利亚联邦军方宣布攻克阿巴市,即上述纺织厂厂址所在地。1970年1月,尼日利亚联邦军管政府即中央当局最后打败了"比夫拉"方面的军队,内战结束。

早在1968年1月,印第安头人公司眼看它在尼日利亚境内的资产不断受到损失,当即根据它和美国国际开发署订立的投资保证合同,正式提出索赔要求,要求按照事先投保的"征用风险"给予事故赔偿金。

此案涉及三个问题:第一,尼日利亚联邦军管政府(即中央当局)的上述经济封锁和经济制裁造成了阿巴纺织厂的生产瘫痪,这是否构成投资保证合同中所规定的"征用行动"? 第二,尼日利亚原东区州的"比夫拉"军政当局(即地方割据当局)强令阿巴纺织厂重新开工生产军需布匹,并无偿取去厂内机器设备和备用物资,这些举动是否构成政府一级的"征用行动"? 第三,1968年9月尼日利亚中央当局军队收复阿巴市以后,原先"比夫拉"军政当局对阿巴纺织厂采取上述行动造成资产损失的责任,应当由谁承担?

对于这些问题,海外私人投资公司的前身机构国际开发署判断如下:

第一,按照投资保证合同的有关规定:东道国政府所采取的行动如已阻碍美国投资人以股东身份有效地行使它对于投资企业的基本权利,或者已阻碍海外美资企业切实有效地控制本企业的重要资产,开展经营活动,只要此种情况持续一年之久,即可认定为发生了征用风险事故。但是,如果东道国政府所采取的行动,既有本国宪法上的依据,又不违反国际法上的公认原则,对境内美资企业说来,并非专横无理,亦非有意歧视,则即使已经具备前述要件,亦不得视为征用行动。对照本案案情,可以看出:尼日利亚联邦政府(即中央当局)所采取的上述经济封锁措施,其中包括违反合同、中断原棉供应等等,确实已使阿巴纺织厂陷入绝境,无法继续经营。但是,尼日利亚联邦政府采取这些措施的直接目的,在于制裁东区州的"比夫拉"地方割据当局;这些措施的法律效力,普遍适用于开设在东区州的一切公司、企业、商号,并非专门针对美资控制的阿巴纺织厂一家,有意加以歧视。更重要的是:上述这些措施乃是一国政府为了保持国家完整而采取的行动,符合于其本国宪法的基本精神,也符合于国际法的基本准则。因为,根据国际法中的战争法原则,主权国家的政府在军事冲突中对于交战对方采取经济封锁措施,是合法的,可以允许的。因此,不应把尼日利亚联邦政府的上述措施认定为投资保证合同中所规定的"征用行动"。

第二,在内战期间对阿巴纺织厂采取前述诸行动的尼日利亚东区州"比夫拉"军政当局,诚然不是控制尼日利亚全国的中央一级政府,也并未获得美国政府的承认,更未获得国际上的普遍承认,但是,根据当时投资保证合同的有关规定,合同中所称"投资项目所在国政府"(即东道国)一词,"指的是现任的或继任的统治当局(不问它继承政权时采取的方法,也不问它是否已被美国承认),或者该统治当局授权的代理机关,它们有效地控制着投资项目所在国的全部或一部,或有效地控制着该国政治上的小单位或领土上的小地区"[①]。按照这种定义标准来衡量,原尼日利亚东区州"比夫拉"军政当局征用阿巴纺织厂大量资产的行动,也是政府一级的行动,从而也应属于投资保证合同所承保的征用风险范围。换言之,东道国地方割据当局的征用行动同样意味着"东道国政府的直接牵连",意味着已经发生了征用风险事故。尽管"比夫拉"军政当局并未获得美国政府的正式承认,也并非尼日利亚联邦政府即中央当局所授权的代理机关,但它当时既已实际上有效地控制着阿巴纺织厂所在的东区州,凭借实权,发号施令,它就已具备了投资保证合同中所称的"投资项目所在国政府"的资格。

第三,按投资保证合同的规定,征用的事态和后果必须持续一年之久,才能被确认为已经完整地构成征用风险事故。尼日利亚东区州"比夫拉"当局对阿巴纺织厂的征用行动,应自1967年8月征用工厂强令开工生产军用卡其布匹时起开始计算。投保人美国印第安头人公司早在1968年1月即正式向承保人美国国际开发署提出索赔要求,显然还不符合上述时限要求。因此,国际开发署有关负责人认为征用事态虽已发生,仍需继续观察它的进一步发展。至1968年8月底,阿巴市的局面和阿巴纺织厂的处境仍无改变,于是,国际开发署认定:合同中所规定的一年期限已经届满,承保的征用风险事故已经确立。因此,承保人国际开发署负有法律上的义务向投保人印第安头人公司依约支付全额赔偿金。赔偿金总额应相当于在征用事故开始发生当天该公司对阿巴纺织厂投资的净值,即270万美元。

根据以上分析判断,国际开发署有关负责人于1968年9月10日正式函告投保人:确认本案事态发展业已构成该署承保的征用风险事故,决定依约付赔。但又附有以下几项条件:(1)本项确认,主要是以投保人向国际开发署申报的事态作为判断依据的。因此,国际开发署保留权利,在上述1年期限届满之后的90天以内,就投保人申报的有关主要事态进行独立的调查核实。如在90天内发现事实真相与投保人申报的情况有本质的、重大的出入,则可能改变

[①] 这是当时原"投资保证合同"第1条20款的规定。该款内容相当于经过修订的现行"投资保险合同"第1条第16款,文字上略有变动。参见《国际开发署备忘录:关于第5045号(尼日利亚)投资保证合同的责任问题》,第2页;《海外私人投资公司234 KGT 12—70型投资保险合同(修订版)》第1条第16款,载于1982年英文版,第6页。

上述事故确认和付赔决定。(2)风险事故赔偿金的总额尚待进一步审计核定。投保人印第安头人公司在领取赔偿金之前,应当依照合同规定预先将它所拥有的涉及阿巴纺织厂资产的一切有价证券及其利息全部转移给国际开发署,俾便后者依约代位索赔或另作其他处理。(3)双方预先商定:投保人印第安头人公司领取了赔偿金之后,在阿巴纺织厂重新开工生产以前,应当为国际开发署继续代管该海外企业的现有资产,以防止损失,静待处理。

1968年10月12日,国际开发署向印第安头人公司支付了270万美元,作为征用风险事故的赔偿金。美国国内投保人与承保人之间的索赔、付赔问题,终于获得解决。但在国际代位索赔问题上,仍然存在纠葛与争议。

如前所述,阿巴纺织厂所在的阿巴市,已于1968年9月4日为尼日利亚联邦政府(即中央当局)收复,这就是说,在国际开发署所认定的征用风险事故持续存在1年并于1968年8月15日期满确立之后不久,采取这种征用行动的"比夫拉"军政当局即已撤出阿巴市,不再是当地的"统治当局",随后不久,又彻底溃败覆灭。按照国际开发署前述合同规定的推理,"比夫拉"军政当局在占领和管辖阿巴市期间征用阿巴纺织厂大量资产的行为,其赔偿责任应当转归尼日利亚联邦政府承担,因为后者是前者的"继任统治当局"。但是,这种推理却不能为东道国所接受。

尼日利亚此次国内事件的背景和性质,因不属于本文论述范围,可暂不置论。就美国国际开发署这一方而言,上述这种合同的一般规定和这种论证的具体方法,存在着三处矛盾,难以自圆其说。首先,按当时投资保证合同第1条第20款的一般规定,对于美国政府并未予以正式承认的统治当局的征用行动,也视为东道国政府的征用行动。这就意味着:美国在政治上、法律上不承认对方具备正式政府地位;而在追究法律责任和经济责任时,却唯恐其不承担正式政府之责。为了避免在国际索赔问题上,"师出无名",于是不得不在官署(以及后来的官办公司)参与订立的"投资保证合同"中把对方当局当作事实上的政府看待,俾便与之谈判、交涉、追究、索赔。这就无异于悄悄地给对方新出现的任何政权以事实上的承认。如所周知,在外交实践中,美国政府对于自己看不顺眼或不符合自己口味的新政府,往往拖延多年不予承认,可以说,它在政治上追求的是美国标准的"理想主义",但它在经济上奉行的却不能不是美国式的"实用主义",从而导致对某些新政权在外交上采取不承认主义,在投资保证合同上采取承认主义。其力不从心,捉襟见肘,于此又见一斑。

其次,既然认为无论中央当局还是地方当局,其行动均属政府行动,就应当用同一尺度加以衡量、分析。但在本案中,国际开发署分析尼日利亚中央当局在内战中的经济封锁行动时,采用国际法中的战争法准则,承认这是战时可以允许的行为;而分析地方当局在同一内战中征用工厂生产军需品和取走部分工厂财产时,则避而不谈同一准则,即不承认它作为交战的另一方在军事冲突中同样享有征用急需军用物资这一国际法上的权利,不肯免除它的赔偿责任,而且把这种责任转嫁于尼日利亚中央当局。这在论证逻辑上显然是有欠严密的。

再其次,阿巴纺织厂资产的损失,实际上是当时尼日利亚这场内战所造成的,应属于"战争风险"范畴。但印第安头人公司不按"战争险"却按"征用险"索赔,借以取得更多的赔偿金。国际开发署不据此拒赔,却迁就该公司的要求,按照征用风险事故的标准偿付高额赔偿金,然后按征用事故向东道国代位索赔。这种处断,于理于法,均属不当,自难以立足。

由于东道国在承担赔偿责任问题上坚持异议,同时,鉴于这场风险事故产生的历史背景确实相当错综复杂,承保单位的上述处断也确有难以自圆其说之处,因此,无论是当时的国际开发署,还是后来的海外私人投资公司,即该署的继承机构,都迄未能正式行使它所宣称拥有的对东道国实行国际代位索赔的权利[1]。

2. 1971 年贝尔彻木材公司索赔案[2]

美国贝尔彻木材公司根据一项特许协定,获准在哥斯达黎加境内经营伐木,兼营本公司木材成品出口业务。首批伐木作业开始于 1968 年 11 月 1 日,结束于 1969 年 4 月 30 日。两个月之后,即 1969 年 6 月 30 日,贝尔彻木材公司请求哥斯达黎加政府发给出口许可证。哥斯达黎加政府认为该公司未按特许协议的有关规定缴纳立木砍伐费,不尊重东道国政府的应有权利,拒不颁发出口许可证。由于双方发生争执,直到 1969 年 10 月 31 日,哥斯达黎加政府才将木材产品的出口许可证发给贝尔彻木材公司。但此时已进入多风季节,海面风浪很大,而且无船可雇,木材无法及时运出。待到次年春天再运,许多木材已经腐烂不值钱了。贝尔彻公司认为东道国政府迟迟不发给出口许可证属于背约,是一种"征用行动",因而在 1970 年 7 月依据美国国内的投资保证合同向国

---

[1] 参见《海外私人投资公司第 A.Ⅱ.A 号报告书》(即海外私人投资公司及其前身机构对历年索赔案件处理情况一览表,1948—1983 年 6 月 30 日),第 1 页。原档影印件收存于厦门大学法学院资料室。并参见《海外私人投资公司索赔问题高级法律顾问 R.D.斯腾致本文作者函》(1983 年 11 月 1 日)。原件收存于厦门大学法学院资料室。

[2] 参见海外私人投资公司文档《贝尔彻木材公司索赔案件》:(1)《贝尔彻木材公司总经理布拉迪·贝尔彻致国际开发署索赔案件主办官员路易斯·约尔丁函件》(1970 年 7 月 3 日);(2)《海外私人投资公司索赔案件主办人员托马斯·曼斯巴奇致贝尔彻木材公司总经理布拉迪·贝尔彻函件》(1971 年 2 月 17 日)。以上原档影印件收存于厦门大学法学院资料室。

际开发署正式索赔。该公司强调：首批伐木作业完工、木材成品堆积待运之际，正值风平浪静季节，海上运输安全，船只随时可雇。而大量木材之所以终于腐朽报废，造成重大损失，其关键原因，就在于东道国政府背信违约，出口许可证颁发过迟，致使投资人无法正常经营，从而构成了投资保证合同所承保的征用风险事故。承保人应依约支付赔偿金。

本案在投保人正式提出索赔要求之后不久，即转交国际开发署的继承机构海外私人投资公司处理。继任承保人海外私人投资公司在仔细分析案情之后，对上述索赔要求提出了四点答辩。第一，投资人贝尔彻木材公司拒绝按章缴纳立木砍伐费，显然是违反了原先的伐木特许协议。看来这就是导致东道国政府采取上述行动的主要原因。故推迟发证一事，其咎在于投资人一方，不在东道国政府一方。第二，哥斯达黎加政府在1969年10月31日终于把木材出口许可证发给了贝尔彻木材公司，距离后者申请发证时间，只有4个月。这就是说，东道国政府暂时拒发出口许可证，并未持续达1年之久，即并未达到合同规定风险事态持续存在的必要期限，不足以构成征用风险事故。第三，木材未能及时运出的真正原因，乃是恰遇天气不佳，又值船只短缺，并非直接由于哥国政府推迟发证。第四，总而言之，造成上述重大损失的原因，看来在很大程度上是本案投资人（即投保人）采取了某些不应有的行动，或者是出于疏忽大意，不采取某些应有的行动；而并不能归咎于东道国政府的推迟发证。鉴于投资人不能确证哥斯达黎加政府的行动与贝尔彻木材公司的损失之间具有直接的因果关系，而且风险事态持续1年的时间条件也不具备，因此，就本案案情的性质而论，并不属于投资保证合同所承保的范围。投保人索赔无理，应予驳回。正式驳回的日期是1971年12月31日。投保人未再申诉。

本案的处断结果说明：投资人所受损失如与东道国政府并无直接牵连，即不得按征用风险论处。

3. 1974年雷诺尔德斯金属公司索赔案[①]

雷诺尔德斯金属公司是在美国特拉华州登记的法人。1965年，该公司与当时的英属圭亚那政府达成协议，在后者境内投资开设雷诺尔德斯-圭亚那矿业公司，经营铝土矿开采业。1968年雷诺尔德斯金属公司（母公司）向雷诺尔德斯-圭亚那矿业公司（子公司）投注新的巨额资本，以更新和扩大采矿设备。

---

① 参见海外私人投资公司文档《雷诺尔德斯金属公司索赔案卷》：(1)《雷诺尔德斯金属公司索赔案案情梗概》（原件未署明日期）；(2)《圭亚那政府与雷诺尔德斯金属公司及海外私人投资公司和解协议》（1974年12月31日）；(3)《海外私人投资公司与雷诺尔德斯金属公司关于解决索赔争端的和解协议》（1975年2月20日）。以上原档影印件收存于厦门大学法学院资料室。

同时，该母公司就这笔新投资向当时的美国国际开发署投保。双方订立了投资保证合同。

英属圭亚那于1966年5月宣告独立后，又进一步于1970年2月成立圭亚那合作共和国，采取了一系列维护国家权益、发展民族经济的新措施。1971年，圭亚那议会通过法案，决定将国家经济命脉铝矿开采工业收归国有。1974年7月，圭亚那政府总理福尔伯斯·伯尔纳姆进一步宣布：圭亚那政府计划在1974年年底以前对境内的美资雷诺尔德斯-圭亚那矿业公司采取国有化措施。同年9月，圭亚那政府颁布施行一项关于铝土矿征税的新条例，把原定课税率提高十余倍。此时，原由美国"国际开发署"主管的海外美资保险业务已改由"海外私人投资公司"全盘承接办理。投保人雷诺尔德斯金属公司与承保人海外私人投资公司经过密切协商，决定指令圭境内的子公司即雷诺尔德斯-圭亚那矿业公司抗税不缴。

于是，圭亚那政府下令禁止未经缴纳新税的铝矿土出货装运。雷诺尔德斯金属公司随即从圭亚那境内撤出全体美籍人员，中断铝矿土开采，解雇大批圭籍工人。双方关系日益僵化、恶化。

此案明显地属于美国投资保证合同中所规定承保的"征用风险"，即东道国因国家公益需要决定把本国境内的外资企业收归国有。尽管圭亚那政府在1974年9—10月间尚未正式采取征用行动，直接派人接管境内的该美资企业，但既已先由铝矿企业国有化法令在1971年作出了一般规定，又继由政府首脑就该美资铝矿企业国有化期限在1974年作出具体宣布，此时期限即将届满，看来大局已定，难以挽回；而且投资保证合同中关于"东道国政府的直接牵连"这一前提条件也无疑已经具备。鉴于投保人向承保人索赔巨款的问题即将正式摆上议事日程，作为承保人的海外私人投资公司，不能不忧心忡忡。但它通过其干练办事员的精心设计和紧张活动，终于"十分圆满"地处理了此项风险事故，解决了法律纠纷。

海外私人投资公司处理和解决此项投资争端的具体做法可大体归纳为以下几个步骤：

（1）它怂恿和支持美资雷诺尔德斯-圭亚那公司抗税，即拒绝按照圭亚那政府1974年9月新税法规定的新税率缴纳税款。作为投资保证合同中的承保人，海外私人投资公司无疑是此项国际投资纠纷案件中的利害关系人，而且随着纠纷的发展和升级，还可能进一步从潜在的代位索赔人迅速转化为实在的代位索赔人，即国际索赔中直接当事人。它怂恿海外美资企业对东道国政府抗税，显然是从它自身的利害得失出发，力图预防或减少日后实行国际代位索赔时可能遇到新的困难或障碍。

(2) 当时,尽管海外私人投资公司已经是实在的利害关系人或潜在的当事人,它却以"调解人"的身份出面"斡旋",在圭亚那境内上述美资企业被收归国有以前,即先行商定由东道国圭亚那政府支付巨额征用赔偿金。上述美资企业与东道国政府关系恶化、破裂之后,海外私人投资公司迅即指派专家前往圭亚那实地察看、评估该企业所拥有的全部采矿设备实物,同时查核该企业的账簿记录,最后认定:该企业现在全部资产约值 1 450 万美元,扣除该企业历年积欠东道国圭亚那政府的应缴税款,净值约为 1 000 万美元。1974 年 11 月初,海外私人投资公司的代表会见了圭亚那政府总理伯尔纳姆,提出了解决一切争端的具体建议。1974 年年底,圭亚那政府同雷诺尔德斯金属公司(母公司、投保人)、雷诺尔德斯-圭亚那矿业公司(子公司)以及海外私人投资公司(承保人)共同签订了一项四方"和解协议"。其中最主要之点是:由圭亚那政府支付征用上述美资企业的净额赔偿金 1 000 万美元。自 1976 年 1 月起,圭亚那政府应在 13 年内以分期付款方式,全部偿清这笔巨款,另加 8.5% 的年息。享有这笔赔偿金债权的直接收款人是海外私人投资公司。所有逐年还债的款项,必须以美元现款存入海外私人投资公司在美国特定银行中所开设的专门账户。

(3) 圭亚那政府向海外私人投资公司交付的整笔赔偿金,采取发行债券的形式,它必须是可转让、可流通的定期债券,类似于圭亚那国营公司在国外筹措资金时发行的一般有价证券。债券应标明清债义务和日期,并切实保证如期兑现还债。由于上述"和解协议"中明文规定:自签署协议之日起,海外私人投资公司即已取得"代位权",继承了雷诺尔德斯金属公司以及雷诺尔德斯-圭亚那公司的一切权利,并且可以全盘地或部分地把这些权利随时转让给他人,因此,海外私人投资公司在取得圭亚那政府交来的上述债券之后,随即凭借该公司在美国国内外享有的高度"资信",对这些债券本息的如期兑现清偿加以担保,然后在债券市场上把它迅速加以推销,转售给其他个人或公司,取得大量现款,再由海外私人投资公司垫支若干款额,凑足了现金 1 000 万美元。

(4) 1975 年 2 月 20 日,即在上述"和解协议"签署后第 51 天,原投资保证合同的风险承保人海外私人投资公司依约交给投保人雷诺尔德斯金属公司一张支票,面额为 1 000 万美元,供后者立即兑取现款,作为征用风险事故的赔偿金。同时,双方于当天立下书面新约,除共同确认上述事实外,原投保人雷诺尔德斯金属公司作出如下表态和保证:第一,该公司自即日起完全放弃根据上述投资保证合同所享有的任何索赔权利,即不得再向海外私人投资公司或其前身机构国际开发署提出任何索赔要求。第二,日后海外私人投资公司或其他债权人如果因圭亚那政府上述债券问题同圭亚那政府发生法律纠纷,那么,在与此有关的行政诉讼、司法诉讼、仲裁程序或国际谈判中,雷诺尔德斯金属公司应当提供各种合作,包括尽力提供一切有关情报资料、物证和人证等等。简言之,雷诺尔德斯金属公司获得风险事故赔偿金之后,在促使圭亚那政府清偿债务这一问题上,仍然负有参加"打官司"的义务。

根据上述四方"和解协议"所附的"分期付款日程表",圭亚那政府所欠下的这笔债款,即赔偿金1 000万美元,要到1988年1月才能还清。而从1976年至1988年这13年中,连本带利,实际上竟应付出1 826万美元,接近于原定赔偿金额的两倍。

海外私人投资公司向来以此案处理之"得心应手"而沾沾自喜,认为这是该公司解决征用讼争的"最佳案例"之一。因为在此案处理过程中,该公司以"调解人"身份上下其手,自己不但分文不亏,而且既满足了美国投资人的索赔要求,又赚得了来自圭亚那政府的厚息①。

(二)关于股东的基本权利问题

1980年卡博特国际投资公司索赔案②

按照前引"海外私人投资公司234 KGT 12—70型投资保险合同(修订版)"第1条第13款第1项第(2)点的规定,东道国政府采取的措施碍及投资人行使股东基本权利,长达一年者,应认定为征用行动。

1980年卡博特国际投资公司索赔案,是此类典型之一。

1973年,美国卡博特国际投资公司投资于伊朗,与当地政府资本及私人资本合营大型炭黑制造厂,美资股份占50%。双方协定:工厂经理由美、伊两方人员轮流担任,6年一换;第一任经理由美方指派。1979年,适值首任经理任期届满之际,伊朗巴列维王朝被推翻,战乱中工厂一度停工,美方随即撤回经理人员。伊朗政府任命新经理之后,卡博特公司曾派遣代表出席一次工厂董事会议,此后即被拒绝参与工厂经营决策,不让其参加另一次董事会议,也未再收到工厂的财务情况报告。另一方面,伊朗政府虽宣布即将收购卡博特公司在该厂的股份,但实际上并未立即收购。于是,卡博特公司依据美国国内保险合同,向

---

① 关于美国法学界对于海外私人投资公司处理此案的评述,可参见彼得·吉尔伯特:《征用与海外私人投资公司》,载于《国际商务中的法律与政策》杂志第9期,1977年英文版,第528—531、547—550页。并参见万斯·科文:《征用与海外私人投资公司的"法理学"》,载于《哈佛国际法刊》(第22卷第2期),1981年英文版,第288页。

② 参见海外私人投资公司文档《卡博特国际投资公司索赔案卷》:《海外私人投资公司备忘录:关于卡博特国际投资公司索赔案的处理决定》(1980年12月27日)。

海外私人投资公司索赔。后者经过核实、审议,承认卡博特公司作为海外企业股东的基本权利已被否定,同意支付赔偿金。其主要理由如下:

"公司股东的惯常权利应当包括参加股东年会的权利,选举董事的权利,分享一切股息的权利,获得有关公司财务状况报告的权利。尽管单单取消一次股东会议的参加权或仅仅没有送达一份年度财务报告,并不就是本合同第1条第13款第1项第(2)点含义中的股东'基本权利'已被'切实'取消,但是,一个拥有50%股票的股东,他们的各种基本权利一再地遭到故意的否定,这种情况就可以说明股东的上述各项权利确实已被取消。如果这种情况是东道国政府采取、授权、认可、纵容的作为或不作为所造成的后果,那么,这种连续地、故意地削减股东权利的做法就可以归结为征用行动。"①

这起索赔案件,虽然在投保人与承保人之间的争执不大,但海外私人投资公司在本案裁定备忘录中所作的上述说明,却有两点具有一定的"政策性":第一,它明确而具体地表述了该公司对保险合同中所谓"股东基本权利"的基本看法;第二,它明确地认定此次征用事件并非作为一项单独的、决定性的行动而骤然出现,而是由东道国政府的一系列措施所积累形成的。这种表述,基本上采用了西方发达国家法学界提出的所谓"蚕食式征用"的概念②。以上之两点,对于日后海外私人投资公司处理同类索赔案件,势必会有较大影响。

在本案的国际代位索赔过程中,美国海外私人投资公司与伊朗政府之间发生争执。故已连同其他7起类似的索赔案件,提交设在海牙的"美国-伊朗争端特别仲裁庭",请求仲裁③。据海外私人投资公司有关负责人称:截至1983年12月20日,本案仍在争讼之中,尚未最终解决④。

(三) 关于企业的有效控制问题

按照前引"海外私人投资公司 234 KGT 12—70 型投资保险合同(修订版)"第1条第13款第1项第(4)点的规定,东道国政府采取的措施直接阻碍海外美资企业有效地控制本企业重要财产的使用和处理,长达1年者,应认定为征用行动。何谓"有效地控制"?在解释上见仁见智,歧见甚多。下述三件案例,是此类讼争中较为典型的。

---

① 见备忘录,第13—14、16页。
② 参见 p.875 注①及有关正文。
③ 参见《海外私人投资公司1983年度报告书》,1984年英文版,第25页。原档影印件收存于厦门大学法学院资料室。
④ 参见《海外私人投资公司索赔问题高级法律顾问理查德·斯腾致本文作者函件》(1983年11月1日、12月20日)。原件存于厦门大学法学院资料室。

1. 1967年瓦伦泰因石油化工公司索赔案①

1962年8月22日,美国瓦伦泰因石油化工公司与海地政府订立了一项特许合同,允许该公司在海地境内投资组建"南美海地石油公司",经营石油勘探、炼油以及制造石油化工产品等项业务。合同有效期为10年。美国资方的主要义务是在海地境内勘探石油资源,兴建炼油厂以及石油化工厂,尽快投产,以便在合理的期间内向海地供应全国所必需的各种石油产品。海地政府赋予美资公司的主要权利是:(1) 在10年以内,该公司享有在海地兴建炼油厂和石油化工厂的排他性独占权。换言之,海地政府同意:在上述特许合同有效期内,不允许任何其他人在海地境内营建同类的工厂。(2) 一旦该公司所建炼油厂正式开工投产,就不再把经营石油产品进出口的权利赋予他人,除非供应不足,可当另论。此外,(3) 海地政府还同意至少在5年以内对经营石油进出口或石油加工业务的其他商人征收保护性关税,而对上述美资公司则给予特惠待遇,豁免关税及其他一切捐税。

为了避免建厂迟延拖拉,合同的第6条规定:"南美海地石油公司"必须以一笔5万美元的押金,存入美国大通曼哈顿银行。如果在上述特许合同签署成立之后18—24个月内尚未兴建炼油厂,而此种迟延又并非出于战争、罢工或劳资纠纷,那么,这笔押金应立即支付给海地政府,作为损害赔偿。(1963年6月10日,海地政府把本条规定的期限延长了6个月。)但是,一旦该美资公司如期完成建厂工程,或者在1962年10月1日以前尚未获得美国国际开发署针对本投资项目承保风险的合同,则这笔押金应即退还原存款人。其后,由于后一条件成立,大通曼哈顿银行依约将这笔押金存款退还了原存款人,并通知了海地政府。

1963年至1964年间,该美资公司积极扩大筹资,并为建厂做了一些准备工作,但进展甚为迟缓,引起海地政府强烈不满。

1964年8月28日,海地官方刊物刊登了两项总统命令:第一项命令载明:鉴于美资南美海地石油公司"从海地国家的一项特许中获得利益,……但该公司的设立徒具虚名,迄今未能发挥应有功能",现将该项特许合同"宣布失效并予以取消"。第二项命令载明:自1964年8月28日起,把内容几乎完全相同的特许权授予另一位科威特投资家谢克·穆罕默德·法耶德,特许合同有效期为50年。1964年10月底,美国投资人瓦伦泰因携同法律顾

---

① 参见美国仲裁协会商事仲裁庭:《关于瓦伦泰因石油化工公司与国际开发署纠纷案件裁决书》(1967年9月15日),载于《国际法学资料》(1970年)(第9卷),第889—917页。

问等来到海地,要求会见海地总统以及其他负责官员,质问取消特许合同的理由,未果。11月4日,这些美国人被海地武装人员押送到飞机场,驱逐出境。

1964年11月9日,瓦伦泰因电告美国国际开发署:特许合同业已被取消,要求后者按照海外投资保证合同给予征用风险事故赔偿。

国际开发署审议案情之后,决定拒赔。其所持主要理由有三:第一,东道国海地政府既未没收也未征用该海外美资企业的财产。第二,海地政府废止特许合同是正当合理的,因为该投资人未能切实履行合同规定的义务。第三,投资人尚未用尽一切办法寻求当地补救。只有用尽当地一切补救办法而终归无效之后,才能向国际开发署索取相应的损失赔偿金。根据以上三点,不能认为投资保证合同中所承保的征用风险事故业已产生和确立,故投保人索赔无理,应予驳回。

投保人不服,根据投资保证合同中的"仲裁条款",于1966年10月向"美国仲裁协会"提出申诉。自从美国政府实行海外私人投资保险制度以来,这是不服政府承保机构处理决定而提交仲裁的第一桩索赔案件。

美国仲裁协会重新审议了案情,于1967年9月15日作出裁决,否定了承保人国际开发署原有的拒赔意见,责令它向投保人瓦伦泰因石油化工公司支付征用风险事故赔偿金。仲裁庭认为:

第一,按照本案投资保证合同的规定,国际开发署所承保的征用风险事故并不局限于海外美资企业的财产直接被没收、征收或夺走。就本案而言,投资保证合同条款对"征用"一词的界说是含义很广的。凡是东道国政府所采取的行动"阻碍投资人作为股东或债权人有效地行使他对于海外美资企业的各种权利",或者东道国政府"通过专横无理地或有意歧视地行使政府权力,阻碍海外美资企业对本企业财产的使用和处置实行切实有效的控制,或者阻碍建设或经营该投资项目",等等,都可以认定为"征用行动"。可见,"征用行动"并不是单指直接侵夺企业的有形财产。换言之,投资保证合同中对"征用"一词所下的广泛定义,不但足以包含取消特许合同这一行动在内,而且也足以包含各种"推定性剥夺"或"蚕食性征用"。对照本案案情,海地所采取的前述三项措施,即废止原有特许、把特许权转授他人以及把美国投资人驱逐出境,其直接后果综合起来,显然已经严重阻碍该美国投资人对于"南美海地石油公司"有效地行使其应有权利,并严重阻碍"南美海地石油公司"有效地控制、使用和处置本企业的财产,无法继续经营下去。特别是正值美国投资人积极筹措新资金力图加速建厂和扩大经营的关键时刻,东道国海地政府取消了特许合同,这就大大削弱了该投资项目对美国人的吸引力,从而破坏了原投资人进一步筹集资金的能力和继续经营原定项目的能力。因此,海地政府的这些措施应被认定为投资保证合同中所承保的征用风险事故。

第二,上述特许合同虽针对迟延建厂规定了可将押金充公以赔偿海地方面损失的条款,但通观合同全文,并无任何条款授权海地政府可以提前废约,单方面终止合同。姑不论美国投资人在立约之后已经在购买工厂用地、配备干部、培训工人、扩大筹资以及磋商购置机器设备等方面进行了一系列工作;纵使肯定美国投资人在建厂问题上确有迟延拖拉情事,但是,海地政府事先并未向美国投资人发出懈怠违约或履约不力的通知或警告,也未遵守特许合同中关于把争议提交仲裁的规定,就迅即取消了原有特许合同,这就使东道国政府的这些做法构成了美国国际开发署投资保证合同中所称的"专横无理"行为,从而应被认定为该保证合同承保的征用风险事故。

第三,在本案情况下,美国投资人是无法在当地寻求救济的。当时的投资保证合同规定:投资人应当采取一切正当合理的措施,针对征用行动,寻求一切可能获得的行动补救或司法补救。本案仲裁人员认为:此项条款无异于让投资人自由决断是否值得"为小利而花大钱"。美国设立海外私人投资保证制度的本旨在于促进本国国民向不发达国家投资,而投资保证合同中却要求美国投资人在像本案这样的条件下在异乡他国提起诉讼,指控地位稳固、态度强硬的东道国行政当局所采取的措施属于"违法行为",要求予以改变,这就显得"南辕北辙,荒谬可笑"。因为,呆板地、一成不变地贯彻实行投资保证合同中的这种规定,实际上只会挫伤、而不能促进美国私人向海外投资的积极性和劲头。况且,美国与海地曾在 1953 年 4 月间订有双边协议:凡是经过海地政府审查批准、在海地境内经营的美国投资项目,如果美国投资人按照美国国内的投资保证合同已从美国政府方面获得了风险事故赔偿金,那么,海地政府承认美国当局享有代位索赔权;同时,此类代位应当成为"两国政府直接谈判的议题"。由此可见,此项双边协定已经豁免了关于美国投资人应当亲自出面在东道国当地用尽一切办法寻求补救的义务,取消了投保人向承保人索赔的这个前提。换言之,在本案条件下,即使投资人并未在东道国进行行政诉讼或司法诉讼要求纠正原措施,也可以向美国国内承保机构索取风险事故赔偿。

投保人瓦伦泰因石油化工公司的索赔案,经过"美国仲裁协会"专设仲裁庭的裁决,终以承保人国际开发署支付 32.7 万余美元赔偿金而告了结。后者已从东道国海地收回大体相同的款额①。

此案的实际意义在于：通过投保人与承保人两造的讼争和拒赔、付赔两度的反复，把美国海外投资保证合同中所称的"征用行动"概念明确化了，具体化了。而本案仲裁人员千方百计为美国投资人曲为辩解的"鲜明"立场，本案仲裁庭对于"征用"、"有效控制"等词语的解释说明，对于取消特许合同这一事态的分析定性，等等，都为国际开发署及其继承机构——海外私人投资公司后来处理类似的索赔案件，树立了大体的圭臬。

2. 1977年阿纳康达公司及智利铜业公司索赔案②

"阿纳康达公司"以及"智利铜业公司"都是美国特拉华州的法人，后者是前者独资经营的子公司。"智利铜业公司"投资于其独资经营的子公司"智利勘探公司"，在智利境内开采丘基卡马塔铜矿；"阿纳康达公司"则投资于其独资经营的另一家子公司"安第斯铜矿开采公司"，在智利境内开采埃尔·萨尔瓦多铜矿（以下把阿纳康达公司及其所属的子公司以及孙公司，统称为"阿纳康达财团"）。

阿纳康达财团投资于智利铜矿开发，已经多年，投资总额高达数亿美元，是掌握了智利铜矿命脉的最大的一家美资公司。1964年底，智利基督教民主党领袖爱德华多·弗雷在智利保守党支持下当选为总统。阿纳康达财团认为投资气候十分有利，遂决定对原有智利铜矿企业扩大投资，更新设备。1967年，投入巨额新资本1.67亿美元，并于1967年12月29日与美国国际开发署订立了投资保证合同，约定由后者承保征用风险。但按合同规定，这笔巨额投资当时尚非"正式投保"，而只是"预备投保"。"预备投保"也必须逐年缴纳保险费，但其缴费率远低于"正式投保"，仅约后者的1/9。相应地，在"预备投保"期内，其有关投资并不立即正式享有被保险权，即风险事故索赔权。但在每年合同期满更新续订之际，投保人审时度势，依据投资环境的变化，有权申请立即转为"正式投保"。直到1969年12月29日，即上述合同期满第二次更新续订之际，

---

① 参见《海外私人投资公司第A.Ⅱ.A号报告书》（即海外私人投资公司及其前身机构对历年索赔案件处理情况一览表，1948—1983年6月30日），第1页。后来，海地政府同意以三十二万七千余美元赎回原先授予美资"南美海地石油公司"的特许权。此项赎款即由美国国际开发署代位回收。（参阅海外私人投资公司索赔问题高级法律顾问理查德·斯腾致本文作者函件，1983年11月1日。原件收存于厦门大学法学院资料室。）

② 参见美国仲裁协会商事仲裁庭：《关于阿纳康达公司及智利铜业公司与海外私人投资公司纠纷案件的裁决书》（1975年7月17日），案件编号：16 10 0071 72，载于《国际法学资料》（1975年）（第14卷），第1210—1249页。并参见海外私人投资公司文档《阿纳康达公司索赔案卷》：《阿纳康达公司及智利铜业公司与海外私人投资公司关于索赔争端的和解协议》（1977年3月31日）。原档影印件收存于厦门大学法学院资料室。

阿纳康达财团才变"预备投保"为"正式投保",并按后者的缴费率缴纳保险费年金。

如所周知,铜矿资源向来是智利的国民经济命脉所在,但长期为外国资本特别是美资所控制。"铜矿国有",是智利人民长期奋斗的目标。在人民强烈要求从外资手中收回本国铜矿资源的情况下,智利议会经过长期论战,于1966年1月25日制定《铜业法》,其主要内容之一是决定组建国营的"智利铜业公司"(或音译简称"科德尔科公司"),以智利矿业部长为首,组成董事会,统筹国内铜矿经营、成铜出口等项业务;并授权"智利铜业公司"负责组建和参加一系列"混合公司",由外国资本与智利资本联合经营,分享盈利。

1969年5月,智利总统弗雷邀请阿纳康达财团负责人员密谈,告以智利舆论对于该财团继续拥有智利两大铜矿甚为不满,非议颇多,智利现任政府面临巨大社会压力;因而敦劝美国资方把这些铜矿转交"混合公司"经营,即通过智利筹款高价收买美资股份的办法,以逐步实现铜矿"智利化"。经过谈判,双方于1969年6月26日达成基本协议:

(1)组建两家"混合"铜矿开采公司,并把阿纳康达财团原先拥有的两大智利铜矿企业全部资产转给该两家新建的"混合"公司①。

(2)阿纳康达财团把这两家"混合公司"全部股票的各51%,出售给智利国营的"科德尔科公司"。价款按这些美资企业现有资产的账面价格计算,由智利"科德尔科公司"出具同等金额的定期债券(期票)交给美国资方,以分期付款方式,自1970年6月起,在12年内还清。还债时,除本金外,外加年息6%。智利"科德尔科公司"一旦从新建的"混合公司"铜矿经营中开始获得股份红利,应立即用以还债。也就是说,以股票日后孳生的新红利,交还股票出让人美国资方,抵充股票本身的价款。

(3)阿纳康达财团将来愿把新建"混合公司"其余的49%的股票,进一步出售给智利"科德尔科公司"。出售时间可在1972年底至1981年底之间,具体日期由智利方面选定。但是,这些股票的售价应按新建"混合公司"逐年平均利得的若干倍来计算,换言之,阿纳康达财团要求这部分股票的售价大大超过它的票面价值。

(4)技术援助合同和销售协助合同应另行谈判,但均应让阿纳康达财团人员继续主管采矿、营建和销售业务。

谈判结束后,智利总统弗雷和美国驻智利大使科里双方都称赞此次谈判是

---

① 即"南美丘基卡马塔铜业公司"和"南美萨尔瓦多铜业公司"。

"成功"的。1969年底,阿纳康达财团按照约定的优厚条件,把它原有智利铜矿企业股权的51%转让给智利"科德尔科公司"。自此时起,阿纳康达财团虽然在名义上失去了对智利两大铜矿的独资经营权,但实际上在相当长时期里,仍然是大权在握,全盘控制,并在智利高价赎买过程中,坐享巨利厚息。

然而,好景不长。1970年9月,智利社会党领袖萨尔瓦多·阿连德·戈森斯在其他进步政党联合支持下当选总统,上台执政。在以阿连德为首的进步势力积极推动下,智利铜矿国有化步伐大为加快。智利议会于1971年7月16日通过了著名的《宪法第10条修订案》。规定尽速把大型铜矿企业直接全盘收归国有,并迅即制订了贯彻实现的具体法令。《宪法第10条修订案》规定,被收归国有的外资公司可在相当时期内获得以智利法定货币支付的赔偿金,但是,应当从中扣除该公司自1955年5月第11828号法令颁行以来所逐年获得的"超额利润"。而判断"超额利润"多寡时,则应对照参考这些外资公司在一般国际经营中正常的盈利水平。

根据以上规定,阿纳康达财团与智利前政府在1969年达成的前述协议及其有关安排,实际上已被全盘取消。经过智利有关当局核算,断定在实行上述扣除后,不必再对阿纳康达财团支付任何赔偿金。美国资方不服,向智利"铜业特别法庭"申诉,未能获胜。于是在1972年2月10日向投资风险原承保人美国国际开发署的继承机构——海外私人投资公司呈递申请书,要求按投资保证合同的规定,给予征用风险事故赔偿金。

海外私人投资公司审议本案案情之后,于1972年9月19日驳回了阿纳康达财团的索赔要求,拒绝支付赔偿金。其所持理由,主要是如下四点。

第一,按照本案投资保证合同规定,投保的标的物应当是属于美国自然人或法人所有的海外资产或资本。对照本案案情,阿纳康达财团应东道国智利弗雷政府的要求,在1969年6月间就铜矿股权转让等问题所作的前述安排,早已改变了该财团在智利这笔投资的原有性质,从而使这笔投资不再属于原有投资保证合同所承保的范围。

第二,按照本案投资保证合同的规定,对于每一笔海外投资说来,东道国的"征用行动"(即投资人所遭遇的征用风险事故),只能发生一次。本案这笔投资,实际上早在1969年6月间就已确定由智利政府加以征用。因为早在当时,阿纳康达财团就已同意在颇为优厚的条件下把铜矿股权分批分期转让给智利国营的铜矿公司,即"科德尔科公司"。可见,应当认定本案这笔投资被征用的风险事故是发生于1969年6月。但是,在当时,投保人阿纳康达财团与承保人国际开发署之间的合同关系只是"预备投保"与"预备承保",并非"正式投保"与

"正式承保",因此投保人当时还没有资格正式享受"被保险权",从而对开始发生于当时的征用风险事故,无权提出索赔要求。

第三,按照本案投资保证合同的规定,在合同有效期内投保人如有"违约行为",承保人就有权随时提前终止合同,拒绝付赔。同时,合同第2条第11款①规定,一旦合同生效,投保人就负有责任在力所能及的范围内把投保的投资项目加以贯彻实施。对照本案案情,鉴于阿纳康达财团在1969年6月就已决定将铜矿投资股权转让给智利政府经营的"科德尔科公司",这就意味着该财团已不再依约使该项铜矿投资项目切实贯彻执行下去,也说明投保人已有"违约行为",从而导致承保人有权终止原保证合同,解除承保责任;也导致投保人无权再按照原保证合同索取风险事故赔偿。

第四,综合以上三点,应当断定:在1971年智利阿连德政府大力贯彻铜矿国有化计划当时,投保人阿纳康达财团在智利境内已不再享有原投资保证合同中所必须加以保护的原型投资权益。既然这种权益本身已经不复存在,那么,也就不存在这种权益被征用的问题。简言之,1971年阿纳康达财团在智利境内所遇到的那种事态,不能被认定为原投资保证合同所承保的征用风险事故。索赔显属无理,应予驳回。

投保人阿纳康达财团对于继任承保人海外私人投资公司的上述拒赔决定表示不服,向设在首都华盛顿的"美国仲裁协会"提出申诉。

"美国仲裁协会"受理此案后,经过多次听证、庭辩和长期审议,终于在1975年7月17日作出裁决,推翻了海外私人投资公司的拒赔决定,确认后者有义务依约支付征用风险事故赔偿金。仲裁庭的意见可以大体归纳如下:

第一,关于1969年51%铜矿股权归属的变化是否已经改变了阿纳康达这笔投资的性质问题:这个问题牵涉到全案的关键,即1969年的大半数股权转移是否已经根本改变了原投资保证合同的主题,从而把这笔投资排除在合同承保范围以外,使双方当事人之间投保、承保的法律关系从此终结,不再存在。本案保证合同所承保的标的物明文规定为"投资",这是一种"无形的、综合性的权益总称",并不像一般保险标的物(如人寿、房子)那样明确、有形和具体。就投资保证合同本身的文字逐一加以推敲,并无任何条款明文禁止投保人将海外企业的资产转让给他人。而且,从美国保护海外美资的立法精神、断案历史以及投资保证手册规定来看,可以断定:只有在投资人与投资项目之间已经全然没

---

① 相当于经过修订的现行投资保险合同第2条第7款。参见《海外私人投资公司第234 KGT 12—70型投资保险合同》(修订本),1982年英文版,第12页。

有任何利害得失的密切关联的情况下,原有合同所规定的投保、承保关系才告终止。

对照本案,却完全不属于此类情况。因为,从实际效果上观察,在1969年大半数股权转移之后,阿纳康达财团照旧是原投资项目的经营人,正在继续贯彻原有的投资盈利目标,而且顺利地享有相当可观的经济利益。这就是问题的本质所在。可见,本案承保人据以拒赔的前述第一点理由,是站不住脚的。

进而言之,在当代国际投资的实践中,由于形势变化,外国投资人应东道国政府的要求,双方重新谈判,提前修改原订合同的事例,也所在多有,并不罕见。仲裁庭是这样分析的:

"历史经验表明:在世界上不发达地区订立的长期采矿特许合同或长期开发合同,往往具有这样的特点:在这些合同继续生效的过程中,就应东道国政府的要求,重新谈判磋商。力量对比正在发生变化:在早先初试的谈判中,一方是天真幼稚的政府,它对自己所拥有的矿藏规模,茫然无知;而它所面临的对手,却是一个老谋深算的跨国公司,后者可以在世界的许多地区随心所欲地挑选惬意的投资场所。可是后来时过境迁,双方重新举行谈判。此时,一方是日益成熟、胸有成竹的行政当局,它熟知自己拥有什么,深信它自己能迅速自力更生地经营事业,并且认为外国投资人的盈利实在太过丰厚……另一方则是吃了许多苦头、地位日益削弱的外国商行。"①

裁决书中的这一段文字,旨在为阿纳康达财团1969年的股权变动进行辩解。但确也从一个侧面承认了弱小民族逐渐觉醒、国际力量对比发生重大变化、传统的国际经济旧秩序正在被国际经济新秩序所更替的"无情"现实。

第二,关于1969年51%铜矿股权归属的变化是否征用风险事故问题:按照本案投资保证合同的规定,东道国政府采取的措施,直接阻碍海外美资企业有效地控制、使用或处置本企业的重要财产,或直接阻碍海外美资企业继续经营该投资项目,持续达1年以上,方能被认定为"征用行动",即被肯定为征用风险事故业已发生和确立。这是判断是否征用事故的关键标准之一。对照本案案情,1969年的股权转移实况完全不具备以上条件,因而不能认定征用事态早在当时就已经开始发生并持续存在。

---

① 美国仲裁协会商事仲裁庭:《关于阿纳康达公司及智利铜业公司与海外私人投资公司纠纷案件的裁决书》,(1975年7月17日),案件编号:16 10 0071 72,载于《国际法学资料》(1975年)(第14卷),第1238—1239页。

事实是这样的：1969年6月就股权转移问题进行谈判期间，阿纳康达财团代表把继续保留充分的控制权看成是绝对必要的前提，坚持这是出让大半数股权所必不可少的条件；而智利政府代表则同意让阿纳康达财团在51％股权出让之后继续负责新建"混合公司"铜矿企业的经营管理。在这个基础上，双方共同制定了一整套规章制度，其中包括新建"混合"采铜公司的内部章程、销售合同、咨询合同，等等。综观这些文档，都贯穿着一条总的线索，即在双方合股经营中，给予智利国营"科德尔科公司"以外观上、面子上的优势；给予阿纳康达财团绝大部分的实际控制权。

具体说来，(1) 在新建"混合公司"的董事会中，"科德尔科公司"占有四个名额，阿纳康达财团只有三名。从表面上看，前者可以通过董事会中的合法多数在经营方针上进行控制。但是，拟定铜矿开采计划和决定人事去留的大权，却全盘由阿纳康达掌握。换言之，纵使董事会否决了美国资方提出的既定计划，它也无权拟定并提出自己的替代方案。(2) 股份红利分配、财会结算事宜，全部委托阿纳康达财团的人员办理；在财会重大事宜上，美方人员并享有否决权。可见"混合公司"中的财会大权也全归阿纳康达财团掌握。(3) 咨询合同名为"咨询"，实则其中明文规定："混合公司"的各级经理人员和各部门主管人员都负有责任，必须贯彻执行美方人员传达给他们的各种"指示"，以便切实有效地实行经营管理。(4) 前述两家"混合公司"成立之后，智利方面只派来了两名总经理，其他主管人员和经营管理人员，从上到下，几乎全是美方原班人马。美国资方还对许多原有雇员作了许诺：保证他们不会失业；如在智利被解雇，即可从美方获得新的工作岗位和其他各种实惠。这就使他们有恃无恐，唯美国大老板之命是听。(5) 铜矿营建规划中的一切重大问题，都和往常一样提交设在美国纽约的阿纳康达公司总部审批。

由此可见，1969年51％股权转移之后，实际上原有铜矿的经营以及投资项目的贯彻实施，都同往常一样，基本上按原有模式继续进行，既未中断，亦无重大实质性变化。直到1970年9月智利大选，新总统上任之后相当一段时期里，投资项目的营建仍按原定计划继续实施。总之，1969年大半数股权转移之后，美国资方对智利境内本企业重要财产的使用和处置，从未失去"有效的控制"，也从未间断。根据投资保证合同规定的上述标准，不能认定为当时就已开始发生征用风险。

真正的征用风险事故，应当是开始发生于1971年7月16日智利《宪法第10条修正案》正式通过、并贯彻实施于阿纳康达财团在智利铜矿的投资之后。因为直到此时，阿纳康达财团投资经营的海外美资企业才真正失去对本企业重要财产的有效控制。而此项真正的征用风险事故,正是开始发生在"正式保险"的有效期间以内,从而符合于投资保证合同所规定的索赔条件。因为,早在此项征用风险事故发生之前许久,即1969年12月29日,阿纳康达财团已将这笔投资从"预备投保"改为"正式投保",并按新的缴费率向承保人逐年缴纳保险费,从而开始正式享有被保险权,即正式享有征用风险事故的索赔权。投保人的此种法律地位,直到1972年2月向承保人正式提出索赔要求之际,一直持续存在,迄未改变。

第三,关于投保人阿纳康达财团是否有"违约行为"问题:这个问题的关键在于:阿纳康达财团于1969年将铜矿股权51%转让给智利国营公司,这是否意味着它已无意继续经营原先投保的投资项目,不再努力贯彻实施该投资项目,从而违反了投资保证合同第2条第11款的规定。

海外私人投资公司所持拒赔理由之一是:投保人连续不断地拥有"对于投资项目的所有权",乃是继续获得保险权利的必不可少的条件。仲裁人员认为:在投资保证合同中并无此种明文规定,而美国保护海外美资的立法精神,也并无此种要求。所以出让股权但却保持实际投资利益一举,并非"违约行为"。可见,问题的症结仍在于美国资方在大半数股权出让后是否照旧努力贯彻实施该投资项目。关于这个问题,在上述第二点所列举的五个方面的事实中已经包含了答案。这五个方面的事实既说明了在大半数股权出让后阿纳康达财团对原有铜矿的"有效控制"从未中断,也说明它"贯彻实施"该投资项目的长期"努力"从未中断,还说明它通过这笔投资获得的丰厚利润也从未中断。一直延续到1971年7月关于铜矿收归国有的智利宪法修订案认真贯彻执行之后,情况才发生根本变化。

针对阿纳康达财团于1969年将智利境内美资企业铜矿股权51%转让给智利国营公司一事,仲裁庭作了这样的分析:此项转让交易,并非一般的现金买卖,而是特别的分期付款安排;而且价款来源也大异常规。股票出让人(美国资方)与股票受让人(智利当局)双方约定:将这批业已转让所有权的股票在铜矿经营中所不断孳生出来的股份红利,作为股票本身的价款,分期地、自动地、源源不断地流入原出让人美国资方的钱柜。其具体办法是在银行设立专门账户,集聚红利,定期交付美国资方,智利方面无权干涉。另一方面,原有投保投资中的这一部分仍然在该投资项目原有铜矿经营中继续承担着风险。正是在这种"继续孳生红利、继续承担风险"的意义上,应当说,这业已出让的51%的股票,实际上仍是原有那笔投保投资的一部分。它的命运遭遇同美国原投资人(即投保人阿纳康达财团)的利害得失,仍然是血肉相连,不可分割的。因此,直到1971年7月智利采取来势迅猛的国有化措施之前,这批股票及其所代表的经济权益,实际上仍然紧紧地牵连到和归属于投保人阿纳康达财团所经营的投资项目,从而不应把它排除在原投资保证合同的承保范围之外。同时,鉴于智利新政府于1971年把前政府在1969年所作的上述安排一笔勾销,而且进一步把阿纳康达财团在智利境内铜矿股权的其余部分,即1969年美国资方表示愿意日后高价转让但尚未转让的49%的股权,也全盘收归国有,并且由于扣除历年"超额利润",不再给美国资方以任何赔偿金,因此,应当认定:这就是原投资保证合同中所承保的征用风险事故。

第四,基于以上各点,仲裁庭裁决:继任承保人海外私人投资公司应当依照本案投资保证合同的规定,向投保人阿纳康达财团支付征用风险事故赔偿金。赔偿金中不但应当包括前述新建"混合公司"中投保人尚未出让的49%股票的价值,而且应当包括"混合公司"中投保人业已于1969年出让给智利的51%股票的价值。其具体款额由双方自行商定。如不能达成协议,可提交本庭另行裁决。

继任承保人海外私人投资公司对于美国仲裁协会所作的上述裁决表示不服,向首都华盛顿地方法院申诉,要求撤销上述裁决。法院驳回所请,维持原裁决。海外私人投资公司进一步上诉于"美国上诉法院"所设的哥伦比亚特区巡回法院。

在本案争讼悬而未决期间,智利政局发生了剧烈变化:1973年9月11日,智利军人在美国支持下发动政变,推翻了阿连德政府,由陆、海、空三军司令和警察总局局长组成执政委员会,阿连德总统在同政变部队战斗中以身殉职。

智利军政府上台执政后,推行新的亲美政策,并决定对阿连德当政时期收归国有的美资铜业公司支付数亿美元巨款,给予高价赔偿。

1974年7月22日,阿纳康达财团与智利军政府达成新协议,对赔偿金额和支付办法作了具体规定:由智利国营铜业公司出具分期清偿的债券(期票),即"科德尔科期票",交与美国阿纳康达财团,并由智利中央银行对于这些债券的如期清偿兑现加以担保。1974年8月1日,智利当局把这些债券正式递交阿纳康达财团,并承诺和保证于10年内分期清偿完毕。

阿纳康达财团急于将这批长达10年的分期债券提前兑现,以利资金周转。海外私人投资公司挟其"雄厚资信",完全可以轻易地帮助前者实现这一愿望。于是原告和被告从"公堂对簿"转向"客厅协商",终于在1977年3月31日达成"和解协议"。协议要点,有以下数项:

(1) 双方从此息讼息争:由涉讼两造联名向首都华盛顿哥伦比亚特区巡

回法院呈递文书,表示一致同意撤回上诉。同时,联名向"美国仲裁协会"声明一致同意撤回申诉,终止第二阶段的仲裁。

(2) 由海外私人投资公司向阿纳康达财团支付现款 4 700 余万美元。这笔款项应由美国"联邦基金储备"中拨付。

(3) 对于阿纳康达财团手中的 6 张远期债券(预定清偿日期为自 1981 年 8 月至 1984 年 2 月,每半年一次),由海外私人投资公司"以美利坚合众国的全部信用和信誉作为担保",保证它们能如期如数切实兑现,从而大大增强这些债券在市场上的"身价"和流通能力,便于阿纳康达财团脱手转让,提前兑成现金。这批远期债券的总额,也是 4 700 余万美元。两者合计,阿纳康达财团获得的赔偿金总数高达 9 500 余万美元。

(4) 阿纳康达财团应将手中掌握的部分智利"科德尔科期票"写上"背书,将这些期票的索偿权转移给海外私人投资公司,俾便后者届时凭票向智利代位求偿。"

(5) 日后海外私人投资公司凭上述"科德尔科期票"向智利索债、回收债款本息时,如遇纠纷,阿纳康达财团在接到海外私人投资公司的书面要求后,应即采取相应行动,紧密配合。阿纳康达财团为提供这种合作而开支的各种费用,包括聘请律师打官司的费用,概由海外私人投资公司承担,全部实报实销。

至此,这场讼争长达六个年头的索赔官司,经过投保人索赔——承保人拒赔——仲裁庭裁决付赔——承保人坚持拒赔并提交法院——法院驳回所请,责令付赔——承保人不服上诉,继续坚持拒赔——双方联名撤诉等等曲折,最后以美国国内投保人与承保人两造言归于好、"一致对外"而告终结。

作为一个"典型案例",本案的实际意义之一在于:它向世界上接受美国投资的发展中国家传递了一条信息:在美国法官(法院)和学者(仲裁庭)们眼中,海外美国私人投资纵使在名义上其所有权业已转移出让,不再属于原投资人所有,但只要这笔投资在实际上还直接牵涉到原投资人的利害得失,美国当局就仍然对它实行法律保护,不遗余力。

3. 1978 年列维尔铜矿及铜器公司索赔案①

美国马里兰州列维尔铜矿及铜器公司(以下简称"列维尔铜业公司")独资设立一家子公司,取名列维尔-牙买加铝业公司(以下简称"列维尔铝业公司"),在牙买加境内经营铝土开采和炼制纯铝。1967 年 3 月 10 日,东道国牙买加政

---

① 参见美国仲裁协会商事仲裁集:《关于列维尔铜矿及铜器公司与海外私人投资公司纠纷案件的裁决书》(1978 年 8 月 24 日),案件编号: 16 10 013776 号,载于《国际法学资料》(第 17 卷),1978 年英文版,第 1321—1368 页。

府与列维尔铝业公司订有长期采矿特许协议,规定由前者对后者的投资给予合理的保护;列举后者应对前者缴纳各种税款的种类和范围;同时规定:除了所列举的捐税项目外,牙买加政府不得对列维尔铝业公司另外课征任何其他捐税(见协议第12条)。协议期限自该铝业公司生产设施正式投产之日起计算,有效期为25年。

牙买加原为英国殖民地,1962年8月宣布独立后,由牙买加工党执政,上述协议就是在工党政府当权时签订的。该党主要代表牙买加大农场主、大资产阶级的利益,在1972年大选中被人民民族党击败下野。人民民族党上台执政后,大力推行维护民族权益,发展民族经济的新政策。该党领袖、牙买加政府总理迈克尔·曼利在1972年10月的第27届联合国大会以及1974年4月的第6届联合国特别会议上,大声疾呼应当改变外国投资家与东道国在分享自然资源开发事业的经济利益中的不公平比例,抨击旧的国际经济秩序及其关系结构严重阻碍贫穷国家的正常发展,要求国际社会采取措施,认真地改革这种旧秩序、旧结构。另一方面,1974年他在国内先后多次谈到施政方针时宣布:牙买加政府决定要对作为本国经济命脉的铝矿开采和炼铝工业获得最大份额的所有权,从而实行有效的国家控制。他郑重声明:过去同外国投资家订立的铝矿开采合同已经"被历史所废除","牙买加政府不能再受这些合同约束。"在同年5月15日发表的一场演说中,他理直气壮地强调:

> "同各家铝业公司重新谈判合同,这不仅是必不可少的,也不仅是一个主权国家的权利,而且是对人民的一种义务。这些考虑比合同协议的尊严性,要重要得多。"

在合同的重新谈判中,双方讨价还价,十分紧张激烈,迄无结论。1974年6月8日,经牙买加议会讨论通过,颁行了新的铝土矿生产税征收条例,大幅度增税。在这种情况下,列维尔铝业公司生产成本增加,库存产品滞销,连续数月亏损累累。于是,不顾牙买加政府的劝阻,在1975年8月间自行决定停产关闭。

1976年1月,列维尔铝业公司起诉于牙买加最高法院,指控牙买加现任政府的增税措施违反了前任政府与该公司订立的长期采矿特许协议,要求免征新税。牙买加最高法院驳回所请,并认定:前政府参加订立的原有协议中关于禁止征收任何新税的规定"从一开始就是无效的"。因为这种规定明显地损害了牙买加的主权尊严;况且,按照牙买加的法律,参加订立协议的行政机关的部长们根本无权在涉及税收的问题上对于议会的立法主权任意加以限制和束缚。因此,1967年的特许协议并未为列维尔铝业公司创造出任何免纳新税的权利,从而,该铝业公司无权依据1967年的协议要求免征。于是,列维尔铝业公司的母公司——列维尔铜业公司在1976年4月间依据美国国内的投资保证合同,转向美国海外私人投资公司索赔,要求按承保的征用风险事故支付巨额赔偿金9 000多万美元。

海外私人投资公司拒绝支付赔偿金。主要理由是:

第一,根据投资保证合同的规定,东道国政府采取的措施,必须直接阻碍境内美资企业有效地控制本企业重要财产的使用和处置,并且持续一年之久,才能被认定为发生了征用风险。对照本案案情,当时牙买加政府用以限制外资铝矿企业的若干措施中,只有颁行新的铝土矿税则这一项算是迹象明显的行动,尽管它不符合原特许采矿协议中关于不课征额外新税的约定,但它本身还不就是美国投资保证合同中所承保的"征用行动"风险。因为东道国政府仍然允许境内的列维尔铝业公司有效地控制本公司的财产,它并未要求该公司关门停业,更没有直接接管或剥夺该公司的资产。换言之,在实施1974年6月的新税法之后,该铝业公司仍然继续享有1974年6月以前原有的全部财产和全部权利,既拥有一切生产设施设备,还拥有采矿租约特许,完全可以照常营业。

第二,由于当地政府对铝矿土增课新税而引起的公司生产成本增加,只要经营得法,该公司完全可以把这方面的负担转嫁到消费者身上去。

第三,1967年的采矿特许协议和有关合同显然应受东道国牙买加法律的管辖。根据牙买加最高法院的判决,原协议中禁止课征新税的条款因违反牙买加法律而"自始无效"。因此,根本不存在"违约"问题。何况,即使发生违约行为,也并不能一概构成海外私人投资公司投资保证合同中所规定的征用风险。

第四,总之,该铝业公司在营业上所处的逆境,主要是由于它自身不善经营所造成的,不属于海外私人投资公司承保的征用风险范围,索赔应予驳回。

投保人列维尔铜业公司对承保人海外私人投资公司的拒赔裁定不服,于是按投资保证合同中仲裁条款的规定①,在1976年12月间提交设在首都华盛顿的"美国仲裁协会"仲裁。

仲裁小组由三位仲裁员组成。经过长时间的审议和讨论,仲裁小组内部意见分歧,无法达成一致结论,最后形成"二比一"的局面,把"多数派"和"少数派"的不同意见,分别记录在案;同时依照少数服从多数的原则,把多数派的意见作为正式的有约束力的仲裁决定,加以执行。

---

① 参见《海外私人投资公司234 KGT 12—70型投资保险合同》(修订本),第11条,载于1982年英文版单行本,第24页。

"多数派"(即仲裁员 G·W·海特以及卡洛尔·威泽尔两人)的意见认为：海外私人投资公司拒赔无理,应当依约支付征用风险事故赔偿金。他们所作的长篇分析,可大体归纳如下。

第一,关于是否存在"违约行为"的问题：牙买加政府违反 1967 年特许采矿协议中禁止课征额外捐税的约定,另征新税,是否构成"违约行为"？牙买加最高法院断定：本国行政官吏无权束缚议会立法主权,协议有关条款(第12条)"自始无效"。从牙买加国内法说,这种判决诚然是有道理的。海外私人投资公司也把它作为理由之一,据以拒赔。但是,这个问题不能单凭牙买加国内法的标准加以判断,还要根据国际法的标准作出鉴定。换言之,上述协议不仅适用牙买加国内法,受牙买加国内法管辖；而且适用国际法,受国际法管辖。因为,此项协议的当事人一方是外国投资人,另一方是东道国政府,内容涉及如何促进东道国的经济发展,所以它不是一般的国内合同,而是国际性合同；而且其中涉及保护外国投资人的财产不受东道国政府侵害的问题,所以应当适用国际法上的"国家责任"原则来判断是非。据此,牙买加政府违反 1967 年特许协议中有关规定而另课新税的措施,显然是一种国际法上的"违约行为",应当追究"国家责任"。受到损害的外国投资人有权索赔。

第二,关于课征新税是否构成征用风险的问题：这个问题,取决于课征新税是否阻碍列维尔铝业公司切实有效地控制本企业的重要财产。违反特许协议增征铝土矿税一举,单就其本身而言,当然并非征用行动；但是,这种"违约行为"一旦同其他现存因素结合起来,却足以构成征用行动。事实上,在增收新税的同时,牙买加政府还提高了矿区土地使用费,取消了原先给予铝业公司的某些经济津贴费,等等。因此,判断本案中的增税法令的性质,必须联系到牙买加政府采取增税等措施的动机意图以及这些措施所造成的实际后果,加以综合考察。就前者而言,牙买加政府早已公开声明自己的目标,要对铝矿业实行有效的国家控制,增税等等措施都是围绕这一中心目标而相继采取的；就后者而言,这些措施表面上看来虽不很严厉激烈,但处处掣肘,已在不知不觉之中逐渐削弱了列维尔铝业公司的经营能力。特别是综合考察这些措施,可以看出：作为该铝业公司投资依据的 1967 年采矿特许协议实际上已被废除,从而使整个公司前途未卜,捉摸不定,遇事难以果断决策。凡此种种,实际上已使该公司对本企业财产以及本企业命运失去有效的控制。尽管它在名义上、理论上仍然拥有并控制着本企业的财产和设施,但这种控制已经不是切实有效的了。

第三,关于应否支付赔偿金问题：1967 年的采矿特许协议乃是列维尔铝业公司在牙买加投资和立足的主要根据。牙买加政府 1974 年颁行新税法等措施实际上已经废除了1967年的特许协议,构成了国际法上的"违约行为"。受害的当事人有权索赔。鉴于这种国际法上的"违约行为"已造成后果,使得列维尔铝业公司对本企业重要财产的有效控制,业已名存实亡,因此,根据原先美国国内投资保证合同第1条第15款第1项第(4)点的规定,应当认定征用事故已经发生。海外私人投资公司作为承保人,应当依约付赔。

第四,关于赔偿金数额问题:作为总的原则,海外私人投资公司应当依约付赔。但是,鉴于列维尔铝业公司确实存在经营不善、长期亏累的问题。因此在计算赔偿金数额时,凡是因该公司本身经营不善而导致的损失,因不属于政治风险承保范围,应当扣除,不予赔偿。投保人列维尔铜业公司原先提出的索赔金额高达9 047万余美元,但仲裁小组中的"多数派"采纳了海外私人投资公司提供的物证和计算方法,扣除了列维尔铝业公司账面资产中实际上大量减值的数额,认定在"征用风险"发生当时该铝业公司纯投资额仅余下113万余美元,承保人应按此项结余的纯投资额支付赔偿金,即仅约原索赔额的1/80。此外,由于海外私人投资公司方面在仲裁中败诉,故应另外负担仲裁费用18万余美元。

仲裁小组"多数派"对本案所作的上述裁决,与其说是为列维尔铜业公司"主持公道",维护该投保人的权益,使它不受承保人海外私人投资公司拒赔的损害;毋宁说是为了重申美国在海外美资被征用与索赔问题上的传统观点,维护所有美国海外投资家的利益,使它不受东道国政府的"损害"。裁决书洋洋数万言,论证中心之一就是:凡遇海外投资纠纷,不能全部也不能优先适用东道国的国内法,而应当全部或至少优先适用美国所理解、所坚持的"传统国际法"。究其实质,就是尽力把美国投资家的利益置于东道国的主权之上。但是,美国的这些传统观点已随着国际经济秩序的新旧更替进程而日益显得陈旧、过时。因此,即使在美国本国法学界中,也不是所有的人都全然加以赞同。

本案仲裁小组中的"少数派",即仲裁员弗朗西斯·贝尔根,针对"多数派"的上述见解,提出异议。他主张:本仲裁案中的承保人海外私人投资公司胜诉,投保人列维尔铜业公司无权索赔。所持理由有以下数点。

第一,本仲裁案件的主要争端和症结,在于如何理解投资保证合同中的有关条款。具体说来,问题的焦点是:依据美国国内投资保证合同的有关规定,投保人是否有权向承保人索赔,承保人是否有义务向投保人付赔。此项保证合同,签订于美国国内;合同双方当事人,即列维尔铜业公司和海外私人投资公司,都是美国国内的公司;依据该合同中的仲裁条款,双方遇有纷争,应提交美国仲裁协会裁断。凡此,都决定了一旦此项投资保证合同涉讼,或在解释上发生分歧，即应受美国法律或仲裁规则管辖，不应任意援引国际法原则来加以解释或处断。何况，牙买加政府以及列维尔铝业公司都不是本投资保证合同或本仲裁案件的当事人，更不应随便把国际法问题牵扯在内。投保人与承保人之间有关索赔拒赔的纠纷，其是非曲直，只能严格地按照美国投资保证合同有关条款本身的确切含义，根据美国本国的法律或规则，加以裁断。

第二，按照上述投资保证合同有关条款的规定：东道国政府采取的行动，必须直接地阻碍境内美资企业有效地控制、使用或处置本企业的重要财产，而且长达一年以上，才能被认定为征用行动，即被认定为发生了该合同所承保的征用风险事故。简言之，"直接阻碍有效控制"乃是构成征用风险的前提条件。这里，关键在于行动与后果之间的因果关系必须是直接的，而不是间接的；后果是行动直接造成的，而不是间接引起的。但是，无论从本案申诉人列维尔铜业公司所提供的事实材料来看，还是从本仲裁庭"多数派"仲裁员所作的论证推理来看，都不能确凿地、令人信服地证明：牙买加政府增课新税的行动确已直接地造成了列维尔铝业公司无法有效地控制、使用或处置该公司财产的严重后果。恰恰相反，事实证明：在颁行新税法后，牙买加政府始终没有直接阻碍列维尔铝业公司管理自己的工厂，经营自己的商业，并把自己的纯铝产品装运出口。换句话说，该铝业公司对本企业的一切财产和工商经营活动，始终保持着切实有效的控制权和自主权。由此可见，构成投资保证合同中所明文规定的"征用行动"的前提条件并不具备，从而不能认定该合同承保的征用风险事故业已发生。

第三，原投资保证合同第1条第15款的最后一段文字毫不含糊地规定："投资项目所在国政府废除、侵害、不履行或违反有关该项目的任何约许、协议或合同，只有在它已经构成符合本款标准条件的征用行动时，才可以认定为征用行动"。可见，判断是否"征用行动"的唯一标准是上述美国投资保证合同有关条款所严格规定的条件。在本仲裁案件中，既然无法确凿证明列维尔铝业公司在牙买加的处境已经具备了上述前提条件，那么，纵使1974年新税法的规定与1967年的采矿特许协议有所抵触，也决不能任意把有关征用外资企业问题的一般国际法理论原则和观点作为根据，断定海外私人投资公司应当对列维尔铜业公司履行美国投资保证合同规定的赔付义务。

第四，就1974年6月颁行的铝土矿生产税征收条例而论，无论根据哪一种合情合理的标准，都应当认定征收新税乃是牙买加国家的正当权限，并未越出应有的范围，根本不具备横征暴敛或没收财产的性质。因为，根据准确的计算，1974年实施的新税率实际上只相当于纯铝成品转让价格的20%左右，并未超过国际社会中课税的正常标准。大多数欧洲国家课征同类捐税的比率,都高于此数。即使按美国国内法的课税标准来说,这种税率也是合情合理合法的。实际案例表明:美国最高法院在1974年间就曾驳回阿尔科公司对匹兹堡市政当局的指控,判定征税率占总收入的20%是合法的,并非苛征,并不含有变相没收私人财产性质因而并不"违宪"。对比起来,牙买加政府1974年开始课征的新税,不但没有超过国际常规税率,而且它对于境内的所有铝业公司都是一视同仁、普遍适用的。尽管它确实给列维尔公司增加了新的捐税负担,但并非另眼歧视,因而课征新税一举是无可厚非的。

第五,列维尔铝业公司在1975年8月间停产关闭,这是该公司不顾牙买加当局的劝阻,自行决定的。此事说明当时该公司仍然享有充分的自主权。该公司当时就认为停止"经济上不合算"的经营活动乃是"任何企业主所固有的基本权利"。列维尔铜业公司总经理威廉·可林斯1975年7月2日写信给牙买加总理说明了决定把牙买加境内所属工厂停产关闭的原因,强调了生产过剩,产品库存过多,市场销售困难这一决定性的因素。列维尔铝业公司也在1975年10月10日致牙买加当局的函件中申述:关厂停产的关键因素是该公司"正在承受着世界性不景气的影响"。两项函件都未指责牙买加政府课征新税的行动是造成该铝业公司停产关门的直接原因,当然更不能由此推导出牙买加政府已对该铝业公司采取"征用行动"的错误结论。

第六,基于以上事实,"少数派"仲裁员弗朗西斯·贝尔根认定:对列维尔铜业公司在牙买加境内的资产说来,美国投资保证合同中所承保的征用风险事故并未发生,并不存在。投保人索赔无理,应予驳回。

1980年6月20日,海外私人投资公司终于遵照美国仲裁协会本案仲裁小组"多数派"的裁决意见,如数向列维尔铜业公司支付了赔偿金100余万美元。由于海外私人投资公司自己原先就断定本案中的征用风险事故实际上并未发生,投保人索赔无理;如今自不宜出尔反尔,反向东道国牙买加代位索赔,故迄今未敢正式行使"国际代位索赔权"[①]。

(四)关于东道国政府的正当法令问题

按照前引"海外私人投资公司234 KGT 12—70型投资保险合同(修订

---

① 参见《海外私人投资公司第A.Ⅱ.A号报告书》(即海外私人投资公司及其前身机构对历年索赔案件处理情况一览表,1948—1983年6月30日),第5页。原档影印件收存于厦门大学法学院资料室。并参见《海外私人投资公司索赔问题高级法律顾问R·D·斯腾致本文作者函》(1983年11月1日)。原件收存于厦门大学法学院资料室。

版)"第1条第13款但书第(1)项的规定,东道国政府依据本国宪法认可的方针颁行正当合理的法令,虽碍及海外美资企业的经营,亦不得视为征用行动。根据此类条款,海外私人投资公司及其前身机构国际开发署曾对有关索赔案件处断如下:

1. 1966年韦布斯特出版公司索赔案[①]

该公司投资伊朗,曾与当地政府订立合同,就地设厂为伊朗学校出版供应教科书。其后,伊朗政府自行创办出版企业,供应校用教科书,从而逐步把韦布斯特公司挤出伊朗主要市场。后者认为这就是征用行动,于是依照美国国内的投资保证合同向当时的主管机关国际开发署索赔。国际开发署作出拒赔裁定。其理由可以归纳为:第一,伊朗当局改组教科书供应制度,是正常地行使本国政府固有的权力,是合理地调整国内出版业的正当措施,它并未影响到美国投资人对其海外企业实行有效的控制,也未侵害该公司继续营业的权利和职能。第二,没有任何迹象表明伊朗政府采取这些措施的本意在于剥夺本案投资人的股票所有权。第三,本案原有投资合同并未规定投资人有权垄断伊朗公立中、小学校课本的出版供应事宜。因此,投资人无权要求继续包办此项课本供应生意。第四,综观本案案情,伊朗政府的行为并不属于前述投资保证合同中所规定的"征用行动",索赔无理,应予驳回。至于该公司营业上的逆境和损失,主要应归因于它自身经营不精,缺乏竞争能力,未能另行扩展自己的销售市场,以弥补被当地政府占去的营业阵地。

2. 1972年华盛顿国际银行索赔案[②]

1965年,美国华盛顿国际银行在多米尼加境内投资组建埃克斯普洛马木材公司,经营伐木、制材、出口等业务。该木材公司系按多米尼加法律组成,1966年8月正式开张营业。华盛顿国际银行拥有该公司全部股票的80%。

此后不久,"美洲国家组织"的专家们在对多米尼加自然资源概况进行调查研究的基础上,撰写了专题报告。其中指出:由于林业管理制度松弛,伐木商乱砍滥伐,多米尼加国内的森林资源日益锐减,并危及国内的水土保持;如不及时采取护林补救措施,长此以往,后果不堪设想。多米尼加政府显然十分重视此种意见,于1966年12月8日发布命令,禁止本国木材出口。埃克斯普洛马

---

① 参见海外私人投资公司文档《韦布斯特出版公司索赔案卷》;《国际开发署:关于韦布斯特出版公司索赔案的处理决定》(1966年9月2日)。以上原档影印件收存于厦门大学法学院资料室。

② 参见海外私人投资公司文档《华盛顿国际银行索赔案卷》;(1)国际开发署备忘录:《华盛顿国际银行征用事故索赔案案情分析》,原档影印件收存于厦门大学法学院资料室;(2)美国仲裁协会商事仲裁庭:《关于华盛顿国际银行与海外私人投资公司纠纷案件的裁决书》(1972年11月8日),案件编号:16 10 0041 71,载于《国际法学资料》(1972年)(第11卷),第1216—1234页。

木材公司随即于同月23日关门停产。投资人华盛顿国际银行通过美国驻多大使馆以及国际开发署对东道国施加压力，促使后者给该美资木材公司颁发了新的伐木、出口许可证。该公司于停产104天之后，在1967年4月6日重新开工。

按照多米尼加的法令，此项伐木经营从一开始就必须不断获得政府颁发的定量伐木、定量出口许可证，方能持续开工。自1967年4月至1968年8月，埃克斯普洛马木材公司在陆续申请发给新的定量伐木出口许可证过程中，有时遇到东道国当局新的禁令，有时遇到办事人员的拖拉作风，因而未能及时获得新的伐木出口许可证。在上述期间内，该公司的工厂又曾数度停产。但每次停产后，几乎都是由美国行政官员或外交官员出面过问，施加压力，迫使东道国当局对该美资企业给予破格优待，发给新的许可证，使后者得以避开禁令，重新开工。不过，即使在连续生产期内，它也因台风破坏以及经营不善而亏损累累。

1968年8月27日，多米尼加当局通知埃克斯普洛马木材公司：今后不再颁发新的伐木出口许可证了。大约二十天以后，即同年9月17日，该木材公司的投资人，即华盛顿国际银行，向美国国际开发署正式提出索赔申请，要求按1967年5月间双方订立的投资保证合同的有关规定，支付征用风险事故赔偿金。

但此后不久，即1968年11月18日，多米尼加当局又通知该木材公司：即将发给新的许可证，允许恢复伐木制材生产。1969年3月31日，又进一步通知该公司：有关当局已同意另行颁发一项4倍于原定量的伐木出口许可证。每次定量指标用完以前，只要及早提出申请，即可不断更新，取得相同定量的新许可。对于东道国当局的这些新约许，埃克斯普洛马木材公司不置可否，既未答复，也未重新开工。投资人只是一心一意等待国际开发署支付征用事故赔偿金。

国际开发署仔细调查和审议了案情，认为以上事实情节，不能构成本案投资保证合同中所规定的征用风险事故，驳回华盛顿国际银行的索赔要求。其所持理由大体如下：

第一，按照本案投资保证合同第1条第15款的规定，东道国政府采取的措施，必须是直接阻碍境内美资企业有效地控制、使用或处置本企业的重要财产，或者直接使它无法经营该投资项目，才能定性为征用风险事故。本案中埃克斯普洛马木材公司的遭遇和处境，完全不属于此类情况。因为，国际开发署在接到投保人索赔要求后，曾派人员前往实地调查，发现该木材公司所拥有的机器设备、管理机构、企业信誉、市场销售等主要方面，都没有因东道国政府采取上述措施而直接地受到损害或破坏。恰恰相反,每逢一般伐木禁令,由于投资人的幕后活动和美国官方的施加压力,该木材公司总是享受例外开禁或优先开禁的特惠待遇。诚然,东道国政府关于禁止滥伐林木的三令五申以及逐次限额审批伐木量和出口量的具体做法,确给埃克斯普洛马木材公司造成很大不便;该公司申请给予一项为期20年的长期伐木出口许可证,也遭到东道国政府拒绝;但是,该公司完全可以逐批地申请并连续地获得短期伐木出口许可证,以便继续经营。特别是东道国政府在1968年8月声称不再颁发新的许可证之后,短短六七个月内,即在同年11月间及翌年3月间,又先后两次通知埃克斯普洛马公司,收回成命,允许该公司恢复伐木生产,并且给予4倍于原定、可以连续更新的新型伐木出口许可证。这就再次说明该公司不但未被勒令停产,反而是享受特惠。至于该公司在1968年8月以后之所以对上述解禁特惠无动于衷,坚持歇业而不再开工,根据国际开发署所掌握的确凿材料以及该公司原负责人和知情人(包括原董事长兼经理托马斯·奎克)提供的证词,显然可以看出是由于经营不善,亏损过多,入不敷出,无法支付工资。而原投资人华盛顿国际银行的董事长在1968年11月—12月间谈到是否继续资助该木材公司摆脱财政困境时,已公开宣布:"我再也不把任何钱花在这上头了,我们最好甩掉这个破烂包袱!"正是由于新的资金来源枯竭,该木材公司重新开工的资金严重短缺,以致无法继续经营下去。简言之,该公司的关门歇业,是出于财政枯竭原因,而不是申请许可证困难所致。由此可见,在本案中,根本不存在东道国政府采取行动直接阻碍境内美资企业有效地控制、使用或处置本企业重要财产的事态;也不存在采取行动直接使它无法经营该投资项目的情况。因而并未发生过本案投资保证合同里所规定、所承保的征用风险事故。

第二,按照本案投资保证合同第1条第15款的规定,征用事态必须开始于投资保险期以内,并且持续存在1年以上,才能被认定为确实构成了征用风险事故,并应予赔偿损失。但是,如前所述,本案中埃克斯普洛马木材公司数度停工,实际上并非由东道国政府伐木禁令或迟延发给许可证所直接造成的后果,因此不能视为已经发生过征用事态。退一步说,即使把该公司的数度中断生产归咎于东道国的上述行动,那么,仔细分析起来,也并不符合投资保证合同本款所规定的时间条件。前面提到:本案中的投资保证合同订立于1967年5月,但第一次停工104天这一事态却产生并存在于1967年1月至4月间,即在上述保证合同开始生效、保险期开始计算以前。其后的几次停产事态,经过精确计算,即使全部累计起来也只有128日,远远不足365天之数,即不具备征用事态持续存在1年以上这一先决条件,从而不可能构成本案投资保证合同中所规定的征用风险事故。

第三,按照本案投资保证合同第1条第15款但书第(1)项的规定:东道国政府采取的行动,纵使已经具备本款正文中所规定的征用事态诸项条件(即确已直接阻碍境内美资企业有效地控制、使用或处置本企业的财产;或确已直接使它无法经营该投资项目;此种事态确实开始出现在保险期以内;而且确已持续存在达1年以上),但是,如果东道国政府采取的该项行动,是(1)正当合理地根据本国宪法所认可的施政方针,颁行法令条例,或采取行政措施;(2)这种法令或措施并无明文规定有意实行国有化或征用;(3)并非专横无理;(4)是按照企业的合理分类加以适用;(5)并不违反国际法上公认的原则,那么,就不能把东道国政府采取此项行动,认定为征用风险事故业已发生。

国际开发署根据投资保证合同中的本项但书规定,针对索赔人华盛顿国际银行所提出的主张,围绕上述五点,逐一地列举事实加以分析,并得出结论:东道国多米尼加政府当时就伐木出口问题所采取的各项行动,完全符合上述但书规定,因而应当排除在"征用行动"这一概念之外,即不能认定为征用风险事故。

根据国际开发署所列举的大量事实,显然可以看出东道国多米尼加政府当时颁行的各种护林法令和采取的相应措施,是完全正当、十分合理的。这些法令和措施主要目的,就是在于制止滥伐乱砍,保护本国森林资源,防止水土流失,以免给本国人民带来重大损失和长期灾害。正如当时多米尼加总统巴拉格尔以及林业局局长埃斯特拉达·梅迪纳所强调的:采取这些措施,"为的是制止破坏国家林木水土资源的行为,替子孙后代保住这些财富";"否则,历史就会惩罚我们,让我们滴水全无"。既然这些措施确是为了保障本国人民根本利益,它当然完全符合于多米尼加本国宪法的基本精神。华盛顿国际银行为了达到索赔目的,曾任意歪曲投资保证合同条文本意,硬说上述但书文字中的"宪法"一词,指的是美国宪法,因此必须以美国宪法作为标准,判定多米尼加政府的行动"违宪",追究赔偿责任。这种节外生枝、无理取闹的主张,由于其霸权面目和荒唐悖谬是如此彰明昭著,连美国国际开发署经办人员也认为根本无法站得住脚,因而根据投资保证合同这段文字的真实内涵,予以批驳。强调:这里指的只能是东道国的宪法,而"不应援引另外一种毫不相干的法律(即另外一国的宪法)来解释本投资保证合同。因为,无论是但书文字本身,还是上文下文,都根本没有这种含义。"

此外,国际开发署对本案所作的案情分析中还举出这样的事实:东道国多米尼加政府在颁行禁止滥伐林木的法令时,确实是按照企业的合理分类,公平执法的。它所实施的禁令,是一视同仁、普遍适用的,即不但适用于境内的一切外资伐木企业,而且适用于本国人经营的同一行业。只有经营铁路枕木、桥梁用木、学校以及其他公共工程用木者,因为是东道国社会公益所需,才略有例外。就上述美资埃克斯普洛马木材公司当时的处境而言,尽管它伐木出口显然并非为了东道国社会公益,但多米尼加政府在美国官方的干涉和压力下,总是一次又一次地在实施禁令过程中对该美资企业给予特殊优惠和破格照顾,即不但毫无"专横"可言,反而是恩渥有加!(在这样的条件下,投资人反诬东道国"蛮横征用",岂非信口雌黄,恩将仇报?!)

基于以上事实,国际开发署断定:退一步说,即使华盛顿国际银行所指控的东道国政府行动,根据本案投资保证合同第 1 条第 15 款本文的规定,可以肯定为"征用行动",那么,根据该合同同条同款但书的规定,却应加以否定,排除于"征用行动"范围——即承保范围——之外!

总之,索赔无理,应予驳回。

索赔人华盛顿国际银行不服,于是在 1972 年 4 月间依照投资保证合同中仲裁条款的规定,向设在首都华盛顿的"美国仲裁协会"提出申诉。此时,由于原海外投资承保业务已由国际开发署移交给新设立的海外私人投资公司承接办理,后者即成为本案仲裁庭中的被诉人。

仲裁庭经过认真阅卷、调查、听证和审议,于 1972 年 11 月最后裁决:承保人国际开发署——海外私人投资公司拒赔有理。投保人即索赔人华盛顿国际银行败诉,驳回所请。

仲裁庭作出上述裁决的理由,与国际开发署所作的上述案情分析,其要点大体相同,兹不多赘。

3. 1973 年佐治亚太平洋国际公司索赔案[①]

1968 年 5 月,美国佐治亚太平洋国际公司独资设立子公司"南美厄瓜多尔林业公司",并由后者与厄瓜多尔政府订立伐木特许合同,在该国境内经营木材生产。这家林业公司在企业筹办过程中遇到一些困难,进展缓慢。1970 年 7 月,厄瓜多尔政府根据一项新的法令,取消了若干项伐木特许合同,其中包括与"南美厄瓜多尔林业公司"订立的上述合同。厄瓜多尔当局指责该林业公司敷

[①] 参见海外私人投资公司文档《佐治亚太平洋国际公司索赔案卷》:(1)《呈交海外私人投资公司代总经理赫尔伯特·萨尔兹曼的本案处理备忘录》(1973 年 8 月 2 日);(2)《佐治亚太平洋国际公司副总经理格雷·伊万斯致国际开发署私人投资管理局保险处主办官员戈登·伊克尔函件》(1971 年 1 月 6 日);(3)《佐治亚太平洋国际公司投资人活动及厄瓜多尔政府公然采取征用行动简况》(1971 年 1 月 6 日)。以上原档影印件收存于厦门大学法学院资料室。

衍拖拉，不严格遵守特许合同第 8 条的规定，如期开工安装生产设备并如期竣工投产。这就是执行上述法令、取消上述特许的主要根据。"南美厄瓜多尔林业公司"鉴于已耗去开办费 20 万美元左右，深恐赔本，乃委托当地律师要求东道国当局收回成命，不把该林业公司列入上述新法令适用范围，继续给予伐木特许，但未获批准。1971 年 4 月，该公司进一步向东道国有关部门提出行政申诉，不久又被驳回。

在请求厄瓜多尔当局收回成命以及正式提出行政申诉过程中，该林业公司强调说：正是由于东道国厄瓜多尔政府未能履行特许合同中所规定的义务，让该公司有权迅速获得一块适当的办厂场地，以便兴建一家锯木工厂，因而使它无法严格遵照特许合同的有关规定，如期履约。对于这些辩解，厄瓜多尔当局未予采信。

鉴于东道国政府拒绝收回成命，"南美厄瓜多尔林业公司"的母公司——佐治亚太平洋国际公司早在 1971 年 1 月初就向海外投资的承保人美国国际开发署正式要求按照双方事先订立的投资保证合同，支付征用风险事故赔偿金。

随后不久，本案即转交国际开发署的后继机构海外私人投资公司处理。后者的经办人员经过实地调查和精心审议，认为佐治亚太平洋国际公司在厄瓜多尔的投资确实遭到了损失，应予弥补，但又不宜简单地按常规办事，即不宜采取一般的索赔和代位索赔的方式。其理由如下：

第一，海外私人投资公司认为厄瓜多尔政府取消原先给予"南美厄瓜多尔林业公司"的伐木特许权，是一种"专横无理"的行为。因为特许合同本身规定任何一方如欲提前终止合同，必须事先通知对方，并给对方留下设法补救的时间，但东道国政府并未信守此项废约程序规定。更重要的是：东道国当局违约迟迟不给建厂场地是"因"，投资人违约未能如期建厂投产是"果"，不追究原因，只追究结果，这样的执法根据是不公平的。诚然，东道国政府有权依据本国宪法所认可的方针，颁行各种法令或采取各种措施，限制外资企业经营活动，这些都是正当的，但是，这些法令或措施，必须以并非"专横无理"为前提；而厄瓜多尔政府的上述行为具有"专横"性质，客观上又阻碍投资人正常经营该投资项目，这就构成了投资保证合同上所规定的征用风险事故。

第二，佐治亚太平洋国际公司曾聘请一位厄瓜多尔籍的当地律师，提供法律服务。据该律师 1970 年 10 月 8 日函告：就在厄瓜多尔当局取消给予"南美厄瓜多尔林业公司"伐木特许之后不久，厄瓜多尔总统的一个侄儿，即拥有很大实权的国防部长，已经决定组织公私合营的公司，从事伐木经营；该公司业已申请给予一片特许伐木区，其主要部分正就是前此划给"南美厄瓜多尔林业公司"

特许伐木的那块地盘。厄瓜多尔的林业委员会已经同意此项申请。在美国的目光里,这表明厄瓜多尔当局对该美资企业"另眼看待",有意歧视。

第三,根据以上案情,投资保证合同中规定的征用事态业已发生,并已持续存在1年以上,构成了征用风险事故。承保人海外私人投资公司应当设法对投保人佐治亚太平洋国际公司所遭受的损失给予补偿。但是,考虑到本案所处的特定环境和具体情况,这种补偿不宜按通常案例,采取索赔——付赔——代位索赔的简单方式。因为:

第四,1970年12月,南美厄瓜多尔、秘鲁等五国共同制定了《安第斯地区外国投资法》,对外来投资(包括美资)的经营活动施加多种限制,借以保护本地区各弱小民族的经济权益。在此种情况下,海外私人投资公司不得不在本地区部分国家中暂时停办投资承保业务。但是,据海外私人投资公司调查分析,厄瓜多尔对上述《外国投资法》的某些解释,对美国投资家说来,是比较"宽宏大量"的,因而厄瓜多尔乃是一个可以提供"最佳机会"的场所,大大有利于海外私人投资公司在这里重新开办它在其他安第斯国家中业已停办的投资承保项目。基于这种理由,"从海外私人投资公司的利益考虑,应当对本案采取斡旋和解的办法,而不是采取批准此项索赔要求和支付赔偿金的办法"①。所谓"斡旋和解"的办法,具体说来,就是由海外私人投资公司经办人员从中"撮合",建议和说服厄瓜多尔政府作出安排,让现在持有上述美资林业公司原来伐木特许证的厄瓜多尔"卡亚帕斯公司"作为一方,让美国"佐治亚太平洋国际公司"作为另一方,共同组建一家"合资经营公司",合作经营,分享利得。

此案经海外私人投资公司斡旋缓冲,于1973年8月由该公司支付10万美元给佐治亚太平洋国际公司而终告了结②。出于种种考虑,而且数目较小,海外私人投资公司全面地权衡了利弊得失,后来未对东道国代位索赔。

4. 1979年阿格里科拉金属公司索赔案③

1974年10月,美国阿格里科拉金属公司与乍得的托姆巴巴耶政府签订协议,允许该公司在乍得境内独资设立一家子公司,即"乍得阿格里科拉公司",经

---

① 海外私人投资公司文档:《呈交海外私人投资公司代总经理赫尔伯特·萨尔兹曼的本案处理备忘录》(1973年8月2日),第3页。

② 参见海外私人投资公司文档:《海外私人投资公司第A.Ⅱ.A号报告书》(即海外私人投资公司及其前身机构对历年索赔案件处理情况一览表,1948—1983年6月30日),第2页。原档影印件收存于厦门大学法学院资料室。

③ 参见海外私人投资公司文档《阿格里科拉金属公司索赔案卷》;《海外私人投资公司备忘录:关于阿格里科拉金属公司索赔案的处理决定》(1979年6月7日)。原档影印件收存于厦门大学法学院资料室。

营阿拉伯橡胶的种植、收购、加工和出口等业务。"乍得阿格里科拉公司"按照乍得法律组建成立,并承担三项义务:(1) 开辟一个具有相当规模的橡胶树种植园;(2) 建立一个橡胶加工厂;(3) 同基本上由东道国政府控股的"索那科特公司",合资经营橡胶购销业务,即负责收购和销售乍得个体农民所采集的野生橡胶。该美资公司的主要权利则是享有全部乍得橡胶的包销权,即垄断销售。

1975 年 4 月,乍得武装部队发动军事政变,推翻了托姆巴巴耶政权,由费利克斯·马卢姆为首的最高军事委员会执政。新政府大力推行发展民族经济的政策。1975 年 12 月 13 日,乍得新政府书面通知"乍得阿格里科拉公司"应将该公司在 1975—1976 年享有的橡胶包销权转交给乍得的"索那科特公司"。随后不久在双方代表的会谈中,乍得政府官员面告美国资方:原先的协议不再有效,新的安排则有待谈判;而且新的安排中可能不再给予美国资方以橡胶包销权。乍得政府始终不否认美国资方曾被赋予橡胶包销权,但强调此次"暂时取消"美国资方的上述包销权具有以下几点正当理由:

第一,按照原来双方商定的计划,该美资公司应在 1974—1975 年中开辟园地并种植橡胶树 1 000 公顷。尽管美国资方宣称已经种植了 650 公顷,但据乍得政府调查落实,已种植的橡胶树只有 20% 成活。可见美方懈怠违约。

第二,按 1974 年 10 月以前原定的生产计划,该美资公司应当在 1975 年以内开工兴建并建成一座年产 500 吨橡胶的加工厂。但美方始终未依约如期建厂,没有履行应尽义务。

第三,1975 年间,该美资公司曾经提出申请,要求东道国政府允许它把 2 000 万"非洲金融共同体法郎"(以下简称"法郎")兑换成为美元汇出乍得境外。但是,截至 1974 年 12 月 31 日为止,该公司定期投入的资本只有 1 000 万法郎,向乍得政府申报的盈利额为 800 万法郎。在连本带利不过 1 800 万法郎的情况下,却要求把 2 000 万法郎兑成美元汇出国外,此种做法毫无疑义是一种滥用储备基金的行为,即抽逃资金的行为。它起码是表明美国资方无意继续投资进一步开辟橡胶树种植园和兴建橡胶加工厂,不肯切实履行协议规定的义务。

第四,当地的野生橡胶树,是乍得的国家财产,美资公司无权取代乍得本国机构,在橡胶商品流通过程中垄断一切销售业务。

美国资方一方面针对乍得新政府关于暂时取消美资公司橡胶包销权的书面通知以及上述诸点理由,向东道国当局提出异议,进行辩解;另一方面,又以乍得新政府的此项新决定作为理由,于 1975 年 12 月 26 日向美国海外私人投资公司正式提出索赔要求,即要求按照美国国内的投资保险合同,给予征用风险事故赔偿金。此后,美国资方代表与东道国乍得政府代表举行了多次谈判。

美国资方于1976年1月间表示愿意作出"让步",与乍得当局平分秋色,分享乍得橡胶的包销权,即把东部乍得的包销权交还给乍得"索那科特公司",而美资公司则继续保持西部乍得的包销权。与此同时,美国海外私人投资公司也以"斡旋"为名,直接出面多次约见乍得驻美大使,对乍得政府施加压力。但这些谈判或"斡旋"拖延甚久,迄未达成新的协议。

事隔两年多,1978年4月20日,乍得政府函告海外私人投资公司:乍得当局拟按美国资方先前1976年1月间所建议的新条件,准许该公司恢复在乍得的经营活动。但在收到此函以前许久,美国资方早已宣布该项投资项目业已经营失败,并断然表示不再回到乍得继续经营。于是,美国海外私人投资公司于1979年2月向乍得政府送去一份针对本案投保人索赔要求的"分析意见",指责乍得政府负有法律上的赔偿责任;海外私人投资公司的法律顾问并拟亲往乍得讨论索赔问题。但当时正值乍得境内爆发内战,此行遂作罢论。迄1979年6月为止,乍得政府未对海外私人投资公司有关上述索赔要求"分析意见"的函件,作出答复。

在这种情况下,海外私人投资公司于1979年6月作出决定:本公司承保的征用风险事故已经发生,并已持续达1年以上,应当按照原先投资保险合同的规定,对投资人(即投保人)美国"阿格里科拉公司"支付赔偿金6.7万美元。

海外私人投资公司作出上述付赔决定的依据,与阿格里科拉公司对乍得政府暂时取消包销权的决定所作的辩解,大体上是一致的。其所持理由,可粗略归纳如下:

第一,关于开辟橡胶种植园的问题:美资公司未能按照原计划面积如数开辟胶园并种植胶树,其重大原因之一,在于东道国乍得当局未能依约及时拨给开辟种植园所需的租借地皮。可见,该公司未能完成橡胶树种植计划属于"情有可原"。橡胶树种植初期成活率甚低,并不足以证明该美资公司不能胜任或不负责任。一般说来,在企业经营的初期,即使经营管理良善,却未能完成预期目标,这种现象,所在多有,并不罕见。

第二,关于橡胶加工厂的建厂期限问题:按1974年10月以前提出的生产计划,虽然规定应于1975年1年内开工并建成,但1974年10月25日乍得政府与美资公司达成的新协议中则只是要求该美资公司"尽可能迅速完成加工设施,无论如何应在5年以内全部竣工",可见建厂完工期限业已放宽。而且协议中"尽可能迅速"一词可以理解为:(1)至少应事先收集足够的野生橡胶,才有必要建成一座年产500吨橡胶的加工厂,但1974年全年的野生橡胶产量却只有215吨,从经济观点上看,建厂可以再等待一段时间;(2)允许美国资方从野生橡胶的购销经营中获得利润,转而用以资助橡胶加工厂的兴建,只要工厂营建完工不超过 5 年期限即可。因此,不能认为 1975 年 12 月 13 日以前尚未开工建厂就算是重大的违约行为。

第三,关于将储备基金兑成美元汇出境外问题:乍得政府不让境内该美资公司把 2 000 万法郎兑成美元汇出,这当然并未逾越出乍得政府合法权利的范围。尽管按照东道国政府法律的一般规定,外资企业的利润可以自由汇出,但当辟园、建厂急需资金之际,当然不宜将大笔款项汇回美国。不过,该美资公司企图把储备基金汇出乍得境外是采取向乍得当局公开提出申请的方式,并无偷偷摸摸、违法汇兑行为。况且,实际上乍得政府业已有效地制止了这种打算,后来这笔基金还是用于该美资公司在乍得境内的经营事业。因此,这方面的违约行为实际上并未发生。

第四,综上所述,美资"乍得阿格里科拉公司"在经营过程中的缺陷与不足,还不能说就是已经发生了重大的违约行为。针对这些缺陷与不足,完全可以采取较为宽大和缓的措施加以纠正。例如,一方面责成和督促该公司进一步开辟种植园和尽速开工建厂,另一方面允许它继续开展原有的经营活动;确立严格的外汇管理制度,保护国内储备基金,防止过量外流,等等。简言之,可以采取其他切实有效的办法来预防重大的违约行为。因此,海外私人投资公司认为:乍得政府对境内该美资公司经营中的缺陷采取废弃原定协议、中断或取消包销权、阻碍公司正常经营活动的做法,未免失之过苛,即"过于严厉而且很不恰当",具有"专横无理"性质。这些措施,已经使"乍得阿格里科拉公司"无法有效地控制和使用本企业的重要财产,无法开展原定的经营活动,而且事态持续存在已达 1 年以上,因而应当认定投资保险合同中所承保的征用风险事故业已发生和确立,应予付赔。

在海外私人投资公司上述付赔决定所论证的几点理由中,值得人们注意的是它对投资保险合同第 1 条第 13 款但书第 1 项①的解释和运用。按此项但书规定:东道国政府所颁行的法令或采取的措施,虽然直接地阻碍境内美资企业的正常经营,但如这些法令或措施是依据本国宪法所认可的施政方针,并非专横无理,并不违反国际法上的公认原则,则不得视为征用行动,即不应认定为征用风险事故业已发生。在本案对上述但书的实际援引运用和案情论证中,海外私人投资公司专在合同文字中的"专横无理"一词上大做文章,振振有词,但对于合同文字中所理应包含的另一些关键性问题,诸如:乍得新政府为维护本国

---

① 参见《海外私人投资公司 234 KGT 12—70 型投资保险合同》(修订版)。

经济命脉而中断或取消前政府所赋予外国投资人的本国重要资源销售垄断权,这是否符合于乍得本国宪法的基本精神,是否为维护民族经济主权所绝对必需;把弱小国家维护本民族经济主权的必要措施指责为"专横无理",这是否违反当代常识,等等,则躲躲闪闪,有意避开。可见,它在这些问题上是理不直、气不壮的。海外私人投资公司至今未就本案所支付的风险事故赔偿金向乍得政府实行代位索赔,而只是作为"可能向东道国收回的赔偿金额"①而记录在案。看来,这同它在当代国际法法理上所处的虚弱地位是不无关系的。

(五) 关于在东道国就地寻求补救问题

按照前引"海外私人投资公司 234 KGT 12—70 型投资保险合同(修订版)"第 1 条第 13 款但书第 2 项的规定,遇有征用事故发生,投资人或其所控企业不尽力在东道国就地通过行政、司法程序抗议、制止者,按非征用事故论,不得索赔。根据此类条款,海外私人投资公司及其前身机构国际开发署曾对有关案件处断如下:

1. 1967 年中央大豆公司索赔案②

该公司贷款给委内瑞拉"中美洲热带孵鸡公司",后者经营失败,整个公司产业成为破产诉讼中的标的物。当地官员奉命前往查封公司所属工厂设施,意欲扣押财产等待清偿,遇到公司职工抵制。他们占领厂房,设置路障,以免工厂被查封后陷于失业,而且无法索回被资方拖欠的工资。美资中央大豆公司以及上述孵鸡公司的法律顾问劝告资方不要正式请求委内瑞拉政府出面派警干涉,以免导致流血,扩大事态,从而造成工厂财产的彻底毁损。资方接受了这种劝告,未向东道国地方的或中央的行政当局请求"维持秩序,执行法律,保护厂区生命财产安全";也未向当地的司法部门提出控告,依法进行刑事诉讼和民事诉讼。数日后,骚动平息,但孵鸡公司的厂房设施在骚动中受到严重破坏,其价值已不足以清偿所欠中央大豆公司债款。于是后者依美国国内的贷款保证合同向国际开发署索赔。

索赔的主要理由是:第一,该公司认定:这是一次暴动,而且是东道国委内瑞拉政府所纵容的。第二,按照贷款保证合同的有关规定,由于东道国内发

---

① 参见《海外私人投资公司第 A.Ⅱ.A 号报告书》(即海外私人投资公司及其前身机构对历年索赔案件处理情况一览表,1948—1983 年 6 月),第 4 页。
② 参见海外私人投资公司文档《中央大豆公司索赔案卷》:(1)《国际开发署特别风险保证处处长雷·米勒致中央大豆公司副总经理休格函件》(1966 年 7 月 8 日);(2)《中央大豆公司律师波尔格曼致国际开发署特别风险保证处处长雷·米勒函件》(1966 年 9 月 22 日);(3)《呈交国际开发署私人投资管理局助理局长赫尔伯特·萨尔兹曼的本案处理备忘录》(1967 年 9 月 21 日)。

生暴动而导致美国投资人财产受到严重损失,属于"战争、革命或暴动"风险事故,即属于国际开发署所承保的"丙类政治风险"范围。第三,按照贷款保证合同的有关规定,由于东道国政府所"采取、授权、认可或纵容"的行动而导致美国投资人财产受到严重损失,属于"征用行动"风险事故,即属于国际开发署所承保的"乙类政治风险"范围。因此,第四,国际开发署作为承保人,应按前述保证合同有关条款的规定,向投保人即中央大豆公司如数支付风险事故赔偿金。

  国际开发署经过多方调查,最后决定不予赔偿。其所持理由,归纳起来,有如下数点:第一,本案投保人所指控的东道国职工的上述行为,并未达到贷款保证合同中所规定的"战争、革命或暴动"的程度。从性质上说,这些职工为防止失业以及索回被拖欠的工资而对厂方采取措施,属于劳资纠纷。对于资方说来,这只不过是一般营业性风险,不具有政治风险性质,从而不属于原定保证合同的承保范围。第二,没有任何确凿证据足以证明工厂职工的行动是出于委内瑞拉政府的教唆或指示。第三,也没有任何确凿证据足以证明委内瑞拉政府未派警平息骚动,就意味着贷款保证合同中规定应予追究责任的"认可或纵容"。因为债权人中央大豆公司并未针对孵鸡公司职工的行动提出抗议,并请求东道国政府采取治安措施。既然无人提出要求,当地政府就没有责任非要插手过问,并无包庇之嫌。而且,可能正是因为中央大豆公司的不作为(无所作为、不吭声),因而影响到东道国政府决定不过问此次工潮。第四,以上情节既说明了当地政府同工厂职工骚动毁房行为并无直接牵连,也说明投保人并未积极依循行政程序和司法程序寻求救助,违反了合同上述但书规定。由此可见,第五,本案投保人所指控的事故,既不是暴动风险,也不是征用风险。所提索赔要求没有任何合同上的根据或法律上的根据,应予驳回。

2. 1972年华尔施建设公司索赔案[①]

  1963年3月,美国华尔施建设公司与苏丹政府订立合同,接受后者委托,承建自首都喀土穆至瓦德·麦多尼之间的主干公路,全长183公里。1966年10月,双方另订新合同,商定由苏丹政府出资购买华尔施公司在苏丹境内的大部分机器设备,同时允许华尔施公司在本项修路工程中继续使用。1967年6月,以色列在美国支持与前苏联纵容下,对当时的阿联等国发动侵略战争,包括苏丹在内的若干阿拉伯国家随即同美国断绝了外交关系。于是,参加修路工程

---

① 参见海外私人投资公司文档《华尔施建设公司索赔案卷》:(1)《国际开发署私人投资管理局助理局长赫伯特·萨尔兹曼致华尔施建设公司副董事长华尔施函件》(1969年5月28日);(2)《呈交海外私人投资公司总经理布拉德福特·米尔斯的本案处理备忘录》(1972年2月23日)。以上原档影印件收存于厦门大学法学院资料室。

的华尔施公司美籍人员按美国驻苏丹大使馆的紧急命令,撤离苏丹,修路工程中途停顿。

随后不久,华尔施建设公司向苏丹政府提交了修路工程垫支款项的发票清单,要求后者偿清欠款约 50 万美元。苏丹政府偿还了 28 万美元左右,余数约 22 万美元,迟迟拒不支付,也未说明原因。1968 年 9 月,华尔施公司向当时的投资承保机构美国国际开发署提出书面申请,要求按照投资保证合同规定,给予征用风险事故赔偿。

国际开发署经过审议,认为索赔理由不足,拒绝赔偿,并于 1969 年 5 月末正式驳回所请。该署认为:

第一,华尔施公司所提供的材料,不能确凿证明东道国苏丹政府的行动是蓄意征用、没收海外美资企业,或把它收归国有。换句话说,仅仅是一次拒绝按照发票账单付还垫支款项,没有其他有力佐证,就不足以推断苏丹当局全盘吞没该项美资。相反,国际开发署有关负责人根据另外一些情报资料认定:东道国政府拒还部分垫款只不过是由于其他原因引起的一般违约行为,并非征用行动。

第二,没有证据表明:华尔施公司所指控苏丹政府拒还部分垫款的上述行动,"严重地阻碍"该修路工程的继续进行。事实上,在苏丹政府拒还部分垫款之前几个月,华尔施公司早就撤退人员,未再继续开工,即早已中断履行 1966 年订立的上述修路合同。况且,苏丹当局暂时拒还部分垫款,也并不排斥双方当事人继续依约完成工程,再作结算。

第三,由此可见,华尔施公司目前所遇到的问题只是一般的合同纠纷,并非投资保证合同上承保的征用风险事故,因而不能据此向承保人国际开发署要求支付赔偿金。

鉴于国内索赔受阻,华尔施公司无奈,只好直接转向苏丹当局申诉索债。苏丹政府提出反诉,指责华尔施建设公司未经东道国许可,擅自停工撤员,破坏原订修路合同,理应向苏丹支付 2 万美元损害赔偿金。1970 年 11 月,苏丹司法部正式驳回华尔施公司的索债要求。于是,案件纠纷又转回美国国内。投保人华尔施公司于 1971 年 1 月再次向承保人正式索赔。

此时,原由国际开发署主管的投资保证业务已转由海外私人投资公司接办。后者重新审议本案,并且根据案情的新发展以及投保人提供的新材料,改变了国际开发署的原有裁决,认为应予赔偿。理由大体如下:

第一,投资人华尔施建设公司在苏丹政府拒绝还清部分工程垫款开支之后,自 1968 年起,就曾直接通过行政渠道,并且委托苏丹籍的当地律师通过同一渠道,多次提出抗议。到 1971 年 11 月为止,历时已三年有余。在这个过程中,涉讼双方曾举行多次谈判,但苏丹司法部终于在 1970 年 11 月 12 日发出公函,明白无误地驳回华尔施公司关于清偿部分工程垫支费用的要求。自此以后,虽经华尔施公司想方设法,继续索债,苏丹当局仍然坚持原有立场,拒绝付款。因此,应当认定:投资人已在东道国按照当地的行政程序和司法程序,尽力采取补救措施,从而排除了原先投资保证合同第 1 条第 15 款但书中不予赔偿的规定①。

第二,如上所述,苏丹司法部 1970 年 11 月 12 日的函件已经正式地、毫不含糊地驳回了华尔施建设公司的索债要求。事隔一年左右,1971 年 11 月 9 日,华尔施公司又进一步提供了该公司所聘当地律师发来的电报,其中汇报说:"苏丹政府现在明确答复:仍然坚持全盘拒绝〔华尔施建设公司的〕索债要求。"此种情况,已由《美国在喀土穆的利益》一书第 961 页的记载所证实。鉴于苏丹当局业已正式驳回华尔施建设公司的索债要求,并始终坚持原有立场,不肯改变,这就十分清楚地表明了该东道国政府确实有意从根本上取消华尔施建设公司收回工程垫支费用的权利,即有意征用本案美国投资人的有关财产,从而排除了前述佐证不足的问题。

第三,根据以上情节,应当认定:征用事故业已发生;而 1970 年 11 月 12 日,即苏丹司法部发出公函正式驳回索债要求的当天,乃是征用事故发生的第一天。按照投资保证合同的有关规定,从当天起,事态持续存在一年,即 1971 年 11 月 12 日,就正式构成了征用风险事故。现在,已是 1972 年,条件已经具备,海外私人投资公司应当依约付赔。

1972 年 12 月 14 日,承保人海外私人投资公司向投保人华尔施建设公司支付了征用风险事故赔偿金 22 万余美元。后来,承保人从东道国回收了 19 万余美元,略有亏折②。

美国国际开发署及其继承机构海外私人投资公司在处理以上 1、2 两案过程中,对前者拒赔;对后者先是拒赔,继则付赔。其中决定性关键,端视投保人是否已经尽力在东道国当地依法采取补救、争讼措施。如此断案,显然是为了立下"圭臬",驱使投保人尽力先在索赔第一线"冲锋",俾便承保人在后面从容

---

① 相当于现行的《海外私人投资公司 234 KGT 12—70 型投资保险合同》(修订版)第 1 条第 13 款但书第 2 项的规定。载于 1982 年英文版,第 5 项。参见本书附录译文。
② 参见海外私人投资公司文档:《海外私人投资公司第 A.Ⅱ.A 号报告书》(即海外私人投资公司及其前身机构对历年索赔案件处理情况一览表,1948—1983 年 6 月 30 日),第 2 页。原档影印件收存于厦门大学法学院资料室。

(六) 关于在东道国搞挑衅活动问题

1974年南美国际电话电报公司索赔案②

按照前引"海外私人投资公司 234 KGT 12—70 型投资保险合同（修订版）"第 1 条第 13 款但书第 4 项的规定，如果征用事件的发生是由于美国投资人或其所控制的企业在东道国搞挑衅活动而引起的，不予赔偿。合同的这一条款，还有更高一级的法律依据，即《1969 年对外援助法案》的第 238 条第 2 款。这一款规定：海外私人投资公司对征用风险的承保，应以东道国的有关措施并非出于投资人的过错或不轨行为，作为基本前提③。

然而，某些实践却同理论文字背道而驰。其典型事例就是对 1974 年美国南美国际电话电报公司索赔案的处断。

"南美国际电话电报公司"是美国国际电话电报总公司所独资经营的一家子公司。它早年就投资于智利境内的"智利电话公司"，迄 1971 年 1 月，控股达 70%，东道国政府股份只占 24%，其余 6% 为智利私人所有。鉴于这家公司经营的是涉及智利全国千家万户的公用事业，属于国民经济命脉之一，1967 年智利当局即规定该公司中的政府股份比重应予提高。

1970 年 10 月，智利社会党领导人萨尔瓦多·阿连德·戈森斯博士当选总统，大力推行经济命脉国有化计划。1971 年 5 月，智利政府开始与"南美国际电话电报公司"资方就"智利电话公司"中的美资股份收归国有问题进行谈判。据当时智利政府评估，智利电话公司中美资股份的全部权益约值 5 800 万美元；而美国资方则坚决主张按智利电话公司账面计算，美资权益应值 1.53 亿美元。由于双方在估产和赔偿金数额上分歧太大，谈判终告破裂。1971 年 9 月 29 日智利当局派员全盘接管了智利电话公司。于是，南美国际电话电报公司依照美国国内的投资保证合同的有关规定，在同年 10 月 8 日向海外私人投资公司索赔。

---

① 参见 p. 868 注①、p. 865 注①及有关正文。
② 参见海外私人投资公司文档《南美国际电话电报公司索赔案卷》：(1)《海外私人投资公司在美国仲裁协会商事仲裁庭上的答辩状》(1974 年 7 月 19 日)；(2) 美国仲裁协会商事仲裁庭：《关于南美国际电话电报公司与海外私人投资公司纠纷案件的裁决书》(1974 年 11 月 4 日)；(3)《海外私人投资公司总经理马歇尔·梅斯致南美国际电话电报公司总经理约翰·吉尔福伊勒函件》(1974 年 11 月 15 日)；(4)《海外私人投资公司与南美国际电话电报公司和解协议》(1975 年 1 月 7 日)。
③ 参见 p. 847 注②引书，第 815 页。《1969 年对外援助法案》的这一条款，一直沿用至今，继续保留在《1981 年海外私人投资公司修订法案》第 238 条第 2 款中。见 p. 846 注⑥引书，第 150 页及有关正文。

正值承保人海外私人投资公司审议此项索赔要求之际,美国报刊上出现了涉及本案的一桩爆炸性"内幕新闻",全国轰动,舆论大哗。事情是这样的:

美国专栏作家杰克·安德森根据深入采访、调查所得资料,从1972年3月21日起,在《纽约时报》上陆续发表了一系列的专题文章,其中引证了国际电话电报总公司内部的一批绝密文档,初步披露了该公司与美国中央情报局共同策划阴谋,严重干涉智利内政的部分事实。随后,安德森又将这些绝密的文件档案,原原本本地直接公之于众。美国官方起初矢口否认此事,但迫于舆论,美国参议院"跨国公司问题小组委员会"在1973年3月20日至4月2日举行了连续13天的听证会,进一步调查了此事的来龙去脉,弄清了国际电话电报总公司主管人员与美国中央情报局高级官员密商插手智利政权更迭问题的部分内情。虽然远未水落石出,真相大白,但毕竟已使此事无法继续遮掩。

原来,美国国际电话电报总公司的一名董事约翰·麦康,同美国中央情报局渊源甚深。此人曾在1961—1965年间长期担任中央情报局局长。1970年,他在国际电话电报总公司担任董事期间,仍然兼任中央情报局的顾问。麦康充分利用了这种"渊源"和"方便",于1970年5月至6月间,同当时美国中央情报局的在任局长赫尔姆斯秘密商定:双方保持密切接触,互相交换有关智利大选政局的情报。麦康一方面对赫尔姆斯表示:国际电话电报总公司乐意协助中央情报局执行在智利搜集情报的"日常公务";另一方面又对国际电话电报公司的总经理哈罗德·吉宁提出建议:从本公司利益出发,同中央情报局保持密切联系是"明智可取的"。吉宁经过深思熟虑,认为麦康言之有理,乃于1970年9月9日通知麦康:该公司愿慷慨"捐献"100万美元,支持美国政府"资助"智利国内的右翼政治势力,要他们互相串联,设法在大选中击败阿连德,阻挡阿连德当选总统上台执政。遵照吉宁的嘱托,麦康将此项赠款建议及其意图及时转达美国中央情报局局长赫尔姆斯以及掌握决策大权的白宫高级官员。在麦康的穿针引线下,国际电话电报总公司指派专人与美国政府要害部门的各级负责官员,就如何击败阿连德问题,频繁接触,多次密商,并留下文字记录。

但是,基于智利民意抉择,1970年10月,阿连德终于当选为智利总统。1971年9月29日,智利新政府派人接管智利电话公司。两天之后,美国国际电话电报总公司迅即派员递送专函密信给美国总统的"国际经济事务助理"彼得逊,建议采取18项具体步骤以制裁阿连德政府,力图切断智利政府财源,冲击金融秩序,制造经济混乱,从而迫使阿连德政府辞职下台。密信中说:"一切活动都应悄然无声又切实有效地进行,眼看阿连德熬不过未来这6个月财政拮据的大难关。"①

国际电话电报总公司不仅在美国国内积极主动参与密谋,而且派遣要员径赴智利,直接在智利境内从事颠覆活动。1970年秋,正值智利国内大选、政权更迭的关键时刻,美国国际电话电报总公司中专职主管"美洲国际关系"的罗伯特·贝雷勒兹两度潜赴智利,会晤阿连德的政治劲敌——亲美的智利右翼首脑霍尔赫·阿莱桑德里·罗德里克斯的妻舅兼心腹阿尔图罗·马特,主动建议提供金钱支持;并共同策划煽动罢工,制造骚乱,发动军事政变。总之,不惜巨金,不择手段,竭力阻挡阿连德当选执政。贝雷勒兹于得意之余,竟将以上活动的"成绩"写成详尽的书面备忘录,密呈设在美国纽约的该公司总部"报功"。

此类密件在美国报端被和盘端出之后,智利政府随即将其汇编成册,作为罪证,立此存照,并以英语和西班牙语两种文字,出版散发。智利总统阿连德本人于1972年4月18日面告美国驻智利大使戴维斯:国际电话电报总公司及其子公司的这些阴险活动业已严重地触犯了智利的国家尊严,智利政府决定不再与该公司进行任何估产谈判。同日宣布该公司在智利的一切财产将被完全收归国有。

不言而喻,国际电话电报总公司及其子公司上述所作所为,早已超出工商营业正轨,因而受到美国国内外公正舆论的共同谴责。海外私人投资公司鉴于人心不可轻侮,为维护自身信誉,于1973年4月9日作出决定,驳回投保人南美国际电话电报公司关于征用风险事故的索赔要求,拒绝支付任何赔偿金。它列举大量事实,着重论证了以下几点主张:

第一,投保人1970年在智利、1970—1971年在美国,均有针对智利当局的挑衅活动和不轨行为,从而给它自己造成被动局面,丧失了同东道国智利政府进一步谈判的任何机会,堵塞了在东道国就地寻求补救的途径。

第二,投保人的这些挑衅活动和不轨行为,干涉了智利的内政,触犯了智利国家的尊严,并使它自己留下严重污点,信誉扫地。此种情况,不但严重削弱了它自身向东道国索赔的地位,而且严重损害了海外私人投资公司日后代位索赔的权利。因为海外私人投资公司作为潜在的代位索赔人,其代位索赔权利和能力之大小,完全取决于原始债权人法律地位之强弱。在本案中,海外私人投资公司日后代位索赔的权能,势必因原始债权人索赔地位之严重削弱而受到严重损害。

第三,投保人不但没有及时地、如实地向承保人报告有关投资项目的一切

---

① 参见美国仲裁协会商事仲裁庭:《关于南美国际电话电报公司与海外私人投资公司纠纷案件的裁决书》(1974年11月4日),案件编号:16 10 0038 73,载于《国际法学资料》(第13卷),1974年英文版,第1337、1338、1344页。

活动情况,俾便承保人及时采取相应对策,反而有意隐瞒事实真相,以致造成许多延误,并使承保人陷于被动困境。投保人对承保人蓄意欺瞒的典型事例之一是:国际电话电报总公司曾为公司总经理吉宁与白宫高级官员密谋一事准备了一份背景材料备忘录,该公司法律事务处负责人理查德·贝特森特意在这份备忘录的封面上郑重提醒吉宁:

"切切注意:千万别将这份文件的任何复印本留给即将同您会谈的那个人。我们未经海外私人投资公司事先许可,如将这样的文件留在外人手中,日后提出风险索赔要求就会遇到许多麻烦。"

由此可见,这是蓄意欺瞒,明知故犯。

总之,以上三个方面,都完全背离了本案投资保证合同中的有关规定,显见投保人没有履行合同所载明的责任和义务,构成了严重的"违约行为",从而解除了承保人依约赔偿风险损失的责任。承保人断然拒赔,自属理所当然。

投保人南美国际电话电报公司对承保人海外私人投资公司的上述拒赔决定表示不服。于是依据本案投资保证合同仲裁条款的规定,在1973年4月30日,向首都华盛顿的"美国仲裁协会"提出申诉。

事隔一年之后,即1974年5月初,仲裁庭才开始正式审理此案。涉讼两造经过充分准备,在仲裁庭上再次申述了各自的主张,并展开激烈争辩。尽管其是非曲直,已是如此彰明昭著,然而,仲裁小组却在1974年11月4日最终否定了海外私人投资公司原有的拒赔意见,作出终局裁决:依据本案投资保证合同条文本身的规定,承保人海外私人投资公司对于投保人南美国际电话电报公司在智利境内因征用风险事故所遭受的损失,负有赔偿责任。具体赔偿金额,待损失数字核实确定后,再另作裁决。

三位仲裁员在本案裁决书中既轻描淡写,又振振有词:

第一,国际电话电报总公司和南美国际电话电报公司在美国境内的上述行为只不过是向美国政府求援。而本案投资保证合同中并无条款明文禁止这种行为,因而并不构成任何"违约行为"。

第二,该两公司在智利境内的上述行动,只不过是"姑且试试,并无实效"[①],也不构成"违约行为"。因为"契约中并无明文规定禁止投资人在东道国内部进行政治活动,以便保护投资人自己的财产"[②]。因此:

[①] 《关于南美国际电话电报公司与海外私人投资公司纠纷案件的裁决书》(1974年11月4日),案件编号:16 10 0038 73,载于《国际法学资料》(第13卷),1974年英文版,第1309页。

[②] 见同上刊物,第1347页。

第三,海外私人投资公司有义务遵照本案投资保证合同规定,按征用风险承保范围,向南美国际电话电报总公司赔偿损失①。

至于在他人国境内偷偷摸摸地进行政治收买,寻找和培植自己的政治代理人,插手干预他国元首(总统)选举,妄图左右他国政局,甚至策划军队骚乱,发动武装政变,……这些,算不算干涉他国内政,侵犯他国神圣主权?对于他国主权内政大事,竟可以"姑且试试",横加亵渎冒犯,这算不算粗暴违反国际法的起码准则和联合国宪章的明文规定?就一般法理常识而言,未遂犯似乎也是"并无实效",其未遂罪行,算不算犯罪行为,应不应追究刑事责任?——对于这类根本问题,三位仲裁人在长达70页洋洋数万言的裁决书上却三缄其口,不置一词。它只是怯生生地附带声明:

"我们仅仅是援引合同的书面文字(就事论事)"②。"本案仲裁人员没有必要,也从未曾对下述两件事表示赞同或不赞同:(1)南美国际电话电报公司在1970年和1971年向美国政府挂钩搭线,是否正派恰当,是否符合于该公司的经营方针?(2)如果美国果真采纳了南美国际电话电报公司的建议,那么,美国政府答应该公司的请求而采取行动,这究竟是美国政府的上策,还是下策?这类政策问题不好由我们来判断决定。我们对这两个问题或其中任何一个问题,都不予表态。"③

实际上,他们对于前述国际法上的大是大非问题,已经以"不予表态"的方式表了态。读了这一段躲躲闪闪、胆怯心虚的迂腐文字,令人不禁想起一则流行颇广的寓言:某甲中箭受伤,求医于某乙。乙取出小锯,锯断甲体外的箭杆,即称手术完毕,要求付酬。甲惶惑不解,诉说箭镞尚在体内。乙答:"我是外科医生,只管体外部分。箭镞既在体内,请另找内科医生!"

在华盛顿的此次仲裁庭上,索赔无理的,胜诉了;拒赔有理的,却败诉了。然而,败诉的海外私人投资公司并不是"弱者",因而并未真正受到损害。

在本案提交华盛顿仲裁庭待决期间,智利政局在1973年9月11日发生剧变。智利军人在美国支持下以暴力推翻了阿连德政府。政变后上台的军政府

---

① 《关于南美国际电话电报公司与海外私人投资公司纠纷案件的裁决书》(1974年11月4日),案件编号:16 10 0038 73,载于《国际法学资料》(第13卷),1974年英文版,第1310、1374—1375页。
② 见同上刊物,第1349页。
③ 见同上刊物,第1310页。顺便说说,据美国学者介绍,这三位仲裁员(即罗特·威廉森、约翰·范·武尔希斯以及阿米·卡特尔)原来都是退休法官,曾分别在美国三个州的最高法院担任法官之职(见斯泰纳、瓦格茨合著:《跨国法律问题》,1976年英文版,第478页,p. 847注③)。论法律知识和审判经验,他们理应都是出类拔萃的佼佼者,但却囿于霸权积习,视弱国主权如草芥,以致写出这样的裁决书来,贻为国际笑柄。真是偏见比无知离开真理更远!

奉行的政策,符合美国需要。于是,南美国际电话电报公司、海外私人投资公司重新开始了同智利军政府谈判、索赔或从中"斡旋"的活动。前面说过,本案仲裁庭于1974年11月4日裁决承保人应当依约付赔。可是,就在这裁决之前整一个月,即1974年10月4日,涉讼双方的代表即已聚首于美国首都,握手言欢,共同商定由投保人即投资人直接向东道国智利索取赔偿。而1974年11月15日,即在上述仲裁庭裁决承保人应当付赔之后10天左右,承保人即正式函复投保人,表示完全赞同该投保人(即投资人)在向东道国直接索赔问题上业已基本取得的重大"成果",即:(1)直接支付赔偿金的"替身"(该谁来赔)已经找好了;(2)赔偿金总额(该赔多少)已经定好了;(3)赔偿金付款方式(该怎么赔)已经约好了;因而,(4)已经无需承保人先依国内合同付赔,再依国际协定代位索赔了①。

在海外私人投资公司正式复函首肯和赞许之后,1974年12月20日,南美电话电报公司(以总经理约翰·吉尔福伊勒为代表)同智利军政府(以经济合作部长拉乌尔·萨埃斯为代表)正式签署了"和解协议"。其主要之点是:

(1)东道国智利政府对美国投资人南美电话电报公司直接支付现款约1 800万美元,以偿清智利电话公司积欠美方投资人的债款本息。

(2)南美电话电报公司在智利境内被征用的股份资产权益,作价8 720万美元,由智利政府全数给予赔偿。

(3)赔偿金总额甚巨,智利方面无法一次总付完毕。现先开出两张信用证,计共1 000万美元,供投资人分别于1975年3月、9月向纽约某指定银行兑取现款。其余7 720万美元,以分期付款办法,于1975—1987年首尾13年内,分26期还清,另加年息10%。每期还款,均自1974年12月15日起开始计息。

(4)由智利方面把本金总额为7 720万美元的26张期票交付美方投资人,并由智利中央银行对这些期票的如期全数清偿提供担保。

向东道国直接索赔就这样如愿以偿,具体落实。大约半个月之后,原投保人南美电话电报公司会同原承保人海外私人投资公司在1975年1月7日又订立了另一份"和解协议"。其主要之点是:

(1)鉴于国际直接索赔问题业已解决,国内该两公司之间的讼争即可迎刃而解,不必再对簿公堂、有伤"和气"了。本案仲裁庭原拟就赔偿金额问题进行第二次裁断,现在显然已无必要,应予撤销。双方从此息争销案。

---

① 参见海外私人投资公司文档《南美国际电话电报公司索赔案卷》:《海外私人投资公司总经理马歇尔·梅斯致南美电话电报公司总经理约翰·吉尔福伊勒函件》(1974年11月15日)。原档影印件收存于厦门大学法学院资料室。

(2) 对于南美电话电报公司从智利所获得的部分债券期票的如期全数兑现,由海外私人投资公司以自己雄厚的"资信"提供无条件的担保。

(3) 海外私人投资公司于和解协议签字当天,出钱收购南美电话电报公司手中所掌握的部分期票和债券,使后者立即获得现款约 3 480 余万美元,以利资金周转。

(4) 海外私人投资公司将投保人依据原投资保证合同在 1971 年 9 月 29 日(即智利阿连德政府派人接管智利电话公司美资股份之日)以后所继续缴纳的保险费 400 余万美元,全数退还投保人。

(5) 自上述债券和期票转让、移交完毕之日起,南美电话电报公司依据这些债券和期票所享有的索兑权利,概由海外私人投资公司承接、行使。

(6) 日后海外私人投资公司如因这些债券和期票的兑现清偿问题同智利方面发生任何纠葛纷争,则在与此有关的一切谈判、诉讼过程中,南美电话电报公司应当紧密配合,积极参与,提供一切必要的合作。

于是,这场一度轰动全国、争讼长达五个年头的海外"投资保险"纠纷案件,终于以美国投保人与美国承保人之间的"公私通盘合作、联合一致对外"的方式而"圆满"地解决了。

至于智利方面所负的这笔巨额赔偿金债款,名义上是 8 720 万美元,实则分期付款,连本带息,累计竟高达 1.25 亿美元之巨。按付款日程安排,直到 1987 年 7 月 15 日才能还清[①]。

从以上各种典型案例中可以看出:海外私人投资公司及其前身机构对索赔案件的处断,是相当"精明"、"干练"、"灵活"和"老谋深算"的。迄今为止,它们曾经受理和处断过的索赔案件,其解决办法,大体上可分为下列七类:

(1) 由承保人海外私人投资公司或其前身机构以现款支付风险事故赔偿金给予投保人——海外投资家,然后从东道国收回相应的款项。

(2) 由海外私人投资公司对有关东道国发行的赔偿金债券(期票)加以担保,尽快在证券市场出售这些债券,从而使投保的投资家迅速获得赔偿金现款;然后要求东道国如期还债,使债券本息如期如数兑现。

(3) 以东道国作出许诺、海外私人投资公司加以保证的方式,或以现金付赔与保证付赔两者兼用的方式,予以解决。

(4) 以"赔款协议"的方式,予以解决。

[①] 本案中由海外私人投资公司经手交付南美电话电报公司的金额应是 9 400 余万美元。参见《海外私人投资公司第 A.Ⅱ.A 号报告书》(即海外私人投资公司及其前身机构对历年索赔案件处理情况一览表,1948—1983 年 6 月 30 日),第 9 页。原档影印件收存于厦门大学法学院资料室。

（5）由承保人海外私人投资公司或其前身机构驳回投保人的索赔要求。
（6）投保人自动撤回索赔要求。
（7）提交国际仲裁。

五、若干初步结论

综上所述，可以看出：

第一，美国对海外美资实行法律保护的制度，几经历史变迁，导致海外私人投资公司的出现及其基本体制的建立，这是各种矛盾交汇、争斗、消长的产物；同时，它又是诸般矛盾的综合体现。这些矛盾，有国际范围的，也有美国国内的。就前者来说，有南北矛盾（如发展中国家在必要时征用境内美资企业与美国的反征用），有北北矛盾（如禁止投保美资主要用于采购其他发达国家的商品和劳务①），有两个超级大国之间的矛盾（如力争把对苏争霸中心战略要地所在国纳入"投保适格"范围，甚至专门为此修改立法，放宽限制②），等等；就后者来说，有美国工人阶级同海外投资家的矛盾（如抨击工厂"逃跑"，加剧失业问题③），有美国广大纳税人同海外投资家的矛盾（如抨击海外私人投资公司实际上侧重于为少数海外投资巨头提供"投资津贴"④），此外，还有海外投资家阶层同资产者其他阶层之间、海外投资家个人与资产阶级整体之间利害得失的矛盾（如风险事故发生之后投保人与承保人之间的索赔纷争）。总之，这些矛盾十分错综复杂，而海外私人投资公司的现行体制，正是所有这些矛盾相互交错、相互渗透和相互作用之后产生的一个"合力点"。

然而，所有这些矛盾，并不是等量齐观的。就美国海外私人投资公司所涉及的诸多矛盾而言，其中的主要矛盾，乃是南北矛盾，即广大发展中国家同首屈一指的发达国家——美国之间的矛盾，或者说，国际经济新秩序的众多倡导者同国际经济旧秩序的首要守护人之间的矛盾。从海外私人投资公司产生、发展的历史轨迹来观察，这一主要矛盾显然是始终贯穿全程，主导一切和决定一切的。

第二，第二次世界大战以后，特别是近二十余年来，上述主要矛盾的两个对

---

① 见 p.864 注②及有关正文。
② 见 p.863 注②及有关正文。
③ 见 p.864 注③及有关正文。
④ 见 p.861 注③及有关正文。

立方面,始终是在"又斗争、又妥协"的情况下互相依存、互为消长。从其发展过程看,虽时有起伏、迂回,但总的说来,面对波澜壮阔的"经济民族主义"潮流,美国当局对海外美资实行法律保护时,已愈来愈不可能再僵硬地全面坚持其旧日的、美国标准的"理想主义"观念和处事原则。因此,它在力争尽量多地维护既得利益、尽可能地守住国际经济旧秩序阵地的同时,不得不逐步按照美国传统的"实用主义"精神,竭思殚虑,从国际法的各种缝隙中,尽可能地寻找新的空间,继续卵翼海外美资。立法者和专家们所设计出来的各种新办法,有的是国际法上的"避法行为",有的是公法关系与私法关系的交叉、交融或互为表里,有的是以私法为手段,以公法为后盾……花样不断翻新,宗旨则始终如一:尽力从法律上保护海外美资。透过纷繁的各种现象,人们不难从中看到一条十分重要的发展线索:1938年国务卿赫尔式的傲倨①,早已失去时代基础;1962年参议员希肯卢珀式的要挟②,也已不能通行无阻,于是乃有海外私人投资公司式的对等谈判。这条发展线索及其总的发展趋势,体现了第二次世界大战以来美国国势从鼎盛喧赫到式微衰落的逐渐过渡;也体现了第三世界众多弱小民族从随人俯仰到独立行事的不断觉醒;尤其体现了后者日益成为上述主要矛盾中的主导方面,在改变旧国际经济秩序、建立新国际经济秩序过程中,发挥着愈来愈明显的主导作用。

第三,作为海外私人投资公司这一投资保护体制的延伸和配合,美国同众多的第三世界国家先后签订了一百来个双边性投资保证协定。其基本条款,多属大同小异。把这类协定中的基本条款同美国历史上的若干传统做法相比,看来前者是以多少较为平等的态度同第三世界各国打交道。这一点,应当实事求是,予以肯定。也正因为如此,它是目前条件下第三世界各国所可以接受的。但是,既然其中还有"伏笔"③,再联系到美国在处理国际事务中的多年积习,联系到它对第三世界各国所作的某些妥协让步殊非出于心甘情愿,因此,人们对于它的"故态复萌"的可能性,即对于它可能继续按照国际经济旧秩序的框架以及国际法上陈旧过时的观念标准,来解释对海外美资的法律保护问题,就不能完全掉以轻心。至于对南美国际电话电报公司"智利式"事件④在一定条件下重演的可能性,即美资跨国公司利用自己拥有的强大实力粗暴地干涉东道国内政、从事颠覆活动的可能性,尤其不可不保持足够的警惕。

---

① 见p.839注①、②及有关正文。
② 见p.852注①及有关正文。
③ 见p.871注②至p.872注①及有关正文。
④ 参见本文第四部分之(六)。

第四，在此类投资保证协议中，一般均设有专款规定：举凡由美国政府按上述体制施加法律保护的海外美资，都必须是事先经东道国政府审查批准的①。这一专款，为吸收美资的第三世界国家提供了维护自身独立主权和经济利益的重要条件。对于这一条件，发展中国家当然应牢牢把握，充分运用。而作为社会主义国家，对于外来投资的审查批准，更有自己独特的尺度和标准。就中国而言，独立自主和自力更生，向来是革命和建设的根本立足点。1979年以来，中国坚定不移地实行对外开放政策，在平等互利的基础上积极扩大对外交流，有选择、有步骤地吸收包括美资在内的外国投资，以促进中国的现代化建设，这是长期的战略方针，也是建设具有中国特色的社会主义的必要措施。但是，中国人民始终保持着清醒的头脑。邓小平同志曾经明确指出："中国人民珍惜同其他国家和人民的友谊和合作，更加珍惜自己经过长期奋斗而得来的独立自主权利。任何外国不要指望中国做他们的附庸，不要指望中国会吞下损害我国利益的苦果。"②这一基本精神，适用于并指导着中国对外关系的一切方面，当然也包括对美资的吸收、使用在内。这是不言而喻的。

众所周知，在半封建、半殖民地的旧中国，根本谈不上什么独立自主的对外开放政策。只有在中华民族已经站起来了，社会主义祖国独立主权业已牢牢在握，国际环境发生了重大变化，党中央决策极其睿智英明的今天，中国终于获得了比以往任何时候都更加有利的对外开放、吸收外资的条件和时机。今天，中国有足够的能力，自己把关；有坚定的胆魄，自己做主；有敏锐的目光，自己挑选；有强健的胃肠，自己消化。因此，在为促进社会主义现代化而积极吸收外资的过程中，杞忧大可不必，昏聩必不可有，胆大和心细，则绝不可无！

第五，从20世纪40年代末起，几十年来，美国对海外美资实行法律保护的具体做法，经过多次的修改、补充，形成了以海外私人投资公司和国际双边投资保证协定作为两翼的整套现行体制。现行的这套基本体制看来是相对稳定的。但每隔三五年，即有一次重新审议和修订增删③。就此点而言，它又是相对地变动不居的。对海外私人投资公司经营海外美资保险业务的最新授权，始于1981年10月，迄于1985年9月底，届时，美国的立法者们又将适应着当时的形势发展，根据美国投资人的利益作出新的调整。因此，凡是吸收美资的第三

---

① 参阅中美投资保证协议第2条；美国-伊朗、美国-巴巴多斯、美国-罗马尼亚、美国-南斯拉夫同类协议第2条。分别载于 p.833 注③、p.870 注③、p.871 注④、②引书，同页。
② 邓小平：《中国共产党第十二次全国代表大会开幕词》，载于《人民日报》1982年9月2日。
③ 见 p.847 注③及有关正文。

世界国家，对于美国施加于海外美资的法律保护制度及其具体办法，对于这种制度和办法的历史、现状和发展趋向，自不能不持续地密切注意、深入研究。只有这样，才能在吸收美资和处理有关纷争的过程中，既维护东道国自己的应有权益，也保护对方的合法利益，真正做到公平合理，平等互利。

1983年1月草竟于　哈佛　庞德大楼

1984年11月修订于　厦大　海滨新村

Ⅱ 从 OPIC 到 MIGA：跨国投资保险体制的渊源和沿革*

内容提要 第二次世界大战结束后半个世纪以来，专为跨国投资非商业性风险而建立的保险体制，其主要发展脉络，是从 OPIC 模式演进到 MIGA 模式。OPIC 模式始创于美国，其组建的表面理由是：在美国海外投资遭遇政治风险时，可由 OPIC 出面处理，从而"做到在绝大多数场合避免产生政府同政府之间的迎面相撞、直接对抗"；而其深层意图和实际功效，则是通过 OPIC 机构的运作，使得本来属于美国国内私法关系上的索赔代位权上升为对东道国具有国际公法上拘束力的一种权利。鉴于美国始创的这种跨国投资保险体制行之有效，其他发达国家（资本输出国）便相继仿效，也建立起类似的投资保险体制，其共同特点是：以国家为后盾，以国内立法为依据，以与发展中国家缔结的双边投资协定为先行，由政府专门机构或国家指定的专业公司为本国海外投资者提供非商业性风险的保险。但是随着世界经济的发展，这类模式就逐渐显现出自身所固有的狭隘性和局限性，受到各国的法律、政治、国籍、保额等限制，使得许多跨国投资无法获得担保。形势要求设计一种能够打破国家界限、在跨国投资保险方面进行国际协作的体制，借以摆脱上述狭隘性和局限性，从而更有效地促进世界资本的跨国流动。MIGA 模式遂应运而生。本文简扼评述从 OPIC 到 MIGA 的发展进程以及 MIGA 的组织结构、基本体制、运作原则、主要业绩和存在问题等，指出 MIGA 体制是当代南北两大类国家之间互相依存、冲突、妥协和合作的重要贡献产物，它源于 OPIC 体制，又远高于 OPIC 体制；运用 MIGA 机制对于中国具有重大的现实意义；应当充分了解和熟练掌握这

---

* 本文原载于陈安主编、徐崇利副主编：《MIGA 与中国：多边投资担保机构述评》一书（福建人民出版社 1995 年版），作为该书的"绪论"。读者如欲细察 MIGA 机构之最新详情，可查索其主要网站：http://www.miga.org/；并可参阅 MIGA 总顾问 Lorin S. Weisenfeld 撰写、徐崇利教授翻译：MIGA after Fifteen Years（《多边投资担保机构的十五年发展历程》），载于陈安主编：《国际经济法学刊》（第 9 卷），北京大学出版社 2004 年版。

种机制，在国际投资领域，进一步推动全球的南北合作和南南合作，加速国际经济秩序除旧布新和新旧更替的历史进程。

目　次

一、跨国投资保险体制的渊源和沿革：从 OPIC 到 MIGA
　（一）OPIC 模式的由来、演进和局限
　（二）MIGA 模式的孕育和诞生
二、多边投资担保机构的概貌
　（一）多边投资担保机构成员国结构
　（二）多边投资担保机构股权、投票权分配
　（三）多边投资担保机构第一个五年的主要业绩、存在的问题和前景展望
三、研究多边投资担保机构对于中国的重大现实意义
　（一）有利于扩大吸收外资
　（二）有利于扩大向外投资
　（三）有利于扩大吸收我国港、澳、台地区的投资
　（四）有利于促进全球合作，建立国际经济新秩序
［附录］　十五年来多边投资担保机构的涉华实践(1990—2004)

　　多边投资担保机构（Multilateral Investment Guarantee Agency，简称"MIGA"）是一个世界性组织，成立于 1988 年 4 月。它的主要功能，是为跨国投资在东道国可能遇到的非商业性风险，即政治风险，提供担保。作为一家保险机构，它所承保的非商业性风险，分为以下四种[①]：

　　(1) 货币汇兑险：指的是东道国政府采取措施，限制或妨碍外国投资者在合理期间内将当地货币兑换成为外币，并汇出东道国境外，致使外商遭受损失。

　　(2) 征收和类似措施险：指的是东道国政府采取征收或其他类似措施，实际上剥夺了外国投资者对其投资的所有权、控制权或其重大收益，致使外商遭受损失。

　　(3) 违约险：指的是东道国政府拒绝履行或违反与外国投资者签订的合

---

① 参见《汉城公约》第 11 条。对于 MIGA 承保的这四种非商业性风险的具体说明，详见陈安主编、徐崇利副主编：《MIGA 与中国：多边投资担保机构述评》第 5 章，福建人民出版社 1995 年版。

同,外商无法求助于司法或仲裁机构,索取赔偿,或审理中久拖不决,或虽有判决、裁决却无法执行,致使外商遭受损失。

(4) 战争和内乱险:指的是东道国境内发生军事行动或内部动乱,致使外商遭受损失。

世界各地的跨国投资者,可以根据投资项目所在东道国的国情,以及自己的需要,就以上四种非商业性风险类别,选择其中的一种或几种,向 MIGA 投保,订立投资保险合同,取得保障。

MIGA 是国际复兴开发银行(International Bank for Reconstruction and Development,通常简称"世界银行"或"世银")集团的第五个成员。在 MIGA 成立之前,世界银行集团包括四个成员,各自具有独立的法人资格。它们是:世界银行、国际金融公司(International Finance Corporation)、国际开发协会(International Development Association)以及解决投资争端国际中心(International Centre for Settlement of Investment Disputes,简称"ICSID")。

和 ICSID 一样,MIGA 也是世界银行主持组建的、旨在促进各国游资跨国流动的一个专门组织。不同的是:ICSID 通过受理和处断国际投资争端,为跨国投资家在东道国所可能遇到的各种非商业性风险提供法律上的保障[①];MIGA 则通过直接承保各种非商业性风险,为跨国投资家提供经济上的保障,并且进一步加强法律上的保障。简言之,两者的业务和功能,互相配合,相辅相成,可谓"殊途同归",其主要宗旨和共同效应都在于通过"国际立法"(国际公约),切实保护跨国投资者的权益,改善国际投资环境,促进资本跨国流动,特别是向发展中国家流动。

MIGA 组建的法律根据,是世界银行拟订的《多边投资担保机构公约》(Convention Establishing the Multilateral Investment Guarantee Agency,简称《汉城公约》)。在世界银行的主持下,经过多年的酝酿、反复的磋商以及对草案的多次修订,《汉城公约》于 1985 年 10 月在世界银行的汉城年会上正式通过,向世界银行成员国以及瑞士开放,供各国签字。按照本公约第 61 条的规定,公约生效的前提条件有二:第一,已经有 5 个第一类签字国(发达国家)以及 15 个第二类签字国(发展中国家)交存批准书;第二,这两类国家已经认购股份的总额不得少于 MIGA 全部法定资本总额的 1/3(约合 3.6 亿美元)。1988 年 4 月 12 日,《汉城公约》因上述两大前提已经具备而正式生效,随即正式组建成立 MIGA,并于 1989 年 6 月正式开张营业。

---

① 参见陈安主编:《"解决投资争端国际中心"述评》,鹭江出版社 1989 年版,第 1—27 页。

中国是MIGA的创始成员国之一。1985年1月间,世界银行曾派遣代表前来北京就有关组建MIGA的问题与中国政府进行会谈、磋商。1988年4月28日,中国正式签署《汉城公约》,两天后即交存了批准书,并按规定认购了MIGA的股份,从而成为本公约的正式成员国。中国认购了MIGA股份3 138股,相当于3 138万特别提款权(SDR),约折合4 000万美元。这个认股数字,在MIGA全体成员国中居第六位[①],领先于许多发达国家,甚至超过由全球最发达国家组成的"七国集团"中的加拿大和意大利。中国综合国力不强,特别是财力有限,却认购了MIGA的大量股份,它对这个全球性多边投资担保机构的重视和支持,由此可见一斑。

中国对MIGA的重视和支持,并非出于短暂的策略考虑,而是基于长期贯彻改革开放基本国策的战略需要。立足于中国的国情,认真研究MIGA,比较深入地了解MIGA体制的历史、现状及其发展前景,从而积极、正确地加以运用,这对于进一步改善中国的投资环境,吸收更多的外资,以促进中国的社会主义经济建设,具有重大的现实意义。

一、跨国投资保险体制的渊源和沿革:从OPIC到MIGA

MIGA是跨国投资活动发展到一定阶段之后"应运而生"的产物。它的出现,可以说是一种历史的必然。

一方通过跨国投资以追逐高额利润,另一方借助吸收外资来发展本国经济,这是当代国际经济交往的常见形式。在跨国投资的实践过程中,资本输出国与资本输入国之间,外国投资者与东道国政府之间,外国投资者与东道国公民或公司之间,既有互惠互利的一面,也时有利害冲突的一面。前一面导致国际合作,后一面导致国际争端。

第二次世界大战结束以后,亚洲、非洲、拉丁美洲许多弱小国家相继挣脱殖民统治的枷锁,成为政治上独立、但经济上仍很落后的发展中国家。它们为了巩固和发展政治独立,就必须进一步争得经济独立,即必须进一步从根本上改造国内原有的殖民地经济结构,摆脱外国资本对本国的经济控制,独立自主掌

---

① 参见《MIGA1994年度报告》,英文版,第44—46页。MIGA中认购股份最多的9个国家依次为:美国(20 519股)、日本(5 095股)、德国(5 071股)、法国(4 860股)、英国(4 860股)、中国(3 138股)、俄国(3 137股)、加拿大(2 965股)、意大利(2 820股)。

握本国的经济命脉,充分利用本国的自然资源,大力发展本国的民族经济。在这个过程中,这些国家对于原先根据不平等条约或在强弱地位悬殊条件下签订的投资协议、特许协议或合同,予以修改或废除,对某些涉及本国重要自然资源和国民经济命脉的境内外资企业,加以限制、征用或收归国有;或者建立严格的外汇管制制度,限制或阻碍外国投资者任意将资本或利润兑换成外币并汇出本国境外。这就触犯了外国投资家以及西方原殖民国家即发达国家的既得利益,时时引起矛盾纠纷,甚至尖锐对抗,激烈冲突。除此之外,发展中国家在争得独立后的一定时期里,由于各种内外因素的影响,往往政局不很稳定,甚至发生战争或内部动乱,使外商投资企业在当地的资产遭到毁损、破坏,蒙受损失。

面对这种新的局面,发达国家的政府殚精竭虑,以各种办法来保护本国的海外投资,冀能使其尽量免受或少受各种非商业性风险所造成的损失。在多年反复实践中,它们逐渐认识到:单靠粗暴的强权压制和"外交保护",难以切实有效地达到预期目的,而且往往引起发展中国家的强烈反弹,导致国际间的政治冲突。于是,发达国家政府的"法律智囊"们逐步摸索和设计了一条比较迂回曲折的法律保护途径:由本国专设的某个机构或公司,为本国投资者向海外跨国投资所可能遇到的各种非商业性风险,提供担保(保险)。其操作程序大体有如下三个要点:

第一,由跨国投资者母国的政府与投资项目所在地东道国的政府签订国际协定,双方同意由投资者母国的某家专设机构(或公司),承保此类投资项目在东道国境内可能遭到的非商业性风险,并共同承认作为承保人的该专设机构(或公司)日后依法享有跨越国界的代位求偿权(subrogation)。

第二,由跨国投资者与其母国的上述专设机构(或公司)就所选定的有关非商业性风险类别,签订投资保险合同,并由前者向后者缴纳保险费。

第三,一旦在东道国境内发生承保范围内的非商业性风险事故,并经承保人确认和理赔之后,承保人即代位取得投保人(即跨国投资者)的索赔权,有权向东道国政府实行跨国代位求偿。

这种做法,以美国的"海外私人投资公司"(Overseas Private Investment Corporation,简称"OPIC")为典型,并逐渐形成为在发达国家中流行的模式。为叙述方便,不妨称之为"OPIC模式"。

(一) OPIC模式的由来、演进和局限

OPIC这种法律设计或体制模式,最早出现在美国。这并非历史的偶然。如所周知,在第二次世界大战结束以后相当长的一段时期里,美国国势鼎盛

喧赫，美国投资家在海外的跨国投资，遥遥领先于其他发达国家。20世纪70年代中期以后，美国的综合实力虽逐渐从巅峰走向下坡，但它迄今仍是全球最大的资本输出国。上述法律设计，正是切合于美国的现实需要而出台的。

早在1948年，作为推行"马歇尔计划"的一个重要环节，美国国会通过了《经济合作法案》。根据这个法案，美国率先创立海外投资保险制度。此后20年间，适应着形势发展和海外投资家的需要，多次修订有关法案，使这一专业保险体制在承保内容、适用地区、主办机构以及运作体制等方面，不断改善。至1969年，依据第8次修订的《对外援助法案》，彻底改变了由美国政府专设行政机构主办海外美资非商业性风险承保业务的传统做法，把主办此项业务的权力，授予一个新设的、美国政府官营的"海外私人投资公司"，完全按照保险公司的体制和章程经营管理；但与此同时，又把该公司定位为由美国总统直接指挥、控制以及"在美国国务院政策指导下的一个机构"①。

对于建立OPIC这一投资保险体制的宗旨、意图及其"优越性"，美国的一些"权威人士"曾作如下说明：

美国国会众议院外交委员会的对外经济政策小组委员会提出："深切期待海外私人投资公司施展才能，精心设计，妥善安排，做到在绝大多数场合避免产生政府同政府之间的迎面相撞、直接对抗。"②

海外私人投资公司前总经理布拉德福特·米尔斯1973年在美国国会的一次公听会上反复解释了采取"公司"形式的种种好处，其中最主要的是："海外私人投资公司在解决投资纠纷中一向起着建设性的作用，从而避免了政府与政府之间的直接对抗。"他举例说，如果美国的海外投资人未向该公司投保，一旦遇到征用风险事故，"多半就是去找当地的美国大使馆，找美国国务院和国会，要求采取行动。于是美国政府就卷进这种投资纠纷了。"反之，投资人如果事先曾向该公司投保，那么，该公司就可以"充当外国政府与美国商行之间的桥梁，使

---

① 参见《1969年对外援助法案》第231条第1款、第233条第2—4款、第239条第1、4款，载于《美国法令大全》第83卷，1970年英文版，第809—821页。根据该法案，这家官办的专业保险公司实际上仍处在美国政府的直接领导之下，其董事会成员一半由美国政府有关主管部门的代表兼任，其余董事须经参议院同意后由总统任命，美国国际开发署署长任董事长，公司总经理和常务副总经理也由总统委任，并执行总统的命令和董事会的决议。这种组织结构保证了美国最高一级行政当局得以直接地对这家公营公司进行严密控制，使它成为贯彻美国对外政策的得力工具。参见陈安：《从海外私人投资公司的由来看美国对海外投资的法律保护》，《从海外私人投资公司的体制和案例看美国对海外投资的法律保护》，载于《中国国际法年刊》1984年本，第90—119页；1985年本，第78—120页。

② 美国第93届国会第1期会议众议院外交委员会对外经济政策小组委员会：《关于海外私人投资公司的报告》，1973年英文版，第35—36页。

政治性问题,取得商业性解决"①。因此,必须采取公司形式。

既然"商业性解决"是上策,那就干脆让私人去经营投资非商业性风险的保险业务,与美国政府完全无涉,岂不更好?对这个问题,该公司的另一位继任总经理布鲁斯·列威林解释说:"答案很简单:私人保险公司认为,保这种险,太过冒险,不愿意干。"②因此,既必须采取"公司"形式,又必须纯由政府经营。

此外,还有一位曾经为某投资家索赔案件当法律顾问的美国律师万斯·科文,他在论及投资家为避免各种非商业性风险损失而宁愿花钱向海外私人投资公司投保时,进一步介绍了该公司许多领导人的共同见解:"正如海外私人投资公司官员们所经常指出的,为了诸如此类的损失而去控告外国政府当局,要求赔偿,单就费用高昂、旷日持久以及麻烦周章而言,就足以证明(向海外私人投资公司)花钱购买对付政治风险的保险单是很合算的;更不必提及国际法所固有的变幻无常、捉摸不定,以及主权豁免和国家行为这一类学说所体现的各种潜在障碍了。"③

实际上,美国政府建立 OPIC 机制,还有更深一层的真实意图和实际功效,即通过运用这种机构,使得本来属于美国国内私法关系上的代位权上升为具有国际公法上拘束力的一种权利。

一般而论,由美国保险公司与美国海外投资者所签订的投资保险合同,尽管该保险公司是政府官办的,其所承保的又是非商业性风险,但作为保险合同双方当事人(即承保人、投保人)之间的权利义务关系,它在本质上仍然还是美国国内民法、保险法上的一般私法关系;其法律上的约束力,当然也仅能在美国境之内发生效用。但是,如前所述,订立这种保险合同的前提是:投资者母国政府与投资项目所在国政府事先签订了国际协定,承认作为投资政治风险承保人的专设公司日后享有跨国的代位求偿权。众所周知,"条约必须信守"(*Pacta sunt servanda*)是公认的国际法基本准则。1969 年 5 月的《维也纳条约法公约》进一步明文规定:"条约必须遵守。凡有效的条约,对于缔约国具有拘

---

① 见《海外私人投资公司总经理布拉德福特·米尔斯在第 93 届国会公听会上的发言》,载于《海外私人投资公司:美国第 93 届国会第 1 期会议众议院外交委员会对外经济政策小组委员会公听会》,1973 年英文版,第 271—272 页。
② 见布鲁斯·列威林:《在阿瑟·立特尔管理学院的一次演讲:谈谈海外私人投资公司》,1980 年 8 月 7 日,收存于海外私人投资公司文档。
③ 见科文:《征用与海外私人投资公司的"法理学"》,载于《哈佛国际法杂志》(第 22 卷第 2 期),1981 年英文版,第 270 页。关于科文此处所列举的"各种潜在障碍"究何所指,以及美国如何通过 OPIC 体制力图避开或绕过这些"潜在障碍",可参见 p.988 注①引文所作分析,载于 p.988 注①引引,1984 年本,第 101—114 页。

束力,各缔约国必须善意履行。"①因此,在美国看来,吸收美资的东道国一旦自愿同美国签订了双边协定,允许海外私人投资公司享有代位索赔权,这就意味着承担了一项在国际法上具有拘束力的义务,有责任如约履行。于是,原属美国国内私法契约关系上的代位索赔权就此跨出了美国国界而"国际化"、"公法化"了,美国在海外的投资也就据此获得了更加强有力的法律保障。这是问题的一方面。

问题的另一个方面是:在许多发展中国家(资本输入国)看来,美国所建立和运用的这种 OPIC 机制,也是比较可以接受的。对比美国在保护其海外投资过程中原先惯用的强权压制手段而言,采用 OPIC 机制可以说是从恃强凌弱、简单粗暴开始转向尊重弱者、平等协商。发展中国家在是否允许美资入境、是否愿意与美国签订跨国投资保护(保证)协定等方面,都具有一定的自主权和选择权,从而使发展中国家所最为珍惜的国家主权获得一定的尊重。

与此同时,发展中国家鉴于在本国政治、经济独立自主的前提下,在对入境美资实行必要监督和管理的条件下,美国资本的输入毕竟带来了国内经济建设急需的大量资金、先进的生产技术和科学管理经验,扩大了本国的就业机会,从而有利于发展本国的社会生产力,有利于增强本国的综合国力,有利于提高本国人民的生活水平,因此,许多发展中国家立足于各自的国情,在全面权衡利弊和平等协商的基础上,相继同意与美国签订有关投资保证的双边协定,接受了 OPIC 这种跨国投资保险体制。

美国以外的其他发达国家(资本输出国),鉴于美国率先创立的这种跨国投资保险体制行之有年,行之有效,便相继仿效或师法,也建立起类似的投资保险体制,其共同特点是:以国家为后盾,以国内立法为依据,以与发展中国家缔结的双边投资协定为先行,由政府专门机构或国家指定的专业公司为本国海外投资者提供非商业性风险的保险(insurance)或担保(guarantee)。

例如,日本的海外投资保险制度于 1956 年开始正式实行,它是 1950 年出口信贷保险制度的扩大。根据 1956 年的《出口信贷保险法》(即《输出信用保险法》)的规定,海外投资保险分为海外投资原本保险和海外投资利润保险两种。1970 年,日本把两种保险制度合二为一,直接由日本政府专设的机构即通商产业省所属的出口保险部(Export Insurance Division, Ministry of International Trade and Industry)主管和经办。其运作的基本法律根据是现行的《贸易保

---

① 《维也纳条约法公约》第 26 条,载于《联合国条约法会议文件》,1971 年英文版,第 292 页。

险法》。

又如,德国的海外投资保险制度根据 1959 年的《联邦预算法》建立,由指定的两家公司,即"信托股份公司"(Treuarbeit A. G.)和"黑姆斯信贷担保股份公司"(Herms Kreditversicherungs A. G.)作为联邦德国政府的代理人,承办德国海外私人投资的保险业务。值得注意的是,这两家公司只能从事保险合同业务的实际操作,而并无承保与否的决策权。举凡海外投资者提出的投保申请,应首先呈交由联邦经济部、财政部、外资部以及经济合作部的代表组成的部际委员会审批。由此可见,德国联邦政府对这两家公司专业保险业务的管理和指挥,也是相当直接和具体的[①]。

发展到今天,世界上主要的公营出口信贷和海外投资保险机构组成了"信贷和投资保险机构国际联盟"(The International Union of Credit and Investment Insurers,简称"伯尔尼联盟",the Berne Union)。组成这个联盟的机构来自经济合作与发展组织(Organization for Economic Cooperation and Development)开发援助委员会的所有成员国,以及韩国和印度,其中的主要骨干乃是美、日、德三国的有关机构[②]。美、日、德模式的海外投资保险体制在许多发达国家中相继建立以后,数十年来,在促进世界游资跨国流动和扩大国际经济合作方面,发挥了积极的作用。但是随着时间的推移和世界经济的进一步发展,这类模式逐渐显现出自身所固有的狭隘性和局限性,不能适应世界经济发展新形势的要求。换言之,由于各国政府专门机构直接主办或国家指定专业公司承办的此类投资保险制度,往往有着这样那样的限制性要求,使得许多跨国投资无法获得担保。其中常见的障碍是:第一,各国官办的投资保险机构或公司既受本国政府的控制,又受本国法律的约束,还要受当局现实政治需要的消极影响。其典型事例之一是:美国政府自 1989 年下半年以来奉行"对华经济制裁"政策,美国官办的海外投资保险机构("海外私人投资公司")随即紧密地配合美国当局的政治需要,停止向美商对华的新投资提供保险,至今尚未"解禁"。第二,各国官办的投资保险机构或公司对于投保人或投保公司股东的国籍往往设有限制性规定,以致许多跨国设立的子公司往往四处"碰

[①] 参见卢瓦特:《改善发展中国家投资气候的多边途径:以 ICSID 和 MIGA 为例》,载于《哈佛国际法杂志》1992 年(第 33 卷第 1 期);参见黎晖:《德国对外投资担保基本制度研究》,载于《中德经济法研究所年刊》,1993 年本,第 129—144 页。

[②] 参见注①卢瓦特文。据统计,从 1987 年 1 月至 1989 年 12 月,"伯尔尼联盟"的成员机构为进入发展中国家的海外投资提供保险的承保总额达 170 亿美元,其中日本机构的承保额居首位,约为 78 亿美元,占总数的 46%;其次是美国机构,承保额为 43 亿美元,占 25%;德国机构居第三,承保额为 20 亿美元,占 12%弱。三者合计,占承保总额的 83%。

壁",投保无门①;而且,在不同国家的投资者共同参加同一项目投资的场合,还会产生投保人不适格的问题。第三,各国官办投资保险机构或公司的承保额一般都有上限,因此当投资者申请投保大型项目时,就会因单一国家官办的投资保险机构或公司无法提供足额的保险而产生承保能力不足的问题②。

于是,国际经济界和法律界的人们就开始设想并进而设计了一种能够打破国家界限、在跨国投资保险方面进行国际协作的体制,借以摆脱上述狭隘性和局限性,从而更有效地促进世界资本的跨国流动。

(二) MIGA 模式的孕育和诞生

早在1948年,世界银行内部就开始有了为跨国投资提供非商业性风险保险的设想。在50—60年代间,除世界银行外,一些国际组织、民间团体和私人也提出了建立多边投资保险机制的种种构想,这类方案多达十几种。其中较重要的是:1962年世界银行起草的《多边投资保险——工作人员报告书》、1965年经合组织提出的《关于建立国际投资保证公司的报告书》及1966年世界银行拟就的《国际投资保险机构协定草案》等。但这些方案都未能妥善解决一些关键性的问题,诸如发展中国家的出资、承保机构的代位求偿权、设想中的机构与东道国之间争端的解决、机构中投票权的分配,等等,因而难以得到众多发展中国家特别是拉丁美洲国家代表们的支持。另一方面,发达国家由于已建立了各自的官办投资保险制度,担心一个世界性的多边投资保险机构会与它们的官办投资保险机构发生竞争,因而也没有太大热情。这些原因导致国际社会构建多边投资保险制度的努力一次又一次地搁浅,直至80年代初才再度提上世界银行的议事日程。

20世纪80年代初,由于过分倚赖外国商业贷款,许多发展中国家面临严重的债务危机,无力还债,导致国际债务纠纷频起。与此同时,出于对东道国征用等政治风险的担心,流向发展中国家的外国直接投资在全球跨国直接投资流动总额中的比重急剧下降(尽管外国投资在发展中国家的利润率往往比在发达国家高得多)。世界经济形势的发展证明:国际社会迫切需要一个南北两大类国家都能接

---

① 例如,美国、德国和日本这三个国家的海外投资保险制度都要求投保的投资者与承保机构的所在国有相当密切的关系。美国要求前来投保的投资者必须是其资产至少51%为美国人所有的美国公司,或其资产至少95%为美国人所有的外国公司。德国法定的合格投资者仅限于在德国有住所的德国公民以及根据德国法律设立、在德国设有住所或居所的公司或社团。日本法定的合格投资者仅限于日本公民或日本法人。据此,一个德国或日本公司在美国的子公司既不能向德国或日本的承保机构申请投保,也不能向美国的承保机构申请投保(如果其中的"非美资"比例超过49%)。

② 参见陈仲洵:《多边投资担保机构与美国在华投资》,载于《中国国际法年刊》1992年本,第179—180页、第198—200页。

受的世界性机制，借以缓解或消除外国投资者对非商业性风险的担心，促进更多外国直接投资流向发展中国家，从而使两类国家在平等互利基础上，达到共同的繁荣。

正是在这样的历史背景下，南北两大类国家的代表们重新折冲樽俎，反复磋商，在互谅互让、互作妥协的基础上，达成共识，使孕育多年、一直处在难产状态的全球性多边投资担保机构，通过1988年正式生效的《汉城公约》，终于诞生了①。

第二次世界大战结束后半个世纪以来，专为跨国投资非商业性风险而建立的保险体制，其发展脉络，大体如上。其中居于主导地位的，是从OPIC模式演进到MIGA模式。综观《汉城公约》全文不难看出，MIGA机制具有以下几个突出的特点，从一定意义上说，这些特点也是它的优点：

第一，MIGA体制源于OPIC体制，又远高于OPIC体制。MIGA在设置宗旨、主要功能、承保险别、投保条件、运作程序、理赔前提、代位求偿等方面，显然都借鉴和吸收了OPIC体制的有益经验。但是MIGA体制绝非OPIC体制的简单翻版或单纯的多国化。MIGA在服务对象、承保范围、保险能力、兼容并蓄、运用灵活等方面，具有明显的优越性，远非OPIC等单国的狭隘体制所能企及，其发展潜力也远非后者所能匹敌。

第二，MIGA是当今世界南北两大类国家之间经济上互相依存、冲突、妥协和合作的产物。在跨国投资问题上，南、北之间的矛盾和冲突植根于两大类国家间不同的经济利益，但两类国家之间很强的经济互补性又促使它们必须互相依存和取长补短。因此冲突和矛盾的结果必然导致互相妥协和互相合作，共同谋求改善发展中国家的投资环境。如果没有两大类国家之间的相互妥协和合作，也就不会有MIGA的出现。

第三，这种妥协的结果之一，就是作为东道国的发展中国家在一定程度上自我限制本国在外国投资担保问题上的主权。这种自我限制明显体现在以下几个方面：一是承认MIGA与外国投资者之间签订的担保合同在一定条件下对东道国具有法律拘束力；二是承认MIGA对东道国的代位求偿权；三是承认MIGA与东道国之间争端解决方式为国际仲裁，而不是东道国法院的判决；四是承认在采用仲裁程序时，一并适用《汉城公约》、可适用的国际法规范以及东道国的国内法规范，而不仅仅限于适用东道国的国内法规范；五是承认国际仲裁裁决对当事人和当事国具有终局性的法律拘束力，犹如在《汉城公约》各成员国法院作出终审判决那样②。

---

① 关于组建多边投资担保机构过程中南北两大类国家的意见分歧、矛盾冲突和互让合作，详见p.930注①所引，陈安主编：《MIGA与中国：多边投资担保机构述评》第1、2章。

② 参见《汉城公约》第11条(a)款及第13条(a)款；第18条(a)、(b)款；第57条；公约附件Ⅱ；第4条(g)、(h)、(j)款。

第四,妥协的另一方面的结果是,《汉城公约》成员国中的发达国家同意敦促本国投资者更加尊重东道国——发展中国家的政治主权和经济主权。在一定程度上,务必恪守东道国的国内立法。这些要求尤其明显地表现为:(1)除非事先获得东道国政府的同意,MIGA不得签订任何承保非商业性风险的担保合同;(2)MIGA不对不符合东道国法律和法规的投资提供担保;(3)MIGA只承保有利于东道国经济发展的投资;(4)MIGA不担保任何因投保人认可或投保人负有责任的东道国政府的任何作为或不作为所造成的损失;(5)从法律上禁止MIGA干涉任何成员国的内政,禁止MIGA伙同任何成员国从事反对其他成员国(特别是发展中国家)的政治活动①。

基于以上两个方面的妥协和合作,加入MIGA既有利于发展中国家,也有利于发达国家。前者可以改善投资环境,吸收更多的外资,以加速本国经济的发展;后者可以在相对安全的条件下增加更多的盈利机会。

第五,MIGA机制不同于任何国家官办保险机制的突出特点,在于它对吸收外资的每一个发展中国家成员国,同时赋予"双重身份":一方面,它是外资所在的东道国,另一方面,它同时又是MIGA的股东,从而部分地承担了外资风险承保人的责任。这种"双重身份"的法律后果是:一旦在东道国境内发生MIGA承保的风险事故,使有关外资遭受损失,则作为"侵权行为人"的东道国,不但在MIGA行使代位求偿权之后,间接地向外国投资者提供了赔偿;而且作为MIGA的股东,它又必须在MIGA行使代位求偿权以前,即在MIGA对投保人理赔之际,就直接向投资者部分地提供赔偿。此外,它作为"侵权行为人"还要面临MIGA其他成员国(包括众多发展中国家)股东们国际性的责备和集体性的压力。可见,MIGA机制在实践中加强了对东道国的约束力,对外资在东道国所可能遇到的各种非商业性风险,起了多重的预防作用②。

正因为如此,MIGA对跨国投资作出的承保,较任何国家官办保险机构或公司作出的承保,具有更高的国际权威性和国际影响力。它对于缓解和消除跨国投资者对在东道国遭到非商业性风险损失的顾虑,促使更多的国际游资流入第三世界发展中国家,确实能够而且正在发挥任何国家官办保险机制都无法企及的积极作用。

---

① 参见《汉城公约》第15条;第12条(d)款(i)、(ii)、(iii)项;第11条(c)款(i)项;第34条。
② 参见世界银行法律顾问哲根·沃斯(Jurgen Voss)等人的有关评论,载于《国际贸易报告书》(第4卷第19期),1987年5月13日,英文版,第653—654页;并参见p.938注②引刊,第198—200、202—204页。

二、多边投资担保机构的概貌

《汉城公约》于1985年10月在世界银行的汉城年会上正式通过,1988年4月正式生效。根据这个公约而组建成立的多边投资担保机构,则直到1989年6月才开始正式营业。

MIGA这个世界性的跨国投资保险机构正式开张营业以来,其成员国不断扩大,业务蒸蒸日上,国际影响也日益增强。

(一) 多边投资担保机构成员国结构

根据《汉城公约》的规定,凡是世界银行的成员国,都有资格参加本公约,成为本公约的成员国,从而也就成为多边投资担保机构这个世界性跨国投资保险机构的股东①。诚然,世界银行的成员国并没有非参加本机构不可的义务,但是《汉城公约》中关于本公约正式生效条件的规定〔第61条(b)款〕以及关于本机构投票权平衡分配的规定(第39条),都强调了必须有一定数量的南、北两大类国家即发展中国家和发达国家共同参加、共襄盛举的重要性和必要性。

为此,《汉城公约》在1985年通过之时,即专门附有一份当时世界银行诸成员国的名单(即"Schedule A",通译"附表A"),将这些国家分为两大类,其中所列"第一类国家",就是发达国家,共20个,"第二类国家",就是发展中国家(个别例外情况,下文另作分析),共128个。两类合计共148个国家。

至于瑞士,它虽然并非世界银行的成员国,但鉴于它在国际社会的经济、政治生活中具有公认的特殊地位,因此也允许它参加进来,成为本公约的缔约国以及多边投资担保机构的股东,并被列入上述"第一类国家"名单,遂使该第一类国家总数达到21个。

《汉城公约》在1985年10月世界银行汉城年会上通过之后,由于种种原因,许多成员国心存观望,并未即时完成签署和批准手续。直到两年半以后,即1988年4月,才凑足20个成员国(其中发展中国家15个,发达国家5个),完成了批准手续,并认购了应有的股份,从而使本公约正式生效。又过了1年,即1988年4月,两大类148个国家中也只有大约1/4完成了缔约手续,成为本

---

① 参见《汉城公约》第4—6条、第61条(a)款;《汉城公约解说》第2条。

公约的正式成员国①。简言之，MIGA的确立和营运，经历了一个"迟迟学走、步履蹒跚"的孩提阶段。但是由于它自身所固有的生命力和优越性，确能比较有效地适应国际社会两大类国家的共同需要，因此近几年来参加缔约的国家明显迅速地增多，出现了"健康成长、阔步前进"的势头。据统计，截至1995年4月25日止，《汉城公约》的正式成员国已经达到128个国家，其中19个为发达国家，109个为发展中国家；此外，还有24个国家已经签署本公约，并正在完成交存批准书、认购股份和缴纳应有股金等有关手续。现将本公约的正式成员国、预备成员国(即已签署本公约但尚未完成批准、缴纳股金等手续的国家)按其类别、地区综合列表如下页表1《多边投资担保机构公约》成员国名单。

表1 《多边投资担保机构公约》成员国名单②

正式成员国(128个)，其中包括：

Ⅰ. 发达国家③(19个)

比利时	德国	卢森堡	瑞典
加拿大	希腊	荷兰	瑞士
丹麦	爱尔兰	挪威	英国
芬兰	意大利	葡萄牙	美国
法国	日本	西班牙	

Ⅱ. 发展中国家④(109个)

非洲地区	亚洲/太平洋地区	欧洲/中亚地区	拉美/加勒比地区
安哥拉	孟加拉国	阿尔巴尼亚	阿根廷
贝宁	中国	阿塞拜疆	巴哈马
博茨瓦纳	斐济	白俄罗斯	巴巴多斯
布基纳法索	印度	保加利亚	贝利塞
喀麦隆	印度尼西亚	克罗地亚	玻利维亚
佛得角	韩国	塞浦路斯	巴西
刚果	马来西亚	捷克	智利
象牙海岸	密克罗尼西亚	爱沙尼亚	哥斯达黎加

---

① 参见波茨(MIGA高级顾问、经济合作与发展组织开发援助委员会前任主席)：《MIGA第一个五年的回顾和今后的展望》(1994年4月12日)，华盛顿英文单行本，第3页。

② 本名单根据以下资料综合整理而成：(1)《MIGA1994年度报告》，英文版，第59页；(2)"MIGA成员国名单"，MIGA总部印行，1995年4月25日；MIGA于1989年6月开始正式营业，故其"财政年度"(Fiscal year，或简称"FY")自每年7月1日起至翌年6月30日止，跨日历年计算，并冠以翌年年次。例如，"1990财政年度"所指时间为"1989年7月1日至1990年6月30日"。

③ 1994年6月30日上述"MIGA成员国名单"中此处原词为"Industrialized Countries"，直译为"已工业化国家"。按各国英文名首字母顺序排列，下同。

④ 上述名单中此处原词为"Developing Countries"，直译应为"发展中国家"，但其中竟包含俄罗斯、乌克兰、白俄罗斯等前苏联经济发达地区的几个加盟共和国。可见，此处的"Developing Countries"一词与当今国际上习惯使用的公认的"发展中国家"一词的内涵和外延，并不完全一致。

赤道几内亚	尼泊尔	格鲁吉亚	多米尼加联邦
埃塞俄比亚	巴基斯坦	匈牙利	厄瓜多尔
冈比亚	巴布亚新几内亚	哈萨克	萨尔瓦多
加纳	菲律宾	吉尔吉斯	格林纳达
肯尼亚	斯里兰卡	立陶宛	圭亚那
莱索托	瓦努阿图	马耳他	洪都拉斯
马达加斯加	越南	摩尔多瓦	牙买加
马拉维	西萨摩亚	波兰	尼加拉瓜
马里		罗马尼亚	巴拉圭
毛里塔尼亚		俄罗斯	秘鲁
毛里求斯	中东/北非地区	斯洛伐克	圣卢西亚
莫桑比克	巴哈林	斯洛文尼亚	圣文森特
纳米比亚	埃及	土耳其	特立尼达和多巴哥
尼日利亚	以色列	土库曼	乌拉圭
塞内加尔	约旦	乌克兰	委内瑞拉
塞舌尔	科威特	乌兹别克	
南非	黎巴嫩	马其顿	
苏丹	利比亚		
斯威士兰	摩洛哥		
坦桑尼亚	阿曼		
多哥	沙特阿拉伯		
乌干达	突尼斯		
扎伊尔	阿拉伯联合酋长国		
赞比亚			
津巴布韦			

预备成员国①(24个)。其中包括:
发展中国家

非洲地区	亚洲/太平洋地区	欧洲/中亚地区	拉美/加勒比地区
阿尔及利亚	柬埔寨	亚美尼亚	哥伦比亚
布隆迪	蒙古	波斯尼亚-黑塞哥维那	多米尼加共和国
加蓬		拉脱维亚	危地马拉
几内亚	中东/北非地区	塔吉克	海地
几内亚-比绍	叙利亚	南斯拉夫	巴拿马
卢旺达	也门		苏里南
塞拉利昂			圣基茨-尼维斯
尼日尔			

---

① 此处原词为"Countries in the Process of Fulfilling Membership Requirements",直译应为"正在履行成员国各项必要手续的国家"。按《汉城公约》第 61 条以及 1990 年 6 月制定的《MIGA 成员资格规则》第 3—5 条的规定,凡是有资格申请加入《汉城公约》的国家必须全部完成以下 4 项手续才能成为本公约的正式成员国和 MIGA 正式股东:(1) 由申请参加缔约的国家指派其授权代表在公约上签署;(2) 由签署国根据其宪法程序对参加本公约一事予以批准、接受或同意;(3) 由签署国向设在美国首都华盛顿的世界银行总部交存其批准书、接受书或同意书;(4) 由已经签署和批准的国家按规定认购分配给它的定额 MIGA 股份,并在规定期限之内分别以现金和期票等缴清 20%认购股份的资本金额。为了叙述方便,本书将已经签署《汉城公约》但尚待继续完成全部缔约手续的此类国家简称为"预备成员国"。

现有的表1中成员国名单，较之1985年世界银行汉城年会上提出并附在《汉城公约》正式文本之后作为本公约构成部分的"原始名单"，已有许多变动和发展。其中值得注意的是：

第一，原始名单所列世界银行148个成员国，以及非成员国瑞士，均已获得《汉城公约》分配的股份认购权，但是迄今仍有一些世界银行成员国根据本国国情和出于各种考虑，并未申请参加缔约，更未认购股份。例如，原始名单中列在"第一类国家"（即发达国家）的澳大利亚、奥地利、冰岛、新西兰迄今尚未加入本公约。原始名单中列为"第二类国家"（即发展中国家）的阿富汗、缅甸、泰国、新加坡、伊朗、伊拉克、墨西哥、中非、乍得、利比里亚、索马里等国，迄今也未加入本公约。

第二，原始名单中列为"第二类国家"（即发展中国家）的希腊、葡萄牙、西班牙三国，现在均改列在"第一类国家"名单之中。反之，原始名单中列在"第一类国家"名单中的南非，现在则改列在"第二类国家"名单之中。这种改动在《汉城公约》及其有关补充规定中是有法律根据的。按照《汉城公约》第3条(c)款以及第59条(b)款规定：公约附表A所列的两大类国家经MIGA理事会特别多数票①通过，即可予以修改。而MIGA理事会于1988年6月8日通过的《多边投资担保机构章程》第17条(c)款则进一步明确规定对于在1987年10月30日以后申请参加MIGA的新成员国（即"非创始成员国"），应由理事会指定该国归属何种类别。

第三，前苏联所属地区以及原东欧各社会主义国家，除匈牙利、罗马尼亚、南斯拉夫三国外，在1985年时均不是世界银行成员国，故均未列在当时两大类国家的原始名单之中。1990年以来，前苏联和东欧地区在政治、经济上发生了剧烈的振荡和变动，并且出现了一系列新的独立的国家。紧接着国内经济、政治制度改变之后，它们相继参加了世界银行的组织，并且先后参加了《汉城公约》，成为本公约的新成员以及多边投资担保机构的新股东。表1中"欧洲/中亚地区"一栏中所列的本公约正式成员国和预备成员国，其绝大部分均属此类。

第四，前苏联所属地区以及原东欧各社会主义国家，在表1中，全部被列入《汉城公约》的"第二类国家"即发展中国家。这种划分归类，显然是依据上面第二点所述《汉城公约》条款及《章程》规定而由MIGA理事会作出决定的。不过，如细加分析，则可看出这种划分归类有其切合实际的一面，又有其易滋混淆

---

① 所谓"特别多数票"，指的是足以代表MIGA认购股份55%以上、不少于本机构投票权总数2/3的赞成票。见《汉城公约》第3条(d)款。

的一面。众所周知,原属前苏联的中亚地区各国以及欧洲波罗的海东岸的三个小国,历史上都曾经沦为沙皇俄国的殖民地或半殖民地,经济发展水平向来比较低下,现在把它们列入"第二类国家",这当然是切合实际的。但是作为前苏联主体的俄罗斯,曾经长期是全球两个超级大国之一的"中坚",从其经济发展水平以及综合国力而言,当然是属于发达国家之列,甚至是属于此类国家的前列,如今前苏联虽已解体,但"百足之虫,死而不僵",俄罗斯的现有经济发展水平和综合实力,仍远高于一般发展中国家,不应当同日而言,混为一谈。因此把它归入"第二类国家",即发展中国家之列,难免会引起国际社会经济、政治诸领域中基本概念上的混淆。

不过,如果注意到《汉城公约》"附表 A"中对"第二类国家"一词所附加的一条专门注解,则应当强调:"本表列为第二类国家的各国,是专指本公约所称的发展中国家成员国"(或译:"发展中成员国家",注解原文为:Countries listed under Category Two are developing member countries for the purposes of this Convention),而不是泛指或等同于国际社会中已经公认或"约定俗成"的一般意义上的发展中国家[①]。例如,上述原始名单曾把素来不属于发展中国家之列的西班牙、葡萄牙、希腊一度列为"第二类国家",这也反证了《汉城公约》中所称的"发展中国家",其含义并不完全等同于国际社会中所惯用的"发展中国家"一词。它只是专指那些急需吸收外资而 MIGA 又愿意为其境内的外资承保非商业性风险的国家。只有这样理解,才不会导致国际政治生活中基本概念上的含糊和混淆。

弄清了和强调了这一点,就不难理解 MIGA 理事会把俄罗斯、白俄罗斯、乌克兰等国列为"第二类国家"的特定历史条件:《汉城公约》"序言"和第 2 条强调本公约的宗旨在于通过消除与非商业性风险有关的忧虑,"促进和进一步鼓励外国投资流向发展中国家";第 14 条有关"适格东道国"的规定又明文设限:MIGA"只对在发展中国家成员国境内所作的投资提供担保"。衡之于俄罗斯、白俄罗斯、乌克兰等国的现实情况:体制剧变后经济上急需外资注入,但其政局动荡不稳又使外国投资者因担心遇到非商业性风险而趑趄不前。在此种条件下,如将这些国家列入《汉城公约》附表 A 中的"第一类国家",则投入这

---

① 在国际社会的经济生活和政治生活中,"发展中国家"通常指的是在第二次世界大战结束以后,挣脱殖民枷锁、争得主权独立或恢复了主权独立的贫弱国家。这些国家共同的主要特征是:(1)在殖民主义盛行全球、帝国主义横行无忌的历史时代中,它们曾经长期沦为殖民地或半殖民地(附属国);(2)它们在取得或恢复政治独立之后,面临着长期积贫积弱、经济十分落后的局面,为了巩固政治独立,进一步取得经济独立,彻底摆脱贫困落后,必须极力发展本国的经济。参见陈安主编:《国际经济法总论》,法律出版社 1994 年版,第 24—28 页。

些国家的外资将因不符合本公约第14条关于"适格东道国"的规定而无法获得MIGA同意承保非商业性风险。这就不能消除外国投资者的顾虑,从而也无法满足俄罗斯等国家吸收外资的急迫需要。反之,只有把它们列入本公约所专门指定的"第二类国家",即急需吸收外资而 MIGA 又愿意为其境内外资承保非商业性风险这一特定含义上的"发展中国家",才能从实际上解决俄罗斯等东道国吸收外资以及外国投资者向这些东道国投资双方所遇到的困难问题。在特定的历史条件之下,MIGA 理事会适应本公约上述规定而采取的这种现实措施,也从一个侧面反映出 MIGA 开展跨国投资保险业务时,在实际操作中的一种灵活性。

(二) 多边投资担保机构股权、投票权分配

MIGA 股权和投票权的分配,与一般保险公司相比较,有类似之处,又有独特之处。这是由 MIGA 固有本质所决定的。

按照《汉城公约》规定,MIGA 具有完全的法人资格[①]。从表面上看,就其组织形式、经营管理、业务内容而论,它当然具有一般保险公司的共性。但是稍为深入分析,就不难看出它又有许多区别于一般保险公司的独特个性:第一,它不单纯是一般民法、商法意义上的公司,即不是单一国家国内私法上的主体,而是国际公法上的主体。它赖以成立的法律根据,就是一项特定的国际公约——《汉城公约》。第二,它的股东,全部是享有国际公法上平等主权地位的独立国家,而并无任何不享有主权地位的地区或任何私人资方混杂其中。第三,MIGA 本身及其代表和职员,均依据《汉城公约》的有关规定,享有国际公法上的某些"特权和豁免"[②],即类似外交人员的特惠待遇,这当然不是一般保险公司所能奢望和企及的。第四,也是最重要的,它的股东,分别属于全球南、北两大国家"营垒"。这两大类国家之间既有着经济上的互补性(即在经济利益上互相依存、互相需要),又有着经济上的对抗性(即在经济利益上互相矛盾、互相冲突)。现在,它们为了一个共同的目标,即通过促进国际资本跨国流入发展中国家,借以实现互利,而组成了 MIGA,这就要求两大类国家在国家利益上互谅互让,作出必要的妥协,以利在 MIGA 中"合作共事",MIGA 两类股东关系上的这种特征,显然迥异于一般保险公司。

MIGA 组织与一般保险公司相比较所具有的上述共性和个性,在 MIGA 股权和投票权的分配上有着明显的综合表现。换言之,MIGA 相同于一般保险公司的共性,决定了它在股权和投票权的分配上基本上是按各股东认购股份的

---

①② 《汉城公约》第1.43—1.50条。

多寡来分配;MIGA 不同于一般保险公司的独特个性,决定了它在股权和投票权的分配上并不完全以认购股份的多寡作为唯一的标准。

根据《汉城公约》的规定:MIGA 的法定资本为 10 亿特别提款权(SDR1 000 000 000)。全部资本为 10 万股,每股票面价值为 1 万特别提款权,供各成员国分别按分配定额认购。《汉城公约》设定:1 特别提款权等于 1.082 美元,故 MIGA 全部总资本值为 10.82 亿美元①。成员国每认购(subscribe)1 股,即在 MIGA 事务投票决策方面享有 1 票,称为"股份票"(subscription vote)②。换言之,在各成员国中,财力愈大,认购股份愈多(即出资额愈多)者,在处理 MIGA 事务中享有愈多的投票权和愈大的决策权。

但是按《汉城公约》规定,与"股份票"同时并存的是"成员票"(membership vote),即每一成员国,不论其国家大小、国势强弱、财力巨细、认股多寡,都同样享有数量完全相等的 177 票投票权或决策权。《汉城公约》明文记载了作出这种规定的目的和意图:旨在使 MIGA 投票权的安排能够反映本公约南、北两大类国家在 MIGA 的决策过程中享有"平等利益"(equal interest)③,并通过多方调整尽可能做到上述两大类国家在 MIGA 事务投票权上的均衡与平等(voting parity)④。换言之,每个成员国享有的投票权的票数,即是其"股份票"与"成员票"这两者的相加。通过这种特定的投票权分配,实现两大类国家在 MIGA 事务决策权上的总体平衡。

众所周知,在当代的南、北两大类国家中,发达国家财力雄厚,远远超过众多贫弱的发展中国家。发达国家能够分别通过多认购股份而拥有很多"股份票"投票权,但是在作为 MIGA 成员的 100 多个国家中,发达国家毕竟只占成员国总数的 1/8 至 1/7,在《汉城公约》"附表 A"原始名单中列明者只有 21 个⑤,相应地,

---

① 《汉城公约》第 5 条(a)款。"特别提款权"(Special Drawing Rights,简称"SDR")原是国际货币基金组织(IMF)分配给各成员国的一种使用特定资金的权利,故称为"提款权",同时也是一种特殊的货币计值单位。它原与美元等值,即每 1 SDR 单位等于 0.888 671 克黄金。其后,由于美元出现危机,国际货币基金会组织宣布自 1974 年 7 月 1 日起,SDR 与黄金脱钩,按一定期间内出口额最大的若干国家的货币,以加权比例的方法,综合计算定值,简称"一揽子货币定值"。SDR 现在据以定值的五种货币是:美元、德国马克、法国法郎、日元以及英镑。详参陈安主编:《国际货币金融法》,鹭江出版社 1988 年版,第 357—381 页。

②③ 《汉城公约》第 39 条(a)款。

④ 《汉城公约》第 39 条(c)款(ii)项。关于通过多方调整达到投票权均衡与平等的具体办法详见 p.930 注①所引陈安主编:《MIGA 与中国:多边投资担保机构述评》第 2 章第 3 节。

⑤ 《汉城公约》附件"Schedule A"原始名单中列出 21 个"第一类国家"(Category One):澳大利亚、奥地利、比利时、加拿大、丹麦、芬兰、法国、联邦德国、冰岛、爱尔兰、意大利、日本、卢森堡、荷兰、新西兰、挪威、南非、瑞典、瑞士、英国、美国。迄今为止,澳大利亚、奥地利、冰岛、新西兰四国尚未加入 MIGA;南非则被改列为"第二类国家"(Category Two),反之,上述原始名单中原被列为"第二类国家"的希腊、葡萄牙、西班牙三国,现在则被改列为"第一类国家"。经过上述调整后,现有名单中被列为"第一类国家"的共 19 个发达国家。

它们所拥有的"成员票"投票权的总和,就为数有限;反之,虽然发展中国家财力薄弱,它们通过认购股份所能取得的"股份票"投票权,为数不多,远逊于发达国家,但是发展中国家约占 MIGA 成员国家总数的 6/7 至 7/8,它们所拥有的"成员票"投票权的总和,就远远超过发达国家的"成员票"投票权的总和。换言之,发展中国家在"股份票"方面的总体劣势,从其在"成员票"方面的巨大总体优势中,得到弥补而转强;反过来,发达国家在"股份票"方面的巨大总体优势,却因其在"成员票"方面的总体劣势,受到削减而转弱。在这两个方面互相消长的过程中,再加上《汉城公约》中关于许多重要事务必须获得"特别多数票"方能作出决策的明确规定,综合运用得当,就可以使南、北两大类国家在 MIGA 决策权(投票权)方面,达到总体上的均势和平等,得以基本上实现"平起平坐"。

MIGA 中各成员国投票权分配的这种格局和模式,显然是南、北两类国家两大营垒矛盾冲突→长期论战→反复谈判→妥协合作的又一重要体现。对于在国际社会的经济生活和政治生活中长期处于弱者地位的众多发展中国家说来,在国际经济组织的决策权即投票权方面争取到按这种新的模式实行新的分配,确是得来不易的,也是它们团结一致、长期联合奋斗的初步成果。

兹将 MIGA 各个成员国——各个股东分别认购的股份数(股权)、缴资情况、投票权票数(含"股份票"和"成员票")以及各成员国投票权票数在 MIGA 全部投票权总票数中所占的百分比,综合列表如下页表 2 多边投资担保机构认购股份及投票权分配一览表①。

表2 多边投资担保机构认购股份及投票权分配一览表

时间:截至 1994 年 6 月 30 日止

货币单位:千美元

成员国国名	股份认购及缴资情况				投票权分配情况		
	认购股份	应缴股金	已缴股金	欠缴股金	待缴股金	投票权票数	在总票数中所占百分比
阿尔巴尼亚	58	628	126	—	502	235	0.20
安哥拉	187	2 023	404	—	1 619	364	0.31
阿根廷	1 254	13 568	2 714	—	10 854	1 431	1.23
阿塞拜疆	115	1 244	249	—	995	292	0.25
巴哈林	77	833	167	—	666	254	0.22

① 主要资料依据:《MIGA1994 年度报告》,英文版,第 44—46 页。

续 表

成员国国名	股份认购及缴资情况				投票权分配情况		
	认购股份	应缴股金	已缴股金	欠缴股金	待缴股金	投票权票数	在总票数中所占百分比
孟加拉国	340	3 679	736	—	2 943	517	0.44
巴巴多斯	68	736	147	—	589	245	0.21
白俄罗斯	233	2 521	504	—	2 017	410	0.35
比利时	2 030	21 965	4 393	—	17 572	2 207	1.90
贝利塞	50	541	108	—	433	227	0.20
玻利维亚	125	1 353	271	—	1 082	302	0.26
博茨瓦纳	50	541	108	—	433	227	0.20
巴西	1 479	16 003	3 201	—	12 802	1 656	1.42
保加利亚	365	3 949	790	—	3 159	542	0.47
布基纳法索	61	660	132	—	528	238	0.20
喀麦隆	107	1 158	232	—	926	284	0.24
加拿大	2 965	32 081	6 416	—	25 665	3 142	2.70
佛得角	50	541	108	—	433	227	0.20
智利	485	5 248	1 050	—	4 198	662	0.57
中国	3 138	33 953	6 791	—	27 162	3 315	2.85
刚果	65	703	141	—	562	242	0.21
哥斯达黎加	117	1 266	253	—	1 013	294	0.25
象牙海岸	176	1 904	381	—	1 523	353	0.30
克罗地亚	187	2 023	405	—	1 618	364	0.31
塞浦路斯	104	1 125	225	—	900	281	0.24
捷克	445	4 815	963	—	3 852	622	0.53
丹麦	718	7 769	1 554	—	6 215	895	0.77
多米尼加联邦	50	541	108	—	433	227	0.20
厄瓜多尔	182	1 969	394	—	1 575	359	0.31
埃及	459	4 966	993	—	3 973	636	0.55
萨尔瓦多	122	1 320	264	—	1 056	299	0.26
爱沙尼亚	65	703	141	—	562	242	0.21
埃塞俄比亚	70	757	152	—	605	247	0.21

续　表

成员国国名	股份认购及缴资情况				投票权分配情况		
	认购股份	应缴股金	已缴股金	欠缴股金	待缴股金	投票权票数	在总票数中所占百分比
斐济	71	768	154	—	614	248	0.21
芬兰	600	6 492	1 299	—	5 193	777	0.67
法国	4 860	52 585	10 518	—	42 067	5 037	4.33
柬埔寨	50	541	108	—	433	227	0.20
格鲁吉亚	111	1 201	239	—	962	288	0.25
德国	5 071	54 868	10 973	—	43 895	5 248	4.51
加纳	245	2 651	530	—	2 121	422	0.36
希腊	280	3 030	606	—	2 424	457	0.39
格林纳达	50	541	108	—	433	227	0.20
圭亚那	84	909	182	—	727	261	0.22
洪都拉斯	101	1 093	219	—	874	278	0.24
匈牙利	564	6 102	1 220	—	4 882	741	0.64
印度	3 048	32 979	6 596	—	26 383	3 225	2.77
印度尼西亚	1 049	11 350	2 270	—	9 080	1 226	1.05
爱尔兰	369	3 993	798	—	3 195	546	0.47
以色列	474	5 129	1 025	—	4 104	651	0.56
意大利	2 820	30 512	6 102	—	24 410	2 997	2.58
牙买加	181	1 958	391	—	1 567	358	0.31
日本	5 095	55 128	11 026	—	44 102	5 272	4.53
约旦	97	1 050	210	—	840	274	0.24
哈萨克	209	2 261	452	—	1 809	386	0.33
肯尼亚	172	1 861	372	—	1 489	349	0.30
韩国	449	4 858	971	—	3 887	626	0.54
科威特	930	10 063	2 013	—	8 050	1 107	0.95
吉尔吉斯斯坦	77	833	167	—	666	254	0.22
莱索托	50	541	108	—	433	227	0.20
利比亚	549	5 940	1 188	—	4 752	726	0.62
立陶宛	106	1 147	229	—	918	283	0.24

续 表

成员国国名	股份认购及缴资情况				投票权分配情况		
	认购股份	应缴股金	已缴股金	欠缴股金	待缴股金	投票权票数	在总票数中所占百分比
卢森堡	116	1 255	251	—	1 004	293	0.25
马其顿	50	541	108	—	433	227	0.20
马达加斯加	100	1 082	216	—	866	227	0.24
马拉维	77	833	167	—	666	254	0.22
马来西亚	579	6 265	1 253	—	5 012	756	0.65
马里	81	876	175	—	701	258	0.22
马耳他	75	811	161	—	650	252	0.22
毛里塔尼亚	63	682	136	—	546	240	0.21
毛里求斯	87	941	188	—	753	264	0.23
密克罗尼西亚	50	541	108	—	433	227	0.20
摩尔多瓦	96	1 039	208	—	831	273	0.23
摩洛哥	348	3 765	753	—	3 012	525	0.45
纳米比亚	107	1 158	232	—	926	284	0.24
荷兰	2 169	23 469	4 694	—	18 775	2 346	2.02
尼泊尔	69	747	149	—	598	246	0.21
尼加拉瓜	102	1 104	221	—	883	279	0.24
尼日利亚	844	9 132	1 826	—	7 306	1 021	0.88
挪威	699	7 563	1 513	—	6 050	876	0.75
阿曼	94	1 018	204	—	814	271	0.23
巴基斯坦	660	7 141	1 428	—	5 713	837	0.72
巴布亚新几内亚	96	1 039	208	—	831	273	0.23
巴拉圭	80	866	173	—	693	257	0.22
秘鲁	373	4 036	807	—	3 229	550	0.47
菲律宾	484	5 237	1 047	—	4 190	661	0.57
波兰	764	8 266	1 653	—	6 613	941	0.81
葡萄牙	382	4 133	827	—	3 306	559	0.48
罗马尼亚	555	6 005	1 201	—	4 804	732	0.63
俄罗斯	3 137	33 942	6 788	—	27 154	3 314	2.85

续 表

成员国国名	股份认购及缴资情况				投票权分配情况		
	认购股份	应缴股金	已缴股金	欠缴股金	待缴股金	投票权票数	在总票数中所占百分比
圣卢西亚	50	541	108	—	433	227	0.20
圣文森特	50	541	108	—	433	227	0.20
沙特阿拉伯	3 137	33 942	6 788	—	27 154	3 314	2.85
塞内加尔	145	1 569	314	—	1 255	322	0.28
塞舌尔	50	541	108	—	433	227	0.20
斯洛伐克	222	2 402	480	—	1 922	399	0.34
斯洛文尼亚	102	1 104	221	—	883	279	0.24
南非	943	10 203	2 041	—	8 162	1 120	0.96
西班牙	1 285	13 904	2 781	—	11 123	1 462	1.26
斯里兰卡	271	2 932	586	—	2 346	448	0.38
苏丹	206	2 229	446	—	1 783	383	0.33
斯威士兰	58	628	126	—	502	235	0.20
瑞典	1 049	11 350	2 270	—	9 080	1 226	1.05
瑞士	1 500	16 230	3 246	—	12 984	1 677	1.44
坦桑尼亚	141	1 526	305	—	1 221	318	0.27
多哥	77	833	167	—	666	254	0.22
特立尼达和多巴哥	203	2 196	439	—	1 757	380	0.33
突尼斯	156	1 688	338	—	1 350	333	0.29
土耳其	462	4 999	1 000	—	3 999	639	0.55
土库曼	66	714	143	—	571	243	0.21
乌干达	132	1 428	286	—	1 142	309	0.27
阿拉伯联合酋长国	372	4 025	805	—	3 220	549	0.47
英国	4 860	52 585	10 517	—	42 068	5 037	4.33
美国	20 519	222 016	44 404	—	177 612	20 696	17.79
乌拉圭	202	2 186	438	—	1 748	379	0.33
乌兹别克斯坦	175	1 894	380	—	1 514	352	0.30
瓦努阿图	50	541	108	—	433	227	0.20
委内瑞拉	1 427	15 440	3 088	—	12 352	1 604	1.38

续 表

成员国国名	股份认购及缴资情况				投票权分配情况		
	认购股份	应缴股金	已缴股金	欠缴股金	待缴股金	投票权票数	在总票数中所占百分比
西萨摩亚	50	541	108	—	433	227	0.20
扎伊尔	338	3 658	—	731	2 927	515	0.44
赞比亚	318	3 441	688	—	2 753	495	0.43
津巴布韦	236	2 553	511	—	2 042	413	0.35
合计(1994年6月30日止)	94 948	1 027 337	204 736	$731	$821 870	116 365	100.0
合计(1993年6月30日止)	87 581	947 626	188 794	$731	$758 101	106 520	

附注：1. 截至1994年6月30日止，还有几笔股金来自以下几个国家，因尚未办完应有手续，暂未计入：(1) 扎伊尔暂缴认股费1 000美元；(2) 巴哈马股金13.5万美元；(3) 几内亚股金9.8万美元；(4) 拉脱维亚股金7.9万美元；(5) 莫桑比克股金7.9万美元；(6) 乌克兰股金62万美元；(7) 越南股金17.8万美元；(8) 波斯尼亚—黑塞哥维那股金6.5万美元；(9) 南斯拉夫（塞尔维亚和门得内哥罗）股金18.7万美元。以上九笔款项总计为144.2万美元。

2. 上述统计表最后一行是1993财政年度的合计数字，附录于此，俾便与1994财政年度的合计数字对比，看出进展情况。

对于表2的综合统计数字加以粗略分析，可以看出在MIGA内部股权、投票权分配方面，有如下一些重要现象、问题和趋向，很值得注意。

第一，截至1994年6月30日止，MIGA的投票权总票数为116 365票，其在两大类成员国间的具体分配结构可归纳为如下表格[1]：

	第一类国家（美、英、德、日等19个发达国家成员国）	第二类国家（中国等102个发展中国家成员国）	合 计
股份票	57 387	37 561	94 948
成员票	19×177＝3 363	102×177＝18 054	21 417
合 计	60 750	55 615	116 365
占投票权总票数的百分比%	52.2%	47.8%	100%

---

[1] 主要资料依据：《MIGA1994年度报告》，英文版，第44—46页。

从上面统计数字看,在"股份票"方面,19个发达国家挟其经济上的绝对优势,多认股多得票,比102个发展中国家多出19 826票,从而享有大得多的投票权;但是在"成员票"方面,102个发展中国家却凭借其"国多势众",按每国177票累计,比19个发达国家多出14 691票,在很大程度"扳回"了投票权上的劣势,缩小了差距,从而在两大类国家投票权总数的全局对比中,形成52.2%:47.8%的局面。这种对比,截至1994年6月30日止,虽尚未能完全实现《汉城公约》第39条所预期的那样,使两大类国家在MIGA事务投票权分配上达到完全的均衡与平等,但确已朝着这方向迈进,并有了引人注目的重大发展。如果加上1994年7月1日以来完成了批准、认股等全部缔约手续的新添发展中国家成员国,则发展中国家在上述投票权分配方面必将迅速享有与发达国家完全相等的票数和完全平等的权利。这种情况,估计在MIGA1995财政年度的综合报告书上会有明确的反映。

第二,两大类国家在决策权的总体分配上基本达到平衡这一事实并不能掩盖,更不能抹杀单个富强发达国家与单个贫弱发展中国家在决策权上的巨大悬殊。试以美国为例,它在投票权上享有MIGA投票权总票数的17.79%,相比之下,有30多个贫弱小国,却只享有MIGA投票权总票数的0.2%左右,两者相差达80—90倍之巨!众所周知,"财多权大,财大气粗",长期以来就是国际社会政治生活与经济生活中常见的陈规陋习,也是国际经济旧秩序的集中体现之一。这种属于国际经济旧秩序的陈规陋习,在MIGA这一全球性的多边机构中,仍然有着相当强大的影响。这是人们在对MIGA的长处加以充分肯定的同时,不能不有的清醒认识。

第三,这种"财大气粗"的陈规,如果再与政治上的霸权主义陋习结合在一起,其对MIGA良好宗旨的贯彻,势必产生更大的消极影响和负面作用。仍以美国为例,美国国会的议员们明知《汉城公约》中设有专条,明文禁止MIGA及其总裁和职员们一概不得干涉任何成员国的内政事务;在作出有关MIGA业务的决策时,对任何成员国,不论其政治性质(political character)如何,均应不偏不倚,一视同仁[1]。但是美国的这些立法者们却在有关MIGA的国内立法中,与《汉城公约》关于禁止干涉任何成员国内政的上述明文规定唱对台戏,公然要求其本国派驻MIGA的董事,想方设法运用其享有巨大优势的决策权——投票权力,把美国的政治观念、"人权"观念,塞进MIGA的业务决策过程之中,作为能否为投资项目承保风险的衡量标准,从而发散出一股十分浓烈的霸权主义气息[2]。对此,人们

---

[1] 《汉城公约》第34条;《MIGA公约解说》第60条。
[2] 《美国法典》(United States Codes)(第22卷)第290节k条2款;并参见p.938注[2]引文,第202—211页。

在 MIGA 机制的运作过程中,当然更不能不保持应有的警惕和加以必要的抵制。只有这样,才能保证《汉城公约》良好宗旨的顺利贯彻实现。

第四,随着参加 MIGA 的发展中国家成员国日益增多,随着 MIGA 机构运作的日益正常化和健全化,单个富强发达国家在 MIGA 总决策权中所占的比重,呈现出逐步下降的趋势。仍以美国为例,在 1991 财政年度,美国所拥有的投票权票数占 MIGA 投票权总票数的 24.63%[①];1992 年度,这个比例下降为 22.3%[②];1993 年财政年度,再下降为 19.43%[③];到了 1994 财政年度,又进一步下降为 17.79%[④]。短短 3 年间,在 MIGA 内部出现的这种发展趋向,从国际经济秩序新旧更替的历史进程来看,从全球弱小国家力争在国际事务中享有更多发言权和更大决策权的正当要求来看,显然是一种令人高兴的良好势头:一叶纵非秋,一叶可知秋!

(三) 多边投资担保机构第一个五年的主要业绩、存在的问题和前景展望

《汉城公约》第 67 条规定:本公约生效后五年,MIGA 理事会应当对本机构的活动及其取得的效果进行全面的检查总结,以便作出某些调整和改进,提高本机构贯彻其宗旨的能力。以此为据,MIGA 聘请了专家对本机构 1989 年 6 月至 1994 年 6 月五年间的经营和工作进行了首次的全面评估。兹简介要点如下:

MIGA 开业运作五年间的最主要的业绩,体现在其中心业务——跨国投资保险上。

在这五年中,MIGA 经历了初期"迟迟学走、步履蹒跚"的孩提阶段,自 1992 年起,开始出现了"健康成长、阔步前进"的势头。根据统计,截至 1994 年 6 月 30 日止,MIGA 与跨国投资者签订的保险合同已达 101 项,它所承保的风险事故"或有债务"(contingent liability)的最高总额已达 12.5 亿美元,所涉及的流入发展中国家的项目投资总额则高达 61 亿美元。逐年进展情况见下表[⑤]:

---

① 《MIGA1991 年度报告》,英文版,第 40 页。
② 《MIGA1992 年度报告》,英文版,第 35 页。
③ 《MIGA1993 年度报告》,英文版,第 40 页。
④ 《MIGA1994 年度报告》,英文版,第 46 页。
⑤ 同上《报告》,第 17 页;并参见世界银行:《MIGA 第一个五年的回顾与未来的挑战》(以下简称《挑战》),英文版,第 5—6 页。"或有债务"(contingent liability)又译"偶发事故可能引起的债务",指的是尚未发生但很可能发生的债务,它的发生与否,取决于日后某种特写事态是否出现。就保险机构而言,其"或有债务"主要是指承保范围内的风险事故一旦发生后,保险人可能承担的债务。"或有债务"最大总额的增加,是保险业务兴旺发达的主要指标之一。

财 政 年 度	1990	1991	1992	1993	1994	累计
签订担保合同数	4	11	21	27	38	101
承保风险事故"或有债务"的最高总额(亿美元)	1.32	0.59	3.13	3.74	3.72	12.50
涉及的跨国投资总额(亿美元)	10	9	10	19	13	61

专家们认为,这些数字表明:MIGA 作为国际保险行业的新成员,在短短五年间,就已崛起成为全球最大的五家投资保险机构之一;而就其专门承保跨国投资非商业性风险业务而言,则已居于全世界的首要地位[①]。

五年累计,全球跨国投资者向 MIGA 递交的非商业性风险投保"初步申请"已经超过 1 500 份;登记在案的跨国投资者来自 44 个成员国家(其中包括 22 个发展中国家),投资项目所在国则分布在 104 个国家[②]。这些数字不但表明 MIGA 在贯彻其组建宗旨——促进国际资本向发展中国家流动方面,确实正在发挥广泛的、积极的作用,而且表明它在促进"南南国际合作"(即发展中国家相互之间的协作)、改造国际经济旧秩序方面,也正在发挥引人注目的积极作用。

截至 1994 年 6 月 30 日止,MIGA 所承保的各类非商业性风险中,征收险的承保额居于首位,然后依次为汇兑险、战乱险和违约险。这表明跨国投资者数年来所最担心、因而最乐意向 MIGA 投保的险别,仍然是东道国政府对外资实行征用或限制外币汇兑方面的风险;反过来说,MIGA 在解除或减轻跨国投资者顾虑上所能发挥的积极作用,也最突出地表现在这两个方面。五年累计,MIGA 为跨国投资者承保各类非商业性风险的金额可分别表示如下[③]:

MIGA 承保跨国投资的风险类型和承保金额
(截至 1994 年 6 月 30 日止)
汇兑险:7.671 亿美元
征收险:9.182 亿美元
战乱险:5.617 亿美元
违约险:0.500 亿美元

---

① 《MIGA1994 年度报告》,英文版,第 16 页;《挑战》,第 6 页。
② 同上《报告》,第 14、16 页;《挑战》,第 6 页。
③ 同上《报告》,第 16 页。

在 1994 年 6 月 30 日以前已经正式签订的 101 项跨国投资保险(保证)合同中,投保的跨国投资者分别来自比利时、加拿大、丹麦、法国、德国、日本、卢森堡、荷兰、挪威、沙特阿拉伯、新加坡、西班牙、瑞士、英国、美国。投资项目所在的东道国则分别为:阿根廷、孟加拉国、巴西、保加利亚、喀麦隆、智利、中国、捷克、加纳、圭亚那、匈牙利、印度尼西亚、牙买加、哈萨克斯坦、马达加斯加、巴基斯坦、秘鲁、波兰、俄罗斯、坦桑尼亚、特立尼达和多巴哥、土耳其、乌干达、乌兹别克斯坦。分布在这些东道国的外国投资项目,在 MIGA 承保的跨国投资总额中占有不同的比例,可以表示如下[①]:

MIGA 承保跨国投资在各东道国的分布情况 (截至 1994 年 6 月 30 日止)			
巴基斯坦	14%	阿根廷	12%
巴西	9%	捷克	8%
波兰	7%	土耳其	7%
孟加拉国	5%	智利	5%
印度尼西亚	5%	圭亚那	5%
特立尼达和多巴哥	5%	乌兹别克斯坦	4%
其他*	14%		

* 含:秘鲁、匈牙利、牙买加、乌干达、中国、俄罗斯、加纳、坦桑尼亚、哈萨克、马达加斯加、保加利亚、喀麦隆。

从上表可以看出,截至 1994 年 6 月 30 日止,巴基斯坦是 MIGA 承保外资数额最大的国家,占承保总额的 14%。阿根廷和巴西分别居于第二位和第三位。中国则尚未"单列",可见当时 MIGA 承保的在华外资,为数不多。但是近来情况有重大的发展,随着外资大量涌入中国以及 MIGA 与中国协作的加强,在中国境内获得 MIGA 承保的外国投资,其数额正在直追上述三个国家,开始进入前列〔其有关情况,详见下文以及《MIGA 与中国:多边投资担保机构述评》(陈安主编,福建人民出版社 1995 年版)一书第 12 章〕。

按《汉城公约》规定,MIGA 应当促进流向发展中国家的是"生产性资金和技术",它所承保的跨国投资应当符合东道国宣布的发展目标和重点[②]。回顾 MIGA 开业后五年中的实践,是符合这种要求的。截至 1994 年 6 月 30 日止,MIGA 所承保的跨国投资,其绝大部分均属于生产性很强的项目,诸如制造业、采矿业、农工综合企业、基础工业以及生产性融资等,而服务性行业则仅占其中

---

① 《MIGA1994 年度报告》,英文版,第 15 页;《挑战》,第 7—8、16 页。
② 《汉城公约》,序言,第 12 条(d)款。

很小比例。五年累计,其具体百分比大体如下①:

MIGA 承保跨国投资的产业分布情况			
(截至 1994 年 6 月 30 日止)			
金融业	35%	制造业	28%
采矿业	23%	农工综合企业	6%
基础设施	4%	服务业	3%
旅游业	1%		

特别值得注意的是:截至 1994 年 6 月 30 日止,MIGA 与世界各地跨国投资者签订的 101 项保险合同中,所涉及的跨国投资项目一般均能"安然无恙",未遇非商业性风险,因此尚无一例因遭遇 MIGA 承保的非商业性风险损失而向 MIGA 提出索赔②。出现这种局面,原因当然很多:诸如近几年来,吸收外国投资的众多发展中国家的法律环境普遍有较大改善,增强了保护外商投资合法权益的措施;MIGA 在审议是否签发保险合同的操作过程中,遵循《汉城公约》的有关规定,采取相当审慎的态度,事先加强调查研究,并对东道国的政治主权和经济主权给予应有的尊重③,从而"防患于未然";等等。但是这种局面的出现,显然在很大程度上应当归因于 MIGA 机制本身所蕴含的"南北协作"优点,吸收外资的国家在 MIGA 机制中所具有的"双重身份"(即既是吸收外资的东道国,又是 MIGA 的股东),以及由此产生的对非商业性风险事故的抑制或制约作用④。

可以说,向 MIGA 投保非商业性风险,能够使跨国投资者获得更大的"安全系数"或"安全感"。因此,MIGA 在国际保险业市场中已经获得良好的"商誉",其标志之一是:1994 年,MIGA 曾对已经签约的投保人客户作过一次书面通讯调查,有 96% 的客户在反馈信息中表示:今后如果再有跨国投资需要投保,他们将是再度光顾 MIGA 的"回头客";而且他们将乐意向其他新客户(跨国投资者)推介 MIGA⑤。

为了贯彻促进国际资本向发展中国家跨国流动的宗旨,MIGA 在努力开展为跨国投资承保非商业性风险这一中心业务的同时,还必须按照《汉城公约》第 23 条的规定,采取其他各种措施,提供各种技术性协助和咨询服务,以进一步

---

① 《MIGA1994 年度报告》,第 16 页。
② 《挑战》,第 18 页。
③ p. 940 注①及有关正文。
④ p. 940 注②及有关正文。
⑤ 《MIGA1994 年度报告》,英文版,第 15 页;《挑战》,第 7 页。

改善跨国投资的环境,增加发展中国家对外资的吸引力;消除国际资本向发展中国家流动的各种障碍;在与资本跨国流动有关的国际组织之间、投资者母国与投资项目所在东道国之间,进行各种沟通和协调工作。这里值得一提的是:截至1994年6月30日止,MIGA主办的"政策咨询服务"项目(Policy Advisory Services)以及 MIGA 参与主办的"外国投资咨询服务"项目(Foreign Investment Advisory Service)已协助74个发展中国家成员国增强了它们对外国投资的吸引力,并且为44个发展中国家成员国提供了各种技术性的服务,以吸引更多的国际资本投入这些急需外资的国家①。

MIGA 聘请的专家们在回顾、总结与评估过程中,既充分肯定了这个机构1989年6月至1994年6月这五年间的业绩,也指出了它所存在的问题。其中最主要的问题是:

第一,现金储备和资本储备不足②。作为一个正常运作的保险机构,通常应当拥有足够的原始资金,并从保险费收入中逐年提取足够的"未到期责任准备金"——理赔准备金,切实保证和逐步提高对付风险事故的理赔能力。这样,才能有效地保障投保人的权益,避免或减少投保人的风险损失。为此,保险机构因承保额不断扩大而导致的"或有债务"总额的增加,应当与它的原始资金和理赔准备金两者相加的总额,形成一定的合理比例,借以维持保险业务的健康发展,尽力避免出现"资不抵债"的被动局面。衡之于 MIGA 的现状,近数年来承保业务迅速扩展,"或有债务"总额急剧增加,在这种"营业兴旺"的可喜现象的后面,却蕴含着某种"隐忧":MIGA 的原始资金号称10.82亿美元,但各成员国实缴现金不过其中的10%,即约1.08亿美元,外加同等数额的本票或类似的债券。由于开业不久,MIGA 所提取和积累的理赔准备金也相当有限。但是截至1994年6月底止,MIGA 承保风险事故的"或有债务"最大额已达12.50亿美元之巨,大大超过了《汉城公约》第22条所设定的合理比例和必要限制,降低了 MIGA 对付或有风险的能力。此种情况如不及时改变,一旦发生多发性风险事故,MIGA 就难以维持健康运作和在国际保险市场中的良好商誉。

第二,潜在功能尚未充分发挥③。随着世界经济的发展,有些发展中国家已经具备向外投资的能力,也有向外投资以取得更大经济效益的需要。MIGA 在促使这些发展中国家向急需外资的其他发展中国家直接投注资本方面,尚未充分发挥应有的积极作用。另外,在吸引各国私营保险机构参加跨国投资非商

---

① 《挑战》,第6页;《报告》,第34—36页。
② 参见 p.942 注①引书,第 iv—v、45—46页。
③ 参见同上书,第 vi、47页。

业性风险承保业务方面,还有许多"分保"和"共保"方式可资采用,MIGA在这个领域中的潜在功能,也还有待大力发掘和发挥。

第三,"赞助担保"机制迟迟未予启动①。《汉城公约》第 24 条及附件 I 规定,MIGA 除了开展第 12 条至第 23 条规定的一般担保(保险)业务之外,还可以开展"赞助投资担保"(guarantees of sponsored investments)。这种机制的要点是:(1)任何成员国都可以在认缴 MIGA 定额股金之外,另行出资,为承保某项投资的非商业性风险,提供赞助,从而予以承保,而不问该项投资的业主属于什么国籍。换言之,在"赞助投资担保"机制下,投保人可以不受《汉城公约》第 13 条所规定的国籍条件的限制。(2)为赞助投资担保而额外征集的经费以及因实行此类担保而获得的保险费等收入,应另立账户,称为"赞助信托基金",独立经营,自负盈亏,在经济核算上与 MIGA 无涉。(3)"赞助信托基金"项下的资产与负债,虽与 MIGA 无关,但其整个投保、承保业务的操作,仍须严格遵守 MIGA 厘定的有关规章制度。《汉城公约》设置"赞助投资担保"的目的,旨在尽可能扩大 MIGA 的承保功能,而又不增加 MIGA 整体的财务负荷或风险责任。但是 MIGA 自 1989 年开业以来,历经五年,此种机制尚未正式启动和运用,这也有待改进。

第四,技术性协助和各类咨询服务项目供不应求②。这类项目,在为跨国投资改善法律环境,消除障碍,沟通信息,穿针引线,搭桥铺路,缓解矛盾,增加共识等方面,颇起作用,因而广受欢迎。但 MIGA 因限于经费,"心有余而力不足",未能广泛免费举办;而国民经济低收入的发展中国家成员国又难以自行承担有关费用,因而未能获得急需的此类服务或协助。

针对在全面检查 MIGA 五年运作情况中发现的问题,专家们提出了相应的努力方向、改进建议或解决途径③:

第一,采取各种暂时性、阶段性或长期性的措施,尽快地和有步骤地增加 MIGA 的现金储备和资本储备,一待时机成熟,就要对《汉城公约》中有关股本总额和缴纳股金等规定,作出必要的修订。

第二,优先承保和促进南南合作的投资项目,以鼓励国际资本在发展中国家之间跨国流动。这不但有利于在不同层次的发展中国家之间实现经济发展上的互补互利,也大有助于增加 MIGA 机制在广大发展中国家中的影响力和

---

① 参见波茨(MIGA 高级顾问、经济合作与发展组织开发援助委员会前任主席);《MIGA 第一个五年的回顾和今后的展望》(1994 年 4 月 12 日),华盛顿英文单行本,第 vi、47 页。
② 参见同上书,第 vi—vii、48 页。
③ 参见同上书,第 iv—x、45—49 页;p.955 注⑤引文《挑战》,第 10—11 页。

稳定性。

第三，尽早启动"赞助投资担保"机制，以补充 MIGA 承保能力之不足。在这方面，迄今为止已有人提出若干方案：一是适用于俄罗斯和脱离前苏联而独立的一些国家；一是适用于南美地区诸成员国之间的跨国投资；一是适用于非洲坦桑尼亚特大型电力投资项目。这些方案虽都还有待进一步磋商和加以完善，但确已显示出一种扩大 MIGA 承保能力的正确方向。

第四，尽量运用各种"共保"或"分保"形式，吸收私营保险机构以及各国官办的保险机构，共同承保大型跨国投资项目，以进一步扩大 MIGA 的承保业务和减轻 MIGA 的风险责任。

第五，想方设法，向受益的发达国家政府和多边国际机构征集捐款，为低收入的发展中国家提供它们急需而又无力支付必要费用的各种咨询服务和技术性协助。同时，在发展中国家成员国间组建"投资促进机构"的国际网络或国际协会，开展各种互助活动。

从 MIGA 诞生的历史和运作的现状看，可以说它是"应运而生"和"应运而壮"的。正因为它的诞生和成长，都适应了世界经济发展和"南北合作"的现实需要，而这种势头方兴未艾，因此，在可预见的未来岁月中，它在促进国际资本向发展中国家跨国流动方面，势必具有更广阔的"用武之地"，势必会发挥更大的积极作用。

世界银行集团另一成员国际金融公司进行的一项专题研究成果表明，近十年来跨国直接投资(FDI)流向和流量的发展变化，颇为引人注目：在 20 世纪 80 年代中期，每年流向发展中国家的跨国直接投资的总量仅为 90 亿美元左右；其后，由于世界经济的发展变化，以及许多发展中国家投资环境的改善，这种年流量逐步迅速增长，至 1992 年，扣除了奖金、红利和收益向投资者母国回流的数字之后，当年流向发展中国家的跨国直接投资的净总额已高达 360 亿美元。在发展中国家雨后春笋般出现的新兴产业部门中，外资比重的增长尤为迅速。在 1992 年以前这 5 年间，流向 118 个发展中国家的跨国直接投资，以每年平均递增 23％的比率不断增长，其中 1991 年和 1992 年的年增长率，曾经分别高达 37％和 33％[①]。另据"联合国贸发会议"报告书(1994 年 8 月)的统计，1993 年全球各国对外直接投资总额为 1 950 亿美元，其中约 800 亿美元投入了发展中国家，占总额的 41％，在绝对量和相对量方面，都开创了新的纪录[②]。

---

① 参见 p.942 注①引书，第 45 页；《挑战》第 11 页。
② 见《发展中国家吸收外资达到创纪录水平》，载于《参考消息》1994 年 9 月 6 日第 4 版。

正是在这样的宏观背景下，MIGA专为跨国流入发展中国家的国际资本提供非商业性风险担保的业务，近年来也迅速扩展，日益兴旺发达。可以预期，MIGA这个体现着南北两大类国家经济上互相依存、冲突、妥协和合作的全球性机构，只要沿着严格遵循国际经济法的诸项基本原则[①]的方向继续阔步前进，就必将在国际社会中受到更广泛的欢迎，获得更普遍的器重和信赖。

三、研究多边投资担保机构对于中国的重大现实意义

中国是MIGA的创始成员国之一。在MIGA筹组、建立、运作的全过程中，中国一直给予重视和支持，这是出于中国贯彻改革开放基本国策的战略需要，也是中国积极推动全球南北合作、促进世界经济共同繁荣的重要表现。

认真研究MIGA体制的历史、现状和发展前景，有利于积极、正确地利用这种机制，促进中国的社会主义经济建设。

深入研究MIGA机制，对于中国具有重大的现实意义。具体说来，至少有以下几个主要方面。

（一）有利于扩大吸收外资

深入研究MIGA机制，增进对此种机制的了解和掌握，有利于中国进一步与MIGA这个全球性跨国投资保险机构密切协作，使后者得以为更多的对华投资项目提供风险担保，以便进一步改善外商在中国投资的法律环境，增强对外资的法律保障，减轻或解除外商的思想顾虑，从而吸引更多的外资流入中国。

1979年中国奉行改革、开放基本国策以来，由于保护、鼓励和管理外资的立法渐趋健全，加以政局稳定，市场广阔，机遇众多，导致外商对华投资兴趣与日俱增。据有关部门统计，截至1995年底止，17年来中国实际使用外商直接投资金额共计1 354亿美元。在此期间内，吸引外资的规模，呈现逐年加速扩大的趋向。例如，仅1991年至1994年这4年间，外商对华直接投资实际金额为766.6亿美元，其中1993年实际投入中国的外资即高达275亿美元，约占当年全球投入发展中国家外资总额800亿美元的34.3%，居发展中国家吸收外

[①] 根据《建立国际经济新秩序宣言》、《各国经济权利和义务宪章》等基本文献，国际经济法的基本原则可大体归纳为尊重经济主权、贯彻公平互利、实行全球合作、恪遵有约必守等。参见陈安主编：《国际经济法学》，北京大学出版社1994年版，第2章；2001年第2版，第2章；2004年第3版，第2章。

资的首位;1994年投入中国的外资进一步增加到337.87亿美元。而1995年第一季度所吸收的外资竟高达146亿美元。如果按这个势头发展下去,1995年投入中国的外资,又将大幅度超过1994年[①]。

另一方面,据来自MIGA总部的信息:MIGA与对华投资外商订立的第一份投资保险合同,正式签发于1993年。两年来,进展迅速,迄1995年6月,MIGA已为在华外资项目签发13份保险合同,其承保总额累计近1亿美元;投资部门包括产品制造业、农工综合企业、制药业、渔业、能源、丝织业、灯具业等。此外,另有近100项的对华跨国投资已向MIGA申请投保并已正式登记在案,其投保总金额可达10亿美元以上。申请投保的对华投资者分别来自比利时、加拿大、法国、德国、意大利、韩国、挪威、瑞士、美国和英国;投资项目涉及农工综合企业、建筑业、石油开发业、制造业以及基础工业等[②]。

综合以上两个方面的信息,不难看出:第一,MIGA在国际社会的对华投资界中开展承保业务的"用武之地",十分广阔,大有可为;第二,中国如能在进一步了解和掌握MIGA机制的基础上,与MIGA进一步协作,促使MIGA与申请投保的各国对华投资者签订投资担保(保险)合同,积极地为他们承保非商业性风险,就势必会使他们进一步消减顾虑,增强对华投资的"安全感"和信心,从而促使更大量的外资源源流入中国。

(二) 有利于扩大向外投资

在开放性的经济环境中,资本的流动应是双向的,既有输入,也有输出。发展中国家虽然资金薄弱,总体技术水平较低,但这并不意味着发展中国家就无须或不能向国外投资。通过向国外投资,可以带动本国产品出口;学习外国的先进技术和管理经验;开辟从国外获取短缺资源的新渠道,并且减少中间环节,降低成本,提高经济效益。发展中国家虽然在经济、技术的整体水平上远逊于发达国家,但完全可以利用某一行业、某一区位的相对优势,集中资金,到发达国家或到别的发展中国家进行投资。事实上,许多发展中国家,如印度、科威特、巴西、阿根廷等,早已有多年的对外投资经验;而且发展中国家对外投资总

---

① 参见《我国利用外资稳步增长》,载于《国际商报》1995年2月11日;《"八五"期间利用外资比"七五"增长两倍多》,载于《人民日报》(海外版)1995年7月24日第1版;《发展中国家吸收外资达创纪录水平》、《德报说中国投资环境竞争加剧》,分别载于《参考消息》1994年9月6日第4版、1995年7月25日第8版。

② 参见MIGA总部法律部首席顾问罗林·威森费尔德先生致陈安教授函(1994年9月9日,1995年4月10日,1995年5月26日)以及他所撰写的辑为p.930注①所引陈安主编:《MIGA与中国:多边投资担保机构述评》第12章的专题论文:《多边投资担保机构与中国的协作及其潜在功能》。

额的绝对量和相对量均呈现日益增长的趋势。例如，根据有关专家的统计，在1980年，发展中国家拥有的国外直接投资在全球对外直接投资总额中的比重仅为1.5%，至90年代初，这个比重已逐步上升至约4%①。

中国自1979年实行改革、开放国策以来，在向国外、境外投资方面进行了积极的开拓，取得了可喜的进展。据统计，截至1992年止，中国的各类企业已纷纷走出国门，在遍布全球的120多个国家和地区中，开办了4 000多家合资、独资和合作企业，国外投资总额达18.5亿美元。至1995年7月间，中国各公司在国外投资又有大幅度增长，其总金额已达53.27亿美元。此外，截至1994年4月止，单在我国香港一地的我国内地公司投资即高达200亿美元左右，超过美国人和日本人在我国香港投资的总和。向外投资的范围主要是开发林业、矿业、渔业等方面的国外资源，并积极经营产品制造、加工装配、工程承包、交通运输、金融信贷、房地产、进出口贸易、百货商店、旅游餐馆、咨询服务等诸多行业。其投资方式，多为国外贷款以现汇投入，或以中国的技术、设备和材料等作价投资②。这些境外企业对于中国充分利用国外资源、资金、技术、管理经验和各类信息，扩大中国对外经济交流和进出口贸易，促进国内经济的发展，都起到了积极的作用。但从总体上说来，中国的向外投资事业还只处在起步阶段。这方面的实践经验相当不足，因此对这些境外企业暂时还缺乏一套行之有效的管理体制和比较健全的法律保护体制。

但是，众所周知，中国的境外投资在当地并非不可能遇到各种政治风险(即战争和暴乱、政府征用、限制汇兑等非商业性风险)。针对此类风险，如何实行保险或加以保证，中国目前尚无专设的法律体制。国务院1985年颁行的《保险企业管理暂行规定》授权中国人民保险公司经营有关国有企业、外资企业、中外合资企业的各种保险业务，该公司据此颁布了《外国投资保险(政治风险)条例》，对外商在华投资的非商业性风险提供了法律上和经济上的保障，但对中国法人或自然人在境外投资的同类风险，则缺乏明确规定。1995年10月1日开始施行的《中华人民共和国保险法》，在其有关"财产保险合同"的法律条文中，也未设有针对跨国投资的非商业性风险实行保险的专门规定。但是，既然国务

---

① 参见戈尼克：《国际直接投资的最新趋势》，中译文载于《国际经济》1993年第3期。
② 参见《中国境外企业逾四千家》；《上海一批企业参与国际竞争》；《中冶公司在国际市场露头角》；《长江三角洲拓展外向型经济，跨出国门进入更高发展阶段》；《首钢买下秘鲁最大铁矿，迈向一流跨国企业》；《中国在境外投资超过五十亿美元》；分别载于《人民日报》(海外版)1993年2月25日第1版；1992年4月12日第2版、8月8日第2版、8月20日第1版、11月11日第2版、1995年7月29日第1版。另参见法国《费加罗报》文章摘要：《中国是世界经济的"氧气瓶"》，载于《参考消息》1994年4月13日第8版。

院颁行的上述法规已经授权中国人民保险公司经营有关国有企业和"三资"企业的"各种保险业务",则这些企业在中国境外的投资所可能遇到的各类非商业性风险,在逻辑上和法理上均应属于可以向该公司投保与该公司可以承保之列。只要投保人与承保人双方自愿按照上述政治风险保险条例的规定订立保险合同,当可使中国各类企业在境外的投资获得同样的法律上和经济上的保护和保证。可以预期:随着中国企业在境外投资活动的进一步拓展,中国将会借鉴和总结国际和国内的实际经验,通过有关立法,逐步建立起保护本国境外投资免受非商业性风险损害的法律体制。

与此同时,在针对境外华资可能遇到的各种非商业性风险事故提供保险方面,中国完全可以、而且应当实行"两条腿走路"的方针:一方面,尽早健全有关的国内立法,建立起专门保护本国对外投资免受境外非商业性风险损害的法律体制;另一方面,充分利用现有的、全球性的 MIGA 保险机制,来保护不断注入许多发展中国家的中国投资。经过 MIGA 承保的跨国投资,其对于东道国的法律约束力、"避险效果"和"安全系数",均超过任何单一国家政府主办的任何保险机构[①]。可见,中国为了确保日益增多的境外华资的"政治安全"和合法权益,并进一步扩大对外投资,取得更大经济效益和社会效益,则充分利用 MIGA 机制是必不可少的,因而深入研究、充分了解和熟练掌握这种机制,也是十分必要的。

(三) 有利于扩大吸收我国港、澳、台地区的投资

由于众所周知的历史原因和现实需要,在当前的经贸实践中,我国的港、澳、台同胞注入祖国大陆的投资以及有关的投资活动,均比照外国投资,享有基本相同的法律地位和法律待遇。

来自中国境外的此类投资,其非商业性风险的投保与承保问题,或则尚未妥当解决,或则在不久的将来会遇到新的"适格"问题,值得及时探讨。

以当前的香港和澳门而言,它们分别隶属英国、葡萄牙管辖,这是当年殖民主义肆虐和不平等条约造成的历史恶果。在当前阶段,祖国内地来自港、澳的投资,自可分别选择适用英国或葡萄牙现行的海外投资保险体制,或者适用 MIGA 现行的一般保险体制,以取得投资者所需的保险。但是随着社会主义新中国的独立自强和对百余年国耻的彻底洗雪,香港和澳门分别于 1997 年和 1999 年回归祖国怀抱,港澳同胞以及来自港澳的投资的法律地位,也将发生相

---

① 参见本文第一部分;p. 940 注②、p. 958 注②及有关正文。

应的变化。换言之,香港和澳门回归之后投资的港澳同胞或港澳法人,都正式具有中华人民共和国的国籍,因此,他(它)们势必不能再选择适用英国或葡萄牙的现行海外投资保险体制;与此同时,按照《汉城公约》第 13 条(a)款的规定,既然他(它)们届时都不再具有投资项目所在"东道国以外另一成员国国民"或"另一成员国法人"的法律身份,也就不能作为一般的适格投资者,向 MIGA 投保。

但是,鉴于《汉城公约》第 13 条(c)款另有关于东道国政府和东道国自然人或法人可以联合向 MIGA 申请投保的特别规定,第 24 条及附件 I 又另有关于成员国可以自筹资金在 MIGA 机制内举办"赞助投资担保"的特别规定,中国政府只要根据这些特别规定的基本原则,与 MIGA 充分协作,作出具体的灵活安排,就不难使那些愿意向祖国内地投资、却不愿向祖国内地官办保险公司投保的港澳投资者,可以向 MIGA 申请投保,获得 MIGA 机制在法律上和经济上的保障,从而消除顾虑,放心地向内地投资。

至于台商在祖国大陆投资的保险问题,目前面临着比港澳投资者在祖国内地投资的保险复杂得多的困难和障碍:

第一,由于海峡两岸长期隔绝形成的思想疑虑和祖国大陆现行保险机制尚欠完善,对祖国大陆实行投资的台商强烈希望获得投资保险却又往往不愿向祖国大陆的保险机构投保。

第二,台湾当局现行的"大陆政策"又设置重重障碍,不允许向祖国大陆投资的台商利用台湾现行的"海外投资保险"机制,获得避免各种非商业性风险事故损失的保险。

第三,即使是以海峡两岸以外第三地公司身份对祖国大陆实行迂回"间接"投资的台商,也由于该第三地官办投资保险机构(例如美国的 OPIC)的狭隘性和歧视性政策,无法获得这些机构的承保。

第四,台湾方面多次提议签订的包含投资保险条款的《台商大陆投资权益保障协议》,因涉及一系列政治敏感问题,短期内显然无法实现。即使假以若干时日,两岸的"海协会"和"海基会"终于签订了上述协议,其法律地位也只是民间性的协议,它本身并非法律或法规,不能直接成为对祖国大陆投资的台商向两岸保险机构申请投保的法律依据。

于是,希望获得强有力的投资保险的台商,就可能一直处在"投保无门"的窘境,从而影响他们向祖国大陆进一步投资的积极性和自信心。

但是,《汉城公约》关于"联合申请投保"和"赞助投资担保"等特别规定,如果运用得当,却不失为台商摆脱上述窘境的良好出路。换言之,深入研究、充分了解和熟练掌握 MIGA 机制,并在此基础上与 MIGA 进一步协作,作出灵活和切实的具体安排,就不难扫除上述困难和障碍,使台商如愿以偿地获得强有力的投资保险,从而激励他们更加放心、更加放胆、更加放手地向祖国大陆投资,以实现两岸的共同繁荣和中华民族的全面振兴。

(四) 有利于促进全球合作,建立国际经济新秩序

从全球宏观上说来,MIGA 机制是南北矛盾和南北合作的产物,又是进一步缓冲和减少南北矛盾、增强南北合作和南南合作的重要杠杆。中国作为全球最大的发展中国家,历来以贯彻公平互利原则,促进全球合作,改造国际经济旧秩序,建立国际经济新秩序,作为自己不可推卸的国际责任,作为自己对外政策的重要基石。只有深入研究 MIGA 机制,充分了解和熟练掌握这种机制,才能正确运用这个有力的杠杆,在国际投资领域,进一步推动全球的南北合作和南南合作,加速国际经济秩序除旧布新和新旧更替的历史进程。

[附录]

十五年来多边投资担保机构的涉华实践

(1990—2004)*

一、引　言

20 世纪 80 年代是全球政治和经济发生革命性变化的前奏。这种变化为外国直接投资创造了良好的环境,并为外国投资者带来了巨大的商机。中央计划经济体制的没落、新兴市场国家法制改革的起步以及国有企业的私有化,这些都对发展中国家产生了重大的影响。例如,随着世界进入后冷战时期,并伴随着东欧国家和前苏联政治经济哲学的转变,又有二十多个新国家为潜在的私

---

* 本附录原题为《多边投资担保机构的十五年发展历程》(MIGA After Fifteen Years),由"多边投资担保机构"(MIGA)首席法律顾问劳伦·S·威森费尔德先生(Lorin S. Weisenfeld)撰写,厦门大学法学院徐崇利教授翻译,原发表于陈安主编《国际经济法学刊》第 9 卷,北京大学出版社 2004 年版,全文约 5 万字。其中部分内容论述了 1990—2004 年期间 MIGA 在中国开展跨国投资担保活动的有关情况,有助于读者进一步了解 MIGA 体制在中国的实际运作。经征得作者、译者惠允,兹摘取其中部分涉华论述,加以适当整理,约 2.4 万字,附录于此,以飨读者。谨此向原作者和译者致谢。

人投资敞开了国门。

这些转变引发了作为新兴市场的发展中国家在吸引外资方面的激烈竞争。在数十个这样的国家中,外国投资越来越被认为是推动国有企业私有化的一个急需的资金来源渠道。此外,这些国家需要创造就业机会和引进现代技术,从而为私人投资者在这些新千年兴起的市场拓展业务,开辟了广阔的前景。

外资的流入重新受到许多国家的青睐,因为这些国家的政府已经认识到,外国资本是它们进行筹资和减少政府财政赤字的一种有效途径。在大多数情形下,外资也将给东道国带来先进的技术诀窍和就业市场的扩大。显然,发展中国家能从日益增长的投资流入中获益,即外国投资可促进这些国家顺利、成功地向现代经济转型。

在过去十年里,外国私人资本之所以浪潮般地涌向中国,有多种原因。其中使中国成为外国私人资本一个主要栖息地的最重要的因素是,中国在20世纪90年代经济增长迅猛,国内市场巨大,相对于其他亚洲国家,劳动力成本低,以及始终强调以市场为导向的改革。反过来,大量外国资本的流入,也增强了中国产业发展的动力。

世界经济的这些发展已为中国带来了许多有益的项目,且激发了有远见的外国投资者在华投资的兴趣。然而,就像诸多发展中国家那样,中国在为潜在的外国投资提供诱人商机的同时,外国商人也不免担忧在此类国家投资的风险。

二、MIGA在中国的业务活动

中国是首批加入MIGA的国家之一,于1988年4月成为该机构的成员国。尽管如此,但直到加入5年之后,MIGA才对在中国的投资发放第一笔担保。这种发放担保的滞后性,引发了一些观察家对中国能否利用MIGA机制的疑虑,乃至怀疑MIGA基于政治化的考虑有意阻却在中国发挥作用。

然而,自1993年MIGA对进入中国的投资签发第一个担保合同之后,形势有了非常快的变化。从1993年到1999年间,MIGA共与在华外商签订了37份担保合同。这些合同涉及28个不同的项目,MIGA累计承担的最高保额超过2.5亿美元。到上一个十年期末,MIGA在中国签发的担保合同数高于任何其他国家。MIGA在中国的承保额从零跃升至占其全部担保数额的约3%。到2000年,只有7个其他国家获得的总担保额超过中国。

然而,来得快去得也快,在华外商对MIGA担保的需求也下降得突然,让人始料不及。虽然中国现仍有不少大型的石油和天然气输送管道项目以及数量颇多的其他项目,但是,除 1999 年与 2003 年分别对两个大型基础设施签发的担保合同之外,在 1999 年至 2003 年间,MIGA 未对在华外资发放一笔担保。在这 4 年间,在华外商对 MIGA 担保需求的下降,个中原因比较复杂。1997 年始于泰国的金融危机席卷亚洲的其他国家,这明显地对该地区的投资气候产生了不良的影响。特别是在临近上一个十年期结束之际,亚洲地区的主要经济体仍处在动荡之中,日本经济继续萎缩。美国网络经济泡沫的破裂,连同对纽约和华盛顿的"9·11 恐怖袭击",加剧了发展中国家投资气候的不稳定性。在新千年莅临之初,MIGA 担保业务总体上开局不旺。

在过去的四五年里,发生的这些事件对外国投资流动产生了负面影响,这是毋庸置疑的。然而,尽管如此,中国的经济增长却一直非常强劲。中国的经济增长率虽从超过 13% 的高位回落到了 7%~8% 的区间,但中国的年经济增长及其吸收外资的能力,仍在世界上处于领先地位。由此,中国外部不利的宏观经济发展趋势,只能部分解释在华外商新千年时对 MIGA 担保需求下降的原因。

其余的原因恐怕只能从积极的方面去寻找。随着中国的发展,外资流入的数量年复一年地创记录,且投资纠纷极少。于是,似乎有了这样的可能,许多在华外商认为中国的政治风险水平已低于他们当初的想象。在投资业界,也出现了不少非正式的此类报告。由此,可能是由于在华外商越来越认为没有必要投保这一简单的原因,在中国,对 MIGA 的担保需求就跌了下来。

从 1993 年至今,MIGA 担保的在华外资涉及范围广泛的经济活动,包括制造业、电力生产、农业和金融业等项目。这些投资来自诸多资本输出国,其贡献之处在于,促进了中国的经济发展与经济增长,创造了可观的出口水平,带来了数以千计新的工作岗位,为工人提供了技能培训,以及刺激了中国国内供应的增长。

MIGA 在中国的第一份担保合同是于 1993 年与美国的 Non-Fluid Oil International 公司签订的,为该公司在山东烟台的一家合营企业中的股权投资提供担保。该合营企业的中方为烟台市政府所属的烟台玻璃厂。该合营企业生产玻璃模具润滑油以及其他专用的润滑油,供当地厂商使用。该合营企业生产的产品,其质量完全可与以往进口的同类产品相媲美。

1994 年,MIGA 对在中国的外商投资项目共发放了 3 笔担保。第一笔发放给一家大型的美国化学公司——American Cyanimide Company 公司,为该公司在一家制药厂的投资提供担保。American Cyanimide Company 公司投资 700 万美元,与苏州市第六制药厂(系国有企业)合资设立了一家双方股比为

50∶50 的合营企业，生产的药品用于满足中国国内需要。该企业运用先进的技术生产高质量的药品，销往中国国内无法供应此类药品的地区。该企业的大部分原材料从当地采购。

同年，MIGA 向美国 Continental Enterprises Limited 公司的子公司——美国 Continental Grain Company 公司签发了两份担保合同，为该公司在中国投资的农业综合经营项目提供了 440 万美元的征收险和战乱险担保。这家名为"Wuhan Conti"家禽饲养场的合营企业，由 Continental Grain Company 公司与中国一家国有企业合资建设和经营。该企业生产的受精禽蛋就近出售给 Continental Grain Company 公司全资拥有的种禽厂。

1995 年，MIGA 在中国共签发了 7 项担保合同，担保额累计达 6 800 万美元。Sika Silk Co.,Ltd 公司系由来自中国、意大利、韩国和美国的六家公司在四川省联合举办的中外合营企业，MIGA 向该合营企业的外方——美国 Pepsico,Inc. 公司、意大利的 Ratti Technologies S. r. L 公司和韩国的 Shinwa Textile Co.,Ltd 公司提供了担保，承保其股权投资的货币转移险、征收险和战乱险。Ratti Technologies S. r. L 公司和 Shinwa Textile Co.,Ltd 公司均为世界著名的生产和加工丝绸的专业厂商，它们为项目提供了工程、技术、营销和管理方面的生产要素。通过设立该合营企业，四川省引进了先进的丝绸生产设备，工人被派往 Ratti Technologies S. r. L 公司位于意大利科莫市的最先进的丝绸加工厂进行培训。

Catalina Lighting,Inc. 公司是美国高级照明装置的供应商，投资收购和扩建中国的一家电力产品公司。就该项投资，MIGA 与其签订了承保征收险和战乱险的担保合同。该公司对繁荣当地经济具有重要意义，原材料大部分从中国国内采购。

China Capital Development Corporation 公司在中国投资设厂生产铜制工业品，获得了 MIGA 征收险的担保。该项目企业是 China Capital Development Corporation 公司与中国一家国有公司合资成立的合营企业，生产半导体脱氧铜制品，包括用于制造发动机和通讯设备的连杆、电线和电缆等。

美国 Honeywell 公司与中国 Sinopec 集团公司联合举办了一家合营企业。就对该合营企业的股权投资，Honeywell 公司获得了 MIGA 征收险和战乱险的担保。该项目企业出售、安装和支持各种管理和控制系统，此类系统旨在改进制造业厂家的生产和提高效率，特别是以石油和化工工业的厂家为服务对象。

MIGA 向美国 Ingersoll Rand Co. 公司的一家全资子公司在华投资提供了

限制转移险、征收险和战乱险的担保。该公司与中国国有的 Oil & Feed Machinery Head Co. 总公司合资开办了一家合营企业,从事动物饲料生产设备的装配、制造和销售,约 20% 的产品供出口。

一家美国机械设备制造商——Sunnen Products Co. 公司与中国两家国有企业合资创办了一家合营企业。就 Sunnen Products Co. 公司在该合营企业中的投资,MIGA 提供了征收险和战乱险的担保。

Citibank N. A.(花旗银行)是美国的大银行。就该行在中国投资设立分支机构的资本金,获得了 MIGA 货币转移险和征收险的担保。Citibank N. A. 银行将这些投资用于扩大其在上海和深圳的分支机构和新分支机构的建立。

1996 年,MIGA 对在中国的项目发放了 3 项投资担保。就其股权投资、股东贷款和贷款担保,瑞士 Andre & Cie. 公司获得了 MIGA 货币转移险、征收险和战乱险的担保。该公司与江西 Xinjian Foreign Economic Relations & Trade Corporation 公司合资设立了一个农业综合经营企业,其经营范围包括榨油、食用油的精制,以及在江西境内销售谷物种子和食用油副产品。该企业也开展研究工作,意在开发与植物种子有关的新产品,并希望缓解江西省食用油和相关产品长期供应不足的矛盾。该项目首次在当地生产精制食用油,所有的投入和生产所需的设备,均从中国国内采购。

荷兰 Atlantic Commercial Finance, B. V. 公司是前些年陷入严重危机的美国大型跨国公司——安然公司的全资子公司。MIGA 对该公司的股权投资发放了 1 670 万美元的货币转移险、征收险和战乱险的担保。该项目是一座 159 兆瓦的组合交流电柴油机电厂,位于中国海南岛东部,属中等负荷,专门用于解决海南省的供电紧张问题。应客户要求,这一新电厂旨在自动调节用电需求的波动,有助于消除断电现象以及使供电和用电相匹配。该项目的发电量约占当时海南省电站装机总容量的 13%,对促进当地的经济发展具有重要的意义。该电厂还采取各种措施使自己符合世界银行环境指南的要求。

ING Bank N. V. 银行获得了 MIGA 货币转移险、征收险和战乱险的担保,承保对象为该公司对 Sika Silk Company Ltd. 的贷款。如前所述,Sika Silk Company Ltd. 公司系一家由来自中国、意大利、韩国和美国投资者联合举办的合营企业。该项目外方的股权投资已在 1995 年得到了 MIGA 的承保。

1997 年,MIGA 在华共发放了 3 810 万美元的投资担保。Coastal Wuxi Power Ltd. 公司是当时美国 Coastal Corporation 公司的全资子公司,其股权投资和贷款获得了 MIGA 限制转移险、征收险和战乱险的担保。该项目是美国 Coastal Wuxi Power Ltd. 公司与两家中国国有电力公司联合举办的合营企业,建设和运营位于江苏省的 40 兆瓦涡轮燃气电厂。该电厂设计用于缓解用电高峰时期无锡市商业用电的缺口。

Purolite International Ltd. 公司是一家英国公司,其投资对象为位于杭州的一家离子交换树脂制造企业的现代化和扩建项目。MIGA 向该公司的股权投资发放了 1 410 万美元的限制转移险、征收险和战乱险的担保。该企业生产的产品用于水处理和食品加工,70% 的产品在中国境内销售,可满足当地对离子交换产品年需求量的 1/4。其余产品出口给亚洲其他国家的用户使用。该企业可为当地创造约 300 个就业岗位。

美国 Kimberly Clark Corporation 公司在北京投资生产和销售个人保健品。就该公司在合营企业中的股权投资,MIGA 提供了 8 500 万美元的限制转移险、征收险和战乱险的担保。该合营企业由 Kimberly Clark Corporation 公司与中国国有的 Beijing Economic Technological Investment & Development Corporation 公司合资包办,雇用的当地工人超过 100 人,并提供销售、管理和使用新技术生产高质量个人保健品方面的培训。60% 的原材料来自当地,对当地的包装、分销和广告业的发展都有积极的促进作用。

德国 BWF Unternehmensbeteiligungen GmbH 公司是生产和经营针式过滤毡的企业,其股权和贷款投资得到了 MIGA 征收险和战乱险的担保。该项目企业坐落于江苏省境内,是 BWF Unternehmensbeteiligungen GmbH 公司与西山市的一家当地制造商联合创办的合营企业。该公司的投资带来了制造和销售针式过滤毡的先进技术和专有技术。该合营企业从当地采购原材料,中国国内公司可从中受益。项目创造了 130 个新的工作岗位,并提供生产流程、质量控制和设备维修方面的培训。年出口额超过 60 万美元。

1998 年,MIGA 对在华外商发放的担保额达 5 000 万美元。Andre & Cie. 公司再次获得了担保。这次 MIGA 承保的是法国 Banque Nationale de Paris 公司向 Andre & Cie. 公司提供的贷款担保的政治风险,该贷款属于对位于江苏省的一家农业综合经营企业提供的融资。

上述美国 Coastal Corporation 公司就其在中国的投资又获得了第二份担保合同。MIGA 向该公司的全资子公司——Coastal Suzhou Power, Ltd. 公司的投资发放了限制转移险、征收险和战乱险的担保。Coastal Corporation 公司在苏州建设和营运一座 76 兆瓦的简单交流电涡轮燃气电厂。该项目设计用途是缓解苏州市市区电力短缺的问题,并改善电力供应的可靠性。这些发电设备取代了临时的燃油和燃煤锅炉,这样就降低了煤炭的消耗,对节约能源和减少对环境的危害做出了贡献。该项目还在毗邻区域修设了一条新公路、一个码头和一条连接当地高压输电网的变电线路。

Harris Advanced Technology(Malaysia)Sdn. Bhd 公司是美国 Harris Corporation 公司的全资子公司,获得了 MIGA 提供的 3 060 万美元的限制转移险、征收险和战乱险的担保。担保的对象为该公司对在中国的一个半导体制造和测试工厂的投资。该厂位于苏州市经济技术开发区,生产多种先进的电子元器件,以满足中国对电子产品不断增长的需求。该项目共创造了 1 300 个工作岗位,并带来了不菲的出口收入。

1999 年,MIGA 对在华的 5 个项目发放了担保,保额累计达 5 050 万美元。Coastal Corporation 公司在江苏省的两个电力项目新投资得到了担保。Coastal Nanjing Power Ltd. 公司在南京市投资建设涡轮燃气柴油电厂,投保 2 070 万美元的限制转移险、征收险和战乱险。该项目有助于缓解南京市因经济快速增长和电力装机容量有限所带来的电力严重短缺状况。

Coastal Guzu Heat and Power Ltd. 公司也是 Coastal Corporation 公司的子公司,在苏州市投资 1 080 万美元建设和营运一座 24 兆瓦的组合交流电涡轮燃气电厂,得到了 MIGA 签发的保单。该电厂旨在缓解苏州市城区电力短缺状况,并改善苏州市电力供应的稳定性。该电厂与其他两个电厂一起营运,并利用废弃的热能增加发电量。

德国 BWF Unternehmensbeteiligungen GmbH 公司对在江苏省境内的一家针式过滤毡制造厂进行了 370 万美元的股权和贷款投资。该投资得到了 MIGA 第二份征收险和战乱险的担保。该厂生产和销售的专用聚酯纤维过滤针用于工业粉尘的压缩和废气的净化,产量占到中国生产的针式过滤毡的近 50%,并大量用于出口。对该厂的所有供应和生产所需的主要原材料,均从当地供应商采购。

Interface Overseas Holding Inc. 公司获得了 MIGA 提供的 950 万美元的限制转移险、征收险和战乱险的担保,担保该公司对 Shanghai Interface Carpet Co. Ltd 公司的股权和贷款投资。该项目建设和营运的工厂为当地市场生产和销售毯制高顶硬帽。

德国 Schmalbach-Lubeca AG 公司的股权投资得到了 MIGA 发放的 580 万美元的担保。该投资生产和销售的产品为真空包装袋以及用于食品和饮料罐的包装设备。这些产品通过提高食品罐密封设备的质量来改善食品安全状况。真空包装袋用于保存易腐烂的产品。该项目将制造真空包装袋的设备租赁给当地的中国公司。Schmalbach-Lubeca AG 公司还为中国的客户提供技术和售后服务。当地雇员能得到制造、测试和分销高质量食品包装产品的现场培训。该项目还建立了一个包括医疗、住房、意外保险以及其他受益基金在内的社会福利计划。项目生产所需的原材料采自当地。

从接受咨询和收到初步担保申请、正式担保申请的数量来判断，2003财政年度，在华外商对MIGA担保的需求有所增加。也许是巧合，许多需求来自供水行业。数个不同合同的承保工作正在进行之中，在2004财政年度之初，MIGA已向供水行业的外国投资者签发了两份保单。

在这两份担保合同中，最具经济意义的一份是与一家老牌的法国供水系统运营商——Compagnie Cénérale des Eaux公司签订的，其保护对象是该公司用以收购上海市浦东自来水公司50%股份的投资。这2.45亿美元的股权投资实际上是投在了供水设施的私有化项目。在该家为上海浦东地区提供饮用水的新合营企业中，公众持股的浦东水资源管理和开发公司仍占50%的股权。MIGA向投资者发放了总保额为1亿美元的征收险担保。随后，其中30%的担保风险额通过合作担保计划机制，又以辛迪加的方式分保给私人保险市场。

此外，在2004财政年度，新加坡的Darco Environmental公司得到了MIGA发放的7 900万美元的限制转移险、征收险和战乱险的担保。被担保的股权投资投向一个位于浙江省的水处理厂。该厂将提供工业和居民用水。该投资由新加坡投资者设在香港的子公司投入。

另有两个供水项目的承保工作正在进行之中。这两个中型项目均在中国的南方。因交易的复杂性，在2005财政年度之前，这些担保合同恐难定板。此外，未决的正式担保申请涉及制造业、电力和城市垃圾焚化等项目的投资。这些项目的举办人希望得到MIGA 3亿多美元的担保。

除了承保工作已取得进展的这些项目之外，MIGA还通过自己的渠道收到了关于在华投资的约140项初步担保申请。这些项目来自人们想象到的各个行业，从传统的制造业和基础设施项目，到旅游、采矿和多种服务业。这些项目相当大一部分的投资者来自美国。

在中国发生的撤销担保合同的情形，已为MIGA所注意。近年来，在经济转型取得实质进展的其他较大的发展中国家，已有此类情形的出现。在过去的3年里，在华被担保人撤销合同的就有10个。这些投资者进言MIGA，他们在中国的项目受到政治风险干扰的概率非常之低，无需继续维持担保。除一个项目之外，其他所有的此类项目都属传统制造业的投资，且大部分投在中国的东部沿海地区。这些企业作出不再继续购买担保的决定与MIGA已注意到的在华制造业外商对担保需求的放慢有一定的关联。倘若MIGA在去年粗略观察到的该现象代表着一种发展趋势已经发端的话，那么，这就有力地证明了中国成功地为外商创造了一个使之有信心和稳定的经济环境。

三、MIGA 的理赔经历

无论是与公营的保险机构,还是与私营的保险机构相比,MIGA 在过去 15 年的经营过程中,应该说是特别幸运的:自其建立以来,MIGA 只支付了一起索赔案。

自 1998 年以来,出现了二十几起事件。就它们在一些东道国碰到的问题,被担保的投资者向 MIGA 进行了通报。假如 MIGA 未及时介入,可能已经导致一些保单项下索赔请求的出现。在其中的 5 起事件中,正式的索赔请求最终被提起。MIGA 对这些索赔案中的一起(针对在印度尼西亚的一项投资)于 2000 年支付了赔偿;2002 年拒付了另一起有关印度尼西亚的索赔案;第三起索赔案与在阿根廷的一项投资有关,现正在磋商之中。在 2003 年提起的两起索赔案,也都是针对在阿根廷的投资。因被担保人不再坚持索赔的请求,可推定它们已放弃了这一权利。

对于这二十几个案件中的每一个,为了在事态未进一步恶化之前努力解决纠纷,MIGA 在被担保的投资者告知 MIGA 已与东道国政府出现严重的纠纷之时,就立即与资本输入国当局进行磋商。就大多数事件而言,除了那些后来发展成索赔和出自阿根廷的那些事件之外,其余的纠纷都花费不长的几个月时间就得到了成功的解决。

有关在阿根廷投资的担保合同纠纷,相对来说,未得到及时的解决。这些纠纷不是投资者与东道国政府之间发生的传统型的冲突,而是因为阿根廷制定的立法对投资者造成了负面的影响,这些立法本身又是该国在上一个十年期之初经济陷入困境的产物。为了应对该国历史上最严重的经济危机,阿根廷颁布了一系列的立法。在一些外国投资者看来,这些立法改变了 MIGA 所担保的那些投资的"游戏规则"。因为这些被指控的阿根廷法律和法令是为了从整体上最终改善经济状况而制定的普遍适用的规范,虽然阿根廷政府已经非常努力地与 MIGA 进行合作,以寻求一个两全之策:既不损害这些立法所要达到的经济目的,又能将被担保投资者权利受损的程度降至最低。然而,事实证明,这需要花费相当长的时间。

MIGA 现行的格式担保合同第 27.1 条第 e 款规定,一旦遇有"任何会引起或实质性地增加一项损失可能性的事件或情形",投资者有义务立即通知 MIGA。规定这一条款的目的是要让 MIGA 尽早知悉正处于萌芽状态的问题。从理论上讲,与已经恶化数月之久并成为当地一起闻名遐迩的案件纠纷相比,一起刚刚出现的纠纷更容易解决。MIGA 是一个具有中立地位的发展性国际组织,并归其成员国所有。MIGA 的创始者预料到,在处理涉及被担保人的一起纠纷时,这样的双重因素共同起作用的结果,使得该机构具有了实质性的影响力。事实已经证明如此。

自 1998 年以来,由被担保投资者告之 MIGA 的潜在索赔情形为数很少。与之对比,在同一时期,据报告,各大国家投资保险机构已支付了数起索赔案。鉴此,人们必然会问,MIGA 在交易中的地位本质上是否已经成为一种"疫苗";亦即,就其他投资者在相同情形下碰到的一系列困难,MIGA 可为向自己担保的投资者筑成一道防护网。没有具体的证据支持这种猜想;但是,在对一项由世界银行集团成员之一承保的投资进行干预之前,大多数发展中国家会三思而后行。作这样的假设并非不尽合理。

此外,MIGA 出色的理赔记录应被视为该机构高质量的承保工作的体现。与国际投资保险市场上的一些保险机构相比,MIGA 既不是一个业务量很大的保险人,也不是一个签发保单的最快者。相反,它是按照项目对东道国发展所产生的积极影响的程度,审慎地选择担保的项目;而对于那些经济、金融或环境风险超过 MIGA 可接受水平的项目,MIGA 会认真考虑那些不予承保的建议。似可断定的是,MIGA 担保项目的成功至少部分来自其在承保工作中一丝不苟的态度。

最后,实践证明,在有关索赔案的谈判过程中,MIGA 的应对方法是非常有效的。尽管其机构规模小,但是,对那些自己已在当地开展业务的国家,MIGA 努力与这些国家的政府官员保持联系。MIGA 拥有多种文化背景的职员,他们遴选自约 50 个成员国,精通外语。这就意味着,在任何一个成员国投资的投资者碰到问题时,MIGA 都可快速地与之直接接触。如果情况允许,有经验的职员将立即前往该国收集已生纠纷的信息。MIGA 尽量做到越快越好,会见东道国的官员和被担保投资者的代表,并选派专家,以一个"诚实的中间人"的角色敦促他们朝着解决纠纷的方向努力。在几起潜在的索赔案得到解决之后,成员国们告诉 MIGA,MIGA 行动是如此之快速,其代表对纠纷解决事宜是如此有经验,以及他们提议的解决纠纷的方案是如此的睿智,都是这些成员国所始料未及的。若干东道国政府官员表示,较之与他们打交道的世界银行集团的其他成员,MIGA 在相当程度上更具"敏捷性"。

审视已经提交 MIGA 的索赔案和潜在的索赔请求,可以发现一个有趣的现象,就是 MIGA 发放担保所依据的普遍接受的国际法原则,与外国投资者面对的现实(尤其是在东道国经济整体上处于困难的时候)之间存在着张力。因负有为客户保密的义务，MIGA 不可能随意详细谈论其索赔谈判的过程。然而，以下阐述的两个案件，要么已经公开，要么客户已表明放弃保密的要求。这就为理解索赔如何产生和了解 MIGA 如何处理投资纠纷，提供了一个难得的文本。

在第一个案件中，MIGA 对在印度尼西亚的安然公司支付了赔偿，虽然当事双方都想避免这样的结果发生。第二个案件事关美国海岸能源公司在中国的投资。因为在旷日持久的谈判中，当事双方都显示了超乎寻常的灵活，使得索赔得以避免。最后要介绍的是发生在阿根廷的一组案件。然而，至少在其中的一个案件中，尽管当事双方已经尽到了避免向 MIGA 索赔的努力，但是事实上想要让 MIGA 不付赔，现在看来，似已无可能。

自 1998 年以来，MIGA 面临的潜在索赔案数量很少，如果说这样的情形非常引人注目的话，那么，同样令人好奇的是，在向 MIGA 报告的问题中，大多数与"违约"有关。虽然出现了 1997 年亚洲金融危机和 2001 年阿根廷拖欠债务的事件，但是极少有纠纷与货币禁兑险有关；尽管非洲麻烦不断，但是没有一起纠纷涉及政治侵害险，也没有一起纠纷与传统的征收和国有化险有关。

虽然 MIGA 有权发放独立于征收险的违约险担保，但是由于市场不接受，在实践中，极少有投保违约险的情形。MIGA 单独签发违约险合同的前提是，投资者应援引其与东道国政府订立的投资协议中的仲裁救济条款，然后再将仲裁程序推进到赢得对东道国政府的裁决为止。只有在东道国政府阻挠仲裁程序的进行并使之无法完成；或者即使仲裁程序已经完成，但东道国政府拒不履行对其作出的不利裁决时，MIGA 才承担赔付的责任。这两种情形均构成国际法上的"拒绝司法"行为。

从 MIGA 的角度来看，宁愿等到出现"拒绝司法"的情形，才考虑赔付。其原因是，在这之前，复杂的纠纷尚未明朗化，且当事双方仍在自行解决纠纷的过程之中，MIGA 应避免不情愿地介入其间。虽然因这种违约险可减少管理的难度而受到 MIGA 的青睐，但却遭到了投资者的抵制，他们不愿承担久拖不决的以仲裁方式解决纠纷的费用。大多数投资者也更愿意把纠纷解决在早期阶段，并修补与东道国政府之间的关系，以挽救他们的投资，而不愿诉诸仲裁，因为仲裁通常无法及时和建设性地处理他们与东道国政府之间的关系。

基于上述原因，尽管保费更高，为了防范违约风险，实际上，所有投资者所选择的是保险范围更广的"征收险"险种。在最近的一次修订之前，MIGA 标准的格式保单第 8 条通过综合第 8.2 条第 d 款第 i 项、第 8.2 条第 d 款第 ii 项和第 8.5 条的规定，已经默示地将违约险纳入其内。就投资者遭遇的足以有可能产生索赔的纠纷,之所以说在他们与MIGA签订的大多数合同中,已经将违约险包括在担保范围之内①,是从以下规定中推导出来的:

第8条 征 收

8.1 对征收的担保应涵盖东道国政府②采取、引导、授权、批准或同意的任何措施,只要这些措施在第8.2条规定的征收的意思之内……

8.2 在不违反以下第8.3条、第8.4条和第8.5条规定的前提下,一项措施应属'征收',如果该措施:……

(d) 阻止项目企业:

(i) 实际经营在担保申请中列明的投资项目或其实质性部分;

(ii) 行使与投资项目有关的实质性权利……。

……

8.5 东道国政府违反对担保持有人或项目企业的合同义务,其本身并不必然构成征收措施。

把这些规定放在一起并从整体上加以解读,在下列情形下一东道国政府实体因违约而给投资者造成损失的,投资者可能会获得请求MIGA赔付的权利:按标准格式合同补篇的规定,违约方包括在"东道国"含义范围之内;以及被控的违约行为阻碍投资者经营已经规划的项目,但应意识到那些尚未达到高度严重性质的违约行为,不在保险范围之内。

虽然不幸,但外国投资者和东道国政府实体之间发生日常的争吵,在所难免。尤其是复杂的基础设施投资项目,项目协议总计有超过200页的情形。设置上述有关违约情形限定的目的在于,将这些日常的争吵与涉及当初双方谈判中核心问题的重大投资纠纷区别开来。MIGA意在只对那些达到征收水平的违约险提供保护,因为,实际上,这些违约行为在效果上等同于剥夺被担保的投资。

安然公司是在美国能源领域的一大巨头,后因陷入一系列欺诈和丑闻而倒闭。1997年出现在安然公司与印度尼西亚政府之间的一起纠纷,显然是MIGA在开业头十年期中碰到的最棘手的案件。在自安然公司按照担保合同第8.2条正式通知MIGA起的一年时间里,该纠纷未能得到解决。结果发展

---

① 此类合同是按照每个客户和每项交易的要求起草的。由此,从在审查过程中接触到的一些合同来看,其措词与标准的格式合同会略有不同。

② 在保单中的所有地方,"东道国政府"均为一个广义的概念,除了在首都的中央政府外,还包括经授权行使统治和管理权力的次主权实体。

成 MIGA 的第一个付赔的案件。安然公司希望通过谈判解决索赔问题,而不是最终从 MIGA 获得赔偿了事,因为那样会断送其在印度尼西亚的利益。由此,在担保合同规定的 365 天等待期和 180 天的付赔决定期届满后,安然公司多次同意 MIGA 展期。当最后一次展期届满时,正是印度尼西亚一方需要作出决定之时,但该方终未有回应,安然公司出于必须履行其对股东所负义务的考虑,只好无奈地选择要求 MIGA 付赔。但从 MIGA 获得赔偿之后,安然公司立即请求 MIGA 重开与印度尼西亚政府的和解谈判。这项谈判又进行了 6 个月,但终因印度尼西亚经济动荡,以致无果而终。

作为该案投资者的安然公司,在当时是一个电力、基础设施和自然资源部门的大型多国公司。该公司与印度尼西亚当地的一个合作伙伴组建了一个合营企业,1995 年,该企业从印度尼西亚国家电力公用事业公司赢得了一份建设一家电厂的合同,电厂的位置在印度尼西亚爪哇岛的东部。安然公司就其在该项目投资可能遭遇的风险购买了保险。如上所述,按照担保合同的规定,在征收险中包括了违约风险。根据与印度尼西亚电力部门达成的项目协议,安然公司和其在当地的合作伙伴于 1996 年开工建设该项目。

在苏哈托政府终结的那段时间里,许多由其批准建设的电力项目,因电价高和项目本身建设成本的问题,被勒令重新进行严格的审查。1997 年,在有关国际金融机构几近一致的支持下,印度尼西亚政府"中止"了 27 个电力项目,MIGA 担保的这个项目就是其中之一。该项中止令没有提及投资者在这些被中止项目中可能拥有的权利,也没有包括任何一项预计应列入的有关处理投资者索赔的条款。同样,就那些已经善意地按照合同进行投资的投资者而言,1997 年之后,已经强烈地感受到他们的投资价值已经受损,但印度尼西亚政府也没有任何给予补偿的规定。

如有可能,安然公司还是希望仍留在印度尼西亚。由此,安然公司通过自己的努力,就公司的未来,寻求与印度尼西亚政府展开协商,但对方始终置之不理。印度尼西亚政府拒绝以任何方式与安然公司商讨,似乎是因当时时局动荡和混乱所致,而非出于对安然公司的敌视,因为安然公司当时在该国声誉良好。在经历几个月的冷遇后,安然公司受挫。于是,按照担保合同的规定,向 MIGA 提交了索赔的通知。

MIGA 立即将该事件知会印度尼西亚政府的高层。印度尼西亚政府承认,没有就此事及时给安然公司做出充分的回应(不过对其他绝大多数项目,亦是如此);并着手与 MIGA 一起寻找解决问题的可能途径。印度尼西亚政府请 MIGA 相信,它希望找到一条能使对方撤回索赔的解决方法。

此事的商谈持续了18个多月之久。涉及的问题复杂,因为当事双方希望找到一种解决方案,既能满足该案投资者的合法权益,又能顾及当时政局非常混乱的印度尼西亚政府在经济和政治方面的担忧。MIGA相信,通过其顾问设计一个解决方案,将当时对印度尼西亚另一项重要的输油管道新投资也考虑在内,就相当有可能促成当事双方共同接受该解决方案。该解决方案包括了实际上要让赔付请求作废的内容,由安然公司将已得到的赔付款退回MIGA。不幸的是,这样的一种解决方案只是从原则上看起来具有可行性,而在2000年印度尼西亚当时那样的经济困境下,实践证明是无法实施的。由此,拟废除赔付请求并促成安然公司参与另一项新的、较大项目投资的这样一次努力,最终还是付之东流。人们应在事后设想一下,就该1亿美元投资的输油管道项目,假如当时在合理利率基础上能够确保融资到位的话,那又会是怎样的一种结果呢?

随着废除赔付请求谈判的失败,按照MIGA公约的规定,MIGA开始与印度尼西亚政府谈判一项挽回自己损失的协议。该公约第18条第a款规定:

"一旦对担保持有人支付和同意支付赔偿,本机构应代位取得担保持有人对东道国……所拥有的、与被担保投资有关的权利或求偿权。……"

作为该案已获赔投资者的代位权人,MIGA就其向该案投资者所支付的全部损失赔偿额,有权要求印度尼西亚政府给予补偿。

起初,印度尼西亚政府对是否同意与MIGA展开协商心存疑虑,因为该国担心,这样会给自己处理其他受损电力项目(包括由美国海外私人投资公司承保的项目)的纠纷,树立一个不利的先例。同时,一些不得人心的电力项目似乎存在着"腐败、串通和裙带关系"等污点,正是这些问题导致了苏哈托政府的最终下台。由此,印度尼西亚政府也不得不关注公众对向MIGA付赔一事的反应。

另一方面,对按MIGA公约负有接受MIGA代位求偿的义务,印度尼西亚政府从未置疑过。尽管笼罩在电力项目失败的气氛中,但会谈进行的还是相当友好。印度尼西亚政府聘请了场外法律顾问(纽约一家主要的律师事务所),在与该电力项目有关的谈判中,向其提供咨询意见。也许是因为所涉赔偿额相对较小,印度尼西亚政府相当快地就与MIGA达成了解决的方案。正式的索赔解决协议于2001年年初签订。该解决协议要求印度尼西亚政府向MIGA支付全额补偿,但可采取分期等额支付的方式,利率适中。尽管当时该国的时局仍然持续不稳,但作为解决协议内容的一个组成部分,MIGA同意在印度尼西亚重开担保业务,并积极寻求推动新的外国投资投向该国。总的来看,MIGA

管理层认为,这是在不幸中求得的一个非常满意的结果。

随着安然案件的出现和发展,一个在中国碰到麻烦的被担保投资者也向MIGA报告了相似的情形。从实质上看,在中国的这个案件与安然在印度尼西亚碰到的问题非常类似——对方违反了一个关键性的合同,需要展开紧急磋商,投资者面临的是丧失在项目中投资的危险,其解决过程发展的路线也与安然案件大致相同。但与安然公司在印度尼西亚遭遇的情况有所不同的是,中国的这个案件从国际法观察家的角度来看,反映了一个发展中国家对法律规则的理解与西方传统信守合同理念之间的冲突。

中国这起案件的当事一方——海岸公司,是一个一体化经营的多国能源公司,该公司惠允我们在这里讨论其纠纷的事实;另一方当事人是江苏省电力管理部门。作为投资者的海岸公司(现已被埃尔·帕索公司吸收合并)是一家美国大企业,活跃于石油、能源和电力领域,在中国有着长期和成功的投资经历。在上一个十年期的头几年,中国许多城市地区发展到了工业化的阶段,对电力需求紧迫。鉴此,1995—1996年,海岸公司与当地有关部门签订了4个合营企业合同,在江苏省境内投资建设3个调峰电厂。这些电厂分别位于无锡市、苏州市(有两个合营企业)和南京市。3个电厂的总投资额超过6 000万美元。

这三项投资所采取的方式类似,按照中国标准化的模式以合营企业的形式投资于电力行业。每个合营企业都建立在一系列相关的协议之上,这些协议由该案投资者的子公司和适格的当地政府部门签订。就MIGA的担保而言,在每个投资项目的这些协议中,最为重要的是购电合同,该合同规定了当地用户购买合营电厂所生产电力的价格。因为这些购电合同决定着投资回报,所以构成当时该案投资者讨价还价的核心部分。

这些购电合同是与以下当地有关实体签订的,前三个合同的订约实体是地市级部门,最后一个是省属机构:
- 无锡市城电新能源开发有限责任公司(1995年4月27日);
- 苏州能源开发有限责任公司(1995年10月17日);
- 苏州能源开发有限责任公司(1997年5月4日);
- 南京市供电局(1996年4月19日)。

在购电合同订立时,这些实体均为当地政府所辖的半政府部门性质的地市级和省级机构。每个实体显然有法定的权力与供电方谈判购电计价方法和购电量,以购买电力用于零售,从消费者那里收取电费。从最终用户处收入的款项用于履行其在购电合同项下对合营企业的支付义务。

就该案投资者子公司投入合营企业的投资,MIGA签发了通常类型的保单,所担保的险种包括征收险。保单所载与本目前述有关内容相似,承保范围涵盖违约的情形。虽然投资的只有4个合营企业,但是签发了5份担保合同,因为其中在无锡市的那个项目,MIGA既承保了股权投资的风险,又承保了股东贷款的风险。

按照MIGA公约第15条的规定,MIGA在向该案投资者签发5份担保合同时,征得了中国政府的批准。每个项目的批准申请起初呈报中国财政部的一位副部长。该副部长告知,此类申请应由当时的中国对外贸易经济合作部办理。MIGA在呈送申请时随附了相关的补充信息。项目所有的信息由中国对外贸易经济合作部转交给江苏省有关部门审查,并听取意见。在规定的时间内,中国对外贸易经济合作部批准了每一项担保。根据MIGA公约第15条的规定,批准一个项目的担保,意味着东道国政府同意MIGA对该项目提供保险。

这4个项目的购电合同是投资的经济命脉所在,因为合同规定的购电计价方法和购电量决定着该案投资者的投资回报率。依电力行业的惯例和中国的实践做法,在购电合同的谈判中,考虑到这4个项目的实际情况,合同起草时以"成本加利润"方法为基础计算该案投资者应得的价款。换言之,双方议定,电力按约定的购电计价方法和数量出售给当地购买者,其所得应能偿付该案投资者的生产成本和投资的合理利润回报。因为该案投资者无法控制项目的成本,特别是作为电厂燃料的柴油价格每年都在浮动,而且劳动力成本、汇率和税收负担也都不确定,所以购电合同按照成本中性的补偿原则制定一个算式,将成本转由购电方承担。由于有些年度实际用电量可能会低于事先测算的最低值,就此,也需要规定一个补偿办法,该办法也构成以消耗中性为基础的电价算式的一部分。

在这4个电力项目进入营运阶段之后,中国政府开始在全国范围内重新审查其电力政策。电力行业的快速发展和不时显现出来的无序状况,促使这种重新审查的步伐加快,以整顿过去10年里开始出现的电价混乱情形,包括电价计算基准的多变、市场的无效率、电力销售的重复征税和高税收负担以及地方行政管理的失误。在中国,受到电力行业价格问题严重影响的那些省份,迫切需要寻找新的办法来解决这些问题。

考虑到存在的这些问题,从1998年11月17日到1999年9月22日,江苏省政府颁布了一系列政策文件和规定,结合在一起并构成一项"综合电价政策",于1999年7月15日开始生效。该综合电价政策对江苏省的电价制度进行了系统的改革,所采取的措施包括全面调低现行的电价,取消各种针对电力销售的地方税,以及收回地方政府购电的权利。由此,实际上巩固了电力的销售制度。

综合电价政策取消了地方电力价格部门审查和调整购电合同项下电价的权力。而按照与综合电价政策一同出台的249号通知(1999年3月5日发布)的规定,江苏省的调峰电厂必须另订新的购电合同。这些调峰电厂得就新合同与江苏省电力公司谈判,该公司被授予独家从电厂购买电力和向省内用户零售电力的垄断权,同时还有确定电价的权利。从当时的情况来看,对于这种单方面废止外商以前与地市级部门签订的购电合同所产生的后果,江苏省政府并未作出如何加以处理的规定。

最关键的问题是,综合电价政策中的管理规定,突然将购电的计价方法由购电合同约定的"成本加利润"公式改变为"一刀切"的做法。按照该管理规定,供电计价被简单化为,调峰电厂均应采取限定"最低购电时数"的方法。该方法意味着,自此,这些美国企业的投资回报将取决于其发电的成本和电力的销售量,而这两项因素正是它们所无法控制的,会发生周期性的大变动。

因为柴油成本的变化无常以及外汇汇率风险的存在,江苏省政府采取的这些新措施,从经济上看,将严重威胁该案投资者在该省继续顺利经营的能力。境况表明,两个电厂的收益将使该案投资者无法获得合理的投资回报。第三个电厂的情形是,项目的投资收益率将跌至4.1%,以此来支付贷款的成本,尚有相当大的差距。具有讽刺意味的是,因为将发电成本和发电量的风险强加于该案投资者,综合电价政策带来了这样一种结果,在当时情况下,电厂销售的电力越多,该案投资者所得的利润反而越少。显然,这种情形是不合理的。

当上述情形继续延续而未见好转时,根据保单的规定,随着时间的推移,可能就已演变成了该案投资者有权向 MIGA 索赔的风险损失。

每个主权国家都有权利,实际上也有义务不时地对其电力政策进行评估,并保持此类政策的合理性,使之与本国电力行业的发展步伐相协调。这不但对发达国家来说是这样,而且对发展中国家来说也是如此。而就此面临的挑战是在每个案件中要考虑电力行业投资者的既得权益,如果投资者已经按照与当地购电方订立的合同作出了实质性的投资承诺,唯一公平的做法是,在调整国内的电力政策时,应考虑投资者的利益。

该案投资者试图避免由新的综合电价政策给其带来的不利影响,但经数月努力,终无所获。一直拖延到1999年后期,仍然无望获得关键性的赔偿。于是,该案投资者就告知 MIGA 其所碰到的问题,并请求 MIGA 紧急协助其寻找解决纠纷的途径。该案投资者主张,单方面修改合同规定的购电计价方法,属于违反与其子公司订立的几个购电协议的行为。这样的单方面违约行为正包含在本目所述的 MIGA 广义征收险的承保范围之内。尽管对事件很着急,但该案投资者还是告诉 MIGA,它非常同情江苏省政府实现电力政策合理化和现代化的动机,并向 MIGA 明确表明,它愿意采取灵活的态度寻求解决的方案,以顾及江苏省政府关心的一些问题。

在从该案投资者那里得知其碰到的问题之后,MIGA 立即与中国中央一级政府的有关部门和地方一级政府的有关部门进行了磋商。这些部门一致知会 MIGA,如有可能,它们希望能避免索赔情形的发生。在紧接着的有关当事方的谈判中,中国政府官员提出了这样一个疑问,为什么违约行为构成一个征收事件,而不是一起可以在当地法院解决的普通商业纠纷。他们向 MIGA 表明,他们是本着保护中国电力消费者这一全国性的一贯政策,以最大的善意行事。难道合法的国家利益不能优于投资者个人的合同权利?

在许多观察家眼里,这样的疑问反映了作为一方的许多发展中国家政府和作为与之互动的另一方的外国投资者看问题角度的不同。对经济进行良好的管理,是一国政府对其百姓应负的职责所在;而无论哪里的投资者都要对其股东负责,以取得合理的股权投资回报。这两种利益之间存在着的张力,并非今天才有,其反映了自"二战"之后有关合同权利的国际法的演变过程。

按照 MIGA 的观点,在这方面,国际法已在相当程度上发展出了自己的规则,而且规则非常明确。MIGA 遵从世界银行于 1992 年发布的有关外国投资待遇的指南①。考虑到确立已久的约定必须信守的原则,该指南要求作为国家的一方当事人遵守与私人投资者订立的常见的商事合同,就像作为非国家方的私人投资者也受该合同约束一样。根据指南第 4 条的规定,如果不是出于商业性的原因(如外国投资者破产),一个国家单方面终止这样的合同,就应被视为一种征收行为。在征收的情形下,单方面违约的国家必须向投资者支付赔偿。MIGA 征收险的设计正反映了这一点,在上述印度尼西亚案中,按照担保合同,MIGA 就对投资者承担了赔偿的义务。如果纠纷得不到友好解决,对中国这个案件的投资者,MIGA 可能也负有赔付的义务。

与安然案件不同,江苏省的这起纠纷经过耐心的和旷日持久的谈判,才最终得以解决。在 MIGA 的协助下,当事双方保持了数年之久的直接的、经常性的接触。其间,它们之间的分歧逐步缩小。为了使它们之间的关系不被破坏,双方都意识到有必要作出妥协。2002 年,它们签订了一个表明相互之间已取

---

① 参见《有关外国投资待遇的法律框架》,世界银行集团1992年版。

得共识的谅解备忘录。虽然该备忘录在一些观察家看来,并非在所有方面都已非常明确,有关技术性问题可能仍得留待当事双方在今后处理,但是当事双方毕竟已懂得应重视纠纷的解决。

从有关投资纠纷解决国际法的发展这一角度来看,人们可以有趣地注意到,在中国的这一事件中,尽管 MIGA 是以投资保险人的身份出现,但是它努力实际上也做到了以一个"诚信的中间人"的角色进行工作,以弥合发生冲突的当事双方的分歧,并为它们解决纠纷引路。在其中一轮谈判中,MIGA 敦促双方就投资回报达成协议,这就意味着双方都要作出一定程度的妥协。在该轮谈判结束之后,一位参与处理该事件的中国高级官员写信给 MIGA,称:

"(我们)非常欣赏(MIGA)为解决该……问题所做的工作。没有……MIGA 作为调解人,我们和合营企业的合作双方将更难以解决该问题。"

MIGA 在回信中写道:

"非常感谢您发来的令人高兴的电子邮件以及您的褒奖之词。值得欣慰的是,您已理解 MIGA 为处理该……问题所要做的事情。"

"(该案投资者)是 MIGA 的客户,由此,我们负有诚信的义务兑现与之签订的担保合同。同时,MIGA 又是一个发展性的组织,MIGA 公约要求它应维护成员国的利益。所需的技巧是能同时满足这两项义务。这是我们努力要完成的任务。"

"(我们)相信(该纠纷当事双方)的不同利益可以得到协调,但这需要双方的耐心和灵活态度。MIGA 努力创造一种氛围,在其间,通过友好协商,能够达成一个适当的妥协。"

"如果我们成功地帮助该案当事方达成一个公平的解决方案,我们将对国际法的发展作出贡献。这是(贵部)和 MIGA 可非常引以为豪的成就。"

对于外国投资者与东道国之间发生的纠纷,国际法所能提供的救济方法存在着缺漏,显然,创造性地使用 MIGA 的斡旋方法,可弥补这方面的缺漏。简单地按保单获得赔付,带着赔款撤离一个东道国,这对一个认真的长期投资者而言,绝非一个有吸引力的选择。对于一些案件,并非就有外交解决的方法可供投资者依靠;就其他一些纠纷来说,正式的仲裁方式也未必可行或费用太高。尽管 MIGA 作为一个保险人有自己的利益需要保护,但是,提请 MIGA 出面调解,仍不失为一种新兴的、替代性的纠纷解决办法,而且这种方法非常具有吸引力。

有幸的是,因阿根廷经济危机造成的一组案件印证了这一观点。截至2001年,在阿根廷发生拖欠债务事件的前夕,该国已成为MIGA拥有第二大担保额的东道国。当时MIGA有25个担保合同承保在阿根廷的投资。截至2001财政年度末,MIGA在该国拥有的总担保额已达7亿美元。

自阿根廷政府作出将本国货币比索以1∶1兑换率与美元挂钩的决定后,起到了良好的效果,该国的年通货膨胀率很快降到了2％、3％左右,以致该国经济出现了十年的超常水平增长。但在此后,阿根廷政府的预算长期不平衡,最终导致了该国长达4年的灾难性经济衰退。从衰退的程度来看,阿根廷的经济缩水了30％以上。在进入21世纪之前,阿根廷的经济在世界上还骄傲地稳居中等发展水平,但很快陷入了该国历史上最严重的经济危机。当时的政府下台了,继任政府在2001年12月宣布无力偿还国内债务和对外债务。

为了减少对银行的压力,以努力保护本国的金融体系,就在阿根廷政府宣布拖欠债务的前夕,银行存款,无论是比索存款,还是可与比索等价流通的美元存款,均被冻结。这种冻结行动导致许多商业活动的中止。在拖欠偿还债券之后,新政府又颁布政令,规定从美元账户中只能提取比索,而且限定提款的数额;同时,美元存款被强制按1.40∶1的比例兑换成当地货币,而不是当初存款时的1∶1比例。将被冻结的美元存款强制兑换成比索存款的做法,在阿根廷被称为货币的"比索化"。按照2002年年初制定的紧急立法,以美元、欧元、日元和其他外国货币结算的债务也被"比索化",有义务兑换成比索债务。在被冻结的美元银行存款按1.40∶1的比例被"比索化"的同时,金融机构持有的美元债券和私人之间的以美元结算的债务也被按1∶1的比例兑换成比索。然而,该兑换率并没有给受损的债权人带来多少安慰,因为比索很快又骤然暴跌了下来。

根据2002年年初制定的紧急立法,阿根廷建立了一个官方的外汇市场和一个自由兑换的外汇市场。官方的汇率被设定为1.40∶1,但能按该汇率兑换的仅限于数量有限的交易。其他所有交易,包括MIGA的被担保人在阿根廷从事的大多数交易,只能被迫在自由市场上换汇,汇率由供求力量来决定。2002年,自由浮动汇率一直徘徊在4∶1附近,2003年则跌至3∶1左右。

2003年,阿根廷的经济重新趋于稳定,同年5月新总统当选,危机最严峻的时刻已经过去。在危机高峰时开始实行的金融管制被逐步拆除。然而,对一些情形严重的案件来说,这些值得欢迎的举措来得为时已晚,MIGA的被担保人在阿根廷已遭受了金融损失。

总共就约10个担保在阿根廷投资的合同,MIGA与该国政府展开了磋商。

笼统而言,阿根廷政府为控制经济危机而采取的经济措施,以两种不同的方式给这些受影响的项目投资者造成了损失。另一方面,冻结银行存款使得当地的项目无法还贷(如属基础设施项目,因随之而来的物价冻结,使得这些项目无法履行债务)。非故意拖欠的债务开始越积越多,投资者越来越意识到他们的企业可能已无法继续运作,按照 MIGA 担保合同的规定,这就构成了提出征收险索赔的一个依据。

除冻结银行存款和公共服务价格外,MIGA 的被担保人遭受的损失还来自其存款的"比索化"。将美元存款强制兑换为阿根廷比索,由此立即就造成了币值的贬损。一些在阿根廷的投资者,包括一位 MIGA 的被担保人,向世界银行的"解决投资争端国际中心"(ICSID)对阿根廷政府提起了仲裁,诉称他们的损失是因等同于无偿征用的存款"比索化"行动所致,而这种无偿的征用又类似于征收。这些仲裁案中的大多数,现仍处于该仲裁机构审理的初期阶段。

在阿根廷出现危机之初,投资者就与 MIGA 取得了联系,要求 MIGA 展开对阿根廷有关部门的斡旋工作,以寻找途径,缓解其采取的经济措施对他们的项目所造成的严重负面影响。阿根廷政府一直与 MIGA 密切协作,该国有关部门向 MIGA 表示,它们希望采取一切合理的措施来避免 MIGA 担保合同项下索赔案的发生。从实际操作过程来看,在阿根廷处于衰退谷底时所起草的多种救急措施是普遍适用的,这些部门的官员并未考虑到这些措施对 MIGA 的被担保人可能带来的后果。一旦 MIGA 提醒此类措施可能会产生意想不到的结果之后,这些部门就与 MIGA 展开了长达 18 个月的密切协作,就这些紧急管理规定设定了范围很小的例外,但这些例外可使大多数被担保人免于在 MIGA 担保合同项下提出正式索赔。

考虑到在危机期间阿根廷经济所遭受的灾难性打击,被担保人这一方在与MIGA 磋商的过程中,表现出了灵活和合作的态度。在一个因存款"比索化"遭受了重大损失的项目中,投资者与 MIGA 达成协议,推迟其按保单本可提出的正式索赔,由该投资者在 ICSID 仲裁机制下继续向阿根廷政府寻求救济。作为回应,MIGA 同意修改担保条款,承诺如该投资者得到对其有利的、具有法律效力的终裁裁决,但在合理的期限内得不到阿根廷政府执行的,MIGA 仍将负责支付赔款。

在这些案件中,有几个还正在磋商之中。其中一起悬而未决的索赔请求,涉及因阿根廷政府冻结物价而违反了与投资者订立的项目协议,在索赔期限届满时,仍有可能会发展成 MIGA 有义务赔付的案件;其他的索赔请求也有萌发的可能性。然而,无论如何,似乎没有异议的是,既有阿根廷政府的合作和受影响投资者一方的建设性态度,对在阿根廷的被担保投资者来说,MIGA 斡旋方法的运用,已使其境遇大为改善。

MIGA 提供的投资担保服务有助于缓解投资者潜在的政治风险。除此之外,MIGA 还与其他不少合作伙伴一起提供技术援助,帮助发展中成员国建立和实施吸引外国直接投资的战略。

MIGA 最近在东亚和东南亚完成了一个区域性的基准评估。该项竞争力基准研究,对中国、印度尼西亚、马来西亚、菲律宾、泰国和越南的电力和信息服务产业的营运成本和条件作了比较。在该地区,这两个产业包含的外资成分很大。开展这项研究旨在建立一条基线或一个基准,该基准涉及一系列的生产要素。凭借这一基准,可对相对实力、投资气候的改进,及产业动态变化情况加以衡量。该项研究的一个附带的目的是,提高参与者投资促进中介机构自己开展此类活动的能力。对这些参与其中的投资促进中介来说,此乃代表着一种新的和独特的方法。该项研究不仅仅是为了揭示一种信息,以反映中国和其他参加国在所涉行业吸收外国直接投资方面的竞争力;而且是为了促使投资促进中介机构将注意力转向那些已经开业的主要外国投资者的投资动机和他们所关心的问题。

完成了东亚研究之后,应国际金融公司的邀请,MIGA 将协助四川省投资促进局,专门针对四川省开展类似的研究。四川省的这项研究由 MIGA 负责实施,并由一个全球性的基准评估计划主办,涉及全世界发展中国家的不同产业部门和服务业。该基准评估计划打算反映前述东亚研究已有的工作成果,并在此基础上展开工作;同时将加强和充实该项东亚研究所采用的方法。

在四川省,MIGA 将与国际金融公司、四川省投资促进局以及其他全国性的以及省级、地市级的投资促进中介机构一道工作,开展这项研究,列入研究范围的有 5 个产业和该省的 12 个地方。就此,MIGA 还启动了一个为期一年的分季度举行的能力建设培训班。该培训班是国际金融公司和四川省投资促进局所作协调和给予支持的结果,将惠及全省各地方。

全球化和信息革命已经给外国直接投资和投资促进业务本身带来了巨大的影响。新的信息技术在吸引外资的竞争中扮演着越来越重要的角色。加强发展中成员国投资促进机构吸收和留住外资的能力,是 MIGA 的一项使命。作为该使命的一部分,MIGA 提供了一系列区域性的技能建设讲习班,以帮助投资中介机构更新传统的投资促进技术,并增强其利用互联网进行广泛沟通的能力。通过训练,投资中介机构可从最先进的技术中受益,受益面包括扩大对潜在投资者的搜寻;学习作为本国竞争对手的国家和地区的经验;以及开展在线研究,确定目标行业的发展趋势和潜在投资者。

2002年,MIGA工作人员参加了在厦门举行的"中国国际投资和贸易洽谈会",并在北京举行的一个地区性投资促进研讨会上开设了培训课程,该研讨会由中国商务部和"世界投资促进机构协会"主办。MIGA出场的目的是为了帮助投资中介机构运用用以支持其投资促进努力的信息技术,尤其是用于那些管理促进活动的信息技术。该研讨会吸引了来自亚洲地区投资促进机构的约25名人士参加;为继续进行类似于一年之前在厦门所做的努力,MIGA组织了一个名为"支持投资促进的信息技术手段"研讨会,培训对象为来自东亚和东南亚各国的投资中介机构。该活动由中国商务部作为东道主,参加者共有18人。他们来自韩国、印度尼西亚、马来西亚和中国各地的投资促进机构。

1999年,MIGA与联合国开发计划署和国际金融公司的"外国投资咨询服务部"一起为图们江地区的一个计划工作。该计划涵盖中国、朝鲜、蒙古和俄罗斯的有关地区,旨在建立和制定一套有效的组织框架和政策,促进外国投资,以此方式带动该地区跨境一体化的进程。MIGA派出了一个小组,评估当地投资促进联合会的能力,并研究各国之间潜在的合作领域。MIGA随后建议采取特别行动,以提高各机构投资促进计划的水平。MIGA还提议,应建立一个地区性的投资服务网络,作为以技术为基础的原始动力,提高向投资者所提供的援助的质量。在这些建议的基础上展开行动,联合国开发计划署建立了一项投资者服务计划,该计划定于2004年年内启动。

四、当初的疑虑与当今的实践

目前,MIGA已经登记并有可能得到担保的在华外商申请案近150项,共涉及160多亿美元的潜在投资。这些担保申请由来自众多资本输出国的投资者提出,包括比利时、加拿大、法国、德国、希腊、意大利、韩国、挪威、瑞士、土耳其、美国和英国。申请涉及的项目从农业综合经营、旅游和建筑业,到石油和天然气、制造业和基础设施建设。

就此刻而言,MIGA在中国开展担保业务是成功的,而且构成促进中国吸收大量外国直接投资的因素之一。对此,我们相信不会有人提出异议。鉴于在上一个十年期里,MIGA对在中国的项目签发了大量的合同,也许在这里值得花一点笔墨提及的是,尽管中国是MIGA的早期成员国并公开宣传这一成员国资格,但在上一个十年期开始时,MIGA才刚刚开始在中国发放担保。此时有关评论人士曾有过担心,这种担心尤其来自中国一些出版物的作者。

在MIGA开业的早期,一些作者存在着一种先入为主的偏见,认为MIGA

在作出担保决策时,可能会戴着涂上政治色彩的眼镜。美国海外私人投资公司和中国的关系就是一个心目中挥之不去的阴影。从美国海外私人投资公司开始在中国从业的年头起,中美两国的政治关系就忽冷忽热。因为政治的原因,美国海外私人投资公司停止在华担保业务已达十余年之久。中国政府指望位居MIGA成员国之列,由此将能抵消因美国海外私人投资公司拒保立场所带来的负面影响;然而,假如MIGA不在中国发放担保,那么中国从其MIGA成员国身份中获益的期望显然就会落空。

MIGA归成员国所有,要指望MIGA董事会的决策概能排除所有的政治考虑,那是不现实的。然而,从MIGA在中国开展活动的记录来看,在避免政治因素干扰该机构运作方面,MIGA的管理层比当初一些观察家所预计的要做得更为成功。事实上,迄今为止,没有一个在华项目被MIGA的董事会否决,绝大多数担保项目被批准时,董事会成员也没有从可能被认为是从政治性质的角度考虑问题。似乎可以明确的是,不管美国政府对在华投资持什么样的立场,但并未对MIGA大力开展在华担保业务设置障碍。实际上,具有讽刺意味的是,MIGA迄今为止担保的在华外商大多数是美国企业。

确实,在MIGA开业后的最初几年里,在华外商对MIGA担保的需求迟迟没有得到满足。在当时,一些评论者将MIGA在华担保业务启动慢的原因归咎于其他一些成员国政府的非友善态度,这是可以理解的。然而,从事后来看,MIGA在华业务启动慢一些,似并无不可告人的原因使然。在早期,MIGA只是一个新的、缺乏经验的机构。显然,该机构要赢得声誉并进入市场,需要一段时间。恰在此时,1989年政治风波的事后影响对海外投资流入中国产生了抑制性作用。其情形似乎是,MIGA作为生手和当时中国的不利氛围两大因素相结合,使得最初在华外商对MIGA担保需求不大。除此之外,别无其他解释。

现在,人们对MIGA在中国所起的作用已确信无疑,最近更多的评论者问及:MIGA对适格东道国的连续性要求,是否会在某种程度上阻碍对在华项目发放担保。这一担忧针对的是MIGA公约第12条第d款第iv项的有关规定。该有关规定的内容为,在决定对拟议中的项目提供担保时,MIGA"应考虑东道国的投资条件,包括对外资提供公正平等的待遇和法律保护"。这一要件是否为对一成员国设置的陷阱呢?即MIGA一方面允许一国成为其成员国;但在另一方面,又以该国的条件未能令人满意为由,拒绝对其提供担保。

一个国家虽被接纳为MIGA成员国,但又被认为不适合在其境内发放担保,或MIGA虽已向一成员国签发担保合同多年,但该成员国又被认为在一些方面对其后的担保不适格。至少从理论上讲,存在上述两种情况的可能性。然而,MIGA做出每一个不发放担保的决定,将纯粹基于商业上的考虑,而不是出于政治上的原因。例如,在 MIGA 担保征收险的情形下,如果一成员国加入 MIGA 时的政府被取代,新政府公开地、明显地敌视外国投资,那么 MIGA 将认定该国已不适格,这样做是公正的。假如有这样一个政府,宣布打算削弱或否定外国私人投资的作用,并随后实施一个不准备给予适当补偿的征收计划,那么,在这一环境下,MIGA 对在该国的投资提供担保,将慎之又慎。由此,只要以公正的立场解读 MIGA 公约第 12 条的规定,就会认为,如果在一个国家的投资环境会使 MIGA 发放担保面临过度的风险,那么,MIGA 应限制对在该国的投资提供担保。由于一国的投资气候在一段时期可能会在好与不好之间摇摆不定,必须要求 MIGA 在签发每一份保单时,应满足 MIGA 公约第 12 条规定的关于成员国可获得担保的适格标准。

该项验证标准是从 MIGA 审慎的担保政策中合理地派生出来的,正如一句古老的保险格言所说的那样:"保险人不能对一座正在燃烧的仓库承保火灾险。"从迄今为止 MIGA 良好的管理活动来看,没有理由担心 MIGA 公约第 12 条将被援用于设定不公平的适格条件,以限制对一成员国发放担保。

就此刻而言,MIGA 在中国的前景非常光明。已有近 150 项担保申请得到登记,要求 MIGA 担保其在华投资的外商申请数量超过了其他任何成员国。对担保的需求似乎相当准确地折射出了此时中国市场对外国投资者的巨大吸引力。只要中国的经济状况仍然良好,投资机会对外国投资者仍很诱人,MIGA 预料,在华外资对担保的需求将继续高于其他任何成员国。在这种情势下,尽管开始时 MIGA 对在华开展担保业务行动迟缓,但现在 MIGA 已经非常自信,其对鼓励外国直接投资流入中国,起到了重要的作用。

此外,MIGA 似乎开始走向平衡,发挥支持中国海外投资的作用。现在,中国是世界上最大的经济体之一。近些年来,随着中国企业经济实力的壮大和国际竞争力的提高,越来越多的中国企业迈出了向海外投资的第一步。推动中国企业走出国门进行投资的因素与相当传统的资本输出国企业相同:获得原材料;进入新市场;与具有互补性的外国企业实行战略联合;当然,还有觅得更多的利润。在这些新兴市场国家,中国海外投资企业面临着西方企业长期遇到的同样的问题,包括东道国政府对其投资进行政治干预的风险。

目前,已有 11 家中国企业就其海外商业项目与 MIGA 洽商保险事宜。其中的 3 个项目投资额总计高达 16 亿美元,现正处于正式申请的阶段,承保工作进展顺利。其他 8 个项目拟议中的投资额达到 26 亿美元,仍属初步申请担保的项目。这些投资集中投向主要的基础设施项目,在制造业投资的项目比较少，只有一个对采矿业的投资。不足为奇，大多数中国海外投资将投向亚洲的邻国——印度尼西亚、韩国、尼泊尔、泰国和越南。其中的一个拟在尼日利亚投资。

另者，MIGA已经与中国出口信用保险公司开展了紧密的合作。该公司是中国官办的出口信贷机构，在兼并了中国人民保险公司和中国进出口银行的出口信贷部门之后，于2001年底开业。在中国出口信用保险公司的起步阶段，MIGA向该公司提供了技术援助，启动了人员培训的系列课程，并在北京共同主办了投资保险的研讨会。

随着越来越多的中国资本在海外寻找机会，作为一个投资保险机构，中国出口信用保险公司的担保业务正在扩大。2002年，该公司对中国投资者提供的政治风险担保额已经超过了7亿美元，2003年同比又增长了3倍。中国出口信用保险公司与MIGA最近签订了一个谅解备忘录，准备进一步加强两大机构之间的合作。在近期内，中国出口信用保险公司与MIGA有可能会共同开展共保和分保业务合作。

2004年6月

Ⅲ "多边投资担保机构"与美国在华投资*

内容提要 本文通过对多边投资担保机构与世界银行、解决投资争端国际中心、美国欧皮克公司之间相互关系的分析,阐明了该机构对于促进资金与技术流向发展中国家所具有的独特作用,揭示了其内在的运作机制,指出了其理应具有的独立自主性和非政治性由于其组织领导模式而有可能受到一定的制约和影响。作者以大量事实证明,中国从一开始就对该机构采取了非常积极和极具诚意的态度。某些国家,特别是美国通过其国内立法以及美国董事在MIGA之中拥有特大投票权的优势地位,力图把国际经贸关系政治化的做法,使该机构对于承保外国在华投资尚未发挥应有的积极作用,但前景仍然是乐观的。作者建议中国制定具体实施《多边投资担保机构公约》的专门立法,进一步改善投资环境,从而在公正与平等的基础上促进中国人民与各国人民之间的互利关系。

目 次

一、前言
二、MIGA 与世界银行集团之间的关系
三、MIGA 与"解决投资争端国际中心"之间的关系
四、MIGA 与美国欧皮克公司之间的关系
五、中国学者的观点及中国的有关立法

---

* 本文原载于《中国社会科学》1992 年第 6 期(总第 78 期)。作者系当时在美国俄勒冈州路易斯-克拉克大学西北法学院攻读 J. D. 学位的研究生陈仲洵,由当时在该校担任客座教授的陈安指导撰写。本文中以相当的篇幅转述了陈安教授对有关问题的见解,并作为其立论的重要依据之一。经征得本文作者同意,现辑入本书。

六、美国对 MIGA 的看法以及相应的立法

七、MIGA 对保护美国在华投资可能发挥的重大作用

八、结语

一、前　言

多边投资担保机构（The Multilateral Investment Guarantee Agency，以下简称"MIGA"）于 1988 年 4 月 12 日正式成立。它是世界银行集团的第 5 个新增成员[①]。作为一个自主的国际性担保组织，MIGA 的目标在于促进以生产为目的的资金和技术流向发展中国家，"协同东道国政府和潜在投资者改善外国直接投资环境，帮助消除阻止资金流向发展中国家的障碍"[②]。为了达到这个目标，MIGA 主要为外国投资者的非商业性投资风险提供担保。此外，还为成员国提供咨询和振兴服务。

促成世界银行集团设立 MIGA 的主要动因是：

（1）发展中国家投资环境不稳定。近些年来，许多发展中国家政治、经济动荡，使得许多外国投资者在投资时裹足不前。

（2）各国的国家保险机构在投保人资格方面的限制。各国的国家保险机构既受本国政府的控制，又受本国法律和政策的约束。来自不同国家的投资者共同参加同一个项目投资时，因为各国的国家保险机构对投保人国籍的限制规定，就会产生投保人适格的问题。

（3）各国的国家保险机构在承保能力方面的限制。首先，一般说来，多数保险机构传统上只承保商业风险而不承保诸如战争险之类的政治风险。其次，各国国家保险机构的承保数额都有上限。由此，当投资者申请投保大型项目时，就会因各国国家保险机构无法对此提供足够的保险而产生承保能力的问题。再次，为了有效地保护本国的海外投资，各国的国家保险机构，如美国政府经营的海外私人投资公司（Overseas Private Investment Corporation，通常缩写为 OPIC，以下简称"欧皮克公司"），对非商业性风险提供担保须以与

---

① 《MIGA 概述》，载于《MIGA 1990 年年度报告》，第 3 页。该材料由 MIGA 提供。1988 年初，世界银行集团包括四个成员：国际复兴与开发银行（以下简称"世界银行"）、国际金融公司（以下简称"金融公司"）、国际开发协会（以下简称"开发协会"）以及解决投资争端国际中心（以下简称"中心"）。

② 《MIGA 1990 年年度报告》，第 7 页；又见《MIGA 公约》第 2 条，载于《国际经济法基本文献》（第 1 卷），1990 年英文版，第 498 页。

东道国订有双边投资保护条约作为前提。尽管美国与有关东道国之间分别签订了约 100 个双边投资保护条约,但该公司的承保范围仍然存在许多缺陷和不足。

(4) 债务危机。在 20 世纪 80 年代,第三世界国家经济发展迟缓,数额巨大的债务难以清偿,导致发达国家在发展中国家的私人投资锐减。

针对上述错综复杂的棘手问题,在借鉴美国欧皮克公司实施细则和经验教训的基础上,世界银行着手起草《多边投资担保机构公约》(以下简称《MIGA 公约》)。1985 年《MIGA 公约》在世界银行的汉城年会上获得通过。同时,该公约向世界银行所有成员国和瑞士开放,以供签署。1988 年 4 月 12 日《MIGA 公约》生效,MIGA 正式成立。

MIGA 最主要的功能是对来自以下一种或几种风险造成的损失提供担保①:

(1) 货币汇兑。该险别的承保范围是因限制或迟延将当地货币兑换成外币并汇出境外而给投资者造成的损失。

(2) 征收和类似措施。该险别的承保范围是由于东道国征收或类似行为剥夺了投保人对其投资的所有权和控制权,或严重损害投资所产生的重大利益。

(3) 违约。该险别的承保范围是东道国政府对投保人毁约或违约,使得投保人无法求助于司法或仲裁机构,或面临审理上的不合理拖延或虽有裁决却无法执行。

(4) 战争和内乱。该险别的承保范围是在《MIGA 公约》适用的东道国境内任何地区所发生的任何军事行动或内部动乱给投资人造成的损失。

MIGA 于 1989 年 6 月开始正式营业,截至 1992 年 6 月,已经签署《MIGA 公约》的国家达 113 个,其中 79 个国家已批准该公约并认缴了特定百分比的"特别提款权",正式成为该机构的成员国,包括中国和美国②。

在 1990 年财政年度(至 1990 年 6 月 30 日止),MIGA 已就第一批担保合同展开了谈判,所支持的四个项目直接投资总额达 10.4 亿美元;该机构还对 22 个国家提供了政策和咨询服务③。截至 1992 年 6 月底,该机构开业满三年,已承保 36 个跨国投资项目,其有关直接投资总额达 29.62 亿美元,所承担的风

---

① 《MIGA 公约》第 11 条。
② 参见《MIGA 成员国一览表》,载于《MIGA 1992 年年度报告》(修订本),1992 年 6 月 23 日,第 7 页。
③ 《1990 财政年度 MIGA 的主要成就》,载于《MIGA 机构 1990 年年度报告》,第 4、11 页。

险责任达 5.04 亿美元。此外,已经登记在案的投保申请剧增,其中,跨国投资项目的投保人分别来自 32 个国家,而接受这些投资的有关东道国达 93 个,遍布全球各地区。值得注意的是：开业三年来,凡属 MIGA 承保的投资项目,迄未发生过政治风险事故索赔案件①。这些事实表明,该机构业务日益兴旺,发展潜力很大。

美国是世界上最大的资本输出国。在中国所有的贸易伙伴中,美国居第三位。同时,美国又是在中国最大的投资者之一,仅次于中国的香港地区和澳门地区。在华投资和准备在华投资的美国商人十分关注中国对美国在华投资的保护状况。不言而喻,作为 MIGA 的成员国,中国有义务按照 MIGA 公约的有关规定,切实保护所有成员国外商包括美商的在华投资。

本文将评析：MIGA 与世界银行、"解决投资争端国际中心"、美国欧皮克公司等相互之间的关系;中国学者对 MIGA 的看法以及中国的有关立法;美国对 MIGA 的看法以及美国的有关法规。笔者试图探讨的问题是：首先,从 1979 年实行经济改革和对外开放以来,中国是否通过同意外国保险机构承保外商的非商业性风险,始终不渝地保护在中国境内的外国投资,包括美国在内的在华投资？其次,MIGA 在保护美国在华投资中所起的作用如何？尤其是 1989 年 6 月之后,在美国政府采取"对华经济制裁"措施的条件下,MIGA 对在华美资何以能够发挥其不可代替的担保作用？日后这一机构在这方面的发展前景如何？等等。

二、MIGA 与世界银行集团之间的关系

世界银行的目标之一是"通过担保或者参加私人投资者的贷款和其他投资活动,促进外国私人投资"②,并致力于"鼓励向成员国生产性资源开发提供国际投资"③。作为一个与世界银行紧密挂钩的国际组织,MIGA 的建立直接体现和服务于世界银行的这一宗旨。正如世界银行总裁 A·W·克劳森(A. W. Clawsen)在 1985 年强调的那样,MIGA 通过对外国私人投资和开发贷

---

① 参见《MIGA 1992 年年度报告》(修订本),1992 年 6 月 23 日,第 2、9、10、14 页;并参见《MIGA 简讯》(第 2 卷第 1 期),1992 年春夏,第 4 页。

②③ 《国际复兴与开发银行协定条款》(以下简称《世界银行协定条款》)第 1 条第 ii、iii 款,载于《国际经济法基本文献》(第 1 卷),1990 年英文版,第 427 页。

款提供多边担保以及通过改善在发展中国家的直接投资环境,有力地增强了世界银行的活动①。

一般来说,MIGA 在形式上和实质上都是一个自主的国际组织,在法律地位和财政关系方面均独立于世界银行②。这种独立性集中体现在 MIGA 具有"完全的法律人格"③,它有自己的理事会、董事会和法定代表人④。特别是,它有权签订合同;取得并处理动产和不动产;进行法律诉讼⑤。MIGA 的独立性使它拥有理论上的决策自主;充当独立的诉讼主体而无需其他国际组织(包括世界银行)参与其事。

为了促进世界银行的活动,也为了发挥和实现自身的补充作用,《MIGA 公约》强调,MIGA 特别需要与世界银行和国际金融公司合作,以补充世界银行、国际金融公司和其他国际开发金融机构的活动⑥。与该目标密切相关的是,MIGA 的成员国资格只对世界银行成员国和瑞士开放⑦,世界银行总裁按照有关规定兼任 MIGA 的董事会主席⑧。实践中最能体现 MIGA 和世界银行密切关联的因素是,世界银行总裁也一向被选任为 MIGA 的总裁,MIGA 董事会 14 个成员中的 11 个同时又是世界银行董事会的董事⑨。这种人事安排上的大幅度交叉显然旨在保证 MIGA 有效地发挥其补充世界银行活动的作用。劳伦·S·威森费尔德(Lorin S. Weisenfeld)是确立 MIGA 方案的主要律师之一。他解释了为什么 MIGA 多数董事又是世界银行董事,指出:"这是世界银行集团的一种模式;这种模式意味着这些相同的人员同时也是国际金融公司和国际开发协会的董事。选择这种方式是为了保持政策在某种程度上的有效性和一致性,以减少在行政管理经费上的无谓消耗和陷于枯竭。反之,如果四套董事完全分立,各自为政,这种局面将在所难免。"⑩

笔者认为,MIGA 组织人事制度上的这种刻意安排,固然对世界银行的活动起到了有力的补充和辅助作用,但恰恰是这一安排,为在世界银行和 MIGA 领导机构中享有决策权重大优势的某些大国或大国集团施加自己的主导性影

---

① 《世界银行总裁强调采取政策措施促进经济实质增长》,载于新华社海外新闻稿 1985 年 4 月 19 日。
②③④⑤ 《MIGA 公约》第 1、30—32 条。
⑥⑦⑧ 《MIGA 公约》第 2、35、4、32 条。
⑨ 《MIGA 与世界银行》,载于《中东行政报告书》,1989 年 4 月,第 23 页;到 1990 年 6 月 30 日,董事会已有 17 个董事,见《MIGA 1990 年年度报告》,第 36—37 页。
⑩ 威森费尔德 1991 年 8 月 13 日写给厦门大学政法学院院长陈安教授的信(原信复印件现存厦门大学国际经济法研究所备查)。

响提供了广泛的可能。在这种组织领导模式下，MIGA在重大决策方面究竟是否能够真正独立自主，是值得怀疑的。考虑到国际经济秩序的目前状况，有理由认为，MIGA的决策自主，从某种程度上说，有可能只是理论上的"自主"，而实际上，不能排除由于某些大国意志的作用而损害发展中国家会员国利益的可能性。假如这种情况竟然发生，与建立MIGA的初衷显然是相违背的，对于MIGA贯彻与实现由《MIGA公约》所载明的"促进以生产为目的的资金与技术流向发展中国家"的宗旨和目标也是不利的。

三、MIGA与"解决投资争端国际中心"之间的关系

1966年，该"中心"依《解决国家和他国国民间投资争端公约》（以下简称《中心公约》）正式建立。与《MIGA公约》一样，《中心公约》也是在世界银行主持下订立的。"中心"的宗旨是为各缔约国和其他缔约国国民之间投资争端的解决提供调解和仲裁的便利，以此取代对地方当局或外国主权国家提起的国内诉讼，或者取代就具有政治敏感性的经济事宜所展开的外交谈判[①]。《中心公约》主要对世界银行各成员国开放。截至1990年2月，已有91个签署国批准了《中心公约》[②]。

"中心"与MIGA的特点和功能各异，但联系密切。MIGA是一个经营保险业的营利性组织，"中心"则是一个从事仲裁和调解的非营利性组织[③]。"中心"只限于调解与仲裁东道国和外国投资者之间的投资矛盾与争端[④]，只有在"争端双方书面同意（将争端）提交'中心'"调解或仲裁的前提下，"中心"才能积极行使其职能[⑤]。而且该"书面同意"必须各案逐一出具[⑥]。然而，MIGA可能遇到和加以处理的矛盾与争端却复杂得多。

在与私人投资者订立的在发展中国家投资的每个保险（担保）合同中，MIGA通常是立约一方当事人[⑦]。同时，MIGA在积极充当外国投资者的代位

---

① 《中心公约》，序言、第1条；又见《中心公约简介》，载于《国际经济法基本文献》（第1卷），1990年英文版，第947页。
② 至1990年2月，已有99个国家签署该公约，其中91个签署国业已呈交批准书，见《中国签署中心公约》，载于《中心新闻》1990年冬季号，第2页。
③ 《多边投资担保机构新闻发布会》，载于联邦新闻社1990年9月7日。
④⑤⑥ 《中心公约》，序言、第1条第2款、第25条第1款。
⑦ 《MIGA公约》第11、15、16、17、18、44、51、57条、第56条a款。

求偿人时,它本身又是向作为东道国的发展中国家代位索赔的一方当事人①。由此,MIGA 可能直接或间接地介入以下几种矛盾与争端:(1) MIGA 与其债权人即投保人之间的争端②;(2) MIGA 和成员国之间就解释和适用《MIGA 公约》的争端③;(3) MIGA 和成员国之间有关代位求偿及其他事项的争端④;以及(4) MIGA 和成员国之间有关"停止成员国资格"问题的争端⑤。

在国际仲裁方面,MIGA 创设了一种"自动仲裁解决"国际争端的体制。该体制与"中心"的"被动"仲裁体制截然不同⑥。

另一方面,MIGA 和"中心"之间的不同功能又是相辅相成的。1985 年出现的《MIGA 公约》和 1965 年出现的《中心公约》,两者先后虽相隔 20 年,但都紧扣国际投资"风险"同一主题。准确地说,"中心"通过对国际投资争端的调解和仲裁,从法律上间接保护投资者在东道国免受非商业性风险的损失;MIGA 则通过直接承保非商业性风险,从经济上更加有效地保护投资者免受此类非商业性风险的损失。两者可谓"殊途同归",其共同宗旨都在于通过形式不同、实质互补的"国际立法"(国际条约),切实保护国际上的跨国私人投资家,以推行世界银行所规定的方针⑦。

根据《MIGA 公约》第 18 条的规定,一旦 MIGA 对投保人支付或同意支付赔偿,投保人对东道国和其他债务人所拥有的有关投保投资的权利或索赔权,应由 MIGA 代位取得⑧。MIGA 一旦取得了这种代位求偿权,它和"中心"之间的密切联系就更加显而易见。

例如,《MIGA 公约》第 57 条规定:"有关本机构作为投资者代位人拥有债权的争端,应按(i) 本公约附件Ⅱ中规定的程序予以解决;或者按(ii) 本机构与有关会员国准备达成的协议,采用其他方法解决此类争端。在后一种情况下,本公约附件Ⅱ应作为此类协议的依据。此类协议每次均需先经董事会特别多数票通过,随后,本机构方可在有关会员国领土内进行担保义务。"

该条一再强调的《MIGA 公约》附件Ⅱ规定,在采用调解程序时,如果争端双方(包括 MIGA)没有就调解人达成协议的,则可向"中心"秘书长要求为他们指定一位调解人⑨;在采用仲裁程序时,开始应由要求仲裁的一方(申请人)向

---

① ② ③ ④ ⑤ 《MIGA 公约》第 11、15、16、17、18、44、51、57 条、第 56 条 a 款。
⑥ 《多边保险计划势必增强欧皮克公司》,载于《国际贸易报告书》(第 4 卷第 19 期),1987 年 5 月 13 日,第 653 页。
⑦ 参见陈安:《"解决投资争端国际中心"述评》,鹭江出版社 1989 年版,第 24—25 页。
⑧ 《MIGA 公约》第 17 条。
⑨ 《MIGA 公约》附件Ⅱ,第 3 条 b、c、h 款、第 4 条 b、c、e、k 款。

争端另一方(答辩人)发出通知书,如在发出通知书的60天内,未能组成仲裁庭或尚未选出庭长,则可由"中心"秘书长在争端双方联合请示下予以指定①。

此外,附件Ⅱ还规定,除非该附件另有规定或争端双方另有协议,调解人和仲裁人应遵守"中心"所采用的调解规则和仲裁规则②。再者,除非双方另有协议,付予调解人或仲裁人的费用和报酬应根据"中心"调解或仲裁所适用的收费率确定③。

《MIGA公约》的这些规定显示:MIGA与"中心"之间联系密切,特别是在调解和仲裁规则的使用、调解人和仲裁人的指定以及调解和仲裁费用的确定等方面,更是如此。

《MIGA公约》第57条反复强调附件Ⅱ规定的程序,旨在促使担保合同和再担保合同"适用某个国际公认机构的商事仲裁规则,如'中心'规则、联合国国际贸易法委员会规则或国际商会规则"④。由于"中心"也是世界银行集团的一员,"中心"的设立又特别着意于解决东道国和外国投资者之间的争端,理所当然,"中心"规则将成为MIGA机构解决国际投资争端的第一选择,并由《MIGA公约》附件Ⅱ正式作出规定,其目的在于联结世界银行的这两大挂钩机构,为国际投资创造良好的环境。

据"中心"当年的顾问卡伦·诺德兰德尔(Karen Nordlander)称,早在1980年,中国就已对加入"中心"表示了某种程度的兴趣⑤。从1983年到1990年,中国在同其他国家签订的一系列投资保护协定中,表达了参加《中心公约》、并在某种程度上接受"中心"体制的意向⑥。在中国成为《中心公约》成员国之前,中国法学界对是否参加"中心"问题展开过激烈的争论⑦。归纳起来有三种观点:第一种观点强调中国对外开放的基本国策,主张中国"从速加入,促进开放";第二种观点强调中国的国家主权,担心中国可能因参加《中心公约》而在某种程度上丧失对在华外资的管辖权,因此主张"珍惜主权,不宜参加";第三种观点强调基本国策和主权观念应当并重,主张"积极研究,慎重参加",即先积极开

---

①②③ 《MIGA公约》附件Ⅱ,第3条b、c、h款,第4条b、c、e、k款。
④ 《多边投资担保机构公约及对该公约的评论》,1985年英文版,第23页。该材料由MIGA提供。
⑤ 《美国和中国享受的待遇将不低于其他外国和内国当事人》,载于《美国出口周刊》(第19卷第9期),1983年5月31日,第318页。
⑥ 同p.999注⑦引书,第24页。
⑦ 金克胜:《中国国际法学会1986年学术讨论会》,载于《中国国际法年刊》1987年本,第462—471页;又见陈安:《"解决投资争端国际中心"述评》,第28—46页;陈安:《是重新开门还是更加开放:论中美经济的相互依存以及"天安门事件"后在华外资的法律环境》,载于美国《律师》(第10卷第2期),1991年春季号,第33页。

展对《中心公约》的研讨,然后再审慎定夺是否加入该公约。经过长期争论,中国着眼于进一步打消外商投资的顾虑,以利于吸收更多外资,终于同意在一定程度上放弃对中国政府与外国投资者之间投资争端的司法管辖权,于1990年2月9日签署《中心条约》,正式接受"中心"体制。世界银行副总裁兼法律总顾问,"中心"秘书长希哈塔先生(Ibrahim F. I. Shihata)认为,犹豫观望十多年之后,中国决定加入《中心公约》,这"将有助于中国改善投资环境,吸引更大数量的外国投资"①。

四、MIGA 与美国欧皮克公司之间的关系

欧皮克公司是美国政府机构,其宗旨是促进和鼓励美商在发展中国家的投资。欧皮克公司经美国国会授权于1969年建立,其主要业务是承保美国在东道国——发展中国家投资的政治风险,包括货币禁兑险、征用险和战乱险等②。欧皮克公司也以对直接贷款或对国际组织贷款提供担保的方式,资助与美国友好的发展中国家的建设项目。同时,欧皮克公司还通过提供一系列投资先期规划服务,其中包括资助可行性研究和资助投资调查团等活动,为美国私人资本增加更多的海外投资机会③。

欧皮克公司的职能和特点充分显示了该公司对美国海外投资的重要性。根据创设欧皮克公司的立法规定,由该公司保险、保证和再保险的投资必须与友好的不发达国家或地区的建设项目有关,且美国总统已同意与该国或该地区政府共同设定有关保险、保证或再保险的方案④。

乍看之下,一般都会认为 MIGA 和欧皮克公司形同孪生。例如,两者的宗旨和功能都是为了促进国际投资;由两者承保的特别风险都是非商业性风险;两者都只将新投资列入它们的保险范围;两者都只承保流入发展中国家的投资;两者都提供与海外投资有关的类似服务;两者提供保险均须以投资所在国

---

① 《中国签署中心公约》。
② 《对外援助法案》第 231—241 条,《1989 年对外关系立法》,美国众议院和参议院,1990 年,第 76—102 页;又见陈安:《美国对海外投资的法律保护以及典型案例分析》,鹭江出版社 1985 年版,第 35 页。
③ 柯恩:《欧皮克公司在中国的计划:最新动态》,载于《东亚执行报告书》1989 年 4 月 15 日,第 8 页;又见马拉:《欧皮克公司在中国的计划以及投资者遇到的问题》,载于《中国法律报告书》1986 年冬季号,第 170 页。马拉当时是欧皮克公司的总顾问。
④ 《对外援助法案》第 37 条 a 款;陈安:《美国对海外投资的法律保护以及典型案例分析》,第 92 页。

即东道国批准为前提;两者都提供长期保险;两者均要求作为投保人的投资者在获得风险事故赔偿支付之前,必须根据东道国法律,尽量寻求当地的行政救济;一旦承保人已经向或同意向投保人支付赔偿,两者都可取得代位求偿权;两者都受承保最高数额的限制,等等。

尽管有上述许多类似之处,MIGA 绝非欧皮克公司的简单翻版。在保险范围和保险能力方面,MIGA 和欧皮克公司有很大的不同①。MIGA 和欧皮克公司的区别以及世界银行和美国一些高级官员所津津乐道的 MIGA 的优势,将在本文第六部分详加论述。

五、中国学者的观点及中国的有关立法

1. 中国学者对 MIGA 的看法

在中国,对于 MIGA 的研究刚刚起步,有关著述不多。1991 年 6 月,笔者专门走访了厦门大学政法学院院长陈安教授,请教中国法学界对 MIGA 的看法。陈安教授是中国研究国际投资法的知名学者,当时正在美国俄勒冈州西北法学院担任客座教授。他阐述了对 MIGA 的个人见解,并比较分析了中国加入 MIGA 的利弊得失②。

陈安教授认为,MIGA 是当今世界发展中国家和发达国家之间,即"南、北"两大类国家之间经济上互相依存、冲突、妥协和合作的产物。他强调,"南、北"两大类国家在经济上各具优势,这是"南、北"经济上互相依存和资本由"北"向"南"流动的根源所在。对于跨国投资家来说,在发展中国家投资,较之在发达国家投资,"虽能获得更大的利益,但也伴随着更大的风险,尤其是政治风险"。如果没有经济上的互相依存和在"南方"国家相应风险的存在,MIGA 就不可能产生。

陈安教授指出,"南、北"矛盾和冲突植根于两大类国家之间不同的经济利益和政治观点。发达国家认为,投资者在发展中国家的私有财产神圣不可侵犯;然而,发展中国家却十分珍惜来之不易的政治主权和经济主权,并赋予它至高无上的地位。例如,第二次世界大战以后,尤其是在 20 世纪 60 年代和 70 年代,为了摆脱殖民国家的政治压迫以及为了争取经济上的独立,许多新兴的发

---

① 《国际贸易报告书》,第 653 页。
② 参见本文作者整理的访问记录:《陈安教授谈 MIGA》。

展中国家对在其领土内的外资实行征收或国有化,给予或不给予发达国家索要的"充分"补偿。

尽管历史上有过种种冲突,现在,为了促进本国经济的发展,发展中国家仍然需要外来资金、先进技术和科学的管理经验;而发达国家则需要廉价的劳动力、原料和广阔的市场,来牟取更多的利润。因此,完全割断两者之间的相互联系是不现实的,对任何一方都是有害的。事实上,冲突和矛盾的结果必然导致互相妥协和互相合作,共同谋求改善发展中国家的投资环境。如果没有两大类国家之间的相互妥协和合作,也就不会有 MIGA 的出现。

陈安教授进一步阐释,这种妥协的结果就是作为东道国的发展中国家在一定程度上自我限制本国在外国投资担保问题上的主权。这种自我限制明显体现在以下几个方面:(1) 承认 MIGA 与外国投资者之间签订的担保合同在一定条件下对东道国具有法律拘束力;(2) 承认 MIGA 的代位求偿权;(3) 承认 MIGA 与东道国之间的争端解决方式为国际仲裁,而不是东道国法院的判决;(4) 承认在采用仲裁程序时,一并适用《MIGA 公约》、可适用的国际法规则以及东道国的国内法规则,而不仅仅限于适用东道国的国内法规则;(5) 承认国际仲裁裁决对当事人和当事国的最终效力和法律拘束力,犹如在《MIGA 公约》各成员国法院作出最终判决那样①。

陈安教授强调,妥协的另一方面的结果是,《MIGA 公约》成员国中的发达国家同意敦促本国投资者更加尊重东道国——发展中国家的政治主权和经济主权。在一定程度上,务必恪守东道国的国内立法。这些要求尤其明显地表现为:(1) 除非事先获得东道国政府的同意,MIGA 不得签订任何承保非商业性风险的保险合同;(2) MIGA 不对不符合东道国法律和法规的投资提供保险;(3) MIGA 只承保有利于东道国经济发展的投资;(4) MIGA 不担保任何因投保人认可或负有责任的东道国政府的任何作为或不作为所造成的损失;(5) 从法律上禁止 MIGA 伙同任何成员国从事反对其他成员国(特别是发展中国家)的政治活动②。

无疑,加入 MIGA 既有利于发展中国家,也有利于发达国家,前者可以改善投资环境,吸收更多的外资以加速本国经济的发展;后者可在相对安全的条件下增加更多的盈利机会。

笔者认为,陈安教授的上述见解抓住了问题的实质,触及了 MIGA 建立的

---

① 参见《MIGA 公约》第 11 条(a)款及第 13 条(a)款;第 18 条(a)、(b)款;第 57 条及公约附件 II 第 4 条(g)、(h)、(j)款。
② 参见《MIGA 公约》第 15 条,第 12 条(d)款(i)、(ii)、(iii)项,第 11 条(c)款(i)项,第 34 条。

根基——"南、北"的依存、矛盾、妥协与合作。他的理论在某种程度上代表了中国法学界的观点。这种观点注重发展中国家的主权,是与中国作为半殖民地国家在1949年之前的痛苦经历密切相关的。

2. 与MIGA有关的中国立法

长期以来,中国的最高立法机关——全国人民代表大会批准的许多国际条约,包括十分重要的条约,暂时也还没有相应的国内专门立法予以配套。因此,迄今为止中国尚无有关 MIGA 的国内立法,这是可以理解的[①]。然而,《中华人民共和国民法通则》第142条规定:"中华人民共和国缔结或者参加的国际条约同中华人民共和国民事法律有不同规定的,适用国际条约的规定,但中华人民共和国声明保留的条款除外。"根据上述规定,《MIGA公约》在法律效力上高于中国国内立法,在《MIGA公约》与中国法律规定相抵触的情况下,应当优先适用《MIGA公约》。

值得注意的是,中国在国内立法和国际条约中均承认代位求偿权。例如,1982年的《中华人民共和国经济合同法》和1988年的《企业财产保险条款》,都承认对第三方提出索赔的代位求偿权。《经济合同法》第25条规定:"财产保险合同,采用保险单或保险凭证的形式签订。""被保险财产的损失,应由第三人负责赔偿的,如果投保方向保险方提出要求,保险方可以按照合同规定先予赔偿,但投保方必须将追偿权转让给保险方,并协助保险方向第三人追偿。"《企业财产保险条款》第20条除肯定《经济合同法》有关规定之外,还进一步明确规定,如第三方应当赔偿投保财产损失的,投保人有权利也有义务先向该第三方索赔;如果投保人不先向第三方索赔,而直接向保险人(即承保人)提出赔偿请求的,投保人应事先将对第三方追偿的权利转让给保险人。

为了消除外商对在华投资政治风险的顾虑,中国的涉外投资法确认,在特殊情况下,虽可根据社会公共利益的需要,对外商投资实行征收,但应给予相应的补偿[②];同时,中国也承认自己参加签订的保护国际投资条约中规定的代位求偿权。1980年中国政府同美国政府签订了双边投资保证协定,接受欧皮克公司在中国所实施的保险计划。根据该协定,中国明确同意美国在华投资可由欧皮克公司或继承该公司的美国政府机构提供保险、再保险或保证。此外,中国还同意:如果承保者根据承保范围向投资者支付赔款,保险人(欧皮克公司

---

① 威森费尔德1991年7月12日写给陈安教授的信件(以下简称"MIGA信件A")中,认定中国目前尚无有关MIGA的专门立法(原信复印件现在笔者处备查)。
② 《中华人民共和国中外合资经营企业法》第5条等。

或其继承者)享有向中国政府提出代位求偿的权利①。

中国在国内和国际的上述立法实践表明,早在正式签署《MIGA 公约》之前,中国就已承认和实行财产保险合同的基本法律原则。

3. 中国对 MIGA 的态度

中国对承认《MIGA 公约》的规定,包括有关赔偿支付和代位求偿的条款持积极的态度。根据这些条款,一旦 MIGA 已经向或同意向投保人支付赔偿,投保人对东道国和其他债务人的权利和请求,就由 MIGA 代位取得。以下事实恰能说明中国对 MIGA 的积极态度:

(1) 从 1984 年 10 月到 1985 年 3 月,一个"寻求支持"建立 MIGA 的世界银行代表团与各国政府包括中国政府进行了广泛的磋商。早在 1985 年 1 月,希哈塔先生已就有关建立 MIGA 的问题在北京"同中国政府进行了单独会谈"②。

(2) 1985 年 10 月,《MIGA 公约》在世界银行的汉城年会上通过,同时向世界银行的所有成员国和瑞士开放签署。时间刚过 1 个月,中国财政部外事财务司世界银行处就将《MIGA 公约》文本译成中文,并印发给各有关单位和学者征询意见,俾供最后决策参考。

(3) 中国是 MIGA 的创始会员国,已被选为 MIGA 理事国,中国财政部部长已成为在 MIGA 代表中国的理事。

(4) 中国签署《MIGA 公约》的日期和递交该公约批准书的日期,相隔仅两天。

(5) 中国在 MIGA 中认缴了 3 138 股股份,相当于 3 138 万特别提款权,折合 33 953 160 美元,占 MIGA 全部认缴股份的 3.138%,在所有成员国中居第六位,超过许多发达国家,甚至超过"七国集团"的加拿大和意大利。除股份份额超过中国的五个国家之外,与其他国家相比,中国在 MIGA 中享有更广泛的权利并承担相应的义务。中国财力有限却认缴大量股份,单从这一事实就不难推断:中国对 MIGA 是充满善意和信心的。

(6) MIGA 机构建立之后,中国官方通讯社——新华社对 MIGA 的活动作了连续报道,报道内容涉及不同国家和不同国际组织对 MIGA 的积极评价和评论;其他国家参加《MIGA 公约》的情况;MIGA 的正式建立;MIGA 承保的重要项目;中国代表在 MIGA 国际会议上宣布优待外资的立场。一般而言,新

---

① 《中华人民共和国和美利坚合众国关于投资保险和投资保证的鼓励投资协定》第 3 条,载于《中国国际法年刊》(1982 年本),中国对外翻译出版公司 1983 年版,第 432—435 页。
② 希哈塔:《MIGA 与外国投资》,1988 年英文版,第 75 页。

华社代表中国政府的立场,因此,这些报道体现了中国支持 MIGA 的积极态度①。

(7) 1988 年 9 月 25 日在 MIGA 主持的一次会议上,中国财政部副部长项怀诚愉快地表示了中国对 MIGA 的支持。他宣称,中国参加 MIGA 是消除外商对中国政治风险顾虑的一个"积极步骤"②。

(8) MIGA 的现任法律顾问威森费尔德先生在致陈安教授的第二封信中写道,据他查阅 MIGA 档案留下的印象,中国政府与 MIGA 就项目的批准、当地货币的使用以及投资保护等问题所展开的谈判是"顺利、融洽的","中国方面没有设置任何障碍"③。

总之,这些事实从不同角度和不同侧面反映了中国对 MIGA 的现实态度并富有诚意。

六、美国对 MIGA 的看法以及相应的立法

美国于 1988 年 4 月 12 日批准《MIGA 公约》,成为 MIGA 的成员国。美国负责 MIGA 事务的官员认为,MIGA 和欧皮克公司在保险范围和保险能力方面颇有不同。MIGA 和欧皮克公司之间是互补关系,而不是主从关系。两者对比较大型的项目进行保险和再保险时可以相互协助④。如果某项投资金额巨大,两者中任何一方都不愿或无力单独承保,则它们可以对该投资的政治风险实行共保或分保。例如,有一项期限长达 20 年、金额高达 3 000 万美元的再保险,就是由 MIGA 负责实施,并与欧皮克公司达成了再保险协议的。根据该再保险合同,MIGA 和欧皮克公司一起承保货币兑换险和征用险,为的是"支持美国通用电器公司从设在匈牙利的一家生产轻工产品的公司——坦格斯让公司获得 1.5 亿美元的收益"⑤。

然而,世界银行法律顾问哲根·沃斯(Jurger Voss)却认为 MIGA"比欧皮

---

① 根据笔者所掌握的资料,在《MIGA 公约》于 1988 年 10 月正式通过之前,新华社海外新闻稿早在 1985 年 4 月 19 日起就开始报道 MIGA 的活动,截至 1991 年 6 月,新华社海外新闻稿已发了 31 篇报道。新华社的这些报道均已被收集在美国 Lexis/Nexis 电脑资料库存中,随时可供查索并印出。
② 《中国对外国直接投资政策概述》,载于新华社海外新闻稿 1988 年 9 月 25 日,第 2 页。
③ 威森费尔德 1991 年 7 月 26 日写给陈安教授的信(以下简称"MIGA 信件 B"),原信的复印件现存厦门大学国际经济法研究所备查)。
④ 《国际贸易报告书》(第 4 卷第 19 期),1987 年 5 月 13 日,第 653—654 页。
⑤ 《MIGA 1990 年年度报告》,第 12 页。

克公司具有更大的实力和影响"①。

1987年5月在美国参议院外交关系委员会举办的一次听证会上②,以及在其他场合,如在1990年9月举行的一次新闻发布会上③,世界银行和美国的一些高级官员都发表了对MIGA的看法。

第一,沃斯强调,MIGA具有国际性,它由所有成员国包括发展中国家出资,而欧皮克公司仅仅是一个由美国政府出资的国内保险机构④。

第二,MIGA中主管保险业务的副总裁莱·P·霍里伍德(Leigh P. Hollywood)认为,欧皮克公司只承保美国本国的海外投资,而MIGA"作为政治风险的承保人",业务范围遍及所有成员国在其他发展中国家成员国境内的投资⑤。霍里伍德特别强调"这是一种极其重要的功能,它使MIGA区别于欧皮克公司和其他各种国内建制,这些国内建制的服务对象仅限于本国国民"⑥。

第三,为了保证欧皮克公司在它向投保人支付赔偿之后,能够顺利行使代位求偿权,美国必须分别同每一个作为东道国的发展中国家逐一订立投资保护协定。美国商务部对外商务局主管亚历山大·古德(Alexander Good)认为,"欧皮克公司具有合适的承保范围并具有进取精神,但它尚未同所有国家都逐一订立协议",因此,它的保险业务只限于一些特定国家。反之,在所有的MIGA成员国之间,就不存在这个问题⑦。

第四,美国财政部主管发展中国家事务的助理副部长詹姆·康罗(Jame Conrow)认为,"MIGA能够保证有一个强有力的国际裁判庭,而欧皮克公司则办不到这一点。这是迄今为止发展中国家首次在国际公约中接受自动交付仲裁解决的体制。"⑧

第五,沃斯认为,一旦发生MIGA承保范围内的风险事故,使外国投资遭受损失,作为侵权行为人的东道国,在MIGA顺利行使代位求偿权之后,才不得不间接地向投资者付赔;可是,作为承保人的所有MIGA成员国,包括

---

①②④⑥　同 p. 1006 注④。
③⑤　同 p. 998 注③。
⑦⑧　同 p. 1006 注④。
欧皮克公司的营运已起到鼓励美国海外投资的作用,然而,它又促使许多公司停止在美国的业务,而将他们的公司转移到发展中国家,利用东道国廉价的劳动力,牟取更多的利润。这些活动导致美国国内就业机会一定程度的减少。1977年,欧皮克公司遭到美国劳联-产联的强烈攻击和反对。为了缓和国内矛盾以及为了顺利解决对欧皮克公司的重新授权问题,美国国会附加了一些法律条款。根据这些条款的规定,如果某项美国海外投资可能造成美国国内就业机会大为减少或可能造成美国贸易利益大为减少的,欧皮克公司即应拒绝对该项投资提供保险。由此,欧皮克公司在审议和判断投资是否具有投保资格方面,享有自由裁量权,见《美国法规汇编》第22卷第2191节(K)(1)(m)款,第128页。

东道国，却在 MIGA 行使代位求偿权之前，就必须直接"向投资者提供金钱赔偿"①。

显然，不管发生什么情况，由于东道国是 MIGA 的成员国，它们将间接地甚至直接地承担由 MIGA 承保的投资风险事故所造成的全部或部分损失。然而，如果此项投资风险由欧皮克公司承保，则这家美国政府经营的保险机构就得首先自己支付赔偿②。在欧皮克公司赢得代位索赔的诉求之前，东道国没有任何义务直接向投保的外国投资者支付任何赔偿。

根据这些官员的分析，笔者认为，在促进和保护投资流向第三世界方面，MIGA 具有更高的国际权威性和更强的国际影响力。特别是，如果美国海外投资者在某些国家投资，而这些国家又暂时受到美国"政治制裁"或"经济制裁"，那么，MIGA 的"非政治化"特点，使得该机构对美国海外投资者而言更是十分重要和必不可少的。

值得注意的是，美国社会的其他阶层，如劳联-产联等工会组织，对 MIGA 的看法则迥然不同于美国的高级官员和投资家。劳联-产联认为，欧皮克公司漠不关心因鼓励海外投资而对美国劳动就业造成的消极影响；MIGA 和欧皮克公司在经营上犹如难兄难弟，"并驾齐驱"③。从欧皮克公司的经营后果来看，预计 MIGA 业务的展开，将促使更多的美国公司将其国内业务转移到海外，从而进一步加深美国工人劳动就业的困难。在考虑到 MIGA 不能为美国创造就业机会的同时，劳联-产联也关注海外投资对各国工人权利的实际影响。他们指责说，这种实际影响曾"被列为评估欧皮克公司保险业务是否可行的标准之一，而对 MIGA 却没有这样的要求"④。

在妥协的基础上，劳联-产联的批评得到了国会立法人员的认同。在国会通过的有关认可美国参加 MIGA 的专题立法中，规定了美国工人的权利。该法案要求美国指派在 MIGA 中任职的董事"提出建议并尽力促使制定出有关的政策和程序"，以便在出现以下情况时，能够阻止 MIGA 董事会向拟议中的投资提供担保⑤：

首先，对于任何尚未采取或不拟采取措施给予该国工人以国际公认的工人权利的国家，MIGA 就不应对进入该国的任何投资提供保险。

其次，如果东道国对投资附加了扰乱贸易的履行条件，从而可能造成美

---

① ③ 同 p. 1007 注⑧。
② 《中华人民共和国和美利坚合众国关于投资保险和投资保证的鼓励投资协定》第 3 条。
④ 《国际贸易报告书》（第 4 卷第 19 期），1987 年 5 月 13 日，第 653 页。
⑤ 《实用美国法规汇编》（第 22 卷），第 290K—2 节，第 102—103 页。

国或其他成员国国内就业机会大量减少,或可能造成美国或其他成员国从该项投资中可能获得的其他贸易利益大量减少,那么,MIGA 也就不应提供担保。

显然,这两种情形都与就业问题直接相关。实际上,法案中的这些规定对美国工人来说只是一种不痛不痒的安抚。因为 MIGA 也必须考虑美国社会其他非工人阶层以及其他成员国社会各阶层的利益,它不可能不折不扣地执行这些规定。更何况,尽管美国是 MIGA 中的一大主角,但 MIGA 毕竟并非由美国独家经营,因此,美国试图通过国内立法随心所欲地将自己的政策强加于 MIGA 的董事会,也不会是容易的。

七、MIGA 对保护美国在华投资可能发挥的重大作用

中国通过国内立法和国际条约,从法律上保护美商在华投资。在国内法方面,《中华人民共和国宪法》这一根本大法以及其他一系列中国涉外法律和法规,都明文规定在华外资(包括在华美资)的合法权益受到中国法律的保护;在国际条约方面,中国政府在实行对外开放基本国策之初,即率先于 1980 年与美国政府签订了有关投资保险的鼓励美商在华投资的双边协定。

自中国成为 MIGA 成员国之后,由 MIGA 承保的美商在华投资可进一步得到中国和 MIGA 的双重保护。一旦发生 MIGA 承保范围内的非商业性风险,给美国投资者造成损失,作为东道国的中国将面临双重的赔偿责任:首先,在 MIGA 行使代位求偿权之前,中国须向投资者<u>直接</u>支付金钱赔偿;其次,在 MIGA 顺利行使代位求偿权之后,中国无异于向投资者<u>间接</u>地支付了赔偿。

可见,无论出现上述哪一种情况,中国的 MIGA 成员国资格决定中国不可能规避向上述投保了的在华美资支付部分或全部侵权赔偿金的义务,即无法摆脱对 MIGA 承保的在华美资非商业风险负有的赔偿责任。况且,无论出现上述哪一种情况,中国都将随即受到来自 MIGA 所有成员国包括众多发展中国家成员国的压力。这当然是中国不愿意看到的局面。

中国在参加《MIGA 公约》之前,显然意识到而且已经洞悉 MIGA 体制中的这些"奥妙",以及它们对吸收外资的东道国所形成的多重约束力,但中国仍然决定参加该公约。由此可见,中国鼓励和保护外商来华投资(包括在华美资),其善意和决心是无可置疑的。

MIGA 和欧皮克公司各自都有最高的承保限额①。当美商在华投资的特大型项目特别是开发自然资源和能源建设项目需要投保时，MIGA 在保险市场上格外能发挥其承保能力②。假如 MIGA 和欧皮克公司都无力单独承保美国在华大型投资项目，则两者可以一起对该投资项目实行共同保险或分保。

MIGA 是唯一一家专门承保政治风险的多国保险机构，在多数实质性场合，MIGA 因循或仿照美国欧皮克公司的做法开展保险业务③。但是两者承保对象范围的广狭却有不同。前者的适格承保投资未必就是后者的适格承保投资；反之亦然。就美国欧皮克公司而言，除了前面已经提到的对投保人的国籍设有狭窄限制之外，还存在着美资所在东道国是否符合美国所设定的"政治标准"的人为障碍。相形之下，MIGA 却具有较宽的"胸怀"，它有权承保美国法律和欧皮克公司政策禁止承保的项目④。如果出现这种情况，美国投资者在投保各种在华非商业性风险时，就有了新的选择，在考虑投保取舍时，可以舍欧皮克公司而取 MIGA⑤。反之，如果一项美商对华投资对于这两家保险机构说来都是适格的承保投资，那么，该美商就可以自由选择 MIGA 或欧皮克公司，看看两者之中何者能就在华非商业性风险向投资者提供更有效、更充分和更廉宜的保险和保护，择优投保。

1990 年在美国发表的一篇新闻评论引述了 MIGA 副总裁霍里伍德的看法。他指出："与一些国家政府经营的专门承保政治风险的机构不同，MIGA 无需考虑东道国的人权记录，或一个投资项目对投资者母国劳动者就业的影响，因此在某些国家保险机构无法承保某些不符合条件的投资项目时，MIGA 却可以承保，从而弥补缺陷。"⑥

根据霍里伍德的观点，如果"出于政治原因"，一个国家保险计划不能将某一特定东道国列入承保范围，那么，MIGA 就是一个受欢迎的选择。因为 MIGA 批准承保投资项目所依据的主要标准是：(1) 该投资项目是否对作为 MIGA 成员国的东道国有利；(2) 该项目在财政上是否具有足够的生存和发展能力⑦。

霍里伍德有关 MIGA"非政治化"的这些观点，看来是"言之有据"的。它符合《MIGA 公约》第 34 条的规定。该条明确强调："MIGA 及其总裁和职员不得干涉任何成员国的政治事务。在不伤害机构考虑与投资有关的所

---

① MIGA 对每一投资项目的每一类风险，最高保险额为 5 000 万美元，见《投资者最新动态》，载于《中国商务》1990 年 2 月 26 日第 2 版；又见《MIGA》，载于《世界保险报告书》，1990 年 3 月 18 日。
②③④ MIGA 信件 A。
⑤⑥⑦ 投资者最新动态。

有因素这一权力的前提下,其一切决定均不受有关成员国政治性质的影响。在权衡与决策有关的各种因素时应无所偏倚,以期达到第 2 条所阐明的宗旨。"

然而,如果将《MIGA 公约》的这一规定与美国国会专为本国参加该公约而通过的法律规定加以比较,人们首先就会陷入迷惑不解,继而发现两者之间在"非政治化"问题上"南辕北辙"。因为《美国法规汇编》第 22 卷第 290 节 K 条 2 项规定:

美国派驻 MIGA 的董事上任后,应当在该机构正式签发第一份保险单之前,立即提出建议,并尽力促使该机构董事会采用有关的政策和程序,从而使该机构不对拟在下述国家中投资的项目提供担保:

"(1) 该国尚未采取或不拟采取措施给予该国工人以国际公认的工人权利。"

"(2) 东道国对该项投资附加扰乱贸易的履行条件,从而可能造成:美国或其他成员国的就业机会大量减少;或美国或其他成员国从该项投资中可能获得的其他贸易利益大量减少。"

"(3) 该项投资会提高一国某类工业的生产能力,而这类工业在世界范围内已面临相同、相似或竞争产品的生产能力过剩,其结果,势必给其他成员国中生产这种产品的厂商造成重大损害。"

美国法律的这些规定,不仅要求 MIGA 切实保护美商的各种经济利益,而且要求 MIGA 接受美国的政治观念,把东道国的所谓"人权"记录作为是否同意承保有关投资的重大标准,即把适格承保的标准政治化了。

其次,《MIGA 公约》第 12 条 d 款 iv 项规定:

"在担保一项投资时,MIGA 应彻底弄清……东道国的投资条件,包括该投资是否可得到公正平等的待遇和法律保护。"

这一规定本身自无不当,但如戴上美国政坛近年来相当流行的有色眼镜,却也不难对该公约的这一条文随心所欲地作出政治化的解释。

有鉴于此,美国是否能如愿地将其本国的某些法律和政策,即那些把承保适格政治化的法律和政策推行于 MIGA,以影响该机构的决策过程,以及 MIGA 的"非政治化"是否真正现实可行等,就都成为耐人寻味的问题。

再次,MIGA 现任法律顾问威森费尔德在 1991 年 7 月 12 日致陈安教授的一封信中指出,尽管 MIGA 已经接受许多可能投保的美国和欧洲客户的咨询,但这些初步的咨询"尚未成熟到申请订立合同的程度",因此,直到当时为止,

"MIGA 仍未获得在中国承保投资项目的机会"①。

笔者对这封信中的委婉说辞,与《MIGA 公约》以及美国立法的上述有关规定作了综合比较和仔细揣摩,觉得有必要进一步探讨以下几个具体问题:

问题 1 MIGA 衡量这些咨询是否"成熟"到可以申请订立合同的标准是什么?美国派驻 MIGA 的董事在衡量这些咨询时持何立场?是什么原因导致 MIGA 尚未获得在中国承保投资项目的机会?其主要原因是来自 MIGA 客户的犹豫不决?还是来自 MIGA 本身的限制和劝阻?

问题 2 根据《MIGA 公约》第 12 条 d 款 iv 项的规定,在 1989 年 6 月 4 日之后,MIGA 对中国投资环境如何评估?这种评估是否取决于世界银行所作的评估?MIGA 是否认为中国的投资环境尚不符合该机构承保在华外资的水准?

问题 3 现在,中国已被列入"有资格获得担保的 MIGA 成员国"名单(从 1991 年 7 月 2 日开始),并被确定为"第二类国家(即发展中国家成员国)"之一②。相应的注解称:"凡是来自这第二类国家或第一类成员国的投资者在这些第二类成员国境内的投资,便有资格获得 MIGA 的担保"③。这是否意味着目前 MIGA 已判定中国现行的投资条件已全面符合《MIGA 公约》第 12 条 d 款 iv 项的规定,即在华外资已经能够"得到公正平等的待遇和法律保护"④?

问题 4 自 1989 年 6 月 4 日以来,美国欧皮克公司已停止承保新的美商对华投资⑤,这是美国对中国实行"经济制裁"的措施之一。美国此项措施会不会对 MIGA 的承保政策产生实际影响,从而在事实上限制或阻碍 MIGA 承保美商在华投资?

问题 5 美国派驻 MIGA 的董事按照前述美国 22 U.S.C §290K—2 项法律规定行事,则目前美国推行的把对华经贸问题政治化的政策是否严重影响 MIGA 承保在华投资的决策?如果回答是肯定的话,那么,究应如何理解是《MIGA 公约》第 34 条规定的有关该机构经营"非政治化"的精神实质?

问题 6 如果美商就其适格的在华新投资正式向 MIGA 提出投保申请,MIGA 是否会真正严格遵照公约中的"非政治化"规定而同意承保?

问题 7 MIGA 是否已经确认中国是它承保投资非商业性风险的重要市场?认定的主要依据是什么?

---

① 同 p. 1010 注②。
②③ 参见签署和批准多边投资担保机构公约国家一览表(截至 1991 年 7 月 2 日)。
④ 《MIGA 公约》第 12 条 d 款 iv 项。
⑤ 所罗门:《中国与最惠国待遇:变革的催化剂是交往而不是孤立》,载于美国国务院文件《现行政策》第 1282 号,1990 年 6 月 6 日,第 5 页。

笔者曾就上述这些令人"纳闷"的疑难问题,通过陈安教授的帮助,直接函询 MIGA 的法律顾问威森费尔德,向他请教。他在回信中坦率地承认,这些问题正是"评论家们在探讨 MIGA 过程中所遇到的一批最难解答的难题"。

对于问题 1,威森费尔德在回信中委婉地解释说:"投资程序是一个缓慢的过程,即使一帆风顺,由于跨国性行动耗费时日,因此,到最终达成针对投资的协议,拖延一年或更长时间,也不是不可能的。在投资目标所在国的经济和政治形势似乎还在变动之中的情况下,尤其如此。"①

另外,威森费尔德强调,MIGA 不清楚"为什么针对在华投资要求投保的几家申请人至今尚无进一步的行动"②,也不知道在出现问题 1 提到的情况时"美国派驻 MIGA 的董事将持何立场"。但是,他断然"保证 MIGA 从来没有做任何劝阻投资者向中国投资的事情"。相反,他强调,MIGA"迫切希望"在中国这个市场上开辟业务,站稳脚跟,从而使"中国真正成为 MIGA(开展承保业务)的一个重要市场"③。其所以然,是因为"在过去十年国际投资界对中国一向怀有相当大的兴趣,对于外国投资家来说,这个国家的幅员使它成为一个潜在的巨大投资市场。作为一个促进开发的机构,MIGA 将充分发挥作用,以促进向这个如此重要的发展中国家实行投资。我深信,这种期待是现实的"④。

对于问题 2,威森费尔德实际上不愿确切回答,理由是 MIGA 尚未处理过针对在华投资申请投保的事例,因此,根据《MIGA 公约》第 12 条 d 款 iv 项规定,要求该机构对中国现行投资条件进行评估,也就无从谈起了。

对于问题 3,威森费尔德明确答称:"一个国家被列入一项成员国名单并不表示已经断定外国投资在该国受到的待遇。这样的一种判断将在随后有人要求 MIGA 承保在该国境内的投资项目时再作出。实际上,MIGA 每次承保该国境内的项目,都必须按照《MIGA 公约》第 12 条 d 款 iv 项规定的标准逐一审定。"

威森费尔德的这种解释显然暗示:中国作为一个签署和批准《MIGA 公约》的成员国,并被列入上述名单,仅仅意味着它是该公约第 14 条所规定的一般意义上的"合格东道国",而并不意味着 MIGA 已经具体断定中国的投资环境完全符合于该公约第 12 条 d 款 iv 项规定的标准。对于后者,还有待于日后逐案审定。

问题 4 和 5 可以说是上述所有问题的关键和核心。显而易见,美国有关

---

①②③④　MIGA 信件 B。

MIGA 的国内特别立法(即前述 22 U.S.C §290K—2 项法律)与《MIGA 公约》第 34 条规定是直接抵触、大相径庭的。前者规定,美国派驻 MIGA 的董事有义务推行美国有关 MIGA 的法律和政策,针对可能出现的四种情况,设法阻止该机构向拟议中的投资提供担保。然而,《MIGA 公约》第 34 条规定的该机构"非政治化"机制,在理论上给人们的印象是:(1) MIGA 奉行中立政策,在政治上无所偏倚。(2) MIGA 的一切决策,既与政治无涉,不应接受世界范围内一国或数国的任何政治影响。(3) MIGA 本身及其所属全体人员,一概"不得干涉任何成员国的政治事务","禁止政治活动"。根据以上缔约精神,其逻辑上的必然结论和具体结论之一,理应是:(4) 在 MIGA 决定是否向美商在华投资提供担保时,根本无须考虑美国国内立法即 22 U.S.C §290K—2 项法律所力图强加于 MIGA 的政治性限制规定;更不应接受来自美国国内法的政治性掣肘。由此可见,MIGA 在这方面较之美国的欧皮克公司,具有一些明显的和独特的优势。从理论上说,凡是碍于美国政策、出于某种"政治原因"因而欧皮克公司不能承保的美商海外投资,只要符合 MIGA 的有关规定,即可由该机构提供担保。

然而,现实无情。世界上迄今存在的强权政治的阴影,却在一定程度上阻遏着上述理论的贯彻。

由于美国是 MIGA 最大的持股者,来自美国的董事在该机构中拥有 21.7% 的投票权[①],因此,MIGA 在审议申请投保的美商在华投资时,事实上不可能不受美国政府的政治决策以及有关立法的重大影响。可以说,在一定条件下,美国董事的投票倾向,在某种程度上甚至对 MIGA 的决策具有举足轻重的作用。更为重要的问题是,在 MIGA 成员国中,以西方"七国集团"为首的发达国家投票权的总和,占该机构董事会全部投票权的一半以上[②]。如果他们对某一特定国家或特定事项持相同的看法或采取相似的政策,那么,这些国家就能全盘控制 MIGA 特定决策。

针对笔者提出的这个关键性疑难问题,威森费尔德回答得比较含蓄,也比较含糊。他在前述函件中写道:"美国在许多国际机构中都是最大的持股人,因此,它力图运用其投票权促使这些国际机构的决策符合美国政府的观点,这是极为正常的。通常,国际组织的成员国,包括美国,对某一特定事项持这种或那

---

①② 《多边投资担保机构关于资本份额认缴和投票权的声明》,载于《MIGA 1990 年年度报告》,第 26—27 页。美国在 MIGA 中占有 20.519% 的股份份额。"七国集团"总共拥有 MIGA 投票权的 49.72%,其中,美国 21.70%,日本 5.53%,联邦德国 5.5%,法国 5.28%,加拿大 3.29%,意大利 3.14%。

种观点,便会各自努力设法取得其他持相同意见的成员国的投票支持,以加强自己的地位。这种努力,既可以正式地在机构内部的会议辩论中进行,也可以非正式地通过各种外交接触之类的场合进行。"①

在解释美国投票权在 MIGA 决策中的作用之后,他指出,如果有美商对华新投资向 MIGA 申请投保,而美国董事却力图加以"劝阻",则暂且还不知道"美国究竟是对 MIGA 的管理部门非正式地表示意见;抑或是在董事会上就此事项展开辩论"。如果正式投票,也往往"无法预料董事会的投票结果"。因为直到 1991 年 7 月为止,MIGA 还没有这方面的具体实践记录②。

显然,在这里威森费尔德并不否认,美国对中国实行"经济制裁"和"政治制裁"政策的延续以及美国 22 U.S.C §290K—2 项法律的规定,势必通过美国董事行使其在 MIGA 中的特大投票权,在某种程度上限制该机构承保美商在华投资的能力。

但是,另一方面,威森费尔德在上述函件中既不直截了当地确认,也不直截了当地否认《MIGA 公约》第 34 条规定的该机构"非政治化"的特点和要求。很难认为,这不是他对现实难题的一种"规避"。联系到威森费尔德在历史上和现实中的两种身份,他在答疑时存在的"苦衷",就不难理解了。他曾在美国政府主办的欧皮克公司连续担任助理总法律顾问长达 12 年之久,而现在则在 MIGA 这一国际性机构中担任要职,正在积极努力地为这个机构树立公正、超脱的形象,以利于在全球开拓承保业务。可是,事实上,美国政府的政治观念和政策对 MIGA 决策的影响确然存在,而这种存在又显然成为该机构实现"非政治化"的一大障碍。此种理论与现实的矛盾,美国国内法与国际公约的抵触,以及"过去"与"现实"两重身份的差异,势必促使威森费尔德在说明这个问题时陷入两难境地。

虽然如此,笔者仍然认为,美国政府把对外经贸问题政治化的惯常做法对 MIGA 实现"非政治化"的消极影响也不是不受限制或无法抵消的。如果其他发达国家成员国就特定国家或特定事项与美国抱有不同的观点或采取不同的政策,而发展中国家成员国又能坚持自己的政策,那么,美国就无法控制 MIGA 的决策。例如,美国是西方国家中唯一一个迄今仍然对中国实行"经济制裁"的国家,而欧共体却在 1990 年 10 月的外长会议上就已决定取消对中国的经济制裁。此外,西方七国首脑会议的主席也赞同美国总统布什关于无条件延续对华

---

①② MIGA 信件 B。威森费尔德在信中解释称:"通常,一个成员国虽然反对承保某一特定项目,但鉴于其他成员国大多支持该项目,一般都会投弃权票,而不会投不赞成承保该项目的反对票。"

最惠国待遇的主张,并建议继续改善同中国的关系。在这种国际动向下,即使美国仍然能在 MIGA 中扮演重要的角色,恐怕也难以随心所欲地控制该机构实现"非政治化"的趋势。目前,在对华投资承保的问题上,摆脱美国政策对 MIGA 的影响的可能性正在日益增大,这将使《MIGA 公约》第 34 条所倡导的理论上的"非政治化"得到某种程度上推动和实施。对于美国在华私人投资来说,这种结果恰恰是 MIGA 优于美国欧皮克公司之处,因为美国立法规定后者必须受制于美国的法律和政策,而前者则理应不受美国法律的约束。MIGA 的这种优势可以使它比美国欧皮克公司发挥更大的作用①。凡是在中国已经进行新投资或有兴趣进行新投资的美国投资者,在中美关系尚未恢复正常、欧皮克公司拒绝承保对华新投资的现实情况下,仍然可以自由地要求 MIGA 提供投资保险。对这些投资者而言,MIGA 能够扮演一个欧皮克公司所不能扮演的角色。一旦充分了解 MIGA 的独特优势,MIGA 所具有的特点将有力地刺激美国投资者向该机构申请投资保险。即使日后欧皮克公司恢复对美商在华投资的保险计划,它也无法发挥 MIGA 所能发挥的独特作用。因此,如何与 MIGA 进行合作以及做到两者间的互补,看来将成为欧皮克公司面临的一项重大课题。另一方面,中美经济上的多种互补性,MIGA 的出现和开始运作,中国的迅即参加并大力支持该机构,所有这些,都预示着 MIGA 完全可以通过与欧皮克公司之间的合作以及与中国之间的合作,大力加强对美商在华投资实行国际保护。简言之,MIGA 开拓对在华美资的承保业务,其前景是十分乐观的。

八、结　语

随着时间的推移,由于 MIGA 的多国性质及相应的优势,它在保护跨国投资方面将会起到越来越大的作用。

作为世界上最大的海外投资国家,美国与新建的 MIGA 以及世界银行集团的其他成员之间有着非常密切的联系。有关建立 MIGA 的最初构想和倡议就是在美国的积极推动下提出的。美国正在充分利用这些国际经济组织以及相应的机制,促进其在世界范围内的投资大业。看来,为了更有力、更有效地保护美商在发展中国家的投资,包括在华投资,美国应当会更加注意发展欧皮克

---

① 所罗门:《中国与最惠国待遇:变革的催化剂是交往而不是孤立》,载于美国国务院文件《现行政策》第 1282 号,1990 年 6 月 6 日,第 3 页。

公司和MIGA之间的互补关系。

中国正在加快步伐,更大胆地实行对外开放和吸收外资的既定国策。根据新近来自MIGA总部的信息,截至1992年7月上旬,外国对华投资已有16个项目在MIGA正式登记申请投保,其投资总额超过6亿美元,投资部门包括产品制造业、农业综合企业、制药业、渔业、能源业乃至快餐业等等[1]。面临这种新的形势,作为正在吸引巨额外资包括美资的国家,中国理应注意以下几个问题:(1) 仔细研究世界银行集团五大国际经济组织以及它们之间的相互关系,准确理解这五大"齿轮"间相互衔接和相互配合的微妙之处;(2) MIGA对中国人来说还很陌生,应当设法使更多的中国人了解和接受新建立的MIGA及其运作机制;(3) 应当制定具体实施《MIGA公约》的专门立法,以进一步改善投资环境,预防和消除跨国投资过程中出现的国际矛盾,促进国际合作,从而在公正与平等的基础上促进中国人民与各国人民(包括美国人民)之间的互利关系。

---

[1] 参见MIGA总部威森费尔德1992年7月7日写给陈安教授的信(原信复印件现存厦门大学国际经济法研究所备查)。

Ⅳ ICSID与中国：我们研究"解决投资争端国际中心"的现实动因和待决问题[*]

内容提要 中国实行对外开放基本国策之后,20世纪80年代中期,外商对华投资逐步增多。但对中国政府部门能否公正处理投资行政争端,心存疑惧。在双边谈判中,许多外国(主要是发达国家)政府要求中国参加《华盛顿公约》和接受"解决投资争端国际中心"仲裁体制。对此种要求,国内人士见仁见智,歧议甚多,可归纳为三种主张：(一)主张"促进开放,从速参加"。认为：为了认真贯彻对外开放基本国策,进一步改善外商在华投资的法律环境,解除外商来华投资的顾虑,从而更多更快地吸收经济建设急需的大量外资,中国应当当机立断,迅即参加上述《公约》和接受上述"中心"体制。(二)主张"珍惜主权,不宜参加"。认为：对中国说来,实行对外开放和大量吸收外资,确属十分必要。但是,维护主权,独立自主,是对外开放和吸收外资的前提和基础。上述《公约》和"中心"体制对东道国(主要是发展中国家)的司法管辖权施加限制,并尽量把它转交国外机构,此种体制颇有损于东道国主权。作为社会主义国家和发展中国家的中坚力量,中国不宜参加上述《公约》。(三)主张"积极研究,慎重参加"。认为：上述两种主张,针锋相对,都有重要的理论根据。主张"从速参加"者根据的是中国对外开放的基本国策,主张"不宜参加"者根据的是中国维护主权的一贯立场。但是,仅仅根据这些理论原则,还不能准确地和全面地权衡利弊得失,从而对中国应否参加上述《公约》以及在何种条件下参加该《公约》的问题,作出科学的决策。为了作出正确的判断,就必须在上述基本国策和一贯立场的综合指导下,积极地抓紧对这个《公约》和"中心"的历史、现状以及

---

[*] 本文系由笔者参撰和主编的《"解决投资争端国际中心"述评》一书(鹭江出版社1989年版)的"代前言",以及《国际投资争端仲裁——ICSID机制研究》一书(复旦大学出版社2001年版)的"绪论",综合整理而成。

它们在实践中的具体运作情况,开展全面、深入的研究,并且在充分了解有关实况和全貌的基础上,慎重地决定是否参加以及如何参加。

笔者自20世纪80年代中期起参加过有关的政策咨询和学术研讨,并先后主持两个科研课题,对ICSID体制以及中国在其中趋利避害问题,进行较系统的和连续的集体攻关,提供了两本著作成果和有关建议。本文由两本著作的"代前言"和"绪论"综合整理而成,约5.7万字。为阅读方便,特在文首列明细目,俾读者在开卷时便可概见本文论述的内容、层次和脉络。

中国政府在多方咨询、研究的基本上,经过全面的利弊权衡,终于在1992—1993年间完成了签署和提交批准书的程序,自1993年2月6日起,成为《华盛顿公约》的缔约国,接受了ICSID体制。

目次

一、问题的提出:在中国境内的涉外投资争端中,外国的"民"可否控告中国的"官"
  (一) 中国国内法关于在华外商控告中国民间当事人的规定
  (二) 中国国内法关于在华外商控告中国政府机关的规定
  (三) 中外国际条约中关于在华外商控告中国政府机关的规定——"中心"问题的提出
二、"解决投资争端国际中心"的由来及其仲裁体制
  (一) "中心"出现的历史背景
  (二) "中心"仲裁体制的基本框架和运作原则
三、中国与"解决投资争端国际中心"早期关系的发展进程
四、关于中国应否参加《华盛顿公约》、可否接受"解决投资争端国际中心"仲裁体制的分歧意见
  (一) 主张"为了促进开放,应当从速参加"者的主要论据
  (二) 主张"为了珍惜主权,绝对不宜参加"者的主要论据
  (三) 主张"积极加强研究,慎重考虑参加"者提出的各种待决问题
五、中国参加《华盛顿公约》、接受"解决投资争端国际中心"仲裁体制后面临的新形势和待决问题
  (一) 十一年来《公约》缔约国大幅度增加
  (二) 十一年来"中心"仲裁体制的功能不断扩大

(三)十一年来"中心"受理的国际投资争端案件急剧增多

(四)在"中心"新形势下中国面临新的待决问题

六、《国际投资争端仲裁——ICSID机制研究》一书的内容结构

对外开放,吸收外资,以促进社会主义经济建设,是中国长期的基本国策。

觅利,是资本的本性和本能。外商来华投资的主要动力和终极目的,在于寻求最大限度的利润。利润的大小,除了经营管理方面的因素之外,主要取决于投资环境的良劣。有经验、有眼光的投资家历来重视东道国有关吸收外资的法律规定,把它作为他们综合判断投资环境良劣和日后获利厚薄的主要依据之一。

东道国有关吸收外资的法律规定,是一个比较复杂的综合体和多面体。它所涉及的诸多问题,大体上可以概括为四个主要方面,即:(1)对外资施加的保护是否充分、周到;(2)给予外资的待遇是否优惠、友好;(3)对外资实行的管束是否适度、宽松;(4)对涉外投资争端的处断是否公正、合理。这四个方面,历来是外国投资人所密切关注的四大关键。

本文所论述和评介的,是上述最后一个关键问题的重要组成部分。

一、问题的提出:在中国境内的涉外投资争端中,外国的"民"可否控告中国的"官"

东道国为处理涉外投资争端制定法律规范,一般采取两种方式,或通过两种渠道,一是实行国内立法,一是缔结国际条约。中国也不例外。兹分别简述如下。

(一)中国国内法关于在华外商控告中国民间当事人的规定

在中国,国内立法规定:中国境内中外合资经营企业的合营各方如在解释或履行合营合同时发生争议,应尽量通过友好协商或调解解决。如经过协商或调解无效,则提请仲裁或司法解决①。合营各方根据有关仲裁的书面协议提请仲裁时,可以在"中国国际贸易促进委员会"所设的"国际经济贸易仲裁委员

---

① 参见《中华人民共和国中外合资经营企业法实施条例》第109条。

会",按照该会的仲裁程序规则,进行仲裁;如当事各方同意,也可以在被诉一方所在国或第三国的仲裁机构,按照该机构的仲裁程序规则,进行仲裁①。如合营各方之间没有关于仲裁的书面协议,发生争议的任何一方都可以依法向中国的人民法院起诉②。对于中国境内的中外合作企业各方当事人之间的纠纷问题,也有类似的法律规定③。

至于设在中国境内的外资独资企业,在企业内部并无中方合资经营人或合作经营人,如果它与企业外部的其他中国法人或自然人发生经济合同纠纷,双方协商或调解不成,任何一方均可依仲裁协议向仲裁机构申请仲裁。当事人没有订立仲裁协议或者仲裁协议无效的,可以向中国人民法院起诉④。这里值得注意的是:即使双方协商同意,也不得将争端提交中国以外的仲裁机构进行仲裁。因为,设立在中国境内的外资独资企业,符合中国法定条件的,依法取得中国法人资格⑤。它和其他中国法人或自然人之间的经济合同纠纷,属于国内经济合同纠纷,并非涉外经济合同纠纷,从而理所当然地只能归由中国的仲裁机构或中国的人民法院管辖和处理。

以上诸项规定,概括起来说,就是:在中国的涉外投资争端中,外国的"民"(自然人、企业法人)可以告中国的"民"(自然人、企业法人)。

(二)中国国内法关于在华外商控告中国政府机关的规定

来华投资的外商,包括中外合资经营企业里的外商合营人、中外合作经营企业里的外商合作人以及外资(独资)企业里的外国投资人,如果他们在投资活动过程中发生争端的对方并不是中国的一般企业法人或自然人,而是中国的政府当局或其所属的各级行政机关,那么,来华投资的外商可否将争端提请仲裁或径行起诉? 应当归谁管辖处理? ——这是外商所特别关注和担心的。因为,此时他们所面临的对手,不是"民"而是"官",是主权国家的拥有行政权力和各种强制手段的各级政府机关。这就牵涉在中国"民"可否告"官",外国的"民"可否告中国的"官",外国的"民"告中国的"官"归谁审理处断,审理机构根据什么原则和标准来判断是非,审理处断是否公正持平等一系列具体的法律问题。

"民"可以告"官"。中国的《宪法》对此已经作出明确的规定:<u>中华人民共和国公民</u>"对于任何国家机关和国家工作人员的违法失职行为,有向<u>有关国家机关</u>

---

①② 参见《中华人民共和国中外合资经营企业法实施条例》第110、111条。
③ 参见《中华人民共和国中外合作经营企业法》第26条。
④ 参见《中华人民共和国合同法》第128条。
⑤ 参见《中华人民共和国外资企业法》第8条。

提出申诉、控告或者检举的权利";"由于国家机关和国家工作人员侵犯公民权利而受到损失的人,有依照法律规定取得赔偿的权利。"①根据这一基本精神,为了保护中国公民、法人和其他组织的合法权益,为了维护和监督各级行政机关依法行使行政职权,截至1989年3月底,中国已有130多种法律和行政法规明文规定,公民和各种组织如不服行政机关处理,可以向中国的人民法院起诉②。1989年4月4日,中国的第七届全国人民代表大会第二次会议正式通过了审议多年、反复修订的《中华人民共和国行政诉讼法》,对"民可以告官"的基本原则和具体办法,作了更加明确的统一规定:"公民、法人或者其他组织认为行政机关和行政机关工作人员的具体行政行为侵犯其合法权益,有权依照本法向人民法院提起诉讼。"③

那么,来华投资的外国的"民"是否也可以告中国的"官"?中国的现行《宪法》对此虽未作出正面答复,但已基本上从侧面给予肯定,即:"中华人民共和国保护在中国境内的外国人的合法权利和利益";"在中国境内的外国企业和其他外国经济组织以及中外合资经营的企业,都必须遵守中华人民共和国的法律。它们的合法权利和利益受中华人民共和国法律的保护。"④而上述《中华人民共和国行政诉讼法》,则对实际上已经实行多年的原则从法律上和总体上加以更明确的肯定和固定,即"外国人、无国籍人、外国组织在中华人民共和国进行行政诉讼,同中华人民共和国公民、组织有同等的诉讼权利和义务"⑤。

依据中国的上述国内立法,来华投资的外商在投资活动过程中如与中国的各级行政当局发生争端和纠纷,可以依法"提出申诉、控告或者检举"。但是,应当注意:有权受理、审理和处断的机构,却只限于中国的"国家机关"或中国的"人民法院";判断是非、解决纷争所根据的标准和原则,只能是中国的法律规定。换言之,即只能适用中国的有关法律和法规来处断纷争,只能由中国的国家机关或人民法院作出最后决定。

(三)中外国际条约中关于在华外商控告中国政府机关的规定——"中心"问题的提出

对于中国的这种国内立法规定,来华投资的外商难免心存疑虑甚至很不放

---

① 《中华人民共和国宪法》第41条。
② 参见任建新:《最高人民法院工作报告》(1989年3月29日),载于《法制日报》1989年4月11日。
③ 《中华人民共和国行政诉讼法》第2条。
④ 《中华人民共和国宪法》第32、18条。
⑤ 《中华人民共和国行政诉讼法》第71条第2款。同条第2款进一步规定:"外国法院对中华人民共和国公民、组织的行政诉讼权利加以限制的,人民法院对该国公民、组织的行政诉讼权利,实行对等原则。"

心。尽管多年以来中国的国家行政机关、人民法院或专设仲裁机构在受理和处断涉外争端中,基本上做到了依法办事,公正持平,合情合理,但在外商看来,在涉外的行政诉争中,被告或被诉人是<u>中国</u>的行政机关或中国的行政官员,他们掌握着行政实权,而处断争端的管辖权以及处断时所适用的法律,又都是属于<u>中国</u>的,难道审理和处断中不会发生偏袒、护短和执法不公的现象?一旦发生,如何补救?基于这种心理状态,他们理所当然地力图通过<u>双边</u>或<u>多边</u>国际条约的规定,把他们在对华投资过程中所卷入的涉外行政纠纷或行政诉争的受理权或管辖权,部分地乃至全部地转移到<u>中国以外</u>去,移交给争端双方当事人以外的国际性仲裁庭,适用"国际性"的法律规范和仲裁规则,实行国际裁断。

这里所说的双边国际条约,主要是指以中国政府为一方,以外国投资者国籍所属国家的政府为另一方,所缔结的关于互相保护国际投资的协定;这里所说的多边国际条约,则主要是指 1965 年 3 月开始出现、迄 1989 年已有九十多个缔约国的《解决国家与他国国民间投资争端公约》,以及 1985 年开始出现、迄 1989 年已有四十多个缔约国的《多边投资担保机构公约》。

实行对外开放国策以来,在 1982 年 3 月中国政府参加签订的第一个双边(中国-瑞典)保护投资协定①中,并无片言只字提及业已出现 17 年的上述第一种多边公约。但形势发展很快,事隔一年多,在 1983 年 10 月中国政府参加缔结的第三个双边(中国-联邦德国)保护投资协定②中,应联邦德国方要求并经中方同意,明文规定:东道国政府为了公共利益需要,可以对外商在东道国境内的投资加以征收,但必须按照法律程序办事,并给外商支付补偿金;如果双方(即东道国政府与前来投资的外商)对于有关征收的补偿金数额有争议,开始协商后 6 个月内意见未获一致,则应外商投资者的请求,可以依约定程序组成国际仲裁庭,专对有关征收的补偿金额争端实行国际裁断,该国际仲裁庭应参照 1965 年 3 月的《解决国家与他国国民间投资争端公约》自行确定仲裁程序③。特别值得注意的是:双方针对上述双边协定而互相送达的外交换文中,明文商定:

"缔约双方同意,在缔约双方都成为 1965 年 3 月 18 日在华盛顿签订

---

① 指 1982 年 3 月签订的《中华人民共和国政府和瑞典王国政府关于相互保护投资的协定》,载于陈安著:《美国对海外投资的法律保护及典型案例分析》,鹭江出版社 1985 年版,附录,第 154—158 页;或中国对外贸易经济合作部编:《国际投资条约汇编》,警官教育出版社 1998 年版,第 142—145 页。
② 指 1983 年 10 月签订的《中华人民共和国和德意志联邦共和国关于促进和相互保护投资的协定》,载于注①所引陈安著书,第 163—172 页;或《汇编》,第 163—170 页。
③ 参见同上《协定》第 4 条第 1 款;所附《议定书》第 4 条第 3、4 款。同注①所引陈安著书,第 165、170 页;或《汇编》,第 164、167 页。

的《解决国家与他国国民间投资争端公约》缔约国时,双方将举行谈判,就缔约一方的投资者和缔约另一方之间的何种争议如何按该公约的规定提请'解决投资争端国际中心'进行调解或仲裁,作出补充协议,并作为本协定的组成部分。"①

可以说,这是中华人民共和国建国三四十年以来,破天荒第一遭在双边国际协定及其有关外交换文中,正式地、明确地同意在对等互惠的基础上,把在中国境内发生的特定事项(有关征收外资企业的补偿金问题)上的涉外行政讼争(外国的"民"控告中国的"官"),依照一定的程序,提交给中国以外的国际仲裁庭,实行国际裁断。也是中华人民共和国政府第一次间接地表示:可以考虑在日后时机成熟之际参加《解决国家与他国国民间投资争端公约》的可能性,以及在某种程度上接受"解决投资争端国际中心"调解或仲裁体制的可能性。

众所周知,中国有着一百多年饱受半殖民地屈辱、听凭"领事裁判权"摧残中国司法主权的痛苦经历,相应地,有着强烈的"闭关自守"的逆反心理和传统意识,举国上下对于多年苦斗、得来不易的国家主权无比珍惜爱护。在这种特定的、复杂的历史条件下,实行对外开放政策才三四年时间,就迈出了这样的第一步:同意把在中国境内发生的特定事项上的涉外行政讼争,提交国际裁断,这需要何等的谨慎小心,何等的深思熟虑,何等的胆略气魄!

自此以后,在中国政府相继与外国政府(特别与发达国家的政府)分别签订的一系列双边保护投资协定及其有关换文中,几乎全都含有类似上述的条款和文字。1985年6月,中国与荷兰签订的相互保护投资协定又进一步明确提出:在缔约双方都成为上述《解决国家与他国国民间投资争端公约》的签字国后,"缔约双方将为扩大缔约一方与缔约另一方投资者之间的投资争议提交国际调解或仲裁的可能性开展谈判。"②这意味着在对外开放和吸收外资工作迅速发展的形势下,在对华投资外商的强烈要求下,中国政府愿意考虑在日后条件进一步成熟时,将在华外商与中国政府之间的投资争端提交国际仲裁的范围,从"有关征收的补偿金额"这个单一特定事项,扩大到其他某些事项,即将补偿金这一争端以外的其他若干种涉外投资行政讼争,也提交国际裁断。在这种情况下,适应着客观形势的现实需要,中国法学界随即开始以更大的关注

---

① 《中华人民共和国和德意志联邦共和国关于促进和相互保护投资的换文》,载于《中国国际法年刊》1984年本,第479—480页;或同 p.1023 注①所引《汇编》,第169页。
② 《中华人民共和国和荷兰王国关于相互鼓励和保护投资协定的议定书》,载同上《年刊》1987年本,第621页;并参见同书,第637、658页;或同 p.1023 注①所引《汇编》,第291页。

和精力,加强对《解决国家与他国国民间投资争端公约》(Convention on the Settlement of Investment Disputes between States and Nationals of Other States)以及"解决投资争端国际中心"(International Centre for Settlement of Investment Disputes,简称"中心"或 ICSID)这一仲裁体制的探讨和剖析,俾便为中国政府当局的决策抉择提供有益的参考意见,这是理所当然和责无旁贷的。

二、"解决投资争端国际中心"的由来及其仲裁体制

　　国际投资,是当代国际经济交往的常见形式。在国际投资的实践过程中,资本输出国与资本输入国之间,外国投资人与东道国政府之间,外国投资人与东道国公民或公司之间,都有互惠互利的一面,也时有利害冲突的一面。前一面导致国际合作,后一面导致国际争端。

　　发生在资本输入国即东道国境内的涉外投资争端,应当归谁管辖或处断,可大体区分为三类。第一类,如果卷入纠纷的当事人双方都是主权国家的政府,通常可采取举行外交谈判、提交国际仲裁、诉诸国际法院等方式,谋求解决。第二类,如果当事人双方是不同国籍的公民或公司,一般应归东道国的行政主管机关、司法机关或仲裁机构受理处断;在东道国法律许可的前提条件下,涉讼双方也可协议将争端提交设在东道国以外的其他仲裁机构,进行裁决。这些原则,已被当代国际社会所广泛接受,歧议不多。但是,第三类,如果卷入涉外投资争端的当事人,一方是外国投资人,另一方却是有权管理国家(包括管理境内外商投资活动)的东道国政府或各级行政机关,外国投资人所遇到的问题不是一般的商业性风险,而是行政性风险或政治性风险(如国有化、征用、禁止兑汇外币、革命、暴乱、战争等,通常总称"非商业性风险",non-commercial risks),在此种场合,外国投资人除了可以在东道国境内采取行政救济手段或司法救济手段,按照法定程序,诉请东道国上级政府机关或司法机关依法处断解决之外,是否也可以在一定条件下,要求将有关的行政讼争,提交东道国境外的国际性仲裁庭,依照东道国法规以外的其他法律规范和仲裁规则,实行国际裁断?——这是一个事关东道国国家主权因而十分敏感的问题。围绕这个问题,在现代国际社会中,长期以来舌剑唇枪,争论激烈。

(一)"中心"出现的历史背景

第二次世界大战结束以后,亚洲、非洲、拉丁美洲许多弱小民族相继挣脱殖民统治的枷锁,成为政治上独立、但经济上仍很落后的发展中国家。它们为了巩固和发展政治独立,就必须进一步争得经济独立,即必须进一步从根本上改造国内原有的殖民地经济结构,摆脱外国资本对本国的经济控制,独立自主地掌握本国的经济命脉,充分地利用本国的自然资源,大力发展本国的民族经济。在这个过程中,这些国家对于原先根据不平等条约或在强弱地位悬殊条件下签订的投资协议、特许协议或合同,予以修改或废除,对某些涉及本国重要自然资源和国民经济命脉的境内外资企业,加以限制、征用或收归国有。这就触犯了外国投资家以及西方原殖民国家即发达国家的既得利益,时时引起矛盾纠纷,甚至尖锐对抗,激烈冲突。

对于外国投资者与东道国政府之间因投资问题引起的争端,究竟应如何处理?从外国投资者及其所属的发达国家这一方说来,传统的做法大体有四种。

(1)由发达国家(资本输出国、原宗主国或其他殖民主义国家)以"护侨"为名,向发展中国家(资本输入国、原殖民地或半殖民地)采取经济制裁、外交保护、军事威胁等措施,索取巨金赔偿,甚至发动战争,兴兵索债(如1956年的苏伊士运河事件①)。这种做法,严重侵犯东道国主权,粗暴干涉东道国内政,完全背离时代潮流,因而往往遭到众多发展中国家的共同抵制和国际舆论的严厉谴责,从而使发达国家在经济上和政治上都得不偿失。

(2)由发达国家的政府作为原告,以东道国政府作为被告,向国际法院起诉,要求司法解决。按《国际法院规约》第34条第1款规定:"在本法院得为诉讼当事国者,限于国家。"外国投资者本身不具备主权国家或相当于国家的国际法人资格,不得自行向国际法院直接控告东道国政府,因而只能由其国籍所属的本国政府出面起诉。这种做法,随着时代潮流的发展,出于前述同类原因,也会给发达国家带来诸多不便和不利。1952年国际法院对英伊石油公司国际投

---

① 1801年法军占领埃及,从埃及取得开凿专利权的法国人费迪南·德·勒赛普组织开凿公司,于1869年开通了苏伊士运河。1875年,英国殖民势力收买了"苏伊士运河公司"44%的股票,与法国一起控制了埃及的财政命脉。后来又由英国在苏伊士运河区长期驻军占领。埃及人民进行了长期的反帝反封建斗争,于1953年6月成立埃及共和国。1956年7月,埃及政府宣布将"苏伊士运河公司"收归国有。同年10月,英、法两国纠合以色列向埃及发动侵略战争,企图以武力强迫埃及放弃上述国有化措施,因而在国际上引起轩然大波,并遭到世界进步舆论和众多发展中国家的一致谴责。在联合国的调停和监督下,英、法、以侵略军被迫于同年12月从埃及撤出。1958年7月,争端双方达成协议,由埃及政府适当地向"苏伊士运河公司"支付国有化补偿金2830万英镑,分6年付清。

资争端一案的著名判决①,便是典型事例之一。

(3) 由外国投资者向一般的国际仲裁机构请求仲裁。此种途径,对于外国投资者即申诉人说来,障碍和困难更多。因为作为被诉人的东道国,是主权国家而不是一般的商事组织,它可以主张主权豁免,拒绝参加仲裁程序或拒绝执行仲裁裁决。一般的国际仲裁机构虽擅长于解决国际商事组织之间的商事争议,但对于当事人之一方为主权国家的国际投资争端,往往显得无能为力,因为它在这方面缺乏有效的特定机制和有约束力的特定规则。

(4) 由外国投资者向东道国的行政机关或司法机关提出申诉或径行起诉。此种途径,在外国投资者看来,乃是"下策",他们担心东道国的受理机关难免有所偏袒,执法不公。

总之,从外国投资者及其所属的发达国家看来,上述四种传统的救济手段,都因形势的发展而存在重大缺陷,不能满足他们的现实需要。于是,他们的法学智囊们力图设计出一种新的、能够较为有效地约束东道国而又"副作用"较少的救济手段和国际机制,以弥补上述诸般缺陷。

但是,他们所提出的原有设计方案,不能不遭到吸收外资的东道国——众多发展中国家的抵制和反对。

一般说来,实行资本输出的发达国家为了保护本国海外投资家的利益,都极力鼓吹将前述第三类涉外投资争端,即外国投资者与东道国政府之间的投资争端,提交具有特殊机制和特定规则的国际性仲裁庭,按照他们惬意的"国际法"规范,实行国际裁断,从而避开东道国政府或法院的管辖,抵制东道国法律的适用。反之,吸收外资的发展中国家为了维护自己的主权权益,力主应当按照国际法上公认的"属地优越权"(territorial supremacy)原则,将前述第三类涉外投资争端归由东道国的政府或法院管辖、受理,并且根据东道国的法律判明是非,加以处断。

正是在上述背景下,1962年,联合国所属专门机构"国际复兴开发银行"(即"世界银行")主持起草了正在设想中的有关《解决国家与他国国民间投资争端公约》的"初步草案"(preliminary draft),先后分别提交在非洲(埃塞俄比亚的亚的斯亚贝巴)、美洲(智利的圣地亚哥)、欧洲(瑞士的日内瓦)以及亚洲(泰

---

① 1951年,伊朗议会通过法律,决定将涉及本国经济命脉的石油企业收归国有。应伊朗境内英商投资的"英伊石油公司"要求,英国政府出面向国际法院控告伊朗政府。按《国际法院规约》第36条第1款规定:必须是各有关当事国一致同意提交该院管辖审理的案件,该院才有权受理。碍于这一规定,而且鉴于世界潮流所趋,国际法院终于以伊朗一方不同意作为理由,明确宣布:"本院对本案无权管辖(投票表决时九票赞成此结论,五票反对),驳回英国的单方投诉,不予受理。"参见《1952年国际法院判例汇编》,1952年英文、法文对照版,第93—115页。

国的曼谷)召开的 4 次"区域性会议",较为广泛地征求了全球各主要地区各类国家法学专家们的意见,并开展讨论。在这个过程中,分别来自 86 个国家的专家们由于其所属国家利害的矛盾或对立,各方见仁见智,很难统一。一方面,面对众多弱小民族力争政治经济独立自主这一历史潮流,发达国家既无法说服、也无法压服发展中国家;另一方面,基于继续吸收外资的现实需要,发展中国家虽不肯轻率接受、也不能全盘拒绝发达国家的上述要求。经过数年激烈的论战和反复多次的修改,两大国家营垒终于在 1965 年初逐步达成了妥协性的共识,在"世界银行"主持下拟定了《解决国家与他国国民间投资争端公约》的正式文本,并于 1965 年 3 月 18 日开始在"世界银行"总部所在地美国首都华盛顿市开放,接受各国签署参加(以下简称《华盛顿公约》或《公约》)。按《公约》第 68 条规定,至少应有 20 个国家依照各自的宪法程序正式批准参加缔约,《公约》才能生效。1966 年 10 月 14 日,荷兰作为第 20 个国家完成了批准缔约的全部手续,《公约》开始生效。随即根据《公约》第 1 条的规定,正式设置了"解决投资争端国际中心"(以下简称"中心"),作为根据《公约》授权负责组织处理特定国际投资争端(即前述第三类涉外投资争端)的常设专门机构,开始运作。

(二)"中心"仲裁体制的基本框架和运作原则

《公约》共 75 条,它设定了"中心"仲裁体制的基本框架和运作原则,其主要内容可概述如下:

(1) 缔约主旨,在于专为外国投资者与东道国政府之间的投资争端,提供国际解决途径,即在东道国国内司法程序之外,另设国际调解和国际仲裁程序[1]。

(2) 根据《公约》,创设"解决投资争端国际中心"。"中心"本身并不直接承担调解和仲裁工作,而只是为解决上述类型的国际投资争端提供各种设施和方便;为针对各项具体争端而分别组成的调解委员会或国际仲裁庭,提供必要的基本条件,便于他们开展调解或仲裁工作[2]。

(3)《公约》所适用以及"中心"所登记受理的国际投资争端,仅限于外国投资人(即"他国国民")与东道国政府之间直接因国际投资而引起的矛盾纠纷或行政讼争。这里所说的"外国投资人"或"他国国民",是专指具有东道国以外的其他缔约国国籍的任何自然人或法人。但是,有些法人虽具有东道国国籍,事

---

[1] 参见《解决国家与他国国民间投资争端公约》"序言"。
[2] 参见同上《公约》第 1 条。

实上却归外国投资者控制,如争端双方同意,也可视同"外国投资人"或"他国国民"。《公约》和"中心"不适用、不受理资本输出国政府与资本输入国政府之间的投资争端;不适用、不受理外国投资人与东道国公民或公司之间的投资争端;也不适用、不受理外国投资人与东道国政府之间并非直接因国际投资引起的其他争端①。

(4) 外国投资人与东道国政府之间的每一项投资争端,必须事先经争端双方当事人书面表示同意提交"中心"调解或仲裁,后者才有权登记受理。否则,它就缺乏受理、管辖的法定前提。任何缔约国都可以在批准或认可本《公约》的当时或其后任何时间,通知"中心",列举何种争端打算提交"中心"管辖,或何种争端不打算提交"中心"管辖。但此类一般性的同意表态并不构成也不能取代前述对每一项争端提交"中心"管辖的具体表态和书面同意。此外,任何缔约国如尚未就愿意提交"中心"管辖的具体投资争端明确表态,就不得仅仅因为它批准加入或认可了本《公约》,便据以认定它已经承担了将任何特定投资争端提交"中心"调解或"中心"仲裁的任何义务②。

凡双方已经书面表示同意提交"中心"管辖的争端,应当受到三项限制:一是当事人任何一方不得片面撤回其书面同意③。二是除非另有声明,提交"中心"仲裁应视为双方同意排除其他任何救济办法。但东道国可以要求优先用尽当地的各种行政救济手段或司法救济手段,作为它同意提交"中心"仲裁的条件④。三是对于已经书面同意提交"中心"仲裁的争端,投资者国籍所属国家不得另外主张给予外交保护或提出国际索赔要求,除非东道国不遵守和不履行对此项争端所作出的裁决⑤。

(5)《公约》规定用以解决前述特定国际投资争端的基本途径,有调解程序与仲裁程序两种,争端当事人可自行商定,择一采用。采用调解程序,是在当事人之间进行斡旋,使当事人就双方经过妥协退让后均可接受的条件达成协议⑥。采用仲裁程序,则是根据法律规定对争端作出有法律约束力的、终局性的仲裁裁决。对于此类裁决,不但争端当事人应当遵守、履行,而且本《公约》的所有缔约国都应当承认它具有法律约束力,并应视同各该本国国内法院的终审

---

① 参见《解决国家与他国国民间投资争端公约》第 25 条第 1、2 款。
② 参见同上《公约》第 25 条第 1、4 款;"序言"。
③ 参见同上《公约》第 25 条第 1 款。
④ 参见同上《公约》第 26 条。
⑤ 参见同上《公约》第 27 条。
⑥ 参见同上《公约》第 28、34 条。

判决,在各自的领土疆域内,执行该项裁决所科予的金钱义务①。

但是,《公约》又作出两种例外规定:第一,各缔约国有权依据本国现行法律,在本国国境内,使本国或任何外国豁免于上述裁决的强制执行②。第二,如果具备下述理由之一,即:仲裁庭的组建不当,仲裁庭显然越权,仲裁员之一有受贿行为,仲裁过程严重违反基本的程序规则,裁决未阐明它所依据的理由,那么,争端当事人的任何一方都有权向"中心"秘书长提出书面申请,请求撤销裁决,并在该裁决撤销之后,申请将争端提交另行组建的新仲裁庭重新仲裁③。

(6) 对提交"中心"进行国际仲裁的投资争端,仲裁庭应当依据争端当事人双方协商同意适用的法律规范,加以裁断处理。如双方未达成此种协议,仲裁庭应当适用作为争端当事国的缔约国(即吸收外资的东道国)的法律(包括该国的冲突法规范)以及可以适用的国际法规范。如果争端双方当事人协商同意,仲裁庭也可以依据公平善意原则裁断争端④。

(7) "中心"本身设"行政理事会"和"秘书处"两个机构。"行政理事会"由缔约国各派代表一人组成,"世界银行"行长兼任行政理事会的当然主席⑤。"秘书处"设秘书长、副秘书长及若干工作人员。正、副秘书长均由"行政理事会"选举产生,是"中心"的法定代表人和主管官员;同时执行类似于法庭书记官的任务,对争端当事人双方协议提交"中心"管辖、要求给予调解或仲裁的案件,预先审查,认为符合《公约》规定的受理条件后,应立即予以登记受理,并进一步进行调解委员会或仲裁庭的组建工作⑥。

(8) "中心"应备有"调解员名册"和"仲裁员名册"各一,供投资争端当事人选择,指定聘请。本《公约》的每一缔约国可以就每一种名册各指定 4 人参加。其所指定的人员,可以是各该本国国民,也可以是外国人。另外,"行政理事会"主席有权就每一种名册各指定 10 人参加,但这些被指定的人应各具不同的国籍,并且注意使两种名册都能代表世界各种主要的法律制度和主要的经济体制,从而具有较广泛的代表性。所有被指定列入各名册的调解员和仲裁员,都应当是品格高尚,被公认为在法学、商务、工业或金融方面深具才识,能作出独立判断的人士。其中的仲裁员,在法学方面的才识尤为重要⑦。

---

① 参见《解决国家与他国国民间投资争端公约》第 36、53、54 条。
② 参见同上《公约》第 55 条。
③ 参见同上《公约》第 52 条。
④ 参见同上《公约》第 42 条第 1、3 款。
⑤ 参见同上《公约》第 4、5 条。
⑥ 参见同上《公约》第 9—11、28、29、36、37 条。
⑦ 参见同上《公约》第 12—14 条。

《公约》的主要条款以及"中心"据以运作的主要原则,大体如上。不难看出,在这些主要条款和主要原则之中,始终贯穿着两大线索:

第一,缔结《公约》和设置"中心"的实际宗旨,说到底,就是为了切实保障资本输出国(绝大部分是发达国家)海外投资家的利益。《公约》明显地体现了发达国家的基本立场:尽可能把本来属于东道国(绝大部分是发展中国家)的境内投资领域中涉外行政诉争的绝对管辖权和法律适用权,转交给国际组织。它在相当程度上,实现了发达国家的这一目的。可以说,《公约》的签订,为外国的"民"以"原告"(申诉人)身份到东道国国境以外去直接控告东道国的"官",提供了"国际立法"上的根据。事实上,"中心"成立以来受理的投资争端案件中,除极个别例外,东道国政府都是直接处在"被告"(被诉人)的地位。这也是本《公约》不同于其他有关仲裁的国际公约、本"中心"不同于其他国际商事仲裁机构的一大特色。

第二,在资本输入国(绝大多数是发展中国家)方面,出于吸收外资的现实需要,在全面权衡利弊得失之后,原则上同意对于本国境内有关投资的涉外行政诉争的绝对管辖权和法律适用权,作出局部的自我限制和向外转移。但是,出于对国际资本贪婪本性的高度戒心,出于对得来不易的本国主权的高度珍惜,又不得不层层设防,力争把本来就属于自己的上述争端管辖权和法律适用权,尽可能地保留在自己手中。《公约》中的若干重要条款(诸如前述第4点中提到的有关"逐项事先书面同意"和"缔约之后允许保留"之类的规定),相当明显地体现了发展中国家的戒心和防范。

由此可见,《公约》和"中心"既是发达国家与发展中国家利害冲突的产物,又是双方互相妥协退让的产物。其中有国际争斗的记录,也有国际合作的记录,这两种记录,交错在一起,综合地反映了20世纪60年代中期国际舞台上双方实力的实际对比。

自从1966年10月《公约》正式生效、"中心"开始运作以后,一方面,这种体制在实践中暴露出种种问题,另一方面,它在解决国际投资争端和促进国际经济合作中也发挥了一定的积极作用。二十多年间,随着国际社会各类成员之间经济上互相依存关系的加深和加强,参加缔约的国家逐渐增加。截至1989年4月2日,《公约》的正式缔约国成员已达91个,另外还有6个国家已经签署,但尚未提交正式批准书[①](1990年以来《公约》缔约国成员和"中心"的发展情

---

① 参见《解决投资争端国际中心1988年年度报告》以及《解决投资争端国际中心讯息》(1989年)(第6卷第1期)。

况,见本文第五部分)。

据"中心"机关刊物报道:自1966年10月"中心"组建并开始运作至1987年1月底,20年中一共受理国际投资争端21起,其中提交仲裁19起,提交调解2起。值得注意的是:在这21起争端案件中,除一起外,其余各案全部是以外国投资者为原告(申诉人),以吸收外资的东道国为被告(被诉人);而这些被告东道国,除欧洲一国——冰岛而外,又全部都是亚洲、非洲、拉丁美洲的发展中国家,诸如非洲的摩洛哥、象牙海岸(今译"科特迪瓦")、刚果、尼日利亚、喀麦隆、塞内加尔、利比里亚、几内亚、埃及、突尼斯、马达加斯加;拉丁美洲的牙买加、特立尼达和多巴哥;亚洲的印度尼西亚等①。

"中心"开始运作以来,尽管受理和处断的国际投资争端案件不多,但它所独具的特殊体制和功能,毕竟为外国投资者提供了一个可以到东道国以外去"控告"东道国政府的一个特殊场所和专设机构,从而成为外国投资者在海外投资活动中的一种重要精神支柱或希望所托。适应着鼓励他们积极投资的现实需要,许多双边性投资保护条约或协定都明文规定了"'中心'条款",即缔约双方事先约定在特定条件下和特定范围内将日后可能在东道国境内发生的"民告官"涉外投资争端,提交"中心"管辖、处断。据"中心"统计,至1987年春,至少已有108项双边性投资保护条约或协定列有"'中心'条款"。另有一些双边性投资保护条约或协定提到了在发生争端时采用"中心"附属设施程序的可能性。外国投资者与东道国有关机关签订的投资协定中列有"'中心'条款"的,更是不胜枚举。由"亚非法律咨询委员会"②拟定的《鼓励和保护投资双边协定范本》,也设想可以把有关的国际投资争端提交"中心"仲裁。至于像埃及、几内亚、象牙海岸、贝宁、马达加斯加、毛里塔尼亚、摩洛哥、突尼斯、扎伊尔、多哥、斯里兰卡等发展中国家,直接在国内颁行的外资法规中明文规定:把提交"中心"管辖(调解或仲裁)作为解决该国涉外投资争端的途径之一,这意味着"'中心'条款"已经开始进一步直接闯入某些发展中国家的国内法领域。这种现象,也颇引人注目③。

---

① 参见《解决投资争端国际中心成立二十周年》,载于《解决投资争端国际中心讯息》(1987年)(第4卷第1期),第6页。
② "亚非法律咨询委员会"正式成立于1958年,是亚非二十多个国家政府间的高级法律咨询机构,总部设在新德里,由各成员国指派本国最高法院院长或总检察长一级的专家官员组成委员会,每年开会一次。其任务为:审议联合国"国际法委员会"研究的各种问题,提出意见或建议;审议各成员国政府提出的法律问题并提出建议;就成员国共同关心的法律事项交换意见并提出建议;受委托提出对国际法律问题的见解,经成员国同意后,报联合国及其他有关国际机构。
③ 参见注①引刊。

以上情况表明："中心"在国际投资领域中的影响和功能,正在缓慢而又稳步地扩大之中。

为了配合"中心"工作的开展,并促进国际投资的活跃,"中心"组织出版了一系列有关国际投资问题的书刊。其中比较重要的是:《华盛顿公约立法史》(4卷集)、《世界各国投资法汇编》(10卷集)、《投资条约汇编》(2卷集)、《"中心"评论:外国投资法学刊》等等。1983年以来,"中心"多次与国际商会所设的"国际商事仲裁院"、"美国仲裁协会"联合主办一年一度的国际商事仲裁问题学术讨论会,显得比较活跃。

上述《投资条约汇编》中所载明的各种"'中心'条款",对于尚未加入《华盛顿公约》而正在考虑是否加入或如何加入的国家说来,很有深入研究和比较参考的价值。这个条款的实质就是规定东道国愿意在何种条件下和何种程度上把原属本国的涉外投资争端管辖权转移给"中心"。从发展中国家的角度看来,此事直接关系到国家主权和经济发展,决策不可不慎,既要防止观念僵化,盲目排外,又要防止授人以柄,作茧自缚。由于各国国情不同,所以在各类保护外国投资的双边协定中,其"'中心'条款"的具体内容和措词,也字斟句酌,各有特色。归纳起来,大体可分为以下几种类型:

(1)笼统地规定愿将东道国政府与他国国民之间的投资争端提交"中心"调解或仲裁,未加前提条件限制,也未限定可以提交的争端范围。此类规定,对发展中国家说来,约束力最大。

(2)抽象地规定:在外国投资者提出要求时,东道国政府愿意"郑重考虑"或"适当考虑"将上述国际投资争端提交"中心"裁断的"可能性"。此类规定,约束力最小。

(3)把"中心"与国际商会的"国际商事仲裁院"等并列,作为受理和解决上述国际投资争端的机构之一,加以选择。此类规定,约束力也很小。

(4)明确规定:遇有上述国际投资争端,应当首先在东道国境内用尽当地各种行政救济手段和司法救济手段,如争端仍未解决,经双方同意,可提交"中心"裁断。此类规定,有利于东道国在一定程度上"留权在手"。但一旦同意提交"中心"裁断,就存在"中心"裁决否定东道国判决的可能性,使"中心"的裁决权凌驾于东道国的司法权之上。

(5)明确规定保留条件或保留项目。如:凡涉及东道国经济命脉或重要矿产资源的上述国际投资争端,或者,凡涉及东道国国家主权行为的国际投资争端,概不提交"中心"管辖、受理。此类规定,颇有利于东道国保护境内最主要的自然资源和经济主权,但却削弱了外国投资者对开发这些资源的投资积极性。

(6) 严格限定可以提交"中心"管辖的具体争端范围。例如,东道国只同意将由于征用外资企业或把它收归国有所引起的赔偿金额争端,提交"中心"裁断。本国境内其他性质或其他范围的涉外投资行政讼争,概由本国司法机关管辖、受理。换言之,对于其余涉外投资行政讼争的管辖权,概不向外转让。此类规定,抓住了外国投资者最为关注的征用赔偿金或国有化赔偿金这一要害问题,同意在一定条件下将有关争端提交"中心"管辖处断。它具有兼顾东道国主权权益和外国投资者合法权益的特点和优点,但其利弊得失,尚有待于在长期实践中全面权衡,认真总结。

三、中国与"解决投资争端国际中心"早期关系的发展进程

直到 20 世纪 80 年代末,中国迄未参加《解决国家与他国国民间投资争端公约》,从而尚未接受根据《公约》设立的"解决投资争端国际中心"这一体制。但是,这并不意味着在 80 年代末以前中国与《公约》及"中心"之间毫无联系。

1965 年 3 月《公约》在华盛顿开放接受各国签署之后,当时窃踞联合国中中国席位的台湾当局曾以所谓"中华民国"的名义于 1966 年 1 月 13 日"签署"了该公约,其后又在 1968 年 12 月 10 日办了"批准"手续。事隔十余年,"中心"从中华人民共和国方面获得信息,得知中国政府正在考虑和研究参加上述《公约》的可能性,遂于 1980 年 10 月 2 日在该"中心"的"行政理事会"第 14 届年会上作出决定,将台湾当局从《公约》缔约国名单上勾消除名,并静候中国政府作出新的决策。

如前所述,自 1983 年 10 月以来,中国政府在对外签订的一系列有关相互保护投资的双边协定中,多次表示愿意考虑日后成为《公约》缔约国以及在某种程度上接受"中心"体制的可能性①。1985 年 10 月以后,情况又有新的重要发展。这主要是指国际社会中又出现了一个与上述《公约》和"中心"有密切"血缘"联系的、新的多边公约,即《多边投资担保机构公约》(Convention Establishing Multilateral Investment Guarantee Agency,简称《MIGA 公约》或《汉城公约》),而中国已经在 1988 年 4 月 28 日签署并随即批准了这个新公约,

---

① 参见 p. 1023 注②、③, p. 1024 注①、②以及有关正文。

从而成为该公约的正式缔约国。相应地,中国与《华盛顿公约》及"中心"也就多了一层间接的关系。

1985 年出现的《多边投资担保机构公约》与 1965 年出现的《解决国家与他国国民间投资争端公约》,两者先后虽相隔 20 年,但都紧扣国际投资"风险"这同一主题,又都是在同一世界性组织——"世界银行"倡议和主持下缔结的,两者的业务和功能,互相呼应,紧密配合,交叉渗透,相辅相成,因此不妨说这两个公约是"姐妹公约";根据两公约先后分别成立的机构,即"解决投资争端国际中心"和"多边投资担保机构",是"姐妹机构"。具体而言,"解决投资争端国际中心"通过受理和组织处断国际投资争端,为海外投资家在东道国所可能遇到的非商业性风险,提供法律上的保障;"多边投资担保机构"则通过直接承保这种非商业性风险,为海外投资家提供经济上的保障,并且进一步加强法律上的保障。两者可谓"殊途同归",其共同的主要宗旨都在于通过"国际立法",切实保护海外投资家(主要来自发达国家)的切身利益。

《多边投资担保机构公约》于 1985 年 10 月在世界银行年会上通过以后,即对世界银行各成员国以及非成员国瑞士开放签字。1988 年 4 月 12 日,交存缔约批准书的国家达到了这个新公约第 61 条所要求的数目(20 个),使这个新公约正式开始生效。经过短短三个多月时间,截至 1988 年 8 月 5 日,参加这个新公约的成员国迅速增加了一倍多,达到 44 个,其中 12 个是输出资本的发达国家,32 个是输入资本的发展中国家,包括中国在内[①]。1989 年 1 月 25 日,"多边投资担保机构"的董事会审议批准了一份有关投资保证(保险)的标准合同,使这个"多边投资担保机构"从此以后可以在标准合同条款的基础上,与前来"投保"的海外投资家逐一签订"投资保证(保险)合同"。在 1989 年第一季度中,就有分布于 15 个国家各种项目的外来投资家们提出了 28 份投保申请书,登记在案,等候审议[②],从而使"多边投资担保机构"这个国际性的投资保险专业机构在开张营业的最初阶段就呈现出比较活跃、兴旺的景象,引起发展中国家与发达国家的普遍重视。

《多边投资担保机构公约》中关于解决投资保险"代位索赔"争端的条款,特别值得中国加以注意。根据这个新公约设立的国际投资保险体制,外国投资家就其在发展中国家缔约国境内的投资向"多边投资担保机构""投保"并签订了保险合同之后,一旦发生合同所"承保"的风险事故,"多边投资担保机构"依约

[①] 参见《多边投资担保机构开张营业》,载于《解决投资争端国际中心讯息》(1988 年)(第 5 卷第 2 期),第 10 页。

[②] 《MIGA 投资保证标准合同已被批准》,载于同上刊(1989 年)(第 6 卷第 2 期),第 8 页。

向"投保人"支付了赔偿金之后,就取代了该"投保人"在法律上的债权人地位,有权向上述投资所在的东道国政府实行"代位索赔"①。如因"代位索赔"引起"多边投资担保机构"与东道国缔约国之间的争端,则依这个新公约第57条第2款规定:

>"本机构(指'多边投资担保机构')作为投资者代位人有关求偿权的争端,应按本公约附件Ⅱ中规定的程序予以解决;或者按本机构与有关缔约国日后达成的协议予以解决。在后一种情况下,本公约附件Ⅱ应作为此类协议的依据。"②

这里如此反复强调的"本公约附件Ⅱ"所规定的程序,其最主要的内容之一,就是把"多边投资担保机构"与"解决投资争端国际中心"这两种用以保护国际投资的国际机构串联起来,使其充分发挥综合功能。例如,按本公约附件Ⅱ规定,如果"多边投资担保机构"与上述投资所在的东道国之间在规定期限内未能就有关"代位索赔"争端组成国际仲裁庭问题达成协议,则:

>"应由'解决投资争端国际中心'的秘书长根据争端当事人双方的联合请求任命尚未指定的仲裁员或尚未选出的庭长。"同上《公约》,附件Ⅱ,第4条第2款③。

此外,还进一步规定:

>"除非本附件另有规定,或争端双方另有协议,仲裁庭应当决定有关的仲裁程序。在这方面,仲裁庭应当接受《解决国家与他国国民间投资争端公约》所采用的仲裁规则的指导。"④

>"除非争端双方另有协议,支付给仲裁员的各种费用和酬金,应当根据'解决投资争端国际中心'仲裁所采用的收费率核定。"⑤

由此可见,"多边投资担保机构"通过上述诸项规定,就把解决国际投资保险"代位索赔"争端的有关事宜,包括仲裁员的指定、仲裁规则的确立、仲裁费用的核收等等,都与"解决投资争端国际中心"这一机构及其有关体制挂上了钩。

---

① 参见《多边投资担保机构公约》第14—18条,中华人民共和国财政部外事财务司世界银行处1985年,中译单行本,第8—9页。其中文改译本见陈安主编:《MIGA与中国:多边投资担保机构述评》,福建人民出版社1995年版,附录第581—582页。
② 同上《公约》第57条第2款。
③ 同上《公约》,附件Ⅱ,第4条第2款。
④ 同上《公约》,附件Ⅱ,第4条第5款。
⑤ 同上《公约》,附件Ⅱ,第4条第11款。

由此可见，任何国家，尽管它还未参加《解决国家与他国国民间投资争端公约》，还未接受"解决投资争端国际中心"的调解或仲裁体制，只要它已经加入《多边投资担保机构公约》并成为缔约国，那么，通过后者有关条款的规定，以后者作为"中介"和桥梁，这个国家就在一定程度上认知和肯定了"解决投资争端国际中心"体制及其有关功能的客观存在，并且间接地与这个"中心"体制添加了一层若有若无、若无若有的微妙关系。

在这种客观形势的进一步发展之下，作为《多边投资担保机构公约》的缔约国和正式成员的中华人民共和国，仔细地研究"解决投资争端国际中心"体制，显然具有更大的现实性和紧迫感。只有在仔细地研究"中心"体制的基础上，才能就中国是否应当正式加入《解决国家与他国国民间投资争端公约》以及在何种条件下方可参加此项《公约》等问题，作出科学的抉择和正确的决策，这是不言而喻的。

四、关于中国应否参加《华盛顿公约》、可否接受"解决投资争端国际中心"仲裁体制的分歧意见

一般说来，中国法学界对于本国应否参加《解决国家与他国国民间投资争端公约》（即《华盛顿公约》）从而接受"解决投资争端国际中心"体制等有关问题，在比较广泛的范围和比较高的层次上展开认真讨论，大体上开始于1985年。中国国际法学会在1986年的学术讨论会上曾把它作为重要专题，开展学术争鸣①。

论者见仁见智，歧议甚多。但大体可归纳为三种主张：(1)为了促进开放，应当从速参加；(2)为了珍惜主权，绝对不宜参加；(3)积极加强研究，慎重考虑参加。兹分别简介有关观点如下：

（一）主张"为了促进开放，应当从速参加"者的主要论据

国内法学界有些人士认为：为了认真贯彻和大力促进经济上对外开放这一基本国策，为了进一步改善外商在华投资的法律环境，为了解除外商来华投

---

① 参见金克胜：《中国国际法学会1986年学术讨论》，载于《中国国际法年刊》1987年本，第462—471页。

资的顾虑和疑惧，从而更多更快地吸收中国"四化"建设所急需的大量外来资本，中国应当当机立断，迅速参加上述《公约》和接受上述"中心"体制。此派人士所持理由主要是：

第一，中国在经济上实行对外开放以来，在吸收外资以促进"四化"建设工作方面业已取得显著成绩和效益。但外商对华投资的积极性、数量和速度，较之实际的需要和潜在的可能，还有很大差距。其主要原因之一，在于还有不少外商认为中国的投资环境还不够好，保护外资的法制还不健全，公正、公平地处断涉外投资争端的法律保证还不完备。长期的闭关自守政策以及"文革"时期极"左"路线、盲目排外的做法，都使他们记忆犹新，心有余悸。因而在对华投资方面心存疑惧，趑趄不前。他们担心中国的政策多变，随时可能对在华外资实行各种限制，甚至径予征收或国有化，使他们的在华权益遭到各种非商业性的风险；他们尤其担心一旦发生了这些风险事故，从而与中国行政当局发生争端时，如果只局限于寻求当地的行政救济或司法救济，可能投诉无门，也可能受理机关执法不公，蓄意偏袒，使争端无从公平妥善地解决。因此，他们强烈希望把中国境内的涉外投资争端尽多地提交国际仲裁，排除中国的管辖。事实上，有的发达国家迄今未能和中国就双边保护投资协定达成协议，其重要原因之一，就在于中国不同意对方提出的要求将东道国与外国投资者之间的全部争议或大部争议提交"中心"实行国际仲裁①。尽管中国一再强调外商的上述疑惧和担心是多余的、不必要的，但并不能使外商真正摒除顾虑。为了更有力地证明中国的对外开放确实是长期的基本国策，中国对于切实保护外商合法权益和公平处断涉外投资争端确有最大的诚意和决心，中国就应当果敢地采取实际行动，从速参加上述《公约》，接受"中心"仲裁体制。这就进一步改善了在华投资的法律环境，更加有效地消除外国投资家的疑虑，从而使他们增强对华投资的信心和安全感，加快对华投资的步伐，扩大对华投资的规模。尽管此举在某种程度上限制了中国对境内涉外投资争端的绝对管辖权，但权衡利弊，归根到底，还是对中国的"四化"建设是有利的。

第二，上述《公约》和"中心"出现后二十多年间，签署国和缔约国稳步增加，迄20世纪80年代末已达97个，其中发展中国家占三分之二左右。如此众多的发展中国家业已参加上述《公约》，并在不同程度上认可了"中心"体制，说明

---

① 在这方面，比较突出的例子是美国。美国在1982年提交中国供谈判用的《双边保护投资条约（样本）》第6条中，就提出了这种要求。中美之间的上述双边条约谈判，至今未获一致协议，重要原因之一，就在于中方不同意美方提出的这种要求。上述样本中文译文见陈安：《美国对海外投资的法律保护及典型案例分析》，鹭江出版社1985年版，附录第220—230页。

这个《公约》和"中心"体制的基本内容和基本原则,是一般发展中国家所可以接受的。这种现实,值得中国借鉴。须知:中国也是一个发展中国家。

第三,中国从速参加上述《公约》和接受"中心"体制,既有利于实行对外开放的国策,又无损于中国一贯坚持的国家主权原则。《公约》在一定程度上肯定了国际投资争端原则上应服从东道国国内管辖并受东道国法律调整。例如,《公约》的"序言"首先承认:国际投资争端"通常受各国的法律程序管辖";第26条规定,东道国有权要求,用尽当地行政救济和司法救济,作为同意把有关争端提交"中心"仲裁的前提条件;第42条第1款规定,在当事人未达成法律选择的协议时,仲裁庭应首先适用东道国的国内法。因此,涉外投资争端的"中心"解决(即国际裁决)是对国内解决的一种补充,而不是对后者的取代。这就划清了涉外投资争端的国内解决与"中心"解决的<u>主次</u>关系,符合发展中国家的主张,具有一定的进步意义。

第四,《公约》建立了简便、有力的承认与执行裁决的制度,特别强调"中心"裁决的约束力,明确规定各缔约国负有加以承认并在境内加以执行的义务①,从而消除了通常情况下承认与执行外国裁决可能遇到的种种障碍,便于争端得到彻底的解决。

第五,尽管《公约》还存在一些重大缺陷,其中的某些条款甚至对发展中国家是不利的,但从整体上看,《公约》的积极因素和合理之处还是主要的;其中存在的缺陷和弊端,各缔约国可以在实践中通过努力加以克服;或者采取扬长避短、趋利避害的办法,加以抵制。诸如:对于《公约》中不利于发展中国家的条款,在加入《公约》之际就声明<u>保留</u>,不受约束;也还可以依据进步的、符合时代潮流的法理精神,对有关条文作出<u>合理</u>的法律<u>解释</u>,避免其不利影响。

(二) 主张"为了珍惜主权,绝对不宜参加"者的主要论据

国内法学界另一些人士认为:对中国说来,实行对外开放和大量吸收外资,确属十分必要。但是,维护主权,独立自主,是对外开放和吸收外资的前提和基础。上述《公约》和"中心"体制对东道国(主要是发展中国家)的司法管辖权施加限制,并尽量把它转交国外机构,此种体制颇有损于东道国主权。作为社会主义国家和发展中国家的中坚力量,中国不宜参加上述《公约》。此派人士所持主要理由如下:

第一,主权国家对于本国境内一切人、物和事项,享有管辖权,只有"国家豁

---

① 参见《解决国家与他国国民间投资争端公约》第54条。

免"和"外交豁免"等少数例外。这是举世公认的国际法基本原则。它既古老，又新鲜。说它古老，因为它由来已久；说它新鲜，因为它不断受到强权国家的否定和限制，至今新的论争，依然层出不穷。众多发展中国家都原是弱小民族，多年丧权辱国的历史惨痛至今记忆犹新，它们对于经过长期奋斗牺牲得来不易的民族独立和国家主权，不能不倍加珍惜。中国现行的对外开放国策，迥异于历史上的门户洞开。鼓励对华投资从而利用外资促进"四化"，也应时刻不忘珍惜和维护国家主权这个最基本的前提。对于在华外资和外商，中国的法律已予多方保护和鼓励，其中包括允许将境内"民间的"涉外投资争端，即外国的"民"（自然人或企业法人）控告中国的"民"的投资争端，在双方协议的前提下，提交中国以外的仲裁机构，加以裁断。这是对民法上和国际私法上"当事人意思自治"原则的充分尊重，也是符合国际惯例的。

至于中国境内的"民告官"争端，所涉及的大多是有关国家施政方面的问题，事关国家权力、行政法规和行政行为，属于国内公法范畴。在中国境内的行政讼争中，如果原告是中国公民或中国法人，争端的管辖权和处断权只能属于中国的上级行政机关、司法机关或仲裁机构。纵使涉讼双方协商一致，也不允许提交国际仲裁。换言之，"当事人意思自治"原则在这里是不适用的。在中国境内的行政讼争中，如果原告是外国公民或外国法人，按中国《行政诉讼法》以及其他行政法规、经济法规的有关规定，其受理、管辖和处断的部门，也只限于中国的行政、司法机关或仲裁机构。中国的《行政诉讼法》规定：外国人、外国组织在中国进行行政诉讼，与中国公民、组织享有同等的权利。允许他们在中国境内控告中国的政府机构及其工作人员，这已是赋予外国人以相当宽厚的"国民待遇"；如果再进一步笼统地同意他们将发生于中国境内的行政性的涉外投资争端，避开中国有关部门的管辖，提交国际仲裁，提交"中心"管辖，其实质就是允许他们以中国政府为被告，就中国国家机关的施政权力和施政行为，在中国国境以外提出质疑、挑战和控告，并由外国的机构裁断处理，这不但有损于中国国家的尊严，有损于中国的国家主权，意味着放弃了"属地管辖"原则，而且意味着纵容外国人享有中国人自己也不能享有的特权。

诚然，中国如果加入上述《公约》和接受"中心"体制，可以进一步改善在华投资的法律环境，消除外商疑虑，但是，投资环境是一个十分复杂的综合体，涉及税收优惠、为政清廉、办事效率、人员素质、能源供应、交通运输、通讯设施等等多方面的问题。现阶段我国影响吸收外资的因素很多，投资环境需要认真综合治理，不能指望通过参加上述《公约》，外资就会滚滚而来。贸然参加《公约》，弊大于利，实属不宜。

第二,上述《公约》出现以后直至20世纪80年代末,参加缔约的,除二十多个发达国家外,还有七十多个发展中国家,后者约占全数缔约国的三分之二,这诚然是事实。但是,全世界还有六十多个发展中国家,其中包括人口数亿的大国印度,尽管也十分需要外资并且正在大力吸收外资,却一直对上述《公约》持观望态度,不肯贸然加入,以免把本来属于自己的对于本国境内行政性涉外投资争端的管辖权,轻易地拱手让与他人,这也是事实。它们的取舍标准和行事准则,同样也值得中国认真借鉴。此外,还应当看到:中国既是一个发展中国家,又是一个社会主义国家。它对坚持国家主权、经济独立自主等问题的看法和态度,既有相同于一般发展中国家的一面,又不能不有更深远更全面的考虑。即使单就中国是发展中国家这一点而言,它是"安理会"的常任理事国,是拥有十几亿人口的大国,它所承担的国际责任和行事的国际影响,客观上与一般的发展中国家有很大不同。它的一举一动,必为举世所瞩目,不能不倍加慎重。一句话,中国的这些国情特色,是应当认真考虑的。

第三,用"一分为二"的辩证方法,对上述《公约》的条款进行"两点论"的分析,分别指出其积极面和消极面、优点与弊端,以便使人们对整个《公约》有比较全面的认识,这是必要的。但是,正确的辩证法离不开唯物论,"一分为二"的前提是实事求是,如实地反映事物的本来面貌。整个《公约》的主要宗旨,就是要把本来属于东道国的对于境内行政性涉外投资争端的绝对管辖权和法律适用权,尽可能地转移到国外去,移交给"中心"。这一主旨,自始至终是贯穿于《公约》整体的。作为发展中国家的法律学人,尤其应当清醒地意识到这一点。诚然,《公约》中的若干条款留下了当年参加草拟本《公约》的发展中国家代表据理力争的痕迹,体现了他们的戒心和防范,但是,此方的层层设防,实出于彼方的步步进逼;而且,除了前述的"事先逐项同意"条款和"事后追加保留"条款①等寥寥数条之外,其他各种设防实际上并不能有效地遏止进逼。主张"从速参加"本《公约》的学者用以论证本《公约》"具有一定的进步意义"的三点论据,即前述"序言"的某些字眼、第26条以及第42条第1款的有关规定,究其实际作用,不过是"虚晃一枪"或"无效设防"。请看"序言"中这一段文字的整个句子:

"各缔约国……深信此类争端(指国家和他国国民间投资争端)<u>虽然通常受各国的法律程序管辖,但是在某些情况下,采取国际解决方法可能是适当的</u>;特别重视提供国际调解或仲裁的便利,各缔约国和其他缔约国国民如果有此要求,可将此类争端提交国际调解或仲裁,现共同议定下列各

---

① 参见《解决国家与他国国民间投资争端公约》第25条第1、2、4款。

项：……"

明眼人不难看清：在这个长句里，紧接"虽然"之后的字眼，显然只是虚词饰语，欲擒故纵；紧接"但是"之后的言辞，才是紧扣《公约》主旨，画龙点睛！对此，发展中国家岂能不洞察其"立法本意"？

按《公约》第26条的规定，东道国的行政救济手段和司法救济手段虽然应当尽先使用和必须"用尽"，但是，一旦已经"用尽"而涉讼外国投资者仍然不服，并经东道国同意提交"中心"实行国际仲裁，那么，此种国际裁决就完全有权和完全可能否决东道国的国内裁决或国内判决。在此种场合，实际上是允许国际裁决凌驾于东道国国内裁决或国内判决之上，并由前者完全取代后者。两者之间的关系，就不但是"主次关系"，而且简直就是"主仆关系"或统治与服从的关系了！对此，发展中国家岂能不警惕其实际后果？

按《公约》第42条第1款的规定，在争讼双方当事人未达成法律选择协议的情况下，根本不存在所谓"仲裁庭应首先适用东道国的国内法"的约束。请看该条款中这一段文字的全文：

"仲裁庭应依据当事人双方协议的法律规范处断争端。如无此种协议，仲裁庭应适用作为争端当事国的缔约国的法律（包括它的法律冲突规范）以及可以适用的国际法规范。"

在这里，从文字逻辑看，"争端当事国"即东道国的法律规范与所谓"可以适用的国际法规范"，显然完全处在"平起平坐"、不分轩轾的地位，因此，对于"中心"所组成的国际仲裁庭说来，根本不存在"应首先适用东道国的国内法"的法定义务。对此，发展中国家岂能不深究其条文本义？

可见，在分析和肯定本《公约》的"积极面"和"进步意义"时，务必深入探讨和准确掌握有关条款的立法本意和文字本义切忌以主观的善良愿望代替客观的条款现实，对《公约》加以溢美，从而模糊了自己的视线，放松了应有的警惕。

第四，《公约》第54条建立了简便、有力的承认与执行裁决的制度，特别强调"中心"裁决的约束力，这实际上是反映了输出资本的发达国家的要求，对于吸收外资的发展中国家说来，未必是优点和好事，而更可能是缺点和坏事。在依据"中心"体制所设立的国际仲裁庭中，吸收外资的东道国几乎全部是处在被告（被诉人）的地位。一般而论，裁决书中所科予的金钱义务也主要是落实到被告（被诉人）身上。如果国际仲裁庭的处断大体上公平合理，则强调其裁决的约束力并强化其执行制度当然是无可厚非的。反之，如果裁决本身是处断不公、偏袒一方的，则其约束力愈大，执行制度愈有力，其危害性也愈强烈。在这种情况下,它的约束力和执行力就不但不值得赞扬,反而理应加以批判和抵制了。正因为有鉴于此,经过发展中国家的据理力争,终于在《公约》的第55条中载明:同意第54条的规定,并不意味着缔约国同意背弃其国内现行法律,放弃对本国或外国的"执行豁免权"。换言之,各缔约国,包括作为争端当事国的东道国,仍然依法保有主权国家的豁免权,即仍然有权依据其国内现行法律,对于涉及其本国或任何外国的"中心"裁决,不予执行。可见,第55条实质上是第54条的"但书",它的实际作用在于力图削弱"中心"裁决对发展中国家的约束力和执行力。《公约》既强调"中心"裁决的约束力和执行力,又不得不同意各缔约国有权依其国内法削弱甚至否定"中心"裁决的约束力和执行力,这显然是自相矛盾的。初看,似乎犯了"立法大忌",其实,这正是反映了缔约当初发达国家与发展中国家各自坚持自己的立场、势均力敌、互不相让的实际情况。对于这种"自相矛盾"的规定,既不宜笼统肯定,也不宜一概否定,而必须结合当时的历史背景,进行深入具体的分析。

第五,诚然,中国如果决定参加《公约》,可以在加入之际就针对其中不利于吸收外资东道国的条款以及其他有关弊端,声明保留,不受约束。但是,应考虑予以保留的条款往往是要害问题,诸如关于"中心"的管辖权的范围和条件(第25条)、关于"中心"仲裁庭实行裁决时所适用的法律(第42条)、关于"中心"仲裁庭裁决的承认与执行(第54条)等等,如全盘接受,不作保留,则无异于作茧自缚,失去自主权和选择权;或者一旦稍有不慎,运用失当,就会给中国造成重大损失;反之,如保留过多,则几乎无异于不参加这个《公约》,而所谓通过参加这个《公约》"进一步改善外商在华投资的法律环境",也就可能被理解为空言约许,口惠而实不至,从而有损于中国在国际交往中一贯实事求是、言行一致的形象。

至于依据进步的法理精神对《公约》的有关条文作出合理的法律解释,借以避免其不利影响,此议基本上也是一种主观的善良愿望,其实际作用十分有限。因为,条文的解释毕竟不能完全背离条文的本义。合理的解释纠正不了条文本身的"先天缺陷",也无从束缚对方。这是不说自明的。

(三) 主张"积极加强研究,慎重考虑参加"者提出的各种待决问题

国内法学界还有一些人士认为:上述两种主张,针锋相对,都有重要的理论根据。主张"从速参加"者根据的是中国对外开放的基本国策,主张"不宜参加"者根据的是中国维护主权的一贯立场。但是,仅仅根据这些理论原则,还不能准确地和全面地权衡利弊得失,从而对中国应否参加《华盛顿公约》以及在何

种条件下参加该《公约》的问题,作出科学的抉择和正确的决策。为了作出准确和正确的判断,就必须在上述基本国策和一贯立场的综合指导下,积极地抓紧对这个《公约》和"中心"的历史、现状以及它们在实践中的具体运作情况,开展全面、深入的研究,并且在充分了解有关实况和全貌的基础上,慎重地决定是否参加以及如何参加。此派人士所持主要理由如下:

第一,多年的"闭关锁国"使得新中国在 20 世纪 80 年代初期以前与上述《公约》及"中心"基本上处在隔绝状态。实行对外开放以后,80 年代初期以来,中国有关当局和法学界人士对《公约》和"中心"虽渐加重视并开始研究,但对其实况和全貌多半还只是一知半解、若明若暗,远未做到了如指掌、心中有数、成竹在胸。在这样的条件下,对《公约》的重要条款随意作这样那样的解释,并进而贸然断言和主张"应当从速参加",或贸然断言和主张"绝对不宜参加",似都缺乏足够的事实根据,因而缺乏足够的说服力。要改变这种认识水平,就必须认真地下工夫弄清这个《公约》的来龙去脉。

试以对《公约》第 42 条第 1 款的两种解释为例。主张"从速参加"者认为,该条款规定争端双方若无法律选择协议,"中心"所组建的国际仲裁庭应首先适用东道国的国内法,其次才适用国际法,前者处在优先地位;主张"不宜参加"者认为,该条款本义并未约束国际仲裁庭,要求它"首先适用东道国的国内法",在仲裁庭处断争端过程中,东道国国内法与国际法在适用上完全平起平坐,前者毫无优先地位可言。这两种对立的见解,孰是孰非?要判断是非,就务必对这个《公约》的"立法历史"作比较深入的探讨。

《公约》的"立法史"表明:第 42 条的规定事关处断争端时的准据法问题;围绕着这个要害问题,发展中国家与发达国家双方的代表在起草条文的过程中曾经开展过多次激烈论战①。概括地说,前者极力强调国际仲裁庭只能根据或主要根据东道国的国内法来判明投资争端的是非曲直,并据以作出处断。后者则竭力鼓吹国际仲裁庭应当根据"文明国家"所惬意的传统国际法规范来处断投资争端,并且依据这种国际法规范来甄别东道国的国内法规范,决定取舍。换言之,这种国际法规范的效力凌驾于东道国国内法之上,一旦两者之间发生矛盾冲突,国际仲裁庭就可以引据这种国际法规范来否定东道国的国内法。

多番的激烈论战导致有关第 42 条的草案数易其稿,最后采用了论战双方都可以勉强接受的妥协性文字,即前文摘引的"……如无此种协议(指争端双方

---

① 参见"解决投资争端国际中心"出版物:《华盛顿公约立法史》第 2 卷,1968—1970 年英文版;并参见林红梅:《论"解决投资争端国际中心"仲裁的法律适用问题》第一部分《〈公约〉第 42 条立法史》,收辑于陈安主编:《"解决投资争端国际中心"述评》,鹭江出版社 1989 年版,第 105—111 页。

关于法律选择的协议),仲裁庭应适用作为争端当事国的缔约国的法律……以及可以适用的国际法规范"。据当年主持本《公约》起草和签订工作的世界银行总裁伍德斯(G. D. Woods)的事后总结,此类最终规定的基本精神是"在投资者利益和东道国利益之间保持了一种精心考虑的平衡"①。他所说的这种"平衡",其实就是妥协调和的"美称"。因为现行条文中这种妥协性的措词,实际上就是上述两种对立主张的简单相加。在处断投资争端中,东道国国内法与国际法,这两种法律规范,究竟何者应占优越地位?何者应是最高准据?是非并未判明,分歧仍未解决。在条款的行文中,用"以及"两字,把两种法律规范凑合起来,加以并列,论战双方依然可以各执条文一端,继续坚持各自的原有立场和原有见解。

如果再进一步联系到本《公约》起草当年的"国际大气候",就可以更加清晰地看到:在20世纪60年代前期的国际大环境中,各国依法处断涉外投资争端时上述两种法律规范孰优孰劣、孰主孰从的问题,一直是国际会议上唇枪舌剑的一大主题和一大难题。当时在联合国内部,一向主宰国际社会的发达国家与初步崛起的众多新兴发展中国家,双方旗鼓相当,僵持不下。经过激烈论战,1962年联合国第17届大会通过了《关于自然资源永久主权的决议》,一方面,正式承认各国有权把本国境内被外资控制的自然资源及其有关企业收归国有或加以征用;另一方面,同时规定:"采取上述措施以行使其主权的国家,应当按照本国现行法规以及国际法的规定,对原主给予适当的赔偿。"②在1962年的这个联合国决议中,就把东道国的国内法与发达国家所惬意的国际法相提并论,"一视同仁"地都当作东道国处断本国境内涉外投资争端时应当遵循的法律规范,其措词文字,与1965年《华盛顿公约》第42条第1款的前述相应部分,前后一脉相承,如出一辙。这显然并非历史的偶合,而是如实地反映了60年代前期发达国家(资本输出国)与发展中国家(资本输入国)在国际舞台上的实力对比:势均力敌,谁也无法占上风。最后只好把上述折中、含糊、"和稀泥"式的文字,写入国际决议或国际公约之中。

直到20世纪70年代前期,上述情况才有较大的改变。自60年代后期至70年代前期,联合国成员中又增添了一大批新兴的发展中国家,致使上述两类国家在联合国内部的实力对比发生了相应的重大变化。1974年,联合国第29

---

① 参见国际复兴开发银行:《执行董事会关于解决国家与他国国民间投资争端公约的报告书》,载于同上注引书,第1088页。

② 《关于自然资源永久主权的决议》第一部分第4条,载于《第17届联合国大会决议集》,1963年英文版,第15页。中译见陈安、刘智中主编:《国际经济法资料选编》,法律出版社1991年版,第3页。

届大会以压倒性大多数投票通过了《各国经济权利和义务宪章》，明文规定："每个国家都有权将外国财产收归国有、征用或转移其所有权。在收归国有、征用或转移其所有权时，应由采取这些措施的国家，考虑<u>本国有关法律和条例的规定以及本国认为有关的一切情况</u>，给予适当的赔偿。赔偿问题引起争执时，应当根据采取国有化措施国家的<u>国内法</u>，由该国法院审理处断。但各有关国家经过自由协商，一致同意在各国主权平等的基础上，按照自由选择解决途径的原则，采用其他和平解决办法的，不在此限。"①对比 1962 年的前述决议，1974 年的决议不但突出地强调了东道国国内法的优先和优越地位，而且干脆删去了"以及国际法的规定"等字样，从而开始奠定了东道国国内法在处断涉外投资争端中的<u>优势地位和权威地位</u>。正因为如此，以美国为首的寥寥几个最大的资本输出国，它们可以投票赞成和接受 1962 年的前述决议，也乐意签字参加 1965 年的《华盛顿公约》，却不能容忍和接受 1974 年的上述《宪章》决议，甘冒国际之大不韪，顽固地投了反对票，或无可奈何地投了弃权票②。

认真弄清上述历史背景之后，对《华盛顿公约》第 42 条第 1 款中予以并列的东道国国内法以及国际法，这两种法律规范在处断国际投资争端中的法律效力，是否早在 1965 年缔约之初就已经确切规定了先与后、优与劣、高与低、主与从的相互关系，究竟应如何解释，才符合当时的<u>历史真实和条文的本义</u>，这个疑难问题，也就迎刃而解了。

举一可以反三。为了准确、全面地评价《公约》，对《公约》的"立法史"开展比较深入的研究是必不可少的。

第二，除了认真弄清《公约》本身的来龙去脉之外，还必须认真了解与《公约》成龙配套的一系列规章、制度、组织机构和基本设施。特别是应当深入研究"解决投资争端国际中心"的《行政和财务条例》、《提起调解和仲裁的程序规则》、《调解程序规则》、《仲裁程序规则》、《标准条款》等基本文献。这些文献都是《公约》与"中心"具体运作和发挥作用的主要依据和基本准绳，深入地加以探讨，洞悉其利弊和长短，大有助于提高中国关于应否加入《公约》的判断力。

第三，世界各类国家对《公约》采取的态度以及迄 20 世纪 80 年代末为止《公约》的成员结构，也是当时中国应当加以了解、思考、分析和借鉴的重要课

---

① 《各国经济权利和义务宪章》第 2 条第 2 款第 3 项，载于《1974 年联合国年鉴》（第 28 卷），1977 年英文版，第 404 页。

② 1974 年 12 月 12 日联大第 2315 次会议对上述《宪章》进行表决时，阿富汗、中国等 120 个国家投了赞成票；美国、英国、原联邦德国等 6 国投了反对票；日本、法国、意大利等 10 国投了弃权票。参见陈安：《美国对海外投资的法律保护及典型案例分析》，鹭江出版社 1985 年版，第 22—28 页。

题。围绕这一总的课题,又有许多新的具体的问题值得中国认真思考和深入分析。诸如:为什么迄80年代末为止还有60多个发展中国家,尽管也急需吸收外资促进本国经济发展,但却迟迟不肯贸然加入《华盛顿公约》? 它们迟迟尚未参加这个《公约》,究竟有没有以及在多大程度上对于吸收外资工作产生了消极影响? 人口、幅员以及若干其他重要国情都与中国相近的亚洲大国——印度,对参加《公约》一直抱着观望态度,这究竟是出于何种考虑? 拉丁美洲的巴西、阿根廷、墨西哥等国,在卡尔沃主义[1]的传统影响下,直到80年代末仍不参加《公约》,但事实上并不影响大量外资源源不断流入这些国家,这是什么原因? 在发达国家行列中,加拿大和澳大利亚都是大量吸收外资的著名大国,其中加拿大一直不参加《公约》,澳大利亚则自1975年3月在《公约》上签署之后,迄80年代末,历时已经十几年,何以其国内议会一直不予批准因而尚未成为正式的缔约国? 加、澳两国的这种投资法律环境对于它们大量引进外资究竟发生过多大的消极影响?

简言之,彻底弄清上述这些问题,大有助于增加关于中国应否加入《公约》的判断根据。

第四,"中心"实行国际调解或国际仲裁的职能,归根结底是由调解员和仲裁员执行的。俗话说:"法律是死的,法官是活的。"不同的执法者执行同一法律,往往会有不同的结论。联系到"中心"的情况,这些调解员和仲裁员的政治倾向、道德品格、法学知识以及其他专业水平,都直接影响到他们在调解或裁断国际投资争端时能否做到公正持平,合法合情合理。为了从总体上或个案上预测加入《公约》、接受"中心"仲裁体制所可能出现的实际效果,以便事先有所防范,或趋利避害,择优汰劣,中国必须对这些人员的基本情况逐一有所了解。

根据"中心"报道,截至1987年4月,《中心》所备两种名册上经58个缔约国指派或"中心"主席任命的调解员已有210人,仲裁员已有219人,随后又略有增补[2]。值得认真研究的是:

---

[1] 19世纪至20世纪初,欧洲列强政府常常滥用国际法上的"外交保护权",专横地介入拉丁美洲国家政府与欧洲的公司或个人间有关经济合同方面的争端,粗暴干涉拉美国家内政。有鉴于此,阿根廷法学家卡尔沃(Carols Calvo, 1824—1906)极力主张:在有关国家政府与外国人之间在经济合同方面的争端中,作为合同当事者的外国人,应当依据合同当事国的国内法,服从该国(即东道国)国内法院的管辖,不得请求本国政府加以外交保护;外国政府亦不得滥用外交保护权。这种主张,通称"卡尔沃主义",成为世界上弱小民族反抗列强干涉内政的理论武器。它在国际法的发展史上产生过很大的影响,在拉美各国更是深入人心,甚至定为宪法条款或对外条约专款,通称"卡尔沃条款"。

[2] 参见《解决投资争端国际中心讯息》(1987年)(第4卷第2期),第3页;《解决投资争端国际中心讯息》(1988年)(第5卷第2期),第4页;《解决投资争端国际中心讯息》(1989年)(第6卷第1期),第3页。

(1) 按《公约》第 13 条规定，每个缔约国都有权向"中心"指派调解员和仲裁员各 4 人。迄 1987 年 4 月，缔约国已达 89 个，何以行使上述指派权的缔约国只有 58 个？还有 31 个缔约国（其中绝大多数是发展中国家）为何有权不用？它们遇到了什么困难？

(2) 这 58 个缔约国及其所指派的调解员、仲裁员以及"中心"主席直接任命的同类人员，他们在改造国际经济旧秩序、创建国际经济新秩序这一矛盾斗争和世界潮流面前，向来持有何种态度？他们所经受的法学教育训练、他们的基本法学观点、代表性学术著作以及其他专业特长等等，情况如何？

(3) 据"中心"报道①，截至 1987 年 8 月，被指派或任命的仲裁员总数已达 228 人，但直到当时为止，实际上被指定担任过具体案件仲裁员的，却只有其中的 63 人。余下的 165 人约占全体仲裁员的 72%，何以全都"赋闲待命"，甚至形同虚设？更有甚者，在实际参加过"中心"仲裁的上述 63 人中，竟有 49 人是欧美发达国家的国民，而来自发展中国家的只有区区 14 人，仅占全数的 22%；在已经组建处断争端的 19 个仲裁庭和两个专案委员会中，担任庭长和主席的几乎全是发达国家国民，而来自发展中国家的只有寥寥 3 个人，仅占全数的 14%。然而须知：发展中国家占《公约》成员国 66% 左右，而且在上述仲裁庭中的被告（被诉人）几乎 100% 都是发展中国家，在此种情况下，"中心"仲裁员及有关仲裁庭的上述结构和比例是否合理？裁断能否公正？难道发展中国家真的如此缺乏合格的仲裁员人才？问题的真正症结何在？应当怎样解决或纠正？

上述这些关键问题，也都是值得认真探究和深思的！

综上所述，可以看出：在 1985—1989 年间，即中国实行对外开放、吸收外资国策届满五年至十年之际，国内外客观形势的不断发展，日益增强了中国人对《解决国家与他国国民间投资争端公约》以及"解决投资争端国际中心"体制积极开展研究的必要性、现实性和紧迫感。

对于中国应否加入上述《公约》以及在何种保留条件下方可参加这个《公约》的问题，中国人应当尽早做到情况明了，胸有成竹，慎重决策，果断行事。

情况明，才能决心大。换言之，情况明是决心大的前提和基础。已经摆在议程上的现实问题，既不宜长期犹豫，久拖不决；尤不宜盲目决断，贸然行事。久拖不决或贸然行事，都可能影响对外开放或损害国家权益，两

---

① 参见《解决投资争端国际中心仲裁庭组建概况》，载于《解决投资争端国际中心讯息》(1987年)(第 4 卷第 2 期)，第 5—7、3 页。

者都是对中国相当不利的。为了避免这两种可能,除加紧研究之外,别无他途可循。

五、中国参加《华盛顿公约》、接受"解决投资争端国际中心"仲裁体制后面临的新形势和待决问题

中国政府当局和有关主管部门在数年来加强调查研究、多方征询意见的基础上,经过全面的利弊权衡,审时度势,终于在1990年2月9日,由当时的驻美大使朱启桢代表中国政府签署参加《解决国家与他国国民间投资争端公约》(即《华盛顿公约》)。大约事隔三年之后,经全国人民代表大会常务委员会审议通过,中国政府于1993年1月7日向《公约》保存者世界银行总部提交了批准书,并按有关规定,自1993年2月6日起,正式成为《公约》的缔约国,接受了《公约》设定的"中心"仲裁体制。

从1985年开始加强调查研究到1993年果断交存缔约批准书,先后历时七八年,这从一个侧面反映出中国政府参加《公约》、接受"中心"仲裁体制的决策过程,是深思熟虑,反复权衡,相当审慎的。

自1990年中国签署加入《公约》之后,晚近十年来有关《公约》和"中心"体制新的形势发展和国际实践,证明中国的上述决策是适时的、正确的。近十年来,《公约》的签署国和缔约国,大幅度增加,"中心"仲裁体制的功能不断扩大,受理的投资争端案件,也日益增多。相应地,中国对"公约"和"中心"体制的认识也有待于进一步深化,并面临着一些新的待决问题。

(一)十一年来《公约》缔约国大幅度增加

在中国于1990年签署加入《公约》之前,《公约》已拥有97个签署国,其中91个国家已交存了批准书,成为正式缔约国。如果从《公约》开始提供各国签署的1965年起算,《公约》签署国与缔约国达到此数,先后历时25年。在中国签署加入《公约》之后,迄2007年4月为止,《公约》的签署国已大幅度增加到155个,其中143个国家已交存批准书,成为正式缔约国。这种"增幅"和"增速",具体地表明《公约》和"中心"仲裁体制已在更加广泛的程度上为当今国际社会成员所普遍认同和接受。

迄今为止,世界各国相继加入《公约》的简况,可综合如下页列表。

华盛顿公约缔约国与签署国一览表**
（截至 2007 年 4 月止）

State	Signature	Deposit of Ratification	Entry into Force of Convention
Afghanistan	Sep. 30, 1966	June 25, 1968	July 25, 1968
Albania	Oct. 15, 1991	Oct. 15, 1991	Nov. 14, 1991
Algeria	Apr. 17, 1995	Feb. 21, 1996	Mar. 22, 1996
Argentina	May 21, 1991	Oct. 19, 1994	Nov. 18, 1994
Armenia	Sep. 16, 1992	Sep. 16, 1992	Oct. 16, 1992
Australia	Mar. 24, 1975	May 2, 1991	June 1, 1991
Austria	May 17, 1966	May 25, 1971	June 24, 1971
Azerbaijan	Sep. 18, 1992	Sep. 18, 1992	Oct. 18, 1992
Bahamas	Oct. 19, 1995	Oct. 19, 1995	Nov. 18, 1995
Bahrain	Sep. 22, 1995	Feb. 14, 1996	Mar. 15, 1996
Bangladesh	Nov. 20, 1979	Mar. 27, 1980	Apr. 26, 1980
Barbados	May 13, 1981	Nov. 1, 1983	Dec. 1, 1983
Belarus	July 10, 1992	July 10, 1992	Aug. 9, 1992
Belgium	Dec. 15, 1965	Aug. 27, 1970	Sep. 26, 1970
Belize	Dec. 19, 1986		
Benin	Sep. 10, 1965	Sep. 6, 1966	Oct. 14, 1966
Bosnia and Herzegovina	Apr. 25, 1997	May 14, 1997	June 13, 1997
Botswana	Jan. 15, 1970	Jan. 15, 1970	Feb. 14, 1970
Brunei Darussalam	Sep. 16, 2002	Sep. 16, 2002	Oct. 16, 2002
Bulgaria	Mar. 21, 2000	Apr. 13, 2001	May 13, 2001
Burkina Faso	Sep. 16, 1965	Aug. 29, 1966	Oct. 14, 1966
Burundi	Feb. 17, 1967	Nov. 5, 1969	Dec. 5, 1969

** 数据来源于：http://icsid.worldbank.org/ICSID/FrontServlet?requestType=ICSIDDocRH&actionVal=ContractingStates&ReqFrom=Main。

State	Signature	Deposit of Ratification	Entry into Force of Convention
Cambodia	Nov. 5, 1993	Dec. 20, 2004	Jan. 19, 2005
Cameroon	Sep. 23, 1965	Jan. 3, 1967	Feb. 2, 1967
Canada	Dec. 15, 2006		
Central African Republic	Aug. 26, 1965	Feb. 23, 1966	Oct. 14, 1966
Chad	May 12, 1966	Aug. 29, 1966	Oct. 14, 1966
Chile	Jan. 25, 1991	Sep. 24, 1991	Oct. 24, 1991
China	Feb. 9, 1990	Jan. 7, 1993	Feb. 6, 1993
Colombia	May 18, 1993	July 15, 1997	Aug. 14, 1997
Comoros	Sep. 26, 1978	Nov. 7, 1978	Dec. 7, 1978
Congo	Dec. 27, 1965	June 23, 1966	Oct. 14, 1966
Congo, Democratic Rep. of	Oct. 29, 1968	Apr. 29, 1970	May 29, 1970
Costa Rica	Sep. 29, 1981	Apr. 27, 1993	May 27, 1993
Côte d'Ivoire	June 30, 1965	Feb. 16, 1966	Oct. 14, 1966
Croatia	June 16, 1997	Sep. 22, 1998	Oct. 22, 1998
Cyprus	Mar. 9, 1966	Nov. 25, 1966	Dec. 25, 1966
Czech Republic	Mar. 23, 1993	Mar. 23, 1993	Apr. 22, 1993
Denmark	Oct. 11, 1965	Apr. 24, 1968	May 24, 1968
Dominican Republic	Mar. 20, 2000		
Ecuador	Jan. 15, 1986	Jan. 15, 1986	Feb. 14, 1986
Egypt, Arab Rep. of	Feb. 11, 1972	May 3, 1972	June 2, 1972
El Salvador	June 9, 1982	Mar. 6, 1984	Apr. 5, 1984
Estonia	June 23, 1992	June 23, 1992	July 23, 1992
Ethiopia	Sep. 21, 1965		
Fiji	July 1, 1977	Aug. 11, 1977	Sep. 10, 1977

续 表

State	Signature	Deposit of Ratification	Entry into Force of Convention
Finland	July 14, 1967	Jan. 9, 1969	Feb. 8, 1969
France	Dec. 22, 1965	Aug. 21, 1967	Sep. 20, 1967
Gabon	Sep. 21, 1965	Apr. 4, 1966	Oct. 14, 1966
Gambia, The	Oct. 1, 1974	Dec. 27, 1974	Jan. 26, 1975
Georgia	Aug. 7, 1992	Aug. 7, 1992	Sep. 6, 1992
Germany	Jan. 27, 1966	Apr. 18, 1969	May 18, 1969
Ghana	Nov. 26, 1965	July 13, 1966	Oct. 14, 1966
Greece	Mar. 16, 1966	Apr. 21, 1969	May 21, 1969
Grenada	May 24, 1991	May 24, 1991	June 23, 1991
Guatemala	Nov. 9, 1995	Jan. 21, 2003	Feb. 20, 2003
Guinea	Aug. 27, 1968	Nov. 4, 1968	Dec. 4, 1968
Guinea-Bissau	Sep. 4, 1991		
Guyana	July 3, 1969	July 11, 1969	Aug. 10, 1969
Haiti	Jan. 30, 1985		
Honduras	May 28, 1986	Feb. 14, 1989	Mar. 16, 1989
Hungary	Oct. 1, 1986	Feb. 4, 1987	Mar. 6, 1987
Iceland	July 25, 1966	July 25, 1966	Oct. 14, 1966
Indonesia	Feb. 16, 1968	Sep. 28, 1968	Oct. 28, 1968
Ireland	Aug. 30, 1966	Apr. 7, 1981	May 7, 1981
Israel	June 16, 1980	June 22, 1983	July 22, 1983
Italy	Nov. 18, 1965	Mar. 29, 1971	Apr. 28, 1971
Jamaica	June 23, 1965	Sep. 9, 1966	Oct. 14, 1966
Japan	Sep. 23, 1965	Aug. 17, 1967	Sep. 16, 1967
Jordan	July 14, 1972	Oct. 30, 1972	Nov. 29, 1972
Kazakhstan	July 23, 1992	Sep. 21, 2000	Oct. 21, 2000
Kenya	May 24, 1966	Jan. 3, 1967	Feb. 2, 1967

续　表

State	Signature	Deposit of Ratification	Entry into Force of Convention
Korea, Rep. of	Apr. 18, 1966	Feb. 21, 1967	Mar. 23, 1967
Kuwait	Feb. 9, 1978	Feb. 2, 1979	Mar. 4, 1979
Kyrgyz Republic	June 9, 1995		
Latvia	Aug. 8, 1997	Aug. 8, 1997	Sep. 7, 1997
Lebanon	Mar. 26, 2003	Mar. 26, 2003	Apr. 25, 2003
Lesotho	Sep. 19, 1968	July 8, 1969	Aug. 7, 1969
Liberia	Sep. 3, 1965	June 16, 1970	July 16, 1970
Lithuania	July 6, 1992	July 6, 1992	Aug. 5, 1992
Luxembourg	Sep. 28, 1965	July 30, 1970	Aug. 29, 1970
Macedonia, former Yugoslav Rep. of	Sep. 16, 1998	Oct. 27, 1998	Nov. 26, 1998
Madagascar	June 1, 1966	Sep. 6, 1966	Oct. 14, 1966
Malawi	June 9, 1966	Aug. 23, 1966	Oct. 14, 1966
Malaysia	Oct. 22, 1965	Aug. 8, 1966	Oct. 14, 1966
Mali	Apr. 9, 1976	Jan. 3, 1978	Feb. 2, 1978
Malta	Apr. 24, 2002	Nov. 3, 2003	Dec. 3, 2003
Mauritania	July 30, 1965	Jan. 11, 1966	Oct. 14, 1966
Mauritius	June 2, 1969	June 2, 1969	July 2, 1969
Micronesia	June 24, 1993	June 24, 1993	July 24, 1993
Moldova	Aug. 12, 1992		
Mongolia	June 14, 1991	June 14, 1991	July 14, 1991
Morocco	Oct. 11, 1965	May 11, 1967	June 10, 1967
Mozambique	Apr. 4, 1995	June 7, 1995	July 7, 1995
Namibia	Oct. 26, 1998		
Nepal	Sep. 28, 1965	Jan. 7, 1969	Feb. 6, 1969

State	Signature	Deposit of Ratification	Entry into Force of Convention
Netherlands	May 25, 1966	Sep. 14, 1966	Oct. 14, 1966
New Zealand	Sep. 2, 1970	Apr. 2, 1980	May 2, 1980
Nicaragua	Feb. 4, 1994	Mar. 20, 1995	Apr. 19, 1995
Niger	Aug. 23, 1965	Nov. 14, 1966	Dec. 14, 1966
Nigeria	July 13, 1965	Aug. 23, 1965	Oct. 14, 1966
Norway	June 24, 1966	Aug. 16, 1967	Sep. 15, 1967
Oman	May 5, 1995	July 24, 1995	Aug. 23, 1995
Pakistan	July 6, 1965	Sep. 15, 1966	Oct. 15, 1966
Panama	Nov. 22, 1995	Apr. 8, 1996	May 8, 1996
Papua New Guinea	Oct. 20, 1978	Oct. 20, 1978	Nov. 19, 1978
Paraguay	July 27, 1981	Jan. 7, 1983	Feb. 6, 1983
Peru	Sep. 4, 1991	Aug. 9, 1993	Sep. 8, 1993
Philippines	Sep. 26, 1978	Nov. 17, 1978	Dec. 17, 1978
Portugal	Aug. 4, 1983	July 2, 1984	Aug. 1, 1984
Romania	Sep. 6, 1974	Sep. 12, 1975	Oct. 12, 1975
Russian Federation	June 16, 1992		
Rwanda	Apr. 21, 1978	Oct. 15, 1979	Nov. 14, 1979
Samoa	Feb. 3, 1978	Apr. 25, 1978	May 25, 1978
Sao Tome and Principe	Oct. 1, 1999		
Saudi Arabia	Sep. 28, 1979	May 8, 1980	June 7, 1980
Senegal	Sep. 26, 1966	Apr. 21, 1967	May 21, 1967
Serbia	May 9, 2007	May 9, 2007	June 8, 2007
Seychelles	Feb. 16, 1978	Mar. 20, 1978	Apr. 19, 1978
Sierra Leone	Sep. 27, 1965	Aug. 2, 1966	Oct. 14, 1966
Singapore	Feb. 2, 1968	Oct. 14, 1968	Nov. 13, 1968

续 表

State	Signature	Deposit of Ratification	Entry into Force of Convention
Slovak Republic	Sep. 27, 1993	May 27, 1994	June 26, 1994
Slovenia	Mar. 7, 1994	Mar. 7, 1994	Apr. 6, 1994
Solomon Islands	Nov. 12, 1979	Sep. 8, 1981	Oct. 8, 1981
Somalia	Sep. 27, 1965	Feb. 29, 1968	Mar. 30, 1968
Spain	Mar. 21, 1994	Aug. 18, 1994	Sept. 17, 1994
Sri Lanka	Aug. 30, 1967	Oct. 12, 1967	Nov. 11, 1967
St. Kitts & Nevis	Oct. 14, 1994	Aug. 4, 1995	Sep. 3, 1995
St. Lucia	June 4, 1984	June 4, 1984	July 4, 1984
St. Vincent and the Grenadines	Aug. 7, 2001	Dec. 16, 2002	Jan. 15, 2003
Sudan	Mar. 15, 1967	Apr. 9, 1973	May 9, 1973
Swaziland	Nov. 3, 1970	June 14, 1971	July 14, 1971
Sweden	Sep. 25, 1965	Dec. 29, 1966	Jan. 28, 1967
Switzerland	Sep. 22, 1967	May 15, 1968	June 14, 1968
Syria	May 25, 2005	Jan. 25, 2006	Feb. 24, 2006
Tanzania	Jan. 10, 1992	May 18, 1992	June 17, 1992
Thailand	Dec. 6, 1985		
Timor-Leste	July 23, 2002	July 23, 2002	Aug. 22, 2002
Togo	Jan. 24, 1966	Aug. 11, 1967	Sep. 10, 1967
Tonga	May 1, 1989	Mar. 21, 1990	Apr. 20, 1990
Trinidad and Tobago	Oct. 5, 1966	Jan. 3, 1967	Feb. 2, 1967
Tunisia	May 5, 1965	June 22, 1966	Oct. 14, 1966
Turkey	June 24, 1987	Mar. 3, 1989	Apr. 2, 1989
Turkmenistan	Sep. 26, 1992	Sep. 26, 1992	Oct. 26, 1992
Uganda	June 7, 1966	June 7, 1966	Oct. 14, 1966

续 表

State	Signature	Deposit of Ratification	Entry into Force of Convention
Ukraine	Apr. 3, 1998	June 7, 2000	July 7, 2000
United Arab Emirates	Dec. 23, 1981	Dec. 23, 1981	Jan. 22, 1982
United Kingdom of Great Britain and Northern Ireland	May 26, 1965	Dec. 19, 1966	Jan. 18, 1967
United States of America	Aug. 27, 1965	June 10, 1966	Oct. 14, 1966
Uruguay	May 28, 1992	Aug. 9, 2000	Sep. 8, 2000
Uzbekistan	Mar. 17, 1994	July 26, 1995	Aug. 25, 1995
Venezuela	Aug. 18, 1993	May 2, 1995	June 1, 1995
Yemen, Republic of	Oct. 28, 1997	Oct. 21, 2004	Nov. 20, 2004
Zambia	June 17, 1970	June 17, 1970	July 17, 1970
Zimbabwe	Mar. 25, 1991	May 20, 1994	June 19, 1994

（二）十一年来"中心"仲裁体制的功能不断扩大

晚近11年来，"中心"仲裁体制的功能不断扩大，主要体现在以下几个方面[①]：

第一，有更多的发展中国家，直接在本国颁行的外资法规中明文规定：把本国境内的涉外投资争端提交"中心"调解或仲裁。如前所述，在1987年间，在国内立法中直接作出此种规定的国家只有十来个；到了1999年春，作出此类国内立法规定的国家已增加到三十来个。据"中心"专家解释，这种法律规定意味着有关东道国已向外国投资者提出一般性的"要约"（offers）或表示一般性的"同意"（consents），一旦发生争端，外商即可据以将争端提交"中心"裁断。

---

① 参见安东尼奥·帕拉（ICSID高级法律顾问，现已升任ICSID副秘书长）：《"中心"在解决投资争端中发挥的作用》，载于《解决投资争端国际中心讯息》(1999年)(第16卷第1期)，第5—8页；并参见ICSID，http://www.worldbank.org/icsid/about/main.htm。

第二，有愈来愈多的双边投资保护条约，直接规定了"中心"仲裁条款。在1987年间，在此类双边条约中订有"中心"仲裁条款者约为108项；到了1999年春，订有"中心"仲裁条款的双边投资保护条约已猛增至950项左右①。据"中心"专家解释，在此类双边条约中订有"中心"仲裁条款，其含义相当于在国内立法中作出的上述规定，即各缔约的东道国已经向外来投资者发出一般性的"要约"，或表示一般性的"同意"：遇有涉外投资争端，外商即可据以向"中心"投诉。

第三，有日益增多的国际经济组织作出规定，与"中心"仲裁体制"联手"协作，以解决国际经济争端。20世纪90年代以来出现的双边投资保护条约中，有些当事国并非《华盛顿公约》的缔约国，因而难以在有关双边条约中直接纳入"中心"仲裁条款，但它们往往借助于联合国贸易法委员会制定的仲裁规则中的有关规定，与"中心"的仲裁体制挂上钩，对后者加以利用，间接地转请"中心"秘书长代为指定仲裁员，组庭受理和处断有关的国际投资争端。这种"联手"和"挂钩"的做法，又进一步被先后推广运用于90年代签订的一系列多边性的经贸条约和相关的国际经济组织之中，诸如《北美自由贸易协定》、《卡塔赫纳自由贸易协定》、《南部锥形地区共同市场投资议定书》以及《能源宪章条约》中，都有类似的借助于"中心"仲裁体制的规定，借以促进国际投资争端的解决。这些做法实质上都起到扩大和增强"中心"仲裁体制功能的作用。

第四，在日益增多的东道国与外国投资者订立的投资合同中，直接明文约定：将日后有关投资的行政争端提交"中心"仲裁解决。

第五，有日益增多的国际性仲裁机构与"中心"机构开展互助协作，增强了"中心"仲裁体制的功能和效率。《华盛顿公约》第63条规定：经当事人双方同意，有关的仲裁程序可以在"中心"以外的其他公私仲裁机构的所在地进行。据此，"中心"机构先后与海牙的"常设仲裁院"、开罗与科伦坡的"亚非法律咨询委员会地区仲裁中心"、墨尔本的"澳大利亚国际商务仲裁中心"、悉尼的"澳大利亚解决商务争端中心"、"新加坡国际仲裁中心"、巴林的"GCC商务仲裁中心"等等，就"中心"受理的有关仲裁案件在当地开庭听审等项事宜，多次开展合作，作出科学安排，方便了当事人，提高了效率，也扩大了"中心"体制的国际影响。

在以上这五个方面因素的综合作用下，进入20世纪90年代以来，"中心"

---

① 另据安·帕拉统计，截至2000年11月10日，全球约有170个国家先后分别签订了大量的双边投资保护条约，合计约为1 800项左右，其中大部分都表示同意将有关国际投资争端提交ICSID按其有关规则加以仲裁解决。参见《由国际投资条约产生的适用于"中心"仲裁的实体法》，载于《解决投资争端国际中心讯息》(2000年)(第17卷第2期)，第6页。

受理的国际投资争端案件增长的幅度和速度,颇令人瞩目。

(三) 十一年来"中心"受理的国际投资争端案件急剧增多

据统计,自1966年"中心"始建迄1988年6月30日止,二十余年间,"中心"共受理国际投资争端25起,平均每年仅约一起。而自1998年1月至2001年5月,短短3年4个月间,共受理同类案件38起,其受案频率已达到每年11起以上①。此种增长势头,显非偶然现象,值得认真重视,加强研究。

截至2001年5月24日,经"中心"登记受理的国际投资争端案件共计86起,其中已经结案的52起,悬而待决的34起。有关两类案件的简况,可分别综合如下页列表。

(四) 在"中心"新形势下中国面临新的待决问题

《华盛顿公约》及其设定的"中心"仲裁体制在晚近十一年中的重大发展,已概述如上。这些重大发展,对于当代中国说来,尤其具有现实意义,不可低估,更不容忽视。其所以然,是因为:

第一,根据国际经济组织的权威性统计,中国已连续多年成为跨国投资的首选地之一,就全球一百多个发展中国家而论,中国吸收的外商投资总额已连续多年稳居"榜首";即使与全球几十个发达国家相比,中国近几年来吸收外资的总额也已超过绝大多数发达国家,而仅次于最大的发达国家美国。巨额外资源源流入中国,对于中国的社会主义"四个现代化"建设事业,起了重大的推动和促进作用,这当然是可喜的。相应地,从总体上说,中国政府对外资施加的保护是充分和周到的,给予外资的待遇是优惠和友善的,对外资实行的必要管束是适度宽松的,对涉外投资争端的处断是公正、公平、合理的。但是,作为当代的中国人,也不能不清醒地看到:大量外资的流入,不可能不同时带来,而且已经带来某些负面的作用,针对这些负面作用,必须及时采取适当的措施,予以必要的制约,使其尽量减轻或消除;尤其不能不清醒地看到:在资本输出国与资本输入国之间、外国投资人与东道国政府之间,既有互利互惠的一面,因而导致国际合作,又有利害冲突的另一面,因而导致国际争端。这是国际经济交往和资本跨国流动的内在规律之一,是客观存在的必然,不依人们的主观愿望为

---

① 参见《解决投资争端国际中心1988年度报告》1988年英文本,第4页;并参见《解决投资争端国际中心讯息》(1987年)(第4卷第1期),第7页;《解决投资争端国际中心讯息》(1987年)(第4卷第2期),第3页;《解决投资争端国际中心讯息》(1999年)(第16卷第1期),第7页;以及以下两份"中心"受理案件"一览表"。

转移。

诚然,迄今为止,中国从未成为"中心"任何具体仲裁案件中的"被诉人"或当事国,但是,既然中国已经相继成为《多边投资担保机构公约》和《解决国家与他国国民间投资争端公约》的缔约国,而这两项公约中都规定各缔约国在一定条件下均应接受"中心"仲裁体制,以解决在该国境内发生的涉外投资争端;既然中国已经相继与八九十个外国签订了双边投资保护条约,而其中又都纳入了"中心"仲裁条款,因此,中国不可能完全避免有朝一日也成为"中心"仲裁案件中的"被诉人"。

"中心"受理并已结案的国际投资争端一览表
(截至 2001 年 5 月 28 日为止,共 52 起)

案　号	申请人(请求人)	被诉人(被请求人)	案　由	立案日期	结案日期
1. ARB/72/1	假日酒店公司等	摩洛哥	合资经营酒店争端	1972.1.13	1978.10.17
2. ARB/74/1	阿德里昂诺公司	科特迪瓦	化纤产品争端	1974.3.6	1977.8.6
3. ARB/74/2	牙买加阿尔科矿业公司	牙买加	铝土矿开采争端	1974.6.21	1975.7.6
4. ARB/74/3	凯撒铝矿公司	牙买加	铝土矿开采争端	1974.6.21	1977.2.27
5. ARB/74/4	雷诺兹牙买加矿业公司与雷诺兹金属公司	牙买加	铝土矿开采争端	1974.6.21	1977.10.12
6. ARB/76/1	加蓬政府	塞勒特公司	建造产科医院争端	1976.10.5	1978.2.27
7. ARB/77/1	AGIP 公司	刚果人民共和国	石油产品销售争端	1977.11.4	1979.11.30
8. ARB/77/2	班弗努蒂与邦芬特公司	刚果人民共和国	塑料瓶制造争端	1977.12.15	1980.8.8
9. ARB/78/1	瓜达鲁普油气产品公司	尼日利亚	液化气产销争端	1978.3.20	1980.7.22
10. ARB/81/1	阿姆科公司等	印度尼西亚	A. 建造和经营大酒店争端	1981.2.27	1984.11.20
			B. 申请撤销裁决书	1985.3.18	1986.5.16
			C. 申请重新仲裁	1987.5.21	1990.10.17
			D. 再次申请撤销裁决书	1990.10.18	1992.12.17

续　表

案　号	申请人(请求人)	被诉人(被请求人)	案　由	立案日期	结案日期
11. ARB/81/2	克劳科纳公司等	喀麦隆	A. 建造和经营肥料公司争端	1981.4.14	1983.10.21
			B. 申请撤销裁决书	1984.2.16	1985.5.3
			C. 申请重新仲裁	1985.6.7	1988.1.26
			D. 再次申请撤销裁决书	1988.7.1	1990.5 17
12. ARB/82/1	非洲乌厄斯特公司	塞内加尔	建造低薪阶层住宅争端	1982.11.5	1988.2.25
13. CONC/82/1	塞迪特纺织工程公司	马达加斯加	组建纺织企业争端	1982.10.5	1983.6.20
14. ARB/83/1	瑞士铝业公司与冰岛铝业公司	冰岛	铝矿冶炼厂争端	1983.6.16	1985.3.6
15. ARB/83/2	利比里亚东方木材公司	利比里亚	森林业特许争端	1983.6.21	1986.3.31
16. CONC/83/1	泰索罗石油公司	特立尼达和多巴哥	石油勘探与开采争端	1983.8.26	1985.11.27
17. ARB/84/1	大西洋特里顿公司	几内亚	建造渔船合同争端	1984.1.19	1986.4.21
18. ARB/84/2	科尔特工业公司	韩国	武器生产技术许可证争端	1984.2.21	1990.8.3
19. ARB/84/3	南太平洋房地产(中东)公司	埃及	A. 旅游开发项目争端	1984.8.28	1992.5.20
			B. 申请撤销裁决书	1992.5.27	1993.3.9
20. ARB/84/4	国际海运代理公司	几内亚	A. 铝矿土运输合营争端	1984.9 18	1988.1.6
			B. 申请撤销裁决书	1988.3.30	1989.12.22
			C. 申请重新仲裁	1990.1.26	1990.11.20
21. ARB/86/1	盖思·法隆公司	突尼斯	旅游度假项目争端	1986.9.24	1988.11.21
22. ARB/87/1	塞蒂梅工程公司	加蓬	改建住宅区争端	1987.2.24	1993.1.21
23. ARB/87/2	莫比尔石油公司	新西兰	合成燃料项目争端	1987.4.15	1990.11.26

续 表

案　号	申请人(请求人)	被诉人(被请求人)	案　由	立案日期	结案日期
24. ARB/87/3	亚洲农产品公司	斯里兰卡	虾类养殖合营争端	1987.7.20	1990.6.27
25. ARB/87/4	巴基斯坦西方公司	巴基斯坦	石油开采特许争端	1987.10.7	1989.1.27
26. ARB/89/1	汉诺威信托公司	埃及	银行分行经营争端	1989.6.15	1993.6.24
27. ARB/92/1	真空盐产公司	加纳	盐矿经营争端	1992.6.11	1994.2.16
28. ARB/92/2	西米塔尔勘探公司	孟加拉国	石油勘探与开发争端	1992.11.3	1994.5.4
29. ARB/93/1	美国工业与贸易公司	刚果民主共和国	工贸企业争端	1993.2.2	2000.7.26
30. ARB/94/1	菲利普·格鲁斯林	马来西亚	建筑企业争端	1994.1.13	1996.4.24
31. CONC/94/1	塞迪特纺织工程公司	马达加斯加	组建纺织企业争端	1994.6.13	1996.7.19
32. ARB/94/2	特拉德·赫拉斯公司	阿尔巴尼亚	组建农业企业争端	1994.12.8	1999.4.29
33. ARB/95/1	米歇尔赖德烟草公司等	阿尔巴尼亚	烟草加工争端	1995.4.27	1997.1.30
34. ARB/95/2	尼维斯有线电视公司等	圣基茨-尼维斯	有线电视特许争端	1995.11.14	1997.1.13
35. ARB/95/3	安东尼·戈茨公司等	布隆迪	组建矿产企业争端	1995.12.18	1999.2.10
36. ARB/96/1	桑塔·爱丽纳公司	哥斯达黎加	地产评估争端	1996.3.22	2000.2.17
37. ARB/96/3	菲德公司	委内瑞拉	债券争端	1996.6.26	1998.3.9
38. ARB/(AF)/97/1	塔克拉馆公司	墨西哥	组建废品处理企业争端	1997.1.13	2000.8.20
39. ARB/97/1	雷彻奇采矿公司	布基纳法索	金矿开采争端	1997.1.27	2000.1.19
40. ARB/97/2	居佩(刚果)公司	刚果共和国	石油勘探与开采争端	1997.1.27	1997.9.8

续 表

案　号	申请人(请求人)	被诉人(被请求人)	案　由	立案日期	结案日期
41. ARB(AF)/97/2	罗伯特·阿津宁公司等	墨西哥	组建废品处理企业争端	1997.3.24	1999.11.1
42. ARB/97/5	WRB公司等	格林纳达	组建电力企业争端	1997.7.30	1998.12.21
43. ARB/97/6	兰科国际公司	阿根廷	港口特许协议争端	1997.10.14	2000.10.17
44. ARB/97/7	埃米略公司等	西班牙	组建化工企业争端	1997.10.30	2000.11.13
45. ARB/97/8	法国化纤开发公司	科特迪瓦	组建纺织企业争端	1997.11.4	2000.4.4
46. ARB(AF)/98/1	约瑟·雷米尔公司	乌克兰	组建广播企业争端	1998.1.16	2000.9.18
47. ARB/98/6	国际采矿公司	秘鲁	金矿开采争端	1998.10.28	2001.2.23
48. ARB/98/7	班罗美洲资源公司	刚果民主共和国	金矿开采特许争端	1998.10.28	2000.9.1
49. ARB(AF)/98/2	废品管理公司	墨西哥	组建废品处理企业争端	1998.11.18	2000.6.2
50. ARB/99/1	莫比尔(阿根廷)公司	阿根廷	石油勘探与开采争端	1999.4.9	1999.7.21
51. ANB/99/4	恩普利萨电力公司	阿根廷	水电站特许争端	1999.7.12	2001.2.8
52. ARB/99/8	阿斯塔迪公司等	洪都拉斯	高速公路改建争端	1999.12.8	2000.10.19

本表资料来源：ICSID Cases, List of Concluded Cases, http：//www.worldbank.org/icsid/cases/conclude.htm. 原资料逐一列明各案仲裁员或调解员名单等，限于篇幅，兹从略。

"中心"受理后待决的国际投资争端一览表
（截至2001年5月28日为止，共34起）

案　号	申请人(请求人)	被诉人(被请求人)	案　由	立案日期
1. ARB/96/2	米西马矿业公司	巴布亚·新几内亚	采矿特许争端	1996.4.29
2. ARB/97/3	阿孔基哈公司等	阿根廷	供水与下水道服务特许争端	1997.2.19

续　表

案　号	申请人(请求人)	被诉人(被请求人)	案　　由	立案日期
3. ARB/97/4	捷克斯洛文斯卡银行	斯洛伐克	债券争端	1997.4.25
4. ARB/98/1	休斯敦工业能源公司等	阿根廷	电力销售特价争端	1998.2.25
5. ARB/98/2	卡萨多与阿连德总统基金	智利	组建出版企业争端	1998.4.20
6. ARB/98/3	利比里亚国际信托公司	利比里亚	海事登记争端	1998.5.28
7. ARB/98/4	韦纳饭店公司	埃及	旅社租赁与开发争端	1998.7.31
8. ARB/98/5	E·A·奥尔昆	巴拉圭	组建食品企业争端	1998.8.26
9. ARB(AF)/98/3	洛文集团公司等	美国	组建殡仪馆与保险企业争端	1998.11.19
10. ARB/98/8	坦桑尼亚电力供应公司	坦桑尼亚独立电力公司	电力购销合同争端	1998.12.7
11. ARB/99/2	亚历克斯·格宁等	爱沙尼亚	组建银行争端	1999.5.12
12. ARB/99/3	菲利普·格鲁斯林	马来西亚	互助基金争端	1999.5.12
13. ARB(AF)/99/1	费德曼·卡尔帕	墨西哥	组建外贸企业争端	1999.5.27
14. ARB/99/5	阿利门塔公司	冈比亚	组建花生企业争端	1999.7.12
15. ARB(AF)/99/2	蒙德维国际公司	美国	商用地产开发争端	1999.9.20
16. ARB/99/6	中东水泥装运装卸公司	埃及	组建水泥销售企业争端	1999.11.19
17. ARB/99/7	帕特里克·米歇尔	刚果民主共和国	组建律师事务所争端	1999.12.10
18. ARB/00/1	津瓦利开发公司	格鲁吉亚	水电站改建合同争端	2000.1.7
19. ARB/00/2	米哈利国际公司	斯里兰卡	电力项目争端	2000.1.11
20. ARB/00/3	格拉德联合公司	委内瑞拉	建造教养所争端	2000.3.1
21. ARB/00/4	萨利尼建筑公司等	摩洛哥	建造高速公路争端	2000.6.13
22. ARB/00/5	奥托皮斯塔公司	委内瑞拉	建造高速公路争端	2000.6.23
23. ARB/00/6	康索蒂安公司	摩洛哥	建造高速公路争端	2000.6.28

续 表

案 号	申请人(请求人)	被诉人(被请求人)	案 由	立案日期
24. ARB/00/7	世界免税公司	肯尼亚	免税特许争端	2000.7.7
25. ARB/00/8	利泽波因特公司	刚果民主共和国	铜矿开采特许争端	2000.7.27
26. ARB(AF)/00/1	ADF集团公司	美国	高速公路建设争端	2000.8.25
27. ARB(AF)/00/2	塔尼卡斯公司	墨西哥	组建废品处理企业争端	2000.8.28
28. ARB(AF)/00/3	废品管理公司	墨西哥	组建废品处理企业争端	2000.9.27
29. ARB/00/9	世代乌克兰公司	乌克兰	建造办公大楼争端	2000.10.20
30. ARB/01/1	英普列基罗公司等	阿拉伯联合酋长国	建造清真寺争端	2001.2.15
31. ARB/01/2	安托英公司等	布隆迪	组建采矿、银行企业争端	2001.3.27
32. ARB/01/4	AES高峰电力公司	匈牙利	电力购销协议争端	2001.4.25
33. ARB/01/5	索西矿业开发公司	马里	金矿开采特许争端	2001.5.24

本表资料来源：ICSID Cases, List of Pending Cases, http://www.worldbank.org/icsid/cases/pending.htm. 原资料逐一列明各案仲裁员或调解员姓名等，限于篇幅，兹从略。

诚然，遇有涉外投资的行政争端（即外国的"民"控告中国的"官"），中国的主管当局和有关部门可以采取适当的措施和步骤，尽可能在中国境内"消化"矛盾，解决争端；但是，一旦涉案的外商坚持其无理要求、过苛索偿或乘机要挟，则中国的主管当局和有关部门显然不应一味姑息迁就或一味回避应诉，恰恰相反，理应勇于正视矛盾，敢于按照有关规定，善于在"中心"组建的国际性仲裁庭上，与申诉人针锋相对，对簿公堂，依法据理力争，使争端获得公正、公平、合理的解决。

简言之，当代中国人对于很可能出现的上述情况，应当早有"忧患"意识，预设"防范"屏障，未雨绸缪，早做准备，以免届时措手不及，陷于被动。

第二，20世纪90年代以来，经济全球化进程明显加快，中国正式加入世界贸易组织，已指日可待。一旦"入世"，势必遵循全球性的经济"游戏规则"，在现有基础上进一步全方位、多层次地扩大对外开放，吸收和利用更多的外资；并结合全面实施西部大开发、国企改革更新、优化产业结构等新的经济战略,扩大外商投资的地域和领域,逐步推进原先属于禁止或限制外资进入的商业、外贸、金融、保险、证券、电信、旅游和中介服务等行业的对外开放,鼓励外商更积极地投资基础设施、环保产业和高新技术产业。加上中国政局平稳、社会安定、经济活跃、持续快速发展等客观有利条件,今后外商来华投资的规模、范围和总量,势必达到前所未有的水平。与此俱来的,涉外投资争端出现的领域、频率和规模,也势必有相应的扩大和变化。面对在中国势必出现的新现实,面对"中心"仲裁体制功能不断扩大,受案数量大幅、加速增多的新现实,如何妥善应对,因势利导,做到游刃有余,这也是当代中国人不能不预为深思熟虑的。"无远虑者必有近忧",这个中华"古训",自应谨记,不可或忘。

基于对"中心"体制发展新态势的清醒认识,基于对中国吸收外资进入新阶段的全面预估,中国在接受和适应"中心"体制的现阶段,要切实做到<u>趋利避害,为我所用</u>,至少面临着以下几个方面新的待决问题:

第一,加强对"中心"仲裁成案的深入研究。

成案先例作出的是非判断,对于后续类似争端的处理,是否具有法律上、法理上或道义上的约束力?大陆法系与英美法系各有不同的理论与实践,见仁见智,迄未统一,也不必强求统一。但是,成案先例之对于后续类似争端的分析与论证,至少具有正面或负面的精神影响,则是全球法律学者的共识,关于这一点,看来不会有多大争议。对于这种精神影响,后人是接受它,作为判断后续类似争端的依据或参考?抑或是拒绝它,在判断后续类似争端过程中,努力摆脱这种精神影响,以便反其道而行之?要做到科学地解决这个问题,其前提都是必须对有关的成案先例的审理过程、两造主张之论点和论据、仲裁员处断之依据和理由,进行深入细致的研究,方能在"接受它"抑或"拒绝它"的判断上,做到持之有故,言之成理。

这种科学的方法,当然也适用于"中心"成案的研究。

对于面临前述国内外新形势的中国人说来,"中心"组建以来受理和处断国际投资争端的实况和案例,当然应当成为加紧研究的重点,其理至显,不必多赘,因为,这些案件的仲裁处断结果是整个"中心"仲裁体制和"中心"仲裁人员具体运作的<u>综合产品和集中表现</u>,案件的裁决书最集中、最具体地展示了"中心"仲裁体制的审理水平(可否信赖)、公正程度(有无偏袒)、断案倾向(对谁有利)以及实际效果(能否执行)。因此,它们成为全世界资本输出国以及资本输入国共同瞩目的焦点,尽管这两类国家倍加关注的动机和角度大相径庭,甚至完全相反。

在已经裁决的诸项争端案件中,认定事实是否清楚?有否歪曲臆断?适用法律是否正确?东道国的法律是否获得充分的尊重?各案裁断是否公正持平和合情合理?有无蓄意偏袒和执法不公现象?特别是有无坑害东道国、严重侵害其主权权益情事?《公约》第53条规定:"中心"仲裁庭的裁决一般是终局性的,当事人不得就裁决提起上诉或寻求其他救济,而前述已结案件一览表中所列的第10、11、19、20四例却依据《公约》第52条的规定撤销了原裁决,或最终以双方和解结案,那么,原裁决何处不公或不当?何故造成不公或不当?"中心"前任秘书长伊伯拉欣·希哈塔对于当事人可能滥用"撤销原裁决"这一程序表示担心,已建议"中心"的行政理事会考虑修订现行的《仲裁规则》,严格地把"撤销原裁决"程序作为特殊的例外来对待①。这种担心和修订是否必要,是否合理?此外,上述各项裁决正式生效后,其执行情况如何?其拘束力是否确实有效?争端当事人和当事国是否严格履行?作为第三者和局外人的其他缔约国对有关裁决是否全盘承认并在其国境内认真协助执行?作为发展中国家和吸收外资的东道国,从上述争端案例的裁决和执行中应当吸取哪些经验或教训?应当采取哪些必要的、有效的、恰如其分的防范措施?——不认真研究和充分掌握上述有关情况,则中国一旦遇到类似争端,并被卷入类似的国际仲裁程序,就难以做到胸有成竹,从容对付,依法据理力争,以确保中国的正当权益。

第二,加强对各国"保留条款"的深入研究。

有些缔约国在参加《公约》之初或其后,就行使《公约》第25条第4款赋予的有关预设"保留条款"的权利,书面通知"中心",列举何种争端打算提交"中心"受理和管辖,何种争端不拟提交"中心"裁断。例如,沙特阿拉伯王国在1980年5月8日正式批准加入《公约》之际,就明确宣布:本国"保留权利,不将一切涉及石油以及涉及国家主权行为的争端问题,提交'解决投资争端国际中心'进行调解或仲裁"。随后,又在1983年4月颁行的《沙特阿拉伯仲裁条例》第3条中明文规定:"非经大臣会议主席批准,各级政府机构不得将它们与其他第三方当事人之间的争端提交仲裁解决。"②这就从实体法和程序法两个方面在很大程度上限制了可以提交"中心"管辖的争端的范围。

又如,圭亚那共和国早在1969年7月11日就正式批准加入《公约》,事隔5年之后,根据本国国情需要,曾于1974年7月8日正式书面通知"中心":"圭亚

---

① 参见《解决投资争端国际中心1988年度报告》(英文本),第4页。
② 参见纳西布·G·嘉德:《"解决投资争端国际中心"与阿拉伯国家》,载于《解决投资争端国际中心讯息》(1988年)(第5卷第2期),第5页。引文中所称"大臣会议"是沙特阿拉伯王国政府的最高执行机构,由内阁各部大臣和国王顾问组成,国王和王储分别担任主席和副主席。

那不考虑将有关圭亚那矿藏以及其他自然资源投资所直接引起的法律争端,提交'中心'管辖。"又隔13年以后,到了1987年10月,圭亚那政府根据本国国情的变化和吸收外资的新需要,又通知"中心":圭亚那决定正式撤回上述保留条款,不再限制提交"中心"管辖的投资争端的种类和范围①。

对于诸如此类"保留条款"的具体内容,提出的背景和用意,实际的影响和利弊,都应逐一地加以比较研究,参考借鉴,从而开阔眼界,增广见识,俾便结合中国的具体国情,作出正确的抉择、取舍和创新。

中国政府于1990年2月9日签署了《华盛顿公约》,进而在1993年1月7日递交批准书,并郑重通知"中心":"根据《公约》第25条第4款的规定,中国仅考虑把由于征收和国有化而产生的有关补偿的争端提交'解决投资争端国际中心'管辖。"②这一"保留"和"限制",显然是在广泛调查研究、多方征询意见、反复全面权衡之后,作出的审慎抉择。对比上述沙特阿拉伯1980年和1983年的两项保留以及圭亚那1974年的一项保留,中国对"中心"管辖权所作的保留和施加的限制,显得不很严格而较为宽松;反之,对比圭亚那1987年之完全撤回了保留条款,对提交"中心"管辖的涉外投资争端的种类和范围不再施加任何限制,则中国的做法又显得并不宽松而较为严格。可以说,这是中国立足于中国当时的国情并参考各国相关做法后,采取了"宽严适度"的"中庸之道"。

"一切依时间、地点和条件而转移","实践是检验真理的唯一标准",这是辩证唯物论或唯物辩证法的基本准则。循此准则作深入思考,中国在面临前述国内外新形势下,是否应当对1993年当年所作的保留再作适当的调整?或者是否应当继续坚持当年所作的保留?这显然又是一个有待认真调查研究、审时度势、重新探讨的问题。

第三,加强对外国专家有关"中心"论述的深入研究。

"中心"组建以来,特别是20世纪90年代以来,外国法学专家和"中心"高级官员对于《公约》和"中心"的评论,不论其政治倾向和法学观点如何,也不论这些评论是赞美、歌颂,还是批评、指摘,是工作总结,还是改革建议,都在应当了解之列。了解各种有代表性的"一家之言",也是一种重要的调查研究,颇有助于中国人进行比较分析和独立判断。"他山之石,可以攻玉","兼听则明",其理至显,毋庸赘述。

---

① 参见《依〈华盛顿公约〉第25条第4款作出的通知》,载于《解决投资争端国际中心讯息》(1988年)(第5卷第1期),第10页。
② 《中国批准ICSID公约》,载于同上引刊(1993年)(第10卷第1期),第1页。

第四，抓紧推出有关"中心"体制的国内配套立法。

中国1990年初签署《华盛顿公约》，迄今已经十一年有余；如果从1993年初正式提交批准书起算，迄今也已超过八年。但是，直到现在，中国尚未正式推出有关贯彻《公约》规定、适应"中心"仲裁体制的国内"配套"立法。对比《公约》其他许多缔约国的立法实践以及中国当前的国情需要①，似已显得立法滞后和不足，亟待改进和完善。换言之，似应抓紧考虑在中国的具体条件下，如何参照《华盛顿公约》其他缔约国的有关做法，通过审慎和合理的国内立法，制定有关《公约》和"中心"体制在中国的实施条例或细则，既要信守和贯彻《公约》的基本规定，又要对中国的保留条款和必要的防范措施，作出具体和周密的安排，从而灵活地充分运用《公约》各项既定条款，力争趋利避害，维护我国的正当权益——这显然是中国当前应当认真着手解决的一项待决问题。诸如，在有关的国内立法中，明确规定何类涉外投资争端、在何种条件下可以提交"中心"管辖和裁断，何类涉外投资争端、在何种条件下不允许或严禁擅自提交"中心"；特别是，针对《公约》"序言"和第25条第1款赋予吸收外资东道国的逐项"书面同意权"，应由中国政府的何种、何级主管部门，根据何种标准和何种手续作出科学判断，对外表示同意或不同意将有关涉外投资争端正式提交"中心"管辖；一旦中国政府的有关部门成为"中心"仲裁案件的"被诉人"，应当如何正面对待、积极应诉；"中心"作出的仲裁裁决，在中国境内如何加以承认和执行，等等。针对这些具体的问题，都应当在中国的国内立法中，从实体上和程序上确立严格的审批标准和操作办法，俾便有法可依，有章可循，从而逐项严格把关，审慎行事，防患未然②。

第五，抓紧研究"中心"仲裁机制在"一国两制"下的正确运用。

如前所述，中国于1990年初签署《华盛顿公约》、1993年初正式递交了批准书。当时离香港、澳门回归祖国尚有相当时日，因而对于日后该《公约》以及"中心"仲裁机制是否适用于、如何适用于中国港、澳地区问题，也尚未有十分具体的考虑。

---

① 《多边投资担保机构公约》（MIGA公约）首席法律顾问罗林·威森费尔德先生（Lorin S. Weisenfeld）曾为陈安教授主编的《MIGA与中国》一书撰写专章，阐述MIGA机构与中国法律关系的现状。据他提供的信息：美国"海岸能源公司"（Coastal Energy Corporation）在中国江苏省南京、苏州、无锡等地投资6 000多万美元建立了4家合资公司，经营火力发电厂，近因与地方政府当局发生投资争端，已向其投资风险"承保"机构——MIGA投诉索赔，并正在由MIGA派员向争端双方斡旋之中。一旦斡旋调解失败，则依据《MIGA公约》的有关规定，最后就难免要提交"中心"仲裁（见威森费尔德2000年3月29日、2001年4月26日致陈安函）。

② 参见李万强：《ICSID管辖权行使的法律实践与中国的对策》，载于陈安主编：《国际经济法论丛》（第3卷），法律出版社2000年版，第194—240页。

1997年7月1日、1999年12月20日香港、澳门先后回归祖国。依据《中华人民共和国宪法》、《中华人民共和国香港特别行政区基本法》、《中华人民共和国澳门特别行政区基本法》的规定,中国对香港、澳门恢复行使主权后,实施"一国两制"的基本方针,两地区仍然分别保持其原有的资本主义制度,50年不变。两地区均在中央人民政府直辖之下,实行高度的自治,享有行政管理权、立法权、独立的司法权和终审权①。在对外关系方面,中央人民政府负责管理与港、澳两地区有关的外交事务和防务;与此同时,又授予两地区以中国一般地方行政区所未能享有的、特定的对外交往权利,诸如:第一,港、澳两个特别行政区可以在经济、贸易、金融、航运等领域,以"中国香港"或"中国澳门"的名义,单独地同世界各国、各地区及有关国际组织保持和发展关系,签订和履行有关协议;第二,中华人民共和国缔结的国际协议,中央人民政府可根据港、澳两地区的情况和需要,在征询两地区政府的意见后,决定是否适用于该两地区;第三,中华人民共和国尚未参加但已适用于香港的协议,仍可继续适用。中央人民政府根据需要,分别授权或协助港、澳两地区政府作出适当安排,使其他有关国际协议适用于港、澳两地区②。

不言而喻,关于《华盛顿公约》和"中心"仲裁机制今后是否适用于以及如何具体地和正确地适用于中国港、澳两地区的问题,显应根据上述基本规定,加以慎重研究。

从历史上说,在1997年7月1日中国对香港恢复行使主权之前,香港由英国强行占领和统治。英国早在1967年1月18日就正式成为《华盛顿公约》的缔约国,相应地,该《公约》所规定的"中心"仲裁机制在当时就开始适用于香港地区。同理,在1999年12月20日中国对澳门恢复行使主权之前,澳门由葡萄牙强行占领和统治。葡萄牙于1984年8月1日正式成为《华盛顿公约》的缔约国,相应地,"中心"仲裁机制也在当时就开始适用于澳门。在这方面,两地的共同点是:

(1) 在回归祖国之前,两地均受发达国家的统治和管辖,实行的都是资本主义制度,其在《华盛顿公约》中所享有的权利和承担的义务,都是采取发达国家的标准。

(2) 在回归祖国之后,两地均成为中国这一社会主义国家和发展中国家直

---

① 参见《中华人民共和国宪法》第31条;《中华人民共和国香港特别行政区基本法》序言,第2、5、12条;《中华人民共和国澳门特别行政区基本法》序言,第2、5、12条。

② 参见《中华人民共和国香港特别行政区基本法》第13、151、153条;《中华人民共和国澳门特别行政区基本法》第13、136、138条。

接管辖的特别行政区,但都在法定时期内继续保持其原有的相当发达的资本主义制度。

(3) 由于中国参加缔结《华盛顿公约》和接受"中心"仲裁机制之时,其所享有的权利和承担的义务,从整体上说,采取的是<u>发展中国家</u>的标准,于是,就产生了这些标准和相应的具体规定<u>是否</u>适用于以及<u>如何</u>适用于资本主义经济相当发达的港澳地区这一现实问题。

(4) 作为资本主义经济相当发达的地区,原先其吸收外国投资的总体环境是相当宽松、透明、自由化和法治化的。相应地,就外商与当地政府之间有关跨国投资的行政争端而言,两地外商利用"中心"仲裁机制直接向华盛顿 ICSID 机构投诉,其限制或障碍也是颇少的。两地回归祖国之后,中国既要对它们恢复行使主权,又要继续保持和发展其原有的对外国资本具有重大吸引力的良好经济环境和法律环境,特别是要保持和发展香港作为全球性国际金融、投资、贸易一大中心的优势,以吸收更大量的外资,这就需要对坚持行使中国主权与允许外商充分利用"中心"仲裁机制这两个方面,加以新的综合考虑,审慎地作出<u>不同于内地各省、各地区</u>的妥善安排。

试以前述关于"书面同意"权的行使①为例:一般而论,发展中国家鉴于自身经济实力不足、法治水平不高以及高层次涉外法律人才不多等现实情况,均倾向于由中央一级的国家主管部门统一"把关",<u>逐案</u>审议和判断是否可以书面同意将本国境内某项涉外投资行政讼争的管辖权转交"中心",由后者实行国际性的仲裁裁决。本国地方行政当局非经中央主管机关<u>逐案</u>授权,一般不直接具备行使此种"书面同意"的权力。许多学者主张,在中国拟定实施《华盛顿公约》的国内"配套"立法中,亦当按此国际通行做法办理。但是,鉴于香港、澳门两个特别行政区的特殊环境和特殊地位,鉴于两地在引进外资方面所能发挥的特殊作用和特殊需要,已有学者提出:对在港、澳两地区的外商投资进行行政管理,应分别属于两地实行高度自治的权限范围。而且,它们对于产生于当地的国际投资争端实况和有关事宜,相当熟悉,因此,对于两地区政府与外商之间出现的投资争端,应当由两地政府自己负责处理。它们可分别作为中国统一授权指派到"中心"的"下属单位或下属机构"(a constituent subdivision or agency of a Contracting State designated to the Centre by that State)②,分别以两地政府<u>自己的名义</u>,单独地参与"中心"仲裁,

---

① 参见《解决国家与他国国民间投资争端公约》序言、第 25 条第 1、4 款。
② 参见同上《公约》第 25 条第 2 款。

单独地享受"应诉"的权利,并实际承担履行"中心"仲裁裁决的义务,中央人民政府不必直接介入①。这种特殊授权,当能更有助于消除外商在港、澳回归中国后继续对两地投资的疑虑。

再以前述关于"中心"对在华国际投资争端的管辖范围为例:中国在1993年递交《华盛顿公约》批准书时,曾郑重声明仅考虑把由于征收和国有化而产生的补偿争端提交"中心"管辖。换言之,对于外商指控东道国政府违约、禁止汇兑、战乱等事故或风险所产生的补偿争端,凡不涉及征收和国有化者,均不提交"中心"管辖。这一管辖问题的"保留"和"限制",是否应当完全适用于回归中国之后的港、澳地区?这也是应当审慎研究考虑的现实问题。鉴于港、澳地区的特殊地位及其在吸收外资中的特殊作用,已有学者主张:可以提交"中心"仲裁管辖的港、澳两地政府与外商之间的投资争端,其具体范围不应仅仅局限于征收和国有化的赔偿方面,而应适当地结合两地的实况和吸收外资的需要,比照发达国家的有关规定,适当地予以扩大。至于扩大的具体幅度和范围,则可由港、澳两地政府在征询中央人民政府意见的基础上,自行决定②。

举一反三。对于诸如此类有关《华盛顿公约》及"中心"仲裁机制是否适用以及如何适用于中国香港、澳门两地区的问题,确实有待于抓紧研究。迄今有关这方面的研究成果似仍不多见,不足以适应形势发展的需要,亟宜加强探讨。

第六,抓紧研究利用"中心"仲裁机制保护中国的海外投资。

中国的对外开放国策,素来就包含"引进来"和"走出去"这两个基本方面。中国人有能力、有智慧学会充分利用国内和国外两种资源,开拓国内和国外两个市场。就国际投资领域而言,改革开放初期,囿于中国当时的经济实力和开拓经验,注意力主要集中于引进和利用外资,并取得了举世瞩目的成就。20世纪90年代以来,随着综合国力的逐步提高和对外开拓经验的逐步积累,中国在继续加强引进外资的同时,开始认真探索如何做到"引进来"与"走出去"并重和并举。经过近十年来的努力,一些有条件、有实力、有市场的国内企业和产品生产开始走向境外,开办了一大批受当地政府和人民欢迎的投资项目,从而在利用国内外两个市场、两种资源以促进中国经济发展方面,有了实质性的推进③。向海外投资的"势头"不断强化,并初见成效。据不完全的统计,截至2000年

---

① 参见徐崇利、赵德铭:《九七之后国际投资条约继续适用于香港特别行政区问题刍议》,载于 Journal of Chinese and Comparative Law, Vol. 2, No. 1, pp. 142—143。
② 参见同上注引徐崇利、赵德铭论文,第140—141页。
③ 参见中国对外经贸部部长石广生在全国外经贸工作会议上的讲话:《不断提高外经贸运行质量和水平》(2000年12月26日),第2页。http://www.moftec.gov.cn/moftec-cn/news/2001-1-4.html。

底,经国家批准和备案的中国在境外的企业已超过6 000家,投资总额超过100亿美元。这些境外企业向外开拓投资市场,对促进中国"四化"建设的重大意义和作用,是不容忽视的:第一,它大幅度地扩大了中国产品的出口。越来越多的大型生产企业、知名品牌企业纷纷到境外开展加工贸易,不仅优化了中国向境外投资企业的结构,而且通过投资直接带动了出口。据统计,已投资的境外加工项目每年可直接带动出口约10亿美元。第二,它有力地推动了中国的承包工程和劳务输出。单单2000年1月至12月,中国对外经济技术合作、承包工程和劳务合同金额即高达149.43亿美元①。第三,它缓解和补充了国内紧缺资源的需求。从比较效益的角度出发,中国企业向境外诸如森林、能源、矿产和农业等方面的投资项目,与东道国企业就地合作开发,产品分成或采购东道国内物质,对满足中国建设急需而又紧缺的农、林、矿等资源要求,起了缓解和补充的作用,而且减少了诸多中间环节的费用,大大节约了成本,提高了经济效益。

但是,有关国际投资的历史以及来自有关方面的信息表明:向海外投资并非都是一片坦途,它历来都是机遇与挑战并存,厚利与风险同在的。就风险而言,除了一般性的<u>商业风险</u>之外,还存在着非商业性的即<u>政治性的风险</u>。目前中国到境外投资的企业,大多重视是否存在商业风险,注意对成本、价格、销路、市场等因素事先开展调查研究,并据以作出决策;而相形之下,对于东道国的政局是否动荡,其外资政策、法规以及外汇管理措施是否透明和稳定,其投资争端解决机制是否公平、公正等等因素,即对于是否存在着战争动乱、政权更迭、政府违约、滥行罚没、禁止汇兑等等潜在的政治风险,则往往未予足够的重视,或事先调查研究不足,或事先防范不力,便贸然投入巨资,以致一旦发生上述非商业性风险,就陷于十分被动的困境:或无从索赔,或投诉无门,以致已有不少中国企业的境外投资在诸如"东道国政局动荡或战乱"中,遭到重大损失。据有关部门介绍:中国人民保险公司出口信贷保险部自1994年起就开办海外投资保险业务,承保各类政治风险,但迄2000年11月30日为止,竟尚无任何一家中国企业为其海外投资前来投保②。仅此一端,就足见其忧患意识、风险观念,以及事先采取自我保护和未雨绸缪措施,都很不到位。基于这种现状,不难推断:迄今为止,能够自觉地充分利用中国已经参加《多边投资担保机构公约》(即《MIGA公约》)以及《解决国家与他国国民间投资争端公约》的良好条件,主动

---

① 参见郑志海(外经贸研究院院长):《承包工程劳务合作大有可为》,载于《国际经贸消息》2001年4月25日。
② 参见展石:《国内企业海外投资该上双保险》,载于《北京晨报》2000年11月30日。

向 MIGA 申请担保政治风险①,主动在各类对外投资合同中力争订立"中心"仲裁条款者,如果不是尚无此举,也是凤毛麟角,十分罕见。

如前所述,在当代跨国投资活动中,不但有愈来愈多的双边投资保护条约,直接规定了"中心"仲裁条款,而且有日益增多的东道国同意在其与外国投资者订立的投资合同中也直接约定将日后可能出现的投资行政争端提交"中心"仲裁解决。这是<u>资本输出国保护其本国向海外投资的企业的有力措施</u>之一。中国现在既已开始认真推进"引进来"与"走出去"并举的方针,则在跨国投资领域,除了继续是资本输入国之外,也开始初步兼具<u>资本输出国</u>的地位,因而对于当代资本输出国可以援用的法律手段,自应加强研究和善加利用,以维护本国"走出去"的企业的合法权益。对此,中国的主管部门已经开始加以重视并提出,"我国要抓紧同有关国家商签双边投资保护协定,避免双重征税协定,进一步研究和利用《多边投资担保机构公约》的有关条款,保护我国对外投资企业的利益。"②与此同时,显然也应抓紧研究近年来在世界各国、各地、各类<u>国际投资合同中直接约定"中心"仲裁条款的通行做法及其实践效果</u>,并结合我国资本输出的国情,在有关向海外投资的管理性法规或部门规章中,作出相应规定和制定示范性条款,指示或指导中国的海外投资企业遵行。

第七,抓紧落实向"中心"指派中国遴选的仲裁员和调解员。

根据《华盛顿公约》第 3 条以及第 13—15 条的规定,每个缔约国有权向"中心"指派仲裁员和调解员各 4 名,共同构成"中心"配备的仲裁员团组和调解员团组。任期 6 年,可以连任。迄 2001 年 3 月为止,在 134 个正式缔约国中已有 80 个国家行使了此项重要权利,但在"中心"开列的仲裁员和调解员总名单上,至今未见列明中国指派的成员。据悉:早在 1993 年 8 月,中国政府的主管当局经过郑重遴选,已决定向"中心"指派 4 名仲裁员和 4 名调解员,但由于各种原因,至今尚未最后落实和完成指派的正式手续。在这方面的工作滞后,"有权不用"或不及时使用,显然相当不利于提高中国在"中心"体制中的应有声誉和形象;相当不利于中国人在"近距离"和第一线观察和体验"中心"仲裁体制的具体运作实况,及时获得必要的信息,积累必要的经验,俾便为中国以及第三世界发展中国家仗义执言,提供公正、公平的法律服务;也相当不利于中国自身专业人才国际实践能力的培养和综合素质的提高。如果认真考虑中国当前面临的前述各种新形势,看来这也是已经提到日程上亟待落实解决的一个重要问题。

---

① 参见陈安主编:《MIGA 与中国:多边投资担保机构述评》,福建人民出版社 1995 年版,绪论。
② 参见 p.1071 注③引中国外经贸部部长石广生 2000 年 12 月 26 日讲话,第 7 页。

以上七个方面的待决问题,轻重缓急,各有不同。但从总体上考虑,第一方面的问题,即加强对"中心"仲裁成案的深入研究,显然乃是居于首要地位的<u>基础研究</u>,属于重中之重,需要更多的"志士仁人",投入更大的精力,进行持续的"回溯探讨"和"跟踪追击",从而不断求索和积累新知,为我所用。把此项基础研究做好,就不难举一反三,触类旁通,把其他待决问题也逐一妥善解决。

厦门大学国际经济法研究所几位同道近三年来的"集体攻关",就是基于这种共识,沿着上述这个方向进行一次新的、初步的探索。

六、《国际投资争端仲裁——ICSID 机制研究》一书的内容结构

有关"中心"仲裁成案的各种文档,可谓繁篇浩帙。题述著作是厦大几位同道对其中部分文档开展集体研究的初步成果。它是一些<u>研究心得</u>的汇集,也是一些<u>原始素材</u>的选要。

全书除绪论外,原先辑为四编。第一编是"中心"仲裁专题研究,分列仲裁管辖权、仲裁法律适用、仲裁临时措施制度、仲裁撤销制度、仲裁裁决的承认与执行、"中心"仲裁与其他机构仲裁的比较等六个专题。这些专题研究,以"中心"的基本体制为"经",以"中心"仲裁实践的典型案例为"纬",加以梳理、编织和归纳,逐一加以综合剖析和评论,从其"静态"与"动态"的结合上,来观察"中心"体制成立 35 年来的具体运作情况,辨明其主要的是非臧否。第二编以<u>个案</u>为单位,从"中心"成立迄今已结的 52 件成案中,精选其七,以"夹叙夹议"的方式,逐一叙述和评论其案情梗概、纷争焦点、仲裁进程和处断结果,以及发展中国家(特别是中国人)应当从中吸取的主要经验教训。第三编以上述各典型成案的仲裁"裁决书"为中心,分别将各案有关的<u>英文原始</u>文档译成中文,以供难以直接搜集到或难以顺利阅读这些原始文档的学术界有心人,作进一步的查索、发掘和评析。第四编附录了有关"中心"仲裁体制的基本文献,含《华盛顿公约》全文、"中心"的仲裁规则、调解规则等。这些基本文献,是"中心"组建成立、中心仲裁具体运作的主要依据和基本规则,在各项具体成案文档(含裁决书等)之中经常被援引、被论证。附录于该书,旨在为读者提供方便,在阅读该书其余各编有关论述过程中,可以随时顺手查核对照,以加深理解。

以上这四编,总字数约为 117 万字。考虑到全书篇幅较大,也考虑到广大读者定会有不同的需要,故将上述研究心得和原始素材分成两册,以"姊妹书"

形式,同时出版,分别定名为《国际投资争端仲裁——"解决投资争端国际中心"机制研究》和《国际投资争端案例精选》,前者含绪论、专题研究、成案述评和基本文献,后者专门收辑经精选和编译的九个典型案例的仲裁裁决书等原始文档。这两本成果,既各自独立成书,又互相呼应配套。

如前所述,该书是一部集体创作。在成书的全过程中,各人分工撰写与集体切磋探讨,两相结合,交叉进行。全书的基本观点是集体智慧的结晶,也是参撰作者们的共识。但是,在论证和行文的具体过程中,在个别问题的看法上以及文字表述的风格上,都保留着若干"个性"特点,以存其真,并不全求统一。

"存真"更有利于"求教"。作者们自知学力有限,面对许多既"难得",又"难啃"的外文原始资料,其所译、所解、所悟和所论,难免有不妥或舛误之处,恳切期待海内外方家和广大读者惠予指正。

论·国·际·经·济·法·学
An CHEN on International Economic Law

第三卷
Vol. III

陈 安 / 著

复旦大学出版社
www.fudanpress.com.cn

目　录

第 三 卷

第三编　国际投资法（续）

V 中外双边投资协定中的四大"安全阀"不宜贸然拆除——美、加型 BITs 谈判范本关键性"争端解决"条款剖析 ································ (1079)

一、中国型 BITs 中争端解决条款与《ICSID 公约》相关条款的"接轨" ·· (1081)

二、美、加型 BITs 谈判范本关键性"争端解决"条款之基本规定 ·· (1085)

三、中国在 BIT 谈判中不宜贸然接受上述条款或其"变种" ·········· (1088)

（一）此类条款背离了国际公约对东道国的授权 ················ (1089)

（二）此类条款不符合中国的现实国情 ···························· (1093)

（三）此类条款无视于弱国 BIT 缔约实践的沉痛教训——阿根廷的前车之鉴 ·· (1099)

（四）此类条款无视于两类东道国的最新立法转轨 ············· (1101)

四、结论：有关今后中外 BIT 谈判的几点管见 ·························· (1105)

（一）加强调查研究，"摸着石头过河" ···························· (1105)

（二）善用公约授权，牢握"安全阀门" ···························· (1106)

（三）坚持"下不为例"，"亡羊"及时"补牢" ······················ (1107)

Ⅵ 区分两类国家,实行差别互惠:再论 ICSID 体制赋予中国的四大"安全阀"不宜贸然全面拆除 ………………………………………… (1109)

一、问题的缘由 ………………………………………………… (1111)

二、中国型 BITs 中争端解决条款与 ICSID 公约相关条款"接轨"的简要回顾 ………………………………………………… (1113)

三、中国在 BITs 谈判中不宜贸然接受美国型的争端解决条款或其"变种" ………………………………………………… (1115)

　(一) 此类条款背离了国际公约对东道国的授权 ………… (1116)

　(二) 此类条款漠视了联合国权威机构的反复告诫 ……… (1119)

　(三) 此类条款不符合中国的现实国情 …………………… (1122)

　(四) 此类条款无视于弱国 BIT 缔约实践的沉痛教训:阿根廷的前车之鉴 ………………………………………………… (1129)

　(五) 此类条款无视于两类东道国的最新立法转轨 ……… (1130)

四、有关今后中外 BIT 谈判的几点思考 ……………………… (1133)

　(一) 加强调查研究,"摸着石头过河" ………………………… (1133)

　(二) 善用公约授权,牢握"安全阀门" ………………………… (1134)

　(三) 区分两类国家,实行差别互惠,排除或限制 MFN 条款适用于争端程序 ………………………………………………… (1135)

五、区分两类国家,实行差别互惠的理论依据和实践先例 ……… (1139)

　(一) 区别对待的做法符合于"具体分析"的普遍哲理 …… (1139)

　(二) 区别对待的做法符合于"公平互利"的基本法理 …… (1139)

　(三) 区别对待的做法符合于"国家主权至高无上"的国际法基本原则 ………………………………………………… (1141)

　(四) 区别对待的做法符合于 MFN 待遇原则的发展进程 …… (1142)

　(五) 区别对待、排除或限制 MFN 条款扩大适用于争端程序,符合 UNCTAD 晚近的反复警示 ………………………………… (1143)

　(六) 区别对待的做法符合于国际仲裁的最新实践 ……… (1143)

　(七) 区别对待、排除或限制 MFN 条款适用范围的做法已有若干先例可援 ………………………………………………… (1145)

六、结论 ………………………………………………………… (1146)

Ⅶ 《中国—秘鲁 1994 年双边投资协定》可否适用于"一国两制"下的中国香港特别行政区——香港居民谢业深 v. 秘鲁政府征收投资案件的法理剖析 ………………………………………… (1147)
 一、本案案情梗概 ………………………………………………… (1149)
 二、主要争议和初步看法 ………………………………………… (1150)
  (一)主要争议 ………………………………………………… (1150)
  (二)初步看法 ………………………………………………… (1151)
 三、关于申请人之中国国籍问题 ………………………………… (1151)
  (一)中国国籍的获得 ………………………………………… (1152)
  (二)中国国籍的丧失 ………………………………………… (1153)
  (三)《中国国籍法》对香港特别行政区的适用 ……………… (1153)
  (四)中国国籍的证明 ………………………………………… (1154)
  (五)香港特别行政区护照对中国国籍的证明 ……………… (1154)
 四、关于《中国—秘鲁 BIT 1994》适用于在香港享有居留权的中国公民问题 ………………………………………………………… (1154)
  (一)香港回归中国前后的历史回顾 ………………………… (1155)
  (二)《中英联合声明》确立的原则与规则 …………………… (1155)
  (三)"中英联合联络小组"的工作 …………………………… (1157)
  (四)《香港特别行政区基本法》以及中国法律、中—外协定(条约)对香港的适用 ……………………………………………… (1158)
  (五)《中国—秘鲁 BIT 1994》不适用于在香港享有居留权的中国公民 ……………………………………………………………… (1165)
 五、关于《中国—秘鲁 BIT 1994》中仲裁条款的适用范围问题 ……………………………………………………………………… (1166)
  (一)中国加入《华盛顿公约》的历史回顾 …………………… (1166)
  (二)中国对于双边投资协定(BITs)争端解决条款的基本政策 … (1168)
  (三)《中国—秘鲁 BIT 1994》中仲裁条款的范围与性质 …… (1173)
 六、关于《中国—秘鲁 BIT 1994》中"最惠国条款"的适用范围问题 ……………………………………………………………………… (1175)
  (一)中国在"最惠国(MFN)条款"方面的历史教训 ………… (1175)
  (二)《中国—秘鲁 BIT 1994》中 MFN 条款的固有涵义 …… (1178)
  (三)可否援引《中国—秘鲁 BIT 1994》中的 MFN 条款,创设新的 ICSID

    管辖权 ·· (1178)

   （四）当代国际法学界对MFN条款性质的共识：MFN待遇只是国家主权的

    派生物 ·· (1182)

   （五）依据《维也纳条约法公约》对《中国—秘鲁BIT 1994》中的MFN条款

    进行解释 ··· (1183)

   （六）联合国官方文件的反复警示以及当今世界对MFN条款的严格解释

     ··· (1186)

   （七）目前国际缔约实践中对MFN条款的限制与排除 ···················· (1189)

   （八）ICSID实践对MFN待遇的限制与排除（裁决案例）················ (1190)

   （九）《中国—秘鲁BIT 1994》中的MFN条款问题 ·························· (1195)

 七、结论 ·· (1195)

Ⅷ 我国涉外经济立法中可否规定对外资绝不实行国有化 ················ (1197)

 一、问题缘起 ··· (1198)

 二、两种歧义 ··· (1199)

  （一）事关维护经济主权，不可立法规定绝不征收外资 ···················· (1199)

  （二）事关大量吸收外资，不妨立法规定绝不征收外资 ···················· (1200)

 三、四点管见 ··· (1202)

  （一）从外资国有化问题的论战史来看，不适宜作此规定 ················ (1202)

  （二）从中外签订的双边投资保护协定来看，不必要作此规定 ········ (1204)

  （三）从西方国家对"国有化"的理解来看，不应当作此规定 ············ (1206)

  （四）从中国的宪法精神和现有政策来看，不容许作此规定 ············ (1207)

 四、结论：务必留权在手，但决不任意滥用 ·· (1209)

Ⅸ 是重新闭关自守？还是扩大对外开放？——论中美两国经济上的
互相依存以及"天安门风波"后在华外资的法律环境 ······················· (1210)

 一、华盛顿：最惠国≠最喜欢的国家 ··· (1211)

 二、北京：最惠国——中美同舟 ·· (1214)

 三、燕子悄无声，天暖翩然来 ·· (1216)

 四、有利于外国投资者的中国法律多面体上又新增六面 ···················· (1219)

  （一）修订了《合资经营企业法》 ··· (1219)

  （二）颁布了《成片土地开发办法》 ··· (1221)

(三)广阔开放了"经济心脏"的周边地区——上海浦东……………(1222)
　　　(四)统一了针对外国投资者的税法并给予了更多优惠……………(1224)
　　　(五)实施了《行政诉讼法》………………………………………(1225)
　　　(六)接受了ICSID体制………………………………………………(1226)
　　五、娃娃与洗澡水……………………………………………………………(1226)

Ⅹ 中国对欧洲在华直接投资的法律保护及其与国际惯例的接轨………(1228)
　　一、中国国内法对在华外资的保护…………………………………………(1229)
　　　(一)宪法给予的保护…………………………………………………(1229)
　　　(二)基本民商法、经济法和诉讼法给予的保护……………………(1230)
　　　(三)涉外投资立法给予的保护………………………………………(1231)
　　　(四)东道国给予外资法律保护的约束力问题………………………(1234)
　　二、中国吸收外资政策新近的重要发展及其相应的法律措施……………(1235)
　　　(一)逐步统一内外资企业政策………………………………………(1236)
　　　(二)公布《外商投资产业指导目录》………………………………(1236)
　　　(三)做好外商投资特许权项目(BOT)等新投资方式的试点………(1236)
　　　(四)大幅降低进口关税,取消进口关税的某些优惠………………(1236)
　　　(五)实施新修订的《外汇管理条例》………………………………(1237)
　　三、中国参加缔结的国际条约对在华外资的保护…………………………(1237)
　　　(一)双边协定给予的保护……………………………………………(1237)
　　　(二)国际公约给予的保护……………………………………………(1242)

Ⅺ 外商在华投资中金融票据诈骗问题剖析——香港东方公司 v. 香港
　　泰益公司案件述评………………………………………………………(1246)
　　一、本案案情梗概……………………………………………………………(1246)
　　二、本案讼争主要问题剖析…………………………………………………(1247)
　　　(一)关于第0163号收款收据的真伪问题……………………………(1248)
　　　(二)关于第0168号收款收据的真伪问题……………………………(1250)
　　　(三)关于所谓1985年9月15日原告与被告的密约……………………(1251)
　　　(四)原告在其发表的一系列文件中对被告"赖账"金额的表述信口雌黄,
　　　　　自相矛盾……………………………………………………………(1251)
　　　(五)原告曾书面和口头承认只付给被告50万港元…………………(1251)

（六）关于原告骗取被告第 0163 号和第 0168 号收款收据的动机 …… (1252)
　　（七）被告因原告诬告所遭受的损失及其索赔要求 ……………… (1253)
　附录　福建省高级人民法院民事判决书［(1986)闽法经民上字
　　　　第 49 号］…………………………………………………………… (1253)

Ⅻ　**外商在华投资中的担保与反担保问题剖析——香港上海汇丰银行
　有限公司 v. 厦门建设发展公司案件述评** ………………………… (1256)
　一、本案案情梗概 …………………………………………………………… (1257)
　二、厦门建发公司答辩状 …………………………………………………… (1259)
　　（一）甲案 ……………………………………………………………… (1260)
　　（二）乙案 ……………………………………………………………… (1263)
　　（三）丙案 ……………………………………………………………… (1264)
　　（四）责任分析 ………………………………………………………… (1264)
　三、本案讼争主要问题剖折 ………………………………………………… (1267)
　　（一）关于原告汇丰银行的欺诈行为问题 …………………………… (1267)
　　（二）本案的"反担保书"等依法应属无效 ………………………… (1269)
　　（三）关于造成"反担保书"等无效的责任分析 …………………… (1272)
　　（四）建发公司的请求 ………………………………………………… (1273)
　　（五）附件 ……………………………………………………………… (1273)
　附录　汇丰银行厦门代表处就外商资信提供中文证明篡改
　　　　英文原意的具体情况 …………………………………………… (1274)
　四、本案中方代理律师致香港汇丰银行中国业务部总经理
　　　罗素先生函 ……………………………………………………………… (1278)

ⅩⅢ　**外商在华投资"征收"索赔迷雾中的庐山面目——英商 X 投资公司
　v. 英商 Y 保险公司案件述评（一）** …………………………………… (1282)
　一、本案案情梗概 …………………………………………………………… (1283)
　二、咨询的问题 ……………………………………………………………… (1284)
　三、专家的看法和意见 ……………………………………………………… (1285)
　　（Ⅰ）1996 年签订的中外合作合同（以下简称《争端合同》）第 15 条关于
　　　　利润分配的规定在当时是合法的、至今仍是合法的 …………… (1285)
　　（Ⅱ）1998 年 9 月《国务院关于加强外汇外债管理开展外汇外债检查的

通知》(以下简称"国发[1998]31号通知"),其法律效力是不完备的
.... (1287)

(Ⅲ) "国发[1998]31号通知"不具备溯及既往的法律效力 .... (1288)

(Ⅳ) "国发[1998]31号通知"中的禁止性规定实质上已经在2002年和
2004年一再被修改 .... (1289)

(Ⅴ) "国发办[2002]43号通知"不是"征收法令";2003年中外双方《新协议》不是"征收行为" .... (1293)

(Ⅵ) 中国涉外投资法律以及中英双边投资协定中有关征收外国投资的规定 .... (1296)

四、结论 .... (1298)

【附录】

(Ⅰ) 国务院《关于加强外汇外债管理开展外汇外债检查的通知》("国发[1998]31号通知",1998年9月14日) .... (1299)

(Ⅱ) 国务院办公厅《关于妥善处理现有保证外方投资固定回报项目有关问题的通知》("国发办[2002]43号通知",2002年9月10日)
.... (1304)

(Ⅲ) 国务院《关于投资体制改革的决定》("国发[2004]20号决定",2004年7月16日) .... (1306)

ⅩⅣ 外商在华投资"征收"索赔中的"脚踩两船"与"左右逢源"——英商X投资公司 v. 英商Y保险公司案件述评(二) .... (1313)

ⅩⅤ 外商在华投资中的"空手道"融资:"一女两婿"与"两裁六审"——中国深圳市中方四公司 v. 泰国贤成两合公司案件述评 .... (1333)

一、本案案情梗概 .... (1334)

二、本案各方当事人的主张和仲裁庭对事实的认定 .... (1336)

(一) 本案各方当事人的主张及其交锋 .... (1336)

(二) 本案仲裁庭对事实的认定 .... (1350)

三、本案仲裁庭的合议评析和终局裁断 .... (1364)

(一) 本案仲裁庭的合议评析 .... (1364)

(二) 本案仲裁庭的终局裁断 .... (1370)

【附录】

(一) 中华人民共和国最高人民法院行政判决书[(1997)行终字第18号] ………………………………………………………………… (1371)

(二)《深圳特区报》新闻报道：深圳贤成大厦事件始末(2004年4月7日) …………………………………………………………… (1376)

(三)《深圳商报》新闻报道：贤成两合公司净欠深贤公司3 211万元(2004年4月6日) ………………………………………………… (1380)

第四编 国际贸易法

Ⅰ 某些涉外经济合同何以无效以及如何防止无效 ……………… (1385)
  一、"合同必须信守"与"违法合同自始无效" ………………… (1386)
  二、"鳗苗"风波——数项合同一连串违法 ……………………… (1388)
  三、合同主体不合格导致合同无效 ……………………………… (1392)
  四、合同内容不合法导致合同无效 ……………………………… (1396)
  五、两起涉嫌"欺诈"的涉外合同纠纷 …………………………… (1402)
  六、无效合同的处理和预防 ……………………………………… (1409)

Ⅱ 跨国商品代销中越权抵押和争端管辖权问题剖析——意大利古西公司 v. 香港图荣公司案件述评 ………………………………… (1412)
  一、本案案情梗概 ………………………………………………… (1413)
  二、本案民事诉状 ………………………………………………… (1414)
    (一) 两份代销合同的约定 ……………………………………… (1415)
    (二) 一份销售合同的约定 ……………………………………… (1415)
    (三) 香港图荣公司严重违约侵权 ……………………………… (1415)
    (四) 意大利古西公司请求参诉维权 …………………………… (1416)
  三、本案争端管辖权问题剖析——对图荣公司《答辩状》的反驳 ………………………………………………………………… (1416)
    (一) 对本案实行管辖完全符合中国法律和国际惯例 ………… (1416)
    (二) 对本案放弃管辖有损中国法律尊严和中国法院形象 …… (1419)

四、本案讼争商品所有权问题剖析 ………………………… (1420)
  (一)本案讼争的标的物的所有权属于意大利古西公司 ………… (1420)
  (二)古西公司不能为图荣公司的过错负责 ……………………… (1422)

【附录】 …………………………………………………………………… (1424)
  一、古西公司财产保全申请书 ………………………………………… (1424)
  二、古西公司先予执行申请书 ………………………………………… (1424)

Ⅲ 外贸汇票承兑争端管辖权冲突问题剖析——美国约克公司v.香港北海公司案件述评 ……………………………………………… (1426)
  一、本案案情梗概 …………………………………………………… (1427)
  二、关于约克公司与北海公司争议案件的专家意见书(1994年3月10日) ……………………………………………………… (1427)
    (一)专家简况 ………………………………………………………… (1427)
    (二)咨询的问题 ……………………………………………………… (1428)
    (三)专家的看法和意见 ……………………………………………… (1429)
    (四)基本结论 ………………………………………………………… (1441)
  三、关于约克公司与北海公司争议案件专家意见书的重要补充(1994年4月7日) …………………………………………… (1443)
  四、评英国皇家大律师狄克斯(A. R. Dicks Q. C.)的书面证词(1994年9月1日) ……………………………………………… (1446)

Ⅳ 一项判决 三点质疑——评香港高等法院"1993年第A8176号"案件判决书 ………………………………………………………… (1462)
  引言 …………………………………………………………………… (1464)
  一、本案案情梗概 …………………………………………………… (1464)
  二、判决质疑之一:关于本案管辖权问题 ………………………… (1469)
    (一)把本案管辖权判归香港法院,根本违反了"有约必守"以及当事人"意思自治"这两大法理原则 ………………………… (1470)
    (二)把本案汇票争端管辖权判归香港法院,拒不裁定中止本案诉讼程序,根本违反了香港的《仲裁条例》 ……………………… (1474)

（三）把本案汇票争端管辖权判归香港法院，拒不裁定中止本案诉讼程序，根本违反了对香港具有法律约束力的国际公约 …………… (1475)

（四）把本案汇票争端管辖权判归香港法院，根本违反了举世公认的国际惯例 …………………………………………………………… (1476)

（五）把本案汇票争端管辖权判归香港法院，是对已与国际惯例接轨的中国法律缺乏应有的尊重 ……………………………………… (1477)

三、判决质疑之二：关于中国法律"承认"本案汇票争端之"独立性"问题 ……………………………………………………………………… (1482)

（一）中国法律中并不存在狄克斯生造的"汇票自治原则"和汇票至高无上的"独立性" ……………………………………………………… (1482)

（二）狄克斯援引中国的《银行结算办法》时，使用了断章取义和化有为无的手法 …………………………………………………………… (1483)

（三）狄克斯在转述郭锋先生的论文时，阉割前提、歪曲原意 ……… (1485)

（四）狄克斯的见解与中国票据法学术著作中公认的观点、有关的国际公约以及中国票据法的具体规定都是背道而驰的 ……………… (1487)

（五）狄克斯在援引《中华人民共和国民事诉讼法》，以论证其所谓汇票的 autonomy 时，竟然篡改条文，无中生有 ……………………… (1490)

四、判决质疑之三：关于本案被告的答辩权问题 ……………………… (1491)

（一）卡普兰法官的"为时太晚"论是站不住脚的 …………………… (1492)

（二）卡普兰法官不给予被告充分的答辩权，是违反公平原则、违反国际诉讼程序惯例的 ……………………………………………………… (1493)

V 外贸争端中商检结论暧昧、转售合同作伪问题剖析——中国 A 市 MX 公司 v. 韩国 HD 株式会社案件述评 ……………………… (1495)

一、本案案情梗概 ……………………………………………………… (1496)

二、A 市的商检证书结论暧昧，不足采信——韩国 HD 公司的答辩书及反请求书 ……………………………………………………… (1497)

（一）反请求事项 ……………………………………………… (1497)

（二）基本事实 ………………………………………………… (1498)

（三）主要理由 ………………………………………………… (1500)

三、MX 公司的"转售合同"涉嫌凭空伪造或逃税走私之一 …… (1504)
 (一)该合同没有编号,不盖公章,显然是一份无效合同 …… (1504)
 (二)该合同未按约定条件提交鉴证和交付定金,应属"从未生效"或早已"自动失效" …… (1505)
 (三)该合同极可能是一份走私逃税的违法合同 …… (1506)
四、MX 公司的"转售合同"涉嫌凭空伪造或逃税走私之二 …… (1508)
 (一)MX 公司在定金"转账"和"进账"上弄虚作假 …… (1508)
 (二)MX 公司在掩盖"内贸合同"走私逃税上信口雌黄 …… (1510)
 (三)MX 公司的其他"损失"即使属实,也是咎由自取,无权索赔 …… (1511)
五、本案的仲裁庭意见和终局裁决 …… (1511)
 (一)仲裁庭对本案基本事实的认定 …… (1511)
 (二)仲裁庭对双方请求的判断和终局裁决 …… (1512)

Ⅵ 外贸代理合同纠纷中的当事人、管辖权、准据法、仲裁庭、债务人等问题剖析——韩国 C 公司 v. 中国 X 市 A、B 两公司案件述评 …… (1514)
一、本案案情梗概 …… (1515)
二、关于当事人和管辖权的争议 …… (1518)
三、关于准据法的争议 …… (1527)
四、关于仲裁庭人数和人选的争议 …… (1530)
五、关于无单放货和货款债务人的争议 …… (1537)
六、本案终局裁决 …… (1544)
七、从本案实践看现行《ICC 仲裁规则》及其执行中的瑕疵 …… (1545)

Ⅶ 论英国 FOSFA 裁决之严重枉法、不予执行——中国中禾公司采购巴西含毒大豆案件述评〔专家意见书〕 …… (1549)
一、专家简况 …… (1551)
二、本案案情梗概 …… (1552)
三、中禾公司咨询的问题 …… (1557)
 (一)关于中国国家质检总局上述禁令的法律依据问题 …… (1557)
 (二)关于中国国家质检总局上述禁令的法律效力问题 …… (1557)

（三）关于中国国家质检总局上述禁令的持续时间问题 ……………（1557）
（四）关于中国各家银行拒绝开出信用证的原因及其相关的法律责任
   问题………………………………………………………………（1557）
（五）关于适用英国法与中国是否开证义务的履行地问题……………（1558）
（六）关于适用英国法与适用中国强制法的"法律冲突"问题…………（1558）
（七）关于向中国主管法院申请对英国FOSFA仲裁裁决不予承认、
   不予执行的问题 ………………………………………………（1558）
四、专家的看法和意见 ……………………………………………………（1559）
（一）关于中国国家质检总局上述禁令的事实依据和法律依据问题……（1560）
（二）关于中国国家质检总局上述禁令的法律效力问题 ………………（1564）
（三）关于中国国家质检总局上述禁令的持续时间问题 ………………（1565）
（四）关于中国各家银行拒绝开出信用证的原因及其相关的法律责任
   问题………………………………………………………………（1567）
（五）关于适用英国法与中国是否开证义务的履行地问题……………（1568）
（六）关于适用英国法与适用中国强制法的"法律冲突"问题…………（1570）
（七）关于中国的法学专家是否有资格评论英国法的问题……………（1583）
（八）关于向中国主管法院申请对英国FOSFA仲裁裁决不予承认、
   不予执行的法律依据 …………………………………………（1586）
五、结论：英国FOSFA裁决严重枉法，依法应不予承认、不予
   执行 …………………………………………………………………（1592）

第三编

国际投资法(续)

V 中外双边投资协定中的四大"安全阀"不宜贸然拆除*
——美、加型 BITs 谈判范本关键性"争端解决"条款剖析

内容摘要 迄今为止,中国已经与110多个国家缔结了"双边投资协定"(BITs)。目前还正在进一步与一些国家谈判缔结新的 BITs 或修订原有的 BITs。据悉,在近期的上述谈判中,有些外国向中国提供的谈判文本,是以美国、加拿大的 BITs 范本作为蓝本,略加增删而成,其基本内容,大体相同。本文以美、加 BITs 范本为主要对象,针对其中若干关键性"争端解决"条款的设计,加以剖析,指出这些条款实质上要求吸收外资的东道国全盘放弃"逐案审批同意"权,放弃"当地救济优先"权,放弃"东道国法律适用"权,甚至放弃"重大安全例外"权。这些要求,不符合当代国际公约对吸收外资东道国的授权规定,不符合中国当前的现实国情,无视于晚近发展中国家实践的沉痛教训,无视于晚近东道国的最新立法转轨。因此,中国在有关谈判中,应当保持清醒头脑,立足于本国的现实国情,吸取国际实践的有关教训,增强忧患意识,坚持有关国际公约的授权规定,善于掌握四大"安全阀",趋利避害,维护国家权益,进而在确立跨国投资合理规范和建立国际经济新秩序的过程中,发挥应用的示范作用。

---

* 本文可简称为《一论中一外 BIT》,最初发表于陈安主编:《国际经济法学刊》第13卷第1期,北京大学出版社2006年出版。文章发表后,引起学界强烈兴趣,认同者固多,但也不无疑义。针对疑义,笔者又就后续研究心得,另撰新文,题为《区分两类国家,实行差别互惠:再论 ICSID 休制赋予中国的四大"安全阀"不宜贸然全面拆除》,可简称为《再论中一外 BIT》,再次陈述管见,收辑于陈安主编:《国际投资法的新发展与中国双边投资条约的新实践》,复旦大学出版社2007年出版。两文实为"姊妹篇",后文是前文见解的扩展与申论。两篇专论所述,均以撰写当时的官方媒体报道以及官方网站统计数字为据,如实反映了笔者对当时形势发展认识之逐步深化。现将两文一并辑入本书,分别列为本书第三编之Ⅴ和之Ⅵ,便于读者对照参考。两文所述的基本观点至今未变。但近来中国吸收外资和对外投资的对比态势和具体数字又有新的发展,阅读时请予留意。此外,这两篇专论的英文本,先后相继发表于 The Journal of World Investment & Trade, Vol. 7, No. 6, December 2006 以及 Vol. 8, No. 6, December 2007,现均辑入本书,分别列为第七编之Ⅲ和之Ⅳ,也可供有关读者对照参考。

目　次

一、中国型 BITs 中争端解决条款与《ICSID 公约》相关条款的"接轨"

二、美、加型 BITs 谈判范本关键性"争端解决"条款之基本规定

三、中国在 BIT 谈判中不宜贸然接受上述条款或其"变种"

　　(一) 此类条款背离了国际公约对东道国的授权

　　(二) 此类条款不符合中国的现实国情

　　(三) 此类条款无视于弱国 BIT 缔约实践的沉痛教训——阿根廷的前车之鉴

　　(四) 此类条款无视于两类东道国的最新立法转轨

四、结论：有关今后中外 BIT 谈判的几点管见

　　(一) 加强调查研究，"摸着石头过河"

　　(二) 善用公约授权，牢握"安全阀门"

　　(三) 坚持"下不为例"，"亡羊"及时"补牢"

　　在国际社会的缔约实践中，自 20 世纪 60 年代之初起，由德国领先创新，把用以调整跨国投资关系的国际法规范，从传统的"友好通商航海条约"(Friendship, Commerce and Navigation Treaty，简称 FCNT) 之中分离出来，加以细化，自成一体，形成"双边投资条约"(Bilateral Investment Treaty，简称 BIT 或 BITs)，成为多种国际条约中独具一格的新模式①。此种模式的条约，以促进和保护国际投资为宗旨，故往往冠以名称："甲国与乙国相互促进和保护投资协定"或"甲国与乙国相互鼓励和保护投资协定"。由于此种模式的双边专题条约，其条款设计日趋细密和具体，在调整跨国投资关系的实践中确有实效，故许多国家纷纷师法仿效，互相缔结同类条约，40 多年来，其累计数目之多，居多种国际条约的最前列。

　　BIT 的主要内容，一般包括投资保护范围、投资待遇、征收与补偿、货币汇兑、业绩要求、高层人员国籍、政策法令公开透明、税收规则、争端解决等主要条款。本文集中探讨的，就是美国和加拿大型 BITs 中若干关键性的争端解决条

---

① 参阅〔日本〕横川新：《论国外投资与双边条约》，载于陈安译：《国际经济立法的历史和现状》，法律出版社 1982 年版，第 119—144 页；并参阅陈安著：《国际经济法学刍言》，北京大学出版社 2005 年版，上卷，第 459—465 页。

款问题,特别是中国与外国缔结的一百一十多部 BIT(以下简称"中国型BITs")中的争端解决条款及其发展问题。

一、中国型 BITs 中争端解决条款与《ICSID 公约》相关条款的"接轨"

根据 2005 年 12 月"解决投资争端国际中心"(International Centre for Settlement of Investment Disputes)秘书长 Roberto Danino 披露的最新信息,晚近 15 年来有关跨国投资的三项统计数字,十分引人瞩目:(1)在 1990 年至 2004 年底这段期间里,外国私人资本流入发展中国家的总额已从 750 亿美元迅速增加到 4 000 亿美元。(2)相应地,世界各国相互间签订的双边投资条约,迄今已超过 2 000 部,共中 1 500 部以上选定 ICSID 作为解决投资争端的受理机构。(3)相应地,各类国际投资争端总数也迅速增加,以 ICSID 受案情况为例,10 年以前,ICSID 手中只有五起案件悬而未决,涉讼金额约共 1 500 万美元,时至 2005 年底,ICSID 积案未决者多达 113 起,涉讼金额超过 300 亿美元[1]。

上述信息及其相关数字,与中国都是息息相关的:(1)中国自实行改革开放国策以来,迄 2004 年底为止,已累计吸收并实际使用外资 5 621.01 亿美元[2];近几年以来,其累计数和每年增长额,均居于全球发展中国家之首位。(2)自 1982 年中国与瑞典缔结第一部 BIT 以来,迄 2005 年 9 月为止,中国与其他外国分别签订的 BIT 已多达 112 部,目前还在继续与另外一些国家谈判缔结新的 BIT 或修订原有的 BIT。其所参加缔结的 BIT 数目,亦居全球发展中国家之冠。(3)但是,在 ICSID 受理的仲裁案件中,无论已决或待决,迄今尚无一例是以中国这个吸收外资最多的东道国作为"被诉人"(respondent,又译"被申请人")。其所以然,除了其他有关因素之外,十分关键的原因在于:中国

---

[1] See Roberto Domino(Secretary General, ICSID), Opening Remarks at the Symposium Co-organized by ICSID, OECD and UNCTAD, December12, 2005.
[2] 依据中国商务部外国投资管理司在 2005 年 10 月 19 日发表的统计数字:截至 2004 年底,中国大陆累计批准设立外商投资企业 508 941 个,合同外资金额 10 966.08 亿美元,实际使用外资金额 5 621.01 亿美元。中国香港(2 415.74 亿美元)位居累计对华投资国家/地区之首位,占内地实际使用外资累计总额的 42.98%。位居对华投资前十位的其他国家/地区依次为:美国(480.29 亿美元)、日本(468.46 亿美元)、中国台湾省(396.05 亿美元)、维尔京群岛(368.95 亿美元)、韩国(259.35 亿美元)、新加坡(255.39 亿美元)、英国(122.31 亿美元)、德国(99.09 亿美元)和法国(68.04 亿美元)。At http://www.fdi.gov.cn/common/info.jsp? id=ABC00000000000025847,2006 年 1 月 10 日。

在参加《解决国家与他国国民间投资争端公约》(Convention on the Settlement of Investment Disputes between States and Nationals of Other States,简称1965年《华盛顿公约》或《ICSID 公约》)以及与外国缔结 BIT 的过程中一直抱着十分谨慎的态度,十分注意把国际公约认可和授予的各种主权权利——各种"安全阀"保留在自己手中。具体说来:

第一,自从 1840 年"鸦片战争"失败以来,在不平等条约的镣铐下,中国人民饱尝了丧权辱国的种种苦楚,其中包括对本国境内的涉外争端竟然无权管辖而被迫接受外国列强的"领事裁判权",对此,中国人民是极端愤慨和深恶痛绝的。新中国建立后,中国彻底废除了列强强加的不平等条约及其相关的"领事裁判权"。但是,基于 100 多年来的沉痛历史教训,即使在 1978 年实行对外开放国策后的一段时期内,中国对于事关国家司法主权的涉外争端管辖权部分向外"让渡"的问题,仍然不能不秉持十分严肃认真和慎之又慎的态度。经过多年的调查研究、政策咨询和审慎考虑[①],中国直到 1990 年 2 月 9 日才签署了《ICSID 公约》,接受了 ICSID 仲裁体制。事后,又经过大约三年的权衡利弊和审慎考虑,中国立法机构才正式批准了《ICSID 公约》,该《公约》自 1993 年 2 月 6 日起对中国生效。

第二,依据 20 世纪 80—90 年代中国与外国签订的 BITs(以下简称"中国型 BIT)中有关争端条款的规定,对于允许外国投资者将其与东道国政府(含中国政府)之间的投资争端提交 ICSID 仲裁的范围和程序,均有较严格的限制。试以 1993 年中国正式参加《ICSID 公约》之后在 1995 年与摩洛哥签订的 BIT 为例,该双边协定第 10 条"有关投资的争议解决"的条款规定如下[②]:

一、缔约一方和缔约另一方投资者之间有关投资的争议应尽量由争议双方通过友好协商谈判解决。

二、如果争议在书面提出解决之日起六个月内不能由争议双方通过直接安排友好解决,该争议应按投资者的选择提交:

(一)投资所在缔约一方有管辖权的法院,或者

(二)一九六五年三月十八日在华盛顿开放签字的《关于解决国家和他国国民间投资争端公约》下设的"解决投资争端国际中心"仲裁。

[①] 参阅陈安主编:《国际投资争端仲裁——"解决投资争端国际中心"机制研究》,复旦大学出版社 2001 年版,第 1—72 页。

[②] 载于中国对外贸易经济合作部编:《国际投资条约汇编》,警官教育出版社 1998 年版,第 995 页。此前和此后,在中国与其他许多外国相继分别签订的 BITs 中,也有类似的争端解决条款规定,参阅该书第 894、906、931、956、968、1015、1027、1041、1053、1067、1079、1094、1106、1118、1130、1142 页。

为此目的,缔约任何一方对有关征收补偿款额的争议提交该仲裁程序均给予不可撤销的同意。其它争议提交该仲裁程序,应征得当事双方同意。

三、作为争议一方当事人的缔约国家不能因为作为争议另一方的投资者可以根据保险单收取全部或部分损失的补偿而在仲裁程序的任何阶段或在执行仲裁裁决时提出任何异议。

四、仲裁庭应根据作为争议当事人接受投资的缔约国一方的国内法,包括有关冲突法的规则、本协定的规定、为该投资签订的特别协议的规定以及国际法的原则,作出裁决。

五、仲裁裁决是终局的,并对争议双方均有拘束力。缔约国任何一方应承诺依照其国内法执行该仲裁。

从上述中国型 BITs 的争端解决条款中可以看出:

(A) 在涉外投资争端发生后的一定期间内,应当努力充分使用包括友好协商、司法诉讼在内的"当地救济"手段,使争端获得双方都可接受的公平解决。中国型 BITs 中的这项争端解决条款,与 ICSID 公约第 26 条有关"用尽当地救济"①的规定,是互相"接轨"和基本一致的。

(B) 在一定期间内使用"当地救济"手段仍未能解决的一般投资争端,应征得当事双方同意后,方可提交 ICSID 仲裁。仅仅是其中有关征收补偿款的特定投资争端,才允许当事人单方提请 ICSID 仲裁。中国型 BITs 中的这项争端解决条款,与《ICSID 公约》第 25 条第 1 款有关"逐案同意"②的规定,是互相"接轨"和基本一致的。

(C) ICSID 仲裁庭审理和裁断争端案件时,应当以东道国的国内法以及有关的国际法原则,作为准据法。中国型 BITs 中的这项争端解决条款的规定,与《ICSID 公约》第 42 条有关适用东道国法律和国际法准则的规定③,是互相"接轨"和基本一致的。

---

① 《ICSID 公约》第 26 条规定:"缔约国可以要求用尽当地各种行政或司法救济办法,作为其同意根据本公约交付仲裁的一种条件。"参见陈安主编,注①引书,第 575 页。

② 《ICSID 公约》序言明文宣告:"不能仅就缔约国批准、接受或认可本公约这一事实而不经其同意就认为缔约国具有将任何特定的争端接交仲裁或调解的义务。"第 25 条第 1 款进一步明确规定:"'中心'的管辖权适用于缔约国(或缔约国指派到'中心'的该缔约国的任何下属单位或机构)和另一缔约国国民之间因直接投资而产生的任何法律争端,该项争端应经双方书面同意提交'中心'。当双方表示同意后,不得单方面撤销其同意。"参见陈安主编,p. 1079 注①引书,第 569 页、第 574—575 页。

③ 《ICSID 公约》第 42 条第 1 款规定:"仲裁庭应依据当事人双方协议的法律规范处断争端。如无此种协议,仲裁庭应适用作为争端当事国的缔约国的法律(包括它的法律冲突规范)以及可以适用的国际法规范。"参见陈安主编,p. 1079 注①引书,第 579 页。

(D) 中国型 BITs 有关保留"用尽当地救济"权、"逐案同意"权、"适用东道国法律"权的各项具体条款规定,显然是中国行使国家主权和保证国家安全的具体表现。即:一方面对发生于中国境内的涉外争端的管辖权,进行一定的"自我限制",并向 ICSID 这一国际仲裁机构实行必要的、有限的"让渡";另一方面,实行这种让渡的范围和程序,是在中国独立自主和严格限制的基础上,与有关外国达成了双边协定。中国型 BIT 中这些争端解决条款的规定,与《ICSID 公约》第 25 条第 4 款的规定①,是互相"接轨"和基本一致的。

前文提到,早在中国正式参加《ICSID 公约》之前,中国就已在 1982 年与瑞典缔结了第一部 BIT。在这第一部中外 BIT 的正文中,对于投资争端在一定条件下可以提交国际仲裁解决,只作了抽象的原则规定,随即在双方代表的"换文"中作了明确的补充说明:"鉴于中华人民共和国不是一九六五年三月十八日关于解决各国与他国国民之间投资争端的华盛顿公约的参加国,双方代表团感到还不可能在本协定内写入解决缔约一方与缔约另一方投资者之间的争端的任何规定。但是,双方代表团同意:如果将来中华人民共和国加入了华盛顿公约,本协定即应补充一项协议,规定提交'解决投资争端国际中心'去解决争端所必须遵守的制度"②。翌年,在中国与德国缔结的 BIT 时,为补充正文的"不足",也在随后的"议定书"中规定:"缔约双方同意,在缔约双方都成为一九六五年三月十八日在华盛顿签订的《关于解决国家与他国国民间投资争端公约》缔约国时,双方将举行谈判,就缔约一方的投资者和缔约另一方之间的何种争议和如何按该公约的规定提请'解决投资争端国际中心'进行调解或仲裁,作出补充协议,并作为本协定的组成部分"③。此后,在中法 BIT 等一系列双边协定中,也分别以"附件"、"换文"、"议定书"或直接列入正文等形式,对各该 BIT 日后与《ICSID 公约》的接轨问题,表明了缔约双方进行后续谈判、达成补充协议或修改 BIT 的共同意向④。

1993 年中国正式成为《ICSID 公约》缔约国之后,中国与前此签订了 BITs 的各有关外国,就有必要适应形势的最新发展,共同磋商如何补充或修改原有

---

① 《ICSID 公约》第 25 条第 4 款的规定:"任何缔约国可以在批准、接受或认可本公约时,或在此后任何时候,把它考虑或不考虑提交给"中心"管辖的一类或几类争端,通知'中心',秘书长应立即将此项通知转交给所有缔约国。此项通知不构成第一款所要求的同意。"参见陈安主编,p. 1079 注①引书,第 575 页。
② 载于中国对外贸易经济合作部编:p. 1079 注②引书,第 145 页。
③ 同上书,第 169 页。
④ 同上书,第 189、208、224、237、249、291、307、325、347、368、385、405、428、445、467、485、564、642、677、705、902、844、894、906 页,等。

的 BITs。

同时,为了适应更多外资流入中国以及中国开始注重向外投资的新形势,中国也有必要进一步与尚未签订 BIT 的相关外国进一步磋商缔结新协定。在世界各国相互缔结 BIT 的进程中,美国作为全球最强大的发达国家,精心设计和不断更新它所惬意的 BIT 范本,极力在全球广泛推行。中国与外国当前正在开展有关缔约新 BITs 或修改原 BITs 的谈判,就有若干外国向中国提供了美国型的 BITs 或其变种作为谈判的范本,并要求在此基础上开展磋商。目前正在进行的中国与加拿大之间的 BIT 谈判,就是其中一例。

对于此类谈判,中国自应根据进一步扩大对外开放的基本国策,立足于本国国情,秉持对外谈判缔约中应有的谨慎,对美、加型 BITs 谈判范本,特别是对其中若干关键性的争端解决条款,进行认真的、深入的剖析。通过"解剖一只麻雀",借以举一反三。

二、美、加型 BITs 谈判范本关键性"争端解决"条款之基本规定

美国早在 20 世纪 80 年代初期就推出了精心设计的 BIT 范本,以后经数度增订更新,形成了 2004 年的现行谈判范本[①]。其中第二部分(Section B)有关"争端解决"的主要条款如下:

第 23 条　调 解 和 磋 商

发生投资争端时,申诉人与被申诉人应力求通过协商和谈判,包括通过不具有约束力的第三人调停程序,解决争端。

第 24 条　提 交 仲 裁

1. 如果争端的一方当事人认为投资争端不能通过协商和谈判解决,则

(a) 申诉人可以根据本章规定,以自己的名义,把争端诉求(claim)提交仲裁,(i) 主张被诉人(A) 违反了本协定第 3—10 条规定的义务,(B) 违反了投资授权,或(C) 违反了投资协议;(ii) 主张由于上述违约行为,使申诉人遭受损失。

---

① http://www.ustr.gov/Trade_Sectors/Investment/Model_BIT/Section_Index.html. 06-01-2005.

(b) 申诉人可以根据本章的规定,代表由申诉人拥有、直接控制或间接控制的具有被诉方[按指东道国]法人资格的企业,把争端提交仲裁,(i) 主张被诉人(A)违反了本协定第3—10条规定的义务,(B)违反了投资授权,或(C)违反了投资协议;(ii) 主张由于上述违约行为,使申诉人遭受损失。

2. 申诉人根据本章规定将争端诉求提交仲裁,至少应提前90天向被诉人送达书面通知,说明把争端诉求提交仲裁的意向。……

3. 引起争端诉求的事件发生六个月之后,申诉人可根据以下规定,提出本条第1款的有关诉求:

(a) 如果被申诉方【按：指东道国】以及非投资争端方【按：指投资者的母国】两者都是《ICSID 公约》的缔约国,可根据《ICSID 公约》和《ICSID 仲裁程序规则》提交仲裁;

(b) 如果被诉方或非争端缔约方不是《ICSID 公约》的缔约国,可根据《ICSID 附设机构规则》提交仲裁;

(c) 根据《联合国国际贸易法委员会仲裁规则》提交仲裁;

(d) 根据争议各方同意的任何其他仲裁规则提交仲裁。

4、5、6[略]

第25条 缔约国各方同意提交仲裁

1. 缔约国各方同意根据本条约本章规定把争端诉求提交仲裁。

2. 本条第一款规定的同意表示以及【涉讼投资人】根据本条约本章规定把争端诉求提交仲裁,应即符合(shall satisfy)以下各种要求:

(a)《ICSID 公约》第二章关于"中心"管辖权的要求以及《ICSID 附设机构规则》的要求,以及

(b)《纽约公约》第二条 关于"书面协议"的要求;

(c)《美洲各国公约》关于"协议"的要求①。

第26—29条【略】

第30条 准据法

1. 受本条第三款限制,仲裁庭应当根据本条约以及可适用的国际法,

---

① 2004年美国BIT范本的相关原文是：
Article 25: Consent of Each Party to Arbitration
1. Each Party consents to the submission of a claim to arbitration under this Section in accordance with this Treaty.
2. The consent under paragraph 1 and the submission of a claim to arbitration under this Section shall satisfy the requirements of:

（转下页）

处断根据本条约第 24 条第(1)(a)(i)(A)款或第 24 条第(1)(b)(i)(A)款规定提交的争端问题。

接上页

(a) Chapter Ⅱ of the ICSID Convention (Jurisdiction of the Centre) and the ICSID Additional Facility Rules for written consent of the parties to the dispute; [and]

(b) Article Ⅱ of the New York Convention for an "agreement in writing"; [and]

(c) Article Ⅰ of the Inter-American Convention for an "agreement."

2004 年加拿大 BIT 范本的相关原文是：

Article 28: Consent to Arbitration

1. Each Party consents to the submission of a claim to arbitration in accordance with the procedures set out in this Agreement.

2. The consent given in paragraph 1 and the submission <u>by a disputing investor</u> of a claim to arbitration <u>shall satisfy the requirement</u> of:

(a) Chapter Ⅱ of the ICSID Convention (Jurisdiction of the Centre) and the Additional Facility Rules for written consent of the parties;

(b) Article Ⅱ of the New York Convention for an agreement in writing; and

(c) Article I of the Inter-American Convention for an agreement.

1994 年 1 月 1 日开始生效的《北美自由贸易区协定》(NAFTA) 相关条款的原文是：

Article 1122: Consent to Arbitration

1. Each Party consents to the submission of a claim to arbitration in accordance with the provisions of this Subchapter.

2. The consent given by paragraph 1 and the submission by a disputing investor of a claim to arbitration in accordance with the provisions of this Subchapter <u>shall satisfy the requirement</u> of:

(a) Chapter Ⅱ of the ICSID Convention (Jurisdiction of the Center) and the Additional Facility Rules for written consent of the parties;

(b) Article Ⅱ of the New York Convention for an agreement in writing; and

(c) Article Ⅰ of the Inter-American Convention for an agreement.

1998 年版《多边投资协定》(MAI,草案) "V. DISPUTE SETTLEMENT"中的相关内容是：

3. Contracting Party Consent

a. <u>each Contracting Party hereby gives its unconditional consent</u> to the submission of a dispute to international arbitration in accordance with the provisions of this Article....

5. Written Agreement of the Parties

The consent given by a Contracting Party in subparagraph 3. a, together with either the written submission of the dispute to resolution by the investor pursuant to subparagraph 2. c or the investor's advance written consent to such submission, <u>shall constitute the written consent</u> and the written agreement of the parties to the dispute to its submission for settlement for the purposes of Chapter Ⅱ of the ICSID Convention, the ICSID Additional Facility Rules, Article 1 of the UNCITRAL Arbitration Rules, the Rules of Arbitration of the ICC, and Article Ⅱ of the United Nations Convention on the Recognition and Enforcement of Foreign Arbitral Awards (the "New York Convention"). Neither party may withdraw its consent unilaterally, except as provided in paragraph 9. e of this Article.

从以上四种原文对比中，不难看出：(1) 2004 年美国 BIT 范本第 25 条的规定以及 2004 年加拿大 BIT 范本第 28 条，都是从 1994 年以美国为主导的《北美自由贸易区协定》(NAFTA)第 1122 条的相关规定"脱胎"而出的，前两者都是后者的衍生物。(2) 主要由发达国家组成的"经济合作与发展组织"(OECD)所设计的 1998 年《多边投资协定》(草案) "V. DISPUTE SETTLEMENT"的相关规定,把缔约国各方在该国际协定中表示"同意"解释为"应即构成"(shall constitute)《ICSID 公约》第 25 条规定的逐案"书面同意",其用词，较上述 NAFTA 以及美国 BIT 范本的"应即满足"(shall satisfy)《ICSID 公约》第 25 条规定的逐案"书面同意",又更加明确和更加强化,可谓"毫不含糊"！

2. 受本条第三款以及本章其他条款的限制,仲裁庭应当根据以下的法律规则,处断根据本条约第24条第(1)(a)(i)(B)或(C)款,或第24条第(1)(b)(i)(B)或(C)款规定提交的争端诉求:

(a) 有关投资协议或投资授权中具体规定的法律规则;

(b) 如果没有上述具体规定的法律规则或其他约定的规则,则应适用:

(i) 被诉方[按:指涉讼东道国]国内的法律,包括其法律冲突规则;

(ii) 可适用的国际法规则。

3. 缔约国各方应就本条规定,指定各自的代表,作出共同决定并且宣布:

他们对本条约有关规定作出的解释,对于根据本章规定组建的仲裁庭具有约束力,任何裁决都必须符合上述共同决定。

2004年加拿大BIT谈判范本中若干关键性的"争端解决"条款,与上述2004年美国BIT范本"争端解决"条款,可谓"同出一源",即都是从1994年以美国为主导的《北美自由贸易区协定》(NAFTA)的相关规定"脱胎"而出的,故其基本内容大体相同。略有差异的是加拿大BIT范本有关条款的行文较为简练,而其中个别规定,则比美国范本更为"苛刻"(下文另作评介)[①]。它们的共同特点是充分体现了作为资本输出国的发达国家之权益。为剖析行文方便,以下统称为"美国型BITs"或"美、加型BITs"。

三、中国在BIT谈判中不宜贸然接受上述条款或其"变种"

上述"美、加型BITs"中的争端解决条款,充分体现了当代发达国家资本输出国的权益。对于吸收外资的发展中国家说来,特别是对于吸收巨额外资的中国说来,其要害在于这些条款要求把《ICSID公约》授予发展中东道国的四种重大权利,即"逐案审批同意"权,"当地救济优先"权,"东道国法律适用"权以及"重大安全例外"权,全盘放弃或严重削弱,从而拆除了吸收外资的发展中国家用以避免重大风险的四大"安全阀"。这种条款,背离了有关国际公约对弱者实

---

① Agreement between Canada and — for the Promotion and Protection of Investments, Article 40 Governing Law, 1;参阅P1087注②及其有关正文。

行自我保护的授权,不符合中国的现实国情,无视于国际实践的沉痛教训,也无视于各类东道国当前的最新立法动向。因此,中国在有关 BIT 的缔约或修约谈判中,不宜贸然接受美、加型上述争端条款或其变种,以免造成重大被动,甚至贻害无穷。兹试缕析如下:

(一)此类条款背离了国际公约对东道国的授权

这里指的是《ICSID 公约》和《维也纳条约法公约》授予缔约东道国的以下几种权利:

(A)"逐案审批同意"权

根据《ICSID 公约》第 25 条第 1 款的规定,"解决投资争端国际中心"(以下简称"中心")管辖权适用于缔约国和另一缔约国国民之间直接因投资而产生的任何法律争端,而该项争端须经双方书面同意提交给"中心","中心"仲裁庭才可受理处断。这款内容规定了提交"中心"的争端必须经东道国预先同意,也就是授予了东道国"逐案审批"权。然而,美国 2004 年 BIT 范本第 25 条以及加拿大 2004 年 BIT 范本第 28 条都规定东道国在条约(即双边投资协定)中作出同意后,外国投资者就可以直接把争端提交国际仲裁庭,而无需东道国另行专门逐案表示同意。这就剥夺了或阉割了东道国的对每一案件的"逐案审批"权。

(B)"当地救济优先"权

《ICSID 公约》第 26 条规定:"除非另有规定,双方同意根据本公约交付仲裁,应视为同意排除任何其他补救办法而交付上述仲裁。缔约国可以要求用尽当地各种行政或司法补救办法,作为其同意根据本公约交付仲裁的一个条件。"换言之,在把有关争端提交国际仲裁庭之前,东道国有权要求优先用尽当地各种行政或司法补救办法。但是,在美国与加拿大的 2004 年 BIT 范本中,却规定东道国在条约中表示的同意视为无条件地同意投资者可以把有关争端直接提交国际救济,而无需受当地救济的约束,也就完全剥夺了东道国要求优先适用当地救济的权利,即废除了东道国在一定时期内优先实行<u>本国管辖</u>的权利。

(C)"东道国法律适用"权

《ICSID 公约》第 42 条第 1 款规定:"仲裁庭应依据当事双方协议的法律规范处断争端。如无此种协议,仲裁庭应适用作为争端当事国的缔约国的法律(包括它的法律冲突规范)以及可以适用的国际法规范。"可见,该《公约》规定应该先根据当事双方合意选择的法律规范来裁决争端,如当事双方未作共同选择,则把东道国的国内法律以及可适用的国际法并列作为裁决依据。该《公约》

并没有把东道国法律排除在外,即使在当事双方没有合意的情况下,仍然承认东道国法乃是应当适用的准据法之一。

但是,美国2004年范本第30条却以"偷天换日"的手段,从实质上剥夺了或阉割了"东道国法律适用"权:它根据申诉方主张被诉方是违反条约还是违反投资许可或投资合同,而分别规定应适用不同的准据法。第30条第1款规定,当申诉方主张被诉方违反了本条约第3到第10条项下的义务[①]时,仲裁庭应该适用本条约与可适用的国际法规则来解决争端;第30条第2款则规定,当申诉方主张被诉方违反了某项投资许可或者投资合同时,仲裁庭应该适用(a)相关投资许可或者投资合同中所指定的法律规则,或者(b)如果没有指定此种法律规则或者双方另有协议,则适用被诉方的法律(包括其法律冲突规范)以及可适用的国际法规则。

可见,按2004年美国BIT范本规定,当申诉方主张被诉方违反了有关的投资许可或者投资合同时,其准据法的适用与《ICSID公约》的规定是一致的。但是,当申诉方主张被诉方违反了BIT时,其准据法的适用就背离了《ICSID公约》的规定,剥夺了或排除了东道国法律的适用。

加拿大2004年范本第40条第1款[②]则是并不对申诉方的主张加以区别,而是"统一"地明确规定,仲裁庭应该适用本条约(协定)以及可适用的国际法规则解决争端。这就更苛刻、更彻底地把东道国法规完全排除在可适用范围之外。可以说,美国范本"部分地"剥夺了《ICSID公约》有关适用东道国法规的授权,而加拿大范本则是完全剥夺了适用东道国法规的可能。

不过,美国BIT范本第30条两款的上述"分轨法",其实质与加拿大BIT范本的上述"并轨法",不但毫无二致,而且有些伪善。因为"聪明"的投资人及其律师,当然不妨选择依据美国BIT第30条第1款的规定,把东道国法规的适用权完全排除在外。因此,如果说,加拿大BIT范本第40条对东道国法规适用权的剥夺,是赤裸裸的;那么,美国BIT第30条对东道国法规适用权的剥夺,则是"羞答答"的——多了一重假仁假义的遮羞布。

(D)"重大安全例外"权

在发生重大金融风险或经济危机时,东道国为保障本国安全所采取的紧急措施常常被外国投资者指责为构成"间接征收",并诉之于国际仲裁庭,这在阿

[①] 这8条义务指"国民待遇"、"最惠国待遇"、"最低待遇标准"、"征收与补偿"、"资金移转"、"业绩要求"、"高级管理层与董事会"、"涉及投资的法律与决定之公布"。

[②] 其原文为"A Tribunal established under this Section shall decide the issues in dispute in accordance with this Agreement and applicable rules of international law."

根廷 2002 年发生金融危机时外国投资者向国际仲裁庭提出的投诉和指控中,表现得非常突出。有鉴于这种触目惊心的国际教训,加拿大在 2004 年范本第 13 条确立高标准征收补偿规则的同时,又单独通过附录 B.13(1) 专门规定了许多例外,以防止投资者滥用"间接征收"规定,从而损害东道国的主权。其中两段文字尤其值得注意:"虽然缔约方的某种措施或者一系列措施对某项投资的经济价值具有消极效果,但仅仅这一事实本身还不足以推断已经发生间接征收","缔约方旨在保护合法公共利益目标,如健康、安全以及环境而制定并采取非歧视措施,这些非歧视措施不构成间接征收。"

美国在其 2004 年范本附录 B 中对"间接征收"也作了与加拿大相似的规定。除此之外,美国还另外在 2004 年范本第 18 条("重大安全")中规定,"本条约不能解释为要求缔约国披露其认为将违反重大安全利益的信息,不得解释为阻碍缔约国采取某些必要措施,这些措施是它认为对于履行有关维持或者恢复国际和平、安全或保护本国重要安全利益方面的义务所必需的"[1]。相较该范本中其他有关确认"金融服务"例外及"税收措施"例外之设定各种条件,采取的有关措施是否属于"重大安全"例外,只要缔约国"认为……所必需"即可,并没有规定其他任何条件,诸如:应该依次提交缔约双方的有关机构、解决国家间争端的仲裁庭、解决投资者和东道国间争端仲裁庭进行确认,等等。所以,美国对保留其本国的"重大安全"例外权是极其重视的。

同样,属于发展中国家的印度也对"重要安全利益"规定了例外。其 2003 年 BIT 范本第 12 条第 2 款规定,本协定内容不得排除东道国为保护其重要安全利益或者在特别紧急的情况下根据其法律在非歧视基础上正常、合理地采取行动[2]。1995 年印度和英国之间的投资保护条约第 11 条就是和印度范本第 12 条的规定相同,其第 2 款规定了投资保护条约不得排除东道国为保护其重要安全利益或者在特别紧急的情况下采取行动的权利[3]。

---

[1] 该第 18 条"Essential Security"原文为"Nothing in this Treaty shall be construed: 1. to require a Party to furnish or allow access to any information the disclosure of which it determines to be contrary to its essential security interests; or 2. to preclude a Party from applying measures that it considers necessary for the fulfillment of its obligations with respect to the maintenance or restoration of international peace or security, or the protection of its own essential security interests."

[2] 该第 12 条原文为"(1) Except as otherwise provided in this Agreement, all investment shall be governed by the laws in force in the territory of the Contracting Party in which such investments are made. (2) Notwithstanding paragraph (1) of this Article nothing in this Agreement precludes the host Contracting Party from taking action for the protection of its essential security interests or in circumstances of extreme emergency in accordance with its laws normally and reasonably applied on a non discriminatory basis."

[3] http://www.unctad.org/sections/dite/iia/docs/bits/uk_india.pdf, 01-01-2006.

由此可见，不论是发达国家加拿大，甚至是"超级大国"美国，还是与中国相似的发展中国家印度，都极其重视把涉及"重要安全利益"、"特别紧急"的事项排除于国际仲裁庭的管辖范围之外。而且，两个维也纳公约也都规定当事国可以"情势变更"为由终止条约。根据 1969 年《维也纳条约法公约》第 62 条第 1 款的规定，如果签订条约时存在之情况发生当事国预料之外的根本改变(fundamental change)，而且这种情况构成当事国同意承受条约约束之必要根据，这种改变还会根本变动依条约尚待履行义务之范围，那么，可以援引这种情况作为终止或者退出条约之理由[1]。1986 年《关于国家和国际组织间或国际组织相互间条约法的维也纳公约》第 62 条第 1 款也作了相同的规定[2]。不言而喻，作为发展中国家的中国有权也应该在 BIT 中规定"重大安全利益"例外。但是，就笔者所知，我国对外签订 BIT 时却没有把涉及"重大安全利益"的事项明确排除在国际管辖之外。尤其是在与德国、荷兰等发达国家签订的 BIT 中，在全面同意"中心"管辖权这一前提条件下，仍然是没有规定"重大安全利益"例外。我国对外签订的 BIT 一般是 12、14、15 或者 16 条，内容相当简略，似乎不足以把应有例外表述全面。即使是条文最长、内容最多的 2003 年中国和德国 BIT，也仅仅在附加议定书当中用了 3 项内容做了轻微的限制性声明[3]。另外，发达国家 BIT 示范文本还规定了许多其他的一系列重要例外事项，例如"最惠国待遇"、"利益的拒绝"、"新投资企业的建立、并购"等等例外事项，而我国对外签订的 BIT 却基本上没有涉及[4]。在没有附加"重大安全例外"的前提下全盘接受"中心"仲裁庭的管辖权，颇似"门户洞开"却"毫不设防"！如不及时警醒和采取必要的"煞车"措施，则有朝一日，中国在国际资

---

[1] Vienna Convention on the Law of Treaties, 1969. http://www.un.org/law/ilc/texts/treatfra.htm, 01-01-2006.

[2] Vienna Convention on the Law of Treaties between States and International Organizations or between International Organizations, 1986. http://www.un.org/law/ilc/texts/trbtstat.htm, 01-01-2006.

[3] 在该附加"议定书"的 7 项规定中，只有第 3、4、5 项规定包含了可以称之为"例外或者限制"的内容。第 3 项规定中国将采取措施逐步消除现有的"不符合措施"，第 4 项第 2 句规定"第 3 条(投资待遇)并不要求缔约一方将其依照税法只给予住所在本国境内的投资者的税收优惠、免税或者减税待遇，扩大到住所在缔约另一方境内的投资者的义务"。第 5 项内容是中国对适用第 6 条第 1 款第 3 项附加了条件，该第 6 条第 1 款第 3 项的内容是"缔约任何一方应该保证缔约另一方投资者转移在其境内的投资和收益，包括……(三) 全部或者部分出售或者清算投资或者减少投资资本所获得的款项"，而"议定书"第 5 项内容的限制是要求"如果转移遵循有关外汇管理的中国现行法律和法规规定的相关手续"。另外，该第 5 项内容还对转移投资和收益的"没有迟延"加以更具体的规定。

[4] 有关这些例外事项的讨论，请参见本辑论文：王海浪：《"落后"还是"超前"？——论中国对 ICSID 管辖权的同意》载陈安主编：《国际经济法学刊》第 13 卷第 1 期(2006)，北京大学出版社 2006 年 5 月。

本或国际投机"巨鳄"的冲击下,发生了难以完全预见或难以完全避免的重大危险或危机,其后果就可能"不堪设想"、"后患无穷"! 这样的忧患意识是任何时候都不应削弱的!这样说,应当不会被误解为是"危言耸听"或"杞人忧天"吧!

(二) 此类条款不符合中国的现实国情

关于这个问题可以从以下四个方面加以评析:

1. 现阶段中国吸收外资与对外投资的比例

BIT 所提供的保护标准越高,缔约东道国承担的国际义务也就越重、越大、越多。高标准的投资保护十分有利于对海外投资多的国家,而对外投资少的国家则利益不大。如果某国主要是作为资本输入国(即缔约东道国)而存在,则其在利用大量外资的同时也面临被诉之于国际仲裁庭的巨大风险。所以,科学地判断中国吸收外资与对外投资的真实比例,显然大大有助于科学评估中国在缔结高保护标准的 BIT 面前所面临风险与可获利益的比例,进而可以对缔结高保护标准的 BIT 采取正确的态度。

据中国商务部外资管理司的统计:(1) 2004 年中国对外直接投资分别相当于全球对外直接投资(流出)流量、存量的 0.9% 和 0.55%,可谓"微乎其微"。(2) 2004 年中国对外直接投资净额(即存量)只相当于中国引进外资的 6.8%[①]。(3) 如果以累计投资来分析,截至 2004 年,中国累计对外投资额只相当于累计引进外资额的 4.5%[②]。(4) 如果以美国或加拿大单个国家为对象进行比较,则截至 2004 年底,中国累计对美国直接投资净额是 6.70 亿美元,而美国对中国累计投资额为 480.29 亿美元。换言之,中国对美国的投资额只相当于美国对中国投资额的 1.3%。(5) 截至 2004 年底,中国累计在加拿大投资额为 4.67 亿美元,而加拿大在中国直接实际投资约 45 亿美元,即中国对加拿

[①] 据中国商务部外资管理司于 2005 年 10 月发布的统计信息:2004 年中国对外直接投资净额(即存量)为 55 亿美元,扣除对香港地区投资额 26.29 亿美元后是 28.71 亿美元。2004 年,实际使用外资金额 606.30 亿美元,如果要扣除香港投资额 189.98 亿美元的话,数额为 416.32 亿美元。把 2004 年上述对外投资的 28.71 亿美元与吸收外资的 416.32 亿美元相比较,我国的对外投资额只相当于所引进外资的 6.8%。

[②] 截至 2004 年底,中国累计对外直接投资净额为 448 亿美元。其中,对香港地区累计投资额为 303.93 亿美元,占中国对外累计投资额的 67.8%。在扣除这一项之后,中国累计对外投资额为 144.07 亿美元。截至 2004 年底,全国累计实际使用外资金额 5 621.01 亿美元。其中香港是 2 415.74 亿美元,占内地实际使用外资累计总额的 42.98%。如果也扣除香港投资的话,累计实际使用外资金额为 3 205.27 亿美元。把上述累计对外投资的 144.07 亿美元与累计吸收外资的 3 205.27 亿美元相比较,我国累计对外投资额只相当于累计引进外资额的 4.5%。

大投资额约相当于加拿大对中国投资额的 10%①。

从以上 5 组数据对比中,不难看出:迄 2004 年底,虽然中国"走出去"对外投资越来越多,但与中国吸收外资的相关数额对比,以上 0.55%、6.8%、4.5%、1.3%以及 10%这些数据仍然说明,我国目前主要还是作为资本输入国参加国际投资活动。相应的,我国在对外签订 BIT 时,除了注重如何保护我国海外投资之外,显然更应该着重注意过于"开放"的 BIT 对国家管理公共利益权力的侵蚀。如果不牢牢立足于中国现阶段的具体国情和国力,脱离了现实,对外缔结开放程度过大、开放速度过快、对外资保护标准过高的 BIT,则权衡利弊得失,显然可能弊大于利,得不偿失。即以上述第(3)组数据为例,在现阶段以及可预见的近期以内,用只占 4.5%的可保护海外中资利益换回来 95.5%被国际资本诉于国际仲裁的风险,无疑会得不偿失。换言之,要对外缔结高保护标准的 BIT,不妨静观形势发展,逐步地、稳妥地"与时俱进",等日后我国对外投资额相当于所吸收的外资额时再改动现有的较低(但较符合中国现实国情)的保护标准,也不为迟。

2. 20 多年来中国吸引大量外资与中外 BITs 之间的实证关系

关于这个问题,可以从以下三个不同的角度加以考察:

(1) 从对华投资最多的国家/地区这一角度看:2005 年 1—7 月,对中国大陆投资前十位国家/地区实际投入外资金额占全国实际使用外资金额的 86.26%。如果不计来自中国香港特区和台湾省的投资,前八位外国投资者(以实际投入外资金额计)依次分别为:英属维尔京群岛、日本、韩国、美国、开曼群岛、新加坡、德国、萨摩亚②。在这八个国家/地区中,只有维尔京群岛的宗主国英国、日本、韩国、新加坡以及德国这五国和中国大陆签订了双边投资保护条约。维尔京群岛的宗主国英国与中国签订的 BIT 只规定有关补偿额的特定争端应由国际仲裁,但没有提及"中心"仲裁庭③。1988 年日本与中国签订的 BIT④及 1992 年中国与韩国签订 BIT⑤都只规定:"中心"只对征收补偿额的

---

① 以上数据均引自:《2004 年度中国对外直接投资统计公报(非金融部分)》,at http://www.chinapressusa.com/luntan/200510270180.htm;《2004 年中国吸收外商直接投资情况综述》,at http://www.fdi.gov.cn/common/info.jsp?id=ABC00000000000025847,2006 年 1 月 1 日。
② 2005 年 1—7 月对中国大陆投资前十位国家/地区(以实际投入外资金额计)中,香港地区(91.22 亿美元)、台湾省(13.31 亿美元)分别名列第一、第六位。参见《2005 年 1—7 月全国吸收外商直接投资快讯》,at http://www.fdi.gov.cn/common/info.jsp?id=ABC00000000000023505,2005 年 9 月 7 日。
③ 参见 1986 年 5 月中国—英国 BIT 第 7 条。
④ 参见 1988 年中国—日本 BIT 第 11 条。
⑤ 参见 1992 年中国—韩国 BIT 第 9 条。

特定争端具有管辖权;对其他争端是否具有管辖权必须由争端双方另行签订协议。1985年新加坡与中国签订的BIT也只规定了就征收补偿额的特定争端提交国际仲裁的意向①。但是,2003年12月1日,德国和中国修改签订的新BIT中文本第9条却规定,缔约一方与缔约另一方投资者间就投资发生的任何争议"可以"提交"中心"仲裁,而英文本却规定"应当"(shall)提交"中心"仲裁,两种文本都规定英文本效力高于中文本。由此可见,2003年德国和中国修订的新BIT已经概括地全面地同意了"中心"管辖权②。

简言之,在以上八个对华投资最多的国家/地区中,只有德国和中国签订的BIT概括地全面地同意了"中心"管辖权,中国和英属维尔京群岛、日本及韩国签订的BIT只就征收补偿额争端同意了"中心"管辖权。在这八个国家/地区实际投入的180.91亿美元外资中,来自德国的只有8.64亿美元,比例为4.8%。换言之,从表面上看,充其量也只有4.8%的外资有可能在某种程度上是与中德BIT新订全面同意"中心"管辖权有关,但显然没有任何证据可以断言如果不存在这种全面同意"中心"管辖权,8.64亿美元的德国资本就不会进入中国。

更何况,据统计,2000年至2002年,德国对华投资几乎只维持在德国对外投资总额1%的水平,2003年也只上升至1.2%。德国对华投资只相当于美国和日本对华投资的五分之一,甚至远远落后于韩国及中国台湾省对中国大陆的投资③。换言之,在中德双方签订规定全面同意"中心"管辖权的新BIT的2003年,德国对华投资在其对外投资总额中只比上年度增加0.2%。可见,与德国签订全面同意"中心"管辖权的BIT,此举并没有使德国对华投资显著增加,对其实际积极影响显然不宜估计过高。

(2) 从晚近中国对外投资的角度看:2005年9月1日,商务部、国家统计局联合发布的《2004年度中国(不包括香港、澳门特区和台湾省)对外直接投资统计公报》(非金融部分)显示,目前中国境外企业分布在全球149个国家和地区,占全球国家(地区)的71%。中国境外企业在香港、美国、俄罗斯、日本、德

---

① 1985年中国—新加坡BIT第13条("争端解决")第1款规定,争端当事双方应该协商解决争端。第2款规定,6个月内无法协商解决的,应该提交东道国内有管辖权的法院。第3款规定,如果争端涉及到征收、国有化或其他具有同样效果的措施的补偿额,且无法在6个月内协商解决的,可以提交当事双方建立的国际仲裁庭。
② 参见2003年中国和德国间修订的新BIT第9条,中国与联邦德国间原有的BIT签订于1983年10月7日。
③ 中国驻德国使馆经商处:《德国对华投资现状及趋势》,at http://www.chinatradenews.com.cn/news/Article_Show.asp? ArticleID=9067,2005年9月29日。

国、澳大利亚的聚集程度最高,在这些国家和地区的中国境外企业占全部中国境外企业的43%,其中香港为17%①。不过,到2004年底中国只与149个东道国中的17个国家签订了全面接受ICSID仲裁管辖权的BITs,这17个缔约另一方分别是:巴巴多斯、刚果(布)、博茨瓦纳、塞浦路斯、塞拉利昂、莫桑比克、肯尼亚、荷兰、缅甸、波黑、特立尼达和多巴哥、科特迪瓦、圭亚那、德国、贝宁、拉脱维亚、乌干达,其中又只有德、荷两国是发达国家。上述统计数据表明:中国对外投资企业在选择东道国时似乎也并没有把中国是否已与东道国签订规定全面同意"中心"管辖权的 BIT 作为首要的考虑因素。

(3) 从晚近全球性投资报告的角度看:2003—2005年有关国际投资的全球性综合研究报告表明,ICSID仲裁之类的投资争端仲裁安排无法实现有关国家在签订BIT时对于吸引外资的预期,易言之,此类安排对于吸引外资虽略有作用但作用不大。在《2003年全球经济展望》中,世界银行根据客观事实指出:"即使BIT中相对强有力的保护措施,看来也没有增加向签署协定的发展中国家的投资流动"②。世界银行《2005年世界发展报告》则进一步明确强调不要过分夸大BIT对投资流动的影响:"(BIT 中的)这类保证【按:包括把投资争端交付国际仲裁的安排】有助于改善东道国的投资环境,也有一些证据表明投资者信赖这些保证。诚然,东道国与投资者母国之间已经签订BIT,有时是投资保险机构向投资者发放政治风险保单的前提条件。但尽管如此,迄今的实证研究尚未发现,在缔结 BIT 与其后的投资流入间存在密切联系"③。它还指出,有证据显示,投资者在进行投资决策时并不清楚其母国与东道国已经签订BIT这一事实,而直到其与东道国间发生争端且该BIT的规定可能有助于解决争端时,投资者这才恍然大悟④。还有一份留英学者提供的调查报告也印证了这一观点。他发现,ICSID仲裁机制对于从事国际投资的欧盟投资者是鲜为人知的,在进行对中国投资决策时,只有18%的欧盟投资者注意到能否援用ICSID仲裁机制的问题⑤。

---

① 《去年中国对外投资同比增长近一倍》,at http：//www.huaxia.com/sw/cjzx/jjdt/2005/00361580.html,2005年9月8日。

② 世界银行:《2003年全球经济展望》,at http：//www.worldbank.org/prospects/gep2003/summarycantonese.doc,2004年3月24日。

③ See World Bank, *World Development Report 2005-A Better Investment Climate for Everyone*, World Bank and Oxford University Press, 2004, p. 177.

④ Id.

⑤ Wenhua Shan, *The Role of Law in China's Success in Attracting Foreign Investment: An Empirical Approach*, p. 12. 该文系作者在2004年11月4—5日于厦门召开的"国际经济法与经济转型期的中国"国际研讨会(International Economic Law and China in Its Economic Transition)上提交的论文。

联合国贸易与发展会议(UNCTAD)的《2003年世界投资报告》指出:"在今后的国际投资协定中,发展中国家面临的最大挑战是,在这类协议推动外国直接投资流量的潜力与东道国家维持其从外国直接投资流动中获得更多益处、有利于发展的外国直接投资政策的能力之间,如何保持平衡,即如何确保东道国家有权基于公共利益考虑实行管制。这意味着发展中国家必须保留足够的政策空间,使政府能够在所签署的国际投资协定确定的权利、义务框架内灵活地运用这些政策"[①]。什么叫"必须保留足够的政策空间"?在笔者看来,这就是指东道国在签订BIT时需要保留本国可以调整政策、加强管理国民经济的自主权力,并在必要时"有权基于公共利益考虑实行管制"。换言之,就是在BIT中不能毫无条件、毫无保留地全盘同意国际仲裁庭的管辖权!同时,还应该保留应有的例外,保留基于公共利益"灵活运用"管制措施的权力,并以明确的文字载入相关的BIT之中,做到"有言在先",以免事后被指责为"违反国际投资协定"。UNCTAD上述报告书中之所以郑重提出这种忠告,显然不是"无的放矢"。不妨说,它是针对某些发展中国家为急于吸收外资而过度放松对本国经济的控制和管理,不"保留足够的政策空间",因而尝到苦果的事实,"有感而发"!关于这一点,下文将作进一步的分析。

3. 20多年来外资大量流入中国的主要原因

众所周知,中国能够在引进外资上取得巨大成就,主要取决于以下原因:(1)中国的劳动力成本低下。目前在许多外资工厂中,工人领取着仅仅600元人民币甚至是400元人民币的月工资,但工作时间每天达10小时以上的情况非常普遍,外国投资者不理会中国《劳动法》的规定似乎已成为"正常"现象,也不用担心"工会"抗议。(2)中国的外资优惠政策与广大的消费市场。随着中国加入WTO,中国广阔的市场越来越开放。而且,在中国投资可以比中资企业享受更优惠的税收、行政程序、用地等等"超国民待遇",这意味着和中资企业竞争时,外资从一开始就占据了优势地位。(3)中国政局稳定。这意味着政治风险大大减小,同时中国法律一再重申在正常情况下不对外资实现国有化和征收的明确规定,以及多年来一直信守诺言的具体行动,也让外国投资者大大减少了后顾之忧。(4)中国资源相对丰富。虽然中国原材料、能源都面临紧缺的情况,但相对于许多发达国家,中国资源在许多方面还是相对丰富的,就地取材的价款也相当低廉,这也对外资具有较大的吸引力。

---

① UNCTAD, *World Investment Report 2003—FDI Policies for Development: National and International Perspectives* (*Overview*), 2003, p. 18, UNCTAD/WIR/2003 (Overview).

总之,中国吸引外资位居发展中国家之冠,主要是由于以上因素换来的,而不是由于对外缔结高保护标准 BIT 的"功劳"。其中,最具说服力的证据是:由于美国一直"要价"过高,中国与美国之间迄今并未缔结任何 BIT,更不必说是高保护标准的 BIT。但是,迄 2004 年底止,20 多年来,稳居累计对华投资数额榜首的,竟然正是美国,而不是其他任何国家[①]。此外,还应该看到:1988 年日本与中国签订的 BIT[②] 及 1992 年中国与韩国签订 BIT[③] 都只同意"中心"对征收补偿额争端有管辖权,但是迄至 2004 年底为止,韩国与日本分别高居累计对华投资第 2 位和第 3 位。这也有力地证明:中日 BIT 和中韩 BIT 中现行的相对"低标准"的外资保护规定,并未影响日资和韩资投入中国的积极性和热情。因此,在现阶段似乎没有必要"随大流"地任意大幅度提高其保护标准。

4. 中国现在正处于政策调整期

作为正处于向完善的市场经济全面转型过程的发展中国家,面对着今后一个时期内势必不断出现的许多新问题,我国还需要制定一系列新的法律和规则,或改革旧有的法律和规则,以有效地调整宏观国民经济,因而不能排除发生为维护国家安全和公共利益而违反有关特许协议的情况。首先,毋庸讳言,经过多年的粗放型经济发展,中国的自然生态环境受到很大破坏,正在日益对我国经济综合实力水平的进一步提高产生负面影响。因此,中国政府强调实现可持续发展,强调对环境的保护。但是如果对各类有关企业全面提高保护环境的要求,则可能会大规模地影响到外资的利益。其次,中国多年的经济发展一直是建立在劳工保护制度严重欠缺之基础上的,尤其在许多外资企业中,对农民工的保护几乎是空白状态,所谓"工会"也是有名无实。而且,中国的两极分化正在造成越来越多的社会问题。为了应对此类问题,中国提出了建立"和谐社会"的目标,正在着手提高劳工保护标准,而这也可能会影响到外资的既得利益。再次,针对外资的"超国民待遇"问题,我国正在进行内、外资有关税收统一等方面的改革。而这一系列的改革也会极大地影响到外资的既得利益。最后,作为发展中国家,我国的金融体制和经济运行还不是很完善、很稳健,抵御各种金融风险和经济危机的能力不是很大,受到重大风险或危机的冲击时,必然会采取加强外汇管制、强化海关监控等措施以保护国家的经济安全,这也将极大

---

① 参见中国商务部外国投资管理司在 2005 年 10 月 19 日发表的统计数字,at http://www.fdi.gov.cn/common/info.jsp?id=ABC00000000000025847,2006 年 1 月 1 日。
② 参见 1988 年中国—日本 BIT 第 11 条。
③ 参见 1992 年中国—韩国 BIT 第 9 条。

地影响到外资的既得和潜在利益。

以上这些环境政策、劳工政策、"超国民待遇"政策等等都势在必改,日后一旦经济运行失调、遭遇金融风险或发生经济危机时,中国就会像其他主权国家一样,也势必在特定时期内采取各种加强经济管制和监控的必要措施。凡此种种,都不可能不在特定的时期内和一定的程度上损害到外商的既得利益或潜在利润。一旦因紧急需要而不得不触犯投资合同或者 BIT 中的高标准保护规定,外商就会动辄以投资合同或者 BIT 为依据申请国际仲裁,并且可能产生多米诺骨牌的"连锁效应",从而造成我国大量被诉于国际仲裁庭的后果。在这方面,有的发展中国家在缔结高保护标准 BIT 的实践中,已经有了沉痛的教训,中国不可不引以为戒。因此,中国如不增强忧患意识,居安思危,未雨绸缪,预先有所防范,则有朝一日,很可能会变成第二个阿根廷。

(三) 此类条款无视于弱国 BIT 缔约实践的沉痛教训——阿根廷的前车之鉴

阿根廷是南美第二大国,历史上曾经长期沦为殖民地。饱受殖民统治痛苦的阿根廷人民有着反抗殖民主义的优良传统。因此,以维护本国司法主权独立、主张境内涉外商事争端应由本国法院管辖为核心内容的"卡尔沃主义"发祥于此地,这不是偶然的。但是,晚近 20 多年来,曾经具有全球重大影响的"卡尔沃主义",却在其发祥地阿根廷本国,经历了一场"马鞍形"的"否定之否定",引起举世瞩目,发人深省。

在 1965 年《ICSID 公约》及其国际仲裁体制讨论、产生的过程中,因其与"卡尔沃主义"精神相悖,阿根廷曾经牵头予以公开抵制,并且造成南美众多国家长期拒不参加《ICSID 公约》的局面。然而,20 世纪 90 年代初,阿根廷为了缓解国内的经济困局,吸收更多外资和促进本国经济建设,一方面,开始在国内采取两大改革措施:(1) 对原属国有的公用事业与能源事业单位,大规模地实行私有化,通过与外商签订长期合同来吸收大量外国资金流入;(2) 规定阿根廷货币比索与美元直接"等价"挂钩,由金融机构保证以法定比索 1∶1 自由兑换,以提高和加强比索在国内外金融市场中的地位。另一方面,在国际缔约活动中,也采取了两大改革措施:(1) 在经历多年抵制和观望后,阿根廷终于决定在 1991 年 5 月签署参加《ICSID 公约》;随后在 1994 年 10 月正式提交了批准书;(2) 又与许多国家分别签订了大量的 BITs。但是,为了与参加《ICSID 公约》相接轨、相配合,阿根廷在其与许多发达国家签订 BITs 的过程中,却显得考虑不周、有欠慎重。这主要表现在其有关当局不顾自己实际的国情和国力,忧患意识和风险观念不强,以致在大量的 BIT 中,对外商提供了过高的保护标准,特别是在同意外商可以规避阿根廷国内管辖、把有关投资争端提交国际仲裁方面,开放幅度过宽,开放速度过快,几乎没有设置什么必要的限制和重大的例外,即把本文前面提到的,由《ICSID 公约》等授予的四大"安全阀",完全拆除了,从而留下重大的隐患和祸根!

据统计,为促进吸引外资,从 20 世纪 90 年代之初开始,阿根廷陆续与包括美、法、德、澳、西(班牙)等发达国家及其他比较富足的发展中国家缔结了一系列高保护标准的 BITs。整个 20 世纪 90 年代,阿根廷共签订了 50 多个 BITs,这一数字远远高于拉美其他国家①。大约从 1990 年起,阿根廷在签订的 BITs 中除了规定对外资提供广泛的高标准的实体待遇外,还对国际仲裁庭的管辖权作出了概括性的全面同意②。比如,规定投资者可以选择 ICSID 仲裁机构或者利用《ICSID 附设机构规则》解决有关投资争端,也可以根据《联合国国际贸易法委员会仲裁规则》提交国际仲裁,还可以根据双方同意的其他方式提交国际仲裁③。可谓自由选择,"悉听"外国投资者"尊便"。然而,在全面接受 ICSID 或其他国际仲裁庭管辖权的同时,阿根廷签订的此类 BITs 却未明文附加《ICSID 公约》授权的必要限制和重大安全例外条款。至此,曾经在全球弱小民族亿万人民中素来享有盛誉的"卡尔沃主义",竟然就是在"卡尔沃主义"的故乡,几近荡然无存!

大约从 2001 年开始,在国际资本冲击和国内管理失当的情况下,阿根廷经济正常运转失灵,金融危机日益严重。在 2002 年颁布了《公共紧急状态法》以及配套的法律规章,其主要内容有:(1)政府和金融机构不再保证以 1∶1 的法定汇率自由兑换比索与美元;同时(2)强制性地要求将包括存款在内的各种美元债务、其它外币债务以远低于正常市场汇率的比率兑换成比索债务,遂使比索针对美元大幅贬值。(3)还规定公用事业单位(含大量外资的私营单位或合营单位)在向消费者收费的时候,仍需按照 1 美元兑换 1 比索的汇率收费,公用事业单位还必须全面履行其在特许合同等项下的义务。同时,阿根廷政府还针对包括外商投资经营或合营的能源企业的出口产品大幅度增征关税,以开辟财

---

① Freshfields Bruckhaus Deringer, The Argentine Crisis-Foreign Investor's rights, at http://www.freshfields.com/places/latinamerica/publications/pdfs/2431.pdf, July 1, 2005.

② 阿根廷至少已经在 23 个 BIT 中全盘接受了 ICSID 仲裁管辖权,其中包括与瑞典、美国、西班牙、德国、法国、芬兰这些发达国家签订的 BITs。这些统计数据可以从以下网址下载阿根廷所签订之 BIT 原文加以验证,at http://www.unctadxi.org/templates/DocSearch.aspx?id=779。另外,2005 年 7 月 12 日,ICSID 高级顾问 Ucheora Onwuamaegbu 先生在厦门大学讲学时曾指出,阿根廷在 ICSID 的仲裁案件均系投资者依据 BITs 提起。

③ 如阿根廷—美国 BIT 第 7 条以及阿根廷—瑞典 BIT 第 8 条,这些 BITs 载:http://www.unctadxi.org/templates/DocSearch.aspx?id=779,2006 年 1 月 1 日。

源,增加国库收入①。

阿根廷政府在金融危机中所采取的这些"开源节流"的紧急措施,显然难免在相当程度上损害了外商的利益。外商遂纷纷依据 BIT 高标准保护规定向"中心"提出仲裁申请。至 2006 年 1 月 22 日为止,在"中心"的 103 个未决案件中,阿根廷为被诉方的案件数目竟高达 37 起。"被告"如此集中于一国并导致"群起而攻之",此种现象,不但在《ICSID 公约》及其仲裁体制诞生四十年来所从未见过,而且即使在近现代整个国际仲裁制度的发展史上,也可谓空前未有!近几年来,阿根廷处境极为被动。从《ICSID 2005 年度报告》以及 ICSID 网站的公布有关情况来看,与当初对外签订一系列 BITs 时十分"慷慨大方"地全盘同意"中心"管辖权相比,阿根廷在连续不断地成为国际仲裁之被诉方后,却是"寸土必争"地采取了"拖延战术",即先提出管辖权异议,在仲裁庭连续驳回管辖权异议并且已经对实体问题作出裁决的情况下,又针对终局性仲裁裁决提出撤销申请,要求再次组成专门委员会重新审理②。与此同时,阿根廷国内也出现了要求恢复"卡尔沃主义"及其相关法制的强烈呼声,出现了要求把相关管辖权收回并重新保留在国内法院的最新动向。换言之,如果把当初涉外争端管辖权之大幅度、无保留地向国际仲裁庭"让渡"举措,看做是对"卡尔沃主义"的否定,则如今要求收回相关管辖权的强烈呼声和相应行动,则不妨称之为是已经开始进入"否定之否定"的新阶段③。

(四)此类条款无视于两类东道国的最新立法转轨

近年来,阿根廷政府采取"否定之否定"措施的典型事例之一,就是发布政令,指定本国法院重审 GB 石油公司争端案。据报道,原先,1996 年阿根廷时任总统 C·梅内姆(Carlos Menem)应外商要求,曾经签署一项法令,建立国际仲裁庭来解决 GB 石油公司与阿根廷政府之间的争端,认为这是解决该争端最

---

① Paolo Di Rosa, The Recent Wave of Arbitrations Against Argentina Under Bilateral Investment Treaties: Background and Principal Legal Issues, The University of Miami Inter-American Law Review, Vol. 36, 2004, pp. 44 - 49.

② 详情请参见"中心"网站: http://www.worldbank.org/icsid/cases/pending.htm。并参阅: ICSID Annual Report 2005, pp. 15 - 35. 试以 CAA 公司与 VU 诉阿根廷政府一案为例:该争端于 1997 年 3 月在 ICSID 立案,几经反复,2004 年 7 月再度开庭,2005 年 3 月被申请人提出管辖权异议书,同年 5 月申请人提出对管辖权异议的反驳书,同年 6 月被申请人又针对申请人的反驳提出答辩书……。

③ 有关阿根廷在这方面的具体经历和经验教训,可进一步参考:(1) 魏艳茹:《论我国晚近全盘接受 ICSID 仲裁管辖权之不当》,第三部分;(2) 单文华:《卡尔沃主义的"死亡"和"再生"——晚近拉美国际投资立法的态度转变及其对我国的启示》;蔡从燕:《不慎放权,如潮官司——阿根廷轻率对待投资争端管辖权的惨痛教训》,这三篇论文均载于陈安主编:《国际经济法学刊》第 13 卷第 1 期,北京大学出版社 2006 年 5 月。

有效与最经济的方法。但几经反复,迄未解决问题。事隔7年,2003年10月,阿根廷政府发布了另一项新的法令,废除了1996年的前项法令,并指派专人针对原先由 GB 石油公司控制但现已停业的两家公司向阿根廷本国法院重新起诉,追索价值5亿阿根廷比索(ARS500 million)的欠交税款、罚款与贷款。这一行动被认为是政府把其与境内外商间的许多法律争端"重新交给本国管辖"("renationalizing" legal conflicts)采取的第一步骤。这些争端实际上包括许多家主要由外商拥有的公用事业公司对阿根廷政府提起的大约20件讼案在内,而这些争讼案件正由 ICSID 仲裁庭受理审议之中。

阿根廷政府的这一举措所带来的冲击远远超越于本案。舆论认为,此项新法令正式抛弃了(scraps)国际仲裁庭,因为该法令提到把上述案件提交给境外第三方审理"从法律、政治与经济各个层面来看,都会带来一系列的困难"。阿根廷财政部总长办公室主任(the head of the office of the Attorney General in the Treasury)H·罗萨蒂(Horacio Rosatti)在记者招待会上发表的以下言论被广泛引用:政府的目的就在于"恢复阿根廷本国法院的管辖权"。他说,阿根廷政府正在研究如何把政府与阿根廷境内外资企业之间的其他争端,包括那些因2002年紧急措施受到损失并把争端提交给 ICSID 仲裁庭解决的案件在内,拿回到阿根廷境内解决(bring back within Argentina's orbit)。他还提到,阿根廷政府力图确保做到两点:第一,这些公司已在阿根廷境内优先用尽所有的法律救济;第二,任何国际仲裁庭的最后决定都应当受到阿根廷国内法院的"分析"(analysis)。他还宣称:"我们正在质疑这种(国际)管辖权,我们还可能进一步质疑其整个体系的合宪性(constitutionality)"①。换言之,阿根廷政府正在认真研究并提出质疑,把境内涉外投资争端全盘交由 ICSID 国际仲裁管辖,是否符合阿根廷国家的根本大法——宪法。

另据一篇题为《卡尔沃终于起死回生了吗?》的评论文章所述②,2005年3月2日,阿根廷总统科奇纳(President Kirchner)曾在阿根廷的第123次国会上,公开严词质疑国际仲裁庭岂能对阿根廷境内外商状告东道国的索赔案件作出终局裁决。紧接其后,两名议员提出了一份立法议案,要求正式通过立法,作出明确规定:(1)设置严格条件,从严限制把本国境内涉外投资争端提交国际

---

① Argentina: Government Reopens 7-Year-Old Case vs Oil Group, By Laurence Norman, Dow Jones Newswires, at http://www.LatinPetroleum.com, 01-01-2006。See also C. E. Alfaro et al, The Growing Opposition of Argentina to ICSID Arbitral Tribunals, A Conflict between International and Domestic Law? *The Journal of World Investment & Trade*, Vol. 6, No. 3, June,2005.

② Guido Santiago Tawil, *Is Calvo finally back*? Translational Dispute Management, No. 3, June 2005, <http://www.transnational-dispute-management.com/news/tdm2-2005_5.htm>.

仲裁;(2)即使国际仲裁庭已经作出裁决,当事人仍可向阿根廷本国联邦法院提起上诉,这就完全否定了国际仲裁庭裁决的终局性,把最后的决定权收回阿根廷自己手中;(3)指示阿根廷政府通知各有关缔约国,申述阿根廷的意向,将要废除先前接受国际仲裁管辖权的国际条约;(4)授权阿根廷政府及其所属机构和企业发布命令与决定,废除先前订立或作出的与本法案相抵触的各种协议或决定。不言而喻,此项法案如获正式通过,当年卡尔沃的主权意识和民族精神终将在新的劫难中获得新生。国际舆论正在密切关注其进一步的发展。

与阿根廷相似,加拿大、美国也经历了一个先"全面放开"再收回管辖权的过程。由于加拿大、美国主要是和发展中国家签订 BITs,其立场显然是基于资本输出国的角度,尽量订立最高规格的投资保护条款,尽量推动投资者在争端发生后有权不受约束地寻求包括 ICSID 在内的国际仲裁救济。然而,在 NAFTA 体制的实际运行中,加拿大与美国政府也逐渐体会到了本国作为"被告"被外国投资者诉诸国际仲裁庭的不利影响,认为应该对本国境内的外国投资者动辄向国际仲裁庭提出申诉的权利加以限制,应该维护东道国政府行使宏观经济调控的权力。于是,加拿大与美国分别在 2004 年对其原有的 BIT 示范文本做了重大修改,增加了大量的例外,并对 NAFTA 中的一些法律问题作了澄清。例如,加拿大在其 2004 年范本附录 B.13(1)美国在其 2004 年范本附录 B 中都进一步澄清:什么情况以及具备哪些条件才可以视为东道国对外资实行"间接征收";东道国为了健康、安全以及环境等公共利益而采取的有关措施,不得视为"间接征收"等等,这就把"间接征收"的范围大大缩小了。又如加拿大 2004 年 BIT 范本第 5 条与美国 2004 年 BIT 范本第 5 条都对"公平与公正待遇"作了限制解释,附加了"传统国际法的最低待遇"的要求等等。因此,加拿大 2004 年范本被西方学者称之为"进两步,退一步"[①]。而对于美国 2004 年范本的发展动向,西方学者认为,美国政府倾向于在它与智利、新加坡以及其他国家的自由贸易区协定、双边投资保护条约当中,弱化对投资者的保护。尽管迄今美国境内的外国投资者对美国提起国际仲裁申诉的案件为数尚不很多,但是,美国 2004 年 BIT 范本仍然更多地关注国会、公众的批评以及外国投资者今后可能对美国所提起的国际申诉[②]。

---

① James Mcilroy, Canada's New Foreign Investment Protection and Promotion Agreement, Two Steps Forward, One Step Back? *The Journal of World Investment & Trade*, Vol. 5, No. 4, August 2004.

② David A. Gantz, The Evolution of FTA Investment Provisions: From NAFTA to the United States — Chile Free Trade Agreement, *American University International Law Review*, Vol. 19, p. 679.

美国商务部曾要求其国际经济政策咨询委员会(一个代表广泛群体的非政府专家委员会)对"示范BIT"草案加以审查和评论。2004年1月30日,该咨询委员会下属的"投资委员会"提交了一份报告,把其成员观点归纳如下:(1)代表美国本土海外投资者的成员认为不需要或者不应该修改1994年的BIT范本,因为该1994年BIT范本反映了现代国际法和投资实践,对美国海外投资者所面临的风险提供了强有力的保护。相反,2004年BIT范本在实质上削弱了对美国海外投资者的保护,体现了"走下坡路"倾向,不足以排除美国的海外投资者常常面临的东道国"不发达法律体系"的管辖;(2)代表美国环境保护机构和劳工组织的成员认为,即使是在2004年BIT范本当中,也没有能够充分地维护美国政府的权力,以便政府随时可以采取保护重要公共利益的措施。BIT范本中应该强调要求外国投资者遵守美国国内法的义务,以便美国在必要时有权提高保护环境和工人权利的标准,并要求美国境内的外国投资者切实遵守和执行这些标准。代表美国劳工组织的成员反对任何可能会使得就业机会或者生产机构被转移到美国境外的促进对外投资条约①。另外,由于担心国际仲裁庭裁决的终局性可能过度影响美国的国家利益,2002年出台的《两党贸易促进授权法案》明确规定:美国的首要谈判目标在于通过建立"上诉机构"或者类似机制的方式,改善外国投资者与东道国政府间的争端解决机制②。而美国2004年BIT范本附件D也规定,在有关BIT生效3年内,缔约国双方应该考虑是否建立一个"双边上诉机构"或者类似机制,以审查有关国际仲裁庭的裁决。

从以上有关动态可以看出:

第一,就阿根廷这样的发展中国家而言,对于把东道国本国政府与境内外资之间的投资争端管辖权提交给国际仲裁庭这种体制,原先曾经极力排斥,主张有关争端应在东道国国内解决。但随着国际经济形势的发展,意识到不能把国际仲裁庭的管辖权一概排斥,于是经历了一个适当限制国内管辖权的阶段,甚至转而全面否定国内管辖权和全面同意国际仲裁庭的管辖权。但是,在国际仲裁实践中遭受重大挫折之后,又意识到这样大幅度放权甚至全面放权的做法,相当不利于国家对宏观经济的管辖与对公共利益的维护,于是又开始力图

---

① Subcommittee on Investment of the U. S. Dep't of State Advisory Comm. on International Economic Policy (ACIEP), Report Regarding the Draft Model Bilateral Investment Treaty 2-3 (Jan. 30, 2004), at http://www.ciel.org/Publications/BIT_Subcmte_Jan3004.pdf, 01-01-2006. Sean D. Murphy, Proposed New U. S. "Model" Bilateral Investment Treaty, *American Journal of International Law*, October, 2004.

② See 19USCS § 3802(b)(3)(G)(iv).

重新否定国际仲裁庭管辖权,尽可能把相关管辖权收回来。

第二,就美国这样的发达国家来说,它们原先是极力排斥和否定东道国对境内涉外投资争端的全面管辖权,极力倡导有关争端应提交国际仲裁庭解决,但是随着国际经济形势的最新发展,就连美国这个全球唯一的"超级大国"都体验到对本国境内的涉外投资争端任由国际仲裁庭"一裁终局"的不利之处,进而开始"改弦更张",实行立法转轨。

第三,上述两类国家,在分别经历了不同层次的"否定"阶段之后,现在都正处于新的"否定之否定"阶段。有趣的是,这两种不同层次的"否定之否定",如今都正在朝着同一种方向发展,即都开始否定国际仲裁的全面管辖,开始注重对国际仲裁加以必要的限制,开始重视或者强调东道国对本国境内涉外投资争端应当在必要的范围和必要的条件下保持优先的管辖权或排他的管辖权。

第四,相形之下,我国作为发展中国家,在近期缔结新 BIT 或修改原 BIT 的实践中,似乎有些昧于当前形势的最新发展,不了解有关 BIT 缔约之最新动向和转轨方向,因而贸然追随前阶段某些发展中国家的过时"潮流",即从原先的注重国内管辖权逐步转到实质上否定国内管辖权并"全面同意"国际仲裁庭管辖权。这种倾向,显然是"不合时宜"的,已有"前车之鉴"的,势必会吃大亏的。反之,如能总结经验,及时刹车,并不为晚。

四、结论:有关今后中外 BIT 谈判的几点管见

基于以上粗略剖析,似可针对中国今后对外谈判缔结新 BIT 和修订原 BIT 有关事宜,提出以下几点管见和刍议:

(一)加强调查研究,"摸着石头过河"

对于任何国家说来,特别是对于以吸收外资为主的发展中国家说来,BIT 是一把"双刃剑"。不言而喻,中国在对外谈判缔结或修订 BIT 过程中,必然是有所"予"方能有所"取"。如果要在"予"与"取"之间、义务与权利之间实现正确的平衡,其先决要件就是要立足中国国情,放眼国际实践,总结经验教训,明确潮流方向,综合地、全面地剖析和权衡 BIT 各类条款(包括本文所专门讨论的争端解决条款)对中国可能产生的各种利弊得失,认真地、谨慎地考虑如何趋利避害。利取其重,害取其轻。为此,就务必对中国的现有国情——与吸收外资

有关的一切国情,进行全面的、深入的和充分的调查研究。同时,也对国际 BIT 缔约实践中的有益经验和沉痛教训,进行尽可能全面、深入和充分的调查研究,从而在充分掌握国内外实况的基础上,掌握好谈判中"予"与"取"的正确分寸和尺度,实行科学的决策,定下恰如其分的"底线"。反之,在上述各方面的调查研究还不够全面、不够深入和不够充分之前,与其想当然,随大流,追求表面的"谈判成功"和"达成协议"的数量,不如在未明水流深浅、流速和漩涡细情之前,兢兢业业地摸着石头过河。换言之,在情况不够明了的条件下,举步慢些、稳些、步伐小些,力求安全,这绝非"保守因循"或"抱残守缺",而是最明智和最可靠的"与时俱进"。如果举目望去,已见前面过河者陷入急流漩涡而正在奋力挣扎却难以自拔,则就尤应慎之又慎,并"绕道而行"了!

(二)善用公约授权,牢握"安全阀门"

《ICSID 公约》等授予东道国,特别是授予国际弱势群体——发展中国家的前述四权,即"逐案书面同意"权、"当地救济优先"权、"东道国法律适用"权以及"重大安全例外"权,既是国家主权特别是司法主权的应有体现,又是缔约当年众多发展中国家联合奋斗、据理力争、得来十分不易的重要权利[①],继续生效也是国际弱势群体在国际资本强大实力面前用以自我保护、自我防卫的必要"安全阀"。在《ICSID 公约》等本身依然健在、继续生效、未作任何修改的情况下,牢牢把握这四大授权或四大"安全阀",使其有效地为我服务,乃是正大光明、名正言顺和理直气壮的。这是中国对外谈判缔结新 BIT 或修订原 BIT 时应当具备的基本心态。1998 年中国—巴巴多斯 BIT 中设定新"全盘同意"型争端解决条款以前,原有的中国—摩洛哥等 BITs 中设有必要"安全限制"的争端解决条款,已经行之多年,颇见实效,而且没有任何证据足以证明此类规定的基本内容或主流防患意识已经"脱离"中国现实国情和"落后"于世界最新潮流。相反,它们丝毫未曾明显影响或削弱全球外商对华投资的信心和热情,此点已经反复地为大量外资源源不断地流入中国的有关事实和官方统计数字所佐证。因此,在中国对外 BIT 谈判中,面对美加型 BITs 或其变种中的争端解决条款,不但无须全盘同意接受,全面自动放弃上述这些国际《公约》授予的四权,贸然拆除四大"安全阀",恰恰相反,理应援引《公约》规定,依《公约》据理力争,针对谈判对方提出的争端解决条款中十分不利于我国"留权在手"的规定,予以明确的、坚

---

① 参阅陈安主编:《"解决投资争端国际中心"述评》,鹭江出版社 1989 年版,第 66—84,95—99,106—111,126—130,138—153,陈安主编,p. 1079 注①引书,第 8—71 页。

决的抵制；同时，对于谈判对方 BIT 范本中现在提出的各种"安全例外"最新规定，而我方过去往往予以忽略的，现在则不妨认真地虚心学习，作为可以"攻玉"的"他山之石"，结合中国的国情需要，予以"师法"和"移植"，使其为我所用。

在上述这些前提下和基础上，再适当考虑我国在对方国家投资的实况和客观需要，适当地、稳步地修订中—摩 BIT 型中的争端解决条款规定，在真正互利互惠的原则下，对国际仲裁的适用范围和适用条件，加以恰如其分的放宽。

然而，我国已经在与发达国家如德国签订的 BIT 中放弃了某些"安全阀"，以后如何才能把这些"安全阀"重新取回并牢牢把握在自己手中？笔者认为在今后的对外 BIT 谈判中理应做到和不难做到。

（三）坚持"下不为例"，"亡羊"及时"补牢"

第一，《华盛顿公约》第 25 条第 1 款规定"当（争端）双方表示同意后，不得单方面撤销其同意。"换言之，如果只有投资争端当事人某一方表示了"同意"，那么其在另一方表示"同意"之前，是可以单方面撤销同意的。而在实践中，作为投资争端一方当事人的东道国，通常是在美加型 BITs 中作出这种概括性的"同意"表示，待到争端发生后，外国投资者把该争端提交"中心"仲裁的书面申请书，就被视为该外国投资者的"同意"。中国目前虽然已在 1998 年以后新订的 BIT 中作出概括性的"同意"，但迄今还没有哪一位外国投资者向"中心"正式提交仲裁申请。也就是说，目前只有可能成为争端当事人的中国一方（东道国）预先作出了同意，所以，根据《华盛顿公约》第 25 条第 1 款的上述规定，迄今为止，中国还是有权撤销这种预先"同意"的。因此，中国不妨以吸取"阿根廷教训"作为理由，向德、荷等国要求重启谈判，争取达成新的议定书，对有关概括性全盘"同意"的有关规定加以必要的修订与补充，作为相关 BITs 不可分割的一部分，并明文规定应当"以新议定书的修订内容为准"。

第二，中国所签订的 BITs 中都规定了最惠国待遇条款，那么，即使我国从此以后在签订新 BITs 时不再放弃这四大"安全阀"，但缔约对方的投资者是否有可能根据"最惠国待遇"条款，主张援例享受到中国与德国 BIT 中的更优惠的争端解决待遇？从"中心"的"墨菲兹尼案"（MAFFEZINI v. SPAIN）裁决[①]等来看，这种可能性非常大。但我国可以在今后缔结或修订的 BITs 中对最惠国待遇条款的具体适用加以明确限制，即规定该条款不适用于程序性待遇。因

---

① Emilio Agustín Maffezini v. Kingdom of Spain (ICSID Case No. ARB/97/7), Decision on Objections to Jurisdiction of January 25, 2000. http://www.worldbank.org/icsid/cases/emilio_DecisiononJurisdiction.pdf, 01-01-2006.

为最惠国待遇条款的通常适用范围,是实体性待遇。它是否可以适用于程序性待遇,这在国际上迄今未有定论,并没有取得一致的意见。但是鉴于ICSID仲裁庭在其实践中具有通过自由裁量权扩大管辖权的倾向,所以应当在今后缔结或修订的BITs中对此作出明确限制。

这样做,是有先例可援的。例如2003年《美洲自由贸易协定(草案)》中就有这样的注解:"本协定中的MFN条款……并不适用于本章第C.2b部分所包含的国际争端解决机制(缔约一方与缔约另一方的投资者之间的争端解决)之类的事宜"[①]。另外,中国还可以借鉴加拿大2004年BIT范本附录Ⅲ"最惠国待遇的例外"中的规定:"第4条(最惠国待遇)不应该适用于在本《协议》生效日以前有效或者签订的所有双边或者多边国际协议所赋予的待遇"[②],加以师法和移植,这样,中国对外谈判签订BIT的相对方就不能根据最惠国待遇的规定要求援例享受我国以前曾经赋予第三方的更优待遇。

总之,在大量吸收外资并与实力强大的国际资本交往的过程中,中国难以全面、准确地预测前面会有多少坎坷、陷阱与漩涡。阿根廷经历过的沉痛教训及其已经交付的昂贵学费,中国无须再交一遍。应当力求避免重蹈覆辙,误陷漩涡。从此种意义上讲,在对外BITs谈判中一时达不成协议或暂时没有协定,比迅速达成对中国不利的协定更好得多。衡之于国内外的现实形势,我国完全没有必要放权过快、弃权过多,更不宜仅为了制造政治气氛、友好氛围或彰显政绩而贸然行事,从而不知不觉地导致"门户洞开,毫不设防"。反之,立足中国,放眼世界,则在当前条件下,显然仍宜保留清醒的头脑,增强必要的忧患意识,经常居安思危。这样,中国才能更好地通过签订或修订BITs,达到名符其实的互利互惠、持续促进经济发展;进而在确立跨国投资合理规范和建立国际经济新秩序的过程中,发挥应用的示范作用。中国的和平崛起要求这么做,中国在国际上的地位也要求我们这么做。只有这样,才有利于中国,有利于发展中国家,有利于世界的共同繁荣与发展。

2007年10月4日修订

[①] See Chapter ⅩⅩⅢ Dispute Settlement of FTAA(Draft Agreement), footnote 13, at http://www.ftaaalca.org/FTAADraft03/ChapterⅩⅩⅢ_e.asp, 03-25-2004.

[②] 加拿大范本请参见:http://www.naftaclaims.com/files/Canada_Model_BIT.pdf。

Ⅵ 区分两类国家,实行差别互惠:再论 ICSID 体制赋予中国的四大"安全阀"不宜贸然全面拆除 *

内容摘要 当代各类"双边投资协定"(BITs)的具体条款不一。其中有一类条款要求东道国全面拆除四大"安全阀",即全盘放弃"逐案审批同意"权、"当地救济优先"权、"东道国法律适用"权以及"重大安全例外"权。中国作为发展中国家,如果无条件、无差别地全盘接受这些要求,势必背离当代国际公约对东道国的授权规定,漠视联合国权威机构的反复告诫,不符合中国当前的现实国情,无视晚近发展中国家 BITs 缔约实践的沉痛教训,无视两类东道国的最新立法转轨。因此,中国今后在有关 BITs 的缔约、修约谈判中,切宜保持清醒头脑,增强忧患意识,善于掌握四大"安全阀",趋利避害,区分南、北两类国家,实行差别互惠,明文排除最惠国条款对争端程序的普遍适用,从而切实维护中国的应有权益。

目 次

一、问题的缘由

---

* 本篇专论最初收辑于陈安主编:《国际投资法的新发展与中国双边投资条约的新实践》,复旦大学出版社 2007 年出版。本文简称《再论中—外 BIT》,与简称《一论中—外 BIT》的前文互为姊妹篇。前文全题为《论中外双边投资协定中的四大"安全阀"不宜贸然拆除——美、加型 BITs 谈判范本关键性"争端解决"条款剖析》,载于陈安主编:《国际经济法学刊》第 13 卷第 1 期,北京大学出版社 2006 年出版。前文发表后,引起了学界的强烈兴趣,认同者固多,也不无疑义。针对疑义,笔者就后续研究心得,撰写本文,再次陈述管见,以进一步就教于同行学人,并期待能引起更热烈的探讨和争鸣,共同提高认识。这两篇专论所述,都以撰写当时的官方媒体报道以及官方网站统计数字为据,反映了笔者对当时形势发展认识之逐步深化,其中的基本观点至今未变。辑入本书时,中国吸收外资和对外投资的对比态势和具体数字又有新的发展,阅读时请予留意。此外,这两篇专论的英文本,先后相继发表于 *The Journal of World Investment & Trade*, Vol. 7, No. 6, December 2006 以及 Vol. 8, No. 6, December 2007,现均辑入本书,分别列为第七编之Ⅲ和之Ⅳ,俾便读者对照参考。

二、中国型 BITs 中争端解决条款与 ICSID 公约相关条款"接轨"的简要回顾

三、中国在 BITs 谈判中不宜贸然接受美国型的争端解决条款或其"变种"

　　（一）此类条款背离了国际公约对东道国的授权

　　（二）此类条款漠视了联合国权威机构的反复告诫

　　（三）此类条款不符合中国的现实国情

　　（四）此类条款无视弱国 BIT 缔约实践的沉痛教训：阿根廷的前车之鉴

　　（五）此类条款无视两类东道国的最新立法转轨

四、有关今后中外 BIT 谈判的几点思考

　　（一）加强调查研究，"摸着石头过河"

　　（二）善用公约授权，牢握"安全阀"

　　（三）区分两类国家，实行差别互惠，排除或限制 MFN 条款适用于争端程序

五、区分两类国家，实行差别互惠的理论依据和实践先例

　　（一）区别对待的做法符合"具体分析"的普遍哲理

　　（二）区别对待的做法符合"公平互利"的基本法理

　　（三）区别对待的做法符合"国家主权至高无上"的国际法基本原则

　　（四）区别对待的做法符合 MFN 待遇原则的发展进程

　　（五）区别对待、排除或限制 MFN 条款扩大适用于争端程序，符合 UNCTAD 晚近的反复警示

　　（六）区别对待的做法符合国际仲裁的最新实践

　　（七）区别对待、排除或限制 MFN 条款适用范围的做法已有若干先例可援

六、结论

　　中国已经与 120 多个国家缔结了双边投资条约（BITs）[①]。为了适应引进更多外资以及重视向外投资的新形势，中国目前正在进一步与一些国家谈判缔结新的 BITs 或修订原有的 BITs。在此过程中，有些发达国家提出美国 BIT 范本争端解决条款或其变种，要求吸收外资的中国大幅度放开甚至完全放弃对本国境内涉外投资争端的管辖权，代之以 ICSID 或其他国际仲裁的全面管辖。此类条款实质上要求中国全盘放弃"逐案审批同意"权，放弃"当地救济优先"

　　[①] 中国对外签订的 BIT 通称《关于相互促进和保护投资的协定》《关于相互鼓励和保护投资的协定》等。

权,放弃"东道国法律适用"权,甚至放弃"重大安全例外"权。这些要求,背离了当代国际公约对吸收外资东道国的授权规定,漠视了联合国权威机构的反复告诫,不符合中国当前的现实国情,无视于晚近发展中国家 BIT 缔约实践的沉痛教训,无视于两类东道国的最新立法转轨。中国如贸然接受,并普遍推广,势必对本国的司法主权和应变能力造成重大伤害和削弱,贻患无穷。因此,中国今后在有关谈判中,切宜保持清醒头脑,立足于本国的现实国情,吸取国际实践的有关教训,增强忧患意识,坚持有关国际公约的授权规定,善于掌握四大"安全阀",趋利避害,区分南、北两类国家,实行差别互惠,明文排除最惠国条款(MFN 条款)对争端程序的普遍适用,从而在引进来与走出去之间,在保护外资合法权益和维护中国主权权力之间,保持正确的综合平衡,进而在确立跨国投资合理规范和建立国际经济新秩序的过程中,发挥应用的示范作用。

一、问题的缘由

三年多以前,2003 年 12 月,中国与德国商定终止 1983 年签订的原有 BIT,而另行签订新的 BIT。伦敦友人来电话询及此事的背景及其有关条款之合理性,促使笔者开始认真关注此事,进行新的探讨。

较之 1983 年中—德 BIT,2003 年中—德的主要特点有二:第一,扩大了外国投资者就有关争议向国际仲裁庭投诉东道国政府的权利范围,从原先限于"征收补偿金"的争议,扩大到"就投资产生的任何争议"[1];第二,赋予了外国投资者单方向国际仲裁庭投诉东道国政府的随意性和决定权[2]。相应地,否定了或取消了东道国政府逐案审批许可外商向国际仲裁庭投诉的同意权。

其实,中—德新 BIT 的上述两大特点,并非最初出现于中国分别与其他发达国家签订的同类 BIT。早在 1998 年 7 月 20 日中国与巴巴多斯签订的 BIT 中,就含有类似的条款或类似的"模式"[3]。其后,自 1998 年 8 月至 2003 年 11 月,在中国与刚果(布)等 13 个发展中国家相继分别签订的 BITs 中,也都采用同类的条款或模式,但均未引起学术界的认真关注和足够关切。

---

[1] 参见 1983 年中国—德国 BIT《议定书》第 4 条,http://tfs.mofcom.gov.cn/aarticle/h/au/200212/20021200058419.html;2003 年中—德 BIT 第 9 条第 1 款;《议定书》第 6 条,at http://tfs.mofcom.gov.cn/aarticle/h/au/200405/20040500218063.html,2007 年 5 月 1 日。

[2] 同上 2003 年中—德 BIT 第 9 条第 2 款。

[3] 参见 1998 年中国—巴巴多斯 BIT 第 9 条第 1、2 款。

2003年12月中—德新BIT之所以引起国内外法学理论界和实务界的特别关注,其主要原因有二:第一,德国是当今经济实力最强大的发达国家之一,是原"七国集团"的骨干成员,其海外投资占全球对外投资的领先地位;第二,当时德国对华投资总额与中国对德投资总额之间的比例,约为100∶0.93①。相应地,尽管中—德新BIT的条款文字在表面上看来是"平等互惠"的,但一旦情势变迁,涉外投资争端频起,则中国政府被在华德商任意诉之国际仲裁庭的几率和风险,约为德国政府被在德华商诉之国际仲裁庭的几率和风险的107倍;这也意味着中国司法主权之可能受限与削弱,远远大于德国司法主权之可能受限与削弱,约达107倍,悬殊极大,构成了实际上的不平等、非互惠。

作为全球经济最发达的强国之一,德方提出并为中方接受的上述争端解决条款,实际上源于美国早在1982年和1984年间即已精心设计并不断更新的BIT范本之中②。此种范本曾被若干西方发达强国师法、仿效、移植。当年美国曾经一再向中国政府"推销",要求按此模式签订中—美BIT。鉴于中美之间经济实力十分悬殊,中国对美投资总额与美国对华投资总额相比,可谓微不足道,且此类貌似"平等互惠"的过苛要求,实际上会构成中国对境内美商投资的管辖权、管理权受到重大损害。故迄今为止二十多年以来,中美之间迄未订立任何形式的BIT。

显然,要评析中—德新BIT有关争端解决条款之妥当性与合理性,就不能不追本身溯源地论及美式BIT范本之是非臧否。

2006年5月,笔者曾就国内外学界提出的有关2003年中—德新BIT争端解决条款之合理性问题,撰写专文,题为《中外双边投资协定中的四大"安全阀"不宜贸然拆除》(简称《一论》)③进行探讨,笔者认为,把以美国BIT模式为范本的争端解决条款纳入中外BITs,实质上让中国拆除了国际公约赋予东道国的四大"安全阀"。面对实力强大的国际资本和"富可敌国"的跨国公司,中国既要

---

① 据商务部网站公布的统计数字,迄2003年底,中国大陆对德国累计投资金额为0.83亿美元,而德国对华累计投资金额为88.51亿美元,前者还不到后者的1%。参见《2003年度中国对外直接投资统计公报》,第8页,表2,at http://www.fdi.gov.cn/pub/FDI/wztj/lntjsj/jwtzsj/2003yearjwtzsj/t20060423_27914.htm;《2003年中国吸收外商投资情况综述》,第2页,at http://www.fdi.gov.cn/pub/FDI/wztj/lntjsj/wstzsj/2003yearzgwztj/t20060423_27823.htm,2006年5月1日。

② 参见美国型BIT 1984年谈判范本第6条,附录于陈安:《美国对海外投资的法律保护及典型案例分析》,鹭江出版社1985年版,第225—227页。此种范本以后经数度增订更新,形成了2004年现行谈判范本。http://www.ustr.gov/Trade_Sectors/Investment/Model_BIT/Section_Index.html.06-01-2005。其中有关争端解决的主要条款是第23—25条,其原文和中译文参见注③所引《国际经济法学刊》第13卷第1期,第9—11页。

③ 全题为《中外双边投资协定中的四大"安全阀"不宜贸然拆除——美、加型BITs谈判范本关键性"争端解决"条款剖析》,载于《国际经济法学刊》第13卷第1期。

充分调动其对华投资的积极性,又不能在境内投资争端管辖权方面"放权"过多、过快。否则,如果听任在华外商"就投资产生的任何争议"有权单方随意决定诉之国际仲裁,确实不符合中国的现实国情。因此,今后中国与经济发达的强国修订原 BITs 或缔结新 BITs 时,亟宜采取"亡羊补牢"措施,即明确宣布并坚持"下不为例"。

文章发表后,引起了学界的强烈兴趣,肯定、认同者固多,也不无若干质疑或异议。其中最主要的问题有二:第一,中国现在正在贯彻"走出去"战略,在 BIT 中按当前通行的国际惯例行事,应当是势在必行。在境内涉外投资争端的管辖权上全面"放权",允许外商自由向国际仲裁庭投诉,也是难以全然避免的。何况,迄今为止,中国基本上按美国模式(德式)争端解决条款签订的 BIT 已经多达 28 个;第二,《一论》中提到"亡羊补牢,下不为例"之说,似不符合于当代盛行的 MFN 待遇原则。中国既已在 2003 年中—德 BIT 中同意采用美国式的争端解决条款,则难以在今后与任何其他发达国家(包括经济发达的其他强国)签订和修订 BIT 时,拒绝对方援引 MFN 条款要求在新 BIT 中援例办理。

针对上述两点质疑,本文拟就新近探讨心得,再次陈述管见,姑称之为《再论》,以就教于同行专家和读者,并期待能引起更热烈的探讨和争鸣,共同提高认识。

为便于读者了解笔者思维之连续性,本节《再论》先简单复述《一论》中的主要观点及主要论据。

二、中国型 BITs 中争端解决条款与 ICSID 公约相关条款"接轨"的简要回顾

中国实行对外开放基本国策以来,迄今为止,已经与 120 多个国家缔结了"双边投资协定"(BITs)。目前还正在进一步与一些国家谈判缔结新的 BITs 或修订原有的 BITs。这些 BITs 的主要内容,一般包括投资保护范围、投资待遇、征收与补偿、货币汇兑、业绩要求、税收规则、争端解决等主要条款。本文集中探讨的,就是美国型 BITs 中关键性的争端解决条款问题,特别是中国与外国缔结的 120 多部 BITs(简称"中国型 BITs")中的争端解决条款及其发展问题。

中—外 BITs 中的争端解决条款,与中国参加缔结的《解决国家与他国国

民间投资争端公约》(ICSID 公约)①,互相紧密衔接。

当初,中国在参加 ICSID 公约以及与外国缔结 BITs 的过程中,一直抱着十分谨慎的态度,十分注意把国际公约认可和授予的各种主权权利——各种"安全阀"保留在自己手中。具体说来:

第一,自 1840 年"鸦片战争"失败以来,在不平等条约的镣铐下,中国人民饱尝了丧权辱国的种种苦楚,其中包括对本国境内的涉外争端竟然无权管辖而被迫接受外国列强的领事裁判权,对此,中国人民是深恶痛绝的。新中国建立后,中国彻底废除了列强强加的不平等条约及其相关的领事裁判权。但是,基于 100 多年来的沉痛历史教训,即使在 1978 年实行对外开放国策后的一段时期内,中国对于事关国家司法主权的涉外争端管辖权部分地向外"让渡"的问题,仍然不能不秉持十分严肃认真和慎之又慎的态度。经过多年的调查研究、政策咨询和审慎考虑②,中国直到 1990 年 2 月 9 日才签署了 ICSID 公约,接受了 ICSID 仲裁体制。事后,又经过大约三年的权衡利弊和审慎考虑,中国立法机构才正式批准了 ICSID 公约,该公约自 1993 年 2 月 6 日起对中国生效。此时,距 1978 年中国开始实行对外开放政策,已约 15 年。不言而喻,中国决策者如此之慎而又慎,绝非"思想保守",而是痛定思痛,居安思危。

第二,综观 20 世纪 80—90 年代中国与外国签订的 BITs 中有关争端条款的规定,对于允许外国投资者将其与东道国政府(含中国政府)之间的投资争端提交 ICSID 仲裁的范围和程序,均有较严格的限制。其要点是:(1)东道国政府与对方国家投资者之间有关投资的争议,如在一方书面提出要求解决之日起六个月内不能由争议双方通过友好协商解决,应按投资者的选择提交东道国有管辖权的法院,或者 ICSID 公约下设的"解决投资争端国际中心"仲裁。(2)为此目的,缔约任何一方对有关征收补偿款额的争议提交该仲裁程序均给予不可撤销的同意。其它争议提交该仲裁程序,应征得当事双方同意。(3)仲裁庭应根据东道国的国内法、本协定的规定、为该投资签订的特别协议的规定以及国际法的原则,作出裁决。(4)仲裁裁决是终局的,并对争议双方均有拘束力③。

---

① Convention on the Settlement of Investment Disputes between States and Nationals of Other States,简称 1965 年《华盛顿公约》。根据本公约建立了"解决投资争端国际中心"(ICSID)。
② 参见陈安主编:《国际投资争端仲裁——"解决投资争端国际中心"机制研究》,复旦大学出版社 2001 年版,第 1—72 页。
③ 参见 1995 年中国—摩洛哥 BIT 第 10 条,载于中国对外贸易经济合作部编:《国际投资条约汇编》,警官教育出版社 1998 年版,第 995 页。此前和此后,在中国与其他许多外国相继分别签订的 BITs 中也有类似的争端解决条款规定,参阅该书第 894、906、931、956、968、1015、1027、1041、1053、1067、1079、1094、1106、1118、1130 和 1142 页。

从上述中国型 BITs 的争端解决条款中可以看出：东道国保留了"当地救济优先"权、"逐案审批同意"权、"东道国法律适用"权。就中方而言，这显然是中国行使国家主权和保证国家安全的具体表现。即：一方面对发生于中国境内的涉外争端的管辖权，进行一定的"自我限制"，并向 ICSID 这一国际仲裁机构实行必要的、有限的"让渡"；另一方面，实行这种让渡的范围和程序，是在中国独立自主和严格限制的基础上，与有关外国达成了双边协定。中国型 BITs 中这些争端解决条款的规定，与 ICSID 公约第 25 条第 1 款和第 4 款、第 26 条、第 42 条第 1 款的相关规定，是互相"接轨"和基本一致的①。

早在中国正式参加 ICSID 公约之前，中国就已在 1982 年 3 月—1993 年 1 月期间与瑞典等 47 个国家分别缔结了 BIT。鉴于中国当时还不是《ICSID 公约》参加国，故缔约双方分别对各该 BIT 日后与《ICSID 公约》的接轨问题，表明了待机进行后续谈判的共同意向②。1993 年 2 月中国正式成为《ICSID 公约》缔约国之后，为了适应更多外资流入中国以及中国开始注重向外投资的新形势，中国不但有必要与上述各有关外国，共同磋商适当修订原有的 BITs，也有必要进一步与尚未签订 BIT 的相关外国进一步磋商缔结新协定。

在与相关外国磋商修订 BITs 或缔结新 BITs 进程中，有些经济实力强大的发达国家，向中国提供了美国型的 BITs 或其变种作为谈判的范本，并要求在此基础上开展磋商。

三、中国在 BITs 谈判中不宜贸然接受美国型的争端解决条款或其"变种"

上述美国型 BITs 中的争端解决条款，充分体现了当代发达国家资本输出国的权益。对于吸收外资的发展中国家说来，特别是对于吸收巨额跨国公司外资的中国说来，其要害在于这些条款要求把《ICSID 公约》等授予发展中东道国的四种重大权利，即"逐案审批同意"权、"当地救济优先"权、"东道国法律适用"权以及"国家重大安全例外"权，全盘放弃或严重削弱，从而拆除了吸收外资的发展中国家用以避免重大风险的四大"安全阀"。这种条款，背离了有关国际公约对弱者实行自我保护的授权，漠视了联合国权威机构的反复告诫，不符合中

---

① 陈安主编，p. 1111 注②引文，附录 ICSID 公约，第 56、574—575 和 579 页。
② 中国对外贸易经济合作部编：p. 1111 注③引书，第 189、208、224、237、249、291、307、325、347、368、385、405、428、445、467、485、564、642、677、705、720、728—729 和 744 页等。

国的现实国情,无视于国际实践的沉痛教训,也无视于各类东道国当前的最新立法动向。因此,中国在有关 BIT 的缔约或修约谈判中,不宜不辨明双方实力对比,无差别地、全盘地贸然接受美国型上述争端条款或其变种,以免造成重大被动,甚至贻害无穷。

兹试逐一缕析如下:

(一) 此类条款背离了国际公约对东道国的授权

这里指的是《ICSID 公约》和《维也纳条约法公约》授予缔约东道国的以下几种权利:

1. "逐案审批同意"权

根据《ICSID 公约》第 25 条第 1 款的规定,ICSID 管辖权适用于缔约国和另一缔约国国民之间直接因投资而产生的任何法律争端,而该项争端须经双方书面同意提交给 ICSID,ICSID 仲裁庭才有权受理处断。此项规定实质上授予了东道国"逐案审批同意"权。然而,美国 2004 年 BIT 范本第 25 条以及加拿大 2004 年 BIT 范本第 28 条都规定东道国在条约(即 BIT)中作出同意后,外国投资者即可直接把争端提交国际仲裁庭,而无需东道国另行逐案表示同意。这就剥夺了或阉割了东道国对每一案件的"逐案审批同意"权。

2. "当地救济优先"权

《ICSID 公约》第 26 条规定:"除非另有规定,双方同意根据本公约交付仲裁,应视为同意排除任何其他补救办法而交付上述仲裁。缔约国可以要求用尽当地各种行政或司法补救办法,作为其同意根据本公约交付仲裁的一个条件。"换言之,在把有关争端提交国际仲裁庭之前,东道国有权要求优先用尽当地各种行政或司法补救办法。但是,在美国与加拿大的 2004 年 BIT 范本中,却规定东道国在条约中表示的同意视为无条件地同意投资者可以把有关争端直接提交国际救济,而无需受当地救济的约束,也就完全剥夺了东道国要求优先适用当地救济的权利,即废除了东道国在一定时期内优先实行<u>本国管辖</u>的权利。

3. "东道国法律适用"权

《ICSID 公约》第 42 条第 1 款规定:"仲裁庭应依据当事双方协议的法律规范处断争端。如无此种协议,仲裁庭应适用作为争端当事国的缔约国的法律(包括它的法律冲突规范)以及可以适用的国际法规范。"可见,该公约规定应该先根据当事双方合意选择的法律规范来裁决争端,如当事双方未作共同选择,则把东道国的国内法律以及可适用的国际法并列作为裁决依据。该公约并没有把东道国法律排除在外,即使在当事双方没有合意的情况下,仍然承认东道国法乃是应当适用的准据法之一。

但是,美国2004年范本第30条第1款规定,当申诉方主张被诉方违反了本条约第3条到第10条项下义务①时,仲裁庭应该适用本条约以及可适用的国际法规则来解决争端。换言之,此项有关准据法适用的条款背离了《ICSID公约》的上述规定,剥夺了或排除了东道国法律的适用。

4. "国家重大安全例外"权

在发生重大金融风险或经济危机时,东道国为保障本国安全所采取的紧急措施常常被外国投资者指责为构成"间接征收",并诉之于国际仲裁庭,这在阿根廷2002年发生金融危机时外国投资者向国际仲裁庭提出的投诉和指控中,表现得非常突出(详见下文)。有鉴于这种触目惊心的国际教训,加拿大2004年BIT范本第13条确立高标准征收补偿规则的同时,又单独通过附录B.13(1)专门规定了许多例外,以防止投资者滥用"间接征收"规定,从而损害东道国的主权。其中两段文字尤其值得注意:"虽然缔约方的某种措施或者一系列措施对某项投资的经济价值具有负面效果,但仅仅这一事实本身还不足以推断已经发生间接征收","缔约方旨在保护合法公共利益目标,如健康、安全以及环境,有权制定并采取非歧视措施,这些非歧视措施不构成间接征收"②。

美国2004年BIT范本附录B中对"间接征收"也作了与加拿大相似的规定。此外,美国还另在该范本第18条("重大安全")中规定,"本条约不得解释为要求缔约国披露<u>它认为</u>将违反重大安全利益的信息,不得解释为阻碍缔约国采取<u>它认为必要</u>的措施,以便它履行有关维持或者恢复国际和平、安全或保护本国重大安全利益方面的义务"③。换言之,采取的有关措施是否属于"重大安全"例外,只要缔约国<u>主观上</u>"<u>认为必要</u>"即可,并没有规定其他任何客观条件。

---

① 这8条义务分别指"国民待遇"、"最惠国待遇"、"最低待遇标准"、"征收与补偿"、"资金移转"、"业绩要求"、"高级管理层与董事会"以及"涉及投资的法律与决定之公布周知"。

② 该两段文字的原文为"[T]he economic impact of the measure or series of measures, although the sole fact that a measure or series of measures of a Party has an adverse effect on the economic value of an investment does not establish that an indirect expropriation has occurred";

"[N]on-discriminatory measures of a Party that are designed and applied to protect legitimate public welfare objectives, such as health, safety and the environment, do not constitute indirect expropriation", available at http://ita.law.uvic.ca/investmenttreaties.htm, 01-01-2006.

③ 该第18条"Essential Security"原文为"Nothing in this Treaty shall be construed: 1. to require a Party to furnish or allow access to any information the disclosure of which it determines to be contrary to its essential security interests; or 2. to preclude a Party from applying measures that *it considers necessary* for the fulfillment of its obligations with respect to the maintenance or restoration of international peace or security, or the protection of its own essential security interests", available at http://ita.law.uvic.ca/investmenttreaties.htm, March 1, 2007.

可见,美国对保留其本国的"重大安全例外"权是极其重视的,是可以自行解释和单方认定的。

同样,属于发展中国家的印度也对"重大安全利益"规定了例外。其2003年BIT范本第12条第2款规定,本协定内容不得排除东道国为保护其重大安全利益或者在特别紧急的情况下根据其法律在非歧视基础上正常、合理地采取行动①。1995年印度—英国BIT第11条就和印度2003年BIT范本第12条的规定相同,其第2款规定了投资保护条约不得排除东道国为保护其重大安全利益或者在特别紧急的情况下采取行动的权利②。

由此可见,不论是发达国家加拿大,甚至是"超级大国"美国,还是与中国相似的发展中国家印度,都极其重视把涉及"重大安全利益"、"特别紧急"的事项排除于国际仲裁庭的管辖范围之外。

此外,两个维也纳公约也都规定当事国可以"情势变更"为由终止条约。根据1969年《维也纳条约法公约》第62条第1款的规定,如果签订条约时存在之情况发生当事国预料之外的根本改变(fundamental change),而且这种情况构成当事国同意承受条约约束之必要根据,这种改变还会根本变动依条约尚待履行义务之范围,那么,可以援引这种情况作为终止或者退出条约之理由③。1986年《关于国家和国际组织间或国际组织相互间条约法的维也纳公约》第62条第1款也作了相同的规定④。不言而喻,作为发展中国家的中国也应该有权在BIT中规定"重大安全利益"例外。

但是,就笔者所知,我国对外签订BIT时却没有把涉及"重大安全利益"的事项明确排除在国际仲裁庭管辖之外。尤其是在与德国、荷兰等发达国家签订的BIT中,在全面同意ICSID仲裁庭管辖权这一前提条件下,仍然没有明确规定"重大安全利益"例外。另外,美国、加拿大现行BIT示范文本还规定了一系列重要例外事项,例如"MFN待遇"、"利益的拒绝"和"新投资企业的建立、并

---

① 该第12条原文为"(1) Except as otherwise provided in this Agreement, all investment shall be governed by the laws in force in the territory of the Contracting Party in which such investments are made. (2) Notwithstanding paragraph (1) of this Article nothing in this Agreement precludes the host Contracting Party from taking action for the protection of its essential security interests or in circumstances of extreme emergency in accordance with its laws normally and reasonably applied on a non discriminatory basis", at http://ita.law.uvic.ca/investmenttreaties.htm, March 1, 2007.

② http://www.unctad.org/sections/dite/iia/docs/bits/uk_india.pdf, March 1, 2007.

③ Vienna Convention on the Law of Treaties, 1969, at http://www.un.org/law/ilc/texts/treatfra.htm, March 1, 2007.

④ Vienna Convention on the Law of Treaties between States and International Organizations or between International Organizations, 1986, at http://www.un.org/law/ilc/texts/trbtstat.htm, March 1, 2007.

购"等等例外事项,而我国对外签订的 BIT 却基本上没有涉及[1]。在没有附加"重大安全例外"的前提下全盘接受 ICSID 仲裁庭的管辖权,颇似"门户洞开"却"毫不设防"! 如不及时警醒和采取必要的刹车措施,设若中国在国际资本或国际投机"巨鳄"的冲击下,发生了难以完全预见或难以完全避免的重大危险或危机,则可能后患无穷! 这样的忧患意识,是任何时候都不应削弱的!

(二) 此类条款漠视了联合国权威机构的反复告诫

2003—2006 年,联合国贸易与发展会议(UNCTAD)、世界银行等联合国权威机构相继发表了多份有关国际投资的全球性综合研究报告。这些研究报告先后"异口同声"地强调,ICSID 仲裁之类的投资争端仲裁安排,无法实现有关国家在签订 BIT 时对于吸引外资的预期,易言之,此类安排对于吸引外资虽略有作用但作用不大。与此同时,这些研究报告多次提醒和反复告诫处在弱势地位的发展中国家在对外缔约时,务必注意 BIT 的"双刃剑"作用,切勿放权过多、过快,应当力求趋利避害,尽量留有余地。兹列举如下:

1. 在《2003 年全球经济展望》中,世界银行根据客观事实指出:"即使 BIT 中相对强有力的保护措施,看来也没有增加向签署协定的发展中国家的投资流动"[2]。世界银行《2005 年世界发展报告》进一步明确强调不要过分夸大 BIT 对投资流动的影响:"东道国与投资者母国之间已经签订的 BIT,有时是投资保险机构向投资者发放政治风险保单的前提条件。但尽管如此,迄今的实证研究尚未发现,在缔结 BIT 与其后的投资流入间存在密切联系"[3]。

2. 作为最密切关注全球发展中国家发展问题的权威专设机构,UNCTAD 在其多份研究报告中更是再三提醒众多发展中国家:务必清醒地认识 BITs 的"双刃剑"作用:

UNCTAD 的《2003 年世界投资报告》指出:"在今后的国际投资协定中,发展中国家面临的最大的挑战是……<u>如何确保东道国家有权基于公共利益考虑(对外国直接投资)实行管制。这意味着发展中国家必须保留足够的政策空间</u>,使政府能够在其签署的国际投资协定所确立的权利与义务框架内,灵活地运用这些政策。这显然有难度,因为保留过多的政策空间会削弱国际义务的价值,

---

[1] 有关这些例外事项的讨论,参见王海浪:《"落后"还是"超前"?——论中国对 ICSID 管辖权的同意》,载于《国际经济法学刊》第 13 卷第 1 期。
[2] 世界银行:《2003 年全球经济展望》,at http://www.worldbank.org/prospects/gep2003/summarycantonese.doc, 2004 年 3 月 24 日。
[3] 参见 World Bank, *World Development Report 2005-A Better Investment Climate for Everyone*, World Bank and Oxford University Press, 2004, p. 177.

而过于苛刻的国际义务则会过度挤压东道国国家的政策空间。在这方面面临的挑战是应当在国际投资协定的目标、结构、落实方式和内容上,保持有利于发展的平衡"①。

3. 2004 年,UNCTAD 第 11 次大会通过的决议即《圣保罗共识》中,再次强调发展中国家在对外缔结 BITs 时必须为本国保留足够的政策空间。它言之谆谆:"接受各种国际规则和承担国际义务从而获得利益,势必因此受到各种限制和丧失政策空间,各国政府在这两者之间实行交换之际,都应衡量利弊得失。对于一切发展中国家说来,特别重要的是,务必牢记发展的宗旨和目标,仔细考虑在保留本国政策空间与接受国际规则和承担国际义务之间,需要保持恰如其分的平衡"②。

4. 时隔两年之后,UNCTAD 的《2006 年世界投资报告》提到:截至 2005 年底,BIT 总数已增至 2 495 项;国际投资协议的格局日益复杂化,晚近的国际投资协议往往涉及范围更广的各类问题。针对现实情况,该报告再次强调指出:BITs"这种量和质的变化,或许有助于为外国直接投资形成更具扶持性的国际框架,但也意味着政府和公司需要面对迅速演变的、多层次多方面的规则体系。如何保持这个框架的一致性,并作为有效的工具用于推进各国(东道国)的发展目标,这仍然是关键的挑战(remain key challenges)"③。

5. 在这同时,一份由 UNCTAD 组织国际知名专家撰写的题为《在国际投资条约中留权在手:善用保留权》的研究报告,针对 BITs 的"双刃剑"作用,表达了更加直截了当、也更加语重心长地告诫:

"各种国际协定的真实本质(very nature),都是要限制有关国家自己的政策选择。就国际投资条约而言,其中所设定的各种义务就限制了各国决策者在设计本国投资政策时原本可以自由选择的范围。……虽然国际投资条约可以改善东道国的投资环境,但这些条约不应过分地限制东道国

---

① UNCTAD, *World Investment Report 2003—FDI Policies for Development: National and International Perspectives (Overview)*, 2003, pp. 18 - 19, UNCTAD/WIR/2003 (Overview).

② See *The São Paulo Consensus*, para. 8, adopted at the UNCTAD XI Conference, at http://www.unctad.org/en/docs//td410_en.pdf; also see *Preserving Flexibility in IIAs: The Use of Reservations*, p. 15, note 2, UNCTAD Series on International Investment Policies for Development, New York and Geneva, 2006, at http://www.unctad.org/templates/webflyer.asp?docid=7145&intItemID=2310&lang=1&mode=downloads, March 1, 2007.

③ See UNCTAD, *World Investment Report 2006—FDI from Developing and Transition Economies: Implications for Development (Overview)*, 2006, pp. 9 - 11, UNCTAD/WIR/2006 (Overview).

<u>决策者为追求本国发展或其他政策目标所享有的灵活性"</u>①。

6. 2007年2月,UNCTAD又推出一份长篇的专题研究报告,专门针对1995—2006年这十一年间缔结的全球各类双边投资条约进行综合剖析,探讨其中厘定投资规则的<u>最新走向</u>。它指出,近期以来:

"有关直接投资是否可能发生负面作用的争论正在进行之中,在此种背景下,愈来愈多的国家在其缔结的BITs中强调:实行既定的投资保护不得以牺牲东道国其他合法的公共利益关切(legitimate public concerns)作为代价。为此,多数国家采取在条约中设定各种例外的做法,借以维护东道国制订各种条例的权利,这些条例甚至可以与BIT中规定的义务前后矛盾,并不一致。除了多年来在BITs中通常设定的'传统的'例外领域(诸如税收、地区经济一体化等)之外,如今有更多的国际协定又将保证东道国的重大安全与公共秩序、保护国民健康与安全、保护自然资源、保护文化多样性以及东道国在金融服务方面采取慎重措施等等,也全部地或部分列为BIT义务的豁免范围。这些例外豁免规定表明了缔约国各方在决策考虑方面的价值观念和衡量标准,并且把对投资的保护从属于缔约国各方所追求的其他各种关键性的政策目标"。"除了在投资协定中设置各种一般性的例外之外,还有一些BITs在协定的序言中或具体条款中运用正面表述的语言,强化了缔约国各方对维护某些重要价值观念的承诺,主要涉及保证国民健康、维护国家安全、保护环境生态以及国际公认的劳动者权利等。这种正面表述的法律效力,尽管不同于一般的例外规定,但它也发出了同样的政治信号,表明缔约国各方不愿使对投资的保护凌驾于本国其他重大的公共政策目标之上"②。

综上各点,人们不免会问:什么叫"发展中国家必须保留足够的政策空间"?UNCTAD为何一再提醒和告诫发展中国家要谨慎应对BITs提出的"最大的挑战"、"关键的挑战"?显而易见,这主要就是指东道国在签订BITs时需要保留本国可以调整政策、加强管理本国国民经济的自主权力,并在必要时有权基于公共利益考虑对本国境内外国直接投资实行管制。换言之,其要害问题,就是在BITs中务必恰如其分地"留权在手",不能毫无条件、毫无保留地全盘同意国际仲裁庭的管辖权!相反,应该保留应有的例外,保留基于公共利益

---

① UNCTAD, *Preserving Flexibility in IIAs: The Use of Reservations*, supra note 24, p. 6.
② UNCTAD, *Bilateral Investment Treaties 1995–2006: Trends in Rulemaking*, United Nations, New York and Geneva, 2007, p. 142.

"灵活运用"管制措施的权力,并以明确的文字载入相关的 BIT 之中,做到"有言在先",以免事后被指责为"违反国际投资协定"。

UNCTAD 上述多项报告书中之所以反复多次郑重提出这种忠告,显然不是"无的放矢"。不妨说,它是针对某些发展中国家为急于吸收外资而过度"放权",过度放弃对本国经济必要的宏观控制和管理,不"保留足够的政策空间",因而尝到苦果的事实的"有感而发"!关于这一点,下文将作进一步分析。

(三) 此类条款不符合中国的现实国情

关于这个问题可以从以下四个方面加以评析:

1. 现阶段中国吸收外资与对外投资的比例:资本总输入超过资本总输出 20 倍及其可能带来的风险

BIT 所提供的保护标准越高(包含外商可单方决定把东道国境内的任何涉外投资争端提交国际仲裁),缔约东道国承担的国际义务也就越重、越大、越多。高标准的投资保护十分有利于对外投资庞大的经济强国,而对海外投资少而吸收外资很多的国家则弊大于利。如果某国主要是作为资本输入国(即缔约东道国)而存在,则其在利用大量外资的同时也面临被诉之于国际仲裁庭的巨大风险。所以,科学地判断中国吸收外资与对外投资的真实比例,显然大大有助于科学地评估中国在缔结高保护标准的 BIT 中所面临风险与所可获利益的比例,进而对缔结高保护标准的 BIT 采取正确的态度。

兹试以中国商务部外资管理司最近两年来的统计数字为据,作出以下分析:

(1) 截至 2004 年底,中国大陆累计对境外直接投资净额为 448 亿美元①,累计实际使用外资金额 5 621.01 亿美元②。两者相比较,中国大陆累计对境外投资额只相当于累计引进外资额的7.9%。

(2) 但是,在上述中国大陆累计对境外直接投资净额的 448 亿美元中,对中国香港地区累计投资额为 303.93 亿美元,对中国澳门地区累计投资额为 6.25 亿美元③,两者合计为 310.18 亿美元,占中国大陆对境外累计投资额的 69.2%。众所周知,基于中国实行"一国两制"的特殊国情,中国大陆对本国香

---

① 《2004 年度中国对外直接投资统计公报(非金融部分)》,at http://www.chinapressusa.com/luntan/200510270180.htm, March 1, 2007。
② 《2004 年中国吸收外商直接投资情况综述》, at http://www.fdi.gov.cn/pub/FDI/wztj/lntjsj/wstzsj/2004yearzgwztj/t20060423_27905.htm, March 1, 2007。
③ 《2004 年度中国对外直接投资统计公报(非金融部分)》,at http://hzs.mofcom.gov.cn/table/20040909.pdf, March 1, 2007。

港和澳门地区的这部分投资，实质上并非对外国的投资①，基本上不存在中国大陆向外国投资所可能遇到的政治风险，一般也不存在大陆投资者以香港政府或澳门政府为"被告"诉请 ICSID 实行国际仲裁的法律根据，即不存在通过《ICSID 公约》来保护在港澳地区的大陆投资的问题。故在核算累计中国大陆对外国投资总额时，似应实事求是地从上述境外直接投资净额的 448 亿美元中扣除对港、澳地区的投资。在扣除这两项境外(对港、对澳)投资之后，中国大陆累计真正对外国的投资的总额，实际上仅仅为 137.82 亿美元。换言之，截至 2004 年底，中国大陆累计真正对外国的投资总额(137.82 亿美元)，大约只相当于全国累计实际使用外资总金额(5 621.01 亿美元)的2.45%②。

(3) 根据新的统计数字，截至 2006 年底，中国大陆累计实际使用外资金额 7 039.74 亿美元③。与此同时，截至 2006 年底，中国大陆累计非金融类对外直接投资 750.26 亿美元④。照此计算，中国大陆对境外累计投资也只相当于同期引进外资累计总额的 10.66%。

(4) 但是，在上述中国大陆对境外累计直接投资净额的 750.26 亿美元中，对中国香港地区累计投资额约为 422.7 亿美元，对中国澳门地区累计投资额约为 6.1 亿美元⑤，两者合计为 428.8 亿美元，约占中国大陆对境外累计投资额的 57.1%。如前所述，中国大陆对本国港、澳地区的这部分投资，实质上并非对外国的投资；基本上不存在中国大陆向外国投资所可能遇到的政治风险。在扣除这两项境外(对港、对澳)投资之后，迄 2006 年底，中国大陆累计真正对外国的投资的总额，实际上仅仅为 321.50 亿美元。换言之，截至 2006 年底，中国大陆累计真正对外国的投资总额(321.50 亿美元)，大约只相当于全国累计实际使用外资总额(7 039.74 亿美元)的4.57%以下，还不到 5%。显而易见，中国近年来努力推行"走出去"方针，虽已取得较大成绩，但从数量上和质量上看，其整体"战略态势"，仍然还处在"起步阶段"⑥。这样评估，是比较客观和切合

---

① 当然，中国大陆对本国台湾地区的投资，实质上也并非对外国的投资，但鉴于目前中国大陆对台湾地区的投资受到台湾当局无理排斥，数字极小，为分析方便，暂不计入，下同。

② 为贯彻"一国两制"政策和促进香港地区的繁荣和稳定，中国政府把中国港、澳地区对中国大陆的投资(其中实际上含有"回流"的原大陆对港投资)一律视为"外资"加以保护，这些投资可以享受与外国投资的同等待遇。所以，在全面估算中国从高标准的 BIT 投资保护中"获利大"还是"风险大"的时候，就应把"受国际仲裁保护的对外投资总额"以及"受国际仲裁保护的引进外资总额"这两个数据加以比较。不从后者中扣除来自港、澳地区的投资。

③ 引自中国商务部发布：《中国外资统计 2007》，2007 年版，第 19 页。

④⑤ 引自中国商务部发布：《2006 年度中国对外直接投资统计公报》，2007 年版，第 21 页，表 8。

⑥ 参见《商务部部长助理陈健谈实施"走出去"战略》，2007 年 7 月 11 日，载于中国政府网站，http://www.gov.cn/zxft/ft32/wz.htm。

实际的。

从以上 4 组数据对比中,不难看出:迄 2006 年底,虽然中国"走出去"对境外投资越来越多,但与中国吸收外资的相关总额对比,前者只相当于后者的 10.66%(似可称之为"毛数"),特别是其中中国大陆累计真正对外国的投资总额,只大体相当于全国累计实际使用外资金总额的 2.45%—4.57%(似可称之为"实数")。这些数据强有力地说明,我国目前仍然主要还是作为资本输入国参加国际投资活动。相应的,我国在与外国签订 BIT 时,除了注重如何保护我国企业对外国的投资之外,显然更应该着重注意过于"对外放权"的 BIT 对国家管理公共利益权力的严重侵蚀,对保证国家安全能力的重大削弱。

可见,如果不牢牢立足于中国现阶段的具体国情和国力,脱离了现实,对外缔结放权程度过大、速度过快以及对外资保护标准过高的 BIT,则权衡利弊得失,显然弊大于利,得不偿失。即以上述第(2)和(4)两组数据为例,在现阶段以及可预见的近期以内,用只相当于 2.45%—4.57% 的中国在外国投资的可保护利益(潜在债权或潜在权益),换回来相当于 100%的中国随时可能面临被国际资本投诉于国际仲裁的风险(潜在债务或潜在风险),有如在市场采购中,为了取得只值三、五百元的标的物而支付多达一万元的价款,这无疑是一笔大大的"亏本生意",任何头脑冷静清醒的市场买方,显然都不会贸然接受这样的交易。

换言之,要普遍地、统一地对外缔结高保护标准的 BIT,显宜从整体上慎重考虑现阶段中国吸收外资与对外投资的比例,认真权衡其中是否真正体现了"等价交换"的交易原则,是否以形式上的"平等互惠"掩盖了事实上的不平等、非互惠。如果已经发现其中存在事实上的不等价和事实上的不平等,那就不应该立即或在可预见的近期内,以普遍地、统一地对外缔结高保护标准的 BIT 作为对外缔约或修约的基本取向。相反,如非绝对必要,就不妨静观形势发展,逐步地、稳妥地"与时俱进",在现阶段对发展中国家与发达国家这两类对方缔约国,区别对待,只与发展中国家缔结高保护标准的 BIT。等日后我国对外国的投资额大体相当于所吸收的外资额时,再普遍地、统一地改动现有的较低(但较符合中国现实国情)的保护标准,也不为迟。关于此点,下文将进一步加以分析。

2. 二十多年来中国吸引大量外资与中外 BITs 之间的实证关系:对 BIT 的引资作用不宜估价过高

关于这个问题,可以从以下两个不同的角度加以考察:

(1) 从对华投资最多的国家或地区这一角度看:

自 1978 年底至 2006 年底,对中国大陆投资最多的前十位国家/地区,其分别实际投入的 FDI 累计金额及其在全球对华 FDI 累计总额 (7 039.74 亿美元) 中所占百分比,依次分别为[①]:

1) 中国香港(2 797.55 亿美元,占对华 FDI 累计总额的 39.74%);
2) 日本(579.73 亿美元,占对华 FDI 累计总额的 8.23%);
3) 英属维尔京群岛(571.64 亿美元,占对华 FDI 累计总额的 8.12%);
4) 美国(539.55 亿美元,占对华 FDI 累计总额的 7.66%);
5) 中国台湾省(438.93 亿美元,占对华 FDI 累计总额的 6.23%);
6) 韩国 (349.99 亿美元,占对华 FDI 累计总额的 4.97%);
7) 新加坡(300.04 亿美元,占对华 FDI 累计总额的 4.26%);
8) 英国(139.22 亿美元,占对华 FDI 累计总额的 1.97%);
9) 德国(134.18 亿美元,占对华 FDI 累计总额的 1.90%);
10) 英属开曼群岛(107.54 亿美元,占对华 FDI 累计总额的 1.57%)。

在这十个国家/地区中,如果不计属于中国本国的香港、澳门和台湾地区,只有英国、日本、韩国、新加坡以及德国这五个国家分别和中国签订了 BIT。其中,1986 年中国—英国 BIT 只规定有关征收补偿额的特定争端应由国际仲裁,但没有提及 ICSID 仲裁庭[②]。1988 年中国—日本 BIT[③] 及 1992 年中国—韩国 BIT[④]都只规定,ICSID 仲裁庭只对征收补偿额的特定争端具有管辖权;对其他争端是否具有管辖权必须由争端双方另行签订协议。1985 年中国—新加坡 BIT 只规定了就征收补偿额的特定争端提交国际仲裁的意向[⑤]。虽然中国—德国新 BIT 中文本第 9 条规定,缔约一方与缔约另一方投资者间就投资发生的任何争议都"可以"提交 ICSID 仲裁庭仲裁,英文本却规定"应当"(shall)提交 ICSID 仲裁庭仲裁,而两种文本都规定英文本效力高于中文本。可见,2003 年中国—德国新 BIT 已经概括地全面地同意了 ICSID 仲裁庭的管辖权[⑥]。

---

① 参见中国商务部发布:《中国外资统计 2007》,2007 年版,第 19 页。
② 参见 1986 年 5 月中国—英国 BIT 第 7 条。该 BIT 第 10 条规定:"在本协定签字之时或其后任何时候,缔约双方可互换照会同意将本协定的规定延伸适用于由联合王国政府负责国际关系的领土。"据笔者查索,迄今尚未发现有此项照会明确规定中国—英国 BIT 是否延伸适用于英属维尔京群岛和英属开曼群岛。
③ 参见 1988 年中国—日本 BIT 第 11 条。
④ 参见 1992 年中国—韩国 BIT 第 9 条。
⑤ 1985 年中国—新加坡 BIT 第 13 条第 1 款规定,争端当事双方应该协商解决争端;第 2 款规定,6 个月内无法协商解决的,应该提交东道国内有管辖权的法院。第 3 款规定,如果争端涉及征收、国有化或其他具有同样效果的措施的补偿额,且无法在 6 个月内协商解决的,可以提交当事双方建立的国际仲裁庭。
⑥ p.1108 注①,2003 年中国—德国新 BIT 第 9 条。

如果进一步结合 1978 年底至 2006 年底上述前十位国家/地区分别对华实际投资累计金额及其在对华 FDI 累计总额中所占百分比,加以分析,则值得特别注意的是:

第一,以上十个对华累计实际投资最多的国家/地区中,中国分别和英国、日本、韩国、新加坡签订的 BIT,均只就征收补偿额争端同意提交"国际仲裁"或 ICSID 仲裁庭管辖。只有中国与德国修改签订的新 BIT 概括地全面地同意任何涉外投资争端均可提交 ICSID 仲裁庭管辖。

第二,德国以外的其他九个国家/地区对华实际投入 FDI 合计约为 5 958.37 亿美元,约占对华 FDI 累计总额 7 039.74 亿美元的 84.63%;相形之下,在对华 FDI 累计总额 7 039.74 亿美元外资中,来自德国的只有 134.18 亿美元,即只占对华 FDI 累计总额的 1.90%。换言之,表面上看,充其量也只有这 1.90% 的外资有可能在某种程度上或许是与中—德 BIT 新订全面同意 ICSID 管辖权有关,但仍然没有任何证据可以断言如果不存在中—德 BIT 中新订这种全面同意 ICSID 仲裁庭管辖权,这 134.18 亿美元即只占对华 FDI 累计总额的 1.90% 的德国资本,就不会进入中国。而且,与德国签订全面同意 ICSID 仲裁庭管辖权的 BIT 已三年有余,新近的统计数字表明:**此举并未使德国对华投资的总额和排名明显上升,故对其实际积极影响显然不宜估计过高**①。

第三,由于美国一直"要价"过高,中国与美国之间迄今并未缔结任何 BIT,更不必说是高保护标准的 BIT。但是,迄 2006 年底止,20 多年来,稳居累计对华投资数额"榜首"("状元")或"榜眼"(第二名)的,竟然正是美国,而不是其他任何国家②。这就有力地证明:对华投资的多寡,主要并不取决于投资者的母国是否与中国缔结了任何标准的 BIT。此外,还应该看到:

第四,1988 年中国—日本 BIT③ 及 1992 年中国—韩国 BIT④ 都只同意 ICSID 仲裁庭**仅限于**对征收补偿额争端有管辖权,但是迄 2005 年底为止,韩国与日本分别稳居累计对华投资第二位和第三位;其中日本在 2006 年底甚至进一步跃居第一位,取代了美国原先的"榜首"地位⑤。这也有力地证明:中日

---

① 参见本节第四部分所列一览表"迄今对中国大陆投资最多的 15 个国家/地区与中国大陆对其反向投资的比较"一览表中的"德国"栏目。

② 参见商务部外资司在 2005 年 10 月 19 日发表的统计数字,at http://www.fdi.gov.cn/common/info.jsp?id=ABC00000000000025847;并参见该司在 2006 年 9 月 6 日发表的统计数字,at http://www.fdi.gov.cn/common/info.jsp?id=ABC00000000000034316, September 6, 2006.

③ 同 p. 1122 注③。

④ 同 p. 1122 注④。

⑤ 同 p. 1122 注①,"日本"栏目。

BIT 和中韩 BIT 中现行的相对"低标准"的外资保护规定,丝毫未影响日资和韩资投入中国的积极性和热情。因此,在现阶段似乎没有必要"随大流"地任意大幅度提高 BIT 中的保护标准,包含外商有权单方决定把东道国境内的任何涉外投资争端径自提交国际仲裁。

(2) 从晚近中国对外投资的角度看：

《2004 年度中国(不包括中国的香港、澳门特区和台湾省)对外直接投资统计公报》(非金融部分)显示,当时中国境外企业即已分布在全球 149 个国家和地区,约占全球国家(地区)的 71%。中国境外企业在香港、美国、俄罗斯、日本、德国和澳大利亚的聚集程度最高,在这些国家和地区的中国境外企业占全部中国境外企业的 43%,其中香港为 17%[①]。不过,到 2004 年底中国只与 149 个东道国中的 17 个国家签订了全面接受 ICSID 仲裁管辖权的 BITs,这 17 个缔约另一方分别是：巴巴多斯、刚果(布)、博茨瓦纳、塞浦路斯、塞拉利昂、莫桑比克、肯尼亚、荷兰、缅甸、波黑、特立尼达和多巴哥、科特迪瓦、圭亚那、德国、贝宁、拉脱维亚和乌干达,其中又只有德、荷两国是发达国家。上述统计数据表明：中国对外投资企业在选择东道国时似乎也并没有把中国是否已与东道国签订规定全面同意 ICSID 管辖权的 BIT 作为首要的考虑因素。

3. 二十多年来大量外资流入中国的主要的、决定性的原因：不在于订有百余中外 BITs

众所周知,中国能够在引进外资上取得巨大成就,主要取决于以下原因：(1) 中国的劳动力成本低下。(2) 中国的外资优惠政策与广大的消费市场。随着中国加入 WTO,中国广阔的市场越来越开放。而且,在中国投资可以比中资企业享受更优惠的税收、行政程序、用地使用等等"超国民待遇",这意味着和中资企业竞争时,外资从一开始就占据了优势地位。(3) 中国政局稳定。这意味着政治风险大大减小,同时中国法律一再重申在正常情况下不对外资实现国有化和征收的明确规定,以及多年来一直信守诺言的具体行动,也让外国投资者大大减少了后顾之忧。(4) 中国资源相对丰富。就地取材的价款也相当低廉,这也对外资具有较大的吸引力。

总之,中国吸引外资累计总额位居发展中国家之冠,主要是由于以上诸因素综合作用的结果,而不是由于对外缔结高保护标准 BIT 的"功劳"。其中,最具说服力的证据是：如前文所述,中国与美国之间迄今并未缔结任何 BIT,但

[①] "去年中国对外投资同比增长近一倍",at http：//www.huaxia.com/sw/cjzx/jjdt/2005/00361580.html,2005 年 9 月 8 日。

是,迄 2005 年底止,20 多年来,稳居累计对华投资数额"榜首"或"榜眼"的,竟然正是美国。1988 年中国—日本 BIT 及 1992 年中国—韩国 BIT 都只同意 ICSID 仲裁庭仅仅对征收补偿额争端有管辖权,但是迄 2005 年底为止,韩国与日本分别高居累计对华投资第二位、第三位(其中日本最近甚至跃居第一位,取代了美国的"榜首"地位)。其中缘由,确实值得深思!

4. 中国现在正处于政策调整期:不能不预估调整政策对外商权益可能带来的现实影响及其对中国可能带来的风险

作为正处于向完善的市场经济全面转型过程的发展中国家,面对着今后一个时期内势必不断出现的许多新问题,中国还需要制定一系列新的法律和规则,或改革旧有的法律和规则,以有效地调整宏观国民经济,因而不能排除发生为维护国家安全和公共利益而违反有关特许协议的情况。

第一,中国政府近年来不断强调实现可持续发展,不断加强对环境保护的力度。但是,如果进一步对各类有关企业全面提高保护环境的要求,则可能会大规模地影响到外资的利益。

第二,中国多年来的经济发展,一直建立在劳工保护制度严重欠缺基础之上。尤其在许多外资企业中,对农民工的保护几乎是空白状态,所谓"工会"往往也是有名无实。而且,中国的两极分化正在造成越来越多的社会问题。为了应对此类问题,中国提出了建立"和谐社会"的目标,正在着手提高劳工保护标准,而这也可能会影响到外资的既得利益。

第三,针对外资的"超国民待遇"问题,我国正在进行内、外资有关税收统一等方面的改革①。而这一系列的改革也难免会在颇大程度上影响到外资的既得利益,从而引发龃龉、矛盾和争讼。

第四,作为发展中国家,中国的金融体制和经济运行还不是很完善、很稳健,抵御各种金融风险和经济危机的能力不是很强,受到重大风险或危机的冲击时,必然会采取加强外汇管制、强化海关监控等措施,以保护国家的经济安全,这也势必会在颇大程度上影响到外资的既得利益和潜在利益。

以上这些环境政策、劳工政策、对外商的"超国民待遇"政策等等都势在必改;日后一旦经济运行失调、遭遇金融风险或发生经济危机时,中国就会像其他

---

① 中国于 2007 年 3 月 16 日颁布新的"内企、外企"统一的企业所得税法,即《中华人民共和国企业所得税法》,并定于 2008 年 1 月 1 日开始实施。截至本文付梓前,与该新税法配套的实施条例等一系列法规尚在国家有关行政立法部门研拟之中,预计将会在 2008 年 1 月 1 日新的统一企业所得税法生效施行前颁布。事关切身利益,外商对此新税法及其配套法规具体规定的内容及其实施后果,正在高度关注,调整对策,采取措施,这是自在意料之中,毋庸讳言的。

主权国家一样,也势必在特定时期内采取各种加强经济管制和宏观监控的必要措施。凡此种种,都不可能不在特定的时期内和一定的程度上损害到外商的既得利益或潜在利润。一旦因紧急需要而不得不触犯投资合同或者 BIT 中的高标准保护规定,外商就会动辄以投资合同或者 BIT 为依据,申请国际仲裁,并且可能产生"多米诺"骨牌的"连锁效应",从而造成中国大量被诉于国际仲裁庭的后果。在这方面,有的发展中国家在缔结高保护标准 BIT 的实践中,已经有了沉痛的教训,中国不可不引以为戒。具体说来,中国如不增强忧患意识,居安思危,未雨绸缪,预先有所防范,则有朝一日,不排除可能会变成第二个阿根廷。

(四) 此类条款无视弱国 BIT 缔约实践的沉痛教训:阿根廷的前车之鉴

阿根廷是南美第二大国,历史上曾经长期沦为殖民地。饱受殖民统治痛苦的阿根廷人民有着反抗殖民主义的优良传统。因此,以维护本国司法主权独立、主张境内涉外商事争端应由本国法院管辖为核心内容的"卡尔沃主义",发祥于此地,这不是偶然的。但是,晚近 20 多年来,曾经具有全球重大影响的"卡尔沃主义",却在其发祥地阿根廷本国,经历了一场"马鞍形"的"否定之否定",引起举世瞩目,发人深省。

在 ICSID 公约及其国际仲裁体制讨论、产生的过程中,因其与"卡尔沃主义"精神相悖,阿根廷曾经牵头予以公开抵制,并且造成南美众多国家长期拒不参加 ICSID 公约的局面。然而,20 世纪 90 年代初,阿根廷为了吸收更多外资和促进本国经济建设,在内政和外交上实施了重大转变。一方面,对原属国有的公用事业与能源事业单位,大规模地实行私有化,并通过与外商签订长期合同来吸收大量外国资金流入;另一方面,在经历多年抵制和观望后,阿根廷终于决定在 1991 年 5 月签署参加 ICSID 公约,随后在 1994 年 10 月正式提交了批准书;又与许多外国分别签订了大量的 BITs。但是,阿根廷在其与许多发达国家签订 BITs 的过程中,却显得考虑不周、有欠慎重。这主要表现在不顾自己实际的国情和国力,忧患意识和风险观念不强,以致在大量的 BITs 中,对外商提供了过高的保护标准,特别是在同意外商可以规避阿根廷国内管辖、把有关投资争端提交国际仲裁方面,开放幅度过宽,开放速度过快,全面接受 ICSID 或其他国际仲裁庭管辖权,几乎没有设置什么必要的限制和重大的例外,即把本文前面提到的、由 ICSID 公约等授予东道国的四大"安全阀",完全拆除了。至此,曾经在全球弱小民族亿万人民中素来享有盛誉的"卡尔沃主义",竟然就是在"卡尔沃主义"的故乡,几近荡然无存!从而留下重大的隐患和祸根!

大约从2001年开始,在国际资本冲击和国内管理失当的情况下,阿根廷经济正常运转失灵,金融危机日益严重。为了缓解此种危机,阿根廷不得不在2002年颁布了《公共紧急状态法》以及配套的法律规章,对当时现行的金融体制和外汇政策实行改革,大幅度增征关税,以开辟财源,增加国库收入①。阿根廷政府在金融危机中所采取的这些"开源节流"的紧急措施,难免损害外商的利益。外商遂纷纷依据BIT高标准保护规定向ICSID提出仲裁申请。据统计,自1997年3月至2005年11月为止,阿根廷境内外商把投资争端提交ICSID仲裁庭的案件竟高达41起。截止2006年9月29日,在ICSID各仲裁庭的105个未决案件中,阿根廷作为被诉方的案件数目仍然高达33起②。多起案件的"被告"在短期内如此集中于单一国家身上,并导致"群起而攻之",此种现象,不但在ICSID公约及其仲裁体制诞生四十年来所从未见过,而且即使在近现代整个国际仲裁制度的发展史上,也可谓前所未有!

在此情况下,阿根廷国内也出现了要求恢复"卡尔沃主义"及其相关法制的强烈呼声,出现了要求把相关管辖权收回并重新保留在国内法院的最新动向。换言之,如果把当初涉外争端管辖权之大幅度、无保留地向国际仲裁庭"让渡"的举措,看作是对"卡尔沃主义"的否定,则如今要求收回相关管辖权的强烈呼声和相应行动,则不妨称之为是已经开始进入"否定之否定"的新阶段③。

(五) 此类条款无视两类东道国的最新立法转轨

近年来,阿根廷政府采取"否定之否定"措施的典型事例之一是:2003年10月,阿根廷政府发布了一项新的法令,把原先已提交国际仲裁庭的GB石油公司与阿根廷政府之间的争端,重新向阿根廷本国法院起诉,追索该公司的长期欠交的巨额税款、罚款与贷款。阿根廷高级官员H·罗萨蒂(Horacio Rosatti)在记者招待会宣称:政府此举的目的就在于"恢复阿根廷本国法院的管辖权"。过去,阿根廷把境内涉外投资争端提交国际仲裁机构管辖,现在,"我

---

① See Paolo Di Rosa, The Recent Wave of Arbitrations Against Argentina Under Bilateral Investment Treaties: Background and Principal Legal Issues, *The University of Miami Inter-American Law Review*, Vol. 36, 2004, pp. 44-49.
② See *List of Pending Cases*, at http://www.worldbank.org/icsid/cases/pending.htm, May 1, 2007; UNCTAD, *Investor-State Disputes Arising from Investment Treaties: A Review*, United Nations, New York & Geneva, 2005, pp. 6-9.
③ 有关阿根廷在这方面的具体经历和经验教训,可参见魏艳茹:《论我国晚近全盘接受ICSID仲裁管辖权之不当》,第三部分;单文华:《卡尔沃主义的"死亡"和"再生"——晚近拉美国际投资立法的态度转变及其对我国的启示》;蔡从燕:《不慎放权,如潮官司——阿根廷轻率对待投资争端管辖权的惨痛教训》,这三篇论文均载于《国际经济法学刊》第13卷第1期。

们正在质疑这种(国际仲裁机构)管辖权,我们还可能进一步质疑其整个体系的合宪性"①。换言之,阿根廷政府正在认真研究和质疑:把境内涉外投资争端全盘交由 ICSID 等国际仲裁机构管辖,是否符合阿根廷国家的根本大法——宪法。

另据一篇题为《卡尔沃终于起死回生了吗?》的评论文章所述②,2005 年 3 月 2 日,阿根廷总统科奇纳曾在阿根廷的第 123 次国会上,公开严词质疑:国际仲裁庭岂能对阿根廷境内外商状告东道国的索赔案件作出终局裁决。紧接其后,两名议员提出了一份立法议案,要求正式通过立法,作出明确规定:(1) 设置严格条件,从严限制把本国境内涉外投资争端提交国际仲裁;(2) 即使国际仲裁庭已经作出裁决,当事人仍可向阿根廷本国联邦法院提起上诉。这就完全否定了国际仲裁庭裁决的终局性,把最后的决定权收回阿根廷自己手中。不言而喻,此项法案如获正式通过,当年卡尔沃主义的主权意识和民族精神终将在新的劫难中获得新生。国际舆论正在密切关注其进一步的发展。

与阿根廷相似,在外国投资者与东道国争端管辖权问题上,美国和加拿大也正在经历一个从先前主张"全面放开"到现在力图强化自己管辖权的过程。美国和加拿大基于资本输出国的立场,在与发展中国家签订的大量 BITs 中,一向规定投资者在争端发生后有权不受东道国约束,径自寻求包括 ICSID 在内的国际仲裁救济。然而,近年来在《北美自由贸易协定》(NAFTA)体制的实际运行中,美国与加拿大政府也逐渐尝到了本国作为"被告"被外国投资者诉诸国际仲裁庭的苦头③,认为应该对本国境内的外国投资者动辄向国际仲裁庭提出申诉的权利,加以限制,应该维护东道国政府行使宏观经济调控的权力。两国已分别在 2004 年对其原有的 BIT 示范文本做了重大修改,增加了大量的例外,并对 NAFTA 中的一些法律问题作了澄清。诸如:突出强调东道国为了健康、安全以及环境等公共利益而采取的有关措施,外商不得视为"间接征收"并据以提交国际仲裁索赔;对给予外商"公平与公正待遇"作了限制解释,附加了

---

① Laurence Norman, *Argentina: Government Reopens 7-Year-Old Case vs Oil Group*, Dow Jones Newswires, at http://www.LatinPetroleum.com, 01-01-2006. See also C. E. Alfaro et al, *The Growing Opposition of Argentina to ICSID Arbitral Tribunals, A Conflict between International and Domestic Law? The Journal of World Investment & Trade*, Vol. 6, No. 3, 2005.

② Guido Santiago Tawil, *Is Calvo finally back?* Transnational Dispute Management, No. 3, June 2005, at http://www.transnational-dispute-management.com/news/tdm2-2005_5.htm, September 6, 2006.

③ See: UNCTAD, *supra* UNCTAD, *Investor-State Disputes Arising from Investment Treaties: A Review*, United Nations, New York & Geneva, 2005, p. 7.

"传统国际法的最低待遇"的要求等等①。

美国商务部曾要求其国际经济政策咨询委员会对 2004 年 BIT 范本草案加以审查和评论。2004 年 1 月 30 日,该咨询委员会下属投资委员会提交了一份报告,其中指出:代表美国环境保护机构和劳工组织的成员认为,2004 年 BIT 范本未能充分地维护美国政府的权力,以便政府随时可以采取保护重要公共利益的措施。BIT 范本中应该强调要求外国投资者遵守美国国内法的义务,以便美国在必要时有权提高保护环境和工人权利的标准,并要求美国境内的外国投资者切实遵守和执行这些标准。由于担心国际仲裁庭裁决的终局性可能过度影响美国的国家利益,2002 年出台的《两党贸易促进授权法案》明确规定:美国的首要谈判目标在于通过建立"上诉机构"或者类似机制的方式,改善外国投资者与东道国政府间的争端解决机制②。而美国 2004 年 BIT 范本附件 D 也规定,在有关 BIT 生效 3 年内,缔约国双方应该考虑是否建立一个"双边上诉机构"或者类似机制,以审查有关国际仲裁庭的裁决③。

从以上有关动态可以看出:

第一,就阿根廷这样的发展中国家而言,对于把东道国政府与境内外资之间的投资争端管辖权提交给国际仲裁庭这种体制,原先曾经极力排斥,主张有关争端应在东道国国内解决。但随着国际经济形势的发展,意识到不能把国际仲裁庭的管辖权一概排斥,于是经历了一个适当限制国内管辖权的阶段,进而全面否定国内管辖权和全面同意国际仲裁庭的管辖权。但是,在国际仲裁实践中遭受重大挫折之后,又意识到这样大幅度放权甚至全面放权的做法,相当不利于国家对宏观经济的管辖与对公共利益的维护,于是又开始力图重新否定国际仲裁庭管辖权,尽可能把相关管辖权收回来。

第二,就美国这样的发达国家来说,它们原先是极力排斥和否定东道国对境内涉外投资争端的全面管辖权,极力倡导有关争端应提交国际仲裁庭解决,但是随着国际经济形势的最新发展,就连美国这个全球唯一的"超级大国",都体验到对本国境内的涉外投资争端任由国际仲裁庭"一裁终局",多有不利之

---

① 参见 James Mcilroy, *Canada's New Foreign Investment Protection and Promotion Agreement, Two Steps Forward, One Step Back?* The Journal of World Investment & Trade, Vol. 5, No. 4, 2004; also see David A. Gantz, The Evolution of FTA Investment Provisions: From NAFTA to the United States — Chile Free Trade Agreement, *American University International Law Review*, Vol. 19, 2004, p. 679.

② See 19USCS § 3802(b)(3)(G)(iv).

③ 有关美国在这方面的立法讨论及其转轨动向,参见李万强:《晚近美国对国际投资争端仲裁机制态度的转变——以 NAFTA 为例》;魏艳茹:《美国晚近有关投资仲裁监督机制的态度转变及其对 ICSID 仲裁监督制度的影响》,分别载于《国际经济法学刊》第 13 卷第 1 期、第 12 卷第 4 期。

处,进而开始"改弦更张",实行立法转轨。

第三,上述两类国家,在分别经历了不同层次的"否定"阶段之后,现在都正处于新的"否定之否定"阶段。有趣的是,这两种不同层次的"否定之否定",如今都正在朝着同一种方向发展,即都开始否定国际仲裁的全面管辖,开始注重对国际仲裁加以必要的限制,开始重视或者强调东道国对本国境内涉外投资争端,应当在必要的范围和必要的条件下保持优先的管辖权或排他的管辖权。

第四,相形之下,中国作为发展中国家,在近期缔结新 BIT 或修改原 BIT 的实践中,似乎有些忽视了<u>当前形势的最新发展</u>,未全面了解有关 BIT 缔约之<u>最新动向</u>和<u>转轨方向</u>,因而贸然追随前阶段某些发展中国家的过时"潮流",即从原先的注重国内管辖权,逐步转到实质上否定国内管辖权并"全面同意"国际仲裁庭管辖权。这种倾向,看来是"不合时宜"的,已有"前车之鉴"的,可能会吃大亏的。反之,如能总结经验,及时刹车,并不为晚。

四、有关今后中外 BIT 谈判的几点思考

基于以上粗略剖析,似可针对中国今后对外谈判缔结新 BIT 和修订原 BIT 有关事宜,沿着以下思路,进行思考,并提出以下几点管见和刍议:

(一)加强调查研究,"摸着石头过河"

对于任何国家说来,特别是对于以吸收外资为主的发展中国家说来,BIT 是一把"双刃剑"。不言而喻,中国在对外谈判缔结或修订 BIT 过程中,必然是有所"予"方能有所"取"。如果要在"予"与"取"之间、义务与权利之间实现正确的平衡,其先决要件就是要立足中国国情,放眼国际实践,总结经验教训,明确潮流方向,综合地、全面地剖析和权衡 BIT 各类条款对中国可能产生的各种利弊得失,认真地、谨慎地考虑如何趋利避害。利取其重,害取其轻。

为此,就务必对中国与吸收外资有关的一切国情,进行全面、深入和充分的调查研究。同时,也对国际 BIT 缔约实践中的有益经验和沉痛教训,进行尽可能全面、深入和充分的调查研究,从而在充分掌握国内外实况的基础上,掌握好谈判中"予"与"取"的正确分寸和尺度,实行科学决策,定下恰如其分的"底线"。

反之,在上述各方面的调查研究还不够全面、不够深入和不够充分之前,与其想当然,随大流,追求表面的"谈判成功"和"达成协议"的数量,不如在未明水流深浅、流速和漩涡细情之前,兢兢业业地摸着石头过河。换言之,在情况不够明了的

条件下,举步慢些、稳些,步伐小些,力求安全,这绝非"因循守旧"或"抱残守缺",而是最明智和最可靠的"与时俱进"。如果举目望去,已见前面过河者陷入急流漩涡而正在奋力挣扎却难以自拔,如无法予以救助,就应慎之又慎,并"绕道而行"了!

(二)善用公约授权,牢握"安全阀门"

ICSID 公约等授予东道国,特别是授予国际弱势群体——发展中国家的前述四权,即"逐案书面同意"权、"当地救济优先"权、"东道国法律适用"权以及"重大安全例外"权,既是国家主权特别是司法主权的应有体现,又是缔约当年众多发展中国家联合奋斗、据理力争、得来十分不易的重要权利[①],也是国际弱势群体在国际资本强大实力面前用以自我保护、自我防卫的必要"安全阀"。在 ICSID 公约等本身依然健在、继续生效、未作任何修改的情况下,牢牢把握这四大授权或四大"安全阀",使其有效地为我服务,乃是<u>正大光明、名正言顺和理直气壮的</u>。这是中国对外谈判缔结新 BIT 或修订原 BIT 时应当具备的<u>基本心态</u>。

1998 年中国—巴巴多斯 BIT 中设定新"全盘同意"型争端解决条款以前,原有的中国—摩洛哥等 BITs 中设有必要"安全限制"的争端解决条款,已经行之多年,颇见实效,而且没有证据证明:此类规定的基本内容或主流防患意识已经"脱离"中国现实国情和"落后"于世界最新潮流。相反,它们<u>丝毫未曾明显影响或削弱全球外商对华投资的信心和热情</u>,此点已经反复地为大量外资源源不断地流入中国的事实所证明。

因此,在中国对外 BITs 谈判中,面对美国型 BITs 或其变种中的争端解决条款,不但无须全盘同意接受,全面自动放弃 ICSID 公约等授予的四权,贸然拆除四大"安全阀",恰恰相反,理应援引 ICSID 公约等的规定,据理力争,针对经济发达强国谈判对方提出的争端解决条款中十分不利于我国"留权在手"的规定,予以明确的、坚决的抵制;同时,对于谈判对方 BIT 范本中现在提出的各种"安全例外"最新规定,而我方过去往往予以忽略的,现在则不妨认真地虚心学习,作为可以"攻玉"的"他山之石",结合中国的国情需要,予以"师法"和"移植",使其为我所用。

在上述这些前提下和基础上,再适当考虑我国在对方国家投资的实况和客观需要,适当地、稳步地修订中—摩 BIT 型中的争端解决条款规定,在真正互利互惠的原则下,对国际仲裁的适用范围和适用条件,加以恰如其分的放宽。

---

① 参见陈安主编:《"解决投资争端国际中心"述评》,鹭江出版社 1989 年版,第 66—84、95—99、106—111、126—130 和 138—153 页;陈安主编,p. 1111 注②引文,第 8—71 页。

(三) 区分两类国家,实行差别互惠,排除或限制 MFN 条款适用于争端程序

前文提到,从宏观上说来,现阶段中国吸收外资与对外国投资的比例,大体上是 100%:2.45%—4.57%,两者悬殊巨大,因此,不应该立即或在可预见的近期内,以普遍地、统一地对外缔结"放权"过多、过快的高保护标准的 BIT,作为对外缔约或修约的基本取向,以免为保护 2.45%—4.57% 的潜在债权利益而承担 100% 的潜在债务风险。

但是,这并不是说,在可预见的近期内,对任何类型的外国,一概不宜与之在真正平等互惠的基础上缔结高保护标准的 BIT。

众所周知,在当代世界,存在两大类国家,即发展中国家和发达国家。就若干发展中国家对外来资本实行的法律保护而言,其法制不够健全,法治水平较低,当地救济手段和力度不足,效率不高或效果不彰。这是无可讳言的客观现实。相应地,中国在这些国家中的投资,其所获得的当地法律保护可能不足,而其所遭遇的政治风险则可能较多、较大。针对这种现实,中国在与此类发展中国家缔结的 BIT 中,自应在真正平等互惠的基础上互相给予高标准的保护,包括互相全盘同意把各自境内外资与东道国政府之间的争端,提交 ICSID 国际仲裁庭管辖,以弥补当地救济手段和力度之不足,求得公正、公平的解决。

前文提到:据中国官方网站所载,截至 2007 年 2 月为止,中国先后已与 29 个外国分别签订了全面接受 ICSID 仲裁管辖权的 BITs[①],其相对缔约方之中

---

① 参见http://tfs.mofcom.cn/h/h.html 以及 http://ita.law.uvic.ca/investmenttreaties.htm,2007 年 5 月 1 日。详见下表:

全面接受 ICSID 仲裁管辖权的中外 BITs(1998.07—2007.02,按缔约时间先后排序)					
1	巴巴多斯	1998-07-20	9	缅甸	2001-12-12
2	刚果(布)	2000-03-20	10	塞浦路斯	2002-01-15
3	博茨瓦纳	2000-06-12	11	波黑	2002-06-26
4	塞拉利昂	2001-05-16	12	特立尼达和多巴哥	2002-07-22
5	莫桑比克	2001-07-10	13	科特迪瓦	2002-09-30
6	肯尼亚	2001	14	圭亚那	2003-03-27
7	约旦	2001-11-05	15	吉布提	2003-08-18
8	荷兰	2001-11-26	16	德国	2003-12-01

(转下页)

有 23 个国家均是发展中国家。可以说，中国与这 23 个发展中国家分别签订了全面接受 ICSID 仲裁管辖权的 BITs，是基于中国进一步贯彻"走出去"战略的客观需要，也基本符合真正的平等互惠的精神。但是，如果把签订全面接受 ICSID 仲裁管辖权的 BITs 的做法，立即"全面铺开"，或在可预见的近期内，普遍地推广于对华投资数额巨大的西方发达强国，那就有待另行慎重思考和认真权衡了。

换言之，要**普遍地、统一地**对外缔结全面"放权"的高保护标准的 BIT，就不能不从整体上慎重考虑**现阶段中国大陆吸收外资与对外投资的比例**，认真权衡其中是否真正体现了"等价交换"的交易原则，是否以形式上的"平等互惠"掩盖了**事实上的不平等、非互惠**。关于此点，下文试以迄今累计对中国大陆投资最多的 15 个国家/地区为例，进一步加以具体分析：

对中国大陆投资最多的 15 个国家/地区与中国大陆对其反向投资的比较②
（截至 2006 年底）

金额单位：亿美元

名次	对中国大陆投资的国家/地区	累计实际投资金额	(A) 截至 2006 年底中国大陆实际使用外资(FDI)累计金额	(B) 截至 2006 年底中国大陆对外投资(CDI)累计金额	(C) 中国大陆对外投资累计金额相当于其吸收外资累计金额的百分比
1	中国香港		2 797.55	422.7	15.10%
2	日本		579.73	2.24	**0.39%**

接上页

续表

17	拉脱维亚	2004-04-15	24	捷克	2005-12-08
18	乌干达	2004-05-27	25	葡萄牙	2005-12-09
19	突尼斯	2004-06-21	26	瓦努阿图	2006-04-05
20	芬兰	2004-11-15	27	俄罗斯	2006-11-09
21	贝宁	2004-12-18	28	印度	2006-11-21
22	朝鲜	2005-03-22	29	塞舌尔	2007-02-12
23	西班牙	2005-11-14			

资料来源：参见 http://tfs.mofcom.gov.cn/h/h.html 以及 http://ita.law.uvic.ca/investmenttreaties.htm.

② 资料来源：根据以下信息综合整理：表中(A)栏目中相关数据引自于中国商务部发布：《中国外资统计 2007》，2007 年版，第 19 页；(B) 栏目中的相关数据引自中国商务部发布：《2006 年度中国对外直接投资统计公报》，2007 年版，第 21—25 页，表 8；以上各栏数字之间的关系：(B)÷(A)＝C。

续 表

名次	对中国大陆投资的国家/地区 \ 累计实际投资金额	(A) 截至2006年底中国大陆实际使用外资(FDI)累计金额	(B) 截至2006年底中国大陆对外投资(CDI)累计金额	(C) 中国大陆对外投资累计金额相当于其吸收外资累计金额的百分比
3	英属维尔京群岛美国	571.64	47.5	8.30%
4	美国	539.55	12.38	**2.29%**
5	中国台湾省	438.93	0.002	0.0004%
6	韩国	349.99	9.49	**2.71%**
7	新加坡	300.04	4.68	**1.56%**
8	英国	139.22	2.02	**1.45%**
9	德国	134.18	4.72	**3.51%**
10	开曼群岛	107.55	142.09	132.11%
11	法国	78.02	0.45	**0.58%**
12	荷兰	77.59	0.20	**0.26%**
13	萨摩亚	75.13	0.009	0.012%
14	中国澳门	69.40	6.124	8.82%
15	加拿大	54.14	1.40	**2.59%**

从上述数据比较中,可以看出:迄2006年底,中国对日累计投资只相当于日本对华累计投资的0.39%;中国对美累计投资只相当于美国对华累计投资的2.29%;中国对韩累计投资只相当于韩国对华累计投资的2.71%;中国对新加坡累计投资只相当于新加坡对华累计投资的1.56%;中国对英累计投资只相当于英国对华累计投资的1.45%;中国对德累计投资只相当于德国对华累计投资的3.51%;中国对法累计投资只相当于法国对华累计投资的0.58%;中国对加拿大累计投资只相当于加拿大对华累计投资的2.59%。一言以蔽之,

中国累计对这些发达国家或"新兴工业化国家"①的投资只分别相当于这些国家对华投资的 0.39%—3.51% 之间,其最低比例还不到 1%,其最高比例也还不到 4%。

在此种具体条件下,如果不顾中国现实国情,不慎重考虑现阶段中国吸收外资与对外投资的具体比例,贸然与所有这些国家普遍地、统一地分别缔结高保护标准的 BITs,包括互相同意把涉外投资争端全盘提交 ICSID 等国际仲裁机构管辖,则尽管在双边协定的条款文字上貌似"平等互惠",实际上却违背了国际经济领域中的公平原则和"等价交换"原则,是以形式上的"平等互惠"掩盖了事实上的不平等、非互惠。

因为,第一,如前所述,这无异于为了保护 1%—4% 以下的潜在债权权益而甘冒 100% 的潜在债务风险;无异于为了取得只值 39 元至 351 元的标的物而支付近一万元的价款;第二,作为主权国家,中国对本国境内涉外投资争端所固有的司法主权或管辖权,由此受到不公平、不平等和过多的限制;第三,作为主权国家,中国为保护本国重大安全在必要时调整政策或采取应急措施的空间和余地,将大幅度削减和缩小。

可见,在可预见的近期内,中国在对外缔结或修订 BITs 的实践中,其所面临的现实综合国情是:既要"引进来",又要"走出去";既要求发展,又要求稳定;既要趋大利,又要避大害。因此,在可预见的近期内,中国在对外缔结或修订 BITs 时,在投资争端管辖权的向外开放问题上,明智的做法理应是区分南北两类国家,厘定差别互惠标准,正确实行区别对待,从而实现真正的公平、平等与互惠。

需要进一步探讨的问题是:(1)上述这种区别对待的做法,是否并不违背当代国际法上通常所说的 MFN 待遇原则?(2)区别对待的做法在理论上是否有足够的根据?(3)它在实践中是否已有明显的先例?(4)中国已经在与若干发达国家(如德国)签订的 BITs 中拆除了某些"安全阀",从而在"平等互惠"条款文字下潜存着实质上不公平的隐患和风险,今后在中国与其他发达国家缔结或修订 BITs 时,是否有权"亡羊补牢",坚持"下不为例",不受对方援引 MFN 待遇原则的约束,把这些"安全阀"重新取回并牢牢把握在自己手中?下文的讨论表明,对这四个问题的答案都是肯定的。

---

① 国际论坛上通常以"Newly Industrialized Countries"一词形容韩国和新加坡,意指其曾经是列强的殖民地,现在其经济发展水平已相当于发达国家,但又并非通常意义上的发达国家。

五、区分两类国家,实行差别互惠的理论依据和实践先例

(一)区别对待的做法符合"具体分析"的普遍哲理

众所周知,"马克思主义的最本质的东西,马克思主义的活的灵魂,就在于具体地分析具体的情况"①。这是"放之四海而皆准"的普遍哲理。上述这种区别对待的做法,是完全符合这一普遍哲理的。因为这种做法正是针对上述两类不同国家各异的具体情况以及现阶段中国的具体情况,进行具体的综合分析之后,所得出的符合国内外客观现实的科学结论和可行途径。反之,如果不进行具体的、综合的分析,不实行区别对待,却采取统一的标准、统一的模式,实行"一刀切",则是不科学、不明智、不可行的。

(二)区别对待的做法符合"公平互利"的基本法理

在当代国际经济交往的实践中,互利原则的贯彻,往往遇到干扰、阻碍和破坏。在发达国家与发展中国家之间的经济交往中,尽管以不平等条约为基础的公开的不平等,一般说来已经大为削弱或已不复存在,但是,发达国家仍然凭借其经济实力上的绝对优势,对历史上积贫积弱因而经济上处于绝对劣势的发展中国家,进行貌似平等实则极不平等的交往,实行形式上等价有偿实则极不等价的交换。其常用的主要手段,就是对于经济实力悬殊、差距极大的国家,"平等"地用同一尺度去衡量,用同一标准去要求,实行绝对的、无差别的"平等待遇"。其实际效果,有如要求先天不足、大病初愈的弱女与体魄强健、训练有素的壮汉,在同一起跑点上"平等"地赛跑,从而以"平等"的假象掩盖不平等的实质。

直言之,对于经济实力相当、实际地位基本平等的同类国家说来,公平互利落实于原有平等关系的维持;对于经济实力悬殊、实际地位不平等的不同类国家说来,公平互利落实于原有形式平等关系或虚假平等关系的纠正以及新的实质平等关系的创设。为此,应当积极采取各种措施,让经济上贫穷落后的发展中国家有权单方面享受非对等、不要求直接互惠回报的特殊优惠待遇,并且通过给予这些貌似"不平等"的特惠待遇,来补偿历史上的过错和纠正现实中的弊

---

① 列宁:《共产主义》,载于《列宁全集》第20卷;并参见《矛盾论》,载于《毛泽东选集》(一卷本),第287页。

病,以实现真正的、实质上的平等,达到真正的公平①。

正是在这种背景下,第三世界众多发展中国家在强调各国主权平等,强调各国在政治上、法律上享有平等地位的同时,又侧重从国际经济关系方面,强烈要求贯彻公平互利原则,突出强调了公平的重要性和迫切性,并且借助于1974年《建立国际经济新秩序宣言》和《各国经济权利和义务宪章》,使公平互利上升为建立国际经济新秩序的一项基本法理和调整国际经济关系的一项基本准则。

30多年来,上述《宣言》和《宪章》所强调的公平互利法理原则在国际社会中日益形成共同的法律确信,成为国际经济交往的指导原则。

针对当代BITs中存在的事实上的不平等,国际知名学者M. Sornarajah教授曾作过颇为深刻的剖析②:

"许多双边投资协定的是在不平等的合作伙伴(unequal partners)之间缔结的。通常是由一个输出资本的发达国家与一个急欲从该发达国家吸引资本的发展中国家双方商定。……尽管此种协定预期各种资本能在缔约国彼此之间双向流动,但是,由于缔约双方在财力和技术上的悬殊,事实上仅仅是打算和实行单向流动。作为缔约的基础而在协定中冠冕堂皇地表述的双向流动,往往只是一种虚构(fiction),因此双方之间存在着不适当的交换关系(insufficient quid pro quo)。……这些协定并未设定明确的义务,要求资本输出国那一方必须确保资本能够流入对方,却要求希望获得外国投资的国家这一方在外国资本即将流入的信赖之中拱手交出自己的主权。由于协定项下的外国投资能够从国际争端解决机制中获得外来的保护,东道国当地的法律在颇大程度上鞭长莫及,无从管辖,其主权也就被拱手出让了。"

可见,为了预防或纠正当代BITs中此种貌似"平等互惠"、实则显失公平的弊端,中国今后在对外缔结和修订BITs的实践中,理应依据双方经济发展水平和经济实力的对比、吸收外资与对外投资规模的对比、境内外资政治风险

---

① 参见陈安著:《国际经济法刍言》,上卷,北京大学出版社2005年版,第176—177页。这种新的平等观,是切合客观实际需要的,是科学的,也是符合马克思主义基本观点的。早在百余年前,马克思在剖析平等权利时,就曾经指出:用同一尺度去衡量和要求先天禀赋各异、后天负担不同的劳动者,势必造成各种不平等的弊病,并且断言:"要避免所有这些弊病,权利就不应当是平等的,而应当是不平等的。"(参见马克思:《哥达纲领批判》,载于《马克思恩格斯选集》第3卷,人民出版社1995年版,第305页)。马克思的这种精辟见解,对于我们深入理解当代发展中国家提出的关于贯彻公平互利原则、实行非互惠普惠制等正义要求,具有现实的指导意义。

② M. Sornarajah, *The International Law on Foreign Investment*, Cambridge University Press, 2004, pp. 207-208.

和外资法律保护体制的对比、实行国际仲裁时争讼能力的对比以及确保国家安全的需要等等具体情况,采取"区分两类国家,厘定差别标准,实行区别对待"的做法,对 MFN 条款的适用加以明确的限制和排除,这是完全符合当代国际社会公认的"公平互利"基本法理的。

(三) 区别对待的做法符合"国家主权至高无上"的国际法基本原则

在国际法中,MFN 待遇原则从来就不是、也不应当是绝对的和至高无上的强制性原则,也不是国际习惯法原则。这一点,已经形成为当代国际法学界的主流共识。在当代国际法的规范体系和理论体系中,国家主权原则乃是第一性的、居于最高位阶的基本原则,MFN 待遇设定的根据,端赖于互相给予、互相享受此种待遇的主权国家之间缔结的条约。给予或不给予,在何种具体条件下可以给予或不可以给予,何种具体条件下可以收回或撤销,给予对象的类别、范围和限制,悉由参加缔约的主权国家斟酌内政外交国情和权衡利弊之后,完全自主自愿地作出决策,并通过条约作出明确规定①。

从这个意义说,MFN 待遇原则乃是国家主权原则的衍生物,它应当附属于、服从于国家主权原则,它只是第二性的、居于次要地位的原则。况且,在国际交往中,即使是居于最高位阶的国家主权原则,也可以依缔约主权国家的自由意志,通过平等磋商,作出适当的真正平等互惠的自我限制。因此,居于次要地位的 MFN 待遇原则,当然更可以依缔约主权国家的自由意志,通过平等磋商,依不同的时间、地点和条件,施加必要的限制,既可以在必要时予以设定,也可以在必要时予以撤销或废除。

在这方面,中国人民记忆犹新的是:晚清时期,西方列强曾在一系列不平等条约中把 MFN 条款强加于中国。诸如 1843 年的《中英虎门条约》第 8 条规定:中国日后"如有新恩施及各国,亦应准英人一体共沾"云云,实质上形成了"一强勒索特权,列强援例共享"的连锁反应,其丧权辱国的严重后果,可谓"殷鉴不远"。如今已经站起来了的中国人民,既已恢复和强化了完全独立和充分自主的主权国家身份,在其缔约和修订 BITs 的新实践中,当然不会轻易淡忘上述历史惨痛。

---

① 参见联合国国际法委员会:《关于最惠国条款的条文草案》(1978 年 7 月拟定),载于王铁崖主编:《国际法资料选编》,法律出版社 1982 年版,第 761—767 页;王铁崖主编:《国际法》,法律出版社 1995 年版,第 180—182 页;赵维田:《世贸组织(WTO)的法律制度》,吉林人民出版社 2000 年版,第 75—81 页。

(四)区别对待的做法符合 MFN 待遇原则的发展进程

在当代的国际缔约实践中,在经济实力悬殊的国家之间实行绝对的 MFN 待遇原则,势必造成严重的事实上的不公平和不平等,由此引发了众多发展中国家的强烈反对和联合抗争。在数十年来南北矛盾冲突和南北合作共事的历史进程中,MFN 待遇早已被一系列"例外"所"增补"和"修订",从而在实质上遭到重大修正。最明显的例证是在 GATT/WTO 体系中,MFN 待遇规则数十年来不断地"与时俱进",修订频频。具体说,GATT1947 第 1 条规定的普遍 MFN 待遇原则,在其后修订和增补的第 18 条中,就开了"先河",允许众多积贫积弱的发展中国家有权在一定条件下"暂时偏离"本协定其他条款(含 MFN 条款)的规定。第 21 条关于"安全例外"的规定,第 24 条关于"关税同盟和自由贸易区"的规定,第 24 条和第 25 条关于"豁免义务"的规定,以及其后增补的整个第四部分(贸易与发展,即第 36—48 条),也都从各种不同的领域、在不同的程度上允许发展中成员"偏离"MFN 条款的规定。

在 GATT 发展成为 WTO 之后,经过众多发展中成员的据理力争,与普遍 MFN 待遇原则相左的各种"特殊与差别待遇"条款(S & D),在更多的领域、更大的范围,以更高的频率,出现在 WTO 的各种"游戏规则"之中。尤其是,由于其中还存在许多"口惠而实不至"之处,2001 年 11 月发表的 WTO《多哈宣言》,更进一步把落实各类 S & D 条款作为新一轮多边谈判的主题之一①。简言之,上述"与时俱进"的发展,已导致普遍 MFN 待遇原则中原有的"普遍性",逐渐地、不断地被惠及发展中国家的"特殊性"和"差别性"所补充和取代②。

由此可见,中国今后在对外缔结和修订 BITs 的实践中,依据双方经济发展水平、经济实力对比、吸收外资与对外投资规模对比、外资法律保护环境对比以及确保国家安全需要等等具体情况,在境内涉外投资争端管辖权问题上,采取"区分两类国家,厘定差别标准,实行区别对待"的做法,从而在真正公平互惠的基础上,做到"放权适度,宽严有别",这是完全符合于当代 MFN 待遇原则的

---

① 《多哈宣言》强调:"各种特殊与差别待遇条款乃是 WTO 各种协定不可分割的组成部分,……对所有的特殊与差别待遇条款,都应重新审议,予以加强,使它们更加明确,更加切实有效,更加便于操作。""给予发展中国家的特殊与差别待遇应当作为一切磋商谈判中不可分割的内容,列入有待谈判的各种减让清单和承诺清单,并且纳入相关的规则和规章,做到切实可行,以便发展中国家能够切实有效地用以满足其各种发展需要。"Doha Ministerial Declaration(14 November 2001),paras. 44,13, WT/MIN(01)/DEC/1, at http://www.wto.org/english/thewto_e/minist_e/min01_e/mindecl_e.htm, September 6, 2006.

② 参见曾华群:《论"特殊与差别待遇"条款的发展及其法理基础》,载于《厦门大学学报》2003 年第 6 期。

发展进程的。

(五) 区别对待、排除或限制 MFN 条款扩大适用于争端程序，符合 UNCTAD 晚近的反复警示

如前所述①，2003—2006 年 UNCTAD 在其一系列研究报告中，接二连三地郑重告诫全球众多发展中国家，务必清醒地认识 BITs 的"双刃剑"作用，既要努力引进外资为本国的发展服务，又要恰如其分地"留权在手"，努力保障本国的主权权益，在这两者之间保持必要的平衡。特别是题为《在国际投资条约中留权在手：善用保留权》的研究报告，尤其值得注意。它专门探讨和指导处在弱势地位的众多发展中国家，在对外缔结投资条约中，如何善用《维也纳条约法公约》第 2 条赋予的"保留"权，设定必要的例外，尽可能地把自主权、管辖权、灵活处理权保留在自己手中。现任 UNCTAD 秘书长素帕差指出，包括本项文献在内的系列研究报告旨在为各国决策者、政府官员、国际组织官员、公司主管人员和非政府组织代表人士们提供咨询意见和合理建议。这些建议，实质上乃是 UNCTAD 麾下专家们在充分调查发展中国家有关国际投资条约实践的经验教训之后，作出的科学总结和恳切诤言，切合中国的现实需要，值得中国认真研究，择善而从。而及时采取"区分两类国家，实行差别互惠"的做法，从而在真正公平互惠的基础上，做到"放权适度，宽严有别"，显然完全符合 UNCTAD 关于"善用保留权"建议的基本精神。

(六) 区别对待的做法符合国际仲裁的最新实践

在 BIT 中可以采取区别对待的做法，以明确的措词，在争端管辖权问题上，限制或排除 MFN 条款的适用，这已在近年来国际仲裁的实践中逐渐形成主流共识②。在 2000 年阿根廷墨菲兹尼（Maffezini）公司诉西班牙案中，ICSID 仲裁庭对阿根廷—西班牙 BIT 中的 MFN 条款进行了深入的分析③。仲裁庭虽然认定：有关 MFN 条款可适用于该案争端解决程序，因而应当提交 ICSID 国际仲裁庭管辖审理，但是，其各种推理和论证，均以阿根廷—西班牙 BIT 中并无明确排除 MFN 条款适用于争端解决程序的明文规定作为立论前

---

① 见本文第四部分之(二)。
② 参见王海浪：《ICSID 管辖权新问题与中国新对策研究》（博士学位论文），第四章："最惠国条款对'同意'范围的扩展"，2006 年完成，待出版。
③ Emilio Agust Agustinn Maffezini v. Kingdom of Spain(ICSID Case No. ARB/97/7), Decision of the Tribunal on Objections to Jurisdiction.

提。反之,如果有关 BIT 中已有明白无误的排除规定,则按照"当事人意思自治"这一公认的法理原则,语意含糊的 MFN 条款显然就无从扩大适用于争端解决这一程序性待遇问题了。此种推理和论证,曾在国际仲裁界引起广泛的关注和热烈的讨论,并在后续的多起涉及 ICSID 管辖权的争端中具有深刻的影响。

在 2005 年作出的有关塞浦路斯普拉玛(Plama)公司诉保加利亚案管辖权的决定中,ICSID 仲裁庭明确认定某一 BIT 中的 MFN 条款不能扩大适用于另一 BIT 中规定的争端解决程序[①]。在该案所涉保加利亚—塞浦路斯 BIT 中,争端解决条款规定仅仅限于与征收补偿金额有关的争端可提交国际特设仲裁庭仲裁[②]。讼争过程中,当事人双方对于可否通过其中 MFN 条款,依据保加利亚—芬兰 BIT 等其他 BITs 中有关争端解决的规定,把征收补偿金额以外的争端也提交国际仲裁的问题,坚持相反的主张。

普拉玛案仲裁庭指出:"在缔结条约时,保—塞双方把特定的投资者与东道国之间的争端适用相关国际仲裁解决程序限定于 BIT 规定的【与征收补偿金额有关的争端】范围,并且没有通过 MFN 条款扩展这些规定的意图"[③],"把争端解决纳入到 MFN 条款适用范围之内的意图必须是明确的并且是毫无疑义的表述"[④]。因此,仲裁庭的结论是:即使把保加利亚—塞浦路斯 BIT 中的 MFN 条款与保加利亚和其他国家签订的 BITs(特别是保加利亚—芬兰 BIT)联系起来解读,也不能任意解释为保加利亚已经同意把东道国与普拉玛公司之间的争端(征收补偿额争端以及其他争端)都提交 ICSID 管辖,或者任意解释为普拉玛公司有权援引其他 BITs 中有关争端解决的规定,把本案争端提交 ICSID 管辖。

比较两案仲裁庭 MFN 条款与 ICSID 管辖权问题分别作出的决定,可以发现,墨菲兹尼案仲裁庭的主张是:除非另有明确的排除规定,MFN 条款一般可

---

① Plama Consortium Limited v. Republic of Bulgaria (ICSID Case No. ARB/03/24), at www.worldband.org/icsid/cases/plama-decision.pdf, March 1, 2006.

② 其第 4 条规定:

"4.1 征收的合法性应该经相关投资者的请求,通过采取征收措施缔约方的普通行政和法律程序加以审查。对于行政裁定中没有解决的补偿金额争端,相关投资者和另一缔约当事方的法律代表应该协商解决。如果在开始协商后的三个月内没有达成协议,经投资者申请,补偿金额应该由采取征收措施的缔约一方的法律程序或者是国际特别仲裁庭加以审查。"

"4.2 第 4 条第 4.1 款所述国际仲裁庭应该逐案设立。每一缔约方应该指定一名仲裁员,再由这两名仲裁员同意一个第三国国民作为主席……" Id., para. 26.

③ Id., paras. 195–197.

④ Id., para. 204.

以适用于争端管辖权的程序性待遇；普拉玛案仲裁庭的主张则是：除非另有明确的适用规定，MFN 条款一般不能适用于争端管辖权的程序性待遇。两者的共同点是都不认为 MFN 条款绝对适用于争端管辖权的程序性待遇。较之前者，后者的主张及其论据，显然更尊重举世公认的当事人意思自治原则，更切合于提交国际仲裁的基础和前提，因此获得更普遍的好评与肯定。

（七）区别对待、排除或限制 MFN 条款适用范围的做法已有若干先例可援

MFN 条款的通常适用范围，是实体性待遇。它是否可以通过推理和解释，扩大适用于程序性待遇，国际上迄今未有最后的权威定论。鉴于 ICSID 仲裁庭在其实践中具有通过自由裁量扩大管辖权的倾向，因此，中国如果不愿把 MFN 条款扩大适用于程序性待遇，就应当在今后缔结或修订的 BITs 中对此作出明确的限制或排除。这样做，是有先例可援的。例如，2003 年《美洲自由贸易协定（草案）》针对其中的 MFN 条款附加了这样的注解："缔约各方注意到 ICSID 仲裁庭最近针对阿根廷墨菲兹尼公司诉西班牙案作出的决定，其中确认在阿根廷与西班牙的一份协定中具有含义非常广泛的 MFN 条款。相形之下，《美洲自由贸易协定（草案）》中的 MFN 条款明文限定仅仅适用于'有关投资的立项、并购、扩充、经营、活动、运作、出售以及其他处置事宜'。鉴此，缔约各方现在达成共识，确认本《协定》中的 MFN 条款并不适用于本节第 C 节所包含的国际争端解决机制（即缔约一方与缔约另一方的投资者之间的争端解决）的有关事宜"[1]。

另外，在缔结 BIT 的范本中，也有以"不溯即既往"的规定对 MFN 条款的适用加以限制的做法，可供参考。因此，中国不妨借鉴加拿大 2004 年 BIT 范本附录Ⅲ（MFN 例外）中的下述规定，加以师法和移植。该附录规定："第 4 条关于 MFN 待遇的条款不应该适用于在本《协定》生效日以前已经生效或者已经签订的所有双边或多边国际协定所赋予的待遇"。如果仿此办理，则今后与中国谈判修订或签订 BIT 的任何发达强国，就一律无权根据 MFN 条款规定，要求援例享受我国以前曾经在其他中外 BITs 中赋予第三方（含德、荷等发达国家）的同等待遇。

---

[1] See Chapter XXIII Dispute Settlement of FTAA(Draft Agreement), footnote 13, at http：//www. ftaaalca. org/FTAADraft03/Chapter XXIII _ e. asp, September 6, 2006. See also OECD, *International Investment Law: A Changing Landscape*, Chapter 4, "Most-Favoured-Nation Treatment in International Investment Law", OECD Publishing, 2005, pp. 127, 132.

六、结 论

总之,在中国对外谈判缔结新的 BITs 或修订原有的 BITs 过程中,切宜根据国内外实情,区分两类国家,实行差别互惠,明文排除或限制 MFN 适用于争端程序。尤其是在大量吸收外资并与实力强大的国际资本交往的过程中,中国难以全面、准确地预测前面会有多少坎坷、陷阱与漩涡;阿根廷经历过的沉痛教训及其已经交付的昂贵"学费",已转化成为众多发展中国家的共同财富,中国无须再交一遍"学费"。中国应当力求避免重蹈覆辙,误陷漩涡。从此种意义上讲,中国在与实力悬殊的经济强国进行 BITs 谈判中,一时达不成协议或暂时没有协定,比迅速达成对中国不利的协定要好得多。权衡国内外的现实形势,我国完全没有必要全面地放权过快、弃权过多,更不宜仅为了制造政治气氛、友好氛围而贸然行事,从而不知不觉地导致"门户洞开,毫不设防"。反之,立足中国,放眼世界,则在当前条件下,显然仍宜保留清醒的头脑,增强必要的忧患意识,经常居安思危①,坚持有关国际公约的授权规定,善于掌握四大"安全阀",趋利避害,在"引进来"与"走出去"之间,在保护外资合法权益和维护中国主权权力之间,保持正确的、恰如其分的综合平衡。

这样,今后中国才能更好地通过签订或修订 BITs,达到名副其实的互利互惠、持续促进经济发展;进而在确立跨国投资合理规范和建立国际经济新秩序的过程中,发挥应有的示范作用。中国的和平崛起要求我们这么做,中国在国际上的地位也要求我们这么做。只有这样,才有利于中国,有利于发展中国家,有利于和谐世界的共同繁荣与发展。

2007 年 10 月 4 日修订

---

① 参见江泽民:《全面建设小康社会,开创中国特色社会主义事业新局面》(2002 年 11 月 22 日),第十部分,at http://www.hfzfcg.gov.cn/wzyc/wzyc/20021122141827.htm;胡锦涛:《在省部级主要领导干部提高构建社会主义和谐社会能力专题研讨班上的讲话》,第一部分,2005 年 2 月 19 日,新华网北京 6 月 26 日电,at http://news3.xinhuanet.com/newscenter/2005-06/26/content_3138887.htm;温家宝:《关于社会主义初级阶段的历史任务和我国对外政策的几个问题》,第一、三部分,at http://politics.people.com.cn/GB/1024/5418093.html,2007 年 5 月 1 日。

Ⅶ 《中国—秘鲁1994年双边投资协定》可否适用于"一国两制"下的中国香港特别行政区

——香港居民谢业深 v. 秘鲁政府征收投资案件的法理剖析

内容提要 媒体报导:香港的一位投资人谢业深先生(Mr. Tza Yap Shum)以秘鲁共和国政府为"被申请人",向"解决投资争端国际中心"(ICSID)投诉,申请仲裁,声称:秘鲁政府对他在秘鲁境内设立的一家鱼粉公司采取了征收措施。ICSID秘书处已于2007年2月12日正式立案受理。当前双方争议聚焦于ICSID仲裁庭是否对本案具有管辖权。这个问题的答案,主要取决于中国—秘鲁于1994年签订的双边投资协定(以下简称《中国—秘鲁BIT 1994》)可否直接适用于中国的香港特别行政区。本文从法理学角度,探讨在香港特别行政区享有居留权的中国国民可否援引《中国—秘鲁BIT 1994》,不经投资所在东道国秘鲁政府同意,径自单方向ICSID投诉,要求ICSID针对本案有关争端实行国际仲裁。笔者认为:依据中国法律、香港基本法以及相关的国际法,针对上述问题的初步答案是否定的。

目 次

一、本案案情梗概
二、主要争议和初步看法
  (一) 主要争议
  (二) 初步看法
三、关于申请人之中国国籍问题

（一）中国国籍的获得

（二）中国国籍的丧失

（三）《中国国籍法》对香港特别行政区的适用

（四）中国国籍的证明

（五）香港特别行政区护照对中国国籍的证明

四、关于《中国—秘鲁 BIT 1994》适用于在香港享有居留权的中国公民问题

（一）香港回归中国前后的历史回顾

（二）《中英联合声明》确立的原则与规则

（三）"中英联合联络小组"的工作

（四）《香港特别行政区基本法》以及中国法律、中—外协定（条约）对香港的适用

（五）《中国—秘鲁 BIT1994》不适用于在香港享有居留权的中国公民

五、关于《中国—秘鲁 BIT 1994》中仲裁条款的适用范围问题

（一）中国加入《华盛顿公约》的历史回顾

（二）中国对于双边投资协定（BITs）争端解决条款的基本政策

（三）《中国—秘鲁 BIT 1994》中仲裁条款的范围与性质

六、关于《中国—秘鲁 BIT 1994》中"最惠国条款"的适用范围问题

（一）中国在"最惠国（MFN）条款"方面的历史教训

（二）《中国—秘鲁 BIT 1994》中 MFN 条款的固有涵义

（三）可否援引《中国—秘鲁 BIT 1994》中的 MFN 条款，创设新的 ICSID 管辖权

（四）当代国际法学界对 MFN 条款性质的共识：MFN 待遇只是国家主权的派生物

（五）依据《维也纳条约法公约》对《中国—秘鲁 BIT 1994》中的 MFN 条款进行解释

（六）联合国官方文件的反复警示以及当今世界对 MFN 条款的严格解释

（七）目前国际缔约实践中对 MFN 条款的限制与排除

（八）ICSID 实践对 MFN 待遇的限制与排除（裁决案例）

（九）《中国—秘鲁 BIT 1994》中的 MFN 条款问题

七、结论

一、本案案情梗概

据"解决投资争端国际中心"官方网站公布的信息①以及国际媒体的相关报导②,香港居民谢业深先生以其个人名义向总部设在美国首都华盛顿特区的"解决投资争端国际中心"(ICSID)提交了一份仲裁申请书,声称:吸收外资的东道国——秘鲁共和国当局征收了他在秘鲁境内开设的一家鱼粉公司——"TSG(秘鲁)有限公司"(以下简称"TSG 公司")。为此,向秘鲁政府索赔 2 千万美元。

蔡先生向 ICSID 提出申请国际仲裁的法律根据是 1994 年中国和秘鲁签订的《双边投资保护协定》③。

秘鲁是全球首屈一指的鱼粉生产国。鱼粉含有高比率蛋白和易吸收脂肪,是动物的良好饲料。据申请人聘请的律师称:TSG 公司专门从事鱼粉的制造和有关进出口业务,向亚洲市场批发销售。谢业深先生拥有该鱼粉公司股权的 90%。在 2003—2004 年间,TSG 公司是秘鲁六家最大鱼粉出口商之一。2005 年其鱼粉产量占全秘鲁总产量的 70%。投资人与秘鲁政府之间的争端肇始于 2004 年 12 月。当时,秘鲁的"国家税收管理总局"(National Tax Administration Office)指责 TSG 公司欠税高达 1 千 2 百万元秘鲁新币(约相当于现今的 400 万美元)。发出欠税通知之后仅仅一个月,当 TSG 公司正在法定期限内提出异议之际,秘鲁当局就取消了(confiscate)TSG 公司的银行账户,致使 TSG 公司陷于瘫痪。蔡先生认为秘鲁政府采取的这种措施构成了征收行为,而又迄未对 TSG 公司给予赔偿。ICSID 秘书处对于蔡先生提出的仲裁申请,经反复审议,已于 2007 年 2 月 12 日正式立案受理,案号为"ICSID Case No. ARB 07/6",并于同年 10 月 1 日组成了以 J. L. Kessler 为首的三人仲裁庭。

据秘鲁驻美大使馆的一名官员告诉《投资条约新闻》杂志(Investment

---

① http://icsid.worldbank.org/ICSID/FrontServlet? requestType = CasesRH&actionVal = ListPending.
② www.iisd.org/investment/itn.
③ 其全称是《中华人民共和国政府和秘鲁共和国政府关于鼓励和相互保护投资协定》(Agreement Between the Government of the People's Republic of China and the Government of the Republic of Peru Concerning the Encouragement and Reciprocal Protection of Investments),1994 年 6 月 9 日签订于中国北京。国际法学界通常把此类协定简称为"双边投资条约"(Bilateral Investment Agreement,其缩写是 BIT)。

Treaty News,ITN):秘鲁政府已经收到有关的仲裁通知书,正在审阅有关的索赔申请,并将在近期内作出答辩。

如所周知,中国实行改革开放基本国策二十多年以来,先后曾与120多个国家分别签订了双边投资协定,有条件地接受了 ICSID 仲裁体制。但是,直到2007年2月以前,无论是中国政府,或者是中国的企业和个人,都未曾在 ICSID 国际仲裁庭正式涉案,成为仲裁案件的申请人或被申请人。如今,本案争端涉及中国投资人(Chinese investor)直接向 ICSID 仲裁庭投诉,申请国际仲裁,要求其投资所在的东道国给予征收赔偿。据媒体报导:此举尚属首例,因而引起国际社会,特别是国际投资界和仲裁界的广泛关注和瞩目。

从表面上看,此案案情貌似并不复杂,实则并不简单。它的核心和关键问题是:在"一国两制"的条件下,中国香港特别行政区具有居留权的中国国民,是否有权援引《中国—秘鲁 BIT 1994》这一国际协定,以其投资所在的东道国作为被申请人,不经东道国政府另行同意,单方径自向 ICSID 申请国际仲裁,索取征用赔偿。这个核心和关键,在当今中国"一国两制"的特定条件下,涉及和派生出一系列相当复杂的法理问题,有待澄清和解决。

对此,国内外学人迄今是仁者见仁,智者见智,歧议颇多。笔者及青年同仁一直从事国际投资法、ICSID 体制和双边投资协定的研究。面对与本案有关的新鲜问题和前沿学术争议,认为很有必要进行深入探讨,以明究竟。谨此提出管见,就教于国内外同行,欢迎惠予批评指正。

二、主要争议和初步看法

(一) 主要争议

本案现阶段的主要争议在于以下几个方面:

第一,本案申请人具有中国香港特别行政区居留权,持有香港特别行政区签发的护照,其中载明他具有中国国籍,因此他应当是一般意义上的中国国民。但是,他是否《中国—秘鲁 BIT 1994》这一特定国际协定中规定的中国国民?

第二,本案申请人作为中国香港特别行政区居民,是否有权援引《中国—秘鲁 BIT 1994》这一特定的国际协定,以其投资所在的东道国——秘鲁作为被申请人,不经东道国政府同意,单方径自向 ICSID 申请对有关的投资争端加以国际仲裁?

第三,《中国—秘鲁 BIT 1994》中的争端解决条款,是否允许双方缔约国境内的外国投资人有权把任何投资争端都提交 ICSID,申请实行国际仲裁?

第四,《中国—秘鲁 BIT 1994》中的最惠国条款,是否允许双方缔约国境内的外国投资人有权援引东道国与第三国缔结的 BITs 中的争端解决条款规定,借以扩大和创设 ICSID 的管辖权?

针对上述四个方面的主要争议问题,笔者作了认真的探讨研究,形成了以下几点看法。

(二)初步看法

第一,本案申请人是中国香港特别行政区的居民,持有该地区政府签发的护照,其中载明持证人具有中国国籍,因此,如果护照真实无伪,他应当是一般意义上的中国国民。但是,他却不是《中国—秘鲁 BIT 1994》这一特定国际协定中规定的中国国民。

第二,本案申请人作为中国香港特别行政区居民,依法无权援引《中国—秘鲁 BIT 1994》这一特定的国际协定,以其投资所在的东道国——秘鲁作为被申请人,不经东道国政府同意,单方径自向 ICSID 申请对有关的投资争端加以国际仲裁。

第三,《中国—秘鲁 BIT 1994》中的争端解决条款,只允许双方缔约国境内的外国投资人在一定条件下把有关**征收补偿款额**的争端,单方径自提交 ICSID 仲裁。不允许双方缔约国境内的外国投资人,未经东道国同意,单方径自把有关征收补偿款额以外的任何投资争端,都提交 ICSID,申请实行国际仲裁。

第四,《中国—秘鲁 BIT 1994》中的最惠国条款,不允许双方缔约国境内的外国投资人援引东道国与第三国缔结的 BITs 中的争端解决条款规定,借以扩大和创设 ICSID 的管辖权。

以上四方面的初步看法和基本见解,是根据中国法律、香港基本法以及相关的国际法的具体规定,根据其中蕴含的基本法理原则,作出的综合判断。兹逐一分别阐述如下。

三、关于申请人之中国国籍问题

本案申请人作为中国香港特别行政区居民,是否有权援引《中国—秘鲁 BIT 1994》这一特定的国际协定,对于这个问题的正确回答,取决于《香港基本法》、《中国国籍法》以及其他有关法律法规的综合规定及其综合解读。本文本部分逐一解释中国法律中关于中国国籍的获得、丧失、证明等基本原则及其在香港地区的具体实施,从而正确认定本案申请方当事人的国籍问题。

众所周知,香港是举世闻名的国际性大城市之一,香港当地居民的国籍构成相当复杂多样。

在英国管治的百余年中,港英当局出于种种政治经济目的,采取了比较繁杂的国籍认定措施。香港居民所持护照就有"英国属土公民护照"、"英国国民(海外)护照"之分,在香港的中国公民可以因英国政府实施的"居英权计划"而获得英国公民的身份。此外,还有不少香港居民在英国以外的其他外国享有居民权。香港正式回归中华祖国后,以上这些人的国籍如何分别正确认定?他们所持各类"护照"在法律上具有什么效力?都必须逐一作出明确规定,才能有章可循,有条不紊。在这方面,应当特别注意《中华人民共和国国籍法》以及《关于〈中华人民共和国国籍法〉在香港特别行政区实施的几个问题的解释》的具体规定。

(一) 中国国籍的获得

对中国国籍加以调整的法律是《中华人民共和国国籍法》①(简称《中国国籍法》),本法由中华人民共和国第五届全国人民代表大会第三次会议通过,于1980年9月10日公布,自公布之日起施行。本法第1条的规定,中华人民共和国国籍的取得、丧失和恢复,都适用本法。

根据《中国国籍法》第4条,自然人的父母双方或一方为中国公民,其本人出生在中国,就具有中国国籍。第5条规定:父母双方或一方为中国公民,本人出生在外国,也具有中国国籍。但父母双方或一方为中国公民并定居在外国,本人出生时即具有外国国籍的,不具有中国国籍。第6条规定:父母无国籍或国籍不明,定居在中国,本人出生在中国,具有中国国籍。

可见,《中国国籍法》基本上采用血统主义与出生地主义相结合的方式来确定是否可以获得中国国籍。

除此之外,外国人或无国籍人,其本人虽不具备中国血统或不出生于中国,却可以通过归化的方式获得中国国籍。《中国国籍法》第7条、第8条规定:具备法定条件并申请加入中国国籍获得批准的,即取得中国国籍。

---

① http://translate.legislation.gov.hk/gb/www.legislation.gov.hk/chi/home.htm.

(二) 中国国籍的丧失

《中国国籍法》第 3 条规定：中国不承认本国公民具有双重国籍。

与这一原则相对应，《中国国籍法》第 9 条规定："定居外国的中国公民，自愿加入或取得外国国籍的，即自动丧失中国国籍。"根据这一规则，中国公民如果符合以下条件则自动丧失中国国籍：1. 已经定居外国；2. 已经自愿加入或取得外国国籍。

同理，第 8 条规定：外国人或无国籍人被批准加入中国国籍的，不得再保留外国国籍。

另外，第 10 条规定：中国公民具有法定条件之一的，可以经申请批准退出中国国籍。

(三)《中国国籍法》对香港特别行政区的适用

《中国国籍法》从 1997 年 7 月 1 日起在香港特别行政区实施[①]。此前不久，考虑到香港特定的历史背景和现实情况，中国全国人民代表大会常务委员会"未雨绸缪"，在 1996 年 5 月 15 日通过《关于〈中华人民共和国国籍法〉在香港特别行政区实施的几个问题的解释》(以下简称《解释》)[②]。其中明确规定：

1. 凡具有中国血统的香港居民，本人出生在中国领土(含香港)者，以及其他符合《中华人民共和国国籍法》规定的具有中国国籍的条件者，都是中国公民。

2. 所有香港中国同胞，不论其是否持有"英国属土公民护照"或者"英国国民(海外)护照"，都是中国公民。自 1997 年 7 月 1 日起，上述中国公民可继续使用英国政府签发的有效旅行证件去其他国家或地区旅行，但在香港特别行政区和中华人民共和国其他地区不得因持有上述英国旅行证件而享有英国的领事保护的权利。

3. 任何在香港的中国公民，因英国政府的"居英权计划"而获得的英国公民身份，根据《中华人民共和国国籍法》不予承认。这类人仍为中国公民，在香港特别行政区和中华人民共和国其他地区不得享有英国的领事保护的权利。

4. 在外国有居留权的香港特别行政区的中国公民，可使用外国政府签发的有关证件去其他国家或地区旅行，但在香港特别行政区和中华人民共和国其

---

① 根据《香港特别行政区基本法》，《国籍法》是适用于香港地区的少数几部中国法律之一。
② 载于香港特别行政区政府网站＜http://translate.legislation.gov.hk/gb/www.legislation.gov.hk/chi/home.htm＞

他地区不得因持有上述证件而享有外国领事保护的权利。

5. 香港特别行政区的中国公民的国籍发生变更,可凭有效证件向香港特别行政区受理国籍申请的机关申报。

6. 授权香港特别行政区政府指定其入境事务处为香港特别行政区受理国籍申请的机关,香港特别行政区入境事务处根据《中华人民共和国国籍法》和以上规定对所有国籍申请事宜作出处理。

(四)中国国籍的证明

根据以上法律规定,为了证明具有中国国籍,有关当事人除了出具香港特别行政区政府入境事务处签发为香港特别行政区护照原件外,还可能被要求提供必要的、经过公证的文档,表明:1. 其父母双方或一方为中国公民,本人出生在中国,或者,如果本人是香港居民,则证明他出生在中国且是中国人的后代。2. 父母双方或一方为中国公民但没有定居在外国,本人出生在外国但没有由于出生而获得外国国籍。或者 3. 本人通过申请批准而获得中国国籍。

(五)香港特别行政区护照对中国国籍的证明

笔者有机会见到谢业深先生的护照复印件。该护照由中华人民共和国香港特别行政区入境事务处于 2003 年 7 月 23 日签发。其中载明,谢业深先生于 1948 年 9 月 10 日出生于福建省。如果该护照复印件真实无伪,可以作为初步证据(prima facie),认定谢业深先生具有中国国籍。但是,如果对方当事人根据《中国国籍法》以及前述《解释》提出要求,谢业深先生还应提供上述(四)所列举的有关文件,借以综合构成谢业深先生确实具有中国国籍的最终证据(conclusive evidence)。

但是,即使谢业深先生能够证明他根据中国法律确实拥有中国国籍,由于中国在"一国两制"的特定历史条件下,依法赋予香港特别行政区高度自治权,并且对拥有香港居留权的中国公民赋予特别优惠待遇,谢业深先生仍然不能援引《中国—秘鲁 BIT 1994》,要求把它直接适用于本案争端。

四、关于《中国—秘鲁 BIT 1994》适用于在香港享有居留权的中国公民问题

正确地理解上述问题,必须紧密地联系香港的历史和现状。本文本部分逐

一讨论百余年来香港所处的历史背景以及中国在香港实行"一国两制"的特定方针等问题:1.香港回归中国前后的历史回顾;2.《中英联合声明》确立的原则与规则;3."中英联合联络小组"的工作;4.《香港特别行政区基本法》以及中国法、中—外协定(条约)对香港的适用①;5.《中国—秘鲁 BIT 1994》对拥有香港居留权的中国公民的适用。

(一)香港回归中国前后的历史回顾

香港自古以来就是中国领土不可分割的一部分。1840年,由于中国法律禁止鸦片贸易,英国发动了侵华战争,即臭名昭著的"鸦片战争"。中国的清朝政府战败后,被迫于1842年与英国签订了丧权辱国的不平等条约——《南京条约》,把香港割让给英国;随后又被迫陆续签订了一系列不平等条约②,把香港周边的中国领土(九龙等地)长期"租借"给英国,形成了长期被英国占领的香港地区。

在英国占领期间,香港岛、九龙、新界地区(统称"香港")排他性地由英国国内法管辖。另外,英国与第三国签订的大量国际条约也被适用于香港。据当年港英政府法律顾问 David Edwards 称:"英国把它在以下众多领域签订的双边国际协定扩展适用于香港:包括空运服务,引渡,投资促进与保护,民商事裁决的互惠执行,互免签证"③。同样,英国还把200多项多边国际协定适用于香港④。

由于在英国占领期间,香港不受中国主权管辖,中国法律不能适用于香港。同理,中国与第三国签订的国际协定与条约也对香港不发生效力。

(二)《中英联合声明》确立的原则与规则

直到1972年,中国与英国才确立正式的大使级外交关系。中英两国对香港回归中国这一问题曾经进行了冗长且艰难的谈判,直到1984年12月才达成协议,并且签订了《中华人民共和国政府和大不列颠及北爱尔兰联合王国政府关于香港问题的联合声明》(《中英联合声明》)。

在《中英联合声明》中,中国政府声明,中华人民共和国政府决定于1997年

---

① 中—外 BIT 被称为"协定"或者"条约",在意义上并没有大的区别。
② 本文将在第5部分讨论这些不平等条约。
③ David M. Edwards [Law Officer (International Law) of the Hong Kong Government and legal adviser to the United Kingdom in the Joint Liaison Group], "*China & Hong Kong: The Legal Arrangements After 1997*", Hong Kong Lawyer, February 1995, at 35.
④ *Id.* at 34.

7月1日对香港(包括香港岛、九龙和"新界")恢复行使主权。同时,英国联合王国政府声明,于同一天将香港交还给中华人民共和国。

在《中英联合声明》中,中国进一步声明对香港的基本方针政策如下:

1. 为了维护国家的统一和领土完整,并考虑到香港的历史和现实情况,中华人民共和国决定在对香港恢复行使主权时,根据<u>《中华人民共和国宪法》第31条</u>的规定,设立香港特别行政区[①]。

2. 香港特别行政区直辖于中华人民共和国中央人民政府。除外交和国防事务属中央人民政府管理外,**香港特别行政区享有高度的自治权**。

3. 香港特别行政区享有行政管理权、立法权、独立的司法权和终审权。**现行的法律基本不变**。

4. 香港特别行政区政府由当地人组成。行政长官在当地通过选举或协商产生,由中央人民政府任命。主要官员由香港特别行政区行政长官提名,报中央人民政府任命。原在香港各政府部门任职的中外籍公务、警务人员可以留用。香港特别行政区各政府部门可以聘请英籍人士或其他外籍人士担任顾问或某些公职。

5. **香港的现行社会、经济制度不变,生活方式不变**。香港特别行政区依法保障人身、言论、出版、集会、结社、旅行、迁徙、通信、罢工、选择职业和学术研究以及宗教信仰等各项权利和自由。私人财产、企业所有权、合法继承权以及外来投资均受法律保护。

6. 香港特别行政区将保持自由港和独立关税地区的地位。

7. 香港特别行政区将保持国际金融中心的地位,继续开放外汇、黄金、证券、期货等市场,资金进出自由。港币继续流通,自由兑换。

8. 香港特别行政区将保持财政独立。中央人民政府不向香港特别行政区征税。

9. 香港特别行政区可同联合王国和其他国家建立互利的经济关系。联合王国和其他国家在香港的经济利益将得到照顾。

10. **香港特别行政区可以"中国香港"的名义单独地同各国、各地区及有关国际组织保持和发展经济、文化关系,并签订有关协定**。

香港特别行政区拥有高度自治权以及有权以自己名义缔结国际协议,这一原则在《中英联合声明》附件一当中得到了更加详细的发挥。

---

① 中华人民共和国宪法第31条规定:"国家在必要时得设立特别行政区。在特别行政区内实行的制度按照具体情况由全国人民代表大会以法律规定。"

《中英联合声明》附件一第 XI 章规定香港有权与其他国家、地区以及国际组织**单独地**协商与缔结其自己的国际协议。

《中英联合声明》特别指出,香港在回归中国之前所缔结的国际协议仍然继续有效。

关于中国中央人民政府对外缔结的各种国际协议,上述附件一第 XI 章规定其对香港的适用条件是:"中央人民政府可根据香港特别行政区的情况和需要,在征询香港特别行政区政府的意见后,决定是否适用于香港特别行政区。"换言之,《中英联合声明》规定中国与外国签订的各种国际协定在 1997 年后并不能自动适用于香港。相反,这些协定只在中国中央政府征询香港特别行政区政府的意见,并决定适用于香港特别行政区后,才能适用于香港特别行政区。

(三)"中英联合联络小组"的工作

在香港于 1997 年回归中国之前,为了促使《中英联合声明》得以有效执行以及 1997 年政权得以顺利交接,中国与英国设立了"中英联合联络小组"(Sino-British Joint Liaison Group,简称"JLG")①。

在联合联络小组成立到 1997 年 7 月 1 日的前半段时期中,该小组审议的事项包括:

1. 两国政府为使香港特别行政区作为独立关税地区保持其经济关系,特别是为确保香港特别行政区继续参加关税及贸易总协定、多种纤维协定及其他国际性安排所需采取的行动;

2. 两国政府为确保同香港有关的国际权利与义务继续适用所需采取的行动。

两国政府同意,在联合联络小组成立到 1997 年 7 月 1 日的后半段时期中,有必要进行更密切的合作,因此届时将加强合作。在此第二阶段时期中审议的事项包括:

1. 为 1997 年顺利过渡所要采取的措施;

2. 为协助香港特别行政区同各国、各地区及有关国际组织保持和发展经济、文化关系并就此类事项签订协议所需采取的行动②。

英国签订的国际协议(双边或多边)从 1997 年 7 月 1 日开始停止在香港适用。由于此类协议在香港与国际社会的法律与经济关系中发挥了非常重

---

① 参见:《中英联合声明》附件二。
② 同上。

要的作用,联合联络小组**强调香港在非常重要的领域(例如投资保护等)签订国际协议**。其结果是,在上世纪90年代,在回归中国之前,经英国授权,香港与下列国家**分别单独**签订了双边投资保护协定(BITs):澳大利亚、奥地利、卢森堡经济联盟、丹麦、法国、德国、意大利、日本、韩国、荷兰、新西兰、瑞典与瑞士[①]。

JLG还同意,香港在回归中国之前与其他国家签订的**双边投资协议**将在1997年6月30日之后继续适用[②]。

(四)《香港特别行政区基本法》以及中国法律、中—外协定(条约)对香港的适用

中华人民共和国第七届全国人民代表大会第三次会议于1990年4月4日通过了《中华人民共和国香港特别行政区基本法》(以下简称《香港基本法》或《基本法》)。《香港基本法》构成管理香港特别行政区的宪政性文件,包含了中华人民共和国中央人民政府对香港特别行政区实施的一切基本政策[③]。自1997年7月1日中华人民共和国对香港恢复行使主权之时起实施。

《基本法》序言指出:为了维护国家的统一和领土完整,保持香港的繁荣和稳定,并考虑到香港的历史和现实情况,国家决定,在对香港恢复行使主权时,根据中华人民共和国宪法第三十一条的规定,设立香港特别行政区,并按照"一个国家,两种制度"的方针,不在香港实行社会主义的制度和政策。

根据中华人民共和国宪法,全国人民代表大会特制定中华人民共和国香港特别行政区基本法,规定香港特别行政区实行的制度,以保障国家对香港的基本方针政策的实施。

《基本法》第5条强调:香港特别行政区不实行社会主义制度和政策。相反,香港将继续保持原有的资本主义制度和生活方式,从1997年起五十年不变。

"一国两制"中的"一国"原则,强调中国的国家统一以及领土完整;香港是中国领土不可分割的组成部分,中国中央政府负责防卫与外交事务。另一方面,"一国两制"中的"两制"原则,强调香港的高度自治权,允许香港继续实施资

---

① 参见香港特别行政区政府网站:http://www.legislation.gov.hk/table2ti.htm。
② 对于香港签订的、将在1997年6月30日之后继续适用的其他国际协议,参见:http://www.info.gov.hk/cab/topical/right4_1_1.htm#3。
③ 《香港基本法》第11条规定:"根据中华人民共和国宪法第三十一条,香港特别行政区的制度和政策,包括社会、经济制度,有关保障居民的基本权利和自由的制度,行政管理、立法和司法方面的制度,以及有关政策,均以本法的规定为依据。香港特别行政区立法机关制定的任何法律,均不得同本法相抵触。"

本主义制度并维持其法律、经济、社会与文化体制①。

1. "一国两制"下香港的法律地位

《香港基本法》反映了上述《中英联合声明》中勾勒出来的原则②。

1997回归中国之后,香港享有高度的自治权力。《基本法》第2条规定:"全国人民代表大会授权香港特别行政区依照本法的规定实行高度自治,享有行政管理权、立法权、独立的司法权和终审权"③。

对于其内部立法,香港回归之前原有的法律,即普通法、衡平法、条例、附属立法和习惯法,在1997年之后一般继续有效(《基本法》第8条)④。Yash Ghai 解释道,这样规定的原因是:

"原先法律体制下的普通法与大部分其他规定受到《基本法》的保护。保留香港已有的法律与司法体系可以提供一个发展良好的、私有化市场导向的法律体系,这一法律体系与安全交易、风险最小、可预测性紧密相关(例如第8条、第18条)"⑤。

从国际视角来看,香港可加入相关的国际组织与国际贸易协定(《基本法》第116条)。在这方面,姚壮教授解释道:

"不同的社会制度必然会使香港与内地在经济、贸易、金融、劳工、医疗卫生等方面的制度和政策有所差异,而且两者参加国际组织的情况也因各自的社会背景而有所不同……这种不同的情况就要求给予香港在国际组织中单独表示自己的要求的机会,所以,不能把将来香港参与国际组织的活动统统安排在我国代表团之内,必要时应让它以单独的身份参加活动,以便更好地保持它原有的权益"⑥。

---

① 参见《香港基本法》第1、12—14条;并参见姬鹏飞:"《中华人民共和国香港特别行政区基本法(草案)》及其有关文件的说明",1990年3月28日提交第七届全国人民代表大会第三次会议文件。姬鹏飞先生曾任中华人民共和国香港特别行政区基本法起草委员会主任委员、中共中央对外联络部部长、国务院副总理兼秘书长。

② 徐崇利、赵德铭:《1997年后国际投资协定对香港特别行政区的适用》,载于《中国法与比较法论丛》,1996年第一期第二卷。第139—154页。

③ 同时,《基本法》第12条规定:"香港特别行政区是中华人民共和国的一个享有高度自治权的地方行政区域,直辖于中央人民政府"。

④ 参见《基本法》第18条第1款:"在香港特别行政区实行的法律为本法以及本法第八条规定的香港原有法律和香港特别行政区立法机关制定的法律。"

⑤ Yash Ghai, "*Hong Kong's New Constitutional Order: The Resumption of Chinese Sovereignty and the Basic Law*", Chapter 6 ("The Economic System"), 2d. ed., 1999 at 241.

⑥ 姚壮:《香港与国际组织》,载于《中国国际法年刊》,1989年卷,法律出版社1990年版,第327页。姚壮曾任中英谈判联合联络小组(Sino-British Joint Liaison Group)的中方法律专家、中国外交学院的著名资深教授。

香港是在参加国际组织与缔结国际贸易协议方面拥有自治权的最佳例子,是它有权成为 WTO 的单独成员方。曾华群教授解释道,中国政府与英国政府决定香港可成为 GATT 的单独缔约方,这一决定通过 1986 年英国的声明而得以实现。在 WTO 生效之后,香港由于其作为 GATT 成员方的权利而成为 WTO 的创始成员方。在分析 WTO 的主张与责任体系时,曾教授解释说,作为 WTO 的成员方,香港能够提出单独的诉求并且承担责任:"如果中国香港……认为其权利与利益遭到第三方的损害,它将诉之于 WTO 的争端解决机制……而不用通过中华人民共和国。"同样,"在法律意义上……中华人民共和国作为申请方或者被申请方的 WTO 案件完全与中国香港无关"①。

另外,根据《基本法》第 151 条,"香港特别行政区可在**经济、贸易、金融**、航运、通讯、旅游、文化、体育等领域**以'中国香港'的名义,单独地**同世界各国、各地区及有关国际组织保持和发展关系,**签订和履行有关协议**。"

在讨论香港对外的自治权时,Mushkat 教授指出:"香港特别行政区是与 60 多个国家之间分别签订 130 多项双边协定的缔约方,这些协定涉及经济活动、航空服务、防止双重征税以及投资促进与保护这些战略领域"②。确实,在"投资促进与保护"领域,香港在回归前后都与外国单独签订了双边投资协定。

前文提到:在 1997 年 7 月之前,香港分别与不同外国单独签订了十多个双边投资协定,这些协定在 1997 年 7 月之后继续生效③。在回归中国之后,香港又于 1998 年 7 月与英国、2005 年 11 月与泰国分别单独签订了双边投资条约。

2. 中国法律、中—外协定(条约)对香港的适用

就中国法律而言,《香港基本法》第 18 条规定:

"在香港特别行政区实行的法律为本法以及本法第八条规定的香港原有法律和香港特别行政区立法机关制定的法律。全国性法律除列于本法附件三者外,不在香港特别行政区实施。凡列于本法附件三之法律,由香

---

① Zeng Huaqun, "*One China, Four WTO Memberships: Legal Grounds, Relations and Significance*", Journal of World Investment & Trade,. Vol. 8, No. 5, 2007, p. 680.

② Roda Mushkat, "*Hong Kong's Exercise of External Autonomy: A Multi-Faceted Appraisal*", International & Comparative Law Quarterly, 2006 at 947.

③ 《基本法》第 153 条第 2 款规定:"中华人民共和国尚未参加但已适用于香港的国际协议仍可继续适用。中央人民政府根据需要授权或协助香港特别行政区政府作出适当安排,使其他有关国际协议适用于香港特别行政区。"

港特别行政区在当地公布或立法实施。"

根据上述规定,中华人民共和国法律即全国性法律不适用于香港特别行政区,除非已经列入《基本法》附件三之中①。另外,为了在香港地区生效,这些法律必须在当地公布或立法实施②。

对此,《香港基本法》起草委员会成员肖蔚云教授撰写专文加以剖析,认为香港长期实行普通法,普通法适应于香港社会经济的发展,有利于香港的稳定和繁荣。因此,不能将内地实行的社会主义法律体系推行于香港,否则将不利于香港的稳定与繁荣。肖教授进一步解释说,只有极少数的中国全国性法律适用于香港特别行政区,这就保证了中国内地与香港特别行政区各自适用不同法系的法律:内地适用社会主义法系的法律,香港适用英美法系即普通法系的法律,从而避免了内地的法律和香港的普通法同时都适用于香港特别行政区而导致互相矛盾和冲突。这样,保障了香港特别行政区实施的法律完全符合和适应其社会经济发展的需要,完全符合香港居民的愿望,有利于解除他们关于改变香港现行体制的顾虑和担心,有利于促进香港特别行政区的法治③。

只有在特定的战争状态或其他紧急状态下,中国中央人民政府可以采取例外措施:《香港基本法》第18条第4款规定:"全国人民代表大会常务委员会决定宣布战争状态或因香港特别行政区内发生香港特别行政区政府不能控制的危及国家统一或安全的动乱而决定香港特别行政区进入紧急状态,中央人民政府可发布命令将有关全国性法律在香港特别行政区实施。"

就中外协定与条约而言,《基本法》第153条第1款规定:"中华人民共和国缔结的国际协议,中央人民政府可根据香港特别行政区的情况和需要,在征询香港特别行政区政府的意见后,决定是否适用于香港特别行政区。"换言之,中华人民共和国与其他国家缔结的国际协议与条约一般并不适用于香港特别行政区,除非中国政府认为条约应该扩大适用于香

---

① 下列全国性法律,自一九九七年七月一日起由香港特别行政区在当地公布或立法实施:一、《关于中华人民共和国国都、纪年、国歌、国旗的决议》,二、《关于中华人民共和国国庆日的决议》,三、《中央人民政府公布中华人民共和国国徽的命令》,附:国徽图案、说明、使用办法,四、《中华人民共和国政府关于领海的声明》,五、《中华人民共和国国籍法》,六、《中华人民共和国外交特权与豁免条例》(《基本法》附件三)。

② http://www.legislation.gov.hk/choice.htm#bf。

③ 肖蔚云:《九七后香港与中央及内地的司法关系》,《中外法学》1996年第2期,第56页。肖蔚云:《论香港基本法对香港特别行政区法治的保障》,《中外法学》1999年第2期,第2页。

港,才可在征询香港特别行政区政府的意见后,决定适用于香港特别行政区。

根据上述规定和香港的做法,如果某项中—外协定或者条约要扩大适用于香港特别行政区,必须满足以下法定程序要求:

(1) 中华人民共和国中央人民政府根据香港特别行政区的情况和需要,考虑相关协定或者条约扩大适用于香港特别行政区;

(2) 中央人民政府必须就此类协定或者条约扩大适用于香港特别行政区问题,事先征询香港特别行政区政府的意见;

(3) 如果中国中央政府与香港地区政府同意此类协定或者条约扩大适用于香港,中国必须与缔约另一方换文或者以议定书形式修改原协定或者原条约,以便此类协定或者条约扩大适用于香港,并且把此种修改通知协定或者条约的保存机构。由于投资促进与保护条约不需要通过香港当地立法的形式就可以在香港实施,其通常做法是在生效时在香港政府公报上加以公布①。

据中国官方网站资料显示:中国政府与外国政府在1997年香港回归之前签订的所有中—外双边投资协定(BITs),从未依据上述法定程序扩大适用于香港特别行政区。中国—秘鲁 BIT 签订于1994年,生效于1995年,也不例外。此种情况,迄今没有改变。同样,中国政府与外国政府在1997年之后签订的双边投资协定也从未依据上述法定程序扩大适用于香港特别行政区。

其所以然,根本原因是在"一国两制"下,中国内地与香港地区实行互不相同的两种社会、经济、法律制度,导致两地关于外国投资的政策也明显相异。诚如 Yash Ghai 所说:

"除非香港具有它自己的条约体系,否则,香港特别行政区的自治权就无法充分行使。如上所述,香港的经济体制不仅截然不同于中国的其他地区,它还要求一系列的国际协议来加以维持"②。

为了说明中国签订的 BITs 与香港签订的 BITs 之间的区别,兹特列举分别由中国、香港与同一第三方签订的两组 BIT,借以"举一反三",从而概见两类 BITs 之中有关重要条款的规定是互不相同的:

---

① 参见香港特别行政区政府网站:http://www.legislation.gov.hk/choice.htm#bf.
② Yash Ghai, "*Hong Kong's New Constitutional Order: The Resumption of Chinese Sovereignty and the Basic Law*", Chapter 6 ("The Economic System"), 2d. ed., 1999, at 483.

第一组：中国—韩国 BIT 1992   v. 中国香港—韩国 BIT 1997

	中国—韩国 BIT 1992	中国香港—韩国 BIT 1997
投资者 & 公民	"投资者"一词，系指在另一国领土内投资的一国的国民或公司。"国民"一词，在缔约一方系指具有该国国籍的自然人①。	"投资者"：(甲)在香港方面,(i)系指在其地区内有居留权的自然人；……(乙)在大韩民国方面,(i)系指是其国民的自然人；……②
争端解决	任何一国政府与另一国投资者之间关于**征收补偿额**的争端，如果自当**事任何一方要求**友好解决之日起六个月未能解决，则根据该投资者的要求，可提交参考一九六五年三月十八日在华盛顿签订的《关于解决国家和他国国民之间投资争端公约》而组成的调解委员会或仲裁委员会。一国政府和另一国投资者之间关于**其他事项**的争端，可根据**双方的同意**，提交如上所述的仲裁委员会③。	缔约一方与缔约另一方的投资者之间有关后者在前者地区内投资的争端，在缔约任何一方以书面提出之日后的六个月内仍未解决，则应按照争议双方同意的程序解决。如在该六个月期间内没有就此种程序达成协议，争议双方有义务依照当时有效的联合国国际贸易法委员会仲裁规则将争端提交仲裁④。

第二组：中国—日本 BIT 1998   v. 中国香港—日本 BIT 1997

	中国—日本 BIT 1988	中国香港—日本 BIT 1997
投资者 & 公民	"国民"，对缔约一方系指具有该缔约一方国籍的自然人⑤。	"投资者"一词系指：(a)在日本国方面,(i)拥有日本国国籍的自然人；……(b)在香港方面,(i)在其地区内有居留权的自然人；……⑥

---

① 中国—韩国 BIT 1992, Art. 1(3).
② 中国香港—韩国 BIT 1997, Art. 1(5)。香港特别行政区签订的双边投资协定(BITs)把香港一方的"投资者"一词定义为"在其【香港】地区内有居留权的自然人"或"在香港地区内有居留权的自然人"。依其上下文而措辞略异，含义雷同。
③ 中国—韩国 BIT 1992, Art. 9(3).
④ 中国香港—韩国 BIT 1997, Art. 9(3).
⑤ 中国—日本 BIT 1988, Art. 1(3).
⑥ 中国香港—日本 BIT 1997, Art. 1(4).

续 表

	中国—日本 BIT 1988	中国香港—日本 BIT 1997
争端解决	任何一国政府与另一国投资者之间关于**征收补偿额**的争端,如果当事任何一方提出为解决争端进行协商的六个月内未能解决,则根据**该国民或公司的要求**,可提交参考一九六五年三月十八日在华盛顿签订的《关于解决国家和他国国民之间投资争端公约》而组成的调解委员会或仲裁委员会。 缔约任何一方和缔约另一方国民或公司关于**其他事项**的争端,可根据当事**双方的同意**,提交如上所述的调解委员会或仲裁委员会①。	缔约一方的投资者与缔约另一方之间有关前者在后者地区内投资的任何争端,如未能友好解决,可在提出要求的书面通知六个月后,按照争议双方同意的程序解决。如在该六个月期间内没有就此种程序达成协议,便须应有关投资者的要求,依照当时有效的联合国国际贸易法委员会仲裁规则,将争端提交仲裁②。

由以上的对照中,可以看出:

(1) 虽然《香港基本法》第 153 条赋予中国与外国签订的双边投资协定(BITs)扩大适用于香港的可能性,但此种可能性迄今并未经由前述法定程序使可能转变成为现实③。

(2) 基于香港地区经济制度和对外经贸投资发展的需要,迄今为止,香港特别行政区一直以"中国香港"的名义,单独地与许多外国分别签订双边投资协定,形成了香港模式的 BITs 系列和体系。此种香港模式的 BITs 系列和体系,与中国模式的 BITs 系列和体系,同时并存,各有不同的条款内容,不同的适用地区,不能互相混淆。

(3) 在 1998 年以前签订的中—外 BITs 中,其争端解决条款规定:投资者有权不经东道国同意而单方决定提交国际仲裁的,仅仅限于**关于征收补偿额的争端**,而关于**其他事项**的争端,则必须经东道国**的同意**,才可提交国际仲裁。反

---

① 中国—日本 BIT 1988, Art. 11(2)。
② 中国香港—日本 BIT 1997, Art. 9(2)。
③ 中国学者徐崇利与赵德铭早在 1996 年就开始意识到这种区别,就已提出:1997 年之后,中国与外国签订的双边投资保护协定不宜适用于香港特别行政区。他们认为:当时"现行的各项中外双边投资保护协定在一些重要方面未能切合香港的实际情况,未能充分反映香港的自身利益。因此,硬性规定现行的中外双边投资保护协定适用于香港,实非明智之举"。见崇利、赵德铭:《1997 年后国际投资协定对香港特别行政区的适用》,载于《中国法与比较法论丛》,1996 年第一期第二卷。第 149,151 页。

之,在香港模式的 BITs 争端解决条款中,则没有这种限制性规定;有关投资的**任何争端**,经过一定期间未能解决,投资者都有权不经东道国同意,单方决定提交国际仲裁。

(4) 在中国实行"一国两制"的方针下,由于上述两种模式、两种系列的 BITs 同时并存,各有不同的特定条款内容,不同的特定的适用地区,不能互相混淆,因此,外国在香港地区的投资者只能援引其母国与香港签订的 BIT,主张和行使自己在香港地区的权利,不能援引其母国与中国签订的 BIT,主张和行使自己在香港地区的权利。同理,在香港地区有居留权的自然人只能援引香港与特定外国签订的 BIT,主张和行使自己在该外国的权利,不能援引中国与该外国签订的 BIT,主张和行使自己在该外国的权利。

(5) 基于以上法定原因,在分别适用两类不同 BITs 方面,**必须在持有中华人民共和国护照的中国公民以及持有香港特别行政区护照的中国公民之间加以区别**。前者有权援引中国与特定外国签订的 BIT,主张自己在该外国的权利,而不能引用香港与该外国签订的 BIT,主张自己在该外国的权利;后者有权援引香港与特定外国签订的 BIT,主张自己在该外国的权利,而不能引用中国与该外国签订的 BIT,主张自己在该外国的权利。

(五)《中国—秘鲁 BIT 1994》不适用于在香港享有居留权的中国公民

《中国—秘鲁 BIT》签订于 1994 年,生效于 1995 年。

《中国—秘鲁 BIT》签订于香港回归中国之前的 1994 年,当时不可能适用于处于英国管辖下的香港地区。1997 年香港回归中国之后,《中国—秘鲁 BIT1994》迄今没有依据《香港基本法》第 153 条规定的前述法定程序扩大适用于香港地区,因此,《中国—秘鲁 BIT1994》迄今仍然只能适用于中国大陆,而不适用于香港地区,当然也不适用于**在香港享有居留权的中国公民**。

为了澄清有关这方面的疑问,笔者的研究助理王海浪博士曾于 2008 年 1 月 2 日给香港特别行政区律政司国际法律科行政书记梁肖铃女士发了电子邮件,请教《中国—秘鲁 BIT1994》是否可适用于香港地区。以下是梁女士给王博士的回复:

> 中国"中央政府和秘鲁共和国政府于 1994 年 6 月 9 日签订的鼓励和相互保护投资协议,并不适用于香港特区。香港的促进和保护投资协议,

由香港特区政府经中央政府授权后与外国政府直接签订"①。

梁肖铃女士的上述回答十分明确,毫不含糊,而且具有当地政府职能部门的权威性。

五、关于《中国—秘鲁 BIT 1994》中仲裁条款的适用范围问题

正确地理解上述问题,必须紧密地联系中国参加《华盛顿公约》、接受ICSID 体制的历史和现状。本文本部分拟讨论以下事项:1. 中国加入《华盛顿公约》的历史回顾;2. 中国对于双边投资协定(BITs)争端解决条款的基本政策;3.《中国—秘鲁 BIT1994》中仲裁条款的适用的范围与性质。

(一) 中国加入《华盛顿公约》的历史回顾

了解中国加入《华盛顿公约》的历史背景是理解中国与外国签订的 BITs 争端解决条款的关键②。中国参加《华盛顿公约》的过程充满了争论并且迁延长达几十年的时间。

1. 在改革开放政策之前

在 1840 年鸦片战争中战败后,中国变成了半殖民地国家,渐渐失去了其政治、司法与经济主权。中国被迫签订一系列的含有所谓领事裁判权制度的不平等条约。在这一强加的以及单边的体制下,中国政府丧失了对于发生于中国境内但涉及外国因素的各类争端的管辖权③。

毛泽东这样描述这些不平等条约以及领事裁判权制度:

"帝国主义列强强迫中国订立了许多不平等条约,根据这些不平等条约,取得了在中国驻扎海军和陆军的权利,取得了领事裁判权,并把全中国

---

① 王海浪博士与香港特别行政区律政司国际法律科行政书记梁肖铃女士之间往来的相关电子邮件,收藏于厦门大学国际经济法研究所资料室,存档备查。王海浪博士的电邮地址为 wanghailang@126.com;梁肖铃女士的电邮地址为 idaleung@doj.gov.hk

② 关于中国对外国投资态度的分析,参见:Kong Qingjiang, *Bilateral Investment Treaties: The Chinese Approach and Practice*, 8 Asian Yearbook of International Law 105 (1998/1999).

③ "领事裁判权"制度首先规定于 1843 年中英《虎门条约》中,然后规定于 1844 年中美《望厦条约》中。此后,"领事裁判权"制度普遍推广规定于 1949 年前中国被迫签订的众多不平等条约中,例如 1858 年中英天津条约以及 1858 年中法天津条约,等等。

划分为几个帝国主义国家的势力范围"①。

"领事裁判权,是帝国主义国家强迫旧中国政府缔结的不平等条约中所规定的特权之一,开始于一八四三年的中英《虎门条约》和一八四四年的中美《望厦条约》。凡是享有这种特权的国家在中国的侨民,如果成为民刑诉讼的被告时,中国法庭无权裁判,只能由各该国的领事或者法庭裁判"②。

此后,在一个多世纪的时期里,中国被剥夺了在其自己境内行使司法管辖权的权力。1949年,中华人民共和国建立之后,这些不平等条约以及领事裁判权都被取消了。不过,100多年的殖民压迫以及外国干涉所带来的痛苦教训让中国人民非常警惕。就如同中国谚语所云:"惊弓之鸟,望月而飞"。加上受到各种国内外因素的影响,中国进入了一个"闭关自守"并对外国投资采用敌视或疑惧态度的阶段③。中国担心历史会重演,深恐签订某些有关国际条约会严重侵蚀其得来不易的独立。

这种"闭关自守"时期一直持续到1978年底,中国才决定向外部世界开放。在此之前,除来自苏联的某些资金外,没有外国直接投资进入中国,中国也没有正式考虑加入任何涉及国际仲裁(无论是商业或者投资)的国际条约。

2. 改革开放政策与参加《华盛顿公约》

从1978年底开始,中国采取改革开放政策,开始吸引外国投资。为了从"闭关自守"转向融入世界经济,中国不得不改变其对外国投资的态度。然而,它的改变仍然非常谨慎和小心④。中国政府希望避免领事裁判权的再现,因此,它在同意加入可能把涉及中国国家当局自身的争端提交国际仲裁的国际条约时,显得犹豫不决。因此,中国长期没有参加涉及国际仲裁的最重要的两大国际公约——1958年《纽约公约》与1965年《华盛顿公约》。

直到1987年1月22日,中国才参加了《纽约公约》。虽然《纽约公约》涉及与中国司法管辖权与主权有关的历史敏感问题,但它只直接影响私人当事方。基于这一考虑,中国政府官员与法律专家认为,中国可以加入该条约。

---

① 毛泽东:《中国革命与中国共产党》,载于《毛泽东选集》(第2卷),人民出版社1991年版,第628页。
② 同上书,第630页。
③ 参见本书第三编之 IV,《ICSID 与中国:我们研究"解决投资争端国际中心"的现实动因和待决问题》;第二编之 VI,《论中国关于外国仲裁裁决在华执行体制之形成与不足》;并参见:Kong Qingjiang, op cit. at 107-108。
④ Kong Qingjiang, op cit. at 110.

至于中国是否可以加入《华盛顿公约》,问题并不相同。加入《华盛顿公约》之后,中国政府当局可能成为国际仲裁程序当事方,并且受制于由外国仲裁员所作有约束力的裁决。在当时的中国人眼中,此种妥协不但会限制中国的司法管辖权,而且会潜在地损害中国的政治主权[1]。

由此带来的结果就是,从1980年代中期到1990年代初,中国官方与学者对中国是否应该加入《华盛顿公约》这一问题展开了热烈的讨论[2]。1990年2月,在听取了各界意见并且全面权衡利弊之后,中国决定加入《华盛顿公约》。1992年7月1日,中国全国人民代表大会批准了了该公约。《华盛顿公约》正式于1993年2月6日在中国生效。

(二) 中国对于双边投资协定(BITs)争端解决条款的基本政策

中国在加入《华盛顿公约》之后,对国家主权的关注仍然是处于中国对于外国投资以及投资争端解决政策的焦点。这一政策在以下方面得到反映:中国根据《华盛顿公约》第25(4)条作出的通知、中国提供的BIT范本、中国签订的BITs中的争端解决条款。

1. 中国根据《华盛顿公约》第25(4)条作出的通知

加入《华盛顿公约》之际,中国把考虑提交给"中心"管辖的争端种类通知了"中心"[3]。根据《华盛顿公约》第25(4)条,任何缔约国可以在批准、接受或认可本公约时,或在此后任何时候,把它将考虑或不考虑提交给"中心"管辖的一类或几类争端通知"中心"。

1993年1月7日,中国在把对《华盛顿公约》的批准文书交给世界银行保存时,还根据该公约第25(4)条作出以下通知:根据第25(4)条,中国政府仅仅考虑把由于征收与国有化导致的补偿争端提交"中心"。

通过这份通知,中国清楚表明,它只同意把由于征收与国有化导致的补偿额争端提交"中心"。任何其他争端必须提交接受投资的东道国家的主管

---

[1] 徐崇利、赵德铭:《1997年后国际投资协定对香港特别行政区的适用》,载于《中国法与比较法论丛》,1996年第一期第二卷。第140页。

[2] 有关这方面的讨论,请参见:陈安:《关于中国应否参加"华盛顿公约"、可否接受"解决投资争端国际中心"仲裁体制的分歧意见》,载于《国际投资争端仲裁——"解决投资争端国际中心"机制研究》,复旦大学出版社2001年版,第25—41页。see also, An Chen, "Distinguishing Two Types of Countries and Properly Granting Differential Reciprocity Treatment: Re-comments on the Four Safeguards in Sino-Foreign BITs Not to be Hastily and Completely Dismantled," The Journal of International Economic Law (Chinese version), Vol. 14, No. 3, 2007 (Part II). Its updated English version was published in The Journal of World Investment & Trade, Vol. 8, No. 6, 2007.

[3] 这份通知于1993年1月7日发出,到今日为止并没有改变。

法院。

如下所述,这一政策在中国与其他国家设定争端解决条款的用语中得到了反映。

2. 中—外 BITs 争端解决条款的范围

与改革开放政策相对应,1982 年,中国开始与几个国家谈判与签订双边投资协定。从中—外 BITs 中争端解决条款的角度看,中—外 BITs 的历史可以分为以下三个阶段:

第一阶段:从 1982 年 3 月到 1993 年 1 月。1982 年,中国第一次签订 BIT 的相对方是瑞典。该第一项 BIT——与中国在此期间签订的其他若干 BITs 一样[①]——没有规定投资者与东道国家之间争端解决条款。这些条约只规定了缔约国家双方之间关于条约本身解释方面的争端解决条款。

但是,中国在 1982 年到 1993 年之间与外国签订的其他多数 BITs 都规定了投资者与东道国争端解决条款[②]:投资者与东道国应当首先就争端问题进行协商[③];如果投资者与东道国无法达成协议,该争端就必须提交给吸收投资的东道国的主管法院[④]。如果当地法院判定存在征收或者国有化,投资者——在某些情况下可以是东道国,可求助于专设**国际仲裁**程序(*ad hoc* arbitration proceedings,又译"专项仲裁程序"或"临时仲裁程序"),针对该当地法院裁决的征收或者**国有化补偿额**提出异议[⑤]。有的条约规定,如果投资者已经就涉及征收或者国有化补偿额的争端诉诸当地法庭,他不得就同一争端寻求国际仲裁[⑥]。

投资者与东道国可以就征收补偿额之外的**其他争端**提交国际仲裁,但是,其前提条件是:争端双方一致同意如此办理。否则,就只能提交东道国的主管法院裁断。

在谈判签订这些 BITs 时,中国极力主张把投资者与东道国之间的争端提交国际仲裁的范围加以严格限制。谈判的结果是,国际仲裁条款的适用范围被

[①] 例如中国—泰国 BIT 1985 以及中国—土库曼斯坦 BIT 1992。

[②] 例如中国—澳大利亚 BIT 1988 以及中国—玻利维亚 BIT 1992。

[③] 这些涉及投资者与东道国争端以及国家与国家争端的解决条款,反映了中国人努力避免讼争的传统,这些条款要求在特定的期间(6 到 12 个月)内展开协商。不过,也有一些中—外 BITs 没有强制性的协商期间要求。

[④] 有些中—外 BITs 规定投资者应该诉之于东道国的行政法庭与司法法庭。有的条约没有明确提及东道国的主管法院。

[⑤] 由于那时中国还没有加入《华盛顿公约》,中国在 1993 年以前所签订的中外 BITs 一般只规定提交专项国际仲裁庭和特设国际仲裁庭。

[⑥] 例如中国与韩国、新西兰、新加坡分别签订的 BIT。

严格限制于涉及"征收补偿额"的争端①。这就意味着,所有其他的争端——包括有关东道国是否已经对外资采取征收或者国有化措施的争端,都必须提交东道国国内主管法院加以认定和裁断。

兹试以《中国—芬兰 BIT 1884》议定书第 2 条为例,说明有关的具体规定:

"(1) 如投资者认为本协定第五条的征收措施不符合采取措施的缔约一方的法律,应投资者的请求,该缔约一方有管辖权的法院应审查上述措施。

(2) 如投资者对其被征收的投资财产的**补偿款额**有异议,投资者和采取征收措施的缔约一方应为在六个月内达成补偿款额协议进行协商。

(3) 如在上款规定的期限内,协商的双方未获一致,应投资者的请求,由采取征收措施的缔约一方有管辖权的法院或**国际仲裁庭**对**补偿款额**予以审查。"

这一规定的唯一例外就是,只有在**当事双方明确同意**的前提下,才可以把征收补偿款额以外的**其他投资争议**提交国际仲裁。例如,《中国—芬兰 BIT 1984》议定书第 3 条规定:

"除非另有协议,投资者和接受投资的缔约一方之间的**其他投资争议**,应依照接受投资的缔约一方的法律和法规**通过当地救济手段**解决。"

对此,孔庆江教授评析说:

"中国与外国早期签订的 BITs 把源于征收的争端与其他争端加以区别。《中国—芬兰 BIT 1984》就是其中一例。它要求所有的发生于东道国与外国投资者之间的争端,除源于征收的争端以外,都应根据东道国的法律法规通过当地救济加以解决,除非双方另有协议。对于源于征收的争端,它进一步区分为征收合法性问题与征收补偿款额问题。如果争端涉及征收的合法性问题,当地方主管法院是唯一负责解决解决的机构。如果争端涉及征收补偿款额,则当地主管法院或者专设仲裁庭都有权解决争端"②。

中国在上述这段期间与外国签订的其他 BITs 争端解决条款,其措词都与《中国—芬兰 BIT 1984》极为相似。

第二阶段:从 1993 年 2 月到 1998 年 6 月。1993 年 2 月,《华盛顿公约》对

---

① 中国学者徐崇利和赵德铭认为,中国不同意让国际仲裁庭来决定征收或者国有化本身的合法性。参见徐崇利、赵德铭:《1997 年后国际投资协定对香港特别行政区的适用》,载于《中国法与比较法论丛》,1996 年第一期第二卷。第 149 页。

② Kong Qingjiang, op cit. at 130 - 131.

中国生效。《华盛顿公约》对中国生效之后不久,中国拟定了《中国 BIT 范本》(1994),以便与其他国家开展 BIT 谈判[1]。与 1993 年以前已经签订的许多中一外 BITs 相似,该《中国 BIT 范本》(1994)把可以提交国际仲裁的争端种类仅限于涉及"征收补偿款额"的争端。任何其他争端都必须提交东道国主管法院审理。"中国 BIT 范本"第 9 条规定:

"1. 缔约一方投资者与缔约另一方之间涉及在后者境内之投资的任何争端,应尽可能由争端当事方协商友好解决。

2. 如果在 6 个月内争端不能协商解决,任一当事方有权把争端提交接受投资之缔约方主管法院。

3. 如果关于征收补偿额的争端在根据本条第 1 款加以协商后的 6 个月内没有解决,则经任一当事方要求,可提交专设仲裁庭。如果投资者已诉之于本条第 2 款规定的程序,则本款规定不适用。"

仿照这份"中国 BIT 范本",中国在 1993 年 2 月至 1998 年 6 月期间与外国签订的 BITs,都规定只把源于征收补偿额的争端提交国际仲裁[2]。

例如,《中国—智利 BIT 1994》第 9 条规定:

"1. 缔约一方的投资者与缔约另一方之间就在缔约另一方领土内的投资产生的任何争议应尽量由当事方友好协商解决。

2. 如争议在六个月内未能协商解决,当事任何一方有权将争议提交接受投资的缔约一方有管辖权的法院。

3. 如涉及征收补偿款额的争议,在诉诸本条第一款的程序后六个月内仍未能解决,可应任何一方的要求,将争议提交根据一九六五年三月十八日在华盛顿开放签署的《关于解决国家与他国国民之间投资争端公约》设立的"解决投资争端国际中心"进行仲裁。缔约一方的投资者和缔约另一方之间有关其他事项的任何争议,经双方同意,可提交专设仲裁庭。但如有关投资者诉诸了本条第二款所规定的程序,本款规定不应适用。"

此条款与中国在 1993 年之前与其他外国签订的许多 BITs 是一致的。它

---

[1] "Agreement Between the Government of the People's Republic of China and the Government of _____ Concerning the Encouragement and Reciprocal Protection of Investments", compiled in "Bilateral Investment Treaties in the Mid-1990s", United Nations Conference on Trade and Development (UNCTAD), UNCTAD/ITE/IIT/7, United Nations Publication, Printed at United Nations, Geneva, Switzerland, 1998.

[2] 例如《中国—阿尔巴尼亚 BIT 1993》,《中国—柬埔寨 BIT 1996》,《中国—爱沙尼亚 BIT 1993》。

要求投资者与东道国在一定期间协商。如果达不成协议,它要求双方通过东道国国内法院来解决争端。如果当地法院认定东道国政府征收了投资者的投资,并因此产生了关于征收补偿款额的争端,任何一当事方都有权启动国际仲裁程序。

1993年2月—1998年6月期间签订的BITs都同样规定,如果投资者一方已经就征收补偿额争端向当地法院寻求救济,则不得再就此类争端启动国际仲裁[1]。

1993年2月6日即《华盛顿公约》对中国生效之后,中—外BITs争端解决条款中出现的新因素在于一般都明确规定**由ICSID仲裁庭**来解决**征收补偿额争端**[2]。但是,由于与中国缔结BITs的某些国家当时并不是《华盛顿公约》成员方[3],所以缔约双方分别在BIT中议定可以把有关征收补偿额的争端提交专设的国际仲裁庭。

第三阶段:从1998年7月到现在。1998年7月,中国与巴巴多斯缔结了BIT。在该条约中,中国首次同意把源于条约的所有争端提交仲裁。

《中国—巴巴多斯BIT 1998》第9条有关投资者与东道国争端解决条款规定如下:

"一、缔约一方的投资者与缔约另一方之间任何投资争议,应尽可能由投资者与缔约另一方友好协商解决。

二、如本条第一款的争议在争议一方自另一方收到有关争议的书面通知之日后六个月内不能协商解决,投资者有权选择将争议提交下述两个仲裁庭中的任意一个,通过国际仲裁的方式解决:

(一)依据1965年3月18日在华盛顿签署的《关于解决一国与他国国民间投资争端公约》设立的"解决投资争端国际中心";

(二)根据《联合国国际贸易法委员会仲裁规则》设立的仲裁庭。该规则中负责指定仲裁员的机构将为"解决投资争端国际中心"秘书长。

三、尽管有第二款的规定,缔约一方仍可要求投资者在将争议提交国际仲裁前,用尽其国内行政复议程序。但是,如投资者已诉诸本条第十款规定的程序【按:指已诉诸东道国主管法院】,则本款规定不应适用。"

---

[1] 中国分别与波兰(1998)、塔吉克斯坦(1993)以及阿拉伯联合酋长国(1993)之间签订的BITs没有规定此种限制。

[2] 例如,中国分别与喀麦隆(1997)、智利(1994)、立陶宛(1993)、摩洛哥(1995)以及秘鲁(1994)签订的BIT都规定了可把征收补偿额争端提交ICSID仲裁。

[3] 例如古巴、老挝、与塔吉克斯坦等。

与巴巴多斯缔结上述 BIT 之后,中国在与其他外国签订的 BITs 中也采用了同样的范围广泛的仲裁条款①。不过,这并不构成中国从 1998 年 7 月以来的统一实践。例如,中国 1999 年分别与巴林缔结的 BIT 第 9 条以及与卡塔尔签订的 BIT 第 9 条都规定只限于征收补偿额争端可以提交国际仲裁。

既然中国在 1998 年之后分别与不同外国签订的 BITs 仲裁条款并没有统一的规定,显然必须根据每份 BIT 中仲裁条款的具体措词逐一加以解释与适用。

自从 1982 年与瑞典缔结第一份 BIT 以来,中国已经与 100 多个国家分别缔结了 BIT,这意味着中国有着全球第二大的 BIT 网络,仅次于德国。在这些 BITs 中,80 多份 BITs 规定了适用范围狭窄的国际仲裁条款,即缔约双方议定在这些条款中把提交国际仲裁的争端仅限制为有关征收补偿额的争端。这反映了中国反对任意把任何投资争端都提交国际仲裁的长期立场。

最近几年以来,中国与外国过去缔结的某些 BITs 被加以修订,纳入了范围广泛的国际仲裁条款。例如,中国分别与芬兰(2004)、德国(2003)、荷兰(2001)、葡萄牙(2005)等修订了或规定了此类新的 BIT 仲裁条款。但是迄今为止,在 80 余份原先严格限制国际仲裁的 BITs 中,绝大多数仍然继续生效,其中的争端解决条款仍然原封不动。因此,对中国与外国分别缔结的 BITs 中有关投资者与东道国争端提交国际仲裁的条款,必须在逐案的基础上分别加以具体考察。

(三)《中国—秘鲁 BIT 1994》中仲裁条款的范围与性质

《中国—秘鲁 BIT 1994》签订于 1994 年 6 月,即在 1993 年 2 月中国批准《华盛顿公约》一年多之后,在《中国—巴巴多斯 BIT 1998》签订的四年之前。很明显,《中国—秘鲁 BIT 1994》是以前述《中国 BIT 范本》(1994)作为蓝本的。

对于投资者与东道国的争端,《中国—秘鲁 BIT 1994》第 8 条规定:

> 1. 缔约一方的投资者与缔约另一方之间就在缔约另一方领土内的投资产生的任何争议应尽量由当事方友好协商解决。
> 2. 如争议在六个月内未能协商解决,当事任何一方有权将争议提交接受投资的缔约一方有管辖权的法院。

---

① 例如,中国还与以下国家缔结了规定含有范围广泛仲裁条款的 BIT:刚果(布)、博茨瓦纳、塞浦路斯、塞拉利昂、莫桑比克、肯尼亚、荷兰、缅甸、波黑、特立尼达和多巴哥、科特迪瓦、圭亚那、德国、贝宁、拉脱维亚和乌干达等。

3. 如涉及征收补偿款额的争议，在诉诸本条第一款的程序后六个月内仍未能解决，可应任何一方的要求，将争议提交根据一九六五年三月十八日在华盛顿签署的《关于解决国家和他国国民之间投资争端公约》设立的"解决投资争端国际中心"进行仲裁。缔约一方的投资者和缔约另一方之间有关其他事项的争议，经双方同意，可提交该中心。如有关投资者诉诸了本条第二款所规定的程序，本款规定不应适用。

与中国于1993年—1998年6月间签订的典型条约相似，《中国—秘鲁BIT 1994》要求投资者与东道国至少协商6个月，以便解决涉及在缔约方境内投资的任何争端。如果不能友好解决，投资者或者东道国都可以把该争端提交接受投资国的主管法院。在相关法院判定对某项投资存在征收之后，如果对因投资被征收而补偿给投资者的款额方面，在投资者与东道国间存在争端，任何一当事方可把此种争端提交给ICSID仲裁。不过，该协定规定，如果有关投资者已经把涉及征收补偿款额的争端提交当地法院，则不得寻求国际仲裁。

根据《中国—秘鲁BIT 1994》第8条，任何涉及该协定项下东道国义务的争端，例如：1. 公正与公平的待遇（第3条）；2. 东道国境内的保护（第3条）；3. 资金的汇回（第6条）；4. 征收或者国有化等，都必须提交接受投资的东道国的主管法院。把涉及这些义务的任何争端都提交国际仲裁是不允许的。缔约双方同意提交国际仲裁的争端只限于征收补偿款额争端。在这方面，它明白无误地规定并明确地强调关于东道国是否采取征收或者国有化措施的认定问题，属于东道国法院的排他的管辖范围，并因此不能把此种认定问题提交给ICSID仲裁。这是毫无疑义的。

单文华教授在论文中把此类BITs中的以下三个问题区别开来：1. 国家与国家之间的争端；2. 投资者与东道国之间的一般争端；3. 投资者与东道国之间关于征收补偿额的争端。根据单教授的观点，投资者与东道国之间的一般争端应该归由东道国管辖，根据东道国法律，通过调解或者主管行政机构或法庭加以解决；对于"投资者与东道国之间关于征收补偿额的争端"，他认为，"作为国内管辖解决的一种变通办法，征收补偿额争端可提交给国际仲裁庭解决"[1]。这种分析是有道理。

综合以上各点，根据《中国—秘鲁BIT 1994》第8条规定，结合本文开头提及的《投资条约新闻》杂志（Investment Treaty News, ITN）报道的投资者与东

---

[1] Shan Wenhua, "*The International Law of EU Investment in China*", Chinese Journal of International Law 555, 2002, at 609.

道国秘鲁之间发生争端案件的情况,加以分析,不难看出:本案申请方谢业深先生无权未经东道国秘鲁同意,单方独自把征收补偿额以外的争端提交 ICSID 实行国际仲裁。

但是,《中国—秘鲁 BIT 1994》中设有"最惠国条款"(MFN),从中是否可以推导出这样的结论:双方缔约国境内的外国投资人有权援引东道国与第三国缔结的 BITs 中的争端解决条款规定,借以扩大和创设 ICSID 的管辖权?这是有待进一步深入讨论的。

六、关于《中国—秘鲁 BIT 1994》中"最惠国条款"的适用范围问题

本文的本部分讨论以下问题:1. 中国在"最惠国条款"方面的历史教训;2.《中国—秘鲁 BIT 1994》中"最惠国条款"的固有涵义;3. 可否援引《中国—秘鲁 BIT 1994》中的"最惠国条款",从而创设出新的 ICSID 管辖权;4. 当代国际法学界对 MFN 条款性质的共识;5. 依据《维也纳条约法公约》对《中国—秘鲁 BIT 1994》中的 MFN 条款进行解释;6. 联合国官方文件的反复警示以及当今世界对 MFN 条款的严格解释;7. 目前国际缔约实践中对 MFN 条款的限制与排除;8. ICSID 实践对 MFN 待遇的限制与排除(裁决案例);9.《中国—秘鲁 BIT 1994》中的 MFN 条款问题。

(一)中国在"最惠国(MFN)条款"方面的历史教训

"最惠国条款"(most-favoured-nation clause)通常又称"MFN 条款"。东道国根据"最惠国条款"给予外国和外国人的待遇,通称"最惠国待遇"或"MFN 待遇"。"最惠国待遇"通常指定是:一国(东道国)给予另一国及其国民的待遇,不得低于该东道国给予第三国及其国民的最优惠的待遇。

在 19—20 世纪,殖民主义、帝国主义列强曾经强迫全球众多弱小民族签订大量的不平等条约,把单方的、片面的、无条件的、范围广泛的"最惠国条款"强加于弱小民族,勒索了各种特权待遇,使后者丧失了国家主权,长期蒙受丧权辱国的历史惨痛。

1939 年,中国革命领导人毛泽东主席在其名著《中国革命与中国共产党》中,描述了 19—20 世纪帝国主义列强侵略中国,使中国长期蒙受丧权辱国惨痛的历史事实:

"帝国主义列强一、向中国举行多次的侵略战争,例如一八四〇年的英国鸦片战争,一八五七年的英法联军战争,一八八四年的中法战争,一八九四年的中日战争,一九〇〇年的八国联军战争。用战争打败了中国之后,帝国主义列强不但占领了中国周围的许多原由中国保护的国家,而且抢去了或'租借'去了中国的一部分领土。例如日本占领了台湾和澎湖列岛,'租借'了旅顺,英国占领了香港,法国'租借'了广州湾。割地之外,又索去了巨大的赔款。这样,就大大地打击了中国这个庞大的封建帝国。二、帝国主义列强强迫中国签订了许多不平等条约,根据这些不平等条约,取得了在中国驻扎海军和陆军的权利,取得了领事裁判权,并把全中国划分为几个帝国主义国家的势力范围。……上述这些情形,就是帝国主义侵入中国以后的新的变化的又一个方面,就是把一个封建的中国变为一个半封建、半殖民地和殖民地的中国的血迹斑斑的图画。"①

帝国主义列强强迫中国签订了一系列的不平等条约。其中,除了"领事裁判权"之外,另一个最突出的特征就是强迫中国赋予外国列强片面的"最惠国待遇"(MFN 待遇)。中国权威的国际法学者王铁崖教授,反复阐述了在这期间赋予外国的 MFN 待遇的本质:

"在 19 世纪到 20 世纪的一百余年,帝国主义列强在与旧中国和其他一些东方国家所订的不平等条约中规定了**普遍性的、无条件的、单方面的**最惠国待遇,使最惠国待遇成了帝国主义在旧中国和其他东方国家享受的一种特权。这种片面的、不平等的条款是**在根本上违反国际法的平等互惠原则的**。"②

"不平等条约制度的主要特色是武力和不平等。条约是武力所迫订的或是在武力威胁下所订立的,目的在于为外国人及其国家**勒索权利和特权**,公然侵犯中国的主权和独立,而**完全否定了国际法中的平等概念**。"③

"至少有两个要素构成不平等条约这个概念的主要特征:一个是不平

---

① 毛泽东:《中国革命与中国共产党》,载于《毛泽东选集》(第 2 卷),人民出版社 1991 年版,第 628、630 页。
② 王铁崖主编:《国际法》,法律出版社 1981 年版,第 256 页(粗体和字下线是摘引者加的。下同)。
③ 王铁崖:《中国与国际法——历史与当代》,载于邓正来主编:《王铁崖文选》,中国政法大学出版社 1993 年版,第 316 页。

等条约含有不平等和非互惠性质的内容;另一具是不平等条约是使用武力或武力威胁所强加的。"①

"**片面的、无条件的、范围广泛的最惠国条款,把所有特殊权利和特权扩展到与中国有条约关系的国家**。"②

前述理论分析完全符合发生在中国的历史事实。

例如,中国与英国于 1843 年 10 月签订了《虎门条约》,作为对《南京条约》的增补。《虎门条约》第 8 条规定:"**设将来大皇帝(按:指清朝皇帝)有新恩施及各国,亦应准英人一体均沾,用示平允**。"③这就是全球最早出现单方的、片面的"最惠国条款"之一,它意味着英国从此可以无条件地享受中国赋予其他强权国家的任何优惠。

与《虎门条约》相似,中国—法国 1858 年《天津条约》第 40 条也规定:"……至别国所定章程,不在大法国此次所定条款内者,大法国领事等官与民人不能限以遵守;惟中国将来如有特恩、旷典、优免、保佑,别国得之,大法国亦与焉。"④中国—美国 1858 年《天津条约》第 30 条也同样规定:"现经两国议定,嗣后大清朝有何惠政、恩典、利益施及他国或其商民,无论关涉船只海面、通商贸易、政事交往等事情,为该国并其商民从来未沾,抑为此条约所无者,亦当立准大合众国官民一体均沾。"⑤

数量繁多的此类历史事实使中国人民大众从中接受了深刻的教育。因此,这已成为十多亿中国人民广泛熟知的常识。

一个多世纪的强加于中国的"领事裁判权"条款以及片面的"最惠国条款",使中国人民对不平等条约中此类条款深恶痛绝。在中华人民共和国建立之后,中国逐步确立了主权国家独立自主的地位。但是,中国人对于列强百余年来强加于中国的不平等条约以及单方、片面的"最惠国条款"造成的恶果,可谓"记忆犹新",念念不忘!因此,在新中国建立后相当长的历史时期里,中国人对于在中—外条约中纳入"最惠国条款"、给予外国人"最惠国待遇"的有关事宜,一向是慎之又慎、字斟句酌的。

---

① 王铁崖:《中国与国际法——历史与当代》,载于邓正来主编:《王铁崖文选》,中国政法大学出版社 1993 年版,第 392 页。
② 同上书,第 319 页。
③ 田涛主编:《清朝条约全集》第一卷,黑龙江人民出版社 1999 年版,第 73 页。并参见:《虎门条约》,<http://baike.baidu.com/view/150487.htm>
④ 田涛主编:《清朝条约全集》第一卷,黑龙江人民出版社 1999 年版,第 227 页。
⑤ 同上书,第 180 页。

(二)《中国—秘鲁 BIT 1994》中 MFN 条款的固有涵义

《中国—秘鲁 BIT 1994》中的 MFN 条款与《中国 BIT 范本》(1994)中的 MFN 条款相同。两者的第 3 条都规定如下：

"1. 缔约任何一方的投资者在缔约另一方领土内的投资和与投资有关的活动应受到公正与公平的待遇和保护。

2. 本条第一款所述的待遇和保护，应不低于给予任何第三国投资者的投资和与投资有关的活动的待遇和保护。

3. 本条第一款和第二款所述的待遇和保护，不应包括缔约另一方依照关税同盟、自由贸易区、经济联盟、避免双重征税协定和为了方便边境贸易而给予第三国投资者的投资的任何优惠待遇。"

《中国—秘鲁 BIT 1994》赋予的 MFN 待遇限于第 3(1)条中的"待遇与保护"，即："缔约任何一方的投资者在缔约另一方领土内的投资和与投资有关的活动应受到公正与公平的待遇和保护。"因此，中国与秘鲁互相承诺赋予来自对方的投资者以不低于赋予来自其他外国的投资者的待遇和保护。

中国在 1990 年代签订的绝大多数条约中都采用了此种 MFN 条款措词。中国与阿尔巴尼亚、阿塞拜疆、巴林、玻利维亚、保加利亚、柬埔寨、智利、克罗地亚、古巴、厄瓜多尔、埃及、爱沙尼亚、埃塞俄比亚、格鲁吉亚、匈牙利、牙买加、老挝、黎巴嫩、立陶宛、蒙古、菲律宾、罗马尼亚、斯洛文尼亚、乌拉圭、越南等等国家分别签订的 BITs，都针对投资者"在缔约另一方领土内"享有的"公正与公平的待遇和保护"，规定了类似的 MFN 条款①。

(三) 可否援引《中国—秘鲁 BIT 1994》中的 MFN 条款，创设新的 ICSID 管辖权

有待进一步澄清的是：投资者是否可通过《中国—秘鲁 BIT 1994》中的 MFN 条款，从中国或秘鲁与第三方签订的其他 BITs 中"引入"争端解决规定，以便把涉及**征收补偿额之外的其他争端**提交 ICSID，要求进行国际仲裁。对这一问题的回答是完全否定的：不能！

这一回答基于以下理由：1. 长期以来中国对待投资争端国际仲裁的基本

---

① 参见中国于 1993—1998 年期间签订的 BIT。

政策是：严格限制 ICSID 管辖权,这体现在当年中国根据《华盛顿公约》第 25(4)条对该公约总部发送了严格限制 ICSID 管辖权的书面通知,也体现在中国在 1998 年 6 月以前与其他国家签订的许多 BITs 中规定了严格限制国际仲裁的条款；2. 中国给予外国投资者的实体性保护与程序性保护历来是分别立法、区别措辞的。

1. 中国对投资争端国际仲裁的基本政策：严格限制 ICSID 管辖权

由于前述历史原因,中国在赋予外国投资者以 MFN 待遇时非常谨慎。就如同《中国 BIT 范本》(1994)以及中国在签订《中国—秘鲁 BIT 1994》前后相当期间内签订的大量 BITs 所反映的,此种待遇限于"公正与公平的待遇"以及"缔约另一方领土内的保护"的实体标准。

在签订《中国—秘鲁 BIT 1994》之际,中国对待投资争端国际仲裁的政策是相当明确和相当一致的：中国只同意把"征收补偿款额争端"提交国际仲裁庭管辖。所有其他争端都属于接受投资的东道国国内法院的排他管辖。除非争端当事双方另有其他提交国际仲裁的新协议。

前文提到,1993 年中国根据《华盛顿公约》第 25(4)条对该公约总部发送了严格限制 ICSID 管辖权的书面通知。到目前为止,这一通知仍然有效,没有改变。中国的这一政策进一步在中国与其他国家签订的 80 多项 BITs 争端解决条款中都得到了反映。

众所周知,在相当长的时期内,中国强烈反对把一切投资争端全都提交国际仲裁。其结果是,超过 80 份的中—外 BITs 中,缔约双方只同意把涉及征收补偿额的争端提交国际仲裁。换言之,在这些 BITs 中,国际仲裁庭的管辖权仅仅限制于在东道国国内法院认定外来投资确已被东道国征收之后,应该支付给外来投资者补偿款额的有关争端。

在此种缔约背景下,缔约双方显然不可能有意让投资者有权通过相关 BIT 中的 MFN 条款,规避上述严格限制,并且借以从其他完全不同的 BIT 中"引入"范围宽泛的国际仲裁条款。否则,就完全不符合任何正常人的思维逻辑,而且缔约双方在原有 BIT 中对国际仲裁的限制性协议势必会完全落空和毫无意义,这就彻底背离了起码的缔约常识和立法逻辑。

2. 中国给予外国投资者实体性保护与程序性保护,历来分别立法,区别措辞

在解释中国签订的 BIT 中的 MFN 条款时,必须考虑中国对外国投资者及其投资所采取的实体性保护与程序性保护的不同做法。根据中国法律,实体性保护与程序性保护通常是分别立法的,其措辞用语也明显不同。

(1) 就实体性权利保护而言：中国2004年《宪法》第18条第2款规定："在中国境内的外国企业和其他外国经济组织以及中外合资经营的企业，都必须遵守中华人民共和国的法律。它们的<u>合法的权利和利益受中华人民共和国法律的保护</u>。"（着重号是摘引者另加的。下同。）

与《宪法》确立的原则相一致，中国《外资企业法》第1条规定："为了扩大对外经济合作和技术交流，促进中国国民经济的发展，中华人民共和国允许外国的企业和其他经济组织或者个人（以下简称外国投资者）在中国境内举办外资企业，<u>保护外资企业的合法权益</u>。"

中国《外资企业法》第4条进一步规定："外国投资者在中国境内的<u>投资、获得的利润和其他合法权益，受中国法律保护</u>。"

中国现行的《中外合资经营企业法》、《中外合作经营企业法》对于在华外国投资者享有的实体性权利保护，也作出了类似的规定。

(2) 就程序性权利保护而言：中国法律赋予外国投资者程序性权利保护与赋予外国投资者实体性权利保护，两者的法律类别和立法用语互不相同。

中国赋予在华外国投资者的**程序性权利保护**，一般另在各种程序法——诉讼法中作出明文规定，不与实体法的规定相混。在法条的措辞用语上，也十分明确易懂，毫不含糊模棱，使公众一看便能辨识它是属于**程序性权利**。试以中国现行的《民事诉讼法》为例①：

第4条

凡在中华人民共和国领域内进行**民事诉讼**，必须遵守本法。

第5条

外国人、无国籍人、外国企业和组织在人民法院起诉、应诉，同中华人民共和国公民、法人和其他组织有<u>同</u>等的诉讼权利义务。外国法院对中华人民共和国公民、法人和其他组织的民事诉讼权利加以限制的，中华人民共和国人民法院对该国公民、企业和组织的民事诉讼权利，实行对等原则。

第8条

民事诉讼当事人有<u>平等的诉讼权利</u>。人民法院审理民事案件，应当保障和便利当事人行使诉讼权利，<u>对当事人在适用法律上一律平等</u>。

第237条

在中华人民共和国领域内进行<u>涉外民事诉讼</u>，适用本编规定。本编没

---

① 该法经修订后已于2008年4月生效。以下引用条款的顺序已从第237、238、244、246条分别调整为第235、236、242、244条。

有规定的,适用本法其他有关规定。

第 238 条

中华人民共和国缔结或者参加的国际条约同本法有不同规定的,适用该 <u>国际条约</u> 的规定,**但中华人民共和国声明保留的条款除外**。

第 244 条

涉外合同或者涉外财产权益纠纷的当事人,可以用书面协议选择与争议有实际联系的地点的法院管辖。选择中华人民共和国人民法院管辖的,不得违反本法关于级别管辖和专属管辖的规定。

第 246 条

因在中华人民共和国履行中外合资经营企业合同、中外合作经营企业合同、中外合作勘探开发自然资源合同发生纠纷提起的诉讼,由中华人民共和国人民法院管辖。

从以上的举例中可以明显地看到:

第一,在中国的现行国内立法中,实体法与程序法,实体性权利与程序权利的区分,是相当严格,界限分明、一目了然的。因此,可以推断:

第二,中国在对外缔结 BITs 之际,不可能故意地或过失地混淆实体权利与程序权利,在事关国家主权权益的关键问题上,掉以轻心,马马虎虎地以含混不清的文字,把足以损害本国司法主权的国际义务(诸如投资者有权不经东道国同意单方独自把任何投资争端提交国际仲裁),载入国际条约。

第三,前文一再提到,中国在历史上长期饱尝帝国主义列强强加 MFN 条款的苦痛,如今虽已完全独立自主,但仍如惊弓之鸟,仍心有余悸,不可能不在对外缔约之际,特别在 MFN 条款的适用范围上,如临深渊,兢兢业业,慎之又慎,严密设防,杜绝历史惨痛的重演。

第四,在 1998 年 6 月以前签订的大量(80 多个)中—外 BITs 之中,中国把允许境内外商单方独自提交 ICSID 仲裁管辖的投资争端,严格限制为有关"征收补偿款额"的争端;在同一时期缔结的《中国—秘鲁 BIT 1994》之中,不可能一方面通过其第 8(3)条的明文规定,把允许提交 ICSID 仲裁管辖的争端 <u>严格限制</u> 在"征收补偿款额"的范围,另一方面,却通过其第 3(2)条的含糊规定,同意通过 MFN 条款的错误解释,<u>无限扩大</u> ICSID 国际仲裁管辖的范围,<u>完全放弃</u> 对 ICSID 国际仲裁管辖权的 <u>严格限制</u>,从而陷入自相矛盾,逻辑混乱,荒谬可笑的境地。

总之,根据中国法律,程序性权利是很明显地不同于实体性权利。在缔结 BIT 时,中国一方当然不会忽视这种区别。因此,在双方针对"公正与公平待遇"以及"在缔约另一方领土内的保护"的实体权利标准提供 MFN 待遇和 MFN 条款进行协商时,中国显然根本无意、也不会同意使得此种实体性待遇任意扩展到投资者的程序性权利上。

迄今为止,《中国—秘鲁 BIT 1994》未作任何修改。双方约定投资者有权不经东道国另行同意而单方独自提交 ICSID 仲裁的争端,仍然仅仅限于涉及征收补偿款额的争端。更不允许投资者曲解上述 BIT 中的 MFN 条款,擅自援引其他 BIT 的宽泛规定,任意扩大 ICSID 的争端管辖权。在这方面,徐崇利教授作了令人信服的评析:"在东道国对外缔结国际投资条约越来越多的情况下,倘若将其中的最惠国待遇适用于争端解决程序,允许外国投资者从众多的第三方条约中选择对自己最有利的条款加以适用,将会置东道国于更为不对称的境地。对最惠国待遇条款作这样的解释不符合东道国接受此类条款的真实意图,也有失公平。"[1]

(四)当代国际法学界对 MFN 条款性质的共识:MFN 待遇只是国家主权的派生物

从法理上说,MFN 待遇从来就不是强行法规则,也不会成为国际习惯法规则,这已成为国际法学界的主流共识。国家主权原则仍然是国际法规范体系以及理论体系中的主要原则并且占据最高的位阶。事实上,MFN 待遇通常建立在主权国家基于互惠并逐一缔结的条约之上。在考虑国内国外因素以及权衡利弊之后,所有的国家都有完全的自由裁量权决定是否赋予以及在何种条件下赋予他国以 MFN 待遇;或者是否撤回其已经赋予其他国家的同样待遇。另外,所有的主权国家有权决定赋予 MFN 待遇的详细种类、范围或者限制。当然,这些关于 MFN 待遇的规定都应该在相应条约中加以清楚与适当的规定。

例如,联合国国际法委员会在其 1978 年 7 月拟定的《最惠国条款草案》中认为,"最惠国条款是指一项条约规定,依据这项规定,一国向另一国承担义务,在约定的关系范围内给予最惠国待遇。"据此,过去 30 年来在国际条约的实践中已经确立了这一法律确信:MFN 待遇的给予及其范围依赖于缔约国各方的书面合意。中国的一流国际法教授如王铁崖、赵维田也提出,MFN 待遇并没有成为习惯国际法规则,而是取决于平等国家间基于互利互

---

[1] 徐崇利:《从实体到程序:最惠国待遇适用范围之争》,载于《法商研究》,2007 年第 2 期,第 46 页。

惠的条约合意①。

因此,应当认为,MFN 待遇只是国家主权的派生物,只是次要的原则,它应该从属于并且服务于国家主权这一首要原则。换言之,在缔约国各方行使自由意志和平等友好协商的基础上,MFN 待遇的赋予方式、赋予范围、必要限制、撤回条件,都应该从属于和由受制于主权国家在不同时间、不同场所的共同需要和一致协议。

(五) 依据《维也纳条约法公约》对《中国—秘鲁 BIT 1994》中的 MFN 条款进行解释

1.《维也纳条约法公约》(VCLT)关于条约解释的规定

为了科学地理解相关规定的真实涵义,需要依据《维也纳条约法公约》(以下简称 VCLT)第 31、32 条的规定:

第 31 条　解 释 之 通 则

一、条约应依其用语按其上下文并参照条约之目的及宗旨所具有之通常意义,善意解释之。

二、就解释条约而言,上下文除指连同前言及附件在内之约文等外,并应包括:

(甲) 全体当事国间因缔结条约所订与条约有关之任何协定;

(乙) 一个以上当事国因缔结条约所订并经其他当事国接受为条约有关文书之任何文书。

三、应与上下文一并考虑者尚有:

(甲) 当事国嗣后所订关于条约之解释或其规定之适用之任何协定;

(乙) 嗣后在条约适用方面确定各当事国对条约解释之协定之任何惯例;

(丙) 适用于当事国间关系之任何有关国际法规则。

四、倘经确定当事国有此原意,条约用语应使其具有特殊意义。

第 32 条　解释之补充资料

为证实由适用第三十一条所得之意义起见,或遇依第三十一条作解

---

① See: United Nations International Law Commission, *Draft Articles on Most-Favoured Nation clauses* (*UN Draft on MFN Clause*), 1978, Arts. 1, 4, 8, 21, available at http: //untreaty.un.org/ilc/texts/instruments/english/draft%20articles/1_3_1978.pdf; 还可参见:王铁崖:《国际法资料选编》,法律出版社 1982 年版,第 761—767 页;王铁崖:《国际法》,法律出版社 1995 年版,第 180—182 页;赵维田:《MFN 与多边贸易体制》,中国社会科学出版社 1996 年版,第 36、57 页。

释而：

(甲) 意义仍属不明或难解；或

(乙) 所获结果显属荒谬或不合理时，为确定其意义起见，得使用解释之补充资料，包括条约之准备工作及缔约之情况在内。

2. 依据 VCLT 上述规定对《中国—秘鲁 BIT 1994》中 MFN 条款加以解释

根据前述《维也纳条约法公约》中关于条约解释的规定，《中国—秘鲁 BIT 1994》中的 MFN 条款理应解释如下：

(1) 根据上下文以及条约之目的及宗旨：《中国—秘鲁 BIT 1994》中的措词，应按其上下文并参照条约之目的及宗旨所具有之通常意义，加以解释。对此，必须对《中国—秘鲁 BIT 1994》有关 ICSID 管辖权的明确保留与严格限制予以注意。如上所述，秘鲁与中国只同意，经任一投资争端当事方申请，外国投资者与东道国之间的征收补偿款额争端可提交 ICSID 仲裁。任何其他争端不得提交 ICSID 仲裁，除非争端当事方就此达成新的仲裁协议。结合这一上下文以及条约之目的及宗旨加以考虑，《中国—秘鲁 BIT 1994》中 MFN 条款的通常含义，不得孤立地任意扩大解释与推断为具有非常宽泛的含义，以至包括了把外国投资者与东道国间的"涉及其他事项的任何争端"都提交给 ICSID 仲裁，而不必由当事双方达成新的仲裁协议。这样理解，是符合逻辑的，是不言而喻的。

(2) 根据与《中国—秘鲁 BIT 1994》有关的主要公约——《华盛顿公约》：中国与秘鲁都已加入该公约，而且该公约与《中国—秘鲁 BIT 1994》的签订是不可分割的。

(3) 结合最重要的文件：中国在 1993 年 1 月批准《华盛顿公约》时发出过一份通知，这一通知对 ICSID 管辖权作出了明确的保留与严格的限制，而且被秘鲁接受为与《华盛顿公约》、《中国—秘鲁 BIT 1994》相关的文件。因此，中、秘双方显然一致同意严格限制并且只接受 ICSID 仲裁庭对源于征收而产生的补偿款额争端具有管辖权。

(4) 结合其他重要文件以及一系列相关的同类协定：中国提交给 UNCTAD 的《中国 BIT 范本》(1994)，中国从 1982 年 3 月到 1998 年 6 月期间与其他许多外国连续分别签订了 80 余项 BITs，都是应予参照的。该范本与 80 余项 BITs 都对国际仲裁机制与 ICSID 管辖权作出了相似的明确保留与限制。所有这些 BITs 都可以合理地认为是《中国—秘鲁 BIT 1994》的"姊妹 BITs"，都已被秘鲁"接受"为与《中国—秘鲁 BIT 1994》相关的文件。今天，这些"姊妹 BITs"对 ICSID 管辖权的明确保留与限制仍然是有效的。因此，与这些文件——"姊妹 BITs"——相结合,《中国—秘鲁 BIT 1994》中 MFN 条款的措词不得孤立地任意扩大解释与推断为具有非常宽泛的含义,以至包括了把外国投资者与东道国间的"涉及其他事项的任何争端"都可以单方独自提交给 ICSID 仲裁。只有对 ICSID 管辖权作严格的限制性理解,才符合逻辑,这是不言而喻的。

(5) 结合有关的国际法规则:随着时间的流逝,联合国国际法委员会拟定的 1978 年《最惠国条款草案》,以及可适用于中国与秘鲁关系的相关国际法规则这些背景,都应该纳入考虑范围。如上所述,MFN 待遇从来都没有形成为强行法规则或者习惯国际法规则。因此,所有主权国家,也只有主权国家,有权在相关的 BITs 中自由决定 MFN 待遇的具体种类、范围与限制。如果在《中国—秘鲁 BIT 1994》的 BIT 中没有对 MFN 条款作出具体、清楚、准确的定义,很明显,只有相关缔约双方自己才有权进一步讨论和确认 MFN 条款的定义。换言之,任何缔约双方之外的第三方,都没有法定权利给某项不明确的或者含糊的 MFN 条款强加任何武断的、不正确的含义,并因此违背缔约双方的本来意图。

(6) 结合签订协定时的背景资料:为了进一步确认 BIT 中含糊不清 MFN 条款的准确含义,有必要考察其签订时的背景资料①。就《中国—秘鲁 BIT 1994》中的 MFN 条款而言,当然必须结合签订该 BIT 时的历史背景与特定环境来加以解释。特别必须注意中国以下历史背景与特定环境:

1) 中国在 1840—1949 年期间遭受的由不平等条约强加"领事裁判权"条款的痛苦教训②。

2) 中国在 1840—1949 年期间遭受的由不平等条约强加"最惠国条款"的痛苦教训③。

3) 在 1949—1993 年期间中国人对历史上的领事裁判权条款以及"最惠国条款"以某种形式"卷土重来"的长期担忧,导致在加入《华盛顿公约》时的长期犹豫:中国人民的情感是:一朝被蛇咬,十年怕井绳④。

4) 1993 年关于对 ICSID 管辖权加以保留和限制的"通知",以及于 1982 年 3 月到 1998 年 6 月期间签订的、对 ICSID 管辖权作出类似明确保留与严格限

---

① See *UN Draft on MFN Clause*, Art. 32.
② 参见第五部分前文。
③ 参见第六部分前文。
④ 参见前文第五部分。

制的80余份BITs①。

5)《中国—秘鲁BIT 1994》属于80余个"姊妹BITs"中的一项,有着类似的DNA与相似的面孔。更何况,《中国—秘鲁BIT 1994》签订于1994年,即中国向世界银行(ICSID总部)发出对ICSID管辖权加以保留的"通知"的第二年②。因此,秘鲁和中国在签订《中国—秘鲁BIT 1994》时必定理解、认可与接受了中国方面关于严格限制ICSID管辖权的主张。

(6)结合考察前述签订《中国—秘鲁BIT 1994》时的历史背景与特定环境,显然不能把《中国—秘鲁BIT 1994》中MFN条款的范围,武断地和孤立地解释为外国投资者有权不经东道国同意,单方独自把"涉及其他事项的任何争端"提交给ICSID仲裁。

(六)联合国官方文件的反复警示以及当今世界对MFN条款的严格解释

以上各段是从<u>双边的角度</u>来剖析《中国—秘鲁BIT 1994》中的MFN条款。为了对这个问题有更深入的理解,显然还需要扩大视野,从<u>全球的角度</u>来观察当代MFN条款的发展趋向。

在当代的国际缔约实践中,在经济实力悬殊的国家之间实行绝对的MFN待遇原则,势必造成严重的事实上的不公平和不平等,由此引发了众多发展中国家的强烈反对和联合抗争。在数十年来南北矛盾冲突和南北合作共事的历史进程中,可以看到,数量众多的发展中国家有着强烈的不满与联合斗争。其结果是,在这期间,MFN条款的"绝对性"一直都被通过设立一系列的"例外"来加以"修改"与"修订",这反过来又极大地弱化了这一条款的效果,并且演化成一种"非绝对性"的条款。

最明显的例证是在GATT/WTO体系中,MFN待遇规则数十年来不断地"与时俱进",修订频频。具体说,GATT1947第1条规定的普遍MFN待遇原则,在其后修订和增补的第18条中,就开了"先河",允许众多积贫积弱的发展中国家有权在一定条件下"暂时偏离"本协定其他条款(含MFN条款)的规定。第21条关于"安全例外"的规定,第24条关于"关税同盟和自由贸易区"的规定,第24条和第25条关于"豁免义务"的规定,以及其后增补的整个第四部分(贸易与发展,即第36—48条),也都从各种不同的领域、在不同的程度上允许

---

① 参见前文第五部分。
② 同上。

发展中成员"偏离"MFN 条款的规定。

在 GATT 发展成为 WTO 之后，经过众多发展中成员的据理力争，与普遍 MFN 待遇原则相左的各种"特殊与差别待遇"条款(S&D)，在更多的领域、更大的范围，以更高的频率，出现在 WTO 的各种"游戏规则"之中。尤其是，由于其中还存在许多"口惠而实不至"之处，2001 年 11 月发表的 WTO《多哈宣言》，更进一步把落实各类 S&D 条款作为新一轮多边谈判的主题之一①。

简言之，上述"与时俱进"的发展，已导致**普遍 MFN 待遇**原则中原有的"普遍性"，逐渐地、不断地被惠及发展中国家的"特殊性"和"**差别性**"**待遇**所补充和取代②。

由此可见，中国过去、现在和今后在对外缔结和修订 BITs 的实践中，依据双方经济发展水平、经济实力对比、吸收外资与对外投资规模对比、外资法律保护环境对比以及确保国家安全需要等等具体情况，在境内涉外投资争端管辖权问题上，采取"**区分两类国家，厘订差别标准，实行区别对待**"的做法，从而在真正公平互惠的基础上，做到"放权适度，宽严有别"，这是完全符合于当代 MFN 待遇原则的发展进程的。

在 2003—2006 年期间发布的一系列研究报告中③，世界银行与联合国贸

---

① 《多哈宣言》强调："各种特殊与差别待遇条款乃是 WTO 各种协定不可分割的组成部分，……对所有的特殊与差别待遇条款，都应重新审议，予以加强，使它们更加明确，更加切实有效，更加便于操作。""给予发展中国家的特殊与差别待遇应当作为一切磋商谈判中不可分割的内容，列入有待谈判的各种减让清单和承诺清单，并且纳入相关的规则和规章，做到切实可行，以便发展中国家能够切实有效地用以满足其各种发展需要。" Doha Ministerial Declaration(14 November 2001), paras. 44,13, WT/MIN(01)/DEC/1, at http://www.wto.org/english/thewto_e/minist_e/min01_e/mindecl_e.htm, September 6, 2006.

② 参见曾华群：《论"特殊与差别待遇"条款的发展及其法理基础》，载于《厦门大学学报》2003 年第 6 期。

③ See World Bank, *Global Economy Prospects 2003*, available at: http://www.worldbank.org/prospects/gep2003/summarycantonese.doc; World Bank, *World Development Report 2005 — A Better Investment Climate for Everyone*, World Bank and Oxford University Press, 2004, p. 177; UNCTAD, *World Investment Report 2003—FDI Policies for Development: National and International Perspectives* (Overview), 2003, pp. 18 - 19, UNCTAD/WIR/2003 (Overview); *The São Paulo Consensus*, paragraph 8, adopted at the UNCTAD XI Conference, available at: http://www.unctad.org/en/docs//td410_en.pdf; UNCTAD, *World Investment Report 2006—FDI from Developing and Transition Economies: Implications for Development* (Overview), 2006, pp. 9 - 11, UNCTAD/WIR/2006(Overview), available at: www.unctad.org/wir. See also An Chen, *Should the Four Great Safeguards in Sino-Foreign BITs Be Hastily Dismantled?* Journal of World Investment & Trade, Geneva, December 2006, Vol. 7, No. 6, pp. 917 - 919; An Chen, *Distinguishing Two Types of Countries and Properly Granting Differential Reciprocity Treatment — Re-comments on the Four Safeguards in Sino-Foreign BITs Not to Be Hastily and Completely Dismantled*, Journal of World Investment & Trade, Geneva, December 2007, Vol. 8, No. 6, pp. 771 - 795.

发会(UNCTAD)反复提醒弱国充分注意 BIT 的"双刃剑"效果。一方面,发展中国家需要引入外国直接投资(FDI)以促进他们的国家发展;另一方面,他们必须在主权的行使方面保留必要的灵活性与自由裁量权,以便保护国家利益与重大安全。总之,需要在两者之间作出平衡。

特别是题为**《在国际投资条约中留权在手:善用保留权》**的研究报告,尤其值得注意。它专门探讨和指导处在弱势地位的众多发展中国家,在对外缔结投资条约中,如何善用《维也纳条约法公约》第 2 条赋予的"保留"权,设定必要的例外,尽可能地把自主权、管辖权、灵活处理权保留在自己手中。现任UNCTAD秘书长素帕差在该报告的前言中指出:包括本项文献在内的系列研究报告旨在为各国决策者、政府官员、国际组织官员、公司主管人员和非政府组织代表人士们提供咨询意见和合理建议①。

该《报告》反复强调的主要观点如下:

(1)"各种国际协定的真实本质(very nature),都是要限制有关国家自己的政策选择。就国际投资条约而言,其中所设定的各种义务就限制了各国决策者在设计本国投资政策时原本可以自由选择的范围。……虽然国际投资条约可以改善东道国的投资环境,但这些条约不应过分地限制东道国决策者为追求本国发展或其他政策目标所享有的灵活性。"②

(2)处于所有发展水平的国家都广泛地求助于采取同类的"不一致措施"(non-conforming measures,又译"例外措施"),在各国的保留事项清单上发现的最普遍采用的"不一致措施"有两种:其一,在**国民待遇**上加以限制,以便形成有利于本国投资者的竞争环境;其二,在**最惠国待遇**上规定例外,以便保留各种协议的优惠或互惠特点③。

(3)无论其发展水平何如,许多国家感到需要从承担的国际义务中保留一定的经济活动,不受约束。这种倾向在发展中国家中表现得更加显著,他们需要面对更严重的社会与经济问题,需要以更加少的资源与专业人员来面对各种新规章制度的挑战④。

(4)许多国际投资协议样本中涵盖的发展中国家,比发达国家更普遍地倾

---

① UNCTAD, *Preserving Flexibility in IIAs: The Use of Reservations*, UNCTAD Series on International Investment Policies for Development, New York and Geneva, 2006, p. iv, available at http://www.unctad.org/templates/webflyer.asp?docid=7145&intItemID=2310&lang=1&mode=downloads

② UNCTAD, *Preserving Flexibility in IIAs: The Use of Reservations*, supra note 24, p. 6.

③ Id., para. 2.

④ Id., para. 2.

向于采用保留权力以及维持"不一致措施"①。

(5) 在国际投资协议中保留权力是在投资领域**平衡**东道国家机构的灵活性与承担国际义务的**关键**技术,**尤其是对于发展中国家而言**②。

这些建议,实质上乃是 UNCTAD 麾下专家们在充分调查发展中国家有关国际投资协议实践的经验教训之后,作出的**科学总结和恳切诤言**。

由此可见,《中国—秘鲁 BIT 1994》未把"最惠国待遇"扩大适用于程序性权利,不但切合中国和秘鲁缔约双方当年的现实需要,而且直到现今,它仍然有效而未作任何修订,这也足以表明它至今仍然切合缔约双方当前的现实需要,并且也完全符合上述 UNCTAD 专家们所总结出的当代世界最新潮流。

(七) 目前国际缔约实践中对 MFN 条款的限制与排除

MFN 条款的通常适用范围,是实体性待遇。鉴于 ICSID 仲裁庭在其实践中具有通过自由裁量扩大管辖权的倾向,任何主权国家如果不愿意把 MFN 条款适用于例如 FDI 争端解决程序之类的程序性事项中,都有权在将来 BITs 谈判或修订时明确排除或限制 ICSID 管辖权的范围。

这样做,是有先例可援的。例如,2003 年《美洲自由贸易协定(草案)》针对其中的 MFN 条款附加了这样的注解:

"缔约各方注意到 ICSID 仲裁庭最近针对阿根廷墨菲兹尼公司诉西班牙案作出的决定,其中确认在阿根廷与西班牙的一份协定中具有含义非常广泛的 MFN 条款。相形之下,《美洲自由贸易协定(草案)》中的 MFN 条款明文限定仅仅适用于'有关投资的立项、并购、扩充、经营、活动、运作、出售以及其他处置事宜'。鉴此,缔约各方现在达成共识,确认本《协定》中的 MFN 条款并不适用于本节第 C 节所包含的国际争端解决机制(即缔约一方与缔约另一方的投资者之间的争端解决)的有关事宜。"③

另外,在缔结 BIT 的范本中,也有以"不溯及既往"的规定对 MFN 条款的适用加以限制的做法,可供参考。例如,如果国家情况需要,任何主权国家都不妨借鉴加拿大 2004 年 BIT 范本附录 III(MFN 例外条款)中的下述规定,作出

---

① UNCTAD, *Preserving Flexibility in IIAs: The Use of Reservations*, supra note 24, p. 2.
② Ibid., p. 1.
③ See Chapter XXIII Dispute Settlement of FTAA(Draft Agreement), footnote 13, at http://www.ftaaalca.org/FTAADraft03/ChapterXXIII_e.asp, September 6, 2006. See also OECD, *International Investment Law: A Changing Landscape*, Chapter 4, "Most-Favoured-Nation Treatment in International Investment Law", OECD Publishing, 2005, pp. 127, 132.

安排。该附录规定：

> "第4条关于MFN待遇的条款不应该适用于在本《协定》生效日以前已经生效或者已经签订的所有双边或多边国际协定所赋予的待遇"。

如果任何主权国家对加拿大BIT范本这一内容加以师法和移植，则今后外国投资者就不可能根据MFN条款规定，要求援例享受该国以前曾经赋予第三国的同等待遇。

（八）ICSID实践对MFN待遇的限制与排除（裁决案例）

对于FDI争端管辖权问题，应该在BIT中采用明确的措词限制或排除MFN条款对程序性事项的适用。即，如果某项BIT规定了MFN条款，缺少任何明确限制或排除MFN条款适用于程序性事项的用语，或者没有采用明白的措词指出MFN条款可以适用于争端解决程序，就不得推断出BIT缔约双方已经同意让MFN条款适用于程序性事项。

因为，涉讼各方当事人之间必须具有*明确表示的、具体的*仲裁协议，乃是举世公认的提交仲裁的必要前提和首要准则。缺乏这个必要前提，则任何单方提交仲裁的申请，都是无源之水，无根之木；不但严重违背仲裁体制的本旨；而且严重破坏"当事人意思自治"这一基本法理原则。这一意见已在近年来国际仲裁的实践中逐渐形成主流共识[①]。

这一主流共识已在一些有名的ICSID案例中一再得到相关仲裁庭的认同和持续的运用。例如：

1. 意大利萨利尼（Salini）公司诉约旦案；
2. 塞浦路斯普拉玛（Plama）公司诉保加利亚案；
3. 挪威泰莱诺（Telenor）公司诉匈牙利案。

这三个关于ICSID管辖权的决定书连续发布于2004、2005、2006年。如下所述，这些案件就MFN条款提供了类似的论点、论据与结论。这些案件的仲裁断案实践很可能逐步发展成为有关MFN问题的新的"习惯法"，很引人瞩目。

1. 意大利萨利尼（Salini）公司诉约旦案当中的MFN问题

在该案中，意大利投资者Salini公司认为它有权根据《意大利—约旦BIT》中的MFN条款把争端提交ICSID仲裁。不过，ICSID仲裁庭仔细审查后认为：

《意大利—约旦BIT》第3条MFN条款并没有把其适用范围扩展适用于

---

① 参见王海浪：《ICSID管辖权新问题与中国新对策研究》（博士学位论文），第四章："最惠国条款对'同意'范围的扩展"，2006年完成，待出版。

争端解决的任何规定。申请方也没有提交证据足以证明：缔约双方确有共同意图要把 MFN 条款适用于争端解决。恰恰相反，根据该 BIT 第 9(2)条，缔约双方明确地表示共同有意把**合同性争端**排除于 ICSID 管辖权范围之外①。

因此，仲裁庭的结论是："对于本案争端解决程序而言，《约旦—意大利 BIT》第 3 条规定的 MFN 条款不能适用。本案外国投资者与约旦国家所属某单位之间的合同性争端，必须根据上述 BIT 第 9(2)条规定的《投资协议》(Investment Agreement)加以解决，而按照相关的《投资协议》规定，应该由东道国国内的主管法院受理和处断。因此，ICSID 本仲裁庭对本案此项争端没有管辖权②。

2. 塞浦路斯普拉玛(Plama)公司诉保加利亚案当中的 MFN 问题

在该案中，普拉玛(Plama)公司主张有权根据《保加利亚—塞浦路斯 BIT》中的 MFN 条款引用《保加利亚—芬兰 BIT》的规定从而把争端提交 ICSID 仲裁。在管辖权决定书中，ICSID 仲裁庭明确认定某一 BIT 中的 MFN 条款不能任意扩大适用，从而引入另一 BIT 中规定的争端解决程序③。

在该案所涉《保加利亚—塞浦路斯 BIT》中，争端解决条款规定仅仅限于与征收补偿金额有关的争端可提交国际特设仲裁庭仲裁④。讼争过程中，当事人双方对于可否通过其中 MFN 条款，依据《保加利亚—芬兰 BIT》等其他 BITs 中有关争端解决的规定，把征收补偿金额**以外**的争端也提交国际仲裁的问题，各自坚持相反的主张。

在仔细分析与权衡之后，ICSID 仲裁庭认为，在缔结条约时，保—塞双方把特定的投资者与东道国之间的争端适用相关国际仲裁解决程序，限定于《保加利亚—塞浦路斯 BIT》规定的[征收补偿金额争端]范围，并且没有通过 MFN

---

① Salini Costruttori S. p. A. and Italstrade S. p. A. versus The Hashemite Kingdom of Jordan (ICSID Case No. ARB/02/13) *Decision on Jurisdiction of* November 15, 2004, pars. 118 – 119.

② Ibid., par. 119. 其原文为"In the event that, as in this case, the dispute is between a foreign investor and an entity of the Jordanian State, the contractual disputes between them must, in accordance with Article 9(2), be settled under the procedure set forth in the investment agreement. The Tribunal has no jurisdiction to entertain them."; See also ibid. pars. 66,72 – 74.

③ Plama Consortium Limited v. Republic of Bulgaria (ICSID Case No. ARB/03/24), *Decision on Jurisdiction of February 8*, 2005, paras. 216 – 224, available at www. worldband. org/ICSID/cases/plama-decision. pdf.

④ 其第 4 条规定：

"4.1 征收的合法性应该经相关投资者的请求，通过采取征收措施缔约方的普通行政和法律程序加以审查。对于行政裁定中没有解决的**补偿金额争端**，相关投资者和另一缔约当事方的法律代表应该协商解决。如果在开始协商后的三个月内没有达成协议，经投资者申请，补偿金额应该由采取征收措施的缔约一方的法律程序或者是**国际特别仲裁庭**加以审查。"

"4.2 第 4 条第 4.1 款所述国际仲裁庭应该逐案设立。每一缔约方应该指定一名仲裁员，再由这两名仲裁员同意一个第三国国民作为主席……" *Id.*, para. 26.

条款扩大这些规定适用范围的意图①。该仲裁庭反复强调:

"把争端解决事项纳入到 MFN 待遇适用范围之内的意图,必须是<u>明明白白、毫不含糊的表述</u>(*The intention to subject the dispute settlememt matter to the MFN treatment must be <u>clearly and unabiguosly expressed</u>.*)。"②(emphasis added)

在现代国际社会,仲裁是普遍接受的、用来解决投资者与国家间争端的方式。然而,这一现象并没有消除仲裁的基本前提,即必须具有当事各方达成的仲裁协议。这是一条已经确立的原则,无论是各国国内法还是国际法都要求仲裁协议必须写得清清楚楚、毫不含糊③。

如果通过参照或结合其他条款的方式来推论仲裁协议已经达成,就难免令人怀疑双方当事人的仲裁意图并非明明白白、毫不含糊④。如果通过援引其他 BIT 中争端解决条款的规定,推论双方仲裁协议已经达成,这种怀疑就势必进一步的加深。许多 BITs 的争端解决条款只专指该特定 BIT 项下的待定争端。显然很难把 MFN 条款任意解释成为允许把其他 BITs 中的具体用语引入该特定 BIT 当中⑤。

相反,某一具体 BIT 中的争端解决规定是针对解决该 BIT 项下的各种争端而协商拟定的。不得任意推论:缔约双方已同意这些争端解决条款的涵义可通过引入其他 BITs 中的争端解决条款而扩大其原有涵义内容,因为,其他 BITs 中的争端解决条款是在完全不同环境下协商达成的⑥。

基本上述考虑,仲裁庭对 MFN 条款问题作出决定如下:

即使把《保加利亚—塞浦路斯 BIT》中的 MFN 条款与保加利亚和其他国家签订的 BITs(特别是《保加利亚—芬兰 BIT》)联系起来解读,也不能任意解

---

① *Id.*,其第 4 条规定:

"4.1 征收的合法性应该经相关投资者的请求,通过采取征收措施缔约方的普通行政和法律程序加以审查。对于行政裁定中没有解决的**补偿金额争端**,相关投资者和另一缔约当事方的法律代表应该协商解决。如果在开始协商后的三个月内没有达成协议,经投资者申请,补偿金额应由采取征收措施的缔约一方的法律程序或者是**国际特别仲裁庭**加以审查。"

"4.2 第 4 条第 4.1 款所述国际仲裁庭应该逐案设立。每一缔约方应该指定一名仲裁员,再由这两名仲裁员同意一个第三国国民作为主席……。"*Id.*, paras. 195-197.

② *Id.*, para. 204.

③ PLAMA CONSORTIUM LIMITED v. REPUBLIC of BULGARIA (ICSID Case No. ARB/03/24), DECISION ON JURISDICTION, para. 198.

④ *Id.*, para. 200.

⑤ *Id.*, para. 206.

⑥ *Id.*, para. 207.

释为保加利亚已经同意把东道国与普拉玛(Plama)公司之间的一切争端(包括征收补偿额争端以及其他任何争端)都提交 ICSID 管辖,或者任意解释为普拉玛公司有权援引其他 BITs 中有关争端解决的规定,把本案争端提交 ICSID 仲裁①。

3. 挪威 Telenor 公司诉匈牙利案当中的 MFN 问题

在该案中,挪威 Telenor 公司主张有权根据《匈牙利—挪威 BIT》中的 MFN 条款引用匈牙利与其他国家签订的 BITs 的规定从而把争端提交 ICSID 仲裁。

Telenor 公司认为,根据《匈牙利—挪威 BIT》第 4 条中的 MFN 条款确立的"程序性连接",申请方有权引用匈牙利与其他国家缔结的 BITs 中范围最广泛的争端解决条款,并使得仲裁庭对基于《匈牙利—挪威 BIT》第 3 条提出的指控拥有管辖权。被申请方匈牙利对此提出异议。匈牙利认为 MFN 条款仅限于实体性待遇,不得用来任意扩大仲裁庭的管辖权,并且超出《匈牙利—挪威 BIT》第 11 条规定的范围之外②。

在仔细听取双方意见并且权衡利弊之后,ICSID 仲裁庭认为仲裁庭自身"完全认可先前普拉玛(**Plama**)案仲裁庭作出的分析与说明"③。

Telenor 案仲裁庭认为,在没有明明白白的措词表明缔约双方意图的情况下,某一 BIT 的 MFN 条款不得被解释为允许把仲裁庭的管辖权扩大到超出该 BIT 本身规定的范围,其理由至少有以下四点④:

首先,《维也纳条约法公约》第 31 条要求解释条约应"依其用语按其上下文并参照条约之目的及宗旨所具有之通常意义,善意解释之"。就本案 BIT 而言,在没有表示相反意思的语言和文本的情形下,"投资得到的待遇应不低于给予任何第三国投资者投资的待遇"一语之通常意义是专指对待投资者与投资有关的**实体性权利**不低于东道国与第三国间其他 BITs 的规定,而没有保证可以把上述用语解释为可以推广适用于**程序性权利**。规定投资者可从享受最惠国待遇是一回事,然而,援引某一 BIT 中的最惠国条款来规避该 BIT 中的某项限制,则完全是另一回事,因为缔约双方在为最惠国条款字斟句酌、精心选定的语言中并无此种意图⑤。

---

① PLAMA CONSORTIUM LIMITED v. REPUBLIC of BULGARIA (ICSID Case No. ARB/03/24), DECISION ON JURISDICTION, para. 240.
② TELENOR MOBILE COMMUNICATIONS A. S. v. THE REPUBLIC OF HUNGARY (ICSID Case No. ARB/04/15), AWARD, para. 19.
③ Id., para. 90.
④ Id., para. 91.
⑤ Id., para. 92.

其次，正如先前 *Plama* 案仲裁庭指出的那样，对最惠国条款作宽泛解释的效果是，将使东道国暴露在投资者可以"任意选购"(shopping)任何 BIT 的风险之中。换言之，投资者可在无数的其他 BITs 中任意挑选，寻得一种范围足够宽泛的争端解决条款，借以使国际仲裁庭扩大管辖在原有 BIT 争端解决条款特定范围之外的其他争端；甚至还会出现这样的问题：投资者可能只选择该更宽泛争端解决机制中符合其要求的那些要素，而舍弃那些不符合其要求的要素①。

第三，宽泛的解释也会同时产生不确定性和不稳定性。——某一 BIT 中规定的仲裁限制有时会起作用，而有时却被东道国对外签订的另一个新的 BIT 中更宽泛的争端解决机制所取代，变得毫无限制作用，从而完全背离了缔约双方的原有意图②。

第四，BIT 缔约国在与其他国家议定 BIT 争端解决条款时的实践具有重要的参照作用。某一国家在某些 BITs 中同意把所有争端提交国际仲裁，同一国家却在另外一些 BITs 中又把可提交国际仲裁的争端仅仅限制为特定种类的争端，例如仅限于征收争端。显而易见，这些国家在拟定后一种类别的争端解决条款时，旨在把国际仲裁庭的管辖权限制于特定种类的争端，并且不同意由 MFN 条款的解释以扩大其管辖权。在这一情况下，通过任意解释 MFN 条款借以扩大争端解决范围的方法，显然是违背了缔约双方在缔结原有 BIT 时的原有意图③。

因此，仲裁庭的结论是：在本案中，不得援引 MFN 条款把仲裁庭的管辖权扩展到征收以外的争端事项，否则，势必会违背匈牙利与挪威在签订上述 BIT 时的共同意愿④。

4. 从上述三个 ICSID 案例中推导出的结论

简而言之，从上述三个 ICSID 案例中，可以归纳出以下结论：

(1) 任何提交给 ICSID 的仲裁申请都必须建立在外国投资者与东道国之间明明白白、毫不含糊的仲裁协议之上。

(2) 当代 BITs 中规定的 MFN 待遇通常局限于实体性权利待遇，除非有明明白白、毫不含糊的用语把 MFN 待遇扩大适用于某些程序性权利待遇

---

① TELENOR MOBILE COMMUNICATIONS A. S. v. THE REPUBLIC OF HUNGARY (ICSID Case No. ARB/04/15), AWARD, para. 93.
② *Id.*, para. 94.
③ *Id.*, para. 95.
④ *Id.*, para. 100.

之上。

(3) 某一 BIT 中规定的 MFN 条款不得被武断地解释为可以援引和扩大适用于程序性权利待遇,并借此规避同一 BIT 中的限制,从而任意扩大外国投资者单方独自把争端提交 ICSID 管辖的权利。

(4) BIT 规定的 MFN 条款不得被武断地解释为允许引入同一缔约国在不同情况下与其他外国签订的其他 BITs 中规定的程序性权利待遇。

(5) 无论如何,任何一种 BIT 规定的 MFN 条款,都不得被滥用来违背缔约双方的本来意愿,严重损害缔约国的司法主权。

(九)《中国—秘鲁 BIT 1994》中的 MFN 条款问题

现在,让我们一起回过头来,进一步思考和判断《中国—秘鲁 BIT 1994》中的 MFN 条款问题。根据前述法律文件及 ICSID 仲裁庭对上述其他案例作出的科学分析,用以对照比较本案,显然不难看出以下几点:

(1)《中国—秘鲁 BIT 1994》第 3(2)条中的 MFN 条款的愿意只限于实体性权利待遇;

(2)《中国—秘鲁 BIT 1994》第 3(1)(2)条中的"待遇与保护"并没有涵盖程序性权利待遇在内,不能任意扩大投资者用来指控东道国的争端解决机制的内容;

(3) 进一步而言,投资者不得援引《中国—秘鲁 BIT 1994》中的 MFN 条款来任意引用秘鲁与其他外国缔结的其他 BITs 中范围更广泛的争端解决规定;

(4) 同样,投资者不得运用《中国—秘鲁 BIT 1994》中的 MFN 条款来任意引用中国与其他外国缔结的其他 BITs 中范围更广泛的争端解决规定;

(5)《中国—秘鲁 BIT 1994》中的 MFN 条款必须符合中国在 1993 年作出的、迄今仍然有效的对《华盛顿公约》明确保留;

(6) 就 1982—1998 年 6 月期间中国与外国分别签订的大量"老一代"的 BITs 而言,至今仍然有效。中国显然无意让投资者利用对其中 MFN 条款的任意解释任意扩展 ICSID 的管辖权。没有证据表明中国具有此种意图。

七、结　论

总之,基于上述分析,笔者认为:ICSID 仲裁庭对本案争端(香港居民谢业深 v. 秘鲁政府征收投资案件)没有管辖权,因为:

(1)《中国—秘鲁 BIT 1994》不能适用于中国的香港特别行政区,不能适用于香港特别行政区的公司和个人,因此,本案申请方无权引用这一 BIT;

(2)即使 ICSID 仲裁庭认为《中国—秘鲁 BIT 1994》可以适用于本案,但是,由于中国和秘鲁双方在上述 BIT 中明确规定,中国在提交《华盛顿公约》批准书时又明确通知:ICSID 管辖权局限于征收补偿款额争端,所以,本案仲裁庭对本案没有管辖权;

(3)《中国—秘鲁 BIT 1994》中的 MFN 条款只能适用于实体性权利待遇。在没有双方缔约国即中国和秘鲁两国政府明示同意的条件下,不得任意扩大解释为可以扩大适用于程序性权利待遇。

2008 年 8 月修订

Ⅷ 我国涉外经济立法中可否规定对外资绝不实行国有化*

内容提要 中国实行对外开放基本国策之初,于1979年颁行了中华人民共和国成立之后的第一部外资法,即《中华人民共和国中外合资经营企业法》,其中规定中国政府依法保护在华外资及其合法权益,但并未明言中国政府是否对在华外资绝对不实行国有化和征收,因而引起国际法学界和舆论界的种种揣测和议论。相应地,在中国国内,对于我国在涉外经济立法中,可否规定对外资绝不实行国有化问题,存在两种对立的学术见解。一种意见认为:有关我国经济特区和沿海开放城市的涉外经济立法中,除一般规定外资的合法权益受中国法律保护以外,还应专门明文规定对这些地区的外资绝对不实行国有化。这才能鼓励外商更加放心地向这些地区投资兴业。另一种完全相反的意见认为:在上述涉外经济立法中,只要明文规定对外资的合法权益实行法律保护就已足够;没有必要另外专门规定对这些地区的外资绝对不实行国有化。笔者认为,从中国国情与当代国际立法惯例的结合上、从南北矛盾的历史与现实的结合上、从新旧两种国际经济秩序的更迭兴替上考虑问题,中国作为在世界上具有举足轻重地位的社会主义国家和发展中国家,作为第三世界的一个中坚成员,它在本国关于经济特区和沿海开放城市的涉外经济立法中,不宜、不必、不应、不容明文规定对外资绝对不实行征收或国有化。东道国在必要时有权依法征收境内外资并给予补偿,乃是当代国家经济主权权利之一,而且已是国际通行的立法惯例,中国不应通过立法自行"弃权"。相反,务必留权在手,但决不任意滥用。

---

* 本文的基本内容,原发表于《厦门大学学报》(哲学社会科学版)1986年第1期。其后,应香港学术界要求译成英文,题为 Should an Immunity from Nationalization for Foreign Investment Be Enacted in China's Economic Law? 辑入 Legal Aspects of Foreign Investment in the People's Republic of China, China Trade Translation Co. Ltd. 1988. 为便于读者对照参考,此英文本也收辑于《陈安论国际经济法学》,列为本书第七编之ⅩⅤ。

本文原发表于 1986 年。事隔 4 年之后，1990 年 4 月全国人大对上述法律加以修订，在第 2 条中增补了第 3 款："国家对合营企业不实行国有化和征收；在特殊情况下，根据社会公共利益的需要，对合营企业可以依照法律程序实行征收，并给予相应的补偿。"此项新规定，在国有化和征收问题上，区分一般情况与特殊情况，分别对待。这完全符合当代发展中国家外资立法的通例，也与 1986 年笔者提出的看法和论证即"务必留权在手，但决不任意滥用"相一致。

目　次

一、问题缘起

二、两种歧义

　（一）事关维护经济主权，不可立法规定绝不征收外资

　（二）事关大量吸收外资，不妨立法规定绝不征收外资

三、四点管见

　（一）从外资国有化问题的论战史来看，不适宜作此规定

　（二）从中外签订的双边投资保护协定来看，不必要作此规定

　（三）从西方国家对"国有化"的理解来看，不应当作此规定

　（四）从中国的宪法精神和现有政策来看，不容许作此规定

四、结论：务必留权在手，但决不任意滥用

一、问题缘起

在中国，谈论外资的国有化，乍看起来，这是一个很遥远的问题，实际却是一个迫切的问题。

其所以说"很遥远"，是因为目前存在的现实问题乃是如何更多、更快地吸收外资，以促进中国的社会主义四化建设，而不是对外资企业实行国有化。自从中国实行对外开放政策以来，投入中国境内的外资虽已达到一定数量，但它在整个国民经济中所占的比重，甚为微小，远非外资在某些发展中国家里所处的那种地位：操纵了东道国的经济命脉，影响了东道国的国计民生；此外，在中国，也并未出现某些属于不可抗力的自然因素或社会因素，造成需要征用外资的局面。因此，在可以预见的相当时期内，不存在征用外资或把外资收归国有

的问题。

其所以说"很迫切",是因为现在我国经济特区和沿海开放城市的经济立法已遇到了这个问题。这主要是由于要更多更快更好地吸收外资,很有必要通过比较完备的涉外经济立法,其中包括明文规定对外资应采取什么态度以及如何实行法律保护,才能使外来的投资家避免"捉摸不定",做到"心中有数",从而在全面权衡后,积极前来投资。

有一种意见(以下简称"乙派")认为:有关我国经济特区和沿海开放城市的涉外经济立法中,除一般规定外资的合法权益受中华人民共和国的法律保护以外,还应专门明文规定对这些地区的外资绝对不实行国有化。这才能鼓励和吸引中国境外的客商更加放心地向这些地区投资兴业[①]。但是,也有一种完全相反的意见(以下简称"甲派"),认为在有关我国上述地区的涉外经济立法中,只要明文规定对外资的合法权益实行法律保护就已足够;没有必要,也不应该另外专门规定对这些地区的外资绝不实行国有化。

本文拟对上述甲、乙两种针锋相对的学术见解及其所持论据,作简要介绍,并且谈谈笔者个人对这个问题的看法,以就教于同行与读者。

二、两种歧义

(一) 事关维护经济主权,不可立法规定绝不征收外资

甲派认为:一个国家为了本国的公共利益,在必要时可以对在本国境内的外资实行国有化(或者称为"征用"、"征收")。这是一国主权所在,是国家行使主权的正当行动。所谓主权,顾名思义,就是独立自主地处理国内外一切事务的最高权力。要维护国家的独立,就决不能把这种独立自主地处事的最高权力随便加以限制、转让或放弃。如果在有关经济特区和沿海开放城市的涉外经济立法条文里规定:对一切外资企业都绝对不实行国有化,那就无异于作茧自缚,必然留下隐患,甚至后患无穷。

其次,就我国的现实情况而言,目前虽然不存在对外资企业实行国有化的问题,即并不存在行使这种主权的问题,但是,权力之保留与否与权力之行使与

[①] 例如,《厦门经济特区条例》(草案,1984年6月25日修改送审稿)第4条第2款规定:"投资者在(厦门经济)特区的资产、应得利润和其他合法权益受中华人民共和国法律的保护。对特区的(外资)企业不实行国有化。"

否并不是一回事,不能混为一谈。有"权"不等于马上用它,把"权"掌握在自己的手里,这样才能留有余地,以免日后情况变更时,陷于被动境地。例如,谁能保证某些跨国公司势力日后绝对不可能发展到控制我国某些部门经济命脉的地步? 再则,"天有不测风云",谁能断言在未来的某个时候中国绝对不会遇到大规模的侵略战争呢? 一旦遇到这种战争,对于像石油那样重要的战略物资以及从事有关经营的外资该怎么办呢? 遇到以上两种情况,难道也不应该在给予合理赔偿的条件下对外资加以征用或国有化吗? 可见,在有关经济特区和沿海开放城市涉外经济立法中,不应该一般地规定在任何情况下都不对外资实行征用或国有化,把问题说"死"。

再次,我们是社会主义国家,又是发展中国家。中国属于第三世界。在国际事务中,在处理重要问题时,中国应当跟第三世界国家步调基本上保持一致。第三世界国家目前对国有化问题所持的态度,绝大多数是把在必要时征用外资企业的权力保留在自己的手里。这是有其重要的历史原因的。自第二次世界大战以来,许多殖民地和半殖民地纷纷宣布独立,但往往只是政治上的独立;国家的经济命脉,往往在相当大的程度上还掌握在外国资本家手里。对于这些国家来说,当务之急就是进一步争得经济上的独立,以巩固和加强政治上的独立;而将影响国计民生的外资企业收归国有,则是争得经济独立的一项重要措施。所以,目前在他们的涉外经济立法中,一般都规定在必要时有权对外资实行国有化,同时给予适当的补偿。反过来看,中国如果在自己的涉外经济立法中,把必要时可以征用外资这个主权权利放弃了,就显得和第三世界的基本立场和一般做法相悖,这当然是欠妥的,不能这样做。

(二)事关大量吸收外资,不妨立法规定绝不征收外资

乙派反对甲派的上述主张。其主要论据如下:

第一,国家的主权虽然是独立自主地处理国内外事务的最高权力,但主权的行使并不是绝对不受任何约束限制的。在国际社会中,只要开展国家之间的交往和合作,各国就都有必要在平等、互利和自愿的基础上,对自己的主权行使作一些自我限制。享有某种权利,往往要相应地承担某种义务,权利和义务往往是对等的。任何一个平等互利的国际协议或条约,无不体现了这一原则,主权国家一旦在平等自愿的基础上承担了某种义务,就必须信守诺言,依约办事,这就意味着在处理与此有关的国内外事务时,在主权行使上受到一定的约束或限制。例如,1984年9月中国和英国达成关于香港问题的协议,其中规定中国政府于1997年7月1日对香港恢复行使主权。这一点是丝毫不含糊的。在这

一天以后,在香港实行何种社会、经济制度,本来纯属中国主权行使范围,他人无权过问。但是,从国家的根本利益和长远利益出发,考虑到国内外的各种因素,于全面权衡之后,中国政府同意在这一天以后的 50 年内,保持香港现行的社会、经济制度,不予变更。可以说,这是在自愿基础上对主权的行使实行一定程度的自我约束。再如,作为社会主义国家,吸收资本主义性质的外资,同时开放国内部分市场,允许外来资本家在一定时期内和一定程度上实行<u>资本主义性质的剥削</u>(从马克思主义的观点看来,这是毋庸讳言的),从而加速发展社会生产力,促进社会主义四化事业,这种正确决策,也具有类似的性质。在主权行使上诸如此类的自我限制或自我约束,归根到底,是为了谋求更大的自我发展,促使国家更加富强独立。从这个意义上说,主权行使上的此类自我限制,正是坚持主权和加强主权的一种手段。依此类推,在涉外经济立法中明文规定绝不对外资实行国有化,是合理的、可行的,甚至是必要的。

第二,中国《宪法》第 18 条载明:外资的合法的权利和利益受中华人民共和国法律的保护。显而易见,在外资的种种合法权利和利益中,居于首要地位、属于核心内容的,就是财产的所有权或私有权。因此,对外商合法权益所施加的法律保护,也应首先体现在保障他们在华合法财产的私有权不受侵害。外来客商在投资抉择中,除了利润的高低这一因素之外,首先考虑的也是其在华财产私有权是否有切实的保障和保证。因此,在有关我国经济特区和沿海开放城市的涉外经济立法中,明文规定对这些地区的外资不实行国有化,不仅具有"安民告示"的作用,有利于解除外来客商的主要顾虑,鼓励他们积极来华投资,而且也完全符合于我国《宪法》第 18 条所规定的基本精神。

第三,实事求是,从中国的实际情况出发,这是我们一切工作的指南。诚然,中国是第三世界国家,但又不是一般的第三世界国家。一般说来,有相当数量的第三世界国家政治上虽已取得独立,然而经济上尚未取得独立。由于历史的原因,某些经济命脉至今仍然操在外资手中,因此,逐步对外资实行国有化,自然是一项根本性的任务。中国已独立三十多年,经过长期的艰苦奋斗,自力更生,在经济上已经清除了殖民主义这一心腹大患,建立了独立自主的、相当强大的社会主义经济体系,有中国共产党正确领导下的强大的人民政权和人民军队作为后盾。在这个基础上,根据自己的<u>现实国情</u>和加速社会主义四化建设的需要,有控制、有选择、有步骤地吸收一定数量的外资,这就不会导致外资操纵国民经济命脉,影响国计民生。针对目前外来投资不够多不够快的现实情况,中国人应当有胆略、有魄力在有关经济特区和沿海开放城市的涉外经济立法中,明文规定不对外资实行国有化,从而更加有效地吸收外资。

三、四点管见

上述甲、乙两派的观点,究竟孰是孰非?

笔者认为,分析问题,判断是非,在思想方法上应当坚持两条:第一,应当用全面的观点来看待问题,即从中国现实的具体国情与当今世界的一般舆情的结合上,来分析问题;第二,应当用历史的眼光来看待问题,即从历史发展和现实斗争的结合上来分析问题。只有这样,才不致执其一端,流于片面。笔者认为,在有关我国经济特区和沿海开放城市的涉外经济立法中,不应明文规定<u>在任何情况下</u>都不对外资实行征用或国有化。其理由有以下四点:

(一)从外资国有化问题的论战史来看,<u>不适宜作此规定</u>

东道国政府在必要时是否有权把境内的外国人资产收归国有?这个问题在相当长的历史时期内存在着激烈的争论。在殖民主义盛行的年代,按照西方殖民强国的传统观点,落后地区的东道国政府对于境内外国投资家的财产,只有保护的义务,没有侵害的权利。一旦予以侵害(包括征用或国有化),就构成所谓"国际不法行为",投资家的本国政府就"有权"追究东道国的"国家责任",甚至可以以"护侨"为名,大动干戈,兴兵索债。面对这种横暴的武装入侵,东道国"有忍受干涉的法律义务"[①]。这种观点,在西方国际法学界中曾经长期占有统治地位。至 20 世纪初,南美著名法学家、阿根廷外交部部长德拉果率先向这种占统治地位的传统观点挑战,谴责殖民强国向弱国兴兵索债乃是侵略他国领土、干涉他国内政之举,这才是一种真正国际违法行为。对于这种来自弱小民族的正义呼声,直到 20 世纪 50 年代,西方国际法学界仍有一些"权威"学者(如劳特派特)公然表示反对,扬言"德拉果主义"是"没有根据的,并且未得到一般的承认"[②]。

但是,随着弱小民族的进一步觉醒,从 20 世纪 30 年代末起,上述这种根本否认东道国政府有权征用外资的传统观点,由于其不符合时代潮流,毕竟已经难以坚守原来的阵地,不得不开始有所后退。这一迹象,比较典型地体现在

[①] 参见《奥本海国际法》(上卷第 1 分册)第 134 目、第 135 目、第 151 目、第 155 目,载于商务印书馆 1981 年中译本,第 230—233 页、第 235 页、第 257 页。

[②] 见同上书,第 233 页,注解〔2〕。并参见周鲠生:《国际法》(上册),商务印书馆 1983 年版,第 237—238 页。

1938年墨西哥实行土改、征用境内的美资地产和石油企业时美国所采取的态度上。当时美国的外交照会提出:"依据法律和公平合理的一切准则,不论为了何种目的,如果不针对征用提供迅速及时、充分足够以及切实有效的赔偿,任何政府都无权征用(外国人的)私有财产"①。这些措辞尽管气势汹汹,十分强硬,但在逻辑上却可以推导出这样的结论:如果给予"迅速及时、充分足够以及切实有效的赔偿",东道国政府就有权征用境内的外国人私有财产。后来,在美国法学界具有一定"权威性"的《美国涉外法律综合诠解(第二版)》②一书,以更加明确的语言,阐述了美国的上述观点。它认为:国家征用境内的外国人财产,如果不是为了公益目的,或不按上述标准给予赔偿,才是国际法上的不法行为。反之,就不视为国际法上的不法行为。在为了公益目的而征用外国私人财产的场合,就此种征用本身而论,并非国际法上的不法行为,只有在征用时不按上述标准给予赔偿,这种"拒赔"才构成国际法上的不法行为,从而引起"国际责任"问题③。

从表面上看,此时外资国有化问题争执的焦点,似已转移到赔偿标准上,但按照美国所主张的赔偿原则,即所谓"国际法上的公平标准",往往索价极高,甚至几近敲诈勒索④,实际上大大限制、削弱,甚至无异取消了贫弱的发展中国家征用外资的基本权利。美国的此种主张得到西方发达国家(多是原先的殖民强国)的支持。与此相反,鉴于许多外资在殖民主义统治时期或在被征用前业已攫取了巨额利润,鉴于本国财力薄弱的现实情况,发展中国家(均是原先的殖民地或半殖民地)一贯主张在征用时只按照东道国国内法的规定,给予赔偿,从而维护自己的政治主权和经济主权。可见,关于征用赔偿标准问题之争,究其实质,依然是贫弱国家对外资是否充分享有征用权之争,或者说,它是历史上长期存在的征用权之争的延长和继续。

经过激烈论战,1962年联合国第17届大会通过了《关于自然资源永久主权的决议》,它意味着国际社会开始普遍承认各国有权把外资控制的自然资源

---

① 《美国国务卿赫尔致墨西哥驻美大使纳耶拉信件》(1938年8月22日),载于《美国外交文件汇编》(1938年)(第5卷),1956年英文版,第677页。本文引文中的下划线,皆为引者所加。

② 《Restatement of the Law(Second),Foreign Relations Law of the United States》,由"美国法学研究会"《American Law Institute》主编和审定。内容是对美国的各种涉外法律、法令加以全面综合整理,作出简明扼要的解释说明,并提出改进立法的建议。由于其具体编写人员多是美国法学界"权威人士",故美国法官和律师们在法律文书中论证自己的见解时,往往对书中论点加以引用。书名中的"Restatement"一词,有人译为"重述",似不尽符合该书原意。

③ 参见上引著作,1965年英文版,第553、562页。

④ 参见陈安:《美国对海外投资的法律保护及典型案例分析》(第四章:雷诺尔德斯公司索赔案、阿纳康达公司索赔案、美国国际电话电报公司索赔案),鹭江出版社1985年版。

及其有关企业收归国有或加以征用,但它同时规定:"采取上述措施以行使其主权的国家,应当按照本国现行法规以及国际法的规定,对原业主给予适当的赔偿"①。这种妥协性的措辞,实际上就是上述两种对立主张的简单相加,是非并未判明,分歧并未解决。直到1974年,联合国第29届大会以压倒性大多数投票通过了《各国经济权利和义务宪章》,明文规定:"每个国家都有权将外国财产收归国有、征收或转移其所有权。在收归国有、征收或转移时,应由采取这些措施的国家,考虑本国有关法律和条例的规定以及本国认为有关的一切情况,给予适当的补偿"②。对比1962年的上述决议,在征用赔偿标准上,删除了"以及国际法的规定"等字样。至此,终于在一项具有相当大权威性的国际经济法的基本文献中,不但以毫不含糊的语言肯定了每个国家必要时可以征用境内外资的主权权利,而且排除了西方发达国家按照它们的传统观念在征用赔偿问题上对发展中国家所施加的所谓"国际法上的公平标准"的约束③。

由此可见,世界上弱小民族对于境内外资必要时实行国有化或加以征用的合法权利,是经过长期的奋斗才获得国际社会普遍承认和充分肯定的。这是一种得来十分不易的主权权利。迄今为止,它一直是新、旧两种国际经济秩序矛盾斗争的焦点之一④。特别是上述《各国经济权利和义务宪章》这一体现了国际经济新秩序原则的基本文献的通过,正是中国恢复了在联合国中的合法席位之后,作为一个具有十亿人口的安理会常任理事国,作为第三世界的一员,与广大发展中国家联合斗争所取得的重大成果;而当前国际上继续存在着改造国际经济旧秩序和建立国际经济新秩序的艰苦斗争,需要中国继续与第三世界各国保持共同的立场。因此,从中国国情与世界南北矛盾全局的结合上来考虑,中国当然不宜在有关本国经济特区和沿海开放城市的涉外经济立法中,轻易放弃第三世界弱小民族经过长期共同斗争、得来不易的上述主权权利,以免在国际上造成不良的政治影响。

(二) 从中外签订的双边投资保护协定来看,不必要作此规定

到1985年4月底为止,我国已先后同瑞典、罗马尼亚、联邦德国、法国、比

---

① 《关于自然资源永久主权的决议》第一部分第4条,载于《第十七届联合国大会决议集》,1963年英文版,第15页。

② 《各国经济权利和义务宪章》第2条第2款第3项,载于《1974年联合国年鉴》(第28卷),1977年英文版,第404页。

③ 参见陈安:《从海外私人投资公司的由来看美国对海外投资的法律保护》一文的有关部分,载于《中国国际法年刊》1984年本,第94—109页。

④ 参见曾我英雄:《新国际经济秩序中的国际法问题》,载于日本亚州非洲研究所《亚非研究》杂志1979年9月号。中译文见陈安编译:《国际经济立法的历史和现状》,法律出版社1982年版,第40—72页。

利时、卢森堡、芬兰、挪威、意大利、泰国以及丹麦等国签订了双边保护投资协定。在这些双边协定中,无一例外地共同承认东道国在必要时有权征用境内的外资。其具体措辞不一,但基本精神相同。例如,1982年签订的中国—瑞典"相互保护投资协定"第3条第1款规定:"缔约国任何一方对缔约另一方投资者在其境内的投资,只有为了公共利益,按照适当的法律程序,并给予补偿,方可实行征收或国有化,或采取任何类似的其他措施。"①1985年签订的中国—丹麦"相互保护投资协定"第4条第1款规定:"缔约任何一方的国民或公司在缔约另一方领土内的投资或收益,只有为了与国内需要有关的公共目的,在非歧视的基础上,并给予赔偿,方可加以国有化、征收,或采取与国有化或征收有相同效果的措施。"②

至于中美关于投资保护协定的谈判,进展较为缓慢。据报道③:早在1982年5月,美国驻华大使馆即已将一份"双边保护投资条约"的样本,提交中国有关当局。但迄本文写作时为止,双方尚未达成协议。据接近美国官方的《华尔街日报》记者本内特提供的消息,主要分歧之一,不在于东道国的征用权,而在于征用赔偿标准:<u>美国承认各国有权征用(外资)企业</u>,问题在于如何给予赔偿和何时给予赔偿④。在美国提交对方的条约样本中,仍然规定"除非为了公益目的,采取一视同仁态度,给予<u>迅速及时、充分足够以及切实有效的</u>赔偿,……不得采取相当于征用或国有化的措施,直接地或间接地对于投资加以征用或国有化"⑤。在赔偿标准问题上的这种陈旧观念,早在前述1938年美国致墨西哥的有关照会中就已经提出,它显然是不符合当前时代潮流的。中国政府的有关官员曾经对此类赔偿主张作如下评论:"在我国所签订的保护投资协定中,一律没有采纳发达国家坚持的'及时、充分、有效'的补偿原则,这一原则不够合理,因为征收和国有化是一个国家的主权行为,联合国1974年的《各国经济权利和义务宪章》已经明确提出'给予适当的补偿',作为签字国的中国,不能违背这一宪章的合理原则。"⑥

根据以上所述,既然已经同中国签有双边协定的十几个国家都已经毫无例

---

① 载于《中国国际法年刊》1983年本,第596—597页。
② 见本协定单行本,第3—4页。
③ 参见《中国经济新闻》(香港版)1982年6月21日第23期,第4页。
④ 阿曼达·本内特:《里根访华使若干问题打破了僵局,但某些问题仍然相持不下》,载于《华尔街日报》1984年4月20日。
⑤ 《美利坚合众国提交对方缔约国的"双边保护投资条约"(供谈判用的样本)》,原载于《美国出口周刊》1984年5月15日第20卷,第960—963页。中译文见p.1200注④前引书,附录之一(十四)。
⑥ 《中华人民共和国对外经济贸易部条法局局长袁振民作关于保护投资协定的解答》,载于《中国市场》1984年第11期。

外地公开承认中国享有必要时征用外资的主权权利,正在谈判中的国家也愿意遵循此项已获世界公认的国际法基本原则,那么,各该有关国家以及世界其他国家和地区的投资家对此种常规规定应当是早就有了思想准备的。因此,中国在有关经济特区和沿海开放城市的涉外经济立法中,显然没有必要自动放弃这种权利。

(三)从西方国家对"国有化"的理解来看,不应当作此规定

征用外资或加以国有化,按原有的意义和一般的理解,指的是东道国政府指派专人接管境内的外资企业或财产,取消原投资人对这些企业或财产的所有权和经营管理权。但是,西方国家对"征用"或"国有化"的理解,远远不只限于上述这种派人接管的简单形式。他们提出一种概念叫"creeping expropriation",可以意译为"渐进式征用"或"蚕食式征用",以区别上述那种急骤的或一次性的征用。这种"蚕食式征用"的认定,并不以直接派人接管或直接取消原业主的所有权和经营管理权为必备条件。其典型表述之一,见于美国国营保险公司所签发的海外私人投资保险合同①。该合同第 1 条第 13 款第 1 项所列举的五种情况,均未必具备被东道国政府直接接管的条件,但均可被认定为"征用"或"国有化",从而据以对东道国进行国际索赔。其中最经常被引用的"蚕食式征用",指的是东道国政府以任何形式"阻碍海外美资企业对本企业重要财产的使用和处置实行切实有效的控制,阻碍建设或经营该投资项目。"在国际索赔的实践中,美国有关机构又对此项规定作尽量广义的解释。以 1967 年瓦伦泰因石油化工公司索赔案以及 1978 年列维尔铜矿及铜器公司索赔案为例,尽管发案当时东道国海地政府及牙买加政府都丝毫没有直接触动这两家美资公司的财产所有权,甚至也没有直接干预或取消经营管理权,全部企业资产依然完整无损地归由原业主全权拥有和直接控制,并进行正常的经营,然而,主要是由于东道国政府因美国资方有违约行为而取消了一项垄断性的特许合同,或者主要是由于东道国政府颁行了合理的增税法令,并适当提高矿区土地使用费,从而导致美资企业产品成本增加,营业利润减少,连这种情况,也被设在华盛顿的"美国仲裁委员会"解释为"阻碍美国资方对本企业重要财产的使用和处置实行切实有效的控制";或"尽管名义上仍然拥有并控制着本企业的重要财产和生产设施,但这种控制已不是切实

---

① 参见《海外私人投资公司 234KGT12-70 型合同(修订版)》,见第 1200 页注④前引书,附录二之(三)。

有效的了"云云,从而确认为"征用"或"国有化"的风险事故业已发生,并有权据以实行索赔和国际代位索赔①。美国所强调的"蚕食式征用"观念和据此索赔的法律主张,为西方发达国家所支持和师法。其共同目的,显然在于对本国国民在海外的投资尽量扩大法律保护的范围,尽量扩大国际索赔的"法理根据"和求偿权能。作为吸收外资的第三世界国家,对于西方发达国家尽量扩大"征用"或"国有化"一词含义的理论和实践,自然不能不有所了解和有所防范。中国如果在有关经济特区和沿海开放城市的涉外经济立法中,轻率地规定在任何情况下都不对外资采取征用或国有化措施,则按照上述"广义"理解,有朝一日,连根据新情况适当提高税率,适当增收地价等合理措施,也可以被对方解释为"违反"国内法的"违法行为",并据以实行国际索赔,这岂不是授人以柄,后患无穷么? 可见,有关上述地区的涉外经济法中绝对不应当作出此种规定。

(四)从中国的宪法精神和现有政策来看,<u>不容许作此规定</u>

我国《宪法》第18条明确规定:外资外商的合法权益受中国法律的保护。这种"法律的保护",当然包括而且首先应当是切实保障外商对其在中国境内合法财产的所有权,不受非法侵害。但是,从宪法规定的整体来看,此种法律保护显然不应当孤立和片面地理解为在任何情况下绝对不得征用外资或收归国有。因为宪法同时规定:我国的各种<u>自然资源</u>以及城市<u>土地</u>,均属国家所有;对属于集体所有或归个人使用的市郊和农村土地,国家为了公共利益的需要,可以依照法律规定实行征用(第9条、第10条)。国家保护公民各种合法财产的所有权(第13条);但是,同时要求公民在行使权利(包括合法财产所有权)时,不得损害国家的、社会的、集体的利益,即不得损害公共利益(第51条)。在中国境内,任何组织或个人都不得享有超越宪法的特权(第5条第4款)。根据上述规定的基本精神,结合一般的法理原则,自然应当推导出下述几点结论:

(1)公共利益高于私人利益,两者有矛盾时,私益必须服从公益。因公益需要而损及私人利益时,国家应依法对私人予以合理的补偿。给予合理补偿本身就是对私人的合法权利实行切实法律保护的措施之一。

(2)为了公益需要,中国政府有权对涉及原属国家所有、暂由外商经营的<u>自然资源</u>的外资企业或合资企业,加以征用或收归国有,同时给以适当的补偿;也有权在必要时对设在中国<u>土地</u>上的上述企业,采取同样的措施。

---

① 参见陈安:《从海外私人投资公司的体制和案例看美国对海外投资的法律保护》第二部分之(三),载于《中国国际法年刊》1985年本。

(3) 按照国际法原理和国际惯例，外国人在东道国一般只能依照国际条约，在互惠的基础上享有"最惠国待遇"，在许多场合，尚难享有"国民待遇"。即使依照双边协定享受了"国民待遇"，那么，中国公民的私人权益尚且必须服从国家与社会的公共利益，外商在中国境内的私人权益也不能不服从中国的公共利益，否则就是享受了超越于"国民待遇"、超越于中国宪法的特权了。而此种特权，如上所述，是中国宪法所不能允许的。

(4) 即使在西方发达国家，无论从历史上还是从现实中看，私人财产也不是在任何情况下绝对不得征用或收归国有的。即以被西方资产者奉为圣典的法国大革命时期的《人权宣言》而论，它在宣告私有财产"神圣不可侵犯"的同时，也肯定了一种例外，即依据法律认定，显属公益所必需时，则在预先给予公平赔偿的条件下，可以征用私人财产①。而在现实生活中，为了铺设铁路、兴修水利等公益事业，或出于国防军事需要，因而拆迁大量私人住房或私营工厂企业并依法予以合理补偿的事例，在西方各发达国家里也是屡见不鲜的。可见，中国在有关经济特区和沿海开放城市的涉外经济立法中，完全无需让外商享有在他们本国也无法享有的绝对特权。

再者，中国的现行政策也不允许在上述立法中作此规定。

1982年6月份由我国对外经贸部与"联合国工业发展组织"在广州联合召开了一个规模空前的"中国投资促进会"。配合政策宣传的需要，中国对外经贸部在会议前夕发表了一份关于外商来华投资政策的综合性材料，称为《投资问答》，针对近年来外国投资家提出的44类现实问题，一一作了简明的解答。其中第四类问题是：在中国投资的安全有没有保证？在什么情况下会征收外商在华投资的产业？如果征收，中国政府是否给予补偿？文件是这样回答的："在正常情况下，中国政府不会对外商投资的产业采取征收的做法。如因某些人力不可抗拒的因素或公共利益的需要，不得不对外商在华投资的某些产业实行征收时，中国方面将依照法律程序办理，并给予合理的补偿"②。在这里，"公共利益"一词的含义是比较明确的：何谓"人力不可抗拒"？按通常的理解，主要有"人祸"和"天灾"两种情况：一种是中国遇到大规模的侵略战争，出于自卫反击的国防需要，可能征用外资经营的涉及重要战略物资（如石油之类）的企业；另一种是中国遇到严重自然灾害，出于救灾的紧急需要，可能征用与救灾密切相

---

① 参见《人权宣言》(1789年8月)第十七条，载于周一良等主编：《世界通史资料选辑》(上册)，近代部分，商务印书馆1972年版，第125页。

② 《中国对外经济贸易部全面解释外商来华投资问题》，载于《中国经济新闻》(香港版)1982年5月12日增刊第3期，第12页。

关的外资企业。关于中国政府在这方面的基本政策,对外经贸部副部长魏玉明曾在上述"投资促进会"上作了进一步的阐明。他指出:只要外国投资者不违犯中国政府的法律,所举办的投资事业不损害中国的公共利益和公共秩序,对他们的投资,我们不会没收。即使是发生大规模的战争以及严重的自然灾害等不可抗力事故,不得不对外国投资实行征用时,中国政府也要依照法律程序办理,并本着公平合理的原则给予补偿①。从以上的政策性文件和政策性声明中可以看出:中国政府不但在保护外商合法权益的同时要求外商严格守法,而且一向把必要时可以征用外资这个<u>主权权利</u>,牢牢地掌握和保留在自己手中,以便随时处在主动的地位上。同时,<u>在正常情况下,又绝不随便轻率使用</u>这种权利,以切实保护外商利益,提高外商来华投资的积极性。

四、结论:务必留权在手,但决不任意滥用

综上所述,可以看出:从中国国情与国际舆情的结合上来考虑问题,从南北矛盾的历史与现实的结合上来考虑问题,从新、旧两种国际经济秩序的更迭兴替上来考虑问题,作为在世界上具有举足轻重地位的社会主义国家和发展中国家,作为第三世界的一个中坚成员,中国在本国关于经济特区和沿海开放城市的涉外经济立法中,显然不宜、不必、不应、不容明文规定对外资绝对不实行征用或国有化。诚然,如果在上述立法中明文作此规定,确实可以在一定时期和一定程度上进一步打消外商的疑虑,增强他们来华投资的积极性;但是,鉴于东道国在必要时有权依法征收境内外资,并且给予适当补偿,乃是当代国家经济主权权利之一,而且已经成为国际通行的立法惯例,中国不应通过立法自行"弃权"。从长远和全局考虑,作出这种"弃权"的立法规定流弊甚多,弊大于利。反之,不作此种立法规定,则利大于弊。我们在全面权衡利弊得失之后,针对这个事关国家主权、南北长期论战、政治上十分敏感的问题,无论在理论观点上,还是在立法上,在执法实践上,似都应信守这样的原则:务必留权在手,但决不任意滥用!

---

① 魏玉明:《关于我国吸收外国直接投资的政策》,载于《文汇报》(香港版)1982年6月8日。

Ⅸ 是重新闭关自守?
还是扩大对外开放?
——论中美两国经济上的互相依存以及
"天安门风波"后在华外资的法律环境*

内容提要 毋庸讳言,1989年"天安门风波"的确已经并且仍然对中美两国之间的经济关系产生负面影响。尽管如此,两国之间在经济上却一直是互相依存的,拒绝给予中国最惠国待遇势必会使美国同等受害。事实上,中国一直在坚持对外开放政策,不断扩大对外开放幅度。深谙国际投资气候冷暖的各国投资者,包括美国投资者,在"天安门风波"后不久仍蜂拥而入中国市场,便是一大明证。具体说来,"天安门风波"后,中国改善外商投资法律环境的努力及成果体现在六个方面,对外资具有新的更大的磁吸效应。这集中体现了中国扩大对外开放的坚定决心。尽管对外开放政策也产生一些副作用,但中国人素知"别把娃娃与洗澡水一起泼掉"的浅显道理,故中国仍在扩大开放。

---

* 1989年6月"天安门风波"发生后,美国当局随即伙同西方其他经济大国对中国实施"经济制裁",并在国际舆论中掀起阵阵反华叫嚣,中美交恶。1990年7月间,笔者应聘在美国俄勒冈州西北法学院担任客座教授。受该院院长斯蒂芬·康德教授(Professor Stephen Kanter)之托,为当地"律师继续教育课程班"(The Program of Continuing Education for Lawyers)作了专题演讲,针对当时美国流行的种种对华误解、疑虑、曲解和抨击(诸如"中国即将重新闭关自守";"中国吸收外资的法律环境急剧恶化";"对华投资,风险太大";"应当继续对华制裁,不应给予最惠国待遇",等等),通过摆事实,讲道理,逐一澄清是非,以正视听,并即席回答了听众提出的若干问题。

本文依据当时的演讲内容整理补充而成,题为 To Close Again, Or To Open Wider: The Sino-U.S. Economic Interdependence and the Legal Environment for Foreign Investment in China After Tiananmen,原文发表于俄勒冈州《律师》(The Advocate)杂志1991年第10卷第2期。文中所摘引的条约、法律、法规以及有关数据,均以1991年当时现行有效者为准。阅读时请注意查对1991年以来的有关发展情况。

1991年5月23日,中国驻旧金山总领事馆教育组领事朱先生阅读这篇演讲稿后来函称:"很钦佩你的智慧、才干和勇气。此举很有意义。……如果我们的学者中能有一批像你这样的民间大使,对反驳美国政坛对我国的非难,以及消除一些美国友人的疑虑和误解,无疑将起到非同一般的影响和作用。"

本文由厦大国际经济法研究所博士、广西大学副教授魏艳茹译成中文,谨此致谢。

目　次

一、华盛顿：最惠国≠最喜欢的国家
二、北京：最惠国——中美同舟
三、燕子悄无声，天暖翩然来
四、有利于外国投资者的中国法律多面体上又新增六面
　（一）修订了《合资经营企业法》
　（二）颁布了《成片土地开发办法》
　（三）广阔开放了"经济心脏"的周边地区——上海浦东
　（四）统一了针对外国投资者的税法并给予了更多优惠
　（五）实施了《行政诉讼法》
　（六）接受了 ICSID 体制
五、娃娃与洗澡水

　　1989 年的"天安门风波"及其反响，一直是中美两国政治与经济协奏曲中的杂音，迁延时日，挥之不去。尽管从总趋向说来，这种反响正在逐渐弱化，但是，它仍然持续不断地对中美两国的国际贸易和跨国投资发生负面影响。

　　众所周知，美国是世界上最大的发达国家，中国则是最大的发展中国家。两国各有其不同的经济优势。雄厚的资金、卓越的技术、科学的管理，是前者的优势所在；丰富的廉价劳动力、低价位的原材料，由十一亿六千多万人口（这是 1990 年当时的数字）组成的世界上最广阔的市场，则是后者的优势所在。两国在经济上互相补益、互相依存。

　　自从中国推行对外开放这一新国策以来，美中贸易及美国对中国的私人投资迅猛增长。并且，在与欧洲及日本商人的激烈角逐中，美国商人已在中外经济关系的诸多领域中占据了优势地位。虽然当前中美两国之间的局面看起来要比 1989 年 6 月"天安门风波"发生前复杂，但这只不过是暂时现象。无论如何，为了互利，中美两国都需要继续合作。

一、华盛顿：最惠国≠最喜欢的国家

　　1990 年 6 月初，正当美国国会就是否应延长中国在美国的最惠国待遇问

题进行认真严肃的辩论之际,美国负责美中事务的高级官员理查德 H·所罗门先生(Mr. Richard H. Solomon)向美国参议院提交了一份声明①。他在这份声明中简要描述了中美两国在经济上互相依存的大致情况,并且认为,甚至就在"天安门风波"发生及对华"经济制裁"开始的 1989 年间,中美两国之间在经济上仍然是互相依存的。他的部分看法可以概述如下:

  在 1979—1989 年这十年间,美中双边贸易额已由 1979 年的 23 亿美元增至 1989 年的 178 亿美元,几乎增长了 700%。1989 年,美国对中国的出口额总计达 58 亿美元。美国公司也正在中国投资兴建合资企业。已有一千余家美国公司承诺投资四十多亿美元建立美中联合企业,以便在中国国内外市场销售货物及提供服务。美国目前已成为仅次于中国的香港地区和澳门地区的第三大对华投资方。

  近年来,中国对美国的出口额迅速攀升,1989 年达 120 亿美元,比 1988 年增长了 29%。现在,中国的出口产品主要是制造性的消费品。在某些领域,中国目前已是整个美国市场的重要供应商。

  如果拒绝给予中国最惠国待遇,由中国进口的产品需在美国缴纳的关税将急剧增高,美国消费者所需支付的购买价格也将因此显著增高。考虑到中国出口产品在低价位制造品上的集中程度,可想而知,由于这类产品价格上涨及供应短缺而势必产生的沉重负担,将主要落在美国低收入消费者的身上。

  如果美国拒绝给予中国最惠国待遇,中国将进行贸易报复,这几乎是必然的,中国也有一个单独的非最惠国关税结构。美国可以预测到,中国会立即行动起来,撤销对美国产品的最惠国待遇,从而把与其他外国商行进行销售竞争的美国出口商置于不利的竞争地位。美国出口商势必损失惨重。1988—1989 年间,中国是美国小麦的最大外国买主,购买量多达美国小麦全部出口量的 20%。然而,美国小麦供应商面临着来自加拿大、澳大利亚、阿根廷和欧洲的竞争。随着时间的推移,中国可以转而向这些国家或地区的小麦供应商购买小麦。中国也是美国化肥的最大消费者之一,中国同样可以在北非找到足以取而代之的化肥供应商。迄今为止,美国制造商已控制了价值数十亿美元的航空器及航天设

---

① See China and MFN: Engagement, Not Isolation, Is Catalyst for Change, a statement by Richard H. Solomon, Assistant Secretary for East Asian and Pacific Affairs, before the Subcommittee on East Asian and Pacific Affairs of the Senate Foreign Relations Committee, 6 June 1990, Current Policy No. 1282, published by the U. S. Department of State.

备市场。事实上,该市场还在不断扩展。除了其他公司外,波音公司、麦克唐纳·道格拉斯公司、通用电器公司以及普拉特·惠特尼公司也都得到了巨额订单。拒绝给予中国最惠国待遇将会导致中国重新考虑其在航空器采购上的长期策略,从而转向美国在亚洲地区的野心勃勃的竞争对手——欧洲供应商。

那些曾经在过去的十年中惨淡经营以在中国发展商业纽带关系、占有市场份额的美国公司,势必会前功尽弃,一败涂地,甚至永难挽回,而从中渔利的,则是主要来自欧洲和日本的其他供应商。

除了美国出口商以外,那些向中国企业投资的美国公司也会因美国撤销中国的最惠国待遇而面临严重困难。

作为一位精通此方面知识的高级官员,R·H·所罗门先生就"最惠国"这一特殊术语的内容实质向国会参议员作了解释。他说:"'最惠国'(most-favored-nation)这个术语可谓是一种误称。它并不意味着被美国给予最惠国待遇的国家就是美国最喜欢的国家(most-favorite-nation),而是仅指可以适用正常的非歧视性的关税税率。除了寥寥几个国家外,美国当前几乎对其所有的贸易伙伴都适用这种关税税率。纵览美国在西方的所有友邦及盟国,尚无任何一个国家在考虑采取严酷措施,撤销中国最惠国待遇。"①

在作出专门分析之后,R·H·所罗门先生得出了如下结论:"拒绝给予中国最惠国待遇也会给美国出口商、投资者和消费者带来极端有害的经济后果。"②布什总统"已经决定延长中国最惠国待遇,因为这显然有利于美国的利益";美国"必须摆脱诱惑,避免采取有害于我们自身利益的惩罚性措施";美国任何不谨慎的单边行动都可能破坏自己至关重要的长期利益。真正受到损害的,不仅仅是中国方面,而且包括美国经济及战略优势③。

显而易见,这份提交美国参议院的颇有说服力的声明强调了两个要点:第一,尽管经济制度不同,美中这两个世界上最大的发达国家和发展中国家在经济上却的确是互相补充、互相依存的,合则两利,离则两伤;第二,尽管"天安门风波"后,中美两国之间出现了很大的政治分歧,尽管在一些美国政客的眼中,中国现已不再是美国"最喜欢的国家",但是,作为对其本国利益负责的美国政治家,他们理应高瞻远瞩,竭力促进而非损害中美贸易和美国对

---

① Id., at 2.
② Id., at 5.
③ Id., at 7.

华投资。

二、北京：最惠国——中美同舟

美国有关中国最惠国待遇的辩论已在中国国内引起了很大关注,尤以政界及商界人士为甚。曾有中国媒体对一些专业评论予以浓缩性的报道,并冠以下述总标题：最惠国待遇:中美同舟①。

多年以来,中美两国的经济关系起起落落,其发展轨迹,犹如一条蜿蜒曲折的羊肠小道。对此,中国工商开发协会副董事长、总裁兼中国工商信托公司的董事长邹思义(Zou Siyi,音译)先生有亲身体会。作为历史见证人,他向我们讲述了中美两国贸易门户的如下发展历程：开放——关闭——重新扩大开放——可能被美方再次关闭。邹先生曾是一家总部设在美国的贸易公司的经理,该公司在 1946—1951 年间,与中国贸易往来活跃。据他回忆,在 1949 年前,美国是中国最大的贸易伙伴,当时中国市场上的绝大部分进口货物皆来自美国。但是,在美国政府对华施加贸易禁运之后,上述良好的贸易关系就在 1950 年底破裂了。这一中断整整持续了 22 年。

直到两国于 1972 年签署《上海公报》后,中美之间的商业及贸易往来才开始恢复。经过七年步履维艰的发展,中美贸易额已由零增长至 10 亿美元。这无疑是一个进步。然而在两个大国之间,这个数字毕竟还是太小了。

20 世纪 80 年代期间,中美两国商业及贸易往来激增。1979 年两国建交,紧接着又签署了一份贸易协定,该协定于 1980 年 2 月正式生效。通过互相给予对方最惠国待遇,两国经济关系实现了正常化。

由于中美之间相互交流的商品种类繁多,所以,最惠国待遇问题不仅仅关乎商界人士,还关乎社会各阶层的消费者。

邹先生强调指出："美国一些政客正试图用最惠国待遇问题来惩罚中国。""他们彻底错了。他们不明白最惠国待遇协议是个双向的条约。当该协议终止时,美国在中国也将失去最惠国待遇。因此,当他们对中国进行惩罚时,他们所惩罚的将不单单是中国,美国自己也包括在内。"

邹先生说："当今世界已非二战刚结束后的情形。美国并没有在任何种类

---

① Most-Favored-Nation Status: China, U. S. in the Same Boat, Beijing Review, 4 – 10 June 1990, at 32.

的生产上都拥有垄断地位。如果美国再次对中国施加贸易禁运，它就将在激烈的世界竞争中丧失优势。"①

在以上第一流专业人士的评论及所罗门先生针对美国国会的声明作出之前，中国驻美大使朱启桢先生于1990年5月16日在洛杉矶向美国公众发表了一次演讲②，他雄辩地强调指出，中美两国自1980年起便相互给予对方的最惠国待遇极大地刺激了两国经贸关系的迅速发展，假若终止这种最惠国待遇，则中美两国同等受害。

此外，这位大使还作了如下深刻分析，指出：中美两国的政治制度和文化背景不同，两国在意识形态和价值观念上迥异，这是不可避免的，我们必须要面对这一事实。但是，我们也不应忽略另一重要事实，即意识形态上的差异既没有妨碍两国在18年前(指1972年)再次打开大门相互接触，也没有妨碍两国在1979年建立外交关系。同样，中美两国虽然从来未曾以共同的社会制度或价值观念作为基础，然而，由于两国拥有重要的共同利益，中美关系却能够产生并一直发展。因此，只要双方齐心协力，就一定能够在保留彼此间在价值观念、意识形态及社会制度上的差异的同时，维护共同利益。另一方面，对中国施加压力或制裁，绝非处理国与国间关系的正当途径。这种做法过去行不通，现在仍然行不通。作为国际社会中的一个重要成员，中国是无法被孤立的。孤立中国的企图过去从未得逞，现在，任何此类新企图也注定要失败③。

倘若将中国大使朱启桢及其他人的评论作为一方，将美国助理国务卿所罗门的声明作为另一方，两相比较，便会产生有趣的"发现"。显而易见，至少有以下三处值得注意：

第一，虽然双方的基本政治立场和意识形态体系截然不同，但从根本上说，双方在论及最惠国待遇这一相同问题时，所表达的呼声相似，所依据的理由相仿，所得出的推论相像，甚至所使用的语言也极度相近。因此，双方最终都得出了如下相同的基本结论：中美之间在经济上相互依存，这使得中美两个贸易伙伴同舟相处，如不互助"共济"，就会两败俱伤！

第二，正如一句著名的谚语所言，"条条大路通罗马"。该谚语的合理前提是，循着不同路径、来自四面八方的所有行人，都得有一个共同的目的地：罗

---

① Most-Favored-Nation Status: China, U. S. in the Same Boat, Beijing Review, 4-10 June 1990, at 33-34.

② Zhu Qizhen: Most-Favored-Nation Status: Cornerstone of China-U. S. Relations, a speech delivered at a dinner meeting sponsored by the world Affair Council, Beijing Review, 28 May-3 June 1990, at 29-33.

③ Id., at 32.

马。就当前所讨论的最惠国待遇而言,是中美两国的共同利益使得双方不约而同地表达了类似的呼声,使用了类似的语言。

第三,前述类似呼声和语言并不意味着这是一方仿效或抄袭另一方,也不意味着谁从属于谁,唯谁马首是瞻,它只不过是对事实的共同承认,对真理的共同尊重而已。

三、燕子悄无声,天暖翩然来

如前所述,从本质上看,当前针对是否应延长中国的最惠国待遇的辩论,其要点可以总结为:美国的贸易门户自1979年起就已经对中国重新开启了,而且幅度很大,现在是否应再次关闭?

但是,"天安门风波"后,许多外国朋友提出的主要问题却着眼于:中国用以吸引外资的门户开放政策是否会在将来的某个时候发生改变?这扇敞开的大门是否将会再次关闭?

在分析这一问题时,有必要列举一下中国国家统计局最新发布的一系列数据。

> 利用外资工作已取得稳步进展。1990年中国签署的利用外资的新协议总额达123亿美元,比1989年增长7.4%。1990年实际利用外资额为101亿美元,其中外商直接投资为34亿美元;与1989年相比,这两个数字都有所增大(着重号是引者加的)[1]。

根据另一份统计资料,1990年间中国签署的外商直接投资合同总额达65.7亿美元[2]。比这更早的一份报道则是,自1979年7月1日中国第一部外资法颁布至1989年9月末,中国境内各类外商直接投资企业已由零增长至20 175家,其所签订的外商投资企业合同总额达311.9亿多美元,同一时期实际到位的外商投资达133.5亿多美元[3]。如果我们将1990年度的外商投资额

---

[1] Statistical communiqué of the State Statistical Bureau of the People's Republic of China on National Economic and Social Development in 1990 (February 22, 1991), Beijing Review, 11–17, Mar., 1991, at Ⅵ.

[2] See Li Ming: 1990: Foreign Investment Grows, Beijing Review, 4–10 Feb., 1991, at 42.

[3] See Report:"China's Enterprises with Foreign Investment Exceed 20,000 Unit", revealed by Zheng Tuobin, Minister of Foreign Economic Relations & Trade, People's Daily (overseas ed.) Oct. 31, 1989; Chu Baotai: "The Past and the Future of Absorbing Foreign Investment in China", International Trade (monthly, an organ of the MOFERT, PRC) Ⅸ, 1989, at 7.

与前述 1979—1989 年间的累计外商投资额作一比较，就可以大致发现，在 1990 年的 12 个月间，中国所吸收的外资额与此前 123 个月间中国所吸收的外资额之间，存在如下比例关系：

期　　间	外商投资企业合同中规定的投资总额	实际到位的外商投资总额
1979 年 7 月 1 日—1989 年 9 月 30 日（123 个月）	311.9 亿美元	133.5 亿美元
1990 年 1 月 1 日—1990 年 12 月 30 日（12 个月）	65.7 亿美元	34 亿美元
百分比（12 个月：123 个月）	21.06%	25.47%

在 1990 年这一年间，中国所签订的吸收外资合同总额及其中已到位的外资总额就已分别占了过去十年多时间相应总额的 21% 和 25%，这种成就着实令人瞩目。

正如有关报道所指出，中国 1990 年所吸收的外资总量大幅增加，这其中当然也包括来自美国的若干重大投资。

例如：

(1) 美资熊猫汽车制造公司是中国目前最大的外资企业，现在，该公司已在广东省惠州市成立，建设工作也在顺利进行中。该公司第一期投资额为 2.5 亿美元。在未来的几年中，其计划投资额将达到 10 亿美元①。

(2) 美国麦克唐纳·道格拉斯公司与中国上海航空工业公司签订了一份价值约 2.6 亿美元的新合同，约定在上海组装 20 架 MD-80 型巨型喷气式飞机。该合同已于 1990 年 3 月正式生效②。据报道，麦克唐纳·道格拉斯航空器公司（麦道公司）董事长兼首席执行官约翰·麦克唐纳先生曾于 1991 年 2 月 2 日对北京进行了专访。他建议麦道公司与中国进一步组建一个合资企业，中国有关机关回应说，这是一个"不错的建议"，中国方面将会予以支持③。

---

① See The Panda Auto Project Proceeding, The World Journal (an American daily news in Chinese, published in California), 6 June 1990, at 11; See also The Panda Auto Factory, Beijing Review, 2-8 July 1990, at 42.

② See Sino-U.S. Aviation Ties Continue, Beijing Review, 30 April – 6 May 1990, at 30.

③ See Li Peng Meets McDonnell Douglas Chairman, FBIS, China, 4 Feb. 1991, at 12; see also Li Seeks Links in Aircraft Production, China Daily, 4 Feb. 1991, at 1.

(3) 1990年5月,美资阳明(意为阳光照耀)造纸公司,在山东省青岛市与中方当事人签订了一份土地开发合同,其第一期投资额为3 000万美元,而其在未来几年中的计划投资额将很快达到6亿美元①。

(4) 1991年1月24日,美国阿莫科东方石油公司与中国海洋石油总公司在得克萨斯州的休斯敦签订了一份特别《补充协议》,约定共同开采流花11-1油田。该油田是迄今为止在南中国海所发现的最大油田。依据该协议,这项工程总投资额可达5亿美元,其中,中方参股51%,美方参股49%②。

此外,另有报道指出,在"天安门风波"后的1990年间,其他一些巨额投资也正集中在中国的近海石油、汽车、核电设施、地铁建设等方面。这些巨额投资分别来自英国、法国、联邦德国及日本等。例如,1990年6月中旬,中国与英国一家公司签订了一份建立南海联合石化公司的意向书。其总投资额将超过20亿美元,双方各持50%股份③。1990年12月9日,中国第二汽车制造厂与法国雪铁龙公司在巴黎签订了一份生产轿车的合资经营企业协议。其总投资额约为46亿元人民币(8.83亿美元),法国政府将对该工程提供巨额混合贷款④。

1990年11月20日,德国大众公司又与长春第一汽车制造厂签订了一份更大规模的合资协议。该项目总投资额为42亿元人民币(8.06亿美元),中德双方持股比例为6:4⑤。在此之前,1990年3月7日,为上海地铁建设提供3亿美元政府贷款的特别协议也最终达成。这笔信贷主要由德意志联邦共和国提供⑥。

1990年7月,在西方七国休斯敦峰会上,日本首相海部俊树首先宣布,终止自1989年6月起施行的对华"经济制裁"。根据日本政府两年前的承诺,日本计划在1990—1995年间为中国42项建设工程提供8 100亿日元(相当于61.2亿美元)的贷款。目前,这个巨额贷款计划业已解冻并付诸实施⑦。

紧步日本后尘,1990年10月22日,欧共体12个成员国外长在一次于卢

---

① See China's First Export-Processing Zone Invites Investors, People's Daily (overseas ed.), 24 Aug. 1990, at 3; see also Beijing Review, 10-16 Sept. 1990, at 40.
② See Sino-U.S. Cooperation in Exploiting Biggest Oil Field in South China Sea, People's Daily (ov. ed.) 28 Jan. 1991, at 1; see also Sino-U.S. Pact signed to Develop Offshore Oil, China Daily, 26 Jan. 1991, at 2.
③ See Sino-British Petrochemical Project, Beijing Review, 25 June-1 July 1990, at 44.
④ See Largest Sino-French Joint Venture, id., 7-13 Jan. 1991, at 42.
⑤ See Sino-Germany Establish Biggest Auto Joint Venture in China, People's Daily (ov. ed.) 21 Nov. 1990, at 1; see also Sino-Foreign Auto Enterprises Grow, Beijing Review, 14-20 Jan. 1991, at 40.
⑥ See Foreign Credit for Shanghai Subway, Beijing Review, 9-15 Apr. 1990, at 38.
⑦ See Japan Loans 36.5 Billion Yuan to China, People's Daily (ov. ed.), 3 Nov. 1990, at 1. See also New Japanese Loans to China, Beijing Review, 26 Nov.-2 Dec. 1990, at 40.

森堡举行的会议上决定,立即取消对华政治、经济及文化制裁。西方各国争先恐后,正在开展新一轮的对华巨额贷款谋利的竞逐①。

同时,近几个月来,许多西方发达国家的部长相继访问北京,讨论和安排下一步中外经济合作问题。

根据以上统计数字和相关现象,我们应当从中得出什么样的推论呢?

事实上,这至少表明了以下四点:

第一,在"天安门风波"后的一年多期间内,当政客及外交家们还在就是否应对中国继续施加经济制裁一事争论得不可开交、聒噪不已的时候,商人和投资家们却已经不动声色地继续自行其是了:在中国更多地投资,更多地赚钱。

第二,"天安门风波"发生后,西方政客立即决定,中断与中国的政府间高层接触,对华施加经济制裁,包括中止国际贷款。然而,通常说来,政客们最终还是要听命于百万富翁和亿万富翁们的。一旦百万富翁尤其是亿万富翁们对是否应继续对华开放贸易门户、给予中国最惠国待遇断然说"是",奉行实用主义路线的政客们往往就得忙不迭地见风使舵,离开其原先的称"否"立场而改弦更张。

第三,在"天安门风波"之后的这段期间里,尽管中外经济协奏曲的音响时高时低,抑扬顿挫,协奏曲的主旋律却一直相当强大清晰,优美动听。

第四,这些现象表明,"天安门风波"后,中国国内形势日益平静、稳定,同时,政治、经济政策和外商投资法律环境也日益改善。因为,若那里的"当地气候"正值"严寒刺骨"的话,如燕子般敏感于天气冷暖的国际投资者们就不会络绎不绝地翩然而至。

四、有利于外国投资者的中国法律多面体上又新增六面

现在,让我们简要评述一下"天安门风波"后中国进一步吸引外资的政策制定及相关立法的主要发展。

(一) 修订了《合资经营企业法》

1990年4月4日,第七届全国人大第三次会议对中国第一部外商投资立

---

① See France, Britain, Germany to Resume Financial Cooperation with China, China Economic News (Weekly, Hong Kong), 21 Jan. 1991, at 3.

法——1979年《中外合资经营企业法》进行了若干修改①。这次修改主要包括以下几点：

对合营企业不实行国有化或征用。该法第2条新增了一个第3款，内容是："国家对合营企业不实行国有化和征收，在特殊情况下，根据社会公共利益的需要，对合营企业可依照法律程序实行征收，并给予相应的补偿。"② 这一修正，不仅符合国际通行做法，而且符合中国政府与外国政府间签订的投资保护协定中所规定的原则③。它显示了中国继续坚持改革开放政策的决心，有助于增强海外投资者在中国投资兴业的信心。

选任合营企业董事长。该法原第6条第1款规定："董事会设董事长一人，由中国合营者担任；副董事长一人或两人，由外国合营者担任。"④

根据本条，外国合营者无论其在合营企业中的投资额是多少，都不能担任董事长一职。这显然既不合情理，也不符国际惯例。现改为："董事长和副董事长由合营者协商确定，或者由董事会选举产生。"⑤

合营企业的合营期限。该法原第12条规定："合营企业合同期限，可按不

---

①② The Law of the People's Republic of China on Joint Ventures Using Chinese and Foreign Investment (amended on April 4, 1990), People's Daily (ov. ed.), 7 Apr. 1990 at 1 – 2; Beijing Review, 7 – 13 May, at 31 – 32.

③ For example, Article 4(2) of The Agreement Between the Government of The People's Republic of China and the Government of the Republic of France on the Reciprocal Promotion and Protection of Investments provides:

Neither Contracting party shall take any expropriation and nationalization measures of any other measures that have the same effect in its territory of sea areas against investments made by investors of the other Contracting Party, except those measures carried out for public purpose, on the basis of non-discrimination nature, in line with relevant legal procedures and with compensation. In case an expropriation measure is adopted, appropriate compensation shall be given. The principle and rules for calculating the amount of compensation and governing the form of payment shall be determined not later than the date on which the expropriation is implemented. The compensation shall be actually realizable, be paid without undue delay and be freely transferable. The formula for calculating the compensation payment and the specific methods shall be formulated in the Annex which shall be constituted as part of this Agreement.

And, the related Annex provides: "The amount of compensation mentioned in Article 4(2) shall be equivalent to the actual value of the relevant investment." See Commercial, Business and Trade Law, People's Republic of China. Owen D. Nee, Jr. ed., Oceana Publications (1989), V. Ⅲ., booklet 26, at 4, 11.

There was a debate on the legislation of nationalization in China during 1985 – 1988. See An Chen: Should an Immunity from Nationalization for Foreign Investment Be Enacted in China's Economic Law? in Legal Aspects of Foreign Investment in the People's Republic of China (Hong Kong), 1988, at 39 – 53.

④ See Commercial, Business and Trade Law, People's Republic of China, Owen D. Nee, Jr. ed., Oceana Publications (1989), V. Ⅰ., booklet 3, at 53.

⑤ The Law of the People's Republic of China on Joint Ventures Using Chinese and Foreign Investment (amended on April 4, 1990), People's Daily (ov. ed.), 7 Apr. 1990 at 1 – 2; Beijing Review, 7 – 13 May, at 23.

同行业、不同情况,由合营各方商定。"①根据该法几年来的施行实践以及从社会各界中征求来的意见,第 12 条现已被修改为:"合营企业的合营期限,按不同行业、不同情况,作不同的约定。有的行业的合营企业,应当约定合营期限;有的行业的合营企业,可以约定合营期限,也可以不约定合营期限。"②

此项修改事实上为合营企业无限期存续提供了可能,符合西方商业实践中"合资企业"的标准概念。它将有助于鼓励海外商人更关心企业的长期发展、技术转型及拓展国际市场,从而有助于增加海外投资、避免短期行为③。

社会公众,尤其是海外商人相信,合资经营企业法的上述各项修正符合国际惯例,将有利于消除海外投资者的疑虑。

(二) 颁布了《成片土地开发办法》

在社会主义制度下,中国的一切土地只能由国家或集体所有。中国的 1982 年《宪法》规定:"任何组织或者个人不得侵占、买卖、出租或者以其他形式非法转让土地。"④根据该法,土地只能划拨给组织或个人使用,土地租赁在当时是被禁止的。

自 1982 年以来,中国经济改革及开放政策迅速发展,这就为人们重新考虑土地租赁及转让问题,提供了一股持续不断的强劲动力。中国的一些官员开始深入思考改革旧的、僵化的、苏联模式的土地所有制问题。1988 年 4 月 12 日,上述宪法条文修改为:任何组织或者个人不得侵占、买卖或者以其他形式非法转让土地。土地使用权可以依照法律的规定转让⑤。

1990 年 5 月 9 日,国务院制定了《中华人民共和国城镇国有土地使用权出

---

① See Commercial, Business and Trade Law, People's Republic of China, Owen D. Nee, Jr. ed., Oceana Publications (1989), V. I., booklet 3, at 56 – 57.

② The Law of the People's Republic of China on Joint Ventures Using Chinese and Foreign Investment (amended on April 4, 1990), People's Daily (ov. ed.), 7 Apr. 1990 at 1 – 2; Beijing Review, 7 – 13 May, at 23.

③ See Report: China's NPC Examines JV Law Amendments, People's Daily (ov. ed.), 30 May 1990, at 1; Pan Gang: Favorable Environment Created for Foreign Businessmen, id., 31 Mar. 1990, at 3; Liu Xiao & Pan Gang: A New Landmark of Opening Outward, id., 5 Apr. 1990, at 3; Li Ping: A Major Step to Improve Investment Climate, Beijing Review, 7 – 13 May, 1990; Amended Chinese-Foreign Equity Joint Venture Law, China Current Laws (English-Chinese Quarterly, Hong Kong), 12 June 1990. at 1 – 5.

④ Art. 10, § 3 – 4, The Constitution of the People's Republic of China (adopted by the 5th Session of the 5th National People's Congress on December 4, 1982), Complete Collection of the Laws of the People's Republic of China (1989), at 3; See Commercial, Business and Trade Law, People's Republic of China, Owen D. Nee, Jr. ed., Oceana Publications (1989), V. III, booklet 16, at 10.

⑤ Amendments to the Constitution of the PRC (adopted by the 1st Session of the 7th NPC on April 12, 1988), Complete Collection of the Laws of the People's Republic of China (1989), at 17.

让和转让暂行条例》(以下简称《暂行条例》)及《外商投资开发经营成片土地暂行管理办法》(以下简称《暂行办法》)①。

根据《暂行条例》,国家可以将土地使用权出让给境内外土地使用者使用,使用期限自40年至70年不等。土地使用者可以将其使用权转让、出租、抵押、出卖、交换或赠与他人。

《暂行办法》规定了经济特区、沿海开放城市和沿海经济开发区内的外国企业开发使用成片土地的问题②。其主要目的在于吸引外资开发经营成片土地,从而开发中国的基础设施。

依《暂行办法》开发成片土地的外国投资者可以享有以下合法"特权":将已开发土地的使用权转让给其他企业或/和个人;对地面建筑物从事转让或出租的经营活动。开发企业可以吸引投资者受让国有土地使用权,兴办企业③,但是,开发企业在其开发区域内没有行政管理权,其与其他企业的关系是商务关系而非行政关系④。

这些有关土地租赁及土地使用权出让、转让的新立法,甚至还包括了中国宪法的一项修正案。中国自1949年以来便没有地产市场了,但这些新立法却在事实上创造着一个崭新、巨大的地产市场。正如有关报道所指出,这个新创的地产市场蒸蒸日上、前景无限,它对那些雄心勃勃、志在赢得巨利的外商说来,其吸引力更是与日俱增。一些专家预测,在接下去的几年中,将会有数十亿美元注入中国的地产租赁市场⑤。

(三) 广阔开放了"经济心脏"的周边地区——上海浦东

1990年4月15日,国务院批准了上海市提出的一项计划,运用一系列特

---

① See People's Daily (ov. ed.), 26 May 1990, at 3; see also China Economic News (Hong Kong), 18 June 1990, at 8-10; China Current Laws (Hong Kong), Sept. 1990, at 1-4.

② See Art. 18, Interim Administrative Measures for Foreign Investment in the Development and Management of Tracts of Land, People's Daily (ov. ed.), 26 May 1990, at 3; see also China Economic News (Hong Kong), 18 June 1990, at 8-10; China Current Laws (Hong Kong) Sept. 1990, at 1-4.

③ Art. 10, §1, id.

④ Art. 4, §3, id.

⑤ As reported by Xiang Wei, for example, The city of Tianjin first grabbed world media attention last year when it clinched the biggest deal with the American MGM Development Co. which agreed to pay U.S. $17.2 million for a 70-year-lease on 5.36 square Kilometers of land-$3.20 a square meter. Shanghai also leased three tracts of land to Hong Kong and Japanese developers, racking up an income of U.S. $47 million in the transfer rents.

The boom has doubled and doubled the rent of land in the past two yeas. Government statistics show that the average rent for a square meter of land soared to 429.5 yuan last year from 107 yuan in 1988. From the viewpoint of international real-estate market, it is, of course, still very cheap.

殊政策开放其 350 平方公里的浦东郊区,以促进外商投资和对外贸易,人们认为,这是扩大对外开放的一项崭新的重要战略措施。

上海位于太平洋西岸,是一个具有相当影响力的国际大都市。它在中国经济发展中起着举足轻重的作用,号称中国的"经济心脏"。从世界范围上看,许多江河沿岸的城市皆地跨相关江河的两岸。然而,由于黄浦江两岸间跨江交通不便,上海的经济发展重心一直偏安于黄浦江西岸,也即上海市中心,上海的市政、金融、贸易中心皆云集于此。相形之下,位于黄浦江东岸的浦东地区发展缓慢,相当落后。

现在,有关开发及发展浦东新区的 9 项新立法已于 1990 年 9 月 10 日出台①,这便为浦东提供了方便、利好的外商投资环境。

上述新规定之一是,将浦东外高桥保税区指定为开放性多功能区。在该保税区内,外商可以从事贮存、出口货物加工、销售、运输贸易和金融服务。它将成为中国最大的开放性保税区,而最终将发展成为自由港。

外高桥保税区管理办法规定,从境外进口运入保税区的供保税区使用的机器、设备、基建物资等,为加工出口产品进口的原材料、零部件、元器件等,供储存的转口货物,以及在保税区内加工运输出境的产品,都免领进出口许可证;免征关税和工商统一税②。

这些新出台的规定为潜在的外商投资提供了更广阔的活动天地,包括建立外国银行及其分支机构,建立中外合资银行、中外合资财务公司、房地产公司,从事零售和咨询服务。

《关于上海浦东新区鼓励外商投资减征、免征企业所得税和工商统一税的规定》将适用于经济技术开发区和经济特区的税收优惠引入了浦东新区,并且另外增加了一些优惠待遇。例如,从事机场、港口、铁路、公路、电站等能源、交通建设项目的外商投资企业,减按 15% 的税率征收企业所得税。其中,经营期在 15 年以上的,从开始获利年度起,第 1 年至第 5 年免征企业所得税,第 6 年至第 10 年减半征收企业所得税③。

根据总规划,已扩大了的上海市区连同当前正在开发的浦东新区,合计起来总面积将为 610 平方公里,大致相当于新加坡那么大。曾有人把中国的海岸线比作一张弓,把中国长江(扬子江)比作一支箭,而坐落于该海岸线中心点及长江入海口的上海,则是箭头利镞。上海具有得天独厚的优越地理位置,工业基础雄厚,科技力量

---

① See Premier Li Meets the Press, People's Daily (ov. ed.), 5 Apr. 1990, at 1; see also Beijing Review, 16 – 22, Apr. 1990; see also Xiang Wei: Land Leasing Gains Much Momentum, China Daily, 17 Dec. 1990, at 3.
② See Art. 10, 13, Customs Measures, *id.*, at 8, 9.
③ See Art. 4, *id.*

坚实,各行各业精英荟萃,国际联系十分广泛。我们完全可以相信并期待:通过贯彻实施扩大对外开放的新政策及相关立法,上海必将成为"第二个香港"①。

(四) 统一了针对外国投资者的税法并给予了更多优惠

1990年12月20日,中国立法机关审议了一份针对中国境内的中外合资经营企业、中外合作经营企业和外资企业的统一企业所得税法草案②。

目前,中国内地对不同类型的合资企业分别征税:对中外合资经营企业依照1980年的一部特别法征税,适用33%的比例税率③;对中外合作经营企业和外资企业则依据另一部1981年的特别法征税,适用30%—50%(包括地方税)的累进税率④。新草案废除了适用于外资企业和中外合作经营企业的累进税率体系,引入了对各类外商投资企业一视同仁的低档税率体系,建议的统一税率为33%,也即当前适用于中外合资经营企业的税率。实际上,这将意味着中外合作经营企业和外资企业可以交更少的所得税。

1980年中外合资经营企业所得税法规定,合营企业外方合营者将利润汇往国外的,须缴纳10%的代扣代缴所得税。新草案取消了这一规定⑤。

据报道,这个对外国投资者更为优惠的新的统一企业所得税法正处于立法的最后阶段,不日即将出台⑥。

---

① See Jin Bian, Pudong — An Open Policy Showcase, Beijing Review, 16 - 22 Jul. 1990, at 23 - 25; Ge Mu, Rules Add to Pudong's Appeal to Investors, id., 22 - 28 Oct. 1990, at 16 - 19; Dai Gang, Shanghai's Pudong Project in Full Swing, id., at 20 - 24; Fei Xiaotong, Turning Shanghai into a Mainland Hong Kong, id. at 25 - 27.

② See China's New Tax Law for Foreign — Invested Enterprises Being Examined, People's Daily (ov. ed.), 21 Dec. 1990, at 4; See also Adoption of Unified Tax Law Set, China Daily, 21 Dec. 1990, at 1; Wang Bingqian Explains Draft Tax Law, FBIS, China, 20 Dec. 1990, at 23.

③ According to Art. 3 of China's Income Tax Law Concerning Sino — Foreign Joint Ventures, the income tax rate on joint ventures shall be 30%. In addition, a local income tax of 10% of the assessed income tax shall be levied. See Commercial, Business and Trade Law, People's Republic of China, Owen D. Nee, Jr. ed., Oceana Publications (1989), V. I. booklet 5, at 15.

④ Arts. 3 and 4 of China's Income Tax Law Concerning Foreign Enterprises stipulate that the income tax of foreign enterprises shall be computed at progressive rate of 20% to 40%. On the basis of their taxable income, and in addition, foreign enterprises shall pay a local income tax of 10% of the same taxable income. See Commercial, Business and Trade Law, People's Republic of China, Owen D. Nee, Jr. ed., Oceana Publications (1989), V. I. booklet 5, at 75 - 76.

⑤ Art. 4, According to Art. 3 of China's Income Tax Law Concerning Sino — Foreign Joint Ventures, the income tax rate on joint ventures shall be 30%. In addition, a local income tax of 10% of the assessed income tax shall be levied. See Commercial, Business and Trade Law, People's Republic of China, Owen D. Nee, Jr. ed., Oceana Publications (1989), V. I. booklet 5, at 16.

⑥ Later on April 9, 1991, the Income Tax Law of the PRC for Enterprises with Foreign Investment and Foreign Enterprises was formally promulgated, and then effective as of July 1, 1991.

（五）实施了《行政诉讼法》

1989年4月4日，中国的全国人民代表大会通过了《行政诉讼法》。1990年10月1日，该法正式开始实施①。该法在中华人民共和国建国41周年这一天开始实施，这其中有着非同寻常的意义。

根据该法规定，无论是中国公民、法人、其他组织，还是外国人、外国组织，认为任何行政机关或其工作人员的具体行政行为侵害了自己的合法权益的，都可以向人民法院提起诉讼，并且诉权相同。他们有权请求撤销具体行政行为，有权请求赔偿②。人民法院应依法行使对行政案件的审判权，不受行政机关、社会团体或个人的干涉③。

任何人都拥有对政府提起诉讼的宪法权利，这对西方发达国家的公民说来，是最浅显不过的常识。然而，考虑到中国历史上长期存在的封建制度及排外情绪的影响，人们对该法的这些条款给予了很高评价，认为这是民主道路上的重要进展，是对中国普通大众及外国人的有效法律保护。

该法第11条列举了受该法调整的各种具体行政行为④，其中一些与在华外国投资者的利益尤为息息相关。比如：行政机关侵犯法律规定的经营自主权；符合法定条件申请行政机关颁发许可证和执照，行政机关拒绝颁发或不予答复；申请行政机关履行保护人身权、财产权的法定职责，行政机关拒绝履行或不予答复；行政机关违法要求履行义务；对诸如拘留、罚款、吊销许可证和执照、责令停产停业、没收财产等行政处罚不服；对限制人身自由、查封、扣押、冻结财产等行政强制措施不服；行政机关侵犯其他人身权、财产权。

除此之外，人民法院还应对依法律、法规和规章提起行政诉讼的其他案件予以受理和审判。例如，外商投资企业如与税务机关就税款缴纳发生争议，可在按规定先缴纳税款后向上一级税务机关申请复议；对复议决定不服的，可向当地法院起诉⑤。

---

①② See Arts. 2, 71, The Administrative Procedure Law of the People's Republic of China, Complete Collection of the Laws of the People's Republic of China (1989) at 2125, 2130; see also China Current Laws (Hong Kong) Oct. 1989, at 7, 15.

③ See Art. 3, *id.*, Collection at 2125; Current Laws at 7.

④ See Art. 11, *id.*, Collection at 425-426; Current Laws at 7-8.

⑤ See Art. 15, China's Income Tax Law Concerning Sino — Foreign Joint Ventures Art. 16, China Income Tax Law Concerning Foreign Enterprises, According to Art. 3 of China's Income Tax Law Concerning Sino — Foreign Joint Ventures, the income tax rate on joint ventures shall be 30%. In addition, a local income tax of 10% of the assessed income tax shall be levied. See Commercial, Business and Trade Law, People's Republic of China, Owen D. Nee, Jr. ed., Oceana Publications (1989), V. I. booklet 5, at 119, 80.

（六）接受了 ICSID 体制

经过长达十年的犹豫和争论,中国终于签署了 1965 年《华盛顿公约》,并于 1990 年 2 月 9 日予以批准,这着实令人瞩目。它意味着中国现在基本上同意,将中国政府与外国投资者之间的一些投资争端提交设在美国华盛顿特区的"解决投资争端国际中心"解决,接受该"中心"的管辖与仲裁。在华盛顿特区举行的签字仪式上,世界银行副总裁兼 ICSID 秘书长希哈塔(I. Shihata)先生特别指出:"在 80 年代末,中国所吸引的外资数量比任何其他发展中国家都要多。"他还希望,"中国取得 ICSID 公约成员国资格将有助于中国进一步大力改善投资环境,吸引更多的外商投资。"①

中国是否应参加 1965 年《华盛顿公约》并接受 ICSID 体制,这一问题曾在中国法学界的著名学者中广为讨论过,并引起了很大争议。人们看待这一问题的视角各不相同。大体说来,主要有三种观点:(1) 从速缔约,促进开放;(2) 珍惜主权,不宜缔约;(3) 加强研究,审慎缔约②。

只有紧密联系中国国内在过去十年间对此曾长期讨论和争论这一背景,人们才能深刻体会出,中国最终签署 1965 年《华盛顿公约》并于 1990 年 2 月接受 ICSID 体制这一事实的确表明,中国当局已经作了一个艰难、审慎,然而又坚定的扩大对外开放的决定。

五、娃娃与洗澡水

"天安门风波"发生后,主要是 1990 年,中国修正了《中外合资经营企业法》,制定了《成片土地开发办法》,进行了开放上海周边地区的立法,统一了外商投资企业所得税法并使之更为优惠,实施了《行政诉讼法》,接受了 ICSID 体制。这六项新举措犹如六个崭新的面,它们共同构成了中国境内优待外国投资者的法律多面体的新特征。此新增六面与该法律多面体的其他面共有这样一个核心:有利于进一步吸引外资。

上述六大举措通过实体法或程序法,通过国内法或国际条约,使中国的外

---

① See China signs the ICSID Convention, News from ICSID, v. 7, no.1, Winter 1990, at 2.
② See Jin Kesheng, The 1986 Annual Academic Discussion of Chinese Society of International Law, China's Yearbook of International Law (1987), at 462 – 471; see also An Chen, Some Comments on ICSID (1989), Substitute Preface, at 27 – 46.

商投资法律环境得到了持续性的改善,这昭示了中国扩大对外开放的坚定决心。

最近,这种坚定决心又在中国基本文献中一再地予以宣布和强调。其中一种典型的权威表述出现在1990年12月30日通过的《中国共产党第十三届中央委员会第七次全体会议公报》上。

这次全体会议通过了中共中央关于制定国民经济和社会发展十年规划(1991—2000年)和"八五"计划的建议。在制定和实施该十年规划和八五计划时,有五项必须恪遵的基本原则,其中之一内容如下:

> 坚定不移地推进改革开放……要在总结80年代改革开放经验的基础上,依据生产力发展的要求,使改革不断深化,开放进一步扩大……要保持对外开放政策的稳定性和连续性,把经济特区办得更好,巩固和发展现有的经济技术开发区、开放城市和开放地带①。

《公报》中着重强调要保持"对外开放政策的稳定性和连续性",这是因为,人们已经承认,对外开放政策并非纯属主观愿望,而是客观急需的反映,故这一政策将保持长期不变。换言之,从总体上说,这一基本国策已深深地、稳稳地植根于其本身所带给中国的巨大物质利益之中了。虽然对外开放政策产生了一些副作用,也给中国有关机关带来了一些麻烦,但事实上,在华外资一直在推动中国国民经济增长,提高企业的技术和管理水平,创造越来越多的就业机会,扩大外贸出口,刺激乡镇企业发展。

正如一句广为人知的箴言所说,"别把娃娃与洗澡水一起泼掉"。中国人懂得如何依据上述箴言行事,懂得他们必须先把娃娃抱起来,然后才泼掉洗澡水。这就是"天安门风波"后,中国对外开放的大门比过去更加敞开的原因所在。

---

① Communiqué of the 7th Plenary Session of the 13th Central Committee of the Communist Party of China, 7-13 Jan. 1991, at 32; see also "Full Text" of CPC Plenum Communiqué, FBIS, China, 31 Dec. 1990, at 12-13.

X 中国对欧洲在华直接投资的法律保护及其与国际惯例的接轨*

内容提要 迄1996年4月为止,在中国已经基本形成比较完备的、既具有中国特色又与国际惯例大体上接轨的外商投资法律体系,为切实保护在华外商投资奠定了坚实的基础。当前,中国的经济体制正在从传统的计划经济体制积极地向社会主义市场经济体制实行根本性的转变,相应地,中国给予在华外商投资的法律保护,也正在从国内立法和国际缔约这两大方面,继续作出努力,并逐步实行必要的调整和加强,使这种法律保护,更加有力、周密和完善,并进一步与国际上通行的做法,互相衔接。

目 次

一、中国国内法对在华外资的保护
    (一)宪法给予的保护
    (二)基本民商法、经济法和诉讼法给予的保护
    (三)涉外投资立法给予的保护
    (四)东道国给予外资法律保护的约束力问题
二、中国吸收外资政策新近的重要发展及其相应的法律措施
    (一)逐步统一内外资企业政策
    (二)公布《外商投资产业指导目录》
    (三)做好外商投资特许权项目(BOT)等新投资方式的试点

---

* 1996年5月间,作者应"澳门欧洲研究所"(Institute of European Studies of Macao)邀请,前往参加"国际商法与比较商法研讨会"(Symposium of International and Comparative Business Law)。本文是作者在研讨会上的演讲稿。

    本文所摘引的条约、法律、法规以及有关数据,均以1996年当时现行有效者为准。阅读时请注意查对1996年以来的有关发展情况。

（四）大幅降低进口关税，取消进口关税的某些优惠

（五）实施新修订的《外汇管理条例》

三、中国参加缔结的国际条约对在华外资的保护

（一）双边协定给予的保护

（二）国际公约给予的保护

欧洲各国在华直接投资（以下简称"欧洲在华投资"），是外国在华直接投资（以下简称"外国在华投资"）的一个重要组成部分。

中国对外国在华投资实行法律保护的基本原则和具体规定，从整体上说，同样适用于欧洲在华投资。但由于欧洲各国有关保护海外投资的法制各有不同，它们与中国分别签订的有关相互保护投资的双边协定，在具体条款内容上也略有差异，所以，欧洲各国在华投资所受到的法律保护又有各自的某些特点。

1979年中国实行改革开放基本国策以来，迄今已经制定和实施了一系列、多层次的国内法律规范，用以保护、鼓励和管理外商在华投资。同时，已经参加缔结了一系列、多种类的国际条约（包括双边国际协定、国际公约等），以加强对在华外资实行国际法上的保护。因此，可以说，到1996年4月为止，在中国已经基本上形成比较完备的，既具有中国特色又与国际惯例大体上接轨的外商投资法律体系，为切实保护在华外商投资奠定了坚实的基础。当前，中国的经济体制正在积极地实现从传统的计划经济体制向社会主义市场经济体制的根本性转变，相应地，中国给予在华外商投资的法律保护，也正在从国内立法和国际缔约这两大方面，继续作出努力，并逐步实行必要的调整和加强，使这种法律保护更加有力、周密和完善，并进一步与国际上通行的做法互相衔接。

一、中国国内法对在华外资的保护

（一）宪法给予的保护

《中华人民共和国宪法》第18条第2款规定："在中国境内的外国企业和其他外国经济组织以及中外合资经营的企业，都必须遵守中华人民共和国的法律。它们的合法的权利和利益受中华人民共和国法律的保护。"宪法是国家的根本大法。在宪法中载明保护外国投资的基本原则，具有两个意义：第一，体

现了中国政府保护在华外资的诚意和决心及对外资高度的重视;第二,为中国的涉外投资立法确定了根本性的指导原则,奠定了主要基础。在中国涉外投资立法体系中,无论是制定中国国内的各种单行法规,还是中国参加签订的各类国际条约(包括双边、多边条约以及国际公约),都必须以中国宪法所确立的保护外商在华投资的原则作为最高的准则和指南。

(二) 基本民商法、经济法和诉讼法给予的保护

在中国的民商法、经济法系列中,有一类基本性的法律规范,普遍适用于中国境内的一切自然人和法人,而并不问其国籍所属,诸如《中华人民共和国民法通则》、《中华人民共和国公司法》、《中华人民共和国商标法》、《中华人民共和国专利法》、《中华人民共和国著作权法》、《中华人民共和国票据法》、《中华人民共和国担保法》、《中华人民共和国保险法》、《中华人民共和国海商法》等等,均属此类。这些法律规范对于中国境内的一切自然人和法人的一切合法权益,包括<u>财产所有权与与财产所有权有关的财产权</u>、债权、<u>知识产权(含著作权、专利权、商标权)</u>、人身权、<u>企业经营管理自主权</u>等等,都本着"法律面前人人平等"的原则,给予一视同仁的切实保护。在华的外商投资企业和外商个人,在上述各项民、商事基本权利方面所享有的法律保护,其范围、程度和力度,都与中国法人和自然人无异。换言之,在华外商投资企业和外商个人的上述民商事基本权利遭到任何非法侵害,都可以与中国的内资企业和中国公民一样,寻求相应的法律保护,排除侵害,并获得赔偿。

《中华人民共和国民法通则》第 41 条第 2 款明文规定:"在中华人民共和国领域内设立的中外合资经营企业、中外合作经营企业和外资企业,具备法人条件的,依法经工商行政管理机关核准登记,取得中国法人资格。"这就为中国境内外商投资企业在民商事基本权利和权益方面享有与内资企业完全同等的法律保护提供了最基本的法律依据。

《中华人民共和国民事诉讼法》规定:外商在中国法院起诉、应诉,享有与中国公民、法人同等的诉讼权利,承担同等的诉讼义务(第 5 条)。《中华人民共和国行政诉讼法》也有同样的规定(第 71 条)。

值得注意的是,中国的上述这些基本民商法、经济法和诉讼法,都是自 20 世纪 80 年代中期以来逐步制定的。在立法过程中,既立足于中国国情,又充分借鉴和适当移植了当代世界各国同类立法的通行做法,在切实保护民事主体自然人与法人的基本民事权利方面,其内容、广度、深度和力度,都是符合当代世界立法先进水平,因而也是与国际先进惯例互相衔接和基本一致的。

(三) 涉外投资立法给予的保护

各类涉外投资立法以类似的文字,重申和贯彻宪法规定的上述保护外资原则,而又分别加以具体化:

"中国政府依法保护外国合营者按照经中国政府批准的协议、合同、章程在合营企业的投资、应分得的利润和其他合法权益。"[《中华人民共和国中外合资经营企业法》(1979年7月公布施行,1990年修正,以下简称《合资企业法》),第2条第1款。]

"外国投资者在中国境内的投资,获得的利润和其他合法权益,受中国法律保护"。[《中华人民共和国外资企业法》(1986年4月公布施行,以下简称《外资企业法》),第4条第1款。]

"国家依法保护合作企业和中外合作者的合法权益。"[《中华人民共和国中外合作经营企业法》(1988年4月公布施行,以下简称《合作企业法》),第3条第1款。]

"中国政府依法保护参与合作开采海洋石油资源的外国企业的投资,应得利润和其他合法权益,依法保护外国企业的合作开采活动。"[《对外合作开采海洋石油资源条例》(1982年1月公布施行,以下简称《合作开采海上石油条例》),第3条第1款。]

"中国政府依法保护参加合作开采陆上石油资源的外国企业的合作开采活动及其投资、利润和其他合法权益。"[《对外合作开采陆上石油资源条例》(1993年10月公布施行,以下简称《合作开采陆上石油条例》),第4条。]

各类涉外投资立法给予在华外资的具体保护或法律保证,主要体现在有关严格限制征收外资、方便投资外商的本利汇兑、给予投资外商优惠待遇、对投资外商"有约必守"以及公平解决涉外投资争端等五个基本方面。

1. 从法律上保证严格限制征收外资

《合资企业法》第2条第3款明文规定:"国家对合营企业不实行国有化和征收;在特殊情况下,根据社会公共利益的需要,对合营企业可以依照法律程序实行征收,并给予相应的补偿。"

《外资企业法》第5条有相同的明文规定。

《合作开采陆上石油条例》第5条则规定:"国家对参加合作开采陆上石油资源的外国企业的投资和收益不实行征收。在特殊情况下,根据社会公共利益的需要,可以对外国企业在合作开采中应得石油的一部分或者全部,依照法律程序实行征收,并给予相应的补偿。"

上述规定表明,中国对外商投资的征用问题持十分慎重和严格限制的态度。在一般情况下,作为一项基本原则,中国对外商在华投资的企业不实行国有化和征收;同时,作为一种例外规定,保留在特殊情况下可依法行使的征收权。简言之,即"留权在手,但决不滥用"。

所谓"特殊情况",主要指发生战争、战争危险、其他紧急状态以及严重自然灾害等不可抗力事故。关于征收的补偿标准,上述规定采用的"相应的补偿"的概念并非新的补偿标准,而是1974年联合国大会通过的《各国经济权利和义务宪章》确立的"适当补偿"原则的体现。"相应的补偿"对于其所属国同中国订有双边投资保护协定的外国投资者而言,是根据"适当补偿"原则和有关协定条款给予的补偿;对于其他外国投资者而言,是根据"适当补偿"原则给予的补偿。

2. 从法律上保证方便投资外商本利汇兑

"外国合营者在履行法律和协议、合同规定的义务后分得的净利润,在合营企业期满或者中止时所分得的资金以及其他资金,可按合营企业合同规定的货币,按外汇管理条例汇往国外。"(《合资企业法》第10条)。

"外国投资者从外资企业获得的合法利润、其他合法收入和清算后的资金,可以汇往国外。"(《外资企业法》第19条第1款)。

"外国合作者在履行法律规定和合作企业合同约定的义务后分得的利润、其他合法收入和合作企业终止时分得的资金,可以依法汇往国外。"(《合作企业法》第23条)。

"外国合同者可以将其应得的石油和购买的石油运往国外,也可以依法将其回收的投资、利润和其他正当收益汇往国外。"(《合作开采海上石油条例》第8条)。《合作开采陆上石油条例》第13条也有同样的规定。

1996年4月1日起,中国废止了16年前颁行的《外汇管理暂行条例》,代之以《外汇管理条例》,这是中国外汇管理体制改革的又一项重大举措,体现了在外汇管理方面从计划经济向社会主义市场经济积极过渡的精神。它的立法基点是适应建立社会主义市场经济体制的需要,对"经常项目外汇"实行有条件的可兑换,体现了对外汇由直接管理为主向间接管理为主的转变。在华投资外商所获得的利润、股息、红利汇出中国境外,均属"经常项目"的外汇支出,无需外汇管理局审批,只要持董事会利润分配协议书及有关证明材料,即可从其外汇账户中对外支付,或到外汇指定银行购汇支付。

至于"资本项目外汇"收支(包括直接投资的资本、借用国外贷款、在境外发行外币债券、提供对外担保等)的出入境,立足于当前的中国国情,暂仍实行严格管理,待条件进一步成熟,再酌情逐步放宽。按照国际通例,一般都是先放松

"经常项目外汇"的管理,再逐步放松"资本项目外汇"的管理。从中国目前情况看,如不严格管理"资本项目外汇",有可能造成资本项下外汇混入经常项下的外汇收支,导致资本大量流进流出,冲击国内市场,影响经济稳健发展。故在近期内仍需实行必要的国家行政调控[①]。

3. 从法律上保证给予投资外商优惠待遇

《中外合资经营企业法实施条例》第2条规定,依照《中外合资经营企业法》批准在中国境内设立的中外合资经营企业是中国的法人,受中国法律的管辖和保护。根据《中外合作经营企业法》第2条第2款和《外资企业法》第8条,中外合作经营企业和外资企业符合中国法律关于法人条件的规定的,依法取得中国法人资格。

原则上,外商投资企业(通常统称为"三资企业")在其经营活动中享受与中国其他企业同等的待遇,即享有同等的权利和承担同等的义务。《中外合资经营企业法实施条例》第65条和《外资企业法实施细则》第44条还特别规定,中外合资经营企业或外资企业在中国购买物资(包括各类一般物资,燃料用煤,车辆用油,供应水、电、气、热,货物运输,劳务、工程、设计、咨询、服务、广告等)享受与国有企业或中国企业同等的待遇。

事实上,在经济特区、沿海开放城市的外商投资企业,或被确认为先进技术企业或产品出口企业的外商投资企业,在税收减免(详见《外商投资企业和外国企业所得税法》及其《实施细则》等)、物资进出口、经营自主权、资金和利润汇兑等方面,享有比中国其他企业更为优惠的待遇。

与此同时,在投资部门、经营范围、审批手续等方面,外商投资企业比中国其他企业受到较多的规范或限制。

因此,学术界有人认为:当前外商在华投资企业享受的待遇是国民待遇、"超国民待遇"、"次国民待遇"以及"最惠国待遇"的综合,并正在逐步过渡到完整意义上的国民待遇,俾与这方面的国际惯例完全接轨。对于此点,本文第二、第三部分将作补充。

4. 从法律上保证对投资外商"有约必守"

为了保持政策和法律的稳定性和连续性,体现"重合同、守信用"和维护外国投资者既得利益的精神,根据"法律不溯及既往"的原则,《中华人民共和国涉外经济合同法》第40条规定:"在中华人民共和国境内履行、经国家批准成立的中外合资经营企业合同、中外合作经营企业合同、中外合作勘探开发自然资源

[①] 参见《外汇管理局答记者问》,载《人民日报》(海外版)1996年2月7日。

合同,在法律有新的规定时,可以仍然按照合同的规定执行。"

中国还根据"从新从优"的原则,处理外商投资企业所得税法的衔接问题。1991年颁行的《中华人民共和国外商投资企业和外国企业所得税法》第27条规定:"本法公布前已设立的外商投资企业,依照本法规定,其所得税税率比本法施行前有所提高或者所享受的所得税减征、免征优惠待遇比本法施行前有所减少的,在批准的经营期限内,依照本法施行前法律和国务院有关规定执行,没有经营期限的,在国务院规定的期间,依照本法施行前法律和国务院有关规定执行。"此项规定显然亦属稳定性和连续性的保证,保障了外国投资者的既得利益。

5. 从法律上保证公平解决涉外投资争端

中国的《涉外经济合同法》第37、38条规定:发生合同争议时,当事人应当尽可能通过协商或者通过第三者调解解决。当事人不愿协商、调解的,或者协商、调解不成的,可以依据合同中的仲裁条款或者事后达成的书面仲裁协议,提交中国仲裁机构或者其他仲裁机构仲裁。当事人没有在合同中订立仲裁条款,事后又没有达成书面仲裁协议的,可以向人民法院起诉。《合资企业法实施条例》第109、110条以及《合作企业法》第26条也有相同的规定。

值得注意的是:这些法律赋予当事人自主选择的权利,可以事先或事后约定将争议提交中国境外的"其他仲裁机构仲裁",这就为消除某些外商对在中国司法解决或仲裁解决的某些担心或疑虑,提供了法律上的保证(尽管这些担心或疑虑是没有根据的和不必要的)。

(四)东道国给予外资法律保护的约束力问题

东道国通过国内立法对外国资本给予法律保护,它对东道国本身究竟具有多大、多强的约束力?换言之,这些国内立法对于外国投资究竟能有多大、多久的保护作用?

对于这个问题,历来有两种不同的见解。

1. 政权更迭可变说:一国政府通过国内立法给予境内外资法律保护,当然是它对外国投资者作出了道义上甚至法律上的保证。但是,其在道义上或法律上的约束力,毕竟只存在于特定的政府和政党执政期间。一旦政权更迭甚至政治理念变更,上述法律保证就可能随之变更,甚至荡然无存。这是合理的;或虽不合理,却是现实的。简言之,东道国给予外资的法律保护,存在着若干变数,因而从总体上说,它是不稳定的、不持久的。

2. 绝对"禁止反悔"说:东道国对于获准进入境内的外国资本,必须给予法律保护,并承担相应的法律责任。如果以单方行为发表政策声明或修改法律,侵害了外国投资者既得权益,则根据国际公认的"有约必守"原则(pacta sunt servanda)和"禁止反悔"原则(the principle of estoppel),应当追究东道国侵权行为的法律责任。即使发生政权更迭甚至国家继承,其后续政府或后继国家仍应继续承担法律责任。因此,东道国给予外资的法律保护,乃是稳定的、持久的。它对东道国具有绝对的、不可改变的约束力和强制力。

中国学者一般认为:对上述两种见解都不能加以抽象化和绝对化。鉴别、衡量和取舍的标准应当是:第一,东道国(主要是发展中国家)当初给予外资的法律保护,是基于国家主权的充分运用和自主决策,还是屈从于不平等条约、强权政治、经济霸权或军事压力,或蒙受诈欺而受骗上当? 第二,这种法律保护的内容,是合乎公平互利原则还是显失公平? 第三,是否出现了民商法或国际法上所公认的"情势根本变迁"(vital, essential or fundamental change of circumstances)的局面[①]?

根据上述标准,结合中国的现实国情(独立自主、经济发展、政局稳定、民族团结、社会进步)来衡量和判断,应当说,中国自 1979 年实行改革开放的基本国策以来通过国内立法给予境内外资的法律保护,是稳定、持久和相当可靠的。

二、中国吸收外资政策新近的重要发展及其相应的法律措施

在总结改革开放基本国策十七年工作经验的基础上,全国人民代表大会于 1996 年 3 月通过了《中华人民共和国国民经济和社会发展"九五"计划和 2010 年远景目标纲要》,这是今后十五年中国经济建设的行动纲领。它强调今后在发展经济中要努力实现两个具有全局意义的根本性转变,一是经济体制从传统的计划经济体制向社会主义市场经济体制转变;二是经济增长方式从粗放型向集约型转变。经济体制的转变既要坚持社会主义方向,又要遵循市场经济的一般规律。经济增长方式的转变要求改善生产要素配置,注意结构优化效益等。

在这种宏观背景下,中国吸收外资的政策和措施,一方面必须按市场经济一般规律的要求,进一步向国际上通行的做法(国际惯例)靠拢、接轨;另一方面,又

[①] 参见 1969 年《维也纳条约法公约》第 62 条;并参见陈安:《国际经济法总论》,法律出版社 1995 年版,第 198—211 页。

必须按照中国的现行产业政策引导外商直接投资方向,拓宽外商投资领域,优化外商投资结构和产业结构。为此,采取了一系列重大的法律措施。诸如:

(一) 逐步统一内外资企业政策

对外商投资企业逐步实行国际通行的、比较全面的国民待遇(包括在华外商的投资部门、税收优惠、审批条件和手续等诸多方面),使中国境内的外商投资企业与其他企业在市场经济的基础上实行公平竞争。

(二) 公布《外商投资产业指导目录》

1995年6月,国家计委、国家经贸委、外经贸部联合颁行《指导外商投资方向暂行规定》和《外商投资产业指导目录》。它将外商投资项目按其具体内容分为鼓励、允许、限制和禁止四大类。由国务院主管部门定期编制和适时修订公布。它们的颁行,改变了此前十几年有关立法零散无序、标准不一的状态,避免使外商无所适从或进入误区。其主要目的和效应在于:第一,增加中国经济发展各阶段产业政策的统一性和透明度,把外商引导到中国急需发展的产业上来,促使外商投资结构的优化,使外商投资与中国国民经济的发展和产业结构的调整更好地衔接。第二,缩小了外商投资原有的"禁区",拓宽了投资的部门和领域,有利于充分发挥和大力增强外商来华投资效益。从《指导目录》中可以看出:中国正在逐步扩大开放国内的投资市场。特别是扩大能源、交通等基础设施的对外开放,有步骤地开放金融、保险、商业、外贸等服务领域。第三,外商投资在中国"投其所好"的结果,也从客观上增强了对有关外资的法律保护的"安全系数"[1]。

(三) 做好外商投资特许权项目(BOT)等新投资方式的试点

国家计委于1995年8月间即已发出有关试办外商投资特许权项目审批管理问题的通知,并抓紧草拟有关的行政法规,即《外商投资特许权项目暂行规定》,经国务院批准后发布实施[2]。

(四) 大幅降低进口关税,取消进口关税的某些优惠

自1996年4月1日起,中国将进口关税的算术平均税率从原有的35.9%

---

[1] 参见《国家计委负责人答记者问》,载于《人民日报》(海外版)1995年7月1日。
[2] 参见《人民日报(海外版)》,载于1996年3月30日。

下调为23%,这次降低幅度达35.9%,超过了中国在国际上许诺的关税降低30%的幅度。与此同时,原则上取消了对外商投资企业进口自用生产设备和原材料的关税减免优惠。对于在1996年4月1日以前依法批准设立的外商投资企业,可根据其投资额度分别给予1—2年的宽限期,在宽限期内,可以继续享受减免关税和进口环节税的优惠。对于4月1日以后批准成立的外商投资企业在投资总额内进口的自用设备和原材料,海关一律按法定税率征收关税和进口环节税[①]。

在进口关税方面的这种改革,取消了对外商投资企业的特殊优惠,对内、外资企业一视同仁,在投资部门和领域方面逐步地、大幅度地拓宽外商投资企业的"用武之地",使它们享有的投资市场和机遇逐步接近于内资企业,这些措施标志着中国在吸收外资政策方面一个新的、重大的发展趋向:采取积极措施,对外资企业逐步实行国际通行的、比较全面的国民待遇。换言之,前面提到的各种"超国民待遇"和"次国民待遇"都逐渐消除或废止,从而向国际通行的"国民待遇"全面靠拢、接轨。

(五)实施新修订的《外汇管理条例》

自1996年4月1日起,实施该条例,这是促进和方便在华投资外商经营活动的又一重大举措,特别是其中有关"经常项目"外汇收支实行有条件可兑换的规定对于外商的合法既得权益提供了新的法律保障。这也是中国的外汇管理体制向国际市场经济通常做法靠拢、接轨迈出的一大步伐。

三、中国参加缔结的国际条约对在华外资的保护

中国参加缔结了一系列的双边协定和国际公约,对在华外资提供了国际法层次上的法律保护。

(一)双边协定给予的保护

1979年以来,迄1996年2月底为止,中国已与外国签订了73个"双边相互促进和保护投资协定"(Bilateral Agreement on Reciprocal Promotion and

---

[①] 参见《国务院发出通知:加快改革和调整进口税收政策》,载于《人民日报(海外版)》1995年12月29日。

Protection of Investments,以下简称"BIPA")。就欧洲国家而言,最早与中国签订此种双边协定的国家是瑞典(1982年3月),其后依次为罗马尼亚(1983年2月)、德国(1983年10月)、法国(1984年5月)、比利时和卢森堡(1984年6月)、芬兰(1984年9月)、挪威(1984年11月)、意大利(1985年1月)、丹麦(1985年4月)、荷兰(1985年6月)、英国(1986年5月)、瑞士(1986年11月)、波兰(1988年6月)、保加利亚(1989年6月)、匈牙利(1991年5月)、捷克(1991年12月)、葡萄牙(1992年2月)、西班牙(1992年2月)、希腊(1992年6月)、乌克兰(1992年10月)、摩尔多瓦(1992年11月)、白俄罗斯(1993年1月)、阿尔巴尼亚(1993年2月)、格鲁吉亚(1993年6月)、克罗地亚(1993年6月)、爱沙尼亚(1993年9月)、斯洛文尼亚(1993年9月)、立陶宛(1993年11月)、冰岛(1994年3月)、罗马尼亚(1994年7月,新协定)、南斯拉夫(1995年12月)等等。

这类双边协定所涉及的关键性要点是:

1. 从国际法上保证在华投资外商享有最惠国待遇和适度的法定国民待遇。

1982年中国与瑞典签订的BIPA第2条规定:缔约各方应始终保证公平合理地对待缔约另一方投资者的投资。缔约任何一方投资者在缔约另一方境内的投资所享受的待遇,不应低于第三国投资者的投资所享受的待遇。但缔约双方各自与第三国缔结有关关税同盟或自由贸易区协议之类所规定的特惠待遇,不在此限。

在中国与外国签订的几十个BIPA中,一般都以大同小异的文字设有上述条款。值得注意的是,在少数几个BIPA中,除上述最惠国待遇条款外,还设有给予在华投资外商适度的法定国民待遇的条款。例如,1986年5月订立的中英BIPA第3条第3款规定:"缔约任何一方应尽量根据其法律和法规的规定给予缔约另一方的国民或公司与其给予本国国民或公司相同的待遇。"

1988年中日BIPA第3条第2款关于国民待遇的规定又前进了一步,它删除了"尽量给予"之类的弹性字眼,明文要求:"缔约任何一方在其境内给予缔约另一方国民和公司就投资财产、收益及与投资有关的业务活动的待遇,不应低于给予该缔约一方国民和公司的待遇。"但是,中日协定后面附加的《议定书》第3条对该协定有关国民待遇的上述规定又作了如下的限制,即"缔约任何一方,根据其有关法律和法规,为了公共秩序、国家安全或国民经济的正常发展,在实际需要时,给予缔约另一方国民和公司的差别待遇,不应视为低于该缔约一方国民和公司所享受的待遇"。《议定书》的这一段文字,实质上是针对中日协定

第3条第2款上述正文的一种"但书"规定或"保留条款"。它与前述中英协定中关于"尽量给予"的弹性措辞相比较,可谓"殊途同归",其法律效应不分伯仲。

对于中英、中日上述双边协定中有关国民待遇规定的实际含义和效力范围,中国法学界的看法并不一致。有些学者认为:上述规定只分别适用于中英之间、中日之间的投资法律关系,不会影响到或不应扩大适用于中国对其他外国在华投资者的待遇。另一些学者则认为:在中国与其他国家签订的 BIPA 中,都订有最惠国待遇条款,按最惠国条款的公认含义及由此产生的"多边自动传导效应",则中英、中日双边协定中有关适度的法定国民待遇条款的效力,将自动扩大和普及于与中国签订了同类双边协定的其他一切国家的在华投资者。

从当前中国保护外资政策的现实发展势头来看,上述中英、中日 BIPA 中载明的适度法定国民待遇正在逐步实现;无论是它的实际内涵还是它的适用范围,都确实有日益扩大和普及于所有各国在华投资外商的明显倾向。例如:中国的国内商业的零售和批发、对外贸易以及服务等投资部门,原先长期不允许外商涉足。但自1992年初以来,对本来属于"禁止"之列的行业开始以下达"红头文件"的方式,试行"开禁"。至1995年6月,则进一步正式公布了《外商投资产业指导目录》这一行政法规,将许多以前属于禁止外商投资的部门和行业正式开放,允许甚至鼓励外商投资,或将完全禁止改为适当限制。而1995年9月中共中央提出《关于制定国民经济和社会发展"九五"计划和2010年远景目标的建议》以及1996年3月全国人大作出的相应决议,更将这种发展势头正式确定为今后十五年的努力方向,提出要"对外商投资企业逐步实行国民待遇","逐步统一内外资企业政策,实行国民待遇"。可以预期,随着社会主义市场经济体制在中国的进一步确立和中国经济的进一步发展,今后在华投资外商所享有的法定国民待遇的内涵和范围必将有更大幅度、更快速的拓宽,直至与当代各国通行的、更全面的国民待遇完全衔接。

2. 从国际法上严格限制征收外资

在中国与众多国家签订的 BIPA 中,无一例外地含有严格限制征收外资的条款。具体限制条件有三:必须是出于公共利益的需要;必须按照适度的法律程序;必须给予补偿。其基本文字与中国国内法的有关规定互相呼应,大体一致。

但是,就给予补偿的计算标准而言,则上述 BIPA 的措辞远比中国国内法的规定复杂、具体,而且各国的要求"宽严不一"。

1982年中国—瑞典 BIPA 第3条关于征收补偿的规定,可以分解为四点,即:(1)给予补偿的目的和程度,应使因征收受损的该外国投资者处于未被征收或国有化时相同的财政地位;(2)征收或国有化不应是歧视性的;(3)补偿不应无故迟延;(4)补偿应是可兑换的货币,并可在缔约国领土间自由转移。

这四点补偿规定开了先河,为此后相继签订的几十个中外BIPA所仿效和吸收。但若论上述第(1)点关于补偿程度的要求,则各自颇有发展和"翻新",显有宽严之分。诸如:有的要求东道国给予的补偿"应符合宣布征收前一刻被征收的投资的价值"(中德协定《议定书》第4条第3款),或"应相当于宣布征收时该投资的价值"(中意协定第4条第2款);有的要求"应相当于有关投资的实际价值"(中法协定《附件》第2条)等等。其中多数中外协定还规定补偿额应包括从采取国有化或征收措施之日到支付之日这段期间的"利息"(中芬协定第5条第2款),"按适当利率计算的利息"(中丹协定第4条第1款),"按正常利率计算的利息"(中英协定第5条第1款)等等。对补偿标准规定得最具体而又"别具一格"的,当推中澳协定第8条第2款。它要求:征收补偿应按征收措施"为公众所知前一刻的投资的市场价值为基础计算。若市场价值不易确定,补偿应根据公认的估价原则和公平的原则确定,应把投入的资本、折旧、已汇回资本、更新价值和其他有关因素考虑在内。补偿应包括从采取措施之日到支付之日按合理利率计算的利息"。

有的学者认为,中国与几十个国家分别签订的BIPA中针对征收补偿的上述规定,实际上已经完全接受了美国国务卿赫尔(Hull)在1938年提出的三项原则,即补偿应当是"充分"、"及时"和"有效"的(adequate, prompt and effective),只是具体措辞上略有不同而已。

这种观点是有待商榷的。因为按照在美国广为流行并被推崇为具有"权威性"的观点,所谓"充分"(adequate),指的是按"公平的市场价格"(fair market value)计算,而所谓"公平的市场价格",就应当把被征收企业作为"营业兴旺发达的企业"的全部价值(the "going concern" value of the enterprise),包括它在未来时日内所可能赚取的一切潜在利润和一切预期暴利全部计算在内(to calculate the present value of the future earnings of the enterprise)[①]。这种计算方法,几近于对贫弱的发展中国家进行敲诈勒索,无疑是彻底地剥夺了它们在社会公益急需时行使经济主权和征收外资的任何权利。如所周知,中美之间有关双边保护投资协定的谈判,自1982年起,断断续续,迄今已历时十几年却仍未达成协议、正式签订,其主要障碍之一,应在于美国始终坚持其所谓

[①] See Restatement of the law (Third), The Foreign Relations law of the United States, 3rd ed, 1987, vol. 2, pp. 198, 203, 208.

"adequate"标准并对它作出这样的解释。

显而易见,从前面引述的中外 BIPA 有关补偿标准的各种规定中可推导出以下结论:认为中国已经接受美国所鼓吹和坚持的"赫尔公式",这是没有根据的。

3. 从国际法上保证方便投资外商的本利汇兑

中瑞(典)、中德、中法以及随后中国与其他国家分别签订的 BIPA 中,无一例外地设有此类专门条款,要求投资项目所在的东道国保证投资外商可以依法自由地、不迟延地转移与投资有关的各种款项,包括资本和追加投资,利润、股息、提成费、技术援助费、技术服务费以及其他各种合法收益,资本还贷款项,投资清算款项,外籍雇员收入,等等。

4. 从国际法上保证外商母国保险机构的代位索赔权

1983 年的中德 BIPA 第 6 条规定:缔约一方(投资者母国)对在缔约另一方(接受投资的东道国)境内的某项投资作了担保(保险),并向其投资者支付了款项(理赔),则缔约另一方(东道国)承认,投资者的全部权利或请求权(索赔权)依法转让给了缔约一方(投资者母国),并承认后者对这些转让的权利或请求权的代位。如所周知,外国投资者与其本国保险机构签订的投资保险合同本属其国内民商法上的普通合同,由此产生的代位索赔权本身并不具备任何国际法上的效力。但是,通过双边国际协定上述条款的约定,这种代位索赔权就对投资项目所在的东道国产生了国际公法上的约束力。继中德协定之后,在中国与其他国家分别签订的几十个 BIPA 中,一般都含有此类条款。这表明:中国为了切实保障在华投资外商的合法权益,已经接受了国际法上的这种约束。

5. 从国际法上保证公正解决投资争端

这里所说的争端,主要是指投资外商与东道国政府之间产生的投资争端,包括因东道国征收外资而导致的赔偿问题等等。这类争端,无论按国际公法上公认的"属地管辖优先原则",还是按国际私法上公认的"最紧密联系原则",本来都应由东道国的行政、司法或仲裁机构予以解决或裁断。但是,为了有效地消除在华外商的某些顾虑和切实保障公正、公平地解决这些争端,中国已在与外国分别签订的几十个 BIPA 中,原则上同意可将上述争端提交国际仲裁。

仍以 1983 年 10 月签订的中德 BIPA 为例,其附件《议定书》第 4 条就明文作了此种规定。而在同日双方全权代表的外交换文公函中又共同确认:"缔约双方同意,在缔约双方都成为 1965 年 3 月 18 日在华盛顿签订的《解决国家与他国国民间投资争端公约》缔约国时,双方将举行谈判,就缔约一方的投资者和缔约另一方之间的何种争议如何按该公约的规定提请'解决投资争端国际中心'进行调解或仲裁,作出补充协议,并作为本协定的组成部分。"

1993年1月中国成为上述公约缔约国之后,在中国与外国签订的 BIPA 中已正式同意外国投资者可以选择将有关征收补偿款额的争议提交"解决投资争端国际中心"仲裁①。

(二) 国际公约给予的保护

1979年以来,中国参加缔结的有关保护外国投资的各种国际公约,可分为两类:一类国际公约是对投资外商的财产所有权、实体权加以国际法上的保护,另一类国际公约则是对投资外商的请求权(索赔权)、程序权加以国际法上的保护。

1. 参加了多项保护外商财产权的国际公约

中国先后签署和参加了《建立世界知识产权组织公约》(1980年)、《保护工业产权巴黎公约》(1984年)、《商标国际注册马德里协定》(1989年)、《关于集成电路知识产权保护公约》(1989年签署)、《保护文学和艺术作品伯尔尼公约》(即《国际版权保护公约》)(1992年)、《保护录音制品制作者防止未经许可复制其录音制品公约》(1993年)、《专利合作公约》(1993年)、《与贸易有关的知识产权协议》(1994年签署,GATT乌拉圭回合最后文件协议之一)等等,从总体上参与了对外商知识产权的国际保护,从而对在华投资外商所拥有的专利权、商标权、著作权等具体财产权益,都承担了国际法上的保护义务。这些公约的规定与中国国内法(《民法通则》、《专利法》、《商标法》、《著作权法》、《计算机软件保护条例》等)的规定互相呼应和互相配合,大大强化了对在华外商财产权益的法律保护。

2. 参加了多项保护外商请求权的国际公约

中国先后参加了1958年在纽约订立的《承认及执行外国仲裁裁决公约》(以下简称《1958年纽约公约》)、1965年在华盛顿订立的《解决国家与他国国民间投资争端公约》(以下简称《1965年华盛顿公约》)以及1985年在汉城订立的《多边投资担保机构公约》(以下简称《1985年汉城公约》)。中国参加这些公约,在享受某些权利的同时,主要是对于保护在华外商投资承担了新的国际法上的义务。兹分别简述如下:

(1) 1986年参加《1958年纽约公约》,接受了承认和执行外国仲裁裁决的义务

---

① 参见《中国—摩洛哥王国相互保护投资协定》第10条第2款。

对于缔约外国的仲裁机构作出的有利于外商的裁决,只要它符合公约规定的执行条件,纵使对中国一方的当事人相当不利,中国的管辖法院也有义务认真予以执行。为此,中国的最高人民法院专门在1987年4月10日向下属各级法院发出《关于执行我国加入的〈承认及执行外国仲裁裁决公约〉的通知》,要求一切有关人员"认真学习这一重要的国际公约,并且切实依照执行"。

(2) 1988年参加《1985年汉城公约》,接受了多边投资担保机构体制(以下简称"MIGA体制")

自20世纪50年代起,美国率先建立了海外投资保险制度,专为其在发展中国家的海外投资承保各种政治风险(又称非商业性风险),使海外美资尽量避免或减轻由于当地发生战争、内乱、国有化、征收、外汇禁兑、政府违约等政治风险事故所造成的损失。鉴于此制行之有效,其他发达国家纷纷效尤。其共同特点是:以国家为后盾,以发达国家的国内立法为依据,以与发展中国家缔结的双边投资协定为先行,由政府专门机构或国家指定的专业公司为本国海外投资者提供政治风险的保险或担保(insurance或guarantee,二者名称不同,内容一致)。诸如美国的"海外私人投资公司"(Overseas Private Investment Corporation,简称OPIC),德国的"信托股份公司"(Treuarbeit A. G.)和"黑姆斯信贷担保股份公司"(Herms Kreditversicherungs A. G.),日本政府通商产业省所属的出口保险部(Export Insurance Division, Ministry of International Trade and Industry)等,均属此类专业公司或专门机构。

美、日、德模式的海外投资保险体制在许多发达国家中相继建立以后,数十年来,在促进世界游资跨国流动和扩大国际经济合作方面发挥了积极的作用。但是随着时间的推移和世界经济的进一步发展,这类模式就逐渐显现出自身所固有的狭隘性和局限性,不能适应世界经济发展新形势的要求。换言之,由于各国政府专门机构直接主办或国家指定专业公司承办的此类投资保险业务往往有着这样那样的限制性要求,使得许多跨国投资无法获得担保。其中常见的障碍是:第一,各国官办的投资保险机构或公司既受本国政府的控制,又受本国法律的约束,还要受当局现实政治需要的消极影响。其典型事例之一是:美国政府自1989年下半年以来奉行"对华经济制裁"政策,美国官办的海外投资保险机构("海外私人投资公司")随即紧密地配合美国当局的政治需要,停止向美商对华的新投资提供保险,至今尚未"解禁"。第二,各国官办的投资保险机构或公司对于投保人或投保公司股东的国籍往往设有限制性规定,以致许多跨国设立的子公司往往四处"碰壁",投保无门;而且在不同国家的投资者共同参加同一项目投资的场合,就会产生"投保人不适格"的问题。第三,各国官办投资保险机构或公司的承保额一般都有上限,因此,当投资者申请投保大型项目时,就会因单一国家官办的投资保险机构或公司无法提供足额的保险而产生承保能力不足的问题。

于是,国际经济界和法律界的人们开始设想并进而设计出一种能够打破国家界限、在跨国投资保险方面进行国际协作的体制,借以摆脱上述狭隘性和局限性,从而更有效地促进世界资本的跨国流动。在世界银行的主持下,1985 年的《汉城公约》以及据此组建的"多边投资担保机构"(Multilateral Investment Guarantee Agency,简称"MIGA")终于"应运而生"。

MIGA 机制的诞生,是发展中国家与发达国家"南北矛盾"与"南北合作"的产物。截至 1995 年 6 月 30 日止,《汉城公约》和 MIGA 的正式成员国已经达到 128 个国家,其中 19 个为发达国家,109 个为发展中国家。此外,还有 24 个国家已签署本公约而有待完成缔约手续。

MIGA 机制不同于任何国家官办保险机制的突出特点是,前者对吸收外资的每一个发展中国家成员国同时赋予"双重身份":一方面,它是外资所在的东道国,另一方面,它同时又是 MIGA 的股东,从而部分地承担了外资风险承保人的责任。这种"双重身份"的法律后果是:一旦在东道国境内发生 MIGA 承保的风险事故,使有关外资遭受损失,则作为"侵权行为人"的东道国,不但在 MIGA 行使代位求偿权之后间接地向外国投资者提供了赔偿;而且作为 MIGA 的股东,它又必须在 MIGA 行使代位求偿权以前,即在 MIGA 对投保人理赔之际,就直接向投资者部分地提供赔偿。此外,它作为"侵权行为人"还要面临 MIGA 其他成员国(包括众多发展中国家)股东们国际性的责备和集体性的压力。可见,MIGA 机制在实践中加强了对东道国的约束力,对外资在东道国所可能遇到的各种非商业性风险起了多重的预防作用。

中国是 MIGA 的创始成员国之一,尽管财力有限,却认购了 MIGA 的大量股份(3 138 股),在全体成员国中居第 6 位。此举显见中国对这个全球性多边投资担保机构的重视和支持,也足证中国对于通过 MIGA 的保险机制从国际法上加强对在华外资实行法律保护的诚意。

(3) 1993 年参加《1965 年华盛顿公约》,接受了 ICSID 体制的约束

根据《1965 年华盛顿公约》而组建的"解决投资争端国际中心"(International Centre for Settlement of Investment Disputes,简称"ICSID"或"中心"),可以受理缔约国政府(东道国)与另一缔约国国民(外国投资者)直接因投资而引起的法律争端。

细读《华盛顿公约》的主要条款,不难看出:缔结该公约和设置"中心"的实

际宗旨,说到底,就是为了切实保障资本输出国(绝大部分是发达国家)海外投资家的利益。《华盛顿公约》明显地体现了发达国家的基本立场:尽可能把本来属于东道国(绝大部分是发展中国家)的对境内投资涉外行政讼争的管辖权转移给国际组织。可以说,《华盛顿公约》的签订,为外国的"民"以申诉人身份到东道国国境以外去指控东道国的"官"提供了"国际立法"上的根据。事实上,"中心"成立以来受理的投资争端案件中,除极个别案例外,东道国政府都是直接处在被诉人的地位,且这些东道国绝大部分为发展中国家。

尽管如此,许多发展中国家出于吸收外资的现实需要,在全面权衡利弊得失之后,原则上还是同意了对本国境内有关投资的涉外行政讼争的管辖权和法律适用权作出局部的自我限制,在一定范围内和一定条件下将本国政府与外国投资者之间的投资争端交由"中心"管辖。

自从 1966 年 10 月《华盛顿公约》正式生效、"中心"开始运作以来,一方面,这种体制在实践中出现了种种问题和不足;另一方面,它在解决国际投资争端方面,特别是在创设良好的国际投资气候以及促进国际经济互利合作方面,确实起到了一定的积极作用。近三十年来,随着国际社会各类成员之间经济上的互相依存关系的加深和加强,参加缔约的国家逐渐增加。截至 1995 年 10 月,《华盛顿公约》的正式缔约国已达 122 个,另有 12 个国家已经签署,尚待批准。

中国经过慎重考虑,1990 年 2 月 9 日签署了《华盛顿公约》,进而在 1993 年 1 月 7 日递交了批准文件,并通知"中心":中国仅考虑把由征收和国有化而产生的有关补偿的争议提交"中心"管辖。这表明了中国坚持并进一步扩大改革开放的决心。诚如世界银行副总裁、"中心"秘书长希哈塔先生(Ibrahim F. I. Shihata)在中国加入《华盛顿公约》的签字仪式上所说,"中国取得'中心'成员国资格将有助于中国进一步大力改善投资环境,吸引更多的外国投资"。

综上所述,可以看出:当前中国对在华外国投资(包括欧洲在华投资)的法律保护,是多层次、多方面和系列性的,并且已经基本上形成了比较周密的法律保护体系。它的具体内容和多种措施,都是立足于中国国情,又借鉴和移植了当代世界各国的通行做法,因而是与国际先进惯例基本一致的。可以预期,在今后 5—15 年中,随着社会主义市场经济体制在中国的进一步确立和发展,中国对外商在华投资的法律保护也必将按照市场经济一般规律的要求,通过国内立法和国际缔约这两个基本方面,进一步提高、加强、周密化和健全化,从而更全面地与先进的国际惯例互相衔接。

XI 外商在华投资中金融票据诈骗问题剖析*

——香港东方公司 v. 香港泰益公司案件述评

目 次

一、本案案情梗概

二、本案讼争主要问题剖析

    (一) 关于第 0163 号收款收据的真伪问题

    (二) 关于第 0168 号收款收据的真伪问题

    (三) 关于所谓 1985 年 9 月 15 日原告与被告的密约

    (四) 原告在其发表的一系列文件中对被告"赖账"金额的表述信口雌黄，自相矛盾

    (五) 原告曾书面和口头承认只付给被告 50 万港元

    (六) 关于原告骗取被告第 0163 号和第 0168 号收款收据的动机

    (七) 被告因原告诬告所遭受的损失及其索赔要求

附录 福建省高级人民法院民事判决书[(1986)闽法经民上字第 49 号]

一、本案案情梗概

港商邱××，以"香港东方进出口贸易公司"名义，于 1984 年 4 月 3 日与厦门 J 公司订立《合作改造经营绿岛饭店合同》，约定由厦门 J 公司提供绿岛饭店作为经营场所，由邱××投资港币 500—800 万元作为装修饭店、引进设备的资

---

* 本文根据 1986 年本案一审中被告一方律师的代理词以及 1988 年二审法院的终审判决书整理写成。

金,成立中、港合作企业"绿岛大酒楼"。1984 年 10 月 3 日,在邱××的推荐下,以"绿岛大酒楼"名义与香港泰益建筑装饰工程有限公司法定代表人简 Y 签订《绿岛大酒楼装饰工程合同》,约定:装修工程造价为港币 562.02 万;分期付款。工程款实际上均由邱××负责支付,作为邱××向上述中、港合作企业的投资。事后,邱××违约拖欠工程款,致使装修工程陷于停顿。邱××遂想方设法在香港两家银行虚开本票、涂改简 Y 开具的两张本票收款收据,然后以这些本票收款收据作为"凭证",制造"已经"交付工程欠款的假象,骗取中方合作者的信任,从而以这些实际上并未真正支付的工程款作为邱××已经实际投入"绿岛大酒楼"的出资;接着,又以"绿岛大酒楼"的名义,先后向中国银行厦门分行申请并获得贷款 50 万元人民币和 150 万元港币。

1985 年夏秋之间,邱××要求分享简 Y 从承包"绿岛大酒楼"装修工程中获得的利润,索取 50 万元,简 Y 坚决不同意。邱××遂以前述两张由简 Y 出具、邱××擅自涂改的本票收款收据作为"证据",于 1985 年 10 月 4 日向厦门市中级人民法院起诉,诬称简 Y 全盘吞没邱××为"绿岛大酒楼"装修工程支付的专款,却拒不认账,要求法院判决确认简 Y 已经取得装修工程专款港币 324.02 万元,并追究其不法行为,赔偿全部损失。同时,申请法院采取"诉讼保全"措施,获得批准,冻结了简 Y 本可提取的装修工程余款一百余万港币,并扣留了简 Y 的"三证"即身份证、回乡证和回港证,使简 Y 陷入进退两难绝境,公司濒临倒闭。简 Y 求助于兼职律师陈安、曾华群。经律师并配合法院,向香港当地开出上述涉讼本票的两家银行以及有关单位深入调查取证,收集到确凿证据。另一方面,又仔细研究邱××向法院呈交的伪造证据,逐一剖析其中存在的矛盾和漏洞,终于澄清了邱××弄虚作假、实施诈骗的事实,使真相大白。邱××于一审败诉后,不服上诉。福建省高级人民法院二审判决:驳回上诉,维持原判。在本案两审过程中,有某位省级领导人数度向法院经办人员打电话"了解进展情况",表示"关注",并提醒"要注意贯彻华侨政策"。律师根据确凿事实,依法据理力争,配合法院维护了司法公正。本文根据 1986 年本案一审中被告一方律师的代理词以及 1988 年二审法院的终审判决书整理写成。

二、本案讼争主要问题剖析

本案原告邱××于 1985 年 10 月 4 日以香港东方进出口贸易公司的名义

向厦门市中级人民法院提起诉讼,请求法院确认本案被告香港泰益装饰工程有限公司经理简Y提取港币324.02万元,作为原告向厦门"绿岛大酒楼"投入的出资资金和专为该酒店装修工程支付的专款;同时,请求法院追究被告的不法行为,责令其赔偿原告的损失。其理由有二:(一)原告于1984年10月8日至9日曾在香港向被告开具现金本票3张,合计港币162.02万元(含10月8日南洋商业银行本票D27-001932、D27-001933,每张本票的面额为港币50万元;10月9日香港中国银行旺角支行本票MK014185,面额为港币62.02万元),但因被告提出在香港用本票收款要多纳税港币25万元,同时还要4天以后才能收到款,因此不要本票要现金,于是原告旋即向被告支付价值相当于港币162.02万元现金的新加坡币30万元、美元8万元和黄金100两,有被告出具的第0163号收款收据为凭。(二)同年11月9日,原告支付现金港币162万元给被告,有被告出具的第0168号收款收据为凭。原告同时还向法院提出对被告采取"诉讼保全"措施的申请,法院接受原告申请后,一方面扣留简Y的"三证"(即身份证、回乡证和回港证),另一方面通知"绿岛大酒楼"暂时停止支付简Y的装修工程款。被告于1985年10月28日作出答辩,坚称自己根本没有收到原告的工程款港币324.02万元,原告所提供的本票复印件和本票收款收据的复印件均属弄虚作假,妄图诈骗钱财。因此,请求法院追究原告的违法责任,赔偿被告的经济损失和名誉损失。

本案原、被告双方讼争的焦点就在于上述本票和本票收款收据复印件究竟是真实的还是伪造的,抑或是亦真亦假、半真半假的。因此,必须逐一予以澄清。

(一)关于第0163号收款收据的真伪问题

经调查核实,第0163号收款收据不能作为原告已经付款和被告已经收款的凭据,应当根据下列事实予以否定:

1. 第0163号收款收据是指收取本票的收款收据。该收款收据上端和下端空白处附加有原告一方人员手写的三张本票的号码。据中国银行厦门分行向香港当地出票银行进行深入调查,已经证明原告根本没有真正开出上述本票。其具体经过是:原告曾于1984年10月8日到香港南洋商业银行先开出以"简Y"为抬头的本票第D27-001932号,金额为港币50万元;随即原告又以"简Y指定要写明公司抬头的本票"为由,要求银行取消原票,再开出以"泰益装饰公司"为抬头人的本票第D27-001933号,金额为港币50万元。其后不久,原告又再以"做不成生意"为由将本票金额回存入原账户,从而再次取消了该 D27-001933 号新开本票。10 月 9 日,上诉人到香港中国银行旺角支行以同样的方式先开了以"简 Y"为抬头人的本票第 MK014185 号,金额为港币 62.02 万元,而后又以"简 Y 指定要写明公司抬头的本票"为由,要求银行取消原票,另行开出以"泰益装饰公司"为抬头人的本票第 MK014186 号,金额为港币 50 万元。上述四张本票在银行开票当天出票后极短的时间内被原告复印,并由原告作为"已替厦门绿岛大酒店在香港支付装修工程款项"和"已向合作企业投资"的凭证,向中方出示,企图以此证明原告已依约向厦门合作企业履行了投资的义务,并以这几张本票和本票收据复印件骗取中方信任,先后两度申请并获得厦门有关银行同意给予人民币 50 万元和港币 150 万元的两笔巨额贷款。但是,事实上,上述第 D27-001932 号、第 D27-001933 号以及第 MK014185 号三张本票(合计港币 162.02 万)均已在当日作废;只有第 MK014186 号本票有效。这些事实已经确凿地证明:原告所称已经支付被告三张总金额合计 162.02 万元港币的本票,纯属子虚乌有、凭空捏造。从而也说明被告反复申明从未见到第 0163 号收款收据上下端空白处手写附加文字所列出的三张本票,完全属实。

2. 原告起初声称是以上述几张本票支付了装修工程款,其后,鉴于此种主张漏洞和破绽太多,难以自圆其说,于是在后来的庭审中又改口翻腔,说是开票之后又应被告简 Y 要求,以现金代替本票支付,于 1984 年 10 月 9 日开票当天改为付给被告 30 万元新加坡币、8 万元美金、100 两黄金,折合港币 162.02 万元。对于这一情节,原告邱××在庭审中提到当初在场的证人是其嫂龚××,然而其嫂叫别人代写的一份证明却说是 10 月 11 日(即 1984 年 10 月 9 日开出本票之后两天)看到原告从家中"运走一包一包首饰",与原告陈述的情节严重不符,亦即从家中"运走"的,是"一包一包首饰",并非原告所说的"100 两黄金,一块一两,共 100 块"。至于原告声称的对于这批货币和黄金的折算办法,一经认真查核,更是令人哑然失笑!查原告所称付款日期即 1984 年 10 月 9 日香港《华侨日报》刊载的香港金融行情情况表,当日新加坡币、美元和黄金(每两)与港币的比率分别是:1∶3.595、1∶7.805、1∶3184。按此比率折算,30 万元新加坡币、8 万元美金、100 两黄金分别折合港币 107.85 万元、62.44 万元、31.84 万元,三项合计港币 202.13 万元。这个数字,与原告折算的数字相比较,竟然超出港币 40.11 万元,从而再一次与原告陈述的上述情节,严重不符。原告混迹香港商场多年,历来爱财如命,锱铢必较,何以在 1984 年 10 月 9 日支付巨额美元、新加坡币和黄金用以折抵港币之际,竟会如此愚蠢,或如此"慷慨",不顾、不查当天香港金融折算的比率行情,白白地超额支付四十余万元港币给被告？十分明显，原告所谓以美元、新加坡币、黄金折抵港币之说，纯属信口开河，任意编造，根本不能采信！

3. 原告所称被告曾以"本票要等四天才能取到款，同时还要纳税港币25万元"为由，提出不要本票要现金。经查，被告1984年10月9日凭原告提供的本票 MK014186 号（即第0164号收款收据所针对的本票），就是当天到银行取到的款，既无需"等四天"，也不要"纳税"，因此，原告的这种说法也是胡编乱造。

4. 被告多次催促原告依约支付装修工程专款，原告推诿说是款在厦门难以调出，须被告预开本票收据，才能凭以向厦门有关方面索取装修款或向银行贷款。被告因不了解内地情况，对原告的说法半信半疑，故一方面按原告一再提出的要求，预开了第0163号收款收据，同时在该收款收据中注明"候收妥作实"，其本意是指出具该收款收据时，被告尚未收到该款项，因此该收据是没有最终约束力的，不料原告后来竟大胆妄为，擅自把附注的"候收妥作实"篡改为"已收妥作实"，又在发票的上下端添加文字，制造已经代付装修款作为对绿岛大酒楼投资的假象，先是用以骗取中方信任，骗取银行贷款，继又用以坑害被告，讹诈钱财，其居心和手段，都是十分卑劣的。

综上所述，原告实际上并未支付被告出具的第0163号收款收据所标明的款项。

（二）关于第0168号收款收据的真伪问题

原告声称在1984年11月9日将另一笔港币162万元现金付给被上诉人，但没有其他任何直接证据能证明原告确曾付出或被告确曾收到这笔现金的事实。原告唯一能提供分析的证据，是被告于11月9日出具的有关另一笔港币162万元的第0168号收款收据。但被告也提供了一份针锋相对、互相抵销的证据，即在同一天由原告签名出具的、标明162万元港币同样金额的一张借据，交由被告收存，用以交换被告出具的第0168号收款收据。当时双方即已明确约定：该收款收据是仅供原告对外向中方出示时使用的，该同等金额的借款借据则是专供原告与被告之间一旦内部结算时互相抵销之用的。如今原告竟单凭该收款收据转而向被告讹诈钱财，实在是被告始料所不及的。幸亏被告当初还略有防备戒心，同时向原告索得和收存了同等金额的借据。否则就真是"哑巴吃黄连"了。此外，还应当指出：在庭审中，原告曾一度企图抵赖，说是该借据上她的签字"可能"不是她的亲笔字。但经厦门法院送交厦门公安局鉴定，已经确认：该借据中的"邱××"三字，确系原告亲笔所写。

(三) 关于所谓 1985 年 9 月 15 日原告与被告的密约

这是原告伪造的许多"证据"中最为拙劣的一份,也是其代表作(附件三)。

凭此假证据,原告编造了被告与她密约承认欠她五百多万港元并签字的一段离奇故事。但由于通篇编排结构凌乱、字体太小悬殊,不难看出这是利用原告手中的一张经被告签名的收款白条,由原告塞入大量私货的假证据。经仔细辨认和分析,这张经被告签名的白条原有文字内容应是:"1984 年 9／2 号泰益装修公司支往厦师文费共 12 000 港币现金正,1984 年 9 月 2 号邱××手付给简 Y。东方进出口贸易公司,简 Y（签字）。"其他内容都是原告事后添加的。

(四) 原告在其发表的一系列文件中对被告"赖账"金额的表述信口雌黄,自相矛盾

仅举以下几例:

1. 1985 年 5 月 23 日起草,同年 6 月 28 日发出的《对绿岛大酒楼更改新合同的几点声明》：162 万港元;
2. 1985 年 6 月 27 日《通告》：44 万人民币;
3. 1985 年 7 月 4 日《给绿岛大酒楼董事会的一封公开信》：162 万港元;
4. 1985 年 7 月 5 日《关于付款给简 Y 的经过情况》：324.02 万港元;
5. 1985 年 7 月 10 日《绿岛大酒楼改造前后过程的回顾》：162 万港元;
6. 1985 年 10 月 4 日《起诉书》：324.02 万港元。

从以上白纸黑字中,足见原告出尔反尔,信口雌黄。如果真有付款其事,一是一,二是二,就不会如此颠三倒四。

在 1986 年 1 月 24 日法庭调查中,原告甚至声称除了 324.02 万港元之外,被告还欠她一百多万港元、100 两黄金。如此毫无根据地加码,爱财心之切,胃口之大,令人叹为观止。

(五) 原告曾书面和口头承认只付给被告 50 万港元

1985 年 3 月 3 日,被告接厦门商业局通知,来厦落实有关装修工程和款项事宜。当晚 12 时左右,原告赶到被告住的鹭江宾馆房间,送来亲笔签署的一张有关装修工程款项清单,其中写明"经过简 Y 经手实际本票 50 万",并要求被告对中方不要讲什么,一切由她安排。原告的用意是先在原、被告双方之间分清责任,稳住被告,不让被告向中方讲出实情,以避免在三方会谈中露出马脚。

1985年3月5日在虞朝巷原绿岛饭店会议室召开的绿岛大酒楼董事会会议上,原告在被告未到会的情况下,一再声称已付给被告三百七十多万港元,但在被告到会之后,曾四次承认被告只收到50万港元(详见绿岛大酒楼董事会1985年3月5日记录)。

(六) 关于原告骗取被告第0163号和第0168号收款收据的动机

原告于1984年4月3日与厦门J公司、厦门K公司签订合作改造经营绿岛饭店合同之后,并不依约投资,而是挖空心思骗取了被告的第0163号和第0168号两张收款收据,并要求中方认账,然后,以"投资超出预算"为名要求中方贷款,以便用中方所贷的款项支付被告并上下其手,从中牟利。这就是原告"无本"投资和攫取利润的如意算盘。

由于被告只在1984年10月9日收到原告支付的50万港元,无法全面如期开工,致使绿岛装修工程中途搁浅,原告一方面推卸工程延误的责任,写了1984年11月2日致简Y函(原告这封信是写给中方看的,直至1985年3月3日才由原告亲手交给被告。此函是邱××笔迹),捏造了被告提出"土建工程必须推迟三个月的要求"(详见附件四);另一方面,原告不择手段地向中方施加压力,逼迫中方贷款:

1. 1984年12月10日,原告致简Y函中以绿岛"破烂不堪,连牙签也无"为理由要求被告配合,不要上工,企图要挟中方贷款300万港元;

2. 1984年12月间,原告伪造了简Y致邱××函,冒称"现已收到东方进出口贸易公司付出装修绿岛大酒楼的金额十一次,合计叁佰柒拾肆万港币左右","若要赶在春节之前完工开业,需再付壹佰伍拾万港币,请于元月中旬以前付清"(附件五);

3. 1984年12月间,原告亲笔伪造简Y致绿岛酒楼邱××女士函,称"想赶春节前开业,必须在本月28号再付我公司150万;以及1985年1月5号左右又付我150万港币"(附件六)。

由上可见,原告骗取被告第0163号和第0168号收据起先是为了欺骗中方,作为向中方骗取贷款的"本钱",只是在无法达此目的的情况下,才掉转矛头针对被告。原、被告间所谓付款纠纷的表面化开始于1985年3月。1985年6月至7月间,原告通过发表一系列文件,向被告发起了凌厉的心理攻势。与此同时,还同被告多次谈判。在1986年1月26日法庭调查中,证人杨国良说,原告方曾表示:如果被告付给原告工程费50万、其他费用20万,原告可能接受而不再告状。这从另一个侧面证实了被告并没有收到第0163号和第0168号两张收据所列的款项。

事实证明,原告骗取被告第 0163 号和第 0168 号两张收据只是其假投资、真诈骗这幕丑剧的序幕。

(七) 被告因原告诬告所遭受的损失及其索赔要求

因原告诬告,导致被告"三证"被扣,无法及时回港进行正当营业,造成严重的经济损失,此外,被告精神痛苦,寝食不安,身心遭受严重摧残,其在香港商界的信誉亦受到严重损害。因此,被告要求:

1. 赔偿经济损失,并支付个人健康受害和名誉受损的赔偿金;
2. 立即发还被告因原告诬告而被扣留的"三证";
3. 立即按《中华人民共和国民事诉讼法》第 92 条及第 93 条第 2 款的规定采取诉讼保全措施,扣留原告的"三证",并冻结原告在厦门和在中国内地其他地方的财产。

至于本案原告伪造有价证券、诈骗钱财及诬告陷害等行为,业已触犯《中华人民共和国刑法》第 123 条及第 138 条[①],构成犯罪,被告将根据以上事实,衡之于中国有关的法律和法规,请求向法院提起刑事诉讼,要求对原告依法惩办,给予应得的刑事制裁,以维护中国法律的尊严和人民的合法权益。

1986 年 1 月 26 日

附录

福建省高级人民法院民事判决书[(1986)闽法经民上字第 49 号]

上诉人(原审原告):香港东方进出口贸易公司。地址:(略)
法定代表人:邱××,香港东方进出口贸易公司总经理。
委托代理人:(略)
被上诉人(原审被告):香港泰益建筑装饰工程有限公司。地址:(略)
法定代表人:简 Y,香港泰益建筑装饰工程有限公司经理。
委托代理人:(略)

---

① 按:这是 1987 年当时有效的《刑法》条文序号,其内容分别相当于 1997 年修订的现行《刑法》第 177 条、193 条、243 条。

上诉人香港东方进出口贸易公司因厦门绿岛大酒楼装饰工程款纠纷一案，不服厦门市中级人民法院(1985)厦中法经民字第44号民事判决，向本院提起上诉。

本院依法组成合议庭，公开审理了本案。现已审理终结，查明：一九八四年四月三日，以厦门J公司、厦门K公司为甲方，香港东方进出口贸易公司为乙方(投资方)在厦门签订了关于合作改造经营绿岛饭店合同。同年五月五日，该合同经厦门经济特区管理委员会批准，成立合作企业绿岛大酒楼。一九八四年十月三日，绿岛大酒楼与香港泰益建筑装饰工程有限公司签订绿岛大酒楼装饰工程合同。该合同规定的装饰工程造价为港币五百六十二万零二百元。后因工程延期，绿岛大酒楼在追究延误责任时，发现上诉人与被上诉人之间的经济纠纷：被上诉人说因尚未收到应支付的工程款项而无法动工；上诉人说已在香港支付给被上诉人港币三百二十四万零二百元的工程款。双方纠纷经调解无结果，遂提起诉讼。上诉人以第0163号和0168号收款收据为凭，请求法院确认被上诉人已提取港币三百二十四万零二百元工程款。

原审法院审理认为，上诉人诉讼请求证据不足，不予确认，并判决上诉人偿付被上诉人的直接经济损失港币二万九千元。判决后，上诉人不服，认为原审法院认定事实不清，判决不公。被上诉人辩称，上诉人的行为纯属欺诈，要求对其依法处理。本院再次查明：一九八四年十月八日、九日，上诉人在香港南洋商业银行、香港中国银行旺角支行分别开出第D27-001932、第D27-001933号和第MK014185号三张本票之后，又以"做不成生意"为由，将上述本票作废。同年十月八日，上诉人以支付装饰绿岛大酒楼工程款为名，取得被上诉人的第0163号收据，该收据上注明为支付上述三张本票金额为港币一百六十二万零二百元的凭据；一九八四年十一月九日，上诉人取得被上诉人金额为港币一百六十二万元的第0168号收据，同时被上诉人也从上诉人处取得同样金额的借据一张。

本庭合议并经本院审判委员会讨论认为：本案系支付绿岛大酒楼工程款债务纠纷。原审认定"经董事会认可，工程款可由原告方在香港向被告方支付"一节，查无实据，不予认定。上诉人以第0163号、第0168号收款收据为依据诉被上诉人负有港币三百二十四万零二百元债务，但第0163号收据无效；第0168号收据的金额与借据的金额相等，且上诉人无其他证据证明其债权。原审判决基本事实清楚，适用法律正确，根据《中华人民共和国民事诉讼法(试行)》第一百五十一条第一款第一项之规定，判决如下：

驳回上诉,维持原判。
本案诉讼费港币一万元,由上诉人负担。原审诉讼费按原审判决收取。
本判决为终审判决。

审判长、审判员、书记员（略）
福建省高级人民法院
（盖章）
一九八七年十一月十五日

XII 外商在华投资中的担保与反担保问题剖析[*]

——香港上海汇丰银行有限公司 v. 厦门建设发展公司案件述评

内容提要 在香港上海汇丰银行(原告)诉厦门建设发展公司(被告)一案中,原告曾经作为中间人,积极引荐美国恩特肯公司,并大力撮合了厦门瓷器厂、厦门建筑发展公司与美国恩特肯公司三方签订中外合资经营合同。应中方咨询,原告曾经专为恩特肯公司出具了资信证明,评价过高,虚假失实,从而误导了中方。同时,原告又自荐由其一家子公司向上述中外合资公司提供贷款,再通过"担保"与"反担保",将全部风险转移给被告,原告自己牟取了巨额利润。合营公司成立后,中方发现外商恩特肯公司及其总裁是唯利是图、欺诈成性、肆意违约的不法商人,致使合营公司负债累累,濒临崩溃。原告在此种情况下,不但不肯承担任何责任,反而步步紧逼,向中方主张债权人和"被反担保人"的权利。笔者当时受聘担任中方被告的代理律师,在诉讼中据理力争,针锋相对,揭露英商原告的欺骗行为,迫使英商原告作出退让,从而为中方挽回了或减轻了595.14万美元的巨额损失。

目　次

一、本案案情梗概
二、厦门建发公司答辩状
　　(一) 甲案
　　(二) 乙案

---

[*] 本文依据 1993 年本案第二被告厦门建发公司的代理律师《代理词》等文档整理写成。

（三）丙案

（四）责任分析

三、本案讼争主要问题剖析

（一）关于原告汇丰银行的欺诈行为问题

（二）本案的"反担保书"等依法应属无效

（三）关于造成"反担保书"等无效的责任分析

（四）建发公司的请求

（五）附件

附录　汇丰银行厦门代表处就外商资信提供中文证明篡改英文原意的具体情况

四、本案中方代理律师致香港汇丰银行中国业务部总经理罗素先生函

一、本案案情梗概

1984年7月，经香港上海汇丰银行有限公司（简称"汇丰银行"）厦门代表处积极引荐和撮合，由厦门瓷器厂（简称"厦门瓷厂"）、厦门经济特区建设发展公司（简称"建发公司"）以及美国恩特肯工程有限公司（简称"恩特肯公司"）三方签订了中外合资经营企业合同，组建了"中华瓷器有限公司"（简称"中瓷公司"），三方出资比例为40%：20%：40%。在此之前，汇丰银行驻厦门代表处应中方咨询，专为恩特肯公司出具了资信证明，评价很高，使中方对恩特肯公司的资信、能力深信不疑。与此同时，经恩特肯公司和汇丰银行的预先筹划，作了如下安排：(1) 新成立的中外合资"中瓷公司"与汇丰银行的一家英国子公司"获多利财务有限公司"（其后改称"米特兰公司"）于1984年12月14日签订《买方信贷协议》，由前者以高利向后者贷得巨款1 500万英镑，用以从英国购买和进口生产瓷器的先进设备。(2) 同时，由汇丰银行向其子公司米特兰公司出具《担保书》，保证中瓷公司依约如期还清贷款本息；中瓷公司向汇丰银行交付"担保费"（即办理担保手续和承担担保责任的酬金）。(3) 同时，由建发公司向汇丰银行免费出具《反担保书》，保证对汇丰银行为履行其《担保书》而支出的一切费用承担赔偿责任。对以上安排，中瓷公司的两家中方股东缺乏深入了解和研究，按照当时厦门市某位领导的"指示"，贸然全盘接受，照办不误。此后，由于进口"先进设备"的需要和按时还贷困难，又基本上按上述安排的"三部曲"模式，在1985年至1989年间相继由各方当事人分别签订了数项新的《贷款协

议》,出具了相应的《担保书》和《反担保书》。就中方而言,后期的几笔新借款实质上是"借债还债",即向老债主借新债还旧债,债台愈筑愈高,共贷入 2 512.68 万英镑;就汇丰银行及其子公司而言,则是本利"驴打滚",愈"滚"愈多!

中美合资的中瓷公司正式营业后,事实很快证明:汇丰银行所积极引荐的恩特肯公司及其总裁沙尔哥原来是唯利是图、肆意违约的不法外商。按照 1984 年 7 月签订的合资经营合同,中瓷公司需从国外进口的生产设备必须具有国际第一流质量,且需经合资双方共同考察和统一选型后购买;恩特肯公司方面应当向中瓷公司提供欧美的先进技术和工艺诀窍,提供合格的外籍技术专家和管理人员,对中瓷公司主要人员实行技术培训,并负责将中瓷公司产品全部出口外销。但是,在合同履行过程中,担任中瓷公司总经理的美商沙尔哥全面背离和背弃了上述规定,严重违约,并且利用中瓷公司管理制度不健全、进口商品检验制度不严格的各种漏洞,一手包揽进口设备采购,并从中牟取暴利。由于进口设备时以劣充好、以少报多,生产中以外行充内行,造成合营产品成本太高,质量低劣,大量积压;在出口销售中,又大幅度"杀价",或以高报低,致使中瓷公司亏损累累,债务日益加重,导致合资公司内部矛盾重重、争端频频,并使中瓷公司逐渐陷入资不抵债、濒临崩溃的境地。接着,恩特肯公司总裁沙尔哥又下令从 1989 年 2 月起分批撤走其驻中瓷公司的全部人员,使中瓷公司的生产几乎陷于瘫痪。

在中瓷公司已经陷入此种危境的情况下,汇丰银行及其子公司却不断逼债。中瓷公司作为还贷债务人,建发公司作为还贷担保人,鉴于汇丰银行在引荐美商恩特肯公司和造成中瓷公司危境方面负有不可推卸的责任,曾经多次商请债权人汇丰银行及其子公司进行债务重组,酌情减免,但香港汇丰银行中国业务部总经理罗素先生始终坚持本利相滚,寸步不让,而且步步进逼:不但利用中国地方官员考虑自身"政绩"评估所产生的心态弱点,扬言要"向国务院中央领导反映"厦门市纵容国企"赖债",不断施加"精神压力",而且在 1992 年 8 月 7 日向福建省高级人民法院正式起诉,把厦门瓷器厂和建发公司推上了被告席。福建省高院鉴于本案涉讼金额巨大,且案情复杂,影响颇大,同意以省高院作为第一审法院受理。此时,建发公司不但面对省人民法院的正式传讯,而且面临市里某领导的"压力",嘱咐对汇丰银行的无情逼债"不要硬顶","不要图一时痛快",以免事态扩大,惊动中央。建发公司遂委托兼职律师陈安教授代理应诉事务。代理律师经仔细研究大量中、英文资料,发现当初汇丰银行厦门代表处杨××先生极力引荐美商恩特肯公司和出具的资信证明资料中,显然利用中方人员不懂英文和草率轻信的失误,任意拔高和夸大美商资信,弄虚作假,对中方实行误导,诱使中方受骗上当;而且,建发公司在"上级指示"下所出具的"反担保书",其内容直接违反了中国有关法规的禁止规定,属于依法"自始无效"之列,根本没有法律约束力。于是,中方代理律师一方面在诉讼中列举事实和证据,依法据理力争,另一方面又针对对方施加的"精神压力",以其人之道还治其人之身,致函香港汇丰银行中国业务部总经理,严正要求其追究汇丰银行厦门代表处杨××先生在提供外商资信证明资料中的弄虚作假行为及其造成的后果,并由汇丰银行自身承担应有的法律责任和经济责任。否则,将向汇丰银行伦敦总部"反映"其姑息、袒护和包庇行为。通过激烈庭辩和庭外谈判努力,终于迫使原告汇丰银行从原先的"寸步不让"转变为作出较大让步,在福建省高院主持下由原、被告三方达成和解协议,其主要内容是:据核算,截至1993年12月31日止,中瓷公司积欠汇丰银行债款本息总额本来已达3 314.71万美元,经过重新调整,汇丰银行同意免除中方债务595.14万美元,免除额约占债务总额的18%。其余债款,由建发公司负责在十二年内分期还清;同时,以建发公司取得的中瓷公司厂房原用地80%的使用权和开发收益,作为还清欠款的抵押和保证。根据双方达成的和解协议,福建省高院于1993年12月24日作出"(1992)闽经初字第02号"《民事调解书》,正式结案。至于中瓷公司内部恩特肯公司与中方股东之间债权债务的清算问题,则至今悬而未决。综观本案全局,中方被告公司在草率引资、受骗吃大亏之后,经过针锋相对,奋力抗争,虽然挽回了或减轻了巨额损失,但仍使有关国企元气大伤,长期受累。这对于引资不慎导致严重损失的中方国企以及未能严格依法施政的地方领导人而言,教训至深,有待进一步认真总结,避免重蹈覆辙。

以下收辑的是本案第二被告建发公司的《答辩状》、代理律师的《代理词》及其三项重要附件、代理律师《致香港汇丰银行中国业务部总经理罗素先生函》。

二、厦门建发公司答辩状

香港上海汇丰银行有限公司诉中华瓷器有限公司、厦门经济特区建设发展公司违反贷款协议和还贷保证书案
福建省高级人民法院经济审判庭:

贵院(1992)经初字第02号"应诉通知书"收悉。

兹就香港上海汇丰银行有限公司(以下简称"汇丰银行")诉中华瓷器有限公司(以下简称"中瓷公司")、厦门经济特区建设发展公司(以下简称"建发公

司")"违反贷款协议、保证书"一案,代表建发公司,提出答辩。

事实和理由:

(一) 甲案

1. 中瓷公司向汇丰银行借款的缘由

中瓷公司是 1984 年组建的一家中外合资经营公司,中方股东分别为原厦门瓷器厂(占注册资本 40%)、厦门建发公司(占注册资本 20%),外商股东为美国恩特肯工程有限公司(占注册资本 40%。以下简称"恩特肯公司",其法定代表人为该公司的总裁沙尔哥 E. T. Salgo)。

1984 年 2 月,恩特肯公司总裁沙尔哥首次来厦洽谈引进项目和组建合资公司(即后来的中瓷公司)。当时据他自称:早在来华之前,他已与汇丰银行就项目贷款事宜预先作了"安排"。"从谈判的第一天(起),沙尔哥就交代说,将来项目谈成,我们合资公司所需的贷款就靠他们汇丰银行提供。"

当时,作为拟议中的中瓷合资公司的中方出资人,厦门瓷厂以及建发公司对于外方出资人美国恩特肯公司的资信情况毫无所知。为慎重计,要求汇丰银行提供有关恩特肯公司的资信证明。汇丰银行厦门代表处负责人杨××先生旋即"免费"出具了两份盖有该代表处公章的资信证明文件,证明该外商"没有任何负债","账户的处理是十分之令人满意";"平常业务往来是可信任的"(见附件一、二)。鉴于汇丰银行是国际上知名的银行,厦门瓷厂和建发公司认为汇丰银行厦门代表处盖上公章出具的资信证明是具有权威性的,完全信以为真,遂决心与恩特肯公司实行合资经营。

在本合资项目谈判逐渐明朗化之际,中国银行厦门分行有关人员主动表示愿为本项目提供一切贷款。汇丰银行驻厦门代表杨××得悉这笔巨额贷款业务中出现了强大竞争对手,深感不安和不满。他一再强调:这个项目的客户(即恩特肯公司及其总裁沙尔哥)是汇丰银行牵头引进的,如今中国银行也想介入,"汇丰银行绝不放手"。他甚至公开扬言:如此项巨额外汇贷款业务竟落入中国银行之手,则汇丰银行不惜将驻厦代表处撤销,迁往其他地方。当时的厦门市主要领导人在汇丰银行驻厦代表杨××的"压力"和"要挟"下,便决定将此项高达 1 500 万英镑(后来增加为 1 800 万英镑)的巨额外汇贷款业务交由汇丰银行下属的一家公司即"获多利公司"承接、赢利。其贷款年利率竟比当时中国银行以及一般国际银行的外汇贷款的年利率高出一成多。在成交过程中,由汇丰银行向"获多利公司"提供"还贷担保";同时,应汇丰银行要求,由建发公司向汇丰银行提供"还贷反担保"。

由上可见：汇丰银行及其驻厦门代表处在促使中瓷合资项目向汇丰银行子公司借贷巨款的过程中，表现出极大的积极主动和异乎寻常的高度热情。它们不仅是中瓷合资企业外商的引进者、介绍人和资信证明人，而且是上述合资谈判和签约的撮合人、协调人和见证人，同时又是中瓷公司向汇丰银行借贷巨款的极力促成者。

2. 建发公司出具担保书后发现受骗上当的经过

建发公司当时认为汇丰银行在国际上享有很高商誉，由汇丰银行积极引进并由其驻厦代表杨××先生一再赞扬吹捧的外商恩特肯公司及其总裁沙尔哥谅必是诚实可靠的；特别是对于汇丰银行驻厦代表处盖上公章郑重出具的极力肯定该外商资信的正式证明文件，更是深信不疑。既然汇丰银行认为"十分之令人满意"的和"可信任"的恩特肯公司及其总裁沙尔哥已在中瓷公司的合资合同中承担了提供第一流先进技术及技术专家、负责全部产品出口外销等义务，中瓷公司谅必"前途无量"，因此，当汇丰银行要求建发公司为中瓷公司所借外债向汇丰银行提供"反担保书"时，建发公司无条件地满足了汇丰银行的要求。

但事实很快证明：汇丰银行所积极引进和大力吹捧的恩特肯公司及其总裁沙尔哥原来是唯利是图、欺诈成性、肆意违约的外商。按照1984年7月签订的《中外合资中华瓷器有限公司合同书》（以下简称《合同书》），中瓷公司需从国外进口的生产设备必须具有国际第一流质量，且需经合资双方共同考察和统一选型后购买；恩特肯公司方面应当向中瓷公司提供欧美先进技术和工艺诀窍；提供合格的外籍技术专家和管理人员；对中瓷公司主要人员实行技术培训，并负责将中瓷公司产品全部出口外销（见附件三：《合同书》第17、20、21、23、25条）。但是，在合同履行过程中，沙尔哥全面背离和背弃了上述规定，严重违约，并且利用中瓷公司管理制度不健全、进口商品检验制度不严格的各种漏洞，一手包揽进口设备采购，并从中牟取暴利，之后，于1989年2月起撤走其驻中瓷公司的全部人员，使中瓷公司生产几乎陷于瘫痪。据初步估算，沙尔哥的以上这些违约行为，造成中瓷公司严重经济损失高达3 257万余元人民币（参见附件四、五、六）。

沙尔哥的严重违约和汇丰银行的无情"逼债"，迫使作为中瓷公司股东和中瓷公司外债担保人的建发公司对这两个关键问题进行认真的回顾和必要的反思：(1) 沙尔哥究竟是如何骗取了厦门瓷器厂和建发公司的信任的？(2) 汇丰银行及其驻厦代表处在沙尔哥骗取中方信任过程中，究竟起了什么作用？

经过认真查证，我们终于发现：汇丰银行厦门代表处盖公章出具的上述正式资信证明与我们所掌握的原始英文资料严重不符。凡是英文原始资料中不利于该外商的文字，上述资信证明均任意篡改和删除，凡是有利于该外商但英文原始资料中并无踪影的文字,上述资信证明却任意杜撰和添加。正是通过这种"化有为无"和"无中生有"的手法,汇丰银行成十倍地夸大了该外商的银行账户结余金额和注册资本金额,大大地拔高了该外商的资信,弄虚作假,对中方实行误导,诱使中方受骗上当。就建发公司而言,则处在双重受骗和双重受害的境地:既受骗同意与该外商合资经营,导致亏损累累,损失严重;又受骗同意向汇丰银行提供前述"反担保",导致巨债缠身,难以自拔。

更有甚者,通过全面回顾和全程观察,不难发现:在形成上述巨额外债的全过程中,存在着一个环环相扣的"<u>连环套</u>";其中的每一个环节,都离不开汇丰银行及其驻厦代表处的精心设计、巧妙安排和全力贯彻:

● 由汇丰银行积极引进和极力推荐沙尔哥及其公司,甚至胆敢出具内容虚假的资信证明;

● 由汇丰银行极力怂恿和撮合中方公司与沙尔哥的公司组建合资经营的中瓷公司;

● 由汇丰银行极力把向中瓷公司发放巨额高利贷的"肥差"争夺到手,并把它转授给汇丰银行的全资子公司即获多利公司;

● 由汇丰银行向自己的子公司即获多利公司提供上述巨额高利贷的还款"担保",并"顺便"向中瓷公司索取了一笔高达10.3万美元的"担保费";

● 由汇丰银行要求建发公司就上述巨额高利贷向汇丰银行提供还贷的"反担保",在不支付分文"反担保费"的条件下,就如愿以偿,从而把偿还巨额高利贷的重担轻而易举地<u>转嫁</u>到建发公司身上了。

据我们所知,像这样的"连环套",在国际信贷业务中,是很不正常、很不正当和十分罕见的。它的形成,充分表明汇丰银行及其驻厦代表处与外商沙尔哥之间存在某种串通和共谋,他们充分利用当时厦门市有关中方人员缺少必要经验和缺乏应有知识的弱点,对中方实行误导和诱骗,通过坑害中方,特别是坑害建发公司,为他们各自牟取暴利。

3. 建发公司出具的两份"反担保书"依法自始无效

《中华人民共和国涉外经济合同法》(以下简称《涉外经济合同法》)第10条明文规定:"采取欺诈或者胁迫手段订立的合同无效。"对照本案以上事实,我们认为:汇丰银行以虚报外商资信等欺骗手段诱使建发公司同意达成"反担保"协议并在1984年12月22日和1985年12月11日先后相继出具的两份还贷"反担保书",应属自始无效,因而对建发公司不具备法律约束力。

不但如此,上述两份"反担保书"还因其内容直接违反中国有关特别法规的禁止规定,应属自始无效。

1981年3月开始施行的《中华人民共和国外汇管理暂行条例》(以下简称《外汇管理暂行条例》)第3条规定,中国对外汇实行由国家集中管理、统一经营的方针。统一经营外汇业务的专业银行是中国银行。非经国家外汇管理总局批准,其他任何金融机构都不得经营外汇业务,更不必说其他任何非金融机构了。建发公司从来就不是一家金融机构,也从未获得国家外汇管理总局的批准或授权,显然根本无权从事任何外汇反担保业务,根本无权向外国金融机构提供上述相当于数千万美元巨额外汇债务的还贷"反担保书"。换言之,建发公司在1984年和1985年向汇丰银行出具的两份巨额外债还贷"反担保书",无论在实质内容上抑或在审批程序上,都严重违反了上述特别法规的禁止规定,不能发生任何法律效力,是不言而喻的。

(二) 乙案

1989年7月间,汇丰银行向中瓷公司提供765万英镑新贷款,供中瓷公司偿还所欠英国出口信贷保证局的债款。应汇丰银行要求,建发公司于1989年9月29日为中瓷公司上述新借款向汇丰银行出具了还款担保书。

这份担保书的内容直接违反中国人民银行1987年2月20日颁行的《境内机构提供外汇担保的暂行管理办法》(以下简称《暂行管理办法》)中的禁止规定,因此在法律上是自始无效的。

根据《暂行管理办法》第1条和第4条的规定,中国境内的非金融机构对外提供外汇担保的总额,不得超过其自有的外汇资金。按国家外汇管理局所作的解释:"非金融机构的自有外汇资金,是指上级部门拨给企业可以自主营运的外汇资金或企业经营所分得的外汇。自有外汇资金数额以签订担保合同时为基准。"对照本案事实:在汇丰银行与建发公司达成担保协议并由后者向前者出具外汇还贷担保书的当天,即1989年9月29日,建发公司自有的外汇资金只有40万美元(见附件七),按当时英镑对美元的兑换率1:1.617计算,约折合24.737万英镑(见附件八)。此数只及上述新贷款总额的3.2%,换言之,单就这笔新的外汇债款而言,建发公司当时对汇丰银行提供的外汇还贷担保总额就超过法定限额的30倍以上,因而不可能依法获得国家外汇管理局的正式批准。更何况,在1989年9月29日以前,建发公司对外资银行(包括汇丰银行以及其他外资银行)业已提供的多笔外汇担保,其积欠的外汇债款担保总额也早已超过建发公司自有外汇资金的数十倍甚至百余倍。按照上述法规的禁止规定,当时建发公司早就没有任何权利或能力再对外提供甚至半英镑的外汇担保了。

可见,乙案中的上述担保书(1989年9月29日)在法律上从一开始就是无效的,对建发公司不发生任何法律约束力。

(三) 丙案

1985年3月间和1986年1月间,汇丰银行向中瓷公司提供两笔新贷款共145万英镑(其后折合为186.9万余美元),用以向中瓷公司合资外商股东沙尔哥本人经营的"恩特肯工程公司"和"沙尔哥工程(恩特肯)有限公司"所供应的设备支付现金价款。应汇丰银行要求,建发公司先后于1985年4月10日和1986年1月10日为中瓷公司上述两笔新借款向汇丰银行出具了两份还款担保书。

这两份担保书与甲案中1984年12月以及1985年12月那两份反担保书一样,基于两方面的理由(即汇丰银行驻厦代表处为沙尔哥出具内容虚假不实的资信证明诱使建发公司上当,担保书的内容直接违反中国有关特别法规的禁止规定),在法律上应属自始无效。相应地,尽管建发公司在1988年1月14日和1989年9月15日在当地政府首长某种"压力"下先后向汇丰银行具函表示上述贷款的还贷担保"仍然有效"或"继续有效",也丝毫不能改变这些还贷担保<u>自始无效</u>和<u>继续无效</u>的<u>法定</u>性质和<u>法定</u>后果。

(四) 责任分析

如前所述,根据《涉外经济合同法》第10条的明文规定,一切采取欺诈手段订立的合同,应属自始无效。

另一方面,该法第9条明文规定,一切违反中华人民共和国法律的合同,也是自始无效的。

《中华人民共和国民法通则》第58条对上述这两项基本法理原则和基本法律规定,予以概括和重申,并且更加明确地强调:"无效的民事行为,从行为开始起就没有法律约束力。"

在本案中,建发公司依据与汇丰银行达成的协议,为中瓷公司所借外汇债款,先后向汇丰银行出具的几份还贷"反担保书"和"担保书",均因其违反上述两项基本法律规定,属于自始无效,即<u>从行为开始起就没有法律约束力</u>。

尽管如此,建发公司为照顾汇丰银行的利益,对于<u>并无法律约束力</u>的上述还贷担保诺言仍然认真履行。在中瓷公司因汇丰银行引进的外商沙尔哥严重违约而亏损累累、无力清还汇丰银行债款的情况下,建发公司代人受过,逐期垫款替中瓷公司还债,自1990年5月23日至1992年7月7日,先后共向汇丰银行垫还的到期债款本息总金额已达833.9926万美元,建发公司受到重大经济损失,且使建发公司自身业务的正常经营和拓展受到严重影响。

如前所述,在总结经验教训过程中,建发公司发觉受骗上当,致使自己无端受到双重连累:既因受骗同意与沙尔哥合资经营中瓷公司而亏损严重,又因受骗同意向汇丰银行提供外债还贷反担保而巨债缠身。追本溯源而论,对于今日中瓷公司资不抵债的危境以及建发公司巨债缠身的困境,汇丰银行均负有严重的责任。而且,汇丰银行当初贷款的过高利率以及后来英镑折算美元的过高汇率也都极不合理。有鉴于此,建发公司再三要求汇丰银行对建发公司所承担的反担保债务,通过友好协商,加以重整,从而略微减轻建发公司过于沉重的不合理负担。汇丰银行对于建发公司反复提出的此种公平合理要求置若罔闻。它不但毫不承担它自己造成上述危境和困境的重大责任,反而对处在上述危境和困境之中的受害者中瓷公司和建发公司无情逼债;而且层层升级,最终采取法律行动,起诉讨债,并把无辜受害者建发公司也推上了"被告"席。

显然,汇丰银行是把建发公司此前长期垫款还债的忍让和克制认定为软弱可欺。既然如此,建发公司现在忍无可忍,不得不根据以上事实,郑重地综合声明如下:

第一,建发公司先后向汇丰银行出具的几份外汇债款还贷"反担保书"或"担保书",是由于受汇丰银行及其驻厦门代表处诱骗的结果,而且其实质内容和程序手续均属直接违法,因此,这些"反担保书"或"担保书"都是无效的。从出具这些"反担保书"或"担保书"的第一天起,就没有任何法律约束力。

第二,建发公司决定:今后不再接受这些"反担保书"或"担保书"的任何约束;因此,今后不再为中瓷公司积欠汇丰银行的外汇债务承担任何连带责任,即不再垫款还债。

第三,《涉外经济合同法》第 11 条规定:"当事人一方对合同无效负有责任的,应当对另一方因合同无效而遭受的损失负赔偿责任。"如上所述,建发公司出具的还贷"反担保书"或"担保书",乃是出于汇丰银行诱骗的结果,因而造成这些"反担保书"或"担保书"在法律上归于无效。另一方面,汇丰银行在中国厦门开展外汇贷款业务,理应尊重和遵守中国的有关法律,尽力避免触犯或违反其中的禁止规定。但事实上汇丰银行及其驻厦代表处却无视这些禁止规定,多次要求厦门建发公司出具在实质内容上与程序手续上均属违法因而无效的"反担保书"或"担保书"。由此可见,上述反担保协议以及有关"反担保书"或"担保书"归于无效,应由汇丰银行承担全部法律责任。建发公司早先因受"反担保书"或"担保书"的影响而垫付了 833.992 6 万美元,无端代中瓷公司还债,从而蒙受了重大的经济损失。对于这笔损失,建发公司保留向汇丰银行索取赔偿的一切法定权利。

答辩请求：

基于以上事实和理由，厦门建发公司谨此请求贵院：

1. 判决宣告：厦门建发公司历次向汇丰银行出具的外债还贷"反担保书"或"担保书"，概属自始无效。

2. 判决宣告：厦门建发公司对中瓷公司积欠汇丰银行的一切外汇债务，从一开始就不承担任何连带责任。

3. 判令汇丰银行应对上述"反担保书"或"担保书"归于无效承担全部责任，赔偿厦门建发公司因此"垫款还债"蒙受的经济损失 833.992 6 万美元，并支付应有的利息。

4. 如果汇丰银行不愿对建发公司给予上述损害赔偿，则依《中华人民共和国民法通则》第 92 条关于"不当得利"的规定，判令汇丰银行将其已经取得的上述不当利益 833.992 6 万美元全部返还建发公司，并支付应有的利息。

5. 判令汇丰银行承担本案的全部诉讼费用。

6. 判令汇丰银行赔偿建发公司被迫应诉而支出的律师代理费及其他各项开支。

答辩人：第二被告厦门经济特区建设发展公司

（签盖）

1993 年 2 月 25 日

附件目录

1. 汇丰银行厦门代表处关于美国恩特肯公司的资信证明
2. 汇丰银行厦门代表处关于英国沙尔哥国际工程公司的资信证明
3. 中华瓷器有限公司合同书（1984 年 7 月 18 日）
4. 厦门建发公司、厦门瓷厂向中国国际经贸仲裁委员会呈交的"仲裁申请书"（1991 年 8 月 30 日）
5. 厦门市第二律师事务所律师向同上仲裁委员会仲裁庭呈交的"代理词"（1992 年 8 月 26 日）
6. 厦门建发公司、厦门瓷厂向上述仲裁委员会仲裁庭呈交的"关于要求追究被诉人违约责任的补充说明"（1992 年 12 月 11 日）
7. 厦门建发公司出具还贷"担保书"当日的"自有外汇资金"总额（含 1989

年9月29日)

8. 1989年9月29日美元对英镑的兑换比率[载于《人民日报》(海外版)1989年9月29日]

[为节省本书篇幅,本书选辑案例文档时,其有关附件,除少数以外,大多从略,仅列出附件目录,以供参考。至于各项附件本身,则均收存于厦门大学国际经济法研究所资料室,以备查索对照。有心进一步深入研究者,还可向各案受理机关单位查阅涉案的其他法律文书、附件、证据等等]

三、本案讼争主要问题剖析

福建省高级人民法院经济审判庭:

本人受厦门经济特区建设发展公司(以下简称"建发公司")委托,就香港上海汇丰银行有限公司(以下简称"汇丰银行")诉中华瓷器有限公司(以下简称"中瓷公司")、建发公司"违反贷款协议、保证书"一案,提出以下代理意见:

(一)关于原告汇丰银行的欺诈行为问题

A. 原告出具的资信证明,虚假失实,实行误导

原告的诉讼代理人邢、王两位律师在"代理词"(以下简称"邢、王'代理词'")中强调:汇丰银行驻厦代表处为美商恩特肯公司出具的盖上公章的正式资信证明,并无虚假失实,甚至断言:

"原告出具的资信证明书中说明:'来往支票户口结存平均有五个位数字。账户的处理是十分之令人满意,目前该公司在我分行并没有任何负债。'<u>并无任何虚报或夸大</u>,更无欺诈可言。"(见邢、王"代理词"第4页。)

原告"法定代表人"伍××、薛××两位先生呈交的"原告的陈述"(以下简称"伍、薛'陈述'"),也极力强调汇丰银行驻厦代表处提供的"资信报告中<u>没有任何夸大</u>"。但是,却附呈了一份有关资信报告原始英文资料的"电传译文",其中的相关译文是:

"来往支票账户结存平均有<u>低位的五位数</u>。账户的处理是<u>令人满意的</u>。"

应当肯定:伍、薛"陈述"附件中这段中译文是符合英文原意的。但是,把上述这两段不同文本的中译文加以比较,邢、王"代理词"所引证的汇丰银行驻厦代表处出具的资信证明,其虚报与夸大之处,就昭然若揭了。请看:

1. "结存平均有<u>低位的五位数</u>"被篡改为:

"结存平均有<u>五个位数字</u>"

2."账户的处理是<u>令人满意的</u>"被篡改为：

"账户的处理是<u>十分之令人满意</u>。"

从逻辑含义上说，"低位的五位数"可以理解为 10 000；而"五个位数字"则可以理解为 99 999。把英文原始资料中"低位的"（Low）这一关键词任意删除，实值可以膨胀近十倍，试问，这难道不是对美商资信的极力夸大吗？其次，从语法常识上说，"令人满意"与"十分之令人满意"相比，后者任意添加了"十分之"三字最高级状语，这难道不又是对美商资信的极力夸大吗？

仅此二例就足以说明：伍、薛"陈述"附件中的"电传译文"本身就否定了同一"陈述"正文中所强调的"没有任何夸大"这一论断，即论据否定了论点，陷入了逻辑上的自相矛盾；与此同时，伍、薛提供的这份"电传译文"也给邢、王"代理词"中关于"并无任何虚报或夸大"的论断极其沉重的一击，彻底摧毁了这种"斩钉截铁"式的武断。

何况，例证还远不止于此。试将汇丰银行休斯敦分行以及伦敦联行分别提供的有关英文原始资料与汇丰银行驻厦代表处盖公章出具的正式资信证明加以对照，就不难发现后者多处篡改了前者的原意（详见附件一"关于汇丰银行提供外商资信证明的法律意见"及其三份附件）。请看：

3."近期该公司<u>未向我分行借款</u>"被篡改为：

"目前该公司在我行<u>并没有任何负债</u>"

4."<u>名义上的资本</u>为 5 万英镑，其中实付资本为<u>5 千英镑</u>"被篡改为：

"<u>注册资本：英镑 50 000……是实付资本</u>"

5."一个正规的<u>私人有限公司</u>"被篡改为：

"一个正规的<u>私人公司</u>"

6."通常业务来往据认为是好的"被篡改为：

"一般平常业务来往是<u>可信任的</u>"

所有以上多处篡改，其客观意义和实际后果都归结到一点：大大拔高了该美商的资信，制造了假象，对中瓷公司和建发公司实行误导，诱使中方受骗上当，造成了这两家公司今日的危境和困难[参见附件（一）之附录]。汇丰银行面对上述白纸黑字，面对其驻厦代表处盖公章出具的正式资信证明所作的虚假陈述、夸大吹嘘及所起的欺骗作用，岂能以"并无任何虚报或夸大"云云的武断，轻描淡写，搪塞过关，逃脱欺诈行为的法律责任？

B. 该失实的资信证明与建发受骗出具反担保书之间存在直接因果关系

邢、王"代理词"辩称："被告为之出具反担保书的债务人并不是该外商

(指美商恩特肯公司及其总裁沙尔哥),而是中瓷公司,该外商只是中瓷公司的有限责任股东,该外商的资信并不保证中瓷公司的还款能力,第二被告何致仅凭该外商的资信就出具了反担保书?"

这种辩解是站不住脚的。因为:第一,在中瓷合资三方中,建发公司对自己以及厦门瓷厂的资信是一清二楚的和无可怀疑的,但对汇丰介绍、推荐、引进的美商,则"素昧平生",全然陌生,因而对其资信情况难免心存疑虑,正是汇丰银行出具的证明才打消了建发公司的上述疑虑;第二,汇丰银行享有很高的国际商誉,既然汇丰银行驻厦代表处盖章证明该美商是"十分之令人满意"、"可信任的",这就不能不使建发公司对它深信不疑;第三,该美商在中瓷公司中虽然只占注册资本的40%,但在汇丰银行驻厦代表杨××先生的极力吹嘘捧场之下,"身价十倍",加以在汇丰银行撮合的中瓷合资项目中,该美商担任总经理一职,大权在握,把持了购买设备、聘请技术专家、外销全部产品等关键性环节的全部权力,因此,他实际上已成为中资公司的"灵魂",其实际影响,远非"40%"这个数字所能衡量!既然汇丰银行极力赞扬他的商誉,中瓷公司在他主持经营之下谅必"前途无量",中瓷公司向汇丰银行借债的还款能力也势必有足够的保证,这难道不是逻辑上的必然结论吗?因此,当汇丰银行要求建发公司为中瓷所借外债向汇丰银行提供"反担保书"时,建发就无条件地满足了汇丰的要求。

由此可见,原告汇丰银行的驻厦代表处出具虚假失实的资信证明与建发受骗出具反担保书之间,确实存在着骗人与受骗之间的内在的、必然的、直接的因果关系,换言之,汇丰银行出具的吹捧作为中瓷"灵魂"的美商"十分之令人满意"、"可信任"的资信证明,乃是建发愿意为中瓷外债承担"反担保"义务的直接原因和主要原因之一。如今事实已证明该美商是个大奸商,则当初极力美化该奸商的汇丰银行,怎能把自己的欺诈责任赖得一干二净?!

(二) 本案的"反担保书"等依法应属无效

邢、王"代理词"中极力强调:"本案甲案中第二被告于1984年12月12日(按:应为22日)出具的反担保书,经过了厦门市计划委员会和国家外汇管理局厦门分局的批准,因此是一份有效的反担保书。"(见该"代理词"第5页)

建发公司认为:这份"反担保书"无论是在实质内容上抑或审批程序上,都严重违反了有关外汇、外债管理的特别法规的禁止规定,因而在法律上是绝对无效的。其基本理由已在《答辩状》(第6页等处)作了说明,这里再作补充阐述。

在汇丰银行驻厦代表处的要挟和诱骗下(参看附件二、三),当时确有厦门市个别政府领导人或政府机构指令或"同意"建发公司承担上述巨额外汇债务反担保业务,但此种指令或同意显然是"越俎代庖"的越权行为,毫无法律效力。因为,《中华人民共和国宪法》第 5 条明文规定:"一切国家机关……都必须遵守宪法和法律。一切违反宪法和法律的行为,必须予以追究。<u>任何组织或者个人都不得有超越</u>宪法和<u>法律的特权</u>。"

诚然,厦门市计划委员会曾于 1984 年 8 月 16 日向汇丰银行出具一份"证明书",证明厦门建发公司具有对中瓷公司引进设备所需贷款的"担保资格",而且,在这份"证明书"的右下方有两行国家外汇管理局厦门分局(以下简称"厦门分局")签注的"同意"批语(以下简称"批语"),但这份"证明书"及其有关批语,在法律上都是自始无效的。理由如下:

第一,按照《外汇管理暂行条例》第 3 条的规定,批准经营外汇业务的权力,仅仅专属于"国家外汇管理总局",厦门市计委哪有权力"批准"厦门建发公司具有对外汇债款的"担保资格"?况且政府主管机关的"批准",是以当事人的"申请"为前提的,但在这份"证明书"中,丝毫未表明当事人建发公司有任何申请,也<u>丝毫未表明厦门市计委对厦门分局有任何申请</u>,这么一来,则厦门分局签注的"同意"等语就是针对"无人申请"的一种"批准",这岂不是无根之本、无源之水、无的放矢?换言之,厦门分局在厦门市计委上述"证明书"上签注的文字,不伦不类,不可能是对任何正式申请的正式批准。既不是正式批准,就不可能产生主管部门业已正式批准的法律效力。

第二,1984 年 12 月 22 日建发公司向汇丰银行出具的外汇还贷"反担保书",所担保的金额为 1 500 万英镑,而上述"批语"所列外汇贷款金额则为 1 800 万英镑,两者数字严重不符,相差 300 万英镑之巨,可谓"牛头不对马嘴",显见上述"批语"并非针对 1984 年 12 月的这笔贷款的"反担保"表示"同意",则这份"反担保书"焉能生效?

第三,上述"批语"中的"贷款英镑壹仟捌佰万元有效"一语,从文字的固有含义看,显然只是确认中瓷公司借来的这笔<u>贷款</u>本身有效,而并非确认针对这笔贷款提供的<u>还贷反担保</u>有效。邢、王"代理词"中一再强调建发公司 1984 年 12 月 22 日出具的"反担保书"经过"厦门分局的批准",请问:这究竟有何文字根据?

第四,上述"批语"未注明签注的具体日期,这是任何法律文书的大忌。事实上,建发公司直到 1985 年 12 月 11 日才为中瓷公司补充借来的外债贷款 300 万英镑出具第二份还贷"反担保书"。这笔反担保金额,连同建发公司在 1984 年 12 月 22 日出具的第一份还贷"反担保书"中的反担保金额,才达到 1 800 万英镑之数。由此可以推断,上述"批语"签注的时间显然是 1985 年 12 月 11 日以后才"补签"或倒签的。厦门分局对于 1984 年 12 月间发生的非法外债事实（1 500 万英镑），竟在 1985 年 12 月以后采取这种事后"补签"或倒签的办法予以"追认"，却又不如实标明"补签"或倒签的实际日期，这种做法是没有合法根据的，因而是无效的。经过认真调查，现已核实："补签"或"倒签"的具体时间是在 1987 年 3 月底至 9 月底之间。当时有人以"市长项目"名义对厦门分局"施压"，分局有关负责人既不敢违逆"领导意见"，却又不愿承担法律责任，遂命一个根本无权审批的一般会计人员含糊其辞地写上两行模棱两可的"批语"，既不签名以示负责，又不署明日期以免被追究"倒签"责任，然后盖上一公章，搪塞敷衍了事（参见附件四、五、六）。由此可见，这两行不三不四的"批语"，直接违反了 1987 年 2 月 20 日开始生效的《境内机构提供外汇担保的暂行管理办法》第 3 条和第 4 条的禁止规定，属于直接违法。关于这一点，已在建发公司 1993 年 2 月 25 日呈交的《答辩状》第三部分（pp.7－8）中作了法理上的分析，不再赘述。

第五，如前所述，《外汇管理暂行条例》第 3 条明文规定：除中国银行以外，"非经国家外汇管理<u>总局</u>批准，其他任何金融机构都不得经营外汇业务"，更不用说其他非金融机构了。值得特别注意的是：这里强调的国家"<u>总局</u>"的批准，而不是任何地方"<u>分局</u>"的批准。如果原告一方认为厦门分局当时对于作为<u>非金融机构</u>的建发公司所从事的外债还贷"反担保"这一外汇业务有权给予批准，则依据《中华人民共和国民事诉讼法》第 64 条第 1 款的规定，原告负有<u>举证责任</u>，应当迅速向福建省高级人民法院提供有关的法律依据、总局对分局的书面授权依据等等，以供审议。

一言以蔽之，以上五点理由足以说明厦门市计委出具的这份"证明书"的内容及其中厦门分局添加的"批语"不伦不类，漏洞百出，因而是毫无法律效力的。

邢、王"代理词"强调：上述《境内机构提供外汇担保的暂行管理办法》只是<u>行政法规</u>，其中并"没有违反该办法将导致担保无效的规定"。从而据以推论违反该"办法"的违法担保仍然具有法律效力。这显然是无视《中华人民共和国民法通则》第 58 条第 5 款以及《涉外经济合同法》第 9 条关于违反中国法律的一切民事行为和经济合同概属无效的<u>原则性</u>明文规定。众所周知，行政法规向来就是法律的一种，企图把行政法规排除在"法律"这一概念之外，硬说违反行政法规禁止规定的合同仍然具有法律效力，这显然是对法律常识的不尊重。

同理，建发公司于 1984 年 12 月 22 日以后接受"长官命令"相继向汇丰银行出具的有关巨额外债的几份"反担保书"、"担保书"和"保证书"，也因其实质内容和审批程序上都违反了有关外债管理的特别法规的禁止规定，因而在法律上也是自始无效的。其理甚明，且已在建发公司《答辩书》中逐一作了论证，不再赘述。

(三) 关于造成"反担保书"等无效的责任分析

建发公司的《答辩状》中已经指出：汇丰银行驻厦代表处出具虚假失实的美商"资信证明"，诱使建发公司上当，使建发公司处在双重受骗和双重受害的境地：既受骗同意与该美商合资经营，导致亏损严重；又受骗同意向汇丰银行出具"反担保书"等，导致巨债缠身。现在"反担保书"等因违法而无效，其全部责任或绝大部分责任显应由汇丰银行承担。具体而言，主要理由有四：

1. 建发公司因受汇丰银行欺骗误信美商资信，而又应汇丰银行要求，为该美商主持经营并以该美商为"灵魂"的中瓷公司的外债提供反担保，在达成反担保协议以及出具"反担保书"的全过程中，汇丰银行始终处在主动地位，建发公司则一直处在被动状态。现在"反担保书"因违法而无效，其责任显应由主动索要和积极施压的汇丰银行全盘承担。

2. 汇丰银行在中国开展外汇贷款业务并从中获得丰厚利润，理应"入乡随俗，入境问禁"，即理应充分了解、尊重和遵守中国的有关法律，尽力避免触犯或违反其中的禁止性规定。但汇丰银行及其驻厦代表处却无视这些禁止性规定，多次要求建发公司出具在实质内容上与程序手续上均属违法因而无效的"反担保书"或"担保书"，这显然是有意蔑视中国的法律尊严，明知故犯，以身试法，怎能逃脱相应的法律责任？

3. 汇丰银行是全球知名的金融信贷专业户，具有百余年的经营历史，聘有成群的金融信贷专家和法律专家，备有成套现成的专家们精心设计的信贷格式合同；反观建发公司，1984年底当时只是组建不过三年的"稚龄童"，对于国际信贷业务以及其中潜存的沟、坎、陷阱，可谓天真幼稚，懵然无知，它对于由汇丰银行交来的早就拟定的"反担保合同"等格式合同，只有"画押"的份儿，而毫无剖析的能力。试问：一位老谋深算的金融专家与一位烂漫无知的稚童共同达成的担保协议，一旦因违法而无效，则应当承担全部责任（或绝大部分责任）的，难道不是专家，反而是稚童吗？

4. 汇丰银行驻厦代表杨××先生对中国的特有"国情"，特别是对当时厦门市主要领导人的心态是很了解的。他以"撤走汇丰银行驻厦代表处"相要挟，"压"市领导出面，终于排除了来自中国国内的强劲竞争对手，把出贷巨额英镑从中谋利的"美差肥缺"接到手，尝到了"甜头"。以后，杨××以及汇丰银行来厦的其他代表，凡对建发公司强有所求，多千方百计地通过市府"长官渠道"，下达"指示"或进行"说服"。可以说，汇丰银行正是充分地、蓄意地利用中国现行体制的这种弱点和缺点，来实现其牟利的目的，其居心和手段皆不良。而建发公司出具的上述

"反担保书"之类,除了前述受骗因素之外,也是受命或受压提供的。而这种命令或压力的本源归根到底又是来自汇丰银行。作为出具违法——无效"反担保书"的原始动力,作为形成无效"反担保书"的始作俑者,汇丰岂能无咎而逍遥?

(四) 建发公司的请求

基于以上事实和理由,建发公司谨此重申:请贵院全面考虑和准许本公司在本案《答辩状》中提出的六点请求,依法尽早作出公正的判决。不胜感激!

厦门经济特区建设发展公司
诉讼代理人
厦门市第二律师事务所律师
陈 安
1993 年 4 月 17 日

(五) 附件

1. 关于汇丰银行提供外商资信证明的法律意见(含其附录3份)

2. 关于与美国恩特肯工程公司最初接触情况(现任中华瓷器有限公司总经理谢××等提供)

3. 关于1984年中华瓷器公司贷款情况(原厦门中华瓷器有限公司董事长卢××提供)

4. 对许××同志的调查笔录(许原任国家外汇管理局厦门分局会计)(从略)

5. 对黄××同志的调查笔录(黄原任国家外汇管理局厦门分局干部)(从略)

6. 对张××同志的调查笔录(张原任国家外汇管理局厦门分局某处副处长)(从略)

A. 关于汇丰银行提供外商资信证明的法律意见

汇丰银行作为中瓷外资项目的介绍人、见证人和担保人,提供了对外商资信的调查证明。由汇丰银行驻厦办事处盖上公章所提供的中文资信证明,与有关的英文原始资料有重大不一致之处,显然是有意欺骗中方、对中方实行误导。针对此点,我们应当与汇丰银行认真理论和追究对方的法律责任。

汇丰银行驻厦办事处提供了不符合客观事实的中文资信证明(见附件一),对照英文原始资料(见附件二),已经查出:在中文资信证明中,凡是有利于外商的文字,都随意添加,无中生有;凡是不利于外商的文字,却任意删除,化有为无,从而在中文资信证明中大大地拔高了外方的资信(详见附件三)。更有甚者,上述英文原始资料只是未盖任何公章的电传件,而中文证明书却是正式打印原件,并加盖了"香港上海汇丰银行厦门代表处"的公章,使中方有关人员对这一中文证明书的法律效力和可靠程度更加深信不疑。据此,我们可以得出这样的初步结论:汇丰银行厦门代表处提供的上述中文资信证明<u>制造了假象,实行了误导,造成错觉</u>,使中方合作者误认为外方投资人沙尔哥及其公司是可信赖的,因此<u>导致中方受骗上当</u>。由此可见,对于中瓷公司以及建发公司目前因此而陷入的困境,汇丰银行本身应当承担重大的责任;结合其他有关迹象,我们也不能完全排除汇丰银行某些人员与沙尔哥之间实行某种串通共谋的可能性。

《中华人民共和国涉外经济合同法》第 10 条明文规定:"采取欺诈或者胁迫手段订立的合同无效。"第 11 条进一步规定:"当事人一方对合同无效负有责任的,应当对另一方因合同无效而遭受的损失负赔偿责任。"据此,如果汇丰银行无视以上事实,一再断然拒绝中方关于重整债务的建议,并且执意要采取法律行动,则中方理应采取相应的法律步骤,认真奉陪到底,以保护自己的合法权益。

厦门大学法律系教授

厦门市第二律师事务所兼职律师

陈 安

1991 年 11 月 15 日

(邮寄香港汇丰银行)

(1992 年 4 月 17 日作为《代理词》附件一,呈交福建省高级人民法院)

附录

汇丰银行厦门代表处就外商资信提供
中文证明篡改英文原意的具体情况*

(A) 汇丰银行美国休斯敦分行的报告:

1. 英文资料第 5 行原文:Checking account balances average in low five

---

* 《法律意见》共有三项附录。为节省本书篇幅,此处仅选辑其中的"附录三"。其"附录一、附录二"则收存于厦门大学国际经济法研究所资料室,以备查案对照。

figures。

英文原意：来往支票账户结存平均是<u>低五位数</u>。

中文译文："来往支票账户结存平均有<u>五个位数字</u>。"

后果：汇丰厦门代表处任意删除上述英文中的关键词"low"字，化有为无，从而拔高了外方的资信：把"低五位数"英文原意篡改为中文的"五个位数字"，一字之删，实值可以膨胀近十倍（"低五位数"可以理解为 10 000；"五个位数字"则可以理解为 99 999）。

2. 英文资料第 5—6 行原文：The account has been handled <u>satisfactorily</u>。

英文原意：账户的处理令人满意。

中文译文："账户的处理是<u>十分之</u>令人满意（或符合要求）。"

后果：汇丰厦门代表处随意添加"<u>十分之</u>"三字最高级状语，无中生有，任意拔高外方的可信赖程度，造成中方错觉。

3. 英文资料第 7—9 行原文：We have had no recent loan experience... All of our experience has been satisfactory。

英文原意：近期（该公司）未向我分行<u>借款</u>……我们对（该公司）所有的经验都满意。

中文译文："目前该公司在我分行并没有任何<u>负债</u>……我们对此公司所有的经验都很满意。"

后果：汇丰厦门代表处将外商沙尔哥的公司近期未向汇丰银行借款（日常业务往来），有意译成"目前在我分行并<u>没有任何负债</u>。"将一般的满意译成"很满意"，随意篡改、添加，其实际意义是告诉中方，沙尔哥的公司资金充裕，没有欠债，中方尽可放心与之合作。

(B) 汇丰银行英国伦敦联行的报告：

1. 英文资料倒数第 13—12 行原文：Norminal capital GBP 50,000 of which GBP 5,000 issued and fully paid。

英文原意：<u>名义上</u>的资本为 5 万英镑，其中实付资本为 5 000 英镑。

中文译文："<u>注册</u>资本：英镑 50 000——其中英镑 5 000——是实付资本。"

后果：英文"nominal"一词，有"<u>名义上的</u>"或"<u>有名无实的</u>"两种含义。把<u>名义上的资本或有名无实的资本</u>译为"<u>注册</u>资本"，又在其后加上两个"破折号"（——＊＊＊＊＊——），按中文语法和标点符号用法，应理解为"<u>注册资本：英镑 50 000 是实付资本</u>"。在这里，实际上又把该有关公司（即恩特肯公司的子公司沙尔哥国际工程有限公司）的资信夸大了十倍。

2. 英文资料倒数第 8—6 行原文：Bankers report：A properly constituted

private limited company considered good for its normal business engagements。

英文原意："银行报告：一个正规的私人有限公司，通常业务来往据认为是好的。"

中文译文："银行报告：一个正规的私人公司，一般平常业务来往是可信任的。"

后果：在"私人有限公司"中，公司股东对于公司债务承担的责任，仅以其出资金额为限。而"私人公司"则可以理解为私人无限公司，其股东对公司债务承担无限清偿责任，直至个人在该公司以外的全部财产也完全破产。汇丰银行厦门代表处将"有限公司"中的"有限"两字任意删除，用模棱两可的名词，诱使中方对外商沙尔哥的信任无限增大，误认为股东沙尔哥对此私人公司负有无限责任，从而诱使中方对沙尔哥的资力抱有更大信心。此外，上述英文中的good相当于中文中的"好"字，它只是一般用词，而汇丰厦门代表处却有意翻译成"可信任的"，这是汇丰银行厦门代表处无中生有、任意拔高外商资信的又一例证。

1993年3月18日

B. 中方合营者与美国恩特肯工程公司最初接触情况 [书面证词]

1983年，厦门瓷厂通过主管局向市有关部门申请引进外资、改造老企业。市计委、经委于当年7月15日就厦门瓷厂的要求，批准了年产15万件卫生瓷、50万平方米墙地砖的项目，列入市引进项目建议书。同年12月9日，英国T工程公司董事菲利斯爵士，应厦门特区政府有关部门的邀请访问厦门，同时受美国恩特肯工程公司总裁沙尔哥先生之托，拟在厦门寻找一家陶瓷工业方面的合作伙伴，在原市建设发展公司副总经理应××先生的引荐下，与厦门瓷厂进行了接触，参观了厦门瓷厂，并带走了一部分工厂使用的原料到英国进行化验，临行之前，菲利斯爵士与厦门瓷厂就双方兴办合资瓷厂签订了意向书。

1984年2月29日早上，从建发公司得到通知，美国恩特肯工程公司总裁沙尔哥先生来厦。我们先在厦门宾馆见到了沙尔哥先生独自一人。但沙尔哥先生了解到汇丰银行厦门代表处的办公地点不在厦门宾馆，故坚持不肯在厦门宾馆下榻，而改到华侨大厦。因此我们正式见面是在华侨大厦1202室——汇丰银行厦门代表处的办公室。沙尔哥先生与厦门代表处的代表杨××先生相见，据杨先生说，香港总行已将此事告知他，所以从开始，谈判工作均在汇丰银行代表处办公室进行，汇丰银行的代表杨××先生从头至尾参加项目的谈判工作并帮助翻译,谈判的文件、电传、打字、复印也均在汇丰银行的代表处进行,汇丰银行给项目的谈判提供许多方便,起到了见证人的作用。在一些文件中,代表处的代表也与双方代表一起签字,从谈判的第一天,沙尔哥先生就交代说,将来项目谈成,我们的贷款就靠他们汇丰银行。英国出口信贷局、获多利银行均是老朋友。来华之前,所有这些都有安排,所以我们对汇丰银行的代表要好好招待。

当项目谈判越来越明朗化时,中国银行厦门分行的有关人员也十分关心项目的进展,他们对此项目较感兴趣,表示愿意为项目提供所有贷款。当这一信息被汇丰银行厦门代表处得知后,他们很感不安,代表处杨××先生一再强调,此项目客户是汇丰牵头带来的,而且项目进展中汇丰银行始终参与,并出了不少力。[汇丰银行]厦门代表处开办一年来,第一次牵头谈上这个项目确实不容易,如果中国银行也想介入,汇丰银行绝不放手,若中行贷款利率多少,我们汇丰银行也跟他们一样,我们要与中行竞争。在这种情况下,市里有关方面领导深知汇丰的意向,便向中行做了工作,将此贷款由汇丰银行来解决。

为了使谈判和合资项目顺利进行,我方对恩特肯工程公司的资信不清楚,便委托汇丰银行代为调查。不久,汇丰银行厦门代表处便接到[汇丰银行]美国休斯敦分行发来的英文电传(不是正式文本),汇丰银行厦门代表处知道我们看不懂英文,便由该厦门代表处翻译成中文,并加盖该行代表处公章。我们就以这一份盖有公章的中文本作为正式文本,从他们的书面和口头介绍得知,这是一家资信相当好的公司,平常业务往来是"可信任的",银行账户往来是"十分令人满意的"。因此我们当时相信了汇丰银行厦门代表处做出的此种资信评价和证明。我们认为他们所出具的资信证明应当是具有一定权威性的,这就增强了我们与美国恩特肯工程公司合资的决心。

从2月29日沙尔哥先生第一次到厦门之后,恩特肯工程公司有关人员先后几次来到厦门,均住华侨大厦,所有项目谈判地点也均在汇丰银行厦门代表处,一直到1984年7月18日签订正式合同之后,沙尔哥先生才交代说,汇丰银行帮了我们很大的忙,现在我们项目已签订了合同,今后不好太多在他们代表处开会。实际上,在汇丰银行开会也是很经常的事。

从最初的接触情况来看,我们认为在整个项目谈判中,客户是汇丰银行牵头来的,汇丰银行在谈判中起了不少协调作用,促使项目早日成功。

(谢××先生原任厦门瓷器厂厂长;中美合资的"中瓷公司"组建后担任该合资公司的副总经理;1989年美商违约撤走后接任该公司总经理。陈××是当时参加中、美合资谈判的主要人员之一。）

谢××　陈××
1992年6月23日

C. 1984年中华瓷器公司贷款情况［书面证词］

1983—1984年美国恩特肯公司与厦门瓷厂经过几轮谈判，双方愿意合资经营"中华瓷器有限公司"。当研究所需要贷款时，我方曾与中国银行厦门分行参与此项谈判的代表——该行当时信贷部秦×同志商讨由中国银行贷款的可能性，秦态度很积极并且表示愿意以优惠条件提供贷款。当时汇丰银行厦门代表处负责人杨××先生多次强调此项目客商是汇丰银行介绍来的，此项贷款业务应由汇丰银行提供。厦门中国银行分行得知汇丰银行与其竞争此项贷款业务后，秦×表示可以低于汇丰银行的利率而与汇丰银行竞争此项贷款业务。而汇丰银行厦门代表处负责人杨××先生得知中国银行与其竞争时，就扬言中国银行是中国国家银行，我们无法与其竞争；我们如不能争到此项贷款业务，我们就把代表处撤走。

鉴于厦门中行与汇丰银行两家对此项贷款互相竞争，各不相让，最后我们请示市领导×××同志，市领导根据当时汇丰银行是第一家在厦门设代表处的金融机构，而恩特肯公司又确由该银行介绍来厦门投资，为鼓励外资金融机构在厦门开展业务，决定此项贷款由汇丰银行提供。

记得当时香港金融市场，贷款利率只有年利八厘六，而汇丰银行强调伦敦市场标准及币种是英镑而利率高达九厘五。而担保费也偏高，这在当时长期贷款行情上条件是苛刻的。

原厦门中华瓷器有限公司董事长
卢××
1992年9月25日

四、本案中方代理律师致香港汇丰银行中国业务部总经理罗素先生函

香港上海汇丰银行有限公司
中国业务部

罗素总经理：

尊敬的罗素先生阁下：

事由：关于汇丰诉中瓷、建发案件

在香港上海汇丰银行(以下简称"汇丰银行")诉厦门中华瓷器有限公司(以下简称"中瓷公司")及厦门建设发展公司(以下简称"建发公司")一案中，本人接受建发公司委托，担任诉讼代理人。现在代表建发公司，以法律文书方式，正式通知您以下有关事项：

1. 汇丰银行诉中瓷公司、建发公司一案，业经福建省高级人民法院在1993年4月7日开庭审理。我方已向本案合议审判庭当场出示并呈交确凿的物证和证词，证实贵行厦门代表处主管人员杨××先生与美国恩特肯公司总裁E·沙尔哥先生互相串通，弄虚作假，诱骗我方完全信赖贵行厦门办事处出具的有关该外商的虚假资信证明，从而促使我方同意与该外商合资经营中华瓷器有限公司，并且同意为中华瓷器有限公司向贵行偿还贷款的债务实行反担保和担保，致使我方蒙受了严重的经济损失。

2. 我们记得：您曾于1992年1月10日致函建发公司董事长王××女士，声称："贵方指控我行串通合资企业外方，作为一家享有国际声誉的银行，我行对此深表重视。贵方在来函中似乎提到有其他证据，能够支持贵方的指控。如果确有证据，我方乐于获得这种证据。"(As a bank of international stature, we take a very serious view of your allegation of collusion between the foreign joint venture party and ourselves. You seem to have suggested in your letter that there is other evidence to support your allegation and we will be pleased to receive this if the same exists.)

3. 基于您的上述要求，鉴于目前时机已经成熟，我们特此附函寄去一部分主要的物证和证人的证词，同时寄去厦门建发公司的"答辩状"和我方诉讼代理人陈安律师的"代理词"各一份。我们希望而且相信：您在认真阅读和仔细研究上述证据以及有关的分析论证以后，会对您属下的高级职员杨××先生的有关行为，作出公正的、不偏袒错误、不包庇纵容的判断，并且采取相应的措施。

4. 作为一个整体，汇丰银行一向享有良好的国际商誉。近年来，它在促进中国的经济建设中发挥着有益的作用，而汇丰银行本身也从中获得了丰厚的收益。对于这点，贵行谅必与我方有共同的认识。但是，贵行的良好国际商誉并不能掩盖或抹杀贵行厦门代表处杨××先生的欺骗行为以及贵行和杨先生本人由此应当承担的法律责任。恰恰相反,如果贵行,特别是贵行的"中国业务总部",不认真地查清事实,严肃地追究杨先生的个人责任,并勇敢地、实事求是地承担起贵行中国业务总部所理应承担的相应法律责任,则势必严重损害贵行在中国已经树立起来的良好形象和良好商誉,从而严重阻碍贵行在中国进一步拓展业务。这显然是贵我双方都不希望看到的局面。

5. 建发公司诚恳地期待着您的公正答复。如果自本信寄发贵处30天以后,我们的诚恳期待仍无回音或全然落空,那么,为了保护贵行整体的良好国际商誉,也为了维护我方的合法权益,建发公司准备在必要时通过自己的律师,以正式法律文书的形式,向贵行分别设在香港和伦敦的最高一级总部领导人以及董事会,通告杨先生在厦门期间以贵行"厦门代表处"名义的所作所为,并要求贵行严肃处理和承担相应的法律责任;也准备在必要时把贵行高级职员在提供外商资信中弄虚作假以及这种行为受到包庇袒护的实况,诉诸媒体公正舆论。我们相信:贵行最高一级领导机构对杨先生败坏贵行商誉的行为,谅必不至于置若罔闻,继续姑息、纵容、偏袒、包庇。

厦门市第二律师事务所律师

陈　安

1993年6月2日

附件:

一、《关于汇丰银行提供外商资信证明的法律意见》,含附录三份:

(一)汇丰银行厦门代表处盖公章出具的关于美国恩特肯公司(INTERKILN CORP OF AMERICA 以及 SALGO ENGINEERING INT'L LTD)的两份资信证明

(二)有关上述两家外商资信的电传英文原始资料

(三)汇丰银行厦门代表处就外商资信提供中文证明篡改英文原意的具体情况

二、书面证词:关于与美国恩特肯工程公司最初接触情况(原厦门瓷厂主管人员谢××、陈××提供)

三、书面证词:关于1984年中华瓷器有限公司贷款情况(原厦门中华瓷器有限公司董事长卢××提供)

四、厦门建发公司的《答辩状》(1993年2月25日呈交福建省高院)

五、厦门建发公司诉讼代理律师的《代理词》(1993年4月17日呈交福建省高院)

六、现行的《香港法律》第284章:《虚假失真陈述条例》

XIII 外商在华投资"征收"索赔迷雾中的庐山面目

——英商 X 投资公司 v. 英商 Y 保险公司案件述评(一)

内容提要 本文及下一篇文章是互相配合和互为补充的姊妹篇,两文逐层剖析一宗外商在华投资"征收"索赔案件的来龙去脉、表面现象及其真实面目。本案涉及三十年来中国吸收外商投资政策和相关法律体制发展过程中出现的一系列立法和执法问题;有关外商投资的法律、法规、法令、规章、政令、施政通知等相互之间的配合协调和矛盾冲突问题。本姊妹篇结合本案的具体案情,运用当代国际公认的基本法理准则以及已经吸收和体现这些法理准则的中国法律原则,诸如:(1)"法无明禁即自由";(2)"充分尊重当事人意思自治";(3)"法律不溯及既往";(4)"下位法不得违反上位法";(5)特别法优先于一般法等,透过表象,廓清迷雾,揭示出本案涉讼的历次"国务院通知"并非"征收"法令,外商 Y 保险公司所承保的"征收"风险事故并未发生,投保人外商 X 投资公司索赔的理由不能成立。同时,综观整体案情,不排除有这样的可能:投保人外商 X 投资公司对有关争端问题,采取了"脚踩两条船"和"左右逢源"的做法,力图"鱼与熊掌兼得":既从中方合作者手中取得额外的"权",又从外商保险商手中取得额外的"利"。此种要求,无论依争端发生地的中国法或依仲裁所在地的英国法,均不能获得支持。

目 次

一、本案案情梗概
二、咨询的问题
三、专家的看法和意见

（Ⅰ）1996年签订的中外合作合同（以下简称《争端合同》）第15条关于利润分配的规定在当时是合法的、至今仍是合法的

（Ⅱ）1998年9月《国务院关于加强外汇外债管理开展外汇外债检查的通知》（以下简称"国发[1998]31号通知"），其法律效力是不完备的

（Ⅲ）"国发[1998]31号通知"不具备溯及既往的法律效力

（Ⅳ）"国发[1998]31号通知"中的禁止性规定实质上已经在2002年和2004年一再被修改

（Ⅴ）"国发办[2002]43号通知"不是"征收法令"；2003年中外双方《新协议》不是"征收行为"

（Ⅵ）中国涉外投资法律以及中英双边投资协定中有关征收外国投资的规定

四、结论

【附录】

（Ⅰ）国务院《关于加强外汇外债管理开展外汇外债检查的通知》（"国发[1998]31号通知"，1998年9月14日）

（Ⅱ）国务院办公厅《关于妥善处理现有保证外方投资固定回报项目有关问题的通知》（"国发办[2002]43号通知"，2002年9月10日）

（Ⅲ）国务院《关于投资体制改革的决定》（"国发[2004]20号决定"，2004年7月16日）

一、本案案情梗概

1. 1996年12月25日，英属开曼群岛A公司与中国某市B公司订立书面协议，组建中外合作经营的C电力公司（以下简称《争端合同》）。双方约定：(1) 外方A公司向C电力公司投资1 200万美元，其预期年利润率为投资金额的18%，由中方合作者加以保证；(2) 外方A公司在C电力公司的七人董事会中，有权指派四名董事，从而享有多数表决权；(3) C电力公司属下电厂的日常经营管理，由中外合作经营的C电力公司董事会委托中方B公司负责。

2. 1997年10月13日，C电力公司合作双方议定：修订和补充了原中外合作经营协议，外方合作者由A公司改为英商X投资公司。

3. 1998年9月14日，中国国务院发布《关于加强外汇外债管理开展外汇外债检查的通知》（以下简称"国发[1998]31号通知"），其中规定：各地机关或

企业对外达成协议或订立合同时,"不得保证外商投资企业的外方获得固定回报";已在协议或合同中定有此类条款者,应予变更。

4. 2002年9月10日由国务院办公厅发布的《关于妥善处理现有保证外方投资固定回报项目有关问题的通知》(以下简称"国发办[2002]43号通知"),对1998年发布的"国发[1998]31号通知"中原先的禁止性规定,从文字上和实质上作了修改。该"通知"规定:应当从有利于项目正常经营和地方经济发展出发,经各方充分协商,由有关地方政府及项目主管部门根据项目的具体情况,分别采取"改"、"购"、"转"、"撤"的有效方式,改变现有的保证外商投资企业的外方获得固定回报的分配方式。

5. 2003年3月11日,根据"国发办[2002]43号通知"的上述有关规定,C电力公司合作双方达成两项补充协议,改变了原有的保证外方获得固定回报的分配方式,代之以外方有权分享C公司税后纯利60%的分配方式。

6. 在此之前,C电力公司的外方合作者即英商X投资公司曾向英商Y保险公司投保,购买了一份为期3年的承保投资"征收"(expropriation)风险事故保险单,具体保险期定为2001年2月20日至2004年2月19日。

7. 2003年3月11日,C电力公司合作双方议定改变了原有的保证外方获得固定回报的分配方式之后,C电力公司的外方合作者即英商X投资公司即向英商Y保险公司提出索赔要求,理由是:上述"国发办[2002]43号通知"乃是中国政府发布的"征收"外商财产的法令,导致英商X投资公司投入中国C电力公司的资产,无法获得原先约定的有保证的固定回报,因而受到"征收"风险事故造成的损失。

8. 英商Y保险公司认为:C电力公司合作双方议定改变原有的保证外方获得固定回报的分配方式,此种改变,并不属于上述保险单所承保的"征收"风险事故,因此拒绝对投保人英商X投资公司给予赔偿。双方磋商未能达成协议,英商X投资公司遂把有关争端提交双方约定的仲裁机构,请求仲裁。英商Y保险公司通过其代理律师,向陈安教授咨询有关中国法律的若干关键问题,要求出具"专家意见书"。

二、咨询的问题

9. 《中华人民共和国合作经营企业法》规定的利润分配原则与《中华人民共和国合资经营企业法》规定的利润分配原则,有何重大区别?

10. 1998年9月14日中国国务院发布的《关于加强外汇外债管理开展外汇外债检查的通知》(即"国发[1998]31号通知")与1988年4月13日中国全国人民代表大会公布施行的《中华人民共和国合作经营企业法》,两者对利润分配原则的规定有所不同,应如何理解?
11. 1998年9月14日中国国务院发布的《关于加强外汇外债管理开展外汇外债检查的通知》(即"国发[1998]31号通知")与1985年3月21日公布施行的《中华人民共和国涉外经济合同法》,这两者对有关问题的规定有所不同,应如何理解?
12. 1998年9月14日中国国务院发布的"国发[1998]31号通知"与2002年9月10日中国国务院发布的"国发办[2002]43号通知",这两者对有关问题的规定有所不同,应如何理解?
13. 2002年9月10日中国国务院发布的"国发办[2002]43号通知"是否具有"溯即既往"的法律效力?
14. 2002年9月10日中国国务院发布的"国发办[2002]43号通知"是否一种强行法(jus cogens),具有强制性法律效力?
15. 2002年9月10日中国国务院发布的"国发[2002]43号通知"是否构成一种"征收法"(Act Of Expropriation)?
16. 2003年3月11日,根据"国发办[2002]43号通知"的上述有关规定,C电力公司合作双方达成两项补充协议(见前文第5段),是否实际上构成了上述保险单(见前文第6段)所承保的"征收"风险事故?

三、专家的看法和意见

(Ⅰ) 1996年签订的中外合作合同(以下简称《争端合同》)第15条关于利润分配的规定在当时是合法的、至今仍是合法的

17. 1988年4月公布施行、2000年10月修订的《中华人民共和国中外合作经营企业法》(以下简称《中外合作企业法》)第2条规定:

>   中外合作者"应当依照本法的规定,<u>在合作企业合同中约定投资或者合作条件,收益或者产品的分配、风险和亏损的分担</u>……事项。"*

---

* 本《法律意见书》摘引文字中的下划线均是作者所加,下同。

同法第 21 条进一步明文规定：

中外合作者依照合作企业合同的规定，分配收益或者产品，承担风险和亏损。

18. 1995 年 9 月公布施行的《中华人民共和国中外合作经营企业法实施细则》（以下简称《中外合作企业法实施细则》或《实施细则》）第 43 条又进一步对投资回报或利润收益的分配方式，作了更加宽松、更加灵活的规定：

中外合作者可以采用分配利润、分配产品或者合作各方共同商定的其他方式分配收益。

19. 上述三条条文，均明确规定和一再重申投资收益或利润回报的分配方式，应当由合同当事人自行在合同中自愿约定。这完全符合于国际通行的"当事人意思自治"这一最基本的法理原则。

20. 《中华人民共和国中外合资经营企业法》（以下简称《中外合资企业法》）第 4 条第 3 款规定：

合营各方按注册资本比例分享利润和分担风险和亏损。

据此，中外合资企业双方当事人的投资回报或利润分享等，必须"按注册资本比例"（或股权比例）实行分配，不能由双方当事人自行在合同中随意另行约定。这是中外合资企业与中外合作企业最主要的区别之一。

21. 在《中外合作企业法》及其《实施细则》中，对中外双方当事人在合同中如何具体约定利润分配和风险分担，并无明确的强制性要求或禁止性规定，悉听双方当事人自愿、平等地磋商和决定。迄今为止，在现行有效的上述这部法律及其《实施细则》中，对于中外合作双方在合同中约定采取何种方式分配投资收益，仍然没有任何具体的强制性要求或禁止性规定。

22. 众所周知，"法无明禁即自由"或"法无明禁即合法"这一原则，在现代法治社会中已经成为普遍共识。一般说来，法律所不禁止的，就属于合法范围，不属于非法或违法范围，就是可以允许的、可行的，当事人就有权自主地、自由地决定取舍。中国现行的大学法律专业核心教材和普遍认同的有关学术著作，都对上述原则作了简扼的阐述和介绍。

23. 根据以上两点，应当认定：1996 年 12 月 25 日订立的某市 C 电力公司合作合同第 15 条关于利润分配的规定是合法的，有效的。

(Ⅱ) 1998年9月《国务院关于加强外汇外债管理开展外汇外债检查的通知》(以下简称"国发[1998]31号通知"),其法律效力是不完备的

24. 《中华人民共和国宪法》对中国各类法律规范的制定权和修改权加以区分。第62条、67条规定:法律的制定权和修改权属于全国人民代表大会及其常务委员会。第89条规定:国务院有权"根据宪法和法律,规定行政措施,制定行政法规,发布决定和命令"。

    2000年7月实施的《中华人民共和国立法法》(以下简称《立法法》)第7条规定:法律的制定权和修改权,由全国人民代表大会及其常务委员会行使。第56条规定:国务院根据宪法和法律,制定行政法规。

25. 《立法法》第79条针对法律和各类行政法规的位阶层次或效力高低作了专门规定,明确指出:"法律的效力高于行政法规"。第87条进一步规定:法律、行政法规等在制定或修改过程中,如有"超越权限的"、"下位法违反上位法规定的"或"违背法律程序的",应通过特定的法律程序予以变更或撤销。

26. 上述"国发[1998]31号通知",充其量只是国务院向下级行政机关传达的内部行政指示(internal administration instruction),其位阶和效力,甚至还低于国务院颁行的"行政法规"或发布的"命令";而上述《中外合作经营企业法》则属于全国人民代表大会制定的"基本法律"之一。后者的位阶层次和法律效力均大大高于前者,前者的规定不得违反后者。

27. 上述"国发[1998]31号通知",是在1988年《中外合作企业法》正式实施十年之后,才作出了"不得保证外商投资企业外方获得固定回报"的新规定,这种新添加、新设立的强制性要求或禁止性规定,从实质上说,乃是针对《中外合作企业法》第2条和第21条规定,即原有的相当宽松和相当灵活的投资回报分配方式,加以修改、限制和部分废止。这种新添加或新设立的强制性要求或禁止性规定,在程序上和实体上都不符合于现行的《中华人民共和国宪法》以及《中华人民共和国立法法》的有关规定。因为,第一,《中外合作企业法》是全国人民代表大会制定的法律,其修改权亦属于全国人民代表大会及其常务委员会。国务院无权对全国人大代表大会制定的法律加以修改、限制、部分废止或全部废止。第二,上述"国发[1998]31号通知"之中新设立的强制性要求或禁止性规定,乃是以"下位法规定"修改、限制、变更"上位法规定",亦即违反了"上位法"的原有规定。因此,这些新

设定的强制性要求或禁止性规定,其法律效力至少是有瑕疵的、不完备的。

(Ⅲ) "国发[1998]31号通知"不具备溯及既往的法律效力

28. "法律不溯及既往"——这是当今国际社会和法治国家公认的法理原则。中国的《立法法》第84条也吸收了这一原则,并对此作出了明确的规定:

> 法律、行政法规、地方性法规……<u>不溯及既往</u>,但为了更好地保护公民,法人和其他组织的权利和利益而作出的特别规定除外。

29. "国发[1998]31号通知",中新设立的关于"不得保证外商投资企业外方获得固定回报"的禁止性规定,发布和施行于<u>1998年9月14日</u>。其中并无"可以溯及既往"的明文特别规定。因此,按"法律不溯及既往"这一公认原则和《立法法》第84条的上述明文规定,该"通知"及其后续的类似通知均<u>不能溯及既往地</u>适用于在<u>1996年12月25日</u>订立并经政府主管部门依法批准生效的前述《争端合同》(见前文第1段、第5段),<u>不能强制要求依法</u>成立的某市C电力公司中外双方当事人,修改或废止该合同中第15条有关投资收益分配的原有规定。

30. 《中华人民共和国涉外经济合同法》(以下简称《涉外经济合同法》)第40条明文规定:

> 在中华人民共和国境内履行、经国家批准成立的中外合资经营企业合同、中外合作经营企业合同、中外合作勘探开发自然资源合同,<u>在法律有新的规定时,可以仍然按照合同的规定执行</u>。

这种具体规定,再一次吸收了和突出地体现了当今举世公认的"当事人意思自治"和"法律不溯及既往"这两大法理原则。

尤其值得注意的是:<u>这部法律</u>由全国人民代表大会制定于1985年3月并自当年7月1日起施行,直至1999年10月1日,其有关规定才由《中华人民共和国合同法》所吸收和取代。而<u>这部法律</u>又正是上述《争端合同》于1996年底订立和生效当时所依据的"现行法"和"特别法"之一,故当时经过中国国家主管部门依法审查和正式批准的该《争端合同》第15条的收益分配方式,是<u>受中国法律保护的</u>,不能任意修改或废止。即使后来的法律或法规有新的规定,该《争端合同》双方当事人其中任何一方,都仍然有权依据上述《涉外经济合同法》第40条授予的法定权利,要求<u>"仍然按照"</u>《争端合同》第15条的原有规定执行。任何部门或个人均不得随意剥夺或强制取消此种法定权利。

据此,"国发[1998]31号通知"中有关"不得保证外方获得固定回报"的禁止性规定,不但是"下位法"的规定,而且是"后继法"或 prospective statute 的规定,它显然不能修改或废止其"上位法"——《涉外经济合同法》第40条的规定,也不能溯及既往地适用于1996年底订立的上述《争端合同》。

31. 1999年12月29日起施行的《最高人民法院关于适用〈中华人民共和国合同法〉若干问题的解释(一)》(以下简称《解释》)特别值得注意。其中第1条规定:

> 合同法实施以后成立的合同发生纠纷起诉到人民法院的,适用合同法的规定;合同法实施以前成立的合同发生纠纷起诉到人民法院的,除本解释另有规定的以外,<u>适用当时的法律规定</u>,当时没有法律规定的,可以适用合同法的有关规定。

32. 据此,要判断《争端合同》第15条原定分配方式之是否合法或是否违法,应当以1996年该合同签订和生效当时有效、至今仍然有效的《中外合作经营企业法》第2条、第21条、《中外合作经营企业法实施细则》第43条(见前文第17—19段)以及当时有效的《涉外经济合同法》第40条(见前文第30段)中相当宽松和相当灵活的规定,作为标准;而不应当以1998年9月发布的"国发[1998]31号通知",之中<u>新设</u>的强制性要求或<u>禁止性规定</u>,作为标准。换言之,依据上述"<u>上位法的规定</u>",该《争端合同》第15条由当事人依法自愿约定的原有分配方式,始终是于法有据的、合法的,是受中国法律保护的,不得任意修改、废止或取消。

(Ⅳ) "国发[1998]31号通知"中的禁止性规定实质上已经在2002年和2004年一再被修改

33. 中国在2001年12月正式加入"世界贸易组织"(WTO)。《WTO 协定》第16条第4款规定:

> 每一成员方应保证其境内法律、法规和行政程序与所附各协定对其规定的义务相一致。

这意味着:凡是加入WTO的每一成员,都承担了条约规定的义务并作出承诺:确保其境内的一切法律、法规和规章,都与WTO协定的规则完全一致。凡有不一致者,均应按有关条约规定对本国的相关法律、法规和规章加以修改或废除。

早在 2001 年 9 月中国政府领导人就公开表示："加入世贸组织后,中国将认真履行对外承诺,根据经济体制的要求和国际通行规则,进一步完善涉外经济环境,创造完备的法制环境"。据《人民日报》报道:中国有关部门当时就开始加紧准备<u>废除或修订一大批违反世贸组织规则的法律、法规和规章</u>。

正是在这一背景下,"国发[1998]31 号通知"中的上述禁止性规定实质上已经在 2002 年 9 月被修改。

34. 2002 年 9 月 10 日由国务院办公厅发布的《关于<u>妥善处理现有保证外方投资固定回报项目有关问题的通知</u>》(以下简称"<u>国发办[2002]43 号通知</u>"),对 1998 年发布的"国发[1998]31 号通知"中原先的强制性要求或禁止性规定,已经从文字上和实质上作了必要的修改,体现了从"相当严格"开始走向"比较宽松"。该"通知"规定:

现有固定回报项目处理的基本原则是:按照《中外合资经营企业法》、《中外合作经营企业法》及其他相关政策规定,坚持中外各方<u>平等互利、利益共享、风险共担</u>,从有利于项目正常经营和地方经济发展出发,<u>各方充分协商</u>,由有关地方政府及项目主管部门根据项目具体情况,采取有效方式予以纠正,维护我国吸收外资的良好环境。

特别值得注意的是本段文字中把"从有利于项目正常经营和地方经济发展的出发,<u>各方充分协商</u>",作为改变现有固定回报分配方式的原则和必经途径。紧接着的后续几段文字提出了"改"(即"提前回收投资"或"外方优先获得投资收益")、"购"(即"中方收购外方全部股权")或"转"(即"将外方投资转为中方外债")、"撤"(即按合同规定条件和法定程序终止合作合同、实行解散清算)等几种处理方式,其中除依法依约已经符合解散条件的合作企业可予解散外,"改"、"购"、"转"三种处理方式,都分别规定了"<u>中外各方应在充分协商的基础上</u>","通过<u>中外各方协商谈判</u>",中外<u>各方协商一致后</u>","<u>经各方协商同意</u>",作为改变现有固定回报分配形式的<u>必要条件、必经途径和必备前提</u>。换言之,不经原合同<u>中外双方当事人</u>的协商和一致同意,就不得由任何行政主管部门以强制手段要求外方当事人,或由中方当事人以强制手段要求外方当事人,放弃现有的固定回报分配方式和被迫接受"改"、"购"、"转"的处理方式。

除此之外,在该"国发办[2002]43 号通知"的倒数第三段中又作出了概括性的重申:"各级地方政府应做好对外解释工作,<u>与外方充分协商</u>,避免由于工作方式简单而引发纠纷,如出现谈判解决不了的特殊情况和问题,要及时报国家计委、外经贸部。"这样的文字表述和条件设置,显然已从原先的"没有商量余地"、"无须征得外方当事人自愿同意"、"必须无条件服从"等简单行政命令和相当僵硬呆板的强制性禁止规定,修改和转变为留有平等协商余地、尊重外方当事人意愿和选择、非单纯行政命令和较为宽松灵活的方式。简言之,原先的强制性、禁止性规定实质上已经改变为协商性、建议性规定。换言之,"国发办[1998]31号通知"中的规定已被"国发办[2002]43号通知"中的规定所取代。

35. 中国《立法法》第83条规定:

> 同一机关制定的法律、行政法规……,新的规定与旧的规定不一致的,适用新的规定。

据此,某市C电力公司所在的当地行政主管部门,或者该公司中的中方合作者,显然不得再援引"国发办[1998]31号通知"的旧规定,以任何强制手段迫使外方放弃《争端合同》第15条原先约定的获得固定回报的合法权利。

36. 随着中国体制改革和对外开放形势的进一步发展,国务院于2004年7月1日又发布了新的行政决定,即《国务院关于投资体制改革的决定》(以下简称"国发[2004]20号决定"或《国务院新决定》)。该《新决定》实事求是地向国内外坦诚承认:

> 中国"现行的投资体制还存在不少问题,特别是企业的投资决策权没有完全落实,……为此,国务院决定进一步深化投资体制改革。"强调:"深化投资体制改革的目标是:改革政府对企业投资的管理制度,按照'谁投资、谁决策、谁收益、谁承担风险'的原则,落实企业投资自主权";强调"企业自主决策";强调"进一步拓宽项目融资渠道,发展多种融资方式"

显而易见,这些新规定都贯穿着进一步强化企业自主经营、自主决策、扩大融资的基本精神,因而深受外商和内商的一致欢迎。中国各级政府的有关主管部门也正在认真贯彻这项新决定,以利于通过多种渠道和多种方式吸引更多的国内外投资,促进中国的现代化建设。

显而易见,这些新规定又再一次和进一步修改了和取代了8年以前[①]

[①] 本《专家意见书》撰写于2006年4月,距"国发[1998]31号通知"发布约8年,故此处称"8年以前"。下同。

"国发[1998]31号通知"中的上述禁止性规定。

37. 据此,我们认为,有关中外合作企业中外商投资固定回报的问题,各级政府主管部门和执法机关都应当根据国务院 2004 年 7 月 1 日的上述《新决定》中强调的新原则,即<u>谁投资、谁决策、谁收益、谁承担风险</u>,充分<u>尊重企业投资自主权、充分尊重企业自主决策、进一步拓宽融资渠道、发展多种融资方式的基本精神</u>,加以慎重考虑和正确处理;不应再僵硬地拘泥于"国发[1998]31 号通知"之中原有的强制性要求或禁止性规定,即那些本来就不能溯及既往的、8 年以前发布的、现在显然已经不合时宜的强制性要求或禁止性规定,强制外方投资者被弃原先已由中外合作双方自主约定、企业自主决定、并经主管行政机关依法正式批准的获得固定回报的合法权利。

38. 反之,如果时至今日,某市 C 电力公司所在的当地行政主管部门,或者该公司中的中方合作者,仍然拒不遵守"国发办[2002]43 号通知"中反复强调的必须与外方合作者<u>充分协商并取得外方同意</u>的原则,拒不遵守上述《国务院新决定》中反复强调的"<u>谁投资、谁决策、谁收益、谁承担风险</u>"、充分尊重企业自主决策、落实企业投资自主权的原则,擅自以强制方式迫使或以欺诈手段诱骗外方放弃《争端合同》第 15 条原先约定的获得固定回报的合法权利,则外方合作者完全有权分别根据中国的现行法律采取以下各种"救济方式",讨回公道。

39. 如果是当地行政主管部门不经过与外方充分协商并征得外方自愿同意,就片面决定和采取行政强制措施迫使,或以欺诈手段诱骗外方合作者放弃原先约定的上述合法权利,则外方合作者有权根据《中华人民共和国行政复议法》向当地政府主管部门及其上级机关申请行政复议。

40. 与此同时,在上述情况下,外方合作者也有权根据《中华人民共和国行政诉讼法》直接以当地政府主管部门作为被告,向有管辖权的中国人民法院提起行政诉讼。

41. 如果合作企业的中方不经过与外方充分平等协商并征得外方自愿同意,就单方决定和采取扣押、冻结利润等手段,迫使外方放弃原先约定的上述合法权利,或以欺诈手段诱骗外方合作者放弃原先约定的上述合法权利,则外方有权根据《争端合同》第 21 条的规定,将合同双方当事人之间的争端提交约定的仲裁机构进行仲裁。

42. 此外,合作企业的外方还有权根据"国发办[2002]43 号通知",向国务院部所属国家计委和中国商务部提出报告,要求处断。

(Ⅴ)"国发办[2002]43 号通知"不是"征收法令";2003 年中外双方
《新协议》不是"征收行为"

43. 根据有关文档所述:在某市 C 电力公司中方合作者(某市 B 公司)的强烈要求下,中外双方于 2003 年 3 月 11 日签订了两份新的协议(以下简称《新协议》),用以修订和补充 1996 年 12 月 25 日签订的《合作合同》和《公司章程》。《新协议》的核心内容是:(1) 删除了原合同和原章程中关于给予外方固定投资回报的规定,改变为把税后净利的 60% 分配给外方;(2) 合作公司的总经理原定应由中方(即甲方)推荐并由董事会委派,《新协议》改为:合作公司的总经理由外方(即乙方)推荐并由董事会委派。[详见 File (2), Contractual Documents, Tab 12, Tab 13]

与此同时,中方负责经营的实业公司("运营方")与某市 C 电力公司("合作公司")也在 2003 年 3 月 11 日签订了一份新的协议,用以修订和补充 1996 年 12 月 25 日签订的《运营和维护合同》,其核心内容是:(1) 强化了合作公司董事会的自主经营权,包含有权以董事会简单多数决议将合作公司掌握大权和实权的总经理解职,并任命新的总经理;有权在一定条件下终止《运营和维护合同》,并另行委托新的运营方,或自行运营电厂。(2) 加重了运营方的违约责任。[详见 File(2), Contractual Documents, Tab 14]

44. 如果以上 Documents,中的 Tabs 12,13,14,均属真实文件,则其法律效力和法律后果依以下条件不同而有差异。

45. 根据本案《仲裁申请书》(Request for Arbitration, 12 January 2006)所称,上述三种《新协议》对 1996 年原合同和原章程作出修改和补充的主要法律依据,乃是"国发办[2002]43 号通知"。因此,有必要对此项通知各项规定的法律特点再次加以概括和归纳:

第一,在法律位阶上,"国发办[2002]43 号通知"充其量只是国务院向下级行政机关传达的内部行政指示,其位阶和效力,甚至还低于国务院颁行的行政法规或发布的命令;而上述《中外合作经营企业法》和《涉外经济合同法》则都属于全国人民代表大会制定的基本法律。根据中国《宪法》和《立法法》的相关规定,后两者的位阶层次和法律效力均大大高于前者,前者的规定不得违反后者。按《立法法》第 79 条的规定,"国发办[2002]43 号通知"显然无权修改、限制或变更上述两部"上位法"中相当宽松的有关外商投资回报的灵活性规定(详见前文第 24—27 段);

第二,在法律时效上,"国发办[2002]43号通知"对于2002年9月10日以前发生的投资事务(含本案《争端合同》)而言,它只是"后继法",不具有溯及既往的法律约束力(详见前文第28—32段);

第三,在法律强制性上,"国发办[2002]43号通知"已经把先前"国发[1998]31号通知"中有关禁止外方投资固定回报的原有的强制性规定,改变为协商性和建议性的规定,面对这种协商性建议,外方投资者可以采纳,同意修改原有的固定回报方式;也可以不采纳,不同意修改原有的固定回报方式(详见前文第28—32段);

第四,在法律选择性上,根据"国发办[2002]43号通知"的协商性和建议性规定,如果外方采纳上述协商性建议,同意修改原先的固定回报方式,则外方还可进一步就该通知所列举的"改"、"购"、"转"、"撤"4种方式之中任选其一,享有充分的选择自由(详见前文第28—32段);

46. 简言之,"国发办[2002]43号通知"之中,针对改变投资固定回报问题,实质上已经取消了强制性要求,恢复了和强调了与有关外国投资人平等协商的原则和尊重"当事人意思自治"的原则。

因此,"国发办[2002]43号通知"本身显然不是所谓"强制征收外商资产的行政法规或行政命令"。换言之,本案仲裁申请人(即某市C电力公司之外方合作者—英商X公司)关于"国发办[2002]43号通知构成了征收外商资产的法规"(The promulgation of Circular No. 43 constitutes an Act of Expropriation)的主张或说法,是没有法律根据的。

47. 如果某市当地的政府主管部门(行政机关和行政机关工作人员)以"国发办[2002]43号通知"为依据或作为借口,采取非平等协商的任何强制手段或欺诈手段,迫使或诱骗某市C电力公司外方合作者英商X投资公司,在上述《新协议》中违心地签字"同意"放弃原定的投资固定回报分配方式,改为获得税后净利的60%,则该行政机关及其工作人员的此种行政行为本身就是对上述43号通知的曲解和滥用,本身就是违法的。这种行为的性质,属于"违法施政",而不能构成"依法征收"。

针对于这种违法施政行为,外方合作者英商X投资公司有权依中国《行政诉讼法》第2条和第11条的规定,向中国的人民法院提起行政诉讼,请求撤销违法施政行为,并索取赔偿。

从本案仲裁申请人英商X投资公司提交的现有文档(Documents)看,未见有这方面的确凿证据。外方合作者英商X投资公司如作以上主张,应负举证责任。

48. 如果只是某市 B 公司(即合作合同的中方、甲方),以"国发办[2002]43 号通知"作为依据,或作为借口,采取非平等协商的任何强制手段、要挟手段或欺诈手段,迫使或诱骗某市 C 电力公司外方合作者英商 X 投资公司,在上述《新协议》中违心地签字"同意"放弃原定的投资固定回报分配方式,改为获得税后净利的 60%,则该中方合作者的此种行为乃属于<u>违法侵权和违约侵权行为,也不能构成"依法征收"</u>。因为,(1) 该中方合作者的法律身份仅仅是一家企业法人,并非政府主管部门或行政机关,不具备"公权力",无权采取任何"征收"行动;(2) 对于上述违法侵权和违约侵权行为,受害的外方合作者不能以"征收"作为诉因,向中国的人民法院提起行政诉讼。

但是,受害的外方合作者英商 X 投资公司有权依中国的《民法通则》、《合同法》等民事法律以及《合作合同》第 20.02 条关于争议解决约定,提交中国北京的 CIETAC 仲裁机构,申请仲裁,要求撤销新协议和索取赔偿。

从本案仲裁申请人英商 X 投资公司提交的现有文档(Documents)看,也未见有某市 B 公司(即合作合同的中方、甲方)实施了上述违法侵权和违约侵权行为的确凿证据。外方合作者英商 X 投资公司如作以上主张,应负举证责任。

49. 根据"国发办[2002]43 号通知"的协商性和建议性规定,如果本案外方英商 X 投资公司<u>自主自愿地</u>采纳上述协商性建议,同意修改原先的固定回报方式,则英商 X 投资公司除了可以选择改为收取 60%税后净利这一分配方式之外,<u>本来还有权</u>就该通知所列举的其他 4 种方式,即"改"("提前回收投资")、"购"("中方收购外方全部股权")或"转"("将外方投资转为中方外债")、"撤"(即按合同规定条件和法定程序终止合作合同、实行解散清算)等几种处理方式之中,任选其一,享有充分的选择自由(详见前文第34—38 段);

如果只是某市 B 公司(即合作合同的中方、甲方),以"国发办[2002]43 号通知"作为依据,或作为借口,采取非平等协商的任何强制手段、要挟手段或欺骗手段,迫使或骗使某市 C 电力公司外方合作者英商 X 投资公司,在上述《新协议》中只能违心地签字"同意"放弃原定的投资固定回报分配方式,改为获得税后净利的 60%,而不能自主自愿地选择其他各种<u>可能更加有利的转变方式</u>,则某市 B 公司的该行为仍然属于违法侵权和违约侵权行为,仍然不能构成"依法征收"。理由同上,兹不另赘。

从本案仲裁申请人英商 X 投资公司提交的现有文档(Documents)看,

也未见有某市 B 公司(即合作合同的中方、甲方)实施了上述强制、要挟或欺诈等违法侵权和违约侵权行为的确凿证据。外方合作者英商 X 投资公司如作以上主张,应负举证责任。

50. 根据前文第 45 段引述的三项《新协议》所示,(1) 中方合作者某市 B 公司与外方合作者英商 X 投资公司同意删除原定给予外方固定投资回报,改为给予税后净利 60%,其重大的<u>交换条件</u>是掌握合作公司运作实权和大权的总经理一职,从原由中方推荐和董事会指派,改为由外方推荐和董事会指派;(2) 掌握电厂运营实权和大权的"运营方"企业及其掌握实权和大权的总经理,也改由外方英商 X 投资公司自主选择决定,等等。显而易见,这种<u>新的"权力分配"</u>,或<u>"权力重新分配"</u>,是十分有利于外方英商 X 投资公司的。如果英商 X 投资公司推荐并由董事会以简单多数决定(实质上就是由<u>占董事会多数的英商 X 投资公司单方指派</u>)的总经理,大权在握,经营得当,运营有方,则英商 X 投资公司所<u>可能获得的税后净利的 60%,其实数</u><u>就有可能超过原先的按投资金额固定回报率 18% 计算的实数</u>。

因此,从这三份《新协议》的核心内容综合分析,并不排除这样的可能:本案某市 C 电力公司的中、外双方合作者是经过充分平等磋商、反复讨价还价之后,各自全面权衡利弊,"各有所取"和"各有所予",在各自自主和自愿的基础上,互相妥协让步,达成了新协议。这种在平等磋商、自主自愿基础上达成的新协议,就其实质而言,<u>乃是双方根据一般市场规则进行一次新的重大交易</u>。这种自主自愿的<u>交易</u>,显然不能被任意定性为"外国政府的征收行为",或已经"发生了"承保范围内的"外国政府征收风险事故"。

51. 综上各点,可以看出,在上述第 47—50 段这 4 种情况下,都不可能定性为中国政府对外商英商 X 投资公司在华资产及其有关合法权益,采取了任何"依法征收"的措施,也不能认定为英商 X 投资公司在华资产及其合法权益发生了承保范围内的"征收"风险事故。因此,英商 X 投资公司公司对有关保险公司即英商 Y 保险公司的风险索赔,是缺乏必要的法律根据和事实根据的。

(Ⅵ) 中国涉外投资法律以及中英双边投资协定中有关征收外国投资的规定

52. 经细察本案仲裁申请人英商 X 投资公司提供的有关保险公司签发"征收保险"的保险单资料,有必要提醒该保险公司注意,中国涉外投资法律以及中英双边投资协定中有关征收外国投资的规定。

53. 《中外合资经营企业法》第 2 条第 3 款规定：

    国家对合营企业不实行国有化和征收；在特殊情况下，根据社会公共利益的需要，对合营企业可以实行征收，并给予相应的补偿。

54. 《中外合作经营企业法》中，没有同样内容或类似内容的具体规定。

55. 但是，1986 年 5 月签订的《中华人民共和国政府和大不列颠及北爱尔兰联合王国政府关于促进和相互保护投资协定》（以下简称《中英 BIT》）第 5 条作出了比较宽泛的关于"征收"的规定：

    一、只有为了与国内需要相关的公共目的，并给予合理的补偿，缔约任何一方国民或公司在缔约另一方领土内的投资方可被征收、国有化或采取与此种征收或国有化效果相同的措施（以下称"征收"）。此种补偿应等于投资在征收或即将进行的征收已为公众所知前一刻的真正价值，应包括直至付款之日按正常利率计算的利息，支付不应不适当地迟延，并应有效地兑换和自由转移。受影响的国民或公司应有权依照采取征收的缔约一方的法律，要求该一方的司法或其他独立机构根据本款规定的原则迅速审理其案件和其投资的价值。

    二、缔约一方依照有效法律对在其领土内任何地方设立或组成的并由缔约另一方国民或公司持有股份的公司之资产进行征收时，应保证适用本条第一款的规定，从而保证拥有此种股份的缔约另一方国民或公司就其投资得到合理的补偿。

    从法律逻辑上推论，上述《中英 BIT》中有关保护英国国民或公司在华投资的规定，理应同时适用于保护投入中国中外合作经营企业之中的英方投资，并且保护英国保险公司在向被保险人理赔之后从被保险人处转移取得的"代位索赔权"。

56. 但是，《中英 BIT》中所规定的"征收"或"效果相同的措施"，均指承保的确实已经发生，因此英方国民或公司在华投资确实已经蒙受损失而言，而不包括未来可能发生的风险事故或被保险人可能蒙受的损失在内。因此，如果英国的保险公司在其承保的保险事故尚未确实发生并导致被保险人确实已经蒙受损失之前，就擅自提前预先向被保险人理赔付款，则日后该保险公司就很难或根本不可能援引《中英 BIT》中的相关规定向中国的司法机关或其他独立机构起诉或申请"代位索赔"。

57. 据此，承保某市 C 电力公司外方合作人英商 X 投资公司在华投资"征用"风险的英国 Y 保险公司，应当在依保险合同理赔付款之前，务必根据被保险人提供的各种确凿可信的证据,认真澄清和核实中国的有关行政机关以及中方的合作人是否曲解、滥用"国发办[2002]43号通知"作为依据,或作为借口,是否确实已经采取强制措施或欺诈手段,迫使或诱骗被保险人放弃取得固定回报的权利,被保险人是否因此而确实已经蒙受了损失。

四、结 论

综上所述,可以得出以下5点结论:

58. 从提供的现有Documents(3 Files,587 pages)看,未发现有确凿的、足以证明英商X投资公司在华资产及其合法权益已被中国政府"依法征收"。"国发办[2002]43号通知"不是"征收法令";2003年3月11日中外合作者达成的2份新《新协议》不构成"征收行为"。

59. 根据当代国际社会和法治国家公认的"当事人意思自治"、"法无明禁即自由"以及"法律不溯及既往"的法理原则,根据已经吸收了和体现了这些法理原则的中国法律的有关规定,《争端合同》第15条关于利润分配的约定在立约当时是合法的、至今仍是合法的;因此应当受到中国法律的保护。中国当地的行政主管机关或某市C电力公司的中方合作人,都无权采取任何强制措施或诱骗手段,擅自修改、废止该合同原定的利润分配方式,都无权强迫或诱骗该公司的外方合作人放弃其依法、依约取得的投资固定回报权利。

60. 中国当地的行政主管机关或某市C电力公司的中方合作人出于现实情况的需要,可以向外方投资合作人英商X投资公司提出建议,要求修改合作合同中原定的投资固定回报的分配方式,另行采取"提前回收投资"、"外方优先获得投资收益"、"中方收购外方全部股权"或"将外方投资转为中方外债"等新的分配方式,但是,所有这些建议,都必须切实遵照和贯彻"国发[2004]20号决定"以及"国发[2002]43号通知"所强调的原则和方式,即"谁投资、谁决策、谁收益"、充分尊重"企业投资自主权"和"企业自主决策"、"与外方充分协商并取得外方同意",方可实施。而不得违背上述国务院行政决定和行政命令规定的原则和方式,采取任何强制手段或欺诈手段,强迫或诱骗外方合作者接受任何此类"建议"。

61. 如果中国当地的行政主管机关或某市C电力公司的中方合作者不遵守中

国法律关于保护外商投资的规定,不遵守中国国务院发布的上述行政决定和行政命令,则外方合作者有权采取申请行政复议、提起行政诉讼或提交仲裁等方式,要求有管辖权的行政机关、司法机关或仲裁机构作出决定、判决或裁决,切实保护外方合作者英商 X 投资公司(投资人)的合法权益,使英商 X 投资公司取得应有的损害赔偿。

62. 为外方合作者英商 X 投资公司(投资人)在华投资提供"征收保险"的外国(英国)保险公司,在依照保险合同理赔付款之前,务必认真澄清和核实承保的"征收风险事故"确已发生,并确已导致被保险人遭受损失。否则,日后保险公司就极难或不可能向中方有关主管部门或中方有关当事人实行"代位索赔"。

中国资深法律专家、法学教授

陈 安

2006 年 4 月 25 日

【附录】

(Ⅰ)国务院《关于加强外汇外债管理开展外汇外债检查的通知》
("国发[1998]31 号通知",1998 年 9 月 14 日)[①]

各省、自治区、直辖市人民政府,国务院各部委、各直属机构:

随着经济改革不断深入和对外开放日益扩大,近年来我国进出口贸易和利用外资持续快速发展,国际收支状况良好,人民币汇率稳定,外债规模得到较好控制,国家外汇储备有了较大幅度的增长,有力地促进了国民经济持续、快速、健康发展。但是,最近一个时期以来,以多种手段非法逃套国家外汇的案件增多,一些地方和单位未经批准擅自到境外发债和对外提供担保,或以保证外方固定回报等形式变相对外举债。为了保持我国国际收支平衡和人民币汇率的稳定,有效防范涉外金融风险,确保经济增长目标的实现,国务院决定,进一步加强外汇外债管理,并开展全国外汇外债检查。现就有关问题通知如下:

---

① 法规中心——国务院行政法规库,http://www.chinalawedu.com/news/2003_10%5C5%5C2103171559.htm。

一、严厉打击逃套汇行为和外汇黑市，加强反骗汇工作

1. 加强对金融机构外汇业务的监管，防止骗汇行为发生。人民银行、外汇局要加强对外汇指定银行和其他金融机构经营外汇业务的监管。外汇指定银行要严格执行国家有关结汇、售汇、付汇和开户等管理规定，认真审查购汇单据的真实性，对大额、高频等异常购汇、付汇和二次核对发现假单证的，要及时向外汇局报告，并由外汇局根据有关规定进行处理；严禁无单证或单证不符、单证不齐售汇以及超过规定比例和金额售汇；总行不得对分支机构结售汇业务下达数量考核指标。对严重违反规定的外汇指定银行，由人民银行停止其结汇、售汇业务；并对其主要负责人和直接责任人给予纪律处分直至撤职，情节严重，构成犯罪的，移送司法机关依法追究刑事责任。

2. 规范外贸代理业务，严格加工贸易管理，加强出口收汇工作。外经贸部门要加强对外贸公司代理业务的规范管理。代理进口业务，必须由代理单位签订进口合同，办理制单、购汇、付汇及报关手续，并对所办单证的真实性负责。严禁外贸公司"四自三不见"（即自带客户、自带货源、自带汇票、自行报关；不见进口产品、不见供货货主、不见外商）的代理进口和外商投资企业违规的代理进口。对无证购汇或者以假单证向外汇指定银行骗购外汇等非法套汇行为，由外汇局依照国家有关规定予以处罚；有进出口经营权的企事业单位从事、参与违规购汇，累计金额超过 100 万美元的，由外经贸主管部门撤销其对外贸易经营许可，并追究直接责任人和有关负责人的责任；情节严重，构成犯罪的，移送司法机关依法追究刑事责任。外经贸部门要将出口与收汇结合起来考核企业的经营业绩，敦促和监督企业按时足额收汇，纠正重出口、轻收汇的倾向，防止外汇流失和将外汇滞留境外。

3. 加快计算机联网，加强对报关单和进出口核销工作的管理。海关总署和国家外汇管理局要密切配合，在今年内，建立海关与外汇局之间的双向快速反应数据通信网络，做到及时传送收、付汇核销单签发和核销数据，以及进出口报关单收、付汇核销证明数据，并以此作为双方审核进出口企业申报单证真实性的依据。海关要加强对报关行和报关人员的管理，加强对进出口货物的查验和估价工作，打击进出口货物中的伪报、瞒骗等违法活动。在海关与外汇局建立数据通讯网络之前，要加强对报关单的二次核对工作，对已验明的假报关单，要立即反馈给送验单位，并抄报海关总署和国家外汇管理局。

4. 清理"三无"企业，严防逃套外汇行为。工商行政管理部门要加强对公司登记注册的审核管理，对"三无"企业（即无资金、无场地、无机构的企业），无正当理由超过 6 个月未开业或开业后自行停止 6 个月以上的企业，要依法吊销

其营业执照。杜绝不法分子利用临时成立的"空壳"公司从事逃套外汇等非法活动。

5. 严肃查处制假行为,打击犯罪活动。公安部门对海关、外汇局和外汇指定银行在查处骗汇案件中发现的制造假单证等犯罪线索,要及时依法予以立案侦查。

6. 坚决取缔外汇黑市,从严惩治违法犯罪活动。由外汇局牵头,公安、工商行政管理、海关、银行等部门紧密配合,对专门从事外汇黑市交易的不法分子从严查处。近期要在少数外汇黑市活动比较猖獗的沿海城市,组织一次专项斗争,严惩从事非法外汇交易活动的贩汇团伙。

二、从严控制外债规模,加强资本项目外汇管理

1. 严格控制外债规模,加强外债统一管理。国家对全国外债总量和结构实行统一监管,保持外债的合理规模和结构。国家发展计划委员会要根据经济发展需要和国际收支状况,按照外债借、用、还和责、权、利相统一的原则,合理确定借用国外贷款的规模,并将主要外债指标控制在安全线以内。中国人民银行和国家外汇管理局要严格控制短期外债的规模,使短期外债在外债总量中保持合理比重。对国有商业银行实行中长期外债余额管理,合理安排外债投向,提高外债使用效益,改善商业银行的资产负债结构,具体管理办法由国家发展计划委员会会同中国人民银行等部门另行制定。外汇局要加强和完善外债统计监测,提供及时、全面、准确的外债信息。有关政府部门应充分认识外债统计工作的重要性,及时、准确地报送本部门管理的外债数据,以提高我国外债分析、预测的时效性和准确性,为领导决策提供科学依据。任何单位以任何形式对外借款都必须到外汇局进行外债登记,对隐匿不报的,由外汇局依照国家有关规定给予处罚。

2. 强化对外借款的管理,严禁非法对外融资。国家对各种形式的对外借款实行全口径管理,除国务院授权的政府部门有权筹借国际金融组织和外国政府优惠贷款外,其他政府部门对外借款必须经国务院批准;国内中资金融机构对外借款,必须有中国人民银行批准的对外借款业务许可;符合条件的国内大型企业集团,按照规定经国家主管部门批准后方可直接对外借款。以上单位对外借款,必须纳入国家借用国外贷款规模,其中短期外债必须严格按照国家外汇管理局核定的余额对外筹借。外商投资企业可依法自主对外借款,但所筹借的中长期外债数额,不得超过合同或章程规定的投资总额与注册资本之间的差额。对于超出部分的借款,属于投资所需要的,外商投资企业各方须修改合同或章程,报经原审批部门批准后,向外汇局办理外债登记手续。其他任何单位

无权直接对外借款。

严格规范境外融资担保。政府机关和事业单位不得对外提供担保或变相担保,其他机构对外担保必须经外汇局批准或登记备案。任何地方、部门和单位违反规定擅自对外举债或对外担保,其借款或担保协议(合同)一律无效,银行不得为其开立外汇账户,外债本息不得擅自汇出,由此造成的损失由债权人自行负责。对非法对外融资和违规对外担保的有关责任人和领导者给予行政或者纪律处分,直至撤职或开除公职;情节严重,构成渎职罪的,移送司法机关依法追究刑事责任。

加强对远期信用证开证的审查力度。对超过3个月(含3个月)的远期信用证纳入外债统计监测范围;对超过1年(含1年)的远期信用证实行逐笔报批制度,未经批准,任何机构不得对外开具。禁止对外开具无贸易背景的远期信用证。金融机构要尽快建立健全统一授信等管理制度,防范和化解金融风险。

3. 认真清理对外借款机构,切实保证偿还外债。人民银行要严格审查和清理现有对外借款机构,对不合格的金融机构要取消其对外借款资格,对新的对外借款机构要从严审查。国家发展计划委员会和中国人民银行对境外发债窗口,要根据其资产负债比例、债务质量、经营业绩等进行重新审核,从严控制发债窗口的数量。人民银行要严格管理信托投资公司对外借款和债务,禁止举借外债偿还国内债务。各信托投资公司要在地方政府的直接领导下,认真清理现有外债,制订具体方案,切实保证偿还外债。对外借款单位要严格贯彻谁借谁还的原则,承担偿债责任,不得以任何理由拖欠或拒付到期债务;要认真清理本单位的外债,制定有效的还款措施,落实还款资金,确保偿还对外债务。各地区、各部门要高度重视外债管理,明确对外借款偿还责任,建立相应的偿债准备基金,积极防范外债风险。

4. 要加强对提前偿还外债的管理。当前要严格控制提前偿还外债。坚决禁止用人民币购汇提前偿还外债。同时,加强本外币政策的协调,商业银行要注意资金投向,不得为提前偿还外债发放人民币贷款。

5. 严格规范吸收外资行为,坚决纠正和防止变相对外举债,包括违反风险共担原则保证外商投资企业外方固定回报的做法。吸收外商投资,要贯彻中外投资者共担风险、共享收益、共负亏损的原则。中方不顾投资项目的经营效益和市场承受能力,承诺其产品的价格或收费水平,或以项目以外的收入等保证外方固定投资收益,其实质都是变相举债,要坚决防止和纠正。国家发展计划委员会要会同国家外汇管理局、对外贸易经济合作部等有关部门,对变相举债情况进行一次清理,并分别不同情况提出处理意见,于1998年年底之前报国务院审批。对此项清理工作,地方政府要积极配合。

今后,任何单位不得违反国家规定保证外方投资固定回报。在审批外商投资项目及合同时,有关部门要严格把关。对保证外方投资固定回报的错误做法,一经发现要坚决予以纠正,物价管理部门不得批准其产品价格和收费标准,外汇局不得批准有关购汇申请。对有关责任人要严肃查处,并追究领导人的责任。

6. 严格执行资本项目结汇备案登记和审批制度,及时把握资本项目结汇走势。凡需要结汇的利用外资项目,必须按规定报外汇局备案,未备案登记的项目,外汇局不予批准结汇。项目审批机关在审批项目可行性研究报告时,要将项目需结汇的金额抄送外汇局。

7. 加强对上市公司的外汇管理。中国证券监督管理委员会要将批准境外上市外资股的有关文件抄送国家外汇管理局,由国家外汇管理局对上市公司所筹外汇资金进行监控,并限期调回境内。中国证券监督管理委员会在审批境内机构发行外资股时,要优先选择有直接用汇需求的企业。

8. 加强对境外债权投资管理,控制外汇流出。外汇局要对境内机构境外债权进行一次清查,有境外债权的机构要在1998年年底之前向外汇局如实报送有关数据和情况,对隐匿不报或虚报瞒报的,一经发现,要追究有关责任人和领导者的责任。各主管部门应加强对境外债权的管理,按规定及时将应调回的资金调回境内,外贸公司要及时催收出口货款。

三、开展外汇外债检查,纠正各类违规违法行为

1. 开展自查,及时纠正。各地区、各部门首先要在本地区、本系统内开展外汇外债的全面自查工作,地方政府自查的重点是本地区的变相举债情况,要及时纠正发现的问题,并于10月30日前将自查及纠正情况报告国务院。

中国人民银行、国家外汇管理局、对外贸易经济合作部、海关总署、国家工商行政管理局、公安部等部门要重点检查去年六部委联合发布的《关于加强反骗汇工作的通知》执行情况,尤其是基层和沿海地区的落实情况,核实已发现的问题,评估改进措施的效果。

2. 联合检查,严肃处理。在各地区、各部门自查的基础上,由国家发展计划委员会和中国人民银行分别牵头,会同有关部门组成联合检查组,在今年10月上旬开始对重点地区和重点问题进行检查,并将检查情况报告国务院。

(1) 中国人民银行会同国家外汇管理局、对外贸易经济合作部、海关总署、公安部、国家工商行政管理局组成联合检查组,重点打击逃套汇和外汇黑市。主要检查结售汇出现逆差和结售汇顺差大幅下降的地区。检查的内容主要有:

① 企业通过银行的异常购付汇情况；② 外贸公司在代理进口中严禁"四自三不见"的执行情况，以及外经贸部门对外贸公司代理业务的规范管理情况；③ 海关对送验报关单的鉴定情况；④ 工商行政管理部门清理"三无企业"情况；⑤ 公安部门对海关、外汇局、外汇指定银行移交的制假骗汇案件的调查处理情况；⑥ 外汇局打击外汇黑市的情况和对骗汇案件的处罚情况。

（2）国家发展计划委员会会同中国人民银行、对外贸易经济合作部组成联合检查组，重点检查和清理的内容是：① 企业和地方政府违规进行对外借款和对外担保情况；② 吸收外商投资中保证外方投资固定回报情况；③ 信托投资公司的对外债务。

各地区、各部门要认真贯彻落实党中央、国务院关于加强外汇管理、从严控制外债规模、规范吸收外商投资的各项政策措施，依法打击逃套汇和外汇黑市以及非法对外融资和变相举债等活动，积极防范涉外金融风险，维护国际收支平衡和人民币汇率稳定，促进国民经济持续、快速、健康发展。

（Ⅱ）国务院办公厅《关于妥善处理现有保证外方投资固定回报项目有关问题的通知》（"国发办[2002]43号通知"，2002年9月10日）①

各省、自治区、直辖市人民政府，国务院各部委、各直属机构：

1998年9月《国务院关于加强外汇外债管理开展外汇外债检查的通知》（国发[1998]31号）下发后，各地相继开展了清理和纠正保证外方投资固定回报项目（以下简称固定回报项目）的工作。几年来，有相当一批固定回报项目得到纠正，基本上未出现新的固定回报项目，有效维护了国家利益和投资各方的合法权益；但还有一些固定回报项目未能妥善处理。2001年4月《国务院关于进一步加强和改进外汇收支管理的通知》（国发[2001]10号）下发后，各地根据要求对现有固定回报项目进行了清查并提出了处理意见。

为进一步规范吸引外资行为，妥善解决历史遗留问题，促进我国吸引外资工作健康发展，经国务院批准，现就处理固定回报项目有关问题通知如下：

一、现有固定回报项目处理的基本原则

保证外方投资固定回报不符合中外投资者利益共享、风险共担的原则，违反了中外合资、合作经营有关法律和法规的规定。在当前国内资金相对充裕、融资成本较低、吸引外资总体形势良好的有利条件下，各级地方政府应采取有

---

① http://www.cc.ln.gov.cn/lncj/shownews.asp?newsid=307。

力措施,妥善处理现有固定回报项目。

现有固定回报项目处理的基本原则是:按照《中外合资经营企业法》、《中外合作经营企业法》及其他相关政策规定,坚持中外各方平等互利、利益共享、风险共担,从有利于项目正常经营和地方经济发展出发,各方充分协商,由有关地方政府及项目主管部门根据项目具体情况,采取有效方式予以纠正,维护我国吸引外资的良好环境。

二、采取多种方式,妥善处理不同类型的固定回报项目

根据以上原则,对不同类型的固定回报项目,可以采取以下方式进行处理:

(一)对于以项目自身收益支付外方投资固定回报的项目,中外各方应在充分协商的基础上修改合同或协议,以提前回收投资等合法的收益分配形式取代固定回报方式。

(二)对于项目亏损或收益不足,以项目外资金支付外方部分或大部分投资回报,或者未向外方支付原承诺的投资回报的项目,可以根据项目情况,分别采取"改"、"购"、"转"、"撤"等方式进行处理:

1. "改"。通过中外各方协商谈判,取消或者修改合同中固定回报的条款,重新确定中外各方合理的收益分配方式和比例。对于外方提前回收投资或外方优先获得投资收益的,应明确其来源只能是项目可分配的经营性收入和其他合法收入。对于以合同外协议形式保证外方固定回报的,以及地方政府、地方财政部门、其他行政机关和单位为外方提供固定回报承诺或担保的,有关协议和担保文件应予撤销。

2. "购"。各方协商一致后,经有关部门批准,可以由中方按照合理价格收购外方全部股权,终止执行有关合同及协议,根据相关规定妥善处理善后事宜,有关企业改按内资企业管理。涉及购汇事宜,由外汇局按规定办理。

3. "转"。对于具备外债偿还能力或已落实外债偿还实体的项目,经各方协商同意,可以申请将原外商投资按照合理的条件转为中方外债。经国家计委会同外经贸部、外汇局批准后,办理外债登记,以后按照外债还本付息购汇及支付。有关项目改按内资企业管理。

4. "撤"。对于亏损严重或不具备继续经营条件的企业,以及符合合同、章程规定解散条件的企业,经有关主管部门批准,可按照法定程序终止合营合同的执行,根据有关法律和规定予以清算。

(三)对于仅通过购电协议形式实现外方投资预期回报的项目,不纳入此次固定回报项目处理范围,今后结合电力体制改革总体方案及相关配套政策逐步妥善处理。

三、密切配合,严格执法,维护我国吸引外资的良好环境

凡固定回报项目尚未得到妥善处理的地区,项目所在省(自治区、直辖市)人民政府应根据上述原则和意见,采取有效方式处理现有固定回报项目,并于2002年底之前完成整改工作。各级计划、外经贸、外汇、财税、工商管理等部门及外汇指定银行要积极配合此项工作,按照国家有关法规和政策规定,办理相关手续,妥善解决项目处理过程中涉及的各项具体问题。各级地方政府应做好对外解释工作,与外方充分协商,避免由于工作方式简单而引发纠纷,如出现谈判解决不了的特殊情况和问题,要及时报国家计委、外经贸部。

从2003年1月1日起,凡外方所得收益超过项目可分配的经营性收入和其他合法收入的固定回报项目,未经国家外汇局批准,外汇指定银行不得为其办理外汇的购买和对外支付事宜。

各级地方政府在积极吸引外商投资促进经济发展的同时,要严格执行国家各项法律、法规和政策规定,维护我国利用外资的良好环境。今后任何单位不得违反国家规定保证外方投资固定回报,也不得以吸引外资的名义变相对外借款。违者一经发现将从严处理,所签订合同或协议一律无效,同时追究有关领导和责任人的责任。

国务院办公厅
二〇〇二年九月十日

(Ⅲ) 国务院《关于投资体制改革的决定》("国发[2004]20号决定",2004年7月16日)[1]

改革开放以来,国家对原有的投资体制进行了一系列改革,打破了传统计划经济体制下高度集中的投资管理模式,初步形成了投资主体多元化、资金来源多渠道、投资方式多样化、项目建设市场化的新格局。但是,现行的投资体制还存在不少问题,特别是企业的投资决策权没有完全落实,市场配置资源的基础性作用尚未得到充分发挥,政府投资决策的科学化、民主化水平需要进一步提高,投资宏观调控和监管的有效性需要增强。为此,国务院决定进一步深化投资体制改革。

---

[1] http://www.moc.gov.cn/zizhan/siju/gonglusi/falvfagui_ZH/200710/t20071023_439936.html.

一、深化投资体制改革的指导思想和目标

（一）深化投资体制改革的指导思想是：按照完善社会主义市场经济体制的要求，在国家宏观调控下充分发挥市场配置资源的基础性作用，确立企业在投资活动中的主体地位，规范政府投资行为，保护投资者的合法权益，营造有利于各类投资主体公平、有序竞争的市场环境，促进生产要素的合理流动和有效配置，优化投资结构，提高投资效益，推动经济协调发展和社会全面进步。

（二）深化投资体制改革的目标是：改革政府对企业投资的管理制度，按照"谁投资、谁决策、谁收益、谁承担风险"的原则，落实企业投资自主权；合理界定政府投资职能，提高投资决策的科学化、民主化水平，建立投资决策责任追究制度；进一步拓宽项目融资渠道，发展多种融资方式；培育规范的投资中介服务组织，加强行业自律，促进公平竞争；健全投资宏观调控体系，改进调控方式，完善调控手段；加快投资领域的立法进程；加强投资监管，维护规范的投资和建设市场秩序。通过深化改革和扩大开放，最终建立起市场引导投资、企业自主决策、银行独立审贷、融资方式多样、中介服务规范、宏观调控有效的新型投资体制。

二、转变政府管理职能，确立企业的投资主体地位

（一）改革项目审批制度，落实企业投资自主权。彻底改革现行不分投资主体、不分资金来源、不分项目性质，一律按投资规模大小分别由各级政府及有关部门审批的企业投资管理办法。对于企业不使用政府投资建设的项目，一律不再实行审批制，区别不同情况实行核准制和备案制。其中，政府仅对重大项目和限制类项目从维护社会公共利益角度进行核准，其他项目无论规模大小，均改为备案制，项目的市场前景、经济效益、资金来源和产品技术方案等均由企业自主决策、自担风险，并依法办理环境保护、土地使用、资源利用、安全生产、城市规划等许可手续和减免税确认手续。对于企业使用政府补助、转贷、贴息投资建设的项目，政府只审批资金申请报告。各地区、各部门要相应改进管理办法，规范管理行为，不得以任何名义截留下放给企业的投资决策权利。

（二）规范政府核准制。要严格限定实行政府核准制的范围，并根据变化的情况适时调整。《政府核准的投资项目目录》（以下简称《目录》）由国务院投资主管部门会同有关部门研究提出，报国务院批准后实施。未经国务院批准，各地区、各部门不得擅自增减《目录》规定的范围。

企业投资建设实行核准制的项目，仅需向政府提交项目申请报告，不再经过批准项目建议书、可行性研究报告和开工报告的程序。政府对企业提交的项目申请报告，主要从维护经济安全、合理开发利用资源、保护生态环境、优化重

大布局、保障公共利益、防止出现垄断等方面进行核准。对于外商投资项目,政府还要从市场准入、资本项目管理等方面进行核准。政府有关部门要制定严格规范的核准制度,明确核准的范围、内容、申报程序和办理时限,并向社会公布,提高办事效率,增强透明度。

(三)健全备案制。对于《目录》以外的企业投资项目,实行备案制,除国家另有规定外,由企业按照属地原则向地方政府投资主管部门备案。备案制的具体实施办法由省级人民政府自行制定。国务院投资主管部门要对备案工作加强指导和监督,防止以备案的名义变相审批。

(四)扩大大型企业集团的投资决策权。基本建立现代企业制度的特大型企业集团,投资建设《目录》内的项目,可以按项目单独申报核准,也可编制中长期发展建设规划,规划经国务院或国务院投资主管部门批准后,规划中属于《目录》内的项目不再另行申报核准,只须办理备案手续。企业集团要及时向国务院有关部门报告规划执行和项目建设情况。

(五)鼓励社会投资。放宽社会资本的投资领域,允许社会资本进入法律法规未禁入的基础设施、公用事业及其他行业和领域。逐步理顺公共产品价格,通过注入资本金、贷款贴息、税收优惠等措施,鼓励和引导社会资本以独资、合资、合作、联营、项目融资等方式,参与经营性的公益事业、基础设施项目建设。对于涉及国家垄断资源开发利用、需要统一规划布局的项目,政府在确定建设规划后,可向社会公开招标选定项目业主。鼓励和支持有条件的各种所有制企业进行境外投资。

(六)进一步拓宽企业投资项目的融资渠道。允许各类企业以股权融资方式筹集投资资金,逐步建立起多种募集方式相互补充的多层次资本市场。经国务院投资主管部门和证券监管机构批准,选择一些收益稳定的基础设施项目进行试点,通过公开发行股票、可转换债券等方式筹集建设资金。在严格防范风险的前提下,改革企业债券发行管理制度,扩大企业债券发行规模,增加企业债券品种。按照市场化原则改进和完善银行的固定资产贷款审批和相应的风险管理制度,运用银团贷款、融资租赁、项目融资、财务顾问等多种业务方式,支持项目建设。允许各种所有制企业按照有关规定申请使用国外贷款。制定相关法规,组织建立中小企业融资和信用担保体系,鼓励银行和各类合格担保机构对项目融资的担保方式进行研究创新,采取多种形式增强担保机构资本实力,推动设立中小企业投资公司,建立和完善创业投资机制。规范发展各类投资基金。鼓励和促进保险资金间接投资基础设施和重点建设工程项目。

(七)规范企业投资行为。各类企业都应严格遵守国土资源、环境保护、安全生产、城市规划等法律法规,严格执行产业政策和行业准入标准,不得投资建设国家禁止发展的项目;应诚信守法,维护公共利益,确保工程质量,提高投资效益。国有和国有控股企业应按照国有资产管理体制改革和现代企业制度的要求,建立和完善国有资产出资人制度、投资风险约束机制、科学民主的投资决策制度和重大投资责任追究制度。严格执行投资项目的法人责任制、资本金制、招标投标制、工程监理制和合同管理制。

三、完善政府投资体制,规范政府投资行为

(一)合理界定政府投资范围。政府投资主要用于关系国家安全和市场不能有效配置资源的经济和社会领域,包括加强公益性和公共基础设施建设,保护和改善生态环境,促进欠发达地区的经济和社会发展,推进科技进步和高新技术产业化。能够由社会投资建设的项目,尽可能利用社会资金建设。合理划分中央政府与地方政府的投资事权。中央政府投资除本级政权等建设外,主要安排跨地区、跨流域以及对经济和社会发展全局有重大影响的项目。

(二)健全政府投资项目决策机制。进一步完善和坚持科学的决策规则和程序,提高政府投资项目决策的科学化、民主化水平;政府投资项目一般都要经过符合资质要求的咨询中介机构的评估论证,咨询评估要引入竞争机制,并制定合理的竞争规则;特别重大的项目还应实行专家评议制度;逐步实行政府投资项目公示制度,广泛听取各方面的意见和建议。

(三)规范政府投资资金管理。编制政府投资的中长期规划和年度计划,统筹安排、合理使用各类政府投资资金,包括预算内投资、各类专项建设基金、统借国外贷款等。政府投资资金按项目安排,根据资金来源、项目性质和调控需要,可分别采取直接投资、资本金注入、投资补助、转贷和贷款贴息等方式。以资本金注入方式投入的,要确定出资人代表。要针对不同的资金类型和资金运用方式,确定相应的管理办法,逐步实现政府投资的决策程序和资金管理的科学化、制度化和规范化。

(四)简化和规范政府投资项目审批程序,合理划分审批权限。按照项目性质、资金来源和事权划分,合理确定中央政府与地方政府之间、国务院投资主管部门与有关部门之间的项目审批权限。对于政府投资项目,采用直接投资和资本金注入方式的,从投资决策角度只审批项目建议书和可行性研究报告,除特殊情况外不再审批开工报告,同时应严格政府投资项目的初步设计、概算审批工作;采用投资补助、转贷和贷款贴息方式的,只审批资金申请报告。具体的权限划分和审批程序由国务院投资主管部门会同有关方面研究制定,报国务院批准后颁布实施。

（五）加强政府投资项目管理，改进建设实施方式。规范政府投资项目的建设标准，并根据情况变化及时修订完善。按项目建设进度下达投资资金计划。加强政府投资项目的中介服务管理，对咨询评估、招标代理等中介机构实行资质管理，提高中介服务质量。对非经营性政府投资项目加快推行"代建制"，即通过招标等方式，选择专业化的项目管理单位负责建设实施，严格控制项目投资、质量和工期，竣工验收后移交给使用单位。增强投资风险意识，建立和完善政府投资项目的风险管理机制。

（六）引入市场机制，充分发挥政府投资的效益。各级政府要创造条件，利用特许经营、投资补助等多种方式，吸引社会资本参与有合理回报和一定投资回收能力的公益事业和公共基础设施项目建设。对于具有垄断性的项目，试行特许经营，通过业主招标制度，开展公平竞争，保护公众利益。已经建成的政府投资项目，具备条件的经过批准可以依法转让产权或经营权，以回收的资金滚动投资于社会公益等各类基础设施建设。

四、加强和改善投资的宏观调控

（一）完善投资宏观调控体系。国家发展和改革委员会要在国务院领导下会同有关部门，按照职责分工，密切配合、相互协作、有效运转、依法监督，调控全社会的投资活动，保持合理投资规模，优化投资结构，提高投资效益，促进国民经济持续快速协调健康发展和社会全面进步。

（二）改进投资宏观调控方式。综合运用经济的、法律的和必要的行政手段，对全社会投资进行以间接调控方式为主的有效调控。国务院有关部门要依据国民经济和社会发展中长期规划，编制教育、科技、卫生、交通、能源、农业、林业、水利、生态建设、环境保护、战略资源开发等重要领域的发展建设规划，包括必要的专项发展建设规划，明确发展的指导思想、战略目标、总体布局和主要建设项目等。按照规定程序批准的发展建设规划是投资决策的重要依据。各级政府及其有关部门要努力提高政府投资效益，引导社会投资。制定并适时调整国家固定资产投资指导目录、外商投资产业指导目录，明确国家鼓励、限制和禁止投资的项目。建立投资信息发布制度，及时发布政府对投资的调控目标、主要调控政策、重点行业投资状况和发展趋势等信息，引导全社会投资活动。建立科学的行业准入制度，规范重点行业的环保标准、安全标准、能耗水耗标准和产品技术、质量标准，防止低水平重复建设。

（三）协调投资宏观调控手段。根据国民经济和社会发展要求以及宏观调控需要，合理确定政府投资规模，保持国家对全社会投资的积极引导和有效调控。灵活运用投资补助、贴息、价格、利率、税收等多种手段，引导社会投资，优化投资的产业结构和地区结构。适时制定和调整信贷政策,引导中长期贷款的总量和投向。严格和规范土地使用制度,充分发挥土地供应对社会投资的调控和引导作用。

(四)加强和改进投资信息、统计工作。加强投资统计工作,改革和完善投资统计制度,进一步及时、准确、全面地反映全社会固定资产存量和投资的运行态势,并建立各类信息共享机制,为投资宏观调控提供科学依据。建立投资风险预警和防范体系,加强对宏观经济和投资运行的监测分析。

五、加强和改进投资的监督管理

(一)建立和完善政府投资监管体系。建立政府投资责任追究制度,工程咨询、投资项目决策、设计、施工、监理等部门和单位,都应有相应的责任约束,对不遵守法律法规给国家造成重大损失的,要依法追究有关责任人的行政和法律责任。完善政府投资制衡机制,投资主管部门、财政主管部门以及有关部门,要依据职能分工,对政府投资的管理进行相互监督。审计机关要依法全面履行职责,进一步加强对政府投资项目的审计监督,提高政府投资管理水平和投资效益。完善重大项目稽察制度,建立政府投资项目后评价制度,对政府投资项目进行全过程监管。建立政府投资项目的社会监督机制,鼓励公众和新闻媒体对政府投资项目进行监督。

(二)建立健全协同配合的企业投资监管体系。国土资源、环境保护、城市规划、质量监督、银行监管、证券监管、外汇管理、工商管理、安全生产监管等部门,要依法加强对企业投资活动的监管,凡不符合法律法规和国家政策规定的,不得办理相关许可手续。在建设过程中不遵守有关法律法规的,有关部门要责令其及时改正,并依法严肃处理。各级政府投资主管部门要加强对企业投资项目的事中和事后监督检查,对于不符合产业政策和行业准入标准的项目,以及不按规定履行相应核准或许可手续而擅自开工建设的项目,要责令其停止建设,并依法追究有关企业和人员的责任。审计机关依法对国有企业的投资进行审计监督,促进国有资产保值增值。建立企业投资诚信制度,对于在项目申报和建设过程中提供虚假信息、违反法律法规的,要予以惩处,并公开披露,在一定时间内限制其投资建设活动。

(三)加强对投资中介服务机构的监管。各类投资中介服务机构均须与政府部门脱钩,坚持诚信原则,加强自我约束,为投资者提供高质量、多样化的中介服务。鼓励各种投资中介服务机构采取合伙制、股份制等多种形式改组改造。健全和完善投资中介服务机构的行业协会,确立法律规范、政府监督、行业自律的行业管理体制。打破地区封锁和行业垄断,建立公开、公平、公正的投资中介服务市场,强化投资中介服务机构的法律责任。

（四）完善法律法规,依法监督管理。建立健全与投资有关的法律法规,依法保护投资者的合法权益,维护投资主体公平、有序竞争,投资要素合理流动、市场发挥配置资源的基础性作用的市场环境,规范各类投资主体的投资行为和政府的投资管理活动。认真贯彻实施有关法律法规,严格财经纪律,堵塞管理漏洞,降低建设成本,提高投资效益。加强执法检查,培育和维护规范的建设市场秩序。

二〇〇四年七月十六日

XIV 外商在华投资"征收"索赔中的"脚踩两船"与"左右逢源"

——英商 X 投资公司 v. 英商 Y 保险公司案件述评(二)

内容提要 本文及上一篇文章是互相配合和互为补充的姊妹篇,两文逐层剖析一宗外商在华投资"征收"索赔案件的来龙去脉、表面现象及其真实面目。本案涉及三十年来中国吸收外商投资政策和相关法律体制发展过程中出现的一系列立法和执法问题;有关外商投资的法律、法规、法令、规章、政令、施政通知等相互之间的配合协调和矛盾冲突问题。本姊妹篇结合本案的具体案情,运用当代国际公认的基本法理准则以及已经吸收和体现这些法理准则的中国法律原则,诸如:(1)"法无明禁即自由";(2)"充分尊重当事人意思自治";(3)"法律不溯及既往";(4)"下位法不得违反上位法";(5)特别法优先于一般法等,透过表象,廓清迷雾,揭示出本案涉讼的历次"国务院通知"并非"征收"法令,外商 Y 保险公司所承保的"征收"风险事故并未发生,投保人外商 X 投资公司索赔的理由不能成立。同时,综观整体案情,不排除有这样的可能:投保人外商 X 投资公司对有关争端问题,采取了"脚踩两条船"和"左右逢源"的做法,力图"鱼与熊掌兼得":既从中方合作者手中取得额外的"权",又从外商保险商手中取得额外的"利"。此种要求,无论依争端发生地的中国法或依仲裁所在地的英国法,均不能获得支持。

2006 年 4 月 30 日,英商 Y 保险公司通过其代理律师向陈安教授提供了一份问题清单,开列了 14 个具体问题,请求进一步提供法律意见。现在按清单所列顺序,逐一简答如下。为节省篇幅和阅读方便,凡需参阅 4 月 25 日原《专家意见书》[①]

---

① 即前文《涉华"征收"索赔迷雾中的庐山面目——英商 X 投资公司 v. 英商 Y 保险公司案件述评(一)》,以下简称《庐山面目》(一)。

【以下简称《庐山面目》(一)】相关段落的,均予逐一注明。以下"Q"代表"问题"(Question),"A"代表"解答"(Answer)。】

【Q1】.是否肯定"国发[1998]31号通知"、"国发办[2001]10号通知"以及"国发办[2002]43号通知"都属于中国政府(国务院)对于中国有关中外合作企业法律的合法解释,而且这些解释表明对外国投资者实行固定回报的约定不符合中国法律?[这里有两个问题需要讨论:(1)狭义上,国务院作为行政机关当然是无权对全国人大通过的法律进行解释,但作为行政机关,上述"通知"可否理解为中国政府对其理解、执行《中外合作经营企业法》过程中有关问题的解释,特别是在法律没有明确规定是否允许固定回报条款的前提下对法律加以解释?(2)国际法上,对外代表国家的一般是中央政府,因此,对外国而言,是否中央政府的文件都可以理解为对该国法律加以解释或者改变,而无论在国内法中,政府是否有权作这样的解释或者改变?]

【A1】.所列以上三项国务院"通知",都不能理解为中国政府对于中国有关《中外合作经营企业法》(简称 CJVL)的合法解释。主要理由如下:

1. 中国国务院是中国的行政机关,依据中国宪法第 67 条和中国《立法法》第 42 条的规定,任何行政机关均无权对全国人大代表大会通过的法律进行解释,更无权对上述上位法加以任何修改或废止。否则就是违法,甚至就是违宪。因此,以中国现行立法体制为准,无论故意地或疏忽地以国务院通知的方式来解释、修改或废止 CJVL 中的有关规定,其通知本身就不符合中国法律规定,因而是没有法律拘束力的。

2. 国务院当然有权以中国最高行政机关的身份发布通知,要求所属各下级机关办理或执行有关中外合作企业的具体事项,或设立一定的行政规范,但以"通知"方式下达的这些要求和设立的有关行政规范,并不是以国务院命令正式发布行政法规,也不是正式决定,也不是正式公告,也不是正式通告,而只是内部通知。根据国务院 2000 年 8 月发布的《国家行政机关公文处理办法》第五条,国务院上述"通知"只属于国务院各种行政措施的第 5 个层次,因而不能认为它具有法律上的强制力或约束力。充其量,它只具有低层次行政措施上的强制力或约束力。

3. 如果国务院有意在中外合作经营企业中正式禁止给予外商投资固定回报,并使这种禁止规定具有法律上的强制性和约束力,它应当依据《立法法》第 56 条第 3 款规定的程序,及时提请全国人民代表大会及其常务委员会制定法律,明文禁止给予外商投资固定回报。但即使已经按此程序制定了新的法律,一般说来,此项新的法律禁止规定仍然只能<u>自实施之日起生效</u>,并<u>不具有溯及既往的法律效力</u>。(除非另有明文规定可以溯及既往。)

4. 在一般外国人的观感上和印象中,中国国务院代表中国的中央政府,其施政行为一般体现了中国法律法规的相关规定。但是,其前提是国务院也必须严格依法施政,做到"有法必依"。国务院的施政行为如不符合中国宪法或法律的规定,则同样应予纠正,即"违法必纠",或"违法必究"。中国的《行政诉讼法》就是专为监督和纠正各级行政机关(含国务院)及其工作人员不依法施政的行为或违法施政的行为而制定的。这说明中国正在逐步发展成为当代成熟的"法治国家"。

5. 关于这个问题的全面理解,还涉及:(1)"法无明禁即自由";(2)"充分尊重当事人意思自治";(3)"法律不溯及既往";(4)"下位法不得违反上位法"等基本法理原则①。

【Q2】. 对方主张:在"国发办[2002]43号通知"发布之前,政府所采取的措施(或者说前两个"通知")只对此后新建的中外合作项目有效,从而对本案所涉项目(1996年订立合作合同)无效或者说没有影响?但是"国发办[2002]43号通知"却对本案所涉项目具有溯即既往的强制效力。(请参看对方的《仲裁申请书》(*Request for Arbitration*)第22段,以及中国科技部1999年9月10日通报与对方相同的解释)。这种主张能否成立?

【A2】. 不能同意对方所主张的这种两类区分。理由如下:

1. 根据当代国际社会和法治国家公认的上述四项基本法理原则,中国国务院所有上述三项通知,即不但是"国发[1998]31号通知"和"国发办[2001]10号通知",而且包括"国发办[2002]43号通知"在内,<u>全部都不具有溯及既往的法律效力</u>,即都是只能针对在发出通知之后新建的中外合作项目,才能实行行政措施上有效约束。对方把三者分为"不溯及既往"和"溯及既往"两类,硬说"国发办[2002]43号通知"具有"溯及既往"的效力,此种主张既没有具体的法律根据,也没有公认的法理根据。

2. 中国科技部1999年9月10日的通报写道:中国政府是值得信赖的,不会违背经过政府依法批准的协议和合同。如有违反,就应坚决纠正("Chinese Government is trust worthy and will not breach the agreements and contracts approved by the government in the legal framework. If the

---

① 参见2006年4月25日提供的《专家意见书》,即本书本编前文《庐山面目》(一),第21—37段。

violation occurs, it should be corrected in a firm manner.") 其中并没有片言只字提到应当修改在此之前已经签订、已经依法批准、并正在执行的给予外方固定回报的有关合同。恰恰相反,该通报第 1 段强调的正是对于在此之前已经签订、已经依法批准、并正在执行的给予外方固定回报的有关合同,应当切实遵守,继续执行,而不得任意违约,以免损害中国政府一贯守信的声誉。如有违约,即应坚决地予以纠正。

3. 另一方面,该通报又写道,由于中国市场的发展变化,有些政策应作相应的修改。除了已经签订的合同应予继续履行之外,不要再签订给予投资固定回报的新合同。("As a result, some policies shall undergo some corresponding changes. Apart from the continuous enforcement of signed contracts, *no more new contracts* promising fixed returns shall be signed.") 这分明只是提醒外商们应及时注意中国有关政策的某些相应改变,今后不得再在中外合作合同中规定给予外商固定回报。

4. 该通报的上述内容也从一个侧面有力地反证了前文《专家意见书》中论证的有关三个国务院通知一律不具备溯及既往效力的见解①。

【Q3】."国发[1998]31 号通知"中使用的"纠正"、"清理"(固定回报)等措词,是否意味着在政府的解释下或者说就该"通知"本身的立场来看,在此之前已经签订的固定回报合同也是违法的?

【A3】.不能这样理解。因为:

1. "国发[1998]31 号通知"的正式名称是《关于加强外汇外债管理和开展外汇外债检查的通知》,其中所列举的应予检查和加强管理的行为,未必全部都是违法行为。其中针对各种明显的违法行为(如逃汇、套汇、骗汇、外汇黑市买卖等),其用词是"严厉打击";对于并非违法只是违规的行为,对于公民或法人因法律和法规或部门规章规定不严密、有疏漏、不明确、有含糊之处而实行的行为("灰色地带"——未明文禁止的行为),或因形势发生变化,对于过去允许可行但今后可能不利于行政管理因而有待改正的行为,则一般使用"清理"或"纠正"。对于原先法律、法规或规章规定不够严密、有疏漏、有含糊之处,只是事后出现的不利于加强管理,因而应予澄清、清理和纠正的各种行为,显然不能不分青红皂白,一概称之为"违法行为"。

2. 关于在中外合作合同中规定给予外方固定回报的企业行为,一般地说,在

---

① 见前文《庐山面目》(一),第 28—32 段。

1988 年颁行《中外合作经营企业法》(CJVL)至 1998 年上述 31 号通知下发之前,在中国可谓"比比皆是,屡见不鲜";而且这种规定并不违反 CJVL 第 2 条、第 21 条的宽松和灵活规定[见本书本编前文《庐山面目》(一),第 21—37 段。]因而不应轻率地一概称之为"违法行为"。国务院于 1998 年 9 月发出 31 号通知当时,意欲予以"清理"或"纠正",目的在于今后加强管理。其用语是"分别不同情况提出处理意见,于 1998 年年底之前报国务院审批"。这种措词显见留有不同的斟酌余地和灵活处理空间,不是僵硬地"一刀切",更不是一律贬之为"违法行为"。

【Q4】.《中外合作经营企业法》允许双方自由约定分享收益,是否意味着中国法律允许外方获得比他的投资比率更高的比率的合作企业利润?如果允许,是否仅在中方享有其他一些利益作为平衡的前提下才允许?比如说:在合作期满时,中方可以保留固定资产。

【A4】. 针对这个问题,应作两层分析:
1. 《中外合作经营企业法》第 2 条和第 21 条以及该法《实施细则》第 43 条,均允许中外双方自由约定分享利益的形式,这毫无疑义意味着中国法律允许外方获得比其投资比率更高的合作企业利润。
2. 《中外合作经营企业法》作出上述允许,意味着不设僵死限制和禁止规定,听凭中外双方在合作合同中自由约定,再经政府主管部门审批即可生效执行。并不一定要求中方享有其他某些利益作为平衡的前提。
3. 《中外合作经营企业法》(CJVL)第 21 条第 2 款所规定的"合作期满时合作企业的全部固定资产归中国合作者所有"这一前提条件,仅仅适用于在合作企业"合同中约定外国合作者在合作期限内先行收回投资"这一特定情况。CJVL 并不要求把这一特定的前提条件推广适用于任何其他约定情况(包括约定给予外方固定收益,或给予外方高于其投资比率的合作企业利润)。

【Q5】. "国发办[2002]43 号通知"第二之(三)段所提的以购电协议形式实现外方投资预期回报的项目,是否与本案项目有关,或者说是否可能适用于本案项目?

【A5】. 针对这个问题,可作四个层次的分析:
1. 前文已经一再说明"国发办[2002]43 号通知"整体上不具备溯及既往的效力。其中各项规定,原则上均不能溯及既往地适用于本案项目。
2. 但是,其中第二、(三)段的特别规定,即有关"对于仅通过以购电协议形式实现外方投资预期回报的项目,不纳入此次固定回报项目处理范围"的规定,其精神显然是专门针对在华中外合资和合作电力企业而规定的特殊宽松政策和优惠关照。鉴于《立法法》第 84 条虽然规定了法律"不溯及既往"的一般原则;但又含有一项"但书",即"为了更好地保护公民、法人和其他组织的权利和利益而作的特别规定除外"。因此,从"特别规定"这个意义上说,"国发办[2002]43 号通知"第二之(三)段的特别规定,应当适用于符合其前提条件的一切中外合作电力企业,可以推迟到今后再行处理,即"今后结合电力体制改革总体方案及相关配套政策逐步妥善处理"。

3. 应当指出,该"通知"第二之(三)段文字中有个"仅"字,显然是专指仅仅依靠购电协议实现外方投资预期回报的项目。而本案项目并非仅仅依靠购电协议;而且主要是依靠《争端合同》主合同本身规定的固定回报条款(第 15 条、第 18 条等),来实现外方投资固定回报。因此,如果仅仅从文字上解释,该段规定似乎难以适用于本案项目。

4. 但是,2006 年 5 月 12 日英商 Y 保险公司通过其代理律师向本专家提供了第 4 个卷宗,含 192 页文档。如属真实文档,其中第 1 部分,App. E,有一份长达 41 页的《供购电协议》(Power Purchase Agreement)特别值得注意。它是整个《争端合同》不可分割的主要组成部分,也是最后落实投资固定回报的主要手段,没有这份《供购电协议》,整个《争端合同》就全盘落空,因此,从实质上和整体上作综合解释,该段规定应当适用于本案项目。

【Q6】. 最高法院 1990 年关于联营问题的司法解释是否适用于中外合作企业?(中外合作企业在性质上似也属于《民法通则》规定的联营)

【A6】. 最高法院 1990 年《关于审理联营合同纠纷案件若干问题的解答》不能一概适用于中外合作企业。特别是其中第四部分"关于联营合同中的保底条款问题"的解释,不能取代《中外合作经营企业法》第 2 条和第 21 条及其《实施细则》第 43 条的规定①。理由如下:

1. 中国《宪法》第 67 条第 4 款以及《立法法》第 42 条都明确规定:法律解释权属于全国人民代表大会常务委员会。最高人民法院等机构只"可以向全国人民代表大会常务委员会提出法律解释要求",但不能越出法定权限,擅自取代人大常委会任意对有关法律(含《中外合作企业法》作出解释)。最高法院的上述解答,顾名思义,仅仅是为了审理联营合同纠纷案件的方便而定出的司法操作规章,它本身并不是法律,也不是行政法规,不能直接具有法律

---

① 见前文《庐山面目》(一),第 17—19 段。

约束力,更不能越权作出不符合上位法律原意任何法律解释①。
2. 诚然,中国《法院组织法》第 33 条规定:"最高人民法院对于在审判过程中如何具体应用法律、法令问题,进行解释。"这种解释只是限于"如何具体应用",而不是对法律条文本身的内容、含义、内涵、外延作出界定,进行诠释。换言之,最高法院的上述"解答",只具有司法操作(审理工作)上的指导意义,而不能离开法律有关规定自行设立另外一套合法、非法的标准。
3. 《民法通则》中有关"联营"只有 51—53 条寥寥三条规定,十分简略,其中根本未涉及任何"固定回报"或"保底条款"问题。任何司法操作解答都无权把"保底条款"认定为"违法",并把这种"认定"作为《民法通则》的新增内容添加到其第 51—53 条之中去,擅自"赋予"或"提高"其法律约束力。通读最高人民法院的上述解答全文,显然可以看出它具有明确的针对性,即针对国内各种内资公司、企业、事业单位之间,巧立名目,投机图利,因而引起种种纠纷的现象,指导如何处理。看来显然并未把"中外合作经营企业"这一特定类型的外商投资企业包含在内。
4. 《中外合作经营企业法》在中国的立法体系中,属于"特别法",具有优先适用的法律地位。按中国《立法法》第 83 条的规定:同一机关制定的法律中"特别规定与一般规定不一致的,适用特别规定"。本案项目属于中外合作企业,自应优先适用《中外合作经营企业法》的相关规定。只有在《中外合作经营企业法》及其《实施细则》中未作任何规定的场合,才适用包括中国《民法通则》等一般法律的一般规定。

【Q7】. 国家工商总局、外经贸部联合下达的 1994 年(305)号文件,是否可以证明在本案中外合作协议 1996 年成立以前,固定回报条款已经被认为非法?

【A7】. 不能如此理解。因为:
1. 该文件只是国务院下属国家工商管理局和对外经贸部下达的一种"部门规范性文件"(见该文件的明文标示)。它既不是法律,也不是行政法规,也不是以国务院名义下达的任何行政决定、行政措施、国务院公告、国务院通告、国务院通知。这种层次的部门规范性文件,其强制力和约束力都是较弱的,不能与法律、法规的强制性和约束力相提并论,更不能使前者的效力凌驾于后者之上。
2. 此项通知,顾名思义,只是为加强外商投资企业的审批和管理工作而予以行

---

① 见前文《庐山面目》(一),第 24—26 段。

政指导,规定准不准设立,准不准登记而已,并非自立"合法与非法"或"合法与违法"的标准。自然人或法人的行为如只是不符合部门规章,而并未违反国家的法律或行政法规,有关行政主管部门固然可以以适当的方式,要求加以改正,或予以修改,但不能任意定性为"违法"、"非法"。

何况,此项通知已于 2004 年 6 月 30 日被国家工商行政管理局加以废止。这说明其中的有关规定已因中国加入 WTO 之后新形势的发展,显得过时或"不合时宜"[见前文《庐山面目》(一),第 33—35 段。]不能援引它作为区分"合法与非法"的判断标准。

3. 就在上述"通知"被废止的第 2 天,即 2004 年 7 月 1 日,国务院专门发布了《关于投资体制改革的决定》,明文规定今后要按照"<u>谁投资</u>、<u>谁决策</u>、<u>谁收益</u>、<u>谁承担风险</u>"的原则,落实企业<u>投资自主权</u>,强调企业<u>自主决策</u>,强调进一步拓宽项目投资渠道,<u>发展各种融资方式</u>。从这些措词上看,给予外商投资预期<u>固定回报</u>,理应也是尊重企业投资自主权、尊重企业自主决策以及<u>可以采用的多种融资渠道、多种融资方式之一</u>①。

4. 国务院的上述新"<u>决定</u>"还有以下特别值得注意之处:
它虽然还不是正式的以国务院命令正式颁行的"行政法规",但在前述国务院发布的《国家行政机关公文处理办法》②中,其位阶和层次却仅次于行政法规而居于第二位。它在国务院各种行政措施体系中的地位,不但<u>大大高于</u>国务院下属各部委自行下达的部门规范性文件,而且<u>还高于</u>国务院以自身名义或国务部办公厅名义先后下达的"国发[1998]31 号通知"、"国发办[2001]10 号通知"以及"国发办[2002]43 号通知"。具体说来:

(A) 它实质上已经取代了在 2004 年 7 月 1 日以前原有投资体制中不合时宜的各种僵死规定,即取代了原有的、不符合"谁投资、谁决策"原则以及不尊重企业投资自主权的规定。

(B) 它实质上已经修改了或取代了"国发[1998]31 号通知"、"国发办[2001]10 号通知"关于不得在中外合作合同中给予外方投资固定回报的禁止规定。

【Q8】. "国发办[2002]43 号通知"在中国法制下是否构成法律、法规、法令、命令或政府指示?是否可以认为此项"通知"是中国法律的一种渊源并对中国自然人或公司具有法律约束力?"国发办[2002]43 号通知"在结构上并非是

---

① 见前文《庐山面目》(一),第 36 段。
② 见本文【A1】第 1—5 段。

针对个人或者公司的法律规定,而是国务院办公厅给各省政府、国务院各部委的通知,因此,它似乎是内部的提醒或者说是内部通知。但是,国家外汇管理局的【2002】105号通知也下达各外汇业务银行,这是否可以赋予该通知一种法令的性质,而不仅仅是一种内部的行政指令?

【A8】. 在中国的法律体系中,"国发办[2002]43号通知"显然不能达到法律、法规、法令、命令的位阶或层次。充其量可以视为国务院对其下属各级机构传达要求它们办理或执行某些具体事项的内部行政指示(internal administrative instruction)(参见前引国务院《国家行政机关公文处理办法》第五条),其位阶低于国务院发布的行政法规、决定、公告、通告。一般而论,"通知"中的许多规定或意见尚属不完全成熟,有待实践进一步认真检验,随时可以修改或变更。它缺乏法律、法规具备的<u>相对稳定性和明确规范性</u>;其制作和下达程序也并不十分严格严密;加上它并非立即无条件地及时向全国公众公告周知,因此,它并不能直接地对自然人或公司产生法律约束力,而必须通过国务院所属下级行政机关办理、执行具体事项的行政行为,间接地对自然人或公司产生行政行为的约束力或影响。因此,<u>从严格和科学的意义上说</u>,不能广泛地把此类"通知"推崇为中国的法律渊源。至于外汇管理局的[2002]105号通知,如果未经国务院正式批转和下达,则也只能视为国务院各部委自行下达的部门规章或部门规范性文件。

【Q9】. 在中国法制下,英商X投资公司作为合作企业的一方(持股方),对合作企业享有什么权益?

【A9】. 在中国法律体制下,英商X投资公司作为合作企业的一方,对合作企业享有《中外合作经营企业法》(CJVL)和其他相关法律法规规定的一切权益,以及经过中国政府主管部门依法批准的本项目《合作合同》中约定的一切合法权益。

【Q10】. "国发办[2002]43号通知"是否剥夺了或者妨碍了英商X投资公司在合作企业中的什么权益?英商X投资公司主张其由于"国发办[2002]43号通知"而丧失的权益是来源于其作为合作企业股东的地位,还是来源于合作企业合同的附属合同——运营和维护合同、担保合同?

【A10】. 针对这个问题,应作以下几点分析:
1. "国发办[2002]43号通知"本身并没有剥夺或妨碍,也无权剥夺或妨碍英商 X投资公司在合作企业中的任何合法权益。换言之,"国发办[2002]43号通知"从来就不是中国政府发布的对外商在华资产实行征收的"征收令",英商 X 投资公司在有关保险单承保范围内的"征收"风险事故,也从来未曾发生过①。

2. 英商 X 投资公司作为本项目的外方合作者,其权益已充分体现在本项目主合同即 1996 年合同有关外方投资资产优先受益、参加企业重大决策、优先选择企业总经理等三大方面的各种规定之中。运营和维护合同以及担保合同都是上述主合同的附件即附属合同。既然对于主合同规定的属于英商 X 投资公司的法定权益和约定权益,"国发办[2002]43 号通知"本身从来没有加以剥夺或阻碍,也从来无权加以剥夺或阻碍,那么,再纠缠什么是"主合同权益受损"还是"附属合同权益受损",就没有任何实际意义了。

3. 根据《中华人民共和国公司法》第 4 条、中外投资者均对其投资的企业享有三大权利,即其投入资产的受益权、参与企业重大决策权以及企业经营管理者的选择权。同时,根据《公司法》第 18 条,本项目中外合作经营企业作为有限责任公司,一般应适用《公司法》。但是,《中外合作经营企业法》(CJVL)等法律另有规定的,适用其规定。因此,CJVL 第 2 条、第 21 条以及 CJVL《实施细则》第 43 条至 46 条等有关收益分配、先行回收投资等特别规定,应当优先适用②。

4. 根据《公司法》的这些一般规定和特别规定,对照本案中外双方发生争端以及其后达成《新协议》的实际情况,可以推定:英商 X 投资公司在《新协议》中的得失相比,应当是"得大于失"。关于此种推定,详见下文【A12】中第 6—11 点的具体分析。

【Q11】. 英商 X 投资公司主张:本案中外合作经营企业已经经过有关当局批准,这证明固定回报条款当时是合法的。英商 X 投资公司提供的当地两家律师所的法律意见,是否可以证明该项目及其固定回报条款当时是合法的?

【A11】. 针对这个问题,可以分析如下:

1. 本项目《争端合同》中规定的固定回报条款,如果立约当时确已按照法定程序经过行政主管部门正式审查批准并已经生效,则该项目《争端合同》中规定的外方投资固定回报条款在立约当时应是合法、有效的③。
2. 题述的两家律师事务所提供的法律意见,一般可以作为"初步证据"(Prima facie evidence),证明该项目中的固定回报条款在立约当时是合法的。除非

---

① 见前文《庐山面目》(一),第 43—51 段。
②③ 见前文《庐山面目》(一),第 17—23 段。

另有其他更为确凿可信的相反证据，足以证明该项目中的固定回报条款在立约当时(1996年)就是违法的。

3. 2006年5月12日 2006年5月12日英商Y保险公司通过其代理律师向本专家提供了第4个卷宗，含192页文档。其中第2部分有5份原始文档复印件特别值得注意：

(1) 某市C电力公司所在地市政府对外经济贸易委员会文件，"D外经贸准字(1996)94号"，表示同意成立中外合作C电力公司；

(2) 该市对外经济贸易委员会文件"D外经贸外资字(1997)88号"批复，表示同意修订原中外合作合同的若干条款；

(3) 中华人民共和国外商投资企业批准证书，"外经贸N府资字(1996)1311号"；

(4) 中华人民共和国企业法人营业执照(副本)，注册号："企作ND总副字第001405号"，其中载明某市C电力公司的企业法人地位及其营业范围等；

(5) 中华人民共和国企业法人营业执照(副本)，注册号："企作ND总副字第001405号"，其中载明该企业名称略有变更。

4. 如果这些文档复印件，经当庭核对原件，均属确凿和真实可信，则应当认定：本项目《争端合同》在立约当时确已按照法定程序经过行政主管部门正式审查批准并已经生效。根据《中外合作经营企业法》第2条、第21条及其《实施细则》第43条，根据立约当时现行有效的《涉外经济合同法》第40条，该合同中有关固定回报的条款一直是合法和有效的，而且事实上已被本案某市C电力公司中外双方切实遵守和执行了6年多(1996.6.12—2003.3.11，即从原《争端合同》生效起至《新协议》生效止)。

由此可见，英商X投资公司的题述主张是正确的。

【Q12】. 根据英商X投资公司仲裁申请书所述的与中方的重新谈判过程，似乎固定回报条款的取消并非直接由于"国发办[2002]43号通知"的发布，后者的影响只是间接的，因此，下列问题需要讨论：

(1) 英商X投资公司在仲裁申请书25—38段描述的重新谈判原因显示：除了"国发办[2002]43号通知"以外，还有"其他因素"也共同促进了重新谈判的发生。比如，在"国发办[2002]43号通知"发布以前，合作企业实际上已经面临财务困难。而且，36段显示，即使按照"国发办[2002]43号通知"，它明确允许合作企业的外方提前收回投资，英商X投资公司本来可以作此有利选择，无需作更大的让步；但该X投资公司却不选择此途，却选择了收取60%税后净利的回报。请问:这些"其他因素"在多大程度上发生了作用和影响?

(2) 对于中国的 F 律师事务所在重新谈判前后给予英商 X 投资公司的意见称,固定回报条款是"有问题的",您对此有何评述?

【A12】.这是一个极其关键的问题,确实很有必要进行深入的分析。

1. 关于这个问题,本专家在 2006 年 4 月 25 日提供的《法律意见书》中已经作了初步的分析①。现在根据以上提出的新说法,再进一步加以补充分析。

2. 假定英商 X 投资公司在其仲裁申请书第 25—38 段描述的重新谈判原因全部属实可靠,则除了对方强调"国发办[2002]43 号通知"必须遵守执行之外,看来确实还有其他因素促成重新谈判,并且终于达成《新协议》,改变了原有的固定回报分配方式。

3. 早在 2002 年 9 月"国发办[2002]43 号通知"发布以前大约半年,即 2002 年 3 月间,本项目合作企业的中方代表 L 先生即已多次抱怨"燃煤涨价,热气销量下降",导致利润减少,并宣称原定的 18% 固定回报率太高,要求与外方重新谈判。但当时他只是要求降低原定 18% 的比率,根本未提到原定固定回报本身是所谓"违法"的(illegal)。可以推定:他对于原先经过政府主管部门依法审批并且已经实际执行 6 年之久的 18% 固定回报方式,直到 2002 年 3 月为止,始终是认为合法的,对中方有约束力的。

4. 值得注意的事实是:国务院"国发办[2002]43 号通知"之中,关于修改中外合作企业合同中给予外方固定回报条款的协商性建议,实际上早在 1998 年下达的"国发[1998]31 号通知"以及 2001 年下达的"国发办[2001]10 号通知"之中,就已以强制性和禁止性规定的措词,明确表达。而在 1998—2000 年 3 月之前,中方代表 L 先生却从未提出要求依据这两份含禁止性规定的"通知",改变本项目合作企业中给予外商固定回报的条款。因此,可以有理由推定:中方代表之所以在 2002 年 3 月才开始要求重新谈判和改变原定的 18% 固定回报方式,主要是由于仲裁申请书中所称"燃煤涨价"和"热气销量下降"等市场原因或经济原因引起的。即并非由于贯彻政府通知等行政原因或政治原因引起的。

5. 据仲裁申请书第 36 段所称:原先英商 X 投资公司方曾要求以"国发办[2002]43 号通知"本身所主动建议和完全可行的"提前回收投资"方式,取代原定的固定回报方式,但因中方代表 L 先生拒不让步,("Mr. L would not concede this points.")英商 X 投资公司的代表便放弃了提前回收投资

---

① 见前文《庐山面目》(一),第 43—51 段。

的合理合法要求。从字面上,看不出英商 X 投资公司代表是面临中方代表的强迫、要挟或欺诈,因而被迫或受骗同意放弃上述合理合法的要求。因此,有理由推定:英商 X 投资公司是全面权衡<u>其他</u>各种利弊因素后,才放弃了选择"国发办[2002]43 号通知"本身所<u>主动建议和完全可行</u>的替代方式,即放弃了提前回收投资的方式。

6. 在仲裁申请书 36 段的叙述中,也未能看出英商 X 投资公司的代表是面临中方代表的强迫、要挟或欺诈,因而被迫或受骗放弃"国发办[2002]43 号通知"所主动建议的"改"、"购"、"转"、"撤"等其他有利方式,却<u>自愿同意接</u>受 2003 年 3 月 11 日签订的三份《新协议》,用以取代原先的固定回报方式。因此,有理由推定:英商 X 投资公司是在<u>全面权衡</u>其他<u>各种利弊因素</u><u>后</u>,才放弃了选择"国发办[2002]43 号通知"所主动建议和完全可行的"改"、"购"、"转"、"撤"等其他有利方式,却<u>自愿地同意接受 2003 年 3 月 11</u>日签订的三份《新协议》,用以取代原先的固定回报方式。

7. 众所周知,作为任何公司的投资者,享有三大权利:(1) 所投资产的受益权;(2) 参与企业重大决策权;(3) 企业经营管理者选择权。这三大权利是互相有机联系并融为一体的,而第(2)、(3) 两大权利归根到底又都是为了保证第(1)项权利即资产受益权得以实现。关于投资者享有的这三大权利,中国《公司法》第 4 条也作了明确规定。

8. 就本项目合作经营企业而言,有一项十分突出的人事安排,即中外双方对于本公司主要经营管理者(总经理)选择权的行使,相当特别,值得认真注意:本项目合作公司的总经理 L 先生,同时具有三种重要身份,同时握有三家利害紧密关联公司的决策大权和经营管理大权:(1) L 先生是参加本项目合作公司的中方合作者"某市 B 公司"掌握决策大权的<u>董事长</u>;(2) L 先生同时又是本合作公司与之签订"运营与维护合同"的相对方即"某市 C 电力公司下属实业公司"的掌握决策大权的<u>董事长</u>;(3) L 先生同时还是本项目合作公司中的分享决策大权的<u>副董事长</u>和独掌经营大权的<u>总经理</u>。

9. 根据 1996 年原《争端合同》第 9 条规定,本合作企业的总经理应由<u>中方推</u><u>荐</u>并由董事会委派。董事会虽有权随时撤换总经理,但撤换之后的新总经理人选,依约仍<u>必须由中方推荐</u>(而不得改由外方推荐)。这样的人事安排体制,由于 L 先生同时是与本合作公司有极其密切利益关系的其他两家关联公司的主要决策人,这就使 L 先生在本合作公司中掌握的经营管理大权,"如虎添翼",左右逢源,得心应手。这对于外方合作者英商 X 投资公司而言,未必是有利的;在中外双方利益发生矛盾冲突时,则这种人事安排体制可能是对外方十分不利的甚至可能是相当有害的。

10. 现在,在 2003 年 3 月 11 日签订的三项《新协议》中有了相当重要的新变化：

(1)《新协议》实质上取消了对中方合作者显然有利、对外方合作者英商 X 投资公司相当不利的上述原有人事安排体制,把中方对总经理的推荐权(选择权)取消了,代之以由外方即英商 X 投资公司行使总经理推荐和选择和的关键权利；这种修改,实质上形成了由英商 X 投资公司依仗其在董事会中拥有 4∶3 简单多数的决定权,实行单方指派本合作企业总经理的局面；人事安排体制中的这种重大修改或"改革",实质上打破了、取消了中方对本合作企业日常经营管理大权的垄断,把公司主要经营管理者掌握的大权完全转到英商 X 投资公司手中。

(2)《新协议》实质上取消了由中方合作者包揽电厂"运营业务"的承揽权或垄断权,代之以外方英商 X 投资公司在一定条件下可以终止《运营与维护合同》,另行选择和委托新的运营业务承揽人,或自行运营电厂。这种新的改变和"改革",实质上形成了由英商 X 投资公司依仗其在董事会中 4∶3 的简单多数,单方自主选择运营业务新的承揽人的局面。除此之外,还另外加重了中国运营方的违约责任,强化了英商 X 投资公司中途"换马"的选择权。

(3) 由此可见,贯串于上述《新协议》之中的新的权力分配或公司权力的重新分配,是十分有利于外方英商 X 投资公司,相当不利于中方的,它们在相当大的程度上改变了,削弱了,甚至实质上完全取消了原先一向掌握在中方合作者手中的经营管理大权和电厂运营业务的承揽大权。

(4) 即使单就本项目合作企业而言,经过《新协议》的权力重新分配,中国《公司法》第 4 条所明文规定的出资者在该企业中享有三大权利,即投资资产受益权、公司业务重大决策权以及主要经营管理者(总经理)选择权,均已完全落入外方合作者英商 X 投资公司手中,使英商 X 投资公司实质上可以全盘控制该合作企业的三大权力,形成了"大权独揽"和"一统天下"的局面。这对于只占投资注册资金 60%的英商 X 投资公司来说,应该是相当理想和相当惬意的崭新局面。从市场交易规则来看,可以说这是一笔"以小本换大利"的"赚钱生意",至少也正是商人们乐意接受的"利大于本"的正常交易行为。

(5) 根据以上《新协议》中的核心内容进行综合分析,显然不能排除这样的可能：中外双方合作者是经过充分平等磋商、反复讨价还价之后,各自全面权衡利弊,"各有所取"和"各有所予",在各方自主和自愿的基础上,互相妥协让步,达成了新协议。这种在平等磋商、自主自愿基础上达成的新协议,当然更不能被任意定性为"外国政府的征收行为",或已经"发生了"承保范围内的"外国政府征收风险事故"。

11. 中国 F 律师事务所 2003 年 12 月 3 日致英商 X 投资公司的 E-mail,其原文是"So as a conclusion, I am of the opinion that the present return arrangement of the disputed CJV project is problematic under the Notice."①据《牛津高阶英汉双解词典》(商务印书馆 2002 年版)释义,"Problematic"一词只是"difficult to deal with or to understand (esp. of s result) that cannot be foreseen; doubtful or questionable",而绝对不是"illegal——非法、违法"。"illegal"才会导致无效,不能实行,而"Problematic"所指,则可以完全是合法的,只是双方有争议,意见不一,一时难以顺利解决而已。

12. 中国 F 律师事务所上述 E-mail 中根本没有提到英商 X 投资公司一方不可能援引原《争端合同》第 18 条的规定,要求采取"buy up"即由中方购买外方股权的办法,作出新的安排。可见,仲裁申请书第 38 段的说法,并不符合 F 律师事务所上述 E-mail 措辞的原意。英商 X 投资公司一方之所以不要求中方收购(buy up)其原有股权,看来是由于另有所图,即经全面权衡利弊之后,自愿放弃此种替代办法。显然,英商 X 投资公司更没有理由把此种弃权归咎于"国发办[2002]43 号通知"本身,因为该"国发办[2002]43 号通知"本身就主动建议可以采取这种由中方购买外方股权(buy up)的办法来取代原定的固定回报办法②。

13. 和任何其他律师事务所提供的咨询意见一样,中国 F 律师事务所提供的见解,固然可供外方客户当事人参考,但不能作为解释中国法律、法规、政令真实含义的凭据或证据。更不能在曲解或夸大其原意之后,作为诉讼或仲裁程序中的用以判断是非的标准、凭据或证据。

【Q13】. 如果英商 X 投资公司当时提起诉讼或者仲裁,诉称英商 X 投资公司已经提出足以符合"国发办[2002]43 号通知"规定的有关本案固定回报条款的修订方案,但中方错误地拒绝,会有什么后果?法院或仲裁庭是否会予以

---

① 大意是:"因此,我得出结论是,根据'国发办[2002]43 号通知'对本合作项目作出现有的投资回报安排,是悬而未决和有争议的。"
② 见前文《庐山面目》(一),第 34 段。

支持?

【A13】. 针对这个问题,可作以下两点分析:
1. 如果英商 X 投资公司当时确实已经提出符合"国发办[2002]43 号通知"规定的有关本案固定回报条款的修订方案,但中方错误地予以拒绝,则英商 X 投资公司有权依据本项目《争端合同》第 21.02 条仲裁条款(修订),将争端提交"中国国际贸易促进委员会仲裁委员会"(现名"中国国际经济贸易仲裁委员会"简称 CIETAC) 申请裁决。由于合同中已定有仲裁条款,依中国的《仲裁法》第 5 条规定,任何一方都无权向中国人民法院提起诉讼。除非双方另行达成新的协议,同意改为向法院提起诉讼。
2. 根据英商 Y 保险公司通过其代理律师向陈安教授先后提供的四个 Files 将近 800 页文档资料中所显示的现有的事实和现有的双方举证,对照现行的中国法律和法规,包括其实体法和程序法,本案争端如交由 CIETAC 仲裁员公正裁断,则英商 X 投资公司在仲裁中取得胜诉显然是很有把握的;反之,败诉则是没有事实根据和法律根据的。

【Q14】. 根据当时现行有效的《涉外经济合同法》40 条,即使法律有新的规定,中外合作双方也可以按原有的约定履行合同,因此,如果像英商 X 投资公司所主张的固定回报条款原本是合法的,在"国发办[2002]43 号通知"发布后才使它不合法,那他们为何不提起诉讼或者仲裁,主张仍按照原合作合同约定履行? 如果他们胜诉,就不会有现在所主张的损失了。您对此有何评论?

【A14】. 这是本案争端中另一个极其关键而又十分有趣的问题,值得认真剖析:
1. 根据 1996 年本案《争端合同》立约当时现行有效的《涉外经济合同法》第 40 条,该合同中有关固定回报的条款原本一直是合法的,而且事实上已被本案某市 C 电力公司中外双方切实遵守和执行了 6 年之久(1996.12—2003.3.11,即从原《争端合同》生效起至《新协议》生效止)。仅仅就此点而言,英商 X 投资公司的主张是正确的①。
2. 英商 Y 保险公司通过其代理律师向陈安教授提供的第四本 Files 文档资料(4th File Documents) 第 1 部分 App. E 载明的《供购电协议》,如经查核属实,则其中第 1.06 条以及 5.14 条关于"法律变更"(Change of Law) 的明文规定特别值得注意:

---

① 见本文前述【Q11】和【A11】。

(1)《供购电协议》第 1.06 条规定:"法律变更"一词,指中国国家、本省、本市以及其他当地各种法律、条例或政策,发生变更,涉及税收、环境等等事项,以致影响到电力的生产和传输,或直接、间接地影响到本合作经营企业合同规定的经济利益。

(2)《供购电协议》第 5.14 条进一步规定:一旦由于"法律变更",导致本合作经营企业所办电力工厂的生产成本增加或利润收入减少,本合作经营企业有权经由当地物价局批准,提高电力收费,或向当地电力局索取相应补偿,以恢复本合作经营企业在法律发生变更以前依据本《协议》原先享有的地位。依据本《协议》第 12 条规定,如果双方发生有关增收电费的争端而提交仲裁,不论仲裁结论如何,当地电力局均应立即先行补偿增收电费的金额……

可以说,根据立约当时的《涉外经济合同法》40 条,再加上《供购电协议》上述两条款的明文规定,为本案合作公司(含外方英商 X 投资公司)在仲裁程序中获得胜诉,奠定了法定的和约定的坚实基础。

因此,在一般正常情况下,英商 X 投资公司看来没有理由不好好援引以上预先设定的"自卫"条款,抵制中方合作者以"法律变更"为借口而提出任何无理要求,保护自己的一切合法权益。

3. 《供购电协议》第 12.7 条关于"放弃以主权国家豁免权为理由的辩护(Waiver of Sovereign Immunity Defence)"明文规定:

双方明确表示:在依据本《协议》而提交的仲裁程序中,在执行仲裁裁决的法定过程中,双方均放弃以主权国家豁免权作为理由的辩护,不得主张本单位是主权国家的一个机构或设施而享受主权豁免。

可以说,上述明文规定,更进一步为本案合作公司(含外方英商 X 投资公司)在仲裁程中获得胜诉奠定了法定的和约定的坚实基础。

因此,在一般正常情况下,英商 X 投资公司看来更加没有理由不好好援引以上预先设定的"自卫"条款,抵制中方合作者以"法律变更"为借口而提出任何无理要求,保护自己的一切合法权益。

4. 《中华人民共和国仲裁法》第 19 条规定:"<u>仲裁协议独立存在</u>,合同的变更、解除、终止或者无效,不影响仲裁协议的效力。"这一规定,切实有效地保证了英商 X 投资公司<u>在任何情况下都有权</u>依据本案《争端合同》(即主合同)以及上述《供购电协议》中的仲裁条款(即仲裁协议),将本案的有关争端提交约定的仲裁机构裁断,依法讨回公道。

5. 英商 Y 保险公司向陈安教授提供的第三本 Files 文档资料(3rd File Documents)含有一宗案例,即吉林省"长春汇津污水处理公司"诉长春市人民政府一案的过程和结局,如经查核属实,则具有重大的参考价值和借鉴意义。

汇津中国(长春)污水处理有限公司(以下简称"汇津中国公司"),是 1997 年 10 月 30 日在英属维尔京群岛登记的一家国际商业公司。2000 年 3 月,长春市排水公司作为甲方与乙方汇津中国公司签订了《中外合作经营企业合同》,合同约定:长春市排水公司将长春市北郊污水处理设施的在建工程和项目所需的全部土地使用权,以 5 000 万元人民币作为出资额,汇津中国公司出资 2.7 亿元人民币,双方同意以 3.2 亿元人民币总投资建立并经营中外合作经营企业——长春汇津污水处理有限公司。

2003 年 2 月 28 日,长春市政府为贯彻落实国务院国发办(2002)43 号文件精神,作出了"关于废止《长春汇津污水处理专营管理办法》(以下简称《办法》)的决定"。2003 年 8 月,长春汇津公司以长春市政府为被告,向长春市中级人民法院提起行政诉讼,索取损害赔偿。

法院审判庭经开庭审理后,综合评议认为:被告长春市政府依据国务院国发办(2002)43 号文件规定,所作出的"废止《办法》的决定",属于正确合法。原告长春汇津公司主张被告长春市政府作出"废止《办法》的决定"属于违法行为、因而应予撤销的理由,不能成立,该审判庭不予采纳。

2003 年 12 月 24 日该审判庭判决如下:驳回原告长春汇津污水处理有限公司要求被告长春市人民政府承担行政赔偿责任的诉讼请求。

原告不服,于 2004 年 1 月 8 日上诉至吉林省高级人民法院。

2005 年 8 月,原告、被告双方达成和解。这场历时两年的法律纠纷,终于以长春市政府付款回购外方出资股权而结束。据报道,长春市政府支付的回购金额为 2.8 亿人民币。这个数字,比外方原有投入中外合作企业的出资额 2.7 亿人民币,多出约 1 000 万人民币。

从以上结局可以看出:
(1) 这实质上乃是在华投资外商通过法律手段迫使中国当地地方政府因自己的违法施政行为依法对受到损害的外商作出应有经济赔偿的典型案件;
(2) 这个案例从实质上和实践上有力地证明:国务院办公厅下达的"国发办(2002)43 号通知",不具有溯及既往效力;
(3) 同时,也有力地说明:一切在华投资外商,只要敢于和善于依靠和运用中国现行法律保护外商投资的有关规定,采取法律手段(含诉讼和仲裁),向法院起诉,或向约定的仲裁机构申请仲裁,就能够充分保障自己的一切合法权益,包括过去已经经过政府主管部门依法审批生效的合同中所规定的取得投资固定回报的合法权益。

6. 根据中国有关法律法规的有关规定,根据对"国发办(2002)43号通知"本身的法定位阶以及本身文字含义的正确理解,根据上述典型案例的实践验证,即使在"国发办(2002)43号通知"发布之后,上述《争端合同》中的固定回报条款仍然是合法、有效和应予继续执行的。所谓英商 X 投资公司"argues that the fixed return arrangements had originally been legal but were rendered illegal by Circular No. 43, 2002"①。都是没有事实根据和法律根据的。因此,英商 X 投资公司的上述主张是不正确的②。

7. 因此,英商 X 投资公司在仲裁申请书第 46 段标题中所主张和强调的"The promulgation of Circular No. 43 constitutes an Act of Expropriation",③显然更是没有任何法律根据和事实根据的一种武断,它只是为另有所图而虚构的一种借口。

8. 综上所述,根据英商 Y 保险公司代理律师提供的现有法律文档和资料,如经查核属实,则英商 X 投资公司本来有足够的正当理由,依法和依约向中国北京的 CIETAC 申请仲裁,以解决英商 X 投资公司与中方合作者之间的合同争端,而且显然有很大的把握在仲裁程序中取得胜诉。但英商 X 投资公司不作此种合情、合理、合法的选择。看来显然是另有考虑和另有所图。

换句话说,依据现有文档所显示的事实,不能排除有这样的可能:英商 X 投资公司对本案遇到的争端问题采取了"脚踩两条船"、"左右逢源"("to win advantage from both sides")的策略:一方面,与中方合作者进行反复的谈判,迫使中方作出重大让步,即交出了合作公司总经理人选的推荐权和垄断权,交出了电厂运营业务的承揽权和垄断权,在此前提下,英商 X 投资公司自愿同意放弃原先的固定回报方式。它与中方做成了一笔"以小本求大利"的赚钱生意,或做成了一笔至少是"利大于本"的一般商务交易,因而完全自愿地放弃了中国法律所给予的各种法律保护,也完全自愿地放弃了

---

① 大意是:英商 X 投资公司主张:关于给予投资固定回报的安排原先是合法的,但"国发办(2002)43号通知"却使这种安排变成了违法。
② 见前文《庐山面目》(一),第 45—51 段。
③ 大意是:"国发办(2002)43号通知"构成了一种征收法令。

"国发办(2002)43号通知"本身所给予的各种合法选择权①。与此同时,在另一方面,英商X投资公司又以"国发办(2002)43号通知"乃是"征收法令"这一虚构借口,向英国Y保险公司索取纯属虚构的所谓风险事故已经"发生"的赔偿。换言之,英商X投资公司力图做到"鱼与熊掌兼得":既从中方合作者手中取得额外的"权",又从外商保险商手中取得额外的"利"。

这种"脚踩两条船"、"左右逢源"的做法和诉求,如经进一步查核属实,则按中国的法律(含保险法),是不可能获得支持的。不难想见,按英国的法律,这种做法,看来也是很难或不可能获得支持的。

中国资深法律专家、法学教授

陈安

2006年5月14日

---

① 见前文《庐山面目》(一),第45—51段。

XV 外商在华投资中的"空手道"融资：
"一女两婿"与"两裁六审"*
——中国深圳市中方四公司 v. 泰国贤成两合公司案件述评

内容提要 改革开放以来，外商在华投资对于中国经济发展起了重大的促进作用。但是，其中也有一小部分外商实力严重不足胃口却相当不小，力图以小本钱揽大生意，甚至千方百计、不择手段地搞"无本经营"，商界形象地称之为"空手套狼"或施展"空手道"①功夫。这种现象在房地产开发经营中尤为突出。其基本运作方法是：以"中外合资经营"或"中外合作经营"为名，用低廉的代价，从中国政府方面获得大片地块的土地使用权，然后以该地块的使用权作为抵押物，向中国的银行以及外国的银行和其他公司贷款融资，以供周转使用。在这个过程中，由于此类外商本身实力的严重不足和商业诚信的严重缺乏，往往引发中外公司之间的重大争端，并且"冤冤相报"，连锁反应，迁延时日，相持不下，以致对有关合营企业或合作企业造成严重损失，也对中国的经济建设产生相应的负面影响。本文所评述、剖析的案件，就是这样一个发生在南中国的、由某外商在房地产开发经营中搞"空手道"融资所引发的典型案例。其中有许多经验教训，值得认真总结。

目 次

一、本案案情梗概

---

* 本文系以本案有关司法文档和2000年终局仲裁裁决和为基础，结合其后续事态的发展，综合整理而成。文末附录相关的最高人民法院判决书以及2004年媒体公开报道，供读者对照参考。

① "空手道"是日本的一种拳术，源于中国少林寺武功。其特点是不借助任何武器，只凭徒手（空手）格斗，克敌制胜。参见《现代汉语词典》（增补本），商务印书馆2002年版，第721页，"空手道"词条。

二、本案各方当事人的主张和仲裁庭对事实的认定
　　（一）本案各方当事人的主张及其交锋
　　（二）本案仲裁庭对事实的认定
三、本案仲裁庭的合议评析和终局裁断
　　（一）本案仲裁庭的合议评析
　　（二）本案仲裁庭的终局裁断
【附录】
　　（一）中华人民共和国最高人民法院行政判决书[(1997)行终字第18号]
　　（二）《深圳特区报》新闻报道：深圳贤成大厦事件始末（2004年4月7日）
　　（三）《深圳商报》新闻报道：贤成两合公司净欠深贤公司3 211万元（2004年4月6日）

一、本案案情梗概

中国深圳市的四家公司，即深圳市华乐实业股份有限公司、深圳上海时装公司、深圳市工艺服装工业公司以及深圳市开隆投资开发有限公司（以下简称"中方四公司"），与泰国贤成两合公司于1988年12月签订了中外合作经营企业合同，在深圳市依法登记成立"深圳市贤成大厦有限公司"，合作建造贤成大厦。泰国贤成两合公司原法定代表人吴贤成先生同时兼任"深圳市贤成大厦有限公司"的董事长和法定代表人。中方四公司的主要投资是12 000多平方米地块的使用权，泰方贤成两合公司的主要投资是建造大厦地面房屋所需的巨额资金。各方约定大厦建成之后按一定比例分享大厦房产权益。贤成两合公司因资金实力薄弱，无法筹足建造贤成大厦所需资金，遂未经中方合作公司同意，擅自以"深圳市贤成大厦有限公司"所取得的土地使用权及其地面房产的未来权益作为抵押物，或作为"股权转让"的标的物，先后向香港鸿昌公司等多家公司和中国银行取得多笔贷款、价款或借款，周转使用。因资金周转不灵，负债累累，工程延误、停顿，各方权益分配失衡等问题，导致合作各方矛盾不断激化。1993年12月泰国贤成两合公司（申请人）与香港鸿昌公司（被诉人）将双方有关纠纷提交中国国际经济贸易仲裁委员会（CIETAC）深圳分会仲裁，仲裁庭于1994年8月1日作出

第 40 号裁决,认定被诉人香港鸿昌公司在"深圳贤成大厦有限公司"中具有实际投资。

接着,经中方四公司申请,深圳市工商行政管理局于 1994 年 11 月发出通知,将"贤成大厦有限公司"予以注销。在这前后,中方四家公司又与香港的鸿昌公司签订了《合作经营"深圳市鸿昌广场有限公司"合同》,约定中方合作者即以原"深圳市贤成大厦有限公司"所拥有的地块使用权作为投资,港方合作者则负责注入建造鸿昌广场房地产所需资金。1994 年 12 月,深圳市政府主管部门批准了这份新的中外合作经营企业合同,并于 1995 年 8 月决定对"贤成大厦有限公司"进行结业清算。

泰国贤成两合公司和中国"深圳贤成大厦有限公司"不服上述行政行为,遂以深圳市工商行政管理局等作为被告,于 1995 年 1 月向广东省高级人民法院提起行政诉讼和附带民事诉讼。1997 年广东省高院作出行政判决,撤销深圳市政府主管部门的上述行政决定。被告不服,上诉于最高人民法院,最高院于 1998 年 7 月就该上诉案作出终审行政判决,维持广东省高院原判,并要求深圳市政府主管部门对"贤成大厦有限公司"涉讼有关事宜"重新处理"。

1999 年 2 月,中方四公司联合向中国国际经济贸易仲裁委员会(CIETAC)深圳分会提出仲裁申请,要求裁决终止 1988 年签订的中外(泰)合作经营企业合同,解散"深圳贤成大厦有限公司"。本案的被申请人即泰国贤成两合公司随即提出了索赔的反请求。在这前后的一段期间里,又有两家外省的中国银行以贷款债权人身份起诉于当地人民法院,向"深圳贤成大厦有限公司"索偿,并由法院作出了终审判决,查封和拍卖了"贤成大厦"的部分已建房产。

本仲裁案案情错综复杂,案中有案,先后经历了 1994 年第一次仲裁以及相继而来的两审行政诉讼,还涉及多起民事诉讼,纠纷缠讼长达十几年。在缠讼后期,泰国贤成两合公司甚至通过泰国外交部向中国外交部发函,要求后者出面"过问"此案的仲裁事宜。直至 2000 年 7 月底,才由 CIETAC 深圳分会(现改称为 CIETAC 华南分会)仲裁庭排除内外一切行政干扰,以事实为根据、以法律为准绳,抓住全案主要矛盾和关键问题,作出公正、公平的终局裁决。据媒体报道,在执行 2000 年第二次仲裁裁决过程中,又因行政索赔和清算问题再经历了两宗四审行政诉讼,直到 2004 年 3 月,以泰国贤成两合公司的最后败诉告终。

本文系以本案有关司法文档以及 2000 年终局仲裁裁决①为基础，结合其后续事态的发展，综合整理而成。文末附录相关的最高人民法院判决书以及 2004 年媒体公开报道，供读者对照参考。

二、本案各方当事人的主张和仲裁庭对事实的认定

(一) 本案各方当事人的主张及其交锋

本案申请人有四：

第一申请人：深圳市华乐实业股份有限公司

第二申请人：深圳上海时装公司

第三申请人：深圳市工艺服装工业公司

第四申请人：深圳市开隆投资开发有限公司

本案被申请人是：

泰国贤成两合公司(CHAREON KIJ CALENDAR LTD.，PART.)

中国国际经济贸易仲裁委员会深圳分会(下称深圳分会)根据上述申请人和被申请人于 1988 年 12 月 5 日在中国深圳签订的"合作经营深圳贤成大厦有限公司合同书"(下称合作合同)中的仲裁条款以及申请人的书面仲裁申请，受理了双方当事人关于合作合同及补充合同书的争议案，并于 1999 年 2 月 12 日向申请人和被申请人发出了 SHEN V99014 号仲裁通知。

本案适用 1998 年 5 月 10 日起施行的《中国国际经济贸易仲裁委员会仲裁规则》(以下简称《仲裁规则》)。

1. 各方当事人的程序主张及其交锋

1999 年 3 月 2 日，申请人选定张灵汉先生为本案的仲裁员。

1999 年 4 月 29 日，深圳分会收到了被申请人对本案的"受理、管辖异议书"，并表明其选定仲裁员的行为不得被认为是被申请人已接受深圳分会对仲裁申请的管辖和受理。深圳分会秘书处将上述异议书转给了申请人。1999 年

---

① 这份编号为[2000]深国仲结字第 67 号的终局裁决，全文长达 59 页，约 43 000 千字。其中的事实认定部分由 CIETAC 深圳分会业务处曾银燕处长执笔；笔者作为本案首席仲裁员，综合三位仲裁员见解拟就"仲裁庭的意见"，并将裁决全文统稿后，交由本案合议庭审定签发。

鉴于新近多篇媒体报道中对本案各方当事人的真实姓名和商家名称已予公开，近乎"家喻户晓"，故本文转述中亦比照办理，未予隐去，俾便读者对照参考。

5月11日,申请人向深圳分会提交了对被申请人异议书的答辩意见书。5月12日,深圳分会秘书处将答辩意见书转给了被申请人。

1999年5月24日,深圳分会收到了被申请人选定姚壮先生为本案仲裁员的函件。同日,被申请人按照仲裁规则规定的期限就本案向申请人提出了反请求,并提交了证据材料,被申请人同时声称其提出反请求的行为是为了保留其在可能进行的仲裁程序中的一切权利,而不得被认为已接受深圳分会的管辖。1999年5月24日,深圳分会秘书处向被申请人发出"预缴反诉费用通知单"。被申请人在1999年6月15日的"延迟缴纳反诉仲裁费申请书"中提出,其将在收到对仲裁管辖异议书的处理通知后再缴纳反诉仲裁费。1999年5月31日,深圳分会秘书处将被申请人的反请求申请书转给了申请人。

1999年6月10日,针对被申请人提出的管辖异议,中国国际经济贸易仲裁委员会(以下简称仲裁委员会)根据《仲裁规则》第64条的规定,作出了"(99)贸仲字第3325号管辖权决定",决定如下:合作合同的仲裁条款有效;本案争议属于仲裁委员会受理范围;深圳分会对本案具有管辖权,仲裁程序应继续进行。该决定已寄送给双方当事人。

1999年6月10日,由仲裁委员会主任指定的首席仲裁员陈安先生和张灵汉先生、姚壮先生共同组成审理本案的仲裁庭。仲裁庭组成通知已寄送给双方当事人。

1999年7月26日,深圳分会收到申请人来函,声称合作企业的经营期限将于1999年8月1日届满,依据有关法律的规定,合作企业已经因经营期限届满而终止,自行解散。因而申请撤销该案,并要求办理撤案的有关手续。次日,深圳分会秘书处向被申请人发出了"关于反请求事宜的通知",告知被申请人,申请人已提出了撤回其全部仲裁请求的申请,如被申请人仍坚持提出反请求,务必于原定的1999年8月11日前缴纳反请求仲裁费,否则深圳分会不受理反请求。

1999年8月12日,深圳分会收到申请人来函,称鉴于1999年8月9日合作企业董事会会议因董事长吴贤成不到会,无法研究合作企业的有关事宜,鉴于本案涉及问题复杂,为了避免双方产生新的争议,申请人请求仲裁庭继续开庭审理该案。

1999年8月13日,深圳分会秘书处通知被申请人,申请人已请求撤回其撤销案件的申请,因此仲裁庭决定继续进行仲裁程序。鉴于原定的开庭安排因申请人先前的撤诉请求受到影响,因此取消8月17日的开庭安排,新的开庭时间另行通知。此函已于同日抄送给申请人。

1999年8月18日,深圳分会秘书处通知双方当事人,定于1999年9月22日至24日在深圳开庭,并要求双方在9月3日前提交证据材料。

1999年9月3日,深圳分会收到了被申请人来函,函称:(1)被申请人根据申请人撤诉的事实,决定不提出反请求,被申请人未在规定的时间内缴费,以此表明不进行反请求。(2)深圳分会在将申请人的撤销仲裁申请通知被申请人时,实际上已表明深圳分会同意了该撤案申请。(3)该案连同反请求在内,由于以上原因,已经在1999年8月11日工作日结束后实质上已经撤销。(4)申请人是在该案实质上已经撤销之后的第二天,即1999年8月12日才向深圳分会提出恢复原仲裁请求的,因此被申请人认为该恢复申请是在该案已经撤销的情况下提出的,因而是无效的。

1999年9月6日,深圳分会秘书处给被申请人去函,答复如下:(1)依照《仲裁规则》的规定,在仲裁庭组成后撤销案件的,由仲裁庭决定。因此,本案申请人申请撤回其全部仲裁请求并不意味着本案必然撤销,在被申请人提出了反请求的情况下,仲裁庭还应视反请求的情况才能考虑本案是否撤销的问题。因此仲裁庭给予了被申请人办理反请求受理手续的充分机会。(2)被申请人在1999年8月11日之前从未以书面形式或其他任何通讯方式告知深圳分会其不再坚持反请求,实际上直至1999年9月3日之前深圳分会都未收到被申请人的类似声明。被申请人在8月11日前不缴纳反请求仲裁费的行为,应被视为其放弃主张反请求的权利,但并不意味着本案已被撤销。在仲裁庭尚未对本案作出撤案决定书的情况下,本案并没有被撤销。(3)申请人在1999年8月12日提出恢复原仲裁请求,仲裁庭认为申请人有权处分其诉权,恢复请求是可被接受的,并不违反《中华人民共和国仲裁法》和《仲裁规则》。(4)基于以上所述,仲裁庭决定1999年9月22日的开庭照常进行。

1999年9月10日,深圳分会收到被申请人"关于延期开庭的申请函",称:吴贤成先生最了解本项目和本案情况,将出席庭审,但由于申请人撤诉,吴先生已安排一系列的商务公干,因此要求仲裁庭将庭审延期到1999年10月31日以后进行。

1999年9月14日,深圳分会秘书处给被申请人去函,称仲裁庭认为被申请人要求延期开庭的理由不充分,深圳分会已给予当事人足够的时间准备开庭,因而不接受被申请人的延期开庭申请。

1999年9月22日至23日,仲裁庭在深圳开庭审理本案。第二、第三申请人的法定代表人孔祥茂先生、甘平先生和申请人的代理人卢全章先生、肖屿先生、黄敬忠先生、张文华女士、王侠先生、刘一宪先生、李娟女士出席了庭审,被申请人的代理人李方先生、吴冠雄先生、段继红女士、周健先生、李元君先生、翁婵珍女士、Supin Jitkarnngarn 女士出席了庭审。被申请人的代理人在开庭时提交了仲裁答辩书,并提出,申请人对仲裁请求的撤销和恢复影响了其反请求的提出。仲裁庭明确表示被申请人有提出反请求的权利,但在没有履行受理手续之前,只能就申请人的请求发表意见。被申请人明确表示要提出反请求,仲裁庭要求其在 10 月 8 日前将反请求的手续办理完毕。此后,双方就仲裁请求及证据材料进行了辩论和质证,仲裁庭也就有关问题进行了调查,并要求双方在 10 月 8 日前提交补充材料,并强调双方若有和解的可能,就不要错失良机。

1999 年 9 月 30 日,深圳分会秘书处向被申请人发出了"预缴反诉费用通知单"。被申请人按时办理了反请求手续。1999 年 10 月 15 日,被申请人向深圳分会提交了对反请求的变更说明。深圳分会将该说明转给了申请人。

1999 年 11 月 9 日,深圳分会通知双方当事人,定于 1999 年 12 月 20 日至 22 日在深圳进行第二次开庭,并要求双方在 11 月 30 日前提交证据材料。

1999 年 12 月 20 日,仲裁庭在深圳第二次开庭审理本案,申请人的代理人卢全章先生、肖峋先生、黄敬忠先生、李娟女士、张文华女士、张志良先生、刘一宪先生、王侠先生出席了庭审,被申请人的代理人李方先生、吴冠雄先生、周健先生、翁婵珍女士、Pinpong Suwanichkul 先生、林敏熙先生出席了庭审。本次开庭将仲裁请求和仲裁反请求合并审理。申请人在开庭时提交"关于对本案作出中间裁决的请求",称鉴于深圳贤成大厦(现深圳鸿昌广场)已投入巨额资金,每日都在发生数十万元的经济损失,而申请人申请合作合同应予解除的事实和法律依据都是充分的,因而申请人请仲裁庭先就申请人的仲裁请求作出中间裁决,待深圳贤成大厦有限公司的清算结果出来后,再裁决本案的反请求。在庭上,双方当事人对仲裁请求和反请求进行了陈述和辩论,仲裁庭也就有关的问题进行了调查。仲裁庭经合议,认为作中间裁决的时机还不成熟。鉴于双方当事人在庭上提出了调解的要求,仲裁庭决定次日主持调解。12 月 21 日和 22 日,仲裁庭主持了本案的调解,但未调解成功。

双方当事人在庭后补充了证据材料。2000 年 1 月 14 日,深圳分会秘书处收到了被申请人传真来的"中止审理申请书",1 月 17 日收到该申请书的原件,18 日又收到被申请人代理人段继红女士的"请求仲裁庭对贤成大厦一案暂时中止审理的报告"。被申请人要求中止审理的理由有两点,一是由于最高人民法院的行政判决书没有得到有效执行,合作企业并未得到有效恢复,合作企业的财产仍被他人非法占有,根本谈不上对合作企业内部纠纷进行仲裁。二是合作企业的会计账目和部分档案于1995年5月被深圳市人民检察院扣押,后该院又将上述材料移交到深圳市工商行政管理局破产清盘处,至今尚未归还合作企业,缺少完整准确的会计账目和企业档案,已经严重妨碍被申请人进行反请求并有效举证,因此,被申请人在未得到上述资料之前难以继续参加反请求审理。2000年3月13日,深圳分会秘书处经商仲裁庭对被申请人作出答复,认为被申请人提出的第一个问题不是仲裁庭对本案进行审理的障碍;至于第二个问题,说明会计账册在本案中已被申请人申请证据保全,仲裁庭考虑到查封的情况,要求被申请人对所需的会计账册列出证据清单,深圳分会秘书处将就清单内容协助被申请人进行查询和复印。因此仲裁庭不同意被申请人要求中止审理的请求。

由于本案案情较为复杂,仲裁庭难以在规定的期限内作出裁决,仲裁庭要求将作出裁决的期限延长至2000年6月10日,深圳分会秘书长予以同意。2000年3月10日,深圳分会秘书处给双方发出了延期作出裁决的决定。

2000年3月29日,深圳分会秘书处收到了被申请人提交的财务账册清单。4月26日至27日,在双方当事人在场的情况下,深圳分会秘书处协助被申请人代表查询、复印了合作企业的有关账册、凭证资料。

2000年4月29日,深圳分会秘书处通知双方当事人,定于2000年5月29日至31日在深圳第三次开庭,并要求被申请人在5月16日之前提交其对反请求的补充意见和证据材料。

2000年5月29日,仲裁庭在深圳第三次开庭审理本案,第二申请人的法定代表人孔祥茂先生、申请人的代理人卢全章先生、张文华女士、黄敬忠先生、刘一宪先生、王侠先生、张志良先生出席了庭审,被申请人的代理人李方先生、吴冠雄先生、张正乾先生、周健先生、林敏煦先生、董俊绒女士出席了庭审。双方当事人对各自的主张和对方的观点进行了陈述和评论,并提出了愿在仲裁庭的主持下进行调解的要求。当日下午,仲裁庭即对双方当事人进行了调解,但未获成功。次日,仲裁庭继续审理本案,并在下午5时结束了庭审。

仲裁庭仍难以在2000年6月10日前对本案作出裁决,仲裁庭要求将作出裁决的期限再次延长到2000年8月10日,深圳分会秘书长予以同意。2000年6月9日,深圳分会秘书处向双方当事人发出了延期作出裁决的决定。

本案于2000年7月审理终结,仲裁庭根据事实和法律在2000年7月31日作出裁决。

2. 各方当事人的实体主张及其交锋

申请人诉称:

1988年12月5日,申请人与被申请人订立了"合作经营深圳贤成大厦有限公司合同书"。1989年3月28日,深圳市审批机关以深府经复(1989)第180号文批准该合同生效。1989年4月13日,合作企业办理了工商注册手续。1990年10月23日,双方又订立了"合作经营深圳贤成大厦有限公司补充合同书"(以下简称补充合同)。1990年11月19日,深圳市政府以深府经复(1990)第875号文批准补充合同书生效。

合作合同第7、8、9条约定:合作企业的投资总额为人民币9 620万元(美元2 600万元),注册资本为人民币3 848万元。合作各方提供下列合作条件:(1)申请人提供12 581.81平方米的土地使用权,承担12 581.81平方米的征地费、报建费为人民币1 780万元。(2)被申请人承担大厦建造的全部资金美元2 600万元。(3)由于地价上升,被申请人愿意为申请人提供人民币1 500万元作为土地补偿费。大厦的建造费用,在合作合同登记注册后半年内被申请人以备用信用证现金或汇票将资金汇入合作企业在深圳银行开立的账户内,由被申请人按工程合同支付。补充合同书第3条约定:被申请人承担大厦建造的全部资金。同时承担在建房过程中、房产经营中的全部经济风险责任。

但是,合作企业批准设立之后,被申请人全面违反出资义务,应投入建设大厦的资金始终不能到位,申请人多次敦促被申请人出资,但被申请人置之不理。由于建设资金不能到位,大厦建设不能开工,从而严重侵害了申请人的合作权益。

1991年11月29日,贤成大厦终于奠基。然而在大厦兴建过程中,被申请人由于资金不能及时到位,大厦建设进度缓慢,1993年9月20日,由于被申请人没有资金投入,贤成大厦在建工程被迫全面停工。

根据《中华人民共和国中外合作经营企业法》第9条关于出资的规定,《中华人民共和国中外合作经营企业法实施细则》第21条关于违约的规定、第48条关于解散的规定,合作合同第37条关于违约的约定,<u>申请人请求仲裁庭裁决终止双方订立的合作合同和补充合同书,解散合作企业,并由被申请人承担本案仲裁费</u>。

被申请人答辩如下:

1. 被申请人没有违约,申请人要求终止合作合同的理由没有事实和法律依据

(1)关于大厦工程的延期开工

申请人指控被申请人建设大厦的资金不能到位,造成工程延期开工。但事

实上，被申请人已经履行了自己的出资义务，实际向合作企业投入资金港币 10 777 万元及美元 146 万元。造成大厦延期开工的真正原因是：

（a）申请人未能依照合作合同的规定取得大厦工程建设要点的批准，导致合作企业的建设规模发生重大变更，合同双方进入合同的修改、变更和完善过程。

合作合同第 6 条规定：合作企业的规模，综合大厦的建筑面积为 18 万平方米。第 10 条关于申请人的责任中规定："4. 负责将大厦建设要点报规划局批准；5. 负责办理大厦的建设方案报批手续；6. 负责办理报建手续。"但是合作合同经签署并批准后，申请人未能依合同取得建设规模 18 万平方米的建设规划批准，相反，由于大厦的容积率发生变化，大厦的建设规模从 18 万平方米的建筑面积剧降到 10 万平方米。显然，双方在合同项下的根本利益已经受到了重大影响，双方不得不对合同条件重新进行谈判。

1990 年 10 月 23 日，双方经过长时间的谈判，终于签署了补充合同书，对合作合同作了重大修改，将建筑规模由 18 万平方米减少为 10 万平方米左右。补充合同书得到了深圳市人民政府的批准。因此，从 1989 年初到 1990 年 10 月，双方实际上是处于对合作合同进行修改、补充和完善的协商过程。在补充合同书达成之前，被申请人显然不可能履行合作合同规定的出资义务，申请人都承认自己曾为面积分配无法达成新的协议而提出终止合同，又如何要求被申请人在此情况下履行出资义务呢？

而合作合同第 9 条约定在申请人取得建设要点和设计方案批准之后由被申请人分批向申请人支付土地补偿费。由于申请人未能取得建设要点和设计方案的批准，加之建设规模的变化使得合作合同、建设要点和设计方案等均需要进行修改，在申请人满足被申请人支付土地补偿费的前提条件之前，被申请人自然没有支付的义务。

（b）大厦工程的建设规模发生重大变更，导致大厦工程建设的规划设计方案不得不进行修改。

根据合作合同第 11 条的约定，被申请人根据大厦原建设规模进行了大厦建设方案的设计，而在建设规模发生重大变更后，被申请人不得不依据新的建设规模对该设计方案重新进行修改。这些客观的技术性问题同样也导致了大厦开工的延误。

（c）补充合同书签订后，被申请人按时支付地价款，大厦工程在符合法律规定的时间内如期开工。

补充合同书对被申请人的出资义务没有作具体的时间规定，只是根据"关于由合作企业直接与深圳市建设局签订购买土地使用权合同"的修改要求,被申请人在 1990 年 11 月 20 日将 1 400 万元土地补偿费作为土地价款汇入合作企业。截至 1990 年 11 月 28 日,被申请人向合作企业投入人民币 1 500 万元(不包括原先支付的 100 万元),使得合作企业有能力在 1990 年 11 月 28 日付清了全部地价款,并于 1990 年 12 月 15 日取得了房地产证,合作企业的土地使用权得到了确认。

1991 年 11 月 11 日,深圳市建设局批准合作企业于 1991 年 11 月 29 日奠基开工。从时间上看,尽管前期大厦出现了建设规模和规划设计方案的重大调整,贤成大厦的开工时间仍然没有违反合作企业与深圳市建设局签署的"深圳经济特区土地使用合同书"〔深地合字(88)127 号(修改)〕的有关规定。

(2) 关于大厦工程的停工

依据补充合同书第 5 条,合作企业的合作经营期限为 5 年,即合作企业应自补充合同书被批准之日 1990 年 11 月 19 日起 5 年内完成贤成大厦的建设。大厦实际在 1991 年 11 月 29 日开工,至 1993 年年底完全停工。申请人指控停工的原因是被申请人没有资金投入,但事实上被申请人完全按照大厦工程的建设进度履行了出资义务。

(a) 合作企业未能支付工程款不是因为被申请人出资不到位

由于补充合同书对于大厦建设资金的投入时间未作具体规定,因而合理的投入时间应是按照大厦工程的进度投入。被申请人在大厦开工后到停工时,一直根据大厦工程的进度以满足建设需要为标准向合作企业投入资金,由于资金充足,建设进展顺利,完成了地面以下结构工程、地下室和主体结构四层的施工。中建三局深圳一公司(下称工程公司)提前了 71 天完成工程,并屡次申请提前工期奖。由此可见,被申请人向合作企业提供了足够的建设资金,完全足以满足大厦工程建设需要。

(b) 合作企业未向工程公司支付的部分工程款并不能导致大厦建设的停工

截至 1993 年 6 月,合作企业未付的工程款共计人民币 1 794 万元,但其中还包括数百万元未获工程监理单位认定的材差和价差款项。但同时,合作企业在工程公司还存有工程预付款人民币 1 580 万元。即使按照工程公司的单方主张,其当时垫付的工程款也仅为人民币 214 万元,并不能导致大厦工程的停工。而合作企业 1993 年 5 月到 10 月集中向工程公司支付了人民币 1 790.65 万元和美元 25 万元的工程款,即使算上 1993 年 6 月以后的工程量,合作企业实际上并不欠工程款。项目工程的停工实际上另有原因。

2. 申请人多次违反合作合同和补充合同书,并误导当地政府作出违法行政行为,才是导致合作企业经营停止和被注销的真正原因

(1) 申请人未能依照合作合同的约定为合作企业取得项目建设所需的土地使用权

合作合同第 4 条约定申请人以土地使用权为投资,第 8 条约定申请人提供 12 581.81 平方米的土地使用权,第 9 条约定购买土地使用权的费用,由申请人负责同国土局签订合作企业的土地使用合同并交付土地使用费。

显然,为合作企业取得项目地块的土地使用权是申请人在合作合同项下的最主要和最根本的义务。但申请人却只在 1989 年 1 月 26 日(仲裁庭注,实为 1989 年 6 月 26 日)由第三、第四申请人与深圳市政府签订了"深圳经济特区土地使用合同书",约定将 8 625 平方米土地划拨给上述两公司使用。此后,申请人迟迟未能缴纳土地使用费并将土地使用权转入合作企业,其行为已构成违约。此后,双方经协商签订补充合同书后,才改由合作企业直接以出让方式获得土地使用权。

(2) 违反合同程序,单方要求终止合作合同

根据合作合同第 35 条约定,对合同作重大变更必须经合作各方签署书面协议并报原审批机关批准。但就在双方正在对设计方案、面积分配及出资等重要问题进行协商的过程中,申请人却歪曲事实,未与被申请人协商,单于 1990 年 8 月 10 日致函深圳市经济发展局要求提前终止合同。申请人实际上从此时起就有意违反或单方终止合作合同,但其并未按照合同约定的方式解除合同,而是采取了错误的方法,这种方法不但误导深圳市政府作出错误的决定并导致后来的一系列违法行政行为,而且明确表示申请人根本没有诚意履行合同,从开始就违反了诚实信用原则。

(3) 申请人没有合同和法律依据单方要求增加合同之外的利益

补充合同书第 2 条约定,……建设规模为 10 万平方米左右。由于大厦面积减少,申请人同意将原合同约定的无偿分得建筑面积 25 000 平方米改为 11 000 平方米,即贤成大厦建成后(总建筑面积不管低于或高于 10 万平方米),申请人无偿分得建筑面积 11 000 平方米的相对集中的楼房的产权,……各方自行出售,转让房产,其增值税由各方自行分担。

申请人却无视补充合同书的上述约定,于 1992 年 12 月 10 日向深圳市政府提出要求增加其无偿分得建筑面积的要求,并根据个别领导没有法律依据的批复进一步进行违约活动。

(4) 申请人单方向深圳市有关部门申请禁止合作企业预售楼房

在履行完自己的出资义务后,为解决项目进一步的资金需求,被申请人在1993年8月18日(仲裁庭注,实为1993年8月21日)向深圳市规划国土局递交了"商品房预售申请书",期望通过预售进行融资,以完成大厦工程的建设。但申请人却于1993年10月28日以其分得大厦面积过少为由,向深圳市有关部门申请禁止合作企业预售楼房。此违约行为直接导致了合作企业未能获得进一步的资金来源并导致大厦工程的最终停工。

(5) 违反合作合同,擅自申请注销合作企业,导致被申请人的合法权益基本丧失

1994年11月15日,申请人违反合作企业章程和法律,擅自以自己的名义非法向深圳市工商局提出注销合作企业,并直接导致了深圳市工商局注销合作企业的违法行政行为,使合作企业丧失了全部合法财产,严重侵害了合作企业和被申请人的利益。

(6) 申请人擅自以合作企业的资产与第三人订立新的合同,成立新的项目公司

在被申请人履行合作合同的过程中,申请人与鸿昌国际投资有限公司(下称鸿昌公司)合谋变更和终止合作合同及补充合同书,并于1994年11月15日非法以合作企业拥有的土地使用权与鸿昌公司订立新的合同,并报深圳市引进外资办公室(仲裁庭注,实为深圳市引进外资领导小组办公室)审批。申请人的上述行为不仅违反了合作合同,而且严重侵犯了合作企业的合法资产和被申请人的权益,是导致合作企业被违法注销的主要原因。

由此可见,在合作合同和补充合同书的履行过程中,不是被申请人违约,而是申请人多次严重违约,并结合地方有关政府部门的违法行政行为,剥夺了合作企业赖以经营的资产和法律资格,导致合作企业经营的全面停顿。

3. 最高人民法院的相关行政诉讼判决尚未得到执行,合作企业的主体资格应当予以保留

由于上述第2点中所述的申请人的违约行为以及由此导致的深圳市工商行政管理局和深圳市招商局的违法行政行为,<u>被申请人的合法权益受到了严重侵害</u>。被申请人于1995年对深圳市工商行政管理局和深圳市招商局提起了<u>行政诉讼</u>,1997年广东省高级人民法院作出一审判决:(1) 撤销深圳市工商行政管理局1994年11月23日注销合作企业企业登记的行政行为;(2) 撤销深圳市招商局1994年12月1日批准设立深圳鸿昌广场有限公司的批复;(3) 撤销深圳市工商行政管理局1995年8月1日对合作企业进行清算的决定。<u>1998年7月</u>,最高人民法院对该案作出了终审判决,判决维持广东省高级人民法院

的上述判决,并要求深圳市工商行政管理局和深圳市招商局对合作企业和深圳鸿昌广场有限公司的有关事宜重新处理。但时至今日,深圳市有关政府部门尚未作出有关的具体行政行为来执行上述判决。为维护法律的严肃性和最高人民法院的权威,并保证合作企业的合法权益免受丧失,仲裁庭应当考虑该特殊情况,在上述判决尚未得到执行之前,不应裁决解除合作合同和补充合同书。

综上,被申请人要求仲裁庭驳回申请人的仲裁请求,并根据上述理由提出反请求如下:

(1)申请人向被申请人赔偿因其违约行为给被申请人带来的经济损失港币 43 108 000 元和美元 584 000 元的利息损失;

(2)本案的仲裁费全部由申请人承担;

(3)仲裁的律师费和其他杂费由申请人承担。

双方当事人争议的主要观点如下:

1. 关于被申请人的出资问题

(1)关于人民币 1 500 万元土地补偿费问题

申请人认为被申请人从合作合同签署之初就开始违约,不能如期支付人民币 1 500 万元的土地补偿费给申请人。

被申请人认为,由于 1989 年春夏之交的政治风波及其客观上导致的西方国家对中国实行"经济制裁"这一事实,1989 年春天开始直至 1990 年,外商投资者普遍处于观望状态,合作合同难以得到如期顺利的执行。1990 年后,由于政府批准的大厦容积率发生重大变化,建筑面积剧降了近一半,双方不得不协商合同的变更事宜,申请人也承认此点。双方对合作合同的执行一直到 1990 年 10 月 23 日补充合同书签署之后才成为可能。但同时,申请人一直未能将项目用地的土地使用权投入合作企业,其在 1989 年 6 月 26 日与深圳市政府签署土地使用合同书后却一直未能交付土地使用费,申请人一直主张被申请人未能按时支付土地补偿费,但事实上是申请人自己无视合同条款的规定。土地使用费是申请人应当依照其与政府之间的合同自行安排缴纳给政府以取得土地使用权的费用,而土地补偿费只是合作合同项下应由被申请人补偿给申请人,并作为一项合作条件的费用。二者是不同法律关系项下的义务,没有必然的先后或因果关系。同时合作合同第 9 条第 2 款明确规定了该款项支付的条件,在条件满足之前,被申请人没有义务支付相应部分的费用。补充合同书实际上对合作合同规定的合作条件作了重大变更,即把申请人以土地使用权出资变更为由被申请人向合作企业投入资金,再由合作企业以自己的名义直接向政府交费,并申请取得土地使用权。补充合同书签署之后,被申请人即依约于 1990 年 11

月23日到29日向合作企业汇入了美元267万元,折人民币15 110 370元,完全履行了合同义务。

(2) 关于合作企业注册资金和投资总额内的资金投入义务

申请人认为,被申请人未能履行合作合同约定的出资义务,按照[94]深国仲结字第40号裁决书(下称40号裁决书),王文洪和鸿昌公司对合作企业的投资都不能被视为是被申请人的出资,被申请人全面违反出资义务致使大厦不能开工,开工后因资金不能到位,导致大厦的建设停工。被申请人应承担违约责任。

被申请人认为,其对合作企业投入的资金(包括注册资金和投资总额内的资金)由四部分组成:(a) 吴贤成先生原先单独投入合作企业的资金港币3 562 585.51元和美元91万元;(b) 吴贤成先生以向王文洪先生转让被申请人股权取得的价款投入或借给被申请人,供被申请人投入合作企业的资金港币4 850万元;(c) 王文洪先生借给被申请人,供被申请人投入合作企业的港币2 000万元;(d) 被申请人向佳和发展有限公司借款而投入合作企业的资金港币3 571万元和美元55万元。以上合计出资港币10 777万元和美元146万元,核减吴贤成先生以合作企业资金偿还其对佳和发展有限公司债务的港币3 000万元后,实际投入资金港币7 777万元和美元146万元。被申请人认为其所提交的各项证据相互印证,充分说明了在1992年6月合作企业的补充合同(二)之前,不论是吴贤成还是王文洪,均是通过被申请人投资于深圳贤成大厦的,因此其二人的出资不论从法律文件上还是从财务资料上均应认定为是被申请人的出资。在补充合同(二)出现后,虽然吴、王二人协商了将王文洪和王泰生在被申请人公司中的权益分割出来,单独作为其对合作企业相应的权益的事项,但由于该事项不论从合作企业角度还是从被申请人角度,均未能依照各自应当适用的法律(分别为中国法和泰国法)完成必要的法律程序,因此均未能生效。在此法律条件下,无疑前述投资或出资仍然应当计为被申请人的投资或出资。鉴于此,被申请人认为其已经完成了对合作企业注册资本(人民币3 848万元)的出资义务,并基本完成了投资总额内的资金筹措义务。其余资金由于涉及申请人的违约行为导致被申请人无法通过房屋预售等正常途径进行进一步的融资,致使合作企业的大厦建设资金不足。

2. 关于合作企业的经营期限问题

申请人认为,合作合同约定的合作期限是5年,合作企业于1989年4月13日领取营业执照,因此,合作企业的经营期限应自1989年4月13日起算至1994年4月12日止;补充合同书签署和批准后虽然经营期限仍为5年,但补充合同书并未明确该 5 年期限的起算时间,因此仍应按原定时间起算;补充合同书被批准后合作企业并未办理经营期限的工商变更登记或延长手续,因此原经营期限应当不变;我国法律规定的时效中断指诉讼时效中断,没有经营期限中断的规定;即使合作企业的 5 年经营期限从补充合同书被批准后重新起算,并且从合作企业被注销后中断,至最高人民法院终审行政判决 1998 年 7 月 23 日送达生效后恢复计算,该经营期限也应在 1999 年 8 月 1 日届满。

被申请人认为,由于项目前期的容积率变化和双方关于面积分配比例的重新协商,以及补充合同书的签订,项目在 1990 年 11 月补充合同书被批准时并未实际动工,如果仍然从 1989 年 4 月 13 日开始计算经营期限,显然合作企业将没有足够的时间建成贤成大厦;补充合同书第 7 条明确规定"合作公司……取得建筑许可证后即破土动工,大厦计划于 1995 年底前竣工"。显然,补充合同书规定的大厦建设期限是从 1990 年底补充合同书被批准时开始至 1995 年底为止的 5 年;依照法律规定,经营期限的变更应从审批机构批准时起生效。工商变更登记手续上的缺陷应当由当事人予以补办,而不应否定其效力。1994 年 11 月 23 日合作企业被注销之后,合作企业的经营期限显然被违法行政行为所中断,这种期限的中断无需法律通过特别的制度加以规定,与诉讼时效的中断制度是完全不同的法律制度。该违法行政行为虽经行政判决撤销,但行政判决不可能从行政程序上直接解决合作企业的主体资格或经营期限问题,深圳市工商行政管理局至今尚未作出任何"重新处理"的具体行政行为,因此,在该机构通过具体和明确的行政行为(可证明其行为法律效力的正式文件)作出"重新处理"之前,合作企业或其营业执照不可能自动恢复,合作企业不可能开展任何经营活动,其经营期限也无从恢复计算。

3. 关于合作企业的外方合作者问题

(1) 关于王文洪入股被申请人的问题

申请人在庭审过程中提交了一份王文洪先生的证言,以证明被申请人吴贤成先生在 1991 年到香港邀请王文洪先生加入合作企业,在申请人不知情的情况下私自转让合作企业的股份,并将合作企业的土地使用权证私自抵押给王文洪先生。

被申请人认为,1991 年,深圳的房地产行情上涨,被申请人投资的合作企业具有良好发展的前景,王文洪先生主动到泰国与吴贤成先生签订了"股份合约",吴贤成先生是向王文洪先生转让被申请人 50% 的股份,对价是港币 11 000 万元,王文洪先生因此成为被申请人的股东。吴贤成先生从未向王文洪先生或鸿昌公司转让合作企业的股权,所谓私自转让合作企业的股权是毫无根据的。

证据表明,王文洪先生1999年5月28日将其在被申请人的全部股权在香港转让给泰国公民萨达帕拉古拉努瓦先生,后者于1999年在泰国法院(普通民事法院)提起针对吴贤成和被申请人的诉讼,要求吴贤成作为被申请人的无限合伙人和董事长完成将其登记为公司有限股东的注册手续。上述证据证明王文洪直至1999年5月28日仍认为自己是被申请人的公司股东,并以被申请人股东的身份向第三方转让被申请人的股份。该证据进一步印证了王文洪先生向合作企业投入的全部资金均为被申请人及吴贤成先生向合作企业的投资。

(2) 关于40号裁决书的问题

申请人认为应按照已生效的40号裁决书的要求确认鸿昌公司为合作企业的股东。

被申请人认为,王文洪先生与吴贤成先生两个境外人士在中国境外签署的关于被申请人(一家中国境外企业)的"股份合约"及其他相关协议的纠纷不应适用中国法律;补充合同(二)是一尚未成立和生效的合同,不应裁决实际履行。还认为仲裁庭在审理本案时,应当依照本案争议双方提交的证据和理由独立判断,而不应参考40号裁决书的认定和裁决结果。因此,合作企业的外方股东只能是被申请人一家,而不可能有其他个人或公司,也不存在被申请人违反合作合同私自转让合作企业股份的事实。

4. 关于预售贤成大厦商品房的问题

被申请人认为,补充合同书明确规定了申请人无偿分得的建筑面积,遂按照法律规定和合同约定在大厦的建设过程中向有关政府部门提出了商品房的预售申请,但申请人向政府有关部门提交报告,以不合法的理由禁止贤成大厦预售楼宇。申请人的错误行为致使大厦的预售计划不能顺利进行,从而给合作企业及被申请人造成了极大的经济损失并最终导致大厦建设项目的停工。

申请人认为,被申请人不能取得预售楼宇的批准是因为其不能向政府有关部门提交贤成大厦的房地产证,与申请人无关。

5. 关于补充合同(二)的签字问题

申请人认为,王文洪先生是吴贤成先生带进合作企业的,在补充合同(二)签署之前,申请人一直都不知道王文洪先生的真实身份。在得知王文洪先生是实际的投资者时,未在补充合同(二)上签字的第二、第三申请人后来都签了名,此意味着申请人放弃了优先受让权。补充合同(二)反映了双方当事人的真实意愿。

被申请人认为,其早在1993年8月18日便由于补充合同(二)合同主体的认知错误而公开声明其在该合同文本上的签字作废,并分别于1993年9月8

日和 9 月 7 日送达未在合同文本上签字的第二、第三申请人,该两申请人在被申请人已发表声明后又补签补充合同(二),是因为申请人四家公司和王文洪先生在私底下达成了一桩交易,此损害了被申请人的合法权益,因而补充合同(二)并不具有法律约束力,而王文洪先生或鸿昌公司也不具备成为合作企业股东的有效合同基础。

(二) 本案仲裁庭对事实的认定

由于本案案情相当复杂,本案仲裁庭先后分别于 1999 年 9 月 22—23 日、12 月 20—22 日、2000 年 5 月 29—31 日,三度开庭审理(含主持双方自愿的再次调解),认真听取各方的陈述和辩论,审核了大量的有关文档,查明和认定了基本事实。

仲裁庭查明和认定事实如下:

(一) 1988 年 12 月 5 日,双方当事人在中国深圳签订了合作合同,共同建立合作企业,合作合同与本争议有关的内容如下:

1. 合作企业经中国政府批准成立,其一切活动必须遵守中国法律和法规及深圳房地产管理条例等有关规定。合作企业的合法权益受中国法律保护。(第 3 条)

2. 合作企业为有限责任公司,申请人以土地使用权为投资,被申请人以补偿土地使用费计人民币 1 500 万元及负责建房的全部资金为投资,合作建造贤成大厦。建筑面积为 18 万平方米,申请人无偿分得建筑面积 25 000 平方米的房产,其余房产归被申请人所有。(第 4、6 条)

3. 合作企业的投资总额为人民币 9 620 万元(美元 2 600 万元),注册资本为人民币 3 848 万元。其中申请人提供 12 581.81 平方米的土地使用权,承担该地块的征地费、报建费人民币 1 780 万元;被申请人承担大厦建造的全部资金美元 2 600 万元(包括图纸设计、土建工程、室内外水电以及公共电梯、消防通讯设施和道路、绿化等室外工程的费用),由于地价上升,被申请人愿意为申请人提供人民币 1 500 万元作为土地补偿费。(第 7、8 条)

4. 合作企业的资金和合作条件(第 9 条)

(1) 购买土地使用权的费用,由申请人负责同国土局签订合作企业的土地使用合同并交付土地使用费。若逾期支付需向国土局交付利息时,利息由双方当事人各承担 50%。

(2) 被申请人给申请人的土地补偿费,在合作合同经批准生效、被申请人收到批文后的 30 天内预付人民币 100 万元给申请人;设计要点经主管部门批准后的 1 个月内,被申请人支付人民币 650 万元给申请人;设计方案批准后的 1 个月内,被申请人支付人民币 750 万元给申请人。申请人收到全部费用后 15 天内将国土局正式批准的土地使用红线图和土地使用合同正本交给被申请人验证,并于合作企业登记注册后 60 天内移交给合作企业。

(3) 大厦的建造费用,在合作企业登记注册后半年内被申请人以备用信用证现金或汇票将资金汇入合作企业在深圳银行开立的账户内。由被申请人按工程合同支付。

(4) 大厦的建造期限为 5 年。

5. 合作各方责任(第 10 条)

申请人责任:

(1) 依照合作合同第 9 条第 1 点规定办理申请取得土地使用权等手续;

(2) 负责办理申请设立合作企业、登记注册等事宜;

(3) 负责办理大厦工程项目立项工作;

(4) 负责将大厦建设要点报规划局批准;

(5) 负责办理大厦的建设方案报批手续;

(6) 负责办理报建手续;

(7) 负责办理水、电、路、通讯的"四通"及土地的平整;

(8) 协助办理合作企业建造大厦自用的建筑材料、装饰材料、家用电器、机器设备、家私等的进口报关手续;

(9) 负责办理合作企业委托的其他事宜。

被申请人责任:

(1) 依照合作合同第 9 条第 1、2、3 点的规定提供资金;

(2) 协助申请人作施工前的准备工作【主要为申请人责任中的第(4)、(5)、(6)条】;

(3) 负责大厦的建设(包括从破土动工至竣工的整个施工和安装工作);

(4) 负责办理合作企业委托的其他事宜。

6. 合作企业建造大厦的设计由被申请人负责。(第 11 条)

7. 在合作中,申请人将得到被申请人所补偿的土地使用费人民币 1 500 万元,无偿分得 25 000 平方米建筑面积房产(如果地面总建筑面积不足 12 万平方米时,申请人得益分配要适当减少:即建 12 万平方米时申请人分 23 000 平方米;建 10 万平方米时申请人分 22 000 平方米)。(第 13 条)

8. 申请人必须承担由于政策变化不能按合同规定进行建房的风险,如不能建房时,保证在市政府及有关部门确认不能建房文件下达的 1 个月内将人民

币1 500万元土地补偿费退回被申请人。被申请人必须承担在建房经营中的全部风险。(第15条)

9. 董事会由四名董事组成,申请人委派1名,被申请人委派3名。董事长由被申请人委派,董事长和董事任期5年。(第17条)

10. 合作各方在合作期限内协商同意对合同作重大变更,必须经合作各方签署书面协议,并报原审批机关批准,经工商行政管理局办理变更登记手续后生效。(第35条)

11. 合作任何一方如不履行合作企业规定之义务或严重违反合作合同条款,视为违约。履行方除有权向违约方索赔外,还有权报请原审批机关提前终止合作合同。(第38条)

12. 合作企业合营期限以建成贤成大厦为期初步确定为5年,如大厦建成期限提前或推后,合作企业期限也相应提前或推后,合作企业在完成大厦建设任务,房产分配完毕后,向工商行政管理局办理变更登记手续后,由被申请人继续经营。(第41条)

13. 合作期满或提前终止合作合同时,合作企业的一切债权债务依照法定程序及合作合同规定清理,双方所得的房产归双方所有。(第42条)

14. 合作合同受中华人民共和国法律的保护和管理。合作各方履行合作合同发生争议时,通过协商或调解解决,如协商调解无效,应提交中国国际经济贸易仲裁委员会深圳分会仲裁,裁决是终局的,对各方都有约束力。合作各方应执行裁决,仲裁费用由败诉方承担。(第43、44条)

1989年3月28日,深圳市人民政府以深府经复【1989】180号文批复了上述合作合同,1989年4月13日,合作企业取得了国家工商行政管理局下发的营业执照。

(二) 1989年6月26日,第三、第四申请人和深圳市人民政府签订了深地合字(88)127号深圳经济特区土地使用合同书,以人民币1 760万元的地价取得了编号为H116-1约8 625平方米的土地使用权,使用年限50年,从1988年11月16日起至2038年11月15日止,土地用途为综合楼。此后,申请人将被申请人支付的人民币100万元土地补偿费和自己筹集的人民币176万元共人民币276万元交给了深圳市国土局。

(三) 1990年8月10日,申请人向深圳市经济发展局提交关于"深圳贤成大厦有限公司"提前终止合同的申请报告,称由于被申请人不支付土地补偿费,导致申请人不能按期向国土局支付地价款,经多次交涉、协商,被申请人毫无诚意,因而申请人申请提前终止合作合同。

(四) 1990 年 10 月 23 日,双方当事人签订了补充合同书,内容如下:

因大厦建筑规模受土地容积率的限制,可建面积由合作合同的 18 万平方米减为 10 万平方米左右等情况的变化,特对合作合同作如下补充:

1. 申请人以投入人民币 278 万元的土地价款以及划拨土地面积 12 581.81 平方米,其中实际使用面积 8 625.4 平方米,其余为绿化用地的土地使用权为合作条件。被申请人以出资人民币 1 500 万元的补偿土地价款及建造大厦的全部资金为投资,合作建造贤成大厦。建设规模为 10 万平方米左右。由于大厦面积减少,申请人同意将原合作合同规定的无偿分得建筑面积 25 000 平方米改为 11 000 平方米,即贤成大厦建成后(总建筑面积不管低于或高于 10 万平方米),申请人无偿分得建筑面积 11 000 平方米的相对集中的楼房(该面积包括相连的裙楼和公共设施以及设备所占用的面积)的产权,双方裙楼建造标准相同,申请人其余楼房标准和被申请人副楼相同,申请人同时得到 20 个单位的自用车辆免费停车场。其余楼房及一切资产全部归被申请人所有。大厦工程竣工交付使用时,双方的房地产证由合作企业向房地产部门办理手续后,分属各方所有,其手续费由各方自行承担。各方自行出售,转让房产,其增值税由各方自行分担。(第 2 条)

2. 申请人同意将贤成大厦的土地使用权转到合作企业,由合作企业直接与深圳市建设局签订购买土地使用权合同。双方将各自未付的土地价款,申请人人民币 84 万元,被申请人人民币 1 400 万元,于 1990 年 11 月 20 日前汇入合作企业在深圳市的银行账户。合作企业于 1990 年 11 月 30 日前将土地价款人民币 1 484 万元全数付给深圳市建设局,取得该地 50 年的土地使用权。此后,合作企业有权将该土地使用权作抵押,取得贷款。(第 4 条)

3. 合作企业合作经营期限为 5 年。合作企业设立联合委员会和贤成大厦工程指挥部两机构为经营管理机构,不再设立董事会。联合委员会设主席 1 名,由被申请人出任,设委员 5 名,申请人委派两名,被申请人委派 3 名。贤成大厦工程指挥部由被申请人组阁和领导,负责大厦的全部建设和管理工作。(第 5、6 条)

4. 合作企业收到深圳市建设局批复的建设要点后,两个月内委托做设计方案;设计方案批准后的 6 个月内报施工图,取得建筑许可证后即破土动工,大厦计划于 1995 年底前竣工。(第 7 条)

5. 合作任何一方如不履行合作企业规定之义务或严重违反合作合同条款,视为违约。因此如遇上地价上涨,或上交滞纳金,或土地被深圳市政府无偿收回,履行方除有权向违约方索赔外,还有权报请原审批机关提前终止合作合

同。(第8条)

6. 合作合同与补充合同书不一致的条款,以补充合同书为准。补充合同书是合作合同不可分割的一部分。(第9条)

1990年11月19日,深圳市人民政府以深府外复〔1990〕875号文批准了补充合同书。

(五) 1990年11月28日,合作企业和深圳市国土局签订了深地合字(88)127号深圳经济特区土地使用合同书(修改),合作企业以人民币1 760万元的地价取得H116-1地块约8 646平方米50年的土地使用权,从1990年11月28日至2040年11月27日止,土地使用者同意负责"宗地图"所示3 964平方米绿化带的绿化、管理、维护,绿化带属社会所有。原深地合字(88)127号深圳经济特区土地使用合同书作废。同日,合作企业向深圳市建设局付清了地价款人民币1 484万元,12月7日,合作企业向深圳市建设局支付了地价利息人民币1 866 666.56元,1990年12月15日合作企业取得深房地字第0034401号房地产证。

(六) 1991年11月18日,由魏天洲先生代表鸿昌公司,吴贤成先生代表丰泰发展有限公司(下称丰泰公司)签订了"承让股权意向书"。该意向书称,丰泰公司是泰国贤成两合公司属下在香港注册的公司,丰泰公司为甲方,鸿昌公司为乙方,双方就深圳贤成大厦物业承让股权事宜,达成如下意向:

1. 乙方同意以港币11 000万元购入甲方拥有的深圳贤成大厦50%之股权,并合作继续经营上述物业;甲方将乙方交付予甲方的购股金额中的港币6 000万元,计息(息率另商定)借与双方合作的公司,作为兴建上述大厦的一部分资金,借贷期限,双方另行商定。

2. 双方承让股权的合同等法律手续,须在泰国曼谷市和香港委托双方各自的律师进行办理,并经双方正式签字后生效。

3. 意向书经双方签字后,乙方须于本年11月23日前,汇港币5 000万元入深圳贤成大厦有限公司设于深圳市的银行户口,上述款项在正式合同签字生效前,甲方不能动用。如承让事宜双方达不成协议,乙方可将上述款项取回,承让事宜达成协议并正式签订合同后,双方合作公司即可动用上述款项,乙方并在合同签订后15天内,将其余款项港币6 000万元汇入甲方指定的户口内,合同始最后正式生效。

4. 双方确认:如承让达成协议并签订的合同生效后,自1991年12月1日起,所有为上述大厦应付出的开支(凭正式收据),计入甲乙双方合作的公司。1991年12月1日前甲方为上述大厦已付出的开支,除按原有协议(或合同)未付完或必须继续分期支付的设计费、勘探费、顾问费等之外,全部由甲方负责,不再计入甲乙双方合作的公司账目;未付完或必须继续支付的上述费用,由双方合作的公司负责支付。甲方1991年12月1日前在账面上的,除上述必须由双方合作公司支付的费用外的贷款(本意向书第6条所列FT008-91/11的投资合约除外)及经济责任与合作公司无关。

5. 甲方原与中方(四家公司或其代表)已签订的协议、合同、章程等,凡经深圳市政府有关部门批准的以及由深圳市政府有关部门,如国土局、工商管理局等所颁发的文件,乙方须予承认,并共同执行。上述合同、协议、政府文件等,甲方须交予乙方确认。

6. 甲方原已签订的有关第FT008-91/11号投资合约,乙方须出面妥善处理。处理不果时,合作公司须予承认并共同执行。

以上所订立的6条意向,经双方签字后执行。正式承让能否达成协议,须待本意向书第2、3条所订条款执行后并签订正式合同始生效。本意向书不具有法律效力。

(七) 上述"承让股权意向书"签订后,同年11月27日,被申请人出具了"委派书",称根据深圳贤成大厦有限公司章程第四章第14条之规定,泰国贤成两合公司委派王文洪先生为合作企业副董事长。

(八) 1991年12月11日,被申请人方吴贤成先生和王文洪先生在泰国曼谷大公律师楼订立了一份股份合约,内容如下:

1. 甲(吴贤成)乙(王文洪)双方已注册为泰国贤成两合公司各占50%股权,乙方为有限制负债股份,甲乙双方共同投资兴建深圳贤成大厦以港币22 000万元为资本额,而乙方同意以港币11 000万元购入甲方拥有的深圳贤成大厦物业50%之股权,并合作继续共同经营上述物业之业务,如有任何损益甲乙双方各负一半。甲方将乙方交付予甲方的购股金额中的港币3 000万元借与双方合作的公司,作为兴建上述大厦的一部分资金,借贷期限,双方另定。

2. 泰国贤成两合公司除兴建深圳贤成大厦之业务外,其他资产如有任何负债或致使被控赔偿均为甲方单独负责甚至如影响及乙方以上所持的股本,甲方须给乙方赔偿一切之损失。

3. 自1991年12月1日起,所有为上述大厦应付出的开支,计入甲乙双方合作的公司。1991年11月30日前,除了未付完新设计费、勘探费、顾问费之外,所有其余在账面上之债务、贷款及一切经济责任,全部由甲方负责,同乙方无关。

4. 甲方在此工程原与中方(四家公司或其代表)已签订的合同、章程等,凡经深圳市政府有关部门批准的以及由深圳市政府有关部门,如国土局、工商管理局等所颁发的文件,乙方须予承认,并共同执行上述合同、协议、政府之文件等,甲方须交予乙方确认。

(九)1991年12月30日,泰国大公律师楼律师陈振东出具了一份证书,内容如下:

泰国贤成两合公司在泰国商业部1980年1月2日登记成立列6/2523(6/1980)号,由吴贤成占80%,翁婵珍占20%,公司法人代表为吴贤成先生。

1991年12月11日,吴贤成先生与王文洪先生订立《股份合约》,主要内容是王文洪同意以1.1亿港元购买吴贤成拥有的泰国贤成两合公司的50%的股份。而后,同吴贤成一起在泰国商业部完成了股份转让手续(即王文洪38%,其侄儿王泰生12%)。

双方同时约定两合公司在深圳贤成大厦以外项目的盈亏与王文洪先生无关,并明确承认所有深圳市政府有关部门批准的关于深圳贤成大厦有限公司的全部文件。

至此,王文洪先生依照泰国法律完成购买两合公司股份的法律手续,他在泰国贤成两合公司内部的股东权益,已受到泰国法律的严格保护。

(十)1992年4月2日,王文洪先生与吴贤成先生在香港律师楼签订"契约",内容为,鉴于:(1)吴(贤成)是在泰国注册的泰国贤成两合公司的股东之一及经营者;(2)两合公司与中方四家公司达成协议在中国成立了深圳贤成大厦有限公司,其主要业务是建造综合性大厦,并且在大厦完成后出售、租赁和经营;(3)王(文洪)是在香港从事经营的商人;(4)由于吴需要资金投入上述工程,为使工程全力进行,吴将邀请王,王同意投资共同建造贤成大厦工程,此工程即将全面开工;(5)为使上述投资生效,吴和王通过各自在香港注册的公司"丰泰发展有限公司"和"鸿昌国际投资有限公司"于1991年11月18日在香港签署了意向书;(6)吴和王就1991年12月11日在泰国曼谷所签订的协议将进一步补充其意向;(7)为了更充分体现吴、王的合作精神,两人一致同意接受下列共同签订的条款制约。该契约条款如下:

1. 双方同意:虽然指定吴为深圳贤成大厦有限公司的董事和法定代表人,但吴要准确无误地向王提供与深圳贤成大厦有限公司有关的信息资料、工程进展及贤成大厦的开发。尤其是深圳贤成大厦有限公司董事会或两合公司所做出的任何决定。

2. 凡是对两合公司或深圳贤成大厦有限公司的利益产生影响的事情,吴须征得王的同意后,方能决定。

3. 吴应与王商议一切重要事情,包括与合作的中方四家公司有关的交易及所有重大事情。

4. 两合公司或深圳贤成大厦有限公司与中国政府机构签订的任何合同或协议,吴在没有取得王的一致同意下,不得进行任何更改、变化、增加或减少。

5. 王或其委托的代理人有权接触所有合同和深圳贤成大厦有限公司有关的账本、记录、文件、账目以及发票,在必要时有权复印上述材料,吴应提供同样的资料,在必要时王有权指定审计师进行审计。

6. 吴应努力使王被任命为深圳贤成大厦有限公司的副董事长、副总裁,并要使此任命得到中国政府有关部门的批准,在王是两合公司股东期间,此委任不得撤销。

7. 在必要时,吴和王应定期会面,双方应讨论共同关心的,以及有关两合公司、深圳贤成大厦有限公司与贤成大厦利益的一切事情。

8. ……

9. 因而至此,各方同意并确认王持有两合公司50%的股权(另50%归吴所有),王是具有有限权益的股东,即对两合公司在深圳贤成大厦有限公司和贤成大厦的投资具有有限的权利和义务。因此吴和王在贤成大厦和深圳贤成大厦有限公司及贤成大厦中由吴与王同意的其他项目中,获得的利润及遭受的损失均按50%∶50%划分承担。而两合公司的其他方面的业务,如在中国、泰国或其他任何地方的利润和损失全部属于吴。如果因其他任何一方索赔所造成的损失使王的承担超过上述的责任,吴应使其免于承担所超越的损失,包括法律诉讼费。

10. 吴保证除非事先得到王的书面同意外,两合公司和深圳贤成大厦有限公司不得向任何其他人借债。如无王的书面同意,吴不得将两合公司和深圳贤成大厦有限公司信用作抵押。

11. 为此,双方一致同意在贤成大厦或其任何一部分出售前,吴将努力使深圳贤成大厦有限公司为此目的开立一个或数个银行账户,所有销售收益将存进上述账户,条件是吴将使王成为上述账户的签署人之一,没有他的签名,不能从这些账户中提款。

(十一) 1992年5月9日,被申请人和鸿昌国际投资有限公司签订了"协议书",主要内容为:由于种种原因,鸿昌国际投资有限公司(乙方)提议退出贤成两合公司(甲方),经两合公司股东会议决议,同意将两合公司所拥有的贤成大厦有限公司的全部权益按股东的股份比例进行分割。(1)原贤成两合公司对合作公司的投资权及全部权益、义务50%仍由甲方所有;另50%归乙方所有。

双方之间不需作任何支付。(2) 按照本协议第 1 条规定的权益分割比例,甲方应向合作公司投资人民币 4 810 万元,实际已投资人民币 36 686 142.07 元;乙方应向合作公司投资人民币 4 810 万元,实际已投资人民币 36 686 142.07 元。甲、乙双方均应按合作合同和补充合同书规定的时间向合作公司投足资金。(3) 根据 1990 年 10 月 23 日原两合公司与中方四家公司签订的补充合同书第 3 条规定,深圳贤成大厦的建造管理及经营风险责任由原贤成两合公司承担,从 1992 年 5 月 1 日起由原两合公司享有和承担的权利、义务,改为由甲、乙双方各自分别享有和承担其 50%。(4) 甲方保证对其分割给乙方的合作公司权益拥有完全、有效的处分权,保证该权益没有设置抵押权,并免遭第三人追索,否则应由甲方承担由此而引起的一切经济和法律责任。(5) 甲、乙双方确认:本协议书附表所列截至 1992 年 4 月 30 日合作公司所拥有的全部资产、负债,包括债权、债务及经营损益属实。双方同意按本协议书第 1 条规定的权益分割比例承担和享有附表所列之合作公司资产和负债,包括债权债务和经营损益。在附表以外的任何债务,不论其是否以合作公司或两合公司的名义,均由行为人承担一切经济和法律责任。如因此造成合作公司或他方经济损失,应由行为人承担赔偿责任。(6) 在本协议书条款及附表中,凡写为"原贤成两合公司"或"原两合公司"时,意指乙方未退出前的两合公司。凡写为"甲方"时,意指乙方退出后的两合公司。(7) 本协议经甲、乙双方签字,交深圳市公证处公证,上报深圳市人民政府批准,并到工商行政管理机关办理相应变更登记手续。

(十二) 1992 年 6 月 10 日下午 3 时,合作企业董事会召开了临时会议。根据会议纪要记录,参加会议的有吴贤成先生、王文洪先生、张楚辉先生、魏天洲先生和申请人委派的总代表陈仪春女士。会议内容是讨论深圳贤成大厦有限公司补充合同(二)。纪要称,经董事会充分讨论,对补充合同(二)的几个重要问题作如下的确定:

1. 确认鸿昌国际投资有限公司是泰国贤成两合公司在中国所投资的合作企业"深圳贤成大厦有限公司"50%股权的投资者。

2. 泰国贤成两合公司和鸿昌国际投资有限公司等两家公司在深圳贤成大厦有限公司的投资比例双方各自承担 50%。

3. 深圳贤成大厦有限公司乙方的全部权益分别由泰国贤成两合公司拥有 50%、鸿昌国际投资有限公司拥有 50%。

4. 同意取消联合委员会,恢复董事会。明确各方的董事为:中方:陈仪春、陈俊民。泰方:吴贤成、张楚辉。港方:王文洪、魏天洲。确定公司高级管理人员:董事长由吴贤成先生担任,副董事长由王文洪先生担任,总经理由王文洪先生兼任,副总经理由张楚辉和魏天洲先生担任。

5. 合作公司乙方内部的一切重大问题和债权、债务及产权转移等事务必须由董事长吴贤成和副董事长王文洪共同决定,签名确认后方为有效。

6. 深圳贤成大厦有限公司补充合同(二)的其他条款一致通过。补充合同书(二)经深圳市政府批准生效后,鸿昌国际投资有限公司即办理退出泰国贤成两合公司的退股手续。

五位董事在会议纪要上签了名。

同日,由曾国华先生代表第一申请人、陈俊民先生代表第四申请人、吴贤成先生代表被申请人、王文洪先生代表鸿昌国际投资有限公司在"合作经营深圳贤成大厦有限公司补充合同(二)"上签了名,第二、第三申请人没有签名。该补充合同(二)的主要内容为将鸿昌国际投资有限公司纳入了"深圳贤成大厦有限公司"的合作者,并将被申请人在合作企业中所拥有的全部权益改为由被申请人和鸿昌国际投资有限公司各拥有50%,取消了原补充合同书关于设立联合委员会的规定,恢复董事会。

(十三) 1992年7月11日,被申请人在深圳召开股东特别会议,全体股东吴贤成先生、王文洪先生、王泰生先生、翁婵珍女士均出席了会议。会议议案为"股东退出暨股权分割",会议决议称,经股东友好协商,一致通过王文洪、王泰生先生退出泰国贤成两合公司暨分割深圳贤成大厦有限公司的股权之提议,并决议如下:

1. 股东会议一致同意将本公司在中国深圳市"深圳贤成大厦有限公司"所拥有的全部权利和义务分割为:王文洪先生拥有50%(包括王泰生先生的12%);其余50%的权利和义务仍归由本公司拥有。

2. 上述分割给王文洪先生拥有"深圳贤成大厦有限公司"50%的权利和义务,本公司特别保证其完整、真实、独立、合法。

3. 股东会议授权吴贤成先生代表本公司在中国深圳市与王文洪先生签署权利和义务分割协议书。

4. 王文洪先生、王泰生先生无条件退出泰国贤成两合公司并签订协议书,在广州泰国驻华领事馆鉴证,在深圳贤成大厦有限公司的外方权利与义务分割协议书得到中国深圳市政府批准生效后,王文洪先生即在生效后10日内,去泰国与王泰生先生一起办理退出泰国贤成两合公司的法律手续。

同日,泰国贤成两合公司股东特别会议达成补充决议如下:

本公司股东就泰国贤成两合公司和丰泰发展有限公司的港币4 000万元债务的处理问题与吴贤成本人先行投入深圳贤成大厦有限公司港币3 000万

元的问题,经过友好协商,一致作出如下决议:

1. 以本公司及丰泰发展有限公司名义向香港佳和发展有限公司借款港币4 000万元的债务及向香港鸿昌国际投资有限公司借款港币2 000万元的债务和由此债务产生的应付利息、佣金、利润分成分别由:吴贤成先生承担向香港佳和发展有限公司借款港币3 000万元的债务以及由此产生的利息、佣金和利润分成,王文洪先生承担向香港佳和发展有限公司借款港币1 000万元及向香港鸿昌国际投资有限公司借款港币2 000万元的债务以及由此产生的利息、佣金和利润分成。

2. 鉴于吴贤成先生先行投入深圳贤成大厦有限公司港币3 000万元,为了保证吴贤成先生和王文洪先生向深圳贤成大厦有限公司对等的投资,王文洪先生同意在本公司股东特别之决议和分割之文件,获得深圳市公证处正式签发公证书之后10个工作日内支付给深圳贤成大厦有限公司港币3 000万元。

王文洪、王泰生、吴贤成、翁婵珍都在该决议上签了名。

(十四) 1992年12月10日,申请人共同向深圳市副市长李传芳报送"深圳贤成大厦有限公司中方要求重新调整贤成大厦建筑面积分配比例的请示",称贤成大厦的总建筑面积由10万平方米增加到13.348万平方米,并于1992年11月领取了建筑许可证,申请人认为补充合同书显失公平,要求市政府主持正义,维护原合同分配原则,即申请人应无偿分得2.3万平方米,另要求增加1.1万平方米按成本造价售给申请人。李传芳在请示上批复"面积增加,分配数量应增加。请先与合作方协商,否则可提请法律介(解)决,中方利益应予保护"。

(十五) 1993年8月16日,鸿昌国际投资有限公司向深圳市罗湖区人民法院起诉,称被申请人侵害其合法权益,要求法院确认其在深圳贤成大厦有限公司中所持有股权。

(十六) 1993年8月18日,被申请人出具一份"声明",称在被申请人1992年6月10日签字盖章的补充合同(二)中两中方一直没有签字,故补充合同(二)一直未能成立。现被申请人发现补充合同(二)主体错误,又鉴于一年多来情况的变化,被申请人认为签订补充合同(二)已无意义,为了保证其合法权益不受损失,被申请人郑重声明:取消其在补充合同(二)上的签字和盖章,被申请人不受补充合同(二)的约束。被申请人将该补充合同(二)报送给深圳市经发局外资处、深圳市工商行政管理局、深圳市公证处,并送给申请人。

(十七) 1993年9月6日,王文洪先生、魏天洲先生代表鸿昌国际投资有限公司(甲方)与申请人四家公司(乙方)进行商谈,并签订了"商谈纪要",内容为:甲乙双方本着互惠互利、相互支持的精神,经友好协商,就以下事宜达成一致意见：(1) 甲方已向乙方提供了在泰国贤成两合公司拥有深圳贤成大厦 50% 股权的有关文件，并陈述了实际的投资经过，为了使其在中国的投资权益得到合法保障，要求乙方承认其合法的股权，支持其在深圳市向有关部门报批并办理有关法律手续，乙方对此表示了理解和支持。(2) 甲方充分理解乙方为争取贤成大厦面积合理分配所提出的要求，同意在原分配方案的基础上，再从甲方在贤成大厦 50% 股权中无偿增加分配给乙方建筑面积 3 888 平方米。(3) 甲乙双方明确，甲方无偿增加分配给乙方的面积以乙方承认并支持甲方所投资之股权在深圳市办妥法律保障手续为前提条件；一旦办妥法律手续，甲方保证兑现上述无偿增加分配给乙方的面积。(4) 纪要经各方签字后生效。

1993 年 9 月 7 日和 10 月 5 日，第二和第三申请人分别在补充合同（二）上签字盖章。

（十八）1993 年 8 月 21 日，合作企业向深圳市规划国土局申请贤成大厦商品房预售。1993 年 9 月 20 日，承建贤成大厦的中国建筑第三工程局深圳第一建筑安装工程公司向合作企业发出"关于贤成大厦工程被迫停止施工的致函"，称由于合作企业自 5 月以来一直未能按时按量支付工程进度款，导致贤成大厦工程自 9 月 20 日起全面停工。1993 年 10 月 28 日，申请人向深圳市政府报送"关于请求禁止贤成大厦预售楼宇的报告"，报告称由于分配比例不公平，申请人根据市领导的批示，半年多一再与被申请人交涉、协商，但被申请人拒不接受申请人的多种调整方案。最近被申请人未经股东大会、董事会一致通过决议就向市政府有关部门申请预售楼宇许可证，据悉有关部门已批准，只因缺乏某些文件才未实施。申请人要求政府有关部门禁止被申请人预售楼宇，以免国家财产遭受损失。

（十九）1993 年 12 月 20 日，<u>被申请人在深圳分会向鸿昌国际投资有限公司提起仲裁，就双方在合作企业的权益问题提请法律解决。1994 年 8 月 1 日，该案仲裁庭作出 40 号裁决书。</u>

（二十）1994 年 11 月 15 日，申请人向深圳市工商行政管理局提交"关于申请注销'深圳贤成大厦有限公司'的报告"。1994 年 11 月 23 日，深圳市工商行政管理局发出了深圳贤成大厦有限公司注销通知书。

（二十一）1994 年 11 月 15 日，申请人和鸿昌国际投资有限公司签订了"合作经营'深圳鸿昌广场有限公司'合同书"。该合同书约定：申请人四家公司以位于深圳市深南东路地号为 H116 - 1 地块的土地使用权作为投资，合作公司应承担原"贤成大厦有限公司"在合法经营中实际产生的债权和债务，其责任范围以原"贤成大厦有限公司"的注册资本额为限，等等。同年 12 月 1 日，深圳市引进外资领导小组办公室以深外资办复(1994)976号文批复了上述合同。1995年8月1日,深圳市工商行政管理局作出深工商清盘(1995)1号"关于成立深圳贤成大厦有限公司清算组的决定"。

(二十二) 被申请人和合作企业不服上述行政行为,于1995年1月20日向广东省高级人民法院对深圳市工商行政管理局、深圳市引进外资领导小组办公室和本案申请人四家、深圳鸿昌广场有限公司提起诉讼,<u>1997年8月11日,广东省高级人民法院作出(1995)粤高法行初字第1号行政判决书,判决:(1) 撤销被告深圳市工商行政管理局1994年11月23日注销深圳贤成大厦有限公司企业登记的行政行为;(2) 撤销被告深圳市引进外资领导小组办公室1994年12月1日深外资办复(1994)976号《关于设立中外合作经营企业"深圳鸿昌广场有限公司"的批复》;(3) 撤销被告深圳市工商行政管理局1995年8月1日深工商清盘(1995)1号《关于成立深圳贤成大厦有限公司清算组的决定》</u>。1998年7月21日,最高人民法院就该案作出(1997)行终字第18号行政判决书,判决:(1) 维持广东省高级人民法院(1995)粤高法行初字第1号行政判决;(2) 深圳市工商行政管理局、深圳市招商局(即原深圳市引进外资领导小组办公室),依法对深圳贤成大厦有限公司、深圳鸿昌广场有限公司的有关事宜重新处理。

(二十三) 1996年4月1日,中国银行湖北省分行花桥支行(下称中银花桥支行)就其曾向深圳贤成大厦有限公司发放人民币3 900万元投资贷款问题,向湖北省武汉市中级人民法院(下称武汉中院)对深圳贤成大厦有限公司清算组和深圳鸿昌广场有限公司提起了民事诉讼,要求两被告偿付贷款本金人民币3 900万元和利息等,并申请财产保全。1996年4月9日,武汉中院作出(1996)武民初字第124号民事裁定书,裁定查封深圳贤成大厦(鸿昌广场)一层至五层房屋,严禁买卖、转让、抵押。1996年9月25日,武汉中院作出(1996)武民初字第124号民事判决书,该判决书确认,中银花桥支行与深圳贤成大厦有限公司于1992年9月29日、11月13日、1993年1月31日分别签订了两份《投资合同》和一份《补充协议》,中银花桥支行据此向深圳贤成大厦有限公司投资人民币3 900万元,但到期未能收回投资。法院认定,双方所签订的合同和协议违反国家有关金融政策的规定,均属无效合同,因而判决深圳贤成大厦有限公司清算组返还中银花桥支行投资款人民币3 900万元及该款的资金占用费,并判决深圳鸿昌广场有限公司在接受贤成大厦的财产及债权、债务后,依法对上述款项负清偿责任。

(二十四) 1996年12月23日,深圳贤成大厦有限公司清算组和深圳鸿昌广场有限公司就上述已发生法律效力的124号民事判决书以中银花桥支行贷出的人民币3 900万元不是深圳贤成大厦有限公司的法定债务,诉讼主体不合格,违反法定程序等理由,向武汉中院申请再审。1999年4月23日,武汉中院作出(1999)武民再字第10号民事判决书,该判决书称,经武汉中院审查,该申请符合法律规定的再审条件,而深圳贤成大厦有限公司的法律地位已恢复,追加为本案被告。再审查明,1992年9月29日、11月13日、1993年1月31日中银花桥支行与香港贤成集团有限公司先后签订了三份《投资合同》和一份《关于1992年9月29日合同的说明》,中银花桥支行共计向香港贤成集团有限公司投资贷款人民币3 900万元,并按香港贤成集团有限公司董事长吴贤成的指令分次汇入深圳南泰针纺织品有限公司账户。1994年5月28日,中银花桥支行与香港贤成集团有限公司、深圳贤成大厦有限公司三方签订《关于修改变更投资合同的协议》,将中银花桥支行人民币3 900万元投资贷款的还本付息的义务,由香港贤成集团有限公司转由深圳贤成大厦有限公司全部承担,而该两公司的法定代表人均为吴贤成。同日,中银花桥支行与深圳贤成大厦有限公司签订了两份《投资合同》和一份《补充协议》,将签约时间和收款收据的时间均倒签为原《投资合同》的时间。法院认定原审判决不当,并作出再审判决:(1)撤销(1996)武民初字第124号民事判决;(2)深圳贤成大厦有限公司清算后,以董事长吴贤成在该公司的实际投资所产生的价值或楼房面积折抵,偿还中银花桥支行的投资款人民币3 900万元及资金占用费。

(二十五)1993年1月15日,被申请人与中国农业银行西安市分行职工技协服务部(下称农行西安分行)签订了借款人民币2 000万元的《借款合同》,借款期一年,年息为20%,借款汇至被申请人所指定的深圳南泰针纺织品有限公司账户,被申请人以其所拥有的深圳贤成大厦楼花作抵押。1993年10月18日,农行西安分行又与深圳贤成大厦有限公司和被申请人签订了《借款偿还协议书》,主要内容是:深圳贤成大厦有限公司确认上述人民币2 000万元的借款已全部用于建造深圳贤成大厦,现深圳贤成大厦有限公司愿无条件地承担此笔借款本息的偿还责任,并愿用深圳贤成大厦第三十层的房产作抵押。此后,由于借款没有全部偿还,农行西安分行对深圳贤成大厦有限公司和贤成两合公司提起诉讼。1999年7月14日,陕西省高级人民法院作出(1997)陕经一初字第1号民事判决书,判决:(1)上述《借款合同》和《借款偿还协议书》及农行西安分行、深圳贤成大厦有限公司的担保协议均无效;(2)二被告在判决生效后10日内向原告偿还所欠本金人民币1 450万元及合同期外利息等。1999年10月13日,陕西省高级人民法院作出(1999)陕执经字第38-5号民事裁定书,裁定变更深圳鸿昌广场有限公司为本案被执行人,查封、扣押、冻结、拍卖深圳鸿昌广场有限公司的财产。并于同日和11月22日下发了查封、扣押鸿昌广场第28层、第29层和第30层的财产清单。同年12月23日,陕西省高级人民法院委托深圳市阳光拍卖行有限公司对上述查封房产进行了拍卖。

三、本案仲裁庭的合议评析和终局裁断

(一) 本案仲裁庭的合议评析

仲裁庭审阅了本案申请人、被申请人、反请求的申请人和反请求的被申请人先后提交的申请书、答辩书以及有关证据材料,并在多次庭审中听取了各方当事人就本案事实和问题进行的充分陈述和反复辩论,在查明本案事实的基础上,针对本案的法律适用问题、被申请人对本案管辖权的异议问题、申请人请求终止合作合同和补充合同书问题、被申请人反请求问题、仲裁费及律师费的承担问题,分别提出如下意见:

1. 关于本案的法律适用问题

《中华人民共和国涉外经济合同法》第5条第2款规定,在中华人民共和国境内履行的中外合作经营企业合同,适用中华人民共和国法律。又,双方当事人在合作合同第43条约定,本合同受中华人民共和国法律的保护和管理。根据以上两点,本案应适用中华人民共和国法律。

2. 关于被申请人对本案管辖权的异议问题

1999年4月29日,深圳分会收到本案被申请人提交的"受理、管辖异议书",1999年6月10日,仲裁委员会作出"(99)贸仲字第3325号管辖权决定",确认合作合同的仲裁条款有效;本案争议属于仲裁委员会受理范围;深圳分会对本案具有管辖权。

本仲裁庭于1999年6月10日正式组成后,已经查明本案项下的合作合同第44条明文规定:"合作各方履行本合同发生争议时,通过协商或者调解解决,如经过协商调解无效,应提交中国国际经济贸易仲裁委员会深圳分会仲裁,仲裁是终局的,对各方都有约束力。合作各方应执行裁决,仲裁费用由败诉方承担。"

据此,依照合作合同中上述仲裁条款以及《中华人民共和国仲裁法》第4条的有关规定,深圳分会对本案具有当事人约定的和法定的管辖权。

深圳分会于 1999 年 7 月 12 日收到被申请人关于"延期缴纳反诉仲裁费申请书",其中声称对仲裁委员会上述管辖权决定(6 月 10 日)仍然保留异议。但是,被申请人在 1999 年 9 月 30 日向深圳分会提出变更反请求金额的要求,接着,又于 1999 年 10 月 15 日向深圳分会提交了"反请求变更说明",并按规定缴纳了反请求的仲裁费。自此之后,直到仲裁庭于 2000 年 5 月 30 日宣布本案最后一次庭审终结,被申请人未再表示对本案管辖权有任何异议。迄本裁决书签发之日止,被申请人也未再提出此种异议。可见被申请人实际上已经完全放弃了原先的管辖权异议主张,完全接受了深圳分会对本案的管辖。

3. 关于申请人请求终止合作合同和补充合同书问题

本案合作合同于 1989 年 3 月生效。十余年来,各方当事人之间纠纷不断,争讼迭起,并且多次"对簿公堂"。根据最近一年多以来的案情发展,申请人与被申请人的争议焦点集中在应否按照申请人的请求正式终止本案合作合同及其补充合同书,解散深圳贤成大厦有限公司这一问题上。

仲裁庭认为,解决这一争议焦点,取决于三个方面的事实:第一,本合作合同及其补充合同书的各方当事人是否已经切实履行了约定的义务;各方当事人有无重大的违约行为,导致合作企业无法继续经营。第二,合作企业是否已经发生严重亏损,导致无力继续经营。第三,合同规定的合作期限是否已经届满。

甲、**关于第一方面**,申请人和被申请人各自主张本方是守约方,对方是违约方,而且是严重的违约方。经仲裁庭查核认定:双方都有重大的违约行为。

A. 就被申请人一方而言,其主要的重大违约行为至少有三:

1. 被申请人为筹措资金,自 1991 年 11 月 18 日至 1992 年 5 月 9 日,在这大约半年的时间里,未经申请人四方的同意,也未经合作企业董事会讨论和作出决定,先后以"泰国贤成两合公司"属下的"丰泰发展有限公司"名义,或以"吴贤成"个人名义,与本合作合同以外的第三人,即"鸿昌国际投资有限公司"或"王文洪"个人等,签订了或签署了《承让股权意向书》(1991 年 11 月 18 日)、《股份合约》(1991 年 12 月 11 日)、《契约》(1992 年 4 月 2 日)、《协议书》(1992 年 5 月 9 日)以及《股东退出暨股权分割决议》(1992 年 7 月 11 日)等五份文件,这五份文件的核心内容互相衔接,其主旨在于擅自将被申请人拥有的"深圳贤成大厦"物业的 50%权益转让给鸿昌公司或王文洪等人,从而获得巨额款项。这就严重违背了合作合同第 16 至 22 条以及合作企业章程第 12 至 22 条的有关规定,也完全违反了《中华人民共和国中外合作经营企业法》第 10 条的明文规定,即"中外合作者一方转让其在合作企业合同中的全部或部分权利、义务的,必须经他方同意并报审批机关批准"。

2. 被申请人于1992年9月29日、11月13日、1993年1月31日,以"香港贤成集团有限公司"名义,与中银花桥支行相继签订了两份《投资合同》和一份《补充协议》,以支付高达24%和27%的年利为条件,向中银花桥支行取得"投资贷款"人民币3 900万元。事后,被申请人未经申请人四方同意,也未经合作企业董事会讨论并作出决定,又于1994年5月28日擅自以"深圳贤成大厦有限公司"名义,与本合作合同以外的第三人,即中银花桥支行,签订了《关于修改变更投资合同的协议》,约定将"香港贤成集团有限公司"所欠上述人民币3 900万元巨款的还本付息义务,全部转由深圳贤成大厦有限公司承担。被申请人的这种行为,再次违背了合作合同第16至22条以及合作企业章程第12至22条的有关规定,也违反了深圳市政府对该合作企业补充合同书有关批复(1990年11月19日)中的明文规定:"合作合同贷款的担保问题由乙方〔指泰国贤成两合公司〕负责。"其后,被申请人的这一行为终于在1996年4月9日导致原深圳贤成大厦地面五层以下的建筑物业被武汉中院强制执行,公告查封。

3. 被申请人于1993年1月15日以"泰国贤成两合公司"名义与农行西安分行签订了《借款合同》,向后者借得人民币2 000万元。随后,被申请人又在1993年10月18日,未经申请人四方的同意,也未经合作企业董事会讨论和作出决定,擅自以"深圳贤成大厦有限公司"的名义,作为"乙方"当事人,与本合作合同以外的第三人,即"甲方"当事人农行西安分行,签订了《借款偿还协议书》,约定原由被申请人借得的上述人民币2 000万元,"乙方(即深圳贤成大厦有限公司)愿无条件地承担此笔借款本息的偿还责任";"乙方愿用深圳贤成大厦第三十层的房产作为甲方(即农行西安分行)资金的抵押";"如乙方不能按期偿还借款时,依法处理抵押房产以归还甲方资金。"被申请人的这种行为,又再次违背了合作合同第16至22条以及合作企业章程第12至22条的有关规定以及深圳市政府有关贷款担保问题的上述批复规定。其后,在1999年12月23日,被申请人的这一行为最终导致了在原深圳贤成大厦底层建筑物业基础上建成的第28、29、30层楼房合计5 316.57平方米被陕西省高级人民法院强制执行,低价拍卖偿债,从而造成申请人的重大经济损失。

B. 就申请人四方而言,其主要的重大违约行为至少有二:

1. 申请人四方于1993年9月6日,未经被申请人同意,也未经合作企业董事会讨论并作出决定,擅自与合作合同以外的第三人,即鸿昌公司,签订了"商谈纪要",以申请人四方共同承认鸿昌公司在深圳贤成大厦有限公司"拥有"由泰国贤成两合公司让与的50%股权并支持报批和办理法律手续作为交换条件,从鸿昌公司"拥有"的深圳贤成大厦有限公司股权项下,额外无偿取得深圳贤成大厦建筑面积3 888平方米的物业。申请人四方的这种行为,显然违反了合作合同第16至22条以及合作企业章程第12至22条的有关规定,也违反了补充合同书(1990年10月23日)第2条关于建筑面积分割的原有约定。

2. 申请人四方于1994年11月15日,未经被申请人同意,也未经合作企业董事会讨论并作出决定,擅自与鸿昌公司签订了"合作经营'深圳鸿昌广场有限公司'合同书",约定由申请人四方将原属于深圳贤成大厦有限公司的深圳市H116-1号地块12 581.81平方米的土地使用权作为申请人四方的投资,与鸿昌公司另行组建新的中外合作企业,即"深圳鸿昌广场有限公司",并且报经深圳市主管部门批复同意。申请人四方的这种行为,"属于以非自有财产与他方合作经营"(见最高人民法院〔1997〕行终字第18号行政判决书),显然从根本上违背了其与被申请人签订并已实施四五年的原有合作合同及其补充合同书,也完全违反了《中华人民共和国中外合作经营企业法》第10条的前述规定。

仲裁庭认为:被申请人与申请人先后分别从事以上各项重大违约行为,其综合后果,已经导致合作企业无法继续经营。

乙、关于第二方面,即合作企业是否已经发生严重亏损,无力继续经营问题。仲裁庭经查核申请人与被申请人提供的大量资料证据,倾听双方在多次庭审过程中的反复辩论,现在认定:由于申请人与被申请人双方在履行本案项下合作合同过程中,都至少有过上述重大的违约行为,而且互为因果,矛盾日益激化,争讼频频,从而严重影响合作企业的正常经营,并确已造成合作企业的严重亏损,负债累累;加上深圳市工商、外资主管部门的有关行政行为"违反了法定程序"(见最高人民法院同上判决书),在这些内外因素的综合作用下,终于导致了合作企业实际上陷于瘫痪状态,确已难以恢复正常运作。

丙、关于第三方面,即合同规定的合作期限是否已经届满以及何时届满问题,当事人各方持有不同见解。申请人主张五年合作期限的起算日期应是合作合同正式生效、合作企业领取营业执照的1989年4月13日,原应于1994年4月12日期满。即使按补充合同书被批准(1990.11.19)后重新起算,并且合作企业被注销的期间(1994年11月23日—1998年7月23日)中断不计,合作经营期限也应在1999年8月1日届满。被申请人则主张5年合作期限应自补充合同书被批准后起算,原应于1995年底满期,但因合作企业被注销而期限中断,在深圳市工商行政管理局遵照最高人民法院的行政判决采取具体和明确行政行为作出"重新处理"之前,合作企业的经营期限无从恢复计算。

仲裁庭经核查和听审,认定如下:

1. 合作合同第 41 条规定:"合作公司合营期限以建成综合大厦为期初步确定为 5 年,如大厦建成期限提前或推后,合作公司期限也相应提前或推后。"可见,关于 5 年合营的计算取决于大厦建设的工程进展,具有一定灵活性。其后,由于大厦建筑规模的变化,补充合同书第 7 条明确规定"大厦计划于 1995 年底前竣工";第 9 条进一步规定:"原合同与本补充合同不一致的条款,以本补充合同为准。"据此,被申请人关于 5 年合营期限的起算日期的主张,是有合同依据的,应予采信。

2. 在最高人民法院上述行政判决送达各方当事人之后,深圳市工商行政管理局已于 1998 年 8 月 4 日致函合作企业,全文如下:"深圳贤成大厦有限公司:根据最高人民法院〔1997〕行终字第 18 号行政判决,本局决定撤销 1994 年 11 月 23 日作出的注销深圳贤成大厦有限公司企业登记的决定,收回《核准企业注销登记通知书》。深圳市工商行政管理局(公章)1998 年 8 月 4 日。"

随后,该局又于 1998 年 11 月 10 日以"深工商函(1998)59 号"文件正式通知深圳贤成大厦有限公司:"鉴于你司营业执照有效期限已经届满……你司应到我局申请办理延期变更登记或注销登记手续,……请你司自收到本通知之后,备齐法定资料到我局办理有关手续。"接着,该局又于 1998 年 12 月 28 日以"深工商〔1998〕107 号"文件向"深圳贤成大厦有限公司原清算组各组成人员单位"发出通知:"根据最高人民法院〔1997〕行终字第 18 号行政终审判决,本局决定:撤销深工商函〔1996〕28 号、〔1996〕67 号、〔1996〕98 号文。相关事宜待后依法处理。"

此外,该局又于 1998 年 12 月 30 日向"深圳鸿昌广场有限公司"发出公函,通知该公司:依据中华人民共和国最高人民法院〔1997〕行终字第 18 号判决,深圳市外商投资局以深外资函〔1998〕20 号致函你司,收回深圳市引进外资领导小组办公室 1994 年 12 月 1 日深外资办复〔1994〕976 号《关于设立中外合作经营企业"深圳鸿昌广场有限公司"的批复》。该函已抄送我局。请你单位据此依法到我局办理相应手续。

根据以上文档,仲裁庭认定:深圳市工商行政管理局已经采取具体明确的行政行为,执行了最高人民法院行政判决中关于"重新处理"的决定;合作企业的 5 年经营期限,自补充合同书正式生效的 1990 年 11 月 19 日起算,扣除 1994 年 11 月 23 日至 1998 年 7 月 23 日这 3 年 8 个月的中断时间之后,最迟应于 1998 年 12 月 30 日起恢复连续计算,并应于 2000 年 2 月 6 日届满。

查:《中华人民共和国中外合作经营企业法实施细则》第 48 条规定:"合作企业因下列情形之一出现时解散:(一)合作期限届满;(二)合作企业发生严

重亏损,或者因不可抗力遭受严重损失,无力继续经营;(三)中外合作者一方或者数方不履行合作企业合同、章程规定的义务,致使合作企业无法继续经营;(四)合作企业合同、章程中规定的其他解散原因已经出现;(五)合作企业违反法律、行政法规,被依法责令关闭。"

对照以上三方面的实际情况,仲裁庭认定:现在上述法定的(一)、(二)、(三)项解散原因和条件已经同时出现或同时具备,本案申请人请求终止合作合同和补充合同书,解散深圳贤成大厦有限公司的主张,依法可以成立,应予支持。

4. 关于被申请人反请求问题

被申请人(即反请求的申请人)1999年5月24日提交深圳分会的反诉申请书,请求裁定申请人(即反请求的被申请人):(1)赔偿经济损失港币43 108 000元以及美元584 000元的利息损失;(2)承担本案全部仲裁费用;(3)赔偿被申请人支付的律师费和其他杂费。

1999年9月30日和1999年10月15日,被申请人致函深圳分会,变更了上述第1项反请求,改为索赔人民币10 773 047.30元,并提出了变更说明,其主要理由是:(1)本案申请人于1993年10月28日向深圳市政府主管部门提交"关于请求禁止贤成大厦预售楼宇的报告";(2)随后又于1994年11月15日提出关于注销深圳贤成大厦有限公司的报告;(3)同日,又以原合作公司的土地使用权与鸿昌公司签署了另一份合作合同,并于1995年初在原合作公司在建工程的基础上动工兴建"鸿昌广场"。申请人的这些行为造成了被申请人在1993年10月28日至1994年12月31日期间遭受上述经济损失,应予赔偿。

经查核,被申请人曾以"深圳贤成大厦有限公司"名义在1993年8月21日向深圳市规划国土局递交了"商品房预售申请书",并随附"商品房预售明细表"和"售楼方案"各一份。深圳市有关主管部门的"经办人"罗先生于1993年9月5日批注"经审查,该项目有下列问题须待查:(1)……;(2)超建筑面积2 485平方米,占0.2%;(3)迟迟未送房地产证正本。建议:先由领导审批,后按指示执行。"随后,该主管部门的"处领导"蒋先生于1993年9月14日在"预售商品房审批表"上明确批示:"拟同意。房地产证正本收回,此项目批准预售后,不可再作抵押。"上述主管部门的"经办人"的批注和"处领导"的批示,均在申请人提交上述"禁售"报告之前一个多月即已作出,且已明确表示"拟同意"预售申请,故后来深圳贤成大厦有限公司申请预售楼花一事之所以未能如愿以偿,其根本原因不在于申请人于主管部门领导批示"拟同意"月余之后提交了"禁售报告",而在于被申请人自身始终未能按批示要求,及时把房地产证正本送交政府主管部门,可见,由此造成的融资困难及其后果,应由被申请人自行承担责任。

至于以上 2、3 两点所述行为,申请人确应承担违约责任,但这两项违约行为,都与被申请人在此之前从事的三项重大违约行为〔详见"仲裁庭意见"(三)甲之 A.〕有直接的因果关系,被申请人对于自己的重大违约行为及其所导致的后果,也应承担相应的违约责任。

查:《中华人民共和国民法通则》第 111 条规定,当事人一方不履行合同义务或者履行合同义务不符合约定条件的,另一方(即守约方)有权要求违约方赔偿损失。第 113 条则进一步明确规定:"当事人双方都违反合同的,应当分别承担各自应负的民事责任。"

《中华人民共和国涉外经济合同法》第 18 条、第 21 条也有相应的规定。

对照本案案情,鉴于申请人与被申请人都有重大违约行为,鉴于被申请人并非纯粹的守约方,而且其违约行为发生在先,鉴于被申请人的违约行为也给申请人造成重大经济损失而申请人并未提出索赔要求,因此,仲裁庭认为:依据上述法律规定的基本精神以及相关的公平合理原则,对于被申请人提出的前述索赔反请求,不应予以支持。

5. 关于本案仲裁费和律师费等的承担问题

鉴于本案申请人提出的关于终止合作合同和补充合同书、解散合作企业的仲裁请求已经获得仲裁庭支持;又鉴于申请人的违约行为对于造成合作企业严重亏损、无法继续经营、从而不得不解散存在一定影响,因而也应当承担一定责任,因此仲裁庭认为:本案仲裁请求的仲裁费应由被申请人承担 60%,申请人承担 40%。

鉴于本案被申请人提出的反请求未能获得仲裁庭支持,因此,仲裁庭认为:本案反请求的仲裁费应由被申请人自行承担。

鉴于本案被申请人有重大违约行为,对于本案争议之提交仲裁,负有相应的责任,因此,仲裁庭认为:被申请人在仲裁过程中所支付的律师费用和其他杂费,应由被申请人自行承担。

(二)本案仲裁庭的终局裁断

综上各点,仲裁庭裁决如下:

(一)终止申请人与被申请人订立的"合作经营'深圳贤成大厦'有限公司合同书"以及"合作经营'深圳贤成大厦'有限公司补充合同书",解散深圳贤成大厦有限公司,并依法清算;

（二）驳回被申请人提出的第一项和第三项反请求；

（三）驳回申请人和被申请人关于本案仲裁费全部由对方承担的请求；

（四）本案仲裁请求的仲裁费由申请人承担 40％，由被申请人承担 60％。申请人预缴的人民币 554 800 元，其中人民币 221 920 元抵作其应承担的仲裁费，其余的人民币 332 880 元，应由被申请人在本裁决书作出之日起 30 日内偿还申请人。逾期不还，按年利率 6％计付利息。

（五）本案仲裁反请求的仲裁费全部由被申请人承担。被申请人已经预缴的人民币 275 627 元，抵充其应承担的仲裁费。

本裁决为终局裁决。

首席仲裁员：陈　安
仲裁员：张灵汉
仲裁员：姚　壮
2000 年 7 月 31 日于深圳

【附录】

（一）中华人民共和国最高人民法院行政判决书
［(1997)行终字第 18 号］

上诉人（原审被告）：深圳市工商行政管理局。

【法定代表人、委托代理人等，从略。下同】

上诉人（原审被告）：深圳市招商局（原深圳市引进外资领导小组办公室）。

上诉人（原审第三人）：深圳上海时装公司。

上诉人（原审第三人）：深圳市工艺服装工业公司。

上诉人（原审第三人）：深圳开隆投资开发公司

委托代理人：江平，中国政法大学教授

上诉人（原审第三人）：深圳市华乐实业股份有限公司。

上诉人（原审第三人）：深圳鸿昌广场有限公司。

被上诉人（原审原告）：泰国贤成两合公司。

法定代表人：吴贤成，董事长。

被上诉人（原审原告）：深圳贤成大厦有限公司。

法定代表人：吴贤成，董事长。

委托代理人：应松年，国家行政学院教授。

第三人：（香港）鸿昌国际投资有限公司。

法定代表人：王文洪，董事长。

上诉人深圳市工商行政管理局、深圳市招商局（原深圳市引进外资领导小组办公室）、深圳上海时装公司、深圳市工艺服装工业公司、深圳开隆投资开发公司、深圳市华乐实业股份有限公司、深圳鸿昌广场有限公司不服广东省高级人民法院(1995)粤高法行初字第1号行政判决，向本院提起上诉。本院依法组成合议庭，公开开庭审理了本案，上诉人深圳市工商局法定代表人龚陪连、委托代理人龙云飞、闫建国，上诉人深圳市招商局委托代理人肖岣、卢全章，上诉人深圳上海时装公司法定代表人孔祥茂、委托代理人高宗泽、王以岭，上诉人深圳市工艺服装工业公司法定代表人顾伯英、委托代理人耿北原、王以岭，上诉人深圳开隆投资开发公司法定代表人刘如尧、委托代理人江平、王以岭，上诉人深圳市华乐实业股份有限公司，法定代表人黄敬忠、委托代表人胡铁成、王以岭，上诉人深圳鸿昌广场有限公司法定代表人王文洪、委托代理人刘振芳、贾红卫，被上诉人泰国贤成两合公司委托代理人袁曙宏、张正乾，被上诉人深圳贤成大厦有限公司委托代理人应松年、马怀德，第三人（香港）鸿昌国际投资有限公司法定代表人王文洪、委托代理人刘振芳、严天敏等到庭参加诉讼。本案现已审理终结。

经审理查明，1988年12月5日，泰国贤成两合公司与深圳上海时装公司、深圳市工艺服装工业公司、深圳开隆投资开发公司、深圳市华乐实业股份有限公司（以下简称中方四家公司）签订《合作经营"深圳贤成大厦"有限公司合同书》，合同约定：中方四家公司以深圳市深南东路地号为H116-1地块12 581.81平方米土地使用权为投资，泰国贤成两合公司以补偿土地使用费1 500万元及负责建房全部资金为投资，合作兴建贤成大厦，合作期限初步确定为5年；如大厦建成提前或推后，合作公司期限也相应提前或推后等。1989年3月28日深圳市人民政府以深府经复(1989)180号文批准该合作合同。而后，深圳贤成大厦有限公司在深圳市工商行政管理局（以下简称深圳市工商局）注册登记，领取了企业法人营业执照。执照有效期限自1989年4月13日至1994年4月13日。1990年11月23日，合作双方又签订了《合作经营"深圳贤成大厦"有限公司补充合同书》，合同约定：合作经营期限为5年，大厦计划于1995年底前竣工；原合同与本合同不一致条款，以本补充合同为准，本补充合同是原合同不可分割的一部分。同年 11 月 19 日深圳市人民政府以深府外复(1990) 875 号文批复同意该补充合同,但深圳贤成大厦有限公司未到深圳市工商局办理变更营业执照期限的手续。同年 12 月 15 日,深圳贤成大厦有限公司办理了使用深圳市深南东路地号为 H116-1 地块的深房地字第 0034401 号《房地产证》,该房地产证注明权利人是"深圳贤成大厦有限公司"。1991 年 11 月 29 日,深圳贤成大厦动工兴建。后因泰国贤成两合公司内部发生股权纠纷,工程建设资金不能到位,贤成大厦建设于 1993 年 9 月 20 日起全面停工。1994 年 11 月 23 日深圳工商局作出《核准企业注销登记通知书》,注销了深圳贤成大厦有限公司企业登记。该通知记载:"深圳贤成大厦有限公司(字第 200059 号)已于 1994 年 11 月 23 日在我局办理注销登记手续。"但深圳贤成大厦有限公司一再申明没有向深圳市工商局申请注销登记,深圳市工商局也未能提供深圳贤成大厦有限公司董事长签署的申请文件和该公司债权债务清算报告。同年 12 月 1 日,深圳市引进外资领导小组办公室(以下简称原深圳市外资办)作出深外资办复(1994)976 号《关于设立中外合作经营企业"深圳鸿昌广场有限公司"的批复》,批准中方四家公司与(香港)鸿昌国际投资有限公司在 1994 年 11 月 15 日签订的《合作经营"深圳鸿昌广场"有限公司合同书》。该合同约定:中方四家公司以位于深圳市深南东路地号为 H116-1 地块的土地使用权为投资,与(香港)鸿昌国际投资有限公司合作经营鸿昌广场有限公司;深圳鸿昌广场有限公司承担深圳贤成大厦有限公司在合法经营中实际产生的债权债务等。而后,深圳鸿昌广场有限公司在原贤成大厦建设的基础上兴建鸿昌广场。1995 年 8 月 1 日,深圳市工商局作出深工商清盘(1995)1 号《关于成立深圳贤成大厦有限公司清算组的决定》。该决定称:根据《中华人民共和国公司法》决定成立深圳贤成大厦有限公司清算组,负责该公司清算业务。泰国贤成两合公司、深圳贤成大厦有限公司对上述三个具体行政行为均不服,先后提起诉讼。一审法院进行了合并审理。

一审认定:深圳市工商局注销深圳贤成大厦有限公司企业登记不符合法律规定;深圳市工商局在注销深圳贤成大厦有限公司企业登记后再决定组成清算组,对该公司进行清算,违反了法定程序;中方四家公司以深圳贤成大厦有限公司拥有的土地使用权为投资与(香港)鸿昌国际投资有限公司合作,不符合法律规定;原深圳市外资办在中方四家公司未取得土地使用权的情况下,便批准其与(香港)鸿昌国际投资有限公司的合作合同,与法不符。据此,一审法院于 1997 年 8 月 1 日作出如下判决:

一、撤销深圳市工商局 1994 年 11 月 23 日注销深圳贤成大厦有限公司企

业登记的行政行为;

二、撤销深圳市外资办1994年12月1日深外资办复(1994)976号《关于设立中外合作经营企业"深圳鸿昌广场有限公司"的批复》;

三、撤销深圳市工商局1995年8月1日深工商清盘(1995)1号《关于成立深圳贤成大厦有限公司清算组的决定》。

深圳市工商局、深圳市招商局、中方四家公司及深圳鸿昌广场有限公司对上述判决不服,向本院提起上诉。二审开庭前,(香港)鸿昌国际投资有限公司向本院申请参加诉讼,本院准许其以第三人身份参加诉讼。

上诉人诉称:原深圳贤成大厦有限公司营业执照已过期,停止经营活动一年多,工商机关注销其企业登记是合法的;深圳市工商局是依职权注销深圳贤成大厦有限公司企业登记的,注销登记后成立清算组符合法律规定;外资企业管理部门审查中外合作企业合作合同时,只进行形式审查,不进行实体审查,原深圳市外资办批准成立深圳鸿昌广场有限公司是正确的;一审两原告以公司的名义提起诉讼未经公司董事会讨论决定,不具备原告主体资格;原深圳市外资办是受深圳市人民政府委托对合作企业办理审批的,非本案的适格被告。一审判决认定事实不清,适用法律错误,程序违法,请求二审法院撤销一审判决。

被上诉人辩称:深圳贤成大厦有限公司中外双方签订的补充合同规定的合作期限并未到期,贤成大厦工程虽然停工,但并未停止经营活动;根据有关法律规定,工商机关无权直接注销企业登记;公司终止应当先清算后注销,深圳市工商局先注销后清算,程序违法;中方四家公司以深圳贤成大厦有限公司已获使用权的土地又作为与(香港)鸿昌国际投资有限公司合作经营鸿昌广场的合作条件是违法的,原深圳市外资办批准该合同也是违法的;被诉的三个具体行政行为侵害其合法权益,其法定代表人以公司的名义提起诉讼符合法律规定;原深圳市外资办以自己的名义行使审批权是当然的被告。一审判决认定事实清楚,适用法律正确,程序合法,请求二审法院予以维持。

第三人述称:一审两原告主体资格不合法,(香港)鸿昌国际投资有限公司是工程建设的实际投资者,其合法权益应予保护,请求将本案发回重审。

本院认为,《中华人民共和国公司法》、《中华人民共和国中外合作经营企业法》、《中华人民共和国公司登记管理条例》、《中华人民共和国企业法人登记管理条例》等有关法律、法规,均未明确授予工商行政管理机关未经清算和申请即可注销企业登记的权力。上诉人深圳市工商局虽在注销登记通知书中称深圳贤成大厦有限公司已在该局办理了注销登记手续,但在诉讼中未能提供该公司法定代表人签署的申请文件和该公司债权债务清算报告,在注销登记通知书中亦未引用有关法律依据。因此，上诉人深圳市工商局注销深圳贤成大厦有限公司企业登记缺乏法律依据和事实根据。中方四家公司以位于深圳市深南东路地号为 H116-1 地块的土地使用权为投资与泰国贤成两合公司合作经营深圳贤成大厦有限公司，经有权机关批准，该公司已依法取得该地块使用权。中方四家公司在未经土地合法使用权人同意且未依法变更登记的情况下，又以该土地与(香港)鸿昌国际投资有限公司签订合作合同，属于以非自有财产与他方合作经营，且合作协议有处分第三者权益的条款。原深圳市外资办批准该合同的行为，违反了《中华人民共和国中外合作经营企业法实施细则》、对外贸易经济合作部《外商投资企业合同、章程的审批原则和审查要点》的规定，应属无效。根据《中华人民共和国公司法》第 199 条的规定，公司清算结束后，清算组应当制作清算报告，报股东会或者有关主管机关确认，并报送公司登记机关，申请注销公司登记。上诉人深圳市工商局在注销深圳贤成大厦有限公司企业登记 8 个月后，才决定成产清算组进行清算，违反了法定程序。根据《中华人民共和国行政诉讼法》的有关规定，泰国贤成两合公司、深圳贤成大厦有限公司认为深圳市工商局、原深圳市外资办作出的具体行政行为侵犯其合法权益，其法定代表人有权以公司的名义提起诉讼。上诉人及第三人以被上诉人泰国贤成两合公司、深圳贤成大厦有限公司不具备原告资格的上诉理由不能成立；原深圳市外资办是以自己的名义作出批复的，上诉人深圳市招商局提出原深圳市外资办系受委托进行审批不是本案适格被告的理由亦不能成立。二审开庭前，(香港)鸿昌国际投资有限公司向本院申请参加诉讼，考虑到该公司与本案有利害关系，准许其以第三人身份参加诉讼。但该公司不属于必须参加诉讼的第三人，一审法院未通知其参加诉讼，不属于违反法定程序，其发回重审的请求不予支持。上诉人及第三人提出的涉及企业法人之间的投资、股权争议以及保护实际投资者利益等问题，属于民事法律关系范畴，不属于行政诉讼的审查范围，当事人可自行协商或通过民事诉讼等方式解决。一审事实清楚，证据确实充分，适用法律法规正确，符合法定程序。经本院审判委员会讨论决定，依照《中华人民共和国行政诉讼法》第 54 条、第 61 条第 1 项的规定判决如下：

一、维持广东省高级人民法院(1995)粤高法行初字第 1 号行政判决；

二、深圳市工商行政管理局、深圳市招商局，依法对深圳贤成大厦有限公司、深圳鸿昌广场有限公司的有关事宜重新处理。

本案二审受理费 660 100 元，由上诉人深圳市工商行政管理局、上诉人深圳市招商局、上诉人深圳上海时装公司、上诉人深圳市工艺服装工业公司、上诉人深圳开隆投资开发公司、上诉人深圳市华乐实业股份有限公司、上诉人深圳鸿昌广场有限公司各负担 94 300 元。

本判决为终审判决。

审判长罗豪才

审判员杨克佃

审判员江必新

审判员岳志强

审判员赵大光

代理审判员罗锁堂

代理审判员胡兴儒

中华人民共和国最高人民法院

（盖章）

1998 年 7 月 21 日

本件与原本核对无异

书记员杨临萍

杨晶

王平

（二）《深圳特区报》新闻报道：深圳贤成大厦事件始末

（2004 年 4 月 7 日）

一座当年被媒体称作"中华第一楼"的大厦引发了一场历时十年之久、案及最高司法机关的连环行政诉讼案，被法律界称为我国"行政诉讼第一案"，在社会各界中引起了强烈反响。今年 3 月，省高级法院一纸终审判决，为这一系列案件画上了句号。

今年 3 月 21 日，鸿昌广场隆重开盘。这座矗立于深圳繁华闹市、高耸入云的摩天大厦，其前身正是当年辉煌一时、号称"中华第一楼"的深圳贤成大厦。记者昨天从采访中了解到，这座曾历经风雨的大厦目前的销售势头令人看好。十年来，这座大厦所引出的故事，无疑将在推进我国依法行政的历史进程中留下浓重的一笔，其间的法与理、对与错、是与非，更将留给我们无尽的思索。

【泰港股权起纠纷】"中华第一楼"搁浅

案件的起因要追溯到 16 年前。1988 年 12 月 5 日，泰国贤成两合公司与中方四家公司签订合作协议，约定中方四家公司以土地使用权为投资，泰国贤成两合公司投入建房资金，合作兴建贤成大厦。1989 年 3 月，深圳市政府批准了该合作合同,尔后,贤成大厦公司在市工商局注册登记,领取了企业法人营业执照,执照有效期自1989年4月13日至1994年4月3日。

1991年11月29日,贤成大厦正式破土动工。贤成大厦之名取自泰国贤成两合公司董事长吴贤成的名字,项目建立之初,合作双方都踌躇满志,决意将贤成大厦建成国内最高的"中华第一楼",不想大厦始建不久,双方在合作中即产生了波折,而这一波折的产生与泰方在建楼过程中引入港资所引发的股权纠纷有着直接的关系。

1991年12月11日,吴贤成与香港鸿昌国际投资公司董事长王文洪签订了一份股份合约,约定双方各占泰国贤成两合公司50%的股权,以2.2亿港币为资本额,双方共同投资兴建贤成大厦,王文洪同意以1.1亿港币购入吴贤成拥有的贤成大厦物业50%的股权。同年12月16日,国家工商行政管理局变更登记贤成大厦公司执照,增加王文洪为公司副董事长,随后,王开始向大厦投入资金,成为大厦的实际投资者。

正当贤成大厦这艘巨舰朝着"中华第一楼"的目标,顺风满舵的挺进时,却由于泰方投资人吴贤成的突然变卦而搁浅了。

1992年6月,深圳贤成大厦有限公司投资各方召开临时董事会,会议形成决议,确认了以王文洪为代表的香港鸿昌公司在贤成大厦投资的事实和实际投资者的地位,决定签订经营贤成大厦的补充合同,同意香港鸿昌公司作为外方投资者进入贤成大厦有限公司,并报政府有关部门批准。

在这一关键时刻,身为公司董事长的吴贤成却突然变卦,拒绝履行公司董事会的决议,拒不办理增加香港鸿昌公司成为贤成大厦实际投资者的法律手续,同时也不再向大厦投资,同时与鸿昌公司就股权纠纷提起了仲裁。贤成大厦——这座在蹒跚中起步的"中华第一楼"也因"断粮"而全面停工,直至贤成大厦有限公司营业执照到期时仍未能恢复,"中华第一楼"的建设中途夭折。

【董事长不辞而别】中港合作另起炉灶

1993年12月20日,泰国贤成两合公司向中国国际经济贸易仲裁委员会深圳分会提出仲裁申请,请求该机构裁定其与香港鸿昌公司签订的共同投资兴建贤成大厦的协议无效,鸿昌公司在大厦中无实际股权。

经过认真的审查案情,1994年8月1日,中国国际经济贸易仲裁委员会深圳分会作出裁决:(1)香港鸿昌公司在深圳贤成大厦中具有实际投资;(2)在裁决作出30日内,泰方须协同中方四家投资者办理香港鸿昌公司成为贤成大厦有限公司合作者的法律手续。裁决书同时确认,该裁决为终局裁决。

据后来有关机构审计,香港鸿昌公司无论在事实上还是在法律上,都是贤成大厦的实际投资者,泰国贤成两合公司名义上是贤成大厦的投资者,但其实际投资只占大厦建设资金的极少部分。

仲裁裁决的结果,令泰方的如意算盘完全落空。如果此时泰方本着诚信的原则对合作各方以诚相待,忠实履行仲裁裁决,贤成大厦也许早已矗立在特区的土地上。但令人难以置信的是,此时的吴贤成却选择了一条极端的道路。

此后,中方四家公司与香港鸿昌公司多次找到吴贤成,协商履行仲裁裁决及处理合作公司延期的问题,但此时的吴贤成态度十分强硬,明确拒绝履行仲裁裁决。同年9月12日,中方四家公司的负责人与吴贤成进行了最后一次会谈,之后吴便一去杳无踪影,任凭合作方千呼万唤,始终没有回应。

董事长不辞而别,公司营业执照已经过期,大厦处于全面停工状态,香港鸿昌公司投入的大量资金及中方提供的土地使用权都陷入其中。万般无奈之下,中方四家公司及港方投资者伸手向政府求援。

【贤成大厦变鸿昌广场】清算引发行政诉讼

1994年11月4日,深圳市工商局、外资办、规划国土局、建设局等部门及中方四家公司、香港鸿昌公司代表召开了协调会,会议通知了泰方,但泰方代表没有到会。鉴于深圳贤成大厦有限公司的营业执照已经过期且没有申请延期的事实,会议经各方面协调,大致形成了如下处理意见:依法注销贤成大厦有限公司,对公司进行清算,以维护各方利益,同时由中方四家公司与香港鸿昌公司组成新公司继续建设大厦,新公司承担贤成大厦有限公司的合法债权债务。

协调会后,深圳市工商局注销了贤成大厦有限公司,同时组成清算组对该公司进行了清算。中方四家公司与香港鸿昌公司合作成立了一家名为深圳鸿昌广场有限公司的新公司,将大厦改名为"鸿昌广场",继续合作兴建,在双方的通力合作下,大厦迅速复工,仅仅一年时间,一座雄伟的大厦便耸立在深圳的中心区,创造了新的"深圳速度"。

正当中港合作方额手称庆,准备分享合作成果之时,一场旷日持久的系列行政诉讼官司却不期而至。

1995年1月,身在境外的吴贤成以泰国贤成两合公司和深圳贤成大厦有限公司法定代表人的身份,以注销贤成大厦有限公司和批准成立鸿昌广场有限公司及成立清算组的行政行为违法为由,对深圳市工商局、外资办提起行政诉讼。广东省高级人民法院受理此案后,于1997年8月11日作出一审判决,撤销深圳市工商局、外资办作出的注销深圳贤成大厦有限公司、成立清算组和批准成立鸿昌广场有限公司的三个具体行政行为。深圳市工商局和外资办对判决不服,上诉至最高人民法院。最高人民法院于1998年7月21日作出终审判决,除维持一审判决外,还判决深圳市有关主管部门对深圳贤成大厦有限公司和深圳鸿昌广场有限公司的有关事宜重新处理。

【泰商无理诉求被驳回】鸿昌广场终见光明

最高法院的终审判决虽然对中港合作建楼十分不利,但中方四家公司与泰方决裂的决心并未因此而动摇。

1999年9月22—23日,中方四家公司根据有关仲裁条款,向中国国际经济贸易仲裁委员会深圳分会提出仲裁申请,请求裁决终止双方于1988年订立的合作建设贤成大厦的合同及相关补充合同书。

仲裁庭经过开庭审理,于2000年7月31日作出终局裁决,支持了中方四家公司的请求,裁决终止双方订立的合作经营深圳贤成大厦的合同书及相关补充合同书,解散深圳贤成大厦有限公司并依法清算。

值得一提的是,在此期间,吴贤成又以深圳贤成大厦有限公司和泰国贤成两合公司的名义,向深圳市规划国土局、外商投资局、工商局提起第二宗行政诉讼,提出总额高达七亿多元的"天价"索赔要求。广东省高级人民法院一审此案,以其请求不符合起诉条件为由,裁定驳回了吴贤成的巨额索赔之诉。吴贤成再度上诉至最高人民法院,最高法院依法驳回其上诉,维持了一审裁定。

2000年8月16日,中方四家公司以仲裁裁决为依据,向深圳市工商局申请组织清算深圳贤成大厦有限公司。随后,深圳市根据《深圳经济特区企业清算条例》成立了清算组,不想再次招来一场行政诉讼官司。

吴贤成又以泰国贤成两合公司及深圳贤成有限公司的名义,第三次向法院提起行政诉讼,认为深圳市工商局依据《深圳经济特区企业清算条例》成立清算组,属适用法律、法规错误,应依据外经贸部发布的《外商投资企业清算办法》予以清算。

深圳市中级人民法院一审认定:根据1992年7月1日全国人大常委会第26次会议通过的《关于授权深圳市人民代表大会及其常务委员会和深圳市人民政府分别制定法规和规章在深圳经济特区实施的决定》及《中华人民共和国立法法》的有关规定,深圳市工商局依据深圳市人大常委会制定的《深圳经济特区企业清算条例》,对在深圳经济特区注册成立的企业法人作出组织清算组的决定,适用依据正确。

一审判决下达后,吴贤成不服提起上诉。广东省高级人民法院在终审判决中明确指出:"本案的争论焦点是依照《深圳经济特区企业清算条例》还是《外商投资企业清算办法》规定的程序组织清算组(清算委员会)的问题……《深圳经济特区企业清算条例》是全国人民代表大会常务委员会授权制定的地方性法规,深圳贤成大厦有限公司因仲裁裁决解散,被上诉人(深圳市工商局)作为深圳市企业清算主管机关,根据实际情况,决定成立该公司清算组,符合上述规定,原审判决对该行政行为予以维持是正确的。"最终,省高级人民法院终审判决驳回了吴贤成一方的上诉,维持了原判。

从某种意义上说,这起行政官司的终审判决,其意义远远超越了案件本身的是与非,因为它不仅依法维护了行政机关作出的行政行为,保障了投资人的合法权益,更从司法的角度保障了深圳的特区立法具有优先适用的效力。(作者:本报记者刘众、吴涛、冯杰)

(三)《深圳商报》新闻报道:贤成两合公司净欠深贤公司3 211万元(2004年4月6日)

深圳市工商局依法组织清算组的清算结果表明:在深圳贤成大厦合作开发中,以吴贤成为法人代表的泰国公司没有按合同的约定投资——贤成两合公司净欠深贤公司3 211万元。

【本报讯】(深圳商报记者陈洋)2000年7月31日,中国国际经济贸易仲裁委员会深圳分会作出仲裁书裁决,终止申请人中方四家公司与被申请人泰国贤成两合公司订立的"合作经营'深圳贤成大厦'有限公司合同书"以及"合作经营'深圳贤成大厦'有限公司补充合同书",解散深圳贤成大厦有限公司,并依法清算(相关报道见本报2004年3月28日A3版)。根据该裁决,深圳市工商局于2000年12月6日,依法组织了深圳贤成大厦有限公司清算组。由中方深圳上海时装公司、深圳市工艺服装工业公司、深圳开隆投资开发公司、深圳市华乐实业股份有限公司(以下简称"中方四家公司")的代表,吴贤成的委托代理人及在贤成大厦中有实际投资的香港鸿昌国际投资有限公司(代表王文洪),以及独立的多名注册会计师和律师组成清算组,广东圣天平律师事务所律师黄士林担任清算组组长,开始对深圳贤成大厦有限公司进行清算。

经过近两年的时间,到2002年9月,清算组完成了对深圳贤成大厦有限公司的清算,清算有效。清算组接管了深圳贤成大厦有限公司(以下称深贤公司)的资产,对其现有的资产进行登记、造册和审计,并进行了债权申报及审查确认,对公司债权进行了追偿,在此基础上编制了资产负债表和财产清单。清算组在完成了债权申报及审查、财产清理、清算方案制作等程序后,向深圳市工商局提出了申请,深圳市工商局于2002年9月12日对深圳贤成大厦有限公司的资产负债表、财产清单依法确认。清算组宣布对清算方案的合法性、真实性、完整性独立承担法律责任,并于2002年10月19日对外发布了清算结果的报告。

由于深贤公司对大厦土地使用权于1996年被深圳市规划国土局收回,并被注销了大厦《房地产证》,依中国国际经济贸易仲裁委员会深圳分会1994年的仲裁书裁决,在贤成大厦有实际投资的香港鸿昌国际投资有限公司,成立了深圳鸿昌广场有限公司(以下简称深鸿公司),该公司与深圳市规划国土局签订了大厦土地使用权出让合同书,并办理了该宗地的初始登记,取得了大厦《房地产证》。由此,深圳贤成大厦变更为深圳鸿昌广场。

根据贤成公司清算组与深鸿公司清算组共同委托的深圳鹏城会计师事务所出具的评估字[2001]76号《关于深圳鸿昌广场(贤成大厦)房地产评估结果报告书》(以下称评估结果报告书),确定于基准日2000年12月6日大厦整栋物业评估总值为145 342万元(含税),减去应交税费21 661万元,评估净值为123 680万元。

根据鹏城所出具的特字[2001]73号《深圳贤成大厦有限公司审计报告》和《评估结果报告书》,深贤公司清算财产总计260 007 814.43元。债权状况:深贤公司现有应收的债权如下:(1)吴贤成1 555 109.79元(账面记载的欠款);(2)泰国贤成两合公司4 718 370.09元(账面记载的欠款和占有的汽车等)。债务状况:经清算组会议审查核定,确认云浮硫铁矿集团公司等3个单位债权总计为60 824 868.89元。

根据《深圳经济特区企业清算条例》第38条规定,将深贤公司的清算财产拨付清算费用和清偿债务如下:

1. 优先支付的清算费用2 500 000元。
2. 根据《评估结果报告书》,深贤公司需承担税金及费用为28 870 108.32元。
3. 清偿企业债务合计60 824 868.89元。

深贤公司清算财产按照上述顺序清偿后的剩余财产为109 077 894.90元。按照投资人实际投资比例进行分配,深贤公司中的中方四家公司应分得的总价值为17 550 547.66元。

经上述预留清算费用、应交税费,清偿企业债务,以及中方四家公司优先分配后,剩余的房产价值为85 283 470.43元;另外应收债权资产为6 273 479.88元,两项资产合计为91 556 950.31元。这部分资产应当在泰国贤成两合公司与(香港)鸿昌国际投资有限公司之间进行分配。根据《审计报告》,泰国贤成两合公司投入资金为14 338 842.64元,占深贤公司外方投资总额比例17.266 2%;(香港)鸿昌国际投资有限公司投入资金为68 706 900.00元,占深贤公司外方投资总额比例82.733 8%。依上述投资比例分配如下:

(1)泰国贤成两合公司应分配财产:15 808 406.15元。

(2)(香港)鸿昌国际投资有限公司应分配财产：75 748 544.16 元。

经清算审计,泰国贤成两合公司欠付深贤公司债务为 4 718 370.09 元。

清算组于 2002 年 5 月 13 日作出了《关于向泰国贤成两合公司追偿损失的决议》,确认泰国贤成两合公司应当赔偿深贤公司经济损失 52 218 163.00 元。上述债务和损失赔偿额合计为 47 920 440.64 元。

鉴于泰国贤成两合公司既是深贤公司财产分配的享有者,又是深贤公司的债务人,故依法将其应分得的财产与其所欠债务相互折抵。将泰国贤成两合公司所欠 47 920 440.64 元债务和损失赔偿额与其应分得房地产现值 14 725 214.57 元和应收债权 1 083 191.58 元,合计 15 808 406.15 元全部折抵后,泰国贤成两合公司在深贤公司中应得财产已分配完结,并且尚欠深贤公司 32 112 034.49 元。

一位全面参与深贤公司法律纠纷处理与协调的法律界人士接受记者采访时说,从清算的结果和已生效的仲裁裁决不难看出,以吴贤成为法人代表的泰国贤成两合公司在深圳贤成大厦合作开发中,并没有按照合同的约定进行投资,其严重违约行为不仅侵犯了合作经营的中方四家公司的合法利益,而且侵害了共同投资人的正当权益。正是基于这样的事实,深圳市有关部门从保护正常的经济秩序、维护良好的投资环境以及保护真正投资者和中方合作者的合法权益的角度出发,依仲裁裁定注销深圳贤成大厦有限公司,重新注册成立深圳鸿昌广场有限公司。这样做,既是符合中国法律的宗旨和基本原则的,又是世界各国的法律原则所公认的。

[编者按：本报 3 月 28 日发表了《省高级人民法院依法驳回泰国贤成两合公司、深圳贤成大厦有限公司不服深圳中级法院判决提起的上诉,作出终审判决：深圳市工商局对深圳贤成大厦有限公司的清算行政行为合法——维持深圳市工商局依法行政行为》及《中国国际经济贸易仲裁委员会深圳分会仲裁裁决：解散合作企业深圳贤成大厦有限公司》的报道后,引起社会强烈反响。许多读者来电来信,询问有关贤成大厦清算的结果及深圳贤成大厦变更为深圳鸿昌广场等情况。于是本报记者进行追踪采访,写出今天的报道。]

第四编

国际贸易法

I 某些涉外经济合同何以无效以及如何防止无效[*]

内容提要 "合同必须信守"与"违法合同自始无效"是两条贯串于民商法中的基本法理原则,也体现在我国的《涉外经济合同法》中。涉外经济合同无效的原因包括合同主体不合格、合同内容不合法以及欺诈等等。近年来涉外经济合同中,因违反中国法律或社会公益而归于无效者,就有关当事人的主观状态和法律意识而言,不外乎明知故犯、侥幸轻率、"法盲"犯法三类,其中后两类当事人占大多数,可以通过普遍推行经济合同鉴证制度,使他们得到及时的指导和提醒,自行修正合同中的有关条款,防止合同无效。已经无效的合同可由主管机关依法予以公平处理。

目　次

一、"合同必须信守"与"违法合同自始无效"
二、"鳗苗"风波——数项合同一连串违法
三、合同主体不合格导致合同无效
四、合同内容不合法导致合同无效
五、两起涉嫌"欺诈"的涉外合同纠纷
六、无效合同的处理和预防

---

[*] 本文原为英文论文,载于美国俄勒冈州威拉梅特大学《威拉梅特法学评论》1987年第23卷第3期。香港、新加坡书刊先后予以收辑或转载。韩国留美学者将其译成朝鲜文并收辑入朝文版法学文集。本文的中文译文于1990年4月9日至14日分6次连载于《中国贸促报》。文中所援引的法律、法规,均以1990年当时现行有效者为准。阅读时请注意查对1990年以来有关法律、法规的发展情况。

一、"合同必须信守"与"违法合同自始无效"

1979年以来,顺应着经济形势的重大转折和长足发展,我国的经济立法,包括涉外经济立法,也出现了崭新的局面,从原先的不完备状态,逐步走向完备化和系列化。

1981年12月,颁布了《中华人民共和国经济合同法》(以下简称《经济合同法》)。它为中国境内的经济贸易活动确立了一套基本的行为规范和行动规则。

鉴于跨越中国国境的涉外经济贸易活动既具有中国境内经贸活动的一般共性,又具有涉外经贸活动的独特个性,《经济合同法》第55条规定:"涉外经济贸易合同条例参照本法的原则和国际惯例另行制定。"这意味着:《经济合同法》所体现的基本准则和基本精神,也适用于中国的涉外经济合同。

1985年3月颁布的《中华人民共和国涉外经济合同法》(以下简称《涉外经济合同法》),正是根据上述原则制定的。可以说,《涉外经济合同法》是《经济合同法》的重大发展和延伸。

《经济合同法》规定:经济合同当事人的合法权益应当受到保护[1];经济合同依法成立,即具有法律约束力,当事人必须全面履行合同规定的义务,任何一方不得擅自变更或解除合同[2]。同时规定:订立经济合同,必须遵守国家的法律,必须符合国家政策和计划的要求。任何单位和个人不得利用合同进行违法活动,扰乱经济秩序,破坏国家计划,损害国家利益和社会公共利益,牟取非法收入[3]。相应地,一切违反国家法律、政策和计划的合同,一切采取欺诈、胁迫等手段所签订的合同,一切违反国家利益或社会公共利益的合同,都是无效的;无效的经济合同,从订立的时候起,就没有法律约束力[4]。这些规定,显然同时贯串着民商法中的两条基本法理原则:"合同必须信守","违法合同自始无效"。

这些精神和原则,也体现在《涉外经济合同法》之中。它大力强调:必须保障涉外经济合同当事人的合法权益,以促进中国对外经济关系的发展[5]。合同依法成立,即具有法律约束力。当事人应当履行合同约定的义务,任何一方不

---

[1] 见《经济合同法》第1条。
[2] 同上,第6条。
[3] 同上,第4条。
[4] 同上,第7条。
[5] 《涉外经济合同法》第1条。

得擅自变更或者解除合同。在这里,郑重地重申了"合同必须信守"的原则。与此同时,该法第 4 条、第 9 条、第 10 条又分别明文规定:"订立合同,必须遵守中华人民共和国法律,并不得损害中华人民共和国的社会公共利益";"违反中华人民共和国法律或者社会公共利益的合同无效";"采取欺诈或者胁迫手段订立的合同无效"。这些条文,再次强调和郑重重申了"违法合同自始无效"的原则①。

"违法合同自始无效",这是一条十分古老的、业已获得举世公认的法理原则。时至今日,全世界各国的法学家和法律工作者,不论他属于什么思想体系,持有何种政治观点,即使是最强烈的"契约(合同)自由"论者,看来都不会公然反对这一原则。世界各国的民法、商法,不论其属于什么法系,也都以不同的法律形式和不同的文字表述,肯定和包含了这一共同的原则②。

但是,当人们把这一举世公认的法学理论原则在不同的国家和地区付诸具体实践时,由于各国和各地区社会、经济制度的不同,政治、法律体制的差异,法学观点的分歧,也由于合同各方当事人法律知识的广狭深浅以及守法观念的强弱有无,就发生了种种的龃龉、矛盾和冲突。而这些龃龉、矛盾和冲突,除了明知故犯、以身试法者外,集中到一点,就在于对什么是合法的契约、什么是违法的契约看法不同;或者说,契约之合法与违法,其根本界限与判断标准往往是因国而异、因地而异、因时而异的。

就近年来中国的情况而言,自从 1979 年大力贯彻对外经济开放方针以来,涉外经济合同数量与日俱增。这些合同在保障各方当事人合法权益、促进中国社会主义建设、繁荣世界经济等方面,都起了重大的、积极的作用。这是客观事实的本质和主流。但是,由于前述种种原因,在涉外经济合同中,也出现了一定数量违法的、因而是无效的合同。尽管它只是事物的支流,但是它的消极和破

---

① 《涉外经济合同法》第 4、9、10、16 条。
1999 年 3 月,中国立法机关公布了《中华人民共和国合同法》,统一适用于一切内国合同和涉外合同。其中吸收和保留了原先《经济合同法》、《涉外经济合同法》以及《技术合同法》中的各项基本法理原则和基本规定。新的统一的《合同法》自 1999 年 10 月 1 日起施行,原先的《经济合同法》、《涉外经济合同法》以及《技术合同法》同时废止。
② 试以在世界大陆法系各国立法史上具有重大影响的 1803 年《法国民法典》(即"拿破仑法典")为例。其中第 1134 条规定:"依法订立的契约,对于缔约当事人双方具有相当于法律的效力";第 1108 条则以具备"合法原因"作为"契约成立的主要条件"之一。第 1133 条规定,如果订立契约的原因"为法律所禁止,或原因违反善良风俗或公共秩序时,此种原因为不法原因";而第 1131 条则强调"基于……不法原因的义务,不发生任何效力"。该法典"总则"第 6 条中,把上述各点概括为"不得以特别约定违反有关公共秩序和善良风俗的法律"。
在英美法系诸国,不论在以判例法形式出现的普通法中,还是以制定法形式出现的成文法中,也都贯串着同样的基本原则。参见高尔森著:《英美合同法纲要》,南开大学出版社 1984 年版,第 36—47 页。

坏作用却是不容忽视的,因而已经引起中外法学界、工商界有识人士的共同关注,并且正在进行共同的努力,以遏制这一支流及其消极和破坏作用。

本文试图以近年来所发生过的一些典型事实和案例①为基础,以中国现行的法律为准绳,对内地涉外经济贸易往来中的某些违法的、因而是无效的合同加以分析和评论,冀能引起更多的关注和讨论,汇合到上述的共同努力之中去。

以下试从一桩"鳗苗"案件入手,剖析其中涉外合同的违法与无效问题。

二、"鳗苗"风波——数项合同一连串违法

本案的案情梗概是:外商 A 鉴于鳗苗在国际市场交易中获利甚丰,于 1984 年 12 月和 1985 年 2 月与大陆 B 公司先后签订了"合作协议书"和"补偿贸易协议书",约定共同组织福建沿海盛产的珍品"乌耳鳗"鱼苗以及盐水蘑菇等出口。同时,由外商 A 向大陆 B 公司提供进口涤纶丝 500 吨。先由 B 公司提供人民币货款定金,日后由外商 A 以美元购货进口,货款对抵结算。双方私下口头达成结汇协议,每 1 美元折合人民币 5 元(按当时国家银行牌价 1 美元合人民币 2.8 元左右)。1985 年 2 月 1 日至 8 日,外商 A 先后向 B 公司提取人民币现金 26 万元及汇票 16 万元,共计人民币 42 万元,前往沿海甲县设点高价收购鳗鱼苗。待将来涤纶丝进口后,该项巨款即按上述比率抵充美元货款。同时,外商 A 另以 12 000 美元按 1∶5.5 的比率折估人民币,质押给鳗鱼贩子庄某,充当收购价款,日后再以人民币兑回。

鳗苗贩子庄某从乙县收购鳗苗转运至甲县途中,在丙县被扣。丙县工商行政主管部门从中获悉外商 A 在甲县设点高价收购鳗苗,即会同公安、海关、渔政部门前往追查,连夜查获已经收购等待外轮运输出口的鳗鱼苗 81.64 市斤。上述主管部门面告外商 A:上述换汇、购苗等诸项行为均属违法,有关各项合同自始无效,鳗苗应予没收,并应接受罚款处分。

外商 A 辩称:鳗苗和涤纶丝均非"违禁品",在国际上素来都属于自由贸易的合法商品;外商 A 与大陆 B 公司之间的各项书面协议和口头协议、鳗苗收购人与采苗人及转运贩子之间的买卖协议均出于双方当事人完全自愿,并无任何胁迫欺诈,应属合法合同。特别是在甲县设点收购鳗鱼一事,外商 A 事先曾与

---

① 文中所列举的事实和案例,凡牵涉到具体的个人和公司,除个别刑事大案外,均隐其真实姓名或商号名称。

甲县某官办贸易公司张经理洽谈,并获该县县委书记李某的接见和宴请,李书记在席间明确表示同意搞鳗苗生意,并指示张经理要提供方便。显见设点收购鳗苗全系公开进行,光明正大,并未瞒骗地方当局,并非违法行为。至于有关各项合同以美元折抵人民币或以美元质押,鉴于美元是国际通行的硬通货,折算率或质押率均属双方自愿约定,亦非违法行为。

丙县工商行政管理部门、渔政管理部门以及海关部门驳称:

第一,擅自设点收购鳗苗系违禁行为。福建沿海所产"乌耳鳗",乃是国际美食家交口赞誉的海味珍品,不但肉味鲜美,而且营养价值极高。因此,福建鳗苗一向是国际养殖界争购的紧俏商品。单单鳗苗一项的出口创汇率,就占福建全省水产品出口创汇率的一半左右。它是中国沿海的重要渔业资源之一。鳗苗每年只有3个月旺产时期,如不严加控制,滥采滥捕或走私出口,则不但大量减少国家的外汇收入,而且势必破坏国家的重要渔业资源。有鉴于此,我国对鳗苗的采捕和出口,素来采取国家控制管理的政策。诚然,鳗苗本身并非"违禁品",但未经依法授权,便擅自设点高价抢购①,争夺国家控制的紧缺资源,破坏国家收购计划,却是违反禁令的。根据国务院1979年2月颁布的《中华人民共和国水产资源繁殖保护条例》第19条的授权,福建省于1983年3月制定和发布了《福建省水产资源繁殖保护实施细则》,其中第7条明文规定:"因养殖生产和出口需要采捕鳗苗和其他经济鱼虾幼苗时,其采捕数量、规格及时间、地点,应由当地主管水产行政部门统一安排,渔政部门发给采捕和收购许可证。"②无证采捕或无证收购,即是违法行为。至于外商A所称事先获得甲县县委李书记口头许可一节,经查证,当事人否认此事。退一步说,即使地方某领导人确有口头许可,亦不等于申请人业已依法获得采捕授权。因为任何干部,均不得以言代法。"任何组织或者个人都不得有超越宪法和法律的特权。"③

第二,擅自运输鳗苗出口系走私行为。福建鳗苗属于国家控制的出口物

---

① 当时,每市斤鳗苗的国家收购价均为人民币1 000元,外商A却把抢购价抬高为1 500—1 800元,运往香港国际市场,每市斤约可售得900美元。如按1∶5的私定汇率计,约折合人民币4 500元。转手之间,便可牟得暴利。

② 见福建省水产厅编印:《渔政工作手册》(第2辑),第5页。
1986年1月通过、同年7月1日开始施行的《中华人民共和国渔业法》第21条更加明确地规定:"禁止捕捞有重要经济价值的水生动物苗种。因养殖或者其他特殊需要,捕捞有重要经济价值的苗种或者禁捕的怀卵亲体的,必须经国务院渔业行政主管部门或者省、自治区、直辖市人民政府渔业行政主管部门批准,在指定的区域或时间内,按限额捕捞。"该法把捕捞珍贵水生动物苗种的审批权局限在省级以上渔政主管机关,同时对无证(许可证)采捕或违征采捕行为,规定了罚款。情节严重的,应依《中华人民共和国刑法》第129条追究刑事责任。参见《渔业法》第28—33条。

③ 见《中华人民共和国宪法》第5条第4款。

资,凡从我国境内运出,均须事先获得对外经贸部门的正式定额出口许可证,出口时应持证向海关申报,办理缴纳关税等项手续,经海关检验、审批放行。外商A全然未曾正式办理各项法定手续,便私自约请外轮,准备运出,显属走私行为,触犯了《中华人民共和国暂行海关法》①、《关于出口许可制度的暂行办法》②以及国务院、中央军委1981年3月27日联合发布的"关于坚决打击走私活动的指示"③,此理极明,毋庸赘述。

第三,擅自高价竞换美元系套汇及扰乱金融行为。中国是社会主义国家,也是发展中国家,从本国的具体国情出发,为了维护国家权益,促进国民经济发展,中国参照许多同类国家的惯例,对外汇实行管理和控制。美元虽属国际流行的硬通货,亦在外汇管制之列。《中华人民共和国外汇管理暂行条例》第4条第2款规定:"在中华人民共和国境内,禁止外币流通、使用、质押,禁止私自买卖外汇,禁止以任何形式套汇、逃汇。"有关主管当局根据该条例颁布了处罚施行细则④,其中第2条载明:非经国家管汇机关批准或国家另有规定,凡以人民币偿付应当以外汇支付的进口货款或其他款项者,均属"套汇"行为。第6条规定:非经国家管汇机关批准,在中国境内以外汇计价结算、借贷、转让、质押或者以外币流通、使用者,私自买卖外汇、变相买卖外汇,或者超过国家外汇管理局规定价格买卖外汇,以及倒买倒卖外汇者,均属"扰乱金融"行为。对于犯有"套汇"行为的双方,应根据情节轻重,各按套汇额处以10%至30%的罚款⑤。对于犯有上述"扰乱金融"行为者,应强制收兑违法外汇,没收非法所得,或者处以违法外汇等值以下的罚款,或者罚、没并处⑥。对照本案中外商A与中国内地B公司约定以美元高价抵日后进口涤纶丝货款,以美元高价质押给鳗苗贩子庄某等项情节,显属共谋卖汇套汇,扰乱金融行为,触犯了上述法规禁令,除有关

---

① 《中华人民共和国暂行海关法》规定:"进出口货物应依法交验对外贸易管理机关的许可证件向海关申报"(第104条);"进出口货物,应按照中央人民政府颁布的海关税则征收关税"(第113条);"运输或携带货物、货币、金银及其他物品,不经过设关地方进出国境,或经过设关地方而逃避监管者",以及从事上述活动的"预备行为者",均属走私行为〔第175条第1、10项〕;"有本法第175条所列行为之一者,海关应将其走私物品没收,并得科走私人以走私物品等值以下的罚金。但情节轻微者,得仅科罚金或免予处分。"(第177条)

1987年7月1日开始施行的《中华人民共和国海关法》,也有类似的规定,前述《暂行海关法》同时废止。

② 见中国进出口管理委员会、对外贸易部于1980年3月6日颁布的《关于出口许可制度的暂行办法》第4条、第6条、第8条。

③ 该指示第(二)项第3点规定:举凡"在沿海海域,一切船只,包括渔船在内,偷运货物、货币及其他物品,逃避进出口管理,在海上或上岸非法买卖的",均属走私行为,应予打击。

④ 详见《违反外汇管理处罚施行细则》,1985年4月5日由国家外汇管理局公布施行。

⑤ 同上,第3条。

⑥ 同上,第7条。

合同自始无效外,双方当事人均当依法受罚。

第四,B公司未经登记擅自从事外贸活动属于非法经营。国务院曾于1982年8月发布《工商企业登记管理条例》,以保障合法经营,取缔非法活动,维护社会主义经济秩序。其中规定:工商企业均应依法办理登记。登记的主要事项之一即是经过主管部门批准的生产经营范围。一经登记,即应严格按照依法核定的登记事项从事生产经营,不得擅自更改或扩大经营范围,否则即属非法经营,应受惩处①。就进口贸易而言,中国实行进口货物许可制度。凡属法定凭证进口的货物,必须事先申请领取进口货物许可证,经由国家批准经营该项进口业务的公司办理进口订货②。法律"禁止未经批准经营进口业务的部门、企业自行进口货物"③。换言之,凡未经依法批准授权的企业,根本无权经营进口,即不具备与他人签订进口贸易合同的合法资格。本案中的B公司即属此类。它所登记在案的合法经营范围,并不包括进口业务。因此,它与外商A所订立的关于进口500吨涤纶丝的协议乃是非法越权交易,协议理应自始无效。

根据以上各项有关法规,前述主管部门对本案作出如下处理决定:

1. 本案所涉多项协议和合同,应确认为具有违法性质,自始无效。

2. 外商A擅自设点收购并筹划私运出口的鳗苗81.64斤(约值14万元人民币)予以没收。并结合其变相高价卖汇、扰乱金融等违法行为,合并科处罚款8万元人民币。

3. 责成外商A将中国B公司提供的42万元人民币资金,全数退还后者。

4. B公司非法从事进口经营,并实行高价套汇、扰乱金融,处以罚款人民币5万元;工商行政主管当局命令该公司限期停业整顿。

5. 鳗苗贩子庄某查有前科,屡教不改,另案处理。

当事人外商A对以上处理决定表示不服,向上申诉,上级主管当局经审议后,驳回申诉,维持原有处理决定。

---

① 参看《工商企业登记管理条例》第2条、第5条、第17条、第18条。第18条规定的处罚办法包括警告、罚款、勒令停办或停业、吊销营业执照、没收非法所得等,视情节轻重而定。
1985年8月25日,中国国家工商行政管理局根据本条例的基本原则以及新的实践经验,进一步颁布了《公司登记管理暂行规定》,对有关的行为规范作了许多重要的补充。
1988年7月1日开始施行的《中华人民共和国企业法人登记管理条例》,吸收了上述基本精神,作了类似的、更严格的规定。前述两项法规同时废止。

② 参看《进口货物许可制度暂行条例》第2条。另据该条例第3条规定,中华人民共和国对外经贸部代表国家统一签发进口货物许可证。省级对外经贸管理部门,在对外经贸规定的范围内,可以签发本省、自治区、直辖市进口货物许可证。

③ 同上,第4条第3款。

从有关主管部门对本案案情及其性质所作的前述四点分析中,可以看出,之所以确认本案中的数项经济合同为无效,主要出于两个方面的原因:一是参加签订涉外经济合同的一方或两方主体不合格,一是经济合同的内容本身不合法。近年来,中国内地有相当数量的涉外经济合同之所以终归无效,究其主要原因,也大多出于以上两个方面,有鉴于此,下面将循此主要线索,就有关事例作进一步的评述和剖析。

三、合同主体不合格导致合同无效

所谓合同的主体,指的就是签订合同的各方当事人。涉外经济合同的主体,就是指在这种合同的经济法律关系中享有民事权利和承担民事义务的各方当事人。

按中国《涉外经济合同法》的规定,有资格签订涉外经济合同的主体(即当事人),在外国一方是外国的企业、其他经济组织或个人;在中国一方,则是"中华人民共和国的企业或者其他经济组织"[①]。不具备上述资格的当事人所签订的涉外经济合同是无效的。

涉外经济合同中的外国主体,其主体资格问题,因各国有关法律规定不一,兹暂不置论。

就中国法律而言,有关涉外经济合同中中国主体的主体资格问题,除上述概括性条文外,还有许多具体的规定。例如:

1. 非企业法人不能成为涉外经济合同的主体

按照《中华人民共和国民法通则》(以下简称《民法通则》)的规定,十八岁以上的成年公民,只要不是精神病人,即具有完全的民事行为能力[②];法人一经依法成立,亦即具有完全的民事行为能力[③]。从法理上说,凡具有完全民事行为能力的自然人或法人,当然就有资格与他人订立经济合同。但是,依照《涉外经济合同法》的上述规定,并非所有具备民事行为能力的人(自然人或法人),都有资格与他人签订涉外经济合同。

《民法通则》把法人分为两大类,一类是企业法人[④],另一类是非企业法人,

---

① 见《涉外经济合同法》第 2 条。
② 见《民法通则》第 11 条。
③ 同上,第 36 条第 2 款。
④ 同上,第 41 条。

即机关、事业单位和社会团体法人①。《涉外经济合同法》把订立涉外经济合同的中国方面的主体,限于"企业或其他经济组织",显然是把后一类法人(即非企业法人)排除在外,换言之,中国的机关、事业单位和社会团体法人,由于它们并非"企业",也非"其他经济组织",因而并不具备订立涉外经济合同的资格,相应地,外商、港商如果与上述这些非企业法人订立经济合同,就势必因中方的合同主体不合格而归于无效。

目前,有的地方性法规规定可以由当地政府的土地管理机关与外商直接签订土地使用权有偿转让合同,这种规定如何与《涉外经济合同法》中有关中方主体的规定取得一致和互相衔接,是值得认真探讨的。

2. 国家法令禁办的企业法人不能成为涉外经济合同的主体

1984年下半年,在开放、搞活、体制改革的经济形势下,有些党政机关和党政机关在职干部利用社会上存在多种价格和多种调节手段的客观条件,以牟利为目的而经商或办企业,并用所得利润变相增加工资。某些地方甚至出现"皮包公司"性质的经营体,从事套购或倒卖国家紧缺物资,走私贩私、买空卖空、牟取高利。从实质上说,这是一种以权谋私、与民争利,甚至损民以自肥的不法行径和犯法行为。它危害了党风政纪、腐蚀了党政机体、破坏了党群关系、败坏了改革声誉。为了纠正这种现象,中共中央、国务院于1984年12月3日颁发了《关于严禁党政机关和党政干部经商、办企业的决定》,对此类企业加以整顿,关、停、并、转。凡属国家禁办及正在整顿和关、停、并、转的企业,当然也就不再具备订立涉外经济合同的主体资格。外商与这类中方企业签订的经济合同也就势必归于无效。

上述决定表明:并非所有的企业法人,都无一例外地可以成为涉外经济合同的中方主体。

3. 企业法人不能成为其登记经营范围以外的涉外经济合同的主体

如前所述,工商企业在依法成立、正式开业之前,即应向工商行政主管当局办理登记,申报生产经营范围,并严格按照核定的登记事项进行生产经营。否则,企业本身就会视情节轻重受到一定处罚。

《民法通则》作为指导中国自然人和法人民事活动的基本法律,又前进了一步,以更加明确的文字,重申"企业法人应当在核准登记的经营范围内从事经营"②;如果超出登记机关核准登记的经营范围,从事非法经营,则除企业法人

---

① 见《民法通则》第50条。
② 见《民法通则》第42条。

本身应当承担法律责任外,主管机关还可以对该企业的法定代表人给予行政处分、罚款;构成犯罪的,还应依法追究刑事责任①。

根据以上原则以及其他有关规定,凡核准登记的经营范围限于对内经济活动和对内贸易业的企业,即不具备订立涉外经济合同的主体资格。在涉外经济合同中,由于中方主体不合格而导致合同无效者,时有发生。前述"鳗苗"风波案件中外商 A 与中方 B 公司之间的进口合同,即是一例②。又如香港某贸易公司曾于 1984 年与福州市某公司订立一批电子台历的购销合同,约定价款为六万四千余美元。因后者(买方)不履行付款义务导致前者(卖方)遭受重大经济损失。港商投诉于人民法院。经查,始悉被告(买方)登记经营范围仅限于内贸,根本无权从事进口贸易,由于无法申请外汇,导致"合同不能履行"。追本溯源,该合同本身因福州市某公司作为合同主体不合格,自始就是一项无效合同。

进而言之,即使是有权进行外经外贸活动的中方企业法人,也并非具备订立任何种类涉外经济合同的主体资格。

例如,中国规定:棉纱、棉坯布、棉涤纶纱、棉涤纶坯布的出口,是由中国纺织品进出口总公司统一经营的,其他外贸公司,非经特许,均不得经营③。又如,按照法律规定,"中华人民共和国对外合作开采海洋石油资源的业务,统一由中国海洋石油总公司全面负责","中国海洋石油总公司是具有法人资格的国家公司,享有在对外合作海区内进行石油勘探、开发、生产和销售的专营权"④。其他任何外贸、外经企业,全然无权经营。由此可见,涉外经济合同的双方当事人在谈判过程中互相了解对方的资信和履约能力之际,就外商一方而言,尤应认真查明作为谈判订约对象的中国企业法人,其获准登记的具体经营范围是否包含外经外贸业务,双方所订的经济合同的具体内容是否超出对方登记在案的特定的经营范围,然后决定是否与对方正式订立经济合同,以免日后因对方并不具备涉外经济合同主体资格导致合同无效,造成无谓的矛盾纠纷和经济损失,后悔莫及。

4. 中国公民个人目前一般不能直接成为涉外经济合同的主体

如前所述,1985 年 3 月颁布的《涉外经济合同法》把订立涉外经济合同的外方主体规定为"外国的企业和其他经济组织或者个人",而把中方主体限定为

---

① 见《民法通则》第 49 条第 1 款。
② 见《进口货物许可制度暂行条例》。
③ 见国务院批转对外经济贸易部《关于向香港出口棉纱、棉坯布、棉涤纶纱、棉涤纶坯实行出口许可证管理的请求》的通知(1985 年 1 月 19 日)。
④ 见《中华人民共和国对外合作开采海洋石油资源条例》(1982 年 1 月 12 日通过)第 5 条。

"中华人民共和国的企业或其他经济组织",对比两段法律文字,显然可见中国的公民(自然人)个人目前并不具备订立涉外经济合同的主体资格。不难理解,这种规定是立足于中国现阶段的国情,旨在加强涉外经济活动的引导和管理的。它同1979年7月颁行的《中华人民共和国中外合资经营企业法》中关于中方合营主体的规定①是一致的。

但是,随着我国现行经济体制改革的逐步深入,在实践中和理论上都出现了一些值得注意的新动向:

在国家对外开放政策的指导下,我国经济特区、开放城市和经济技术开发区已经出现一定数量的个体工商户或其合伙经济组织,从事某些对外经济合作的辅助活动,或参加某些小额的涉外经济合作。诸如小额的来料加工、来图加工、来样装配,小型的种植或养殖出口,小型的运输、修理、提供劳务等服务性营业。相应地,也就出现了各种自发的、小额的涉外经济合同。

据新闻报道:已有个别公民曾与外商开设合资经营企业,获得有关方面的肯定和支持。尽管有人认为"那仅是个别情况,并不意味着我国现行政策鼓励我国公民同外商办合资企业"②,但是,这至少说明在特定的情况下,有关当局并不绝对地、一无例外地禁止公民个人与外商订立涉外经济合同。

其次,1985年5月国务院发布的《中华人民共和国技术引进合同管理条例》第2条规定,可以与外商签订技术引进合同的中方主体,包括"中华人民共和国境内的公司、企业、团体或个人",这种合同既然同样贯串着"等价有偿"③的原则,自属涉外经济合同的范畴。由于该条例允许中国境内的"个人"也可以成为有关技术引进的涉外经济合同的主体,因此,学术界有人认为,这是对前述《涉外经济合同法》一般性规定的重大发展和重要补充。

尤其值得注意的是:在第六个五年计划结束的1985年底,我国的个体工商户已达一千多万户,从业人员已达1 700万人。中国在第七个五年计划期间(1986—1991年)继续推行扶持和鼓励个体经济发展的政策,预计"七·五"期间个体经济从业人员将发展到5 000万人④。这个数字,相当于欧洲地区的一个头等大国!在广东的农村,则有更大数量的"承包经营户"。现行的《民法通

---

① 见《中华人民共和国中外合资经营企业法》第1条。
② 见《民主与法制》法律顾问组:《我国公民能同外商办合资企业吗?》,载于该刊1985年第8期,第48页。
③ 见《中华人民共和国技术引进合同管理条例》第5条第2款第3项。
④ 见新华社报道:《我国将继续发展个体经济》,载于《人民日报》(海外版)1986年1月23日。并参见全国人大常委会法制工作委员会主任王汉斌:《关于〈中华人民共和国民法通则(草案)〉的说明》,第三点,载于《中国法制报》1986年4月4日。

则》,根据《宪法》第 11 条的精神,正式从法律上具体地肯定了这些个体经济的应有地位和权利义务,明文规定对个体工商户和农村承包经营户加以法律保护①。凡此,都说明个体经济作为"社会主义公有制经济的补充"②,随着经济体制改革的发展与深入,势必发挥相当重大的作用。在今后经济发展的某个阶段,他们是否可以、是否应当在社会主义公有制经济的主导下,在国家主管当局的引导和管理下,在一定的范围内和一定的程度上,也以积极的姿态参与涉外经贸活动,从而一般地成为涉外经济合同的重要主体,这个问题,当然还有待于今后的实践逐步作出完满的回答。

1988 年 7 月 1 日开始施行的《中华人民共和国私营企业暂行条例》正式允许个体工商户和农村村民开办私营企业,即企业资产属于私人所有,雇工 8 人以上的营利性经济组织;同时规定这些私营企业可以依法与外商举办各种中外合营企业,可以承揽外商来料加工等,从事补偿贸易③。可以说,这些规定已经对上述问题提供了部分答案:中国公民个人在现阶段虽然一般还不能直接成为涉外经济合同的主体,却已经可以通过开办私营企业,以私营企业名义依法与外商签订各种经济合同④。

四、合同内容不合法导致合同无效

如前所述,《涉外经济合同法》强调订立合同必须遵守中华人民共和国法律,并不得损害中华人民共和国的社会公共利益;违反中华人民共和国法律或者社会公共利益的合同,概属无效⑤。这些原则,在后来颁布的《民法通则》中

---

① 见《民法通则》第 28 条。
② 见《中华人民共和国宪法》第 11 条。
1984 年 10 月《中共中央关于经济体制改革的决定》更强调指出:中国现在的个体经济"是社会主义经济必要的有益的补充","它对于发展社会生产、方便人民生活、扩大劳动就业具有不可代替的作用"。
③ 见《中华人民共和国私营企业法》第 2 条、第 11 条、第 22 条。
修订后的《中华人民共和国对外贸易法》自 2004 年 7 月 1 日起施行,其中第 8 条就"对外贸易经营者"作出界定:"指依法办理工商登记或者其他执业手续,依照本法和其他有关法律、行政法规的规定从事对外贸易经营活动的法人、其他组织或者个人。"据此,自 2004 年 7 月 1 日起,依法办理了执业手续的个人已经可以成为外贸合同的合格主体。
④ 据国家工商行政管理局个体私营经济司对 12 个省市的不完全统计,目前有产品出口的个体和私营企业已有近万户。他们通过外贸部门出口或从事"三来一补"业务,累计已为国家增加外汇收入折合人民币近十亿元。有关负责人认为:我国个体和私营企业发展外向型经济呈上升趋势,发展潜力很大。目前遇到的问题是:一些政策、法律已不适应个体和私营企业发展外向型经济的需要。参见《人民日报》(海外版)1989 年 2 月 10 日。
⑤ 见《涉外经济合同法》第 4 条、第 10 条。

得到了再次强调①。

近年来的涉外经济合同中,因违反中国法律或社会公益而归于无效者,可大致分为三类:第一类是合同主体(当事人)出于私利,见利忘义或利令智昏,对中国法律明知而故犯;第二类是对中国法律体制一知半解,若明若暗,想当然,或心存侥幸,未弄清有关法令规定就轻率签约,以致违法;第三类则是习惯于资本主义的法律体制,对于社会主义法律体制的不同规定确实缺乏了解,属于"法盲"违法。这三类情节各异,合同当事人因此承担的法律责任也各不相同,但有关合同本身因违法归于无效,这一点却是基本相同的。

试就若干实际案例,列举如下,以明梗概:

案例一:原国家经济委员会进出口局技贸结合处副处长叶之枫,伙同某经济文化开发总公司职员张常胜,于1984—1985年间,与不法外商互相勾结,由叶、张把国家采购进口汽车以及涉外谈判的重要机密泄漏给外商,索取贿赂。外商大量行贿后,叶利用职权施加压力,要我国有关公司接受外商提出的价格,从速签订合同;在得知国家关于进口汽车的规定将有变动的消息后,叶又通过张示意外商及中方有关公司,采取倒签合同日期等手段,欺骗国家主管部门。在此期间,张常胜先后收受贿赂款及物品共折合人民币71.1万余元(当时约合180万港元);叶之枫收受贿赂款及物品,共折合人民币25 000余元。赃款、赃物被全部查获。北京市中级人民法院于1986年3月27日判决:张常胜犯泄露国家重要机密罪、收受贿赂罪和私藏枪支弹药罪,判处死刑。叶之枫犯泄露国家重要机密罪、收受贿赂罪,判处17年有期徒刑②。本案所涉及各项汽车购销合同,按《涉外经济合同法》第9条第1款以及第10条的规定,显属自始无效③。

案例二:外商李某经营的贸易公司(卖方)与福建省平潭某实业公司(买方)于1985年签订西装布及冷暖机购销合同。买方收货后,发现质量低劣,不符合合同质量条款规定,拒付货款,要求退货。港商李某向人民法院起诉,追索货款。经调查,始悉李某在订立合同当时早有预谋:为逃避我海关征税,利用我对

---

① 《民法通则》第55条规定:民事法律行为的必备条件之一是不违反法律或者社会公共利益。第58条规定:一切违反法律或者社会公共利益的民事行为,均属无效;无效的民事行为,从行为开始起就没有法律约束力。详见各有关条文。
② 见《中华人民共和国最高人民法院公报》,1989年第二号,第34—36页。
③ 《涉外经济合同法》第9条第1款规定:违反中华人民共和国法律或者社会公共利益的合同无效;第10条规定:采取欺诈或者胁迫手段订立的合同无效。《民法通则》第58条除重申上述原则外,进一步补充规定:凡恶意串通,损害国家、集体或者第三人利益的民事行为(包括订立合同),凡以合法形式掩盖非法目的民事行为,概属无效。

台贸易政策,伪造台湾原产地证明和台湾商业企业登记证,贿赂大陆沿海某对台贸易机构负责人,从而将大量劣质港货冒充台货运进福建。如全部得逞,即可牟取暴利3 000万元(人民币)以上。大量确凿证据表明:李某素系走私分子,订立合同之初就是"以合法形式掩盖非法目的"①,合同属于自始无效,应按无效合同处理。本案的刑事部分,由人民法院移送人民检察院立案,继续全面深入侦查,按公诉程序另行追究刑事责任。

案例三:外商某公司与广东省某公司洽谈在大陆某风景区合资经营一个旅游点,包括兴建宾馆以及各项旅游、娱乐设施。外商提出的合同草案中有一条规定:拟在旅游区内举办"适合国际成年人娱乐要求"的项目,中方合营者起初不以为意。后来经知情人提醒,才知道这些"娱乐"项目实际上是一些伤风败俗的淫秽玩意,经耐心解释、说服,在取消了这一条款的前提下,双方愉快地达成了合营协议。

假设当时中方合营者因不明内情而贸然签约,则合同应属自始无效。因为此项合同内容不但不符合中国社会主义道德风尚(善良风俗)的要求,违反了社会公共利益,而且触犯了国家的法令②,属于违法合同。

鉴于某些合同当事人(特别是某些外商)确属对中国的社会主义法制不甚了解,属于"法盲违法",为了给无意中触犯法网或知法以后愿意守法者留有余地,《涉外经济合同法》进一步规定:"合同中的条款违反中华人民共和国法律或者社会公共利益的,经当事人协商同意予以取消或者改正后,不影响合同的效力。"③(第9条第2款)此项规定既维护了社会主义法制的尊严,又保护了合同当事人的合法权益,可谓十分得当和合理。对比上述案例,设使当初双方签订的正式合同中已经载有所谓"成人娱乐"条款,则在双方重新议定取消这一条款后,关于合资经营旅游点的整个合同仍然具有法律上的约束力,双方都必须认真履约,不得食言。否则就应承担违约和赔偿损害的民事责任。

---

① 见《民法通则》第58条第1款第7项。
② 《中华人民共和国刑法》第170条规定:"以牟利为目的,制作、复制、出版、贩卖、传播淫秽物品的,处三年以下有期徒刑,拘役或者管制,并处罚金。"国务院于1985年4月17日发布的《关于严禁淫秽物品的规定》载明:凡具体描写性行为或露骨宣扬色情淫秽形象的录像带、录音带、影片、电视片、幻灯片、照片、图画、书籍、报刊等十四类,均属淫秽物品。指令全国各地:"对各种淫秽物品,不论是否以营利为目的,都必须严禁进口、制作(包括复制)、贩卖和传播"(第1条);"凡携带、邮寄或走私入境的淫秽物品,由海关一律予以没收,并可对当事人处以罚款。对情节严重的,由公安、司法机关依法惩处"(第4条)。
③ 《经济合同法》有类似规定:"确认经济合同部分无效的,如果不影响其余部分的效力,其余部分仍然有效。"其后,《民法通则》第60条也规定:"民事行为部分无效,不影响其他部分的效力的,其他部分仍然有效。"

案例四：有些外商，在与中方公司洽谈涉及用地问题的经济合同时（特别是在中国实行对外开放政策初期），往往在合同草案中提出"购买土地"、"拥有土地所有权"等条款。其中部分合同在提交有关部门审核时，上述条款和措辞被删改了，有些合同则未被及时纠正，造成有关合同或有关条款因违法而自始无效。根据中国的具体国情，《宪法》第 10 条原先规定：城市的土地属于国家所有；农村和城市郊区的土地，除由法律规定属于国家所有的以外，属于集体所有。任何组织或者个人不得侵占、买卖、出租或者以其他形式非法转让土地。据此，1987 年 1 月施行的《民法通则》规定，公民个人可以依法取得国有土地或集体所有土地的承包经营权（使用、收益权），受法律保护，但重申土地不得买卖、出租、抵押或以其他形式非法转让[1]。即使是在经济特区，对于经有关当局批准提供使用的土地，特区企业或个人也只有使用权，没有所有权[2]。

随着形势的发展和根据客观的需要，中国宪法上述条款于 1988 年 4 月 12 日作了重要修改，即删去了关于不得出租的规定，增加了"土地的使用权可以依照法律的规定转让"的明文规定，而土地的所有权，仍然绝对禁止买卖或非法转让。

据报道，广西柳江县发生过一起重大的非法倒卖耕地案，令人惊心[3]！在 1985 年一年中，该县"综合开发公司"无视国家有关规定，非法越权[4]征用耕地，擅自以每亩 2 100 元人民币的价格，强征并占用进德乡耕地 2 128 亩，不经任何开发，旋即转手以每亩 3 500 元至 5 000 余元的价格，倒卖给若干工厂、学校和行政机关，攫取暴利总额竟高达人民币 470 多万元。据初步调查，这家"综合开

---

[1] 参看《民法通则》第 80 条。
1986 年 6 月 25 日通过、1988 年 12 月 29 日修改的《中华人民共和国土地管理法》进一步明确规定："国有土地和农民集体所有的土地，可以依法确定给单位或者个人使用"（第 7 条）；"依法登记的土地的所有权和使用权受法律保护，任何单位和个人不得侵犯"（第 11 条）。同时规定，对买卖或以其他形式非法转让土地者，没收非法所得，限期拆除或没收在这些土地上新建的建筑物，并可对当事人处以罚款（第 47 条）。

[2] 参见《厦门经济特区土地使用管理规定》(1984 年 7 月 14 日)第 9 条；《深圳经济特区土地管理暂行规定》(1981 年 11 月 17 日)第 5 条。

[3] 参见：《广西柳江县领导非法倒卖耕地》，载于《人民日报》（海外版）1986 年 6 月 2 日。

[4] 国务院于 1982 年 5 月 14 日公布施行的《国家建设征用土地条例》第 8 条规定：一般县人民政府，只有权批准征用三亩限额以下的耕地，如征用耕地达三亩以上，或林地、草地十亩以上，县府只有审查权而无批准权，审查后必须报省级人民政府批准。征用耕地一千亩以上，必须由国务院批准。柳江县领导人既越权征地于先，又暴利倒卖于后，实属双重严重违法！
1987 年 1 月 1 日开始施行的《中华人民共和国土地管理法》对征地审批权限问题作了大体相同的规定（见第 25 条）。同时明文强调："超越批准权限非法批准占用土地的，批准文件无效，对非法批准占用土地的单位主管人员或者个人，由其所在单位或者上级机关给予行政处分；收受贿赂的，依照《刑法》有关规定追究刑事责任。非法批准占用的土地按照非法占用土地处理"（第 48 条）。

发公司"之所以如此胆大妄为，主要原因在于该公司的正、副经理竟是由该县县长和县府办公室主任分别兼任，而非法倒卖土地的决定竟是该县领导共同研究作出的。尽管该县土地管理部门曾提醒县领导要依法办理征地审批手续，但县长覃××竟说："先用再说，有责任我负!"此案依法查处，自在意料之中。显然，覃县长妄自"负责"和"授权"订立的有关倒卖土地的一切合同，势必因其严重违法而概属无效。举一可以反三! 外商在中国洽谈经贸业务、签订合同之际，如果遇到个别地方领导人作出此类违法诺言或约许，切忌轻信!

案例五：福建某贸易公司(买方)于1984年与香港某旅游公司(卖方)签订汽车购销合同，由后者向前者提供国产东风牌汽车和北京牌吉普车各五辆，约定以人民币支付货款，并预付了巨额定金。交货方式是由港方支付港币在香港开单，由上述贸易公司在内地提货。首批来车交货过程中，被有关主管部门发觉，认定为这种交易是"以人民币偿付应当以外汇支付的进口货款"①，属于"套汇"行为，加以制止。买方向卖方追索已交的巨额定金，卖方拒还，并辩称："《中华人民共和国经济合同法》第14条第2款明文规定：给付定金的一方不履行合同的，无权请求返还定金，国际贸易中也向来有此惯例。"买方无奈，向人民法院起诉。人民法院认定：本项汽车购销合同违反我国外汇管理法令②，属自始无效，应按无效合同处理③。

与本案案情近似的另一起汽车"互赠"纠纷，也值得人们加以注意：港方某车商与吉林省某公司议定：由前者向后者"无偿赠送"日产皇冠牌小轿车×辆、丰田牌22座小巴旅行车×辆，以"赠车回乡"名义免税进口。半年以后，由该吉林某公司"无偿赠送"福建晋江一带侨属解放牌货车×辆。货车已运到厦门并通知侨属前来提货，被有关主管部门查扣。港方车商向吉林某公司索赔。经查，这批货车实际上是由某些海外华侨向前述香港车商交款购买并指名赠送内地亲属农村专业户的。所谓"互赠"协议，实质上是一项改头换面、变相伪装的换货交易合同，其中既有套汇情节，又有逃税行为，纯属违法合同。合同自始无效，并应追究双方责任，依法论处。

案例六：广东、福建有的地区为吸引外资、侨资，任意制定与国家税法统一规定相抵触的本地区优惠税则。有的领导人不经法定程序，自行宣布税收优惠办法，或轻率越权许诺，以言代法，造成不良影响。例如，福建某地区擅自规定侨资经营的"独资企业所得税税率为16%，合作企业所得税税率为15%"。

---

① 见《违反外汇管理处罚施行细则》第2条第1款。
② 见《中华人民共和国外汇管理暂行条例》第4条第2款。
③ 见本文第六部分。

(按:中华人民共和国财政部(1982)财税字第24号通知规定:对此类侨资企业应比照"外国企业所得税法"征税,即最低税率应为20%,视所得额累进征税,最高税率达40%[1]。)福建另一地区擅自规定:华侨投资的"三资"企业(即独资企业、合资企业、合作企业),凡经营期在十年以上的,"从开始获利年度起,免征企业所得税五年;从第六年起,减半征收所得税。"(按:首先,财政部(1983)财税字第19号通知规定:侨资合营企业应按修改的《中华人民共和国企业所得税法》纳税,即从开始获利年度起第一年和第二年免征所得税。第三年至第五年减半征收所得税。自第六年起,即按所得税率全额计征,不再享受减免待遇[2]。其次,前述独资企业以及合作企业,性质不同于合资企业,故根本不能享受合资企业减免所得税的优惠待遇。)此外,还有个别省级领导人,竟然无视《中华人民共和国个人所得税法》的有关规定[3],口头随意许诺某港商资方人员在我国境内所得可完全免纳个人所得税。

至于内地国有公司与港商签订投资合同时,擅自在合同条款中载明降低法定税率、延长法定减免税期限或推迟法定起征时间的,也时有发生。[4]

以上情况,都在一定地区内或一定程度上造成混乱现象。十分明显,凡是未经国家授权并且未经法定程序制定的地方立法或地方领导人的各种约许,如果违反国家有关税法的统一规定,都应当是不发生法律效力的。至于中外双方当事人擅自商定的违反税法统一规定的合同条款,其自始无效,更是不言而喻的。

为了廓清诸如此类的混乱现象,国务院于1986年4月21日发布了《中华人民共和国税收征收管理暂行条例》[5],其中第3条明确规定:"各类税收的征收和减免,必须按照税收法规和税收管理体制的规定执行。任何地区、部门、单位和个人,都不得以任何形式作出同现行税收法规和税收管理体制

---

[1] 见《中华人民共和国外国企业所得税法》第3条。
[2] 见《关于修改〈中华人民共和国中外合资经营企业所得税法〉的决定》(全国人民代表大会常务委员会1983年9月2日通过),第1项。
[3] 按《中华人民共和国个人所得税法》的规定:个人工资、薪金所得,适用超额累进税率,月收入超出800元者,其超额部分累进税率为5%—45%;个人劳务报酬所得,股息、特许权使用费所得等,适用比例税率,税率为20%。见该法第3条及所附税率表。
据报道:上海石油化工总厂在与港商洽谈合资经营项目时,也遇到了港方企图规避缴纳个人所得税的问题。港商曾经提出双方高级职员的工资应在各方的利润中支付。化工总厂的法律顾问及时、敏锐地指出:这样做,实质是规避和违反了中国的《个人所得税法》。他们劝说对方依法办事,从而避免了日后双方都陷于被动的局面。见《民主与法制》1986年第1期,第8页。
[4] 如广州某中外合资经营酒家的合同中规定:在还清外商全部投资资本本息后,才开始缴纳企业所得税,这显然是违反有关税法的起征时间规定的。
[5] 载于《中国法制报》1986年5月7日。

的规定相抵触的决定。"这条规定的基本精神,显然应当贯彻于中国境内的一切征税领域。

案例七:外商某电子公司(供方)与中方某计算机公司(受方)于1985年7月订立转让合同,由前者向后者提供某型电子计算机生产技术图纸以及有关的原材料和零部件。同时规定后者在十年以内不得向其他任何公司引进类似技术以及采购同类型的原材料与零部件。合同上报主管机关审批,主管机关认为该项合同所引进的机型生产技术并不十分先进,而且其中限制条件要求过苛,拒绝批准,驳回重议。主管机关这样处理的主要法律依据是1985年5月24日国务院发布的《中华人民共和国技术引进合同管理条例》第9条第2款和第4款,即禁止供方"限制受方自由选择不同来源购买原材料、零部件或设备",禁止供方"限制受方从其他来源获得类似技术或与之竞争的同类技术"。

该条例概括地规定"供方不得强使受方接受不合理的限制性要求"同时,进一步具体列举了九种限制性条款,明文规定:非经合同审批机关"特殊批准",一概不得把此类条款列入合同。换言之,除了上述两种以外,还有七种限制性条款,也在一般禁止之列:(1)要求受方接受同技术引进无关的附带条件,包括购买不需要的技术、技术服务、原材料、设备或产品;(2)限制受方发展和改进所引进的技术;(3)双方交换改进技术的条件不对等;(4)限制受方利用引进的技术生产产品的数量、品种或销售价格;(5)不合理地限制受方的销售渠道或出口市场;(6)禁止受方在合同期满后,继续使用引进的技术;(7)要求受方为不使用的或失效的专利支付报酬或承担义务[①]。

五、两起涉嫌"欺诈"的涉外合同纠纷

如前所述,在《经济合同法》与《涉外经济合同法》中,都有专门条款明文规定:采取欺诈或者胁迫手段订立的合同无效[②]。从广义上说,采取上述手段订立的合同也是一种违法合同,因为各国法律都无一例外地禁止一方当事人用这些手段使对方在违背真实意思的情况下"同意"签约。但从狭义上仔细分析,"违法合同"一般指的是立约内容上的违法,而对于通过欺诈或胁迫所签订的合

---

① 见《中华人民共和国技术引进合同管理条例》第9条。
② 见《经济合同法》第7条第2款;《涉外经济合同法》第10条。后来,《民法通则》第58条第3款更明确地规定,若一方以欺诈、胁迫的手段或者乘人之危,使对方在违背真实意思的情况下所为的民事行为,无效。

同,则着重强调其立约手段上的违法。不论是立约内容上的违法,还是立约手段上的违法,都势必导致合同无效。

近年来,有两项涉港合同,因涉嫌"欺诈"分别在福建某市引起了纠纷。双方对簿公庭,引人注目。

一项是该市某皮革工业公司诉香港某实业公司案。原告于 1981 年 3 月向被告订购从联邦德国进口的碎牛皮 71 500 磅,价款为 393 250 港元。双方约定采取"付款交单"(documents against payment — D/P)方式,并可由买方验货后再付款。1981 年 5 月,首批(1/5)碎牛皮运抵厦门,原告(买方)验收时发现碎牛皮面积太小,不符合约定规格者竟达 50%。双方协商调换,数年未决。原告不愿付款,被告应交的其余 4/5 碎牛皮亦不再交货。原告遂于 1984 年 7 月向该市人民法院起诉,指控被告(卖方)在供货中以小充大,以次充好,不符合合同质量条款,涉嫌欺诈取财。要求赔偿因碎牛皮质量不适于生产加工所造成的经济损失 33 000 余元人民币。

被告辩称:合同中载明碎牛皮每块面积应为"十五平方公分"以上。卖方供货,完全符合合同所定规格,毫无"欺诈"可言。同时,按国际贸易惯例,双方约定的"付款交单"(D/P)方式,理应是原告(进口买方)付款之后才能向代收银行领取货运单据并凭单提货,但原告竟未付款就取单提货,提货后不但不付款,反而要索赔三万余元,实属蛮横无理,赖债诈财。

本案争执主要点在于:(1) 买方何以不付款就提货?提货后何以仍不付款?(2) 碎牛皮面积大小究竟是否符合原先约定的规格?(3) 原被告两造对有关事实,何以各执一词?

经查:被告(卖方)于首批碎牛皮发运后,曾将提单副本寄给原告,原告即凭此提单副本将货提出(仓管发货人员疏忽,把副本误认为正本),根本没有向代收银行付款取单。原告认为,既然双方曾经约定"可由买方验货后再付款",则在付款前为验货而提货,是合情合理、无可厚非的。至于提货、验货后因发现碎牛皮质量不合约定规格而拒付货款,更是理所当然的。

因此,决定性的关键问题仍在于碎牛皮的面积规格。初查合同文字,确实有利于被告,因其中载明要求被告供应的碎牛皮可以"大小不等,但十五平方公分以下者不得超过百分之四"。按此种面积规格检验,被告所供碎牛皮百分之百合格,货品质量超过合同要求。但是,深入调查之后,才弄清原告在订立合同之际,曾向被告提交皮革工厂生产所需的碎牛皮样品,样品上写明"碎牛皮最小不得小于一个巴掌"。如按合同文字所载"十五平方公分"计算面积,则只相当于一个火柴盒面,可见合同文字所载,并非原告购货真意,即合同文字中的意思表示违背原告真意。根据原告申述的日常生产用途,特别是根据上述样品物证及物证上的文字,足以认定原告的真实意思应是采购"15公分×15公分"面积的碎牛皮,即采购相当于"一个巴掌"大小而不是相当于一个火柴盒面大小的碎牛皮。经法院邀请该市商检局专家,会同原告、被告双方,查询洽谈订约过程中的各项细节,最终确认如上。被告面对事实,自知理亏,对此也不再持有异议。

如所周知,国际商品供销合同中的品质条款,通常可区分为凭样品买卖(sales by sample)与凭规格买卖(sales by specification)两大类。本合同则存在两类标准同时混用而又互相矛盾的复杂情况。原、被告各执一端,相持不下,法院并未简单地肯定任何一造,而是通过细致的调查和取证,澄清了真意,解决上述矛盾,这是值得称道的。

另一方面,原告方的过错在于:第一,指派的洽谈签约人员缺乏数字常识,在合同文字中把"15 cm×15 cm"表述为"十五平方公分"(实为225平方公分),予被告方以可乘之机。幸亏立约时附有采购样品并另附有文字说明,否则就"有理说不清"了。第二,被告方验货后认为质量不合格,本可以拒绝付款并要求退货;或者是退货之后提出索赔,但均未按此办理。原告收货之后,既不退货,又不付款。自属无理。第三,被告方曾向原告方提出允许退货,原告鉴于还有4/5碎牛皮未交货,未作明确回答及妥善处理。

经人民法院调查和调解,原告、被告双方都明确了自己责任所在。鉴于讼争旷日持久,对双方都十分不利,双方自愿和解,由被告将首批小片碎牛皮无偿赠送给原告,以补偿原告因合格碎牛皮生产原料供应不上所造成的部分经济损失。原订合同予以解除,其余4/5碎牛皮不再交货、不再付款。法院于1984年11月10日裁定:准如原告所请,撤诉结案。诉讼费由原告负担。

另一项涉港经济合同因涉嫌"欺诈"所引起的讼案,是福建省A市房主19户联名诉香港某投资公司及该市D开发公司案。案情梗概如下:

1981年,被告方两家公司决定合作在A市新区兴建多座公寓大楼。双方商定:香港某投资公司负责、提供建房资金、在港澳地区及东南亚各国进行售楼广告宣传、办理售楼合同手续。该市某开发公司负责申请建屋用地、招工承建、在该市进行售楼广告宣传并办理售楼合同手续。1982年间,在港售出公寓22单元,在A市售出12单元。1982年9月,首批两座大楼竣工。34家业主住户迁入后,发现墙面、地面、门窗、水管等多项质量问题,同时房屋实用面积小于该市售屋广告面积(广告称:实用面积可达建筑面积的85%以上,实际上各套公寓的实用面积只在 73%—76% 之间)。其中 19 家房屋业主(分别为外籍华人、华侨、香港居民及国内侨属)联名于 1984 年 7 月向人民法院起诉,指控前述两家公司"虚构面积,欺骗买主",所售房屋偷工减料,质量有严重瑕疵,对买主造成重大损失,要求判处被告两家公司另建合格楼房履约;或解除原先的房屋买卖合同,双方互相退款、退屋,并由被告赔偿原告因被欺骗购屋所受一切经济损失。

被告香港某投资公司辩称:售屋统一合同的条款文字以及售屋广告的文稿和图样,均由建屋合作双方共同商定。广告内容与合同内容相符,并无虚夸和欺骗买主情节。关于楼房实用面积的计算,因考虑到售屋对象主要在海外和香港,故双方商定依据香港房地产买卖的商业习惯,采用香港通常使用的一种计算方法,房屋实用面积已达 85%,并在每份售屋合同中都附有面积计算图表和具体尺寸。因此,售屋合同签约时买卖双方对合同内容的理解是一致的,不存在卖方欺诈香港和海外买主及其国内亲眷问题。至于建房质量问题,可由合作建房的两家公司会同承建工程公司负责维修补救。

被告 A 市 D 开发公司的答辩理由与上述香港公司大体相同。问题在于,在 A 市成交签约的 12 项售屋合同,并未附有面积计算图表。如也按香港地区通用的那种计算方法,实用面积可达 85%,即与该市广告内容相符。但是,如按 A 市通行的关于实用面积的计算方法,实况与广告内容就有一定差距。D 开发公司辩称:A 市广告内容与香港广告内容是一致的,实用面积均按香港惯用方法计算。在该市成交签订的售屋合同中虽未附有面积计算图表,但各有关买主在签约之前均已询明情况并曾到建屋现场就地察看各单元实物位置和实际面积,当时并无任何异议。因此,买卖双方对合同的理解也是一致的,卖方并无欺诈情事。

市人民法院经过调查、取证、庭审,还特地聘请当地多家房建工程单位的八名工程师组成鉴定小组,对前述两幢大楼多次进行质量鉴定,确认了房屋内外装修方面存在的各项具体问题。最后作出综合判断:(1)房屋实用面积问题,是由于原告、被告双方对计算方法的事后解释不同引起的。但在合同签订当时,买卖双方对实用面积的理解和意思表示是清楚的、一致的和真实的,因此,不能认为有关经济合同因一方受欺诈而自始无效,或任意加以撤销、解除。它们在法律上仍有拘束力,双方均应认真履行。(2)鉴于被告一方在履行合同质量条款上有多项缺陷,影响业主住户正常生活,应由被告两家公司承担经济责任,由他们会同建筑承包工程公司负责维修补救,并由市建筑质量监督机构监督执行。根据上述认定,市人民法院于 1986 年 4 月 8

日作出相应的公开判决。

原告一方对上述第一审判决表示不服,已上诉于福建省高级人民法院。二审(即终审)判决如何,迄本文撰写时止,尚未揭晓。

福建省有关法学界人士对上述第一审判决看法不尽一致。

一种意见认为:上述一审判决大有商榷余地。因为:第一,按照国际私法中的冲突规范(conflict rules,亦称"法律适用规范"或"法律选择规范",choice of law rules),对于涉外合同内容合法性的认定以及对于合同内容的解释,一般应以"合同缔结地法"(Lex loci contractus)作为准据法①。衡诸本案,似应以香港法律为准。但是,在国际私法冲突规范中,还有一条关于适用"合同履行地法"(Lex loci solutionis)的准则,一般用于解决合同履行方面的纠纷问题②。本案争端发生在履行过程中,而履行地又在中国内地的 A 市,自应以该市民间通行的住房面积计算规则和惯例作为判断原、被告有关房屋面积纷争孰是孰非的准据。第二,按照国际惯例,有关不动产权益的涉外争端,一般应适用"物之所在地法"(lex situs)作为解决问题的准据法③。《民法通则》第 144 条明确规定,不动产的所有权,适用不动产所在地法。足见中国已经同意接受这一国际惯例。本案所涉的全部房屋既都是坐落在福建 A 市的不动产,则有关此项不动产面积计算问题上的意见分歧,自应以该市通常的住房面积计算惯例作为判断是非的圭臬。第三,特别是在该市成交签约的那 12 个单元住房的售屋合同,无论是按"合同缔结地法"准则、"合同履行地法"准则,还是按"不动产所在地法"准则,均应采取该市惯用的面积计算标准加以解释,更属毫无疑义。第四,本案一审判决对被告一方的主张加以认可和肯定,认为应以香港通行的面积计算惯例作为解释合同的标准,这不但不符合国际私法上的前述各项冲突规范准则,也颇不利于法律上切实保护中国内地公民的应有权益。总之,事关中国国家主权、法律尊严和公民权益,在选择和确定解决涉外经济合同纠纷的准据法时务必三思,不可不慎之又慎。

与此相反,另外一种意见认为:上述第一审判决是正确的。因为:

第一,国际私法冲突规范——法律选择规范中,有一条举世公认、广泛实施的当事人"意思自治"(autonomy of will)原则,即在一定条件下,允许各方当事人在缔结涉外合同时自己约定适用某国某地的法律④。中国《涉外经济合同

---

① 参见韩德培主编:《国际私法》,武汉大学出版社 1983 年版,第 50 页。
② 同上书,第 51 页。
③ 同上书,第 120—121 页。
④ 参见上书,第 51 页。

法》第5条规定："合同当事人可以选择处理合同争议所适用的法律"，后来，《民法通则》第145条又重申了这一点①，足见中国已经同意接受国际通行的当事人"意志自治"原则。在这种情况下，就国际私法各种冲突规范的适用、实施而言，当事人"意思自治"这一准则的地位和层次，一般地应当高于、优先于"合同缔结地法"和"合同履行地法"等准则。换言之，既然承认当事人有选择契约准据法的自主权，那么，当事人一经明示特定选择，就理应排除此种选择以外的其他准则的适用。衡诸本案，作为被告的中国内地和香港两家公司事先自行商定，按香港房地产买卖的商业习惯计算所建商品房屋的实用面积，对于当事人这种并非违法行为的"意思自治"，法院自应予以认可和尊重。就原告、被告双方(即房屋买卖双方)在香港成交签约的22单元售房合同而言，由于所附面积计算图表明白无误，双方签约时对住房面积的理解应当是一致的，双方签约时的意思表示也应当是真实的和一致的。对于双方基于真实意思表示而达成的协议——合同，法院同样应当本着认可和尊重当事人意思自治②的原则，承认其法律效力。

第二，就原、被告双方在福建成交签约的12单元售屋合同而言，虽然未附面积计算图表，但买方在签约之前既已实地勘查目睹实物(即售屋合同中的标的物)，则买主签约也应认定为基于个人自由意志和真实意思表示，因此，不应主张因受欺诈而所签合同自始无效或应予撤销。

第三，诚然，国际惯例及中国《民法通则》都肯定不动产所有权的涉外争端应按不动产所在地的法律处理。但是，此种国际惯例或条文的含义，指的是不动产所有权客体的法定范围、不动产所有权本身的法定内涵及其行使，一般应依物之所在地法决定；不动产所有权的取得、转移、变更和消灭的法律方式和法律条件，一般应依物之所在地法决定③。因此，不能任意扩大这种国际惯例或条文的真实含义，随便把诸如不动产所在地有关住屋面积的通常计算方法，也认定为当地的法律或具有法律效力的强制性规定，进而主张当事人只有服从的

---

① 《民法通则》专辟一章，题为"涉外民事关系的法律适用"。其中第145条规定："涉外合同的当事人可以选择处理合同争议所适用的法律，法律另有规定的除外。"第150条规定："依照本章规定适用外国法律或者国际惯例的，不得违背中华人民共和国的社会公共利益。"可见，当事人选择适用法律的自主权，受到一定的但书限制。这些限制，也同样体现在《涉外经济合同法》的有关条文(第4条、第5条第2款)中。

② "意思自治"一词，通常有广、狭二义。狭义的"意思自治"，指的是当事人有选择契约准据法的自由，属于国际私法的范畴；广义的"意思自治"，指的是当事人有订立契约的自由，即"契约自由"或"契约自治"原则，属于民法的范畴。本文此处是从广义上使用此词的；而在前面论及法律选择问题时，则是从狭义上使用此词的。参见《中国大百科全书》(法学卷)，1984年版，第95页、第464页。

③ 参见韩德培主编：《国际私法》，武汉大学出版社1983年版，第123页。

义务而无选择、规避的权利。衡诸本案,前述福建 A 市通行的住屋面积计算方法,本身并非法律,也未见有什么法令加以肯定和强制推行,因此不能把它认定为"不动产所在地的法律",它并不具备法律的权威性、约束性和强制性;换言之,售屋合同当事人双方如有真实的、自由的意思表示,就可以不受此种住屋面积计算方法的约束。当然,如果问题牵涉到上述房屋的业主(不动产所有权人)对于自己的房产是否可以全盘享有占有、使用、收益和处分的权利,是否可以在自己的房产上设置典权、抵押权,在房产所有权的取得、转移、变更或消灭上,应当具备何种法定条件和履行何种法定手续,等等,凡此,都是涉及不动产所有权的法定内涵和法定外部条件问题,那就务必要遵守中华人民共和国有关不动产所有权的各种法规(包括省、市的地方性法规)的具体规定,严格依法办事,涉外合同当事人不得规避或违反。否则,就会导致有关民事行为的违法和无效。

第四,从宏观上说,法律是上层建筑,是为经济基础服务的。在经济上实行对外开放,加强对外经济贸易交往,是中国的长期国策。中国的立法和司法,亦应以此种国策作为指导,从而对此种国策的贯彻实现加以保证和促进。前述《涉外经济合同法》和《民法通则》关于允许涉外合同当事人有权在一定条件下自行选择合同争议准据法的规定,就体现了这种精神。在上述国际惯例已为国际社会所广泛承认和采用的情况下,中国的国内立法也作出类似的规定,这样做,不但无损于中国的国家主权和法律尊严,而且正是在各国主权平等基础上实行的国际互利立法,是促进国际经贸往来的正常的、必要的措施。国家主权尊严,当然必须坚持和维护,但不能对主权问题作僵化的理解。特别是有关中国对香港恢复行使主权的问题,已经在 1984 年 9 月的《中英联合声明》中得到肯定,在这种情况下,对于通行于香港地区的某些习惯做法(包括住屋面积的通行计算方法,等等),只要它并不违反内地的法律和社会公益,就没有理由不允许涉港经济合同的当事人自行抉择采用。

基于以上四点理由,应当认为福建省 A 市人民法院对上述售屋合同争端的第一审判决是正确的。

不过,也有人认为上述一审判决只能说是基本正确,它还有不足之处。例如,它只责令被告一方负责对新屋进行维修补救,而未针对由于被告提供的商品房屋含有多项质量瑕疵、造成原告长期生活不便和精神苦恼等情节,进一步追究被告的民事责任,责令他们赔偿原告在物质上和精神上所受到的各种损害;对于原告方因起诉而支付的各种费用(包括律师聘请费等),也未责令被告方予以补偿。

六、无效合同的处理和预防

无效经济合同的出现,对于社会经济秩序和当事人合法权益说来,都是一种消极、有害的现象。无论国家机关还是合同当事人,对于已经出现的无效合同,应当及时妥善处理,对于可能出现的无效合同,更应多方设法预防。

有鉴于此,中国国家工商行政管理局于1985年7月25日发布了《关于确认和处理无效经济合同的暂行规定》。其中的基本原则,当然也适用于无效的涉外经济合同。

无效经济合同的确认权和处理权,属于各级工商行政管理局和人民法院[1]。上述《暂行规定》把无效经济合同大致分为合同主体不合格、合同内容不合法以及无效代理三类,每类各包含三四种,共计十一种[2]。除有关当事人可以诉请法院对无效经济合同加以确认和处理外,工商行政管理局对在日常工作检查中发现的或者第三人告诉的无效经济合同,也应当立案处理,并按一定程序在查明事实、分清责任的基础上,制作"无效合同确认书"[3]。确认书一经正式生效并交付执行,即应认定有关的经济合同从设立时起就没有法律约束力;合同尚未履行的,不得履行;正在履行的,应立即终止履行;合同被确认为部分无效的,如不影响其余部分的效力,其余部分仍然有效[4]。

对于无效经济合同造成的财产后果,应根据当事人过错大小,用返还、赔偿、追缴三种方法处理:

(一)返还财产:使当事人的财产关系恢复到合同签订以前的状态。当事人依据无效经济合同取得的标的物,应当返还给对方。如果标的物已不存在或已被第三人合法取得,因而不能返还时,可按赔偿损失的方法折价赔偿。

(二)赔偿损失:由有过错的一方对自己给对方造成的损失承担赔偿责任。如果双方均有过错,应按责任的主次和轻重,分担经济损失中的相应份额。

(三)追缴财产:对当事人故意损害国家利益的行为采取必要的经济惩罚。如果双方都是故意的,应追缴双方已经取得或者约定取得的财产,收归国库。如果只有一方是故意的,故意的一方应将从对方取得的财产返还给对方;非故

---

[1] 见《经济合同法》第7条第3款。
[2] 见国家工商行政管理局《关于确认和处理无效经济合同的暂行规定》第1条。
[3] 同上,第3条。
[4] 同上,第2条。

意的一方已经从对方取得或约定取得的财产,应予追缴,收归国库。在追缴故意一方当事人的财产时,必须切实注意保护非故意一方当事人的合法利益①。这些原则性规定,是若干年来主管当局处理无效经济合同的经验总结,也是现阶段正确处理无效经济合同的法律规范。本文前面所援引和评述的各项涉外经济合同,在被正式确认为无效合同之后,虽因情节不同而处理各异,但略加分析归纳,确实也不外乎是上述三种方式:返还、赔偿、追缴,或三者分别单独使用,或其中两者合并使用,或三者同时兼施。如此处理,确已取得了明显的、积极的社会效果。

但是,亡羊补牢,虽未为晚,毕竟不如曲突徙薪,防患于未然。"一分预防,胜似十分治疗"! 这是医学界的信条,它对于医治社会病象之一——无效经济合同来说,同样具有指导意义。有鉴于此,中国国家工商行政管理局于1985年8月13日进一步发布了《关于经济合同鉴证的暂行规定》。

鉴证制度的核心,是经济合同管理机关根据双方当事人的申请,依法证明经济合同的真实性和合法性。除国家法令另有规定者外,应按当事人自愿的原则,实行对经济合同的鉴证②。工商行政管理局是国家法定的经济合同鉴证机关。鉴证手续一般由合同签订地或履行地的工商行政管理局办理③。

鉴证机关在收到合同当事人的自愿申请后,应当依照国家法律、行政法规和有关政策的规定,着重从以下四个方面审查合同的有关条款④:

(一)签订经济合同的当事人是否合格,是否具有权利能力和行为能力;

(二)经济合同当事人的意思表示是否真实;

(三)经济合同的内容是否符合国家的法律、政策和计划的要求;

(四)经济合同的主要条款内容是否完备,文字表述是否准确,合同签订是否符合法定程序。

申请鉴证的各方当事人可亲自前往鉴证机关办理手续,亦可书面委托他人代办。申请人应当提供:经济合同正本和副本;营业执照或副本;签订经济合同的法定代表人或委托代理人的资格证明;其他有关证明材料⑤。

鉴证人员在认真审查各方当事人提供的上述文本和材料之后,如认为全部

---

① 见国家工商行政管理局《关于确认和处理无效经济合同的暂行规定》。这些具体规定的主要依据,是《经济合同法》第16条。其整体精神,亦体现于后来颁行的《民法通则》第92条、第111至113条、第117条。

② 见国家工商行政管理局《关于经济鉴证合同的暂行规定》第1条、第2条。

③ 同上,第3条。

④ 同上,第4条。

⑤ 同上,第7条。

真实、合法,符合鉴证条件,即应在合同文本上签名并加盖工商行政管理局经济合同鉴证专用图章。如发现经济合同内容不真实、不合法,应即向当事人说明不予鉴证的理由,并在合同文本上注明①。

如前所述,近年来涉外经济合同中,因违反中国法律或社会公益而归于无效者,就有关当事人的主观状态和法律意识而言,不外是明知故犯、侥幸轻率、"法盲"犯法三类。其中第二类和第三类占相当大的比重。普遍地推行经济合同鉴证制度,可以使后两类当事人得到及时的指导和提醒,增加法律知识和增强守法意识,及时修改合同有关条款,从而避免日后的无谓纠纷和无谓损失,使自身的合法利益受到应有的法律保护。有些当事人(特别是对中国法制比较陌生的外商)担心:如果合同条款中有违法内容,在申请和提交鉴证过程中被发现,可能受到惩处。其实,这是不必要的顾虑。违法条款未经实施即在鉴证中被发现并及时改订,这正是上述法规所鼓励的,不存在因此受罚的问题。至于对那些明知故犯的不法之徒来说,此种合同鉴证制度无异设下了一道重大障碍,使其违法、犯法经济活动难以得逞,至少不能通行无阻。而鉴证制度广泛施行之后,凡是未经鉴证机关认可和鉴证的经济合同,虽然未必违法、无效,但在合同当事人以外的各方关系人中,就较难获得一般的"社会承认"。日积月累,由此逐步形成的社会心态,势必反过来大有助于提高整个社会的法律意识和守法观念,大有助于社会经济秩序的正常、安定和健康发展。

中国在经济上实行对外开放、促进对外经贸往来的政策,已经深入人心,受到举世欢迎。在涉外经济合同中,各方当事人若能认真贯彻"合同必须信守"原则,同时自觉地预防和抵制违法合同的产生和出现,则无论对于中国的四化建设,对于友好国家和世界的经济繁荣,还是对于当事人的经济事业,显然都是大有裨益的。

---

① 见国家工商行政管理局《关于经济鉴证合同的暂行规定》第9条。

II 跨国商品代销中越权抵押和争端管辖权问题剖析
——意大利古西公司 v. 香港图荣公司案件述评

内容提要 意大利古西公司诉香港图荣发展有限公司一案中,原被告双方签订了两份代销合同、一份销售合同,约定由被告代销原告的"GUCCI"名牌系列产品。合同履行过程中,被告严重违约,既逾期一年多不偿还代销货物的价款,又不交还逾期未能销出的剩余产品,甚至谎称拥有代销货物的完全所有权而将之作为贷款抵押,致使原告合法利益受到重大损害。原告在代理律师的帮助下,及时参讼,据理力争,并及时申请"财产保全"和"先予执行",其合法权益获得了中国法律的有力保护。

目次

一、本案案情梗概
二、本案民事诉状
 (一)两份代销合同的约定
 (二)一份销售合同的约定
 (三)香港图荣公司严重违约侵权
 (四)意大利古西公司请求参讼维权
三、本案争端管辖权问题剖析——对图荣公司《答辩状》的反驳
 (一)对本案实行管辖完全符合中国法律和国际惯例
 (二)对本案放弃管辖有损中国法律尊严和中国法院形象
四、本案讼争商品所有权问题剖析
 (一)本案讼争的标的物的所有权属于意大利古西公司
 (二)古西公司不能为图荣公司的过错负责

【附录】
一、古西公司财产保全申请书
二、古西公司先予执行申请书

一、本案案情梗概

意大利古西公司于 1992 年 6 月 30 日与香港图荣发展有限公司（简称"图荣公司"）签订了两份代销合同、一份销售合同，约定代销或销售意大利古西"GUCCI"名牌系列产品。三份合同所涉总金额为 1 791 万余美元。这三批货物均按图荣公司指定的交货地点、运入厦门，存放在厦门市商业储运公司（简称"厦储公司"）的"保税仓库"中。图荣公司对外谎称对上述全部货物"拥有永久、全部的所有权"，在 1992 年 10 月 12 日与厦储公司订立《合作协议》，随后不久，又与厦门东方发展有限公司（简称"东方公司"）订立《借贷协议》，由东方公司贷给图荣公司 100 万美元，图荣公司则从古西公司委托图荣公司代销的厦门存货中，拨出价值 600 万美元的名牌产品，作为贷款抵押物。事后，图荣公司违约，不但长期欠交应向厦储公司缴纳的仓储费，而且逾期不偿还东方公司的美元贷款。1993 年 11 月图荣公司向厦储公司提货，厦储公司以其久欠仓储费为由拒绝发货。东方公司则从古西公司在厦存货中拨出价值 140 美万元的产品，削价出售获得 20 万美元，用以抵债，并将继续甩卖其余价值 460 万美元的古西厦门存货，以便得款抵债。图荣公司提货未果，遂于 1993 年 12 月 5 日以厦储公司为被告，向法院起诉要求厦储公司放货。因涉案金额巨大，折合人民币一亿四千余万元，且案情复杂，故由福建省高级人民法院作为第一审法院直接受理。

在此之前，古西公司因图荣公司严重违约，既逾期一年多不偿还代销货物的价款，又不交还逾期未能销出的剩余产品，曾经多次催讨已售产品的货款和要求退还未售产品原物，均被图荣公司以各种借口敷衍搪塞，迄无结果。直至 1993 年 11 月图荣公司、厦储公司双方已经卷入诉讼并即将对簿公堂，古西公司才获知信息，"如梦初醒"，对于受图荣公司长期蒙骗感到十分震惊和愤怒，遂求助于兼职律师陈安、王志勇和吴翠华。律师代表古西公司向福建省高院申请依中国民事诉讼法有关规定以"第三人"身份直接参与上述以图荣公司为原告、以厦储公司为被告的诉讼。图荣公司眼看骗局即将败露，委托北京律师针对古西公司直接参与本案诉讼的请求，向法院提出"管辖权抗辩"。所持的主要理由是：古西公司与图荣公司签订的代销合同中规定了争端管辖条款，约定一旦发生争端应提交意大利米兰市法院处断。古西方代理律师依据国际通行的惯例和中国民事诉讼法的有关规定，力争应由中国法院受理此案。

1994年3月22日，福建省高院开庭审理本案，原告图荣公司的法定代表人及其代理律师缺席。诉讼程序照常进行。法庭调查基本澄清了事实真相，梳理了涉案的先后五项合同和协议订约各方的权利义务，解开了纠缠在一起的"疙瘩"。庭后，在有关审判员和各方律师参加下，古西公司与厦储公司、东方公司达成了协议：(1) 将厦储公司仓库中剩余的存货全部归还原物主古西公司；(2) 由古西公司对厦门两家公司因图荣公司的蒙骗和违约行为而遭受的损失给予一定补偿。

在福建省高院正式开庭审理本案之前约两个月，古西公司鉴于厦门存货可能被图荣公司或其他债权人转移、盗卖或拍卖，特依法向法院申请对厦门存货予以"财产保全"；在开庭之后、法院作出正式判决之前，古西公司鉴于上述存货滞存已久，仓储条件欠佳，为防止名牌产品款式"老化"、发生霉变，又依法向法院申请"先予执行"，请求准予早日提货出仓，以便及时销售。1994年8月2日，福建省高院作出裁定，同意"将现存于厦门商业储运公司的所有GUCCI牌产品全部运出保税仓库"，予以销售。意大利当事人对于本案纠纷及时获得公正、公平处断，其合法权益获得中国法律的有力保护，深表满意。

以下根据当时笔者接受古西公司委托先后书写并呈交福建省高院的《民事诉状》、《对图荣公司〈答辩状〉的反驳》、《代理词》、《财产保全申请书》以及《先予执行申请书》，综合整理，撰成本文。

二、本案民事诉状

原告：意大利古西公司（Guccio Gucci S. P. A）

[地址、电话、传真、诉讼代理人、法定代表人等，从略。]

被告：香港图荣发展有限公司（Two Wins Development Ltd.）

[地址、电话、传真、诉讼代理人、法定代表人等，从略。]

直接关系人：厦门市商业储运公司

[地址、电话、传真、诉讼代理人、法定代表人等，从略。]

案由：代销合同纠纷，产品所有权纠纷，并直接涉及仓储合同纠纷。

（一）两份代销合同的约定

意大利古西公司（以下简称"原告"）与香港图荣发展有限公司（以下简称"被告"）于1992年6月30日签订了两份"GUCCI"名牌系列产品的代销合同。双方约定：

1. 被告负责代销两批GUCCI产品，其总值为12 073 078美元＋3 945 032美元＝16 018 110美元。被告同意按上述总值在签约后6个月以内（即1992年12月30日以前）向原告付清全部价款。

2. 交货目的地由被告指定。运费及保险费由原告承担。

3. 被告在1992年12月30日以前如未能将上述产品代售完毕并付清全部价款，应即将原货返还给原告。

4. 上述产品只能在中国境内销售，不得在香港销售。

现在，售货和付款期限已过，被告严重违约，至今逾期一年多，不但分文未付还货款，也不按合同规定迅即将原货返还原告，使原告蒙受严重经济损失。

（二）一份销售合同的约定

原告与被告在1992年6月30日签订了另一份GUCCI产品的销售合同，双方约定：价款为1 898 202美元；交货地点为厦门市商业储运公司；1992年7月底以前交货完毕；交货完毕后180天以内付清全部价款。

现在，被告严重违约，迄今还款期限已逾期一年多，货款分文未付，也不将原货退还原告，致使原告蒙受另一份严重经济损失。

（三）香港图荣公司严重违约侵权

现已查清：

1. 上述货物目前均储存在厦门市商业储运公司（以下简称"商储公司"）的保税仓库中。

2. 1992年10月12日，被告与商储公司签订了一份有关GUCCI上述货物仓储业务的《合作协议书》，其中第2条第2款第（5）项竟公然声称上述GUCCI商品的"所有权永远、全部属于"被告所有；被告"拥有全权处理其GUCCI商品"。

3. 该《合作协议书》中没有片言只字说明这三批GUCCI商品的真正所有权人（即货主）乃是意大利古西公司，从而隐瞒和歪曲了这批商品的所有权全部属于原告的真相。

鉴于被告严重违约,迄今既不付款,又不还货;鉴于被告在上述《合作协议书》中隐瞒真相,谎称对上述货物拥有永远、全部的所有权,势必使原告遭受更严重的经济损失,原告不得不请求贵院给予法律保护。

(四) 意大利古西公司请求参诉维权

古西公司获悉:被告图荣公司已于1993年12月5日向贵院起诉,要求厦门市商业储运公司立即同意图荣公司提取上述全部货物,贵院已决定立案受理并已于同年12月15日向厦门市商业储运公司发出"应诉通知书"。根据《中华人民共和国民事诉讼法》第56条规定,古西公司曾于1993年12月27日正式向贵院申请,作为本案的第三人,直接参加本案的诉讼。现特再次备状,重申上述请求,并恳请贵院作出如下判决:

1. 被告应立即向原告付清上述三批 GUCCI 名牌产品的全部价款 17 916 312美元,或立即负责将上述货物全数返还给原告。
2. 被告应赔偿因被告严重违约给原告造成的一切经济损失。
3. 本案涉及的诉讼费及律师费用等全部由被告承担。

谨呈
中华人民共和国福建省高级人民法院

意大利古西公司
1994年1月28日

三、本案争端管辖权问题剖析
——对图荣公司《答辩状》的反驳

福建省高级人民法院经济庭:

收到图荣发展有限公司1994年1月15日的《答辩状》后,意大利古西公司认为图荣公司提出的关于中华人民共和国福建省高级人民法院对本案没有管辖权的"答辩"不能成立,其事实和理由如下:

(一) 对本案实行管辖完全符合中国法律和国际惯例

依法行使对涉外民事案件的司法管辖权,是坚持和维护国家主权的一种具体体现。在合理的程度上尽可能地扩大本国对境内涉外案件的司法管辖权,是近数十年以来日益强化的国际惯例。

根据举世公认的主权观念和由此产生的"属地优越权"(supremacy of territory)原则,主权国家对于本国领土上(或本国境内)的一切人和事,享有独立的、排它的管辖权。第二次世界大战结束以后数十年来,众多原先的弱小民族纷纷挣脱殖民枷锁,实现了本国的独立自主。从近数十年以来世界各国涉外民事案件管辖的实践来看,扩大本国司法管辖权乃是一切国家,特别是众多发展中国家的发展趋势。这一发展趋势和时代潮流已逐渐形成各国民事诉讼法的重要立法原则之一。

中国《民事诉讼法》第243条至第246条的规定,中国最高人民法院《关于适用(中华人民共和国民事诉讼法)若干问题的意见》(以下简称《民诉法适用意见》)第305、306条的规定,都充分地体现了这种基本精神。

兹摘录有关条文如下,俾使对照本案事实,加以分析。

(1)《民事诉讼法》的规定

第243条 因合同纠纷或者其他财产权益纠纷,对在中华人民共和国领域内没有住所的被告提起的诉讼,如果合同在中华人民共和国领域内签订或者履行,或者诉讼标的物在中华人民共和国领域内,或者被告在中华人民共和国领域内有可供扣押的财产,或者被告在中华人民共和国领域内设有代表机构,可以由合同签订地、合同履行地、诉讼标的物所在地、可供扣押财产所在地、侵权行为地或者代表机构住所地人民法院管辖。

第244条 涉外合同或者涉外财产权益纠纷的当事人,可以用书面协议选择与争议有实际联系的地点的法院管辖。选择中华人民共和国人民法院管辖的,不得违反本法关于级别管辖和专属管辖的规定。

第245条 涉外民事诉讼的被告对人民法院管辖不提出异议,并应诉答辩的,视为承认该人民法院为有管辖权的法院。

第246条 因在中华人民共和国履行中外合资经营企业合同、中外合作经营企业合同、中外合作勘探开发自然资源合同发生纠纷提起的诉讼,由中华人民共和国人民法院管辖。

(2)最高人民法院《民诉法适用意见》的规定

305. 依照民事诉讼法第34条和第246条规定,属于中华人民共和国人民法院专属管辖的案件,当事人不得用书面协议选择其他国家法院管辖。但协议选择仲裁裁决的除外。

306. 中华人民共和国人民法院和外国法院都有管辖权的案件,一方当事人向外国法院起诉,而另一方当事人向中华人民共和国人民法院起诉的,人民法院可予受理。判决后,外国法院申请或者当事人请求人民法院承认和执行外国法院对本案作出的判决、裁定的,不予准许;但双方共同参加或者签订的国际条约另有规定的除外。

上述《民事诉讼法》第243条、244条、245条和246条规定了中国法院对涉外民事案件行使司法管辖权的基本原则。从这些条文规定的逻辑看,很显然,第243条大力强调了中国对本国领域内涉外民事案件实行司法管辖的"属地优越权",并逐一规定了这种管辖权的具体范围。凡属该条文列举的六种情况,即合同签订地、合同履行地、诉讼标的物所在地、可供扣押财产所在地、侵权行为地或代表机构住所地,六者之一是在中国领域之内,即使涉讼被告在中国境内并无住所,也应由中国法院管辖。该条文乃是强制性的规定,而绝非任意性的规定,强行法(jus cogens),又称强制法、绝对法,指必须绝对执行的法律规范,不允许法律关系当事人一方或双方任意予以伸缩或变更。其相对名称为任意法(jus dispositivum),又称相对法,指可以随意选择取舍的法律规范,允许法律关系当事人在法定范围内自行确定相互间的权利义务关系,并不能按当事人的协议而任意改变。

第244条的规定,是在第243条这一前提下,允许当事人作有限制的选择。至于第245条,则是上两条规定情况之外的一种补充——推定性补充,即如果不具备第243条、244条的条件,只要被告应诉答辩,便可根据这一事实,推定被告已默示同意接受中国法院的司法管辖。第246条是专属管辖的规定,也贯彻了在合理程度上扩大中国对涉外民事案件的司法管辖权的基本精神。简言之,第243条构成了涉外民事案件司法管辖的基石,而且不论是依据法理上的"紧密联系"原则,或是"实际控制"原则,都足以论证第243条乃是强制性规范。至于第244条的规定,目的也是为了扩大中国法院的管辖范围,而不是为了限制自己的司法主权。

联系到第243条的文字内容,"……可以由……人民法院管辖",其中"可以"一词在这里显然指的是法院的自由裁量和依法认定,而绝不是当事人的任意选择和随心所欲。

第243条作为中国法院对涉外民事案件的司法管辖规定,鲜明地体现了中国在司法管辖问题上的主权。而第244条则是在充分维护中国主权(司法管辖权)的前提下,适度地体现了当事人的"意思自治"。"意思自治"原则决不能对抗"国家主权"原则,更不能以"约定管辖"为由,排除中国法律对异国受害人弱者的应有保护,或逃避中国法律对异国侵权行为人(不法分子)的应有制裁。

(二) 对本案放弃管辖有损中国法律尊严和中国法院形象

在本案中,孤立地、片面地强调"约定管辖",势必背离上述立法精神和法理逻辑,也不利于保护合法权利受侵害的异国弱者当事人的利益,从而有损于中国法律的尊严和中国法院的国际形象。

(1) 就本案的实际情况看,发生纠纷的合同标的物是限定在中国境内代销的货物,因而合同的履行地在中国;被告图荣公司在中国境内设有代表机构;合同标的物(即诉讼标的物)至今仍存放在中国厦门商业储运公司的保税仓库内;被告对原告所有权的侵权行为地也显然在中国领域之内;所有这些条件,都完全符合中国《民事诉讼法》第 243 条的规定,本案应接受中国法院的管辖,乃是理所当然,毫无疑义的。

(2) 被告在《答辩状》中声称:本案涉讼的"这批货物只是在事实上存放于中国境内的仓库中",而诉讼"标的物在法律意义上不在中国境内"。其惟一借口乃是这批货物尚未"进关完税"。这种辩解,不但无力,而且近乎荒谬!试问:第一,"中国境内的仓库"难道"在法律意义上不在中国境内吗"?它难道是坐落在公海上?在外国领土上?在火星上?第二,这批货物目前是在中国海关的依法严密监管之下的中国"保税仓库"之中,这难道不是铁的事实,证明这批货物千真万确地"在法律意义上"百分之百地正在中国境内吗?

(3) 虽然"代销合同"有"约定管辖"的条款,但是,① 被告自 1992 年 12 月 30 日起严重违约至今已一年。② 对于争议之标的物,不仅所有权人(即货主)——古西公司现已无法控制,就是意大利米兰法院(协议条款中规定的管辖法院)也根本无法控制和进行有效审理。③ 被告对其无权处分的争议标的物,已经违法处分了一部分,而且到处对外谎称其拥有"永远的所有权";此外还存在着其他人的侵权问题(如厦门东方发展公司已经擅自盗卖了其中价值 160 万美元的"古西存货",而且还将继续盗卖另外 440 万美元的"古西存货")。④ 原告古西公司提起的诉讼,直接关系到被告对厦门商业储运公司的另一场诉讼,原告古西公司主张自己对争议的标的物拥有所有权,乃是一种物权主张,它不应受原先"代销合同"中有关债权的"约定管辖"的限制。换言之,"约定管辖"仅仅在法律没有强制性规定的前提下可以约束"代销合同"在订立、履行中的合同债权问题,而现在的实际情况已经远远超出单纯的合同债权问题,并且与福建省高级人民法院正在审理的另一宗诉讼密切相关。因此,福建省高级人民法院对本案行使司法管辖权,是切合实际的,是具有充分法律根据和事实根据的。

(4) 意大利古西公司作为讼争合同的债权人,作为受被告以及其他第三人侵权行为侵害的受害人,为了维护自己的合法利益,基于对中国法院执法公正廉明的信任,基于对中国法院办事效率的信任(据原告所知本案如由意大利米兰法院管辖,由于意大利目前政局混乱,法院办事效率极低,即使历时五年能否结案尚是问题),尤其是基于对中国法律的信任,向中国法院提出了诉讼请求。中国的司法机关如果不考虑已经发生的实际情况,不分析被告妄图利用其居心不良的"意思自治",借口"约定管辖",使其严重违法侵权行为得以逃避中国法律的追究和制裁,势必严重损害中国法律的尊严和中国法院主持正义、扶弱抑强、惩劣安良的良好国际形象。

综上所述,意大利古西公司认为:① 中国法院(福建省高级人民法院)对本案拥有完全合法和无可争议的司法管辖权。② 原告坚持中国法院对本案拥有司法管辖权,完全合理合法,完全符合实事求是的基本原则。这是严格依据中国《民事诉讼法》的规定,从纠纷的实际情况出发,从最有利于案件的有效审理着眼,以及从判决结果实际有效执行等方面得出的正确结论。③ 被告人所谓的"本案系约定管辖案件",所谓的"本案并非财产权益纠纷,标的物在法律意义上也不在中国境内",所谓的"本案应适用特殊优于一般的原则",所有这些借口和遁词,如果不是有意曲解,显然就是对有关基本法理,对中国民诉法立法精神的肤浅理解。因此,意大利古西公司恳请贵院依法据理,实事求是,坚持对本案的司法管辖权,驳回被告人的"答辩",维护受害原告人的合法权益。不胜感激!

  致

 礼

意大利古西公司谨呈
1994 年 1 月 28 日

四、本案讼争商品所有权问题剖析

(一) 本案讼争的标的物的所有权属于意大利古西公司

(1) 这批讼争的物品,是根据古西公司与图荣公司于 1992 年 6 月 30 签署的两份合同,由图荣公司运进中国内地,存放于厦门商储保税仓库之中的。

(2) 根据合同的规定,图荣公司有义务在从合同签订之日起 6 个月内(即至 1992 年 12 月 30 日)将未售出的产品返还古西公司,并支付已出手货物的协议价款。全部货物的协议总价款为 16 018 110 美元。

(3) 1992 年 6 月 30 日签署的两份合同,其性质属于《意大利民法典》第 1556 条(合同中明确记载的法律条款)规定的"代销合同"。即,根据可退货经售合同(代销合同),一方当事人将一件或多件动产交付给另一方;另一方必须支付价款,除非他在规定期限内返还该物品。

(4) 古西公司按"代销合同"规定,承担了运输和保险费用,将合同规定的产品,交付到图荣公司指定的地点。

(5) 在合同履行期间,图荣公司除了开出一张到期日为 1992 年 10 月 5 日的 50 万美元的不能兑现的信用证外,未向古西公司支付过任何价款。

(6) 合同规定的应当返还产品的期限届满后,图荣公司既不按合同规定支付价款,也不按合同规定返还货物,已构成对合同的违约。

(7) 虽然从 1993 年 1 月开始,图荣公司多次向古西公司提出延长合同期限 3 个月(即延长至 1993 年 3 月底)和延长付款期限,但都未得到古西公司的同意。1993 年 12 月 22 日,古西公司最后一次通知图荣公司,年内应将应返还的全部产品运回给香港古西公司。至今,由于图荣公司与厦门东方发展公司的纠纷,这批产品仍滞留在厦门商储保税仓库中。

上述事实,有如下证据支持:

1. 古西公司与图荣公司于 1992 年 6 月 30 日签署的两份《代销合同》。
2. 意大利律师 MARINA WONGHER 出具的《古西公司致陈安教授函》及附件《意大利民法典》第四章第 1556 条、第 1557 条、第 1558 条的条文。
3. 1993 年 11 月 30 日,古西公司副总裁 J 先生给图荣公司法定代表人、董事长 L 女士的传真件。
4. 1993 年 12 月 20 日,L 女士给 J 先生的传真件。
5. 1993 年 12 月 22 日,古西公司 M 先生给 L 女士的传真件。
6. 1993 年 4 月 9 日,L 女士给 M 先生的信。
7. 1993 年 4 月 6 日,L 女士给 M 先生的信。
8. 1993 年 2 月 20 日,L 女士给古西公司 G 博士的信。

基于上述的事实和证据,显然应当认定:

(1) 古西公司与图荣公司 1992 年 6 月 30 日订立的两份合同,是代销合同。无论是按合同约定的《意大利民法典》来看,或是按中国民法来看,其性质都是十分清楚的。代销合同中代销人的权利仅限于代为销售。也就是说,代销人虽然实际占有合同规定的代销物品,但代销人对这些代销物品并没有所有权,只有在代销人支付了这些代销货物的价款后,所有权才发生转移。代销人可以在两种义务中进行选择,或是按期返还代销货物,或是按期支付货物价款,绝不应既不返还货物,又不支付货款。至于代销人将代销货物用于抵押借款,也是十分错误的,代销人无权这么做。图荣公司关于借款抵押的种种理由,都是无稽之谈。古西公司并未承诺要负责图荣公司代销这批货物的承销费用。代销合同之所以成立,本身已就销售风险作了考虑。否则,何需让代销人在两种应该履行的义务中选择其一。至于图荣公司强调的货物老旧、有瑕疵等,更不能成为该公司长期非法占有所有权属于古西产品的理由,假如这些货物无法在中国市场销售,图荣公司完全可以按约定的时间返还货物,大可不必让这些货物继续滞留在自己手中,这于人于己都是有害而无利的。图荣公司既然不选择按合同履行义务,而宁可违反合同约定和违反有关法律,后果当然也只能由图荣公司自负。

(2) 自《代销合同》签订之后,古西公司已完全履行其义务。而图荣公司则根本未履行义务,事实已证明图荣公司违反了合同的约定,也违反了双方合同中约定的适用法律条款。

(3) 由于合同规定的代销期限早已届满,也由于图荣公司未支付任何代销货物的价款,加上 1993 年 12 月 22 日,古西公司与图荣公司就返还货物达成一致,所以,现在储存于厦门商储保税仓库中的全部"GUCCI"产品,其所有权属于古西公司。图荣公司应立即将这些"GUCCI"物品运回给古西公司,并承担因其过错而给古西公司造成的全部经济损失。

(4) 图荣公司在其指控厦门市商业储运公司的诉状中,说明了现存于厦门商储保税仓库中的"GUCCI"产品共为 303 180 件(3 196 箱,价值 14 734 180 美元),而古西公司交付给图荣公司"代销"的货物价值 16 018 110 美元,现存物品与应返还的物品之间价值差额为 1 283 930 美元。

体现上述价差的物品,无论是如何减少的,按《代销合同》规定,只要代销人无法返还原物品,那么,代销人就有义务支付相应的物品的价款。

(二) 古西公司不能为图荣公司的过错负责

图荣公司与厦门商储公司、东方发展公司之间的纠纷,业经法庭调查,事实应当基本清楚了。关于这些纠纷,古西公司认为,无论是图荣公司或是其他公司,虽然它们之间的纠纷与现在存于厦门商储保税仓库中的"GUCCI"产品有关联,但纠纷是由它们的相互行为而形成的,古西公司对此毫无责任。具体说来:

(1) 图荣公司诉商储公司系它们之间的仓储合同纠纷,无论基于何种原因产生的纠纷,显然与代销行为无关,也与货物本身无关。

(2) 图荣公司违法将价值 600 万美元的代销货物抵押给东方发展公司,不论图荣公司基于何种理由作了这种抵押,图荣公司应自行承担责任。因为:

1. 作为货物的代销人,在未支付货物价款之前,并无这批货物的所有权。

2. 图荣公司依合同得到的权利,仅仅是代为销售,而抵押是与销售不同的法律行为,作为代销人的图荣公司无权将代销货物用作抵押。

3. 图荣公司以 600 万美元的货物抵押借款 100 万美元,且到期不归还借款,而贷款人东方发展公司则非法将 160 万美元的抵押货物私自销售,仅得款 20 万美元左右,贷 8∶1 的比例,贷款双方的此种所作所为,很难令人相信是善意的。

4. 古西公司直至参加诉讼,方知属于自己的货物被图荣用于抵押,且被贷款人东方发展公司私自处理,对此,古西公司十分震惊。

古西公司谨此再次声明:图荣公司自己的 100 万美元借款,应由图荣公司自己负责,古西公司不承认该抵押的效力。

以上意见,请法庭充分加以考虑。古西公司请求法庭:

(1) 依法确认古西公司对现存于厦门商储保税仓库中的全部"GUCCI"产品的所有权;

(2) 责令图荣公司立即按 1993 年 12 月 22 日古西公司的指示,将这批"GUCCI"产品运到古西公司指定的地点;

(3) 责令图荣公司支付不能返还的"GUCCI"产品的合同价款;

(4) 责令图荣公司承担其自己的行为所产生的全部责任。

另外,古西公司希望法庭能够注意到,现已临近春季雨期,天气状况可能会对这些"GUCCI"产品的保管、储存带来不利的影响。希望法庭能尽快就这批产品的返还作出判决。

感谢之至!

意大利古西公司谨呈
1994 年 3 月 22 日

附:《中华人民共和国民事诉讼法》第 92 条:

"人民法院对于可能因当事人一方的行为或者其他原因,使判决不能执行或者难以执行的案件,可以根据对方当事人的申请,作出财产保全的裁定;当事人没有提出申请的,人民法院在必要时也可以裁定采取财产保全措施。人民法院采取财产保全措施,可以责令申请人提供担保;申请人不提供担保的,驳回申请。人民法院接受申请后,对情况紧急的,必须在四十八小时内作出裁定;裁定采取财产保全措施的,应当立即开始执行。"

【附录】

一、古西公司财产保全申请书

申请人:意大利古西公司

被申请人:香港图荣发展有限公司

直接关系人:厦门市商业储运公司

申请保全事项:

请将被申请人现在储存于厦门市商业储运公司的全部 GUCCI 牌产品,予以妥善保护和暂时冻结,禁止被申请人或任何第三人对这些产品以任何方式加以损害、转移、拍卖或盗卖。

事实和理由:

上述全部 GUCCI 名牌产品,其所有权完全归属于申请人(详情见 1994 年 1 月 28 日申请人呈交贵院的两份《民事诉状》)。鉴于申请人与被申请人之间因代售合同及销售合同纠纷一案已经贵院受理,为了避免上述产品即本案涉讼标的物在诉讼进行期间受到被申请人或任何第三人的损害、转移、拍卖或盗卖,导致日后无法挽回或难以弥补损失,故谨依《民事诉讼法》第 92 条规定,向贵院申请财产保全。

此呈

福建省高级人民法院经济庭

申请人:意大利古西公司(盖章)

1994 年 1 月 28 日

二、古西公司先予执行申请书

申请人:意大利古西公司

申请事项:请求贵院对现在储存于福建省厦门市商业储运公司保税仓库中的全部 GUCCI 产品作出先予执行的裁定,允许申请人尽快将上述产品提出仓库予以出售。

申请理由：

现在储存于厦门市商业储运公司保税仓库中的全部 GUCCI 产品,其所有权均为申请人拥有。由于本案当事人香港图荣公司对这些产品所有权的不法侵犯,已给申请人造成了重大损失,为此,申请人以诉讼第三人的身份加入本案诉讼。法庭已就本案于 3 月 22 日开庭审理。

申请人鉴于:(1) 这批产品已在厦门该保税仓库中存放 18 个月以上,随着时间的延长与款式的逐渐陈旧和老化,销售这批产品的不利因素势必与日俱增,从而导致销售价格(产品价值)急剧下降;(2) 目前面临春季雨期,货物易生霉变,气候状况极其不利于这批产品的保管和储存,加之这批产品属高档消费品,产品外观对销售影响极大;(3) 按中国海关法规规定,在保税仓库中储存的货物,期限为一年;特殊情况经批准可续期一年。再有几个月这批产品储存期将满,面临即将被勒令退运出境的被动局面。基于这些考虑,申请人特依《中华人民共和国民事诉讼法》第 97 条、第 98 条的规定,提供有效担保,请求贵院作出先予执行的裁定,允许申请人尽快将上述 GUCCI 牌产品提出仓库予以出售,以减轻不必要的损失。十分感谢!

古西公司谨此表示:1994 年 1 月 3 日古西公司为申请"财产保全"所提供的担保以及所承担的法律责任,同样适用于本项"先予执行"的申请。

此呈
福建省高级人民法院

申请人:意大利古西公司
1994 年 4 月 2 日

附:《中华人民共和国民事诉讼法》第 97、98 条:

《中华人民共和国民事诉讼法》第 97 条:人民法院对于情况紧急需要先予执行的案件,可以根据当事人的申请,裁定先予执行。第 98 条则进一步具体规定:人民法院裁定先予执行的,应当符合下列条件:(一) 当事人之间权利义务关系明确,不先予执行将严重影响申请人的生活或者生产经营的;(二) 被申请人有履行能力。人民法院可以责令申请人提供担保,申请人不提供担保的,驳回申请。申请人败诉的,应当赔偿被申请人因先予执行遭受的财产损失。

Ⅲ 外贸汇票承兑争端管辖权冲突问题剖析

——美国约克公司 v. 香港北海公司案件述评

内容提要 本文论证的主旨是：(1)本案合同当事人双方曾经以明示方式一致选定中国国际经济贸易仲裁委员会作为受理合同争端的管辖机构；(2)无论根据"默示推定"原则或是"最密切联系"原则，中国的法律都理应是解释、分析和解决本合同一切争议的惟一准据法；(3)本案汇票承兑的争议，是本案买卖合同关于供货与付款总争议的一个组成部分，应当同样接受买卖合同中仲裁条款以及中国有关法律的约束。简言之，当时英国治下的香港法院无权受理本案。

目 次

一、本案案情梗概
二、关于约克公司与北海公司争议案件的专家意见书(1994年3月10日)
　（一）专家简况
　（二）咨询的问题
　（三）专家的看法和意见
　（四）基本结论
三、关于约克公司与北海公司争议案件专家意见书的重要补充(1994年4月7日)
四、评英国皇家大律师狄克斯(A. R. Dicks Q. C.)的书面证词(1994年9月1日)

一、本案案情梗概

美国约克空调制冷公司(卖方,简称"约克公司")与香港北海冷电工程公司(买方,简称"北海公司")于 1992 年 12 月 31 日在中国北京签订了一份货物买卖合同。其中约定:与合同有关的争端如不能协商解决,应提交中国国际经济贸易仲裁委员会仲裁。1993 年 6—7 月间,双方因交货和付款问题发生纠纷,互不让步,僵持不下,约克公司于同年 9 月向香港初审法院起诉。北海公司援引上述买卖合同中的仲裁条款,请求香港初审法院依法中止诉讼,转交上述约定的仲裁机构仲裁。香港初审法院驳回北海公司的请求,北海公司不服上诉。应北海公司及其代理律师要求,笔者在 1994 年 3 月、4 月、9 月先后出具了《专家意见书》、《专家意见书的重要补充》以及《评英国皇家大律师狄克斯的书面证词》,对本案的管辖权归属问题作了剖析,依据国际公认的法理原则、国际条约、法律规定以及国际通行惯例,论证和确认本案的管辖权理应归属于当事人事先约定的中国国际经济贸易仲裁委员会;指出当时英国治下的香港各级法院均无权受理本案;并且揭露和批驳了英国皇家大律师狄克斯(A. R. Dicks. Q. C.)在其《"书面证词"》中对中国《民事诉讼法》和票据法规内容的肆意歪曲和"大胆"篡改。这里收辑了这三份法律文书。有关本案论争的焦点和后续发展,请参看本书第四编所辑第四篇专题论文《一项判决、三点质疑》中的"案情梗概"一节。

二、关于约克公司与北海公司争议案件的专家意见书(1994 年 3 月 10 日)

本人,中华人民共和国厦门大学政法学院院长陈安教授,应香港贺×、陈××律师事务所 1994 年 2 月 3 日来函要求,就美国约克空调制冷公司(York Air Conditioning & Refrigeration, Inc.,以下简称"约克公司")与香港北海冷电工程公司(North Sea A/C & Elect. Eng., Co.,以下简称"北海公司")争议案件(编号为:1993, No. A8176,以下简称"本案"),提供法学专家意见如下:

(一) 专家简况

[本段第 1 点至第 11 点,参照国际上同类法律文书的通行做法,简述了有

关专家本人的学历、经历以及主兼各职,以供香港高等法院了解本件《专家意见书》作者的学识与能力背景。为节省本书篇幅,兹从略。]

12. 基于以上各点,本人自信具有合格的学识和能力针对上述香港律师事务所提出的以下诸问题,提供专家咨询意见。

(二) 咨询的问题

13. 香港贺×、陈××律师事务所于1994年2月3日来函,并附寄本案"上诉卷宗"(Appellant's Hearing Bundle,以下简称"AHB")284页,随后又在2月23日、3月4日传真发来补充资料35页,要求依据所述事实,对照查证中华人民共和国的有关法律规定,就本案关于合同"仲裁条款"适用范围问题的争端,提供法学专家意见。

14. 事实摘要:

14.1 本案原告约克公司(卖方)与本案被告北海公司(买方)于1992年12月31日在中国北京签订了一份货物买卖合同(编号为A158/4/92—01,以下简称"A158号买卖合同"或"本合同")。双方约定:约克公司向北海公司提供四台约克牌冷水机组,总价款为USD 522 760.00(五十贰万贰仟柒佰陆拾美元)。合同第7条规定:"仲裁:与合同有关的分歧通过友好协商解决。如不能达成协议,将提交中国国际〔经济〕贸易仲裁委员会仲裁。"(见附件"PAC-1":第7条,AHB p. 111)。

14.2 1993年9月11日,约克公司向香港最高法院原讼法庭(High Court)起诉,声称:该公司曾于1993年6月3日向北海公司出具一张汇票(Bill of Exchange),要求后者补还上述货物价款余额USD 339 794.00,后者曾经同意承兑,但事后却又拒付。因此诉请法院责令北海公司补还上述货款,另加延期付款利息以及其他有关费用(见附件"PAC-2":AHB pp. 2-3)。

14.3 约克公司强调:上述汇票(Bill of Exchange)乃是完全独立于上述A158号买卖合同之外的另一份合同,因此,A158号买卖合同中的仲裁条款完全不适用于上述Bill of Exchange(见附件"PAC-3":Submission for the Plaintiff, pp. 2-3)。

14.4 被告北海公司辩称:原告在履行上述A158号买卖合同中,有多项违约行为,无权索取全额价款;更重要的是:原告与被告在上述合同中订有仲裁条款,本案涉讼的Bill of Exchange付款争端,乃是该A158号买卖合同货物价款问题的一部分,自应适用上述仲裁条款的规定。而且,该A158号买卖合同是由约克公司设在北京的营业办事处的代表与北海公司的代表,共同在中国北京磋商和签订的,根据香港《仲裁条例》第 6 条的有关规定,理应将上述争端提交由双方在 A158 号买卖合同中约定的仲裁机关仲裁。据此,北海公司请求香港法院裁定:(1) 中止本案诉讼;(2) 责令原告约克公司偿还被告北海公司因被卷入本案诉讼而支付的一切费用(见附件"PAC-4";AHB pp. 5-6、16-17)。

14.5 1993 年 12 月 7 日,香港最高法院之 High Court 法官 Master Woolley 裁定:驳回被告北海公司关于中止诉讼的申请,并责令被告偿还原告约克公司因本案支付的费用(见附件"PAC-5":AHB p. 271)。

14.6 被告北海公司不服上述裁定,乃提起上诉,并重申上述第 14.4 点提出的两项请求(见附件"PAC-6":AHB pp. 273-274)。

15. 疑难问题:

基于以上事实及其有关争端,请解答以下两方面疑难问题:

(1) 有关上述 A158 号买卖合同的争端应当适用何种法律?是中华人民共和国的法律?还是香港法律?

(2) 上述 Bill of Exchange 的争端,是否独立于 A158 号买卖合同之外?是否不适用该合同第 7 条所规定的仲裁条款?换言之,该合同中的仲裁条款的约束力是否不足以涵盖(或包括)有关 Bill of Exchange 的争端在内?

(三) 专家的看法和意见

16. 针对上述第 15 点中(1)、(2)两个方面的问题,本人提出以下各点看法和意见,供各有关方面参考。

17. 以下先解答第 15 点中第(1)方面的问题:

18. 《中华人民共和国民法通则》(以下简称《民法通则》)第 8 章"涉外民事关系的法律适用"第 145 条明文规定:"涉外合同的当事人可以选择处理合同争议所适用的法律,法律另有规定的除外。"

"涉外合同的当事人没有选择的,适用与合同有最密切联系的国家的法律。"(见附件"PAC-7":第 145 条)。

本条的规定,显然与当代各国民法、国际私法(冲突法)通行的"国际惯例"相一致。其中第 1 款的规定,贯串了当事人"意思自治"(autonomy of will)原则;第 2 款的规定,则贯串了"最密切联系"(the closest connection)原则。

19. 《中华人民共和国涉外经济合同法》(以下简称《涉外经济合同法》)第 5 条也有基本相同的明文规定:"合同当事人可以选择处理合同争议所适用的法律。当事人没有选择的,适用与合同有最密切联系的国家的法律。"(见附件

"PAC-8":第5条)。

20. 根据以上两种基本法律,对照本案事实,必须依次逐一澄清以下四个问题:

(1) 何谓"涉外经济合同"?上述法律条文中的这一概念,其内涵和外延(intension and extension)是否可以涵盖(或包括)本案中由两家非中国公司(即一家香港公司和一家美国公司)订立的上述 A158 号买卖合同?

(2) 如果上述合同属于法定"涉外经济合同"的范围,则上述合同的当事人双方是否曾在合同中协议一致选择处理本合同争议所适用的法律?

(3) 如果对 20(2)问题的答案是肯定的,即当事人曾经作过协议一致的选择,则处理本合同争议所适用的法律应当是哪一国的法律?

(4) 如果对 20(2)问题的答案是否定的,即本合同当事人对处理本合同争议所适用的法律并未作出协议一致的选择,那么,上述条文中所称"适用与合同有最密切联系的国家的法律"指的是什么?

21. 对于 20(1)问题的权威性答案,见中华人民共和国最高人民法院作出的两项司法解释:即 21.1 点以及第 21.2 点。

21.1 1987 年 10 月 19 日下达的《最高人民法院关于适用〈涉外经济合同法〉若干问题的解答》第一部分第(一)、(二)项指出:《涉外经济合同法》不但适用于中国企业或其他经济组织同外国的企业、其他经济组织或者个人之间订立的经济合同,而且"也可以适用于……外国企业、其他经济组织或者个人之间,港澳地区的企业、其他经济组织或者个人之间,外国企业、其他经济组织或者个人与港澳地区的企业、其他经济组织或者个人之间在中国境内订立或者履行的上述经济合同。"〔见附件"PAC-9":第一部分第(一)、(二)项〕。

本案中的 A158 号合同乃是美国企业约克公司与香港企业北海公司之间在中国境内(北京)订立的合同,对照上述权威性司法解释,显然属于中国《涉外经济合同法》可以适用的范围。

21.2 1988 年 4 月 2 日《最高人民法院关于贯彻执行〈中华人民共和国民法通则〉若干问题的意见(试行)》第 178 条规定:"凡民事关系的一方或者双方当事人是外国人、无国籍人、外国法人的;民事关系的标的物在外国领域的;产生、变更或者消灭民事权利义务关系的法律事实发生在外国的,均为涉外民事关系。人民法院在审理涉外民事关系的案件时,应当按照《民法通则》第 8 章的规定来确定应适用的实体法。"(见附件"PAC-10":第 178 条)。

本案中的 A158 号买卖合同关系是一种民事关系,其一方当事人是外国(美国)法人;另一方当事人是香港法人,它在 1997 年 7 月 1 日香港回归中国以前,被中国法律视同外国法人。对照上述权威性司法解释,上述合同关系显然也是中国《民法通则》所认定的一种"涉外民事关系",其有关的"法律适用"问题,应当按照《民法通则》第 8 章各条的相应规定予以确定。

前述第 18 点所援引的《民法通则》第 145 条的规定,正是该通则第 8 章中的首要条文,列为第 8 章之首条。

由此可见,本案中的 A158 号买卖合同,乃是《民法通则》所规定的"涉外民事关系"之一,应当按该通则第 145 条的规定,确认其应当适用的法律。

21.3 对照以上两项司法解释,本案 A158 号买卖合同应当属于中国《民法通则》以及《涉外经济合同法》所规定的"涉外合同"、"涉外经济合同"及/或"涉外民事关系"的范畴,受上述中国法律的约束。

这样,我们就依法回答了上述第 20 点中的第(1)个问题。

22. 把以上 18、19、21.1 以及 21.2 各点综合起来,理应得出简明的逻辑结论如下:

根据中国《民法通则》、《涉外经济合同法》有关条款的规定以及中国司法解释中相应的权威说明,对于处理本案 A158 号买卖合同争议所适用的法律,如果本合同当事人已有一致的选择,应尊重当事人的共同选择;如果当事人并无一致选择,则应适用与本合同有最密切联系的国家的法律。

23. 由于对前述第 20 点中第(1)个问题的答案是肯定的,于是就有必要对第 20 点中的第(2)个问题作出进一步的回答,即:本案中 A158 号买卖合同的当事人双方是否曾经协议一致选择处理本合同争议所适用的法律?

23.1 本案双方当事人在上述 A158 号买卖合同第 7 条中明确约定:"与合同有关的分歧通过友好协商解决。如不能达成协议,将提交中国国际〔经济〕贸易仲裁委员会仲裁。"(见附件"PAC-1")。

23.2 在上述"仲裁条款"中,当事人双方一致同意并明白表示:日后应将与本合同有关而又互相僵持的争端提交中国的上述仲裁机构仲裁。这意味着双方共同选择了中国的上述仲裁机构作为受理和解决本合同有关争议的管辖机构。

23.3 在上述"仲裁条款"中,双方虽未明白表示在仲裁中选择适用中国法律作为准据法,但他们既然明示选择中国的仲裁机构作为受理和解决争端的管辖机构,而又并未明确表示另外选择任何其他国家(非中国)的法律作为准据法,那么,就应当推定:他们是以默示的方式,共同选择中国法律作为准据法。这种推定是顺理成章、合乎逻辑的,也是完全符合大量仲裁实践的事实的。

23.4 上述既符合逻辑、又符合实践的"推定"原则,早在 1983 年就已正式载入国家统编的"高等学校法学教材"《国际私法》一书,十几年来,已被中国法学界和司法界所广泛接受并获得公认。这本大学教科书由中国权威法学家韩德培教授主编,其中写道:"当事人虽未约定应适用的法律,但在合同中规定了一旦发生争议,交由某国法院或仲裁机关管辖时,一般均可据此推定当事人意图适用该国法律。"(见附件"APC-11":该书第145页)。

24. 根据上述23.1所援引的合同"仲裁条款"以及23.2—23.3所作的分析,实际上也回答了前述第20点中提出的第(3)个问题。其答案是:本案A158号买卖合同双方当事人以明示的方式一致选择中国的仲裁机构作为受理合同争端的管辖机构;并以默示的方式一致选择中国的法律作为解决合同争端的准据法。

25. 退一步说,如果有人反对上述有关"默示选择"这一符合逻辑、符合实践的见解,硬说:当事人既未在合同中以明示方式选择中国法律作为处理合同争议所适用的法律,就意味着当事人并未对应适用的法律作出任何选择,那么,就有必要进一步对前述第20点中提出的第(4)个问题作出回答,即:中国《民法通则》第145条第2款中所称"适用与合同有最密切联系的国家的法律"究何所指?

25.1 前引《最高人民法院关于适用〈涉外经济合同法〉若干问题的解答》第二部分第(六)项指出:"如果当事人未选择合同所适用的法律时,对于下列经济合同,人民法院按照最密切联系原则确定所适用的法律,在通常情况下是:1. 国际货物买卖合同,适用合同订立时卖方营业所所在地的法律。……"第二部分第(七)项又进一步规定:"当事人有一个以上的营业所的,应以与合同有最密切关系的营业所为准。"〔见附件"PAC-9":第二部分第(六)、(七)项〕。

25.2 对于"最密切联系"原则,前述23.4所引大学教科书中也作了比较具体的说明。它认为:从国际私法的理论与实践看,在当事人未作法律选择,而法院国的冲突法又未规定可以直接适用的法律时,则以下几种可能的推定,在相关情况下是可以采取的:

(一)缔约地法。通常,只有在缔约地也是合同谈判地,或当事人共同的住所地时,其法律才具有重要意义。

(二)履行地法。一位英国法官于1891年认为,"如果一个合同在一个国家订立,而打算在别国履行,不管此种履行是全部的或部分的,只要没有相反约定情况,单只据此便可以推定得出当事人双方必然是意图适用这另一国法律的"(参见诺里:《商法》,1975年英文第4版,第365页)。1971年美国的Restatement of the Conflict of Laws (second)一书认为,当合同履行地和合同谈判地相一致的时候,该州(国)的实体法通常应适用于此合同所发生的一切问题(参见该书第188节)……

(三)法院地法或仲裁地法。当事人虽未约定应适用的法律,但在合同中规定了一旦发生争议,交由某国法院或仲裁机关管辖时,一般均可据此推定当事人意图适用该国的法律。

(四)物之所在地法。凡属与合同的成立有关的形式要件及所产生的债权(如买卖的价格、价金返还请求权、损害赔偿请求权等),应适用债法原则,可由当事人选择适用的法律。在这种情况下,债权既是由物权派生出来的,故缺乏当事人明示的选择时,可首先推定适用物之所在地法。……

(五)船旗国法。……

(六)当事人的居住地、住所地或营业地法。……(见附件"PAC-11":该书第143—145页)。

26. 根据第25.1点提到的权威司法解释以及第25.2点摘引的权威学者主张,对照本案A158号买卖合同的有关事实,以下各点特别值得注意:

27. 缔约地:本合同的缔约地是在中国首都北京,这已是双方不争的事实。这里应当强调指出的是:从"法律选择"(choice of laws)的角度来看,从"最密切联系"(the closest connection)的原则来看,本合同缔约地这个连结点(connecting point)或连结因素(connecting factor),并不是孤立自在的,它和本合同的下述其他几个连结点或者连结因素,包括合同履行地、协议仲裁地、物之所在地以及卖方营业所所在地等,都是极其紧密地结合在一起而且高度一致的(详见以下逐点具体分析)。换言之,下述的其他几个连结点,或者全部在中国,或者至少其实质部分或主要部分在中国,因此,缔约地在中国这个因素与其他连结点也全部或主要在中国的那些因素,就起着相辅相成、互相促进和互相强化的作用。由于它们相互之间的紧密结合和高度一致,这就在综合判断本合同的"最密切联系"点并进而选择本合同准据法(*lex causae*, applicable law, or the proper law of the contract)时,起着决定性的作用。

28. 履行地:本合同的履行地,乍一看,或者孤立地从形式上看,似乎只是在香港一地(即本合同第2条规定的运输"终点站"——交货地),但仔细观察,就应当承认本合同的履行地实质上或主要在中国首都北京。其理由是:

28.1 合同在列明买卖双方当事人之后,就开宗明义,赫然载明本合同的立约宗旨:"工程名称:中国中央电视台冷冻站"(见附件"PAC-1":AHB p.108),即为在中国北京建造中国中央电视台冷冻站这一工程项目而买卖本合同规定的商品。这就从总体上载明了本合同当事人双方共同的最终履约地,是在中国北京。换言之,一方面,立约双方通过这个买卖合同,共同向中国北京的这个终端用户提供冷水机组设备,在北京提供各种售后技术服务,从而在北京建造起合乎要求的冷冻站;另一方面,立约双方又分别通过出售产品或买入后又转售同一产品,而归根结底地各自从中国北京这个终端用户所支付的价款中,分享一份利润。

28.2 上述设备运抵北京安装完毕后,按本合同第五条及"附件一"[①]B、C、D三点规定,卖方约克公司负责:(a)在北京为终端用户免费调试;(b)在北京参加验收;(c)于一年保用期内在北京为终端用户免费修理或更换零件;(d)在北京为终端用户排除操作故障;(e)免费邀请在北京的终端用户四名人员赴美监造验收后,再免费送回北京;(f)免费将在北京的终端用户六名操作人员送往香港或新加坡培训后,再免费送回北京[②]。这其中,(a)、(b)、(c)、(d)四点合同义务的履行地完全在北京,(e)、(f)两点合同义务的履行地也基本上或至少一半在北京。

28.3 设约克—北海合同为A,北海—兴远合同为B,兴远—中央电视台合同为C,则A、B、C这三个合同实际上从一开始就共同构成一个总体的连锁合同—链条合同—多边接力合同。约克、北海、兴远三家公司从一开始就有意识地、自觉自愿地和有计划地组成一个"接力跑团队"(relay team),而上述设备商品则形同这个团队的"接力棒"(relay baton),并由这三个"接力队员"共同负责跑完自美国(经香港、汕头)至中国北京的接力全程,将"接力棒"送到北京终点,交给终点"收棒员",并由后者对这三位"接力队员"分别酬以一块大"蛋糕"(总价款)中的一份。

这种粗略譬喻的根据是:A、B、C三份合同在同一日期(1992年12月31日)、同一地点(中国北京)、同一会议室、以同一种文字(中文)连续地相继签订,三份合同各自的当事人(包括约克公司驻北京营业办事处的代表刘×女士、北海公司代表林××先生、兴远公司代表王××先生以及终端买主(用户)中央电视台代表许××先生)都同时亲临现场,既各自签约,又互相见证。其现场照片右下角的日期标记是"92.12.31",与上述三份合同的签署日期完全吻合一致;而照片背景的那个大字横幅,尤其值得注意:它鲜明地标示各方代表正在举行的聚会乃是"中央电视台购买约克冷机签字仪式"(见附件"PAC-13";AHB

---

  ① 本合同末句载明:"合同附件是合同不可分割的部分。"见附件"PAC-1";AHB p.111。
  ② 本合同文字上并未标明这些监造、验收和操作人员来自北京和应送回北京,但联系AHB/p.39中央电视台与深圳兴远公司所订购销合同第13条以及后来履行的事实,上述人员之来自北京和送回北京就一目了然和无可争辩了。见附件"PAC-12";AHB pp.39,42。

p.167)。这有力地证明了三点事实:

第一,这三份合同的各方当事人(一个原始卖主,两个中间买主兼转售人,一个终端买主),为了一个"共同目标"——为中央电视台购买约克冷机设备——而走到一起来了。他们共同策划和精心设计了一个实质上的"多边接力合同",而又把它分解为三个法律上的"双边合同",以便既规避美国法律的禁运规定①,又逃避中国海关征税,分工执行,合作完成。换言之,各方当事人合作履行这个实质上的"多边接力合同"时,虽各有"专段跑程",但这种有意识、有计划的"分工"是为了共同跑完全程,共同完成在北京全面履约的任务。

第二,各方当事人对所有这三份合同的主要内容都是事先经过互相磋商和明确知情的;而三份合同各自附列的四个附件(供货范围、技术参数、技术服务项目以及零部件清单),其内容则完全雷同(见 AHB pp. 62 – 68、85 – 91、112 – 117),这也足证各方当事人在举行签字仪式之前早已互相充分沟通并已全面达成协议。

第三,在 A158 合同中即使单就约克公司交货这一单项义务的履行地而言,在字面上和形式上固然载明是香港地区,但在实质上则是在北京地区全面履行合同的不可分割的一个组成部分。因此,即使对交货这一单项义务的履行地,也不应孤立地只从字面上作片面的和割裂的理解。更何况,本合同中还有其他多项义务(见前述 28.2 点中所列各项),其履行地无可争辩地就是在中国北京!

28.4 特别应当强调的是:就在各方当事人在同日(1992 年 12 月 31 日)、同地、同室连续地分别签署三项合同之际,约克公司驻北京营业办事处代表刘×女士又会同北海公司代表林××先生向北京终端用户出具一份"保证书"(见附件"PAC – 15":AHB p. 34),刘×女士在其中明确表示:"我们代表香港约克公司[按:指美国约克公司在香港设立的营业代表机构]保证按时保质提供冷水机组。"这表明:在交货这一单项义务的履行问题上,约克公司已越过或绕过了两家中间买主和转售人,直接向北京的终端买主保证在北京按时保质供货,从而把自己"按时保质提供冷水机组"这一义务的履行,从原履行地香港进一步扩展和延长到新履行地北京市,对于在新履行地北京履行供货义务,也承担了全

---

① 美国对华实行高科技禁运,约克公司提供的四套冷水机组中包含有"微电脑控制中心"等(见附件"PAC – 1":AHB p. 108,合同第 1 条第 2 款"供应范围"),依美国法律不得售与中国。故这批货物的提单上特别注明:"美国只许可这批货物运往最终目的地香港。禁止违背美国法律规定。"(These commodities licensed by the United States for ultimate destination HONG KONG. Diversion contrary to U. S. Law prohibited.)见附件"PAC – 14":AHB p. 146。

面的连带责任。

28.5 综上各点,可见本合同的履行地实质上或主要地在中国北京。而且这一履行地又同时是本合同的谈判地和缔约地,这三个"连结点"的重叠、复合、结合和吻合,就大大加强了它们在本合同准据法选择过程中的分量、作用和重要性。

29. 仲裁地:本合同仲裁条款中对仲裁地已有明确的选择,即明确选择中国国际经济贸易仲裁委员会作为受理本合同争端的管辖机构,因此,应当作为本合同准据法的"仲裁地法",显然就是中国法。关于这一点,前述第23.1—23.4点以及第25.2点之(三)已作阐析,兹不再赘。

30. 物之所在地:本合同之标的物四套约克冷水机组等,自1993年7月起即运抵北京市中央电视台,保存至今。因此,按国际上"冲突法"学者们公认的标准以及第25.2点之(四)摘引的中国权威学者的见解,纵使当事人对本合同的准据法缺乏明示选择,也应首先推定适用上述标的物当前所在地的法律,即中国的法律。

31. 当事人的营业所所在地:本合同买方当事人北海公司的营业所设在香港,在北京并无营业所;卖方当事人约克公司则在美国、香港、中国均设有营业所。本合同是卖方约克公司设在中国北京的营业办事处代表刘×女士与买方北海公司代表林××先生在北京磋商、谈判、签订的,又主要是在北京履行的,因此,就卖方约克公司设在世界各地的多家营业所而言,其驻北京的营业办事处应当是与本合同有最密切联系的营业所。根据前述第25.1点摘引的权威性司法解释所作的说明,本合同无疑应当适用与本合同有最密切联系的卖方营业所所在地的法律,即中国的法律。

32. 综合以上第27—31点的事实,显然可以断言:本合同的谈判地、实质履行地或主要履行地、仲裁地、物之所在地以及与本合同有最紧密联系之卖方营业所所在地,无一不是在中国。换言之,从"法律选择"和"最紧密联系"的判断标准来看,与本合同有最密切联系的上述这几个"连结点",是高度竞合、重叠和互相一致的,即都在中国,因此,根据这些举世公认的"连结点"去选择、认定或推定本合同应当适用的准据法,就必然要落实为适用中国法律。

至此,我们就有足够的理由毫不含糊地回答前述第15点提出的第(1)方面的问题:有关上述A158号买卖合同的争端,应当适用中华人民共和国的法律。依据中国法律规定和合同当事人的约定,应将无法取得协议的争端提交中国国际经济贸易仲裁委员会仲裁。

33. 于是,就有必要进一步分析和回答第15点提出的第(2)方面的问题,即本案买卖双方当事人有关 Bill of Exchange 的争端,是否独立于 A158 号合同之外,既不适用中国的法律,也不受合同中仲裁条款的约束?相反,它是否应当由香港法院适用香港或英国的法律作出司法裁判?

34. 如前所述,A158 号合同第 7 条明确规定,"仲裁:与合同有关的分歧通过友好协商解决。如不能达成协议,将提交中国国际〔经济〕贸易仲裁委员会仲裁"。揣摩这段文字,对照本案事实,必须依次逐一澄清以下四个问题:

(1) 如何理解"与合同有关的分歧"一语?它的范围是广义的,还是狭义的?

(2) 本案中关于 Bill of Exchange 的争端,是否属于上述"与合同有关的分歧"的范围?它是独立于合同之外的争端,还是附属于合同本身的争端?

(3) 此项争端,应当由中国国际经济贸易仲裁委员会受理、管辖,并作出仲裁裁决,还是应当由香港法院受理、管辖,并作出司法裁判?

(4) 如果在受理本项争端之管辖权本身以及法定管辖机构本身问题上发生分歧,应当如何解决?

35. 前述第 21.1 点所引的司法解释第二部分第(一)项指出:"对于《涉外经济合同法》第 5 条所说的'合同争议'应作广义的理解。凡是双方当事人对合同是否成立、合同成立的时间、合同内容的解释、合同的履行、违约的责任以及合同的变更、中止、转让、解除、终止等发生的争议,均应包括在内。"〔见附件"PAC-8":第 5 条;"PAC-9":第二部分第(一)项〕。

35.1 对照本案事实:上述 Bill of Exchange 的兑现问题,乃是买卖双方在本合同履行过程中货款支付上的争议;而关于此项争议是否应当提交中国仲裁机构仲裁的问题,则是对本合同第 7 条仲裁条款的含义和适用范围应当如何解释的争议,即乃是一种有关"合同内容的解释"上的争议。根据上述第 35 点摘引的司法解释,无论是前一种争议还是后一种争议,显然都应归属于广义的"合同争议"的范围,应当按中国《涉外经济合同法》第 5 条和《民法通则》第 145 条的有关规定,确认或推定适用于本合同上述两大争议的准据法以及管辖和处理这两大争端的专属机构。

35.2 由此可见,就逻辑概念而论,上述 Bill of Exchange 的争议,不能独立于上述仲裁条款中"与合同有关的分歧"一词以及上述司法解释中"合同争议"一词的"内涵"与"外延"之外,即不能排除中国上述有关法律条文中"合同争议"这一概念对它的涵盖,不能排除中国上述有关法律规定以及有关司法解释对它的适用和约束。

这样,我们就澄清了第 34 点中提出的第(1)个问题。

36. 不但如此，就买卖合同的特殊本质而论，上述 Bill of Exchange 争端，也不可能独立于 A158 号本合同之外，孤立自在。否则，这个 Bill of Exchange 本身就会成为无根之本、无源之水或无身躯的"半个心脏"——从而失去它自己的生命！

36.1 A158 号合同一开头就标明"买方"和"卖方"，足见这是一个典型的买卖合同。合同第 1 条规定卖方的供货义务（即买方的得货权利）；第 2 条规定交货地点和费用；紧接着，第 3 条规定买方的付款义务（即卖方的得款权利）。第 3 条标题赫然标明"付款"两字，显然是指买方应当支付给卖方的货物价款。换言之，第 3 条与第 1 条明确规定了买卖双方的基本权利和基本义务，两者互相对应，互相依存，互相结合，不可分割地构成本买卖合同的灵魂和心脏。诚然，"付款"两字以下并未写明具体支付方式，但是，这种文字空白和合同末尾双方的签字盖章结合在一起，只是说明当事人双方当时一致同意先行立约，然后再就付款问题的细节另行具体议定，以填补此项空白，使本合同更加完善化。事实证明：后来双方当事人就是如此行事的。

36.2 如果以事后另行议定作为理由，或援引任何似是而非的借口，硬说此项 Bill of Exchange 乃是完全独立于 A158 号合同之外的另一合同，那么，试问：第一，难道 Bill of Exchange 上载明的 USD 339 794.00 竟然不是 A158 号合同上载明的"合同总金额 USD 522 760.00"之中的一个组成部分？第二，如果硬说 Bill of Exchange 上的金额竟然与上述合同货款总金额毫不相干，那么，合同第 3 条规定的"付款"义务就成为一句空话，从而 A158 号合同就成为"只要求卖方供货、不要求买方付款"的合同，就变成了约克公司向北海公司实行"无偿赠与"的合同，合同开头标明的"买方"与"卖方"也就变成了"受赠人"和"赠与人"，这岂不荒谬可笑？另一方面，第三，约克公司要求北海公司兑现 Bill of Exchange，也就相应地变成毫无合法原因而强行要求北海公司向约克公司实行"无偿赠与"的"勒索"了！这岂是原告索取货物价款的原意或行使请求权的立足点？可见，如果硬把本案中的 Bill of Exchange 说成是独立于 A158 号合同之外的法律事实或法律关系，这就不但根本改变了 A158 号合同作为买卖合同的特殊本质，从而剥夺了它的法律"生命"，而且也使约克公司就该项 Bill of Exchange 提出的兑现请求权成为无根之本和无源之水，从而根本否定了该 Bill of Exchange 本身的合法存在并同样剥夺了它的法律"生命"。

37. 本案中 Bill of Exchange 兑现问题的争议乃是付款问题上的争议，它实际上是直接由供货问题引起的，也可以说是同一争议问题的正反两个方面。终端用户买主（中央电视台）强调中间卖方未能按时、按质、按量供货（即逾期交货、货品部分损坏、部分短缺），造成终端买方的损失，因而扣住部分货款不付，供作损害赔偿，其"连锁反应"所及，追本溯源，导致北海公司也扣住部分货款，不肯向原始卖主（约克公司）全额付清价款。可见供货问题上的争议与付款问题上的争议两者之间具有直接的、不可分割的因果关联；也可以说，付款争议乃是供货争议的一种表现形式。既然双方当事人都不否认供货问题的争议乃是直接属于本合同履行上的争议，那么，对于由此直接引起的付款争议（即 Bill of Exchange 争议），任何一方当事人也就无权、无法否认它也是完全直接属于本合同履行上的争议。

38. 既然从"合同争议"的逻辑概念上，从买卖合同的特殊本质上，从供货与付款的直接因果关连上，都绝对无法否认本案 Bill of Exchange 争议乃是整个 A158 号买卖合同内容争议的一个不可分割的、有机的组成部分，那么，本合同中专为解决合同任何争议而订立的仲裁条款，也就毫无疑义地应当完全适用于此项 Bill of Exchange 的争议。

至此，我们也就澄清了第 34 点中提出的第(2)个问题。

39. 由于 A158 号合同的仲裁条款明确规定应将当事人双方无法达成协议的有关合同的任何争端提交中国国际经济贸易仲裁委员会仲裁，因此，与本合同货款支付直接相关的 Bill of Exchange 的争议，理所当然地应依约提交上述中国仲裁机构仲裁，而不应违约诉请香港法院受理和管辖，并由后者作出司法裁判。

这样，我们也就澄清了第 34 点中提出的第(3)个问题。

40. 在澄清了第 34 点中提出的 (1)、(2)、(3)三个问题之后，如果当事人对于上述"仲裁条款"本身的内容及其适用范围仍有争议，特别是对于上述中国仲裁机构对本案 Bill of Exchange 争议是否有权受理管辖一事仍有分歧，那么，要解决这种争议或分歧，在中国的有关规定中仍然是有法可依和有章可循的。这些法律和规章的基本要点如下：

40.1 中国的《民事诉讼法》第 257 条规定：

"涉外经济贸易……中发生的纠纷，当事人在合同中订有仲裁条款或者事后达成书面仲裁协议，提交中华人民共和国涉外仲裁机构或者其他仲裁机构仲裁的，当事人不得向人民法院起诉。"（附件"PAC－16"：第 257 条）。

40.2 《中国国际经济贸易仲裁委员会仲裁规则》（以下简称《仲裁规则》）第 60 条规定：

"仲裁裁决是终局的，对双方当事人均有约束力。任何一方当事人均不得向法院起诉，也不得向其他机构提出变更仲裁裁决的请求。"（见附件"PAC－

17":第36条)。

40.3 上述这两项规定是互相呼应、互相补充的。这些规定意味着:凡是当事人约定对涉外争端采取仲裁解决的,就绝对排除司法解决;除非双方当事人另有新的协议,任何一方当事人都不得违约向法院起诉,法院也不得受理。

40.4 按照第35点所引证的司法解释,关于"合同内容的解释"的争议,也是诸多"合同争议"之中的一种。合同中的仲裁条款,当然是合同内容的一个重要组成部分,因此,有关仲裁条款含义和适用范围的争议,也应认定为一种合同争议,并依合同中仲裁条款的规定,提交事先约定的仲裁机构仲裁。

40.5 上述《仲裁规则》第2条第3款规定:"仲裁委员会有权就仲裁协议的有效性和仲裁案件的管辖权作出决定。"(见附件"PAC-17":第2条)。

《仲裁规则》的这种规定,显然和上述司法解释互相呼应,互相补充,两者的基本精神是完全一致的。

41. 上述"仲裁委员会"就各种仲裁协议的有效性和各宗仲裁案件的管辖权作出判断时,应该根据哪些准则来衡量和审定?关于这一点,《仲裁规则》本身并未作明确规定或具体说明。

其所以如此,看来有两条原因:第一,《仲裁规则》一共只有43条,十分简明扼要,篇幅极其有限,不可能事事逐一详细规定。第二,中国的《民事诉讼法》中对于涉外民事纠纷案件的管辖权问题设有专章(第25章),具体规定了有关可否受理和能否管辖的基本准则。这些基本准则,显然也是上述"仲裁委员会"在判断仲裁协议有效性和仲裁案件管辖权时应当遵循的,或应当认真参照执行的。

42. 上述第二点见解,是有行政法令作为依据的。

1988年6月,中国国务院在一份专为上述《仲裁规则》修订工作下达的"批复"文件中,明确指示:应当根据中国法律和中国缔结或参加的国际条约,并参照国际惯例,对中国原有的涉外案件仲裁规则进行修订(见附件"PAC-17"第1页:《中国国务院对中国国际贸易促进委员会的"批复"》)。这显然是明确指示:1988年颁行的《仲裁规则》,其一切内容和具体规定(包括管辖受理原则和审理原则等),都不得违背中国法律所明确规定的基本法理原则和基本行为准则,也都不得违背中国已经参加的国际条约,不得违背国际社会早已公认的、约定俗成的国际惯例。

43. 中国的《民事诉讼法》第25章专门对涉外民事纠纷案件受理管辖的基本准则作了比较具体的规定。其中第243条列明:

"因合同纠纷或者其他财产权益纠纷,对在中华人民共和国领域内没有住所的被告提起的诉讼,如果合同在中华人民共和国领域内签订或者履行,或者诉讼标的物在中华人民共和国领域内,或者被告在中华人民共和国领域内有可供扣押的财产,或者被告在中华人民共和国领域内设有代表机构,可以由合同签订地、合同履行地、诉讼标的物所在地、可供扣押财产所在地、侵权行为地或者代表机构住所地人民法院管辖。"(见附件"PAC-16":第243条)。

按照本条的规定,涉外民事纠纷案件中只要有所列的六种情况(或六种"连结点")之一,中国的法院就可以管辖和受理。

44. 中国《民事诉讼法》中关于涉外民事纠纷案件管辖原则的上述规定,是立足于本国国情并参照国际立法惯例制订的,它是与当代有关司法管辖权的国际惯例互相接轨和基本一致的。诚然,上述规定是针对中国法院的司法管辖权而言的,但是,根据前述第42点提到的中国国务院指令性文件的基本精神,中国国际经济贸易仲裁委员会在判断可否受理和能否管辖涉外民事纠纷仲裁案件时,显然也应当遵循或至少应当认真参照执行上述有关法院管辖权的基本准则。

45. 对照本案的事实,本案第A158号买卖合同是在中国签订的;合同履行地的实质部分或主要部分在中国;诉讼标的物一直在中国;被诉人香港北海公司在北京投资举办了一家中外合资经营企业,因而在北京拥有可供扣押的财产。根据第43点引述的法律规定,所列六种"连结点"中只要具备其中之一,中国法院即可予管辖,而本案合同纠纷中,六个法定"连结点"中已具备其中之四,可见中国的仲裁机构遵循或参照执行上述管辖原则,对本案纠纷予以管辖受理,自是理由充足,顺理成章,应在意料之中。

至此,我们也就澄清了第34点中提出的第(4)个问题。

(四) 基本结论

46. 综上分析,本人认为对香港贺、陈律师事务所来函咨询的疑难问题,应当作出如下几点基本结论:

46.1 本案A158号买卖合同纠纷应当适用何种准据法?对于这个问题,应当根据有关本合同争端的各种事实,以中国的现行法律、法规、司法解释以及国际公认的冲突法(Conflict of Laws)基本原则作为准绳,加以解释和分析(to construe and analyse),作出判断和决定。

46.2 中国的《民法通则》第145条和《涉外经济合同法》第5条的规定,与当代国际公认的冲突法最基本的准则是完全一致的,其中贯穿的是"当事人意思自治"原则和"适用与合同有最密切联系的法律"原则。本案A158号买卖合同适用的准据法或 the Proper Law of the Contract 应当根据上述法规和原则加以解释、分析、判断和认定。

46.3 本案 A158 号买卖合同第 7 条仲裁条款的规定表明:本合同当事人双方已经以明示方式一致选定中国的涉外仲裁机构——中国国际经济贸易仲裁委员会,作为受理合同争端的管辖机构。对于当事人这一共同的明示选择,应当按国际公认的"意思自治"原则,予以充分的尊重。

46.4 根据当事人已作明示选择的上述事实,对照和遵循国际公认并已为中国各界公众广泛接受的"仲裁地法"这一准据法推定原则,应当推定本合同当事人已经以默示方式一致选择仲裁地法——中国的法律,作为解决合同争端的准据法。对于这一符合逻辑、符合实践、符合国际惯例的科学推定,应当予以客观的承认和足够的肯定。

46.5 根据本案 A158 号买卖合同的谈判地、缔约地、履行地、仲裁地、物之所在地、卖方营业所所在地等多方面的事实,对照和遵循冲突法领域盛行的国际惯例——"最密切联系"原则,对照和遵循中国法律关于"最密切联系"原则的规定以及相应的司法解释,并参考中国权威学者对"最密切联系"原则的具体论述,应当承认本合同与中国法律之间具有一系列最紧密联系的和互相竞合重叠的"连结点",从而果断地确认中国法律乃是解释、分析和解决本合同一切争议的惟一准据法。

46.6 本案有关 Bill of Exchange 兑现问题的争议,无论从仲裁条款措辞的逻辑概念上,从买卖合同的特殊本质上,还是从争议产生的直接因果关系上来分析,都理应充分肯定和明确认定它乃是 A158 号买卖合同关于供货与付款总争议的一个组成部分。它是不可分割地从属于、隶属于 A158 号买卖合同的一项争议,而绝非可以完全独立于该合同之外、与该合同毫不相干的另外一份合同的争议,因此,它不能不受 A158 号买卖合同仲裁条款以及中国有关法律的约束。

46.7 由于 A158 号买卖合同仲裁条款中"与合同有关的分歧"一词应当涵盖和包括上述 Bill of Exchange 兑现问题的争议,因此,应当将这一争议按仲裁条款的明文规定提交中国国际经济贸易仲裁委员会仲裁。

46.8 根据中国法律的规定:凡是当事人在涉外经济合同中约定和订有仲裁条款的,即不得向法院起诉。本案 A158 号买卖合同的卖方当事人约克公司将隶属于本合同的 Bill of Exchange 兑现争议问题与本合同割裂开来,完全无视合同中仲裁条款的明文规定,擅自单方向香港法院提起诉讼,这既是一项违约行为,也是一项违反中国有关法律的行为。

46.9 A158号买卖合同的买方当事人北海公司依据合同中已订有仲裁条款的事实,向香港法院提出中止诉讼的申请,并要求将上述争议提交中国国际经济贸易仲裁委员会仲裁,这一申请和要求是符合合同约定、符合中国法律规定、符合国际惯例的。

47. 据我们所知,北海公司的上述申请和要求,也是符合《香港仲裁条例》(《香港法例》第341章)第6条(Section 6 of Hong Kong Arbitration Ordinance, Cap. 341)规定的基本精神的。

48. 在这里,我们愉快地看到了中、港两种仲裁体制基本规范之间具有一个十分重要的交汇点、融合点和共同点。

厦门大学国际经济法教授

陈 安

1994年3月10日

三、关于约克公司与北海公司争议案件专家意见书的重要补充(1994年4月7日)

本人应香港贺××、陈××律师事务所要求,曾于1994年3月10日出具《关于约克公司与北海公司争议案件的专家意见书》(以下简称《专家意见书》)。事后,1994年4月1日,本案当事人北海公司的负责人林××先生又传真发来两份证据文件,一份是本案涉讼的Bill of Exchange的全文(见附件"PAC-18"),另一份是约克公司签发给北海公司的售货发票(INVOICE, NO. HKB 10732C,见附件"PAC-19")。经仔细研究,并与本案涉讼的北海—约克买卖合同(编号为A158/4/92-01,以下简称"A158号买卖合同")核对,本人认为这两份证据十分重要,它们极其雄辩地证明了三个要害问题,即:

(1) 上述Bill of Exchange所载明的款项确是A158号买卖合同货物总价款的一部分;

(2) 上述Bill of Exchange本身乃是A158号买卖合同不可分割的一个组成部分;因此,

(3) A158号买卖合同中的"仲裁条款",应当完全适用于买卖双方当事人有关该Bill of Exchange的争端。

兹特补充列举事实和分析意见如下:

1. 前述 1994 年 3 月 10 日出具的《专家意见书》第 33 至 39 点,已经系统地论证了这样的见解:无论从"合同争议"的逻辑概念上,从买卖合同的特殊本质上,或从供货与付款的直接因果关连上,都绝对无法否认本案 Bill of Exchange 争议乃是整个 A158 号买卖合同内容争议的一个不可分割的、有机的组成部分。

2. 现在,我们已进一步查明该 Bill of Exchange 倒数第 4 行赫然记载:"所收款项乃是本公司 1993 年 5 月 22 日签发的第 HKB 10732C 号售货发票价款总额的百分之六十五"(Value received as 65% value per our invoice no. HKB 10732C dtd. May 22, 1993)。这就证明:该 Bill of Exchange 上所载明的 USD 339 794.00 这笔款项,既不是任何赠与,也不是出于任何其他法律原因的支付,即只能是根据约克公司的上述特定发票所要求支付的货物总价款的一个组成部分,即 65%。

3. 那么,该特定发票究竟记载哪些要点呢?

3.1 约克公司第 HKB 10732C 号发票上载明"顾客定货单号码:A158/4/92-01",这个号码与上述北海—约克买卖合同的号码——A158/4/92-01——完全一致和互相衔接。

3.2 发票的主题是"关于北京中国中央电视台"(Re: CTV, BEIJING)。这说明了两点:第一,该发票的主题与 A158 号合同的主题是完全一致和互相衔接的,因为合同的主题也赫然载明:"工程名称:中国中央电视台冷冻站"[Name of the project: Cooling Station of the China Central Television (CCTV),参见《专家意见书》附件"PAC-1",第 23、28 页]。第二,约克公司售货当初和签发发票当时就已明知这批货物尽管有两个中间买主和转售人,但其终端买主和实际用户乃是北京的中国中央电视台。这就进一步确凿地证明了前述《专家意见书》第 28.1—28.5 点所作的分析和论证是符合事实和正确无误的。

3.3 该发票所列明的售出货物:4 台约克冷机组以及一批零配件(accessories),其具体型号与数量,与 A158 号买卖合同第 1 条第 1 款的记载完全相符和互相衔接。

3.4 该发票所载明的总金额货款为 USD 522 760.00,也和 A158 号买卖合同第 1 条第 3 款规定的合同总金额的具体数字完全相符和互相衔接。

4. 如果进一步把该发票与本案涉讼之 Bill of Exchange 加以仔细对照,就可以看出如下几个关键要点,特别值得注意:

4.1 该发票右上端载明发票编号为"NO. HKB 10732C"。这个号码与本案涉讼之 Bill of Exchange 倒数第 4 行记载的发票号码完全一致和互相衔接。

4.2 该发票右上方载明"签发日期:1993 年 5 月 22 日"(INVOICE DATE:May 22,1993),这个记载与上述 Bill of Exchange 倒数第 4 行末端以下、约克公司印章以上之间注明的发票日期也完全一致和互相衔接。

4.3 该发票右上方载明:"付款条件:承兑后交单,30 天内付还价款总额的 65%"(TERMS:D/A 30 days on 65% of Total);而在以大写字母英文文字写明价款总额 USD 522 760.00("TOTAL US DOLLARS FIVE HUNDRED TWENTY TWO THOUSAND SEVEN HUNDRED SIXTY ONLY")之后,紧接着又在括号内列出了一个具体算式:"(USD 522 760.00×65%=339 794.00)",这个百分比数字及其绝对值金额均与上述 Bill of Exchange 所列的百分比与绝对值金额完全雷同和互相衔接。

4.4 该发票左上方载明的买主——北海公司,既是 A158 号买卖合同中的买主,同时也是上述 Bill of Exchange 左下方载明的受票人(drawee)和付款人(payer),这三者之间是完全一致和互相衔接的;与此相对应,该发票右下端载明的签发单位——约克公司,则既是 A158 号买卖合同中的卖主,也是上述 Bill of Exchange 右下端载明的出票人(drawer)和事实上的受款人(payee)。这三者之间,也是完全一致和互相衔接的。众所周知:按照国际货物买卖行为中的常规和惯例,如果以 Bill of Exchange 的方式付款,则出票人和事实上的受款人就是卖主,受票人和付款人就是买主。本案涉讼的 Bill of Exchange 的内容和形式,都是完全符合国际买卖行为的上述常规和惯例的。因此,该 Bill of Exchange 中载明并要求北海公司支付的金额,只能是 A158 号买卖合同规定的以及 NO. HKB 10732C 发票指明的总货款中的 65%。

5. 综上所述,第 3.1—3.4 点所指出的事实,确凿地证明了约克公司签发的 NO. HKB 10732C 售货发票与 A158 号买卖合同的完全一致和互相衔接。换言之,A158 号买卖合同中记载的法律行为内容以及买卖双方当事人相互间的权利义务,都在 HKB 10732C 号发票中得到进一步的肯定和证实。这份发票与这份合同是有机地联系在一起、密切结合、不可分割的。

6. 综上所述,第 2 点以及第 4.1—4.4 点所指出的事实,确凿地证明了本案涉讼的 Bill of Exchange 中要求支付的款项,就是第 HKB 10732C 号发票中要求支付的货款,同时也就是 A158 号合同中要求支付的总货款的 65%。

7. 如果说,第 3.1—3.4 点所列举的事实,组成了一条粗大的铁链,把 HKB 10732C 号发票紧紧地焊接在 A158 号买卖合同之上;那么,第 2 点所摘的文字"Value received as 65% value per our invoice no. HKB 10732C dtd.

May 22, 1993",以及第4.1—4.4点所列举的事实,组成了另一条粗大的铁链,把本案涉讼的 Bill of Exchange 牢牢地焊接在第 HKB 10732C 号发票之上,从而使这份 Bill of Exchange 通过 HKB 10732C 号发票这一"中介体",与 A158 号买卖合同牢牢地结合在一起,成为其不可分割的组成部分。换言之,正是 Contract — Invoice — Bill of Exchange 这三者紧密联系和有机结合,才完整地构成本项买卖行为的全过程。

8. 结论

本案涉讼 Bill of Exchange 中的文字和数字记载,确凿地证明它本身就是 A158 号买卖合同中的货款支付方式,也就是 A158 号买卖合同第 1 条第 3 款"合同总金额"以及第 3 条"付款"规定的具体化。因此,有关这份 Bill of Exchange 的争议,当然就是有关该合同内容的重大分歧之一。既然该合同第 7 条明文规定:与合同有关的分歧如不能达成协议,应提交中国国际〔经济〕贸易仲裁委员会仲裁,那么,按照这条"仲裁条款"的规定,将此项 Bill of Exchange 的争议提交上述仲裁机构仲裁,应当是充分尊重"约定必须信守"(*Pacta sunt servanda*)以及当事人"意思自治"(autonomy of will)原则,从而合理、合法地解决本案分歧的惟一途径。

厦门大学国际经济法教授

陈 安

1994 年 4 月 7 日

四、评英国皇家大律师狄克斯(A. R. Dicks Q. C.)的书面证词(1994 年 9 月 1 日)

本人曾于 1994 年 3 月 10 日出具《关于约克公司与北海公司争议案件的专家意见书》,1994 年 4 月 7 日又出具了《关于约克公司与北海公司争议案件专家意见书的重要补充》。这两份法律文件,均已由香港贺×、陈××律师事务所呈交香港最高法院。

最近,本人阅读了香港律师狄克斯先生撰写的"AFFIDAVIT OF ANTHONY RICHARD DICKS"(以下简称"Dicks' Affidavit"或"D A")。其中对本人为本案撰写的上述两份法律文件提出了若干异议。经过仔细研究,本人认为狄克斯先生的这些异议是不正确的。兹特评论如下:

1. 狄克斯先生提到：本案原告律师要求他提供专家证词（expert evidence），回答一个问题，即"本案原告的索赔要求是否属于原告与被告在 1992 年 12 月 31 日所订合同中仲裁条款约束的范围"。(the question whether or not the Plaintiff's claim in this action falls within the ambit of the arbitration clause in the contract made between the Plaintiff and the Defendant and dated 31st December, 1992. 原文见 D A 第 7 点)。

面对这个直截了当的问题——本案当前争论的焦点和核心问题，狄克斯先生没有直截了当地正面回答，却声称："我的证词并非针对这个问题作答，即本案的索赔要求是否属于中国国际经济贸易仲裁委员会组织章程所规定的管辖范围"。(my evidence is not direct to the question whether the claim in this action is of a kind which falls within the jurisdiction scope of the China International Economic and Trade Arbitration Commission (CIETAC) as defined by its organizational statute. 原文见 D A 第 8 点)。这样回答问题，很难不被理解为：(1) 答非所问，文不对题（beside the point, or wide of the mark）；或 (2) 不能、不敢正面回答，因而回避主题，转移视线，"顾左右而言他"。

2. 狄克斯先生完全撇开或回避本案涉讼汇票（即 YIHK 10732C 号汇票）与本案"A158/4/92-01 号合同"（以下简称"A158 号合同"）之间不可分割的有机联系，硬说"香港《汇票法例》中的强制规定使得票据当事人之间订立的一系列合同都只能受香港法律的管辖支配"（见 D A 第 10 点）。可是，他"忽略"（ignore）了以下几点，致使他的这个论断留下了以下几个漏洞：

2.1 在香港的"《汇票法例》"中，究竟有哪几条"强制性规定"规定本案涉讼汇票只能由上述法例加以"管辖支配"，而与任何其他法律一概无关？对此，狄克斯先生连一条也没有明白地加以引证和列举。只有论点而没有论据，或只有主张而没有举证，这样的论点和主张是站不住脚的。

2.2 在香港的法律体系中，有着许许多多的"条例"或"法例"（ordinances），它们相互配合构成一个整体，才能使香港法制正常运作。有如一部正常运转的机器，各个齿轮轮轮相扣，缺一不可。就本案而言，目前争论的焦点恰是应否提交仲裁和提交何处仲裁的问题，因此，绝对不能将《香港仲裁法例》（香港法例第 341 章，Hong Kong Arbitration Ordinance, Cap. 341）弃置不顾，不置一词。《香港仲裁法例》第 6A (1) 条明文规定：仲裁协议的任何一方当事人，在法院对仲裁协议的另一方当事人就双方所同意的事项开始诉讼程序时，任何一方诉讼当事人均可向法院申请中止诉讼，法院应作出中止诉讼的命令。但该仲裁协议无效、失效或无法实行,或双方当事人在同意提交事项上并无实际争议者,不在此限。本案 A158 号合同的买方当事人和 YIHK 10732C 号涉讼汇票的承兑人北海公司依据该合同中已订有仲裁条款的事实,向香港法院提出中止诉讼的申请,并要求将上述争议提交合同约定的仲裁机构仲裁,这是完全符合《香港仲裁法例》第 6A(1)条规定的。如果认为本案涉讼汇票与《香港仲裁法例》第 6 条的规定完全无关,因而应当排除它对本案的适用,那也总要加以科学论证,说出一个道理来,怎能只抓住一个《汇票法例》,而对《仲裁法例》熟视无睹?

2.3 英国是 1958 年《承认和执行外国仲裁裁决公约》(以下简称《纽约公约》)的缔约国,香港也属于该公约的适用地区,应当受该公约的约束。该公约第 2 条第 3 款规定:"当事人就诉讼事项订有本条所称之协议者(按:指合同中的仲裁条款或单独的仲裁协议),缔约国法院受理诉讼时应依当事人一造之请求,命当事人提交仲裁,但前述协议经法院认定无效、失效或不能实行者不在此限。"只要将《纽约公约》的这一规定与《香港仲裁条例》的上述规定稍加比较,就不难看出两者的基本原则是一脉相承、互相响应的,具体文字也是大体相同的。作为香港的律师,对于香港地区法院应受其约束的 1958 年《纽约公约》的上述规定,显然不应当不加以足够的重视,更不应任意夸大香港《汇票法例》的法律效力,不但使它凌驾于《香港仲裁法例》之上,排斥后者的适用;而且使它凌驾于 1958 年《纽约公约》之上,藐视后者的约束。

3. 和任何事物一样,票据也有它产生的原因和由来。在中国的学术著作[①]中,把票据当事人之间授受票据的原因称为"票据的原因关系"(覃有土、李贵连主编:《票据法全书》第 31 页。见 PAC - 20:P.3,划线处)。就本案而言,YIHK 10732C 号涉讼汇票产生的原因和根源就是前述 A158 号货物买卖合同。A158 号合同与 YIHK 10732C 号汇票之间的因果关系和主从关系是一目了然的。本案买主(北海公司)与卖主(约克公司)先是从事买卖行为的双方当事人,继而又是从事票据行为的双方当事人,在这份业经承兑的汇票并未转让给任何第三人以前,本买卖行为与本票据行为的各方主体(当事人、行为人)是完全重叠、复合和一致的。买卖行为双方当事人在民法上的权利与义务(买方得货付款,卖方得款交货)与票据行为双方当事人在票据法上的权利与义务(承兑人——付款人因得货而付款,收款人因交货而得款)也是完全重叠、复合和一致的。在这

---

① 1995 年 5 月 10 日,全国人大常委会通过《中华人民共和国票据法》,自 1996 年 1 月 1 日起施行。1994 年 9 月笔者撰写本项法律文书时,中国尚未颁行用以调整票据行为的基本法律,无从援引当时的现行法律进行论证。

种情况下,双方在票据行为上发生的争执(应否付款)与买卖行为上的争执(交货是否符合合同约定)实际上也是完全重叠、复合和一致的。此时,对于这样一件在买卖行为和票据行为上双方当事人分别重叠复合、权利义务重叠复合、争端重叠复合的案件,如果任意夸大票据行为的"独立性"或"自主性"(autonomy),硬把本项票据纠纷与其直接产生原因即本项买卖供货纠纷完全割裂开来,单就票据本身谈票据,而丝毫不问其纠纷直接原因即买卖行为中的是非曲直和青红皂白,要求买方(即承兑人——付款人)无条件付款,这就既不符合基本法理,也不符合具体法律规定。因此,向香港法院提出这种无理要求,就难免令人联想到广泛流行于中国民间的一则著名寓言:某甲中箭受伤,求医于某乙。乙取出小锯,锯断甲体外的箭杆,即称手术完毕,要求付酬。甲惶惑不解,诉说箭镞尚在体内。乙答:"我是外科医生,只管体外部分。箭镞既在体内,请另找内科医生!"不言而喻:任何一个稍具水平的律师在为当事人排难解纷时,显然都应把因果直接相连、不可分割的两项纠纷综合考虑,作出符合基本法理的公平判断,就像任何一个稍有医学常识的医生在治疗上述箭伤时,理应对"箭镞"与"箭杆"综合考虑、综合施治一样。

4. 狄克斯先生批评说:"陈教授和姚教授两人提出的见解,都没有考虑到,也不符合中国在汇票以及其他票据方面实施的各项法律原则。"(Both Professor Chen and Professor Yao have adopted a view which neither takes account of nor accords with the legal principles applicable in China to bills of exchange and other payment instruments. 原文见 D A 第 11 点。)并且列举了 1988 年《银行结算办法》(Procedures for Bank Settlement, 1988)中的若干规定、郭锋先生(Mr. Guo Feng)论述票据纠纷的一篇文章以及中国《民事诉讼法》的若干条款,论证上述批评的"正确"。遗憾的是:经过仔细对照被摘引或转述的上述文件的原文和全文,我们发现狄克斯先生所引述或转述的,并不符合原文和全文的原意。这就使他的批评从自认为的"正确"转变成为事实上的不正确和错误。

5. 狄克斯先生在援引《银行结算办法》(以下简称《办法》)时,转述了其中第 14 条第 5 款关于商业汇票允许背书转让的规定,同时摘引了其中第 20 条的规定,即"本办法允许背书转让的票据,因不获付款而遭退票时,持票人可以对出票人、背书人和其他债务人行使追索权,票据的各债务人对持票人负连带责任"。他力图以这两项规定来论证他所主张的有关汇票的绝对的"独立性"或"自主性"(autonomy,见 D A 第 11、15、16 点),似乎中国的有关法令或规章也承认汇票的这种"独立性"或"自主性"乃是至高无上、凌驾一切、压倒一切、"所向无敌"和不容抗辩的。

5.1 据我们所知,中国的现行法令和规章中,从未使用过"独立性"或"自主性"这样的字眼来形容票据权利的"崇高性"或"权威性",更从未赋予票据权利以如此崇高、如此权威的地位,似乎它可以不受民法任何基本法理原则的指导以及一系列其他法律规定的限制和约束。

5.2 即以《办法》本身而言,第14条第2款和第3款的规定,就是对商业汇票使用范围及其票据权利的重大限制:该第2款从正面规定:"在银行开立账户的法人之间根据购销合同进行商品交易,均可使用商业汇票。"紧接着,该第3款又从反面加以补充:"签发商业汇票必须以合法的商品交易为基础,禁止签发无商品交易的汇票。"按照这两款的规定,一张商业汇票,即使它完全具备一般票据行为的要件,但它的签发如果不以合法的商品交易为基础,或者它竟是一张无商品交易的汇票,那么,在中国,这张汇票就是不受法律保护的汇票,或者,它就是一张法令所禁止的因而是自始无效(void ab initio)的汇票。试问:一张不受法律保护的汇票或自始无效的违法汇票,它所记载的票据权利,在并未背书转让以前,又有何"autonomy"可言? 衡诸本案事实,本案涉讼的 YIHK 10732C 号汇票,如果它不是以 A158 号合同的商品交易为基础,如果它不与此项商品交易紧密结合,它就是中国现行法令所禁止的"无商品交易的汇票"。在此种情况下,以中国的现行《办法》作为法律准绳,这张汇票对于收款人约克公司说来,就理所当然地成为无根之本、无源之水或无身躯的"半个心脏",从而失去它自己的法律生命,这又有什么值得大惊小怪呢?(参见ＤＡ第12点。)试问,一张汇票连法律生命都不存在了,又有何"autonomy"仍然健在呢?

5.3 上述《办法》第10条明文规定:"银行按照本办法的规定审查票据、结算凭证和有关单证。收付双方发生的经济纠纷,应由其自行处理,或向仲裁机关、人民法院申请调解或裁决。"这一条文至少说明了三点事实:

(1) 票据成立之后,收款人与付款人之间产生经济纠纷乃是一种屡见不鲜的正常现象。就汇票而言,此类"收付双方发生的经济纠纷"的主要表现一般就是收款人要求兑现付款而承兑人或付款人提出抗辩并拒绝付款。由此可见,一方面,执票人或收款人依法享有汇票上所载明的收款的权利,另一方面,承兑人或付款人也依法享有对对方收款权利提出抗辩的权利。这样才会形成"收付双方的经济纠纷"。反之,如果不承认承兑人或付款人的抗辩权,凡是票据上的债务人对票据载明的债权只许屈从不许抗辩,那就不会发生任何"收付双方的经济纠纷",从而也就无需在有关票据的法令中对票据"收付双方的经济纠纷"的解决途径专设一条规定了。可见,这条规定的实质就是承认和保护票据债务人有权对票据债权人依法抗辩。

(2) 票据"收付双方发生的经济纠纷"的解决途径有三,即 A. 当事人自行协商解决;B. 向仲裁机构申请调解或仲裁;C. 向人民法院起诉,要求给予判决。本案的案情已经表明:上述 A 种途径已经行不通。

(3) 中国的《民事诉讼法》第 257 条规定:涉外经济贸易中发生的纠纷,当事人在合同中订有仲裁条款或者事后达成书面仲裁协议,提交中国涉外仲裁机构或者其他仲裁机构仲裁的,当事人不得向人民法院起诉。衡诸本案案情,A158 号买卖合同中已经订有明确的仲裁条款(合同第 7 条),因此,上述第(2)点所述的 C 种途径也已经行不通。剩下惟一可行的途径就是将本案"收付双方发生的经济纠纷"依法、依约提交中国国际经济贸易仲裁委员会仲裁。

由此可见,中国的《银行结算办法》第 10 条关于票据收付双方经济纠纷解决途径的规定,也不存在什么"autonomy",它不但不能排斥中国《民事诉讼法》第 257 条对于票据收付双方经济纠纷的适用,而且正是与《民事诉讼法》这一条规定互相衔接,并且严格遵循这一条法律规定的。

由此可见,在上述《办法》第 10 条面前,狄克斯先生所反复强调的关于 YIHK 10732C 号汇票的"autonomy",再一次被打了一个大大的折扣。谁也无法否认,本案 YIHK 10732C 号汇票的收付双方纠纷,实质上就是 A158 号合同买卖双方纠纷的集中表现,前者就是后者不可分割的一个组成部分。正是《办法》第 10 条的规定,根据本案 A158 号合同的仲裁条款,遵循《民事诉讼法》第 257 条的规定,已经把作为 A158 号合同买卖双方纠纷之组成部分的"YIHK 10732C 号汇票"收付双方纠纷的受理权和管辖权,明白无误地和无可置疑地授予了中国国际经济贸易仲裁委员会。

6. 狄克斯先生转述了中国律师郭锋先生论述票据纠纷的一篇文章,认为文章作者概述了票据的若干特点,并"清楚地论证了这种(票据)交易的独立性"(demonstrating clearly the autonomy of such transactions,见 D A 第 17、18 点)。我们发现,狄克斯先生在转述这篇文章时"忽略"(ignore)了几个关键问题:

6.1 据我们了解:在 1992 年 5 月撰写上述文章当时,郭先生是中国人民大学法律系的一名讲师(现在是北京"中银律师事务所"的一名律师)。一般说来,发表在《法制日报》上的署名文章通常只是个人学术见解,既不代表该报,也不代表该报的任何主管部门。在中国任何报纸上发表的个人文章,通常都是参考性、讨论性的。在同一份报纸上同时发表或先后发表不同观点的文章,这在世界各国都是常事,在当前中国也不例外。没有必要在转述郭先生的个人观点时牵扯到中国的司法部。何况,中国的立法权或司法解释权都另有专属机关。

6.2 郭锋先生这篇文章探讨的主题乃是:票据经背书转让之后,票据债务人对于持票的<u>善意第三人</u>的票据债权应当承担什么责任。换言之,全文的论述主题,特别在论述普通债权与票据债权的区别时,其大前提乃是:第一,票据已经背书转让;第二,已经出现持票的善意第三人。狄克斯先生提醒人们注意的他提供的这篇文章英译本的第一部分,其中的醒目标题就赫然写着"应当区别普通债权转让和票据的<u>背书转让</u>",接下来所列举的六点区别,也无一不是以票据已经"背书转让"和已经出现持票的"善意第三人"作为立论前提的(见 PAC - 21,划线处)。但是,狄克斯先生在援引郭文这些论点用以论证狄克斯先生自己所极力强调的票据权利的"autonomy"时,却有意无意地忽略了或<u>删除了</u>郭文立论的这两个<u>大前提</u>。本案涉讼的 YIHK 10732C 号汇票,其票据双方当事人始终就是买卖合同原来的双方当事人,从未发生过"背书转让"情事,因此,本案这场票据纠纷的当事人也百分之百的就是原来买卖合同纠纷的当事人,丝毫不涉及任何持票的善意第三人问题。在根本不存在任何持票善意第三人的本案中,援引专论票据背书转让后如何对待持票善意第三人的文章,来论证票据的所谓"autonomy",这岂不是"驴唇不对马嘴"(no more alike than chalk and cheese, or, quite a different pair of shoes)?

6.3 应当指出:郭锋先生的这篇文章本来就含有数处明确论述,对狄克斯先生所坚持的票据无条件"autonomy"的主张十分不利,或者说,对这种票据绝对"autonomy"的主张起了否定的作用。但郭文中的这些明确论述,也被狄克斯先生不该忽略地"忽略"(ignore)了。例如:郭文中提到,在许多场合,票据债务人可以对票据债权人提出抗辩,拒绝付款。其中包括:如果票据债务人从事的票据行为是受欺诈或胁迫而进行的,或者原因关系中的直接相对人拒绝履行民事义务①,等等,票据债务人均可依法行使抗辩权。为了说明问题,郭文中特地举了一个例子:"如甲乙签订购销合同,乙销售货物给甲,甲签发商业汇票一张给乙,乙背书转让给丙。由于某种原因,乙未能交货给甲。此时,<u>如果乙持票要求甲付款,甲可以以乙未履行合同为由进行抗辩</u>。但如果受让票据时不知情的丙提示票据要求付款,则甲不能拒付。"郭先生并且强调:"司法实践中,对于<u>正当抗辩必须予以维护</u>"(见 PAC - 21:划黑线处)。

根据郭锋先生本人所作的说明,他在上述文章中所说的"原因关系",其含

---

① 顺便说说,狄克斯先生把郭文中的"原因关系中的直接相对人"一词译为 a party with an immediate relationship(见狄克斯先生呈交香港法院的 ARD - 2 英译文第 9 页末;并见 PAC - 21,划线处),显然是不正确的,请对照原文原意予以订正。

义是指票据的基础关系。在因买卖行为而授受票据的情况下，该买卖关系就属于原因关系(见 PAC-22)。郭先生这种观点与当前中国内地有关票据法著作中的一般观点是一致的(见 PAC-20:p.3,划黑线处)。

6.4 郭锋先生的这些观点是正确的。它所论证的恰恰就是：在一项买卖行为(票据授受的原因或原因关系)中，尽管卖主已经持有买主承兑的汇票，如果卖方不依约履行供货义务(包括完全不供货、供货数量或质量不符合合同规定)，买方就有权在卖方持票要求兑现付款时，提出抗辩，拒绝付款。在这种情况下，卖主所持有的汇票之能否兑现，<u>取决于和完全从属于原有的买卖行为中卖方是否已经依约履行供货义务</u>，这么一来，这张汇票及它所记载的票据债权，又有何 autonomy 可言呢？

联系到本案，北海公司就相当于郭文上述举例中的甲，约克公司就相当于上例中的乙，北海公司与约克公司之间的买卖关系与票据关系，就相当于上例中的甲乙两方当事人的关系。因此，北海公司对 YIHK 10732C 号汇票的抗辩权，依法是无可争议的，也是法律所应当予以保护的。由于约克公司持票索款和北海公司依法行使票据抗辩权而引发的票据纠纷，事实上是和 A158 号合同的买卖纠纷完全"化合"在一起的，并且从属于买卖纠纷，成为一个不可分割的有机的整体，无法机械地予以切割分离。此时此际，岂能以票据的所谓 autonomy 为借口，胡乱切割，只顾锯断体外的"箭杆"，却不连根拔除体内的"箭镞"？

7. 在中国内地出版的票据法著作中，持有与上述第 6.3 点郭锋相同的见解者，可谓屡见不鲜。在这方面最新的著作之一，是 1994 年 2 月出版的《票据法全书》(全书 1 950 页，约 315 万字)，其中就辟有一章专门论述"<u>票据抗辩</u>"。书中多处论证、肯定和支持票据债务人依法行使抗辩权，从而很不利于或否定了狄克斯先生论证票据的绝对 autonomy (见 PAC-20, PP. 5-8, 划线处)。兹简单摘录数段如下：

7.1 "票据抗辩是指票据债务人对于票据债权人提出的请求(请求权)，提出某种合法的事由而加以拒绝。票据抗辩所根据的事由，称为抗辩原因；债务人提出抗辩，以阻止债权人行使债权的权利，称为抗辩权。票据抗辩是票据债务人的一种防御方法，是债务人用以保护自己的一种手段。"(覃有土、李贵连主编:《票据法全书》，第 67 页。见 PAC-20:p.5,划黑线处)。

7.2 "对人的抗辩：对人的抗辩是指特定的债务人对特定的债权人的抗辩……主要有以下几种情况：

(1) 原因关系不合法：签发票据的原因是否有效，本来不影响票据债权的效力,因为票据是无因证券。但是如果这种不合法的原因关系发生在授受票据的直接当事人之间,则仍可以此为理由而主张抗辩。例如为支付赌博所欠款项而签发的支票,债务人对于直接接受该支票的受让人的付款请求,可以主张抗辩,但不得对抗其他非直接受让人的请求。

(2) 原因关系的无效、不存在或已消灭:票据上的权利义务因票据行为而发生,本来不会因其原因关系无效、不存在或消灭而受影响,但在直接授受票据的直接当事人间,仍可主张抗辩。例如甲向乙购货而签发一张本票给乙,后乙不能交货,对于乙的付款请求,甲可以主张抗辩。

(3) 欠缺对价:票据关系的效力本不因对价关系的有无而受影响,但在直接当事人间,如以对价的收受为条件时,一旦欠缺对价,则可主张抗辩。例如发票人以执票人应贷相当于票面金额的款项为条件而签发票据与执票人时,如执票人未依约贷款给发票人,则发票人可以此对抗执票人。"(覃有土、李贵连主编:《票据法全书》,第68—69页,见PAC-20:PP.6-7,划线处)。

7.3 "……在对人的抗辩中,对直接当事人之间的抗辩也无法限制。例如在发票人与受款人之间,既存在票据关系,也存在原因关系。依照民法同时履行的原则,受款人向发票人请求付款时,发票人也可以请求受款人履行原因关系中的债务。虽然前者属于票据关系,后者属于原因关系,但是既然同时存在于相同的当事人之间,如不许其行使抗辩权,显然是不公平的,而且会使当事人之间的法律关系更加复杂。所以,对直接当事人之间的抗辩,票据法也不予限制。"(同上引书,第69—70页,见PAC-20:PP.7-8,划线处)。

"……如果原因关系与票据关系存在于<u>同一当事人之间时,债务人可以利用原因关系对抗票据关系</u>。例如A向B购货而交付本票于B,以后A、B间的买卖合同解除,B持票向A请求付款时,A可以主张原因关系不存在而拒绝付款,这种情形只限于直接当事人之间。"(同上引书,第33页。见PAC-20,p.4,划线处)。

8. 中国内地学者上述票据法著作中所阐述的基本观点,与1988年《联合国国际汇票和国际本票公约》有关规定的基本精神是完全一致的。

该《公约》第28条(1)(b)和(1)(d)规定:当事人既可以向不受保护的持票人提出基于他本人与出票人在票据项下一项交易的任何抗辩;也可以提出对他本人与持票人之间的合同内行动可提出的任何抗辩。第30条(1)(b)则进一步规定:当事人对于受保护的持票人可以提出基于他本人与上述持票人在票据项下的交易而使该当事人在票据上签字而提出的抗辩(见PAC-23,划线处)。

9. 从中国内地学者票据法著作中所阐述的上述观点以及联合国上述公约的有关规定中,显然可以归纳出以下几个要点:

9.1 民法上的一般债权债务关系与票据法上的债权债务关系既有区别又有联系。因此,既不能把两者完全混为一谈,又不能无条件地把两者绝对割裂。

9.2 在票据上的原债权债务通过背书已转移给授受票据的原当事人以外的善意第三人之后,就应当严格地区分作为授受票据原因的原有一般民事债权债务关系与票据转让后新产生的票据债权债务关系。换言之,在这种条件下,即在票据背书转让后,新产生的票据债权债务关系具有一定的独立性,不受原民事债权债务关系的影响。

9.3 在票据未经任何背书转让给任何第三人以前,在直接授受票据的直接当事人之间,既存在票据法上的债权债务关系,也存在票据原因上的债权债务关系,即原有的、一般民法上的债权债务关系。在此种场合,票据行为上的债权债务关系就与民事行为上的债权债务关系完全交融和完全化合在一起,成为一个合成体和化合物;而且,就该民事行为与该票据行为完全相同的双方当事人之间而言,票据行为上的债权债务产生于、从属于民事行为的债权债务,在这种情况下,该票据行为上的债权债务关系就不存在任何"独立性"。因此,应当对该票据行为上的债权债务纠纷与原民事行为上的债权债务纠纷实行综合"诊断"和综合"治疗"。此时此际,就应当特别强调保护票据债务人依法享有和依法行使的抗辩权。

9.4 联系到本案,A158号买卖合同纠纷与YIHK 10732C号汇票兑现纠纷之间的双方当事人、纠纷性质、纠纷关系,完全符合上述第9.3点的情况。因此,对于双方行为和双方主张的是非曲直,理应切实按照第9.3点的分析,作出符合当今世界各国基本法理原则、符合国际惯例的综合分析,实行综合"诊断"和综合"治疗"。

10. 以上第4至第9点评论了狄克斯先生在援引、转述中国《银行结算办法》、中国报端文章时,多处不符合原文件和原文原意的事实。这里,我们还要进一步郑重指出,狄克斯先生在转述《中华人民共和国民事诉讼法》(以下简称《民诉法》),以论证其所谓汇票的"autonomy"时,竟出现了令人惊讶不已的误解(misunderstanding)或曲解(misinterpretation or twist)。

10.1 狄克斯先生转述了中国《民诉法》第189—192条所规定的"督促程序",说是:

(1)"它使原告在请求被告给付金钱或有价证券时,有权单方申请法院向被告发出'支付令',被告在15日内不提出反对意见,支付令即可强制执行。被告有权提出书面'异议',说明原告要求给付的权利受到当事人间其他纠纷的制约,在这个基础上,法院就必须决定是否取消支付令。"(It enables a plaintiff claiming a sum of money or delivery of a valuable security to obtain ex part and serve on the defendant a payment order which, if not contested by the defendant within 15 days, can be enforced. It is subject to the right of the defendant to enter a written opposition... showing that the right to payment (or delivery) is the subject of dispute between the parties, on the basis of which the court must decide whether or not to discharge the payment order. 见ＤＡ第26点。)

(2)"……关于当事人之间是否存在某种纠纷从而可否取消针对票据的支付令,应由法院根据被告主张是否有理,作出决定,而并非单凭被告呈交'异议',便可自动决定取消。"(... the question whether or not there is a dispute of such a kind as to require discharge of a payment order made in respect of a payment instrument is a question for the courts to decide on the strength of defendant's case rather than being automatically determined by the mere filing of the opposition.... 见ＤＡ第28点。)

(3)"对依据汇票提出的付款请求提出不合理的或未说明理由的异议,即使是在汇票原有当事人之间提出,也不足以取消支付令。"(An unreasoned or unexplained opposition to a claim on a bill of exchange, even between the original parties to the bill, can not suffice to discharge a payment order. ibid.)

10.2 把狄克斯先生的这三段转述文字,与中国《民诉法》有关条文的下述原文作一对照,立即可以看出狄克斯先生竟把他的不正确理解强加给中国的有关法律:

(1)《民诉法》第189条第1款规定:"债权人请求债务人给付金钱、有价证券,符合下列条件的,可以向有管辖权的基层人民法院申请支付令:

① 债权人与债务人没有其他债务纠纷;

② 支付令能够送达债务人的。"

(2)该法第190条第1款规定,人民法院受理申请后,经过审查,可以批准申请并向债务人发出支付令,也可以驳回债权人的申请。第2款则进一步规定:"债务人应当自收到支付令之日起15日内清偿债务,或者向人民法院提出书面异议。"

(3)该法第192条明文规定:"人民法院收到债务人提出的书面异议后,应当裁定终结督促程序,支付令自动失效,债权人可以起诉。"(以上三条的全文见PAC-24)。

10.3 根据10.2(1)的法律规定,债权人可以向法院申请支付令的必备前提条件是该"债权人与债务人没有其他债务纠纷"。反之,只要债权人与债务人之间还存在其他债务纠纷,该债权人就失去了向法院申请"支付令"的资格,就无权申请"支付令"。狄克斯先生在转述中国有关申请"支付令"的法律规定时,却把这个要害和关键"阉割"了。衡诸本案事实,原告与被告之间除了YIHK 10732C号汇票纠纷之外,还存在着密切相关的A158号买卖合同纠纷,即还存在着"其他债务纠纷",据此,原告哪有什么资格向法院申请"支付令"呢?

10.4 根据10.2(3)的法律规定,法院在收到债务人提出的书面异议后,就"应当裁定"终结督促程序,与此同时,已经发出的"支付令"立即"自动失效"。在这里值得特别强调的是:第一,这段法律条文明确规定了法院必须遵循的审判原则和行为规范,即:一旦债务人在法定期限内提出了书面异议,法院"应当裁定终结督促程序",从而使"支付令自动失效"。换言之,此时法院在应否裁定终结督促程序并使已经签发的"支付令"自动失效问题上,并无任何自由裁量的权力(the power/right of discretion),而只有依法裁定终结督促程序的义务。第二,如果真有哪一位中国法官敢于无视法律的上述强制性规定(mandatory provision),在债务人提出上述书面异议之后,竟然采纳狄克斯先生的"建议",自由地"decide whether or not to discharge the payment order",并胆敢擅自作出继续实行"督促程序"和维持原有"支付令"的决定或裁定,那么,这位中国法官就是"知法犯法"和"执法犯法"了。第三,可以断言,在"督促程序"和"支付令"这个具体问题上,中国不会出现这种水平的法官。因为《民事诉讼法》第192条文字是如此斩钉截铁、明明白白,毫无模棱两可之处。

10.5 中国《民诉法》第189—192条的上述规定显然否定了狄克斯先生所极力主张的汇票债权债务的绝对"autonomy"。因为,第一,尽管票据当事人之间确实存在债权债务关系,但只要该当事人之间还有其他债权债务纠纷,该票据债权人就无权依法申请"支付令";显见在此情况下,票据债务纠纷与当事人间的其他债务纠纷已经"化合"在一起,票据债务纠纷已完全失去"autonomy"。第二,即使法院已同意票据债权人的申请并向票据债务人签发了"支付令",但只要该债务人提出书面异议,法院就别无选择,只能裁定终结督促程序,必须使已经签发的支付令自动失效。换言之,此时此际,法院根本无权对债务人提出的书面异议的内容和理由进行实质性的审查。相反,单凭债务人提出书面异议这一行为和这一事实,就足以促使法院必须立即终结本督促程序,并且从实质上取消已发的"支付令"。显而易见,在此种条件下的票据债权以及据此签发的"支付令",也不存在任何"autonomy"。第三,在申请法院签发和执行"支付令"失败后,"债权人可以起诉",这显然意味着正规的诉讼程序完全取代了已经终结的督促程序。只有在督促程序已完全转化为诉讼程序之后,法院才有权对债务人针对票据债权提出的书面异议的内容、主张及其理由加以实质性的审查,并结合票据债权人与债务人之间所存在的其他债务纠纷,进行综合的审理和裁判。按照中国法律的上述规定,既然法院无论在"督促程序"或"诉讼程序"中都不能无视存于票据债务纠纷当事人之间的其他债务纠纷,而必须将相同当事人之间的票据债务纠纷与其他债务纠纷综合考虑和综合处理,那么,此时票据债权的"autonomy"又从何谈起呢?

由此可见,10.1(2)中摘引的狄克斯先生的见解,即认为在票据债务人提出书面异议之后和督促程序终结以前,法院竟然有权审查究竟是否真正存在票据债务人所主张的"其他债务纠纷",而且这个问题竟然"应由法院根据被告主张是否有理,作出决定,而并非单凭被告呈交'异议'便可自动决定撤销",这一见解显然与中国《民诉法》中的上述明确规定背道而驰。

10.6 简言之,中国《民诉法》第189—192条的中文表述是如此之明白和准确,其原文原意容不得有半点误解或曲解。其中所说的内容与所谓的"汇票自治原则"是风马牛不相及的。因此,狄克斯先生没有理由硬把他所理解的所谓汇票的"autonomy"强加于中国上述法律条文。

11. 狄克斯先生断言,中国既没有关于汇票冲突法的国内特别立法,又未参加1930年《关于解决汇票与本票若干法律冲突的公约》,因此,"在合同关系中适用法律冲突的一般准则时务必谨慎小心"(the applicability of the general rules regarding conflict of laws in relation to contracts must be a matter requiring great caution),并由此进一步断言,适用于合同关系的一切法律冲突准则一般说来与汇票几乎没有什么关系(<u>all the conflict rules applicable to contracts in general thus have little relevance to bills of exchange.</u> 见 D A 第24点)。

狄克斯先生作出这种论断之际,没有列举出任何法律根据、学理依据和事实证据,难免令人产生一系列疑问;而且,如果误信狄克斯先生的论断,就势必在中国的司法实践中到处碰壁。

11.1 就中国的法律体系而言,它所实行的是"民商合一"而不是"民商分立",因此,<u>除法律另有明文规定之外</u>,中国《民法通则》中规定的<u>基本原则均应适用于商务法律关系</u>。对于中国法律体系的这一重大特点,狄克斯先生谅必不会一无所知。在中国,众所周知,《民法通则》中设有专章,即第八章"涉外民事关系的法律适用",其中规定了解决民事关系法律冲突和准据法(proper law)问题的最基本的、已经成为国际惯例的原则。诸如:中国缔结或者参加的国际条约同中国的民事法律有不同规定的,适用国际条约的规定,但中国声明保留的条款除外;中国法律和中国缔结或参加的国际条约没有规定的,可以适用国际惯例;中国公民定居国外的,他的民事行为能力可以适用定居国法律;涉外合同的当事人可以选择处理合同争议所适用的法律,但法律另有规定的除外;法律没有规定,当事人又没有选择的,适用与合同有最密切联系的国家的法律;侵权行为的损害赔偿,适用侵权行为地法律;依照本章规定适用外国法律或者国际惯例的,不得违背中国的社会公共利益,等等(见 PAC-25)。试问:中国《民法通则》中规定的适用于一切中国涉外民事关系法律冲突的这些基本准则,都一概与汇票关系无关或"几乎没有什么关系"吗?都绝对不能适用于涉外汇票关系上的法律冲突吗?果真如此,则中国法院在审理涉外票据纠纷时,在准据法问题上就完全"无法可依"了吗?稍知中国司法实践情况者,都不会作此等错误判断。请看,中国民法以及许多其他国家同类法律都有同类规定:一个国家参加某项国际条约之后,该国际条约的法律效力应优越于该国国内法。试问,这样一条冲突法原则,难道与国际票据关系无关因而不能适用于国际票据关系吗?果真如此,则当今世界上一切有关票据的国际条约还有什么缔结的必要和存在的价值?

11.2 中国的《民诉法》设有专门一编,即第四编"涉外民事诉讼的特别规定"(包括第 237 条—270 条),其中也规定了解决涉外民事诉讼中法律冲突和准据法问题的一系列基本准则。这些准则,也是与国际上行之已久、业已形成国际惯例或已为国际社会所公认的民事诉讼法律冲突基本准则互相一致和相接轨的。试问在中国的涉外票据关系诉讼中,《民诉法》中的这些准则也一概无关、不能适用吗?果真如此,中国法院在审理涉外票据诉讼时,在程序上就完全"无法可依"了吗?稍知中国司法实践情况者,也都不会作此等错误判断。

11.3 由此可见,狄克斯先生在没有列举任何法律根据、学理依据和事实证据的情况下,硬说在中国"适用于合同关系的一切法律冲突准则一般说来与汇票几乎没有什么关系",轻轻一句话就剥夺了中国现有的全部(all)冲突法准则在涉外票据关系上的"生存权"和生命力,这样的论断,就很难不被认为是一种专横的武断!

结论(Conclusions)

12. 在中国的现行法律和法令中,客观上并不存在也不承认(recognize)任何票据关系(包括汇票债权债务关系)具有什么无条件的、绝对的独立性或自主性(autonomy)。

12.1 只有在特定前提条件下,即在票据已经被背书转让给原票据关系以外的善意第三人之后,票据债务人与被背书人之间的新票据关系才具有相对的独立性。关于这种相对的独立性,我们已在前面第 6.2—6.4 点、第 7.1—7.4 点、第 9.1—9.4 点中作出了阐述。

12.2 在直接授受票据的直接当事人之间,如果还存在该票据债权债务关系以外、但属于该票据开立原因或转让原因的其他债权债务关系,则在这一对授受票据的直接当事人之间的该票据债权债务关系,就被化合于或从属于该票据的原因关系,从而没有任何独立性可言。关于这个关键问题,我们已在前面第 6.4 点、第 7.3 点以及第 9.3 点中予以特别强调。

12.3 中国法律、法规以及中国学者关于票据关系独立性问题的上述规定和见解,都是符合国际公认的基本法理原则、符合 1988 年订立的《联合国国际汇票和国际本票公约》的基本精神的。对此,我们已在前面第 8 点作了引证和对照。

13. 狄克斯先生所援引的中国《银行结算办法》、中国郭锋先生的文章以及中国《民诉法》的具体条文,都不能证明狄克斯先生所描绘的幻境:中国的法规似乎已经"承认"了他所理解的所谓汇票关系的绝对的"autonomy",即"the principle of autonomy of bills of exchange as recognized by the provisions of Chinese Statutory law"(D A 第 33 点)。恰恰相反,他所援引的上述文件的原文原意中,却有多处惊醒和破灭了他的上述幻觉,否定了他所主张的汇票关系的绝对"autonomy"。

既然狄克斯先生自称是"精通中国文字",并且"精心研究中国法律已逾 25 年"(conversant with the Chinese written language,并且 have for over 25 years made a careful study of Chinese law,见 D A 第 4 点狄克斯先生在其"证词"开头向香港法院所作的"自我介绍"),那么,上述误解和幻觉的产生就更加令人惊讶和难以置信。但善良的人们可以预期:如果他对他所援引的上述各项文件以及尚未援引的其他有关法令,逐字逐句地对中文原文的全文作更进一步的"精心研究"(careful study),他谅必会认真修改甚至完全推翻他现有的成见(preconception)和论断。

14. 正因为在票据(包括汇票)债权债务关系上并不存在无条件的、绝对排他的"autonomy",因此,在票据背书转让给善意第三人以前,如果票据关系上的债务纠纷与票据原因关系上的债务纠纷同时存在于相同的双方当事人之间,则这两种债务纠纷就完全交融和"化合"成为一个不可分割的整体,前者成为后者的一个组成部分并从属于后者,从而失去任何独立性或自主性。

15. 本案 YIHK 10732C 号汇票纠纷与 A158 号买卖合同纠纷,完全符合上述第 14 点所述的条件,因此,应当将已经完全"化合"在一起的两项纠纷作为一个整体来看待和处理。

16. 根据 A158 号合同第 7 条双方约定的仲裁条款,根据 1958 年的《纽约公约》第 2 条第 3 款,根据中国《民法通则》第 145 条、《涉外经济合同法》第 5 条以及有关的权威性司法解释,根据中国《民诉法》243 条和第 257 条,根据香港的《仲裁条例》第 6A 条的明确规定,本案 YIHK 10732C 号汇票纠纷毫无疑问应当作为 A158 号合同纠纷的一个不可分割的组成部分,提交本案原告与被告早已约定的中国国际经济贸易仲裁委员会仲裁。关于这方面的论证,请参看陈安教授、姚壮教授先后在 1994 年 3 月 10 日、4 月 4 日以及 4 月 7 日向香港法院提供的三份专家意见书。兹不另赘。

厦门大学国际经济法教授
陈　安
(签字)
1994 年 9 月 1 日

Ⅳ 一项判决 三点质疑
——评香港高等法院"1993年第A8176号"案件判决书[①]

内容提要 美国约克空调与制冷公司诉香港北海冷电工程公司一案在香港高等法院的审理中,主审法官尼·卡普兰(N. Kaplan)对中文"目不识丁",却又缺乏高级法官应有的敬业精神和谦虚谨慎,轻率地完全采信了当时在香港执业的英国皇家大律师狄克斯先生(A. R. Dicks Q. C.)提供的虚假不实的《书面证词》(Affidavit),凭以断案,造成错判。狄克斯在其《证词》中自诩"精通中国文字","精心研究中国法律已逾25年",以博取主审法官的信赖;另一方面,竟然胆大妄为,利用该主审法官对中文的"不识之无"和盲目轻信,肆意歪曲和篡改中国票据法规和《民事诉讼法》有关规定的原文原义,杜撰出一些在中国内地处理票据争端的所谓"法律原则",对主审法官实行误导,诱使主审法官以其虚假证词为据,懵懵懂懂、稀里糊涂地落入错判陷阱!此位英国皇家大律师职业操守之劣,着实令人惊讶!最后,本案原、被告双方在中国国际经济贸易仲裁委员会深圳分会仲裁庭的主持下,达成和解协议,分别在香港撤诉结案。本文针对该案的错误判决,就本案的管辖权、中国票据法原则、民事诉讼程序中的"支付令"以及被告的答辩权等三个主要方面,分别提出质疑和评论;指出:在偏听偏信、受人误导情况下,以子虚乌有、并不存在的所谓中国票据"法律原则"作

[①] 本文的基本内容原载于香港城市大学出版的《中国法与比较法研究》,1995年第1卷第2期。其后经修订增补和译成英文,以 Three Aspects of Inquiry into a Judgment-Comments on a High Court Decision in the Supreme Court of Hong Kong 为题,发表于〔日内瓦〕JOURNAL OF INTERNATIONAL ARBITRATION Vol. 13. No. 4,1996;修订增补后的中文本发表于《民商法论丛》1997年第8卷,法律出版社1997年版。主编梁慧星教授在本卷"卷首语"中指出:"该文所论,涉及中国法、英国法及香港法之间的'法律冲突',属地管辖与仲裁管辖的分野与交叉,民法债权债务与票据法债权债务的区别与联系,原告与被告诉讼权利之平等与保障,主审法官与作证专家的知识水平与职业操守,执法不公与枉法裁判之揭示与预防等多种歧议,涵盖实体法与程序法多方面的理论与实务问题,因此商得作者同意,刊载于此,以飨读者。"

为断案的主要根据之一,则在真相大白之后,此种判决的法律效力和有关人士的公信力,必将丧失殆尽,不但贻笑大方,而且贻笑天下!

目　次

引言

一、本案案情梗概

二、判决质疑之一:关于本案管辖权问题

 (一) 把本案管辖权判归香港法院,根本违反了"有约必守"以及当事人"意思自治"这两大法理原则

 (二) 把本案汇票争端管辖权判归香港法院,拒不裁定中止本案诉讼程序,根本违反了香港的《仲裁条例》

 (三) 把本案汇票争端管辖权判归香港法院,拒不裁定中止本案诉讼程序,根本违反了对香港具有法律约束力的国际公约

 (四) 把本案汇票争端管辖权判归香港法院,根本违反了举世公认的国际惯例

 (五) 把本案汇票争端管辖权判归香港法院,是对已与国际惯例接轨的中国法律缺乏应有的尊重

三、判决质疑之二:关于中国法律"承认"本案汇票争端之"独立性"问题

 (一) 中国法律中并不存在狄克斯生造的"汇票自治原则"和汇票至高无上的"独立性"

 (二) 狄克斯援引中国的《银行结算办法》时,使用了断章取义和化有为无的手法

 (三) 狄克斯在转述郭锋先生的论文时,阉割前提、歪曲原意

 (四) 狄克斯的见解与中国票据法学术著作中公认的观点、有关的国际公约以及中国票据法的具体规定都是背道而驰的

 (五) 狄克斯在援引《中华人民共和国民事诉讼法》,以论证其所谓汇票的 autonomy 时,竟然篡改条文,无中生有

四、判决质疑之三:关于本案被告的答辩权问题

 (一) 卡普兰法官的"为时太晚"论是站不住脚的

 (二) 卡普兰法官不给予被告充分的答辩权,是违反公平原则、违反国际诉讼程序惯例的

引　言

美国约克空调与制冷公司(York Air Conditioning & Refrigeration Inc)因货物买卖合同纠纷诉香港北海冷电工程公司(North Sea A/C & Elect Eng, Co)一案,于1993年9月由香港高等法院受理,编号为：1993年第A8176号(以下简称"本案")。1994年12月16日,香港高等法院法官尼尔·卡普兰(Neil Kaplan)对本案作出判决。

当时,本案原告、被告双方虽然都不是中国公司,但买卖讼争的标的、案情的是非曲直以及诉讼当事人的胜负得失,都直接牵涉到中国两个(家)法人[①]的重大利害。案件虽在香港法院审理,却直接牵涉到中国国际经济贸易仲裁委员会(以下简称"CIETAC")的管辖权问题,中国的民事诉讼法、民法、涉外经济合同法、国际私法(法律冲突规范)等领域的一系列法律问题。对于这些法律问题,中国和英国的学者、仲裁员、法官和律师们,见仁见智,分歧很大。最后,本案经香港高等法院法官作出判决之后,在被告再度上诉过程中,讼争双方却又在中国的CIETAC主持下,达成和解协议,并由CIETAC作出裁决,双方当事人共同遵守,分头执行。

因此,不论从哪个角度来看,本案的讼争和解决过程,都是中国法、香港法以及比较法方面具有<u>典型意义</u>的案例或事例,值得中外法学界同行加以认真回顾、剖析和论证,借以达到在法学学术上互相沟通的目的。

本文拟从案情事实简介入手,阐述全案讼争的关键法律问题,并针对香港高等法院对本案所作的"1993年第A8176号"案件判决书,以及该判决书引以为据的香港执业皇家大律师安东尼·理查德·狄克斯(Anthony Richard Dicks)先生出具的《书面证词》(Affidavit),进行剖析、评论,并就本案管辖权、中国票据法原则以及民事诉讼程序中的"支付令"和被告答辩权等三个主要方面,分别提出质疑,以就教于国内外同行。

一、本案案情梗概

本案原告美国约克空调与制冷公司(以下简称"约克公司"或"卖方")与本

---

① 指中国北京市的中国中央电视台(CCTV)以及中国深圳市的兴远实业有限公司。

案被告香港北海冷电工程公司（以下简称"北海公司"或"买方"）于 1992 年 12 月 31 日在中国北京签订了一份货物买卖合同（编号为 A158/4/92-01，以下简称"A158 号买卖合同"、"A 合同"或"本合同"）①。双方约定：约克公司向北海公司提供四台约克牌冷水组，总价款为 USD 522 760.00（五十贰万贰仟柒佰陆拾美元）。本合同第 7 条规定："仲裁：与合同有关的分歧通过友好协商解决。如不能达成协议，将提交中国国际〔经济〕贸易仲裁委员会仲裁。"②

1992 年 12 月 31 日，即上述 A 合同签订的同一天，在北京的同一间会议室中，由香港北海公司（卖方）与深圳兴远实业有限公司（买方）、深圳兴远实业有限公司（卖方）与中国中央电视台（买方）另外分别签订了两份内容基本相同的合同（以下简称"B 合同"和"C 合同"）。A、B、C 三份合同的买卖标的物完全相同，但其价款则有所不同。

本合同第 3 条的内容是"付款"。由于买卖双方在签约当时付款的具体方式尚未议妥，双方同意待签约后再补上，故第 3 条除"付款"这两字标题之外，并无具体规定。在合同签署之后，买卖双方口头约定货款分三期支付：(1) 总价款的 30%，即 156 828 美元，于 1993 年 1 月内以现金支付；(2) 总价款的 65%，即 339 794 美元，于买方收到上述货物海运提单后，以汇票支付；(3) 总价款的其余 5% 尾数，即 26 138 美元，于上述设备运抵中国北京在中国中央电视台安装调试完毕和验收之后 15 日以内付清。

事后，第(1)期货款如期支付。关于第(2)期货款，卖方在 1993 年 6 月 3 日开出面额为 339 794 美元的汇票（编号为"YIHK10732C"，以下简称"10732C 号汇票"），买方于同年 6 月 7 日收到海运提单后立即在汇票上签署承兑，定于同年 7 月 19 日兑现付清。但买方随即发现和认定卖方在供货义务上有重大错漏短缺。经一再通知，卖方仍不补发缺漏的设备重要部件，买方遂于 1993 年 7 月 17 日通知付款银行停止付款，致使上述汇票不能如期兑现③。

1993 年 9 月 11 日，约克公司向香港高等法院起诉，请求法院责令北海公司补还上述货款，另加延期付款利息以及其他有关费用④。1993 年 9 月 23 日、

---

① 见《香港高等法院 1993 年第 A8176 号案件上诉卷宗（Appellant's Hearing Bundle）》（以下简称《本案上诉卷宗》或《AHB》），第 108—119 页。上述卷宗复印件收存于香港城市大学法律学院资料室。原件见香港高等法院上述案件档案。

② 见《本案上诉卷宗》，第 111、115 页。

③ 以上事实，散见于同上卷宗。在香港诉讼和在深圳仲裁的全过程中，双方当事人对这些基本事实没有争议。

④ 《约克公司起诉状》(Writ of Summons/Statement of Claim)，1993 年 9 月 11 日。见《本案上诉卷宗》，第 2—3 页。

被告北海公司答辩称：原告在履行上述 A158 号买卖合同中，有多项违约行为，无权索取全额价款；更重要的是：原告与被告在上述合同中订有仲裁条款，本案10732C 号汇票的付款争端，乃是该 A158 号买卖合同货物价款问题的一部分，自应适用上述仲裁条款的规定。而且，该 A158 号买卖合同是由约克公司设在北京的营业办事处的代表与北海公司的代表共同在中国北京磋商和签订的。根据香港《仲裁条例》的有关规定，理应将上述争端提交由双方在 A158 号买卖合同中约定的仲裁机构仲裁。据此，北海公司请求香港法院裁定：中止本案诉讼①。

原告约克公司强调：10732C 号汇票乃是完全独立于 A158 号买卖合同之外的另一份合同，因此，A158 号买卖合同中的仲裁条款完全不适用于上述汇票。并于 1993 年 9 月 27 日进一步具状向香港高等法院请求援用《香港最高法院〔诉讼〕规则》中的第 14 号令，对上述汇票争端实行"即决裁判"②，责令被告北海公司立即如数兑现支付汇票所载款额③。

1993 年 12 月 7 日，香港高等法院法官乌利裁定：驳回被告北海公司关于中止诉讼的申请，并责令被告偿还原告约克公司因本案支付的费用④。被告北海公司不服上述裁定，乃于翌日即 1993 年 12 月 8 日提起上诉，并重申上述答辩中提出的关于中止本案诉讼的请求⑤。

应被告北海公司要求，厦门大学国际经济法学专家陈安教授于 1994 年 3 月 10 日出具了一份专家意见书。他详细地剖析了本案的主要事实，援引中国的有关法律、香港的有关法例以及当代各国民法、国际私法（法律冲突）领域中通行的国际惯例和基本原则，论证：被告北海公司向香港法院申请中止诉讼，将本案转交中国的 CIETAC 仲裁，是符合合同约定、符合中国法律规定、符合国

---

① 《北海公司负责人林贵洪答辩状》(Affirmation of Lam Kwai Hung)，1993 年 9 月 23 日；《林贵洪第二次答辩状》(2nd Affirmation of Lam Kwai Hung)，1993 年 11 月 24 日。同见《本案上诉卷宗》，第 5—6 页、第 16—18 页、第 21—26 页。

② 香港法院所采用的"即决判决"程序，有若干特点类似于中国《民事诉讼法》中的"简易程序"和"督促程序"，但又有许多重大区别。参见《香港最高法院[诉讼]规则》，第 14 号令，第 14A 号令；《中华人民共和国民事诉讼法》第 142—146 条、第 189—192 条。

③ 见香港高等法院书记官(Registrar)为本案发出的"传票"(Summons)，1993 年 9 月 27 日，《本案上诉卷宗》，第 8—10 页。

④ 见"乌利法官裁定书"(Order, Before Master Woolley of Supreme Court in Chambers)，1993 年 12 月 7 日，《本案上诉卷宗》第 271 页。"Master"一词，又译"助理推事"或"司法事务官"。

⑤ 见北海公司：《关于向高级法官上诉的通知书》(Notice of Appeal to Judge in Chambers)，1993 年 12 月 8 日，收辑于《本案上诉卷宗》，第 273—274 页。

际惯例的,也是符合《香港仲裁法例》规定的①。1994年4月,北海公司向陈安教授提供了两份新的、十分重要的证据文件。据此,后者又对前述"专家意见书"作了重要补充②。

应被告北海公司要求,中国的外交学院国际法研究所原所长姚壮教授于1994年4月4日出具了另一份专家意见书。他强调:依据中国有关法律的规定,特别是依据1958年《承认及执行外国仲裁裁决公约》的规定,A158号买卖合同引起的第10732C号汇票兑现争端,应当以中国的法律为准据法,并提交中国的CIETAC仲裁③。

应原告约克公司要求,香港执业大律师安东尼·理查德·狄克斯于1994年8月5日出具了一份专家意见书。他强调:汇票能够绝对地"独立存在",具有"自主性",并称之为"汇票自治原则"。他援引在中国《法制日报》上发表的一篇文章,1988年颁行的中国《银行结算办法》以及中国《民事诉讼法》的若干条文,硬说他所提倡的"汇票自治原则"已经被中国的法规规定所承认和肯定④,并且以此为据,批驳陈安、姚壮两位教授的前述见解。他断言:"陈教授和姚教授所持的看法,都没有考虑到,也不符合中国在汇票和其他票据方面实施的各项法律原则"⑤;而且进一步断言,即使是中国的仲裁庭,只要充分重视他所强调的、并且已为中国法规所承认的"汇票自治原则",也不会采纳陈、姚两位教授对A158号合同仲裁条款的解释⑥。狄克斯先生的结论是:(1)本案第10732C号汇票争端并非A158号买卖合同争端的一个不可分割的组成部分;因此,(2)A158号买卖合同中双方约定的仲裁条款不能适用于第10732C号汇票争端;(3)第10732C号汇票争端应由香港法院根据香港的《汇票条例》和香港的其他法律加以审理和处断⑦。

被告北海公司收到狄克斯先生的上述意见书后,立即转寄一份复印件给陈安教授。后者发现狄克斯先生所援引的中国报刊文章、中国法律和法规以及所

---

① 见陈安:《关于约克公司与北海公司争议案件的专家意见书》,1994年3月10日,收辑于同上卷宗。复印件收存于厦门大学法学院资料室(以下简称 XULAL)。
② 见陈安:《关于约克公司与北海公司争议案件专家意见书的重要补充》,1994年4月7日,收辑于《本案上诉卷宗》。复印件收存于 XULAL。
③ 见《姚壮书面证词》(Affidavit of Yao Zhuang),1994年4月4日,收辑于同上卷宗。复印件收存于 XULAL。
④ 见《狄克斯书面证词》(Affidavit of A. R. Dicks),1994年8月5日,英文本,第6页,第"12"点;第15页,第"33"点。收辑于同上卷宗。复印件收存于 XULAL。
⑤ 同上,第5页,第"11"点。
⑥ 同上,第15页,第"33"点。
⑦ 同上,第13—15页,第4—5页。狄克斯先生在表述这三点结论上,用的是迂回曲折的语言,但他的真实观点却是相当明白、并不含糊的。

作的论证发挥,有多处误解、曲解原文原意。遂应北海公司要求,于 1994 年 9 月 1 日再次出具一份专家意见书,题为《评狄克斯律师的 AFFIDAVIT》①,对上述误解和曲解逐一予以澄清,并由被告再次及时呈送香港高等法院。

在此之前,北海公司鉴于本案在香港久拖不决,徒耗时间金钱,遂根据 A158 号买卖合同仲裁条款的规定,于 1994 年 8 月 23 日向中国国际经济贸易仲裁委员会深圳分会申请仲裁,后者迅速立案受理②。

1994 年 12 月 16 日,香港高等法院法官尼·卡普兰(Judge Neil Kaplan)作出判决。其要点是:(1) A158 号买卖合同中的仲裁条款不适用于 10732C 号汇票争端;(2) 第10732 号汇票争端的准据法应当是香港法;(3) 被告北海公司对原告约克公司根据该汇票提出的索债要求无权抗辩;(4) 被告北海公司上诉申请中止诉讼,应予驳回;(5) 被告应赔偿原告因反对中止诉讼而支付的费用;(6) 原告请求按"第 14 号令"(Order 14)对第 10732C 号汇票的有关争端实行即决裁判,此项请求留待其他法官另行审理③。

被告北海公司不服卡普兰法官的上述判决,遂由香港大律师 R.J. 福克纳具状向香港的上诉法院上诉。上诉理由有三:(1) 卡普兰法官错误地认定 A158 号买卖合同中的仲裁条款不能适用于本案 10732C 号汇票的争端;(2) 该法官错误地认定被告对原告的凭汇票索债无权抗辩;(3) 该法官错误地全盘采信(原告方)狄克斯先生提供的证词,却不让被告方提供专家证词加以反驳④。

1995 年 3 月 15 日,CIETAC 仲裁庭在深圳开庭审理本案,在澄清事实和分清是非之后,经仲裁庭调解,北海公司与约克公司达成了和解协议,仲裁庭据此作出了相应的裁决。其要点是:(1) 北海公司应在 1995 年 4 月 15 日以前(即裁决后一个月以内)向约克公司支付 A158 号合同项下的 65% 货款及其利息;(2) 约克公司应在收到北海公司通知之后 15 天以内,派技术人员前往北京中国中央电视台,为购自约克公司的制冷设备补足所有缺漏零部件,并全部安装调试完妥;(3) 北海公司应在上述设备经过验收合格之后的 15 天以内,将

---

① 收辑于《本案上诉卷宗》。复印件收存于 XULAL。
② 见《香港北海公司诉美国约克公司仲裁申请书》,1994 年 8 月 23 日,收辑于中国国际经济贸易仲裁委员会深圳分会《[94]深国仲受字第 84 号案件卷宗》(以下简称"《第 84 号仲裁案件卷宗》")。复印件收存于 XULAL。
③ 见《香港高等法院判决书》(1993 No. A8176),1994 年 12 月 16 日,收辑于《本案上诉卷宗》。复印件收存于 XULAL。
④ R·J·福克纳大律师代表北海公司向香港上诉法院呈交的《上诉状》(Notice of Appeal),1995 年 1 月 4 日,收辑于同上卷宗。复印件收存于 XULAL。

A158号合同项下5％的货款尾数支付给约克公司；(4) 双方在香港支付的各项诉讼费用(包括诉讼费、庭费、律师费等)，由双方各自承担；(5) 在深圳仲裁所缴纳的仲裁费，由双方平均分担；(6) 双方应在1995年3月18日中午以前同时撤销在香港法院为本案提起的一切诉讼和上诉①。

二、判决质疑之一：关于本案管辖权问题

本案的首要关键，在于它的管辖权究应属谁：它应由香港的高等法院通过诉讼方式处断还是应由中国的 CIETAC 通过仲裁方式解决？

在"1993年第 A8176 号"案件判决书中，卡普兰法官写道：

"本案汇票是在香港出具并在香港承兑的，因此，应当适用香港法律。该汇票本身并未定有仲裁条款。我不认为本案〔A158号合同〕所规定的仲裁条款足以涵盖因汇票引起的讨债争端……我认为，本案中的汇票产生了一项自由独立的合同，它离开当事人之间签订的含有仲裁条款的基础合同而单独存在……

……我的结论是：本案基础合同适用的准据法，对于考虑因汇票引起的此项讨债争端说来，是不相干的；此项汇票争端另有适用的法律，即香港法律。根据香港法，我非常相信：对于根据汇票提出的此项讨债请求，无权抗辩；所引据的仲裁条款不能适用于此项讨债请求。按照最后的分析，我显然应当驳回关于中止诉讼的请求，因为它所依据的仲裁条款不能涵盖本项诉讼中提出的讨债请求。"②

这样，卡普兰法官就把本案的管辖权强行扣留在香港法院手中，而拒绝把它归还给中国的 CIETAC。

卡普兰法官对本案的管辖权作出这样的处断，不但无视客观事实之间的本质联系，根本违反了当事人的原有意愿和共同约定，根本违反了香港的《仲裁条例》，而且根本违反了英国参加缔结、对香港有法律约束力的国际公约，违反了举世公认的国际惯例，也显见他对于与国际法和国际惯例接轨的中国法律法规的明文规定，缺乏最起码的知识和应有的尊重。兹逐一缕述如次：

---

① 见《中国国际经济贸易仲裁委员会裁决书》[(95)深国仲结字第16号]，1995年3月16日，收辑于《第84号仲裁案件卷宗》。复印件收存于 XULAL。
② 见前引《香港高等法院判决书(1993 No. A8176)》，第27—29页。

(一) 把本案管辖权判归香港法院,根本违反了"有约必守"以及当事人"意思自治"这两大法理原则

1. A158号合同的签约地和履行地是当事人的自愿选择

如本文第一部分所述,约克与北海、北海与兴远、兴远与中央电视台之间分别签订的 A158、B、C 三份合同,不但其买卖的标的物完全相同,即都是原始卖主约克公司提供的那四台冷水机组,而且这三份合同都在同一日期(1992年12月31日)、同一地点(中国北京)、同一会议室、以同一种文字(中文)连续地相继签订,三份合同各自的当事人都同时亲临现场,既各自签约,又互相见证。其现场照片右下角的日期标记"92.12.31",与上述三份合同的签署日期完全吻合一致;而照片背景的那个大字横幅,尤其值得注意:它鲜明地标示各方代表正在举行的聚会乃是"中央电视台购买约克冷机签字仪式"①。这有力地证明了三点事实。

(1) 这三份合同的各方当事人(一个原始卖主,两个中间买主兼转售人,一个终端买主),基于"意思自治"和自愿选择。为了一个"共同目标"——为北京中央电视台购买约克冷机设备——而走到一起来了。他们共同策划和精心设计了一个实质上的"多边接力合同",而又把它分解为三个法律上的"双边合同",以便既规避美国法律的禁运规定②,又逃避中国海关征税③,分工执行,合作完成。

(2) 各方当事人对所有这三份合同的主要内容都是事先经过互相磋商和明确知情的;而三份合同各自附列的四个附件(供货范围、技术参数、技术服务项目以及零件清单),其内容则完全一样④,这也足证各方当事人在举行签字仪式之前早已互相充分沟通并已全面达成协议。

(3) 在 A158 号合同的第一段,就开宗明义,赫然载明本合同的立约主旨⑤:"工程名称:中国中央电视台冷冻站。"这就从总体上载明了本合同当事人双方共同的最终履约地是在中国北京,立约双方通过这个买卖合同,共同向中

---

① 见《本案上诉卷宗》,第167页。
② 美国对华实行高科技禁运,约克公司提供的四套冷水机组中包含有"微电脑控制中心"等,依美国法律不得售与中国。故这批货物的提单上特别注明:"美国只允许可这批货物运往最终目的地香港。禁止违背美国法律规定。"(These commodities licensed by the United States for ultimate destination HONG KONG. Diversion contrary to U.S. Law prohibited. 见《本案上诉卷宗》,第108、164页)。
③ 实际上由兴远公司设法实施。
④ 见《本案上诉卷宗》,第62—68页、85—91页、112—117页。
⑤ 见同上卷宗,第108页。

国北京的这个终端用户提供冷水机组设备。

除此之外,按本合同第五条及"附件三"①B、C、D三点规定,上述设备运抵北京安装完毕后,卖方约克公司还应负责在北京提供各种售后技术服务:(a) 在北京为终端用户免费调试;(b) 在北京参加验收;(c) 于一年保用期内在北京为终端用户免费修理或更换零件;(d) 在北京为终端用户排除操作故障;(e) 免费邀请北京终端用户的四名人员赴美监造验收后,再免费送回北京;(f) 免费将北京终端用户的六名操作人员送往香港或新加坡培训后,再免费送回北京②。这其中,(a)、(b)、(c)、(d) 四项合同义务的履行地完全在北京,(e)、(f) 两项合同义务的履行地也基本上或至少一半在北京。

综合以上各点,可见本合同的履行地实质上或主要是在中国北京。而且这一履行地又同时是本合同的谈判地和缔约地,这三个"连结点"的重叠、复合、结合和吻合,就大大加强了它们在本合同准据法选择过程中的分量、作用和重要性。

2. A158号合同的仲裁管辖机构及其准据法是当事人的自愿选择

在争端解决方式上,本案双方当事人作过共同的选择。在A158号买卖合同第7条中,双方明确约定:"与合同有关的分歧通过友好协商解决。如不能达成协议,将提交中国国际〔经济〕贸易仲裁委员会仲裁。"③这意味着双方共同选择了中国的上述仲裁机构作为受理和解决本合同有关争议的管辖机构。

在上述"仲裁条款"中,双方既未明白表示在仲裁中选择适用中国法律作为准据法,也未明确表示另外选择任何其他国家(非中国)的法律作为准据法,但他们既然明示选择中国的仲裁机构作为受理和解决争端的管辖机构,那么,就应当推定:他们是以默示的方式,选择中国法律作为准据法。

中国权威法学家韩德培教授在中国大学教材《国际私法》一书中主张:"当事人虽未约定应适用的法律,但在合同中规定了一旦发生争议,交由某国法院或仲裁机关管辖时,一般均可据此推定当事人意图适用该国的法律。"④这一点,和国际上著名权威法学家的见解是互相吻合的,下文对此将作进一步的引证和阐述。

---

① 本合同末句载明:"合同附件是合同不可分割的部分。"见《本案上诉卷宗》,第111页。
② 本合同文字上并未标明这些监造、验收和操作人员来自北京和应送回北京,但联系中央电视台与深圳兴远公司所订购销合同第13条以及后来履行的事实,上述人员之来自北京和送回北京就一目了然和无可争辩了(见同上卷宗,第39、42页)。
③ 见同上卷宗,第111页、115页。
④ 韩德培主编:《国际私法》,武汉大学出版社1985年版,第149页。

3. A158 号合同仲裁条款应当适用于 10732C 号汇票争端,也是当事人的自愿选择

本案管辖权分歧的关键问题在于:A158 号合同双方当事人对于本合同争端管辖机构的上述明示选择以及对解决合同争端准据法的默示选择,是否足以涵盖和应当适用于本案 10732C 号汇票争端? 有关事实雄辩地证明答案应当是肯定的。因为,这也是双方当事人自愿选择的一个不可分割的组成部分。其最有力的证据是本案涉讼的 10732C 号汇票上所记载的文字①以及约克公司签发给北海公司的"HKB10732C"号售货发票所记载的文字②,这两份证据上所载明的文字,与 A158 号合同上载明的有关文字,三者互相衔接、高度吻合、完全一致。

把 10732C 号汇票与 HKB10732C 号发票加以仔细对照,就可以看出以下几个特别值得注意的关键要点:

(1) 10732C 号汇票倒数第 4 行赫然记载:"所收款项乃是本公司 1993 年 5 月 22 日签发的第 HKB10732C 号售货发票价款总额的 65%。"这就证明:该汇票上所载明的 USD 339 794.00 这笔款项,既不是任何赠与,也不是出于任何其他法律原因的支付,即只能是根据约克公司的上述特定发票所要求支付的货物总价款的一个组成部分,即 65%。

(2) 该发票右上端载明发票编号为"NO. HKB10732C"。这个号码与本案涉讼之 10732C 号汇票倒数第 4 行记载的发票号码完全一致和互相衔接。

(3) 该发票右上方载明"签发日期:1993 年 5 月 22 日",这个记载与上述汇票倒数第 4 行末端以下、约克公司印章以上之间注明的发票签发日期也完全一致和互相衔接。

(4) 该发票右上方载明:"付款条件:承兑后交单,30 天内付还价款总额的 65%";而在以大写字母英文文字写明价款总额 USD 522 760.00 之后,紧接着又在括号内列出了一个具体算式:"(USD 522 760.00×65%=339 794.00)",这个百分比数字及其绝对值金额均与上述汇票所列的百分比与绝对值金额完全雷同和互相衔接。

(5) 该发票左上方载明的买主——北海公司,既是 A158 号买卖合同中的买主,同时也是上述汇票左下方载明的受票人(drawee)和事实上的付款人

---

① 见"YIHK10732C 号汇票",1993 年 6 月 3 日。收辑于《本案上诉卷宗》。复印件收存于 XULAL。

② 见"HKB10732C 号汇票",1993 年 5 月 22 日。收辑于《本案上诉卷宗》。复印件收存于 XULAL。

(payer)，这三者之间是完全一致和互相衔接的；与此相对应，该发票右下端载明的签发单位——约克公司，则既是 A158 号买卖合同中的卖主，也是上述汇票右下端载明的出票人(drawer)和事实上的受款人(payee)。这三者之间也是完全一致和互相衔接的。众所周知，按照国际货物买卖行为中的常规和惯例，如果以汇票的方式付款，则出票人和事实上的受款人就是卖主，受票人和事实上的付款人就是买主。本案涉讼的 10732C 号汇票，其内容和形式都是完全符合国际买卖行为中的上述常规和惯例的。因此，该汇票中载明并要求北海公司支付的金额，只能是 A158 号买卖合同规定的以及 NO. HKB10732C 号发票指明的总货款中的 65%，而不可能是出于任何其他原因的、独立于 A158 号买卖合同之外的任何其他支付。

如果再进一步，把 HKB10732C 号发票与 A158 号买卖合同加以仔细对照，则又有几个关键要点特别值得注意：

(6) 该发票上载明"顾客定货单号码：A158/4/92-01"，这个号码与上述北海——约克买卖合同的号码——A158/4/92-01——完全一致和互相衔接。

(7) 该发票的主题是"关于北京中国中央电视台"(Re：CCTV,BEIJING)。这说明这个主题与 A158 号合同的主题是完全一致的和互相衔接的[①]。这就再次确凿地证明：约克公司售货当初和签发发票当时就已明知这批货物尽管有两个中间买主和转售人，但其终端买主和实际用户乃是北京的中国中央电视台。

(8) 该发票所列明的售出货物：4 台约克冷机组以及一批零配件(accessories)，其具体型号与数量，与 A158 号买卖合同第 1 条第 1 款的记载完全相符和互相衔接。

(9) 该发票所载明的总额货款为 USD 522 760.00，这也和 A158 号买卖合同第 1 条第 3 款规定的合同总金额的具体数字完全相符和互相衔接。

综上所述，(1)至(5)点所列举的事实，组成了一条粗大的铁链，把本案涉讼的 10732C 号汇票牢牢地焊接在第 HKB10732C 号发票之上；而(6)至(9)点所列举的事实，组成了另一条粗大的铁链，进一步把 HKB10732C 号发票紧紧地焊接在 A158 号买卖合同之上；其综合效果就是：本案中的 10732C 号汇票，通过 HKB10732C 号发票这一"中介体"，与 A158 号买卖合同牢牢地结合在一起，成为其不可分割的组成部分。换言之，正是合同——发票——汇票这三者紧密联系和有机结合，才完整地构成本项买卖行为的全过程。

---

① 见《本案上诉卷宗》，第 108 页。

由此可见，本案 10732C 号汇票中的文字和数字记载，证明它本身就是 A158 号买卖合同中的货款支付方式；也就是 A158 号买卖合同第 1 条第 3 款"合同总金额"以及第 3 条"付款"规定的具体化。因此，有关这张汇票兑现问题的争议，当然就是有关该合同内容的重大分歧之一。应按该合同第 7 条"仲裁条款"的规定，将此项汇票的争议提交中国的 CIETAC 仲裁。显然，这是充分尊重"约定必须信守"以及当事人"意思自治"原则，从而合理、合法地解决本案分歧的惟一途径。

反之，根本不顾以上确凿事实和有力证据，硬说"本案中的汇票产生了一项自由独立的合同，它离开当事人之间签订的含有仲裁条款的基础合同而单独存在"①，并进而武断地排除该仲裁条款对 10732C 号汇票争端的适用，排除当事人共同的约定和自愿选择的中国仲裁机构对此项汇票争端的管辖，无异于肆意践踏"有约必守"和"意思自治"这两大法理原则。

（二）把本案汇票争端管辖权判归香港法院，拒不裁定中止本案诉讼程序，根本违反了香港的《仲裁条例》

根据香港《仲裁条例》第 2 条、第 34A 条和第 34C 条的规定，涉及香港地区当事人的国际仲裁协议以及按国际协议进行的仲裁，应当适用联合国国际贸易法委员会于 1985 年 6 月 21 日颁行的《国际商事仲裁示范法》。

《国际商事仲裁示范法》第 8 条明文规定：

（1）法院受理涉及仲裁协议事项的诉讼，若当事人一方在不迟于就争议实质提出第一次申述之际，即要求提交仲裁，法院应指令当事人各方提交仲裁。但法院认定仲裁协议无效、失效或不能履行者，不在此限。

（2）已经提起本条第(1)款规定的诉讼，尽管有关争端在法院中悬而未决，仲裁程序仍可开始或继续进行，并可作出裁决②。

将上述规定与本案事实加以对照，不难看出：由于 10732C 号汇票就是 A158 号合同第 1 条第 3 款"合同总金额"以及第 3 条"付款"规定的具体化，因此，有关这张汇票兑现问题的争议，显然是有关该合同内容的重大分歧。这一确凿事实本身证明该争议事项应当按仲裁协议提交仲裁。本案被告在香港诉讼程序开始而被迫到庭应诉之后，于 1993 年 9 月 23 日立即根据《香港仲裁条例》以及《国际商事仲裁示范法》的上述规定，向主审法院申请中止诉讼，以便尽

---

① 见前引《香港高等法院判决书》(1993 No. A8176)，第 27—29 页。
② 联合国《国际商事仲裁示范法》，收辑于《香港法例》，第 341 章，附录五。

快将本案转由 CIETAC 仲裁解决;随后又在 1994 年 8 月 23 日向 CIETAC 申请仲裁并由后者迅速立案受理。这表明该方当事人已依法采取了一切促进仲裁解决的必要措施。因此,受理本案的香港法院或其法官本来就理应依法裁定中止诉讼。遗憾的是:在这样的充分条件下,卡普兰法官却仍全然不顾 10732C 号汇票与 A158 号合同具有不可分割关系的确凿事实,以及当事人一方依法提出的正当请求,拒绝中止在香港的诉讼程序。这不但践踏了"有约必守"和"意思自治"这两大基本法理原则,而且也明显地违反了香港《仲裁条例》的上述规定。

(三) 把本案汇票争端管辖权判归香港法院,拒不裁定中止本案诉讼程序,根本违反了对香港具有法律约束力的国际公约

国际货物买卖或其他国际经济关系中的合同争议,在该合同中订有仲裁条款的场合,必须依约将该合同争议提交合同当事人协议指定的仲裁机构进行仲裁,各有关国家的法院或其他司法机关、行政机关对于该争议概无任何管辖权。这一原则,不但已由当代众多国家的国内立法予以肯定,而且已由有众多国家参加缔结的专题国际公约予以确立。在这方面,具有全球性影响、目前适用于九十多个国家和地区的 1958 年《承认和执行外国仲裁裁决公约》(简称《1958 年纽约公约》)中就有明确的规定。该公约第 2 条第 3 款明文规定:当事人就有关诉讼事项订有本条所称之〔书面仲裁〕协议者,各缔约国的法院在受理诉讼时,应依当事人一方的请求,指令各方当事人将该事项提交仲裁。但前述协议经法院认定无效、失效或不能实行者,不在此限①。

此项规定意味着本公约的一切缔约国都承担着国际公法上的条约义务,在仲裁事宜上切实遵守当事人"意思自治"和"有约必守"原则。换言之,各缔约国管辖区内的任何法院都无权无视上述国际公约的明文规定,不顾当事人双方的仲裁协议和其中一方提交仲裁的请求,擅自以诉讼方式受理和处断此类案件。由于众所周知的历史原因,香港目前属于英国管辖。英国早在 1957 年 9 月就参加缔结了上述国际公约,因此,该公约对香港法院当然具有国际公法上的约束力。卡普兰法官的前述判决,显然是根本违背了英国和香港在《1958 年纽约公约》上所承担的法律义务。身为法官忽略了应当恪守国际公法义务,实在不能不令人深感遗憾。

---

① 《承认和执行外国仲裁裁决公约》,收辑于《香港法例》,第 341 章,附录三。

（四）把本案汇票争端管辖权判归香港法院，根本违反了举世公认的国际惯例

国际上享有盛名的英国国际私法学者狄西和莫里斯在其名著《法律冲突》一书中，曾根据大量国际商务纠纷的案例，作出总结，将当事人的上述各种自愿选择与合同的准据法联系起来，认为当事人对于合同签订地、履行地、仲裁地的选择，就意味着当事人对于适用于合同的准据法的选择。其中，当事人对仲裁地的选择，法律意义更为重大。他们引证许多案例中权威法官的判词，强调指出：

"……'当事人作出的实际法律选择，可以包括对解决争端的仲裁地的选择，因为这种情况意味着仲裁员势必采用当地的法律'……大法官威尔伯福斯说：'选择某地进行仲裁，就表明有关各方当事人意欲接受当地法律的管辖，这是一条稳妥可靠的基本准则'；大法官狄普洛克补充说：'当事人订立仲裁条款一般是为了要选择所适用的法律，并且理应如此解释，除非合同中的其他条款或进行交易的周围环境另有强有力的相反的证据。'此项判决的实际效果是：此后许多法院相继推定：当事人在合同中约定在某个特定的国家提交仲裁，一般说来，这就是一项默示的法律选择"[1]。

另外两位著名的英国学者马斯蒂尔和波伊德在其合著的《英国商务仲裁的法律与实务》一书中，对于在认定合同准据法时应当尊重当事人的自愿选择，应当遵循"最密切最实际联系"准则，切实重视合同签订地、合同履行地等原理，也作了与上述观点大体相同的论证[2]。

此外，澳大利亚著名学者赛克斯和普赖尔斯在《澳大利亚国际私法》一书中也引证典型判例，对当事人选择仲裁地的法律意义作了更加明确的阐述：

"……（在合同中）设立条款规定在某特定国家里提交仲裁，这就仍然是一种强有力的推定：实行仲裁的所在地国家的法律就是合同的准据法。这种推定，只有另设明文规定的法律选择条款，或者另有其他具有绝对优

---

[1] 狄西与莫里斯合著：《法律冲突》（第2卷），1993年英文第12版，第1225—1226页，并参见同书1987年英文第11版，第1182—1183页；并参见"突尼斯航运公司诉阿梅门特海运公司"案件，威尔伯福斯大法官的意见，狄普洛克大法官的意见，分别载于《英国上议院上诉案例汇编》（1971年卷），[The Law Reports (1971), Appeal Cases Before the House of Lords]，1971年版，第596页B段、第609页D–E段。

[2] 马斯蒂尔与波伊德合著：《英国商务仲裁的法律与实务》，1989年英文第2版，第71—72页。See M. J. Mustill and S. C. Boyed, The Law and Practice of Commercial Arbitration in England, znd ed, Butterworths, London, 1989, at pp. 71–72.

势的综合因素表明应当适用其他法制,才能加以改变。因此,订有仲裁条款的合同的准据法,往往就是仲裁举行地当地的法律。"①

将以上诸位著名学者对国际商务纠纷典型判例所作的总结与本案事实加以对照,不难看出:第一,本案基础合同(A158 号合同)的签订地、主要履行地以及仲裁地都是在中国,因此这份合同的准据法当然应当是中国的法律。对于这一点,卡普兰法官面对大量事实,不能不在本案判决书中予以认定②,这当然是正确的。但是,第二,卡普兰法官忽视客观事实,拒不承认 10732C 号汇票兑现纠纷乃是整个 A158 号合同履行争端的一个有机的、不可分割的组成部分,从而把这个与合同躯体血肉相连的组成部分加以"肢解",并硬说:"本案基础合同适用的准据法,对于考虑因汇票引起的此项讨债争端说来,是不相干的;此项汇票争端另有适用的法律,即香港法律。"③从而把本案的管辖权强行扣留在香港法院,拒绝把它归还给中国的 CIETAC。这种判断和认定,衡之于上述诸位著名学者所阐述的对于国际商务纠纷实行正确处断的惯例,显然是背道而驰的,因而当然是错误的。这样断案,其综合结果是,卡普兰的错误否定了卡普兰的正确。而且,人们不能不提出这样的疑问:他肯定中国法律乃是 A158 号合同的准据法,究竟是"虚与委蛇",还是真心实意?他对他认为应作为 A158 号合同准据法的中国法律,是否具备应有的知识和起码的尊重?

(五) 把本案汇票争端管辖权判归香港法院,是对已与国际惯例接轨的中国法律缺乏应有的尊重

(1) 中国民法、合同法对"涉外合同争议"准据法的规定

《中华人民共和国民法通则》(以下简称"《民法通则》")第 8 章第 145 条明文规定:

"涉外合同的当事人可以选择处理合同争议所适用的法律,法律另有规定的除外。

涉外合同的当事人没有选择的,适用与合同有最密切联系的国家的法律。"

本条的规定,显然与当代各国民法、国际私法(冲突法)通行的"国际惯例"相一致。其中第 1 款的规定,贯串了当事人"意思自治"原则;第 2 款的规定,则

---

① 赛克斯与普赖尔斯合著:《澳大利亚国际私法》,1991 年英文第 3 版,第 143 页。E. I. Sykes and M. C. Pryles, Australian Private International Law, 3rd ed, The Law Book co. Ltd. (Australia), 1991, at p. 143.
② 见前引《香港高等法院判决书》(1993 No. A8176),第 16 页。
③ 见同上《判决书》,第 27—29 页。

贯串了"最密切联系"原则。

《中华人民共和国涉外经济合同法》(以下简称《涉外经济合同法》)第 5 条也有基本相同的明文规定：

"合同当事人可以选择处理合同争议所适用的法律,当事人没有选择的,适用与合同有最密切联系的国家的法律。"

(2) 中国司法解释对"涉外合同争议"准据法的规定

中华人民共和国最高人民法院在一项司法解释中规定："凡民事关系的一方或者双方当事人是外国人、无国籍人、外国法人的；民事关系的标的物在外国领域内的；产生、变更或者消灭民事权利义务关系的法律事实发生在外国的,均为涉外民事关系。人民法院在审理涉外民事关系的案件时,应当按照民法通则第八章的规定来确定应适用的实体法。"①

根据最高人民法院作出的另一项司法解释,《涉外经济合同法》不但适用于中国企业或其他经济组织同外国的企业、其他经济组织或者个人之间订立的经济合同,而且"也可以适用于……外国企业、其他经济组织或者个人之间,港澳地区的企业、其他经济组织或者个人之间,外国企业、其他经济组织或者个人与港澳地区的企业、其他经济组织或者个人之间在中国境内订立或者履行的上述经济合同。"②

本案中的 A158 号合同乃是美国企业约克公司与香港企业北海公司之间在中国境内(北京)订立的合同,对照上述权威性司法解释,显然属于中国《民法通则》和《涉外经济合同法》上述有关规定可以适用的范围。

(3) 中国大学教科书对"涉外合同争议"准据法的基本主张

前面提到的中国内地大学教科书对"最密切联系"原则作了系统的阐述和论证,其中强调：在按照"最密切联系"原则推定合同准据法时,应当认真考虑采用缔约地法(即合同签订地法)、履行地法、法院地法或仲裁地法、物之所在地法、当事人居住地/住所地或营业地法等③。这种观点,既符合国际公认的惯例,又已为中国法学界和司法界所广泛接受和推行。

对照本案 A158 号买卖合同的有关事实,显然可以断言：本合同的谈判地、实质履行地或主要履行地、仲裁地、物之所在地以及与本合同有最紧密联系之

---

① 《最高人民法院关于贯彻执行〈中华人民共和国民法通则〉若干问题的意见(试行)》(1988 年 4 月 2 日),第 178 条。

② 《最高人民法院关于适用〈涉外经济合同法〉若干问题的解答》(1987 年 10 月 19 日),第一部分第(一)、(二)项。载于《最高人民法院公报、典型案例和司法解释精选》,1993 年版,第 871—872 页。

③ 见韩德培主编：《国际私法》,武汉大学出版社 1985 年版,第 147—149 页。

卖方营业所所在地，无一不是在中国。根据公认的"最紧密联系"原则，中国法律乃是解决本合同一切争议的惟一的准据法。因此，有关 A158 号买卖合同的争端，应当依据中国法律规定和合同当事人的约定，提交中国的 CIETAC 仲裁。

于是，就有必要进一步分析和回答本案中最为关键的问题，即根据中国的法律体制，本案买卖双方当事人有关 10732C 号汇票的争端，是否独立于 A158 号合同之外，既不适用中国的法律，也不受合同中仲裁条款的约束？相反，它是否应当由香港法院适用香港或英国的法律作出司法裁判？

（4）根据中国法律体制对本案汇票争端管辖权的正确理解

如前所述，A158 号合同第 7 条明确规定："与合同有关的分歧"如不能协商解决，将提交中国的 CIETAC 仲裁。揣摩这段文字，对照本案事实，必须依次澄清以下 4 个问题：

A. 根据中国的法制，如何理解"与合同有关的分歧"一语？它的范围是广义的？还是狭义的？

B. 根据中国的法制，本案中关于汇票的争端，是否属于上述"与合同有关的分歧"的范围？它是独立于合同之外的争端，还是附属于合同本身的争端？

C. 根据中国的法制，此项争端，应当由中国国际经济贸易仲裁委员会受理、管辖并作出仲裁裁决，还是应当由香港法院受理、管辖并作出司法裁判？

D. 根据中国的法制，如果在受理本项争端之管辖权本身以及法定管辖机构本身问题上发生分歧，应当如何解决？

兹针对这四个问题，逐一澄清如下：

A. 根据中国最高人民法院的司法解释："对于《涉外经济合同法》第 5 条所说的'合同争议'应作广义的理解。凡是双方当事人对合同是否成立、合同成立的时间、合同内容的解释、合同的履行、违约的责任，以及合同的变更、终止、转让、解除等发生的争议，均应包括在内。"①

对照本案事实：上述汇票的兑现问题，乃是买卖双方在本合同履行过程中货款支付上的争议；而关于此项争议是否应当提交中国仲裁机构仲裁的问题，则是对本合同第 7 条仲裁条款的含义和适用范围应当如何解释的争议，即乃是一种有关"合同内容的解释"上的争议。根据上述司法解释，无论是前一种争议还是后一种争议，显然都应归属于广义的"合同争议"的范围，应当按前引中国《涉外经济合同法》第 5 条和《民法通则》第 145 条的有关规定，确认或推定适用

---

① 见前引《最高人民法院关于适用〈涉外经济合同法〉若干问题的解答》，第二部分第（一）项，载于同书第 872 页。

于本合同上述两大争议的准据法以及管辖和处理这两大争议的专属机构。

由此可见,就中国的法律逻辑概念而论,上述汇票的争议,不能独立于上述仲裁条款中"与合同有关的分歧"一词以及上述司法解释中"合同争议"这一概念对它的涵盖,不能排除中国上述有关法律规定以及有关司法解释对它的适用和约束。

B. 根据中国《涉外经济合同法》第12条的规定,合同的标的和标的的价款是任何经济合同必备的基本条款。就买卖合同的特殊本质而论,上述汇票争端,也不可能独立于A158号合同之外,独立自在。A158号合同一开头就标明"买方"和"卖方",足见这是一个典型的买卖合同。合同第1条第1款和第2款规定卖方的供货义务(即买方的得货权利);紧接着,第1条第3款和第3条规定买方的付款义务(即卖方的得款权利)。换言之,这些条款明确规定了买卖双方的<u>基本权利</u>和<u>基本义务</u>,两者互相对应,互相依存,互相结合,<u>不可分割地</u>构成本买卖合同的"灵魂"和"心脏"。因此,如果硬说10732C号汇票乃是完全独立于A158号合同之外的另一合同,硬说这张汇票上的金额竟然与上述合同货款总金额毫不相干,那么,合同上述条款规定的买方付款义务就成为一句空话,从而A158号合同就成为"只要求卖方供货、不要求买方付款"的合同,就变成了约克公司向北海公司实行"无偿赠与"的合同,合同开头标明的"买方"与"卖方"也就变成了<u>受赠人</u>和<u>赠与人</u>,这岂不荒谬可笑? 另一方面,约克公司要求北海公司兑现这张汇票,也就相应地变成毫无合法原因而强行要求北海公司向约克公司实行"无偿赠与"的"勒索"了! 这岂是原告索取货物价款的原意或行使请求权的立足点? 可见,如果硬把本案中的10732C号汇票说成是独立于A158号合同之外的法律事实或法律关系,不但根本改变了A158号合同作为买卖合同的特殊本质,从而剥夺了它的法律"生命",而且也使约克公司就这张汇票提出的兑现请求权成为<u>无本之木</u>和<u>无源之水</u>,失去任何法律根据。

其次,就供货与付款的因果关系而论,上述汇票争端也不能独立于A158号合同之外。因为,此项汇票兑现付款争议是由卖方未能按时、按质、按量供货引起的,可见供货问题上的争议与付款问题上的争议两者之间具有直接的、不可分割的因果关联;也可以说,付款争议乃是供货争议的一种表现形式。既然双方当事人都不否认供货问题的争议乃是直接属于本合同上的争议,那么,对于由此直接引起的付款争议(即10732C号汇票兑现争议),任何一方当事人也就无权、无法否认它也是完全直接属于本合同履行上的争议。

C. 根据中国《涉外经济合同法》第37条的规定,发生合同争议时,当事人可以依据合同中的仲裁条款或者事后达成的书面仲裁协议,提交中国仲裁机构或者其他仲裁机构仲裁。由于 A158 号合同的仲裁条款明确规定应将当事人双方无法达成协议的有关合同的任何争端提交中国国际经济贸易仲裁委员会仲裁,因此,与本合同货款支付直接相关的汇票兑现的争议,理所当然地应依约提交上述仲裁机构仲裁,而不应违约诉请香港法院受理和管辖,并由后者作出司法裁判。

D. 在澄清上述 A、B、C 三个问题之后,如果当事人对于上述"仲裁条款"本身的内容及其适用范围仍有争议,特别是对于上述中国仲裁机构对本案汇票争议是否有权受理管辖一事仍有分歧,那么,要解决这种争议或分歧,在中国的有关规定中仍然是有法可依和有章可循的。这些法律和规章的基本要点如下:

中国的《民事诉讼法》第 257 条规定:"涉外经济贸易……中发生的纠纷,当事人在合同中订有仲裁条款或者事后达成书面仲裁协议,提交中华人民共和国涉外仲裁机构或者其他仲裁机构仲裁的,当事人不得向人民法院起诉。"

这意味着:凡是当事人约定对涉外争端采取仲裁解决的,就绝对排除司法解决。

根据前引最高人民法院的司法解释[1],有关合同中仲裁条款本身含义和适用范围的争议,也应认定为一种合同争议,并依合同中仲裁条款的规定,提交事先约定的仲裁机构仲裁。

《中国国际经济贸易仲裁委员会仲裁规则》第 2 条第 3 款规定:"仲裁委员会有权就仲裁协议的有效性和仲裁案件的管辖权作决定。"这种规定,显然和《民事诉讼法》第 257 条的规定以及最高人民法院的上述司法解释互相响应,互相补充,三者的基本精神是完全一致的。其综合性的法律结论当然就是:凡是当事人约定对涉外争端采取仲裁解决的,如果双方对仲裁条款的内涵本身发生争议,也应提交原先约定的仲裁机构,就该条款本身的有效性和仲裁管辖权作出决定。当事人任何一方都不得违约就仲裁条款本身的争议向法院起诉,法院也不得受理(1995 年 9 月 1 日开始施行《中华人民共和国仲裁法》后,另有新的规定。详见该法第 20 条)。

综上所述,任何人,只要真心实意地尊重和遵循当事人"意思自治"和"最密切联系"这两大法理原则,就当然会认定中国的法律是解决 A158 号合同一切有关争端的惟一准据法;任何人,只要言行一致地承认中国的法律是解决本合同一切争端的准据法,并对此准据法给予起码的尊重,就绝不会对中国法律体制中有关涉外合同争议及其管辖权的一系列具体规定弃置不顾,硬把与 A158

---

[1] 见前引《最高人民法院关于适用〈涉外经济合同法〉若干问题的解答》第二部分第(一)项,载于同书第 872 页。

号合同血肉相连的10732C号汇票争端强行"肢解",硬把香港法律作为它的准据法,并把该争端的管辖权强行扣留在香港法院。

三、判决质疑之二:关于中国法律"承认"本案汇票争端之"独立性"问题

卡普兰法官作出前述判决的主要依据之一,是狄克斯先生提供的前述证词。

判词共29页,却以长达6页的篇幅引述了狄克斯的观点。据称:

"原告提供了御用大律师安东尼·狄克斯先生撰写的一份专家证词。狄克斯是一位中国法律的专家,尤其精通中国各类付款制度包括汇票制度的发展过程。……狄克斯证词的精华在于:他指出,(陈、姚)两位教授都忽视了汇票作为可转让票据的特性,因此他们所持的看法,都没有考虑到或不符合于中国在汇票以及其他票据方面实施的各项法律原则。[1]……

"我对狄克斯的证词印象十分深刻,在我看来,该证词分析问题合乎逻辑,条理分明,并从中国有关可转让票据法律的发展过程来加以论证。[2]……

我准备采纳狄克斯先生作出的结论。……我的结论是:以中国的法律作为准据法,应当把汇票与出具汇票有关的基础合同分割开来,区别对待。"[3]

关于狄克斯先生作出的结论,其主要论点已列明于本文第一部分倒数第6段,毋庸赘述。问题在于狄克斯先生在论证其论点时所援引和发挥的论据,即他所谓的"中国在汇票以及其他票据方面实施的各项法律原则",却往往是"无中生有"或"化有为无",并不符合事实原貌或原文原意。于是卡普兰法官就在"印象十分深刻"之下被导入所谓"中国票据法律原则"的误区,信假为真,以讹传讹。兹择要说明狄克斯先生的讹误如下:

(一)中国法律中并不存在狄克斯生造的"汇票自治原则"和汇票至高无上的"独立性"

据狄克斯先生强调:他所称的"汇票自治原则","已经被中国的法规所认

---

[1] 见《香港高等法院判决书》(1993 No. A8176),第20页。
[2] 同上《判决书》,第24页。
[3] 同上《判决书》,第25页。

可"。但我们遍查所有的中国法规,始终未能发现这个怪名词的踪迹。至于他所描绘的汇票能够绝对地"独立存在",即使未经任何背书转让,票据债务人也无权对不履行约定义务的与自己有直接债权债务关系的持票人进行抗辩,依法拒绝对票据债权人履行付款义务,我们遍查中国法规,也从未见过任何法规竟然赋予未经背书转让的汇票如此崇高的法定独立地位。

(二)狄克斯援引中国的《银行结算办法》时,使用了断章取义和化有为无的手法

狄克斯先生援引来论证其所谓"汇票自治原则"的主要中国法规之一,是 1988 年 12 月 19 日由中国人民银行发布的《银行结算办法》(以下简称《结算办法》)。他转述了其中第 14 条第 5 款关于商业汇票允许背书转让的规定,同时摘引了其中第 22 条的规定,即"本办法允许背书转让的票据,因不获付款而遭退票时,持票人可以对出票人、背书人和其他债务人行使追索权,票据的各债务人对持票人负连带责任"。他力图以这两项规定来论证他所主张的有关汇票的绝对的"autonomy"①,似乎中国的有关法令或规章也承认汇票的这种"autonomy"乃是至高无上、凌驾一切、压倒一切和不容抗辩的。

但是,狄克斯先生却任意"阉割"了适用第 22 条规定的法定前提:票据经过"背书转让",并且以"移花接木"和"张冠李戴"手法,把它强加于本案 10732C 号这份未经背书转让的汇票头上;同时忽略了或回避了《结算办法》第 14 条第 2 款和第 3 款的规定,即对商业汇票使用范围及其票据权利加以重大限制。该第 2 款从正面规定:"在银行开立账户的法人之间根据购销合同进行商品交易,均可使用商业汇票。"紧接着,该第 3 款又从反面加以补充:"签发商业汇票必须以合法的商品交易为基础,禁止签发无商品交易的汇票。"按照这两款的规定,一张商业汇票,即使它完全具备一般票据行为的要件,但它的签发如果不以合法的商品交易为基础,或者它竟是一张无商品交易的汇票,那么,在中国,这张汇票就是不受法律保护的汇票,或者,它就是一张法令所禁止的因而是自始无效的汇票。试问:一张不受法律保护的汇票或自始无效的违法汇票,它所记载的票据权利,在并未背书转让以前,又有何"autonomy"可言?衡之于本案事实,本案涉讼的 10732C 号汇票,如果它不是以 A158 号合同的商品交易为基础,如果它不与此项商品交易紧密结合,它就是中国现行法令所禁止的"无商品交易的汇票"。在此种情况下,以中国的现行《结算办法》作为法律准绳,这张汇

---

① 见前引《狄克斯书面证词》,第 5 页,第 11 点;第 7—8 页,第 15—16 点。

票对于收款人约克公司说来,就理所当然地成为无根之本、无源之水,从而失去它自己的法律生命。试问,一张汇票连法律生命都不存在了,"autonomy"又何能健在呢?

其次,狄克斯先生也忽略了或回避了《结算办法》第 10 条的明文规定:"银行按照本办法的规定审查票据、结算凭证和有关单证。收付双方发生的经济纠纷,应由其自行处理,或向仲裁机关、人民法院申请调解或裁决。"这一条文至少说明了三点事实:

(1) 票据成立之后,收款人与付款人之间产生经济纠纷乃是一种屡见不鲜的正常现象。就汇票而言,一方面,持票人或收款人依法享有汇票上所载明的收款的权利;另一方面,承兑人或付款人也依法享有对对方收款权利提出抗辩的权利。这样才会形成"收付双方的经济纠纷"。反之,如果不承认承兑人或付款人的抗辩权,凡是票据上债务人对票据载明的债权只许屈从不许抗辩,那就不会发生任何"收付双方的经济纠纷",从而也就无需在有关票据的法令中对票据"收付双方的经济纠纷"的解决途径专设一条规定了。可见,这条规定的实质就是承认和保护票据债务人有权对票据债权人依法抗辩。

(2) 票据"收付双方发生的经济纠纷"的解决途径有三,即 A. 当事人自行协商解决;B. 向仲裁机构申请调解或仲裁;C. 向人民法院起诉,要求给予判决。本案的案情已经表明:上述 A 种途径已经行不通。

(3) 根据前引中国《民事诉讼法》第 257 条规定,由于本案 A158 号买卖合同中已经订有明确的仲裁条款(合同第 7 条),当事人不得向人民法院起诉。因此,上述 C 种途径也已经行不通。剩下惟一可行的途径就是将本案"收付双方发生的经济纠纷"依法、依约提交中国国际经济贸易仲裁委员会仲裁。

由此可见,在上述《结算办法》第 10 条面前,狄克斯先生所反复强调的关于 10732C 号汇票的 autonomy,再一次被打了一个大大的折扣。正是这第 10 条规定,根据本案 A158 号合同的仲裁条款,遵循《民事诉讼法》第 257 条的规定,已经把作为 A158 号合同买卖双方纠纷之组成部分的"10732C 号汇票"收付双方纠纷的受理权和管辖权,明白无误地和无可置疑地授予了中国国际经济贸易仲裁委员会。

人们不禁纳闷:既然是一个"精通"中国票据法发展过程的专家,怎么能在援引中国的《结算办法》时,使一些关键性条文在其笔下失去原有的适用前提(如前述第 22 条),或在其眼中整条整条地消失无踪(如前述第 10 条和第 14 条)?

(三) 狄克斯在转述郭锋先生的论文时，阉割前提、歪曲原意

狄克斯先生转述了中国律师郭锋先生论述票据纠纷的一篇文章(以下简称"郭文")，认为文章作者概述了票据的若干特点，并清楚地说明了票据行为的"独立自主"[1]。经查对原文，我们发现，狄克斯先生在转述这篇文章时又"忽略"了几个关键问题：

郭文探讨的主题乃是：票据经背书转让之后，票据债务人对于持票的善意第三人的票据债权，应当承担什么责任。换言之，全文的论述主题，特别在论述普通债权与票据债权的区别时，其大前提乃是：第一，票据已经背书转让；第二，已经出现持票的善意第三人。在狄克斯先生提醒人们注意他提供的这篇文章英译本的第一部分(the first seven pages of the translation of part Ⅰ of the article)，其中的醒目标题就赫然写着"应当区别普通债权转让和票据的背书转让"，接下来所列举的六点区别，也无一不是以票据已经"背书转让"和已经出现持票的"善意第三人"作为立论前提的[2]。但是，狄克斯先生在援引郭文这些论点用以论证狄克斯先生自己所极力强调的票据权利的 autonomy 时，却有意地忽略了或删除了郭文立论的这两个大前提。本案涉讼的 10732C 号汇票，其票据双方当事人始终就是买卖合同原来的双方当事人，从未发生过"背书转让"情事，因此，本案这场票据纠纷的当事人也百分之百的就是原来买卖合同纠纷的当事人，丝毫不涉及任何持票的善意第三人问题。在根本不存在任何持票善意第三人的本案中，援引专论票据背书转让后如何对待持票善意第三人的文章，来论证本案票据的所谓 autonomy，这岂不是"驴唇不对马嘴"？

应当指出：郭文中本来就含有数处明确论述，对狄克斯先生所坚持的票据无条件 autonomy 的主张十分不利，或者说，对这种票据绝对 autonomy 的主张起了否定的作用。但郭文中的这些明确论述，也被狄克斯先生不该忽略地"忽略"了。例如：郭文中提到，在许多场合，票据债务人可以对票据债权人提出抗辩，拒绝付款。其中包括：如果票据债务人从事的票据行为是受欺诈或胁迫而进行的，或者原因关系中的直接相对人拒绝履行民事义务，等等，票据债务人均可依法行使抗辩权。为了说明问题，郭文中特地举了一个例子："如甲乙签订购销合同，乙销售货物给甲，甲签发商业汇票一张给乙，乙背书转让给丙。由于某种原因，乙未能交货给甲。此时，如果乙持票要求甲付款，甲可以以乙未履行合

---

[1] 见前引《狄克斯书面证词》，第 8 页，第 17—18 点。
[2] 见郭锋：《法院审理票据纠纷案应注意的几个问题》，载于《法制日报》1992 年 5 月 5 日。

同为由进行抗辩。但如果受让票据时不知情的丙提示票据要示付款,则甲不能拒付。"郭先生并且强调:"司法实践中,对于正当抗辩必须予以维护。"①

根据郭锋先生本人所作的说明,他在上述文章中所说的"原因关系",其含义是指票据的基础关系。在因买卖行为而授受票据的情况下,该买卖关系就属于原因关系或基础关系②。郭先生的这种观点与当前中国内地有关票据法著作中的一般观点是一致的。下文将作进一步介绍。

郭锋先生的这些观点是正确的。它所论证的恰恰就是:在一项买卖行为(票据授受的原因或原因关系)中,尽管卖主已经持有买主承兑的汇票,如果卖方不依约履行供货义务(包括完全不供货、供货数量或质量不符合合同规定),买方就有权在卖方持票要求兑现付款时,提出抗辩,拒绝付款。在这种情况下,卖主所持有的汇票之能否兑现,取决于和完全从属于原有的买卖行为中卖方是否已经依约履行供货义务,这么一来,这张汇票及它所记载的票据债权,又有何 autonomy 可言呢?联系到本案,北海公司就相当于郭文上述举例中的甲,约克公司就相当于上例中的乙,北海公司与约克公司之间的买卖关系与票据关系,就相当于上例中的甲乙两方当事人的关系。因此,北海公司对 10732C 号汇票的抗辩权,依法是无可争议的,也是法律所应当予以保护的。

在中国阐述票据法基本原理的学术著作中,把票据当事人之间授受票据的原因称为"票据的原因关系"③。就本案而言,10732C 号涉讼汇票产生的原因和根源就是前述 A158 号货物买卖合同。A158 号合同与 10732C 号汇票之间的因果关系和主从关系是一目了然的。本案买主(北海公司)与卖主(约克公司)先是从事买卖行为的双方当事人,继而又是从事票据行为的双方当事人,在这份业经承兑的汇票并未转让给任何第三人以前,本买卖行为与本票据行为的各方主体(当事人、行为人)是完全重叠、复合和一致的。买卖行为双方当事人在民法上的权利与义务(买方得货付款,卖方得款付货),与票据行为双方当事人在票据法上的权利与义务(承兑人——付款人因得货而付款,收款人因交货而得款),也是完全重叠、复合和一致的。在这种情况下,双方在票据行为上发生的争执(应否付款)与买卖行为上的争执(交货是否符合合同约定)实际上也是完全重叠、复合和一致的。

此时,对于这样一件在买卖行为和票据行为上双方当事人分别重叠复合、

---

① 见前引郭锋《法院审理票据纠纷案应注意的几个问题》。
② 见"郭锋先生答复陈安教授的传真函件"(1994 年 8 月 24 日),收辑于《本案上诉卷宗》,第 356 页。
③ 见覃有土、李贵连主编:《票据法全书》,中国检察出版社 1994 年版,第 31 页。

权利义务重叠复合、争端重叠复合的案件,如果任意夸大票据行为的"独立性"或"自主性",硬把本项票据纠纷与其直接产生原因即本项买卖供货纠纷完全割裂开来,单就票据本身谈票据,丝毫不问其纠纷直接原因即买卖行为中的是非曲直和青红皂白,而要求买方(即承兑人——付款人)无条件付款,这就既不符合基本法理,也不符合中国的具体法律规定。因此,任何法院或律师如果竟然支持这种无理要求,就难免令人联想到广泛流行于中国民间的一则著名寓言:某甲中箭受伤,求医于某乙。乙取出小锯,锯断甲体外的箭杆,即称手术完毕,要求付酬。甲惶惑不解,诉说箭镞尚在体内。乙答:"我是外科医生,只管体外部分。箭镞既在体内,请另找内科医生!"不言而喻:任何一个稍具水平的律师或法官在为当事人排难解纷时,显然都应把因果直接相连、不可分割的两项纠纷综合考虑,作出符合基本法理的公平判断,就像任何一个稍有医学常识的医生在治疗上述箭伤时,理应把"箭镞"与"箭杆"综合考虑、综合施治一样。

(四) 狄克斯的见解与中国票据法学术著作中公认的观点、有关的国际公约以及中国票据法的具体规定都是背道而驰的

在中国,1994 年 2 月出版的《票据法全书》(全书 1950 页,约 315 万字)中,就辟有一章专门论述"票据抗辩"。书中多处论证、肯定和支持票据债务人依法行使抗辩权,从而很不利于或否定了狄克斯先生论证票据的绝对 autonomy。兹简单摘录数段如下:

A. "票据抗辩是指票据债务人对于票据债权人提出的请求(请求权),提出某种合法的事由而加以拒绝。票据抗辩所根据的事由,称为抗辩原因;债务人提出抗辩,以阻止债权人行使债权的权利,称为抗辩权。票据抗辩是票据债务人的一种防御方法,是债务人用以保护自己的一种手段。"①

B. "对人的抗辩:对人的抗辩是指特定的债务人对特定的债权人的抗辩……主要有以下几种情况:……"

(1) "原因关系不合法:签发票据的原因是否有效,本来不影响票据债权的效力,因为票据是无因证券。但是如果这种不合法的原因关系发生在授受票据的直接当事人之间,则仍可以此为理由而主张抗辩。例如为支付赌博所欠款项而签发的支票,债务人对于直接接受该支票的受让人的付款请求,可以主张抗辩,但不得对抗其他非直接受让人的请求。"

(2) "原因关系的无效、不存在或已消灭:票据上的权利义务因票据行为而

---

① 见前引覃有土、李连贵主编:《票据法全书》,第 67 页。

发生,本来不会因其原因关系无效、不存在或消灭而受影响,但在直接授受票据的直接当事人间,仍可主张抗辩。例如甲向乙购货而签发一张本票给乙,后乙不能交货,对于乙的付款请求,甲可以主张抗辩。"

(3)"欠缺对价:票据关系的效力本不因对价关系的有无而受影响,但在直接当事人间,如以对价的收受为条件时,一旦欠缺对价,则可主张抗辩。例如发票人以执票人应贷相当于票面金额的款项为条件而签发票据与执票人时,如执票人未依约贷款给发票人,则发票人可以此对抗执票人。"①

C."……在对人的抗辩中,对直接当事人之间的抗辩也无法限制。例如在发票人与受款人之间,既存在票据关系,也存在原因关系。依照民法同时履行的原则,受款人向发票人请求付款时,发票人也可以请求受款人履行原因关系中的债务。虽然前者属于票据关系,后者属于原因关系,但是既然同时存在于相同的当事人之间,如不许其行使抗辩权,显然是不公平的,而且会使当事人之间的法律关系更加复杂。所以,对直接当事人之间的抗辩,票据法也不予限制。"②

D."……如果原因关系与票据关系存在于同一当事人之间时,债务人可以利用原因关系对抗票据关系。例如 A 向 B 购货而交付本票于 B,以后 AB 间的买卖合同解除,B 持票向 A 请求付款时,A 可以主张原因关系不存在而拒绝付款,这种情形只限于直接当事人之间。"③

中国内地学者上述票据法著作中所阐述的基本观点,与 1988 年《联合国国际汇票和国际本票公约》有关规定的基本精神是完全一致的。该《公约》第 28 条(1)(b)和(1)(d)规定:当事人既可以向不受保护的持票人提出基于他本人与出票人在票据项下的基础交易的任何抗辩;也可以提出对他本人与持票人之间的合同内行动可提出的任何抗辩。第 30 条(1)(b)则进一步规定:当事人对于受保护的持票人可以提出基于他本人与上述持票人在票据项下的基础交易而提出的抗辩④。

从中国内地学者票据法著作中所阐述的上述观点以及联合国上述公约的有关规定中,显然可以归纳出以下几个要点:

(1)民法上的一般债权债务关系与票据法上的债权债务关系既有区别又有联系。因此,既不能把两者完全混为一谈,又不能无条件地把两者绝对割裂。

---

① 见覃有土、李贵连主编:《票据法全书》,中国检察出版社 1994 年版,第 68—69 页。
② 同上书,第 69—70 页。
③ 同上书,第 33 页。
④ 同上书,第 1745 页、1746 页。

(2) 在票据上的原债权债务通过背书已转移给授受票据的原当事人以外的善意第三人之后,就应当严格地区分作为授受票据原因的原有一般民事债权债务关系与票据转让后新产生的票据债权债务关系。换言之,在票据背书转让后,新产生的票据债权债务关系具有一定的独立性,不受原民事债权债务关系的影响。

(3) 在票据未经任何背书转让给任何第三人以前,在直接授受票据的直接当事人之间,既存在票据法上的债权债务关系,也存在票据原因上的债权债务关系,即原有的、一般民法上的债权债务关系。此时,这两种债权债务关系完全交融和完全化合在一起,成为一个合成体和化合物;而且,就该民事行为与该票据行为完全相同的双方当事人之间而言,票据行为上的债权债务产生于、从属于民事行为的债权债务,在这种情况下,该票据行为上的债权债务关系就不存在任何"独立性"。因此,应当对该票据行为上的债权债务纠纷与原民事行为上的债权债务纠纷实行综合"诊断"和综合"治疗"。此时此际,就应当特别强调保护票据债务人依法享有和依法行使的抗辩权。

(4) 联系到本案,A158 号买卖合同纠纷与 10732C 号汇票兑现纠纷之间的双方当事人、纠纷性质、纠纷关系,完全符合上述第(3)点的情况。因此,对于双方行为和双方主张的是非曲直,理应切实按照上述分析,作出符合当今世界各国基本法理原则、符合国际惯例的综合分析,实行综合"诊断"和综合"治疗"。

中国学者的上述一贯观点和联合国上述公约所规定的票据法基本原则,不但已经体现在 1988 年中国《银行结算办法》的前引条文之中,而且尤其鲜明地体现在 1995 年 5 月 10 日通过的《中华人民共和国票据法》之中。它强调:票据的签发、取得和转让,都必须"具有真实的交易关系和债权债务关系"。除了因税收、继承、赠与可以依法无偿取得票据以外,"票据的取得,必须给付对价,即应当给付票据双方当事人认可的相对应的代价"[1],从而赋予票据债权人与票据债务人以公平、平等的权利与义务。在这一基本立法原则指导下,它明文规定:

"票据债务人可以对不履行约定义务的与自己有直接债权债务关系的持票人,进行抗辩。"

"本法所称抗辩,是指票据债务人根据本法规定对票据债权人拒绝履行义务的行为。"[2]

---

[1] 《中华人民共和国票据法》第 10 条、第 11 条第 1 款。
[2] 同上,第 13 条第 2 款,第 3 款。

至此，可谓尘埃终于落定，"真、假包公"，一目了然！人们终于看清：无限推崇汇票至高无上的"autonomy"，鼓吹一票在手便所向无敌，不许票据债务人依法据理进行抗辩和拒绝付款，这种主张，乃是一位"假包公"，因为不是别人，正是它自己，根本"没有考虑到，也不符合于中国在汇票和其他票据方面实施的各项法律原则"！

（五）狄克斯在援引《中华人民共和国民事诉讼法》，以论证其所谓汇票的 autonomy 时，竟然篡改条文，无中生有

狄克斯先生转述了中国《民事诉讼法》（以下简称《民诉法》）第189—192条所规定的"督促程序"，说是：

（1）它使原告在请求被告给付金钱或有价证券时，有权单方申请法院向被告发出"支付令"，被告在15日内不提出反对意见，支付令即可强制执行。被告有权提出书面"异议"，说明原告要求给付的权利受到当事人间其他纠纷的制约，在这个基础上，法院就必须决定是否取消支付令①。

（2）……关于当事人之间是否存在某种纠纷从而可否取消针对票据的支付令，应由法院根据被告主张是否有理，作出决定，而<u>并非单凭被告呈交"异议"，便可自动决定取消</u>②。

（3）对依据汇票提出的付款请求提出不合理的或未说明理由的异议，即使是在汇票原有当事人之间提出，也不足以取消支付令③。

把狄克斯先生的这三段转述文字，与中国《民诉法》有关条文的下述原文作一对照，立即可以看出狄克斯先生竟把他的错误理解强加给中国的有关法律：

（1）《民诉法》第189条第1款规定："债权人请求债务人给付金钱、有价证券，符合下列条件的，可以向有管辖权的基层人民法院申请支付令：

（一）债权人与债务人没有其他债务纠纷的；

（二）支付令能够送达债务人的。"

（2）同法第191条第1款规定，人民法院受理申请后，经过审查，可以批准申请并向债务人发出支付令，也可以驳回债权人的申请。第2款则进一步规定："债务人应当自收到支付令之日起十五日内清偿债务，或者向人民法院提出书面异议。"

---

① 见前引《狄克斯书面证词》，第12页，第26点。
② 同上，第12页，第28点。
③ 同上，第13页，第28点。

(3) 同法第 192 条明文规定:"人民法院收到债务人提出的书面异议后,<u>应当裁定终结督促程序,支付令自动失效,债权人可以起诉。</u>"

根据上述(1)的法律规定,债权人可以向法院申请支付令的必备前提条件是该"债权人与债务人没有其他债务纠纷"。狄克斯先生在转述中国有关申请"支付令"的法律规定时,却把这个要害和关键"<u>阉割</u>"了。衡之本案事实,原告与被告之间除了 10732C 号汇票纠纷之外,还存在着密切相关的 A158 号买卖合同纠纷,即还存在着"其他债务纠纷"。据此,原告哪有什么资格向法院申请"支付令"呢?

根据上述(3)的法律规定,法院在收到债务人提出的书面异议后,就"应当裁定"终结督促程序,与此同时,已经发出的"支付令"立即"自动失效"。在这里值得特别强调的是:第一,这段法律条文明确规定了法院必须遵循的审判原则和行为规范,即:一旦债务人在法定期限内提出了书面异议,法院就"应当裁定终结督促程序",从而使"支付令自动失效"。换言之,此时法院在应否裁定终结督促程序并使已经签发的"支付令"自动失效问题上,<u>并无任何自由裁量的权力</u>,而只有依法裁定终结督促程序的义务。第二,如果真有哪一位中国法官敢于无视法律的<u>上述强制性规定</u>,在债务人提出上述书面异议之后,竟然采纳狄克斯先生的"建议",自由地 decide whether or not to discharge the payment order,并胆敢擅自作出继续实行"督促程序"和维持原有"支付令"的决定或裁定,那么,这位中国法官就是"知法犯法"和"执法犯法",从而难免受到惩处。第三,可以断言,在"督促程序"和"支付令"这个具体问题上,中国不会出现这种水平的法官。因为这第 192 条文字是如此斩钉截铁,明明白白,毫无模棱两可之处。

由此可见,狄克斯先生的上述见解,即认为在票据债务人提出书面异议之后,法院竟然拥有自由裁量权,可以不终结督促程序,不使"支付令"自动失效,这种"自由裁量权"显然是他自己无中生有地"制造"出来并强加于中国《民诉法》的。

四、判决质疑之三:关于本案被告的答辩权问题

卡普兰法官在"中国票据法律原则"方面受到的狄克斯先生的误导,<u>本来是可以避免的</u>。因为,陈安教授在阅读狄克斯先生的上述 Affidavit 之后,发现其中有多处误解、曲解中国法律或法学文章的原文原意,因而曾应被告要求,再次

出具一份专家意见书呈交香港高等法院,对上述误解和曲解逐一予以澄清。如果卡普兰法官充分尊重法律赋予被告的答辩权利,他本来可以做到"兼听则明",避免偏听偏信、误入迷途和以讹传讹的。

可惜的是,正如卡普兰在本案判决书中所称:

> "1994 年 11 月下旬,我拒绝了被告的申请,不接受他们提交的陈安教授所写的另外一份意见书,因为已经为时太晚,而且在特殊的环境下,对方的专家狄克斯御用大律师没有机会在足够的时间内作出答复。"①

这种说法和所列举的理由,是难以令人信服的。

(一) 卡普兰法官的"为时太晚"论是站不住脚的

按照卡普兰法官 1994 年 3 月 24 日下达的裁定,原告约克公司必须在 1994 年 5 月 5 日以前提供两份专家意见书。但狄克斯先生为原告提供的专家意见书却一拖再拖;直到 1994 年 8 月 5 日才呈交高等法院,逾规定时限已经整整三个月。卡普兰法官不但并未因其呈交"为时太晚"而拒绝接受,反而长篇援引作为判决的主要依据之一。可是,被告方面提供的针对狄克斯意见书的答辩、反驳意见和澄清说明,虽然早在 1994 年 9 月 1 日即已出具和提交,距狄克斯意见书的提交只有 26 天,可谓反应迅速,何能以"为时太晚"为借口而拒绝接受和置之不理? 本案判决书直到 1994 年 12 月 16 日才作出,距离被告上述答辩和反驳意见提交的 9 月 1 日,已经三个半月,在这么长的时间里,足够经办本案的主审法官将该反驳意见认真审阅考虑,该法官何能以"为时太晚"为由而拒不理睬? 这三个半月时间,也足够被反驳的狄克斯先生从容不迫地考虑问题和进行反答辩,经办法官有何根据可以断定他"没有机会在足够的时间内"作出反答辩? 简言之,人们不禁要问:"为时太晚"和"足够时间"二词究竟有何标准? 对于原告方与对于被告方,是否适用同一标准?

至于所谓"特殊的环境",究何所指,判决书中也未作任何具体说明和晓谕。人们只是从香港出版的 The New Gazette 上看到一则信息:

> "卡普兰法官已宣布他将辞去最高法院职务。他将在今年圣诞节左右离开法院。"②

我们很不相信这就是"特殊环境"的主要内容。因为经办本案的主审法官

---

① 见前引《香港高等法院判决书》(1993 No. A8176),第 2—3 页。
② 《卡普兰将辞去法院职务》,载《新公报》(香港)1994 年 8 月,第 13 页。

显然不能以他本人即将辞职离任作为理由,拒不接受和拒不认真审读和考虑来自被告的答辩意见,何况这种答辩意见早在圣诞节以前三个多月就已呈交该法官座前。反之,如果该法官即将辞职离任并不是"特殊环境"的主要内容,那么,为什么不在庄严的判决中<u>堂堂正正</u>明确列举事实,以证明该法官不给予被告平等的答辩权是确有道理的,从而维护该法院和该法官的权威和荣誉?这真是令人百思不得其解!

(二) 卡普兰法官不给予被告充分的答辩权,是违反公平原则、违反国际诉讼程序惯例的

众所周知,在任何诉讼程序中或仲裁程序中,最基本的法理原则之一,就是一定要确保争端双方当事人享有充分的、平等的诉讼权利,允许双方在一定期间内充分举证、充分争辩,使"真理愈辩愈明",藉以便于法官或仲裁员查明事实,分清是非,正确适用法律,公正、公平地处断案件。这条法理原则,不但体现在当代各国的诉讼立法和仲裁规则之中,而且体现在有关仲裁程序的国际公约之中,成为国际公约和国际惯例的一部分。

在英美诉讼法的理论和实践中,有所谓 rules of natural justice(自然公平准则),这是任何正直法官都必须认真遵循和贯彻的。在 Board of Education v. Rice 一案中,就曾经有如下的精辟论断和有关评论:

> 遵循"兼听则明"这一自然公平准则,就必须让"讼争的各方当事人都享有公平的机会,能够纠正或反驳不利于自己主张的各种有关陈述"。否则,受到判决损害的一方当事人就有正当理由控诉审理不公①。

在中国的《民诉法》中,为了贯彻"以事实为根据,以法律为准绳",公平公正断案,也反复强调了对讼争双方当事人应当赋予公平、平等的诉讼权利:

> "民事诉讼当事人有平等的诉讼权利。人民法院审理民事案件,应当保障和便利当事人行使诉讼权利,对当事人在适用法律上一律平等。"②

在诉讼过程中,如果法官对任何一方当事人的申诉权或答辩权给予不公平的待遇,或宽纵一方而限制另一方,或不予任何一方以充分的陈述意见、提出异议的机会,则均属于在诉讼过程中违反法定程序,可能影响案件的正确判决或

---

① 《教育董事会诉赖斯案》,载于《英国上诉法院案例汇编》(1911年卷),第179、182页;并参考 S. A. 德·史密斯:《案例与评论》,载于《剑桥法律学刊》(第28卷第2册),1970年11月,第177页。
② 《中华人民共和国民事诉讼法》,第8条,并参见第7条。

裁定,对于这样的裁判,即使它是终审裁判,仍可通过法定的审判监督程序,予以再审或提审①。

在某些国际公约或示范性文件中,也规定了主审人员应当给予争端当事人平等权利、特别是给予被诉人以充分答辩权。其中被广泛接受的1958年《纽约公约》,就有这样的规定:终局性仲裁裁决生效之后,受裁决执行之不利影响的一方有权以他在仲裁过程中未能充分陈述意见进行申辩作为理由,向仲裁裁决执行地之主管机关(通常是各国法院)申请对该裁决不予承认和不予执行②。1985年联合国《国际商事仲裁示范法》则更进一步,允许受裁决执行之不利影响的一方当事人,有权举证证明仲裁过程中确实存在未能充分申辩的事实,向执行地主管机关申请对该裁决予以撤销③。

至于在偏听偏信、受人误导情况下,以子虚乌有、并不存在的"中国票据法原则"(如:不容许票据债务人抗辩)作为断案的主要根据之一,则在真相大白之后,此种判决的法律效力必将丧失殆尽,贻笑大方!而有关人士的<u>公信力</u>,特别是自诩"精通中国文字"却又胆敢篡改中国法律条文的狄克斯先生的<u>公信力</u>,也势必荡然无存,贻笑天下!

我们对香港高等法院"1993年第A8176号"判决书提出以上三个方面的质疑,其主旨在于通过学术争鸣,进一步探求真知。诚恳期待能引起国内外法学界和司法界同行进一步的评论和探讨,也欢迎卡普兰和狄克斯两位先生提出科学的批评意见。

---

① 《中华人民共和国民事诉讼法》,第64条第1款、第3款,第66条,第125条,第179条第1款第4项,第185条第1款第3项。
② 见前引《承认和执行外国仲裁裁决公约》,第2条第1款(b)项。
③ 见前引《国际商事仲裁示范法》,第34条第2款第(a)项(ii)。

V 外贸争端中商检结论暧昧、转售合同作伪问题剖析

——中国 A 市 MX 公司 v. 韩国 HD 株式会社案件述评

内容提要 A 市 MX 进出口有限公司（买方）诉韩国 HD 综合商事株式会社（卖方）一案中，双方曾经签订一份 200 吨有光聚酯切片"进口保税"的购销合同，其中逐一列明有关产品规格和质量的 8 种具体数据，并规定以目的港（A 市）进出口商品检验局出具的检验证书作为最后依据。由于买方 MX 公司的失误，订错货物，发现后买方退货不成，遂制造借口，拒绝付款。随后又以 A 市商检局出具证书中的只言片语作为新的借口，主张货物质量不符合订货合同的要求，拒绝收货付款，甚而更进一步要求卖方赔偿"预选转售"的损失，并提请中国国际经济贸易仲裁委员会仲裁。卖方（被申请人）韩国 HD 株式会社在代理律师的帮助下，指出买方（申请人）MX 公司提供的证据存在多种可疑之处，并向仲裁庭提交了中国两家权威机构出具的新的质量验证书，澄清了事实，有力地驳斥了买方 MX 公司的无理要求，维护了外商 HD 公司的合法权益。本案以原告 MX 公司的彻底败诉告终。

目　次

一、本案案情梗概

二、A 市的商检证书结论暧昧，不足采信——韩国 HD 公司的答辩书及反请求书

　（一）反请求事项

　（二）基本事实

　（三）主要理由

三、MX公司的"转售合同"涉嫌凭空伪造或逃税走私之一
    （一）该合同没有编号，不盖公章，显然是一份无效合同
    （二）该合同未按约定条件提交鉴证和交付定金，应属"从未生效"或早已"自动失效"
    （三）该合同极可能是一份走私逃税的违法合同
四、MX公司的"转售合同"涉嫌凭空伪造或逃税走私之二
    （一）MX公司在定金"转账"和"进账"上弄虚作假
    （二）MX公司在掩盖"内贸合同"走私逃税上信口雌黄
    （三）MX公司的其他"损失"即使属实，也是咎由自取，无权索赔
五、本案的仲裁庭意见和终局裁决
    （一）仲裁庭对本案基本事实的认定
    （二）仲裁庭对双方请求的判断和终局裁决

一、本案案情梗概

A市保税区MX进出口有限公司（买方，简称"MX公司"）于1995年10月9日与韩国HD公司（卖方，简称"HD公司"）签订了一份200吨有光聚酯切片"进口保税"的购销合同。合同格式由买方MX公司提供，其中逐一列明有关产品规格和质量的8种具体数据，并规定以目的港（A市）进出口商品检验局出具的检验证书作为最后依据。

同年10月24日货物从韩国启动后，买方经办订货人员发现订货有误，要求换货，卖方因货已离港数日正在海上来华途中，难以遵办。11月4日货抵A市码头后，MX公司制造借口，以"单证有不符点"为由拒绝付款。随后，眼见此说难以成立，又以A市商检局出具的证书中的只言片语作为新的借口，主张来货质量不符合订货合同要求，拒绝收货付款。卖方HD公司鉴于来货滞港多日，为避免损失进一步扩大，要求解除原合同，俾将原货转卖其他客户，又遭MX公司拒绝。紧接着，MX公司以为上述商检证书上的文字有机可乘，遂进一步向HD公司索赔人民币66万元，索赔理由是：该批韩国来货事先已预售（进口货"内销"转售）给下一家（需方买方）LM公司并已收取定金人民币33万元，现因无法供应合格订货，已经依法依约双倍返还定金给下家买主。HD公司认为索赔无理，坚决拒绝，MX公司乃于1996年1月19日依据合同中仲裁条款的规定，将有关争端提交中国国际经济贸易仲裁委员会申请仲裁。被申请

人 HD 公司求助于兼职律师陈安、吴翠华。代理律师经过深入调查了解，发现 MX 公司据以索赔的两项主要书面凭证，即商检局证书以及转售合同，都存在重大问题：前者在质量鉴定的措辞上，含糊不清和模棱两可，回避关键问题，未能严格按照中国国家标准局确立的法定标准(通称"国标")，切实根据来货聚酯切片这一特定商品的 11 项具体指标，作出产品质量是否合格的明确结论，因而缺乏应有的科学性、公正性和权威性；后者则存在许多漏洞和疑窦，细加推敲和质证，显见是一项仓促之间草率伪造的文书，或者是一项逃税转卖的走私合同，两者必居其一，根本不能作为索赔的依据。经将来货样品送请国内两家权威性化纤专业研究和测试机构重新仔细检验，其结论均为：符合国标优级品质量要求，适合于该商品的正常用途。根据以上确凿证据和事实，韩国 HD 公司提出"反请求"，请求仲裁庭裁定 MX 公司赔偿因其违约行为以及无理索赔行为给 HD 公司造成的全部经济损失。1996 年 8 月 21 日，仲裁庭作出裁决：韩国 HD 公司全面胜诉，各项反请求均获得支持和满足。以下根据当时笔者接受韩国 HD 公司委托书写并呈交中国国际经济贸易仲裁委员会本案仲裁庭的《G96029 号案件仲裁答辩书及反请求书》及其《补充材料》(一)、(二)、(三)，综合整理，撰成本文。

二、A 市的商检证书结论暧昧，不足采信
——韩国 HD 公司的答辩书及反请求书

呈：中国国际经济贸易仲裁委员会
G96029 号案件仲裁庭
答辩人和反请求人：韩国 HD 综合商事株式会社(以下简称"HD 公司")
(地址、邮编、电话、传真等从略)
申请人和被反请求人：A 市 MX 进出口有限公司(以下简称"MX 公司")
(地址、邮编、电话、传真等从略)

(一) 反请求事项

甲．驳回原申请人 MX 公司的全部请求；
乙．裁决被反请求人 MX 公司全额赔偿因其严重违约行为而给反请求人 HD 公司造成的经济损失共计 USD114 646.85；
丙．裁决原申请人 MX 公司全额承担本案的原仲裁费用；
丁．裁决被反请求人 MX 公司全额承担本案的反请求仲裁费用。

(二) 基本事实

2.1　1995年8月31日MX公司采购业务经办人C小姐向HD公司A市办事处业务经理S小姐发来传真,求购聚酯切片,列明等级、熔点等5项指标(见附件一)。

2.2　1995年9月27日HD公司发去传真,送去韩国出产的POLY CHIP BRIGHT FOR YARN GRADE(有光纺丝级聚酯切片)的有关资料,列明了<u>韩国生产厂家规定的8项指标</u>,即特性黏度、熔点、灰分、水分、色度(L值)、色度(b值)、羧基含量、二甘醇等有关数据,请C小姐确认(见附件二)。

2.3　1995年10月5日,C小姐发传真给HD公司P先生和S小姐,对含有上述8项韩国指标的韩国产品聚酯切片加以明确确认,订购200吨,并明确指定"技术要求按9月25日(按:此日期有笔误,实为9月27日)发来的传真为准,并系原包装A级产品者"(见附件三)。

2.4　1995年10月9日,答辩人HD公司的代表P先生与申请人MX公司的代表M先生签订200吨有光聚酯切片购销合同。合同编号: XMN951001。合同格式由MX公司提供,具体内容亦由MX公司人员打字填写。合同第1—4条约定HD公司(卖方)向MX公司(买方)提供200吨总值为USD316 000的上述产品。按照MX公司的指定,合同第1条具体列明产品的货名、规格和质量。货名是<u>POLY CHIP BRIGHT FOR YARN GRADE</u>(有光纺丝级聚酯切片);有关规格和质量的要求,列明了8种具体数据。这8种数据,完全按上述第2点<u>韩国生产厂家规定的8项指标</u>数据照抄,未作任何更改。合同第18条第2款规定,这批货物的质量、规格和数量,均以目的港(A市)进出口商检局出具的证书为最后依据(见附件四)。

2.5　1995年10月10日,MX公司通过中国农业银行A市分行开出不可撤销的信用证(见附件五)。

2.6　1995年10月24日,这批货物由韩国港口装船运出。

2.7　1995年10月27日,MX公司采购本批货物经办人员C小姐与MX财务小姐(姓名不详)前来HD公司A市办事处晤谈时,见到了上述指定货物的样品(半透明,略带乳白色),C小姐发现自己订错了货,十分紧张和忐忑不安,请求HD公司A市办事处P先生换货,P当即与汉城HD公司总部通电话,总部答复:因货已装船运出,不可能更换。这一时间,C小姐不停地打电话找G先生均未拨通,财务小姐问是否要向M总经理报告,C回答要是M总知道了肯定会将她"炒鱿鱼"(辞退),不要声张。随即多次要求HD公司A市办代她设法转卖。

2.8 1995年10月30日,C小姐与MX公司人员G先生再次来访,出示另一种聚酯切片样品(透明无色),即POLY CHIP SUPER BRIGHT FOR BOTTLE GRADE,声称这种货物才是他们真正需要购买的,以此证明他们确实是订错了货,并恳切要求HD公司A市办设法寻找其他客户尽快转卖。因时间太短,未果。此后两三天内,C、G二人多次打电话来催询转卖落实情况。

2.9 1995年11月4日,货抵A市码头。MX公司蓄意制造拒绝付款的借口,硬说什么"单证有不符点"(见附件六),把责任推向HD公司。

2.10 1995年11月16日,P先生、S小姐前往MX公司与M、C、G三人讨论所谓"单证有不符点",发现M总对C小姐订错货一事似仍懵然不知就里;当P、S二人向M总当面提醒订货错误时,C小姐多次插话阻拦,一再强调这批货就是MX公司所需要的。

2.11 由于韩国议付银行据理力争,不停地催促A市农行付款(见附件七)。在此情况下,MX公司自知上述借口站不住脚,于理有亏,乃改变"策略"手法,另寻新的借口,要求先取样商检,声称只要商检结果合格,则立即承兑付款并报关提货。答辩人出于尽快解决问题的诚意和对于供货质量的自信,迁就了MX公司的要求,同意在正式报关以前帮助出证明先行开柜(货柜)取样送检。

2.12 1995年12月2日,MX公司以A市进出口商品检验局(以下简称"A市商检局")于1995年11月30日出具的0018948号证书中的只言片语(见附件八),作为新的借口,硬说上述货物质量不符合订货要求,拒绝收货付款。答辩人为避免无谓纠纷和扩大损失,主动退让,提出帮助MX公司转卖、降价USD30/MT并给予90天远期付款优惠的建议,均遭MX公司M总一口拒绝。

2.13 答辩人为避免损失进一步扩大,于1995年12月8日和12月20日,先后两度发文给MX公司要求解除合同,进行转卖(见附件九),又遭MX公司无理拒绝(见附件十),遂使答辩人处在既无法取得货款、又无法取回提单尽快转卖的两难绝境。MX公司此种背信行为在国际商务正常往来中实属十分罕见,而其向答辩人无理勒索赔款的意图,则昭然若揭。

2.14 1995年12月23日,答辩人在律师帮助下再度致函MX公司,列举法律依据,要求解除合同(见附件十一)。MX公司一直拖延至1996年1月11日,才不得已正式履行退单手续,导致答辩人直到1996年1月20日才得以完成转卖手续,从而造成损失的大幅度增加。对此,MX公司负有不可推卸的法律责任和经济责任。

根据以上事实，答辩人认为申请人 MX 公司的拒收货物、拒付货款以及索赔巨款，都是毫无道理的。兹缕述理由如下：

（三）主要理由

（甲）关于商品质量问题

3.1 根据《中华人民共和国进出口商品检验法》（以下简称《商检法》）第 6 条规定，商检机构实施商检时，对于国家法律、行政法规规定有强制性标准或其他必须执行的检验标准的进出口商品，应依国家规定的检验标准（通称"国标"）进行检验。

3.2 中国国家标准局于 1993 年 8 月开始实施《中华人民共和国国家标准：纤维级聚酯切片 GB/T14189-93》（以下简称"聚酯切片国标"），其中对于"纤维级聚酯切片质量指标"，经过中华人民共和国纺织工业部批准，列举了 11 项指标，包括特性黏度、熔点、羧基含量、色度（b 值）、水分、灰分、二甘醇含量，等等（见附件十二）。不言而喻，举凡此类聚酯切片，都应严格遵照国家确立的法定标准进行检验和衡量，并据以作出产品质量是否合格的结论。

3.3 A 市商检局出具的前述商检证书列举了特性黏度、熔点、羧基含量、色度（b 值）、水分、灰分以及二甘醇含量等七项指标的检验结果，如将其有关数据与国标规定的数据以及本案合同规定的数据相比较对照，显然它们完全符合国标的质量要求（其中多项已达到国标"优级品"的水平），也完全符合合同的质量要求。照理，在证书末尾的"评定"即结论中，应予明确肯定，但是，该证书在结论中对上述各项指标的完全合格，竟然不置一词，毫无肯定，却孤零零地只用一句话强调"上述商品色度（L 值）不符合 XMN951001 号合同规定"。这种结论，"攻其一点，不及其余"，"明察秋毫而不见舆薪"，实在令人难以相信它具备应有的、足够的公正性。

3.4 看来，关键问题在于上述合同中规定的商品"色度（L 值）"一项，究竟是否是国标中规定的质量指标，是否属于国家规定的质量要求的范围。

我们认真查对了前述第 1.2 点提到的国际所列 11 项质量指标，发现其中根本没有"色度（L 值）"的检验要求，显见按国家标准局和纺织工业部设定的质量标准，根本不要求对聚酯切片的"色度（L 值）"进行任何检验，换言之，即将"色度（L 值）"完全排除在国标质量要求的范围之外，认为它是一项无关紧要的数据，对于商品的总体质量并无任何消极影响。任何人只要稍加思考，就应当而且不难得出这一常识判断。

为了彻底弄清"色度（L 值）"在聚酯切片质量中所占有的确切地位，答辩人通过多方寻访,得悉在中国最大的纺织工业基地——上海有两家素享盛名的权威性的化纤专业研究所和化纤专门测试机构,即"上海合成纤维研究所"和"纺织工业部化纤产品测试中心"(即"中国纺织总会化纤工业产品检测中心"),遂派专人持本批聚酯切片的样品送验。

3.5 上海合成纤维研究所于1996年3月5日出具"测试分析报告"(见附件十三),对本批聚酯切片的质量作了科学的说明,并作出权威性的结论:

"经本研究所测试分析,测得的各项指标的数据均符合合同条款规定的有关值的范围,只是L值比合同规定值稍偏高。

L值为明亮度,L值变高时,增加了明亮度。L值与白度大体上是一致的,L值高反映的白度也高。在国标中只规定B值(即黄色指数)为聚酯切片的色度质量控制指标,L值不作为色度质量控制的指标。所以L值不需严格规定,应该说稍偏高的L值对纤维的质量有利无弊。

结论:按合同上规定的各个项目测得的数据表明,这批韩国产有光纺丝级聚酯切片的质量指标符合纺丝级聚酯切片国家标准(GB/T14189-93)中优级品的质量标准范围;可纺性试验表明,纺丝温度控制在286℃左右具有良好的可纺性,这批料适合于纺丝等正常用途。"

3.6 纺织部化纤产品测试中心于1996年3月8日出具"质量检验报告"(见附件十四)。突出地强调了三个基本点,即:

A. "本检验报告所列检验项目严格按照GB/T14189-93标准所规定的各项指标检验。"

B. 关于聚酯切片的"色度","国标只考核b值,故此项仅列b值数据",换言之,L值根本不在考核之列,可以完全排除在质量要求的范围之外。

C. "根据以上检验结果,按照国标GB/T14189-93标准考核,本批送检的韩国POLY CHIP BRIGHT符合国标质量要求。"

3.7 依据上述两份权威性质量检验报告测定的数据和作出的明确结论,可以确证:前面第2.1.4点中提到的常识判断不但完全符合逻辑,而且完全符合科学,即具备科学根据。

既然"L值"并非国标质量要求检验的项目,不在考核之列,既然"稍偏高的L值对纤维的质量有利无弊",既然本批聚酯切片的总体质量符合国际所定优级品水平,既然其"可纺性"良好,"适合于纺丝等正常用途",那么,就再也没有任何正当理由任意指责这批商品"质量不合格",并以"质量不合格"作为借口,拒绝收货和拒绝付款。

3.8 这样一来,申请人视为至宝和恃为至宝的,就只剩下一份A市商检局出具的编号为 0018948 的证书了。

于是,就有必要回过头来对这份证书的结论(即末尾的"评定")作进一步的剖析:

第一,这种结论性的"评定",以细枝末节掩盖整体主流,可谓"明察秋毫而不见舆薪"。因而,它的表述缺乏思想方法上的科学性,也不具备应有的和足够的公正性。关于这一点,前述第 2.1.3 点中已经论及,兹不再赘。

第二,"评定"栏中孤零零的这一句话:"上述商品色度不符合 XMN951001 号合同规定",并未就商品整体质量是否符合国标要求(即国家法律、法规或国家主管部门行政规章规定的质量标准要求)这个关键问题和要害问题作出正面的回答,既不加肯定,也不敢否定,MX 公司援引这种对商品总体质量虽未作应有的明确肯定但也不敢妄加否定的"评定",作为"令箭"和"根据",企图借以全盘否定本批商品质量符合国标要求的事实,显然是一厢情愿、无法令人信服的。

第三,诚然,按合同第 18 条第 2 款的规定,A 市商检局出具的证书可以作为拒收或索赔的凭据,但是,这种凭据法律效力之大小和有无,又取决于它本身是否或在多大程度上符合于前述《商检法》的要求、符合于国家标准局行政法规的要求,取决于它本身是否具备足够的合法性、公正性和科学性。从这个意义上说来,商检局出具的证书只是一种证据学上所说的"<u>初步证据</u>"或"<u>表面证据</u>"(*prima facie*),<u>商检局的检验证书本身也必须接受法律、事实和科学的严格检验</u>,一旦另有更加全面恪守法定标准并且切合科学界定的确凿结论(即<u>确凿证据</u>),对商检局提供的"表面证据"或"初步证据"中的模糊之处、不足之处或不妥之处作出必要的澄清、补充或更正,那么,在法律和事实这两大权威面前,上述商检局证书的"权威性"就退居第二位了。仲裁庭断案时,也就没有必要单单以此份证书作为绝对的、惟一的、至高无上的证据了。

3.9 答辩人认为:第 2.1.5 和 2.1.6 两点中提到的两份检验报告,正是对上述商检证书模糊、不足和不妥之处作出必要补充或更正的<u>确凿证据</u>,它们的全面性、科学性和权威性超过了上述商检证书。恳请仲裁庭各位专家惠予综合考虑,惠予采信。

以上所述,归结为一点:MX 公司以商品质量不符合要求为借口,拒绝收货付款,显然是毫无道理、严重违约的。由此产生的一切法律责任和经济责任,应当全部由 MX 公司承担。

(乙)关于 MX 公司索赔问题

3.10 MX 公司拒绝收货付款,属于严重违约。如果它因其违约行为而确实导致某些"经济损失"(如商检费、开证费、利息),那也只是咎由自取,应由违约方自己承担后果,与守约方即答辩人一概无关。

如果这些"经济损失"中的某一部分是用于节外生枝、制造借口,那就是为了达到其违约目的而开支的"成本",MX公司只能自食恶果,岂能作为索赔的根据?

3.11　MX公司在其《仲裁申请书》末所附加的一份"损失清单"中,列举了6项具体损失的金额,却未将确凿可信的有关单据复印件附呈仲裁庭审查,并转交一份给答辩人核实。特别是其中第4项所列"业务支出及其他经济损失:60 000元",如何计算,有无凭据,作何具体开支费用,毫未交代。这显然是言之无据,不足采信。

3.12　"损失清单"第5、6两项所列"违约赔偿:330 000元"、"利润损失:190 000元",仅此两项索赔款额就高达52万元人民币之巨。但它所依据的却仅仅是一纸很不像样的所谓"工矿产品购销合同"。稍加推敲,便不难发现这份"合同"存在许多漏洞,令人疑窦丛生,不敢相信它的真实性、有效性和合法性。关于这方面的问题,答辩人将另作补充评析。

3.13　退一步说,纵使经过认真查证核实,MX公司所开列的六项损失毫无虚言,那也是纯由MX公司自己的严重违约造成的,应由它自己承担一切责任。

(丙)关于HD公司反请求、反索赔问题

3.14　在XMN951001号合同中,MX公司是买方,也是违约方和加害方,HD公司是卖方,也是守约方和受害方。作为守约方和受害方,HD公司有足够的理由依法向违约方和加害方索取应有的损害赔偿。

3.15　据初步核算,由于MX公司严重违约造成的HD公司的直接经济损失已达USD 114 646.85(折合人民币约为951 568.85元),其中包括本批聚酯切片降价转卖过程中的损失、MX长时间既拒绝收货付款又拒绝解除合同(见"事实"部分之第1.9—1.14点)导致的海关滞报金、外轮代理公司滞箱费、码头滞期费、复验及测试费、咨询费和律师代理费、差旅费及国际电讯费,等等。这些损失的具体项目和金额,均见本《答辩书及反请求书》末所附的"损失清单"及其有关单据或说明(见附件十五)。

3.16　"损失清单"所列,只是初步核算结果。对于因MX公司严重违约行为造成HD公司的一切经济损失,HD公司均保留全额索赔的权利,其中包括对上述"损失清单"所列的项目和金额进行"追加"和补充的权利。

答辩人及反请求人:
韩国HD综合商事株式会社
1996年3月30日

附言：MX 公司职员 C 小姐是 XMN951001 号诉讼合同的具体经办人。C 在发现自己订错货物后十分紧张，但慑于该公司领导压力因而掩盖事实真相。除了经办人身份外，她又是本案纠纷的知情人和见证人之一。MX 公司的另一位职员 G 先生则是其后多次主动要求 HD 公司代为转卖错订货物的另一位知情人和见证人。答辩人特此请求仲裁庭正式通知该公司的这两位职员到庭接受询问，并与答辩人一方的经办人进行当面对质，俾便仲裁庭彻底查清纠纷的真相。前述事实第 7 点中提到的那位财务小姐如能同时到庭备询和作证，自是更佳。

附件目录（共 15 件，从略）

三、MX 公司的"转售合同"涉嫌凭空伪造或逃税走私之一

呈：中国国际经贸仲裁委员会
　　G96029 号案件仲裁庭

尊敬的诸位仲裁员先生：

作为题述本案的答辩人和反请求人，韩国 HD 综合商事株式会社曾于 1996 年 3 月 30 日向贵庭呈交了《仲裁答辩书及反请求书》，其中第二部分第（二）项第 2.2.3 点曾提到：MX 公司凭以索取巨额赔偿的主要依据，乃是一纸很不像样的所谓"工矿产品购销合同"（即"转售合同"，以下简称"该合同"，详见本《补充材料》附件一），它存在许多"漏洞"，令人疑窦丛生，不敢相信它的真实性、有效性和合法性。

兹谨就这方面的问题和意见，补充陈述如下：

（一）该合同没有编号，不盖公章，显然是一份无效合同

这份据称是 1995 年 10 月 12 日签订于 A 市的合同，其右上角的"合同编号"栏下，竟然空无一字；下端"需方"（即购销合同的买方当事人）一栏九个项目，除了在"法定代表人"一项填上"林 YF"三个字之外，其余八项竟也全然空白：既无单位具体名称，也无单位具体地址；经商必备的"开户银行"及"账号"，也全告阙如；甚至连个电话号码也没有。尤其严重的，竟然不盖公章，以示负责，这是直接违反有效合同的法定条件的。1984 年 1 月国务院发布的《工矿产品购销合同条例》第 4 条明文规定："工矿产品购销合同，除即时清结者外，必须

采取书面形式,由当事人的法定代表或者凭法定代表授权证明的经办人签字(盖章),并加盖单位公章或合同专用章。合同依法成立后即具有法律约束力,必须严格执行。"对照本案 MX 公司出示的上述合同,它显然不属"即时清结"的范畴,因而必须同时兼具三项法定前提条件,即:(1) 书面形式;(2) 法定代表或授权经办人签字;(3) 加盖单位公章或合同专用章。三者缺一,即属合同并未"依法成立",因而并不具备"法律约束力"。简言之,这份合同由于缺乏法定的必备条件之一,即并未依法加盖单位公章或合同专用章,因而自始就是一份无效合同。

联系上述合同,连编号、单位名称、单位地址、开户银行、账号、电话号码等等重要项目记载,全部空空如也,未定一字,显见本合同是出于某种"特殊需要"而仓促备就和出具的,其制作之草率、粗糙、反常,实属商界罕见,令人吃惊,从而不能不提出疑问:这难道是一份真正存在过的正常合同吗?制作这份"合同"的目的难道真正是为了购销产品吗?

(二) 该合同未按约定条件提交鉴证和交付定金,应属"从未生效"或早已"自动失效"

该合同第 9 条明文规定:"需方付总货款 10% 为定金,即 33 万元,……以需方货款定金付到供方账户后,此合同方为生效。签订合同后,10 日内需方保证金未到供方账户,此合同自动失效。"据此,显见当事人双方事先约定:该合同生效的必备前提条件有二,第一,合同必须经过主管部门鉴定(鉴证);第二,合同经鉴定(鉴证)后,10 天之内,需方必须将定金 33 万元付到供方账户。二者缺一,该合同就根本不能生效或立即"自动失效"。

对照该合同的实际情况,第一,细察该合同下端右角所列"鉴(公)证意见"、"经办人"、"鉴(公)证机关(章)"以及"年月日"四栏,也全然空白,这说明该合同始终未曾按双方约定提交 A 市工商行政管理局鉴证。诚然,这份由 A 市工商行政管理局"监制"的格式标准合同右下角注明:"除国家另有规定外,鉴(公)证实行自愿原则",但双方当事人既已自愿约定该合同必须经过"鉴定"(显然就是指"鉴证",但写得太仓促匆忙,竟写成了"鉴定",其含义与"鉴证"显然是相同的)方能生效,则未依约提交"鉴定"(鉴证),该合同就从未曾生效。第二,MX 公司迄今并未出具任何确凿证据,证明需方已将该合同所规定的 33 万元定金如数、如期(10 天以内)拨付给供方。根据《民事诉讼法》第 64 条第 1 款规定的"谁主张、谁举证"的原则,如果在仲裁庭责令 MX 公司举证的期限内,MX 公司仍然无法举出确凿可信的证据,足以证明上述定金确已如期、如数交清,则这份所谓的"合同"早就已经"自动失效"了。MX 公司根据这样一份<u>从未生效或早已失效</u>的合同向 HD 公司索赔,岂不荒谬可笑?

此外,还要顺便指出两点:第一,合同规定需方必须在合同经鉴证后 10 天内将 33 万元定金"付到供方账户",可谓要钱十分急切,但奇怪的是:合同左下方的供方"开户银行"和"账号"两项专栏,却是空白无字的,这岂不自相矛盾,荒唐至极? 试问:这不是向需方暗示:所谓限期交清的 33 万元定金,实际上可以分文不交(无"户"可入),之所以把巨额定金写在这份合同上,纯属掩人耳目,凭空捏造向 HD 公司加倍索赔的借口而已! 第二,合同左下端末行"有效日期"专栏,竟然填写为"9 年",一份如此简单的购销合同,其有效期或履行期竟长达"9 年",这就尤其滑稽可笑了!

(三) 该合同极可能是一份走私逃税的违法合同

根据 MX 提出的"工矿产品购销合同",本案涉讼聚酯切片每吨销售价定为人民币 16 500 元(含 950 元预期利润)。在此前提下,结合中国法定的进口关税率和增值税率细加核算,显见该合同单位售价与通过正常手续<u>依法纳税进关</u>的价格相差悬殊,因而可以认定它极有可能是一份走私合同和逃税合同。理由如下:

项　　目	序号	正常价格	MX 公司价格
CIF 美金价	A	USD 1 580 /MT	USD 1 580 /MT
CIF 人民币价(汇率 1∶8.3)	B	RMB 13 114 /MT	RMB 13 114 /MT
进口关税 = CIF 人民币价 × 税率 25%	C	MB 3 278.50 /MT	X = ?
增值税 = (CIF + 进口税) × 税率 17%	D	RMB 2 786.73 /MT	Y = ?
开信用证费(RMB 4 248.42 / 200 MT)	E	RMB 21 /MT	RMB 21 /MTMX
公司预期利润(RMB 190 000 / 200 MT)	F	RMB 950 /MT	RMB 950 /MT
合法销售价(成本 + 预期利润)	G	RMB 20 150.23 /MT(完税后)	RMB 16 500 /MT

说明:

(1) 本表格 A 项所列美元货价,见本案涉讼 XMN951001 号合同第(3)条规定;B 项人民币货价,按当时美元与人民币的汇率折算而成。

(2) C 项所列进口关税率及 D 项所列增值税率,系根据《中华人民共和国海关关税……政策·法规·实务·税则》(中华人民共和国海关总署关税司 1995 年 5 月版,第 278 页),税则编号为 3907·6010(详见本《补充材料》附件二)。

(3) E 项所列 MX 开信用证费用及 F 项所列 MX 预期利润,系根据 MX 公司于 1996 年 1 月 10 日出具的"损失清单"第 2 条、第 6 条计算而来(见 MX 公司《仲裁申请书》附件五)。

(4) G 项所列数字是 B、C、D、E、F 诸项数字的总和,即:B+C+D+E+F=RMB 20 150.23/MT,此项"合法销售价",指通过正常手续,依法纳税、合法进关、合法销售的单价。而 MX 公司于上述"工矿产品购销合同"中所列单位售价仅为 RMB 16 500/MT,与"合法销售价"相比,每吨价差竟高达 RMB 3 650.23 元。

(5) 在本表右侧"MX 公司价格"一栏下端,所列的单价"RMB 16 500/MT",指的是上述"工矿产品购销合同"中规定的单价。根据此项单价核算,MX 公司所"可能"缴纳的进口关税及增值税,即"X"+"Y"的总和,充其量仅为:

16 500−13 114(CIF 人民币单价)−21(开证费)−950(预期利润)

=RMB 2 415/MT

(6) 按 C、D 两项所列的法定进口关税和增值税,MX 公司依法应当缴纳的每吨税款应为:

$$3\,278.50+2\,786.73=RMB\,6\,065.23/MT$$

(7) 据此,应当得出结论:如果上述"工矿产品购销合同"属实并且履行完毕,则 MX 公司势必违法逃税:6 065.23−2 415/MT=RMB 3 650.23/MT,即每吨逃税叁仟陆佰余元,200 吨合计,MX 公司的逃税总额高达 3 650.23×200=RMB 730 046!

一份合同,其逃税总额竟高达人民币柒拾叁万余元,这不是地地道道的走私合同和逃税合同,又是什么呢? 一份违法走私、逃税合同,其自始无效是不言而喻的,怎能凭借这样一份自始无效的违法走私合同来索取任何赔偿呢? 如果硬说这样的违法走私合同竟也可以得到中国法律的保护,那岂不是对中国法律尊严的严重亵渎?

综上各点，显然应当得出这样的结论：MX公司所据以索赔巨款的这份"工矿产品购销合同"，如果不是一份为了"特殊需要"而临时仓促伪造的合同，就是一份并不具备法定必要条件和约定必要条件因而自始无效、从未生效或早已自动失效的合同；尤其严重的是，它极有可能是一份蓄意走私、巨额逃税、严重违法的合同。

有鉴于此，我们恳请仲裁庭对这份"形迹可疑"合同的真实性、有效性和合法性，认真予以审查追究，力求水落石出、真相大白；并殷切期待仲裁庭依法主持公道，驳回MX公司的荒谬索赔要求，保护在华外商的合法权益，维护中国法律的应有庄严，则韩国HD公司幸甚！中国法律尊严幸甚！

答辩人及反请求人：
韩国HD综合商事株式会社
1996年6月24日

四、MX公司的"转售合同"涉嫌凭空伪造或逃税走私之二

呈：中国国际经济贸易仲裁委员会
　　G96029号案件仲裁庭
尊敬的诸位仲裁员先生：

我们在粗略地浏览贵庭转来的上述《MX公司补充材料》之后，认为MX公司的这些材料涉嫌制作伪证，妄图欺骗仲裁庭，而且达到不择手段的地步，特予揭露如下：

（一）MX公司在定金"转账"和"进账"上弄虚作假

1.1 MX公司向HD公司索取巨额赔偿的主要依据，乃是一纸很不像样的所谓"工矿产品购销合同"（以下简称"该合同"）。HD公司在1996年6月24日贵庭庭审中曾强调："该合同未按约定条件提交鉴定和交付定金，应属'从未生效'或早已'自动失效'"，并且明确指出："MX公司迄今并未出具任何确凿证据证明需方（按：指这批进口货物内销转售中的下一家买主A市LM公司）已将该合同所规定的33万元定金如数如期（10天以内）拨付给供方（按：指A市MX公司）。根据《民事诉讼法》第64条第1款规定'谁主张、

谁举证'的原则,如果在仲裁庭责令 MX 公司举证的期限内,MX 公司仍然无法举出确凿可信的证据,足以证明上述定金确已如期如数交清,则这份所谓的'合同'早就已经'自动失效'了。MX 公司根据这样一份从未生效或早已失效的合同向 HD 索赔,这岂不荒谬可笑?"(详见 HD 公司于 1996 年 6 月 24 日呈交仲裁庭的《仲裁答辩书及反请求书补充材料(一)》,第 2 页末段至第 4 页首段)。

现在,仲裁庭规定的双方举证的最后期限——1996 年 7 月 14 日,早已届满和超过,MX 公司仍然无法举出有关定金确实已由需方(LM 公司)拨付到供方(MX 公司)账号的任何证据,这就从反面证实了 HD 公司在庭审中所强调的上述主张和所作的上述揭露,可谓"不幸而言中"!

1.2 MX 公司于庭后提交的补充材料中,有一张中国人民银行的"转账支票"(No.0166851)、一张 A 市 XX 投资公司(简称"XX"公司)的"进账单",两者的金额均为人民币 660 000 元;其收款人均为"A 市 LN 公司";两者的签发日期均为 1996 年 6 月 21 日。这两张单据的疑窦和作伪漏洞有:

1.2.1 1996 年 6 月 21 日是本案庭审前的三天。

在此之前,签订于 1995 年 10 月 12 日上述合同的需方(LM 公司)迄今未将定金 33 万元人民币拨付到供方(MX 公司)账户,因而该合同依约从未生效,或在 1995 年 10—11 月间早已自动失效。MX 公司在该合同从未生效或早已失效的条件下,而且是在事隔七、八个月之后(1996 年 6 月 21 日),竟然"自觉自愿"地向未依约拨付分毫定金进账的需方,"双倍返还定金"(即加倍赔偿定金),衡诸常识,试问:普天下的商界之中,会有这样的"笨伯"和"傻瓜"吗?

1.2.2 上述 XX 公司的"进账单"中,付款人的"开户银行"和收款人的"开户银行"均载明为"XX 公司营业部",其可疑之点有三:

(1) "XX 公司营业部"是一家"开户银行"吗? 一家投资公司下属的"营业部"岂能作为本公司的"开户银行",同时又作为另一家公司("LM 公司")的"开户银行"?

(2) "A 市 XX 投资公司"简称"XX 公司",这在 A 市商界是"家喻户晓"、众所周知的。本案原仲裁申请人"MX 公司"实际上是"XX 公司"下属的一家进出口公司,而且在商界往来中经常是"一家公司,两块招牌"。换言之,两家公司本来就是一家人。现在出于急迫需要,由"XX 公司"的大老板指示本公司的下属单位"XX 公司营业部"为本公司的另一下属单位"MX 公司"出具一份所谓"付款"、"收款"的"进账单",这不是不费吹灰之力么?

1.2.3 XX 公司的这张"进账单"左下方所列"单位主管、会计、复核、记账"各栏全然空白,没有任何签字或盖章。右下方"收款人开户银行盖章"一栏,也是全然空白。简言之,就是无人敢对这样一张空头的"进账单"作任何签署,以免将来承担法律责任,这不是明如观火吗?把这样一张制作上如此粗糙、如此草率的空头"进账单"作为补充材料或证据向仲裁庭搪塞,妄图借以证明本仲裁案件原申请人 MX 公司已向下家需方买主 LM 公司"双倍返还定金"达 66 万元人民币,并据此向 HD 公司索赔巨款,这不但表明"MX 公司"有关人员的弄巧反拙、欲盖弥彰,而且表明他们确已心劳日拙、黔驴技穷了。

1.2.4 前述"工矿产品购销合同"载明的"需方",是"A 市 LM 公司"。而第 1.2 点提到的"转账支票"和"进账单"载明的收款人却是"厦门 LN 公司"。本案原仲裁申请人是"MX 公司",而此次其补充材料总标题却标明是"MQ 公司……损失清单"。此类"改名换姓"或"张冠李戴"之所以频频出现,大概也像"几滴水珠"一样,从一个侧面反映出"MX 公司"有关人员在本案开庭日期即将来临前夕(即开庭前两、三天)或仲裁庭限定的补充举证日期瞬将届满之际,出于惶急心情和作伪心虚,因而"信笔写来",屡屡写错吧?

(二) MX 公司在掩盖"内贸合同"走私逃税上信口雌黄

2.1 前述"工矿产品购销合同"乃是一份蓄意走私和巨额逃税的违法合同。对此,HD 公司已在 1996 年 6 月 24 日呈交贵庭的《仲裁答辩书及反请求书补充材料(一)》第 4 页末段至第 6 页末段加以揭露。

2.2 "MX 公司"在庭后提交贵庭的"损失清单及说明"第 6 项第(7)点中列出所谓的"办理免税批文手续费:8 500 元",并且辩称:"A 市经营进出口业务的外贸公司每年均可申请一定额度的进出口免税指标,需向省计委缴纳一定手续费。"

经查核有关法律和法规,规定如下:

《中华人民共和国海关法》第 23 条和 26 条规定:一切"保税"(即暂不缴纳关税)的进口货物,均由海关监管货物,未经海关许可,任何单位和个人不得开拆、提取、抵押、转让……;

《中华人民共和国海关对进料加工保税集团管理办法》(1993 年 11 月发布)第 15 条规定:"保税集团进口的料、件及加工出口的产品均属海关监管的保税货物,未经海关许可,任何单位和个人不得将其出售、转让、掉换、抵押或移作他用。"

《A 市象屿保税区条例》(1994 年 9 月颁行)第 2 条、第 9 条、第 23 条以及第 39 条规定:保税区与非保税区设置隔离线,对保税区实行隔离管理;海关在保税区内设立机构,依法对进出保税区的货物等实施监管;由保税区进入非保税区的货物视同进口,应按国家的有关规定办理手续;货物从保税区销往非保税区时,应依法纳税,包括缴纳进口关税。

所有这些中央一级的法律、法规和 A 市的地方法规,全无一字授权像"MX 公司"这样的设置在 A 市象屿保税区的进出口公司,只要向"省计委"缴纳8 500 元"手续费",即可取得"免税批文",从而就可以大模大样地<u>违法走私逃税</u>!何况,"MX 公司"在提出这种主张时,既未提供任何法律、法规的依据或者"省计委"任何行政规定的凭据,更未提供任何"省计委"出具的"免税批文"证据,也从未提供 A 市海关的任何批准文件,证明 MX 公司可以将保税聚酯切片不经补纳进口关税即可径自转售给非保税区的"A 市 LN 公司"。

凡此种种,都足以反证前述"内贸合同"——"工矿产品购销合同",确是一份走私逃税、严重违法的合同;而 MX 公司为掩盖其走私逃税、严重违法行为而胡诌的"免税批文"云云,纯属信口开河!

(三) MX 公司的其他"损失"即使属实,也是咎由自取,无权索赔

3.1 MX 公司提供的两张"中国农业银行 A 市分行收费通知书",其中,"单位名称"均为"XX",却擅自涂改为"MX";而由 A 市商检局出具的一张收据,写明付款人是"XX",而并非"MX"。何以在单据上如此混乱?其真实性如何?实在不能不令人置疑。

3.2 即使这些单据上的付款人确属笔误,而非故意"借来"暂用,那么,其有关损失也纯粹是由于 MX 公司自己严重违约造成的。既然是咎由自取,当然应由它自己承担一切责任。岂能据以向因 MX 公司违约而无辜受害的 HD 公司索赔?

以上各点,请仲裁庭惠予审核、考虑,并殷切期待贵庭尽早作出公正的裁决。

答辩人及反请求人:
韩国 HD 综合商事株式会社
1996 年 8 月 2 日

五、本案的仲裁庭意见和终局裁决

(一) 仲裁庭对本案基本事实的认定

仲裁庭根据双方当事人提交的书面材料和双方在庭审中的陈述,认定以下

事实:

被申请人在 1995 年 11 月初将准备向申请人交付的 208 吨聚酯切片运抵目的港 A 市港。1995 年 11 月 8 日,开证行中国农业银行 A 市分行致函韩国的通知行,称被申请人提交的单据与信用证规定有不符合之处。1995 年 11 月 8 日,申请人收到了开证行关于不符点的通知。申请人拒绝接受带有不符点的单据和支付信用证项下的货款。被申请人认为"单证不符"的说法不能成立。1995 年 11 月 13 日,申请人致函被申请人,要求被申请人派代表与其就不符点问题以及争议的解决进行磋商。此后,申请人要求先取样商检,承诺只要商检结果合格就承兑付款并报关提货。被申请人同意申请人的要求。商检机构对申请人送交的货物样品进行了检验。1995 年 11 月 30 日,A 市进出口商品检验局出具品质证书,称送检商品"色度(L 值)不符合 XMN951001 号合同规定"。1995 年 12 月 8 日,被申请人致函申请人,要求其于 1995 年 12 月 11 日前付款赎单,否则将终止合同并转卖货物,并向申请人索赔有关损失。1995 年 12 月 20 日,被申请人致函申请人,称其已终止合同,并称将向申请人索赔转卖货物引起的一切损失。1995 年 12 月 23 日,被申请人再次致函申请人,称:为了表示和解诚意,被申请人愿意给申请人最后一次履约机会,即允许申请人在 1995 年 12 月 25 日中午 12 时以前支付货款,并称逾期被申请人将依法解除合同、转售货物,并向申请人索赔一切损失。1996 年 1 月 24 日,被申请人完成转卖手续,1996 年 2 月 4 日,最后完成报关手续。

(二)仲裁庭对双方请求的判断和终局裁决

申请人主张:合同规定,如货物与合同不符,买方在货到目的港后 90 天内凭商检局出具的检验证书有权拒收货物并向卖方提出索赔,而 A 市商检局 1995 年 11 月 30 日出具的检验证书表明被申请人提供的货物品质与合同规定不相符合,因此,申请人可以拒收货物并要求被申请人赔偿因其违约给申请人造成的全部损失。

仲裁庭认为:虽然合同规定聚酯切片的"L 值"为 67+/-2,而根据 A 市进出口商品检验局 1995 年 11 月 30 日的品质证书,被申请人交付聚酯切片的 L 值为 77,高于合同规定,但是,被申请人提供的证据表明,L 值并不对聚酯切片的质量和用途产生不良影响,稍偏高的 L 值对纤维的质量有利无弊。对此申请人没有提出异议或反驳。据此,仲裁庭认为:被申请人的行为并没有剥夺申请人根据合同有权期待得到的东西,也就是说没有给申请人带来任何损失,因而不构成申请人有权拒收货物的理由。申请人拒收货物的行为已构成重大违约,由此造成的损失应由申请人自己承担。因此,仲裁庭不支持申请人的仲裁请求。本案申请人的申诉仲裁费应全部由申请人自己承担。

正如仲裁庭如前所述,申请人拒收货物的行为已构成重大违约。因此,仲裁庭认为,申请人应对由其违约给被申请人造成的损失承担赔偿责任。被申请人在反请求中提出的因申请人违约拒收货物给被申请人造成的"货物转卖过程中的损失"、"海关滞报金损失"、"拖箱费及码头费损失"、"集装箱滞期费损失"和"利息损失"的计算方法合理,且申请人未提出任何异议,仲裁庭对此予以认定。以上损失共为 100 017.93 美元,应由申请人向被申请人作出赔偿。

对于被申请人请求的"复检及测试费"、"律师费"、"差旅费"、"电话传真费"及"赴京出庭往返差旅费"等赔偿项目,仲裁庭认为,上述费用属被申请人为办理本案件而支出,根据仲裁规则第 59 条的规定,即其补偿金额最多不得超过胜诉方胜诉金额的 10%,并且根据本案的实际情况,仲裁庭认定申请人应支付被申请人 10 000 美元。

本案反请求仲裁费人民币 38 063 元,应由申请人全部承担。

仲裁庭裁决如下:

1. 驳回申请人的全部仲裁请求。

2. 申请人赔偿被申请人因其违约拒收合同项下的货物给被申请人造成的损失计 110 017.93 美元。

3. 本案申诉仲裁费 34 511 元人民币全部由申请人承担。该款已由申请人向仲裁委员会预交的仲裁费,34 511 元人民币相冲抵。

本案反请求仲裁费 38 063 元人民币全部由申请人承担。该款已由被申请人向仲裁委员预交的反请求仲裁费 38 063 元人民币相冲抵。因此,申请人应向被申请人支付人民币 38 063 元以补偿被申请人为其垫付的仲裁费。

以上申请人共应向被申请人支付 110.93 美元和 38 063 元人民币。申请人必须在本裁决作出之日起 45 天内向被申请人支付上述款项。逾期,则美元应加计年息为 6% 的利息,人民币应加计年息为 10% 的利息。

本裁决为终局裁决。

首席仲裁员:
仲裁员:
仲裁员:
1996 年 8 月 21 日于北京

Ⅵ 外贸代理合同纠纷中的当事人、管辖权、准据法、仲裁庭、债务人等问题剖析
——韩国 C 公司 v. 中国 X 市 A、B 两公司案件述评

内容提要 中国 B 公司受中国 A 公司委托,于 1997 年 9 月以中国 B 公司自己的名义与韩国 C 公司订立《柴油购销协议》,从韩国进口 3 万吨柴油。原约定以信用证(L/C)方式交付货款,嗣因"单证不符"而银行暂时拒兑。C 公司急于收回货款,一方面以"无单放货"方式直接向终端用户 A 公司交货,另一方面同意 A 公司建议,变信用证付款为电汇(T/T)付款。A 公司陆续交付货款约 2/3 后,因资金周转困难而拖欠其余的 1/3。C 公司数度催讨未果,不愿再等待,遂于 1998 年 4 月向国际商会国际仲裁院(ICC International Court of Arbitration,以下简称"ICC 仲裁院")申请仲裁,要求裁令中国 A、B 两公司承担还债的共同责任和连带责任,偿清货款余额及相应滞付利息。本案涉及外贸代理合同的适格当事人、"无单放货"和 T/T 付款方式的效率与风险、仲裁条款的效力、法律选择条款的效力、ICC 仲裁院与中国法院对本案管辖权的冲突与协调等一系列问题,案情相当复杂。韩国 C 公司聘请英国律师代理本案仲裁事务,坚持按其格式合同的规定,要求在英国伦敦开庭并适用英国法裁断。ICC 仲裁院受理后,不顾中国 A、B 两公司的多次异议,完全排斥由 A、B 两公司共同指定一名中国仲裁员参加本案"三人合议庭"的正当要求,竟指定另一名英国籍的律师担任本案的"独任仲裁员",听其独自审断。这些因素综合起来,就使中国 A、B 两家公司处境十分被动,抗辩艰难,前景危殆。但是,经过两年多的广泛搜集证据和依法据理力争,中方当事人逐步摆脱了被动困境,扭转了局面,并终于促使本案独任仲裁员于 2000 年 6 月在英国伦敦作出了有利于中方当事人的终局裁决。其要点是:(1)驳回韩国 C 公司向中国 B 公司的索赔请

求。(2) 本案仲裁费全部由韩国 C 公司承担;韩国 C 公司并应赔偿中国 B 公司因本案仲裁而支付的各种费用。(3) ICC 仲裁院本案仲裁庭对于韩国 C 公司向中国 A 公司的索赔请求,没有管辖权;C 公司向 A 公司的索赔请求,应向中国的法院提出,由中国法院管辖受理①。

目　次

一、本案案情梗概

二、关于当事人和管辖权的争议

三、关于准据法的争议

四、关于仲裁庭人数和人选的争议

五、关于无单放货和货款债务人的争议

六、本案终局裁决

七、从本案实践看现行《ICC 仲裁规则》及其执行中的瑕疵

一、本案案情梗概

1. 中国 A 公司总经理于 1997 年初结识韩国 C 公司驻沪办事处代表。同年 4—8 月间双方洽谈柴油购销事宜,就柴油数量、质量、价款、付款方式、交货时间和地点等基本取得一致意见。但 A 公司是一家内贸公司,按当时中国法律规定,无对外贸易权,遂立约委托中国 B 外贸公司与韩国 C 公司驻沪办签订柴油购销协议。

2. 1997 年 9 月 8 日,A 公司(乙方)与 B 公司(甲方)签订《委托协议书》,其主要条款如下:

壹、甲方责任:

(1) 以甲方自己的名义与外商谈判并签订购买 3 万吨进口柴油的协议;

---

① 在本案争讼过程中,笔者接受中国 A、B 两家公司聘请,担任仲裁代理人。本文依据本案的原始英文文档整理、撰写。这些文档及其复印件分别收存于:(1) ICC International Court of Arbitration, 38, Court Albert 1er, 75008, Paris, France(Case No. 9959 /OLG);(2) 英国 Essex Court Chambers, 24 Lincoln's Inn Fields, London, UK;(3) 厦门大学国际经济法研究所资料室。本文中所援引的法律法规,均以 1997—2000 年讼争当时现行有效者为准。阅读时请注意查对 2000 年以来有关法律、法规的发展情况。

(2) 根据乙方提供的资料，及时开出符合乙方要求的不可撤销 L/C；

(3) 根据乙方提供的完整单据，及时办理进口付汇核销手续。

贰、乙方责任：

(1) 协助甲方对外谈判，办理进口手续中的有关文件；

(2) 筹集开立信用证所需的开证保证金；

(3) 为甲方向银行申请开证提供担保，负责担保或付汇的承兑赎单；

(4) 负责办理货物到港后的进口提货手续，缴纳税费并承担一切相关费用；

(5) 负责向甲方提供完整的有关进口单据，办理核销手续；

(6) 独自开展国内销售业务，并独自承担国内销售的经济、法律责任。

叁、结算方式：

甲方按开证金额的 0.5% 向乙方提取代理费，所有银行费用及责任均由乙方负担，甲方不承担任何风险及经济、法律责任。

3. 1997 年 9 月 9 日，中国 B 公司(Party A, the Buyer)与韩国 C 公司(Party B, the Seller)签订了一份由韩国 C 公司提供的英文格式合同《柴油购销协议》；其主要条款如下：

本协议由以下双方于 1997 年 9 月 9 日订立：

甲方：中国 B 公司(以下简称"B 公司"，地址等略)。

乙方：韩国 C 公司(以下简称"C 公司"，地址等略)。

B 公司与 C 公司双方同意按以下各项条款购销一批柴油：

(1) 卖方：C 公司。

(2) 买方：B 公司(代表中国 A 公司)。

(3) 产品：柴油。

(4) 数量：30 000 公吨(可由卖方决定增减 10%)。

(5) 交货：1997 年 9 月 25—30 日运抵中国 X 港安全泊位或码头交货。

(6) 价款：到岸价款(CIF)，中国 X 港安全泊位或码头，每公吨 176.80 美元(固定价，无涨落)。

(7) 质量：(略)。

(8) 付款：用美元付款；由国际性一级银行，以卖方可以接受的格式签发信用证(Letter of Credit)，于卖方提交三套完整的货物提单(Bill of Lading)原件以及发票和常规海运文件之后 45 天以内，付清货款……

(9) 卸货时间：(略)。

(10) 船舶滞期费：(略)。

(11) 质量、数量认定:(略)。

(12) 所有权与风险转移:货物越过与装货口岸连接的船舷后,其所有权和损失风险即由卖方转移到买方。

(13) 法律:适用英国法律。

(14) 仲裁:由本协议引起或与本协议有关的一切争端、争议或分歧,或有关本协议的违约行为,应依据国际商会(International Chamber of Commerce)制定的仲裁和调解规则,提交按上述规则指定的一名或数名仲裁员,在英国伦敦仲裁解决。由此作出的仲裁裁决是终局性的,对双方均有约束力。

(15) 不可抗力:(略)。

(16) 其他条款:

如果买方未能按照本协议第8条规定开出信用证,卖方有权取消本合同,并要求买方赔偿一切费用和损失。

其他一切条款,均按国际商会制定的《1990年国际贸易术语解释通则》中CIF条款规定及其最新修订内容,加以实施。

本合同经由传真签署,即作为合同原件加以使用,不另设书面合同原件。

中国B公司(签署)
韩国C公司(签署)
中国A公司(签署)

4. 在上述《柴油购销协议》中,明文规定卖方(Seller)为C公司,买方(Buyer)为B公司。但在签约过程中,A公司代表参加谈判,并在协议末端签字。

5. 1997年9月12日,B公司通过D银行向C公司签发L/C,以支付购油价款,总金额为 USD 176.80×30 000 MT= USD 5 304 000。同年9月26日,C公司租船装运柴油 30 049.506 MT,船长签发清洁提单后,起航运抵中国X港,并按原终端用户A公司要求,以"无单放货"的快速方式,向X港的新终端用户E公司直接交货。同年10月4日卸货交货完毕。

6. 由于C公司方的过错,发生"单证不符",D银行拒绝兑付L/C所载货款。应卖方C公司要求,买方B公司通知开证的D银行,表示愿意接受与L/C有所不符的B/L等单据文件,但几经磋商,未能达成共识,货款兑付问题暂时搁浅。

7. C公司急于收回巨额货款,遂同时向A、B两公司发函催索。1997年11月3日,原终端用户A公司直接以传真致函C公司,建议"绕开开证银行,通过香港有关公司以T/T方式将货款汇至C公司",并拟于11月7日、14日分两期付清。

8. 翌日,即 11 月 4 日,C 公司也以传真复称:We confirm our acceptance for your suggestion to pay the amount USD 5 312 752.80 (due date: Nov 10, 1997) by T/T instead of L/C.[我方确认同意接受贵方建议:以电汇方式取代信用证方式,支付货款总额 5 312 752.80 美元(到期日:1997 年 11 月 10 日)。]

9. A 公司将 3 万余吨柴油转售给 E 公司。但因 E 公司失信,A 公司未能及时收到全部货款,资金周转发生困难。自 1997 年 11 月 6 日至 1998 年 1 月 21 日,A 公司以 T/T 方式,汇付 C 公司柴油货款 USD 3 200 000,尚欠本金 USD 2 112 752.80,外加 1997 年 11 月 10 日到期以后的相应滞付利息。

10. 韩国 C 公司多次向中国 A 公司催讨所欠货款余额,A 公司多次承认欠债,承诺分期还清,并加计相应滞付利息。但终因资金周转困难而暂时无力全部清偿,货款余额又拖欠了两个多月。C 公司不愿再等待,遂聘请英国律师在 1998 年 4 月 28 日、5 月 13 日先后两度向 ICC 仲裁院呈交《仲裁申请书》及其补充文件,将中国的 B 公司作为第一被申请人,中国的 A 公司作为第二被申请人,主张两公司应共同承担和连带承担还债责任,请求 ICC 国际仲裁院作出裁决,"裁令 B、A 两家共同地和连带地偿还以下款项:

(1) 所欠货款余额本金 2 112 752.80 美元;

(2) 自 1997 年 11 月 10 日起算,因滞付上述货款余额本金所滋生的利息,按仲裁庭认可的公平合理的利率计息;

(3) 申请人提请仲裁而支付的各种合理费用。"

11.《仲裁申请书》提出:本案仲裁庭应在英国伦敦开庭,以英国法律作为准据法,由一名独任仲裁员(sole arbitrator)审理。

12. ICC 国际仲裁院受理了本案,设定案号为 9959/OLG,并由其秘书处于 1998 年 6 月底将韩国 C 公司的《仲裁申请书》分别送达被申请人中国的 B 公司和 A 公司。B、A 两公司先后聘请陈安教授以兼职律师身份,分别在 1998 年 8 月 2 日和 8 月 25 日提出答辩,就 ICC 国际仲裁院对本案的管辖权、本案的准据法以及仲裁庭的人数等问题提出异议。随后,B 公司又增聘另一位律师,共同参加仲裁代理。

二、关于当事人和管辖权的争议

13. 申请人韩国 C 公司认为:上述《柴油购销协议》第 14 条和第 13 条分别

明确规定了仲裁条款和准据法条款,理应依约提交 ICC 国际仲裁院,依其现行仲裁规则,在英国伦敦开庭审理并作出裁决,裁决是终局的,对双方当事人均有约束力。该协议适用的准据法应是英国法。

14. 第一被申请人中国 B 公司就 ICC 国际仲裁院对本案争端的管辖权提出抗辩,其理由是:

14.1 本案先后涉及 4 项协议(合同):

甲. 中国 A 公司(委托人)与中国 B 公司(受托人)之间签订的对外贸易《委托协议书》(1997 年 9 月 8 日,以下简称"1 号协议");

乙. 中国 B 公司(买方)与韩国 C 公司(卖方)之间签订的《柴油购销协议》(1997 年 9 月 9 日,以下简称《2 号协议》);

丙. 中国 B 公司(委托人)与中国 D 银行(受托人)之间签订的 L/C《委托开证协议》(1997 年 9 月 12 日,以下简称"3 号协议");

丁. 中国 A 公司(新买方)与韩国 C 公司(转卖方)之间签订的《柴油购销协议》(1997 年 11 月 3 日 A 公司发出要约,1997 年 11 月 4 日 C 公司加以承诺,新的柴油购销协议遂告成立,其具体文字和关键内容见上述第 7、8 两段。以下简称《4 号协议》)。

14.2 以上《2 号协议》与《4 号协议》貌似互相连接,密不可分,实是两项不同的合同,体现了不同的法律关系。两相比较,其当事人、标的物、价款、支付方式、争端解决方式、准据法等条款均迥然相异。可列表说明如下:

协议名称 有关条款	《2 号协议》	《4 号协议》
当事人	买方:中国 B 公司 卖方:韩国 C 公司	新买方:中国 A 公司 新卖方:韩国 C 公司
标的物及其所在地	3 万吨柴油(在中国境外)	3.004 950 6 万吨柴油(在中国境内)
总价款	USD 5 304 000	USD 5 312 752.80
付款方式	L/C	T/T
仲裁条款	第 14 条(交 ICC 国际仲裁院仲裁)	无
准据法条款	第 13 条(适用英国法)	无
协议成立期	1997 年 9 月 9 日	1997 年 11 月 4 日

14.3 就上述《2号协议》而言，买方中国 B 公司已依约通过 D 银行开出 L/C，但因卖方韩国 C 公司的过错，出现"单证不符"，D 银行拒不兑付货款，致使该协议之履行暂时中断。对此，中国 B 公司毫无过错。尤其重要的是：中国 B 公司并未取得柴油提单，从而并未收到约定的货物——3 万吨柴油。因此，B 公司对于 C 公司所遭损失不应承担任何责任。

14.4 本案争端，纯因上述《4号协议》引起，与《2号协议》无关。换言之，正是由于韩国 C 公司急于获得货款，违背《2号协议》，绕开原买主 B 公司，绕开开证的 D 银行，径自直接与新买方 A 公司达成转售柴油的协议，即《4号协议》，抛弃 L/C 这一安全的付款方式，采取 T/T 这一风险颇大的付款方式，才导致货已全交，款未收齐。这纯属"饥不择食"，甘冒风险，咎由自取。何况，B 公司不是《4号协议》的当事人，而是无关的第三人，《4号协议》中规定的付款义务，应纯由该协议中的新买主 A 公司全部承担，与 B 公司毫不相干。C 公司以 B 公司作为第一被申请人，并要求裁决 B 公司对 A 公司的还款义务承担共同的和连带的责任，显属"株连"无辜。有鉴于此，ICC 国际仲裁院应以"第一被申请人不适格"为由，驳回韩国 C 公司对中国 B 公司的无理索债要求。

14.5 本案争端既然纯由《4号协议》引起，自应严格按《4号协议》中的争端解决条款予以处理和解决。但是，通观《4号协议》，双方当事人并未约定任何争端解决方式，更未明文规定任何仲裁条款；纠纷发生之后，双方又未达成任何仲裁协议。由此可见，韩国 C 公司将纯由《4号协议》引起的本案付款争端提交 ICC 国际仲裁院，这一仲裁申请，既无合同根据，也无法律依据。换言之，ICC 国际仲裁院对本案争端不具备约定的或法定的管辖权，无权受理。有鉴于此，ICC 国际仲裁院应以"**本院对本案无管辖权**"为由，驳回韩国 C 公司对中国 A、B 两公司的仲裁申请。

15. 第二被申请人中国 A 公司就 ICC 国际仲裁院对本案争端的管辖权也提出抗辩。其所持理由是：

15.1 与第一被申请人对管辖权的抗辩大体相同。但有以下补充：

15.2 A 公司承认柴油货款尚未付清。但所欠货款余数以及延迟付款的相应利息，应由 A 公司自己独立承担清偿责任，不应株连无辜的 B 公司。B 公司不是《4号协议》的当事人，不应无理要求 B 公司承担共同责任和连带责任。

15.3 争端纯因《4号协议》引起，但该协议中没有仲裁条款，故本案争议不应由 ICC 国际仲裁院管辖，换言之，韩国 C 公司向该院申请仲裁一举，是"告对了人，却告错了地方"。本案应按《中华人民共和国民事诉讼法》第 22 条或第

29 条的规定①,由被告(被申请人中国 A 公司)住所地的人民法院管辖,即应由中国 X 港的人民法院受理处断。

16. 针对 A 公司和 B 公司提出的上述管辖权抗辩,C 公司提出反抗辩(Reply),强调:前述《4 号协议》并非一项独立的协议,而仅仅是原有协议即《2 号协议》所定付款方式的修改或变更(variation)。《4 号协议》除将付款方式从 L/C 改为 T/T 之外,别无任何其他条款,应认为 A 公司与 C 公司之间通过默示(by implication)达成默契:其他条款包括订约当事人条款、仲裁条款和准据法条款悉按原协议即《2 号协议》规定不予改变,继续有效。其具体理由和论证是:

16.1 第一被申请人即中国 B 公司既已收到了协议项下的货物,自应保证指示其开证银行不斤斤计较现有的技术性的"单证不符"。第一被申请人未能做到这一点,就不能消除其清偿货款的义务。

16.2 申请人韩国 C 公司断然否定第一被申请人中国 B 公司的主张,即所谓有关改变付款方式的做法等同于另外订立了一项全新的买卖合同。申请人强调:

中国 A 公司在 1997 年 11 月 3 日发出的传真函件以及韩国 C 公司于 1997 年 11 月 4 日发出的传真复函,从其措辞用语以及当时环境看,双方所达成的协议显然只是对原有《柴油购销协议》中的付款条款加以改变。韩国 C 公司虽同意中国 A 公司改变付款方式,但是,如果 A 公司仍然未能付清货款,则依然不能取消韩国 C 公司向 B 公司索债的权利。中国 A 公司在其传真中并未指出该传真乃是一份新的购销合同;如果是有意使它成为一份新的合同,也毫未说明其基本条款是什么。A 公司的传真中提到"绕开开证银行",直接以 T/T 方式付款;C 公司在传真回函中表示同意改用 T/T 方式付款,但同时提出要求:原有的信用证仍然有效,如果以 T/T 方式付款未能实现,则该原有信用证仍可使用。由此可见,当时所使用的措辞完全符合于只是变更原有的付款条款,而根本不是另外订立一份新的购销合同。更何况,当时原《柴油购销协议》项下的柴油业已交货、收货完毕,在这样的环境下,另订一份新的购销合同之说,是完全不符合逻辑的,绝不应如此推论或臆测。

16.3 如果 ICC 的仲裁庭认为 1997 年 11 月 3 日和 4 日中国 A 公司与韩国 C 公司之间的传真磋商构成了一份新的购销合同,那么,该合同中惟一的

---

① 《中华人民共和国民事诉讼法》第 22 条第 2 款规定:对中国法人提起的民事诉讼,由被告所在地人民法院管辖。同法第 29 条规定:因侵权行为引起的诉讼,由侵权行为地或者被告住所地人民法院管辖。

"明示条款"(express term)只是付款条款,而其余条款就是通过"默示"而保留了原有购销合同中的其余条款,包括保留了原有的合同各方当事人、法律选择条款以及管辖条款。

17. 针对韩国 C 公司上述 Reply 中的主张,中国 A 公司和 B 公司援引中国对外经贸部 1991 年发布的《关于对外贸易代理制的暂行规定》(以下简称"《规定》"),予以反驳。

17.1 援引的条文:

第 1 条有对外贸易经营权的公司、企业(代理人)可在批准的经营范围内,依照国家有关规定为另一无对外贸易经营权的公司、企业(被代理人)代理进出口业务。如代理人以被代理人名义对外签订合同,双方权利义务适用《中华人民共和国民法通则》有关规定。如代理人以自己名义对外签订合同,双方权利义务适用本暂行规定。

第 2 条无对外贸易经营权的公司、企业、事业单位及个人(委托人)需要进口或出口商品(包括货物和技术),须委托有该类商品外贸经营权的公司、企业(受托人)依据国家有关规定办理。双方权利义务适用本暂行规定。

第 8 条经受托人同意,委托人可参加对外谈判,但不得自行对外询价或进行商务谈判,不得自行就合同条款对外作任何形式的承诺。

凡委托人同意的进口或出口合同条款,委托人不得由于条款本身的缺陷引起的损失向受托人要求补偿。

第 9 条委托人不得自行与外商变更或修改进出口合同。委托人与外商擅自达成的补充或修改进出口合同的协议无效。

A、B 两公司根据上引条文作出如下论证:

17.2 众所周知,中国是社会主义国家,也是发展中国家。基于维护国家利益的需要,考虑到本国的具体国情,中国有必要在一定的历史时期内对外贸活动实行一定程度的管制,其重要措施之一,就是把本国的企业和公司划分为有权直接经营外贸和无权直接经营外贸两大类。

17.3 申请人韩国 C 公司一再强调前述《4 号协议》仅仅是原有协议即《2号协议》所定付款方式的变更。在这一方面,其关键问题在于中国的 A 公司本身究竟是否有权任意修改或变更该《2 号协议》中的付款条款,而且 A 公司又不是该《2 号协议》的签约当事人。对这种关键问题的答案是:肯定无权!

17.4 在前述《2 号协议》(即原《柴油购销协议》)的顶端,明文标示该协议只有两个缔约当事人,即"甲方:中国 B 公司,买方;乙方:韩国 C 公司,卖方"。换言之,中国 B 公司乃是合同中单独的或惟一的合法买方,它依法有权从事进口贸易业务,因而有权在该《2号协议》中以它自己的名义与外商卖方即韩国C公司签约。与此同时,B公司是以受托人的身份"代表"(on behalf of)无权从事进口贸易的A公司在《2号协议》上签署的。按照上述《规定》第8条,经受托人B公司同意,委托人A公司可以参加对外谈判,但无权自行就合同条款对外商作任何形式的承诺。因此,该A公司董事长H先生在《2号协议》上的签署,充其量只不过是表明他参加谈判和在场见证(witness),而并非表明A公司也是该协议的缔约当事人。任何非缔约当事人或任何见证人当然无权任意擅自修改或变更该《2号协议》的任何条款,这是不言而喻的常识。

17.5 1997年9月进行这笔柴油购销交易当时,韩国C公司主管前述《2号协议》谈判、签约和执行事宜的具体人员是该公司汉城总部石油产品部门经理Chun Sang Hyun先生。他在1999年11月16日提供的证词中,缕述整个谈判过程,也确认《2号协议》只有一个缔约的买方(contractual buyer),即中国B公司;而中国A公司仅仅是终端用户(the end user),而不是缔约买方。其证词称:

"事先,中国A公司的代表曾经到过韩国C公司驻中国上海办事处,然后来到韩国汉城总部,要求供应一批柴油。提供这批柴油的各项条款,如数量、质量、交货、价款等,都由中国A公司和韩国C公司达成协议。但是韩国C公司担心中国A公司履行合同的能力。我们从未与中国A公司搞过交易,而且知道他们只是一家私营公司。因此,我们要求他们去寻找另一家中国政府经营的公司,后者有能力与我们签订合同并达成付款方式,以便履行合同。中国A公司建议由中国B公司作为购买这批柴油的缔约当事人(contracting party),我们同意。然后,拟定了一份合同,载明我们与中国A公司双方达成的各项条款,并且载明中国B公司是这批柴油的缔约买方(the contractual buyer of the gasoil)。……中国B公司按合同的规定开具了信用证。中国A公司是这批柴油的终端用户(the end user of the gasoil)。……我们没有理由怀疑:中国B公司会按照合同上规定的义务向我们交付货款。"

诚然,Chun Sang Hyun的上述证词是应韩国C公司的要求而出具的,而且其主旨显然在于证明中国的B公司作为缔约买方对于韩国C公司负有依约偿还货款的义务,但从其缕述谈判过程的主要情节中,也无可规避地透露了一些基本事实,即:中国A公司并不具备法定的缔约行为能力,必须另找一家有权对外缔约和支付外汇货款的中国政府经营公司,来充当《2号协议》的惟一合法买方;中国A公司尽管一开始就与韩国C公司直接谈判柴油供销事宜和有关条款,但毕竟只是、始终只是这批柴油的"终端用户",而非《2号协议》的缔约人。可见,这一证言又从另一个重要侧面,有力地印证了中国A、B两家公司在前述第17.1—17.4段所叙述的事实和提出的主张。

17.6 除了前述《2号协议》(即原《柴油购销协议》)顶端明文标示该协议只有两个当事人即买方中国B公司和卖方韩国C公司之外,与该协议紧密相关的大量单证也反复表明只有中国B公司是该协议项下柴油惟一的买方和收货人。这些单证是:(1) 1997年9月19日签发的三份信用证(L/C),其中载明惟一的办证"申请人"(applicant)是中国B公司,惟一的"受益人"(beneficiary)是韩国C公司。众所周知,信用证上载明的"申请人"通常就是买方,"受益人"通常就是卖方。(2) 1997年9月28日签发的三份"发票"(Invoice),也载明中国B公司是惟一的受票付款人(on account of …)。众所周知,发票通常是由卖方签发给买方的催收货款或已收货款的凭据。(3) 1997年9月26日签发的三份"提单"(B/L)也载明中国B公司是惟一的"被通知人"(notify party)。众所周知,提单上标明的"被通知人"通常就是凭单提货和付款的买方。(4) 1997年10月7日签发的三份"原产地证明"(Certificate of Origin),均明文记载:中国B公司是惟一的"买方"(buyer)。(5) 1997年9月26日签发的三份"海运出口货单"(Sea Export Cargo Manisfest)、三份"质量证明"(Certificate of Quality)、三份"数量证明"(Certificate of Quantity),一份"油槽损耗量报告书"(Tanker Ullage Report),一份船长签发的样品收据(Master's Receipt of Samples),一份船舱清洁证明(Certificate of Cleanliness),也全都载明中国B公司是惟一的"被通知人"(notify party)。众所周知,在这些单证上载明的"托运人"或"发货人"(shipper)通常就是卖方,"被通知人"通常也就是买方。总之,出现在以上这24份与《2号协议》息息相关、"成龙配套"的海运单证中的"买方"或相当于"买方"身份的"申请人"、"受票人"或"被通知人"全都仅仅标明只有中国B公司一家,而中国A公司的名称从未在上述任何一种单证中出现或被提及。这就从许多重要的侧面反复多次地证明:中国的B公司是前述《2号协议》中惟一的、合法的买主;而中国A公司从来就不是前述《2号协议》的缔约当事人。

17.7 根据上述《规定》第9条,委托人不得自行与外商变更或修改进出口合同,其与外商擅自达成变更或修改进出口合同的协议,是无效的。由此可见,当时中国的现行法禁止中国的A公司擅自绕开受托人中国B公司,直接与韩国的C公司针对原有的《2号协议》(即原有的《柴油购销协议》)达成任何修改或变更的协议,其所达成的任何修改、变更协议在法律上都是无效的。由此可见,韩国 C 公司硬说前述《4 号协议》只不过是针对原先《2 号协议》的一种修改变更,这种主张不但违背客观事实,而且违反中国当时的现行法①。

17.8 一家企业或公司有权从事何种经营或无权从事何种经营,直接涉及法人的行为能力问题。如果不同国家的法律对于同一类法人的行为能力问题有不同的规定,则一旦在法律适用上发生冲突,如何解决准据法上的矛盾?应当说,在这个问题上,当代国际社会已经达成了全球公认的共识,即应当依据法人的属人法(lex personalis, personel law)来确认法人的行为能力,即依法人的国籍或住所地所属国家的法律规定加以确认。关于这一准则,在具有全球影响的权威性著作《戴西和莫里斯论冲突法》一书中,英国著名教授们曾加以提炼、归纳和明文记载,列为"法律冲突规则"第 154 条(Rule 154)②:

"规则 154:(1) 法人(corporation)从事法律交易行为的能力受该法人的章程以及交易行为地国家有关的法律支配。(2) 法人章程的一切事项受法人成立地的法律支配。"

英国牛津大学的另一位著名教授马丁·沃尔夫(Martin Wolff)在《国际私法》(第二版)一书中也明确地论及:"法人享有何种权利以及可以缔订何种合同的问题,应依据其属人法加以确定。不过,这个问题并不完全取决于它的属人法,而且也取决于行为地法。"③此书也是具有全球影响的权威性名著,自 1944 年出版以来已被译成多种文字,其中文本出版于 1988 年。

不言而喻,由英国著名教授们从全球司法实践(包括英国丰富的典型判例)中总结出来的上述规则,理应是英国法学界和实务界(包括英国的律师和仲裁员)所普遍认同和认真遵循的。

当然,也应该提到:上述法律冲突规则多年来也已经在中国的著名教科书

---

① 《中华人民共和国合同法》自 1999 年 10 月 1 日起施行。其中第 402、403 条对于受托人以自己的名义在委托人授权范围内与第三人订立合同时的法律关系问题,作出了一些新的规定。这些新规定在中外法学界引起一些争议和评论,因不属本文探讨范围,暂不置论。另外,中国加入 WTO 后,有关对外贸易的原有法律、法规和行政规章,正在陆续重新审议和修订之中,也值得法学界和实务界认真学习和研究。例如,2004 年 4 月修订后的《中华人民共和国对外贸易法》自 2004 年 7 月 1 日起施行,其中第 8 条和第 9 条有关"对外贸易经营者"的最新界定,就应予认真探讨和加深理解。

② Dicey and Morris on the Conflict of Laws, 13th ed., Vol. 2, Sweet & Maxiwell, 2000, p. 153. (在 1993 年推出的该书第 12 版中,这条规则的序号是 Rule 156。)

③ Martin Wolff, Private International Law, 2nd ed., para. 284(2),参见中文译本:《国际私法》,法律出版社 1988 年版,第 438 页。

和论著①中加以吸收、推介和论证,并已为中国的法学界和实务界所普遍认同和认真遵循。

17.9 早在1988年4月,上述法律冲突规则就不但被中国法学界和实务界所广泛认同,而且被进一步吸收于中华人民共和国最高人民法院作出的"司法解释",即《关于贯彻执行〈中华人民共和国民法通则〉若干问题的意见(试行)》第184条,从而使它成为在中国具有法律约束力的行为规范,其具体文字是:"外国法人以其注册登记地国家的法律为其本国法,法人的民事行为能力依其本国法确定。"②

17.10 把前述第17.1段至17.9段所引证的大量事实、法律规范、国际通行做法以及权威学者论述,联系本案案情加以剖析,就理应得出结论:

(1) 中国A公司既然是在中国依法注册登记成立的,其住所地也在中国境内,则其民事行为能力自应依据其"属人法"即中国有关法律规定加以确认。

(2) 依据中国现行法律关于管制外贸经营的强制性禁止规定,中国A公司不具备直接从事外贸经营的合法权利和行为能力。

(3) 因此,中国A公司不但无权以"合同当事人"的身份直接与韩国C公司签订前述《2号协议》,而且无权擅自直接与韩国C公司议定修改或变更《2号协议》。

(4) 因此,中国A公司也无权以"合同当事人"的身份直接与韩国C公司签订前述《4号协议》。

(5) 因此,中国A公司与韩国C公司通过1997年11月3—4日两份传真函件直接达成协议,约定将L/C付款变更为T/T付款,双方的此种民事行为在法律上是无效的,不受任何法律保护。

(6) 在前述《2号协议》中,中国A公司既然不是缔约的当事人,则该协议中的仲裁条款对中国A公司当然不具备法律约束力。

(7) 因此,依据该《2号协议》中的仲裁条款而设立的本案仲裁庭,对于中国A公司没有管辖权,即根本无权管辖。

17.11 迄本案提交仲裁为止,始终未见有任何证据可以证明:由新买主中国A公司与新卖主韩国C公司于1997年11月4日达成的新协议即《4号协议》之中,包含有任何法律选择条款或任何管辖权条款。因此,不可能也不应该

---

① 参阅韩德培主编:《国际私法》,武汉大学出版社1984年版,第116—119页;韩德培主编:《国际私法新论》,武汉大学出版社1997年版,第240—242页;姚壮主编:《国际私法的理论与实务》,法律出版社1992年版,第91页。

② 《最高人民法院公报、典型案例和司法解释精选》,中华工商联合出版社1993年版,第741页。

武断地把原先由旧买主中国 B 公司与旧卖主韩国 C 公司之间达成的《2 号协议》之中的法律选择条款以及仲裁管辖条款,强行塞入其后由新买主中国 A 公司与新卖主韩国 C 公司之间达成的《4 号协议》之中。众所周知,在国际经贸实务中,就有许多协议或合同并不设立或包含此类条款。在许多国际经贸实务中,并不以协议或合同中含有法律选择条款和仲裁管辖条款作为协议或合同得以成立的不可缺少的前提条件。

由于在《4 号协议》中根本不存在任何仲裁条款,而且作为该协议缔约当事人的中国 A 公司,已经反复多次针对根据子虚乌有的所谓仲裁条款强加的仲裁管辖权,明确地提出异议,因此,ICC 国际仲裁院对本案中的中国 A 公司不具备任何管辖权。韩国 C 公司与中国 A 公司之间的债权债务纠纷,应提交中国法院管辖受理。

三、关于准据法的争议

18. 针对中国 A、B 两公司的上述反驳,韩国 C 公司断然加以否定。强调:不能以中国的法规作为准据法来判断中国 A 公司是否有权与外商 C 公司直接约定修改《2 号协议》,而只能依英国法律来加以认定。其理由是:

18.1 前述《2 号协议》第 13 条明文规定 Law: English Law to apply。根据"当事人意思自治"原则,根据当时现行有效的《中华人民共和国涉外经济合同法》第 5 条第 1 款前段的规定,"合同当事人可以选择处理合同争议的法律",本合同(协议)争端应尊重当事人的共同自愿选择,适用英国法予以解释和处断。

18.2 《2 号协议》末端,除 B 公司和 C 公司的法定代表人分别作了签署之外,A 公司的法定代表人也作了签署。但 A 公司的签署并未注明其身份是 Witness。按照英国的法律和判例,A 公司也是《2 号协议》的当事人,其法律身份应与 B 公司并列,作为共同买主(co-buyer),并非局外第三人,因而 A、B 两家公司均应受《2 号协议》中准据法条款的约束,不得节外生枝,援引中国有关法规借以规避英国法律的适用,从而规避 ICC 国际仲裁院的管辖权。

19. 中国 A、B 两家公司反驳韩国 C 公司的上述主张,强调本案争议只能适用中国的法律和法规予以处断,其理由是:

19.1 本案争端纯因前述《4 号协议》引起,与《2 号协议》无关。故不能武断地将《2 号协议》中的准据法条款强加于《4 号协议》,任意推定纯由《4 号协议》引起的争端也应适用英国法予以处断。

19.2 "当事人意思自治"原则在贸易合同中的适用并非毫无限制。中国的《涉外经济合同法》第 9 条规定:违反中国法律的合同或其有关条款,是无效的。可见,违反强行法(mandatory law)禁止规定的当事人自愿选择,在法律上是无效的。前文第 17.1 段援引的中国有关外贸代理制第 9 条的禁止规定,是强制性规定。即使就《2 号协议》而言,其第 13 条的准据法条款的适用范围亦不得与中国法规的强制性规定相抵触。换言之,即使适用英国法,亦不得否定中国外贸代理制前述禁止规定的优先地位和强制效力。

19.3 本案争端纯由《4 号协议》引起。在《4 号协议》中,买卖双方当事人即中国 A 公司与韩国 C 公司之间并未就处理协议有关争议所适用的法律作出任何选择。按中国《涉外经济合同法》第 5 条第 1 款后段的规定,"当事人没有选择的,适用与合同有最密切联系的国家的法律"。《4 号协议》的当事人住所地一在中国 X 港,一在中国上海,签约地和履行地也均在中国境内,按国际私法上公认的"最密切联系"准则,因本协议引起的本案争端,应适用中国法律予以处断。

19.4 即使单就《2 号协议》而论,其中第 13 条款虽明文规定"适用英国法律",但对于这一规定固有的准确含义,如何根据英国本身的法律加以解释,却有待分析、澄清。就英国法律而言,普通法系(common law)中关于合同方面原有的大部分法律选择准则,已由《欧洲经济共同体合同义务准据法公约》(简称"罗马公约")①中的有关准则所取代。这些准则已由英国的《1990 年合同(准据)法》②所吸收并自 1991 年 4 月 1 日起施行。上述《罗马公约》第 3 条第 3 款明文规定:"尽管各方当事人已经选择适用某一国家的法律,不论是否同时选择这个国家的法庭,如果在作出此种选择当时其他一切有关因素都仅仅与另外一个国家相联系,则仍然不得规避适用该另一国家那些不能用合同加以排除的法律规定[即'强制性规定'(mandatory rules)]。"《罗马公约》的此项规定,不但已被吸收到英国的相关法律之中,而且也被英国著名的教授们进一步加以论证、提炼和归纳,作为"法律冲突规则"第 175 条(Rule 175),载明于具有全球影响的前述权威性论著——《戴西和莫里斯论冲突法》③。

衡诸本案事实,买卖双方当事人中国 B 公司与韩国 C 公司虽已在《2 号协

---

① EEC Convention on the Law Applicable to Contractual Obligations ("Rome Convention").
② Contracts (Applicable Law) Act 1990.
③ Dicey and Morris on the Conflict of Laws,13th ed. ,Vol. 2, Sweet & Maxwell, 2000, p. 1242. (在 1993 年推出的该书第 12 版中,这条规则的序号列为 Rule 177,载于第 1239 页。)

议》中共同选择英国法律作为适用于该协议的准据法,但是,鉴于该协议的其他关键因素,包括双方当事人的所在地、签约地、货款信用证开证地、货物进口履行地等等,都仅与中国密切相关,而与英国毫不相干,因此,双方当事人不得通过《2号协议》中对英国法的选择,排除适用中国的任何强制性法律规定,包括中国有关外贸代理制的前述强制性禁止规定。

19.5 根据英国法院断案的长期实践以及英国权威学者的论述,如果一项英国合同在外国履行,而其履行行为直接或间接地触犯或违反当地国家的法律,则英国法院将拒绝予以承认和执行。特别是,如果该合同的履行行为触犯或违反与英国友好国家的法律,即使该合同根据英国法律是合法的、有效的,但如实施当事人所选择的准据法就势必会损害英国与该履行地国家之间的友好关系,从而"明显地违反了英国法的公共秩序"[manifestly incompatible with the public policy (order public) of English Law],那么,英国法院就尤其应当拒绝予以承认和执行。英国法院长期断案中所贯串的这一原则和基本精神,也已由英国的权威学者们归纳和提炼,作为"法律冲突规则"第180条(Rule 180),载入具有全球影响的前述名著[①]。而其有关的典型判例,也不难逐一加以研究和查证,诸如:

(1) De Wutz v. Hendricks (1824) 2 Bing. 314-316;(2) Foster v. Driscoll (1929) 1 K. B. 470 518 521(C. A.); Regazzoni v. K. C. Sethia, Ltd. (1958) A. C. 301, 322, 328, 329;(3) Jennings (1956) C. L. J. 41;(4) F. A. Mann (1956) 19 M. L. R. 523; and (1958) 21 M. L. R. 130; A. L. G. (1957) 73 L. Q. R. 32;(5) Rossano v. Manufacturers' Life Ins. Co. (1963) 2. Q. B. 352 376-377;(6) Frischke v. Royal Bank of Canada (1977) 80 D. L. R. (3d) 393 (Ont. C. A);(7) Euro-Diam Ltd. v. Bathurst (1990) 1 Q. B. 1, 40 (C. A.)。

19.6 举世皆知,英国乃是最早承认新中国的国家之一。两国之间自1950年1月以来,在广泛的领域中长期保持着友好和合作的关系,并且在平等互利的基础上互相尊重对方的经济、政治和法律制度,特别是互相尊重对方的强制性法律规定。因此,本案争端即使是"适用英国法律",那么,依据前述英国参加的《罗马公约》、英国现行的《1990年合同(准据)法》、英国法院多年断案的实践先例以及由英国权威学者详加论述、归纳,并已为国际社会广泛接受的法

---

① See: Ibid. pp. 1276-1277, 1280-1281.(在1993年推出的该书第12版中,这条规则的序号列为 Rule 182,载于第1243—1244,1281—1282页)。

律冲突规则,以此作为准绳,就理应遵循对待英国友好国家国内强制性法律规定的传统判例和英国现行法,充分尊重中国现行法律中有关管制外贸的前述强制性禁止规定(详见前文第 17.1—17.6 段),确认中国 A 公司既无权直接与韩国 C 公司签订外贸协议,也无权直接与韩国 C 公司议定修改或变更外贸协议。简言之,正是在这种意义上,完全可以断言:认真适用英国的现行法律以及英国的司法判例,就不能不认定中国 A 公司无能力和不可能成为《2 号协议》的签约当事人,因而该《2 号协议》(包括其中的仲裁条款)对于中国 A 公司没有约束力,以该仲裁条款为依据而设立的本案仲裁庭对于中国 A 公司与韩国 C 公司之间的争端没有管辖权。

四、关于仲裁庭人数和人选的争议

20. 仲裁申请人韩国 C 公司要求将本案交由一位"独任仲裁员"(sole arbitrator)审理处断。其理由是:(1) 本案债权债务关系明确,案情简单,可以简易方式,速审、速裁、速决;(2) 按《2 号协议》的第 14 条规定,仲裁庭应由 one or more arbitrators 构成。依据现行的《ICC 仲裁规则》第 8 条,在当事人没有约定仲裁庭组成人数的情况下,可由 ICC 国际仲裁院对仲裁庭的构成(一名独任仲裁员或三名仲裁员)作出决定。

21. 被申请人中国 A、B 两家公司反对韩国 C 公司的上述主张,并且郑重声明:(1) 被申请人继续坚持 ICC 国际仲裁院对本案纠纷无管辖权的前述抗辩;(2) 在不影响被申请人保留前述管辖权异议权利的前提下,要求将本案交由三人组成的仲裁庭合议审断。其理由是:

21.1 本案争端先后涉及多项合同,债权债务关系复杂,特别是其中的被申请人是否适格、管辖权究应谁属以及准据法如何确认等问题,双方针锋相对,分歧极大,应当交由三人仲裁庭合议,俾能发挥集体智慧,慎重审理,公平处断。

21.2 现行的《ICC 仲裁规则》(1998 年 1 月 1 日生效)第 8 条第 1 款、第 2 款规定如下:

第 8 条仲裁员人数

1. 争议应由一名或三名仲裁员裁决。

2. 当事人没有约定仲裁员人数的,仲裁院应指定一名独任仲裁员审理案件,除非仲裁院认为案件争议需要交由三人仲裁庭审理。在后一种情况下,申请人应在收到仲裁庭对上述决定的通知后 15 日内指定一名仲裁员,被申请人应在收到申请人已指定仲裁员的通知之后15日内指定另一名仲裁员。

衡诸双方争端的复杂性,本案应属于"案件争端需要交由三人仲裁庭审理"之列。一旦ICC国际仲裁院确认并最后决定该院对本案有管辖权,则中国A、B两公司请求该院尽快组建三人仲裁庭审理本案。

22. 中国A、B两家公司鉴于本案案情复杂,且多处涉及应当适用中国法律作为准据法的问题,故在继续保留前述管辖权异议权利的前提下,一方面力主应当组建三人仲裁庭合议审理本案;另一方面,接获ICC国际仲裁院有关受理本案的立案通知后,即依据《ICC仲裁规则》第5条第1(d)款、第2款以及第10条第1款的规定,共同指定一名中国知名专家、中国国际经济贸易仲裁委员会(CIETAC)的资深仲裁员Y教授,参加三人仲裁庭。

22.1 韩国C公司所聘请的英国SRT律师事务所驻上海办事处的律师阿德里安·克拉克(Adrian Clarke)在1998年7月31日致ICC国际仲裁院秘书处的函件中,竟公然对中国两家公司的指定表示反对。其理由是:(1)本案涉讼合同规定的准据法是英国法,故仲裁员应当具有足够的有关英国法律的知识和实践经验。可是,"迄今为止,我们没有看到证据,足以证明中国两家公司指定的这位仲裁员先生具备这方面的知识和经验"。(2)上述合同规定的仲裁地点是英国伦敦。然而,这位被指定的仲裁员先生却"平常住在中国(ordinarily residing in China),这会妨碍和延误在伦敦开庭审理争端"。"被申请人两家公司完全可以选择指定一名住在伦敦的仲裁员"。

22.2 针对英国律师克拉克的上述十分放肆、专横的主张,中国A、B公司作了针锋相对的反驳:(1)看来有必要提醒克拉克先生:国际商会国际仲裁院素来就具有国际本质(of internationality),而并不具备、也不专属于英国国籍(of English nationality)。没有任何法定理由或法律依据,居然可凭以主张:由ICC国际仲裁院主办、在伦敦进行的仲裁开庭听审事宜必须由英国籍的律师和英国当地的仲裁员包揽一切,全盘包办。(2)任何人,包括任何英国律师事务所或任何英国律师个人,都不享有任何特权,竟然可以任意侵害中国的当事人依据《ICC仲裁规则》以及国际公认的"自然公正"(natural justice)原则所享有的指定仲裁员的合法权利。(3)作为英国SRT律师事务所派驻中国上海办事处的一名英国律师,克拉克先生谅必也是"平常住在中国",并非常住伦敦。不知此种情况是否也会"妨碍和延误在伦敦开庭审理争端"?(4)迄今为止,我们也没有看到证据,足以证明接受韩国C公司聘请、在中国境内执业的这位克拉克先生,已经具备足够的有关中国法律的知识和实践经验。不知中国方面的当事人是否也可以凭借这种理由主张克拉克先生不宜在中国境内开业、执业？或者主张，韩国C公司不宜聘请克拉克先生承办涉及中国法律问题的本案？不言而喻，中国方面的当事人决不会提出如此缺乏法律常识的荒唐主张！

23. ICC国际仲裁院于1998年10月14日作出三项决定：(1)按"表面证据"(prima facie)，可能存在仲裁协议，依据《ICC仲裁规则》第6条第2款规定，本院对本案有管辖权，对于仲裁庭管辖权的异议，应由仲裁庭自行裁断；(2)将本案交由一名独任仲裁员审理；(3)由仲裁院秘书处(Court Secretariat)采取步骤指定独任仲裁员。

23.1 ICC国际仲裁院声称：上述第(1)项决定的根据是《ICC仲裁规则》第6条第2款：

第6条 仲裁协议的效力

1. ……

2. 如果被申请人不按照第5条的规定提交答辩，或者对仲裁协议的存在、效力或范围提出异议，而仲裁院认为，从表面上看，一个按国际商会仲裁规则进行仲裁的仲裁协议可能存在，则仲裁院可以决定仲裁程序继续进行，但不影响实体主张及其是否应予采纳。在这种情况下，任何有关仲裁庭管辖权的异议均由仲裁庭自己决定。如果仲裁院认为相反，它将通知当事人仲裁程序不能进行。在这种情况下，当事人仍有权要求有管辖权的法院对是否存在有约束力的仲裁协议作出裁定。

23.2 但是，对于上述第(2)项决定，ICC国际仲裁院并未说明任何理由。

24. 被申请人中国A、B两家公司对国际仲裁院的上述决定提出异议，联合向ICC国际仲裁院递交《复议申请书》(Application for Reconsideration)。其中特别强调：(甲)仲裁案件中的双方当事人都应当享有知情权(right to know)，仲裁院理应将作出上述第(2)项决定的具体理由明确告知被申请人A、B两家公司；(乙)被申请人在得知上述决定的理由之后，应当有权申请复议；(丙)本案案情复杂，理应交由三名仲裁员组成的合议庭审理裁决。

25. 被申请人中国A、B两家公司再次提醒申请人韩国C公司以及ICC国际仲裁院：被申请人有权联合指定一名仲裁员参加三人仲裁庭，此种权利是不可剥夺、不容侵害的。此种指定权不仅受到《中华人民共和国仲裁法》的保护，而且受到1958年《纽约公约》(即《承认及执行外国仲裁裁决公约》)的保护。如果任意剥夺或侵害被申请人的此种权利，致使被申请人"没有得到指定仲裁员的适当通知"(was not given proper notice of the appointment of the

arbitrator),则日后 ICC 国际仲裁庭就本案作出的仲裁裁决,在中国境内就势必被拒绝承认和不予执行。其具体根据是:

25.1 《中华人民共和国仲裁法》第 31 条规定:仲裁案件中的各方当事人有权各自选定一名仲裁员。同法第 71 条进一步规定:被申请人提出证据证明涉外仲裁裁决有《中华人民共和国民事诉讼法》第 260 条第 1 款规定情况之一者,中国法院就应裁定不予执行,其中就包含有"被申请人没有得到指定仲裁员的通知"这一情况。

25.2 1958 年《纽约公约》第 5 条第(1)(b)款规定,受仲裁裁决援引执行的一方当事人(the party against whom the award is invoked),提出证据证明自己未接获关于指派仲裁员之适当通知者,执行地的主管机关(法院)对该项裁决有权不予承认和不予执行。

25.3 因此,被申请人中国 A、B 两公司期待 ICC 国际仲裁院驳回韩国 C 公司关于单单由一名独任仲裁员审理本案的主张,以免造成日后的负面后果。A、B 两家公司希望被申请人指定仲裁员的合法权利获得应有的尊重和切实的保护,请求 ICC 国际仲裁院对于前述 23 段中的第(2)点决定予以复议,并重新作出决定:将本案交由三人组成的仲裁庭合议审理。

26. ICC 国际仲裁院经过复议,于 1998 年 11 月 10 日决定:不接受中国 A、B 两公司的意见,仍然维持其 1998 年 10 月 14 日的原决定,即把本案交由一名独任仲裁员审理;同时,具体指定英国的一名"皇家大律师"W·R·塞伯里(William Richard Sibery, QC)担任本案的"独任仲裁员"。

27. 中国 A、B 两公司对 ICC 国际仲裁院上述指定任命及时提出异议。其主要依据是《ICC 仲裁规则》的第 9 条:

(1) 第 9 条第 1 款规定:"仲裁院在确认或指定仲裁员时,应考虑各位仲裁员的国籍、住址、与当事人或其他仲裁员国籍国的其他关系以及该仲裁员的时间和依据本规则进行仲裁的能力。"

(2) 第 9 条第 5 款规定:"独任仲裁员或首席仲裁员的国籍应与各当事人的国籍不同。然而,在适当的情况下,独任仲裁员或首席仲裁员也可以从当事人所属国选定,但以当事人在仲裁院规定的期限内不提出异议为条件。"

27.1 独任仲裁员在仲裁全程中实际上拥有"独断独行"的权力和作用,为确保其断案公正、公平,对独任仲裁员的公正素质与能力水平,应有不同于对一般合议庭仲裁员的更加严格的要求。鉴于本案涉及与合同纠纷具有最密切联系的大量中国法律,因此,对于本案审理全程具有"独断独行"大权的独任仲裁员,自应确保其具有熟悉中国法律的知识和能力。但是,迄今没有证据足以证明本案独任仲裁员英国塞伯里律师除熟知英国法律之外,也熟悉与本案纠纷密切相关的中国法律。

27.2 本案申请人韩国 C 公司聘请的英国 SRT 律师事务所及其受聘的克拉克律师,其总部即设在英国伦敦,其本人是英国国籍。换言之,本案对方当事人所指定的代理人(其地位相当于对方当事人),其国籍完全相同于本案独任仲裁员的国籍;没有证据足以证明,受聘担任对方当事人之代理人的英国 SRT 律师事务所以及该律师,与同在伦敦一地开业的英国塞伯里大律师原先并无任何共同利害关系、业务互介互助关系或私人友情关系。按照一般常理和常识,中国 A、B 两公司难以完全排除一切疑虑,完全信赖塞伯里先生能够在单独审理本案中能够绝对保持公正公平、不偏不倚。ICC 国际仲裁院总部远在异地巴黎,显然也无法对上述情况下可以"独断独行"的塞伯里先生实行有效的监督,切实保证后者断案的公正与公平。

27.3 根据《ICC 仲裁规则》第 9 条的上述规定,ICC 国际仲裁院理应不贸然指定与本案对方当事人之代理人属于同一国籍的英国专家担任本案的独任仲裁员,而应当指定非英国籍的其他国家专家(诸如同属英美法系因而也熟知英国法律的美籍专家、加拿大籍专家或澳大利亚籍专家),担任本案的独任仲裁员。当然,被指定为本案独任仲裁员的非英国籍专家也应当具备必要的中国法律知识,以确保其具有公正、公平地审断本案的能力,符合上述第 9 条第 1 款的有关"能力"的规定。ICC 国际仲裁院素来具有广泛的国际联系,当然不难物色到来自英国以外的英美法系各国、并且兼具英国法和中国法知识的国际知名学者,以指定其为本案的独任仲裁员。如有必要,中国 A、B 两公司也可以提供有关合格人选的信息,供 ICC 国际仲裁院参考和选择。

27.4 根据以上陈述和分析,中国 A、B 两公司进一步依据《ICC 仲裁规则》第 11 条赋予的权利,正式提出要求英国籍的塞伯里回避,并由 ICC 国际仲裁院依据该规则第 12 条规定,更换新的独任仲裁员。

28. 对于中国 A、B 两公司提出的有关独任仲裁员具体人选的异议、回避和更换人选的正当请求,ICC 国际仲裁院没有接受,并于 1998 年 12 月 17 日决定驳回所请,但并未说明任何理由。

29. 英国籍的独任仲裁员塞伯里先生遂依据 ICC 国际仲裁院的前述指定和授权,依《ICC 仲裁规则》第 18 条的规定,开始与本案各方当事人反复磋商本案的"审理范围"(Terms of Reference,简称 T/R),并于 1999 年 3 月达成一致意见。据此,独任仲裁员塞伯里要求各方当事人就 T/R 中所列的经过"细化"的 15 项具体问题,进一步提供有关"控、辩"的书面文件、证据、证言和专家意见。

30. 此后,本案申请人与被申请人之间又经过数轮控辩交锋,直至1999年10月20日,本案独任仲裁员通知各方当事人,定于1999年11月29日在伦敦开庭审理本案。

31. 在ICC仲裁院主持下的伦敦仲裁庭正式开庭前六天,情况发生了"戏剧性"的变化:独任仲裁员塞伯里经过仔细对照比较控、辩过程中各方提供的大量书状、证据等之后,于1999年11月23日发出传真给韩国C公司以及中国A、B两家公司,提出以下两项问题,要求各方明确回答。

31.1 独任仲裁员塞伯里提出的第一项问题是:

"我注意到(本案证人)Mr. Hyun对当时中国B公司签约情况的说明,他把中国B公司说成是一个'缔约当事人'或'缔约买方'(英文单数(按:原文如此))①。与此相对照,他把中国A公司说成是'这批柴油的终端用户'……诚然,有关B公司和A公司在原先柴油购销合同(按:指前述《2号协议》)中各自的地位作用问题,可能还有待本案开庭时进行辩论,但是,鉴于Mr. Hyun所谈到的有关情况,请(韩国C公司聘请的)SRT律师事务所告诉我:本案申请人(韩国C公司)是否仍然坚持原有的主张,即认为中国A公司乃是原先购销合同的当事人并/或负有原合同规定的付款义务。按我的理解,至少某些有关中国法律规定的专家证词是直接针对着这个待决的独立问题的。鉴于Mr. Hyun作出的说明,如果当事人各方都不再纠缠追究这个争议之点,那就该让大家都知道这一点,愈快愈好,因为这样既节省时间又节省费用。"②

31.2 独任仲裁员塞伯里提出的第二项问题是:

《本杰明论货物买卖》(第五版)(*Benjamin's Sale of Goods*, 5th ed)是一部专门论述货物买卖的首要的英国法律教科书。该书第23-091段论述了信用证开证银行因单证不符而拒绝付款时,货物买方的地位问题。此段文字摘引

---

① 详见前文第17.5段。
② 本传真函件这段原文是:I note what Mr. Hyun says about the circumstances in which B Company became what he describes as "the contracting party"/"the contractual buyer" [singular]. In contrast, he refers to A Company as "the end user of the gasoil...". Of course, the respective roles of B Company and A Company in relation to the Original Sale Contract may be the subject of debate at the hearing, but in the light of what Mr. Hyun says, would SRT please advise whether the Claimant persists in its allegation that A Company was a party to and/or liable under the Original Sale Contract? At least some of the expert evidence on Chinese law will, as I understand it, be directed to this discrete issue. If the point is not to be pursued in the light of Mr. Hyun's statement, the sooner everybody knows about this the better-as this may save both time and costs.

如下:

"银行拒收内容不相符的单证时买方的地位:如果银行因各种有关单证(documents)与信用证条款规定不相符而拒绝兑付货款,则货物卖方处于什么地位?尽管银行拒绝收单付款,但只要买方已经接受了货物,买方就有义务付款,这是显而易见的。买方不能既接受了货物却又主张由于银行拒绝收单付款就解除了买方偿还货款的义务。买方既然接受了货物,就必须认定这是买方已经放弃了基于单据不符而享有的一切(抗辩)权利。"①

"中国 B 公司无疑应当认真考虑这段论述,并准备在本案开庭时对我回答:(1) 如果没有中国 A 公司与韩国 C 公司之间在 1997 年 11 月 3—4 日的两份函件来往,那么,在这批柴油已经依约交付(due delivery)之后,中国 B 公司是否本来就有义务向韩国② C 公司交付合同规定的货款?(2) 如果是本来有此义务,那么,为什么竟然可以曾有上述函件往来作为理由,就推论说是韩国 C 公司已经放弃了向中国 B 公司索取货款的权利?"

32. 韩国 C 公司聘请的英国 SRT 律师事务所经办律师显然是从塞伯里上述两方面的提问中获得某种"信息"或受到某种"启发",心领神会到:大量的法律规定、证据、证词,甚至包括韩国 C 公司自己提供的证人证词,都已经证明中国的 A 公司并非《2 号协议》中的买方当事人,企图用《2 号协议》中的"仲裁条款"来约束并非该协议当事人的中国 A 公司,并迫使它接受伦敦仲裁庭的管辖,此种无理主张,看来"大势已去",希望落空;倒不如紧紧揪住《2 号协议》中惟一的买方当事人,即中国的 B 公司,要求伦敦仲裁庭裁定其赔偿拖欠的柴油货款。于是,在 1999 年 11 月 26 日,即伦敦仲裁庭开庭前第三天,英国 SRT 律师事务所向伦敦仲裁庭的塞伯里独任仲裁员以及中国 A、B 两公司,分别发送了一份标明"急件"(URGENT)的传真:

"我方客户指示:在下星期的仲裁庭开庭审理中,(我们)不再继续主

---

① 本书本段原文是:Buyer's position when bank rejects discrepant documents. What is the seller's position if the bank rejects the documents by reason of their noncompliance with the terms of the documentary credit? It is clear that if, despite the bank's rejection of the documents, the buyer accepts the goods, he is under a duty to pay. The buyer cannot possibly accept the goods but claim that the bank's rejection of the documents discharges him from his duty to pay the price. The acceptance of the goods by the buyer has to be regarded as his waiver of any rights based on the discrepancies in the documents.

② 指前文第 7、8 两段提到的中国 A 公司直接与韩国 C 公司擅自约定把 L/C 付款方式改为 T/T 付款的两份传真来往函件。

张中国 A 公司是原先柴油购销合同的一方当事人并/或承担合同规定的义务。"①

33. 于是,自 1998 年 4 月至 1999 年 11 月,有关 ICC 国际仲裁院及其主持组建的伦敦仲裁庭对本案中的中国 A 公司是否有权管辖的问题,经过长达一年又七个月的争辩,总算初步告一段落。即韩国 C 公司聘请的英国 SRT 律师事务所经办律师,在英国籍独任仲裁员的暗示下,终于以曲折隐晦、含糊不清和模棱两可的语言,暂且承认本案伦敦仲裁庭对于本案的第二被申请人,即中国 A 公司,没有仲裁管辖权,因而暂且不在本次仲裁开庭中向中国 A 公司索偿所欠货款。相应地,1999 年 11 月 29 日至 12 月 1 日伦敦仲裁庭开庭审理过程中,主要焦点就集中在:前述《2 号协议》中惟一合法的买方当事人,即中国 B 公司,是否应当向韩国 C 公司偿还该协议项下这批柴油拖欠货款的本息。

五、关于无单放货和货款债务人的争议

34. 本案仲裁庭在伦敦正式开庭后,韩国 C 公司所聘英籍律师即循着英籍独任仲裁员塞伯里所提示和指引的问题以及英国法律教科书所设定的"准绳"(见前文第 31.2 段),作为"主攻方向",对中国 B 公司发起了"猛攻"。其具体索赔理由是:

34.1 本杰明的前述名著援引和总结了英国的大量判例,其中所述原理、原则已成为英国法院和法学界广泛接受的断案依据。该书第 23 - 91 段提到:尽管银行因"单证不符"而拒绝收单付款,但只要买方已经接受了货物(the buyer accepts the goods),就应认定为买方已经放弃了基于"单证不符"而享有的任何抗辩(异议)的权利,从而买方就负有不可推卸的付款义务。

34.2 本杰明前述名著的第 19 - 132 段对于"买方已经接受货物"的含义,作出如下界定:

(1) 买方明确通知卖方:已经收到货物。

(2) 买方虽未明确通知卖方已经收到货物,但在货物交付后买方已经采取行动对有关货物作了处置,致使卖方不再享有该项货物的所有权。

(3) 买方虽未明确通知卖方已经收到货物,但在到货后一段合理的期间

---

① 原文为:"We are instructed by our client that the allegation that Chinese A Company was a party to and/or liable under the original sale contract is not being pursued at the hearing next week."

内,买方持续保留货物(retains the goods),却又不明确通知卖方拒绝收货或要求退货。

34.3 将上述"准绳"用以衡量本案事实:(1) 中国 B 公司曾经明确通知韩国 C 公司:已经收到货物。其证据是中国 A 公司总经理 H 先生曾于 1997 年 10 月 17 日签署函件发传真给韩国 C 公司,以中国 A、B 两家公司共同的名义抱怨柴油质量存在瑕疵,但函件开头第一句即明确表明:"感谢贵司及时交货。" (2) 中国 B 公司在到货后一段合理期间内一直保留(retain)这批柴油,迄未拒收或退货。(3) 没有任何证据表明 A、B 公司任何一方曾经拒收或退还这批柴油。由此可见,中国 B 公司已经收受了这批柴油,因而负有付清货款的法律义务。

35. 对于以上各点,中国 B 公司列举了大量证据针锋相对地逐一加以反驳:

35.1 这批涉讼柴油于 1997 年 9 月 26—28 日在韩国釜山装船启运往中国 X 港之际,韩国 C 公司曾将有关发票、提单、原产地证明、出口货单、质量证明、数量证明等全套单据的原件(详见前文第 17.6 段),直接寄给这批柴油的终端用户中国 A 公司,即寄给了虽然曾经参加谈判但却并非前述《2 号协议》签约者的第三人。而作为该协议惟一合法买方的中国 B 公司所收到的,却只是上述全套单据的复印件,即从未收到这套单据的原件(包括提单原件)。

35.2 上述终端用户中国 A 公司于这批柴油启运前夕,通知韩国 C 公司:货物抵 X 港后具体的收货人是中国 E 公司。实际上,中国 A 公司已将这批柴油转售给中国 E 公司。韩国 C 公司于 1997 年 9 月 25 日指示承运油船公司向中国 E 公司直接交货。

35.3 为了快速交货,韩国 C 公司又于 1997 年 9 月 26 日向承运油船公司发出电传指示:"这批柴油已经装船启运,其有关提单等尚未寄达中国 X 港。我们要求你们按'无单放货方式'(delivering cargo without production of the bills of lading)向中国 X 港的 E 公司直接交货。"并表示承担因无单放货而可能引起的责任。

35.4 中国 A 公司总经理 H 先生 1997 年 10 月 17 日发给韩国 C 公司的传真函件中虽以中国 A、B 两公司的共同名义表示"感谢贵司及时交货",但中国 B 公司并不知情,函末并无中国 B 公司法定代表人的任何签署或该公司的任何盖章。

35.5 在这批柴油的运输交货过程中,韩国 C 公司实际上都是直接与中国 A 公司联系、操作的。作为这批柴油的卖方,韩国 C 公司除了曾给惟一合法的买方中国 B 公司送达有关提单等全套海运单据的复印件(而非原件)之外,不但始终没有向中国 B 公司送达全套海运单据的原件,而且也未将依据中国 A 公司的要求将这批柴油以"无单放货"的方式直接向中国 E 公司交货等情节,正式通知中国 B 公司。

35.6 正因为中国 B 公司始终未能收到这批柴油的提单原件,也无法凭单提货,或在提单原件上背书交给原委托人中国 A 公司提货,所以,对于作为惟一合法买方的中国 B 公司说来,它所购买的这批货物始终未曾实现"如约交货"(duly delivery)和"如约收货"。另一方面,即使对于中国 A 公司或其指定的收货人中国 E 公司而言,这批柴油确实已经"交货"和"收货",但这种交货与收货都并非"如约"(duly),而是"不如约"或违约(unduly),因为 A、E 两公司都不是《2 号协议》中约定的收货人,也从未获得《2 号协议》约定的收货人即中国 B 公司的授权代收或背书转让;韩国 C 公司应中国 A 公司的要求向中国 E 公司无单放货一事,也从未获得中国 B 公司的事先同意或事后追认。

35.7 诚然,这批柴油在运抵中国 X 港后始终一直"保留"在中国而从未有人主张拒收或退货,但在事实上直接收受和直接"保留"了这批柴油的人,并不是《2 号协议》中约定的惟一买方——中国 B 公司,却是未经中国 B 公司事先授权代收、背书转让或事后追认的中国 E 公司。中国 B 公司立约向韩国 C 公司购买了这批柴油,并开出了信用证以供支付货款,不但没有收到这批货物,反而要对韩国 C 公司与中国 E 公司之间的违约"私相授受"行为承担赔付货款的义务。显而易见,全世界任何法律体系包括英美法系中,都不会存在这么荒谬的法律规定或法理原则。

35.8 韩国 C 公司所聘请的英国代理律师对前述本杰明名著虽倍加推崇,并刻意援引其中的第 23-091 段和 19-132 段,以论证自己的索赔主张,但是,对于这两段文字立论的前提和基础,即"买方已经接受货物",却无视事实,任意扭曲,主观臆断,妄加推论,造成"E 冠 B 戴"。这样的臆断和推论显然是不能采信的。

与此相反,从前文第 35.1—35.7 段所列举的事实看,买方——中国 B 公司始终未曾收到完全符合这批柴油信用证条款的提单等全套单证原件,因而也无从凭单提货。这些情况倒是完全切合和应当适用本杰明上述名著中另外一段(第 23-092 段)论述中依据英国有关判例总结出来的原则:

"买方拒付货款的权利:如果信用证的受益人(beneficiary)[①]未能提

[①] 通常即是购销合同中的卖方。

供必要的单证文件(documents),买方是否有权拒付基础合同(underlying contract)项下的货款并拒绝收货?实际上,这就是 Shamsher Jute Mills v. Sehtia(London)①一案中的关键问题。在此案中,某出口商按 F.O.B. 价格条件出售货物,银行应进口商要求开出了一份不可撤销的信用证,但出口商未能向开证银行提交符合该信用证条款的全套单证文件。宾汉姆(Bingham J.)裁断:由于出口商自己未能提供必要的单证文件,他就不能依据不可撤销的信用证取得货款;同时,他也违背了此项售货的基础合同。因此,该出口商就不能向买方收回货款,尽管并无证据表明这批货物不适销或有瑕疵。"②

可见,中国 B 公司拒绝向韩国 C 公司支付货款,不但符合中国的法律,也完全符合英国有关判例的裁断和英国权威学者的总结。

36. 针对以上反驳意见,韩国 C 公司所聘英籍律师再次提出抗辩。其主要论点是:

36.1 中国 B 公司曾经默许(implied autority)韩国 C 公司有权直接接受中国 A 公司有关交货的指示;中国 A 公司若不是经过中国 B 公司实际授权就是具有表面代理权(had either actual or ostensible authority)③,可以接受这批货物并签发前述"感谢贵司及时交货"的函件(见前文第 34.3 段)。

36.2 中国 A 公司总经理 H 先生曾于 1997 年 10 月 17 日以 A、B 两公司

---

① [1987]1 Lloyd's Rep. 388; and see Dary Offshore Ltd v. Emerald Field Contracting Ltd, [1992] 2 Lloyd's Rep. 142 at p.155.

② 本书本段原文是:"Buyer's right to repudiate. But does the beneficiary's failure to furnish the required documents entitle the buyer to repudiate the underlying contract and to reject the goods? This was, actually, the issue in Shamsher Jute Mills v. Sehtia (London). An exporter of goods sold on terms f.o.b. failed to present to the issuing bank a set of documents complying with the terms of the irrevocable credit opened at the importer's request. Bingham J. held that, as the exporter's inability to obtain payment under the irrevocable credit was occasioned by his own failure to tender the required documents, he was also in breach of the underlying contract of sale. Consequently, he was unable to recover the price from the buyer, notwithstanding that there was no evidence to suggest that the goods were unmerchantable or defective."

③ ostensible authority 一词又译为"名义代理权",见张仲绛等编:《英汉法律词典》,法律出版社 1985 年版,第 592 页。我国台湾地区的《民法》第 169 条规定:"由自己之行为表示以代理权授予他人,或明知他人表示为其代理人而不为反对之表示者,对于第三人应负授权人之责任。"其有关注释中称之为"表见代理",并说明"所谓表见代理乃原无代理权,但表面上足令人信为有代理权"。参见林纪东等编纂:《新编六法全书》,台湾五南出版公司 1997 年修订版,第 127—128 页;黄立:《民法总则》,中国政法大学出版社 2002 年版,第 409—413 页。1999 年 10 月起施行的《中华人民共和国合同法》第 49 条规定:"行为人没有代理权、超越代理权或者代理权终止后以被代理人名义订立合同,相对人有理由相信行为人有代理权的,该代理行为有效。"目前内地有关论著中也把此类法律行为称为"表见代理"。参见王利明:《合同法研究》(第一卷),中国人民大学出版社 2002 年版,第 552—572 页。

共同的名义签发上述函件。中国 B 公司主张 H 先生未经任何授权因而无权代表 B 公司表态,对此,B 公司应负举证责任。如果无法举证证明 H 先生的签署是未经 B 公司授权的,便应认定他代表两家公司签署是经过授权的。

37. 经过认真查证英国判例中有关"表面代理权"(ostensible authority)一词的真实含义及其实际运用,中国 B 公司针对英籍律师提出的上述主张,再次提出反驳:

37.1 据我们所知,英国法律中的所谓"表面代理权"原则,曾由著名的英国大法官狄普洛克(Lord Justice Diplock)在一宗判例中作出如下说明:

"一项'外观的'或'表面的'代理权,……指的是在本人与对方订约人之间形成的一种法律关系,由本人向对方订约人作过某种表示:代理人有权代表本人在一定范围内或在'外观'授权范围内,与对方订约人订立某种合同,从而使得本人必须履行该项合同所规定的各项义务,其用意在于使对方订约人可以据此原则行事,而实际情况也果然如此。在按上述这种方式形成的法律关系中,代理人只是第三人,他不必知道(尽管一般会知道)本人有过上述这种表示,但他不得声称他自己就是作为本人去订立那项协议。当对方订约人根据本人的上述表示而与代理人订立某项合同时,此种表示就起着禁止翻悔食言(estoppel)的作用,防止本人事后主张他自己不受该项合同约束。至于代理人是否实际上经过授权去订立此项合同,那是没有关系的。"①

依据狄普洛克大法官这段论述,可以看出:要形成所谓"表面授权"这种法律关系,其前提条件是必须由本人向对方订约人作过表示:某代理人有权代表本人与对方订立合同。可是,在韩国 C 公司 v. 中国 B 公司的本案纠纷中,就当初达成 09/09/1997《2 号协议》时的法律关系而言,本人(即委托人)乃是中国 A 公司,代理人乃是中国 B 公司,对方订约人乃是韩国 C 公司。本人(即委托人)

---

① 这段文字的原文是:"An apparent or ostensible authority ... is a legal relationship between the principal and the contractor created by a representation, made by the principal to the contractor, intended to be and in fact acted upon by the contractor, that the agent has authority to enter on behalf of the principal into a contract of a kind within the scope or the 'apparent' authority, so as to render the principal liable to perform any obligations imposed upon him by such contract. To the relationship so created the agent is a stranger. He need not be (although he generally is) aware of the existence of the representation but he must not purport to make that agreement as principal himself. The representation, when acted upon by the contractor by entering into a contract with the agent, operated as an estoppel, preventing the principal from asserting that he is not bound by the contract. It is irrelevant whether the agent had actual authority to enter into the contract." See Freeman & Lockyer v. Buckhurst Park Properties (Margal) Ltd., (1964) 2 Q. B. 480 at p. 503.

A公司事先曾与对方订约人韩国C公司直接磋商这笔柴油交易；接着，又因自己没有外贸经营权而正式委托B公司代理，以B公司自己的名义与C公司订约；最后，A公司又确曾于B、C两公司订约当时在场参加谈判，并以在场见证人身份在《2号协议》上作了签署（详见前文第1—4段）。所有这些事实，都证明委托人A公司确曾向对方订约人韩国C公司一再作过表示（representation）：中国B公司经过中国A公司委托授权，有权代表A公司与C公司订约，在这笔柴油交易合同的全过程中，中国B公司具有真实的代理权以及/或者"表面代理权"（ostensible authority），而不必事事都在实际上经过A公司的具体授权。

简言之，按英国法的"准绳"和狄普洛克大法官的论述，本案中作出"表面授权"表示的乃是中国A公司（本人即委托人），享有此种"表面授权"的乃是中国B公司（代理人）。而按前文第36.1段所述英国代理律师的主张，则是作出"表面授权"表示的乃是中国B公司（代理人），享有此种"表面授权"的乃是中国A公司（本人即委托人）。这就把本人即委托人与代理人的关系完全搞颠倒了。这样，就出现了英国代理律师歪曲援引（或颠倒援引）英国大法官的权威论述和英国有关判例的笑柄和闹剧。对于英国代理律师这种颠三倒四、逻辑错乱的主张，在英国伦敦开庭并且熟知英国有关著名判例的英国仲裁员，显然不能贸然采信。

除此之外，还应当注意到英国另一著名判例中有关"表面授权"的论述。英国的另一位大法官戈弗（Justice Robert Goff）在裁断该案时，十分强调不能随意滥用"表面授权"的说法，而必须把它限制在科学的、符合逻辑的、合理的、有限的范围内，慎重使用，以免混淆是非，导致不公。

37.2 如果韩国C公司及其英国代理律师仍然坚持前文第36.1段所谓的"表面授权"主张，则依据上述英国判例和英国大法官论述的原理或"准绳"，他们至少必须举证回答以下问题：

（1）何时、何地中国B公司曾经以本人即委托人身份与中国A公司订立过对外代理合同，授权A公司可以在这笔柴油交易中代表B公司与韩国C公司订约或"便宜行事"？

（2）何时、何地中国B公司曾向韩国C公司作过某种其他表示（representation），足以令韩国C公司相信中国A公司享有"表面授权"，因此，A公司所采取的有关这笔柴油交易的一切对外立约或其他行为，都对中国B公司有法律上的约束力，都对中国B公司起着"禁止翻悔食言"（estoppel）的作用？

37.3 针对前文第 36.2 段英国代理律师所述有关函件签署是否经过中国 B 公司授权的举证责任问题,中国 B 公司也作了反驳:(1) 中国 A 公司和中国 B 公司是两家互相独立的法人,分别依法注册登记,具有不同的营业执照、不同的营业范围、不同的法定代表人、不同的资金和资产。两个独立法人相互之间,未经具体委托授权,任何一方都无权向任何第三人代理表态。有关这方面的证据中国 B 公司早已呈交本案仲裁庭。(2) 依据中国法律,中国 A 公司无权直接从事外贸经营,而只能委托有权经营外贸业务的 B 公司代理对外订约。A 公司超越法定权限、绕过代理人对外国公司的任何交易行为或表态,都是不合法的,对代理人 B 公司都是毫无约束力的。有关这方面的法律规定,中国 B 公司也早已呈交本案仲裁庭查核。(3) 按照"谁主张、谁举证"这一国际公认的法律原理,如果韩国 C 公司坚持认为中国 A 公司法定代表人 H 先生的个人签署,有权同时代表中国 B 公司对外表态并且对中国 B 公司具有法律上的约束力,则韩国 C 公司显然负有举证责任,而不能随心所欲,任意转嫁举证责任。

37.4 总之,在《2 号协议》项下的这批柴油的交货问题上,卖方韩国 C 公司始终未能提供确凿证据证明已向买方中国 B 公司"如约交货"(duly delivery);也始终无法举证证明韩国 C 公司依中国 A 公司的指定直接向中国 E 公司无单放货一事,是经过《2 号协议》惟一合法买方中国 B 公司事先授权代收、背书转让或事后追认的;更始终未能举证证明这批货物曾经由中国 B 公司在任何一段时间内持续"保留"(retain)或"占有"(possess),既不拒收也不退货。相反,中国 B 公司却列举了大量确凿证据证明这批柴油的提单等全套单证原件迄未送达给《2 号协议》的惟一合法买方;这批柴油的实物也完全绕开了中国 B 公司,在 1997 年 9 月 30 日至 10 月 4 日以"无单放货"的方式,直接交给了中国 E 公司,实行了"违约交货"或"不当交货"(unduly delivery)。因此,无论是依据前述英国判例,英国权威法官的论述和裁断,英国著名教科书的归纳、总结和论证,还是依据中国民法、商法、经济法的基本规定,始终没有收到这批货物的买方——中国 B 公司,当然没有支付这批货物价款的约定义务或法定义务,当然不是这笔货款的债务人。拖欠这笔货款余额的真正债务人,显然只能是中国 A 公司。正是有鉴于此,中国 A 公司多次反复表示应当自行单独承担这笔债务,从未否认。

38. 综观本案案情,韩国 C 公司将中国 B 公司列为第一被申请人,将中国 A 公司列为第二被申请人,提请 ICC 国际仲裁院设在伦敦的仲裁庭加以仲裁,就其程序和实体的综合体而言,可以概括为:

(1) 对于本案第一被申请人中国 B 公司说来,由于本案争端纯因 1997 年

11月4日的《4号协议》引起,而中国B公司并非该《4号协议》的立约当事人,而且该协议中根本没有任何仲裁条款,再加上中国B公司根本不是所欠货款的真正债务人,而是无辜的第三人,是不适格的"被告",因此,韩国C公司把中国B公司"告"到对《4号协议》争端没有管辖权的ICC国际仲裁院,要求加以仲裁,可以说是"既告错了地方,又告错了人"。

(2) 对于本案第一被申请人中国B公司说来,即使依《ICC仲裁规则》第6条第2款的规定,承认表面上仲裁协议的"可能存在"而暂且承认ICC国际仲裁院所指定的伦敦仲裁庭对本案具有管辖权,那么,韩国C公司也是"告对了地方,却告错了人"。因为,中国B公司并不是本案中适格的、真正的货款债务人。

(3) 对于本案第二被申请人中国A公司说来,韩国C公司是"告对了人,却告错了地方",因为中国A公司虽是所欠货款的真正债务人,但却不是《2号协议》的订约当事人,从而《2号协议》中的仲裁条款对于中国A公司没有约束力,因此,伦敦仲裁庭对A、C两公司之间的债权债务纠纷没有管辖权。

六、本案终局裁决

39. 本案伦敦仲裁庭1999年11月29日至12月1日庭审结束之后,韩国C公司与中国B公司又就庭审中控辩的若干主要问题,各自补充提供了新的证据材料,进行了两轮的书面"交锋"。仲裁庭宣布于2000年5月10日结束争辩举证程序,继而于2000年6月12日作出终局裁决。裁决的主要内容及其主要理由可概括如下:

(1) 本仲裁庭对于1997年9月9日《柴油购销协议》(即《2号协议》)引起的韩国C公司与中国B公司之间的争端,具有管辖权。主要理由是:B、C两公司分别是订立上述《协议》的买方当事人和卖方当事人,而《协议》中又含有仲裁条款,双方同意将有关本协议的争端提交ICC国际仲裁院仲裁解决。

(2) 韩国C公司向中国B公司索赔上述《协议》项下所欠货款本息2 112 752.80美元,其主张不能成立,应予驳回。主要理由是:韩国C公司并未按上述《协议》规定向中国B公司如约交货(duly delivery),而又不能充分举证证明它按照中国A公司的指定向中国E公司实行"无单放货"的行为,是经过中国B公司事先授权或事后追认的。韩国C公司因自己的过失造成"单证不符"从而未能兑取到信用证货款,又绕过中国B公司直接与中国A公司议定改用"风险"较大的直接电汇付款,又未经中国 B 公司同意向中国 E 公司实行风险较大的"无单放货",由此造成的损失,不应由中国 B 公司承担赔偿责任。

(3) 本仲裁庭对于韩国 C 公司向中国 A 公司索赔所欠柴油货款的争端,没有管辖权。主要理由是:大量证据(包括韩国 C 公司自己提供的证人证词)都证明:中国 A 公司并非上述《柴油购销协议》(即《2 号协议》)的订约当事人,该《协议》中的仲裁条款对于中国 A 公司没有约束力。韩国 C 公司向中国 A 公司索还所欠货款的诉求,应向中国的法院提出,由中国法院管辖受理。

(4) 本案仲裁费由 ICC 国际仲裁院核定为 78 000 美元,全部由韩国 C 公司承担。韩国 C 公司并应赔偿中国 B 公司因本案仲裁而支付的费用××××××元人民币,××××英镑。

(5) 中国 A 公司因上述货款争端被提交 ICC 国际仲裁院仲裁而支付的各种费用问题,本仲裁庭不作裁决,因为本仲裁庭对韩国 C 公司与中国 A 公司之间的争端没有管辖权。

七、从本案实践看现行《ICC 仲裁规则》及其执行中的瑕疵

40. 现行的《ICC 仲裁规则》本身的规定及其在本案的实施过程中,存在着以下几点瑕疵和问题,主要体现在仲裁庭的具体组成和独任仲裁员的具体指定上:

40.1 ICC 国际仲裁院扩大解释和不当援用《ICC 仲裁规则》第 8 条第 2 款,硬套到本案,在事实上剥夺了被申请人指定仲裁员的权利。

《ICC 仲裁规则》第 8 条第 1 款规定:"提交 ICC 国际仲裁院的争议应由一名或三名仲裁员裁决。"同条第 2 款规定:"当事人没有约定仲裁员人数的,仲裁院应指定一名独任仲裁员审理案件,除非仲裁院认为有关争议需要交由三人仲裁庭审理。"本案《2 号协议》第 14 条约定将本协议有关的一切争端提交按《ICC 仲裁规则》指定的"一名或数名仲裁员"(one or more arbitrators)仲裁解决。

把《ICC 仲裁规则》第 8 条第 2 款的规定与《2 号协议》第 14 条的约定加以比较和推敲,如何理解当初双方共同约定并写进《2 号协议》的指定"一名或数名仲裁员"这一表述的真实含义?是否可以理解为这一表述就是《ICC 仲裁规则》第 8 条第 2 款所称当事人"没有约定仲裁员人数",因而应由仲裁院代为酌

情随意决定组建"一人庭",抑或"三人庭"?

笔者认为,不能如此任意扩大诠释《ICC 仲裁规则》的上述规定的含义,并将它硬套到《2号协议》的上述约定上。因为两者的文字措辞和逻辑内涵存在着明显的差异:"没有约定仲裁员人数"这一表述指的是双方在仲裁员的多寡上没有约定任何数字;而"一名或数名仲裁员"这一表述,却分明是双方已经约定了可供选择的两种具体数字,即已经约定一名或数名,既可以是"一名",也可以是"数名"。至于争端发生后究竟是交由一名还是数名仲裁员裁断,按当事人意思自治原则,显然应由当事人进一步自行商定,而不应由仲裁院秘书处越俎代庖,因为在当事人已经约定"一名或数名仲裁员"的情况下,《ICC 仲裁规则》第8条第2款的上述规定并未授权仲裁院或其秘书处可以代为决定。

如果当事人原先已经约定"一名或数名仲裁员",争端发生后却在仲裁员人数上发生了分歧,应如何定夺?笔者认为,对于这一分歧也应在当事人意思自治和当事人权利平等的原则指导下,参照运用《ICC 仲裁规则》第8条第3款的规定,加以解决,即双方各按自己的意愿平等地各指定一名,再由双方共同指定第三名;如未能在一定期限内共同指定,可由仲裁院指定第三名担任首席仲裁员。

但是,在本案的受理过程中,ICC 国际仲裁院却不顾中国被申请人一再提出异议,扩大解释和不当援用《ICC 仲裁规则》第8条第2款,从而在事实上剥夺了本案被申请人依照《ICC 仲裁规则》第5条第1(d)款本应享有的指定一名仲裁员的权利。

40.2 ICC 国际仲裁院扩大解释和不当援用《ICC 仲裁规则》第8条第2款,可能导致其裁决书日后在执行地被拒绝承认和拒绝执行。

《ICC 仲裁规则》第5条1(d)款规定:被申请人应在收到秘书处转来的仲裁申请书之后30天内提交答辩书,其中包括应当提出有关仲裁员人数的意见,并按有关规定指定一名仲裁员。更为重要的是,1958年《纽约公约》第5条第1(b)款规定:当事人一方未能获得指派仲裁员的适当通知(was not given proper notice of the appointment of the arbitrator),则日后该外国仲裁裁决在执行地东道国就会被拒绝承认和不予执行。

在本案的立案受理过程中,ICC 国际仲裁院一再无理拒绝中国被申请人关于组建三人合议庭的建议和否决其有关异议,这种做法,不但与《ICC 仲裁规则》第5条第1(d)款的规定相矛盾,与《纽约公约》第5条第1(b)款相抵触,而且还直接违反中国《仲裁法》和《民事诉讼法》中关于当事人有权各自选定一名仲裁员的规定。特别是在仲裁院秘书处已向本案被申请人送达了仲裁申请书,被申请人已按《ICC 仲裁规则》第 5 条第 1(d)款规定明确要求由三名仲裁员组成合议庭,并且具体指定了自己选定的一名仲裁员之后,仲裁院却越俎代庖,另行决定由一名独任仲裁员审理和裁断本案,这显然是严重违背了国际商事仲裁中本来应当严格遵循的当事人意思自治原则,侵害了被申请人的合法权利。十分明显,如果本案的裁决是以中国被申请人"败诉"告终,则按照上述《ICC 仲裁规则》、《纽约公约》以及中国法律的有关规定,它在中国势必难以获得承认和执行。这是不言而喻的。

40.3　现行《ICC 仲裁规则》第 9 条第 5 款有关独任仲裁员的规定应作必要的修订。

国际商事仲裁要做到公正、公平,其重要前提之一在于指定或选拔仲裁员时,特别是指定或选拔独任仲裁员或首席仲裁员时,应切实保证其独立性(independence)和中立性(neutrality)。可以说这一基本原则特别集中在《ICC 仲裁规则》的"序言"和第 9 条、第 11 条的规定之中。

在有关指定独任仲裁员或首席仲裁员的问题上,《ICC 仲裁规则》第 9 条规定"独任仲裁员或首席仲裁员的国籍应与各当事人的国籍不同"。这显然是考虑到独任仲裁员或首席仲裁员在仲裁程序中的"独断"作用或"主导"作用,尽力避免他们因与当事人属于同一国籍而可能出现基于"同胞"感情原因或某种利益原因而产生的偏颇。这种规定当然是正确和有效的,因为它显然是认真总结了国际仲裁实践中多年积累的经验和教训。但是,上述规定中的"当事人"一词是仅限当事人本身,还是也包括以当事人名义或为当事人利益而代理仲裁程序事宜的律师?这是含糊和不明确的。在仲裁的实践中,当事人的利益与他所聘请代理律师的利益一般是息息相关的。如果被指定的首席仲裁员特别是在仲裁中起"独断"作用的独任仲裁员,其国籍与当事人的代理律师属于同一国籍,而《ICC 仲裁规则》对此又不予禁止指定或更正指定,则其可能出现的弊端是显而易见的,当事人对独任仲裁员与对方当事人所聘代理律师属于同一国籍所必然产生的疑虑,也是不言而喻的。在本案由 ICC 国际仲裁院受理后的组庭过程中,中国被申请人曾明确表述了这种合情合理的疑虑,并且提出了与对方当事人所聘英籍代理律师属于同一国籍的独任仲裁员应当回避和予以更换的合理建议,却遭到了拒绝。但 ICC 国际仲裁院却并未具体说明:这是否是由于《ICC 仲裁规则》第 9 条第 5 款中的"当事人"一词只能作狭义理解,即仅仅限于当事人本身,而不应包括当事人聘请的代理律师在内。倘若真如此,则这种理解和运用,不但违背了"本人与代理人"之间法律关系的基本理论原则,而且脱离了本人与代理人经济关系上利害攸关的生活现实。因此,看来很有必要在

《ICC 仲裁规则》的下次修订中,将上述条款的文字表述改写为"独任仲裁员或首席仲裁员的国籍应与各当事人及其代理人的国籍不同",或至少改写为"独任仲裁员的国籍应与各当事人及其代理人的国籍不同",以便从指定制度上切实保证在仲裁中起"独断"作用的独任仲裁员,真正做到"独立"和"中立"。诚能如此,谅必更有助于《ICC 仲裁规则》进一步走向完善。

Ⅶ 论英国 FOSFA 裁决之严重枉法、不予执行

——中国中禾公司采购巴西含毒大豆案件述评

〔专家意见书〕

内容摘要 2004年2月25日中国中禾公司(买方)与新加坡 Bunge 公司(卖方)签署 S04-071 号合同(CNF),购买 55 000 吨巴西大豆。其后,多船巴西大豆因被查出含有经萎锈灵和克菌丹(有剧毒的物质)加工的大豆而被中国国家质检总局依法严令禁止进口中国。2004年6月18日,中禾公司通知 Bunge 公司:71号禁令导致无法继续履行原有协议,上述合同应予解除。双方协商未能解决争议。2004年8月,Bunge 公司把争议提交英国 FOSFA 油料同业协会,申请仲裁。中禾公司被迫"应诉"。Bunge 公司聘请的英国律师以中国宋律师先后出具的《陈述意见》(Statement)和《报告书》(Report)作为主要依据,主张:(1)中国国家质检总局所发布的多次公告和禁令,都不是中国的法律法令,没有法律根据,不具备法律强制力;违反中国国家质检总局公告和禁令,不能构成违法行为,不必承担法律责任;(2)进口中国的巴西大豆只是工业原料,不是食品,不属于中国有关食品卫生安全法律法令的适用范围,不受中国国家质检总局公告和禁令的监督;(3)中国的法律对于经营巴西大豆出口的外国公司,没有法律强制力;(4)应中禾公司提供法律意见的专家是中国人,没有资格评论英国的法律。

针对这些主张,中禾公司依法据理予以反驳。但 FOSFA 仲裁庭偏听偏信,于2006年5月至2007年11月底之间,三度枉法裁断,责令中禾公司(买方)赔偿 Bunge 公司(卖方)经济"损失"。2008年2月底,Bunge 公司委托中国宋律师向中国厦门市中级法院申请执行终局裁决。陈安教授认为:FOSFA 仲裁庭在不实证言的严重误导下作出的错误裁决,贯串了对中国法律常识的愚

昧无知和肆意歪曲,对中国法律尊严的极端藐视和严重亵渎,对中国国民健康和人身安全的极端漠视和麻木不仁。它不但严重违反中国的强制性法律,也完全违反英国本国的强制性法律,更是完全背离当代世界潮流和全球共识,背离了的全球人类社会的公共利益、公共秩序或公共政策。中国的主管法院理应依据1956年《纽约公约》的有关规定,从严审查来自英国FOSFA的枉法裁决,当机立断,坚决<u>不予承认,不予执行</u>。

目 次

一、专家简况

二、本案案情梗概

三、中禾公司咨询的问题

    (一) 关于中国国家质检总局上述禁令的法律依据问题

    (二) 关于中国国家质检总局上述禁令的法律效力问题

    (三) 关于中国国家质检总局上述禁令的持续时间问题

    (四) 关于中国各家银行拒绝开出信用证的原因及其相关的法律责任问题

    (五) 关于适用英国法与中国是否开证义务的履行地问题

    (六) 关于适用英国法与适用中国强制法的"法律冲突"问题

    (七) 关于向中国主管法院申请对英国FOSFA仲裁裁决不予承认、不予执行的问题

四、专家的看法和意见

    (一) 关于中国国家质检总局上述禁令的事实依据和法律依据问题

    (二) 关于中国国家质检总局上述禁令的法律效力问题

    (三) 关于中国国家质检总局上述禁令的持续时间问题

    (四) 关于中国各家银行拒绝开出信用证的原因及其相关的法律责任问题

    (五) 关于适用英国法与中国是否开证义务的履行地问题

    (六) 关于适用英国法与适用中国强制法的"法律冲突"问题

    (七) 关于中国的法学专家是否有资格评论英国法的问题

    (八) 关于向中国主管法院申请对英国FOSFA仲裁裁决不予承认、不予执行的法律依据

五、结论:英国FOSFA裁决严重枉法,依法应不予承认、不予执行

陈安，厦门大学法学院资深教授，博士生导师，中国国际经济法学会会长，应中国厦门中禾公司（以下简称"中禾公司"或"买方"）的要求，就新加坡 Bunge 公司 Agribusiness Singapore Pte. Ltd（以下简称"Bunge 公司"或"卖方"）申请在中国执行英国 FOSFA 仲裁裁决书一案，提供法学专家意见如下：

一、专家简况[①]

1. 陈安，厦门大学法学院资深教授，厦门大学法学院前院长(1987—1998)，国际知名的中国学者。
2. 中国国际经济法学会(CSIEL，全国性学术协会)会长(1993 年至今)。
3. 中国政府依据《华盛顿公约》向"解决投资争端国际中心"(ICSID)指派的国际仲裁员(自 1993 年至今)。
4. 1981—1983 年美国哈佛大学高级访问学者。1990—1991 年以"亚洲杰出学者"名义应聘担任美国俄勒冈州西北法学院客座教授。
5. 先后多次应邀赴美、比（欧共体总部）、瑞士（联合国分部）、德、加、英、澳、法、韩和新加坡等国家和地区参加国际学术会议或讲学。
6. 兼职资深国际商务和国际仲裁律师；跨国公司高级法律顾问。
7. 中国国际经济贸易仲裁委员会(CIETAC)仲裁员，国际商会(ICC)国际仲裁案件仲裁员，法国国际仲裁协会(IAI)仲裁员。
8. 国际商会中国国家委员会专家(ICCCEX)；国际商会中国国家委员会律师团成员。
9. 在多起中外合资/合作投资争端和跨国贸易争端中，担任法律顾问、中国法律高级专家或仲裁员。
10. 在国际经济法领域内，特别是国际投资法、国际贸易法和国际商务仲裁方面，取得较高的学术成就；39 本学术著作的作者和/或主编；中文和英语权威期刊和核心期刊多篇学术论文的作者。
11. 综上所述，专家相信其本人具备应有的资质，可以为本案的外国仲裁裁决

[①] 陈安教授简历【见书证1】。并参见国际商会中国国家委员会审定公布的下述文档：
http://www.icc-china.org/zy/web/Maling/ca.htm（陈安教授履历）
http://www.icc-china.org/zy/web/Maling/lst.htm（ICC 律师团简介）
http://www.icc-china.org/zy/web/Maling/md.htm（ICC CHINA 律师团名单，专业服务领域划分）

能否在中国执行的问题,提供下述法律意见。

二、本案案情梗概

12. 2008年3月下旬至4月上旬,中禾公司向本专家提供了本案主要文档数百页,就本案涉及的国际公约、中国法律和英国法律的各项问题,提出咨询。本专家推定:这些文档均属真实可信,并以此为据,作出以下分析和评论。根据上述文档,本案的主要梗概是:

13. 2004年2月25日中禾公司与Bunge公司签署S04-071合同(CNF),购买55 000吨巴西大豆。合约规定中禾公司于2004年5月20日之前在Bunge公司认可的中国一流银行("first-class Chinese bank")开立以Bunge公司为受益人的信用证。

14. 其后,多船巴西大豆因被查出含有经萎锈灵和克菌丹(有剧毒的物质)加工的大豆而被中国国家质量监督检验检疫总局(以下简称"中国国家质检总局"或"国家质检总局")禁止进口中国(见2004年5月10日颁布的《国家质检总局关于进口巴西大豆中混有种衣剂大豆的警示通报》,2004年5月22日颁布的《国家质量监督检验检疫总局公告》[2004年第58号],2004年5月28日颁布的《国家质量监督检验检疫总局公告》[2004年第61号])。上述事件发生后,中禾公司曾因银行不同意开出信用证,建议与Bunge公司重新协商合约条款,但被Bunge公司拒绝。2004年5月20日中禾公司未能根据合约开出信用证。

15. 2004年6月11日,中禾公司向Bunge公司购买的另一船巴西大豆(合约号:S03-593)因被查出含有萎锈灵和克菌丹(有剧毒的物质)加工过的大豆,被认定为违反《中华人民共和国食品卫生法》第9条和《中华人民共和国进出口商品检验法》第35条,被中国国家质检总局禁止入境。

16. 2004年6月14日,中国国家质检总局发布《国家质量监督检验检疫总局公告》[2004年第71号](以下简称"71号禁令"),宣布自2004年6月14日起暂停Bunge公司向中国出口巴西大豆的资格。

17. 2004年6月14日71号禁令颁布当日,Bunge公司来信同意将S04-071合同项下的信用证开证日期延至6月17日。6月16日,中禾公司确认"希望履行合同",同时提出由于71号禁令颁布导致Bunge公司无法向中禾公司实际交付大豆,建议双方协商解决合同争议。

18. 2004年6月17日中禾公司因为国家质检总局71号禁令影响,仍未能开立信用证。
19. 2004年6月18日,中禾公司通知Bunge公司:71号禁令导致合约双方无法继续履行协议,S04-071号合同应予解除。
20. 2004年6月23日,中国国家质检总局颁布《国家质检总局公告》[2004年第76号](以下简称"第76号公告"),恢复被71号禁令规定暂停的Bunge公司等公司向中国出口巴西大豆的资格。同时规定:2004年6月11日以前已启运在途的巴西大豆,若混有有毒的种衣剂(即萎锈灵和克菌丹等)大豆,应在卸货前进行挑选处理,符合中国相关要求后方可准许入境。
21. 2004年6月14日Bunge公司同意延期开证后,该公司再未向中禾公司提出开证要求。
22. 2004年6月25日,Bunge公司宣布中禾公司"违约"并解除S04-071合同。
23. 2004年8月18日,Bunge公司向中禾公司提交向英国FOSFA(Federation of Oils, Seeds and Fats Associations,油料、油籽、油脂协会联盟)申请仲裁的通知,并指定Mr. A. G. Scott为仲裁员。2004年9月14日,中禾公司指定Mr. Richard Grayson为仲裁员。
24. Bunge公司认为:中国国家质检总局发布的严防含有萎锈灵和克菌丹毒素的上述大豆进口的多次禁令,法律依据不足。禁令所引用的法律主要是:《中华人民共和国食品卫生法》第9条和《中华人民共和国进出口商品检验法》第35条。《中华人民共和国食品卫生法》第9条规定:"禁止生产经营下列食品:……(二)含有毒、有害物质或者被有毒、有害物质污染,可能对人体健康有害的。……"《中华人民共和国进出口商品检验法》第35条规定:"进口或者出口属于掺杂掺假、以假充真、以次冲好的商品或者以不合格进出口商品冒充合格进出口商品的,由商检机构责令停止进口或出口,没收违法所得,并处货值金额百分之五十以上三倍以下的罚款;构成犯罪的,依法追究刑事责任。"Bunge公司主张在该公司向中禾公司出口的巴西大豆,既非《中华人民共和国食品卫生法》所指的食品,也非《中华人民共和国进出口商品检验法》所指的故意掺杂掺假行为,因此中国国家质检总局对有关大豆的处理,法律依据不足。
25. Bunge公司认为:71号禁令为临时禁令,且事实上仅持续9天,未达到使整个合同落空的程度。此外,对Bunge公司的71号禁令已于2004年6月23日解除,中禾公司本来可在2004年6月23—25日期间开立信用证。但中禾公司仍未开证,故应承担责任。

26. 应 Bunge 公司要求,中国通商律师事务所宋迪煌律师于 2005 年 8 月 2 日出具《陈述意见》(Statement)称:中国各家银行出具信用证与否,主要取决于申请人的资产和财务状况。<u>中国国家质检总局 71 号禁令的颁布对本单信用证的开立并无实质性影响</u>。只要中禾公司愿意,且有良好资信,仍完全有可能申请到信用证。

27. Bunge 公司认为:即使中禾公司在中国境内申请开证困难,它仍可在中国各银行的国外分行开立信用证。鉴于 S04-071 合同未明确开证义务履行地,除非中禾公司能证明其在世界任何地方通过中国各银行的海外分行开证,均违反法律,否则,不得主张合同落空。

28. Bunge 公司认为:根据 S04-071 合同,发生争端提交仲裁时适用英国法。英国法仅承认合同履行地的违法可能导致合同落空。而根据 S04-071 合同,中国不是信用证开立义务的履行地,即使<u>开立信用证构成对中国法律的违反</u>,也不得被认定为英国法下合同落空的理由。

29. 中禾公司聘请的仲裁代理人、上海瑛明律师事务所林忠律师对上述主张逐一加以反驳。

30. 2006 年 5 月 9 日,FOSFA 仲裁员签署 3951 号仲裁裁决。由于双方指定的仲裁员未能达成一致,两位仲裁员指定公断人(UMPIRE)M Bennett 先生审理本案并由 M Bennett 先生签署裁决书。裁决结果:(1) 中禾公司赔偿 Bunge 公司 4 840 597 美元,并按年利 5%从 2004 年 6 月 25 日起支付利息。(2) 赔偿应扣除中禾公司预付的 2 000 000 元人民币履约保证金。(3) 中禾公司承担法律费用及利息(按年利 5%计算)。(4) 中禾公司承担 12 720 英镑仲裁费用。

    2006 年 5 月 31 日,由于打印错误,公断人又重新发布 3951 号裁决,裁决内容相同。

31. 2006 年 6 月 14 日,中禾公司向 FOSFA 和 BUNGE 公司递交上诉通知,强调:FOSFA 上述 3951 号裁决是错误的请求撤销该 3951 号裁决。

32. 中禾公司聘请的仲裁代理人林忠律师就本案涉及的国际条约、中国法律和英国法律等各项问题,向陈安教授提出咨询。陈安教授于 2006 年 11 月 1 日出具了《专家意见书》,对所咨询的各项问题作出解答,并认为中禾公司关于撤销 FOSFA 上述 3951 号裁决的请求,于法有据、完全合理。

33. 2006 年 11 月 3 日,中禾公司向 FOSFA 上诉庭递交上诉意见,其中强调:上述裁决书公断人以买方没有在 2004 年 6 月 17 日之前开立 S04-071 号合同下的信用证为由,裁决买方构成违约,这是完全错误的。S04-071号合同因为事后的71号公告禁令导致履行不能和履行非法而受阻。陈安教授的《专家意见书》对此进行了充分的说明。因此买方履行此合同的义务已被免除。卖方应当返还买方的履约保证金200万元人民币。

34. 2006年11月27日,Bunge公司向本案上诉仲裁庭提交上诉《答辩书》(Submission,以下简称《答辩书》),其中,以中国宋迪煌律师2006年11月21日出具的《报告书》(Report,以下简称"报告书")作为主要依据,对陈安教授2006年11月1日提供的《专家意见书》加以否定和非难。其中主张:

(1) <u>中国国家质检总局所颁发的多次公告和禁令,都不是中国的法律法令,没有法律根据,不具备法律强制力</u>;违反中国国家质检总局公告和禁令,不能构成违法行为,不必承担法律责任;宋迪煌律师等人提供的《报告书》和证言,证明了中国国家质检总局的71号公告和禁令与银行不肯开证没有关联;FOSFA一审裁决是正确的。

(2) 宋迪煌律师等人提供的《报告书》和证言,证明了进口中国的巴西大豆<u>只是工业原料,不是食品</u>,不属于中国有关食品卫生安全法律法令的适用范围,不受中国国家质量监督检验检疫总局多次公告和禁令的监督。

(3) <u>中国的法律对于经营巴西大豆出口的外国公司,没有法律强制力。</u>

(4) <u>陈安教授是中国人,没有资格评论英国的法律。</u>

35. 2006年12月,应中禾公司及其聘请的瑛明律师事务所林忠律师的要求,陈安教授针对上述否定和非难,依法作出必要的反驳。指出:上述英国律师的《答辩书》(Submission)及其所依据的中国宋迪煌律师出具的《报告书》,不但严重歪曲了中国的法律和禁令,而且无视有关的国际条约,违反了英国的法律,违反了英国权威学者率先总结并为国际社会广泛接受的"法律冲突"准则。因而是错误的,不能采信。

36. 2006年12月18日,中禾公司向FOSFA上诉仲裁庭递交意见,指出卖方再次提交的上述中国律师证言和意见是错误的;再次强调中国国家质检总局颁发的禁令在中国拥有法律权威和强制执行力;同时,中禾公司提交买方于2004年5月至6月间向中国有关银行提出的开证申请文件,进一步表明银行拒绝开出信用证的事实。

37. FOSFA上诉仲裁庭对中禾公司上述主张及新证据拒不采信。2007年2月12日,FOSFA上诉仲裁庭做出第945号上诉裁决书,裁决维持3951号原裁决书。

38. 2007年4月5日,中禾公司委托 MICHAEL ROBINSON 律师向英国高等法院申请撤销 FOSFA 945号上诉裁决,并递交 PETER NICHOLLS 先生于3月21日作出的证人证言。主张:中国国家质检总局公告禁令乃是合同落空的主因;FOSFA 上诉仲裁庭拒绝接受买方提交的关于开证申请书的"办公室文件"(OFFICE COPIES)以及中国国家质检总局网页的记载作为证据,此种决定,构成程序性非法(IRREGULARITY);上诉仲裁庭第945号上诉裁决书应予撤销。

39. 2007年4月19日,BUNGE 公司鉴于自己理曲,向中禾公司提议认可中禾公司的两份新证据可由仲裁庭重新裁定,同时中止向英国高等法院法院提起的诉讼。5月4日,中禾公司接受 BUNGE 公司此项提议。

40. 2007年5月21日,英国高等法院商事法庭发布"同意令"(CONSENT ORDER)。明确指示:FOSFA 945号上诉仲裁裁决应发回 FOSFA 上诉委员会<u>重新审理</u>(RECONSIDERATION);中禾公司即买方提交的关于开证申请的办公室文件及关于中国国家质检总局职能和权力的网页记载,应被上诉仲裁庭认定为证据。

41. 2007年6月21日,中禾公司向 FOSFA 上诉仲裁庭再度提交意见。重申:买方在2004年6月15日和16日向银行申请开信用证,银行以71号公告禁令导致开信用证非法为由,拒绝了买方的请求。国家质检总局的公告、禁令具有法律强制效力,不得违反。它的实际影响是使得买方在卖方规定的时间内开信用证成为不可能,造成合同受阻落空,买方没有违约,不应承担违约责任。

42. 2007年7月3日,BUNGE 公司提交意见,主张:不论对新证据采取何种观点,它们都无法影响仲裁的最终结果;中国国家质检总局公告并不能在实质上影响买方的开证。

43. 2007年7月30日,中禾公司提交意见。买方坚持其在2007年6月21日提交的意见。买方进一步补充:国家质检总局的公告从法律上和实际效果上使买方无法开信用证。买方的财务状况没有问题,是公告使合同受阻。

44. 2007年11月28日,FOSFA 上诉仲裁庭做出第945-2号上诉裁决书,再次维持原945号上诉裁决。

45. 英国 FOSFA 仲裁庭的三度裁决均受到英国律师和中国律师宋迪煌等人不实证言的严重误导,从而一错再错;其中贯串了对中国法律常识的愚昧无知和肆意歪曲,对中国法律尊严的极端藐视和严重亵渎,对中国国民健康和人身安全的极端漠视和麻木不仁。

三、中禾公司咨询的问题

（一）关于中国国家质检总局上述禁令的法律依据问题

46. 前文第 14 段和第 16 段所列举的中国国家质检总局在 2004 年 5 月 10 日至 6 月 14 日多次发布的通报和公告，一再明文规定：禁止来自巴西的含有萎锈灵和克菌丹剧毒物质的大豆进口中国。Bunge 公司及其聘请的中国宋迪煌律师认为中国国家质检总局上述禁令的法律依据不足，或没有法律依据。请问：Bunge 公司和宋律师的此种主张是否有理？能否成立？

（二）关于中国国家质检总局上述禁令的法律效力问题

47. 中国国家质检总局的上述通报、公告中关于禁止有关巴西大豆进口中国的规定，是否属于强制性的法规法令？有无强制性的法律效力？

（三）关于中国国家质检总局上述禁令的持续时间问题

48. 中国国际质检总局自 2004 年 5 月 10 日至 2004 年 6 月 17 日多次发布了有关严防巴西含毒大豆进口中国的公告和禁令。其后，在 2004 年 6 月 23 日发布了第 76 号公告，恢复 Bunge 等公司向中国出口巴西大豆的资格。请问：这是否表明自当天起，中国已不再禁止巴西含毒大豆进口中国？原先禁止含毒巴西大豆进口中国的上述多次禁令是否在 2004 年 6 月 23 日发布第 76 号公告之后迅即失效？

（四）关于中国各家银行拒绝开出信用证的原因及其相关的法律责任问题

49. 中禾公司曾向中国多家银行申请为 Bunge 公司出售的本单巴西大豆开出信用证。但中国的多家银行均以上述中国国家质检总局禁令为理由，拒绝开证。请问：
    (1) 这是否足以构成 S04-071 号合同落空？
    (2) 如果中国的有关银行胆敢不顾中国国家质检总局的禁令而擅自对本单大豆交易开出信用证，将会承担什么法律责任和导致什么法律

(3) 如果中禾公司在上述中国国家质检总局多次公告和禁令之后,明知进口中国的这几批巴西大豆含有剧毒,却仍然千方百计地寻求和催促相关银行开出相关的信用证,从而促进了含毒大豆的顺利进口,日后因此造成重大的人畜伤亡事故,则中禾公司将会承担什么法律责任和导致什么法律后果?

(五) 关于适用英国法与中国是否开证义务的履行地问题

50. 按 S04-071 合同规定,本案争端应按"FOSFA 22"规则的规定在英国伦敦提交仲裁,并适用英国法。Bunge 公司认为:英国法仅承认合同履行地的违法可能导致合同落空,然而,根据 S04-071 合同,中国不是信用证开立义务的履行地。因此,即使开立信用证构成对中国法律的违反,也不得被认定为英国法下合同落空的理由。请问:Bunge 公司上述主张是否有理? 能否成立?

(六) 关于适用英国法与适用中国强制法的"法律冲突"问题

51. Bunge 公司主张:S04-071 合同要求中禾公司开出的信用证,乃是英国法律认定为<u>合法</u>的一项行为。但在事实上和实践中,本单大豆交易行为及其信用证开出事宜,依中国法律却认定为应予强制禁止的<u>违法</u>行为,即两种法律认定之间存在矛盾与冲突。请问:在此种情况下,应当如何处置这种矛盾与冲突? 以何者居于优先适用地位?

(七) 关于向中国主管法院申请对英国 FOSFA 仲裁裁决不予承认、不予执行的问题

52. 2008 年 2 月 26 日,Bunge 公司已经向中国主管法院即厦门市中级人民法院申请针对中国中禾公司强制执行英国 FOSFA 作出的错误仲裁裁决。鉴于此项错误裁决,贯串了对中国法律常识的愚昧无知和肆意歪曲,对中国法律尊严的极端藐视和严重亵渎,对中国国民健康和人身安全的极端漠视,从而对恪守中国法律、有法必依的中禾公司造成严重的损害;中禾公司作为守法经营的无辜受害人,决定针锋相对,请求获得本国司法主权的有力保护,依法讨回公道,已向中国主管法院即厦门市中级人民法院申请对英国 FOSFA 作出的错误仲裁裁决,不予承认、不予执行。请问:这种反向请求有何国际条约根据和中国法律根据?

四、专家的看法和意见

53. 兹针对上述咨询问题,陈安教授按照"以事实为根据,以法律为准绳"的原则,对上述第 46—52 段七项问题的有关文档作了仔细的查索、研究和分析,得出以下结论:

(1) 中国国家质检总局发布的上述禁令具有充分的法律授权和足够的法律依据,具有不容违反、不许触犯的法律强制力,任何单位或个人,一旦因故意或过失而违反或触犯,就势必承担相应的法律责任。

(2) 中国国家质检总局的上述通报、公告中关于禁止有关巴西大豆进口中国的规定,当然是属于强制性的法规法令,具有强制性的法律效力。

(3) 2004 年 6 月 23 日中国国家质检总局发布第 76 号公告(见前文第 20 段)含有两点主要内容,必须全面解读,不能断章取义。其后段文字表明:禁止含有萎锈灵和克菌丹毒素的巴西大豆进口中国的禁令,在 2004 年 6 月 23 日之后的相当时期内,仍然有效。

(4) 任何单位或个人,包括机关、企业事业单位及其办事人员,一旦因故意或过失而违反或触犯中国国家质检总局依法公布的有关禁令,并对中国国民健康或人畜安全造成损害事故,视其情节轻重,势必承担相应的法律责任。

(5) 开立信用证构成对中国法律的违反,理应被认定为英国法下合同落空的理由。Bunge 公司的有关主张,不但不符合中国法律,而且不符合英国法律,不能成立。

(6) 在本案合同纠纷中适用英国法与适用中国强制法的"法律冲突"问题,应依有关的国际条约、国际惯例和国际社会公认的权威学者所总结的"法律冲突规则",加以解决。

(7) 向中国主管法院申请对英国 FOSFA 仲裁裁决不予承认、不予执行,应当援引中、英两国都已参加 1958 年在纽约订立的《承认及执行外国仲裁裁决公约》(以下简称《1958 年纽约公约》)以及中国的法律,依法办理。

对于以上各项问题及作出相关结论的依据,兹逐一剖析如下:

(一) 关于中国国家质检总局上述禁令的事实依据和法律依据问题

54. 中国国家质检总局上述禁令同时具备确凿的事实依据和充分的法律依据

(1) 确凿的事实依据：

以下两篇权威性报道，由现场目击者撰写于"巴西毒豆事件"发生后的第一时间，令人触目惊心：

共和国：55年来第一次这样说："不！"[①]

2004年4月18日，厦门东渡港区。

厦门检验检疫局张振民副科长和植检处的其他同志一起，登上了一艘装有5.9万吨巴西大豆的外轮，对该船大豆实施检验检疫。

有情况！一颗、两颗……许多染红的大豆进入张振民的视线，让他大为震惊。紧接着，其他舱也发现了类似情况，第一舱、第二舱……第七舱，同时登轮的其他同志随之也报告，7个船舱表层都均匀混有表面呈红色的大豆，在深挖十米以下仍可见到"红豆"！

技术中心实验室的进一步检测结果表明，<u>这些食用红豆实为含有萎锈灵和克菌丹两种农药的"毒豆"</u>；

更为严重的是，这批大豆附有巴西检验检疫部门及有关机构出具的相关证书。

情况万分紧急！正在南非出访的厦门局王仲符局长接到报告后，通过越洋电话指示：本着对国家、对企业、对老百姓负责的态度，严格认真做好检验把关，务必做到检验结果准确处理方法妥善……在匆匆结束出访后，王局长马不停蹄，亲自带领技术骨干赴京汇报。<u>4月20日，在国家质检总局支持下，厦门局签出禁止巴西"毒豆"入境的证书。</u>

<u>这是自建国以来，我国首次在进口大豆中发现种衣剂种用大豆，也是被我国首次禁止进口的大宗粮食。</u>

值得一提的是，此后检验检疫部门通过与巴方严正交涉，发出警示通报，暂停了四家供货商对华出口大豆，使"毒豆"事件受害方漳州百佳公司一举赢回巨额赔偿，安然渡过了濒临破产的重大危机。

* * * * * * * * * * *

[①] 摘自厦门出入境检验检疫局：《国门卫士：跨越世纪的追梦之旅——厦门出入境检验检疫局成立五年工作纪实》http://www.xmciq.gov.cn/views/controller.jsp?id=4466【见书证2】

厦门检验检疫局依法禁止5.89多万吨巴西大豆进口 [①]

......经检验,全船各舱表层红色大豆含量0.76‰。厦门检验检疫局技术中心对红色大豆进行检测,检出萎锈灵(CARBOXIN)和克菌丹(CAPTAN)。萎锈灵和克菌丹是一种内吸性杀菌剂,一般用于防治锈病、黑穗病,可制成种衣剂,毒性:大白鼠急性经口 LD_{50} 3 820毫克/千克,拌过药的种子不可食用或作饲料。克菌丹是一种广谱性杀菌剂,一般用于防治蚕豆炭疽病、立枯病、根腐病,毒性:大白鼠急性经口 LD_{50} 9 000 毫克/千克,可致癌,拌过药的种子不可食用或作饲料。一般包裹有毒种衣剂的种子都染有有色警示剂,供货商在明确知道本批大豆用途是加工食用油和豆粕的情况下,还将染有有色警示剂的种用有毒大豆混入输往我国的大豆中,是十分恶劣的行为,性质非常严重。根据《中华人民共和国食品卫生法》第九条、《中华人民共和国进出口商品检验法》第三十五条,厦门检验检疫局禁止本批大豆进口。

(2) 充分的法律依据:

中国国家质检总局上述禁令是中国食品安全立法体系中不可缺少的关键环节,它们不但切合中国的国情,具有充分的法律依据,而且完全符合当代世界潮流,符合国际立法惯例。

中国国务院发表的《中国的食品质量安全状况白皮书》[②](以下简称《食品质量安全白皮书》或《白皮书》)综述了多年以来中国全面加强食品安全立法体系建设的概况,强调:"食品质量安全状况是一个国家经济发展水平和人民生活质量的重要标志。中国政府坚持以人为本,高度重视食品安全,一直把加强食品质量安全摆在重要的位置。多年来,中国立足从源头抓质量的工作方针,建立健全食品安全监管体系和制度,全面加强食品安全立法和标准体系建设,对食品实行严格的质量安全监管,积极推行食品安全的国际交流与合作,全社会的食品

[①] 摘自厦门出入境检验检疫局:《厦门检验检疫局依法禁止5.89多万吨巴西大豆进口》http://www.xmciq.gov.cn/views/controller.jsp?id=4361
按:本文作者张振民是厦门出入境检验检疫局的一位副科长,他是主持此次检验并最早发现本批大豆含有剧毒的官员。【见书证3】
[②] 中国国务院新闻办公室:《中国的食品质量安全状况白皮书》,2007年8月17日,http://news.sina.com.cn/c/2007-08-17/153413686446.shtml【见书证4】

安全意识明显提高。"

55. 《白皮书》指出：迄今为止，"中国已建立了一套完整的食品安全法律法规体系，为保障食品安全、提升质量水平、规范进出口食品贸易秩序提供了坚实的基础和良好的环境。"《白皮书》还逐一列举了有关的主要法律、法规和部门规章：

  法律包括《中华人民共和国产品质量法》、《中华人民共和国标准化法》、《中华人民共和国消费者权益保护法》、《中华人民共和国农产品质量安全法》、《中华人民共和国刑法》、《中华人民共和国食品卫生法》、《中华人民共和国进出口商品检验法》、《中华人民共和国进出境动植物检疫法》、《中华人民共和国国境卫生检疫法》和《中华人民共和国动物防疫法》等。

  行政法规包括《国务院关于加强食品等产品安全监督管理的特别规定》、《中华人民共和国工业产品生产许可证管理条例》、《中华人民共和国认证认可条例》、《中华人民共和国进出口商品检验法实施条例》、《中华人民共和国进出境动植物检疫法实施条例》、《饲料和饲料添加剂管理条例》、《农业转基因生物安全管理条例》等。

  部门规章包括《食品生产加工企业质量安全监督管理实施细则（试行）》、《中华人民共和国工业产品生产许可证管理条例实施办法》、《食品卫生许可证管理办法》、《食品添加剂卫生管理办法》、《进出境肉类产品检验检疫管理办法》、《进出境水产品检验检疫管理办法》、《流通领域食品安全管理办法》、《农产品产地安全管理办法》、《农产品包装和标识管理办法》和《出口食品生产企业卫生注册登记管理规定》等。

56. 《白皮书》指出：正是以上述法律法规为根据，中国政府建立并执行了严格的检验检疫制度。进口食品到达口岸后，中国出入境检验检疫机构依法实施检验检疫，只有经检验检疫合格后方允许进口。在检验检疫时如发现质量安全和卫生问题，立即对存在问题的食品依法采取相应的处理措施，依法作出退货、销毁或改作他用处理，确保进入中国市场的进口食品质量安全。

57. 《白皮书》指出：正是以上述法律法规为根据，中国政府强化了风险预警和应急反应机制建设，"建立了全国食品安全风险快速预警与快速反应系统，积极开展食品生产加工、流通、消费环节风险监控，通过动态收集和分析食品安全信息，初步实现了对食品安全问题的早发现、早预警、早控制和早处理。建立了一套行之有效的快速反应机制，包括风险信息的收集、分析、预警和快速反应，做到立即报告、迅速介入、科学判断、妥善处置。"

58. 由此可见，前文第 14、16 段所述中国国家质检总局发布的有关严防含有剧毒的巴西大豆进口的禁令，具有充分的法律授权和足够的法律依据，是中国食品安全立法、执法体系中不可缺少的关键环节。
59. 众所周知，大豆本身乃是一种十分常见、十分重要的食品。在中国，以国产大豆或进口大豆作为原料的各种食品，诸如豆油、豆酱、豆腐、豆浆、酱油、酱菜……更是多达数十种。Bunge 公司断言它向中禾公司出售并进入中国的巴西大豆，并非《中华人民共和过食品卫生法》所指的食品，此说显然违背常识。任何中国人，稍有生活常识，稍有健康良知，决不会接受或附和这种荒唐说法。
60. 中国国家质检总局自 2004 年 5 月 10 日至 6 月 23 日多次发布的通报和公告及其禁令，其法律依据不仅限于《中华人民共和国食品卫生法》第 9 条和《中华人民共和国进出口商品检验法》第 35 条，而且还包括前法第 39 条；特别是还包括《中华人民共和国刑法》第 140 至 149 条关于禁止生产、销售伪劣商品犯罪的规定。摘要列举如下：

　　《中华人民共和国食品卫生法》

　　"第三十九条　违反本法规定，生产经营不符合卫生标准的食品，造成食物中毒事故或者其他食源性疾患的，责令停止生产经营，销毁导致食物中毒或者其他食源性疾患的食品，没收违法所得，并处以违法所得一倍以上五倍以下的罚款；没有违法所得的，处以一千元以上五万元以下的罚款。违反本法规定，生产经营不符合卫生标准的食品，造成严重食物中毒事故或者其他严重食源性疾患，对人体健康造成严重危害的，或者在生产经营的食品中掺入有毒、有害的非食品原料的，依法追究刑事责任。有本条所列行为之一的，吊销卫生许可证。"

　　《中华人民共和国刑法》

　　"第一百四十条　生产者、销售者在产品中掺杂、掺假，以假充真，以次充好或者以不合格产品冒充合格产品，销售金额五万元以上不满二十万元的，处二年以下有期徒刑或者拘役，并处或者单处销售金额百分之五十以上二倍以下罚金；销售金额二十万元以上不满五十万元的，处二年以上七年以下有期徒刑，并处销售金额百分之五十以上二倍以下罚金；销售金额五十万元以上不满二百万元的，处七年以上有期徒刑，并处销售金额百分之五十以上二倍以下罚金；销售金额二百万元以上的，处十五年有期徒刑或者无期徒刑，并处销售金额百分之五十以上二倍以下罚金或者没收财产。"

"第一百四十一条 生产、销售假药,……致人死亡或者对人体健康造成特别严重危害的,处十年以上有期徒刑、无期徒刑或者死刑"。

"第一百四十三条 生产、销售不符合卫生标准的食品,足以造成严重食物中毒事故或者其他严重食源性疾患的,处三年以下有期徒刑或者拘役,并处或者单处销售金额百分之五十以上二倍以下罚金;对人体健康造成严重危害的,处三年以上七年以下有期徒刑,并处销售金额百分之五十以上二倍以下罚金;后果特别严重的,处七年以上有期徒刑或者无期徒刑,并处销售金额百分之五十以上二倍以下罚金或者没收财产。"

"第一百四十四条 在生产、销售的食品中掺入有毒、有害的非食品原料的,或者销售明知掺有有毒、有害的非食品原料的食品的,处五年以下有期徒刑或者拘役,并处或者单处销售金额百分之五十以上二倍以下罚金;造成严重食物中毒事故或者其他严重食源性疾患,对人体健康造成严重危害的,处五年以上十年以下有期徒刑,并处销售金额百分之五十以上二倍以下罚金;致人死亡或者对人体健康造成特别严重危害的,依照本法第一百四十一条的规定处罚。"【注:即应处十年以上有期徒刑、无期徒刑或者死刑。】

61. 就本案而言,如果违反中国国家质检总局的禁令,擅自进口含有萎锈灵和克菌丹毒素的巴西大豆,则此种行为不但违反了《中华人民共和国食品卫生法》和《中华人民共和国进出口商品检验法》这两种法律,而且还可能触犯刑法。其有关行政官员、企业事业的主管以及有关的办事人员和当事人,不但要承担相应的行政违法责任和接受相应的行政处罚(含罚金、警告、记过、降职、撤职、开除公职、吊销营业执照等),而且还可能要视其触犯刑法的犯罪行为的严重程度和造成的损害后果,承担相应的刑事责任,接受相应的刑事惩罚(含罚金、财产刑、自由刑、生命刑等)。

(二)关于中国国家质检总局上述禁令的法律效力问题

62. 中国国家质检总局是中华人民共和国国务院所属的一个部级单位,又是中国政府的一个强力执法机关。它代表中国国家把守国门,通过依法检验检疫,严防和杜绝一切有毒、有害食品或其他伪劣商品输入或输出中国,以免危害本国和他国人民的健康,或损害本国和他国的经济利益。中国国家质检总局依照中国法律发布的通告、公告和禁令,其本身就是中国政府执法机关的行政法规、法令的一种表现形式,具有法律上的强制约束力。

63. 与此同时,中国国家质检总局的有关禁令又是以中国的其他基本法律(如《中华人民共和国食品卫生法》、《中华人民共和国进出口商品检验法》和《中华人民共和国刑法》等)作为依据、基础和后盾的,相应地,中国国家质检总局依法发布颁行的禁令,就具有了综合的、强大的法律强制力。任何人对这类禁令只能严格遵守和执行,不得随意背离或违反。否则,就要自食其果,承担相应的行政违法或触犯刑法的法律责任,受到相应的行政处罚或刑事惩罚。

(三) 关于中国国家质检总局上述禁令的持续时间问题

64. 鉴于巴西政府和出口商保证加强对出口大豆的严格查验和监管,并保证不再发生"萎锈灵和克菌丹毒素大豆"类似问题。有鉴于此,中国国家质检总局于2004年6月23日发布第76号公告,决定恢复23家出口商、供货商(含Bunge公司)向中国出口巴西大豆的资格。但是,它附有一项相当严格的前提条件,即:

"2004年6月11日前已经启运在途的巴西大豆,如混有种衣剂大豆[按:即"含萎锈灵和克菌丹毒素的大豆"],应在卸货前进行挑选处理,符合中方相关要求后方可准许入境。挑选处理所产生的一切费用由出口商承担,否则将作退运处理。"

从"应在卸货前进行挑选处理"并自行承担一切费用这个意义上说,中国国家质检总局的第76号公告显然仍然严格禁止含有萎锈灵和克菌丹毒素的大豆进入中国境内。因此,断章取义、含糊其辞地说什么"71号禁令只持续存在9天",并不符合2004年6月23日中国国家质检总局第76号公告继续从严禁止有毒巴西大豆进口,继续认真保护中国消费者健康的法条文字本意和法定本旨。

换言之,从该76号公告的全文解读,它仅仅只是恢复了Bunge等公司向中国出口无毒巴西大豆的资格,却仍然规定了巴西大豆进口中国的先决条件:即仍然绝对不许含毒的巴西大豆进口,即使是已经启运在途的巴西大豆,若混有有毒的种衣剂(即萎锈灵和克菌丹)大豆,仍然必须在卸货前进行挑选处理,符合中国相关要求后方可准许入境。可见禁止巴西含毒大豆进口中国的公告和禁令,即使在2004年6月23日之后的相当时期内,仍然具有严肃的法律强制力,不得违反。如果中国的进口商、银行或其他任何办事人员胆敢违反仍然绝对不许含毒的巴西大豆进口的禁令,造成事故后果,则违禁者依旧不能不承担相应的法律责任。这是不能误解的,更是不容曲解的。

65. 当时的一篇新闻报道①,如实地反映了中国国家质检总局官方的鲜明态度:"决不允许毒大豆进口"! 报道称:2004 年 7 月 13 日,中国有关主管部门召集 50 余家进出口企业,邀请国家质检总局动植司有关负责人,就进口巴西大豆的检验检疫问题专门召开了一个题为"大豆检验检疫情况"的会议。会上,国家质检总局动植司有关负责人对连日来一些进出口企业对国家质检总局颁布的第 73 号和 76 号《公告》产生的不同理解,对从巴西进口的大豆中发现"种衣剂大豆"(即含有萎锈灵和克菌丹毒素的大豆)的情况和中国、巴西磋商处理的结果,进行了通报,并对两个《公告》内容逐条进行详细讲解。官员们明确表示:"以后进口的大豆中再发现有种衣豆,我们也不会允许进口。"并且指出:美国联邦法律第 48 条 408 款也有类似规定,有种衣剂的大豆是不允许人类、动物食用或榨油的。"任何一个国家都不会允许种衣豆进口。"

会上,动植司官员也提到了巴西政府所做的努力。据了解,中国查出巴西进口船上含有有毒大豆后,巴西政府部门立即组织了联邦公共部、联邦警察、海关、卫生等部门成立了联合突击队,对相关港口、码头、运输等各环节进行检查。并查封了 48 万吨已经被污染的大豆,停发了检疫证书。他们同时向中国政府保证,今后不会再发生种衣豆事件。正是在这种情况下,中国才同意恢复巴西 23 家的出口企业对中国进口大豆。

以上这篇专题报道,足以证明:中国国家质检总局关于严防巴西含毒大豆进口中国的公告和禁令,在 2004 年 6 月 23 日之后相当时期内仍然具有法律强制力。如果中国的进口商、银行或其他任何办事人员胆敢违反此项仍然不许含毒的巴西大豆进口的禁令,违禁者依旧不能不承担相应的法律责任。

66. 当 2004 年 6 月 14 日国家质检总局发布 71 号公告时,所有人根本无法预测也没有能力预测禁令到底要持续多长时间,而且 6 月 17 日禁令还持续,中禾更不可能开证,6 月 25 日 Bunge 就宣布中禾违约,中禾根本就没机会开证。

---

① 王凤君:《国家质检总局:决不允许毒大豆进口》,载于《21 世纪经济报道》,2004 年 7 月 19 日。http://www.nanfangdaily.com.cn/jj/20040719/chj/200407190023.asp【见书证 5】

(四)关于中国各家银行拒绝开出信用证的原因及其相关的法律责任问题

67. 在2004年4月至6月期间,中禾公司曾向中国国家一流银行的驻厦支行申请为本单大豆交易开具信用证,但先后均遭拒绝。它们先后向中禾公司提供了书面声明或证明书,说明拒绝开证的法律理由。

例如:中国银行厦门同安支行出具的书面《证明》①的中明确地指出:

"国家质量监督检验检疫总局于2004年4月至6月期间出台有关禁止一些大豆供应商向中国出口巴西黄大豆的政策,<u>我行不宜为巴西大豆贸易开立信用证</u>。

2004年6月14日国家质量监督检验检疫总局又发布第71号公告将邦基【Bunge】农贸新加坡私人有限公司列入禁止向中国出口巴西大豆的黑名单。

在此我行确认,在2004年6月14日至2004年6月23日期间,厦门中禾实业有限公司向本行申请开立的邦基农贸新加坡私人有限公司为受益人的信用证,<u>我行未予受理也不会受理</u>。"

中国银行股份有限公司厦门同安支行

2006年6月15日

除此之外,中国农业银行厦门同安支行的《声明》,中国工商银行厦门同安支行以及中国建设银行厦门同安支行出具的《证明》中,也毫不含糊地说明了拒绝中禾公司申请,不能为本单大豆交易开出信用证的大体相同的法律理由②。

上述四家中国一流银行出具的《证明》或《声明》,都明确指出了:它们之所以拒绝中禾公司的开证申请,不愿或不能为本单大豆交易开出信用证,其关键原因或唯一原因,就在于它们必须严格执行中国的进出口政策法令,严格遵守中国国家执法机关中国国家质检总局的明确禁令,以免它们自己因违反国家政策和禁令和擅自开出信用证的违法行为,承担法律责任和受到法律处罚或惩罚。

68. 中国国家执法机关中国国家质检总局依法发布的上述禁令,<u>不但对中国境</u>

---

① 见书证6。
② 见书证7、8、9。

内的中国银行的开证行为,具有强制性的法律约束力;而且对于中国境外的中国银行的任何分支机构,也具有同样的、强制性的法律约束力。这是不言而喻的。设立在中国境外的中国银行各分支机构,如不切实遵守中国国家执法机关中国国家质检总局的上述禁令,擅自为含有萎锈灵和克菌丹毒素的巴西大豆进口中国的交易,开具信用证,方便或促进此种含剧毒大豆的进口交易,则一旦造成事故后果,同样不可能"逍遥法外",不可能不受到中国法律的相应制裁和惩罚。因此,Bunge 公司认为中禾公司应当或者可以向开设于中国境外的中国银行的分支机关申请开出信用证,这种主张是不合法的。

69. 由此可见,Bunge 公司以中国律师宋迪煌先生出具的关于信用证的《陈述意见》作为根据,断言中禾公司之所以未能如期开出本单大豆交易的信用证,"主要"或"完全"是由于中禾公司的资产情况不良,资金不足或资信欠佳云云;或者,断言"没有任何证据可以证明中国的银行对于此类开证申请做出决定时受到了中国质检总局行为,特别是关于暂停从巴西进口大豆决定的实质性影响"云云,这些说词和主张,显然背离了事实,不足采信。

70. 本案的关键,不在于中国国家质检总局 71 号禁令持续多长时间,而是在于:在此期间,中禾公司有权解除合同且事实上也解除了合同。因此,Bunge 公司关于禁令持续时间的争论是没有意义的。更何况 Bunge 公司并不能保证,也从未保证其运出的大豆不含有萎锈灵和克菌丹毒素。

(五) 关于适用英国法与中国是否开证义务的履行地问题

71. 根据 S04-071 合同"PAYMENT"条款明文规定:"Buyer to open L/C through a first-class *Chinese* bank acceptable to seller"(买方应经由卖方愿意接受的、头等的中国的银行开立信用证),显而易见,其文字的一般逻辑含义和双方当事人的真实意思表示,都规定了中国乃是本单大豆交易信用证开立义务的履行地。因为:

(1) 在此之前,中禾公司与 Bunge 公司之间曾经有过另外一单大豆交易(S03-593 号合同),其信用证就是由中国工商银行厦门分行和中国农业银行厦门分行分别开出,换言之,其信用证开立义务的履行地就是在中国厦门①。

(2) 中禾公司与 Bunge 公司之间进行上述另外一单大豆交易时,在申请和

---

① 见书证 10、11。

取得信用证方面已经开了这个先例,而且相当方便和顺利。据此,完全有理由推定:相同的买卖双方(即中禾公司-Bunge公司)在为同类的大豆交易而订立同类合同(即 S04-071 号合同)之际,其中"卖方愿意接受的、头等的中国的银行"(first-class Chinese bank acceptable to seller)一词的真实含义和真实意思表示,就是指可以比照先例,在厦门当地开证,亦即以中国作为本单大豆交易信用证开立义务的履行地,由中国境内的中国一流银行开出信用证。

(3) 商业交易是最讲求效率的,商人们都是聪明机灵的。他们一般不会愚蠢到故意舍近求远,要求买方到远离买方所在地的、设在外国的中国银行分支机构,去申请开信用证。就本案而言,即使 Bunge 公司当初就果真违背常识,不顾常理,竟然要求中禾公司到远离厦门的中国境外的中国银行分行去开证,那也应事先在合同中作出明确而毫不含糊的规定。但事实上,S04-071 号合同中不但没有此种明确而毫不含糊的规定,而且恰恰相反,却作出了并不含糊的规定,即在文字的一般逻辑含义上和双方当事人的真实意思表示上都显然专指中国境内中国银行的明确规定(见上文第 71、71(1)、71(2)各段的分析)。可见,Bunge 公司所持的关于上述合同规定开证行应是中国境外的中国银行的主张,就类似于中国成语所说的"事后有先见之明的诸葛亮"了,显然不宜采信。

72. 即使 Bunge 公司当初就果真违背常识,不顾常理,竟然要求中禾公司到远离厦门的中国境外的中国银行分行去开证,那也因其违反中国中国国家质检总局反复重申的、强制性的禁令,而根本无法实现,必然落空。关于此点,已在前文第 68 段中阐明,兹不再赘。

即使如 Bunge 公司所称:英国法仅承认在合同履行地的违法可能导致合同落空。根据以上分析,S04-071 号合同中的文字规定和立约当事人当时的真实意思,都指定中国乃是信用证开立义务的履行地,因此,中国的有关银行如果在中国国家执法机构中国国家质检总局禁令条件下仍然擅自开立信用证,势必违反中国法律的强制规定。事实也证明了中国的银行不愿意、不可能在此种情况下为本单大豆交易开具信用证。这一客观情节,理所当然地应被认定为英国法下合同落空的理由,中禾公司当然也有权在此种情形下解除 S04-071 号合同。

73. 总之,在中国法律的环境下,2004 年 6 月 17 日当时,无论中国的银行,中国的海关,中国的质检部门,都不能让中禾公司履行开证义务,这是中国有关食品安全的强制性法律、法规和禁令所绝对要求的,也是中国的银行、海关和质检部门所必须遵行的。

(六)关于适用英国法与适用中国强制法的"法律冲突"问题

74. 据查,在英国也制定和颁行了与食品安全有关的法律,即 1990 年出台的《食品安全法》(*Food Safety Act*), 1990 (c. 16)。根据该法第 1 条有关食品的定义,S04-071 合同项下的大豆理应被认定为食品,因为大豆显然是该法明文规定的"用于制造食品的原料"之一。同时,该法第 7 条规定明知食物将会被人消费,却对食物加入某种物质,或使用任何物质作为食物原料,导致食物对人造成危害的,就构成犯罪("guilty of an offence")。具体条文如下[①]:

Article 1 Meaning of "food" and other basic expressions.

1. (1) In this Act "*food*" *includes* —

    (a) drink;

    (b) articles and substances of no nutritional value which are used for human consumption;

    (c) chewing gum and other products of a like nature and use; and

    (d) *articles and substances used as ingredients in the preparation of food or anything falling within this subsection.*

……

中文译文:

第一条 "食品"的含义及其他表述

1. (1) 本法所称"食品",包含:

    (a) 饮料;

    (b) 供人类消费的、不具有营养价值的各种物品和物质;

---

① Food Safety Act 1990 (c. 16),英国公共信息部门("Office of Public Sector Information") http://www.opsi.gov.uk/acts/acts1990/ukpga_19900016_en_2#pt1-l1g1)公布的 Food Safety Act 1990。关于英国食品方面的法律可以在该国 SFA(Food Standards Agency)官方网站找到。http://www.food.gov.uk/foodindustry/regulation/foodlaw/. 目前英国涉及食品的主要法律包括(1) The Food Safety Act 1990 (as amended) provides the framework for all food legislation in Great Britain — similar legislation applies in Northern Ireland. (2) The General Food Law Regulation (EC) 178/2002 is EC legislation on general food safety. Please see the FSA Guidance Notes on this regulation. (3) The General Food Regulations 2004 (as amended) provides for the enforcement of certain provisions of Regulation (EC) 178/2002 (*including imposing penalties*) and amends the Food Safety Act 1990 to bring it in line with Regulation (EC) 178/2002. Similar legislation applies in Northern Ireland. 见书证 12。

(c) 口香糖及其他类似性质和用途的产品;以及

(d) 各种物品和物质,用于制造食品的原料或制造本条规定的任何产品的原料。

……

Article 7 Rendering food injurious to health.

7. (1) *Any person who renders any food injurious to health by means of any of the following operations, namely —*

(a) *adding any article or substance to the food*;

(b) *using any article or substance as an ingredient in the preparation of the food*;

(c) *abstracting any constituent from the food*; and

(d) *subjecting the food to any other process or treatment,*

with intent that it shall be sold for human consumption, shall be guilty of an offence.

……

中文译文:

第七条 制造有害于健康的食品

7. (1) 任何人,以出售供给他人消费为目的,采取以下办法之一,制造损害健康的任何食品,即构成犯罪:

(a) 把某种物品或物质添加于食品之中;

(b) 用某种物品或物质作为制造食品的原料;

(c) 从食品中提取某种元素;

(d) 用其他办法加工食品

……

75. 显而易见,英国法律的上述明文规定,其保护消费者权益和民族健康的基本立法宗旨和**强制性法律效力**,与前文摘引的中国相关法律,是不约而同、完全一致的。换言之,依据英国法,进口含毒食品原料也是违法的,甚至会构成犯罪。

76. 另据报道①,英国关于食品安全的立法和执法都是非常严格的。1990年出台的《食品安全法》规定,凡是销售和供应不适合人类食用的食品,以及使

---

① 《英国食品标准局独立执法威信高》,载于 http://www.sinolaw.net.cn/wenxue/rdgt/2005916145501.htm 见书证13。

用虚假和误导消费者的食品标签都属于非法行为。《食品安全法》对各种食品、饮料所包含的具体成分和卫生标准作出了详细规定。具体执法工作主要由地方政府的官员们承担。而管辖全英的专设职能机构"食品标准局",其主要职能之一,就是对其他食品安全监管机关的执法活动进行全面的严格监督、评估和检查。"<u>一旦发现违法行为,法律的制裁将是无情的,罚款动辄就是几万英镑,情节严重的甚至会遭到【司法】起诉</u>。"

几年来,食品标准局代表女王履行职能,并向议会报告工作。根据法律,食品标准局对其检测结果,除依法不得公开的外,一律向公众公布,并向厂家或商家提出具体要求。

其典型事例之一是:2005年2月,英国食品标准局在<u>官方网站</u>上公布了一份通告,通知公众:亨氏、联合利华等30家企业的产品中可能含有具有<u>致癌性</u>的工业染色剂<u>苏丹红</u> 号。在"苏丹红"风波中,食品标准局除了提供信息外,还列出了几百种与苏丹红相关食品的名单,并要求它们在几天之内全部下架。由于品种繁多而且数量可观,伦敦一些大型超市一度出现大面积的空货架。英国的食品安全立法权威以及英国"食品标准局"的执法权威,也由此可见一斑。随后,<u>一场声势浩大的查禁"苏丹红一号"的行动席卷全球</u>,英国食品标准局及其官方网站在<u>全球公众</u>中也因此赢得了不小知名度和执法威信。中国公众对这场也波及中国全国各地的<u>查禁"苏丹红一号"的行动</u>,都可谓"记忆犹新"。

77. 英国针对食品安全问题的立法和执法是如此严格、严肃。美国、法国、德国、日本、新加坡、韩国等等,也莫不如此①。可以说,<u>针对食品安全实行严格立法和严肃执法,已经形成当代世界潮流,全球公众共识,人类普遍要求。无论是当代的英国人,还是当代的中国人,对此都不应该愚昧无知,更不应该麻木不仁,颠倒黑白</u>。

78. 令人遗憾的是:英国 FOSFA 仲裁庭针对含致癌剧毒大豆进口中国一案的三度裁决,却在某种误导、误信之下,对于中国现行的食品安全立法和执法,竟充满了愚昧无知,对于事关中国国民健康和生命安全的大是大非,显示了麻木不仁,这是完全背离当代世界潮流和全球共识的。更有甚者,此三度错误裁断,也是<u>完全违反英国本国的立法规定和执法实践的</u>。

---

① 《发达国家农产品质量安全市场准入的主要措施及启示》,载于 http://www.cnca.gov.cn/cait/cprz/spncprz/spncprzxgzs/26532.shtml 见书证14。

79. 本案 S04-071 合同以及"FOSFA22"有关条款虽明文规定"适用英国法律",但是,对于这一条款规定的真实含义,绝对不容许作出孤立的、片面的、表面的文字解释,而必须依据中国强制法、英国强制法,以及当代国际社会公认的"法律冲突准则"(Rules of Conflict of Laws),加以综合的、科学的诠解。

(1) 就中国的强制法而言,中国《民法通则》和《合同法》规定:涉外合同的当事人虽然可以约定选择处理合同争议所适用的法律,但是,选择适用外国法律或者国际惯例的,不得违反中国的强制性法律或中国的社会公共利益。违反中国的强制性法律或社会公共利益的任何约定,包括适用外国法律的约定,都是自始无效的[①]。换言之,当事人不得通过约定,逃避或排斥适用中国的强制性法律法规。就本案而言,Bunge 公司与中禾公司之间虽有关于"适用英国法律"的约定,仍然不得逃避或排除适用中国的强制性法律法规。反之,中国的强制性法律法规,却可以排除中外当事人之间任何违法的合同约定,使这种违法约定自始无效。

(2) 就英国的强制法而言,情况虽较为复杂,但也是有法可依、有章可循的,即必须切实依据英国本身的法律、英国参加缔结的《罗马公约》以及英国权威学者率先倡导并已获举世公认的"法律冲突"准则,加以综合的诠解和澄清。

众所周知,英国属于普通法系(common law)。但是,作为欧共体的成员国,英国在合同方面原有的大部分"法律选择"准则,已由《欧洲经济共同体合同义务准据法公约》(简称《罗马公约》)[②]中的有关准则所取代。这些准则已由英国的《1990 年合同(准据)法》[③]所吸收并自 1991 年 4 月 1 日起施行。上述《罗马公约》第三条第三款明文规定:"尽管各方当事人已经选择适用某一国家的法律,不论他们是否同时选择这个国家的法庭,如果在作出此种法律选择当时其他一切有关因素都仅仅与另外一个国家相联系,则仍然不得规避适用该另一国家那些不能用合同加以排除的法律规定[即'强制性规定'(mandatory rules)]。"

---

① 《民法通则》第 7 条,第 58 条第 1 款第 5 项,第 145 条第 1 款,第 150 条;《合同法》第 7 条,第 52 条第 4 款、第 5 款。
② EEC Convention on the Law Applicable to Contractual Obligations ("Rome Convention").
③ Contracts (Applicable Law) Act 1990.

80. 《罗马公约》的此项规定,不但已被吸收到英国的相关法律之中,而且也被英国著名的教授们进一步加以论证、提炼和归纳,作为"法律冲突规则"第175条(Rule 175),载明于具有全球影响的权威性论著:《戴西和莫里斯论冲突法》①。

81. 衡诸本案事实,买卖双方当事人中国中禾公司与新加坡国 Bunge 公司虽已在上述合同中共同选择英国法律作为争端仲裁适用的准据法,但是,鉴于该合同的其他关键因素,包括合同双方当事人的所在地、签约地、货款信用证开证地、货物进口履行地,等等,都仅与中国密切相关②,而与英国毫不相干,因此,双方当事人不得通过对 S04-071 合同中有关英国法的选择,排除适用中国的任何强制性法律规定,包括中国国家质检总局的前述的强制性禁令规定。

82. 根据英国法院断案的长期实践以及英国权威学者的总结和论述,如果一项英国合同在外国履行,而其履行行为直接或间接地触犯或违反当地国家的法律,则英国法院对于该合同应拒绝予以承认和执行。特别是,如果该合同的履行行为触犯或违反与英国友好国家的法律,即使该合同根据英国法律是合法的、有效的,但如实施当事人所选择的准据法就势必会损害英国与该履行地国家之间的友好关系,从而"明显地违反了英国法的公共秩序"[manifestly incompatible with the public policy ("*ordre public*") of English Law],那么,英国法院就尤其应当拒绝予以承认和执行。英国法院长期断案中所贯串的这一原则和基本精神,也已由英国的权威学者们归纳和提炼,作为"法律冲突规则"第180条(Rule 180),载入具有全球影响的前述名著③。而其有关的典型判例,也不难逐一加以研究和查证,诸如:(1) De Wutz v. Hendricks (1824) 2 Bing. 314-316; (2) Foster v. Driscoll [1929] 1 K.B. 470 518 521(C.A.); Regazzoni v. K.C. Sethia, Ltd. [1958] A.C. 301, 322, 328, 329; (3) Jennings [1956] C.L.J. 41; (4) F.A. Mann (1956) 19 M.L.R. 523; and (1958) 21 M.L.R. 130; A.L.G. (1957) 73 L.Q.R. 32; (5) Rossano v. Manufacturers' Life Ins. Co. [1963] 2.Q.B. 352 376-377; (6) Frischke v. Royal Bank of Canada

---

① Dicey and Morris on the Conflict of Laws, 13th ed., Vol. 2, Sweet & Maxwell, 2000, p. 1242. (在1993年推出的该书第12版中,这条规则的序号列为 Rule 177,载于第1239页。)见书证15。

② 与中禾公司公司实际签订 S04-071号合同的对方乃是新加坡 Bunge 公司设在中国上海的子公司 Bunge International Trading (Shanghai), Co., Ltd., 见书证16。

③ See: *Supra note*, 1, pp. 1276-1277, 1280-1281. (在1993年推出的该书第12版中,这条规则的序号列为 Rule 182,载于第1243-1244、1281-1282页。)见书证17。

(1977) 80 D. L. R. (3d) 393 (Ont. C. A); (7) Euro-Diam Ltd. v. Bathurst [1990] 1 Q. B. 1,40(C. A.).

83. 举世皆知,英国乃是最早承认新中国的国家之一。两国之间自1950年1月以来,在广泛的领域中长期保持着友好和合作的关系,并且在平等互利的基础上<u>互相尊重对方的经济、政治和法律制度,特别是互相尊重对方的强制性法律规定</u>。因此,本案争端即使是"适用英国法律",那么,依据前述(1)英国参加的《罗马公约》,(2)英国现行的《1990年合同(准据)法》,(3)英国法院多年断案的实践先例,以及(4)由英国权威学者详加论述、归纳,并已为国际社会广泛接受的"法律冲突规则",以此作为准绳,就理应<u>遵循充分尊重英国友好国家国内强制性法律规定的英国传统判例和英国现行法</u>,充分尊重中国现行法律中有关管制外贸、切实保护食品安全、保障国民生命健康和消费者权益的各种强制性规定,大力支持中国严格执行中国国家质检总局的前述强制性禁令,确认本案争端仲裁中应当以中国的强制性法律规定作为判断是非、处断争端的准据法。

84. 简短的结论:基于以上分析,陈安教授认为:
    (1) <u>根据对"适用英国法"一词的正确理解,本案仲裁中应当以受到英国法充分尊重的中国强制法,作为断案的准据法。</u>
    (2) <u>因此,在有关信用证受益人 Bunge 公司被中国国家质检总局依法禁止向中国出口含毒巴西大豆的情况下,中国的银行既不能、也不敢违法违禁,擅自开出以 Bunge 公司为受益人的信用证,从而导致S04－071号合同落空。</u>
    (3) <u>正是适用和依据英国法,依据英国权威学者总结概括、举世公认的"法律冲突"准则,中禾公司有权依据中国的强制法,解除该合同。</u>

85. 本案被上诉人(the Respondent)即合同卖方 Bunge 公司于2006年11月27日提交本案上诉仲裁庭的《答辩书》(以下简称 Bunge's Submission 或《答辩书》)以及宋迪煌律师2006年11月21日提交本案上诉仲裁庭的《报告书》(以下简称 Song's Report 或《报告书》),都对陈安教授2006年11月1日提供的《专家意见书》加以否定和非难。陈安教授认为<u>这些否定和非难,都是错误的</u>。具体地说:

86. 再论关于中国国家质检总局前述行政禁令的法律根据问题:
    宋迪煌律师2006年11月21日的《报告书》中强调:中国国家质检总局的前述"多次公告都没有提到作出此种禁令决定的任何法律或法规依

据。"① 这种说法，完全不符合中国法律界人士众所周知的事实：

(1)《中华人民共和国立法法》第71条规定：

"国务院各部、委员会……和具有<u>行政管理职能的直属机构</u>，可以根据法律和国务院的行政法规、决定、命令，在本部门的权限范围内，制定规章。部门规章规定的事项应当属于执行法律或者国务院的行政法规、规定、命令的事项。"

(2)《中华人民共和国国务院组织法》第10条规定：

"根据法律和国务院决定，主管部、委员会可以在<u>本部门的权限内</u>发布命令、指示和规章。"

(3) 根据《立法法》和《国务院组织法》的上述规定和授权，中国国家质检总局于2001年9月7日在"<u>本部门的权限范围内</u>"，发布了"第1号部令"，即《出入境检验检疫风险预警及快速反应管理规定》(以下简称"<u>中国国家质检总局预警规定</u>")。在此项命令《规定》第一条"总则"中，明文宣布了此项部门行政规章(rule)的宗旨及其所依据多种中国法律：

"为保障人类、动植物的生命健康、维护消费者的合法权益、保护生态环境、促进我国对外贸易的健康发展，根据《中华人民共和国进出口商品检验法》、《中华人民共和国动植物检疫法》、《中华人民共和国食品卫生法》、《中华人民共和国国境卫生检疫法》、《中华人民共和国产品质量法》等<u>有关法律和法规的规定</u>，制定本规定。"

(4)《中国国家质检总局预警规定》第二条，专门就"预警"一词作出明确界定和解释：

"本规定所称'预警'，是指为使国家和消费者免受出入境货物、物品中可能存在的风险或潜在危害而采取的一种预防性安全保障措施。"

(5)《中国国家质检总局预警规定》第九条，又进一步对"预警"措施的具体形式作了具体的说明：

"风险预警措施包括：

(一) 向各地出入境检验检疫机构发布<u>风险警示通报</u>，检验检疫机构对特定出入境货物、物品有针对性地加强检验检疫和监测；

(二) 向国内外生产厂商或相关部门发布<u>风险警示通报</u>，提醒其及时采取适当的措施，主动消除或降低出入境货物、物品的风险；

---

① 该《报告书》以英文撰写，其中第52段此句原文为"The public announcements do not refer to any law or regulation upon which the decision was made." See：Song's Report para. 52)，见书证18。

(三) 向*消费者*发布风险警示通报,提醒消费者注意某种出入境货物、物品的风险。"

(6) 除此之外,《中国国家质检总局预警规定》第十一条还专门对直接采取"紧急控制措施"作了规定:"对已经明确存在重大风险的出入境货物、物品,可依法采取紧急措施,禁止其出入境;必要时,封锁有关口岸。"

(7) 由此可见,中国国家质检总局 2004 年 5 月 10 日发出的第 332 号"警示通报"(Warning Circular),5 月 22 日发布的第 58 号警示"公告"(Public Announcement),5 月 28 日发布的第 61 号警示公告、6 月 14 日发布的第 71 号警示公告,以及连续多次直接采取紧急控制措施,直接禁止多达 24 家巴西大豆出口商向中国出口含有剧毒致癌农药的巴西大豆,——所有这些,全部都是依据中国《立法法》的授权、《国务院组织法》的授权,依据中国国家质检总局受权制定的《预警规定》,在法律法规授权的范围内,在"本部门的权限范围内",依法发布的行政命令或行政禁令。

87. 由此可见,中国国家质检总局上述各项行政禁令,其具体的法律根据,就是上述《中国国家质检总局预警规定》第一条所明文列举的至少五种以上的中国法律,即《中华人民共和国进出口商品检验法》、《中华人民共和国动植物检疫法》、《中华人民共和国食品卫生法》、《中华人民共和国国境卫生检疫法》、《中华人民共和国产品质量法》。除此五种明文列举的法律之外,还有其他各种"有关法律和法规"(其中当然包括有关保障人类生命健康、维护消费者的合法权益的《刑法》条款),也是中国国家质检总局上述各项行政禁令的法律根据。

88. 由此可见,硬说中国国家质检总局所发布的上述各项行政禁令"没有提到任何法律或法规依据"、"没有强制性约束力",云云,这种说法显然是错误的。错误之关键,就在于用"阉割"和断章取义的办法,完全孤立地看待这些行政禁令,完全"阉割"了这些行政禁令所依据的多种上位法律和上位法源,妄图使这些禁令被误解成为"无根之本"、"无源之水"。这样论证问题,如果不是有意的歪曲,就是明显的粗心,即对中国法律(law)、法规(regulations)、规章(rules)以及行政命令(administration orders)总链条中的"环环相扣"关系,对上位法律规范与下位法律规范之间的互相关联和互相连接关系,缺少应有的基本知识和必要的正确理解。

89. 由此可见,如果违反、触犯、破坏上述中国国家质检总局的行政禁令,其违反者——行为人就要承担由于违反上述五种具体的上位法律以及其他多种"有关法律和法规"(包括刑法)所必须承担的法律责任,并受到相应的行政处罚甚至刑事惩罚。

90. 由此可见,英国 FOSFA 裁决书不顾事实,硬说违反这些禁令"与刑法毫不相干"("the criminal law had nothing to do with the matter"),硬说"违反禁令可能构成犯罪的看法令人感到惊讶",云云,这些论调,不是高度愚昧无知,就是假装"天真无邪"!

91. 再论关于上述中国国家质检总局行政禁令的强制性约束力问题

(1) 前文第 86(7) 段提到的 332 号"警示通报",它虽是直接向"各地出入境检验检疫机构"发布的,但也直接在中国国家质检总局的网站上公开发布,并不是什么内部机密文件,公众完全可以从政府网站上看到。至于其后续的 58 号警示公告、61 号警示公告以及 71 号警示公告,其发布对象,本来直接就是广大的公众,包括"国内外的生产厂商",一切"相关部门"(当然也包括经营外汇、信用证业务的银行部门)以及广大的"消费者"群体。广大公众当然更易于从中国国家质检总局的网站及其他新闻媒体网站上看到有关信息。

(2) 特别值得注意的是:中国国家质检总局于 2004 年 5 月 10 日发布的上述 332 号警示通报,就是针对在厦门(本地口岸)发现的含有剧毒致癌农药①的巴西大豆,而向全国各地"出入境检验检疫机构"以"特急"级(Top Urgent)文件(见本"警示通报"左上标明的文字)颁发的警示禁令,其措词之严厉、严格,在全国范围内,特别是在事件发生地厦门市引起了"轰动效应":其中的严重警告是:

"近日,厦门检验检疫局在对来自巴西的一船 5.9 万吨大豆实施检验检疫时,发现各舱混有染红的大豆。经检测,这些染有红色警示剂的大豆包裹了含有萎锈灵和克菌丹和等农药的种衣剂。这会给食用油和豆粕带来严重的安全卫生问题。厦门检验检疫局依法对该批

---

① 厦门出入境检验检疫局政府网站在 2004 年 5 月 12 日向全国和全球公众公开宣布了一项惊人信息,题为《厦门检验检疫局依法禁止 5.89 多万吨巴西大豆进口》。明确宣示:"这是我国首次在进口中发现有毒大豆,也是被我国首次禁止进口的大宗粮食"。厦门检验检疫局技术中心对红色大豆进行检测,检出萎锈灵(CARBOXIN)和克菌丹(CAPTAN)。萎锈灵和克菌丹是一种内吸性杀菌剂,有毒性;拌过药的种子不可食用或作饲料。克菌丹是一种广谱性杀菌剂,有剧毒;可致癌,拌过药的种子不可食用或作饲料。一般包裹有种衣剂的种子都染有色警示剂,供货商在明确知道本批大豆用途是加工食用油和豆粕的情况下,还将染有色警示剂的种用有毒大豆混入输往我国的大豆中,是十分恶劣的行为,性质非常严重。根据《中华人民共和国食品卫生法》第九条、《中华人民共和国进出口商品检验法》第三十五条,厦门检验检疫局禁止本批大豆进口。见书证 3。

大豆作出禁止入境的决定。中国国家质检总局已向巴西方面通报。为保护消费者身体健康,根据《出入境检验检疫风险预警及快速反应管理规定》,现发布警示通报如下:一、从即日起暂停该批大豆的出口商及其他三家巴西供货商从巴西向我国出口大豆。二、……发现染有红色警示剂的大豆,<u>一律不准入境</u>。……裹有种衣剂的大豆含有农药,<u>检验检疫人员应注意必要的防护。</u>"

(3) 紧接着,中国国家质检总局又连续在同年 5 月 22 日、5 月 28 日、6 月 14 日,三度向社会公众发布有关严防含致癌剧毒农药的巴西大豆进入中国国境的<u>强制性禁令</u>。在短短 35 天(5 月 10 至 6 月 14 日)之内,中国国家质检总局连续 4 次下达上述禁令,被禁止进口巴西大豆的商家累计达 24 家之多,这在中国进口大豆的贸易史上,是十分罕见的,加以其中 6 月 14 日针对 Bunge 公司的禁令,又是再次发生在<u>厦门口岸</u>本地,这就更加成为厦门本地几乎是"家喻户晓,人人皆知"的特大新闻之一。正是在这种背景下,在厦门本地的所有银行及其外汇业务人员,只要不是生活在深山野林、与世隔绝、闭目塞听的糊涂虫,就不可能不知道有关信息和禁令,不可能不知道应当提高警惕,在自己的开出信用证业务中,切实遵守禁令,配合中国政府主管部门,严密防患含有剧毒致癌农药的巴西大豆进入中国国境,严防"给食用油和豆粕带来严重的安全卫生问题",损害广大群众"消费者身体健康",造成严重的无法挽救的人身伤亡事故。这是最起码的法律常识和工作常识。在明知是为进口含有剧毒的这批巴西大豆开出信用证的情况下,如果还胆敢故意为这批巴西大豆进口提供融资方便而开出信用证,这样的银行经办人员,在日后一旦这些含有剧毒的巴西大豆造成重大人身伤亡事故之后,难道不要承担任何行政法规上的责任和刑事法律上的责任?

92. 再论关于本案进口的含毒巴西大豆是否食品原料问题

(1) Bunge 公司和宋迪煌律师主张:(A) 本案争端合同中进口的巴西大豆只供榨豆油之用,不供制作食物或其他食物之用,(B) 它本身不是食品,而只是不能食用的原料(inedible raw materials),<u>只供生产"油和豆粕"(oil and meal),然后再用来制造食物和饲料。</u>(见宋迪煌律师的《报告书》第 57—58 段;英文版 Song's Report, Peras. 57 - 58)。其用意显然是指进口此种含剧毒农药的大豆,并不可能违反中国的《<u>食品卫生法</u>》、《<u>刑法</u>》等保护中国人民健康和消费者权益的法律。

上述这种主张显然是错误的。理由如下：

(2) 前文第91(2)段提到：中国国家质检总局于2004年5月日发布的第332号警示通报中明文指出：这种含<u>致癌剧毒农药</u>的大豆"会给食品油和<u>豆粕带来严重的安全卫生问题</u>"。宋迪煌律师并非中国国家质检总局的主管官员、职能干部，也并非受聘检验专家，却硬说这批大豆不是供食用的，此说显然没有任何法律根据、科学根据和事实根据。

(3) 既然宋律师承认用大豆生产豆油和豆粕后通常可进一步用以制作各种食物和饲料，那么，世界上哪有如此愚蠢的商家，愿意买来含有<u>致癌剧毒农药</u>的大豆作原料，用以制作含有<u>致癌剧毒</u>的食品和饲料去毒害人类消费者和禽畜类动物，从而"以身试法、堕入法网"，自讨惩罚？

(4) 厦门<u>中禾公司</u>的主要<u>营业范围</u>和<u>主要产品</u>之一，就是生产<u>食用豆油</u>①；它购买大量巴西进口大豆作为原料，其主要产品就是食用豆油和豆粕。其主要销售对象（食用油买家）乃是各地专门生产和经营粮食、食用油的公司和食用油的精炼加工厂，诸如"厦门中盛粮油公司"、"泉州福海粮油公司"等等，其每单（次）食用豆油销售量多达1 000—2 000吨，价款约达500多万—1 000万元②。这是无可争辩的事实。

(5) 前文已经强调，这里再次强调：大豆本身乃是一种十分常见、十分重要的食品。以大豆作为原料的各种食品，诸如豆油、豆酱、豆腐、豆浆、酱油、酱菜……，更是多达数十种。这种事实，可谓全球各国，家喻户晓；身在中国，更是无人不知。Bunge公司和宋律师断言Bunge公司向中国中禾公司出口的巴西大豆，并非《中华人民共和国食品卫生法》所指的食品，此说显然违背全球各国公众，尤其中国公众最起码的生活常识。此说类似"掩耳盗铃"，只能自欺，岂能欺人？

93. 再论中国国家质检总局上述行政禁令与中国多家银行拒发信用证的因果关系

(1) Bunge公司和宋迪煌律师主张：本案各家有关银行之所以不敢、不愿开出信用证"与刑法规定毫不相干"③。这种主张是错误的，既不符合事

---

① 中国国家质检总局颁发给厦门中禾公司的"生产许可证"。见书证19。
② 4份购销食用豆油合同，见书证20。
③ 宋迪煌律师英文版《报告书》第9段（"In particular, the criminal law he【prof Chen】refers to had nothing to do with the matter", see Song's Report, para. 9. "This is over-egging the padding". See Bunge公司's Submission, para. 19.4），见书证18, 21。

实,也不符合法律。因为:

(2) 前文第 62 段已经提到:中国国家质检总局是中华人民共和国国务院所属的一个部级单位,又是中国政府的一个强力执法机关。它代表中国国家把守国门,通过依法检验检疫,严防和杜绝一切有毒、有害食品或其他伪劣商品输入或输出中国,以免危害本国和他国人民的健康,或损害本国和他国的经济利益。中国国家质检总局依照中国法律发布的通告、公告和禁令,其本身就是中国政府执法机关的行政法规、法令的一种表现形式,具有法律上的强制约束力。

(3) 前文第 63 段已经提到,这里不妨再次强调:中国国家质检总局依照中国法律制定和发布的规章、通告、公告和禁令,又是以中国的多种基本法律作为*依据*、*基础和后盾*的,其中包括《中华人民共和国食品卫生法》、《中华人民共和国进出口商品检验法》和《中华人民共和国刑法》等等(详见前文第 86—88 段)。相应地,中国国家质检总局依法发布的禁令,就具有了综合的、强大的法律强制力。任何人对这类禁令只能严格遵守和执行,不得随意背离或违反。否则,就要自食其果,承担相应的行政违法或触犯刑法的法律责任,受到相应的行政处罚或刑事惩罚。

(4) 前文第 67 段提到,中禾公司曾于 2004 年 4 月至 6 月间向中国国家一流银行的驻厦门同安的四家支行申请为本单大豆交易开具信用证,但先后均遭拒绝。它们先后向中禾公司提供了书面声明或证明书,说明拒绝开证的法律理由和真实原因。即:它们必须严格执行中国的进出口政策法令,严格遵守中国国家执法机关中国国家质检总局的明确禁令。以免它们自己因违反国家政策和禁令和擅自开出信用证的违法行为,承担法律责任和受到法律处罚或惩罚。

(5) 由此可见,Bunge 公司以中国律师宋迪煌先生 2005 年 8 月 2 日出具的关于信用证的《陈述意见》(Statement)以及 2006 年 11 月 21 日提供的《报告书》(Report)作为根据,断言中禾公司之所以未能如期开出本单大豆交易的信用证,"主要"或"完全"是由于中禾公司的资产情况不良,资金不足或资信欠佳云云;或者,断言"没有任何证据可以证明中国的银行对于此类开证申请做出决定时受到了中国质检总局行为,特别是关于暂停从巴西进口大豆决定的实质性影响"云云,这些说词和主张,显然不符合法律,也背离了事实,不足采信。

(6) 就厦门各家银行的主管人员和有关信用证的经办人员而言,在明知这批巴西大豆含有剧毒致癌农药已遭禁令进口的情况下,如果胆敢不顾强制性禁令,擅自违反政府明文连续四次重申的禁令,为 Bunge 公司这批大豆进入中国境内"打开绿灯"开出融资信用证提供进口方便,促进了这批大豆的入境,则随后一旦这批含有剧毒致癌农药的大豆被加工成食用油、饲料以及各种食品,造成重大人身伤亡事故和大量禽畜伤亡事故,事后追究事故责任之际,这些"明知故犯"的银行人员,岂能摆脱应负的责任和受到应得的惩罚?

(7) 中国《刑法》第 14、15、25、27 条分别明文规定:"明知自己的行为会发生危害社会的结果,并且希望或者放任这种结果发生,因而构成犯罪的,是故意犯罪。""应当预见自己的行为可能发生危害社会的结果,因为疏忽大意而没有预见,或者已经预见而轻信能够避免,以致发生这种结果的,是过失犯罪。""共同犯罪是指二人以上共同故意犯罪。""在共同犯罪中起主要作用的是主犯。""在共同犯罪中起次要或者辅助作用的,是从犯。"无论是故意犯罪、过失犯罪、主犯、从犯、都应当分别承担刑事责任,按照他们所犯的罪分别处罚。

(8) 这些刑法条款规定,对于中国的任何居民(包括银行从业人员)来说,都应当是普通常识。这些法律常识对于当时在厦门的一切居民,无疑都起到"震慑"的作用。任何略有法律常识、奉公守法的银行人员,当然不会甘愿冒险,"以身试法",胆敢"明知故犯"地在自己经办的信用证业务中,故意去触犯众所周知的禁令,为这批含有剧毒致癌农药的大豆的进口提供信用证融资付款方便,从而在日后一旦发生人畜中毒伤亡事故时,被追究刑事责任,受到惩罚(即使是只是作为"起次要或辅助作用的""从犯")。

(9) 由此可见:Bunge 公司和宋迪煌律师硬说本案银行之所以不敢、不愿开出信用证"与刑法规定丝毫无关"云云之类的说法,显然是对中国刑法条款和有关法律常识的无知或歪曲。

94. 再论关于中国国家质检总局上述行政禁令与本案 S04-071 合同落空的因果关系

(1) 厦门各家银行从业人员都明知:(A) 这批申请信用证的巴西进口大豆含有剧毒致癌农药,一旦进口,可能造成严重的人、畜中毒伤亡之事故;(B) 政府主管执法部门中国国家质检总局已经连续四次发布强制性禁令,并且迅速采取紧急措施,严禁此类和此批大豆进口。正是在这种条件下,各家银行理所当然地依法、依禁拒绝了中禾公司为这批含剧毒大豆开具信用证的申请。从而理所当然地导致了本案 S04-071 号合同因无法付款而落空(frustration)。

(2) 综上各段所述,可以看出,本案 S04-071 号合同落空的因果链条可以概括为:

A) 由于本案被诉人 Bunge 公司严重违约,在向中国出口的本合同标的物巴西大豆中含有致癌剧毒农药,中国国家质检总局依中国多种法律法规连续多次发出严禁这类大豆和这批大豆入境的强制性禁令,向全国、全球公众公告周知;

B) 由于中国国家质检总局连续多次发布严禁这类大豆和这批大豆入境的强制性禁令,厦门各家银行人员众所周知:如为含有毒剧致癌农药的大豆开具信用证促进其进口,可能造成极其严重的人、畜中毒伤亡事故,从而可能因此要承担行政法规和刑事法规上规定的违法责任和刑事责任,因而不愿和不敢擅自违法、违禁开出信用证;

C) 由于厦门各家银行人员不愿和不敢擅自违法、违禁开出信用证,遂使 S04-071 号合同因无法获得信用证而落空。

(七) 关于中国的法学专家是否有资格评论英国法的问题

95. Bunge 公司提交本案上诉仲裁庭的《答辩书》(Submission)第 19.1 段称:中国的法学专家陈安教授没有资格评论英国的法律(Professor Chen "is not qualified to deal with English law.")。其《专家意见书》所作分析与英国法律"毫不相干"("wide of the mark"),不能视为"证词"(evidence)[①]云云。此外,还塞进了若干讥讽和揶揄语言。但是,该《答辩书》并未提出任何证据或论据,证明或论证中国的国际经济法资深专家陈安教授何以"没有资格"论及英国法问题。

96. 这种不提供任何证据的论断,显然只是狂妄的傲慢、无礼的嘲笑和蛮横的武断。完全背离了英国人素来提倡的"绅士"风度。武断往往不能证明武断者的强大,反而是显示了武断者自身的虚弱。一味抵赖客观事实并不是科学的说理和以理服人。虚晃一枪,没有真实武艺,从来不能战胜和征服略有功夫的对手。

97. 陈教授《专家意见书》中谈到的是国际经济法和国际商务仲裁领域中经常

---

① 见书证 21。

遇到的法律冲突问题(Conflict of Laws),而不仅仅是英国法问题。当今世界上,单单联合国会员国即已多达 192 个主权国家,并不是只有一个大英帝国。当英国法律与其他享有主权的国家的强制法规定不同,因而发生法律冲突之际,应当遵循什么原则和准则,正确地和妥善地加以解决,这是商务仲裁事业极其发达的英国数百年来所经常面临的现实问题。正是英国的权威学者 Dicey and Morris 及其后继学者,付出艰辛的劳动,编纂了《冲突法》(The Conflict of Laws)一书,总结了数百年来英国法院和仲裁庭处理国际法律冲突的宝贵经验,归纳出 200 多条通行的准则(Rules)。这些 Rules,在全世界范围内被公认为权威性的断案规则,可供全球司法界和仲裁界人士参考和采用。它早已远远超出英国一国范围,成为全世界法律学人的共同财富。作为任何英国人,均应以此引为自豪。任何正直的英国法律界人士,谅必会对其他外国学生、外国学者学习和运用由英国人率先总结出来的国际法律冲突规则,表示欢迎,感到高兴。如果既无知无能、又狂妄自大,或鼠目寸光,坐井观天,或利令智昏,见利忘义,居然敢于断言:由英国人率先总结出来的 Rules 只能由英国人加以垄断解释和垄断运用,那就显然既不符合当今英国作为全球大国的应有风度,也是违反当代历史潮流的重大倒退!

98. 陈安教授郑重地援引了上述国际权威学术专著中载明的第 175 条准则和第 180 条准则("Rules 175"和"Rules 180")。这显然是对于英国学者智慧的充分尊重。Bunge 公司所聘请和雇用的法律执业人员在其 Submission 中,对陈教授所援引的两条权威性断案准则(Rules)及其原始论证和有关案例,迄今未能作出任何有理有据的评论和分析,加以任何否定和推翻,这就不能不令人质疑他们在"国际法律冲突"方面的法律知识是否足够,是否真正具备资格("qualified")向仲裁庭提供有理有据、可以采信的 Submission;或者,他们提供的 Submission 是否可能属于"wide of the mark"了!反过来,如果他们根本提不出任何论点和论据,从根本上推翻和否定上述两条举世公认的权威性断案准则,那就从反面证明:陈教授所援引的这两条处理国际法律冲突的权威性断案准则,确实击中了 Bunge 公司无理请求的要害,确凿地证明了其原先的索赔仲裁请求是无理和不能成立的。

99. 至于陈教授《专家意见书》中所援引的《英国食品安全法》【Food Safety Act 1990 (c. 6)】,其中第 1 条关于食品的广泛定义、关于大豆应当认定为食品的法律依据,第 7 条关于销售有害有毒食品造成损害人类健康事故应当追究刑事责任的规定,等等,都是各国立法通行的规定和国际公认的法律常识和生活常识。

迄今为止,一般外国人确实不知道英国食品安全法律和法规中是否有完全违背上述国际法律常识和生活常识的相反规定:诸如:

(1) 大豆、豆油以及大豆加工的食品,都是"不可吃的"(inedible),均不得认定为食品。

(2) 对于含有剧毒致癌农药的大豆,完全应当允许其进入英国国境,以供制作食用豆油之用。

(3) 用这种含有致癌剧毒农药的大豆加工成为豆油和豆粕之后,即使造成严重的人、畜中毒伤亡事故,其有关商家和各种辅助者、促进者、提供方便者、有关禁令的明知故犯者,都是可以不追究其法律责任和不受到任何法律惩罚的。

(4) 制作或销售有害有毒的食品,危害人类健康,造成严重人身伤亡事故的商家和个人,或者以不同方式参与其事、促进其事者,都可以完全逍遥法外,不承担任何法律责任,不受任何行政处罚或刑事处罚。

如果英国法中确实有、果真有上述这样的规定(尽管其十分荒谬),那么,是否不妨恭请受 Bunge 公司聘用,提供上述 Submission 的先生们,略举一二例证,使非英国人,使"无资格"谈论英国法律的外国法律学生和外国法律学者们也能"分享奇闻",扩大知识面,增加"新鲜知识"。

100. 众所周知,英国是个讲法治的国家,其法律、法规、案例、规则,都是十分透明的,有案可查的。Bunge 公司's Submission 的撰写人蛮横无礼地嘲笑外国的法律学者"没有资格"(is not qualified to...)谈论英国法律问题,他们自己谅必都十分精通英国法。如果 Bunge 公司's Submission 的撰写人经过努力,仍然提不出任何与上述《英国食品安全法》或其他们英国法规上述强制性禁止规定相反的规定,足以证明即使食品或食品原料中加入或含有足以致癌致命的剧毒农药,而此种食品或食品原料,仍可几十万吨地、顺畅地进入英国国境,一旦因此造成严重的人畜伤亡事故,有关行为人(不论是商家、个人、主持人、辅助人、促进者、不论是故意犯罪还是过失犯罪,不论是主犯还是从犯)都可以不追究其任何法律责任或刑事任、不受任何行政处罚和刑事惩罚,那么,就确实只有他们才"有资格"谈论"英国法"问题了。

但是,他们确有这种"能耐",足以掩盖英国法的真相,肆意歪曲英国法律,在全世界公正人士面前对尊严的英国法律任意抹黑吗?——我们暂时不愿相信:他们竟然确有这种能耐!

101. 由此应当得出结论:中国的陈安教授,尽管不是英国人,但是,他所提供的有关国际"法律冲突"的、由英国人率先总结出来并且在全世界享有权威的上述"法律冲突"准则,有关《英国食品安全法》的相关规定和信息,都是可信赖的。陈安教授2006年11月1日提供《专家意见书》中所列举的证据,所援引的法律、法规、禁令以及所作的分析,都是有理有据的,有案可查的,可供本案英国FOSFA仲裁庭作为准确认定事实,公正公平断案的重要参考。

102. 令人不无遗憾的是,本案英国FOSFA仲裁庭却一而再、再而三地接受误导,闭目塞听,盲目听信虚妄不实之词,并在最后作出了完全错误的终局裁决,致使守法经营的中国中禾公司,无辜受害,遭受重大损失(单单履约保证金即被吞没200万元人民币,更不必说所耗费的巨大讼争开支和人力物力)。看来,无辜受害的中禾公司,如今可以依法讨回公道的唯一途径,就是向享有当代独立国家司法主权的中国人民法院,依据有关的国际公约、国际惯例以及与它们互相接轨的中国法律,秉公裁断,拨乱反正,对英国FOSFA仲裁庭的错误裁决,不予承认,不予执行。

(八)关于向中国主管法院申请对英国FOSFA仲裁裁决不予承认、不予执行的法律依据

103. 前文第45段提到,2007年11—12月间,当时中禾公司已经被历时四年之久的缠讼反复折磨,对英国FOSFA之公正执法已经完全丧失信心,且囿于财力,不愿再耗费巨资,作徒劳无益的最后一搏,不得不放弃再次向伦敦高等法院上诉的最后机会。但是,如前文第40—42段所述,应中禾公司上诉请求,英国伦敦高等法院商事法庭曾经发布"同意令"(CONSENT ORDER,是英国法院的一种裁定)。明确指示:FOSFA 945号上诉仲裁裁决发回FOSFA上诉委员会重新审理(RECONSIDERATION)。这是英国1996年颁行的《仲裁法》明文规定的对有"重大不法行为"(SERIOUS IRREGULARITY)嫌疑的仲裁裁决实行司法监督的措施之一①。此种裁定本身就有力地表明被"发回重审"的FOSFA原裁决,确实存在程序上或实体上的重大不法问题。

---

① 详见陈安对英国1996年《仲裁法》有关司法监督条款和机制的评析,载于陈安专著《国际经济法刍言》,北京大学出版社2005年出版,上卷,第278—287页。见书证22。

104. 但是,2007年11—12月间,当时中禾公司已经被历时四年之久的缠讼反复折磨,对英国FOSFA之公正执法已经完全丧失信心,且囿于财力,不愿再耗费巨资,作徒劳无益的最后一搏,不得不放弃再次向伦敦高等法院上诉的最后机会。中禾公司的合理期待是:待机在中国自己的领土上,依据《1958年纽约公约》的规定,请求中国人民法院给予法律保护,对英国FOSFA的枉法裁决,不予承认,不予执行。

105. 1986年12月2日,中国全国人民代表大会常务委员会决定:中国加入1958年在纽约订立的《承认及执行外国仲裁裁决公约》①(以下简称《1958年纽约公约》)。该《公约》第3条规定:各缔约国应当互相承认外国仲裁裁决具有约束力,并按法定程序予以承认和执行。不言而喻,这正是缔结本公约的主旨所在。但是,《公约》第5条第1款却规定了几种例外,即原裁决在程序上存在错误或违法的五种情况,只要具备其中之一,经受害当事人一方之请求和举证证实,有关缔约国之主管机关对于该项来自外国的仲裁裁决,就有权拒绝承认,也不予执行。这实质上就意味着作为执行地所在国(东道国)的缔约国,对于已经发生法律效力、并预期在其本国境内执行的外国裁决,有权加以必要的审查和监督,并保留否认其约束力和拒绝执行的权利。

106. 该《公约》第5条第2款又进一步规定:外国仲裁裁决执行地所在国(东道国)之主管机关,如果认定:(1)按照东道国本国的法律,该项争端不能以仲裁解决;或(2)承认或执行某项外国仲裁裁决有违东道国本国的公共政策(public policy),则有权拒不承认和执行该项外国仲裁裁决。这种规定,乃是"公共秩序保留"这一原则的具体运用,它的实质,就是授权上述东道国主管机关对来自外国的仲裁裁决,在进行程序方面的审查和监督之外,也进行实体内容上的审查和监督。

107. 《1958年纽约公约》上述条文中使用了英美法系所惯用的"公共政策"(public policy)一词,其含义相当于大陆法系中的"公共秩序"(public order),或中国法律用语中的"社会公共利益"(social public interests)②。这些同义语的共同内涵,通常指的是一个国家的重大国家利益、重大社会

---

① 载于S·扎莫拉、R·A·勃兰德主编:《国际经济法基本文献汇编》,1990年英文版,第2卷,第975—984页。中译文载于陈安主编:《国际经济学资料选新编》,北京大学出版社2008年版,下册,第1211—1214页。见书证23。

② 参见日本国际法学会编:《国际法辞典》(中译本),"公共秩序"条目,世界知识出版社1985年版,第110—111页。并参见《法国民法典》第6条;中国《民法通则》第7、150条;《合同法》第7、52条。见书证24。

<u>利益、基本法律原则和基本道德原则</u>①换言之,根据《1958年纽约公约》第5条第2款的规定,外国仲裁裁决执行地所在国(东道国)的主管机关,经过审查,一旦认定某项外国仲裁裁决的实体内容确有违反东道国国家或社会的重大利益、违反东道国法律或道德的基本规范之处,如果加以承认和执行,势必严重损害本国社会的正常秩序,亵渎本国固有法律和道德的<u>尊严</u>,在这种情况下,该东道国就有权以该项外国仲裁裁决的实体内容存<u>在错误和违法情事为由,不予承认和执行</u>。对外国仲裁裁决采取这样的审查标准和判断角度,显然不属于程序运作上的审查与监督,而是实体内容上的审查与监督。

108. 《1958年纽约公约》第5条第2款第2项的上述规定,通常称为"公共政策保留条款"、"公共秩序保留条款",或"社会公益保留条款"。不论其具体名称如何,都体现了当代国际社会对各国国家主权、特别是对各国司法主权的充分尊重。换言之,《1958年纽约公约》的此项规定,允许参加缔约的一切<u>主权国家</u>,充分"<u>留权在手</u>",有权通过独立自主的司法审查,针对势必损害本国重大权益的来自外国的一切裁决,拒绝承认,不予执行,从而维护本国社会的正常秩序,本国固有法律的权威和道德的尊严,本国<u>人民生命健康的绝对安全</u>。从这个意义上说,不承认、不执行来自外国的错误裁决和枉法裁决,乃是当代国家维护本国主权尊严、国家尊严、司法尊严的必要措施和必备条件。

109. 中国国内的现行法律,也充分体现了上述国际共识,并与它们完全接轨。中国的《民法通则》、《合同法》,都反复强调:一切民事活动,包括订立和履行合同,都应当遵守法律、行政法规,尊重社会公德,不得扰乱社会经济秩序,不得损害社会公共利益,特别是不得违反法律和行政法规的强制性规定②。为保障全球人类、动植物的生命健康、维护消费者的合法权益,中国的《食品卫生法》、《进出口商品检验法》、《动植物检疫法》、《国境卫生检疫法》、《产品质量法》等一系列法律以及配套的大量行政法规,都作出了明确的强制性规定,要求中外公众一体遵行,不得违反。中国的《刑法》则对违反有关法律法规强制性规定的某些犯罪行为,明文规定了追究刑事责任的具体刑种和量刑尺度(见前文第60—61段;第86—90段;第

---

① 参见李浩培:"保留条款"(条目),载于《中国大百科全书·法学卷》,中国大百科全书出版社1984年版,第10—11页;韩德培主编:《国际私法》,武汉大学出版社1985年版,第70—79页;李双元主编:《国际私法》,北京大学出版社1991年版,第135—137页。见书证25。

② 中国《民法通则》第7、150条;《合同法》第7、52条。见书证26。

93段)。

110. 当代世界各国,都越来越关注全球人类的共同安全和本国国民的健康生存。相应地,各国的食品安全立法和执法也日益强化和更加严格,不断与时俱进。这种强大趋势,已经形成当今世界的最新潮流,全球人类的共同认识和普遍要求。

111. 1948年12月联合国大会通过的<u>《联合国人权宣言》</u>第3条明确规定:"人人有权享有生命、自由和人身安全。"第25条就健康权和生存权内容作了详细规定。它规定:"人人有权享有为维持他本人和家属的<u>健康</u>和福利所必需的生活水准,包括<u>食物</u>、衣着、住房、医疗和必要的社会服务;……"在1966年12月召开的联合国大会上,正式通过了《经济、社会、文化权利国际公约》,该公约第11条对<u>健康生活权</u>作了专门规定①。

112. 《中华人民共和国宪法》、《中华人民共和国民法通则》、《中华人民共和国刑法》等都规定<u>生命健康和生存权是人最基本的权利,并加以有效保护</u>②。特别是《中国的人权状况》白皮书和《2000年中国人权事业的进展》对此作出明确而卓有成效的规定。《中国的人权状况》白皮书认为生存权是中国人民长期争取的首要人权,而且至今仍然是一个首要问题。国务院新闻办公室于2001年4月发布了《2000年中国人权事业的进展》,指出:"<u>中国政府继续把维护和促进人民的生存权和发展权置于首位</u>,大力发展经济,增强综合国力,改善人民的生存和发展状况。"

113. 最近几年来,中国国家领导人多次强调一切施政均应"以民为本"、"民以

---

① 参见蓝楠:《论环境保护法律调控的理论基础——生命健康和生存权》,http://www.riel.whu.edu.cn/show.asp?ID=5349,见书证27。

② 中国《宪法》第二章第三十三条明确规定,"国家尊重和保障人权"。人权最核心和最基本的权利就是生存权,生命健康权应该是生存权的重要组成部分。因此,保障国民的生命健康权乃是我国的基本法律原则。国内一切立法的核心理念和最终目的也是保障人的生命健康和生存权。如《民法通则》对生命健康和生存权保护制度有系统的规定,一方面确定公民享有生命健康权(第98条),并将此项权利确认为人身权制度之首。另一方面明确规定侵害此项权利的违法行为及其法律责任,即在第6章第3节侵权民事责任中以第122—127条规定:公民生命健康和生存权被侵害时,侵权人应当承担民事责任,赔偿损失。可以说,以《民法通则》为核心,我国民事法律已初步建立起系统而完整的人身权法律制度。该制度根据我国实际,突出对自然人格利益的保护,特别是对生命健康和生存权的高度重视,体现出宪法保护公民生命健康和生存权的坚定信念。

食为天,食以洁为先"①,并正在为此采取一系列更加完善、更强有力的立法和执法措施。其最新的强有力措施是向全国公布了更加全面、更加严格的《中华人民共和国食品安全法》草案,广泛征求民意,以便进一步修订和完成新的立法,从而把保证食品安全,保障人民群众生命安全和身体健康的法制建设,推进到更高的水平②。此类举措,不但切合中国的国情和全民的强烈愿望,而且积极配合和推进了上述世界潮流,增强了上述全球共识。

114. 综上各点,显而易见:
 (1) 中国现行的上述法律体制,就是世界最新潮流的重要组成部分。
 (2) 中国关于保障食品安全的强制性法律、法规和禁令,不但是要保障占全球人口五分之一的13亿中国人的生命安全和身体健康,而且是要保障全球60多亿人类共同的生命安全和身体健康。
 (3) 中国关于保障食品安全的强制性法律、法规和禁令,不但体现了全体中国人的基本价值观念、行为准则、法律秩序、大众福祉,而且体现了全人类共同的基本价值观念、行为准则、法律秩序和大众福祉。
 (4) 违反中国关于保障食品安全的强制性法律、法规和禁令,不但是破坏了中国人的社会公共利益、公共秩序或公共政策,而且是破坏了全人类社会的公共利益、公共秩序或公共政策。

115. 联系和对照本案,2004年5月间本案合同卖方Bunge公司向中国输入五万多吨含毒巴西大豆,这无疑是违反中国强制性法律规定的严重违法行为③。如果不是中国国家质检机关及时发现,并发布禁令,严禁进

---

① 参见:新闻报道:《国家质检局:决不允许毒大豆进口》,2004年7月19日,载于 http://www.nanfangdaily.com.cn/jj/20040719/chj/200407190023.asp;见书证5。
《中国的食品质量安全状况白皮书》,2007年8月17日 http://news.sina.com.cn/c/2007-08-17/153413686446.shtml,见书证4。
《吴仪副总理在全国产品质量食品安全专项整治会上的讲话》,2007年08月25日,来源:中国新闻网;见书证28。
国家质量监督总局局长、国务院产品质量与食品安全领导小组副组长《李长江答记者问》,2007年8月27日,载于 http://www.gov.cn/wszb/zhibo132/content_728252.htm;见书证29。
高初建:《强调食品安全加快产业升级》,"民以食为天,食以洁为先"。温家宝总理在谈到食品安全问题时所讲的这两句话,表明了中国政府、中国企业以及亿万中国民众对食品安全问题的高度重视和高度关切。载于中华工商时报,2007年8月8日。
http://www.cs.com.cn/pl/02/200708/t20070808_1175346.htm,见书证30。
② 《食品安全法草案向社会全文公布 征求各方意见》,2008年4月20日,http://news.xinhuanet.com/legal/2008-04-20/content_8015518.htm,见书证31。
③ "供货商在明确知道这批大豆用途是加工食用油和豆粕的情况下,还将染有有色警示剂的种用有毒大豆混入输往我国的大豆中,是十分恶劣的行为,性质非常严重。"详见前引《厦门检验检疫局依法禁止5.89多万吨巴西大豆进口》一文,见书证3。该文作者张振民是厦门出入境检验检疫局当时主持此次检验并最早发现本批大豆含有剧毒的官员。

口,其对中国人畜健康和生命安全造成的严重后果是不堪设想的。英国 FOSFA 仲裁庭就本案作出的三度仲裁裁决,对于 Bunge 公司此种违反中国强制性法律规定的严重违法行为,不但未作任何揭露和批判,反而多方袒护和蓄意包庇。裁决书中贯串了对于中国食品安全立法和执法现状的愚昧无知和肆意歪曲,对中国法律尊严的极端藐视和严重亵渎,对中国国民健康和人身安全的极端漠视和麻木不仁,从而对恪守中国法律、守法经营的中国中禾公司造成严重的损害。这样的错误裁决,不但严重违反中国的强制性法律,也完全违反英国本国的强制性法律,更是完全背离当代世界潮流和全球共识,背离了全球人类社会的公共利益、公共秩序或公共政策(参见前文第 74—78 段;110—114 段)。

116. Bunge 公司向中国输入五万多吨含毒巴西大豆的严重违法行为,幸亏中国国家质检机关及时发现,把住国门,禁止进口;又幸亏中国各家有关银行紧密配合,及时拒绝开出融资信用证,使 Bunge 公司的此种违法行为终未得逞,未致酿成大祸。但是,它却已经无理侵吞了中禾公司 200 万元人民币的"履约保证金"。如今,Bunge 公司不但不思悔改,反而贪得无厌,以英国 FOSFA 背离当代世界潮流作出的枉法裁断作为"令箭",力图通过"申请强制执行",绕过或突破中国的严密法网,以谋取更大的经济利益。此种图谋,实质上乃是对中国食品安全法制庄严、对中国司法审查监督法制庄严发起的<u>重大挑战</u>。如让此种图谋得逞,则不但是对守法经营、无辜受害的中国中禾公司造成更严重的损害和灾难,而且其客观后果,无异于扶邪压正,奖恶惩善;无异于洞开中国国门,鼓励国外不法商人把含毒食品源源不断、通行无阻地输向中国各地,听任其戕害中国 13 亿人民的人身安全和生存健康;严重扰乱中国社会的正常秩序,亵渎中国的法律权威,践踏中国的公益公德,破坏中国的司法尊严。相应地,也破坏了全球人类社会的公共利益、公共秩序或公共政策。

117. 这样的后果和局面,当然绝对不能容许其在中国的大地上产生。中国的法院在针对外国仲裁裁决申请在华执行实行审查监督过程中,不但担负着维护本国基本价值观念、行为准则、法律秩序、大众福祉不受侵犯的神圣职责;而且也担负着促进当代世界先进潮流,保护全球人类健康,维护全球人类社会的公共利益、公共秩序或公共政策的神圣职责。

五、结论：英国 FOSFA 裁决严重枉法，依法应不予承认、不予执行

118. 人们应当确信：中国人民自己的司法机关必定会明辨此案的大是大非，充分运用中国的司法主权，援引《1958年纽约公约》第5条第2款第2项以及中国有关法律的规定，坚定地守住这最后一道防线，牢牢把握这最后一道"安全阀"，依法从严审查来自英国 FOSFA 的违法裁决和错误裁决，当机立断，坚决不予承认，不予执行。从而维护本国的<u>基本价值观念、行为准则、法律秩序和大众福祉，不受侵犯</u>；维护全人类共同的<u>基本价值观念、行为准则，不被亵渎</u>，维护<u>全球人类社会的公共利益、公共秩序或公共政策，不遭破坏</u>。

厦门大学法学教授
陈 安
2008年4月22日

陈安论国际经济法学

An CHEN on International Economic Law

第五卷
Vol.V

陈 安／著

復旦大學出版社
www.fudanpress.com.cn

目 录

第 五 卷

第七编 英文版论文选辑(续)

Ⅹ Isn't the Strict Prohibition on Importing Toxic Brazilian Soybeans into China "Illegal"? — A Rebuttal to Lawyer Song's Allegation ………………………………………………………… (2117)
  Ⅰ Procedural Unfairness ……………………………… (2118)
  Ⅱ Partiality of Mr. Song ……………………………… (2118)
  Ⅲ The Powers and Authority of AQSIQ ……………… (2119)
  Ⅳ Whether Professor Chen is Qualified to Deal with English Law ………………………………………………… (2146)

Ⅺ On the Supervision Mechanism of Chinese Foreign-related Arbitration and Its Tally with International Practices ………… (2155)
  Ⅰ Introduction ………………………………………… (2156)
  Ⅱ Promulgation of the Arbitration Law ……………… (2157)
  Ⅲ A Comparison among China's Trial Supervision, Domestic Arbitration Supervision and Foreign-related Arbitration Supervision, and Some Pending Issues ……………… (2160)

Ⅳ A Discussion on the Reasonableness of China's Separate Legislation for Domestic and Foreign-related Arbitration Supervision ……（2169）

  A. The Issue on Tallying Provisions concerning Foreign-related Arbitration Supervision of Arbitration Law with Those of Civil Procedure Law ……（2171）

  B. The Issue on Tallying Provisions concerning Foreign-related Arbitration Supervision of Arbitration Law with Those of International Treaties ……（2177）

  C. The Issue on Tallying Provisions concerning the Foreign-related Arbitration Supervision of Arbitration Law with Those of Advanced Practices in Current Arbitration Enactments of Other Countries ……（2183）

  D. The "Uniqueness" of China's Foreign-related Arbitration Supervision and the Necessity of Tallying Its Supervision Mechanism with International Treaties and Practices ……（2193）

Ⅴ Some Ideas on How to Strengthen the Current Chinese Foreign-related Arbitration Supervision Mechanism ……（2208）

Ⅻ **Three Aspects of Inquiry into a Judgment: Comments on the High Court Decision, 1993 No. A8176, in the Supreme Court of Hong Kong** ……（2212）

Introduction ……（2214）

Ⅰ Brief Facts ……（2215）

Ⅱ Query One to the Judgment: On the Jurisdiction of the Case ……（2222）

  A. The judgment detained and left the jurisdiction over the case to the Court of Hong Kong, obliterated the close connections among Contract A158, Contract B and Contract C, as well as those between Contract A158 and Bill of Exchange 10732C. It thus thoroughly violated the legal principles of "autonomy of will" and "*pacta sunt servanda*" ……（2224）

  B. The judgment detained and left the jurisdiction over the dispute of the Bill of Exchange to the court of Hong Kong and refused to stay the proceedings of the case, thus thoroughly violating the Hong Kong arbitration ordinance ………………………………………… (2231)

C. The judgment detained and left the jurisdiction over the dispute of the Bill of Exchange to the court of Hong Kong and refused to stay the proceedings of the case, thus thoroughly violating the international treaty that Britain has acceded to and to which Hong Kong is legally bound ……………………………………… (2233)

D. The judgment detained and left the jurisdiction over the dispute of the Bill of Exchange to the court of Hong Kong, thus thoroughly violating universally acknowledged international practice ………… (2234)

E. The judgment that detained and left the jurisdiction over the dispute of the Bill of Exchange to the court of Hong Kong is a lack of due respect for Chinese laws and regulations that tally with international practice ………………………………………………………… (2237)

Ⅲ Query Two to the Judgment: On the "Recognition" in Chinese Law of the "Autonomy" of the Bill of Exchange Dispute in This Case …………………………………………… (2245)

A. There does not exist in the laws of China such a strange expression of "the autonomy of bills of exchange" and absolute "independence" of bills of exchange as extremely esteemed by Mr. Dicks …… (2246)

B. Mr. Dicks' citations from the procedures for bank settlements of China are garbled and out of context ………………………… (2247)

C. When citing Mr. Guo Feng's article, Mr. Dicks has emasculated its prerequisite and garbled its original meaning ………………… (2249)

D. Mr. Dicks' opinion runs counter to the generally accepted viewpoints of Chinese academic works on bills laws, the stipulations of relevant international convention and the bills law of China …………………………………………………………… (2253)

E. Mr. Dicks has distorted the original text when quoting the civil procedure law of PRC as evidence for the said "autonomy of bills of exchange" ……………………………………………………… (2257)

Ⅳ Query Three to the Judgment: On the Defendant's Right of Defence in This Case ……………………………………………… (2260)

A. The reason "it was too late" is not tenable ············ (2260)
B. Denying equal right of defence to the defendant is against the principle of equity and international practice on litigation procedures ·· (2262)
 Conclusion ··· (2263)

XIII **To Close Again, or to Open Wider: The Sino-U. S. Economic Interdependence and the Legal Environment for Foreign Investment in China after Tiananmen** ··············· (2265)
 I Washington: Most-Favored-Nation ≠ Most Favorite Nation ·· (2266)
 II Beijing: MFN-China, U. S. in the Same Boat ········· (2268)
 III Quiet Swallows Sensitive to Climate ····················· (2271)
 IV Six New Facets Added to the Legal ···················· (2275)
 V The Baby and the Bath Water ······························ (2283)

XIV **China's Special Economic Zones and Coastal Port-Cities: Their Development and Legal Framework** ··················· (2285)
 I Theoretical Debates ·· (2288)
 II Practical Development ······································ (2291)
 III Baby and Dirty Water: Maturation of the Policy ······ (2298)
 IV Legal Framework ·· (2315)
  A. Preferential Tax Treatments in SEZs, ETEDEZs, COPOCIs, and CEOAs ·· (2317)
  B. Labor and Wages in SEZs, ETEDEZs, COPOCIs, and CEOAs ·· (2330)
  C. Land Use and Management in the SEZs, ETEDEZs, COPOCIs, and CEOAs ·· (2333)
  D. Enterprise Registration in the SEZs, ETEDEZs, COPOCIs, and CEOAs ·· (2337)
  E. Technology Imports into the SEZs, ETEDEZs, COPOCIs, and CEOAs ·· (2342)
  F. Foreigners Entering and Leaving China's SEZs ········ (2345)

G. Economic Combination between the SEZs *et al.* and Inlands ……(2347)
　Ⅴ　Latest Incentives ……………………………………………(2350)
　　　A. Lower Taxes …………………………………………(2356)
　　　B. Lesser Fees ……………………………………………(2358)
　　　C. Cheaper Labor ………………………………………(2359)
　　　D. More Preferences ……………………………………(2361)
　　　E. Greater Autonomy …………………………………(2362)
　　　F. Simpler Formalities …………………………………(2363)

ⅩⅤ　**Should an Absolute Immunity from Nationalization for Foreign Investment be Enacted in China's Economic Law?** ………(2368)
　Ⅰ　Reasons for Raising the Question ……………………(2368)
　Ⅱ　Two Different Views …………………………………(2370)
　Ⅲ　The Writer's Personal Views …………………………(2374)

ⅩⅥ　**Why Some Sino-Foreign Economic Contracts Are Void and How Voidness can be Prevented** ……………………………(2388)
　Ⅰ　Contracts Must Be Observed and Illegal Contracts Are Void ………………………………………………………(2389)
　Ⅱ　The "Eel Fry" Incident—A Series of Illegal Contracts ……(2392)
　Ⅲ　Contracts with Unqualified Parties Are Void ………(2399)
　　　1. A non-corporate body cannot be a party to a foreign economic contract ……………………………………(2399)
　　　2. A corporation that is prohibited by law cannot be a party to a foreign economic contract …………………(2400)
　　　3. A corporation cannot be a party to a Sino-foreign economic contract that is outside its registered business scope ……(2401)
　　　4. At present, Chinese citizens cannot generally act in their individual status as parties to Sino-foreign economic contracts ……(2402)
　Ⅳ　Contracts with Illegal Contents Are Void ……………(2405)
　Ⅴ　Two Contracts Involving Hong Kong ………………(2417)
　Ⅵ　Preventing the Formation of Invalid Contracts and Handling

　　　　These Contracts ………………………………………………… (2427)

XⅦ **To Open Wider, or to Close Again: China's Foreign Investment
　　Laws and Policies** ………………………………………………… (2433)
　Ⅰ　The 1982 Constitution …………………………………………… (2434)
　Ⅱ　Current Policies ………………………………………………… (2435)
　　　A. Coordination with China's Economic Aims ………………… (2437)
　　　B. Just Rights and Legal Profits ………………………………… (2438)
　　　C. Full Decision-making Power ………………………………… (2439)
　　　D. Attraction of Foreign Investors ……………………………… (2441)
　Ⅲ　Substantive Laws ………………………………………………… (2445)
　　　A. Joint Venture Law ……………………………………………… (2445)
　　　B. Law of Special Economic Zones ……………………………… (2468)
　　　C. Economic Contract Law ……………………………………… (2474)
　　　D. Sino-Foreign Economic Contract Law ……………………… (2477)
　　　E. Trademark Law ………………………………………………… (2478)
　　　F. Patent Law ……………………………………………………… (2482)
　Ⅳ　Procedure Laws …………………………………………………… (2487)
　　　A. Civil Procedure Law …………………………………………… (2487)
　　　B. Arbitration Rules ……………………………………………… (2490)
　Ⅴ　Conclusion ………………………………………………………… (2494)

XⅧ **The Li Shuang Case: A Wet Blanket over Romantic Love?** …… (2496)
　Ⅰ　Who Is Li and What Is the Background of Her Case? ………… (2497)
　Ⅱ　What Laws Did Li Violate and What Crime Did Li Commit?
　　　 ……………………………………………………………………… (2500)
　Ⅲ　A Wet Blanket, A Big Stick or A life Buoy? …………………… (2503)
　Appendix 1 ……………………………………………………………… (2510)
　Appendix 2 ……………………………………………………………… (2512)

第八编　有关本书作者论著和学术观点的报道、书评和函件等

　Ⅰ　媒体报道 ………………………………………………………… (2517)

一、在哈佛的讲坛上——访厦门大学政法学院副院长陈安
　　[《生活·创造》月刊1985年第12期] ………… 陈福郎(2517)
二、他把法的目光投向世界与未来——访厦门大学法律系
　　陈安教授[《福建司法》1988年第5期] ………… 甘景山(2520)
三、适应对外开放和发展外向型经济需要，国际经济法系列
　　专著问世[《光明日报》1988年4月26日] …… 林鸿禧　陈有仁(2522)
四、为对外开放铺路——记厦门大学法学教授陈安
　　[《人民日报》(海外版)1992年7月7日] ………… 杨亚南(2523)
五、就闽台两省结拜"姊妹"一事厦门大学法学教授发表看法
　　[《人民日报》(海外版)1989年5月9日] ………… 张　莉(2525)
六、理性务实的学术交流盛会——1993年两岸法学学术
　　研讨会综述[《人民日报》(海外版)1993年8月27日]
　　　　　　　　　　　　　　　　　　　　…………… 姚小敏(2526)
七、春风吹拂紫梅　白鹭振翅腾飞——陈安教授谈厦门获得
　　立法权[《厦门日报》1994年3月27日] …… 翁黛晖　黄文启(2529)
八、第十二届"安子介国际贸易研究奖"颁奖大会圆满结束
　　(摘要)[对外经济贸易大学网站 http://www.uibe.edu.cn/,
　　2004年12月18日] …………………………… 蓉　一(2531)
九、第十二届"安子介国际贸易研究奖"颁奖
　　[《人民日报》(海外版)2004年12月21日] ………… 刘　菲(2532)
十、中国特色国际经济法学的探索者和开拓者——陈安教授
　　[《厦门大学学报》2008年5月3日] ………………… 陈　浪(2532)
十一、十位厦大学者入选中国杰出社会科学家
　　[厦门大学网站 http://www.tmu.edu.cn/,2007年
　　12月27日] ………………………………………… 王瑛慧(2534)

Ⅱ 书刊评论 ……………………………………………………… (2536)
一、致力知己知彼　出色研究成果——《美国对海外投资的
　　法律保护及典型案例分析》序言 ………………… 韩德培(2536)
二、一剑淬砺三十年：中国特色国际经济法学的奠基之作

——推荐《陈安论国际经济法学》………………… 朱学山(2537)
三、弘扬中华学术　投身国际争鸣——推荐《陈安论国际
　　经济法学》………………………………………… 郭寿康(2539)
四、对第三世界思想体系的重大创新来自
　　中国——评陈安教授《南南联合自强五十年的国际经济立法
　　反思：从万隆、多哈、坎昆到香港》……〔日内瓦〕B. Gosovic(2540)
五、立意新颖务实　分析缜密深入　理论实践交融
　　——对陈安主编《国际投资法的新发展与中国双边投资条约的
　　新实践》一书的评价 ………… 中华人民共和国商务部条法司(2546)
六、内容丰富，系统完整，洵是佳作——《美国对海外投资的
　　法律保护及典型案例分析》评介 ………………… 游　斌(2547)
七、评陈安主编：国际经济法系列专著（1987年版）…… 余劲松(2548)
八、新视角：从南北矛盾看国际经济法——评陈安主编
　　《国际经济法总论》………………………………… 徐崇利(2551)
九、独树中华一帜，跻身国际前驱——评陈安主编
　　《MIGA与中国》…………………………………… 吴焕宁(2556)
十、深入研究，科学判断——《"解决投资争端国际中心"
　　述评》简介 ………………………………………… 单文华(2557)
十一、国际投资争端仲裁研究的力作——评《国际投资
　　争端仲裁机制（ICSID）研究》…………………… 张乃根(2559)
十二、俯视规则的迷宫——读陈安教授主编《国际经济法
　　学专论》…………………………………………… 车丕照(2562)
十三、"问题与主义"中的"问题"——读《国际经济法学
　　专论》……………………………………………… 车丕照(2566)
十四、高屋建瓴　视角独到——推荐《晚近十年来美国
　　单边主义与WTO多边主义交锋的三大回合》…… 戚燕方(2570)
十五、以史为师　力排"众议"　说理透辟——推荐
　　《南南联合自强五十年的国际经济立法反思》…… 戚燕方(2571)
十六、紧扣学科前沿　力求与时俱进——推荐
　　《国际经济法学》（第三版）………………………… 杨立范(2572)

Ⅲ 学界来函 ……(2574)

一、来函概述 ……(2574)

(一) 对《国际经济法学刍言》一书的评价 ……(2574)

(二) 对《南南联合自强五十年的国际经济立法反思》一文的评价 ……(2575)

(三) 对《晚近十年来美国单边主义与WTO多边主义交锋的三大回合》一文的评价 ……(2577)

(四) 对《"解决投资争端国际中心"述评》一书的评价 ……(2577)

(五) 对《是重新闭关自守?还是扩大对外开放?——论中美两国经济上的互相依存以及"天安门风波"后在华外资的法律环境》一文的评价 ……(2578)

(六) 对参加俄勒冈州"第三届国际商法研讨会"宣讲中国投资法的评价 ……(2579)

(七) 对《是进一步开放?还是重新关门?——中国吸收外资政策法令述评》一文的评价 ……(2580)

(八) 对《是棒打鸳鸯吗?——就李爽案件评〈纽约时报〉报道兼答美国法学界同行问》一文的评价 ……(2581)

二、来函选辑 ……(2582)

(一) 武汉大学教授韩德培老先生致陈安教授函[2005年11月30日] ……(2582)

(二) 安徽大学教授朱学山老先生致陈安教授函[2006年1月15日] ……(2583)

(三) 中国人民大学教授郭寿康老先生致陈安教授函[2007年6月7日] ……(2583)

(四) 对外经济贸易大学教授沈达明老先生致陈安教授函[1985年9月16日] ……(2584)

(五) 中山大学教授端木正老先生致陈安教授函[1985年11月30日] ……(2584)

(六) [日内瓦]中华人民共和国常驻世界贸易组织代表团团长孙振宇大使致陈安教授函[2004年4月16日] ……(2585)

(七) 中华人民共和国商务部条法司致陈安教授函[2005年9月27日] ……(2585)

（八）中华人民共和国对外经贸部条约法律局致陈安教授函［1987年
3月1日］ ……………………………………………………… (2589)

（九）中华人民共和国对外经贸部条约法律局致陈安教授函［1988年
1月30日］ ……………………………………………………… (2589)

（十）中华人民共和国对外经贸部条约法律司致陈安教授函［1989年
8月29日］ ……………………………………………………… (2590)

（十一）中华人民共和国对外经贸部条约法律司致陈安教授函［1989年
12月15日］ …………………………………………………… (2590)

（十二）南方中心秘书长Branislav Gosovic致陈安教授函［2006年2月
1日］ …………………………………………………………… (2591)

（十三）《世界投资与贸易学报》《日内瓦论坛季刊》主编Jacques Werner
致陈安教授函［2006年1月31日，2006年2月20日］ ……… (2592)

（十四）〔美国〕乔治敦大学中美管理中心主任赵龙跃博士致陈安教授函
［2005年3月6日］ …………………………………………… (2594)

（十五）〔美国〕《天普大学国际法与比较法学报》学术论文编辑L. K. Kolb
致陈安教授函［2004年6月3日］ …………………………… (2595)

（十六）〔日内瓦〕"南方中心"(South Center)秘书长B. Gosovic致陈安
教授函［2004年6月2日，2006年7月24日］ ……………… (2597)

（十七）〔美国〕"多边投资担保机构"(MIGA)首席法律顾问L. Weisenfeld
致陈安教授函［2004年5月12日］ …………………………… (2599)

（十八）〔美国〕唐肯(Tonkon et al.)律师事务所首席律师O. D. Blank致
陈安教授函［1991年7月5日］ ……………………………… (2602)

（十九）〔美国〕中国驻美国旧金山总领馆领事朱又德致陈安教授函
［1991年5月23日］ …………………………………………… (2604)

（二十）〔美国〕"解决投资争端国际中心"(ICSID)法律顾问A. Parra致
陈安教授函［1990年3月22日，1990年8月22日］ ………… (2604)

（二十一）〔美国〕路易斯-克拉克大学西北法学院律师进修班主任
L. B. Mapes致陈安教授函［1988年11月29日］ ………… (2606)

（二十二）〔美国〕哈佛大学法学院助理院长、东亚法学研究所副所长
F. E. Snyder致陈安教授函［1982年10月19日］ ………… (2607)

（二十三）〔日本〕访美研究员、金融经济专家杉原启示致陈安教授函

　　　　　[1982年10月30日] ………………………………………(2609)
　　(二十四)〔美国〕纽约法学院《国际法与比较法学报》主编 E. H. Higa
　　　　　致陈安教授函[1982年11月19日] …………………………(2610)
　　(二十五)〔美国〕波士顿大学法学院教授、哈佛大学东亚法学研究所前
　　　　　副所长 F. K. Upham 教授致陈安教授函[1982年11月29日]
　　　　　………………………………………………………………(2613)
　　(二十六)〔美国〕"哈佛大学法学院斯托利讲座教授、东亚法学研究所
　　　　　所长 A. von Mehren 致陈安教授函[1982年10月25日] ……(2614)

Ⅳ　本书作者学术小传及历年主要论著目录(以倒计年为序) ………(2617)
　一、本书作者学术小传 ……………………………………………(2617)
　二、本书作者历年主要论著 ………………………………………(2618)
　　(一)书籍 ………………………………………………………(2618)
　　(二)论文 ………………………………………………………(2620)

Ⅴ　本书作者二十年来主要论著获奖情况(以倒计年为序)(2008—1988)
　　………………………………………………………………………(2624)
　一、国家级、省部级一等奖 ………………………………………(2624)
　二、国家级、省部级二等奖 ………………………………………(2625)
　三、厦门大学最高荣誉奖 …………………………………………(2626)

第七编

英文版论文选辑(续)

X Isn't the Strict Prohibition on Importing Toxic Brazilian Soybeans into China "Illegal"?— A Rebuttal to Lawyer Song's Allegation[①]

[Table of Contents]

Ⅰ Procedural Unfairness
Ⅱ Partiality of Mr. Song
Ⅲ The Powers and Authority of AQSIQ
Ⅳ Whether Professor Chen is Qualified to Deal with English Law

[Appellant Buyers' Commentary on the Second Report of Song Dihuang, issued on behalf of Sellers]

TO: The BOARD of APPEAL NO. 945 c/o FOSFA
APPEAL 945 from FOSFA ARBITRATION AWARD 3951
In accordance with an Order from the Appeal Board, the subject of these comments is *the Report of Song Dihuang* dated 22nd November 2006 ("Song's Report"), which was couriered by Respondents to Appellants on December 5,

---

① This is actually a Supplemental Document to previous *Expert's Legal Opinion on Zhonghe v. Bunge Case* issued by Professor An Chen on 1 November 2006. For better understanding, please refer to the previous *Opinion* re-entitled *"On the Serious Violation of Chinese Jus Cogens: Comments on the Case of Importing Toxic Brazilian Soybeans into China"*, compiled in the present same book.

2006.

Appellants have invited Professor Chen to give his response on certain particular denials and challenges raised by Mr. Song in Song's Report upon *Expert's Legal Opinion on Zhonghe v. Bunge Case* issued by Professor An Chen ("Professor Chen") on November 1, 2006 (hereinafter "Prof. Chen's Opinions"). Professor Chen's comments have been incorporated into this commentary.

I PROCEDURAL UNFAIRNESS

Appellants suffered procedural unfairness at the hearing (the "Hearing") in that the Appeal Board denied them due opportunity to adduce counter-evidence in answer to Song's Report which had not been received by Appellants before the Hearing. Appellants submit that the Appeal Board was wrong to refuse the admission of any additional evidence in support of Appellants' rebuttal. Furthermore, at the Hearing on 28th November, 2006, the Appeal Board was wrong to refuse the admission in evidence of Appellants' office copies of L/C applications made by the Buyer and a document setting out the functions and organization of AQSIQ downloaded from AQSIQ official website. Appellants believe that these documents are key evidence in support of their strong rebuttal of Respondents' challenge that such L/C applications were not made and in support of their contentions as to the power and authority of AQSIQ.

Appellants accordingly hereby state that they have **not been given a reasonable opportunity of presenting their case** and therefore reserve all their rights on this matter, including the right to challenge any Award in the English Courts on the grounds of the serious irregularities which have been committed.

II PARTIALITY OF MR. SONG

Appellants believe that Mr. Song has **a conflict of interest** in giving a so-called expert legal opinion on the case since he was retained by Respondents as an attorney in their discussion with the Appellants about the disputed L/C issues under Contract S04-071 before the first tier of FOSFA arbitration. Mr. Song should therefore be recognised as partial towards the Seller and therefore conflicted out of advising the Board. Any pressure and any act which might have the effect of placing pressure on an expert shall be in contempt of the

Board and shall be dealt with accordingly.

The basis Mr. Song seeks to rely upon is the so-called "non-finding" of Chinese law and regulation that prohibit the opening of the L/Cs under the Contract S04 - 071 in total disregard of the law and regulation having been placed by Appellants before the Board in the first instance. Song's Report, however, is **not** issued upon an impartial understanding of **Chinese law** but on an assumption (Exhibit 2 to 4 of Song's Report) and misinterpretation of sources of Public Announcement 71 (Exhibit 7 to 9 of Song's Report), Chinese court judgment (Exhibit 12 of Song's Report) and Prof Chen's Opinion in the Morgan Stanley Case (Exhibit 13 of Song's Report). Despite the fact that Mr. Song, a non-participant in banking business, is not qualified to give an opinion about Letter of Credit transactions, this is exactly what Mr. Song is trying to do in his Report. Song's Report is therefore more like a second submission of Respondents rebutting the findings of Appellants and Professor Chen.

It is hopeless and groundless for Mr. Song, acting on behalf of Respondents, to attribute Appellants' failure of opening the L/Cs under the Contract S04 - 071 to Appellants' poor financial difficulties since Chinese law has regulations to the contrary.

Ⅲ THE POWERS AND AUTHORITY OF AQSIQ

Under Chinese law, General Administration of Quality Supervision, Inspection and Quarantine of China ("AQSIQ") is empowered to announce and take emergency controlling measures against any risk carried forward by exports/imports into China and the measures taken by AQISQ are of mandatory power. Appellants have documentation proving this fact which the Appeal Board has refused to admit (see **PROCEDURAL UNFAIRNESS** above) Chinese nationals, including Appellants and the Chinese banks, have to comply with the measures taken by AQSIQ, otherwise they are subject to the legal liabilities under Chinese law. In terms of this case, Appellants had to open the L/C under the Contract S04 - 071 during June 14 to 17, 2004, but Public Announcement 71, which announced emergency control measures, came into force on 14th June and rendered Chinese banks unable to open the L/Cs for Appellants. Although Public Announcement 71 was lifted on 23rd June this did not affect the frustration of the contract since frustration had already taken effect on June 17, 2004.

AN OVERVIEW OF SONG'S REPORT

1. Mr. Song asserts in his Report that Appellants' failure to obtain a Letter of Credit under the Contract was due to Appellants' inadequate financial status and the prevailing economic condition in China during the period of the Contract S04 – 071 (paras 18 to 34 of Song's Report). His main contentions are:

1.1 Public Announcement 71 was not issued as per Chinese law and that it was only an internal notice with an internal effect within AQSIQ system. Chinese banks will not be subject to any legal liabilities in case of breach of Public Announcement 71 (paras 35 to 56, and para 61 of Song's Report).

1.2 Prof. Chen's Opinion is wrong as (1) Adulteration of red coated Brazilian soybeans will not be a criminal liability for Respondents under Chinese law (para 9, and paras 57 to 60 of Song's Report); (2) Prof. Chen's Opinion herein contradicts his opinion in the Morgan Stanley Case (para 63 and Exhibit 13 of Song's Evidence); (3) Professor Chen is not qualified to give an opinion on "conflict of laws" issue as he is not a English lawyer; and (4) A Chinese court report shows a Chinese bank was able to pay an amount under L/Cs even if the beneficiary is blacklisted by AQSIQ (para 61 (c) and Exhibit 12 of Song's Report).

1.3 The authenticity of banking documents issued by the four first-class Chinese banks, i.e. Industrial and Commercial Bank of China Tongan Sub-branch, China Agriculture Bank Xiamen Tongan Sub-Branch, Bank of China Xiamen Tongan Sub-branch and China Construction Bank Xiamen Tongan Sub-branch, is questionable and little weight should be placed upon by Professor Chen and by the Board. (para 12, paras 15 to 17 and para 34 of Song's Report)

PUBLIC ANNOUNCEMENT 71
THE LEGAL BASIS FOR THE PROHIBITIVE ORDER OF AQSIQ

2. Public Announcement 71, by its very nature, was a prohibitive order of

AQSIQ against exports of toxic Brazilian soybeans by Respondents to China. Public Announcement 71 was published on 14th June, 2004 after a series of warning circulars. The earlier warnings from AQSIQ, against *germicide carboxin* **and** *captan* processed soybeans, did not actually stop the entry of *germicide carboxin* **and** *captan* processed soybeans into China but, after another shipment of Brazilian soybeans exported by Respondents under the Contract S03 - 593 was found to contain *germicide carboxin* **and** *captan* processed soybeans, AQSIQ then prohibited exports to China on 14th June 2004. More particularly, under Public Announcement 71 the Seller under the subject contract, Bunge Agribusiness Singapore Pte. Ltd., was prohibited by name from supplying goods to China.

3. *Germicide carboxin* and/or *captan* are insecticides and are highly toxic carcinogenic substances. Severe injuries to human beings might be caused if *germicide carboxin* and/or *captan* processed soybeans are made into edible soybeans and soybean meals and then entered into the market.

4. In face of the urgency of the *germicide carboxin* **and** *captan* processed soybeans risks, AQSIQ was empowered to prohibit the exports of *germicide carboxin* **and** *captan* processed soybeans to China. **The power of AQSIQ in dealing with** *germicide carboxin and captan* **processed soybeans** is declared in the AQSIQ determination on the Contract S03 - 593 as from *the People's Republic of China on Food Sanitation and the People's Republic of China on Import and Export Commodity Inspections*, namely,

"Result of Inspection

[T]he surface layer of the above-mentioned soybeans had been inspected by sense and found adulterated with soybeans whose surfaces had been covered with red warning agent.

[T]he soybeans whose surface had been covered with red warning agent were inspected to contain *germicide carboxin* (*poisonous substance*)

Decision:

In accordance with Article 9 of **Law** *of the People's Republic of China on food Sanitation and Article 35 of* **Law** *of the People's Republic of China on Import and Export Commodity Inspection, the above-mentioned soybeans shall not be the material used for* **food processing.** *This lot of soybeans is forbidden to be imported.* "

5. In addition to the prohibition declared in the AQSIQ determination on the Contract S03 - 593, AQSIQ further issued Public Announcement 71 as per Article 35 of the *Law of the People's Republic of China on Import and Export Commodity Inspection* ①, it namely **prohibits [the law-breaker] from exporting or importing the impurities**. Both of AQSIQ prohibitive orders in the AQSIQ determination on the Contract S03 - 593 and by Public Announcement 71 are no more than the prohibition on exports of soybeans adulterated with **highly toxic carcinogen pesticide** to China as regulated by Article 35 of the *Law of the People's Republic of China on Import and Export Commodity Inspection.*

6. By content, the two AQSIQ prohibitive orders are made against two separate groups of recipients, i. e. (1) the AQSIQ determination on the Contract S03 - 593 against Respondents for the particular lot of Contract S03 - 593 and (2) Public Announcement 71 against the whole public, in particular Respondents, for the future exports of Brazilian soybeans by Respondents to China.

7. Further, *the Administrative Rules on Entry-Exit Inspection and Quarantine Risk Warning and Rapid Response* ("AQSIQ Risk Warning Rules", see Exhibit 7 and 8 of Song's Report) also grants AQSIQ the power of issuing Public Announcement 71.

---

① Anyone who mixes impurities into or adulterates the products, or passes off a fake product as a genuine one, a defective product as a high-quality one, or a substandard product as a standard one, shall be **prohibited by commodity inspection authority from exporting or importing such products**, be confiscated of illegal gains, and shall also be fined not less than half but not more than triple the amount from illegal sales. In case it **constitutes a crime**, the criminal liability shall be pursued.

8. AQSIQ Risk Warning Rules are promulgated as the *Law on Legislation of the People's Republic of China* and *the Organic Law of the State Council of the People's Republic of China* .

9. Article 71 of the *Law on Legislation of the People's Republic of China* ("Legislation Law") specifies that:

> "All the ministries and commissions ... and organs with administrative functions directly under the State Council may, in accordance with laws, administrative regulations, decisions and orders of the State Council, enact administrative rules within the scope of its authority."

10. Article 10 of the *Organic Law of the State Council of the People's Republic of China* (the "Organic Law of the State Council") specifies that:

> "The competent ministries or commissions may, <u>**within the limits of their authority**</u> and in accordance with the law and decisions of the State Council, issue <u>**orders, instructions and regulations**</u> ."

11. In accordance with the stipulations and authorizations in the above Legislation Law and Organic Law of the State Council, on September 17, 2001, AQSIQ, in Bu Ling No. 1 (Ministry Order No. 1), promulgated AQSIQ Risk Warning Rules "<u>**within its authority**</u>". In Article 1 "General Provisions", the said rules plainly specify the purposes and the basis of such rules:

> "Article 1 In order to protect health of human beings, animals and plants, safeguard consumers' lawful rights, protect ecological environment, promote the healthy development of our country's foreign trade, this Regulation is formulated in accordance with the Import and Export Commodity Inspection <u>**Law**</u> of the People's Republic of China, the Entry and Exit Animal and Plant Quarantine <u>**Law**</u> of the People's Republic of China, the Food Hygiene <u>**Law**</u> of the People's Republic of China, the Frontier

Sanitary Quarantine Law of the People's Republic of China, the Product Quality *Law of the People's Republic of China*, **and other relevant laws and regulations** ."

12. Article 2 of AQSIQ Risk Warning Rules specifically defines and explains the word "Risk Warning":

    "*Risk Warning herein refers to the* **preventive safeguarding measures** *adopted to protect the country and consumers against likely risks or* **potential damages** *contained in the goods and articles entering or exiting the border.*"

13. Article 9 of AQSIQ Risk Warning Rules further explains the specific forms of the measures concerning risk warning:

    "*The risk warning measures include*:
    a. *to issue a* **risk warning circular** *to* **AQSIQ local branches** ("*AQSIQ local branches*") *notifying them to reinforce quarantine and supervision on certain goods and/or articles to be exported/imported*;
    b. *to issue a* **risk warning announcement** *to* **foreign/local producers** *or* **relevant departments** *reminding them to take an immediate appropriate measure to proactively decrease or eliminate risks of goods and/or articles to be exported/imported*;
    c. *to issue* **a risk warning announcement** *to* **consumers** *taking care of risks of certain goods and/or articles to be exported/imported.*"

14. In addition, Article 12 of AQSIQ Risk Warning Rules provides for the "**emergency controlling measures**" to be directly adopted:

    "*in relation to those goods and articles entering or exiting the border which have been clearly regarded as bearing great risks,* **emergency measures may be taken to prohibit the entry and exit thereof** *and when it is necessary, related ports may be blocked.*"

15. It can be concluded that the **Warning Circular** *Regarding the Soybeans Imported From Brazilian Mixed with Seed Coating Agent* released on

May 10, 2004 by AQSIQ ("**Warning Circular** No. 332"), the **Public Announcement** No. 58 on May 22, the **Public Announcement** No. 61 on May 28, the **Public Announcement** No. 71 on June 14, and a **series of emergency controlling measures** directly adopted in succession aiming to ban the entry into China of Brazilian soybean which contains highly toxic carcinogenic pesticides supplied by 24 Brazilian soybean exporters, are all **administrative ordinances** or **administrative prohibitive orders** which are made "within its authority" pursuant to the authorization of the Legislation Law, the Organic Law of the State Council and AQSIQ Risk Warning Rules.

16. Therefore, the legal basis of the above administrative prohibitive orders by AQSIQ includes at least five PRC **LAWS** specified as aforementioned, i.e. the *Law of the People's Republic of China on Import and Export Commodity Inspection*, the *Law of the People's Republic of China on the Entry and Exit Animal and Plant Quarantine*, the *Food Hygiene Law of the People's Republic of China*, the *Frontier Health and Quarantine Law of the People's Republic of China* and the *Product Quality Law of the People's Republic of China*. Besides, other "**relevant laws and regulations**" (certainly **including those articles in the Criminal Law concerning the protection of human life and health and the lawful interests of consumers**) are also the legal basis of the above administrative prohibitive orders by AQSIQ.

17. It is, therefore, obviously groundless to contend that "*the public announcements do not refer to regulation upon which the decision was made* (see: Song's Report para. 52)" and thus "*have no mandatory binding force*". The fatal mistake lies in that they (i.e. Respondents and Mr. Song) disconnected these administrative prohibitive orders from those **laws at the higher tiers** in the entire legal system which are the sources of such administrative probative orders, thus to put these administrative prohibitive orders in an isolated situation. If not distorting the law intentionally, they shall be regarded as thoroughly ignorant of Chinese law. They do not have any idea of the tiers of Chinese legal

system, from top down — laws, regulations, rules and administrative orders.

18. The wrongdoer, when breaking, violating or breaching the abovementioned administrative prohibitive orders by AQSIQ, shall be liable for violating the above mentioned five categories of laws at the higher tiers and many other "**related laws and regulations**" (including **Criminal Law**), and subject to corresponding administrative punishment and even criminal sanctions.

19. Appellants note that Mr. Song argued Public Announcement 71 was not lawful as it did not refer to any law or regulation in Public Announcement 71. Mr. Song is putting the cart before the horse. It is well understood that if the law already renders an executive power to AQSIQ, whether AQSIQ declares such power in its execution or not, makes no difference to the legal effects. To nullify the Public Announcement 71 merely on a basis of no literal reference to the laws empowering such announcement is ridiculous.

COMPULSORY BINDING FORCE OF AQSIQ PROHIBITIVE ORDERS

20. In light of Article 9 of AQSIQ Risk Warning Rules in the above Para 13, the Warning Circular No. 332 mentioned in para 15, though distributed directly to all the local AQSIQ agencies, is also posted on the website of AQSIQ so the general public have access to such announcements for it was not at all confidential. The subsequent Public Announcement No. 58, Public Announcement No. 61 and Public Announcement No. 71, were directly announced to the general public, including "the producers both at home and abroad", all the "related departments" (of course including those banks dealing with foreign exchange and L/C) and the mass of "consumers". The general public is easy to gain access to the websites of AQSIQ and other media concerning such news.

21. Particular attention should also be paid to the fact that the Warning Circular No. 332 by AQSIQ dated May 10, 2004, was intended for soybeans imported from Brazil and discovered in **Xiamen** 8 (local port) to

contain highly **toxic carcinogen pesticides**①. The Warning Circular classified as **"Top Urgent"** (*see the two words put at the upper left of the Circular Document*) distributed nationwide, with its unusual severe wording and tone, aroused great sensational responses in the whole country, **especially in Xiamen**, which had been the source of the incident. The severe warning stated as follows:

> *"Recently, when effecting inspection and quarantine of 58,900 tons of soybeans from Brazil, Xiamen AQSIQ found in each hold of the boat soy bean which has been dyed red. After inspection, it was found that the soy bean bearing red caution agent and the coating chemicals thereof contains pesticides such as* **carboxin and capton**, **which will bring about serious safety and hygiene problems to edible oil and soybean meal**. *Xiamen AQSIQ has decided to prohibit the entry of the said soybean in accordance with the law. The State AQSIQ has communicated this to its Brazilian counterpart.* **For the purpose of protecting the health of consumers**, *in accordance with the Administrative Rules on Entry-Exit*

---

① On May 12, 2004, Xiamen AQSIQ posted on its official website breaking news entitled ***Xiamen AQSIQ Prohibited Import of over 58,900 tons of Brazilian Soybean***, which was accessible to the people around the world. The news declared that "this is the 1st time that China has found soybean containing toxicants in international trade, and also the 1st time that China has prohibited the import of bulk grains" and "after survey, the red soybean on the surface in all the holds accounts for 0.76‰. Xiamen AQSIQ Technologic Center discovered **carboxin and captan** while conducting an inspection on the red soybean. Carboxin is a **take-in insecticide**, usually used to treat rust and dust brand or as seed coating chemicals. Its **toxicant** property, acute rat oral, LD_{50} 3,820 mg/kg, indicates that the seeds mixed with this insecticide **may not be used as food or feeding stuff**. Captan is a wide-spectrum **anti-biotics** usually used to treat such plant diseases as horse bean anthracnose, damping off, armillariella root rot, the **toxic property** test on wistars by oral taking with LD_{50} 3,820 mg/kg indicates that it can **trigger cancers** and the seeds mixed with this insecticide may not be used as food or feeding stuff.

Generally, the seeds covered with **toxic** coating chemicals are dyed with color caution agent. **The seller, while knowing that the soybean under the contract is intended for producing edible oil and soybean meal, still mixed the toxic soybean dyed with color caution agent into the soybean under the contract, which was an extremely ill-intentioedl conduct.** In accordance with Article 9 of Food Hygiene Law of the People's Republic of China, Article 35 of the Law of the People's Republic of China on Import and Export Commodity Inspection, Xiamen AQSIQ decided to bar the importation of the soybean under the contract. (Zhang Zhenmin)"

Note: **Zhang Zhenming, who authored this article, is an officer from Xiamen AQSIQ and organized the inspection and found that the soybean under the contract contained poisonous substances.** (see Appendix 1-2)

Inspection and Quarantine Risk Warning and Rapid Response, we hereby issue the following Warning Circular:

1. as of this day the export of soybean into China of the exporter of this batch of soybean and other three Brazilian suppliers shall be suspended;
2. any soybean dyed with red caution agents shall be **prohibited from entering China** ....

The soybean covered with seed coating chemicals contains pesticides, and **inspection and quarantine personnel should adopt necessary protective measures.**"

22. Soon after, on May 22, May 28 and June 14, AQSIQ issued three Public Announcements, **mandatory prohibitive orders**, to stop the entry into China of Brazilian soybean which **contained highly toxic carcinogenic pesticides**. It was a rare occurrence in the history of soybeans' export to China that just within a short period of 34 days (from May 10 to June 14), AQSIQ issued 4 prohibitive orders and 24 companies in aggregate were involved. Especially, the prohibitive order of Public Announcement 71 dated on June 14 was aimed at the Respondent and took place in **Xiamen** port for a second time, only to make **Xiamen** a focus of all the people. In this context, all the **Xiamen** local banks and foreign exchange dealers are unlikely to be insulated from such news and situations. It was impossible for banks to disregard the prohibitive orders from government agencies. It was their fundamental duty, therefore, in their L/C business, to cooperate with Chinese governmental authorities in the action to prevent the Brazilian soybeans from entering China which contain highly toxic carcinogenic pesticides, to avoid bringing about serious safety and hygiene problems to **edible oil** and soybean meal and damaging "the health of consumers". Those bank personnel, while knowing that they shall not issue a L/C for this batch of Brazilian soybean and still issue a L/C to finance the transaction, shall definitely be subject to any administrative liabilities even criminal sanctions if this batch of soybean causes any serious personal injuries in the future.

23. Respondents and Mr. Song claim that (1) the Brazilian soybean under the

contract in dispute was intended for extracting bean oil, not for making any other food; and (2) the soybean itself is not food, but only inedible raw materials for producing oil and soybean meal with the leftover used to make food and feeding stuff (see Song's Report, paras. 57 - 58). The implication of these statements is obviously that the importation of the soybean containing severely toxic pesticides is unlikely in violation of the laws such as **Food Hygiene Law and Criminal Law** which are intended to protect the health of Chinese people and consumers' interests. The above claims are clearly groundless for the following reasons:

23.1 It is mentioned in the previous para 21 that in the Warning Circular No. 332 dated May 10, 2004, AQSIQ stated clearly the soybean containing **severely toxic carcinogenic pesticide** "will bring about **serious** safety and hygiene problems to **edible oil** and soybean meal". Whereas Mr. Song asserts that as this lot of soybean was not intended for food purpose, there is no legal basis or fact to support this.

23.2 Since Mr. Song admits that after use for producing bean oil and soybean meals, soybean can be used to make food and feeding stuff, are there any buyers so foolish as to purchase the soybean containing **severely toxic carcinogenic pesticide** to make food and feeding stuff with **carcinogen toxicants** to poison humans, poultry and animals and then subject themselves to sanctions?

23.3 One of the major business operations of Xiamen Zhonghe is to produce edible bean oil (see Appendix 3 National Manufacture License for Industrial Products). The purpose for Xiamen Zhonghe to purchase Brazilian soybean is to produce bean oil and soybean meal. The major clients of Xiamen Zhonghe are those dealers and refineries specializing in grains and edible oil, such as "Xiamen Zhongsheng **Edible Oils** Co., Ltd.", "Quanzhou Fuhai **Edible Oils** Co. Ltd.", each order placed by them reaching 1,000 to 2,000 tons in the value of RMB5,000,000 to RMB10,000,000. (see Appendix 4 - 8 contracts for purchase/sale of **edible bean oil**)

23.4 It is well-known that soybean itself makes a common and important **food**, including bean oil, fermented soybean, bean curd, soybean milk, sauce, pickles and so on. It is contrary to common sense that Respondents and Mr. Song contend that the Brazilian soybean sold by Respondents to Appellants is not the food defined in Food Hygiene Law of PRC.

24. The several circulars and public announcements issued by AQSIQ from May 10, 2004 to June 23, 2004 were based on Article 39 of *the Food Hygiene Law of the People's Republic of China*, particularly on **Articles 140 - 144 of** *the Criminal Law of the PRC* **concerning the crime of production and sales of poisonous food**, specifically, the excerpts are as follows:

25. Article 39 of *the Food Hygiene Law of the People's Republic of China* specifies that whoever produces or markets **food which is poisonous and harmful**, thus causing serious consequences, shall be **investigated for criminal responsibility** according to law:

> "*Article 39 Whoever, in violation of this Law, produces or markets food which is not up to the hygiene standards, thus causing* **an accident of food poisoning or resulting in a disease** *caused by food-borne bacteria, shall be ordered to stop such production or marketing; the food causing such* **food poisoning or disease** *shall be destroyed; the illegal gains shall be confiscated and a penalty of not less than one time and not more than five times the illegal gains shall concurrently be imposed; if there are no illegal gains, a penalty of not less than 1,000 Yuan and not more than 50,000 Yuan shall be imposed.*
>
> *Whoever, in violation of this Law, produces or markets food which is not up to the hygiene standards, thus causing a* **serious accident of food poisoning or resulting in a disease** *caused by food-borne bacteria, and seriously harming human health, or adulterates food he produces or markets* **with toxic or harmful** *non-food raw materials, shall be* **investigated for criminal** *responsibility according to law.*
>
> *If a person commits any of the acts mentioned in this Article, his hygiene license shall be revoked.*"

26. Articles 140 – 146 of *the Criminal Law of the People's Republic of China* specify **fixed-term imprisonment, life imprisonment and the death penalty** for the crime of **producing and selling poisonous and harmful food** and causing serious consequences:

"*Article 140* Where a producer or seller mixes impurities or imitations into a product, or passes a fake product off as a genuine one, or passes a defective product off as a high-quality one, or passes a substandard product off as a standard one, if the sum obtained through sale amounts to not less than 50,000 Yuan but less than 200,000 Yuan, the offender shall be sentenced to **fixed-term imprisonment** of not more than two years or criminal detention, and concurrently or independently be sentenced to a fine of not less than half of the sum obtained through sale and not more than twice of that. If the sum obtained through sale amounts to not less than 200,000 Yuan but less than 500,000 Yuan, the offender shall be sentenced to **fixed-term imprisonment** of not less than two years and not more than seven years, and concurrently be sentenced to a fine of not less than half of the sum obtained through sale and not more than twice of that. If the sum obtained through sale amounts to not less than 500,000 Yuan but less than 2,000,000 Yuan, the offender shall be sentenced to fixed-term imprisonment of not less than seven years, and concurrently be sentenced to a fine of not less than half of the sum obtained through sale and not more than twice of that. If the sum obtained through sale amounts to not less than 2,000,000 Yuan, the offender shall be sentenced to fixed-term imprisonment of fifteen years or **life imprisonment**, and concurrently be sentenced to a fine of not less than half of the sum obtained through sale and not more than twice of that or confiscation of property.

Article 141 Whoever produces or sells fake medicine ... **if the offence causes death of a person or any other especially serious harm to human health**, the offender shall be sentenced to **fixed-term imprisonment** of not less than ten years, **life imprisonment or** death...

Article 143 Whoever produces or sells food that does not conform to hygiene standards in a manner that is **sufficient to cause a serious food-poisoning accident** or any serious disease caused by food-borne bacteria shall be sentenced to fixed-term imprisonment of not more than three years or criminal detention, and concurrently or independently be sentenced to a fine of not less than half of the sum obtained through sale and not more than twice of that. If the offence **causes serious harm to human health**, the offender shall be sentenced to fixed-term imprisonment of not less than three years and not more than seven years, and concurrently be sentenced to a fine of not less than half of the sum obtained through sale and not more than twice of that. **If the consequences are especially serious**, the offender shall be sentenced to fixed-term imprisonment of not less than seven years or **life imprisonment**, and concurrently be sentenced to a fine of not less than half of the sum obtained through sale and not more than twice of that or confiscation of property.

Article 144 Whoever mixes the food to be produced or sold with **toxic or harmful** non-food stuffs, or sells the food mixed with **toxic or harmful** non-food stuffs that he knows clearly, shall be sentenced to fixed-term imprisonment of not more than five years or criminal detention, and concurrently or independently be sentenced to a fine of not less than half of the sum obtained through sale and not more than twice of that sum. If the offence **causes a serious food-poisoning accident** or any serious disease caused by food-borne bacteria, thus seriously harming human health, the offender shall be sentenced to fixed-term imprisonment of not less than five years and not more than ten years, and concurrently be sentenced to a fine of not less than half of the sum obtained through sale and not more than twice of the sum. If the offence causes death to a person or especially serious harm to human health, the offender shall be punished according to the provisions of Article 141 of this Law".

[**Note**: **be sentenced to fixed-term imprisonment of not less than ten** years, life imprisonment or death]

27. As for the present case, the importation of Brazilian soybean containing **highly toxic carcinogenic pesticides** in defiance of the prohibitive orders of AQSIQ, is not only in violation of the **two laws,** i. e. *the Food Hygiene Law of the People's Republic of China and the Law of the People's Republic of China on Import and Export Commodity Inspection*, but also is likely to break **the Criminal Law.** Related governmental officials, clerks and involved parties, besides being liable for their administrative violations and subject to **administrative punishment** (including fine, warning, demerit recording, degrading, position removal, dismissal, business license suspension etc.), shall have imposed on them **criminal sanctions** (including **fixed-term imprisonment, life imprisonment and death penalty**) in light of the circumstances of their crime and the damages incurred.

THE CAUSATIVE LINK BETWEEN AQSIQ PROHIBITIVE ORDERS AND THE REFUSAL OF CHINESE BANKS TO OPEN L/Cs

28. As a powerful ministry-level law enforcement agency under the State Council, AQSIQ is authorized to safeguard the border of the People's Republic of China and prohibit the entry into or exit out of China of any poisonous and harmful food and other fake products, thus to protect the human health and economic benefit of China and other states. The rules, circulars, announcements and prohibitive orders by AQSIQ **are based on and supported by the basic PRC laws** (such as *the Food Hygiene Law of the People's Republic of China*, *the Law of the People's Republic of China on Import and Export Commodity Inspection*, and *the Criminal Law of the People's Republic of China*, see the above paras. 8 to 11). Accordingly, the prohibitive orders, including Public Announcement 71, issued by AQSIQ have a compulsory binding force. Everyone has to abide by and enforce such prohibitive orders and no breach is permitted, otherwise, he shall be subject to the liabilities resulting from such violations, including administrative punishment or criminal sanctions.

29. Appellants have tried to apply to Xiamen sub-branches of first-class Chinese banks for the issuance of a L/C for the soybeans transaction but

were rejected. They in turn issued some written announcements/testimonies to specify their reasons for refusing issuing an L/C to Appellants:

30. For example, China Industry and Commerce Bank Xiamen Tongan Sub-branch in its Announcement confirmed that:

> "Considering the fact that, during the period from April to June, 2004, the State Administration of Quality Supervision, Inspection and **Quarantine (AQSIQ) prohibited** lots of exportation of Brazilian soybeans to China, our bank was **unwilling** to open Letter of Credit to facilitate the purchase of soybeans from Brazil.
> We also hereby confirm that, between 14th and 23rd June 2004, because the beneficiary, i. e. **BUNGE AGRIBUSINESS SINGAPORE PTE LTD**, of the letter of credit that Xiamen Zhonghe Industry Co., Ltd applied to open was included in the list of **banned exporters** under the AQSIQ Order No. 71 of June 14, 2004, our bank did not and would not accept Xiamen Zhonghe's application for opening a letter of credit to import soybeans from Brazil, so as to implement the nation's import and export policies."

31. In addition, China Agriculture Bank Xiamen Tongan Sub-Branch, Bank of China Xiamen Tongan Sub-branch and China Construction Bank Xiamen Tongan Sub-branch outrightly gave the same legal reasons why they were refusing Xiamen Zhonghe's applications and why they were not opening letters of credit for this soybeans transaction in their respective announcements or testimonies.

32. All of the announcements/testimonies issued by the four first-class Chinese banks clearly identify that the key reason for their refusal of L/C applications from Appellants for the present contract was that they had to strictly execute the import and export policies and orders of China and to comply with mandatory prohibitive orders of AQSIQ as China's law-executive agency so as not to take the legal liabilities and legal penalties or punishments arising from the illegally acts, i. e. the opening the L/C against the state policies and mandatory prohibitive orders.

33. The above mandatory prohibitive orders issued by AQSIQ as China's law executive agency and in accordance with the abovementioned various laws of higher tiers shall be compulsorily binding not only on the opening of the L/C by Chinese banks within China but also any overseas branch of Chinese banks. It is clear that any of overseas branches of Chinese banks which open the L/Cs for the exports of **Brazilian soybeans containing highly toxic carcinogen pesticide**, or provide any facilitate for such exports of **Brazilian soybeans containing highly toxic and carcinogen pesticide**, cannot escape from the supervision of Chinese law, and the penalties and punishment imposed by Chinese law. Therefore, Respondents' argument that Appellants shall or can open the L/Cs at the overseas branches of Chinese banks is wrong.

34. As such, Respondents' argument based upon the *Statement on L/C Issues* issued by Mr. Song Dihuang on August 2, 2005 and the Song's Report of November 21, 2006, which attributes Appellants' failure of timely opening the L/C for present soybeans transaction to "mainly" or "completely" poor assets positions, insufficiency of funds and poor credit worthiness of Appellants, or Respondents' asserting that "*I have not found any evidence to suggest that the decision making of Chinese banks considering credit applications was materially influenced by the actions of the Chinese administrative body by AQSIQ, in particular AQSIQ suspension on Brazilian import.*" obviously ignores the applicable law, which was the real reason for Buyers' inability to open a letter of credit under the contract.

35. In terms of managers or staff responsible for L/Cs business in each of Chinese bank Xiamen branches, if they, **in the light of** the mandatory prohibitive order imposed upon the exportation of **Brazilian soybeans containing highly toxic carcinogenic pesticide** to China under present case, **still** open the L/Cs and give the green light and finance to the exports of the Brazilian soybeans from Respondents to China in breach of the compulsory mandatory prohibitive orders, which have been repeatedly emphasized four times, and such **Brazilian soybeans containing highly toxic carcinogenic pesticide** are then processed into edible oil, feedstuff

and various foods and result in severe injuries and death to human beings and livestock, how can the banking staff, **in the full knowledge of the legal restrictions**, escape from the liabilities and penalties under the law?

36. *The Criminal Law of China* stipulates in Article 14, 15, 25 and 27 that, " An **intentional crime** *refers to a crime committed by a person who* **clearly knows** *that his act will produce socially dangerous consequences but who wishes or allows such consequences to occur* . " "A **negligent crime** refers to a crime committed by a person who **should have foreseen** that his act would possibly produce socially dangerous consequences but who fails to do so through negligence or, having foreseen the consequences, readily believes that they can be avoided, the result being that these consequences do occur. " "A joint crime refers to an intentional crime committed by two or more persons jointly. " "A **principal criminal** refers to any person who plays a principal role in a joint crime. " "An **accomplice** refers to any person who plays a secondary or auxiliary role in a joint crime. " Whoever carrying out an internal crime or a negligent crime, or acting as principal criminal or accomplice, must take respective criminal liabilities and be subject to respective punishments as per the crimes committed.

37. By way of further explanation, the banking staff of these Chinese banks in Xiamen have been clearly notified of the highly toxic carcinogenic pesticide involved in the Brazilian soybeans to be exported by Respondents to China, and of a series of AQSIQ prohibitive orders on Respondents against the exports of Brazilian soybeans, will arbitrarily breach the well-known prohibitive orders by providing financing facilities, through the opening of L/Cs, to the exports of such Brazilian soybeans containing highly toxic carcinogenic pesticide. It is actually a kind of assistance and encouragement that provides to the exporters of the prohibited Brazilian soybeans, or, looking at it the other way, the act is one that the banking staff "should have foreseen to possibly produce socially dangerous consequences but fails to do so through negligence or, having foreseen the consequences, readily believes that they can be

avoided, the result being that these consequences do occur." As such, if any severe consequence occur thereof, i. e. export causes severe injuries and death to human beings and livestock, it won't be impossible that the assisting and encouraging acts of the banking staff will be an "intentional crime" or a "negligent crime".

38. These articles of the criminal law are common to all Chinese citizens (including the banking staff) and undoubtedly have "frightening" effects upon all citizens in Xiamen. Any banking staff with any fundamental legal knowledge and complying with the law will definitely not to take a risk to "test the law" by deliberately opening the L/Cs thereof to finance and facilitate the imports of the **Brazilian soybeans containing highly toxic carcinogen pesticide** against the well-known mandatory prohibitive orders and to subject themselves to the criminal liabilities and penalties **in case human being and livestock are later poisoned**. (even if they are as accompliace playing a secondary or auxiliary role in a joint crime)

39. Therefore, the assertion of Respondents and Mr. Song that the reason why banks are **unwilling** and can not open the L/C for present case is completely irrelevant to the criminal law, in particular the comment that *"the criminal law he [professor Chen] refers to had nothing to do with the mater"* (see para 9 of Song's Report) and "This is over-egging the pudding" (para 19. 4 of Respondents' submission), is completely ignorant of and distorts the common sense of law and relative articles of the Criminal Law of China.

THE CAUSATIVE LINK BETWEEN AQSIQ ORDERS AND THE FRUSTRATION OF CONTRACT S04 – 071

40. Banking staff of each of Chinese banks in Xiamen clearly knows that: (1) the L/Cs in application are for the imports of Brazilian soybeans containing highly toxic carcinogenic pesticide which, if imported, will quite probably cause severe injuries and death to human being and livestock; (2) China's law executive agency of AQSIQ has published compulsory mandatory prohibitive orders and has taken emergency controlling measures to prevent the exports of the Brazilian soybeans of the same type to China. In this circumstance, each of the Chinese banks,

of course, refuses **the L/Cs application** for the highly toxic soybeans in accordance with **Chinese law and mandatory prohibitive orders**. Contract S04 - 071 is frustrated as the payment thereunder can not be made.

41. As a summary of para 28 to 40 above, the **causal chain** that renders the frustration of the Contract S04 - 071 is as follows:

41.1 Since Respondents commit a severe breach of contract by exporting **Brazilian soybeans, containing highly toxic carcinogenic pesticide**, to China, AQSIQ published a series of **mandatory prohibitive orders** upon the batch of Brazilian soybeans and the Brazilian soybeans of that same type, and delivered the mandatory prohibitive orders, including Public Announcement 71, to the public in China and around the world.

41.2 Banking staff of each of Chinese banks in Xiamen were clearly notified of such series of AQSIQ mandatory prohibitive orders upon the batch of **Brazilian soybeans containing highly toxic carcinogenic pesticide** and the Brazilian soybeans of the same type, and acknowledged that the opening of the L/Cs for the **Brazilian soybeans containing highly toxic carcinogenic pesticide** would encourage the imports thereof, which would quite probably cause severe injuries and death to human being and livestock, and might consequently be subject to legal liabilities under administrative law and criminal law. Therefore, Banking staff **was unwilling and dared not** open the L/Cs in breach of law and mandatory prohibitive orders.

41.3 Since banking staff of each of Chinese banks in Xiamen were unwilling and dared not open the L/Cs in breach of law and mandatory prohibitive orders, the Contract S04 - 071 was frustrated because the L/C could not be obtained.

THE EFFECTS OF PUBLIC ANNOUNCEMENT 71: INTERNAL OR EXTERNAL?

42. Mr. Song interprets the effects of Public Announcement 71 as a mere internal information carrier in paras. 48, 51 and 54 of Song's Report. The Song's interpretation is, however, wrong because it is based on a **different** AQSIQ decision, i.e. Warning Circular No. 332.

43. Warning Circular No. 332, was made in the form of a "Risk Circular" and

by its wording, limited the recipient thereof to AQSIQ local branches, but Public Announcement 71 expressly declares in its name that it will be "public announced" to the public and is posted on AQSIQ office website so as to inform all Chinese public of the risks of *germicide carboxin* **and** *captan* processed soybeans and the prohibitions upon Respondents.

44. In accordance with Article 8 of AQSIQ Risk Warning Rule "*AQSIQ can take* **risk warning measures** *against imported/exported goods and/or articles upon* **the type and the level of risks** *ascertained.*" With the increase of risks of *germicide carboxin* **and** *captan* processed soybeans and the failure of the warning circular, i.e. Warning Circular No. 332, in stopping the risk of *germicide carboxin* **and** *captan* processed soybeans, Public Announcements 58, 61 and 71 were the announcements to **foreign/local producers**, **relevant departments** and **consumers**, and also were the emergency controlling measures taken by AQSIQ to affect all public, i.e. not to assist Respondents in exporting **Brazilian soybeans containing highly toxic carcinogenic pesticide**.

WHETHER CHINESE BANKS ARE AFFECTED BY PUBLIC ANNOUNCEMENT 71

45. Mr. Song's assertion, that Public Announcement 71 did not affect the opening of L/Cs under the Contract S04-71 by Chinese banks, is denied. As above, the issuance of Public Announcement by AQSIQ was empowered by Chinese law and had a mandatory legal effect. The subject of Public Announcement 71, as demonstrated by the context thereof, was no longer an administrative order against exportation by Respondents, but, by being notified to the public, an emergency controlling measure covering all the public in China. As such, whoever in China including Chinese banks, shall not assist or facilitate the exportation of Brazilian soybeans by Respondents by any means. If Chinese banks open the L/Cs to finance the exportation of Respondents despite the compulsory executive power of the announcement, they are actually in breach of compulsory Chinese law and, if severe injuries occur, will be subject to criminal liabilities in China.

COULD PUBLIC ANNOUNCEMENT 71 HAVE BEEN NULLIFIED?

46. Another argument raised by Mr. Song is that Public Announcement 71 is

not issued in accordance with Chinese Law and could have been nullified by an administrative lawsuit (see paras. 50, 53 and 55 of Song's Report).

47. Without prejudice to Appellants' submission that Public Announcement 71 was well founded in Chinese Law, Appellants deny that the frustration of the Contract S04-071 can have been overcome if Public Announcement 71 had been nullified. The reasons are as follows:

48. First, Respondents proclaim a right to challenge Public Announcement 71 but did not actually raise any such challenge when the announcement was made or at any time since it came into force. As Respondents did not exercise their supposed right to challenge Public Announcement 71, the contract was frustrated whilst it was in force. It is, therefore, meaningless for Respondents to plead "possible nullification".

49. The effects of Public Announcement 71 are key to this case. There should be no reason for Respondents to waive their rights to challenge the announcement, if the illegality that is strongly claimed for by Respondents is so well founded in Chinese law.

50. Second, if Respondents **now** claim for nullification of Public Announcement 71, Respondents are only entitled to administrative relief. As a principle of the administrative law, any decision under an administrative lawsuit will not have any effects on a third party.

51. For the present case, whether Respondents raise an administrative lawsuit against Public Announcement 71 is an issue between Respondents and AQSIQ, but not one that concerns Appellants. Any decision made therein, even if Public Announcement 71 was now determined to be nullified, should not affect Appellants' rights and obligations under present FOSFA arbitration as Appellants were not the parties to the administrative lawsuit.

52. The relief then ordered by the courts on Respondents, if nullification of the Public Announcement 71 is decided, is the compensation from AQSIQ. Article 67 of the *Administrative Procedure Law of the People's Republic of China* stipulates that "*A citizen, a legal person or any other organization who suffers damage because of the infringement upon his*

or its lawful rights and interests by a specific administrative act of an administrative organ or the personnel of an administrative organ, shall have the right to claim compensation." In Article 69, *the Administrative Procedure Law of the People's Republic of China* further emphases that "[t]he cost of compensation shall be included as an expenditure in the **government budget** at various levels. The people's governments at various levels may order the **administrative organs** responsible for causing the compensation to **bear part or all of the damages**. The specific measures thereof shall be formulated by the State Council."

53. Thirdly, even if Respondents do raise a claim against Public Announcement 71 during the period of June 14 to 17, 2004, when Appellants were obliged to open the L/C, the announcement will remain in effect unless a court decided to the contrary. According to Article 44 of *the Administrative Procedure Law of the People's Republic of China*, it is established that during the time of legal proceedings, **execution of the specific administrative act shall not be suspended**.

54. In summary, whether Public Announcement 71 is legally based or whether Public Announcement 71 can be nullified or not, to any extent, is not an issue to be considered in the present case. The answer is Public Announcement 71 shall be effective until Chinese court determines to the contrary and, even if determined by Chinese court to be nullified, the remedies are only open to Respondents against AQSIQ.

PROFESSOR CHEN'S EXPERT LEGAL OPINION

55. In terms of challenges raised by Mr. Song against Prof. Chen's Opinion, Mr. Song wrongfully interprets the criminal law of China, the cited Chinese court decision and Professor Chen expert legal opinion in the Morgan Stanley Case, and does not raise any evidence against Professor Chen's understanding on "conflict of laws" issue. Except for the criminal law issue having been analyzed by Appellants above, Appellants' comments on Respondents' other challenges are as follows:

PROF. CHEN'S NON-CONTRADICTORY OPINION
IN THE MORGAN STANLEY CASE

56. As discussed in para 41 above, obviously, what is discussed here is the

"**frustration of contract**" rather than "**nullity and voidness of contract**". In other words, the above AQSIQ mandatory prohibitive order, i. e. Public Announcement 71, does not directly invalidate the Contract S04-071 but merely indirectly frustrates the contract. "frustration of contract" and "nullity and voidness of contract" are two **completely different legal concepts**, each of distinctive legal cause, elements and legal effects, and can not be confused or be **disguisedly displaced** by a way distorting facts or confusing right and wrong.

57. Unfortunately Mr. Song, when he refers in his Report to *the Expert Legal Opinion* of Professor Chen in the Morgan Stanley Case on an issue of "**nullity and voidness of contract**" ("Opinion in Morgan Case"), only partially interprets but deliberately distorts the concept of "nullity and voidness of contract" by arbitrarily confusing this with "frustration of contract" with the evident purpose of confusing right and wrong.

58. The original text of the Opinion in the Morgan Case is that,

   "*During period 1997 to September 1998, Morgan Stanley Capital Services Inc. ("Morgan Inc") entered into an International Swap Transaction Agreement ("Agreement") with Guangdong International Trust Investment Company ("GITIC"). In October 1998, GITIC entered into bankruptcy liquidation. However the claims of above USD 4 million for damages made by Morgan Inc twice to the liquidation committee of GITIC were rejected. <u>The main reason for the rejection is that the Agreement was void for the breach of "Notification on the Mandatory prohibitive order of Discretionary Development of Overseas Financial Derivative Instruments Offered by Financial Institutions" ("1995 Notification") and therefore was not protected by Chinese law.</u> Morgan Inc then raised an action to the Guangdong High People's Court and, in September 2001, its attorney in Hong Kong requested me [Professor An Chen] to provide an expert legal opinion. <u>The main issue was whether 1995 Notification is a Chinese law or regulation and whether the Agreement will be void if the context thereof conflicts with 1995 Notification.</u>*

In response to the above question, I carefully read the relevant files of the case, searched and studied the General Principles of the Civil Law of People's Republic of China, the Contract Law of the People's Republic of China and various laws and regulations and judicial interpretation, and drew a conclusion that, 1995 Notification issued under the name of the People's Bank of China is only a rule but not an administrative regulation, let alone a law. It can not simply conclude it as a " **void contract** *" and "not to be protected by law" merely but for contents of the Agreement that is in conflict with the provision of 1995 Notification.*

59. Professor Chen believes that even if the Agreement conflicts with the provision of 1995 Notification, the Agreement can not be simply or completely deemed to be a "**void contract**". The conclusion is mainly based upon a legally binding judicial interpretation of the Supreme People's Court of China:

"*(19) Articles of the First Interpretation of Some Issues on the Application of Contract Law of the People's Republic of China issued by the Supreme People's Court of China on December 29, 1999 ("Interpretation") shall be paid special attention to:*
Article 1 Disputes, which parties submit to the Court, arising from the contract concluded after the execution of Contract Law, Contract Law shall apply. The dispute, which parties submit to the Court, arising from the contract concluded before the execution of Contract Law, **then** *the applicable law shall apply. The relative provision of Contract Law may apply if there are no such laws at that time.*
Article 4 After the execution of Contract Law, the People's Court shall decide the voidness of a contract in accordance with law enacted by the National People's Congress and its standing committee, and administrative regulations enacted by the State Council, but not local regulations or rules.
(20) The disputed Agreement is concluded before the execution of Contract Law and the dispute thereof is submitted to the court after

the execution of Contract Law. In accordance with Article 1 of the Interpretation, relative provisions of the General Principles of the Civil Law of the People's Republic of China, the Law of the People's Republic of China on Economic Contracts Involving Foreign Interest, the Contract Law of the People's Republic of China cited in paras 15 to 17 shall simultaneously be applied.

(21) According to Article 4 of the Interpretation, **after the execution of Contract Law, the People's Court shall decide the voidness of a contract in accordance with law, and administrative regulations enacted by the State Council, but not rules**.

(22) As such, in terms of the **present** [Morgan Inc] case, the Agreement, of course, can not be arbitrarily concluded as a "**void contract**" on basis of "breach" of a rule, i.e. 1995 Notification, and/or asserted "not to be protected by Chinese law".

(23) Therefore, it is groundless for the liquidation committee of GITIC to argue about the "voidness" of the Agreement on basis of "**breach of law**" and/or completely deny the credit owned by Morgan Inc against the bankrupted liquidated assets of GITIC, and shall not be accepted.

60. After a read-through and careful perusal of the above, it is not difficult to find out what the main points raised by Professor Chen are:

60.1 The point discussed in Morgan Stanley Case is the standard in deciding "nullity and voidness of contract" but not the reasons that render "frustration of contract". "Nullity and voidness of contract" and "frustration of contract" are two completely different legal concepts. Chalk should not be confused with cheese.

60.2 As is well known that, before 1999, there was no unified contract law stipulated or executed in China[①]. Before the execution of new Contract

---

[①] In March 1999, the legislative institution of China, after modification and supplement, combined the three separate contractual laws, i.e. the Economic Contract Law of the People's Republic of China, the Law of the People's Republic of China on Economic Contracts Involving Foreign Interest, and the Law of the People's Republic of China of Technology Contracts, into the Contract Law of the People's Republic of China applying to all domestic foreign-related contracts.

Law in 1999, there is no unified criterion for the "voidness of Contract" and the court usually decides the "voidness of contract" merely upon a **rule**. This is inappropriate. The purpose of the above Interpretation of the Supreme People's Court is to set a new unified criterion: after the execution of new Contract Law, the decision of in violation of law or administrative regulation will be the sole criterion in deciding the "voidness of contract", and that rule will no longer be a criterion in this regard. This is a big development of judicial practice in China and an important measure to keep up with the WTO Rules.

60.3 In Morgan Stanley Case, the mandatory prohibitive orders within the 1995 Notification of the People's Bank of China cited by GITIC does not cite the law of a higher tier or a administrative regulation of a higher tier as the legal basis and, therefore, is short of the compulsory power under law.

61. The present case is concerned with different legal causes, elements and legal effects from those of Morgan Stanley Case. The main differences are as follows:

61.1 The issue in dispute in the present case is "frustration of contract" rather than "nullity and voidness of contract". **Within the term of the Contract S04 - 071**, the disputes are first raised by Respondents by exporting **Brazilian soybeans containing highly toxic carcinogenic pesticide** to China and then being prohibited by AQSIQ from exporting the subject matter of the Contract S04 - 071 to China. This renders Chinese banks unwilling and daring not to open the L/Cs for Appellants. It follows that Appellants were unable to fulfil the payment condition under Contract S04 - 071, which was **frustrated** because it was impossible and illegal for Appellants to perform. Contract S04 - 071 was then terminated by Respondents on June 25, 2004. From the above "chain", it is obvious that Respondents' exports of Brazilian soybeans containing highly toxic carcinogenic pesticide to China is the lighting fuse starting the chain of events that brings about the frustration of the Contract S04 - 071. Respondents were therefore the naval architects of a ship which would not float, and they must accept the consequences.

61.2 Before Respondents' unilateral termination of the Contract S04 – 071 on June 25, 2006, Appellants **had never** claimed for the "nullity and voidness of contract". What Appellants asserted from the beginning is mere "**frustration of contract**" as it is impossible to perform t**he valid Contract S04 – 071** with the effects of AQSIQ mandatory prohibitive orders upon imports of **Brazilian soybeans containing highly toxic carcinogenic pesticide.**

61.3 The above AQSIQ mandatory prohibitive orders clearly had power and authority as legal regulations of a high level (see paras 8 to 15; paras 20 to 24) and therefore operated as legally binding.

62. The deliberate confusion by Song of Professor Chen's correct opinion on "frustration of contract" in the present case with Professor Chen's other correct opinion on "nullity and voidness of contract" in the Morgan Stanley Case should therefore be recognised as **a misleading ploy** and Mr. Song's contentions should be disregarded.

IV Whether Professor Chen is Qualified to Deal with English Law

63. In para 68 to 69 of Song's Report, also in para 19.1 of Respondents submission, Mr. Song and Respondents assert that Professor Chen is not qualified to deal with English Law. Prof. Chen's opinion on English law is rather wide of the mark and shall not be "evidence" in present case. However, Mr. Song, including Respondents, does not refer to any evidence to prove or demonstrate the "incapacity" of the senior expert, Professor Chen, to discuss English law.

64. Such arguments are groundless and are a poor attempt to discredit legislative legal analysis and opinion on a matter that goes beyond purely English law as detailed below:

65. The point that Professor Chen referred to in Prof. Chen's Opinion is a common issue on **conflict of laws**, which is usually encountered in the field of international economic law and international commercial arbitration and **not merely an English law issue.** When there is a conflict between English law and compulsory law of any other sovereign states, it is important to choose a principle which fairly and properly deals with

this. Conflict of laws is a recurrent issue before in the highly developed commercial arbitration tribunals of England for over a hundred years. It was the leading scholars, Dicey and Morris, who compiled the authoritative book, **The CONFLICT OF LAWS**. It was through their assiduous work that they drew on the precious experience of English courts and tribunals in dealing with the conflict of the laws of different countries, and summed up over 200 "Rules" of general recognition. These Rules are recognized worldwide as the most authoritative rules and can be referred to and adopted by all participants in the circles of jurisdiction and arbitration around the world.

66. Professor Chen cited the "Rule 175" and "Rule 180" stated in the aforesaid leading international professional monograph with prudence. It showed the full respect of the wisdom of English experts. Up till now, the legal professionals retained and instructed by Respondents, including Mr. Song, failed to make any reasonable comment and analysis on the two authoritative **Rules** and the original demonstration and relevant cases thereof in their submission, which inevitably make people doubtful about the sufficiency of their legal knowledge on conflict of laws; or whether they are qualified to give any justified and acceptable submission to the Board; or whether their submission cannot be classified as "wide of the mark". If Mr. Song cannot present arguments to overturn and negate the aforesaid two **Rules**, it actually proves that: the two **Rules** dealing with the conflict of laws virtually hit the vital point of Respondents arguments and also prove unreasonableness and the unsustainability of Respondents' contentions.

67. As to the *Food Safety Act 1990* (c 6) cited by Professor Chen in the *Expert Legal Opinion*, the general definition of food that provides a legal basis for classifying soybeans as food as referred in Article 1 therein and to be guilty of an offence in case of the selling of harmful and poisonous food and rendering the food injuries to health as referred in Article 7, and etc, are prevailing provisions generally accepted by the legislations of all nations and well-recognized common sense in law.

68. Appellants do presently not know of any provisions in the *Food Safety*

Act or any other English law against the aforesaid international common sense in law, like:

68.1 Soybean, soybean oil and soybean processed food are all **inedible** and shall not be classified as food;

68.2 Soybean, containing highly toxic carcinogenic pesticide, shall absolutely be **permitted to enter** into the territory of **England** and used as materials of edible oil;

68.3 Even if severe injuries to and death of human beings and livestock are caused by the soybean oil and/or soybean meal processed from the soybean, containing highly toxic carcinogenic pesticide, relevant merchants, supporters, promoters, convenience providers and any deliberate violator of prohibitive orders **should not be** subject to any legal liabilities and/or be **punished by law**.

68.4 Any merchants and/or individuals who produce or sell harmful and poisonous food and cause severe injuries to and death of human being, or who participate in or facilitate the above production and selling by either way, **can be free of legal liabilities** and not subject to any administrative or criminal punishment.

INAPPLICABILITY OF RESPONDENTS' CASE

69. In para 61(c) of Song's Report, Mr. Song provided the Board with a downloaded case of a Chinese court covering a payment under a L/C to a blacklisted exporter. The case is an ocean shipping insurance dispute between Guangdong Fuhong Oil Products Co. Ltd ("Fuhong") and China Ping' An Property Insurance Co. Ltd Shenzhen Branch ("Ping'An Insurance") (see Exhibit 12 of Song's Report). Fuhong entered into a Brazilian soybeans purchase agreement with Louis Drefus Asia Pte Ltd and insured the soybeans to Ping'An Insurance. After an insured event resulted in damage to the insured soybeans, Ping'An Insurance refused to make the compensation for the damage by a reference to a Limitation of Liability Clause of the insurance contract. Fuhong then placed an action to a Chinese court claiming for an order of compensation for damage by Ping'An Insurance.

70. Obviously, the above case is not a Chinese court judgment upon L/C

issues. A Chinese court is not asked to raise any opinion on the opening and/or payment of L/C. In addition, China is a civil law country. Even if the case is about L/Cs, Chinese court decision does not take any precedent to the case thenceforth. The case is not an appropriate case for the Board to understand Chinese law on L/C issues.

71. The records of the payment to the blacklisted exporter are detailed in the finding of Chinese courts. The records show the opening of a L/C in favor of Louis Drefus Asia Pte Ltd under a Brazilian soybeans contract actually happened in Guangdong and before Louis Dreyfus Asia Pte Ltd had been blacklisted by AQSIQ from exporting to China. The payment for the L/C occured on August 23, 2004, long after the prohibition on Louis Dreyfus Asia Pte Ltd had been lifted.

72. Respondents' case, even if about L/Cs, is actually dealing with a separate circumstance from the present case.

73. First, the reason why the blacklisting of Louis Dreyfus Asia Pte Ltd does not influence the opening of the L/C is that the L/C opening happens before the date of the blacklisting. Secondly, payment of the L/C is made after the prohibition on Louis Dreyfus Asia Pte Ltd is released. There is no point in showing the attitude of China banks during the period of AQSIQ prohibition, i.e. whether payment of the L/C will be made or not. Thirdly, whether banks will make payment under L/C is a different issue from whether they will open the L/C. After the L/C is opened, banking practice will take a more internationalized approach on the payments of the L/C. Therefore, even if the payment of the L/C can be proved during the prohibition period, whether it is possible to open a L/C during the same period remains questionable.

AUTHENTICITY OF CHINESE BANKS' STATEMENTS/TESTIMONIES

74. In paras 12, 15 to 17 of Song's Report, Mr. Song pointed out the same view with T. O. Lee Consultants Ltd and questioned the authenticity of the four Chinese banks statements/testimonies provided by Appellants. However, Mr. Song did not raise any evidence, from Chinese law point of view, to support his argument. T. O. Lee Consultants Ltd is not a Chinese Law Firm and therefore not qualified to issue any legal opinion on

the non-authenticity of the four banking statements/testimonies under Chinese law.

75. Contrary to Respondents' contentions (which were obviously made prior to the Hearing), Appellants have provided the Board and Respondents with original copies of the four Chinese banks statements/testimonies and further a legal opinion issued by Shangdong Ya & Tai Law Firm about the status of an official stamp of Chinese banks under Chinese law. All the corroborative evidence backs up the authenticity of the banks' statements/testimonies.

76. As a matter of Chinese law and a well-known practice in China, it is the chop of an organization, whether it be a government or a business organization, that is required for authentication purpose. The corporate chops used by the four Chinese banks are normally used in only the most formal situations and represent the highest authority of the banks. The person who keeps such corporate chops has a responsibility to use the corporate chops in due manner, and otherwise the person will be subject to criminal liabilities under Chinese law. To forge a corporate seal is also a breach of criminal law in China.

77. Mr. Li Xuebing, Attorney at Law, has confirmed his view from Chinese law point of view that *"In my opinion, the so-called 'Expert Opinion' by T. O. Lee Consultants Ltd is based on guess and suspicion with no solid proof or legal basis for the argument produced therein. As a result, such 'Expert Opinion' shall not be relied upon. On the contrary, we believe the banking evidence is authentic and sufficient."* (see Opinion issued Shangdong Ya & Tai Law Firm)

RESPONDENTS' "OTHER POINTS"

78. Mr. Song has raised four further points, which can be dealt with in brief.

APPELLANTS' APPLICATIONS FOR L/Cs UNDER THE CONTRACT

79. In paras 12 and 17 of Song's Report, Mr. Song referred to the non-provision of L/C applications by Appellants to the Board as a challenge to the authenticity of the four Chinese banks statements/testimonies provided by Appellants.

80. Respondents have intentionally confused the authenticity of bank

statements with the L/C applications. The authenticity of the statements of the banks under Chinese law have been well proved by the official stamps of the four banks. It is impossible and illegal for Appellants to fabricate such bank stamp. It is groundless under Chinese law for Respondents to challenge the authenticity solely on an unrelated L/C applications issue.

81. The L/C applications, because they were refused by the banks, are unilateral evidence on the side of Appellants in that they show only the content of these applications without any receipt acknowledgement from banks, either in form of signatures or stamps, identifying the applications.

82. At the Hearing, Appellants' representative offered to provide the Board with office copies of the L/C applications but the Board refused to admit this evidence for consideration (please see **PROCEDURAL UNFAIRNESS** above).

83. Given the availability of the L/C copies and given that the banks themselves have confirmed (in their Announcements and Testimonies of June 2006) that these applications were made, Respondents' assertions, that L/C applications were NOT made, are groundless.

AGRICULTURAL TRANSGENIC ORGANISM CERTIFICATE

84. Regarding *People's Republic of China Safety Certificate (Import) for Genetically Modified Agricultural Organisms* ("Genetically Modified Agricultural Certificate") referred in para 61(d) of Song's Report, it is denied that use of a so-called certificate of another governmental organ of a parallel level to AQSIQ, i. e. the Ministry of Agriculture of China, is evidence to defeat the legal effects of Public Announcement 71 or to support an assertion that no administrative or criminal liabilities arise from breach of AQSIQ announcement.

85. Article 90 of *the Constitution Law of China* stipulates that, "*The ministries and commissions issue orders, directives and regulations <u>within the jurisdiction of their respective departments</u> and in accordance with the law and the administrative rules and regulations, decisions and orders issued by the State Council.*" Article 10 of the Organic Law of

State Council of the People's Republic of China also stipulates that, "*The ministries and commissions shall request instructions from and submit reports to the State Council concerning principles, policies, plans and important administrative measures in their work, and the State Council shall make decisions on such matters. The competent ministries or commissions may, within* **the limits of their authority** *and in accordance with the law and decisions of the State Council, issue orders, instructions and regulations.*"

86. According to Article 2 of the *Safety Management Methods for Genetically Modified Agricultural Organisms* ①, the Methods referred to in the Genetically Modified Agricultural Certificate in Exhibit 11 of Song's Report and upon which Genetically Modified Agricultural Certificate is issued, the function of the Genetically Modified Agricultural Certificate is merely to identify **soybeans as a type of agricultural transgenic organism** that can be used for processing purposes but not to refer to any circumstance of involvement of impurities. How to deal with the impurities is an issue to be considered by AQSIQ. This is why the Ministry of Agriculture of China expressly passes the Genetically Modified Agricultural Certificate issue to the supervision of AQSIQ, requesting "This Certificate is valid on one occasion within its period of validity, and will be **cancelled by the Import/Export Quarantine Authority** when inspections are completed."

87. Therefore, Genetically Modified Agricultural Certificate has nothing to do with the prohibition raised by Public Announcement 71. Even with the certificate referred by Respondents, Respondents' exportation of Brazilian soybeans **containing highly toxic carcinogenic pesticide** is still subject to AQSIQ supervision and prohibition.

88. Another point is that the Genetically Modified Agricultural Certificate

---

① Article 2 *These Methods shall apply to safety management of import and export of* **agricultural transgenic organism** *within the territory of China.*
Article 12 *If* **agricultural transgenic organism to be exported to China** *is to be used as materials for processing, foreign company shall apply to the safety management office of agricultural transgenic organism for the Genetically Modified Agricultural Certificate.*

referred by Respondents was not a certificate required under any of contracts between Respondents and Appellants. Since Appellants know nothing of the two certificates, it is hard for Appellants to comment on them.

"TEMPORARY SUSPENSION" AND FRUSTRATION OF THE CONTRACT

89. Respondents are wrong to assert that, since Public Announcement 71 was a temporary suspension, this cannot frustrate Contract S04 - 071 (see paras 36(b), 43 and 61(f) of Song's Report) because Appellants should have been able to open the L/C before or after the announcement.

90. In accordance with Appellants' submissions at paras. 18, 23 and 24 of their appeal and in accordance with the Reply Submissions made on behalf Buyers at the Hearing (a record of which was sent to FOSFA under an E Mail dated 29th November from Buyers' Representative), the opening of the L/C was subject to a deadline of 20th May 2004 under the Contract. Although this deadline was not met by Buyers' opening a Letter of Credit, the Seller did not terminate the contract and discussions on performance continued. By agreement between the parties on 14th June 2004 the deadline for L/C opening was extended until 17th June. The time allowed for opening of an L/C therefore became 14th/17th June 2004, but at this time, by reason of AQSIQ Public Announcement 71, it was illegal or impossible for Buyers to open a Letter of Credit through a Chinese Bank as required. Since no extension of time beyond 17th June was agreed the contract was frustrated. Given that no default declaration was issued before 14th June and that no extension of time was granted or agreed after 17th June, the question of opening of an L/C before or after this time is irrelevant.

EFFECTS OF PUBLIC ANNOUNCEMENT 76

91. In terms of effects of Public Announcement 76 raised by Respondents in paras 64 to 67 of Song's Report, it is ridiculous for Respondents to argue that Professor Chen is wrong to conclude AQSIQ prohibitions on poisonous *germicide carboxin* **and** *captan* processed soybeans remain in effect even after Public Announcement 76. As Public Announcement 76 pointed out, the release of the announcement is based upon guarantees of

the Brazilian government, i. e. "the Brazilian Government has with effect from 11 June 2004 **improved its rigorous inspection and administration of the production, storage, carriage, and loading on ship of soybeans, and guaranteed that similar problems will not occur again**". In other words, the *germicide carboxin* **and** *captan*risks will not occur any more. Prohibition on Brazilian soybeans containing *germicide carboxin* **and** *captan* is not lifted at any time.

Yours Sincerely,
Xiamen Zhonghe Industry Co., Ltd
18 December 2006

XI On the Supervision Mechanism of Chinese Foreign-related Arbitration and Its Tally with International Practices*

AN CHEN**

[Table of Contents]

I Introduction

II Promulgation of the Arbitration Law

III A Comparison among China's Trial Supervision, Domestic Arbitration Supervision and Foreign-related Arbitration Supervision, and Some Pending Issues

IV A Discussion on the Reasonableness of China's Separate Legislation for

---

* This Article was first published in the Journal of International Arbitration (Geneva), Vol. 14, No. 3, 1997. Its Chinese version (supplemented) is now compiled in Series Second of the present Book, as its fifth paper. The citation of and commentary on legal provisions in this Article were based upon the related laws and regulations effective during that time. It is hereby suggested to check and compare them with the further development of these legal provisions since 1997, so as to better understand their historical, gradual maturity and obtain the most recent information.

** Dean and Professor of Law School of Politics and Law, Xiamen University; Tutor to doctoral candidates on international economic law, selected by the State Council; Chairman of Chinese Society of International Economic Law; International Arbitrator of the International Center for Settlement of Investment Disputes (ICSID) under the "Washington Convention", appointed by the People's Republic of China; Senior Visiting Scholar, Harvard Law School, United States, 1981–1983; Visiting Professor as Distinguished Asian Scholar-in-Residence of Northwestern School of Law, Lewis & Clark College, Oregon, United States, 1990–1991.

Thanks are due to Senior Lecturer Huiping Chen, a doctorial candidate of Xiamen University, for her kind help with the English version of this article.

Thanks are also due to Dr. Wenhua Shan for his kind help in collecting some materials for this article.

Domestic and Foreign-related Arbitration Supervision
  A. The Issue on Tallying Provisions concerning Foreign-related Arbitration Supervision of Arbitration Law with Those of Civil Procedure Law
  B. The Issue on Tallying Provisions concerning Foreign-related Arbitration Supervision of Arbitration Law with Those of International Treaties
  C. The Issue on Tallying Provisions concerning the Foreign-related Arbitration Supervision of Arbitration Law with Those of Advanced Practices in Current Arbitration Enactments of Other Countries
  D. The "Uniqueness" of China's Foreign-related Arbitration Supervision and the Necessity of Tallying Its Supervision Mechanism with International Treaties and Practices
Ⅴ Some Ideas on How to Strengthen the Current Chinese Foreign-related Arbitration Supervision Mechanism

Ⅰ INTRODUCTION

The promulgation of the Arbitration Law of the People's Republic of China (hereinafter referred to as the "Arbitration Law") is a symbol of the further soundness of China's arbitration system. However, there exist obvious defects in some specific provisions relating to the arbitration supervision mechanism in this Arbitration Law. The Law employs a "separate track" for domestic arbitration supervision and foreign-related arbitration supervision. That is to say, as regards a domestic arbitral award, both its procedural operation and substantive matters are allowed to be examined and supervised, but as regards a foreign-related arbitral award, only its procedural operation is allowed to be examined and supervised. In the author's opinion, the above practice is not in compliance with China's real situation: it is disadvantageous to Chinese current policy of anti-corruption and honesty-advocating, and to the preservation of the sanctity of law. Nor is it in compliance with relevant provisions of international treaties to which China has acceded, as well as being out of step with the advanced usual practice of current arbitration enactments of other countries. In order to change this situation, the author suggests that it will be necessary to make some amendments on the Arbitration Law and thus put the two types of arbitration supervision on the same track. Meanwhile, the construction of the leading institution for foreign-related arbitration should be strengthened.

II PROMULGATION OF THE ARBITRATION LAW

The Arbitration Law of the People's Republic of China was adopted by the Standing Committee of the National People's Congress on 31 August 1994, and came into force on 1 September 1995. It contains eighty articles in eight chapters, and spells out principled provisions in respect of the scope of arbitration, the arbitration organ, the arbitration agreement, arbitration procedure, the arbitral award, arbitration supervision and foreign-related arbitration, etc. This law is another important procedural law following the Criminal Procedure Law of the People's Republic of China (hereinafter referred to as the "Criminal Procedure Law"), the Civil Procedure Law of the People's Republic of China (hereinafter referred to as the "Civil Procedure Law") and the Administrative Procedure Law of the People's Republic of China (hereinafter referred to as the "Administrative Procedure Law").

On the basis of incomplete statistics, the general provisions concerning the norms of arbitration exist in 14 laws, 82 administrative statutes and 190 local regulations before the promulgation of this Arbitration Law.[1] For one thing, these provisions were scattered and contradictory to some degree. For another, some of the practice, for example the long-adopted system of "final

---

[1] See Gu Angran, Director of the Working Commission on Law Enactment, the Standing Committee of the National People's Congress, "Some Statements on the Arbitration Law of People's Republic of China(Draft)", offprint, 27 June 1994, p. 2.

conclusion after one arbitration and two instances"① in the arbitration for domestic contractual disputes, were obviously unsuitable for the needs of China's economic development. China's legislative body therefore worked out this uniform Arbitration Law, on the basis of fully summarizing the practice of domestic and foreign-related arbitration, in accordance with the needs of setting up a socialist market economic system and developing international business transactions. It also borrowed from the beneficial experiences of other countries' arbitration systems and the usual international practices. The Arbitration Law has become a fundamental law regulating all arbitration acts in China. The enactment and promulgation of this Arbitration Law is an important measure toward modernization and internationalization of China's arbitration system, and a symbol of China's arbitration system toward further improvement and completion.

---

① According to Articles 48 and 49 of the Economic Contract Law of the People's Republic of China adopted on 13 December 1981 and coming into force on 1 July 1982, when a dispute arises from an economic contract, and the parties cannot settle it through negotiation, any party may either apply to the contract administration provided by the State (usually it is the Industrial and Commercial Administrative Control Bureau) for conciliation or arbitration, or directly bring a suit to court. After the parties apply for arbitration and the above-mentioned administrative authority has made an arbitral decision, if any party or both parties are dissatisfied with the arbitration, they may bring an action to court within the legal time limit. In this way, the arbitral proceedings are converted to civil proceedings. According to Articles 147 and 158 of the Civil Procedure Law, the parties have the right to request the courts to employ procedures of first instance and second instance consecutively to try the case and make a final judgment or order. The above-mentioned legal procedures are usually known as the system of "making final decision after one arbitration and two instances". More than ten years' practice proves it to be level-excessive, procedure-complicated and time-consuming. It is unfavorable for both parties to settle the dispute at an early date, and cannot adapt to the requirements of market economy system. In view of its shortcomings, when amending the Economic Contract Law on 2 September 1993, the Standing Committee of the National People's Congress changed the system of "making final decision after one arbitration and two instances" to the system of "either trial or arbitration, and making final decision after only one arbitration". That is to say, when a dispute arises from an economic contract, but the parties cannot settle it through negotiation, they may apply to an arbitral organ for arbitration pursuant to the arbitral clause in their economic contract or the written arbitration agreement reached by them later on. If the parties did not have an arbitration clause in their economic contract, or cannot reach an arbitration agreement later on, they may bring an action to court. If the parties agree to choose arbitration procedure to settle their dispute, then once the arbitral award is made, it is a legally effective and final decision for them. If any party fails to comply with this final decision (award) made through arbitration, the other party may apply to the court for enforcement. See Article 42 of the Economic Contract Law amended in September 1993; see also Some Statements on the Amendment of the Economic Contract Law of the People's Republic of China (draft), given by Yang Jingyu, the Director of Law Enactment Bureau of the State Council.

In order to enhance the efficiency of arbitration affairs, the Arbitration Law adopted the internationally used system of "either trial or arbitration, and if the latter is adopted, making a final decision after only one arbitration" on both domestic and foreign-related arbitration①. The Arbitration Law stipulated necessary requirements for setting up arbitration institutions to promote the perfection of organization. It emphasized the morality, behavior, professional proficiency and working discipline necessary for arbitrators in selecting and appointing arbitrators so as to improve the comprehensive quality of the whole team of arbitrators. It established the principle of "autonomy of will" by parties to fully respect their agreed will in the selection of arbitration patterns, arbitration institutions, the place of arbitration, arbitration rules and arbitrators, so as to effectively secure their autonomous rights. It provides the supervision and correction measures on arbitral awards so as to remedy, prevent or stop the damage or very bad consequences arising from inappropriate awards or illegal awards. The above provisions are in accordance with the current advanced experiences of arbitration legislation of other countries and international custom. They are bound to expedite effectively China's arbitration system toward modernization and internationalization and are not only welcomed by domestic people, but also accepted by international society. To sum up, the Arbitration Law is worthy of praise as a whole.

However, it seems that there are still some points in wording or substantive provisions in the Arbitration Law which are needed to be discussed and further completed. For the purpose of "casting a brick to attract jade", in other words to arouse more deepened discussion and comments in academic circles, this present article will make some comments

---

① Article 5 of the Arbitration Law provides that if the parties have reached an arbitration agreement, and then one party brings an action in a people's court, the people's court shall not accept the case, with the exception that the arbitration agreement is void. In other words, as to an economic dispute, the parties may either choose "judicial settlement" or "arbitral settlement". However, once they decide by written agreement to choose arbitral settlement, the court generally shall have no power to accept a complaint filed by any party. Articles 9 and 62 further provide that the arbitral award is final and the parties shall have it enforced. If one party fails to comply with it, the other party may apply to court for enforcement.

and analysis on the specific provisions concerning the foreign-related arbitration supervision mechanism in this Arbitration Law, and then set out some suggestions and proposals regarding its further tallying with internationally advanced practices.

III A COMPARISON AMONG CHINA'S TRIAL SUPERVISION, DOMESTIC ARBITRATION SUPERVISION AND FOREIGN-RELATED ARBITRATION SUPERVISION, AND SOME PENDING ISSUES

Trial supervision means that when any error is found in a legally effective final judgment or written order, the case may be, according to legal procedure, upper-arraigned (by a higher court) or retried (by the original court) so as to have a new judgment or written order made. The procedure of trial supervision is an advanced mechanism extracted from the legislative practice of many countries in modern times. Its main function is to prevent courts from making illegal final judgments or orders, to give remedy to those who have been the subject of illegal final judgments or orders made by courts, to effectively assure the justice of judicial judgments or orders, to preserve the sanctity of law, and to guarantee the legitimate rights and interests of parties. Such an advanced mechanism has been generally absorbed and adopted by the current legal systems of other countries. There are also clear and principled provisions as to the procedure for trial supervision in China's Criminal Procedure Law, Civil Procedure Law and Administrative Procedure Law[①].

Maybe this question should be raised: why is it allowed for the legally effective final judgment or order made by a court to be upper-arraigned or retried under certain conditions? That is to say, why are they allowed to be

---

① See also Articles 148 to 150 of the Criminal Procedure Law; Articles 177 to 188 of the Civil Procedure Law; Articles 62 to 64 of the Administrative Procedure Law.

reversed and tried again? Will such a mechanism hurt the sanctity of law and lower the authority of the court? The answer is No.

The rationale of the trial supervision mechanism may be generally put into the following three points:

(a) It is necessary for any power (certainly including the power for judges to make final judgments or orders) to be supervised. Any power without supervision will doubtless result in abuse of power and corruption. There is no exception to this in ancient or in modern times, in China or elsewhere. This general phenomenon in the progress of human society has been clearly stated early in the middle of the eighteenth century by Montesquieu, the outstanding progressive pioneer and thinker, in his famous works "The Spirit of the Laws". He stated that "constant experience shows us that every man invested with power is apt to abuse it. To prevent this abuse, it is necessary from the very nature of things that power should be a check to power"①. Lenin once pointed out that, to guarantee the observance of laws, two measures should be taken: "Firstly by supervision over the observance, and secondly, by punishment of infringements of the law."② Deng Xiaoping used more concise language to express and enrich Lenin's thoughts. He stressed that we must reach the situation that "there are laws to go by, all the laws must be observed and strictly enforced, and all the violations of laws must be investigated"③. According to the above principles, once any legally effective final judgments or orders are found to have any violation of law, either in substantive matters or in procedural operations, they are certainly to be put into the scope of what

---

① Montesquieu, The Spirit of the Laws (English translation), translated by Thomas Nugent, Hafner Press, 1949, New York, p.150.

② Lenin, "The New Factory Law", Lenin Collected Works, Volume 2, Progress Publishers, 1986, Moscow, p.295.

③ See Deng Xiaoping, "Emancipate the Mind, Seek Truth from Facts and Unites as One in Looking to the Future". See Selected Works of Deng Xiaoping (1975-1982), Foreign Language Press, 1983, Beijing, p.158.

"must be investigated" and "must be corrected".

(b) The most important point of sanctity of law lies in its justice, i. e. enforcing law impartially. When a legally effective final judgment or order is found later to have some definite error or violation of law, such as impartial enforcement of law or going against legal procedure, had its "finality" be unduly emphasized, it would not be allowed to be re-examined or retried through specific supervision procedure and then to have the necessary correction made. As a result, the consequences will be that not only can't the sanctity of law be actively preserved, but the prestige of law will also be seriously hurt. In other words, in comparing the finality, legality and justice of a judgment or an order, finality should be put in second place, and should presuppose legality and justice; moreover, it should be subject to legality and justice.

(c) The trial supervision mechanism itself is also restricted by some provisions of law. To carry out trial supervision, some specific requirements should be satisfied and specific procedures should be conducted, which will be enough to prevent the abuse of the supervision mechanism. Therefore, what it aims to "restrain" is only those mistaken and illegal final judgments and orders, without any negative effect on those correct and legal judgments and orders. It is just like a kind of good pesticide, which "kills only injurious insects and weeds but doesn't hurt seedlings of cereal crops and cottons". In particular, where any party to an action considers that there is an error in a legally effective judgment or order no doubt he may apply to the court which originally tried the case or to a court at the next higher level for a retrial, however, enforcement of the judgment or order shall not be suspended①.

---

① See also Article 148 of the Criminal Procedure Law; Article 178 of the Civil Procedure Law; Article 62 of the Administrative Procedure Law.

The above describes generally the object, purpose and rationale of China's trial supervision.

The *arbitration supervision* provided in China's Arbitration Law means that when a legally effective arbitral award is made final after one arbitration and is then found to have some definite error or violation of law, the party concerned may, according to legal procedure, apply to the people's court which has jurisdiction over the case (hereinafter referred to as the "jurisdictional court") to have the award annulled or not enforced.① The purpose and rationale of arbitration supervision are basically the same as those of China's trial supervision.

According to the usual practice of enactments of other countries, the scope or requirements of arbitration supervision are basically the same as those of civil trial supervision. Essentially they include two basic aspects: the first is that there really exists a procedural error or violation of procedural law in a final judgment or award. The other is that there really exists a substantive error or violation of substantive law in a final judgment or award. Errors or violations of law belonging to these two categories are usually superficially referred to by law. So long as either situation is found, the relevant final judgment or award should be examined, supervised and corrected according to legal procedure.

As far as China is concerned, the scope or requirements of domestic arbitration supervision (excluding foreign-related arbitration supervision) stipulated by the Arbitration Law also consist of the above two procedural and substantive categories. This is in line with those of China's current civil trial supervision, and tallies with or is "in rails-connection" with current legislative practices of other countries.

However, trial procedure is different from arbitration procedure after all. The whole process of the former is carried out completely by the State's judicial organ, while the whole process of the latter is generally carried out by non-State authority. Only some arbitral matters may, in their later execution

---

① See also Articles 58, 63, 70 and 71 of the Arbitration Law.

phase, be intervened in by the State's judicial organ. ① Accordingly, there are some fundamental differences between the procedure for trial supervision and that for arbitration supervision. The most obvious difference is that there are many legal channels for trial supervision and only one channel for arbitration supervision.

Take China as an example. There are several types of persons or organs② who have the power to invoke the legal procedure of trial supervision to supervise or correct the errors or violation of law found (or considered) in a legally effective final judgment or order. The seven types are:

— the president and judicial committee of the court which originally tried the case (by initiative retrial);

— the people's court at a higher level (by initiative upper-arraignment or remitting for mandatory retrial);

— the Supreme People's Court (by initiative upper-arraignment or remitting for mandatory retrial);

— people's procuratorate at the same level of the people's court which

---

① Under the Arbitration Law, an arbitration organ (arbitration commission) is neither a judicial organ nor an administrative organ, and also is not subordinate to any judicial organ or administrative organ. At the same time, an arbitration organ does not have the power to enforce its own final awards. In this sense, an arbitration organ is not a state organ of power either. It is only an independent legal person or institution. However, the awards made by an arbitration organ has strong legal force or legal binding effect. If any party fails to comply with the arbitral award, the jurisdictional court should enforce the award if the other party applies to court for enforcement. In this sense, it is held that an arbitration organ is not a pure "non-governmental organization"; that it has the nature of a "quasi-judicial organ" with the characteristics of official and non-official mixture. In addition, as far as arbitration procedure is concerned, the whole process of arbitration from accepting the complaint, sittings, making an award and executing the award can be regarded as being carried out by the arbitration organ, if the parties completely comply with the arbitration award. On the contrary, if any party does not comply with the arbitral award and applies to the court for "annulling the award" or "refusing the enforcement of the award", or applies to the court for enforcement of the award, in this situation, the enhancement of the award is comprehensively intervened and solely decided by court — the state's judicial organ of power (see Articles 14, 58, 62, 63, 70 and 71 of the Arbitration Law). But there is another opinion that the whole process of arbitration is finished as soon as the award is made and delivered. The following enforcement issue after the award does not belong to the arbitration procedure itself, i. e. it is not an organic part of the arbitration procedure. The above different opinions are given by different schools, and need to be further discussed.

② See Articles 177 – 179, 185 – 186 of the Civil Procedure Law.

originally tried the case (by initiatively referring the matter to people's procuratorate at a higher level with the request to lodge a protest by the latter against the court judgment or order);

— the people's procuratorate at a higher-level (by initiatively lodging a protest against the court judgment or order);

— the Supreme People's Procuratorate (by initiatively lodging a protest against the court judgment or order);

— the parties (by applying for retrial).

In short, the first six kinds of persons or organs have the power to carry out supervision on their own initiative, without the request of any party, over the final judgment or order, and have it corrected. In this situation the case will be retried by the same court or arraigned by a higher court and then a new judgment or order will be made.

In contrast, there is only one channel for arbitration supervision, that is, only parties to the same case may invoke the legal procedure of arbitration supervision to apply to a specific court for supervision over, or correction on, the error or violation of law found (or considered) in a legally effective final award. In other words, the above first six types of persons or organs do not have any power to initiatively intervene, supervise or correct the final award. Moreover, the court who has the power to accept the application for arbitration supervision raised by parties to the same case is limited to one specific jurisdictional court. All other courts (including the Supreme People's Court) or procuratorates (including the Supreme People's Procuratorate) do not have any power to accept the application, to intervene in the case or to supervise /correct the error or violation found in a legally effective final award.

The above provision is in accordance with legislative practices of other countries, and is sound, too. The reason is that when both parties voluntarily choose arbitration as a measure to settle the dispute between themselves, the resulting legal effect is that they voluntarily give up the right to bring an action in court, and use this as the "price" for a quicker "final award" through arbitration. This not only avoids the time-consuming judicial procedure of "closing a case after the second instance" in a lawsuit, but also avoids the inefficient procedure or "multi-intervention" in trial supervision. Therefore, we might presume as well that such a narrow and single channel of supervision in the procedure of arbitration supervision just reflects a full respect for the voluntary selection by both parties.

However, it can never be concluded that once both parties choose arbitration as a measure to settle the dispute between themselves the parties are voluntary giving up the right to appeal to the jurisdictional court for supervision and correction entirely, even if they are confronted with an error or violation of law in their foreign-related final award. The opposite is true as long as the parties can render enough irrefutable evidence to prove that there is an above-mentioned mistake or violation of law either in procedure or substance in a legally effective foreign-related award. In this situation the jurisdictional court should legally perform arbitration supervision over them. This is the correct practice, either taken from the basic rationale of "all the violations of laws must be investigated", or observed from current practices of arbitration legislation of other countries. That is to say, in the above case, the basic guiding principles of "all the violations of laws must be investigated" and "all the violations of laws must be corrected" should be seriously and completely carried out.

Now let's have a look at China's Arbitration Law. The scope of the domestic arbitration supervision mechanism stipulated in the Arbitration Law is comprehensive and in line with the above rationale and current legislative practices of other countries. But the foreign-related arbitration supervision mechanism stipulated in the Arbitration Law is only applied to the supervision and correction over procedural errors or violation of procedural law in a foreign-related final award, and can't be applied to the supervision over more important substantive errors or violations of substantive law in a foreign-related final award[①].

Essentially, the situations where a jurisdictional court has power to

---

[①] See Articles 65, 70 and 71 of Arbitration Law; Article 260 of Civil Procedure Law. The present provisions concerning the scope of foreign-related arbitration supervision in Arbitration Law conform in all respects to those in Civil Procedure Law.

perform supervision over foreign-related final arbitral award are limited to any of the following procedural errors or violation of procedural law:

— The parties have not had an arbitration clause in the contract or have not subsequently reached a written arbitration agreement;

— The party against whom the enforcement is sought was not given notice as to the appointment of an arbitrator or the conduct of an arbitration proceeding, or was unable to present his case due to causes for which he is not responsible;

— The composition of the arbitration tribunal or the procedure of arbitration was not in conformity with arbitration rules; or

— The matters dealt with by the award are outside the scope of the arbitration agreement, or what the arbitration organ was not empowered to arbitrate.

In comparison, in any of the following five situations where there is a substantive error or violation of substantive law, even if one party has rendered irrefutable evidence to prove it, the jurisdictional court has no power to invoke the procedure of foreign-related arbitration supervision to supervise or correct it. The situations are:

— the evidence upon which the original foreign-related award was based was forged;

— the opposite party has concealed the evidence which is enough to affect the justice of the award;

— the arbitrators (or either of them) have committed corruption, accepted bribes or carried out malpractice for personal benefits or distorted the text of the law in the arbitration of the case;

— the main evidence for ascertaining the facts in the original foreign-related award is insufficient; or

— there is definite error in the application of law in the original foreign-related award.

For obtaining a still clearer and more general impression, a brief table of comparison of the two types of arbitration is as follows:

A CONTRAST TABLE OF DIFFERENT LEGAL EFFECTS BY CHINESE "SEPARATE SUPERVISION"
OVER DOMESTIC AWARDS AND FOREIGN-RELATED AWARDS RESPECTIVELY

No.	ITEM OF SUBSTANTIVE SUPERVISION	TYPE OF ARBITRATION AWARD	WHETHER IT SHALL BE ENFORCED	WHETHER IT SHALL BE SET ASIDE	BASIS OF LAW*
1	The evidence upon which the original arbitration award was based was forged	Domestic Arbitration Award	shall not be enforced	shall be set aside	CAL, Sec. 1(4), Art. 58
		Foreign-related Arbitration Award	shall be enforced	shall not be set aside	CAL, Arts. 65, 70, 71; CCPL, Sec. 1, Art. 260
2	The opposite party has concealed the evidence which is enough to affect the justice of the award	Domestic Arbitration Award	shall not be enforced	shall be set aside	CAL, Sec. 1(5), Art. 58
		Foreign-related Arbitration Award	shall be enforced	shall not be set aside	CAL, Arts. 65, 70, 71; CCPL, Sec. 1, Art. 260
3	The arbitrators (or either of them) have committed corruption, accepted bribes or done malpractice for personal benefits or perverted the law in the arbitration of the case	Domestic Arbitration Award	shall not be enforced	shall be set aside	CAL, Arts. 63; Sec. 1(6), Art. 58; CCPL, Sec. 2(6), Art. 217
		Foreign-related Arbitration Award	shall be enforced	shall not be set aside	CAL, Arts. 65,70,71; CCPL, Sec. 1, Art. 260
4	The main evidence for ascertaining the facts in the original arbitration award is insufficient	Domestic Arbitration Award	shall not be enforced	shall not be set aside	CAL, Arts. 63; CCPL, Sec. 2(4), Art. 217
		Foreign-related Arbitration Award	shall be enforced	shall not be set aside	CAL, Arts. 65,70,71; CCPL, Sec. 1, Art. 260
5	There is definite error in the application of law in the original arbitration award	Domestic Arbitration Award	shall not be enforced	shall not be set aside	CAL, Arts. 63; CCPL, Sec. 2(5), Art. 217
		Foreign-related Arbitration Award	shall be enforced	shall not be set aside	CAL, Arts. 65,70,71; CCPL, Sec. 1, Art. 260

* In this table, CAL stands for Chinese Arbitration Law, while CCPL stands for Chinese Civil Procedure Law.
Source: Prepared by the author.

Essentially, the above five situations obviously fall into the scope of error or violation of law in content or in substance in a foreign-related award. But, according to the provisions concerning the foreign-related arbitration supervision mechanism of the Arbitration Law, even if the jurisdictional court finds, on a preliminary investigation, that is the case and then purports to investigate the whole matter so as to preserve the justice of law, it will find it has no power to deal with the matter because there is no legal basis for doing so. Therefore, it is hard to avoid the impression that in China a foreign-related award with one of the above five situations will be denied an investigation or will not be corrected just because there is no legal basis for doing so. As a result, people are bound to have the feeling that the law or court is "weak" or "helpless". Moreover, the party aggrieved by the award, which is made by arbitrators on the basis of forged evidence or distorting the text of the law in the arbitration, may not apply to the jurisdictional court for annulling the original award, nor for preventing the execution of the award. He is getting into the despairing situation of "no way to complain" as a result.

People would like to ask, is such a consequence of legal practice the very legislative intention of the Arbitration Law? How can the due sanctity of law in China be preserved? And, how can it be advantageous to China's setting up the image of a nation ruled by law in international society? Furthermore, how can it conform to the purpose and aim of the modernization and internationalization of China's foreign-related arbitration system which the China Council for the Promotion of International Trade (Chinese International Chamber of Commerce) is endeavoring to promote?

The above questions are deserving of serious and deep consideration. It seems that the core of all questions is the "*separate track*" adopted by China's Arbitration Law which differentiates domestic arbitration supervision from foreign-related arbitration supervision. In other words, the two types of supervision are treated differently and legislated separately to make the scope of the latter far smaller than that of the former. The latter is limited only to the *procedural operation* of arbitration and does not touch the *substantive matters* of the award. Is such a practice absolutely necessary and completely reasonable? All these issues remain to be discussed.

IV A DISCUSSION ON THE REASONABLENESS OF CHINA'S SEPARATE LEGISLATION FOR DOMESTIC AND FOREIGN-RELATED ARBITRATION SUPERVISION

As far as the author of this article knows, in the course of studying the Arbitration Law, there are different interpretations and understandings in current Chinese legal circles as to the reasons why the Arbitration Law adopted separate legislation for domestic and foreign-related arbitration supervision, and stipulated such a mechanism for foreign-related arbitration supervision. In general, there are the following four types of interpretations and understanding.

The *first opinion* is that the present provisions concerning foreign-related arbitration supervision in the Arbitration Law are in conformity to and "in rails-connection with" those in China's Civil Procedure law. In view of the fact that the Civil Procedure Law is a main basic law evoked by China's courts to deal with all actions of civil and commercial matters, its legal status should be higher than that of the Arbitration Law. Therefore, even though some current provisions concerning foreign-related arbitration supervision of the Civil Procedure Law remain to be amended, the provisions in the same regard of the Arbitration Law should still fully conform to those of the Civil Procedure Law before the latter is amended. It is not suitable for the Arbitration Law to have any difference from the Civil Procedure Law, not to say to have any breakthrough. If there is any breakthrough in the Arbitration Law, people may deem that the two procedural laws are contradictory. Moreover, it would be considered that the "subordinate law" or "son law" with lower status could deny the "main law" or "parent law" with higher status. These negative considerations will injure China's "international image" and create the impression that Chinese laws are lacking in sufficient steadiness and conformity.

The *second opinion* is that the current provisions concerning foreign-related arbitration supervision of China's Arbitration Law are "in rails-connection with" and in complete compliance with those of international treaties (the New York Convention of 1958 in particular) concluded or acceded to by China. It is not proper for China to conclude or accede to international treaties concerning foreign-related arbitration while then doing what it wants in its internal legislation of arbitration, i. e. disobeying or deviating from the specific provisions of these treaties.

The *third opinion* is that the present provisions concerning foreign-related arbitration supervision of China's Arbitration Law are in accord with current usual practices of arbitration enactment in other countries, i. e. international legislative custom. These present provisions are just one of the specific reflections of the modernization and internationalization embodied in the system of the Chinese foreign-related arbitration system.

The *fourth opinion* is that there is a certain "uniqueness" in the current situation and the peripheral environmental condition of China's foreign-related arbitration system, the main reflections of which are first the moral quality and professional proficiency of China's arbitrators dealing with foreign-related cases are at a rather high level. So far, no such situations as material mistakes, bribery, malpractice and distorting the text of the law have been found in the arbitral awards made by them. Therefore, it is not necessary to stress excessively the supervision over foreign-related arbitration. Secondly, the professional proficiency and capability level of some of the judges in basic and intermediate courts are not very satisfactory and the judges are influenced to some extent by the concept or force of "local protectionism" which means that some foreign-related arbitral awards are sometimes hard to execute successfully. Under this condition, if the jurisdictional court is entitled by law to examine the legality and justice of the substantive matters in a foreign-related award and then make the necessary correction (that the award shall not be enforced or shall be set aside), the correct execution of the foreign-related award will certainly be seriously affected. This is disadvantageous to the enhancement of the "international prestige" of China's foreign-related arbitration organ and its award. Therefore, the present provisions concerning the foreign-related arbitration supervision mechanism of the Arbitration Law is a very correct legislation considering the above "uniqueness" of China's current situation, and is a necessary "preventative" measure.

As to the above four opinions, they really need to be further discussed and studied carefully and seriously. These will be commented on one by one.

A. THE ISSUE ON TALLYING PROVISIONS CONCERNING FOREIGN-RELATED ARBITRATION SUPERVISION OF ARBITRATION LAW WITH THOSE OF CIVIL PROCEDURE LAW

As far as the *first opinion* is concerned, the first problem which needs to be discussed is the legal status of the Arbitration Law, and whether the provisions of the Arbitration Law may break through the present corresponding provisions of the Civil Procedure Law.

It is well known that there are two channels or modes in relation as to the settlement of economic disputes between parties—"judicial settlement" and "arbitral settlement". The Civil Procedure Law is a procedural law made especially for "judicial settlement", while the Arbitration Law is a procedural law made especially for "arbitral settlement". The two procedural laws are clearly divided with their own functions. Due to the fact that the enforcement and annulment of arbitral awards should be dealt with and decided by a jurisdictional court, there are only several principled provisions on this regard in the Civil Procedure Law whose total number of articles is 270. But it can't be concluded on this basis that the whole of the Arbitration Law is a "son law" originated or derived from the "parent law"—Civil Procedure Law. On the contrary, the two procedural laws are laws enacted by the National People's Congress, the highest legislature. Therefore, the legal status of the two laws should be at the same level. The only difference is that their functions are different. They don't have the relationship between the principal and the subordinate. In other words, the relationship of the two laws is that of "brotherhood" and "mutual supplement", not that between "parent and son". This point can be strongly supported by provisions of the Arbitration Law itself. For example, Section 3, Article 15 and Article 75 of the Arbitration Law expressly stipulate that when the Chinese Arbitration Association formulates Arbitration Rules available for practice, or when various arbitration commissions formulate provisional Arbitration Rules, they should do so "in accordance with the present Arbitration Law and Civil Procedure Law". Here, it is obvious that the two laws are on the same level when deciding the legal basis which should be complied with in the formulation of arbitration rules. Moreover, according to the order of arrangement, the Arbitration Law is put before the Civil Procedure Law.

Article 78 of the Arbitration Law should receive special attention. It expressly states that "Those provisions concerning arbitration enacted before the implementation of the present Law and contradicted with those of the present Law, shall be subject to the present Law". It suggests clearly and definitely that as regards "provisions concerning arbitration", the provisions of the Arbitration Law should be in a legally and absolutely advantageous position and have priority in application. All other provisions concerning arbitration in previous laws (including the Civil Procedure Law), regulations and decrees should be in accord with those of the Arbitration Law without any deviations. If there are any deviations, they should be void completely.

It shows that as far as arbitration procedure is concerned, the Arbitration Law is in a position of "special law", while all other laws including the Civil Procedure Law, are in a position of "general law". According to the basic jurisprudential rule that "special law should be prior to general law", the provisions of the Arbitration Law are certainly allowed to break through the present provisions concerning arbitration of the Civil Procedure Law. The above stipulations of Article 78 of the Arbitration Law shows such a breakthrough.

At the same time, the fact should be fully noted that the Civil Procedure Law had been in "trial implementation" since 1982, and was revised in 1991. During that period, Article 15 of the Constitution of the People's Republic of China with regard to the Chinese economic system provided that "the State practices planned economy on the basis of socialist public ownership". In early 1992, after the publication of Deng Xiaoping's Southern Patrol Speeches, the whole Party and all the people have achieved a better comprehension as to the great theory of building a socialism with Chinese characteristics. This theory was advocated by Deng, who is the "General Designer" of China's basic policy of Reform and Opening up. On the above basis, the Revision of the Constitution of the People's Republic of China was officially adopted in March 1993, by the National People's Congress after sufficient preparation and repeated discussions. The text of the above Article 15 was decided to be amended as "the State practices socialist market economy". Then, the decision concerning the establishment of the socialist market economy system in China was officially made at the Third Plenary Session of the Fourteenth Central Committee of the Chinese Communist Party in November 1993, the ninth part of which set up a basic direction for future legislative work. The main contents of the ninth part include: endeavoring to gradually establish a legal system adaptable to socialist market economy; reforming and completing a judicial and administrative execution mechanism; setting up *a perfect supervision mechanism for the execution of law*; revising and abolishing at the right moment those laws and regulations inconsistent with the policy of establishing the socialist market economy system, etc. This decision fully complied with the current imperative need in China and fully reflected and carried out the Marxism rationales that upper construction(including law) should adapt to and serve the basis (economic system). Obviously, the Civil Procedure Law (including its provisions concerning the arbitration supervision mechanism) that was revised in 1991 and applied under the condition of planned economy also needs to be seriously considered, discussed and necessarily revised to correspond to the above legislative direction. As far as the arbitration enactment is concerned, it should also adapt to the requirements for "practising socialist market economy" stated in the revised Constitution, the fundamental law of a State. With an eye on deepening reform and in consideration of "tallying" socialist market economy with world market economy, we should try to make China's Arbitration Law (including the legislation concerning the foreign-related arbitration supervision mechanism) satisfy the need of the current situation in China and appropriately "tally" it with advanced international legislative practices.

It should be said that the Arbitration Law adopted in late August 1994 is as a whole a major act in compliance with the above legislative direction. Its new provisions concerning the domestic arbitration supervision mechanism have indeed broken through those corresponding provisions in the Civil Procedure Law, and reflected the spirit of "tallying with" advanced international legislative practices. For example, Article 217 of the Civil Procedure Law stipulates that if the party against whom the enforcement of the arbitral award is sought furnishes proof that the arbitral award involves any of the six types of error or violation of law enumerated in this article, the people's court shall, after examination and verification, make a written order "refusing the enforcement of the award". However, there is not any provision which provides that the original award with any error or violation of law shall be set aside according to law. While the provision of Article 58 of the

Arbitration Law is different. It borrowed from and absorbed some beneficial experiences of advanced arbitration enactments of other countries, and provides that if parties (including the applicant and the party against whom the enforcement of the arbitral award is sought) furnish proof that the arbitral award involves any of the six types of error or violation of law enumerated in this article, the court shall, after examination and verification, "make an order to *set aside* the award".

The breakthrough with regard to the above provision of the Civil Procedure Law is a big step towards a domestic arbitration supervision mechanism in China, and is fresh and new to people. In respect of the final award involving a procedural or substantive error or violation of law, whether the court shall, after examination and verification, make an order "refusing the enforcement of the award" or "to set aside the award", has totally different legal effects, social reflections and public feelings. If the court only makes an order "refusing the enforcement of the award", there may be two explanations in jurisprudential logic. First, the original award is still legal and effective, but can't be enforced. As a result, the award is valid *de jure*, but invalid *de facto*. Second, the legality and effectiveness of the original award haven't been and will not be decided, they are in a "pending, vague and ambiguous" position, just like an unknown number or a hazy poem. The social effect of any of the above two explanations is certain to make the public feel that the order "refusing the enforcement of the award" is lack of clearness and penetration between right and wrong. On the contrary, if the court makes an order "to set aside the award", it indicates that the court has made a clear stand to confirm that the award is legally void and is void *ab initio*. Therefore, if the court's legal authority as to the award involving definite error or violation of law is only limited to making an order "refusing the enforcement of the award only", and the court has no power at all to make an order "to set aside the award", such a limit on statutory authority is really disadvantageous to the preservation of the basic jurisprudential principle that "all laws must be strictly enforced and all violations of laws must be investigated". This will also do harm to the seriousness of China's law, even do harm to the honourable image of China's law and China's courts before the public at home and in the international society. Now, the present Arbitration Law has further extended the supervision power of the jurisdictional court over domestic awards to the court's making an order "to set aside the award" when necessary. As a result, the negative social effect bound to arise from the above existing provision of the Civil Procedure Law will be effectively eliminated. This new provision is in complete accord with current advanced practices of arbitration legislation in other countries. This point would be further mentioned and analyzed under heading C below.

However, as mentioned above, the Arbitration Law employs a separate track which differentiates "domestic arbitration supervision" from "foreign-related arbitration supervision". So, it still limits the scope of the supervision over foreign-related awards to the four procedural operating errors or violation of *procedural* law enumerated in Section 1, Article 260 of the Civil Procedure Law①. It does not concern itself with the substantive matters of the foreign-related award. As a result, the effect will be in practice that the jurisdictional court has no power and no way to supervise *substantively* mistaken or illegal awards enumerated at the end of part Ⅲ above which includes the awards made upon forged evidence, or with an arbitrator's corruption, accepting bribes and distorting the text of law in the arbitration of the case. Here the court will be at the end of its tether. It can neither make an order refusing the enforcement of the award nor make an order to set aside the award. It can effectively do nothing!

Moreover, there is a stipulation in Section 2, Article 260 of the Civil Procedure law which states that "if the people's court determines that the enforcement of the [foreign-related] award goes against the social and public interest of the country, the people's court shall make a written order not to allow the enforcement of the arbitral award". But the present Arbitration Law does not even mention this very important international legislative

---

① Under Article 70 of Arbitration Law, as regarding a foreign-related arbitral award with one of the said four procedural errors or violation of law, the jurisdictional court may, upon the real proof and application by either party, make an order to set aside the award, and it is not only limited to making an order refusing the enforcement of the award. As far as this point is concerned, this provision is a great breakthrough for the original provision of Article 260 of Civil Procedure Law which limits the court's power only "to making an order refusing the enforcement of the award".

practice—the "*reservation clause of public order*", when stipulating the foreign-related arbitration supervision mechanism. It cannot be said that this oversight is not a great loophole in arbitration legislation. If it is deleted intentionally, it will be a setback which will be hard to understand and be accepted. The content and nature of the reservation clause of public order will be further commented on below.

B. THE ISSUE ON TALLYING PROVISIONS CONCERNING FOREIGN-RELATED ARBITRATION SUPERVISION OF ARBITRATION LAW WITH THOSE OF INTERNATIONAL TREATIES

As far as the *second opinion* stated at the beginning of part IV above is concerned, what needs to be further discussed is whether the present provisions concerning the foreign-related arbitration supervision of China's Arbitration Law have been indeed "tallied with" and are in complete compliance with those in international treaties acceded to by China.

In order to analyse this problem, we may take as examples the United Nations Convention on the Recognition and Enforcement of Foreign Arbitral Awards concluded in 1958 (hereinafter referred to as the "New York Convention of 1958")[①] and the Convention on the Settlement of Investment Disputes between States and Nationals of Other States concluded in 1965 (hereinafter referred to as the "Washington Convention of 1965")[②].

The Standing Committee of the National People's Congress decided on 2 December 1986 that China should accede to the New York Convention of 1958. Under Article 3 of this Convention, each contracting State should recognize foreign arbitral awards as binding and enforce them in accordance with legal procedure. It is self-evident what the purpose of the Convention is in this regard. However, Section 1, Article 5 of this Convention stipulates some exceptions to the above general rule. That is to say, in the case of any of the five circumstances where the original award involves a procedural error

---

① Stephen Zamora & Ronald A. Brand (ed), Basic Documents of International Economic Law, 1990, CCH International, Chicago, English version, Vol. 2, pp. 975–984.

② Ibid., pp. 947–973.

or violation of law① the competent authority of the contracting State may refuse to recognize and enforce this foreign award at the request of, and with the proof furnished by, the aggrieved party. This means essentially that the contracting State as a host country has the right to examine and supervise those legally binding foreign awards expected to be enforced in this State, and also reserves the right to deny its binding force and refuse to enforce it. Some people have asserted that the New York Convention of 1958 only allows the competent authority of a contracting State where enforcement is sought to carry out a necessary examination and supervision over foreign awards involving procedural errors or violations of law. It does not give the competent authority the right to examine and supervise where the foreign arbitral awards involves a substantive error or violation of law.

In the author's opinion, the above understanding is not complete and sound. The reason is that just following the above provision, Section 2, Article 5 of this Convention further stipulates that if the competent authority in the country where enforcement is sought (the host country) finds that (a) the subject matter of the difference is not capable of settlement by arbitration under the law of that country; or (b) the recognition or enforcement of the award would be contrary to the public policy of that host country, recognition and enforcement of an arbitral award may be refused. Such a stipulation is a specific application of the principle of the reservation of public order, whose essence is to authorize the above competent authority of the host country to conduct an examination and supervision over substantive issues in addition to *procedural* issues over awards rendered by another country.

The term "public policy" which is commonly used by common law systems is employed in the above stipulation of the New York Convention of

---

① The five situations are: (a) the parties to the said agreement were under some incapacity, or the said agreement is not valid under the law to which the parties have subjected; or (b) the party against whom the award is invoked was not given proper notice of the appointment of the arbitrator or of the arbitration proceedings or was otherwise unable to present his case; or (c) the award deals with a difference not contemplated by or not falling within the terms of the submission to arbitration; or (d) the composition of the arbitral authority or the arbitral procedure was not in accordance with the agreement of the parties, or failing such agreement, was not in accordance with the law of the country where the arbitration took place; or (e) the award has not yet become binding on the parties, or has been set aside or suspended. As to the original text of Article 3 of the Convention, see supra footnote.

1958. Its meaning is equivalent to the term "public order" in a civil law system, or to the term "social public interests" in Chinese law①. The common implication of these synonyms usually refers to the fundamental interest of a State and society, and the basic legal rules and basic moral rules of the country②. In other words, under Section 2, Article 5 of the New York Convention of 1958, the competent authority of the country where the enforcement is sought (the host country) once has determined, after examination, that the substantive content of a foreign award is contrary to the fundamental interest of the State and society, or to the basic legal rules and basic moral rules of the country, and that if the award is recognized and enforced, the normal social order of the State is bound to be seriously injured and the due sanctity of law and morality of the State is bound to be blasphemed, the host country may refuse to recognize and enforce the foreign award on the grounds that the award involves errors and violation of law in its substantive content. Such examination of a foreign award does not obviously fall into the scope of its *procedural* operation, but rather into the scope of examination and supervision over its *substantive* content.

Much to our regret, the Arbitration Law, in its special stipulations on the foreign-related arbitration supervision mechanism (Articles 70 and 71), does not even mention the above right of "reservation of public order" given by the New York Convention of 1958 to contracting States which is also expressly stipulated in Section 2, Article 260 of the Civil Procedure Law. This refuses to recognize and enforce foreign awards involving substantive errors or violation of substantive law, so as not to damage domestic social and public interests. Let us stress again that this is obviously a loophole that

---

① See the entry of "Public Order" in A Dictionary of International Law, edited by the Japanese Society of International Law, Chinese translation, World Knowledge Publishing House, 1985, pp. 110 – 111. See also Article 6, French Civil Code; Article 150, General Principles of the Civil Law of the People's Republic of China; Article 4 and Section 1, Article 9, Foreign-related Economic Contract Law; Article 4 and Section 4, Article 7, Economic Contract Law.

② See Li Haopei, the entry of "Reservation Clause" in Chinese Encyclopedia (Volume of Law), 1984, pp. 10 – 11; Han Depei (ed.), Private International Law, Wuhan University Publishing House, 1985, pp. 70 – 79; Li Shuangyuan (ed), Private International Law, Beijing University Publishing House, 1991, pp. 135 – 137.

should have been avoided and needs to be revised later on[①].

For further international co-operation in the field of arbitration, China acceded to the Washington Convention of 1965 in 1992, after acceding to the New York Convention of 1958 in 1986.

The purpose of the Washington Convention of 1965 is to settle disputes between the host governments and foreign investors through international arbitration. In order to deal with the contradiction between "finality" and "justice" of an award, the Convention has some important provisions. On the one hand, it emphasizes that the arbitral award is binding as a final judgment of a court. Each party shall abide by and comply with the terms of the award, and the award shall not be subject to any appeal or to any other remedy, unless it is provided otherwise in this Convention. Each contracting State shall also respect the award and enforce the pecuniary obligations imposed by that award within its territories[②]. On the other hand, the Convention set up a special provision allowing either party to request annulment of the award by an application to the International Centre for Settlement of Investment Disputes (hereinafter referred to as "ICSID") which was established pursuant to the Washington Convention of 1965, on one or more of the following grounds: (a) that the tribunal was not properly consulted; (b) that the tribunal had manifestly exceeded its powers;(c) that there was corruption on the part of a member of the tribunal; (d) that there had been a serious departure from a fundamental rule of procedure; or (e) that the award had

---

① In academic discussions, some scholars contend that in the case where the supervision mechanism on foreign-related arbitration provided for in the Arbitration Law does not contain any specific provisions as to the clause of "reservation of public order" which is a usual practice in international society, China's jurisdictional court may invoke the first part of Section 2, Article 142, General Principle of the Civil Law to make up such loophole or lack. That is, the court may invoke the stipulation "if any international treaty concluded or acceded to by the People's Republic of China contains provisions differing from those in the civil laws of the People's Republic of China, the provisions of the international treaty shall apply", so as to preserve the right or "reservation of public order" if contracting States which is recognized by the New York Convention of 1958. This assertion is reasonable, and so can be recorded here for reference. However, this "make-up" method needs interpretation and inference by law and seems to be indirect. It is not as good as the method of making it up directly and clearly in the Arbitration Law itself.

② Articles 53 and 54, Washington Convention of 1965.

failed to state the reasons on which it was based[①].

This special provision has important implications. First, it has more soundly settled the contradiction between the "finality" and "justice" of an award. While stressing the "finality of the award", the supervision mechanism provided by this Convention is employed to perform the necessary examination and supervision over any possible error or violation of law in both procedural and substantive respects. Once any material problem is found, corresponding and clear measures will be taken: the original award will be annulled to protect the justice of award. Second, it has appropriately settled the contradiction between "the North" and "the South" in the process of international arbitration over disputes arising from transnational investment. In general, in cases of transnational investment dispute that are submitted to the ICSID for arbitration, the developing countries who absorb foreign investment (the host countries) are in the position of the party being indicted (defendant). In this situation, if the award made by an international arbitral tribunal is generally just and reasonable, then the binding force of the award cannot be criticized and this in turn will strengthen its executory system. Meanwhile, if the award itself involves an error or violation of law in procedural or substantive aspects, the case is therefore unjustly arbitrated to cause gratuitous damage to the developing country (the defendant)[②]. In this case, the stronger the binding force is and the stricter the executory system is, the greater the gratuitous damage will be. On the very basis of the above consideration, developing countries attempted jointly and successfully to make the express provision, concerning the above supervision mechanism adopted in the Washington Convention of 1965[③].

Indeed, in the above transnational investment dispute submitted for international arbitration, one party is a foreign investor, while the other party

---

① Article 52, Washington Convention of 1965.
② See the ICSID Annual Report, 19, pp. 6-8;1989, pp. 6-8;1991, pp. 5-7;1992, pp. 5-6; 1993, pp. 6-7;1994, pp. 6-7;ICSID Cases, Doc. ICSID/16/Rev. 5, November 1996, pp. 9-39. As of 24 March 1997, there have been 43 cases submitted to the ICSID for international arbitration. Among them, 42 developing countries (host States) were /are indicated as "defendants" or respondents, with only one exception. See ibid. Doc. ICSID/16/Rev. 5.
③ See An Chen (ed), Comments on ICSID, LuJiang Publishing House, 1989, pp. 35-46.

is the host country who attracts the foreign investment. The latter seems on the surface to be different from a party in a general commercial dispute. However, in the above international arbitration, the latter's legal status is not a subject of public international law, but that of international civil and commercial law. That is to say, it is not different from a party in a general international commercial dispute. The legal position of the two parties who appear before an arbitral tribunal is on a completely equal footing. As far as this point is concerned, we may say that the position of the host country who attracts foreign investment has been voluntarily "reduced" in practice to the same as that of a general party and enjoys no privilege in the process of international commercial arbitration, ever since it acceded to the Washington Convention of 1965. On the contrary, statistical information shows that, in the practice of international arbitration, most arbitrators and experts who decide cases come from developed countries or take their legal education in developed countries①, which will no doubt greatly affect their attitude toward the "contradiction between the North and the South". Therefore, it is difficult for them to completely avoid the intentional or unintentional tendency toward developed countries in settling and arbitrating international investment disputes which reflect "the contradiction between the South and the North". As a result, developing countries as host countries that absorb foreign investment are usually put in a weaker position in such international arbitrations. Accordingly, the above provision concerning the arbitration supervision mechanism (including the supervision over the substantive matters of awards) of Article 52 of the Washington Convention of 1965 is in essence a prerequisite measure to protect the weaker party so as to preserve the justice of the arbitral award.

It's a pity that the provision concerning the foreign-related arbitration supervision mechanism of China's Arbitration Law did not take note of this useful experience that the weaker party needs to be supported, thereby guaranteeing the justice of an award with regard to the arbitration supervision

---

① See "Composition of ICSID Tribunals", News From ICSID, Vol. 4, No. 2, 1987, pp. 3, 5 – 7. Ibid., pp. 41 – 42.

mechanism adopted in the Washington Convention of 1965 to which China has acceded.

It can be seen that the New York Convention of 1958 and the Washington Convention of 1965 are the two most important Conventions concerning international arbitration to which China has acceded. It is not hard to see from the above analysis that the second opinion or assertion listed at the beginning of part Ⅳ above that "the present provisions concerning the foreign-related arbitration supervision of China's Arbitration Law are in 'rails-connection with', and in complete compliance with those of international treaties concluded or acceded to by China" is obviously lacking in sufficient factual basis.

C. THE ISSUE ON TALLYING PROVISIONS CONCERNING THE FOREIGN-RELATED ARBITRATION SUPERVISION OF ARBITRATION LAW WITH THOSE OF ADVANCED PRACTICES IN CURRENT ARBITRATION ENACTMENTS OF OTHER COUNTRIES

As for as the *third opinion* mentioned at the beginning of part Ⅳ above is concerned, what needs to be discussed, checked and clarified is what kinds of provisions concerning foreign-related arbitration supervision are made in the arbitration enactments of other countries, and whether present provisions in the Chinese Arbitration Law are properly consistent with the usual practice of international society.

As far as the author knows after preliminary investigation and verification, this must be answered in the negative. Some important materials and information concerned are set out as follows:

United States The United States arbitration enactment employs the same supervision mechanism over all arbitral awards, whether domestic or foreign-related, that are rendered within its territory. The object, item or main points of the supervision concerns itself with both the procedural aspect and substantive aspect. Upon the request of either party, the jurisdictional court in the district where the award was made may examine the error or violation of law in the arbitration procedure. Meanwhile the court also attaches importance to examining whether the award was "Procured by corruption, fraud, or undue means" and whether "there was evident partiality or corruption in the arbitrators, or either of them". Once either of the above cases is determined, the jurisdictional court may make an order to vacate the original award[①].

United Kingdom The United Kingdom was one of the first countries to implement the system of commercial arbitration. The English Arbitration Act has become gradually sound through constant amendments. In the last 50 years it has formulated provisions and amended one after another of previous Arbitration Acts, i. e. the Arbitration Act 1950, the Arbitration Act 1975, the Arbitration Act 1979 and the Arbitration Act 1996. Although they imposed stricter restrictions on the scope of judicial supervision over arbitral awards, they have insisted on equal supervision all along over arbitral awards, including domestic awards and foreign-related awards, made in their territory. The objectives of the supervision have always contained the procedural operation together with the substantive content of the arbitral award. That is to say, they have carried out overall supervision over *both* the *procedure* and *substance* of arbitration awards. Take the latest promulgated English Arbitration Act 1996 for example. Section 68(1) of this Act expressly stipulates: "A party to arbitral proceedings may (upon notice to the other parties and to the tribunal) apply to the court challenging an award in the proceedings on the ground of *serious irregularity* affecting the tribunal, the proceedings or the award."(emphasis added).

Subsection (2) of the same Section lists nine particular situations in deciding what is "serious irregularity". It stipulates that any party may apply to the court challenging an award in accordance with legal procedure, provided one of the nine situations occurs. The situations of (g) and (i) listed in this Section need special attention:

"(g) the award being obtained by fraud or the award or the way in

---

① See Article 10, Arbitration Act of the United States, International Commercial Arbitration (hereinafter referred to as "ICA"), Part Ⅶ, National Enactments, Doc. Ⅶ. L. 1, p. 4, American Oceania Publications, 1985.

which it was procured being contrary to public policy;

(i) *any irregularity* in the conduct of the proceedings or in the award which is admitted by the tribunal or by any arbitral or other institution or person vested by the parties with powers in relation to the proceedings or the award." (emphasis added)

Although the above stipulations do not expressly set out as the United States does that "where the award was procured by corruption" and "where there was evident partiality or corruption in the arbitration, of either of them", the broad interpretation with respect to the term of "serious irregularity" has obviously included such situations as the arbitrator accepting bribes, committing malpractice for personal benefit or distorting the text of law in the arbitration of the case①.

Moreover, Section 69 of the present English Arbitration Act 1996 further stipulates expressly that a special supervision is imposed on the substantive content of the arbitral award: "Unless otherwise agreed by the parties, a party to arbitral proceedings may (upon notice to the other parties and to the tribunal) appeal to the court on a question of law arising out of an award made in the proceedings."

If the appeal which is based on one of the above procedural or substantive grounds and made by any party is accepted for dealing with by the jurisdictional court, after examination and verification, the court may by order (a) confirm the award; (b) vary the award; (c) remit the award to the tribunal, in whole or in part, for reconsideration in the light of the court's determination; or (d) set aside the award in whole or in part.

Just as stated above, the United Kingdom has a long history of adopting the system of commercial arbitration. Its latest Arbitration Act 1996, having summed up systematically the experiences and lessons of its long-term domestic practice, with reference to the current advanced arbitration legislation practices of other countries, and having taken the UNCITRAL Model Law on International Commercial Arbitration as its "blue-print", was finally adopted and promulgated after prolonged parliamentary debate and

---

① Sections 68(1), (2), 69(1), (7), 105(1), (2), English Arbitration Act 1996.

several drafts in order to reach consensus①.

It may be said that the whole of the English Arbitration Act 1996 including 110 Sections and with 44 long pages is rather careful and deliberate. It takes a comparatively leading position among the current similar legislations of modern developed countries, and thus deserves attention and reference.

Germany The special part of Arbitration Procedure (Part Ten) is contained in the Civil Procedure Law of the Federal Republic of Germany, whose provisions concerning supervision over arbitral awards made in the territory of Germany also takes the rule of "Equal Treatment" and doesn't differentiate from domestic awards or foreign-related awards. The object or main points of such supervision involve both *procedural* operation and *substantive* matters of the award. As far as the supervision over the content of the award is concerned, any party may bring an application for setting aside the award in any one of the following seven cases②:

(a) recognition of the award obviously goes against the basic rules of German law, especially against German basic law;

(b) the other party takes an oath to give witness, but still commits intentional or negligent perjury, and the award is based on this false witness;

(c) the document on which the award is based are forged or altered;

(d) the witness or surveyor commits perjury, and the award is based on this false witness or survey;

(e) the agent of the party or the other party (or his agent) commits a certain crime relating to the arbitral case, and the award is made on the basis of his conduct;

(f) an arbitrator commits malpractice which is related to the arbitral case and is disadvantageous to the party; or

(g) the award is based on a court judgment that has been set aside under law.

---

① See Toby Landau, The Effect of the New English Arbitration Act on Institutional Arbitration, 13 J. Int, Arb. 2, December, 1996, pp. 113 - 114.

② Articles 1041, 1042 and 580, Civil Procedure Law of the Federal Republic of Germany (English translation), ICA, Doc. Ⅶ. c /1. 1, pp. 10 - 11, 1986.

If the jurisdictional court determines that there exists one of the above cases in the award, it shall set aside the award and reject the application for enforcement of the award[①].

It is obvious that German law not only specifies that the award has, between the parties, the same effect as a final and binding judgment by a court[②], but also carries out very strict and rather specific supervision over arbitration proceedings, especially over the content of the award. As to the case where the justice of an award is affected as a result of any party's perjury or arbitrators' misconduct, German law stresses in particular strict supervision and resolute correction.

Incidentally, with regard to arbitral awards rendered from abroad, German law absorbed the provisions concerning the supervision mechanism of Article 5 of the New York Convention of 1958 in Article 1044 of its own Civil Procedure Law, and authorizes its domestic jurisdictional court to make an order "refusing to recognize and enforce the award". Besides, Germany legislated specially to authorize its domestic courts to make an order to set aside the awards from abroad under specific circumstances[③]. All this shows that German law indeed puts the justice of awards (including both domestic awards and foreign-related awards made in the territory of Germany, as well as the awards rendered from abroad), in first place and employs strict supervision over them.

Japan The Japanese Code of Civil Procedure Law employs the rule of Unified Enactment and Equal Supervision over both domestic and foreign-related awards made in the territory of Japan, which is similar in many respects to the relevant provisions of German law. As to the above two types

---

① ibid., Section 2, Article 1042.
② Ibid., Article 1040.
③ "Specific case" means that if the foreign arbitral award falling within the scope of the New York Convention of 1958 is made by another Contracting State outside Germany but pursuant to German Procedure Law, an action may be brought to the jurisdictional court inside Germany for setting aside the award. Once the German jurisdictional court finds definitely that there is one of the seven reasons for setting aside the award stated in Article 1041 of the Civil Procedure law of the Federal Republic of Germany, it shall make an order to set aside the award. See German Law Concerning the Implementation of Convention on the Recognition and Enforcement of Foreign Arbitral Awards 1958(15 March 1961), Civil Procedure Law of the Federal Republic of Germany, translated by Xie Huaishi, Publishing House of Law, 1984, p. 342, note 10.

of awards made in Japanese territory, there is supervision over the procedural aspect and the practice of supervision over the substantive aspect is also emphasized. As far as the latter is concerned, any party may apply for the annulment of the award in any one of the following six cases, and once the jurisdictional court has determined that the proof furnished by the applicant is true, it shall make an order to set aside the award①. The six cases are:

(a) an award orders a party to perform an act which is prohibited by law;

(b) an arbitrator commits malpractice in the arbitral case;

(c) the change or other response of the party is barred thus affecting the making of a just award;

(d) the document or other physical evidence as evidence of the award is forged or altered;

(e) the misrepresentation made by a witness, surveyor, interpreter, any party or his/her agent is cited as evidence of the award; or

(f) another judgment or administrative decision on which the award is based has been changed.

It is obvious that Japan treats foreign-related awards made in Japan the same as domestic awards, and has rather strict and specific supervision over the justice of their substantive contents.

According to the arbitration enactments of the United States, the United Kingdom, Germany and Japan, a jurisdictional court, as aforesaid, may under law annul or set aside the award which is based on an arbitrator's corruption or malpractice, or based on forged evidence. Some people hold that such supervision still falls into the scope of supervision over the procedural aspect of the award, and does not fall into the scope of supervision over the substantive aspect of the same. This opinion is not convincing because it only sees it from the angle of *superficial phenomena* and does not look into its *inherent substance*. It is well known that the award made by arbitrators on the

---

① Articles 801 – 804, Japanese Code of Civil Procedure (English translation), International Commercial Arbitration: Commercial Arbitration Law in Asia and Pacific (hereinafter referred to as "ICA: CALAP"), Doc. 7, pp. 3 – 6, American Oceania Publications, 1990. See also Article 420, Japanese Code of Civil Procedure, Standard Six Codes of Japan (in Japanese), 1991, p. 1162.

basis of perjury is bound to make a material mistake in finding facts, and that an award made by arbitrators on the basis of corruption or malpractice is bound to make arbitrary misinterpretation and perversion in the application of law. How can we say that the jurisdictional court's annulling the award which involves mistake in deciding facts or perversion in applying law does not mean supervision and correction over *substantive* issues of a relevant award?

Australia Australia adopts a federal system and its six states have their own constitutions, laws and supreme courts. They have carried out a unifying reform since 1984, so now their laws are similar. Take as an example the Commercial Arbitration Act 1984 of New South Wales, whose economic and law development is the most advanced and whose area is the largest among the six states. Its provisions concerning supervision over an arbitral award can be summarized as follows. The Arbitration Act adopts the same judicial review and supervision over all awards, including both domestic awards and foreign-related awards made in this state. There are two characteristics: first, final awards are in principle not allowed to be appealed against, but if the Supreme Court of the state considers that the determination of the question of law concerned arising out of an award could substantially affect the rights of one or more of the parties to the arbitration agreement, it shall, as an exception, allow the parties to appeal to the Supreme Court under the condition of strict examination and proper restriction. The Supreme Court may, after examination and consideration, make an order in accordance with respective circumstances to confirm, vary or set aside the award, or remit back the award, together with the Supreme Court's opinion on the question of law which was the subject of the appeal, for a reconsideration (re-arbitration). Second, as for the final arbitral award where there has been misconduct on the part of an arbitrator or umpire, or an arbitrator or umpire has misconducted the proceeding, or the arbitration or award has been improperly procured, as a general rule, the Supreme Court may, on the application of a party to the arbitration agreement, set the award aside either wholly or in part[①].

---

① Articles 38-42, New South Wales 1984 Commercial Arbitration Act (Australia), ICA, Doc. Ⅶ. A. 3, 1988.

The experience of Australia is to exercise a unified supervision standard over both domestic and foreign-related awards, but an appropriate "separate" supervision measure is adopted in light of the degree of importance in both procedural and substantive aspects existing in the arbitral award itself, so as to give different supervision over awards and deal flexibly with them. Meanwhile, it raises the rank of judicial body who conducts supervision to the level of Supreme Court so as to show its prudence. Such a way in supervision mechanism over arbitral award may be called a unique school in itself.

Current developed countries such as France, Italy, Canada, Belgium, Netherlands, Switzerland and Austria have also established a sounder supervision mechanism over foreign-related awards made within their own territory. Their common characteristics are: first, they carry out supervision of a unified and identical standard and have equal requirements over both foreign-related and domestic awards made in the territory of their own states; second, the scope and main points to be supervised and corrected include both procedural and substantive errors or violation of law involved in the two kinds of awards; third, specific measures to be employed by a jurisdictional court to correct mistaken or illegal awards are not limited to making an order "refusing to enforce the award"—the jurisdictional court is also authorized to make an order that "the award should be set aside" if necessary[①].

Among current developing countries, many of their arbitration enactment borrow and absorb useful experience from developed countries. They rather emphasize the justice of arbitral award while fully affirming the finality and binding effect of an arbitral award, and have therefore established a supervision mechanism with the same three common characteristics above-mentioned.

---

① See Articles 1482 – 1485, Civil Procedure Law of France (Chinese translation), translated by Wang Shengchang, Foreign-related Arbitration and Law (Translated Documents, Vol. 2), Publishing House of China Statistics, 1994, p. 295; Articles 828 – 831, Civil Law of Italy, ICA, Doc. Ⅶ F/1/A. 1, pp. 8 – 10, 1986; Article 34, International Commercial Arbitration Act of British Columbia (Canada) 1986, ICA, Doc. Ⅶ A/2. 1, pp. 25 – 26, 1987; Article 1704, Judicial Code of Belgium (excerpt) (Chinese translation), ibid., Translated Documents, pp. 44 – 45; Articles 1065 and 1068, Civil Procedure Law of Netherlands, ICA, Doc. Ⅶ. F/2/A. 1, pp. 13 – 15, 1987; Articles 190 – 191, Private International Law Act of Switzerland, (Chinese translation), ibid., Translated Documents, p. 75; Articles 595 – 597, Civil Procedure Law of Austria (Chinese translation), ibid., pp. 82 – 83.

As regards the judicial examination and supervision over the substantive content of an arbitral award stipulated in the enactments of developing countries, there are three types of wording. First, enumeration style, that is, the main points of examination and supervision are enumerated one by one, such as misconduct and malpractice on the part of arbitrators, perjury, fraud or suppressing the truth by any party, the content of award going against law or public policy, etc. Indonesia and Thailand have adopted this style①. Second, summary style, that is, it is generally provided that supervision over an arbitral award may be dealt with in the light of the procedure for trial supervision over judicial judgment such as "it is expressly pointed out that 'the award made by arbitrators may be applied for annulment pursuant to the same rules of annulling judicial judgment'". Egypt, Argentina, and Peru have adopted this type②. Third, comprehensive style, that is, both enumeration style and summary style are simultaneously employed. The enactments not only enumerate certain main points of arbitration supervision, but also provide summarily that supervision is applied in the light of certain specific provisions concerning supervision over judicial judgment. South Korea and Yugoslavia have adopted this style③.

To sum up, it is not hard to see that the usual practice of current national enactments, either of developed countries, or of developing countries, is to carry out "equal treatment" supervision over both domestic and foreign-related awards made in their own countries and not to carry out a separate stream mechanism which differentiates foreign awards from domestic awards. They all adopt *double supervision* systems which apply to both the procedural operation and substantive content of domestic and foreign-related awards.

---

① See Article 643, Civil Procedure Law of Indonesia, ICA: CALAP, Doc. 6, pp. 12 – 13, 1987; Articles 24 and 26, Thailand Arbitration Act, ICA: CALAP, Doc. 16. 1.

② Article 511, Civil and Commercial Procedure Law of Egypt (Chinese translation), by Shong Beibei; ICA, Translated Documents, p. 356; Articles 758 and 761, Civil and Commercial Procedure Law of Argentina (Chinese translation), by Xu Yaozhong, ICA, Translated Documents, p. 304; Article 570, Peru Civil Procedure Law (excerpt), ICA, Translated Documents, p. 314.

③ Article 13, Arbitration Act of Korea, ICA: CALAP, Doc. 8, p. 5, 1987. It can be seen that the wording of this provision by Korea borrows from and absorbs the similar wording of that of Germany and Japan. See also supra footnotes; Articles 484 and 485, Civil Procedure Law of Yugoslavia, ICA, Doc. Ⅶ. M. 1, pp. 9 – 10, 1986.

They do not adopt single supervision systems which apply only to the procedural operation, but not to the substantive content.

It might be said that it is in view of the usual practice of the national enactments of a good many other countries and the summarizing of advanced and useful experiences of their arbitration practices that the UNCITRAL Model Law on International Commercial Arbitration adopted in June 1985 contains corresponding provisions concerning the arbitration supervision mechanism. The mechanism states that when the jurisdictional court of a country performs an examination and supervision over all awards made in the territory of the State, it shall take the same review standard and same remedies over them without any differentiation between domestic and foreign-related awards. In other words, the Model Law does not use the method of "differentiating foreign-related awards from domestic awards to give different treatment". It further provides that if the arbitral award is, after examination and verification by a jurisdictional court, found to have an error or violation of law in its *procedural* operation or be in conflict with the public policy of the State in its *substantive* content, the award "may be set aside" by the court. That is to say, the jurisdictional court's authorization is not limited to "refusing to recognize and enforce"[①]. This obviously differs greatly when compared to the relevant provisions of the New York Convention of 1958.

For promoting the earlier uniformity of commercial arbitration enactments by all countries, so as to adapt to the imperative needs of international commercial arbitration practice and to further strengthen the international economic communication, the United Nations General Assembly adopted a special resolution on 11 December 1985, seriously recommending this Model Law on International Commercial Arbitration to the whole international society, and suggesting that "all States give due consideration to the Model law" as a main reference for national enactments on arbitration[②].

[①] Section 2 of Article 1, Sections (a) and (b) of Article 2, and Article 34, UNCITRAL Model Law on International Commercial Arbitration; See also supra footnote, pp. 999–1000, pp. 1011–1012.

[②] Supra footnote, p. 993.

Just as it has been mentioned above, Article 58 of China's Arbitration Law expressly provides that as to the *domestic award* with procedural or substantive mistakes or violations of law, the court "shall make an order to set aside the award" and this is a great breakthrough compared to the original provision of Article 217 of China's Civil Procedure Law which only stated that the court shall make an order "not to allow the enforcement of the award". On the other hand, this breakthrough is obviously related to the borrowing from and absorbing the advanced practice of current national enactments of other countries and the positive contents of the Model Law recommended by the United Nations and, therefore, the provision has "tallied with" the practice of international arbitration enactments. However, under Articles 65, 70 and 71 of the Chinese Arbitration Law, the examination standards and remedies stipulated in Article 58 of the same Law may not be applied to *foreign-related awards* made in the territory of China. In other words, judicial examination and supervision (including necessary correction) may be applied only to the procedural operation, not to the substantive content of foreign-related awards made in China. Such a supervision provision as *"only over procedural operation regardless of substantive content"* is obviously contrary to the advanced and usual practice of national enactments of other countries and the Model Law seriously recommended by United Nations. Whether this is because China's current situation is so special that China's arbitration enactment needn't at all tally with, or is absolutely unsuitable for tallying with, the usual practice of international arbitration enactments and the above-mentioned Model Law, deserves in particular to be carefully considered.

D. THE "UNIQUENESS" OF CHINA'S FOREIGN-RELATED ARBITRATION SUPERVISION AND THE NECESSITY OF TALLYING ITS SUPERVISION MECHANISM WITH INTERNATIONAL TREATIES AND PRACTICES

As far as the fourth opinion mentioned at the beginning of part IV above is concerned, what needs to be discussed is its main arguments which consist of the theory of "a piece of pure land" and "preventing local protectionism in judicial execution".

"Pure land" is a Buddhism word which means a quiet and clean place without any fierceness, wickedness, chaos and the pollution of mortal world dirt, and is the happiest world where Buddha in Western Heaven live together[①].

Using "pure land" as a metaphor for China's foreign-related arbitration society is used on the one hand to encourage purifying and loving oneself and is an imaginary metaphor, while on the other hand, it is a word of fulsome praise and is not consistent with logic.

Of course, the moral quality and professional proficiency of China's foreign-related arbitration circles are on the whole on a higher level, and the foreign-related awards made by them so far have been greatly praised at home and abroad. So far, neither material mistakes in procedure or substance nor such acts as corruption, malpractice and distorting the text of law in foreign-related arbitration have been found. However, even if they have achieved famous success, they should not feel complacent or be contented and happy with people's praise. It is a mistake to use this as a basis to deny the necessary establishment of a strict supervision mechanism. The following points should be clearly realized.

First, "so far material mistakes... have not been found" does not mean that there have been absolutely no such mistakes. Moreover, it is well known that China's Civil Procedure Law (For Trial Implementation) which was implemented during the period from May 1982 to April 1991 was itself lacking in provisions concerning foreign-related arbitration supervision. As a result, the court has no power to examine or supervise both the procedural operation and substantive content of foreign-related awards at all. Since the promulgation of the amended Civil Procedure Law in April 1991, the situation has improved. But for the last six years, under the existing mechanism of foreign-related arbitration supervision provided by Article 260 of the current Civil Procedure Law, a jurisdictional court still has no power by law to

---

① See the entry of "Pure Land", A Detailed Chinese Dictionary (CI HAI) p. 368, 1979; Chinese Dictionary at Large, Vol. 5, p. 1178.

supervise and has no way to deal with those "five misconducts" which fall within substantive matters and are set out at the end of part Ⅲ—five categories of mistaken awards of illegal awards, including awards made on the basis of perjury or an arbitrator's corruption, malpractice, distorting the text of law in the arbitration, etc. This makes legal channels blocked through which the aggrieved party may appeal to the jurisdictional court for it to perform supervision (including acceptance for dealing with, examination, discovery and correction). As to those "five misconducts" which are difficult to be found or have not been found yet due to the blockade of legal channels and resulting non-supervision over them, it is obvious that we have no grounds to treat them lightly and sit back and relax, or as the Chinese say, to "sleep in a high-and-soft pillow without any worries (GAO ZHEN WU YOU)".

Second, Reform and Opening up has been China's basic national policy for the past nineteen years. For the past few years, the system of *planned economy* is in gradual transition to the system of socialist *market economy*. Once the closed doors and windows are opened, fresh air favourable to health blows in and some flies come in, too. In the tide of market economy and commodity economy, many sunk wastes and dirt flow up, too. People deeply worry about, and are overwhelmed with, indignation on the continuous emergence of corruption while cheering for China's quick economic development. In early 1994, Jiang Zemin, the CPC's General Secretary and State Chairman of China, clearly pointed out at an important meeting concerning the struggle of anti-corruption that "the problems which have been disclosed are serious. Corruption phenomena have penetrated wide fields of social life, and have especially corroded our Party and Government agencies and cadres team. The crime of malpractices for selfish ends, embezzlement, distorting the text of the law, and bribery *have reached an amazing degree*. All these show that if we do not resolutely win in the hard fight against corruption, there is indeed *the danger of perishing our Party and our Nation*" (emphasis added)[1]. About three years later, while Jiang Zemin

---

[1] Jiang Zemin, Speech at the Third Plenary Session of the CPC Central Commission for Discipline Inspection (28 February 1994), People's Daily (Overseas Edition), 1st page, 7 March 1994.

affirmed some new progress in the anti-corruption fight, as of early 1997, he emphasized once again: "The situation of current anti-corruption struggle is still grim ... Some phenomena of negativeness and corruption rise again, though after rectification and punishment; and some of them are even spreading". Therefore, as regards the anti-corruption struggle, "We, by no means, may treat it lightly, fear of difficulty and step back, and relax our will to fight". "As for this problem, our stand shall be clear-cut, our attitude shall be stern, and our work shall be persevering." "We shall realize that the anti-corruption struggle ... will run through the whole process of the reformation, opening-up and the construction of modernization; that it is a long-term and hard task"①

These paragraphs of penetrating words summarized scientifically the serious vital disease and great misery in current Chinese society just as a warning bell to arouse people's thoughts. It not only speaks out to the common thinking of people, but is also a correct guide directing people to realize clearly the negative side in the "wide fields of social life" and struggle continuously with them. This correct guide has wide, general and direct meaning. China's foreign-related arbitration circles exist not in a "Land of Peach Blossoms" (Shangli-La) far away from the turmoil of the world, but in a realistic and large environment and climate in Chinese society. Therefore, we have no grounds not to maintain due vigilance for the regular dark side of things in the market economy and commodity economy. To be content with the theory of "a piece of pure land" is the very essence of lacking a clear head and due vigilance.

Third, when analysing and summarizing the above corruption phenomena, Jiang Zemin pointed out that "The problems that have [been] disclosed indicate that there exist many loopholes in our administration and system, and there exist serious problems in our leading style. These loopholes are used by criminals and persons engaging in corruption." He proposed that "we shall summarize the experience and lessons carefully to *stop up the loopholes and improve the system*, and shall strengthen our

---

① Jiang Zemin, Speech at the Eighth Plenary Session of the CPC Central Commission for Discipline Inspection (Abstract, 29 January 1997), People's Daily (Overseas Edition), 1st and 2nd pages, 16 May 1997.

administration to resolutely overcome bureaucracy" (emphasis added)①. Other leaders of the Party and State emphasized the same thought from different angles. Premier Li Peng, who takes charge of government affairs, pointed out that "fighting against corruption phenomena is a basic task for the building of State political power, and an important guarantee for the smoothly pushing on reform and development. We shall prevent and eliminate corruption phenomena from [our] system by way of deepening reform, improving [the] legal system and establishing [an] *effective supervision mechanism and restrictive mechanism*" (emphasis added)②. Qiao Shi, who takes charge of legislation affairs, stressed repeatedly that "To strengthen the fight against corruption, it is for us necessary to further improve the supervision mechanism of the Party and the State; and it is necessary for us to establish an effective conditioning and supervision mechanism over power. The power which lacks conditioning very easily produces corruption. In the course of establishing a socialist market economy system, we must strengthen the conditioning and supervision over power." We shall establish and improve the legal system for socialist market economy so as to "help to fundamentally *prevent the production of corruption phenomena*" (emphasis added)③. Consequently, in the new Decision Concerning Some Major Issues on Strengthening Party Building, the Central Committee of CPC called on to the whole nation that "we shall carry the fight against corruption deeply and everlastingly". To this end, we shall "gradually establish and *improve an effective supervision and conditioning mechanism*" and "gradually formulate *a sound and strong supervision system*" (emphasis added)④.

All the calls and instructions of Party and State leaders remind people of the fact that not only a general supervision mechanism, but also the *perfect*

---

① See Jiang Zemin's speech, supra footnote.
② Li Peng, Government Work Report (10 March 1994), People's Daily (Overseas Edition), 1st and 2nd pages, 24 March 1994.
③ Qiao Shi, To Establish a Complete Socialist Market Economy System Needs Complete Legal Norms and Safeguard, Legal System Daily, 1st and 2nd pages, 15 January 1994.
④ See Decision of the Central Committee of the Communist Party of China Concerning Some Major Issues on Strengthening Party's Construction, People's Daily (Overseas Edition), 1st and 3rd pages, 7 October 1994.

and effective supervision mechanism is needed in order to prevent and fight corruption in all fields of social life. The calls and instructions are also of a generalized and guiding meaning for all fields and all institutions in the whole of China. It is self-evident that they are also applied fully to the field and institution of China's foreign-related arbitration. Obviously, it is not suitable for China's foreign-related arbitration circles to be content with the excessive praise of the so-called "a piece of pure land", and then relax. They may not stress one-sidedly their own "uniqueness" and neglect the gaps between the current supervision mechanism and the usual practices of international advanced enactments as well as the needs of China's real situation, and thus neglect the establishment of a sound and effective supervision mechanism in the field of foreign-related arbitration to stop up any loophole unfavourable to the prevention of corruption. On the contrary, we must acknowledge the spirit of the above instructions by the Party and State leaders, carefully study the above two gaps in China's current foreign-related arbitration supervision mechanism and positively support and co-operate with China's legislature, so as to make due contributions to the further improvement of China's foreign-related arbitration supervision mechanism, for the blocking up of loopholes, and for the quick realization of modernization and internationalization of China's foreign-related arbitration system.

Fourth, China's institution for foreign-related arbitration formulated and modified the Notice to Arbitrators and the Arbitrator Regulations in recent years. Both of them stress that arbitrators should make just awards under law and be honest and self-disciplined. At the work meetings, it is also emphasized that arbitrators should treasure their own honour and try to self-supervise and self-complete. All these measures are of course very good, but certainly not enough, because at any time self-supervision can never replace wide social supervision and thorough system supervision, and especially can never replace strict legal supervision. The promulgation of China's Arbitration Law may to some extent make up for this insufficiency. The Arbitration Law not only provides that a self-disciplined organization—the Chinese Arbitration Association—should be established to perform organizational supervision over misbehaviors by staff of arbitration institutions and arbitrators, but also provides expressly that if any arbitrator secretly meets any party or accepts his invitation for dinner or his gifts to a serious extent, or commits the act of bribery, malpractice for personal benefit or distorts the text of law in the arbitration of the case, he should be expelled from arbitration circles and assume legal responsibility under the law[①]. However, legal supervision over individual arbitrators who deal with foreign-related cases may in no way replace legal supervision over foreign awards. The causes are very simple: even though the aforesaid arbitrator himself is punished by an administrative disciplinary measure, or even though he himself is sentenced to imprisonment for the above crimes, the foreign-related award made by him is still valid even if its substantive content contains obviously and evidentially one of the "five misconducts" listed at the end of part Ⅲ, such as the making of an award on the basis of perjury, malpractice for personal benefit and distorting the text of law in the arbitration of the case. Because, according to the current supervision mechanism stipulated in Section 1, Article 260 of the existing Civil Procedure Law, and its corresponding provisions in Articles 65, 70 and 71 of the Arbitration Law, the aggrieved party still has no way to complain legally to a jurisdictional court against the award. Also, the jurisdictional court has no way legally to deal with the complaint and examine the award, to make an order "refusing to enforce the award", let alone make an order that "the award shall be set aside". In other words, the award which contains a serious mistake or violation of law in its substantive content is still valid in law. No one may change it! Once such a situation arises, it is a strong satire upon the existing foreign-related arbitration supervision mechanism, and a serious blasphemy upon the dignity of China's law. Such an existing provision is evidently not in compliance with the basic spirit of the instructions by the Party and State leaders that a sound, effective and strict supervision mechanism should be established in all fields of social life to gradually formulate a strong supervision system.

It is obvious that the practical effect of stressing one-sidedly the "uniqueness" of "a piece of pure land" is unfavourable and dangerous. It is unfavourable for the

---

① See Section 2, Articles 15, 38 of the Arbitration Law.

discovery and cleansing of possible potential dirt and waste in the past, present and in the future. As a result, the dirt and waste will find a place to hide, and thus that which is originally praised may be transformed into complaints. Therefore, it is recommended that the authorities concerned in foreign-related arbitration circles should still keep a clear mind and comply with the spirit of the above mentioned instructions, so as to accelerate the foreign-related arbitration supervision mechanism further both in legislation and the system.

Now, let us further analyze the allegation that the judicial examination and supervision exercised by local jurisdictional courts over foreign-related awards should be limited to procedural operations and not to the substantive content, on the grounds that China has a "unique" real situation in that the professional proficiency and capability level of some local judges are not high enough and some of them are influenced by "local protectionism". Therefore, in legislation, special attention shall be paid to the prevention of "local protectionism" in the enforcement of awards. Such an opinion is not proven and convincing. The reasons are as follows.

First, although "local protectionism" has some effects in basic and even intermediate judicial circles, so that the enforcement of some awards meet with difficulties, it is not a generalized phenomenon in the whole country, and not such a long-term existing phenomenon. With the further improvement and completion of China's legal system, it will gradually disappear. Such an individual, partial and short-term phenomenon may not be the main cause for national enactment. Generally speaking, as regards completely correct foreign-related awards in procedure and substance, competent basic or intermediate courts will respect and enforce such awards under law. No doubt this is the main stream in real life. As to those judicial orders preventing the enforcement of a correct foreign-related award due to local protectionism, it can be corrected with the application of an appeal procedure and trial supervision procedure in the existing judicial system ①, and it

---

① Article 140 of the Chinese Civil Procedure Law provides that the orders concerning "refusal to entertain a case", "objection to the jurisdiction of a court", or "rejection to a complaint" made by a jurisdictional court may be appealed against. Though the order on "refusal to enforce an arbitral award" may not be directly appealed, Articles 177 – 179, 184 – 186 of the same law may be invoked to make the case retried or upper-arraigned through seven channels, so that a new order may be made.

may not be an excuse in arbitration legislation to leave a loophole in the enactment.

Second, generally speaking, foreign-related civil and commercial cases are more complicated and difficult to settle than domestic ones. Whether foreign-related cases in China are settled justly and suitably or not involves the international effect or international image of China. To show prudence, the first instance court to deal with all foreign-related cases was proposed to be intermediate people's courts at the initial stage of China's Reform and Opening up, that is, in March 1982. With the gradual soundness of the organization of basic courts, the accumulation of judge's experience and the gradual improvement in their professional proficiency, the first instance of most foreign-related cases has, since April 1991, been under the jurisdiction of, and tried by, basic courts except for some major cases①. Now that the existing law recognizes and affirms that basic courts and intermediate courts have respectively grown up enough to deal with general foreign-related cases and major foreign-related cases, and enough to conduct correct trials and make correct judgments on the substantive content of those foreign-related cases, and that many facts have proved that they are qualified to do this job, then there are obviously no grounds to say that jurisdictional courts of these two levels do not have the ability and qualification to perform the necessary examination and supervision over the merits, and the legality of the awards' substantive content. Otherwise, it is hard to make its statements consistent, and hard to explain the provisions of Article 17 of the Civil Procedure Law (For Trial Implementation) and Articles 18 and 19 of the existing Civil Procedure Law. That is to say, why does the same professional proficiency and capability having being confirmed by law and in existence since early 1982 or at the latest since 1991, suddenly have disappeared in 1994 or 1995 (the time when the Arbitration Law was enacted and came into force separately)?

What's more, according to existing provisions concerning the foreign-related arbitration supervision mechanism of Arbitration Law, even the high courts of every province and the Supreme Court of China have no power under

---

① See Article 17, Civil Procedure Law (For Trial Implementation); (8 March 1982); Article 19, Civil Procedure Law (9 April 1991).

law to perform necessary judicial examination and supervision and give necessary correction over the substantive content of any foreign-related award. It is obvious that this is not a problem of non-qualification, but a problem of "without legal authority but with legal barrier". It seems that such a legislative want insuffiency or loophole should be made up as early as possible.

Third, the existing civil trial supervision mechanism in China employs the system of "same track" of "unified stream" upon domestic and foreign-related trial supervision, and the problem of "differentiating foreign matters from domestic matters to give different treatments" doesn't exist. Now that the basic courts and intermediate courts in China have gradually grown up to have the necessary capability and qualification to perform overall supervision under the law over both the procedural operation and substantive content of foreign-related judicial judgments or decisions, then, at the same time and in the current arbitration supervision mechanism, why don't they have the same capability and qualification to perform the same overall supervision over foreign-related awards?

Fourth, as to the barriers arising as a result of partial or short-term "local protectionism" in the few individual cases in the enforcement of foreign-related awards, we should take such measures as completing the legal system and strengthening trial supervision to resist, overcome and eliminate them, and not measures such as "cutting the feet to fit the shoes" or "giving up eating for fear of choking" in legislation to escape from them. The modifications and supplements made to the original provisions concerning trial supervision by the Civil Procedure Law in April 1991 is a good example of overcoming "local protectionism" through the completion of the legal system. During the period of the implementation of the Civil Procedure Law (For Trial Implementation) from October 1982 to March 1991, there indeed existed in the nine years of judicial practice, the phenomena that judges of some local courts were partial to local parties and made unjust judgments in some cases injuring unreasonably the rights and interests of parties from other places or of foreign parties, or setting up certain barriers to hold back the smooth enforcement in local places of legally effective judgments or orders made by other courts. However, even if confronted with such negative phenomena, a new enactment for trial supervision in April 1991 not only didn't cancel the supervision over substantive content of legally effective judicial judgments or orders, but strengthened the supervision over substantive content of these judicial judgments or orders. This is mainly reflected by two points. First, the Law enumerates four to six situations where the substantive content of legally effective judgments or orders contain mistakes or misconducts (including insufficiency of main evidence in determining facts, mistaken application of law and judge's taking bribes and distorting the text of law, etc.), and expressly stipulates that such judgments or orders "shall be retried" by the original court, or the relative higher court "has power to upper-arraign" them. Second, the Law also adds and enlarges channels and functional institutions who have powers to perform examination and supervision over the substantive content of these judgments or orders. In addition to trial supervision performed by the court system itself, three new channels or three authorized functional institutions are added—the Supreme People's Procuratorate or the People's Procuratorate at a higher level may by law lodge a protest against court judgments or orders, and the People's Procuratorate at the same level may submit the matter to the People's Procuratorate at a higher level with the request to lodge a protest by the latter against court judgments or orders according to law①.

It is a pity that the legislative spirit, to overcome negative factors such as "local protectionism" by way of strengthening and completing the legal system, has not been duly carried out and reflected in the legislation of the foreign-related arbitration supervision mechanism in the Arbitration Law.

Fifth, indeed, supervision over arbitral awards is not completely equal to supervision over judicial judgments and orders. Arbitration is made on the basis of the voluntary selection by parties and focuses on efficiency, so the system of "final conclusion after only one arbitration" is employed. But we can't infer from this that the parties have therefore given up totally the right

---

① See Articles 177-179 and 185-186, Civil Procedure Law and compare with Articles 157-158 of Civil Procedure Law (For Trial Implementation).

to appeal to a jurisdictional court and apply for supervision and correction over a mistaken or illegal award. This point has been discussed in part Ⅲ above and does not need to be further discussed here. However, in a survey of the trend of national enactments of other countries, a kind of phenomenon is worthy of note: in order to more strongly prevent the reverse effect in enforcing correct awards arising from such a negative factor as "local protectionism", and in order to more effectively prevent the possible mistakes made by some judges of some basic or intermediate courts in judicial examination and supervision over an arbitral award due to their lower professional proficiency, some advanced experience in the practice of international arbitration enactments may be taken for reference purposes. That is, the supervision power to conduct both procedural and substantive examination over domestic and foreign arbitral awards is authorized without exception to high level courts who have high quality judges, so as to show prudence and secure the justice, correction and preciseness of supervision and will not affect its efficiency. For example, such supervision power is given to the High Court in the United Kingdom①; it is granted to the Supreme Court in Indonesia and Australia②, and Swiss law provides that such supervision power shall be exercised in principle by the Federal Supreme Court, with the exception that both parties may agree that this power shall be exercised by the specific state court where the arbitration tribunal is located, instead of the Federal Supreme Court③.

In combination with the characteristics of the Chinese situation in that China has a large land and unbalanced economy in different provinces, and on the basis of deep investigation and research, if Chinese legislators deem it necessary to transplant the above experience, they may consider it necessary

---

① Sections 1(2)-(4), Arbitration Act 1979 of England; ICA, Doc. Ⅶ. K. 3, pp. 35-37, 1985. After that the Arbitration Act 1996 made some amendments and supplements to the jurisdictional court who accepts the appeal to the arbitral award. It authorized the Lord Chancellor to make provision (a) allocating proceedings under this Act to the High Court or to county courts; or (b) specifying proceedings under this Act which may be commenced or taken only in the High Court or in a county court. See Section 105(1), (2), Arbitration Act 1996 of England.

② Article 641, Civil Procedure Law of Indonesia; Article 38, New South Wales 1984 Commercial Arbitration Act (Australia), supra footnote.

③ See Article 191, Private International Law Act of Switzerland, supra footnote.

to stipulate in the Arbitration Law that a special tribunal be established in the Supreme People's Court, or some high courts of several developed provinces, which are authorized to deal with those complaints, aimed at foreign-related arbitral awards and perform overall supervision over both the procedural operation and substantive content of the awards.

Recently, there has existed a very important indication in Chinese judicial practice that the authority concerned in China is considering taking gradual measures in combination with Chinese specific situations to transplant the above advanced experience. This indication is reflected concentratedly in a special "Notice"① by the Chinese Supreme People's Court to national people's courts at all levels in August 1995. The Notice stated expressly:

> "The Supreme People's Court now decides to establish a report system for such issues as people's courts accepting for dealing with a case of foreign-related economic dispute when there is an arbitration agreement between the parties, people's courts refusing the enforcement of foreign-related arbitral award, and people's courts refusing to recognize and enforce foreign-made arbitral award."

Such a report system contains two main points: "accepting a case for dealing with" and "making an order".

First, as to "accepting a case for dealing with". Any case concerning economic, marine or maritime disputes involving foreign, Hong Kong, Macao and Taiwan's elements which is filed upon the people's court, if the parties have an arbitration clause specified in their contract or they reach an arbitration agreement afterwards, but the people's court considers that the arbitration clause or arbitration agreement be void, cease to be effective or cannot be executed due to its vague content, it shall be submitted for examination to the high people's court in charge of this district before the people's court decides to accept for dealing with the complaint of one party. If the high people's court agrees to accept the case, the high people's court shall

---

① See Notice Given by the Supreme People's Court Concerning the People's Court's Dealing with Issues Involving Foreign-related Arbitral Awards and Arbitral Awards Made by Foreign Countries (28 August 1995) Doc. FA – FA (Court Issuance) No. 18, 1995.

submit its examination opinion to the Supreme People's Court. Temporarily, the case may not be accepted before the reply from the Supreme People's Court is given.

Second, as to "making an order". When any party applies to the people's court for the enforcement of an arbitral award made by a Chinese foreign-related arbitration institution or for the recognition and enforcement of an arbitral award made by a foreign arbitration institution, if the people's court considers that the award made by a Chinese foreign-related arbitration institution contains any situation stated in Article 260 of the Civil Procedure Law, or the award made by a foreign arbitration institution does not comply with the provisions of international conventions acceded to by China or does not comply with reciprocal rules, the people's court shall submit it for examination to the high people's court in charge of the district before the people's court makes an order refusing the enforcement of the award or refusing to recognize and enforce the foreign award. If the high people's court agrees to refuse the enforcement of the foreign-related award or agrees to refuse to recognize and enforce the foreign award, it shall report its examination opinion to the Supreme People's Court. The people's court may not make an order refusing the enforcement of the foreign-related award or refusing to recognize and enforce the foreign award until the Supreme People's Court replies.

The purpose of this "Notice" by the Supreme People's Court is obvious: to strengthen the judicial supervision by the Supreme People's Court and the high people's courts over intermediate and grass-root people's courts through establishing the strict system of reporting and requesting for instruction beforehand. Thus, by strict checks, it may prevent in advance the intermediate and grass-root people's courts from being influenced by the "local protectionism" in dealing with foreign-related arbitration cases, thus making an *ultra vires* order to accept the case for dealing with without authorization, or making a mistaken order refusing the enforcement of the foreign-related arbitral award. The purpose of these measures is to maintain the legal effect of the original arbitration agreement made by and between the parties, and to guarantee the correctness and justice of the order "refusing the enforcement" of the foreign-related award. In short, this "Notice" not only provides the effective precautions against "local protectionism", but also shows the rule of simultaneous emphasis on both the finality and justice of an arbitral award.

It may be seen that there are many different effective channels and specific measures against "local protectionism". Anyway, "preventing local protectionism" shall not be taken as an excuse to entirely give up or cancel judicial examination and supervision over the substantive issues of a foreign-related award. Otherwise, a loophole in the foreign-related arbitration supervision mechanism will be formed, and potential troubles of "no correction to violation of law" will thus arise.

Therefore, the "uniqueness" of China's current situation which is stressed in the fourth opinion at the beginning of part IV above seems to be reasonable to a certain extent at first glance, but after careful analysis, it is obviously lacking in rationale. The shortcoming of its methodology lies in fanning out from point to area, using minor and superficial "uniqueness" to deny its major and essential generalization.

To sum up, it is not difficult to see that such an enactment as China's Arbitration Law which carries out a system of "separate track", differentiating foreign-related arbitration supervision from domestic arbitration supervision, and which doesn't allow the substantive content of foreign-related awards to be judicially examined and supervised, is not in compliance with the imperative need of China's current situation, and is not in compliance with the basic spirit of international treaties concluded or acceded to by China and that of advanced usual practices of national enactments of other countries. It is, therefore, unfavourable to the tallying ("rails-connection") of China's system of foreign-related arbitration with relevant international custom and to the modernization and internationalization of China's system of foreign-related arbitration.

In view of this, it seems necessary to encourage people of law circles, judicial circles, arbitral circles and business circles to engage in a systematic investigation and discussion as to the foreign-related arbitration supervision mechanism provided for in the Arbitration Law which came into force on 1

September 1995, so as to draw on collective wisdom and absorb all useful ideas to be used as a reference for legislatures in their decision-making. The author contends that, to carry out the basic policy of anti-corruption emphasized repeatedly by the Party and State leaders, to establish a sound and effective supervision mechanism in the field of foreign-related arbitration, so as to maintain the due dignity of law and to make China a law-abiding country in international society, a possible way to amend the arbitration law in future is to refer to the advanced practices of current international arbitration enactments, putting both "foreign-related arbitration supervision" and "domestic arbitration supervision" into *a same track without different treatment, and extending the supervision* over foreign-related awards to its substantive aspect also. To reach this goal, Articles 70 and 71 of the current Arbitration Law should be entirely deleted, and the current provisions of Article 58, i. e. carrying out overall supervision over both procedural operation and substantive content of domestic awards, should be applied to all awards made in China. Therefore, all legally effective foreign-related awards should also employ without exception the same policy that "all the violations of laws must be investigated" and "all the violations of laws must be corrected".

V SOME IDEAS ON HOW TO STRENGTHEN THE CURRENT CHINESE FOREIGN-RELATED ARBITRATION SUPERVISION MECHANISM

Before conducting the necessary amendments as to the provisions concerning foreign-related arbitration supervision of the Arbitration Law so as to make it sounder, it seems possible to propose that some measures be taken in the foreign-related arbitration institution system (such as the China International Economic and Trade Arbitration Commission, "CIETAC") to make up for the insufficiency of the current supervision mechanism.

First, such institutions as a "Self-disciplined Committee" or "Committee on Discipline" may be set up in the leading institution in the foreign-related arbitration system to supervise arbitrators, who deal with foreign-related cases, in the whole country (including arbitrators scattered in different places and departments). The main tasks of such a committee would be to deal with all complaints as to the misconduct of arbitrators dealing with foreign-related cases, and as to mistaken or illegal foreign awards in substance. As for those complaints found to be true after careful investigation and verification, the arbitrators concerned should be separately given disciplinary exhortation, warning, serious warning, recording a demerit or even expulsion from arbitration circles in light of the particulars of their misconducts, the substantive mistakes or violations of laws in the awards. When China's Arbitration Association—a self-disciplined organization of arbitral circles is officially established later①, the above "Self-disciplined Committee" or "Committee on Discipline" may be regarded as a branch or functional department of this national Association to perform its functions.

Second, the functions of its established "Research Institute of Arbitration" or other research institutions of the leading institution in the foreign-related arbitration system should be strengthened and enlarged. As for the complaints concerning mistakes or violations of law in substantive content of foreign-related awards and involving complicated particulars and difficult-to-judge merits, the above-mentioned Self-disciplined Committee or Committee on Discipline may entrust them as special projects to research institutions for deeper and further investigation. Then the entrusted research institution shall, after such study, submit a written report to the committee and its leadership to state their conclusion, so that the latter may fully understand the case, make a correct judgment and give a correct response and necessary settlement to the complaints concerned.

Third, the functions of its established "Expert Committee" of the leading institution in the foreign-related arbitration system should be strengthened and enlarged. The "Expert Committee" may, before an arbitral award is finally made study difficult issues or different opinions arising in the course of

---

① See Section 2, Article 15, Arbitration Law.

an arbitration and then surrender advisory opinion for the reference of the arbitral tribunal who is settling the relevant case. It may also accept entrustment from leading institutions to study complaints concerning mistakes or violations of law in the substantive content of a foreign-related award after the award has come into force, and then submit a written report stating its conclusion to competent leaders, so that the latter may settle the complaint correctly. Enough time for the "Expert Committee" to engage in study must be guaranteed and due payment should be given to them for their services.

Fourth, the regulations of appointing the presiding arbitrator should be improved or revised, so as to select a presiding arbitrator in a stricter way. Although the presiding arbitrator has only one vote in a final award, he is the main person or the "core" of the tribunal which consists of three persons, and presides over the whole process of arbitration from beginning to end. Therefore, he often plays a very important role in whether or not the award is correct and just. In particular, according to existing rules of foreign-related arbitration procedure, when each of the three arbitrators holds a different opinion and can't reach a majority decision, the award should be made pursuant to the opinion of the presiding arbitrator[①]. In this case, the opinion of the presiding arbitrator is much more than important. It is a decisive opinion. Therefore, when selecting and appointing a presiding arbitrator, his moral quality and professional proficiency should be scrutinized, more carefully than those of ordinary arbitrators. Under Article 31 of the Chinese Arbitration Law, in case of a tribunal consisting of three persons, both parties may select one arbitrator respectively and "the third arbitrator shall be jointly selected by both parties or appointed by the Chairman of the Arbitration Commission upon the parties' joint authorization. The third arbitrator is the presiding arbitrator". This provision of the Arbitration Law is obviously reasonable in that it fully respects the joint voluntary selection of both parties, and it is in compliance with the advanced practices of current international arbitration enactments. However, in arbitration practice, both

---

① See Section 2, Article 54, Arbitration Rules of China International Economic and Trade Arbitration Commission (Amended 1 October 1995).

parties often can't reach a consensus and agreement within a fixed time as to the selection of the third arbitrator (i. e. the presiding arbitrator), thereby they may not "jointly select" the presiding arbitrator. In order to break away from the "deadlock", lest the arbitration could not proceed, they often have to accept the presiding arbitrator "appointed by the Chairman of the Arbitration Commission upon the parties' joint authorization". If both parties can't even reach a "joint authorization" agreement within a fixed time, then the presiding arbitrator shall be directly appointed by the Chairman of the Arbitration Commission[①].

It may be seen that the power and duty of the Chairman of the Arbitration Commission is rather significant. Therefore, his appointment as the presiding arbitrator should be performed seriously and prudently. For those arbitrators who have been involved in many complaints from parties as mentioned in the above second and third points, and after investigation and verification, the awards made by them are definitely found to have mistakes or violations of law in substantive content or procedural operation, even if they don't necessarily have such acts as corruption or malpractice, they are not suitable to be appointed as presiding arbitrators in other cases. Furthermore, when the Chairman of the Arbitration Commission accepts the parties' "joint authorization" to appoint the presiding arbitrator, or when the Chairman directly appoints the presiding arbitrator due to the fact that the parties could not even reach an agreement to "jointly entrust" the Chairman, it seems necessary to make a set of deliberate and scientific regulations to regulate the execution of such power and performance of such duty by the Chairman, so as to keep enough prudence. Thus, it will not disappoint the parties' trust and will be advantageous to uphold and strengthen the good image and international prestige of the CIETAC.

---

① Article 24 of the above Arbitration Rules provides: Each of the parties shall appoint one arbitrator from among the Panel of Arbitrators on the Arbitration Commission or entrust the Chairman of the Arbitration Commission to make such appointment. The third arbitrator shall be jointly appointed by the parties or appointed by the Chairman of the Arbitration Commission upon the parties' joint authorization. In case the parties fail to jointly appoint or jointly entrust the Chairman of the Arbitration Commission to appoint the third arbitrator within 20 days from the date on which the Respondent receives the Notice of Arbitration, the third arbitrator shall be appointed by the Chairman of the Arbitration Commission. The third arbitrator shall act as the presiding arbitrator.

XII   Three Aspects of Inquiry into A Judgment: Comments on the High Court Decision, 1993 No. A8176, in the Supreme Court of Hong Kong[*]

AN CHEN[**]

[Table of Contents]

Introduction

I Brief Facts

II Query One to the Judgment: On the Jurisdiction of the Case

   A. The judgment detained and left the jurisdiction over the case to the Court of Hong Kong, obliterated the close connections among Contract A158, Contract B and Contract C, as well as those between

---

[*] This Article was first published in the Journal of International Arbitration (Geneva), Vol. 13, No. 4, 1996. Its Chinese version (supplemented) is now compiled in Series Fourth of the present Book, as its fourth paper. The citation of and commentary on legal provisions in this Article were based upon the related laws and regulations effective during that time. It is hereby suggested to check and compare them with the further development of these legal provisions since 1996, so as to better understand their historical, gradual maturity and obtain the most recent information.

[**] Dean and Professor of Law, School of Politics and Law, Xiamen University; Tutor to doctoral candidates on international economic law, selected by the State Council; Chairman of Chinese Society of International Economic Law; International Arbitrator of the International Center for Settlement of Investment Disputes (ICSID) under the Washington Convention, appointed by the People's Republic of China; Senior Visiting Scholar, Harvard Law School, U. S. A., 1981–1983; Visiting Professor as Distinguished Asian Scholar-in-Residence of Northwestern School of Law, Lewis & Clark College, Oregon, U. S. A., 1990–1991.

Thanks are due to Professor Wei-Xian Wu, Dr Zhong Lin and Ms Carol Chen for their kind help with the English version of this article.

Contract A158 and Bill of Exchange 10732C. It thus thoroughly violated the legal principles of "autonomy of will" and "*pacta sunt servanda*"

B. The judgment detained and left the jurisdiction over the dispute of the Bill of Exchange to the court of Hong Kong and refused to stay the proceedings of the case, thus thoroughly violating the Hong Kong arbitration ordinance

C. The judgment detained and left the jurisdiction over the dispute of the Bill of Exchange to the court of Hong Kong and refused to stay the proceedings of the case, thus thoroughly violating the international treaty that Britain has acceded to and to which Hong Kong is legally bound

D. The judgment detained and left the jurisdiction over the dispute of the Bill of Exchange to the court of Hong Kong, thus thoroughly violating universally acknowledged international practice

E. The judgment that detained and left the jurisdiction over the dispute of the Bill of Exchange to the court of Hong Kong is a lack of due respect for Chinese laws and regulations that tally with international practice

Ⅲ Query Two to the Judgment: On the "Recognition" in Chinese Law of the "Autonomy" of the Bill of Exchange Dispute in This Case

A. There does not exist in the laws of China such a strange expression of "the autonomy of bills of exchange" and absolute "independence" of bills of exchange as extremely esteemed by Mr. Dicks

B. Mr. Dicks' citations from the procedures for bank settlements of China are garbled and out of context

C. When citing Mr. Guo Feng's article, Mr. Dicks has emasculated its prerequisite and garbled its original meaning

D. Mr. Dicks' opinion runs counter to the generally accepted viewpoints of Chinese academic works on bills laws, the stipulations of relevant international convention and the bills law of China

E. Mr. Dicks has distorted the original text when quoting the civil procedure law of PRC as evidence for the said "autonomy of bills of exchange"

Ⅳ Query Three to the Judgment: On the Defendant's Right of Defence in This Case

   A. The reason "it was too late" is not tenable

   B. Denying equal right of defence to the defendant is against the principle of equity and international practice on litigation procedures

Conclusion

INTRODUCTION

In September 1993, York Air Conditioning & Refrigeration Co. Inc. (hereinafter "York Co."), a U. S. company, filed a suit with the Hong Kong High Court against North Sea A/C Electrical Engineering Co. (hereinafter "North Sea Co."), a Hong Kong company, for a dispute on a contract for sale of goods[①]. The High Court in the Supreme Court of Hong Kong accepted and heard the suit. Neil Kaplan, Judge of the High Court, handed down a judgment on the case (hereinafter "the Judgment") on 16 December 1994.

No matter from what standpoint, the litigation and the process of settlement of this case are quite typical in the perspectives of Chinese law, Hong Kong law and comparative law, and deserve to be seriously reviewed, analysed and commented by both Chinese and foreign legal circles, so as to enhance their mutual communication in law science.

Though neither the Plaintiff nor the Defendant in this case is of Chinese nationality, the object disputed, the rights and wrongs of the case, and the outcome of the litigation, all directly involved significant interests of two Chinese juridical persons[②].

---

    ① This case was filed by the Court as 1993 No. A8176.
    ② China Central Television (CCTV) in Beijing and Xing Yuan Industrial Ltd. in Shenzhen, China.

The case was heard by the Court in Hong Kong. However, it triggered a series of legal problems in different legal fields, including the jurisdiction of the China International Economic and Trade Arbitration Commission (CIETAC), China's Civil Procedure Law Civil Law, Sino-foreign Economic Contract Law, and private international law (rules on conflict of laws), amongst others.

As to these legal problems, the scholars, arbitrators, judges and attorneys of China and Britain have different views. Neither side is ready to give up their opinion on the application of Hong Kong law and Chinese law to the case.

Finally, after the case was judged by the High Court and during the appeal process lodged by the Defendant, the two parties reached a settlement agreement under the auspices of CIETAC. On the basis of the agreement, an award was issued. Currently, the parties are voluntarily complying with and carrying out the award issued by the CIETAC.

This article will attempt to state the facts of the case, expound the key legal problems, analyze and comment on the Judgment by the High Court and the expert opinion (Affidavit) provided by the Hong Kong barrister Anthony Richard Dicks, and question three aspects:

— the jurisdiction of the case;
— the so-called "principle of autonomy" in the Chinese Bills Law;
— the defendant's right of defence during civil procedure;

in order to ask for advice and further discussion from both Chinese and foreign legal circles.

I BRIEF FACTS

On 31 December 1992, the Plaintiff in this case, York Co. (Vendor), and the Defendant, North Sea Co. (Purchaser), signed a contract for sale of goods[①]

---

① No. A158/4/92-01.

(hereinafter "Contract A158" or "Contract A") in Beijing, PRC①. Both parties agreed that York Co. should supply four sets of York Water Cooling Machines to North Sea Co. for a total price of USD 522,760. Clause 7 of the Contract provides:

"Any difference relating to the contract will be resolved by compromise. If compromise cannot be reached, it will be submitted to the China International (Economic and) Trade Arbitration Commission for arbitration."②

On the same day and in the same meeting room, two other similar sales contracts were concluded by North Sea Co. as the seller with Shenzhen, Xingyuan Industry Co. Ltd. as the buyer (hereinafter "Contract B"); and by Shenzhen Xingyuan Industry as the seller with China Central Television (CCTV) as the buyer (hereinafter "Contract C"). The objects of Contracts A, B and C are exactly the same, though the prices are somewhat different.

Clause 3 of Contract A158 is about payment. Except for the mention "payment", however, there is no detailed financial provision under the clause because at the time when the Vendor and the purchaser signed the Contract, the two parties had not established a payment plan, but agreed to work out the details after signing the Contract. Later, the two parties orally agreed that payment should be made in three installments:

— 30 percent of the total payment, i.e. USD 156,828, was to be paid by cash in January 1993;

— 65 percent of the total payment, i.e. USD 339,794, was to be paid by Bill of Exchange after the Purchaser had received the Bill of Lading;

— the other 5 percent of the total payment, i.e. USD 26,138, was to be fully made within fifteen days after the equipment was shipped to Beijing and had been installed, adjusted and accepted (upon testing) by

---

① See "In the Supreme Court of Hong Kong, High Court, 1993, No. A8179, Appellant's Hearing Bundle" (hereinafter "AHB"), pp. 108 – 119. The carbon copies of AHB are kept in the libraries of the Law Department, Xiamen University (hereinafter "XULAL") and City University of Hong Kong (hereinafter "CULAL"). For the original, see the file on the case of the Supreme Court of Hong Kong, *infra* footnote.

② See AHB. pp. 111 and 115.

CCTV.

The first payment was made on time. As to the second payment, the Vendor drew upon the purchaser the Bill of Exchange No. YIHK 10732C (hereinafter "Bill of Exchange 10732C" or "the Bill of Exchange") for that instalment of the above-mentioned purchase price, i. e. USD 339,794, on 3 June 1993. After receiving the Bill of Lading, the purchaser immediately accepted the Bill of Exchange on 7 June 1993, and decided to cash the Bill on 19 July 1993. The Purchaser, however, subsequently found out and firmly believed that there were serious mistakes and shortages in the Vendor's performance of its obligation of goods supply. Even though having been informed repeatedly, the Vendor did not make up the important parts of the equipment that were missing. Therefore, on 17 July 1993, the Purchaser told the bank on which payment was drawn to stay the payment. As a result, the Bill of Exchange could not be cashed①.

On 11 September 1993, York Co. filed a suit with the Hong Kong High Court against the Defendant and put in a claim for the above-mentioned purchase price plus interest because of the delay in payment, and for other related sums②.

On 23 September 1993, the Defendant, North Sea Co., defended itself stating that the Plaintiff had breached the Contract and failed to comply with a large number of the terms of sales Contract A158. Therefore, the Plaintiff was not entitled to claim the whole sum of the purchase price. More important, the Contract signed by both the Plaintiff and the Defendant contained an arbitration clause; this applied to the dispute concerning Bill of Exchange 10732C since the dispute itself was part of a payment problem arising from sales Contract A158. Furthermore, the Contract was negotiated and signed in Beijing, China, by the representative of the Beijing business office of York Co. and the representative of North Sea Co.. Under the provisions of Hong Kong Arbitration Ordinance, CAP. 341, the dispute would have to be referred to the arbitration institute agreed on in the

---

① Descriptions of these facts are scattered in the AHB. The parties did not dispute these facts during the proceeding in Hong Kong and the arbitration in Shenzhen.
② "Writ of Summons /Statement of Claim", 11 September 1993, AHB, pp. 2 – 3.

Contract. Accordingly, North Sea Co. applied to the Court of Hong Kong for staying this action①.

The Plaintiff, York Co., emphasized that Bill of Exchange 10732C was itself another contract which was entirely independent of Contract A158. The arbitration clause in Contract A was, therefore, not applicable to the above-mentioned Bill of Exchange. York Co., also filed a claim with the High Court of Hong Kong for summary judgment② on the dispute of the Bill of Exchange under Order 14 of the Rules of the Supreme Court, and to order the Defendant, to pay in full the amount of money stated in the Bill of Exchange③. On 7 December 1993, Master Woolley of the Hong Kong High Court dismissed the summons from the Defendant for stay of the proceedings and ordered the Defendant to pay the Plaintiff all the costs incurred in the case④. The Defendant, being unsatisfied with the above order, lodged an appeal on the next day, i. e. on 8 December 1993, reiterating its request for stay⑤.

At the request of the North Sea Co., the author of this article Professor An Chen, on 3 March 1994, provided an expert opinion. He made a detailed analysis of the facts of the case and cited relevant Chinese laws, Hong Kong ordinances, international practice and basic principles prevailing in civil laws and private international laws (rules on conflict of laws) of various countries, and argued that the Defendant's application to the High Court of Hong Kong for stay of the proceedings and for transmitting the case to CIETAC for arbitration met the arbitral clause of Contract A, the provisions of Chinese laws, international practices, and the provisions of the Hong Kong

---

① "Affirmation of Lam Kwai Hung [Lin Gui Hong]", 23 September 1993; "2nd Affirmation of Lam Kwai Hung", 24 November 1993, AHB, pp. 5 – 6, 16 – 18 and 21 – 26.

② There are similarities but also major distinctions between the procedure of "summary judgment" adopted by Hong Kong courts and the "summary procedure" or "hastening procedure" provided by the Civil Procedure Law of the PRC. See "Order 14 and 14A of the Rules of the Supreme Court (Hong Kong)" Articles 142 – 146 and 189 – 192 of the Civil Procedure Law of the PRC.

③ See "Summons" issued by the Registrar of the High Court of Hong Kong, 27 September 1993, AHB, pp. 8 – 10.

④ See "Order, Before Master Woolley of Supreme Court in Chambers", 7 December 1993, AHB, p. 271.

⑤ See North Sea Co.'s "Notice of Appeal to Judge in Chambers", 8 December 1993, AHB, pp. 273 – 274.

Arbitration Ordinance①.

In April 1994, North Sea Co. presented two important pieces of new evidence to Professor An Chen. Accordingly, Professor Chen presented a meaningful supplement to his aforesaid expert opinion②.

Also at the request of the Defendant, Professor Zhuang Yao, former Director of the International Law Institute, Foreign Affairs College, on 4 April 1994, provided his legal expert opinion. In this he emphasized that under the relevant provisions of Chinese laws, *inter alia*, the provisions of the Convention on the Recognition and Enforcement of Foreign Arbitral Awards 1958, the dispute over the honour of the Bill of Exchange arising from Contract A should be subject to Chinese law as its proper law, and should be submitted to CIETAC for arbitration③.

At the request of the Plaintiff, the Hong Kong barrister Anthony Richard Dicks Q. C., submitted an expert opinion on 5 May 1994. He stressed that bills of exchange "can stand independently", and owned "autonomy", which he described as the so-called "principle of autonomy of bills of exchange". He cited an article published in China's Fazhi Ribao (Legal System Daily), Procedures for Bank Settlements promulgated by the People's Bank of China in 1988, and some provisions of the Civil Procedure Law of the People's Republic of China which came into force in 1991, to support his allegation that the so-called "principle of autonomy of exchange" has been "recognized by the provisions of Chinese statutory law"④, He also used this allegation as a basis on which to criticize Professor Chen and Professor Yao's opinions, asserting that "both Professor Chen and Professor Yao have adopted a view which neither takes account of nor accords with the legal principles applicable in China to bills of exchange and other payment

---

① See An Chen, "Expert Opinions on the Disputes between York Co. and North Sea Co.", 10 March 1994, AHB. A copy of it is kept in XULAL and CULAL.
② See An Chen, "An Important Supplement to Expert's Opinion on the Disputes between York Co. and North Sea Co.", 7 April 1994, AHB, XULAL and CULAL.
③ See "Affidavit of Zhuang Yao", 4 April 1994, AHB, XULAL and CULAL.
④ See "Affidavit of Anthony Richard Dicks", 5 August 1994, at p. 6, para. 12. and p. 15. para. 33, AHB. XULAL and CULAL.

instruments"①, In addition, he alleged that if an arbitration tribunal in China were able to take full account of what he had "referred to as the principle of autonomy of bills of exchange as recognized by the provisions of Chinese statutory law", he did not believe it would adopt the construction over the arbitration clause in Contract A158 advanced by Professor Chen and Professor Yao②.

Mr Dicks' conclusion is that:

— Bill of Exchange 10732C in this case is not an inseparable part of the disputes over Contract A158;

— the arbitration clause agreed by the two parties to Contract A should not be applied to the dispute over the Bill of Exchange;

— the dispute over the Bill of Exchange should be accepted, heard and judged by a Hong Kong court according to the Bill of Exchange Ordinance of Hong Kong and other Hong Kong laws③.

After receiving Mr. Dicks' affidavit, the Defendant immediately mailed a copy of it to Professor Chen. Professor Chen found that what Mr. Dicks cited from the article in the Chinese newspaper and the Chinese laws and regulations, as well as his argument, had many misunderstandings and their original meaning had been twisted. Thus, again at the request of North Sea Co., Professor Chen advanced an expert opinion entitled *Comments on the Affidavit of Anthony Richard Dicks*④. In the opinion, Professor Chen clarified one by one the above misunderstandings and misinterpretations. The opinion was then submitted, within the time-limits, by the Defendant to the High Court of Hong Kong.

Before the submission, according to the arbitral clause in Contract A, North Sea Co., on 2 August 1994, applied to the CIETAC Shenzhen Sub-Commission for arbitration in order to prevent the case from dragging on too long and wasting its time and money. The CIETAC Shenzhen Sub-

---

① Ibid., at p. 5, para. 11.
② Ibid., at p. 15, para. 33.
③ Ibid., pp. 4 – 5 and 13 – 15. Mr. Dicks expressed these conclusions in an indirect way. However, his real opinions are quite explicit and unambiguous.
④ Filed in AHB, XULAL and CULAL.

Commission hence immediately accepted and filed the case under its jurisdiction①.

On 16 December 1994, Judge Neil Kaplan of the High Court of Hong Kong made his judgment on the case. The key points in the Judgment are:

— the arbitral clause in Contract A should not be applied to the dispute over the Bill of Exchange;

— the proper law governing the dispute over the Bill of Exchange should be Hong Kong law;

— the Defendant, North Sea Co., did not have a right of defence against the claim of the Plaintiff, York Co., under the Bill of Exchange;

— the appeal by the Defendant, North Sea Co., applying for a stay of the case should be refused;

— the Defendant should pay the Plaintiff the costs for the stay application;

— the Plaintiff's application for summary judgment on the dispute over the Bill of Exchange under Order 14 should be restored for hearing before a different judge②.

The North Sea Co., refused to accept Neil Kaplan's judgment and thus, represented by R. J. Faulkner, a Hong Kong barrister, lodged an appeal to the Appeal Court of Hong Kong. The reasons for appeal were:

— Judge Kaplan incorrectly held that the arbitration clause in Contract A should not be applied to the dispute over the Bill of Exchange;

— he incorrectly held that the Defendant did not have a right to defence against the claim by the Plaintiff;

— he incorrectly adopted Mr. Dicks' testimony (for the Plaintiff) while he did not allow the Defendant to advance its expert opinion to rebut it③.

On 15 March 1995, the CIETAC Panel heard the case in Shenzhen. After

---

① "Application for Arbitration, Hong Kong North Sea Co. v. U.S. York Co.", 23 August 1994, compiled in CIETAC Shenzhen Commission File (hereinafter the "Arbitration File"), on Case [94] No. 84 XULAL and CULAL.

② See "The High Court Judgment, 1993, No. A8176 in the Supreme Court of Hong Kong" (hereinafter "Judgment"), 16 December 1994, AHB, XULAL and CULAL.

③ See "Notice of Appeal", 4 January 1995, submitted to the Hong Kong Court of Appeal by R. J. Faulkner, Barrister, on behalf of North Sea Co. compiled in AHB, XULAL and CULAL.

the Panel clarified the facts and distinguished right from wrong, North Sea Co. and York Co., with the mediation of the Panel, reached a settlement agreement. On the basis of this agreement, the Panel made an award with the following main points:

— before 15 April 1995, that is, one month after the decision, North Sea Co. should pay York Co. 65 percent of total payment plus interest under Contract A;

— within fifteen days after receiving a notice from North Sea Co., York Co. should send technicians to CCTV in Beijing to supply all the missing parts of the water cooling machine, and fully install, adjust and test the equipment;

— within fifteen days after the above-mentioned equipment is tested and accepted, North Sea Co. should pay York Co. in full the remaining 5 percent of the total payment, i. e. USD 26,138, under Contract A;

— the various expenditures incurred by the lawsuit in Hong Kong, including lawsuit fees, court fees, and fees for lawyers, should be respectively assumed by the parties themselves;

— the Shenzhen arbitration fee should be equally shared by the two parties;

— the two parties should withdraw any lawsuit and appeal filed for the case in the courts of Hong Kong before noon on 18 March 1995[①].

As a result, the CIETAC Shenzhen Sub-Commission comprehensively settled the long and drawn out indivisible disputes over the shortage of the supply and the dishonor of the Bill of Exchange, which were generated from Contract A. The two parties of the case were quite satisfied with this arbitration award.

II QUERY ONE TO THE JUDGMENT: ON THE JURISDICTION OF THE CASE

The first important matter in the case is of the holding of its jurisdiction.

---

① See CIETAC Award [95] No. 84 SHEN GUO ZHONG JIE ZHI 16, 16 March 1995, Arbitration File, supra footnote, Arbitration File.

Should it be decided by the High Court of Hong Kong through lawsuit? Or should it be settled by CIETAC through arbitration?

In the High Court Judgment No. A8176 of 1993, Judge Kaplan wrote that the Bill of Exchange in this case:

"... was given and accepted in Hong Kong and as such is governed by Hong Kong law. The Bill of Exchange does not contain an arbitration clause. I am not prepared to hold that the arbitration clause in this case is sufficiently widely drawn to cover a claim arising under a bill of exchange ... It seems to me that the Bill of Exchange in this case creates a free standing contract separate and apart from the underlying contract between the parties which is the one which contains the arbitration clause.

...

I conclude that the proper law of the underlying contract is irrelevant for the purposes of considering this claim made under a bill of exchange which has a separate law applicable to it, namely the law of Hong Kong. Under the law, I am quite satisfied that there is no defence to this claim under the Bill of Exchange and that the arbitration clause relied upon does not apply to it.

In the final analysis it seems clear that I must refuse the stay as the claim made in this action is not covered by the arbitration clause relied upon and that means dismissing the appeal against the decision of the Master who came to the same conclusion ... "[①]

Judge Kaplan. thus forcibly detained the jurisdiction of this case in the Court of Hong Kong instead of returning it to CIETAC.

The fact that Judge Kaplan made such a conclusion over the jurisdiction of the case indicates that he not only disregarded the inherent connection among objective facts, clearly acted contrary to the original desires of and the common agreement between the two parties and fundamentally violated the Hong Kong Arbitration Ordinance, but also undoubtedly violated the

---

① See Judgment, supra footnote, at pp. 27 - 29.

international treaty that Britain signed and which is legally binding upon Hong Kong, and violated universally acknowledged international practice. In addition, it obviously showed his lack of due and minimum respect for the explicit stipulations of Chinese law and regulations that tally with international law and international practice. The following paragraphs are the detailed analysis.

A. The judgment detained and left the jurisdiction over the case to the Court of Hong Kong, obliterated the close connections among Contract A158, Contract B and Contract C, as well as those between Contract A158 and Bill of Exchange 10732C. It thus thoroughly violated the legal principles of "autonomy of will" and "*pacta sunt servanda*"

1. The Place of Contracting and the Place of Performance were Voluntarily Chosen by the Parties

As mentioned in the first part of this article, the three contracts A158, B, and C were separately signed between York Co. and North Sea Co. ; North Sea Co. and Xingyuan Co. ; and Xingyuan Co. and CCTV. Not only Contracts A158, B, and C have the same objectives, i. e. the four sets of water cooling machines were sold by the original vendor, York Co. , but also they were signed one after another in the same language (Chinese), in the same meeting room, at the same location (Beijing), on the same day (31 December 1992). The three pairs of contractual parties were present for themselves, signing these contracts and witnessing each other's signing. The date at the bottom right of the photo presented in evidence was marked "92. 13. 31", which is the same as the date of signing the aforesaid three contracts. It should particularly be noted that the banner in the background clearly shows that these people were holding "The Signing Ceremony for the Purchase of York Water Cooling Machine by Central Television Station"①. Accordingly, the following three facts are strongly confirmed:

(i) On the basis of the "principle of autonomy of will" and "voluntary

---

① See AHB. p. 167.

choice", the parties of these three Contracts (one being the original seller, two being the intermediate purchasers and concurrently re-sellers, and the last one, the final purchaser) came together for a "common objective", namely, for the purchase of York water cooling machines and facilities by China Central Television Station. They actually planned and elaborately designed a "multilateral relay contract" in substance. However, it was separated into three "bilateral contracts" in the law, for the purpose of avoiding the U. S. prohibitions on exports① and tax impositions by PRC customs②. The jobs were divided among the contractual parties but completed through their joint co-operation. In other words, although each runner had his "own distance to cover" when performing this "multilateral relay contract", this kind of deliberate and planned "division of labours" aimed at finishing the whole distance and jointly performing the contract in Beijing.

(ⅱ) The main contents of the three contracts were mutually negotiated in advance and clearly known by all the parties. The contents of the four appendices to each of three contracts (scope of goods supply, technology parameter, technical services, and list of spare parts) are exactly the same③. This also sufficiently proves that before the parties signed the contracts, they had already had full discussions among themselves and reached an overall agreement.

(ⅲ) The first paragraph of Contract A158 makes clear the objective and main theme of the agreement from the very beginning, i. e. that the name of the project is "Cooling Station of China Central Television"④. It thus generally states that both contractual parties agree that the final place of performance is Beijing, China. Through the Sales Contract, both parties

---

① Subject to the U. S. embargo on exports of high-tech products to China, the four sets of water cooling systems supplied by York Co., which comprise micro computer controlling centres, should not be sold to China. Therefore, the Bill of Lading specifically states: "These commodities licensed by the United States for ultimate destination Hong Kong. Diversion contrary to U. S. Law prohibited."See AHB. pp. 108 and 164.
② It was actually managed by Xing Yuan Industrial, Ltd.
③ See AHB. pp. 62-68, 85-91 and 112-117.
④ Ibid., p. 108.

agreed on supplying water cooling machines to Beijing, the end-user.

In addition, according to Clause 5 of the Contract and Sections B, C and D of appendix Ⅲ ①, after the above-mentioned equipment had been delivered to Beijing and installed, the seller, York Co., should further be obliged to supply various after-sale technical services in Beijing. These services included:

(ⅰ) adjusting and testing the water cooling machines free of charge for the end-user in Beijing;

(ⅱ) acknowledging in Beijing the receipt of the water cooling machines;

(ⅲ) repairing or replacing parts free of charge for the end-user in Beijing within a one-year period of warranty (guarantee);

(ⅳ) overcoming any breakdown in operation for the end-user in Beijing;

(ⅴ) inviting four representatives of the end-user in Beijing to the United States for supervising and inspecting the production of the facilities stated in the contract, and acknowledging receipt. Their round trips were to be free of charge;

(ⅵ) sending six operators from the end-user in Beijing to Hong Kong or Singapore for training. After the training, the operators were to be sent back to Beijing; their round trips were free of charge②.

It is notable that the places of fulfilling the obligations of the contract on (ⅰ)、(ⅱ)、(ⅲ) and (ⅳ) were in Beijing; and for (ⅴ) and (ⅵ), the obligations were basically, or at least partially, to be performed in Beijing.

In brief, the place of performance of Contract A was actually or mainly to be in Beijing, China. Furthermore, this location happened to be the place of negotiation and concluding of the Contract. The overlap, compound, integration and consistency of these three "connecting points" thus greatly strengthened their weight, roles and importance in determining the proper law of the Contract.

---

① The end of the Contract states that "The Appendices to the Contract are indivisible parts of the Contract." Ibid., at p. 111.

② The requirement that the supervising, inspecting and operating personnel should come from and be sent back to Beijing, although not expressly stated in the Contract, is clear at a glance in view of Article 13 of the sales contract between CCTV and Xing Yuan Industrial and in view of the fact that it was actually performed, Ibid., pp. 39 and 42.

2. The Organization with Arbitration Jurisdiction and the Proper Law of Contract A158 were Voluntarily Chosen by the Parties

In respect of the means of settling the disputes, both parties of the case made a common choice. According to Clause 7 in Contract A, they agreed that:

> "Any difference relating to the contract will be resolved by compromise. If compromise cannot be reached, it will be submitted to the China International (Economic and) Trade Arbitration Commission for arbitration."①

This means that the parties chose the aforesaid Arbitration Commission of the PRC as the body with jurisdiction to accept and resolve any disputes arising from the contract.

In the aforesaid "arbitration clause", both parties did not expressly indicate that either Chinese law or the law of any other country should be chosen as the proper law of the Contract during the arbitration. However, as they had explicitly chosen an arbitration commission of the PRC to arbitrate any disputes arising from the Contract, it thus can be presumed that both parties have, by implication, commonly chosen the laws of PRC as the proper law.

Professor Han Depei, a Chinese authoritative jurist, in a national collegiate textbook used in China, suggests that:

> "Though the parties to the contract have not agreed on the choice of law, it can generally be presumed that the law of a particular country is intended to be the governing law if they have agreed that any dispute arising from the Contract shall be referred to a court or an arbitration organization in that country."②

This statement is consistent with the views of internationally authoritative jurists, which will be cited and elaborated in the ensuing sections of this article.

---

① Ibid., pp. 111 and 115.
② See Han Depei (ed.), Private International Law (in Chinese), Wuhan University Press, 1985, at p. 149.

3. It was also the Voluntary Choice of the Parties that the Arbitration Clause in Contract A should be Applied to the Bill of Exchange

The key problem regarding the difference over the jurisdiction of the case is whether the Bill of Exchange was fully covered by, and thus could be applied to, the parties' express choice of governing forum and their implied choice of the proper law for resolving the disputes arising from the contract.

The answer to the key problem should be positive, because such coverage is an indivisible part of the voluntary choice of the parties to the Contract. Facts speak for themselves: the most convincing evidence is that the terms in the Bill of Exchange① and those in Invoice No. HKB 10732C (hereinafter "Invoice"), issued by York Co. to North Sea Co.②, are completely consistent with the relevant contents clearly stated in Contract A.

After carefully comparing the Bill of Exchange with the Invoice, we can discover the following key points that are especially notable:

(ⅰ) The fourth line from the bottom of the Bill of Exchange explicitly states: "Value received as 65% value per our Invoice No. HKB 10732C dtd. May 22, 1993". This verifies that the value of USD 339,794 stated in the Bill of Exchange is neither a gift nor a payment based on any other legal reasons. It can only be a part of the total value to be paid as shown on the special invoice issued by York Co., i. e. 65 percent.

(ⅱ) The Invoice number (No. HKB 10732C) is shown on the upper right-hand corner of the Invoice. This number is consistent with the "invoice number" indicated on the fourth line from the bottom of the disputed Bill of Exchange.

(ⅲ) "INVOICE DATE: May 22, 1993" can be found on the upper right-hand corner of the Invoice. This date is consistent with the issuing date of the Invoice shown below the fourth line from the bottom of the Bill of Exchange and above the seal of York Co..

(ⅳ) "TERMS: D/A 30 days on 65% of Total" exhibits on the upper

---

① Bill of Exchange No. YIHK 10732C, 3 June 1993, AHB, XULAL and CULAL.
② Invoice HKB 10732C, 22 May 1993, AHB, XULAL and CULAL.

right-hand corner of the Invoice. Following the total value shown in capital letters as "TOTAL US DOLLARS FIVE HUNDRED TWENTY TWO THOUSAND SEVEN HUNDRED SIXTY ONLY" is a detailed method of calculation in brackets: "(USD 522,760.00×65%=339,794.00)". This percentage figure and the absolute-value figure is consistent with the percentage and the absolute value indicated in the Bill of Exchange.

(ⅴ) Indicated as the Buyer on the left upper corner of the Invoice, North Sea Co. is the Buyer of Contract A. The company is also the Drawee and the actual Payer as shown on the bottom left-hand corner of the Bill of Exchange. Briefly, the Buyer shown on the Invoice, the Buyer indicated in Contract A, as well as the Drawee and the actual Payer of the Bill of Exchange are exactly one and the same. Correspondingly, York Co., as the company issuing the Invoice as shown on the bottom right-hand corner of the Invoice, is also the Seller of Contract A, as well as the Drawer and the actual Payee as indicated on the bottom right-hand corner of the Bill of Exchange. In short, York Co. is the seller, the Drawer and the Payee, at the same time. According to international trading rules and practice regarding the sale of goods, if payment is made in the form of a bill of exchange, the drawer and the actual payee are the seller, while drawee and the actual payer are the buyer. The content and the form of the disputed Bill of Exchange fully tallied with the said international trading rules and practice. Therefore, the amount payable by North Sea Co. as shown on the Bill of Exchange can only be the 65 percent of the total value (price) specified in Contract A and in the Invoice and could never be any other payment arising for other reasons, and independent of Contract A.

Furthermore, making a careful comparison between the Invoice and Contract A158, the following main points that deserve special attention will be found:

(ⅵ) "CUSTOMER ORDER No.: A158/4/9201" is shown on Invoice No. HKB 10732C. This number is consistent with the number "A158/4/92 – 01" indicated in the sales contract between North Sea Co. and York Co..

(ⅶ) The subject of the Invoice is "Re: CCTV, BEIJING", which is consistent with the subject of Contract A158. ① This consistency again conclusively proves the fact that when York Co. sold the goods and issued the Invoice, the Company knew that the final buyer and the actual consumer of the goods was CCTV in Beijing, even though there were two intermediate buyers (and also assignors) of the goods.

(ⅷ) The types and quantities of the goods sold listed on the Invoice are four sets of York Chillers and one lot of accessories. These types and quantities are consistent with those shown in Article 1, Section 1 of Contract A.

(ⅸ) "USD 522,760.00", indicated as the total value of goods in the Invoice, is consistent with the figure of the total price shown in Article 1, Section 3 of Contract A.

To sum up, the facts listed from (ⅰ) to (ⅴ) form a thick iron chain and firmly weld the disputed Bill of Exchange onto Invoice No. HKB 10732C, while the facts listed from (ⅵ) to (ⅸ) form another thick iron chain and further weld Invoice No. HKB 10732C onto Contract A158. Hence, the comprehensive effect of the combination of all these facts is that through the Invoice as an "intermediary", the Bill of Exchange combines with Contract A and forms an undivided component of the contract. In other words, Contract-Invoice-Bill of Exchange are closely connected and organically combined together, and constitute the whole process of the sales action.

Thus, the wording and figures shown on the Bill of Exchange conclusively prove that the Bill itself is the method of "payment" specified in Contract A, that is, to work out the "total value of the Contract" as shown in Article 1, Section 3, as well as to work out the "payment" provision as shown

---

① See AHB, p. 108.

in Article 3 of Contract A. Therefore, the dispute over the honour of the Bill of Exchange is, of course, one of the major differences on the content of the said Contract. Since it is so, under the arbitration clause of Contract A (Article 7), the only way to reasonably and legally settle the difference of the case is to submit the dispute over the Bill of Exchange to the said arbitration body for arbitration in order to fully respect the principles of *pacta sunt servanda* and autonomy of will of the parties.

Otherwise, if one completely ignores the above irrefutable facts and strong evidence, saying that "the Bill of Exchange in this case creates a free standing contract separate and apart from the underlying contract between the parties which is the one which contains the arbitration clause"①, arbitrarily excluding the application of the arbitration clause to the dispute over the Bill of Exchange 10732C and refusing the jurisdiction of China's arbitration organization (CIETAC) commonly agreed and voluntarily chosen by the parties, it is nothing but willfully trampling upon the principles of *pacta sunt servanda* and autonomy of will.

B. The judgment detained and left the jurisdiction over the dispute of the Bill of Exchange to the court of Hong Kong and refused to stay the proceedings of the case, thus thoroughly violating the Hong Kong arbitration ordinance

Under the provisions of Articles 2, 34A and 34C of the Hong Kong Arbitration Ordinance (CAp. 341), an international arbitration agreement and an arbitration pursuant to an international arbitration agreement are governed by Chapters Ⅰ to Ⅶ of the Model Law on International Commercial Arbitration adopted by the United Nations Commission on International Trade Law on 21 June 1985 (hereinafter "UNCITRAL Model Law"). Article 8 of the UNCITRAL Model Law explicitly provides:

— A court before which an action is brought in a matter which is the subject of an arbitration agreement shall, if a party so requests not later than when submitting his first statement on the substance of the dispute,

---

① See Judgment, supra footnote, at p. 28.

refer the parties to arbitration unless it finds that the agreement is null and void, inoperative or incapable of being performed.

— Where such an action has been brought, arbitral proceedings may nevertheless be commenced or continued, and an award may be made, while the issue is pending before the court①.

After comparing the above provisions with the facts of the case, it is clear that:

— Bill of Exchange 10732C worked out the "total value of the Contract" as shown in Article 1, Section 3, as well as the "Payment" provision as shown in Article 3 of Contract A. Therefore, the dispute over the honour of the Bill of Exchange is obviously a major difference on the content and performance of the Contract. These indisputable facts themselves are sufficient enough to prove that this matter should be submitted for arbitration under the arbitration agreement.

— After being forced to appear in court at the beginning of the proceedings, the Defendant immediately applied to the court for a stay of the proceedings under the said provisions of the Hong Kong Arbitration Ordinance (CAp. 341), and the UNCITRAL Model Law on 23 September 1993, so as to submit the case to CIETAC for arbitration as soon as possible. Later, on 23 August 1994, the Defendant applied to CIETAC for arbitration. CIETAC promptly accepted and heard the case. All these elements show that the Defendant took all necessary steps that would benefit the settlement of the dispute through arbitration.

— As a result, the Court of Hong Kong or the judge hearing the case should have decided to stay the proceedings. However, it is much to be regretted that even under these conditions, Judge Kaplan still completely ignored the indivisible relation between the Bill of Exchange and Contract A, ignored the lawful request of one party (the Defendant), and refused to stay the proceedings in Hong Kong. His judgment in this case not only trampled upon the principles of *pacta sunt*

---

① UNCITRAL Model Law on International Commercial Arbitration, compiled in Laws of Hong Kong, CAp. 341, Fifth Schedule.

servanda and "autonomy of will", but also clearly violated the aforesaid provisions of the Hong Kong Arbitration Ordinance.

C. The judgment detained and left the jurisdiction over the dispute of the Bill of Exchange to the court of Hong Kong and refused to stay the proceedings of the case, thus thoroughly violating the international treaty that Britain has acceded to and to which Hong Kong is legally bound

Disputes over an international contract on sales of goods or other kinds of business transactions where the contract contains an arbitral clause, should be submitted to the arbitration institution indicated in such a contract; any other courts or organizations of justice and administration in the countries concerned do not have jurisdiction. This principle has not only been confirmed by domestic legislations prevailing in many countries, but has also been well established and concluded in special international conventions. An explicit provision regarding the principle can be found in the 1958 Convention on the Recognition and Enforcement of Foreign Arbitral Awards (also called the 1958 New York Convention) that has global influence and is applied in more than ninety countries and areas.

Section 3 of Article II of the New York Convention provides:

> "The court of a Contracting State, when seized of an action in a matter in respect of which the parties have made an (written arbitration) agreement within the meaning of this Article, at the request of one of the parties, refers the parties to arbitration unless it finds that the said agreement is null and void, inoperative or incapable of being performed."[1]

The above provision means that any contracting parties to the Convention shall assume the obligation under international law to confirm with the principles of "autonomy of will" and *pacta sunt servanda* in respect of issues concerning arbitration. In other words, each court in the jurisdiction of the

---

[1] Convention on the Recognition and Enforcement of Foreign Arbitral Awards, ibid., Third Schedule.

contracting countries does not have the authority to disregard any explicit provisions of the above Convention, ignore an arbitration agreement between the parties and the request for arbitration of either party, and to presume to hear and decide cases of the kind under discussion here in the form of litigation.

For well known historical reasons Hong Kong is, at present, governed by Britain. The British participated and signed the New York Convention as early as September 1975. Consequently, the Convention has the binding effect of international law on the courts of Hong Kong. Judge Kaplan's Judgment apparently violates the legal obligation to which Britain and Hong Kong are committed by the 1958 New York Convention. One cannot but feel deep regret for the fact that, as a senior judge, Judge Kaplan has not strictly abided by the obligation under public international law.

D. The judgment detained and left the jurisdiction over the dispute of the Bill of Exchange to the court of Hong Kong, thus thoroughly violating universally acknowledged international practice

In their well-known book *The Conflict of Laws*, A. V. Dicey and J. H. C. Morris, two internationally famous British scholars on private international law, drew a conclusion based on numerous precedents relating to international commercial disputes. They connected the above-mentioned various voluntary choices of the parties with the proper law of the contract, and considered that the parties' choice of the place of making a contract, the place of performing the contract, and the place of arbitration meant the parties' choice of the proper law governing the contract. Among them, the legal meaning of the selection of a place for arbitration is more significant. They cited many court verdicts by authoritative judges as evidences and stressed:

> "… a real choice of law has been made might include … the choice of a place where disputes are to be settled by arbitration in circumstances indicating that the arbitrator should apply the law of that place … Wilberforce said 'that the selection of a certain place for arbitration …

is an indication that the parties intended the law of that place to govern is a sound general rule'... Lord Diplock added that 'an arbitration clause is generally intended by the parties to operate' as a choice of the governing law and 'should be so construed unless there are compelling indications to the contrary in the other terms of the contract or the surrounding circumstances of the transaction'. The practical effect of the decision was that the courts continued to presume that a contractual submission to arbitration in a particular country was generally an implied choice of law."[1]

The Law and Practice of Commercial Arbitration in England, a book written by another two famous British scholars, Michael Mustill and Steward Boyd, also conclusively demonstrated similar views, saying that when determining the proper law of the contract, it is required to respect the voluntary choice of the parties, to comply with the principle of the "closest and most real connection", and to seriously pay regard to the place of making a contract and the place of performing the contract, etc[2].

In addition, regarding the legal meaning of the place for arbitration, famous Australian scholars E. I. Sykes and M. C. Pryles also cited typical precedents in their work, *Australian Private International Law*, and made the precise statement that:

"Nevertheless, a clause specifying arbitration in a particular country remains a strong inference that the proper law is that of the country where the arbitration is to be held. The inference can be displaced only by an express choice-of-law clause or by a fairly overwhelming combination of factors pointing to another legal system. Thus, often the proper law of a contract (including the arbitration clause) will be the law

---

[1] See A. V. Dicey and J. H. C. Morris, The Conflict of Laws, 12th edition. Sweet & Maxwell, London, Vol. 2, 1993, at pp. 1225 – 1226, and 11th edition, Stevens & Sons Ltd., London, 1987, at pp. 1161, 1182 – 1183, and 1192; see also Compagnie Tunisienne de Navigation SA v. Compagnie D'Armement Maritime SA (1971), Opinions of Lords Wiberforce and Diplock, The Law Reports, 1971, Appeal Cases before the House of Lords, at para. B, p. 596, and paras. D-E, p. 609, respectively.

[2] See M. J. Mustill and S. C. Boyd, The Law and Practice of Commercial Arbitration in England, 2nd edition, Butterworths, London, 1989, at, pp. 71 – 72.

of the place where the arbitration is to be held." ①

Comparing the summaries of these scholars on typical precedents related to international commercial disputes with the facts, it is easily concluded that in this case:

— The place of concluding the Contract, the place of performing the Contract, and the place for arbitration of the Contract are in China. Thus the proper law of the Contract should certainly be Chinese law. Facing such facts, Judge Kaplan had to explicitly confirm this point in his verdict on the case②. This confirmation is certainly correct.

— However, Judge Kaplan ignored some other facts of great significance, insisted on refusing to recognize that the dispute of Bill of Exchange 10732C was an organic and indivisible part of the disputes over the performance of Contract A158, and dismembered the part that had flesh-and-blood ties with the contract. He arbitrarily asserted that:

"... the proper law of the underlying contract is irrelevant for the purposes of considering this claim made under a bill of exchange which has a separate law applicable to it, namely the law of Hong Kong." ③

Thus he ruled that the case should be governed by the Court of Hong Kong and denied CIETAC's jurisdiction over it. His decision and holding, which ran counter to the above well-known scholars's tatements on the correct practices of settling international commercial disputes, were therefore wrong.

The comprehensive result of settling the case this way is that Judge Kaplan's correctness is negated by his wrongness. Also, questions cannot but help be raised: What exactly did Judge Kaplan mean when he affirmed that

---

① See E. I. Sykes and M. C. Pryles, Australian Private International Law, 3rd edition, The Law Book Co. Ltd. (Australia), 1991, at p. 143.

② See Judgment, supra footnote, at p. 16. In the High Court Judgment, Judge Kaplan indicates: "I have carefully considered all of the issues raised by Ms. Eu Q. C. as to what is the proper law of this contract. However, I am not satisfied that those issues, taken together, amount to an 'overwhelming combination of factors' such as to displace the strong inference that the proper law of the contract should be determined by the place of arbitration. On that basis, I am therefore unwilling to find that any law other than Chinese law is the proper law of the contract."

③ Ibid., at pp. 27 – 29.

Chinese law was the proper law of Contract A158? Was this nothing but an empty show? Where was any sincerity? Did he have due knowledge of and a minimum respect for Chinese law, because he explicitly confirmed in his Judgment that it should govern Contract A158?

E. The judgment that detained and left the jurisdiction over the dispute of the Bill of Exchange to the court of Hong Kong is a lack of due respect for Chinese laws and regulations that tally with international practice

1. The Provisions of Chinese Civil Law and Contract Law Regarding the Proper Law Governing Disputes Arising from the Contract Involving Foreign Interests

Article 145 of Chapter Ⅷ, General Principles of Civil Law of the People's Republic of China (hereinafter "Principles of Civil Law") provides that:

> "The parties to a contract involving foreign interests may choose the law applicable to settlement of their contractual disputes, except as otherwise stipulated by law.
>
> If the parties to a contract involving foreign interests have not made a choice, the law of the country to which the contract is most closely connected shall be applied."

The cited Article, with its first section permeated with the principle of "autonomy of will" and the second section with the principle of "the closest connection", is obviously in conformity with international practice prevailing in the legislation of civil laws and private international law (rules of conflict of laws) in various countries.

Article 5 of the Law of the People's Republic of China on Economic Contracts Involving Foreign Interests (hereinafter "Law on ECIFI") contains a similar provision:

> "The parties to a contract may choose the proper law applicable to the settlement of contract disputes. In the absence of such a choice by the parties, the law of the country which has the closest connection with the contract shall apply."

2. China's Authoritative Judicial Interpretation to the Provisions Regarding the Proper Law Governing the Disputes Arising from the Contract Involving Foreign Interests

A judicial interpretation by the People's Supreme Court of the PRC provides:

"In a civil relationship, if one of the parties is a foreigner, an individual without nationality, a foreign judicial person, or both parties are, or the object of the civil relation is outside the PRC, or if any legal fact creating, varying, or terminating civil relations involving right or obligation happens outside the PRC, all these civil relations shall be regarded as foreign-involved civil relations. The substantive law applicable to these relations shall be determined according to Chapter Ⅷ of The Principles of Civil Law."①

According to another judicial interpretation of the People's Supreme Court of the PRC, the Law on ECIFI is not only applicable to any economic contract made or performed in China between a Chinese enterprise or another economic institution and a foreign enterprise, another economic body, or an individual, but also:

"... applicable to any economic contract made or performed in China between foreign enterprises, other economic institutions or individuals; between Hong Kong or Macao enterprises, other institutions, or individuals; and between a foreign enterprise, another economic institution or an individual and a Hong Kong or Macao enterprise, another institution, or an individual."②

Sales Contract A158 is a contract made in Beijing, China, between York

---

① Article 178, The Interpretations of the Supreme People's Court on Certain Problems Regarding the Implementation of the General Principles of Civil Law of the People's Republic of China, Interim, 2 April 1988, (hereinafter "Interpretations on Civil Law"), in Selections of the Gazette, Cases and Judicial Interpretations of the Supreme People's Court, China's Industry & Commerce United Press, Beijing, 1993, p. 740.

② Part One, Articles 1 and 2, The Interpretations of the Supreme People's Court on Certain Problems Regarding the Application of the Law of Economic Contracts Involving Foreign Interests, 19 October 1987, (hereinafter "Interpretations on Law of ECIFI"), ibid., pp. 871–872.

Co. of the United States and the North Sea Co. of Hong Kong. In the light of the above authoritative judicial interpretations, it is obvious that the contract should be covered by the aforesaid provisions of China's Principles of Civil Law and the Law on ECIFI.

3. Chinese Collegiate Textbook's Basic Position on the Proper Law of Disputes Arising from the Economic Contracts Involving Foreign Interests

Private International Law, the above-mentioned collegiate textbook of Mainland China, has made a systematic exposition and conclusive demonstration as to the principle of "the closest connection". It emphasizes that when presuming the proper law of a contract according to the principle of "the closest connection", one should seriously consider adopting the law of the place of making the contract (that is, the law of the place where the contract was signed), the law of the place of performance, the law of the place of the court, or the law of the place of arbitration, the law of the place the object is located (kept), and the law of the place of the party's residence, domicile, or office①. This position not only conforms to acknowledged international practice, but is broadly accepted and carried out by China's legal and judicial circles.

Comparing the established principles with the relevant facts of Contract A158 in this case, it can be concluded that the place of negotiation, the place of actual or substantial performance, the place of arbitration of the Contract and the place where the contractual object is located are all in China. The Vendor's business place, which is most closely connected with the Contract, is also in China. According to the principle of "the closest connection", Chinese law is the only proper law applicable to all the disputes arising from the Contract. It thus follows that the unsettled disputes over Contract A should be submitted to CIETAC for arbitration in accordance with the stipulations of the Chinese laws and the agreement made by the Contract's parties.

Here, it is necessary to further analyse and answer the most important question of the case. According to the Chinese legal system, is the dispute

---

① See Han Depei, supra footnote, at pp. 147–149.

between the parties over Bill of Exchange 10732C independent of Sales contract A158 and thus governed by neither the laws of the PRC nor the arbitration clause of the Contract? Should it be decided by the Court of Hong Kong through applying either Hong Kong laws or British laws?

4. Correct Judgment on the Jurisdiction over the Dispute of the Bill of Exchange in Light of the Chinese Legal System

As mentioned above, Article 7 of Sales Contract A clearly provides that if "any difference related to the contract" cannot be resolved by compromise, it will be submitted to CIETAC for arbitration.

To figure out this provision, the following four questions, in sequence, should be clarified by referring to the facts of this case:

(a) Under the Chinese legal system, how should we comprehend the phrase "any difference relating to the contract"? Does the phrase take a broad or narrow sense?

(b) Under the Chinese legal system, does the dispute of the case over the Bill of Exchange fall within the scope of "any difference relating to the contract"? Is it a dispute independent of the Contract, or a dispute subsidiary to the disputes over the Contract itself?

(c) Under the Chinese legal system, should the dispute be referred to and governed by CIETAC for arbitration, or by the Court of Hong Kong for judicial decision?

(d) Under the Chinese legal system, what should be done if there are disputes over the jurisdiction itself and the legal jurisdictional body itself?

These questions are hereby clarified one by one.

(a) *The first question*

According to the judicial interpretations of the Supreme Court of the PRC:

"Contract disputes mentioned in Article 5 of the Law on ECIFI should be given a *broad sense definition*. They include any dispute relating to the formation of the contract, the date of making the contract, the *interpretation of contents* in the contract, the *performance* of the contract, the responsibility of breach of contract, and any disputes arising from the modification, stay, transfer, rescission and termination of the contract." (emphasis added)①

(b) The second question

The facts of the case reveal that the problem concerning the honour of the Bill of Exchange is a dispute between the parties over the payment of goods during the performance of the contract, while the problem whether this dispute should be submitted to China's arbitration institution for arbitration is a dispute over the meaning and application scope of Article 7 of the contract, namely, a dispute over "the interpretation of contents in the contract". In light of the above-mentioned judicial interpretations, both types of problems obviously fall within the scope of "contract dispute" which is the broad sense. Therefore, the proper law and the exclusive governing institution of the above two major disputes should be determined or presumed according to the afore-cited provisions of Article 145 of the Principles of the Civil Law and Article 5 of Law on ECIFI.

Thus, it can be seen that under the logical concept in Chinese law, the dispute over the Bill of Exchange cannot be excluded from the coverage of both the term "any difference relating to the Contract" provided in the arbitration clause and the term "contract disputes" which appear in the authoritative judicial interpretations. There is no reason to rule out from the Bill of Exchange's dispute the application and binding force imposed on it by the relevant Chinese laws and judicial interpretations.

Furthermore, Article 12 of the Law of ECIFI provides that the specific object and the price of the object are both basic terms of any economic contract.

In view of the special nature of a sales contract, it is impossible for the dispute over Bill of Exchange 10732C to be independent of and isolated from Contract A158. The Contract begins with the "Purchaser" and the "Vendor" and thus can be deemed as a typical contract for sale of goods. Sections 1 and 2 of Article 1 of the Contract provide for the Vendor's obligation to supply goods (that is, the Purchaser's right to receive the goods); Section 3 of

---

① Interpretations on Law of ECIFC, supra footnote, Part Two, Article 1, at p. 872.

Article 1 and Article 3 set out the Purchaser's obligation to make payment (that is, the Vendor's right to receive the payment). In other words, these clauses clearly spell out the basic rights and obligations of both the Vendor and Purchaser. They correspond to each other, co-exist, integrate together, and indivisibly form the soul and the heart of the contract for sale of goods.

If arbitrarily asserting that the Bill of Exchange is a completely independent contract separate from Sales Contract A and that the sum of the Bill of Exchange is completely unrelated to the aforesaid contractual value, then the obligation of "payment" provided in Clause 3 would be "empty talk". As a result, Sales Contract A would become a contract which only requires the Vendor to supply goods and does not require the Purchaser to make the payment, i. e. a contract of "free donation" from York Co. to North Sea Co. Consequently, the "purchaser" and "Vendor" stated at the beginning of the Contract would be changed into the "Donee" and the "Donor". Is not this ridiculous?

On the other hand, York Co.'s (the Plaintiff's) claim for payment from North Sea Co. (the Defendant) would become without base in law and equal to "blackmail", forcing the latter to give a "free donation" to the former. Therefore, to allege that the Bill of Exchange of the case is a legal fact or legal relation independent of Sales Contract A, would change the special nature of Contract A as a contract for sale of goods, and further take away its legal "life", as well as make the claim of York Co. for the honour of the Bill of Exchange to become a tree without roots, a stream without a source.

Moreover, so far as the causality between the supply and the payment of the goods is concerned, the dispute over the Bill of Exchange also cannot be independent from Sales Contract A, because the dispute on the honour of Bill of Exchange was caused by the Vendor's failure to fully perform its contractual obligations regarding goods supply. It can even be said that the dispute over the payment is actually a manifestation of the dispute over the supply of goods, since the causality between them is so direct and inseparable. Now that neither party denied that the dispute on goods supply was exactly a dispute directly over the performance of the Contract, neither of them should have the right or be able to deny that the dispute over the payment (i. e. the honour of the Bill of Exchange) caused by the dispute over goods supply was completely and directly over the performance of the Contract.

(c) *The third question*

Article 37 of the Law on ECIFI stipulates that if disputes over a contract develop, "the parties may, in accordance with the arbitration clause provided in the contract or a written arbitration agreement reached by the parties afterwards, submit the dispute to a Chinese arbitration body or any other arbitration body for arbitration."

Since Sales Contract A clearly stipulates that any dispute over the Contract on which no compromise can be reached shall be submitted to CIETAC for arbitration, the dispute over the Bill of Exchange, which is directly related to the payment of price, should accordingly be submitted to that arbitration body for arbitration, instead of being referred to the courts of Hong Kong for litigation, thus breaching the Contract's arbitration clause.

(d) *The fourth question*

After the parties have clarified issues (a), (b) and (c), they might still hold differences concerning the contents of the aforesaid arbitration clause itself and its scope of application, especially concerning the issue of whether CIETAC has jurisdiction over the dispute on the Bill of Exchange. In order to settle the differences on the arbitration clause itself, or on CIETAC's jurisdiction itself, some other relevant laws and regulations of PRC may be relied upon. The following are the basic key points of these laws and regulations.

Article 257 of the 1991 Civil Procedure Law of the People's Republic of China (hereinafter "Civil Procedure Law") provides that:

> "In the case of a dispute arising from the foreign economic, trade, transport or maritime activities of China, if the parties have an arbitration clause in the contract concerned or have subsequently reached a written arbitration agreement stipulating the submission of the dispute for arbitration to an arbitral organ in the People's Republic of China handling cases involving a foreign element, or to any other arbitral body, they may not bring an action in a People's Court."

The above provision demonstrates that so long as the parties concerned have agreed to resolve a foreign-involved dispute by arbitration, judicial remedies will be absolutely excluded.

According to the aforesaid judicial interpretations by the Supreme Court of the PRC[①], the dispute concerning the definition and applicable scope of an arbitral clause should also be regarded as a kind of contract dispute and be submitted to the previously agreed arbitration body for arbitration in conformity with the arbitral clause in the contract.

Article 4 of CIETAC Arbitration Rules (adopted on 17 March 1994) stipulates that:

> "The Arbitration Commission has the power to decide on the existence or validity of an arbitration agreement and the jurisdiction over an arbitration case."

This stipulation conforms to the aforesaid provisions of Article 257 of the Civil Procedure Law and the judicial interpretations of the Supreme Court of the PRC. They have the same basic spirit and work in concert and complementarily.

The comprehensive conclusion drawn from all these relevant provisions is that, should the parties concerned have differences on the intension of the arbitration clause itself, as long as the parties have agreed to submit their disputes involving foreign elements for arbitration, they should also submit their differences to the previously agreed arbitration body to decide the validity of the arbitral agreement and the jurisdiction over an arbitration case. Neither party can breach the contract by bringing a suit before a law court, nor can any People's Court accept and put the case under its jurisdiction, until the Arbitration Law of the People's Republic of China (which entered into force on 1 September 1995) makes some new provisions (see its Article 20).

To summarize, anyone who sincerely respects and complies with the major legal principles of "autonomy of will" and "the closest connection", will inevitably consider Chinese law as the only proper law to resolve all the

---

① Ibid.

relevant disputes arising from Sales Contract A. Anyone who shows due respect to Chinese law and honestly recognizes and confirms it as the proper law of any disputes arising from Contract A, will definitely not disregard the series of specific provisions under the Chinese legal system concerning foreign-involved contractual disputes and their jurisdiction, forcibly dismember the dispute over the Bill of Exchange that has flesh-and-blood ties with Sales Contract A, insist on ruling that Hong Kong law is the proper law of the said dispute over the Bill of Exchange, and put it under the jurisdiction of the Court of Hong Kong.

III QUERY TWO TO THE JUDGMENT: ON THE "RECOGNITION" IN CHINESE LAW OF THE "AUTONOMY" OF THE BILL OF EXCHANGE DISPUTE IN THIS CASE

One of the main arguments of Justice Kaplan's Judgment is based on the aforesaid expert affidavit submitted by Mr. Dicks. The Judgment is twenty-nine pages long-of which six pages recite Mr. Dicks' opinions. The Judgment reads:

> "The plaintiffs have adduced an Expert Affidavit from Mr. Anthony Dicks Q. C. who is an expert in Chinese law and *has special expertise* in relation to the development of various payment mechanisms, including bills of exchange, within the PRC.
>
> …
>
> The essence of Mr. Dick's evidence was, therefore, that in neglecting to take into consideration the special character of bills of exchange as payment instruments, both Professors had adopted a view which did not take into account or accord with the legal principles applicable in China to bills of exchange and other payment instruments. [1]
>
> …

---

[1] See Judgment, supra footnote, at p. 20.

I have been much impressed with the evidence of Mr. Dicks which does appear to me to deal with the relevant issue in a logical and coherent manner, supporting it with references to the development of the law relating to payment instruments within China①.

...

I am prepared to accept the conclusion made by Mr. Dicks ... I therefore conclude that on the basis that Chinses law is the applicable law, a bill of exchange is to be treated separately from the underlying contract in respect of which the bill was given ... " (emphasis added)②.

Since the main points of Mr. Dicks' conclusion have been set out at the beginning of this article, it is unnecessary to repeat them here. The problem lies in that the grounds of argument he cited and elaborated, i. e. the so-called "legal principles applicable in China to bills of exchange and other payment instruments", are often fabricated or misrepresented, and are not in conformity with the reality and the original meanings. Thus while being "much impressed", Justice Kaplan was misled in respect of China's legal principles on payment instruments. He believed, and relayed, the errors, the main ones of which are illustrated below, as truths.

A. There does not exist in the laws of China such a strange expression of "the autonomy of bills of exchange" and absolute "independence" of bills of exchange as extremely esteemed by Mr. Dicks

It was stressed by Mr. Dicks that the principle of autonomy of bills of exchange has been "recognized by the provisions of Chinese statutory law". However, having looked up all the laws and regulations of China, no trace of this strange expression could be found. Neither was there found any Chinese law that granted such a lofty independent status to bills of exchange which have not been transferred by endorsement. It was alleged by Mr. Dicks that bills of exchange could exist independently even before being transferred by

---

① See Judgment, supra footnote, at p. 20.
② Ibid., p. 25.

endorsement, and that any person liable on a payment instrument has no right to set up any defence against a holder of the instrument even though they have direct credit-debt relationships.

B. Mr. Dicks' citations from the procedures for bank settlements of China are garbled and out of context

One of the major laws or regulations Mr. Dicks cited as his arguments for the said principle of "autonomy of bills of exchange" is the Procedures for Bank Settlements promulgated by the People's Bank of China on 19 December 1988 (hereinafter "the Settlement Procedures"). He relates the provision of Article 14, paragraph 5, that permits the transfer of commercial bills of exchange by endorsement and cites the provision of Article 22:

> "Where a payment instrument which in accordance with these Procedures is transferable by endorsement suffers dishonour by reason of non-payment, the holder of the instrument is entitled to exercise a right of recourse against the drawer, endorsers and other persons liable; all persons liable on a payment instrument are jointly and severally liable to the holder."

Mr. Dicks attempts to prove the absolute "autonomy"[①] of bills of exchange as if the relevant laws or regulations of China also recognize such "autonomy" as absolute, paramount and indisputable. However, he emasculates the prerequisite of Article 22, that the Bill of Exchange should have been "transferred by endorsement", and forcibly applies the garbled stipulation to the case of Bill of Exchange 10732C. Meanwhile, he neglects or, in another word, evades, the provisions of paragraphs 2 and 3 of Article 14 which apply major limitations to the sphere of application of the rights to a bill of exchange. Paragraph 2 stipulates in a positive way:

> "A commercial bill of exchange may be employed in case of any commodity transaction carried out under a sale and purchase contract

---

① See "Affidavit of Anthony Richard Dicks", supra footnote," at p. 5, para. 11; and pp. 7 – 8, paras. 15 – 16.

between juridical persons which maintain accountants with banks."

The negative provision of paragraph 3 follows closely:

"The issue of a commercial bill of exchange must have as its foundation a lawful commodity transaction; the issue of a commercial bill of exchange in the absence of any commodity transaction is prohibited."

By virtue of the above paragraphs, a commercial bill of exchange whose issuance is based on an illegal commodity transaction or even no transaction at all, shall not be protected by law in China or is simply void *ab initio*, even if it has all the necessary items of a normal payment instrument. It may well be asked: how could a bill of exchange which is not protected by law or is void *ab initio* have any "autonomy" before it has been transferred by endorsement? Similarly, the Bill of Exchange, might also have been prohibited under Chinese law if it had not been based on the commodity transaction under Sales contract A. It would have thus become "a tree without roots" or "a stream without a source" to York Co. as the payee and lose its legal life. So, how could the "autonomy" of the Bill survive if the Bill itself is legally "dead"?

Moreover, Mr. Dicks neglects or evades Article 10 of the Settlement Procedures:

"Banks scrutinize payment instruments, settlement instruments and related documents in accordance with the provisions of these Procedures. Where an economic dispute between the payee and the payer occurs, they must dispose of it on their initiative, or apply for a conciliation, arbitration or judgment to an arbitration organ or a People's Court."

Article 10 suggests at least three aspects of fact:

— Economic dispute between payer and payee after the issue of a payment instrument is quite a common occurrence, since on the one hand the holder or the payee is entitled to cash in upon the bill of exchange, and on the other hand, the accepter or the payer is entitled to set up defences according to the law. On the contrary, if the accepter or the payer were denied the right of defence, no "economic dispute between the payee and the payer" could ever happen, nor would it be necessary to set the special provision on settlement of such dispute in relevant laws or regulations. Hence, it can be inferred that the provision of the above Article is virtually a recognition of and protection for the right of the obligor, i. e. the person liable on a payment instrument, to set up defences against the holder of the instrument.

— There are three ways of settlement for "economic dispute between the payee and the payer":

(ⅰ) settlement by compromise on the parties' own initiative;

(ⅱ) settlement through mediation or arbitration by an arbitration body;

(ⅲ) settlement through litigation in a People's Court.

The facts of this case have shown that settlement (ⅰ) did not work.

— As demonstrated above, according to the provisions of Article 257 of China's Civil Procedure Law, the parties in this case cannot bring an action in a People's Court because they had an explicit arbitration clause in Sales Contract A158. Therefore, the above settlement (ⅲ) cannot work either. The only available way is to submit the "economic dispute between the payee and the payer" to CIETAC for arbitration in accordance with the law and the contract.

Thus the "autonomy" of the Bill of Exchange, repeatedly stressed by Mr. Dicks, is once again greatly discounted by Article 10 of the Settlement Procedures and Article 257 of the Civil Procedure Law. It is these Articles as well as the arbitration clause that explicitly vested in CIETAC the jurisdiction of the dispute over the Bill of Exchange.

It is perplexing how an expert who "has special expertise" in relation to the development of Chinese laws on payment instruments can go so far as to emasculate the prerequisite for application of some key articles (e. g. the said Article 22), or completely disregard them, one after another (e. g. Article 10; Article 14, para. 2. 3).

C. When citing Mr. Guo Feng's article, Mr. Dicks has emasculated its prerequisite and garbled its original meaning

Mr. Dicks cited as evidence an article on disputes of payment instruments written by Mr. Guo Feng (Mr. Guo is a Chinese lawyer), stating that the article summarizes certain characteristics of payment instruments and explicitly demonstrates their "autonomy"①. After checking the original text, we find that Mr. Dicks has once again "ignored" some key points. These are discussed below.

The subject of Mr. Guo's article is the liability of the debtor on a payment instrument transferred by endorsement to the holder of the instrument who is a *bona fide* third party. In other words, the prerequisites of the argument of the whole article, *inter alia* those arguments on the differences between an ordinary debt and a debt upon a payment instrument, is that, firstly, the instrument has been transferred by endorsement; and secondly, it has been held by a *bona fide* third party. The second main headline (in Chinese) of "the first seven pages of translation of Part 1 of the article" to which Mr. Dicks requires us to pay attention is exactly "Pay Attention to the Distinctions between the Transfer of Ordinary Debts and the Transfer of Payment Instruments by Endorsement". And all of the six points of distinction which follow are on the prerequisite that the payment instrument has been transferred by endorsement and held by a *bona fide* third party②.

However, Mr. Dicks ignored or intentionally garbled the two prerequisites of Mr. Guo's article when citing it as evidence for his so-called "autonomy" of payment instruments. The Bill of Exchange has nothing to do with any third party because it has never been transferred by endorsement and the payee and the payer are consistently the original two parties of Sales Contract A. To cite as evidence an article on the treatment of a *bona fide* third party holding a payment instrument transferred by endorsement for a case where there is no such a third party is like trying to compare chalk with cheese.

In fact, Mr. Guo's article originally has some explicit statements that are quite unfavourable to or even directly against the unconditional "autonomy" of

---

① See "Affidavit of Anthony Richard Dicks", supra footnote, at p. 8. paras. 17–18.
② See Guo Feng, Certain Noticeable Problems on Trying Disputes over Payment Instruments by the Courts, Fazhi Ribao (Legal System Daily), 5 May 1992.

payment instruments insisted upon by Mr. Dicks. However, they are also wrongly "ignored". For example, it is stated in the article that, in cases such as where the obligor's act in respect of a payment instrument is carried out under fraud or coercion, or the obligor's counterpart in the causal relation refuses to discharge its civil law liabilities, the obligor of the instrument is entitled to set up defence. In order to illustrate this point, Mr. Guo gives a specific example:

"A and B conclude a sales contract. B is the seller. A issues a commercial bill of exchange to B, and B transfers it to C by endorsement. For some reason, B fails to deliver the contracted goods to A. In such a case, if B holds the bill of exchange and requests A to honour it, A *may set up defences against B's request for his failure to perform the contract*. However, if C is without knowledge of the above situation when accepting the transferred instrument, A cannot refuse C's request for payment when he presents the bill."①(emphasis added).

Mr. Guo further emphasizes:

"*In judicial practice, any proper defences shall be protected.*" (emphasis added).

According to the illustrations by Mr. Guo himself, the "causal relation" refers to the relationship on which the payment instrument is based. Should the instrument be issued and accepted under a sales contract, the relationship between the seller and the buyer is the "causal relation"②. Mr. Guo's viewpoints are consistent with the common viewpoints of the works on bills laws published in Mainland China, which will be further introduced in the following sections.

Mr. Guo Feng's conclusions are quite correct. What they argue for is exactly that when performing a sales contract (the causal relation of the payment instrument), the buyer is entitled to set up a defence and refuse to

---

① See Guo Feng, Certain Noticeable Problems on Trying Disputes over Payment Instruments by the Courts, Fazhi Ribao (Legal System Daily), Part 3, 19 May 1992.
② See The Letter to Professor An Chen from Mr. Guo Feng, 24 August 1994, AHB. p. 356.

pay if the seller (completely or partially) fails to fulfill its obligation to supply the contracted goods, although the seller holds the bill of exchange issued by the buyer. Under such circumstances, the honour of the bill of exchange held by the seller is subject to whether he has fulfilled his obligations to supply the goods as agreed. Such being the case, how can the bill of exchange and the creditor's rights to it be absolutely "autonomous"? Comparing the above example with this case, the relationship between the North Sea Co. and York Co. is analogous to that between A and B. Therefore, the right of defence against the Bill of Exchange by the North Sea Co. is also protected under law.

In Chinese academic works on the fundamental principles of the Bill Law, the cause of the issue and the acceptance of payment instruments is called the "causal relationship of payment instruments"①. So far as this case is concerned, the origin and causation of the disputed Bill of Exchange is Sales Contract A. The causal relationship and principal subordinate relationship between the Contract and the Bill are very clear at a glance. The Buyer, North Sea Co., and the Vendor, York Co., were originally the two parties of the sales transaction, and then the two parties of the Bill act. Before the Bill was transferred to a third party, the parties of both the Contract and the bill were the same. And the parties' civil rights and obligations upon the Contract (the Buyer obtained the goods and made payment while the Vendor delivered the goods and got payment), and their rights and obligations upon the Bill (the acceptor, i.e. the payer, made payment upon receiving the goods while the drawer, i.e. the payee, received payment for having delivered the goods), were consistent with one another. Thus the dispute over the underlying Contract and that over the Bill overlapped.

Therefore, it is against not only fundamental jurisprudential principles but also the laws of China to oblige the Buyer to make payment unconditionally — without any regard to the rights and wrongs of the underlying transaction — by isolating the dispute over the Bill from that over the Contract, and considering the Bill as it stands. Support by any lawyer or any court for such an unreasonable request would inevitably make people

---

① See The Compilation of and Comments on Bills Law, China Prosecution Press, 1994, p. 31.

think of a well-known Chinese fable: A was hit by an arrow and asked B for treatment. B sawed the shaft off. Then he told A that the operation was over and asked for payment. B was puzzled:"The arrowhead is still in my body." B answered: "I'm a surgeon. I'm only responsible for the part outside your body. Now that the arrowhead is inside your body, please go and see a physician." It goes without saying that any qualified judge or attorney at law, when resolving disputes between the parties, should consider comprehensively the two disputes which have direct causation between themselves and are inseparably bound to one another, and make fair and reasonable judgments— just as any qualified doctor should treat the shaft and arrowhead comprehensively and cure the wound completely.

D. Mr. Dicks' opinion runs counter to the generally accepted viewpoints of Chinese academic works on bills laws, the stipulations of relevant international convention and the bills law of China

In China, the 1984 *Complete Compilation of and Comments on Bill Laws* (with 1950 pages and about 3.15 million words) contains a chapter devoted to The Defence against Payment Instruments. In this books, there are many arguments for defence by the obligors of payment instruments; these are unfavourable to the absolute "autonomy" of payment instruments insisted on by Mr. Dicks. The following are some extracts:

— "A defence against a payment instrument is a rejection based on certain lawful reasons by the obligor of the instrument against the claim by the creditor. The facts and reasons on which the defence is based are called the 'cause of defence'; the obligor's right to set up defence against the creditor is called the 'right of defence'. The defence of payment instrument is one of the instrument obligor's manners to protect himself." (p. 67).

— "Defence against person: a defence against person is the defence by a particular obligor against a particular creditor. It can mainly be based on the following situations:

a. The causality is illegal. Whether or not the causality of the issuance of a payment instrument is lawful originally, it has no effect on the validity of the instrument, because they are non-cause securities. But if the illegal causality exists between the direct payer and payee, a demur can be advanced. For example, if a cheque is issued for payment of gambling debts, the obligor may set up a defence against the direct payee's request for payment, but not against the request of any other *bona fide* third parties to whom the cheque has been transferred.

b. The causality is invalid, non-existent or has been eliminated. The rights to and obligations upon a payment instrument, which come into being because of its issuance, would have not been affected by the invalidity, non-existence or elimination of its causality. A defence, however, may still be set up between the direct payer and payee in such cases. For example, A issues a promissory note to B for buying B's goods. B then can't deliver the goods. A may therefore set up a defence against B's claim for payment.

c. The lack of consideration. The validity of a payment instrument would not have been affected by the lack of consideration. Between direct parties, however, if the issuance of the instrument is subject to the acceptance of consideration, a demur may be advanced. For example, if the drawer issues an instrument under the condition that the holder of it provides a loan equivalent to its face value, the drawer may set up defence against the holder for its failure to provide the loan as agreed." (pp. 68 – 69).

— "As to defence against persons, the defences arising between direct parties cannot be restricted either. For example, if there exists between the drawer and the payee both the relationship upon the payment instrument and the causal relationship, the drawer, when required by the payee to discharge payment obligations, may also asked the payee to discharge his obligations under the causal relationship, according to the principle of simultaneous performance under civil law. Now that the two categories of obligation coexist between the same parties, not to allow the drawer to set up any defence is unfair and will make the legal relationships between the parties more complicated, although the former obligation is based on the relationship upon the payment instrument and the later obligation on the causal relationship. Therefore, the Bills Law also has no restriction on the defences set up between the direct parties." (pp. 69 – 70).

— "If causal relationship and relationship upon the payment instrument coexist between the same parties, the obligor may use the former to demur to the latter. For example, A buys goods from B and issues a promissory note to B; later the sales contract between A and B is rescinded, hence A may refuse B's request for payment on the grounds that the causal relationship is no longer existent. Such refusal can only be made between the direct parties." (p. 33).

These fundamental viewpoints, written by scholars of Mainland China, are completely consistent with the basic spirit of relevant stipulations in the 1988 UN Convention on International Bills of Exchange and International Promissory Notes.

Article 28(1) (b) and (d) of that Convention provide that a party may set up against a holder who is not a protected holder any defence based on the underlying transaction between himself and the drawer as well as any defence which may be raised against an action in contract between himself and the holder. Article 30(1) (b) further stipulates that a party may set up defences against a protected holder, based on the underlying transaction between himself and such holder[①].

From the above quotations from Chinese scholars' works and from the UN Convention, the following key points can be drawn:

(ⅰ) There are connections as well as differences between normal credit-debt relationships under both Civil Law and Bills Law. Therefore, we can neither confuse nor absolutely separate them.

(ⅱ) Normal civil credit-debt relationships as the cause of a payment instrument should be strictly separate from newly created credit-debt relationships upon the instrument, if the original credit-debt

---

① For the Chinese version see ibid., Part Ⅲ: International Conventions on Bills, pp. 1745 – 1746.

relationship upon the instrument has been transferred by endorsement to a *bona fide* third party. In other words, the newly created credit-debt relationship is to a certain extent autonomous and shall not be affected by the normal civil credit-debt relationship.

(ⅲ) Before a payment instrument is transferred to any third party, there exists between the direct drawer and acceptor both the credit-debt relationship upon the instrument under the Bills Law and the causal credit-debt relationship, i. e. the underlying credit-debt relationship under civil law. The former relationship is coming from, and subject to, the latter and thus it is impossible for the former to be autonomous. Therefore, any dispute over the former relationship should be settled comprehensively together with the former over the latter. In such a case, the protection for the legal right of defence by the obligor to the instrument is to be particularly emphasized.

(ⅳ) The nature of the disputes between York Co. and the North Sea Co. completely conforms with the situations stated above in point (ⅲ). Therefore, the dispute over Sales Contract A158 and the one over Bill of Exchange 10732C should also be comprehensively settled in light of the above analysis.

The above viewpoints and principles are embodied not only in the 1988 Settlement Procedures of Banks, but also more explicitly in the Law of Bills of the People's Republic of China, promulgated on 10 May 1995, which stressed that the issue, obtainment and transfer of a payment instrument (bill) shall all "be based on a real transaction and credit-debt relation". In order to ensure the fairness and equality of rights and liabilities between the obligee and the obligor of a bill, "considerations, i. e. the corresponding prices agreed by both parties of a bill, must be paid for obtaining the bill", unless those bills may be legally obtained without payment for the purpose of taxation, inheritance or donation[①]. Under such a legislative principle:

---

① Law of Bills of the People's Republic of China, Articles 10 and 11(2).

"The obligor of a bill may set up defence against the holder who has direct credit-debt relations with himself but failed to discharge the agreed liabilities.

In this Law, defence means the bill obligor's refusing to perform its obligations to the obligee in accordance with this Law."①

Thus, the dust and fog are gone. Whether Mr. Dicks' allegation is a real or fake Bao Gong② is now clear at a glance. The allegation which preaches the absolute "autonomy of bills of exchange" and does not allow the obligor to set up any defence is the fake Bao Gong, because this position runs counter to the Chinese laws on payment instruments.

It is indeed the preacher himself (but no others) who adopted a view which "neither takes account of nor accords with the legal principles applicable in China to bills of exchange and other payment instruments"!

E. Mr. Dicks has distorted the original text when quoting the civil procedure law of PRC as evidence for the said "autonomy of bills of exchange"

Mr. Dicks re-stated his so-called "supervisory procedure" (procedure for hastening debt recovery) provided by Articles 189 to 192 of the Civil Procedure Law, alleging that:

—"It enables a plaintiff claiming a sum of money or delivery of a valuable security to obtain ex parte and serve on the defendant a 'payment order' which, if not contested by the defendant within fifteen days, can be enforced. It is subject to the right of the defendant to enter a written 'opposition' showing that the right to payment (or delivery) is the subject of dispute between the parties, on the basis of which the court must decide *whether or not to discharge the payment order.*" (emphasis added)③.

---

① Law of Bills of the People's Republic of China, Article 13(2).
② Bao Gong was an upright and sagacious judge in the Song Dynasty. In a Beijing opera, it was said that a ghost once pretended to be Bao Gong and caused great confusion. But eventually the truth was clarified and the fake Bao Gong was punished by the real Bao Gong.
③ "Affidavit of Richard Anthony Dicks", supra footnote, at p. 12, para. 26.

— "... the question whether or not there is a dispute of such a kind as to require discharge of a payment order made in respect of a payment instrument *is a question for the courts to decide on the strength of the defendant's case rather than being automatically determined by the mere filing of the 'opposition' ...*" (emphasis added)①.

— "An unreasoned or unexplained opposition to a claim on a bill of exchange, even between the original parties to the bill, *cannot suffice to discharge a payment order.*" (emphasis added)②.

Comparing the above re-write with the original text of the Civil Procedure Law, it is clear Mr. Dicks has forced his incorrect understandings upon the law:

— Paragraph 1, Article 189 of the Civil Procedure Law states:

"When a creditor requests payment of a pecuniary debt or recovery of payment instruments from a debtor, he may, if the following requirements are met, apply to the basic People's Court that has jurisdiction for an order of payment:

a. *no other debt disputes exist between the creditor and the debtor*; and

b. the order of payment can be served on the debtor." (emphasis added).

— Paragraph 1, Article 191 provides that, after accepting the application and upon examination, the people's Court shall either approve the application and issue an order of payment to the debtor, or reject it. Paragraph 2 of the same Article further stipulates:

"The debtor shall, within fifteen days after receipt of the order of payment, clear off his debts or submit to the People's Court his dissent in writing."

— Article 192 explicitly provides:

"The People's *Court shall*, on receiving the dissent in writing

---

① Affidavit of Richard Anthony Dicks", supra footnote, at p. 12, para. 28.
② Ibid., at p. 13, para. 28.

submitted by the debtor, *make an order to terminate* the procedure for hastening debt recovery and *the order of payment shall of itself be invalidated*. The creditor may bring an action in the People's Court." (emphasis added).

Obviously, when re-writing the stipulation on "order of payment" in Chinese law, Mr. Dicks has emasculated the indispensable prerequisite for applying for an order of payment that "no other debt disputes exist between the creditor and the debtor". In this case, there does exist another closely related dispute between the Plaintiff and the Defendant, i. e. the dispute over Sales Contract A158, besides that of Bill of Exchange 10732C. Such being the case, how can the Plaintiff have any right to apply to the Court for an order of payment?

Moreover, and according to Article 192, on receiving the debtor's written dissent, the court "*shall* make an order to terminate" the hastening procedure and, at the same time, the order of payment issued "*shall* of itself be invalidated" immediately. It should be stressed that, firstly, this Article explicitly stipulates the principles of trial and norms of behaviour that the court must strictly abide by, i. e. to terminate the hastening procedure and thus make the order of payment void once the debtor submits his written dissent within legal period. In other words, the court shall have no power of discretion as to whether or not to discharge the payment order. Secondly, if any Chinese judge were bold enough to ignore the above mandatory provision and, by adopting Mr. Dicks' opinion to freely "decide whether or not to discharge the payment order", and dare to presumptuously decide to continue the hastening procedure and maintain the payment order even after receiving the written dissent submitted by the debtor within legal period, he would be punished for his "knowing law, but violating law" and "enforcing law, but violating law". Thirdly, it is certain that, with respect to the particular problems on "hastening procedure" and "payment order", there cannot be a judge of such a poor level in China, because the above provision in Article 192 is so explicit and categorical.

Therefore, the power of discretion of the court to "decide whether or not to discharge the payment order" after receiving the debtor's dissent in writing, instead of terminating the hastening procedure and actually annulling the order of payment, is obviously fabricated and this meaning forced upon the Civil Procedure Law of China by Mr. Dicks.

IV QUERY THREE TO THE JUDGMENT: ON THE DEFENDANT's RIGHT OF DEFENCE IN THIS CASE

Having read the Affidavit by Mr. Dicks and found that it contained many misunderstandings and misinterpretations of Chinese laws and legal Articles and at the request of the Defendant, this author entered another expert opinion to the Supreme Court of Hong Kong to clarify these misinterpretations one by one. Therefore, had Justice Kaplan not been misled by Mr. Dicks in respect of the so-called "legal principles applicable in China to bills of exchange and other payment instruments" if he had full respect for the Defendant's legal right of defence and been thus enlightened by listening to both sides, the situation could have been avoided.

Unfortunately, Mr. Kaplan explains in the Judgment,

> "In late November 1994, I refused an application by the Defendant to produce an additional report by professor Chen An on the grounds that *it was too late* and in the *special circumstances* there was no opportunity for Mr. Dicks Q. C., the expert on the other side, to reply to it in sufficient time." (emphasis added)①.

Such an explanation is hardly convincing.

A. The reason "it was too late" is not tenable

According to the order made by Justice Kaplan on 24 March 1994, the Plaintiff had to file and serve two experts' evidence (affidavits) before 5 May 1994. However, the time within which Mr. Dicks had to submit his expert evidence for the Plaintiff was extended many times. Not until 5 August 1994,

---

① See Judgment, supra footnote, at pp. 2 – 3.

three months after the time-limit set, did Mr. Dicks enter his evidence into the Supreme Court of Hong Kong. Justice Kaplan did not refuse "on the grounds that it was too late". Instead, he made a long citation from Mr. Dicks' evidence as one of the main reasons for the judgment. However, why should the Defendant's defence to Mr. Dicks' evidence be rejected "on the grounds that it was too late", since it was actually entered as early as 1 September 1994, which was only twenty-six days after the presentation of Mr. Dicks' evidence — and could well be called "prompt"? Why was it "too late", since the judgment of this case was not made until 16 December 1994, and thus Justice Kaplan had three and one-half months, a long enough time to seriously consider the defence? Why did the Justice conclude that "there was no opportunity for Mr. Dicks ... to reply to it in sufficient time", since during the period of three and one-half months there was sufficient time for him to make a counter-defence? In brief, people cannot help but ask: What are the criteria of "it was too late" and "sufficient time"? Was the same criterion applied to both the Plaintiff and the Defendant?

As to the said "special circumstances", there is no concrete explanation in the Judgment, The public can only learn from The New Gazette published in Hong Kong that:

> "Justice Kaplan has announced his resignation from the Supreme Court. He will leave the bench around Christmas this year."[①]

We can hardly believe that this is what the "special circumstances" mean. Obviously, the judge in charge of the case should not refuse a defence by the Defendant on the grounds that he himself would soon resign, let alone the fact that the defence had been submitted to him over three months before Christmas Day. On the contrary, if his resignation was not what the "special circumstances" meant, why did he not list explicit facts in the solemn judgment to prove that his denying equal right of defence to the Defendant was indeed reasonable so as to protect the dignity of the court and the honour of the judge? Thinking and re-thinking over this question does not make

---

① Kaplan to Quit the Bench, The New Gazette, Hong Kong, August 1994, at p. 13.

matters clearer.

B. Denying equal right of defence to the defendant is against the principle of equity and international practice on litigation procedures

It is well known that one of the most fundamental principles of any litigation or arbitral procedures is to ensure full and equal rights to both parties and allow them to make a full argument, in order to make it easier for judges or arbitrators to find out the truth, clarify the rights and wrongs, apply laws correctly and make fair judgments. This principle is not only embodied in procedure laws and arbitration rules of various countries, but also in the international conventions on arbitration procedures, and thus has become a part of public international law and international practice.

There exist in the theories and practices of Anglo-American procedural laws the so-called "rules of natural justice", by which any righteous judge should strictly abide. In *Board of Education v. Rice*, this principle is summarily stated:

"IMPLICIT in the duty to observe the *audi alteram partem* rule of natural justice lies a duty to give a 'fair opportunity to those who are parties in the controversy for correcting or contradicting any relevant statement prejudicial to their view'. Otherwise a person aggrieved by a determination may justifiably complain that he has been denied a fair hearing."[①]

In the Civil Procedure Law of China, in order to implement the principle of "basing on facts and taking laws as criteria" and making judgments equitably, it is also repeatedly emphasized that both parties should be given equitable and equal litigation rights:

"The parties in civil litigation shall have equal litigation rights. The

---

[①] See Board of Education v. Rice, The Law Reports (1911), Appeal Cases before the House of Lords, at pp. 179 and 182. See also Case and comments, Cambridge Law Journal, Vol. 28, Part 2, November 1970, at p. 177.

People's Courts shall, in conducting the trials, safeguard their rights, facilitate their exercising the rights, and apply the law equally to them."①

During litigations, it is against the legal procedure, and may possibly affect the rightness and fairness of judgments or orders, for any judge to give unfair treatment to any party in respect of the right of claim or defence; to indulge one party while restricting the other; or to deny any one party the opportunity to fully state his views and challenge the opposite side. Such unfair or wrong judgments may be re-tried or brought to courts at higher levels for trial through the legal "procedure for trial supervision", even if they are the judgments of final instances②.

Certain international conventions and normative documents also require equal rights of presentation to be given to the parties, *inter alia*, the right of defence to the defendant. Among them, the most extensively accepted 1958 New York Convention stipulates:

> "Recognition and enforcement of an award which has become binding may be refused, at the request of the party against whom it is invoked, if that party furnishes to the competent authority where the recognition and enforcement is sought, proof that he was unable to fully present his case in the arbitral proceedings."③

The 1985 UNCITRAL Model Law on International Commercial Arbitration further provides that an arbitral award may be set aside for the same reason by the competent authority where the enforcement is sought④.

CONCLUSION

It goes without saying that the Judgment, which was made according to

---

① Civil Procedure Law of the People's Republic of China, Articles 7 and 8.
② Ibid., Article 64, paras. 1 and 3; Article 66; Article 125; Article 179, para. 1(4); Article 185, para. 1(3).
③ New York Convention, Article 2(1) (b), see supra, footnote 40.
④ UNCITRAL Model Law, Article 34 (2) (a) (ⅱ), see supra, footnote 39.

the presumptuously fabricated "legal principles applicable in China to bills of exchange and other payment instruments" (such as not allowing the debtor of a bill to defend) by a judge who heeded only one side, will definitely lose all its legal binding effect when the whole truth comes out.

The purport of advancing the above three aspects of inquiry into "Judgment, 1993, No. A8176" of the Supreme Court of Hong Kong, is to further seek truth through academic contention. It is sincerely hoped that further comments and discussions by legal and judicial circles, both domestic and foreign, will be aroused.

XIII To Close Again, or to Open Wider: The Sino-U. S. Economic Interdependence and the Legal Environment for Foreign Investment in China after Tiananmen[*]

By An Chen

[Table of Contents]

I Washington: Most-Favored-Nation ≠ Most Favorite Nation
II Beijing: MFN-China, U. S. in the Same Boat
III Quiet Swallows Sensitive to Climate
IV Six New Facets Added to the Legal
V The Baby and the Bath Water

The Tiananmen Event of 1989 and its repercussion have been a lingering noise among the concerto of Sino-American political and economic relationships. They have every so often adversely affected the international trade and transnational investment between the two countries, even if the

---

[*] This Article was first published in The Advocate (U. S. A.), North-WESTERN Law School, Lewis & Clark College in Oregon, Vol. 10, No. 2, 1991. Its Chinese translation is now compiled in Series Third of the present Book, as its Ninth paper. The citation of and commentary on legal provisions in this Article were based upon the related laws and regulations effective during that time. It is hereby suggested to check and compare them with the further development of these legal provisions since 1991, so as to better understand their historical, gradual maturity and obtain most recent information.

repercussion is gradually becoming weaker in general tendency.

As is known to all, the United States is the largest developed country in the world, while the People's Republic of China is the largest developing country. Each of them has different economic superiorities. The former possesses plenty of capital, excellent technology and scientific management, while the latter possesses a huge amount of cheap labor, low-priced raw materials and the widest market consisting of more than 1.16 billion people. They are economically inter-complementary and interdependent.

Since China pursued the new policy of opening to the outside world, U. S. trade with China and its private investment in China have rapidly increased, and under intense competition with European and Japanese businessmen, have occupied the champion position in many fields of Sino-foreign economic relations. Although the current situation between the U. S. and China seems more complicated than that prior to June 1989, when the Tiananmen Event happened, this is nothing but a temporary phenomenon. They need cooperation for mutual benefit.

I Washington: Most-Favored-Nation ≠ Most Favorite Nation

Mr. Richard H. Solomon, a U. S. ranking official in charge of the Sino-American affairs, submitted a statement① to the U. S. Senate in early June 1990 when the debate over the continuation of China's most-favored-nation (MFN) status in the U. S. was seriously proceeding in the Congress. He described a brief sketch of Sino-American economic interdependence even during the very year when Tiananmen Event happened and the "economic sanctions" on China began. Part of his description can be summarized as

---

① See China and MFN: Engagement, Not Isolation, Is Catalyst for Change, a statement by Richard H. Solomon, Assistant Secretary for East Asian and Pacific Affairs, before the Subcommittee on East Asian and Pacific Affairs of the Senate Foreign Relations Committee, 6 Jun. 1990, Current Policy No. 1282, published by the U. S. Department of State.

follows:

During the decade of 1979 – 1989, the U. S. – China bilateral trade has increased almost 700% from $2.3 billion in 1979 to $17.8 billion in 1989. U. S. exports to China totaled $5.8 billion in 1989. U. S. companies are also investing in joint ventures in China. Over 1,000 American companies have committed more than $4 billion to joint U. S. –Chinese projects that sell products and services in China and in overseas markets. After Hong Kong and Macau, the United States is the largest investor in China.

China's exports to the United States have expanded rapidly in recent years and in 1989 reached $12 billion, a 29% increase over 1988. Today, Chinese exports are composed mainly of manufactured consumer goods and in some areas is now an important supplier for the entire U. S. market.

Because denying China MFN status would sharply increase tariffs on Chinese imports, prices for U. S. consumers would increase significantly. Given the concentration of Chinese exports on lower-priced manufactured products, the burden of these price increases and shortages will fall most heavily on U. S. low-income consumers.

Trade retaliation is almost a certainty if U. S. denies China MFN status. China also has a separate non-MFN tariff structure. The U. S. would expect China to act immediately to withdraw MFN treatment for U. S. products, putting U. S. exporters at a disadvantage in competing for sales with other foreign firms. The export losses to U. S. firms would be substantial. China was the largest foreign purchaser of U. S. wheat in 1988 – 1989, taking up 20% of total U. S. exports. U. S. suppliers, however, face competition from Canada, Australia, Argentina and Europe. Over time, China could shift its purchases to these other sources. China is also one of U. S. largest customers for chemical fertilizers. China could find alternative sources of fertilizer in northern Africa. U. S. manufacturers have thus far dominated the expanding multibillion-dollar market for aircraft and aerospace equipment, with large orders going to Boeing, McDonnell Douglas, General Electric and

Pratt and Whitney, among others. MFN denial could lead the Chinese to rethink their long-term strategy on aircraft procurement and turn to European suppliers who have been competing aggressively for sales throughout the Asian region.

U. S. firms that have worked hard over the last ten years to develop business ties and a market share in China would lose that business-perhaps-permanently to other suppliers, mainly from Europe and Japan.

In addition to U. S. exporters, companies that invested in Chinese ventures could also face serious difficulties from MFN withdrawal.

As a ranking professional official, Mr. R. H. Solomon provided some essential knowledge of the special term "*most-favored-nation*" to the senators. He explained: The term "most favored nation" is something of a misnomer. This special term does not mean that the country in question is U. S. 's *most favorite nation*; it merely means normal nondiscriminatory tariff rates that are currently applied to all but a handful of U. S. trading partners. None of U. S.'s friends and allies amongst the Western countries are contemplating the draconian step of withdrawing China's MFN status.

After specifically analyzing, Mr. R. H. Solomon concluded that "denying MFN status to China would also have extremely damaging economic consequences for U. S. exporters, investors and U. S. consumers."

II Beijing: MFN-China, U. S. in the Same Boat

The U. S. debate over China's MFN status has aroused great concern in China, especially in its political and business circles. Some of the professional comments were summarized and reported under the general title: "Most-Favored-Nation Status: China, U. S. in the Same Boat."①

---

① Most-Favored-Nation Status: China, U. S. in the Same Boat, Beijing Review, 4 – 10 Jun. 1990, at 32.

Mr. Zou Siyi, vice-chairman and president of the China Industry and Commerce Development Association and chairman of the China Industry Commerce Trust and Investment Corp. , has personal experience of the zigzag path taken by Sino-U. S. economic relations over the years. As an historical witness, he told us a brief story on the trade-door's opening-closing-wider reopening-probable re-closing by the U. S. side. He was the manager of a U. S. - based trading company that was active in business with China during the period 1946 - 1951. Zou recalled that the United States was China's biggest trading partner before 1949. Most of the imported goods in the Chinese market were from America. But the good relationship was broken at the end of 1950 after the U. S. government imposed the embargo on China. The interruption lasted for 22 years.

After the two governments signed the Shanghai Communiqué in 1972, business and trade between China and the United States began to recover.

Through a very difficult period of seven years, the Sino-U. S. trade increased from zero to USD 1 billion. It was progress, but too small a volume between the two big countries.

The 1980s saw a dramatic increase in business and trade. Following the establishment of diplomatic relations in 1979, the two countries signed a trade agreement that went into effect in February of 1980. By giving each other MFN status, economic relations were normalized.

Because China and the United States exchange a large variety of commodities, the problem of MFN status concerns not just businessmen, but consumers from all walks of life.

"Some American politicians are trying to use the MFN issue to punish China", Zou stresses. "They are totally wrong. They don't understand that the MFN agreement is a two-way treaty. When it's terminated, the United States will lose its MFN status in China. So, when they punish, they will not just punish China, but the United States as well."

"The World is no longer that of the post-World War II years", Zou said. "The United States does not have a monopoly on any kind of production. If America once again puts an embargo on China, it will lose its advantage in the fierce world competition."

Prior to these leading professionals' comments as well as Mr. Solomon's statement before the U. S. Senate, Mr. Zhu Qizhen, China's Ambassador to the United States delivered a speech to the American public in Los Angeles on May 16, 1990①. He strongly emphasized that the most-favored-nation status granted by China and the United States to each other since 1980 has provided a great stimulus to the rapid development of China-U. S. trade and economic relations. Should the most-favored-nation status be terminated, it would hurt the United States as much as it hurt China.

In addition, the Ambassador further profoundly analyzed and indicated: China and the United States have different political systems and cultural backgrounds. However, ideological differences did not present an obstacle to the efforts to reopen the door of contacts between China and the United States 18 years ago, nor to the establishment of our diplomatic relations in 1979. Likewise, China-U. S. relations have never been based on common social system or values. They have been able to grow and develop because of the important common interests shared by the two countries. So, as long as both sides make joint efforts, both can certainly safeguard common interests while reserving their differences in values, ideologies and social systems. On the other hand, to put pressure on China or impose sanctions against it did not work in the past and will never work today. Being an important member of the international community, China simply cannot be isolated. None of the past attempts to isolate China has proved successful, and any new such attempt is doomed to fail.

It would be very interesting to compare the comments of China's Ambassador, Zhu Qizhen, *et al.* as one side, with the Statement of U. S. Assistant Secretary Solomon as the other. One can easily find that there are at least three points deserving of attention:

First, although the basic political position and ideological system of each side are quite different, both sides discussed the same MFN issue basically

---

① Zhu Qizhen: Most-Favored-Nation Status: Cornerstone of China-U. S. Relations, a speech delivered at a dinner meeting sponsored by the World Affair Council, Beijing Review, 28 May – 3 Jun. 1990, at 29 – 33.

with similar voice, parallel grounds, analogous inference and even with very alike language. And thus, all of them eventually reach the same, basic conclusion: The Sino-U. S. economic interdependence puts both partners in the same boat. If one loses, nor does the other win.

Second, as the famous saying goes, "All roads lead to Rome", the precondition of the saying being logical is that all the travelers, from various places and along various routes, must have the same goal — Rome. It is the common interests that make both sides having the similar voice and using similar language on the MFN status in question.

Third, the similar voice and similar language aforesaid do not mean any side copies or "plagiarizes" them from the other, nor does A subordinate to B or vice versa. This is nothing but the *common recognition of the fact and joint respect for the truth*.

Ⅲ Quiet Swallows Sensitive to Climate

As mentioned above, the core of debate on the continuation of China's MFN status may, in substance, be summarized as to whether the U. S. trade-door which has been widely reopened to China since 1979 should be re-closed.

However, the principal question brought up by many foreign friends after Tiananmen has focused on whether China's open-door policy for absorbing foreign investment will be changed sometime in the future, whether the opening door will be closed again.

In analyzing this question, a set of figures most recently issued by China's State Statistics Bureau could be helpful:

> Steady development was achieved in the utilization of foreign capitals. In 1990, China signed new agreements for the utilization of foreign capital worth USD 12. 3 billion, up 7. 4 percent over 1989. Foreign capital actually utilized during the year was USD 10. 1 billion, of which USD 3. 4 billion was in the form of *direct* foreign investment, both figures higher than 1989. (emphasis added)

According to another source, the direct foreign investment in contracts reached 6.57 billion during the year of 1990. It was reported earlier that since July 1, 1979 when the Chinese first foreign investment law was promulgated, the number of enterprises with direct foreign capital of different types in China had increased from zero to 20,175 units by late September, 1989. Their foreign investment in contracts reached more than USD 31.19 billion, while the foreign capital actually paid-up amounted to more than USD 13.35 billion during the same period. If we compare the annual foreign investment of 1990 with the accumulated total amounts of foreign investment during the said period of 1979 – 1989, we can *roughly* find that the foreign investment absorbed by China within the 12 months of 1990 is in the following percentage among the prior 123 months:

Paid	Foreign Investment in Contract	Foreign Investment Actually Paid
7/1/1979-9/30/1989 (123 months)	USD 31.19 billion	USD 13.35 billion
1/1/1990-12/31/1990 (12 months)	6.57 billion	3.4 billion
Percentage (12 m. : 123 m.)	21.06%	25.47%

The percentages each of 21% and 25% within one year in 1990, among the total amount of more than ten years in the past, are really noteworthy.

As reported, the greatly increased amounts of foreign investment in China in 1990 certainly included some significant investments from the United States.

For example:

(1) The American-owned Panda Auto Manufacturing Company is the largest wholly foreign-owned enterprise in current China. It has now been established and smoothly constructed in Huizhou of Guangdong province. The first-term investment of the company is USD 250 million. Its planned investment will reach USD 1 billion within the coming several years.

(2) The U.S. McDonnell Douglas Company signed a new contract with Chinese Shanghai Air Industry Co. to assemble 20 MD-80 jumbo jets in Shanghai. The new contract, valued at USD 260 million, took effect in

March, 1990. As reported, Mr. John McDonnell, chairman and chief executive officer of the McDonnell Douglas Aircraft Corporation(MDC), paid a special visit to Beijing on February 2, 1991. He proposed that MDC and China further establish a joint venture company. Chinese authorities responded that the proposal was "a good proposal" and would have the support of the Chinese side.

(3) The U. S.-owned Yang Ming (meaning the Sunshine) Paper Manufacturing Company concluded a contract of land development with the Chinese parties in Qingdao of Shandong Province in May, 1990. Its first term investment is USD 30 million, while its planned investment will soon reach USD 600 million in the coming years.

(4) The U. S. AMOCO Orient Petroleum Company and the China National Offshore Oil Corporation (CNOOC) signed a special Supplemental Agreement in Houston, Texas, on January 24, 1991 for joint exploitation of the Liuhua #11-1 oil field, the biggest one so far found in the South China Sea. Under the Agreement, the total investment amounts to USD 500 million with Chinese participation of 51% and American participation of 49%.

In addition, it has been reported that, after Tiananmen, during 1990, some other huge amounts of new investments separately from British, France, West Germany and Japan are now focusing on China's offshore oil, automobile, nuclear power facilities, subway constructions, etc. For example: China signed a letter of intent with a British firm in mid-June 1990 to set up the Nanhai United Petrochemical Enterprise. Total investment will be more than USD 2 billion, to be shared 50-50 by both sides. The agreement on a joint-venture between the China Second Automobile Works and French Automobiles Citroen for producing sedans was signed in Paris on December 19, 1990. The total investment is about RMB 4.6 billion Yuan (USD 883 million). The French government will offer a large sum of mixed loan to the project.

On November 20, 1990, the German Volkswagen Corp. again signed another and much bigger joint-venture agreement with the Changchun No. 1 Automobile Plant. The investment for this project is RMB 4.2 billion Yuan (USD 806 million) with shares being split between the Chinese and German parties 6 to 4. Prior to this project, special agreements to provide USD 300 million in government credit mainly from the Federal Republic of Germany, for Shanghai's subway construction, were finalized on March 7, 1990.

In July 1990 at the Houston summit meeting of the seven Western countries, Prime Minister Toshiki Kaifu of Japan, took the lead in announcing the termination of "economic sanctions" on China since June 1989. In accordance with the Japanese government's promise two years ago, Japan plans to provide 810 billion yen(equivalent to USD 6.12 billion)in loans for 42 Chinese construction projects between 1990 and 1995. The plans of huge-amount loans have now been defrosted and implemented.

Closely following Japan, on October 22, 1990, the foreign ministers of the 12 member states of the European Community at a meeting held in Luxembourg decided to immediately cancel political, economic and cultural sanctions against China.

Meanwhile a number of ministers from Western developed countries consecutively visited Beijing in recent months to discuss and arrange further Sino-foreign economic cooperation.

What should be inferred from the said statistics and the relating phenomena?

As a matter of fact, they may demonstrate at least four things: First, during the post-Tiananmen period of more than one year, while the politicians and diplomats are loudly and heatedly arguing about whether or not the economic sanctions against China should be continued, the businessmen and investors have silently and quietly continued along their own way investing more and making more money in China.

Second, immediately after the Tiananmen Event, Western politicians decided to interrupt high-level intergovernmental contacts with China and impose "economic sanctions" on China, including the suspension of international loans. However, politicians always eventually follow millionaires and billionaires. Once millionaires and especially billionaires positively say "yes", utilitarian politicians often rapidly trim the sails and shift from their original "no".

Third, in the post-Tiananmen period, even if there are existing voice ups and downs among the Sino-foreign economic concerto, the principal melody of the concerto has been strong and clear enough to be appreciated and enjoyed.

Fourth, these phenomena indicate that during the post-Tiananmen period, China's internal situation increasingly calms down and becomes stable, while the political, economic policies and the *legal environment for foreign investors* have been improved more and more. Otherwise, no swallow will fly anywhere when the local climate there is a winter day.

IV Six New Facets Added to the Legal

Polyhedron for Foreign Investors. Now, let us have a brief survey on main developments in Chinese policy-decision for further absorbing foreign investment and its related legislation in the post-Tiananmen period as follows:

1. Joint Ventures Law Amended

On April 4, 1990, the Third Session of the Seventh National People's Congress ("NPC") adopted a number of amendments[①] to China's first piece of foreign investment legislation, the 1979 Sino-Foreign Joint Venture Law. Highlights of the amendments include:

No nationalization or requisition of joint ventures. A third paragraph has been added to Article 2, which reads, "The state shall not nationalize or requisition any joint venture. Under special circumstances, when public interest requires, joint ventures may be requisitioned in accordance with legal procedures and appropriate compensation shall be made." This amendment conforms to international practice and the principles specified in agreements on investment protection signed by Chinese and foreign governments. It demonstrates China's determination to continue the open policy and helps strengthen the confidence of overseas investors for operating businesses in China.

Choosing the chairman of the board of directors in joint ventures. Section 1

---

① The Law of the People's Republic of China on Joint Ventures Using Chinese and Foreign Investment(amended on April 4, 1990), People's Daily(ov. ed.)7 Apr. 1990 at 1 – 2;Beijing Review, 7 – 13 May, at 31 – 32.

of the original Article 6 of the law stipulated, "The board of directors shall have a chairman appointed by the Chinese participant and one or two vice-chairmen appointed by the foreign participant(s)".

According to the article, no matter how much money the overseas partners invested in a joint venture, they could not assume the post of chairman of the board of directors. It is obviously not reasonable and not in keeping with international practice. The amended version now reads, "The chairman and the vice-chairman or vice-chairmen shall be chosen through consultation by the parties to the venture or through election by the board of directors".

The term of the joint ventures. The original law stipulated in Article 12: "The contract period of a joint venture may be decided through consultation by the parties to the venture according to its particular line of business and circumstances." According to the practice of the law for several years and on the opinions solicited from people of various circles, Article 12 has been amended to read, "Based on various lines of business and circumstances, the issue of operation periods of joint ventures may be handled differently. Joint ventures engaged in a certain line of business shall specify in the contracts their operation periods, while joint ventures engaged in another line of business may choose whether or not to specify their operation periods".

This amendment actually opens up the possibility that a joint venture has an unlimited period of operation, reflecting the normal concept of a "joint venture" in Western business practice. It will encourage overseas businessmen to be more concerned for long-term development, technical transformation and expansion of the international market. Thus, it will help increase overseas investment and avoid short-sighted measures.

The public, especially foreign businessmen, believes the amendments to the joint venture law conform to international practice and will help dispel the misgivings of overseas investors.

2. *Land-Tract Development Measures Promulgated*

Under the socialist system, all land in China can only be owned by the state or the collective. China's Constitution of 1982 stipulated: "No organization or individual may misappropriate, buy, sell, lease or use other unlawful means to transfer land." Under the Constitution, land can only be allocated to organizations and individuals for use. Land-lease was then prohibited.

Since 1982, the rapid developments in China's economic reform and its open-policy have consecutively given strong push to have the land-lease and land-transfer be reconsidered. Some Chinese officials started to ponder deeply the idea of reforming the old rigid Soviet-style system of land ownership. On April 12, 1988, the related constitution article was amended as: No organization or individual may misappropriate, buy or sell or use other unlawful means to transfer land. The right to use land may be transferred in accordance with the law.

On May 19, 1990 the State Council promulgated the Interim Regulations of the People's Republic of China on the Granting and Transfer of Land Use Rights for Urban Land Under State Ownership (the "Interim Regulations") and the Interim Administrative Measures for Foreign Investment in the Development and Management of Tracts of Land (the "Interim Measures")①.

Under the Interim Regulations, the State may grant the right to use state-owned land to a domestic or foreign land user, for a period ranging from 40 years to 70 years. A land user may transfer, lease, mortgage, sell, exchange or donate the land use right to any other person.

The Interim Measures regulate the development and use of tracts of land by foreign businesses, which is restricted to within the Special Economic Zones (SEZs), open coastal cities and open coastal economic zones. The main purpose of the Interim Measures is to attract foreign investment for the development and management of tracts of land so as to develop China's infrastructure.

Foreign investors that have developed tracts of land pursuant to the Interim Measures may enjoy the lawful "privilege" to transfer the developed-land use right to other enterprises and/or individuals, or to do business on the transfer or lease of surface structures. They may attract other investors to

---

① See People's Daily(ov. ed.), 26 May 1990, at 3; see also China Economic News (Hong Kong) 18 Jun. 1990, at 8 – 10; China Current Laws (Hong Kong), Sept. 1990, at 1 – 4.

accept the transfer of the right to the use of state-owned land, and to establish enterprises. However, no development enterprises shall have administrative management authority in their areas of development. The relationship between development enterprises and other enterprises is a commercial relationship, rather than an administrative one.

The new legislation on land-lease and on the grant and transfer of land user rights, even including an amendment to China's Constitution, is creating a huge market of real estate in substance, which is completely new and has not been in China since 1949. As reported, the newly created real estate market is increasingly attractive for those foreign businessmen who are ambitious in making tremendous profit by and from this new booming business line. Some experts predict that billions of U. S. dollars will pour into China for real estate leases in the next few years.

3. Pudong-A Heart-Side Area Widely Opened

On April 15, 1990, the State Council approved Shanghai's plan to open its 350-square km. suburb Pudong for foreign investment and trade with a series of special policies. It has been considered a new, important strategic step of opening wider to the outside world.

Shanghai, an influential international metropolis on the Western Coast of the Pacific has played a decisive role in China's economic development, being called the Chinese economic heart. In Shanghai, however, due to the problem of providing access for cross-river traffic, development emphasis has been placed on the west bank of Huangpu River, Shanghai's downtown. The Pudong area on the east bank has developed slowly and looks rather backward in contrast.

Now, nine new regulations① on the opening and development of the Pudong New Zone, published on September 10, 1990, provide a convenient and very profitable foreign investment environment in Pudong.

One facet of the regulations is the designation of the Waigaoqiao Bonded Zone in Pudong to be open for multiple purposes. Within the area, foreign businessmen can engage in storage, export goods processing, trade, transit

---

① See China Economic News (Hong Kong), Supplement No. 7, 6 Aug. 1990, at 1-20.

trade and financial services. The district will be the nation's largest open bonded zone and will eventually become a free port.

The measures for the administration of the Waigaoqiao Bonded Zone stipulate that the machines, equipment, construction materials, etc. imported for the production and the construction of infrastructure facilities within the zone, raw materials, parts, components, etc. imported for manufacturing export products, the transit goods stored and the exporting products processed in the Zone, can be exempted from import and export licenses and from duties and the industrial and commercial consolidated import tax.

These newly published regulations provide broader areas for possible foreign investment, including the establishment of foreign banks and their branches, joint banks with Chinese and foreign investment, joint finance companies, real estate businesses, retail sales and consulting services.

The Provisions on Reduction of and Exemption from Enterprise Income Tax and Consolidated Industrial and Commercial Tax of Encouragement of Foreign Investment in Shanghai Pudong New Zone basically introduce preferential tax policies for the economic and technological development zones and for the special economic zones, and with some additional favorable treatments. For example, foreign-invested enterprises engaged in airport, port, railway, highway, power station and other energy resources, or transportation construction projects shall pay income taxes at a 15 percent rate. Among them, those enterprises with an operation-period of 15 years and more may be exempt from income taxes for the first five years, starting from the profit-making year, and a 50 percent reduction for the sixth to tenth year.

The city is gifted with favorable geographical position, powerful industrial foundation, solid scientific and technical resources, a galaxy of professionals from all trades and extensive international contacts. Therefore, it is strongly expected that, by implementing the new policy-decision and its related legislation to open wider to the outside world, Shanghai would become a "second Hong Kong."

4. Tax Law for Foreign Investors Being Unified and Made More Preferential

On December 20, 1990, Chinese legislators examined a draft of unified income tax law concerning Sino-foreign joint ventures, Sino-foreign cooperative enterprises and wholly foreign-owned enterprises in the Chinese mainland①.

At present the system taxes different types of joint ventures separately. Equity joint ventures are taxed under a special law of 1980, with a proportional tax rate of 33 percent; while foreign investors of cooperative joint ventures and wholly-owned foreign enterprises are taxed under another special law of 1981, with a progressive tax rate of 30 to 50 percent (including local tax). The new scheme scraps the progressive rate system applicable to wholly-owned foreign enterprises and cooperative joint ventures and introduces a flat rate system. The proposed unified rate is the 33 percent now applicable to equity joint ventures. Actually, it would mean that co-operative joint ventures and wholly-owned foreign firms would pay less in income tax.

The new scheme also waives the ten percent original withholding tax payable on profits remitted abroad by foreign partners in joint ventures, as the joint venture income tax law of 1980 stipulates.

It is reported that the new, unified, more preferential income tax law is under the final processing and will come out soon.

5. Administrative Procedure Law Enforced

China's Administrative Procedure Law was adopted by NPC on April 4, 1989 and became effective on October 1, 1990②. It is not insignificant that the Law was first begun to be implemented on the 41st anniversary of the establishment of the People's Republic.

According to this law, both Chinese citizens, legal persons and other organizations, and foreigners and foreign organizations, have the same rights to bring proceedings in a Chinese court against any administrative authorities or their work personnel whose specific administrative acts have, in the opinion

---

① See China's New Tax Law for Foreign-Invested Enterprises Being Examined, People's Daily (ov. ed.), 21 Dec. 1990, at 4; See also Adoption of Unified Tax Law Set, China Daily, 21 Dec. 1990, at 1; Wang Bingqian Explains Draft Tax Law, FBIS, China, 20 Dec. 1990, at 23.

② See Complete Collection of the Laws of the People's Republic of China (1989) at 2125, 2130; See also China Current Laws (Hong Kong) Oct. 1989, at 7, 15.

of the citizens, legal persons or other organizations, infringed upon their lawful rights and interests. They have the rights to claim revocation of the specific administrative acts and the rights to claim compensation. The people's courts shall, in accordance with law, exercise the right to adjudicate administrative cases independently and shall not be subject to interference by administrative authorities, social groups and individuals.

Any common person has a constitutional right to make a complaint against the government. This has been nothing but common sense for citizens of Western developed countries. However, considering the historical and longstanding tradition of both feudalism and xenophobia in China, these provisions have been highly assessed as very important progress on the way of democratization and as an effective legal protection on both Chinese average people and foreigners.

Article 11 enumerates various specific administrative acts that are subject to the Law, including some that are of particular interest to foreign investors in China, such as infringement by administration authorities of their operational autonomy that is stipulated by law; either rejection of or no reply by administrative authorities to an application to administrative authorities for the issuance of permits and licenses, despite compliance with the legal requirements for application; either rejection of or no reply by administrative authorities to an application for performance of the legal responsibility of the administrative authorities to protect personal property rights; unlawful requirement by administrative authorities of the performance of obligations; administrative penalties such as detention, fines, cancellation of permits and licenses, orders to cease production or business; or confiscation of property; coercive administrative measures such as restriction of personal freedom or the sealing up, seizing or freezing of property; or infringement by administrative authorities of other personal property rights.

Apart from these, the people's courts shall also accept and hear other administrative cases in which the bringing of proceedings is permitted by law or rules and regulations. For example, in case of disputes with the tax authorities concerning tax payment, a foreign-invested enterprise may apply to higher tax authorities for reconsideration after paying tax according to the stipulations. In the event that the enterprise finds that decision from such reconsideration unacceptable, it may bring legal proceedings before the local people's court.

6. ICSID System Accepted

It is particularly noteworthy that after ten years of hesitation and controversy, China eventually signed the Washington Convention of 1965 and accepted the ICSID system on February 9, 1990. This means that now China basically agrees to submit some investment disputes between China's government and foreign investors to the International Center for Settlement of Investment Disputes, located in Washington, D. C., and accept the jurisdiction and arbitration under the International Center. At the signing ceremony held in Washington, D. C., the Vice President of the World Bank and the head of ICSID, Mr. Shihata noted that "China had succeeded in the late eighties in attracting more foreign investment than any other developing country". He hopes that "China's membership in ICSID would assist China in its efforts to improve the investment climate and attract greater levels of foreign investment"①.

The issue of whether China should join the Washington Convention of 1965 and accept the ICSID system has been under wide discussion and controversy at an advanced level in Chinese legal circles. People look at the issue from different points of view. Roughly, it can be summarized into three opinions: (a) Acceding to the CONVENTION immediately, in order to promote the open-door policy. (b) Not acceding to the CONVENTION, so as to cherish the sovereignty. (c) Actively studying the CONVENTION, and then prudently accede to it.

Only by closely combining with the background of the longstanding discussion and controversy rendered in China during the past decade, can one deeply understand the fact that China eventually signed the Washington Convention of 1965 and accepted the ICSID system in February 1990, which really means Chinese authorities have made a difficult, prudential and firm determination to open wider to the outside world.

---

① See China signs the ICSID Convention, News from ICSID, v. 7, no. 1, Winter 1990, at 2.

V   The Baby and the Bath Water

During the post-Tiananmen period and mainly in the year of 1990, the Amendment of Joint Ventures Law, the promulgation of land-tract development measures, the legislation for opening the heart-side area, the unification and preferentialization of income tax law, the enforcement of Administrative Procedure Law, and the acceptance of ICSID system, all six facets jointly create and constitute a new feature of the legal polyhedron for foreign investors in China. The nucleus of the six new facets together with all other facets of the polyhedron has been the same: for further absorbing foreign investment.

The consecutive improvements of legal environment for foreign investment, either by substantive law or by procedural law, either by internal law or by international treaty, evidence the steadfast resolve of China to open its door wider to the outside world.

Recently, this steadfast resolution has also been repeatedly pronounced and stressed in Chinese basic documents. One of the typical and authoritative statements is embodied in the Communiqué of the 7th Plenary Session of the 13th Central Committee of the Communist Party of China, adopted on December 30, 1990.

The plenary session adopted proposals of the CPC Central Committee for the drawing up of the 10-year national economic and social development program (1991 – 2000) and the Eighth Five-Year Plan (1991 – 1995). According to the proposals, one of the five most essential guiding principles that must be observed in drawing up and implementing the 10 – Year Program and the Eighth Five-Year Plan reads as follows:

> Firmly push forward reform and opening to the outside world ... We shall go on deepening the reform and open still wider to the outside world on the basis of summing up the experience in the reform and opening in the 1980s and in line with the requirements of the development of the productive forces ... It is necessary to keep the stability and

continuity of the open policy, run the special economic zones even better, consolidate and develop the existing economic and technology development zones, open cities and open areas.

With respect to keeping the "stability and continuity of the open policy" strongly emphasized by the Communiqué, it is accepted that the open policy is not a mere subjective wish but a reflection of objective necessity, and it will therefore remain unchanged for a long time. In other words, the biggest and deepest root for this basic state policy has been firmly planted in the material benefits which have been brought to China by the policy itself. Notwithstanding, the open policy has some side effects and has brought some trouble to Chinese authorities concerned, the foreign investment in China has actually been boosting the national economic growth, raising the technical and managerial level of enterprises, creating more jobs, expanding exports and stimulating the growth of rural enterprises.

As the popular motto goes, don't throw out the baby with the bath water! Chinese people understand how to practice according to the stated motto. They know they must pick up the baby first. That is why the door of China is opening wider than before.

XIV China's Special Economic Zones and Coastal Port-Cities: Their Development and Legal Framework*

AN CHEN

[Table of Contents]

I Theoretical Debates
II Practical Development
III Baby and Dirty Water: Maturation of the Policy
IV Legal Framework
   A. Preferential Tax Treatments in SEZs, ETEDEZs, COPOCIs, and CEOAs
   B. Labor and Wages in SEZs, ETEDEZs, COPOCIs, and CEOAs
   C. Land Use and Management in the SEZs, ETEDEZs, COPOCIs, and CEOAs
   D. Enterprise Registration in the SEZs, ETEDEZs, COPOCIs, and CEOAs
   E. Technology Imports into the SEZs, ETEDEZs, COPOCIs, and CEOAs

---

* This Article was first compiled in the book entitled Chinese Foreign Economic Law: Analysis and Commentary as its Chapter XII, and published by the U. S. International Law Institute, 1990, and 1992 (revised). The citation of and commentary on legal provisions in this Article were based upon the related laws and regulations effective during that time. It is hereby suggested to check and compare them with the further development of these legal provisions since 1992, so as to better understand their historical, gradual maturity and obtain the most recent information.

F. Foreigners Entering and Leaving China's SEZs
   G. Economic Combination between the SEZs *et al.* and Inlands
Ⅴ Latest Incentives
   A. Lower Taxes
   B. Lesser Fees
   C. Cheaper Labor
   D. More Preferences
   E. Greater Autonomy
   F. Simpler Formalities

China's policy in its modernization program is to integrate the basic principles of Marxism with the realities of China, blaze a new path of its own, and build socialism with Chinese characteristics[①].

One of the characteristics of China's policy of modernization is the establishment of Special Economic Zones (hereinafter referred to as "SEZ") and the further opening of Coastal Port-cities (hereinafter referred to as "COPOCI") as well as Coastal Economically Open Areas (hereinafter referred to as "CEOA") to the outside world.

In this field, however, the public opinion has not been always wholly agreeable and consentient. On the contrary, people could directly or indirectly, distinctly or indistinctly find from Chinese publications[②] divergences and debates on whether the SEZs and COPOCIs are suitable for

---

① See Deng Xiaoping, "The Opening Speech Delivered at the 12th National Congress of the Communist Party of China" (September 1, 1982), People's Daily, September 2, 1982, at 2; The Central Committee of the Communist Party of China (hereinafter referred to as CCCPC): The Decision on Reform of Economic Structure (October 20, 1984), People's Publishing House, 1984, p. 3.

② See Some representative articles and speeches, the authors of which are some famous economists, political theorists, or officials of high rank, such as: Xu Dixin (Economist, Counsel of the Chinese Academy of Social Sciences) "Well Establishing Special Economic Zones Actively and Steadily", in Research on Problems of Special Economic Zone, Fujian People's publishing House, 1982, pp. 1 – 6; Ren Zhongyi (First Secretary, the CPC committee of Guangdong Province), "On the Development and Construction of Special Economic Zones and Hainan Island", Yearbook of China's Special Economic Zones (First Issue), 1983, pp. 91 – 94; Xu Dixin, "Some Theoretical Problems Relating to   （转下页）

the socialist state as well as its socialist modernization cause.

The formal decision to establish Special Economic Zones in Shenzhen, Zhuhai, and Shantou of Guangdong Province, and Xiamen of Fujian Province, was made by the Central Committee of the C. C. P. and the State Council in May 1980. At that time, some people could not understand how a socialist country could have special zones with special economic policies in which foreign investment and enterprise are not only allowed but encouraged. Even more incomprehensible are the preferential treatments given to foreign businessmen.

But after studying and examining the experience of foreign countries as well as its own, many Chinese realized the importance of SEZs and COPOCIs, because these zones are founded on the facts that China is rich in natural resources and labor resources but neither has been developed fully. In order to accelerate economic development, it was deemed necessary for China to utilize foreign investment and technology.

Gradually, most of those who once took a suspicious attitude toward the measures of SEZs and COPOCIs were convinced that the current SEZs and COPOCIs were completely different from the leased territories, concessions, and forcibly opened "trading ports" in old China.

接上页　the Special Economic Zone", ibid., pp. 573 – 578; Qian Zunrei (Economist), "Pursuing Special Policy Needs to Clean up 'Left' Thoughts", ibid., pp. 578 – 579; Qian Jiaju (Associate Dean, China's College of Socialism), "On the Economic Problems of Special Zones" (September 13, 1983), compiled in Yearbook of Shenzhen Special Economic Zone (1985), pp. 70 – 72; Huan Xiang (Chairman, Chinese Society of International Law), "Firmly Pursuing the Policy of Opening to Outside World: Learning from Selected Works of Deng Xiaoping", The World Economy, 1984, No. 2, pp. 1 – 8; Gu Mu (Secretary, Secretariat of CCCPC, State Councillor) "To Study and Learn from Shenzhen's Experiences" (June 4, 1984), compiled in Yearbook of Shenzhen Special Economic Zone (1985), pp. 35 – 51; Tao Dayong (Economist, Professor, Beijing Teachers University) "Briefly on the Nature of China's Special Economic Zones", ibid., pp. 73 – 79. Xu Dixin, "On Some Problems Regarding Further Opening to Outside World", People's Daily, June 22, 1984; Bo Yibo (vice chairman, Consultative Committee for CCCPC), "We Need a Consentaneous Understanding on the Policy of Opening to Outside World", The World Economic Herald, August 20, 1984; Qian Jiaju, "On China's System Reform and Opening to Outside", International Trade (Monthly), 1984, No. 8, pp. 11 – 13; Li Honglin, "Socialism and Opening to Outside", People's Daily, October 15, 1984; Gu Mu, "Learning the Large-scale Production Experiences of Capitalism Never Means Rebelling against the Socialism", The World Economic Herald, November 5, 1984.

I THEORETICAL DEBATES

What are the divergences and debates? Why and how did they happen? The debates have focused mainly on the topic of whether the humiliating "concessions" and forcibly "leased territories" during old China would come again.

The "Concessions" and "leased" territories in old China were like independent kingdoms within the state, or more precisely, like cancers within the huge, but weak body.

They, together with other aggressive measures taken by foreign powers, heavily and seriously injured China's sovereignty, reducing the independent country to a semi-colonial country.

To recover the integrity of sovereignty and territory, Chinese people started one movement after another during the long period before 1949 to abolish the unequal treaties, "concessions", "leased" territories and other privileges for aggressors and colonialists. Eventually the goal was achieved and the People's Republic of China, an independent state, was established.

The painful, historical experience for more than one hundred years (1840 – 1949) made a very deep and lasting impression on many people and still remains fresh and green in their memory. Therefore, they are very sensitive to the emergence of anything with a similar outward appearance.

While the formal decision for the establishment of Special Economic Zones in Shenzhen, Zhuhai and Shantou of Guangdong province, and Xiamen of Fujian province, was made by the Central Committee of the C. P. C. and the State Council in May 1980, whereby some special policies and flexible measures could be implemented, beyond the comprehension of many people was how a socialist country could have special zones with special economic policies in which foreign investment and enterprise are not only allowed but also encouraged and, even more incomprehensible are the preferential treatments given to foreign businessmen. The above decision was commented and debated by many people[①].

The establishment of SEZs and COPOCIs is a significant and essential part of China's strategy and policy of opening to the outside world and modernization adopted at the Third Plenary Session of the Eleventh Central Committee of the CPC held in December of 1978. The strategy was adopted basing on the following facts: China is rich in natural resources and labor resources. But neither resource has been developed fully. In order to accelerate economic development, it is necessary and important for China to utilize foreign investment and technology.

After studying and examining the experience of foreign countries as well as that of China its own, many people realized the importance and significance of SEZs and COPOCIs and most of those who once took a suspicious attitude toward the measures of SEZs and COPOCIs were eventually convinced that the current SEZs and COPOCIs were completely different from the "leased territories", "concessions" and forcibly opened "trading ports" in old China in the following basic aspects:

The Grounds of Emergence: The setting of concessions and the opening of trading-ports in old China were caused by the Gunboat Policy. The unequal treaties of colonialist and imperialist were also resulted from the fatuity, weakness and incompetence of the old Chinese Feudal Rulers. The bases which they had remained on were the outside force and "the jungle law". However, the establishment of present SEZs and the opening of COPOCIs are according to internal needs to speed up the socialist modernization of China. The bases on which they have remained are the free will and voluntariness of both the host government and foreign investors under the principle of equality and mutual benefit.

The Belongingness of Sovereignty: The old Chinese concessions were actually colonies, and were fully administrated and ruled by the Colonists and Imperialists. In concessions, the foreigners had their own way and did whatever as they pleased. They also controlled all the main rights of the trading ports. As a result, the integrity of Chinese territory and sovereignty

---

① See supra footnotes of this article.

had been seriously destroyed. The present Chinese SEZs and COPOCIs are controlled absolutely by Chinese government. Foreign businessmen are not allowed to interfere with the management of the local administration and political activities. The Chinese Government retains the full, adequate and effective control of these territories and the country's sovereignty.

The Legal status of Foreign Businessmen: In old Chinese concessions, trading ports and even inlands, foreign businessmen had various privileges in politics, economy and law, including "consular jurisdiction". In Chinese territory their action could not be restrained by the Chinese law. The Chinese court then had no jurisdiction over foreigners. Chinese law could not be applied either. Now, when foreign businessmen enter the Chinese territory (including the Chinese SEZs and COPOCIs), all of their legal activities and interests are effectively protected by Chinese law, and simultaneously, in accordance with the principles of international law and international practice, they must actually abide by the laws and decrees of China[①]. Under certain conditions, both parties can negotiate to choose an applicable law to settle disputes[②], and to choose an arbitration agency to hear the claims. But this does not absolutely exclude the jurisdiction of Chinese People's Court and the application of Chinese Law[③].

In short, using foreign capitalist energies and resources to promote and accelerate socialist modernization in China is the substantial ground for establishing the SEZs and further opening the COPOCIs. That is also the major characteristic of Chinese-styled socialist path.

China is now rapidly stepping forward along the socialist path she has blazed. Practice has already yielded marked results since exercising the basic state-policy of opening to the outside world in 1979. Summing up China's recent experience, Chinese Communist Party, the governing party of China, has concluded in its strategic Decision on Reform of Economic Structure that:

---

① See Art. 18, Sec. 2, The Constitution of the People's Republic of China.
② See Art. 5, Foreign Economic Contract Law of the People's Republic of China; Art. 145, The General Principles of Civil Law of the People's Republic of China.
③ See Art. 37, 38, Foreign Economic Contract Law of the People's Republic of China.

We will work to expand economic and technological exchanges and cooperation with other countries, strive for the success of the special economic zones and open coastal cities more fully. Using foreign funds and attracting foreign businessmen for joint venture, cooperative management or exclusive investment in enterprises are also a necessary and beneficial complement to China's socialist economy. We must make the best use of both domestic and foreign resources and both the domestic and foreign markets, and learn both to organize domestic construction and develop foreign economic relations[①].

In a sense, the decision is the correct conclusion from and for the said theoretical debates, and has been accepted by the Chinese people. It is under such a background that the system of SEZs and COPOCIs has been rapidly and steadily developed.

II PRACTICAL DEVELOPMENT

China has now passed her tenth year since the first foreign investment law was promulgated as one of the initial steps taken to pursue the state policy of opening to the outside world. Statistics indicate that by the end of 1989 the number of enterprises with foreign investment of different types had grown from zero to 15,948, with a total contract investment of more than USD 25 billion. Though the actual paid-up capital was only USD 12.58 billion, the amount China obtained played an active role in China's national economy[②]. A new policy decision was therefore made and is being implemented to broaden the open area from the original four Special Economic Zones and 14 port-cities to a much larger territory consisting of 287 coastal cities and counties from north to south, with a linking coastline of 18,000

---

① CCCPC: The Decision on Reform of Economic Structure (adopted by the 12th CCCPC at its 3rd Plenary Session on October 20, 1984), People's Publishing House, 1984, p. 34.

② See Zheng Tubin, The Flourishing Four Decades of Sino-Foreign Economic Relations and Trade, People's Daily (Overseas Edition), Sept, 28, 1989; see also China Quickens her Implement of Coastal Economic Strategies, ibid., June 16, 1988.

kilometers, covering an area of 320,000 square kilometers, and with a population of 160 million. All of the nine coastal provinces, namely, Liaoning (northernmost), Hebei, Shandong, Jiangsu, Zhejiang, Fujian, Guangdong, Guangxi (autonomous region), and Hainan (southernmost, China's newest, 31st provincial unit), as well as three provincial-level municipalities—namely, Tianjin, Shanghai and Beijing—are included①. Due to its breadth both in geography and population, China's new policy of opening to the world has attracted wide attention from business circles both at home and abroad.

In the course of carrying on the policy of opening to the outside world and absorbing foreign funds, the SEZs and COPOCIs are playing a decisive role. For example, in the six years from 1979, when China promulgated The Law of the People's Republic of China on Chinese-Foreign Joint Ventures, to the end of 1985, the total amount of direct investment shown in the contracts that had been signed by foreign businessmen with Chinese enterprises increased to USD 16.2 billion, and the total direct investment that had actually been disbursed amounted to USD 4.6 billion②. In the same period, more than one fourth of the foreign investment thus disbursed, USD 1.28 billion, had been concentrated in the very small area of the four SEZs (Shenzhen, Zhuhai, Shantou, and Xiamen)③. Approximately 80 percent of all the enterprises with foreign investment are scattered along the coastal areas that include the SEZs and COPOCIs④. The significant impact made by the Chinese SEZs and COPOCIs, is now a focus of world attention. The prospects of the SEZs and COPOCIS are now favorable, particularly in view of the fact that initially they did not look very conspicuous and seemed to be only a small-scale social test not worth mentioning. It is useful, therefore, to

---

① See China's Coastline Links to be Wide-Open Regions, ibid., June 21, 1988.
② Wei Yuming, Investment and Trade Opportunities in China, 8 International Trade 5 (1986) (author: Vice Minister of Ministry of Foreign Economic Relations and Trade [hereinafter FERT], People's Republic of China).
③ Zhang Zuogian, Foreign Investment in Special Economic Zones: Moving Into a higher Stage, 6 International Trade 34 (1986).
④ See Zhao Ziyang Talks with Editor-in-Chief of Yugoslavia News Weekly, People's Daily, July 11, 1986.

review the fast development of the SEZs and COPOCIs①.

In December 1978, the 3rd Plenary Session of the 11th Central Committee of the Communist Party of China made a decision to shift the focus of the nation's domestic work to the Four Modernizations② and put forward the economic policy of opening to the outside world and enlivening the domestic economy. In July 1979, the party's Central Committee and the State Council jointly formally approved Guangdong and Fujian Provinces for implementing some special policies and flexible measures in China's economic relations with the outside world. This included trying to set up "Export Special Zones" in Shenzhen, Zhuhai, Shantou, and Xiamen.

In April and May of 1980, the State Council convened a working conference of Guangdong and Fujian Provinces in Guangzhou, and created in principle the basic system and special policies of the "special zones". The main features of them are:

1. Because the purpose of the special zones was not only for export, "export special zone" was changed to "Special Economic Zone", which made the name fit the objective.
2. In accordance with the laws and regulations set up by the state, the SEZs may adopt systems and policies different from those of inland areas.
3. Market adjustment should play an active and important part in the economic activities of SEZs, though the macro-economic guidance of the national plan is still to be followed.
4. The funds for construction of the SEZs should be absorbed mainly from foreign investment, although some of the costs may be borne by the state government.
5. To absorb the foreign investment effectively, the rates of income tax on foreign investments, the site-using fees, the wages of the

---

① See Liang Xiang, The Establishment and Development of Shenzhen Special Economic Zones, Shenzhen Yearbook (1985) (author: Mayor, Secretary of Central Committee of Shenzhen); see also The Economy in China's Special Economic Zones 77 – 102 (Zhao Yuanhao & Chen Zhaobin eds.).

② See Communiqué of the Third Plenary Session of the Eleventh Central Committee, People's Daily, Dec. 24, 1987 (adopted Dec. 22, 1987).

employees, and other fees and charges should be lower than those in Hong Kong and Macao and will be more beneficial and preferential to foreign investors. In view of Hong Kong's income tax rate on enterprise of 18.5 percent, the SEZs income tax rate of foreign enterprise was temporarily fixed at 15 percent.

6. The principles of SEZs policy should be fixed, specified, and made known by promulgating laws and regulations, so that all parties can abide by the laws and regulations. For this reason, the local governments concerned should be authorized to enact some special regulations applicable within the SEZs after those regulations are submitted to and approved by the State Council or the Standing Committee of the National People's Congress[①].

On August 26, 1980, the Standing Committee of the 5th National People's Congress approved the Regulations of the People's Republic of China on Special Economic Zones in Guangdong Province, which were drafted and submitted for approval by the People's Congress of Guangdong Province[②]. By then, the three SEZs of Guangdong had finished all the legal procedures for the establishment of the SEZs. To promote the construction of the SEZs in Guangdong and Fujian, to enable the economic management of the SEZs to keep pace with practical needs, and to let the SEZs play their roles more effectively, the 5th National People's Congress further authorized the people's congresses and their standing committees of Guangdong and Fujian to enact various specific economic regulations applicable in SEZs, according to the principles of relative laws, decrees, and policies and by considering the specific situations and practical needs of respective SEZs. The only condition is that these regulations must be reported to the Standing Committee of the National People's Congress and

---

① See Speech by Gu Ming, The Present and Prospects of Chinese Economic Legislation, Xianmen Daily, Sept. 5, 1984 (author: Former Associate Secretary-General of State Council and Chief of Chinese Research Center of Economic Law).

② Standing Committee Resolution on Approval of Regulations on Special Economic Zones in Guangdong Province, First Yearbook, at 45 – 48(adopted Aug. 26, 1980 at Fifth NPC).

the State Council①. This decision has expanded the power of the two local legislative institutions and enabled the two provinces to make and exercise special regulations, policies, and flexible measures for their respective SEZs.

After several years' experience, the two provincial governments have created a series of new regulations on the import-tax preferences, simplified the entry and exit procedures for personnel, reformed the wage systems, and simplified the procedures to gain permission to establish and operate a foreign bank in an SEZ. All of the measures have promoted construction of the SEZs, helped them progress, and, as a result, the situation in these areas has flourished.

In April 1984 the Chinese government decided to open the Xiamen SEZ and the 14 coastal cities of Dalian, Qinhuangdao, Tianjin, Yantai, Qingdao, Lianyungang, Nantong, Shanghai, Ningbo, Wenzhou, Fuzhou, Guangzhou, Zhanjiang, Beihai, and the whole Hainan Island to the outside world.

According to the explanation given by Premier Zhao Ziyang② in May 1984, special policies designed for the special economic zones would be applied in these cities, and their decision-making power would be extended. Foreign businessmen who invest in factories in these port cities would enjoy preferential treatment in taxation; the power to examine and approve construction projects using foreign investment and importation of foreign technology would be decentralized; entry and exit procedures for foreign businessmen would be simplified; foreign businessmen would be allowed to establish enterprises through their exclusive investment; the period of joint management of joint ventures would be appropriately extended; foreign investors who have truly provided China with advanced technology would be allowed to sell a certain amount of their goods in the domestic market; with the four SEZs, these 14 port cities would form a line along China's coast from north to south to serve as the front line for the policy of opening to the

---

① Standing Committee Resolution Concerning the Authorization of the People's Congresses and Their Standing Committees of Guangdong Province and Fujian Province to Formulate Various Specific Economic Regulations for Their Respective Special Economic Zones, First Yearbook, at 49 (People's Republic of China)(Nov. 26, 1981).

② Premier Zhao Ziyang, Report on the Work of Government, Bejing Review, May 21, 1984, at 18 and June 11, 1984(Delivered May 15, 1984 at Second Session of Sixth NPC).

outside world; and they could speed up their own economic development as well as give impetus to the development of the interland areas in their endeavour to absorb advanced technology, spread knowledge in scientific management, transmit economic information, and train and supply qualified personnel.

In October 1984, provisional regulations① were issued by the State Council which dealt with reduction and exemption of the enterprise income tax and consolidated industrial and commercial tax for 14 COPOCIs as well as the 4 SEZs and Hainan Island. The regulations divide the Chinese zones opening to the outside world into three types and three levels: SEZ, Economic and Technological Development Zones (hereinafter referred to as "ETEDEZ") of the fourteen COPOCIs, and the Original Urban Area of the fourteen COPOCIs and of Shantou and Zhuhai. The three levels are different, but they are connected and cross each other, forming a set system.

In early 1985, the State Council decided to create the Zhujiang River Delta, the Changjiang River Delta, and the Triangular Area in South Fujian Province, totaling 52 cities and counties, as CEOA. The CEOA were designed to play a role of economic backing base each for nearby SEZ and COPOCI②.

By the end of June 1985, the State Council of the People's Republic of China formally decided to expand the sphere of Xiamen Special Economic Zone to the whole Xiamen Island and Gulangyu Island, covering an area of 131 square kilometers③. The decrees stipulated that Xiamen would be reconstructed as a comprehensive and outward-looking SEZ. The zone was to be developed mainly in industry, management of travel services, commerce, and the housing business. It was established to strengthen economic connection and technical cooperation with the other parts of Fujian Province

---

① State Council Provisional Regulations on Reduction and Exemption of Enterprise Income Tax and Consolidated Industrial and Commercial Tax for Special Economic Zones and the Fourteen Coastal Port Cities, People's Daily, Nov. 18, 1984(adopted Nov. 15, 1984)[hereinafter Special Economic Zone Tax Regulations].
② See Zhang Ge, The Evolution of China's Coastal Open Regions (Speech before a seminar on economic and legal problems of China's Coastal Open Cities, June 28, 1988).
③ See Xianmen Special Economic Zone Expanded to Whole Island, Xiamen Daily, July 30, 1985.

and the inland provinces, and to fully play the role of the "window." In the period that has followed, the main task of Xiamen has been to increase export for foreign exchange and produce more scarce supplies for domestic use.

It is worth noting that the State Council approved the step-by-step implementation of some policies of a free port in this SEZ. The decree stipulated that in some assigned places within Xiamen SEZ, under the strict supervision and control of customs, all lawful foreign commodities would be allowed to be stored, repackaged, processed, and given new labels for re-export. These categories of goods are free from customs duty, import tax, or tax on value added, if only the businessmen abide by the regulations of China. The decree also provided that this SEZ was allowed to run direct trade with Taiwan under the supervision of customs, according to the state regulations, and to engage in entrepot trade and transit trade. These new regulations of the State Council enabled Xiamen SEZ to enjoy more initiative and flexibility in implementation of an open policy than other SEZs. And, therefore, Xiamen is now being pushed up to a higher level in its economic relationship with the outside world. In carrying out some policies of a free port, Xiamen SEZ will attract more and more foreign vessels, merchants, and goods, allowing it to play a more outstanding or even crucial role as "one pivotal point with two fan-sectors, radiating to both sides, and being four windows" in China.

The biggest as well as the latest special economic zone, Hainan Island, was formally created on April 13, 1988. On this date, the First Session of the Seventh National People's Congress adopted two important resolutions relating to Hainan. One is the Resolution on the Establishment of Hainan Province[①], the 31st administrative unit of provincial level in China; the other is the Resolution on the Creation of the Hainan Special Economic Zone.[②] Under the latter, the people's congress and its standing committee of the newly established Hainan Province have been authorized to enact local regulations and decrees by considering the specific situations and practical needs of this biggest SEZ and to act according to the principles of national

---

① See People's Daily, April 14, 1988.
② Ibid.

laws and decrees. More and more far-sighted foreign businessmen pay great attention to the Hainan SEZ's wide area of about 34,000 square kilometers and considerable rich resources, even though most of the areas have not been well exploited and developed.

For the purpose of absorbing much more foreign investments to accelerate the development of Hainan, a set of special provisions, namely, the Regulations for the Encouragement of Investment to Exploit and Construct the Hainan Island, was promulgated by the State Council on May 4, 1988①. Under the special Regulations, Hainan is now granting foreign investors many favorable treatments similar to, but more preferential than, those in the other four SEZs in China.

Ⅲ BABY AND DIRTY WATER: MATURATION OF THE POLICY

No rose without a thorn. The development of new things is not always smooth sailing and it's hard to be perfect in every aspect. Since pursuing the open policy and creating SEZs, the economic benefits have advanced by leaps and bounds and remarkable success has been achieved. But at the same time the problems and defects are coming along. Besides the inadequacy of experience, unsoundness in planning and blindness in work, which have caused the State heavy losses, the conspicuous problem is that lawless persons took advantage of the opportunities in opening to the outside world to commit various economic crimes. Those criminal activities such as smuggling, corruption, embezzlement, bribery, speculation and fraud have been committed and became rampant. Also, while importing the western advanced scientific technology, some rotten, degenerate, ugly and harmful thoughts and culture have sneaked in through the crack and polluted the general mood of China.

In face of these facts, on April 13, 1982, the Central Committee of the Communist Party and the State Council jointly issued the "Decision on Cracking Down on Serious Criminal Activities in Economic Field", and the

---

① See People's Daily, May 5, 1988.

varied economic crimes have been punished by severe measures.

The following major cases involving officials of high and middle ranks had created great sensations during the period of 1982 – 1983.

(a) The Yang Yibang Case[①]

Yang Yibang, vice minister of the Ministry of Chemical Industry, former secretary of the CPC committee and general manager of the Yanshan General Petrochemical Corporation of Beijing, was the main executor of seeking loans and carrying out compensation trade with a certain company in Hong Kong. This company was without strong financial backing. When the responsible person of this company first got in touch with Yang Yibang in the second half of 1978, he pretended to be the representative of a powerful international consortium and claimed that he could get China interest-free, long-term loans amounting to billions of dollars. This was obviously a lie. Without investigation and analysis or knowing the real situation of the company, however, Yang Yibang hastily signed a memorandum for a $600 million loan with this person. Not long after that, the same person told Yang Yibang that without the mandate of the Yanshan Corporation, it would be difficult for him to carry out his activities in foreign countries. This actually tore the mask off his face and exposed the fraud. Under such circumstances, however, Yang Yibang proposed to appoint that person as an advisor to the Yanshan Corporation without considering the consequences. That Hong Kong businessman used this title to swindle and bluff outside China. China's international prestige was seriously compromised.

Yang Yibang was a vice minister in the government. His purpose in visiting Hong Kong and making study tours in foreign countries was to seek loans. However, he repeatedly bypassed the Foreign Ministry and Chinese Embassies in applying visas, instead, he had the Hong Kong businessman arranged visas for him to go to Japan and Belgium. Such behavior of violating rules and regulations for external activities aroused the suspicion of foreign embassies in China and produced a very bad influence in foreign countries.

---

① See Report, "Discipline in Inspection Commission of CPC Central Committee Seriously Deals with the Case of Vice Minister of Chemical Industry Yang Yibang", People's Daily, July 27, 1982.

His main activities in foreign countries were not arranged by the Chinese establishments or embassies abroad, but by that Hong Kong businessman. He "led him around by the nose" and regarded him as a signboard for swindling and bluffing. Yang Yibang violated the state security regulations by asking that Hong Kong businessman to send out classified letters and documents. During the time when he was associating with that Hong Kong businessman, he accepted two Western-style suits of high quality and other articles of daily use. In addition, he asked every member of the delegation led by him to turn their 20-yuan pocket money over to that Hong Kong businessman in exchange for a radio-cassette player. Obviously, these were acts of accepting bribes in disguised form.

Yang Yibang assigned the Beijing General Economic Construction Corporation the task of selling some plastic raw materials to the above-mentioned Hong Kong company (6,000 tons of polyethylene and 8,000 tons of polypropylene). Before selling those plastic raw materials, a new worldwide oil crisis had loomed up and the international prices of petrochemical products were still rising. China's establishments in Hong Kong had already informed personnel of the Yanshan Corporation in Hong Kong of the international prices. According to several contracts signed in Hong Kong on 21-27 March 1979, the General Import and Export Company of Chemical and Industrial Products of China's Foreign Trade Ministry sold polyethylene at USD 885 to USD 952 per ton and polypropylene at $800 per ton. Under the conditions of constantly increasing prices, it was improper to sign long-term sales contracts. However, when the Beijing General Economic Construction Corporation signed contracts with that Hong Kong company the price for the two kinds of plastic raw materials with seven specifications was $800 per ton. Such an act of neglecting general commercial knowledge and refusing to take advice concerning international prices from the units concerned was completely wrong. Thus, that Hong Kong businessman netted a profit of USD 750,000. Furthermore, he sold big quantities of those plastic raw materials in Hong Kong, Singapore and the Philippines at prices lower than those of the China Resources Company (Hua-Run Company) and other foreign trade companies to disrupt China's export trade-in Hong Kong, the China Resources

Company was twice compelled to lower the prices for products already sold. As a result, China lost foreign exchange amounting to USD 480,000.

What Yang Yibang did in international trade work mentioned above violated the disciplines of both Chinese Communist Party and Chinese Government. His malfeasance, together with his acceptance of two Western suits *et al.* as an act of accepting bribes in disguised form, had already violated the criminal law. According to the decision made by the CPC Central Commission for Discipline Inspection Commission, Yang Yibang has been placed on probation within the party for two years and has been dismissed from all his positions in the party. The decision also suggests that he be dismissed from all his Governmental, original leading positions outside the party and be assigned to another post.

(b) The Zhou Zhirong Case①

Since the Shenzhen Branch of the China Electronics Import and Export Corporation (shortened hereafter to Branch) was set up in May 1980, Zhou Zhirong, the principal responsible person of the Branch's administration and secretary of the Branch's provisional party committee, Xu Zhiliang, a former leader of the Branch's storage and transport department and their accomplices have, in order to gain windfall profits, disregarded party discipline and state Law, colluded with lawbreaking Hong Kong businessmen and adopted such dirty tricks as underrating in customs declarations the number, nature and value of goods imported, smuggling goods under cover of declared import goods and falsely declaring assembled sets and components as spares to wantonly carry out criminal activities of smuggling and tax evasion. According to the results of the investigation, from December 1980 to September 1981, they engaged in smuggling activities on twenty-six occasions and the value of the electronic products smuggled totaled more than 23 million Yuan. The smuggled goods included 24,700 television sets, 87,539 radio-cassette recorders, 100,000 cassette tapes, 4,342 clock radios, 43,400 spare parts for receivers and 19,900 spare parts for the recorders in radio-cassette

---

① See Report, "Shenzhen Judicial Department Orders Arrest of Zhou Zhirong and Xu Zhiliang for Smuggling", People's Daily, November 23, 1982.

recorders. In addition to smuggling, they have viciously misappropriated 1.48 million Yuan in customs duties that they had been assigned by other units to pay when they imported electronic products for these units. The responsible person of the General Administration of Customs pointed out that in terms of the amount of goods smuggled and taxes evaded and in terms of the vicious nature of their tricks, Zhou Zhirong and his accomplices' case of smuggling and tax evasion has been a rare and major one in the more than thirty years since the founding of the PRC.

As far back as February 1981, the Kowloon customs office discovered the Shenzhen Branch's tax evasion activities in time and again warned and fined it. However, Zhou Zhirong and his accomplices paid no notice to the warning. Instead, they continued to collude more seriously with lawbreaking Hong Kong businessmen in smuggling and tax evasion. Moreover, after the State Council issued in January 1981 the regulation on exerting strict control over the import of machinery(including television sets and recorders), they used the tricks of reversely changing the date of purchase contracts to obtain import licenses from the state. The investigation has proved that they produced eighty-one contracts with changed dates and illegally imported 550,000 television sets, 340,000 radio-cassette recorders, 1.35 million cassette tapes and 20,000 calculators, the value totaling USD 47.5 million. These imported goods have been put on the market by 460 units in fifteen provinces, municipalities and regions throughout the country, have a shocking effect on the market against similar products made by Chinese factories and impair the development of China's national electronics industry.

Furthermore, Zhou Zhirong and his accomplices have violated the foreign exchange control regulations of the state and illegally bought and sold foreign exchange worth USD 16 million.

Zhou Zhirong and his accomplices have sold at excessively low prices 730 television sets, 800 radio-cassette recorder and record players and 19,000 recorded and blank cassette tapes to the units in the former 4th Ministry of Machine Building and other units with which they have an under-the-counter relationship. Some of these goods were sold by them as disguised bribes at a low price in order to facilitate their economic crimes. After gaining some benefits from them, some people turned on the green light for their criminal activities in violation of state regulations or defended their illegal and criminal activities. This has added difficulties and resistance to the investigation of this big smuggling case. Zhou Zhirong has also accepted bribes in Hong Kong and Chinese currencies and wristwatches from law-breaking Hong Kong businessmen.

He and his accomplices' illegal and criminal activities of smuggling and tax evasion have caused tremendous economic losses to the state and enabled lawbreaking Hong Kong businessmen to gain windfall profits. They helped Hong Kong businessmen to import and market a large number of low-grade components and television sets and radio-cassette recorder spare parts, many of which cannot form complete sets and become worthless stock in Chinese warehouses. According to the data collected from merely five state-owned factories, including the Nanjing Radio Company, 270,000 of the 380,000 sets of television and radio-cassette recorder components that the Branch imported for these units through sixteen contracts with lawbreaking Hong Kong businessmen, cannot be assembled because of lack of parts. These units therefore suffered losses.

An in-depth investigation by the "Shenzhen Branch-case" inspection team of the CPC Central Commission for Discipline Inspection and by the Guangdong Provincial People's Procuratorate has definitely proved that smuggling, tax evasion, giving and accepting bribes and illegally buying and selling foreign exchange committed by Zhou Zhirong and his accomplices in the Shenzhen Branch of the China Electronics Import and Export Corporation have violated the criminal law and are economic crimes. On 30 October, 1982, Zhou Zhirong and Xu Zhiliang were legally arrested and held responsible for their crimes.

(c) The Wang Zhong Case[①]

Wang Zhong, deputy director of the Political and Legal Commission under the Shantou Prefectural CPC Committee, Guangdong Province, former

---

① See Report, "Wang Zhong, Former Secretary of the Haifeng County Party Committee was Executed Yesterday", People's Daily, January 18, 1983.

secretary of the Coastal Haifeng County CPC Committee and the chairman of the County Revolutionary Committee, had been sentenced to death and was executed on January 17, 1983 for embezzlement and acceptance of bribes, making the first such official executed since 1982.

He was convicted of defrauding the state of 69,749 Yuan between 1979 and 1981, when he served as secretary of the Haifeng County Party Committee and the chairman of the County Revolutionary Committee, a post equivalent to county head.

The Shantou Prefectural Intermediate People's Court definitely proved with a great deal of conclusive evidences that Wang Zhong embezzled 58,000 Yuan worth of goods including wristwatches, recorders, televisions and electric fans, confiscated from various smuggling activities. He also extorted and accepted bribes of more than 10,000 yuan from people wishing to go to Hong Kong.

The court acted under Article 155 of the Criminal Law of the PRC, which says "a state functionary who, using the opportunities of office, commits the offense of embezzling publicly owned money or articles, shall be sentenced to imprisonment ... or death if the case is particularly grave".

Upon conviction, Wang appealed to the Guangdong Province People's Court which affirmed the lower court's decision. The Supreme People's Court examined and approved the sentence.

Accompanying the foregoing Report, an editorial titled "A Serious and Just Verdict", was published in the Chinese governmental newspaper. It reflects the basic attitude of Chinese authorities concerned with the economic criminal activities, and thus worthy of much attention. Here is the excerpt from the important editorial①:

> Wang Zhong ... has been sentenced to death according to law. He abused his power to violate the law, even though he was an enforcer of the law. He was guilty of embezzlement and accepting bribes involving a huge sum of money and his crime and its consequences were particularly grave. Such a verdict has afforded general satisfaction ... Such a verdict will undoubtedly play an enormous role in promoting the struggles against severe

---

① See Editorial, "A Serious and Just Verdict", People's Daily, January 18, 1983.

criminal activities in the economic field and other fields.

The CPC Central Committee and the State Council have pointed out that those criminal elements who severely sabotage the economy should be impartially dealt with according to law regardless of their positions, units and service. The way we severely dealt with the case of Wang Zhong has shown that our Party and government resolutely follow the principle that laws must be observed, their enforcement must be strict and law-breakers must be dealt with and that all men are equal before the law. Government functionaries, particularly leading cadres at various levels, have mastered certain powers. They should make use of their power for the good of the people. If someone tries to make use of his office to break the law, he causes greater harm than that of ordinary criminals. Therefore, high standards and strict tests should be set up for government functionaries and severe punishments should be imposed in accordance with law on those who have abused their power by breaking the law and committed crimes. This is an important spirit of the Criminal Law of the People's Republic of China. On 8 March 1982, the "Resolution on Severe Punishment of Criminals Who Seriously Undermine the Economy" adopted by the NPC Standing Committee reaffirmed this spirit and supplemented and revised the provisions concerned in the criminal law. We are always cautious with regard to capital punishment. A handful of severe criminal elements who deliberately sabotage the socialist system in the economic field and other fields should be sentenced to death if their crimes are so serious that they cannot be exempted from capital punishment...

Leading organs at all levels should sum up their experience, make persistent efforts, overcome obstructions and concentrate their energy on investigating and handling big and important cases. In his opening speech delivered at the 12th CPC National Congress, Comrade Deng Xiaoping pointed out: To strike at criminal activities in the economic and other fields that undermine socialism will be one of the most important guarantees for our adherence to the socialist road and concentration of our efforts on modernization. Comrades of the whole Party and people of the whole country should further enhance their understanding and exert persistent efforts to profoundly carry forward this struggle.

Facing the complication of benefits and troubles, the intricacy of advantages and disadvantages, some new suspicions of the open policy were reemerged in that period which in turn led to divergences and debates in China[①]. These divergences and debates represented primarily four opinions.

The first view was as follows: some people blamed the policy of opening to the outside world and of SEZ for the increase in recent years in smuggling, corruption, bribery, fraud, speculation and other economic criminal activities. They criticized the open-policy in the same essence as that of a Chinese idiom "Drink poisoned wine to quench thirst" (seek temporary relief regardless of the long-range consequences). They alleged that "We lose much more than we gain" and requested to close the door again as soon as possible.

The second view was that owing to the Chinese Government's severe measures to crack down on economic crime, some foreigners became suspicious of the "wind direction" in China. Some foreigners worried that the open policy in China would be changed before long, and warned others to be careful in investing in China so as not to meet with troubles, or even with dangers.

The third view regarded the increase of economic crime as a so-called "normal phenomenon in the process of social evolution". Some argue "We may let it emerge of itself and perish of itself. What's there to be surprised

---

① The divergences and debates raised in that period had been reflected in newspapers and periodicals either explicitly or implicitly. For summary information and synthetical discussion, see generally: People's Daily's Commentator: "Further Greatly Widen Our Outlook", People's Daily, June 8, 1982, at 1; Wang Shoudao, Vice-Chairman of the Legal Commission of the NPC Standing Committee, former Com. Party Secretary of Guangdong Province: "An Investigation Report Relating to Guangdong: One Hand on Material Civilization Construction, the Other on Mental Civilization Construction, HONGQI (Red Flag), November 11, 1982, at 9 – 13; The Economic Editorial Section: "How to Look Upon the Policy of Opening to the Outside world", BANYUE TAN (Semimonthly Talks), No. 11, June, 1982; Yi Yan: Weekly Chat (on New Policy): "Cherish Such Wealth", NANFANG RIBAO (Southern Daily), June 7, 1982; People's Daily's Commentator: "Necessary to Boldly Work and Strictly Observe Discipline at the Same Time", People's Daily, July 27, 1982; People's Daily's Commentator: "Heighten the Consciousness, Deepen the Struggle", People's Daily, November 23, 1982; Chen Min, "The Open-Policy Benefits the State, the People and the Four-Modernizations", People's Daily, December 8, 1982, at 4. Editorial: "A Serious and Just Verdict", People's Daily, January 18, 1983, at 1; Editorial: "Run Chinese-Foreign Joint Venture with Better Results", People's Daily, May 14, 1983, at 1.

at? Since the absorption of foreign investment can bring China a lot of advantages, so, in order to prevent misunderstanding by foreign investors and prevent their hesitation in investing in China, we now should not treat economic crime problems so seriously. Just let it run its course".

The fourth view believed that all the above three views were wrong. People upholding this view argued we must insist on both sides: continue to seriously crack down on economic criminal activities, as well as continue to further the open policy for a long period. That is, to remain open and further open the door, so as to accelerate four modernizations and establish a socialist system in the Chinese style with Chinese features.

In brief, there were a lot of divergences and debates with respect to further opening or re-closing the door to China. Among the foregoing views, it was obvious that the first favors re-closing the door; the second worries about re-closing and hopes to remain open. The third and the fourth views, although both wished to keep the door open, greatly differed in their attitudes toward economic criminal activities. Among these opinions, which one was right, which was wrong? How could people judge them?

After extensive debates and considerations, the fourth opinion mentioned above was accepted and carried out by the Chinese government. The government emphasized in a Special Decision① issued to the whole country:

> ... Only by struggling firmly and seriously against the corruption and degeneration, can we correctly and perfectly pursue the policy of opening to the outside world and enlivening the domestic economy ... We should never ignore, relax or fear struggling against serious economic crimes only because of pursuing the policy of opening to the outside world and enlivening the domestic economy, at the same time, nor should we shake our faith to the same policy, which has been justified by practice, only because of carrying on the said struggle.

Speaking on the increase of economic crimes, some important aspects should be noted:

---

① The Center of CPC and State Council: "Decision on Cracking Down Serious Criminal Activities in Economic Field", People's Daily, April 14, 1982. (hereinafter "CCPT's Decision")

1) The by-effect of open-policy is not the only cause, nor even the principal cause of the said increase. The source of these problems is in fact one of the sequelae resulting from ten years of internal disorder of the so-called "Cultural Revolution". If one traces back through history, one can even find corruption as a manifestation of pernicious influence of several thousand years of feudalism①. This is because corruption often results from the use of prerogatives to further one's personal gains, and prerogatives are the products of feudalism.

China was a feudalistic society for many centuries. Long before China opened her doors to the outside world, corruption had been a problem. After 1949, this problem was basically cured, and basically did not resurface for well over a decade. During the "Cultural Revolution", the upright traditions of the party were impaired. Furthermore, some of the people became subject to materialistic temptations when China began her new opening policies. Thus, a recurrence of an age-old disease resulted. Therefore, it is wrong to attribute the new wave of economic crimes mainly or even solely to opening policies.

2) Certainly, in the course of pursuing the opening policies, there really have occurred some negative side-effects, including the increase of economic crimes. It exactly needs paying much attention to these negative phenomena. Economic crimes related to doing business with foreign businessmen should be dealt with and exterminated. But one cannot give up eating because of fear of choking, i. e. refraining from doing something necessary for fear of a minor risk. To make the picture complete, it can be said that one ought not to give up eating only for fear of choking.

3) In the meantime, everybody knows that the opening policies, including the absorption of foreign investment, are new to China. Inexperience inevitably leads to snafus. At worst, China has sometimes been cheated by swindlers. However, one always pays a price to acquire experience and knowledge. It is just like Harvard's tuition which is indeed dear, yet year

---

① See Hu Qili (Member, Political Bureau and Secretariat, of the CCCPC), "On the 13th Congress of CPC and on the Rectification of Party Style", Outlook Weekly, May 5, 1986, pp. 5 – 6.

after year bright young men and women undergo fierce competition in order to enter the world-known University. In the case of China, loss sustained from falling into crafty swindlers' traps is but the paying of tuition. The important thing is to learn from experiences and lessons.

4) Do the actions against economic crimes foreshadow a re-closing of China's doors and a "return to dogmatism"? No. Any country in the world which strives for its healthy survival, will utilize all available measures to suppress corruption and bribery. In China a famous saying prevails, "Water can sustain a boat, but also can submerge a boat". The moral is that man must learn the properties of water, make use of what it can offer, and avoid its destructive elements. The previously mentioned doctrine — "Let it emerge of itself and perish of itself"— exemplifies those who see only that water can sustain the voyages of a boat, but do not see that absent their adequate navigational skills, water can join forces with waves and gale to overturn the same boat.

5) It is not difficult to understand that the actions against corruptions serve the objective of safeguarding honest and scrupulous foreign investors from harassment and blackmail[①]. In order to clear the way of obstacles for comprehensive opening policies, the anti-corruption actions are a necessary measure. This is not a preparation for the re-closing of opened doors, but rather for the further expansion of the opening policies. With respect to all the honest businessmen from the foreign countries, the anticorruption actions mean nothing but a wider door and a plainer way to China.

6) Moreover, sometimes there are some provisions of prohibition and punishment (for instance, the provision relating to prohibiting sales commissions) merely applied to Chinese but not to foreigners. In business transactions, had there been some foreigners who, according to the international business practice, and out of ignorance of the Chinese regulations concerned, paid some reward (commission) to the Chinese agents or executors — in such cases, the Chinese Government would not prosecute those foreigners. But no one on the Chinese side should be allowed to receive

---

① See supra note, CCPT's Decision.

any commission for himself. This is but a discipline used to restrain China's own officials and agents①.

The different attitudes aforesaid towards the open-policy and economic crimes may be compared with the following oriental tale:

There were three mothers, each with a baby. Each of the three babies ate half-cooked beef, became afflicted with indigestion, diarrhoea and smeared its body with its own excrements. The first mother thought little of her child's condition and neither bathed it nor gave it medicine. She felt that minor sickness would emerge of itself and would perish of itself soon. Moreover, her body, weak with illness, made her too lazy to have the baby cured and bathed. Thus, her baby eventually became so ill that it almost perished. The second mother sought to cure her child by forbidding it to eat altogether. Then she gave it medicine, but gave an overdose. Finally, she bathed the body, but then threw out the baby into the ditch together with the dirty bath water. The third mother gave her child just the correct amount of medicine, fed it easily-digested fat-free milk and carefully bathed it, then threw out only the dirty bath water.

On the question of doing business with foreigners and of absorbing foreign investment, history shows that in the period from the late China dynasty to 1949, the Chinese Government's incompetence, muddle-headedness, slavishness to the West and paying little attention to China's state sovereignty and economic arteries, demonstrate the attitude of the first mother. In the period of so-called "Cultural Revolution" and extreme left policies from 1966 to 1976, the xenophobic behavior of the extreme left line is analogous to the disposition of the second mother. Since 1979, the Chinese Government's implementation of new opening policies (including those of SEZ and COPOCI) and a series of relevant laws resembles the care and competence of the third mother: throwing out the dirty bath water, while taking care to pick up the baby in advance.

Based on the experience and lessons, China's open-policy and setting up

---

① See Report, Premier Zhao Ziyang Talks in Japan on the Problems of SEZ, WENHUI BAO (American edition), June 7, 1982.

SEZs and further opening COPOCIs are coming to maturity. For instance, Deng Xiaoping, one of policy-makers of the CPC and the Government and a "general-designer" of the blueprint of Chinese modernizations, emphasized at the 12th National Conference of the CPC in September 1982, "We will unswervingly follow a policy of opening to the outside world and actively increase exchanges with foreign countries on the basis of equality and mutual benefit. At the same time, we will keep a clear head, firmly resist corrosion by decadent ideas from abroad and never permit the bourgeois way of life to spread in our country"①. Deng also pointed out in October 1984 that "someone said we shouldn't open the window because the flies and other insects will otherwise come into the room. They wanted to close the window and make us suffocated. But we said open the widow to breathe the fresh air, and meanwhile, deal with the flies and other insects"②.

In view of foreign investors' concern that Chinese open-policy may be changed someday, Chinese leaders have stated their position again and again on various occasions. For instance, Deng Xiaoping once said, "Doing construction in such a big country as China, it is impossible to be completed without relying on the hard efforts of our own. However, it would also be impossible to meet with success if we keep national seclusion and self-isolation. We must absorb foreign capital and technology to help China's development". "It is a fundamental policy of our country to open to the outside world. Any change, if there would be, should lead to opening more, which otherwise even our people themselves will not agree with."③

Deng emphasized on another occasion that: The open policy of China would remain unchanged for a long period, not only during the present century, but also during the first 50 years of the next century. Even in the second 50 years of next century, it would be very difficult to change. Once the relationship of economy and trade between China and other countries was

---

① Deng Xiaoping, The Opening Speech Delivered at the 12th National Congress of the Communist Party of China, September 1, 1982, People's Daily, September 2, 1982.

② See Report, "U. S. Weekly 'Time' Assesses Deng and China's Reforms", Xiamen Daily, February 17, 1986.

③ See Report, "China's Open-policy Could Only Be Changed into Opening More", People's Daily, October 7, 1984.

well-developed, it couldn't be changed even if someone wants to change it①.

Premier Zhao Ziyang once stated, during his visit to the U. S. in January 1984, that China's policy of opening to the outside world is not a mere subjective wish but a reflection of the objective necessity, therefore it will remain unchanged for a long time. "China has opened her door and will never close it again. Instead, as China gradually realizes her modernization program, her external economic relations will grow steadily in depth and width"②, "Zhao confirmed. In November of the same year, Zhao Ziyang emphasized again in his article published in "Atlantic", "Our guiding idea on the opening to the outside world is further opening rather than re-closing or retreating, and is continuing to advance instead of stopping. The outside door of China which has been opened will be opened wider and wider, and will never be shut again"③.

A conclusive evidence of the Chinese Government's resolution to maintain an open-policy has been shown by making the main spirit of open policy (including bettering the establishment of the SEZs and COPOCIs) one of the guiding principles in drafting the Seventh Five-year Plan (1986 – 1990). The Central Committee of the Communist Party of China and the National conference of the CPC formally submitted on September 23, 1985 the Proposal for the Seventh Five-year Plan for National Economic and Social Development④. The Proposal analyzed the situation as follows: China's economy could be divided into three major geographic regions: Eastern (coastal areas), Central and Western. The objective tendency of development was to push from east to west. The guiding principle should be, to integrate the growth of the Eastern region with that of the Central and Western regions so that they could support each other in revitalizing the Chinese economy as a whole, making the people prosperous … The Eastern region should take the

---

① See Report, "China's Open-policy Will Remain Unchanged for a Long Time", People's Daily, October 12, 1984.

② See Xinhua News Agency News Bulletin, January 12, 1984, pp. 74 – 75.

③ Zhao Ziyang, "China's Policy of Opening to the Outside World", U. S. Journal "Atlantic", November, 1984; See also People's Daily, January 22, 1985.

④ See Proposal of the Central Committee of the Chinese Communist Party for the Seventh Five-Year Plan for National Economic and Social Development, adopted at the National Conference of the Communist Party of China, September 23, 1985, Beijing Review, October 7, 1985, pp. VI-XXIII.

initiative and consider how to assist the Central and Western regions to develop. Absorbing money, technology and management expertise from the Eastern region, the Central and Western regions should better exploit their own advantages and in turn assist the Eastern region, thus bringing about a more rational balance in the national economy①.

Under this general background, it is quite obvious that China shall further create and develop the SEZs and COPOCIs. The Proposal concluded: The key of implementing the open-policy, with an increased use of foreign funds and imported technology, was to increase foreign exchange earnings through exports. This was of paramount importance in China's modernization program. Geographically, therefore, China should fully exploit the advantages of the coastal areas and certain other areas to establish centers for the production of various export commodities. It should also step up technological cooperation, co-ordinated management and joint ventures between the coastal and interior areas so as to make use of the latter's rich natural resources②. The Proposal further provided that in the Seventh Five-Year Plan(1986 – 1990)③:

> The special economic zones, the coastal cities opening to the outside world, the Zhujiang (Pearl) River and Changjiang (Yangtse) River Deltas, the triangular area in Southern Fujian Province, and the Liaodong and Jiaodong Peninsulas have the exceptionally important tasks of expanding import and export trade, using foreign investment funds and importing technology. These areas should readjust their production set-up in accordance with export needs and make it possible for a greater number of competitive commodities to find a way into the international market. We should continue to apply special policies and flexible measures in Guangdong and Fujian provinces. While constantly introducing advanced technologies from abroad, the special economic

---

① See Proposal of the Central Committee of the Chinese Communist Party for the Seventh Five-Year Plan for National Economic and Social Development, adopted at the National Conference of the Communist Party of China, September 23, 1985, Beijing Review, October 7, 1985, Section 24, pp. XII-XIII.
② Ibid., Section 41, pp. XVI-XVII.
③ Ibid., Section 45, p. XVIII.

zones should gradually shift the emphasis of production to export goods so as to earn more foreign exchange for the state ... The relevant government departments should draw up development plans for the special economic zones, cities and areas opening to the outside world. They should systematically carry out construction and development in these places with selected key projects, and make it possible for them to play a more effective role as China's vanguard in opening to the outside.

After several months' democratic discussion on the Proposal, Premier Zhao reached a series of important conclusions and reported it to the National People's Congress of China on March 24, 1986. Some of the most important conclusions are that:

> The petrified economic structure characterized by excessive and rigid control has been replaced by a vigorous new one appropriate to the planned development of a commodity economy based on public ownership①.

> As for our economic relations with other countries, a closed and semi-closed economy has given way to an open economy characterized by positive use of international exchange. We have now broken the shackles of "left" ideology and a self-enclosed economy and corrected the mistake of pitting self-reliance against the opening to the outside world. This has enabled us to achieve notable results in using domestic and foreign resources, exploiting domestic and foreign markets and mastering the skills of organizing domestic construction and promoting economic relations with other countries. By correctly implementing the open-policy, we can learn from other countries' strong points to make up for our weaknesses, thus accelerating our modernization. Far from preventing us from relying on our own efforts for regeneration, this will strengthen our self-reliance②.

---

① See Zhao Ziyang, Premier of the State Council, "Report to the Seventh Five-Year Plan", delivered at Fourth Session of Sixth National People's Congress, March 24, 1986, Beijing Review, April 21, 1986, p. IV.
② Ibid.

Special economic zones, coastal cities and areas opening to the outside world should play a bigger role, and the special economic zones shall move forwards building an export-oriented economy①.

Ⅳ LEGAL FRAMEWORK

There are now five categories of zones and areas with different levels of opening to the outside world in China:

1. Five Special Economic Zones: Shenzhen, Zhuhai, and Shantou in Guangdong Province, Xiamen in Fujan Province②, and the whole Hainan Island, namely, the newly established Hainan Province.

2. The Economic and Technological Development Zones (ETEDEZs) of the fourteen Coastal Port Cities.

3. Original urban area of the fourteen Coastal Port Cities (COPOCIs) and of Shantou, Zhuhai Cities.

4. The Zhujiang (Pearl) River Delta, the Changjiang (Yangtse) River Delta, the Triangular Area in South Fujian Province, and the Liaodong and Jiaodong Peninsulas, generally called as Coastal Economically Open Areas (CEOAs)③.

5. The inland areas of China.

The Shenzhen SEZ is bounded in the south by Hong Kong and Kowloon. It has an area of 327 square kilometers, including the one square kilometer Shekou Industrial District under the general management of the China Merchant's Steam Navigation Company Limited. The Zhuhai SEZ borders on Macao and Gongbei with an area of 121 square kilometers. The Shantou SEZ

---

① See Zhao Ziyang, Premier of the State Council, "Report to the Seventh Five-Year Plan", delivered at Fourth Session of Sixth National People's Congress, March 24, 1986, Beijing Review, April 21, 1986, p. X.

② Ministry of Foreign Economic Relations and Trade, Guide to Investment in China 131 – 132 (1982) [hereinafter Guide to Investment].

③ See Central Committee Proposal for the Seventh Five-Year Plan for National Economic and Social Developments, Beijing Review, Oct. 7, 1985 (adopted Sept. 23, 1985 at Conference of Communist Party).

with an area of 52. 6 kilometers is situated near Longhu, in the eastern suburb of Shantou City. The Xiamen SEZ was originally situated seven kilometers to the north of Xiamen City's center with an area of about 2. 5 square kilometers. Since the end of June, 1985, the sphere of this SEZ had been expanded to the whole Xiamen Island and Gulangyu Isle, with an area of 131 square kilometers before June 1989, and has begun to gradually pursue some policies of a free port①. In these aspects, Xiamen SEZ now enjoys more special treatment than other SEZs.

In late June, 1989, the State Council further expanded the Xiamen SEZ's sphere to the suburbs of Xiamen City, namely, the Xinglin area with 65. 4 square kilometers and the Haicang area with 61. 2 square kilometers. Both areas are nearby, but beyond Xiamen Island itself. They are new parts of the SEZ mainly for absorbing the increasing investments from Taiwan businessmen②.

The Hainan SEZ is now the biggest SEZ in China, with an area of approximately 34,000 square kilometers. Compared with the formerly largest SEZ in Shenzhen, the Hainan SEZ is one hundred-odd times bigger than Shenzhen. Its creation as an SEZ of such great size shows, the strong determination of Chinese leadership to further pursue the open policies③.

Since the first SEZ regulations, the Regulations of the PRC on Special Economic Zones in Guangdong Province④, was approved and promulgated on August 26, 1980, legislations for SEZs, ETEDEZs, original urban area of COPOCIs, and CEOAs have been gradually improved and expanded. Three features are worthy of note. First, all these legislations can be divided into three ranks: national, provincial, and municipal; the orders of their emergence are national→provincial→municipal→national again, but in more complete form. That is, the central legislature authorizes some provincial legislative bodies to formulate their own local laws and regulations. After

---

① See supra note and accompanying text, tiamon Daily, July 30, 1985.
② See Xiamen SEZ, Xinglin and Haicang Areas Are All Open for Taiwan Investors, Xiamen Daily, June 22, 1989.
③ See supra note and accompanying text, People's Daily, April 14, 1998.
④ See supra note, Standing Committee Resolution on SEZ in Guangdong Province, August 26, 1980.

that, the municipal authorities always enact some detailed rules for implementing the provincial regulations. Then, some new provisions will be promulgated by the State Council on the basis of summing up the local practices. Second, legislation for SEZs, ETEDEZs, original urban area of COPOCIs, and CEOAs in different provinces often separately and respectively refers to each other. Therefore, they are similar in principle and major points while differing in minor points, and later regulations always prove to be better than earlier ones because they can learn from their predecessors. Third, legislation for SEZs, ETEDEZs, original urban area of COPOCIs, and CEOAs are gradually becoming more similar, and are being substituted for by the unified regulations of the State Council.

The remainder of this section will analyze the laws and regulations in connection with SEZs, ETEDEZs, COPOCIs, and CEOAs in the order of state laws and local laws. Comparisons will also be made when necessary.

A. Preferential Tax Treatments in SEZs, ETEDEZs, COPOCIs, and CEOAs

While investing in SEZs, ETEDEZs, COPOCIs, or CEOAs foreign investors enjoy a much lower tax. A series of tax reductions and exemptions apply in these areas in different proportions.

1. Lower Enterprise Income Tax

In China the rate of income tax on joint ventures is 30 percent in general[①], while a 15 percent preferential enterprise income tax is levied on income derived from production, business, and other sources of any joint venture, cooperative enterprise, or enterprise with sole foreign investment

---

① The Income Tax Law of the People's Republic of China Concerning Joint Ventures with Chinese and Foreign Investment [hereinafter referred to as Joint Ventures Income Tax Law] provides in its Article 3: The rate of income tax on joint ventures shall be 30%. In addition, a local surtax of 10% of the assessed income tax shall be levied. The Income Tax Law of the People's Republic of China Concerning Foreign Enterprises [hereinafter referred to as Foreign Enterprises Income Tax law] provides in its Article 3: Income Tax on foreign enterprises shall be assessed at progressive rates from 20% to 40% for the parts in excess of a specific amount of taxable income. In both occasions, the income tax rates levied on enterprises with foreign investment are much higher than that levied on the similar enterprises established in SEZs, ETEDEZs or COPOCIs, See Guide to Investment. supra note, at 290, 320-321.

(hereinafter generally referred to as SEZ enterprises) operating in the SEZ[①]. In other words, this tax rate is only one half the income tax rate levied on the joint ventures in other areas of China.

In SEZs, any of the three kinds of enterprises with foreign investment that are engaged in both productive trades and service trades enjoy the preferential income tax rate of 15 percent, while in ETEDEZs, only those enterprises with foreign investment that engage in productive trades such as industry, communications and transport, agriculture, forestry, and livestock breeding, are authorized to enjoy the same treatment[②].

In the original urban area of the 14 COPOCIs as well as those of Shantou and Zhuhai, a 15 percent preferential enterprise income tax may be allowed, upon approval by the Ministry of Finance, for *productive* joint ventures, cooperative enterprises, and enterprises with sole foreign investment whose operations are technology-intensive or *knowledge intensive*, or have overseas investments exceeding USD 30 million and require a long time for capital-return, or belong to the projects of *energy*, *communications*, *or port construction*[③].

In addition, a 20 percent tax reduction is allowed on the basis of an existing enterprise's income tax rate prescribed in the tax rules in force (e. g., the Income Tax Law on Sino-foreign Joint Ventures or the Income Tax Law on Foreign Enterprises), especially for some other foreign-investment enterprises which are also located in original urban area of COPOCIs but not entitled to tax reduction as prescribed in the preceding paragraph. The reduction is subject to approval of the Ministry of Finance, for the said enterprises with foreign investments in the following fields: machine building, electronics industry, metallurgy, chemicals, building materials, light industry, textiles and packing, medical apparatus, pharmaceuticals,

---

① Special Economic Zone Tax Regulations, supra note 23, at Art. 1 § 1, People's Daily, Nov. 18, 1984 (People's Republic of China). A lower income tax rate at 10% has recently been allowed especially for some export-oriented enterprises in SEZs, ETEDEZs or COPOCIs by a new Provisions of the State Council promulgated on Oct. 11 1986. See infra Part IV.

② Special Economic Zone Tax Regulations, supra note 11, at Art. 2 § 1, People's Daily, Nov. 18, 1984.

③ Ibid., at Art. 3.

agriculture, forestry, animal husbandry, and their related processing industries, and building construction①.

As for the enterprises with foreign investment located in the CEOAs, a set of provisions were promulgated in June 1988 to grant them a lot of preferential treatments of taxation, which are very similar to those enjoyed by relevant foreign-investment enterprises of different categories located in the original urban area of COPOCIs②.

2. *Income Tax Holiday and Reduction*

Enterprises with foreign investment that are engaged in productive trades in the SEZs and which have a contract life of ten years or longer, enjoy a two-year tax holiday, commencing from the first profit-making year, followed by a 50 percent reduction (i. e. the remaining tax rate shall be 7. 5 percent) in the three following years (the third to the fifth year), upon application by the enterprises and approval by the SEZ's tax authorities. For enterprises engaged in service trades that have foreign investments exceeding USD 5 million and a contract life for ten years or longer, income tax shall be exempted in the first profit-making year, followed by a 50 percent reduction in the two following years (the second and the third year), upon application by the enterprises and approval by the SEZ's tax authorities③.

In ETEDEZs, only those enterprises with foreign investment that engage in productive trades and have a contract life for 10 years or longer shall, upon application by the enterprises and approval by the city tax authorities, enjoy a two-year tax holiday, commencing from the first profit-making year, followed by a 50 percent reduction in the three following years (the third to the fifth year)④.

In the old urban areas of the 14 COPOCIs as well as those of Shantou and Zhuhai, or in the CEOAs, the reduction and exemption of enterprise income tax on the enterprises with foreign investments shall be implemented

---

① Ibid. ,

② See Interim Provisions for Coastal Economically Open Areas on the Encouragement of Foreign Investment and on the Reduction and Exemption of Enterprise Income Tax and Consolidated Industrial and Commercial Tax(People's Republic of China), promulgated by the Ministry of Finance, People's Daily, June 29, 1988.

③ Ibid. , at Art. 1 § 1.1 - 2.

④ Ibid. , at Art. 1 § 1.

according to the preferential tax rate mentioned above① and within the prescribed period of time and scope set in the income tax laws separately for Chinese-foreign joint ventures and for the foreign enterprises②.

3. *Local Income Tax Reduction and Exemption*

In China, a local surtax of 10 percent of the assessed income tax is levied on joint ventures that locate in areas other than SEZs, ETEDEZs, COPOCIs, and CEOAs③. For enterprises with sole foreign investments in China, a local tax of 10 percent of the total taxable income shall be levied generally④. While in the SEZs, ETEDEZs, COPOCIs, and CEOAs the local income tax, stipulated by the tax laws, levied on all kinds of enterprises with foreign

---

① See supra note and accompanying text. That is, a 20% tax reduction is allowed on the basis of existing enterprises income tax prescribed in the tax laws separately for Chinese-foreign joint ventures and for foreign venture in China.

② See Special Economic Zone Tax Regulations, supra note, at Art. 3 § 1-3.
According to the first paragraph (revised on Sept. 2, 1983) of Art. 5 of the Joint Ventures Income Tax law, "A joint venture scheduled to operate for a period of 10 years or more may, upon approval by the tax authorities of an application filed by the enterprise, be exempted from income tax in the first and second profit-making years and allowed a 50% reduction in the third to fifth years". Ministry of Foreign Economic Relations and Trade, Guide to Foreign Economic Relations and Trade —Investments in China Issue 247-248(1983)[hereinafter Investments in China].
According to the Art. 5 of the Foreign Enterprises Income Tax Law, " A foreign enterprise scheduled to operate for a period of 10 years or more in farming, forestry, animal husbandry or other low profit occupations may, upon approval by the tax authorities of an application filed by the enterprise, be exempted from income tax in the first profit-making year and allowed a 50% reduction in the second and third years. With the approval of the Ministry of Finance, a 15-30% reduction in income tax may be allowed for a period of 10 years following the expiration of the term for exemptions and reductions specified in the preceding paragraph". Ibid. , at 202.

③ Joint Ventures Income Tax Law Art. 3, Guide to Investments, supra note, at 290(People's Republic of China).
In other areas rather than the SEZs, ETEDEZs and COPOCIs, the reduction or exemption of the local surtax levied on a joint venture is treated only as an exception, i. e. , only "on account of special circumstances", and "shall be decided by the people's government of the province, municipality or autonomous region in which the joint venture is located". Detailed Rules and Regulations for the Implementation of the Income Tax Law Concerning Joint Ventures with Chinese and Foreign Investments, Guide to Investments, at 216 (People's Republic of China).

④ Foreign Enterprises Income Tax Law Art. 4, Guide to Investments, supra note, at 321.
In areas other than the SEZs, ETEDEZs and COPOCIs, the reduction of or exemption from the local income tax levied on a foreign enterprise with an annual income less than 1,000,000 RMB Yuan (i. e. , only "on account of the small scale of its production or business, or of its law profit), and "shall be decided by the people's government of the province, municipality or autonomous region in which that enterprise is located" . Ibid. , at Art. 4 § 2; Detailed Rules and Regulations for the Implementation of the Income Tax Law Concerning Foreign Enterprises Art. 6, Guide to Investments, supra note, at 333 (People's Republic of China)[hereinafter Income Tax Regulations].

investment, may be reduced or exempted separately according to their specific situations.

Reduction or exemption of local income tax for SEZ's enterprises with foreign investments shall be decided upon by the people's governments of the SEZs①. Since October 11, 1986, when the State Council promulgated the Provisions for the Encouragement of Foreign Investment②, almost all of the local governments of the SEZs and COPOCIs have pronounced an exemption of local income tax for the export-oriented and technologically advanced enterprises with foreign investments.

Reduction or exemption of local income tax for ETEDEZ's enterprises with foreign investments shall also be decided upon by the people's governments of the Coastal Port Cities where the ETEDEZs are located③. According to the authorization of the State Council's Provisional Regulations, the reduction and exemption in the 14 Coastal Port Cities has been stipulated in different ways. For example, in the ETEDEZ of Guangzhou municipality, that is, the area in the east of Huangpu District in the same municipality, the local income tax stipulated in the tax laws levied on productive enterprises with foreign investments, especially levied on those enterprises with foreign investments that engage in energy, communication, or port constructions, may be reduced by 70 percent (i.e., it only remains 30 percent) in general. Specially advanced technological projects may be exempted from local income tax. Investors who have no establishments within China may be allowed a reduction in or exemption from income tax in respect to the dividends, interest, rentals, royalties, and other income derived from the ETEDEZ, to the extent that such investment involves provision of preferential terms in the transfer of advanced technology and provisions of capital and facilities④.

In the ETEDEZ of Tianjin municipality, Chinese-foreign joint ventures,

---

① Special Economic Zone Tax Regulations, supra note, at Art. 1 § 2.
② People's Daily, Oct. 19, 1986 (overseas ed.).
③ Special Economic Zone Tax Regulations, supra note, at Art. 2 § 2.
④ The Interim Regulations on the Guangzhou Economic and Technological Development Zone Art. 13, 1 Rules and Regulation of the Guangzhou Economic and Technological Development Zone 6 (1985) [hereinafter Guangzhou Rules].

cooperative enterprises, as well as enterprises with sole foreign investments, all of which have been or will have been established before 1990, are exempt from the local income tax of Tianjin, no matter what kind of project is invested in by the foreigners①.

However, the authorities of Ningbo neither list the specific projects of their urgent need, like Guangzhou, nor stipulate a deadline for local tax exemption or reduction, like Tianjin. They simply provide that "Preferential treatment of exemption and reduction of the local income tax levied on the enterprises in the Development Zone shall be approved by the People's government of the Ningbo Municipality"②. It is more flexible, but also more obscure.

As in the original city limits of the 14 COPOCIs and of Shantou and Zhuhai, the reduction and exemption of local income tax for old enterprises shall also be separately determined by the municipal governments③. For instance, since November 1, 1986 the export-oriented enterprises and technologically advanced enterprises located in Shanghai shall have been exempted from the local income tax of Shanghai during the same period of exemption from enterprise income tax paid to the state in accordance with the provisions of the state. And after the expiration of the said period of exemption, these enterprises shall again be exempted from the same local income tax for three more years, followed by a 50 percent reduction in the same local tax for the following three years④. Export-oriented enterprises whose value of export products in that year amounts to 70 percent or more of the value of their products for the same year, may continue to be exempted from the local income tax of Shanghai⑤. In Fuzhou, there exists a more preferential exemption from local income tax. It was reported in the press

---

① The Regulations for the Administration of Tianjin Economic-technological Development Area Art. 43, in Brief of Tianjin Economic-technological Development Area at 32 (1985) [hereinafter Tianjin Brief].

② Provisional Regulations for the Economic and Technological Development Zone in Ningbo Municipality Art. 8, 1 China Economic News 2 (Supp. 1986).

③ Special Economic Zone Tax Regulations, supra note, at Art. 3 § 2.

④ Provisions of Shanghai Municipality for the Encouragement of Foreign Investment Art. 2, The World Economic Herald, Oct. 27, 1986.

⑤ Ibid., at Art. 3.

that in Fuzhou, "All kinds of enterprises with foreign investments shall be exempted from local income tax"①, without any limitation in trade kind and time duration.

4. *Exemption from Repatriation Tax*

The Joint Ventures Income Tax Law provides that "in case of a foreign participant in a joint venture remitting its share of profit from China, an income tax of 10% shall be levied on the remitted amount"②. This provision has been pursued in other areas of China but not in the SEZs and ETEDEZs③. Nevertheless, the old urban areas of the 14 COPOCIs and of Shantou and Zhuhai, as well as the CEOAs, generally do not provide such an exemption④.

5. *Income Tax Reduction and Exemption for Indirect Investment*

Under the Foreign Enterprises Income Tax Law, 20 percent income tax shall be levied on the income obtained from dividends, interest, rentals, royalties, and other sources in China by foreign enterprises with no establishment in China⑤. Since January 1, 1983, this income tax rate on both interest and rentals may be reduced to 10 percent during the effective term of the related contracts that have been signed before the end of 1990⑥. Since the same time, the income tax on a variety of royalties for proprietary technology may also be reduced to a rate of 10 percent, and when the technology is advanced and the conditions preferential, the income tax may be abolished altogether, with the approval by the Ministry of Finance and without any

---

① Twelve Supplementary Measures Preferential for Foreign Investments Being Pursued in Fuzhou, People's Daily, Oct. 18, 1986 (overseas ed.); see also Fuzhou Improves Terms for (Foreign) Investors, China Daily, Oct. 15, 1986.

② Joint Venture Income Tax Law Art. 4, Guide to Investment, supra note, at 290 (People's Republic of China).

③ Special Economic Zone Tax Regulations. supra note, at Art. 1 § 3.

④ A new exemption for the repatriation tax has recently been allowed only for some export-oriented enterprises and technologically advanced enterprises with foreign investments located in whole China, including in the original city limits of 14 COPOCIs and of Shantou and Zhuhai. See infra Part IV.

⑤ Foreign Enterprises Income Tax Law Art. 11, Guide to Investment, supra note, at 322 (People's Republic of China).

⑥ Interim Provision of the Ministry of Finance Concerning the Reduction of or Exemption from Income Tax on Interest Derived From China by Foreign Businesses Art. 1, Guide to Investment, supra note, at 253; China Economic News, Apr. 14, 1986.

limit of duration①.

While for comparison, in the SEZ, ETEDEZs, in the old urban areas of the 14 COPOCIs and of Shantou and Zhuhai, as well as in the CEOAs, all the income of the said foreign enterprises derived from all the dividends, interest, rentals, royalties and other sources shall be levied at a rate of 10 percent, without any limit of duration, with the exception of cases in which tax exemption is granted according to law. Where further incentives in tax reductions or exemptions are to be given to overseas business people who have provided investment and equipment on favorable terms or transferred truly advanced technology, they shall be decided only by the local government instead of the Ministry of Finance②.

6. Reduction of and Exemption from the Consolidated Industrial and Commercial Tax

In the SEZs and before the SEZ's control border lines are completed, consolidated industrial and commercial tax shall be removed from enterprises with foreign investment in importing taxable machines, equipment, raw materials, spare parts and accessories, means of transport, and other means of production that are required for their own production purposes. The import of means of transport and consumer durables that are on the state restriction list shall be subject to taxation according to the tax rules currently in force. The consolidated tax rate for imported mineral oils, cigarettes, and wines and other daily necessities shall be cut by half. After the SEZ's control border lines are completed, the consolidated tax rate will be cut by half for imported mineral oils, cigarettes, and wines, but all other imported goods shall be free from the consolidated industrial and commercial tax. Also exempted will be cigarettes, wines, checked-in articles, and home appliances brought in by business people in reasonable quantity and for their own use③.

The consolidated industrial and commercial tax is exempted for

---

① Interim Provisions of the Ministry of Finance Concerning the Reduction of or Exemption from Income Tax on Royalties for Proprietary Technology Art. 1, Investments in China, supra note, at 254 (People's Republic of China).

② Special Economic Zone Tax Regulations. supra note, at Art. 1 § 3, 2 § 4 and 3 § 3.

③ Ibid., at Art. 1 § 5.

enterprises with foreign investments in importing building materials, production equipment, raw and other materials, spare parts and accessories, components and elements, means of transport and office supplies that are for their own use in ETEDEZs. If these enterprises should use such tax-exempted, imported raw and other materials, spare parts, or accessories to process products for sale in China, they are to pay retroactively the required consolidated industrial and commercial tax①.

In the old urban areas of the 14 COPOCIs and of Shantou and Zhuhai, as well as in the CEOAs, consolidated industrial and commercial tax shall be exempted for production equipment, office or business equipment and building materials imported by the old urban enterprises as part of the investment or additional investment of their overseas partners, *as well as for vehicles and office supplies imported for their own use*②.

For household articles and private vehicles, in reasonable quantity or units, brought in by overseas employees working in the enterprises with foreign investments, or by overseas businessmen living in the ETEDEZs, or in old city limits of the COPOCIs, or in the CEOAs, the consolidated industrial and commercial tax shall be exempted upon the presentation of the documents issued separately by the administrative committees of the related ETEDEZs or by the governmental departments in charge of the COPOCIs③.

For export products made by the enterprises with foreign investments in all the SEZs, ETEDEZs, COPOCIs, and CEOAs, the consolidated industrial and commercial tax shall be exempted, except those products that are on the state restriction list④.

The exemption from consolidated industrial and commercial tax is specially allowed, with only a few exceptions, for most products made by the SEZ's enterprises with foreign investment and sold within the SEZ itself⑤. However, if these enterprises should ship inland their products made in the

---

① Special Economic Zone Tax Regulations. supra note, at Art. 2 § 5.
② Ibid., at Art. 3 § 4.
③ Ibid., at Art. 2 § 7 and Art. 3 § 7.
④ Ibid., at Art. 1 § 6, Art. 2 § 6 and Art. 3 § 5.
⑤ Ibid., at Art. 1 § 7.

SEZ or their imported goods on which consolidated industrial and commercial tax was reduced or exempted, the same tax shall be paid retroactively upon the said products or goods entering the inland areas①.

7. *Customs Duties Reduction and Exemption*

For enterprises with foreign investments in various forms, there are a lot of reductions in or exemptions from the customs duties on imports and exports. These reductions and exemptions are explicitly stipulated in laws and regulations for both the entire country and the SEZs.

All of the enterprises with foreign investments in the SEZs, ETEDEZs, COPOCIs, and CEOAs have the right to enjoy the customs-duty reductions or exemptions stipulated in national regulations②, separately for similar kinds of enterprises located in areas other than the SEZs, ETEDEZs, COPOCIs, and CEOAs.

All enterprises with foreign investments in the SEZs, ETEDEZs, COPOCIs, and CEOAs also enjoy some additional customs-duty reductions or exemptions consecutively stipulated by the regulations especially for the enterprises as well as organizations located in these areas. For example, upon approval by the State Council, the General Administration of Customs promulgated, on March 25, 1986, the regulations especially for the SEZs' imports and exports. They provide:

> Upon approval by the authorized administrative organs, all the imported machines, equipment, spare parts and components, raw and processed materials, fuels, goods-transport cars, food materials for tourist and restaurant trades, needed by and used for the SEZ's construction and production, as well as the office supplies and communication means for the self-use of enterprises, undertakings and administrative organs and in

---

① Special Economic Zone Tax Regulations. supra note, at Art. 1 § 8.

② See e. g., Regulations for the Customs Duties on Imports and Exports arts. 27 and 29 (People's Republic of China) (promulgated Mar. 7, 1985); Provisions for the Supervision, Taxation and Exemption on the Imports and Exports for Chinese-Foreign Joint Ventures arts. 4, 6 and 8(promulgated Apr. 30, 1984); Provisions for the Supervision, Taxation and Exemption on the Imports and Exports for Chinese-Foreign Cooperative Enterprises arts. 4, 6 and 8(People's Republic of China)(promulgated Jan. 31, 1984); Regulations for the Implementation of the Law on Joint Ventures Using Chinese and Foreign Investment arts. 71 and 72(People's Republic of China)(promulgated Sept. 20, 1983); Provisions on the Development of Process and Assembly for Foreigns and of Compensation Trade of Small – and Medium-sizes Art. 2(People's Republic of China)(promulgated Sept. 3, 1979).

reasonable quantity, shall be exempted from the custom-duties on import①.

Those imported goods as well as its spare parts and components on the State restriction list of imports shall also be exempted from the customs duties, if those are imported for self-use in the production or operation of the SEZ's enterprises, or for self-use of SEZ's undertakings and administrative organs②.

The rate of customs duties shall be cut by half for all the commodities other than those listed on the two paragraphs mentioned above, if only the quantity of these imported commodities does not exceed the imports quota, which is examined and decided by the State-authorized organs annually separately for different SEZS③.

All the commodities imported into the SEZs are strictly forbidden to be transported and sold inland, except those otherwise provided by the State. ④ And, all the manufactures produced by the SEZ's enterprises by using the duties-exempted, imported raw and processed materials, spare parts and components, shall be re-exported. In case any of these manufactures is approved to be transported and sold inland, the Customs Office should retroactively levy the duties on those imported materials, spare parts and components⑤.

Customs duties shall be exempted for household articles brought in by overseas people who have bought houses in the SEZs or live there for extended periods—upon the presentation of the certificates issued by the SEZ's departments in charge and the approval by the Customs Office, and on the condition that the said articles are for self-use and in reasonable quantity⑥.

A customs duties exemption is allowed for all the exported products produced by the SEZ's enterprises, no matter what kind of enterprise it

---

① Provisions of the General Administration of Customs on the Administration of Goods, Means of Transport, Checked-in Articles and Mailed Articles Entering or Exiting from the Special Economic Zones Art. 9 § 1(People's Republic of China)[hereinafter Special Economic Zone Customs Provisions].
② Ibid., at Art. 9 § 2.
③ Ibid., at Art. 9 § 3.
④ Ibid., at Art. 12 § 1.
⑤ Ibid., at Art. 12 § 2.
⑥ Ibid., at Art. 17.

may be[1].

A comparison may be useful in understanding the different taxation preferences in the SEZs, ETEDEZs, COPOCIs, and CEOAs. Mr. A invested in a Chinese SEZ (or ETEDEZ, or COPOCI, or CEOA, separately with additional conditions) to establish a joint venture, while Mr. B invested in another area of China for the same purpose. Each of them has the same taxable income of $100,000,000 in the same year. After taxation, however, their net income would be quite different, as illustrated in Table 12.1. We find that from the same amount of taxable income, Mr. B gets net income repatriated at a rate of 60.3 percent while Mr. A at a rate of 85 percent. What Mr. A has earned is equivalent to 141 percent of that earned by Mr. B.

In accordance with the Income Tax Holiday and Reduction explained in Section 2 above[2], it may be more profitable during the first five years of profit making if both joint ventures are scheduled to operate for a period of 10 years or more and if Mr. A's joint venture is engaged in productive trade. In the first and second profit-making years, both joint ventures would be exempted from income tax[3]. In the third to the fifth years, both would be allowed a 50 percent reduction for three years. This means the average tax rate in the first five years for Mr. B's taxable income is:

(30%)	+30% × 10%) ×	50% × 3	÷5	=	9.9%
state income tax rate	local income tax rate	reduction in third to fifth years	first 5 years of profit-making		average

While the average tax rate in the same period for Mr. A's taxable

---

[1] Provisions of the General Administration of Customs on the Administration of Goods, Means of Transport, Checked-in Articles and Mailed Articles Entering or Exiting from the Special Economic Zones at Art. 10.
While, for the Chinese-Foreign cooperative enterprises located in the areas other than SEZs, etc., no customs duties exemption shall be allowed for the exported products made by them. Provisions for the Supervision, Taxation and Exemption on the Imports and Exports for Chinese-Foreign Cooperative Enterprises Art. 8(People's Republic of China).
[2] See supra notes and accompanying text.
[3] Joint Venture Income Tax Law Art. 5-1, Guide to Investments, supra note 47 (People's Republic of China); Special Economic Zones Tax Regulations, supra note, at arts,1 § 1, 1, Art. 2 § 1 and Art. 3 § 1-3.

income is:

15%	×50% × 3	÷5	=	4.5%
state income tax rate	reduction in third-fifth year	first 5 years of profit-making		average

This means that in the first five years of profit making and from his taxable income, Mr. A can consecutively get an annual net income on the amount of:

$$\$100,000,000 - 100,000,000 \times 4.5\% = \$95,500,000$$

Table 12.1 Comparative Taxation for Joint Ventures inside and outside a SEZ, ETEDEZ, COPOCI, or CEOA

	Investor A	Investor B
Areas Invested In	SEZ, ETEDEZ et al.	Non-SEZ, Non-ETEDEZ et al.
Annual Income Taxable	$100,000,000	$100,000,000
State Income Tax Rate	15%	30%
Tax Amount Paid to State	15,000,000	30,000,000
Local Income Tax Rate	Always be exempted	10% of the assessed income tax
Tax Amount Paid to Local	Nil	3,000,000
Repatriating Amount	100,000,000 less 15,000,000=85,000,000	100,000,000 less (30,000,000+3,000,000,000)= 67,000,000 Repatriation
Tax Rate	Nil*	10% of the repatriated amount
Repatriation Tax Amount	Nil*	6,700,000
Net Income after Taxation	85,000,000	67,000,000 less 6,700,000= 60,300,000

* The original urban area of the 14 COPOCIs and of Shantou and Zhuhai, as well as the CEOAs, generally do not provide such an exemption, but with some newly enacted exceptions of great significance. See: Supra note and Part (V), A, 3.

And the net income can be repatriated from China without any additional tax[①].

---

① While for Mr. B, he can get an annual net-income in the first 5 years of profit-making on the amount of:

$$\$100,000,000 - 90,100,100 \times 9.9\% = 90,100,000$$

Within China, and, if he repatriates this amount, he is required to pay a repatriation tax at the rate of 10%. Eventually, he can get the amount of:

$$\$90,100,000 - 90,100,000 \times 10\% = 81,090,000$$

When foreign investors only in export-oriented enterprises and technologically advanced enterprises which are located in non-SEZs and non-ETEDEZs remit abroad profits distributed to them by such enterprises, the amount remitted shall also be exempted from income tax since Oct. 11, 1986. See infra Part IV.

B. Labor and Wages in SEZs, ETEDEZs, COPOCIs, and CEOAs

Currently there exists no national law specially adopted for labor administration in the SEZs, ETEDEZs, COPOCIs, and CEOAs. In accordance with the principle of the Regulations of the PRC on Labor Management in Joint Ventures Using Chinese and Foreign Investment[①], a number of local regulations on labor administration in different SEZs, ETEDEZs, COPOCIs, or CEOAs have been enacted. These local regulations are similar in essentials while differing only in minor points. The Regulations on Labor Administration in the Xiamen Special Economic Zone is one of them.

Under the Xiamen regulations, all the SEZ's enterprises with foreign investments, including joint ventures, cooperative enterprises, and enterprises with sole foreign investments, have the right to decide their own labor plans and the composition of their staff, while reporting to the City Bureau of Labor[②]. The workers and staff members of an enterprise may be recruited by the enterprise itself or may be recommended by the labor service company of the SEZ, and shall be selected by the enterprise through examination on the strength of their individual qualifications[③]. A SEZ enterprise, should not, however, employ school children or those under the age of 16[④].

A SEZ's enterprise should conclude contracts with workers and staff members for their employment. The labor contract must include the following terms: the terms of employment and dismissal, resignation of the workers and staff members, contract duration, job responsibilities in production and other work, wages, rewards and punishment, working time and vacation, labor insurance and welfare, and labor protection and discipline. The labor

---

① Guide to Investments, supra note, at 281－283.
② Regulations on Labor Administration in the Xiamen Special Economic Zones Art. 2, 1 Compilation of Laws and Regulations for Xiamen Special Economic Zone 47(1985)[hereinafter Xiamen Rules].
③ Ibid., at Art. 3 § 1.
④ Ibid., at Art. 4 § 1.

contracts must be reported to the Bureau of Labor for the record①.

The structure and scale of wages and the terms of reward and subsidy for the workers and staff members are determined by the SEZ enterprises themselves②. SEZ enterprises follow a six-day work week and eight-hour work day. Overtime work must not be longer than 12 hours per week and extra pay must not be lower than 150 percent of the individual's wages③. Labor insurance is provided by a social labor insurance fund. Each SEZ enterprise must contribute every month to a social labor insurance fund the equivalent of 25 percent of the enterprise's total monthly wages for the Chinese workers. Payment of the contribution is to be made to the organization designated by the city government to be used as a pension fund for the retired, for funerals of those whose death is due to causes other than accidents, a pension for the disabled or for the family of the deceased, medical fees for the retired, and an allowance for those waiting for re-employment after dismissal④. All SEZ enterprises must take out an employer

---

① Regulations on Labor Administration in the Xiamen Special Economic Zones at Art. 5.
② Ibid., at Art. 7.
　In SEZs of Guangdong Province, the relative provisions explicitly stipulate that the type of wages in the enterprises with foreign investments may be adopted by each of themselves in a piece-wage system, or in a system of wages calculated by the hour, the day, or the month, depending upon the business requirements of the enterprises. Interim Provisions for Labor and Wage Management in Enterprises in the Special Economic Zones in Guangdong Province Art. 9, Investments in China, supra note, at 215 [hereinafter Guangdong Labor Provisions].
③ Ibid., at Art. 2.
④ Ibid., at Art. 8.
　For the SEZs in Guangdong Province, it is stipulated that the labor service charge paid by the enterprises shall be apportioned as follows: 70% shall go to the staff and workers as wages (including basic and floating wages), to be paid directly to the staff and workers themselves; 5% shall be kept by the enterprises to subsidize the welfare fund for the staff and workers; and the remaining 25% shall be used for social labor insurance and as compensation for the various kinds of subsidies which the State provides to the staff and workers. Guangdong Labor Provisions, ibid., at Art. 8.
　While for the ETEDEZ of the same Province, the relative stipulations are: "The standards concerning social labor insurance and welfare treatments for staff and workers of development zone enterprises during their period without any contracts, such as compensation payments for retirement and resignation, and extra allowances for living expenses whilst seeking for employment, will be set out by the development zone labor service (or insurance) company. Upon approval by the Administrative Committee of the Development Zone, such payments shall be made to the staff and workers. To provide the necessary funds, 20% of the gross pre-tax wages of staff and workers shall be drawn by the enterprises; and 2% of the basic monthly wages of staff and workers during their term of contract shall be collected. These two kinds of funds shall be paid in by the enterprises to the development 转下页

responsibility policy at the insurance company designated by the city government. On-the-job injuries, disability, deaths, and occupational diseases of workers and staff members shall be handled by the insurance company in accordance with relevant regulations ①.

A SEZ enterprise has the right to manage its own employees in accordance with the terms of the labor contract②. A SEZ enterprise may dismiss its workers and staff members in accordance with its labor contract, but it must inform the individual concerned, the enterprise trade union, and the SEZ labor service company of the dismissal one month in advance. No dismissal is allowed when a worker or staff member is receiving medical care for injuries as a result of on-the-job accidents and occupational diseases, for illness and non-accident injuries, or when women workers are more than six months pregnant or are on maternity leave③.

A SEZ enterprise may, according to the seriousness of each case, punish or dismiss those workers and staff members who violate rules and regulations and cause certain adverse consequences to the enterprise. The enterprise should inform the dismissed employee and its trade union of the decision in writing, and report to the City Bureau of Labor for the record④.

On the other hand, the employees enjoy all the rights protected by law and stipulated in the contracts⑤. They have the right to enjoy the general

---

接上页 zone labor service (or insurance) company. Tentative Procedures of Labor and Wage Management in Enterprises in the Guangzhou Economic and Technological Development Zone Art. 10, 1 Rules and regulations of the Guangzhou ETEDEZ § 3(1985).

For the ETEDEZs each of Tianjin and Ningbo, the Social Labor Insurance Fund are both set at a rate of 25% of the enterprise's total labor-service charge for staff and workers, similar to that of Xiamen SEZ; while in the ETEDEZ of Dalian, the labor service charge is to be apportioned in the same way of the SEZs in Guangdong Province above mentioned, i., e., 70 : 5 : 25. Regulations for Labor Management of Tianjin ETEDEZ Art. 13, A brief of Tianjin Economic-Technological Development Area 39 (1985) [hereinafter Tianjin Brief]; Implementation Provisions of Ningbo Municipality for Labor Management of Chinese-Foreign Joint Ventures Art. 15, 1 China Economic News 18 (Supp. Sept. Jan. 20, 1986); Procedures for Labor and Wage Management in Enterprises in the Dalian ETEDEZ Art. 6, in 8 China Economic News 6 (Supp. 16. 1985).

① Regulations on Labor Administration in the Xiamen Special Economic Zone Art. 10, Xiamen Rules, supra note, at 47.
② Ibid., at Art. 6.
③ Ibid., at Art. 14.
④ Ibid., at Art. 18.
⑤ Ibid., at Art. 6.

holiday (one day per week with pay) and statutory holidays (seven days per year with pay), *wedding leave (three days with pay), maternity leave for women workers (56 days with pay) and limited sick leave*[①]. They also have the right to establish grassroots trade union organizations and organize activities in accordance with the Trade Union Law of the PRC[②]. They may resign according to the labor contract, but they should notify the enterprise one month in advance[③]. All SEZ enterprises must follow the laws and decrees of China on labor protection and special protection for women workers and must guarantee safe operations and the health of the workers and staff members, over which the City Bureau of Labor has the right of examination and supervision[④].

Labor disputes that occur in the SEZ enterprises may be solved by the parties involved through consultation. The enterprise trade union may take part in the consultation when it deems necessary. Those who are involved in a labor dispute may ask for arbitration from the City Bureau of Labor if the dispute cannot be solved by consultation; if those involved are dissatisfied with the arbitration ruling, the case may be brought before the court[⑤].

C. Land Use and Management in the SEZs, ETEDEZs, COPOCIs, and CEOAs

China's Constitution provides: "The land in urban areas is owned by the State. The land in rural areas and suburban areas is owned by collectives except land owned by the State as stipulated by the law... No organizations or individuals are allowed to occupy, buy, sell, or to transfer land illegally in other forms. The right of land-use may be transferred in accordance with the provisions of law. All the organizations and individuals who use the land must reasonably utilize the land."[⑥] In brief, nobody in China can privately own land, but they can use it.

---

① Regulations on Labor Administration in the Xiamen Special Economic Zone at Art. 12.
② Ibid., at Art. 13.
③ Ibid., at Art. 15.
④ Ibid., at Art. 17.
⑤ Ibid., at Art. 19.
⑥ Constitution of 1982 Art. 10 (People's Republic of China).

All the regulations and provisions pertaining to land use and management in the SEZs, ETEDEZs, COPOCIs, and CEOAs are separately enacted under the same constitutional principles aforesaid. The basic points of these regulations, which are similar to each other, can be found in the regulations of Xiamen SEZ.

a. Formalities of Land Application: A SEZ enterprise (a joint venture, a cooperative enterprise, or an enterprise with sole foreign investment), when in need of land, should apply to the City Urban and Rural Construction Commission by producing the contract of the investment project together with a duplicate of approvals of the project by relevant authorities. After being approved, it will receive a certificate for land use and therefore have the right to use the land allocated①.

b. Deadline for Starting: For effectively and reasonably utilizing the land allocated, from the day on which the land-use certificate is received by the SEZ enterprise, the said enterprise must submit the blueprints of the overall design and construction plan for the project within nine months, and construction must start within one year thereafter and be completed according to schedule. The land-use certificate shall be revoked for those who delay the project's construction without a valid reason and the land use fee already paid shall not be reimbursed in case of such revocation. The enterprise concerned may apply for the extension of the construction period to the relevant approval department with appropriate reasons for the delay②.

---

① Regulations on the Administration of Land Use in the Xiamen Special Economic Zone Art. 4, 1 Xiamen Rules, supra note, at 44(People's Republic of China)[hereinafter Xinamen Land Use Rules].

For the Shenzhen SEZ, there is a similar stipulation, but with some additional words: "If any person who has not been granted permission negotiates directly for the use of land with the unit or individual that has been using it, the agreement they have signed shall be entirely null and void." Interim Provisions of the Shenzhen Special Economic Zone for land Management, Art. 4, Investments in China, supra note, at 216(People's Republic of China).

In the relevant regulations enacted for Ningbo, a COPOCI in the Zhejiang Province, there exist the same additional words aforesaid. Implementation Measures of Ningbo Municipality for the Administration of Land Use for Joint Venture Using Chinese and Foreign Investment Art. 6 § 4, 1 China's Economic News 4 (Supp. Jan. 20, 1986)(People's Republic of China)[hereinafter Ningbo Implementation Measures].

② Regulations on the Administration of Land Use in the Xiamen Special Economic Zone, Xiamen Land Use Rules, ibid., at Art. 5.

c. Duration of Land Use: The period of land use shall be determined in accordance with the project undertaken and the actual needs thereof. The duration of any contract depends on what trades or industries it involves as follows: (1) 40 years for industrial and communications projects and public utilities; (2) 20 years for commercial enterprises and service trades; (3) 30 years for financial institutions and tourist projects; (4) 50 years for property projects; (5) 60 years for science, technology, education, culture and public health projects; and (6) 30 years for animal husbandry, crop farming, aquatic and poultry raising. If the enterprise concerned wishes to continue its operation upon the expiration of the term specified in the land use certificate, it may apply for renewal before its expiration[①].

d. Fee for Land Use: A SEZ enterprise must pay a fee for the use of land, either newly requisitioned or used originally by some other enterprises, for the amount decided by the city government according to different trades, locations, and the level of technology involved. The amount will not be readjusted within three years as from the date it is decided. Nevertheless, it may be readjusted every three years thereafter, and the readjustment or increase must not be higher than 30 percent of the original. However, a SEZ enterprise may be allowed a 50 percent deduction of the fee during the construction period of the project in question[②]. Payment of the land-use fee should be made annually. Preferential terms may be granted if advanced payment is made for three years in a lump sum, in accordance with specific procedures to be adopted by

---

① Regulations on the Administration of Land Use in the Xiamen Special Economic Zone, Xiamen Land Use Rules, supra note, at Art. 6.

The durations of land use in some trades in Xiamen Special Economic Zone are longer than those stipulated for Shenzhen Special Economic Zone, Guangzhou ETEDEZ and Ningbo COPOCI, etc. Compare Interim Provisions of the Shenzhen Special Economic Zone for Land Management, Investments in China, supra note (People's Republic of China) with Tentative Procedures of the Guangzhou ETEDEZ for land management Art. 12. 2, 1 Rules and Regulations of the Guangzhou ETEDEZ 23 – 24(1985) and Ningbo Implementation Measures Art. 10, 1 China's Economic News 5 (People's Republic of China) (Supp. Jan. 20, 1986).

② Regulations on the Administration of Land Use in the Xiamen Special Economic Zone Art. 4, 1 Xiamen Rules, supra note, at 44 – 45.

the city government①. On October 11, 1986, the State Council promulgated a new provision in which a lower rate of land-use fee is fixed for export-oriented enterprises and technologically advanced enterprises located all over the country, including the same types of enterprises located in all the SEZs, ETEDEZs, COPOCIs, and CEOAs.

e. Limitation of Rights on Land: A SEZ enterprise or individual only has the right to use the land upon approval, not the right to its ownership. The right to use the land may, within a specified period, be transferred to a third person upon approval of the relevant authorities and then a new land-use certificate will be issued to the new user②. Any usage of land in the SEZ must be made in accordance with the requirements for environmental protection, water and soil conservation, fire and safety control, construction norms, landscaping, and afforestration③.

f. Reduction of or Exemption from land Use Fee: The land-use fee may be exempted with the approval of the city government if it is used for non-profit activities such as education, science and technology, medical and public health, or public welfare undertakings in the Xiamen

---

① Regulations on the Administration of Land Use in the Xiamen Special Economic Zone at Art. 8.

Most recently, Xiamen pronounced that all the SEZ productive enterprises with foreign investments located in the Huli Industrial Area may pay the annual land use fee at the rate of only 5 RMB Yuan (equivalent to USD 1.35 under current exchange rate) per square meter. Xiamen Pronounces Eight Preferential terms to Further Encourage Foreign Investments, Xiamen Daily, Oct. 16, 1986.

② Regulations on the Administration of Land Use in the Xiamen Special Economic Zone Art. 4, 1 Xiamen Rules, supra note.

Some of the similar Regulations on land use for other SEZs, ETEDEZs or COPOCIs are with additional prohibitions explicitly specified as: "The development, use and destruction of underground and other resources shall not be allowed." Provisions of the Shenzhen Special Economic Zone for Land Management Art. 5, Investigations in China, supra note, at 216; see also Regulations for Land Management of Tianjin ETEDEZ Art. 5, Tianjin Brief, supra note, at 45.

③ See Interim Provisions of the Shenzhen Special Economic Zone for Land Management Art. 14, Investments in China, supra note, at 45.

A supplementary sentence which is contained in the articles of similar Regulations applied in other SEZs, ETEDEZs and COPOCIs is: "After the unit or individual has fulfilled the requirements for construction as stipulated in the contract and agreement, the project shall undergo final inspection and approval by the planning and managing departments of the Development Area and it shall conform to China's construction standards and safety rules before it is officially put into operation". Regulations for Land Management of Tianjin ETEDEZ Art. 7, Tianjin Brief, supra note; Interim Provisions of the Shenzhen Special Economic Zone for Land Management arts. 10 and 12, Investments in China, supra note, at 217; Ningbo Implementation Measures, supra note, at Art. 9.

SEZ①, as well as in other SEZs, ETEDEZs, COPOCIs, and CEOAs.

The projects involving exceptionally advanced technology shall be given a reduction of or exemption from land use fee②. This preferential term has been enacted in a lot of SEZs, ETEDEZs, and COPOCIs other than in Xiamen. For those SEZ enterprises with foreign investments who import or transfer technology with payment from abroad, Xiamen promises in a special set of regulations that they may enjoy special preferential terms③ set by the city government, which include reduction of or exemption from the fee.

In Tianjin ETEDEZ, those who invest in projects of water, gas, electricity supply, heating system, drainage and sewage, roads, and other infrastructural projects are given a reduction of or (exemption from the land-use fee for 5 to 10 years)④.

D. Enterprise Registration in the SEZs, ETEDEZs, COPOCIs, and CEOAs

There are national regulations concerning enterprise registration, such as the Regulations of the PRC on the Registration and Administration of Enterprise Corporations⑤, the Regulations for the Implementation of the Law of the PRC on Joint Ventures Using Chinese and Foreign Investment⑥, the Interim Provisions of the State Council of the PRC on the Administration of Resident Offices in China of Foreign Enterprises⑦, and Procedures for the

---

① Interim Provisions of the Shenzhen Special Economic Zone for Land Management Art. 12, Investments in China, supra note, at Art. 45.

② Regulations for land Management of Tianjin ETEDEZ Art. 11.1, Tianjin Brief, supra note at 45–46 (People's Republic of China); Tentative Procedures of the Guangzhou ETEDEZ for Land Management Art. 14, Rules and Regulations of the Guangzhou ETEDEZ for Land Management Art. 14, Rules and Regulations of the Guangzhou ETEDEZ 24(1985); Interim Provisions of the Shenzhen Special Economic Zone for Land Management Art. 17, Investments in China, supra note, at 218.

③ See Regulations on Technology Introduction to the Xiamen Special Economic Zone, 1 Xiamen Rules, supra note, at 50. For the details of the two articles, see infra notes and accompanying text.

④ See Regulations for Land Management of Tianjin ETEDEZ Art. 11.2, 1, supra note, at 146.

⑤ Investments in China, supra note, at 206–207.

⑥ Ibid., at Art. 189–202.

⑦ 17 State Council Official Bulletin 526(1980).

Registration and Administration of Resident Offices in China of Foreign Enterprises①. In general, the basic principles of these regulations, provisions, and procedures are also applied to the SEZs, ETEDEZs, COPOCIs, and CEOAs in China. The following discussion is based on the relevant Regulations in Xiamen SEZ.

1. Authorities of Approval

Under the relevant national regulations, the establishment of a joint venture is subject to examination and approval by the Ministry of Foreign Economic Relations and Trade, which may entrust the governments at the provincial level and other authorities at the Ministry level with the power to examine and approve the establishment of joint ventures②. In SEZs, ETEDEZs, and COPOCIs, the same power has always been delegated to the lower authorities of the cities or to the ETEDEZs themselves③. This means the formalities for approval in these areas are less formal and simpler than those in other parts of the country.

For the establishment of foreign enterprises' resident offices in the SEZs, ETEDEZs, and COPOCIs, the relevant authorities for examination and approval are also on levels lower than those in other areas of China④.

---

① Investments in China, supra note, at 233–235.

② See Regulations for the Implementation of the Law on Joint Ventures Using Chinese and Foreign Investment Art. 8, Investments in China, supra note, at 190 (People's Republic of China).

③ See Regulations on the Registration of Enterprises in the Xiamen Special Economic Zone Art. 3, 1 Xiamen Rules, supra note, at 41 (People's Republic of China) [hereinafter Xiamen Registration Regulations]; Interim Provisions for the Registration and Administration of Enterprises in the Special Economic Zone in Guangdong Province, People's Daily at 213 (People's Republic of China)[hereinafter Guangdong Registration Regulations]; Regulations for the Registration and Administration of Enterprises in Tianjin ETEDEZ Art. 33, Tianjin Brief, supra note, at 34(People's Republic of China) [hereinafter Tianjin Registration Regulations]; Tentative Procedures for the Registration and Administration of Enterprises in the Guangzhou ETDEZ Art. 2, 1 Guangzhou Rules, supra note, at 46 (People's Republic of China) [hereinafter Guangzhou Registration Regulations]; Procedures for the Registration of Enterprises in the Dalian ETEDEZ, China Economic News, Sept. 16, 1985, at 1 (Supp. 3)(People's Republic of China)[hereinafter Dalian Registration Regulations].

④ See Xiamen Registration Regulations, supra note, at Art. 5; Guangdong Registration Regulations, supra note, at Art. 5; Tianjin Registration Regulations, supra note, at Art. 3 § 2; Guangzhou Registration Regulations, supra note, at arts. 6 and 8.

2. Formalities of Registration

Enterprises set up in the SEZs, ETEDEZs, or COPOCIs, or CEOAs must register with the City Administration for Industry and Commerce. Any enterprise which has not registered shall not be permitted to go into operation[①].

In applying for registration, a SEZ enterprise or that of ETEDEZ, COPOCI, or CEOA should produce the following documents: (1) the document of approval issued by the city government or a related department authorized by the city government; (2) a duplicate of the agreement, contract, and the articles of association on the enterprises, signed and approved by the parties involved; and (3) a duplicate of the business licence or other related certificates issued by the governmental department of the country (or region) where the enterprise parties come from. An enterprise set up in the SEZs, ETEDEZs, COPOCIs, or CEOA also should produce the approval document issued by the department concerned if the undertaking of the enterprise is classified as one of China's specialized lines of business or trades[②].

Resident offices set up in the SEZ, ETEDEZ, COPOCI, or CEOA by foreign enterprises, by enterprises run by overseas Chinese, by enterprises in Hong Kong, Macao or Taiwan, or by Sino-foreign joint ventures based outside China should, within 30 days after its approval, register with the City Administration for Industry and Commerce by producing the approval document and a duplicate each of the registration certificate or other credit-standing documents and the representative's letter of authorization issued by the relevant departments of the country (or region) to which the enterprises belong. Without registration, normal operations of a resident office will not be permitted[③].

An enterprise or resident office of a foreign enterprise set up in a SEZ, an ETEDEZ, a COPOCI, or a CEOA is regarded as having been officially

---

[①②③] See Xiamen Registration Regulations, supra note, at Art. 2; Guangdong Registration Regulations, supra note, at Art. 2; Tianjin Registration Regulations, supra note, at Art. 3; Guangzhou Registration Regulations, supra note, at Art. 2; Dalian Registration Regulations, supra note, at Art. 2.

established on the day that its business licence or registration certificate is issued. Its legitimate operations, rights, and interests must be protected by the laws of the PRC①.

3. Items of Registration

In applying for registration of an enterprise set up in a SEZ, ETEDEZ, COPOCI, or CEOA, a registration form in triplicate shall be filled out in Chinese or in both Chinese and foreign language. Major items to be registered include the name of the enterprise, its address, scope of production or business, forms or production or business, registered capital of the enterprise and parties concerned, their equity share or participant share, chairman and vice-chairmen of the board of directors, general manager and assistant general managers, or director and assistant directors of the enterprise, the number of staff and workers, the number of foreign staff and workers, the name of the organization granting the approval, the approval document number and date of approval②.

4. Bank Account and Tax-Bureau Registration

An enterprise or resident office of a foreign enterprise set up in a SEZ, an ETEDEZ, a COPOCI, or a CEOA should, by producing its business licence or registration certificate, open an account with a bank based in a SEZ, ETEDEZ, COPOCI, or CEOA where it is located, and register for taxation with the city tax bureau③.

5. Registration of Change

When an enterprise that has been set up in an SEZ, ETEDEZ, COPOCI, or CEOA wishes to change its name, move to a new location, shift its line of production, increase, cut or transfer its registered capital, change its scope of production or business, or extend the contract life, the enterprise must by producing the approval document, register with the City Administration for Industry and Commerce for the changes within 30 days after the changes are approved by the original approval department. The said enterprise should

---

①②③ See Xiamen Registration Regulations, supra note, at Art. 2; Guangdong Registration Regulations, supra note, at Art. 2; Tianjin Registration Regulations, supra note, at Art. 3; Guangzhou Registration Regulations, supra note, at Art. 2; Dalian Registration Regulations, supra note, at Art. 2.

register with the City Administration for Industry and Commerce for changing the enterprise's chairman or general manager within seven days after the decision on the change is made. As for registering other changes, it should be reported in writing to the City Administration for Industry and Commerce at the end of the year①. When changing the name of the resident office, resident representative, scope of operation, location of the resident office, or the term of residency, registration should be made with, and the approval documents handed to the City Administration for Industry and Commerce within seven days after the changes are approved by the original approval department②.

6. *Registration of Nullification*

Upon the expiration of the contract period or residency period, or terminating, with approval, the contract or the resident office's operation before their expiration dates, an enterprise or a resident office of foreign enterprise set up in a SEZ, ETEDEZ, COPOCI, or CEOA should register for nullification and submit and cancel the business licence or the registration certificate with the City Administration for Industry and Commerce③.

7. *Supervision and Inspection*

The City Administration for Industry and Commerce supervises and inspects the enterprises and resident offices in the SEZs, ETEDEZs, COPOCIs, or CEOAs according to the relevant laws. In case of violations of the present regulations, the enterprise or resident office concerned must, according to the degree of seriousness of each specific case, be given a warning or fine, ordered to suspend its operation, or have its business licence or registration certificate revoked. Where the business licence or registration certificate is to be revoked, the matter must be reported to the city government for examination and approval and to the administration for

---

①②③ See Xiamen Registration Regulations, supra note, at Art. 2; Guangdong Registration Regulations, supra note, at Art. 2; Tianjin Registration Regulations, supra note, at Art. 3; Guangzhou Registration Regulations, supra note, at Art. 2; Dalian Registration Regulations, supra note, at Art. 2.

industry and Commerce for record keeping①.

E. Technology Imports into the SEZs, ETEDEZs, COPOCIs, and CEOAs

In addition to national laws and regulations relating to technology import into China②, such as the Interim Regulations on the Affairs of Technology Introduction and Equipment Import, the Patent Law of the PRC and the Regulations of the PRC on the Administration of Technology-Import Contracts, there are local and supplementary provisions in the SEZs, ETEDEZs, COPOCIs, and CEOAs. The following discussion is based on the Regulations on Technology Imports into the Xiamen SEZ③.

1. Items and Forms of Technology Imports

The technology imported or transferred with payment from abroad must be both practical and advanced, and must bring about marked economic benefits. Technology includes: technology with a valid patent right; technology with its patent right being applied for; and proprietary know-how④. Technology transfer or acquisition may take any of the following forms: licensing; technical consultancy or technical service; using patented technology or proprietary know-how as capital contribution in investment, or entering into joint operation with the licensee (recipient); compensation trade or co-production; and projects under contract or other forms⑤.

In technology acquisition, the licensee (recipient) should apply in writing to an organization authorized by the city government and should attach a letter of intent about the technology to be acquired and a report on the feasibility

---

① See Xiamen Registration Regulations, supra note, at Art. 2; Guangdong Registration Regulations, supra note, at Art. 2; Tianjin Registration Regulations, supra note, at Art. 3; Guangzhou Registration Regulations, supra note, at Art. 2; Dalian Registration Regulations, supra note, at Art. 2.
② For Details in this aspect, see infra chap. 4.
③ 1 Xiamen Rules, supra note, at 50–52.
④ Regulations on Technology Imports into the Xiamen Special Economic Zone arts. 2 and 3, 1 Xiamen Rules, supra note, at 50[hereinafter Xiamen Technology Regulations].
⑤ Ibid., at Art. 5.

study. After being examined and approved by relevant authorities, a contract is signed between the licensee (recipient) and licensor (supplier) and submitted to the above authorities for approval. The approval department must approve or deny approval within 40 days after receipt of the application. The contract comes into force on the date of approval. It may be cancelled by the authorities if it is not implemented within six months. However, the parties involved may apply for an extension before its expiration if they have a valid reason①.

2. Forbidden Items and Invalidation of Contract Provisions

Technology that produces the following effects is forbidden to be imported: that which harms the public order of society, which violates social ethics, or which undermines ecological balance and harms the environment②. The contract clauses of technology transfer must be invalidated if they are formed to include any of the following provisions: payment for expired or invalid patent rights; restrictions on the licensee (recipient) to licensing-in-technology from other sources; restrictions on improvement or development of the technology in the course of application; or obvious unreasonable restrictions③.

3. Special Preferential Terms for Some Technology Imports

As a licensee (recipient), the enterprises with foreign investments in the SEZs, ETEDEZs, COPOCIs, and CEOAs may enjoy certain special preferential treatments. For example, in the Xiamen SEZ, the licensee (recipient) may enjoy special preferential terms set by the Xiamen city government if the imported technology meets one of the following conditions, and may apply to a SEZ-based state bank for low-interest loans or financial assistance: (1) technology which is examined and proved by the state scientific and research department as up to the world level; (2) that which can substantially improve the competitiveness of the

---

① Ibid., at Art. 8.
In the English Translation of this Article, "the said organization" and "within 40 days" were wrongly translated as "the higher authorities" and "within 44 days". Here now they have been corrected according to the Chinese original[the writer].
② Ibid., at Art. 4.
③ Ibid., at Art. 9.

Chinese products on the international market; (3) that which may bring about marked economic results when applied to the technical upgrading of enterprises; and (4) that which is urgently needed by the Xiamen city government. The above-mentioned "special preferential terms" are generally explained as the reduction of or exemption from taxation, the reduction of or exemption from the land-use fee, as well as other preferential treatments negotiated and agreed to by the parties and approved by the city government①.

Regulations in the Guangzhou ETEDEZ explicitly stipulate that upon approval by the administrative committee of the ETEDEZ, one or more of the following preferential treatments may be granted depending on the level, applicability, and economic efficiency of the technology transferred:

1) Taxes may be levied in accordance with the relevant preferential provisions in the Procedures for the Implementation of Industrial and Commercial Taxes in the Guangzhou ETEDEZ.

2) Land-use fees may be reduced or exempted.

3) Of the commodities that need to be imported to the ETEDEZ, those supplies made available by the technology-supplying side may enjoy priority under the condition that price and quality are the same.

4) The ratio of commodities sold domestically may be raised.

5) The time limit of the contract term may be extended;

6) The depreciation period of fixed assets may be shortened.

7) Jobs may be given to a certain number of the technology-supplying side's relatives residing in China.

8) The technology-supplying side's relatives residing in China may be allowed to take part in the management of the enterprise as

---

① Ibid., at Art. 6.

representatives of the supplying side①.

4. *Damage and Compensation*

If the licensor's patent lapses before the expiration of the agreement, or the application for patent right is rejected, or if it is found that know-how does not belong to the supplier, the licensee (recipient) has the right to demand modification or termination of the contract. The licensor (supplier) is to be held responsible for any loss arising therefrom, and answerable to any legal proceeding concerning the patent rights instituted by any third party concerned. The licensor (supplier) should make sure that the technical data are complete, correct and reliable. If, for reasons for which responsibility rests solely on the licensor (supplier) itself, or the technology does not meet the requirements as stipulated in the contract, the licensor (supplier) should bear the responsibility for breaches of the contract and for payment of liquidated damages②.

On the other hand, the licensee (recipient) undertakes to discharge the secrecy clause obligations as stipulated in the contract regarding the imported technology. In case of violations of the secrecy clause, the licensor (supplier) has the right to withdraw all the relevant information and data, terminate the contract, and demand compensation from the licensee (recipient) for the losses resulting therefrom. Anyone who has access to technical secrets because of his duties or job responsibilities must not divulge the secrets or use them without authorization; violations as such shall be legally accountable③.

F. Foreigners Entering and Leaving China's SEZs

The Interim Provisions of the SEZs in Guangdong Province for the

---

① Interim Regulations of the Guangzhou ETEDEZ Concerning the Introduction of Technology Art. 13, 1 Guangzhou Rules, supra note, at 14 – 15 (People's Republic of China); see also Interim Provisions of the Shenzhen Special Economic Zone on the Introduction of Technology, Law and Regulations Bureau of Shenzhen, 1 Compilation of Laws and Regulations for the Special Economic Zones in Guangdong Province 63(1978)[hereinafter Guangdong Rules].
② Xiamen Technology Regulations, supra note, at Art. 13.
③ Ibid., at Art. 14.

Control of Personnel Entering and Leaving China① came into force on January 1, 1982. These local provisions have remained effective despite the Law of the PRC on the Administration of Foreigners' Entry into and Exit from China, which was adopted on November 22, 1985. By granting foreigners some special conveniences in their entry and exit, the local provisions have become an important supplement especially applied to the SEZs in Guangdong Province. Some of the principles of those provisions have been adopted by other SEZs, ETEDEZs, COPOCIs, and CEOAs.

Foreign nationals and overseas Chinese who enter the SEZs in Guangdong from Hong Kong or Macao shall go through the procedures for applying for entry and exit by presenting their passports through the tourist agencies or other agencies in Hong Kong and Macao that have been authorized by the Chinese government to handle such matters, and they shall be granted visas by Chinese visa-granting offices. The frontier inspection stations shall give clearance after inspection of the visas②.

Those foreign nationals and overseas Chinese entering the SEZs in Guangdong from Hong Kong and Macao, who have set up factories or established other undertakings in the SEZs with their own investment, and those who have bought houses or live there for extended periods and therefore need to enter and leave the SEZs frequently, may apply for multiple entry-exit visas, by presenting a certificate issued by the relevant SEZ's development company③.

Clearance shall be given to compatriots from Hong Kong and Macao after inspection of their "Home Visit Certificates for Hong Kong and Macao Compatriots" and the attached sheets or cards. Those Hong Kong and Macao compatriots who set up factories or establish other undertakings in the SEZs and those who have bought houses or live there for extended periods, and therefore frequently need to enter and leave the SEZs in the same day, may apply by presenting a certificate issued by the relevant SEZ's development

---

① Investments in China, supra note, at 211–213.
② Interim Provisions of the Special Economic Zones, in Guangdong Province for the Control of Personnel Entering and Leaving China Art. 3 § 1, Investments in China, supra note, at 211–212.
③ Ibid., at Art. 3 § 1.2.

company or their "Resident Permits for Hong Kong and Macao Compatriots", which shall be signed by the SEZ's (municipal) public security bureau, without having to fill in the attached sheets or cards①.

Foreigners who apply directly for entry into the SEZs form other countries or regions (not from Hong Kong and Macao) must have visas issued by Chinese visa-granting offices, and clearance shall be given after inspection of the visas②. Foreign nationals who enter other parts of China from the SEZs or enter the SEZs from other parts of China shall go through relevant procedures in accordance with existing provisions③.

G. Economic Combination between the SEZs et al. and Inlands

As a "pivotal point with two fan-sectors radiating to both sides inward and outward", the SEZs, ETEDEZs, COPOCIs, and CEOAs play an important role in integrating the "introduction from abroad" with the "combination with inland", connecting the coastal development with inland exploitation, so as to effectively readjust the economic relationship between the eastern and western parts of China, and thereby vitalize the country's economy as a whole④.

For this purpose, all the inland enterprises and organizations of various provinces, municipalities, autonomous regions, and central government departments may, on the principle of equality and mutual benefit, make investment in the SEZs, ETEDEZs, COPOCIs, and CEOAs by running industrial, commercial, communications and transport undertakings, public utilities, building trades, restaurants, and undertakings in science, technology, culture, education, and other fields⑤.

---

① Ibid., at Art. 3 § 2.
② Ibid., at Art. 4.
③ Ibid., at Art. 9.
④ Zhao Ziyang, Report to the Seventh Five-Year Plan, Beijing Review, Apr. 21, 1986, at IV (delivered Mar. 24, 1986 to Fourth Session of Sixth NPC).
⑤ Regulations on Economic Cooperation between Xiamen Special Economic Zone and Other Parts of China arts. 1 and 2, 1 Xiamen Rules, supra note, at 53 (People's Republic of China) [hereinafter Xiamen Cooperation Regulations]; see also Interim Regulations on Certain Matters Relating to Inland Associated Enterprises (or Undertakings) in the Guangzhou ETEDEZ arts. 1 and 2, Guangzhou Rules, supra note, at 39 (People's Republic of china) [hereinafter Guangdong Inland Enterprises Regulations].

Forms of the economic association between the SEZs (or ETEDEZs, or COPOCIs, or CEOAs) and the inland areas are:

1. tripartite association among those from the inland areas and the SEZs (or ETEDEZs, or COPOCIs, or CEOAs) and foreign firms.

2. association between the inland areas and the SEZs, ETEDEZs, COPOCIs, or CEOAs.

3. enterprises wholly-owned by inland areas and other forms of participation.

The first two forms of association, 1 and 2, may take the form of equity joint ventures or contractual cooperation①.

The enterprise income tax rate is 15 percent for those associated enterprises jointly established by the Xiamen SEZ and an inland area if foreign equity is involved in such an associated enterprise. Those enterprises without foreign equity involvement but which are engaged in undertakings of a developmental nature will enjoy tax reduction or exemption for one to three years starting from the first profit-making year with the approval of the Xiamen Tax Bureau②.

The laws of Xiamen SEZ provide that the products of associated enterprises are mainly for export③. Guangzhou ETEDEZ has adopted similar requirements but with some additional provisions: products produced by inland associated enterprises in Guangzhou ETEDEZ shall be sold mainly outside China or in markets in the ETEDEZ according to the market demand of the ETEDEZ. A certain proportion of them may be sold in inland markets upon approval by the competent departments of the State Council or the Guangzhou municipal government④.

Where one of the following requirements is satisfied, all or a large portion of the products may be sold inland upon examination by the Administrative Committee of the ETEDEZ and approved by the Guangzhou municipal government:

---

① Ibid., at Art. 2; see also Xiamen Cooperation Regulations, supra note, at Art. 3.
② Ibid., at Art. 6.
③ Ibid., at Art. 7.
④ Guangzhou Inland Enterprises Regulations, supra note, at Art. 11.

1. products produced wholly or largely (over 70 percent) from domestic raw and processed materials;

2. products produced from imported raw and processed materials but which are urgently needed in China;

3. products produced by advanced technology and equipment introduced from abroad but which are urgently needed in China①.

However, customs duties and a consolidated industrial and commercial tax on import will be levied on those parts of the products to be domestically sold that are made of imported raw materials. Domestic sales are restricted to the Guangdong Province, but such control may be lessened within the context of balancing foreign exchange after approval by the Guangzhou municipal government②.

Upon approval of relevant authorities, raw and processed (auxiliary) materials, fuels, advanced equipment, spare parts and components, etc. needed by inland associated enterprises in their production may be imported duty-free from international markets. The products so produced and sold within the ETEDEZ may be exempted from the consolidated industrial and commercial tax③.

The inland party to an inland associated enterprise may purchase, with net profits obtained in the ETEDEZ, products, equipment, and raw and processed materials from the ETEDEZ or from international markets that can be transported inland upon approval by the Guangzhou municipal government and payment of customs duties and the consolidated industrial and commercial tax on imports④.

Means of communication and office supplies imported for self-use by inland-foreign associated enterprises with foreign investments may be exempted from consolidated industrial and commercial tax on import upon approval by the administrative committee of the ETEDEZ⑤.

An inland party to the associated enterprises which produces products of

---

① Guangzhou Inland Enterprises Regulations, supra note, at Art. 11 § 2.
② Ibid., at Art. 11 § 3.
③ Ibid., at Art. 12.
④ Ibid., at Art. 13.
⑤ Ibid., at Art. 14.

reputable brand and of local characteristics may display and sell such products in the ETEDEZ and may export them in the name of the associated enterprises①.

V LATEST INCENTIVES

Since China promulgated its first law for absorbing foreign investment in 1979 and created its first SEZ for the same purpose in 1980, both the amount of foreign capital invested in China and the number of enterprises with foreign investment have increased rapidly②. The success of China's open policies is really of mutual benefit, beneficial to the Four Modernizations of the host country, as well as to the foreign investors who make considerable profits③.

But, there are still problems to be solved. First, the open policies and absorption of foreign investment have been accompanied by economic crimes, some of which were of great seriousness and created a great sensation all over the country in 1985-1986. There were, for example, the Hainan Island Cases④,

---

① Guangzhou Inland Enterprises Regulations, supra note, at Art. 15.

② See supra notes and accompanying text. The annual average of labor production per worker in Tianjin's enterprises with foreign involvement in 1985 costs 40,567 RMB Yuan, equivalent to 180 percent of the annual average of normal enterprises. See Enterprises with Foreign Investment Exceeded 7,000 Unit and Got Considerable Benefits, People's Daily, Oct. 25, 1986.

③ See Investments in China, supra note, at 176-304. See also The Successful Models of Investment in China, December 1988, for the 51 most profitable enterprises with foreign investment in China.

Twenty-four enterprises with foreign investments among the similar going-concerns were chosen as representatives to be separately introduced in this book. They are of various trades such as heavy machinery plant, electronic instrument and meter industry, elevator, computer world publishing, television, washing machine, equipment-leasing, maritime fishing, livestock farm, wine, silk, garments production, rattan products, woolen knitwear, hotel, tourist center, etc. The main features of these enterprises are that the cooperation between Chinese and foreign parties have been very well and the profits for both sides are considerable and continuously increased.

④ See The Truth of a Large Scale Speculation on Vehicles in Hainan Has Come Out, People's Daily, Aug. 1, 1985; see also Tin Taosen Was Punished by Law for His Speculation on Vehicles, People's Daily, June 23, 1986.

Hainan is a very big island with an area of 34,100 square kilometers located on the south of Guangdong Province. According to the authorization by the State Council, The People's Government of Hainan Administrative Region enjoys the right of pursuing the open-policies similar to those in the Special Economic Zones. Under some conditions, they have the privilege to import the restricted goods much more than other areas in China. The State Council provides:"All the goods and　　（转下页）

the Du Guozhen Case① and the Zhang Changshen and Ye Zhifeng

接上页 commodities on the State restriction list of imports, shall be imported for use and sale only within the Hainan Administrative Region and must not be resold outside the Region". However, a number of high-ranking officials on the Island, including the chief of the local Government Lei Yu, audaciously abused and exceeded the authorities by the State Council. They approved the import of 89,000 motor vehicles, 2,860,000 TV sets, 252,000 Video recorders and 122,000 motorcycles in the period from January 1, 1985. A great part of the imported vehicles and most of the TV sets, etc. had been consecutively and illegally transported and resold all over China's inlands at a big profit. Then, the tremendous amount of profits was parceled out in illegal bonuses to local government officials and employees.

The local branches of the National banks charged a great deal of illegal fees to issue 4.21 billion RMB Yuan in loans for purchasing these goods, and then, these illegal fees were also partially shared by the bank's staff and employees.

The local Government and Party Committee Chiefs repeatedly encouraged their subordinate administrative units to set up companies and carry out such speculative business. Certain economic criminals also participated in these illegal and law-violating activities, with one individual having pocketed by fraud as much as 2 million-odd RMB Yuan. Up to August 1, 1985, one hundred and forty-five cases of economic crime relating to these imports speculation had been found and under investigation. Among them, there are 4 cases each with illegal earnings exceeding 1 million RMB Yuan, 13 cases each with 200,000-1,000,000 RMB Yuan and 57 cases each with 10,000-200,000 RMB Yuan.

At least three leading chiefs of the Hainan local Committee of CPC and Government were publicly criticized by name on the national newspapers and two of them have already been dismissed over the scandal. All the economic criminals concerned have been consecutively accused and sentenced each for their speculation, smuggling, fraud and bribery. Among them, the Head of the Organization Bureau of Hainan party Committee, Lin Taosen, was recently sentenced for life imprisonment together with a confiscation of the illicit earnings of 36,000 RMB Yuan.

① See An Exceptional Big Speculation-Fraud Case Was Detected in Fujian, People's Daily, Dec. 30, 1985.

This is a case consisting of speculation, fraud, smuggling and bribery under the general signboard of absorbing foreign investment.

Du Guozhen, the main culprit of this case, used to work as a clerk for Fujian Province's Road and Highway Bureau before he quit his job and went into business.

In October of 1984, Du paid a visit to the Director of the Foreign Economic Relations and Trade Commission in the suburb of Fuzhou, capital of Fujian Province. By cheating and boasting, he promised to invest USD one million and RMB 200,000 Yuan if the Suburban Government would set up a joint venture with him. His suggestion with a lot of "preferences" was accepted by the suburban Chiefs and the "Yu-Feng Corporation" was established by official registration and opened an account in the national bank. The big fraud started here. Zhifeng Case.

Du was alleged to have signed on behalf of the Yu-Feng Corporation and by fraud 177 contracts of sale worth up to 400 million RMB Yuan (equivalent to about USD 133 million under the exchange rate at that time), among from which he pocketed 240 million RMB Yuan by the ways of fraud-prepayment, smuggling and speculation in the short period of several months. With approaches both of cheating and bribery, Du was considered and praised as "CAISHENYE"(The God of Wealth) by some local officials. He gave a lot of promises for investment. Among them, each amount of USD 100 million was promised to be invested for the development of Sansha Port and Zhangwan Port in the Coastal area of Fujian Province. Quite a few local officials received a great amount of bribery from him and became his helpful assistants or accomplices in his economic crimes.

(转下页)

Case ①.

Second, there are still disagreements or suspicions among some people who link the unhealthy trends, evil practices, and economic crimes mainly with the open policies②. Meanwhile, some of them still wonder why, in a nation of socialism, we allow "foreign capitalists to come here to make big profits?"③ They are not so willingly to offer legal conveniences to foreign businessmen and settle some specific and concrete affairs relating to foreign investment.

Third, quite a few foreign investors complain of the troubles they have met with in China. Foreign businessmen have complained that the rental fee

---

接上页

By the end of 1985, Du and his 21 accomplices, including the Deputy Chief of the Ningde Prefectural Government, Liu Ashun, the Former Party Secretary of Xiapu County, Hu Liangji, the Deputy Chief of Fuzhou Suburban Government, Wu Jincai, and the Chief of Gulou District Court, Zheng Tingcan, were consecutively arrested and sentenced.

① See Zhang Changshen and Ye Zhifeng Case: Revealing State Secrets and Receiving Bribery, 2 PRC Supreme Court Notices 34 – 36(1986).

Ye Zhifeng(female), formerly Deputy Director of the Department of Integration of Technology and Trade, Bureau of Import and Export, State Economic Commission, together with Zhang Changsheng, an employee of the Head Office of a certain economic and cultural development company, conspired with lawbreaking foreign and Hong Kong businessmen during 1984 – 1985. Ye and Zhang leaked to those foreign and Hong Kong businessmen important secrets concerning sate purchase of import vehicles and foreign negotiations, and demanded bribes from them. After receiving substantial bribes from those foreign and Hong Kong businessmen, Ye used her official authority to put pressure on the company concerned in China to accept the prices quoted by the foreign and Hong Kong businessmen and to expedite the signing of the contracts.

After getting news of impending changes in specifications in import vehicles, Ye through Zhang indicated to the Hong Kong businessmen and the company concerned in China to adopt the method of back-dating the contract to cheat the State Department in charge of the matter. During this period, Zhang Changshen had received bribes and gifts totally about RMB 711,000 Yuan (equivalent to about USD 245,006); Ye Zhifeng's amounted to about RMB 25,000 (equivalent to about USD 8,620). The bribes and the spoils had all been found.

The Intermediate People's Court of Beijing gave the following verdicts on 27th March, 1986: Zhang Chanshen, the accused, was convicted of leaking important State secrets, receiving bribes and private possession of guns and ammunitions and was sentenced to death. Ye Zhifeng, the accused, were convicted of leaking important State secrets and receiving bribes and were sentenced to 17 years of imprisonment. The various sale and purchase contracts relating to the vehicles should according to Articles 9 and 10 of the Law of the People's Republic of China on the Economic Contracts Involving Foreign Elements, be void *ab initio*.

② See Hu Qili, On the 13th Congress of the CPC and on the rectification of Party Style, Outlook Weekly, May 5, 1986, at 6(author: member of Political Bureau and Secretariat of Central Committee).

③ The Mini-Climate will Be Better and Better, People's Daily, Sept. 20, 1986 (Commentator) (overseas ed.).

and site-using fees are too high; that there are too many taxes and local charges that come in many names; that labor is too expensive; that negotiation for contracts often takes too much time and involves many obstacles; and that corruption, bribery, and bureaucracy are an obstruction to doing business.

In responding to complaints by foreign investors, Chinese leaders, while reconfirming their consistent position on both the open policies and economic crimes, have taken some timely measures to encourage foreign investment.

In a document① adopted in 1986, the Chinese Communist Party further emphasized the open policy as one of the "guiding principles" inevitable for, and essential to, building a socialist society. As a formal resolution, the Party's document advises people to wisely and strictly distinguish the ugly and decadent aspects of capitalism from the advanced and useful things of developed capitalist countries:

> The modern history of the world and of China shows that no country can progress if it refuses to accept elements of advanced science and culture from abroad. Closing country's door and self-secluding from outside world results only in stagnation and backwardness. We resolutely reject the capitalist ideological and social system to defend oppression and exploitation, and we reject all the ugly and decadent aspects of capitalism. Nevertheless, we should do our utmost to learn from all countries (including the developed capitalist countries), to acquire advanced science and technology, universally applicable expertise in economic management and administrative work and other useful knowledge, and to verify and develop in practice what we have learned. Otherwise, we shall remain ignorant and be unable to modernize our own country②.

This resolution shows again the unalterable determination of the ruling Party in continuously pursuing the open policies.

---

①② Resolution of Central Committee of the Communist Party of China on Guiding Principles for Building Socialist Society with Advanced Culture and Ideology, People's Daily, Sept. 29, 1986.

On September 2, 1986, Deng Xiaoping, Chairman of the Central Advisory Commission of the Chinese Communist Party, had an interview with Mike Wallace, a correspondent of the Columbia Broadcasting System from U. S. A, a short excerpt from their conversation is as follows:

Wallace: To modernize the Chinese economy and develop your country, Chairman Deng, you said China needed Western investment. But Western investors complained that China is making it difficult to do business here: exorbitant rents for offices, too much bickering about contracts, too many special taxes, labor that is too expensive, plus corruption, kickbacks and the Chinese bureaucrats. Are you aware of these complaints?

Deng: Yes, I am aware of these things. Such phenomena do exist. As it is something new to us, some mistakes are unavoidable. We are working to change the present state of affairs. I do understand those complaints of foreign investors. No one would come here and invest without getting returns on their investment. We are taking effective measures to solve these problems. But they can only be solved gradually. Not long ago, our Premier Zhao Ziyang shared his thoughts with some foreign businessmen during their discussion. As far as I know, foreign investors were interested in this area. I believe the problems pointed out by foreign businessmen can be resolved gradually. However, when these problems are resolved, new problems will arise and they, too, should be resolved. It is necessary for the leaders to get a clear picture of the problems and work out effective measures to solve them. There is also the question of educating the cadres[①].

The basic principles that Deng explained reflect a new decision by the China's leadership. His promise of "working to change the present state of affairs" and "taking effective measures to solve these problems" has rapidly been realized step by step. The State Council's provisions that came into force

---

① Deng Talks on China's Issues with a CBS Correspondent, people's Daily, Sept. 15, 1986; see also Deng on Issues of World Interest, Beijing Review, Sept. 22, 1986.

on October 11, 1986 are of great significance. They would effectively improve the investment climate in China.

The Provisions of the State Council of the PRC for the Encouragement of Foreign Investment① (hereinafter referred to as "State Council's Provisions") grant many special preferences, especially to "export-oriented enterprises" and "technologically advanced enterprises" with foreign investment, while encouraging all kinds of enterprises with investment from abroad in general. Export-oriented enterprises are defined as "productive enterprises whose products are mainly for export, which have a foreign exchange surplus after deducting from their total annual foreign exchange revenues the annual foreign exchange expenditures incurred in production and operation and the foreign exchange needed for the remittance abroad of the profits earned by foreign investors"②. The technologically advanced enterprises are those "productive enterprises possessing advanced technology supplied by foreign investors which are engaged in developing new products and generational transition of products in order to increase foreign exchange earnings from exports or in the production of import substitutes"③. Both export enterprises and technologically advanced enterprises mentioned in the State Council's Provision shall be confirmed jointly as such by the foreign economic relations and trade department of the local government where such enterprises are located and the relevant departments in accordance with the enterprise contract, and certification shall be issued④.

The preferences stipulated by the State Council's Provisions may be summarized and divided into six groups, namely, *lower* taxes, *lesser* fees, *cheaper* labor, *more* preferences, *greater* autonomy, and *simpler* formalities. All of these are aimed at enabling foreign businessmen who invest in China to earn higher profits.

---

① People's Daily, Oct. 11, 1986.
② State Council Provisions for the Encouragement of Foreign Investment Art. 2 § 2.1, People's Daily, Oct. 11, 1986[hereinafter State Council Encouragement Provisions].
③ Ibid., at Art. 2 § 2.2.
④ Ibid., at Art. 18 § 1.

A. Lower Taxes

1. Enterprise Income Tax Reduction and Exemption

a. For Export-Oriented Enterprises in Non-SEZs. Under the existing regulations for taxes other than the State Council's Provisions, each kind of enterprise with foreign investment has the right to enjoy a certain income-tax reduction and exemption in a period given according to its specific conditions①. The State Council's Provisions grant an additional income-tax reduction specially to some export-oriented enterprises. These provisions provide that "after the expiration of the period allowed for the reduction or exemption of enterprise income tax in accordance with the regulations of the State, export-oriented enterprises whose exports in the year amount to 70 percent or more of their production, in value terms, for that year, may pay their enterprise income tax at half the existing rate of the existing tax②.

b. For Export-Oriented Enterprises in SEZs. Export-oriented enterprises in a SEZ and in an ETEDEZ and other export enterprises that have already paid enterprise income tax at a rate of 15 percent shall pay enterprise income tax at a rate of only 10 percent if they comply with the requirements of the foregoing paragraph③.

c. For Technologically Advanced Enterprises. As mentioned above, a certain income-tax reduction and exemption in a certain period has been granted to each of the kinds of enterprises with foreign investment according to their specific conditions respectively stipulated by existing regulations for taxes. Now, under the State Council's Provisions, a supplementary income tax reduction is especially allowed to all the technologically advanced enterprises with foreign investment. "After the expiration of the period allowed for reduction or exemption of enterprise income tax in accordance with the regulations of the State, technologically advanced enterprises may enjoy a three-year extension during which enterprise income tax is paid at half

---

① See supra notes and accompanying text.
② State Council Encouragement Provisions, supra note, at Art. 8 § 1.
③ Ibid., at Art. 8 § 2.

of the existing rate."①

2. Tax Refund for Reinvestment

Under the Income Tax Law Concerning Chinese-foreign Joint Ventures, a participant in a joint venture which reinvests its profits in China for a period of not less than five years may, upon approval by the appropriate tax authorities, obtain a refund of 40 percent of the income tax paid on the reinvested amount. However, if the said participant withdraws its reinvested funds within five years, it must pay back the tax amount refunded②. The refund rate of 40 percent aforesaid now has been amended by the State Council's Provisions especially for some foreign re-investors. Those "foreign investors who reinvest the profits distributed to them by their enterprises in order to establish or expand export-oriented enterprises or technologically advanced enterprises for an operational period of not less than five years, after application to and approval by the tax authorities, must be refunded the total amount of enterprise income tax already paid on the reinvested portion", with the provison that "if the reinvestment is withdrawn prior to the end of the five-year operational period, the amount of enterprise income tax refunded must be repaid"③.

3. Tax Exemption for Profits Repatriation

Under the Income Tax Law Concerning Chinese-foreign Joint Ventures, a foreign participant in a joint venture remitting its share of profit from China must pay a tax equaling 10 percent of the remitted amount.④ Before the adoption of the State Council's Provisions, only those joint ventures that are established in SEZs or ETEDEZs may be exempted from the remittance tax.⑤ Now, such exemption is expanded by the State Council's Provisions to include export enterprises and technologically advanced enterprises located all over China. These provisions explicitly provide "when foreign investors in export

---

① State Council Encouragement Provisions, supra note, at Art. 9.
② Income Tax Law Concerning Joint Ventures with Chinese and Foreign Investment Art. 6, Investments in China, supra note, at 246(People's Republic of China)[hereinafter Joint Venture Income Tax Law].
③ State Council Encouragement Provisions, supra note, at Art. 10.
④ Joint Venture Income Tax Law, supra note, at Art. 4.
⑤ Supra notes and accompanying text.

enterprises and technologically advanced enterprises remit abroad profits distributed to them, the amount remitted shall be exempted from income tax"①.

4. Tax Exemption for Export Products

From consolidated industrial and commercial tax levied on export products, the exemption, only with a few exceptions, is also expanded to the export products of any enterprise with foreign investment no matter what kind of enterprise it is or where it is located. The State Council's Provisions stipulate that "except for crude oil, finished oil, and other products subject to special state provisions, export products of enterprises with foreign investment shall be exempted from the consolidated industrial and commercial tax"②.

B. Lesser Fees

1. Decreasing the Land Use Fee

There had not been any national and unified standards for land-use fees before October 11, 1986. The fees in many areas of China have been much cheaper than those in the developed countries and even in most of the developing countries. Still the State Council's Provisions provide for further reduction of the land-use fee. For example, the use fees of land for industrial purposes in the Shenzhen SEZ had been fixed at the rate of RMB 10 – 30 Yuan per annum per square meter③ before the State Council's Provisions were promulgated. Since then, the range of land-use fees, including that of the Shenzhen SEZ, has been reduced in accordance with the said provisions. The land-use fees for export enterprises and technologically advanced enterprises, except for those located in busy urban sectors of large cities, must be computed and charged according to the following standards:

1. At RMB 5 to RMB 20 per square meter per year in areas where the development fee and the land-use fees are computed and charged

---

① State Council Encouragement Provisions, supra note, at Art. 7.
② Ibid., at Art. 11.
③ Interim Provisions of the Shenzhen Special Economic Zone for Land Management Art. 16, Investments in China, supra note, at 218.

together;

2. At not more than RMB 3 per square meter per year in site areas where the development fee is computed and charged on a one-time basis or in areas developed by the above-mentioned enterprises themselves①.

Exemptions for a specified period of time from the fees provided in the foregoing provision may be granted at the discretion of the local government concerned②.

2. *Reducing Energy and Communication Fees*

Export enterprises and technologically advanced enterprises must be given priority in the availability of water and electricity and in the use of transportation services and communication facilities needed for their operation. Fees shall be computed and charged in accordance with the standards for local state enterprises③.

3. *Forbidding Unreasonable Charges*

All districts and departments must implement the Circular of the State Council Concerning Firmly Curbing the Indiscriminate Levy of Charges on Enterprises. Governments at provincial level must formulate specific methods and strengthen supervision and administration thereof④.

Enterprises with foreign investment that encounter unreasonable charges may refuse to pay and may appeal to the local economic commissions or to the national State Economic Commission⑤.

C. Cheaper Labor

Under the Regulations on Labor Management in Chinese-foreign Joint Ventures, the wages level of the workers and staff members in a joint venture will be determined at 120 – 150 percent of the real wages of the workers and staff members of state-owned enterprises of the same trade in the locality⑥.

---

① State Council Encouragement Provisions, supra note, at Art. 4 § 1.1.
② Ibid., at Art. 4 § 1.2.
③ Ibid., at Art. 5.
④ Ibid., at Art. 16 § 1.
⑤ Ibid., at Art. 16 § 2.
⑥ Regulations on Labor Management in Joint Ventures Using Chinese and Foreign Investment Art. 8, Investments in China, supra note, at 208 (People' Republic of China).

A joint venture must pay for the Chinese workers' and staff members' labor insurance and cover their medical expenses and various kinds of government subsidies in line with the standards prevailing in state-owned enterprises①.

Some foreign partners ask: Why is the sum of the payroll paid by the joint ventures and cooperative enterprises higher than that of the actual wages given to the employees? Where does the balance go? The Vice-Minister of MOFERT, Wei Yumin, explained as follows: The wages (or labor cost) of the Chinese employees in the joint ventures and cooperative enterprises are composed of two parts: the first part is called actual wages, which are given to the employees in full; the second is made of labor insurance, free medical care, and various subsidies provided by the state to the employees, including housing rent, communication ticket fees, heating allowance, home leave allowance, the price subsidies for food, edible oil, and other foodstuffs as well as cost for social, cultural, and welfare facilities. The sum of the second part is about 1.3 times of that of the first part. According to the statistics, under the category of the second part, labor insurance accounts for about 11 percent, free medical care about 6 percent and various subsidies given by the state to the employees about 83 percent. Among the various subsidies, the subsidy for housing rent accounts for about 65 percent; subsidy for food, edible oil, and other foodstuffs about 16 percent; and the subsidy for all other things about 19 percent. Apparently the State has already paid the employees in various forms of subsidies. As a return, it is quite reasonable for the Chinese partner to hand in to the State the money which is originally paid as the second part by the enterprises. In any event, the sum total of Chinese employees' wages comprising the two parts above-mentioned is still much lower than that of foreign countries②.

As an important part of the comprehensive measures for further improving the investment environment, the standards of wages directly paid by export enterprises and technologically advanced enterprises with all kinds

---

① Ibid., at Art. 11.
② See Speech By Wei Yuming on China's Policy on the Absorption of Direct Investment from Foreign Countries, at the Opening Ceremony of the China Investment Promotion Meeting, reprinted in WENHUI Daily, June 8, 1982(June 7, 1982).

of foreign investment have been reduced. The State Council's Provisions stipulate that "export enterprises and technologically advanced enterprises shall be exempted from payment to the State of all subsidies to staff and workers, except for the payment or allocation of funds for labor insurance, welfare costs and housing subsidies for Chinese staff and workers in accordance with the provisions of the State."① Therefore, among the various subsidies given by the State to the employees through payment by the enterprises, the said subsidy for food, etc. and the subsidy for some other things must be exempted for the enterprises mentioned above.

D. More Preferences

In addition to the lower taxes, lesser fees, and the cheaper labor cost, certain preferences in banking and financing are granted.

1. Priority for Getting Loans

Export enterprises and technologically advanced enterprises, after examination by the Bank of China, shall be given priority in receiving loans for short-term revolving funds needed for production and distribution as well as for other types of credit they need②.

The Bank of China and other banks designated by the People's Bank of China may provide cash security services and may grant loans in Renminbi to all kinds of enterprises with foreign investment③.

2. Adjustment for Foreign Exchange Deficiency

China has pursued a policy of foreign exchange control. The free circulation, use, and mortgage of foreign currency are prohibited. unauthorized sales or purchases of foreign exchange and unlawful possession of foreign exchange in whatever ways and by whatever means are prohibited. All Chinese and foreign organizations and individuals must, unless otherwise stipulated by law or decree or in the Provisional Regulations for Exchange Control of the PRC, sell their foreign exchange proceeds to the Bank of China. Any foreign exchange required is to be sold to them by the Bank of

---

① State Council Encouragement Provisions, supra note, at Art. 3.
② Ibid., at Art. 6.
③ Ibid., at Art. 14 § 2.

China in accordance with the quota approved by the state government or with relevant regulations①.

For the convenience of foreign investors and as an exception, these prohibitions have been loosened somewhat. Besides the "cash security services" mentioned above, the State Council's Provisions allow that "under the supervision of the foreign exchange control departments, enterprises with foreign investment may mutually adjust their foreign exchange surpluses and deficiency among each other as per their respective needs"②. This new stipulation means that the sales and purchases of foreign exchange directly between the foreign investors, under the supervision of the authorities concerned, are now allowed. The prices and conditions for the sales and purchases can be directly negotiated by the parties under official supervision, without paying any price-differences between sales and purchases to the bank designated.

E. Greater Autonomy

The State Council's Provisions require local governments at all levels and relevant departments in charge to "guarantee the right of autonomy of enterprises with foreign investment". All the local governments and departments "shall support enterprises with foreign investment in their respective management in accordance with international advanced scientific methods"③.

Within the scope of their approved contracts, all kinds of enterprises with foreign investment in China have the right to determine independently their respective production and operation plans, to raise and use funds, to purchase production materials, and to sell products at their own discretion. Similarly, they have the right to determine their respective wages levels, the forms of wages and bonuses, and the allowance system④.

---

① Provisional Regulations for Exchange Control Art. 4, Investments in China, supra note, at 219 (People's Republic of China).
② State Council Encouragement Provisions, supra note, at Art. 14 § 1.
③ Ibid., at Art. 15 § 1.
④ Ibid., at Art. 15 § 2.

Enterprises with foreign investment may, in accordance with their production and operation requirements, independently determine their own organizational structure and personnel system, employ or dismiss senior management personnel and increase or dismiss staff and workers. They may recruit and employ technical personnel, managerial personnel, and workers in their locality. The unit to which such employed personnel belong must support and permit their employees to be transferred. Staff members and workers who break the enterprise's rules and regulations and cause adverse consequences thereby may be subject to differing disciplinary actions and discharge depending on the seriousness of the case①.

Enterprises with foreign investment that recruit, employ, dismiss, or discharge staff and workers must file a report with the local labor and personnel departments for record keeping②.

F. Simpler Formalities

In answer to the foreign businessmen's complaints concerning bureaucracy in China, the State Council's Provisions make the formalities and procedures simpler by taking several steps:

1. *Simpler Handling of Matters Reported*

People's governments at all levels and relevant departments in charge must strengthen the coordination of their work, improve efficiency in handling matters, and must promptly examine and decide matters reported by enterprises with foreign investment. With respect to those agreements, contracts, and articles of association of enterprises with foreign investment, which shall be examined and approved by the various departments in charge under the State Council, the examination and approval or denial must be completed within three months from the date of receipt of all documents③.

2. *Simpler Procedures for Importing Capital Goods*

Machinery and equipment, vehicles used in production, raw materials,

---

①② State Council Encouragement Provisions, supra note, at Art. 15 § 3.
③ Ibid., at Art. 17.

fuel, knocked-down parts, spare parts, machine components and fittings (including imports restricted by the State) needed by enterprises with foreign investment to import in order to carry out their export contracts do not require further applications for examination and approval and are exempted from the requirement for import licenses. The Customs Department shall exercise supervision and control, and shall inspect and release such imports on the basis of the enterprise contract or the import and export contract. However, the imported materials and items must be used by the enterprise and must not be sold on the domestic market. If they are used in products to be sold domestically, import procedures should be followed in accordance with the relevant laws, and custom duties must be paid according to the relevant regulations①.

3. Simpler Procedures for Exporting

Enterprises with foreign investment may arrange export of their products directly by itself or by agents in accordance with State provisions. For products that require an export licence, in accordance with the annual export plan of the enterprise, an application for the export licence may be made every six months②.

All the foregoing aspects of favorable treatment given to foreign investors, stipulated in the State Council's Provisions except where the provisions provide otherwise, are applicable to foreign investments throughout China, especially to export enterprises or technologically advanced enterprises③. It goes without saying that all the favorable treatments, which are granted separately to export enterprises, technologically advanced enterprises, or to all enterprises with foreign investment, must also be enjoyed by similar enterprises located in the SEZs, ETEDEZs, COPOCIs, and CEOAs.

Since the State Council's Provisions were promulgated, many new developments have taken place in China. First, the special Leading Group on the Affairs of Foreign Investment has been set up directly under the State

---

① State Council Encouragement Provisions, supra note, at Art. 13 § 12.
② Ibid., at Art. 12.
③ Ibid., at Art. 19.

Council. Gu Mu, a councilor experienced in this field is heading the group. Other members include the heads of the State Planning Commission, State Economic Commission, State Council's SEZ Office, Ministry of FERT, Ministry of Labor and Personnel, People's Bank of China, Bank of China, General Administration of Customs, State Administration for Industry and Commerce, and the General Administration of Exchange Control. The main task of the group is to carefully study and consider the major principles, policies, and plans on the use of foreign investment; to make suggestions to the State Council; to supervise and inspect the work in different areas and departments on utilizing foreign investment; to coordinate and resolve important problems relating to the same; to give macro-guidance; and to strengthen the economic legislation and judicial work involving foreign investors①. Similar groups at the provincial and municipal levels have also been formed for the same purpose.

Second, many of the local governments at provincial and municipal levels have announced their own supplementary preferences for foreign businessmen to implement the State Council's Provisions in their localities.

Third, closely following the State Council's Provisions that came into force on October 11, 1986, at least a dozen new national regulations had been promulgated within a period of one year for supplementing the State Council's Provisions, so as to further encourage foreign investments in China. They include regulations on registered capital, the autonomy of foreign-investment enterprises, loans, hard currency balances, import-export license, and other areas②. Since then, China's investment environment has been greatly improved. The dozen new regulations are:

1. Rules on the Administration of Imported Materials and Parts Essential for Foreign-Investment Enterprises in Performing their Product-Export Contracts, promulgated by the General Administration

---

① See A Leading Group on Foreign Investment Affairs Set Up in the State Council, People's Daily (overseas ed.).

② See New Rules to Encourage Investment, China Daily, Oct. 25, 1986; see also China Will Enact Ten-odd Supplementary Rules to Encourage Foreign Investment, People's Daily, Oct. 23, 1986 (overseas ed.).

of Customs on November 24, 1986①;

2. Provisions on the Autonomy of Foreign-Investment Enterprises in their Hiring of Personnel and on Wages, Insurance and Welfare Expenses of Staff and Workers, promulgated by the Ministry of Labor and Personnel on November 26, 1986②;

3. Interim Rules Governing the Application of Renminbi Loans Mortgaged by Foreign Exchange, promulgated by the People's Bank of China on December 12, 1986③;

4. Provisions on the Purchase and Export of Domestic Products by Foreign-Investment Enterprises to Balance Foreign Exchange Accounts, promulgated by the Ministry of Foreign Economic Relations and Trade on January 20, 1987④;

5. Implementing Rules for Foreign-Investment Enterprises Applying for Import and Export Licenses, promulgated by the Ministry of Foreign Economic Relations and Trade on January 24, 1987⑤;

6. Implementing Rules for Confirmation and Examination of Export Enterprises and Technologically Advanced Enterprises with Foreign Investment, promulgated by the Ministry of Foreign Economic Relations and Trade on January 27, 1987⑥;

7. Implementing Rules on Relevant Articles Concerning Preferential Tax Terms Stipulated in the Provisions of the State Council for the Encouragement of Foreign Investment, promulgated by the Ministry

---

① See Chinese Foreign Trade, No. 4, 1987, at 10; China Economic News (Hong Kong), No. 50, 1986, at 3 - 4.
② See Chinese Foreign Trade, No. 4, 1987, at 9; China Economic News (Hong Kong), No. 48, 1986, at 7 - 8.
③ See Chinese Foreign Trade, No. 4, 1987, at 9; China Economic News (Hong Kong), No. 1, 1987, at 4 - 6.
④ See Chinese Foreign Trade, No. 9, 1987, at 48; China Economic News (Hong Kong), No. 5, 1987, at 6 - 7.
⑤ See Chinese Foreign Trade, No. 7, 1987, at 10; China Economic News (Hong Kong), No. 5, 1987, at 5 - 7.
⑥ See Chinese Foreign Trade, No. 5, 1987, at 46 - 47; China Economic News (Hong Kong), No. 57, 1987, at 5 - 7.

of Finance on January 30, 1987①;

8. Provisional Regulations on Providing Foreign Exchange Guarantees by Institutions inside China, promulgated by the People's Bank of China on February 20, 1987②;

9. Interim Provisions on the Proportion of Registered Capital to Total Investment of Sino-Foreign Joint Ventures, promulgated by the State Administration for Industry and Commerce on March 1, 1987③;

10. Provisions on Providing Loans to Foreign-Investment Enterprises, promulgated by the Bank of China on April 24, 1987④;

11. Administrative Provisions on Import Substitutions by Mechanical and Electrical Products Manufactured by Sino-Foreign Joint Ventures and Sino-Foreign Cooperative Ventures, promulgated by the State Economic Commission on October 7, 1987⑤;

12. Provisions on Import Substitutions by Products Manufactured by Sino-Foreign Joint Ventures and Sino-Foreign Cooperative Ventures, promulgated by the State Planning Commission on October 19, 1987⑥.

It is not difficult to foresee that with the efforts being made by the Chinese government to improve investment conditions, foreign businessmen investing in China will face fewer problems and will in turn make more investments. The practice and facts in most recent years have proved that foreign investments in SEZs, ETEDEZs, COPOCIs as well as in CEOAs of China have been on the continuous increase⑦.

---

① See Chinese Foreign Trade, No. 5, 1987, at 45 – 46; China Economic News (Hong Kong), No. 56, 1987, at 4 – 5.
② See Chinese Foreign Trade, No. 7, 1987, at 11; China Economic News (Hong Kong), No. 9, 1987, at 4 – 5.
③ See Chinese Foreign Trade, No. 7, 1987, at 10; China Economic News (Hong Kong), No. 10, 1987, at 3 – 4.
④ See Chinese Foreign Trade, No. 9, 1987, at 48; China Economic News (Hong Kong), No. 16, 1987, at 3 – 4.
⑤ See Chinese Foreign Trade, No. 3, 1987, at 11; China Economic News (Hong Kong), No. 44, 1987, at 8 – 9.
⑥ See Chinese Foreign Trade, No. 3, 1988, at 10 – 11; China Economic News (Hong Kong), No. 43, 1987, at 7 – 8.
⑦ See supra notes and their related texts.

XV Should an Absolute Immunity from Nationalization for Foreign Investment be Enacted in China's Economic Law?*

An Chen

Dean, School of Politics & Law, Xiamen University

[Table of Contents]

I Reasons for Raising the Question
II Two Different Views
III The Writer's Personal Views

I Reasons for Raising the Question

In China, the issue of nationalization of foreign investment appears, at first sight, to be a very remote problem but in fact it is a question of great urgency.

It seems very remote because the real problem at present is how to attract

---

* This Article in English version was first compiled in the book entitled Legal Aspects of Foreign Investment in the People's Republic of China, China Trade Translation Co. Ltd. Hong Kong, 1988. Its Chinese version is now compiled in Series Third of the present Book, as its eighth paper. The citation of and commentary on legal provisions in this Article were based upon the related laws and regulations effective during that time. It is hereby suggested to check and compare them with the further development of these legal provisions since 1988, so as to better understand their historical, gradual maturity and obtain the most recent information.

more foreign investment at a higher speed in order to promote the Four Socialist Modernizations of China rather than the nationalization of foreign enterprises. Since the introduction of the policy of opening up to the world, foreign investment in China has grown to a certain extent but it still accounts for a negligible proportion of the whole national economy. This is a far cry from the situations in some developing countries, where foreign capital dominates and controls their key economic sectors so much that their national well-being and people's livelihood are adversely affected. Furthermore, no events of force *majeure*, whether social or natural, have occurred to justify the expropriation of foreign capital. Therefore, for a long time in the foreseeable future, the question of expropriation or nationalization of foreign capital will not arise.

It is a question of great urgency because it has already cropped up in the course of economic legislation in the Special Economic Zones and open coastal cities of China. The main reason is that comprehensive foreign economic relations legislation must be introduced in order to attract foreign investment in greater amounts, at a higher speed and with better results. Such economic legislation should include express provisions on the attitude to be taken towards foreign investment as well as the ways and means of legal protection, so that overseas investors will have a pretty good idea of the situation and can take all relevant factors into account before deciding to take active steps towards investment in China.

One school of thought (hereinafter called the "B School") contends that an absolute immunity from nationalization for foreign investment in the Special Economic Zones and open coastal cities of China should be enacted in the foreign economic relations legislation relating to these Zones and cities, in addition to the general provisions that the lawful rights and interests of overseas investors will be protected under the laws of the People's Republic of China, because only then could we succeed in encouraging and attracting overseas businessmen to invest with greater ease of mind in these regions. A diametrically opposite school of thought (hereinafter called the "A School") maintains that it is sufficient for the foreign economic relations legislation in the said areas to include the express provision that the lawful rights and interests of overseas investors will be protected under Chinese law; it is neither necessary nor justifiable to include the special provision that foreign investment in these areas will not be nationalized.

This article attempts to give a brief account of the views and grounds of these two opposite schools of thought and to put forward the personal opinion of the writer on the question, for the interest of members of the legal profession and general readers.

II Two Different Views

The A School maintains that a country may, if and when necessary, nationalise (in other words, expropriate) foreign investment within its territories in order to protect its own public interest. This falls within the realm of the sovereignty of a country and is a legitimate action taken by the country in order to exercise its sovereignty. Sovereignty, as the term suggests, is the supreme power of a state to deal with all its internal and external affairs independently. For the sake of upholding national independence, such supreme power of the state to deal with all relevant matters independently should not be restricted, transferred or waived in an imprudent manner. If the foreign economic relations legislation in respect of the Special Economic Zones and the open coastal cities includes the provision that no foreign enterprises will be nationalized, such provision would be tantamount to tying one's own hands and, consequently, would entail a potential danger and perhaps even endless troubles in the future.

Secondly, as far as the current situation in China is concerned, the question of nationalizing foreign investment does not exist at present or, in other words, the question of exercising this aspect of sovereignty does not exist at present. Nevertheless, the holding of this power in reserve is not the same as and should not be confused with the exercise of the power. Having the power does not mean the immediate exercise of it. So long as the power remains in our own hands, we should have sufficient room for maneuver and avoid being landed in a passive position in the event of any future change in the situation. For example, who can be certain that some multinational corporations will never develop to such an extent as to control some key sectors of China's economy? And, of course, "a storm may arise from a clear sky", as the Chinese saying goes. Who can guarantee that a large-scale invasion of China will not occur at some stage in the future? What should be done in respect of vital strategic materials, such as petroleum, and related foreign investment in case of such a contingency? Should we not in the cases mentioned above expropriate or nationalize foreign investment by way of reasonable compensation? It is apparent that the foreign economic relations legislation in respect of the Special Economic Zones and open coastal cities should not enact the general provision that foreign investment will under no circumstances be expropriated or nationalized.

Thirdly, China is a socialist and developing country. She belongs to the Third World. When dealing with major issues in international affairs, China ought to keep in step with other countries in the Third World. Currently, most Third World countries take the stand that the power to expropriate foreign capital enterprises when necessary shall be retained in their own hands. There are important historical reasons for this. After World War II many colonial and semi-colonial territories gained independence but more often than not this was merely political independence whilst their economic lifelines remained to a large extent under the control of foreign capitalists. The urgent task for these countries was to strive for economic independence so as to consolidate and strengthen their political independence. Nationalization of foreign enterprises which had a bearing on the national economy and the people's livelihood was an important measure to achieve economic independence. Therefore, these countries usually prescribe in their foreign economic relations legislation that they shall retain the power to nationalize foreign capital when necessary, subject to proper compensation being given. Now, if the right to expropriate foreign capital when necessary is waived in China's foreign economic legislation, such waiver would appear to be contrary to the fundamental stand and general practice of Third World countries, and hence it is improper and impermissible.

The B School of thought is opposed to the above-mentioned views, on the following grounds:

Firstly, although sovereignty represents the supreme power of a country to handle its internal and external affairs independently, the exercise of sovereignty is by no means absolutely free from any constraint. In the international community, so long as different countries continue to deal and cooperate with each other, each country needs to impose some self-restraint on the exercise of its sovereignty on the basis of equality, mutual benefit and its own free will. Enjoyment of a right often entails the undertaking of a corresponding obligation, as rights and obligations are usually reciprocal. This principle is enshrined in all international agreements or treaties concluded on the basis of equality and mutual benefit. A sovereignty country which assumes certain obligations under such conditions must observe and perform these undertakings and obligations accordingly. This means that the country will be subject to certain constraints or restrictions in the exercise of its sovereignty when dealing with domestic or foreign affairs in connection therewith. For example, in September, 1984, the Chinese Government and the British Government reached an agreement on the question of Hong Kong, which, *inter alia*, specifies that the Chinese Government will resume the exercise of sovereignty over Hong Kong with effect from 1st July, 1997. This provision is unequivocal. What socio-economic system is to be introduced after such date should have been an issue falling solely within China's power to exercise its sovereignty and no other country has any right to concern itself with the issue. However, in consideration of the fundamental and long-term interest of the country and having taken into full account a host of internal and external factors, the Chinese Government agreed that for 50 years after such date the current social and economic systems in Hong Kong would remain unchanged. This may be considered as an example of voluntary self-restraint in the exercise of sovereignty. Furthermore, China as a socialist country introduces foreign capital from capitalist countries and at the same time opens part of her domestic market to allow foreign capitalists to carry out capitalist exploitation (this is undeniable from a Marxist point of view) for a certain period and to a certain extent, so as to accelerate the growth of the productive forces of society and promote the Four Modernizations of China. This correct policy is similar in nature to the above-mentioned case. Such self-restriction or self-restraint in the exercise of sovereignty is, in the final analysis, designed to achieve greater self-development and to make China even more prosperous, powerful and independent. In this sense, such self-restriction in the exercise of sovereignty is a means to uphold and strengthen sovereignty. By the same token, it is reasonable, feasible and even necessary to make the express provision in our foreign economic legislation that foreign capital will not be nationalized.

Secondly, Article 18 of the Constitution of the People's Republic of China stipulates that the lawful rights and interests of the foreign investors are protected by Chinese law. Obviously, the ownership of or proprietary right to property is the primary and most essential element among various lawful rights and interests of foreign investors. Therefore, legal protection of the lawful rights and interests of foreign businessmen should first of all include the protection against infringement on the proprietary rights of foreign businessmen to their lawful properties in China. Furthermore, in determining their investment options foreign businessmen will first of all consider whether their proprietary rights in China are duly protected and assured, in addition to considerations of profit. Therefore, in China's foreign economic legislation in respect of the Special Economic Zones and open coastal cities, an express provision that foreign investment in these areas will not be subject to nationalization would serve to reassure foreign investors, relieve their minds and encourage them to undertake active investment in China. Such provision would correspond to the essential spirit of Article 18 of the Constitution.

Thirdly, it is a guideline for all our undertakings that we should seek truth from facts and proceed from the actual conditions in China. China is no doubt a Third World country but she is different from the common run of Third World countries. By and large, a substantial number of Third World countries have not yet achieved economic independence in spite of their political independence; owing to historical causes, foreign capitalists still dominate some key sectors of their economies. Therefore, it is their fundamental task to gradually nationalize foreign capital. China has been independent for over thirty years, having removed the bane of colonialism and established an independent and powerful socialist economy through prolonged and strenuous efforts and self-reliance. The economy is strongly backed by the people's power and the people's army under the correct leadership of the Chinese Communist Party. On this basis, introduction of a certain amount of foreign capital on a controlled scale, on a selective basis and in a methodical manner, in the light of the actual conditions of the country and for the purpose of expediting the cause of socialist modernizations, would not lead to domination of the national economy by foreign capital or produce adverse effects on the people's livelihood. In view of the fact that foreign capital has not yet been introduced fast enough and in sufficiently large amounts, we ought to have the boldness and resoluteness to incorporate the express provision against nationalization in the foreign economic legislation in respect of the Special Economic Zones and the open coastal cities, so that foreign capital will be more effectively introduced.

III The Writer's Personal Views

Which of the above-mentioned schools of thought is correct?

The writer holds that the following principles should be applied in analyzing any problem to determine what is right and what is wrong. Firstly, one should approach and analyze the problem from a comprehensive view, taking into account the realistic and specific conditions of the country and the general trend of public opinions, in the present world. Secondly, one should approach and analyze the problem from a historical viewpoint, taking cognizance of historical developments and current struggles. Only then can one avoid the pitfall of being inadequate or lopsided in his views. The writer holds that the foreign economic relations legislation in respect of the Special Economic Zones and the open coastal cities should not incorporate the express provision that foreign investment will under no circumstances be expropriated or nationalized, for the following four reasons:

Firstly, it is inappropriate to make this provision in view of the history of polemics over the issue of nationalization of foreign investment.

Does a host country government have the right to nationalize assets owned by foreigners in its territory whenever necessary? This question has been the subject of intense debate over a long historical period. In the heyday of colonialism and according to the traditional views of colonial powers, the host country governments in underdeveloped regions had the obligation to protect the properties of foreign investors in their territories while having no right to infringe upon such properties. Any such infringement (including expropriation or nationalization) would constitute a so-called "international delinquency" and in such an event the metropolitan country of the investors had the "right" to take actions to enforce the "state responsibilities" of the host country, including military action, in the name of "protection of citizens abroad", in order to exact indemnity. In face of such wanton armed invasion, the host country was "legally bound to submit" to such intervention.① Such a view had dominated the thoughts of international lawyers in Western countries over a long period. But by the turn of the twentieth century, Luis Drago, renowned South American jurist and Minister of Foreign Affairs of Argentina, had taken the lead to challenge such preponderant traditional views, denouncing armed intervention by colonial powers to exact indemnity as a truly unlawful international act of aggression and interference in the internal affairs of other countries. Such righteous claims by the weaker nations had been openly contested, even well into the fifties of the twentieth century, by some "authoritative" scholars of international law in Western countries (such as H. Lauterpacht), who decried the Drago Doctrine as "unfounded and has not received general recognition."②

However, with the further awakening of the weaker nations, the aforementioned traditional views which denied the host country governments

---

① L. Oppenheimer, International Law (Chinese ed. 1981, The Commercial Press, Book One of Vol. Ⅰ), Sections 134, 135, 151, 155 pp. 230–233, p. 235, p. 257.

② Id., p. 223, note 2; also see Zhou Gensheng, International Law (The Commercial Press, 1983), First Volume, pp. 237–238.

of their rights to expropriate foreign capital began to recede from the end of the thirties of the 20th century because they were out of tune with the trend of the times and hence became increasingly untenable. Such change was typically indicated in the attitude of the United States Government towards Mexico's land reform and expropriation of properties and oil companies owned by U. S. citizens in 1938. The U. S. Government declared in its diplomatic note that "under every rule of law and equity, no government is entitled to expropriate (foreigner's) private property, for whatever purpose, without provision for prompt, adequate and effective payment therefor."① Notwithstanding the truculent tone and strong expressions of the wording, it could be logically inferred that the host country government would have the right to expropriate private properties owned by foreigners in its territory provided that "prompt, adequate and effective payment" is given. Subsequently, the above-mentioned views of the U. S. Government was elaborated in more explicit terms in the "Restatement of the Law (Second Edition), Foreign Relations Law of the United States", a book regarded as authoritative by American jurists②. It was stated that the taking by a state of property of an alien is wrongful under international law if either (a) it is not for a public purpose, or (b) no just compensation is given in accordance with the aforesaid criteria. In case of expropriation of the private properties owned by foreigners for a public purpose, such expropriation would not, *ipso facto*, constitute a wrongful act under international law. Only refusal to give such compensation would constitute a wrongful act under international law and hence give rise to the issue of "international responsibility"③.

On the surface, the focus of dispute over the issue of nationalization of foreign capital seemed to have shifted to the criteria of indemnity. However, under the indemnity principles advocated by the United States, i. e., the

---

① See "Note Sent by Secretary of State Hull to the Mexican Minister of Foreign Affairs", Aug. 22, 1938, Foreign Relations of the United States, Diplomatic Papers (Vol. 5, 1938), 1956, p. 687.

② See Restatement of the Law (Second), Foreign Relations Law of the United States. The book was edited by the American Law Institute. As the editors and writers of the book were mostly authoritative members of the American legal profession, the views expressed in the book were often quoted by American judges and lawyers in their judgments and submissions.

③ Id., 1965 ed., p. 553, p. 562.

"criteria of equity in international law", claims were usually excessive, sometimes even verging on extortion①, so that the basic right of the poor developing countries to expropriate foreign capital was substantially restricted, reduced and even virtually abrogated. The position of the United States was supported by the developed Western countries, which were mostly former colonial powers. In contrast, in view of the huge profits already amassed by foreign capitalists during the colonial period or prior to the expropriation and in consideration of the weak financial position of the host countries, developing countries (former colonies or semi-colonies) have consistently maintained that indemnity will be given upon expropriation only in accordance with the provisions of the municipal law of the host countries, so that their own political and economic sovereignty could be upheld. It is apparent that the dispute over the issue of criteria for indemnity is in substance still a dispute over the question of whether poor countries have the full right to take over foreign investment whenever necessary or, in other words, it is an extension and continuation of the long-standing historical polemics over the right of expropriation.

In 1962 the 17th General Assembly of the United Nations passed, after intense debate, the Resolution on Permanent Sovereignty over Natural Resources. This meant that the international community generally began to accept the idea that each country has the right to nationalize or expropriate natural resources and related enterprises controlled by foreign capital. However, the Resolution also provided that "in such cases the owner shall be paid appropriate compensation, in accordance with the rules in force in the State taking such measures in the exercise of its sovereignty and in accordance with international law"②. Such eclectic wording was in fact a simple mixture of the two opposite stands mentioned above. The question of what is right and what is wrong was not clarified and the dispute was not resolved. It had

---

① An Chen, American Legal Protection of Overseas Investment and An analysis of Typical Cases (Lu Jiang Publishers, 1985), Chapter 4: Cases of Claim: Reynolds-Guyana Mines, Ltd. V. Overseas Private Investment Corporation; Anaconda Company v. OPIC; International Telephone and Telegraph, Sud America (ITTSA) V. OPIC.

② "Resolution on Permanent Sovereignty over Natural Resources", Article 4 of Part Ⅰ, Resolutions of the 17th General Assembly of the United Nations, 1963, p. 16.

not been until 1974 that the 29th General Assembly of the United Nations passed with an overwhelming majority of votes the Charter of Economic Rights and Duties of States. The Charter expressly stated that "every State has the right to nationalize, expropriate or to transfer ownership of foreign property, in which case appropriate compensation should be paid by the State adopting such measures, taking into account its relevant laws and regulations and all circumstances that the State considers pertinent"①. The phrase "and in accordance with international law" in respect of the indemnity criteria as contained in the Resolution of 1962 was deleted. Thereupon the sovereign right of every country to expropriate foreign capital in its territory whenever necessary was affirmed in unequivocal terms in a fundamental document on international economic law, while excluding the restraint of the "criteria of equity in international law" in respect of indemnity for expropriation as imposed on the developing countries by the developed Western countries according to their own traditional views②.

From the above, it is clear that the lawful right of weaker nations to nationalize or expropriate foreign investment in their territories whenever necessary has gained general recognition and full confirmation by the international community only after prolonged strivings. This sovereign right represents a hard-won-victory. Up to the present it has been one of focuses of the struggle between the new and the old international economic orders. ③ In particular, the above-mentioned Charter, which embodies the principles of a new international economic order, was passed after the People's Republic of China resumed its lawful seat in the United Nations. It represents a major result achieved through the joint struggles by all Third World countries

---

① "The Charter of Economic Rights and Duties of States", Sub-clause (2) (C) of Article 2, 1974 United Nations Year Book, 1977, Vol. 28, p. 404.

② An Chen, "A Look at the Legal Protection by the United States of its Overseas Investment from the Origin and Development of Overseas Private Investment Corporation", Chinese Yearbook of International Law, Chinese ed., 1984, pp. 94 – 109.

③ Soga Hideo, "Problems of International Law in the New International Economic Order", Asian and African Research, (Asian and African Research Institute, Japan), Sept., 1979. For Chinese translation of this article, see The History and Current Situations of International Economic Legislation, Chinese ed., trans. and ed. An Chen, (Publishing House of Law, 1982), pp. 40 – 72.

including China, a country of 1 billion people and a permanent standing member of the Security Council. At present, strenuous struggles continue in the international arena for the reform of the old international economic order and for the establishment of a new one, requiring China to continually take a common stand with other Third World countries. Therefore, in consideration of the conditions in China and the overall contradictions between the North and the South and with a view to the avoidance of undesirable international political consequences, it is inappropriate for China to waive so easily the above-mentioned hard-won sovereign rights acquired through the joint struggles by the Third World countries over a long period.

Secondly, it is unnecessary to make this provision in view of the bilateral investment protection agreements signed by China and other countries.

By November 15, 1987, China had signed bilateral investment protection agreements with Sweden, Romania, the Federal Republic of Germany, France, Belgium, Luxembourg, Finland, Norway, Italy, Thailand, Denmark, Netherlands, Austria, Singapore, Kuwait, Sri Lanka, Britain and Switzerland. It is recognized without exception in all these agreements that the host country has the right to expropriate foreign investment in its territory whenever necessary. Though couched in different phraseology, the essential spirit is common to all these agreements. For example, Article 3(1) of the Agreement for Mutual Protection of Investment signed by and between China and Sweden in 1982 states that "either signatory country may expropriate or nationalize the investment in its territory by investors from the other country or take other measures of a similar nature, only for purposes of public interest, in accordance with due process of law and subject to the provision of indemnity"①. Article 4(1) of the Agreement for Mutual Protection of Investment signed by and between China and Denmark in 1985 stipulates that "the investment or income of a national or corporation of either contracting state in the other country's territory may be nationalized, expropriated or subject to measures which have the same effect as nationalization or expropriation, only for public purposes relevant to the

---

① Chinese Yearbook of International Law, Chinese ed., 1983, pp. 596-597.

needs of the country, on a non-discriminatory basis and subject to the provision of compensation"①.

As regards the negotiations over agreement for mutual protection of investment between China and the United States, progress has been slow. It was reported② that as early as in May, 1982, the U. S. Government had delivered the specimen of a Treaty for Bilateral Protection of Investment to the Chinese authorities but up to the present no agreement has yet been reached. According to Amanda Bennett, a correspondent of the Wall Street Journal close to American official sources, the principal divergence did not arise over the right of the host country to expropriate foreign investment but over the criteria of indemnity: "The United States acknowledges that countries have the right to take over (foreigners') industries. The question is how and when they will be compensated."③ The specimen of the Treaty delivered by the United States to the Chinese authorities contained the provision that "investment shall not be expropriated or nationalized either directly or indirectly through measures tantamount to expropriation or nationalization except for a public purpose, in a non-discriminatory manner, upon payment of prompt, adequate and effective compensation..."④ Such outmoded concept on the question of the criteria for compensation had been expressed in the diplomatic note delivered by the U. S. Government to Mexico in 1938 and it is obviously out of pace with the trend of the times. A relevant official of the Chinese Government made the following comments on such views: "None of the investment protection agreements signed by China adopts the principle of 'prompt, adequate and effective' indemnity as advocated by the developed countries. This principle is not sufficiently reasonable because expropriation and nationalization are the sovereign acts of a country, and the Charter of

---

① Agreement Between the Government of the People's Republic of China and the Government of Denmark for Mutual Protection of Investment, Chinese ed., pp. 3 – 4.

② China Economic News (Hong Kong ed.), No. 23, June 21, 1982, p. 4.

③ Amanda Bennett, "Reagan Visit to China Breaks Stalemate on Some Questions, but Problems Remain", Wall Street Journal, April 20, 1984.

④ "Revised Model Bilateral Investment Treaty: Treaty Between the United States of America and xxxx Concerning the Reciprocal Encouragement and Protection of Investment", U. S. Export Weekly, Vol. 20, May 15, 1984, pp. 960 – 964. for Chinese translation, see supra note, An Chen, American Legal Protection, (14) of Appendix I.

Economic Rights and Duties of States passed by the United Nations in 1974 prescribes that 'appropriate compensation should be paid.' As a signatory to the Charter, China cannot contravene the reasonable principle enshrined in the Charter."①

Since a number of countries which have already signed mutual protection agreements with China have without exception openly recognized the sovereign right of China to expropriate or nationalize foreign investment whenever necessary and countries in the midst of negotiation with China are also willing to comply with this fundamental principle of international law as recognized throughout the world, the investors from these countries and from other countries and regions should have been well prepared in their mind for such standard provisions. Therefore, in the foreign economic relations legislation in respect of Special Economic Zones and coastal open cities, it is obviously unnecessary for China to waive this right on her own initiative.

Thirdly, it is undesirable to make this provision in view of the concept of "nationalization" as understood in the Western countries.

Expropriation or nationalization of foreign investment, in their original meanings and according to general understanding, means the take-over of foreign enterprises or properties in a host country by its government-designated officials and the abrogation of the original proprietors' ownership and right of management of these enterprises or properties. However, the term "expropriation" or "nationalization" as understood in the Western countries is far and away wider in scope than simply taking over foreign assets as mentioned above. The notion of "creeping expropriation", as distinguished from the rapid or one-off action mentioned above, is also included in the definition. An action may be considered as "creeping expropriation" even in the absence of a direct take-over of foreign assets by government-designated officials or direct abrogation of the ownership and right of management of the original owners. A typical expression of this concept is found in the overseas private investment insurance contract issued by the American state-owned

---

① "Answers by Yuan Zhenmin, Director of the Department of Treaty and Law, Ministry of Foreign Economic Relations and Trade of the People's Republic of China on Agreements for the Protection of Investment", China Market, No. 11, 1984.

insurance corporation, i. e. , the Overseas Private Investment Corporation①. Sub-clause 13(1) of Article 1 of the Contract mentions five events which may be considered as "expropriation" or "nationalization" although none of these events necessarily involves a direct take-over of the foreigners' assets by a host country government. In any of these events, claims may be made against the host country. The term "creeping expropriation", as most frequently used, is construed to mean "preventing the Foreign Enterprise (of the U. S.) from exercising effective control over the use and disposition of a substantial portion of its property or from constructing the project or operating the same". In the practice of international claims, the relevant agencies of the United States usually interpret such provision in the widest possible sense. Take the action for indemnity in respect of Valentine Petroleum and Chemical Corporation in 1967 and the action involving Revere Copper and Brass Incorporated in 1978 as examples. Neither government of the two host countries, Haiti and Jamaica, had directly impinged on the American corporations' ownership of properties or directly interfered with or abrogated their right of management. All assets of these corporations remained intact under the full ownership and direct control of the original owners and these enterprises continued in normal operations. However, the cancellation of a monopolistic franchise contract by one of the host country governments, due to default on the part of an American corporation, and the promulgation of reasonable ordinances for tax increase and proper increase of royalty for mining lands by the other host country government led to an increase in the cost of products of the American corporations, thereby reducing their operating profits. Owing mainly to these reasons, the situations were construed by the American Arbitration Association in Washington D. C. as "preventing the Foreign Enterprise (of the U. S.) from exercising effective control over the use and disposition of a substantial portion of its property" or "despite the Foreign Enterprise being nominally still in possession of and in control of its substantial property and facilities, we do not regard such control

---

① "234KGT12-70 Model Contract of the Overseas Private Investment Corporation (Revised)"; see supra note, An Chen, American Legal Protection, (3) of Appendix 2.

as any longer effective". Therefore, it was determined that the risk of "expropriation" or "nationalization" had occurred and the right to make claims and international subrogated claims had become exercisable①.

Such notion of "creeping expropriation" as stated by the United States and the legal view in respect of claims on such grounds are endorsed and adopted by the developed Western countries. This is obviously aimed at extending to the greatest possible extent the ambit of legal protection of overseas investments by their own nationals and extending to the greatest possible extent the "legal basis" of international claims as well as the power and capacity to make such claims. The Third World countries as recipients of foreign investment have to understand and take precautions against the theory and practice of the developed Western countries in extending to the greatest possible scope the meaning of "expropriation" or "nationalization". If the foreign economic relations legislation in respect of the Special Economic Zones and open coastal cities of China were to provide that foreign investment will under no circumstances be expropriated or nationalized, then we might eventually end up with the situation in which the taking of such reasonable measures as proper increase of tax rates and land prices in the light of new conditions would be construed as an act in contravention of municipal law and therefore would give rise to international claims. Is this not tantamount to giving foreign countries a leverage which might entail endless problems? For these reasons it is undesirable to include this provision in our foreign economic relations law in respect of these Special Zones and open cities.

Fourthly, it is impermissible to make this provision in view of the spirit of the Constitution and the present policy of China.

Article 18 of the Constitution of the People's Republic of China specifies that the lawful rights and interests of foreign investors are protected by the law of China. Such "protection by the law" includes as a matter of course and in the first instance effective protection of the foreign investors' ownership of

---

① An Chen, "A Look at the Legal Protection by the United States of its Overseas Investments from the Structure and Cases of the Overseas Private Investment Corporation", Chinese Yearbook of International Law 1985, (3) of Part Ⅱ; supra note 6, An Chen, American Legal Protection, Section 3 of Chapter 4.

their lawful properties within Chinese territory against unlawful infringement. However, in consideration of the provisions of the Constitution in their entirety, such legal protection should obviously not be construed in an isolated and biased manner to mean that foreign capital will under no circumstances be expropriated or nationalized. The Constitution also stipulates that various natural resources and land in the cities are owned by the state, which may in the public interest take over lands owned by the collectives or used by individuals in the rural and suburban areas in accordance with the law (Articles 9 and 10). The state also protects the right of citizens to own lawfully acquired properties (Article 13). On the other hand, the Constitution stipulates that the exercise by citizens of China of their rights (including the ownership of lawful properties) shall not infringe upon the interests of the state, of society and of the collective, i. e. , not infringe upon the public interest (Article 51). Within the territory of China no organization or individual shall enjoy the privilege of being above the Constitution (paragraph 4 of Article 5). Drawing from the essence of the above-mentioned provisions and taking into consideration the general principles of law, the following conclusions can be made:

1. Public interest transcends private interest. In case of conflict between the two, private interest must be subordinated to the public interest. When private interest is impaired because of the public interest, the state shall give the individual involved reasonable compensation according to the law. The provision of compensation is in itself one of the measures for effective legal protection of the lawful rights of individuals.

2. The Chinese Government has the right, for the sake of public interest, to take over or nationalize the natural resources originally owned by the state but temporarily used by foreign capital enterprises or Chinese-foreign joint ventures, with reasonable compensation to be given at the same time. The Chinese Government also has the right to take the same action whenever necessary against the aforesaid enterprises and joint ventures established within Chinese territory.

3. By the principles of international law and international practice, foreigners in a host country may generally enjoy the "most-favoured-nation

treatment" on the basis of reciprocity according to international treaties but can hardly enjoy the "national treatment" in a large number of cases. Even if they enjoy the "national treatment" in accordance with bilateral treaties, the private interest of foreign businessmen in China must be subordinated to the public interest of China in as much as the private rights and interests of Chinese citizens and must be subordinated to the interest of the state and society, or otherwise foreign businessmen in China would enjoy privileges over and above the "national treatment" and the privilege of being above the Constitution. Such privileges as mentioned above are not permitted under the Constitution.

4. In history and in reality, private properties have never been absolutely free from expropriation or nationalization in all circumstances, even in the developed Western countries. The Declaration of Human Rights made during the French Revolution, revered as a bible by the bourgeoisie in the Western countries, declared that private properties were "sacred and inviolable" but at the same time it affirmed the exception that, if considered necessary by law for the public interest, private properties might be expropriated, subject to prior equitable compensation being given①. In reality, removal and resettlement of large numbers of private residential houses or privately-owned factories with reasonable compensation being given, for the construction of public utilities such as railways and hydraulic projects or for defence and other military purposes, are frequent occurrences in the developed Western countries. Therefore, in China's foreign economic relations law relating to the Special Economic Zones and open coastal cities, it is unnecessary to allow foreign businessmen to enjoy absolute privileges which they are not entitled to even in their own countries.

Furthermore, the current policy of China does not permit such a provision in the aforesaid legislation. In June, 1982, a China Investment Promotion Conference of unprecedented scale was organized in Guangzhou by the Ministry of Foreign Economic Relations and Trade of the PRC in conjunction with the Industrial Development Organization of the United

---

① See Declaration of Human Rights, Aug. 1789, Article 17. For Chinese Translation, see Zhou Yiliang ed. Selected Materials on World History, Modern History Section, Vol. I (The Commercial Press, 1972), p. 125.

Nations. On the eve of the Conference, the Ministry of Foreign Economic Relations and Trade issued a document relating to foreign investment in China, entitled "Questions and Answers About Investment", to publicize China's policy. The document contained brief answers to 44 groups of practical questions raised by foreign investors in recent years. The fourth group included the following questions: Is there any assurance for the safety of foreign investment in China? Under what circumstances the properties belonging to foreign investors in China would be expropriated? Would compensation be given in the event of such expropriation? The answer to these questions was as follows: "Under normal circumstances, the Chinese Government will not resort to the practice of expropriation of the properties belonging to foreign investors in China. If such expropriation should become necessary as a result of an event of force *majeure* or for the public interest, China would act by due process of law and would give reasonable compensation."[①] For such purpose, the term "public interest" has a clearly defined meaning. What does the term "force *majeure*" mean? By common understanding, events of force *majeure* consist mainly of man-made calamities and natural disasters. If China should suffer from a massive war of aggression, it might become necessary for the purpose of national defence to take over the enterprises operated by foreign investors in sectors involving important strategic materials (such as petroleum). On the other hand, if a serious natural disaster should occur in China, it might also become necessary for the purpose of emergency relief to take over the enterprises run by foreign investors and closely related to relief requirements. Regarding the basic policy of China in this respect, Mr. Wei Yuming, Vice Minister of Foreign Economic Relations and Trade, made further explanations at the Conference. He pointed out that China would not expropriate foreign investment so long as foreign investors do not violate the laws of China and so long as their business undertakings do not prejudice the public interest and public order of China. Even if foreign investment has to be expropriated upon the occurrence

---

① "Full Explanations by the Ministry of Foreign Economic Relations and Trade of the People's Republic of China on the Question of Foreign Investment in China", China Economic News (Hong Kong), Supplements No. 3, May 12, 1982, p. 12.

of an event of force *majeure*, such as massive invasion by foreign enemies or serious natural disaster, the Chinese Government would act by due process of law and would give equitable and reasonable compensation①. It is evident from the aforesaid policy document and policy statements that the Chinese Government not only protects the lawful rights and interests of foreign businessmen whilst at the same time requiring them to abide strictly by the law, but also keeps firmly in its own hands the sovereign right of taking over foreign investment when necessary, thereby maintaining the initiative at all times. However, under normal circumstances, the Chinese Government will never abuse this right in view of the need to protect the interests of foreign businessmen and to encourage active foreign investments in China.

In sum, considering the domestic conditions of China and international public opinion, the history and reality of the North-South contradictions, and the rise and decline of the new and the old international economic orders, it is improper, unnecessary, undesirable and impermissible for China, a key member of the Third World and a developing socialist country of worldwide influence, to enact an absolute immunity from expropriation or nationalization for foreign investments in her foreign economic relations legislation in respect of the Special Economic Zones and open coastal cities. Although the inclusion of such immunity in legislation might temporarily relieve the foreign investors of their misgivings and enhance their enthusiasm for investment in China, such legislation would as a whole and in the long run give rise to a great deal of abuses, which would outweigh any benefit accruing therefrom. It would be more advantageous not to include such absolute immunity in the legislation. Having fully weighed the pros and cons in respect of this highly sensitive political issue which involves national sovereignty and prolonged North-South polemics, we must stand by this principle in our theoretical viewpoints and legislation as well as in our work and law enforcement: power must remain in our hands but we must never abuse it.

---

① Wei Yuming "China's Policy on the Absorption of Foreign Direct Investment", Wen Wei Pao (Hong Kong), June 8, 1982.

XVI Why Some Sino-Foreign Economic Contracts Are Void and How Voidness can be Prevented*

An Chen
Dean, School of Politics & Law, Xiamen University

[Table of Contents]

I Contracts Must Be Observed and Illegal Contracts Are Void
II The "Eel Fry" Incident—A Series of Illegal Contracts
III Contracts with Unqualified Parties Are Void
　1. A non-corporate body cannot be a party to a foreign economic contract
　2. A corporation that is prohibited by law cannot be a party to a foreign economic contract
　3. A corporation cannot be a party to a Sino-foreign economic contract that is outside its registered business scope
　4. At present, Chinese citizens cannot generally act in their individual status as parties to Sino-foreign economic contracts
IV Contracts with Illegal Contents Are Void
V Two Contracts Involving Hong Kong

---

* This Article was first published in Willamette Law Review, Vol. 23, No. 3, U.S.A. 1987. Its Chinese translation is now compiled in Series Forth of the present Book, as its first paper. The citation of and commentary on legal provisions in this Article were based upon the related laws and regulations effective during that time. It is hereby suggested to check and compare them with the further development of these legal provisions since 1987, so as to better understand their historical, gradual maturity and obtain most recent information.

Ⅵ Preventing the Formation of Invalid Contracts and Handling These Contracts

Ⅰ Contracts Must Be Observed and Illegal Contracts Are Void

China's defined long-term policy of pursuing socialist construction involves economic reform aimed at more open external contact and brisk internal economic activity. Following important changes and developments in the economic situation since 1979, China's economic legislation, including that involving foreign elements, has also shown significant changes from its originally incomplete state to its presently more complete and systematic state.

The Economic Contract Law of the People's Republic of China (hereinafter called the "Economic Contract Law") was promulgated in December, 1981. This was indeed an important breakthrough in the process of legislation on economic affairs in China. The Economic Contract Law sets forth the fundamental standards and criteria for all economic and trading activities within China.

In consideration of the fact that contracts involving foreign elements have their own unique features as well as the characteristics common to all contracts, Article 55 of the Economic Contract Law states: "Regulations on economic and trade contracts involving foreign interests will be made by reference to the principle of this law and international practice." This in effect implies that the basic principles and the spirit of the Economic Contract Law are applicable to economic contracts involving foreign elements.

The Foreign Economic Contract Law of the People's Republic of China (hereinafter called the "Foreign Economic Contract Law"), promulgated in March, 1985, was in fact formulated according to the aforementioned principles. The Foreign Economic Contract Law is a major development of and a supplement to the Economic Contract Law.

The Economic Contract Law states that the legal rights of the parties to economic contracts should be protected①. Lawfully established economic contracts will have legally binding force. Contracting parties will have to observe fully the obligations stated in the contract, and no party can unilaterally change or rescind the contract②. The Economic Contract Law also states that all economic contracts must comply with the laws of China and must be consistent with the policy and plan of the country. No person or entity shall make use of contracts for illegal activities that interfere with the economic order, disrupt state plans, damage the state, social, or public interests, or lead to the obtaining of unlawful profits③. Accordingly, all contracts that are against the law, the policy or the plans of the state, that are obtained by fraudulent or oppressive means, or that are contradictory to the state, social or public interest, are void. Void economic contracts are not legally binding④. These enactments include and combine the two basic legal principles in civil and commercial law: contracts must be observed, and illegal contracts are void.

These basic principles are also included in the Foreign Economic Contract Law. Great emphasis is laid on protecting the rights of parties to foreign economic contracts in order to promote the development of China's economic relations with other countries⑤. Contracts formed lawfully will be legally binding, and the parties must observe their obligations; no party can modify or rescind a contract unilaterally⑥. In brief, this legislation carefully restates the principle that contracts must be observed. On the other hand, the Law also provides that contracts must adhere to the law and must not damage the social and public interest of the People's Republic of China; contracts that are against the law, contrary to the social or the public interest of the People's Republic of China, or that are obtained by fraudulent or oppressive means are

---

① See the Economic Contract Law, Art. 1.
② Id., Art. 6.
③ Id., Art. 4.
④ Id., Art. 7.
⑤ See the Foreign Economic Contract Law, Art. 1.
⑥ Id., Art. 16.

void①. In short, these enactments again emphasize and restate the principle that illegal contracts are void.

Today, lawyers and jurists all over the world, irrespective of their philosophical or political viewpoints, and even the most enthusiastic advocates of "freedom of contract", will not openly object to the principle that illegal contracts are void. Although stated in different legal forms or words, the civil and commercial laws of countries the world over adopt this common principle②.

However, when this principle is put into practice in various countries, conflicts often arise. Such conflicts are rooted in the differences in social, economic, and political systems, the discrepancies between different legal viewpoints, the disparities between different levels of knowledge of the law, and the differences in the concept of abidance by law. All such conflicts, except those arising from an intended violation of the law, centre on the definition of a "legal" contract or of an illegal contract. The parameters of this definition may vary with each country or with the time and place of each contract.

Since 1979, China's economic policy of opening to the outside world has been actively pursued. The number of economic contracts involving foreign parties is expanding in an unprecedented way, both in terms of quantity and in the rate of increase. These contracts contribute significantly to protecting the lawful rights of the contracting parties, promoting socialist construction in China, and benefiting foreign business. However, due to differences in the social, economic, political, and legal systems of foreign countries and those in

---

① See the Foreign Economic Contract Law, Arts. 4,9, and 10.

② For example, the French Civil Code of 1803 (Code de Napoleone), which has had a wide and significant effect on continental law and the legal history of many countries, states that "lawfully made contracts will bind the contracting parties legally," (Art. 1134) and includes "legal purpose" as one of the "necessary conditions for the formation of a contract". Id., Art. 1108. Article 1133 states that if the contracting purposes "are being prohibited by law, or the purposes are against public decency or order, then such purposes are illegal". Article 1131 emphasizes that "obligations based on ... illegal purposes will not bind." Finally, Article 6 of the "Principle" of this Code generalizes the above points by stating that "the laws of public order and decency should not be offended by any special agreements".

In Western countries, whether by common law or statutory law, these same fundamental principles are included. See, Gao Ershen, Fundamentals of Anglo-American Contract Law, pp. 36 – 47 (1984) (Nankai University Press).

China today, a great number of Sino-foreign economic contracts are illegal, and thus void. Although they constitute only a small proportion of Sino-foreign contracts, their negative influence and disruptive effect are not to be ignored. Illegal contracts have aroused common concern from farsighted persons of the legal and business fields in China and abroad, and much cooperation has been offered to end this negative aspect of Sino-foreign contracts.

This article addresses some facts and cases of recent years[①] in an effort to analyze, on the basis of the criteria of the law now existing in China, some illegal and thus void contracts involving Chinese and foreign parties. It is hoped that this article will lead to greater awareness of such contracts and will thus enhance further Sino-foreign cooperation aforesaid.

II The "Eel Fry" Incident— A Series of Illegal Contracts

Because of the profitability of eel fry[②] in international markets, a foreign merchant, Mr. Smith, operating under the name of Hung Cheung Trading Company, signed two agreements, a "cooperation agreement" and a "compensation trade agreement" with Xiamen Ta Fa Trading Company in December, 1984, and February, 1985. The parties agreed to cooperate in arranging the export of precious product from the coast of Fujian: eel fry and saltwater mushrooms. At the same time, Hung Cheung agreed to supply 500 tons of imported polyester silk fiber to Xiamen Ta Fa. Xiamen Ta Fa agreed to make the down payment for the goods in Renminbi, with the understanding

---

① The true names of individuals and companies in the case examples have been omitted or altered, except in some of the more famous criminal cases.

② The eel produced along the Fujian coast is both tasty and nutritious and is an internationally recognized gourmet sea food. It has always been a hot trading item in the international fish breeding industry. The foreign exchange derived from the export of eel fry alone represents half of the total foreign exchange earned from seafood products exported by Fujian Province. It is an important resource of the fishing industry along the Chinese coast. However, there is only an optimal production period of about three months per year.

that Hung Cheung would then use U. S. dollars to purchase the goods. For settling offset accounts of the remaining balances, the two parties orally agreed to an exchange rate of one U. S. dollar to Renminbi (RMB) five Yuan①. Between February 1st and 8th, Mr. Smith, on various occasions, drew from Xiamen Ta Fa RMB 260,000 Yuan in cash and RMB 160,000 Yuan in bank drafts, totaling RMB 420,000 Yuan. He also went to County A, along the coast, to set up trading posts for the purchase of eel fry. When the goods agreed upon were imported, this large sum of money was to be used for payment at the above-mentioned exchange rate. Meanwhile, Smith paid in U.S. dollars the sum of $12,000 (at the rate of one dollar to RMB 5.5 Yuan), as a deposit for the eel fry, to the seller, Mr. Chong, pending a future exchange for Renminbi.

While in County C, Chong was caught transferring eel fry from County B to County A. When the Industrial and Commercial Administration Bureau in County C learned that Smith had set up trading posts in County A to purchase eel fry, it joined forces with the Public Security Department, the Customs Department and the Fisheries Department to follow up on the case in County A. It was soon discovered that 81 catties, 6 taels, and 4 maces of eel fry had been bought and were awaiting export. The officers informed Smith that the currency exchange and purchase of eel fry were illegal and that the various contracts were thus void. Consequently, Mr. Smith was told that the eel fry would be confiscated and that he would be fined.

Smith pleaded that both the eel fry and the polyester silk fiber were not "prohibited goods", but rather were goods that had been traded freely and lawfully on international markets. The written and oral contracts between Hung Cheung and Xiamen Ta Fa and the sale and purchase agreements between the buyer and the seller as well as the transport agent were all made freely between the contracting parties. Thus, there were no fraudulent or oppressive practices involved whatsoever. Consequently, Smith argued, the contracts should be considered legal. While establishing the trading post in County A, Smith had conferred with Manager Chang of a state-owned trading

---

① The official exchange rate at that time was about one U. S. dollar to RMB 2.8 Yuan.

company in the county. Smith also claimed he had met and dined with the Secretary of the County Committee of the CPC, Mr. Li, who clearly indicated his approval of Smith's eel fry business and instructed Manager Chang to offer his help whenever possible. Smith argued that the purchase of eel fry had been carried out openly and properly and that there had been no attempt to deceive the local authorities in any way. Finally, Smith argued that because U. S. dollars are an internationally recognized hard currency and because the rates for exchange and deposit were all freely made, the agreements concerning the exchange rates and down payment in U. S. dollars were also legal.

The Industrial and Commercial Administration Bureau, the Fisheries Department, and the Customs Department together countered that establishing a trading post to purchase eel fry without permission is an illegal act. Because eel fry is so important to the fishing industry, if it is not strictly controlled, both over-catching and smuggling may occur. If so, China's foreign exchange earning capacity would be reduced and an important fishery resource would be ruined. For these reasons, the departments argued, it is China's policy that the catch and export of eel fry shall be under the control and management of the state. Though eel fry itself is not a kind of prohibited goods, the act of setting up a trading post to purchase it at a higher price without authorization[1], and thus competing for a state controlled precious resource and disrupting the state purchase programme, is against the regulations.

In March, 1983, by authority of Article 19 of the Marine Resources Production Protection Regulations of the People's Republic of China[2], the Fujian Government announced the Detailed Rules for the Protection of Marine Resources Production. Article 7 of the Rules provides that "the catching of eel fry and other fish fry for the purpose of breeding and cultivation or export will be under the control of the local marine product administration departments in respect of catch quantity, size, time and place". The Fisheries

---

[1] At that time, the official state purchase price for one catty of eel fry was approximately RMB 1,000 Yuan. Smith raised it to RMB 1,500 – 1,800 Yuan. On the Hong Kong international market, each catty of eel fry would fetch a price of 900 U. S. dollars. The privately agreed exchange rate of 1 : 5 would give a profit of at least $(900 \times 5) - 1,800 =$ RMB 2,700 Yuan for the transfer of one catty.

[2] The Marine Resources Production Protection Regulations of the People's Republic of China were promulgated by the State Council in February, 1979.

Department issues catch and purchase permits①. Any catch or purchase without a permit is illegal. Although Smith claimed that he had the oral consent of the County Committee Secretary, Mr. Li, that claim was denied by Li during the investigation. In addition, even if Smith had the oral consent of certain officials, that alone did not give Smith lawful authorization. Government officials cannot replace the law simply by word of mouth②.

The government also argued that the export of eel fry without authority constituted a smuggling activity. Because Fujianese eel fry is a state-controlled export product, its export requires an official Export Quota Permit from the Department of Foreign Economic Relations and Trade. The Customs Department should be notified at the time of export, so that proper procedures will be carried out, duties fully paid, and the goods properly inspected by customs officials. Smith arranged to export the goods without going through these legal procedures. The government argued that this was an act of smuggling and was against the Provisional Customs Law of the People's Republic of China③, the Provisional Regulations on Export Permit

---

① See Working Manual of Fishery Administration, Fujian Marine Products Bureau, vol. 2, p. 5.
In the Fishery Law of the People's Republic of China, (promulgated in January, 1986), Article 21 states: "Catch of the young and fry of marine animals of substantial economic value is prohibited. For breeding or other purposes, such catches require approval from the Department of Fishery Administration of the State Council and the Departments of Fishery Administration of the Provinces, autonomous regions or municipalities under the direct administration of the Central Government. Approval will be for a limited quota at a specified time and place only."
This law places the power to approve or refuse permission only in the fishery administration authority at or above provincial level, and defines the penalty for catches without or in violation of permits. Serious offences constitute criminal liability according to Article 129 of the Criminal Law of the People's Republic of China. See Fishery Law, Arts. 28 - 33.
② "No organization or individual can have the privilege of being above the Constitution or the law." Constitution of the People's Republic of China, Art. 5, Par. 4.
③ The Provisional Customs Law of the People's Republic of China states that all import and export goods should be declared to the Customs Office together with submission of the permits from the foreign trade administration (Art. 104) and that "all import and export goods shall be taxed according to the customs duty rules promulgated by the People's Central Government" (Art. 113). "Transporting or carrying goods, currency, gold, silver and other materials into or out of the country, without passing through the Customs Office, or by avoiding the officers in-charge when passing through such office" will be deemed a smuggling activity (Art. 175. Par. 1 (1) & (10)). If a person violates Art. 175, the customs officials shall confiscate the smuggled goods and also may fine the smuggler an amount up to or equal to the value of the smuggled goods. Lesser offenders may be fined or let off without penalty (Art. 177).

System①, and the Instruction for Fighting Smuggling Activities promulgated jointly by the State Council and the Central Military Commission on March 27, 1981②.

Moreover, the government contended that the exchange of U. S. dollars at an artificially high rate without authority is an act of disrupting finance. Because China is a developing socialist country, the state interest in promoting economic development requires the adoption of the practice of foreign exchange control similar to that of many other countries. Although the U. S. dollar is an internationally recognized hard currency, it is also under foreign exchange control. The Provisional Regulations of the People's Republic of China Governing Foreign Exchange Control state: "The circulation, use and mortgage of foreign currency in the People's Republic of China are prohibited. Unauthorized sales or purchases of, and unlawful possession of foreign exchange are prohibited."③ Under the Provisional Regulations, the authorities promulgated the Detailed Rules for the Implementation of Penalties④, Article 2 of which states: "Unless permitted by the state foreign exchange control authorities or otherwise stipulated by the state, any payment of Renminbi for imported goods or other accounts that should be paid for with foreign currency is an illegal procurement of foreign currency."⑤ Article 6 provides that unless permitted by the state foreign exchange control authorities, all payments, loans, transfers, mortgages, circulation or other use of foreign currency, or dealings in foreign currency at rates higher than those fixed by the state foreign exchange control authorities, shall be deemed to be activities disruptive to the finance of the

---

① See Provisional Regulations on Export Permit System, promulgated by the Chinese Import and Export Management Committee and the Ministry of Foreign Trade on March 6, 1980, Arts. 4, 6 & 8.

② Clause 2, Point 3 of that Instruction states that in all coastal regions, all ships, including fishing ships, that secretly transport goods, currency, or other materials, avoid the import and export administration or make illegal sales onshore or at sea are engaged in smuggling activities, and will be strictly dealt with.

③ Provisional Regulations of the People's Republic of China Governing Foreign Exchange Control, Art. 4, Par. 2.

④ The Detailed Rules for the Implementation of Penalties for Violation of Foreign Exchange Control was promulgated on April 5, 1985 by the State Foreign Exchange Control Administration.

⑤ Id., Art. 2.

state①. Parties found guilty of illegally "procuring foreign currency" will be fined 10 percent to 30 percent of the amount involved, according to the severity of the offence②. Those who are guilty of "disrupting finance" will have the currencies forcibly exchanged at proper rates, may be subject to a fine, and any illegally obtained profits shall be confiscated③.

In the eel fry case, Smith agreed with Xiamen Ta Fa to exchange the price of the polyester silk fiber with U. S. dollars at a particularly high rate, and mortgage the U. S. dollars to the eel fry seller at an equally high rate. The government argued that these agreements constituted a conspiracy to deal in and unlawfully procure foreign currency, that the contracts were therefore void, and that both parties should be punished.

Finally, the government argued that Ta Fa's dealing in foreign trade without registration was an illegal business activity. State regulations provide that industrial and commercial enterprises must be registered④. An important item at registration is the production and business schedules approved by the appropriate government department. Once registered, the production or business must be carried out as registered, and no alteration or expansion of the business scope may be made without permission⑤. Moreover, China's import permit system regulates imports by import licences and imports may be made only by those corporations which are authorized by the state for such specific business⑥. The law "prohibits any department or enterprise without

---

① Id., Art. 6.

② Id., Art. 3.

③ Id., Art. 7.

④ The State Council's Regulations for Registration and Administration of Industrial and Commercial Enterprises, promulgated in July, 1982, was enacted to protect lawful business and maintain the socialist economic order by suppressing unlawful activities.

⑤ Regulations for Registration and Administration of Industrial and Commercial Enterprises, Arts. 2, 5, 17, and 18. Depending on the severity of the violation, the penalties in Article 18 include warnings, fines, termination or cancellation of the business, and confiscation of illegal profits. Based-upon the fundamental principles of, and the practical experiences with these Regulations, the State Administration for Industry and Commerce promulgated the Provisional Rules for Company Registration and Administration on August 25, 1985, making important supplements to these Regulations.

⑥ Provisional Regulations for Import Permit System, Art. 2. Further, the Ministry of Foreign Economic Relations and Trade ("MOFERT") has centralized the issue of import permits. Foreign economic relations and trade departments at provincial levels can issue import permits separately to the provinces, autonomous regions, and municipalities within MOFERT guidelines. See Id., Art. 3.

authorization from importing goods by itself"[①]. In other words, unauthorized enterprises have no right to carry on any import business, nor the legal capacity to form import trade contracts with others. The government argued that Xiamen Ta Fa fell into this category. Its registered legal business scope had never included import business. Therefore, the importing contract it formed with the foreign merchant, Smith, was illegal and thus void.

Based upon the above rules and regulations and taking into consideration the arguments by both sides, the governing department decided that:

(1) The agreements between Xiamen Ta Fa Trading Company and Hung Cheung Trading Company were illegal and therefore void;

(2) Smith's trading post for the purchase and export of eel fry was unauthorized; thus, the 81 catties, 6 taels and 4 maces of eel fry were to be confiscated;

(3) Because Smith's disguised sale of foreign currency was illegal and had disrupted finance, he was to be fined RMB 80,000 Yuan, and required to return the amount of RMB 420,000 Yuan to Ta Fa;

(4) Ta Fa Company was to be fined RMB 50,000 Yuan for its activities in an illegal import business and for obtaining foreign currency and disrupting finance. Moreover, Ta Fa was ordered by the Industrial and Commercial Administration Bureau to cease business for a given period of rectification;

(5) After repeated admonitions, the eel fry seller Chong continued to violate the regulations and had to be dealt with separately.

After losing this case, Smith appealed. The higher authorities affirmed the decision and dismissed Smith's appeal.

This case demonstrates two basic reasons why these and many other Sino-foreign contracts in recent years are void: (1) Either one or both parties to the contract are not qualified to enter into a foreign economic contract, and/or (2) the economic contracts themselves are illegal.

---

① Id., Art. 4, par. 3.

III Contracts with Unqualified Parties Are Void

The Foreign Economic Contract Law defines foreign parties capable of forming foreign economic contracts as foreign enterprises, other foreign economic organizations or individuals①. Eligible Chinese parties include "corporations or other economic organizations of the People's Republic of China"②. Contracts made by parties outside these categories are void③.

Chinese law has many particular substantive regulations other than those discussed above concerning the parties' capacities to contract. This article will now focus on four of these specific regulations:

1. A non-corporate body cannot be a party to a foreign economic contract

According to the General Rules of Civil Law of the People's Republic of China (hereinafter called the "Civil Law")④, competent adult citizens over 18 years of age have full capacity to form civil contracts⑤, as do lawfully established legal entities⑥. In theory, natural persons and legal entities having full capacity to form civil contracts will certainly have the qualifications to enter into economic contracts with others. However, according to the Foreign Economic Contract Law, not all entities having civil capacity have the capacity to make foreign economic contracts.

The Civil Law divides legal entities into two categories: corporations⑦ and unincorporated associations (organizations, public units and social entities)⑧. The Foreign Economic Contract Law restricts Chinese parties to

---

① Foreign Economic Contract Law, Art. 6.
② Id.
③ Because of the varying rules in different countries, the capacity of foreign parties in Sino-foreign economic contracts will not be discussed in this article.
④ Editor's note: Other commonly used English translations of the title of this Law are the "Basic Rules of Civil Law of the People's Republic of China", the "Basic Principles of Civil Law of the People's Republic of China" and the "General Principles of Civil Law of the People's Republic of China".
⑤ Civil Law, Art. 11.
⑥ Id., Art. 36, at 2.
⑦ Id., Art. 41.
⑧ Id., Art. 50.

foreign economic contracts to "corporations or other economic organizations", and excludes unincorporated associations. Therefore, other Chinese organizations, public units and social entities do not have the capacity to make Sino-foreign economic contracts because they are neither "corporations" nor other "economic organizations". Accordingly, economic contracts made by foreign merchants with such an unincorporated association are void because of the Chinese party's lack of capacity to contract.

2. A corporation that is prohibited by law cannot be a party to a foreign economic contract

In the second half of 1984, under China's policy of economic revitalization and structural reform, some organizations and officials of the Communist Party and the Chinese Government made use of differing price structures and various means of price adjustment to do business or to form corporations for the purpose of reaping huge profits, and then used the profits to raise their own wages. In certain areas, there even existed trading bodies or "shelf companies", which engaged in speculation, smuggling, short-sale dealing, and profiteering. In fact, the activities of those who were using their own position and privilege for private gain, scrambling for selfish benefits, and even depriving the people of their lawful interests were illegal. Such conduct has the effect of undermining the discipline of the Party, corrupting the Party organization, damaging the relations of the Party with the people, and putting China's economic reform in disrepute. To correct this situation, in December 1984, the Central Committee of the CPC and the State Council promulgated the Decision Concerning the Prohibition of Dealing in Business and Forming of Corporations by Party or Government Organizations or by Their Officials. The Decision has had the effect of rectifying the abuses of such corporations by closing, dissolving, combining or otherwise changing them. Any corporation subject to such action by the state will, of course, have no capacity to be a party to any Sino-foreign economic contract in the future. The contracts made by foreign businessmen with such corporations will certainly be considered void.

The Decision mentioned above indicates that not all Chinese corporations may be capable of being parties to Sino-foreign economic contracts.

3. A corporation cannot be a party to a Sino-foreign economic contract that is outside its registered business scope

As previously discussed, industrial and commercial corporations should, after formation and before properly commencing their business operations, have their production and business scope registered with the authorities. In addition, the corporation should do business strictly according to what has been registered and approved. Otherwise, the corporation itself will be penalized according to the severity of the offence[①]. The Civil Law has improved the laws guiding the civil activities of both natural persons and corporations in China. It restates in clear language that "corporations should only do business within their approved and registered scope"[②]. If the corporation does business beyond its registered scope, not only shall it bear legal responsibility, but its legal representative also may be subject to the imposition of a fine or disciplinary action by the authorities concerned. The legal representative of the corporation shall even bear criminal responsibility if the corporation's unlawful business constitutes a criminal offence[③].

According to the above principles and relevant regulations, corporations whose registered and approved business activity is limited to domestic economic activities or trade might not have the capacity to be parties to Sino-foreign economic contracts. It frequently happens that Sino-foreign economic contracts become void because the Chinese parties lack capacity. The contracts between Hung Cheung Company and Xiamen Ta Fa Company in the "eel fry" incident previously discussed is one such example[④]. Another example is that of a certain foreign trading company that in 1984 contracted with a company in Fujian for the sale of electronic equipment valued at 64,000 U.S. dollars. The seller suffered significant financial loss when the buyer refused to pay. The foreign merchant brought a claim to the Fujian Court. After investigation it was found that the business of the defendant (buyer) was registered as restricted to internal trade only and thus the defendant could

---

① See supra, note and accompanying text.
② Civil Law, Art. 42.
③ Id., Art. 49, at 1.
④ See supra, note and accompanying text.

not deal in import trade at all. Because of its inability to apply for foreign exchange, the defendant's contractual obligations could not be performed. In fact, because of the Chinese party's lack of capacity to contract, the contract was void *ab initio*.

Even if a corporation has the authority to take part in foreign economic activities, it does not necessarily have the capacity to be a party to any kind of Sino-foreign economic contract.

For example, there are regulations to the effect that the export of cotton yarn and cotton polyester fiber is to be managed completely by the China National Textiles Import and Export Corporation. Other foreign trade companies cannot deal in these goods without permission[①]. Similarly, according to law, the China National Offshore Oil Corporation (CNOOC) has exclusive and overall responsibility for the work of exploiting offshore petroleum resources in the PRC in cooperation with foreign enterprises. The CNOOC is a state corporation with the qualifications of a legal entity that enjoys the exclusive right to explore, develop and exploit offshore oil resources[②]. No other foreign trade corporation has the right to conduct such business.

Therefore, during the negotiation of Sino-foreign economic contracts, foreign businessmen should investigate the registered and approved business scopes of Chinese corporations. In other words, foreign parties must seek clarifications on whether the contracts in question exceed the registered business scope of their Chinese counterparts before deciding to finalize any contract. This will avoid the unnecessary and regrettable arguments and financial losses that may arise if the Chinese party does not have the necessary capacity for Sino-foreign economic contracts.

4. At present, Chinese citizens cannot generally act in their individual status as parties to Sino-foreign economic contracts

As mentioned above, the Foreign Economic Contract Law promulgated in

---

[①] Report on Implementing Export Permit Management Concerning Export to Hong Kong of Cotton Yarn and Cotton Polyester Fibers, State Council Notice of Approval on the MOFERT's (January 19, 1985).

[②] Regulations of the People's Republic of China on the Exploitation of Offshore Petroleum Resources in Cooperation with Foreign Enterprises (adopted on January 12, 1982), Art. 5.

March, 1985 stipulates that foreign parties to Sino-foreign economic contracts must be "foreign enterprises or other foreign economic organizations or individuals", and Chinese parties must be "enterprises or other economic organizations of the PRC". It is obvious from a comparison of these two legal phrases that Chinese citizens (natural persons) at present have no capacity to enter into Sino-foreign economic contracts in their individual capacity. It is not difficult to understand that these stipulations are based on the present situation in China and its aim is to strengthen the supervision and management of economic activities involving foreign elements. These stipulations are consistent with the stipulations concerning the Chinese parties to Sino-foreign joint ventures contained in the Law of the People's Republic of China on Chinese-foreign Joint Ventures[①] adopted in July, 1979.

However, with the gradual intensification of China's reform of its economic system, some new developments in both theory and practice that are worthy of note have appeared.

Under the direction of China's open policy, a group of industrial or commercial units or partnerships have emerged in China's special economic zones, coastal port cities and their economic and technological development areas. The industrial or commercial units and partnerships either engage in certain supplementary activities in Sino-foreign economic cooperation, or take part in certain small-scale Sino-foreign economic cooperation. Examples of these activities include small-scale processing of materials, processing according to sketches, fitting /assembling according to drawings or samples, small-scale cultivating or marketing of farming products for export, and small-scale service undertakings like transportation, repair and labor supply. As a result, there have appeared various forms of spontaneous, small-scale Sino-foreign economic contract.

Newspapers in China have reported that individual Chinese citizens have entered into joint ventures with foreign businessmen who have received recognition and support from the authorities. Some think that "this phenomenon is peculiar, and it does not mean that China's present policy

---

① The Law of the People's Republic of China on Chinese-foreign Joint Ventures. Art. 1.

encourages Chinese citizens to enter into joint ventures with foreign businessmen"①. However, the emergence of this situation shows that under specific circumstances, the authorities do not absolutely or invariably prohibit individual Chinese citizens from entering into Sino-foreign economic contracts with foreign businessmen.

Under Article 2 of the Regulations of the People's Republic of China on Contracts Concerning the Import of Technology, promulgated by the State Council in May, 1985, the Chinese parties that may enter into contracts for the import of technology include "companies, enterprises, organizations or individuals within the boundaries of China". Because these kinds of contract also embody the principle of "consideration of equal value"②, they, of course, belong to the category of Sino-foreign economic contracts. Because this provision allows "individuals" within the boundaries of China to become parties to Sino-foreign economic contracts on the import of technology, some academics view this regulation as a major development of and an important supplement to the Foreign Economic Contract Law.

It is especially worth noting that in the mainland of China there are at present 10 million self-employed individual industrial and commercial entities, with 17 million members. China reportedly will, in its Seventh Five-Year Plan (1986 – 1991), continue to pursue the policy of supporting and encouraging the development of self-employed individual economic entities. It is envisaged that during the Seventh Five-Year Plan period, the number of persons engaged in self-employed individual economic entities will reach 50 million—approximately the same as the population of a major European nation③. In the vast countryside, there are numerous "contractor units" in various trades. The Civil Law, in accordance with the spirit of Article 11 of

---

① "Can Chinese citizens enter into joint ventures with foreign businessmen?" Democracy and the Legal System, vol 8, p. 48, 1985.

② Regulations of the People's Republic of China on Contracts Concerning the Import of Technology, Art. 5(2) (C).

③ See Reports by New China News Agency: "China will continue to develop individual economy", People's Daily (overseas), January 23, 1986. See also "Explanation of the General Rules of Civil Law of the People's Republic of China (Draft)", by Wang Hanbin, Director, the Working Commission for Legislation of the Standing Committee of the National People's Congress, The Third Point, Journal of China's Legal System, April 4, 1986.

the Constitution of the PRC, has formally given legal recognition to the status, rights, and duties of these individual economic entities. It has expressly accorded legal protection[1] to individual industrial and commercial undertakings as well as "contractor units" in the villages. All these protections show that individual economic entities, as "a supplement to a socialist economy of public ownership"[2], will be of considerable significance to the development and intensification of the reform of China's economic system. Can or should these entities participate actively in foreign economic activities in certain areas or to a certain degree, under the overall guidance of the socialist economic system of public ownership, and under the guidance and supervision of the authorities of our socialist country, so that these entities become major parties to Sino-foreign economic contracts? Although this question can only be answered with certainty after the implementation of the law, it has begun to attract the attention it deserves from scholars in economic and legal circles.

IV Contracts with Illegal Contents Are Void

As previously discussed, the Foreign Economic Contract Law stresses that, in entering into contracts, the laws of the PRC must be observed, the social and public interest of the PRC must not be harmed, and contracts shall be void if they violate the law or prejudice the social interest of the PRC[3]. These principles have been emphasized again in the Civil Law[4].

In recent years, Sino-foreign economic contracts that have been rendered void due to violation of Chinese law or prejudice to social interest generally fall into three categories:

---

[1] Civil Law, Art. 28.
[2] Constitution of the People's Republic of China, Art. 11.
[3] Foreign Economic Contract Law, Arts. 4, 10.
[4] Art. 55 of the Civil Law provides that one of the necessary conditions of a civil legal act is that it is not contrary to law or to the social and public interest. Article 58 provides that all civil acts contrary to law or the social and public interest shall be invalid and invalid civil acts have no legally binding force *ab initio*.

(1) One Party to the contract, out of venality or greed, knowingly violates Chinese law;

(2) One party to the contract violates Chinese law because of inadequate knowledge of the law and, trusting to luck, is led into signing the contract without ascertaining the relevant rules and regulations;

(3) One party to the contract violates Chinese law due to his or her ignorance of the law, because that party is accustomed to a capitalist legal system and lacks an understanding of the different requirements of a socialist legal system. As the Chinese saying goes, "a man blind to the law violates the law".

The three categories are different in their facts and circumstances. Therefore, the legal liabilities of the parties to the contracts differ accordingly. However, all three categories have one thing in common: the contracts are rendered void due to the illegality of the contracts themselves.

The following real cases are examples to illustrate this proposition:

Case No. 1:

Ye Zhifeng, formerly Deputy Director of the Department of Technology and Trade, Bureau of Import and Export, State Economic Commission, together with Zhang Changsheng, an employee of the head office of a certain economic and cultural development company, conspired with foreign businessmen during 1984 - 1985. They leaked to the foreigners important state secrets concerning the state purchase of imported vehicles and the rules for negotiating with foreigners. After receiving substantial bribes from those foreign businessmen, Ye used her official authority to put pressure on the Chinese company to accept the prices quoted by the foreign businessmen and to expedite the signing of the contracts. After receiving news of impending changes in specifications for import vehicles, Ye indicated to the foreign businessmen and the company concerned in China that they should cheat the government department in charge of the matter by backdating the contracts. During this period, Zhang Changsheng received bribes and gifts totaling about RMB 711,000 Yuan (about HK $1,800,000); Ye Zhifeng received about RMB 25,000 Yuan. The bribes and gifts were subsequently discovered.

The Intermediate People's Court of Beijing gave the following sentences on March 27, 1986: Zhang Changsheng was convicted of leaking important state secrets, receiving bribes and illegal possession of arms and ammunition, and was sentenced to death. Ye Zhifeng was convicted of leaking important state secrets and receiving bribes and was sentenced to 17 years imprisonment①. The various sale and purchase contracts relating to the vehicles were, according to Article 9(1) and Article 10 of the Foreign Economic Contract Law, void *ab initio*②.

Case No. 2:

In 1985, a foreign businessman, Li, ran a trading company that entered into sale and purchase contracts for cloth, coolers, and heaters with a manufacturing company in Ping Tan of Fujian. After receiving these goods, the manufacturer (buyer) found them inferior in quality and inconsistent with their description in the contract. The buyer refused to pay for the goods and insisted on returning them. The foreign businessman (seller) sued in the People's Court for payment of all the amounts due for the goods. During the investigation, it was revealed that the seller had formulated a plan in the course of negotiation and conclusion of the contract: in order to avoid Chinese customs duty, the seller had taken advantage of China's trade policy towards Taiwan, forged Taiwan certificates of origin and business registration and bribed the person in charge of the Mainland — Taiwan trade organization in China. With this scheme, the seller was able to import into Fujian a substantial quantity of inferior Hong Kong products disguised as Taiwan products. If all had gone well, the seller would have reaped a profit of more than RMB 30 million Yuan. A substantial amount of evidence showed that the seller was a smuggler who intended to "cloak his

---

① Bulletin of the Supreme People's Court of the People's Republic of China, 34 – 36 (1986).
② Article 9(1) of the Foreign Economic Contract Law provides: "A contract shall be void if it is contrary to the laws or the social and public interest of the People's Republic of China." Article 10 provides: "A contract shall be void if it is concluded by means of fraud or under duress." Article 58 of the Civil Law reiterates the above principle and further provides that any civil act (including the conclusion of contracts) that injures the interest of the state, the collective, or the individual through malicious conspiracy, or any civil act which covers up its illegal objects by legal formality, shall be void.

illegal objectives with legal formality"① at the time of the conclusion of the contract. Accordingly, the contract should have been considered void *ab initio*. The criminal part of this case was transferred to the People's Procuratorate for investigation and prosecution pursuant to the public prosecution procedures.

Case No. 3:

A foreign company negotiated for a joint venture with a company in Guangdong. The purpose of the joint venture was to run a tourist spot in a certain scenic area in the Mainland, including the construction of guest houses and various tourist and recreational facilities. One of the terms in the draft contract put forward by the foreign side provided that the tourist spot would provide a programme "which satisfies the recreational demands of international adult members". At first, the Chinese side did not pay any attention to this term. Subsequently, the Chinese side discovered that these "recreational" functions were actually decadent sexual games. After patient explanation and careful persuasion, the term was cancelled and both sides gladly entered into the joint venture agreement.

If the Chinese side had assented to the contract without a full understanding of the matter, the contract would have been void *ab initio*. Because this term was not only incompatible with the requirements of China's socialist morality (i.e. good customs), but also contrary to the social and public interest and the laws of the country②, it was an illegal

---

① Civil Law, Art. 58(1) (g).

② Article 170 of the Criminal Law of the People's Republic of China provides: "Any person engaged in the production or sale of pornographic books and pictures with a view to profit may be sentenced to imprisonment, custody or restriction for not more than three years, and may also be fined."
The Regulations Concerning the Prohibition of Pornographic Materials promulgated by the State Council on April 17, 1985 clearly states: "Any of the 14 categories below: video tape, recording tape, motion picture, TV picture, slides, photographs, printings, books, newspapers and magazines, etc., which depict sexual behavior or openly create erotic images are pornographic materials." It directs the whole country: "Any pornographic material, whether with a view to profit or not, must not be allowed to be imported, produced (including reproduction), sold, or broadcasted." (Article I); "Any pornographic materials brought, mailed, or smuggled into China shall be confiscated by the Customs Authority, and the person involved may be fined. Serious cases will be dealt with by the （转下页）

contract.

Some parties to contracts (especially some Hong Kong and foreign businessmen) do not understand China's socialist legal system. These parties may be at risk of "violating the law due to ignorance of the law". In order to give a breathing space to those who violate the law unwittingly or who are willing to observe the law after learning it, the Foreign Economic Contract Law further provides: "Any term or condition in the contract which violates the laws of the People's Republic of China or the public interest of the society shall not affect the validity of the contract if they are cancelled or rectified after consultation and agreement between the parties."①

This provision protects both the integrity of the socialist legal system and the legitimate interests of the parties to contracts. It is therefore a very appropriate and reasonable provision. In case No. 3, if the formal contract signed by the parties contained the so-called "adult recreation" clause, the whole contract on the joint venture could still be binding on the parties after both sides agreed to cancel this term.

Case No. 4:

Some Hong Kong or foreign businessmen, when negotiating land use contracts with companies in China (especially during the initial period of

---

接上页　public security and judicial authorities. (Article 4) The Ministry of Public Security promulgated on April 26, 1985 a notice concerning the implementation of the above Regulations made by the State Council. It asks local public security authorities in the country to "hit hard at the criminal activities of smuggling, producing, selling, and organizing the broadcast of pornographic materials", and commands them to "investigate and deal with the criminal liability according to the law". It also elaborates on the meaning of the phrase, "serious cases", mentioned above (See Article 3 of the "Notice"). The General Administration of the Customs also promulgated on June 5, 1985 rules for the implementation of a prohibition on the import and export of pornographic materials. One of the rules provides that "any person importing or exporting pornographic materials by making use of goods shipment may be fined a sum of between RMB 5,000 Yuan and RMB 50,000 Yuan". Whoever covers up the truth or refuses to report to the customs, an act that constitutes smuggling, shall be fined double the amount. The Foreign Economic Contract Law, Art. 9.

① There is a similar provision in the Economic Contract Law which provides: "If an economic contract is confirmed to be void in part, and this does not affect the validity of the remaining parts, the remainder will remain valid." Article 60 of the Civil Law also provides: "If a civil act is invalid in a part that does not affect the validity of other parts, then these other parts shall remain valid."

China's implementation of its policy of opening to the outside world), put in their draft contracts terms referring to the "sale of land" or the "ownership of land". Some of these terms were deleted from the contracts by the authorities when they were submitted for scrutiny. Other contracts were not so rectified, so that either the relevant clauses concerned or the contracts themselves were void *ab initio* due to their illegality.

Because of China's demographic situation, Article 10 of the PRC Constitution provides that land in the city belongs to the state, and land in the villages and suburbs is owned collectively, except where it is prescribed by law that it shall be owned by the state. No organization or individual can trespass on, purchase or sell, lease out, or illegally transfer the land. The Civil Law provides that individual Chinese citizens may legally obtain the right to contract for and manage (the right to use and to profit from) state-owned or collectively-owned land. However, the Civil Law also reiterates that land may not be bought, sold, leased, mortgaged, or illegally transferred in any way[1]. Even in the Special Economic Zones, enterprises or individuals have only the right to use, but no right to own, the land approved for their use[2].

Recently, in Liu Jiang County of Guangxi Province, a case of an illegal sale of cultivated land was revealed[3]. During 1985, the County's Overall Development Company, ignoring relevant state regulations, acted beyond its power[4] and illegally requisitioned 2,128 mu of cultivated land in Jin De County at a

---

[1] See the Civil Law, Art. 80; see also The Law of the People's Republic of China on Land Administration, adopted on June 25, 1986. The Land Administration Law Provides that "land owned by the State and the collective may be legally given to individuals for use" (Article 7); "The right to own and use land is protected by law and cannot be encroached upon by any unit or individual" (Article 11). The Law also provides that any person who buys and sells, leases, or illegally transfers land in any way will have his illegal spoils forfeited, or the structure on the land will be demolished or forfeited within a certain period. The persons involved may also be fined (Article 47).

[2] Regulations on Use of Land in Xiamen Special Economic Zone, Art. 9 (July 14, 1984;) Provisional Regulations on Use of Land in Shenzhen Special Economic Zone (June 17, 1981), Art. 5.

[3] "Illegal Sale of Cultivated Land in Liu Jiang County, Guangxi Province", People's Daily (overseas edition), June 2, 1986.

[4] Article 18 of the Regulations on the Requisition of Land for State Construction promulgated by the State Council on May 14, 1982, provides that the People's Government at the county level has limited power to approve requisition of cultivated land of only 3 mu or less. If the land   (转下页)

price of RMB 2,100 Yuan per mu (1 mu=0.164,7 acres). Without developing the land in any way, the company resold the land at price of between RMB 3,500 Yuan and RMB 5,000 Yuan per mu to various factories, schools and administrations. Thus, the company reaped a large profit of RMB 4,700,000 Yuan.

The reason why this company was so audacious, according to an initial investigation, was that its manager and deputy manager were, respectively, the head of the County and the director of the County Office. The decision to illegally sell the land was made by the County leadership collectively. The Land Administration Department of the County had reminded the County Government of the need to go through the procedures of requisition, scrutiny, and approval, according to the law. But the head of the County said, "Use first and talk later. I'll be responsible".

This case attracted the attention of the Central Government and is presently under further investigation. Of course, all contracts relating to the sale of the land will certainly be declared void due to their grave illegality. This shows that while negotiating business or trade in China, foreign businessmen should not believe or rely on illegal promises or agreements made by individual leaders.

Case No. 5:

In 1984, a trading company in Fujian (the buyer) entered into a contract to purchase vehicles from a transportation company in Hong Kong (the

---

接上页 requisitioned is more than 3 mu of cultivated land, or more than 10 mu of forest land or grass land, or more than 20 mu of any other types of land, the county government can only have the power to scrutinise but not to approve the application. After scrutiny, the application must be submitted to the People's Government at the provincial level for approval. Requisition of cultivated land of more than 1,000 mu must be approved directly by the State Council. The leadership in Liu Jiang had seriously violated the law by requisition of land which was beyond their power, and by the illegal sale of it at a large profit.

The Law of the People's Republic of China on Land Administration mentioned above contains a similar rule concerning the question of the authority to approve the requisition of land. See Art. 25. The Law also stresses that "any document of approval shall be void if it illegally approves the occupation of land *ultra vires*. Any director of units or individuals will be subject to executive punishment by their units or superior authorities if they have illegally approved the occupation of land. If they have received bribes, their criminal liability will be looked into in accordance with the relevant provisions of the Criminal Law. Land for which illegal approval has been given for occupation will be dealt with as land illegally occupied." See Art. 48.

seller). The seller was to provide each five of Chinese-made Dong Feng brand cars and Beijing brand jeeps, the price of which was to be paid in Renminbi. A substantial deposit was paid in advance. The Hong Kong side would pay in Hong Kong dollars for purchasing cars from others and issue bills of lading, and the buyer would receive the goods in the Mainland.

During the first delivery of vehicles, it was discovered by the relevant department in charge that this agreement constituted a "payment of Renminbi for imported goods that should be paid for with foreign currency"①. This was an act falling under the category of "illegal procurement of foreign currency".

The authorities prevented the parties from performing the contract. The buyer demanded return from the seller of the substantial deposit paid. The seller refused to do so and argued that, pursuant to Article 14(2) of the Economic Contract Law of the People's Republic of China, "if the party which has paid deposits does not perform the contract, it has no right to demand the return of the deposits". A similar convention is observed in international trade. The buyer thus had no alternative but to sue for the deposits in the People's Court. The People's Court ruled that the contract was against China's laws on the control of foreign exchange, and was therefore void *ab initio*② and should be dealt with as such③.

A similar case arising from "mutual gifts" of vehicles also deserves attention. A Hong Kong vehicle dealer signed an agreement with a company in Jilin Province. The agreement required the former to give the latter a certain number of Nissan saloon cars and Toyota cars as "gifts without payment", which would be imported without duty under the guise of "gifts of vehicles to the native village". The agreement also provided that after six months the Jilin Company would send designated dependants of overseas Chinese in the Jin Jiang area of Fujian a certain number of Liberation brand

---

① Detailed Rules for the Implementation of Penalties for Violations of Foreign Exchange Control, Art. 2(1).

② Provisional Regulations of the People's Republic of China Governing Foreign Exchange Control, Art. 4(2). See also supra note.

③ See infra text accompanying notes.

trucks, also as "gifts without payment".

After the trucks had been delivered to Xiamen and the dependants had come to collect them, the trucks were seized by the authorities concerned. The Hong Kong vehicle dealer demanded compensation from the Jilin Company. An investigation revealed that these trucks were in fact purchased from the Hong Kong dealer by some overseas Chinese with instructions that the trucks be delivered to their dependants and relatives in the villages in the Mainland. The so-called "mutual-gifts" agreement was in fact a contract of barter and trade in disguise. This transaction involved the illegal acquisition of foreign exchange and tax evasion. The contract was illegal and therefore was void *ab initio*. Moreover, the criminal liabilities of the parties were investigated and dealt with according to the law.

Case No. 6:

The authorities in some areas in Fujian and Guangdong Provinces, in order to attract foreign and overseas Chinese capital, have laid down preferential tax regulations that are inconsistent with the uniform regulations of state revenue laws. Some leaders proclaimed preferential tax treatment without going through legal procedures, or casually made promises that in any event were beyond their powers. This replacement of law by words has had adverse consequences. For instance, the authorities in a certain district in Fujian, without proper approval, laid down the income tax rate for enterprises with investment solely from overseas Chinese at 16 percent, and that for cooperative enterprises with investment from overseas Chinese at 15 percent.

N. B. Circular No. 24 of 1982 of the Ministry of Finance provides that enterprises involving overseas Chinese capital should be taxed according to the Income Tax Law of the People's Republic of China Concerning Foreign Enterprises—i. e., the tax rate should progress from a minimum of 20 percent to a maximum of 40 percent, depending on the aggregate profits[①].

---

① The Income Tax Law of the People's Republic of China Concerning Foreign Enterprises, Art. 3.

The authorities in another district in Fujian, without proper approval, laid down the following provisions: "All three types of enterprises with overseas Chinese investment (i. e. joint venture, cooperative venture and enterprise wholly owned by overseas Chinese) that operate for a period of 10 years or more may be exempted from income tax in the first to fifth profit-making years and allowed a 50% reduction from the sixth profit-making year."

However, N. B. Circular No. 19 of 1983 of the Ministry of Finance provides that joint ventures using overseas Chinese capital should be taxed according to the amended Income Tax Law of the People's Republic of China Concerning Chinese-Foreign Joint Ventures. That is to say, within the same operation period, the joint venture may be exempted from income tax only in the first and second profit-making years, and allowed a 50 percent reduction only in the third to fifth years. From the sixth year onwards, the whole amount of the income is to be taxed at the full income tax rate with no exemption or reduction①.

Enterprises wholly owned by overseas Chinese and cooperative enterprises are different in nature from joint ventures. Therefore, unlike joint ventures, they are not entitled to the preferential treatment of tax reductions and exemptions. Apart from this, there are cases in which individual leaders at the provincial level have ignored the relevant regulations of the Individual Income Tax Law of the People's Republic of China② and promised some

---

① Item 1, Decision on the Amendment of the Income Tax Law of the People's Republic of China Concerning Chinese-Foreign Joint Ventures, adopted by the Standing Committee of the National People's Congress on September 2, 1983.

② The Individual Income Tax Law of the People's Republic of China provides that income from wages and salaries of individuals shall be taxed at progressive rates; income exceeding RMB 800 yuan per month shall be taxed at progressive rates ranging from 5 percent to 45 percent of the excess amount. The rate is 20 percent for income from remuneration for personal services, dividends, interest, royalties, etc. (Art. 3 and the Table of Tax Rates annexed thereto).

It was reported that in negotiating with Hong Kong businessmen on the topic of joint ventures, the Main Petrochemical Factory of Shanghai faced the problem of attempts by the Hong Kong side to evade payment of individual income tax. The Hong Kong businessmen had suggested that the salaries of the senior staff on both sides should be paid out of the profits of each side. The legal advisers of the Factory promptly and sharply pointed out that doing so would be evading and contrary to China's Individual Income Tax Law. They persuaded the Hong Kong side to act according to the law, so as to avoid any subsequent unfavourable situations into which both sides might fall. See Democracy and the Legal System 8(1986).

foreign businessmen that their staff in China would be totally exempted from payment of individual income tax.

In addition, some state-run companies entering into investment contracts with foreign businessmen have improperly agreed to lower the legally prescribed tax rate, increase legally prescribed tax holidays, or postpone the time when tax is due and payable①.

The above situations have created confusion, to a certain extent, in some areas. Obviously, regional legislation not enacted by due process or promises made by regional leaders without authorization by the state should not be legally valid if inconsistent with the relevant tax laws of the state. Clauses in contracts, improperly entered into by Chinese and foreign parties, that are contrary to the uniform regulations of the tax laws, are void *ab initio*.

In order to clear up such confusion, the State Council promulgated on April 21, 1986 the Provisional Regulations of the People's Republic of China on the Management of Collection of Taxes②. Article 3 of the Regulations expressly provides that collection of, reduction in, or exemption from various taxes should be implemented according to the tax regulations and tax management system. No region, department, unit, or individual may make decisions that conflict with the existing tax regulations or tax management systems. The basic spirit of this article should underlie every taxation area in China.

Case No. 7:

An electronic company in Hong Kong (the supplier) and a computer company in China (the receiver) signed a contract in July, 1985 for the transfer of certain technology. The former agreed to supply the latter with plans, drawings, and raw materials and spare parts for production of a certain type of computer. The contract stipulated that the receiver must not import

---

① As the contract of a joint venture restaurant in Canton provides, corporate income tax will be payable only after the whole of the capital invested by the Hong Kong businessmen and interest thereon have been repaid. This is of course contrary to the provisions of the tax law in effect at the time. See supra note and accompanying text.

② See Journal of China's Legal System, May 7, 1986.

similar technology or purchase similar raw materials and spare parts from any other companies for a 10-year period. The contract was submitted to the higher authorities for approval. However, these authorities rejected the contract and referred it back to the parties for renegotiation because they felt that the technology imported under the contract was not sufficiently advanced, and the demands of the restrictive clauses were too harsh. The legal basis of their decision was Articles 9(2) and 9(4) of the Regulations of the People's Republic of China on Contracts Concerning Import of Technology promulgated by the State Council on May 24, 1985. The Regulations prohibit the supplier from "restricting the receiver's freedom of choice in purchasing raw materials, spare parts or facilities from various sources", and from "restricting the receiver from obtaining similar technology or similar competing technology from other sources".

The Regulations generally provide that "the supplier should not compel the receiver to accept unreasonable, restrictive demands". They then further list in detail nine types of restrictive clauses, and provide that these types of clauses cannot be put in contracts unless they are "specially approved" by the authorities responsible for approving such contracts. In other words, except for the two types of clauses mentioned above, seven other types of restrictive clauses are generally prohibited:

(1) Clauses which demand that the receiver accept terms not relevant to the import of technology, such as purchase of unnecessary technology, technical services, raw materials, facilities or products;

(2) Clauses which restrict the receiver in his development and improvement of the technology imported;

(3) Clauses which impose unequal terms for the exchange of improved technology between the parties;

(4) Clauses which restrict the quantity, type, or price of goods produced by the receiver with the imported technology;

(5) Clauses which unreasonably restrict the receiver's sales network or export markets;

(6) Clauses which prohibit the receiver from continuing to use the imported technology after the expiration of the contract; and,

(7) Clauses which demand that the receiver pay for or take responsibility for any patent which is not utilized or which is not effective[①].

V Two Contracts Involving Hong Kong

Which were suspected of Fraud as mentioned earlier, in the Economic Contract Law and the Foreign Economic Contract Law, as there are express clauses providing that any contract shall be void if it is concluded through fraudulent means or under duress[②]. Generally speaking, this kind of contract is also an illegal kind of contract, because the laws of all countries invariably prohibit a party from using illegal means to make the other party "agree" to a contract against that party's real intention. However, in the strictest sense, the term "illegal contract" refers to illegality in the contents of the contract, whereas the term "contracts formed by means of fraud or under duress" refers to the illegal means by which contracts are formed. In either event, contracts are rendered void.

In recent years, there were two contracts involving Hong Kong which were suspected of being concluded through fraud. These contracts eventually caused disputes leading to court action in a city in Fujian, which in turn attracted great public attention. In one case, an industrial leather company sued a Hong Kong manufacturing company. In March, 1981 the plaintiff ordered cowhide pieces imported from West Germany amounting to 71,500 lbs. from the defendant for HK＄393,250. The parties agreed to use the "documents against payment" method, allowing the buyer to inspect the goods before payment. In May, 1981, the first lot (20 percent) of the cowhide pieces arrived. Upon inspection, the plaintiff (buyer) found that the cowhide pieces were too small and that 50 percent of them did not meet the

---

① Regulations of the People's Republic of China on Contracts Concerning Import of Technology, Art. 9.

② The Economic Contract Law, Art. 7(2), and the Foreign Economic Contract Law, Art. 10. Article 58(3) of the Civil Law expressly provides that any civil act by a party contrary to its real intention shall be void if the act results from another party's fraudulent means or duress.

descriptions in the contract. The parties then agreed to have the goods replaced, but several years passed with no results. The plaintiff was reluctant to pay for the goods, and the defendant stopped delivery of the remaining 80 percent of the cowhide pieces. The plaintiff sued in the People's Court in July, 1984, alleging: 1) that the defendant represented to the plaintiff that it would send large cowhides when instead it had sent small hides; 2) that the defendant represented to the plaintiff that it would send high quality hides when instead it had sent inferior hides. The defendant was accused of committing fraud for profit, and was asked to compensate the plaintiff for economic loss amounting to RMB 33,000 Yuan arising from the plaintiff's inability to process the inferior cowhides.

The defendant argued that the contract provided that the surface area of each cowhide piece should be "15 square centimetres", and that the goods supplied by the seller were consistent with the description in the contract. Thus, the defendant argued, there was no question of fraud. At the same time, according to convention in international trade, the "documents against payment" method agreed upon by the two sides meant that the plaintiff (the importer-buyer) could not obtain the bill of lading from the collecting bank until they had made the payment for the goods. However, the plaintiff obtained both the bill of lading and the goods, without prior payment, and then refused to pay after having obtained the goods. Furthermore, it demanded compensation of RMB 33,000 Yuan. The defendant argued that this was totally unreasonable and it showed that the plaintiff intended to repudiate its debt and to cheat the defendant out of its money.

The main issues in this case were: (1) how did the buyer obtain the goods without prior payment, and why did it not pay after having obtained the goods, and (2) was the size of the cowhide pieces consistent with the description of the goods in the contract, and (3) why were the two sides in disagreement on the facts?

An investigation revealed that the defendant (the seller) had sent the plaintiff a duplicate copy of the bill of lading from the first lot of cowhide pieces shipped. The plaintiff obtained the goods with this duplicate copy (the workers at the warehouse were negligent in treating the duplicate copy as the original) without going through the process of paying the collecting bank and collecting the original of the bill of lading. The plaintiff felt that because both sides had agreed that the buyer could inspect the goods before payment, it was reasonable for it to obtain the goods for inspection before payment, and that it had a right to refuse payment upon discovering that the cowhides were of inferior quality.

Thus, the issue hinged on the description of the size of the cowhide pieces in the contract. The words in the contract, upon initial scrutiny, were favourable to the defendant because the contract expressly provided that the cowhide pieces supplied by the defendant "may be of various sizes, but those smaller than 15 square centimetres could not exceed 4 percent of the total". According to this description, the cowhide pieces supplied by the defendant were in conformance with the terms of the contract because the quality of the goods had in fact exceeded what required under the contract. However, after further investigation it was revealed that when the contract was concluded, the plaintiff had given the defendant a sample of the size of cowhide pieces required in order for the plaintiff to be able to process the hides. Written on this sample were the words "the cowhide pieces cannot be less than the size of a human palm". Of course, if the minimum size was to have been "15 square centimetres" as stated in the contract, the pieces would have been equal to the size of a matchbox.

As can be seen, what was expressed in the contract was not the true intention of the plaintiff. This was in fact what the court confirmed after it had requested experts from the city's Commodities Inspection Bureau to look into the details of the pre-contract negotiations. The defendant, faced with the truth, knew that it had no grounds to challenge the court's confirmation.

The plaintiff made three errors. First, the contract negotiator lacked a common sense in understanding of mathematics. In the contract he expressed "15 cm $\times$ 15 cm" as "15 square centimetres". In fact it should have been 225 square centimetres. This error allowed the defendant an opportunity to exploit the plaintiff. Fortunately for the plaintiff, a sale sample with inscribed explanatory notes on it was attached to the contract. Second, after examining the delivered goods and considering the quality inferior, the plaintiff could have either rejected the goods and refused to pay the purchase price, or paid for the goods and then sought a difference in price. However, it did neither. Instead, it retained the goods and refused to pay. Such behavior was indeed unreasonable. Third, the defendant had at one point told the plaintiff that it was willing to take back the defective goods. But the plaintiff did not give a clear answer, or otherwise dealt with the matter satisfyingly by maintaining that 80 percent of the cowhide pieces had not yet been delivered.

During the investigation and mediation of the People's Court, the parties came to understand their respective positions. Because the dispute had lasted so long and was detrimental to both parties, they settled the case voluntarily. In order to compensate the plaintiff for the economic losses which it had suffered due to the inferior cowhide pieces, the defendant allowed the plaintiff to retain the first 20 percent of the small cowhide pieces without payment. The contract between them was terminated, and the remaining 80 percent of cow hide pieces were dismissed. On November 10, 1984, the court ordered that the plaintiff pay the cost of the court proceedings.

Another case concerning an economic contract with a Hong Kong party arose as a result of allegations of fraud. In this case, 19 apartment owners in city in Fujian Province jointly sued a Hong Kong investment company and the city's Development Company.

In 1981, the two defendant companies decided to cooperate in the construction of several apartment buildings in the city's New District. The agreement between them stated that the Hong Kong company would (1) provide the capital for the construction; (2) advertise in Hong Kong, Macau, and in various countries in Southeast Asia; and (3) deal with matters concerning sale and purchase contracts in the same areas and countries. The Chinese party agreed to apply for the building sites, employ the contractor, advertise, and deal with sale and purchase matters within the city. During 1982, 22 units were sold in Hong Kong and 12 in the city. In September of 1982, the first two buildings were completed. After the first 34 owners moved into the apartments, they soon discovered various problems with the walls, floors, windows, doors, and pipes. Further more, they found that the available open area was smaller than that advertised. The advertisement said the living area would be over 85 percent of the construction area. But in fact the actual percentage of living space in each apartment was only 73 percent to 76 percent. Nineteen of the apartment owners (including overseas Chinese, Hong Kong citizens and their mainland relatives) commenced a joint action in the People's Court of the city, suing the two companies for "fraudulent misrepresentation of the available open area in order to deceive the purchasers". They also sued the defendants for their use of poor construction materials which resulted in serious defects in quality and thus caused material losses to the purchasers. They asked the Court to order that the two companies construct other qualified buildings to specifically perform the contracts, or alternatively, cancel the original sale and purchase contracts and return the purchase price to the plaintiffs upon their surrender of possession. In addition, they requested compensation from the defendants for all the economic losses which they had suffered as a result of the fraud.

The Hong Kong investment company defended itself by arguing that the wording of the sale and purchase contracts, the sales advertisement, the accompanying diagrams and the facts were identical to each other and had been jointly approved by both the constructing parties. Thus, they argued, there was no fraudulent misrepresentation or deception involved. As to the calculation of the available living area, the parties agreed to adopt the common living standards of Hong Kong —the place of the purchases. According to one method of calculation commonly used in Hong Kong, the available living area had indeed reached the 85 percent mark. Furthermore, this method of calculation was referred to in the charts and measurements attached to each set of sale and purchase contracts. As a result, the investment company argued, the understanding of the parties was the same, and the contractors should have been responsible for the repairs.

Another defendant, the Development Company, presented arguments similar to those of the Hong Kong company, and focused on the fact that there were no measurements, charts or diagrams attached to the 12 sale and purchase contracts entered into within the city. If the available area was calculated according to the common methods used in Hong Kong, it did in fact reach 85 percent. But, if calculated according to the common method used in Xiamen, then a discrepancy appeared between the advertised area and the actual measurement. The Development Company defended itself by arguing that the contents of the advertisement within the city were identical to the advertisements in Hong Kong. That is, both contained calculations based on the Hong Kong standard. Though the measurement charts and diagrams were not attached to the sale and purchase contracts, each of the purchasers had, before signing the contract, clearly inquired about the matter and had gone to the site to view the position and actual area of each unit. No objections were raised at that time. Thus, the Development Company argued that the understanding between the vendors and the purchasers was the same.

The People's Court of the city conducted an investigation, collected evidences, and heard the case. The Court also invited a group of assessors made up of eight engineers from several local construction companies to conduct various tests regarding the quality of the buildings in order to ascertain the problems concerning the exterior and interior of the buildings. The Court ruled: (1) The problem concerning the available open area arose as a result of the discrepancies in the methods of calculation after the contracts had been signed. However, at the time of signing the contracts, the understanding and idea expression between the parties were clear and identical. Thus, the economic contracts in question could not be deemed void *ab initio* on the grounds of fraud. (2) Due to the many defects in the defendants' performance of the contracts, the purchasers' normal daily life were affected. Accordingly, the defendant companies were ordered to bear some economic responsibility. They were ordered to repair the defects, with their work supervised by the City Construction Quality Control Bureau.

The plaintiffs were not satisfied with the decision and appealed to the

Higher People's Court in Fujian Province. At the time of this writing, the decision of the Higher People's Court was still pending.

Professionals in the legal field in Fujian Province have different views on the decision of the People's Court of the city.

First, some argue that according to the rules of conflict of laws in private international law, the applicable law concerning the validity and interpretation of a foreign contract is generally *lex loci contractus* (the law of the place where the contract was made)①. In the present case, the applicable law appears, on balance, to be that of Hong Kong. However, according to the principles of conflict of laws, there is another rule of *lex loci solutionis* (the law of the place where performance of a contract is to be made), which regards the "place of performance" as decisive in ascertaining the applicable law in the event that a dispute concerning the performance of the contract arises②. In the present case, the dispute arose during the performance of the contract and the performance was in a city in Fujian. Thus, the merits of the case should have been judged by the rules and customs practised in that city in Fujian.

Second, according to international custom, the *lex situs* (the law of the place where property is situated) is generally applied in disputes concerning immovable property③. Article 144 of the Civil Law clearly states: "The *lex situs* is applicable with respect to the ownership of immovable property." This demonstrates that China has already accepted this international custom. In the present case, all the buildings in question were immovable property located in Fujian. Therefore, the living area calculation should have been made according to the custom of open area calculation in the city in Fujian.

Third, with regard to the 12 apartment sale contracts signed in Fujian, there is no doubt that the city's custom of open area calculation should have been applied, regardless of whether *lex loci contractus*, *lex loci solutionis*, or *lex situs* is the guiding principle.

---

① Private International Law, ed. Han Depei, 1983, p. 50.
② Id., p. 51.
③ Id., pp. 120-21.

Fourth, the decision of the People's Court supported the defendants' argument that interpretation of the contracts at issue should follow the rules and customs of the open area calculation practices in Hong Kong. This argument not only contradicted the rules of conflict of laws in private international law, but also would have been harmful to the legal rights of citizens on the Mainland. In sum, in cases involving the sovereignty of China and the dignity of the law and the interests of Chinese citizens, extra care must be taken to determine the applicable law for settlement of the disputes relating to Sino-foreign economic contracts.

In contrast to this view, another opinion regards the decision of the People's Court as correct.

First, according to the rules of choice of laws, there is an internationally recognized and widely applied principle that gives primacy to the "autonomy of will" of the parties, which is that under certain circumstances, the parties are allowed to choose the law applicable to their own agreement①. Article 5 of the Foreign Economic Contract Law states: "The parties to a contract can choose the applicable law for the resolution of disputes." This same rule is repeated in Article 145 of the Civil Law②. These enactments show that China has already accepted the international principle of "autonomy of will". In such situations, in terms of the application and implementation of international law and the rules of conflict of laws, this principle should be superior to the rules of *lex loci contractus* or *lex loci solutionis*. In other words, because it is admitted that the parties have the "autonomy" to choose the applicable law, once they have clearly indicated their choice, the other principles of finding the applicable law should be excluded.

---

① Private International Law, ed. Han Depei, p. 51.
② The Civil Law contains one special chapter called "The Applicable Law in Sino-Foreign Civil Affairs". Article 145 provides: "The parties to a Sino-foreign contract can choose the applicable law for the resolution of contractual disputes, unless the law otherwise provides." Article 150 provides: "The foreign law or international custom chosen according to this chapter must not undermine the common social interests of the People's Republic of China." Thus, the right of the parties to choose the applicable law is subject to certain limitations. These limitations likewise appear in the relevant stipulations of the Foreign Economic Contract Law, Articles 4 and 5(2).

In the present case, the defendant companies in the city in Fujian and in Hong Kong did make a prior decision to adopt the customary practice of property sales in Hong Kong for calculating the available open area. The Court should therefore respect and accept this legal exercise of "autonomy of will". Thus, so far as the 24 sale and purchase contracts entered into in Hong Kong are concerned, because there were measurement charts attached thereto, the understanding and idea expression between the parties should have been the same. In respect of such contracts, the Court should respect the principle of "autonomy of will"① by recognising and confirming their legal effect.

Second, supporters of the Court's decision argue, so far as the 12 sale and purchase contracts entered into in the city in Fujian are concerned, although no measurement charts were attached thereto, the purchasers had visited the actual sites and had inspected the buildings themselves. Accordingly, the purchasers' acts of signing the contracts should be regarded as expressions of free will and true intent. Those contracts should therefore not be treated as void *ab initio* as a result of fraud.

Third, although both international custom and the Chinese Civil Law acknowledge the principle of applying the rule of *lex situs* in resolving international disputes concerning immovable property, such international custom or statutory provision only means that the scope of property ownership, and the contents and exercise of the ownership rights over immovable property should be governed by the law of the *situs*. Furthermore, it is the legal mode and legal conditions for the acquisition, transfer, change, and extinguishment of such rights that are to be governed by the law of the *situs*②. However, the scope of statutory provision should not be "stretched"

---

① There is a broad and a narrow meaning to the phrase "autonomy of will". Narrowly interpreted, the phrase refers to the freedom of the parties to choose the law applicable to the contracts. This is the usage in private international law. Broadly interpreted, the phrase refers to the freedom of the parties to make contracts—that is, the principle of "freedom of contract" or "autonomy of contract". Such is the usage in civil law. The latter meaning is that adopted here. But the earlier references made in the context of choice of laws are used in the narrow sense. See Chinese Encyclopaedia, Volume on Law 95, 464 (1984).

② Private International Law, ed. Han Depei, 1983, p. 123.

so far that it encompasses the common method of calculating the available open area of immovable property. Such a rule should not impose on the parties the obligation to accept the calculation method of the *situs* or deny them any right to choose another method.

In the present case, the above-mentioned method of calculating the available open area in the city in Fujian neither constituted a law nor had been codified or enforced by any legal enactment. Thus, it should not have been considered the "law of *situs*" where the immovable property was located. In other words, if the parties had voluntarily expressed a different intention, they would not have been bound to follow this local method of calculation. By contrast, if the question had involved the rights of the apartment owner to enjoy, possess, use, or benefit from the immovable property, or the exercise of the right to mortgage, or the conditions or procedures for the acquisition, transfer, change, or extinguishment of the right of ownership, etc., it would inevitably have concerned the legal contents and "external conditions" of the ownership of immovable property. In such case, all the legal rules concerning the ownership of immovable property in the People's Republic of China (including the local legislation of the city in Fujian) would have had to be strictly followed, because otherwise the civil acts of the parties concerned would have been illegal and void.

Fourth, from a macro perspective, law is the superstructure of society and one of its functions is to serve the economic base. China's long-term economic policy is to open up to the world and to increase foreign trade. Accordingly, this policy should be the guide for Chinese legislative and judicial activities. The above-mentioned Foreign Economic Contract Law and Civil Law embody this spirit by allowing the parties to a contract to choose the law that will be applied in resolving disputes. Because this is a widely accepted international custom, China has now adopted the same practice through legislation, a practice that does not harm China's sovereignty or the dignity of the law. This legislation has been adopted on the basis that all states are equal, and that such a mutually beneficial legislation would promote and regulate international trade to the benefit of the international community as a whole.

No doubt national sovereignty and dignity should be insisted upon and guarded; however, these principles should not be interpreted in a rigid manner. Especially since the re-affirmation of China's inalienable sovereignty over Hong Kong through the Sino-British Joint Declaration in September 1984, there is no reason to prevent the parties to an economic contract involving Hong Kong from choosing certain customs in Hong Kong (including the method of calculating the living area) as the applicable rule, so long as it does not infringe on the law or undermine the welfare of society in China.

However, some professionals and scholars believe that the decision of the People's Court of the city in Fujian may have been only "basically correct". These people cite several shortcomings in the decision. For example, the People's Court only ruled that the defendants were liable for repairs of the new buildings; it did not go further and deal with their civil liabilities for having caused the plaintiffs much distress and inconvenience in their daily living. Further more, the decision also failed to award compensation to the plaintiffs for various expenses incurred in bringing the suit (including the costs of hiring lawyers).

VI Preventing the Formation of Invalid Contracts and Handling These Contracts

Invalid economic contracts are negative and harmful to both the social economic order and the legal rights of the parties concerned. State agencies and the parties to contracts should both seek to properly handle contracts that have become invalid and take various measures to prevent the possible formation of those types of contract that might become invalid.

Realizing this, on July 25, 1985, the State Administration for Industry and Commerce promulgated the Provisional Regulations on the Ascertainment and Handling of Invalid Economic Contracts. The basic principles of the Regulations are applicable to Sino-foreign economic contracts.

The power to ascertain and handle invalid contracts is given to the

Administration for Industry and Commerce and the People's Courts at various levels①.

Under the above-mentioned Regulations, invalid economic contracts fall into three major categories: (1) contracts with unqualified parties; (2) contracts with illegal contents; and (3) contracts concerning ineffective agencies. Each of these categories consists of three or four sub-categories, constituting a total of eleven types of invalid contracts②. The parties concerned may request that the Court ascertain or handle such contracts. The Administration for Industry and Commerce may also file a case upon discovering an invalid contract in the course of its daily work or upon being told about such a contract by a third party. After having clarified the facts and discerned the parties' responsibilities, the Administration will draft an Ascertainment of Invalid Contract③. Once the Ascertainment comes into force and is implemented: a) the economic contract in question will cease to be legally binding from the date of its original making; b) contracts that have not been fully performed can no longer be performed; d) those that are in performance must cease to be performed at once; and e) those that are adjudicated to be invalid in part may still retain portions that are valid, so long as the valid portion is not affected by the invalid portion④.

As to invalid contracts that have bad economic consequences, the proper modes of handling are restitution, compensation, or confiscation, according to the degree of fault of the responsible party. Each mode is discussed below.

(1) Restitution: To revert the property relationships between the parties to their original positions before the signing of the contract. They should return to each other the subject matter that they have obtained pursuant to the contract. If that subject matter is no longer in existence or has been legally obtained by a third party so that it cannot be returned, the aggrieved

---

① Economic Contract Law, Art. 7(3).
② See Provisional Regulations on the Ascertainment and Handling of Invalid Economic Contracts, State Administration for Industry and Commerce, Art. 1.
③ Id., Art. 3.
④ Id., Art. 2.

party or parties should be entitled to a method of compensation according to the value of the property lost.

(2) Compensation: To force the guilty party to compensate the other party for the losses actually caused. If both parties are at fault, they should compensate for each other's losses according to the extent of their responsibilities.

(3) Confiscation: To economically penalize a party that has willfully undermined the state's interests. If both parties acted willfully, any property that has been or will be obtained pursuant to the contract should be confiscated and transferred to the State Treasury. If only one of the parties is guilty of willful misconduct, it should return to the other party what it has obtained. If the innocent party has obtained the property from the guilty one, or will obtain it under the contract from the same, that property will likewise be confiscated. In seeking to confiscate the property of the guilty party, great care should be taken to protect the legal rights of the innocent party①.

These Regulations embody the principles that have been drawn from years of experience in handling invalid contracts by the Administration for Industry and Commerce. They also constitute the legal framework for the correct handling of invalid economic contracts at present. The contracts discussed in this article, after having been found invalid, were handled differently according to their individual circumstances. However, once analyzed and classified, all of the cases were found to involve the three methods discussed above: restitution, compensation, and confiscation, whether used individually, in combination, or all together. These methods of handling invalid contracts have already brought about some clear and positive social effects.

However, although it is never too late to remedy an invalid contract by handling it correctly, prevention is always better than cure! This phrase is an article of faith in the medical field, but it is equally applicable in the cure of social diseases, such as invalid economic contracts. Realizing this, on August

---

① See Provisional Regulations on the Ascertainment and Handling of Invalid Economic Contracts, The basis of these detailed Regulations is the Economic Contract Law, Art. 16. The same basic spirit is reflected in the Civil Law, Arts. 92, 111–113, and 117.

13, 1985, the State Administration for Industry and Commerce promulgated the Provisional Regulations on the Verification of Economic Contracts.

The main function of the verification system is for the Contract Administration Agencies, upon application by both parties, to establish whether a contract is legal and reflects their true intent. Unless the law of the state otherwise provides, verification of economic contracts should be done on a voluntary basis only[①]. The Administration for Industry and Commerce is the state agency for the verification of economic contracts. The procedure for verification is usually implemented by the AIC at the place where the contract was signed, or where it is performed[②].

Upon receiving a voluntary application from the parties, the verification agency should examine the contract in question in the light of the legal and administrative regulations of the state. The examination should focus on the following four areas:

(1) Whether the parties signing the economic contract are qualified (i. e., whether they have the requisite capacity to act);

(2) Whether the economic contract truly reflects the intention of the parties;

(3) Whether the contents of the economic contract are consistent with the requirements of the law, policy, and plans of the state;

(4) Whether the major clauses are complete and the language accurate, and whether the signing of the contract follows legal procedure[③].

The parties applying for verification may make the application in person or may authorize another person in writing to do so.

The applicant should supply:

(1) the original and a copy of the economic contract;

(2) the original or a copy of the parties' business licences;

(3) the proof of authorization given to the legal representatives or attorneys of the parties; and

---

① Provisional Regulations on Verification of Economic Contracts, State Administration for Industry and Commerce, Arts. 1 and 2.
② Id., Art. 3.
③ Id., Art. 4.

(4) other materials necessary for the proof of any relevant matter①.

After having checked the above-mentioned materials supplied by the parties, if the verifying officer finds that they are all true, legal, and consistent with the conditions for verification, he or she will sign his or her name and stamp the agency's chop on the text of the contract②.

As mentioned above, in cases of Sino-foreign economic contract entered into in recent years, those that were invalid on the grounds of infringing Chinese law or jeopardizing the welfare of society were found to be so because the parties were either willful, negligent, or legally ignorant in violating the law. The second and third categories—negligence and ignorance of the law—make up a considerable proportion of all such cases. A thorough implementation of the verification system may help these two categories of parties by giving them timely guidance, increasing their knowledge of the law, strengthening their readiness to abide by the law, and amending the relevant contractual clauses before disputes and losses arise. As a result, the legal rights of the innocent party may be protected and the illegal acts of the guilty party can be averted by the barrier set up in the verification system. After the implementation of this system, contracts without verification are not necessarily illegal or invalid, but they are less likely to receive wide social recognition, as far as third parties are concerned. In the long run, the gradual development of such social mentality will greatly help to raise the public consciousness of law and strengthen the readiness to abide by the law, thus promoting the regular, stable, and healthy development of the social and economic order.

China's policy of economically opening to the outside world and of promoting international business transactions has already been widely accepted and internationally welcomed. If, in the area of Sino-foreign economic contracts, each party can thoroughly implement the principle *pacta sunt servanda* (contracts of the parties must be observed), and can be conscientious in preventing and resisting the occurrence of illegal contracts,

---

① Provisional Regulations on Verification of Economic Contracts, State Administration for Industry and Commerce, Art. 7.
② Id., Art. 9.

then great benefits will undoubtedly accrue in relation to China's Four Modernizations. This will also undoubtedly lead to increased economic prosperity in the world, as well as to successful business relationships between the parties themselves. A bright future lies ahead, and all contractual parties should make their best endeavors to realize it.

XVII To Open Wider, or to Close Again: China's Foreign Investment Policies and Laws[*]

AN CHEN[**]

[Table of Contents]

I The 1982 Constitution

II Current Policies

    A. Coordination with China's Economic Aims

    B. Just Rights and Legal Profits

    C. Full Decision-making Power

    D. Attraction of Foreign Investors

III Substantive Laws

    A. Joint Venture Law

    B. Law of Special Economic Zones

    C. Economic Contract Law

    D. Sino-Foreign Economic Contract Law

    E. Trademark Law

---

[*] This Article was first published in the New York Law School Journal of International and Comparative Law (U.S.A.), Vol. 6, No. 1, 1984. The citations and commentary on legal provisions in this Article were based upon the related laws and regulations effective during that time. It is hereby suggested to check and compare them with the further development of these legal provisions since 1984, so as to better understand their historical, gradual maturity and obtain the most recent information.

[**] Professor of Law, Associate Dean, School of Politics & Law, Xiamen University; Consultant to Fujian Overseas Chinese Affairs Legal Service, People's Republic of China; Visiting Scholar at Harvard Law School 1981–1983.

F. Patent Law
Ⅳ Procedure Laws
   A. Civil Procedure Law
   B. Arbitration Rules
Ⅴ Conclusion

Foreign investment in China is, at once, an issue of great age and great youth. Against the historical backdrop of Western exploitation during the second half of the nineteenth and first half of the twentieth centuries, and policies alternating between shutting out and accepting foreign investment, China's leaders have now determined that the "Awakening Giant" can withstand and prosper with the help of foreign investment while relying on China's own efforts[①]. But will China treat her business guests with traditional hospitality or so-called xenophobia after they have entered the door? This article examines China's developing legal framework for absorbing foreign investment and comments on the emerging legal threshold at China's door.

Ⅰ THE 1982 CONSTITUTION

Any discussion of the foreign investment laws of the People's Republic of China(PRC) necessarily begins with the fundamental authorization for such investment, namely article 18 of the 1982 Constitution[②]. Under that article:

> The People's Republic of China permits foreign enterprises, other foreign economic organizations or individual foreigners to invest in China

---

① See H. KAPUR, THE AWAKENING GIANT: CHINA'S ASCENSION IN WORLD POLITICS(1981).

② XIANFA(Constitution) Art. 18(PRC), Renmin Ribao(People's Daily), Dec. 5, 1982, at 1, reprinted in BEIJING REV. No. 52, at 10(adopted by the Fifth Session of the Fifth National People's Congress on Dec. 4, 1982).

and to enter into various forms of economic cooperation with Chinese enterprises or other economic organizations in accordance with the law of the People's Republic of China. All foreign enterprises and other foreign economic organizations in China, as well as joint ventures with Chinese and foreign investment located in China, shall abide by the law of the People's Republic of China. Their lawful rights and interests are protected by the law of the People's Republic of China①.

The 1982 Constitution is, for the purposes of foreign investors, a landmark document. None of the three previous Chinese Constitutions(1954, 1975 and 1978)made an allowance for foreign investment②. It was, in fact, officially disapproved. As we see from the marked economic change embodied in article 18 of the 1982 Constitution, however, foreign investment is not only approved and "protected by the law of the People's Republic of China", it is officially encouraged③. With this hopeful documentary prelude, let us examine China's developing framework for opening to the outside world and absorbing foreign investment.

II CURRENT POLICIES

Two comprehensive documents exemplify Beijing's present commitment to attracting foreign investment. One is a concise handbook, compiled by the Chinese Ministry of Foreign Economic Relations and Trade(FERT)prior to May 1982, entitled *Questions and Answers Concerning Foreign Investment in*

---

① XIANFA(Constitution)Art. 18(PRC), Renmin Ribao(People's Daily), Dec. 5, 1982, at 1, reprinted in BEIJING REV. No. 52, at 10(adopted by the Fifth Session of the Fifth National People's Congress on Dec. 4, 1982).

② XIANFA(Constitution)of 1954, reprinted in 3 CONSTITUTIONS OF NATIONS 261(3d ed. 1965)(adopted by the First Session of the First National People's Congress on Sept. 20, 1954); XIANFA(Constitution)of 1975, reprinted in WANG, SELECTED LEGAL DOCUMENTS OF THE PEOPLE'S REPUBLIC OF CHINA(1976)(adopted by the First Session of the Fourth National People's Congress on Jan. 17, 1975); XIANFA(Constitution)of 1978, reprinted in BEIJING REV. No. 11, at 5 (adopted by the Fifth National People's Congress on Mar. 5, 1978, amended July 1, 1979, promulgated on Jan. 1, 1980).

③ See Answers, infra note, at 1.

China (FERT Handbook)①, which addresses forty-four concrete problems. The second document is a substantial speech made by Wei Yuming, Vice-Minister of FERT, entitled "On China's Policy for Absorbing Direct Investment from Foreign Countries"②. The speech was delivered at the June 7, 1982 opening ceremony of a large-scale China investment promotion meeting in Guangzhou, which was jointly sponsored by the Chinese Government and the United Nations Industrial Development Organization.

The Ministry's handbook explained a series of important policies on foreign investment in China what foreign businessmen were eager to understand. Based on the laws, decrees, rules and regulations that had been promulgated or would be enacted, the document covered a wide range of subjects. These subjects included preorequistes requirements for establishing joint ventures; safety guarantees and approval procedures; rights of the boards of directors of joint ventures and decision-making power of enterprises; the purchase of raw materials, fuel and power; the sale of products; tax treatment for joint ventures; fees for the use of sites; labor and wages; the services rendered by the Bank of China to joint ventures; the financing and accounting systems of joint ventures and the settlement of disputes between the participants in a joint venture. This document is considered essential for foreign investors in China.

The latter document, the speech of Vice-Minister Wei, however, is equally as, if not more important than the Ministry's handbook. Mr. Wei's statements were not just the individual opinion of a high-ranking official, nor merely the common view of the Ministry of FERT, but a general reflection of the views of the collective leadership in China. Moreover, the speech was delivered at a large-scale meeting of international character; it has been considered the equivalent of an official government policy statement③.

---

① See Questions and Answers Concerning Foreign Investment in China, China Economic News (Hong Kong), Supp. No. 3, May 12, 1982[hereinafter cited as Answers].

② Wei Yuming, On China's Policy for Absorbing Direct Investment From Foreign Countries, Wen Hui Bao(Hong Kong), June 8, 1982[hereinafter cited as Wei's Speech].

③ In the same speech, Wei said: "Now please allow one to take this opportunity to make an introduction and some explanations on our government's policy for absorbing direct foreign investment." Id.

Since 1979 China's legislature has made considerable progress in developing a framework for the absorption of direct foreign investment[①]. Following promulgation of the Law of the PRC on Chinese-Foreign Joint Ventures, the Government has passed a succession of supplemental regulations[②]. From these laws and regulations four overriding policies have emerged.

A. Coordination with China's Economic Aims

The acceptance of direct investment from foreign countries is conditional on the investment's ability to assist in the readjustment of China's national economy, the modernization program and the improvement of China's quality of life. These three interrelated aims are paramount in China's domestic economic activities. It is no surprise that foreign investment is required to further these goals.

China's push for modernization has centered on certain industries. These industries include: (1) energy; (2) textiles and light industry; (3) food; (4) pharmaceuticals; (5) telecommunications and electronics; (6) building materials, iron, steel and chemicals; (7) agriculture, animal husbandry and breeding and (8) tourism. This partiality is illustrated by the fact that of the forty joint ventures approved in 1982, there were thirteen light industrial projects, two woolen textile industrial projects, nine machinery and electronics industrial projects, three foodstuff industrial projects, one pharmaceutical industrial project, one agricultural project, two breeding projects and eight tourist projects[③].

Several other characteristics or factors of foreign investment may be

---

① China has adopted a variety of forms to attract foreign capital. At present there are roughly three ways of utilizing foreign investment in China: (1) the absorption of direct investment from foreign countries, including joint ventures, cooperation enterprises, joint exploration and development, and compensation trade; (2) endeavoring to obtain medium and long-term loans at low to medium interest rates from various exploration and development foundations and from foreign governments and international financial organizations and (3) ordinary commercial loans. For the present and in the near future, absorbing direct investment should be the most important form.

② See e. g., Answers, supra note, at 3, for a list of regulations and promulgations implemented to effectuate the Law of the PRC on Chinese-Foreign Joint Ventures. See infra note.

③ See Answers, supra note, at 2.

necessary for the investment to be looked upon favorably. The investment should: (1) be conducive to the adoption of advanced technology and scientific management; (2) bring about a quick profit return and help to carry out as much technological transformation of existing enterprises as possible; (3) increase exports and foreign exchange earnings and (4) help train technical and management personnel.

China gives great preference to foreign investment that will renovate or transform an existing or defunct industrial operation. The country currently has about 400,000 enterprises of varying sizes. More than half of all successful joint ventures in China have been formed on the basis of former enterprises①, and it is to be hoped that this trend will continue.

B. Just Rights and Legal Profits

In absorbing foreign investment, it is imperative to implement the principles of equality and mutual benefit, and to ensure the just rights and legal profits of China as well as the foreign investors. In handling and developing its economic and trade relationships with foreign countries, China has consistently upheld these principles; in absorbing direct foreign investment, it has done the same. China has followed this policy for the last five years. The agreements, contracts and regulations signed with foreign investors have been reached only after full consultation on the basis of equality. No article has been agreed to which harms Chinese rights and interests or those of the foreign investors. The rights and interests of both sides have been taken into consideration so that foreign investors have a good

---

① In a recent interview with a Hong Kong correspondent, Mr. Cao Jiarui, the Deputy Director of the Ministry of FERT's technical import and export bureau, stated that the Chinese Government is now giving priority attention to the technical transformation of the country's existing enterprises, and that the nation's economic growth will depend upon this transformation to a large extent. Chinese industrial establishments are interested in importing advanced and small projects which call for a small investment but produce swift results. One of the most important changes in technological importation, therefore, has been the great increase in the number of items serving the needs of technical transformation in existing enterprises. Its proportion under state planning accounted for 0.7% of the total value of technological and equipment imports in 1979. It rose to 36.7% in 1981. See Tech Import Chief on Changes in China's Technology Import Policy, China Economic News (Hong Kong), No. 44, Nov. 15, 1982, at 4.

prospect for gain.

Similarly, a joint venture or cooperation enterprise is managed jointly by the parties concerned and is under the leadership of its board of directors. Business management is wholly supervised by the board of directors and a managerial organ under the board of directors. All major problems are discussed and a solution is developed by the board of directors formed jointly by both sides. The just rights and legal profits of the joint venture are protected by the relevant laws of the PRC. All parties joining in the venture are equal under Chinese law, and no one is discriminated against. In the past five years, China has implemented the principle of equality and mutual benefit and the foreign partners have showed their sincerity through cooperation.

In organizing joint ventures and cooperation enterprises, some foreign countries have questioned whether the Chinese Government will confiscate or requisition the investment or properties of the foreign partners. This concern is unnecessary. In the last thirty years, China has kept its promises in handling foreign relations, being both true in word and resolute in deed. People can have confidence, therefore, that China will not confiscate foreign investors' capital, provided that these investors do not violate the laws of the PRC, and that the ventures they undertake do not harm China's public interest and public order. Even if China requisitioned foreign invested assets due to large-scale war, natural disasters or events beyond its control, the Government would compensate foreign investors for the requisition according to legal procedures and the principles of fairness and reasonableness[①].

C. Full Decision-making Power

It must be ensured that joint ventures and cooperation enterprises using Chinese and foreign investment enjoy flexible decision-making power. These enterprises using Chinese and foreign investment are a special form of

---

① The Law of the PRC on Chinese-Foreign Joint Ventures, Art. 13, Renmin Ribao, July 9, 1979, reprinted in 1 CHINA'S FOREIGN ECONOMIC LEGISLATION 1(1982)(adopted at the Second Session of the Fifth National People's Congress on July 1, 1979, promulgated on July 8, 1979) [hereinafter cited as Joint Venture Law].

economic organization in the host country. Because they are different from the state-run and collective enterprises, they should be allowed to adopt more flexible measures in management according to their characteristics and needs. It must be ensured, therefore, that the joint venture enterprise enjoys full decision-making power in handling affairs concerning personnel, finance, material allocation, supply, production and marketing. Provided that the enterprise subjects itself to the guidance of the state plan and abides by the applicable Chinese laws, regulations and stipulations, the joint venture and cooperation enterprise, using both Chinese and foreign investment, can enjoy decision-making power in the following areas:

(1) To make decisions on its own development programs and plans concerning production, management and labor wages. (These programs and plans should be reported to administrative departments and local labor departments for the record.)

(2) To buy the necessary raw materials, fuel and equipment including components, spare parts and accessories on domestic and international markets, and sell products on these markets according to the provisions of the contracts signed.

(3) To sign economic contracts with domestic and foreign companies and enterprises, and realize its own plans by implementing economic contracts.

(4) To raise Renminbi(Chinese currency) and foreign exchange from domestic and overseas financial institutions for production and management. They can open Renminbi or foreign exchange accounts with the Bank of China or with other banks, with the approval of the Bank of China, for free deposit and withdrawal of funds raised and used by themselves.

(5) To establish financial and other management systems for the enterprises, and decide on the distribution of profits and the budget and final account of the revenue and expenditures of the enterprises.

(6) To hire or dismiss employees of the enterprises, adopt wages, reward and allowance systems which the enterprises deem suitable and give awards or punishment to the employees.

(7) To adopt, in accordance with the stipulations in contracts and regulations, necessary measures to improve and reform production

technology, increase the variety of colors and designs, raise output and improve quality of the products. Funds accumulated by the enterprises can be used to purchase fixed assets and expand the scope of production and management.

These areas of decision-making power enjoyed by the joint ventures and cooperation enterprises are now present in China's laws.

D. Attraction of Foreign Investors

China will do its best to create favorable investment conditions and provide facilities for foreign investors. There are many problems in this respect. Some problems of interest to foreign investors are explained as follows:

1. The Market Problem

Does China have any rule on overseas sales of products turned out by a joint venture and on reciprocal trade as a precondition for approving the establishment of a joint venture? Are there definite rules regarding the proportion of sales to be directed to the domestic and international markets? The answer is "no". China intends to have most joint venture products sold abroad to earn more foreign exchange. But China also allows some of the products to be sold in the domestic market. The ratio between products for the domestic market and those for export can be decided by either side of the joint venture enterprise through discussion in light of concrete conditions. The export rate of products which are in short supply in the domestic market may be lower, but the export rate of products which are not urgently needed or are in excessive supply in the domestic market should be higher. All or most of the products produced for the foreign market will be exported. Presently, the highest export rate for government approved joint venture products is 80% to 100%, while the lowest export rate is approximately 20%. In deciding on the export rate of products, it is important to ensure that the enterprises have enough foreign exchange to pay the foreign investors their share of the profits, to pay wages to foreign employees and to purchase necessary materials in the international market. In examining and approving a proposed joint venture, it is also necessary to take into consideration the abilities of the proposed enterprise to secure enough foreign exchange for its own needs. In other words, the balance of foreign exchange in the enterprises must be maintained.

2. The Problem of Purchase and Sales Prices

What about the purchase price of the materials, water, electricity and gas supplied to the joint ventures? What about the sales price of the products of these enterprises? Generally speaking, joint ventures can purchase goods and materials in the domestic market with Renminbi at current domestic prices. Since there is a great discrepancy between the domestic allocation price and the price in the international market for certain precious metals used in production(e. g. , gold, silver and platinum), and some nonferrous metals (e. g. , aluminum, lead, zinc and tin), as well as petroleum, coal and timber, the price in the international market must be taken into account by both the purchaser and seller in fixing prices.

These materials can be purchased with Renminbi and foreign exchange, depending on the negotiation. Joint ventures which need large quantities of such materials in production, as well as products which are targeted for the domestic market, may be given special consideration. With the approval of certain departments, such materials for the production of goods sold domestically can be purchased at domestic prices. Water, electricity and heat for these enterprises and oil for their transport vehicles are also supplied at domestic prices. The prices of the export or import goods managed by the foreign trade departments can be decided by the purchaser and seller with reference to the prices in the international market. The products of these enterprises for the domestic market generally must be sold at the current domestic price and paid for in Renminbi. At the same time, the principle of fixing the price according to quality must be implemented. Moreover, in accordance with supply and demand, upon approval by the two sides through discussion, or by following relevant domestic regulations, the prices of some products can be fixed with reference to international prices; provided, however, that the prices are examined and approved by the responsible departments of the enterprises and the price control departments.

3. *The Problem of Taxation*

What tax liability does a joint venture incur? What preferential treatment may a joint venture enjoy with regard to taxation, and how can double taxation be avoided? In general, only two taxes are levied on joint venture enterprises, the unified industrial and commercial tax and the income tax of the enterprise. The former is calculated according to the sales volume of products and is included in production costs; the latter is levied according to profits. China's tax rate is not only lower than in the developed countries, but is also lower than in some developing countries. It is also a preferential rate compared to the rate levied against domestic state and collective enterprises. In addition to the unified industrial and commercial tax, state enterprises must turn over most of their profits to the state and may retain only a small portion for themselves. Collective enterprises and some state enterprises which are being reformed, in addition to the unified industrial and commercial tax, must pay a 50% income tax on profits of the enterprises.

In addition, joint venture enterprises are granted the following preferential treatment in the levying of taxes. First, equipment and other materials, which foreign participants in joint ventures need to import for investment purposes according to the provisions of their contracts, or which they need to buy from abroad with cash for the running of the enterprises, can be exempted from import duties and unified taxation for industrial and commercial undertakings. If this equipment or material is later sold in the domestic market, however, it is necessary to pay the amount exempted from customs duties and taxation.

Second, all raw materials, subsidiaries, spare parts or packing materials imported for the manufacturing of exported goods are exempted from import duties and the unified taxation for industrial and commercial undertakings. Taxes, however, shall be levied on the by-products produced and on some exported goods which are produced to be sold in the domestic market for certain purposes. Some exported merchandise produced by joint ventures which earns relatively little foreign exchange can be exempted, with the approval of the Ministry of Finance, from the unified taxation for industrial and commercial undertakings according to the relevant regulations of the

PRC. In addition, China is willing, through consultation, to conclude an agreement to avoid dual taxation with some countries which have recurring economic exchanges with China. At present, such consultations are under way with some countries and several agreements have been separately concluded.

4. Laborers' Wages

Some foreign participants in joint ventures have asked why China pays lower wages to its staff and workers than what is actually paid by the joint ventures. The answer is that the wages (or labor fees) of the Chinese staff and workers employed by joint ventures include two aspects. One is the actual pay to the staff and workers. The other is labor insurance, public health services, state subsidies for housing and traffic expenses, allowances for heating facilities and family reunions, and state subsidies for balancing the market prices of grain, edible oils and non-staple foods, as well as expenses for social welfare and culture. This is equivalent to one-third of the amount of actual pay. It has been stated that of the expenses, labor insurance accounts for 11%, public health services for 6% and various subsidies for the staff of workers for 83%. Of these subsidies, rent allowances account for 65%, payments for balancing the market prices of grain, edible oils and non-staple food constitute 16%, and the remaining 19% represents other allowances. These expenses are paid by the state to the staff and workers in various forms. Thus, it is quite reasonable for the Chinese participants in joint ventures to hand over a portion of their expenses to the state. The total sum of wages of the Chinese staff and workers in joint ventures, which includes the aforementioned aspects, is still much lower than that in foreign countries.

5. Charges for Renting Land for Joint Venture Sites

What is the standard of charges for the use of sites fixed and calculated? There is no uniform national standard of charge for land used by joint ventures. This will be decided by the provincial, municipal and autonomous regional people's governments where the joint ventures are located. The charges can be fixed according to uses, geographical surroundings and conditions, expenses for acquisition of land and according to the actual needs of the joint ventures. In the remote areas where industry is underdeveloped, or in those trades in which investment profits are low, the charges for land to be used by the investors can be lowered. In uncultivated areas, if the land is utilized for agriculture and husbandry, rent charges can be considerably reduced. If some old factory sites are used for running joint ventures, the charges can be fixed according to the location of the site, the scope of development and the condition of public facilities. Some old factories are large and in a state of disrepair. If so, a discount can be given on land rentals to the joint ventures. China must do everything possible, however, to make things fair and reasonable. The land to be used for joint ventures can be used as an investment by the Chinese participants, or it can be rented.

The basic principles and policies mentioned above were embodied in the Law of the PRC on Chinese-Foreign Joint Ventures and in other laws before the two comprehensive documents were published in 1982. Moreover, these policies have been consecutively enacted in additional laws and regulations, e. g., the regulations for the implementation of the Law of the PRC on Chinese-Foreign Joint Ventures, which includes 118 articles in sixteen chapters; it entered into force on September 20, 1983[1].

III SUBSTANTIVE LAWS

A. Joint Venture Law

The Law of the PRC on Joint Ventures Using Chinese and Foreign Investment (the Joint Venture Law), promulgated on July 8, 1979, constitutes the first substantial turning point relating to foreign capital since the establishment of the PRC, as well as a major symbol of China's policy of opening its doors to the outside world[2].

1. Contribution and Equity Structure

The "joint" character or feature of the law is embodied in the equity structure. Article 4 of the Joint Venture Law requires that in the registered

---

[1] See Jingji Ribao(Economic Daily), Sept. 27, 1983.
[2] Joint Venture Law, supra note.

capital of a joint venture, the proportion of the investment contributed by the foreign participant shall not be less than 25％①. There is no restriction, however, on foreign investment over 50％ of the total. The proportion of foreign capital is fixed through negotiation by the participants②. Consequently, all profits, risks and losses of the venture are shared by the parties in proportion to their contributions to the registered capital③.

Each party to a joint venture may contribute, *inter alios*, cash, capital, goods and industrial property rights as its investment in the venture. On the foreign investor's side, the technology or equipment contributed by any foreign participant as an investment must be truly advanced and appropriate to China's needs. In the event of a loss suffered by the Chinese venture, due to intentional provision of outdated technology or equipment by the foreign contributor, compensation must be paid for the loss④. Consequently, how are the terms "truly advanced" or "world standard" as mentioned in the present law to be interpreted, and by whom are they to be evaluated? Generally, these standards contemplate technology that is up-to-date, dependable and practicable in China. Such technology must enable factories to turn out products that are competitive in the international market. In other words, the technology or equipment must enable factories to produce better products and greater quantities while reducing the cost and consumption of raw and other materials and energy. The Ministry of FERT organizes groups of experts to examine and evaluate the technology offered by the foreign participant as part of the investment in the project⑤.

The investment contributed by the Chinese participant may include the use of a land site for the joint venture during the period of its operation. In the case where land use is not contributed by the Chinese participant, the joint venture shall pay the Chinese Government for land use⑥. Land-use charges are fixed and calculated by the people's government of the province,

---

① Joint Venture Law, supra note Art. 4.
② See Answers, supra note, at 3, 12.
③ Joint Venture Law, supra note, Art. 4, 3.
④ Id. Art. 5, 1 - 2.
⑤ See Answers, supra note, at 3, 12.
⑥ Joint Venture Law, supra note, Art. 5, 3.

municipality or autonomous region where the joint venture is located in light of the specific purpose, duration and infrastructure requirements of the enterprise.

If the site is leased, payment is generally calculated by the size (square meters per year) and is paid on a yearly basis starting on the date the site is used. If the period of using the site exceeds six months in the first calendar year, payments are made semi-annually; if less than six months, payment is exempted. Joint ventures engaged in agriculture and animal husbandry may pay a certain percentage of their gross income for the use of the site if the provincial, municipal or autonomous regional governments so agree①. In general, the actual site-use fees in China are less than rates in neighboring countries②. If the use of a site is contributed as part of the investment by the Chinese participant, such contribution is calculated on the basis of rent that would have been payable for the use of a similar site③.

The various contribution formula mentioned above shall be specified in the contracts concerning the joint venture or in its articles of association, and the value of each contribution (excluding site valuation) shall be ascertained by the parties to the venture through joint assessment④.

2. Authorization, Registration and Protection

The initial contract and articles of association of a joint venture constitute the venture's constitution. As a sovereign state, China requires all foreign participants who want to form joint ventures with Chinese participants within the territory of the PRC, to get formal approval and authorization from the Chinese Government⑤:

A joint venture shall apply to the Foreign Investment Commission of

---

① ③ See Answers, supra note, at 7, 14. The foreign investor cannot purchase and own land in the PRC because the PRC is a socialist state. According to the Constitution, all land is owned by the State or by collectives. XIANFA (Constitution), Art. 10 (PRC).

② See Some Aspects of China's Work in Economy, Trade and Law at 6, Remarks of Ren JianXin, Director of the Legal Affairs Department, China Council for the Promotion of International Trade, before the Conference on Selling Technology to China, National Council for the United States-China Trade, in Wash., DC (Dec. 5, 1979) [hereinafter cited as Ren JianXin's Remarks].

④ Joint Venture Law, supra note, Art. 5, 4.

⑤ Id. Art. 1.

the People's Republic of China① for authorization of the agreement and contracts concluded between the parties to the venture and articles of association of the venture formulated by them, and the commission shall authorize or reject these documents within three months. When authorized, the joint venture shall register with the General Administration for Industry and Commerce of the People's Republic of China and start operation under license②.

A joint venture is regarded as having been officially established on the day when its license is issued. After that date, all of its "legitimate production and business shall be protected by the Laws of the PRC"③. Furthermore: "The Chinese Government protects, by the legislation in force, the resources invested by a foreign participant in a joint venture and the profit

---

① The exercise of the approval authority of the State Foreign Investment Commission has been transferred to a new ministry. See Decision by the Standing Committee of the National People's Congress on the Exercise of the Approval Authority of the Former State Foreign Investment Commission by the Ministry of Foreign Economic Relations and Trade, Standing Committee of the Fifth National People's Congress, 26th Meeting(Mar. 5, 1983). At its 22d meeting, the Standing Committee decided that the State Foreign Investment Commission should be merged into the Ministry of Foreign Economic Relations and Trade(FERT). See Resolution on Restructuring the State Council, Standing Committee of the Fifth National People's Congress, 22d Meeting. Thus, the approval authority formerly exercised by the State Foreign Investment Commission in accordance with provisions of the Law of the PRC on Joint Ventures Using Chinese and Foreign Investment and other relevant laws and regulations concerning foreigners would henceforth be exercised by the Ministry of FERT. See Renmin Ribao, Mar. 6, 1983, at 4.

FERT, however, retained the power to delegate to the people's governments of provinces, municipalities and autonomous regions or other ministries, commissions and administrations under the State Council, the authority to examine and approve projects that conform to the following two conditions:

1. The projects require no additional state allocations of raw and other materials, do not affect the national balance on matters of fuel, power and transportation and produce no products that take up the state export quotas;

2. The total investment of a project does not exceed USD5 million in Liaoning Province and the municipalities of Beijing, Shanghai and Tianjin and USD3 million in other provinces, autonomous regions and under other ministries, commissions and administrations under the State Council, with the exception of Guangdong and Fujian Provinces where no limit is imposed on such investment, and the Chinese investment is procured by drawing on the funds(including foreign exchange)owned by local governments, departments under the State Council or the enterprise involved in the project. Id.

② Joint Venture Law, supra note, Art. 3.

③ Procedures of the PRC for the Registration and Administration of Chinese-Foreign Joint Ventures, Art. 5, Renmin Ribao, July 27, 1980, reprinted in 1 CHINA'S FOREIGN ECONOMIC LEGISLATION 13(1982)(promulgated by the State Council of the PRC on July 26, 1980)[hereinafter cited as Regulations on JV Registration].

due to him pursuant to the agreements, contracts and articles of association authorized by the Chinese Government as well as his other lawful rights and interests."①

As a basic matching obligation for such protection and rights, a joint venture, including the foreign participant within Chinese territory, "shall be governed by the laws, decrees and pertinent rules and regulations of the PRC"②. Both of the joint venture participants must "comply with and implement the agreements, contracts and articles of association signed by the participants, reporting through the joint venture to the proper authorities the joint venture's construction, production and operations, accepting the supervision and administration by proper Chinese authorities and paying taxes due"③.

---

① Joint Venture Law, supra note, Art. 2, 1.
② Id. 2.
③ See Answers, supra note 6, at 5, 13. For example, article 10 of the regulations provides:
The General Administration for Industry and Commerce of the PRC and the Administrative Bureaus for Industry and Commerce in the provinces, municipalities and autonomous regions are authorized to supervise and inspect the joint ventures using Chinese and foreign investment in the areas they govern. In cases of violations of the present regulations, the violator shall be given a warning or be fined in accordance with the varying degrees of seriousness in each specific case.
Regulations on JV Registration, supra note, Art. 10.
Article 13 of the Regulations of the PRC on Labor Management in Chinese-Foreign Joint Ventures provides:"Joint ventures must implement the relevant rules and regulations of the Chinese Government on labor protection and ensure safety in production and civilized production. The Labor Management Department of the Chinese Government is authorized to supervise and inspect their implementation." Renmin Ribao, July 27, 1980(promulgated by the State Council of the PRC on July 26, 1980).
Article 12 of the Income Tax Law of the PRC Concerning Chinese-Foreign Joint Ventures provides: "The tax authorities have the right to investigate the financial affairs, account books and tax situation of any joint venture. Such joint venture must make reports according to the facts and provide all relevant information and shall not refuse to cooperate or conceal the facts." See infra note 61. The tax authorities are authorized by article 14 to exercise their discretion in light of the circumstances to impose a fine on a joint venture that has violated the provisions of this law. In dealing with a joint venture that has evaded or refused to pay tax, the tax authorities, in addition to pursuing the tax payment, may impose a fine of up to but not exceeding five times the tax due in accordance with the seriousness of the case. Cases of gross violation shall be handled by the local people's courts in accordance with the law. See id.
Officials must strictly abide by due process of law while supervising, inspecting or investigating the matter. For instance, "[o]fficials sent by tax authorities when investigating the financial, accounting and tax affairs of a joint venture, shall produce identification cards and undertake to keep secret" the information discovered. Rules for the Implementation of the Income Tax Law of the PRC Concerning Chinese-Foreign Joint Ventures, Art. 27, Renmin Ribao, Dec. 15, 1980 reprinted in 1 CHINA'S FOREIGN ECONOMIC LEGISLATION 45 (1982) (approved at the State Council of the PRC on Dec. 10, 1980 and promulgated by the Ministry of Finance on Dec. 14, 1980) [hereinafter cited as JV Tax Law Implementation Rules].

3. Management Responsibility

After the official establishment of a joint venture, the efficient management and direction of the venture must be discussed. The law provides:

> A joint venture shall have a board of directors with a composition stipulated in the contracts and the articles of association after consultation between the parties to the venture, and each director shall be appointed or removed by his own side. The board of directors shall have a chairman appointed by the Chinese participant and one or two vice-chairmen appointed by the foreign participant (s). In handling an important problem, the board of directors shall reach decisions through consultation by the participants on the principle of equality and mutual benefit[①].

Some foreign investors may be concerned about the clause providing for the appointment of the chairman by the Chinese side, regardless of the extent of the foreign equity participation. Suspicions may arise that the decision-making power and daily management rights which should be shared by both participants will be diluted. Anxiety over this issue is unwarranted. First, the article above expressly stipulates that any important decision of the board shall be reached "through consultation by the participants on the principle of equality and mutual benefit." Second, the "Chinese chairman will enjoy the advantage of easy approach to the Chinese people either vertically or horizontally, thus benefiting the joint venture as a whole"[②]. Third, section 3 of the same article provides: "The president and vice-president (s) (or the general manager and assistant general manager(s) in a factory) shall be chosen from the various parties to the joint venture."[③] There is no restriction prohibiting the foreign participant from acquiring the position of president or general manager. Fourth, a new interpretation from FERT directs that the composition of the board of directors and the number of its members, as well

---

① Joint Venture Law, supra note, Art. 6, 1.
② Ren JianXin's Remarks, supra note, at 4.
③ Joint Venture Law, supra note, Art. 6, 3.

as the appointments of general manager and deputy managers, shall be decided upon through consultation by all the participants in a joint venture, taking into account the shares of investment of each participant[①]. Fifth, some recent cases have already sufficiently indicated flexibility and generosity in the application of the aforesaid legal provisions.

China-Schindler Elevator Co., Ltd. (JVC) involved a joint venture company incorporated in accordance with the relevant laws of China. The Chinese participant contributed equity of 75%; the foreign participants combined (Schindler Co. and JS Co.) contributed 25%. The board of directors consisted of eight members, with the chairman appointed by the Chinese participant, the only vice-chairman appointed by Schindler Co., five directors appointed by the Chinese participants and the remaining director appointed by JS Co. The articles of association provide:

§ 8.6 Business at meetings of the board of directors will proceed in accordance with the agenda, each matter arising to be discussed appropriately and put to a decision by way of resolution.

§ 8.7 Each board member... shall have one vote and any resolution put to a meeting for a decision shall be passed if approved.

§ 8.7.1 In the case of a resolution relating to the issue or amendment of board instructions and appointment of (Chief) Officers of the JVC by a majority of two-thirds, which must include the vote of the Vice-Chairman or the director appointed by JS...

§ 8.7.2 In the case of a resolution relating to other business, by a simple majority which must include the vote of the Vice-Chairman or the director appointed by JS...[②].

Although the equity participation, director membership and right to vote shared by the foreign participants is only 25%, the voting rules of Section 8.7.1 and Section 8.7.2 actually give the foreign participant a right of veto at

---

① See Answers, supra note, at 4, 12.
② Articles of Association of China-Schindler Elevator Co., Ltd. (JVC), China Economic News (Hong Kong), Supp. No. 3, Apr. 14, 1980, at 2-5, 8-10; cf. Agreement on the Establishment of a Joint Venture Elevator Company in the People's Republic of China, China Economic News (Hong Kong), Supp. No. 2, Apr. 7, 1980, at 2, 6, 7, 10 [hereinafter cited as Joint Venture Agreement].

the board meeting. "In handling an important problem, the board of directors shall reach decision through consultation by the participants on the principle of equality and mutual benefit"①, even though the foreign participants are merely a one-quarter minority.

The Great Wall Hotel of Beijing is a joint venture of general partnership, formed by the Beijing Branch of the China International Travel Service (CITS), together with a foreign participant, the E-S Pacific Development and Construction Company (ESPDC), for the purpose of building and operating a modern, international, first-class hotel of approximately 1,000 rooms in Beijing.

According to the "joint venture contract", CITS shall offer the construction sites as equity participation of 51%, while ESPDC shall be responsible for financing the required total project cost as equity participation of 49%. The total financing, including principal and interest, will be paid back in periodic installments out of the gross revenue of the hotel over a period of ten years, commencing upon the opening of the hotel②.

After the completion of the construction of the hotel, both parties will jointly operate the hotel for ten years. During these ten years of operation, both parties shall share the responsibility for operating the hotel and each shall share the hotel's profits and losses in proportion to its participation.

The period set for the joint operation by both parties is ten years, commencing with the formal opening date of the hotel. When the period comes to an end, all of the hotel accounts for profits or losses shall be settled and paid. Thereafter, the joint venture relationship of both parties shall terminate; the total assets, rights and interests of the hotel shall be owned solely by CITS without further compensation to ESPDC③.

The management responsibility of the present joint venture is provided for as follows:

---

① Joint Venture Law, supra note, Art. 6, 1.
②③ See Joint Venture Contract for the Construction and Operation of the Great Wall Hotel of Beijing(Extracts), ch. 11, China Economic News(Hong Kong), Supp. No. 4, Apr. 21, 1980, at 2, 10-11.

The board [of directors] will consist of seven members with four members designated by CITS and three members designated by ESPDC... In dealing with major issues, both parties shall make decisions in accordance with the principle of equality, mutual benefit and friendly consultation... During the period of joint operation after the hotel has opened officially for business, the daily operation and management of the hotel shall be run by the manager and the deputy manager under the supervision of the board. During the first three years, ESPDC's designee shall be the manager and CITS' designee shall be the deputy manager. At any time during this period, if CITS' deputy manager becomes capable of managing all facets of the hotel's operations, ESPDC shall turn over the manager's position to the deputy manager. In any event, this transfer of authority shall occur within three years. At the time of transfer, ESPDC shall designate the deputy manager. The hotel may set up various departments under the manager and the deputy manager as required. Within the first three years, all the chief positions of the various staff functions shall be taken by designees of ESPDC. CITS' designees shall take all the appropriate deputy positions. During this period, ESPDC should transfer the relevant chief positions to any deputies as soon as they have become capable of the management work in the area. By the end of the third year, all the chief positions of the various departments should be assumed by designees of CITS①.

There are two points worth noting. First, unlike the prior cases of China-Schindler, decisions on major issues in this case shall be made by "friendly consultation" rather than "by way of resolution"②. This means that no decisions should be made without the full consensus of both participants at the board meetings. Second, all chief positions of daily operation and management, including manager and various department heads, are to be allocated to designees of the foreign participant during the first three years.

---

① See Joint Venture Contract for the Construction and Operation of the Great Wall Hotel of Beijing(Extracts), ch. 11, China Economic News(Hong Kong), Supp. No. 4, Apr. 21, 1980, at 5 – 7, 12 – 13.

② Cf. supra note and accompanying text.

The scope of the aforesaid "important problem" and "major issues" to be acted upon by the board of directors, pursuant to the joint venture's "articles of association", is explicitly construed in the Joint Venture Law itself. They include fundamental issues such as expansion projects, production and business programs, the budget, distribution of profits, plans concerning manpower and pay scales, the termination of business and the appointment and function of management personnel①. Decisions on revising the articles of association, terminating or disbanding the joint venture, transforming capital or merging the joint venture with other economic organizations must be made by unanimous vote at a meeting of the board of directors. Decisions on other matters may be carried by two-thirds or simple majority vote②.

The general manager executes the decisions adopted by the meeting of the board of directors and is responsible for the day-to-day operations and administration of the joint venture. Within the limit of the board's authorization, whether or not he is a foreigner, the general manager may conduct negotiations and sign documents with other organizations, appoint and dismiss his subordinates and exercise other powers given to him by the board of directors. In handling important affairs, however, the general manager must consult with his deputies③.

4. *Labor and Wages*

Labor costs are a crucial issue in a joint venture because they directly impact on the investors' net profits. Plans concerning manpower and pay scales are an essential item on the board of directors' agenda④. Moreover, even before the formation of the board and the designation of the manager, the basic employment procedures, including the discharge of the workers and staff members of a joint venture, shall be stipulated according to law in the *agreement or contract directly concluded between the investors*⑤.

As a socialist state of laborers and as a developing country in need of

---

① ④ Joint Venture Law, supra note, Art. 6, 2.
② ③ See Answers, supra note, at 4, 12.
⑤ Id. 4.

foreign investment, China must simultaneously address various concerns. It must provide for the fair treatment of workers employed by joint ventures, while at the same time provide a reasonable rate of return on profits to encourage foreign participation and investment. As a result of these concerns, regulations① have been promulgated.

All matters pertaining to employment, dismissal and resignation of workers and staff members, tasks of production and other work, wages and awards, working hours and vacation time, and labor discipline shall be stipulated in the labor contracts signed②. A labor contract is to be signed by both the joint venturer and the trade union organization formed in the joint venture. Small joint ventures may undertake contracts with individual workers and staff members. According to the regulations, both kinds of contracts must be submitted to the labor management department of the provincial, autonomous regional or municipal people's government for approval③.

In order to ensure high productivity and efficiency, a joint venture may recruit qualified, skilled workers depending on the requirements of production and management. Local labor authorities will recommend suitable workers④. All the workers and staff members of a joint venture, either recommended by the authorities in the locality in charge of the joint venture or the labor management department, or recruited by the joint venture itself with the consent of the labor management department, will be tested and, based on their qualifications, will be chosen by the joint venture. Furthermore, joint ventures may run workers' schools and training courses for the training of managerial personnel and skilled workers⑤.

When changes in production and technical conditions of the joint venture result in a surplus of workers or staff members, the joint venture may dismiss the employees if, after training, they fail to meet the new requirements and

---

  ① Provisions of the PRC for Labor Management in Chinese-Foreign Joint Ventures, reprinted in 1 CHINA'S FOREIGN ECONOMIC LEGISLATION 20 - 30(1982)(promulgated by the State Council of the PRC and effective as of July 26, 1980)[hereinafter cited as Provisions for JV Labor Management].
  ②③ Id. Art. 2
  ④ See Answers, supra note, at 7, 14.
  ⑤ Provisions for JV Labor Management, supra note, Art. 3.

are not suitable for other work. In such an event, however, the labor contract requires that the joint venture provide compensation to these workers. In addition, the dismissed workers and staff members will receive assignments for other work from the authorities in charge of the joint venture or the labor management department①.

The joint venture may, according to the degree of seriousness of the case, take action against those workers or staff members whose violations of rules and regulations of the enterprise are detrimental to the venture. If punishment by dismissal is to be imposed, it must be approved by the authorities in charge of the joint venture and the labor management department②.

Provisions for joint venture labor management state that wage standards, the forms of wages paid and bonus and subsidy systems are to be discussed and decided upon by the board of directors③. Decisions on these matters may be determined freely, with the following exceptions:

(1) The wage level of the workers and staff members in a joint venture will be set at 120% to 150% of the real wages of the workers and staff members of state-owned enterprises of the same trade in the locality④.

(2) The bonuses and welfare funds drawn by the joint venture from the profits must be used as bonuses, awards and collective welfare and should not be misappropriated⑤.

(3) A joint venture must pay for the Chinese workers' and staff members' labor insurance, medical expenses and various other government subsidies in line with the standards prevailing in state-owned enterprises⑥. Subsidies established by the state include price subsidies for staple and non-staple food and edible oils, rent, commuting fees, heating expenses, home leave allowances and expenses for cultural and recreational activities⑦.

---

① Provisions for JV Labor Management, supra note, Art. 4.
② Id. Art. 5.
③ Id. Art. 9.
④ Id. Art. 8.
⑤ Id. Art. 10.
⑥ Id. Art. 11.
⑦ See Answers, supra note, at 7, 15.

5. Taxation

Taxation is another crucial area affecting foreign investors' net profits. The Joint Venture Law provides:

> The net profit of a joint venture shall be distributed between the parties to the venture in proportion to their respective shares in the registered capital after the payment of a joint venture income tax on its gross profit pursuant to the tax laws of the People's Republic of China and after the deductions therefrom as stipulated in the articles of association of the venture for the reserve funds, the bonus and welfare funds for the workers and staff members and the expansion funds of the venture①.

Income tax shall be paid in accordance with the provisions of the Joint Venture Tax Law by Chinese-foreign joint ventures located in the PRC on all income from production and business operations as well as on other income②. The taxable income of a joint venture shall consist of the gross income of the fiscal year reduced by deductible costs, expenses and losses③.

The income tax rate on joint ventures is 30%. In addition, a local income tax of 10% of the assessed income tax shall be levied④. For example, if a joint venture that has taxable income of $100,000,000: (ⅰ) the income tax to be paid to the state would be $100,000,000 times 30%, or $30,000,000; and (ⅱ) the local income tax to be paid to the local authorities would be $30,000,000 times 10%, or $3,000,000. The net profit would be $100,000,000 minus ($30,000,000 plus $3,000,000), or $67,000,000. This is a comparatively lower tax rate than in other parts of the world.

Due to special conditions, such as the ratio between investment and profit, income tax rates on joint ventures that develop petroleum, natural gas

---

① Joint Venture Law, supra note, Art. 7, 1.
② The Income Tax Law of the PRC Concerning Chinese-Foreign Joint Ventures, Renmin Ribao, Sept. 11, 1980, Art. 1, §1, reprinted in 1 CHINA'S FOREIGN ECONOMIC LEGISLATION 36 (1982)(adopted at the Third Session of the Fifth National People's Congress and promulgated on Sept. 10, 1980)[hereinafter cited as JV Tax Law].
③ JV Tax Law, supra note 61, Art. 2.
④ Id. Art. 3.

and other resources are to be stipulated separately①.

China makes available a series of special reductions and exemptions from income tax; these are discussed below:

(1) A joint venture equipped with up-to-date technology by world standards may apply for a reduction of or an exemption from income tax for the first two to three profit-making years②. The meaning of the term "up-to-date technology by world standards" has been interpreted by the Ministry of FERT③. A newly established joint venture scheduled to operate for a period of ten or more years, upon approval by the tax authorities of an application filed by the venture, shall be exempted from income tax in the first and second profit-making years and allowed a 50% reduction of income tax in the third to fifth years④.

(2) With the approval of the Ministry of Finance of the PRC, joint ventures engaged in relatively low-profit operations such as farming and forestry, or joint ventures established in remote, economically underdeveloped regions may be allowed a 15% to 30% reduction in income tax for an additional ten years following the initial period of exemption and reduction specified in the preceding paragraph⑤.

(3) A foreign participant who reinvests any part of his share of the net profit within Chinese territory may apply for a partial refund of the tax paid⑥. Specifically, a foreign joint venture who reinvests his share of net profits obtained from the venture for a period of not less than five years shall, upon approval by the tax authorities, be refunded 40% of the income tax already paid on the reinvested portion. If he withdraws the investment within five years, however, he must repay the refund⑦.

(4) There may be a reduction of or exemption from the local income tax

---

① JV Tax Law, supra note, Art. 3, § 2.
② Joint Venture Law, supra note, Art. 7, 2.
③ See supra note and accompanying text.
④ See Decision for the Amendment of the Income Tax Law of the PRC Concerning Joint Ventures with Chinese and Foreign Investment, Renmin Ribao, Sept. 3, 1983 (adopted at the Second Session of the Standing Committee of the Sixth National People's Congress on Sept. 2, 1983).
⑤ JV Tax Law, supra note, Art. 5, § 2.
⑥ Joint Venture Law, supra note, Art. 7, 3.
⑦ JV Tax Law, supra note, Art. 6.

for special circumstances; this is determined by the people's government of the province, autonomous region or municipality in which the joint venture is located①.

(5) According to the Individual Income Tax Law of the PRC and the "Rules for the Implementation" of the same law, dividends and extra dividends as a category of income received from sources within the territory of China by individuals, whether payment is made in China or elsewhere, shall be taxed under the provisions of the tax law. But, as an exception, "dividends and extra dividends received from Chinese-foreign joint ventures shall be exempted from taxation."②

(6) In most countries of the world, the interest on savings deposits is considered a category of individual income and consequently must be taxed. According to China's Individual Income Tax Law, however, the interest on savings deposits in the state banks and credit cooperatives of the PRC, although also considered a category of individual income, "shall be exempted from individual income tax"③.

The Joint Venture Law explicitly stipulates: "A foreign participant shall receive encouragement for depositing in the Bank of China any part of the foreign exchange which he is entitled to remit abroad."④ Furthermore, the Rules of the Individual Income Tax Law provide:

> interest on savings deposits in the state banks and credit cooperatives of the People's Republic of China mentioned in article 4, section 2 of the Tax Law includes interest on savings deposits in *Renminbi* and foreign

---

① JV Tax Law, supra note, Art. 3, § 2 (Rules for Implementation of the Income Tax Law of the PRC Concerning Chinese-Foreign Joint Ventures).

② See id. arts. 1 & 2; The Individual Income Tax Law of the PRC, Renmin Ribao, September 10, 1980, reprinted in 1 CHINA'S FOREIGN ECONOMIC LEGISLATION 75 (1982) (adopted at the Third Session of the Fifth National People's Congress and promulgated on Sept. 10, 1980) [hereinafter cited as Individual Income Tax Law]. See also Rules for the Implementation of the Individual Income Tax Law of the PRC, Renmin Ribao, Sept. 15, 1980, Art. 5, reprinted in 1 CHINA'S FOREIGN ECONOMIC LEGISLATION 85 (1982) (approved by the State Council of the PRC on Dec. 10, 1980 and promulgated by the Ministry of Finance on Dec. 14, 1980) [hereinafter cited as Rules of Individual Income Tax Law].

③ Individual Income Tax Law, supra note, Art. 4, § 2.

④ Joint Venture Law, supra note, Art. 10, 2.

currency and interest on savings deposits in other banks entrusted by the state banks①.

It is apparent, therefore, that all foreign participants can enjoy the same exemption of interest-income tax if they deposit their profits earned in the PRC in the Bank of China to earn further interest before repatriating the money②.

(7) Dividends from investments by individuals in local development companies in China shall also be exempted from taxation if no extra dividends are paid and if dividends are not higher than the interest on savings deposits in the state banks and credit co-operatives③.

(8) Losses incurred by a joint venture in a tax year may be carried over to the next tax year and offset against a corresponding amount from that year's income. Should the income in the subsequent tax year be insufficient to offset the losses, the balance may be offset against income in successive years, but not exceeding five years④.

(9) Income tax paid abroad by a joint venture or its branches on income earned outside of China may be credited against the amount of income tax to be paid by the head office by presenting a foreign tax payment receipt. The creditable amount, however, shall not exceed the tax payable on the income obtained abroad as computed in accordance with the tax rate prescribed by China's tax laws⑤.

(10) Additional methods for obtaining preferential tax treatment exist for joint ventures. The general framework of these preferential treatments has been set out in both the FERT Handbook⑥ and the policy speech of FERT's Vice-Minister Wei Yuming⑦.

In all, more than ten categories of reductions and exemptions contribute to push the potential ratio of net profits to taxable income over the 67% mark

---

① Rules of Individual Income Tax Law, supra note, Art. 9, § 1.
② See Joint Venture Law, supra note, Art. 10, 2.
③ Rules of Individual Income Tax Law, supra note, Art. 9, § 2.
④ JV Tax Law, supra note, Art. 7.
⑤ JV Tax Law Implementation Rules, supra note, Art. 32.
⑥ See Answers, supra note, at 6-7, 14.
⑦ See Wei's Speech, supra note and accompanying text.

calculated above①.

6. *Exchange Control and Repatriation*

The policy and decree relating to foreign exchange in China has two goals. As a socialist state, China must exercise strict control on foreign exchange; as a developing country encouraging foreign investment, China must assist foreign participant-investors as much as possible. The Provisional Regulations for Exchange Control of the PRC (the Exchange Control Regulations) seek to reconcile these goals.

To strengthen exchange control, increase national foreign exchange income and economize on foreign exchange expenditures, in order to expedite the national economic growth and safeguard the rights and interests of the country, the PRC pursues a policy of centralized control and unified management of foreign exchange by the state②. All foreign exchange income and expenditures, the issuance and circulation of various payment instruments in foreign currency, and the transfer of foreign exchange, precious metals and negotiable instruments in foreign denominations in and out of China are governed by these regulations③. The circulation and use of foreign currency in the PRC is prohibited, as is the unauthorized sale or purchase of foreign exchange④.

The administrative organ which controls exchange in the PRC is the State General Administration of Exchange Control (SGAEC) and its branch offices. The specialized foreign exchange bank of the PRC is the Bank of China. No other financial institution is permitted to engage in foreign exchange without SGAEC approval⑤. The regulations do, however, also guarantee full protection to legal foreign exchange owners for the use, sale, deposit and remittance of exchange out of China. Chinese and foreign nationals and stateless persons residing in China, for example, are permitted to keep in

---

① See supra notes and accompanying text.
② See Interim Regulations on Foreign Exchange Control of the PRC, chs. 1 – 7 (1980), reprinted in 1 CHINA'S FOREIGN ECONOMIC LEGISLATION 118 – 29 (1982) [hereinafter cited as Exchange Control Regulations].
③ Id. Art. 1, 2.
④ Id. Art. 4, 2
⑤ Id. 3.

their own possession of foreign exchange already in China①.

Foreign exchange remitted or brought into China from foreign countries or from Hong Kong or Macao by foreign nationals coming to China, by overseas Chinese and Hong Kong and Macao compatriots coming for a short stay, by foreign experts, technicians, staff members and workers engaged to work in domestic organizations, and by foreign students and trainees, may be kept in their own possession, sold to or deposited with the Bank of China, or remitted and taken out of China②.

Enterprises with overseas Chinese capital and enterprises with foreign capital, as well as foreign partners in Chinese-foreign joint ventures, may apply to the Bank of China to remit abroad their net after tax profits and legitimate earnings③.

As a general principle, the Joint Venture Law requires that a joint venture shall conduct its foreign exchange transactions in accordance with the Foreign Exchange Regulations of the PRC. Furthermore, the venture must open an account with the Bank of China or a bank approved by the Bank of China. In a specific provision, the Joint Venture Law strongly confirms this notion and provides:

> [t]he net profit which a foreign participant receives as his share after executing his obligations under the pertinent laws and agreements and contracts, the funds he receives at the time when the joint venture terminates or winds up its operations, and his other funds may be remitted abroad through the Bank of China in accordance with the foreign exchange regulations and in the currency or currencies specified in the contracts concerning the joint venture④.

According to the Exchange Control Regulations, in daily business transactions, all foreign exchange receipts of enterprises with overseas Chinese capital, enterprises with foreign capital, as well as Chinese-foreign

---

① Id. Art. 14, 1.
② Id. Art. 18.
③ Id. Art. 24, 1.
④ Joint Venture Law, supra note 13, Art. 10, 1.

joint ventures must be deposited with the Bank of China. In addition, all foreign exchange disbursements must be paid from the entity's foreign exchange deposit accounts①. Consequently, in remitting net profits abroad, application may be made to the Bank of China to *debit the foreign exchange deposit accounts of the enterprises concerned*②. In transferring foreign exchange capital abroad, the enterprise should apply to SGAEC or to one of its branch offices to debit the foreign exchange deposit accounts.

In accordance with the Joint Venture Tax Law, when a foreign joint venture remits its share of profits obtained from the venture abroad, an income tax of 10% of the remitted amount will be levied③. Apart from this tax, and the others discussed above, there are no other tax restrictions. The next question is whether it is possible for China to suspend remittance of profits by a foreign partner in a joint venture because of difficulties China may have with its balance of international payments. The Ministry of FERT has answered this question definitively:

> China will never stop a foreign participant in a joint venture from remitting abroad its share of profits even if the country should be struck by an imbalance in the international payments, for the legitimate rights and interests of foreign participants and their lawful profits are protected by the Law on Chinese-Foreign Joint Ventures and other laws, rules and regulations④.

7. *Expiration and Assets Disposition*

There are no inflexible restrictions on the length of time a joint venture may operate. A joint venture's duration may be agreed upon by the parties to the venture according to business circumstances. Upon expiration the period may be extended by agreement of the parties with the authorization of the Ministry of FERT. Applications for extensions must be made six months prior to the expiration of the contract⑤. In cases of heavy financial loss or the

---

① Exchange Control Regulations, supra note, Art. 22, 1.
② Id. Art. 24, 1.
③ JV Tax Law, supra note, Art. 4.
④ See Answers, supra note, at 7, 8, 15.
⑤ Joint Venture Law, supra note 13, Art. 12.

failure of a joint venture to execute its obligations under the contract or articles of association, the contract may be terminated prior to the contract's expiration date by consultation and agreement of the parties and authorization from the Ministry of FERT. In the case of loss caused by breach of contract by a party to the venture, the financial responsibility shall be borne by the breaching party[①].

At the expiration of the contract period or upon termination prior to the contract's expiration date, all participants to the joint venture will face the inevitable problem of disposing of the remaining assets of the venture. How are fixed assets and other materials to be disposed of? Upon dissolution of a joint venture, the foreign participant shall be paid according to his share of the investment on the basis of the fixed assets net value minus depreciation. If, for special reasons, the replacement cost of the fixed assets is used, complete replacement cost should be calculated first. The accumulated depreciation allowances up to the expiration or dismissal of the joint venture should then be worked out according to the complete replacement cost, and the deduction will consist of the depreciated replacement cost. This may be considered as the basis for repayment to a foreign partner according to his share of investment.

Other transferred materials will be evaluated according to their respective cost or selling price, taking into consideration their different natures[②].

In practice, there are many cases in which some preferential and generous treatments have been promised to the foreign participants in the future assessment and valuation of the dissolving joint venture's assets and interests. For example, the articles of association of China-Schindler Elevator Co., Ltd. (JVC) provide:

16.1 On the termination of the corporate existence of the JVC..., the interests of Schindler and JS in the JVC shall be purchased by CCMC in accordance with the Joint Venture Agreement.

16.2 On the transfer of the interests of Schindler and JS to CCMC,

---

① Joint Venture Law, supra note, Art. 13.
② See Answers, supra note, at 9, 15.

CCMC shall pay Schindler and JS, in cash, an amount equivalent to the value of their respective participations in the JVC.

16.3 The value of the participations of Schindler and JS shall be based on the relevant proportion of the total value of participants' funds in the JVC to which shall be added an element to be agreed upon by negotiation to reflect the future profitability of the JVC①.

8. Settlement of Disputes

China welcomes foreign investment in order to accelerate its modernization program; therefore, it thus wishes to make the investment climate as warm as possible. At the same time, most of the foreign participants in joint ventures are honest businessmen who recognize that China is a socialist, sovereign state and willingly abide by the laws of the host country. But as the Chinese idiom warns, "teeth and tongue cooperate while eating, but occasionally conflict by chance". It is obviously necessary to stipulate in advance some reasonable principles of dispute settlement for joint venture participants.

Three types of disputes arise: (1) between joint venture participants, (2) between employers and employees and (3) between the joint ventures and other entities.

With respect to the first type of dispute, the Joint Venture Law provides that disputes arising between the parties to a joint venture that the board of directors cannot settle through consultation may be settled through mediation or arbitration by a Chinese arbitration agency or through arbitration by another arbitration agency agreed upon by the parties to the venture.② As construed by the FERT Handbook, this provision means that disputes between the parties in a joint venture with regard to the interpretation or implementation of their agreement, contract and articles of association should be settled, whenever possible, through friendly consultation or mediation. Should such consultation or mediation fail, the cases can be submitted to the

---

① Articles of Association of China-Schindler Elevator Co., Ltd. (JVC), supra note, at 7, 12; cf. Joint Venture Agreement, supra note 37, at 3, 8.

② Joint Venture Law, supra note 13, Art. 14.

China Foreign Economic and Trade Arbitration Commission for arbitration under its arbitration procedures (these will be discussed infra). Cases may also be referred to an arbitral tribunal in the defendant's country or a third country chosen by both parties. If there are no arbitration clauses in the signed joint venture agreement or in any written documents on arbitration, either party can bring the case before a court①.

Some foreigners have questioned whether China would allow a foreign partner to settle a dispute over investment through its agent and whether there would be a special court for ruling on commercial disputes. A foreign partner, as a party to a dispute, can either appear in person or by proxy before the China Foreign Economic and Trade Arbitration Commission or the court. A Chinese or foreign national may act as his proxy. When the case is brought before a Chinese court, however, a Chinese lawyer must accompany the foreign party in court②.

China has not yet considered setting up a special court for settling disputes over commercial and investment affairs. Such cases can be arbitrated or handled by the economic bench of an ordinary court of law③.

Some foreigners have questioned whether China considers the International Center for Settlement of Investment Disputes a suitable organ for settling such disputes. This center is responsible for hearing major cases concerning the foreign investments. However, one of the parties involved must be the host governmental institution of a Contracting State of the ICSID

---

① See Answers, supra note 6, at 9, 16. See also Sino-Foreign Economic Contract Law, infra note 146.1, Art. 37, § 2 & Art. 38.

② Id. Under the Provisional Regulations on Lawyers, lawyers in the PRC are the state's legal workers; they must be citizens of the PRC and have the right to vote and be elected for office. Therefore, a lawyer of non-Chinese nationality may be invited by a foreign party to appear in the Chinese court with the status of his client's proxy rather than the status of an eligible lawyer. See Provisional Regulations on Lawyers of the PRC, Renmin Ribao, Aug. 26, 1980, Arts. 1, 8, reprinted in 1 COMMERCIAL LAWS AND BUSINESS REGULATIONS OF THE PEOPLE'S REPUBLIC OF CHINA 1949–1983 at 457–459 (V. F. S. Sit ed. 1983) (adopted at the 15th Session of the Standing Committee of the Fifth National People's Congress on Aug. 26, 1980) [hereinafter cited as Regulations on Lawyers].

In accordance with the same legislative spirit, the Civil Procedure Law of the PRC provides that if a foreigner or a foreign enterprise entrusts his case to a lawyer, that lawyer must be licensed in the PRC. CPL, infra note.

③ See Answers, supra note at 9, 16.

Convention, to which China has not acceded yet. Thus, the disputes arising from a joint venture in China are not currently applicable①.

Does China agree, then, to settle investment disputes according to the arbitration regulations of the United Nations Commission on International Trade Law? Does China accept the U. N. Convention on the Recognition and Enforcement of Foreign Arbitral Awards? If parties to a dispute over the implementation of the joint venture agreement, contract or articles of association agree, the arbitration regulations of the United Nations Commission on International Trade Law may be followed, with two arbitrators appointed by each party and a notary appointed jointly by the two arbitrators. China is not a party to the United Nations Convention on the Recognition and Enforcement of Foreign Arbitral Awards. Nevertheless, if the ruling of a foreign arbitration institution does not violate China's public order, the Chinese party involved will be required to abide by the ruling②.

In the second type of dispute, between employer and employee, article 14 of the Regulation on Joint Venture Management stipulates that an attempt should be made first to solve the labor dispute through consultation between the parties. If consultation fails, either party or both parties may request arbitration by the labor management department of the people's government of the province, autonomous region or municipality where the joint venture is located. If either party disagrees with the arbitration, it may file suit with the people's court③. As to dismissal and punishment of workers and staff by the joint venture, the trade union has the right to raise an objection if it considers such action unreasonable, and the union may send representatives to seek a solution through consultation with the board of directors. If consultation fails the matter will be handled in accordance with the procedures set forth in

---

① Id. According to the Convention on the Settlement of Investment Disputes Between States and Nationals of Other States, Mar. 18, 1965, Art. 1, § 2, 17 U. S. T. 1270, T. I. A. S. No. 6090, 575 U. N. T. S. 159: "The purpose of the Center shall be to provide facilities for conciliation and arbitration of investment disputes between Contracting States and nationals of other Contracting States in accordance with the provisions of this Convention."

② See Answers, supra note, at 9, 15.

③ Id. Art. 6

article 14 of the aforesaid regulations①.

In the third type of dispute, between the joint venture and other entities, if the latter is an enterprise, a corporation or a non-governmental organization, the dispute should be considered a common civil case to be settled by consultation, conciliation or arbitration, or, ultimately by a court in accordance with civil legal principles and China's Civil Procedure Law. Article 15 of the Joint Venture Tax Law provides that in case of a dispute with the tax authorities over tax payment, a joint venture must first pay the tax as prescribed before applying to higher tax authorities for reconsideration. When a joint venture applies for reconsideration of the case in accordance with the provisions of article 15 of the Tax Law, the tax authorities concerned are required to decide the case within three months after receiving the application②. If the joint venture does not accept the decision after reconsideration, it may bring a suit in the local people's courts③.

It is apparent that the right of a foreign party and joint venture to use various administrative and judicial procedures to obtain remedial measures, including the right to bring a suit against specific individuals or entities, is fully protected by law. This holds true even in cases in which a government agency of the PRC is a party.

B. Law of Special Economic Zones

1. Preferential Treatment

In order to develop economic cooperation, technological exchange and trade, the PRC has allocated certain areas in the cities of Shenzhen, Zhuhai and Shantou in Guangdong Province and Xiamen(Amoy)in Fujian Province as special economic zones(SEZ). In these areas, overseas Chinese from Hong Kong and Macao and other foreign businessmen are encouraged to set up businesses entirely on their own, or to establish joint ventures with Chinese enterprises. They are accorded preferential treatment and various conveniences and are protected under Chinese law. Special economic zones

---

① Provisions for JV Labor Management, supra note, Art. 14.
② JV Tax Law Implementation Rules, supra note, Art. 31.
③ JV Tax Law, supra note, Art. 15.

may be distinguished from other areas in China in two ways: (1) enterprises or corporations located in a SEZ can be 100% foreign owned; and (2) tax treatment and site usage provisions are highly preferential.

Both points are embodied in the Regulations of the PRC Governing Special Economic Zones in Guangdong Province①. These regulations also apply to the Xiamen SEZ in Fujian Province.

In addition, the Guangdong People's Congress has adopted four new regulations concerning SEZs in Guangdong Province②. Some of these regulations have appeared in a recently published book, Guide to Investment in China, sponsored by the Ministry of FERT. For the Xiamen SEZ in Fujian Province, some similar local regulations were promulgated on February 24, 1985③.

The size and business scope of each SEZ is different:

(a) The Shenzhen Special Zone is bounded in the south by both Hong Kong and Kowloon. It covers an area of 327 square kilometers (including the one square kilometer Shekou Industrial District under the general management of the China Merchants' Steam Navigation Company, Ltd.). In this special zone, industry, agriculture, livestock breeding, fishery, side-lines, commerce, housing and tourism projects are encouraged.

(b) The Zhuhai Special Zone borders on Macao and Gongbei, with an area of 6.8 square kilometers; the following are encouraged therein: industry, agriculture, livestock breeding, fishery, commerce, housing and tourism.

(c) The Shantou Special Zone comprises an area of 3.3 square

---

① Regulations of the PRC Governing Special Economic Zones in Guangdong Province, Renmin Ribao, Aug. 27, 1980 (approved at the 15th Session of the Standing Committee of the Fifth National People's Congress on Aug. 26, 1980) [hereinafter cited as Guangdong SEZ Regulations].

② The four regulations are the Guangdong Provisional Entry/Exit Regulations in SEZ [hereinafter cited as GP SEZ Entry/Exit Regulations]; Guangdong Provisional Labor and Wage Regulations in SEZ [hereinafter cited as GP Labor Regulations]; Guangdong Provisional Land Regulations for Shenzhen SEZ [hereinafter cited as GP Shenzhen SEZ Land Regulations] and Guangdong Provisional Regulations for Business Registration in SEZ (adopted by the Guangdong Provincial People's Congress on Nov. 17, 1981), reprinted in Moser, Guangdong's SEZ—Four New Regulations Fill Important Gaps, CHINA BUS. REV., Mar.-Apr. 1982, at 41-46.

③ See Xiamen Daily, Feb. 24, 1985, at 2.

kilometers near Longhu, in the eastern suburb of Shantou, in the southern littoral of Guangdong Province. The first stage of construction involves an area of less than one square kilometer, which is assigned for export-oriented processing industries.

(d) The Huli Special Zone of Xiamen consists of an area approximately 2.5 square kilometers in size and is situated seven kilometers to the north of Xiamen. This area is also assigned for export-oriented processing industries. Factories, enterprises and joint ventures located within the city of Xiamen and which specialize in the production of export goods also enjoy preferential treatment.

The enterprise income tax in the special zones is 15%, i.e. one-half of the joint venture income tax in other areas of China①. The individual income tax in the special zones is levied on income above 800 Yuan(Renminbi)and at progressive rates ranging from 3% to 30%, approximately two-thirds of the rate in the other areas of China②. Furthermore, dividends and bonuses received from the joint ventures or enterprises within the SEZ are exempted from taxation③.

There also exists preferential treatment regarding taxation reduction and exemption:

(1) Enterprises established in 1983 and thereafter engaged in production for a duration of more than five years are exempted from taxation for two years; those operating in tourist and service trades are exempted from taxation for one year; and those operating in transport and communication are taxed for one year at one-half the normal rate.

(2) Enterprises in which the actual investment of foreign investors is more than USD 5million, if they involve high technology, a long capital turnover cycle and a duration of ten or more years, are exempted from

---

① Guangdong SEZ Regulations, supra note, Art. 14.

② The individual income tax in other areas of China rather than in the SEZ is levied on the income above RMB 800 Yuan at the progressive rates ranging from 5% to 45%. See Individual Income Tax Law, supra note, Art. 3.

③ Rules of Individual Income Tax Law, supra note, Art. 5. See also MINISTRY OF FERT, GUIDE TO INVESTMENT IN CHINA 133(1982)[hereinafter cited as GUIDE TO INVESTMENT].

taxation for five years; those operating in tourist and service trades are exempted for three years; and those operating in transport and communications are exempted for two years①.

(3) Losses in enterprises in the special zones may be set off against profits of subsequent years up to the fifth year②.

(4) Means of production and consumer goods imported with the approval of the SEZ committee for use in the special zones are exempted from import duties, with the exception of a few articles like cigarettes, liquor and wine on which an import duty is levied at one-half of the minimum rates. For duty-free imported goods, customs only charges a service commission of 0.1% on the basis of c.i.f. prices③.

(5) Investors who reinvest their profits in the special zones for five or more years may apply for exemption of income tax on profits from such reinvestment④.

It was first announced on March 19, 1984, that some cities along the Chinese coastline from Dalian in Liaoning Province in the north to Beihai in Guangxi Zhuang Autonomous Region in the south would be selected for a special program similar to that of the SEZ, and that the Xiamen SEZ would be expanded from an area of roughly two square kilometers to the whole city of Xiamen⑤. Then, on November 15, 1984, the State Council of the PRC issued Provisional Regulations on Reduction of or Exemption from Enterprise Income Tax and Unified Industrial and Commercial Tax in Special Economic Zones and Fourteen Coastal Port Cities⑥. The regulations adjusted certain tax rates, expanded their applicable scope and provided preferential tax rates for different kinds of foreign investment.

---

① Guangdong SEZ Regulations, supra note, Art. 14. See also GUIDE TO INVESTMENT. supra note 114, at 134.
② JV Tax Law, supra note, Art. 7. See also GUIDE TO INVESTMENT, supra note, at 134.
③ Guangdong SEZ Regulations, supra note, Art. 13. See also GUIDE TO INVESTMENT, supra note.
④ Id. Art. 16.
⑤ Hu Yaobang, China Would Continue Its Policy to Open to the Outside World, Renmin Ribao, Mar. 19, 1984, at 1.
⑥ Zhongguo Fazhi Bao, Dec. 28, 1984, at 2.

The "Fourteen Coastal Port Cities" listed in the regulation are Dalian, Qinhuangdao, Tianjin, Yantai, Qingdao, Lianyungang, Nantong, Shanghai, Ningbo, Wenzhou, Fuzhou, Guangzhou, Zhanjiang and Beihai.

2. *Labor and Wages in SEZs*

Labor bureaus and labor service companies have been established in the special zones. Enterprises in need of workers and office personnel may, with the permission of the appropriate labor bureau, recruit workers and office personnel directly or by recommendation of a labor service company. Recruitment is subject to satisfactory aptitude test results. In appropriate cases trial periods may be specified[1].

All employment of Chinese workers and office personnel in the special zones requires an employment contract[2]. Chinese workers employed in the special zones must be more than seventeen years of age; child labor is prohibited[3].

The wages paid by enterprises in the special zones may take the form of payment by the piece, the hour, the day or the month. The lowest salary allowable by the wage scale is 180 Yuan per month. Fifty percent of this salary is the basic wage, 20% is the floating wage, 5% is for medical care and recreation expenses and 25% is for payment to the SEZ committee or government as social welfare funds[4]. Depending on the business development of an enterprise, as well as the work attitude and level of skill of the workers concerned, an increase of 5% to 15% in wages is permitted every year[5]. Enterprises in the special zones should adopt an eight-hour-day and six-day work week system. Workers receive overtime pay for all *overtime work*[6]. Workers and staff members in the special zones are entitled to time off on all national holidays. They are also entitled to legal leave (e. g. maternity leave)

---

[1] GP Labor Regulations, supra note, Arts. 3-4.
[2] Id. Art. 2.
[3] GUIDE TO INVESTMENT, supra note, at 134. See also GP Labor Regulations, supra note 110, Art. 5. Article 5 provides: "The staff and workers employed by special zone enterprises shall be 16 years of age or older." Id.
[4] GP Labor Regulations, supra note, Arts. 8-9.
[5] Id. Art. 7.
[6] Id. Art. 10.

and seven paid vacation days each year①.

In order to ensure safety in production, the special zones must implement the relevant rules and regulations of the Chinese Government on labor protection. Cases of work-related injuries, disability and death are addressed by the enterprises concerned in accordance with the labor insurance regulations of the state②.

In the case of workers who, through violation of rules or regulations of the enterprise, have caused undesirable results, the enterprises concerned may take disciplinary action against them commensurate with the degree of seriousness of the offense, in the form of criticism, warnings, demerits, and suspension of bonus payments, compensation for damages, demotion, or even dismissal. All cases of dismissal must be reported to the SEZ municipal labor bureau③.

3. Land Use in SEZs

According to the Shenzhen SEZ Land Regulations, any unit and individual wishing to use land should apply to the SEZ government. Land use is forbidden without approval and the completion of the necessary procedures. All contracts concluded directly with units and individuals currently using the land without official approval are invalid④. Authorized units and individuals have the right to use the land, but have no ownership rights. Land sales and any disguised forms of land sales are forbidden. Leasing and unauthorized transfer of land are likewise forbidden⑤. The duration of land use and its charges, however, are attractive because they are long-term and inexpensive. The maximum duration of which land is permitted to be used is twenty to fifty years, according to the size and actual needs of the investment. Moreover, the use of land may be renewed upon expiration of the original term⑥. The rates charged for land use vary according to the location and the purposes for

---

① GP Labor Regulations, supra note, Art. 11.
② Id. Arts /12 – 14.
③ Id. Art. 17.
④ GP Shenzhen SEZ Land Regulations, supra note, Art. 4, at 44.
⑤ Id. Art. 5.
⑥ Id. Art. 15, at 45.

which the land is used①.

4. Administrative Systems of SEZs

Not only in terms of economics, but also in regard to administration, SEZs offer great convenience.

There are three SEZs in Guangdong Province—Shenzhen, Zhuhai and Shantou. The Shenzhen Special Zone includes the industrial district of Shekou, where China Merchants' Steam Navigation Company, Ltd. has established its construction headquarters for the Shekou industrial district. This SEZ is under the joint leadership of the Ministry of Communication of the PRC and the People's Government of the Shenzhen SEZ. As to administration, the Shenzhen SEZ is under the direct leadership of the Guangdong Provincial People's Government, while the other two special zones are of the Municipal People's Government of Zhuhai and Shantou. In business matters, these special zones are under the direct management and coordination of Guangdong Provincial Administrative Committee for the SEZ.

There is one SEZ in Fujian Province, the Xiamen SEZ. The Fujian Provincial People's Government assumes administrative responsibilities for this special zone and exercises its administration through the Xiamen Municipal People's Government.

It was reported that recently a small "SEZ Office" of eight experts had been established directly under Prime Minister Zhao Ziyang and under the daily charge of State Councilor Gu Mu to enhance the direction of SEZs' principal affairs and to simplify the procedures of examination and approval②. It seems clear that the Chinese leadership is committed at the highest levels to overseeing China's first experiment in absorbing foreign investment in special forms.

C. Economic Contract Law

The Economic Contract Law of the PRC was promulgated in mid-December 1981. Although its articles cannot be totally and directly applied to

---

① GP Shenzhen SEZ Land Regulations, supra note, Art. 16.
② Wenhui Bao(Hong Kong), June 26, 1982, at 1(Am. ed.).

economic contracts relating to business with foreign nationals, it provides: "Regulations on economic and trade contracts involving foreigners shall be formulated separately with reference to the principles of this law and international practices."① Some important principles of the law are, therefore, worthy of note.

"Economic contracts are agreements between legal persons for the purpose of realizing certain economic goals and clarifying mutual rights and obligations."② All the lawful rights and interests of parties to economic contracts shall be protected by this law③. When an economic contract is formed according to the law, it has legally binding effect, and the parties must fully perform the obligations stipulated in the contract. No party may, without prior authorization, modify or rescind the contract④.

If, due to the fault of one party, an economic contract cannot be performed, the party at fault shall be liable for the breach of contract; if both parties are at fault, each party shall be liable for the breach of contract commensurate with its responsibility.

If an individual is directly responsible for dereliction of duty, malfeasance or other unlawful conduct that gives rise to a major accident or severe loss, he shall be investigated for economic and administrative liability, as well as criminal liability⑤.

If, due to the fault of higher-level authorities or authorities in charge of operations, an economic contract cannot be performed, the higher-level authorities or authorities in charge of operations shall be liable for breach of contract. The breaching party shall, as provided, first pay the other party breach of contract or compensatory damages, and then the liability of the responsible higher-level authorities or authorities in charge of operations shall

---

① The Economic Contract Law of the PRC, Art. 55, Renmin Ribao, Dec. 17, 1981(adopted at the Fourth Session of the Fifth National People's Congress on Dec. 13, 1981)[hereinafter cited as Economic Contract Law]. For an English translation of the entire Economic Contract Law, see II: 1 CHINA LAW REPORTER 61(1982), reprinted in 22 I. L. M. 330(1983).
② See Economic Contract Law, supra note, at Art. 2.
③ Id. Art. 1.
④ Id. Art. 6.
⑤ Id. Art. 32.

be determined①.

If a party breaches an economic contract, it shall pay breach of contract damages to the other party. If the breach of contract has already caused the other party to suffer losses that exceed the amount of the breach of contract damages, the breaching party shall pay compensation and supplement the breach of contract damages by the insufficient amount. If the other party demands continued performance of the contract, the breaching party shall continue to perform②.

Breach of contract and compensatory damages shall be paid within ten days after liability is clearly established, otherwise the matter will be handled as an overdue payment③.

If disputes over an economic contract develop, the parties shall resolve them through consultation. If consultation is not successful, any party may apply to the contract administration authorities specified by the state for mediation or arbitration. The party may also bring a lawsuit in the people's court④.

If mediation results in an agreement, the parties shall abide by the terms of the agreement. In the case of a decision made after arbitration, the contract administration authorities specified by the state shall issue a written arbitration decision. If one party or both parties do not agree with the arbitration, they may, within fifteen days after receipt of the written arbitration decision, bring a lawsuit in the people's court; if no suit is filed within that period, the arbitration decision shall have legal effect⑤.

If the parties to an economic contract have not voluntarily performed within the time period prescribed within the mediation agreement, written arbitration decision or court judgment, the People's Bank, the specialized banks and the credit co-operatives, upon receipt of a notice from the people's court requesting assistance in carrying out the relevant awards, shall debit or

---

① See Economic Contract Law, supra note, at Art. 33.
② Id. Art. 35.
③ Id. Art. 37.
④ Id. Art. 48.
⑤ Id. Art. 49.

transfer credits from the party's account in the amount required to make payment. The provisions of this law apply to all contracts for purchase and sale, construction work, processing, transportation of goods, supply and use of electricity, storage and safekeeping, the lease of property, loans, property insurance, scientific and technical cooperation, and other economic contracts①.

D. Sino-Foreign Economic Contract Law

Four years after the promulgation of the Economic Contract Law of the PRC, the Sino-Foreign Economic Contract Law was approved on March 21, 1985②. The contract law, aimed at promoting China's foreign economic relations and protecting the legitimate rights and interests of both foreign and Chinese contractors, became effective on July 1, 1985③.

The law applies to economic contracts between Chinese enterprises or other economic institutions and their foreign counterparts or individuals, excluding international transport contracts④. The law stipulates that the parties involved may settle disputes in accordance with laws they choose, provided that the laws apply to such disputes. If the parties make no choice, the law of the country most closely related to the contract will apply⑤. Contracts for joint ventures, cooperative management and prospecting, and development of natural resources in China, however, are subject to Chinese law only⑥.

These contracts will remain effective regardless of future changes in related Chinese laws⑦. In case there are no relevant stipulations in Chinese laws, international norms will apply⑧. If the relevant Chinese laws conflict with international treaties to which China is a signatory, the international

---

① Id. Art. 52, § 3 & Art. 8.
② Sino-Foreign Economic Contract Law of the PRC, Renmin Ribao, Mar. 22, 1985, at 2.
③ Id. Arts. 1, 43.
④ Id. Art. 2.
⑤ Id. Art 5, § 1.
⑥ Id. § 2.
⑦ Id. Art 40.
⑧ Id. Art. 5, § 3.

treaty stipulations will apply, with the exception of articles to which China has declared reservations①.

The law also stipulates that in case the parties do not want to settle their disputes through reconciliation, or if reconciliation fails, the parties may submit the case to Chinese or other arbitration bodies according to the related contract provisions②. They may also bring it to a Chinese court if no arbitration clause is included in the contract and the parties fail to reach a written agreement on arbitration③.

E. Trademark Law

The Trademark Law of the PRC was adopted on August 23, 1982 and entered into force on March 1, 1983. The former "Regulations Governing Trademarks" promulgated by the State Council in 1963 were contemporaneously abrogated④. Compared to the former regulations, the new Trademark Law contains a number of new provisions. The Trademark Law protects the proprietorship of registered trademarks and gives prominence to explicit provisions protecting the rights and interests of registered trademark owners. A spokesman for the China group of the International Association for the Protection of Industrial Property Rights remarked that China's new Trademark Law will play an important role in stimulating the country's commodity economy, perfecting the legislation concerning China's industrial property rights and promoting its foreign trade⑤.

Any foreigner or foreign enterprise intending to apply for the registration of a trademark in China must file an application in accordance with any

---

① Sino-Foreign Economic Contract Law of the PRC, Renmin Ribao, Mar. 22, 1985, at Art. 6.
② Id. Art. 37, § 2.
③ Id. Art. 38.
④ Trademark Law of the PRC, Renmin Ribao, Aug. 27, 1983, reprinted in 1 COMMERCIAL LAWS AND BUSINESS REGULATIONS OF THE PEOPLE'S REPUBLIC OF CHINA 1949–1983 at 289–93(V. F. S. Sit ed. 1983)(adopted at the 24th Session of the Standing Committee of the Fifth National People's Congress on Aug. 23, 1982)[hereinafter cited as Trademark Law].
⑤ China Group Spokesman on New Chinese Trademark Law, China Economic News, No. 46, Nov. 29, 1982, at 1.

agreement between the PRC and the country to which the applicant belongs①, according to the international treaty to which both countries are parties, or on the basis of the principle of reciprocity②.

Any foreigner or foreign enterprise intending to apply for the registration of a trademark, or to deal with other matters concerning a trademark in China, shall entrust the organization designated by the state to act on his or its behalf③. The so-called "organization designated by the State" refers to the China Council for the Promotion of International Trade(CCPIT). The CCPIT has a Trademark Agency for handling such matters.

The Trademark Office of the Administrative Authority of Industry and Commerce under the State Council shall be responsible for the registration and administrative control of trademarks throughout the country. A registered trademark means one which has been approved and registered by the Trademark Office. The trademark registrant shall enjoy an exclusive right to use the trademark④.

The Trademark Review and Adjudication Board, established under the Administrative Authority for Industry and Commerce under the State Council, shall be responsible for handling trademark disputes⑤.

According to articles 23 and 24, the term of validity for a registered trademark shall be ten years from the date of approval. An application for renewal may be filed six months before the expiration date. The period of validity for a renewal is also ten years. This is a revision of the past practice in which the validity for registered foreign trademarks was limited to ten years while domestic trademarks had no time limit.

Provisions on trademark licensing have been added. Article 26 provides

---

① People's Republic of China Trade Relations, July 7, 1979, United States-P. R. C., Art. 6, § 2, 31 U. S. T. 4651, 4657 – 5B, T. I. A. S. No. 9630 [hereinafter cited as Sino-American Trade Agreement]. The Sino-American Agreement on Trade stipulates: "Both Contracting Parties agree that on the basis of reciprocity legal or natural persons of either Party may apply for registration of trademarks and acquire exclusive rights thereto in the territory of the other Party in accordance with its laws and regulations."
② See Trademark Law, supra note, Art. 9.
③ Id. Art. 10
④ Id. Arts. 2 – 3.
⑤ Id. Art. 20.

that the owner of a registered trademark may give permission to another person to use his trademark on the register by signing a trademark license contract and submitting it to the Trademark Office for recordation. Furthermore, new provisions have been added to encourage licensing, since trademark licensing is now receiving greater attention from domestic and foreign enterprises.

In order to effectively protect the exclusive right to use registered trademarks, the Trademark Law created a special chapter which clearly defines infringements on such rights and specifies penalties for such infringements. It provides that the exclusive right to use a registered trademark is limited to the approved trademark and to the specific goods relating to the approved trademark①.

Any of the following acts shall be deemed an infringement of the exclusive right to use a registered trademark: (1) to use a trademark which is identical or similar to the registered trademark in respect to the same or similar goods without the authorization of the proprietor of the registered trademark, (2) to make or sell, without authorization, representations of the registered trademark of another person, or(3) to cause in other respects prejudice to the exclusive right to use the registered trademark of another person②.

In the event of any infringement on the exclusive right to use a registered trademark as provided in article 38, the party whose right was infringed may request the administrative authorities for industry and commerce of the location (domicile or establishment) of the infringer to handle the matter. The administrative authority for industry and commerce concerned has the power to order the infringer to stop the infringing act immediately and to compensate the party whose right was infringed for the damages suffered. The amount of compensation shall be the profit which the infringer has earned through the infringement during the period of the infringement or the damages that the party whose right was infringed has suffered during that period. If the circumstances are serious, the authority may, in addition,

---

① See Trademark Law, supra note, Art. 37.
② Id. Art. 38.

impose a fine. Any dissatisfied party may institute proceedings in the people's court within fifteen days from the receipt of the notice. If no proceedings are instituted or if there is no performance(complying with the decision imposing the fine)by the expiration of the specified period, the administrative authority for industry and commerce concerned may request compulsory execution from the people's court.

Where the exclusive right to use the registered trademark was infringed, the party whose right was infringed may institute proceedings directly in the people's court①.

Any party that passes off a trademark as a registered trademark of another person—including any party that makes or sells, without authorization, representations of the registered trademark of another person—shall compensate the party whose right was infringed for the damages suffered and shall receive a fine. Furthermore, any person directly responsible for the passing off shall be prosecuted, according to law, for any criminal responsibilities②.

One of the differences between the Trademark Law of the PRC and those of capitalist countries is that China's trademark registration will help supervise merchandise quality and protect consumer interests. Articles 1 and 6 state that the owner of a registered trademark should be responsible for the quality of goods as advertised by the attached trademark, and departments in charge of the administration of industry and commerce should supervise merchandise quality and prevent cheating through trademark registration.

Articles 31 and 34 provide that in cases where goods to which a registered trademark is attached are manufactured in a slipshod manner or goods of inferior quality are offered for sale, departments of administration of industry and commerce shall order corrections to be made within a prescribed time limit, circulate a notice of criticism, impose a fine or have the trademarks revoked by the Trademark Office. Trademark laws of capitalist countries, on

---

① See Trademark Law, supra note, Art. 39.
② Id. Art. 40.

the other hand, are designed to protect only the proprietorship of a registered trademark from infringement. Those laws contain no provisions protecting consumer interests. This point highlights the uniqueness of socialist China's Trademark Law①.

F. Patent Law

The Patent Law of the PRC, which includes sixty-nine articles in eight chapters, was adopted on March 12, 1984 and entered into force on April 1, 1985②. It effectively protects the legal rights and interests of patentees, and seeks to further mobilize the enthusiasm of units and individuals to make inventions. At the same time the law helps dispel foreigners' worries about exporting technology to China③.

The law was enacted to protect patent rights for "inventions-creations", including inventions, utility models and designs④. The Patent Office of the PRC receives and examines patent applications and grants patent rights for inventions-creations that conform with the provisions of the law⑤.

Inventions-creations are divided into two categories: service and non-service. The former refers to an invention-creation made by a person in execution of tasks of the entity to which he belongs or made by that person individually while using the material means of the entity; the latter refers to an invention-creation made in a different manner. For a service invention-creation made by any staff member or worker of a foreign enterprise, or of a Chinese-foreign joint venture located in China, the right to apply for a patent belongs to the enterprise. For any non-service invention-creation, the right to apply for a patent belongs to the inventor or creator. After the application is approved, the patent right is owned by either the enterprise or the

---

① See China Group Spokesman, supra note, at 2.
② Patent Law of the PRC, Renmin Ribao, Mar. 15, 1985, at 2(adopted at the Fourth Session of the Standing Committee of the Sixth National People's Congress)[hereinafter cited as Patent Law].
③ A Good Beginning for the Establishment of China's Patent Law, Renmin Ribao, Mar. 15, 1984, at 1(Editorial).
④ Patent Law, supra note, Arts. 1 – 2.
⑤ Id. Art. 3.

individual①.

The right to apply for a patent or the patent right may be assigned. To assign this right the parties must conclude a written contract, which becomes effective after it is registered with the Patent Office and an announcement is made②.

After the grant of the patent right for an invention, utility model or design, no entity or individual may, without the authorization of the patentee, exploit the patent, make, use or sell the patented product, or use the patented process for production or business purposes③. Although there are a few exceptions provided in Article 14 of the Patent Law, it only applies to Chinese state-run entities, collective entities or Chinese individuals, i. e., neither to foreign enterprises or Sino-foreign joint ventures located in China, nor to foreign individual④.

Any entity or individual exploiting the patent of another must conclude with the patentee a written license contract for exploitation and pay the patentee a fee. The licensee has no right to authorize any additional entity or individual to exploit the patent⑤.

If a foreigner, foreign enterprise or other foreign organization that has no habitual residence or business office in China files an application for a patent in China, the application will be treated under the Patent Law in accordance with any agreement concluded between the country to which the applicant belongs and China, or in accordance with any international treaty to which both countries are parties, or on the basis of the principle of reciprocity⑥. If a foreign individual or entity applies for a patent, or has other patent matters to attend to in China, he or it shall appoint a patent agent designated by the State Council of the PRC to act as his or its agent⑦.

---

① Patent Law, supra note, Art. 6, § 2.
② Id. Art. 10, § § 1, 4.
③ Id. Art. 11, § § 1 - 2.
④ Id. Art. 14, § § 1 - 2. See also Zhang You-yu, Writing While the Patent Law is Being Promulgated. Zhongguo Fazhi Bao, Mar. 19, 1984, at 2.
⑤ Patent Law, supra note, Art. 12.
⑥ Id. Art. 18.
⑦ Id. Art. 19, § 1.

After several years of effort, China has formed a patent service network with a central national patent office. The Beijing-based National Patent Office was established in 1980 with a branch office in Shanghai. There are agencies in Liaoning, Shandong, Hunan and other provinces. Patent affairs in other areas of the country are handled by local science and technology commissions. The National Patent Office acts as the recipient of all patent applications and the official patentor. The Office has five patent appraisal sections staffed with about 200 engineers. It also has sections in charge of patent transfers and legislation. The patent document center set up by the Office now has a collection of some twenty million foreign patent documents, the largest in China①.

Bulletins and documents issued by the Office are printed by a patent document publishing house. China now has two journals on patents, Patents of China and World Inventions. These monthly publications are also printed by the publishing house. Moreover, there is a patent document advisory station in Shijiazhuang, the capital of Hebei Province. It offers services concerning patents, including the translation of documents from Japanese, English, German and Russian into Chinese. Similar stations will appear in other parts of the country. According to the Chinese Patent Office, about 11,500 staff has been trained in short-term courses given at central and local levels since 1979②.

Any invention or utility model for which patent rights may be granted must possess novelty, inventiveness and practical applicability③. Any design for which patent rights may be granted must not be identical or similar to any design which, before the date of filing, has been publicly disclosed in any publication in China or abroad or has been publicly used in China④.

If, after a substantive examination, there is no cause for rejection of the patent application for an invention, the Patent Office will make a decision,

---

① See China Forms Patent Service Network, Xinhau News Agency Bulletin, Mar. 15, 1984, at 17-18.
② Id.
③ Patent Law, supra note, Art. 22, §1.
④ Id. Art. 23.

announce it and notify the applicant①. If, after receiving the application for a patent for a utility model or design, the Patent Office finds upon preliminary examination that the application is not in conformity with the requirements of the law, it shall not proceed to examine it as to substance but shall immediately make an announcement and notify the applicant②.

If no opposition to the application for a patent is filed or, after examination, the opposition is deemed unjustified, the Patent Office shall make a decision to grant the patent right, issue the patent certificate, and register and announce relevant matters③.

The duration of patent rights for inventions is fifteen years from the date of filing. The duration of patent rights for utility models or designs is five years from the date of filing, subject, before the expiration of the said term, to a three year renewal④.

Under the law, the patentee has the obligation to make the patented product or use the patented process in China, or to authorize other persons to make the patented product or use the patented process in China⑤. Where the patentee of an invention or utility model fails, without any justified reason, by the expiration of three years from the date of the grant of the patent right to fulfill the obligation aforesaid, the Patent Office may, upon the request of an entity which is qualified to exploit the invention or utility model, grant a compulsory license to exploit the patent⑥. The entity or individual that is granted a compulsory license for exploitation, however, must pay to the patentee a reasonable exploitation fee, the amount of which shall be fixed by both parties in consultations. If the parties fail to reach an agreement, the Patent Office will adjudicate the dispute⑦. In case the patentee is not satisfied with the decision of the Patent Office granting a compulsory license for exploitation or adjudicating the fee payable for exploitation, the patentee

---

① Patent Law, supra note, Art. 39.
② Id. Art. 40.
③ Id. Art. 44.
④ Id. Art. 45, § § 1-2.
⑤ Id. Art. 51.
⑥ Id. Art. 52.
⑦ Id. Art. 57.

may, within three months of the receipt of the notification, institute legal proceedings in the people's court①.

In response to any unauthorized exploitation of the patent constituting an infringing act, the patentee or any interested party may request the administrative authority for patent affairs to intervene or may directly institute legal proceedings in the people's court. The administrative authority for patent affairs handling the matter has the power to order the infringer to stop the infringing act and to pay the patentee or interested party damages. Any dissatisfied party may within three months from the receipt of the notification, institute legal proceedings in the people's court. If such proceedings are not instituted within the time limit and if the order is not complied with, the administrative authority for patent affairs may approach the people's court for compulsory execution②.

If any person passes off the patent of another person, such passing off shall be treated as an infringing act. In case the circumstances are serious, any person directly responsible shall be prosecuted for his criminal liability③.

Until the publication or announcement of the publication of a patent, staff members of the Patent Office and persons involved have a duty to keep its contents secret④. If any staff member of the Patent Office or any staff member of the state acts wrongfully for personal gain or commits fraudulent acts, he shall be subject to disciplinary sanctions by the Patent Office or any other competent authority. If the circumstances are serious, he shall be prosecuted for his criminal liability⑤.

In addition to its domestic legislation, China acceded to the Paris Convention on the Protection of Industrial Property on November 14, 1984. The only reservation involves Section 1 of Article 28 in the Convention⑥.

---

① Patent Law, supra note, Art. 58.
② Id. Art. 60, § 1.
③ Id. Art. 63.
④ Id. Art. 21.
⑤ Id. Art. 66.
⑥ See Decision on Acceding to the Paris Convention on Protection of Industrial Property, Renmin Ribao, Nov. 15, 1984 (adopted at the Eighth Session of the Standing Committee of the Sixth National People's Congress on Nov. 14, 1984).

Thus, China has formally joined the international network for the protection of patent rights as well as trademark rights.

IV PROCEDURE LAWS

In addition to substantive laws, China has promulgated a series of procedural laws which affect foreign investors. They are the Civil Procedure Law of the PRC and the Provisional Rules of Procedure of the Foreign Trade Arbitration Commission of the China Council for the Promotion of International Trade(CCPIT).

A. Civil Procedure Law

As a general jurisdictional principle of a sovereign state, the Civil Procedure Law provides: "All civil litigation conducted in the territory of the PRC must observe this law."① For the purpose of protecting the right to bring an action of foreigners who live or do business in China, and also for their convenience, this law contains a special provision entitled "Special Regulations of Civil Procedure Involving Foreigners."

On the basis of equality and mutual benefit, the law explicitly stipulates:

(1) A foreigner or stateless person who brings an action or responds to an action in a people's court shall have the same procedural rights and obligations as a citizen of the PRC.

(2) A foreign enterprise or organ that brings an action or responds to an action in a people's court shall enjoy and bear rights and obligations according to this law②.

(3) If a foreign forum imposes limits on the civil procedural rights of a citizen, enterprise or organization of the PRC, the people's court shall carry out the principle of reciprocity with respect to the civil procedural

---

① Civil Procedure Law of the PRC(for trial implementation), Art. 3, §1, Renmin Ribao, Mar. 14, 1982(adopted at the 22nd Session of the Standing Committee of the Fifth National People's Congress on Mar. 8, 1982)[hereinafter cited as CPL].

② Id. Art. 186.

rights of the citizens, enterprises or organizations of that country①.

(4) In hearing cases involving foreigners, the people's court shall use the spoken and written language commonly used in the PRC. Translation may be provided if the party so requests and the fee shall be borne by that party②.

(5) If a foreigner, stateless person, foreign enterprise or organization brings an action or responds to an action in the people's court and entrusts his case to a lawyer, he must entrust it to a lawyer licensed in the PRC③.

With regard to arbitration, the law provides that disputes arising from foreign economic interests, trade, transportation or maritime incidents which the parties have submitted for arbitration, according to a written agreement between the parties, to the PRC's arbitration organ concerning foreigners, shall not be brought in a people's court. If there is no such written agreement, an action may be brought in a people's court.

In the case of disputes arising from foreign economic interests, trade, transportation and maritime incidents between foreign enterprises or organizations, the parties may, according to their written agreement, present their disputes to the PRC's arbitration organ concerning foreigners and may also bring an action in the appropriate people's court④. A case that has been arbitrated by the PRC's arbitration organ concerning foreigners, however, shall not be brought by the parties in a people's court⑤. This provision is quite different from that of the domestic economic contract⑥.

If one party does not pay the award granted by the PRC's arbitration organ concerning foreigners, the other party may apply to the intermediate people's court, in the place where the said arbitration organ is located, or where the property is located, for enforcement according to the relevant

---

① Id. Art. 187.
② Id. Art. 190.
③ Id. Art. 191, §1.
④ Id. Art. 192.
⑤ Id. Art. 193.
⑥ See supra note and accompanying text.

regulations provided by this law①.

The Special Regulations of Civil Procedure Involving Foreigners consists of twenty-one articles. They are the fifth and last part of the Civil Procedure Law. These regulations are applicable to civil actions conducted by foreigners, stateless persons, foreign enterprises and organizations in the PRC. The other four parts consist of 184 articles and contain regulations regarding jurisdiction, organization of adjudication, withdrawal, participants (including litigants and their representatives) in proceedings, evidence, coercive measures against obstruction of civil actions, litigation fees, procedure for first instance, procedure for second instance, procedure for adjudication supervision, and procedure for enforcement. The regulations of this law are applicable to foreigners, as are all relevant regulations provided by other parts of this law if there are no specific provisions in part Five②.

Although some procedures are specifically stipulated in this law, if there is inconsistency among the regulations provided by an international treaty entered into by the PRC and this law, the regulation or regulations provided by that international treaty shall be applied, with the exception of those provisions to which the PRC has announced reservations③.

In order to develop international cooperation in the area of judicial assistance, the Civil Procedure Law further stipulates that China's courts and foreign courts may entrust each other with certain procedural acts according to any treaty entered into or participated in by the PRC, or to the principle of reciprocity. Matters entrusted by a foreign court to the people's courts which contradict the sovereignty or security of the PRC shall be rejected; matters which are not within the jurisdiction of the people's court shall be returned to the foreign court with the reason therefore explained④.

The people's court of the PRC shall make an order recognizing the effectiveness of a final judgment or order entrusted to it for enforcement by a foreign court, and shall enforce it in accordance with the procedures stipulated

---

① See supra note and accompanying text, Art. 195.
② Id. Art. 185.
③ Id. Art. 189.
④ Id. Art. 202.

by this law, after reviewing and deciding, according to the international treaties entered into or participated in by the PRC, or according to the principle of reciprocity, that it does not violate any fundamental principles of the laws of the PRC or the interests of the country and society. Otherwise, the judgment or order shall be returned to the foreign court①.

B. Arbitration Rules

In China, arbitration is one of the principal methods for settling disputes arising from economic dealings and trades with foreign countries. As noted earlier, Article 14 of the Joint Venture Law provides that disputes arising between parties to a joint venture which the board of directors fails to settle through consultation may be settled through conciliation or arbitration by an arbitral body of China or through arbitration by any other arbitral body agreed to by the parties②.

In the early years after the founding of the PRC, a complete arbitral system was established. On May 6, 1954, the Administration Council of the Central People's Government adopted the Decision for the Establishment of a Foreign Trade Arbitration Commission within the China Council for the Promotion of International Trade③. In accordance with this decision, the CCPIT issued Provisional Rules of Procedure of the Foreign Trade Arbitration Commission in March 1956④. In recent years, in order to meet the growing needs of China's trade and economic relations with foreign states, the State Council decided in February 1980 to change the name of the Foreign Trade Arbitration Commission to the Foreign Economic and Trade

---

① See supra note and accompanying text, Art. 204.
② See Joint Venture Law, supra note, Art. 14.
③ Decision of the Government Administration Council of the Central People's Government Concerning the Establishment of a Foreign Trade Arbitration Commission Within the China Council for the Promotion of International Trade, Art. 12(1954), reprinted in 2 COMMERCIAL, BUSINESS AND TRADE LAWS: PEOPLE'S REPUBLIC OF CHINA § L. 2(F. Chu, M. Moser & Q. Nee eds. 1983) [hereinafter cited as Decision of 1954].
④ Provisional Rules of Procedure of the Foreign Trade Arbitration Commission of the China Council for the Promotion of International Trade, Arts. 1-38(1956), reprinted in id. § L. 3[hereinafter cited as FETAC Rules].

Arbitration Commission (FETAC) and to enlarge its scope and structure①. The Arbitration Commission is composed of fifteen to twenty-one members selected and appointed for one year terms by the CCPIT. The members have special knowledge and experience in foreign trade, commerce, industry, agriculture, transportation, insurance or law②. A 1980 notice indicated that the number of members of FETAC may appropriately increase to accommodate an expanding workload③.

FETAC has been authorized to handle disputes arising from the execution of agreements for joint ventures involving foreign interests, foreign investment in China, credits and loans between China and foreign banks, production between Chinese and foreign parties, and compensation and other matters relating to trade with foreign countries④. In handling a case, FETAC adheres to the policy of equality and mutual benefit and pays due regard to international practice. FETAC strictly abides by Chinese law and observes the terms of any contract concerned in the dispute.

In practice, FETAC combines arbitration with conciliation. It seeks to settle disputes through conciliation wherever possible on the basis of voluntary agreement by both parties. Conciliation is neither compulsory nor inevitable prior to or during the arbitration proceedings. If one of the parties is unwilling, attempts at conciliation will be ignored. Conciliation is conducted on the principled basis of discerning between right and wrong and ascertaining the liabilities of each side in accordance with the laws of China. A conciliatory statement is made at the close of a case in accordance with any conciliatory agreement. FETAC's experience has proved that most disputes can be settled by conciliation, and the procedure is appreciated by a number of Chinese and foreign parties.

In the past few years, FETAC has developed joint conciliations in collaboration with foreign arbitral bodies. In cooperation with the American

---

① See Notice of the State Council Concerning the Conversion of the Foreign Trade Arbitration Commission into the Foreign Economic and Trade Arbitration Commission(1980), reprinted in id. § L. 6 [hereinafter cited as Notice of 1980].
② Decision of 1954, supra note, Art. 3.
③ See FETAC Rules, supra note, Art. 13.
④ Decision of 1954, supra note, Art. 3.

Arbitration Association, FETAC has succeeded in settling some disputes arising from United States-China trade with satisfactory results. In addition, the CCPIT and the Bureau of Industrial Property of France have signed a Protocol for Settlement of Disputes Arising from Franco-Chinese Industrial Property Trade. The Protocol stipulates that disputes arising from industrial property trade may be settled through joint conciliation.

In the event that no settlement can be reached through conciliation, or if one party refuses to participate in the process, FETAC will arbitrate the case pursuant to the arbitration agreement signed between the parties. Arbitration agreements must be in writing. The most common form of agreement is an arbitration clause in the basic contract entered into by the parties①. Once there is such an agreement, the people's court will not accept an application for litigation②.

Either party may file an application for arbitration with FETAC according to their agreement to arbitrate. In accordance with FETAC's rules of procedure on arbitration, each of the disputing parties has the right to appoint one person as an arbitrator from among the FETAC members. The two arbitrators so appointed jointly select a presiding arbitrator from among the FETAC members, and the three together form an arbitration tribunal to hear the case③. In the alternative, the disputing parties may jointly choose one person to serve as a sole arbitrator from among the FETAC members④.

If necessary, the arbitration tribunal may consult experts to clarify any

---

① See. e. g., FETAC Rules, supra note, Art. 3 (adopted on Mar. 31, 1956 at the Fourth Committee Meeting of the China Council for the Promotion of International Trade), reprinted in COMMERCIAL LAWS AND BUSINESS REGULATIONS OF THE PEOPLE'S REPUBLIC OF CHINA 1949 – 1983 at 447 – 449 (V. F. S. Sit ed. 1983): "Any other form of agreement to submit to arbitration, [however,] such as special agreement, exchange of correspondence or any specific stipulation contained in other relevant documents" will be recognized. Id.

② CPL, supra note, Art. 192.

③ Article 4 requires that the party commencing the arbitration specify its choice of arbitrator in its application, or that it authorize the chairman of FETAC to appoint the arbitrator on behalf of the applicant. FETAC Rules, supra note, Art. 4c. Within fifteen days of its receipt of the arbitration application, the respondent shall similarly choose its arbitrator, or authorize the FETAC chairman to so choose. Id. Art. 9. The two arbitrators then "select an umpire from among the members" of FETAC. Id. Art. 1.

④ Id. Art. 12.

question concerning technical or special matters or business practices. Such experts may be designated from among citizens of the PRC or foreign citizens①.

In general, the arbitration tribunal hears cases openly. The arbitration tribunal may also conduct closed hearings, however, if either or both of the disputing parties so request②. Timely notice of hearing dates shall be given to the parties. The parties may confer with FETAC on matters relating to the proceeding either in person or through their attorney (with the status of representative rather than of lawyer), who may be a citizen of the PRC or a foreign citizen. Attorneys may attend hearings on behalf of the parties represented③.

When the arbitration tribunal is composed of three arbitrators, the award is decided by a majority vote and reasons for the decision must be given in the award④. The award granted is final, and neither party may appeal the decision to a court of law or to any other organization. The parties shall automatically execute the award within the time limit specified in the award. If one of the parties fails to execute it after the expiration of the time limit, the opposing party may petition the people's court to enforce it in accordance with law⑤.

To compensate for the costs of arbitration, the arbitration tribunal may collect a fee not exceeding 1% of the amount of the claim. In accordance with the arbitration award, such a fee should be borne entirely by the losing party or proportionally by both parties⑥.

Pursuant to the Law on Chinese-Foreign Joint Ventures, parties to a joint venture may by agreement submit to arbitration by an arbitral body

---

① Id. Art. 27.
② Id. Art. 21.
③ Id. Art. 18. But cf. Regulations on Lawyers, supra note, Arts. 1, 3, 5, 8. These provisional regulations, it has been contended, "state by implication that foreign counsel is not qualified to practice law in China, and therefore cannot represent the foreign party during arbitration". P. WIK, HOW TO DO BUSINESS WITH THE PEOPLE'S REPUBLIC OF CHINA 150(1984).
④ FETAC Rules, supra note, Arts. 20, 29, 30.
⑤ Id. Arts. 31-32.
⑥ Id. Art. 33.

other than a Chinese one①. In such a case, the following procedures are often adopted②.

(1) Arbitration by an arbitral body of the defendant's country: If the defendant is Chinese, the arbitration is carried out by an arbitral body of China; if the defendant is a foreign party, the arbitration is held by an arbitral body of the foreign party's country.

(2) Arbitration in a third country: The dispute shall first be referred to a Chinese arbitral body for conciliation, and if conciliation fails to produce results, it is submitted for arbitration to an arbitral body in a third country.

(3) No matter where the arbitration is held, in the defendant's country or a third country, the procedural rules of the arbitral body in which the arbitration is conducted shall apply.

(4) Both parties may also agree to submit the dispute for arbitration on an *ad hoc* basis to an arbitral tribunal organized in accordance with the United Nations Commission on International Trade Law (UNCITRAL) Arbitration Rules③.

V CONCLUSION

Since China began its legislation for absorbing foreign investment in 1979, many relevant laws and regulations have been promulgated. Although the relevant legal framework is still incomplete, laws both preferential and favorable to foreign investors have now been firmly established. Furthermore, China has begun to prepare another series of laws and regulations concerning, *inter alia*, private investment in China, foreign independent enterprises in China and Chinese-foreign cooperative enterprises;

---

① Joint Venture Law, supra note, Art. 14.

② See, GUIDE TO INVESTMENT, supra note, at 232. The basic principles mentioned in the text have been stipulated in some bilateral international agreements. See, e. g., the Sino-American Trade Agreement, supra note, Art. 8, at 4659. This treaty omits the requirement of referring the dispute to a Chinese arbitration tribunal before submitting it to third country arbitration.

③ Id. at 4659 – 4660.

these laws will be promulgated consecutively①. The PRC is developing a complete legal system to accelerate the absorption of foreign investment and international economic exchange.

The aforesaid policies and laws illustrate that China's door is open much wider than at any time since the People's Republic was founded in 1949. As Premier Zhao Zhiyang indicated, China's policy of opening to the outside world is not a mere subjective wish but a reflection of an objective necessity; therefore, it is China's "basic national policy" and "will long remain unchanged. China has opened its door and will never close it again. Instead, as China gradually realizes its modernization program, its external economic relations will grow steadily in depth and width."②

---

① As reported, this information was disclosed by the Vice-Minister of FERT of China, Wei Yuming. See Green Light for Establishing Foreign Enterprises in China's Coastal Areas, China Economic News(Hong Kong)No. 42, Oct. 31, 1983, at 1.

② China's Policy of Opening to Outside to Remain Unchanged, Says Premier Zhao, Zinhau News Agency Bulletin, Jan. 12, 1984, at 74 – 75.

XVIII The Li Shuang Case: A Wet Blanket Over Romantic Love?*

AN CHEN**

[Table of Contents]

I Who Is Li and What Is the Background of Her Case?
II What Laws Did Li Violate and What Crime Did Li Commit?
III A Wet Blanket, A Big Stick or A life Buoy?
Appendix 1
Appendix 2

A newspaper special report, written by Mr. Christopher S. Wren and entitled "China Jails Woman for Affair with Frenchman"[①], has been

---

* This Article was first published in the New York Law School Journal of International and Comparative Law (U. S. A.), Vol. 3, No. 1, 1981. Its Chinese translation is now compiled in Series Sixth of the present Book, as its fourth paper. The citation of and commentary on legal provisions in this Article were based upon the related laws and regulations effective during that time. It is hereby suggested to check and compare them with the further development of these legal provisions since 1981, so as to better understand their historical, gradual maturity and obtain the most recent information.

** Professor of Law, Director of the International Law Teaching and Research Section, and Member of the Academic Committee, Xiamen University, People's Republic of China; Visiting Scholar at Harvard Law School since December, 1981.

This article was written in January, 1982 on the basis of a speech made by the author at Harvard Law School.

① N. Y. Times, Nov. 13, 1981, at 36, col. 1. See App. 1.

duplicated, together with another short report①, and distributed to the students of Harvard Law School this January as reference materials for a course in Contemporary Chinese Law. It seems that both of these reports, especially the first one, are now considered to be important materials for researching current Chinese laws.

Since I have recently arrived at Harvard Law School from the People's Republic of China(PRC), a lot of American friends and students here raised many questions to me regarding this case, such as: Who is Li Shuang? What is the background of her case? What laws did she violate, what crimes did she commit? Why did the Chinese government interfere with her freedom to marry, throwing a wet blanket over romantic love and disrespecting human rights? Confronted so often with so many questions, I feel obligated to discuss this case with any who are interested in. I should like, therefore, to present my personal view of Chinese law in order that the truth and essence of this case might be as clear as possible, for the aforesaid newspaper reports contain many unclear, incorrect or self-contradictory points.

I WHO IS LI AND WHAT IS THE BACKGROUND OF HER CASE?

Mr. Wren's special report stated:

Li Shuang, a 24-year-old avant garde artist, fell in love with Emmanuel Bellefroid, a 33-year-old French Embassy attaché, and they became engaged. Friends here say that the couple was promised by the Chinese that they could get married... On Tuesday the authorities disclosed that Miss Li had been sentenced to two years of "re-education through labor" in a penal institution... Mr. Bellefroid was separated from his wife...

---

① French Diplomat Says China Holds His Fiancée, N. Y. Times, Sept. 13, 1981, at 5, col. 6. See App. 2.

This account contains much misunderstanding, misstatement and inexactitude.

Who is Li? As Chinese reports say, she was originally an art designer for the China Youth Arts Theater. After resigning in January 1981, she became an unemployed vagrant and woman hoodlum. She had no regular employment for a long time, and instead engaged in indecent activities, offensive to public morals, thus affecting social order. It is especially necessary to point out that she refused to mend her ways in spite of the repeated admonitions of authorities. Heedless of the consequences, she moved flagrantly into Bellefroid's apartment and lived with him for two months, taking advantage of his diplomatic privileges to protect herself. As a result, in accordance with the provisions of Chinese law, she was detained and subjected to two years of rehabilitation through labor (RHTL) by a Chinese judicial organ and according to due judicial procedure. Since then, Bellefroid has incited a large-scale outcry about this case, distorting the facts and attacking the perfectly correct actions of the Chinese authorities.

Here, a word about the strict distinction between illegal sexual relationships and lawful love and marriage may be quite necessary. As we know, first of all, the People's Republic of China is a socialist country. The state requires each citizen to live by his own work, so long as he is able to work, and to observe public order and social morals. The Constitution of the PRC confirms many kinds of freedom, such as, *inter alia*, freedom of speech, correspondence, the press, assembly, association, and even freedom of demonstration and freedom to strike. But it has never provided for so-called "individual freedom" for immoral and unlawful corruption of sex. Quite to the contrary, all immoral and unlawful sexual activities are condemned by the public and, if the circumstances are serious, are punishable by law. Undoubtedly, all honest and upright persons in the world, including all fair-minded humanitarians and human rights advocates should never consider "freedom" of adultery or of prostitution as a proper kind of freedom to individuals or as a proper part of human rights to citizens, because it is universally acknowledged that these activities offend public morals, and harm and endanger national health.

Second, since the smashing of the "Gang of Four", contacts between the peoples of China and other countries have increased. Most foreigners are true friends of the Chinese people. They continue to work hard to accelerate the cultural and economic exchanges between China and other countries. But a few foreigners inherit the insulting attitude of old colonialists and mistakenly consider the new China to be still the old China — a semi-colony, a paradise for the foreign adventurers — where sexual enjoyment and dissoluteness can be obtained at will. They go in for bullying the Chinese under the cover of various garbs.

Unfortunately, a few Chinese girls, dazzled by the display of wealth of some foreigners, disregard national dignity and forfeit national character and their own personality, by selling their own souls and bodies. In other words, they engage in prostitution, or prostitution in disguised form. As everyone knows, prostitution, strictly banned since 1949, has disappeared from the Chinese mainland. Its recrudescence in a very few cities, especially that which occurs *under* the flagrant protection of foreigner's powerful position or certain *privileges* of a *foreigner* and thus despises and mocks the *sanctity of Chinese Law*, seriously injures the national self-respect of the Chinese people and enrages them, because it has brought back the painful memories of the colonial humiliations that they suffered for more than one hundred years before 1949. They do wish to prohibit sternly this phenomenon in its re-sprouting stage as soon as possible.

This is an important part of the background of Li's case. If we view this case against such a background, together with other factors, we can easily understand why the Chinese authorities handled this case in such a serious manner. This strictness accurately reflects the common will of the Chinese people and meets with their full support.

Of course, it is not difficult to imagine that the same situation would probably be viewed quite differently in some Western countries because of the difference in history, culture, social system and concepts of morality. But I am sure that all foreign friends can understand that the Chinese have had to review their bitter experiences of the past, which are full of untold tribulations, tramplings, violations and insults imposed on the Chinese people by colonialists and imperialists. They must also, therefore, fully understand and willingly respect the proper national feelings of the Chinese people.

II WHAT LAWS DID LI VIOLATE AND WHAT CRIME DID LI COMMIT?

Since Li is a citizen of China and her illegal activities occurred in China, it is entirely proper for China, a sovereign state, to handle the violation of law by Li according to Chinese law, treating it as a purely internal affair. This common sense in choice of law seems to have been forgotten by many, so we must re-emphasize it as a prerequisite to analyze this case.

My own speculation is that Li may have violated the following laws of China: First, she may have violated the Security Administration Punishment Act of PRC①. Article 5 provides: "A person who commits any one of the following acts disrupting public order shall be punished by detention, fine or warning." One of the acts listed in Section 8 is "engaging in prostitution or having sexual relations with a woman secretly engaged in prostitution in violation of the government order repressing prostitutes"②. As an important addition, Article 30 further provides: "After their punishment has been completed, persons who are habitual loafers, do not engage in proper employment and repeatedly violate security administration may be sent to organs of RHTL if they require such rehabilitation."③

Second, she violated the Decision of the State Council of the PRC on Rehabilitation Through Labor④. Article 1 of this decree provides: "The

---

① Passed at the 81st Meeting of Standing Committee of the National People's Congress, Oct. 22, 1957; promulgated on the same day.

② THE POLICY AND LAW RESEARCH SECTION OF THE PUBLIC SECURITY MINISTRY OF THE PEOPLE'S REPUBLIC OF CHINA: A CORPUS OF PUBLIC SECURITY LAWS AND REGULATIONS (1950 - 1979) 114, Mass Press, Beijing (1980) [hereinafter cited as PUBLIC SECURITY LAWS]. See also 22 XINHUA BANYUEKAN 82 (1957).

③ PUBLIC SECURITY LAWS, supra note, at 121.

④ Approved at the 78th Meeting of the Standing Committee of the First Session of the NPC, Aug. 1, 1957; promulgated by the State Council, Aug. 3, 1957.

following kinds of persons shall be taken in and their RHTL shall be carried out: (1) Those who do not engage in proper employment, behave like hoodlums,... violate security administration and refuse to mend their ways despite repeated admonitions."① In 1979, a Supplementary Regulation was promulgated, in which Article 3 added, "The time period for RHTL is from one to three years... Holidays and Sundays shall be days of rest"②.

Mr. Wren's report said that the statement issued by the Chinese Embassy in France on November 12 last year "did not say what crime Miss Li had committed." Of course not. The Embassy's statement was not a written verdict or judgment, and so it did not need to list, one by one, the details of the charges and to cite the relevant laws. But the commentary issued by Xinhua Reporter on November 14 last year had already clearly pointed out that Li was sent to RHTL for two years in accordance with Article 1 of the State Council's "Decision on Rehabilitation Through Labor."③

Then, did Li violate the current Criminal Law of the PRC? To answer this question it is necessary to point out both of the following: 1) In the light of reports that I have read, the Chinese government did not consider Li's behavior a crime violating the Criminal Law and therefore did not punish her according to that law, but disposed of this case pursuant to the Decision on RHTL. This point has been mentioned previously and will be developed further in Part Three of the present article. 2) Whether Li's activities violated the Criminal Law depends upon the marital status of Bellefroid: when he was living with Li, was he single, married, widowed, divorced, or only separated? Mr. Wren reported: "Bellefroid was separated from his wife."

---

① PUBLIC SECURITY LAWS, supra note, at 391. See also 17 XINHUA BANYUEKAN 195 (1957).

② Supplementary Regulations of the State Council on RHTL. Approved at the 12th Meeting of the Fifth Session of the NPC, Nov. 29, 1979; promulgated by the State Council on the same day. See PUBLIC SECURITY LAWS, supra note, at 393. See also 11 XINHUA YUEBAO 12 - 13 (documents ed. 1979).

③ Commentary by Xinhua Reporter, A Big Fuss Over a Trifle, GUANGMING DAILY, Nov. 15, 1981.

But at the beginning of the same report, he said that Bellefroid and Li "became engaged... [and] were promised by the Chinese that they could get married"①. Isn't this contradictory? As everyone knows, "separated" is a marital status substantially different from "divorced." Even in the legal provisions and official documents of the United States, the former has always been strictly distinguished from the latter②. It is obvious that "divorced" means the death of the legal marital relationship, while "separated" means the legal marital relationship is still alive, but that each spouse lives apart from the other. How could a husband, then, having a lawful wife, legally "become engaged" to another woman and call the latter his "fiancée"? How could they be "promised by the Chinese that they could get married" legally? Thus, if Mr. Wren's version is correct, Bellefroid and Li were committing the crime of bigamy③.

One might argue that Li didn't marry Bellefroid, but merely lived together with him for two months, therefore, she didn't commit bigamy. True, according to the Marriage Law of the PRC (1980), a marriage, to be legal, must be registered at the marriage registration office and a marriage certificate must be issued④. But there are many cases in which a man or a woman having a legal spouse, lives with another person of the opposite sex, not only secretly committing adultery, but openly treating each other as husband and wife without a second marriage registration. In judicial practice, these cases have always been considered *de facto* bigamy and have been punished as bigamy, so as to control this crime more effectively. These practices have already been summed up in a generally recognized principle accepted in the recently

---

① Supra note. The other report, published Sept. 13, 1981 also stated that Li was Bellefroid's "fiancée." See supra note.

② For instance, such a distinction also appears in the 19th column of the Non-immigrant Visa Application issued by the U.S. Embassy in China.

③ Article 180 of the Criminal law provides: "Whoever has a spouse and commits bigamy or whoever marries another person clearly knowing the other has a spouse shall be sentenced to not more than two years of fixed-term imprisonment or to criminal detention." Criminal Law of the PRC. See RENMIN RIBAO (People's Daily), July 7, 1979. See also 6 XINHUA YUEBAO 77 (documents ed. 1979).

④ See article 7 of Marriage Law of the PRC (1980), RENMIN RIBAO, Sept. 16, 1980. See also 9 XINHUA YUEBAO 61 (documents ed. 1980).

published Legal Dictionary① and also adopted by the authoritative weekly, ZHONGGUO FAZHI BAO (Chinese Legal System Reports)②.

Contrasted with these practices, we may say that Li's openly living together with Bellefroid inside the diplomatic compound for two months (had Mr. Wren's narration about Bellefroid's marital status at that time been correct) would have already constituted a crime of bigamy in fact.

Certainly, I should add that if Bellefroid had actually gone through the formalities of divorce with his French wife before Li publicly lived together with him, Li would not have been committing bigamy in fact, but her relationship with Bellefroid, as a whole, would still have been considered hoodlumish and meretricious③.

III A WET BLANKET, A BIG STICK OR A LIFE BUOY?

Mr. Wren reported that in China, "the authorities have warned Chinese citizens against mixing with foreigners... While she (Li) was obviously used

---

① "Bigamy: A man or a woman who already has a spouse and does not go through formalities of divorce, marries another person via marriage registration; or although not via such a registration yet lives together with the other, factually treating each other in the relationship of husband and wife." THE LEGAL DICTIONARY 521, Shanghai Dictionaries Press(1980).

② See Did He Commit a Bigamy?, ZHONGGUO FAZHI BAO, Oct. 2, 1981, at 3: Concretely to say, bigamy means that a man or a woman who already has a spouse, registeredly marries another person again before his/her spouse has died or before their marriage relationship has been legally terminated; or, although (he or she) has not yet initiated any marriage registration again, yet lives together with the other factually in the status of husband-and-wife relationship, it thus constitutes a factual marriage. Id.

③ Another source said: Bellefroid met Li Shuang at an art exhibition in Beijing in September 1980. As Bellefroid put it, "It was love at first sight". At the time Bellefroid's wife was working in the AFP office in Beijing. Up to May, 1981 Bellefroid applied to the Chinese authorities concerning his intention to marry Li Shuang and produced a certificate of his divorce. At the time, Li Shuang's indecent behavior for several months had already seriously interfered with social order, and had made the masses extremely angry. The departments concerned obviously could not approve the marriage of Li Shuang to Bellefroid while her hoodlum case was pending. Then, in spite of repeated admonitions, she flagrantly moved into Bellefroid's apartment and lived with him for two months, taking advantage of his diplomatic privileges to protect herself. Hence, in accordance with Chinese law, Li was detained in September 1981, and was sent to RHTL in November 1981. See Zhongguo Xinwen She, Feature, U.S. Department of Commerce: FBIS. Daily Report — China, Nov. 16, 1981, G2.

as an example for other couples, it is uncertain whether the case represents a more significant crackdown against the intellectual nonconformity". These ambiguous comments confuse the normal, legal contacts between the Chinese and foreigners with the abnormal, illegal ones. They also confuse problems of law with those of politics, and mistake an attempt to rehabilitate for persecution and intimidation.

It is common knowledge that Chinese are never blindly xenophobic, never indiscriminately opposed to exotic things and persons foreign, and have never objected to normal and legal contacts, including normal and legitimate marriages between Chinese and foreigners. We can cite many examples to illustrate this. There is no need to list the couples who have been married throughout the years. The recent happy marriage between another diplomat of the very same French Embassy in Beijing, Christian Galliano, and a Chinese woman, Zhao Jiang, last October, speaks sufficiently for Chinese allowance of the matrimony between the Chinese and foreigners. This marriage, I am glad to say, has been reported objectively in Mr. Wren's article.

Regrettably, Bellefroid's case was quite different from Galliano's. Taking advantage of his diplomatic privileges, including the immunity of judicial jurisdiction[1], Bellefroid paid no heed to the statutes and codes of the host country to which he was accredited, and behaved in a way incompatible with his diplomatic status. Together with Li Shuang, he transgressed the above-mentioned Chinese laws and abused his diplomatic privilege of residence inviolability[2] to harbor and shield Li. Why do I say "abused"? Because the

---

[1] Vienna Convention on Diplomatic Relations, done at Vienna April 18, 1961, 23 U. S. T. 3227, T. I. A. S. No. 7502,500 U. N. T. S. 95 [hereinafter cited as Vienna Convention]. "The person of a diplomatic agent shall be inviolable. He shall not be liable to any form of arrest or detention." Id. Art. 29. "A diplomatic agent shall enjoy immunity from the criminal jurisdiction of the receiving State." Id. Art. 31. As of January 1, 1981, one hundred and forty-eight nations including the People's Republic of China, France, United Kingdom, United States and the U. S. S. R. were parties to the Convention. TREATIES IN FORCE — A LIST OF TREATIES AND OTHER INTERNATIONAL AGREEMENTS OF THE UNITED STATES IN FORCE ON JANUARY 1, 1981 (1981).

[2] See Vienna Convention, supra note, Art. 30 which provides: "The private residence of a diplomatic agent shall enjoy the same inviolability and protection as the premises of the mission." Id. Art. 30, sec. 1. The treaty provides in advance that: "The premises of the mission shall be inviolable. The agents of the receiving State may not enter them, except with the consent of the head of the mission." Id. Art. 22, sec. 1.

Vienna Convention on Diplomatic Relations expressly provides: "Without prejudice to their privileges and immunities, it is the duty of all persons enjoying such privileges and immunities to respect the laws and regulations of the receiving State. They also have a duty not to interfere in the internal affairs of that State."① And, of course, the private residence of a diplomat as well as the premises of the mission "*must not be used in any manner incompatible with the functions of the mission* as laid down in the present Convention or by other rules of general international law."②

In the event a diplomat abuses his diplomatic privileges and thereby violates the law of the receiving State, the host sovereign State is entitled, according to the principles of international law, to take harsh action against the law-violating diplomat, such as making public all facts concerning his (such as Bellefroid's) disreputable behavior, pronouncing him a persona non grata and deporting him③. But the Chinese government refrained from doing this out of respect for the Sino-French friendship. This is why the Chinese authorities limited themselves only to punishing a law-violating citizen of their own, in accordance with their internal law.

Bellefroid, however, requited kindness with ingratitude. He and his friends wantonly attacked China's handling of the Li Shuang case as a "cracking down" on intellectuals, "suppressing liberalization" and as an indication of "a change of policy in China". This hullabaloo of slander and fabrication, of entirely random accusations, is obviously intended to create confusion, so as to cover up Bellefroid's activities, which were extremely incompatible with his diplomatic status, and to divert public attention. In a word, Bellefroid tried hard to whitewash and prettify himself by confusing legal problems with politics: embellishing and beautifying Li's indecent law-

---

① Id. Art. 41, sec. 1.
② Id. Art. 41, sec. 3.
③ Id. Art. 9.
The receiving State may at any time and without having to explain its decision, notify the sending State that the head of the mission or any member of the diplomatic staff of the mission is persona non grata or that any other member of the staff of the mission is not acceptable. In any such case, the sending State shall, as appropriate, either recall the person concerned or terminate his functions with the mission. Id.

violating behavior as so-called "political liberalization", and calumniating a proper legal punishment of Li as so-called political "cracking down" on intellectuals.

This is nothing but a smoke-screen! Those with discerning eyes can see the essence of it at first sight. Someone ignorant of the real facts, but without prejudices, perhaps even Mr. Wren, would gradually come to see the truth clearly, even through Bellefroid's smoke-screen.

I must also say a few words about the procedure and nature of the RHTL that Li has been subjected to. Many may assume that no procedure for RHTL existed before the decision was made against Li because they didn't find it in the narration of the said report. But, as the statement issued by the Chinese Embassy in France noted, Li was subjected to two years of RHTL "by a Chinese judicial organ according to judicial procedure"[①]. In accordance with the Supplementary Regulations on RHTL promulgated in 1979, when a person is to be subjected to RHTL, the matter shall be considered and approved (on the basis of a full investigation, of course) by the "Administrative Committees for Rehabilitation Through Labor". These Committees are established in the provinces, as well as the large and medium cities, and are composed of responsible persons of the civil administration, public security and labor departments. All activities of RHTL organs must be "supervised" by the people's procuracies[②].

Certainly, no one should criticize Mr. Wren too harshly for his failure to outline the RHTL procedure in his report. We understand that it is impossible to include everything in a short special report and that he might not have been familiar with the procedure involving RHTL. Even if he were, he had not been accorded the opportunity to be present at the interrogation proceedings.

As to the last point, according to the Criminal Procedure Law of the

---

① See PRC Paris Embassy Clarifies Li's Reeducation, U. S. Department of Commerce: FBIS, Daily Report — China, Nov. 13, 1981, G1.
② See Supplementary Regulations of the State Council on RHTL, Art. 1, 2, and 5. Article 5 provides, "the people's procuracies shall exercise supervision over the activities of the organs of rehabilitation through labor." See also 11 XINHUA YUEBAO 13 (documents ed. 1979).

PRC, though all cases shall, in general, be publicly tried by people's court, those "cases involving state secrets or the shameful secrets of individuals shall not be tried and heard in public"①. On such occasions, i. e. in cases where the state secrets, personal reputation, or public morality and the fresh air of the community are felt to be at stake, attendance is denied to both ordinary Chinese and foreigners (including foreign newsmen and reporters). These persons are neither interested parties to the action, nor witnesses, nor are the persons who are ordinarily allowed entry into the courtroom: close relatives and friends of the actual parties, legal counsels, jurors, judges and court officers and other persons having business with the court in the case.

Indeed, Li's case was not considered a criminal one and therefore was not tried strictly according to the Criminal Procedure Law; nevertheless, it is obvious that the fundamental spirit of the aforesaid provision should be applicable since it would have been applied to a case such as Li's.

In this regard, some American friends have raised important questions: Even though those cases that are not heard and tried in public are exceptional and may be few in number, don't they nonetheless infringe upon and injure freedom of the press? And even more important, do not such exceptions pose the threat that defendants may be treated unjustly when the court's actions are not subject to public scrutiny?

These are very interesting and significant questions, worthy of further discussion. And, as people are well aware, these issues themselves are not only debatable, but have been debated in legal circles in the United States too. The exceptions to public trial are a subject that requires in-depth research and analysis, and can comprise many treatises in itself. Here we may only point out that in the United States there exist principles and exceptions with regard to public trials that are considerably similar to those of China.

For example, as a general principle, the United States Constitution

---

① See RENMIN RIBAO, July 8, 1979, and 6 XINHUA YUEBAO 79, 88 (documents ed. 1979). Article 8, "the people's courts shall try and adjudicate all cases in public unless otherwise provided by this law. Defendants have a right to obtain defense, and the people's courts have a duty to guarantee that defendant's obtain defense." Art. 111, "the people's courts shall try and adjudicate cases of the first instance in public. However, cases involving state secrets or the shameful secrets of individuals shall not be tried and heard in public."

provides in its First Amendment that the "Congress shall make no law abridging freedom of the press". Furthermore, the Sixth Amendment provides: "In all criminal prosecutions, the accused shall enjoy the right to a speedy and public trial"; and Section 1 of the Fourteenth Amendment provides that no state shall deprive any person of life, liberty, or property without "due process of law". In short, freedom of the press and the defendant's right to a public trial both are generally protected by the Constitution against deprivation by federal and state authorities[①].

On the other hand, however, the judicial practices of the United States show that neither freedom of the press nor the defendant's right to a public trial is absolute, but that each must be balanced against other interests that might justify closing the courtroom to the public and the press. Various state interests have been held to be sufficiently compelling to justify the total or partial exclusion of the public and the press even over the defendant's objections. Such interests have included protecting young victims and complaining witnesses in rape cases[②]; preventing the revelation of an undercover agent's identity[③]; avoiding disclosure of a corporation's trade secrets[④]; and preserving the confidentiality of anti-skyjacking procedures[⑤], etc. Moreover, according to these cases, total or partial exclusion of the public and the press is not without constitutional foundation.

Additionally, the defendant often prefers to waive his right to a public trial and even on his own initiative asks for a closed or partially closed one in order to protect himself from sensationalism in the press, public favor, and any possibility of an unfair trial that may result therefrom.

Surely the right of access of the public or the press to judicial proceedings is of no greater constitutional moment than the defendant's right to a public

---

① See In Re Oliver, 333 U. S. 257, 272 - 273 (1948).
② See Geise v. United States, 262 F. 2d 151, 151 - 157 (9th Cir. 1958), cert. denied, 361 U. S. 842 (1959).
③ See United States ex. rel. Lloyd v. Vincent, 520 F. 2d 1272, 1272 - 1276 (2d Cir. 1975), cert. denied, 423 U. S. 937 (1975).
④ See Stamicarbon v. American Cyanamid Co., 506 F. 2d 532, 532 - 542 (2d Cir. 1974).
⑤ See United States v. Bell, 464 F. 2d 667, 667 - 676 (2d Cir. 1972), cert. denied, 409 U. S. 991 (1972).

trial. Thus, the former right might similarly be overridden in circumstances like those listed above.

Reviewing these legal provisions and judicial precedents, we may get a preliminary impression that with regard to the problem of public trials, the legislature or judiciary must carefully assess and balance the different competing interests in general, or in each particular case, attentively consider the advantages and disadvantages, so as to precisely carve out the properly principled exception that will be fair and equitable for the society, the state and the individuals concerned.

Finally, in addition to the closed trial issue, it is essential to further explain the nature and features of RHTL, to which Li has been subjected.

RHTL is not a penalty in the proper sense, but rather a form of education by compulsion. As everyone knows, the PRC is a socialist state. Its Constitution provides: "Work is an honorable duty for every citizen able to work"; the State applies the socialist principle: "He who does not work, neither shall he eat." Citizens must "observe labor discipline, observe public order, and respect social ethics"[①]. On the basis of this constitutional spirit, the RHTL system was established in order to reform those persons who have the capacity to work, but who loaf, violate law and discipline, and do not engage in proper employment. RHTL transforms them into new persons who support themselves by their own labor. Further, RHTL preserves public order and benefits socialist construction. In accordance with the express provisions of the relevant decree, the RHTL is "a measure of a coercive nature for carrying out the education and reform of persons receiving it. It is also a method of arranging their getting employment". Persons who receive RHTL shall "study labor and production skills and cultivate the habit of loving labor", so as to "have the conditions of getting employment". During the period of RHTL, they "shall be paid appropriate wages in accordance with the results of their labor". Moreover, consideration may be given to deducting a part of their wages in order to "provide for the maintenance expenses of their family members or to serve as a reserve fund that will enable

---

① Arts. 10, and 57. See REMNIN RIBAO, March 8, 1978.

them to have a family and an occupation"①.

These provisions show that the RHTL quite differs from the "reform through labor" of Criminal Law in two main aspects: 1) The latter is an important part of fixed-term imprisonment, a kind of criminal punishment — penalty; and the former is not a simple penalty in its proper sense, but a coercive educational and professional training measure; 2) The latter forced labor is without any pay, whereas the former enjoys appropriate wages.

This long-held practice in China has proved that the system of RHTL is especially effective in remolding and redeeming delinquent and sinking youths into people useful to the society. Both the active and beneficial role played by this system and the revolutionary humanitarian spirit embodied in it have been recognized by many noted international jurists and scholars who have visited RHTL centers in China.

Thus, anyone without prejudice and bias would certainly come to the conclusion that what the Chinese authorities have done to Li is neither a wet blanket over romantic love, nor a big stick on intellectual nonconformity, but a life buoy for the sinking person!

APPENDIX 1

N. Y. TIMES, Nov. 13, 1981, AT 36, COL. 1.

CHINA JAILS WOMAN FOR AFFAIR WITH FRENCHMAN

By CHRISTOPHER S. WREN

Special to The New York Times*

Peking, Nov. 12— The Chinese Government has been trying to justify to the West the sentence it imposed on a Chinese woman who was arrested, after she began living with a French diplomat in a compound for foreigners here.

Li Shuang, a 24-year-old avant garde artist, fell in love with Emmanuel Bellefroid, a 33-year-old French Embassy attaché, and they became engaged.

---

① PUBLIC SECURITY LAWS, supra note, at 392. See also 17 XINHUA BANYUEKAN 195 (1957).

* 1981 by The New York Times Company. Reprinted by permission.

Friends here say that the couple was promised by the Chinese that they could get married.

But on Sept. 9, after living for two months in Mr. Bellefroid's apartment, she was seized and taken away by plainclothes policemen at the entrance to the San Li Tun diplomatic compound while Mr. Bellefroid was in Hong Kong. He has since returned to France.

On Tuesday the authorities disclosed that Miss Li, who had not been heard from for two months, had been sentenced to two years of "re-education through labor" in a penal institution.

French Official Angered

The case took on wider implications because France's Foreign Trade Minister, Michel Jobert, was meeting officials in Peking when the two-year sentence was disclosed. Mr. Jobert reportedly tried to intervene for the couple with senior officials, including Deng Xiaoping and Prime Minister Zhao Ziyang, but was told that the matter was China's internal affair.

According to French sources here, an angry Mr. Jobert canceled a news conference and the last two technical meetings on his schedule and left Peking the same evening. One source reported that Mr. Deng called it a "regrettable coincidence" that Miss Li's sentence was disclosed while the French official was visiting Peking.

Today the official New China News Agency issued a statement prepared for Chinese embassies in Paris and elsewhere giving Peking's version of the affair.

"The problem is not a problem of marriage between Li Shuang and Emmanuel Bellefroid, as someone said, but her violation of the Chinese law", according to the statement, which was also provided here by the Foreign Ministry to some Western reporters.

Exact Crime Not Specified

The statement did not say what crime Miss Li had committed. But the authorities have warned Chinese citizens against mixing with foreigners. In Peking, foreign residents are assigned to walled off, segregated apartment that are guarded by soldiers. At public restaurants, foreigners are usually steered to separate dining rooms away from other customers.

But while such contacts, and marriages, are discouraged, they are not impossible. Today's statement took note of another staff member at the French Embassy, Christian Galliano, who last month was allowed to marry a Chinese woman, Zhao Jiang. In an earlier case this year, a Canadian was allowed to marry a dancer.

Some foreign residents here familiar with Miss Li's case believe that she outraged Chinese officials, who in general hold puritanical views, by moving into Mr. Bellefroid's apartment, thereby flouting Communist strictures against fraternization and extramarital sex. Mr. Bellefroid was separated from his wife, who returned to France.

Moreover, Miss Li was prominent in an avant garde group of Peking artists who had flirted with political dissidence. While she was obviously used as an example for other couples, it is uncertain whether the case represents a more significant crackdown against the intellectual nonconformity.

The New China News Agency statement indicated that the Chinese are discomfited by the uproar that the incident has created in France, where Mr. Bellefroid is living.

"It is entirely proper for China, a sovereign state, to handle the violation of law by Li Shuang according to Chinese law," the statement said. "It has nothing to do with the relations between China and France. We are sure that our French friends will and can understand China's handling of this purely internal affair."

APPENDIX 2

N. Y. TIMES, SEPT. 13, 1981, AT 5, COL. 6. *

French Diplomat Says China Holds His Fiancée,

Peking, Sept. 12 (AP)— A French Diplomat said today that the police were holding his Chinese fiancée.

Emmanuel Bellefroid, 33 years old, an attaché at the French Embassy, said he returned from abroad Thursday and learned that Li Shuang, had been

---

* 1981 by The New York Times Company. Reprinted by permission.

seized Wednesday outside the foreigners' compound in which they live.

Mr. Bellefroid said the police refused to see him when he went to explain that Miss Li had been in his apartment legally. She was seized as she was leaving the compound to meet her sister, the diplomat said. Chinese are allowed inside the compound only with special passes or in the company of a foreigner.

第八编

有关本书作者论著和
学术观点的报道、书评和函件等

I 媒体报道

一、在哈佛的讲坛上*
——访厦门大学政法学院副院长陈安

陈福郎

哈佛,这所国际性的美国名牌大学,云集着来自全球各地的访问学者。哈佛一个豪华而又雅致的会议厅里,正在举行午餐会。一位中国法学学者正用流利的英语演讲。四十多位听众中,主要是美国、日本的教授和学者,还有西欧、澳洲、东南亚诸国以及我国台湾地区的留美研究生。他们来自地球的不同角落,对中国的对外开放和吸收外资政策,内心都隐伏着程度不同的疑虑以及形形色色的惶惑。

"……由于中国政府近来对经济犯罪采取必要的打击措施,一些外国人就猜疑中国的风向正在变:似乎是天刚放晴不久又要下雨了。美国一家报纸的社论甚至推断说:'中国现在正在返回到教条主义'。有些外国朋友担心中国现行的对外开放和吸收外资政策不久就会变,他们告诫其他人,向中国投资要谨慎小心,看看再说,免得遇上麻烦,甚至发生风险……"

演讲者陈安,是厦门大学法律系的副教授。他于1981年底以访问学者身份,前来哈佛大学法学研究院,研究国际经济法。

今天演讲的题目是:《是进一步开放,还是重新关门?——评有关中国吸收外资政策的几种议论》。

当时是1982年秋,国内正开展打击经济领域重大犯罪的斗争。一些外国人对于这场斗争,议论颇多,啧有烦言,间夹非难。我国的对外开放政策正受到

---

* 本篇报道原发表于《生活·创造》月刊,1985年第12期,第6—8页。作者陈福郎现任厦门大学出版社总编辑。

一些人的误解和曲解。有的赞成重新关门,有的担心重新关门,有的希望继续开放。作为来自社会主义中国的法学副教授,陈安的办公室,经常有人来叩门,种种发问,把他搅得心神不宁。

祖国的对外开放政策正在坚定贯彻,方兴未艾,绝不能为外人所误解,甚至歪曲。陈安强烈的责任感油然而生,挺身而出,他想是时候了,该站出来做一番公开的澄清、解答以至驳斥。他明白,以一个中国法学学者的身份,在这个国际学术讲坛上发言,论述涉及中国的法律问题,是外国法学家们所无法替代的。我们在国际论坛上必须占得自己应有的席位。

中国法学学者那潇洒的风度、雄辩的说理、精辟的阐析,紧紧地攫住了听众的心。

"……对所有正派、诚实和守法的外商来说,打击行贿、受贿、索贿,打击走私活动,仅仅意味着:中国对他们打开了一扇更宽敞的大门,开辟了一条更平坦的道路。因为,横在正路和正门上的路障和垃圾被清除了,非法的'竞争'手段和勒索行径被禁止了……"

这场将近两小时的专题学术演说,系统阐述了我国有关政策法令的历史根据、立法精神和条款内容。讲演以事实为根据,从法学理论上说明我国今后既要继续坚持对外开放政策,进一步积极吸收外资,保护合法外资、外商;又要继续严肃认真地打击同吸收外资有关的一切经济犯罪行为,从而为建设具有中国特色的社会主义服务。

午餐会上的气氛渐渐活跃起来。有的快速记录,有的会心微笑,有的频频颔首。

在听众中,有一位日本访美研究员、金融经济专家杉原启示,他所服务的日本国家石油公司系日本政府国营机构,已向中国投资参加中日合作开发渤海湾及鄂尔多斯地区石油。他原来疑团满腹,可现在脸上却露出愉悦的神情。演讲一结束,他就索要了一份英文讲演细纲。事后,送来一封短简,并附一份日文摘译,说已将"先生日前发表的高见""迅即摘译要旨,并已速送日本国家石油公司参考"。

演讲结束了,大厅里响起热烈的掌声。这掌声,是属于中国的。这天恰是1982年10月1日,祖国人民正在欢度国庆,而陈安则在地球的另一面,通过自己的声音,让世界了解中国,一种欣慰之情涨满了他的心怀。有位台湾留美研究生挤到他身旁说:"佩服!佩服!外国人给你鼓掌,掌声这么响,作为中国人,我们也有份,觉得很体面!"在哈佛修习"中美商务法律问题"课程的许多研究生,因为有课未能参加,纷纷要求为他们补讲。他想,要调动国外各种积极因素,支持我国"四化"建设,就必须增进外国人对我国的了解和信任。重讲诚然辛苦,却是当仁不让。

在此之前,他还在哈佛课堂上,对近百名哈佛法学研究院研究生及旁听的外国访问学者,作过另一场演讲。那次演讲的题目是:《是棒打鸳鸯吗?——就李爽案件评〈纽约时报〉报道兼答美国法学界同行问》。这篇英文演讲稿经整理,在纽约法学院《国际法与比较法学报》杂志上发表。杂志主编艾姆林·希加对此文的评价是:"您的文章提出了人们所殷切期待的答案","您对于美国和中国的刑事法制所作的比较分析,是特别有教益和富有启发性的"。

20世纪50年代之初,陈安毕业于厦大法律系,当过一段时间的审判员,随后回校任教。1953年院系调整时,厦大法律系撤销了,他奉命转行,一晃就是27年。1980年厦大复办法律系,他才重新回到自己的本行。随着我国对外开放政策的实行,国际经济法这一新兴边缘学科中的许多崭新课题,紧紧地吸引了他。他的英语学习已中断30年。为了探索新知,以应祖国"四化"急需,他日夜兼程,自我训练口语,并以"半百"之年参加出国考试。好心朋友说,你已是副教授了,何必如此自苦!他说,职称只是探索新知的新鞭,不是故步自封的包袱。在哈佛,为了准备这两场演讲,陈安副教授付出了多少劳动!他面对的是美国听众,对美国的历史背景和社会制度、法令规章和类似的案例处断,不能不预先做一番认真的研究和查索,他没日没夜地查找和研究资料,眼窝更加深陷,身形愈益瘦削,但是他换来的是祖国的荣誉,他感到生活的充实。陈安副教授在哈佛的20个月中,还写成了学术论文《论美国对海外美资的法律保护》,全文五万余字,寄回国内。这篇论著对于今后我国吸收外资的谈判、签约以及研究涉外投资纠纷案件的处断,有重要的现实意义。有关出版社已建议扩大篇幅,作为专著出版。他还为瑞士日内瓦国际研究所教授卡普尔选编的一本专书《中国闭关自守的终结》撰写专章,论述中国吸收外资的基本政策和法律体制。此书即将在海牙问世,发行欧美。

去年,他参加了由教育部和司法部联合选派的"中国国际法教育考察团"。在近两个月的时间里,这个三人代表团历访了西欧、北美五个国家三十多个学术单位。回国后,同事们问他有什么新的收获体会,他说:"国际法学新知,可谓琳琅满目。但愿常如干海锦,涓涓滴滴,能吸即吸,俾为我国所用。我赞成这样的'螺旋式'循环:学而后知不足,知不足而后学。"

二、他把法的目光投向世界与未来[*]

——访厦门大学法律系陈安教授

甘景山

开拓法律科学新领域

"铛,铛,铛……"清晨,厦门大学校园的钟声响了。我走进海滨新村六楼402号房间,这是法律系陈安教授的家。房间里到处都是书,他在书的海洋里生活。

窗外的大海在强烈的阳光照耀下,闪射着刺眼的光芒。我提出看看有关资料,他抱来两三包他撰写的著作、论文。

我打开纸包,一本又一本翻过。当我翻到一本封面为天蓝底色衬着白色世界地图图案的《国际经济立法的历史和现状》时,立即被吸引住了。这是陈教授编译、由法律出版社出版的国际经济法新书。

国际经济法是法学中新兴的学科,是边缘性学科,是国际法学科中的一个新的重要分支,国内外学者还在探索中。我问陈教授:

"您怎么会想起去开辟这个新领域呢?灵感从何而来?"

"说来话长。'国际经济法'这个名词,是美国的一个法学专家洛文费尔德1976年才提出的。1979年,武汉大学七十多岁的法学老教授姚梅镇也开始了研究。"

"那您是哪年开始的?"

"也是79年。"

"您的步子真快。"

"研究国际经济法是形势的需要。现在,旧的世界经济秩序开始打破,新的经济秩序开始建立,现在国际经济交往日益频繁,打国际官司也在增加。为了在签订协议、合同、违约索赔以及处理投资、贸易、关税、金融等法律纠纷时,不受外商愚弄或欺骗,为保护国家权益不受损失,一定要加强国际经济法的研究。今后,需要大量通晓国际经济法的专业人才。"

我听了以后明白了,他想的是世界,是祖国的未来。厦大法律系1981年就着手招收国际经济法研究生,到现在这个学科的研究生已有几十名,其中已毕

---

[*] 本篇报道原发表于《福建司法》1988年第5期。作者甘景山当时是《福建日报》资深记者。

业的几名在答辩中名列前茅,写出了高质量的学术论文。

在全国国际经济法学科中,厦大法律系已遥遥领先。经国家教委批准,厦大法律系率先正式设置国际经济法专业,从1985年开始每年招收一个本科生班。

为了创立国际经济法这个新的法学科学领域,陈教授呕心沥血;现在,为了发展和服务于这个领域,更是废寝忘食,四处奔忙。他除了自己搞科研、担任国际经济法概论等数门课程外,还有许许多多的社会活动和行政工作,请看他的累累头衔:厦门大学政法学院院长、厦大法律系国际经济法教研室主任、中国国际经济法研究会副会长、中国经济法研究会理事、全国高等教育自学考试委员会委员、厦门经济特区法律顾问、福建省华侨律师事务所法律顾问、福建省保险公司法律顾问、美国国际法学会会员、福建省人大常委,等等。这些头衔,是社会对他的评价。在短短的数年里,他脱颖而出,走向全国,走向世界。

1982年10月1日,他在美国做了题为《是进一步开放,还是重新关门?——评有关中国吸收外国投资政策法令的几种议论》的讲演,阐述了我国有关政策法令的历史根据、立法精神,解释我国参加签订的保护外国投资的国际协定;从法理上说明我国今后既要继续坚持对外开放,进一步积极吸收外资,保护合法外资和守法外商,又要继续严厉地打击一切经济犯罪行为,从而消除了外国友人的顾虑和驳斥了个别人的攻击。不久,此篇论文被收进了海牙马尔丁出版社出版的《中国闭关自守的终结》一书。

此外,他还在《中国国际法年刊》上撰文,让世界人民了解中国的法律。

当铺路的石子

我翻阅着陈教授案头上的《访美小结》,其中有一段语重心长的话:"建议今后在国内加紧培养年轻的专业人员(他在'年轻的'下面打了三点着重号),从中择优送往国外深造。"

在另一份考察欧美的报告里疾呼:"关于国际法专业人才的培养,感到数量少、质量低,与西方国家相比,与十亿人口泱泱大国举足轻重的国际地位相比,差距极大,培养这方面人才是当务之急,急中之急!"

这时,陆续来了几位国际经济法专业的研究生,有的拿论文给陈教授修改,有的打报告要陈教授批准出外调查等等。陈教授指了指其中一位戴眼镜的瘦个子说:"我们要给年轻人压担子,他刚刚毕业,因为他学得好,系里已经研究确定,国际经济法教研室准备让他负责。我们这些老头子已经不行了,因此要把希望寄托在年轻人身上。我还不够格当人梯,可是我可以当铺路的石子,尽快填补人才断层。"

他无私的心深深地感动了我。

为了提高教学质量,加速培养高质量的法学人才,陈教授提倡加强国际交流,力避"近亲繁衍",见闻受囿,他提倡"拿来主义",吸收外国的好经验,教学、科研要不断创新。他根据美国哈佛大学的教学经验,逐步纠正"纯理论"的偏向,引导学生研究分析典型案例,活跃课堂对话。厦大法律系还组织学生办刊物,刊名是《法学与现代化》。他把这种学生办的刊物称作"拔尖人才的摇篮"。

陈教授还告诉我,厦大法律系招收国际经济法本科生,采取高分定向招生法,即向开放城市和特区定向招生,吸引那里的优秀生报考厦大法律系。在学期间,到香港、特区实习,同外商、港商打交道,"真刀真枪"打官司。对于优秀生,将分期分批送往外国深造。

我在陈教授的一本书里看到一张收据,原来是陈教授在出国期间,将节省下来的两千多美元都买了法律书籍,分别赠送给学校图书馆和法律系资料室,为师生提供研究资料。我还看到一份报告,是陈教授联系了外国的几个图书馆赠送给厦大大批法律书籍,要求上级解决运输问题的。总之,他一切想着法律系,想着学生,想着人才,想着"四化"建设。最后,我问陈教授有什么打算,他谦虚地说:"我也是刚刚起步,盛名之下,其实难副,主要靠大家……"

当采访将要结束的时候,我望着窗外的大海,不免心潮起伏。我想,还是引用陈安教授写的"小结"末段来结束本文:"今后,我定将更加谦虚谨慎,继续努力,为社会主义法学繁荣和祖国四化事业尽绵薄之力。"

三、适应对外开放和发展外向型经济需要,国际经济法系列专著问世[*]

林鸿禧 陈有仁

(本报讯)由厦门大学政法学院院长陈安教授主编的我国第一套国际经济

---

[*] 本篇报道原载于《光明日报》1988 年 4 月 26 日。作者林鸿禧当时是厦门大学校长办公室主任、《光明日报》通讯记者,陈友仁当时是《光明日报》资深记者。在此之前,中国新闻出版署主办的《新闻出版报》1988 年 1 月 9 日在《人以少胜多,书以优取胜》一文中率先报道了厦门鹭江出版社推出陈安教授一系列专著的信息,并作了评论,指出:该社"出版了《美国对海外投资的法律保护及典型案例分析》及其姊妹篇《舌剑唇枪——国际投资纠纷五大著名案例》,在学术界和社会上引起很大反响。法学界权威韩德培教授赞曰:'以中国人眼光来谈美国对海外投资的法律问题,确可谓独具新意。'已故北大教授陈体强生前称赞该书:'内容丰富,系统完整,洵是佳作。'最近,鹭江出版社又出版了一套国际经济法的系列专著,即《国际金融法》、《国际贸易法》、《国际海事法》、《国际投资法》,为创立具有中国特色 (转下页)

法系列专著《国际投资法》、《国际贸易法》、《国际货币金融法》、《国际税法》、《国际海事法》已由厦门鹭江出版社出版。这是我国涉外经济法律的重要学术论著。它为我国高等院校提供了涉外经济法律的新教材。

陈安教授早年毕业于厦门大学法律系和复旦大学政治学研究生班,1981—1983年应邀在美国哈佛大学从事国际经济法研究。

这套155万字的涉外经济法律学术专著收集了当今世界主要国家有关经济立法的最新资料,并在引进新鲜知识的基础上,结合我国涉外经济交往的实际,对改造国际经济旧秩序、建立国际经济新秩序所面临的各种法律问题进行分析论证,观点新颖,条理分明。目前已有多所大学的法律系准备将这套书作为教材。

四、为对外开放铺路

——记厦门大学法学教授陈安*

杨亚南

"陈安教授:感谢你赠送的五本巨作。当前全省上下议外向、想外向、干外向的形势下,外向知识何等重要又何等贫乏。这五本书可算及时雨,它大大有助于人们提高外向型知识,推动沿海开放事业发展⋯⋯"

福建省副省长游德馨在这封亲笔谢函中提到的五本书是:《国际投资法》、

接上页　的国际经济法学科体系开了先河。这套专著被国家教委拟作推荐教材,并获得了厦门大学颁发的'南强奖'。"接着,《中国青年报》1988年5月11日在"法制与社会"专栏的一则短讯中向全国读者推荐说:"这套系列专著在论述取材上,力求其新,许多资料直接来源于近年的国外最新出版物。在吸收国外有关研究成果和介绍有关基本理论的基础上,力求从中国的实践出发,从中国人的角度和第三世界的立场来研究和评析当代的国际经济法,同时,每一分册都用相当篇幅结合论述我国在相应领域中的涉外法律规范,注意及时反映我国涉外经济立法的最新进展和总结有关的实践经验。"随后,上述报道引起了《人民日报》(海外版)记者张安南和陈树荣的注意,并相继在该报1988年10月26日和1991年12月31日的两篇专访中一再地向读者推荐陈安教授撰写和主编的上述一系列专著。前一篇专访题为《人以少胜多,书以优取胜》,指出:"《美国对海外投资的法律保护及典型案例分析》和《舌剑唇枪——国际投资纠纷五大著名案例》姐妹篇,还有包括《国际投资法》、《国际贸易法》、《国际货币金融法》、《国际税法》、《国际海事法》五册一套的国际经济法系列专著,是国家教育委员会博士点专项基金选定科学研究项目的初步成果。鹭江出版社这套系列专著,为创立具有中国特色的国际经济法学科体系开了先河。而且,在短时间内集中出版同一研究领域的多部学术专著,这在地方出版社中也是罕见的。"后一篇专访题为《厦门大学发挥师资的优势,为特区建设积极培养人才》,其中指出:"上述系列专著是我国第一套涉外经济法律的最新专著,对我国发展外向型经济具有理论研究和实用价值。"

* 本篇报道原载于《人民日报》(海外版)1992年7月7日。作者是当时国家教委干部,《人民日报》(海外版)专栏撰稿人。

《国际贸易法》、《国际货币金融法》、《国际税法》、《国际海事法》。这五本由厦门大学法学教授陈安主编的书,是我国第一套国际经济法系列专著。

陈安1950年毕业于厦大法律系。3年后,中断法学生涯,开始了长达27年的马克思主义政治理论、历史等方面的研究与教学。1980年,半百之年的他重返法学领域。

在应冲刺的年龄才起跑,他带着闽北山区人的执拗与狠劲,硬是在法学界占了一席之地。重返法学界6年之后,他成为国务院学位委员会评定的国际经济法专业全国最年轻的博士生导师。他现在是厦大法学院院长、国际法比较学会国际委员会委员、中国国际经济法研究会副会长、中国国际法学会理事、中国经济法研究会理事、全国高等教育自学考试指导委员会法律专业委员、中国国际经济贸易仲裁委员会仲裁员。

陈安重返法学生涯于改革开放之始,他的学术生命从此与改革开放紧密相连。

"……由于中国政府近来对经济犯罪采取必要的打击措施,一些外国人就猜疑中国的风向正在变:似乎是天刚放晴不久又要下雨了。"1982年秋,陈安以高级访问学者的身份站在哈佛大学的讲坛上,面对美、日等国的学者及西欧、澳洲的研究生慷慨陈词:"对所有正派、诚实和守法的外商来说,打击行贿、受贿,打击走私活动,仅仅意味着中国对他们打开了一扇更宽敞的大门,开辟了一条更平坦的道路。因为,横在正路和正门上的路障和垃圾被清除了……"演讲后的热烈掌声证明,陈安为中国的开放事业又赢得了一些国际上的信任和理解。

1991年美国俄勒冈州西北法学院《律师》杂志上刊载了一篇论文《是重新关门还是进一步开放?》。论文原是陈安教授的演讲稿。演讲后他收到了中国驻美领事馆官员的来信:"很欣赏你的智慧、才干和勇气。此举很有意义。由此,使我联想到,如果我们的学者和学生中能有一批像你这样的民间大使,对反驳美政坛对我国的非难,以及消除一些美国友人的疑虑和误解,无疑将起到非同一般的影响和作用。……"

这些年,陈安教授时刻注视着中国开放实践中的法律问题,写出了一篇篇论文,为开放事业提供了有效的法律武器。

"法律领域是40年来最凋零的一朵花,而对外经贸中的法律则更是萎缩……"陈安教授对我国法学研究的现状充满焦虑。"应当建立具有中国特色、体现第三世界共同立场的国际经济法学科体系和理论体系",这不仅成为他的主要学术主张之一,也成为他的奋斗目标。

他指出,在许多发达国家中,已经出版了有关国际经济法的大量著作,相继建立了相应的学科体系和理论体系。其基本特色之一,是立足于本国的实际,以本国利益为核心,重点研究本国对外经济交往中产生的法律问题,作出符合其本国立场和本国权益的全面分析和系统论证。反观发展中国家,由于历史的和现实的原因,尚未形成比较成熟的、能够充分反映第三世界共同立场的国际经济法学科体系和理论体系。因此,应当在积极研究当代国际经济法新知识、新成果的基础上,从第三世界的共同立场出发,逐步创立起具有中国特色的、维护第三世界众多弱小民族利益的国际经济法学科体系和理论体系,借以加速国际经济法律秩序新旧更替的进程。

"对于中国法学界来说,这是责无旁贷的历史职责!"陈安教授 10 年来出版了十余部系列专著。为了博采他山之石,10 年来,他 11 次出国,足迹遍布五大洲十多个国家。新思想、新成果,每次他都满载而归。去年他回国时,自费运回 30 余箱共 788 本书,全部捐给了学校,价值近 10 万元。

国际经济法是厦门大学的重点专业,作为学科带头人,陈安教授和他的同事及学生们日夜兼程。他的胃切除了 2/3,他却乐观地说,我要干到 80 岁。目前,他有一个强烈的愿望,就是他们的国际经济法专业争取早日进入全国重点学科的行列,以求得对外交流、科研经费等方面更大的支持。"一个学科体系的建立需要几代人的不懈努力",他说,"我愿意做铺路石"。

五、就闽台两省结拜"姊妹"一事 厦门大学法学教授发表看法[*]

记者 张 莉

中新社福州电(记者张莉)据台湾《经济日报》报道:我国台湾地区"立委"沈世雄于 4 月 16 日提出一项书面质询,呼吁台湾地区"行政院"在"海峡两岸人民关系法"(即《台湾地区与大陆地区人民关系暂行条例》,下同)尚未制定实施以前,先行与福建省结为"姊妹省",签订"自由贸易协定"。此事引起福建各界关注。

为此,记者走访了厦门大学法学教授、福建省"人大"常委会委员陈安。

记者:台湾地区沈先生建议闽台两省结为"姊妹省",您有何看法?

陈:据考证,台湾省居民 70% 以上祖籍为福建,台湾地区政要李登辉等人的先辈都是福建人,闽南话至今仍是通行台湾的主要方言。因此,闽台两省间

---

[*] 本篇报道原载于《人民日报》(海外版)1989 年 5 月 9 日。

的兄弟姊妹关系无需"结拜",早就是"天生"形成的了。

记者：您对关于闽台两省签订"自由贸易协定"的动议持何评价？

陈："自由贸易协定"主要内容为货物、人力、资金的自由流通以及税捐平等互惠等四方面。其基本着眼点是从切实保障台商合法权益出发,要求率先在闽台间建立平等互利的经济关系。这个建议具有前瞻性和开拓性,有利于促进两岸经济共同繁荣,符合孙中山先生提倡的"人尽其才、地尽其利、物尽其用、货畅其流"精神。体现了"孙文学说"中的一项基本原则,即行事应当"适于世界之潮流","合乎人群之需要"。

记者：闽台两省间的"自由贸易协定"在法律上属什么性质？

陈：中国只有一个。福建和台湾两个省级地方立法机构都有依照法定程序制定本省地方法规的立法权。闽台签订"自由贸易协定",实质是两省地方立法机构共同立法,即适用于两省全部地区的单行性地方经济法规。这种省际地方立法一旦正式生效,就成为用以调整两省经济交往和贸易投资活动的行为规范和行动守则,对于两省的有关经贸活动都具有法律上的约束力。

记者：从报端消息看,沈先生建议的两省"自由贸易协定"的签订和实施,是在"海峡两岸人民关系法"正式制定和实施之前。若上述协定签订之后,"关系法"亦出台,两者之间如何协调一致？

陈：这就看台湾地区当局的决心和"立委"们的立法技巧了。若台湾地方当局不同意扩大推行,则不妨仍保留上述两省协定,作为与"关系法"这一普通法并存的特别法。

六、理性务实的学术交流盛会
——1993年两岸法学学术研讨会综述[*]

记者 姚小敏

海峡两岸法学专家、学者日前聚首北京,交流学术,探讨两岸交往、交流中衍生的有关法律问题。此次研讨会荟萃了海峡两岸一百六十余位颇具名望的法学教授、律师,规模之大,前所未有,可说是两岸关系发展中的一件盛事。

两岸法学学术交流始于1988年,当时仅是单向的,只有台湾地区学者来大陆。到去年11月,大陆11位法学家应台湾东吴大学之邀,首次赴台参加两岸

---

[*] 本篇报道原载于《人民日报》(海外版)1993年8月27日。

法学学术研讨会,迈出了两岸法学双向交流的第一步。

此次研讨会是上次会议的继续和发展。在这次会议上,两岸学者针对近年来两岸交往中出现的一些法律问题展开务实而理性的探讨,提出了一些富有建设性的建议。

保障台商权益大陆有法规

台商投资大陆,近年来可谓高潮迭起。到今年4月底,台商在大陆投资达1万多项,累计协议金额逾90亿美元。由此,台商权益的保障问题,成为两岸经贸关系中的一个"焦点",亦成为此次研讨会的议题之一。

台湾地区当局1987年11月开放民众赴大陆探亲。在此之后半年多,大陆及时制定并颁布了《国务院关于鼓励台湾同胞投资的规定》,即"二十二条",迄今施行5年有余,绩效显著。但台湾某些人士认为,此项法规不过是行政规定,"很容易说变就变","不足以保障台商的权益",因而希望大陆将"以行政命令方式"保障台商权益的"二十二条""提升至双方签署协议的位阶"。

对此,厦门大学法学教授陈安、讲师彭莉指出,大陆的成文法按其地位的高低依次分为宪法、法律、行政法规和地方法规。根据现行《宪法》,"行政法规"是指最高国家行政机关国务院制定的一种规范性文件,它是大陆成文法的重要渊源之一,是具有普遍约束力和相当稳定性的行为规范和行动准则,并非某些台湾人士所想像的,是什么"说变就变"的行政命令。

至于两岸签署有关保障台商权益的协议需要何种条件或说障碍何在?陈安、彭莉认为,一个重要的障碍在于,台湾当局至今依然坚持"间接、单向"的交流原则,不准台商直接以自身的名义赴大陆直接投资。因此,现有在大陆投资的一般台商从法律"身份"上来说都是"外商"或"港商"。这种"名实不尽一致"的微妙身份,使得一般台商在实践中不但可以享受大陆"二十二条"的优待,而且可以获得大陆有关外商投资的一系列法律、法规的全面保护;此外还可以获得大陆和该台商投资经由的第三地区所属国家签署的投资保护协定的保护。可见,在台湾地区现行的大陆经贸政策下,两岸签署共同保障台商权益的法律文件并没有名正言顺的适用对象,也不具有实质性的意义。他们认为,解开这一症结的途径显然在于:台湾地区当局尽早抛弃"国统纲领"中所设的人为局限,实现两岸经贸的"直接、双向"交流。

保护知识产权需两岸努力

近年来,海峡两岸人民知识产权时有受到对方单位和个人侵犯的现象发生。因此，保护知识产权的问题日渐引起人们的关注。

研讨会上，两岸学者均肯定两岸在知识产权制度的建立和改进方面所作的努力。

台湾学者刘绍梁认为，大陆这几年来有关知识产权体制的发展可说是突飞猛进，相当值得台湾学界深思、学习。但他也指出，两岸知识产权的发展似乎都在急速地建立制度，以应经济发展的需求，然而在执行方面，或许都还不算完备。

大陆学者种明钊、李昌麒比较了两岸专利法律制度的异同后认为，两岸专利法律制度各有特色，就台湾地区专利制度而言，规定得比较详尽具体，更早地接近了国际保护标准。大陆的专利法律虽然起步较晚，但起点较高，立法技术比较先进，特别是修改后的专利法，正如国外所评论的，是"一部在各方面堪称典范的专利法"。种、李二位先生指出，无论从立法技术和立法内容上讲，还是从进一步完善两岸专利法律制度来讲，两岸彼此都有互相借鉴之处。

这两位学者认为，现在摆在两岸法学家面前的一个重要任务，就是要进一步研究扩大两岸经济技术交流和合作的法律问题，其中包括建立两岸技术专利信息系统以及互相提供专利保护等问题，以使两岸的经济技术合作得到进一步发展。

两岸律师携手合作此其时

随着两岸人民交往的增进，引发和衍生了许多法律问题，其中不少问题两岸互涉性强，因之，两岸律师的协作日益突出和重要。

台湾地区学者李念祖分析比较了两岸不同法律制度下的律师从事业务合作的诸种方式，认为目前两岸律师以个案合作方式较具可能性，即相互介绍办案、委托办案或共同办案。

大陆学者张斌生在研究两岸律师具体合作方式时，所得结论与台湾学者大体相同。张斌生设想的协作方式有：互相提供咨询意见、相互介绍业务、相互委托、转委托业务、共同协办案件或法律事务、签订业务合作协议、成立联名的两岸法律服务机构等等。

张斌生认为，在目前两岸关系现状下，以律师的渠道办理两岸互涉的有关法律事务，不仅可以增进双方当事人的信赖程度，而且可解决目前官方渠道所暂时无法通融的问题。

综观此次研讨会，自始至终充盈着一种理性、务实的学术气氛。研讨会的时间虽短，但成果颇丰。两岸学者在讨论中所提出的一些富有建设性的意见将可供有关方面参考。这对于进一步加强两岸法学交流，促进两岸关系发展大有裨益。

七、春风吹拂紫梅　白鹭振翅腾飞

——陈安教授谈厦门获得立法权*

记者　翁黛晖　黄文启

八届全国人大二次会议通过了授予厦门立法权的决定。当前,我市首先要做的是什么呢?中国国际经济法学会会长、厦门市人民政府法律顾问陈安教授在接受记者采访时强调:厦门目前最急需做的,应是"为贯彻自由港某些政策立法",使人们谈论已久的"自由港某些政策"具体化、明朗化、规章化和法规化,从而依法治市,依法治港。

陈安教授说,中央授予立法权,这当然是厦门市的一大殊荣,但这也意味着厦门要担当起更大的责任。中央允许厦门实施自由港某些政策,这在全国是"仅此一家"。厦门应当沿着中央指示的这个大方向,"敢为天下先",充分发挥最新开辟的"立法试验区"的作用,"胆大心细"地为贯彻自由港某些政策进行立法,加大改革开放力度,为建设现代化港口城市提供法律依据、法律保证和法律规范,要担当起既为改革开放服务,又为全国探索新路子的双重任务。

中央说的"自由港某些政策",其中的"某些"两字,据陈安教授理解,就是要求我们根据中国的国情和本市的市情,对世界各地的自由港政策,有所抉择,有所取舍,既要博采众长,又忌盲目照搬。给了立法权,我们就要去研究,去探索,摸着石头过河,立足于国情、市情,参照世界各地自由港的有关法规和章程,取其精华,弃其糟粕,制定出具有中国特色的自由港法规和规章。在立法中,既要遵循我国宪法和其他基本法律原则,又要体现出"中国式自由港"的某些特色,具有较大的前瞻性和开拓性,在厦门地区率先试行。按照法律上的说辞,"特别法优先于普通法",在厦门特区内实行某些特别法,将更有助于特区经济建设的长足发展。实行自由港的某些政策,就应当认真考虑在国际经贸往来、商品流通、金融流通、资金流转、人才流通、人员进出境和旅游方便等方面,通过法规和规章的保证,具有更大的"自由"度和规范性。

党的十四大明确提出建立社会主义市场经济体制的改革目标,全方位对外开放。陈教授认为,建设社会主义市场经济,需要有一系列相应的体制改革、政策更新和法律调整与完善,才能在更大的广度与深度上参与和拓展国际经贸往

---

* 本篇报道原发表于《厦门日报》1994年3月27日。

来,充分利用国际市场经济所提供的各种资源和机遇,更卓有成效地促进我国社会主义经济建设。这就要求我们在对外经贸交往实践及其行为规范方面更多、更好、更快地与国际经贸惯例接轨。因此,应当"适时修改和废止与建立社会主义市场经济体制不相适应的法律和法规,加强党对立法工作的领导,完善立法体制,改进立法程序,加快立法步伐,为社会主义市场经济提供法律规范。"——陈安教授熟练地引用了党的十四届三中全会决定中的这段话。

陈安教授是厦门大学政法学院院长,著名的国际经济法教授。由于他有很深的学术造诣,他已被列入英、美等五种版本的国际名人录。据说,他的讲座总是座无虚席,甚至其他专业的师生也常被吸引。在接受记者采访时,他就显示了其深厚的知识功底和灼见。在谈到"与国际惯例接轨"这一问题时,陈安教授特别强调了"适用国际惯例与有法必依"的辩证关系,他说,厦门特区对外开放以来,"按国际惯例办事"和"与国际惯例接轨"的观念,日益为人们接受。它开阔了人们的视野,更新了人们的观念,使人们勇于和善于吸收外国的先进经验和有效的举措。但是,在参照和吸收适合我国需要的国际惯例,进一步改善、完善我国涉外经济法律体系过程中,对于法定的立法程序,务必严格遵守,做到依法"变法",依法"改法"或依法立法。有法必依,决不能以言代法或乱闯法律禁区。

随后,陈安教授对"适用国际惯例"与"有法必依"作了如下阐述:中国具有独特的综合性国情,它既是发展中国家,又是社会主义国家;既是全球人口最多的国家,又是当前全世界经济发展最快的国家之一。面对形形色色的国际惯例,在深入研究和认真鉴别的基础上,只要它确实有利于促进中国社会主义市场体制的建立,就应当大胆地"拿来"。拿来之前要鉴别,拿来之后要消化。原则是:立足国情,以我为主;博采众长,为我所用,趋利避害,取精华而弃糟粕。某些在西方国家盛行的国际惯例,如出版发行淫秽书刊和视听作品、卖淫嫖娼、开设赌场等,在当地是合法的,在我国则是违法或犯罪的行为。因为它们毒化社会风气,败坏公序良俗,危害民族健康,刺激作奸犯科。对于此类国际惯例,自应依据我们的现行法律,予以抵制和排斥。对于那些以"适用国际惯例"为借口,为谋私利或逞私欲"以身试法"的当事人,则应予以制裁和惩罚,这就是"有法必依"的体现。

陈安教授还强调:厦门在争取特区立法权方面虽然曾经失去了一点时机,但是,"后来者居上",事在人为。在春风吹拂之下,三角梅(厦门市市花)定将绽放得更加姹紫嫣红,白鹭(厦门市市鸟)也势必凭借这股风力,扶摇直上,飞向新的、更新的高度。

八、第十二届"安子介国际贸易研究奖"颁奖大会圆满结束*（摘要）

记者 蓉一

【对外经济贸易大学】宣传部讯（记者蓉一）注重学术含量与社会价值的"安子介国际贸易研究奖"第十二届颁奖大会，12月16日在诚信楼三层国际会议厅隆重举行。本届有7部著作、12篇论文分获优秀著作、优秀论文奖，17人获学术鼓励奖。

商务部副部长廖晓淇、外贸司司长鲁建华、教育部社政司副司长袁振国、北京大学校长助理海闻，我校校长、"安奖"评委会主任陈准民教授出席大会。校办主任刘园主持大会。

第十二届"安奖"共收到参评著作28部、参评论文67篇，共有33名学生参评学术鼓励奖。经过严格评选，7部著作获优秀著作奖，其中一等奖空缺，二等奖2部，三等奖5部；12篇优秀论文中，一等奖1篇，二等奖3篇，三等奖8篇；17人获学术鼓励奖。

陈准民校长在致词中特别强调，"安奖"作为我国经贸研究领域的最高学术奖，在国内外享有很高声誉。为继续提高"安奖"评选的科学性、公平性和严肃性，本届评委会对"安奖"评奖的指标体系做了系统调整和完善，注重从选题、内容、创新和成果等方面综合评价研究成果，从而进一步优化评奖机制。本届"安奖"评选继续遵循公正、公开、回避、择优的原则，确保了"安奖"评选结果的学术性和权威性。

据悉，本届获奖作品的特点是，选题范围广泛，涉及大经贸领域的许多重大前沿问题、热点和难点问题；内容新颖，创新程度较高，作品的学术性和社会价值十分突出。厦门大学陈安教授撰写的论文《the Three Big Rounds of U.S. Unilateralism Versus WTO Multilateralism during the Last Decade》，以其高度的理论与实践意义获得优秀论文一等奖。

颁奖在十分热烈的气氛中进行。"安奖"评委会评委王林生教授宣读本届"安奖"获奖名单，廖副部长、鲁司长、袁副司长、陈校长先后为获奖者颁奖。

---

* 本篇报道原发表于对外经济贸易大学网站http：//www.uibe.edu.cn/，2004年12月18日。

九、第十二届"安子介国际贸易研究奖"颁奖[*]

记者 刘菲

本报讯 记者刘菲报道:近日,第十二届"安子介国际贸易研究奖"颁奖大会暨学术报告会在对外经济贸易大学举行。"安子介国际贸易研究奖"是由已故全国政协副主席、香港著名实业家、社会活动家、学者、对外经济贸易大学名誉教授安子介先生于1991年出资设立的,该奖自1992年第一届评选以来,已成功举办了十二届。

经多年努力,"安子介国际贸易研究奖"已有了较高的学术含量,在国际经贸研究领域声誉卓著,被视为中国经贸领域中的最高学术奖。

本届"安奖"共收到参评著作28部、参评论文67篇,另有33名学生参评学术鼓励奖。其中评出优秀著作奖7部,优秀论文奖12篇,学术鼓励奖17人。本届参评作品和获奖成果的质量较以往明显提高。获奖作品的共同特点是选题与时俱进,涉及大经贸领域的许多前沿问题、重大问题、热点问题和难点问题,内容新颖,创新程度较高,成果的学术价值含量和社会价值突出。获得本届优秀论文一等奖厦门大学陈安教授的论文《美国单边主义与WTO多边主义交锋的三大回合》,被总部设在日内瓦的发展中国家政府间组织"南方中心"列为出版物之一,并在该机构网站上全文公布。

十、中国特色国际经济法学的探索者和开拓者——陈安教授[**]

记者 陈浪

厦门大学最高荣誉奖项"南强奖"每两年评选一次。2008年"南强奖"特等奖获得者陈安是法学院教授,国际经济法专业博士生导师。1929年5月生,1950年厦门大学法律系毕业,1951年初应聘返回厦大工作。57年来,陈安坚持"以知识报国,为厦大增光"的理念,为厦大的法学教育辛勤耕耘,特别是近

---

[*] 本篇报道原发表于《人民日报》(海外版)2004年12月21日。
[**] 本文发表于《厦门大学学报》2008年5月3日第一版。记者陈浪根据相关材料整理。

30年来,始终立足中国国情,致力于对国际经济法这一新兴边缘学科进行探索和开拓,为我国的国际经济法学科做出了影响深远的贡献。

在教学方面,陈安牵头组织撰写并及时修订国际经济法各版教科书,被全国高校广泛采用,据此开设的我校《国际经济法学》课程入选为"本科国家级精品课程";创办《国际经济法学刊》并长期担任主编,成绩显著,使该刊成为全国性专业同行交流和争鸣的重要学术平台,并于2006年入选为"中国社会科学引文索引"(CSSCI)学术数据来源集刊。陈安还参与创建"中国国际经济法学会"并长期担任会长,成绩显著,2006年7月获得民政部登记发给社团法人证书,成为全国性一级学术社团,法人住所设在厦门大学,迄今连续主持召开了该学会1993—2007每年年会。

在科研方面,陈安著作等身,撰写和主编的主要著作有:《中国大百科全书——法学卷(修订版)》中国际经济法分支学科词条、《国际经济法学(第1—4版)》、《国际经济法总论》、《国际经济法学新论》、《国际经济法学专论(第1—2版)》(教育部主管司推荐的研究生教材)、国际经济法系列专著(含《国际贸易法学》、《国际投资法学》、《国际货币金融法学》、《国际税法学》、《国际海事法学》全套五卷)、《美国对海外投资的法律保护及典型案例分析》、《"解决投资争端国际中心"述评》、《国际投资争端仲裁:ICSID机制研究》、《MIGA与中国:多边投资担保机构述评》、《国际投资法的新发展与中国双边投资条约的新实践》等等。陈安教授经常自谦:这些论著都是他所牵头带动和积极参与的学术团队多年来通力协作,集体攻关,与时俱进所取得的成果。

2007年10月,陈安根据自己30年来研究国际经济法这一新兴边缘学科取得的主要成果,独立撰写的《国际经济法学刍言》(北京大学出版社出版,分上下卷,约211.9万字)获第五届吴玉章人文社会科学奖一等奖。该奖面向全国,每五年评奖一次,是全国性高档次文科奖项之一,自该奖项设立20年来,厦大教授首次获得该奖项一等奖。专家评议认为,本书是创建中国特色国际经济法学这一新兴边缘学科理论体系的奠基之作,是第三世界国家争取国际经济平权地位的理论武器。

除了专著,近两年来,陈安论文《南南联合自强五十年的国际经济立法反思——从万隆、多哈、坎昆到香港》(载于《中国法学》2006年第2期)获得福建省人民政府2007年度优秀社科成果一等奖,另外,近两年来他撰写的5篇英文论文,均发表于《世界投资与贸易学刊》、《天下大事论坛》、《南方公报》等权威性国际学术刊物,在海外具有一定的学术影响。

近两年,陈安承担了两项科研课题,其中,以陈安、曾华群为课题组长承担了商务部条法司委托项目《中华人民共和国双边投资保护协定范本》，该课题为国策咨询项目，将于今年底完成；以陈安为课题组长承担并完成了全国"法学精品教材建设规划"委托研究开发项目《国际经济法学新论》系列。

陈安旗帜鲜明地站在全球发展中国家和弱小民族的共同立场，把握当代南北矛盾的实质，遵循建立国际经济新秩序的发展方向，来探讨当代国际经济法学所面临的各种理论和实践问题，从而为构筑具有中国特色的国际经济法学理论框架和学科体系，作出了重要的开拓性贡献。改革开放以来，他先后作为中国各类法学代表团成员或法学界知名教授，多次出国访问，前往美国、加拿大、德国、英国、瑞士、比利时、澳大利亚、韩国、法国及港澳台等国家和地区参加国际法学术会议或讲学，积极开展国际交流。

近30年来，陈安的各项工作成果，均取得了较大的全国性影响和一定的海外影响，基本达到了国内先进水平，取得了较显著的社会效益，为我校赢得了荣誉，陈安先后获得国家级、省部级科研成果一等奖11项，国家级、省部级科研成果二等奖7项，合计18项。2007年，陈安教授被我国媒体"大学评价课题组"评选为"2007中国杰出社会科学家"。

十一、十位厦大学者入选中国杰出社会科学家

记者　王瑛慧

12月24日，由中国校友会网大学评价课题组编制的《2007中国杰出社会科学家研究报告》正式发布。报告公布了505名入选2007年(首届)中国杰出社会科学家名单的学者。我校10人入选，入选数名列第十二。从杰出社会科学家的毕业院校分布来看(仅统计1952年以后)，我校和中山大学各8人并列第十。

我校入选的十位学者是：陈安(法学)、陈诗启(历史学)、陈振明(公共管理)、葛家澍(应用经济学)、胡培兆(理论经济学)、钱伯海(应用经济学)、曲晓辉(工商管理)、邬大光(教育学)、吴世农(工商管理)、庄国土(政治学)。

据介绍，此次遴选依照的指标有6项：一是国家社会科学基金项目优秀成果奖二等奖以上第一完成人；二是中国高校人文社会科学研究优秀成果奖一等奖以上第一完成人；三是国务院学位委员会委员；四是教育部社会科学委员会委员；五是中国社会科学院学部委员；六是长江学者奖励计划特聘教授。

《2007中国杰出社会科学家研究报告》由中国校友会网、《大学》杂志和21

世纪人才报等联合完成,是我国首个针对人文社会科学领域的杰出学者展开的调查研究报告。报告呼吁国家及社会各界应尽早遏制普遍存在的"重理轻文"现象,尽快设立"文科院士"和"国家级社会科学奖励"制度,以真正体现国家和社会对于人文社会科学价值的肯定和重视。

[2007年12月27日]
(宣传部 王瑛慧综合报道)
厦门大学党委宣传部编辑
⟨http://www.tmu.edu.cn⟩

Ⅱ 书刊评论

一、致力知己知彼　出色研究成果
—— 《美国对海外投资的法律保护及典型案例分析》序言*

韩德培

从十一届三中全会以来，我国就把对外开放定为长期的基本国策，作为加快社会主义现代化建设的战略措施。党还号召我们："充分利用国内和国外两种资源，开拓国内和国外两个市场，学会组织国内建设和发展对外经济关系两套本领。"我国的四化建设，可以说是百业待举，需要大量的资金；而资金不足却又是我国经济发展中一个亟待解决的问题。因此，在坚持自力更生，充分发挥本国的人力、物力和财力的基础上，还必须积极引进和利用外资，以加速我国的社会主义现代化建设。

据悉，当前世界各地总共约有8 000亿美元的银行存款和游资正在到处寻求投资机会。而我国有丰富的资源，有10亿人口的巨大市场，又有很高的国际威望，对它们很有吸引力。我们应该利用这个机会，积极而又妥善地引进和利用外资，以弥补国内资金的不足，加快现代化建设的速度。在引进和利用外资时，我们必须研究和了解资本输出国对它们的国外投资是怎样实行法律保护的，它们是采取什么样的保护体制，它们的有关法律和法令是怎样规定和怎样实施运用的。这样才能知己知彼，胸有成竹，而避免盲目行事，使自己处于不利的地位。即使一旦发生纠纷，也能公平合理地予以解决，使我国和对方的合法权益都得到保障。

目前我国法学界已开始注意研究有关国际投资方面的法律问题。陈安同

---

* 本序言作者韩德培先生是武汉大学资深教授、博士生导师，中国国际法学界的老前辈权威学者，中国国际私法学会会长。序言标题是本书作者所加。

志的这本著作,就是在这方面很出色的一项研究成果。他以美国"海外私人投资公司"作为中心环节,分析和论述了美国对海外美资的法律保护体制。他对这个"海外私人投资公司"的历史背景、美国当局的有关意图、"海外私人投资公司"的基本体制以及该公司对若干索赔案件的处断情况,都一一作了扼要的介绍和中肯的评析。特别难能可贵的是,他利用在美国从事研究工作的机会,用心收集了有关海外美资风险的典型索赔案例,通过理论与实践的结合,深刻地揭示出美国当局所设置的一整套法律保护体制,在实际上是如何运转和发挥作用的。这为当前我国法学界研究英美普通法系国家的法律和法律制度提供了一个很好的榜样。不但如此,他还编译和附录了较多的英文原始资料,这些资料是我们在国内不容易找到、看到的,对我们研究西方发达国家保护海外投资的现行体制,具有很重要的参考价值。他的这种认真务实的研究态度,是非常值得称道和敬佩的。我想读者们读过此书后,也一定会深有同感的。谨志数语以为序。

1985.5.26,武汉

二、一剑淬砺三十年:中国特色国际经济法学的奠基之作

——推荐《陈安论国际经济法学》

朱学山*

2005年由北京大学出版的《国际经济法学刍言》一书,含上下两卷,约212万字。它是陈安教授潜心研究国际经济法学二十七年间所获成果的汇辑。我曾经通读过这部专著,觉得这些科研成果弥足珍贵,它们不仅在国内(不限于法学界)产生广泛、深刻的影响,而且有鲜明的中国特色,堪称"独树中华一帜",因而在世界(特别是在第三世界)也具有重大影响。

经全国性同行专家评议,《国际经济法学刍言》一书获得"第五届吴玉章人文社会科学奖"一等奖。此奖五年一评,档次颇高,获此奖项,足见此书的学术价值已获国内学界普遍肯定。

此书于2005年出版后,陈安教授仍孜孜不倦,勤于笔耕。三年以来,他又撰写了多篇学术专题论文,陆续发表于第三世界国际组织的学术公报以及中、

---

* 本文作者朱学山先生是安徽大学资深教授,中国国际法学界的老前辈权威学者。

外权威学术刊物。其中多篇并被进一步转载、转译或被收辑于海外英文及韩文学术刊物或学术专著,产生了重要的国际学术影响,获得国内外同行广泛好评。现在,作者将三年来这些最新研究心得,加以整理汇辑;同时,将《国际经济法学刍言》原有内容全面增订,综合形成一部新书,命名为《陈安论国际经济法学》,分列为五卷,共约303万字,由复旦大学出版社推出。

这部新著秉持和发展了他三十年来一贯的学术追求,即体察当代南北矛盾的现实,依据和提炼第一手资料,运用当代国际法理论,通过学术论证,致力为发展中国家弱势群体"依法仗义执言",为当代第三世界争取国际经济平权地位精心锻造法学理论武器,三十年如一日,不懈不渝,可谓"一剑淬砺三十年"。

在这部新著的"自序"中,作者清晰地勾勒出本书的体貌,简要地陈述了书中的创见及一些重要观点,这些话语,实事求是,质朴无华,没有丝毫夸饰,我完全认同。我认为,这部学术专著具有以下优点和特点:

1. 上世纪七十年代末,陈安教授着手研究国际经济法,其时在我国很少人承认有国际经济法这一个法律部门。三十年过去了,《国际经济法学刍言》和《陈安论国际经济法学》相继问世,如今可以说:国内学界已没有人不承认国际经济法是一个独立的法律部门,因为已经有了足以令人信服的国际经济法学理论。2005~2008年相继推出的《国际经济法学刍言》和《陈安论国际经济法学》就是中国国际经济法学理论的奠基之作。

2. 从无到有,创建中国国际经济法学理论是艰难的。单说探究源远流长的中国对外经济交往及其法理原则,就已经不容易;而作为法律学人,去研究资本主义的发迹史,从而揭露殖民主义的滔天罪恶,论证国际经济秩序破旧立新的历史正当性,就更不容易了。可以说,每前进一步,都会遇到这样那样的难题。所有这些难题,陈安教授将其逐一解决了,而且举重若轻,所以我觉得:《国际经济法学刍言》和《陈安论国际经济法学》是创建中国国际经济法学理论的扛鼎之作。

3. 陈安教授主张:要争取建立国际经济新秩序,要认真看待并切实维护国家经济主权,要坚决贯彻、落实我国的对外开放的基本国策,并着力保障国家在对外经济交往中的合法权益。在这些理论与中国国情结合的基础上,他提出重要的涉外国策建言和立法建议,或者剖析涉外经贸争端仲裁典案,匡谬驱邪,伸张正义,这些都已为国家作出许多实实在在的贡献。可见,《国际经济法学刍言》和《陈安论国际经济法学》是学术报国、经世致用之作。

4. 陈安教授治学,是非常严谨的,例如他所援用的资料,必求其为第一手资料。其所撰文章,辞语优美,气势流畅;尤其难得的是,他用外文写出的文章,同用母语写出的文章一样动人。必要时论辩滔滔，令人折服。凡此亦颇有可供当代学人及莘莘学子借鉴之处。我以为毋妨说：《国际经济法学刍言》和《陈安论国际经济法学》是能够引领群伦并有助于启迪后进之作。

此外，《国际经济法学刍言》和《陈安论国际经济法学》作为学术专著，还有其他许多优点、特点，例如它气势恢宏、视野开阔，以及内容的与时俱进，等等。

因此，我非常乐于向学术界以及有关实务部门积极推荐《国际经济法学刍言》，特别是积极推荐《陈安论国际经济法学》这部新的学术精品，以进一步扩大和弘扬我中华特色学术在海内外的影响，扬我国光。

2008 年 8 月 8 日

三、弘扬中华学术　投身国际争鸣
——推荐《陈安论国际经济法学》

郭寿康*

陈安教授是中国国际经济法学的奠基人之一，也是中国国际经济法学这门前沿学科的领军人物。我国传统法学（包括建国前和建国后）只讲授国际公法与国际私法，没有开设过国际经济法课程。国外法学院系也大体如此。改革开放以来，陈安教授积极倡导建立中国国际经济法这门课程与学科，逐步形成了中国国际经济法学的体系。万事开头难，陈安教授为创建中国国际经济法学，费尽心血，成绩卓越，发表了大量的优秀论文、教材与专著，作出了重大的具有历史意义的贡献。2005 年由北京大学出版的《国际经济法学刍言》（上、下两卷，212 万字），是二十余年来其著作的精华与代表，也是本学科发展中又一里程碑。

《国际经济法学刍言》这部专著是国际经济法学这门学科的扛鼎之作。不但显示出作者知识渊博，深思熟虑，而且多有创新之见。二战后，逐渐兴起的国际经济法学，阵地多为发达国家的作者、专家所占领，发展中国家声音微弱，居于劣势。陈安教授这部专著旗帜鲜明地站在国际弱势群体即广大发展中国家的立场，理直气壮地阐明对国际经济法学中的热点问题的观点，持之有故、言之成理，为当代国际社会弱势群体争取经济平权地位提供有力的理论武器。尤其是用英语发表的作品，在国际上影响很大，既体现出发展中国家的主张与立场，

---

* 本文作者郭寿康先生是中国人民大学资深教授、博士生导师，中国国际法学界的老前辈权威学者。

也扩大了我国的国际影响,为我国的国际经济法学赢得了国际声誉。

书中论证的螺旋式上升的"6C 轨迹"论,无疑是作者多年研究的创新之论。

这部著作理论密切联系实际,对我国政府有关部门处理国际经济法律问题,有重大参考价值。这从商务部条法司和我国常驻 WTO 使团团长孙振宇大使的有关函件里,可以清楚地看到。

这部专著出版于 2005 年,以其学术成就受到学界广泛好评,并已获得"吴玉章人文社会科学优秀成果"一等奖。最近,复旦大学出版社建议把陈安教授 2005—2008 年这三年间相继发表的多篇中文、英文新专题论文,添加和融汇到上述专著中,进行大幅度增订更新,推出篇幅共约 303 万字、质量更高的五卷本新书,我认为此举对于弘扬中华学术,促进法学繁荣,很有积极意义,值得学界关注和大力支持,故特郑重推荐如上。

2008 年 3 月 15 日

四、对第三世界思想体系的重大创新来自中国

——评陈安教授《南南联合自强五十年的国际经济立法反思:从万隆、多哈、坎昆到香港》[①]

〔日内瓦〕Branislav Gosovic

陈安教授撰写的这篇文章,为研究"南南合作"和促进第三世界思考这一重要主题,作出了重要贡献。总的说来,研究"南南合作"这一主题,往往劳而无功,并且似乎无助于推动南北之间在发展问题上的对话和谈判,但是,作者却以其研究成果丰富了这一主题领域的国际学术成果和学术文献。实际上,就上述

---

① 【原题注】由中国厦门大学陈安教授撰写的这篇论文一直受到国际学术界的广泛重视。这篇文章的结论部分最先以"*South-North Conflicts in a Historical Perspective*"(《从历史角度看南北冲突》)为题,于 2006 年发表在权威性的"South Bulletin"(《南方公报》)第 120 期。此后,其全文以"*Reflections on the South-South Coalition in the Last Half Century from the Perspective of International Economic Law-making*"为题,于 2006 年 4 月发表在"The Journal of World Investment & Trade"(JWIT,《世界投资与贸易学报》)第 7 卷第 2 期。应 JWIT 编辑 Jacques Werner 先生的要求,这篇论文经修订后又以新的标题"*Weak versus Strong at the WTO*"(《WTO 中群弱抗衡强权》)于 2006 年 4 月发表在"The Geneva Post Quarterly"(The Journal of World Affairs, JWA,《日内瓦天下大事论坛》季刊)第 1 卷第 1 期。随着时间的推移,该这篇论文获得国际学术界越来越多的关注。其最新修订版已被翻译成韩语,并于 2006 年 6 月发表在韩国重要的学术刊物"The Journal of Inha Law"第 9 卷第 2 期。最近,这篇论文再次修订后的英文本被收录在 Yong-Shik Lee 教授主编的"Economic Law through World Trade: A Developing World Perspective"(《从发展中国家视角看世界贸易中的经济法》)一书,Kluwer Law International 出版社 2007 年版。

主题的研究而言,这篇文章的相当独特和富有价值之处,在于它是来自中国的一位杰出学者。迄今为止,中国尚未针对这一极其重要的主题,充分地提供有代表性的国际文献。

在本文中,陈安教授运用宏观的历史眼光,观察发展中国家在世界舞台上作为一个集团,采取集体行动开展南北谈判的努力进程,把发展中国家自1955年万隆会议起就开始作出的各种努力,与当前在WTO体制中发生的各种事件联系起来,加以综合分析,从中强调了两个根本事实:

1. 多年来发展中国家采取联合行动的持续性及其斗争的正当性;
2. 当前,这种联合行动也在WTO体制内部进行之中。它不像先前GATT阶段、乌拉圭回合谈判阶段或WTO诞生初期那样,每个国家各自为政,而南方国家的集体行动则被认定为"联合国和77国政治的干扰和入侵",从而受到百般阻挠,甚至遭到强烈反对。

在乌拉圭回合的谈判过程中,在WTO各种不平等协定的实施过程中,发展中国家面临来自北方国家的种种压力,经受了种种磨难,这就让发展中国家意识到,在号称"整平游戏场地"而实则向发达国家高度倾斜的谈判中,只有采取必要的集体行动,才能促进和维护它们自己的各种权益。

陈安教授在这篇精辟的论文里,阐述了在WTO发展进程中一向盛行的实力较量,以及发展中国家集体行动的应运而生,进而强调指出在这一重要组织中,实行密切而高效的南南合作,具有战略性的、生死攸关的重大作用。他把几十年来所发生的各种事件以及发展中国家做出的不懈努力,串联起来,综合分析,让人们清楚地看到了南方国家在国际舞台上一直面临的各种挑战和障碍,以及它们始终不渝的努力,争取缔造一个更为公正、公平的世界经济秩序,促进它们自身发展。同时,他也揭示了蕴含于南南联合和奋斗自强之中的法理基础。

陈安教授提供了十分充足但又绝不多余的经验详情,从全局的观点,提出了综合分析的见解,这就极大地帮助了读者,尤其是那些入世未深的青年读者,去领悟全球所面临的存亡攸关的各种挑战。他们本来未必都很了解有关的历史背景,或都很深刻地意识到各种问题的连续性和相互关联性。

陈安教授对南南合作秉持积极肯定的态度,包括极其重视建立适当的组织机构以支持南南合作,这种看法是十分令人鼓舞和深受欢迎的。在全面认识到问题和困难的同时,他提出了"6C律"的观点(Contradiction→Conflict→Consultation→Compromise →Cooperation→Coordination→new Contradiction,矛盾→冲突→磋商→妥协→合作→协调→新的矛盾),强调坚韧不拔、不懈斗争的重要性,强调应当认真贯彻和不断更新国际经济法的公平准则和实践惯例,把它作为开展国际合作的核心内容之一。许多发展中国家人士时常因为路途上困难重重,在南北对话和南南合作中进展缓慢,或停滞不前,感到灰心丧气。陈安教授提出的上述这些看法,势必使那些曾经心灰气馁的发展中国家人士感到印象深刻,很受启迪。

最能振奋人心的是陈安教授这篇论文所表达的乐观主义和坚定信念。文章的特别重要之处是它来自中国,而且将会在中国这个国家得到广泛的阅读,对广大读者,包括那些处于决策地位的决策者们,产生深刻影响,从而能够促使他们的国家在全方位的南南合作中日益成为举足轻重的力量和领导性因素。因此,如果说这篇论文及其各项建议已经清晰地展现出了某种结论的话,那就是:国际弱势群体通过下定决心,坚韧不拔地采取集体行动,开展南南合作,并以必要的人力、财力和组织机构,致力于支持和实现这一目标,就可以获得巨大的、硕果累累的成功。

尽管关于 WTO 的故事随着香港部长级会议的落幕而暂时告一段落,但是这并不会让陈安教授的这篇论文章显得过时。恰恰相反,香港会议以后出现的种种事态发展,已经充分说明这篇论文依据历史所阐明的有关主题主旨仍然合理有效,并且具有深远的长期影响。因此,陈安教授的这篇文章不仅仍然可以作为学生和学者的标准读物,而且对于许多决策者和参与 WTO 等谈判磋商和日常活动的人士说来,也是可供参考的标准。同时,还可以指望它能对促进南南合作,加强南南合作的机制和组织机构,产生积极的影响。

确实无疑,这一长篇论文章的重大意义就在于,它为当代全球弱小民族国家提供了用以抗衡强权和抵制霸权的理论利器和实践工具。

2008 年 1 月 18 日

[本篇评论是国际知名人士 Branislav Gosovic 先生所撰。Gosovic 先生获得美国加利福尼亚大学伯克利分校的博士学位,是一位联合国退休官员。他曾在联合国贸易与发展会议(UNCTAD)、联合国环境署(UNEP)、联合国拉丁美洲和加勒比经济委员会(ECLAC)等部门工作。Gosovic 先生同时还曾分别是世界环境与发展委员会和南方委员会秘书处成员之一。他曾经长期在发展中国家政府间组织——"南方中心"中担任秘书长,达 14 年之久(1991—2005)。Gosovic 先生撰写了许多著作和论文,例如《联合国贸易与发展会议:冲突与协调——第三世界通过联合国寻求公平的世界经济秩序》(1972 年出版)。目前他正在创建一个新的非政府组织(NGO)——"全球发展战略研究会"(DAG),设立在日内瓦,并担任这个组织的执行秘书。]

(张泽忠译)

【下附原文】

An Important and Creative Contribution from China to the Ideology of Third World

— A comment on Professor An Chen's article
"*A Reflection on the South-South Coalition in the Last Half Century from the Perspective of International Economic Law-making: From Bandung, Doha and Cancun to Hong Kong*" *

In writing the present article, Professor An Chen has made an important contribution to the study of South-South cooperation and to the Third World thinking on this important subject. More generally, the author has enriched the international scholarship and literature on the topic of the often unrewarding and frustrating North-South development dialogue and negotiations. Indeed, what makes this study rather unique and valuable is that it is contributed by a distinguished academic from China, a country that has not been so far well represented in the international literature dealing with this highly important subject matter.

By making a broad historical view of developing countries' efforts to act and negotiate collectively and as a group in the world arena, starting with the 1955 Bandung Conference, and linking this with the contemporary events taking place in WTO on which the article focuses, Professor An Chen has

---

* The present article written by Professor An Chen of Xiamen University in China has won wide attention in international academic circles. The concluding section of this article was first published under the title "*South-North Conflicts in a Historical Perspective*", in the authoritative *South Bulletin*, no. 120, 2006. Consequently, its full version entitled "*Reflections on the South-South Coalition in the Last Half Century from the Perspective of International Economic Law-making*" was published in *The Journal of World Investment & Trade* (*JWIT*), Vol. 7, No. 2, April 2006. At the request of *JWIT*'s Editor, Mr. Jacques Werner, the said version was re-written and published under a new title "*Weak versus Strong at the WTO*" in *The Geneva Post Quarterly* (*The Journal of World Affairs*, *JWA*), Vol. I, No. 1, April 2006. With time passing, this article received growing attention in international academic circles. Its newly-updated version was translated into Korean language and published in the leading Korean academic journal, *The Journal of Inha Law*, Vol. IX, No. 2, June 2006. Most recently, its updated English version was included in the volume edited by Professor Yong-Shik Lee, entitled "*Economic Law through World Trade: A Developing World Perspective*", Kluwer Law International, Alphen aan den Rijn, 2007.

highlighted two fundamental facts:

- the continuity of developing countries joint action and the validity of their struggle, and
- that this joint group action is now also beginning to take place in WTO — unlike in GATT before it, the Uruguay Round or WTO in its very early stages, where it was each country for itself and South group action was considered as "intrusion of UN and G77 politics", was discouraged and even actively opposed.

It is their difficult experiences in WTO, in application of various often unequal agreements that had emerged from the Uruguay Round in facing the pressures from the countries of the North, that contributed to developing countries' accepting the necessity of collective action as the sole means of promoting and protecting their interests, in supposedly "level playing fields" that in fact are highly lopsided in favour of the developed countries.

In his excellent article, Professor An Chen portrays the dynamics of power that prevail in WTO processes and the emergence of developing countries' group action, and helps to highlight the strategic, vital importance of close and effective South-South cooperation in this important organization. By linking up events and efforts that span decades, he has thrown light on the continuity of efforts, challenges and obstacles that the countries of the South have been facing in the global arena and in their efforts to bring about a more just and equitable world economic order, helpful and conducive to their development efforts. He has also demonstrated the validity of the underlying premises of South-South cooperation and South struggle.

By providing sufficient, but never overwhelming empirical detail, while keeping an overall vision and offering a comprehensive view, Professor An Chen greatly helps his readers, especially the younger ones who are not necessarily aware of the historical background or sensitized to the continuity and interrelatedness of issues, to grasp the challenges at stake.

Finally, Professor An Chen's positive attitude towards South-South cooperation, including the vital importance of adequate institutional support for such cooperation, is very encouraging and most welcome. While fully cognizant of problems and difficulties, his 6C rule (contradiction, conflict, consultation, compromise, cooperation, coordination, new contradiction), and his stressing the importance of a tenacious and unrelenting struggle, including in evolving equitable rules and practices of international economic law as one of the centerpieces of international cooperation, should be impressed on many of those in the developing countries who are often disheartened by the difficulties in the way and slow or lack of progress in both North-South dialogue and in South-South cooperation. The optimism and determination that the article conveys are most heartening. It is of special importance that this article comes from China, that it will be widely read in this country and make an impression on its readers, including those in policy and decision-making positions that can make their country an increasingly important force and leading factor in all spheres of South-South cooperation. For, if there is one conclusion that emerges clearly from the article, and its recommendations, it is that a great lot can be achieved through determined and sustained collective action and South-South cooperation, and with necessary human, institutional and financial support devoted to this purpose.

While the WTO story dealt with ends with Hong Kong Ministerial Conference, this does not make the article dated. On the contrary, the basic themes of the article illustrated by the story remain valid and are of a longer-term significance, as the events since Hong Kong amply illustrate. Thus, Professor An Chen's article is likely to remain as a standard reference, both for students and scholars, as well as for policy-makers and those involved in negotiations and day-to-day actions, and not only in WTO. Hopefully, also, it will have some positive impact on strengthening South-South cooperation, and its mechanisms and institutions.

Indeed, the significance of this long article is in its serving as a theoretical and empirical tool for the globally weak nations in their confronting the strong and resisting hegemony in contemporary world.

Comment written by Branislav Gosovic from Yugoslavia. He holds Ph. D. from University of California, Berkeley, and is a retired UN career official, who worked in UNCTAD, UN Environment Programme (UNEP) and UN Economic Commission for Latin America and the Caribbean (ECLAC), and was also a member of the secretariats in the World Commission on Environment and Development and in the South Commission. He was officer in charge of the secretariat of the South Centre 1991 - 2005. Dr. Gosovic is the author of a number of books and articles, including UNCTAD Conflict and Compomise — The Third World's Quest for an Equitable World Economic Order through the United Nations, Sijthoff, Leiden, 1972. He is currently associated with Development Alternatives Global (DAG), an NGO located in Geneva, of which he is a founding member and acting secretary.

18.01.2008

五、立意新颖务实 分析缜密深入 理论实践交融[①]

——对陈安主编《国际投资法的新发展与中国双边投资条约的新实践》一书的评价

中华人民共和国商务部条法司

厦门大学法学院：

收到你院寄来《国际投资法的新发展与中国双边投资条约的新实践》[②]一书后，我司组织相关业务处室进行了认真的研读。同志们普遍感到该书立意新颖务实、资料翔实充分、分析缜密深入，是一本国内目前少有的研究双边投资条约理论与实践问题的专业书籍，对于我司的商签投资保护协定工作能够起到良好的参考作用。特别是在第三编"中国双边投资条约新实践"中，对我国双边投资保护协定谈判遇到的新问题的性质认定、应对技巧，以及发展方向进行的深入分析，更具有现实意义。

---

① 这原是中华人民共和国商务部条法司致厦门大学法学院的一份公函"感谢信"，文号为"商法投资函[2008]40号"。标题为本书作者所加。

② 陈安主编、蔡从燕副主编的这部书含绪论、三编、十八章，约共57万字，是厦门大学国际经济法研究所科研团队就当代本领域前沿热点问题集体攻关的创新成果，由复旦大学出版社列为"复旦版原创学术著作"，2007年6月出版。

特以此函表示谢意,并望你院教师一如既往地以更多的学术创作支持我国国际经济法理论与实践的发展。

商务部条约法律司
二〇〇八年四月二十八日

六、内容丰富,系统完整,洵是佳作
——《美国对海外投资的法律保护及典型案例分析》评介*

游 斌

1985年1月,在武汉召开的"中、美、加三国学者关于国际投资与贸易法律讨论会"上,一部题为《美国对海外投资的法律保护及典型案例分析》的长篇论文,得到与会者的交口称誉。法学界权威韩德培教授指出,这篇论文"以中国人的眼光来谈美国对海外投资的法律保护问题,确可谓独具新意,不落窠臼"。已故《中国国际法年刊》主编、北京大学陈体强教授曾称之为"内容丰富,系统完整,洵是佳作"。

这部专著的作者、厦门大学陈安教授治学严谨,在完成书稿后并不急于付梓,而是先将文稿的主要部分分两次在《中国国际法年刊》上登载,广泛听取意见,经过认真修改,再三润色,然后才交厦门特区鹭江出版社出版。

作为世界上最大的发达国家和最大的海外投资国家,美国对其遍及全球的海外投资,历来是不遗余力地实行法律保护的,并精心设计了一整套法律保护体制。这一体制的核心内容就是设置了一个特殊的政府机构——官办的"海外私人投资公司",充分发挥了它的特殊职能,对于保护海外美资来说,是切实有效的。美国的上述体制已被联邦德国、日本、英国、加拿大等十多个发达国家所师法和仿效,因此,它具有相当广泛的典型意义。

该书的一大特点,是以大量的篇幅,对于有关海外美资风险事故的典型索赔案例,从法令与事实、理论与实践的结合上加以剖析。另一特点,是以更大的篇幅,编译和附录了相当丰富和珍贵的英文原始文档。

这部书有理有据地揭示了美国怎样通过法律手段在对外投资方面为资产阶级利益服务。对我们来说,这部书的最大价值就在于对今后我国的吸引外资的谈判、签约以及研究涉外投资纠纷案件的处断,能起到殷鉴作用。

---

* 本篇书评原发表于《福建日报》1986年5月10日。作者是当时厦门鹭江出版社社长兼总编辑。

七、评陈安主编：国际经济法系列专著(1987年版)*

余劲松

我国实行对外开放政策以来，对外经济交往事业蓬勃发展。为研究和解决在对外经济交往中出现的一系列新的法律问题，国际经济法学作为一门新兴的、综合性的边缘学科，在我国应运而生，并逐步发展。数年来，我国法学界已陆续发表了一些研究国际经济法的文章、单科教材和专著，作出了开拓性贡献。1987年11月，由厦门大学陈安教授主编，并由他和安徽大学朱学山教授、南开大学高尔森教授、潘同珑副教授、复旦大学董世忠教授分别审订的我国第一套国际经济法系列专著成套出版，在我国国际经济法学术研究领域中作出了新的贡献。

这套国际经济法系列专著分为5卷，即《国际投资法》、《国际贸易法》、《国际税法》、《国际货币金融法》以及《国际海事法》，共约150万字。《国际投资法》对保护、管制和鼓励国际投资的法律制度、中外合营企业的法律问题、中国境内外资企业的法律制度、中外合作开采海洋石油资源的法律制度以及国际投资争端的解决等7个专题分别加以论述。该书联系我国实际，概括了国际投资法的主要内容。《国际贸易法》论及国际货物买卖法以及与之有关的国际货物运输、保险、国际结算和产品责任方面的法律，国际技术贸易方面的法律以及各国政府管制对外贸易的法律。《国际税法》共有9章，前6章介绍国际税法的基本理论和一般制度，其中论述了国际税法的概念、对象及渊源、国际税收管辖权、国际双重征税及其解决、国际双层征税及其解决、防止国际逃税避税、国际双重税收协定等内容；后3章介绍中国的涉外所得税法律制度，包括中国对外国投资人的征税、中国对外国个人的征税以及中国对外国投资人征税的税收优惠和征收管理制度。《国际货币金融法》包括外汇交易的法律问题、国际证券交易的法律问题、国际贷款协定、国际信贷实务的其他法律问题、国际货币的法律制度等5章。《国际海事法》分为16章，分别介绍和阐述了中国的海事立法与海事制度、船舶、船员及水域、提单运输、租船运输、海上旅客运输、船舶碰撞、海上救

---

* 本篇书评原发表于《中国国际法年刊》1988年本第407—502页。作者余劲松博士当时在武汉大学法学院执教。现任中国人民大学法学院教授、博士生导师。

助、共同海损、海上人员伤亡及赔偿、海上留置权与船舶抵押权、责任限制、海洋环境保护与油污事故处理、海上保险合同、海事争议的解决、国际海事法的发展趋势、国际海事组织等内容。

这套系列专著,内容丰富、涉及面广。通观全书,具有如下特点和优点:

一、密切联系中国实际,注意从中国的立场来研究和评析国际经济交往中的有关法律问题。美国纽约大学法学院教授洛文费尔德编写的一套以"国际经济法"命名的6卷本丛书,是近年来在世界国际经济法学术界具有一定影响的著作。其基本特点之一,是立足于美国的实际,以美国的利益为核心,来分析美国涉外经济法以及国际经济法的各种问题,阐述和论证了西方发达国家对这些问题的基本观点。陈安教授主编的这套国际经济法系列专著,则从中国的实际出发,把对中国涉外经济交往法律问题的研究放在重要地位;同时,注意阐述和论证第三世界发展中国家对有关法律问题的立场。

作者在这套专著中除系统介绍国际投资、贸易、货币金融、税收、海事等方面的法律制度外,还用相当篇幅结合论述我国这些领域中的涉外法律规范。例如,在《国际投资法》中,以3章的篇幅专门论述了中外合营企业的法律问题、中国境内外资企业的法律制度以及中外合作开采海洋石油资源的法律制度;在《国际税法》中,将中国对外国投资人的征税、对外国个人的征税以及对外国投资人征税的税收优惠和征收管理制度,分别列为专章加以阐述;《国际海事法》则在开头第一章就介绍中国的海事立法与海事制度。

与此同时,作者还注意从中国的角度和第三世界的立场来研究和评析国际经济交往中的法律问题。例如,在《国际投资法》中,对国有化及补偿争议问题的评介,对中外合营企业管理权分享的具体安排、技术转让、产品销售安排等问题的剖析,都注意从中国立场出发,论证和维护中国权益。又如,在《国际税法》关于国家税收管辖权问题的论述中,强调利润所得来源国税收管辖权优先原则;在论及国际双重税收协定内容时,否定了西方某些学者要求给予外国人以所谓"国际最低标准"的税收优惠待遇的观点,认为为了促进国际经济交往,可采取"无差别待遇"原则,但是,对"无差别待遇"原则不能作绝对的理解,等等。这些观点是符合中国立场和利益的。

二、本套系列专著中的《国际货币金融法》一书,在我国第一次系统地论述了国际货币与金融法律制度,填补了我国在这方面的空白。我国以前在这方面的著作,有的是专门论述国际货币制度的,如盛愉的《国际货币法》;有的是论述国际融资的法律问题的,如沈达明、冯大同编著的《国际资金融通的法律与实务》。而《国际货币金融法》一书则从国际货币买卖法、国际信贷法以及国际货币合作法三个方面来安排体系,从而把国际货币法与国际金融诸法律问题结合起来,既符合历史与逻辑相一致的原则,又能使读者对国际货币金融法律制度有系统的了解。

三、本套系列专著在我国现有其他教材、专著的基础上,增添了许多新的内容。例如,以前的有关国际税法方面的著作,对于国际双重征税问题,主要论及两个以上主权国家就同一征税对象对同一纳税人行使税收管辖权而造成的双重征税,即所谓"法律上的双重征税",而对国际上有些学者提出的所谓"经济上的国际双重征税",即两个国家对在经济上具有同一性或联系性的不同纳税人,就相同的征税对象征税,则论述不多。而本套系列专著中的《国际税法》一书,除介绍了前一种国际双重征税外,还在第4章专门对后者进行了介绍,并阐述了解决的措施和方法。同时,还专辟第5章论述了防止国际逃税和避税问题,这是国际经济交易中一个引人注目的问题,因为跨国纳税人总是寻找各种机会通过滥用转移定价以及利用避税港逃避税收。我国实行对外开放和吸收外资中也会遇到这些问题,而我国以前的著作对此也论述不够。此外,在本套系列专著的《国际贸易法》一书中增加了产品责任法的内容,《国际海事法》中还专门叙述了关于海洋环境保护与油污事故处理、国际海事组织等新内容。

四、材料丰富、新颖。这套系列专著在论述取材上,力求其新,广泛吸收国内外的最新学术成果。许多资料直接来源于近来的国外最新出版物,并综合了国内的最新研究成果,从而反映了目前国际投资、贸易、货币金融、税收及海事等法律领域中的最新动态和学术观点。此外,这套专著各书在正文外,还分别翻译和辑集了一些重要的原始文档,作为附录,这给读者学习、研究和查证原文提供了方便。

五、理论与实务相融通,介绍与分析相结合。这套系列专著既涉及国际投资、贸易、货币金融、税收、海事等领域中的法律理论问题,也涉及大量的法律实务问题。作者在介绍基本理论的基础上,又辅之以许多事例加以说明,并尽可能援引和评析国际经济法律诉争的具体案例,深入浅出,有助于读者掌握基本理论知识和提高解决实际问题的能力。

当然,这套国际经济法系列专著在某些方面还可以进一步加以考虑和完善,表现为以下几个方面:

一、作为国际经济法系列专著,有关各书对国际经济法的概念、范围、体系等都没有予以论述和说明。在国内外学者中,对国际经济法的概念、性质、范围、解释不一,尚无定论。主要有两种观点:一种观点认为国际经济法属于国际公法的范畴,是经济领域的国际公法,属于国际公法的一个分支,各国国内的涉外经济法规范应排除在国际经济法之外;另一种意见认为,国际经济法不限于、不等于经济领域的国际公法,而应综合调整国际经济关系的国内法规范和调整国际经济关系的国际法规范,成为一门新的独立的法学部门。从这套系列专著的内容和体系安排来看,作者显然是赞成后一种观点,并据此来安排整套专著的体系。因此,似应在本系列专著开头对此阐明自己的观点和看法。

二、作为国际经济法系列专著,有关各书在内容安排上尚需作某些协调,以避免重复。作者在这方面注意到了这个问题,例如关于国际支付、国际结算等法律问题,本应属于国际货币金融法的范围,但考虑到《国际贸易法》一书中对这些问题已有详尽的论述,因而在《国际货币金融法》一书中就从略了。但对于其他某些问题似乎还有疏忽,例如,关于国际海上货物运输和海上货物运输保险问题,在本套系列专著的《国际贸易法》和《国际海事法》两书中几乎都以相当的篇幅谈到了这一问题(尽管内容详略有所不同),造成某些重复。这部分内容似可考虑在《国际贸易法》一书中从略,而由《国际海事法》一书来详细叙述。

三、有些问题还可以进一步考虑和探讨。例如,《国际投资法》一书依国际投资法律制度的不同作用(保护、管制、鼓励)来分章论述,体系安排新颖。但是,一项法律制度有时同时具有几种作用,既是保护性的、鼓励性的,也是管制性的。例如,关于货币自由汇兑问题,许多国家在管制的前提下,又规定在某种条件下允许自由汇出,这既是一种管制措施,又是对外资实行的鼓励和保护。我国与某些外国政府签订的关于鼓励和相互保护投资协定中,也规定了这一内容。因此,似以综合论述为好。此外,对于中国涉外经济交往实践中尚待解决的问题,例如,关于中外合作经营企业的税收问题、债务责任问题以及某些其他有关的法律问题,还可从理论上进一步深入探讨。

总的来说,这套国际经济法系列专著,是具有中国特色的、开拓性的好书,结构合理,条理分明,内容充实,材料新颖,理论与实际相结合,法律与实务相融通,既可作为高等学校学生的教材,也是从事国际经济法教学和研究的人员以及涉外法律实务工作者有价值的参考书。

八、新视角:从南北矛盾看国际经济法 *

——评陈安主编《国际经济法总论》

徐崇利

近年来,我国学术界对国际经济法这门新兴边缘学科的研究逐步深入,有

---

* 本篇书评原发表于《厦门大学学报》(哲学社会科学版)1992年第3期,第132—134页。作者徐崇利当时在厦门大学法学院执教,现任厦门大学法学院教授、博士生导师。

关国际经济法各分支学科以及专门问题的著述陆续出版。然而，在此期间，还没有一本对国际经济法最基本的理论和实践原则加以概括和综合论述的专著。1991年5月法律出版社出版、厦门大学法律系陈安教授主编的《国际经济法总论》（朱学山教授、曾华群教授、刘智中讲师参加撰稿，以下简称《总论》）一书，填补了我国在这方面研究的空白。

《总论》作为高等学校法学试用教材出版，具有体系完整、结构合理、内容全面、材料翔实、文笔流畅等特点。通观全书，人们不难发现，本书同时不失为一本颇有研究深度的学术专著。

当前，在西方学术界，用以维护发达国家利益的国际经济法学说层出不穷，而由于历史的原因，广大发展中国家长期以来缺乏自己的国际经济法理论体系，难以适应建立国际经济新秩序斗争的现实需要。《总论》一书作者在对国内外国际经济法两大基本学派的观点作了深入细致的分析之后，在方法论上肯定了"广义说"，但又不囿于纯理念上的探讨，而是进一步论证了这一学派某些代表学者的根本立场，以美国的杰塞普和洛文费尔德为例，说明他们在许多理论问题上貌似持平公正，不偏不倚，实则主要是以本国资产者利益为最终依归的本质；其中许多观点和论据，渗透着、散发出浓烈的霸权主义和强权政治的气息。析微而知著，作者提出，对待现有的国际经济法知识和体系，应当兼采"拿来主义"和"消化主义"两种方法，即在"拿来"之后，认真咀嚼消化，吸收其营养，剔除其糟粕，逐步创立起以马克思主义为指导的、体现发展中国家共同立场的、具有中国特色的国际经济法学科新体系。《总论》作者正是以此作为主线和导向，力求建立自己的理论体系。

这种努力首先体现在本书对当代国际经济法发展历史的论述上。作者就我国一些学者对20世纪40年代以来建立的布雷顿森林体制多所溢美的倾向，悉心论证，当时广大发展中国家在政治上尚未完全独立，在经济上仍处于不合理的国际分工体系之中，它们的利益和愿望在该体制中不可能得到应有的反映和尊重。以《关税与贸易总协定》为例，由于发展中国家和发达国家经济发展水平悬殊，无条件实行"互惠"，完全"对等"地大幅度削减关税，只能导致发展中国家国内市场的丢失、民族工业的受害和对外贸易的萎缩。因此，作者认为，对这一时期建立起来的国际经济秩序不宜估价过高，更不能认为它"具有划时代的意义"。随后，作者又详加论述，从1955年万隆会议发端，到20世纪70年代联合国大会通过《建立国际经济新秩序宣言》和《各国经济权利和义务宪章》（以下简称《宣言》和《宪章》），广大发展中国家在创立国际经济法新规范的几个回合斗争中，逐步取得胜利，昭示了当代国际经济立法发展的历史新趋势。

作者的上述努力又在本书对国际经济法基本原则的阐述中得到进一步体现。国际经济法基本原则是国际经济法各种法律规范的核心。作者牢牢抓住这个核心，泼墨论述了国际经济法中的四大基本原则，即经济主权原则、公平互利原则、全球合作原则以及有约必守原则。其中对于《宣言》和《宪章》，作者在关于国际经济法发展史的阐述中，已经论证和确认它们是国际经济法新旧更替、破旧立新过程中的一项重大飞跃和明显转折。在这一章中，进一步从历史到现实，详尽论述了这两个纲领性文件中所包含的国际经济法基本原则，从而大大深化了人们对《宣言》和《宪章》历史意义的认识。由于整章论述紧扣维护发展中国家利益这一主题，给人以浑然一体的感觉：为了维护得来不易的政治主权，发展中国家势必要争取经济上的主权；在有了经济主权之后，由于各国在经济上的相互依存关系，发展中国家势必也要谋求全球间的"南北合作"和"南南合作"；在合作过程中，由于经济实力对比悬殊，发展中国家势必要求在公平互利的基础上与发达国家进行经济交往；为了保证这种经济交往得以正常进行，又势必要求双方做到有约必守。

此外，《总论》的主旨在全书的其他各大章节均有体现。篇幅所限，兹不赘述。

由于国际经济法是一门新兴的边缘性学科，有许多理论问题需要加以深入的研究和探讨，而国内外学者对其中的一些问题又存有不同程度的争议。由此，《总论》一书作者在建立自己理论体系的过程中，就诸多理论问题，特别是重大的基本理论问题，提出并论证了自己的观点。

有关国际经济法的含义问题。国内外学术界历来有"狭义说"与"广义说"之分，前者主张国际经济法是调整国际经济关系的国际法规范的总和，是国际公法的一个新分支；后者主张国际经济法是调整国际经济关系的各种法律规范的总和，是综合有关国内法和国际法规范的边缘性的独立法律部门。作者认为，由于对国际经济法调整对象——"国际经济关系"一词理解不同，也由于观察角度和研究方法上的差异，以致形成上述两大学派。这种提法综合了国内外学者的观点。值得注意的是，作者的研究并不仅仅停留于此，在详细评述两种学说之后，提出在方法论上"广义说"可取的观点，最后把支持该说的根据提高到划分法律部门和法学部门分类标准的高度去认识，阐明从"狭义说"到"广义说"的发展，正是国际经济法分类办法和分科标准从"以传统的法律类别为中心"到"以现实法律问题为中心"的转变。同时，这种转变颇有助于解决国际经济法与国际法、国际私法等相邻学科之间长期以来因划分标准混乱而造成的界限不清、分野不明的状况。

有关国际经济法的范围问题。不同于其他著述,作者不但把国际商务惯例作为国际经济法的渊源之一,而且把它列为与国际经济法相邻的法律部门,认为这种由各种国际性民间团体制定的用以调整国际私人经贸关系的商务规则,是国际经济法这一边缘性综合体的有机组成部分。但是,就其特点来看,又大大有别于国际经济法整体中的其他组成部分(诸如国际法、国际私法以及各国涉外经济法等范畴),而自成一类;作者还专题探讨了国际经济法与国内经济法的关系问题。从"广义说"的方法论出发,作者认为各国涉外经济法也是国际经济法的有机组成部分,批判了来自某些强权发达国家的一种有害倾向,即藐视弱小民族东道国涉外经济立法的权威性,削弱这些法律规范对境内涉外经济关系实行管辖的"域内效力";与此同时,作者又提醒人们,要注意防止和抵制发达国家强化和扩大本国涉外经济立法"域外管辖"或"域外效力"的另一种有害倾向。作者密切注视当代全球性"南北矛盾"的普遍存在以及强权政治倾向仍在顽固地表现自己的客观现实,从涉外经济法和国际经济关系的角度,即从"涉外"到"国际"应有的科学内涵及其合理的外延界限来论述这一问题,其研究的角度可谓"慧眼独具"。

有关国际经济法的发展阶段问题。国内外有关著述一般都以二战以后布雷顿森林体制建立作为划界标准。作者始终认为对该体制不宜评价过高,相应地也没有采用这一通例,而是沿着"南北矛盾"的历史渊源及其现实发展这一客观轨迹,详细回顾国际经济关系发展史,提出在此基础上划分国际经济法历史发展阶段的主张。作者认为,从宏观上分析,迄今为止国际经济法经历了萌芽、发展、转折更新三大阶段。从公元前一直到15世纪,国际经济交往的发展节奏比较缓慢,形式比较简单,规模也比较有限,国际经济法由于规范种类不全,数量不多,只是处在"萌芽"的阶段;16世纪以后,资本主义世界市场逐步形成,国际经济交往空前频繁,用以调整国际经济关系的国际条约、国际习惯大量出现,日益完备,延续到20世纪40年代,国际经济法一直处于不断"发展"的阶段;第二次世界大战结束以后,发展中国家纷纷独立,构成第三世界,作为一支独立的力量登上国际政治经济舞台,它和第一、第二世界既相互依存,又相互争斗,国际经济法发展进入"转折更新"的阶段。需要指出的是,作者在这里虽然也把二战结束作为划界的时间,但在划界标准上却与其他人不同:一是以"布雷顿森林体制建立"为准,一是以"发展中国家兴起"为准,二者的基本着眼点及其历史意义截然不同。

有关国际经济法的基本原则问题。国内有关著述一般都限于简单援用国际公法一般概念的提法,把"平等互利原则"作为国际经济法的基本原则之一,而缺少深入具体的科学论证。作者则以联合国大会通过的《宣言》和《宪章》这两大纲领性国际文献作为根据,以马克思在《哥达纲领批判》一书中关于"平等"观的著名论断作为指导,提出创见,阐发了"公平互利原则",认为国际经济法中的"公平互利原则"与国际法中传统意义上的"平等互利原则",既有密切联系,又有重要区别。"公平"和"平等"有时是近义的,但在某些场合,表面上的"平等"实际上是不公平的,而表面上的"不平等"却是公平的。例如,《国际货币基金协定》依据各国缴金份额多少决定投票权大小的做法,貌似"平等",实际上往往导致"以富欺贫"现象的发生;反之,貌似对发达国家"不平等"的普惠制,实际上却是十分公平合理的。可见,"公平互利原则"是对"平等互利原则"的重大发展。另外,作者把"有约必守原则"纳入国际经济法基本原则之列,这也是其他著述所没有的。该原则之所以成为国际经济法基本原则之一,是由国际经济关系本身的基本要求所决定的。国家间、不同国籍的当事人之间签订的各种经济条约、经济合同,只有在缔约国各方或合同各方诚信遵守和切实履行的条件下,才能产生预期的效果,才能维持和发展正常的国际经贸交往和国际经济关系,从这个意义上说,"有约必守原则",乃是国际经济法必不可少的主要基石之一。另一方面,作者又强调:"有约必守原则"须受"所约合法"以及"情势变迁"两项条件的制约,这就加深了对"有约必守原则"的全面理解。

《总论》一书理论体系的建立以及许多观点的提出,都是建立在对国际经济关系历史回顾基础之上的。本书开篇设置了"国际经济关系的历史发展与南北矛盾"一节,就当代国际经济关系中的主要矛盾——南北矛盾,从历史到现实,阐明其症结渊源和发展进程,进而剖析当前国际经济秩序除旧布新、破旧立新的时代趋向。这样的安排颇具匠心,它是经济与法律关系的唯物史观在国际经济法研究中的具体运用,也是由国际经济法总论的特点所决定的。评断现行国际经济法的基本规范和实践原则,一则需要回溯历史,从中寻找其存在的根据,例如,如果不懂得近代殖民主义者对弱小民族兴兵索"债"的历史,就无法理解拉美国家长期以来坚持"卡尔沃主义",要求西方国家在特定条件下放弃"外交保护权"的坚定立场。二则需要回溯历史,从中寻找其现实意义,例如,如果不懂得近代殖民主义者对弱小民族疯狂掠夺的历史,就无法理解广大发展中国家要求对境内一切自然资源享有"永久主权"的重大意义。三则需要回溯历史,从中寻找判别是非的标准,例如,如果不懂得殖民主义者对弱小民族盘剥的历史,就无法理解发展中国家为恢复和维护经济主权,在必要时,对外资实行国有化并给予适当补偿的合理性。从研究方法来看,由于现行的国际经济法律新规范是发展中国家和发达国家长期斗争和妥协的结果,不采用历史的研究方法不足以反映其来龙去脉和发展轨迹。这一点尤其突出地表现在对历届联合国大会关于建立国际经济新秩序的一系列决议精神的前后对比上。

在所难免,本书也有某些不足之处。例如,有关国际经济法的构成体系问题,国内外学者的观点不尽相同,作者根据"以现实法律问题为中心"的分类标准,把国际经济法划分为国际贸易法、国际投资法、国际货币金融法、国际税法以及国际经济组织法等若干大类,并且认为,每一大类还可以进一步划分为若干较小的专门分支和再分支。由于缺少进一步的理论探讨,给人以意犹未尽的感觉。又如,本书在个别用词上前后不一,如"国际商务惯例"和"国际经济惯例"交叉使用,容易引起误解。对于此类不足之处,如在本书再版时能予补正,则可使其臻于完善。

九、独树中华一帜,跻身国际前驱

——评陈安主编《MIGA 与中国》[*]

吴焕宁

厦门大学陈安教授牵头撰写的《MIGA 与中国:多边投资担保机构述评》一书由福建人民出版社出版后,引起了国内外有关各界瞩目。

本书是"国家社会科学基金项目"和国家教委"国际问题专项科研基金项目"的主要研究成果。

众所周知,政治风险,如战争、内乱、国有化和征收、禁兑等,一向是跨国投资者最为担忧的问题之一。而 20 世纪 60、70 年代发展中国家国有化风潮的兴起,更使得政治风险成为跨国投资、尤其是对发展中国家投资的严重阻碍。至 80 年代初期,发展中国家的直接投资流入量直线下降。建立一个世界性的专门承保跨国投资政治风险的保险机构,以消除跨国投资中的非商业性障碍,已成为时代之亟需。在这种背景下,经世界银行筹划,多边投资担保机构(MIGA)于 1988 年成立了。该机构包含了一套精心设计的国际投资政治风险保险机制,对消除跨国投资的非商业性障碍、促进国际资本向发展中国家流动,能够起到重大的促进作用,因而受到了全球南、北两大类国家的普遍欢迎。可以说,该机构的成功设立,是近年来国际投资法领域最为重要的成就。

---

[*] 本篇书评原发表于《文汇读书周报》1996 年 3 月 23 日。作者吴焕宁教授、博士生导师,现在中国政法大学国际法学院执教。

在MIGA酝酿组建期间，中国就对它采取积极支持的态度，并于1988年成为该机构的首批成员国之一。在短短几年内，MIGA在我国的业务量不断攀升，这对于改善我国的整体投资环境，促进外资源源流入，产生了不可忽视的积极影响。

但是，国内对这样一个重要的国际经济组织的研究，除了已经发表的数篇论文之外，几乎是一片空白。厦门大学陈安教授所牵头的科研群体，经过数年钻研，撰写了《MIGA与中国：多边投资担保机构述评》一书，立足于中国国情，紧紧扣住"南北矛盾"这一主线，从发展中国家的共同利益出发，对MIGA的渊源、机制、运作状况及其与我国的诸般关系，多角度、多层面地进行了周全的介绍和精辟的剖析，从而使我国对MIGA的研究由几近空白一跃而跻身于世界先进水平。可以说，在国际上研究MIGA的众多论著中，本书能"发他人之所未能发"，独树一帜，颇具中国特色。

从该书的内容可以看出，这部专著的资料丰富翔实，并且十分新颖。其中许多系采用有关国际组织专门提供的第一手材料，反映了相关领域中的最新信息和学术动态。而且，MIGA法律部首席顾问威森费尔德先生直接参与该书的创作，世界银行资深副行长、MIGA缔造者之一希哈塔先生拨冗作序，更为该书添色不少。

同时，由于该书对MIGA经营机制的阐述相当全面和透彻，并对中国加入MIGA的利弊得失作了深入而独到的探讨和论证，因而具有很高的科学性和可靠性，使得该书对于我国有关部门的外资决策和外资立法，具有重大的、不可替代的参考价值。

总而言之，这部专著堪称我国国际经济法学界的一部力作，是厦门大学国际经济法专业诸多学人对我国法学事业作出的新的重要贡献。

十、深入研究，科学判断[*]
——《"解决投资争端国际中心"述评》简介

单文华

《"解决投资争端国际中心"述评》一书是中国国际经济法学会会长、厦门大

---

[*] 本篇书评原发表于《福建日报》1995年3月31日，作者单文华当时在厦门大学法学院攻读博士学位，现在英国Oxford Brookes大学法学院和西安交通大学法学院担任教授、博士生导师。

学政法学院院长、博士生导师陈安教授等接受我国对外经贸部的国策咨询,参与有关论证和研究的一项科研成果,也是国家教委博士点专项基金选定的重点科研项目的成果。1994年该书荣获福建省第二次哲学社会科学优秀科研成果一等奖。

"解决投资争端国际中心"(ICSID,以下简称"中心")是根据1965年《解决国家与他国国民间投资争端公约》(以下简称《华盛顿公约》或《公约》)设立的一个国际机构,总部设在美国华盛顿。截至1994年6月底,全球已有130个国家签署(其中113国已批准)《公约》。中国应否参加《华盛顿公约》、接受"中心"体制,事关既要贯彻对外开放国策,与国际惯例接轨,又要维护中国国家主权的问题,这是一对"矛盾"。因此,国内法学专家约于1985年开始展开国策咨询讨论,见仁见智,歧议甚多,但可大体归纳为两种主张:(一)促进开放,从速参加。(二)珍惜主权,不宜参加。陈安教授在对外经贸部条法局主持的专家讨论会上,提出了第三种主张,即:(三)积极研究,慎重参加。认为:在参加《公约》、接受"中心"体制问题上,既不能过于保守,举棋不定;又不可掉以轻心,盲目从事。要作出正确和科学的判断,就必须在对外开放基本国策和独立自主的一贯立场的综合指导下,抓紧对《公约》和"中心"即"ICSID"体制的历史、现状以及它们在实践中的具体运作情况,开展全面、深入的研究,并且在充分了解有关实况和全貌的基础上,慎重地决定应否参加、如何参加。这第三种主张,获得许多学者的赞同。

该书就是针对上述问题进行"积极研究"的初步成果。全书的主要特点是:立足于理论与实际的紧密结合,在研究大量原始资料和典型案例的基础上,对"中心"体制的实际运作情况进行评介,并密切联系中国的具体国情,就中国加入《公约》、接受"中心"体制所可能遇到的若干主要问题进行预测,初步探讨了基本对策和防范措施,向中国的有关决策部门提出了一些有价值的、可供参考的建议。具体说来,本书论证了对《公约》和"中心"加以深入、全面研究的现实必要性,提出了待决的诸多问题;评论了"中心"的管辖权问题;剖析了"中心"仲裁的法律适用问题;阐述了中国加入《公约》、接受"中心"体制的可行性以及应当采取的主要对策;提出了对《公约》及其体制应作的保留、限制以及应当采取的其他相应措施等。

《"解决投资争端国际中心"述评》一书是我国第一部,也是目前惟一的一部比较系统、深入地研究"中心"机制的著作,不仅其实践价值得到充分肯定,其学术价值在国内和国际学术界也备受推崇。1990年2月,国家经过对该国策咨询成果的审议,采纳了其建议,正式加入了《华盛顿公约》;国家有关部门还多次来函称赞该成果"对我们立法工作有莫大帮助"。1993年8月,我国政府正式委派陈安教授出任中国向"中心"选派的四名国际仲裁员中的首席仲裁员,再一次肯定了这一学术成果在理论与实践上的重要价值。

十一、国际投资争端仲裁研究的力作
——评《国际投资争端仲裁机制(ICSID)研究》*

张乃根

自1979年7月1日第五届全国人民代表大会第二次会议通过《中外合资企业法》以来,中国以吸收外国(外商)直接投资(FDI)为突破口,实施对外开放、对内改革的基本国策,已取得了举世瞩目的伟大成就。中国早已成为全球吸收外资的一片"热土"。为了切实保障外商在华投资的合法权益,中国政府于1993年2月6日正式成为世界银行集团管辖的《解决国家与他国国民之间投资争端公约》(又称《华盛顿公约》,英文简称ICSID)缔约国,并庄严声明中国将把由征收和国有化而引起的有关补偿的争端提交ICSID仲裁解决。

尽管迄今尚未发生一起在ICSID仲裁解决的中国政府与外商投资者的争端,但是,作为ICSID的重要缔约国,中国如何在该公约机制内发挥一个负责任的大国应有的作用,非常值得全面、深入的研究。由我国著名国际经济法学者、中国国际经济法学会会长、厦门大学法学教授、博士生导师陈安先生主编,复旦大学出版社于2001年9月出版的《国际投资争端仲裁——"解决投资争端国际中心"机制研究》(以下简称《仲裁》)一书,堪称国际投资争端仲裁的一部力作。该书与同时出版的《国际投资争端案例精选》相辅相成,填补了该领域研究的一项空白。

该书包括绪论和三编。由陈安教授撰写的绪论以独特的笔触,提出了一个鲜明的问题:在中国境内的涉外投资争端中,外国的"民"可否控告中国的"官",这使读者顿感似乎是深奥莫测的国际投资争端解决,其实就是我们身边经常发生的寻常事。根据《中华人民共和国行政诉讼法》和《中华人民共和国行政复议法》,外商投资者在华对于各级政府及其主管部门违反有关法律、法规或不当的具体行政行为,均可通过行政诉讼或行政复议程序,提起争端解决。既

---

* 本篇书评原发表于《中国图书评论》2002年第5期,第43—45页。作者张乃根教授、博士生导师现在复旦大学法学院执教。

然如此,允许外商投资者到国际上去诉告中国政府,岂不多此一举?对于读者可能产生的这一疑问,陈安教授以其亲身经历的当年围绕中国是否加入 ICSID 的争论,澄清了问题的实质,即首先要了解 ICSID 的体制,"对于中国应否加入上述《公约》以及在何种保留条件下方可参加这个《公约》的问题,中国人应当尽早做到情况明了,胸有成竹,慎重决策,果断行事"(《仲裁》第 41 页)。这是非常务实的立场。正是基于这样的立场,陈安教授及其研究团队,通过 3 年紧张的研究,发表了《"解决投资争端国际中心"评述》一书,为中国政府决策加入 ICSID 提供了不可多得的国际法学理依据。事实证明,中国政府仅将征收与国有化而产生的有关补偿的争端提交 ICSID 管辖,是完全正确的。这既通过中国加入 ICSID 表明其对外开放、保障外商在华投资利益的坚定立场,又最大限度地避免了外商投资者在 ICSID 诉告中国政府的可能性,因为中国实行开放政策、吸收外资以来,从未发生过任何征收在华外资与国有化事件。陈安教授在绪论中,审时度势,提出中国在面临新的国内外形势下,是否应对 1993 年所做的保留再作适当的调整。根据 ICSID 第 25 条第 4 款,任何缔约国可以在正式加入该公约之后的任何时候,决定本国增加或减少接受 ICSID 管辖的争端。在跨入 21 世纪的今天,这一提示,如同在 20 世纪 80 年代中期提出是否加入该公约的问题一样,促使中国人,尤其是中国的国际法学人开展脚踏实地的研究。

该书第一编分"管辖权"、"法律适用"、"临时措施"、"裁决撤销"(英文 annulment 可译为"取消"、"使无效")、"裁决的承认与执行"、"比较研究"六部分,详细分析了 ICSID 的法律制度,构成了全书的核心内容。管辖权是 ICSID 受理国际投资争端的前提,法律适用是解决争端的关键,临时措施是保障争端当事方合法权益的必要手段,裁决撤销是作为国际仲裁机构的该中心内部特有的审查机制,裁决的承认与执行是维系仲裁成效的最终环节。

任何国家加入 ICSID,意味着将或多或少地接受该中心的仲裁管辖权。从国际法的角度看,主权国家接受国际司法或仲裁机构的管辖,属于让渡主权的行为。任何一个国家都不能迫使另一个国家接受国际司法或仲裁机构的管辖。是否让渡其部分主权,本身是国家行使其主权的表现。ICSID 第 25 条第 4 款规定任何缔约国可以在加入时声明,或加入后的任何时候增减同意接受 ICSID 的管辖权范围。这与国家主权原则是一致的。关键在于 ICSID 解决的主权国家与他国国民之间的投资争端。在传统国际法上,个人不是国际法的主体。但是,在国际投资领域,由于 ICSID 的存在,个人根据国际公约的规定,有权诉告主权国家,因而成为国际法上的主体。这是国际法的重大变化。如何从国际法的一般原理上,对这一法律现象做深入分析,是推进 ICSID 研究的理论意义之一。

基于国际仲裁的特点，ICSID 在决定法律的适用问题上，首先尊重争端当事方的协议选择准据法，然后在没有这种协议选择的情况下，由仲裁庭决定可适用的法律（包括争端当事方的实体法与冲突法，或国际法规则）。无论在哪种情况下，作为主权国家的一方和争端当事方，都会面临适用他国法律或国际法的可能性。《仲裁》一书花费一定笔墨分析了与之相关的国内法与国际法问题，认为"从理论上讲，国内法与国际法应是协调一致的。不应存在冲突的情况，自然也不存在效力高低之分。一些国家规定国内法与其所订立的条约抵触时，优先适用条约规定，是国家协调整个法律体系的主动意愿的表现，并非国际法自然优先于国内法"（第 159 页）。这是我国国际法学界的一般观点。不过，正如该书指出：在 ICSID 的实践中，当适用国内法不能给投资者充分补偿时，国际法往往处于优先地位。这与 ICSID 第 1 条规定的"根据本公约"解决各缔约国与其他缔约国国民之间投资争端这一宗旨是相吻合的，因为任何缔约国加入 ICSID 就意味着在其接受管辖的投资争端领域，将让渡其部分主权，这本身就是国际法优先。可见，研究 ICSID 的法律文本及其实践，对于我们进一步理解国内法与国际法的关系，不无裨益。

临时措施是 ICSID 第 47 条所规定的一项授予仲裁庭在必要时采取的程序性措施。《仲裁》一书根据 ICSID 的实践，并结合 ICSID《仲裁程序规则》新增第 39 条(5)款认为，除非双方当事人另有特别约定，ICSID 仲裁庭对临时措施申请享有排他的管辖权。这说明，该项程序性措施如同争端当事方接受 ICSID 的管辖，都取决于双方的约定。尤其是新增的第 39 条(5)款表明先前仲裁庭在行使自由裁量权时存在偏差，因而需要法律本身的调整，以完善 ICSID 体制。这也证明该体制处在动态的完善过程中，需要我们跟踪研究，而不能只停留在原先的了解水平。

ICSID 的撤销程序是指对仲裁庭不当构成、裁决明显越权、仲裁员受贿等严重违法情况，任何一争端当事方可以申请撤销仲裁，由 ICSID 行政理事会主席从该中心仲裁员名单中指定成立的三人"专门委员会"(an ad hoc committee)审理，决定是否撤销。显然，这是 ICSID 内部独特的监督机制。《仲裁》一书对该机制做了很深入的剖析，并提出国际上已有通过研究来自 ICSID 的仲裁实践，反过来对其实践又起着重要影响的案例。这种影响会越来越重要，我们必须对这一问题予以足够的关注，以便应对今后中国在 ICSID 的可能争端裁决。

与一般的国际仲裁裁决承认与执行（如《承认和执行外国仲裁裁决的纽约

公约》)不同,ICSID 的裁决等同于缔约国国内法院的最终判决,每一缔约国都应予以承认和执行,不得以任何理由(包括公共秩序保留)拒绝承认和执行裁决。这使得整个 ICSID 的机制具有畅通的实施渠道,即只要是缔约国接受管辖,争端当事方愿意提交 ICSID 解决的国际投资争端,最后由仲裁庭裁决,且没有被撤销的,都可在当事国国内得到执行。由此可见,ICSID 是一个具有强约束力的国际法体系。

相比上述各部分的研究,"比较研究"显得有些内容上的重复,如果在体系上将其比较有机地纳入各部分,可能更好一点。

《仲裁》的第二编对"中心"解决的阿德里昂诺·加德拉公司诉科特迪瓦共和国政府案、班弗努蒂和邦芬特公司诉刚果人民共和国政府案、阿姆科(亚洲)公司等诉印度尼西亚共和国案、克劳科纳公司诉喀麦隆政府案、大西洋特里顿公司诉几内亚人民革命共和国案、南太平洋房地产(中东)有限公司等诉阿拉伯埃及共和国案、国际海运代理公司诉几内亚人民革命共和国案等 7 个成案的评述,可使读者具体了解 ICSID 的运作机制。该书第三篇汇编了 ICSID 的基本法律文献,可供读者查阅。

十二、俯视规则的迷宫

——读陈安教授主编《国际经济法学专论》[*]

车丕照

国际经济法学在法学各分支当中属新兴学科,其边缘性和综合性决定了所覆盖内容的广博和复杂,也成为接触和研究本学科的难点和障碍。初识者往往畏其艰巨,感到难以入手;而研究者中则少有能够纵横各领域,融会精通诸多问题的全才。学习国际经济法学只有先大体掌握有关的基础知识,再进一步扩大学术视野和专业知识面,由浅入深,循序渐进。这就有赖于高水准的教材的引导。

《国际经济法学专论》是厦门大学陈安教授等编写的一套专门针对研究生的教材,单看其参编人名单和目录就能感觉到阵容之强大,内容之专深。本书所意图面向的读者,"主要是为法学、经济学以及管理学这三个一级学科的硕士研究生","他们既有进一步学习国际经济法学的共同需要,而其原有的知识结

---

[*] 本篇书评的作者车丕照教授、博士生导师现在清华大学法学院执教。

构和理论基础又各有不同"。这样的设计定位,在目前的教材中即使不是绝无仅有,也当属少见,因为读者对这一专业的知识既有可能是初次接触,也有可能已经具备了相当的基础,要兼顾两者,则是对编撰提出了颇有难度的考验,正如作者们自己所说,"是一种新的任务和新的尝试"。

从我们做学生、做教师的体验来看,一部好的法学教材至少应具有体系化的结构设计、启迪性的理论阐述和与时俱进的实践追踪。也就是说,作为教材,它必须肩负着引领入门的功能,保证将学科内容完整地呈现于前,使读者对该学科基本知识形成系统化认识。《国际经济法学专论》一书承继了诸多优良教材的传统,同时,基于其特殊的定位,该书又强调基础理论的分析,并有意在各章节的篇幅安排上,"侧重于对当代国际经济法学科领域中重大的理论争议问题、前沿性的热点难点问题以及具有重大意义的实务问题,做出比较深入的剖析和评介"。从这些方面来看,本书又不囿于教材的框架束缚,而力图以新颖的视角"激发读者进一步学习的兴趣和热情,自行加深钻研当代新鲜有益的知识和追踪国际前沿的学术发展",因此,这套书也可看作对深入研究本学科具有启迪作用的专门著作。

笔者对这套教材只是通读了一遍,但也为其鲜明的个性特色所吸引,通观下来,其内容和结构上的独特之处至少有以下几个方面。

一、这套教材对国际经济法学的知识覆盖达到了相当的广度和深度,在借鉴和吸收国内外现有的理论研究成果的基础上,系统地阐明了本学科的基本原理。作为教育部研究生工作办公室推荐的第一批研究生教学用书之一,这套书首先应具有教材的功用,须具有教材严密清晰的逻辑体系结构。法学是一门特别讲求逻辑严谨的学科,体系思维作为法学的方法由来已久。借助体系,不但有助于保证一门学科内容的完整性,形成对该学科基本知识的全面认识,而且可以通过体系本身的逻辑推理获取新知。这套教材体例结构上共分十章,上下两编各含五章。上编为"国际经济法学总论",系统阐述了国际经济法的基本理论,包括国际经济法的含义、主体、渊源和基本原则等;下编为"国际经济法学分论",包括国际贸易法、国际投资法、国际货币金融法、国际税法和国际海事法,概述了国际经济法各分支学科的基本知识,分别探讨了各分支的重要理论问题,并有重点地介绍一些主要的难点和热点问题。全书的安排,对有关知识板块是全面完整的,使读者能够从宏观上对国际经济法整个学科有概括的了解,即使是初学者也不会有片面和偏颇的理解,可对专业全貌了然于胸,不至有以管窥豹之虞。

二、书中所引用的背景资料翔实新颖,跟踪和反映了国际经济法学科的最新发展。强调这一点是因为,国际经济法学相对其他法学科目而言是一门新兴的学科,紧跟和关注国际学术前沿显得尤为重要。本书的各位作者长期关注国内外的学术研究状况,从而可以在这套教材当中,自如地援引和评判国外的研究成果。例如,本书在国际经济法的基本原则"经济主权"一节中所简介的由世界贸易组织体制而引发的美国"1994年主权大辩论",大量引用了汉金(Henkin)教授和杰克逊(Jackson)教授著作中的内容,尽可能地贴近事实原貌和第一手材料,将辩论过程的来龙去脉娓娓道来,使读者能够比较客观详尽地了解事情的始末。而后,作者又对这次"主权大辩论"和美国的"301条款"加以评论并且对其后续影响进行概括性的分析,所有这些都是基于2000年前后事态的最新局势做出的论述。在该小节末了,作者又深刻剖析了这场激烈论战的实质和核心,笔锋回转到经济主权对于发展中国家的重要性主题上来,这样在充分鲜活的证据上得出的结论确凿可信,一反这种纯理论问题空洞口号式的面目,读之使人顿感耳目一新、视野大开。如此行文布置,正是本书面对特定读者的匠心所在,冀以提供新的视角、引发深层思考。

三、这套教材十分重视国际经济法的总论部分,独立成编,有五章之多,在篇幅上占全书的40%强。当下的国际经济法教材大多不很重视总论部分的论述,究其原因,大概是由于国际经济法学本身还是一门新兴的边缘性学科,其内容范围、法律规范的源起和发展、与相邻法律部门的关系等等基本问题都仍然存在诸多歧义,学术界众说不一。仅以"国际经济法"的涵义和范围为例,就有认定其为国际公法新分支的狭义说和认为是调整国际经济关系的国际国内法综合体的广义说两种学术观点,前者以英国的施瓦曾伯格、日本的金泽良雄以及法国的卡罗为代表,后者则为美国的杰塞普、斯泰纳、瓦格茨、杰克逊、洛文费尔德以及日本的樱井雅夫所主张。虽然以往的国际经济法学教材也都会在总论部分力求给读者一个学理上的说明,但是像这套书这样对总论施以浓墨重彩的尚不多见。比如上面的例子,书中不仅介绍了两种学说的分歧,归纳了每位代表学者各自的观点,还对两大学派观点进行了整体分析。整个上编都以这种细致的态度将国际经济法学的概念、渊源、主体、基本原则以及国际经济争端的解决梳理透彻。这对于读者深入了解国际经济法学科无疑是大有裨益的。

四、本书在分论中将国际海事法以专章纳入,扩大了学科的研究范围,体现了本学科体系的广博复杂。如前所述,国际经济法的综合性代表着它必然与诸多相邻门类有多方面的相互交叉、相互渗透和相互融合的关系,这些复杂的关系也是学界历来关注的重点之一。本书没有拘泥于国际经济法传统意义上的分支归类,转而采取"以现实法律问题为中心",以某种国际经济法律关系或某类经济法律问题为中心的研讨途径或剖析方法,将国际海事法归为国际经济法的一个组成部分。海事法通常被认为属于商法范畴,但是,本书认为"航海贸易活动和海事行为由于其国际性或者涉外性极强而成为一种国际经济现象,应该属于国际经济法学的研究范畴"。因此,本书从研究实际问题的角度出发,探讨了有关国际航运的法律法规的现状及其理论研究状况,涉及国际海事关系包括航海贸易的国际公约和国际惯例。对于这样的划归各家当然可以见仁见智,但实际上,很多国际经济法领域是离不开海事法的相关内容的,尤其是海上运输、海上保险、共同海损以及海事赔偿责任限制等,几乎是与国际贸易如影随形的问题。既然如此,将国际海事法写进国际经济法的教科书中,也是顺理成章的事情。

五、这套书在内容上密切联系我国实际,结合我国国情,剖析了南北矛盾的发展和国际经济新秩序的进程,反映出中国国际经济法学的特色。任何法学学科研究最终的目的还是要服务于社会实践,国际经济法这样一个实践性很强的学科尤应如此。各国的国际经济法学者通常也都是从本国实际出发,研究本国政府和私人在对外经济交往活动中所涉及的国际法和国内法问题。本书在总论中对中国对外经济交往及其与学习国际经济法学的关系,乃至我国目前国际经济法学的研究概况都有介绍,在分论中所有重要的法律问题后面都对我国目前的相关情况加以概括和评析,并对我国未来应采取的立场和对策提出了建议,这些已经在书中奠定为基本的研究方法和思维方式,贯彻全书始终。

当然,一部教材要做到"雅俗共赏",令不同读者各有收益、各取所需实非易事。尽管编著时可能已经竭尽所能对内容编排和知识材料上精益求精,但是仍然有值得商榷和探讨的地方存在。从书本身的定位来说,其创意堪称上佳,然而书名既为"专论",无妨专业性再加强一些,在教材的普及性和专著的深入性之间向后者再稍做倾斜,突显研究生教育术业专攻的特色。加强专业理论的同时,一些史料性的常识做适当的指导即可,引导读者以本书为纲,展开延伸性的阅读,充分发挥研究生的自主学习研究特性,有选择和有重点地传道授业。另外,书中某些具体的说法似乎还可推敲。例如,在分析我国《投资性公司规定》第10条时,本书认为,由于投资性公司尽管为外国投资者设立,但仍然是中国法人,不符合《中外合资经营企业法》第1条有关"外国合营者"的定义,因此,允许投资性公司或投资性公司与其他外国投资者在中国投资的外汇投资比例占注册资本25%以上的企业享受外商投资企业待遇,是与《中外合资经营企业法》的有关规定相抵触的。其实,此处"享受外商投资企业待遇"并不意味着就将其划归为中外合资企业,只是在待遇上给予相同的优惠。准用类似规定,并无定性的意图,应该不存在相互抵触的问题。

总体说来,这是一套高水准的教材。作学科启蒙之用,她可以给读者以准确而全面的引导;作专业研讨之用,她又可以不时地激发学术争鸣。综观目前国内的本学科教材,就质量而言能达此高度进而出其之右者可谓鲜矣。

2004年5月25日

十三、"问题与主义"中的"问题"
——读《国际经济法学专论》[*]

车丕照

自20世纪"五四"运动以降,中国理论界呈现为"问题与主义"之间的巨大分野,个中分殊使得所持论者成家、成言、成派。这种先决研究导向的对峙始终伴随着理论界的发展,或可与我们文化传统中在乎的名分、大统攸攸相关。然而在"百家争鸣"、"百花齐放"中恢复活力的中国法学界,"问题"与"主义"间的"杯葛"的确为复兴的法学研究贡献了氛围、繁荣乃至前进的动力。究竟什么是我们的研究范围?我们的研究范围是先于问题而设定呢,还是通过问题来圈定我们的研究边界?我们研究的意义在何处?这些"问题与主义"的设问现在看来已经颇具历史气息,却曾经缠绕着许多学科,国际经济法学作为法域中的后起之秀在此间的摇摆尤为激烈。在这个论域中,如果将坚守国际法传统学科划分的学人们比作"主义"的倡言人,那么号召国际经济法以问题导向而应自成体系的则是"问题"一派。无疑,陈安教授是"问题"一派的领军人物和杰出代表,先生多年来孜孜以求,著述等身,为"问题"下了一个个有力的注脚。而《国际经济法学专论》,正是先生为"问题"所下注脚的鲜活教案。

一

对"主义"论者而言,范围设定的优先性先于问题,在他们看来,是范围制约了问题的寻找和解决。与之相对应,"问题"论者眼中的范围却因问题而设,是问题廓清了研究范围的边界。于是,学科的划定及其任务的纷争就在"问题与

---

[*] 本篇书评原发表于《政法论坛》2005年第23卷第1期,第189—191页。作者车丕照教授、博士生导师现在清华大学法学院执教。

主义"的屋檐下展开。透过"问题与主义"的对话与对峙,我们见到的是方法论之间的交锋。如果只是纯粹从价值角度出发,殊难判别两种方法间的优劣高下。然而结合国际经济法生成历史来看,却别有一番韵味。如书中开篇所示,国际经济法所调整法律关系的外延因不同的历史时期而呈现扩大的趋势。从罗得的商人习惯法、罗马法、中世纪《康索拉多海商法典》,经历了近现代的双边、多边的商务规约和习惯,乃至现今的转折、更新阶段的专题公约和惯例。有两条重要线索的延伸方向值得我们关注,一是量的累积,即法律关系所涉范围的不断扩大;二是质的递进,即从习惯到条约所带来的约束力和确定性增加。两条线索铺陈了国际经济法所调整的法律关系由简到繁的成长路径,这个历程也是国际经济法律关系所涉问题不断产生的过程。显然,如书中对这个学科发展的描述,这是一条"转折尚在更新"中的道路,要先决式地确立自己的研究范围,进而又能通过设定成熟的方法普适地解决其中问题仍显过早。

由此看来,我们甚至可以说,国际经济法学是一个在问题产生和问题解决链条上不断延伸中形成的学科。或许在这根链条能够延伸到足够远时,我们才能确定它的边界。

二

究竟什么是国际经济法学所关注的"问题"呢?作者站在历史的视角,比较、总结前人的研究之后认为,国际经济法"是一个涉及国际法与国内法、公法与私法、国际私法以及各国涉外经济法、民商法等多种法律规范的边缘性综合体"。这一定义对国际经济法学中"问题"的特点进行了抽象和概括,是在实证层面进行了充分论证之后得出的结论。为此,书中以一家跨国公司为例证,从六个方面对国际经济活动中可能衍生问题的方向进行了具体阐释,其中的法律关系从效力层面来看,有条约法律关系、合同法律关系;从经济活动范围层面来看,有投资法律关系、买卖法律关系、税收法律关系以及争端解决等等。所涉法律关系阡陌纵横,既包含平权的国家与国家、私人与私人、国家与私人之间的法律关系,也包含非平权的国家与私人间的法律关系。这些"问题"构成要素的交错和边缘化,使得人们无法从传统国际法的单一视角出发找到问题的解决方法。此时,一个开放、全方位的审视就显得突出而必要。因此,如作者所言,"国际经济法是根据迫切的现实需要'应运而生'的综合性法律部门,从而,国际经济法学乃是一门独立的边缘性法学学科。这门新兴学科的边缘性和综合性,并非出于人为的任意凑合,而是国际经济法律关系本身极其错综复杂这一客观存在的真实反映,也就是科学地调整这种复杂关系,对其中复杂的法律症结加以综合诊断和辨证施治的现实需要"。这是全书"问题"意识最为直接的表达。

这两册有着相同"问题"观的著作,从体例安排上彻底将"问题"体系化。全书的上下两册分别为总论与分论,互有分工,互为映衬。从内容上看,上册对"问题"进行了全面的统摄,所有囊括的内容由一条主线统领,这条主线牵扯了针对"问题"全部共有属性的总结。从国际经济法内涵的界定,规范的渊源澄清,主体范围的归纳,到所有"问题"共戴原则的分析以及与"问题"相关的争端解决机制。作者在对理论上的存疑、争论梳理的过程中破立相承,逐渐阐明了对待"问题"的开放态度,从而固守了"国际经济法学这一新兴学科具有边缘性、综合性和独立性"的立场。而下册的内容则是对"问题"的具体化,将问题落实在几个实在的分支中,包括国际贸易法、国际投资法、国际货币金融法、国际税法和国际海事法,这种横向的布局使得所涉领域几乎涵盖了全部的国际经济活动。可以看出,在"问题"的引导中形成的国际经济法学,并非一个自足自闭的体系,然而上述"开放式"的体例安排却为新"问题"的产生和旧"问题"的延展提供了足够的空间。

三

在解决"问题"的过程中,我们应该持有怎样的态度和立场呢?这关涉到学科研究的效用和命运。对此,笔者认为有两个方面值得关注,其一是"问题"的定位,这实际上是对"问题"进行"识别";其二是解决"问题"的立场,到底我们应该为谁服务?毫无疑问,立场关系到我们看待"问题"的价值评判并制约着解决方案的产生。

该书在对国际经济法进行了"边缘性、综合性"的学科定位之后,通篇以实际的议论对"问题"解决方法赋予了多学科、多部门的大视野。这意味着,当一个具体的问题摆在我们面前时,我们面临的首要任务就是"识别"。只有将其归入某类法律部门范畴,才有可能从权利义务的角度对这个问题进行剖析。同时,还要关注这一"问题"是否还兼具其他部门或学科的特点?这是因为国际法与国内法、私法与公法对待权利义务的看法并不一致,对待权利冲突的方式也各不相同。例如,涉及国家在国际经济法中的地位问题时,如果将国家放在国与国之间的关系的背景下加以研究的话,那么我们所面临的其实是国际公法的问题,应用于问题解决的方法自然要从国际公法的立场出发。如果把国家放在与国际交往的当事人法律关系的背景下加以考察,此时所面临的问题则主要是内国法的非平权主体间的法律问题。由此看来,多视角对于一个边缘学科发展的重要意义,而书中所论的最大特点就是很好地贯彻了这一基点。

在国际经济法学中,如果说明晰"问题"中的多元化因素是从客观上澄清"问题"的症结,无疑,对待"问题"的立场表达则是从主观上寻找"问题"解决的努力。显然,立场将决定我们到底维护着怎样的利益。二战后,所有的发展中国家面临着一个秩序难题,即如何推倒一个旧有经济秩序和重塑一个新经济秩序,这是战后国际政治经济格局巨变给民族国家带来的反应。对这一历史潮流,书中通过对"经济主权原则"、"公平互利原则"、"全球合作原则"的描述,着重强调发展中国家的身份对国际经济新秩序的贡献和塑造,一再重申了发展中国家的立场。对此,笔者认为,尽管发展中国家身份是开展国际经济法研究时不可忽略的一种身份,然而作为民族国家的身份才是我们参与经济活动最原始、最根本、最核心的身份,而民族国家的立场则是我们开展研究的基础和出发点。这是因为,虽然发展中国家有改造经济秩序的初衷和动力,但是秩序的改变终究依靠的是实力的对比。随着时间的推移,秩序中所谓南北力量的博弈并没有出现发展中国家所期待的那般消长。此外,随着全球化进程的加快,国家之间的利益连接较之过往更加密切和依赖,也使得发展中国家共同的利益越来越模糊。当发展中国家的身份无助于我们对现行秩序的改变时,就只有以民族国家的身份加强对现行秩序的参与。况且,这种强调民族国家立场的地方性共识越来越成为全球化过程中的主流话语了。

四

为"问题"构筑一个体系是本书作者们的治学观。对国际经济法学而言,这是一个开放的"问题"体系,"问题"的发展和更新对体系的完善不可或缺,而本书在这方面的作为令人称道。"问题"的归纳、演绎、衔接被作者把握得非常流畅,例如,议论经济主权时谈及由 WTO 体制引发的美国"1994 年主权大辩论",就大量引用了汉金(Henkin)教授和杰克逊(Jackson)教授著作中的内容,尽可能地利用第一手材料,将辩论过程准确地描述出来,使读者能客观详尽地了解事情的始末。而后,作者针对"主权大辩论"和美国的"301 条款"进行评论以及对其后续影响进行概括性的分析时,都是基于 2000 年前后事态的最新态势做出的论述。

面对问题丛生的国际经济法律实践,多谈些"问题",少谈些"主义",让我们在寻找"问题"答案的过程中,且行且珍惜。相信水到渠成,这个过程本身就寄寓了寻找"问题"边界的意义。这份务实态度和成熟的"问题"观不仅是我对作者欣赏的理由,而且为我们的贡献指明了方向。

十四、高屋建瓴 视角独到

——推荐《晚近十年来美国单边主义与
WTO多边主义交锋的三大回合》*

戚燕方

陈安教授撰写的 The Three Big Rounds of U. S. Unilateralism versus WTO Multilateralism during the Last Decade（《晚近十年来美国单边主义与WTO多边主义交锋的三大回合》）原以英文发表于美国 TEMPLE INTERNATIONAL & COMPARATIVE LAW JOURNAL, 2003, vol. 17, NO. 2（《天普大学国际法与比较法学报》2003 年第 17 卷第 2 期），全文约 65 000 字。其后，应本刊约稿，摘取其中部分内容约 20 000 字，并增补最新信息，题为《美国单边主义对抗 WTO 多边主义的第三回合——"201 条款"争端之法理探源和展望》，发表于《中国法学》2004 年第 2 期。

文章从此次"201 条款"争端说起，首先简要回顾了晚近十年来美国单边主义与 WTO 多边主义交锋的三大回合，然后从宏观上综合探讨了其中蕴涵的原则碰撞和法理冲突，并对今后可能的发展进行了预测。作为本文中文版的责任编辑，我认为，该文高屋建瓴、视角独到，具有极强的现实针对性和学术理论性，其资料翔实全面，逻辑严谨，说理透彻，是这一学术领域中研究相关问题的不可多得的佳作。

据我们获得的信息，陈安教授撰写上述论文相继发表后，引起了较大反响，获得了国内外的广泛好评。在国内，中国国际法学会 2004 年 4 月的研讨会和中国法学会世界贸易组织研究会 2004 年 5 月的研讨会，均将上述中文版论文收入专辑文集，引起广泛重视。

在国际上，美国上述学报的责编 Laura Kolb 指出，该刊选择发表的论文，是他们认为"当前最受关注的、最引人入胜和最有创见的"文章。陈教授的这篇文章"论证有理有据，主题紧扣时局，资料丰富翔实"，"雄辩犀利，发人深思"，"会使国际法理论界和实务界都大感兴趣"。总部设在美国华盛顿的"多边投资担保机构（MIGA）"首席法律顾问 Lorin Weisenfeld 认为这篇文章"确实是具有

---

* 本篇评论是本文责任编辑、《中国法学》杂志社戚燕方副编审撰写的参评推荐意见。现征得作者同意，辑入本书。

头等水平的佳作","论据充分,雄辩有力",促使他全面反思近年来布什政府在国际舞台上的所作所为和霸道行径。特别值得注意的是:总部设在日内瓦的政府间国际组织"南方中心"是由61个发展中国家(含中国)签署国际协定共同组建的"思想库"和"智囊机构"。最近,其秘书长Branislav Gosovic来函告知:拟将这篇文章作为该"南方中心"的专题出版物,即"贸易发展与公平"专题议程(T.R.A.D.E.)的系列工作文件之一,重印和扩大发行,使广大读者均能看到,特别是提供给众多发展中国家政府,作为议事决策参考。同时拟将本文列入"南方中心"的专门电子网站,供读者自由免费下载。据我们所知,中国法学家的长篇学术论文能有如此国际影响并引起国际政府间组织如此重视者,并不多见。

综上情况,我们郑重推荐陈安教授的上述中、英文版论文,参加申报学术评奖。

2004年6月6日

十五、以史为师　力排"众议"　说理透辟
——推荐《南南联合自强五十年的国际经济立法反思》*

戚燕方

WTO第6届部长级会议2005年12月在香港召开,重启"多哈发展回合"多边谈判。对此次"香港会议"的结局及其发展前景,国际舆论见仁见智,褒贬不一:或"乐观",认为WTO多边体制从此步入坦途;或"悲观",认为WTO多边体制濒临瓦解;或畏难,或失望,或茫然。

陈安教授多年来跟踪研究南北矛盾和南北合作问题,积累丰厚,他全面地收集、整理香港会议后国际上出现的各种看法和见解,有的放矢地加以综合剖析,撰写了英、中两种文本的长篇论文。英文本题为"Reflections on the South-South Coalition in the Last Half Century from the Perspective of International Economic Law-making",中文本题为《南南联合自强五十年的国际经济立法反思》,先后投寄国外学术期刊和《中国法学》本刊。

作者主张:应当认真回顾五十年来发展中国家在南北矛盾中实行"南南联合自强"、力争更新国际经济立法的主要史实和曲折进程,以史为师,从宏观上

---

* 本篇评论是本文责任编辑、《中国法学》杂志社戚燕方副编审撰写的参评推荐意见。现征得作者同意,辑入本书。

总结经验，学会运用历史的慧眼，正视当代"南弱北强"和"南多北寡"的客观现实，自觉地认识和运用五十年来南北矛盾和南北合作中反复出现的螺旋式"6C"规律，排除"速胜"论、"坦途"论和"瓦解"论的影响，多一份冷静、耐心和韧性，少一些脱离实际的盲目"乐观"或无端"悲观"。即使"香港会议"之后，多哈回合各项重大难题的谈判再次出现"拉锯"或僵局，甚至再次不欢而散，也早在意料之中，国际社会弱势群体即众多发展中国家应早作思想准备，继续以南南联合自强的韧性奋斗精神和灵活多样的策略，从容应对，力求"多哈发展回合"的新一轮多边谈判在其后续的2006年底，或更迟一些，得以在公平互利、南北合作的基础上，全面完成。总之，要逐步更新国际经济立法、建立起国际经济新秩序，舍韧性的南南联合自强，别无他途可循！

我作为本文中文本的责任编辑，在审阅过程中，深感此文旗帜鲜明，站在国际弱势群体的共同立场，以史为据，以史为师，史论结合，视角独到，"力排众议"，颇多创新，具有极强的现实针对性和学术理论性。其资料翔实全面，逻辑严谨，说理透彻，论证雄辩，是这一学术领域中不可多得的力作和佳作。

有关信息资料显示：此文在本刊发表后，获得读者广泛好评。其英文本在日内瓦引起广泛重视，先由国际组织"南方中心"机关报发表了其中的核心部分，并公布于该"中心"网站，扩大宣传；另有两家国际性学刊，相继全文刊载。据我们所知，中国法学家撰写的长篇学术论文，能引起国际组织和国际性学刊如此重视、具有如此国际影响者，尚不多见。

综上，我们郑重推荐陈安教授的上述中、英文版论文，参加申报学术评奖。

2006年5月31日

十六、紧扣学科前沿　力求与时俱进
——推荐《国际经济法学》（第三版）*

杨立范

厦门大学陈安先生主编的《国际经济法学》一书，综合反映了国际经济法学这一新兴边缘学科的基本理论和基本知识，是对国际经济法主要内容的精心浓缩和精辟论述。全书内容科学、立论独到、取材新颖、涵盖全面、重点突出，在国

---

* 本篇评论是《国际经济法学》一书的责编、北京大学出版社杨立范副总编撰写的参评推荐意见。现征得作者同意，辑入本书。

内同类出版物中达到领先水平,深受读者喜爱。本书第一版自1994年12月由北京大学出版社出版以来,迄2001年3月,先后重印7次,累计51 520册。由于本书具有以上特点和优点,又被全国高等教育自学考试指导委员会指定为全国高等教育自学考试统编教材,并于1994年12月至2001年3月,先后重印12次,印数达231 100册。以上两项合计,迄2001年3月为止,印数共达282 620册。

2001年4月,本社又推出《国际经济法学》(第二版),由作者们依据本书第一版推出后七年来的形势发展,对原书加以认真修订增补,添加了大量新鲜知识和前沿信息,进一步提高了学术水平;并继续作为高等学校法学教材以及全国高等教育自学考试指定教材被广泛采用。第二版问世以来短短三年半,经过31次印刷,两种印数共230 200册。与第一版总印数合计,两版总印数512 820册。足见本书很受广大读者欢迎。

2004年1—8月,本书作者们又根据经济全球化加速发展和中国加入世界贸易组织后出现的国际经济政治秩序的最新格局,并结合近十年来本书在全国高等教育教学实践中被广泛采用的效果和经验,对本书内容再次作了全面的修订、增补和更新。

本书第三版于2004年11月底以崭新面貌问世,全书共73.3万字,首印8 000册,在两个多月内迅即售罄,随即在2005年2月第2次印刷12 000册,市场需求继续看旺;经作者们再稍加修订,近期内即将进行第3次印刷。十年来本书前后三种版本的累计印数,已达532 820册。这种情况表明:十年来本书内容的不断更新和提高,确实做到了"紧扣学科前沿,力求与时俱进",因而切合当代中国高校读者学习新知的需要,具有旺盛的学术生命力。

基于以上情况,兹特郑重推荐上述著作参加省部级、国家级优秀科研成果及优秀教材评奖活动。

2005年3月15日

Ⅲ 学界来函

一、来函概述

中国实行改革开放基本国策以来,陈安教授开始立足中国国情和国际弱势群体的共同立场,致力于中国特色国际经济法学的学习、探索和研究。陈安教授于 1981—1983 年应邀在美国哈佛大学从事国际经济法研究,并兼部分讲学工作。1990—1991 年以"亚洲杰出学者"的名义应聘在美国俄勒冈州西北法学院担任客座教授,兼任该学院国际法研究项目顾问。

自 1981 年至 2007 年,除在美国上述两所大学从事三年多的研究、讲学外,陈安教授先后十几次应邀和奉派出国,参加国际性法学学术活动,前往比利时(欧共体总部)、瑞士(联合国欧洲总部)、联邦德国、加拿大、美国、澳大利亚、荷兰、英国、法国、韩国、香港等国家和地区,参加国际学术会议,为东道国和当地多所大学法学院和律师事务所讲学,宣讲中国改革和开放的政策、法律和法规,积极开展国际学术交流。在此期间,先后在外国学术刊物上或法学合著中发表了多篇论文或论著专章。与此同时,又接受中国政府有关部门的委托,有的放矢地从事专项科学研究,并以研究成果提供决策参考。以下选辑的 26 封信件①,从一个小侧面,具体而细微地反映了陈安教授的上述学术活动以及国内外人士对这些学术活动所作的评价。大体上可归纳为以下八项事例:

(一) 对《国际经济法学刍言》②一书的评价

中国法学界老前辈韩德培先生、朱学山先生以及郭寿康先生于 2005—

---

① 这些函件的原件均收藏于厦门大学国际经济法研究所资料室,存档备考。
② 《国际经济法学刍言》一书于 2005 年由北京大学出版社出版,上、下两卷共约 212 万字,2007 年获第五届"吴玉章人文社会科学成果奖"一等奖。其大部分内容经进一步全面增订更新,辑入于本书《陈安论国际经济法学》,全书篇幅约 310 万字,复旦大学出版社 2008 年出版。

2007年间先后来函对本书惠予良好评价,并对本书作者鼓励、鞭策有加。韩老先生认为:"短短二十余年,竟有如此丰硕研究成果,实属少见";朱老先生函称:"我已将其常置案头,以供不时研读,我一向以为您的文章是耐得百回读的,何况这些文章全是中国国际经济法学理论的奠基之作,应该反复研读。"郭老先生认为本书作者"是中国国际经济法学的奠基人之一,也是中国国际经济法学这门前沿学科的领军人物"。改革开放以来,作者"积极倡导建立中国国际经济法这门课程与学科,逐步形成了中国国际经济法学的体系"。《国际经济法学刍言》一书,是作者"二十余年来其著作的精华与代表,也是本学科发展中又一里程碑"。该书"为当代国际社会弱势群体争取经济平权地位提供了有力的理论武器。尤其是用英语发表的作品,在国际上影响很大,既体现出发展中国家的主张与立场,也扩大了我国的国际影响,为我国的国际经济法学赢得了国际声誉。"(见后附韩、朱、郭三位前辈老先生来函及附件,本书本编之Ⅲ(Ⅱ),"来函选辑"之一、二、三)

(二) 对《南南联合自强五十年的国际经济立法反思》[①]一文的评价

本文全文约6.4万字。发展中国家的政府间组织"南方中心"秘书长Branislav Gosovic教授收阅本文后,于2006年2月来函称:"我认为它能给人以清晰鲜明的方针政策性的启示,会使《南方中心公报》的读者们很感兴趣,特别因为这是您从一个正在崛起的举足轻重的大国发出的大声呐喊!"因此决定把本长篇论文的核心内容(即第四部分,约7千字),以纸面版和电子版同时发表于该机关理论刊物,以扩大全球读者受众范围,增强其学术影响。(本书本编之Ⅲ(Ⅱ),"来函选辑"之十二)

日内瓦《世界投资与贸易学报》、《日内瓦论坛季刊》Jacques Werner先生阅读本篇论文后,于2006年1月和2月两度来函,前函称:"我们发现您的《南南联合自强五十年的国际经济立法反思》论文,对于当前WTO正在进行的谈判磋商,作了很有创见和雄辩有力的评析,充分反映了你的见解,因此,我很乐于采用,并即将发表于本刊2006年4月这一期。"后函续称:"我发现,您的这篇文章令人很感兴趣,因此想要把它另行发表于我所编辑的另一种学刊,即《日内瓦天下大事论坛》季刊。这另一种学刊面向更加广泛的读者对

[①] 本文于2007年获得"福建省人民政府第七届社科优秀成果奖"一等奖。本文的中、英两种文本已分别收辑于《陈安论国际经济法学》本书第一编之ⅩⅣ、第七编之Ⅱ,复旦大学出版社2008年出版。两种文本可资互相对照。

象,包括联合国各种机构中的公务人员,外交人员,国际公司中的高层执事等等。……我们认为,这是一个良好的机会,让您的见解传播给更加广泛的公众,因而期待您能同意我的上述建议。刊载您这篇文章的《日内瓦天下大事论坛》季刊预定于 2006 年 4 月 26 日出版。"(参见本书本编之Ⅲ(Ⅱ),"来函选辑"之十三)

本文的中文版原稿曾刊登于《中国法学》2006 年第 2 期,其责任编辑戚燕方副编审认为:"此文旗帜鲜明,站在国际弱势群体的共同立场,以史为据,以史为师,史论结合,视角独到,力排'众议',颇多创新,具有极强的现实针对性和学术理论性。其资料翔实全面,逻辑严谨,说理透彻,论证雄辩,是这一学术领域中不可多得的力作和佳作。据我们所知,中国法学家撰写的长篇学术论文,能引起国际组织和国际性学刊如此重视、具有如此国际影响者,尚不多见。"(见本书本编之Ⅱ,"书刊评论"之十四)

随着时间的推移,本长篇论文得到了国际学术更多的关注。其最新修订版已被翻译成韩语,并于 2006 年 6 月发表在韩国重要的学术刊物"The Journal of Inha Law"第 9 卷第 2 期。最近,本文修订后的英文版又被收录在 Yong-Shik Lee 教授主编的"Economic Law through World Trade: A Developing World Perspective"一书中,列为该学术专著的第二章,由国际知名的法学学术出版社 Kluwer Law International 于 2007 年 12 月出版。

2008 年 1 月,前述国际组织"南方中心"刚刚卸任的原秘书长 B. Gosovic 教授获悉:本篇长文的全文连续数度增订并由多家国际性学刊发表或转载,又满怀同道热情,特意附函寄来他撰写的书评,对本文进一步加以推介。他认为:这篇长文所作的理论分析和雄辩论证,是"对第三世界思想体系的重大创新性贡献",其"重大意义就在于,它为当代全球弱小民族国家提供了用以抗衡强权和抵制霸权的理论利器和实践工具。"他强调:"尽管关于 WTO 的故事随着香港部长级会议的落幕而暂时告一段落,但是这并不会让陈安教授的这篇论文章显得过时。恰恰相反,香港会议以后出现的种种事态发展,已经充分说明这篇论文依据历史所阐明的有关主题主旨仍然合理有效,并且具有深远的长期影响。因此,陈安教授的这篇文章不仅仍然可以作为学生和学者的标准读物,而且对于许多决策者和参与 WTO 等谈判磋商和日常活动的人士说来,也是可供参考的标准。同时,还可以指望它能对促进南南合作,加强南南合作的机制和组织机构,产生积极的影响。"(参见本书本编之Ⅱ,"书刊评论"之四)

(三) 对《晚近十年来美国单边主义与 WTO 多边主义交锋的三大回合》①一文的评价

这篇英文论文长达 6.5 万字,原先发表于美国天普大学《国际法与比较法学报》2003 年第 17 卷第 2 期。它援引十年来的大量事实,针对美国在加入 WTO 多边主义国际协定后仍然顽固推行其传统的经济霸权政策和单边主义立法,进行系统的理论分析和深入批判。本文发表后引起国际上有关人士广泛关注。2004 年 6 月,作者应国际组织"南方中心"(South Centre)要求,作了修订增补,于 2004 年 7 月由该"中心"将本文作为 T. R. A. D. E. 专题"第 22 号工作文件"重印发行,分发给世界各国常驻日内瓦 WTO 总部的代表团,并刊登在该"中心"网站上,供读者自由下载。本书本编下列"来函选辑"的第六、十四、十五、十六、十七共五份函件,概要地反映了国内外人士对本文的关注和学术评价。

"南方中心"是亚、非、拉美众多发展中国家缔约共同组建的政府间国际组织,总部设在日内瓦,发挥"国际思想库"和"国际智囊团"作用,中国政府是其核心成员之一。"中心"的主要工作是向国际社会宣传发展中国家的政治和经济主张、思想观点和理论文章,设计和论证发展中国家在各种南北谈判中的共同立场,并提供给各国政府作为决策参考。

(四) 对《"解决投资争端国际中心"述评》②一书的评价

"解决投资争端国际中心"(ICSID)是一个国际机构,根据 1965 年的《华盛顿公约》设立,是"世界银行"的五大成员机构之一,总部设在美国华盛顿。该机构的业务与中国的对外开放和吸收外资国策关系密切。中国已于 1990 年 2 月正式签署参

---

① 本文及其"姊妹篇"中英两种文本,先后部分或全文分别发表于中外数种权威性学术刊物,因其引起国内外广泛关注,具有较大学术影响,于 2004—2006 年间相继获得第十二届"安子介国际贸易研究奖"一等奖,"福建省人民政府第七届社科优秀成果奖"一等奖,第二届"全国法学教材与科研成果奖"一等奖,以及第四届"全国高校人文社会科学研究成果"二等奖。(见本书第八编之Ⅴ,"二十年来陈安主要论著获奖情况"列表)本文的中、英两种文本经再次综合整理和增订,已分别收辑于《陈安论国际经济法学》本书第一编之Ⅸ,第七编之Ⅰ,复旦大学出版社 2008 年出版。两种文本可资互相对照。

② 陈安教授参撰并主编的这本书,约 25 万字,是中国人针对《华盛顿公约》及其"解决投资争端国际中心"(ICSID)机制开展系列研究的第一部创新成果,1989 年 12 月由鹭江出版社出版;1994 年获得"福建省人民政府第二届社科优秀成果奖"一等奖。其后,在组织新的博士生学术团队进一步深入研究的基础上,陈安教授又参撰并主编了另外两本"姊妹书",即《国际投资争端仲裁——解决投资争端国际中心"机制研究》以及《国际投资争端案例精选》,共约 117 万字,2001 年由复旦大学出版社出版;2002 年先后获得中国司法部颁发的"第一届全国法学教材与科研成果奖"一等奖以及中国出版总署颁发的"中国图书大奖"。以上三本专著中由陈安教授撰写的部分,已再次综合整理和增订,收辑于《陈安论国际经济法学》本书第二编之Ⅳ,题为《我们研究"解决投资争端国际中心"的现实动因和待决问题》,复旦大学出版社 2008 年出版。

加《华盛顿公约》,并于1993年1月提交了缔约批准书,同意接受ICSID体制。

陈安教授于1987年开始承担和主持国家教委博士点基金专题科研项目,就中国是否应当参加《华盛顿公约》接受ICSID体制问题,为我国对外经贸部提供国策咨询。其集体科研成果《"解决投资争端国际中心"评述》一书于1989年12月出版。

1990年陈安教授受聘在美担任客座教授期间,曾将上述著作一本连同全书目录英文译文一份寄赠设立在美国华盛顿的"解决投资争端国际中心"总部,该总部反应如下:

1. 世界银行副总裁、"中心"秘书长希哈塔(Shihata)委托"中心"法律顾问帕拉(Parra)来函表示"非常感谢",并称:"我们将在最近一期的《"中心"讯息》刊物上宣布您这本著作的出版消息,并将在下一版的《"中心"论著书目》中将这本书正式列入。"(Parra 1990年3月22日致陈安函)

2. 1990年《"中心"讯息》第7卷第1期宣告:"中国正式签署参加《"中心"公约》(即《华盛顿公约》)",同时,在《有关"中心"的近期最新论著》专栏中,列出世界各国近期出版的有关"中心"的新著6种,把陈安教授主持撰写的上述专著列在首位。

3. 1990年8月,"中心"法律顾问帕拉写信给陈安教授,附函寄赠上述刊物一份,并称:"您论述'中心'的新书,已在本期的《"中心"讯息》上宣布了有关的出版消息。根据本书内容目录的英文译文来判断,这肯定是一本极其有益的著作。"(见本书本编下列"来函选辑"之二十)

中国政府有关主管部门对本书的出版也给予很大的鼓励和良好的评价,认为:"该书的出版无疑会推动我国学术界对于《华盛顿公约》和'解决投资争端国际中心'的理论研究,同时亦对我们研究加入该公约的工作具有积极的参考价值和借鉴作用。""您的大作,对我们的立法工作帮助很大。"(见本编下列"来函选辑"之八、九、十、十一)。

(五) 对《是重新闭关自守?还是扩大对外开放?——论中美两国经济上的互相依存以及"天安门风波"后在华外资的法律环境》[①] 一文的评价

1989年春夏之交的"天安门风波"后,美国某些政客掀起阵阵反华叫嚣,诬蔑中国对外开放政策即将"寿终正寝",外资在华处境"恶化",并一再威胁要中断对华"最惠国待遇",以示"惩罚"和"制裁"。美国社会上许多对华友好人士也因不明真

---

① 本文的中、英两种文本,已分别收辑于《陈安论国际经济法学》本书第三编之Ⅸ,第七编之ⅩⅢ,复旦大学出版社2008年出版。两种文本可资互相对照。

相而产生各种疑虑和误解。1990年9月25日,时值陈安教授应聘在俄勒冈州担任客座教授抵美不久,即应邀在西北法学院校友会和俄勒冈州律师集会上发表上述演讲,并与美国"福特基金会"原驻北京官员马克·赛德尔(Mark Sidel)教授展开辩论。陈安教授列举大量事实,力排众议,论证中国对外开放与吸收外资的基本国策不但未有改变,而且在1989年春夏之交的政治风波以后又相继制定许多新的法律、法规,而使外资在华的法律环境进一步大有改善,导致大量新的外资投入中国;并论证一旦取消对华"最惠国待遇",美国经济本身势必首先受害。其后,又将上述演讲稿整理成文,发表于俄勒冈州《律师》杂志1991年第10卷第2期。(见本书第三编"国际投资法"之Ⅸ(中文版)和第七编"英文版论文选辑"之ⅩⅢ)

美国俄勒冈州唐肯(Tonkon et al.)律师事务所首席律师欧文·布朗克(Owen D. Blank)曾与会聆听上述演讲,后来又阅读了上述论文。他致函陈安教授称:"您针对中国与美国经济互利关系所作的分析,切合实际,令人耳目一新。您对于中国继续实行开放政策所作的论证,很有必要加以广泛、普及的宣传,以促使美国的许多公司恢复信心——它们在1989年春夏之交的政治风波以前本来已经很好地确立了这种信心。"(见本编下列"来函选辑"之十八)

中国驻美国西海岸旧金山总领馆负责人朱又德先生收读上述论文后,致函陈安教授称:"很欣赏你的智慧、才干和勇气。此举很有意义。由此,使我联想到,如果我们的学者和学生中能有一批像你这样的民间大使,对反驳美政坛对我国的非难以及消除一些美国友人的疑虑和误解,无疑将起到非同一般的影响和作用。谢谢你利用讲学、研究之余,抽时间、寻机会为宣传中国所做的工作。"(见本编下列"来函选辑"之十九)

(六)对参加俄勒冈州"第三届国际商法研讨会"宣讲中国投资法的评价

1988年10月底,陈安教授应邀参加美国俄勒冈州"第三届国际商法研讨会",作了专题学术报告:"中国涉外投资法十年来的发展",并印发了长篇演讲文稿。

会议主持人美国路易斯—克拉克大学西北法学院院长史蒂芬·康德教授(Stephen Kanter)会前(1988年9月12日)来函称这个报告选题"极好"(perfect),"我们希望您在本届研讨会上作开幕演讲"。会议通告将陈安教授列于八位大会发言人的首位。

研讨会结束,陈安教授回国后,西北法学院"律师进修班"主任劳丽·梅普斯(Laurie B. Mapes)于1988年11月29日来函称:"我代表本法学院对您光临参加'第三届国际商法研讨会'表示感谢。此次学术活动取得巨大成功。我们收到许多反映,夸奖赞扬此次研讨会以及您的演讲——'中国涉外投资法十年来的发展'。我们深切感谢您对本次出色活动所作的贡献,它给我们法学院带来了很高的荣誉和声望。"(见本编下列"来函选辑"之二十一)

(七) 对《是进一步开放? 还是重新关门?——中国吸收外资政策法令述评》[①]一文的评价

1982年秋,中国政府在继续对外开放的同时,大张旗鼓地打击同吸收外资有关的一切经济犯罪活动。国际上当时曾因此盛传:中国对外开放的"风向"已经改变,即将恢复"教条主义",重新实行"闭关自守"政策。陈安教授当时正在美国哈佛大学从事研究和讲学,遂于1982年中华人民共和国国庆节应邀在该校发表上述专题学术演讲,旨在澄清美国、日本学者对我国吸收外资有关政策法令的疑虑、担心或非难,答复他们的询问,并以事实为根据,从法学理论上说明我国今后既要继续坚持对外开放政策,进一步积极吸收外资,保护合法外资和正当外商,又要继续严肃认真地打击同吸收外资有关的一切经济犯罪行为,从而为建设具有中国特色的社会主义服务。事后,又将演讲稿整理成文,发表在纽约法学院《国际法与比较法学报》1984年第6卷第1期上。(见本书第七编"英文版论文选辑"之XVII)

此次演讲会由哈佛法学院助理院长兼该校东亚法学研究所副所长斯奈德(Frederick E. Snyder)主持。事后他索赠文稿,并来函称:"这次演说非常打动人心,很能发人深思,令人兴趣盎然。您的文稿中对于保护外国投资的两种不同做法的有关论述,也相当深刻周详。我认为,您针对美国(保护海外投资)的立场得到(某些国家)追随而又遭到(许多国家)挑战这个问题所作的论述,是特别有意义的。我殷切地期待您能把这篇文章公开发表,从而使国际法学界有更多人可以从您的深刻见解中获得教益。"(见本编下列"来函件选辑"之二十二)

哈佛法学院权威老教授、该校东亚法学研究所所长亚瑟·冯·墨伦(Arthur von Mehren)在阅读上述演讲文稿以及陈安教授的另一篇文章[②]之后,来函称:"我认为这两篇文章对于有关主题所作的论述,都是很有教益和很有创见的。两篇文章都写得条理分明,行文妥善。每一篇都大有助于促进美国的读者加深理解您所论述的问题。我们东亚法学研究所的同事,都知道您在这里的工作中,一向是干劲充沛和专心致志的。您的两篇论文就是令人钦佩的例

[①] 本文的英文文本,已收辑于《陈安论国际经济法学》本书第七编之XVII,复旦大学出版社2008年出版。本文未译成中文。

[②] 即《是棒打鸳鸯吗?——李爽案件评〈纽约时报〉报道兼答美国法学界同行问》,其中文、英文两种文本已分别收辑于《陈安论国际经济法学》本书第六编之IV,第七编之XVIII,复旦大学出版社2008年出版。

证,说明您的研究工作的质量和成就。我们高兴的是:如今您在美国帮助我们理解中国的法律和社会,日后回到中国,您有能力在那里以同样的方式向您的同事以及学生们阐明有关美国法律和美国社会的各个方面。"(见本编下列"来函选辑"之二十六)

日本国家访美研究员、日本国家石油公司金融经济专家杉原启示先生于听讲后索要演讲稿,并来函称:"我认为,日前先生发表之高见对于日本国民理解中国之政策精神,颇具参考价值,故已将先生惠赠之讲演原文(英文)稿件,迅即摘译要旨,径送日本国家石油公司参考。"(见本编下列"来函选辑"之二十三)

(八) 对《是棒打鸳鸯吗?——就李爽案件评〈纽约时报〉报道兼答美国法学界同行问》①一文的评价

1981年秋冬间,中国政府对中国公民李爽(女)与法国外交官贝耶华(Bellfroid,有妇之夫)在法国使馆公开姘居一案作了严肃处理,将李爽收容劳教两年。法国媒体借此攻击中国当局,美国《纽约时报》也对此案作了错误报道。哈佛大学法学院曾将该报的两篇报道列为参考教材,散发给研究生"学习",引起在哈佛进修的各国学者议论纷纷,对中国的涉外政策法令、个人婚恋自由、知识分子政策、劳教条例以及案件审理程序等,颇有非议。陈安教授应邀在哈佛课堂上对近百名研究生及旁听的日、澳、德等国的访问学者作了专题演讲,从法学理论、国际条约、国际惯例以及我国法令具体条文规定上,论证我国有关当局在处理此案时,不但维护了民族尊严和国格,而且严格依法办事,做到合情、合理、合法,从而澄清问题,以正视听。事后,又将演讲稿整理成文,发表在纽约法学院《国际法与比较法学报》1981年第3卷第1期上。(见本书第六编"国际法教育"之Ⅳ(中文本)和第七编"英文版论文选辑"之Ⅸ)

该《学报》主编艾姆林·希加(Emlyn H. Higa)来函评论说:"您这篇论文的主题是评论刊载于《纽约时报》的克利斯托弗·雷恩所写的两篇报道。这些报道曾经引起人们对中华人民共和国政府当局处理李爽案件的做法,啧有烦言,纷纷非难。您的文章提出了人们所殷切期待的答案。这种答案,来自中华人民共和国的一位公民,来自一位像您这样卓越出色的中国法学学者,是再恰当不过的了。"

"您的这篇论文从中国的风俗习惯、志向抱负、政治和社会的奋斗目标的角度,从反映着这些因素的法律体制的角度,条理分明、令人信服地剖析了李爽案

---

① 本文的中、英两种文本,已分别收辑于《陈安论国际经济法学》本书第六编之Ⅳ,第七编之ⅩⅧ,复旦大学出版社2008年出版。两种文本可资互相对照。

件。我不能设想有比这更加雄辩透彻的解释说明。"

"您对于美国和中国的刑事法制所作的比较分析是特别有教益和富有启发性的。不过,我认为最能发人深思的还是您所使用的方法,即把李爽案件放置在中国的社会主义理论、社会主义实践以及社会主义目标的背景之中,加以剖析。"(见本编下列"来函选辑"之二十四)

美国波士顿大学法学院教授弗兰克·K·阿帕姆(Frank K. Upham)索赠上述论文后,来函表示感谢,并称:"我认为,您的论文以一个中国法学学者的敏锐眼光,对这桩案件作了引人入胜的、相当精辟的阐述。您那精心细致、沉着冷静的分析,提出了一些重要的课题,它们将郑重提醒美国的法学研究生们必须注意另外一种法学观点,这种法学观点往往同他们原有的观点迥然相异,并且难得有人能够妥善确切地加以论述阐明。我的研究专业虽是日本的法学,但我仍然打算今后要求我的研究生们阅读您的这篇论文。因为这篇文章是如此妥帖完善地阐明了中国法制与美国法制之间的基本区别和某些相似之处,而这两种法制对于日本法制的形成,向来是有促进作用的。"(见本编下列"来函选辑"之二十五)

二、来函选辑

(一) 武汉大学教授韩德培老先生致陈安教授函[2005年11月30日]

陈安同志好友:

日前承惠赠大著两卷,非常感谢!翻阅后不胜敬佩!我曾认为足下是闽南一位才子,短短二十余年,竟有如此丰硕研究成果,实属少见。

您在自序中说"古稀逾六、垂垂老矣"。其实,您还不能说"老",在我的心目中,您还是在"奋发有为"时期,毫无老的跡象。我现在已95岁,真可说是一个"老人"或"老朽"。虽然学校不让我退休,我还在带些博士研究生,但也只能量力而为。我在90岁时,曾在一首诗中说"鞠躬尽余热,接力有来人",真的,只有寄希望于"来人"了。

厦大的许多老朋友,请代问候。

敬祝

冬安

韩德培敬启
2005年11月30日

(二) 安徽大学教授朱学山老先生致陈安教授函[2006年1月15日]

陈安同志：

新春好！敬祝您身体健康，阖家幸福！

返抵合肥后见到大著《刍言》，不胜欣喜！我已将其常置案头，以供不时研读，我一向以为您的文章是耐得百回读的，何况这些文章全是中国国际经济法学理论的奠基之作，应该反复研读。

关于"庆父不去，鲁难未已"，我对您谈过。现将谈话底稿奉上，以供参考。在年会上我提交的短文《小问题》，您没见到，现亦寄上，以便您了解一些情况，并祈教正！

专肃，即领

著安！

朱学山再拜

(三) 中国人民大学教授郭寿康老先生致陈安教授函[2007年6月7日]

陈安同志：

寄上大作《国际经济法学刍言》推荐意见，收到后请确认。此致

敬礼

郭寿康

2007年6月7日

【附推荐意见】

陈安教授是中国国际经济法的奠基人之一，也是中国国际经济法这门前沿学科的领军人物。我国传统法学（包括建国前和建国后）只讲授国际公法与国际私法，没有开设过国际经济法课程。国外法学院系也大体如此。改革开放以来，陈安教授积极倡导建立中国国际经济法这门课程与学科。逐步形成了中国国际经济法的体系。万事开头难，陈安教授为创建中国国际经济法，费尽心血，成绩卓越，发表了大量的优秀论文、教材与专著，作出了重大的具有历史意义的贡献。2005年由北京大学出版的《国际经济法学刍言》(上、下两卷，211万字)，是二十余年来其著作的精华与代表，也是本学科发展中又一里程碑。

《国际经济法学刍言》这部专著是国际经济法学这门学科的扛鼎之作。不但显示出作者知识渊博，深思熟虑，而且多有创新之见。二战后，逐渐兴起的国际经济法学，阵地多为发达国家的作者、专家所占领，发展中国家声音微弱，居于劣势。陈安教授这部专著旗帜鲜明地站在国际弱势群体即广大发展中国家

的立场,理直气壮地阐明对国际经济法学中的热点问题观点,持之有故、言之成理,为当代国际社会弱势群体争取经济平权地位提供有力的理论武器。尤其是用英语发表的作品,在国际上影响很大,既体现出发展中国家的主张与立场,也扩大了我国的国际影响,为我国的国际经济法学赢得了国际声誉。

书中论证的螺旋式上升的"6C 轨迹"论,无疑是作者多年研究的创新之论。

这部著作理论密切联系实际,对我国政府有关部门处理国际经济法律问题,有重大参考价值。这从商务部条法司和我国常驻 WTO 使团团长孙振宇大使的有关函件里,可以清楚地看到。

2007 年 6 月 7 日

(四)对外经济贸易大学教授沈达明老先生致陈安教授函[1985 年 9 月 16 日]

陈安同志:

谢谢你寄来的新著《美国对海外投资的法律保护及典型案例分析》。内容非常丰富,在近期内将细细拜读。我国近年来出版的涉外法律书籍都是些简论、浅说、基础知识等科普性的书。科普很重要,但没有专著,科普就缺乏基础。你的大作在走向专著的道路上定能起带头作用。

世界银行在成立"解决投资争端国际中心"之后,又有成立"多边投资担保机构"的计划。我手头有草案的英文本。不知你有没有这些材料。如需要,可告知,以便寄上。

再次谢谢来信,致

敬礼

沈达明

1985 年 9 月 16 日

(五)中山大学教授端木正老先生致陈安教授函[1985 年 11 月 30 日]

陈安同志:

您好!

别来三个月,不知苏州会议参加了没有?

收到大著《美国对海外投资的法律保护及典型案例分析》一册,喜出望外。近年国人自著如此专书,尚属罕见,实为阁下对我国学术界一大贡献,可喜可贺!

长春和北京之会又可面叙,谨先函谢,顺颂

旅安

端木正上
1985年11月30日

(六)【日内瓦】中华人民共和国常驻世界贸易组织代表团团长孙振宇大使致陈安教授函[2004年4月16日]

陈安同志:

您好! 感谢您的来信及大量重要资料。

我反复拜读了您的学术报告《中国入世后海峡两岸经贸问题"政治化"之防治》,受益匪浅,足见您对WTO规则研究功力之深,所提建议极具参考价值。

信中所提另一篇英文大作①我没有收到,十分想了解您对美国以单边主义对抗WTO多边主义的见解与分析,如能寄来,将十分感激。

作为WTO中的新成员,我们对WTO规则的学习以及对WTO的认识还是十分肤浅的,急需国内有关的学术科研机构的协助与支持,如果贵学会能就中国作为一个新成员,如何有效地应对由于广泛的加入承诺与一些不利条款给我国带来的挑战,以及中国作为一个发展中的大国,如何在新一轮谈判中发挥应有的作用,开展一些研究工作,将是对我团工作的重大支持。

我也会积极考虑选一些有一定分量的调研报告在贵会的学刊上发表,达到互相交流的目的。

顺致谢意。

孙振宇
2004年4月16日

(七)中华人民共和国商务部条法司致陈安教授函[2005年9月27日]

(附扫描件)

---

① 指英文稿"The Three Big Rounds of U. S. Unilateralism Versus WTO Multilateralism during the Last Decade: a Combined Analysis of the Great 1994 Sovereignty Debate, Section 301 Disputes (1998—2000), and Section 201 Disputes (2002—2003)"[《十年来美国单边主义与WTO多边主义交锋的三大回合:综合剖析美国"主权大辩论"(1994)、"301条款"争端(1998—2000)以及"201条款"争端(2002—2003)》,全文约6.5万字],发表于美国 Temple International & Comparative Law Journal, 2003, Vol. 17, No. 2(《天普大学国际法与比较法学报》2003年第17卷第2期)。应孙振宇大使要求,陈安教授补寄了该长篇论文的单行本。事后获悉:孙大使要求中国驻WTO代表团专业人员认真阅读本文并开展讨论。

中华人民共和国商务部

尊敬的陈安教授：

籍第九届中国国际投资贸易洽谈会期间，我司与您领导下的厦门大学国际经济法研究所再一次就国际投资协定问题进行了深入地研讨和成功地交流，收到了很好的效果。多年来我司与厦大国际经济法研究所紧密合作取得丰硕成果，离不开您的鼎力支持，我司特此，并代表商务部和双边投资保护协定的谈判团队，向您致以诚挚的感谢。

您是新中国国际经济法学的奠基人之一，并在国内最早进行有关国际投资协定和国际投资争议解决的开创性研究，著作等身，立言煌煌，为我国国际法学作出了重大贡献。您在学术研究中始终将维护国家利益放在首位，把正义和法治作为不懈诉求，代表中国和广大发展中国家法学界在国际上发出了建立国际经济新秩序的强有力呼声。近年来，您在教学科研任务繁重、领衔众多学术团体的同时，仍紧密跟踪国际学术界和实务界的最新动态，及时向国内实务部门反映并提出了有价值的应对之策。

另一方面，您一直呕心沥血，辛勤耕耘，以培育英才为己任，以教诲学生为乐事。春风化雨，暑去寒来，一批又一批的国际法人才在鹭城涌现、成长，成为中国国际法学界的新一代中坚。在您的启发和指引下，厦门大学一批年轻学者

中华人民共和国商务部

投身国际投资法的研究，组成了充满活力而富有钻研精神的学术团队，使国际投资法的研究欣欣向荣。市场经济的大潮对法律人充满诱惑，而您和您的团队始终坚守着对学术的执着追求，在国际投资法这一片园地里辛勤劳动、精耕细作。厦大国际经济法研究所在这一领域内已拥有雄厚的研究力量和突出的研究成果。

我司与您和厦大国际经济法研究所开展合作可以上溯至上世纪八十年代。改革开放之初，您和厦大国际经济法研究所的学术梯队成员就曾多次接受原外经贸部条法司的专题委托或专题咨询，提供有关"解决投资争端国际中心"（ICSID）体制和双边投资保护协定的专题委托或专题咨询。为我国对外商签双边投资保护协定和加入《华盛顿公约》、接受ISCID机制提供了重要的理论支持和决策依据。您与我司历任司领导多次深入研讨，厦大学术梯队与我司谈判团队间也始终保持交流切磋，双方间的合作堪称学术研究机构与政府决策部门互相配合互相支持的典范。在我们的最新合作中，我们又一次感受到了您和这一学术梯队的宽广视野和深厚功底，以及您所立意营造的宽松和谐、鼓励争鸣的学术氛围。目前，我国已与112个国家签署了双边投资保护协定，对吸引外商来华投资、贯彻我"走出去"战略发挥了越来越

中华人民共和国商务部

重要的作用，在这背后您和厦大学术梯队的学术铺垫和政策建言发挥了重要的作用。

最后，再次衷心感谢您在此次活动中的盛情款待，以及您对我国商务法律工作的长期支持和重大贡献，并期盼在今后与您和厦门大学国际经济法研究所继续紧密合作。祝您身体健康，工作顺利！

商务部条法司

2005年9月27日

(八) 中华人民共和国对外经贸部条约法律局致陈安教授函［1987年3月1日］

陈安教授：

您好！

关于我国是否加入华盛顿公约（ICSID）之事，征求意见已初步结束，在这项工作中，得到了您及贵校法律系的大力支持，再次表示谢意。

加入"公约"是一项理论性和实践性都很强的工作，既要有实际工作部门同志的研究，也要有理论方面的同志配合，这一点已从我们过去的工作中得到了充分的印证。您对我国是否加入公约的意见，经过研究和讨论，使我们受益很大，我们认为从下述几方面对我们有启示作用：

1. 从国际法的角度，全面分析公约条文及产生的背景、机构和作用，由此分析我国加入的利弊；

2. 重点提到了公约本身应引起重视的地方，如"法律适用"、"同意的形式"、"费用"等；

3. 客观地分析一旦加入公约后，我国可能提交中心仲裁的范围；

4. 提出研究公约案例的研究方法。

您的意见对我们做好这项工作帮助很大，还望今后继续得到您及贵系的支持。

此致

敬礼

经贸部条约法律局
1987年3月1日

(九) 中华人民共和国对外经贸部条约法律局致陈安教授函［1988年1月30日］

陈教授：

您好！

很高兴收到您寄来的大作"国际经济法系列专著"。对您的辛勤耕耘而结出的累累硕果，我们表示钦佩和祝贺，也对您为国际经济法研究作出的贡献表示感谢。

在实践中，我们碰到过许多理论上的课题，而理论工作者也需了解实际工作的需求，并为实践服务，在理论与实践相结合的道路上，您和您领导的厦大法学院做了很出色的工作。"国际经济法系列专著"对我们无疑是一套可以信赖的有价值的业务参考书和工具书。

过去,在我局的有关事务中,您给予了很大帮助,今后还希望厦大的法律工作者对我们的工作继续给予支持。

国际经济法与我局业务密切相连。我局办公室愿与贵院资料室建立联系,互换资料,以便更好地为国际经济事业服务。

最后,再次向您表示谢意,并预祝您取得更大的成绩。

此致

敬礼

经贸部条约法律局
1988 年 1 月 30 日

(十)中华人民共和国对外经贸部条约法律司致陈安教授函[1989 年 8 月 29 日]

厦大法学院并陈安院长:

欣闻贵院拟出版《"解决投资争端国际中心"述评》,在此表示祝贺。

目前,我国政府正在研究加入"国际中心"的可能性,并进入了最后阶段。该书的出版无疑会推动我国学术界对于《华盛顿公约》及"解决投资争端国际中心"的理论研究,同时亦对我们研究加入该公约的工作具有积极的参考价值和借鉴作用。

我们感谢贵院对我司工作的支持并期待大作早日出版。

此致

敬礼

经贸部条约法律司
1989 年 8 月 29 日

(十一)中华人民共和国对外经贸部条约法律司致陈安教授函[1989 年 12 月 15 日]

陈教授:

您好!

来函收悉,十分感谢您对我们工作的关心与支持。您的大作,对我们的立法工作帮助很大,急盼早日得之,如果可能的话,我局有关同志共需约 10 本,冒昧相求,望谅解。

关于"ICSID"目前国务院已原则上同意加入,正在作最后阶段的准备工作,待我国一旦加入后,"实施条例"不久可望出笼,当然还要广泛征求意见,争取一个比较好的立法,既利用了公约的好处,又不损我国权益,这点我与您也有同感。在这方面,还盼您及贵校大力支持。

　　此致
敬礼

经贸部条约法律司
1989 年 12 月 15 日

(十二) 南方中心秘书长 Branislav Gosovic 致陈安教授函[2006 年 2 月 1 日,原文附后]

陈安教授:

　　我已通读您阐述南南联合自强的长篇论文。其中第四部分引起我的注意,我认为这部分可略作扩充,加以采用。

　　我认为它能给人以清晰鲜明的方针政策性的启示,会使"南方中心"公报的读者们很感兴趣,特别因为这是您从一个正在崛起的举足轻重的大国发出的大声呐喊!

　　我建议,可把它提交《南方公报》,加以发表。

　　致热诚问候

　　Branislav Gosovic

南方中心秘书长
2006 年 2 月 1 日

From：gosovic@southcentre.org
To：chenan@xmu.edu.cn
Sent：Wednesday, February 01, 2006 1：54 AM
Subject：your article on South-South Coalition

Dear Professor Chen,
I have gone through the text of your long article on South-South Coalition.
My attention was attracted to your section Ⅳ, and I think that this section

could be expanded a bit, and used.

I think that it has a clear policy message and that it would be of interest to Centre's readers, especially as you hail from an important rising superpower. As suggested, this piece could be submitted to South Bulletin for publication.

With warm regards

Branislav Gosovic

Secretary-General of the South Centre

(十三)《世界投资与贸易学报》、《日内瓦论坛季刊》主编 Jacques Werner 致陈安教授函[2006 年 1 月 31 日,2006 年 2 月 20 日,摘译,原文附后]

陈教授:

　　感谢您于 2006 年 1 月 27 日发来的电子邮件。我们发现您的《南南联合自强五十年的国际经济立法反思》论文,对于当前 WTO 正在进行的谈判磋商,作了很有创见和雄辩有力的评析,充分反映了你的见解,因此,我很乐于采用,并即将发表于本刊 2006 年 4 月这一期。

……

Jacques Werner

本刊编者

From: Werner & Associes
To: chenan
Sent: Tuesday, January 31, 2006 11:02 PM
Subject: contributing an article

Dear Prof. Chen,

Thank you for your email of last January 27. It was good to hear from you again. We found your article "A Reflection of the South-South Coalition in the Last Half Century from the Perspective of International Economic Law-making" a thoughtful and vigorous assessment of the current WTO negotiation, reflecting your views. I am pleased consequently to accept it for publication in our coming April 2006 issue.

第八编　有关本书作者论著和学术观点的报道、书评和函件等

Please confirm that, in accordance with our policy, we will have exclusive publishing rights.

Your article will need a lot of linguistic editing and you will hear in due time from my editorial assistant, Mr. Jim Boyce.

We provide authors with 50 off-prints of their article. You may order additional off-prints on your own account, in which case, please advise my editorial assistant within the coming three weeks. Please note that off-prints are usually dispatched four weeks after the issue has come out. Mr. Boyce will get in touch with you concerning your article.

Best regards,

Jacques Werner

Editor

2006 年 1 月 31 日

陈安先生：

　　您的论文《南南联合自强五十年的国际经济立法反思》一文即将发表于《世界投资与贸易学报》4 月这一期。我发现，您的这篇文章令人很感兴趣，因此想要把它另行发表于我所编辑的另一种学刊，即《日内瓦天下大事论坛》季刊。这另一种学刊面向更加广泛的读者对象，包括联合国各种机构中的公务人员，外交人员，国际公司中的高层执事等等。

　　……

　　我们认为，这是一个良好的机会，让您的见解传播给更加广泛的公众，因而期待您能同意我的上述建议。刊载您这篇文章的《日内瓦天下大事论坛》季刊预定于 2006 年 4 月 26 日出版。

　　……

Jacques Werner

本刊编者

2006 年 2 月 20 日

　　（注：Jacques Werner 先生是日内瓦著名的编辑兼出版人，主持编辑和出版 4 种国际性学术刊物。）

From：wernerp@iprolink.ch

To: chenan@xmu.edu.cn
Cc: james.e.boyce@wanadoo.fr; wernerp@iprolink.ch
Sent: Monday, February 20, 2006 10:38 PM
Subject: Your Recent Article on the South-South Coalition

Dear Mr. Chen,

I found your article "Reflections on the South-South Coalition in the Last Half Century from the Perspective of International Economic Law-making", which we are going to publish in the coming April issue of the Journal of World Investment and Trade, so interesting that I would like to re-publish it in another Journal which I edit, called The Geneva Post Quarterly—The Journal of World Affairs. This Journal is aimed to a wider readership of civil servants in the United Nations Organization, diplomats, executives in international corporations, and the like.

The style of this Journal is along the line of the well known U.S.-based publication *Foreign Affairs*, and has no footnotes. We have consequently made a new version of your article, incorporating footnotes in the text itself, as well as taking into consideration the final changes you made to your original article. This new version is enclosed.

We think it would be a good opportunity to have your views disseminated to a wider public and hope that you will consequently agree with my proposal. The date of publication of the issue of the Geneva Post Quarterly where your article is planed is April 26, 2006.

Please let me have your consent to the above.

Best regards,
Jacques Werner
Editor

(十四)【美国】乔治敦大学中美管理中心主任赵龙跃博士致陈安教授函[2005年3月6日,摘录]

尊敬的陈教授:

您好!

这次有幸在美国国际法学会/国际经济法分会主办、美利坚大学法学院协办的"国际贸易与和平、自由、安全国际研讨会"上与您相识,感到非常高兴。您应邀在大会上所作的题为"晚近十年来美国单边主义对抗WTO多边主义的三大回合"(The Three Big Rounds of U. S. Unilateralism versus WTO Multilateralism during the Last Decade)的精彩演讲,给所有与会的各国专家学者留下了深刻的印象。您的研究课题和演讲主题,击中了美国经济霸权主义的要害,通过旁征博引和大量翔实的佐证,展现了美国实行单边贸易保护主义的危害。阐明了美国单边主义不仅是WTO所面临的最大挑战,而且直接影响到世界的和平、自由与安全。今后美国能否信守诺言,履行条约义务,真正地遵守国际公法,维护国际多边贸易体制,乃是保证公平自由贸易、促进人类和平的关键。您的演讲主题明确,风格独特,既有丰厚的中国文化底蕴,又是纯正的美国英语,尽显了中国资深专家的水平和风采,我们从中分享了中国人的自豪,感到由衷的高兴。

……

顺祝一切都好!

美国乔治敦大学中美管理中心主任　赵龙跃博士
2005年3月6日
发自美国首都华盛顿

(十五)【美国】《天普大学国际法与比较法学报》学术论文编辑 L. K. Kolb 致陈安教授函[2004年6月3日,摘译,原文附后]

陈安教授:

……

我作为学术论文责任编辑,曾与本学报主编共同审阅全部来稿,并从中选择我们认为当前最受关注、最引人入胜和最有创见的文章,尽快发表。

我们确实十分高兴能在本学报2003年秋季这一卷发表你的这篇学术论文,题为《晚近十年来美国单边主义与WTO多边主义交锋的三大回合:综合评析美国1994年主权大辩论……》。这篇论文论证有理有据,主题紧扣时局,资料丰富翔实。而且,它针对当前特别重大和特别令人关注的争端问题展开论述。简言之,选用本文是由于我们认为它的论点论据雄辩犀利,发人深思,并且紧扣当前热点话题,相信它会使国际法理论界和实务界都大感兴趣。
......

美国天普大学国际法与比较法学报(TICLJ)

学术论文编辑 Laura K. Kolb

2004 年 6 月 3 日

From: Lkathkolb@aol.com
To: chenan@xmu.edu.cn
Sent: Thursday, June 3, 2004 8:43 AM
Subject: Re: your article

Hello,
...

 As Articles Editor, I reviewed all submissions to the Journal and together with the Editor in Chief, facilitated the publication of those papers we found to be the most topical, interesting and original.

 We were truly pleased to publish your article entitled "Three Big Rounds of the U.S. Unilateralism VS. the WTO Multilateralism during the Latest Decade: A Combining Analysis of the Great Sovereignty Debate" in our Fall, 2003 issue. The thesis was well developed and the topic both timely and informative. In addition, the article addressed issues that are of particular import and interest at the present time. In short, we chose the article because we found the argument provocative and topical and believed that it would be of interest to those involved in the study and practice of international law.
...

 Best regards,

Laura K. Kolb

Articles Editor, TICLJ

(十六)【日内瓦】"南方中心"(South Center)秘书长 B. Gosovic 致陈安教授函[2004 年 6 月 2 日,2006 年 7 月 24 日,摘译,原文附后]

陈安教授:

我从"南方中心"向你问候致意!

我极其欣赏您的这篇论文,阅读时确实觉得是一种享受。我已建议我的同事们把这篇论文列为我们"南方中心"的出版物之一,纳入我们的"贸易发展与公平"专题议程(T. R. A. D. E., Trade Related Agenda, Development and Equity),作为系列工作文件之一印刷发行,以便使它能更广泛传播,为公众所周知,特别是让它在我们发展中国家的广大读者和各国政府中,能够广为传播,普遍周知。

不知您是否同意这样做,是否可以结合最近(WTO)针对美国"201 条款"案件的裁断情况,对本文加以修订更新。特此征求您的意见。

……

等候你的回音。

谨致问候!

"南方中心"秘书长 Branislav Gosovic
2004 年 6 月 2 日

附言:我们还打算把您的这篇论文发表在"南方中心"的电子网站上。

From:gosovic@southcentre.org
To:chenan@xmu.edu.cn
Sent:Wednesday, June 2, 2004 12:26 AM
Subject:from south centre

Dear Professor An Chen,
Greetings from the Centre.
I was extremely pleased with your article and really enjoyed reading it. I have suggested to my colleagues that we print it as a South Centre publication in our T. R. A. D. E. working paper series and thus make it more widely known and accessible, in particular to our readers in the South, including especially the governments.

So, my question to you is whether you would agree with this and whether it would be possible for you to update the paper to take into account the recent ruling regarding the U. S.

...

Looking forward to your reply.

With best regards

Branislav Gosovic

Head of the Secretariat,

South Centre

PS: We would also like to place your article on our website.

陈安教授:

  我刚读到您的来信,谢谢!本星期以来我一直忙于参加"南方中心"的董事会会议和理事会会议。您的论文已于上星期四出版,并已在"中心"的理事会上分发;同时也已送交各国常驻世界贸易组织的代表团。我们将给您寄去一批(单行本)。

  谨致问候!

B. Gosovic

2004 年 7 月 24 日

From: gosovic@southcentre. org
To: chenan@xmu. edu. cn
Sent: Saturday, July 24, 2004 7:31 PM
Subject: Re: the new version

Dear Professor An Chen,

Thank you for your message, which I just read. I was busy all week with the meetings of the Board and the Council. It was ready last Tuesday and it was distributed at the Council and sent to Permanent Missions. I will send you a supply.

Best regards

B. Gosovic

（十七）【美国】"多边投资担保机构"（MIGA）首席法律顾问 L. Weisenfeld 致陈安教授函[2004年5月12日，摘译，原文附后]

陈安教授：

上星期我在飞往南美多米尼加共和国的长途航程中，阅读了你评论美国单边主义的学术论文。这篇文章确实是具有头等水平的佳作。它论证充分，雄辩有力，析理透彻，紧扣当前话题，引人关注。你发表了这样一篇经过精心研究写成的论文，请接受我的祝贺。

……你的论文使我耳目一新，促使我更好地反思许多有关国际贸易的问题，更新观念，过去我虽然知道这些问题，但从未认真深入探究。平日我阅读的大多是英国和美国的信息资料，一旦被迫从另一种迥然不同的角度观察同类问题，就会感到面临挑战。……有时，我发现自己不得不重新思考长期以来我认为"理所当然"而未加探究的某些传统观念。

总的说来，我不得不同意你的雄辩论证。在我的职业生涯中，这么迟才得出这样的结论，未免使我感到惭愧，特别是因为我在东南亚各国工作过程中，长期以来听到人们对美国的"301条款"抱怨连连，可是一直到我阅读你的这篇论文以前，我始终没有认真思考过全面的情况。因此，我认为，对于集中半年或一年时间研修国际贸易法的学生说来，认真阅读你的这篇论文，谅必会受益不浅。

在当今布什当政时期，美国在各种国际场合的言行促使我反复思考我自己这个国家在国际舞台上的所作所为。理所当然，现在布什政府在有关环境条约、贸易制裁、国际刑事立法等方面所采取的立场，我一直是不能苟同的。而你在论文中所援引的各种事例，对于非专业人士而言虽较为生疏和不很熟悉，但却是美国对待国际经济法的"布什程式"的重要组成部分。

……

总之，你的这篇论文是深思熟虑、催人猛醒的。我认为，它对于（国际法）这个学术领域作出了有益的贡献。厦门大学法学院可以为写出了如此高质量的论文感到自豪，你确实已经为这个学术机构增添了光彩。

……

Lorin Weisenfeld
Principal Counsel, MIGA
2004年5月12日

From: Lweisenfeld@worldbank.org
To: chenan@xmu.edu.cn
Sent: Wednesday, May 12, 2004 4:26 AM
Subject: Warmest Congratulations

Dear Prof. Chen,

  I went last week to the Dominican Republic, and your article on U.S. unilateralism kept me company on the long flight down. It was an absolutely first rate piece. The article was well-argued, well-written, timely and even interesting. Please accept my congratulations for having turned out such a well-researched piece.

  Your article refreshed my memory, helped me to put into better focus issues that I have read about but not been forced to dwell on, and sharpened my thinking about these trade questions. Because so much of my reading is of Anglo-Saxon sources, it is challenging to be forced to look at certain familiar issues from quite a different perspective ... Every once in a while, I found myself forced to rethink notions that I had long taken for granted without further examination.

  By and large, I have to agree with your argument. I suppose that I should be embarrassed to be reaching this conclusion so late in my career, particularly since I have been hearing complaints in Southeast Asia over Sec. 301 for a long time, but I never really stopped to think long about the whole picture until I read your article. I can imagine, therefore, the benefits of reading your article that will acree to a student of international trade law, who is spending a concentrated semester or year trying to get a handle on the subject. Your article will be very helpful.

  The behavior of the United States in international forum under this Bush administration has made me think about my own country's behavior on the international scene. Certainly, this Bush administration has taken positions — the environmental treaty, the trade sanctions, the international criminal code, etc. — with which I disagree. The instances that you cite, more arcane and less familiar to laymen, are part and parcel of the Bush approach to international economic law.

...

Of course, if one looks back over the history of the United States, one sees that our views of ourselves in the larger world have ebbed and flowed over time. In the middle of the last century, we were said to be "jingoistic", with our notions of Westward expansion, "manifest destiny", "54'40" or "fight", "Remember the Maine!", etc. Lord knows that Mexico has still not gotten over our attitudes of the last century. Then, in this century, we shifted to a proudly isolationist approach to international relations, safe behind "Fortress America". No matter how hard he tried, President Wilson could not bring the U. S. into the League of Nations. As a kid, I remember the bombastic Sen. Knowland of California with his isolationist dogmas. And now the pendulum has swung once again. Messrs. Bush, Cheney, et al. have found a doctrine of "preemptive war" somewhere and are quite happy operating from the position of what the French scornfully call a "hyperpower". History will judge the results.

Stepping back, it is hard to avoid the conclusion that the temptations of empire seem difficult to resist. One has to think only of the Romans and the British. I am travelling to Ukraine next week, and I have been reading Russian history, which certainly has been shaded by imperialist tendencies for the past two hundred years. Size and might seem to prompt a sense of entitlement, generally defended under the banner of national security. I hope that you will forgive me if I point out that China needs to consider similar questions in places like Tibet and perhaps Xingjiang, where the locals are less appreciative than you would prefer for the attentions you lavish on them.

Your paper, in sum, was thoughtful and provocative. I think that it has made a useful contribution to the field. Xiamen Law School can be proud that writing of this quality is produced within its halls. You have made the institution look good, indeed.

It turns out that, for a change, I have an enormous amount of news regarding MIGA. We had a significant change in management on May 3, resulting in the replacement of the executive vice president and two of the four senior managers. A new team has taken the reins, and the institution is in the process of a thorough reorganization. I believe, personally, that we had a number of managerial problems in recent years, and I sincerely hope that the changes being implemented will reinvigorate the organization. I support and welcome them. Yet, all change of this sort brings tensions and transitional issues, as well as temporary uncertainty. Our transition has been a bit rocky, but I assume that matters will settle down in due course. I will bring you up to date on these changes in MIGA when I see you in June.

One of the difficulties that we need to traverse at the moment is an increase in the work-load in the face of a diminished budget. This has affected all of us. I have had to postpone my trip to China from May to June because of more pressing difficulties affecting our clients, and now I am hoping, as we near the end of our fiscal year, that we have enough money left in the till to be able to afford the trip that I propose to take in June. In theory, I will arrive in Beijing on June 16. I hope to arrive in Xiamen on June 18. Regrettably, I will only be able to stay for a day. I will be able to confirm these arrangements when I return to the office in early June from Eastern Europe.

Prof. Chen Huiping has been a good friend and colleague and I will send her a copy of this e-mail, together with a separate note responding to her last two e-mails. I am without a secretary now, since Lucy has left for greener pastures and we are not in a position to replace her. That makes production more difficult than formerly.

I look forward to seeing you all in June.

Cordially,
Lorin Weisenfeld
Principal Counsel, MIGA

（十八）【美国】唐肯（Tonkon et al.）律师事务所首席律师 O. D. Blank 致陈安教授函[1991年7月5日，摘译，原文附后]

陈安教授：

非常感谢您寄来最近发表在《律师》杂志上的论文。您针对中国与美国经济互利关系所作的分析，切合实际，令人耳目一新。您对于中国继续实行开放改革所作的论证,很有必要加以广泛、普及的宣传,以促使美国的许多公司恢复信心——它们在"天安门风波"以前本来已经很好地确立了这种信心。
……

O. D. Blank
1991 年 7 月 5 日

July 5, 1991

Professor An Chen

Northwestern School of Law

Lewis & Clark College

1015 S. W. Terwilliger Blvd.

Portland, Oregon 97219

Dear Professor Chen,

  I greatly appreciate receiving the copy of your recent article in The Advocate. Your analysis of the mutual interests of China and the United States is refreshingly practical. The evidence regarding China's continued "open door" policy needs to be widely disseminated in order for U. S. companies to regain the confidence that was building so well prior to the Tiananmen Event.

  China and the United Stated both face complex political dilemmas. As China reaps the benefits of the open-door policy and of becoming a more significant "player" in the world, it must deal with the "burden" of having its external as well as internal policies subject to scrutiny by others. The world is getting smaller. As it does so, sovereignty is constantly being smaller. As it does so, sovereignty is constantly being redefined by the increased amount of political, cultural, economic and social interchange.

  It is my hope and belief that by maintaining good relations between the United States and China, the peoples of both nations will benefit from the positive aspects of each nation and will learn that constructive criticism from friends is not intrusion. Rather, is a way friends help each other.

I hope you are enjoying your visiting professorship at Lewis & Clark Law School. I look forward to seeing you in the near future.

very truly yours,
Owen D. Blank

(十九)【美国】中国驻美国旧金山总领馆领事朱又德致陈安教授函 [1991年5月23日]

陈安老师：

你好！

来信并演讲摘要已悉。很欣赏你的智慧、才干和勇气。此举很有意义。由此使我联想到，如果我们的学者和学生中能有一批像你这样的民间大使，对反驳美国政坛对我国的非难以及消除一些美国友人的疑虑无疑将起到非同一般的影响和作用。谢谢你利用讲学、研究之余，抽时间、寻机会为宣传中国所做的工作。

我已将你的演讲摘要转有关领导阅读，并拟抄报国内有关部门及你的国内工作单位厦门大学。

顺祝

安好！

朱又德
1991年5月23日

(二十)【美国】"解决投资争端国际中心"(ICSID)法律顾问 A. Parra 致陈安教授函[1990年3月22日,1990年8月22日,中文摘译见前"函件概述"之"四",原文附后]

March 22, 1990
Professor An Chen
Dean and Professor of Law
School of Politics and Law
Box 978
Xiamen University
Xiamen

第八编　有关本书作者论著和学术观点的报道、书评和函件等

Fujian, China

Dear Professor An Chen,

Further to Mr. Shihata's January 30 letter to you, I would like to renew our gratitude to you for so kindly sending us your article on whether an absolute immunity from nationalization for foreign investment should be enacted in China's law concerning the Special Economic Zones and Coastal Port Cities.

As Mr. Shihata is currently away on business, I would like to take this opportunity to thank you very much on his behalf for sending him the copy of your new book on ICSID. We will be announcing the book's publication in the upcoming new issue of News from ICSID, and plan also to list it in the next edition of the ICSID Bibliography.

The new issue of News from ICSID will also be reporting China's signature of the ICSID Convention on February 9, 1990. In case you would like to have a copy, I am pleased to enclose the news release that we issued on this important occasion.

With best regards,

Sincerely yours,
Antonio R. Parra
Managing Editor
ICSID Review

* * * *

August 22, 1990
Professor An Chen
Visiting Professor
Northwestern School of Law
Lewis & Clark College
10015 S. W. Terwilliger Boulevard
Portland, Oregon 97219

Dear Professor An Chen,

On behalf of Mr. Shihata, I would like to thank you very much for your letter of July 12. I also am grateful for your separate letter to me. We are looking forward to reading your book that you kindly sent us on the legal aspects of foreign investment in China. I hope that we can have it reviewed for the ICSID Review.

......

The article that you also kindly sent to us on foreign investment laws of China is circulating amongst my colleagues in the Editorial Committee of the ICSID Review, and I will be writing to you again in due course on the possibility of our including it in a future issue.

Pursuant to your request, I am meanwhile pleased to enclose a copy of the issue of News from ICSID announcing the publication of your new book on the Centre. Judging from the translation of the table of contents of this book, it must be a most useful work.

I am looking forward to keeping in touch with you.

With best regards,

Sincerely yours,

Antonio R. Parra

Legal Adviser

(二十一)【美国】路易斯-克拉克大学西北法学院律师进修班主任 L. B. Mapes 致陈安教授函[1988 年 11 月 29 日,中文摘译见前"函件概述"之"六",原文附后]

November 29, 1988

Professor An Chen

P. O. Box 978

Xiamen University

Xiamen, Fujian

People's Republic of China

Dear Professor An Chen,

On behalf of the Law School, I thank you for your participation in our

Third Annual International Business Law Seminar: Contract Negotiations with China in the 1990's, on October 28, 1988. The program was a tremendous success, as you know. We have received many compliments on the seminar and on your speech, "One Decade of Chinese Foreign Investment Laws." We are grateful to you for your contribution to a fine program that has brought great honor and prestige to the Law School.

Thank you also for participating in many activities with our faculty, students, and friends of the Law School. We are very grateful that you were able to spend some time here in Portland; we only wish you could have stayed longer. It was our pleasure to have you here with us.

I know that I speak for the entire Law School when I say that we are delighted that we have developed a close relationship with you and with the Xiamen University School of Law and Politics. We hope that our exchange will grow in the future.

I appreciated the opportunity to become acquainted with you. Thank you again for your beautiful gifts, which I will treasure and which will remind me of your visit here.

Copies of the videotapes of the seminar will arrive in a separate package. I hope that you will find them useful, perhaps your colleagues at Xiamen University School of Law would like to see them.

Again, thank you for traveling so far to participate in the Third Annual International Business Law Seminar. Your presence at the seminar and at the Law School afterward enriched the lives of many people.

Sincerely,

Laurie B. Mapes, Director

Continuing Legal Education

(二十二)【美国】哈佛大学法学院助理院长、东亚法学研究所副所长 F. E. Snyder 致陈安教授函［1982 年 10 月 19 日，中译，原文附后］

陈安教授：

承赠送您在哈佛东亚法学研究所午餐会上学术演讲文稿一份，非常感谢。

正如我曾经对您说过①，这次演说非常打动人心，很能发人深思，令人兴趣盎然。您的文稿中对于保护外国投资的两种不同做法的有关论述，也相当深刻周详。我认为，您针对美国(保护海外投资)的立场得到(某些国家)追随而又遭到(许多国家)挑战这个问题所作的论述，是特别有意义的。我殷切地期待您能把这篇文章公开发表，从而使国际法学界有更多人可以从您的深刻见解中获得教益。

　　祝一切顺利！

哈佛法学院助理院长
哈佛东亚法学研究所副所长
F. E. Snyder
1982 年 10 月 19 日

October 19, 1982
Professor An Chen
Pound 419

Dear An,

　　Many thanks for sending me a copy of your East Asian Legal Studies luncheon lecture. The talk was, as I mentioned to you, very stimulating, very provocative, very interesting. The discussion in your written text of the two different approaches to the protection of foreign investment is, similarly, very thoughtful. I found your discussion of the extent to which the American position has been followed and challenged to be especially helpful. It is my firm hope that you will be able to publish this piece so that more members of the international legal community will be able to benefit from your insights.

　　With all good wishes,

Sincerely,
Frederick E. Snyder
Assistant Dean and Associate Administrator
East Asian Legal Studies

---

① 斯奈德助理院长当时是这场演讲会的主席(主持人)。他曾在演讲结束时当场作过一些评论。

（二十三）【日本】访美研究员、金融经济专家杉原启示致陈安教授函
　　　　［1982年10月30日，中译］

陈安教授阁下敬启者：

　　一九八二年十月一日，适值中国革命纪念日之际，能聆听教授阁下有关中国吸收外资政策之讲演，深受教益。通过先生之讲演，我得以加深理解当前中国一方面继续坚持一贯奉行之自力更生路线，另一方面又利用外国技术与资本，旨在以中国独特之方式方法，实现社会主义现代化。

　　我服务于日本国家石油公司。该公司系日本政府国营机构，目前已经以投资参加中日合作之方式，正在中国渤海湾以及鄂尔多斯地区积极推进石油开发事业。我认为，日前先生发表之高见对于日本国民理解中国之政策精神，颇具参考价值，故已将先生惠赠之讲演原文（英文）稿件，迅即摘译要旨，径送日本国家石油公司参考。

　　我相信，就日中两国关系而言，今后必将在经济与文化两个方面继续通力合作，共谋发展。我得以在美国哈佛大学此地与先生邂逅相识，今后如能继续交换意见，则不胜荣幸！先生善识日文，故今日谨以日文书写此感谢信，特此表示谢忱。请恕草草。

　　　　　　　　　　　　　　　　　　　　哈佛大学（日、美）交换研究员、

　　　　　　　　　　　　　　日本国家石油公司金融经济专家　杉原启示拜上

　　　　　　　　　　　　　　　　　　　　　昭和57年（1982）10月30日

厦门大学法律系
国际法教学研究室主任
厦门大学学术委员会委员
陈安教授殿

　　ハーバート"大学交换研究员　日本石油公司・金融エコノミスト　杉原启示

　　杉启中国の革命记念日ニ当テる1982年12月1日ニ陈安教授オリ中国の外资导入政策ニっンレの请演E闻大变有益でレだ。先生の请演E通くンガでキ大变有益でレた。先生の请演E通で现在の中国ガ从来の自力更生路线キつつも海外の技术せ资本ろ利用レつつ中国独自の方法で社会主义の近代化ろ目たしてンるニらがすくれかりすした。

　　私の会社す石油公司ヒンぅ日本政府の机关で。现在，既ン渤海湾せォ

ルドス地方で中日合作|ンすり石油开登事业そ推进してすりすすが。先日の御意见ぽ。日本侧が中国の考元方そ知了上で大变参考にたら思しするたす。先生から顶ン太原稿す早速要旨ら书ンて日本会社宛に送付してわました。

今后るモ日中关系あ经济・文化两面で协力しすン。登展してらくら思ンすすがたすそす、ニニ米国ハーバード大学でお知りあンにたすた关系上。今后らも前向キに意见う交换でぎ3关系う继续してのンただけあず幸甚で存じそす。先生が日本语らす统计にたあますで本日け日本语です礼の手纸ら音がせてンただきました。まずけす礼まで草ら。

(二十四)【美国】纽约法学院《国际法与比较法学报》主编 E. H. Higa 致陈安教授函[1982 年 11 月 19 日,摘译,原文附后]

陈安教授:
　　……
　　您感到诧异,何以一家美国法学杂志愿意发表由一位中华人民共和国公民撰写的文章,批评一家美国报纸的新闻报道。但是,事实上我们很高兴采用这篇论文,并且引以为荣。
　　……
　　您这篇论文的主题是评论刊载于《纽约时报》的克利斯托弗·雷恩所写的两篇报道。这些报道曾经引起人们对中华人民共和国政府当局处理李爽案件的做法,啧有烦言,纷纷非难。您的文章提供了人们所殷切期待的答案。这个答案,来自中华人民共和国的一位公民,来自一位像您这样卓越出色的中国法学学者,是再恰当不过的了。
　　您的这篇论文从中国的风俗习惯、志向抱负、政治和社会的奋斗目标的角度,从反映着这些因素的法律体制的角度,条理分明、令人信服地剖析了李爽案件。我不能设想有比这更加雄辩透彻的解释说明。
　　您对于美国和中国的刑事法制所作的比较分析是特别有教益和富有启发性的。不过,我认为最能发人深思的还是您所使用的方法,即把李爽案件放置在中国的社会主义理论、社会主义实践以及社会主义目标的背景之中,加以剖析。
　　我简要地说明了我对您这篇论文的看法,希望这能敦促您继续向本刊投寄您的精辟论著,并且向您的同事们恳切说明我们美国人(特别是本刊同仁们)怀有重大的兴趣,期待收到中华人民共和国这些饱学的法学教授们投寄具有创见的法学学术论文。

谨致最友好的敬意。

纽约法学院
《国际法与比较法学报》
1981—1982 年主编
Emlyn H. Higa
1982 年 11 月 19 日

November 19, 1982
Prof. An Chen
423 Pound Hall
Harvard Law School
Cambridge, Massachusetts 02138

Dear Prof. Chen,

......

This is in response to your inquiry, made on behalf of your colleagues in the People's Republic of China, regarding my reasons for accepting your article on the Li Shuang case for publication in the New York Law School Journal of International and Comparative Law. I am honored to have received the request and delighted to respond.

Although you expressed surprise that an American law journal would publish an article written by a citizen of the People's Republic of China that was critical of an American newspaper story, the fact is that we were pleased and honored to receive it.

......

The United States, as you well know, is a country born of rebellion and suckled on controversy. We are like a large, ill-mannered family whose members wranle loudly and sometimes violently with each other, seeming not to care that our neighbors may be disturbed by our domestic squabbling. But what binds us together is our common belief in the principle that for knowledge and wisdom and understanding to increase, debate must be open and free. Genuine doubts must always be voiced and responsible criticism is never improper.

We are a young nation. And with the restless enthusiasm and arrogant scepticism of youth, we are always greedy for new knowledge, straining to hear a new voice, or to see a new viewpoint. Therefore, when a charge is made, everyone waits and listens for the answer.

Christopher Wren's articles in the New York Times, Which are the subject of your article, evoked much criticism of the way that the authorities in the People's Republic of China handled the Li Shuang case. Your article provides the much awaited answer. An answer that can come from no one other than a citizen of the People's Republic of China and can come from no more appropriate citizen than such an eminent legal scholar as you.

Your article very clearly and responsibly explains the Li Shuang case from the perspective of the customs, expectations, the political and social ambitions of the People's Republic of China, and the legal structure that expresses them. And I cannot imagine a more eloquent explanation.

Your comparative analysis of the criminal systems of the United States and of the People's Republic of China is particularly helpful and illuminating. But what I consider most thought-provoking is the way that you place the Li Shuang case within the context of Chinese socialist doctrine, practice and purposes.

I hope that this abbreviated explanation of my attitude toward your article will encourage you to submit more of your excellent work to the Journal; and that you will urge upon your colleagues the great interest we in the United States, and particularly we at the Journal, have in receiving thoughtful, scholarly legal writing from such learned law professors in the People's Republic of China.

With much friendship and respect,

Emlyn H. Higa
Editor-in-Chief (1981 – 1982)

(二十五)【美国】波士顿大学法学院教授、哈佛大学东亚法学研究所前副所长 F. K. Upham 教授致陈安教授函[1982 年 11 月 29 日,中译,原文附后]

陈安教授:

非常感谢您在 1982 年 11 月 4 日寄来信件,并附赠有关李爽案件的论文清样。

我认为,您的论文以一个中国法学学者的敏锐眼光,对这桩案件作了引人入胜的、相当精辟的阐述。您那精心细致、沉着冷静的分析,提出了一些重要的课题,它们将郑重提醒美国的法学研究生们必须注意另外一种法学观点,这种法学观点往往同他们原有的观点迥然相异,并且难得有人能够妥善确切地加以论述阐明。我的研究专业虽是日本的法学,但我仍然打算今后要求我的研究生们阅读您的这篇论文。因为这篇文章是如此妥帖完善地阐明了中国法制与美国法制之间的基本区别和某些相似之处,而这两种法制对日本法制的形成,向来是有促进作用的。

趁此写信机会,让我另外向您致谢,感谢您上学年(1981—1982)在我担任哈佛东亚法学研究所副所长期间所给予我的支持帮助。您是一位优秀出色的同事,我盼望今后能继续保持我们之间的友好关系。

谨致最良好的祝愿。

哈佛大学东亚法学研究所
1981—1982 年副所长
Frank K. Upham
1982 年 11 月 29 日

November 29, 1982
Professor An Chen
East Asian Legal Studies
Harvard Law School
Cambridge, MA 02138

Dear An Chen,

Thank you very much for your letter of November 4, 1982, and for sending me the proofs of your article relating to the Li Shuang case.

I found your article fascinating and an excellent presentation of the case from the perspective of a Chinese legal scholar. Your careful, calm analysis raises the important issues in a way that will alert American law students to a view of law often very different from theirs and seldom well articulated. Even though my specialty is Japanese law, I plan to have my students read your article in the future because it so well presents the underlying differences and similarities in the Chinese and American legal systems that have both helped form Japan's.

On a different topic, let me take this opportunity to thank you for your support last year (1981 – 1982) while I was Associate Director of East Asian Legal Studies. You were an excellent colleague, and I hope we can continue our relationship in the future.

With all best wishes,

Frank K. Upham
Visiting Professor
Associate Director, East Asian
Legal Studies, 1981 – 1982

(二十六)【美国】哈佛大学法学院斯托利讲座教授①、东亚法学研究所所长 A. von Mehren 致陈安教授函[1982 年 10 月 25 日,中译,原文附后]

陈安教授:

您以访问学者身份逗留哈佛大学法学院以来,即将届满一年。我的同事们以及我自己都非常高兴有机会逐渐地亲自了解和熟悉您,并且从您这里学到了许多有关中华人民共和国法律规章和生活实际的知识。

我获悉您曾在几种场合对本院的学生和教员们作过演讲。此外,我还阅读了您写的题为《是进一步开放?还是重新关门?》的文章,论述同中国吸收外国投资有关的各种认识问题和法律问题;也阅读了您那篇将于 11 月发表在纽约法学院《国际法与比较法学报》上的评论李爽案件的文章。

---

① 在美国,"讲座教授"是一种学术上的荣誉称号。美国大学往往把这种称号授予学术成就卓著的权威教授(斯托利,19 世纪中叶美国的法学权威,曾任美国最高法院大法官三十余年,哈佛名教授。用他的姓氏命名讲座,以示纪念)。

第八编 | 有关本书作者论著和学术观点的报道、书评和函件等

我认为这两篇文章对于有关主题所作的论述,都是很有教益和很有创见的。两篇文章都写得条理分明,行文妥善。每一篇都在有助于促进美国的读者加深理解您所论述的问题。

我们东亚法学研究所的同事,大家都知道您在这里的工作中,一向是干劲充沛和专心致志的。您的两篇论文就是令人钦佩的例证,说明您的研究工作的质量和成就。我们高兴的是:如今您在美国帮助我们理解中国的法律和社会,日后回到中国,您有能力在那里以同样的方式向您的同事以及学生们阐明有关美国法律和美国社会的各个方面。

您能同我们一起度过本学年剩下的时间,我们都感到高兴。我们盼望:我们同您之间所已经建立起来的个人接触和学术联系,在您返回中国之后仍能继续下去,并且欣欣向荣,开花结果。

谨致高度敬意。

斯托利法学讲座教授
哈佛大学东亚法学研究所所长
Arthur von Mehren
1982 年 10 月 25 日

October 25, 1982
Professor An Chen
Harvard Law School
Pound 523
Cambridge, Massachusetts 02138

Dear Professor An Chen,

It will soon be a year since you began your stay at Harvard Law School as a Visiting Scholar. My colleagues and myself have enjoyed greatly the opportunity to come to know you personally and have learned from you much about law and life in the People's Republic of China.

I have heard you speak on several occasions to student and faculty groups here. In addition, I have read your paper entitled "To Open Wider or to Close Again?" in which you discuss various of ideological and legal problems that arise in connection with China's approach to foreign investment, and your discussion of the Li Shuang case which will be published in November in the New York Law School's Journal of International and Comparative Law.

I found both of these papers instructive and thoughtful treatments of their respective subjects. Both papers are clearly and well written. Each advances significantly the understanding of an American audience with respect to the issues that you discuss.

All of us associated with the East Asian Legal Studies Program know the energy and devotion with which you have carried on your work here. Your two articles are admirable examples of the quality and success of your studies. We are delighted that when you return to China you will be in a position to explain to your colleagues and students there various aspects of American law and society in the same way as you have helped us to understand Chinese law and society.

We are delighted that you will be with us for the remainder of this academic year and we hope that the personal and intellectual contacts that we have established with you will continue and flourish after your return to China.

With high regard,

Yours sincerely,
Arthur von Mehren
Story Professor of Law and Director,
East Asian Legal Studies Program

Ⅳ 本书作者学术小传及历年主要论著目录(以倒计年为序)

一、本书作者学术小传

陈安,福建人,厦门大学法学院前院长和国际经济法研究所所长(1987—1998年),法学教授、博士生导师。国际知名的中国学者。主要学术兼职:中国国际经济法学会会长(1993年至今),中国政府依据《华盛顿公约》于1993年、2004年两度遴选向"解决投资争端国际中心"(ICSID)指派的国际仲裁员等。1950年厦门大学法律系毕业。1957年复旦大学政治学理论研究生班毕业。

1981—1983年应邀在美国哈佛大学从事国际经济法研究,并兼部分讲学。1990—1991年以"亚洲杰出学者"名义应聘担任美国俄勒冈州西北法学院客座教授兼国际法研究学术顾问。先后多次应邀赴美、加、比(欧共体总部)、瑞士(联合国分部)、德、英、澳、法、韩等国家和地区参加国际学术会议或讲学。

在法律实务方面,陈安教授是兼职资深国际商务律师,跨国公司法律顾问,中国国际经贸仲裁委员会(CIETAC)仲裁员,国际商会(ICC)国际仲裁案件仲裁员,法国国际仲裁协会(IAI)仲裁员。

近三十年来,陈安教授立足于中国国情和国际弱势群体即广大发展中国家的共同立场,致力于探索和开拓具有中国特色的国际经济法学这一新兴边缘学科。撰写和主编的主要著作有《国际经济法学刍言》、《美国对海外投资的法律保护及典型案例分析》、《国际经济立法的历史和现状》、《国际经济法总论》、《国际经济法学》、《国际经济法学专论》、《国际投资法学》、《国际贸易法学》、《国际货币金融法学》、《国际税法学》、《国际海事法学》、《国际投资争端仲裁——"解决投资争端国际中心"机制研究》、《MIGA与中国:多边投资担保机构述评》等42种,合计约1 800余万字。另在《中国社会科学》、《中国法学》、国际政府间组织《"南方中心"机关学刊》(South Bulletin)、美国《纽约法学院国际法与比较法学刊》、《天普大学国际法与比较法学刊》、《威拉梅特大学法律评论》、日内瓦《国际仲裁学刊》、《世界投资与贸易学报》等国内外学术刊物上发表多篇论文。多项学术论著获国家级、省部级科研优秀成果一等奖①,或被指定为全国性高校本科生、研究生法学教材或教学参考书。

此外,陈安教授还兼任全国性的国际经济法专业优秀学术论文的汇辑《国际经济法学刊》的主编,《中国大百科全书·法学》(修订版)国际经济法分支的主编。

陈安教授1960年被评为福建省劳模,1992年获国务院政府特殊津贴。1987年、1994年、2003年、2006年先后四次获得厦门大学最高荣誉奖"南强奖"一等奖;2008年又获"南强奖"特等奖。

《人民日报》(海外版)、《光明日报》、《法制日报》等报刊以及国务院学位委员会刊物《学位与研究生教育》先后多次报道他的学术观点和有关事迹②。美国、英国多种《国际名人录》均列有陈安教授的个人小传。

二、本书作者历年主要论著

(一) 书 籍

1. 《陈安论国际经济法学》(专著),复旦大学出版社2008年版。
2. 《国际经济法学资料新编》(上、下两卷),北京大学出版社2008年版。
3. 《国际经济法学专论》(第二版)(上、下两卷)(主编),高等教育出版社2007年版。
4. 《国际经济法学》(第四版)(主编),北京大学出版社2007年版。
5. 《国际经济法学资料选萃》(主编),高等教育出版社2007年版。

---

① 参见《陈安论国际经济法学》本书第八编之Ⅴ,"二十年来陈安主要论著获奖情况(2008—1988)"。
② 例如:(1)《适应对外开放和发展外向型经济需要——国际经济法系列专著问世》,《光明日报》1988年4月26日。
(2)《就闽台两省结拜"姐妹"一事厦门大学法学教授发表看法》,《人民日报》(海外版)1989年5月8日。
(3)《为对外开放铺路——记厦门大学法学教授陈安》,《人民日报》(海外版)1992年7月7日。
(4)《理性务实的学术交流盛会——1993年两岸法学学术研讨会综述》,《人民日报》(海外版)1993年8月27日。
(5)《当代经济主权问题纵横谈》,《法制日报》1997年3月22日。
(6)《第十二届"安子介国际贸易研究奖"颁奖》,《人民日报》(海外版)2004年12月21日。
以上这些报道,均已收辑于《陈安论国际经济法学》本书第八编之Ⅰ,"媒体报道"。

6. 《国际投资法的新发展与中国双边投资条约的新实践》(主编),复旦大学出版社 2007 年版。

7. 《国际经济法》(第二版)(主编),法律出版社 2007 年版。

8. 《国际经济法学新论》(主编),高等教育出版社 2007 年版。

9. 《国际经济法学学刊》(第 12 卷第 4 期—第 15 卷第 4 期)(主编),北京大学出版社 2005—2008 年版。

10. 《中国大百科全书·法学》卷(修订版)国际经济法分支学科(主编),中国大百科全书出版社 2006 年版。

11. 《国际经济法学刍言》(专著),北京大学出版社 2005 年版。

12. 《国际经济法概论》(第三版)(主编),北京大学出版社 2005 年版。

13. 《国际经济法学学刊》(第 8—12 卷)(主编),北京大学出版社 2004—2005 年版。

14. 《国际经济法学》(第三版)(主编),北京大学出版社 2004 年版。

15. 《国际经济法论丛》(第 1—7 卷)(主编),法律出版社 1993—2003 年版。

16. 《国际经济法学专论》(上、下两卷)(主编),高等教育出版社 2002 年版。

17. 《国际经济法概论》(主编),北京大学出版社 2001 年版。

18. 《国际经济法学》(第二版)(主编),北京大学出版社 2001 年版。

19. 《国际投资争端案例精选》(主编),复旦大学出版社 2001 年版。

20. 《国际投资争端仲裁——"解决投资争端国际中心"机制研究》(主编),复旦大学出版社 2001 年版。

21. 《国际经济法》(主编),法律出版社 1999 年版。

22. 《国际经济法学系列专著》(总主编,五卷),北京大学出版社 1999—2001 年版。(含《国际投资法学》、《国际贸易法学》、《国际货币金融法学》、《国际税法学》、《国际海事法学》)

23. 《海峡两岸交往中的法律问题研究》(主编),北京大学出版社 1997 年版。

24. 《台湾法律大全》(主编),中国大百科全书出版社 1996 年版。

25. 《MIGA 与中国:多边投资担保机构述评》(主编),福建人民出版社 1995 年版。

26. 《国际经济法学》(主编),北京大学出版社 1994 年版。

27. 《涉外经济合同的理论与实务》(主编),中国政法大学出版社 1994 年版。

28. 《国际经济法资料选编》(主编),法律出版社 1991 年版。

29. 《国际经济法总论》(主编),法律出版社 1991 年版。

30. 《台湾涉外经济法概要》(主编),鹭江出版社 1990 年版。

31. 《"解决投资争端国际中心"述评》(专著),鹭江出版社 1989 年版。
32. 《国际经济法系列专著》(主编,五卷),鹭江出版社 1987—1989 年版。(含《国际投资法》、《国际贸易法》、《国际货币金融法》、《国际税法》、《国际海事法》)
33. 《舌剑唇枪:国际投资纠纷五大著名案例》(主编),鹭江出版社 1986 年版。
34. 《美国对海外投资的法律保护及典型案例分析》(专著),鹭江出版社 1985 年版。
35. 《国际经济立法的历史和现状》(日文、英文编译),法律出版社 1982 年版。
36. 《列宁对民族殖民地革命学说的重大发展》(专著),生活·读书·新知三联书店 1981 年版。
37. 《印度特伦甘纳人民的斗争及其经验教训》(英文译著),生活·读书·新知三联书店 1977 年版。
38. 《修正主义反对无产阶级专政学说》(俄文译著),生活·读书·新知三联书店 1962 年版。
39. 《反对修正主义》(俄文译著),生活·读书·新知三联书店 1962 年版。
40. 《现代资产阶级社会学关于阶级和阶级斗争的各种反科学理论》(俄文译著),上海人民出版社 1958 年版。

(二)论文

1. "A Reflections on the South-South Coalition in the Last Half Century from the Perspective of International Economic Law-making: From Bandung, Doha and Cancun to Hong Kong",原发表于 The Journal of World Investment & Trade (Geneva)第 7 卷第 2 期,2006 年 4 月。经增订更新,被收辑于在海牙、纽约、伦敦同时推出的学术专著《从第三世界视角看通过贸易谋求经济发展》"Economic Development Through Trade: A Third World Perspective",Kluwer Law International,2008 年 1 月出版。
2. 《区分两类国家,实行差别互惠:再论 ICSID 体制赋予中国的四大"安全阀"不宜贸然全面拆除》,载于《国际经济法学刊》第 14 卷第 3 期,2007 年。
3. Distinguishing Two kinds of Countries and Granting Differential Reciprocity — Re-comments on the Four Safeguards in Sino-Foreign BITs Not to Be Hastily and Completely Dismantled,载于 The Journal of World Investment & Trade (Geneva)第 7 卷第 2 期,2007 年。
4. Should the Four Great Safeguards in Sino-Foreign BITs Be Hastily

Dismantled? 载于《世界投资与贸易学刊》(The Journal of World Investment & Trade)第 7 卷第 6 期,December 2006。

5. *Weak versus Strong at the WTO* 载于《日内瓦天下大事论坛》季刊创刊号 April 2006。

6. *Reflections on the South-South Coalition in the Last Half Century from the Perspective of International Economic Law-making* 载于《世界投资与贸易学刊》(The Journal of World Investment & Trade)第 7 卷第 2 期,April 2006。

7. 《中外双边投资协定中的四大"安全阀"不宜贸然拆除》载于《国际经济法学刊》2006 年第 1 期(第 13 卷)。

8. 《南南联合自强五十年的国际经济立法反思——从万隆、多哈、坎昆到香港》载于《中国法学》2006 年第 2 期。

9. *The Fork Confronting DDR and WTO after Its Hong Kong Ministerial Conference*,《何去何从:香港会议后多哈回合和世贸组织的走向》载于《南方公报》(South Bulletin)(日内瓦)2006 年第 120 期。

10. 《外商在华投资中的"空手道"融资:"一女两婿"与"两裁六审"》载于《国际经济法学刊》第 12 卷第 3 期,北京大学出版社 2005 年版。

11. 《外贸代理合同纠纷中的当事人、管辖权、准据法、仲裁庭、债务人等问题剖析——韩国 C 公司 v. 中国 X 市 A、B 两公司案件述评》,载于《国际经济法学学刊》(第 9 卷),北京大学出版社 2004 年版。

12. 《美国单边主义对抗 WTO 多边主义的第三回合——"201 条款"争端之法理探源和展望》,载于《中国法学》2004 年第 2 期。

13. 《晚近十年来美国单边主义对抗 WTO 多边主义的三大回合——综合剖析美国"主权大辩论"(1994)、"301 条款争端"(1998—2000)以及"201 条款争端"(2002—2003)》,载于美国《天普大学国际法与比较法学刊》2003 年第 17 卷第 2 期;其后,经修订增补,由国际组织"南方中心"(South Centre)作为其"工作文件"第 22 号,于 2004 年 7 月以"单行本"形式发行,并全文公布于该"中心"的网站。

14. 《论涉外仲裁个案中的越权管辖、越权解释、草率断结和有欠透明——CIETAC2001—2002 年个案评析》,载于《国际经济法论丛》2003 年第 7 卷。

15. 《中国"入世"后海峡两岸经贸问题"政治化"之防治》(增订本),载于《国际经济法论丛》2002 年第 6 卷。

16. 《中国"入世"后海峡两岸经贸问题"政治化"之防治》,载于《中国法学》2002年第2期。
17. 《世纪之交围绕经济主权的新"攻防战"——从美国的"主权大辩论"及其后续影响看当代"主权淡化"论之不可取》,载于《国际经济法论丛》第4卷,法律出版社2001年版。
18. 《美国"1994年主权大辩论"及其后续影响》,载于《中国社会科学》2001年第5期。
19. 《评对中国国际经济法学科发展现状的几种误解》,载于《东南学术》1999年第3期。
20. 《再论中国涉外仲裁的监督机制及其与国际惯例的接轨》,载于《国际经济法论丛》(增订本)1999年第2卷。
21. 《指鹿为马,枉法裁断——评港英高等法院1994年的一项涉华判决》,载于《升华与超越(大学生素质教育集锦3)》,高等教育出版社1998年版。
22. 《论国际经济法的边缘性、综合性和独立性》,载于《国际经济法论丛》1998年第1卷。
23. 《中国涉外仲裁监督机制申论》,载于《中国社会科学》1998年第2期。
24. 《英、美、法、德等国涉外仲裁监督机制辨析》,载于武汉大学《法学评论》1998年第5期。
25. 《再论中国涉外仲裁的监督机制及其与国际惯例的接轨》,载于《民商法论丛》1998年第10卷。
26. 《论中国涉外仲裁的监督机制及其与国际惯例的接轨》,载于《国际仲裁学刊》(日内瓦英文版)1997年第14卷第3期。
27. 《一项判决,三点质疑》,载于《民商法论丛》(中文增订本)1997年第8卷。
28. 《一项判决,三点质疑:香港高等法院1993A176号判决评析》,载于《国际仲裁学刊》(日内瓦英文版)1996年第13卷第4期。
29. 《台商大陆投资保险可行途径初探》,载于《中国法学》1995年第5期。
30. 《论中国涉外仲裁的监督机制及其与国际惯例的接轨》,载于《比较法研究》1995年第4期。
31. 《中国涉外仲裁监督机制评析》,载于《中国社会科学》1995年第4期。
32. 《论国际经济法的含义及其边缘性》,载于《中国国际法年刊》1995年本。
33. 《论"适用国际惯例"与"有法必依"的统一》,载于《中国社会科学》1994年第4期。
34. 《论"有约必守"原则在国际经济法中的正确运用》,载于《东亚法律、经济、文化国际学术讨论会》1993年论文集。

35. 《"台商大陆投资权益保障协议"初剖》,载于《台湾研究》1993年第4期。

36. 《论国际经济法中的公平互利原则》,载于《中德经济法研究所年刊》1992年。

37. 《是重新闭关自守？还是扩大对外开放？——论中美两国经济上的互相依存以及"天安门风波"后在华外资的法律环境》(英文),载于美国《律师》杂志(俄勒冈州)1991年第2期。《论中美经济的互补性以及天安门事件后在华外资的法律环境》,(英文)《律师评论(美国俄勒冈州)》1991年第2期。

38. 《中国经济特区和沿海开放城市的发展过程和法律结构》(英文),载于《中国涉外经济法》1990年。

39. 《两种"两岸人民关系法"之对立与统一——兼谈"闽台自由贸易协定"之可行》,载于《台湾研究集刊》1990年第2、3期。

40. 《某些涉外经济合同何以无效以及如何防止无效》(英文),载于英国《威拉梅特法学评论》1987年第23卷。

41. 《我国涉外经济立法中可否规定对外资不实行国有化》,载于《厦门大学学报》(哲学社会科学版)(中、英两种文本)1986年第1期,其英译文本收辑于《在华投资的法律问题》,香港中贸翻译公司1988年版。

42. 《从海外私人投资公司的体制和案例看美国对海外投资的法律保护》,载于《中国国际法年刊》1984年版。

43. 《中国吸收外资政策的法律结构与组织结构》(英文),载于《中国闭关自守的终结》1985年版。

44. 《是进一步开放？还是重新关门？——中国吸收外资政策法令述评》(英文),载于美国《国际法与比较法学报》1985年第1期。

45. 《从海外私人投资公司的由来看美国对海外投资的法律保护》,载于《中国国际法年刊》1984年本。

46. 《是"棒打鸳鸯"吗？——就李爽案件评〈纽约时报〉报道兼答美国法学界同行问》(英文),载于美国纽约法学院《国际法与比较法学报》1981年第1期第3卷。

47. 《论社会帝国主义主权观的一大思想渊源》,载于《吉林大学学报》1981年第3期。

48. 《试论和平共处与反帝斗争》,载于《厦门大学学报》(哲学社会科学版)1960年第2期。

V 本书作者二十年来主要论著获奖情况（以倒计年为序）(2008—1988)

一、国家级、省部级一等奖

序号	获奖论著名称	奖励名称及等级	获奖时间
1	国际经济法学刍言	第五届吴玉章人文社会科学奖一等奖	2007年
2	南南联合自强五十年的国际经济立法反思——从万隆、多哈、坎昆到香港	福建省人民政府社科优秀成果一等奖	2007年
3	美国单边主义对抗WTO多边主义的第三回合——"201条款"争端之法理探源和展望	第二届全国法学教材与科研成果一等奖	2006年
4	美国单边主义对抗WTO多边主义的第三回合——"201条款"争端之法理探源和展望	福建省人民政府社科优秀成果一等奖	2005年
5	The Three Big Rounds of U. S. Unilateralism Versus WTO Multilateralism during the Last Decade	第十二届"安子介国际贸易研究奖"一等奖	2004年
6	有关涉外仲裁监督机制的系列论文	第三届全国高校人文社会科学研究成果一等奖	2002年
7	国际投资争端仲裁——"解决投资争端国际中心"机制研究	第一届全国法学教材与科研成果一等奖	2002年
8	国际投资争端仲裁——"解决投资争端国际中心"机制研究	第十三届中国图书奖	2002年

续 表

序号	获奖论著名称	奖励名称及等级	获奖时间
9	MIGA与中国：多边投资担保机构述评	福建省人民政府社科优秀成果一等奖	1998年
10	"解决投资争端国际中心"述评	福建省人民政府社科优秀成果一等奖	1994年
11	国际经济法学系列专著	福建省人民政府社科优秀成果一等奖	1988年

二、国家级、省部级二等奖

序号	获奖论著名称	奖励名称及等级	获奖时间
1	世纪之交围绕经济主权的新"攻防战"——从美国的"主权大辩论"及其后续影响看当代"主权淡化"论之不可取	第四届全国高校人文社会科学研究成果二等奖	2006年
2	国际经济法学专论	福建省人民政府社科优秀成果二等奖	2003年
3	美国1994年"主权大辩论"及其后续影响	福建省人民政府社科优秀成果二等奖	2003年
4	台湾法律大全	福建省人民政府社科优秀成果二等奖	2000年
5	论中国涉外仲裁监督机制及其与国际惯例的接轨	福建省人民政府社科优秀成果二等奖	2000年
6	国际经济法学	福建省人民政府社科优秀成果二等奖	1998年
7	中国涉外仲裁监督机制评析	福建省人民政府社科优秀成果二等奖	1998年

三、厦门大学最高荣誉奖

1	南强奖特等奖(个人)	厦门大学最高荣誉奖	2008 年
2	南强奖一等奖(个人)	厦门大学最高荣誉奖	2006 年
3	南强奖一等奖(个人)	厦门大学最高荣誉奖	2003 年
4	南强奖一等奖(个人)	厦门大学最高荣誉奖	1994 年
5	南强奖一等奖(团队集体)	厦门大学最高荣誉奖	1987 年

图书在版编目(CIP)数据

陈安论国际经济法学 / 陈安著. —上海:复旦大学出版社,2008.12
ISBN 978-7-309-06424-7

Ⅰ.陈… Ⅱ.陈… Ⅲ.国际经济法学－研究 Ⅳ.D996

中国版本图书馆 CIP 数据核字(2008)第 198493 号

陈安论国际经济法学
陈 安 著

出版发行　复旦大学出版社　上海市国权路 579 号　邮编:200433
　　　　　86-21-65642857(门市零售)
　　　　　86-21-65100562(团体订购)　86-21-65109143(外埠邮购)
　　　　　fupnet@fudanpress.com　http://www.fudanpress.com

责任编辑	张永彬　李 峰　张 炼
出 品 人	贺圣遂
印　　刷	句容市排印厂
开　　本	787×960　1/16
印　　张	172.25　插页 2
字　　数	3101 千
版　　次	2008 年 12 月第一版第一次印刷
书　　号	ISBN 978 - 7 - 309 - 06424 - 7 / D・401
定　　价	360.00 元

如有印装质量问题,请向复旦大学出版社发行部调换。
版权所有　侵权必究